ČESKO-ANGLICKÝ slovník

ČESKO-ANGLICKÝ slovník

Zpracoval Josef FRONEK, MA, PhD
University of Glasgow

ve spolupráci s Margaret Tejerizo, BA, MLitt
University of Glasgow

Vydání první

STÁTNÍ PEDAGOGICKÉ NAKLADATELSTVÍ
PRAHA

Tento slovník vydává v elektronické podobě LEDA s. r. o. Elektronická verze slovníku obsahuje program pro úplné vyhledávání slov i frází a pro podporu překládání určený k použití na počítačích třídy IBM PC. Elektronický slovník distribuuje LEDA s. r. o., 263 01 Voznice 64.

This dictionary in electronic form is published by LEDA Ltd. The electronic dictionary is distributed with a software facilitating complex word/phrase search and a supporting program for computer-aided translation which can be used on any IBM-compatible PC, by LEDA Ltd., 263 01 Voznice 64, Czech Republic.

1. vydání

První vydání recenzoval doc. dr. Václav Řeřicha, CSc.

ISBN 80-04-24382-7

ÚVOD

Tento česko-anglický slovník byl připraven na katedře slovanských jazyků a literatur, University of Glasgow. Navazuje na dosavadní záslužnou práci v tomto oboru, ale je přitom koncipován zcela nově a samostatně. V daleko větší míře než v dosavadních slovnících tohoto druhu se v něm dbá na potřeby uživatele.

Praktické zkušenosti ukazují, že nadměrná koncentrace a vrstvení lexikální informace je potenciálně zavádějící. V tomto slovníku klademe hlavní důraz především na jednoznačné definování jednotlivých významových odstínů heslového zadání a na jejich výstižný a autentický překlad. Tomutu cíli je podřízena i metodika použití výkladového materiálu různého druhu – zkratek, značek, charakteristik ap. Jsou použity jen tehdy, když přispívají k upřesnění vztahu mezi heslovým zadáním a jeho ekvivalenty. Až na malé výjimky upouštíme od dříve běžného hnízdování hesel. Oborové a stylistické zkratky uvádíme převážně jen pro jasnější tlumočení významu. O to více však používáme kontextové charakteristiky a exemplifikace.

Autor se snažil co nejvíce využít každodenního přímého kontaktu s jazykovým prostředím cílového jazyka k tomu, aby poskytl českému uživateli co nejautentičtější obraz současné živé angličtiny. V tomto se mu dostalo velké pomoci zvláště od Margaret Tejerizo, která s autorem průběžně spolupracovala při hledání výstižných ekvivalentů. Několikrát přečetla celý rukopis, doplnila značky u nepravidelných sloves, upozornila na mnohé nedostatky a navrhla mnohé opravy a doplňky. Mimořádně důležitou roli sehrála při dokončování rukopisu pečlivá práce všech recenzentů. Ještě před jeho odevzdáním přečetl celou práci dr. Jan Čulík a některé její části dr. John Dunn; pomohli autorovi odstranit celou řadu chyb a nedostatků a rovněž navrhli mnohé doplňky. Doc. Václav Řeřicha věnoval velkou pozornost stylistické hodnotě a autentičnosti české exemplifikace. Poukázal zvláště na řadu nesrovnalostí a posunů v sémantické klasifikaci jednotlivých významů českých hesel a v jejich překladu a na perifernost mnohých českých spojení. Velkého uznání si zaslouží zvláště nesmírně pečlivá a svědomitá práce redaktorky Tamary Götzové, jejíž příspěvek k dokončení slovníku přesahuje běžné redaktorské zásahy. Její poznámky a obsáhlé doplňky českého hesláře přispěly nesporně k vylepšení úrovně slovníku. Poděkování patří i všem kolegům a přátelům, kteří po celá léta trpělivě odpovídali na autorovy nesčetné dotazy ohledně správnosti anglických ekvivalentů. Z nich bychom rádi jmenovali zvláště Louise Boyle MA a Margaret Hector. Moje dcera Anna a její přátelé mi s nevšední ochotou pomáhali orientovat se v jazyce dnešních britských *teenagerů*. Chtěli bychom rovněž poděkovat iniciátorům díla dr. Janu Čulíkovi (Glasgow), dr. Miloši Caldovi a dr. Aleši Klégrovi (Univerzita Karlova, Praha) a redaktorkám SPN Zoře Liznerové a Kateřině Brabcové za jejich pomoc při přípravě koncepce slovníku. Tento slovník by mohl být jen stěží dokončen, kdyby se autorovi nedostalo všestranné podpory od jeho zaměstnavatele (University of Glasgow) a všech kolegů z katedry slovanských jazyků této univerzity. Autor by chtěl vyzvednout zvláště porozumění a podporu, kterou mu poskytli oba vedoucí katedry – dr. Igor Hájek (do 1991) a posléze dr. John Dunn.

Josef Fronek

POKYNY PRO UŽIVATELE

Stavba hesla

1 **Heslové slovo**

1.1 **Heslová slova** jsou tištěna půltučně a řazena až na malé výjimky přísně abecedně. Pokud se heslové slovo vyskytuje v heslové stati v různých tvarech, odděluje se jeho invariantní část vlasovou kolmicí. Toto umožňuje dvojí způsob zkráceného odkazu k heslovému slovu. K celému heslovému slovu, které není rozděleno kolmicí, je možno odkazovat buď prvním písmenem s tečkou anebo vlnovkou (tildou). Pokud je slovo rozděleno kolmicí, odkazuje vlnovka k té jeho části, která se nachází před ní, např.:

kabelov|ý ... ~á televize
kabinet ... stínový k. ... výměna funkcí v ~u

Odlišné psaní začátečního písmena je vyznačeno před tildou, např.:

Popelk|a ... sociologie je p~ou mezi společenskými vědami

1.2 **Sdružování** lexikálních jednotek pod jedním heslovým záhlavím je užito tehdy, je-li to úsporné a výhodné. Jde zvláště o následující případy:

1.2.1 **Sdružená hesla v záhlaví**
Při odkazování jen na jedno z nich je to třeba jasně vyznačit.

1.2.1.1 **Varianty stejného slova**, např.:

lét|at, lít|at 1 l. sem a tam ... **3** *(běhat)* zprav. **lítat; stále ~ám** ...

1.2.1.2 **Etymologicky příbuzná slova**, která mají stejný ekvivalent (stejné ekvivalenty), např.:

krokodýl, ~í crocodile; **~í slzy** crocodile tears
Kolumbij|ec, ~ka, k~ský Columbian
krasobruslař, ~ka figure skater
klov|at, ~nout peck

1.2.2 **Hnízdovaná podhesla**
Jako podhesla zařazujeme jen pravidelně odvozované lexikální jednotky, např. verbální substantiva, substantivizovaná adjektiva, odvozená adverbia a reflexiva, a to s cílem vyhnout se nutnosti několikerého opakování sémantického výkladu. Odvozená slova, která nejsou významově paralelní (ve srovnání s primárními lexikálními jednotkami), uvádíme zvlášť. Tam, kde je to třeba, používáme odkazů. Podhesla jsou tištěna půltučně a jsou uvedena (po větší mezeře) plným čtverčíkem, např.:

máče|t ... ■ **m. se** ... ■ **~ný** ... ■ **~ní** ...
maceššk|ý ... ■ **~y** ...

Vlnovka odkazuje vždy k prvnímu heslu heslového odstavce.

1.2.3 **Slovesa**
budeme zpravidla uvádět v obou vidových podobách. Ekvivalenty, jež jsou oběma formám společné, budou zpracovány jen jednou, a to zpravidla u toho členu vidové dvojice, jenž je formálně primární. U alternativních tvarů pak odkážeme na šířeji rozpracované heslo a doplníme je významy, které jsou pro ně specifické. Pokud budou tvary vidové dvojice následovat bezprostředně za sebou a nebudou se jejich ekvivalenty výrazně odlišovat, budou uvedeny spolu, viz odst. **1.2.1.2**.

1.3 **Homonyma**
jsou uvedena jako zvláštní hesla a jsou opatřena indexem, např.

krákat$_1$ *(vrány)* ...
krákat$_2$ *(za vlasy)* ...

2 **Ekvivalenty – význam**

Výběr ekvivalentů má co nejúplněji, ale zároveň co nejdostupněji charakterizovat všechny základní významové odstíny heslového slova, jakož i nejdůležitějších slovních i gramatických spojení, do kterých vstupuje, a hlavních frazeologických jednotek, ve kterých se užívá. Explicitní popis významové strukturace slova se provádí pomocí synonymních a kontextových charakteristik, vysvětlivek, stylistických, oborových a regionálních zkratek a exemplifikací.

2.1 Ekvivalenty jsou **seřazeny** do významově příbuzných podskupin, které jsou uvedeny (po větší mezeře) arabskými číslicemi, tištěnými půltučně. Ekvivalenty samy jsou tištěny obyčejnou antikvou, vysvětlivky, kontextové a synonymní charakteristiky kurzívou (v závorkách), stylistické, oborové a regionální zkratky nonparejem, exemplifikace půltučnou antikvou, např.:

2.1.1 **Synonyma**

hospodářství **1** *(ekonomie)* economy ... **2** *(usedlost)* farm, farmstead **3** *(vedení domácnosti)* housekeeping ...

2.1.2 **Kontextové charakteristiky**

prudký **1** *(pohyb, řeka)* swift; *(úder)* savage; *(teplo, slunce, vedro)* blistering ... **2** ... *(hněv, radost, tužba)* wild ... **3** *(člověk)* impetuous, hot-tempered ...

2.1.3 **Vysvětlivky**

hodina **1** *(časový úsek)* hour ... **3** *(při měření času)* **je 5 hodin** it's five o'clock ...

2.1.4 **Stylistické a oborové zkratky**

se používají především pro diferenciaci významu. U českých hesel se povědomí o stylistickém a oborovém zařazení předpokládá, např.:

holka **1** girl; sk. lass, lassie; nářeč. n. žert. wench **2** expr. *(žena)* **h. zlatá** old girl! ...

holínky ... *(gumové)* wellingtons, hov. wellies; voj. jackboots ...

2.1.5 **Exemplifikace a frazeologická spojení**

Příklady a frazeologická spojení uvádíme v jednotlivých podskupinách po roztřídění základních ekvivalentů. Idiomata jsou zařazena rovněž přímo v podskupinách, a to po hřebíku (♦), např.:

krk neck; ... *(hrdlo)* throat ... ♦ **mít koho na ~u** be lumbered n. saddled with sb ...

2.1.5.1 **Nemotivované frazeologismy** uvádíme na konci heslového odstavce jako samostatnou podskupinu.

2.1.5.2 **Základním kritériem pro zařazení** víceslovných spojení je snaha plně charakterizovat všechny sémantické aspekty heslového zadání. Teprve druhým aspektem je hledisko formální. Příklady mají jednak exemplifikovat použití uvedených ekvivalentů v širším kontextu, a jednak doplnit řadu překladů o nejdůležitější ekvivalence, které nelze snadno vyjádřit jednoslovně. Každá jednotlivá heslová stať má poskytnout uživateli víceméně úplný významový profil příslušného slova, aniž by musel hledat některé důležité fráze pomocí odkazů pod jinými heslovými záhlavími. Nevyhýbáme se proto opakování důležitých frazeologických obratů v několika heslových statích. Odkazy používáme pro tento účel málo; pokud je použijeme, mají upozornit uživatele na zařazení hesla do širšího významového pole.

2.1.5.3 Spojení **řadíme** především podle hledisek sémantických zhruba od jednodušších ke složitějším a od centrálních k periferním. U obsažnějších hesel se v jednotlivých skupinách řadí spojení podle abecedy.

2.1.5.4 Určité úspory místa a **zvýšení informativnosti** příkladového materiálu dosahujeme **zkrácenou prezentací variant**, a to zvláště v anglických překladech. Jde o varianty dvojího typu. Synonymické komponenty příkladů, které jsou zaměnitelné beze změny významu celého spojení, uvádíme značkou n. (nebo), tištěnou nonparejem, např.:

hrát ... **h. si se slovy** play n. juggle with words

hromada ... **h. peněz** stacks n. heaps n. loads of money

Druhý typ variantních spojení je založen na přiřazování významově různých, alternativních segmentů k jedné neměnné části spojení. Alternativní komponenty spojení jsou od sebe v obou jazycích odděleny šikmou zlomkovou čarou, např.: **vpravo/ vlevo/ přímo hleď** eyes right/ left/ front!

3 Gramatické údaje

3.1 U **českého materiálu** se znalost gramatiky předpokládá. **Gramatické zkratky** se budou používat jen u služebných slov pro rozlišení jednotlivých významových podskupin, které uvádíme římskými číslicemi, např.:

aby I sp. **1** *(účel)* ... **II** část. ...

3.1.1 Gramatickou kvalifikaci představují též explicitně uvedené kontextové charakteristiky a zvláště pak konkrétní exemplifikace s jejich úplným překladem. Toto je zvláště důležité u sloves, která nejsou z úsporných důvodů explicitně klasifikována podle kritéria přechodnosti. Přechodnost je povětšině vyznačena kurzívou v zárovce pomocí slůvek *(kdo/co)*. Alternativně se uvádí sloveso přímo v příslušném spojení, např.:

bát se 1 be afraid n. scared ... **3** *(koho/ čeho)* be afraid of, fear, be scared of n. frightened of **4 b. se o koho** fear for sb, fear for sb's life

3.2 U **anglického materiálu** označujeme

3.2.1 **nepravidelná slovesa** hvězdičkou, při prvním výskytu příslušného slovesa v heslové stati. Jejich tvary najde uživatel ve zvláštní příloze. Hvězdičkou však neoznačujeme pomocná slovesa (**to be, to have, to do, shall, will**) a modální slovesa (**can, may, must**), např.:

budit 1 *(probouzet)* wake* (up) ...; *(vzpomínky)* bring* back ...

3.2.2 **Nepravidelné plurálové formy** označujeme přímo v textu, např.:

lichoběžník trapezium, pl. -iums n. -ia ...

3.2.3 Vazby anglických sloves

3.2.3.1 U **tranzitivních** sloves se při jednoduché ekvivalenci výslovně neoznačují; předložkové vazby jsou naznačeny uvedením příslušné anglické předložky, např.:

dbát *(čeho, na co)* pay attention to, heed; *(na rady)* follow; *(na předpisy, zákazy* ap.*)* observe, comply with ...

3.2.3.2 Tam, kde by mohlo dojít k omylu, označujeme výjimečně vazbu i u přechodných sloves, a to zkratkami sb a sth (tištěnými nonparejem), např.:

konkurovat *(komu/čemu)* compete with, be in competition with, rival sb/ sth

3.2.3.3 Podobně u **frázových slovesných vazeb** se používá sb a sth k vyznačení místa objektu ve frázi, např.:

mučit torture; put* sb to torture, *(na skřipci)* put sb on the rack ...

3.2.3.4 Pokud je možno použít ekvivalent(y) zároveň jak pro **tranzitivní**, tak i **intranzitivní** verzi českého slovesa, klademe příslušnou předložku do závorky, např.:

klepat 1 *(na dveře* ap.*)* knock (at), *(lehce)* tap (at) ...

3.2.3.5 Všude tam, kde je to třeba, ukazujeme slovesnou rekci přímo na příkladech s jejich úplným překladem. V tomto případě jsou zkratky 'sb' a 'sth' vytištěny obyčejnou antikvou, např.:

krást steal* ...; **k. komu co** steal sth from sb ...

4 Výslovnost

4.1 V tomto slovníku jsme upustili od u nás dříve běžného výběrového a často různě zakódovaného označování výslovnosti anglických ekvivalentů. Výslovnost se ve slovnících zpravidla udává jen u výchozího jazyka. U cílového jazyka vede tato praxe ke značnému znepřehlednění heslových statí. Omezili jsme se proto na označování hlavního slovního přízvuku v těch případech, kdy se nachází jinde než na první slabice, a to vždy u prvního výskytu příslušného slova v heslové stati. Tato praxe je problematická v případě kompozit. Kompozita mají zpravidla jen jeden hlavní přízvuk, který je v širším kontextu často pohyblivý. V těchto případech jsme přízvuk označovali jen výběrově podle míry integrace příslušného slovního spojení. U kompozit označujeme přízvuk i na první slabice, pokud nejde o první slovo v něm, srv.:

'physics', 'marshal' – přízvuk je na první slabice, a proto není označen.

ALE:

'nuclear phy̲sics', 'air ma̲rshal' – hlavní přízvuk kompozita je označen na první slabice druhého komponentu kompozita.

'dinner party', 'pilot light' – hlavní přízvuk je na první slabice celého kompozita, a proto ho není třeba označovat.

Seznam zkratek užitých ve slovníku

adj.	adjektivum, přídavné jméno
adv.	adverbium, příslovce
am.	americký (úzus)
anat.	anatomie, anatomický
ap.	a podobně
archeol.	archeologie, archeologický
archit.	architektura, architektonický
astrol.	astrologie, astrologický
astron.	astronomie, astronomický
atd.	a tak dále
austr.	australský
aut.	automobilismus, automobilní
básn.	básnický výraz, básnicky
bibl.	biblický výraz, biblicky
biol.	biologie, biologický
bot.	botanika, botanický
box.	box, boxerský
br.	britský (úzus)
círk.	církevní
citosl.	citoslovce, citoslovečný
část.	částice
čísl.	číslovka
děts.	dětský (výraz), dětsky
div.	divadelnictví, divadelní
dř.	dříve, dřívější
ek.	ekonomie, ekonomický
el.	elektrický
expr.	expresívně, expresívní
euf.	eufemisticky, eufemismus
fem.	femininum, ženský rod
film.	film, filmařství
filoz.	filozofie, filozofický
fin.	finance
fot.	fotografování, fotografický
fotb.	fotbal, fotbalový
fyz.	fyzika
geol.	geologie
geom.	geometrie, geometrický
gymn.	gymnastika, gymnastický
hanl.	hanlivě, hanlivé slovo
hist.	historie, historický
horn.	hornický, hornictví
hov.	hovorově, hovorový výraz
hrom.	hromadně, hromadné slovo
hud.	hudební (věda, termín)
hut.	hutnictví, hutnický
chem.	chemie
inf.	infinitiv
ir.	irský (úzus)
iron.	ironicky

jaz.	jazykověda, jazykovědný
karet.	karetní výraz
kn.	knižní výraz
kuch.	kuchařství, kuchařský
lék.	lékařství, lékařský
let.	letectví, letecký
lit.	literatura, literární
malíř.	malířství
mask.	maskulinum, mužský rod
mat.	matematika, matematický
meteor.	meteorologie, meteorologický
miner.	mineralogie, mineralogický
mot.	motorismus, motoristický
mysl.	myslivectví, myslivecký
n.	nebo
náb.	náboženství, náboženský
námořn.	námořnictví, námořnický
např.	například
nářeč.	nářeční
nepočit.	nepočitatelný
o.s.	oneself
obch.	obchod, obchodní
obs.	obsahový (věta)
odb.	odborný (výraz), odborně
odporov.	odporovací
ozn.	označuje
p.	pád
pl.	plurál, množné číslo
poč.	počitatelný
podř.	podřadicí, podřadný
pol.	politika, politický
polygr.	polygrafie, polygrafický
právn.	právnictví, právnický
předl.	předložka
přen.	přeneseně
příč.	příčinný (spojka ap.)
přípust.	přípustkový
přísl.	příslovce, příslovečný
psych.	psychologie, psychologický
rozhl.	rozhlas
sb	somebody
sb's	somebody's
sg.	singulár, jednotné číslo
sk.	skotský (výraz)
sl.	slang, slangový (výraz)
sp.	spojka
sport.	sportovní (výraz)
srv.	srovnej
stav.	stavitelství, stavitelský
sth	something
subst.	substantivum, podstatné jméno
šach.	šachy, šachový

šk.	školský, školství
techn.	technika, technický
tel.	televize
text.	textilní
typogr.	typografie
účin.	účinkový
urč.	určitý
univ.	univerzita, univerzitní
v.	viz
VB	Velká Británie
voj.	vojenství, vojenský
vulg.	vulgární (výraz), vulgárně
vyj.	vyjadřuje
vzt.	vztažný
zájm.	zájmeno, zájmenný
zahr.	zahradnictví
zast.	zastaralý
zastaráv.	zastarávající (výraz)
zdrobn.	zdrobnělina
zesil.	zesilující
zeměd.	zemědělství, zemědělský
zeměp.	zeměpis, zeměpisný
zhrub.	zhrubělý (výraz), zhruběle
zkr.	zkratka, zkratkové slovo
zool.	zoologie, zoologický
zprav.	zpravidla
zvl.	zvláště
žel.	železniční (doprava)
žert.	žertovný (výraz), žertovně

Anglická nepravidelná slovesa

Na tento seznam nepravidelných sloves se odkazuje v textu hvězdičkou * . Předponová nepravidelná slovesa, jež zde nejsou uvedena, mají stejné tvary jako odpovídající slovesa bez předpony. Značka (†) označuje archaické tvary.

Infinitive	Past Tense	Past Participle
abide	abided, abode	abided, abode
arise	arose	arisen
awake	awoke	awoken
be	was (sg.), were (pl.)	been
bear	bore	borne, born (narozený)
beat	beat	beaten
beget	begot, begat(†)	begotten
begin	began	begun
behold	beheld	beheld
bend	bent	bent
beseech	besought, beseeched	besought, beseeched
bet	bet, betted	bet, betted
bid	bid, bade[1]	bid, bidden[1]
bind	bound	bound
bite	bit	bitten
bleed	bled	bled
bless	blessed	blessed, blest
blow	blew	blown, blowed
break	broke	broken
breed	bred	bred
bring	brought	brought
broadcast	broadcast, broadcasted	broadcast, broadcasted
build	built	built
burn	burnt, burned	burnt, burned
burst	burst	burst
bust	bust, busted	bust, busted
buy	bought	bought
cast	cast	cast
catch	caught	caught
chide	chided, chid	chided, chid, chidden
choose	chose	chosen
cleave	cleaved, clove, cleft	cleaved, cloven, cleft
cling	clung	clung
come	came	come
cost	cost, costed[2]	cost, costed[2]
countersink	countersank	countersunk
creep	crept	crept
cut	cut	cut
deal	dealt	dealt
dig	dug	dug
dive	dived, am. dove	dived

[1]Ve smyslu 'vybídnout' a 'popřát' (při zdravení)

[2]Ve smyslu 'odhadnout' (cenu), 'ocenit'

Infinitive	Past Tense	Past Participle
do	did	done
draw	drew	drawn
dream	dreamt, dreamed	dreamt, dreamed
drink	drank	drunk
drive	drove	driven
dwell	dwelt	dwelt
eat	ate	eaten
fall	fell	fallen
feed	fed	fed
feel	felt	felt
fight	fought	fought
find	found	found
flee	fled	fled
fling	flung	flung
floodlight	floodlighted, floodlit	floodlighted, floodlit
fly	flew	flown
forbear	forbore	forborne
forbid	forbade, forbad	forbidden
forecast	forecast, forecasted	forecast, forecasted
foretell	foretold	foretold
forget	forgot	forgotten
forgive	forgave	forgiven
forsake	forsook	forsaken
freeze	froze	frozen
gainsay	gainsaid	gainsaid
get	got	got, am. gotten
gird	girded, girt	girded, girt
give	gave	given
go	went	gone
grind	ground	ground
grow	grew	grown
hamstring	hamstringed, hamstrung	hamstringed, hamstrung
hang	hung, hanged[3]	hung, hanged[3]
have	had	had
hear	heard	heard
heave	heaved, námořn. hove	heaved, námořn. hove
hew	hewed	hewed, hewn
hide	hid	hidden
hit	hit	hit
hold	held	held
hurt	hurt	hurt
inlay	inlaid	inlaid
input	input, inputted	input, inputted
inset	inset	inset
interweave	interwove	interwoven
keep	kept	kept
ken	kenned, kent	kenned
kneel	knelt, zvl. am. kneeled	knelt, zvl. am. kneeled

[3]Ve smyslu 'oběsit se'

Infinitive	Past Tense	Past Participle
knit	knitted, knit	knitted, knit
know	knew	known
lay	laid	laid
lead	led	led
lean	leaned, br. leant	leaned, br. leant
leap	leapt, leaped	leapt, leaped
learn	learnt, learned	learnt, learned
leave	left	left
lend	lent	lent
let	let	let
lie	lay	lain
light	lighted, lit	lighted, lit
lose	lost	lost
make	made	made
mean	meant	meant
meet	met	met
mow	mowed	mown, mowed
output	output, outputted	ouput, outputted
outshine	outshone	outshone
overhang	overhung	overhung
pay	paid	paid
plead	pleaded, zvl. am. pled	pleaded, zvl. am. pled
prove	proved	proved, zvl. am. proven
put	put	put
quit	quitted, am. quit	quitted, am. quit
read [ri:d]	read [red]	read [red]
rend	rent	rent
rid	rid	rid
ride	rode	ridden
ring	rang	rung
rise	rose	risen
run	ran	run
saw	sawed	sawn, am. sawed
say	said	said
see	saw	seen
seek	sought	sought
sell	sold	sold
send	sent	sent
set	set	set
shake	shook	shaken
shear	sheared	shorn, sheared
shed	shed	shed
shine	shone, shined[4]	shone, shined[4]
shit	shitted, shit, shat	shitted, shit, shat
shoe	shod	shod
shoot	shot	shot
show	showed	shown, zřídka showed
shrink	shrank, shrunk	shrunk

[4]Ve smyslu 'leštit' (boty ap.)

Infinitive	Past Tense	Past Participle
shrive	shrived, shrove	shrived, shriven
shut	shut	shut
sing	sang	sung
sink	sank	sunk
sit	sat	sat
slay	slew	slain
sleep	slept	slept
slide	slid	slid
sling	slung	slung
slink	slunk	slunk
slit	slit	slit
smell	smelt, smelled	smelt, smelled
smite	smote	smitten
sow	sowed	sown, sowed
speak	spoke	spoken
speed	sped, speeded	sped, speeded
spell	spelled, br. spelt	spelled, br. spelt
spend	spent	spent
spill	spilt, spilled	spilt, spilled
spin	spun	spun
spit	spat, zvl. am. spit	spat, zvl. am. spit
split	split	split
spoil	spoilt, spoiled	spoilt, spoiled
spread	spread	spread
spring	sprang	sprung
stand	stood	stood
stave	staved, stove	staved, stove
steal	stole	stolen
stick	stuck	stuck
sting	stung	stung
stink	stank, stunk	stunk
strew	strewed	strewed, strewn
stride	strode	stridden
strike	struck	struck
string	strung	strung
strive	strove	striven
sublet	sublet	sublet
swear	swore	sworn
sweep	swept	swept
swell	swelled	swollen, swelled
swim	swam	swum
swing	swung	swung
take	took	taken
teach	taught	taught
tear	tore	torn
tell	told	told
think	thought	thought
thrive	thrived, throve	thrived, thriven(†)
throw	threw	thrown
thrust	thrust	thrust

Infinitive	Past Tense	Past Participle
tread	trod	trodden, trod
unbend	unbent	unbent
undergo	underwent	undergone
understand	understood	understood
undo	undid	undone
unsay	unsaid	unsaid
wake	woke, waked(†)	woken, waked(†)
wear	wore	worn
weave	wove, weaved[5]	woven, weaved[5]
weep	wept	wept
wet	wet, wetted	wet, wetted
win	won	won
wind	wound	wound
work	worked, wrought[6](†)	worked, wrought[6](†)
wring	wrung	wrung
write	wrote	written

[5] Ve smyslu 'klikatit se' (o cestě), 'proplétat se' (ulicemi, davy ap.)
[6] Ve smyslu 'opracovávat', 'tepat' (kovy)

Bibliografie

Karel Hais, Břetislav Hodek: *Velký anglicko-český slovník*, Academia, Praha, 1984 – 1985

Ivan Poldauf: *Česko-anglický slovník*, SPN, Praha, 1986

Slovník spisovné češtiny pro školu a veřejnost, Academia, Praha, 1978

Slovník spisovného jazyka českého, Nakladatelství Československé akademie věd, Praha, 1960 – 1971

Slovník české frazeologie a idiomatiky. Přirovnání, Academia, Praha, 1983

Slovník české frazeologie a idiomatiky. Výrazy neslovesné, Academia, Praha, 1988

Collins English Dictionary, New Edition, Collins, London & Glasgow, 1986

Oxford Advanced Learner's Dictionary of Current English, New Edition, Oxford University Press, Oxford, 1989

Longman Dictionary of Contemporary English, New Edition, Longman, London, 1987

The Concise Oxford Dictionary, The New Edition for the 1990s, Clarendon Press, Oxford, 1990

J. C. Wells: *Longman Pronunciation Dictionary*, Longman, London, 1990

Rosemary Courtney: *Longman Dictionary of Phrasal Verbs*, Longman, 1983

A

a$_1$ **1** *(písmeno)* a [ei]; **velké A** capital A; **malé a** small a; přen. **znát co od a do zet** know* sth from a to z, know sth thoroughly n. inside out **2** hud. **A dur/ moll** A major/ minor

a$_2$ sp. a částice **1** *(slučovací)* and; mat. plus; **dva a dva** *(po dvou)* two by two, in twos **2** *(odporovací)* and, but; **chce se ženit, a nemá peníze** he wants to get* married but he has no money **3** *(vytýkací* n. *stupňovací)* namely; **dva státy, a to Německo a Francie** two countries, namely Germany and France; **a přece** (and) yet **4** *(ve zkratkách)* **apod.** and things like that, and others of that ilk, and suchlike; **atd.** and so on, and so forth, etc.; **aj.** and other things **5** *(zesilující* n. *citosl. význam)* **mluvil a mluvil** he went* on and on; **sám a sám** all alone, all on one's own; **já a hrát tenis!** (what?), me play tennis! (not likely); **byl unavený? – a jak!** was he tired? – he certainly was!, hov. you bet* he was!, am. he sure was! **6** *(fráze)* **a je to!** so that's that; **a to zas ne!** under no circumstances!, hov. no way!

á citosl. **á, tak takhle to je!** oh, I see*!

à **1** *(po, za)* **kus à 5 Kčs** 5 crowns apiece; **5 lahví à 20 Kčs** 5 bottles at 20 crowns each **2** **à jour** au fait, up-to-date; **udržovat se à jour** keep* o.s. up-to-date n. au fait, keep o.s. informed

abdikace resignation

abdikovat abdicate, resign

abeced|a alphabet; **Morseova a.** Morse code; **seřadit co podle ~y** arrange sth alphabetically n: in alphabetical order

abeced|ní alphabetical ∎ **~ně** srv. **~a**

abiturient ≅ a candidate for the G.C.E. examination (A-level); a G.C.E holder, n. am. high school diploma holder; v. též **absolvent**

abnormalita abnormality; anomaly

abnormální abnormal, irregular; med. též pathological; psych. též deviant

abonent **1** *(časopisu* ap.*)* subscriber **2** *(koncertů* ap.*)* season-ticket holder

abonmá v. **předplatné**

Abrahám ♦ **už je u ~a** he's gone* to meet* his maker

absence **1** *(nepřítomnost)* absence, failure to turn up n. appear **2** *(zameškání prac. hodin)* absence without permission, loss of working hours **3** *(celková)* absenteeism; *(ve škole)* truancy

absentér skiver, shirker, *(předstírající nemoc)* malingerer

absolut|ismus **1** absolutism **2** *(~ní vláda)* absolute rule

absolutn|í absolute; **a. většina** absolute majority; **a. vládce** despotic n. autocratic ruler; **a. sluch** perfect pitch; **a. nesmysl** absolute n. sheer nonsense; **a. poslušnost** absolute n. unconditional obedience ∎ **~ě** totally, completely, absolutely

absolvent (university) graduate; *(školy)* (school-)-leaver; *(bývalý student/ bývalá studentka)* hov. old boy/ old girl, former student; am. alumnus, fem. alumna

absolvovat **1** finish, am. graduate from **2** *(univerzitu)* graduate from **3** *(studium, kurs)* complete **4** *(zkoušku)* pass **5** *(práci, úkol)* get* through

absorbov|at absorb; **je tou prací plně ~án** that job is taking* up n. absorbing all his time

absorbce absorption

abstence abstention

abstinence teetotalism; abstinence; **pohlavní a.** abstinence

abstinent teetotaller; **být a.** hov. to be on the waggon

abstrahovat abstract; **a. od čeho** leave* sth out of account n. consideration, leave* sth unaccounted for

abstraktní **1** abstract **2** filoz. též conceptual **3** **a. umění** abstract art, non-representational n. nonfigurative art

absurdní absurd, preposterous, ludicrous; **a. divadlo** the Theatre of the Absurd

absurdnost absurdity; **dovést co k ~i** reduce sth to absurdity, make* nonsense of sth

aby **I** sp. **1** *(účel)* so as n. in order *(+ inf.)*; **odešel do Londýna, a. si našel práci** he left* for London (in order n. so as) to find* a job; so that, in order that; **musíš být tiše, ~ch mohl pracovat** you must be quiet in order n. so that I can work; *(v záporu)* in order not *(+inf.)*, so that, kn. lest; **zatelefonuj mu, a. nezapomněl** give* him a ring so that he doesn't forget* n. kn. lest he should forget **2** *(účinek)* **je dost starý na to, a. to věděl** he is old enough to know* it **3** *(doporučení)* **radím ti, ~s odešel** I advise you to leave; *(obava)* **bál jsem se, ~ch nevzbudil děti** I was afraid of waking* the children n. that I might wake the children **II** část. *(vyjadřuje přání, obavu ap.)* **už a. ten déšť přestal!** I wish the rain would stop; **jen ~s to neztratil** see* n. mind n. watch that you don't lose* it; **ne**

~s utratil všechny své peníze don't go* and spend* all your money! ♦ **jen a.** *(pochybnost)* **brzy ti bude lépe** – *(odpověď)* **Jen a.!** you'll be better soon – If only!; **on ti to vrátí** *(peníze)* – **Jen a.!** he'll pay* you back – that'll be the day!; *(replika)* **a. ne!** hov. you bet*!; **pamatuješ se na ni? – A. ne!** do you remember her? – hov. You bet (I do)!

acetát acetate

acetátov|ý: ~é hedvábí acetate silk

aceton acetone

acetylén acetylene

ačkoli(v), ač although, (even) though; **a. je chudá, je vždycky upravená** although she is poor, she is always neat and tidy; **a., proč bych tam chodil?** on second thoughts, why should I go* there?

Adam: od ~ových časů *(odedávna)* since the year dot; **v rouše ~ově** in one's birthday suit, in the buff; **začít od ~a** start from square one n. from scratch

adaptace *(budov)* renovation, refurbishment, conversion; *(strojů)* modification; *(organismu)* adaptation

adapt|ovat *(budovy)* rebuild*, renovate; *(na byty)* convert (to); *(stroje)* modify ■ **a. se** adapt (o.s.), *(na nové prostředí* ap.*)* settle down; **ženy se ~ují lépe než muži** women are more adaptable than men

adept novice (**čeho** in sth)

adjektivum adjective

adjutant *(generála)* adjutant, aide(-de-camp)

administrace administration

administrativ|a 1 *(státní)* administration; **během Nixonovy ~y** during Nixon's administration **2** *(činnost)* administration; hov. zkr. admin; *(rutinní)* paperwork; **zbytečná a.** *(byrokratická)* red tape

administrativn|í administrative, hov. admin; **a. budova** admin(istration) building n. block; **a. práce** clerical work ■ **~ě** *(vyřešit)* through administrative channels

admirál 1 admiral **2** *(motýl)* **babočka a.** red admiral

adopce adoption

adoptivní adoptive; **a. rodiče** adoptive parents; **a. dítě** adopted child

adoptovat adopt

adres|a address; **to jste na špatné ~e** přen. you've come* to the wrong address, you have got* to the wrong address

adresant sender

adresář directory; *(soukromý)* address book; *(seznam zájemců)* mailing list

adresát addressee; obch. též consignee; **a. neznámý** *(na dopisech)* not known* at this address

adresovat *(dopisy, dotazy, prosby* ap.*)* address (**na** to); *(kritiku ap.)* level, direct, aim (**na** at, against)

advokacie *(obor)* legal profession

advokát lawyer

advokátní: a. poradna ≅ br. law centre; am. legal aid bureau

aerobik(a) *(aerobní cvičení)* aerobics pl.

aerodynamický aerodynamic; *(tvar)* streamlined

aerodynamika aerodynamics

aerolin|ie, ~ka airway, air route; *(podnik)* airways, airlines; **Československé a.** Czechoslovak Airlines; **Britské a.** British Airways

afektovan|ý affected ■ **chovat se ~ě** put on airs and graces ■ **~ost** affectation, affectedness, airs and graces

afér|a *(politická* ap.*)* scandal, *(milostná též)* affair; **dělat z čeho ~u** *(přehánět důležitost)* blow* sth up, exaggerate sth

aforismus aphorism, maxim

aforistický aphoristic

afri|cký, A~čan, A~čanka African

Afrika Africa

afrikanistika African Studies

afro Afro (hairstyle)

agenda office n. clerical work; *(souhrn povinností)* scope of duties; **je u toho velká a.** it involves a lot of paperwork

agent 1 *(obchodní)* (sales) representative, hov. rep **2 tajný a.** secret police agent; **a. provokatér** agent provocateur

agentura agency; **tisková a.** press n. news agency; **reklamní a.** advertising agency

agilní active, agile, *(podnikavý)* enterprising; *(horlivý)* enthusiastic

agitace pol. propaganda, agitation; **předvolební a.** canvassing, campaigning, electioneering

agitační agitation, campaign; **a. oddělení/ leták/ heslo** publicity department/ leaflet/ slogan

agitátor (political) agitator, propagandist; *(při volbách)* canvasser

agitovat (pro for) pol. agitate, *(při volbách)* canvass, campaign

aglomerace agglomeration; **městská a.** conurbation; **a. obyvatelstva** population centre

agóni|e death throes n. agony; **být v ~i** be at

death's door
agrární: **a. reforma** land *n.* agrarian reform; **a. strana** agrarian party
agregát *techn.* assembly, unit, plant
agrese aggression (**proti** towards)
agresívn|í aggressive, belligerent ■ **~ost** aggression, belligerence; *(hádavost)* *hov.* aggro
agresor aggressor
agronom agronomist
agronomie agronomy, agricultural science
agrotechnika agricultural technology
aha! **1** *(uspokojivé)* **ahá! tu to máme!** aha! there it is! **2** *(dovtípení se)* (oh), I see*!, (oh), I get* it **3** *(podívej!)* **aha, tvoje manželka!** look, (there's) your wife!
ahoj hello, *am.* hi; *(při loučení)* **tak a.!** bye now!, cheerio!, be seeing you
ach oh; **ach jo!** oh, dear (me)!, oh, goodness!; **ach tak!** oh, I see*
achát agate
Achilova pata Achilles' heel; weak spot
ais *hud.* A sharp; *v.* *(písmeno)* **a**
aj. *zkr.* **a jiné** and other things, among others; **a jiní** and other people, among other people *n.* others
akademick|ý academic(al); **~á půda** university campus; **~é vzdělání** university education ■ **~y vzdělaný** university-trained
akademie **1** *(vědecká instituce)* academy; **Československá a. věd** the Czechoslovak Academy of Sciences **2** *(druh střední n. vysoké školy)* college, academy; **A. múzických umění** Academy of Music and Drama **3** *(zábavný večer, slavnost)* concert, musical evening *n.* soirée
akademik academician, member of the Academy of Sciences
akademismus academism
akát acacia
akce **1** *(organizovaná činnost)* action, campaign; **společná a.** joint action; **podvratná a.** subversive act; *(konkrétní činnost)* event, activity **2** *(rozsáhlý program)* programme, scheme, project; **velká a. ve prospěch nezaměstnaných** a major project in aid of the unemployed
akcelerace acceleration, speeding up
akcelerátor *aut.* accelerator, *am.* gas pedal
akcent *jaz.* stress; *přen.* *též* emphasis
akcentovat *jaz.* stress; *přen.* *též* emphasize, bring* out, lay* stress *n.* emphasis (**na** on)
akceptovat accept
akceschopný fit for action; capable of action
akcie share; **a. stoupají/ klesají** share prices are rising*/ falling*
akcionář shareholder
akciov|ý: **~á společnost** joint-stock company; **a. index/ kurs/ kapitál** share index/ price/ capital
akční action; **a. výbor** action committee; **a. jednota** unity in action; **a. rádius** *(letadla ap.)* (operational) range
aklamac|e acclaim, acclamation; **volba ~í** voting by acclamation
aklimatizace acclimatization; settling down
aklimatizovat se become* acclimatized; *(zvyknout si)* settle down (**na** to)
akord$_1$ *hud.* chord; **durový/ molový a.** major/ minor chord
akord$_2$ *(úkolová práce)* piecework; **pracovat v ~u** do piecework; **pracovník v ~u** pieceworker
akordní: a. práce piecework
akreditiv **1** *obch.* letter of credit **2** *dipl.* credentials
akreditovat *(vyslance ap.)* accredit (**u** at, to)
akrobacie acrobatics; **letecká a.** aerobatics, stunt flying
akrobat acrobat
akrobatický acrobatic; **a. kousek** stunt
aksamit velvet; **a. s vlasem** pile velvet
akt **1** *(čin)* act; *(slavnostní)* ceremonial act, ceremony; **zahajovací a.** opening ceremony **2** *div.* act **3** *malíř.* nude **4** **sexuální a.** sexual act, sexual intercourse, coitus
akta documents, papers; *právn.* *(o majetku)* deeds; **uložit něco ad a.** file sth away, put* sth on file
aktiv **1** *(aktivní členové)* **stranický a.** party caucus, party activists **2** *(schůze ~u)* caucus (meeting)
aktiva assets
aktivita activity; active work, participation *n.* involvement in sth
aktivizovat *(masy ap.)* mobilize
aktivní active; **být a. v čem** take* an active part in sth; **a. člen** full member; **a. důstojník** regular officer; **být v a. službě** be on active duty *n.* service; **mít a. bilanci** be in the black
aktiv|um *jaz.* active voice; *obch.* **~a a pasíva** assets and liabilities
aktovka$_1$ briefcase
aktovka$_2$ one-act play; playlet
aktualit|a *pol.* **~y** current affairs; the latest news; **filmové ~y** newsreel
aktualizovat make* sth (more) topical, update
aktuáln|í topical; up-to-date; relevant (to the current situation); *(otázka)* topical; *(téma)* current;

(móda) latest, current; *(problémy)* contemporary ■ **~ost** topicality
akumulátor battery, br. též accumulator
akumulační: a. kamna storage heater
akumulovat accumulate; *(bohatství)* amass; *(teplo)* store; *(vojsko)* concentrate, mass
akustick|ý acoustic ■ **~y** acoustically
akustika *(budovy)* acoustics pl.; *(odvětví fyziky)* acoustics sg.
akutn|í lék. acute; přen. *(problémy* ap.*)* burning, pressing, urgent; *(nebezpečí)* imminent ■ **~ost** acuteness; urgency; imminence
akuzativ accusative
akvabela synchronized swimmer
akvarel watercolour (painting); **malovat ~em** paint in watercolours
akvarelista watercolourist
akvarelový watercolour
akvárium aquarium
alabastr alabaster
alarm *(poplach)* alarm; *(letecký)* air-raid warning
alarmovat give* n. sound n. raise the alarm; **a. policii** alert the police
Albán|ec, ~ka Albanian
Albánie Albania
albánský Albanian
album album
ale I sp. **1** odporov. but, however, though; **byl jsem tam, a. neviděl jsem ho** I was there but I didn't see* him; **on a. souhlasí** he agrees though **2** *(omezující)* yet, but, still; **je to podivné, a. je to tak** it's strange, yet true; **a. na druhé straně** but then, but on the other hand **3** *(zesilující)* **nejen, a. i** not only ... but also **II** citosl. **a. ano, a. ovšem** but of course, why certainly; **a. ne!** of course not!; *(nelibost)* **a. a., chlapci!** really, boys!; *(konejšení)* **a. a., neplač!** there! there! don't cry!; **a. jdi!** go* on!; **ty a. vypadáš** what a sight you are! **ty jsi a. opálený!** aren't you brown! **III** *(zpodstatnělé)* **jenom žádná a.!** no buts, please!
alegorický allegorical; **a. vůz** float
alegorie allegory
alej avenue; **topolová a.** avenue of poplars
alergick|ý allergic (**na** to) ■ **reagovat ~y** have an allergic reaction (**na** to)
alergie allergy
alespoň at least
alfa alpha; **paprsky a./ a. částice** alpha rays/ particles
algebra algebra
algebraický algebraic(al)
alchymie alchemy
alchymista alchemist
aliance alliance; **svatá a.** the Holy Alliance
alibi alibi; **prokázat své a.** produce an alibi
alibismus refusal to take* personal responsibility, zvl. am. passing the buck
aligátor alligator
alimenty maintenance
Aljaška Alaska
alkohol alcohol; **být pod vlivem ~u** be under the influence (of alcohol n. drink); **utopit smutek v ~u** drown one's sorrows; **obchod s ~em** off-licence
alkoholick|ý alcoholic; **~é nápoje** alcoholic drinks
alkoholik alcoholic; **notorický a.** habitual drinker
almanach *(ročenka)* annual, *(o uplynulém roce)* yearbook; *(informativní)* almanac
almužn|a alms pl.; *(malá mzda)* pittance; **žít z ~y** live on charity
alobal kitchen foil
alpa *(francovka)* liniment
alpaka German silver, nickel silver
alpinismus mountain climbing, mountaineering
alpský Alpine
Alpy the Alps pl.
alt alto, *(ženský též)* contralto
altán, ~ek summerhouse, *(zahradní besídka)* arbour, bower
alternativ|a alternative ■ **~ní medicína** alternative medicine
alternátor alternator
altový: a. klíč alto clef
aluminium aluminium, am. aluminum
Alžír 1 *(stát)* Algeria **2** *(město)* Algiers
Alží|řan, ~řanka, a~rský Algerian
amatér amateur
amatérský 1 *(sportovec* ap.*)* amateur **2** *(málo kvalifikovaný)* amateurish; **a. politik** small-time politician
amazonka *(mužatka)* amazon
ambice ambition; **mít velké a.** have big ambitions, hov. think* big
ambic|iózní ambitious; hanl. pushy; srv. též **~e**
ambulance 1 *(oddělení)* outpatients' (department) **2** *(auto)* ambulance
ambulantní: a. léčení outpatient treatment; **a. pacient** outpatient
amen amen; **je s ním a.** his number is up, he has

had it; **ještě není všemu a.** it's early days yet
americký American; **a. způsob života** American way of life
Američan, ~ka American
Amerika America; **Severní/ Jižní A.** North/ South America
amerikanista specialist in American Studies
amerikanistika American Studies
amerikanizovat Americanize
ametyst amethyst
amfiteátr amphitheatre
amnestie amnesty; **všeobecná a.** general amnesty n. pardon
amnestovat *(koho)* grant an amnesty to
amok: dostat a. run* amok n. amuck; *(rozčilit se)* throw* a fit, go* wild
amoniak ammonia
amortizace 1 *(odpis: strojů* ap.*)* depreciation 2 *(investic)* amortization
ampér amp, ampère
ampérmetr ammeter
amplión (loud)speaker
ampule 1 *(lahvička)* phial 2 *(injekční)* ampule, am. ampoule
amputace amputation
amputova|t amputate; **budeme muset a.** we'll have to amputate; **bolest v ~ném údu** phantom limb pain
amulet amulet, charm, talisman
analfabet illiterate; hanl. ignoramus
analfabetismus illiteracy
analgetikum analgesic
analogick|ý analogous (**čemu** to n. with sth) ■ **~y** similarly, by the same token; *(argumentovat)* by analogy
analogov|ý: a. počítač analog computer ■ **~ě číslicový počítač** analog digital computer
anály annals, records
analytický analytical
analýza analysis; **spektrální a.** spectrum analysis
analyzovat analyse, examine
anamnéza anamnesis, case history
ananas pineapple
anarchick|ý anarchic ■ **žít ~y** live an anarchic life
anarchie anarchy
anarchista anarchist
anarchistický anarchistic; *(organizačně)* anarchist
anatom anatomist
anatomický anatomical; **a. ústav** institute of anatomy
anatomie anatomy
ančovička anchovy
anděl 1 angel; **a. strážný** guardian angel; **ty jsi úplný a.** you're an (absolute) angel, you're a dear 2 zastaráv. *(špeh)* shadow, sl. tail
andělíč|ek little angel, cherub; **slyšel jsem ~ky zpívat** I saw* stars, it was agony
andělsk|ý *(laskavý)* angelic; *(trpělivost)* saintly; **má ~ou trpělivost** she has the patience of a saint
andský Andean
Andy Andes
andulka zool. budgerigar, hov. budgie
anebo or; **buď... a.** either ... or; **teď, a. nikdy** it's now or never
anekdota joke, anecdote
anekdotický: a. příběh anecdote
anektovat annex
anemický anaemic
anémie anaemia
anestézie anaesthetic, am. anesthetic; **celková a.** general anaesthetic
anexe annexation
angažmá div. engagement
angažovanost pol. commitment (**pro** to), **společenská a.** public spirit
angažovat div. engage, hov. hire
angažova|t se 1 *(aktivně podporovat)* be committed (**pro** to); **politicky/ sociálně ~ná literatura** politically/ socially committed literature 2 *(účastnit se)* be/ become* involved in sth ■ **~ný** engagé, committed (to a cause ap.); **a. se pro koho** speak* up for sb, put* in a good word for sb
angína quinsy, tonsilitis; **a. pektoris** angina (pectoris)
anglick|ý English; **a. roh** cor anglais ■ **~y** in English; **mluvíte ~y?** do you speak* English? v. též **česky** ♦ **zmizet po ~u** take* French leave
anglicismus anglicism, English turn of speech
Angličan Englishman, English boy; **~ka** English woman/ girl; **~é** the English, am. the Britishers; **je to A.** he's English; **s klidem ~a** ≅ as if there were all the time in the world
angličtina English
angličtinář English teacher
Anglie England
anglikán, ~ský Anglican
anglista English scholar; specialist in English philology; *(mimo VB a USA)* Anglicist; *(stu-*

dent) student of English
anglistika English philology, English Studies; *(ve VB)* English (language and literature)
anglo-: *(o vztazích mezi národy)* **a.-český** Anglo--Czech; *(slovník)* English-Czech
Anglofil Anglophile
Anglosa|s, a~ský, a~ština Anglo-Saxon
angor|a ■ **~ský** angora
angrešt *(keř)* gooseberry; *(plody)* **trhat a.** pick gooseberries
angreštový gooseberry; **a. keř** gooseberry bush
ani I sp. **1** *(v záp. větě: slučující)* **a ... a** neither ... nor; **a. Petr a. Pavel** neither Peter nor Paul; *(při několikanásobném přísudku též)* nor *(s inverzí)*, not ... either; **nepřišel a. nezavolal** he neither came*, nor phoned; he did not come, nor did he phone; he didn't come and didn't phone either **II** část. **1** *(zesilující a vytýkací)* **dokonce a.** not even; **a. jeden** not a single one; **a. jednou** not a single time, not once; **a. trochu** not in the least; **nemáš o tom a. ponětí** you haven't got* a clue, hov. a fat lot you know* about it; **a. slovo!** not another word **2** *(nerozhodnost)* **a. ne** not particularly; **a. se neptejte!** I'd rather you didn't ask
animovat animate
aniž (by) without *(+ing)*; **a. by zaváhal** without hesitating; **a. by cokoliv řekl** without saying a word; **a. by poděkoval** without so much as a word of thanks
anket|a questionnaire; *(průzkum veř. mínění)* opinion poll; *(sociologická)* survey; **udělat ~u** carry out a survey n. an opinion poll
ano 1 *(přisvědčující)* yes, hov. yeah, sk. aye; *(při sňatku)* I do; **věřím/ myslím/ doufám, že a.** I believe/ think*/ hope so; **pokud a.** if so; *(důrazný souhlas)* (yes,) indeed, absolutely, quite so, exactly, that's right **2** *(ujišťující se)* O.K.? n. *(přívěsná otázka)*; **Zavoláš mi, a.?** You'll give* me a ring, O.K.? n. won't you? **3** *(stupňující)* in fact; **je to dobré, a. vynikající** it's good, in fact, it's excellent
anoda anode
anomálie anomaly
anonym anonymous author n. writer
anonymn|í anonymous ■ **cestovat ~ě** travel incognito; **psát ~ě za někoho** ghostwrite
anorganick|ý inorganic; **~á chemie** inorganic chemistry
ansámbl div. company, group, ensemble
antagonistick|ý antagonistic; **~é protiklady** irreconcilable contradictions
Antarkt|ida Antarctic ■ **a~ický** Antarctic
anténa aerial; am. antenna, pl. antennae; **televizní/ pokojová/ venkovní/ výsuvná a.** T.V./ indoor/ outdoor/ telescopic aerial
antibiotikum antibiotic
antick|ý hist. ancient; **člověk v ~ém světě** man in the ancient world
antik|a antiquity, the ancient world; **umění ~y** the art of the ancient world
antikoncepc|e 1 contraception, birth control, family planning; **poradna o ~i** family planning clinic **2** *(prostředek)* contraceptive (device)
antikoncepční contraceptive; **a. tabletka** contraceptive pill, birth-control pill, hov. the pill; **užívat a. tabletky** be on the pill
antikva polygr. roman (type)
antikvariát second-hand bookshop; *(se starými tisky)* antiquarian bookshop
antikvární: a. knihy second-hand n. *(vzácné)* antiquarian books
antilopa antelope
antimon antimony
antipatie antipathy, aversion (**k** n. **vůči** to)
antiseptický antiseptic
antitalent: být na co a. be hopeless at sth; **na ruštinu jsem a.** my Russian is a disaster
antologie anthology
antracit anthracite
antropologický anthropological
antropolog anthropologist
antuk|a, ~ový clay; **~ový dvorec** clay court
Antverpy Antwerp
anulovat annul; *(oficiálně)* declare sth null and void
anýz *(koření)* aniseed; *(rostlina)* anise
anýzovka aniseed liqueur
aorta aorta
Apač, a~ský Apache
aparát 1 *(přístroj)* apparatus jen sg., appliance; *(malý mechanický prostředek)* gadget; **fotografický a.** camera; **zůstaňte u ~u!** *(u telefonu)* hold* the line! **2** *(státní, stranický)* apparatus **3** *(technické zařízení)* equipment
aparát|čik, ~ník apparatchik
aparatura equipment, apparatus jen sg.; *(strojní komplex)* plant
apartmá suite (of rooms); **jeho a.** kn. n. žert. his chambers
apartní chic
apati|cký apathetic, indifferent ■ **~čnost** v. **~e**

apatie apathy, indifference
apel 1 voj. roll call; **nastoupit k ~u** line up for roll call 2 *(výzva)* appeal (**k** to)
apelační: a. soud court of appeal
apelovat: a. na koho/ co *(rozum* ap.*)* (make* an) appeal to sb/ sth; **a. na laciný vkus** play to the gallery
aperitiv aperitif
aplik|ovat *(teorii, pravidlo)* apply; *(zkušenost, poznatky)* (**na** on) use; *(metodu)* adopt ■ **~ace** *(použití)* application, use, adoption
aplikovatelný applicable
apod. etc., and the like, and things like that, *(o osobách)* and others of that ilk
apokalypsa apocalypse; přen. holocaust
apokryf apocryphal story; **~y** the Apocrypha
apokryfní apocryphal
apoliti|cký apolitical, politically indifferent ■ **~čnost** indifference to politics, being apolitical
apologie apology, defence
aport! fetch!
aportovat retrieve
apostrof apostrophe
apoštol apostle
apoštolský apostolic; **a. stolec** the Holy See
apretovat *(dřevo)* dress, finish; *(textilie)* starch; *(papír)* glaze
apret|ura 1 *(prostředek)* finish 2 *(úprava)* dressing, finishing; v. **~ovat**
apríl I citosl. **a.!** April Fool! **II** subst. *(den)* April Fools' Day; **vyvést koho ~em** make* sb an April fool; **dát se vyvést ~em** ≅ go* on a wild goose chase; **to má být a.?** you must be joking
aprobace teaching qualification
aprobovat se be registered as a teacher, acquire a teaching qualification
ar *(100m²)* are
Arab Arab
arabský Arab, *(literatura, jazyk)* Arabic
arabistika Arabic studies
arabština Arabic
aranžér *(výkladů)* window dresser n. am. trimmer; *(hudební)* arranger, adaptor
aranžovat 1 *(výklady)* dress n. am. trim; *(květiny, hudbu)* arrange 2 *(organizovat)* organize, hold*, *(efektně)* stage-manage
arašíd peanut; am. též monkey nut
arašídov|ý: ~á pomazánka peanut butter
arbitráž arbitration
arbitrážní: a. řízení/ výrok arbitration proceedings/ award
arcibiskup archbishop
arcibiskupství archbishopric, archdiocese, *(anglik. církev)* province
arcilotr arch rogue, dyed-in-the-wool scoundrel
arcivévod|a archduke ■ **~kyně** archduchess
areál grounds; *(školy, univerzity)* campus; *(veletržní)* centre, site; *(nákupní)* precinct, mall
aréna arena též přen.; *(cirkusová)* ring; **býčí a.** bullring
aretace arrest(ment), locking
aretovat *(váhy, přístroj)* arrest, lock
Argentina Argentina, the Argentine
Argentin|ec, ~ka, a~ský Argentinian; hrom. **~ci** the Argentine
argot argot, slang
argument argument; **to není žádný a.** that's no argument
argumentace argumentation
argumentovat argue, reason
arch *(papíru)* sheet (of paper); **výplatní a.** payroll; **autorský a.** ≅ signature
archa: Noemova a. Noah's Ark; **a. úmluvy** the Ark of the Covenant
archaický archaic
archaism archaism
archanděl archangel
archeolog archaeologist
archeologický archaeological; **a. objev** archeological discovery
archeologie archaeology
Archimedův zákon Archimedes' principle
architekt architect; **bytový/ divadelní a.** interior/ set designer
architektonický architectural
architektura architecture
archív archives; **filmový a.** film archives; **dát co do ~u** shelve sth
archivář archivist; keeper of the archives
árie *(operní)* aria
aristokracie aristocracy; **rodová a.** hereditary nobility
aristokrat aristocrat; *(šlechtic)* nobleman
aristokratický aristocratic
aritmetika arithmetic
aritmetik arithmetician
aritmetický arithmetic(al)
arkáda *(podloubí)* arcade; *(krytý vchod)* arch(way), portico
arktický arctic
Arktida the Arctic
arkýř oriel, bay; **místnost s ~em** room with a

bay window
arkýřov|ý; ~é okno oriel n. bay window
armád|a též přen. army; *(ozbrojené síly)* the armed forces; **A. spásy** Salvation Army; **v ~ě** in the army, in the forces; **vstoupit do ~y** join the army, join the forces; **modrá a.** railway employees, railwaymen
armatura 1 *(kohoutky, ventily* ap.*)* fitting(s); el. fixture 2 *(výztuž)* reinforcement
armova|t *(beton)* reinforce, fortify; *(kabel)* armour ■ **~ný beton** reinforced concrete
arogance arrogance, presumptuousness
arogantní arrogant, presumptuous
aróma aroma, fragrance, scent
aromatický aromatic, fragrant
artérie artery
arterioskleróza arteriosclerosis, hardening of the arteries
artikl *(zboží)* article (of trade n. commerce), commodity; **módní a.** text. fashion accessory
artikulace articulation, *(výrazná* též*)* enunciation
artikulovat articulate, enunciate
artilérie artillery
artista *(cirkusový)* artiste, circus performer
artistický artiste, of (circus) artistry; **fenomenální a. výkon** a phenomenal feat of circus artistry
arzén arsenic
arzenál arsenal
as hud. A flat
asan|ace 1 *(přestavba)* redevelopment, renovation, urban renewal 2 *(zamoření)* decontamination, detoxification; v. **~ovat**
asanační redevelopment ap.; srv. **asanace**
asanovat 1 *(bytový fond* ap.*)* rehabilitate, renovate; *(městskou čtvrť)*; (re)-develop; *(slamy)* clear 2 *(zbavit nečistot)* clean up, decontaminate, detoxify
asfalt, ~ovat asphalt
asfaltov|ý asphalt; **a. koberec** asphalt surface n. am. blacktop; **~á silnice** asphalt n. am. blacktop road; **a. terč** clay pigeon
asi 1 *(přibližně)* approximately, about, around; **stojí to a. 100 Kčs** it costs* about n. approximately n. roughly Kčs 100; **skupina a. dvaceti chlapců** a group of some twenty boys, a group of twenty or so boys; **částka a. padesáti liber** a sum of about £50; **a. v pět hodin** at about 5 o'clock ♦ **a. jako** a bit like, something like 2 *(pravděpodobně)* probably; **a. přijde** he'll probably come*, he is likely to come; **a. zapomněl** he must have forgotten* 3 (vyj. *nejistotu)* **kdo to a. je?** I wonder who it is, who can it be?
Asie Asia
asijsk|ý Asian; **~á chřipka** Asian flu
asimilace assimilation; *(přizpůsobení)* adjustment
asimilační assimilatory, assimilative
asimilovat assimilate; **a. se** assimilate, become* assimilated, adjust
asistence 1 *(pomoc)* help, assistance; *(podpora)* support 2 *(přítomnost)* presence; **za něčí a.** in sb's presence
asistent, ~ka assistant; *(na vysoké škole)* assistant, am. instructor; **odborný a.** ≅ br. lecturer, am. assistant professor; film **a. režie** assistant director ■ **porodní ~ka** midwife
asistovat assist, help
asket|a, ~ický ascetic
askeze asceticism, self-renunciation
asociace 1 *(organizace)* association 2 **a. představ** association of ideas
asociativní associative
asociální antisocial; **a. živly** antisocial elements
aspekt aspect; **všechny ~y problému** all aspects n. facets n. sides of the question
aspik aspic; *(sulc)* brawn
aspirace aspiration; *(ctižádostivost)* ambition
aspirant 1 *(na univerzitě)* ≅ *(s úvazkem)* research assistant, *(postgraduální student)* (full-time) research student, (full-time) Ph.D. student 2 *(uchazeč)* aspirant
aspirantura ≅ research assistantship
aspirin aspirin; **tabletka ~u** an aspirin
aspirovat: a. na co aspire to do sth, have aspirations towards sth
aspoň *(při nejmenším)* at least, at the very least, no less than, no fewer than; v. též **alespoň**
astma asthma
astmati|cký, ~k asthmatic
astra aster
astrolog astrologer
astrologie astrology
astronaut astronaut
astronautika space exploration, astronautics sg.
astronomick|ý astronomical též přen.; **~é částky** astronomical sums of money
astronomie astronomy
asymetrický asymmetric(al)
asymetrie asymmetry, lack of symmetry
asyl v. **azyl**
ať I část. vyj. 1 *(vybídnutí, nepřímý vzkaz, lhostejnost)* **ať si jde!** let* him go*!; **ať si dělá, co chce!** let him do what he wants!; **ať!** so be it!,

very well! **2** *(zvolání)* **ať žije!** long live!, long may he live!, hurrah for ...! **3** *(zesílení rozkazu)* **ať se mi o ni dobře postaráš!** see* n. mind that she is well looked after! **4** *(varování)* **ať se to víckrát nestane!** don't let* me catch* you doing that again!; **ať nepřijdeš pozdě!** mind you are not late!, make* sure you are not late; **ať tě tu už nevidím!** get* out!, away with you! **II** sp. vyj. **1** *(účel, výstrahu)* **pospěš si, ať nezmeškáš autobus** hurry up not to miss the bus, kn. hurry up so that you don't miss the bus **2** *(připustku: často se používají neurčitá zájmena s -ever)* **ať jsem se snažil sebevíc** however much I tried; **ať je to kdekoliv** wherever it may be ♦ **ať se stane cokoliv** come what may; **zůstaneme tu, ať se stane cokoliv** we'll stay come hell or high water **3** *(slučování, vylučování)* **ať ... nebo/ či** whether ... or; **ať chceme nebo nechceme** whether we want or not; **ať tak či onak** in any event, whatever happens

atašé attaché; **vojenský/ kulturní a.** military/ cultural attaché

atd. and so on, and so forth, hov. and what have you

ateismus atheism

ateista atheist

ateistický atheistic

ateliér studio; **filmový a.** film studio; **módní a.** fashion house

atentát *(vražda)* assassination; **pokus o a.** (assassination) attempt; **spáchat na koho a.** *(úspěšný)* assassinate sb; *(neúspěšný)* make* an attempt on sb's life

atentátník *(vrah)* assassin; *(neúspěšný)* would-be assassin

aténský Athenian

Atény Athens

Atlant|ik, a~ský Atlantic; **A~ský oceán** the Atlantic Ocean

atlas$_1$ *(zeměpisný)* atlas

atlas$_2$ *(látka)* satin

atlet athlete

atletický athletic

atletika athletics; **lehká a.** track and field events n. sports, br. athletics; **těžká a.** weightlifting, boxing & wrestling

atmosféra atmosphere též přen.

atmosférick|ý atmospheric; **a. tlak** atmospheric pressure; **~é poruchy** atmospherics

atom atom

atomický atomic

atomov|ý atom, nuclear, atomic; **~á bomba** atom n. atomic bomb; **~á energie** nuclear energy; **~á elektrárna** nuclear power station; **a. vědec** nuclear scientist

atrakce attraction; **hlavní a. programu** the highlight of the programme

atraktivní attractive

atrapa dummy

aťsi! so what!, what of it!, I don't care!

au! ow!, ouch!

audienc|e audience; **udělit komu ~i** grant sb an audience

audienční: a. sál audience chamber

audiovizuální audiovisual; **a. pomůcky** audiovisual teaching aids

auditorium **1** auditorium, lecture hall **2** *(posluchačstvo)* audience

Augiášův chlév Augean stables

aukce auction, sale by auction; **dát co do a.** put* sth up for auction

aula assembly hall

aureola aureole, halo

Austrálie Australia

Austral|an, ~anka, a~ský Australian, hov. Aussie

autenti|cký authentic; *(podpis)* genuine ■ **~čnost** authenticity

aut fotb., rugby touch; **dostat se do ~u** go* into touch; **být v ~u** be in touch

autíčko **1** *(dětské)* toy car **2** *(malé osobní)* hov. runabout

aut|o **1** *(osobní)* car, am. automobile, hov. auto; **jet ~em** *(řídit)* drive* a car, *(jako spolucestující)* go* by car; **zajíždět a.** run* in n. am. break* in a car; **odtáhnout a.** tow away a car n. take* a car in tow **2** **nákladní a.** lorry, am. truck; *(kloubové)* br. juggernaut, am. truck-trailer; **popelářské a.** br. dustcart, am. garbage truck; **závodní a.** racing car

autoatlas road atlas

autobiografický autobiographical

autobiografie autobiography

autobus *(městský)* bus; *(dálkový)* coach, am. bus; **dvouposchoďový a.** double-decker; **~em** by bus/ coach

autobusov|ý: ~é nádraží bus/ coach station; **~á linka** bus route

autodílna br. garage, am. car repair shop

autodoprava road transport; *(nákladní)* haulage

autodopravce haulage contractor, am. trucker

autodrom motor-racing circuit

autogen oxyacetylene burner n. lamp

autogenní: a. sváření oxyacetylene welding
autogra|f, ~m autograph; **sběratel ~mů** autograph hunter
autokar coach
autokempink 1 *(místo)* caravan site, am. trailer camp 2 *(druh dovolené)* caravanning
autoklub automobile club, ≅ br. Automobile Association, zkr. AA
autokolona motorcade
automapa road map
automat 1 automatic machine, automaton, pl. -ta n. -tons, robot; *(prodejní)* vending machine; *(hrací)* one-armed bandit, fruit machine; *(hudební)* jukebox; *(parkovací)* parking meter; *(telefonní)* payphone, *(budka)* call box, phone booth; **pracovat jako a.** work like an automaton n. robot 2 *(zbraň)* submachine gun 3 *(bufet)* snack bar, cafeteria, am. drugstore; **peněžní a.** cash dispenser
automatick|ý automatic; **~á puška** automatic rifle; **a. pilot** automatic pilot
automatizace automation
automatizovat automate
automechanik motor n. car mechanic
automobil motorcar, car, am. zast. automobile
automobilismus 1 motoring 2 motor sport
automobilista motorist, (car) driver
automobilka car factory
automobilov|ý: a. průmysl car n. auto(mobile) industry; **~á nehoda** car accident n. crash; **~á dráha** motor-racing track; **~á správkárna** v. **autodílna**
autonehoda car crash n. accident
autonomie autonomy, self-administration
autonomní autonomous, independent
autoopravna v. **autodílna**
autoportrét self-portrait
autopříslušenství car n. motor accessories
autor author, *(obrazu též)* painter, *(skladby též)* composer, *(sochy též)* sculptor ap.; **a. tohoto článku** the present writer; **a. výpravy** set designer ■ **~ka** authoress; v. **autor**
autorádio car radio
autorita 1 authority 2 *(odborník)* authority (**na českou literaturu** on Czech literature)
autoritář disciplinarian
autoritativní authoritative
autorizova|t authorize ■ **~ný překlad** authorized translation
autorský author's; **a. obtah** author's proof; **a. výtisk** presentation copy
autorství authorship
autosalón motor show
autosport motor sport; motoring
autostop hitch-hiking
autostráda br. motorway, am. expressway
autoškola school of motoring, driving school
autoturistika driving and camping; *(s obytným přívěsem)* caravanning
avantgarda *(v umění)* avant-garde; pol. vanguard
averze loathing (**k** for), aversion (**k** to, towards)
avitaminóza vitamin deficiency, avitaminosis
avivážní: a. prostředek (fabric) conditioner
avízo 1 obch. advice; *(písemné)* advice (note), letter of advice; hov. **dát komu a.** *(informovat koho)* tip sb off; **policie dostala a., že** the police were tipped off that, the police received a tip-off that 2 *(varování)* warning
avízovat *(co)* advise of, send* notification of, notify of
avšak but, but still, yet; **nejen ... a. také** not only ... but also
axiom axiom
azalka bot. azalea
azbest asbestos
azbuka Cyrillic (alphabet n. script)
azté|cký, A~k Aztec
azur *(obloha)* azure sky; *(barva)* azure (blue), sky blue
azyl asylum; **politický a.** political asylum; **právo ~u** right of asylum; **požádat o politický a.** ask for n. seek* political asylum
až I adv. vyj. 1 *(místní hranici)* **až do, až k** right to, all the way to, as far as, up to; **až do Prahy** all the way to Prague; **promoklý až na kůži** soaked to the skin, soaked through; **zadlužený až po krk** up to one's eyes n. ears in debt 2 *(časovou mez)* till, until, up to; **až dosud** up to now, so n. thus far; **až na další** until further notice; **od pondělka až do pátku** from Monday to n. am. through Friday; **až do smrti** kn. n. žert. till death us do part 3 *(teprve)* only, not until; **přijel až včera** he came* only yesterday; **vrátí se až v pondělí** he will not come until Monday, he will not be here before Monday 4 *(kromě)* except for, excepting, short of II sp. 1 *(časová)* until, till; **počkáme, až přijdou ostatní** we'll wait until n. till the others join us 2 *(účinková)* **mrzlo, až praštělo** it was freezing cold; **křičel, až ochraptěl** he shouted himself hoarse III zesil. část. **je chytrý až moc** he is too clever by half, he is too clever for his own good

ažaž 1 *(příliš moc)* more than enough, too much; **práce mám a.** I am up to my ears in work **2** *(dostatečně)* **najedl se a.** he has eaten* his fill

ažura text. open-work, cutwork

B

b 1 *(písmeno)* b [bi:] 2 hud. *(nota)* B flat; *(znaménko)* flat; *(stupnice)* **b moll** B-flat minor; **B dur** B-flat major; **ve stupnici B dur** in (the key of) B-flat major

ba 1 *(přitakání)* **ba, baže** hov. yeah, sk. aye, am. sure 2 *(odporovací)* **ba ne** oh no, on no account, absolutely not, hov. no way 3 *(stupňovací)* **ba dokonce** (in fact) even

bába, baba 1 old woman; hov. (old) bag n. hag; **slepá b.** *(hra)* blind man's buff 2 **porodní bába** midwife

babí: b. léto Indian summer

babička 1 grandma, granny; grandmother 2 old lady

babizna old hag n. crone

babk|a 1 old woman 2 **koupit co za ~u** buy* sth dirt cheap, buy sth for a song n. for next to nothing

babočka: b. paví oko peacock-butterfly; **b. admirál** red admiral

bábovka 1 gugelhupf 2 *(změkčilec)* pansy, (milk)sop

bábovička *(dětská)* mudpie

babráck|ý: ~á práce sloppy work

babračka fiddly job, time-consuming job

babrat: b. co make* a mess of sth ■ **b. se** 1 *(s čím)* tinker n. mess (about) with sth 2 **b. se v jídle** pick at one's food

babsk|ý 1 women's, old-womanish; **~á slezina** hen-party; **~é klepy** n. **drby** women's talk n. gossip 2 *(zbabělý)* lily-livered, cowardly

bác! bump! thud! bang! *(při pádu)* whoops-a--daisy! **udělat b.** *(batole)* go* wallop n. bang

bacil bacillus, pl. bacilli, microbe, germ; hov. bug

bacilonosič (germ)-carrier

baculatět put* on flesh n. weight

baculatý plump, podgy; *(v tvářích)* chubby-cheeked

bača chief shepherd

bačkor|a 1 slipper 2 *(zbabělec)* coward, (milk)sop ♦ **starou ~u!** rubbish!; **starou ~u platné** hov. a fat lot of use (**komu** to sb); **ví o tom starou ~u** he knows* damn all about it (sl.); **natáhnout ~y** zhrub. kick the bucket; peg out

bád|at 1 *(provádět badatelskou činnost)* be engaged in research, do research 2 *(zkoumat)* explore, investigate into, research into ■ **~ání** research (work)

badatel researcher; *(přír. vědy)* research scientist; *(cestovatel)* explorer

badatelsk|ý research; **b. úkol** research project; **~á práce** research

bádavý inquiring, searching; **b. pohled** searching look

baf: b. b. bow-wow! woof-woof!

baf|at, ~nout: ~at *(z dýmky)* puff (away) at a pipe; **~nout si** take* a puff n. pull (at a pipe)

bagánče clodhopper; voj. military boot

bagatelizovat trivialize, disparage, make* light n. little of, belittle; **b. něčí pomoc** play down n. belittle sb's assistance

bagoun porker

bagr excavator, digger; *(říční)* dredger

bagrista operator n. driver (of an excavator)

bagr|ovat dig*, excavate; *(v řece)* dredge ■ **~ování** digging, excavation

bahenní: b. lázeň mudbath; *(pleťová)* mudpack; **b. plyn** marsh gas; **b. zimnice** malaria, marsh fever

bahnit se *(v čem)* wallow in sth; **b. se v sentimentalitě** wallow in sentimentality

bahnit|ý marshy; **~á půda** marshland, marshy ground, swamp

bahno mud, mire též přen.; *(mazlavé)* slime; *(řídké)* sludge; **b. zločinu** cesspool of crime; **b. velkoměsta** the squalor and corruption of the big city

bachař sl. screw; neutr. (prison) warder, prison officer

bachor 1 *(u přežvýkavců)* rumen 2 *(břicho)* paunch, žert. pot, potbelly

báchork|a 1 *(pohádka)* fairytale, fairy story; **národní ~y** folktales 2 *(smyšlenka)* tall story; cock-and-bull story

bachratý pot-bellied

báj(e) legend; *(severská)* saga

báječn|ý splendid, magnificent; fabulous; *(vynikající)* fantastic; **b. chlapík** a great guy; **b. klobouk** a dream of a hat ■ **~ě** fabulously; **~ě nízká cena** a fabulously n. fantastically low price; **~ě!** citosl. excellent!, splendid!; **na dovolené jsme se měli ~ě** we had a lovely n. splendid time (on holiday)

bájesloví mythology

bájeslovný mythological

bájit *(horovat)* enthuse, go* into raptures (about); **b. o kom** sing* sb's praises

bajka 1 fable 2 fantastic story

bajkař writer of fables, fabulist
bájn|ý: ~á země Never-Never Land
bakalář *(univ. hodnost: s bližším určením)* Bachelor (of Arts/ Science)
bajonet bayonet
baklažán aubergine, am. eggplant
bakšiš baksheesh, backhander
baktérie germ, bacterium, pl. bacteria; hov. též bug
bakteriolog bacteriologist
bakteriologick|ý: ~á válka germ n. biological warfare
bakteriologie bacteriology
bakteriový bacterial, germ; **b. nosič** germ carrier
bál ball; **na ~e** at the ball
balada ballad
baladický ballad, ballad-like
balamutit fool, hov. kid sb; pull the wool over sb's eyes
balancov|at balance; **b. mezi životem a smrtí** hover between life and death ■ **~ání** balancing, tightrope n. highwire act
balast ballast; přen. burden, encumbrance, deadwood; *(v knihách)* padding
baldachýn canopy, baldachin, baldaquin; **postel s ~em** four-poster (bed)
balení 1 *(činnost)* packing, wrapping, packaging **2** *(materiál)* packing (material)
balerína ballerina; ballet dancer
balet, ~ní ballet; **~ní soubor** ballet company
balicí: b. papír wrapping n. brown paper
balič packer
balíček 1 *(zásilka)* packet, package; **podat b.** post a parcel, am. mail a packet **2** *(balení)* packet, am. pack; **b. cigaret** packet n. am. pack of cigarettes
balík 1 *(zásilka)* parcel, packet; **cenný b.** ≅ registered parcel; přen. *(zaostalec)* **venkovský b.** (country) bumpkin n. yokel; am. hick **2** *(bavlny ap.)* bale; *(knih)* bundle; *(kávy ap.)* rack; **vydělal b. peněz** sl. he made* a packet, he made a pot of money; he made a bomb n. mint
Balíkov provincial backwater, am. hicksville
balíkov|ý: ~á pošta parcel post
balit 1 *(kufr ap.)* pack, do one's packing **2** *(zboží)* wrap (up), pack up; *(knihu – obalit)* cover **3** *(zásilku)* make* sth up into a parcel, parcel up **4** *(obléct)* wrap up, dress sb warmly **5** *(děvčata)* chat up
Balkán *(země, poloostrov)* the Balkans pl.; **na ~u** in the Balkans
balkánský Balkan
balkón balcony; *(v divadle)* (dress) circle; **druhý b.** upper circle
balón 1 balloon; **výzkumný/ upoutaný/ ochranný b.** observation/ captive/ barrage balloon; **řiditelný b.** dirigible **2** *(míč)* ball, *(fotbalový)* football
baloňák raincoat, br. mac(kintosh)
balónek 1 *(dětský nafukovací)* balloon **2** *(na zkoušku obsahu alkoholu)* breathalyser
balónov|ý: ~é hedvábí balloon silk; **b. plášť** v. **baloňák**
Baltik *(moře)* the Baltic
baltský Baltic
balustráda parapet, balustrade
balvan boulder; odb. **bludný b.** erratic block; **spadl mi b. ze srdce** that's a load off my mind; **tížit jako b.** weigh sb down
balzám balm též přen., balsam
balzámovat embalm
bambitka pistol
bambula hanl. dope, clod, slowcoach; *(vesnický)* bumpkin
bambule *(na čepici)* pompom
bambulka tassel
bambus bamboo
bambusov|ý bamboo; **~á hůl/ ~é výhonky** bamboo cane/ shoots; pol. přen. **~á opona** bamboo curtain
báň dome, cupola; **nebeská b.** firmament
banalita banality; *(vyslovená)* platitude
banální *(triviální)* banal, *(otřelý)* trite; *(nevynalézavý)* hackneyed, pedestrian
banán banana
banánov|ý banana; **~á republika** banana republic
banánek el. jack n. banana plug
banánovník banana tree
baňatý bulbous
banda 1 b. zlodějů band of robbers, bunch of thieves **2** *(skupina kamarádů)* crowd, gang **3** hov. *(kapela)* band, orchestra
bandáž, ~ovat bandage
bandita bandit, brigand, gangster
banditství banditry
bandursk|á: spustit ~ou raise merry hell, go* through the roof; **zahrát komu ~ou** hov. come* down on sb like a ton of bricks
bank *(v kartách)* **držet** n. **mít b.** hold* the bank; **rozbít b.** break* the bank
ban|ka bank; **mít peníze v ~ce** have money in the bank; **otevřít si v ~ce konto** open an account

with a bank

baňka (glass) jar; *(žárovky)* bulb; *(destilační)* retort

bankéř banker *(též v kartách)*

banket$_1$ *(hostina)* banquet, feast; celebration; *(svatební)* reception

banket$_2$ *(krajnice)* shoulder; *(dálnice)* hard shoulder

bankomat cash dispenser

bankovka banknote, am. bill

bankovní bank, banker's; **b. loupež** bank robbery n. raid; **b. příkaz** banker's order; **b. spojení** bank(ing) connection

bankovnictví banking

bankrot bankruptcy *(též přen.- morální b.)*; **udělat b.** become* n. go* bankrupt, go into liquidation; **ohlásit b.** declare oneself bankrupt, file a petition in bankruptcy

bankrotář bankrupt; **morální b.** moral bankrupt

bankrotářský bankrupt

báňský mining; **b. inženýr** mining engineer; **b. průmysl** mining

bar night-club; *(pult)* bar; *(doma)* cocktail n. drinks cabinet

barabizna hovel, shack

baráček cottage, sk. též croft

barák 1 *(kasárenský ap.)* zprav. pl. barrack(s) **2** expr. *(chata)* holiday- house n. home **3** expr. house, *(stará bytovka)* tenement (house)

barbar barbarian; *(kulturní)* philistine

barbarský *(nelidský)* barbarous, savage, brutal; *(nevzdělaný)* barbaric, uncivilized, *(divošský)* barbarian

barbarství *(nelidskost)* barbarity; *(nekulturnost)* barbarism

barbiturát barbiturate

bardáma euf. hostess

barel (metal) drum

baret beret; *(univerzitní)* mortar-board; *(soudcovský)* cap

barevnost wealth of colours n. am. colors; colourfulness

barevn|ý *(ne bílý – též rasa – poněkud* hanl.*)* coloured, am. colored, *(rasa* neutr.*)* non-White; *(pestrý)* brightly coloured; *(v přívlastku)* colour, am. color; **~á tužka** coloured pencil; **~á fotografie/ televize/ pohlednice** colour photograph/ television/ postcard; **b. odstín** shade n. hue (of colour); **~é sklo** stained glass; **~é kovy** non-ferrous metals

bariéra též přen. barrier

barikád|a barricade; **jít na ~y** take* up arms

barikádovat barricade

bárka skiff; **rybářská b.** fishing boat

bárkař boatman

barok, ~o Baroque; *(období)* the baroque period

barok|ní, ~ový Baroque

barometr barometer, glass; **b. stoupá/ klesá** the barometer is rising*/ falling*; **b. ukazuje bouři** the barometer is on stormy

barometrický barometric; **b. tlak** barometric pressure

baron baron; *(průmyslový)* baron

baronka baroness

bar|va 1 *(vlastnost hmoty)* colour, am. color; *(odstín)* shade, hue; **základní b.** primary colour; **matná/ křiklavá b.** dull/ garish n. gaudy n. loud colour; **všechny ~vy duhy** all the colours of the rainbow; **kaleidoskop ~ev** play n. kaleidoscope of colours; **dát čemu ~vu** brighten sth up; **ztratit ~vu** *(vyblednout)* lose* colour, fade **2** *(~vivo)* paint, odb. dye; *(tiskařské)* printer's ink; **olejové/ vodové ~vy** oil paints/ water-colours **3** *(pleti)* colour; **b. obličeje** complexion; **dostat ~vu** *(opálit se)* catch* the sun, *(po nemoci)* get* a bit of colour; **ztratit ~vu** go* pale; **b. se jí vrátila do tváře** the colour came* back to her cheeks **4** *(jako symbol)* **národní ~vy** the national colours **5** *(v kartách)* ♦ **přiznat** n. **ukázat ~vu** declare one's hand, přen. make* a clean breast of it, come clean **6** *(zvuku)* tone, timbre; *(hlasu)* timbre **7** mysl. blood

barvicí : b. prostředek colouring (agent)

barvičk|a 1 ~y *(pastelky)* coloured pencils, crayons **2 ~y** *(vodové barvy)* water-colours

barvírna dye-works sg. n. pl.

barvíř dyer

barv|it 1 *(natírat)* paint; *(vlasy, látky)* dye; **b. bílou blůzu na černo** dye a white blouse black **2** *(pouštět ~u)* run*

barvitost colourfulness, wealth n. richness of colour

barvitý colourful; *(líčení též)* vivid

barvivo dye(stuff); **krevní b.** haemoglobin; **kožní b.** pigment

barvoslepost colour-blindness

barvoslepý colour-blind

barvotisk 1 colour print **2** cheap print

barvotiskový 1 odb. chromolithographic **2** kitschy

baryton baritone

barytonista baritone

baryum chem. barium

bas *(hlas, zpěvák)* bass; **~ baryton** bass-baritone

bas|a 1 *(kontrabas)* (double-)bass; **hrát na ~u** play the double-bass 2 *(vězení)* sl. jug, clink, am. can; **sedět v ~e** be inside; be in the can 3 *(na láhve)* crate, case

basedov goitre

bás|eň poem; **Seifertovy ~ně** Seifert's poetry n. poems; přen. **ty šaty jsou úplná b.** the dress is out of this world

basista 1 *(zpěvák)* bass (singer) 2 *(kontrabasista)* (double-)bass player

basketbal, ~ový basketball

básnick|ý poetic ■ **~y** in verse

básnictví poetry; poetic genre; **lidové b.** popular poetry

básník poet; **epický/ lyrický b.** epic/ lyric poet n. lyricist

básnílek second-rate poet, hack poet, poetaster

básnířka poetess

básnit 1 write* poetry n. poems 2 *(být nadšený)* enthuse, rave (**o** about), go* into raptures over sth 3 *(vymýšlet si)* drivel, talk drivel

basový bass; **b. klíč** bass clef

basreliéf bas-relief; low relief

basta!: a b.! and that's that, and that's the end of it, that's enough now

bastard 1 *(nemanželské dítě)* hanl. bastard 2 *(kříženec)* crossbreed; *(*zvl. *pes)* mongrel

bašta$_1$ bastion, rampart; přen. bastion, bulwark, stronghold

bašta$_2$ sl. **I** subst. *(jídlo)* feast, sl. nosh-up **II** adj. fantastic; v. **báječný**; **b. holka** a lovely girl

bašt|it 1 *(jíst)* eat* heartily, hov. get* stuck in; indulge o.s. 2 sl. *(nadšeně obdivovat)* be crazy about; **~í jazz** he's crazy about jazz, he is mad keen on n. mad about jazz (music)

bát se 1 be afraid n. scared, have cold feet; **bojí se ve tmě** he's afraid of the dark; **ten se nebojí** you can't scare him; **neboj se!** don't be afraid n. scared!; **jen se nebojte!** kn. never you fear! 2 *(s inf.* n. *gerundiem)* **bojí se říct své mínění** he's afraid to speak* up n. of speaking up; *(b. se, aby ne: s gerundiem* n. *s vedl. větou)* **bojí se, aby neztratil zákazníky** he's afraid of losing customers, he's afraid that he might lose* customers 3 *(koho/čeho)* be afraid of, fear, be scared n. frightened of 4 **b. se o koho** fear for sb, fear for sb's life 5 **bojím se, že je to pravda** I am afraid it is true

baterie 1 battery 2 **b. lahví** a row of bottles, an array of bottles 3 voj. battery

bateriový battery-operated

baterka (pocket) torch, am. flashlight

batist batiste, cambric

batoh rucksack, am. backpack

batol|átko, ~e toddler

batolit se *(dítě)* toddle; *(nejistě, pomalu)* totter; *(jako kachna)* waddle

bauxit bauxite

bav|it 1 **b. koho čím** entertain n. amuse sb with sth 2 *(poskytovat zábavu)* **~í mne to** I am interested in it; **~í vás hudba?** are you interested in music?; **co vás ~í nejvíc?** what's your chief interest?; **počítače mne už ne~í** I am no longer interested in computers, I have grown* tired of computers ■ **b. se** 1 **b. se dobře/ výborně** enjoy o.s., have a good/ terrific time; **na večírku jsem se výborně ~il** I enjoyed the party very much 2 **b. se čím** amuse n. entertain o.s. with sth, be amused n. entertained by sth 3 **b. se na čí účet** make* fun of sb 4 **b. se s kým** talk to sb (**o čem** about sth), (be having a) chat with sb (**o čem** about sth) ♦ **vůbec se s ním nebav!** don't waste your time talking to him 5 *(ve škole)* talk, chatter; **ne~ se!** stop talking!, hold* your tongue!

bavln|a, ~ěný cotton; **košile z ~y** cotton shirt

bavln|ka darning thread ♦ **chovat někoho jako v ~ce** wrap sb in cotton wool

bazar 1 *(orientální)* bazaar 2 *(obchod)* secondhand shop, junk shop; *(dobročinný)* church fair, (charity) jumble sale

báz|e base, basis; **operační b.** base of operations; **na široké ~i** on a broad basis

bazén 1 *(plavecký)* swimming pool 2 *(zahradní)* pond

bázeň fear (**z, před** of); *(úzkost)* worry, anxiety; **zmocnila se ho b.** he was gripped with fear

bázlivec timid person, *(zbabělec)* coward; dět. scaredy cat

bázliv|ý timid, timorous; *(rozpačitý)* sheepish; **je strašně b.** he couldn't say* boo to a goose ■ **~ost** timidity; sheepishness

bažant 1 pheasant 2 *(nováček)* greenhorn; voj. recruit, am. rookie

bažantnice *(v přírodě)* pheasantry

bažin|a marsh, bog, swamp; **~y** marshland, swampland

bažinatý marshy, swampy

baž|it *(po bohatství)* covet, *(po ženách)* desire, *(po slávě)* crave for n. after, thirst for n. after;

~í po bohatství he covets wealth; **~í po moci** he is power-hungry

bděl|ý watchful, vigilant; **být b.** be on one's guard ■ **~ost** watchfulness, vigilance

bdít 1 be awake 2 *(nemoci spát)* lie* awake 3 **b. u nemocného** sit* up with a sick person n. at sb's sick bed ■ **bdění** *(u nemocného)* sickroom vigils

bé hud. flat

bečet 1 *(ovce)* bleat 2 expr. *(plakat)* bawl

bečka barrel; *(na víno* též*)* cask; *(na kvašení)* vat; **být tlustý jako b.** be like a barrel

běda citosl. **b. ti!** heaven help you!, kn. zast. woe betide you!

bederní: b. kalhoty hipsters, hipster trousers; **b. pás** loin cloth

bedla *(vysoká)* parasol mushroom

bedliv|ý *(pečlivý)* careful; *(pozorný)* attentive ■ **~ě prohlédnout** examine sth closely

bedn|a 1 box, *(ovoce* též*)* case, *(s otvory)* crate; *(reproduktor)* speaker; 2 žert. *(staré auto, letadlo)* crate; *(loď)* tub; *(televize)* box 3 sl. *(hlava)* nut; **má v ~ě** he's brainy *(*hov.*)*, am. he has a lot on the ball

bednář cooper

bednění *(na topení* ap.*)* casing; *(na stěny)* panelling; *(při betonování)* framework, mould

bednit *(okna* ap.*)* board up; *(stěny)* panel; *(topení)* encase, box in; *(při betonování)* build* a mould n. framework

bědný pitiful; *(žalostný)* wretched; *(znalosti)* sketchy, scanty

bědov|at (nad over) lament, moan; **b. nad svým osudem** bemoan one's lot n. fate; **b. nad ztrátou čeho** bemoan the loss of sth ■ **~ání** lament, lamentation; **dala se do hlasitého ~ání** she broke* into loud lamentations

bedr|a 1 loins 2 *(ramena)* shoulders; **zodpovědnost spočívá na mých ~ech** the responsibility rests on my shoulders

begónie begonia

běh 1 *(sportovní)* run; *(kondiční)* jogging; *(závod)* race; **b. a technické disciplíny** track and field events; **b. na krátké vzdálenosti** sprint; **b. na střední/ dlouhé vzdálenosti** middle-/ long-distance race; **b. na lyžích** cross-country skiing, langlauf 2 techn. *(motoru)* run, running, *(stroje* též*)* operation; *(funkce)* functioning; **b. na prázdno** idle run 3 *(průběh)* **b. událostí** run of events; **b. slunce po obloze** the sun's course across the sky; **b. života** curriculum vitae, am. résumé 4 *(turnus)* term 5 mysl. leg

běh|at 1 run*, *(závodně)* be a runner; **každé ráno ~á** *(kondičně)* he goes* jogging every morning; **b. sem a tam** run about n. around 2 *(na záchod)* run to the toilet n. hov. br. loo 3 **b. za děvčaty/ chlapci** chase after girls/ boys; **~á za každou sukní** he runs after anything in a skirt 4 *(o batoleti – umět chodit)* **Honzík už ~á** Johnnie can already walk n. is already walking ■ **b. se** *(kráva* ap.*)* be on n. in heat, *(o vysoké)* rut ■ **~ání** sport running, *(kondičně)* jogging; *(shánění)* running about n. around; v. též **běžet**

běhavka expr. diarrhoea *(*neutr.*)*, am. diarrhea *(*neutr.*)*; expr. the runs, the trots

během 1 *(v průběhu)* during, in the course of; **b. představení** during the performance; **b. let** in the course of years, over the years 2 *(za)* in, within; **b. deseti minut** in ten minutes, **b. týdne** (with)in a week; **b. několika dnů** within a few days, in a matter of days

běhna hov. tart, neutr. prostitute

běhoun 1 *(koberec)* runner; *(kratší)* rug 2 *(log. pravítka)* cursor; *(pneumatiky)* tread

běl: rozžhavený do ~a white-hot, incandescent

bel|a: starou ~u! hov. *(tuhle!)* my eye!, zhrub. not bloody likely!; **záleží mi na tom starou ~u** I don't give* a damn; **stojí to za starou ~u** it is not worth a damn; **ví o tom starou ~u** he knows* damn all about it

bělásek cabbage white (butterfly)

bělat go* n. grow* white ■ **b. se** show* up white

bělavý whitish

Bělehrad Belgrade

beletrie fiction

beletristický fictional, of fiction

Belgie Belgium

Belgičan, ~ka, belgický Belgian

belhat se hobble, limp

bělice *(ryba)* white salmon

bělicí: b. prostředek bleach, bleaching agent

bělit bleach

bělmo white (of the eye)

běloba 1 whiteness 2 *(barvivo)* whitewash, zinc white

bělohlavý white- n. grey-haired, grey

bělo|ch/ ~ška white man/ woman; **~ši** white people, (the) whites

bělost whiteness

bělos|tný, ~kvoucí snow-white, lily-white

bělouš white horse

bělo|vlasý v. **~hlavý**

Belzebub: vyhánět ďábla ~em jump from the frying pan into the fire

Benátky Venice

benátský Venetian; **Kupec b.** The Merchant of Venice

bendit hov. carouse, *(opíjet se)* booze; v. **hýřit**

benevolence benevolence, *(k dětem* ap.*)* indulgence

benevolentní benevolent, benign, *(k dětem* ap.*)* indulgent

bengál racket, din, pandemonium; **udělat b.** kick up a racket n. rumpus, create pandemonium

bengálský Bengal; **b. jazyk** Bengali; **b. oheň** bengal light

benjamínek the baby of the family

benzín br. petrol, am. gasoline, gas; *(čistírenský)* benzine; *(do zapalovačů)* lighter fuel; **spotřeba ~u** fuel n. am. gasoline consumption

benzínov|ý: b. motor petrol n. am. gasoline engine; **~é čerpadlo/ ~á pumpa** petrol station, am. gas station

beran 1 ram; přen. pigheaded person **2** *(bucharu, lisu)* ram

beránčí lamb; **vlk v rouše ~m** wolf in sheep's clothing; **b. trpělivost** the patience of a saint

berán|ek 1 lamb; **obětní b.** sacrificial lamb **2** *(kožešina)* lambskin **3 ~ky na moři** white horses; **~ky na obloze** fleecy clouds

beranice sheepskin hat

beranidlo techn. ram; *(na piloty)* pile-driver

bérce, bérec shin(bone)

bércový shin(bone); **b. vřed** varicose ulcer

berl|a 1 crutch; **chodit o ~ích** walk on crutches **2** *(ceremoniální)* mace; *(biskupská)* crosier ■ **~ička** přen. crutch, prop; **nepotřebuje žádné ~ičky** he doesn't need any crutches n. props

Berlín, b~ský Berlin; **b~ská stěna** the Berlin wall

Berlíňan, ~ka Berliner

bernardýn *(pes)* Saint Bernard (dog)

berní tax; **b. úřad/ úředník** tax office/ inspector n. *(nižší)* official; **b. správa** Inland Revenue, tax authorities; hov. the taxman

bern|ý: brát co za ~ou minci take* sth at its face value

beru|nka, ~ška 1 ladybird **2** *(světluška)* firefly **3** expr. **moje ~nko** n. **~ško!** (my) darling!, sweetheart!, my dear!

běs 1 demon; evil spirit **2** *(běsnění)* rage, fury, frenzy

besed|a 1 *(diskusní)* discussion, talk; **zorganizovat ~u** arrange a talk **(s kým** with sb) **2** *(přátelský rozhovor)* hov. chat, expr. *(pokec)* natter; **mít s někým ~u** *(povídat si)* have a chat n. natter with sb; **pozvat někoho na ~u** invite sb for a chat n. for a natter

besedovat 1 *(povídat si)* chat, have a chat n. hov. a natter **2 b. s kým** talk to sb, chat with sb

besídka alcove

běsn|it rant and rave, foam at the mouth, seethe; *(bouře)* rage ■ **~ění** fury, frenzy, ravings; **šílené ~ění** the ravings of a madman

bestialita bestiality, brutality

bestiální bestial, savage; *(vražda)* brutal; **b. čin** atrocity

bestie též přen. beast, monster; *(nadávka)* beast, swine, wretch

betlém *(jesličky)* nativity scene; **B.** *(město)* Bethlehem

beton concrete; **vyztužený/ předpjatý b.** reinforced/ prestressed concrete; ♦ **je to na b.** it is a dead cert

betonov|at concrete ■ **~ání** concreting

betonový concrete; **b. povrch** *(vozovky)* concrete surface

bez$_1$ 1 *(černý)* elder **2** *(šeřík)* lilac

bez$_2$ vyjadřuje **1** without; **šel ven b. kabátu** he went* out without a coat **2 b. někoho** *(za něčí nepřítomnosti)* in sb's absence; **museli rozhodnout b. něho** they had to make* a decision in his absence **3** *(nedostatek)* kn. devoid of; **dům je zcela b. nábytku** the house has no furniture in it, there is no furniture in the house **4** *(nezatíženost něčím)* free from n. of; **b. dluhů** free of n. from debt **5 b. legrace** joking aside n. apart **6** *(podmínkový význam)* without, but for; **b. jeho pomoci** *(bych to nestihl)* without his help, but for his help, if it were not for his help **7** *(často se překládá pomocí předpon a přípon)* un-, non-, -less, -free; **b. filtru** *(cigarety)* untipped; **b. vyznání** non-denominational; **b. oddechu** tirelessly; **b. poruch** trouble-free **8** mat. minus, less

bezatomov|ý nuclear free; **~á zona** nuclear-free zone

bezbarvý colourless, pallid; přen. *(představení* ap.*)* colourless

bezbolestný painless; **b. porod** *(metoda bez anestézie)* natural childbirth

bezbožník atheist, unbeliever

bezbožný godless

bezbranný defenceless, helpless; at sb's mercy

bezbřehý 1 *(rozlehlý, neohraničený)* boundless, vast 2 *(nekonečný)* endless
bezcelní duty-free; **prodejna ~ho zboží** duty-free shop
bezcenný worthless, trashy
bezcílný aimless, purposeless
bezcitný *(tvrdý)* callous, unfeeling, pitiless
bezděčn|ý unwitting, unintentional, involuntary; **b. neklid** inexplicable anxiety; **~á urážka** an inadvertent insult ■ **~ě** unwittingly, unintentionally
bezdechý breathless
bezděky unwittingly, unintentionally
bezdětný childless
bezdomovec homeless person
bezdrátov|ý wireless; **~á telegrafie** radio n. wireless telegraphy
bezduch|ý *(hloupý)* stupid; *(nenápaditý)* unimaginative; *(nudný)* dull; **~é radovánky** empty pleasures
bezdůvodný groundless; *(neopodstatněný)* gratuitous
bezdýmný smokeless
bezectný dishonourable, *(hanebný)* shameful, despicable
bezedný bottomless
bezejmenný nameless; anonymous
bezelstn|ý guileless, artless, simple-hearted; **~á poznámka** innocent remark
bezesný 1 *(bez spánku)* sleepless, wakeful 2 *(beze snů)* dreamless
bezesporu, beze sporu indisputably, incontestably; **je b. lepší** nobody denies n. kn. disputes that he/ she is better
bezešvý seamless
bezhlav|ý *(neuvažující)* thoughtless; *(zmatený)* muddle-headed; *(lehkomyslný)* reckless; **b. útěk** rout; **~é nakupování** impulse buying ■ **~ě** hastily, in a panic, thoughtlessly ■ **~ost** thoughtlessness, recklessness, rashness
bezhlučný silent
bezhotovostní: b. nákup credit-card shopping
bezcharakterní unprincipled, unscrupulous
bezideový lacking ideological content, lacking in ideas
bezink|a 1 *(keř)* elder (bush) 2 **~y** *(plody)* elderberries ■ **~ové víno** elderberry wine
bezjaderný, bezjádrý seedless
bezkonfesijní non-denominational
bezkonkurenční: být b. be without competition
bezkrevný bloodless; přen. colourless, anaemic
bezkřídlý wingless
bezlistý leafless
bezmála almost, nearly; **bylo to b. nemožné** it was next to impossible
bezmasý meatless
bezmezn|ý boundless, limitless; **~á oddanost** unstinting devotion
bezmocn|ý powerless; helpless; **proti těmto argumentům byl b.** he hadn't a leg to stand* on in the face of these arguments ■ **~ost** powerlessness, helplessness
bezmotorov|ý unpowered; **~é letadlo** glider; **~é létání** gliding, unpowered flight
bezmračný cloudless
bezmyšlenkovit|ý *(nemyslící)* unthinking; *(tupý)* mindless; *(bezhlavý)* reckless; **~á rutina** mindless routine; **~á poslušnost** blind obedience ■ **~ě** *(tupě)* mindlessly, unthinkingly; *(bezhlavě)* recklessly ■ **~ost** thoughtlesness, mindlessness
beznaděj hopelessness; *(zoufalství)* despair
beznadějn|ý hopeless; beyond n. past hope; *(situace)* desperate; **~á láska** unrequited love ■ **~ě** hopelessly; **být ~ě zamilovaný** be hopelessly in love; **~ě doufat** hope against hope
bezobratl|ý invertebrate; **~í** the invertebrates
bezobsažn|ý empty, lacking in substance n. content; *(povrchní)* shallow; **~á próza** sterile prose ■ **~ost** lack of content n. substance; sterility, superficiality
bezodkladn|ý *(okamžitý)* immediate; *(naléhavý)* urgent ■ **~ě** without delay, at once, forthwith; *(naléhavě)* urgently
bezohledn|ý 1 *(netaktní)* thoughtless, inconsiderate 2 *(tvrdý)* ruthless, merciless; **~á kritika** savage criticism; **~á konkurence** cutthroat competition ■ **~ost** lack of consideration; ruthlessness; unscrupulousness
bezolov|natý, ~ěný: b. benzin lead-free n. untreated petrol n. am. gasoline
bezostyšn|ý: ~á lež brazen n. barefaced lie ■ **~ě lhát** lie in one's throat, lie in one's teeth
bezpartijní I adj. non-party, independent II subst. *(v záp. demokraciích)* independent, (dř. *ve vých. Evropě)* non-member
bezpáteřný spineless, přen. též servile, obsequious, grovelling
bezpečí safety; *(státu* ap.*)* security; **být v b.** be safe
bezpečnost 1 *(práce, dopravy)* safety; **b. provozu** safety at work, kn. maintenance of industrial safety standards 2 dř. **Veřejná b.** ≅ the police

(force); **Rada ~i** *(při OSN)* Security Council
bezpečnostní safety, fail-safe; **b. pás** safety belt, *(u aut)* seat belt; **b. uzávěr/ zámek** safety lock; **b. opatření** safety precaution n. measure; **b. zařízení** fail-safe device n. mechanism
bezpečn|ý **1** safe, secure **2** *(spolehlivý)* reliable, safe; **~é znalosti** sound knowledge ■ **vím to ~ě** I know* it for a fact; **on ~ě vyhraje** he is sure to win*
bezperspektivní: b. zaměstnání a dead-end job
bezplánovitý planless; *(přístup)* unsystematic, unmethodical, chaotic
bezplatn|ý free of charge, cost-free; **~á vstupenka** complimentary ticket ■ **~ě** gratis, free of charge, at no cost, for free ■ **~ost** exemption from charges/ fees ap.
bezpočet a great many, no end of, a huge number of
bezpočtukrát time and (time) again, on innumerable occasions, any number of times
bezpodmínečný *(kapitulace)* unconditional; *(poslušnost)* unquestioning, implicit
bezpodstatný **1** *(neopodstatněný)* unfounded, groundless; *(argument)* invalid **2** *(nedůležitý)* irrelevant
bezpohlavní asexual; sexless
bezpochyby **1** without doubt, undoubtedly, unquestionably; **je b. nejlepší** he/ she's undoubtedly n. unquestionably the best, without doubt she is the best **2** *(asi)* (most) probably; v. **pravděpodobně**
bezporuchový trouble-free; (rozhl. *příjem)* free from interference
bezpracný effortless; **b. příjem** unearned income
bezpráví injustice, wrong; **spáchat na kom b.** do sb an injustice; do wrong by sb; **b. se nenapraví dalším ~m** two wrongs do not make* a right
bezprávn|ý **1** *(osoba) (a person)* with no rights **2** *(čin* ap.*)* unlawful, illegal ■ **~ost** lawlessness
bezprizorný *(děti)* homeless, neglected, *(children)* of the street
bezprostředn|í immediate, direct; *(chování, jednání)* natural, unaffected; **střílet z b. blízkosti** fire at point-blank range ■ **~ě** *(se chovat)* naturally; **~ě potom** immediately n. straight afterwards; **týká se vás to ~ě** it concerns you directly
bezpředmětný **1** *(zbytečný)* unnecessary **2** *(neopodstatněný)* unfounded, groundless
bezpříkladný unprecendented, unparallelled, without equal
bezpříznakový jaz. unmarked
bezpřízvučný unstressed
bezradný helpless; at a loss; all at sea
bezstarostný **1** *(nemající starosti)* carefree, free of care **2** *(nedělající si starosti)* happy-go-lucky
bez|tak, ~toho anyway, as it is; **b. je už dost pozdě** it is late enough as it is, it is late enough anyway n. already
beztíže weightlessness
beztrestn|ý exempt from punishment ■ **~ě** with impunity, scot-free ■ **~ost** impunity; exemption from punishment
beztřídní classless
beztv|árný, ~arý shapeless, formless; hov. *(postava)* lumpy
bezúčeln|ý pointless, futile, of no use ■ **~ost** pointlessness, futility
bezúhonný *(charakter)* impeccable; *(pověst)* spotless, unimpeachable; *(chování)* irreproachable, faultless; *(život)* blameless
bezúročn|ý interest-free ■ **~ě** without interest
bezúspěšný unsuccessful, futile
bezútěšn|ý *(mládí, život)* miserable, wretched, desolate; *(ponurý)* dreary, gloomy ■ **~ě** miserably, gloomily
bezuzdn|ý *(chování)* unbridled, unrestrained; *(požitkář)* self-indulgent, *(silněji)* licentious ■ **~ost** *(chování)* abandon, lack of restraint; *(požitkářství)* indulgence, licence
bezvadn|ý perfect, first-class; beyond reproach; *(chování)* faultless, impeccable; *(pověst)* untarnished; *(oblečení)* immaculate ■ **~ě** perfectly, faultlessly; *(oblečený)* immaculately
bezvědomí unconsciousness, *(přechodné)* blackout; **upadnout do b.** lose* consciousness
bezvědomý unconscious
bezvěrec unbeliever, *(přesvědčený)* atheist
bezvětří calm
bezvládí interregnum; *(naprosté)* anarchy
bezvládný immobile, *(mrtvé tělo)* lifeless
bezvlasý hairless; *(na hlavě)* bald
bezvousý beardless; *(mladík)* smooth-faced, smooth-cheeked
bezvýhradn|ý unconditional; *(souhlas)* unreserved, absolute; *(víra)* implicit ■ **~ě souhlasit** agree unreservedly n. without reservations; **~ě čemu věřit** take* sth for n. as gospel truth
bezvýchodn|ý hopeless, desperate; **~á situace** hov. a catch-22 situation
bezvýjimečný absolute, *(souhlas, podpora)* unanimous
bezvýrazný *(pohled)* impassive; *(tvář)* blank, hov.

deadpan; *(oči)* fishy; *(představení)* lacklustre
bezvýsledn|ý unsuccessful, fruitless, *(marný)* futile; *(jednání)* inconclusive ■ **~ě** unsuccessfully, in vain
bezvýznamný *(nedůležitý)* insignificant, unimportant; *(rozdíl)* slight, minor; *(částka)* small; **b. politik** *(druhořadý)* small-time politician; **nikoli b. vědec** no mean scholar
bezzásadový unprincipled, unscrupulous
bezzubý toothless též přen.
běžec 1 runner, *(rekreační)* jogger; *(na krátkou vzdálenost)* sprinter; **b. na lyžích** cross-country skier 2 *(v šachu)* bishop
běžeck|ý: ~á výstroj running gear; **~é lyže** cross-country skis; **~é hole/ vázání** cross-country ski sticks/ ski binding
běženec refugee; emigré
běž|et 1 run*; **b. o závod** run a race; **musím b.** I must be on my way, I must fly*; **b. uličkou** *(voj. trest – dříve)* run the gauntlet; **tak už ~!** get* a move on! 2 *(kůň)* **b. klusem/ cvalem** trot/ gallop 3 *(pro někoho/ něco)* (run and) fetch; **~ pro lékaře!** get the doctor! 4 *(o čase)* **čas ~í** time flies; **léta ~í** years go* by 5 *(být v činnosti)* run, go, operate, work; **motor ~í naprázdno** the car is idling; **auto ~í báječně** the car performs beautifully 6 *(film) (právě nyní)* be showing*, be on, *(být v kinech)* be released; v. též **běhat**
běžící: b. pás conveyor belt; *(v továrně)* assembly n. production line; **pracovat na ~m pásu** work on the assembly n. production line ♦ **jde to jako na ~m pásu** things are running* along as smooth as grease, it goes* like clockwork
běžky cross-country skis
běžn|ý 1 *(obvyklý)* usual, customary, routine; **~á údržba** running repairs 2 *(současný)* **b. měsíc/ účet** current month/ account 3 *(obyčejný)* common, ordinary, run-of-the-mill; **zcela ~á chřipka** common/ garden flu; **~é povinnosti** small chores; **~é povídání** small talk
béžový beige(-coloured)
bianco, bianko blank; **b. šek** blank cheque
bible (the) Bible, přen. bible; expr. *(tlustá kniha)* tome
biblický biblical
bibliobus *(pojízdná knihovna)* library van
bibliofil bibliophil(e), book lover
biceps anat. biceps
bicí: b. nástroje percussion instruments; **hráč na b. nástroje** percussionist; **b. hodiny** chiming clock
bič whip; **práskat ~em** crack the whip
bičík *(jezdecký)* riding whip
bičov|at 1 flog 2 *(zvíře)* whip 3 *(déšť)* lash, pelt; **déšť ~al do oken** the rain was lashing against the window panes 4 *(zlořády)* lash ■ **~ání** flogging; **veřejné ~ání** public flogging
bíd|a 1 *(chudoba)* poverty, misery, *(krajní nouze)* destitution; **b. s nouzí** hand-to-mouth existence; **octnout se v ~ě** fall* on hard times; **žít v ~ě** live in poverty, be reduced to poverty; **obraz ~y** the picture of misery; **trpět ~ou** suffer deprivation ♦ **lesklá b.** shabby gentility; **třít ~u s nouzí** live from hand to mouth 2 **b. o peníze** lack of money, financial difficulties; **b. o vodu** water shortage 3 *(nesnáz)* **je to b., že** it's awful n. terrible that, it's a crying shame that
bídák, bídník scoundrel, blackguard
bídácký despicable, vile, disgraceful
bidlo pole; *(dlouhán)* beanpole
bídn|ý 1 *(hmotně)* poor, miserable; **~á mzda/ penze** miserable n. meagre n. paltry wages/ pension 2 *(podřadný)* shabby, lousy; **mít ~é zuby** have poor n. bad teeth; **b. oběd** a foul dinner 3 *(politováníhodný)* pathetic, pitiable; **b. život** a dog's life ■ **~ě zahynout** come* to a sticky n. sorry end
bidýlko *(pro slepice)* perch; *(pro ptáky)* roost; *(galerie)* (the) gods
bifloun swot
biflovat (se) swot, cram (**na** for)
biftek steak
bigamický bigamous
bigamie bigamy
bigamista bigamist
bigotn|í bigoted, narrow-minded ■ **~ost** bigotry
bilanc|e obch. balance; *(výkaz)* balance sheet; *(shrnutí)* survey; **udělat ~i čeho** take* stock of sth
bilancovat balance; *(posoudit)* take* stock of
bilaterální bilateral
bílek egg white, white of (an) egg; odb. albumen
biletář/ ~ka usher/ usherette
bilión br. a million millions, am. trillion
bílit 1 *(vápnem)* whitewash 2 *(prádlo na slunci)* bleach 3 *(rabovat)* loot, plunder
bílkovin|a protein; **chudý/ bohatý na ~y** low/ high in protein
bíl|ý I adj. white; **~é místo** *(na mapě)* a blank area n. space (on the map); **b. chléb/ ~á káva** white bread/ coffee; **B. dům** the White House; **Bílá neděle** Low Sunday; **~á smrt** death in the snow; **b. jako křída** as white as chalk, as pale

as a sheet; **za ~ého dne** in broad daylight **II** subst. **1** *(běloch)* white man; **~í** whites, white people **2** šach. white; **b. je na tahu** white is to move

bim (bam) ding-dong

binec *(nepořádek)* mess, shambles

biograf *(kino)* cinema, am. movie theater; **jít do ~u** go* to the cinema n. pictures n. am. movies

biografie biography

biochemie biochemistry

biolog biologist

biologick|ý biological; **~á válka** biological warfare

biologie biology

biotechnika biotechnology

biřmování confirmation

Biskajský záliv the Bay of Biscay

biskup bishop; kuch. parson's nose

biskupsk|ý episcopal; **b. úřad** episcopate; **~á mitra** bishop's mitre

biskupství **1** *(hodnost)* episcopate, office of bishop **2** *(sídlo)* bishopric, bishop's seat **3** *(diecéze)* diocese, bishopric

bít **1** *(tlouci)* beat*; *(jednotlivými údery)* hit*; *(dlaní)* slap, smack; *(pěstí)* punch; **b. hlava nehlava** strike* right and left; **budeš bit jako žito** I'll beat the living daylights out of you **2** *(trestat bitím)* use corporal punishment **3** *(hodiny)* strike, chime **4** *(na buben)* beat **5** *(srdce, puls)* beat; *(prudce)* pound, throb **6** *(déšť: do oken)* pelt n. lash against **7** *(do nepořádků)* hit n. lash out at ■ **b. se** fight*; **b. se o co** fight over sth; **b. se za něco/ někoho** fight for sb/ sth; **b. se kvůli čemu** come* to blows over sth ♦ **b. do očí** leap* to the eye; **b. na poplach** sound the alarm; **slunce mi bije do očí** the sun hurts* my eyes

bitevní battle; **b. linie** battle line; **b. vřava** noise of battle; **b. pole** battlefield

bití **1** *(výprask)* beating, whipping; *(trestání)* corporal punishment **2** *(hodin)* striking

bitka *(menší potyčka)* fray; *(rvačka)* fight

bitv|a **1** battle; **námořní/ letecká b.** naval n. sea/ aerial n. air battle **2** přen. **b. o lístky** a scramble n. (mad) rush for tickets; **vypadá to tu jako po ~ě** the room looks as if a bomb has hit* it

bizam musquash

bizarní bizarre, *(zvláštní)* peculiar, *(exotický)* outlandish; *(tvary též)* fantastic

bizon bison

bižutérie *(zboží)* imitation jewellery n. am. jewellery; *(obchod)* jeweller's shop

blábol|it **1** *(při horečce)* be delirious; *(opile n. nesrozumitelně)* mumble **2** *(nesmysly)* drivel, babble ■ **~ení** drivel, ravings

blah|o **1** *(blaženost)* bliss, happiness, great joy; **zářila ~em** she was beaming n. glowing with happiness; **být ~em bez sebe** be over the moon (about sth) **2** welfare, good; **veřejné b.** the public n. common good; **b. jednotlivce** the welfare of the individual; **materiální b.** affluence

blahobyt affluence, prosperity; **žít v ~u** live in affluence

blahobytný **1** affluent, well-to-do **2** *(pohodlný)* cosy

blahodárn|ý *(prospěšný)* wholesome, beneficial; *(uklidňující)* soothing ■ **~ost** wholesomeness, salutary effect

blahopřání congratulations; **srdečné b.!** congratulations!; *(text b.)* *(k narozeninám)* Happy Birthday!, Many Happy Returns (of the day)!; *(k Novému roku)* Happy New Year!

blahopřát: b. komu k čemu congratulate sb. on sth, offer one's congratulations to sb on sth

blahopřejný congratulatory; **b. dopis** congratulatory letter, letter of congratulations

blahořečit *(chválit)* praise; *(děkovat)* give* thanks to; *(žehnat komu)* bless

blahosklonn|ý condescending, patronizing; *(blahovolný)* benevolent ■ **~ě** condescendingly, patronizingly; **chovat se ke komu ~ě** patronize sb ■ **~ost** condenscension, patronizing

bláhov|ý naive, foolish; *(přání, naděje)* idle ■ **~ost** naivety, folly

blamáž disgrace; **udělat b.** disgrace o.s., *(náhodně)* put* one's foot in it

blamova|t se make* a fool of oneself; **strašně se ~l** he made an absolute n. complete fool of himself

blána **1** anat. membrane; techn. diaphragm; **zánět mozkových blan** meningitis **2 rozmnožovací b.** stencil

blanitý membraneous

blanket form, am. blank

blankyt básn. azure sky; *(barva)* azure, sky-blue

blankytný sky-blue, azure(-blue)

blata marshland

blátivý *(cesta)* muddy; *(terén)* soggy; *(sníh)* slushy, sludgy

blatník mudguard; *(auta)* wing, am. fender

blát|o mud, sludge; *(se sněhem)* slush; přen. mire; **vláčet koho ~em** drag sb's name through the

mire, blacken sb's name ♦ **dostat se z ~a do louže** fall* out of the frying pan into the fire
blatouch marsh marigold
blázen 1 *(šílenec)* madman, lunatic, mental case; **je to b.** he is mad n. insane; hov. he is off his head, sl. he's nuts **2** *(pošetilec)* fool; **chovat se jako b.** act n. play the fool; **být do koho b.** be infatuated with sb, hov. be crazy n. nuts about sb; ♦ **to jsem b.!** well, I'll be blowed*!
blázinec 1 mental home n. hospital, zast. lunatic asylum; hanl. loony bin; am., sl.*(cvokárna)* funny farm **2** *(zmatek)* bedlam, pandemonium; **tady je úplný b.** this place is an absolute madhouse
blázín|ek: ty ~ku! you silly thing!
blázn|it 1 be crazy n. mad n. insane; **už z toho ~ím** it is driving* me mad **2** *(chovat se pošetile)* fool about n. around; **ne~i!** don't be silly!; *(to je hloupost)* what a crazy idea! ■ **~ění** tomfoolery, clowning, horseplay
bláznив|ý 1 mad, crazy, insane **2** *(pošetilý)* foolish, silly; *(ztřeštěný: humor* ap.*)* zany ■ **(být) ~ě zamilovaný** (be) madly in love
bláznovsk|ý: ~á čapka fool's n. jester's cap
bláznovství madness, *(nerozum)* folly, *(šílenství)* lunacy; **to bylo hotové b.** that was a mad n. crazy thing to do
blažen|ý blissfully n. rapturously happy; *(úsměv, pocit)* blissful ■ **~ost** bliss, rapture; **pocit ~osti** blissful feeling; **věčná ~ost** eternal salvation
blažit make* sb happy
blb, ~ec idiot, fool; *(silněji)* imbecile, blockhead
blbeček hanl. nincompoop, nitwit
blbnout 1 be getting* stupid **2** *(chovat se pošetile)* fool around, horse around, play the fool
blbost 1 stupidity **2** *(nesmysl)* nonsense, rubbish; **(to je) b!** what nonsense!, what rubbish!, how stupid!, hov. that's complete rot! **3 dělat ~i** fool n. mess about; **už žádné ~i** stop messing about!
blb|ý stupid, silly, *(připitomělý)* dopey ■ hov. **je mi ~ě** I don't feel* well, I feel under the weather, *(od žaludku)* I feel queasy
blednout grow* n. go* pale; *(látka)* fade; *(měsíc)* kn. pale; **b. závistí** go n. turn green with envy
bled|ý 1 *(tvář)* pale; *(nezdravě)* sallow; **b. jako stěna** white as chalk, white as a sheet; **b. jako smrt** deathly pale **2** *(barva)* pale **3** *(světlo)* pale, wan ■ **~ost** paleness, pallor
blecha flea; **šťastný jako b.** as happy as the day's long
blesk lightning; *(zablýsknutí)* flash n. streak of lightning; **b. z jasného nebe** a bolt from the blue; **zasažený ~em** struck* by lightning; **způsobit jako b.** be a bombshell
blesk|nout: ~lo mi hlavou it suddenly struck* me (that)
bleskosvod lightning conductor n. rod
bleskov|ý lightning; **b. pohled/ útok/ ~á rychlost** lightning glance/ attack/ speed ■ **~ě** v. **bleskurychle**
bleskurychl|ý lightning, split-second; **~á reakce** a lightning reaction; **~é rozhodnutí** a split-second decision ■ **~e** with lightning speed; *(okamžitě)* in a trice, in a flash
bleší: b. trh/ cirkus flea market/ circus
blikač aut. indicator, am. blinker
blikat *(světlo)* flash, blink; *(hvězdy)* twinkle, shimmer; aut. flash, wink, am. blink; *(obrazovka, plamen)* flicker
blikavý blinking, winking; *(třpytivě, mihotavě)* twinkling; *(kmitavě)* flickering v. **blikat**
blinkr v. **blikač**
blinkat *(zvracet)* be sick
blít zhrub. puke, throw* up
blízko I adv. **1** *(místa)* near, not far, close at hand, nearby; **tady b.** close to here; **má to b.** he has not far to go*; **bydleli b. sebe** they lived within easy reach n. distance of each other ♦ **mají k sobě b.** přen. they are very close, they are close friends **2** *(času)* **má b. do padesátky** he is approaching fifty, he is almost fifty; **vánoce jsou b.** it'll soon be Christmas, Christmas is coming* **II** předl. near, close to; not far from; **b. Prahy** close to n. near Prague, not far from Prague; **mít b. k slzám** be near n. close to tears
blízk|ý 1 *(místně)* nearby; **~é město** a nearby town; **B. Východ** the Middle East ♦ **bližší košile než kabát** charity begins* at home **2** *(časově)* near, close; *(událost)* imminent; **v ~é budoucnosti** in the near future; **konec je b.** the end is at hand, kn. the end is nigh; **v nejbližších dnech** in the next few days **3** *(o vztazích)* **b. přítel** close friend; **b. příbuzný** close n. near relative; **slovenština je ~á češtině** Slovak is close to Czech; **naši blízcí** our nearest and dearest
blíž, ~e 1 nearer, closer; v. **blízko 2** *(podrobněji, lépe)* **vysvětlit co b.** explain sth in greater detail; **poznat koho b.** get* to know* sb better
Blíženc|i astron. Gemini, the Twins; astrol. **být ve znamení ~ů** be a Gemini
blíž|it se 1 *(místně, časově)* approach, draw* near(er); get* closer; **b. se ke konci** draw to a close; *(dohánět)* gain ground on, *(pomalu)* inch

up (to); *(časově)* **~í se padesátce** he is getting* on for n. approaching n. hov. pushing fifty; **~ící se** *(auto)* oncoming; *(událost)* forthcoming; *(krize, nebezpečí)* imminent **2** *(být podobnější)* come* close n. near to (sth)

bližní fellow man/ woman, one's neighbour; **milovat ~ho svého** love one's neighbour

bližší 1 v. **blízký 2** *(podrobnější)* more detailed n. precise

blok 1 *(poznámkový)* notepad; *(na kreslení)* drawing n. sketch pad **2 b. domů** block (of houses); **b. válců** engine n. cylinder block; telev. **programový b.** a block of programmes **3** *(politický)* bloc

blokáda blockade

blokovat 1 *(omezit, zastavit)* block; *(provoz)* obstruct; *(zákon)* block the passage of; *(peníze)* freeze; *(kolo, volant)* lock; *(míč, soupeře)* block **2** *(blokádou)* blockade

blond fair-haired, *(ženy též)* blonde, *(muži též)* blond

blondýn fair-haired man ■ **~a** fair-haired woman n. girl, blonde; **odbarvená b.** peroxide blonde

bloudi|t 1 be lost, have lost* one's way, take* the wrong way **2** *(bezcílně)* wander about n. around; **~li v lesích** they roamed the woods, they rambled about in the woods; **~l očima po místnosti** his eyes roved about the room

bloumat 1 b. po ulicích roam the streets; **b. po hospodách** go* on a pub crawl **2** *(nečinně se loudat)* dawdle, hang* about; *(zabíjet čas)* idle n. fritter away one's time

blouzn|it 1 *(v horečce)* be delirious, rave **2** *(o slávě ap.)* daydream, fantasize, have fantasies **3** *(nadšeně)* (**o** about) enthuse, go* into raptures ■ **~ění** *(v horečce)* delirium, ravings; *(snění)* daydreaming

blouznivec (day)dreamer; visionary

blouzniv|ý 1 delirious **2** *(snílek)* fanciful ■ **mluvit ~ě** rave, rant; v. **blouznit**

blud círk. heresy

bludař heretic

bludařství heresy

bludička will-o'-the-wisp, jack-o'-lantern

bludiště maze, labyrinth

bludn|ý 1 *(učení)* heretic; *(názor)* mistaken **2** *(bloudící)* **b. balvan** an erratic block; **~á kulka** stray bullet; **~á ledvina** floating kidney; **B. Holanďan** the Flying Dutchman

bluma plum

blůza blouse; voj. tunic

blýsk|at se 1 *(kov ap.)* shine; *(třpytivě)* gleam, glisten; *(mihotat se)* shimmer **2 b. se znalostmi/ majetkem** parade n. show* off n. make* a show of one's knowledge/ one's wealth **3** neos. **~á se** there is lightning

blýskavý 1 *(lesklý)* glittering, shimmering **2** *(okázalý)* flashy, showy, ostentatious

blyšt|ět se, ~it se sparkle; *(hvězdy)* twinkle; *(oči)* twinkle, *(radostí)* gleam; *(voda)* glitter, gleam

blýštiv|ý v. **blýskavý; ~é cetky** glittering trinkets

bob₁ *(plod)* bean; **kakaový b.** cocoa bean

bob₂ sport. bobsleigh, bobsled

bob|ek 1 *(malé dítě)* mite **2 ~ky** *(trus)* droppings **3 sedět na ~ku** squat

bobkový kuch. **b. list** bay-leaf

bobr beaver

bobří: b. kožešina beaver fur; **b. doupě** beaver's lodge

bobtnat *(luštěniny ap.)* swell; **nechat** n. **dát b.** soak

bobule berry

bobuloviny soft fruit

bočn|í lateral, side; **b. útok** flank attack; **b. stěna/ vchod** side wall/ entrance; **b. vítr** crosswind ■ **~ě** sideways

bod 1 geom. point; **světlý b.** přen. ray of hope; **b. dotyku** point of contact **2** fyz. **b. mrazu/ tání/ varu** freezing/ melting/ boiling point **3** *(programu ap.)* item, issue, point; **~y programu** items on the agenda; **stěžejní b.** *(jednání)* the crucial n. central point; **v každém ~ě** all along the line; **vyvrátit b. po ~u** disprove sth point by point **4** *(jednotka hodnocení)* point, mark; **trestný b.** penalty point; **zvítězit na ~y** win* on points **5** *(v přídělovém hospodářství)* **prodej na ~y** rationing; **přídělové ~y** (rationing) coupons

bodák bayonet; **s nasazenými ~y** with fixed bayonets

bod|at *(žihadlem)* sting*; *(hmyz)* bite*; *(nožem)* stab; přen. **slunce mne ~á do očí** the sun hurts* my eyes; *(ostruhami)* spur; **b. koně** spur a horse

bodav|ý *(bolest)* sharp; *(pohled)* penetrating, piercing; *(ironie)* caustic; *(mráz, vítr)* biting; **~á bolest** a pang n. twinge of pain

bodec point, tip

bodejť! (but) of course!, that goes* without saying!; am. sure!

bodláčí thistle(s), clump of thistles

bodlák thistle

bodlina *(růže ap.)* thorn, prickle; *(kaktusu, ježka)* spine; *(dikobrazu)* quill

bodlinatý thorny, prickly
bod|nout 1 v. **~at;** přen. **b. koho do zad** stab sb in the back **2** hov. *(hodit se)* **~la by mi káva** I could do with a nice cup of coffee ■ **b. se 1** prick o.s.; **~la se jehlicí** she pricked herself on a needle; **~la se do prstu** she pricked her finger (on n. with sth) **2** hov. *(blamovat se)* make* a fool of o.s., make a faux pas ■ **~nutí** *(dýkou ap.)* stab, thrust; *(rána)* stab (wound); *(hmyzu)* bite; *(včely)* sting; **~nutí svědomí** prick n. pang of conscience
bodn|ý: ~á rána stab wound; **~á zbraň** stabbing weapon
bodovací: b. systém points system
bodovat 1 *(hodnotit)* give* points **2** *(získat body)* score, win* points
bodov|ý 1 sport. points, on points; **~é vítězství** points win, win on points **2** odb. **~é světlo** spotlight; **~é svařování** spot welding
bodrý jovial, good-humoured; kindly
boh|áč, ~áčka rich n. wealthy man/ woman; **~áči** the rich n. wealthy
boha|prázdný, ~pustý: ~prázdné řeči idle talk, gossip; **~pustá lež** a whopping great lie, hov. whopper
bohatnout grow* rich
bohatství 1 *(majetek)* wealth, riches; **b. Země** the riches of the Earth; přen. **b. ducha** spiritual wealth **2** *(hojnost)* abundance **3** *(rozmanitost)* a great variety (of)
bohat|ý 1 *(o majetku)* rich, wealthy; **~í a chudí** the haves and the have nots; *(dědictví)* substantial **2** *(hojný)* rich, copious; *(úroda též)* bountiful, abundant; *(zásoby)* plentiful; *(porce)* generous; *(vegetace)* rich, luxurious, exuberant; *(zkušenosti)* rich, extensive; **b. na co** abounding in sth; **b. na ryby/ uhlí** abounding n. rich in fish/ coal; **strava ~á na bílkoviny** high-protein food **3** *(výběr ap.)* large, wide, copious ■ **~ě se oženit** marry (into) money; **~ě koho obdarovat** shower sb with gifts; **~ě ilustrovaný** *(časopis)* richly illustrated
bohatýr warrior, hero
bohatýrský: b. epos heroic epic
bohém, ~ský bohemian
bohemista Czech scholar/ lecturer/ professor ap.; lecturer ap. in Czech Language and Literature n. in Czech Studies
bohorodička Mother of God; the (Blessed) Virgin Mary
bohorovný godlike; **b. klid** Olympian composure
bohoslovec theology n. divinity student; student of theology n. divinity
bohosloví theology, divinity
bohoslužb|a divine service n. worship; *(katolická)* **~y** Mass; **slavné ~y** High Mass; **konat ~y** say* n. celebrate (the) Mass
bohudíky! Thank God!, Thank Goodness!
bohužel: b. ano I am afraid so; yes, I regret to say*; **b. ne** unfortunately not; I am afraid not; **b. nemohu přijít** I am afraid n. unfortunately I cannot come*
bohyně goddess
bochník loaf
boj 1 *(úporné úsilí)* (**o, za** for; **proti, s** against) fight, struggle; **b. s živly** the struggle against the elements; **b. o nejlepší místa** scramble for the best seats; pol. **b. o nezávislost** the struggle n. fight for independence; **b. o moc** the struggle for power; **třídní b.** class struggle n. warfare **2** voj. fight(ing), action; **b. muže proti muži** hand-to-hand fighting n. battle; **b. zblízka** fight at close quarters; **vyřadit koho z ~e** put* sb out of action; **b. na život a na smrt** a fight to the death
bojácn|ý timid; *(ostýchavý)* shy; *(zbabělý)* cowardly ■ **~ost** timidity, shyness
bóje buoy
bojechtivý belligerent, pugnacious
bojeschopný fit for action
bojišt|ě battlefield; **vyklidit b.** leave* the (battle)field; **zůstat na ~i** fall* in battle
bojkot, ~ovat boycott
bojler water-heater, hot-water tank
bojovat 1 *(proti komu/ čemu, s kým/čím)* fight*, struggle, battle; *(s problémy)* grapple with, cope with, contend with; *(se zlem též)* combat; *(s pokušením též)* wrestle with; **b. s protivníkem** fight (against) an opponent; **b. proti bídě** struggle against poverty **2** (**za, o** for) fight, struggle, campaign; **b. za rovnoprávnost** campaign for equal rights; **b. o každou píď země** contest every inch of the ground; **b. o titul** contest a title; **b. do posledního dechu** fight to the last breath, přen. die in the last ditch
bojovník fighter (**proti** against; **za** for); přen. champion (of), advocate (of); *(neúnavný)* crusader (for)
bojovnost fighting spirit, mettle; **ztratil veškerou svou b.** there is no fight left* in him
bojovn|ý militant, combative; **mít ~ou náladu** be up in arms

bojov|ý: ~é síly forces, troops; **~á pohotovost** readiness for battle
bok 1 *(část těla)* side, *(kyčel)* hip; **široké/ úzké ~y** broad/ narrow hips; **spát na ~u** sleep* on one's side; **b. po ~u** side by side; **smát se až se za ~y popadat** split* one's sides laughing n. with laughter; **kroutit se / kolébat se v bocích** sway/ roll one's hips; **dát si něco ~em** *(ušetřit)* put* aside some money for a rainy day **2** *(koně)* side, flank **3** voj. flank; **napadnout nepřítele z ~u** attack the enemy from the flanks **4** *(o lodi)* ship's side; **levý/ pravý b.** port (side)/ starboard (side); **položit se na b.** list **5** *(strana)* side; **pohled z ~u** a side view **6 vlevo/ vpravo v b.** left/ right turn n. am. face
bokorys side view, side projection
bol grief, sorrow
bolák sore; *(vřed)* ulcer, *(absces)* abscess
bolav|ý painful, sore; **~é místo** tender spot; přen. **~á otázka** sore point
bolehlav hemlock; **číše ~u** cup of hemlock
bolest 1 *(fyzická)* pain, ache; *(píchání)* stabbing n. shooting pain; **trvalá/ silná b.** continuous/ acute pain; **porodní ~i** labour pains; **~i v uchu/ krku** earache/ sore throat; **mít ~i** be in pain; **způsobit někomu b.** cause sb pain; **citlivý na b.** sensitive to pain **2** *(duševní)* grief, sorrow
bolestivý 1 *(rána* ap.*)* painful, sore **2** *(místo)* sore, tender **3** přen. painful, distressing
bolestné compensation for injuries
bolest|ný 1 v. **~ivý 2** *(plynoucí z bolesti)* **b. výkřik** scream of pain; **b. úsměv** sad smile; **~né vzpomínky** painful memories; **~ná ztráta** grievous loss
bol|et 1 *(tělesně)* hurt*, ache, be painful; **~í mne hlava** I have a headache, my head aches; **~í mne zuby/ ucho** I have toothache/ earache; **~í ho prst** his finger is sore; **všechno mě ~í** I hurt all over **2** *(duševně)* **~í mne to** it grieves me, it causes me sorrow ■ **~ení** pain, ache; **~ení břicha** stomach n. děts. tummy ache, sore tummy; **~ení zubů** toothache; **~ení hlavy** headache; v. též **~est**
Bolívie Bolivia
Bolivij|ec, ~ka, b~ský Bolivian
boltec auricle
bomb|a 1 voj. bomb; **atomová/ vodíková b.** atomic/ hydrogen bomb **2** *(nádoba na stlačené plyny)* cylinder; **kyslíková b.** oxygen cylinder **3** *(senzace)* bombshell
bombardér *(letec* i *letadlo)* bomber
bombardov|at *(pumami)* bomb; *(granáty;* přen. *otázkami, požadavky)* bombard; *(sněhovými koulemi)* pelt; **b. koho požadavky** bombard sb with requests ■ **~ání** bombing, *(granáty)* bombardment
bombast bombast, bombastic verbiage, *(stylu)* pomposity
bombastický bombastic, high-falutin(g), pompous
bombička *(náplň pera)* refill
bon voucher, coupon; **tuzexové ~y** Tuzex vouchers
bona fide in good faith, with good intentions, *bona fide*
bonbón sweet, děts. sweetie, am. candy; **čokoládový b.** chocolate; **kyselé ~y** acid drops
bonbónek přen. treat, high spot *(of sth)*
bonboniéra box of chocolates
bonmot bon mot, witticism
bontón good form n. manners; **patří k ~u ...** it is good form n. good manners *(+inf.)*; **je to proti ~u** it is bad form, it is in poor taste
bonviván bon vivant, bon viveur; hov. good-liver
bor *(les)* pine wood
bór chem. boron
bordel 1 brothel, bordello **2** *(nepořádek)* pigsty; **má u sebe strašný b.** his room is a complete mess n. shambles
borec 1 gymnast **2** *(chlapík)* hov. a great guy
borovice pine (tree); *(dřevo)* pine (wood)
borovička *(nápoj)* ≅ gin
bortit warp ■ **b. se** *(dřevo)* warp, *(kov, asfalt)* buckle; *(strop)* cave in; *(plány)* crumble
borůvk|a bilberry, whortleberry; am., sk. blueberry; **jít na ~y** go* bilberry picking, go bilberrying
bořit *(ničit)* destroy, *(pustošit)* ruin; *(staré domy)* pull n. knock down ■ **b. se 1** fall* down, fall* into ruin; *(střecha)* cave in **2** *(do sněhu)* sink* into
bořivý destructive, ruinous
bosý barefoot; **chodit b.** walk barefoot(ed)
bot|a shoe, *(vysoká, holínka)* boot; **~y** a pair of shoes; **kotníčkové ~y** ankle boots; **~y na vysokém podpatku** high-heeled shoes ♦ **udělat ~u** *(chybu)* make* a blunder n. hov. boob; **prásknout do ~** take* to one's heels, clear off; **vědět, kde tlačí b.** know* where the shoe pinches; **znát něco jako své ~y** know sth like the back of one's hand
botanick|ý botanic(al); **~á zahrada** botanic(al)

gardens
botanik botanist
botanika botany
boubelatý chubby, plump
boud|a *(z desek)* hut; *(chatrč)* shack; *(lovecká)* hunting lodge; *(srub)* cabin; *(pro hlídače)* lodge; *(stánek)* booth, stall; *(psí)* kennel; **horská b.** mountain chalet; **skládací b.** *(u kočárku)* folding hood ♦ **ušít na koho ~u** set* a trap for sb
bouchačka sl. *(pistole)* neutr. gun; sl. rod, shooter
bouch|at **1** *(na co)* bang, rap, beat*; **b. na dveře** bang n. rap n. beat at n. on the door **2** *(srdce)* throb, pound, thump; v. též **~nout**
bouch|nout **1** *(dveře)* bang, slam; *(o výstřelu)* crack, bang; *(zbraň)* go* off with a bang; **dveře ~ly** the door banged **2** **b. koho** hit* n. thump sb, give* n. deal* sb a blow; hov. land sb one **3** *(čím)* **b. dveřmi** bang n. slam the door, close the door with a bang, slam the door shut; **b. sluchátkem** slam down the receiver **4** *(do čeho)* **b. pěstí do stolu** bang n. strike* one's fist on the table; přen. put* one's foot down ■ **b. se** bump n. knock n. bang o.s.; **~l se hlavou o dveře** he knocked his head against the door ■ **~nutí** *(dveří)* bang; *(zbraně)* explosion, shot, bang
boule bump, lump
boulit: b. na koho oči gape n. stare at sb
bouračka **1** *(budovy)* demolition **2** *(srážka)* (car) crash, *(hromadná)* smash(-up)
bourat *(budovy)* pull n. knock down; *(plot)* tear* n. pull down; *(mít nehodu s autem)* have a (car) crash
bourec: b. morušový silkworm
bouře **1** storm, thunderstorm; *(sněhová)* blizzard ♦ **b. ve sklenici vody** a storm in a teacup; **b. smíchu/ potlesku** a storm of laughter/ applause **2** *(vzpoura)* rebellion, revolt; **politické b.** political unrest; **husitské b.** Hussite wars
bouři|t *(hřmět)* thunder; *(moře)* rage; *(vítr* též*)* roar ■ **b. se** rebel, riot, take* to the streets; **vše se v ní ~lo** she was seething with indignation
bouř|ka **1** v. **~e** **2** expr. *(klobouk)* bowler (hat)
bouřlivák hothead, madcap, tearaway
bouřlivý **1** *(moře, plavba)* rough, stormy, choppy; *(počasí)* blustery, gusty **2** přen. *(schůze)* tempestuous; *(hádka)* fierce; *(mládí)* turbulent, stormy; *(vývoj)* rapid; *(noc)* wild; *(potlesk)* thunderous; *(smích)* uproarious
box₁ *(v garáži)* lock-up (garage); *(v konírně)* loose box; *(v kavárně)* niche, alcove
box₂ *(boxování)* sport. boxing
boxér boxer
boxérsk|ý boxing; **~é rukavice** boxing gloves
boxovat box; **b. o titul** fight* for a title
boží God's; **b. políčko** God's (little) acre; **b. dar** gift of God; **B. hod vánoční/ velikonoční** Christmas Day/ Easter Sunday ♦ **b. dopuštění** confusion; **nastalo b. dopuštění** all hell broke* loose; **z b. milosti** Dei Gratia
božsk|ý **1** divine **2** přen. *(báječný)* divine, heavenly; *(nádherný)* splendid, magnificent; **~é jídlo** divine food; **~á mana** (heavenly) manna ♦ **kápnout ~ou** come* clean, own up ■ **měli jsme se ~y** we had a splendid n. wonderful time
božství divinity, divine nature
božstvo deity, divine being
brad|a chin; **dvojitá b.** double chin ♦ **být ~ou vzhůru** be dead and buried
bradatý bearded
bradavice wart
bradavka *(prsní)* nipple; *(chuťová)* papilla
bradka goatee (beard)
bradla gymn. parallel bars
brách|a **1** hov. v. **bratr** **2** *(kamarád)* hov. buddy, chum ♦ **já na ~u, b. na mě** you scratch my back and I'll scratch yours
brak waste, rejects, defective products; *(literární)* pulp literature
brakovat pillage, plunder; *(obchody)* ransack
brakov|ý: ~é zboží rejects; **~á literatura** second-rate literature
brambor potato; **vařené/ smažené/ opékané/ šťouchané/ ~y** boiled/ fried/ baked/ mashed potatoes; **~y na loupačku** potatoes boiled in their jackets
bramborářský *(oblast)* potato-growing
bramborov|ý: ~á kaše mashed potatoes; **~é hranolky/ lupínky** (potato) chips/ crisps, am. French fries/ chips
bramboříště potato field
brána gate; **městská b.** town n. city gate; **triumfální b.** triumphal arch; přen. **b. k úspěchu** gateway to success
branec recruit
bránice diaphragm
bránit **1** defend; **b. koho** stand* up for sb, protect sb, give* n. offer sb protection (**před** against) **2** **b. komu v čem** prevent sb from doing sth, bar sb from doing sth; **nemohu ti (v tom) b.** I can't stop you ■ **b. se** defend o.s., put* up a fight; **b. se slzám** hold* back n. suppress tears; **b. se změnám** resist change

bran|ka 1 *(zahradní)* gate 2 sport. *(fotbalová, hokejová* ap.*)* goal; *(lyžařská)* gate; *(gól)* goal; **být v ~ce** be in goal, be a goalkeeper; **vstřelit ~ku** score a goal; **poměr ~ek** score; **střelec ~ky** (goal) scorer

brankař, brankář goalkeeper, hov. goalie, *(lední hokej)* goalminder

brankov|ý: ~á čára goal line; **~á tyč** goalpost; **b. rozdíl** goal difference

brann|ý: ~á moc, ~é síly armed forces; **~á povinnost** (universal) conscription, compulsory military service; **~á výchova** civil defence

brán|y zeměd. harrow; **vláčet ~ami** harrow

branž|e trade, line (of business); **v jaké ~i děláte?** what's your line of business?

brašna *(školní)* schoolbag, *(nošená na zádech)* satchel; **lovecká b.** game-bag; **b. na nářadí** tool kit, repair outfit

brát 1 take*; *(uchopit)* take hold of; **b. koho za paži** take sb's arm; **b. něco oběma rukama** take sth with both hands 2 **b. komu co** take sth away from sb; **b. komu práci** deprive n. rob sb of his/her job 3 **b. koho na byt** take in boarders 4 *(hodiny)* take; *(časopisy)* subscribe to 5 *(mzdu)* earn, take home; **bere 3.000 Kčs měsíčně** *(čistého)* his take-home pay is Kčs 3,000 per month 6 *(léky, drogy)* take 7 *(s sebou)* take, *(autem)* drive*, give* sb a lift 8 **jak to mám b?** how am I to take it? **b. co za samozřejmé** take sth for granted; **b. co vážně** take n. regard sth very seriously; ♦ **příliš si to bere** she takes it too much to heart; **b. si něco k srdci** take sth to heart 9 *(o rybách)* bite* 10 **b. na koho** fancy sb 11 **b. si** *(u stolu)* help o.s.; **b. si koho** marry sb, get* married to sb ■ **b. se** 1 get married, marry 2 **kde se tu bereš?** what brings* you here?

bratr 1 brother; **vlastní b.** full brother; **nevlastní b.** *(při jednom společném rodiči)* half-brother, *(nepokrevný)* stepbrother 2 *(řádový)* friar, monk

bratranec cousin

bratrovra|h, ~žda fratricide

bratrsk|ý fraternal, **~á pomoc** comradely n. fraternal help n. assistance ■ **~y se rozdělit** share and share alike

bratrství brotherliness, brotherhood

bratříčkov|at se (s with) hobnob, be over-familiar ■ **~ání** hobnobbing

bravo! well done!, *(umělcům)* bravo!

bravura 1 brilliant performance, virtuosity 2 *(přehnaná odvaha)* bravado

bravurní 1 *(hra na hud. nástroj* ap.*)* masterly, brilliant 2 *(jízda)* daring; **b. kousek** a daring exploit

brázda furrow; **b. nízkého tlaku** depression

brázdit furrow, *(obličej* též*)* line; **b. si cestu** force one's way; **b. oceány** básn. plough n. furrow the seas

Brazil|ec, ~ka Brazilian

Brazílie Brazil

brazilský Brazilian

brblat grumble, grouch, be grumpy

brčál (peri)winkle

brčko *(na pití)* straw

brdo: být na jedno b. be cast* in the same mould, be cut* to the same pattern

brebent|it chatter, prattle; hov. talk a lot of rubbish n. drivel ■ **~ění** chatter, prattle

brebentilka chatterbox

breče|t cry, weep*; *(usedavě plakat)* bawl ♦ **to by člověk ~l** it's enough to make* you n. one weep

brejlit (na at) gawk, goggle

brekot crying, weeping, bawling v. **brečet**; **dát se do ~u** start crying

breptat *(žvanit)* babble, *(drmolit)* jabber

brepta gabbler

brigáda 1 voj. brigade; *(pracovní)* work team n. group 2 *(krátkodobé zaměstnání)* temporary job, *(prázdninové)* summer job; *(dobrovolná práce)* voluntary work

brigádník member of a work team

briketa briquette, coal cake

brilantní brilliant

briliant (cut) diamond, brilliant

Brit Briton; **on je B.** he is British; **B~ové** the British

Británie (Great) Britain

britský British

brloh 1 *(doupě)* den, lair 2 *(ubohé obydlí)* hovel, shack; **~y** slums 3 *(špeluňka)* sl. dive

brnění 1 *(rytířské)* armour 2 *(v ruce)* pins and needles

brn|ět: ~í mne noha my foot is numb, I have pins and needles in my foot; **~í mne z toho hlava** it gave* me a splitting headache

brnkat *(na kytaru* ap.*)* strum n. pluck n. am. pick (the guitar)

brnknout: hov. **b. komu** ring* sb up, give* sb a ring n. hov. a tinkle

brod ford

brodit se *(čím)* wade through; *(přes řeku)* ford;

(blátem) slosh through

brojit agitate; **b. proti někomu** rail n. inveigh against sb

brok pellet; **~y** small shot

brokát brocade

brokovnice shotgun

bróm bromine

bronz, ~ový bronze; **~ová medaile** bronze medal

broskev peach

broskvoň peach tree

brouček 1 small insect; **svatojanský b.** glow-worm, firefly 2 expr. *(dítě)* kid, little mite n. thing; little sweetie

brouk 1 beetle ♦ **mít ~a v hlavě** have a bee in one's bonnet (about sth) 2 *(podivín)* grumpy person, grouch

brouk|at (si) *(písničku)* hum, sing* softly ■ **souhlasné ~ání** a buzz n. hum of approval

brousek whetstone, grindstone

brou|sit 1 *(břitvu* ap.*)* sharpen, hone, whet; *(kosu)* grind*; *(sklo)* cut*; *(parkety)* sand ♦ **b. si na kom jazyk** gossip about sb 2 **b. někde** loiter n. wander about a place ♦ **b. za děvčaty** chase girls ■ **~šené sklo** cut glass

brouzdaliště paddling pool

brouzdat 1 (**čím** through sth) wade, *(s cákáním)* splash 2 *(po lesích* ap.*)* roam about n. around

brož brooch

brožovaný *(publikace)* paperback

brožura booklet, *(reklamní)* prospectus; pol. pamphlet

bručet 1 *(medvěd)* growl; *(basa, motor)* drone; **b. si do vousů** mutter sth into one's beard 2 přen. *(člověk)* grumble, hov. grouse 3 *(být ve vězení)* do time, br. do porridge; be in prison n. sl. in the clink, be inside

bručivý grumpy, morose

bručoun grumpy person, sl. crosspatch

brukev *(kedluben)* kohlrabi

brumlat 1 v. **broukat** 2 *(stěžovat si)* grumble; *(reptat)* moan, carp about

brunátný crimson, purple; *(tvář)* ruddy

brunet dark-haired man ■ **~ka** brunette

brus v. **brousek**; *(otočný)* grinding wheel

Brusel Brussels

brusič grinder; *(skla)* glass cutter; přen. *(jazyka)* purist

brusinka cranberry

bruslař (ice-)skater; *(na kolečkových bruslích)* roller skater

brusle (ice-)skate, *(kolečková)* roller-skate

brusl|it (ice-)skate; *(na kolečkových bruslích)* roller-skate ♦ **b. na tenkém ledě** přen. be skating on thin ice; **umět v tom b.** know* one's way around ■ **~ení** ice-skating, roller-skating

brutalita brutality, violence

brutáln|í brutal, violent; **b. síla** brute n. naked force; **b. zločin** atrocious crime; **b. pomsta** savage revenge ■ **~ě** brutally

brut|álnost 1 v. **~alita** 2 *(čin)* act of violence n. brutality

brutto gross; **b. váha** gross weight

brv|a eyelash ♦ **ani nehnout ~ou** not to blink; přen. keep* a straight face, not to bat an eyelid

bryčka barouche

brýle glasses, spectacles, hov. specs; a pair of glasses n. spectacles; **ochranné b.** protective goggles; **sluneční b.** (a pair of) sunglasses; **nosit b.** wear* spectacles; **vidět co růžovými ~mi** see* sth through rose-tinted n. rose-coloured spectacles

brynd|a 1 *(břečka)* slops, *(pivo* vulg. též*)* piss 2 *(nepříjemná situace)* fix, mess, am. spot; **být v pěkné ~ě** be in a real fix, am. be in a tight spot; **dostat se do pěkné ~y** get* o.s. into a right mess

bryndat *(tekutinu)* spill, *(barvu* též*)* splash

brynza ewe's milk cheese, am. též brynza

bryskn|í brusque, *(úsečný)* curt, *(energický)* snappy ■ **~ě odmítnout** give* a blunt refusal

brzd|a brake; **záchranná b.** emergency brake; **zatáhnout za záchrannou ~u** pull the communication cord; **sešlápnout ~u** put* on the brakes

brzdit brake, put* on the brakes; *(zpomalit)* slow down; *(pokrok)* hinder, hamper

brzdn|ý: ~á dráha braking n. stopping distance

brzdov|ý brake; **~á souprava** brake assembly; **~é světlo** brake light, am. stoplight

brzk|ý: ~é uzdravení quick n. speedy recovery; **na ~ou shledanou!** see* you (again) soon!

brzlík anat. thymus; kuch. sweetbread

brzo, brzy 1 *(za krátkou dobu)* soon, in the near future; **b. potom** soon afterwards, a little later; **příliš b.** too soon; **b. bude zima** it will soon be winter 2 *(časně)* early; **b. ráno** early in the morning; **na spaní je ještě b.** it's too early for bed

břečka 1 v. **brynda** 2 *(řídké jídlo)* hanl. swill; *(polévka)* slops 3 *(bláto)* mud, sludge, *(se sněhem)* slush

břečťan ivy

břeh 1 *(říční)* bank; *(mořský)* shore, *(pobřeží)* shoreline ♦ **tichá voda ~y mele** still waters run* deep 2 *(u silnice)* bank, embankment; *(u železnice)* embankment

břemen|o 1 load, weight; *(k nesení)* burden 2 přen. burden; **b. daní** the burden of taxes; **b. důkazu** the burden of proof 3 sport. weight; **zvedání ~** weight lifting

břeskný *(siréna)* blaring; *(hlas)* shrill

břevno *(trám)* beam; *(branky)* **horní b.** crossbar ♦ bibl. **b. ve vlastním oku** the beam in one's own eye

březen March

březí pregnant, heavy with young; *(kráva též)* with calf

břídil bungler, slipshod n. sloppy worker

břídilský *(práce)* slapdash, sloppy

břídilství slapdash n. sloppy work

břidlice *(krytina)* slate

břicháč hanl. fatty, fatso

břichatý paunchy, potbellied

bři|cho anat. abdomen; hov. stomach, děts. tummy; *(zvířecí)* stomach, belly; **velké b.** potbelly, paunch; **nacpat si b.** stuff o.s.; **ležet na ~še** lie* on one's front ♦ **plazit se před kým po ~še** lick sb's boots

břichomluvec ventriloquist

břink clink, ting, ding

břinkat clink; *(ostruhy)* jangle

bříško tummy; *(prstu)* fingertip

břitký *(meč)* sharp; *(poznámka)* scathing, biting

břitv|a razor; **ostrý jako b.** razor-sharp též přen. ♦ **mít jazyk jako ~u** have a sharp tongue

bříza birch

bubák 1 bogey (man) též přen. 2 *(škarohlíd)* grumbler, grouch

bub|en 1 drum; hud. kettledrum ♦ **přijít na b.** come* under the hammer; **jít s čím na b.** shout sth from the rooftops 2 karet. **~ny** diamonds

bubeník drummer; **plukovní b.** drum major

bubínek 1 *(malý buben)* hand drum 2 *(ušní)* eardrum, n. odb. tympanum 3 *(revolveru)* cylinder 4 *(na vyšívání)* embroidery frame

bublanina cherry soufflé

bublat *(potůček)* murmur, gurgle; *(vařící voda)* bubble

bubla|vý murmuring, gurgling, bubbling; v. **~t**

bublin|a bubble; **mýdlová b.** soap bubble; **pouštět ~y** blow* bubbles ♦ **b., která brzy splaskne** a nine days' wonder

bubnovat drum; *(déšť na okno)* beat*, lash; **b. prsty** drum one's fingers; **b. do útoku** sound the attack; **b. na ústup** sound the retreat

bubnov|ý: voj. **~á palba** drum fire, heavy barrage; **~á pračka** drum washing machine

bububu fee-fi-fo-fum; **dělat na koho b.** scare sb, frighten sb

buclatý chubby, plump; *(v tvářích)* chubby-cheeked

bůček brisket

buč|et *(býk)* bellow; *(kráva)* moo, low ♦ **je hloupý až to ~í** he is as thick as two (short) planks

bučina beech wood

buď: b. ... anebo either ... or; **b. jak b.** in any event; **b. napíši nebo zavolám** I'll either write* or phone

Budapešť Budapest

budíček reveille, waking-up time

budík alarm clock; **nastavit ~a na** set* the alarm clock for

budit 1 *(probouzet)* wake* (up), waken; přen. arouse; *(vzpomínky)* bring* back, revive 2 *(radost)* arouse; *(naděje, pochybnosti)* raise; **b. zdání, že** give* the impression that 3 *(lid)* enlighten, educate ■ **b. se** wake* (up), waken; *(vzpomínky)* awake*; *(z bezvědomí)* come* to n. round

buditel hist. awakener *(an active propounder of the Czech National revival)*

budiž 1 **b. světlo!** let there be light 2 část. **b., ale** fair enough but, that's all very well, but

budižkničemu good-for-nothing, ne'er-do-well

budka box, booth; **strážní b.** sentry box; **telefonní b.** telephone booth; **ptačí b.** nesting box (for birds)

budoucí 1 future; **můj b. manžel** my future husband, my husband to be; **můj b. kolega** my prospective colleague; **b. umělec** budding artist 2 jaz. **b. čas** future tense

budoucnost the future; **v ~i** in future; **ve vzdálené ~i** in the remote n. distant future; **nemá to b.** there's no future in it; **plány do ~i** plans for the future ♦ **hudba ~i** pie in the sky

budova building, kn. edifice; **obytná b.** residential building; **výšková b.** high rise (building), tower block; **b. se staví** the building is under construction

budov|at build*, *(velké stavby též)* engineer; *(zemi, armádu, ekonomii)* build up; *(znovu)* rebuild*; *(teorii)* construct ■ **~ání** building; *(opětné)* reconstruction, rebuilding

budovatel builder; přen. též architect
bufet snack bar; *(nádražní)* buffet; *(v obch. domě* ap.*)* cafeteria; **mléčný b.** milk bar
bufetový: b. vůz buffet car
bůh, Bůh 1 god, *(jako jméno)* God; **B. Otec** God the Father; **všemohoucí B.** God Almighty; **modlit se k Bohu** pray to God; **věřit v Boha** believe in God 2 *(pozdravy a citosl. výrazy)* **díky Bohu** thank heavens, thank God; **můj ty Bože!** good God!, euf. good grief!; **pro Boha živého!** by the living God!; **bůhví** God n. Goodness knows*!
buch! bang!
buchar drop hammer
buchta 1 *(yeast bun filled with jam, cheese or poppy-seed)* 2 *(nekňuba)* dumpling; *(děvče)* hov. bimbo
bujar|ý kn. *(osoba)* exuberant; *(zábava)* lively, wild; **~á nálada** high spirits
buje|t 1 *(plevel)* grow* rampant, proliferate; *(vousy)* grow profusely; *(paneláky)* mushroom 2 *(zlořády)* become* rife n. rampant ■ **~ní** proliferation, mushrooming; **zhoubné ~ní** lék. malignancy, malignant growth
bujn|ý 1 *(rozpustilý)* high-spirited, boisterous; *(čiperný)* lively, vivacious 2 *(hojný)* luxuriant; **~á vegetace** luxuriant vegetation; *(vlasy)* thick; **žena ~ých tvarů** a voluptuous woman ■ **~ě se smát** laugh uncontrollably ■ **~ost** high spirits, exuberance, boisterousness
bujón bouillon
buk beech (tree) ♦ **je zdravý jako buk** he is in the pink of health
Bukurešť Bucharest
bulač absentee
bulačství absenteeism
buldog bulldog
buldozér bulldozer
Bulhar, ~ka, b~ský, b~ština Bulgarian
Bulharsko Bulgaria
bulík: věšet komu ~y na nos pull the wool over sb's eyes
bulletin bulletin; *(lékařský)* report; **informační b.** newssheet
bulva bot. tuber, nodule; *(oční)* eyeball
bulvár boulevard, avenue
bulvární: b. tisk gutter press
bum bang; *(silná rána)* crash
bunda jacket; *(proti větru)* windcheater; *(prošívaná s kapucí)* anorak; **kožená/ semišová/ oboustranná b.** leather/ suede/ reversible jacket; **tepláková b.** *(lehčí)* sweatshirt
buněčn|ý cellular; **~á tkáň** cell tissue
buniči|na, ~tý cellulose
buňk|a cell ♦ **mít ~y pro co** have a flair for sth; **má ~y pro matematiku** he has a good head for figures
bunkr bunker; *(protiletadlový)* air-raid shelter
burácet 1 roar; *(varhany, potlesk)* thunder; *(hrom)* roll, peal; *(boje, živly)* rage 2 *(horovat)* (**proti** against) thunder, rail, fulminate
burácivý *(potlesk)* thunderous; *(vítr)* raging
burák peanut, groundnut
burcovat 1 *(budit)* rouse (from sleep) 2 *(z letargie)* wake*, rouse 3 *(podněcovat)* rouse, stir (up), agitate
burleska burlesque, farce
burleskní burlesque, farcical
burza stock market; *(místo)* stock exchange; **b. práce** labour exchange
burzián stockbroker
burzovní stock market; **b. kurs** (stock) market rate n. price
buržoa bourgeois
buržoazie bourgeoisie
buřič rebel; *(kdo pobuřuje)* rabble-rouser, agitator, troublemaker
buřičský rebellious
buřičství rebelliousness
busola compass
busta bust
buš bush
buš|it bang, thump; *(srdce, krev)* throb, pound; *(kladivem)* hammer; *(pěstmi)* pound; *(do klavíru)* thump; **b. do koho** *(bít)* flail n. pummel sb ■ **~ení srdce** *(silné)* throbbing, *(nezdravé)* palpitation
buvol buffalo
buzerant gay *(*neutr.*)*; hanl. queer, poof v. **homosexuál**
buzerovat sl. *(poroučet)* order sb about, boss sb about n. around; *(obtěžovat)* pester
bůž|ek 1 *(lásky)* Cupid; **domácí ~kové** household gods 2 *(modla)* idol; **udělat si z peněz ~ka** make* an idol of money, idolize money
býček bullock, young bull
býčí: b. zápasy bullfight, corrida; **b. aréna** bullring
bydl|et, ~it *(kde)* live, kn. reside; *(dočasně)* stay, lodge; **kde ~íte?** where do you live?; **~ela měsíc u babičky** she stayed with her granny for a month; **b. společně** *(ve stejném pokoji/ ve*

stejném bytě) share a room/ flat; **b. u koho v podnájmu** lodge with sb, be in digs at sb's
bydliště (place of) residence; *(úředně)* domicile; **trvalé b.** permanent residence; **přechodné b.** temporary accommodation
bydlit v. **bydlet**
bydlo: ♦ **mít dobré b.** live in clover; **pálí ho dobré b.** he is getting* mischievous
bych: ♦ **pozdě ~a honiti** it is no good crying over spilt milk
býk 1 bull; **popadnout ~a za rohy** take* the bull by the horns 2 astron. Taurus
býlí weeds
bylina 1 *(rostlina)* plant 2 *(léčivá)* (medicinal) herb
bylinář, ~ka herbalist, herb doctor
bylinkový: b. čaj herbal tea
býložravec herbivore
byro, byró executive committee; **politické b.** politburo
byrokracie *(zprav.* hanl.*)* bureaucracy, hanl. red tape
byrokrat bureaucrat
byrokratický bureaucratic
bysta bust
bystrozraký sharp-eyed, eagle-eyed
bystrý 1 *(rychlý)* quick, rapid 2 *(chápavý)* bright, sharp(-witted), astute 3 *(sluch)* keen
bystřina stream, torrent
bystřit *(mozek)* sharpen
byt flat, am. apartment; **státní/ družstevní/ soukromý b.** council/ cooperative/ privately-owned flat; **zařízený b.** furnished flat; **nastěhovat se do ~u** move into a flat; **b. a strava** board and lodgings (**u** with); **vzít koho na b.** take* in a lodger; **letní b.** summer n. holiday flat
být I *(plnovýznamové)* 1 *(existovat)* be, exist; **myslím, a tedy jsem** I think* therefore I am; **je na Marsu život?** does life exist on Mars?; **kdysi tu bylo jezero** there used to be a lake here; **duchové nejsou** there are no ghosts ♦ **b. či neb.** to be or not to be; **byl jednou jeden král** once upon a time there was a king; **co je (s tebou)?** what's the matter (with you)? 2 *(k dispozici)* be; **jsou dvě možnosti** there are two possibilities; **masa je dost** there is plenty of meat; **je málo masa** there is a shortage of meat 3 *(v určité poloze, stavu ap.)* be (situated n. located), *(viset* též*)* hang*; *(ležet* též*)* lie*, *(stát* též*)* stand*, *(růst* též*)* grow*; *(žít, bydlet)* be, live; *(nocovat)* stay; *(udát se)* occur, happen; *(konat se)* be, take* place; **otec je na zahradě** father is (working) in the garden; **neměl kde b.** he had nowhere to live; **byl se koupat** he went* swimming; **byli jsme na večeři** we went out for a meal ♦ **b. s to (něco udělat)** be able to do sth, manage sth; **b. po kom** take* after sb; **neb. ve své kůži** be out of sorts 4 **být čí** belong to sb; **ta kniha je má** that book belongs to me, that book is mine II *(spona)* vyj. 1 *(totožnost)* be, equal; **2 a 2 jsou 4** 2 and 2 are n. is n. makes* 4; **to jsem já** it's me; **to je všechno** that's the lot 2 *(zařazení)* be; **kočka je savec** the cat is a mammal; **on je Brit** he is British ♦ **být tebou ...** if I were you ... 3 *(vlastnosti)* be; **otec je moudrý** father is wise, father is a wise man; **jsem toho názoru, že** I am of the opinion that ♦ **to je celý on** it's just like him! 4 *(stav prostředí)* **je vítr** it's windy 5 *(možnost)* **není tě vidět** you cannot be seen*, we cannot see you; **není to k dostání** it's not to be had; **to není k vydržení** it is unbearable 6 *(pocity)* be, feel*; **je mi zle** I feel ill; **co ti je?** what's the matter (with you)?; **je mi do pláče** I feel like crying; **není mi do smíchu** I am not in the mood for laughing; **je třeba ...** it is necessary *(to do sth)* ♦ **bude zle!** there is going to be trouble III *(pomocné slov.)* 1 *(v pasívu)* be 2 *(v kondicionálu)* should, would; *(v podmínkových větách i s min. časem)* **psal bych/ bys**; I should write*/ you would write; **byl bys prohrál** you would have lost*; **kdybys přišel** if you came*; **kdybys (byl) přišel** if you had come 3 *(v min. čase se pomocné sloveso nepřekládá)* **pracoval jsem** I worked 4 *(v bud. čase)* shall/ will *(tento rozdíl se stírá)*; **budu/ budeš psát** I shall/ you will write*
byť even if; **znal mnoho, b. ne všecko** he knew* a lot even if not everything
byteln|ý strong, solid, sturdy; **~á židle** solid chair; **b. dům** solidly built n. solid house; *(látka)* durable, hard-wearing; *(člověk)* sturdy
bytí being, existence; **jde o b. a neb.** it is a matter of life and death
bytn|á landlady; ■ **~ý** landlord
bytost being, creature; **lidské ~i** human beings
bytovka block of flats, am. apartment house
bytov|ý home, housing; **~é družstvo** housing association; **b. architekt** domestic architect; **b. fond** available housing; **~é zařízení** home furnishings; **~é podmínky** housing conditions
býval|ý former, ex-; **jeho ~á žena** his ex-wife; **b.**

alkoholik a reformed alcoholic
Byzanc Byzantium
byzantský Byzantine

bzučák buzzer
bzuče|t buzz, hum, drone ■ **~ní** buzz(ing)

C

c₁ 1 *(písmeno)* c [si:] 2 hud. *(nota)* C; srv. též **a, b**

C₂ *(Celsius)* centigrade n. Celsius

cákat splash *(o barvě, blátě)* spatter ■ **c. se** *(děti)* splash about

cákn|out 1 v. **cákat** 2 sl. *(praštit)* **~ul protivníka do zubů** he socked his opponent on the jaw n. in the mouth

cancour: ~y rags, tatters

capart expr. tot, mite; (sweet) little thing

capat *(batole)* toddle

car czar, tsar

cár *(hadr)* rag, *(utržený)* shred, tatter; **c. papíru** scrap of paper; **oblečený v ~ech** dressed in rags; **být roztrhaný na ~y** be in tatters n. rags

cavyk|y fuss; **dělat kolem čeho c.** make* a (great) fuss over sth, make (such) a thing of sth, get* worked up over sth; **nedělat s kým c.** give* sb short shrift; **bez dlouhých ~ů** without much fuss, *(tvrdě)* unceremoniously

ced|it 1 *(polévku, nudle* ap.*)* strain, *(filtrovat)* filter ♦ **c. něco skrz zuby** mutter sth 2 *(lít)* **venku ~í** it's pouring with rain; **pot ze mne jen ~í** the sweat is pouring off me

cední|k sieve, strainer, *(na zeleninu)* colander; **čajový c.** (n. **~ček**) tea strainer

cedr cedar (tree)

cedrov|ý cedar; **~é dřevo** cedar wood

cedule notice, *(z papíru)* poster

cedulka label, *(nálepka)* sticker; **c. se jménem/ s cenou** name/ price tag

cech 1 hist. guild 2 *(dílna)* shop, section

cejch *(úřední značka)* mark, *(na zlatě a stříbře)* hallmark; *(dobytka)* brand

cejchovat calibrate, stamp; přen. **c. koho jako** brand sb as

ceknout *(v záporu)* **ani nec.** not to breathe a word; **jen zkus c.!** one sound out of you!

cela *(vězeňská)* prison cell; *(v klášteře)* cell; žert. *(pokojík)* den;

cele completely, entirely, fully

cel|ek 1 whole; **jako c.** as a(n integral) whole; **posuzovat co v ~ku** view sth as a whole 2 *(společnost)* society; **blaho ~ku** public n. common good; **smysl pro c.** public spirit; **je to v zájmu ~ku** it is in the public interest

celer *(zahradní)* celery; *(hlíznatý)* celeriac

celina virgin land n. soil

celistvost entirety; *(územní)* integrity

celistvý *(hornina)* solid; *(stát)* undivided; *(sbírka)* entire; **c. obraz** complete picture

celkem *(zhruba)* on the whole, in general; **c. vzato** by and large, for the most part, generally speaking; *(úhrnem)* altogether, in all; *(docela)* quite, pretty; **je to c. dobré** it is pretty good; **teď je mi c. dobře** I am feeling* pretty well now

celkov|ý *(částka* ap.*)* total, *(situace* ap.*)* general, overall; **c. příjem/ dovoz/ vývoz** total income/ imports/ exports; **c. názor/ dojem/ obraz** general n. overall view/ impression/ picture; **~á známka** *(ve škole)* overall mark; **~á zdravotní situace** general state of health

cellista cellist

cello (violon)cello

celní customs; **c. odbavování/ prohlídka** customs clearance/ examination; **c. prohlášení** customs declaration; **c. stanoviště** customs point n. checkpoint; **c. úředník** v. **celník**

celnice₁ customs office n. house

celník, celnice₂ *(úřednice)* customs officer n. official

celodenn|í round-the-clock; twenty-four hour, all-day; **c. zaměstnání** full-time job ■ **pracovat ~ě** work full-time, have a full-time job

celoevropský all-European

celofán cellophane

celohedvábný pure silk

celokovový all-metal

celokožený *(vazba)* leather-bound

celonárodní *(svátek* ap.*)* national

celonoční night-long, all-night

celoplátěný *(vazba)* cloth-bound

celoroční atrib. all-year, year-round; *(výroba, výkaz, mzda)* annual; *(předplatné na noviny)* yearly, annual

celostátní all-state, *(vysílání* ap.*)* nationwide; **c. přebor** national championship

celosvětový worldwide, global

celovečerní: c. film full-length film, feature (film)

celozávodní: c. schůze general meeting

celozrnn|ý wholemeal, am. whole wheat; **c. chléb/ ~á mouka** wholemeal bread/ flour

celoživotní *(přítel, společník)* lifelong; **c. dílo** life('s) work

celta tent canvas, tarpaulin, tent section

celuloid, ~ový celluloid

celulóz|a, ~ový cellulose, wood pulp

celulární: c. telefon cellular telephone

cel|ý I adj. **1** *(veškerý, všechen)* all, (the) whole; **c. svět** the whole world, all the world; **c. život** all one's life; **~é dopoledne** the whole of the morning; **~á Praha** the whole of Prague; **c. květen** all of May **2** *(neporušený)* whole, entire, complete, in one piece; **~é mužstvo** the whole n. entire team; **~á pravda** the whole truth; **vrať se c.** come* back in one piece n. unscathed **3** *(jednotka)* whole; **~é číslo** whole number, mat. integer; **~á nota** semibreve, am. whole note **4** *(vyjadř. velkou míru něčeho)* **c. rozčilený** all excited; **~é jmění** a fortune; **~é týdny** for weeks on end; **je c. otec** he is the (very) n. spitting image of his father; *(typický)* **to je c. John** it's John all over ■ **~e** completely, fully, entirely **II** subst. **~á 1** *(~é číslo)* **šest ~ých, dvě desetiny (6,2)** six point two (6.2) **2** *(nota)* semibreve **3** *(hodina)* the hour

cembalo harpsichord

cement cement

cementárna cement works

cementář cement worker

cementovat stav. cover with concrete, cement over

cementový cement

cen|a 1 *(vyjadř. v penězích)* price; *(náklady)* cost; **c. kávy** the price of coffee; **běžná/ pevná/ odhadní c.** usual/ fixed/ valuation price; **maloobchodní/ velkoobchodní c.** retail/ wholesale price; **nízká/ mírná/ přemrštěná c.** low/ moderate/ exorbitant price; **směšná c.** ridiculously low price; **dostat co za nízkou ~u** get* sth at a low price n. very cheaply; **koupil jsem to za směšnou ~u** I bought* it for a song, I bought it dirt cheap; **pod ~ou** at a discount; **zboží v každé ~ě** goods at all prices; **zvýšení/ snížení ~** price increase/ reduction n. cut; **náhlý pokles ~** sudden n. drastic drop in prices; **vývoj/ pohyb ~** price trend, movement of prices; **stanovit ~u** put* a price on sth; **vypsat ~u na něčí hlavu** put a price on sb's head **2** *(hodnota)* value, price, *(člověka též)* worth, importance; **klesnout na ~ě/ stoupnout v ~ě** decrease/ increase in value, depreciate/ appreciate; **za žádnou ~u** (not) for love or money, not at any price **3** *(význam)* use, point; **nemá ~u předstírat, že** it's no use pretending that; **nemá to ~u** there's no point, it's no use **4** *(odměna)* prize, award; **Nobelova c. (za literaturu)** Nobel Prize (for literature); **vyhrát/ získat ~u** win*/ receive a prize; **udílení cen** presentation of prizes/ awards; **přiřknout ~u** award a prize; **soutěž o ~y** prize competition; **střílení o ~y** shooting competition n. contest

ceník price list

cenina postage stamp; *(kolek)* duty stamp; *(licenční: na televizi)* TV stamp

cenit₁ 1 *(odhadovat cenu)* value, appraise, estimate the price of; *(vysoko)* overestimate, overvalue; *(nízko)* undervalue, underestimate **2 c. si koho** respect sb, regard sb highly, think* highly of sb, *(vysoce)* treasure sb; **c. si co** think highly of sth, treasure sth

cenit₂: c. zuby show* n. bare one's teeth; *(zubit se)* grin

cenn|ý valuable, precious; **c. papír** security bond; **~é papíry** stocks and shares; **c. dopis/ ~á zásilka** ≅ registered letter/ ≅ registered parcel, consignment with a declared price; **~é věci** precious objects

cenovka 1 *(balík)* ≅ registered parcel **2** *(na zboží)* price tag

cenov|ý price; **~á hladina/ struktura** price level/ structure; **c. index** price index; **~á politika** prices policy ■ **~ě přístupný** within one's means, reasonable, affordable

cent quintal (100 kg) ♦ **mám nohy (těžké) jako c.** my legs feel* like lead

centimetr centimetre, am. centimeter; *(krejčovský)* tape measure, measuring tape

centr fotb. centre forward; *(přihrávka)* centre

centrála 1 *(firmy)* headquarters, head office; **odborová c.** ≅ the Trades Union Congress **2** tel. exchange; *(podniková)* switchboard

centralizovat centralize

centrální central; **c. vláda** central government; **c. řízení** central administration

centrický central, middle

centrovat centre, am. center

centrum centre; *(vnitřní město)* (town/ city) centre/ am. center; *(pozornosti)* the focal point; **kulturní c.** centre of cultural life, cultural centre; **průmyslové c.** industrial centre

cenzor censor

cenzura censorship; *(censoři)* board of censors

cenzurovat censor; hov. blue-pencil

cep flail

ceremoniál ceremonial

ceremoniář master of ceremonies, zkr. MC

ceremonie 1 *(obřad)* ceremony **2** pl. *(ciráty)* fuss; **dělat c.** make* n. create a great n. big fuss; v. **ciráty**

ces C flat

cest|a 1 *(pruh země)* path, road, *(úzká)* lane, *(hlavní)* highway, trunk road; **místní c.** local road; **nesjízdná c.** impassable road; **polní c.** dirt track; **příjezdová c.** access road; **slepá c.** cul-de-sac; **soukromá c.** private road; **veřejná c.** public road; **vozová c.** cart track; **vyšlapaná c.** beaten track; **c. přes pole** path across n. through the fields; **úsek ~y** stretch of the road; **jít po ~ě** go* along the road; **jít přes ~u** cross the road ♦ **všechny ~y vedou do Říma** all roads lead* to Rome 2 *(dráha)* way, route; *(pěšky)* walk, přen. též road, path; **c. k úspěchu** road to success; **c. ctnosti** the path of virtue; anat. **dýchací/ močové ~y** respiratory/ urinary tract; **životní c.** journey through life; **zeptat se na ~u** ask the n. one's way; **ukázat komu ~u** show* sb the way; **šli celou ~u pěšky** they walked the whole way; **je na správné ~ě** he's on the right track; **stát komu v ~ě** stand* in the way of sb; **jít komu z ~y** get* out of sb's way 3 *(jízda, cestování)* journey, trip; *(lodí)* voyage, boat trip; *(kratší: autem)* drive, *(autobusem/ vlakem)* bus--ride/ train-ride; *(kosmická)* voyage; **služební c.** business trip; **c. tam/ zpět** outward/ return journey; **c. po Skotsku** a tour of Scotland; **c. kolem světa** world tour, journey (a)round the world; **podniknout ~u kolem světa** do a tour of the world; **jeho ~y po Africe** his travels through Africa; **být na ~ách** be away travelling, be on one's travels; **je stále na ~ách** he is always on the move, he travels a lot 4 *(postup, způsob)* **diplomatickou ~ou** through diplomatic channels; **~ou práva** by legal means; **písemnou ~ou** in writing

cestář roadmender, roadman

cestičk|a 1 pathway, footpath ♦ **znát kdejakou ~u** know* the area like the back of one's hand 2 přen. **sehnat něco postranními ~ami** get* sth by devious means n. in an underhand fashion

cestopis travel book n. story

cestopisec author of travel books, travel writer

cestovat travel; **c. vlakem/ lodí/ letecky** travel by train/ by sea/ by air; **c. kolem světa** travel round the world; **c. po Skotsku** tour Scotland; **chtěl bych c.** hov. I'd like to go* places

cestovatel 1 explorer 2 žert. *(kdo hodně cestuje)* globetrotter

cestovn|é travelling expenses; **úhrada ~ého** reimbursement of travelling expenses

cestovní travel, travelling; **c. kancelář** travel agency; **c. taška** travelling bag; **c. ruch** tourism; **c. horečka** travel nerves

cestující passenger; **obchodní c.** commercial traveller, travelling salesman; **c. v autě** occupants of a car

cetka trinket, knick-knack; pl. též trumpery

céva blood vessel, artery

cévkovat catheterize

cévní vascular

cibule onion; *(květiny ap.)* bulb; *(kostela)* (onion) cupola, onion dome

cibulovitý bulbous

cídič: c. bot bootblack, shoeshine boy

cídit clean, polish; **c. boty** clean n. polish shoes

ciferník 1 dial; *(hodin též)* (clock) face 2 sl. *(tvář)* phiz, map

cifra figure, *(jako součást čísla)* digit; v. též **číslo**

cigareta cigarette, hov. fag; **c. s filtrem** filter cigarette

cigaretový cigarette; **c. kouř** cigarette smoke

cihelna brickworks

cihla 1 brick 2 **c. másla** block of butter, **c. sýra** a cheese

cihlový brick, built in brick; **c. dům** brick house

cikáda cicada

cikán gypsy am. též gipsy; *(o rase též)* Romany ■ **~ka** gypsy woman

cikánský gypsy

cikánština Romany

cikorka chicory

cíl 1 *(cesty)* destination; *(účel)* goal, aim, objective; *(úsilí)* aspiration; **životní c.** aim n. object in life; **stanovit si/ někomu c.** set* o.s./ sb a goal; **dosáhnout svého ~e** reach n. attain one's goal; **slevit se svých ~ů** lower one's sights 2 *(závodu)* finish; *(dostihu)* finishing post; *(běhu též)* finishing line 3 *(terč)* target; **trefit se do ~e** hit* the target; **minout se ~e** miss the target n. mark

cílevědom|ý purposeful, steadfast ■ **~ost** purposefulness; **nedostatek ~osti** lack of purpose

cililink! ting-a-ling!

cílov|ý sport. **~á rovinka** the home stretch n. straight; **~á páska/ čára** finishing tape/ line

cimbál cymbalon, cimbalon

cimbuří hist. battlements

cimprcampr: rozbít co na c. smash sth to smithereens

cín 1 tin 2 *(slitina s olovem)* pewter; **výrobky z ~u** pewter ware

cink|at, ~nout clink, *(sklenice též)* tinkle; *(peníze)*

jingle; *(rolničky, zvonek)* tinkle; **~nul zvonek** the bell tinkled ♦ **~nout komu** *(zatelefonovat)* give* sb a tinkle
cinkot clinking, tinkling
cínov|ý: ~é zboží pewter ware; **c. důl** tin mine
cíp *(saka)* tail, *(sukně)* hem; *(výběžek země)* tip ♦ **poodhrnout c. tajemství** lift the veil of secrecy
cípat|ý: ~á sukně uneven skirt; skirt with an uneven hem
ciráty fuss; v. **cavyky**
cirka about, around, approximately; *(při datech)* circa
církev the Church; **anglikánská c.** the Church of England
církevní church; *(hudba* též*)* sacred, religious; *(úřad, oběžník)* ecclesiastical; **c. sňatek** church wedding
cirkulace circulation
cirkulárka circular saw
cirkulovat circulate; **nechat co c.** pass n. send* sth round
cirkus 1 circus **2** *(zmatek)* chaos, bedlam **3** *(scéna)* row, rumpus
cirkusák circus artiste n. performer
cirkusový circus; **c. stan** circus tent, big top
cis hud. C sharp
císař emperor ■ **~ovna** empress
císařsk|ý imperial; **c. řez** Caesarean (section) ■ **~o-královský** imperial and royal
císařství empire
cisterna 1 *(nádrž)* tank; **c. na vodu** water-tank **2** *(pojízdná:* zvl. *na benzín* ap.*)* tanker, am. tank-truck
cit 1 často pl. *(emoce)* feeling(s), affection, emotions; **vřelost ~u** warmth of feeling; **hloubka ~u** emotional intensity; **dotknout se čích ~ů** hurt* sb's feelings; **opětovat čí ~y** return sb's affection; **(být) bez ~u** (be) insensitive; **není v tobě kouska ~u** you are absolutely devoid of feeling **2** *(citovost)* sentiment; **tady není místo pro ~y** here/ there is no room for sentiment **3 c. pro něco** feeling for sth, sense of sth; **c. pro rytmus** sense of rhythm; **má c. pro hudbu** he has a feeling for music, he appreciates music **4** *(vnímaný hmatem)* **nemám c. v prstech** I have no feeling in my fingers, my fingers are numb
citace 1 *(citování)* quoting **2** *(citát)* quotation, quote
citát quotation, extract
citelný noticeable, perceptible; *(nedostatek)* appreciable; *(ztráta, postih)* severe
cítění: národní c. national feeling n. sentiment, **náboženské c.** religious convictions
citer|a zither; **hra na ~u** zither playing
citerista zither player
cít|it 1 *(čichem)* smell*; *(dotek, bolest, chlad* ap.*)* feel*; *(chuťově)* taste; **být c.** *(maso* ap.*)* smell bad, be off; **být c. čím** smell of sth ♦ přen. **c. čertovinu** smell a rat; **nemohu ho ani c.** hov. I hate his guts **2** *(pociťovat)* feel; **c. s kým** feel for sb; **~ím s vámi** you have my sympathy; **c. radost/ lítost/ obavu/ smutek** feel joy/ regret/ fear/ sadness ■ **c. se 1** *(zdráv ap.)* feel; **c. se dobře/ špatně/ mizerně** feel well/ ill/ lousy; **ne~í se ve své kůži** he does not feel quite himself, he does not feel a hundred per cent **2** *(být sebevědomý)* **ten se ~í** he fancies himself, he thinks* too much n. highly of himself **3 nec. se hněvem** be beside o.s. with anger
citlivka přen. *(slaboch)* mummy's boy, hov. milksop, sissy
citlivost sensitivity, *(přílišná)* hypersensitivity; *(zranitelnost)* vulnerability
citliv|ý *(též přístroj, film)* sensitive; *(zdraví)* delicate; *(urážlivý)* touchy; *(zranitelný)* vulnerable; **~é místo** sensitive spot
citoslovce jaz. interjection
citovat quote (**z** from), kn. cite; **c. příklady** quote n. kn. adduce examples
citovost emotionality; *(přílišná)* sentimentality
citový emotional; **c. výlev** emotional outburst
citrón, ~ový lemon; **čaj s ~em** lemon tea; **~ová šťáva** lemon squash
citronáda lemon drink, am. lemon soda, lime
citrónovník lemon tree
citupln|ý warm-hearted, emotional ■ **~ě zpívala** she sang* with real feeling
civět v. **čumět**
civil 1 *(~ista)* civilian **2** *(~ní život)* civilian life, sl. civvy street **3** *(~ní šaty)* civilian clothes n. dress, sl. civvies n. mufti; **v ~u** in mufti
civilista civilian
civilizace civilization
civilizační *(vliv* ap.*)* civilizing
civilizova|t civilize ■ **~ný** civilized
civilní 1 *(nevojenský)* civilian **2 c. sňatek** civil marriage n. ceremony, br. registry-office marriage
cívka spool; *(v šicím stroji)* bobbin; el. coil
ciz|í 1 *(ne vlastní)* someone else's, other people's; **c. neštěstí** s.o. else's n. other people's misfortunes, the misfortunes of others; **žít na**

c. účet live off other people, sponge off sb 2 *(neznámý)* strange, unfamiliar 3 *(ne zdejší, cizinecký)* **je tu c.** he's a stranger here; **c. jazyk** foreign language ■ **chovat se k někomu ~e** keep* sb at arm's length ■ **~ost** unfamiliarity, strangeness

cizin|a: v ~ě abroad, in a foreign country; **vrátit se z ~y** return from abroad; **doma a v ~ě** at home and abroad

cizinec foreigner; právn. alien; **nežádoucí c.** undesirable alien

cizinecký: c. ruch tourism; **c. hotel** hotel for foreigners

cizojazyčn|ý foreign-language; in a foreign language, in foreign languages; **~é vyučování** classes held* n. conducted in foreign languages

cizokrajn|ý exotic

cizoložit commit adultery, be adulterous

cizoložn|ík/ ~ice adulterer/ adulteress

cizoložný adulterous

cizoložství adultery

cizopasit 1 bot. live as a parasite **2** přen. sponge (**na** on), am. freeload

cizopasnictví parasitism; přen. též sponging, am. freeloading

cizopasník parasite; přen. cadger, sponger

cizopasný parasitic(al)

cizozemec v. **cizinec**

clearing, ~ový clearing; **~ová banka** clearing house

clo customs, (customs) duty; **podléhat clu** be subject n. liable to duty; **nepodléhat clu** be duty-free; **platit z čeho c.** pay* duty on sth; **vybírat z čeho c.** levy a duty on sth

clona 1 *(aparátu)* diaphragm **2** *(kouřová)* smoke curtain; **c. stromů** screen of trees

clonit *(světlo, reflektor)* dim; *(něčím)* screen; **c. si oči před sluncem** shield one's eyes from n. against the sun

clouma|t shake* about, jolt (about); **c. s kým** handle sb roughly; **c. dveřmi** shake* the door; **~l s ní hněv** she was shaking* with anger

co I zájm. **1** táz. what; *(kolik též)* how much; **co to stojí?** how much is it?, how much does it cost*?; **co se děje?** what's going* on?, what's up?; **a co dál?** where do we go* from here?; **co má být?** so what? **2** vzt. which, that *(někdy se vynechává)*, what; **vím, co potřebuješ** I know* what you need; **něco, čemu nerozumím** something (that) I do not understand* **3** *(vyjadř. neurčitost)* **máte co číst?** have you got* something/ anything to read*?; **mám o čem vyprávět** I have a lot to talk about **II** přísl. **co ty na to?** how does it strike* you?; *(s 3. stupněm)* **utíkej, co nejrychleji můžeš!** run* as fast as you can; *(zřetelové)* **co do krásy** as far as beauty is concerned; expr. neurč. **co jsem se tam nachodil!** the number of times I have been there! **III** sp. since; **neviděl jsem ho, co se oženil** I haven't seen* him since (the day) he got* married **IV** citosl. **1** *(není-liž pravda)* **chytrá dívka, co?** she is a clever girl, isn't she? **2** *(vyjadř. překvapení, ohrazení se)* **co, ty už jsi skončil?** what, are you finished already?; **co, jdeš nebo ne?** well, are you coming* or not?, **co na mne řvete?** what do you mean* shouting at me like that?, what are you shouting at me for?

coca-cola Coca-Cola, hov. coke

cokoliv anything; *(ve vedl. větách)* whatever; **ať se stane c.** come* what may; **ať dělá c.** no matter what he does

cop br. plait, am. braid

copak I zájm. v. **co (1);** expr. what ever; **c. to (proboha) děláš?** what ever are you doing? **II** část. *(vyjadř. podiv)* **c. ten, ten se vyzná** he certainly knows* what's what, he knows the ropes **III** citosl. *(cožpak)* **c. jste to neslyšel?** haven't you heard*?, surely you must have heard?; **c. vím?** search me!; **c. hoří?** where's the fire?

cosi something (or other); **a kdesi c.** and what not

coul inch; **gentleman každým ~em** every inch a gentleman

coura slut, slattern

courák hov. slow train

cour|at 1 *(sukně)* trail **2** též **c. se** roam around (**po lese** in the wood), saunter; **c. po ulicích** stroll along n. through the streets; **kde ses ~l?** where on earth have you been (all this time)? ■ **c. se s čím** play around n. about with sth, fiddle with sth

couv|at, ~nout 1 *(s autem)* reverse, back **2** *(ustoupit)* stand* back; *(před nepřítelem)* retreat, make* n. beat* a retreat; *(polekaně)* start back; *(před úkolem)* shrink* back, flinch (**před** from); *(vyhnout se čemu)* shrink from, shy away from ♦ **teď už nemůžeme ~nout** there's no going back (now) ■ **~nutí** voj. retreat

což 1 zájm. which; **nepřišel, což mne rozčílilo** he didn't show* up, which made* me very angry **2** v. **copak**

cože I zájm. **c. to chce?** what is it he wants? **II**

část. *(vyjadř. překvapení)* **C.? On se opravdu vrátil?** What, did he really come* back?

cpát 1 *(šaty do kufru* ap.*)* stuff, cram 2 *(dýmku)* fill, stuff 3 *(jídlem)* gorge, stuff; přen. **c. koho politikou** indoctrinate sb with politics ■ **c. se** 1 *(jídlem)* gorge o.s., make* a pig of o.s. 2 *(tlačit se)* push n. force one's way (**davem** through the crowd)

crč|et *(pot, krev)* drip, trickle; *(silněji)* run*, stream; **~el z něho pot** sweat trickled n. ran down his forehead; **z kabátu ~í voda** the coat is dripping n. soaking wet

ctihodný 1 venerable; **c. stařec** a venerable old man 2 círk. **c. otec** Reverend

ctít 1 respect; karet. **c. barvu** follow suit 2 *(být ke cti)* **to vás ctí** it does you credit

ctitel, ~ka admirer; **je velký c. moderního umění** he is a great admirer of modern art; **má mnoho ~ek** he's very popular with girls

ctižádost, ~ivost ambition, ambitiousness; **žene ho c.** he's burning with n. full of ambition

ctižádostivec ambitious person; hanl. pushy person

ctižádostivý ambitious

ctnost virtue; **dělat z nouze c.** make* a virtue out of necessity

ctnostný virtuous; *(čestný)* honest; *(žena)* chaste, žert. honest

cuc|ek shred v. též **cár**; **roztrhat co na ~ky** tear* sth to shreds n. ribbons

cudn|ý chaste, *(chování)* modest; *(puritánsky)* prudish, prim ■ **~ost** chastity, modesty; **pás ~osti** chastity belt

cuchat ruffle; *(vlasy)* tousle

cuk: v ~u letu in a flash, in a trice, in the twinkling of an eye

cukání: mám c. tam jít I'm itching to go* there

cuk|at, ~nout 1 *(tahat)* pull (now this way now that); **~nout sebou** wince; *(při úleku)* start; *(zraněné zvíře)* **~at se** thrash about 2 *(neosobně)* twitch; **~alo jí v koutku úst** the corner of her mouth twitched, *(pobaveně)* a smile played around her lips ■ **c. se** přen. try to wriggle out of sth, try to dodge n. avoid sth

cukerín saccharin

cuknout v. **cukat**

cukr sugar; **kostkový/ krystalový/ moučkový c.** cube/ granulated/ icing sugar; **řepný/ třtinový c.** beet/ cane sugar; **hroznový c.** glucose, dextrose; **mléčný c.** lactose; **kostka ~u** a lump of sugar, a sugar lump; **sladký jako c.** as sweet as sugar ♦ **nebuď jako z ~u!** don't be such a softie!; **čistá jako z ~u** spick-and-span, as clean as a new pin

cukrárna confectioner's (shop); cake shop; *(kavárnička)* patisserie, tearoom

cukrář confectioner, *(kuchař)* pastry cook

cukrářsk|ý confectionery; **~é zboží** pastry, *(jemné)* patisserie

cukrářství v. **cukrárna**

cukrátko br. sweet, am. candy; děts. sweetie

cukrkandl rock-candy, am. sugar-candy

cukroušek honey

cukrování 1 *(hrdličky)* cooing 2 *(zamilovaných)* billing and cooing

cukrovar sugar refinery

cukrovarnický *(průmysl)* sugar; *(oblast)* sugar-producing

cukrovarnictví sugar industry

cukrovat 1 *(koláč)* dust n. sprinkle with sugar 2 *(o hrdličce)* coo ■ **c. se** přen. *(milenci)* bill and coo

cukroví sweets, am. candies, confectionery; hov. sweet things n. stuff

cukrovink|a v. **cukrátko**; **~y** sweets

cukrovka 1 sugar beet 2 lék. diabetes

cukřenka sugar bowl

culík: ~y *(typ účesu)* pigtails, plaits; **nosit ~y** wear* one's hair in plaits

culit se simper, *(zlomyslně)* smirk

cumel zastar. br. dummy, am. pacifier; *(na sklenici)* br. teat, am. nipple; **udělat z čeho c.** *(bankovky, šaty)* crumple sth (up)

cupanina lint

cupit|at *(dítě)* patter; *(jít drobnými kroky)* go* n. run* pitter-patter ■ **~ání** (pitter-)patter

cvak|at, ~nout *(zuby)* chatter; *(závora, fotoaparát)* click; *(nůžky)* snip, snap; **dveře ~ly** the door snapped n. clicked shut ■ **~ání** *(zubů)* chattering, **~ání kopyt** hoof beats; **~nutí** click, snap; **~nutí nůžek** snip(-snap) of scissors

cval gallop; **~em** at a gallop; **přejít do ~u** break* into a gallop

cválat gallop

cvalík hanl. roly-poly, tubby, fatty

cvičební: c. úbor PE clothes n. outfit, hov. PE things

cvičebnice textbook; *(sbírka cvičení)* book of exercises

cvičen|ec, ~ka gymnast

cvičení 1 *(procvičování)* practice, drill; **poplachové/ protipožární c.** air raid/ fire drill ♦ **c. dělá mistra** practice makes* perfect 2 *(tělesná)* gymnastic exercises; **c. na nářadí** apparatus gymnastics **3 domácí c.** homework **4** *(univerzitní seminář)* tutorial

cvičen|ý *(zvíře)* trained; *(v cirkuse)* **~á zvířata** performing animals; **c. kůň** trick horse

cvičiště training area n. ground; voj. parade ground

cvičit **1** *(výslovnost, hudbu)* practise **2** *(lidi, zvířata)* train; *(paměť, koně též)* school; voj. drill (**v čem** in st) **3** *(tělesně)* do exercises; **c. na kruzích/ na hrazdě/ na koberci** do exercises n. work on the rings/ horizontal bar/ mat ■ **c. se v čem** practise sth

cvičitel sports instructor; *(zvířat)* trainer

cvičk|a zprav. pl. **~y** gymshoes, plimsolls

cvičn|ý: c. let/ poplach practice flight/ alarm; **~á jízda** *(v autoškole)* driving lesson; **~á patrona** blank cartridge

cvik **1** *(tělesný)* exercise; **~y na kruzích** ring exercises; **akrobatický c.** stunt **2** *(dovednost)* practice; **je to otázka ~u** it is a question of practice, it comes* with practice; **nabýt ~u v čem** get* the hang of sth; **vyjít ze ~u** get out of practice, lose* the knack (of st); **mít c.** have quite a bit of practice; **udržovat se ve ~u** keep* in practice

cvikr pince-nez

cvoček stud

cvok **1** stud, (large-headed) nail **2** přen. nutcase; **být c.** be off one's head n. rocker; **být c. do čeho** be potty about sth

cvokárna madhouse, loony bin; **tady je to úplná c.** this place is a madhouse

cvrček cricket; expr. *(o dítěti)* (little) nipper, hanl. little whippersnapper

cvrčet, cvrkat *(cvrček)* chirp, sing*

cvrlikat *(ptáci)* twitter; *(ptáci, hmyz)* chirp, chirrup

cvrnk|at, ~nout flip, flick; **c. kuličky** play marbles

cyankáli potassium cyanide

cyklický cyclic(al)

cyklista cyclist

cyklistický : c. závod cycle race; **c. závodník** racing cyclist

cyklistika cycling; *(závodní)* cycle racing

cyklón cyclone; whirlwind; přen. **jako c.** like a whirlwind

cyklostyl (stencil) duplicator, duplicating machine; am. mimeograph

cyklostylovat duplicate, mimeograph

cyklotrón cyclotron

cyklus cycle; *(přednášek)* course, series

cylindr **1** *(válec)* cylinder **2** *(petrolejky* ap.*)* chimney **3** *(klobouk)* top hat

cynický cynical

cynik cynic

cynismus cynicism

cypřiš cypress (tree)

cysta cyst

Č

č *(písmeno)* c [si:] with háček
čad|it smoke; **z komína se ~í** clouds of smoke are belching from the chimney
čadivý smoky
čahoun přen. beanpole
čahounský gangling, lanky
čachr, ~y shady dealings n. business; **politické ~y** political horse-trading
čachrář spiv, am. wheeler-dealer; *(ve velkém)* racketeer
čaj tea; **bylinkový č.** herb(al) tea; **heřmánkový č.** camomile tea; **lipový č.** linden tea; **č. s citrónem** lemon tea; **dvakrát č., prosím!** two teas, please!
čajník teapot
čajovník tea-plant
čajov|ý tea(-); **č. servis** tea-set, tea service; **~é pečivo** ≅ biscuits, am. cookies
čajznout hov. pinch, sl. swipe, nick
čalamáda ≅ mixed pickles
čaloun *(látka)* tapestry
čalouník *(nábytku)* upholsterer
čalounit *(nábytek)* upholster
čáp stork; **přinesl tě č.** we found* you under a gooseberry bush
čapka zprav. hat; *(se štítkem,* voj. ap.*)* cap; **vlněná/ kožešinová č.** woollen/ fur hat v. **čepice**
čap|nout catch*; sl. nab; *(často v pasívu)* **~li ho při krádeži** he was caught in the act of stealing, he was caught red-handed
čár|a 1 *(linka)* line; **vodorovná/ svislá č.** horizontal/ vertical line; **startovní/ cílová č.** starting/ finishing line; **branková č.** goal line; **postranní č.** *(tenis)* sideline, *(fotb.)* touchline; **zlomková č.** line (of a fraction); **č. života/ lásky** life/ love line; **vést** n. **udělat ~u** draw* a line; **50 km vzdušnou čarou** ≅ 30 miles as the crow flies*; **poznámka pod čarou** footnote ♦ **udělat někomu ~u přes rozpočet** thwart n. ruin sb's plan(s), hov. knock sb's plans for six 2 *(pomyslná, vymezovací)* **bitevní č.** battle n. front line; **pohraniční č.** border ♦ **zvítězit/ prohrát na celé čáře** win* a resounding victory/ suffer a crushing defeat
čárat v. **čmárat**
čárk|a 1 *(interpunkční)* comma; *(nad českým písmenem)* ≅ acute, length mark; **desetinná č.** decimal point; **udělat/ vynechat ~u** put* in/ miss out a comma; **pozor na ~y a háčky!** ≅ mind your diacritics n. accents 2 *(morseovka)* dash; **vyťukal dvě ~y a tečku** he tapped out two dashes and a dot ♦ **nezměnil ani ~u** he didn't change a single thing; **nesleví ani ~u** přen. he will not budge an inch
čaroděj sorcerer, wizard
čarodějka sorceress, enchantress
čarodějnice witch; *(babizna)* old hag n. crone; **hon na č.** též přen. witch-hunt
čarodějnický magic(al)
čarodějnictví witchcraft, sorcery
čarodějný magic(al); *(krása* ap.*)* bewitching, enchanting
čarovat do n. perform magic, *(předvádět kouzla)* do conjuring tricks ♦ **neumím přece č.** I cannot work miracles
čarovn|ý enchanting; **~á krása** captivating n. bewitching beauty
čáry, máry, fuk abracadabra; *(při úspěšném provedení triku)* Hey, presto!
čas 1 *(doba obecně)* time; **č. ubíhá/ plyne/ letí** time passes/ goes* by/ flies*; **jak ten č. letí!** how time flies!; **č. se líně vleče** time hangs* heavy on my hands; **mrhat ~em** waste time; **mařit** n. **ubíjet č.** kill time; **trávit č.** spend* n. pass (the) time; **nevědět, co s ~em** be at a loose end, have time on one's hands; **č. pracuje pro nás** time is on our side; **na věčné ~y** for ever ♦ **č. jsou peníze** time is money; **č. je nejlepší lékař** time is a great healer 2 *(neurč.~ový úsek)* **nějaký č.** for some time (now); **před nějakým ~em** some time ago, a short time ago; **na nějaký č.** for a certain length of time; **č. od ~u** from time to time, every now and then, now and again 3 *(vhodný č.)* **teď je na to č.** now is the time to do it; **je (nejvyšší) č., abychom šli** it's (high) time for us to go*, it's (high) time we left*; **však je už také na ~e!** and about time, too!; **teď není zrovna č. na handrkování** this is no time for squabbling, this is hardly the time for squabbling; **všechno má svůj č.** all in good time; **je to jen otázka ~u** it's only a question n. matter of time; **č. žní/ prázdnin** harvest/ holiday time 4 *(lhůta, termín)* **vlaky jezdí na č.** (the) trains run* on time; **zabrat mnoho ~u** take* (up) too much time; **dát si na č.** take a lot of time (**s čím** over sth); **není ~u nazbyt** time is (fairly) short 5 *(volný č.)* free n. spare time; **mám hodinu ~u** I

have an hour to spare; **máš chvilku ~u?** have you got* a minute n. moment?; **udělej to, až budeš mít č.!** do it at your leisure! 6 *(éra)* zprav. pl. **za starých (zlatých) ~ů** in the good old days; **za ~ů krále Václava** in the days of king Wenceslas; **to bývaly ~y** those were the days; **~y jsou zlé** times are bad, these are bad n. tough times; **~y se mění k lepšímu/ k horšímu** times are changing for the better/ for the worse 7 expr. **psí č.** lousy n. filthy weather 8 *(měření ~u)* **britský letní č.** British Summer Time; **letní čas** am. daylight saving time; *(sport)* **jakého ~u dosáhl?** what was his time?, what time did he clock?; **změřil jsem mu č. na stovku** I timed him over 100 metres 9 jaz. tense

čas|em 1 *(postupem ~u)* in time, with time, in the course of time; **č. se na to zapomene** it will all be forgotten* in n. with time; **č. se ukáže** (only) time will tell* 2 *(občas)* from time to time, now and again, occasionally

časn|ý early ■ **~ě ráno** early in the morning, in the early morning

časoměřič timekeeper

časopis *(populární)* magazine; *(vědecký)* periodical; journal; *(na křídovém papíře)* glossy magazine

časopisecký magazine; **č. článek** magazine article

časování conjugation

časovan|ý: **~á bomba** time bomb

časovat jaz. conjugate

časov|ost topicality v. **~ý (3)**

časov|ý 1 *(údaj* ap.*)* time, of time; **~é znamení** time signal; **č. úsek** period of time; **být v ~é tísni** be pressed for time 2 jaz. *(věta* ap.*)* temporal; **~á souslednost** sequence of tenses 3 *(aktuální)* topical, up-to-date, in keeping with the times ■ **~ě náročný** time-consuming

část 1 part; *(města* též*)* district, area, *(silnice* ap. též*)* stretch, *(mapy* též*)* section; *(obyvatelstva)* section; *(složka)* component; *(náhradní)* (spare) part 2 *(podíl, aspekt)* side; **vaše č. dohody** your side of the agreement; **z větší ~i** for the most part, mostly; **větší č. mého příjmu** the bulk of my income

částečka particle

částečn|ý partial; **pracovat na č. úvazek** have a part-time job, work part-time ■ **~ě zařízený byt** a partially furnished flat

částice 1 *(prachu* ap.*)* particle; fyz. (elementary) particle 2 gram. particle

částk|a sum n. amount (of money); **celková č.** total (amount); **až do ~y 100 Kčs** up to a total of Kčs 100

často often, frequently; **dost č.** *(značně)* as often as not, many times, in many cases; *(dostatečně č.)* often enough ■ **nejčastěji** in most cases; more often than not

čast|ovat 1 *(hostit)* treat, entertain; **č. koho čím** treat sb to sth; **~ovala mne kávou a zákusky** she treated me to coffee and cakes; **bohatě nás ~ovali** they wined and dined us 2 přen. **č. koho nadávkami** call sb names; **stále mne ~uje výčitkami** she keeps* nagging at me

čast|ý frequent, *(opakovaný)* repeated; *(velmi rozšířený* též*)* common, widespread; **je u nás ~ým hostem** he is a frequent visitor to our house; **jeho ~é absence** his repeated absences

čehý: ♦ **táhnout jeden č. a druhý hot** přen. be at sixes and sevens

Čech, Češka Czech

čechrat *(si peří* ap.*)* fluff up; *(polštáře* ap.*)* plump up; *(vlasy)* ruffle

Čechy Bohemia

čejka lapwing, peewit

čekací: **č. doba** waiting period

čekan|á mysl. **být na ~é** be (lying*) in wait for game, am. hunt game from a hide

čekanka bot. chicory

čekárna waiting room

ček|at 1 (na koho/co; koho/co) wait for sb/sth; expect sb/sth; **~á na vhodnou příležitost, aby se pomstil** he's waiting for his chance to get* his own back; **~áme hosty** we're expecting guests; **~á dítě** *(je těhotná)* she's expecting 2 *(č., že; č., až)* **~áme, až přestane pršet** we're waiting for the rain to stop; **~ám, že mi pomůžeš** I expect you to help me; **č. ve frontě** queue; **~ejte u telefonu** hold* the line ♦ **kdo ~á, ten se dočká** everything comes* to him who waits 3 *(při věcném podmětu)* await, wait for, be in store for; **kéž bych věděl, co mne ~á** I wish I knew* what awaits me n. what's in store for me; **to nejhorší nás ještě ~á** the worst is yet n. still to come

čelenka 1 headband; *(ozdobná)* diadem 2 sport. sweatband, headband

čelist 1 anat. jaw(-bone); **horní/ dolní č.** upper/ lower jaw 2 odb. *(svěráku)* jaw; *(brzdy kola)* block, *(auta)* shoe

čeli|t *(pokušení* ap.*)* withstand*; *(počasí)* brave; *(nebezpečí* též*)* brave, stand* up to; *(zlořádům)* put* a stop to, remedy; **vojáci ~li nepříteli** the soldiers stood up to the enemy, the soldiers held* their ground

čelní anat. **č. kost** frontal bone; **č. dutina** frontal sinus; voj. **č. útok** frontal attack

čelný 1*(náraz* ap.*)* frontal, head-on 2 *(osobnost: vůdčí)* leading; *(význačný)* prominent, eminent

čel|o 1 anat. forehead, kn. brow; **vysoké/ nízké/ klenuté č.** high/ low/ domed forehead; **má to napsáno na ~e** it's written* all over his face; **mít drzé č.** be insolent n. impudent; **~em vzad** br. about turn, am. about face 2 *(průvodu)* **být v ~e průvodu** lead* a procession, be at the head of a procession 3 přen. head; **v ~e stolu** at the head of the table

čenich muzzle, nose; *(dlouhý)* snout

čenichat sniff (at); *(slídit)* hanl. snoop around, nose around

čep 1 *(zátka sudu)* bung; *(výpustný)* spigot; **pivo od ~u** draught beer, beer on draught, beer on tap 2 *(dveřní)* hinge

čepec 1 zast. bonnet, (woollen) cap; přen. **dostat dceru pod č.** marry (off) one's daughter; **dostala se pod č.** she got* married 2 *(u přežvýkavců)* reticulum

čepeček děts. baby's bonnet

čepel *(nože, šavle i listu)* blade

čepelka razor blade

čepic|e *(služební, vojenská)* cap; **koupací č.** swimming n. bathing cap; přen. *(na pivě)* head; **nasadit si/ smeknout ~i** put* on/ take* off one's hat n. cap ♦ **má pod ~í** přen. he's got* sth up top, he's got brains

čepička *(obřadní – kněžská, židovská)* skullcap; **bláznovská č.** fool's n. jester's cap; přen. *(na láhev)* top, *(šroubovací též)* cap

čep|ovat *(pivo* ap.*)* tap, draw*; **~uje se tam plzeňské** the pub has draught Pilsener n. Pilsener on draught

čepýř|it se *(pták)* ruffle (up) one's feathers; přen. **hned se ~í** *(zlobí)* he gets* easily ruffled

čerň: tiskařská č. printer's ink

černá *(zvěř)* wild boar(s)

čern|at turn n. grow* n. become* black ■ **strop se ~á mouchami** the ceiling is black with flies

černit blacken

černobílý black and white; **č. televizor** (a) black-and-white TV set

černoch black, hanl. Negro; **je (opálený) jako č.** he's as brown as a berry

černokněžník sorcerer, magician

černooký dark-eyed, black-eyed

černovláska brunette

černovlas|ý black- n. dark-haired; **~á dívka** (a) brunette

čern|ý I adj. 1 *(barva)* black, *(chléb)* black n. rye; *(opálený)* brown n. deeply tanned; **~é pivo** ≅ stout; **Č~á Afrika** the Dark Continent; **~é uhlí** bituminous coal; **~é neštovice** smallpox; **č. kašel** whooping cough; **~očerná noc** pitch-black night; **č. jako uhel** as black as coal; **ruce měl ~é jako smola** his hands were as black as pitch; *(o dítěti)* **ty jsi č. j. mouřenín** *(tj. špinavý)* you are as black as the ace of spades 2 *(zlý)* **~á ovce rodiny** the black sheep of a/the family; **č. pasažér** fare dodger, *(na lodi, v letadle též)* stowaway; **~á magie** black magic 3 *(pokoutní)* **č. trh** (the) black market; **č. obchod** clandestine n. illicit trade **II** subst. **být oblečen v ~ém** be dressed in black, wear* black; **trefit se do ~ého** hit* the bull's eye, přen. hit the nail on the head; **mít něco ~é na bílém** have sth in black and white ■ **~ě: dívat se na něco ~ě** to look on n. see* the dark side of things ■ **~o: udělalo se mi ~o před očima** everything went* black, I blacked out; **koupit něco na ~o** get* sth on the side, hov. get sth that fell off the back of a lorry

čerpadlo pump; **benzínové č.** petrol pump n. station; am. gasoline station

čerpat *(vodu* ap.*: ručně)* draw*, *(čerpadlem)* pump; přen. **č. naději/ jistotu/ odvahu** draw* hope/ confidence/ courage (**z** from); *(z odb. literatury)* borrow from, draw upon; **č. potěšení z hudby** derive great pleasure from music; **č. sílu** gather n. draw strength (**z** from)

čerstv|ý 1 *(potraviny* ap.*)* fresh; *(ryba)* freshly caught; *(vejce)* fresh n. new(ly)-laid, *(chléb)* new n. newly-baked, *(ovoce)* freshly-picked; **s ~ými silami** with renewed strength; **~á zpráva** news hot off n. from the press; **mám to v ~é paměti** it's still fresh in my memory 2 *(chladivý)* cool, chilly; *(vítr též)* fresh 3 *(svěží)* fresh, energetic, hov. zippy; **být č. jako rybička** be bright and breezy; *(mysl)* sharp 4 *(rychlý)* nimble, swift ■ **~ě** newly, freshly; **~ě upečený chléb** newly baked bread; **~ě napadlý sníh** newly n. freshly fallen* snow; **být ~ě po svatbě** be newly-wed; **~ě natřený** newly-painted, *(výstraha)* wet paint! ■ **~ost** freshness; *(vlhkost barvy)* wetness; *(ovzduší)* chilliness, coolness; *(větru též)* freshness; *(události)* recency

čert **1** devil; euf. zast. deuce, dickens; **sám č.** the devil incarnate; **č. ví** devil n. heaven only knows*; **posílat koho od ~a k ďáblu** give* sb the devil of a runaround; **~a mu na tom záleží** he doesn't care n. give a damn; **je na práci jako č.** he works like a Trojan; **poslat koho k ~u** send* sb packing **2** citosl. **proč k ~u?** why the devil?; **~a starého!** *(to ne)* sl. like hell!; **~a to udělám** I'll be damned if I do it; **č. aby to/ho vzal** to hell with it/him ap.; **mohl mě čert vzít** it made me see* red; **vyhýbat se komu/ čemu jako č. kříži** avoid sb/ sth like the plague
čertice *(zlá žena)* shrew; (old) dragon; *(bujná dívka)* devil of a girl, quite a girl, sl. hot stuff
čertík little devil, imp
čertit se be angry n. annoyed n. worked up (**kvůli čemu** about sth); přen. spit* fire, be fuming, be in the devil of a temper
čertovin|a mischief; **větřit ~u** smell* a rat
čertovský: vyvést komu č. kousek play a prank on sb, pull a fast one on sb
čert|ův: ~ovo kopýtko snag; **~ovo kvítko** a real rascal, the devil's own
červ worm, maggot; **prolezlý ~y** crawling with maggots; **bídný ~e!** you miserable worm!; **nasadit komu ~a do hlavy** put* an idea into sb's head
červánky *(ranní)* dawn, daybreak, *(večerní)* twilight, gloaming
červen June
červeň *(barva)* red paint; *(zbarvení)* redness; *(světla)* red glow; **polila ji č.** her face reddened, she blushed
červen|at redden; *(ovoce, obloha)* turn red ■ **č. se 1** blush; **č. se až po uši** be as red as a beetroot; **cítila, jak se ~á** she felt* her colour rise* **2** *(jevit se ~ým: obloha* ap.*)* show* red
červenavý reddish
červenec July
červenka *(pták)* robin (redbreast)
červenohnědý reddish brown, russet
červenolící rosy-cheeked, ruddy
červen|ý red; *(cihlově)* brick-red; *(jasně)* bright-red; *(sytě)* blood-red; *(tmavě)* dark red, maroon; **č. v tváři** ruddy, florid, *(přechodně)* flushed; **nezastavit na ~ou** hov. jump the lights; **rozžhavit do ~a** heat until red hot ♦ **táhnout se j. ~á nit** run* like a thread (**čím** through sth)
červivý wormy, maggoty; srv. **červ**
červotoč woodworm
červotočivý worm-eaten, rotten
čeřit **1** *(hladinu)* ruffle, ripple **2** *(víno, pivo)* fine **3** chem. purify, clarify
česač, česáč *(ovoce, chmele)* picker
česa|t **1** *(vlasy)* comb; **č. si pěšinku** wear* one's hair parted, have a parting in one's hair **2** *(ovoce, chmel)* pick **3** odb. *(vlnu)* comb, *(sukno)* nap ■ **č. se** comb one's hair ■ **~ná příze** *(látka)* worsted
Československo Czechoslovakia
československý Czechoslovak, Czechoslovakian
českost Czechness, Czech way of thinking n. acting
česky *(mluvit)* Czech, *(často mylně)* hov. Czechoslovak, Czechoslovakian; **mluvil č., ne slovensky** he spoke* Czech, not Slovak; **bavili se č.** they spoke* (in) Czech; **č. to znamená ...** in Czech it means* ...; **přednáší se č.** (the) lectures are given* in Czech; **jak se to řekne č.?** what is it in Czech?
česk|ý Czech; *(oblast též)* Czech-speaking; *(noviny* ap. *též)* Czech-language; **je ~ého původu** he is of Czech origin n. extraction; **po ~u řečeno** *(jasně)* in plain English
česnek, ~ový garlic; **~ový salám** garlic salami
čest honour, am. honor; *(dobrá pověst též)* good name; *(ženy též)* virtue; *(dívky)* virginity; *(sláva)* glory; **na mou č.** (up)on my honour; **to je ti ke cti** that does you credit; **dělat č. svému jménu** justify one's reputation; **není své rodině ke cti** he's a disgrace to his family; **považovat si za č.** to feel* honoured; **považujeme si za č. Vás pozvat** *(oficiální pozvánka)* We request the Honour of Your Company ♦ **komu č., tomu č.** honour where honour is due, honour to whom honour is due
čestn|ý **1** *(člověk)* honest, upright, honourable; **dát ~é slovo** give* n. pledge one's word n. honour **2** *(jednání)* fair, straight, above-board **3** *(funkce, titul)* honorary; **~é kolo** lap of honour; **~ý gól** consolation goal; **~é místo** place of honour; **~á vstupenka** complimentary ticket **4** *(~é slovo)* v. **~ě** ■ **~ě** honestly; *(opravdu též)* honest!, really (and truly)!, cross my heart!, (up)on my honour! ■ **~ost** honesty
čéška kneecap
češství allegiance to Czech customs and/or aspirations
češtin|a Czech (language); **hovorová/ obecná/ spisovná č.** colloquial/ general colloquial/ literary Czech; **moderní č.** modern Czech; **profesor**

n. **profesorka ~y** *(na univerzitě)* professor of Czech (studies); *(na stř. škole)* ≅ Czech teacher; **z ~y přeložil** translated from (the) Czech by

češtin|ář 1 *(učitel)* Czech teacher, teacher of Czech 2 *(znalec ~y)* **je to dobrý č.** he knows* his Czech, he knows Czech inside out

četa 1 voj. platoon; **popravčí č.** execution n. firing squad 2 *(pracovní)* team; *(stavební, opravárenská též)* gang; *(vězňů, vojáků)* working party; **požární č.** fire brigade; **vlaková č.** train crew; **záchranná č.** rescue party

četař voj. sergeant

četba 1 *(knihy* ap.*)* reading 2 *(co se čte)* reading material; **doporučená/ povinná č.** recommended/ required reading; **zábavná č.** light reading

četn|ý numerous; *(hojný)* abundant; *(častý)* frequent; **~á rodina** large family; **~ě navštívená schůze** a well-attended meeting

či v. **nebo**

čí whose; **nevím, čí jsem** I don't know* whether I am on my head or on my heels

čiči! citosl. puss! puss!

čidlo sense organ; odb. sensor

číhaná v. **čekaná**

číhat be on the watch, lie* in wait (**na koho/co** for); **č. na příležitost** be on the look-out for an opportunity

číhavý: č. pohled a furtive glance

čich 1 (sense of) smell; **dobrý č.** fine n. keen sense of smell, *(u psa též)* good scent; **jít po ~u** follow the scent, expr. follow one's nose 2 přen. **mít č. na co** have a nose for sth

čich|at, ~nout smell* (**k něčemu** sth), sniff (at) sb/sth; **~ni si k tomu vínu!** have a whiff of this wine!; *(čenichat)* snuffle, sniff

čichov|ý *(ve spoj.)* **~é ústrojí** organ of smell; odb. olfactory organ; **č. nerv** olfactory nerve

čí(koli(v) anyone's; **ať je to č.!** I don't care whose it is!

čili v. **nebo**

čil|ý *(živý)* lively, vivacious, *(starší člověk též)* sprightly; *(rozhovor)* animated; *(obchod, provoz* ap.*)* brisk; *(zájem)* keen; *(č. pohybově)* agile, *(a šikovný)* nimble, deft; *(radostný)* cheerful, bright ■ **~ost** *(živost)* liveliness, vivacity; *(radostnost)* cheerfulness, good spirits; *(hbitost)* alacrity

čimčara|t chirp; **~ra!** citosl. chirp, chirp!

čin *(jednotlivý)* act; *(jednání)* action; *(hrdinský)* deed; *(výkon)* feat; *(trestný)* crime, criminal act; **muž ~u** man of action; **ne slova, ale ~y** actions speak* louder than words; **zoufalý č.** an act of desperation; **místo ~u** the scene of the crime; **přistihnout při ~u** catch* in the act, catch red-handed

Čína China

Číňan, ~ka Chinese

činely cymbals

činidlo chem. reagent

čin|it 1 *(konat)* do, make*, v. též **dělat**; *(s abstr. substantivy)* **č. násilí** do violence (**komu** to sb); **č. výjimku** make an exception; **č. tlak** put* n. exert pressure (**na koho** on sb) 2 *(obnášet: plat* ap.*)* be, amount to, *(výdaje též)* come* to, *(součet též)* total ■ **č. se** do one's best, pull out (all) the stops; *(s jídlem)* get* stuck* in

činitel 1 *(faktor)* consideration, mat. factor 2 *(zodpovědný)* official, representative, *(menší)* functionary; **veřejný č.** official, public figure; **státní č.** statesman

činka dumb-bell, *(vzpěračská)* barbell

činnost 1 *(lidská)* activity, activities, work; *(povolání)* occupation, *(zaměstnání)* job; **veřejná č.** public work; **výdělečná č.** gainful employment; **podvratná č.** subversive activity; **záchvat ~i** frenzy of activity 2 *(mechanismu)* operation; functioning; **v ~i** *(stroj)* in operation; *(sopka)* active; **uvést v č.** set* sth in(to) motion; **č. srdce** functioning n. working of the heart

činn|ý 1 active; **být veřejně č.** take* an active part in public life, *(politicky)* be active in politics; **v ~é službě** voj. on active service; **povolat (koho) do ~é služby** call sb up 2 jaz. **č. rod** active voice

činoherní dramatic; **č. divadlo** (drama) theatre

činohra 1 *(žánr)* drama, dramatic art 2 *(hra)* play, drama 3 *(budova)* theatre, playhouse 4 *(společnost)* theatre company

činorodý *(život)* active; *(člověk též)* energetic, full of vigour n. drive

činovník functionary, official, *(stranický též)* activist

čínsk|ý Chinese; **Č~á lidová republika** People's Republic of China

čínština Chinese; srv. **čeština**

činžák block of flats, am. apartment house; *(výškový)* high-rise block of flats

činže rent

činžovní *(dům)* v. **činžák**; **č. byt** a rented flat n. am. apartment

čip počít. microchip, (silicon) chip

čípek anat. uvula; lék. suppository
čipera přen. live wire; *(bystré dítě)* bright spark
čiperný *(čilý)* lively; *(starší člověk též)* sprightly; *(šikovný)* nimble, deft; *(jazyk)* quick, ready; *(duševně)* bright, sharp; *(o starších)* **je stále ještě č.** he is still going* strong ♦ **č. jak čamrda** as quick as a flash
čípkový anat. uvular
čir|ý 1 transparent, *(průzračný: voda ap.)* pellucid 2 přen. **~á hrůza/ radost** sheer n. pure terror/ joy; **~á pravda** plain truth, nothing but the truth; **~ou náhodou** as it happens/ happened
číselník dial; *(hodin)* (clock) face
číseln|ý numerical; **č. materiál** figures; **vyjádřit něco ~ě** to express sth in figures
čísi someone's
číslic|e *(znak)* numeral; **římské/ arabské č.** Roman/ Arabic numerals; *(část čísla)* digit; **přečti druhou ~i!** read* the second digit
číslicov|ý *(počítač, hodiny ap.)* digital; **~é řízení** numerical control
čísl|o 1 number; mat. **přirozené/ celé/ desetinné č.** natural/ whole/ decimal number; **dvoumístné č.** two-digit number; **výrobní č.** serial number; **č. telefonu** telephone number; **č. vozu** registration number 2 *(výtisk)* **ranní č.** (the) morning edition 3 *(velikost)* size; **jaké máte č. bot?** what size do you take* in shoes?; **klobouk je o dvě ~a větší** *(než potřebuji)* the hat is two sizes too big 4 *(č. programu)* item; **vrcholné č.** the highlight (of sth) 5 jaz. number 6 *(výtečník)* (quite) a character; **ta holka je č.** that girl is a riot 7 *(soulož)* vulg. screw
číslovan|ý: ~é vydání a limited edition
číslovat number, paginate
číslovka numeral; **č. základní/ řadová** cardinal/ ordinal numeral n. number
číst read*; **č. nahlas/ potichu** read aloud n. out/ quietly; **č. mezi řádky** read between the lines; **č.** *(komu)* **z ruky** read sb's palm; **č. něčí myšlenky** read sb's thoughts ■ **kniha se dobře čte** the book reads well
čisticí cleaning, cleansing, odb. purifying; **č. prostředek** cleaner, cleanser, *(saponátový)* detergent, *(na leštění)* polish; **č. potřeby** cleansing things n. utensils; **č. zařízení** *(v továrně)* purification plant; *(na odpadní vody)* sewage plant
čisti|č 1 *(člověk)* cleaner; **č. oken** window-cleaner; **č. bot** bootblack, shoeshine boy 2 *(č. skvrn)* stain remover; srv. též **~cí**
čistírna (dry) cleaners; **č. odpadních vod** sewage plant
čist|it 1 *(byt, oděv ap.)* clean, chem. též dry-clean; *(kartáčem)* brush; *(drhnout)* scour, scrub; *(leštit)* polish; *(utírat)* wipe; *(koně)* brush down n. groom; *(skvrny)* remove; *(brýle)* wipe n. rub over 2 odb. *(vodu, vzduch)* purify, *(odpadní vody)* treat; *(víno, pivo)* fine 3 *(komín)* sweep* 4 *(zeleninu)* peel 5 **č. si** *(zuby)* clean, brush, *(párátkem)* pick; *(peří: o ptácích)* preen ■ **č. se** *(obloha)* clear; **obloha se ~í** the sky is clearing n. brightening up
čistka purge
čistokrevný 1 *(kůň ap.)* thoroughbred, purebred; *(rasově)* pure-blooded 2 *(pravý)* **č. Američan** a true-born American
čistopis fair n. clean copy
čistot|a cleanness, *(pořádek)* tidiness, neatness; *(bez příměsí)* purity; **lesknout se ~ou** to be sparkling clean; srv. **čistý**
čistotn|ý clean; tidy; *(o dom. zvířatech)* clean, housetrained, am. housebroken; **je úzkostlivě ~á** she is obsessed with cleanliness ■ **~ost** cleanliness; neatness, tidiness
čisťounký scrupulously n. meticulously clean, sparkling clean; spick-and-span
čist|ý I adj. 1 clean, *(pokoj též)* tidy, neat; *(prádlo též)* freshly-washed, freshly-laundered; **č. j. ze škatulky** clean as a new pin, spick and span ♦ **já mám ~é ruce** přen. my hands are clean 2 *(ryzí)* pure, sheer, absolute; *(neporušený)* **č. sníh** untrodden snow; **~á pověst** spotless reputation; *(pravda)* plain; *(styl)* pure; *(vítězství)* clear-cut; **~á radost** pure n. sheer joy; **~á vlna** pure wool; **č. alkohol** pure n. 100% alcohol; **č. papír** a blank sheet of paper; **~á práce** a neat piece of work, a neat job II subst. **~ému vše čisté** přen. to the pure all things are pure ■ **~ě** 1 clean(ly), neatly; **~ě oblečený** neatly dressed; **zpívat ~ě** have a pure voice 2 *(úplně)* purely, completely ■ **~o: přepis na ~o** a fair copy; **z ~a jasna** all of a sudden; **u nás je vždycky ~o** our house is always tidy
číše *(na víno)* glass; *(utrpení ap.)* cup
čiš|et neos. **tady to všude ~í chladem** there are cold draughts everywhere here; **~ela z něho nenávist** he was burning* with hatred
číšn|ík/ ~ice waiter/ waitress; **vrchní č.** head waiter
čítanka reader, *(začátečnická)* reading book
čítankový přen. stereotyped, clichéd; **č. hrdina**

textbook n. am. schoolbook hero
čítárna reading room
čitatel mat. numerator
čitelný legible; *(na obrazovce též)* clear; **těžko č.** difficult to read*
čiv nerve
čížek zool. siskin
článek 1 *(řetězu)* link; *(prstu)* finger-joint 2 *(ústavy, víry ap.)* article 3 *(novinový ap.)* article, essay, paper; **úvodní č.** leading article, editorial 4 fyz. cell, *(galvanický též)* pile
článkovat 1 jaz. articulate 2 v. **členit, dělit**
člen 1 *(organizace)* member, *(rodiny též)* one of the family; **aktivní/ čestný/ dopisující č.** active/ honorary/ corresponding member; **č. gangu** am. mobster; **být ~em výboru/ správní rady** sit* on n. be a member of a committee/ board 2 mat. term 3 jaz. *(větný)* part of a sentence; **určitý/ neurčitý č.** definite/ indefinite article
členit (se) divide, break* up n. down; voj. deploy ■ **č. se na** consist of
členit|ý *(nesouvislý)* broken; **č. terén** broken terrain ■ **~ost pobřeží** broken n. rugged coastline
člensk|ý member, membership; **č. stát** member state; **~é příspěvky** membership subscription n. fees n. dues; **~á legitimace** membership card; **~á schůze** general meeting
členství membership
člen|stvo *(veškeré)* membership; *(~ské masy)* the rank and file, the grass roots
člověčin|a *(v pohádkách)* **čichám, čichám ~u** I smell* n. sense a human
člově|k 1 *(bytost)* man (pl. people), person; hov. guy, bloke; *(v zápor. kontextu)* nobody, not a soul; **stát se jiným ~kem** become* a different man/ woman; **je to zajímavý č.** he is an interesting person; **je to výborný č.** he's a great guy n. bloke; **chodit mezi lidi** mix with people, socialize, go* out; **to je můj č.** he's my sort 2 *(muž)* man (pl. men); **hledal tě tu nějaký č.** a man was looking for you 3 *(č. genericky)* man (pl. human beings), human; **jsem přece jenom č.** I am only human; **podmínky důstojné ~ka** conditions fit for human beings 4 *(všeob. podmět)* one, you, we; **č. nikdy neví** one n. hov. you can never tell*; **č. by se z toho zbláznil** it is enough to drive* one mad n. crazy 5 **~če!** citosl. *(vyj. překvapení)* hey! *(obdiv též)* wow!, blimey!, boy!; **~če, co tu děláš?** Hey, what are you doing here? **~če, to je ženská!** Wow, what a smasher! ♦ **~če, nezlob se** *(hra)* ≡ ludo; *(doslovný význam)* take* it easy, hov. keep* your hair on, keep it cool
človíč|ek 1 *(dítě)* little boy/ girl, little one 2 **nebylo tam ani ~ka** there was not a living soul (there)
člun boat; *(malý rekreační)* dinghy, *(nafukovací)* rubber dinghy; *(motorový)* motorboat, *(závodní též)* speedboat, powerboat; *(veslice)* rowing boat; *(torpedový)* torpedo boat; *(nákladní)* barge; *(rybářský)* fishing boat; **vyjet s ~em** go* out in a boat; **vozit se na ~u** *(pro zábavu)* go boating
člunek text. shuttle
čmárani|ce, ~na scribble, scrawl *(též nečitelný rukopis)*; *(na stěnách)* graffiti
čmárat scrawl, scribble; **č. si** *(panáčky)* doodle
čmelák bumblebee
čmoud, ~it v. **čoud, čoudit**
čmouha smudge
čmuchal hov. snooper, nos(e)y parker; *(detektiv)* sleuth; *(soukromý)* private detective, am. private eye
čmuchat 1 sniff, snuffle; *(k čemu)* sniff at 2 *(špehovat)* hov. snoop n. nose n. pry about n. around
čnět, čnít 1 *(nad čím)* tower above, rise* above; *(nad vším)* dominate 2 *(č. z čeho)* protrude from, project from
čočka 1 bot. lentil; kuch. lentils 2 fyz. lens
čočkov|ý 1 kuch. **~á polévka** lentil soup 2 fyz. **č. dalekohled** refractor
čokolád|a 1 chocolate; **plněná č.** chocolate with a filling, filled chocolate; **č. v prášku** chocolate powder; **č. na vaření** cooking chocolate; **tabulka ~y** a bar of chocolate 2 *(nápoj)* hot n. drinking chocolate
čokoládovna chocolate factory
čokolád|ový 1 *(barva)* chocolate(-brown n. -coloured) 2 *(z ~y)* **č. bonbón** a chocolate; **~ová poleva** chocolate icing; *(s příchutí ~y)* flavoured with chocolate
čoud thick n. dense smoke ♦ **dát si ~a** have a fag
čoud|it smoke, emit smoke; **z auta se hrozně ~í** clouds of smoke are billowing from the car; **~ící komín** a smoky chimney
čpavek ammonia
čpavkový ammoniac(al)
čpavý *(zápach)* pungent, acrid
čpět smell*, *(silněji)* reek, stink, pong (**čím** of

sth); **čpí z něho alkohol** he smells n. reeks of alcohol
črta sketch; *(lit.* též*)* essay
črtat sketch, *(návrh* ap. též*)* outline, draft
ČSFR *(Československá federativní republika)* Czech and Slovak Federal Republic
čtenář reader
čtenářsk|ý reader's, reading; **~á legitimace** reader's ticket; **č. kroužek** readers' n. reading circle; **č. klub** book club; **~á vášeň** passion n. craze for reading
čtenářstvo readership
čtení 1 *(činnost)* reading 2 *(počtení* též*)* read; **stojí to za č.** it is worth reading*, hov. it is a good read
čtený *(oblíbený)* popular; *(časopis)* **být široce č.** have a wide readership
čtivý: být č. read* well, be a pleasant read
čtrnáct fourteen; **č. hodin** 2 p.m., *(voj., let.* ap.*)* fourteen hundred hours, 1400; **č. dní** a fortnight, two weeks; **každých č. dní** every two weeks, br. fortnightly
čtrnáctideník fortnightly, bi-weekly
čtrnáctiletý fourteen-year old, of fourteen (years)
čtrnáctka (number n. No.) fourteen
čtrnáctý fourteenth
čtverácký mischievous
čtveráctví mischief, mischievousness; *(blázněni)* tomfoolery, playfulness; *(dětské)* naughtiness
čtveračit play tricks n. pranks (**s kým** on sb); *(děti)* be naughty
čtverák joker, clown, prankster; *(dítě* žert. též*)* monkey; **je to č.** he's good n. great fun
čtvercový square
čtverec *(též 2. mocnina)* square
čtverečkovaný *(látka)* checked, am. checkered; **č. papír** square paper; *(na rýsování)* graph paper; **č. sešit** square paper exercise book n. sk. jotter
čtvereční square; **1m2** = one square meter
čtverhranný square(-headed), four-sided, rectangular
čtvernožec quadruped
čtver|ý: ~y dveře four doors; **~y kalhoty** four pairs of trousers
čtverylka quadrille
čtvrt 1 quarter; **č./ tři ~i litru** a quarter/ three quarters of a litre; **č. roku** three months; ek., fin. quarter; **měsíc je v první ~i** the moon is in the first quarter 2 *(hodiny)* **je č. na pět** it is a quarter past four; **je tři ~ě na pět** it is a quarter to five

čtvrť *(městská)* district; *(studentská, čínská* ap.*)* quarter; *(předměstská)* suburb; **obchodní č.** shopping centre, *(komerční)* commercial area n. district; **(vilová) obytná č.** ≅ (exclusive) residential area
čtvrtek Thursday; **ve č.** on Thursday; **příští č.** Thursday week, a week on Thursday, *(je-li konec týdne)* next Thursday; **tento č.** this coming Thursday; **Zelený č.** Maundy Thursday
čtvrtfinále *(zápas)* quarterfinal; *(kolo)* quarterfinals
čtvrthodin|a, ~ka quarter of an hour; **ranní ~ka** (early) morning exercises, a morning workout
čtvrtin|a quarter; **dělit na ~y** divide into four, *(koláč, jablko* ap. též*)* divide sth into quarters, *(výhru, loupež)* divide sth four ways
čtvrt|it quarter; srv. **~ina**
čtvrtka quarter; *(nota)* crotchet, am. quarter note; **č. másla** ≅ half a pound n. half-pound of butter
čtvrtkař hov. sport. 400-metre runner
čtvrtkruh quadrant
čtvrtletí 1 *(kvartál)* quarter 2 *(školní)* term
čtvrtletn|í *(zpráva* ap.*)* quarterly; **č. vysvědčení** end-of-term report ■ **~ě** every three months, once every quarter
čtvrtlitr quarter of a litre, quarter-litre
čtvrtobrat quarter-turn
čtvrtohory geol. Quaternary
čtvrťový *(nota)* srv. **čtvrtka**
čtvrttón quarter tone
čtvrt|ý fourth; **~é poschodí** br. the fourth/ am. the fifth floor; **č. pád** accusative; **za ~é** fourth(ly): **po ~é** for the fourth time, *(hodině)* after four (o'clock); sport. **byl č.** he came* fourth
čtyřaktovka four-act play
čtyřbarevn|ý four-colour; **namalovat něco ~ě** paint sth in four different colours
čtyřciferný four-figure, four-digit, of four digits
čtyřč|ata quadruplets; **~e** quadruplet n. hov. quad
čtyřčlenn|ý *(skupina* ap.*)* four-member; **~á rodina** family of four
čtyřčtvrteční hud. **č. takt** four-four time, common time
čtyřdenní four-day, lasting four days, of four days
čtyřdílný four-piece, *(román)* four-part, in four parts; **být č.** have four parts
čtyřdobý: č. motor four-stroke engine
čtyřhlas|ý four-part, for four voices ■ **zpívat ~ně** sing* in four voices
čtyřhra *(tenis)* doubles pl; **mužská/ ženská/ smíšená č.** men's/ ladies'/ mixed doubles

čtyř|i four; **jsou jí č.** she's four (years old); **když mi byly č.** at the age of four; **byli jsme č.** there were four of us; *(chodit)* **po ~ech** on all fours
čtyřicátn|ík, ~ice a forty-year old (man/ woman); **je to už č./ ~ice** he/she is in his/her forties; **~íci** people in their forties
čtyřicát|ý fortieth; **~á léta** *(20. stol.)* the forties; *(19. stol.)* the eighteen-forties
čtyřicet forty; **asi č.** about forty, hov. forty or thereabouts, *(o věku též)* fortyish; **jde jí na č.** hov. she is hitting* forty
čtyřicít|ka forty; *(tramvaj)* No. forty; *(rychlost)* **jel ~ou** he was doing forty
čtyřikrát four times; **č. tolik** four times as many/ much, four times the number/ the amount
čtyřjazyčný quadrilingual; *(návod ap.)* in four languages
čtyřka 1 *(číslice)* four 2 *(tramvaj ap.)* a number four 3 šk. "four" n. "satisfactory" ≅ C minus *(the lowest Czechoslovak School pass mark)* 4 *(veslařská)* four(-oar)
čtyřkolový four-wheel
čtyřletý *(dítě)* four-year-old, of four; *(trvající 4 roky)* four-year
čtyřlístek four-leaf n. four-leaved clover
čtyřměsíční *(dítě)* four-month-old; **č. pobyt** four-months' stay
čtyř|místný v. **~ciferný**
čtyřmocný *(chem. prvek)* quadrivalent, tetravalent
čtyřmotorový four-engined
čtyřnásobek quadruple, four times the amount
čtyřnásob|ný: ve ~ném vyhotovení in four copies, in quadruplicate; **~né množství** v. **~ek**
čtyřnohý zool. quadrupedal, four-footed, four-legged
čtyřnožec quadruped
čtyřproudový *(dálnice)* four-lane; **být č.** have four lanes
čtyřručn|í hud. for four hands; **hrát ~ě** play a piece for four hands
čtyřsedadlový four-seater, with four seats
čtyřslabičný four-syllable, tetrasyllabic
čtyřspřeží team of four horses
čtyřstěn geom. tetrahedron
čtyřstranný *(dohoda, jednání ap.)* quadripartite
čtyřstup voj. column of fours
čtyřsvazkový four-volume, in four volumes
čtyřtaktní mot. four-stroke
čtyřúhelník quadrangle
čtyřúhelníkový quadrangular
čtyřválec 1 *(motor)* four-cylinder engine 2 hov. *(auto)* a four-cylinder
čtyřválcový four-cylinder, of four cylinders
čtyřzpěv a song n. a musical piece for four voices
čub|(k)a 1 bitch; **plavat na ~ičku** do the doggie paddle 2 přen. *(promiskuitní žena)* tart
čučet 1 gape; *(přitupěle)* gawp, gawk, stand* gawping n. gaping **(na** at**)** 2 *(trčet kde)* wait around n. about, hang* about
čumák muzzle, nose; **studený j. psí č.** přen. as cold as a fish
čumil gaper, am. rubberneck
čuně 1 pig, *(malé)* piglet 2 *(nadávka: dětem)* grotty n. grubby thing, mucky pup, *(dospělým)* dirty slob
čupřina mop n. shock of hair
čurat *(malé děti)* wee(-wee), do n. have a tinkle; *(dospělí)* have a pee; **musím jít č.** I need a pee
čurbes *(nepořádek)* mess; *(hluk)* din, racket
čvachtat (se) squelch n. slosh about; **č. se čím** squelch through sth

D

d 1 *(písmeno)* d [di:] 2 hud. *(nota)* D; srv. též **a, b**

ďáb|el Satan, devil; v. **čert; vtělený ď.** devil incarnate; **zaklínání ~la** invocation of the devil; **upsat se ~lovi** sign away one's soul to the devil; **být posedlý ~lem** be possessed by the devil

ďábelsk|ý devilish, diabolical, fiendish; **ď. plán** devilish plan n. plot; **~á krutost** fiendish n. infernal cruelty

ďáblice přen. *(obdivné)* devil of a woman, quite a woman

ďáblík imp

dabovat *(film)* dub

dál$_1$ v. **dálka; z blízka i z ~i** from near and far

dál$_2$**, dále** 1 farther, further; further off n. away; *(v citaci)* hereafter; **bylo to d. než jsme mysleli** it was farther than we thought*; **postupte d.!** move on n. along; *(po zaklepání)* **~(e)!** come* in! 2 *(časově)* on, next, then; **d. a d.** on and on; **a tak d.** and so on n. forth; **dělat co d.** continue to do sth, continue doing sth, go* on n. carry on doing sth; **co se stalo d.?** what happened then n. next?; **co bude d.?** what will happen now?; *(v záporné větě)* **d. ji neznepokojoval** he troubled n. bothered her no further; **spi d.!** go* back to sleep 3 *(kromě toho)* further, furthermore, on top of that; **d. už nic neřekl** he said* nothing else; **a d. už nic?** is that all?; **d. už nepotřebuji nic vědět** that's all I need to know*, I don't need to know any more

dalamánek (bread) roll; *(žitný)* rye roll

dalece: jak d.? to what extent?, how far?; **nevím, jak d. souhlasíte?** I do not know* how far you agree

daleko 1 *(místně)* far, far away, a long way away; **jak d. je do Prahy?** how far is Prague?; **do Prahy je to d.** it is a long way to Prague; **je to 5 km d. od Brna** it is 5 km from Brno; **d. široko** for miles around; **d. odsud** far away from here; **je to jen 5 km d.** it is only 5 km away; **byl d. před námi** he was well ahead of us ♦ **dotáhne to d.** he'll go* far, he'll go a long way, hov. he'll go places 2 *(časově)* far off, a long way off; **není d. den, kdy ...** the day is not far off when ...; **Vánoce jsou ještě d.** Christmas is still a long way off 3 *(mnohem)* by far, far and away; **on je d. nejlepší** he's by far the best

dalekohled *(dvojitý)* binoculars, field glasses; *(hvězdářský)* telescope

dalekonosný voj. long-range

dalekosáhl|ý far-reaching, extensive; **~é reformy** sweeping reforms

dalekozraký longsighted

dalek|ý *(cesta, hod)* long; **skok d.** long jump, am. broad jump; *(místo)* distant, far-off, faraway; *(čas)* **v ~é budoucnosti** in the distant future ■ **jsem ~ toho, abych si to myslel** nothing is further away from my mind n. thoughts

dál|ka distance; **v ~ce** in the distance; **řízený na ~ku** remote-controlled

dálkař 1 *(student taking* a degree by correspondence)*, external student, *(prostřednictvím rádia a televize)* br. Open University student 2 *(skokan)* br. long-jumper, am. broad jumper

dálkoměr telemeter

dálkov|ý: ~é ovládání remote control; **~é studium**; correspondence degree course; *(v televizi)* Open University (course); **~á doprava** long-distance transport; **~á světla** upper-beam headlight

dálnice br. motorway, am. expressway

dálnopis teleprinter; obch. telex; **~em** by telex

dálný: D. východ Far East

další 1 *(navíc)* further, additional; *(jiné)* other; **d. vzdělání** further n. adult education 2 *(následující)* next, subsequent; **d., prosím** next, please, sk., am. first, please

dám|a 1 lady; **~y a pánové!** ladies and gentlemen!; **hrát si na ~u** act the grand lady 2 *(v šachu)* queen 3 *(hra)* draughts sg, am. checkers sg; **hrát ~u** play draughts/ checkers

damaš|ek,~kový damask

dámička hanl demimondaine

dámsk|ý ladies'; **~á konfekce** ladies' wear, ladies department; **d. večírek** hov. hen party

Dán, ~ka Dane; **~ka** též Danish woman/ girl; **~ové** hrom. the Danish

daň tax; **d. ze mzdy/ z obratu** income/ sales tax; **d. z hlavy** br. community charge, poll tax; **obecní daně** local tax; **přímá/ nepřímá d.** direct/ indirect tax; **d. z majetku** wealth tax; **podléhat dani** be liable n. subject to tax; **uvalit na něco d.** put* a tax on sth; v. též **dávka (1)**

danajský: d. dar double-edged gift

daněk fallow deer

daňov|ý tax, taxation, of taxation; **~é přiznání** (income-)tax return; **~é břemeno** the burden of taxation

Dánsko Denmark

dán|ský, ~ština Danish

dan|ý *(veličina)* given; **považovat co za ~é** take* sth for granted; **za ~ých okolností** as things stand*

dar **1** present, gift; **dát komu d.** give* sb a present; **dát komu co ~em** make* sb a present of sth **2** *(nadání)* gift, talent; **d. řeči** the gift of speech; *(výřečnost)* eloquence; hanl. the gift of the gab

dárce donor; **d. krve** blood donor

dareba **1** rogue, rascal **2** *(dítě)* rascal, scamp, fam. little monkey

darebácký naughty, mischievous, roguish

darebáctví mean n. dirty trick; *(chování)* mischievous behaviour, mischief

darebačit get* up to mischief

dareb|ák v. **~a**

darebný: d. kousek piece of mischief

dárek present; **vánoční d.** Christmas present v. též **dar**

dárkov|ý gift; **d. balíček** gift pack n. box; **cigarety v ~ém balení** a gift pack of cigarettes

darmo: d. mluvit it is best to forget* about it, the less said* about it, the better

darmošlap layabout, *(člověk bez cíle)* drifter, *(budižkničemu)* never-do-well

darovací: d. listina deed of gift n. donation

dar|ovat: d. komu co give* sb sth as a present, give* sth to sb, present sb with a gift ♦ **d. komu život** spare sb's life; **to ti ne~uji** I will never forget* that, you will pay* for this

dař|it se **1** *(rostlinám, zvířatům)* do well, flourish **2 práce se mi ~í** I am getting* on well with my job; **nic se mi ne~í** nothing turns out right for me **3 jak se vám ~í?** how are you?, how's things?, how are things (going)?; *(zdravotně)* how are you feeling* (today)?

dáseň gum

dát **1** give*; *(podat též)* pass, hand; **d. komu co** give* sb sth, give sth to sb; **d. komu dceru za manželku** give one's daughter to sb in marriage; **d. komu facku** give sb a slap on the face; **d. komu ruku** shake* hands with sb; **d. komu co k jídlu** give sb sth to eat*, feed* sb sth **2** *(darovat)* give, present v. též **darovat** **3** *(titul ap.)* give; kn. bestow, confer; **d. komu čestný doktorát** confer an honorary doctorate on sb **4** *(poskytnout)* give, grant; **d. komu úvěr/ slevu** give sb credit/ a discount **5** *(prodat)* sell*; **d. co do prodeje** put* sth up for sale **6 d. na koho/ co** heed sb's advice/ attach importance to sth, set* store by sth; **ned. na koho/ co** ignore sb/ sth, take* no notice of sb/ sth **7** *(někam)* put*; **d. knihu na stůl** put a book on the table; **d. co dolů** put sth on the ground n. down **8** *(přidat)* put, add; **d. (si) do kávy cukr** put some sugar in one's coffee; **d. si klobouk** put on one's hat; **d. si dolů sako** take* off one's jacket **9** *(zařídit)* **d. si co udělat** have sth done n. made* (by sb); **d. si ušít oblek** have a suit made; **d. si spravit rádio/ auto** have one's radio/ car repaired; **d. vyčitit okna** get* sb to n. have sb clean the windows; **d. si umýt auto** have one's car washed **10** *(podrobit se)* **d. se ostříhat** have a haircut; **d. si vytrhnout zub** have a tooth out; **d. se přesvědčit** listen to reason; **nedá si rozkazovat** he takes* no orders from anybody **11** *(poslat)* **d. koho na univerzitu/ do starobince** send* sb. to university/ put sb to an old people's home **12** ♦ **dejme tomu, že** suppose, supposing, let's presume (that); **d. komu co proto** let* sb have it straight; give* it to sb straight; **tys tomu dal!** now you've done it!

dát se **1** *(pustit se)* **d. se do práce** get* down n. set* to work; **dej se do toho!** get busy!, get going, hov. get cracking; **d. se do zpěvu** burst* forth into song, start singing; **d. se do jídla** hov. dig* in, pitch in; **d. se do koho** pitch into sb **2** *(o pohybu)* **d. se napravo/ nalevo** turn right/ left **3** *(o možnosti)* v. **lze, možno** **4** *(rozhodnout se pro)* take* up; **d. se na medicínu/ rybaření/ zahradnictví** take* up medicine/ fishing/ gardening **5** *(podrobit se)* give* in; *(často v záporu)* **nedat se** hold* n. stand* one's ground; **d. se operovat** undergo an operation

dát si **1** *(poručit si)* have; **co si ~e?** what will you have?, *(o nápojích)* hov. what's yours?, name yours!, what's your poison?, name your poison! **2** *(smluvit si)* arrange sth; **d. si schůzku** make* n. arrange a meeting, *(s kým)* arrange to meet* sb; *(zvl. s dívkou)* make* a date (with sb)

databanka data bank

datel woodpecker

datle date

datlovník date palm

dat|ovat *(dopis)* date; **dopis je ~ovaný 10.1.** the letter is dated the 10th (of) January ■ **d. se** date; **naše spolupráce se ~uje od války** our cooperation dates back to n. dates from the war

datum date; **dnešní/ včerejší d.** today's/ yesterday's date; **data** *(osobní)* personal details n. particulars

dav a crowd (of people); hanl. též mob; **přišly ~y lidí** people came* in their thousands n. in droves
dáv|at 1 *(koncert)* give*; *(hru)* give, perform; *(film)* show*; **d. večírek** give n. hold* n. hov. throw* a party; **co ~ají dnes večer?** what's on tonight? 2 *(hodiny angličtiny* ap.*)* give lessons in, teach* 3 těl. **d. komu záchranu** give support to sb; **d. pozor (na)** pay* attention (to) v. též **pozor, příklad** ap. 4 **d. pozdravovat** send* one's regards (to); **~á vás pozdravovat** he sends his regards, he wants to be remembered to you 5 **d. si na sobě záležet** be very particular about the way one looks, be very particular about one's appearance 6 **ti si ~ají** they are having a good time
dáv|it vomit, throw* up, be sick ■ **~ení** retching, vomiting
dávit se choke (**čím** on sth)
dávk|a 1 *(daň)* tax; **obecní ~y** community n. local tax; **d. z majetku** property tax; **sociální ~y** social security benefit 2 *(léku)* dose; **v malých ~ách** in small doses; přen. amount; **notná d. drzosti** a fair amount of cheek 3 *(z kulometu* ap.*)* burst; **d. ze samopalu** a burst of automatic fire
dávk|ovat dose, measure out, measure into doses ■ **~ování** dosage, dispensing
dávn|o 1 *(dlouho)* for a long time; **je už d. mrtvý** he's been dead for a long time (now) 2 *(před ~ým časem)* a long time ago, ages n. long ago; **odejel už d.** he left* ages ago
dávnověk prehistoric times; **v šerém ~u** in the dim and distant past
dávn|ý: před ~ými časy very long ago, in the dim and distant past, kn. in days of yore; **~é přátelství** a friendship of long standing
davov|ý: ~á psychóza mass hysteria
dbalý 1 *(pečlivý)* conscientious, assiduous 2 **být d. své cti** be concerned about one's honour; **být d. toho, aby** make* sure that, take* care that
dbá|t *(čeho, na co)* pay* attention to, heed; *(na rady)* follow; *(na předpisy, zákazy ap.)* observe, comply with; *(na pravidla, instrukce* ap.*)* observe, follow; *(brát v úvahu)* take* sth into consideration; **nedbat na co** ignore sth, take no notice of sth, hov. not to give* a damn about sth; **d. na pořádek** be very particular about tidiness; **nedbat na lidské řeči** he takes no notice of what people say*; **d. na to, aby** see* to it that
dcera daughter; **vlastní d.** v. **bratr**
debakl sport. rout, crushing defeat
debat|a debate, discussion ♦ **to je bez ~y** it is indisputable, it is beyond doubt
debatér debater; **je to výborný d.** he is a brilliant debater
debatní: d. klub debating society
debil moron, imbecile
debilní feeble-minded, idiotic, sk. daft
debut debut
debutant debutant ■ **~ka** debutante
debutovat div. make* one's debut
decentn|í discreet; *(barva)* quiet; *(člověk)* reserved; *(chování)* unobtrusive; *(šaty)* smart ■ **~ě se oblékat** dress quietly
decibel fyz. decibel
decilitr decilitre
decimetr decimetre
decimovat decimate
děcko child, hov. kid
dečka cloth
děd 1 grandfather 2 *(předek)* forefather, forebear; **naši ~ové** our forefathers n. forebears
děda grandpa; granddad
dědeček grandfather, grandpa; **d. a babička** grandparents
dědek *(stařec)* old man; hanl. old fogey, hov. old geezer
dědic/ dědička heir/ heiress (**koho** of sb; **čeho** to sth); **zákonný d.** legal heir; **ustanovit ~em** appoint n. make* sb one's heir
dědick|ý: ~á posloupnost (line of) succession; **~é právo** line of inheritance
dědictví inheritance; přen. heritage,. *(nežádoucí)* legacy; **kulturní d.** cultural heritage; **d. války** legacy of the war
dědičnost heredity
dědičn|ý hereditary; **d. hřích** original sin; **u nás je to ~é** it runs* in our family; **~á choroba** hereditary disease; **~á šlechta** hereditary nobility
dedikovat dedicate
dědina village; přen. hanl. backwater
dědit inherit; *(peníze* též*)* come* into money
dedukc|e deduction; **~í** by inference
deduktivní deductive; **d. důkazy** inferential proofs
defekt fault, defect; *(charakteru)* flaw; *(na autě)* puncture, flat tyre; **měl jsem d.** I had a puncture
defektní defective, faulty, out of order
defenzív|a, ~ní defensive; **setrvávat/ být v ~ě** remain/ be on the defensive
deficit deficit

defilé voj. parade, march-past
defilovat parade, march past
definice definition
definitiv|a security of employment; *(na br. univerzitách)* ≅ tenure; **mít ~u** have tenure
definitivn|í *(výsledek, rozhodnutí)* final; *(řešení)* definitive, final, permanent; *(konečný: znění)* definitive; **d. názory** cut-and-dry opinions ■ **~ě se rozešli** they have separated for good
definovat define
definovateln|ý: těžko/ snadno d. hard/ easy to define; **těžko ~é obavy a nejistoty** nameless fears and uncertainties
deflace deflation
deflační deflationary
deformace deformation, distortion; *(znetvoření)* disfigurement
deformovat *(věci)* bend* sth out of shape; *(tělo)* deform; *(obličej)* disfigure, spoil* (sb's looks); *(pravdu)* misrepresent, distort; *(charakter)* corrupt
defraudace embezzlement, misappropriation (**peněz** of funds)
defraudant embezzler
defraudovat embezzle, misappropriate
degenerace degeneration
degenerovat degenerate; *(zhoršovat se)* deteriorate
degradace voj. demotion; přen. degradation
degradovat voj. demote (**na** to); **d. na vojína** reduce to the ranks; přen **d. koho/ co na úroveň koho/ čeho** degrade sb/ sth to the level of sb/ sth
degustace tasting, **d. vína** wine-tasting
deh|et, ~tový tar; **~tová lepenka** roofing felt
dehtovat tar
dech *(~nutí)* breath, *(dýchání)* breathing; respiration; **těžký d.** *(nemocného)* laboured breathing; **zatajit d.** hold* one's breath; **lapat po ~u** struggle n. gasp for breath; **chytit druhý d.** get* one's second wind ♦ **sotva ~u popadat** be panting; *(poslouchat)* **bez ~u** with bated breath; **jedním ~em** in one breath; přen. **to mi vyrazilo d.** that took* my breath away
dechnout breathe (**na** on)
dechovka brass band
dechov|ý: ~á hudba brass band; **~é nástroje** woodwind instruments, the woodwinds
děj action; *(románu též)* plot; **místo ~e** the scene of the action
dějepis 1 history; **učitel ~u** history teacher 2 *(kniha)* history book
dějepisec historian
dějepisectví historiography
dějepisný history, historical
dějinn|ý 1 *(vývoj* ap.*)* historical 2 *(významný)* historic; **~á událost** an epoch-making event
dějiny history; **d. antiky/ moderní d.** ancient/ modern history; **d. lidstva** (the) history of mankind; **kulturní d.** history of civilization
dějiště scene; *(románu)* the scene of the action; **d. zločinu** the scene of the crime
dějov|ý: ~á linie story line; **~á chudost** lack of plot n. action; **román má rychlý d. spád** the novel is packed with action n. action-packed ■ **~ě chudý/ bohatý** thin on plot/ full of action
dějství act; **hra o jednom d.** one-act play
dek|a blanket; *(pokrývka)* cover, (woollen) blanket; *(prošívaná)* quilt ♦ **leze to z něho jak z chlupaté ~y** it has to be dragged out of him
dekáda *(10 dní)* ten days, ten-day period
dekadence decadence; **morální d.** decline n. drop in moral standards
dekagram v. **deko**
děkan dean
děkanát *(úřad)* 1 univ. dean's office, faculty office 2 círk. deanery, dean's residence
deklamace declamation, recitation
deklamační declamatory, rhetorical
deklamátor reciter
deklamovat recite; *(často* hanl.*)* declaim
deklarace 1 *(proklamace)* declaration 2 *(celní)* customs declaration
deklarovat declare, proclaim
deklasova|t 1 *(společensky)* lower sb in status 2 sport. outclass ■ **~ný** *(živly)* déclassé
deklinace jaz. declension; hvězd. declination
dek|o decagramme; **deset ~a** *(při nákupu)* ≅ quarter (113,4g); **10 ~a salámu, prosím!** ≅ a quarter of salami, please!
dekódovat decode
dekolt, ~áž décolletage, low-cut n. décolleté neckline; **šaty s odvážným ~em** a very daringly low-cut dress
dekoltovaný *(šaty)* low-cut, low-necked
dekorac|e 1 *(výzdoba)* decoration; **sloužit pro ~i** be decorative 2 *(jeviště)* set, scenery
dekorační decorative, ornamental
dekoratér decorator; div. scene-painter
dekorativní decorative, ornamental
dekorovat *(zdobit* i *vyznamenat)* decorate
dekorum decorum, the proprieties; **zachovat d.**

maintain n. observe the proprieties

děk|ovat 1 *(vyslovit dík)* thank; **d. komu za co** thank sb for sth n. for doing sth; **~uji!** thank you!; **mockrát ~uji!** thank you very much!, thanks!, thanks a lot, thank you (ever) so much!; **upřímně d.** thank sb sincerely 2 *(vděčit)* **d. komu za co** be indebted to sb for sth, owe sth to sb; thank sb for sth; **za to, že jsem naživu, ~uji jenom tobě** it's thanks to you that I am still alive 3 *(zdvořilé odmítnutí)* **Víno? – Ne, děkuji.** Wine? – No, thank you.

děkovný: d. dopis letter of thanks, thank-you letter

dekret decree; *(vládní)* (statutory) order

dekretovat decree, order (sth by decree)

děl|at 1 *(pracovat)* work; **d. za dva** do the work of two; **d. jako mezek** work like a horse n. like a Trojan; **d. v továrně** work in a factory; **jeho žena ~á** his wife goes* out to work; **d. na čem** work on sth 2 *(konat)* do; **d. zkoušku** do n. take* n. sit* an examination; **d. angličtinu** do n. study n. take English; **d. co z lásky/ ze zlomyslnosti** do sth out of love/ malice; **d. 70km za hodinu** do 70km per hour 3 *(vytvářet)* make*, produce, *(průmysl též)* manufacture; **d. co ručně** make n. produce sth by hand; **d. co průmyslově** manufacture n. produce sth industrially; **nechat si co d.** have sth made; **d. oběd** cook n. make lunch n. dinner; **d. čaj** make tea; **d. fotografie** take photos; **d. chyby** make mistakes; **kává mi ne~á dobře** coffee does not agree with me 4 *(napodobovat)* **d. co po kom** imitate sb in sth; *(opičit se)* mimic n. take off sb; **~á všechno po mně** she copies n. mimics everything I do 5 *(předstírat)* act, behave (**jako by** as if); pretend, feign; **~al, že je mrtvý** he feigned n. pretended that he was dead, he pretended to be dead 6 *(rovnat se)* come* to, amount to, be; **kolik to ~á?** how much is it?, how much does it come n. amount to? 7 *(vyvádět)* throw* a tantrum, make a scene 8 *(neudržet stolici)* **d. do kalhot** dirty o.s., make a mess in one's pants ■ **~aný** 1 *(předstíraný)* false, feigned 2 **je pro tu práci jako ~aný** he is just the right man for the job

děl|at se 1 *(vytvářet se: trpné tvary. od)* **dělat** (3); **jak se to ~á?** how does one make* it?; **z čeho se to ~á?** what is it made from?; **~á se hezky** the weather is looking up n. improving; **~á se mi špatně** I am feeling* sick; **~á se mi z toho špatně** it makes me feel sick; **~á se z ní hezké děvče** she's turning into a pretty girl 2 *(předstírat)* v. **dělat (5)**

dělba: d. práce division of labour

déle longer; **čím d., tím lépe** the longer the better; **už to d. nevydržím** I cannot stand* it any longer

delegace delegation

delegát delegate

delegovat delegate

dělenec mat. dividend

dělení division; v. **dělit**

delfín zool. dolphin

dělicí: d. znaménko division sign; **d. stěna** partition wall

delikatesa delicacy, titbit, am. tidbit; *(sladkost)* dainty, a dainty morsel n. bite

delikátní *(záležitost)* delicate, sensitive; *(otázka)* tricky, awkward; *(situace)* tricky

delikt právn. offence, misconduct; **profesionální d.** professional misconduct

delikvent offender, *(zvl. mladý)* delinquent

delirium delirium

děl|it 1 divide; **d. co na čtyři části** divide sth into four parts 2 math. **patnáct ~eno pěti** fifteen divided by five 3 **d. zisk/ kořist** divide n. split* up the profit/ the booty (**mezi** between/ among) 4 *(oddělovat)* separate ■ **d. se** 1 *(nač)* split* up, divide (**na skupiny** into groups); *(cesta, řeka)* divide, fork 2 **d. se o něco** share n. split sth

dělitel mat. divisor; **největší společný d.** highest common factor

děliteln|ý divisible; **deset je ~é dvěma** ten divides by two

dél|ka 1 *(prostorová)* length; *(kabelu, potrubí)* run*; **zeměpisná d.** longitude; fyz. **vlnová d.** wavelength; **d. provazu je tři metry** the rope is three metres long; **po ~ce** lengthways, lengthwise, longitudinally 2 *(trvání)* duration, length of time; **pravděpodobná d. života** life expectancy; **průměrná d. života** average life span

délkov|ý: ~á míra linear measure, measure of length

dělnice 1 female worker, *(v továrně)* female factory worker 2 *(včela)* worker (bee)

dělnick|ý working, labour, blue-collar; **~á třída** working class(es); **~é hnutí** labour movement; **~á rada/ píseň** workers' council/ song; **d. spisovatel/ ~é prostředí** working-class writer/ environment

dělnictvo (the) working classes; *(podniku)* work

force, the workers
dělník worker, workman, labourer; **tovární d.** factory worker; **zemědělský d.** agricultural n. farm worker, farm labourer, farm hand; **stavební d.** labourer; **kvalifikovaný d.** skilled worker; **pomocný d.** labourer, *(v továrně)* unskilled worker
děl|o gun; hist. cannon; **protiletadlové d.** anti-aircraft gun; **protitankové d.** anti-tank gun; **střelba z ~a** gunfire, shellfire
děloha anat. womb, uterus
dělostřelba gunfire, shellfire; shelling
dělostřelectvo artillery, ordnance; **lehké/ těžké d.** light/ heavy artillery
děložní uterine
delta delta
deltovitý delta-shaped
demagog demagogue; *(buřičský)* rabble-rouser
demagogický demagogic
demagogie demagogy
démant, ~ový v. **diamant, diamantový**
demarkační: d. čára demarcation line
demaskovat unmask, expose; **d. lháře** expose a liar
dementi denial
dementovat deny (formally); *(v tisku)* publish a denial
demis|e resignation; **podat ~i** resign, give* in n. submit one's resignation, send* in one's resignation, kn. ask to be relieved of one's duties
demižón demijohn
demobilizace demobilization; br. hov. demob
demobilizov|at demobilize; *(vojsko)* br. hov. demob; **být ~án** be demobilized n. demobbed
demokracie democracy; **přímá/ zastupitelská d.** direct/ representative democracy; **lidová d.** people's democracy; **sociální d.** social democracy
demokrat democrat; **křesťanský d.** Christian Democrat
demokratický democratic
demokratičnost democratic spirit n. character n. nature
demokratizovat democratize ■ **d. se** become* (more) democratic
demolic|e demolition; **provést ~i domu** pull down n. demolish a house
demoliční: d. četa demolition squad
demolovat *(ničit)* wreck, smash up; *(úmyslně)* vandalize
démon demon, *(zloduch)* fiend
démonický demoniac(al), fiendish, diabolical
demonstrace demonstration; *(shromáždění)* mass meeting, rally; **d. pro co/ proti čemu** demonstration in support of/ against sth; **mírová d.** peace rally
demonstrační: d. pochod (protest) march
demonstrant demonstrator
demonstrativn|í demonstrative; *(okázalý)* ostentatious ■ **~ě** ostentatiously, pointedly
demonstrátor *(výrobku* ap.*)* demonstrator
demonstrovat **1** pol. demonstrate, hold* a mass meeting n. rally **2** *(předvést)* show*, demonstrate **3** *(dokázat)* prove, demonstrate
demontáž (a) dismantling (job n. operation), taking apart, taking to pieces
demontovat dismantle;, *(motor též)* strip down, *(mechanismus)* take* apart, take sth to pieces
demoralizace demoralization
demoralizační demoralizing
demoralizovat demoralize
den **1** day; **všední** n. **pracovní d.** weekday, working day; **d. pracovního klidu** day of rest; **celý d.** all day long, *(bez přestání)* the whole day; **každý d.** every day; **každý druhý d.** every other day, every two days, every second day; **d. co d.** day in day out, expr. every blessed day; **dvakrát za d.** twice daily, twice a day; **dnešní d.** today, this day; **zítřejší d.** tomorrow; **d. předtím** the day before, (on) the previous day; **následující d.** the day after, the following day; **před pěti dny** five days ago; **do pěti dnů** within five days; **do dnešního dne** to this very day; **čtrnáct dní** a fortnight, two weeks; **od zítřka za čtrnáct dní** zvl. br. tomorrow fortnight, two weeks tomorrow; **d. ode dne** *(je krásnější)* from day to day; **míjel d. po dni** day after day went* by; **jednoho krásného dne** one fine day; *(v budoucnosti)* one of these days; **vzít si několik dní dovolenou** take* a few days off ♦ **žít ze dne na d.** live from day to day; **dělat si z koho dobrý d.** pull sb's leg; **nechval dne před večerem!** don't count your chickens before they are hatched **2** *(d. v kalendáři)* **Štědrý d.** Christmas Eve; **d. osvobození** Liberation Day; **d. Páně** the Lord's Day **3** *(nikoli noc)* day; **slunečný/ deštivý d.** sunny/ rainy day; **na rozbřesku dne** at daybreak; **během dne, ve dne** in the daytime, during the day; **dnem i nocí** day and night, round the clock **4** *(denní světlo)* daylight; **dokud je ještě d.** while it is still light; **za bílého dne** in broad daylight **5** zprav. pl. **až**

do našich dnů to this (very) day; **ve dnech jeho mladosti** in the days of his youth; **jeho dny jsou sečteny** his days are numbered **6** *(v pozdravech)* **dobrý d.!** *(dopoledne)* good morning!, *(odpoledne)* good afternoon!; hov. hallo!, am. hov. hi!
dění events; course of events; **světové d.** world events
deník **1** *(osobní)* diary, journal; **psát si d.** keep* a (personal) diary **2** *(noviny)* daily (paper)
denn|í **1** *(za den)* **d. mzda** day's wages **2** *(studium)* full-time **3** *(každodenní)* daily; **být na ~ím pořádku** be the order of the day; be sb's stock-in-trade **4 d. světlo** daylight ■ **~ě** daily; every (single) day; day by day
dentista dentist; dental surgeon
denunciace denouncing, informing (against)
denunciant informer
denuncovat inform against, denounce, give* sb away to the police
depeše dispatch
depo **1** *(lokomotivní)* engine-shed; *(závodních automobilů)* the pits **2** *(skladiště)* depot
deponovat deposit
depres|e **1** ek. depression, slump **2** *(duševní)* depression, low spirits; **v ~i** in low spirits, down in the dumps; **mít ~i** be in a depression
depresívní depressive; **d. hudba** též melancholy music
deprimova|t depress; get* sb down ■ **~ný** depressed, downcast; *(poněkud)* down in the mouth
deprimující depressing; *(chmurný: perspektiva* ap.*)* gloomy, bleak
deptat oppress, tyrannize; *(city)* trample all over; *(bídou)* wear* down
deputát dř. payment in kind
deratizace rat extermination
děrav|ý full of holes; *(střecha)* leaky; **d. zub** tooth with cavity; **má ~é ponožky** his socks are out at the heels; přen. **má ~ou hlavu/ paměť** he has a memory like a sieve; **má ~é ruce** hov. he's a clumsy clot
děrnoštítkový punch-card
děrn|ý: d. štítek punch card; **~á páska** punched tape
děrovat punch
des D flat; **Des dur** D flat major; **des moll** D flat minor
děs fright, terror; **mít z čeho d.** dread sth
desateronásob- v. **desetinásob-**
desater|ý ten, ten pairs of; **~y dveře** ten doors; **~y boty** ten pairs of shoes
desátka (midmorning-)snack, elevenses; *(pro školní děti)* sk. hov. playpiece
desátník corporal
desát|ý tenth; **za ~é** tenthly, in the tenth place; srv. též **čtvrtý**
deset ten; **být všemi ~i pro** plump for sth; **jít od ~i k pěti** go* from bad to worse, hov. go* to the dogs; srv. též **čtyři**
desetiboj decathlon
desetiletí decade, period of ten years; **už celá d.** for decades
desetilet|ý ten-year; **~é dítě** a ten year-old (child)
desetina (one) tenth
desetinásob|ek ten times the amount; **být ~kem čeho** be ten times as large as ...
desetinásobn|ý, ~ě tenfold
desetinn|ý decimal; **s přesností na pět ~ých míst** correct to five decimal places
desetistěn decahedron
desetitisíce tens of thousands
desetník ten-heller piece
design design; **průmyslový d.** industrial design
děsit frighten, scare ■ **d. se** be frightened, *(silněji)* be scared stiff; **d. se čeho** dread sth, be frightened of sth
desítk|a **1** (number) ten; srv. **čtyřka; ~y** *(aut, knih* ap.*)* dozens of **2** fotb. penalty
děsivý terrifying, horrifying, nightmarish, spine-chilling; přen. ghastly, dreadful
desk|a **1** *(ze dřeva)* board; *(obkládací)* panel; *(kamenná, betonová)* slab; *(břidlicová)* slate; *(gramofonová)* record; *(pamětní)* plaque; *(stolní)* desktop; *(fotografická)* plate; **skleněná/ kovová/ plastická d.** a sheet of glass/ metal/ plastic; **přístrojová d.** instrument panel; **rýsovací d.** drawing-board **2** *(knihy)* board; **~y** *(na spisy)* folder
deskriptiva descriptive geometry
děsn|ý **1** terrible, awful v. též **děsivý** **2** *(velký)* awful, frightful; *(radost)* great; *(zločin)* heinous ■ **~ě unavený** terribly n. awfully tired; **~ě hladový** terribly hungry; **~ě unuděný** bored stiff
despekt contempt; **chovat se ke komu s ~em** treat sb with contempt n. scorn
despota despot
despotický despotic, tyrannical
despotismus despotism
destilace distillation
destilační: d. přístroj still

destilát *(alkoholický nápoj)* spirit
destilovat distill, am. destill
destrukce destruction
destruktivn|í destructive ■ **~ost** destructiveness
dešifrovat *(písmo, zprávu)* decipher; *(kód)* decode; hov. *(podpis)* make* out
déšť rain; *(srážky)* rainfall; přen. *(květin, nadávek)* shower; *(střel)* hail; **drobný d.** drizzle, fine rain, *(velmi jemný)* Scotch mist; **prudký d.** torrential rain, downpour; **vytrvalý d.** incessant rain; **plášť do deště** raincoat; **vypadá to na d.** it looks like rain, we are in for rain ♦ **zlatý d.** bot. laburnum; **kyselý d.** acid rain; **vyrůstat jako houby po dešti** spring* up like mushrooms; **z deště pod okap** out of the frying pan into the fire
deštění panelling, panel-work
deštivý rainy, wet
deštník umbrella; **skládací d.** folding n. telescopic umbrella
deštný: d. prales rain forest
dešťovka 1 *(žížala)* earthworm **2** *(voda)* rainwater
detail detail, particular (point); **jít do ~ů** go* into particulars n. details; **do všech ~ů** in great detail
detailn|í detailed; *(důkladný)* thorough, meticulous; **d. zpráva** a blow-by-blow account ■ **~ě** in (great) detail
detektiv detective; **soukromý d.** private detective; žert. sleuth
detektivka detective story; hov. whodunit
detektiv|ní detective; *(román)* v. **~ka**
detektor detector
děti v. **dítě**
dětinskost v. **dětinství**
dětinský childish, infantile, *(nedospělý)* immature
dětinství childishness, infantilism; *(stařecké)* dotage, second childhood
detonace detonation, explosion
dětskost childlike innocence; *(nedospělost)* immaturity
dětsk|ý 1 child's, children's; *(o malém dítěti)* infant; **~á láska** child's/ children's love **2** *(nevinný)* childlike, innocent ■ **~y** like a child
dětství childhood; *(ranné)* infancy; **od d.** from childhood
děťátko baby
devadesát ninety srv. **čtyřicet**
devadesátník 1 nonagenarian, ninety-year old **2** *(ve věku 90 – 99)* man in his nineties
devadesátý ninetieth; v. **čtyřicátý**
devalvace devaluation
devalvovat devalue
devatenáct nineteen
devatero v. **desatero** ♦ **d. řemesel, desátá bída** a rolling stone gathers no moss
devátý ninth; v. **desátý, čtvrtý**
děvčátko baby n. little girl
děvč|e 1 girl; young lady n. woman; **d. jako malina** a lovely n. gorgeous girl; **d. pro všechno** (a) dogsbody **2** *(milá)* girlfriend, sweetheart; **běhat za ~aty** run* after n. chase girls
devět nine srv. též **deset, čtyři**
devětsil butterburr
devítina (one) ninth v. též **desetina**
devítka nine; srv. též **čtyřka**
deviz|a foreign currency n. exchange; **příděl ~** allocation of foreign currency
devíza maxim, motto
devizový (foreign) currency; **d. kurs** rate of exchange
děvka tart, neutr. prostitute
děvkař womanizer, neutr. ladies' man
děvkařit womanize
devótní servile, obsequious
dezerce voj. desertion
dezert dessert; *(sladký)* sweet, hov. pudding
dezertér voj. i přen. deserter; *(z pol. strany)* defector
dezertní dessert; **d. víno** dessert wine
dezertovat voj. desert; pol. change sides, defect (**k** to)
deziluze disillusion(ment)
dezinfekce disinfection, sterilization
dezinfekční: d. prostředek disinfectant
dezinfikovat *(postel, místnost)* disinfect; *(nástroje)* sterilize
dezolátní desolate; *(zchátralý)* dilapidated; **být v ~m stavu** be in a state of neglect
dezorganizace disorganization; chaos
dezorganizovat disorganize, disrupt; hov. get* sth into a mess, mess sth up
dezorientovat disorientate; *(zmást)* confuse
diabeti|k, ~cký diabetic
diafilm filmstrip
diagnostický diagnostic
diagnóz|a diagnosis; **stanovit ~u** make* a diagnosis
diagram diagram, graph; **d. vývoje cen** a chart of price changes
dialekt dialect, accent
dialektický dialectic(al)
dialektika dialectics

dialog dialogue
diamant, ~ový diamond; **~ový prsten** diamond ring
diametráln|í diametrical ■ **~ě protilehlý názor** diametrically opposed view
dianápoj diabetic drink
diapozitiv slide
diaprojektor slide n. still projector
diarámeček slide frame
diář br. diary; am. calendar
diblík *(děvče)* (a little) imp n. monkey
didaktick|ý didactic; **~á technika** technical teaching aids, educational technology
didaktika didactics; teaching methods
dieselov|ý: ~é palivo diesel (fuel)
diet|a diet; **mít ~u** be on a diet, diet; **dodržovat ~u** keep* n. stick* to a diet; **přerušit ~u** come* off a diet; **porušit ~u** break* a diet
dietní dietary, dietetic; **d. rozpis** diet plan
diety subsistence allowance, expense allowance; *(výlohy)* expenses
diferenciál, ~ní aut., mat. differential
diferencovat differentiate, make* distinctions
diferenční differential
dík, ~y thanks; *(děkuji)* thanks!, thank you!, hov. ta!; **upřímné ~y!** sincerest thanks!; **tisíceré ~y!** thanks a million!; **~y bohu** thank God!
dikobraz porcupine
diktát 1 *(ve škole, v kanceláři)* dictation; **psát podle ~u** write* from n. to sb's dictation **2** *(příkaz)* dictate, pol. též diktat
diktátor dictator, voj. též warlord
diktátorsk|ý dictatorial ■ **~y** in a dictatorial manner, dictatorially
diktatura dictatorship; **d. proletariátu** the dictatorship of the proletariat
diktovat dictate též přen.
díky$_1$ předl. thanks to, owing to; **d. jeho úsilí** thanks to his efforts
díky$_2$ v. **dík**
díl 1 *(část)* part, *(knihy též)* volume; *(náhradní)* (spare) part, (replacement) part; *(světa též)* continent; **větším ~em** mainly, for the most part **2** *(podíl)* share, part, portion ♦ iron. **dostane svůj d.** *(schytá si to)* he'll get* an earful
dílčí partial; **d. zájmy** sectional interests; **d. zkouška** intermediate examination
dílec 1 *(strojový)* machine part n. component **2** stav. prefabricated part **3** *(parcela)* plot, strip of land
dílek 1 *(pomeranče)* segment **2** *(stupnice)* division line n. mark
dílem sp. **d ... d.** some ... some, partly ... partly; **d. stáli, d. seděli** some were standing*, some n. others were sitting*
dilem|a dilemma, *(obtížná situace)* quandary, *(nepříjemné d.)* predicament; **stát před ~atem** find* o.s. on the horns of a dilemma
dílenský workshop, shopfloor
diletant dilletante, pl. -tes, n. -ti; amateur
dílkovat graduate
díln|a workshop, shop; *(montážní)* fitting room; *(větší průmyslová)* plant; **~y** *(na rozdíl od správy)* shop floor
díl|o 1 *(tvorba)* work; **životní d.** life's work; **umělecké d.** work of art; **mistrovské d.** masterpiece; **d. o historii Anglie** a work on the history of England **2** *(činnost)* work; **pusťme se do ~a** let's get* down to work, let's set* to work **3** *(projekt)* **vodní d.** hydroelectric power station
dílovedoucí foreman
diluviální diluvial, diluvian
dimenze dimension; **čtvrtá d.** the fourth dimension
dioptrie *(optika)* dioptre
diplom univ. *(hodnost)* degree, *(vysvědčení)* (degree) certificate; *(odborná škola)* diploma
diplomacie 1 diplomacy **2** *(diplomati)* the diplomatic corps
diplomat též přen. diplomat, br. též diplomatist
diplomatick|ý diplomatic; **d. sbor** the diplomatic corps; **~á služba** foreign service; přen. též politic
diplomovan|ý registered, chartered; **~á sestra** registered nurse
dír|a 1 *(otvor)* hole; *(v zubu)* cavity; *(ve stromě)* hollow; *(ve střeše)* leak; *(v pneumatice)* puncture; *(mezi zuby* ap.*)* gap **2** *(nora)* burrow, *(pelech)* lair; **myší d.** mouse hole ♦ **udělat ~u do světa** set* the Thames n. the world on fire; go* a long way **3** *(malé místo)* poke, *(nevábné)* dump *(též byt)*; *(vězení)* sl. jug, clink
direktiva quideline, directive, instruction
dirigent conductor
dirig|ovat 1 conduct; **~uje XY** the conductor is XY **2** *(řídit)* **d. silniční provoz** marshal n. control the traffic
dírka: klíčová d. keyhole; **knoflíková d.** buttonhole; **nosní d.** nostril
dírkovač punch
dírk|ovat perforate ■ **~ovaný** perforated; **~ované punčochy** openwork stockings
dis D sharp; **Dis dur** D sharp major; **dis moll** D

sharp minor

disciplína 1 *(kázeň)* discipline 2 *(obor)* discipline, subject; sport. event

disciplinární disciplinary; **d. řízení** disciplinary action

disciplinovaný disciplined

disertace dissertation; *(doktorská)* Ph.D. n. doctoral thesis, am. (doctoral) dissertation; *(magisterská)* M.A./ M.Litt./ M.Sc. thesis

disharmonický *(akord)* discordant; *(barvy)* clashing; *(vztahy)* discordant

disharmonie hud. disharmony, discord, dissonance; *(neshody)* friction, discord; *(barev)* clash

disk 1 sport discus; **hod ~em** discus throwing 2 počít. disk; **pružný d.** floppy disk; **pevný d.** hard disk

diskař discus thrower

disketa *(počítačová)* diskette

diskont, ~ní discount

diskotéka 1 *(sbírka desek)* record collection 2 *(zábavní klub)* discotheque, hov. disco

diskreditovat discredit, bring* into disrepute ■ **d. se** discredit o.s., bring* discredit upon o.s.

diskrétn|í 1 *(taktní)* discreet, tactful 2 *(mlčenlivý)* discreet

diskriminace discrimination

diskriminační discriminatory

diskriminovat discriminate (against), treat sb unfairly

diskuse discussion, *(důkladná)* debate; *(rozhovor též)* talk; *(ostrá)* quarrel, argument

diskusní 1 *(sporný)* questionable, disputable 2 **d. příspěvek** contribution to a discussion

diskutovat *(hovořit)* talk, have a discussion; **d. o politice** talk n. discuss politics

diskutabilní *(teorie ap.)* controversial, contentious

diskvalifikovat sport. disqualify

disonance hud. dissonance; **d. barev** clash

disonantní hud. dissonant, discordant; *(barvy)* clashing

displej display

dispečer controller; *(letový)* air traffic controller

dispon|ovat *(čím)* have, *(vlastnit)* own; *(mít k dispozici)* have available, have at one's disposal; **~uje dvěma auty** he has the use of two cars; **~uje velkými penězi** he commands great sums of money

dispozic|e 1 *(možnost použití)* disposal; **mít co k ~i** have sth at one's disposal; **mít k ~i tlumočníka** have the services of an interpreter, have an interpreter at one's disposal 2 *(pokyny)* instructions, directions 3 *(nadání)* gift, talent, (natural) aptitude

distancovat se remain aloof, be standoffish, keep* one's distance; **d. se od koho/ čeho** disassociate n. dissociate n. distance o.s. from sb/ sth

distingovaný distinguished

distribuc|e distribution; **film je v ~i** the film is on general release

distribuční distribution, distributive; **d. středisko** distribution centre

dít se happen, occur; **co se děje** what's going* on?, what's up?, what's the meaning of all this?; **tady se vůbec nic neděje** nothing ever happens here; **s ním se něco děje** there's sth wrong with him

dítě child; *(malé)* infant, baby; **děti** children; **manželské/ nemanželské d.** legitimate/ illegitimate child, child born* in/ out of wedlock; **problémové d.** problem child; **už není d.** he is no longer a child; **chová se jako d.** he behaves like a (little) child; **nechovej se jako d.!** be n. act your age! **byl ~tem své doby** he was a product n. child of his time; **má mnoho dětí** he has a large family

div$_1$ wonder, miracle, marvel; **dělat ~y** work n. perform miracles; **~y světa** the wonders of the world; **není ~u, že** it is no wonder that

div$_2$ *(málem)* almost, nearly; **d. se neutopil** he nearly drowned; **d. neupadl** he nearly fell* over

diváctvo v. **divák**

divadelní theatre, drama; **d. hra** (stage) play, drama; **d. představení** theatrical performance, hov. show; **d. skupina** theatre group n. company

divadlo 1 *(instituce)* theatre; **loutkové d.** puppet theatre; **ochotnické d.** amateur theatre; **d. v přírodě** open-air theatre; **hrát d.** act; přen. play-act, put* on an act; **mít předplatné do ~a** have a season ticket for the theatre 2 *(budova)* theatre, playhouse; **d. je vyprodáno** the performance is sold* out 3 *(představení)* performance 4 *(scény)* **dělat d.** make* a fuss

div|ák 1 div., film. member of an audience; **~áci, ~áctvo** audience, house; **nadchnout ~áky** bring* the house down 2 *(sport. akce, v cirkuse)* spectator, onlooker; **~áci** též (the) crowd 3 tel. viewer 4 *(náhodný)* onlooker, bystander

divan *(pohovka)* sofa, settee, *(bez opěradla)* divan

dív|at se 1 look (**na** at); *(jako divák)* watch; *(klíčovou dírkou)* peep; *(zlobně)* glare; *(zvědavě)* gape; **d. se do poznámek** refer to one's notes; **d. se do slovníku** consult a dictionary, look up n. check a word in a dictionary; **d. se komu přímo do očí** look sb straight in the eye n. straight in the face; **podívej se kolik je hodin!** look and see* what the time is!; **d. se úkosem** glance sidelong; **d. se podezíravě** look suspiciously (**na** at); **d. se zarytě** look defiantly (**na** at) **2** *(posuzovat)* view, look upon, consider (as); **d. se na koho svrchu** look down (up)on sb; **~áme se na něho jako na přítele** we consider him n. look upon him n. regard him as a friend; **~áme se na budoucnost se znepokojením** we view the future with alarm ♦ **d. se na svět z lepší stránky** look on the bright side of things

dívčí girl's, girls', for girls; **d. pokoj** girl's room; **d. škola** girls' school; **d. věk** girlhood

dívenka little girl, hov. zvl. sk. little lass, lassie

diverzant pol., voj. saboteur, enemy agent

diverze sabotage

dividenda dividend

divi|t se *(čemu)* be surprised (at), *(intenzívněji)* be astonished (by); find* sth strange n. odd n. surprising; **ty se (ještě) budeš d.!** *(výhružně)* you are in for a surprise!, there are a few surprises in store for you; **ani bych se ne~l, kdybys** ... I would not put* it past you if ...

divize voj. i sport. division

dívka 1 girl; hov. zvl. sk. lass, lassie; **hezká d.** pretty girl **2** *(známost)* girl(friend), sk. lass; hov. am. date

divn|ý *(chování, člověk)* strange, odd, *(osobitý)* peculiar; *(nápad* ap. též*)* queer, weird; *(oblečení)* strange; **je ~é, že** it is strange that ■ **je mi ~ě** I am feeling* out of sorts; **~ě se na mě podíval** he gave* me a funny look

divočák (wild) boar

divočin|a 1 *(místo)* wild, wilderness; **volání ~y** the call of the wild **2** *(maso)* game

divoch 1 savage, přen. barbarian **2** *(živé dítě)* little devil n. rascal, scamp; *(děvče)* tomboy

divo|ký wild; *(kmen)* savage; *(dítě)* wild, uncontrollable, *(vzpurný)* unruly, *(rozpustilé)* boisterous; *(dívka)* tomboyish; *(krajina, krása)* rugged; *(bitka)* fierce; *(stávka)* wildcat; *(zevnějšek)* haggard; *(vegetace)* luxuriant, lush; *(hádka)* violent; **D. západ** Wild West ■ **~ce** wildly; **~ce žijící zvířata** animals living in the wild ■ **žít na ~ko** cohabit, žert. live in sin

divoška *(rozpustilá dívka)* tomboy; v. též **divoch (1)**

divošský *(kmeny)* savage

divotvorný magic, miraculous; **d. klobouk** wishing cap

divoženka dryad, wood nymph

divý: být d. do práce be a devil for work, be a workaholic; **být d. do koho** be crazy about sb

dlab|at 1 *(do dřeva)* hollow out; *(dlátem)* chisel (out) **2 na to ~u** hov. I don't care a rap about it, I don't give a damn

dlaha, dláha lék. splint

dlaň palm

dláto chisel

dlažb|a (road) surface; *(kostková)* cobbles; *(dlaždicová)* pavement ♦ **vyhodit na ~u** turn n. throw* sb out onto the street; **být na ~ě** be out of a job

dlaždice *(kamenná)* slab, flag(stone); *(keramická)* (floor-)tile

dlaždič *(chodníků)* paviour, am. pavior; *(cest)* road worker; **klít jako d.** swear* like a trooper

dláždit pave; *(kostkami)* cobble; *(dlaždičkami)* tile, pave with tiles

dlít be, stay, kn. sojourn

dloub|at, dloubnout poke; **~nout pod žebra** poke n. dig sb in the ribs; **~at se v nose/ v zubech** pick one's nose/ teeth; **~at se v jídle** pick at one's food ■ **~nutí pod žebra** a poke in the ribs

dlouhán beanpole

dlouho long, for a long time; **spát d.** sleep* late; **žít d.** live long; **vlak d. nejel** the train took* a long time to come*; **byl d. pryč** he's been away for a long time; **mrazy trvaly d.** the frosts lasted (a) long (time); **d. nešel** he was long in coming; **d. se nerozmýšlel** he did not stop to think*; **d. do noci** far into the night; **d. před jeho příjezdem** long before his arrival; **d. po půlnoci** long after midnight, well past midnight; **jak ještě d.?** how much longer?; **d. se nezdržuj!** don't be long!

dlouhodob|ý long-term, long-range; **~á investice/ předpověď** a long-term investment/ a long-range forecast; **zboží ~é spotřeby** durable goods, durables

dlouhohrající: d. deska long-playing record, LP

dlouholetý *(přátelství)* long-standing; *(zkušenosti)* many years of; *(výzkum)* many years'; *(plán* ap.*)* long-term

dlouhonohý long-legged

dlouhotrvající: d. dohoda long-standing agreement; **d. mlčení/ potlesk/ nepřítomnost**

prolonged silence / applause/ absence; **d. přátelství** long-lasting friendship

dlouhověkost longevity

dlouhovlasý long-haired

dlouh|ý 1 *(prostorově)* long; **~á sukně** long skirt; **mít ~é vlasy** have long hair; *(při měření)* **trubka je 2m ~á** the pipe is two metres long ♦ **mít ~é vedení** be slow on the uptake 2 *(vysoký)* (very) tall 3 *(o čase)* long; **d. rozhovor** a long conversation; **~á nemoc** long n. protracted illness

dlouze at length; **d. co vyprávět** tell* sth in great detail, enlarge (up)on sth

dlouž|it se get* n. grow* longer; **na jaře se ~í dny** in spring the days (begin* to) get longer, in spring the days draw* out

dluh debt; **mít ~y** have debts, be in debt; **dělat ~y** get* into debt, run* up debts; **zabřednout do ~ů** be deeply n. heavily in debt, be up to one's ears in debt; **kupovat na d.** buy* on credit, *(na splátky)* buy* on hire-purchase, hov. buy on the never-never; **splatit d.** repay* a debt; **nemít ~y** be free of debts, be out of debts; přen. **čestný d.** debt of honour; **splatit d. společnosti** pay* one's debt to society

dluhopis IOU (I owe you), promissory note

dluž|it owe; **d. komu peníze** owe sb money; **~í mi odpověď** he did not answer me n. my question

dlužní: d. úpis v. **dluhopis**

dlužník debtor

dluž|ný, ~en: kolik jsem (vám) ~en? how much do I owe you?; *(v hospodě)* hov. what's the damage?; přen. **nezůstat nic ~en** give* sb as good as one gets* ♦ **to mi byl čert ~en!** that's all I need! ■ **~no říci/ poznamenat** it is necessary to say*/ add that

dmout *(plachtu)* swell*, fill ■ **d. se** *(plachta)* swell*, billow; *(moře)* surge; *(prsa)* heave; **hruď se mu dmula pýchou** his chest swelled* with pride

dmýchat blow*; **d. do ohně** blow on the fire

dna gout; **záchvat dny** an attack of gout

dnes, ~ka 1 *(tento den)* today; **d. ráno/ odpoledne** this morning/ afternoon; **d. večer** this evening n. tonight; **d. týden** a week ago today 2 *(nyní)* nowadays, these days, today

dneš|ek 1 *(~ní den)* today; **ode ~ka za týden** a week (from) today; **pro d. dost** let's call it a day 2 *(přítomnost)* the present, today; **až do ~ka** to this day; **problémy ~ka** today's problems; **žena ~ka** the woman of today

dnešní today's; **d. noviny/ pošta** today's paper/ post; **d. mládež** young people of today; **d. vláda** the present government; **v d. době** these days ♦ **nejsem (přece) d.** I wasn't born* yesterday

dnít se: dní se day is dawning n. breaking*

dno bottom; **dvojité d.** false bottom; **mořské d.** seabed, bottom of the sea; **vypít sklenici až do dna** drain a glass to the dregs; přen. **být na dně** *(s penězi)* be broke ♦ *(přípitek)* **do dna!** down the hatch!, bottoms up!

do 1 (dovnitř) into, to; **spadl do řeky** he fell* into the river; **vejít do domu** go* into the house, enter the house; **vlak do Prahy** the train to Prague; **odejel do Prahy** he left* for Prague; **okna vedou do ulice** the windows face the street; **jít do města** go* (in)to town 2 *(časová mez)* until, up to, *(termín)* by; **budu tu až do konce týdne** up to the end of the week, I'll be here until n. till the end of the week; **skončím to do konce týdne** I'll finish it by the end of the week; **děti do věku osmi let** children up to the age of eight; **do dnešního dne** to date, so far 3 *(míra)* **do nejmenšího detailu** down to the last detail; **najíst se do sytosti** eat* one's fill 4 *(cíl)* **chodit do práce** go to work; **přihlásit se do soutěže** put* one's name down for n. enter a competition ♦ **do toho ti nic není** it's none of your business

dob|a 1 time; **naše d.** our time, the present day; **nějakou ~u** for a time, for a while; **po ~u prázdnin** for the duration of the holidays; **po celou ~u** the whole time, all the while; **jít s ~ou** keep* up with the times, keep up abreast of the times; **v té ~ě** at that time; **v poslední ~ě** recently, in recent weeks/ months 2 *(čas. úsek)* period, duration, time; **pracovní d.** working time n. hours, hours of work; **prodejní d.** business hours, hours of business; **d. platnosti** the period n. duration of validity; **na ~u tří let** for a period of three years 3 *(historické období)* age, epoch, times, period; **d. Reformace** the time of the Reformation; **bronzová/ kamenná d.** the Bronze/ the Stone Age; **osvícenská d.** the Age of Enlightenment; **nová d.** modern times ♦ **duch ~y** the spirit of the age, the spirit of the times; **dítě své ~y** a child n. product of his age 4 *(geologické období)* Age; **ledová d.** the Ice Age

ďobat 1 *(zrní)* peck at; **ď. koho do prstu** peck sb's finger 2 přen. *(jíst)* peck n. pick at one's food

doběhn|out 1 *(kam)* reach *(by running)*, run* to n. as far as; **d. do cíle** pass the finishing line 2 *(lhůta)* run out, expire, come* to an end; *(stroj)* stop 3 *(dohonit: koho)* catch* up with, draw* level with 4 *(pro koho/co)* (go* and) get*, fetch, run for; **~i na poštu!** slip n. drop round to the post office; **d. k někomu** take* a run over to sb's house 5 *(napálit koho)* trick sb, take sb for a ride

dob|íhat: d. závod be near the finishing line; v. též **~ěhnout (1,2,3,5)**

dobírat (se) v. **dobrat (se)**

dobírat si *(koho)* pull sb's leg, poke fun at, make* fun of

dobírk|a cash on delivery, C.O.D.; **poslat co na ~u** send* sth cash on delivery, send sth C.O.D.

dobít 1 *(utlouct)* finish off, deal* sb the final blow 2 *(akumulátor)* recharge, *(nárazově)* boost

dobový contemporary; *(moderní)* up-to-date, modern; **d. nábytek** period furniture

dobrá all right, O.K., fine; *(budiž)* very well (then)

dobrácký good-natured, *(laskavý)* kind-hearted, *(žoviální)* genial

dobrák/ dobračka good-natured man/ woman; *(snadno zneužitelný)* a softie

dobrat *(lék)* finish (taking); *(zásoby)* use up; take* the rest n. remainder of sth ■ **d. se čeho** find* sth out, bring* sth to light, discover sth

dobr|o 1 good; *(~é skutky)* good deeds; *(všeobecné blaho)* the common good, zast. the common weal, public well-being n. welfare; **je to pro jeho d.** it is for his own good 2 fin. **připsat k ~u** *(na konto)* credit sb's account with (a sum of money); přen. credit sb with sth

dobročinnost charity

dobročinný charitable, philanthropic

dobrodinec benefactor

dobrodiní charity work; *(dobrý skutek)* good turn, favour

dobrodru|h adventurer ■ **~žka** adventurous woman/ girl

dobrodružn|ý *(člověk, život)* adventurous; *(podnikání)* chancy, risky; **d. film/ román** adventure film/ story ■ **~ost** thirst for adventure

dobrodružství adventure; *(milostné)* affair; **vojenské/ politické d.** military/ political venture

dobromyslný good-natured

dobropis credit note

dobrosrdečný kind-hearted, good-hearted

dobrot|a 1 goodness, *(laskavost)* kindness; **je učiněná d.** he's kindness itself; **nebude to dělat ~u** it will not work; **nedělat ~u** *(mechanismus)* be temperamental; **záda mi zas nedělají dobrotu** my back has been playing (me) up again 2 *(lahůdka)* delicacy; **~y** good things, hov. goodies

dobrovolník volunteer

dobrovoln|ý voluntary ■ **~ě** voluntarily, of one's own free will; **hlásit se ~ě** volunteer

dobrozdání expert's report

dobr|ý 1 good; *(přítel, charakter* ap.*)* good, reliable; **v ~ých rukou** in safe n. good hands; **mít to u koho ~é** be in sb's good books 2 *(milý, laskavý)* kind, kindly, kind-hearted; **~é slovo** kindly word; **je to ~é děvče** she is a good girl n. sort ♦ **po ~ém nebo po zlém** by fair means or foul, by hook or by crook 3 *(schopný)* good; **d. na matematiku** good at mathematics; **být d. na jazyky** be a good linguist 4 *(kvalitní)* good, good-quality, *(účinný)* efficient; **~é šaty** good-quality clothes; **~á činnost stroje** efficient working of the machine ♦ **to je teda ~é!** iron. that's a good one! 5 *(chutný)* good, nice, lovely; **je to ~é** it tastes good; **~á káva** a nice cup of coffee; **~é víno** fine wine; **je ta polévka ještě ~á?** is the soup still all right? ♦ **moc ~ého najednou** too much of a good thing 6 *(užitečný)* good, useful; **je ~é vědět** it is useful to know*; **bylo by ~é jim zavolat** it would be a good idea to phone them 7 *(použitelný)* usable, fit to be used 8 *(o velké míře)* **~ých šest kilometrů** a good six kilometres; **dát ~ou míru** give* good n. full measure

dobře 1 well; **cítit se d.** *(zdravě)* feel* well, *(příjemně)* feel happy, *(jako doma)* feel at home; **necítit se d.** feel unwell n. *(nepříjemně)* uneasy; **d. se bavit** enjoy o.s. 2 **žít si d.** be well off, be comfortably off 3 *(správně)* **udělal d., že odešel** he did well n. was well-advised to leave*; **myslí to d.** he means* well 4 *(kvalitně)* well; **d. zpívá** she sings* well, she is a good singer; **mluví d. anglicky** he speaks* good English; **d. slyší/ vidí** his hearing/ eyesight is good; **je to d. slyšet/ vidět** it is clearly audible/ it is clearly visible 5 *(o míře)* **je mu d. padesát let** he is at least fifty if he is a day; v. **dobrý (8)** 6 *(souhlas)* O.K. (then)!, all right!

dobýt 1 *(zemi)* conquer; *(město, pevnost* též*)* capture, seize; **d. útokem** n. **ztečí** take* sth by storm 2 *(získat)* gain; *(uznání)* attain, achieve;

d. rekordu break* a record, set* a new record ■ **dobytí** *(území)* conquest; *(pevnosti)* capture

dobytče hov. beast, animal; kn. head of cattle

dobytčí cattle, livestock; **d. trh** cattle n. livestock market

dobyt|ek 1 livestock; *(hovězí)* cattle; *(jatečný)* animals for slaughter; *(hovězí též)* beef cattle; **chov ~ka** livestock breeding, *(hovězího)* cattle breeding 2 *(nadávka)* vulg. swine, bastard

dobytk|ář 1 *(chovatel)* livestock breeder, *(hovězího ~a)* cattle breeder 2 *(obchodník)* livestock dealer, cattle dealer

dobytkářství livestock breeding, cattle breeding n. rearing

dobyvačn|ý aggressive; **~á válka** war of conquest

dobý|vat 1 *(zemi, uznání* ap.*)* v. **~t** 2 *(těžit)* extract, mine 3 *(brambory* ap.*)* lift 4 *(získávat)* **d. (si) denní chléb** earn one's daily bread ■ **d. se** *(kam)* try to get* in, try to get access *(impatiently)* ■ **~vání** *(uhlí)* mining; v. též **~t**

dobyvatel conquerer; *(žen též)* ladykiller, Don Juan

docela 1 *(úplně)* completely, entirely, fully; **myslím to d. vážně** I am completely n. absolutely serious; **d. nahý** completely n. stark naked 2 *(do značné míry)* quite, fairly; **d. dobrý** quite n. fairly good, not bad; **d. dobrá kniha** quite a good book; **vede se mu d. dobře** he's doing quite well

docenit appreciate (sth properly); appreciate sth at its real n. true value

docent br. (senior) lecturer, reader; am. associate professor; **d. filozofie** senior lecturer n. reader in philosophy

docentura readership, am. associate professorship

docílit *(úspěchu)* achieve, attain; *(dohody)* reach, arrive at; **d. vysokých zisků** secure high profits

dočasn|ý temporary, provisional; **~á opatření** provisional measures ■ **~ě** provisionally, temporarily; on a temporary basis

doč|íst 1 finish reading; **d. knihu/ kapitolu** finish a book/ chapter 2 *(až kam)* read* as far as, reach; **d. do konce kapitoly** reach the end of the chapter ■ **d. se** read, learn*; **v knize se ~etl, že** he read n. learnt in the book that

dočista completely, absolutely; **d. nic** absolutely nothing, nothing whatsoever; **d. se zbláznil** he's gone* stark (raving) mad, hov. he's bonkers

dočk|at se: nemůže se d. prázdnin he can hardly wait for the holidays, he's really looking forward to the holidays; **~al se vydání své knihy** he lived to see* the publication of his book; **čeho jsme se to ~ali?** what have we come* to? ♦ **kdo čeká, ten se ~á** everything comes to him who waits

dodací delivery; of delivery; of supply; **d. list** delivery note n. advice; **d. lhůta** term of delivery; **d. podmínky** conditions n. terms of delivery

dod|at, ~ávat 1 *(zboží)* supply; *(doručit)* deliver 2 *(přidat)* add; **d. ještě sto liber** pay* another £100 3 přen. **d. komu odvahy/ síly** give* sb courage/ strength; **d. si odvahy** pluck up one's courage; **to mu ~alo** that was the last straw

dodatečn|ý *(navíc)* supplementary, additional; *(pozdější)* subsequent ■ **~ě** *(navíc)* in addition; *(později)* subsequently, afterwards

dodatek *(v knize)* supplement, appendix; *(ke zprávě)* postscript; *(k zákonu)* amendment; *(ke smlouvě)* amendment, rider; *(k poslední vůli)* codicil; *(poznámka)* footnote, additional remark

dodatkový supplementary, additional

dodávat v. **dodat**

dodavatel supplier; *(*zvl. *potravin též)* purveyor; **hlavní d.** main n. chief supplier

dodávk|a 1 delivery, supply; **d. do domu** home deliveries, *(nápis)* "we deliver"; **d. elektřiny/ plynu** electricity/ gas supply 2 hov. v. **~ový vůz**

dodávkový: d. vůz br. van; am. truck; *(na mléko)* milk float

doděl|at, ~ávat 1 *(dokončit)* finish, complete; *(poslední detaily)* put* the finishing touches to 2 expr. *(zničit)* **to mě ~alo** that finished me off 3 *(zvíře)* die; *(umírající)* vulg. **~ává** his number's up

dodnes to this day, *(do nynějška)* up to now, till now

dodržet keep*, maintain; *(ceny)* hold*; *(kurs)* follow, hold; *(pravidla, kontrakt)* observe; *(slib, tajemství)* keep; **d. slovo** stick* to n. keep one's word; **ned. slovo** go* back on one's word

dodrž|ovat v. **~et**; **d. zákony** observe the law, keep* on the right side of the law

dodýchat breathe one's last

doga *(anglická)* mastiff; **německá d.** Great Dane

dogma dogma

dogmatický dogmatic

dogmatik dogmatist

dohad conjecture, speculation, *(předpoklad)* assumption; *(podezření)* suspicion; **jsou to pouhé ~y** it's pure guesswork n. conjecture

dohadovat se 1 argue; *(vyjednávat)* negotiate; **d.**

se o ceně haggle over the price 2 *(domnívat se)* assume, presume, *(tušit)* guess
dohánět v. **dohnat**
dohas|ínat, ~nout *(oheň)* go* out; *(život)* come* to an end; *(den)* draw* to a close; *(umírat)* pass away
dohazovač matchmaker
dohazovat: d. někomu obchod arrange a deal for sb; *(mezi partnery)* matchmake
dohled 1 *(dozor)* supervision, *(stálý)* surveillance; *(na monitoru)* monitoring; **rodičovský d.** parental control; **mít d. nad kým/ čím** supervise sb/ sth; **být pod policejním/ lékařským ~em** be under police/ medical supervision 2 *(viditelnost)* field of vision, (range of) visibility; **být z ~u** be out of sight; **konec není ještě v ~u** the end is not yet in sight
dohlédn|out 1 v. **dohlížet** 2 *(zrakem)* see* as far as; **kam oko ~e** as far as the eye can see n. reach
dohledn|ý: v ~é době in n. for the foreseeable future
dohlížet *(na žáky)* keep* sb under supervision; *(na dítě)* mind; *(při zkoušce)* invigilate; *(kontrolovat)* keep a watch on, police; *(postupně sledovat)* monitor
dohlížitel *(v továrně)* supervisor, overseer; *(v žaláři)* warder; *(v obchodě)* shopwalker; *(při zkouškách)* invigilator
dohnat 1 *(časovou ztrátu)* make* up for (lost time); *(učivo)* catch* up on, get* on top of; *(při běhu)* catch up (with); *(o vlaku)* make up time 2 **d. koho k čemu** drive* sb to sth, push sb into sth, *(sekýrováním)* nag sb into doing sth; *(popichováním)* goad sb into sth; **d. koho k zoufalství** drive sb to despair
dohod|a 1 pol. *(smlouva)* agreement; **Mnichovská d.** the Munich Agreement; **vzájemná d.** mutual agreement; **uzavřít ~u** enter into an agreement, make* an agreement; **podle ~y** as agreed; **na základě ~y** by arrangement 2 obch. agreement; *(menší)* (business) deal; **udělat ~u** strike* a deal, *(mezi státy)* conclude a trade agreement
dohodi|t 1 throw* as far as; **co by kamenem ~l** at a stone's throw (away) 2 **d. komu co** arrange sth for sb; **d. komu místo** find* a job for sb; **d. komu partnera** arrange a match for sb (with)
dohodnout *(co)* arrange, fix; **d. datum** fix a date ■ **d. se s kým o čem** agree with sb on sth, come* to n. reach an agreement with sb on sth; **d. se o podmínkách** agree terms
dohola: ostříhat koho d. cut* n. crop sb's hair close to the skull
dohonit v. **dohnat**
dohořet burn* out, burn away, *(vyhasnout)* go* out
dohotovit complete, finish; *(do posledního detailu)* put* the finishing touches to
dohovořit se 1 v. **dohodnout se** 2 *(v cizím jazyce)* make* o.s. understood*; **umí se d. anglicky** he can make himself understood in English
dohr|a div. epilogue; hud. finale; přen. sequel; **mělo to nepříjemnou ~u** it had an unpleasant sequel; **bude to mít soudní ~u** it will have legal repercussions
dohrát finish (playing)
dohromady 1 *(celkem)* altogether, in all, together; **d. to dělá 70 liber** that comes* to £70 in all n. altogether 2 *(umí toho víc,)* **než my všichni d.** than all of us put* together; **koupili si d. láhev** they bought* a bottle between them; **jít d.** *(barvy* ap.*)* match, go* together; *(lidé)* suit one another, get* on well together 3 **dát d.** put* together; *(peníze)* scrape together; *(něco narychlo – jídlo* ap.*)* knock up, throw* together; **dali hlavy d.** they put their heads together ♦ **dát se d.** *(vzchopit se)* pull o.s. together
dohřát 1 **d. koho** make* sb angry, get* sb's back up; get sb up in arms ■ **d. se** get worked up, be up in arms
docház|et 1 *(blížit se)* v. **dojít** 2 *(na přednášky* ap.*)* go* to, attend, visit; *(k lékaři)* visit; **často ke komu d.** frequent sb's house, visit sb's house regularly 3 *(pošta, zboží)* arrive, come* in; **~í nám mnoho darů/ stížností/ žádostí** we receive a lot of presents/ complaints/ applications; **~ející objednávky** incoming orders 4 *(zásoby)* (begin* to) fall* short, begin to run* low; *(smlouva, lhůta)* be running out 5 **~í na nás** it's our turn (now) 6 **d. k závěru, že** come to the conclusion that; **~í k mnoha demonstracím** there are many demonstrations; v. též **dojít**
docházka: školní d. school attendance
dochovat se *(památky)* be well-preserved, be in good condition
dochviln|ý punctual; **být d.** always keep* time, be punctual ■ **~ost** punctuality
doják sob story; *(tel. seriál)* soap opera
dojednat 1 **d. co** come* to an agreement about

sth; **d. smlouvu** conclude a treaty 2 **d. si co** arrange sth; **d. si s kým schůzku** make* a date with sb, *(pracovní)* make an appointment with sb

doj|em impression; **celkový d.** general n. overall impression; **její ~my z Francie** her impressions of France; **mám d., že** I have the impression that, I cannot help thinking* that; **udělat na koho d.** make* an impression on sb, *(velký)* be a hit with sb, cut* a dash with sb

dojemný touching, moving; *(silněji)* stirring

doje|t 1 *(přijet)* arrive, reach; **do Prahy jsme ~li v sobotu** we arrived in Prague on Saturday, we reached Prague on Saturday 2 *(dohonit)* **d. koho** catch* up with sb, draw* level with sb 3 **d. pro koho** pick sb up, *(k vlaku* ap.*)* meet* sb (at the station) 4 hov. **d. na něco** v. **doplatit (2)**

dojetí emotion; **plakat ~m** weep* with emotion; **rozplakat se ~m** be moved to tears

dojička milkmaid; *(stroj)* milking machine

dojímat v. **dojmout**

dojíst finish eating*, finish up, finish one's meal ■ **d. se** satisfy one's hunger

dojit 1 milk; **d. z koho peníze** přen. milk sb for money 2 *(dávat mléko)* give* milk; **dobře d.** *(o krávě)* be a good milker

doj|ít 1 *(kam)* arrive at, get* to, reach 2 *(dohnat)* catch* up (with) 3. **d. pro koho/ co** go* and fetch sb/ sth, go to fetch sb/ sth; **~di pro lékaře!** go and fetch n. get a doctor!; **d. pro chléb** go to fetch n. get some bread; *(stavit se pro koho)* call for sb; **d. pro dítě do školky** collect a child from the nursery 4 *(o zásilce, poště* ap.*)* arrive, come*; **váš dopis nám ještě nedošel** your letter has not reached us yet, we have not received your letter yet ♦ **nedošlo mi to** *(vtip)* I did not get the joke; **už vám to došlo?** has the penny dropped yet?; **konečně mu to došlo** at last he got the message 5 *(o zásobách)* run* out; *(film)* come* to an end; **došel nám čaj** we are out of tea; **došel mu dech** he ran out of breath n. puff, přen. he ran out of steam n. puff; **učiteli došla trpělivost** the teacher lost* his patience 6 **d. uznání** be fully appreciated, come* into one's own 7 **d. k čemu** occur, take* place; **kdyby došlo k nejhoršímu** if the worst comes* to the worst; **aby nedošlo k omylu** to get the record straight, let's get the record straight; **došlo ke rvačce** it came to blows

dojivost yield of milk

dojíždět *(do práce:* zvl. *vlakem)* commute; *(autem)* drive*

dojíždějící commuter

doj|mout move, touch; *(silněji)* stir; **d. k slzám** move sb to tears; **d. v hloubi duše** stir sb's heart; **vůbec ho to ne~alo** it left* him quite cold n. unmoved

dojnice dairy cow

dojn|ý: ~á kráva v. **~ice** též přen.

dok|ázat, ~azovat 1 *(vinu)* prove; *(nevinu)* establish; **nedá se jim nic d.** it's impossible to pin anything on them; **jeho slova ~azují, že je hlupák** his words are proof of his stupidity 2 *(zvládnout)* manage; **d. to** pull it off; *(prosadit se)* make* it, get* there 3 **s pláčem s ní nic ne~ážeš** you will not get anywhere with her by crying

dokazatelný provable, demonstrable

doklad 1 proof; **d. o zaplacení** proof of payment; *(potvrzení)* certificate; **osobní ~y** (identity) papers; **vaše ~y, prosím!** your papers, please! 2 *(důkaz)* proof, evidence; **na d. toho, že** as proof n. evidence that

dokládat *(žádost ap.: čím)* back up, support; **d. co citáty** back sth up with quotations, corroborate sth with quotations

dokola all around; **když se to vezme kolem d.** generally speaking; **mluvit stále kolem d.** beat* about n. around the bush

dokonal|ý *(dáma, džentlmen)* perfect; *(zvuk)* high-fidelity; *(tanečník)* accomplished; hud. *(provedení)* finished; *(chování)* flawless, impeccable; **~á přesnost** hairline accuracy; **d. smysl pro spravedlnost** fine sense of justice; iron. **d. hlupák** a blithering idiot ■ **~e** perfectly, to perfection; **~e mi to vyhovuje** it suits me to perfection n. to a T; **tys to ale ~e zvoral!** a pretty mess you have made* of it! ■ **~ost** perfection; **byla to ~ost sama** it was sheer perfection

dokon|at 1 *(zemřít)* pass away, expire 2 v. **~čit, dodělat** ■ **~ávat** be dying, be on one's deathbed

dokonav|ý jaz. perfective; **~á slovesa** perfective verbs

dokonce even; **byla tam d. i královna** even the Queen was there, the Queen herself was there; **d. ani on nám nemůže pomoct** even he cannot help us; not even he can help us

dokonč|it, ~ovat complete, finish; **d. větu** complete n. finish a sentence ■ **~ení** completion; **termín ~ení** completion date; **~ení v termínu** completion on schedule

dokořán wide open; **otevřít ústa d.** open one's mouth wide; **poslouchat s ústy d.** listen open--mouthed

dokročit: d. si na koho take* action against sb

doktor **1** *(lékař)* doctor; **jít k ~ovi** (go* to) see* the doctor; *(oslovení)* **pane ~e!** doctor! **2 d. filozofie** Doctor of Philosophy; *(oslovení)* **pane ~e (Nováku)!** Doctor Novák

doktorát Ph.D., doctorate; degree of doctor; **čestný d.** honorary doctorate, doctorate honoris causa; **má d. z filozofie** he's got* a Ph.D. in philosophy

doktorsk|ý doctoral, doctor's; **~á zkouška** doctoral examination; **d. titul** doctor's degree

doktrína doctrine

doktrinář, ~ský doctrinaire

doktrinářství doctrinairism

dokud as long as, while; **d. budu pracovat** while n. as long as I work, while I am working; *(v záporném kontextu)* until; **mávej, d. někdo nezastaví** keep* waving until sb stops

dokument document; *(osobní)* **~y** (identity) papers

dokumentace documentation

dokumentárn|í: d. film documentary (film); **d. literatura** documentary literature ■ **~ě doložit** provide documentary evidence for

dokumentovat document; *(doložit)* provide documentary evidence for

doky docks

dolar dollar; hov. am. buck

dole **1** (down) below; **zde/ tam d.** down here/ there; **d. ve městě** am. downtown **2** *(vespod)* underneath **3** *(v domě)* downstairs; **byt d.** the downstairs flat

doléha|t **1** *(zapadat)* fit tightly n. closely; **dveře ne~jí** the door does not close n. shut* properly **2** *(o zvuku)* reach sb's ears **3. d. na koho** *(dělat nátlak)* press sb hard; **d. na koho otázkami** pester sb with questions; **~jí na něho starosti** he is beset by worries

dolejšek the bottom n. lower part

dolejš|í lower; *(v domě)* downstairs; **d. část** v. **~ek**

dolet *(letadla)* flying range

doletět **1** *(kam)* fly* (as far as), reach **2 d. na poslední chvíli** come* tearing along at the last minute **3** *(o zvucích)* reach (sb's ears)

doleva to the left; **zahnout d.** turn (to the) left

doléva|t v. **dolít**; **stále mi ~l** *(víno)* he kept* filling up n. replenishing my glass

dol|ézat, ~ízat: d. za kým impose o.s. on sb; *(získávat si)* curry favour with sb

dolézavý servile, sycophantic

dolíček *(ve tváři)* dimple

dolíčkovatý *(tvář)* *(např. po neštovicích)* pitted

doličný: d. předmět *(u soudu)* exhibit

dolina valley; zvl. sk. *(úzká)* glen

dolít *(přidat)* add, pour in more; *(naplnit)* fill up, top up; **d. komu víno** replenish sb's glass with wine; **mohu vám d.?** may I fill up your cup/ glass?

dolní lower, bottom; **d. polička** *(ze dvou)* the lower shelf, *(jinak)* the bottom shelf; **D. sněmovna** Lower Chamber n. House, *(v Británii)* the House of Commons; **v D. sněmovně** in the Commons

dolov|at *(uhlí)* mine, extract; přen. *(v kabelce)* rummage ■ **~ání** mining; **hlubinné/ povrchové ~ání** deep/ opencast mining

doložit **1** *(dodat)* add **2** *(něco k dopisu)* enclose **3** *(příklady)* exemplify, illustrate sth (with examples); *(něco důkazy)* furnish proof of, produce evidence for, substantiate sth with documents

doložk|a clause; *(pozměňovací)* amendment; **schvalovací d.** note of approval; **dodatečná d.** supplementary n. additional clause, addendum; **výjezdní d.** exit permit; *(podmínka)* proviso, stipulation; **d. nejvyšších výhod** most--favoured-nation clause; **dodat ~u ke smlouvě** insert a clause into a contract

dolů down; *(směrem d.)* downwards; *(z kopce)* downhill; **d. do města** downtown (zvl. am.); **vést d.** *(silnice)* run* downwards n. downhill, slope down; **jít d.** *(z kopce)* descend, *(ceny)* come* down, fall*; **dát si d. kabát** take* off one's coat; **jde to s ním d.** *(zdravotně)* he is in a bad way n. state

dóm cathedral, br. *(v Yorku, v Beverley)* minster

doma **1** at home; **být d.** be (at) home, be in; **nebýt d.** be out, be away from home; **najít koho d.** find* sb in; **být zase d.** be back home, be home again; **u nás d.** in our home n. family; **nejíst/ nespat d.** eat* out/ sleep* away from home **2** *(o zemi)* in one's native n. own country; *(o městě)* in one's home town; **u nás d.** in our country; where I come* from **3** přen. **v tomto oboru je d.** he is at home in this subject

domácí$_1$ adj. *(starosti, radosti)* domestic; *(týkající se rodiny)* family, *(domácnosti)* household, *(vlasti)* native; *(doma vyrobený)* homemade; *(ne přespolní)* home; **d. zvířata** *(chovná)* domestic animals, *(pro zábavu)* pets; **d. lékař** family doctor; **d. strava** home cooking; **d. trh** home n. domestic market; **d. hospodářství** housekeeping; **d. úkol** homework; **d. zabijačka** home slaughtering

domácí$_2$ subst. *(majitel/ majitelka domu)* landlord/ landlady

domáck|ý home; **~á řemesla** home craft; **d. průmysl** home n. cottage industry; **d. dělník** home worker, sb who works from home; **pojíst po ~u** have a home-cooked meal

domácnost household; **žena v ~i** housewife; **pomocnice v ~i** home help; **vést d.** run* the household; **starat se komu o d.** keep* house for sb; **založit si d.** set* up house

domáhat se *(čeho)* demand, call for; *(dělat si nárok)* claim, insist on

domeček *(pro panenky)* doll's house; *(pro dětské hry)* Wendy house

domek: rodinný d. small (detached) house; **d. z karet** přen. house of cards

doména domain

dominanta *(města* ap.*)* the dominating feature

dominantní *(barva* ap.*)* dominant, predominant

domino *(hra)* dominoes

dominovat *(budova)* tower above; *(barva)* stand* out; *(tendence, názory* ap.*)* predominate, prevail

domkař smallholder, sk. též *(malý pachtýř)* crofter

doml|ouvat v. **~uvit** ■ **d. se s kým** confer with sb; **d. se o čem** consult about sth, kn. deliberate on sth

domluva 1 *(úmluva)* agreement; **není s tebou žádná d.** you are impossible to talk to 2 *(povzbuzení)* pep talk 3 *(výtka)* reprimand, rebuke

domluvi|t 1 finish (speaking); **nech mne d.!** let* me finish; **my dva jsme spolu ~li** it's all over between us 2 **d. komu** *(povzbudivě)* give* a pep talk to sb, *(napomenout)* reprimand, rebuke, *(důrazně)* give sb a good talking to, hov. give sb a good dressing down 3 *(dohodnout co)* arrange, *(termín* ap.*)* fix, agree upon; **d. si schůzku s kým** make* a date with sb, *(pracovní)* make* an appointment with sb ■ **d. se** 1 **d. se na čem** agree on sth, come* to an agreement on sth, settle on sth; **d. se na termínu** fix a date n. deadline 2 *(dorozumět se)* make o.s. understood*; **~li jsme se anglicky** we communicated in English

domněl|ý *(pachatel)* presumed, *(rodič též)* putative; *(přítel)* so-called; **~é těhotenství** phantom pregnancy

domněnk|a assumption, conjecture; *(podezření)* suspicion; *(vědecká)* hypothesis; **jsou to pouhé ~y** it is pure conjecture

domnívat se suppose, assume; *(předpokládat)* presume; **d. se mylně** assume erroneously; **je třeba se d., že odešel** kn. one must presume that he has left*

domoci se *(čeho)* attain, gain; **d. se jmění** make* money, *(dědictvím též)* come* into money

domorod|ec 1 native, *(původní;* zvl. *v Austrálii)* aborigine; **~ci** the natives, the aborigines 2 *(místní obyvatel)* local; **zeptal jsem se jednoho ~ce** I asked one of the locals

domorod|ý 1 *(obyvatelstvo)* native, indigenous; *(jazyk)* native, *(v Austrálii)* aboriginal 2 *(místní)* local; **~é obyvatelstvo** local population, hov. the locals

domov 1 *(dům)* home; **otcovský d.** parental home; **odešel z ~a** he left* his home; **touha po ~ě** homesickness; **být bez ~a** be homeless 2 *(město)* home town; *(země)* native country n. land; **být ~em** *(kde)* be resident in 3 *(dětský)* children's home; *(mladých)* hostel; **studentský d.** hall of residence; **d. důchodců** old people's n. folks' home

domovní *(schůze, řád)* house; **d. dveře** front door; **d. správa** property management

domovn|ík, ~ice caretaker, concierge

domovský: d. přístav port of registry

domů home; **na cestě d.** on the way home; **cesta d.** journey home

domysl|et *(co)* think* sth out n. am. through ■ **d. si** guess; **ostatní si snadno ~íte** you can guess the rest easily

domýšlet v. **domyslet** ■ **d. se** imagine, guess; **d. se nejhoršího** imagine the worst

domýšlivec conceited n. stuck-up person

domýšliv|ý arrogant, conceited; bigheaded; *(snobsky)* pretentious; **ten je ale d.!** he does not half fancy himself

donašeč informer; šk. sl. telltale, sneak; sl. grass

donášet 1 v. **donést** 2 *(udávat)* inform (**na** against, on), be an informer; *(ve škole)* tell* tales, sneak (on); sl. grass (on)

donáška delivery; **d. mléka** milk delivery; **d. pošty** delivery of the post, postal delivery

donáškov|ý: ~á služba delivery service

donedávna until recently; **až d.** until quite recently

donekonečna *(opakovat, říkat)* again and again, over and over again; time after time

donés|t 1 carry, take*; **d. co domů** carry n. take sth home; 2 *(přinést)* bring*; *(jít pro)* (go* and) get*, fetch 3 *(zprávy)* **d. co komu** report sth to sb; **d. komu co ještě za tepla** take sth straight away to sb; **~lo se mi, že** a little bird told* me that

donchuán womanizer, Don Juan

donkichotský Quixotic

dono|sit: d. dítě carry a child for the full period of pregnancy ■ **~šené dítě** a full-term baby

donosnost *(zbraně)* (firing) range

donucovací: d. prostředky coercive means; **d. opatření** compulsory measures

donu|tit, ~covat force, compel, make*; **d. koho k čemu** force n. compel sb to do sth, make sb do sth; **být ~cen k čemu** be forced to do sth ■ **udělat co z ~cení** do sth under duress; **svatba z ~cení** žert. shotgun wedding

doopravdy 1 *(moc)* really; **bylo to d. krásné** it was really beautiful 2 *(vážně)* **myslíte to d.?** are you (really) serious? (about it?); **doopravdy?** really?; *(nedůvěřivě)* you can't be serious, you aren't serious, are you?

dopad 1 *(střely* ap.*)* impact (**na** against, on); *(míče)* drop; *(padáku)* landing; fyz. **úhel ~u** angle of incidence 2 přen. *(význam)* **d. vědy na náš život** the impact of science on our lives

dopad|at *(na nohu)* limp, have a limp; v. **~nout**

dopad|nout 1 fall* (down), fall to the ground; **d. na co** hit* sth; **~l hlavou na chodník** his head crashed against the pavement 2 *(zločince)* apprehend; **konečně ho ~li** they finally ran* him to ground; **d. při činu** catch* sb in the act, catch* sb red-handed 3 **d. dobře/ špatně** *(o situaci)* turn out well/ badly; *(při zkoušce* ap.*)* fare well/ badly ♦ **d. na všechny čtyři** fall on one's feet ■ **~ení** *(zločince)* apprehension, *(zatčení)* arrest

dopal anger; **mít d. na koho** be angry with sb, *(velký)* be furious with sb

dopál|it, ~ovat make* sb angry n. mad, provoke sb's anger; *(silně)* infuriate, enrage ■ **d. se** get* angry n. cross, lose* one's temper; *(strašně)* fly* into a rage ■ **~ený** v. **dopal**

dopátrat se *(příčiny* ap.*)* determine, ascertain; *(smyslu)* fathom; *(motivu)* discover; *(viníka)* trace

dopis letter; **doporučený/ spěšný/ letecký d.** registered/ express/ airmail letter; **milostný d.** love letter; **průvodní d.** covering letter; *(se zbožím)* advice note; **poslat d.** post/ am. mail a letter; **poslat co jako d.** send* sth by letter post; **ve zvláštním ~e** under separate cover

dopisní: d. papír notepaper

dopisnice postcard; am. (postal) card; *(obrazová)* picture postcard

dopis|ovat si correspond, be in correspondence (**s** with); **začít si s kým d.** enter into correspondence with sb; **~ují si** they write* to each other

dopít finish one's drink, finish up; **d. kávu** finish one's coffee

doplácet v. **doplatit**

doplatek additional charge, supplementary payment

dopl|atit 1 **d. (dalších) 5 liber** pay* £5 extra, pay another £5 2 přen. **na toto ~atíte!** you'll pay for this; **(jednou) na to ~atíte** you've got* it coming* to you; **~atil na to svým životem** he paid for it with his life

doplněk 1 *(zákona)* amendment, *(dodatek)* rider; *(knihy)* supplement 2 *(k šatům)* accessory 3 jaz. predicative complement

doplnit 1 *(láhev, baterii)* top up; *(palivo)* fill up; *(zásoby)* renew (a stock of goods); **d. si šatník** replenish one's wardrobe; *(stavy)* bring* up to strength 2 *(kompletovat)* **d. slova** supply the missing words; *(sbírku)* complete; **d. částku na 10 liber** make* up the sum to £10; **d. zákon** amend a bill; **d. si vzdělání** perfect one's education

doplňkov|ý: ~é studium follow-up study; **d. kurs** refresher course; **~á barva** complementary colour; **~á půjčka** hire purchase, HP; hov. the never-never

doplňovací: d. volby by-election; **d. vyučování** remedial education

dopl|ňovat v. **~nit, d. si vědomosti o čem** keep* o.s. up to date in sth ■ **d. se** *(vzájemně)* complement one another n. each other

doplout: d. do přístavu reach the harbour

doplouv|at: loď ~á do přístavu the ship is coming* into n. entering the harbour

dopočítat finish counting n. calculating ■ **d. se čeho** work out n. calculate the number of sth

dopodrobna in (great) detail; **vylíčit d.** give* a detailed n. blow-by-blow account of sth

dopola half; **d. plný** half-full; **d. prázdný** half-empty

dopoledne I subst. morning; sk. a kn. forenoon II adv. in the morning; *(pravidelně)* in the mornings; **dnes/ zítra/ včera d.** this/ tomorrow/ yes-

terday morning
dopolední morning; **d. směna/ vyučování** morning shift/ classes
dopom|oci, ~áhat: d. komu k čemu help sb to get* sth
doporučeně: poslat dopis d. register a letter
doporučení recommendation; *(žádosti)* testimonial, *(důvěrné)* reference; **zaslouží si to d.** it is to be recommended
doporuč|it, ~ovat 1 d. komu co recommend sth to sb, recommend sb sth; **~uje se** it is advisable, it is to be recommended **2** *(podporovat)* support, advocate; **d. nový přístup** advocate a new approach ■ **~ující dopis** a letter of recommendation ■ **seznam ~ené literatury** reading list
doposavad, doposud v. **dosud**
dopovat take* drugs, *(pravidelně)* be on drugs
dopracova|t 1 finish work(ing); **stroj už ~al** the machine has had it; *(dokončit)* finish, complete **2 někam to d.** achieve sth, get* far, do very well for o.s. ♦ **tys to ale do ~l**! iron. a fine n. fat lot you've achieved! ■ **d. se něčeho** work one's way up; **d. se značných úspěchů** be very successful
doprava$_1$ adv. (to the) right; **zatočit d.** turn (to the) right v. **napravo**
doprava$_2$ subst. traffic; *(přeprava)* **osobní d.** passenger services; **nákladní d.** freight n. goods traffic; **automobilová/ vlaková/ letecká d.** motor/ railway/ air traffic; **autobusová d.** bus service; **silniční d.** road traffic; **veřejná d.** public transport; **d. na blízké vzdálenosti/ dálková d.** short/ long distance transport, (zvl. *letecká)* short-haul/ long-haul transport; **d. bude zajištěna** transport will be arranged n. provided
dopravce haulier, haulage contractor
dopravné transport n. transportation charge, *(nákladní)* freight rate n. charge
dopravní traffic, transport; **d. značky** traffic signs; **d. služby** transport services; **d. prostředky** means of transport n. conveyance; **d. nehoda** road accident; **d. sazba** freight rate
dopravnictví carrying trade
dopravník conveyor; **pásový d.** conveyor belt
dopravova|t v. **dopravit** ■ **~ný po moři/ letecky** seaborne/ airborne
doprodej (clearance) sale; *(při likvidaci obchodu)* closing-down sale; **koupit něco v ~i** buy* sth in a sale n. at the sales
doprostřed (in)to the middle; **přihrál d. hřiště** he passed the ball into the middle of the field
doprošovat se beg (for), *(poníženě)* beg on one's bended knees; **d. se koho oč** go* cap in hand to sb about sth
doprovázet 1 accompany, go* with, *(ženu* též*)* escort; *(loď)* escort **2** hud. accompany (**na** on)
doprovod 1 *(ochranný)* escort; nám. escort, convoy; *(slavných osobností)* retinue, entourage; *(obdivovatelů)* tail, trail; **v ~u své matky** accompanied by her mother; **nabídl jí svůj d.** he offered to accompany her **2** hud. accompaniment; **hrát bez ~u** play unaccompanied; **s klavírním ~em** with piano accompaniment
doprovodit: smím vás d. (domů)? may I see* you home? v. **doprovázet**
dopř|át 1 d. komu co let* sb have sth; **~ej mu tu radost!** do not (be)grudge him the pleasure!; **nebylo mu to ~áno** it was not granted him **2 d. si** treat o.s. to sth; **~ál si týden odpočinku** he treated himself to a week's rest
dopřá|vat v. **~t**; **d. si dobrého jídla** indulge (o.s.) in good food
dopředu 1 *(o směru)* forward(s); to the front; **běžet d.** run* to the front; **vystoupit d.** step forward; **pohyb d.** forward movement; **posunout se d.** advance **2** *(předem)* in advance
dopsat 1 finish writing*; **d. kapitolu/ knihu** finish a chapter/ a book **2 d. komu** *(napsat)* write* a letter to sb; *(s dotazem)* write to sb to enquire (about)
dopt|at se, ~ávat se make* inquiries; **d. se na co** inquire about sth; **d. se koho na co** ask sb about sth
dopust|it 1 allow, permit; **to ne~ím** I will not allow that (to happen), I will not have it **2 nedám na ni d.** I will not hear* a word against her ■ **d. se** *(nevěry)* commit, *(zločinu* též*)* perpetrate; *(chyby)* make*; **d. se hlouposti** do sth stupid; **d. se netaktnosti** be indiscreet, hov. drop a clanger
dopuštění: boží d. *(zmatek, hluk)* commotion, chaos; **pak nastalo boží d.** then all hell was let* loose, then all hell broke* loose
doraz|it 1 *(usmrtit)* finish off, sl. do sb in; **d. zraněné zvíře** put* a wounded animal out of its pain; *(unavit)* wear* n. knock out; *(zruinovat)* finish, ruin **2** *(práci* ap.*)* finish off, deal* with, take* care of; *(úkol)* carry out **3** *(kam)* reach, get* to; **~íme tam před půlnocí** we'll get there before midnight; **d. do přístavu** reach the port
dorážet 1 d. na koho attack sb, *(obtěžovat)* harass n. pester sb, *(škádlivě)* tease sb **2** *(otázkami)*

bombard (with), *(s požadavky)* inundate (with)
dorost young people; *(mladé síly)* young blood; sport. *(~enecké mužstvo)* youth team
dorostenec youth; sport. young competitor; junior
dorosteneck|ý junior; **~é hry** youth games
dorozum|ět se, ~ívat se 1 **d. se s kým** communicate with sb, hov. be on the same wavelength as sb; **d. se o čem** come* to an understanding n. agreement about sth 2 *(cizím jazykem)* make* o.s. understood (in) ■ **~ění mezi národy** international understanding
dorozumívací: d. prostředek means of communication
dort cake; *(bohatě zdobený)* gateau; *(piškotový)* sponge cake; *(ovocný)* flan
doruč|it *(přinést)* bring*; *(zásilku)* deliver; *(předat)* hand in, submit; **d. komu obsílku** serve sb with a writ; **~eno poslem** delivered by hand ■ **~ení** delivery
doručitel *(dopisu, vzkazu)* bearer; *(balíčku)* deliverer
doručné delivery charge
doruč|ovat *(poštu)* deliver, make* rounds; v. **~it**
doručovatel postman; **~ka** postwoman
dor|ůst grow* up; **d. v krásnou dívku** grow up to be a beautiful girl ■ **~ostlý** full-grown, grown-up
dorůst|at v. **dorůst**; *(o měsíci)* grow* larger, kn. wax; ■ **~ající děti** adolescent children, adolescents; **~ající generace** the rising n. up-and-coming generation
dosa|dit 1 *(do funkce)* appoint; *(na trůn)* enthrone; **d. do funkce předsedy** appoint sb (as) chairman; **d. zpět na trůn** restore sb to the throne 2 mat. substitute; **d. Y za X** substitute Y for X, replace X by Y ■ **~zení** appointment
dosah 1 reach; **na d. ruky** within sb's reach n. grasp 2 *(střely, vysílače* ap.*)* range; *(meče, dalekohledu)* sweep 3 *(význam)* consequences, implications; **může to mít politický d.** it may have political implications
dosáh|nout 1 **d. na co** reach sth; **d. až po** *(voda)* reach up to, come* (right) up to 2 *(kvantitativně)* **d. dobrého času** make* good time; **~l času 3,61 min. na míli** he did the mile in 3.61 min.; **~l vysokého věku** he lived to a ripe old age 3 *(cíle)* achieve, attain; **~l mého souhlasu** he managed to persuade me; **d. kompromisu** reach n. strike* a compromise ♦ **~l svého** he came* into his own
dosavadní (the) present, up to now; **naše d. zkušenosti** our experience up to now; **d. metody** the present methods, the methods used up to now
dosažitelný within reach, near at hand; *(cíl)* attainable; **je těžko d.** he is difficult to get* hold of
dosed|at v. **~nout**; *(ventil)* fit closely n. tightly
dosednout 1 *(letadlo)* touch down, land 2 **d. na trůn** ascend the throne
doskočiště sport. (landing) pit
doskoč|it 1 jump; **d. dál než ostatní** jump farther than the others 2 **d. pro co** run* to get* n. fetch sth; **~ím na poštu** I'll slip n. nip round to the post office
doskok sport. landing
doslech 1 **vím to z ~u** I know* it from hearsay 2 **být z ~u/ na d.** n. **v ~u** be out of/ within earshot
doslech|nout se hear*, get* wind (of); **jestli se o tom ~ne otec** if father hears about it; **~l jsem se, že** it has come* to my notice that
dosloužil|t: auto už ~lo the car is a write-off, the car has had it; **baterie ~la** the battery is flat
doslov epilogue
doslov|a 1 *(úplně)* **d. jsme hladověli** we were literally starving 2 v. **~ný**
doslovn|ý literal, word for word; **d. překlad** literal n. close translation; **přeložit ~ě** translate literally n. word for word
dospěl|ý grown-up, adult; *(zletilý)* of age; *(vyspělý)* mature; **být d.** be of age ■ **~ost** adulthood, manhood, *(žen)* womanhood; *(vyspělost)* maturity; *(plnoletost)* (age of) majority; **zkouška ~osti** v. **maturita**
dospě|t 1 **d. někam** come* to n. reach a place; přen. **d. k cíli** reach one's goal, achieve one's aim; **d. k závěru, že** come to n. reach a/ the conclusion that 2 *(do plnoletosti)* come of age; **d. v muže/ v ženu** grow* to manhood/ womanhood; *(vyzrát)* reach n. attain maturity
dospív|at v. **dospět** ■ **~ání** growing up; *(pohlavní)* puberty
dospod, ~u: dát co d. put* sth (right) at the bottom
dost 1 *(~atek, ~atečně)* enough, plenty; **d. peněz** enough money, money enough; **víc než d.** more than enough, enough and to spare; **už d.** that's enough, that will do (for me); **d. pro všechny** enough to go* round; **pro dnešek d.** let*'s call it a day; **a (teď) d.!** that will do!, enough of that! 2 *(příliš)* **už má d.** *(jídla)* he has had enough, he has had his fill; *(o pití)* he has had a skinful;

(o nepříjemnostech) he has had his share; **už toho mám d.!** *(unavuje mne to)* I am sick and tired of it **3** *(značně)* fairly, quite, pretty; **je d. bohatý** he is fairly n. quite rich; **je d. chladno** it is pretty cold; **d. chytrý** fairly n. pretty n. rather clever; **je d. chytrý na to, aby to věděl** he's clever enough to know* it; **nemohu si to d. dobře dovolit** I can ill afford it

dostač|it, ~ovat be enough, be sufficient, kn. suffice ■ **~ující** sufficient, adequate

dost|at **1** *(dopis, telegram, dar)* get*, receive; *(injekci, dar)* be given*; *(vyznamenání)* get, take*, be awarded; **~al první cenu** he took n. was awarded the first prize; **~al medaili za chrabrost** he was decorated for bravery; **d. zprávu od koho** hear* from sb; **~anu od tebe ještě 50 korun** you still owe me 50 crowns; **d. návštěvu** have visitors **2** *(získat)* obtain, get; *(vydělat)* earn; **d. co zpět** retrieve sth; **d. práci/ místa k sezení** find* a job/ seats; **d. přístup k** gain access to; **d. informace** obtain information; **d. ženu** vulg. lay* a woman ♦ **d. košem** be snubbed n. rebuffed, meet* with a refusal n. rebuff **3** **d. koupit** get, obtain; **je to těžko d.** it is difficult to come* by n. get; **zde se to nedá d.** it is not available here **4** *(trest)* get, be given*; *(pokutu též)* incur; **d. tři roky** get three years in jail; **ty ~aneš** you'll catch* it; **d. vynadáno** get a good talking to; **d. na zadek** get a smack on one's bottom; **d. výprask** get a thrashing **5** *(o tělesných stavech)* **d. hlad/ žízeň** get n. become* hungry/ thirsty; **d. horečku** develop n. get a fever; **d. rýmu** catch a cold; **d. vyrážku** come out in n. develop a rash; **d. křeče** be seized with n. go* into convulsions; **d. malárii** go down with malaria **6** *(o psychologických stavech)* become, get, grow*; **d. strach** get n. become scared; **d. vztek** get angry, *(velký)* get furious, fly* off the handle; **d. chuť něco dělat** feel* like doing sth; **d. rozum** come* to one's senses **7** **d. koho z domu** get rid of sb; **d. loď na vodu** *(novou)* launch a ship; **d. koho z postele** get sb out of bed; **d. koho z nesnází** get sb off the hook **8** *(chytit)* catch, get hold of; **d. zloděje** catch a/ the thief; **d. koho do rukou** lay hands on sb, get one's hands on sb; **však já tě jednou ~anu** I'll get you yet ■ **k ~ání** available, obtainable; *(kniha)* in print ■ v. **dostat se**

dostát: d. slovu be true to one's word; **d. svým povinnostem** carry out n. fulfil one's duty; **d. slibu** keep* n. fulfil a promise

dosta|t se **1** *(kam)* get* to, come* to, reach; **pak jsme se ~li do vesnice** then we reached the village; **d. se k cíli** get to n. reach one's destination; *(k tématu)* get on to, come (round) to **2** *(dotáhnout to kam)* **d. se kupředu** get ahead, make* one's way; **d. se do finále** make the finals; **d. se na první stránky novin** hit* the headlines; **d. se do tisku** get into print **3** *(proniknout)* **d. se do čeho** force one's way into sth, *(voda, plyn)* get into sth, find* its way into sth **4** *(z vězení)* abscond, escape (from); *(z nemoci)* pull through; *(z nepříjemné situace)* wangle o.s. out of **5** *(do urč. situace)* land o.s. in; *(zamotat se do)* get mixed up in sth, get involved n. embroiled in sth; **d. se do potíží** get n. run* into difficulties; **d. se do jiného stavu** get in the family way, get pregnant **6** *(k čemu: získat co)* get, come by, attain; **d. se k velkým penězům** come by a large sum of money, come into big money; **d. se k majetku** gain wealth **7** *(k čemu: přen.)* manage to do sth, get down to sth, *(časově)* find* time for; **d. se do divadla** manage to get to the theatre; **d. se k napsání dopisu** get down to writing a letter **8** **~lo se mu dobrého vzdělání** he received a good education

dostatečná *(známka)* ≅ C- (satisfactory)

dostatečn|ý *(dostačující)* adequate; **d. příjem** comfortable income ■ **~ě** *(odměnit)* adequately; **je to ~ě známo** everybody knows* this only too well

dostatek abundance, plenty; **d. času** ample time; **d. jídla a pití** an abundance of food and drink, food and drink in abundance

dostáv|at **1** *(vydělávat)* get*, earn, take* home; **~á tisíc liber měsíčně** he gets n. earns n. *(o čisté mzdě)* takes home £1000 per month **2** *(při obsluze)* **už ~áte?** are you being served n. attended to? **3** **ne~á se mi slov** I am at a loss for words

dostaveníčko **1** date; *(tajné)* assignation **2** hud. serenade

dostavět finish building* sth; **d. novou budovu** finish the new building

dostavi|t se **1** *(do služby)* report for duty; **d. se k někomu** report to sb, present o.s. (at sb's office ap.); *(ukázat se)* put* in an appearance, show* one's face, show up; **ned. se** fail to turn up n. appear; **ned. se do školy** absent o.s. from school, play truant **2** *(problémy, potíže)* arise*; **~ly se potíže** some difficulties have arisen

dostavník coach

dosti v. **dost**

dostihnout 1 catch* up with, draw* level with **2 d. utečence** run* down a fugitive; v. **dopadnout, dohnat**

dostihový: d. kůň racehorse

dostihy *(druh sportu)* horse-racing; *(závod)* horse-race

dostoupit: d. vrcholu culminate; reach its peak n. height; **d. vrcholu své kariéry** reach the peak of one's career

dostředivý centripetal ■ **~ost** centripetal force

dostřel range (of fire); **být/ nebýt na d.** be within range/ be out of range; **d. pušky** rifle range

dostřik: d. hasičské stříkačky range of a fire engine

dostudovat finish studying; *(úspěšně)* complete one's course of study; *(na univerzitě)* take* one's degree, graduate

dostupný *(finančně)* accessible, within easy reach; *(k dispozici)* available; **~é ceny** reasonable prices; **udělat co ~ým veřejnosti** open sth to the public ■ **~ost** accessibility, availability

dosud so far, as yet, hitherto; **d. nikdo neodpověděl** so far nobody has answered, nobody has answered as yet; **jako d.** as before, kn. as hitherto; **až d.** up to now, up to the present; **až d. neznámá fakta** hitherto unknown facts

dosvědčit *(tvrzení)* confirm, endorse; **d. co přísahou** swear* to sth, take* an oath on sth

dosyta: najíst se d. eat* one's fill, eat to one's heart's content

doškolovací: d. kurs adult education course

doškolovat *(koho)* provide sb with further training ■ **d. se** continue one's training n. studies ■ **~ání** further education n. training, continuation classes

doškový: ~á střecha thatched roof

doškrabat se *(kam)* drag o.s. (to); **~l se k posteli** he dragged himself to the bed; *(na kopec)* clamber up n. on to

došlápnout 1 tread* fully on one's foot; **d. na pravou nohu** put* one's weight on one's right foot; **nemůže d. na pravou nohu** he cannot walk on his right foot **2 d. si na koho** take* sb to task; **já si na něj ~u** I'll show* him a thing or two

dotace grant, subsidy

dotáhnout 1 *(šroub)* tighten (up); *(víko)* screw sth home **2** *(dovléci)* drag, haul, lug (**co kam** sth to a place) **3 d. to na plukovníka** rise* to the rank of colonel; **někam to d.** get* somewhere, make* one's way in the world

dotahovat *(v závodě)* gain on sb; v. **dotáhnout (1)**

dotaz question, query; kn. enquiry; **mít na koho d.** have a query to put* to sb; **vznést d.** bring* up n. raise a question

dotazník questionnaire, am. questionaire

dotázat se, dotazovat se enquire, make* inquiries; **d. se koho na co** ask sb about sth; **d. se telefonicky/ písemně** enquire by telephone/ in writing

dotčený v. **dotknout; zmíněný**

dotek 1 touch; **cítila d. jeho ruky** she felt* the touch of his hand; **měkký/ drsný na d.** soft/ rough to the touch **2** techn. contact; **bod ~u** point of contact

dotěra nuisance, pest; **strašný d.** a perfect nuisance; a real pest

dotěrný tiresome; *(zvědavě)* nosey; žert. pestilential; *(otázky)* impertinent; **být d.** be a (real) nuisance; *(vůči ženě)* make* advances to n. towards

dotírat *(na koho)* pester, badger (**čím** with sth); **d. na ženy** srv. **dotěrný**

dotisk *(knihy)* reissue, reimpression, new impression

dotisknout reprint, reissue

dotknout se 1 touch; **d. se něčí paže** touch sb on the arm; **sotva se ~kl jídla** he hardly touched his meal **2** *(tématu)* touch (up)on, deal* briefly with; *(citově)* touch, affect; *(urazit)* offend, tread* on sb's toes; přen. **d. se bolavého místa** touch on a sore point n. spot ■ **~čen** hurt, offended; **cítil se velmi ~čen** he felt* n. was deeply hurt, *(hluboce)* he was cut* to the quick

dotlouci *(srdce)* stop beating

dotovat subsidize; provide funds for

dotrhat *(šaty)* wear* out

dotrpět: už ~l his suffering is at an end

dotud up to that time, until then, before that

dotvářet, ~ořit *(co)* put* the finishing touches to, dot the i's and cross the t's

dotvrdit confirm; v. **dosvědčit**

dotyčný aforementioned, (the) said; **d. muž** the said man, the man concerned n. in question

dotyk v. **dotek**

dotýkat se 1 *(rukou)* touch; **ne~ejte se vystaveného zboží!** don't touch n. handle the goods on display **2** *(týkat se)* concern sth; *(nepatřičně)* **~á se to našich práv** it impinges on our rights; v. též **dotknout se**

doubí oakwood

doučit finish teaching ■ **d. se** 1 finish one's training n. apprenticeship 2 *(zmeškanou látku)* catch* up on one's schoolwork
doučov|at give* sb extra n. remedial classes ■ **d. se** v. **doučit se** ■ **~ání** remedial classes
doufat 1 hope; **d., že** hope that; **doufejme, že** it is to be hoped that 2 **d. v Boha** trust in God; **d. v někoho** set* one's hopes on sb; **d. v nemožné** hope against hope
doupě *(králičí, liščí)* burrow, *(liščí též)* den, *(medvědí)* lair; *(byt)* přen. lair; **d. neřesti** den of vice
douš|ek 1 *(malý)* sip; *(velký)* gulp, swig; **jedním ~kem** at one gulp; **pít co malými ~ky** sip sth, take* little sips of sth; **pít co plnými ~ky** gulp sth, drink* sth in gulps 2 *(nápoj)* drink
douška postscript, P.S.
dout *(vítr)* blow*
doutnák voj. fuse
doutna|t smoulder; *(o naději)* glimmer; ■ **~jící nenávist** smouldering hatred
doutník cigar; **kouří ~y** he's a cigar smoker
dovádě|t romp about n. around, lark about n. around ■ **~ní** romp, larking about, antics
dovádivý playful, mischievous
dovážet v. **dovézt**
dovědě|t se learn*, get* to know*; *(slyšet)* hear*; **~l jsem se, že** I have heard that; kn. it has come* to my knowledge that
dovednost skill, *(zvl. rukou)* dexterity, adroitness
dovedný skilful; *(kvalifikovaný)* skilled; *(prsty)* dexterous; **d. v něčem** quick n. clever n. good at sth; *(kutil)* handy
dov|ést$_1$ 1 *(zavést)* take*, lead*, show*; **~eďte dámu do jejího pokoje!** show the lady to her room; *(doprovodit)* **d. koho domů** take sb home 2 *(dovršit)* **d. co do konce** see* sth through
dov|ést$_2$ *(umět)* know* (how to do sth); **~ede to s dětmi** she knows how to handle children, she has a way with children; **~ede to s ženami** hov. he is a devil with women; **ukázal, co ~ede** he showed* his mettle
dovětek postscript; *(k zákonu)* rider; *(k závěti)* codicil
dovéz|t 1 *(koho)* drive*, take*, run*; *(zboží)* run, carry, *(zavézt)* deliver; **dovezu vás domů** I'll drive n. run you home, I'll take you home (in the car 2 *(zboží z ciziny)* import
dovídat se v. **dovědět se**
dovl|éci *(koho)* drag, *(co)* drag, hov. lug; **~ekl kufr do hotelu** he dragged n. lugged the case to the hotel; **~ekla mne do divadla** she dragged me to the theatre ■ **~ekl se domů** he dragged himself home
dovnitř in, indoors; *(směrem)* inwards; **pojďte d.!** come* in, enter; **jděte d.!** walk n. go* in; *(do domu)* **šli jsme d.** we went indoors
dovodit v. **dovozovat**
dovolat se 1 manage to be heard*; **nemohla se d. pomoci** nobody answered her cries for help 2 *(telefonicky)* reach n. get* sb on the phone, get through to sb
dovolávat se 1 *(rozumu, lidskosti* ap.*)* appeal to, *(práv)* call for, insist on 2 *(pramene v článku)* refer to; *(citovat)* quote, cite
dovolen|á holiday(s), am. vacation; **mateřská d.** maternity leave; **vědecká d.** sabbatical (leave); **neplacená d.** unpaid leave; **je na ~é ve Španělsku** he is on holiday n. am. vacation in Spain; **jít na ~ou** go* on holiday; **den ~é** a day off, a day's holiday
dovolen|ka voj. leave (of absence); **být na ~ce** be on leave
dovol|it allow, let*, permit; **~te, abych se představil!** allow me to introduce myself, let me introduce myself; **~íte** may I?; **~í-li to počasí** weather permitting; **to ne~ím** I will not have it ■ **d. si** 1 **d. si ke komu** be cheeky to sb 2 *(osmělit se)* venture, kn. beg; **~ujeme si nesouhlasit** we beg to differ 3 *(finančně)* be able to afford sth ■ **~ený** *(drzý)* cheeky, forward; **~enými i ne~enými prostředky** by fair means or foul ■ **~ení** permission; **s vaším ~ením** if you please
dovol|ovat v. **~it**; **d. si ke komu** be cheeky to sb, take* liberties with sb; **ti si ale ~ují** the things they get* up to
dovoz 1 import, importation; **d. zboží z Rakouska** the import of goods from Austria; **při ~u** on importation; *(objem ~u)* imports 2 *(doprava)* delivery; **d. zdarma** carriage free, free delivery
dovozce 1 obch. importer, import dealer 2 *(dodavatel)* carrier
dovozné carriage, am. freight; **d. vyplaceno** carriage/ freight paid
dovozní import; **d. povolení** import permit n. licence; **d. omezení** import restriction, limitation on imports; **d. clo** import duty
dovozovat (z from) conclude, infer, deduce; draw* n. reach a conclusion that
dovrchu 1 *(nahoru)* upwards, uphill; **cesta vede d.** the road leads* upwards 2 *(vrchovatě)* **d. naložený** fully loaded, loaded up to the brim,

loaded up to overflowing

dovrš|it *(úkol)* complete, bring* to completion; *(životní dílo* ap.*)* round off (with); **k ~ení všeho** to make* matters worse, to crown it all

dovřít *(dveře, okno)* shut* n. close sth properly

dovtípit se get* n. grasp the point; *(narážku)* take* the hint

dóza (lidded) box, *(ze skla, porcelánu)* jar, *(plechová)* tin; **d. na šperky** jewel box n. case; **d. na cigarety** cigarette case; **d. na máslo** butter dish

dozadu backwards, am. backward; **udělat dva kroky d.** take* two steps backwards; **ohlédnout se d.** look back

dozajista for sure n. certain; *(nepochybně)* without any doubt, without the slightest doubt, without the shadow of a doubt

doze lék. dose; *(příliš silná)* overdose

dozírat *(v práci)* supervise, oversee*; *(na vězně)* watch over; *(na dítě)* mind, look after; *(policejně)* keep* sb under surveillance; **přísně na koho d.** keep* a close watch on sb, keep a sharp eye on sb

doznání *(formální)* confession; **učinit d.** confess, make* a confession

dozna|t 1 confess, admit, own up to; **d. svou vinu** confess n. admit one's guilt 2 **d. čeho** undergo*; **naše profese ~la velkých změn** our profession has undergone great changes; kn. **d. úspěchu** score a success ■ **d. se** own up, confess, make a confession

doznít die n. fade away; *(nadšení)* fade, *(rozruch)* subside

dozní|vat v. **~t**; *(ozvěna)* reverberate; **~vající zvuk** a lingering sound

dozor 1 *(při práci, lékařský)* supervision, *(při zkoušce)* invigilation; **mít d. (nad)** be in charge (of); **pod stálým lékařským ~em** under constant medical supervision 2 *(osoba)* person in charge; šk. *(o přestávce)* on duty, *(u zkoušek)* invigilator

dozorce *(kontrolor)* supervisor; *(vězeňský)* warder; *(v muzeu)* attendant, *(v obchodním domě)* store detective

dozorčí supervisory; **d. orgán** supervisory body

dozpívat stop singing; finish one's song

dozrá|t *(ovoce)* ripen, *(víno)* mature; *(vřed)* gather n. come* to a head; přen. *(osoba, plán)* mature; **d. v muže/ v ženu** mature into a man/ woman ■ **~lý** ripe, mature; **pohlavně d.** sexually mature

dozráv|at v. **dozrát** ■ **~ání** *(ovoce)* ripening, *(vajíčka)* maturation

dozvuk: ~y reverberations; přen. repercussions, consequences; **mít dalekosáhlé ~y** have wide repercussions; **~y války** the aftermath of war

dožadovat se *(čeho)* demand; *(volat po)* call for, *(halasně)* clamour for; claim; *(prosbami)* implore sb for

dožínky harvest home; *(díkůvzdání)* Harvest Thanksgiving

dož|ít finish one's days; **d. se sta let** live to (be) a hundred; **~il se konce století** he lived to see* the end of the century

doživotí: byl odsouzen na d. he was sentenced to life imprisonment, hov. he got* life

doživotní: d. renta life annuity; **d. prezident** president for life

dožrat: d. koho get* sb's back up, enrage sb ■ **d. se** fly* into a rage; **d. se na koho** get furious with sb, am. get mad at sb

dračice přen. *(žena)* dragon, virago, battleaxe

dračk|a: jít na ~u sell* n. go* like hot cakes

drá|ha 1 *(letu)* flight path; *(rakety, střely)* trajectory; *(okružní; d. elektronu)* orbit; *(hvězdy)* course; *(komety)* path, track; sport. *(běžecká)* track, *(sprinterská)* lane, *(sáňkařská)* run, slide; **brzdná d.** braking distance; **Mléčná d.** Milky Way; let. **rozjezdová/ přistávací d.** takeoff/ landing runway 2 *(pro dopravu)*; žel. railway am. railroad; **jednokolejová/ dvoukolejová d.** single/ double track; **úzkokolejná d.** narrow-gauge railway; **jízda ~ou** train journey; **jet ~ou** go* n. travel by train n. rail; **pracovat u ~hy** work for n. be with the railway; **zavést koho k ~ze** take* n. run* sb to the station 3 *(podzemní)* underground, am. subway, br. též tube; **jet podzemní ~ou** take the underground, am. go on the subway 4 **pouliční d.** tram, am. streetcar 5 *(lanová: po zemi)* cable n. funicular railway, *(nad zemí)* cableway, ropeway; **horská d.** *(v zábavních parcích)* roller-coaster, br. též switchback, big dipper 6 *(povolání)* career; **politická/ učitelská d.** political/ teaching career; **životní d.** journey through life; **mnoho štěstí na vaší společné životní ~ze!** every happiness in your (future) life together!

drahocenn|ý valuable, precious ■ **~ost** precious object, treasure

drahokam precious stone; *(broušený)* gem, jewel

drahot|a 1 high cost of living; **v Anglii je d.**

the cost of living is high in England, England is an expensive country to live in **2 dělat ~y** make* a fuss, *(dívka)* be coy, act coyly
drahotní: d. přídavek cost of living bonus; *(v Londýně)* London allowance
drahouš|ek darling, sweetheart; am. honey; **~ku!** *(k dítěti)* (my) pet!
drah|ý 1 *(cenově)* expensive, dear, *(dovolená* ap.*)* costly, hov. pricey; **být (pro koho) příliš d.** be beyond sb's purse, be beyond sb's means; **koupit co za ~é peníze** buy* sth at a high price **2** *(drahocenný)* precious, valuable; **~é kovy** precious metals **3** *(milý)* dear, beloved; *(v dopisech)* **d. synu!** My dear son; **d. pane!** Dear Sir!
drak dragon; **papírový d.** kite; **pouštět ~a** fly* a kite ♦ **je to na ~a** it is useless, it is no good
drakonický draconian
drama 1 div. play; **televizní d.** television play; *(žánr)* drama **2** *(rozruch)* drama; **nedělej z toho takové d.** don't be so dramatic about it
dramatick|ý dramatic; **~á situace** cliffhanger
dramatičnost dramatic character; **d. okamžiku** the drama of the moment
dramatik playwright, dramatist
dramatizace dramatization
dramaturg div. literary manager; tel., film. script editor
drancov|at 1 *(ve válce)* plunder, *(loupit)* loot, *(plenit)* pillage **2** *(doly)* overexploit ■ **~ání** plunder, looting; overexploitation
dráp claw, *(orlí* ap.*)* talon; **dostat se komu do ~ů** přen. fall* into sb's clutches
drapák grab
drápanice scrawl, scribble
drápat 1 *(nehty)* scratch, *(zvíře* též*)* claw **2** *(psát)* scrawl, scribble ■ **d. se 1** scratch o.s. **2** *(namáhavě se šplhat)* clamber, scramble; **d. se na kopec** clamber n. scramble up a hill
drapérie curtain(s), hanging(s), am. drapery
drapnout hov. **d. za límec** grab n. seize sb by the collar, hov. grab sb by the scruff of the neck
drásat přen. **d. komu nervy** shatter sb's nerves
drásavý *(výkřik)* heart-rending; **d. pohled** a harrowing sight
draslík potassium
draslo potash
drasťák hov. *(událost)* a hair-raising experience; *(kniha, film)* spine-chiller; *(film* též*)* horror film
drastický drastic; *(změny* též*)* radical, sweeping
drát$_1$ wire, *(silný)* rod, telef. line; **d. deštníku** umbrella rib; **pletací d.** knitting needle n. pin; **rozhlas po ~ě** wire n. line broadcasting
drát$_2$ 1 d. z koho kůži přen. fleece sb **2** *(peří)* strip ■ **d. se 1** *(dopředu)* push forward **2 d. se o co** scramble for sth
drát|ek fine wire; **jít jako na ~kách** go* like clockwork
drátěnka 1 steel wool; *(na nádobí)* scourer **2** *(do postele)* wire base
drátěn|ý wire; **d. kartáč** wire brush; **~á síť** wire mesh
dratev shoemaker's thread
dravčí predatory též přen.
dravec predator, beast of prey; *(pták)* bird of prey; *(o člověku) (chamtivec)* rapacious person, moneygrubber
drav|ý predatory též přen.; of prey; *(chamtivý)* rapacious; *(zuřivý)* ferocious, fierce; přen. **~á konkurence** fierce competition; **d. proud** fast-flowing stream, torrent
dražb|a auction; **nucená d.** compulsory auction; **dát co do ~y** put* sth up for auction
Drážďany Dresden
dráždidlo lék. stimulant; *(pokožky* ap.*)* irritant
drážd|it 1 *(pokožku)* irritate; *(stimulovat)* stimulate; **kouř mi ~í oči** smoke irritates my eyes **2** *(provokovat)* provoke, annoy; *(škádlit)* tease, *(popichovat)* needle
dráždiv|ý 1 *(popudlivý)* excitable; irritable, easily irritated; *(nedůtklivý)* touchy **2** *(pokožka)* sensitive ■ **~ost** irritability; sensitiveness
dražé lék. coated pill n. tablet
dražit 1 *(prodávat)* sell* by auction **2** *(kupovat)* bid* (for sth)
dražitel 1 *(vyvolávač)* auctioneer **2** *(kupující)* bidder
drážka *(gramofonová, naváděcí)* groove;*(zářez)* slot; archit. flute
drážkov|at groove, flute; *(plech)* corrugate ■ **~ání** grooving; corrugation
drb piece of gossip, tale; **roznášet ~y** gossip, spread* gossip
drbat 1 *(škrabat)* scratch (**se** o.s.) **2** *(pomlouvat)* v. **drb**
drbna gossip, scandalmonger; **je to stará d.** she's an old gossip
drcat jostle, shove; *(vůz)* jolt; **d. do koho** knock n. bump into sb ■ **d. se** jostle each other
drdol bun, chignon; **nosí d.** she wears* her hair in a bun
drenáž *(pozemků* i lék.*)* drainage

drenážní drainage; **d. příkop** drainage ditch
drenážovat *(pozemky)* drain
dres sport. outfit; zvl. fotb. strip; **oblečeni v ~ech** in their strips
drezírovat *(zvířata)* train; *(zajíždět koně)* break* in; *(lvy* ap.*)* tame; voj. drill
drezúra training; *(lvů* ap.*)* taming; *(jezdecká)* dressage
drhnout 1 *(hrnce)* scour; *(podlahu)* scrub **2** *(zadrhovat)* **d. o dno** *(loď)* rub against the ground; **d. o stěnu** scrape against the wall; *(brzda)* drag; *(dveře v pantech)* grind*; *(popruhy)* chafe
driblovat sport. dribble; **d. s míčem** dribble the ball
drkot, ~ání jolting, rattling v. též **~at**
drkotat *(vůz)* jolt (about); *(zuby)* chatter
drmolit *(uspěchaně)* splutter; *(nejasně)* mumble, mutter; *(upovídaně)* prattle, chatter
drn *(travnatý kus)* (a piece of) turf, sod
drncat *(vozidlo)* bump along, bump up and down; jolt (along); *(rachotivě)* rumble, rattle
drnč|et *(zvonek)* ring*, buzz; *(skla)* rattle; **~í mu v uších** his ears are ringing ■ **~ení** rattle, buzz(ing), ringing
drnk|at: d. na piano plonk (away) at a piano; **d. na kytaru** strum (on) a guitar ■ **~ání** plonking; strumming
drobátko a little bit, sk. a (tiny) wee bit
drob|eček, ~ek 1 crumb; *(chleba* též*)* breadcrumb **2** *(dítě)* a mite of a child, a tiny tot
drobénkový: d. koláč ≅ crumble
drob|et 1 *(trochu)* v. **~átko 2** *(kousek)* a little piece, a sliver; **~ty** *(znalostí)* a smattering (of sth); *(úryvky)* snippets
drobit 1 *(sušenku do čaje)* crumble; *(dělat drobky)* make* crumbs **2** *(území* ap.*)* break* up, split* up ■ **d. se** crumble, *(kámen)* crumble away; *(uskupení)* split up
drobivý crumbly, *(uhlí, těsto)* short
drobné (small n. loose) change; **nemáte d.?** have you got* change n. any change?
drobnohled microscope
drobnohledný microscopic
drobno|kresba, ~malba miniature painting; *(obrázek)* miniature
drobnost 1 *(malost)* daintiness **2** *(maličkost, bezvýznamnost)* trifle, trivial thing; *(podrobnost)* minor detail n. point; **mám vyřídit nějaké ~i** I have some odds and ends to attend to
drobnůstk|a trinket; **~y** knick-knacks; bric-a-brac
drobn|ý 1 *(nevelký)* small; *(žena* též*)* petite; *(maličký)* expr. diminutive in stature; **~é krůčky** small n. hanl. mincing steps; **d. tisk** small print **2** obch. **prodej v ~ém** retail business ■ **rozkrájet na ~o** cut* small; **~ě pršet** drizzle, spit* (with rain)
drobotin|a children, hov. kids; **s veškerou svou ~ou** with all her brood
drobou|čký, ~nký puny, tiny; **~nké částečky** minute particles
droby offal, *(drůbeží)* giblets
drog|a drug; **měkká/ tvrdá d.** soft/ hard drug; **obchodník s ~ami** drug pusher; **závislost na ~ách** drug addiction
drogérie br. chemist's, am. drugstore
drogista br. chemist, kn. br. pharmacist, am. druggist
droli|t *(hlínu, chléb)* crumble; *(kámen)* break* ■ **d. se 1** crumble (away) **2** *(být ~vý)* be crumbly
drozd thrush
droždí yeast
drožka (horse-drawn) cab, dř. hackney carriage
drsn|ý 1 *(na omak)* rough (to the touch), coarse; *(hlas)* hoarse, husky **2** *(klima, skutečnost)* harsh; *(počasí)* rough, severe; *(vzduch, vítr)* raw; *(nehostinný)* bleak; *(moře)* heavy **3** *(chování)* rough; *(muž)* tough; *(nevrlý)* gruff, snappish; *(humor)* broad
dršťky tripe
drť *(kamenná)* rubble, *(štěrk)* grit; *(papírová)* pulp; geolog. detritus
drtič *(stroj* i *dělník)* grinder, crusher; *(odpadu – stroj)* waste disposer, am. garbage disposer
drtit *(kámen)* grind*, crush; **d. na prach** grind to powder, pulverize; přen. crush
drtiv|ý: ~á porážka a crushing defeat; **~é vítězství** landslide victory; *(ničivý)* annihilating, devastating
drůbež fowls, poultry; **d. z volného výběhu** free-range poultry
drůbežárna poultry farm
drůbežnictví poultry farming n. breeding
drůbk|y giblets; **polévka z ~ů** giblet soup
druh$_1$ **1** friend, hov. mate n. pal; *(společník)* companion; **studentský d.** fellow student; **d. ve zbrani** comrade-in-arms **2** *(ženy)* ≅ common-law husband
druh$_2$ **1** *(kategorie)* sort, kind, type, variety; **sáček s různými ~y bonbónů** a bag with a variety of sweets, a bag with assorted sweets, ≅ a lucky bag **2** *(typ výrobku)* brand, make, line; **jemné ~y doutníků** mild brands of cigars; **nový**

d. klobouků a new line in hats; **zboží všeho ~u** goods of every description **3** biol. species pl.; bot. též variety; **odolné ~y** resistant varieties **4** lit., hud. genre

druhohory geol. Mesozoic

druhopis copy, duplicate (copy)

druhorozený second-born; second eldest n. oldest

druhořad|ý second-class, second-rate, of second-class quality; **~é zboží** seconds

druhotný secondary; of lesser importance; **d. přízvuk** secondary stress

druhový generic

druh|ý 1 *(v pořadí)* second; **za ~é** secondly; **každý d.** every other; **půl ~ého** one and a half; **půl ~ého kila mouky** one and a half kilos of flour; **d. nejlepší** second best; **d. od konce** last but one, penultimate **2** *(ne tento)* the other; **~á strana řeky/ hranic** the other side of the river/ border; **d. svět** the next world; **~á stránka věci** the other side of the coin **3** *(následující)* the next, the following; **na d. den** on the next day; on the following day; **d. termín** *(zkoušky)* resit **4** v. **~ořadý 5** *(téměř jako)* **d. Einstein** another Einstein; **zvyk je ~á přirozenost** habit is second nature

družba$_1$ friendship; **d. mezi národy** friendship among nations; *(mezi městy různých států)* twinning

družba$_2$ *(mládenec)* best man

družební: d. města twin towns

družic|e satellite; **umělá d.** artificial satellite; **vysílání přes ~i** satellite transmission

družička bridesmaid

družina 1 *(královská* ap.*)* retinue, entourage **2** *(školní)* after-school care centre

druž|it se 1 *(přátelit se)* be friends; **s každým se ~í** he is very sociable **2** *(připojit se)* **k tomu se ještě ~í to, že** in addition to that there is the fact that

družka 1 v. **druh 2** *(muže)* ≅ common-law wife

družn|ý sociable, convivial; **~é posezení** a friendly get-together ■ **~ost** sociability

družstevní cooperative; **d. obchod** br. co-op

družstevnictví cooperative system

družstevník member of a cooperative

družstvo cooperative; **jednotné zemědělské d.** unified farmers' cooperative; **bytové d.** housing association n. cooperative

dryáčnický 1 charlatanistic; *(metody)* phoney, bogus; *(reklama)* vociferous **2** *(nestoudný)* brazen

dryáčnictví *(lékaře)* charlatanism, quackery, pol. též trickery

dryáčník *(lékař)* quack, charlatan; *(politik)* charlatan, trickster

drzoun impudent n. insolent fellow; cheeky devil; *(o dítěti)* cheeky little monkey

drz|ý cheeky, impudent; *(hrubě)* insolent, impertinent; *(sebevědomě)* arrogant; **~á lež** brazen n. shameless lie ■ **~ost** impudence, impertinence, insolence, cheek; **mít tu ~ost a ...** have the nerve (to do sth); **to je ale d.!** what a cheek!, the cheek!

držadlo handle; *(tenisové rakety)* (hand)grip; *(meče)* hilt; *(zábradlí)* handrail

držák holder; *(v tramvaji)* strap; **d. na ručníky** towel rail

držátko *(na pero)* penholder

držav|a *(kolonie)* possession; **britské zámořské ~y** British possessions overseas, overseas possessions

držba possession, ownership; **společná d.** co-ownership

držení 1 *(těla)* posture; **vojenské d. těla** soldierly bearing **2** *(majetku)* tenancy, occupancy

drž|et 1 hold*; **d. co v ruce** hold sth in one's hand; **d. koho za ruku** hold sb's hand n. sb by the hand; **~el dítě v náručí** he held the baby in his arms **2** *(podpírat)* hold (up), support; **střechu ~í sloupy** the roof is supported n. held up by pillars **3** *(lepidlo, hřebík ap.)* hold; **bude teď ten knoflík/ provaz d.?** will the button/ rope hold now? **4** *(omezovat)* **d. koho jako rukojmí** hold sb hostage; **~í děti zkrátka** he is very strict with his children; *(finančně)* **d. rodinu zkrátka** keep* one's family on a tight budget; **d. koho v šachu** keep n. hold sb at bay, keep sb at arm's length; **d. jazyk za zuby** hold one's tongue **5** *(pevnost, město)* hold; **d. (si) pozici** maintain n. keep one's ground; **d. úroveň cen** maintain the price level; **d. slovo/ slib** keep one's word/ promise **6 d. komu místo** reserve a seat for sb; **d. rekord** hold a record **7** *(zaměstnávat)* **d. si šoféra/ sluhu/ psa** have a chauffeur/ servant/ dog; **d. si milenku** keep n. have a mistress **8** *(chovat, pěstovat)* keep; **d. včely** keep bees **9** *(mít v oblibě, být zajedno s)* **d. na koho** have a liking for sb, have a soft spot for sb; **d. s kým** side with sb, stick* up for sb, be on sb's side ■ v. též **držení**

drž|et se 1 *(čeho)* hold* on, hold tight; **d. se koho/ zábradlí** hold on n. tight to sb/ to the railing; *(vzájemně)* **d. se za ruce** hold each other's hands; **d. se pohromadě** stick* together **2** *(tělesně)* **d. se zpříma** carry n. hold o.s. upright; **sotva se ~ím na nohou** I can hardly stand* up any more; *(udržovat si mládí)* keep* young, wear* well **3** *(při životě)* **pacient se ~í** the patient is holding his own; **d. se z posledních sil** hold on by the skin of one's teeth **4** *(bránit se)* hold out (bravely), fight* bravely; *(v soutěži)* **dobře/ špatně se d.** put* up a good/ poor fight; *(potýkat se s problémy)* keep one's end up, keep one's head above water **5** *(směr)* **d. se vpravo/ vlevo** keep to one's right/ left **6** *(předpisů, pravidel)* adhere to, comply with, abide by; **d. se fakt** keep n. stick* to the facts; **d. se originálu** stick to the original; **d. se hlavní myšlenky** stick to the point; **d. se vyšlapané cestičky** keep to the beaten track **7** *(ovládat se)* restrain n. control o.s.; **d. se, aby nevyprskl smíchy** keep o.s. from bursting out laughing; **d. se zpátky** hold o.s. back; **d. se stranou** keep out of the way; přen. keep o.s. to o.s. **8** *(ceny* ap.*)* remain stable **9** neos. **~elo se mne štěstí** my luck held (out) **10** *(o škůdcích)* be infested with; **~í se tu myši** this place is infested with mice; **v srsti se mu ~í blechy** its coat is flea-infested ■ v. též **~ení**

držgrešle miser, skinflint

držitel *(vlastník)* proprietor, owner; **d. rekordu** record holder; **d. úřadu** holder n. kn. incumbent of an office; **d. bytu** the occupant of a flat

dřeň 1 *(ovoce, zubu)* pulp **2** *(kostní)* lék. medulla; (bone) marrow

dřep knee bend; **dělat ~y** bend* one's knees

dřepět 1 *(být v dřepu)* squat, hov. sk. be on one's hunkers **2** *(trčet)* **d. doma** sit* around (at home); **d. v kanceláři** never be away from one's office

dřepnout si squat; *(sednout si)* plonk o.s. down

dřevák clog, wooden shoe

dřev|ař 1 *(~orubec)* woodcutter, lumberjack **2** *(obchodník ~em)* timber merchant

dřevařský timber; **d. závod** saw mill; **d. průmysl** timber industry

dřevěnět *(údy)* grow* numb n. stiff

dřevěný wooden, made* of wood

dřevnatý woody; *(fazole)* stringy; *(kedlubny)* tough

dřevník woodshed

dřev|o 1 wood; *(stavební)* timber, *(palivové)* firewood; **měkké/ tvrdé d.** soft/ hard wood; **kus ~a** a piece of wood n. timber ♦ **je to kus ~a** he is a clumsy clot; **spát jako d.** sleep* like a log; **nejsem přece ze ~a** I am not made* of stone **2** hud. **~a** the woodwinds, the woodwind section, woodwind instruments

dřevorubec woodcutter, lumberjack

dřevoryt wood engraving, woodcut

dřevorytectví the art of wood engraving, xylography

dřevorytina (a print taken from a) wood engraving

dřevovina odb. wood pulp

dřez *(na nádobí)* (kitchen) sink; washing-up basin

dříč 1 hard worker, slogger; *(fanatický)* workaholic; hanl. drudge **2** *(ve škole)* hanl. swot, am. grind

dřík *(sloupu)* shaft; *(těla)* trunk; **d. stromu** tree-trunk

dříma|t slumber, doze; **~jící talent** a latent talent

dřímající soporific, drowsy; přen. **d. městečko** sleepy town

dřímota slumbers; **jde na mne d.** I feel* sleepy n. drowsy

dřina hard work; drudgery; **každodenní d.** the daily grind; **byla to velká d.** it was heavy going, it was tough going

dřít 1 *(odírat)* rub (**o** against), *(popruhy)* chafe, *(loď o dno)* grind* (on) **2** slave away; **d. jako kůň** n. **mezek** work like a dray horse ■ **d. se 1** v. **dřít (2) 2** přen. break* one's back (doing sth); **d. se jako vůl** hov. sweat one's guts out **3** *(student)* (**na** for) swot, cram

dřív(e) 1 earlier; **vstávat d.** get* up earlier; **d. než obvykle** earlier than usual; **d. nebo později** sooner or later; **d. to nestihnu** I can't finish it earlier n. sooner ♦ **kdo d. přijde, ten d. mele** first come, first served **2 d. než** before, not ... until; **d. než odpovím** before I answer; **neudělám to d. než ...** I will not do it until ... **3** *(v ~ějších dobách)* in the past, once, at one time, formerly

dřívější former, previous, ex-; **d. držitel rekordu** the previous holder of the record; **d. prezident** the former president, the ex-president; **jeho d. přátelé** his old friends; **d. absolvent** former pupil, old boy n. am. alumnus

dříví *(palivové)* firewood; **sbírat d.** gather n. collect firewood; **štípat/ řezat d.** chop/ saw wood ■ **nosit d. do lesa** carry coals to Newcastle

dub oak (tree), *(dřevo)* oak; **silný jako d.** as strong as a horse, strong as an ox; **spát jako d.** sleep* like a log

duben April

dubina oakwood

dubl 1 *(špión)* double agent 2*(ve filmu)* double

dublovat *(zdvojovat)* double, duplicate; *(roli)* (to) understudy

dubový oak; **d. stůl** an oak table

dudák (bag)piper

dudek hoopoe; **spát jako d.** v. **dub**

dudlík br. dummy; am. pacifier; *(na láhev)* br. teat, am. nipple

dudy bagpipes; **hrát na d.** pipe; play the (bag)pipes

duet hud. duet; **houslový/ klavírní d.** violin/ piano duet; **zpívat d.** sing* a duet

duh: jde mu to k ~u it does him good; he thrives* on it

duha rainbow; **pije jako d.** he drinks* like a fish

duhovka anat. iris, pl. irises

duhov|ý rainbow-coloured; **~é barvy** prismatic colours

duch 1 *(netělesná bytost)* spirit, ghost; **D. svatý** The Holy Ghost n. Spirit; **dobří/ zlí ~ové** good/ evil spirits; *(strašidlo)* spook, spectre; **vyvolat ~a** raise a spirit 2 intellect, mind; **největší d. 19. století** the greatest mind of the 19th century 3 *(ráz)* **d. doby** the spirit of the times; **d. anglického jazyka** the spirit n. genius of the English language; **další urážky ve stejném ~u** other insults in the same vein, other insults along the same lines 4 *(představivost)* **v ~u** mentally, in spirit, in one's mind's eye; **budu v ~u s tebou** I'll be with you in spirit, my thoughts will be with you; **počítat v ~u** calculate in one's head

duchamorn|ý soul-destroying; **~á práce** donkey work

duchapln|ý intelligent, *(vtipný)* witty, sharp (-witted); **d. člověk** wit ■ **~ost** 1 *(vlastnost)* wit, sharp mind 2 *(~á poznámka)* witticism, bon mot

duchaprázdný dull, dim-witted, *(bez fantazie)* unimaginative

duchapřítomn|ý quick n. ready-witted; *(vynalézavý)* resourceful ■ **~ost** presence of mind, resourcefulness

duchař, ~ský spiritualist

duchařství spiritism, spiritualism

důchod 1 *(příjem)* income; **pracovní/ bezpracný d.** earned/ unearned income 2 *(státní)* public revenue; *(národní)* national income 3 *(penze)* pension; **starobní d.** old age pension; **invalidní d.** disability pension; **být v ~u** be retired; **jít do ~u** retire, be retired; **dát koho do ~u** pension sb off; **pobírat d.** draw* one's pension; **až budu v ~u** when I am retired, when I have retired

důchodce pensioner; *(starobní též)* old age pensioner, zkr. O.A.P.; senior citizen; v. **domov**

důchodov|ý: ~é pojištění pension scheme, br. též. superannuation scheme

duchovenstvo clergy

duchovní$_1$ 1 *(duševní)* spiritual, intellectual; **d. otec** přen. the guru 2 *(náboženský)* religious, ecclesiastical, sacred; **d. hudba** sacred music

duchovní$_2$ *(kněz)* clergyman, *(zvl. katolický)* priest; *(zvl. u nezávislých církví)* minister; *(vojenský ap.)* chaplain; *(žena)* woman priest/ minister

duchy tel. ghost (image)

důkaz 1 právn. proof, evidence; mat. proof; **pádný d.** conclusive proof, conclusive piece of evidence; **nezvratný d.** irrefutable proof; **nepřímý d.** circumstantial evidence; **na d. čeho** in proof of sth; **poskytnout d. čeho** supply proof n. evidence of sth 2 *(znamení)* proof, sign, token; **na d. naší úcty** as a token of our respect

důkladn|ý 1 *(nábytek ap.)* solid, sturdy; *(znalosti)* sound, firm; *(práce)* painstaking, careful, solid; *(průzkum)* in-depth, careful 2 *(velký)* **~é jídlo** a huge meal; **~á porce** a massive portion n. helping ■ **~ě** thoroughly, soundly ■ **~ost** solidity; soundness; thoroughness

důl 1 mine; **uhelný d.** coalmine, pit; **povrchový d.** opencast mine; **rudný d.** ore mine; **zlatý d.** goldmine též přen.; **pracovat v dole** work down the mine; **znárodnění dolů** the nationalization of the mining industry 2 *(údolí)* **slibovat komu hory doly** promise sb the moon

důl|ek 1 *(v hlíně)* hollow; *(ve tvářích)* dimple; **oční d.** eye socket ♦ **oči mu lezly z ~ků** his eyes nearly jumped out of their sockets 2 *(promáčknutí)* dent

důležitost importance, significance; *(užitečnost)* value; **d. sportu pro zdraví** the value of sport for health; **přikládat d. čemu** place great importance on sth; **nepřičítat čemu d.** make* light of sth

důležit|ý important; *(významný)* significant; *(pro něco)* relevant (for); **~á osobnost** celebrity, personage, hum. worthy; **~é zprávy** front-page news; **být pro koho velmi d.** be of great importance to sb, **nebýt d. pro koho** be of little importance to sb; **dělat se ~ým** give* o.s. airs and graces, be full of one's own importance; **nemít nic ~ějšího na práci** have nothing better to do; **mít něco ~ějšího na práci** have better things to do; **nej~ější je, že** the most important thing is that ■ **mluvit ~ě** speak* with an air of importance

důlní mine, pit, mining; **d. vozík** mine car; **d. (dozorce)** pit foreman; **d. inženýr** mining engineer

dům 1 *(budova)* house, building; *(činžovní)* block of flats, am. apartment house; *(na venkově: malý)* cottage, *(větší)* country house; **Bílý d.** the White House; **panelový d.** prefab(ricated house); **soukromý d.** private house; **řadový/ samostatný d.** terraced/ detached house; **bydlet ve vedlejším domě/ o dva domy dál** live next door/ next door but one 2 *(příbytek)* house, home; **odejít z domu** leave* one's home; **být mimo d.** be away from home, leave one's home; **donáška/ doprava do domu** delivery to the door, home delivery; **d. od domu** from door to door 3 *(instituce)* **obchodní d.** department store; **Boží d.** God's House, the Lord's House; **d. kultury** ≅ Arts Centre; **vykřičený d.** brothel

dumat muse, meditate; *(zklamaně, nešťastně)* brood (**o, nad** on, over)

dum|avý, ~ný 1 *(hloubavý)* thoughtful, reflective 2 *(zamyšlený)* thoughtful, pensive; **~ný výraz** a thoughtful expression

dumlat suck; **d. si palec** suck one's thumb

důmysl acumen, ingeniousness

důmysln|ý ingenious ■ **vyřešil ten problém velmi ~ě** he solved the problem with great acumen, he found* a very ingenious solution to the problem

duna dune

Dunaj Danube

duně|t *(kroky, motory, smích)* resound; *(silněji)* boom, roar; *(hrom)* rumble, roll; *(stroje)* hum, *(rytmicky)* throb; *(silněji)* boom; *(děla)* thunder; *(země)* vibrate, shake* ■ **~ní** boom, roar; rumble, roll; vibration

dunivý booming, *(hlas též)* resounding

duo *(skladba i interpretace)* duet

dupačky playsuit, *(strečové: hrací)* babygrow

dupat 1 *(jít hlučně)* stamp, clump; *(jít těžce)* pound; **nedupej tolik!** don't clump about like that! 2 *(koně, býk)* paw (the ground); *(králík)* tap

dupn|out stamp the ground; stamp one's feet; **d. na brzdy** slam on the brakes; **d. si** přen. put* one's foot down; **~i na to!** step on it!

dupot stamping; *(o koni též)* pawing

dur hud. major; **hudební kus v D-dur** a musical piece in D major

důraz 1 *(přízvuk)* jaz. stress; přen. stress, emphasis; **klást velký d. na čestnost** lay* great emphasis n. stress on honesty 2 *(energie)* vigour, energy; **s ~em** emphatically

důrazn|ý emphatic; *(rytmus)* heavy; **~é napomenutí** a firm warning; **d. protest** strong n. energetic protest ■ **~ě nabádat** urge strongly

durdit se sulk, be in a sulk; **d. se na koho/ co** be annoyed n. angry with sb/ about sth

durdiv|ý sulky; *(mrzutý)* peevish, *(prchlivý)* short-tempered ■ **~ě** sulkily, peevishly

durový hud. major; **d. akord/ tónina/ stupnice** major chord/ key/ scale

dusat 1 *(hlínu, písek)* stamp, pound 2 *(dunivě se pohybovat)* pound

dusičnan nitrate; **d. sodný** sodium nitrate

dusík, ~atý nitrogen; **~atá hnojiva** nitrogen fertilizers

dusit 1 suffocate, *(polštářem* ap.*)* smother; *(horko, plyny)* stifle, suffocate; *(vztek, vzlykot, sousto)* choke 2 *(zvuk)* muffle; *(trumpetu* ap.*)* mute; *(výkřik)* smother, stifle; *(smích)* suppress, smother 3 *(ryby, zeleninu)* steam; *(ovoce, maso)* stew ■ **d. se** be unable to breathe; *(obtížně polykat)* choke; **d. se kostí** choke on a bone; **d. se smíchem** choke with laughter ■ **dušený** 1 *(povzdech* ap.*)* suppressed, smothered 2 kuch. steamed, *(ovoce)* stewed; **dušené maso** stew

dusítko hud. *(houslí, trumpety)* mute; *(piana)* damper

dusivý *(vzduch)* stuffy; *(kouř, teplo)* stifling, suffocating; *(kašel)* hacking cough

důsled|ek consequence, result; *(účinek)* effect; *(logický)* conclusion, inference; **v ~ku něčeho** as a consequence of sth, as a result of sth; **vyvodit ~ky** draw* conclusions (**z** from)

důsledn|ý consistent ■ **~ost** consistency

dusno subst. closeness; *(d. a vlhko)* mugginess, sultriness

dusn|ý *(počasí, den)* close; *(s vlhkem)* muggy, sultry; *(vzduch)* stuffy; *(podnebí)* sticky; přen. *(atmosféra)* oppressive, stifling ■ **dnes je ~o** it is very close today

dusot pounding, **d. koní** hoofbeats

důstojnick|ý officer, officers'; **~á hodnost** officer rank; **~á jídelna** officers' mess

důstojnictvo the officers, officer corps
důstojník officer; **mladší/ starší d.** junior/ field officer; **štábní/ záložní d.** staff/ reserve officer
důstojn|ý 1 *(vážený)* dignified; *(příležitost)* august; *(autoritativní)* magisterial; *(statný)* portly **2** *(život, odměna, nástupce)* worthy; **podmínky ~é člověka** conditions fit for human beings ■ **chovat se ~ě** behave with dignity ■ **~ost** dignity; **to je pod mou d.** it is beneath n. below my dignity
duš|e 1 filoz., náb. soul; **upsat ~i ďáblovi** sign away one's soul to the devil; **mít ~i na jazyku** be dying, be at one's last gasp; **vypustit ~i** breathe one's last; **na mou ~i!** honestly!, hov. cross my heart! **2** přen. *(člověk)* soul; **nebylo tam ani živé d.** there was not a living n. mortal soul there; **nějaká dobrá d.** též iron. some kind soul; **jako bludná d.** like a lost soul **3** *(hybná síla)* **je ~í podniku** he's the mainstay of the firm; **byla ~í večírku** she was the life and soul of the party **4** *(duševno)* heart, soul, spirit, mind; **je to dobrá d.** she is a good soul, she has a good heart; **šlechetnost d.** generosity of spirit; **tíží mne to na ~i** it weighs heavily on my conscience; **dává do toho ~i** *(o hudebníkovi)* he plays with feeling **5** techn. *(pneumatiky)* (inner) tube; *(houslí)* soundpost
duševn|í náb. spiritual; *(o ~u)* mental, psychological, emotional; *(otřes)* emotional; *(krutost)* mental; **d. úroveň** mental age; **d. práce** intellectual work ■ **~ě pracující** *(zvl. administrativa)* white-collar workers, *(lékaři, právníci, vědci* ap.*)* professional men/ women; **~ě nemocný** mental patient
dušička (poor) soul; **byla v něm malá d.** his heart was in his mouth
Dušičky All Souls' Day
dušn|ý short-winded, breathless; *(astmatický)* asthmatic; **d. kašel** asthmatic cough ■ **~ost** short-windedness, breathlessness
dušova|t se hov. swear* (blind); **~l se, že je nevinen** he protested his innocence, he swore blind that he was innocent
dutina hollow, cavity; **břišní/ ústní d.** abdominal/ oral cavity
důtk|a *(mírná)* admonishment; *(oficiální, ostrá)* reprimand, rebuke; *(vládě)* censure; **udělit ~u komu** reprimand/ rebuke/ censure sb, br. *(poslanci v parlamentu)* name sb
důtkliv|ý urgent, emphatic; *(výstraha)* firm; **~á výzva** a passionate appeal ■ **~ě žádal, aby** he insisted that
důtky scourge; *(devítipramenné)* cat-o'-nine-tails
dut|ý 1 *(prázdný)* hollow; **~á míra** measure of capacity ♦ **být d.** *(nemít peníze)* be broke, be on the rocks; šk. sl. **jsem úplně d.** my mind is a total blank **2** *(vydutý)* concave **3** *(hlas, slova)* hollow
důvěr|a trust, confidence, *(víra)* faith (in); **mít ~u ke komu** trust sb, have confidence n. faith in sb; **vzájemná d.** mutual trust; **d. v sebe** self-confidence; **požívat naprosté ~y** have sb's complete confidence n. trust; **budit ~u** inspire confidence; **získat si čí ~u** win* sb's trust; **otázka** n. **věc ~y** question n. matter of trust; **položit otázku ~y** *(v parlamentu)* ask for a vote of confidence
důvěrn|ík 1 *(intimní přítel)* confidant ■ **~ice** confidante **2 dílenský d.** ≅ shop steward
důvěrn|ý 1 *(tajný)* confidential **2 d. přítel** close n. bosom friend ■ **~ě 1** *(s důvěrou)* **říci komu co ~ě** confide sth to sb, confide in sb, share a secret with sb **2** *(tajně)* confidentially, in (strict) confidence **3** *(familiárně)* familiarly; **chovat se ke komu příliš ~ě** take* liberties with sb, be too familiar with sb
důvěryhodný 1 trustworthy, *(spolehlivý)* reliable; **d. pramen** *(informací)* a reliable source **2** *(pravý)* authentic
důvěřiv|ý trusting; *(přílišně)* credulous, *(naivní)* gullible ■ **~ost** trusting nature, trustfulness; *(naivní)* credulity, gullibility
důvěřovat: d. komu/ čemu trust sb/ sth, have trust in sb/ sth; **d. si** be confident; **příliš si d.** be over-confident, be too self-assured; **něčemu příliš ned.** be wary of sth
důvod *(příčina)* reason, grounds, purpose; *(z~nění)* reason; *(omluva)* excuse; *(d. existence)* raison d'être; **politické/ rodinné ~y** political/ family reasons; **skryté ~y** hidden motives n. reasons; **ze zdravotních ~ů** for health reasons, on grounds of ill health; **z jakého ~u jsi to udělal?** what were your reasons for doing it? **z jakého ~u tu byl?** what was the purpose of his visit?; **není pro to ~u** there's no reason n. excuse for this
důvodný *(podezření)* well-founded; *(požadavek)* legitimate, rightful
důvtip astuteness, *(vynalézavost)* ingeniousness; hov. native wit
důvtipný shrewd, *(bystrý)* sharp-witted; *(vynalézavý)* ingenious, resourceful
dužnatý pulpy, fleshy

dužnina *(ovoce)* pulp, flesh (of a fruit)
dva, dvě two; **oba dva** *(oni)* both of them, the two of them; **jít po dvou** walk two by two, walk in pairs, walk two abreast; **žít ve dvou** live together n. as a couple; **k tomu je třeba dvou** it takes* two ♦ **sedět na dvou židlích** sit* on the fence
dvacátník v. **čtyřicátník**
dvacátý twentieth
dvacet twenty; *(šlofík)* forty winks; v. též **čtyřicet**
dvacetikoruna v. **desetikoruna**
dvacetina one-twentieth
dvacítka twenty srv. též **desítka**
dvakrát twice; **d. měř a jednou řež!** look before you leap*!
dvanáct twelve; **za pět minut d.** at the eleventh hour
dvanácterník duodenum
dvanáctý twelfth
dvě v. **dva**
dveř|e door, *(na terasu)* French window; **domovní/ dvojité/ posuvné d.** front/ double/ sliding door; **padací d.** trapdoor; **samozavírací d.** swing door; **stát mezi ~mi** stand* in the doorway; **d. se zaklaply** the door locked itself; **zabouchnout d.** slam the door (shut); **zazvonit u ~í** ring* the doorbell; **otevřít d.** *(po zazvonění)* answer the door ♦ **být přede ~mi** *(blížit se: vánoce* ap.*)* be just around the corner; **zamést si před vlastními ~mi** put* one's own house in order
dvířka small door; *(ve vratech)* wicket; *(do zahrady)* gate; *(na lodi, v letadle)* hatch, hatchway; **zadní d.** back door, přen. loophole; **nechat si zadní d. otevřená** leave* o.s. a loophole
dvojak|ý 1 *(neupřímný)* devious, two-faced; **hrát ~ou hru** play a double game 2 *(význam)* ambiguous ■ **~ost** 1 deviousness, two-facedness 2 ambiguity
dvojarch double sheet
dvojbarevný two-colour
dvojčl|e twin, twin brother/ sister; **~ata** twins; **siamská ~ata** Siamese twins
dvojčlen binomial
dvojčlenný mat. binomial; v. též **čtyřčlenný**
dvojdílný *(román)* two-part, in two parts; *(oblek* ap.*)* two-piece
dvojdomek semi-detached house, br. hov. semi
dvojfázový: d. proud two-phase current
dvojhlas a song for two voices
dvojhláska jaz. diphthong
dvojhlasný two-part, for two voices
dvojhlavý two-headed, *(orel* ap.*)* double-headed
dvojhmat double-stop; **hrát v ~ech** double-stop
dvoj|í *(maso* ap.*)* two kinds n. sorts of; *(možnost* ap.*)* two different; **~ím způsobem** in two different ways; **d. dno** false bottom; **ve ~ím vyhotovení** in duplicate
dvojic|e *(taneční, manželská)* couple; sport. pair; **ve ~ích** in pairs, in twos
dvojit|ý double; **~á brada** double chin; **~é zasklení** double glazing
dvojjazyčn|ý bilingual; *(prostředí* též*)* two-language; *(návod)* in two languages ■ **~ě** in two languages, bilingually ■ **~ost** bilingualism
dvojk|a two; *(známka)* ≅ B n. beta; **dostal ~u z angličtiny** he got* a beta for English; srv. též **čtyřka**
dvojkař (a) B student
dvojkolejný double-track
dvojlom fyz. double refraction
dvojmo: udělat co d. make* two copies of sth, do sth in duplicate
dvojmocnina square (of a number); *(číslo)* square number
dvojmocný chem. bivalent, divalent
dvojnásobek double, twice as much/ s pl. many
dvojník double
dvojrozměrný two-dimensional
dvojruční srv. **čtyřruční**
dvojsmysl, ~nost 1 *(dvojí smysl)* ambiguity, equivocalness 2 *(narážka)* double entendre, *(neslušný vtip)* risqué, lewd; hov. dirty
dvojsmyslný 1 ambiguous, equivocal; **d. kompliment** a backhanded compliment 2 *(košilatý)* suggestive
dvojstup double file; **pochodovat v ~u** march in double file n. two abreast
dvojstupňový *(raketa)* two-stage
dvojtečka colon
dvojuhličitan chem. bicarbonate
dvojznačný ambiguous
dvojzpěv duet; v. též **čtyřzpěv**
dvojženství bigamy
dvorana hall; *(hotelu)* vestibule, lobby; sport. (sports) hall, *(tělocvična)* gymnasium
dvorec 1 *(selský)* farmstead 2 *(tenisový)* tennis court, *(krytý)* covered court
dvorní: d. dáma lady-in-waiting; **d. básník** br. poet laureate
dvorn|ý *(zdvořilý)* courteous; *(k ženám)* gallant, chivalrous ■ **~ost** courtesy; gallantry, chivalry

dvorský *(radovánky, mravy* ap.*)* courtly
dvořan courtier
dvořanstvo people at court; courtiers; *(doprovod)* retinue
dvořit se *(ženě)* pay* compliments (to)
dvou- v. též **dvoj-**
dvouaktovka two-act play
dvoučtvrteční hud. **d. takt** two-four time
dvouhra *(tenisová)* singles; v. též **čtyřhra**
dvoukolka (two-wheeled) cart, handcart
dvoukřídl|ý *(hmyz)* dipterous; **~é dveře** double(-winged) door
dvouletí two years; two-year period
dvouletka two-year plan
dvouletý two-year; *(dítě)* two-year old, two years old
dvoulůžkový: d. pokoj double room
dvoumístný *(číslo)* two-digit
dvoupatrový, dvoupodlažní *(dům)* two-storey, two-storeyed
dvoupokojový: d. byt two-room flat n. am. apartment
dvouřadový double-breasted; **d. oblek** double-breasted suit
dvoustrann|ý *(smlouva)* bilateral, bipartite; *(bunda)* reversible; **d. agent** double agent, double ■ **~ost** bilateralism
dvoutaktní: d. motor two-stroke engine
dvouválcový two-cylinder
dvůr 1 yard; *(školní)* schoolyard, playground; *(uzavřený)* courtyard; *(kasárenský)* square **2** *(selský)* farmyard **3** *(královský)* court; **u dvora** at (the) court
dýha veneer
dýchací breathing; **d. přístroj** breathing apparatus, odb. respirator; **d. cvičení** breathing exercises; **d. potíže** difficulty in breathing
dýchánek *(literární)* literary gathering, *(večerní)* soirée
dých|at breathe; **d. s potížemi** breathe with difficulty; **d. zhluboka** breathe deeply; **volně d.** breathe freely též přen. ■ **~ání** breathing, respiration; **~ání plícemi/ umělé ~ání** pulmonary/ artificial breathing
dýchatelný breathable
dýchavičn|ý breathless, short-winded ■ **~ost** breathlessness
dýchnout *(na ruce, na zrcadlo)* breathe on, *(foukat)* blow* on
dychtit *(po slávě, penězích)* aim at, aspire to n. after, strive* for; *(po pomstě)* thirst for, yearn for
dychtiv|ý: d. po vědění eager n. thirsty for knowledge; **d. po moci** power-hungry; **d. zábav** avid n. eager for pleasure; **d. po lásce** hungry for affection ■ **~ost** eagerness, thirst (for), avidity (for)
dýk|a dagger; *(menší)* stiletto; **tasit ~u** draw* one's dagger
dým (dense) smoke
dýmat smoke, belch smoke
dýmk|a pipe; **kouřit ~u** smoke a pipe
dynamický dynamic
dynamika dynamics
dynamit dynamite
dynamo dynamo; přen. powerhouse
dynastický dynastic
dynastie dynasty
dýně pumpkin
dýnko *(klobouku)* crown
džbán *(mléčný* ap.*)* jug, pitcher; *(pivní)* tankard, beer mug; **cínový d.** pewter tankard ♦ **tak dlouho se chodí se ~em pro vodu, až se ucho utrhne** one day you (he, she ap.) will come* to grief
džber bucket, *(na mléko)* pail
džem *(švestkový, meruňkový)* jam, *(pomerančový, citrónový)* marmalade
džentlmen gentleman
džentlmensk|ý gentlemanly; **~á dohoda** gentleman's agreement
džez, džezový jazz
džínsovin|a, ~ový denim
džínsy (a pair of) jeans, denims
džíp jeep
džungle jungle; **zákon d.** law of the jungle; **d. velkoměsta** the jungle of the city
džus juice; **ovocný d.** fruit juice

E

e *(písmeno)* e [i:]
e, é děts. ugh!, yuck(y)!
eben ebony
edice 1 edition 2 *(řada)* series, *(knižnice)* library
ediční editorial
editor editor
efekt 1 *(účinek)* effect; **vůbec žádný e.** no effect whatsoever; **nemít žádoucí e.** not to have the desired effect 2 *(dojem)* impression, effect; **honba za ~em** striving for effect, straining after effect 3 div. *(světelný)* **speciální ~y** special effect lighting; film. *(práce kamery* ap.*)* special effects
efektivn|í 1 *(výkonný)* efficient; *(účinný)* effective, *(lék* ap.*)* efficacious; *(finančně)* cost-effective 2 *(skutečný)* effective, actual ■ **~ost** effectiveness, efficiency, efficaciousness
efektní spectacular, *(okázalý)* showy
efemérní ephemeral, short-lived
egocentrický egocentric, self-centred
egoismus egoism, selfishness
egoista egoist
egoistický egoistic
Egypt Egypt
Egypťan, ~ka, egyptský Egyptian
eh!, ech! citosl. *(rezignovaně)* **eh co!** Oh well!, Nothing doing!
eis E sharp
ejhle! lo and behold!
ejchuchu! whoopee!
ekonom economist; **podnikový e.** company accountant
ekonomický 1 economic 2 *(šetrný)* economical
ekonomie 1 *(věda)* economics sg.; **politická e.** political economy 2 *(hospodářství země)* (national) economy
ekonomika economy
Ekvádor Ecuador
Ekvádo|rec, ~rka n. **~řan, ~řanka, e~rský** Ecuador(i)an
ekvilibrista tightrope walker
ekvivalent, ~ní equivalent
ekzém lék. eczema
elaborát paper
elán enthusiasm, vigour, zest; *(podnikavost)* drive
elasti|cký elastic ■ **~čnost** elasticity
elegán man of fashion; zastaráv. fop, dandy
elegance 1 *(v chování)* grace(fulness), polish 2 *(odívání)* elegance, smartness, chic
elegantn|í *(pohyb)* graceful; *(chování)* polished; *(uhlazený)* sleek; **e. svět** the smart set; *(jako ze škatulky)* dapper, neat ■ **~ě** 1 gracefully, with grace 2 smartly
elegický elegiac
elegie elegy
elektrárna power station; **atomová/ vodní/ tepelná e.** atomic n. nuclear/ hydroelectric/ thermal power station
elektrick|ý electric, electrical; **e. proud/ obvod/ vlak/ ~é světlo** electric current/ circuit/ train/ light; **e. spotřebič** n. **přístroj** electrical appliance; **~á energie** electrical energy, electric power
elektrifikace electrification
elektrifikovat electrify
elektrik|a 1 *(proud)* electricity, electric current 2 *(tramvaj)* br. tram, am. streetcar; **jet ~ou** go* by tram
elektrikář electrician
elektriz|ovat *(převést na el. provoz)* electrify; přen. electrify, thrill, galvanize ■ **~ující** *(osobnost, projev)* electrifying, galvanizing
elektroda electrode; **kladná/ záporná e.** positive/ negative electrode, anode/ cathode
elektroléčba electrotherapy
eletrolytický electrolytic
elektrolýza electrolysis
elektromagnet electromagnet
elektromagnetický electromagnetic
elektroměr fyz. electrometer; *(v domácnosti* ap.*)* electricity meter
eletromontér electrician
elektromotor (electric) motor
elektron electron
elektronický electronic
elektronka electronic valve n. am. tube
elektrospotřebič electric appliance
elektrotechnický electrotechnical, electrical; **e. průmysl** electrical industry
elektrotechnik electrician, electrical engineer
elektrotechnika 1 electrotechnology 2 *(obor)* electrical engineering
elektřina electricity, *(proud)* electric current
element 1 *(součást)* element, component, jaz., chem. constituent 2 **protispolečenské ~y** antisocial elements
elementární 1 *(živly)* elemental 2 *(základní)* basic, fundamental, elementary; *(znalosti*

též) rudimentary; **e. lidská práva** basic human rights

elimin|ovat eliminate ■ **~ace** elimination

elipsa geom. ellipse; jaz. ellipsis

elipsovitý geom. ellipsoidal

eliptický též jaz. elliptic(al)

elit|a, ~ní élite; **~ní oddíly** élite n. crack troops

elixír elixir; **e. života** elixir of life; **e. lásky** love potion

elpíčko LP, (pl. LPs), long-playing record

email, ~ový, ~ovat enamel; **~ový lak** enamel paint

emancipace emancipation

emancipační emancipation, liberation; **e. hnutí** emancipation movement; *(ženské též)* Women's Liberation, hov. Women's Lib

emancipovat emancipate ■ **e. se** emancipate o.s.

embargo embargo; **uvalit e. na co** embargo sth, impose n. put* an embargo on; **zrušit e.** lift n. remove an embargo

emblem emblem; přen. symbol, emblem

embryo embryo

embryonální embryonic; přen. **v ~m stavu** in an embryonic state

ementál(ský sýr) Emment(h)aler

emigr|ace 1 *(~ování)* emigration **2** *(~anti)* émigré community

emigrantský emigré, refugee

emigrant emigrant, pol. émigré, (zvl. *ve válce* ap.) refugee

emigrovat emigrate, *(ilegálně též)* defect

emise *(známek* ap.*)* issue; fyz. emission

emoce emotion

empirie experience

empír arch. Empire style

emulz|e, ~ní emulsion; **~ní barva** emulsion paint

encyklopedický encyclopaedic, am. encyclopedic

encyclopedie encyclopaedia, am. encyclopedia

endoskop lék. endoscope

energetick|ý energy, of energy, power; **e. průmysl** energy industry, power-producing industry; **~á hodnota potravin** energy value of foodstuffs; **~á krize** the energy crisis; **e. zdroj** source of energy, energy source

energetika energetics

energick|ý energetic; *(podnikavý)* enterprising, go-ahead; *(osobnost)* vibrant; *(tón)* forceful, firm; *(protest, opatření)* vigorous; *(obrana)* spirited; *(chůze)* brisk ■ **~y** vigorously, forcefully, strongly

energi|e fyz. i přen. energy; přen. též vigour, spirit; hov. zip, zap; **mechanická/ atomová/ elektrická e.** mechanical/ nuclear/ electric energy; **zdroje e.** sources of energy; **vyrábět ~i** generate power; **věnovat čemu veškerou svou ~i** devote all one's energies to sth

enormní *(náklady, sumy)* enormous; *(ceny)* exorbitant; *(zisky)* huge; *(požadavky)* excessive; *(úsilí)* immense

enzym enzyme

epicentrum epicentre

epidemi|e, ~cký epidemic

epidiaskop epidiascope

epigon imitator; kn. epigone

epik epic poet

epika epic poetry

epilepsie epilepsy

epilepti|k, ~cký epileptic; **~cký záchvat** epileptic fit

epik epic poet

epilog epilogue

epizoda episode; *(seriálu též)* instalment, part

epizodický episodical

epocha epoch, *(vývoje)* stage

epochální epoch-making; *(událost)* historic

epopej epic

éra era, age; **nová é.** new era; **é. kosmických letů** the era n. age of space travel

erb *(~ovní štít)* shield, *(slavnostní)* escutcheon; *(znak)* coat of arms

erbovnictví heraldry

erotický erotic, hov. sexy

erotoman erotomaniac, hov. sex maniac

esej essay

esejista essayist

esence filoz., kuch. essence; *(výtažek též)* extract; **masová e.** meat extract

eskadr|a, ~ona nám., let. squadron

eskalátor escalator, moving staircase

eskamot|áž, ~érství sleight of hand; **politická e.** political sleight of hand; **slovní e.** n. **~érství** verbal sleight of hand

eskamotér conjurer, *(žonglér)* juggler

eskont discount ■ **~ovat** discount

eskort|a escort ■ **~ovat** escort

Eskymák Eskimo

eso 1 *(karta)* ace **2** hov. *(kanón)* ace (**v** at), *(profesionálně též)* big-timer **3** *(krasavice)* stunner **4** *(v tenise)* ace

esperanto Esperanto

espreso 1 *(káva)* espresso (coffee) **2** *(jídelna)* espresso bar, snack bar **3** *(přístroj)* espresso

(machine)
estét (a)esthete
estetick|ý (a)esthetic(al); *(umělecký)* artistic; **~é teorie** (a)esthetic theories; **~é uspořádání** artistic arrangement
estetik (a)esthetician
estrád|a, ~ní (variety) show; **~ní koncert** popular concert
etablovat establish, set* up; **e. koho v obchodních kruzích** establish sb n. set* sb up in business ■ **e. se** establish o.s. (**jako** as)
etap|a 1 *(časová)* period, phase 2 *(v cykl. závodech)* stage 3 *(cesty – letadlem* ap.*)* stage, lap, leg; **z Londýna do Sydney ve třech ~ách** from London to Sydney in three stages; **další e. cesty** the next lap n. stage of the journey
etáž storey, am. story, floor
etážov|ý: ~é topení single-storey heating system
éter ether, aether
éterick|ý ethereal; **~é oleje** volatile n. essential oils
etický ethical
etik moral philosopher
etika 1 *(věda)* ethics, moral philosophy 2 *(morální systém)* ethics, ethos
etiketa 1 *(chování)* etiquette, *(diplomatická)* protocol 2 *(nálepka)* label; *(cenovka)* price tag
etnograf ethnographer
Etiopie Ethiopia
Etiop|an, ~anka, e~ský Ethiopian
etnografický ethnographic
etnografie ethnography
etuda hud. étude
etymolog etymologist
etymologie etymology
eufemismus euphemism
eunuch eunuch
evakua|ce, ~ční evacuation
evangelický evangelical; *(církev, vyznání)* Protestant, *(luteránský)* Lutheran
evangelík Protestant, *(luteránský)* Lutheran
evangeli|um Gospel; **e. podle sv. Lukáše** the Gospel according to St Luke, St Luke's Gospel; **věří tomu jako ~u** for him it is gospel truth, he takes* it as gospel truth
eventualit|a possibility, *(nepředvídaná)* contingency; *(nepříznivá)* eventuality; *(případ nouze)* emergency; **připraven pro všechny ~y** prepared for all eventualities n. contingencies, ready for every emergency
eventuáln|í possible, any; **e. ztráty** possible losses, any losses incurred ■ **~ě** possibly, perhaps; as the case may be; *(v případě potřeby)* if need be, if necessary
evidenc|e *(záznamy)* records, files; **vést co v ~i** bear* sth in mind
evidenční: e. číslo registration number, *(auta* též am.*)* license number; **e. list** *(zaměstnance)* personal file
evidentní evident, obvious, *(očividný)* manifest; **e. chyba** an obvious mistake
evoluce evolution
evoluční: e. teorie theory of evolution
Evropa Europe
Evropan, ~ka European
evropanství Europeanism
evropský European
ex: vypít co na ex drink* sth down in one, sl. knock sth back in one
ex- *(bývalý:* např. *exmanželka, exkrál)* ex-
exaktn|í exact; **e. vědy** exact sciences ■ **~ost** exactitude, accuracy
examinátor examiner
excelence Excellency; **Vaše/ Jeho E.** Your/ His Excellency
excelovat excel (**v** in); **e. nad kým** outshine* sb
excentrický geom. i přen. eccentric
excerpční: e. lístek citation slip
excerpovat excerpt; **e. knihu/ článek** take* excerpts from a book/ an article
excerptum excerpt; *(z knihy* též*)* extract, passage
exekuce *(majetku)* seizure
exekutiva the executive
exekutivní: e. moc executive power
exekutor bailiff
exemplárn|í *(trest)* exemplary ■ **~ě koho potrestat** inflict an exemplary punishment on sb, make* an example of sb by punishing him/her
exemplář 1 *(příklad)* specimen, example 2 *(knihy, dokladu)* copy; **ve dvou/ třech ~ích** in duplicate/ triplicate
exhalace emission
exhibice sport. display, exhibition (of sth)
exhibicionismus exhibitionism, *(sexuální* též*)* indecent exposure
exhibicionista exhibitionist, *(sexuální* hov. též*)* flasher
exhibiční: e. skoky *(na koni)* show jumping
exhum|ovat exhume ■ **~ace** exhumation
exil exile; **jít do ~u** go* into exile; **poslat koho do ~u** send* sb into exile, exile sb
exilov|ý exile; **~á vláda** government in exile

existence 1 *(bytí)* existence 2 *(živobytí)* livelihood 3 expr. type, character; **pochybná e.** a queer customer

existencialismus existentialism

existenční: e. minimum subsistence level; *(mzda)* minimum living wage, subsistence wage; **e. boj** struggle for existence

exist|ovat 1 exist; be in existence; **~uje několik možností** there are several options n. possibilities; **e. bez spánku** go* without sleep 2 *(přežít)* **z toho platu se nedá e.** the salary is not enough to live on

exkavátor excavator, (mechanical) digger

exkluzívní exclusive, *(dům)* luxury; *(vybraný)* select

exkurze *(pedagogická)* (study) trip, (educational) visit

exotický exotic, *(bizarní)* outlandish

expanze expansion; pol. expansionism

expanzívní 1 *(plyn* ap.*)* expansive 2 *(výbojný)* expansionist; **e. politika** expansionist policies, expansionism

expedice 1 *(výpravna)* dispatch office 2 **vědecká/ vojenská e.** scientific/ military expedition 3 *(odesílání)* shipping, dispatch

expediční: e. poplatky shipping charges; **e. armáda** expeditionary force

expedient obch. dispatch clerk

expedovat dispatch, send* off

experiment experiment; **konat e.** carry out an experiment, do an experiment

experimentáln|í experimental ■ **~ě** experimentally, by way of experiment, as an experiment

experiment|ovat experiment (**s** with), carry out experiments, do experiments ■ **~ace, ~ování** experimentation

expert expert (in)

expertiza expert's report

exploatovat 1 *(důl)* work, exploit; *(přírodní zdroje)* exploit, tap; *(síly)* harness 2 *(vykořisťovat)* exploit

explodovat *(granát)* explode, *(pneumatika, hadice)* burst*; *(sopka)* erupt

exploze explosion

explozívní též přen. explosive

exponát exhibit, showpiece

exponent 1 mat. index, exponent 2 přen. follower

exponova|t fot. expose ■ **e. se** *(politicky)* take* a prominent (political) stance; **e. se za co** champion sth; **nee. se** keep* a low profile ■ **~ný** prominent (in)

export export; *(~ované zboží)* exports, exported goods

exportér exporter

exportní export; **e. oddělení** export department; **e. artikl** export (article)

exportovat export

expozice 1 *(část velké výstavy)* stand; *(soubor exponátů)* exhibit; *(výstava)* exposition 2 fot. exposure 3 *(výklad)* exposition

expozimetr exposure meter

expres I adj., adv. express; **poslat dopis/ balík e.** send* a letter/ a packet by express delivery n. express II subst. 1 *(vlak)* express (train), fast train 2 *(pošta)* express n. am. special delivery

expresionismus expressionism

expresionista expressionist

expresionistický expressionistic

expresivní expressive, full of expression

expresní express; *(pošta)* express n. am. special delivery

extáz|e ecstasy, rapture; **být v ~i** be in ecstasy n. raptures (**nad čím** over sth), *(o narkomanovi)* be stoned out of one's mind, *(po požití LSD)* be on a trip; **dostat se do e. nad čím** go* into raptures over n. about sth, be over the moon about sth

extemporov|at extemporize, ad-lib ■ **~ání** extemporization, ad-libbing

extenzívní *(též zemědělství)* extensive

exteriér 1 film. outdoor scene, exterior 2 *(vnějšek)* exterior

exteriérov|ý: ~á fotografie outdoor photograph

externí *(student)* part-time, external

externista v. **externí**; *(žák internátní školy)* day n. non-resident pupil

extra I adj. 1 *(navíc)* extra, additional, special 2 *(oddělený)* separate, extra 3 *(neobyčejný)* unusual II adv. **není to nic e.** it is nothing special, it's nothing to write* home about

extrahovat *(zub)* extract ■ **extrakce** extraction

extrakt extract; **masový e.** meat extract

extravagantní eccentric; *(oděvy též)* flamboyant

extrém extreme; **upadá z ~u do ~u** he goes* from one extreme to the other

extrémista extremist

extrémní extreme; *(nadměrný)* excessive

F

f 1 *(písmeno)* f [ef] 2 fyz. **F** Fahrenheit

fábor streamer

fabrika factory ♦ **kouřit jako f.** smoke like a chimney

fabrikant factory owner neutr.

fabule lit. plot, story

fac|ka slap (in the face); *(jako trest)* box on sb's ear, clip round sb's ear; **dát komu pár ~ek** slap sb's face, box sb's ears, cuff sb over the ears; **dostat ~ku** get* a slap on the face; **vrazit komu ~ku** sock sb one; **byl bych si dal pár ~ek** I could have kicked myself ♦ **je to jasné jako f.** that sticks* out a mile; **koupit co za ~ku** buy* sth for a song, buy sth for next to nothing

fack|ovat 1 slap sb on the face v. **~a** 2 **f. práci** work sloppily, do slipshod work ♦ **všelijak to f.** struggle along

fáč bandage

fáčovat: f. zranění put* a dressing n. bandage on a wound, bandage n. dress a wound

fáčovina text. cheesecloth

fádní *(člověk, práce, krajina)* boring, tedious, dull; *(život též)* humdrum; *(zařízení bytu)* drab

fagot bassoon

fagotista bassoonist

fajfk|a v. **dýmka;** ♦ **nestojí to ani za ~u tabáku** it is not worth a brass farthing

fajn I adj. *(milý)* nice, lovely; hov. super II adv. nicely, super; *(souhlas)* O.K!, super!

fajnovka squeamish person; **nebuď taková f.!** don't be so squeamish!

fajnšmekr gourmet; *(znalec)* connoisseur

fakt I subst. fact II adv. *(opravdu?)* really?, *(silněji)* never?, hov. no kidding?

faktick|ý real; *(skutečný)* actual; *(v samé podstatě)* virtual; **~á poznámka** point of order ■ **~y** in reality, in actual fact, virtually; **on je ~y šéfem** he is virtually the boss

faktor 1 factor, circumstance 2 *(v tiskárně)* foreman, supervisor

faktura invoice; **pro forma f.** pro forma invoice

fakturovat invoice, charge, bill; **f. komu co** invoice n. bill sb for sth

fakulta faculty; zvl. am. school; **lékařská f.** Faculty of Medicine, Medical School, the School of Medicine; **filozofická f.** Faculty of Arts; **f. společenských věd** Faculty of Social Sciences; **přírodovědecká f.** Faculty of Science

fakultativní optional; **f. předměty** optional subjects, options, am. též elections

fald v. **záhyb; ~y tuku** rolls of fat

faleš 1 *(lidská)* duplicity, two-facedness; *(klamání)* deceitfulness, *(silněji)* treacherousness 2 sport. *(rotací)* spin, *(říznutím)* slice; **dát míčku f.** slice the ball, give* the ball (a lot of) spin

falešn|ík, ~ice two-faced person, double-dealer, hov. cheat; **je to ~ice** expr., hanl. she is a two-faced bitch

falešn|ý 1 *(nesprávný, chybný)* false, wrong, incorrect; **~á stopa** *(úmyslně nastražená)* red herring; **~á nota** a wrong note; **f. idealismus** mistaken idealism 2 *(předstíraný)* false, fake; **~é jméno** alias, assumed name; **~á skromnost** false modesty; **f. patos** false pathos; **~é slzy** crocodile tears 3 *(umělý)* false, artificial, imitation; **f. chrup** a set of false teeth; **~é šperky** imitation jewels 4 *(padělaný)* false, forged, fake(d); **~é peníze** forged money 5 *(člověk)* two-faced, *(zrádný)* treacherous, perfidious ■ **~ě: 1 ~ě svědčit** swear* falsely, perjure o.s., give* false witness 2 **~ě zpívat/ hrát** sing/ play out of tune, sing/ play off key

falšovat 1 *(peníze)* forge, fake; *(účty)* falsify, hov. cook the books; *(směnku)* forge 2 *(víno* ap.*)* adulterate

falzifikát uměl. forgery, fake

fáma rumour

famfárum hothead, madcap; *(děvče)*, tomboy, kn. hoyden

familiárn|í *(nenucený)* informal, free and easy; *(nepříjemně)* overfamiliar, *(drzý)* cheeky, *(nestydatý)* brazen ■ **~ost** informality

fanatický fanatic(al), *(stoupenec, fanoušek též)* rabid; náb. bigoted

fanatik fanatic, zealot; náb. bigot

fanatismus fanaticism, zealotry; náb. bigotry

fanatizovat fanaticize

fanda fan, enthusiast, buff, am. freak; **fotbalový f.** football fan n. buff; **filmový/ divadelní f.** film n. am. movie/ theatre freak; **být do čeho f.** be mad about sth, be mad keen on sth

fandit komu take* sides with, sport. root for

fanfára fanfare; **trumpetová f.** flourish n. fanfare of trumpets

fanfarón braggart, show-off

fanfarónství bravado, bragging

fanoušek sport. fan, fotb. též supporter; v. **fanda**

fant forfeit; **dát co jako f.** pay* sth as a forfeit;

hrát na ~y play forfeits
fantasta (day) dreamer, visionary
fantastick|ý 1 *(sny, názory)* fantastic, *(podivný)* weird; *(atmosféra)* uncanny, eerie; **f. román** Gothic novel 2 *(vynikající)* fantastic, great, super; *(neuvěřitelný)* incredible; *(přitažlivý)* fantastic ■ **fungovalo to ~y** it worked like a dream
fantazi|e 1 imagination, *(bujná)* fancy; **mít ~i** be full of imagination; **dát se unést ~í** be carried away by one's imagination; **postrádat ~i** be lacking in imagination 2 *(iluze)* fantasy; **to je čirý výplod f.** that's sheer imagination 3 hud. fantasia
fantazírovat *(v horečce)* be delirious; **f. o čem** fantasize n. dream about sth, indulge in fantasies about sth
fara 1 *(anglikánská)* rectory, vicarage, sk. manse; *(katolická)* presbytery 2 *(farnost)* parish
fara|o, ~ón Pharaoh
farář *(katolický)* parish priest; *(anglikánský též)* vicar, rector; *(evangelický)* minister
fárat 1 go* down the pit n. mine 2 work (in a pit)
farizej přen. hypocrite
farizejský hypocritical
farizejství hypocrisy
farma *(o Americe)* farm; **dobytkářská f.** cattle-breeding farm; **kožišnická f.** fur farm
farmaceut pharmacist, chemist; am. druggist
farmaceutický pharmaceutical
farmacie pharmacy
farmakolog pharmacologist
farmakologický pharmacological
farmakologie pharmacology
farmář farmer
farní parish; **f. kostel** parish church
farník parishioner
farnost parish; *(farníci)* parishioners
fasáda *(domu)* façade, front(age); přen. façade, window-dressing
fascikl file
fascin|ovat fascinate, *(uchvátit)* captivate ■ **~ující** fascinating
fašismus fascism
fašist|a, ~ický fascist
fata morgána Fata Morgana též přen., mirage, přen. též illusion
fatální fatal; **f. chyba** fatal error
faul, ~ovat sport. foul; **~ovat hráče** foul a player, *(srazit)* bring* down a player
faun faun
fauna fauna
faux pas gaffe; **udělat f. p.** drop a brick n. clanger, put* one's foot in it
favorit favourite
favorizovat favour, discriminate in favour of
fax facsimile, fax
fáze phase též el., *(časová též)* period
fazole bean; **zelená f.** string beans, runner beans, French beans
fazóna *(šatů)* style, cut; *(vlasů)* shape
federace federation
federalismus federalism
federalist|a, ~ický federalist
federální federal, federative
federativní federative
fejeton sketch, short (literary) essay, *(sloupek)* (newspaper) column
fejetonista columnist
femininum jaz. feminine noun, *(rod)* feminine gender
feminismus 1 *(ideologie)* feminism 2 *(hnutí též)* Women's Lib
feminist|a, ~ka feminist, *(moderní – radikální)* hanl. women's libber
feministický feminist
fén hair dryer
fena bitch
fenomén phenomenon; **tenisový f.** a phenomenon at tennis
fenomenální phenomenal, *(dítě)* prodigious; **to dítě je f.** that child is a prodigy; **f. síla** phenomenal strength
fenykl fennel
fér fair; **to není f.** that's not fair, br. též that is not cricket
ferment enzyme
fermentace fermentation
fermentovat ferment
fermež, ~ovat varnish
festival festival; **filmový/ edinburský f.** film/ the Edinburgh Festival; **hudební f.** music festival
fešák handsome n. nice-looking man, good looker, hov. dishy man
fešanda good looker, hov. smasher
fešný handsome, hov. dishy
fetiš fetish
fetišismus fetishism
fetišista fetishist
fetišistický fetishistic
feťák *(narkoman)* drug addict, sl. junkie
fetovat be on n. take* drugs

feudální feudal
fez fez
fiakr (hackney) carriage
fiakrista cab driver, cabbie
fialka violet
fialový violet, *(s nádechem do červena)* purple, *(světlejší)* mauve
fiasko *(o filmu, div. hře* ap.*)* fiasco, flop, failure; **utrpět f.** be a flop n. a fiasco n. a disaster
fičet 1 *(vítr)* blow*, whistle 2 *(auto* ap.*)* fly*, whiz(z), dash (**kolem** by n. past; **podél** along)
fígl trick, ploy; **znát všechny ~e** know* all the tricks
figur|a 1 *(obrazec, tvar)* figure; *(postava)* figure, *(mužská* též*)* physique 2 *(románová* ap.*)* character 3 *(taneční, ve sportu)* figure 4 *(~ína, ~ka)* dummy; **komická f.** a figure of fun; *(nastrčená)* figurehead 5 *(šachová* ap.*)* piece 6 *(řečnická)* figure of speech
figurant *(statista)* extra; *(při zeměměřičských pracích)* helper
figurína dummy
figur|ka v. **~a (4)**; *(šachová)* (chess)man, chess piece; přen. **f. v něčích rukou** pawn in sb's hands
figurovat figure
fík fig
fikce fiction; *(předstírání)* make-believe
fíkovník fig tree
fiktivní ficticious
fíkus bot. rubber plant
filantrop philanthropist
filantropický philanthropic
filantropie philanthropy
filatelie philately, stamp collecting
filatelista philatelist, stamp collector
filatelistický philatelic, of philatelists
filc felt
filé 1 *(plátek masa)* fillet, steak 2 **rybí f.** fillet of fish
filharmonický symphony, *(v názvech orchestrů)* Philharmonic
filharmonie symphony orchestra; *(v názvech)* Philharmonic (orchestra)
filiálka branch, *(podnik)* subsidiary company
filiální branch, subsidiary; **f. prodejna** též chain store
filigrán, ~ský, ~ový filigree; **~ová brož** filigree brooch
filip: ten má ~a he's got* brains, *(je praktický)* he is a resourceful man
Filipín|ec, ~ka Filipino
filipínský Philippine
Filipíny Philippines
film 1 *(materiál)* film, *(kotouč)* reel of film 2 *(dílo)* film, picture, am. movie; **hlavní f.** feature film; **kreslený f.** animated film, cartoon; **zvukový f.** sound film. talkie; **úzký f.** cine-film; **širokoúhlý f.** film for the wide screen; **televizní f.** telefilm; **točit f.** shoot* n. make* a film; **jít na f.** go* to the cinema n. pictures n. am. movies 3 *(kinematografie)* cinematography, film-making; **jít k ~u** go* into films; **chce se dostat k ~u** she wants to get* into films/ the movies; **svět ~u** film n. am. movie world 4 *(povlak)* film, coating, thin layer
filmař film-maker; *(režisér)* film director; **~i** film n. am. movie people
filmov|at 1 film, shoot* 2 *(předstírat)* **f.** to play-act; put* on a show n. an act; *(na koho)* turn on the charm ■ **~ání** filming, shooting; play-acting
filmov|ý film, screen, am. movie; **~á kamera/ hvězda/ f. průmysl** film n. movie camera/ star/ industry; **f. zpravodaj** screen reporter; **f. scénář** screenplay; **f. amatér** home-movie enthusiast
filolog philologist
filologický philological
filologie philology
filozof philosopher
filozofick|ý philosophical; **~á fakulta** Faculty of Arts
filozofi|e 1 philosophy 2 v. **~cká fakulta**
filozofovat philosophize
filtr filter; **olejový/ vzduchový f.** oil/ air filter; **cigarety s ~em/ bez ~u** (filter-)tipped/ plain cigarettes
filtrační filter; **f. papír** filter paper
filtrov|at filter ■ **~ání** filtering, filtration
Fin, ~ka Finn, Finnish man/ woman
finále 1 sport. final, finals 2 hud. finale
finalista finalist
financ|e finances; **ministr ~í** Minister of Finance; br. Chancellor of the Exchequer
financovat finance, pay for
finančn|í financial, of finance; **f. kruhy** financial circles; **f. otázka** question of finance ■ **~ě** financially, moneywise; **~ě na tom nejsem špatně** I am in a good financial position, I am well off (financially), hov. I am O.K. for money
finančník financier; *(znalec)* financial expert
finesa subtlety, nicety; *(trik)* finesse, trick
fingova|t *(nemoc* ap.*)* feign, fake ■ **~ný** fake(d)

Finsko Finland
fin|ský, ~ština Finnish
finta 1 trick, *(lest)* ruse, subterfuge **2** sport. feint
fintit dress sb up ■ **f. se** doll o.s. up, get* into one's glad rags
fintivý *(muž)* foppish, flashy, *(žena)* showy, clothes-conscious
firm|a 1 company, firm; *(malá)* business; **majitel ~y** owner of the company n. business; **speditérská f.** removal business, removals; **bankovní f.** banking house **2** *(název)* (company) name; *(štít)* sign
fistule *(hlas)* falsetto
fiší jabot
fit fit; **být f.** *(být ve formě)* be in (good) form, be fit; **udržovat se f.** keep* fit
fixace psych. fixation; fot. fixing; lék. *(zlomeniny)* immobilization
fix felt tip, felt-tip pen, felt-tipped pen
fixlovat cheat, *(šidit)* be on the fiddle
fixní *(plat, náklady)* fixed; v. též **idea**
fixov|at 1 *(citově)* **je ~án na matku** he has a fixation on his mother **2** fot. fix **3** lék. *(zlomeninu)* immobilize
fízl hov. snooper, *(placený špicl)* informer; *(detektiv)* sleuth, *(soukromý)* private eye
fjord fiord
flák hov. *(masa, sýra, chleba)* hunk
flákač loafer, idler, slacker
flákárna loafing about, idling
flákat 1 f. práci work sloppily, do slipshod work, be sloppy in one's work **2 f. se** loaf n. hang* about, fritter one's time away; **f. se po hospodách** hang about in pubs
flakón flacon, small bottle (with a stopper), *(laboratorní)* flask
flám hov. binge, spree, booze-up; **jít na f.** go* on a binge n. spree, hov. go out on the town, paint the town red
flámovat srv. **flám**
flanel flannel
flašinet barrel organ; *(menší)* hurdy-gurdy
flašinetář organ-grinder
flaška v. **láhev; prázdná f.** empty (bottle)
flegma apathy, lethargy
flegmati|cký phlegmatic, unruffled, imperturbable, *(apatický)* impassive, ■ **~čnost** imperturbability, impassiveness; *(v nebezpečí)* sang-froid
flegmatik phlegmatic person
flek 1 *(záplata)* patch **2** *(skvrna)* splodge, patch; *(špinavý)* stain **3** *(v kartách)* double; **dát ~a** (to) double
flekatý *(šaty: zašpiněné)* stained; *(kůže)* spotty; *(zvířecí)* spotted, dappled
flétna flute
flexe jaz. inflexion
flink, ~at (se) v. **flákač, flákat (se)**
flint|a gun; **hodit ~u do žita** throw* in the towel, throw in one's hand, hov. chuck it in
flirt flirtation, affair
flirtovat (s with) flirt, dally, have a light-hearted affair; přen. **f. s myšlenkou** toy with an idea
flór₁ gauze; *(smuteční)* veil
flór₂: být ve ~u *(v módě)* be in fashion n. vogue, hov. be all the rage; *(na vrcholu)* be in one's prime
flóra flora
flotila voj. flotilla; *(rybářská)* fleet; **obchodní f.** merchant navy
floutek dandy, fop, *(bohatý)* hov. toff
fluktuace *(cen)* fluctuation; **f. zaměstnanců** high turnover of labour
fluktuant drifter, am. floater
fluór fluorine
fluorescen|ce fluorescence
fňukat 1 *(brečet)* whimper, whine **2** *(stěžovat si)* moan, hov. belly-ache
fňukavý whiny; *(stěžující si)* grouchy, bellyaching
fofr hov. *(spěch)* rush; *(honba za čím)* scramble (for); *(zmatek též)* hustle and bustle, commotion
foliant folio (book)
fólie *(plastická)* clingfilm, (plastic) film; **hliníková f.** tinfoil, kitchen foil
folio, ~vý folio; **~vé vydání** folio edition
folklór folklore
fond 1 *(rezerva)* fund; **Mezinárodní měnový f.** the International Monetary Fund; **pensijní f.** pension fund; přen. *(muzejní, knihovní)* collection **2 ~y** funds, capital; **získat na co ~y** raise the funds for sth; **tajné ~y** secret funds
fonendoskop stethoscope
fonetický phonetic; **f. přepis** phonetic transcription
fonetika phonetics
fonologický phonological
fonologie phonology
fontána fountain
form|a 1 *(tvar, podoba)* shape, form; **ve ~ě trojúhelníku** in the shape of a triangle; **v té či oné ~ě** in one form or another; **ve všech ~ách**

in all forms **2** *(slévárenská)* mould; *(na pečení)* baking tin n. am. pan **3** *(podoba)* **~y energie/ života** forms of energy/ life; **~y myšlení** modes of thought; **obsah a f.** content and form **4** *(sportovní, tělesná)* form, fitness, shape; **být ve ~ě/ z ~y** be fit n. in form/ be out of n. off form; **být ve skvělé ~ě** be in great form n. shape **5** *(společenská)* proprieties, manners, conventions; **zachovávat společenskou ~u** observe the proprieties

formac|e voj., geol., pol. formation; **bitevní f.** battle formation; **létání ve ~ích** formation flying

formalín formalin

formalismus formalism

formalist|a, ~ický formalist

formali|ta *(celní* ap.*)* formality; **je to pouhá f.** it is a mere formality; **bez dalších ~t** without any further ado

formáln|í formal; *(člen)* nominal; právn. *(námitka)* technical; *(povrchní)* perfunctory ■ **~ě** formally; **~ě se lišit** differ in form ■ **~ost** formality; **beze vší ~osti** without standing on ceremony

formát 1 *(papíru, knihy)* size, format; **kniha kapesního ~u** pocket-size book **2** přen. stature, calibre; **vědec velkého ~u** a scientist of high calibre; **je to f.** he/she is a man/woman of stature n. distinction, he/she is a distinguished man/ woman

formička *(na pečení)* (pastry) cutter

formovat form, shape, mould; **f. čí charakter/ osobnost** form n. shape n. mould sb's character/ personality; techn. *(materiál)* mould ■ **f. se** *(nabývat formy)* take* shape

formulace formulation, turn of phrase

formulář form, am. blank; **vyplnit f.** fill in n. out a form

formule 1 chem., mat. formula **2** *(přísahy* ap.*)* formula, wording; **zdvořilostní f.** polite phrase n. formula ♦ **závod f. 1** formula-one race

formulov|at 1 word, phrase, *(písemně)* couch in writing; **f. smlouvu** word a contract; **je to dobře ~áno** it is well formulated n. put **2** *(vědecký zákon)* define

fortel *(dovednost)* skill, skilfulness; *(zručnost)* dexterity, deftness

fóru|m forum; **na veřejném ~** before the public, in public

fosfát phosphate

fosfor phosphorus

fosforeskování phosphorescence

fosforesk|ovat phosphoresce ■ **~ující** phosphorescent

fosil|ie, ~ní fossil

fošna (thick) plank

fotbal football; br. hov, am. též soccer

fotbalista footballer, football n. soccer player

fotbalový football, soccer

fot|ka, ~o photo, snap(shot); **udělat ~ku** take* a photo

fotoalbum photograph album

fotoaparát camera

fotoateliér (photographic) studio

fotobuňka photoelectric cell

fotogenický photogenic

fotograf photographer; **amatérský f.** amateur photographer

fotografick|ý photographic; **~á paměť** total recall, photographic memory

fotografie 1 *(obor)* photography; **letecká f.** aeriel photography **2** photograph, photo, picture, *(záběr)* shot; *(momentka)* snapshot

fotograf|ovat photograph, take* photos; **dát se f.** have one's picture taken ■ **špatně se ~uje** he/ she does not photograph well

foto|kopie photocopy; *(~statická)* photostat, *(xerografická)* xerox

fotolaboratoř photographic laboratory

fotomodelka (photographer's) model, *(objevující se na obálce časopisu)* cover girl

fotomontáž photomontage

foukač glass-blower

fouk|at 1 *(vítr)* blow*; **~á ostrý vítr** there's a sharp wind (blowing); **f. do ohně** blow into the fire ♦ **odtud tedy ~á vítr** so that's the way the wind blows **2 f. sklo** blow glass **3 f. na flétnu** play the flute ♦ **f. si** be stuck-up, be swollen-headed

fouknout 1 v. **foukat 2** hov. *(zmizet)* make* off, sl. beat* it

fouňa show-off, braggart, conceited person

fouňovský conceited, puffed-up

fous beard; **na f.** *(přesný* ap.*)* to a T; **bručet si co do ~ů** mutter sth under one's breath

foyer foyer, *(hotelu, divadla* též*)* lobby

fragment fragment; **~y rozhovoru** snatches of conversation

fragmentárn|í fragmentary ■ **~ě** in fragmentary form

frajer 1 *(milý)* boyfriend **2** *(parádník)* fop; **těžký f.** zvl. am. a heavy swell

frajerka 1 *(milá)* girlfriend **2** *(parádnice)* fashion plate

frajersk|ý flashy ♦ **~y oblečený** dressed in

flashy clothes

frak tailcoat, tails ♦ **dát komu na f.** give* sb a thrashing

frakce 1 *(parlamentní)* parliamentary party; *(uvnitř pol. strany)* faction, splinter group 2 chem. fraction

frakcionář dissenter

frakcionářství factionalism

frakční factional

fraktura 1 lék. fracture 2 polygr. Gothic print

Francie France

Francouz, ~ka Frenchman, French boy/ Frenchwoman, French girl; **(on/ ona) je Francouz/ ~ka** he/she is French; hrom. **~i** the French

francouz|ský, ~ština, franština French; **f. klíč** monkey wrench, adjustable spanner

francovka v. **alpa**

frank franc

franko *(na dodávce)* carriage paid

franko|vat stamp; *(~typem)* frank ■ **~vání** franking

frapantní striking; **f. rozdíl** a striking difference

frašk|a farce i přen.; **volby byly (pouhou) ~ou** the elections were (no more than) a farce

fraškovitý farcical, burlesque; **f. humor** slapstick humour

fráter círk. monk

fráze hud. phrase; *(rčení)* saying; hanl. platitude; **prázdná f.** hollow n. empty phrase; **otřepaná f.** cliché, hackneyed phrase; **to jsou jenom f.** that's just empty talk, that's just hot air; **mlít jen samé f.** churn out one platitude after another

frazeologický phraseological

frazeologie phraseology

frázista windbag

frázovat hud. phrase

frázovit|ý empty, hollow, *(banální)* trite ■ **mluvit ~ě** speak* in platitudes ■ **~ost** *(bombastičnost)* grandiloquence; hov. claptrap

fregata frigate

frekven|ce 1 odb. frequency; **f. sítě** mains frequency; **f. vlny** frequency (range) 2 **f. výskytu** frequency (of occurrence) 3 *(provoz)* traffic, *(rozsah)* volume of traffic; **řídit ~ci** regulate the (flow of) traffic

frekvenční frequency

frekventant *(kursu* ap.*)* participant

frekventovan|ý *(ulice)* busy; *(hospody, lázně)* patronized; **silně ~é ulice** streets with a lot of traffic, busy streets

frenetický frenetic, frantic, frenzied; **f. potlesk** frenzied applause

fresk|a, ~ový fresco; **~ová malba** painting in fresco

fréz|a, ~ka *(na kovy)* milling machine; **půdní f.** br. rotovator, am. rotary plow

frézař milling-machine operator

frézov|at *(kov)* cut*, mill; *(dřevo)* shape, mould ■ **~ání** milling work; shaping n. moulding (work)

frivolní *(kluzký)* indecent, risqué

frkat, frknout 1 *(těžce dýchat)* breathe heavily, *(supět)* puff, pant; *(kůň)* snort; expr. *(traktor, motor)* chug 2 *(smrkat)* expr. snuffle, blow one's nose

front|a 1 *(domu)* front, frontage, face 2 voj. *(linie boje)* front, front line; *(bojiště)* front; **být na ~ě** be at the front; **služba na ~ě** front-line duty n. service 3 pol. front; **jednotná f.** united front 4 *(řada)* queue, am. line; **stát ve ~ě na lístky** stand* n. wait in a queue for tickets, queue n. line up for tickets 5 meteor. front

frontální frontal, head-on; **f. útok** frontal attack; **f. srážka** *(aut)* head-on collision

frontový: f. voják front-line soldier

froté terry (cloth); **f. ručník** terry n. Turkish towel

frťan hov. snifter, snort

fuč: být f. be gone; **další pětilibrovka je f.** there goes another fiver

fuč|et 1 blow*; **~í ostrý vítr** there is a sharp wind; *(o průvanu)* **tady strašně ~í** there's a terrible draft here 2 *(supět)* pant, gasp for breath

fuchsie fuchsia

fuj! *(při zápachu)* pooh!; *(jako výraz znechucení)* ugh!, yuck(y)!

fuk: je mi to f. I don't care a hoot n. two hoots, I don't give* a damn

fundamentální fundamental; *(otázka, výzkum* ap. *též)* basic, *(pravda též)* ultimate

fundova|t back up ■ **~ný** *(o vědecké práci)* **dobře/ špatně ~ný** sound/ unsound, well/ badly n. poorly researched

funět pant, puff; *(astmaticky)* wheeze

fun|govat 1 *(stroj)* work, function; *(systém)* operate; *(fontána)* play; *(auto)* **f. dobře/ špatně** perform well/ badly; **nef.** be out of order; *(stroj)* stand* idle 2 *(mít ~kci koho/čeho)* function as, serve as, *(o osobách též)* officiate as

funkc|e 1 *(úřad)* office, post, *(všeobecně)* job; **f. prezidenta (republiky)** the office of the president; **zastávat význačnou ~i** hold* a prominent post; **zastává dvě f.** přen. he wears* two hats;

mít ~i *(ve výboru)* sit* on a committee 2 *(úloha, účel)* function též mat.; **adjektivum má ~i ...** the function of an adjective is ... 3 *(fungování)* working, functioning
funkcionář official
fun|kční 1 *(účelový)* functional, practical; **f. jazykověda** functional linguistics 2 *(o ~gování)* **f. období** period in office; lék. **f. poruchy** functional disorders, malfunction
fůr|a 1 cart-load 2 přen. *(velké množství)* **f. peněz** loads of money; **vydělal ~u peněz** he made* a pot of money, sl. he made a packet n. a bomb
furiant 1 swank, show-off, *(chlubící se fyzickou sílou)* macho man; **dělat ~a** swank, show off 2 *an energetic Bohemian dance*
furiantský boastful, *(chlapácký)* macho
furiantství boastfulness, bravado, *(chlapácké vychloubání)* machismo
fúrie fury; přen. *(o ženě)* hellcat, termagant
fušer bungler, botcher; cobbler
fušerský slapdash, amateurish, *(práce též)* shoddy
fušerství shoddiness
fušeřina shoddy piece of work, botched job
fušk|a hov. 1 *(těžká práce)* grind, awful chore; **byla to f.** it was tough going 2 *(meľouch)* moonlighting job, work on the side; **chodit na ~y** moonlight, earn money on the side
fušovat *(do čeho)* dabble in n. at, tinker at n. with
futurum future (tense)
fúze *(podniků)* amalgamation, merger
fúzovat amalgamate, merge
fyzick|ý physical; **~á práce** manual work
fyzik physicist; *(student)* physics student
fyzika physics; **atomová f.** nuclear physics
fyzikální physical; **f. chemie** physical chemistry
fyziognomie physiognomy
fyziolog physiologist
fyziologický physiological
fyziologie physiology

G

g 1 *(písmeno)* **g** [dži:] 2 hud. **G dur** G major; **G moll** G minor
gala **I** subst. formal n. evening dress; **hodit se do g.** get* dressed n. dolled up **II** adj. **g. představení** gala performance
galaktický galactic
galán zast. n. iron. beau; suitor, *(všeobecněji)* boyfriend; **~ka** sweetheart, girlfriend
galanter|ie 1 *(obchod)* haberdasher's, haberdashery 2 *(~ní zboží)* haberdashery, fancy goods; am. notions; **kožená g.** leatherware
galantn|í gallant, *(dvorný)* courteous, *(kavalírský)* chivalrous ■ **~ost** chivalry, courtesy
galaxie galaxy
galej galley; **poslat/ odsoudit koho na ~e** condemn sb to the galleys ♦ přen. **~e** v. **fuška**
galejník galley slave
galerie 1 div. gallery 2 *(umění)* art n. picture gallery, am. též art museum
galicismus gallicism
galimatyáš *(slátanina)* gibberish
galoše galoshes
galuska tubeless bicycle tyre n. am. tire
galvanický galvanic; **g. článek** galvanic cell
galvanismus galvanism
galvaniz|ovat electroplate, techn. i přen. galvanize ■ **~ující řeč** an electrifying speech ■ **~ace** galvanization
gang gang
gangréna lék. gangrene
gangster gangster; *(podvodník ve velkém)* racketeer
gangsterství gangsterism
garancie *(záruka)* guarantee, warranty v. **záruka**
garanční; g. listina guarantee n. warranty certificate; **g. lhůta** term of guarantee n. warranty
garantovat warrant, guarantee
garáž garage; **dát vůz do ~e** put* the car in the garage, garage the car
garážmistr garage attendant
garážovat: g. vůz keep* the car in a/ the garage; **g. na dvoře** keep the car in the yard
gard|a 1 guard; *(stráž panovníka)* Guard(s), br. the Guards 2 **stará g.** the Old Guard; **je to konzervativec ze staré ~y** he's an Old-Guard Conservative
garde(dáma) chaperone
garderob|a 1 *(šatna)* cloakroom 2 *(šatstvo)* wardrobe, clothes; **mít velkou ~u** have an extensive wardrobe
gardista guardsman
gardový: g. důstojník Guards officer; **g. pluk** (regiment of) the Guards
garnitura 1 *(souprava)* set, suite; **g. prádla** set of (matching) underwear; **g. nábytku** suite of furniture; **vlaková g.** train 2 *(osob)* team
garsoniéra bachelor flat n. hov. pad; one-room flat n. pad; br. *(menší* též*)* bed-sitting room, bed-sitter, hov. bed-sit; am. studio apartment
gauč couch; *(též na spaní)* sofa bed, studio couch
gauner *(podvodník)* crook, scoundrel; *(nadávka)* rascal, *(hruběji)* bastard; žert. *(o dítěti)* little devil, scamp
gaunerství crookedness, criminal behaviour
gáz, ~a lék. gauze
gazela gazelle
gázový gauze; **g. obvaz** gauze dressing
gejzír geyser; přen. **g. slov** a torrent n. flood of words
gen gene
generace generation též přen.; **počítače druhé g.** second-generation computers
generační: g. problém generation problem; **g. rozdíl** generation gap
generál *(armádní)* general; let. br. air chief marshal; **velící g.** general n. commander in chief
generalita generals, hov. top brass
generalizov|at generalize ■ **~ání** generalization
generálka 1 div. dress rehearsal 2 *(oprava)* overhaul
generálmajor major general; let. br. air vice-marshal, am. major general
generální general; **g. stávka** general strike; **g. zkouška** dress n. the final rehearsal; **g. ředitel** br. Managing Director, Chief Executive, am. president of the board, general manager; voj. **g. štáb** general staff; **g. tajemník** general secretary
generálporučík lieutenant general, let. br. air marshal, am. lieutenant general
generátor generator
generátorový: g. plyn producer gas
genetický genetic
genetik geneticist
genetika genetics
genialita brilliance, brilliancy, genius
geni|ální brilliant; **g. nápad** brilliant idea, stroke of genius; **g. člověk** genius ■ **~álnost** v. **~alita**
genitálie the genitals; euf. (the) private parts, hov.

privates
genitiv genitive (case)
génius genius, *(o dítěti* též*)* prodigy; *(velmi nadaný člověk)* wizard; **šachový g.** chess wizard
genocida genocide
genov|ý: ~é inženýrství genetic engineering
geodézie geodesy
geofyzika geophysics
geolog geologist
geologie geology
geologický geological
geometr (land) surveyor
geometrick|ý geometrical; **~á řada** geometric(al) progression; **obyvatelstvo roste ~ou řadou** the population is increasing on an exponential curve, the population is increasing by a geometrical progression
geometrie geometry; **deskriptivní g.** descriptive geometry; **rovinná g.** planimetry; **prostorová g.** stereometry
geopolitika geopolitics
germanismus jaz. Germanism
germanista German scholar; *(student)* German student
germanistika German Studies
germaniz|ovat Germanize ■ **~ace** Germanization
germanofil Germanophile
germanofob Germanophobe ■ **~ie** Germanophobia
germánský Germanic; hist. též Teutonic
gerundium gerund
ges hud. G flat; srv. též *(písmeno)* **g**
gestikulace gesticulation, gesturing
gestikul|ovat gesticulate ■ **~ování** v. **~ace**
gesto gesture též přen.; **prázdné g.** empty gesture
ghetto ghetto
gigant giant též přen.; **průmyslový g.** an industrial giant
gigantick|ý gigantic, colossal; **~á organizace** a mammoth organization
gilotin|a guillotine; **popravit ~ou** (to) guillotine
girlanda garland, festoon
gis hud. G sharp; srv. též *(písmeno)* **g**
gladiátor gladiator
gladiola gladiolus, pl. ~li n. ~luses
glazé glacé leather; **g. rukavičky** kid gloves
glazura glaze, *(na kovech)* enamel, *(dortu)* icing, am. frosting
glazurovat *(keramiku)* glaze, *(pečivo)* ice
globální 1 *(celkový)* global; *(částka)* total, aggregate 2 *(povšechný)* general
glóbus globe
gloriola halo, nimbus též přen.
glosa *(vysvětlující)* gloss, note; *(v rozhlase, televizi)* comment
glosář glossary
glosovat 1 *(text* ap.*)* gloss 2 rad., tel. comment
glukóza glucose
glycerín, ~ový glycerin(e)
gobelín Gobelin (tapestry)
gól goal; **vlastní g.** own goal; **vyrovnávací g.** equalizer; **dát/ vsítit g.** score a goal; **to je teda g.!** *(to je dobré!)* that's a good one!
golf golf; **hrát g.** play golf; **hráč ~u** golfer
golfov|ý golf; **~é hřiště** golf course
Golfský proud (the) Gulf stream
gondola gondola
gondoliér gondolier
gong gong; *(při boxu)* bell; **úder ~u** stroke of the gong
gordický: g. uzel the Gordian knot ♦ **rozetnout g. uzel** cut* the Gordian knot
gorila gorilla; *(osobní strážce)* (a) heavy
gotický *(styl)* Gothic
gotika Gothic (style); *(období)* Gothic period; **raná/ vrcholná/ pozdní g.** early/ high/ late Gothic (style)
gótský hist. Gothic
gótština jaz. Gothic
grácie *(půvab)* grace
graciézní *(tanečnice, pohyby* ap.*)* graceful
graf graph, diagram; *(přehledná tabulka cen* ap.*)* chart
grafick|ý graphic; *(schéma)* diagrammatic; **~á úprava** *(tisku)* typographical design
grafik graphic artist, graphic designer
grafi|ka graphic arts; *(~cká stránka čeho)* graphic design
grafikon flowchart, flow diagram
grafit graphite
grafolog graphologist
grafologie graphology
gram gram, gramme
gramatický grammatical
gramatika grammar; *(kniha)* grammar (book); **srovnávací g.** comparative grammar
gramofon record player
gramorádio zast. radiogram
gramotn|ý literate, able to read* and write* ■ **~ost** literacy
granát$_1$ miner. garnet; **český g.** Bohemian ruby

granát$_2$ voj. grenade; **ruční g.** hand-grenade; **protitankový g.** anti-tank grenade; **slzotvorný g.** tear-gas grenade; **tříštivý g.** shrapnel shell
granátovník bot. pomegranate tree
granátov|ý$_1$ voj. grenade; **~á střepina** grenade splinter
granátov|ý$_2$ bot. **~é jablko** pomegranate
grand hist. nobleman; *(španělský, portugalský)* grandee; **dělat ~a** *(utrácet)* throw* money about right, left and centre
grandiózn|í *(dům, nápad)* grandiose; *(majestátní)* majestic; *(působivý)* magnificent, imposing; **g. úspěch** a huge success ■ **~ost** grandiosity
granit, ~ový granite
granul|ovat granulate ■ **~ace** granulation
grapefruit grapefruit; *(strom)* grapefruit tree
gratis free (of charge)
gratulac|e congratulations (**k** on); **dostat od koho ~i** receive sb's congratulations
gratulant well-wisher
gratul|ovat: g. komu congratulate sb, offer one's congratulations to sb (**k** on); **srdečně ~uji!** congratulations!; **to ti tedy ~uji!** též iron. well done!; **~uji k povýšení!** congratulations on your promotion!; **~uji (ti) k narozeninám** Happy Birthday, Many Happy Returns of the Day! ■ **g. si** congratulate o.s., hov. pat o.s. on the back
gravidita pregnancy, odb. gravidity
gravitace gravitation, *(síla)* též gravity
gravitační gravitational, of gravity; **g. síla** gravitational force; **g. zákon** the law of gravity
gravitovat gravitate
grázl scoundrel; *(silněji)* bastard; *(podvodník)* crook
gregoriánský Gregorian; **g. kalendář/ zpěv** Gregorian calendar/ chant
grešl|e: nestojí to (ani) za zlámanou ~i it is not worth a brass farthing
gril grill
grilova|t grill ■ **~né kuře** grilled chicken
grimas|a grimace, face; **dělat ~y na koho** pull faces at sb, grimace at sb
griotka cherry brandy
grobián boor, lout ■ **~ství** *(neotesanost)* coarseness; *(brutalita)* roughness; *(neslušnost)* rudeness
grog grog; *(whisky a horká voda)* toddy
Grónsk|o Greenland; **obyvatel ~a** Greenlander
groš přen. penny, am. cent; **nemít ani g.** not to have two pennies to rub together; **být bez ~e** be penniless; **vydělat si nějaký g.** earn (o.s.) a few pence n. am. cents, earn (o.s.) a bit of pocket n. pin money
groteska *(kreslená)* cartoon; *(němý film)* silent-screen comedy; *(rozpustilá komedie)* tel., film slapstick
groteskní grotesque; *(absurdní)* preposterous, *(k smíchu)* ridiculous
gruntov|at spring-clean ■ **~ání** spring-clean(ing)
Guatemala Guatemala
Guatemal|ec, ~ka, g~ský Guatemalan
guláš goulash; přen. *(nepořádek)* mess; **udělat z něčeho g.** make* a mess of sth; **udělat z koho g.** *(zmlátit ho)* beat* the living daylights out of sb
guma 1 *(pryž)* rubber; **pěnová g.** foam rubber **2** *(prádlová)* elastic; *(mazací)* rubber, am. eraser; *(pneumatika)* tyre, am. tire; **arabská g.** gum arabic; **žvýkací g.** chewing gum
gumák *(plášť)* waterproof, br. mac(k)
gumáky wellington boots, hov. wellies, gum n. rubber boots
gumárna rubber factory
gumička rubber n. elastic band
gumovat 1 *(vymazávat)* rub out, erase **2** *(pogumovávat)* gum
gumovník rubber tree
gumový *(boty, hadice, zboží)* rubber, *(punčocha, šle)* elastic; *(nafukovací)* inflatable
gurmán gourmet
gust|o 1 taste; **podle mého ~a** to my taste ♦ **proti ~u žádný dišputát** there's no accounting for tastes **2** *(požitek)* gusto, *(zaujetí)* enthusiasm, zest; **udělat něco s ~em** do sth with gusto; **pracovat s ~em** work with enthusiasm n. zest
guvernantka governess
guvernér governor
gymnasta gymnast
gymnastický gymnastic
gymnastik|a gymnastics; **duševní g.** mental gymnastics; **pěstovat** n. **dělat ~u** do gymnastics
gymnázium ≅ br. grammar school, am. high school
gynekolog gynaecologist
gynekologický gynaecological
gynekologie gynaecology

H

h *(písmeno)* h [ejč]; hud. B; *(stupnice)* **H dur** B major; **h moll** B minor

Haag The Hague

habaděj hov. *(místa, peněz* ap.*)* plenty of, an abundance of, *(v postpozici)* galore; **mají peněz h.** they are rolling in money

Habeš Abyssinia

Habeš|an, ~anka, h~ský Abyssinian

habilitace "habilitation", *(postdoctoral university teaching qualification)* ≅ higher doctorate

habilitační: h. spis "habilitation" thesis

habilitovat se *(qualify as university lecturer – in Czechoslovakia as „docent")* ≅ take* a higher doctorate

hábit 1 *(mnišský)* habit 2 expr. clothes; **sváteční h.** one's Sunday best

habr hornbeam

Habsburk Hapsburg; **~ové** the Hapsburgs

habsburský Hapsburg, of the Hapsburgs; **h. rod** the Hapsburg dynasty

háček 1 *(malý hák)* small hook; **rybářský h.** fish hook 2 *(na zapínání)* hook, fastener; **h. a poutko** hook and eye 3 *(k háčkování)* crochet hook 4 jaz. háček, am. též wedge 5 *(potíž)* **má to jeden h.** there's a snag n. hitch, there is a fly in the ointment; **tak v tom je ten h.** there's the rub

háčkov|at crochet ■ **~ání** crocheting, crochet work

had snake, kn., bibl. *(zvl. větší druhy)* serpent; přen. **hřát si ~a na prsou** nurse a viper in one's bosom

hádank|a 1 riddle; *(hlavolam)* puzzle; **dát komu ~u** ask sb a riddle; **vyluštit ~u** solve a riddle 2 *(záhada)* riddle, enigma, mystery; **pro policii to bylo ~ou** it was mystery n. an enigma to the police, it baffled the police

hádankář puzzle-solver

hád|at 1 *(dovtípit se)* guess; **h. správně/ špatně** guess right/ wrong; **~ej proč/ kdo?** guess why/ who? 2 *(odhadovat)* estimate; **kolik (let) mi ~áte?** how old do you think* I am?; **~al bych jí 60** I'd put* her age at 60 3 *(věštit)* **h. z ruky** read* sb's palm, tell* fortunes; **dát si h.** have one's fortune told ■ **h. se** 1 *(mít rozpory)* argue, *(mírněji)* quarrel, squabble, *(manželé též)* fight*, have a row; **už se zase ~ali** they had another row 2 **h. se o co** argue n. quarrel about sth; **h. se o slovíčka** quibble over words, přen. split* hairs ■ **~ání** 1 *(hádanek)* guessing game; *(odhadování)* guesswork 2 v. **hádka**

hádav|ý quarrelsome; *(agresívně)* belligerent; *(hašteřivý)* cantankerous; **~á manželka** nagging wife ■ **~ost** cantankerousness, irritability

hadí snake; **h. jed** snake poison n. venom; **h. uštknutí** snake-bite; **h. žena** contortionist

hadice hose, *(v zahradě též)* hosepipe, garden hose; **hasičská h.** fire hose

hádk|a argument, quarrel, *(méně intenzívní)* squabble; *(mezi manžely též)* row, fight; **vyvolat** n. **začít ~u s kým o čem** pick a quarrel with sb about n. over sth

hadovitý *(cesta, řeka)* serpentine, winding; *(řeka též)* meandering

hadr 1 *(na podlahu)* floorcloth; *(na prach)* duster; **h. na nádobí** dish n. tea towel; **h. na boty** shoe cloth n. duster 2 *(kus ~u)* rag, *(cár)* tatter; **oblečený v ~ech** dressed in rags and tatters; **roztrhat na ~y** tear* sth to shreds 3 **~y** *(šaty)* togs

haf haf woof-woof, bow-wow

hafat bark

Haiti Haiti

Haiťan, ~anka, haitský Haitian

háj grove; **jdi do ~e!** get* stuffed!

hajan|y slumberland; **jít do ~** go* to the Land of Nod, *(děti)* go to beddy-byes, go to bye-byes

haj|at *(dítě)* sleep, be asleep; **jít h.** v. **~any**

hajdalácký *(člověk)* sloppy, *(málo pečlivý)* careless; *(práce)* slipshod, slapdash

hajdalák slob

hajdy: h. do postele! off n. away to bed with you!; **h. ven!** off with you (at the double)!

hájit 1 *(názor)* uphold*, defend; **h. co proti komu** defend sth against sb 2 **h. koho** stand* up for sb, take* sb's part; **h. koho u soudu** conduct sb's defence, plead* sb's cause 3 *(své právo, zájmy* ap.*)* protect, look after ■ **h. se** defend o.s., stand up for o.s. (**proti** against); **h. svůj názor zuby nehty** stick* to one's guns

hajný gamekeeper

hájovna gamekeeper's lodge

hajzl can, bog; *(nadávka)* sod; **jdi do ~u!** go* and hang* yourself!, go to hell!, vulg. bugger off!

hák 1 *(k zavěšení)* hook; **řeznický h.** butcher's hook 2 *(bidlo)* boathook 3 box. **levý/ pravý h.** left/ right hook; **zasadit komu levý h.** land sb a left hook

háklivý *(člověk)* over-sensitive, hypersensitive (**na** to); *(nedůtklivý)* touchy; *(téma, otázka)* tricky
hákovitý hook-shaped
hákový: h. kříž swastika
hala 1 *(předsíň)* hall; *(hotelová)* lobby, vestibule **2** *(dílenská)* workshop; **nádražní h.** (station) concourse; **odjezdová/ příjezdová h.** departure/ arrivals lounge; **výstavní h.** exhibiton hall; **sportovní h.** sports hall; **plavecká h.** indoor swimming pool
halas noise; *(velký povyk)* din, racket
halasit make* a noise, *(silněji)* make a racket
halasný noisy, loud; *(reklama)* garish; *(zastánce)* vociferous
hald|a 1 *(hromada)* heap; **h. dřeva** pile n. stack of wood; horn. *(odval)* tip; *(strusková)* slag heap **2** přen. **~y** heaps of, loads of, tons of; **~y peněz** lots n. pots of money, money galore
halena smock; *(pracovní* též*)* overall, *(umělce)* frock
halenka blouse
haléř heller; **zaplatit komu do posledního ~e** pay* sb down to the last halfpenny; **nemá ani h.** he doesn't have a penny to his name; v. též **groš**
hal|it wrap; **mraky ~í vrcholky hor** mountain peaks are veiled n. enveloped in clouds ■ **h. se** wrap o.s. up (**do** in); **h. se v mlčení** withdraw* into silence
haló! telef. hullo!, hello!; *(na přivolání)* hey!, excuse me!
halogen, ~ový prvek halogen
halov|ý: h. sport/ ~é mistrovství indoor sport(s)/ championship
halucinace hallucination; **ty máš asi h.** you must be seeing* things; *(při narkomanii)* trip
halucinační hallucinatory
halucinogenní: h. droga hallucinogenic drug; sl. mind-blower, mind-expander
haluz|(e) branch, kn. bough; **~ka** twig, spray
halv, halvbek sport. half, halfback
hamižn|ý greedy, (obsessively) acquisitive ■ **~ost** greed
han|a: kydat ~u na koho sling* mud at sb, slander sb
hanb|a shame, disgrace; kn. ignominy; **udělat komu ~u** bring* shame on sb; **ke své ~ě** to my (eternal) shame; **to je h.!** *(je to hanebné)* this is a disgrace; **ta h.!** the shame of it!, **není ti h.?** aren't you ashamed of yourself?
hanbit se v. **stydět se**
handicap sport. handicap
handlova|t: já bych s tebou ne~l I would not like to be in your place n. position, I would not like to be in your shoes
hanebn|ý 1 shameful, disgraceful; *(zločin)* atrocious n. heinous; *(vražda)* foul; *(zrada)* shameless; *(lež)* shameful, outrageous **2** *(počasí)* awful, abominable, beastly **3** *(nekvalitní)* lamentable, deplorable ■ **chovat se ke komu ~ě** be mean n. vile to sb, behave disgracefully n. shamefully towards sb ■ **~ost** act of meanness; disgrace
han|ět, ~it 1 criticize, find* fault with **2** *(shazovat)* v. **~obit**
hangár let. hangar, shed
hanlivý defamatory, abusive; právn. libellous, *(o mluveném)* slanderous
hanob|it 1 *(nadávkami)* abuse, revile; *(parodovat)* lampoon; *(shazovat)* disparage, run* down; *(pomlouvat)* defame, *(ústně* též*)* slander; právn. libel **2** *(zneuctít)* dishonour, discredit; *(hrob)* desecrate; *(pomník)* deface; *(mateřskou řeč)* butcher, murder ■ **~ení** abuse, discrediting, disparagement; *(nactiutrhání)* vilification; *(očerňování)* smear
hanobitel defamer, libeller; desecrater
hanopis *(posměšný)* lampoon, *(kratší)* squib
hantýrka *(odborná)* (professional) jargon, expr. professional mumbo-jumbo; *(úřední)* officialese; *(novinářská)* journalese; *(zlodějská)* argot, slang
happy end happy ending
haraburdí, harampádí junk, flotsam and jetsam; *(okrasné)* bric-a-brac
harašit rustle; **h. zbraněmi** přen. rattle one's sabre, indulge in sabre-rattling
harcovat (se) *(z místa na místo)* knock about; **h. se po světě** knock about the world, roam the world
harém harem
harf|a harp; **hrát na ~u** play the harp
harfen|ík, ~ista; ~istka harpist
harlekýn harlequin
harmonick|ý hud. i přen. harmonious, hud. též harmonic; **~á řada** harmonic series; **~é vztahy** harmonious relations ■ **~y** harmoniously, in harmony
harmoni|e 1 hud. harmony **2** *(soulad)* harmony; **h. v rodině** domestic harmony n. bliss; **h. sfér** harmony of the spheres, celestial harmony; **žít**

v **~i** live in harmony
harmonika *(foukací)* harmonica, hov. mouth organ; *(tahací)* accordion, **knoflíková h.** button accordion, *(malá knoflíková)* concertina
harmonik|ář accordionist; concertina player v. **~a**
harmonikov|ý: ~é dveře folding door
harmonium harmonium
harmoniz|ovat harmonize ■ **~ace** harmonization
harmonogram progress chart, schedule, *(technologické schéma)* flow-sheet; **h. výroby** production schedule
harmonovat hud. harmonize; přen. *(barvy* ap.*)* harmonize, go* together
harpuna harpoon
harpunář harpooner
harpunovat harpoon
hartusit 1 *(spílat)* rant (and rave), bluster; **h. na koho** scold sb, *(proklínat koho)* curse sb 2 **h. na koho, aby ...** press sb hard to do sth
hasák 1 *(na trubky ap.)* alligator wrench 2 *(na zámky, kasařský)* jemmy
hasicí fire-fighting, fire; **h. přístroj** fire extinguisher
hasič fireman; **~i** the fire brigade
hasičský v. **požární**; **h. ples** firemen's ball
hasit 1 *(oheň)* put* out, extinguish ♦ **co tě nepálí, nehas!** mind your own business! 2 *(žízeň)* quench, slake 3 *(vápno)* slake ■ **hašené vápno** slaked lime
hasit si to *(auto)* whiz
hasn|out *(plameny, světla)* go* out ♦ **tím to ~e** (and) that's that, that's the end of it
hastroš scarecrow; **vypadat jako h.** be n. look like a scarecrow, look a sight, look a mess
hašé kuch. hash
hašiš hashish
hašteři|t se squabble, *(malicherně)* bicker; **neustále se ~li** they were always bickering
hašteřivec bickerer, quarrelsome person
hašteřiv|ý quarrelsome; *(nevrlý)* cantankerous; *(agresívní)* belligerent ■ **~ost** quarrelsomeness, cantankerousness, belligerency
hatit: h. komu plány thwart sb's plans ■ **h. se** fall* through
hatmatilk|a gibberish, double-dutch, lingo; **mluvit ~ou** talk gibberish n. double-dutch
háv garment; *(dlouhý)* robe, gown; *(kněžský)* vestments, (clerical) garb; *(slavnostní)* festive garb n. attire
Havana Havana; **h.** *(doutník)* Havana
Havaj Hawaii
havajsk|ý Hawaiian; **~á kytara** Hawaiian guitar
havárie accident, crash; **h. auta** car accident n. crash; **h. letadla** plane crash; **Černobylská h.** the Chernobyl disaster
havarijní: h. pojištění accident insurance; **h. služba** breakdown service; **být v ~m stavu** be in a state of disrepair, *(dům též)* be dilapidated; **dostat se do ~ho stavu** fall* into disrepair
havarovat *(auto)* crash, have an accident; **h. s letadlem** crash the plane
havěť 1 *(zvířata)* creatures; **myši a jiná h.** mice and other creatures 2 *(škodlivá)* vermin, pests
havíř miner, br. collier; *(v čelbě)* face worker
havířský miner's; **h. kahanec** miner's safety lamp
havířství mining
havran *(polní)* rook; *(vrána)* crow; *(krkavec)* raven
havraní raven('s), rook('s); **h. vlasy** jet-black hair; **žena s ~mi vlasy** a raven-haired woman
hazard 1 *(~ní hra)* gambling 2 *(~ní podnik)* risky n. hov. dicey business, gamble
hazardér gambler
hazardní *(odvážný)* reckless; *(čin)* risky; **h. hráč** gambler
hazardovat gamble též přen., take* risks; **h. se svým zdravím** gamble with one's health
házená handball
házenkář handball player
házenkářský *(zápas, oddíl* ap.*)* handball
ház|et 1 *(míčem, kamením, oštěpem)* throw*; *(kriketovým míčkem)* bowl; *(mincí k čáře)* pitch; *(diskem)* throw, toss; *(lopatou)* shovel; **h. bomby** lay* n. drop bombs; **h. seno** *(vidlemi)* pitch hay; **h. pažemi** swing* one's arms (about); **h. do sebe jídlo** shovel n. pack food into one's mouth; **h. čím po kom** throw sth at sb; **h. po kom sněhovými koulemi** pelt sb with snowballs ♦ **h. co na koho** přen. saddle n. burden sb with sth; **ne~ej na mne své starosti** don't dump your troubles on me; **h. po kom blátem** přen. sling* mud at sb n. at sb's name; **h. komu klacky pod nohy** put* a spoke in sb's wheel; **h. po kom očkem** n. **očima** make* eyes at sb; **h. kolem sebe penězi** spend* money right, left and centre; v. **hodit; flinta; hrách** 2 **h. sebou v posteli** toss and turn in one's bed, toss about restlessly in one's bed; *(o rybě)* **h. sebou na háčku/ v síti** wriggle on the hook/ in the net 3 *(hřídel)* chatter, run* untrue

hbit|ý *(pohyblivý)* agile, nimble; *(prsty též)* deft; *(jazyk)* quick, glib; *(odpověď)* prompt ■ **~ost** agility, nimbleness, glibness, promptness
hebk|ý soft, smooth; *(sametový)* velvety; *(mráčky)* fleecy; *(pleť)* smooth, creamy ■ **~ost** softness, smoothness
Hebrej|ec, ~ka, h~ský, h~ština Hebrew
hecovat provoke; **h. koho k čemu** incite sb to do sth; **h. koho proti komu** set* sb against sb
heč! děts. *(chlubení)* ha-ha!; *(trumfování)* so there!, see!
hedvábí silk; **přírodní/ umělé h.** natural/ artificial silk
hedvábnický: h. průmysl silk industry
hedvábnictví silk industry
hedváb|ný 1 *(z ~í)* silk; **~é šaty/ punčochy** silk dress/ stockings 2 *(jako ~í)* silky; **h. papír** tissue paper
hegemonie hegemony
hej! hey!, hoy!; **h. rup!** (yo-)heave-ho
hejl 1 bullfinch; **chytat ~y** stand* gaping n. gawping 2 *(trouba)* simpleton, dupe, sl. sucker, pushover 3 **mít ~la na nose** přen. have a red nose *(from frost* n. *through drink)*
hejno *(husí)* gaggle; *(ptáků)* flock, bevy; *(koroptví)* covey; *(delfínů)* school; *(ryb)* shoal; *(much)* swarm; přen. *(lidí)* crowd; *(hlučných žen)* gaggle; *(školaček)* covey
hejsek fop, peacock, zastaráv. dandy
hejskovský foppish
hekat pant; **h. a funět** puff and blow* n. pant
hektar hectare
hektolitr hectolitre
hele|(ď) look!; **h., už jde** look, he is coming*; *(při napomenutí dítěte)* **~ď, už dost!** now, be a good girl/ boy
helénský Hellenic
helikón helicon
helikoptéra helicopter
helium, hélium helium
helm|a, ~ice helmet; **tropická h.** tropical helmet
hemisféra hemisphere
hemoroidy haemorrhoids, piles
hemž|it se *(čím)* teem with, swarm with, crawl with; **rybník se ~í rybami** the pond is teeming with fish; **~ilo se tam lidmi** the place was teeming with people; **tady se to ~í muchami** this place is swarming with flies; **v salámu se to ~í červy** the salami is crawling with maggots; **tam se to ~í špióny** that place is riddled with spies
heraldický heraldic
heraldika heraldry
herbář herbarium
here|c/ ~čka actor/ actress; **filmový h./ filmová ~čka** film n. am. movie actor/ actress; **komický h./ komická ~čka** comedy actor, comedian/ comedienne
hereck|ý theatrical, dramatic; **~á společnost** theatrical company; **~é umění** dramatic art
herectví dramatic art
heretik heretic
hereze heresy
Herkules Hercules
herkulovsk|ý Herculean; **~á práce** Herculean task
hermafrodit hermaphrodite
hermelín ermine
hermetick|ý hermetic ■ **~y uzavřený** completely n. hermetically sealed off
herna gambling n. gaming club, casino
heroický heroic
heroin heroin
heroismus heroism
heřmánek camomile
hesl|o 1 slogan, *(vůdčí princip)* watchword; *(reklamní)* catchword; **transparent s ~em** banner 2 voj. password 3 *(slovníkové)* headword; *(vkladní knížky) (v Británii není)* ≅ secret number *(analogous to P.I.N. – personal identification number)*
heslovit|ý brief, in outline; **~é shrnutí** a brief outline ■ **~ě** briefly, in outline
heslov|ý: ~é slovo *(ve slovníku)* headword; **h. zámek** combination lock
heterogenn|í heterogeneous ■ **~ost** heterogeneity
hever aut. jack; **nadzvednout co ~em** jack sth up
hezk|ý 1 *(žena, dívka)* pretty, lovely; *(muž)* handsome; *(krásný/-á)* beautiful; *(půvabný, příjemný, zábavný)* lovely, delightful; **to od vás bylo/ nebylo ~é** that was/ wasn't (very) nice of you; **má ~é místo** she has a good position n. hov. job; **to je všecko ~é, ale** that's all very well but, that's all well and good but ♦ **dělat se ~ým/ ~ou** put* on airs 2 *(částka* ap.*)* considerable; **bude vás to stát ~é peníze** it will cost* you a pretty penny ■ **~y** 1 *(pěkně)* nicely; **~y koho obléci** dress sb nicely n. attractively, dress sb up; **mějte se** n. **bavte se ~y!** have a good time; **~y si odpočiňte!** have a good rest; **zítra bude ~y** the weather n. it will be fine tomorrow 2 *(náležitě)* **buď ~y hodný/-á!** be a good boy/

girl!; **buďte tu ~y tiše!** be nice and quiet! **3** *(velmi)* **~y mrzne** it's freezing cold; **~y daleko** quite a distance away, a long n. good way away

hezou|čký, ~nký pretty n. cute (little); **h. klobouček** pretty n. cute little hat; **~čká zahrádka** pretty little garden

hierarchick|ý hierarchical ■ **~y** hierarchically

hierarchie hierarchy

hieroglyf hieroglyph

hieroglyfický hieroglyphic

hihňat se giggle; *(potichu)* titter

Himaláje the Himalayas

himalájský Himalayan

hippie hippie, hippy, zast. flower child

hipodrom hippodrome

his hud. B sharp; srv. též *(písmeno)* **h**

hispanista Hispanist, Spanish scholar n. specialist; *(student)* Spanish student

hispanistika Hispanic studies

histolog histologist

histologie histology

historick|ý *(materialismus, gramatika, román)* historical; *(epochální)* historic; **~á událost/ bitva** a historic event/ battle; **h. oděv** period costume ■ **~y** historically; **~y cenná budova** ≅ a listed building

historie 1 *(dějiny)* history; **to už patří ~i** that's past history **2** *(příběh)* story; **to je dlouhá h.** it's a long story; **stará známá h.** the same old story

historik historian

historiograf historiographer

histork|a (little) story, tale; **legrační h.** funny story; **myslivecké ~y** hunting yarns n. tales, přen. fishermen's stories

hlad hunger; **mít (velký) h.** be (very) hungry; **mít hrozný h.** be ravenous n. famished; **mám h. jako vlk** I could eat* a horse; **dostat h.** get* hungry; **trpět ~y** go* hungry, starve; **zemřít ~y** starve to death, die of hunger n. starvation; **umírám ~y** *(mám velký h.)* I am starving, I'm dying of hunger ♦ **h. je nejlepší kuchař** hunger is the best sauce

hladin|a *(povrch)* surface; *(úroveň)* level; **h. podzemní vody** water table; **nad ~ou moře** above sea level; **ponorka vyplula na ~u** the submarine surfaced n. came* to the surface

hla|dit 1 stroke; *(laskat)* caress, *(mazlivě)* fondle; **h. koho po tváři/ po vlasech** stroke sb's cheek/ hair **2** techn. smooth, smoothen; *(leštit)* polish ■ **~zení 1** *(rukou)* stroking, caressing, fondling **2** techn. smoothing, polishing

hlad|ký 1 smooth; *(vlasy)* straight; *(svalstvo)* smooth; *(mouka; látka bez vzoru)* plain **2** *(bez komplikací)* smooth; **~ké přistání** smooth landing; **~ké vítězství** clear victory **3** *(úlisný)* slick; **h. jako úhoř** slippery as an eel; **~ká slova** glib words ■ **~ce 1 ~ce vyholený** clean-shaven; **plést ~ce** knit garter stitch **2 proběhnout ~ce** go* smoothly, go without a hitch, go swimmingly; **zvítězit ~ce** win* hands down ■ **~kost** smoothness; *(úlisnost)* slickness

hladomor famine

hladovět 1 go* hungry, starve; *(mít hlad)* be n. feel* hungry; **nechat koho h.** let* sb go hungry **2** přen. **h. po čem** hunger for n. after sth

hladovka hunger strike

hladov|ý 1 *(lačný)* hungry, *(trochu)* hov. br. peckish; **je h. jako vlk** he is so hungry he could eat* a horse **2 být h. po čem** be hungry for sth; **být h. po slávě** be hungry for fame **3** *(bídný)* **~á mzda** starvation wages; **~á existence** hand-to-mouth existence; **~á léta** hungry n. penurious years

hlahol: h. hlasů hubbub of voices; **h. zvonů** peal of bells; **h. trumpet** blare of trumpets

hlaholice Glagolitic (script)

hlaholit *(hlasy, zvony)* ring*; *(ozývat se)* ring out, resound, *(jako ozvěna)* echo; **h. čím** resound with sth

hlaholivý *(hlas)* resonant, *(silný)* booming; **h. smích** ringing laughter

hlas 1 voice; **tichým ~em** in a low voice; **hlubokým ~em** in a deep voice **2** hud. part; **první/ druhý h.** first/ second part; **ženský/ mužský h.** woman's/ man's voice; **být/ nebýt při ~e** be in good/ bad voice **3** *(zvuk)* **h. houslí** the sound of the violin **4** přen. **h. lidu** the voice of the people; **h. svědomí/ rozumu** the voice of conscience/ reason **5** *(volební)* vote; **dát komu svůj h.** cast* one's vote for sb, vote for sb, give* sb one's vote

hlásat *(evangelium)* spread*; *(propagovat)* promulgate; zvl. náb. proselytize

hlasatel 1 herald; **h. míru** herald n. harbinger of peace; *(evangelia)* preacher **2** rozhl., telev. announcer; am. *(koordinátor hlavních zpráv* n. *pol. diskusních programů)* anchorman; *(čtoucí zprávy)* newscaster, newsreader

hlásič: h. požáru fire alarm; **h. policie** (the) police box

hlá|sit report, announce; **h. oheň** report a fire; **h.**

co komu report sth to sb; **h. narození dítěte** register the birth of one's child (**u** with); **h. co úřadům** notify the authorities about sth ■ **h. se 1** *(ohlašovat se)* report, register, present o.s.; **h. se do služby** report for duty; **h. se kde** present o.s. at a place; **h. se jako nemocný** report sick; **h. se na policii** register with the police; **h. se v hotelu** register in a hotel; přen. **zima se ~sí** winter is setting* in **2** *(ve škole)* raise one's hand; **h. se dobrovolně** volunteer (**na** for) **3 h. se k čemu** *(k názorům)* advocate, profess; declare one's support for ■ **~šení** report, announcement; **podat o čem ~šení** report n. give* a report on sth

hlasit|ý loud; **h. smích** loud laughter ■ **~ě** *(křičet, smát se)* loudly; *(číst)* aloud; **říci co ~ě a jasně** say* sth out loud and clear; **~ě protestovat** raise a cry (**proti** against); **mluvte prosím ~ěji!** speak* up, please! ■ **~ost** loudness; *(síla zvuku)* volume

hlasivky vocal chords

hláska jaz. sound

hláskosloví jaz. phonology

hláskov|at spell ■ **~ání** spelling

hlasovací voting; **h. lístek** ballot n. voting paper; **h. právo** right to vote

hlasov|at vote, take* a vote; **h. pro/ proti komu/ čemu** vote for/ against sb/ sth; **h. tajně** have a secret ballot; **dát o čem h.** put* sth to the vote; **h. aklamací** vote by acclamation ■ **~ání** voting; *(tajné)* ballot; **~ání zdviženou rukou** show of hands

hlasov|ý vocal; **h. rozsah** vocal range; **~é ústrojí** vocal organs ■ **být ~ě indisponován** not to be in good voice

hlav|a 1 *(část těla)* head; **~u vzhůru!** chin up!, přen. cheer up; **umýt si ~u** wash one's hair; **stát na ~ě** stand* on one's head; **hvězdy nad ~ou** the stars overhead n. above; **až nad ~u** up to the chin; **o ~u vyšší** a head taller; **od ~y k patě** from head to foot, from top to toe; **po ~ě** head first n. foremost; **přes čí ~u** *(být povýšen)* over sb's head; **jeho slova mi zní v ~ě** his words are ringing* in my head ♦ **bít h. neh.** lash out left and right; **dát ~y dohromady** go* into a huddle; **postavit co na ~u** stand* facts on their heads; **přerůst komu přes ~u** *(o problémech)* be too much for sb; **věšet ~u** hang* one's head, přen. be downcast **2** *(rozum)* head, brains; **být padlý na ~u** be off one's head; **je to otevřená h.** hov. he has brains, he is brainy; **mít něco v ~ě** have plenty up top; hov. **mít ~u na jazyky** have a flair for languages; **nemá to v ~ě v pořádku, je padlý na hlavu** he has a screw loose, he is not quite right in the head **3** *(mysl)* mind, head; **dělat si těžkou ~u nad čím** fret n. worry over sth; **mít v ~ě jiné věci** have other things on one's mind; **mít plnou ~u starostí** have one's hands full; **mít svoji ~u** have a mind of one's own; **nemít ani ~u, ani patu** have neither rhyme nor reason; **nemít v ~ě nic než děvčata** think* of nothing but girls; **ztratit ~u** lose* one's head **4** *(paměť)* head, memory; **výpočty z ~y** mental calculations; **citovat z ~y** quote from memory **5** *(vůle, umíněnost)* **vzít si co do ~y** set* one's mind on (doing) sth, take* it into one's head to do sth **6** *(jednotlivec)* person, head; **na ~u** *(na osobu)* per head, per person, per capita; **kolik ~, tolik názorů** many men, many minds **7 h. rodiny/ státu** the head of the family/ of the state **8** *(život)* head; **riskovat ~u** risk life and limb; **jet h. neh.** ride* for a fall, ride headlong **9** techn. head, *(kola)* hub, *(upínací)* grip **10** *(mince)* **h. nebo orel** heads or tails

hlaveň barrel; **h. pušky** rifle barrel

hlavice 1 *(sloupu)* capital **2** voj. **výbušná h.** warhead; **atomová h.** atomic n. nuclear warhead

hlavičk|a 1 little head; **to je h.!, ten má ~u** he has brains, he is brainy **2** *(hřebíku, špendlíku)* head **3** fotb. header **4 h. dopisu** letterhead

hlávka: h. salátu/ zelí head of lettuce/ cabbage

hlávkový: h. salát lettuce

hlavn|í main, principal, chief; **h. silnice/ třída/ budova/ důvod** main road/ street/ building/ reason; **h. představitel/ dědic** principal actor/ heir; **h. zdroj/ znak** chief source/ characteristics; *(převládající)* predominant, prevailing; **h. předmět** *(studia)* main n. am. major subject; **h. kuchař** chef; **v ~ích rysech** in outline ■ **~ě** mainly, chiefly, principally; *(obzvláště)* especially, above all, in particular

hlavolam brain teaser

hlavoun *(pohlavár)* big shot, big noise, big cheese

hle! look; žert. *(výraz překvapení)* lo and behold!

hledáček fot. viewfinder

hled|at look for; *(usilovně)* search for; *(prošťourávat co)* rummage about in n. among in sth; **h. zločince** *(policie)* hunt for a criminal; **h. naftu** explore for oil; **h. výmluvu** search for an excuse; **h. slabiny v čem** pick holes in sth; **h.**

na kom chyby pick on sb ■ **~aný** 1 *(zboží, odborníci* ap.*)* sought* after 2 *(nepřirozený)* contrived, laboured ■ **~ání** search, quest (for); **~ání pravdy** search for truth

hled|ět 1 *(na koho/ co)* look at, *(pozorovat)* watch; *(dlouze)* gaze at; *(upřeně)* stare at; *(zlostně)* glare n. glower at; **h. na koho vzdorně/ pohrdavě** look at sb defiantly/ scornfully 2 *(v povelech)* **vpravo/ vlevo/ přímo hleď!** eyes right/ left/ front! 3 *(s neos. podmětem)* **z očí mu ~í závist/ zlost** envy/ annoyance is written* n. kn. n. iron. writ large all over his face 4 **h. na koho jako na nepřítele** consider n. regard sb as an enemy; **~í na mne jako na netvora** I am a monster in her eyes 5 *(o oknech)* face; **okna mého pokoje ~í do ulice** the windows of my room face n. look onto the street 6 **ale hleďme!** well, well!; **hleďte, aby** mind that, see* to it that ♦ **h. si svého** mind one's own business; **h. si koho/ čeho** take* care of sb/ sth

hledí 1 *(pušky)* sight 2 *(přilbice)* visor ♦ **bojovat s otevřeným ~m** fight* with an open visor

hledisk|o point of view, standpoint; **z tohoto ~a** from this standpoint n. point of view

hlediště auditorium

hlemýžď snail; kuch. též escargot; **vléci se jako h.** go* n. crawl at a snail's pace

hlen lék. mucus; **nosní h.** nasal mucus; hov. snot; *(při kašli)* phlegm

hlenový mucous

hlesnout: ani neh. be as quiet as a mouse

hlídací: h. pes watchdog

hlídač watchman; *(v muzeu, na parkovišti)* attendant; **noční h.** night watchman

hlídat 1 *(opatrovat)* guard, watch over; *(chránit)* protect; *(starat se o)* look after, *(děti* též*)* mind 2 *(střežit)* **h. vězně** guard prisoners 3 *(sledovat koho)* keep* an eye on; *(policie)* keep sb under surveillance; *(radarem)* monitor; **h. si váhu** watch one's weight

hlíd|ka 1 *(~kování)* guard duty; **být na ~ce** be on guard; **držet ~ku u koho** keep* guard over sb, watch over sb 2 *(strážce, strážci)* voj. guard, sentry; **policejní h.** police patrol; **průzkumná h.** reconnaisance patrol; **předsunutá h.** advance guard; **stávková h.** strike picket 3 *(sloupec v novinách)* column; **sportovní h.** sports column

hlídk|ovat patrol, be on patrol; **h. v ulicích** patrol the streets; srv. též **~a**

hlín|a clay; **hrnčířská h.** potter's clay; **pálená h.** baked clay; **ohnivzdorná h.** fire clay; **vymazat ~ou** clay up; **modelářství z ~y** clay modelling

hliněn|ý earthen, earthenware, clay; **~é zboží** earthenware; **h. holub** clay pigeon; **stát na ~ých nohou** have feet of clay

hliník aluminium, am. aluminum

hlinit|ý 1 clayey; **~á půda** clay soil 2 chem. aluminium; **kysličník h.** aluminium oxide; **octan h.** aluminium acetate

hlíst earthworm; *(střevní)* tapeworm

hlíza bot. i lék. tuber

hlíznatý tuberous

hlod|at: h. kost *(o psovi)* gnaw at a bone; přen. **h. komu v mozku** prey on sb's mind; **~á ho svědomí** he has pangs of conscience

hlodavec rodent

hlodav|ý: ~á bolest/ ~é pochybnosti nagging pain/ doubts

hloh hawthorn

hlomoz- v. **lomoz-**

hloub: v ~i duše in one's heart of hearts, deep down; **z ~i duše** from the bottom n. depth of one's heart

hloub|at *(o čem)* think* n. ponder over; *(bolestínsky)* brood about ■ **~ání** meditation, rumination

hloubav|ý analytical, *(zvídavý)* inquiring

hloubit: h. jámu make* n. dig* (out) a hole; **h. studnu** dig n. bore n. sink a well; **h. šachtu** sink* a mine shaft

hloubka depth; *(myšlenek)* profundity; fot. *(obrazu)* depth; **prostudovat co do ~y** study sth in depth

hloubkoměr depth gauge

hloubkový: h. rozbor an in-depth study

hlouč|ek small group, band; **~ky lidí** small groups of people; **malý h. pozůstalých** a little band of mourners

hloup|nout 1 grow* n. become* stupid 2 *(dělat ~osti)* play the fool, clown around

hloupost 1 *(vlastnost)* stupidity, foolishness; v. **hloupý** 2 *(jednání)* silly n. stupid thing (to do), (act of) folly; *(chyba)* blunder; **tos udělal h.** that was a silly n. foolish thing to do; **neříkej takové ~i!** don't talk such nonsense n. hov. rot!; **ruce vzhůru a žádné ~i!** hands up and no funny business! 3 *(maličkost)* trifle, a little something

hloupoučký naive, simple(-minded)

hloup|ý 1 *(neinteligentní)* stupid; hov. thick, am. dumb; empty-headed; **je h. až to bučí** he is too stupid for words; **ten není h.** he is no fool 2 *(pošetilý)* silly, stupid, foolish, br. daft; **dělat**

~ého pretend not to know* (anything about it) ♦ **h. ~ého hledá** one fool makes* many ■ **~ě** **1** stupidly, densely; **neptej se tak ~ě!** don't ask such silly questions **2** *(pošetile)* stupidly, foolishly

hlt **1** draught, swallow; *(malý)* sip; *(velký)* gulp; *(pořádný:* zvl. *alkoholu)* swig **2** *(trochu)* some, drop, spot; **h. vína** a drop n. a spot of wine

hltan gullet, odb. pharynx

hltat *(hladově)* devour, wolf, *(po kusech)* gulp (down), gorge on; přen. *(knihu)* devour, swallow

hltavec glutton, hov. greedy-guts

hltav|ý gluttonous, greedy též přen.; *(hrabivý)* rapacious ■ **~ost** gluttony, rapaciousness

hlubina depth(s); **h. lesa** the depth of the forest; **mořská h.** the depth of the ocean

hlubinn|ý: ~é dolování underground mining

hlubo|ký **1** *(propast, kořeny, řeka)* deep; **h. talíř** soup plate; **h. tři metry** three metres deep; **šaty s ~kým výstřihem** low-cut n. low-necked dress **2** přen. *(myšlenky)* profound; *(spánek)* deep, sound; *(noc)* deep **3** *(hlas)* deep, low-pitched; *(nota)* low ■ **~ko** **1** deep; **zabořit se ~ko do sněhu** sink* deep into the snow **2** **~ko do noci** far into the night; **~ko v lesích** deep in the woods ■ **~ce** *(dojat)* deeply, profoundly; *(přesvědčen)* utterly

hlubotisk gravure (printing)

hlučet make* a noise, behave noisily; *(vydávat velký hluk)* make a racket n. din

hlučn|ý *(člověk, ulice)* noisy; *(smích)* loud; *(fotb. fanoušci)* rowdy ■ **~ost** *(intenzita hluku)* noise level

hluchavka deadnettle

hluchnout go* deaf

hluchoněmý deaf and dumb

hluchota deafness

hluchý deaf; *(tel. linka, mikrofón)* dead; **h. jako pařez** deaf as a (door)post, stone-deaf; **být h. k čím prosbám** be indifferent n. immune n. deaf to sb's pleas; **dělat se ~m** pretend not to hear*

hluk **1** noise; *(silný, nepříjemný)* din, *(hlučná zábava, kravál)* racket; **pekelný h.** unholy din; **boj s ~em** noise prevention **2** *(rozruch)* fuss; **nadělat se vším mnoho ~u** make* a lot of fuss about everything

hlupácký stupid, half-witted, *(slabomyslný)* feeble-minded

hlupáctví stupidity, hov. thickheadedness

hlupák fool; hov. dunce, nitwit, simpleton; **nebýt žádný h.** be nobody's fool

hlušina horn. tail; *(odval)* slag-heap

hmat sense of touch

hmatat **1** **h. po čem** feel* n. grope for sth, *(dosahovat)* reach for sth **2** **h. kolem sebe** feel* n. grope around

hmatateln|ý tangible, concrete ■ **~ost** tangibility

hmatník hud. fingerboard

hmátn|out: h. po čem reach for sth, *(chvatně)* grab at sth; **h. do čeho** reach into sth; **~ul po klice** he took* hold of the handle

hmot|a filoz. matter; fyz., chem. substance; *(materiál)* material; **tuhé ~y** solid substance; **syntetická h.** man-made n. synthetic material; **šedá h. mozková** grey matter; **izolační h.** insulating material; **stavební ~y** building materials

hmotnost **1** materiality; **h. vesmíru** the materiality of the universe **2** fyz. mass; **atomová h.** atomic mass **3** *(váha)* weight

hmotn|ý **1** *(materiální)* material, physical; **h. svět** the material n. physical world **2** *(zabezpečení)* material; **~é statky** material goods; **~á zainteresovanost** material incentives ■ **~ě zabezpečený** financially secure

hmoždinka (wall) plug, dowel

hmoždíř mortar; **h. s paličkou** mortar and pestle

hmoždit se *(s kufrem)* lug; *(s domácím úkolem)* slog away at

hmyz insect

hmyzožravec insect eater

hnací driving; **h. síla** driving force; **h. kolo/náprava** driving gear/ axle; **h. ústrojí** driving mechanism

hnát$_1$ shinbone

hnát$_2$ **1** *(zvířata, vězně* ap.*)* drive*; **h. koho z domu** drive sb out of the house; **h. koho před soud** take* sb to court; **h. co do krajnosti** take sth to extremes; **h. to výš** take sth up with higher authorities; **h. koho k zodpovědnosti** call sb to account ♦ **h. vodu na čí mlýn** give* power to sb's elbow; **h. koho do úzkých** drive sb into a tight corner **2** *(chvátat)* rush (headlong) **h. si to** whizz along n. past ■ **h. se** **1** *(běžet)* rush, dash; *(autem)* belt along; **h. se dveřmi** charge through the door; **h. se do práce** throw* o.s. into one's work; **h. se do záhuby** plunge headlong into disaster **2** *(přicházet)* **žene se bouře** there is a thunderstorm coming*; **h. se za slávou** chase after fame n. glory

hned **1** *(okamžitě)* immediately, at once, straight n. right away; **udělej to h.!** do it immediately, do it at once; **h. po jídle** straight after the meal;

přijdu h. I'll be back in a minute n. right away, I'll be back in no time; **h. ráno** first thing in the morning 2 *(blízko)* **h. vedle domu** right next to the house
hněď brown colour
hněd|ák, ~ouš bay (horse)
hnědavý brownish, browny
hnědnout turn brown
hnědočervený reddish brown, ruddy
hnědooký brown-eyed
hnědouhelný brown-coal; **h. průmysl/ důl** brown-coal industry/ mine
hnědovlasý brown-haired
hněd|ý brown; *(opálený)* (sun-)tanned, brown; **~é uhlí** brown coal, lignite; v. též **~ooký, ~ovlasý**
hnětač kneading machine
hněv anger; *(zlost)* annoyance; *(zuřivý)* rage, fury; **vylít si na kom h.** vent one's anger on sb; **vzplanout ~em** fly* into a temper n. rage
hněva|t *(koho)* annoy, irritate; *(silněji)* make* sb angry, anger ■ **h. se** 1 be annoyed, be angry; hov. be cross, am. be sore; **h. se na koho** be angry n. cross with sb, be mad at sb 2 **oni se spolu ~jí** they are at loggerheads, they are at daggers drawn, *(nemluví spolu)* they have fallen* out
hněvivý angry, furious
hnid|a nit ♦ **hledat na všem ~y** nitpick, split* hairs
hnidopich nitpicker, quibbler, hair-splitter
hnidopiš|ský nitpicking, fussy, pernickety ■ **~ství** pedantry, fussiness
hniloba *(ovoce)* rottenness, rot; *(masa)* putrefaction; *(dřeva: dřevomorka)* dry rot, *(vlhká h.)* wet rot
hnilobný *(zápach* ap.*)* putrid; *(proces)* putrefactive
hnis pus
hnisat fester, discharge matter n. pus; odb. suppurate
hnisavý festering, suppurating; *(proces)* suppurative
hníst 1 *(těsto)* knead; *(hlínu)* work, mould; *(svaly)* knead, massage 2 přen. **hněte ho svědomí** he has a bad n. guilty conscience (about sth) ■ **hnětení** kneading; working, moulding; massage
hnít *(rozkládat se)* decompose, decay; *(ovoce, zelenina)* rot, turn bad; *(voda)* become* putrid; *(dřevo, listí)* rot, decay ■ **hnití** decomposition, putrefaction, decay; rotting
hnízd|it *(o ptácích)* nest ■ **~ění** nesting; **doba ~ění** nesting season
hnízd|o 1 nest; *(orlí)* eyrie; *(veverčí)* drey; **vosí h.** wasps' nest n. sk. byke ♦ **píchnout do vosího ~a** přen. stir up a hornets' nest 2 *(Zapadákov)* hole, dump 3 *(úkryt)* nest, den
hnojiště dunghill, br. midden; *(jáma)* dung-hole
hnoj|it manure; *(umělými ~ivy)* fertilize, dress ■ **~ení** manuring, fertilization
hnojivo *(přirozené)* manure, dung; *(umělé)* artificial n. commercial fertilizer
hnout 1 *(čím)* move; *(posunout)* shift; **nemoci čím h. z místa** be unable to move n. shift sth; **neh. ani brvou** not to bat an eyelid; **ani h.!** don't move!, don't stir! ♦ **h. komu žlučí** get* sb's goat; **(dnes) nehnul ani prstem** he hasn't done a stroke of work (today), he hasn't lifted a finger (today) 2 *(působit na)* stir sb's feelings; **to se mnou nehne** that leaves* me cold ♦ **h. se(bou)** move, stir o.s.; **neh. se z místa** stay put*; **nemoci se h. z místa** přen. be bogged down; **hni sebou!** get* going!, get cracking!
hnůj manure, hov. muck; *(*zvl. *koňský, kravský)* dung; v. též **hnojiště**
hňup dolt, blockhead
hnus *(odpor)* revulsion, disgust; **zmocnil se ho pocit ~u** he was filled with revulsion
hnus|it se: ~í se mi to I find* it disgusting n. revolting; it fills me with disgust n. revulsion ■ **h. si co** detest sth, feel* repugnance n. disgust for sth
hnusn|ý *(budící odpor)* repulsive, awful; *(zločin* též*)* heinous; **~é počasí** abominable n. filthy weather; **~á káva** lousy n. disgusting coffee; **h. zápach** revolting smell ■ **~ost** loathsomeness; heinousness
hnutí 1 *(pohyb)* movement, motion; **bez h.** motionless; **nebylo tam k h.** the place was crammed n. packed 2 *(politické, sociální)* movement; **mládežnické h.** youth movement
hoblík plane
hoblina (wood) shaving
hoblovat plane
hoblovka planing machine, planer
hoboj oboe
hobojista oboe player, oboist
hobra hardboard
hod$_1$ 1 fotb. ap. throw; *(trestný)* penalty throw 2 *(disciplína)* **~y** throws; **h. diskem/ oštěpem** (throwing) the discus/ the javelin
hod$_2$ círk. feast day; **Boží h.** n. **Hod boží vánoční/ velikonoční** Christmas Day/ Easter Sunday
hoden v. **hodný**

hodin|a 1 *(časový úsek)* hour; **čtvrt ~y/ tři čtvrtě ~y** a quarter/ three quarters of an hour; **půl ~y** half an hour; **trvalo to slabou ~u** it took* barely an hour; **každou ~u** hourly; **je mu z ~y na ~u hůř** his condition is deteriorating by the hour; **60 mil za ~u** 60 miles an n. per hour; **být na ~u propuštěn** be dismissed without notice ♦ **jeho ~y jsou sečteny** his days are numbered, his number is up, he doesn't have long to live 2 *(vyučovací ap.)* lesson, period, class; **h. ruštiny** Russian lesson n. class; **volná h.** free period; **co máte třetí ~u?** what class do you have in the third period?; **dávat/ brát ~y** give*/ take* lessons; **zmeškat ~u** miss a lesson n. class; **konzultační ~y** consultation hours; **ordinační ~y** hours of surgery; **úřední ~y** office n. working hours; **přesčasové ~y** overtime; **pracovat jednu ~u přesčas** do one hour overtime; **kilowattová h.** kilowatt-hour 3 *(při měření času)* **je pět ~ (odpoledne)** it's five o'clock n. five p.m., *(úřední čas)* it is seventeen hours; **kolik je ~?** what time is it?, what is the time?; **kolik máte ~?** what time do you make* it?; **v kolik ~?** (at) what time? ♦ **zavírací h., policejní h.** closing time; **h. smrti** hour of death; **přiblížila se jeho h.** his hour has come*

hodinář watchmaker, clockmaker

hodinářství watchmaker's (shop), watch-repair shop

hodink|a: slabá h. barely an hour; **za slabou ~u** in less than an hour; **držet černou ~u** sit* in the twilight

hodinky watch; **náramkové/ kapesní h.** wrist/ pocket watch; **digitální h.** digital watch; *(jít)* **jako h.** *(hladce)* like clockwork

hodinov|ý 1 hourly; **~á mzda** hourly-paid work; **práce v ~é mzdě** timework 2 *(o hodinách)* **~á ručička** hour hand; **h. stroj** clockwork ■ **platit ~ě** pay* by the hour

hodiny clock; **nástěnné h.** wall clock; **sluneční h.** sundial; **píchací h.** time clock; **přesýpací h.** sand-glass, hour-glass; **natáhnout h.** wind* up a clock; **nastavit h.** set* a clock (**na** for); **h. jdou dobře** the clock keeps* good time; **h. se předcházejí/ zpožďují (o pět minut)** the clock is (five minutes) fast/ slow

hodi|t 1 throw*, *(mrštit)* fling*; *(těžký předmět)* heave; **h. šestku** throw n. cast* a six; **kolik jsi ~l?** how many did you throw n. score?; **h. si mincí** spin* n. toss a coin 2 *(s předložkami)* **h. knihu DO kouta** throw n. fling n. chuck the book into the corner; **h. co do ohně** throw sth into the fire; **h. do sebe jídlo** swallow n. down a quick meal; **h. do sebe koňak** (put*) down a cognac; **h. do sebe čaj** gulp down a cup of tea; **h. do okna cihlu** heave a brick through the window; **h. NA sebe kabát** slip on a coat; **h. PO kom očkem** *(zamilovaně)* give* sb the glad eye; **h. koho PŘES palubu** throw sb overboard; **h. opatrnost ZA hlavu** throw caution to the wind(s) ■ **h. se₁, h. sebou: h. se do gala** dress up (to the nines), hov. tart o.s. up; **h. sebou** hov. get* cracking, get weaving

hodit se₂ 1 *(být vhodný)* **h. se k šatům** *(klobouk ap.)* go* with the dress, match the dress; *(barvy)* go well together; **h. se k sobě** *(partneři)* be well-matched; **to se sem ne~í** it is out of place here; **on se na tu práci ne~í** he is not cut* out for the job; **on se mezi ně ne~í** he doesn't belong*, he doesn't fit in with them; *(udělám to)* **hned jak se vám to bude h.** at your earliest convenience 2 *(být užitečný)* be useful, be of some use; **bude se to h.** it will come in useful n. handy

hodl|at: h. něco udělat intend n. plan to do sth; **co ~áš dělat teď?** what are you going to do now?

hodně 1 *(se sg.)* much, a lot of, plenty of; **h. času** a lot of time, lots of time 2 *(s pl.)* many, a lot of, a good many; **h. lidí** many n. a lot of people 3 *(značně)* very; **h. brzy** very early, expr. awfully early; **trvalo to h. přes hodinu** it took* well over an hour; **h. cestovat** travel far and wide; **h. pít** drink* heavily; **cítí se o h. lépe** she feels* much n. hov. miles better

hodnost voj. rank; *(titul)* title; *(v podniku)* position; **akademická h.** university degree; **mít h. kapitána** have n. hold* the rank of captain; **být povýšen do důstojnické ~i**, gain n. be given* a commission; **mít doktorskou h.** have n. hold the title of doctor; **propůjčit komu doktorskou h.** confer a doctorate n. the degree of doctor upon sb

hodnostář dignitary, hov. bigwig, V.I.P. (= very important person)

hodnot|a 1 obch. value, worth; *(cena)* value, price; **směnná/ užitná h.** exchange/ practical value; **tržní/ peněžní h.** market/ monetary value; **nabývat/ pozbývat ~y** go* up/ down in value 2 **mravní/ kulturní ~y** moral/ cultural values 3 *(kvalita)* **umělecká h. románu** artistic value of a novel 4 mat. value; *(na indikátorech)*

~y readings
hodno|tit *(předměty, dílo)* assess, appraise; **h. co vysoko** value sth highly n. greatly, regard sth highly; **h. příliš vysoko/ nízko** overvalue n. overrate/ undervalue n. underrate ■ **~cení** assessment, appraisal, evaluation; *(popularity telev. programu)* ratings
hodnotn|ý valuable, of great value; **~é zboží** (high-)quality goods
hodnověrn|ý *(osoba)* reliable, trustworthy; *(vyprávění)* credible, plausible; *(pramen)* reliable, authentic ■ **~ost** reliability, plausibility, authenticity
hodn|ý 1 *(laskavý)* good, kind, *(milý)* nice; *(dítě)* good, *(způsobný)* well-behaved; **buď h.!/ ~á!** be a good boy/ girl!; **to jsi h.** that's very kind n. sweet of you; **buď tak h. a zavolej mi!** would you phone me, please 2 též **hoden** *(čeho)*; *(zasluhující si)* worthy of sb/ sth; **být h. důvěry** be trustworthy, deserve to be trusted ♦ **není hoden, aby ti zavázal tkaničky** he is not fit to tie (up) your footlaces, he is not fit to hold a candle to you 3 *(značný)* **po ~é chvíli** after a good while
hodov|at feast, wine and dine ■ **~ání** feast
hody feast, banquet; **to byly opravdové h.** that was a real feast
hoch 1 boy, lad; **hoši a děvčata** boys and girls; **naši hoši vyhráli** our lads n. boys have won* 2 *(milý)* boyfriend
hochštapler crook, *(podvodník)* swindler
hoj|it heal; **čas ~í všechny rány** time heals all wounds ■ **h. se** heal (up); **h. se na kom** *(nahrazovat si škodu)* take* redress from sb, recoup one's losses from sb
hojiv|ý healing, curative; **h. prostředek** curative remedy (**na** for) ■ **~ost** healing power, curative effect
hojn|ý *(dary, příklady)* numerous; *(poznámky, ilustrace též)* copious; *(slzy)* profuse; *(porce, spropitné)* generous; *(zásoby)* plentiful, copious ■ **~ě** in abundance, in profusion ■ **~ost** abundance, profusion
hokej hockey; **lední h.** ice hockey, am. hockey; **pozemní h.** field hockey, br. hockey
hokejista hockey player
hokejka hockey stick
hokus pokus 1 *(trik)* conjuring trick, sleight of hand 2 *(neuvážený pokus)* risky venture
hokynář dř. grocer, small shopkeeper; hanl. přen. small-minded n. petty-minded person
Holanďan Dutchman; **~ka** Dutchwoman, Dutch girl; hrom. **~é** the Dutch; **on/ona je H./ ~ka** he/she is Dutch, he/she is a Dutchman/ Dutchwoman ♦ **bludný H.** the Flying Dutchman
Holandsko Holland, the Netherlands
holand|ský, ~ština Dutch
holčička little girl
holčičkář womanizer, ladykiller
hold homage; **vzdávat komu h.** pay* homage to sb
holdovat *(sportu)* go* in for; *(radovánkám)* indulge in; **h. pivu** have a weakness for beer; **h. alkoholu** hov. be on the bottle
holedbat se *(vychloubat se)* boast, brag (**čím** over sth); *(dělat se lepším)* put* on airs (and graces)
holeň shin
hol|ení 1 shaving; **voda po h.** aftershave 2 *(~icí potřeby)* shaving things
holenní: h. kost shinbone
holicí shaving; **h. krém/ mýdlo** shaving cream/ soap; **h. čepelka** razor blade; **h. strojek** safety razor, *(elektrický)* (electric) shaver n. razor
holič hairdresser, barber
holičk|y: být na ~ách be in a fix, be in a (tight) spot; **nechat koho na ~ách** leave* sb in the lurch; **zůstat na ~ách** be stranded
holičství hairdresser's (shop)
holínky high boots; *(gumové)* wellingtons, hov. wellies; voj. jackboots; *(jezdecké)* riding boots
holit shave; **h. si nohy** shave one's legs ■ **h. se** shave
holka 1 girl; sk. lass, lassie; nářeč. n. žert. wench 2 expr. *(žena)* **h. zlatá!** old girl! 3 *(milá)* girlfriend 4 **lehká h.** prostitute, streetwalker ♦ **h. pro všecko** (general) dogsbody
holkař womanizer, philanderer
holobrádek milksop, greenhorn
holobradý smooth-faced
holohlavec expr. baldie
holohlav|ý bald(-headed) ■ **~ost** baldness
holota riffraff, rabble
holoub|ek: ty můj ~ku! my darling!
holub pigeon; **poštovní h.** carrier pigeon, homing pigeon; **chov ~ů** pigeon breeding, pigeon fancying
holubář pigeon breeder n. fancier
holubice dove; **h. míru** dove of peace
holubičí dovelike; **mít h. povahu** be as gentle as a lamb
holubička little dove

holubník dovecot(e), pigeon loft
hol|ý *(hlava)* bald, *(hlava: vyholená)* shaven, shorn; *(pták)* featherless; *(strom)* bare, leafless; *(paže)* bare; přen. *(fakta)* sober, plain, naked; *(nutnost)* pure, crude; *(pravda)* naked; **~á lebka** skinhead; **na ~ém těle** next to one's skin ♦ **zachránit h. život** escape with one's life
homogenn|í homogeneous ■ **~ost** homogeneity
homole cone; **h. cukru** sugar loaf
homolovitý conical
homolový: h. cukr loaf sugar
homonymie homonymy
homonymní homonymous
homosexuál, ~ní homosexual, hov. gay
homosexualita homosexuality
hon 1 hunt, *(průběh)* hunting; **h. na lišku** fox-hunt(ing); **h. na vysokou/ na bažanty** deer-/ pheasant-hunt; **h. začal** the hunt is on 2 přen. hunt, scramble (for), chase (for); **h. za prací** scramble for jobs 3 **na ~y vzdálený** miles away; **vyhnout se komu na sto ~ů** give* sb a wide berth, avoid sb like the plague
honba 1 v. **hon** 2 *(shon)* **h. na sedadla** a scramble n. a mad rush for seats; **h. za uprchlíkem** manhunt
Honduras Honduras
Hondura|san, ~sanka, h~ský Honduran
honební: h. lístek hunting n. shooting licence; **h. zvířata** game animals
honem quick(ly), fast; **h!** hurry up!; **pojď sem h.!** come* here, quick!; **vrať mi to! A honem!** give* it back to me! And be quick about it!; **ten tak h. nepřijde** he won't be in a hurry to come again
honěný: h. v čem well-versed in sth; **ten je h. v anglické literatuře** he is widely-read n. steeped in English literature
honicí: h. pes hound; *(aportér)* retriever; *(stavěč)* pointer
honičk|a 1 *(hra)* tag, tig; **hrát si na ~u** play tag 2 *(ve filmech)* police chase 3 *(shon)* rush; **to byla ale h.** it was one mad rush
honit 1 *(dobytek)* drive*; *(popohánět koho)* make* sb hurry up, *(k práci)* make sb work harder, rush sb; **nenechám se h.** I refuse to be rushed 2 *(lovit)* hunt *(též zločince)*; *(o psovi)* chase; **h. káču** whip a top ♦ **h. vodu** swagger ■ **h. se** 1 *(děti)* run* around, *(skotačivě)* romp around, *(hrát si na honičku)* play tag 2 *(za čím)* pursue, chase after, scramble for; **h. se za radovánkami/ úspěchem** pursue pleasure/ success; **h. se za majetkem** chase after wealth; **h. se za přeludy** build* castles in the air; **h. se za děvčaty** chase girls
honitb|a 1 v. **hon**; **povolení k ~ě** hunting n. shooting licence 2 *(místo)* hunting ground; *(na vysokou)* deer forest
honorace dignitaries, notabilities; sl. bigwigs; **místní h.** local dignitaries
honorář *(za odborný úkon)* (professional) fee, charge; **autorský h.** *(podle počtu výtisků)* author's royalties
honorov|at: h. koho pay* sb a fee (**za** for), remunerate sb (**za** for); **tato práce je špatně ~ána** this job is poorly remunerated n. paid
honos|it se: h. se čím boast (about) sth, parade sth; **univerzita se ~í vlastní galerií** the university boasts its own picture gallery
honosivý boastful, ostentatious
honosn|ý *(stavba)* splendid, magnificent; hanl. pretentious ■ **~ost** splendour; pretentiousness
Honza ≅ Johnny; **hloupý H.** ≅ Simple Simon
hop! *(nahoru)* up you get* n. go*!; **h. nebo trop** sink* or swim*, make* or break*; **neříkej h., dokud jsi nepřeskočil** there's many a slip between cup and lip
hopkat, hopsat skip (about n. around); *(dovádět)* cavort, caper
hopla! v. **hop!**
hor|a 1 mountain, *(menší)* hill; **v ~ách** in the mountains; **chlap jako h.** a mountain of a man, a great big man; **být už za ~ami** be miles away; **slibovat ~y doly** promise sb the moon 2 *(velké množství)* mountain, heap, masses; **h. špinavého prádla** a mountain n. mound of dirty clothes; **h. starostí** a heap of trouble; **~y práce** masses of work
hor|al, ~ák mountain dweller, sk. highlander; **~alé** mountain people
horda horde
horečk|a 1 temperature, *(vysoká)* fever; **mít ~u** have n. be running a temperature, be feverish; **měřit komu ~u** take* sb's temperature 2 *(vášeň)* **zlatá/ volební h.** gold/ election fever; **cestovní h.** travel nerves; **pracovní h.** enthusiasm for work, *(silněji)* work mania; **trpět pracovní ~ou** be a workaholic
horečnatý feverish, lék. febrile
horečn|ý *(plný vzruchu)* hectic; *(překotný)* feverish, frantic, frenzied; **~é nakupování** frenzied buying
horem: přijít h. come* from above; **jít h.** take*

the upper path
horempádem helter-skelter; **utíkat h.** run* helter-skelter
horentní *(ceny)* exorbitant; *(zisky)* huge
horizont horizon
horizontála mat. horizontal (line)
horizontální horizontal
horko subst. heat; **je tu h. k zalknutí** it is stiflingly n. suffocatingly hot here
horkokrevn|ý *(výbušný)* hot-tempered, fiery; *(vášnivý)* hot-blooded ■ **~ost** fieriness; *(prudkost)* impetuousness; *(vášnivost)* passion
hork|ý **1** *(teplý)* hot; **~é pásmo** torrid zone; **~é slzy** scalding tears; **~é čelo** burning forehead; **palčivě h.** burning n. scorching hot; **h. až se kouří** steaming n. piping hot ♦ **chodit kolem ~é kaše** beat* about the bush **2** expr. **~á hlava** hothead ■ **~o : je mi ~o** I feel* hot
horlit: h. proti čemu rail n. fulminate against sth, *(prudce co napadat)* inveigh against sth; **h. pro co** campaign n. crusade for sth
horlivec *(ve službě)* hanl. eager beaver
horliv|ý eager; *(nadšený)* enthusiastic, fervent; *(vytrvalý)* assiduous, industrious; *(čtenář, sběratel)* keen, avid; *(stoupenec)* keen, zealous ■ **~ost** eagerness, keenness, fervour, zeal
hormon hormone
hormonální hormonal; **h. léčení** hormone treatment
horna hud. French horn
hornatina hilly region
hornatý hilly, *(vyšší)* mountainous
horní **1** upper; **h. poschodí** upper floor; **h. ret/ zuby** upper lip/ teeth; **H. sněmovna** Upper House, br. House of Lords; **h. strana mince** heads; **~ch deset tisíc** the upper crust **2** *(báňský)* mining; **h. právo** mining law
hornick|ý miner's, mining; **h. pozdrav** miner's salute; **~é město** mining town
hornictví mining industry; *(zaměstnání)* mining profession
horník miner, collier; mine n. coal worker
hornina rock; **sopečná h.** volcanic rock
hornista (French) horn player
horolezec (mountain) climber, mountaineer
horolezectví mountain climbing, mountaineering
horor *(film)* horror film, spine chiller; **byl to h.** *(bylo to hrozné)* it was awful n. ghastly
horoskop horoscope; **sestavit komu h.** cast* sb's horoscope
horoucí **1** *(vášnivý)* ardent, passionate, *(vřelý)* fervent; **h. přání/ ctitel** ardent desire/ admirer; **h. milovník** passionate lover **2** **posílat koho do ~ch pekel** tell* sb to go* to hell, tell sb to go to blazes
horouc|ný v. **~í (1)** ■ **~ně** ardently, fervently, with ardour n. fervour ■ **~nost** ardour, fervour
horovat: h. pro co enthuse about sth; **h. o čem** rave about sth, go* into raptures about sth
horsk|ý mountain, mountainous; **h. hřbet** mountain ridge; **~á krajina** mountainous n. hilly region; **~é slunce** sunlamp, sunray lamp; **H~á služba** Mountain Rescue Service; **~á nemoc** height n. mountain sickness
horstvo mountains, mountain range n. chain
horší **1** worse; v. **špatný, zlý** **2** *(kvalita)* inferior; **zboží h. kvality** goods of inferior quality; **h. studenti** underachievers
horšit se **1** *(počasí, kvalita, vztahy)* deteriorate, worsen, get* n. become* worse, go* downhill **2** **h. se na koho** be angry with sb, bear* sb a grudge **3** **h. se nad čím** take* offence n. umbrage at sth, take exception to sth
hortenzie hydrangea
hořáček *(karmy)* pilot light, pilot burner
hořák burner; **plynový h.** gas burner
hořčice mustard
hořčík magnesium
hoře grief, sorrow; v. též **zármutek**
hořec bot. gentian
hořejšek upper part n. side, top (part); **h. domu** upstairs; upper storey
hořejší v. **horní**
hořekov|at lament, *(stěžovat si)* moan; **h. nad čím** lament (over) sth ■ **~ání** lamentation, moaning
hoř|et **1** *(plamenem)* burn*; *(dům)* be on fire; *(hořáček)* be alight; **~í!** fire!; **~ící budova** burning n. blazing building; **~ící svíčka** lighted candle; ♦ **však ne~í!** where is the fire?; **běžel, jako by mu za patami ~elo** he ran* for dear life; **už to ~í** *(spěchá)* it is very urgent, *(nezbývá moc času)* we are running out of time **2** přen. **h. nedočkavostí/ nenávistí** burn with impatience/ hatred; **h. zvědavostí** be consumed with curiosity
hořknout go* n. turn bitter, přen. turn sour
hořk|ý bitter; *(čokoláda)* plain; **h. jako pelyněk** as bitter as gall; **spolknout ~ou pilulku** swallow the bitter pill ■ **chutnat hořce** taste bitter ■ **bylo mu ~o** he was embittered ■ **~ost** bitterness, embitterment

hořlavina combustible, inflammable (material)
hořlav|ý inflammable, am. flammable, combustible ■ **~ost** combustibility
hospitace inspection of classes
hospitovat inspect classes
hospod|a public house, pub; am. bar, saloon; *(zvl. venkovská)* inn; **potloukat se po ~ách** hang* around in pubs, pub-crawl
hospodárn|ý *(šetrný)* thrifty; **~á manželka** a thrifty wife; *(úsporný)* economical; **~é využití pohonných hmot** economical use of fuel ■ **nakládat s čím ~ě** be sparing with sth ■ **~ost** thrift, economy
hospodář 1 *(školy)* bursar; *(statku)* steward 2 *(rolník)* farmer 3 *(dobrý h.)* thrifty person
hospodař|it 1 *(s čím)* be economical with; *(s energií, se zásobami)* conserve, use sth economically; **h. šetrně** budget carefully 2 **h. na statku** run* a farm 3 *(v domácnosti)* run the household; **h. komu** keep* house for sb ■ **~ení** *(řízení)* management; *(šetření)* conservation, husbandry; *(na statku)* farming; *(v domácnosti)* housekeeping
hospodářsk|ý 1 economic, business; **~á situace** economic situation; **h. život** business life; **h. řád** economic order n. system 2 *(zemědělský)* agricultural; **~é stroje** agricultural machinery
hospod|ářství 1 *(ekonomie)* economy; **národní h.** national economy; **plánované h.** planned economy; **řízené h.** controlled economy; **přídělové h.** rationing system; **lesní h.** forestry 2 *(usedlost)* farm, farmstead 3 *(vedení domácnosti)* housekeeping; v. **~ařit**
Hospodin the Lord God
hospodský br. publican; landlord; am. saloon keeper
hospodyně *(žena v domácnosti)* housewife; *(za mzdu)* housekeeper; **dobrá h.** good n. thrifty housewife
hospůdka (cosy little) pub
host 1 guest; **vítaný/ častý h.** welcome/ frequent guest; **nezvaný h.** uninvited guest, *(na večírcích)* gatecrasher; **pozvat ~y na večeři** invite guests to dinner; **často máme ~y** we entertain a great deal; **mít ~y (na nocleh)** have friends to stay; **pokoj pro ~y** guest room; **kniha ~ů** hotel register 2 *(v hotelu)* guest, lodger; *(v restauraci)* customer, *(pravidelný)* patron 3 div. guest artist
hostie náb. (consecrated) wafer, host
hostin|a banquet, feast, dinner party; *(stůl plný dobrot)* spread; **svatební h.** wedding reception n. banquet; **vystrojit komu ~u** give* a banquet for sb, give a dinner for sb
hostinec inn, pub; *(ubytovací)* inn, small hotel, guesthouse
hostinský subst. v. **hospodský**
hostinský adj. **h. pokoj** guest n. spare room
host|it 1 entertain, wine and dine 2 *(platit za koho)* treat sb (**čím** to sth) 3 *(ubytovat)* put* sb up ■ **~ění** entertaining
hostitel host ■ **~ka** hostess
host|ovat div. give* a guest performance; **~ující profesor** visiting professor
hoší|ček, ~k little boy, little fellow, kid, sk. laddie
hotel hotel; **ubytovat se v ~u** put* up at a hotel; **bydlet v ~u** stay at a hotel
hoteliér hotelier, hotel keeper
hotov|ost *(~é peníze)* cash, ready money; **splatno v ~osti** payable in cash
hotov|ý 1 *(dokončený)* finished, completed; *(vyřízený)* over and done with; **dům je h.** the house is finished n. completed 2 *(připravený)* ready; **oběd je h.** dinner is ready; **h. oblek** *(konfekční)* ready-made suit 3 *(vyčerpaný)* exhausted, worn-out, br. hov. fagged (out); *(finančně zruinovaný)* broke, on one's uppers 4 *(opravdový)* **je to h. postrach** he's a proper terror 5 **~é peníze** cash, hard cash; **prodáváme jen za ~é** we only make* cash sales ♦ **platit ~ě** pay* in cash, pay (cash) down; **a ~o!** and that's that
houb|a 1 mushroom; odb. fungus; *(jedovatá)* toadstool, poisonous mushroom; *(jedlá)* edible mushroom; **jít na ~y** go* mushrooming, go mushroom-picking; **sbírat ~y** gather n. pick mushrooms, mushroom ♦ **růst jako ~y po dešti** spring* up like mushrooms 2 *(mycí)* sponge; **setřít co ~ou** sponge sth away n. off 3 *(dřevomorka)* dry rot
houbař mushroom picker
houbovitý 1 spongy; **h. obličej** puffy n. bloated face 2 *(formou)* mushroom-shaped
houbov|ý mushroom; **~á polévka/ omeleta** mushroom soup/ omelette
houby adv. **h!, h. s octem!** fiddlesticks!, stuff and nonsense!, my foot!, my eye!; **bude ti to h. platné** a fat lot of use that'll be to you; **h. ti na tom záleží** you don't care a damn, a fat lot you care
houf *(lidí)* crowd; *(dětí)* troop; *(ptáků, ovcí)* flock
houfně in droves
houkačka *(auta)* horn; *(tovární)* hooter

houk|at *(auto)* hoot, press n. sound the horn; *(sýček, sova, tovární houkačka)* hoot; **h. na poplach** sound the alarm ■ **~ání** hooting
houknout: h. na koho shout n. yell at sb
houně (coarse woollen) blanket; **koňská h.** horse blanket
houpací rocking; **h. židle/ kůň** rocking-chair/ -horse
houpačka swing; *(dvouramenná)* see-saw
houp|at 1 *(na houpačce)* swing*; *(v houpací židli)* rock; **h. dítě na kolenou** dandle a child; **h. kolébku** rock a cradle 2 *(balamutit)* pull sb's leg ■ **h. se** 1 swing; rock; *(na dvouramenné houpačce)* seesaw; **za to se budeš h. na šibenici** you will swing for that 2 *(v bocích)* sway n. wiggle one's hips 3 *(loď: při bouři)* roll, pitch and toss; *(mírně: loďka)* bob (up and down) ■ **~ání v bocích** swaying motion
houpav|ý: ~á chůze swaggering gait
hous|átko, ~e gosling
housenka caterpillar
housenkov|ý caterpillar; **h. pás** caterpillar track; **~é vozidlo** caterpillar (vehicle); **h. traktor** caterpillar (tractor)
houser 1 gander 2 *(nemoc)* lumbago
houska roll; *(obložená)* **h. se šunkou** ham roll; **strouhaná h.** breadcrumbs; **smažená h.** *(v polévce)* crouton
houskový: h. knedlík bread dumpling
houslař violin-maker
housle violin; hov. fiddle; **hrát na h.** play the violin n. hov. the fiddle; **první/ druhé h.** the first/ the second violin ♦ přen. **hrát druhé h.** play second fiddle (to sb)
houslista violinist, hov. fiddler
houslový violin; **h. klíč** violin clef; **h. koncert** *(skladba)* violin concerto, *(provedení)* violin concert
houstnout *(omáčka)* thicken, get* thicker; *(vlasy, listí)* get thicker; *(mlha)* thicken; *(stíny)* deepen; *(želé)* set*; *(krev)* coagulate
houšt|í, ~ina undergrowth, brushwood; *(mlazina)* thicket
houžev withy ♦ **maso je tuhé jako h.** the meat is as tough as old boots
houževnat|ý 1 *(vytrvalý)* tough; *(pracovník)* assiduous, tenacious; *(obránce)* tenacious; *(voják)* tough; *(odpor)* stubborn 2 *(maso)* tough, *(šlachovité)* stringy ■ **~ě** tenaciously, doggedly; **lpí ~ě na životě** he has a firm grip n. hold on life ■ **~ost 1** tenacity, doggedness 2 toughness, stringiness
hovadina rubbish; br. sl. cobblers; **to je úplná h.** that's a load of rubbish
hovado 1 *(dobytče)* hov. animal 2 *(nadávka)* zhrub. beast, brute, swine
hovadský beastly, brutal
hov|ět *(čemu)* indulge, gratify; **h. svým vášním** gratify n. indulge one's passions; **h. nízkému vkusu** pander to low taste ♦ **tomu ne~ím** I can't make* head or tail of it, it does not make sense to me ■ **h. si** *(odpočívat)* laze about n. around, loll about
hovězí I adj. beef; **h. vývar** beef broth n. tea; **h. dobytek** (beef) cattle; **h. maso** beef; **h. kůže** cowhide II subst. *(maso)* beef
hovězina 1 *(maso)* beef 2 *(kůže)* cowhide
hovno vulg. shit, crap; *(počitatelné)* turd; **po tom je ti h.!** it's none of your bloody business!
hovor conversation, talk; **dát se do ~u s kým,** enter into conversation with sb; **převést h. na jiné téma** change the subject; **telefonický h.** telephone call; **meziměstský h.** long-distance n. trunk call
hovorna *(internátu* ap.*)* visiting room; *(telefonní)* telephone booth
hovorné telephone charge
hovorn|ý talkative, garrulous; kn. loquacious, hov. chatty ■ **~ost** talkativeness, garrulousness n. garrulity, chattiness
hovorový *(jazyk)* colloquial; **h. výraz** colloquialism, informal word n. phrase
hovoř|it talk, converse, **h. s kým o čem** talk to sb about sth; **h. nesmysly** talk through one's hat; **h. o (své) práci** talk shop; *(rádio)* **~í Praha** this is Prague
hr! I citosl. **hr na ně!** now for them!, let them have it! II adj. **být hr** be rash n. hasty; **nebuď hned tak hr!** *(uklidni se!)* take* it easy; *(nerozčiluj se)* keep* your hair n. shirt on!
hra 1 *(zábava dětí)* play, playing; **při hře** at play; **čas na hry** playtime; **děti byly zaujaté hrou** the children were engrossed in play 2 *(organizovaná)* game; **stolní hry** board games; **společenské hry** parlour games; **karetní hry** card games; **hry pro děti i dospělé** games for children and adults; **h. v šachy** chess; **h. na slepou bábu** blindman's buff; **h. na fanty** forfeits 3 sport. game *(též úsek sady v tenise)*; *(činnost při hře)* play; **míčové hry** ball games; **olympijské hry** Olympic Games; **začátek/ konec hry** start/ end of play; *(o míči)* **být ve hře/ mimo**

hru be in/ out of play; **h. hlavou** head work; **rafinovaná h. soupeře** the opponent's subtle play; **přerušit hru** abandon play ♦ **chléb a hry** bread and circuses 4 **hazardní hry** gambling; **nečistá h.** přen. foul play; **hrát hazardní hru** play a hazardous game, gamble, přen. *(riskovat)* skate on thin ice, steer a dangerous course; **hrát s kým dvojí hru** play a double game with sb ♦ **štěstí ve hře, neštěstí v lásce** lucky at cards, unlucky in love 5 *(div. kus)* play; **loutková h.** puppet show; **rozhlasová/ televizní h.** radio/ television play, (a) play for radio/ for television 6 *(herecké podání)* performance, acting 7 *(hud. podání)* playing 8 *(lehké pohyby)* **h. světla a stínu** the play of light and shade; **h. svalů** the play n. action of muscle 9 *(souprava karet)* pack, zvl. am. deck

hrab|at *(hráběmi)* rake; *(kopyty)* paw; *(kuře)* root about (v in); **h. peníze** rake in money; **h. všema čtyřma** shovel in money ♦ **ani kuře zadarmo ne~e** nothing is free in this world ■ **h. se** 1 expr. **h. se v čem** rake in sth, poke about in sth; **h. se ve starých rukopisech** root about n. kn. quarry in old manuscripts; **h. se komu v papírech** meddle with sb's papers 2 *(pachtit se)* drag o.s., clamber; **h. se na kopec** clamber up the hill

hrabě count, br. earl

hrábě rake, *(na trávník)* lawn rake

hraběcí count's, br. earl's; **h. zámek** count's n. earl's castle

hraběnka countess

hrabivec moneygrubber

hrabiv|ý greedy, kn. rapacious ■ **~ost** greed, rapacity, avarice

hrábnout v. **hrabat**; **h. (si) do kapsy** reach n. dig* into one's pocket; **h. si do vlasů** run* one's fingers through one's hair; přen. **h. si hluboko do kapsy** dig deep in one's pocket, am. dig down

hraboš vole; **h. polní** field mouse

hrabsk|ý br. **~á rada** county council

hrabství county

hrací playing; **h. čas** playing time; **h. automat** jukebox, *(v herně)* gaming machine, one-armed bandit; **h. hodiny** musical clock

hráč 1 player; **h. šachu** chess player; **h. tenisu** tennis-player; **falešný h.** *(v kartách)* cheat 2 *(na hud. nástroj)* **h. na klavír** piano-player, pianist

hračka 1 *(dětská)* toy, plaything 2 *(lehká práce)* **je to h.** it is child's play, it is a piece of cake, there is nothing to it; **byla to h.** it was plain sailing

hračkářství toy shop

hrad castle; **na ~ě** in the castle

hradb|a rampart; přen. též bulwark; **městské ~y** city walls, ramparts; *(se střílnami též)* battlements

hrádek small castle n. fort

hradit *(výlohy)* reimburse; **h. si výlohy** carry n. bear* the costs; **h. si cestovné** cover one's travelling expenses; **h. komu škody** compensate sb for his losses ■ **hrazení** reimbursement; compensation

hradlař signalman

hradlo žel., br. signal box, am. signal n. switch tower

hradní castle; **h. nádvoří** castle courtyard

hrách bot. pea; *(pokrm)* peas; **být velký jako h.** be the size of a pea ♦ **jako by h. na stěnu házel** (it is) like talking to a brick wall

hrachov|ý pea; **~á polévka** pea soup; **~á kaše** pease pudding

hran|a$_1$ *(okraj)* edge; **~y stolu** edges of the table; **vnitřní/ vnější h. brusle** the inside/ the outside edge of a skate; **~ou** edgewise, edgeways

hran|a$_2$ *(vyzvánění)* (death) knell, toll *(obojí nepočit.)*; **zvonit ~u** toll the knell (**komu** for sb)

hranatý *(kláda)* edged, squared; *(stůl, závorky)* square; *(tvář, rysy)* angular; *(člověk)* stocky, *(podsaditý)* thickset, *(rozložitý)* burly

hranic|e 1 **h. dříví** woodpile, pile n. stack of wood; **narovnat dříví na ~i** stack n. pile up wood; **být upálen na ~i** be burnt* at the stake 2 *(státní)* border, frontier; *(katastru, pozemků)* boundary; **h. s Rakouskem** the Austrian border; **přejít h.** cross the border 3 *(omezení)* limit(s); **být na ~ích slušnosti** verge n. border on the limits of decency

hraničář 1 *(obyvatel)* frontier n. border dweller 2 *(voják)* frontier n. border guard; *(úředník)* frontier official

hraničit 1 *(s čím)* border on; **Československo ~í s Polskem** Czechoslovakia borders on Poland, Czechoslovakia has a common border with Poland 2 přen. verge on, border on, touch on; **h. s šílenstvím** verge on madness, be close to madness, be on the brink of madness

hraniční border, frontier; **h. čára** frontier; **h. přechod** border crossing(-point)

hranol geom. prism

hranolový prismatic; **h. dalekohled** prism binoculars

hranostaj stoat, *(v zimě)* ermine

hrášek 1 *(zrnko)* (a little) pea 2 kuch. **zelený h.** fresh n. small green peas, petits pois

hráškov|ý: ~á zeleň pea green

hrá|t 1 **h. si** *(děti)* play; **jdi si h.!** go* and play (now); **h. si s panenkami** play with dolls; **h. si na vojáky** play at soldiers; **h. si na policajty a lupiče** play at cops and robbers; **h. si na svém písečku** blow* one's own trumpet 2 *(hry)* play; **hrát karty/ šachy** play cards/ chess; **h. o peníze** play for money; **h. pro radost** play for love; **h. opatrně** play a cautious game; **h. hazardně** gamble; **h. falešně** cheat 3 sport. **h. tenis/ kopanou/ hokej** play tennis/ football/ ice hockey; **Celtic hraje s Duklou Praha** Celtic is playing Dukla Prague; **h. fér** play fair 4 div., film act, play, perform; **h. roli Hamleta** play n. act the part of Hamlet, play n. act the role of Hamlet; **v hlavních rolích hrají A a B** the production features A and B, A and B feature in the main roles; **h. přemrštěně** overact; **h. pro galerii** play to the gallery, play (up) to the public; přen. **peníze nehrají roli** money is no object 5 *(předstírat)* **h. divadýlko, h. to** play-act, put* on an act; **h. si na nevinného** play n. act the innocent; put on the innocent act; **h. si na velkého pána** act n. play the lord, lord it; **h. si na velkou dámu** act the lady 6 hud. **h. na housle** play the violin; **h. na trubku** blow* the trumpet; **h. z listu** sightread music; přen. **tady něco ne~je** there is sth wrong here, there is sth fishy about this 7 *(jednat lehkovážně)* **h. si s pistolí** fool around n. fiddle around with a gun; **h. si s ohněm** play with fire; **h. si se slovy** play n. juggle with words 8 *(o lehkém pohybu)* **kolem rtů mu hrál úsměv** a smile flickered about n. played on his lips; **h. všemi barvami** be very colourful, hanl. be garish ■ **h. se** *(v kině, v divadle)* play, *(film)* show*; **co se hraje v divadle?** what's on at the theatre?; **hraje se hra od X** they are putting on n. performing a play by X; **tato hra se hrála tři měsíce** the play ran* for three months; **film se hrál dlouho** the film had a long run ■ **hraný** 1 *(autor)* frequently performed, popular with the audience 2 **hraný film** feature film 3 *(předstíraný)* feigned; **hrané nadšení** feigned enthusiasm; **hrané zděšení** mock horror

hrav|ý playful ■ **~ě** 1 playfully 2 *(lehce)* with ease ■ **~ost** playfulness

hráz 1 *(ochranná)* dike; *(přehradní)* dam; *(přístavní)* mole; *(pobřežní)* embankment; přen. barrier 2 anat. perineum

hrazd|a horizontal bar; *(visutá)* trapeze; **cvičení na ~ě** bar exercises

hrb hump *(též velbloudí)*; humpback; **dostat na h.** get* a good hiding

hrbáč hunchback, humpback

hrbatý hunchbacked, humpbacked

hrbit: h. hřbet přen. bow and scrape ■ **h. se** *(hrbatit se)* slouch; **h. se nad čím** hunch over sth ♦ **h. se před kým** kowtow to sb, lick sb's boots

hrbol *(na čele, na cestě)* bump; **cesta je samý h.** the road is full of bumps and holes, it is a bumpy road

hrbolat|ý *(povrch)* rugged, rough; *(cesta)* bumpy; *(písmo)* uneven; **mít h. nos** have a nose with a bump ■ **~ost** ruggedness, unevenness; bumpiness

hrc! rip!

hrč|et *(kola)* rumble; *(stroj)* rattle ■ **~ení** rumbling, rattle

hrčivý rumbling

hrdeln|í, ~ý 1 *(hláska, hlas)* guttural 2 **h. zločin** capital offence

hrdina hero, *(románu též)* protagonist; **h. dne** hero of the hour; iron. **ty jsi mi ale h.!** some hero you are!

hrdinka heroine

hrdinn|ý heroic; **h. čin** heroic feat n. deed ■ **~ost** heroism

hrdinsk|ý heroic; **h. epos** heroic epic; **~y zemřít** die a hero's death

hrdinství heroism

hrdlička turtle-dove

hrdl|o 1 throat, hov. gullet; **co h. ráčí** to one's heart's content; **křičet zplna ~a** shout at the top of one's voice; **mít sevřené h.** have one's heart in one's mouth 2 *(krk; h. láhve)* neck; *(trubky)* hub

hrdlořez cut-throat

hrd|ý 1 proud (**na** of); **je ~á na svou krásu** she is proud of her beauty; **je h. na své děti** he takes* pride in his children 2 *(nádherný)* majestic, impressive; **~é věže chrámu** the majestic towers of the church ■ **~ě** proudly, with pride; **zámek se vypíná ~ě nad městem** the castle rises* proudly above the town ■ **~ost** pride; impressiveness

hrkačka rattle

hrk|at rattle, clatter; **h. čím** rattle sth ■ **~ání**

clatter v. **~ot**
hrk|nout jolt, jerk; **v autě to ~lo** the car gave* a jolt; **~lo ve mně** I got* a fright
hrkot rattle, clatter; **h. lahví** a rattle of bottles
hrkotat *(láhve)* rattle; *(povoz)* rumble
hrnčíř potter
hrnčířsk|ý: h. kruh potter's wheel n. lathe; **~é zboží** pottery, *(keramické též)* earthenware
hrnčířství pottery
hrnec pot, (sauce)pan; **smaltovaný h.** enamel pan; **tlakový h.** pressure cooker
hrnek *(na čaj ap.)* mug, *(šálek)* cup
hrn|íček, ~eček little pot; *(nočníček)* potty
hrnout *(na hromadu)* gather; *(hráběmi)* rake up n. together; **h. pryč** push away ■ **h. se** *(voda)* **h. se dolů/ dovnitř/ ven** stream down/ in/ out; *(kamení)* roll down; *(krev z rány)* pour out, *(do tváře)* rush (to); *(gratulace, protesty)* pour in; *(lidé)* **h. se dovnitř/ ven** flock in(to)/ out; **h. se na nepřítele** pounce upon the enemy
hrob grave; **Boží h.** the Holy Sepulchre; **rodinný h.** family grave; **hromadný h.** mass grave; **řeč nad ~em** funeral oration; **vykopat/ zasypat h.** dig*/ fill up a grave ♦ **až za h.** beyond the grave; **být jednou nohou v ~ě** have one foot in the grave; **kopat si vlastní h.** dig one's own grave; **přivedeš mne do ~u** you'll be the death of me yet
hrobař gravedigger
hrobařík *(brouk)* burying n. sexton beetle
hrobka tomb, vault; *(v kostele)* crypt; **rodinná h.** family vault
hrobník v. **hrobař**; ♦ **utéci ~ovi z lopaty** come* back from death's door
hrobov|ý: ~é ticho deathly n. deadly silence; **h. hlas** sepulchral voice
hroch hippopotamus, hov. hippo
hrom thunder; **úder ~u** peal n. clap of thunder; **do stromu uhodil h.** the house was struck* by lightning ♦ **mít hlas jako h.** have a voice like a foghorn; **být jako h. do police** be like a bull in a china shop; **zůstal jako by do něho h. uhodil** he was thunderstruck; **h. a peklo!** hell and damnation!; **~e!** dash it!, blimey!; *(silněji)* damn it!, bloody hell!
hromada **1** *(kupa)* pile, *(neurovnaná)* heap; **h. písku** pile n. heap of sand; **h. kamení/ smetí** heap of stones/ rubbish **2** *(množství)* **h. peněz** a lot of money, stacks n. heaps n. loads of money; **h. přátel** loads of friends **3 valná h.** full n. general meeting
hromad|it pile up, heap up; *(sbírat)* accumulate; *(kapitál, bohatství)* amass; hanl. hoard; *(zbraně)* stockpile; *(vojska)* concentrate ■ **h. se** accumulate; *(prach)* collect; *(úroky)* build* up, accrue ■ **~ění** accumulation, amassing, hoarding, stockpiling
hromád|ka small pile n. heap; *(krtčí)* molehill; **pes tu udělal ~ku** the dog has made* a mess here ♦ **h. neštěstí** bundle of misery; **žít na ~ce** live together (unmarried), žert. live in sin
hromadn|ý mass; **~á výroba** mass production; **~é sdělovací prostředky** mass media; **~á doprava** public transport ■ **~ě** on a large n. massive scale, en masse
Hromnice Candlemas
hromobití thunderstorm; přen. **spustit h.** fly* into a towering rage, raise the roof, curse and swear*
hromosvod lightning conductor
hromotluk hefty fellow, (a great) hulk of a man, (a big) strapping man
hromovat curse and swear*; **h. na koho** curse sb
hromový *(potlesk, hlas)* thunderous
hroší: mít h. kůži have a thick skin n. hide, be thick-skinned
hrot point; *(šípu, oštěpu)* tip; *(pera)* nib ♦ **ulomit čemu h.** přen. take* the sting out of sth
hroud|a *(hlíny)* clod n. lump of earth; **h. másla** block of butter; **láska k rodné ~ě** love of one's country
hroudovitý lumpy
hroutit se *(hospodářství)* be on the point of collapse; *(most)* give* way; *(odpor, představy)* crumble; *(člověk)* break* down
hrozba **1** threat; **planá h.** empty threat; **h. míru** *(čemu)* threat to peace **2** *(nebezpečí)* threat n. danger of sth; **h. války** threat of war
hroz|en *(vinné révy)* bunch of grapes; **~ny** grapes; **h. včel** přen. swarm of bees; **h. lidí** cluster of people
hrozink|a raisin, *(sultánka)* sultana ♦ přen. **~y** *(to nejlepší)* the pick of the bunch, the créme de la crème
hroz|it **1 h. komu** *(prstem)* raise a warning finger to sb; *(pěstí)* shake* one's fist at sb; **h. komu smrtí** threaten sb with death; **h., že ...** threaten to do sth **2** *(nebezpečí)* threaten; *(bouřka)* be in the offing; *(válka)* be imminent; **dům ~í spadnutím** the house is on the point of collapse, the house is in danger of falling down ■ **h. se čeho** shudder at the thought of sth
hrozitánsk|ý enormous, tremendous, dreadful; **h.**

výbuch tremendous explosion; ~á rýma dreadful n. awful cold; mít ~ou radost be absolutely delighted

hrozivý *(pohled, mrak)* threatening, menacing; *(napětí)* ominous; *(vyhlídky)* grim

hroznov|ý grape; **~á šťáva** grape juice; **h. cukr** glucose, dextrose

hrozn|ý 1 terrible, dreadful; *(zločin)* dreadful, appalling, hideous; *(čin)* ghastly; *(počasí, zima)* dreadful, frightful, ghastly; *(ceny)* wicked 2 *(úděsný)* frightening, terrifying; **to je ~é!** that's awful! ■ **~ě** terribly, awfully, frightfully; **~ě unavený** deadly tired, dead beat

hroznýš *(královský)* boa constrictor

hrst 1 *(prohnutá dlaň)* cupped hand 2 *(míra)* handful, *(uzavřená)* fistful; **h. oříšků/ mincí** a fistful of nuts/ coins ♦ **mít koho v ~i** have sb over a barrel; **vzít rozum do ~i** keep* one's wits about one

hrstka *(málo)* a small number; **h. věrných** a faithful few; **h. návštěvníků** a trickle of visitors

hrtan larynx

hrub|ec, ~ián vulgar person, boor

hrubiáns|ký boorish, churlish ■ **~tví** boorishness, churlishness

hrubnout *(ruce, pleť)* grow* coarse; *(v chování)* become* ill-mannered

hrubost 1 *(povrchu)* roughness, unevenness; *(sukna)* coarseness 2 *(jednání, řeči)* rudeness, coarseness; v. **hrubiánství** 3 **~i** offensive language; **říkat komu ~i** be nasty to sb

hrubozrnný *(písek ap.)* coarse- n. large-grained

hrub|ý 1 *(drsný)* coarse, rough; **~á tkanina** coarse fabric; **h. hlas** gruff; **~é rysy** coarse features ♦ **na h. pytel ~á záplata** pay* sb back in the same coin, pay sb tit for tat 2 *(nevychovaný)* coarse, graceless; *(nezdvořilý)* rude; **~á řeč** offensive n. foul language; **h. humor** coarse n. euf. robust humour 3 *(povšechný)* general, broad; **h. nárys** a general n. broad outline; **h. příjem** gross income; **~é údaje** raw data; **h. odhad** a rough estimate, hov. guesstimate 4 *(velký)* **~á nedbalost** gross negligence; **~á chyba** a bad mistake ■ **mluvit ~ě** have a foul mouth ■ v. **~ost**

hruď chest

hrudí *(maso)* breast

hrudka *(másla)* blob, pat; *(hlíny)* lump

hrudkovitý lumpy

hrudní: h. koš rib cage; **h. kost** breastbone; **h. sval** pectoral muscle

hrudník chest, odb. thorax

hrušeň pear tree; *(dřevo)* pear-wood

hruš|ka 1 v. **~eň** 2 *(plod)* pear; přen. *(skleněná)* glass bulb ♦ **chytit koho na ~kách** hov. catch* sb with his pants down, catch sb unawares

hruškovitý pear-shaped

hrůz|a I subst. 1 *(úděs)* horror, terror; **k mé ~e** to my horror; **mít ~u z koho** stand* in terror of sb; **nahánět ~u** terrify 2 pl. **~y války** horrors of war 3 *(velké množství)* **h. peněz** a mint (of money) II adv. **mám práce až h.** I am up to my eyes in work; **je namalovaná až h.** she is plastered with make-up, her face is caked in make-up; **h. na to pomyslit** the thought of it makes* me shudder

hrůzný horrific, *(zážitek)* horrifying; *(ticho)* horrid

hrůzostrašný spine-chilling, blood-curdling; *(vražda* ap.*)* macabre, gruesome

hrůzovláda reign of terror

hryz|at, hrýzt bite*, chew; **h. si nehty** bite n. chew one's nails ■ **~ení svědomí** pangs of conscience

hřad perch, roost

hřát 1 *(kamna)* give* n. provide warmth 2 *(ohřívat)* heat n. warm up; **h. vodu** heat n. warm up water ♦ **h. na prsou hada** přen. cherish a viper in one's bosom ■ **h. se** warm o.s. up

hřbet back; *(knihy)* spine; *(horský)* ridge; **h. nosu** bridge n. ridge of one's nose; **h. ruky** back of one's hand; **srnčí/ skopový h.** a saddle of venison/ mutton; **ležet na ~ě** lie* on one's back; **kočka ježí h.** the cat is arching its back ♦ **dostat na h.** get* a good hiding; **hrbit h. před kým** v. **hrbit se**

hřbetní back, odb. dorsal; **h. sval** back muscle; **h. ploutev** dorsal fin

hřbitov *(městský)* cemetery; *(u kostela)* graveyard

hřeb nail ♦ **zlatý h. večera** the highlight of the evening, the pièce de résistance of the evening

hřebčín horse-breeding farm

hřebčinec stud farm

hřebec stallion; am. stud; přen. *(muž)* stud

hřebelcovat: h. koně groom the horses

hřeben 1 comb; *(na vlnu)* card; **ozdobný h.** ornamental comb; **pročísnout si vlasy ~em** run* a comb through one's hair 2 **kohoutí h.** cockscomb; *(ptáků)* crest 3 *(horský)* crest, ridge

hřebíček 1 small nail 2 kuch. clove 3 *(karafiát)* carnation

hřebík nail; *(s kulatou hlavičkou)* tack ♦ **h. do**

čí rakve přen. a nail in sb's coffin; **uhodit h. na hlavičku** hit* the nail on the head
hřeb|ínek 1 small comb 2 v. **~en (2) (3)** ♦ **narostl mu h.** hov. he got* too big for his boots; **srazit komu h.** take* sb down a peg (or two)
hřejivý 1 *(oděv)* warm, cosy 2 *(slova* ap.*)* warm, hearty, friendly
hřešit 1 sin; **h. proti Bohu** sin against God; **h. proti zdravému rozumu** offend against common sense; **h. proti pravidlům** contravene the rules 2 **h. na čí dobrotu** take* advantage of sb's kindness
hřib 1 boletus; **zdravý jako h.** hale and hearty, fit as a fiddle 2 přen. **atomový h.** mushroom cloud
hříb|átko, ~ě *(klisnička)* foal, *(hřebeček)* colt
hříbek 1 v. **hřib** 2 **látací h.** darning mushrooom
hříbkov|ý: ~á omáčka mushroom sauce
hřibovitý mushroom-shaped
hříčka *(slovní)* pun, play on words; **h. přírody** a freak of nature
hřídel shaft; **hnací/ hnaný h.** driving/ driven shaft; **klikový h.** crankshaft; **kloubový h.** aut. propeller shaft
hřích sin; **dědičný h.** original sin; **smrtelný h.** mortal n. deadly sin; **páchat ~y** sin, commit sins ♦ **vaše ~y padnou na vaši hlavu** your sins will find* you out
hřímat thunder; *(děla)* thunder, rumble, boom; *(řečník)* **h. proti čemu** thunder n. fulminate against sth
hřímavý: h. potlesk thunderous applause
hříšník sinner
hříšn|ý sinful; **stálo to ~é peníze** it was ridiculously expensive ■ **~ě drahý** wickedly expensive ■ **~ost** sinfulness
hřiště playing field; *(dětské)* playground; **fotbalové h.** football pitch; **tenisové/ basketbalové h.** tennis/ basketball court; **golfové h.** golf course
hříva mane; *(o vlasech též)* head n. shock of hair
hřivn|a talent ♦ **zakopat svou ~u** hide* one's light under a bushel; **přispět k čemu svou ~ou** do one's bit, contribute one's mite to sth
hřm|ět, ~ít thunder; **celou noc ~ělo** it thundered all night; **děla ~ěla** the guns thundered n. boomed ■ **~ění** rumble of thunder; **~ění děl** thunder of guns
hřmot din; *(povyk)* racket n. row; *(překřikování)* pandemonium; *(motorů)* roar; *(děl)* thunder, rumble
hřmotit make* a din n. racket n. row; *(povoz)* rumble
hřmotný 1 noisy; *(hlas)* thunderous, booming; *(hudba)* deafening 2 *(robustní)* burly, hefty; *(svalovec též)* beefy
hub|a 1 *(koně)* mouth 2 *(tvář)* neutr. mouth; vulg. mug; **dát komu přes ~u** sock sb on the jaw 3 *(orgán řeči)* zhrub. trap ♦ **drž ~u!** shut* up!, shut your face n. trap!; **pouštět si ~u na špacír** have a loose tongue, be a blabbermouth, be a big mouth 4 *(orgán pro přijímání potravy)* zhrub. gob ♦ **mít mlsnou ~u** have a sweet tooth; **nemít nic do ~y** have nothing to eat
hubatý *(drzý)* cheeky, impertinent; *(troufalý)* pert, saucy; *(prostořeký)* sharp-tongued
huben|ý 1 thin; *(štíhlý)* slender, slim; hanl. scrawny; **h. jako lunt** as thin as a rake 2 přen. **h. příjem** paltry income; **~á léta** dry years; **~á naděje** slender hope ■ **~ost** thinness, slenderness
hubertus ≅ duffle coat
hubice 1 *(konvice)* spout 2 *(u hadice též)* nozzle, nosepiece
hubi|čka 1 v. **~ce; h. džbánu** lip of a pitcher 2 *(polibek)* (little) kiss, *(letmá)* peck
hubičkovat kiss ■ **h. se** kiss; hov. *(laskat se)* smooch
hubit *(hmyz)* eradicate, exterminate
hubka *(mycí)* sponge
hub|nout be losing* weight, be getting* slimmer n. thinner ■ **~nutí** loss of weight, *(patologické)* emaciation
hubov|at 1 grumble, hov. bellyache 2 **h. koho** scold sb, tell* sb off; **h. na koho/ co** curse sb/ sth, rail at sb/ sth ■ **~ání** grumbling, scolding
huč|et 1 *(stroj)* hum; *(motor též)* drone; *(vítr)* whistle; **~í mi v uších** my ears are buzzing n. ringing*; **~í mi v hlavě** my head is buzzing 2 **h. do koho** bend* sb's ear ■ **~ení** buzz(ing), hum(ming), drone, droning; srv. též. **hukot (1)**
hudb|a 1 music; **komorní/ klasická h.** chamber/ classical music; **taneční h.** dance music **hodiny ~y** music lessons ♦ **to byla pro něj rajská h.** it was music to his ears 2 *(orchestr)* orchestra, band; **vojenská h.** military band
hudbymilovný music-loving; **h. člověk** music lover
hudební *(nástroj, komedie, vzdělání)* musical; *(kritika, vysílání)* music; **h. encyklopedie** encyclopaedia of music ♦ **h. kulisa** background music, hanl. muzak
hudebník musician

hudebnin|y music; **obchod s ~ami** music shop
hudebnost 1 *(dítěte* ap.*)* musical talent, musicality 2 *(verše; jazyka* ap.*)* melodiousness
hudlař amateur neutr.; botcher, bungler
hudlařský amateurish neutr.; slipshod, sloppy
huhňat mumble, speak* through one's nose
hukot 1 *(motoru)* drone; *(větru)* whistle, howl; *(v uších)* buzz, hum; *(moře)* roar(ing), *(příboje* též*)* roll, thundering 2 *(bouře)* roar; *(davu)* tumult
hůl 1 stick; **opírat se o h.** lean* on a stick; **chodit o holi** n. **s holí** walk with a stick; **vycházková h.** walking stick; **pastýřská h.** shepherd's crook n. staff; *(biskupská)* crozier, crosier; **maršálská h.** a Field Marshal's baton; **lyžařská h.** ski stick; **lámat nad kým h.** condemn sb too easily 2 *(na bití)* stick, *(rákoska)* cane, *(*zvl. *ve frázích)* rod; **bít koho holí** cane sb, beat* sb with a stick; **vzít koho na h.** take* sb for a ride
hulák|at shout, yell; *(opilci, dav* též*)* howl, bawl; **h. písně** bawl n. roar out songs ■ **~ání** shouting, bawling
hůlk|a (small) stick, cane; **kouzelnická h.** magic wand; **nohy jako ~y** spindly legs
hůlkov|ý: ~é písmo block n. capital letters; **psát ~ým písmem** write* in block letters, print
hulvát *(nevychovanec)* lout, boor; *(neurvalec)* rowdy ■ **~ství** churlishness, loutishness
hulvátsk|ý rude, churlish; **~é chování** crude n. rough manners, churlish behaviour
humanismus humanism
humanista humanist
humanistick|ý humanistic; **~é vzdělání** classical education
humanitní humanitarian; **h. vědy** humanities
humánn|í humane, *(slušný)* decent, *(ohleduplný)* considerate ■ **~ě** humanely, with humanity; **jednat s kým ~ě** treat sb decently
humánnost humanity, humaneness
humbuk humbug, *(podvod)* fraud, *(předstírání)* eyewash; **takový h.!** what a swindle!; **ten zázračný lék je naprostý h.** the miraculous medicine is a downright fraud
humor humour; **černý h.** black humour; **šibeniční h.** gallows n. macabre humour; **mít smysl pro h.** have a good sense of humour; **brát něco s ~em** take* sth good-humouredly
humoreska 1 lit. humorous sketch 2 hud. humoresque
humorista humorist
humoristický humorous, humoristic
humorný humorous, *(zábavný)* amusing, *(legrační)* funny
humpolácký *(nemotorný)* clumsy, ungainly; *(poznámky)* coarse, crude
humr lobster
humus humus
huňat|ý shaggy; **h. medvěd** shaggy bear; **~é obočí** bushy eyebrows
hurá! hurrah!, hooray!; hov. *(nadšený souhlas)* yippee!
hurikán hurricane
hurónský: h. smích uproarious laughter, a fit of laughter
hůř(e) worse; v. **zle, špatně**
hus|a 1 goose, pl. geese; **domácí/ divoká h.** domestic/ wild goose; **hejno ~** flock n. *(na zemi)* gaggle of geese 2 přen. *(hloupá žena)* (silly) goose, *(mírněji)* silly thing; **ty ~o (hloupá)!** you silly thing! ♦ **v každé ~e vidí labuť** all his geese are swans
husar hussar
husarský: h. kousek a daring feat
husí 1 goose; **h. maso** goose meat 2 přen. **h. kůže** goose-pimples, gooseflesh
husita Hussite
husitsk|ý Hussite; **~é války** Hussite wars
husitství Hussite movement, Hussitism
huspenina *(z masa)* jellied meat; *(vepřová)* brawn; *(želé)* jelly
hustilka air n. inflation pump; *(na pneumatiky)* tyre inflator; *(na kolo)* bicycle pump
hustit *(pneumatiku)* pump up, inflate; přen. **h. koho čím** *(vědomostmi)* cram sb with sth, drum n. hammer sth into sb, *(tendenčně)* indoctrinate sb with sth ■ **huštění** inflation; cramming; indoctrination
hustoměr fyz. densimeter; *(na vzduch)* aerometer; *(na kapaliny)* hydrometer
hustota 1 *(obyvatelstva)* density 2 *(hustost)* thickness, *(davu, mlhy)* denseness
hust|ý *(mlha, dav, les)* dense, thick; *(mlha, déšť, mraky, doprava, mazací olej ap.)* heavy; *(vlasy)* thick, bushy; *(polévka, omáčka)* thick ■ **~ě** *(obydlený, zalesněný)* densely; *(tištěný, tkaný)* closely; *(pršet)* heavily ■ **~ost** v. **~ota (2)**
huť 1 *(železářská)* ironworks pl. i sg.; *(ocelářská)* steelworks; *(sklářská)* glassworks
hutn|í, ~ický metallurgical; **h. průmysl** metallurgical industry
hutnictví metallurgy; iron and steel industry
hutn|ý 1 *(kámen, materiál, hmota)* solid; *(po-*

krm) nourishing, substantial 2 přen. *(próza)* dense, pithy; *(sloh)* terse ■ **~ost** 1 solidity 2 pithiness, terseness

hvězd|a 1 star *(též filmová)*; **hádat z ~** read* the stars ♦ **to je ve ~ách** it is written* in the stars 2 sport. *(cvik)* cartwheel; **dělat ~y** turn n. do cartwheels

hvězdárna observatory

hvězdář astronomer

hvězdářsk|ý astronomical; **~é hodiny** astronomical clock

hvězdářství astronomy

hvězdice zool. starfish

hvězdicový star-shaped

hvězdička 1 little star; *(filmová)* starlet 2 typogr. asterisk 3 *(důstojnická)* star

hvězdnat|ý starry, starlit; **~á obloha** starry sky; **~á noc** starry n. starlit night

hvězdn|ý: ~á mapa star map n. chart, celestial chart; *(obsazení filmu* ap.*)* star-studded

hvězdopravec astrologer

hvězdopravectví astrology

hvizd whistle; *(nesouhlasný)* catcall

hvízd|at whistle; **h. na koho** whistle at sb ■ **~ání** whistling; *(dýchavičné)* wheezing; *(nesouhlasné)* catcalls

hvízdn|out give* a whistle ■ **~utí** v. **hvizd**

hvízdot whistling; *(nesouhlasný)* catcalls

hvozdík clove; *(zahradní)* carnation

hyacint hyacinth

hybaj!: h. ven! off with you!, beat it!; **h. do postele!** off to bed with you!

hybn|ý: ~á síla driving n. motive force; přen. též the leading light, the animating spirit; **~é soustrojí** moving n. actuating mechanism; **h. nerv** motor nerve ■ **~ost** mobility, capability of moving

hybrid hybrid

hýčkat 1 *(rozmazlovat)* spoil, pamper, mollycoddle; **h. koho dárky** spoil sb with presents 2 *(konejšit houpáním)* **h. dítě na rukou** dandle a baby

hydra hydra; **h. války** the hydra of war

hydrant hydrant

hydrát hydrate

hydraulick|ý hydraulic; **~á brzda** hydraulic brake

hydraulika hydraulics

hydro|centrála, ~elektrárna hydroelectric power station n. am. plant

hydrodynamika hydrodynamics sg.

hydrologie hydrology

hydroplán seaplane, zast. hydroplane

hydroxid hydroxide

hyena hyena

hygiena hygiene

hygienický hygienic, *(zařízení)* sanitary

hygienik public health officer; **okresní h.** district health officer

hygroskopi|cký hygroscopic ■ **~čnost** hygroscopicity

hýk|at *(osel)* bray, hee-haw ■ **~ání** bray(ing)

hymna: státní h. national anthem

hymnický hymnal

hymn|us hymn; **pět na koho ~y** eulogize sb

hynout *(hladem)* be starving, be dying of hunger; *(žízní)* be dying of thirst, be parched; přen. **h. zvědavostí** be dying of curiosity; **h. touhou po vlasti** pine for one's country

hyperbola geom. hyperbola; jaz. hyperbole

hyperbolický geom i jaz. hyperbolical

hypermangán potassium permanganate

hypermoderní ultrafashionable, hov. (very) trendy

hyperprodukce overproduction

hypnotický hypnotic

hypnotismus hypnotism

hypnotizér hypnotist

hypnotizovat hypnotize

hypertrofie hypertrophy

hypnóza hypnosis

hypofýza pituitary gland, odb. hypophysis

hypochondr hypochondriac

hypochondrický hypochondriac(al)

hypochondrie hypochondria

hypoteční mortgage; **h. banka** mortgage bank, ≅ building society

hypoték|a mortgage; **zatížit dům ~ou** mortgage a house

hypotekární: h. listina mortgage deed n. certificate

hypotetický hypothetical

hypotéza hypothesis

hýřil high liver, debauchee; *(marnotratník)* spendthrift, squanderer

hýř|it 1 indulge in riotous living, *(užívat si)* live it up; *(plýtvat penězi)* squander one's money 2 **h. barvami** be ablaze with colour; **h. fantazií** be fanciful ■ **~ení** debauchery, riotous living; *(penězi)* profligacy

hýřivý *(život, člověk)* debauched; *(utrácivý)* profligate

hysterický hysterical; **h. záchvat** hysterical fit, fit

of hysteria
hysterie hysteria; *(záchvat)* hysterics
hysterik hysteric
hyzd|it: h. koho mar sb's looks; *(jizva)* disfigure; **obličej mu ~ily jizvy** his face was disfigured by scars; **věžáky ~í vzhled města** high-rise blocks spoil the appearance of the town
hýždě buttocks

CH

ch *(písmeno)* 'ch'
cha ha; ha-ha
chab|ý 1 *(slabý)* weak, feeble; *(puls* též*)* faint 2 přen. **~á výmluva** lame n. flimsy excuse; **ch. úsměv** wan smile; **~á naděje** faint hope
chaloupka (little) cottage; **perníková ch.** gingerbread house
chaluha seaweed
chalupa 1 *(menší na venkově)* cottage 2 *(rekreační)* holiday home, second home, (country) cottage
chalupář *(s malým hospodářstvím)* small holder; sk. též. crofter; *(majitel chaty)* holiday-home owner
chám sperm
chameleón chameleon
chamraď 1 *(křoví)* brushwood 2 *(harampádí)* junk, trash 3 *(chátra)* riff-raff, rabble 4 v. **havěť**
chamtivec acquisitive person, *(hamoun)* hoarder
chamtiv|ý acquisitive; *(chtivý)* covetous; *(nenasytný)* greedy ▪ **~ost** covetousness, acquisitiveness; *(po majetku)* lust for wealth
chán khan
chaos chaos; **ve městě vládl ch.** the city was in chaos
chaotický chaotic
chapadlo 1 zool. tentacle, feeler 2 techn. grab
chapadlovitý tentacular
cháp|at 1 *(rozumově)* understand*, comprehend; **ch. rychle/ pomalu** be quick/ slow on the uptake; **ch. co** *(zadání, podstatu problému)* grasp n. comprehend sth; *(obtíže, komplikace)* appreciate n. see* sth; **ch., že** realize that; **já to ~u jinak** I see it differently; **jak to mám ch.?** how am I supposed to take* that? 2 *(mít pochopení)* **ch. koho** understand sb; **ch. jeden druhého** understand each other well
chápav|ý 1 *(dítě)* bright, quick(-witted), sharp; *(nadaný)* talented, gifted 2 *(mající porozumění)* understanding; **ch. přítel** an understanding friend 3 **ch. pohled/ úsměv/ ~é přikývnutí** a knowing look/ smile/ nod ▪ **~ost** intelligence, quickness, sharpness
charakter 1 *(povaha)* character; **mít ch.** be a person of good character; **nemá ch.** he lacks character, he has no backbone 2 *(ráz)* character, nature; **ch. ekonomické reformy** the nature of the economic reform
charakteristický (pro) characteristic (of), typical (of), peculiar (to), distinctive (of); **ch. rys** distinctive feature n. trait; **styl ch. pro 50. léta** a style peculiar to the 1950s, a style typical of the 1950s
charakteristika characterization, *(člověka* též*)* portrayal
charakterizovat characterize
charakterní 1 *(člověk)* upright, of good character, *(čestný)* honest 2 div. **ch. herec** character actor
charismatický charismatic
charitativní charitable; **ch. účely/ dary** charitable purposes/ donations
charta charter; **Ch. Organizace spojených národů** the United Nations Charter
cháska v. **chamraď (3)**
chassis v. **šasi**
chata *(bouda)* hut; *(srubová)* log cabin; *(víkendová)* cottage; *(lovecká)* hunting lodge; *(horská)* mountain hut
chátra hanl. rabble, riff-raff, hoi polloi
chátrat *(člověk)* go* to the dogs; *(město)* become* dilapidated, become run* down; *(stavba)* become dilapidated, fall* into disrepair; *(auto)* fall into disrepair, fall to pieces; *(zahrada)* run wild
chatrč shack, hovel
chatrný 1 *(budova, střecha)* dilapidated; *(oděv)* worn-out, threadbare; *(strop)* unsound, unsafe; *(zdraví)* frail 2 *(výmluva)* shabby, flimsy; *(výsledky)* poor, deplorable
chcípnout 1 *(o zvířatech)* die, kn. perish 2 zhrub. snuff it, kick the bucket 3 *(auto)* stall
chechtat se 1 laugh loudly n. heartily, guffaw; **ch. se komu do očí** laugh into sb's face 2 *(potají)* laugh n. chuckle to o.s.; **ch. se do vousů** laugh up one's sleeve 3 *(racek)* cry
chechtavý: racek ch. black-headed gull
chechtot laughter, guffaw
chemick|ý chemical; **~é čištění** dry-cleaning ▪ **~y čistit** dry-clean
chemie chemistry; **organická/ anorganická ch.** organic/ inorganic chemistry
chemik chemist
chemikálie pl. chemicals
chichotat se chuckle, snigger; *(školačky)* titter
chichot chuckle, snigger
Chile Chile
Chilan, ~ka, chilský Chilean

chiméra *(iluze)* chimera, (idle) fancy, pipe dream
chimérický chimerical, imaginary
chinin quinine
chirurg surgeon
chirurgický surgical; **ch. nůž** surgery knife; **ch. zákrok** surgery; **vyžadovat si ch. zákrok** require surgery
chirurgie surgery; **kosmetická ch.** cosmetic surgery; **plastická ch.** plastic surgery
chlad 1 cold, coldness; *(příjemný)* coolness; **ranní ch.** the cool of the morning; **cítit ch.** feel* the cold; **udržovat v ~u** keep* sth in a cool place 2 *(nedostatek citu)* coldness, coolness; **sexuální ch.** sexual coldness, *(ženy též)* frigidity
chlád|ek 1 shade; **sedět v ~ku** sit* in the shade 2 **být v ~ku** *(ve vězení)* be locked up, be behind bars
chladicí cooling; **ch. směs** coolant, cooling agent; **ch. systém** cooling system; **ch. věž** cooling tower
chladič cooler; *(auta)* radiator
chladírensk|ý refrigerator, refrigeration; **ch. vůz/ ~á loď** refrigerator van/ ship; **~é zařízení** refrigeration plant, cold storage plant
chladírna cold store
chla|dit cool, *(na ledě)* chill; **dát co ch.** put* sth to chill n. cool ■ **ch. se** be cooling ■ **~zený vodou/ vzduchem** water-cooled, air-cooled ■ **~zení** cooling; **~zení vodou/ vzduchem** water-/ air-cooling
chladivý cooling; **ch. nápoj** refreshing drink
chladnička refrigerator, br. též fridge, am. též icebox
chladn|o v. **chlad**; **za ranního ~a** in the cool of the morning
chladnokrevn|ý *(klidný)* calm, cool-headed, hov. cool; žert. **(naprosto) ch.** as cool as a cucumber; **~á vražda** cold-blooded murder; **zůstat ch.** keep* one's head, hov. keep one's cool, keep one's hair on ■ **udělat něco ~ě** do sth cold-bloodedly n. in cold blood ■ **~ost** cool-headedness, calmness, cool(ness); cold-bloodedness
chladn|out 1 get* n. grow* n. go* cold, cool down; **~e vám polévka** your soup is getting cold; **kaše ~e** the porridge is cooling down 2 *(o citu* ap.*)* grow cool, cool (down)
chladn|ý 1 cold, chilly; *(příjemně)* cool; **~é počasí/ ~á vlna** cold weather/ snap 2 *(vypočítavý)* cold, calculating; *(citově)* cold, cool, chilly; **~é přijetí** cold n. chilly reception ■ **chovat se ke komu ~ě** give* sb the cold shoulder ■ **je mi ~o** I am cold, I feel* cold, I am feeling cold; **dnes je ~o** it is cold today
chlácholit calm sb down, soothe, pacify
chlácholivý soothing; **ch. tón/ hlas** a soothing tone/ voice
chlap 1 fellow, hov. guy, bloke; **ch. jako hora** a giant of a man; **hranatý ch.** a hefty n. burly man 2 *(chlapík)* **je to opravdový ch.** he is a real man; **je to výborný ch.** he is a great guy; **buď přece ch.!** be a man, for goodness sake!
chlap|ec 1 boy, lad; *(větší)* youngster, young man; **~če!** hov. sonny! 2 *(mezi přáteli)* lad, fellow; **~ci v mužstvu** the lads in the team; **~ci v kanceláři** the lads n. the blokes in the office; **naši ~ci vyhráli** our boys n. lads have won* 3 *(známost)* boyfriend, date
chlapeck|ý boyish, boys'; **~é vzezření** boyish appearance; **~á škola/ třída** boys' school/ class ■ **~ost** boyishness
chlapectví boyhood
chlapeč|ek litle boy n. lad; **maminčin ch.** mummy's boy, sissy; **~ku!** little boy!, zvl. sk. laddie!
chlap|ík 1 *(obdivuhodný ch.)* a great guy, a hell of a guy; **ch.!** *(pochvalně)* good man!, good for you!; přen. *(o úlovku)* what a beauty! 2 guy, bloke; **vykutálený ch.** slyboots; **tvrdý ch.** a tough guy
chlapisko a hefty man, a hulk of a man
chlapský 1 manly; *(vzezření)* rugged; *(hlas)* masculine 2 *(jednání)* resolute
chlast|at booze; *(propadnout ~u)* be on the bottle, be a boozer
chléb, chleba 1 bread; **bílý/ černý ch.** white/ brown n. black bread 2 *(bochník/ krajíc)* loaf/ slice of bread; **dva chleby** two loaves/ slices of bread; **půlka chleba** half a loaf (of bread); **ch. s máslem** bread and butter ♦ žert. **tekutý ch.** neutr. beer 3 *(živobytí)* livelihood; **náš denní ch.** our daily bread; **vydělávat si na ch.** earn one's livelihood n. daily bread; **přijít o ch.** lose* one's livelihood ♦ **čí chleba jíš, toho píseň zpívej** he who pays* the piper calls the tune; **žít o chlebě a vodě** be on bread and water; **ne samým chlebem živ je člověk** man doesn't live by bread alone
chlebíček 1 *(dvouvrstvý)* sandwich; **obložený ch.** open sandwich; **biskupský ch.** fruit bread 2 v. **chléb (3)**
chlebník knapsack, voj. haversack
chlebodárce žert. provider, *(zaměstnavatel)* employer

chlév cowshed, zvl. am. barn ♦ **Augiášův ch.** the Augean Stables
chlévsk|ý: ~á mrva farmyard manure; hov. dung
chlípník žert. sex maniac; **starý ch.** dirty old man
chlípn|ý randy, lecherous ■ **~ost** randiness, lecherousness
chlívek 1 kozí ch. goat shed n. house; **prasečí ch.** pigsty, pigpen 2 přen. *(nepořádek)* pigsty, mess
chlopeň *(srdeční)* valve
chlór chlorine
chlorid chloride
chloroform chloroform
chlorofyl chlorophyll
chlorov|at chlorinate ■ **~ání** chlorination
chlorovodík hydrogen chloride
chloub|a 1 pride; **říci co s ~ou (v hlase)** say* sth with pride 2 *(předmět ~y)* pride (and joy); **dcera byla jeho ~ou** his daughter was his pride (and joy)
chloup|ek little n. tiny hair; **jemné ~ky** fine hair
chlub|it se boast, brag; **ch. se čím** boast about n. of sth, *(ostentativně)* flaunt sth; **ch. se novým oblekem** flaunt one's new suit ♦ **ch. se cizím peřím** dress o.s. in borrowed plumes ■ **~ení** bragging, boasting
chlubivý boastful
chlup hair; **~y** hair; *(zvířecí též)* fur, coat ♦ **hledat v čem ~y** přen. pick holes in sth; *(přijít)* **na ch. přesně** dead n. bang on time; *(uniknout)* **jen o ch.** by the skin of one's teeth; **být o ch. lepší** be a shade better; **sežrat něco i s ~y** swallow sth hook, line and sinker
chlupat|ý hairy, hirsute; *(pes)* shaggy, hairy; *(látka)* fluffy; *(kožešina)* furry; **~á prsa** a hairy chest
chmel 1 *(rostlina)* hop (plant) 2 *(plody)* hops; **česat ch.** pick hops
chmelař 1 *(pěstitel)* hop grower 2 *(česač)* hop picker
chmelařsk|ý hop; **~á oblast** hop-growing area
chmelařství hop cultivation, hop-growing
chmelnice hop-field, hop-garden
chmurný *(počasí, den)* dull; *(člověk, nálady, myšlenky)* gloomy; *(vyhlídky též)* sombre, grim
chmuřit se *(obloha)* darken, cloud over, become* cloudy; přen. grow* sad
chmýří fine hair, fuzz, down
chňap! snap!
chňap|at, ~nout (po at) grab, snatch, *(pes)* snap; **~nout po příležitosti** leap* at the chance
chobot 1 *(sloní)* trunk, proboscis 2 *(moře)* inlet
chobotnice octopus
chod 1 *(koně)* gait, pace; **pochodem v ch.!** forward march! 2 *(motoru)* running, *(stroje)* operation; **bezhlučný ch.** silent running n. operation; **ch. naprázdno** idle running, idling; **zpětný ch.** reverse; **být v ~u** be going*, *(stroj)* be in operation n. running; **dát co do ~u** get* n. set* sth going; **udržovat co v ~u** keep* sth going/ *(motor, stroj)* running*; **motor má tichý ch.** the engine runs* quietly 3 *(průběh)* course, development; **ch. událostí** the course of events; **další ch. událostí** further developments; **uvést do ~u hodiny** set* the clock going; **být v plném ~u** be in full swing 4 *(jídlo)* course; **jídlo o třech ~ech** a three-course meal; **co si dáte na další ch.?** what will you have to follow, what will you have next?
chodba *(bytu, domu)* (entrance) hall, am. hallway; *(v budově)* corridor; *(spojovací)* passage(-way); *(v dolech)* tunnel, gallery
chodbička 1 narrow corridor 2 *(v hledišti)* gangway, *(mezi řadami sedadel)* aisle
chod|ec 1 pedestrian; *(náhodný)* passer-by; **přechod pro ~ce** pedestrian crossing 2 *(sportovec)* walker
chodidlo sole of the foot; *(u punčochy)* foot
chod|it 1 walk, go*, pace; **ch. bosý** walk barefoot; **ch. sem a tam** walk to and fro; **ch. sem a tam po pokoji** walk n. pace up and down the room; **choďte vpravo!** keep* to the right!; **ch. o holi/ na chůdách/ po čtyřech** walk with a stick/ on stilts/ on all fours; **dítě už ~í** the baby can already walk 2 *(pravidelně)* go* to, *(do školy, na přednášky, semináře* ap. *též)* attend; **ch. na hodiny zpěvu** take* singing lessons; **ch. mezi lidi** go out, mix with people; **ch. za školu** play truant n. am. hookey; **ch. pozdě spát** burn* the midnight oil; **často sem ~í** he is a frequent visitor here 3 *(hledat)* **ch. na houby** go mushroom-picking, go mushrooming; **ch. na ryby** go fishing n. angling 4 *(obcházet)* **ch. po domech s čím** go from door to door selling sth; **ch. po návštěvách** *(o lékaři)* go one's rounds; **ch. po hospodách** pub-crawl 5 *(mít známost)* **ch. s kým** go out with sb, am. date sb; **~í spolu vážně** they are going steady; **s kým ~íš?** who is your girlfriend/ boyfriend?, am. who is your date? 6 *(o zásilkách)* come*, arrive; *(dárky, stížnosti)* come in 7 **ch. v čem** wear* sth, be dressed in sth; **ch. dobře/ špatně oblečen** be

well/ badly dressed **8 umět v tom ch.** know* the ropes; **naučit se v tom ch.** learn* the ropes; **ukázat komu, jak to ~í** show* sb the ropes **9** neos. **v těch botech se mi špatně ~í** these shoes are uncomfortable to walk in n. for walking; **tak to na světě ~í** that's the way things are, am. that's the way the cookie crumbles
chodítko *(dětské)* baby walker
chodívat go* *(somewhere)* regularly n. frequently
chodník *(na ulici)* pavement, am. sidewalk; *(mezi zahradami)* footpath
chochol *(na klobouku, helmě* ap.*)* tuft of feathers, plume; **ch. kouře** plume n. wisp of smoke
chocholatý zool. crested
chocholouš crested lark
cholera cholera
cholerický choleric, *(vznětlivý)* irascible
cholerik choleric type; *(vznětlivý člověk)* irascible person
chomáč v. **chumáč**
chomout 1 collar **2** přen. yoke; **manželský ch.** žert. yoke of marriage n. matrimony
chopit se 1 ch. se zloděje seize n. capture the thief; **ch. se zbraní** take* up arms **2** přen. **ch. se příležitosti** seize n. grasp the opportunity; **ch. se iniciativy** take the initiative; **ch. se pera** take up one's pen
chór choir
chorál 1 chorale, hymn **2 gregoriánský ch.** Gregorian chant
chorální choral; **ch. hudba** choral music
choreograf choreographer
choreografický choreographic(al)
choreografie choreography
chórista chorister
chorob|a illness, disease; **infekční ch.** infectious disease; **duševní ch.** mental illness; **ch. z povolání** occupational disease; **~y stáří** afflictions of old age
chorobn|ý 1 *(člověk)* ailing, *(starý)* infirm; in poor health; *(buňka, tkáň)* diseased; *(vzhled)* sickly **2** *(žárlivost* ap.*)* pathological ■ **~ost** infirmity, poor health
chorobopis case history
choroboplodný lék. pathogenic; **ch. zárodek** pathogenic organism
choromysln|ý mentally ill, insane; **ústav pro ~é** mental home ■ **~ost** insanity, mental derangement
Chorvat, ~ka, ch~ský Croat, Croatian
Chorvatsko Croatia
chor|ý ailing, infirm; **duševně ch.** mentally ill; **~é srdce** weak heart
choť I mask. spouse, husband; **královský ch.** prince consort **II** fem. spouse, wife
choulit se 1 *(strachem)* cower, cringe; **ch. se ke komu** *(zimou)* snuggle close to sb; **ch. se k sobě** huddle together **2** *(halit se)* **ch. se do pláště** wrap o.s. up in a coat
choulostiv|ý 1 delicate, (over)sensitive (**na** to); **ch. na zimu** sensitive to the cold; **toto sklo je velmi ~é** this glass is very delicate **2** *(otázka, téma)* tricky, delicate, awkward; *(člověk)* particular, fussy ■ **~ost 1** delicacy, sensitivity **2** trickiness; fussiness
choutk|a craving (**po** for); *(vrtoch)* whim; **hovět všem svým ~ám** indulge one's every whim
chov *(zvířat)* breeding; **ch. dobytka** animal husbandry, *(hovězího)* cattle breeding; **ch. koní** horse breeding; **nechat na ch.** keep* *(*animals*)* for breeding; **dobytek na ch.** breeding cattle
chovanec *(internátní školy)* boarder; *(ústavu pro mladistvé)* inmate
chování behaviour, manner; *(vystupování)* bearing; *(na vysvědčení)* conduct; **nemotorné ch.** clumsy behaviour; **hrubé ch.** rude manner; **mít špatné ch.** have no manners, be bad-mannered; **důstojné ch.** dignified bearing; přen. **ch. burzy** the performance of the stock market
chovan|ka v. **~ec**
chovat 1 ch. dítě v náručí/ na klíně nurse n. cradle a child in one's arms/ on one's lap; **bude ch.** she is expecting **2** *(zvířata, ryby)* breed*; *(včely)* keep* **3** *(mít)* **ch. naděje** entertain n. cherish hopes; **ch. v sobě nenávist** harbour feelings of hatred, feel* hatred (**k** to); **ch. co v paměti** retain sth in one's memory ♦ **ch. koho jako v bavlnce** mollycoddle sb, wrap sb in cotton wool; **ch. koho jako oko v hlavě** lavish affection on sb ■ **ch. se 1** behave (o.s.), conduct o.s.; **ch. se slušně** behave (o.s.); **ch. se neslušně** behave badly, misbehave; **ch. se jako blázen** act like a fool, play the fool; **ch. se pánovitě** have an overbearing manner; **ch. se důležitě** give* o.s. airs and graces; **neumět se ch.** have no manners **2 ch. se ke komu slušně** treat sb kindly; **ch. se ke komu drze** be cheeky to sb
chovatel *(zvířat, ryb)* breeder; **ch. dobytka** cattle breeder, stock breeder, am. též rancher; *(holubů)* pigeon fancier; *(včel)* beekeeper, apiarist
chovatelský: ch. spolek breeders' association
chovný breeding; **ch. dobytek** breeding cattle;

ch. **hřebec** stallion, studhorse
chrab|rý *(hrdinský)* brave, gallant; *(odvážný)* bold, daring; *(neznající strach)* fearless ■ **~ře se bránit** resist bravely ■ **~rost** bravery, valour, boldness, fearlessness
chrám temple; *(křesťanský)* cathedral; br. *(zvl. klášterní:* např. *v Yorku)* minster; přen. **ch. umění** temple of art
chráněn|ec protégé ■ **~ka** protégée
chránič protector, guard; **ch. holení/ kolen/ obličeje** shin/ knee/ face guard; **ch. kotníků** ankle sock; **ch. rukávů** sleeve protector
chrán|it protect, take* care of; *(o policii)* **ch. koho** give* sb protection; **ch. koho před kým/ čím** protect sb from sb/ sth; **ch. své zájmy** safeguard one's interests; **ch. co před vlhkem** keep* sth dry ♦ **chraň Bůh!** God forbid! ■ **ch. se před kým/ čím** be on one's guard against sb/ sth; **ch. se před sluncem/ deštěm** keep away from the sun, keep out of the sun/ shelter from the rain ■ **~ěný** *(místo, koutek)* sheltered; *(oblast, zvíře, rostlina)* protected; **~ěná značka** registered trademark
chránítko: ch. na tužku pencil top n. cap; **ch. na uši** earmuff
chrápat snore
chraplavý *(hlas)* hoarse, *(drsný)* raucous, *(nakřáplý)* husky
chrapot hoarseness, huskiness
chrap|tět talk in a hoarse voice ■ **~tění** v. **~ot**
chrap|tivý v. **~lavý**
chrást tops; **ch. tuřínu/ řepy** turnip/ beet tops
chrastí brush(wood), twigs; **otýpka ch.** bundle of twigs
chrastit *(listí, papír, větvičky)* crackle; *(řetězy)* clatter; **ch. řetězem** rattle a chain
chrastítko rattle
chrčet wheeze
chrčivý wheezy
chrchel phlegm; lék. sputum
chrchlat cough; **ch. krev** cough up blood
chrlič archit. gargoyle
chrl|it 1 *(oheň, kouř)* belch (out n. forth), hov. spit*; *(kouř, popel)* eject; *(lávu)* spout; *(jiskry)* emit; *(kamení)* throw* out; **ch. krev** spit blood 2 přen. *(nápady, články, knihy)* churn out 3 **ch. nadávky** fulminate; **ch. kletby** utter a torrent of curses; **ch. otázky** fire (out) questions ■ **~ení krve** coughing-up blood
chrobák dung beetle, scarab
chrochtat grunt též přen. *(o člověku)*
chróm chem. chromium
chromatick|ý chromatic; **~á stupnice** chromatic scale
chromnout go* lame
chromovat *(kovy)* chromium-plate, *(kůži)* chrome
chrom|ý lame; **~á noha** lame n. hov. gammy leg; **je ch.** *(kulhá)* he has a limp, he limps, he is lame
chronický chronic
chronologický chronological
chronologie chronology
chronometr chronometer
chropot *(smrtelný)* death rattle
chroptě|t rattle; **ch. před smrtí** give* a death rattle ■ **~ní** v. **chropot**
chroupat *(hlasitě)* crunch; *(ukusovat)* nibble; **ch. čokoládu/ oříšky** nibble chocolate/ nuts
chroust cockchafer, maybug
chroustat crunch; v. též **chroupat**
chrpa cornflower
chrstnout splash; **ch. komu vodu do obličeje** splash water into sb's face
chrt greyhound
chrup (set of) teeth; **mléčný ch.** milk teeth; **umělý ch.** false teeth, dentures
chrupat v. **chroupat**
chrupavčit|ý cartilaginous; **~é maso** gristly meat
chrupavka cartilage; *(v mase)* gristle
chrupavý crunchy
chryzantéma chrysanthemum
chřadnout 1 waste away, fade away; *(postonávat)* be failing in health; *(rostlina)* languish, wilt 2 přen. **ch. žalem/ starostmi** be consumed with grief/ worries; **ch. touhou** pine away from desire
chřest asparagus
chřestit rattle; *(řetězi* též*)* clank; *(zbraněmi)* clash
chřestítko rattle
chřestýš rattlesnake
chřípí nostrils; **rozšířená ch.** dilated nostrils
chřipk|a influenza, hov. flu; **ležet s ~ou** be down with flu; **mít ~u** have (the) flu
chřipkov|ý influenza, flu; **~á epidemie** flu epidemic
chřtán *(zvířat)* throat ♦ **nacpat komu co do ~u** shove sth down sb's throat
chtíč lust; **hovět svým ~ům** indulge one's lusts
chtít 1 want, wish, like, demand; *(o věcech)* need, require; **k vánocům chce medvídka** she wants a teddy (bear) for Christmas; **chce jen vaše peníze** she only wants your money, she

is only after your money; **chci, abys přišel** I want you to come*; **ch. nemožné** demand the impossible; **tyto květiny chtějí moc vody** these flowers need a lot of water ♦ **to chceš trochu moc** that's a bit too much (to ask), that's a tall order; **všecko jde, jenom ch.** where there's a will there's a way **2** *(mít v úmyslu)* want, intend, mean*; *(v záporu též)* refuse; **chce být hercem** he wants to be an actor, he wants to go* on the stage; **co tím chcete říci?** what are you driving* at?; **chtěl jsem říci, že** what I meant to say* is that; **chce za každou cenu auto** she is determined to have a car *(at any cost)*, she is bent on having a car; **nechce o tom ani slyšet** she will not even hear of it **3** *(neuskutečnění žádoucího děje)* **auto nechce jet** the car won't go; **nechce to fungovat** it won't work, it refuses to work; **rána se nechce hojit** the wound will not heal **4 ať si dělá, co chce** let* him do what n. whatever he likes; **ať přijde, kdy chce** let him come* whenever he likes ■ **chce se mi zpívat** I feel* like singing, I am in the mood for singing; **nechce se mi tam jít** I don't feel like going there; **chce se mi z toho zvracet** přen. it makes* me sick

chtiv|ý (**čeho** for sth) greedy, avid, eager; **ch. zpráv** eager for news; **ch. peněz** greedy for money; **ch. radovánek** avid for pleasure; **ch. moci** greedy n. thirsty for power, power-hungry ■ **~ě** greedily; *(chlípně)* lustfully; **jíst ~ě** eat* greedily n. voraciously ■ **~ost** greed, avidity; **ch. po moci** lust for power

chůd|a stilt; **na ~ách** on stilts

chudáček poor little thing

chud|ák 1 *(chuďas)* poor man ■ **~ačka** poor woman **2** *(ubožák)* poor man n. chap n. soul; **ch. ženská** poor woman n. lady; **já ch.!** poor me!; **ch. tatínek!** poor dad!; **~áku!** poor you!

chudina the poor; **vesnická ch.** poor peasants

chudob|a poverty; **žít v ~ě** live in poverty; **intelektuální ch.** intellectual poverty ♦ **ch. cti netratí** there is no shame in being poor

chudobinec zast. poorhouse, br. ≅ workhouse

chudobka daisy

chudobný v. **chudý**

chudokrevn|ý anaemic ■ **~ost** anaemia

chud|ý 1 poor, needy; **~á rodina** a needy family; **ch. jako kostelní myš** poor as a church mouse; **pomáhat ~ým** help the needy **2** *(půda)* poor, infertile; *(jídlo, plat)* meagre; *(směs)* weak, lean **3 ch. na co** poor in sth; **ch. na vitamíny** low in vitamins

chuchvalcovitý lumpy

chuchvalec lump; *(krve)* clot; *(papíru, vlny)* ball; *(vaty)* wad; *(kouře, prachu)* cloud

chuligán hooligan, am. též hoodlum

chumáč *(vlasů, trávy)* tuft; *(vaty)* wad; *(kouře)* trail

chumel *(lidí)* knot, throng; *(strkajících se)* mêlée v. **chumáč**

chumelenice snowstorm

chumel|it se: ~í se there is a blizzard ♦ **jako by se ne~ilo** as if nothing had happened

chumlat *(přízi, nitě)* tangle (up); *(šaty, papír)* crumple (up) ■ **ch. se** *(nitě)* tangle up, become* tangled up; **ch. se do čeho** *(do deky* ap.*)* wrap o.s. in sth

chundelatý shaggy

churavět be unwell; *(vážně)* suffer from poor n. ill health

churav|ý: být ch. be unwell n. indisposed; **vážně ch.** seriously ill ■ **~ost** indisposition, ill health

chuť 1 taste; *(smysl)* sense of taste; *(ch. a vůně)* flavour; **podle vlastní chuti** to one's own taste; **přisolit si podle chuti** add salt to taste **2** *(příchuť)* taste; **mít příjemnou ch.** taste good, have a nice taste; **mít divnou ch.** have a funny taste, taste funny; **bez chuti** tasteless; **být téměř bez chuti** have very little taste **3** *(k jídlu)* appetite; **být při chuti** have a good n. hearty appetite; **ztratit ch. na jídlo** be off one's food, lose* one's appetite; **jíst s chutí** eat* heartily; **sníst jídlo s chutí** do justice to the meal; **mít ch. na co** have a fancy for sth; **dobrou ch.!** *(ve VB se používá zřídka)* bon appetit!, enjoy your meal! ♦ **s jídlem roste ch.** appetite grows* with the eating **4** *(chtění)* taste, liking; **není mi to po chuti** it is not to my liking n. taste, I am not keen on it; **ch. do života** zest for living; **ch. do práce** enthusiasm for work; **být komu po chuti** be after sb's heart; **nemám do toho ch.** I don't feel* like (doing) it; **přijít čemu na ch.** get* to like sth, develop n. acquire a taste for sth, develop n. acquire a liking for sth; **mám sto chutí zůstat doma** I have a good mind to stay at home ♦ **s chutí do toho a půl je hotovo** well begun* is half done, a good start is half the battle

chutn|at 1 *(o jídle)* taste good, be delicious; **moc mi to ~alo** it was delicious, I enjoyed it enormously; **~á vám?** are you enjoying your meal?; **nechte si ch.!** *(ve VB se říká zřídka)* enjoy your meal!, bon appetit!; hov. br. tuck in! **2**

(mít příchuť) taste; **ch. hořce/ sladce/ spáleninou** taste bitter/ sweet/ burnt; **ch. čím** n. **po čem** taste n. smack of sth; **víno ~á po sudu** the wine tastes n. smacks of the wood 3 *(ochutnávat)* taste, try; **ch. víno** taste wine ■ **~ání** tasting; **dobré ~ání** v. **chuť**

chutn|ý tasty, palatable; *(velmi)* delicious, delectable; *(pikantní)* savoury ■ **připravit co ~ě** cook sth tasty ■ **~ost** fine taste

chuťovka canapé; cocktail snack

chůva nanny; *(na část dne)* baby-minder, child-minder

chůz|e 1 walking 2 *(způsob chození)* gait; **šouravá ch.** shuffling gait; **mít lehkou ~i** have a light tread n. step

chvál|a praise; **zasloužit si ~u** deserve praise, deserve to be praised, be worthy of praise; **nešetřit ~ou na koho** lavish in one's praises of sb; **pět na koho ~y** sing* sb's praises

chválabohu thank God n. heavens!

chvál|it *(vychvalovat)* speak* highly of; **ch. koho za co** praise sb for sth; **ch. koho do nebes** praise sb to the skies; **ch. sám sebe** blow* one's own trumpet ♦ **nechval dne před večerem** laugh before breakfast, you'll cry before supper, don't count your chickens before they're hatched ■ **ch. se** boast, brag ♦ **dobré zboží se ~í samo** good wine needs no bush

chvalořeč panegyric, eulogy

chvalořečník eulogist

chvályhodný praiseworthy; *(o úsilí)* commendable, laudable

chvást|at se boast, brag; hov. pile it on, talk big ■ **~ání** bragging; big talk

chvastoun boaster, braggart, bigmouth

chvastounský boastful, bragging

chvat$_1$ haste; **s velkým ~em** in great haste, in a great hurry; **v divokém ~u** in a frantic hurry

chvat$_2$ *(zápasnický)* hold

chvát|at 1 hurry, rush; **ch. pryč** hurry n. rush away 2 *(s čím)* **~á to** it's urgent, it's an urgent matter; **to ne~á** there's no rush 3 **ch. na co** press for sth; **ch. na odpověď** press for an (early) answer; **ch. na koho, aby** press for sb to do sth

chvatn|ý hasty; *(jídlo)* hurried; *(práce)* rushed; **práce ~á, málo platná** more haste, less speed ■ **~ě** hurriedly, hastily; **~ě se najedl** he gobbled up his food ■ **~ost** haste

chvějivý shaky, *(hlas)* quivering

chvě|t se 1 *(třást se)* tremble, shake*; *(zimou též)* shiver; *(rozrušením)* tingle; *(hlas též)* quiver, falter; *(světlo)* flicker; **ch. se na celém těle** tremble n. shake all over 2 *(bát se)* **ch. se strachem** tremble with fear; **ch. se o koho** tremble for sb; **ch. se před kým** be terrified of sb ■ **~ní** 1 trembling, shaking, quiver(ing) 2 fyz. vibration, *(vlnové)* oscillation 3 *(obrazovky)* flutter

chvíl|e 1 *(časový úsek)* while, moment; **na ~i** for a while; **~emi** every so often, on and off, every now and then; **před ~í** a while ago; **za ~i** in a moment; **bude to ~i trvat** it will take* some time, it will take a while 2 **dlouhá ch.** boredom; **mít dlouhou ~i** be bored; **krátit si dlouhou ~i** while away the time; **ch. volna** leisure; **četba pro ch. volna** reading for leisure; **slavnostní ch.** a festive occasion; **těžké ch.** a time of difficulty 3 *(časový bod)* moment, minute; **v tuto ~i** at this (very) moment, presently; **od této ch.** from now on, as from now, as of now

chvil|ka, ~ička a little while; sk. a wee while, a brief moment, a second n. hov. a sec; **počkej ~ku!** wait a sec n. a moment!; **zůstaňte tu ještě ~ku!** stay a little longer

chvilkový momentary; *(štěstí)* transient, short-lived; *(známost)* cursory

chvojí branches (of conifer)

chvost tail; **liščí ch.** fox's tail n. bush; přen. **ch. komety** comet's tail; **vrtět ~em** wag its tail

chyb|a I subst. 1 *(omyl)* mistake, error; *(velká)* blunder; **~y mládí** errors of youth; **hrubá ch.** gross n. inadmissible error; **početní ch.** miscalculation, mistake n. error in calculation; **pravopisná ch.** spelling mistake; **taktická ch.** tactical error; **tisková ch.** typographical error, misprint; **tiskové ~y** *(seznam)* errata; **ch. při psaní** slip of the pen; **ch. v překladu** mistranslation; **ch. z nepozornosti** careless n. thoughtless mistake; **bez ~y** faultless, without mistakes, *(překlad též)* flawless; **udělat ~u** make* a mistake n. an error; **hemžit se ~ami** be riddled with mistakes ♦ **~ami se člověk učí** you learn* from your mistakes 2 *(vada)* fault, weakness, *(charakterová též)* flaw, failing; *(materiálu)* defect, flaw; **nikdo není bez ~y** nobody is perfect, we all have our faults; **hledat na někom ~y** find* fault with sb 3 *(vina)* fault; **je to tvoje ch.** it's your fault, the fault lies* with you, it's because of you II adv. **je ch., že** it's a pity n. shame that ♦ **ch. lávky** *(kdepak)* far from it, certainly not

chyb|ět 1 *(nedostávat se)* be short of, lack, be

lacking in; **~í nám peníze** we lack money, we are short of money; *(při účtování)* **~í mu 5 liber** he is £5 short; **~í mu odvaha** he is lacking in courage; **~í nám pracovníci** we are short of staff, we are short-staffed ♦ **co vám ~í?** what's wrong with you?; **to nám ještě ~ělo!** that's all we needed!, that's the last straw! 2 *(postrádat)* **~íte nám** we miss you 3 **málo ~ělo a přejelo by mne auto** I nearly got* run* over 4 *(být nepřítomen)* be absent, be missing; **kdo ~í?** who is absent n. missing?; **ch. ve škole** be absent from school, miss school

chybičk|a small mistake; **bez nejmenší ~y** immaculate, flawless; **do textu se vloudila ch.** expr. a (small) mistake has crept* into the text

chybi|t make* a mistake; **~l jsi, žes tam nešel** it was a mistake for you not to go* there ■ **ch. se** *(netrefit se)* miss; **ch. se cíle** miss the target

chybn|ý *(měření, výpočet, údaje)* incorrect, wrong; *(výslovnost)* poor; *(názor)* erroneous; **ch. krok** false step n. move; **ch. tah** bad move ■ **~ě** incorrectly, erroneously; **~ě vyslovit** mispronounce

chyb|ovat v. **~it**; **ch. je lidské** to err is human

chýl|it v. **schýlit** ■ **ch. se ke konci** be drawing* to an end, be drawing to a close; **~í se k zimě** winter is drawing near; **~í se k bouři** a thunderstorm is in the offing

chyst|at prepare; *(pokoj, postel, jídlo* ap.*)* get* ready; **ch. na stůl** lay* n. set* the table ■ **ch. se** prepare (o.s.), get ready; **ch. se na co** get ready to do sth, prepare to do sth, get ready for sth; **ch. se odejet** be about to leave*, be on the point of leaving; neos. **~á se bouře** a storm is in the offing, a storm is gathering ■ **~ání** preparations

chýše shack; v. **chatrč**

chyták tricky question, catch question; *(při zkoušce)* poser, teaser

chyt|at v. též **~it, ~nout; 1 těžce ch. dech** pant, struggle n. gasp for breath 2 *(lovit)* **ch. ryby** fish, *(na udici)* angle; **ch. pstruhy** fish for trout; přen. **ch. koho za slovo** take* sb at his/her word ♦ **ch. lelky** twiddle one's thumbs 3 *(zloděje)* give* chase, hunt for, chase (after) 4 **ch. koho u srdce** move n. stir sb's heart; **~ají mne křeče** I have cramp 5 **ch. vodu do nádrže** collect n. catch* water in a reservoir ■ **ch. se** v. též **~it se, ~nout se** 1 **ch. se maminčiny sukně** cling* to one's mother's skirt; přen. **ch. se (zoufale) naděje** clutch at straws 2 *(bláto: na boty)* cling to, stick* to

chyt|it, ~nout 1 *(uchopit)* grasp, take* n. get* hold of, seize; **ch. koho za ruku** grasp n. take hold of sb's hand; **ch. koho za límec** grab n. seize sb by the collar; **ch. koho do náručí** embrace n. hug sb, take sb in one's arms; **pes ho ~l za nohu** the dog grabbed him by the leg; **ch. zloděje za krk** seize a thief by the throat; **nemoci ch. dech** struggle n. gasp for breath 2 *(ulovit)* catch*, *(rybu* též*)* land, *(do sítě)* net, *(na háček)* hook; *(zvířata do ok)* snare, noose, *(do pasti)* trap ♦ **ch. koho za slovo** take sb at his word 3 *(zloděje)* catch, capture, kn. apprehend; sl. nab; **ch. koho při činu** catch sb red-handed, catch sb in the act; **chyťte zloděje!** stop thief!; **ch. koho** *(zastihnout)* get hold of sb ♦ mysl. **chyť ho!** fetch him!, get him! 4 **ch. si to** *(dostat vynadáno)* be told* off, get a telling off; **~ím si to od otce** I'll get n. catch it from my father; **ten si to ode mne ~ne** I am going to tell him a few home truths 5 **ch./ nech. vlak** catch n. get/ miss the train 6 přen. *(ovlivnit city)* **~il ho vztek** he flew* into a rage; **~ilo ho to u srdce** it stirred his heart strings 7 *(nemoc)* catch, *(nakažlivou)* contract; **ch. od koho rýmu** catch sb's cold 8 *(zaujmout)* grip, thrill; **kniha mne ~ila** I was gripped by the book, I couldn't put* the book down 9 *(vzplanout)* catch fire, start burning ■ **ch. se** 1 *(čeho)* catch hold of; **~il se židle** he steadied himself on the chair; **~ili se za ruce** they took hands 2 **ch. se do pasti** get caught in a trap, fall* into a trap ♦ přen. **ch. se do vlastní pasti** get hoist with one's own petard 3 *(dohnat zameškané)* hov. pull up one's socks; *(ve škole)* pick up again

chytlavý impressionable; *(v lásce* ap.*)* **ch. mladík** a susceptible young man

chytrácký cunning, *(lišácký)* sly, crafty

chytráctví cunning, slyness, craftiness

chytrač|it use trickery, use crafty tricks ■ **jen žádné ~ení!** don't you get* smart with me!, none of your crafty tricks!

chytrák hov. clever dick, smart aleck

chytr|ý 1 clever, intelligent; *(bystrý)* bright, sharp-witted; *(vynalézavý)* smart; *(odpověď, řešení)* shrewd, clever; **nejsem z toho ch.** I cannot make* head or tail of it; **nejsem z ní ch.** I cannot make her out; **je ch. po otci** he has his father's brains 2 v. též **~rácký**; přen. **~rá liška** a cunning n. crafty devil n. fox ■ **~rost** cleverness, brightness, smartness ■ **~ře** cleverly; **zařídit to ~ře** go* about sth cleverly

I

i_1 *(písmeno)* i [ai]

i_2 1 *(a)* and; **dobro i zlo** good and evil; **dnem i nocí** day and night, night and day; **patřit komu tělem i duší** belong to sb body and soul 2 *(také)* too, as well, also; **i oni mohou přijít** they may come* too, they may come as well, they may also come; **nejen ... ale i** not only ... but also, not only ... but ... too, not only ... but ... as well; **nejen Petr, ale i Pavel** not only Peter but also Paul, not only Peter but Paul too n. but Paul as well; **i ... i, jak ... tak i** both ... and 3 *(dokonce)* **(ba) i, (dokonce) i** even; **tancoval (dokonce) i ředitel** even the headmaster danced 4 **i kdyby, i když** even if, even though

idea idea; **vůdčí i.** (the) central idea; **fixní i.** idée fixe, pl. idées fixes, obsession

ideál 1 ideal 2 *(idol)* **být ~em koho** be sb's idol

idealismus idealism

idealista idealist

idealistický idealistic

idealizov|at idealize, *(romantizovat)* glamorize ■ **~ání** idealization, glamorizing

ideální *(dokonalý)* ideal, perfect; **i. počasí** ideal weather; **i. manželka** a perfect wife ♦ **i. spravedlnost** poetic justice

identický identical

identifikační identification

identifikovat identify

identifikovatelný identifiable

identit|a identity; **zjistit čí ~u** establish sb's identity; **prokázat svou ~u** prove one's identity

ideolog ideologist

ideologický ideological

ideologie ideology

ideov|ý ideological ■ **~ě chudý** lacking in ideas; **~ě bohatý** full of ideas

idiom idiom

idiomatický idiomatic

idiot idiot, fool; *(silněji)* imbecile

idiotský idiotic

idiotství idiocy

idol idol

idyla idyll

idylický idyllic

igelit plastic, polythene

igelitov|ý plastic, polythene; **~é pláště** plastic raincoats; **~á taška** plastic n. polythene bag

ignorant ignoramus

ignorantský ignorant, *(šosácký)* philistine

ignorovat 1 *(nevšímat si)* ignore; *(kolektivně)* send* sb to Coventry 2 *(nedbat čeho)* turn a blind eye to, shut* one's eyes to

ihned immediately, at once, straight away, right away; **platit i.** pay* on the nail v. též **hned**

ikona icon

ikskrát umpteen times

ilegalit|a illegality; **vstoupit do ~y** go* underground

ilegální illegal, underground; **i. tisk** underground press; **i. obchod** clandestine n. illicit trade

ilegitimní illegitimate

iluminace illuminations, lights

iluminovat illuminate

ilustrac|e illustration; **pro ~i** as an illustration

ilustrátor illustrator

ilustrova|t 1 illustrate; **~l XY** illustrated by XY 2 *(objasňovat)* exemplify; **i. pomocí příkladů** illustrate with examples ■ **~ný časopis** magazine, hov. mag

iluz|e illusion; *(klamná naděje)* pipe dream, wishful thinking; **dělat si i.** delude o.s., live in a fool's paradise; **zbavit se ~í** lose* one's illusions

iluzorní illusory; **i. těhotenství** phantom pregnancy

imaginární imaginary; **i. svět** a make-believe world, a world of make-believe; mat. **i. číslo** imaginary number

imanentní immanent

imatrikulace *(studentů)* matriculation

imatrikulovat *(koho/ co)* matriculate, register ■ **i. se** *(na univerzitě)* matriculate, register

imigrace immigration

imigrant immigrant

imigrovat immigrate

imitace imitation; **i. kůže** imitation leather; **i. šperků** imitation jewellery; *(napodobení osob)* impersonation

imitátor imitator; *(parodista)* mimic

imitov|at imitate; *(parodovat)* mimic, send* up ■ **~ání** mimicry, v. též **imitace**

imperativ jaz. imperative; filoz. **kategorický i.** categorical imperative

imperativní jaz. imperative

imperfektivní jaz. imperfective

imperfetum jaz. imperfect

imperialismus imperialism

imperialista imperialist

imperialistický imperialistic
impérium empire
impertinence impertinence, impudence
impertinentní impertinent, impudent
impon|ovat: i. komu impress sb, make* an impression on sb; **~uje mi svou vědeckou zdatností** I am (most) impressed by his scholarly erudition
import 1 import, importation **2** *(zboží)* imports, imported goods
importní import; v. **dovozní**
importovat import
impotence impotence
impotentní impotent
impozantní *(stavba* ap.*)* imposing; *(postava* též*)* impressive
impregnační waterproofing, impregnating
impregn|ovat *(dřevo)* impregnate; *(tkaniny)* waterproof ■ **~ace** impregnation; waterproofing
impresário impresario, manager; *(zpěváka* ap.*)* business manager, agent
impresionismus impressionism
impresionista impressionist
impresionistický impressionistic
improvizace improvization; *(projevu* též*)* extemporization; *(na jevišti)* **vtipné i.** witty ad-libs
improvizátor improvizer, extemporizer; *(*zvl. *na jevišti)* ad-libber
improvizova|t *(řeč* ap.*)* improvize, extemporize; *(*zvl. *na jevišti)* ad-lib; přen. *(v jednání)* play it by ear; **i. jídlo** hov. knock up a meal, drum up a meal ■ **~né poznámky** off-the-cuff n. impromptu remarks; **~ná opatření** stopgap measures
impuls *(podnět)* impulse, stimulus, *(popud)* impetus; **tvořivý i.** creative urge; **být ~em k čemu** trigger sth off
impulsivn|í impulsive; **i. muž** an impulsive man ■ **~ě** impulsively; **jednat ~ě** act on (an) impulse
imunit|a lék. immunity (**proti** from); **diplomatická i.** diplomatic immunity; **poslanecká i.** parliamentary privilege n. immunity; **selhání ~y** breakdown of the immune system
imunitní: **i. systém** (the) immune system
imunizovat immunize
imunní lék. immune (**proti** from)
inaugurace inauguration
incident incident; **došlo k ~u** there was an incident
Ind, ~ka Indian
index 1 *(rejstřík)* index, pl. indexes n. mat. indices; register **2** *(zakázaných knih)* index; **být na ~u** be on the index; **dát knihu na i.** put* a book on the index **3** mat. index **4** *(studentský)* (student's) record book
Indián (American n. Red) Indian ■ **~ka** Indian woman, squaw
indiánek *(zákusek)* Moor's head
indiánsk|ý (American) Indian; **~é jazyky** Amerindian languages
indický Indian; **I. oceán** the Indian Ocean
Indie India; **Západní I.** the West Indies
indiferentní indifferent (**k** to), detached; **politicky i.** indifferent to politics, apolitical
indigo indigo
indikace indication
indikativ jaz. indicative
indikátor indicator
indiskrétn|í indiscreet ■ **~ost** indiscretion
indisponovaný indisposed, unwell, poorly; **být i.** hov. feel* under the weather
indispozice indisposition
individualismus individualism
individualist|a, ~ický individualist; **~ický** též individualistic
individuální individual; *(styl)* distinctive; *(názor)* personal
individuum individual; hanl. **pochybné i.** a dubious character
Indočína Indo-China
indočínský Indo-Chinese
indoevropský Indo-European
indolence indolence
indolentní indolent
Indonésie Indonesia
indonéský Indonesian
indukce filoz., mat. induction
indukčn|í induction; **i. cívka** induction coil ■ **~ost** inductivity
indukovat filoz. generalize
industrializace industrialization
industrializovat industrialize
inertní inert; **i. plyn** inert gas
infarkt *(srdeční)* lék. coronary thrombosis; hov. heart attack; **zemřít na i.** die of a heart attack
infekc|e infection; **nebezpečí i.** risk of infection
infekční infectious; **i. nemoc** infectious disease, infection; **i. oddělení** isolation ward
infikovat infect, *(vodu* ap.*)* contaminate
infiltr|ovat infiltrate ■ **~ace** infiltration
infinitiv jaz. infinitive
inflace inflation

inflační inflationary; **i. jevy** inflationary phenomena; **i. spirála** inflationary spiral; **roztočit i. spirálu** get* into an inflationary spiral

inform|ace 1 *(zpráva)* information jen sg.; *(jednotlivě)* a piece of information; **další i.** further details, more information; **mít jiné i.** know* differently 2 *(~ování)* information service; *(nápis)* "Enquiries", "Inquiries" 3 mat. information; **teorie i.** theory of information

informační information; **i. služba/ kancelář** information service/ office n. bureau

informatika informatics

informativní informative

informátor information clerk n. officer; *(v hotelu* ap.*)* reception clerk, receptionist; *(donašeč)* informer (**tajné policie** to the secret police)

informova|t: i. koho o čem inform sb about sth, inform sb of sth, *(upozornit)* notify sb (of sth), *(vysvětlit)* enlighten sb (on sth), *(průběžně)* keep* sb informed (about sth) ■ **i. se (o čem)** make* inquiries (about sth), *(průběžně)* keep o.s. informed n. posted (about sth) ■ **(dobře) ~ný** well-informed, knowledgeable, au fait; **~ný o nejnovější módě** au fait with the latest fashions, up-to-date on the latest fashions; **být stále (dobře) ~ný** be always well-informed, hov. be always on the ball

infračervený infra-red

infúze infusion

ingot ingot

inhalace inhalation

inhalátor inhaler

iniciála initial

iniciativ|a initiative; **ujmout se ~y** take* the initiative; **z vlastní ~y** on one's own initiative, hov. off one's own bat

iniciativní enterprising, go-ahead; **i. ředitel** *(podniku)* a go-ahead manager

iniciátor initiator

injekc|e injection; **dát komu ~i** give* sb an injection

injekční: i. stříkačka hypodermic (syringe)

inkaso encashment, collection

inkasovat encash, *(vybrat)* collect

inklinace (k) inclination (to, for), disposition (to)

inklinovat: i. k čemu be partial to, have a special liking for

inkognito incognito; **cestovat i.** travel incognito

inkoust ink; **neviditelný i.** invisible ink

inkubace incubation,incubation period

inkubátor incubator, *(líheň)* hatchery

inkvizice inquisition

inkvizitor inquisitor

inscenace production, staging; **neobvyklá i. „Hamleta“** an unorthodox production of "Hamlet"

inscenovat *(hru)* produce, stage, put* on the stage; *(soudní proces)* stage-manage

insekticid insecticide

inspekc|e inspection; **školní i.** school inspection; **konat ~i ve škole** inspect a school

inspektor inspector; **školní/ policejní i.** school/ police inspector

inspicient div. stage manager

inspirace inspiration

inspirovat inspire ■ **i. se čím** be inspired by sth

instal|ace 1 *(~ování)* installation 2 *(zařízení)* fittings n. installations; *(el. vedení)* wiring, *(vodovodní)* plumbing 3 *(stroje* ap.*)* erection

instalatér plumber; *(plynu)* gas-fitter; *(elektrikář)* electrical fitter, electrician

instalovat *(elektřinu, plyn ap.)* install, put* in; **nechat si i. telefon** have the telephone put in n. installed

instance instance; **soud první i.** court of first instance

instinkt instinct

instinktivn|í instinctive; **i. reakce** přen. gut reaction ■ **~ě** instinctively, intuitively

instituce institution; **veřejné/ kulturní i.** public/ cultural institutions

institut institute

instrukce instruction; **dát komu i.** give* sb instructions, instruct sb

instruktáž briefing; *(doplňovací)* refresher course, *(prováděná v pracovní době)* in-service training

instruktivní instructive, illuminating

instruktor instructor, trainer

instrumentace instrumentation, orchestration

instrumentální instrumental

instrumentovat score, orchestrate, arrange for an orchestra

instruovat *(koho)* brief, give* sb instructions

integrace integration

integrál, ~ní mat. integral; **~ní počet** integral calculus

integrovat integrate

intelekt intellect, mind; **jeden z největších ~ů současné doby** one of the greatest minds of today

intelektuál intellectual, hanl. highbrow, hanl., žert.

egghead

inteligence 1 intelligence; **vrozená i.** innate intelligence; *(bystrost)* brightness 2 *(společenská vrstva)* intelligentsia; *(lidé pracující mozkem)* ≅ professional people

inteligent 1 an intelligent person 2 *(intelektuál)* intellectual

inteligenční: i. kvocient I.Q., intelligence quotient

inteligentní intelligent; *(kultivovaný)* cultured, sophisticated; *(bystrý)* smart, sharp, *(rychle reagující)* quick on the uptake

intendant div. manager, director

intenzita intensity

intenzívn|í intensive, *(city)* intense; **i. kursy** crash courses; **i. metody prodeje** high-pressure selling methods ■ **~ě uvažovat/ pracovat** think*/ work hard; **~ě inzerovat** advertise heavily

interesantní interesting; **dělat se ~m** try to attract attention, try to be the centre of attention

interhotel international hotel

interiér *(vnitřek i dekor)* interior

interkontinentální v. **mezikontinentální**

intermezzo hud. intermezzo, pl. -zos n. -zi; *(vložka, epizoda též)* interlude

Internacionála *(hymna)* the Internationale

internacionalismus internationalism

internacionáln|í international ■ **~ost** internationalism

internační: i. tábor detention camp n. centre, internment camp

internát ≅ hostel, *(zdravotnický)* nurses' home; *(studentský)* hall of residence

internátní: i. škola boarding school

interní internal; **i. lékařství** internal medicine; **i. záležitosti** internal n. domestic affairs

internista *(lékař)* internist

internovat intern

interpelace parliamentary question

interpelovat (to) question, ask a (parliamentary) question

interpret *(vykladač)* interpreter, exponent; *(herec, hudebník* ap.*)* performer; **známý i. Mozartovy hudby** a well-known performer of Mozart's music

interpretace *(textu)* interpretation, reading; hud., div. interpretation, rendering

interpretovat *(text)* interpret, expound; hud. interpret, render

interpunkce punctuation

interpunkční: i. znaménko punctuation mark

interrupce abortion

interval *(časový* i hud.*)* interval; **krátký časový i.** a short interval of time; **v ~ech** at intervals (of)

intervence 1 intervention; **ozbrojená i.** armed intervention 2 *(prostředkování)* intervention, intercession

intervenční interventionist; **i. politika** interventionist policy, policy of intervention

intervenovat 1 *(za koho)* speak* in favour of, put* in a good word for; **i. za koho u koho** intercede on sb's behalf with sb 2 **i. vojensky** intervene militarily

intervent interventionist

interview interview; **poskytnout komu i.** give* sb an interview

interviewovat interview

intimita intimacy; *(soukromých záležitostí)* intimate nature, confidentiality

intim|ní intimate; **i. přítel** intimate friend, close n. bosom friend; **udržovat s kým i. poměr** have intimate relations with sb ■ **~ně** intimately ■ **~nost** v. **~ita**

intonace intonation

intráda hud. intrada, entrée

intranzitivní intransitive

intravenózní intravenous

intrika intrigue, scheme; *(falešné obvinění)* frame-up

intrikán schemer

intrik|ařit, ~ovat intrigue, scheme

introspekce introspection, self-examination

intuice intuition

intuitivn|í intuitive ■ **~ě** intuitively, by intuition

inu 1 *(rezignovaný souhlas)* very well then, all right then 2 *(zkrátka)* in a word, simply

invalida invalid, *(s postiženými údy)* disabled person; **válečný i.** br. disabled ex-serviceman, am. disabled veteran

invalidita disablement; **trvalá i.** permanent disability

invalidní 1 invalid, disabled; **i. voják** invalid n. disabled soldier 2 disability; **i. důchod/ pojištění** disability pension/ insurance

invaze invasion

invektiva invective, diatribe

invence inventiveness; *(tvůrčí)* invention, creative ability

inventarizace inventory-making, stocktaking

inventarizovat make* n. take* an inventory of; obch. make a stocklist of

inventář 1 *(seznam)* inventory 2 *(soubor)* **živý i.** livestock; **mrtvý i.** fixtures and fittings; *(vybavení)* equipment; *(zařízení)* furniture and equipment
inventur|a stocktaking; **dělat ~u** do the stocktaking, take* stock (of sth)
inverze jaz. inversion; **teplotní i.** temperature inversion
inverzní: i. film reversal film
investi|ce, ~ční investment; **~ční banka/ fond** investment bank/ fund
investor investor
investovat invest; **i. do čeho** put* money into sth; přen. **i. do čeho mnoho energie** invest a lot of energy in sth
inzerát advertisement, hov. advert, ad; **dát i. do novin** put* an advertisement in a paper
inzer|ce 1 *(~ování)* publicity, advertising 2 *(~áty)* classified n. small advertisements
inzerent advertiser
inzer|ovat advertise; **i. v novinách** advertise in a paper, put* an advertisement in a paper ■ **~ování** v. **~ce**
inzertní: i. rubrika advertisement section; **i. poplatek** advertising charge; **i. kancelář** advertising agency
inzulín insulin
inženýr *(a university-trained technical or commercial specialist)*; **hlavní i.** chief engineer; **báňský/ zemědělský/ stavební i.** mining/ agricultural/ civil engineer; **i. chemie** chemical engineer; **lesní i.** forestry expert
inženýrsk|ý engineering; **~é stavitelství** structural engineering; **i. diplom** degree in (civil ap.) engineering
inženýrství engineering; **genetické i.** genetic engineering
Ir/ Irka Irishman/ Irishwoman; **Irové** the Irish
iracionalita irrationality
Iráčan, ~ka, irácký Iraqi
Irák Iraq
Irán Iran
Irán|ec, ~ka, íránský Iranian
ironick|ý ironic ■ **~y** ironically; **říci něco ~y** say* sth ironically n. *(nikoli vážně)* with one's tongue in cheek
ironie irony; **kousavá i.** biting n. caustic irony
ironik ironist, ironical person
ironizovat *(co)* be ironical about, treat sth with irony
Irsko Ireland
irský Irish
ischias lék. sciatica
islám náb. Islam
islámský Islamic
Island Iceland
Islanďan, ~ka Icelander
island|ský, ~ština Icelandic
Ital, ~ka, i~ský, i~ština Italian
izobara isobar
izolace 1 *(nemocných)* isolation, *(vězňů)* solitary confinement; el., techn. insulation; **zvuková i.** sound-proofing; **tepelná i.** heat n. thermal insulation 2 *(materiál)* insulating material 3 *(místnost: nemocniční)* isolation ward, *(vězeňská)* solitary cell
izolační insulating, isolation; **i. oddělení** isolation ward; **i. nátěr** insulating varnish
izolátor el. insulator
izolepa sellotape
izolov|at 1 *(nemocné)* isolate 2 techn. insulate; **i. zvukově/ proti ohni** (to) soundproof/ fireproof ■ **i. se** seclude o.s., cloister o.s. ■ **~aný intelektuál** cloistered intellectual, ivory tower intellectual; **být ~án** *(bez podpory)* be out on a limb
izotop isotope
Izrael Israel
Izrael|ec, ~ka Israeli
izraelský Israeli

J

j *(písmeno)* j [džej]

já$_1$ zájm. **1** *(jako nezdůrazněný podmět)* I; *(v předmětu a po předložkách)* me; **já a moje žena, já s mou ženou** my wife and I **2** *(při kontrastu a důrazu)* **(to) já** I myself; I, for my part; for my part, I; as far as I am concerned; **a co já?** and what about me?, and where do I come* in, and where do I fit in? **3** *(opěrné)* **já osel** fool that I am; **a já hlupák jsem mu věřil** and I, like a fool, believed him; **já chudák** poor me **4** *(emfatické)* **já a pozdravit ho!** me greet him! **5** *(v přísudku)* **kdo klepal? – (to jsem byl) já** who knocked? – it was me, *(pedanticky)* it was I, I did

já$_2$ subst. self; **mé lepší já** my better self; **mé druhé já** my other self, my *alter ego*

jablečn|ý apple; **~á šťáva** apple juice; **j. mošt** *(alkoholický)* cider, *(nealkoholický)* non-alcoholic n. alcohol-free cider

jablíčk|o small apple; **rajské j.** tomato ♦ **těšínská ~a** empty n. vain promises

jablko apple; *(granátové)* pomegranate; *(rajské)* tomato ♦ **j. sváru** the apple of discord; **j. daleko od stromu nespadne** like father like son, he's a chip off the old block

jablkový apple; **j. závin** apple strudel

jabloň apple tree

jadér|ko *(ovoce)* seed, *(citrónu* ap.*)* pip; **bez ~ek** seedless

jaderník core; **j. jablka** apple core

jaderný fyz. nuclear

jadrný *(sloh)* terse, sinewy; *(anekdota)* racy, spicy; *(humor)* earthy; *(zaklení)* robust, earthy; *(projev)* pithy

jád|ro **1** *(ovoce)* seed, pip; *(ořechu)* kernel **2** *(dřeva)* heart, pith; *(reaktoru)* core; *(města)* centre; *(atomu)* nucleus; **j. armády** the main body of the army **3** přen. **j. věci** the heart n. crux n. core of the matter; **j. konfliktu** the essence of the conflict; **dostat se na j. věci** get* to the core n. bottom of a matter ♦ **být v ~ře dobrý** be good at heart; **mít dobré j.** *(pod drsnou slupkou)* be a rough diamond

jádrov|ý *(ovoce)* pomaceous; **~é mýdlo** washing soap

jádřinec v. **jaderník**

jaguár jaguar

jáhl|a zprav. pl. **~y** millet

jahoda strawberry; **lesní j.** wild n. wood strawberry

jahodník strawberry plant

jachta yacht; **plachetní j.** sailing yacht; **motorová j.** motor yacht

jachtař yachtsman

jak **I** zájm. adv. **1** *(vyjadřuje otázku po způs., míře ap.)* how, what; **j. starý/ vysoký ...?** how old/ high ...?; **j. dlouho** how long?; **j. dlouho se učíte angličtinu?** how long have you been learning English?; **ukaž mi, j. se to dělá?** (will you) show* me how to do it?; **j. je stará** what age is she?, how old is she?; **jak se řekne anglicky „stůl"?** what's the English for "stůl", how do you say* "stůl" in English?; **j. bylo na zábavě?** what was the dance like? **2** *(zvolací)* how; **j. ten čas letí** how time flies*; **j. je krásná!** how beautiful she is!, isn't she beautiful?; **Chutná ti to? – A jak!** Do you like it? — Not half!, And how!, am. Sure thing! **3** *(vztažné)* as; **j. slíbil, tak i udělal** he did as he promised; **tak dlouho, j. je možné** as long as possible ♦ **j. ty mně, tak já tobě** tit for tat; **ten člověk, j. jsem ti o něm vyprávěl** the man I told* you about **4** *(s opakovaným slovesným tvarem)* **ať ... jak**; however ..., no matter how ...; **ať se snažil jak se snažil** no matter how hard he tried, however hard he tried; **buď j. buď** be that as it may **II** sp. **1** *(sluč.)* **jak ... tak** both ... and; **j. mladí, tak i staří** (both) young and old **2** *(obsahová)* **viděl ho, j. mává** he saw* him waving; **slyšel ho, j. volá** he heard* him calling **3** *(časová)* when, as soon as; **j. to dočtu, půjdu spát** when n. as soon as I have finished the book, I'll go* to bed **4** hov. *(podmínková)* if; **j. budeš zlobit, bude zle** if you don't behave, you'll be in trouble; if you don't behave, you'll be in for it

jakkoli(v) **1** however, whatever; no matter how; **ať se snažím j.** however hard I may try, no matter how hard I (may) try; **napiš mi, ať se rozhodneš j.** write* to me whatever you decide, write to me whatever your decision **2** *(ačkoliv)* **j. se mi to nelíbilo** much as I disliked it

jakmile as soon as, the moment (that); **j. přijela** the moment n. the minute she arrived

jako sp. **1** *(srovnávací)* as ... as; *(při podobnosti)* like; **vysoký j. ty** as tall as you; **bílý j. sníh** (as) white as snow; **vypadat j. nový** look like new **2** *(slučovací)* (both) ... and; **mladí j. staří** (both) young and old **3** *(při výčtu)* such as (for example); **klasikové, j.** classical authors such as 4 *(jakožto)* as, in the capacity of; **pracovat j. překladatel** work as an interpreter; **j. jeden muž** as one man; **odevzdat dizertaci j. první** be the first to hand in the thesis

jakoby as if, as though ♦ **dělat j. se nic nestalo** act as if nothing had happened, put* a bold n. brave face on it

jakost quality; **nejlepší j.** top quality; **podřadná j.** poor quality; **j. oceli** steel grade; **výrobky prvotřídní ~i** first-rate products

jakostní: j. zboží high-quality n. high-grade goods; **méně j. zboží** goods of inferior quality; **j. zkouška** quality test n. inspection

jakož i as well as

jakpak: j. se jmenuješ? and what's your name?; **j. to, že jsi tu?** how come you are here? v. též **jak**

jaksepatří properly; **řekla mu to j.** she gave* him a piece of her mind; **je j. vychytralý** he's a crafty piece of work

jaksi somehow, sort of; **j. na to nemám chuť** somehow I don't feel* like it; **j. se mi to nelíbí** I don't like it too much, I'm not too keen on it

jaktěživ ever, *(v záp. větě)* never (in my/ your ap. life); **kdo to j. slyšel?** who has ever heard* anything* like that?; **j. jsem nic takového neviděl** never (in my life) have I seen* anything like that

jak|ý 1 *(v otázce na druh)* what, what kind n. sort of; **~ou velikost chcete?** what size do you want?; **~é je to auto?** what kind of car is it? 2 *(v otázce po vlastnosti)* what ... like; **j. je tvůj otec?** what is your father like?; **~é bylo počasí?** what was the weather like? 3 *(v řečn. otázce)* **~á pomoc!** *(nedá se nic dělat)* nothing doing!; **~é strachy** don't you worry! 4 vzt. **j. ... takový** n. **taký** like ... like; **j. otec, takový syn** like father, like son 5 *(ve zvolacích větách)* what (a) ...; **~é štěstí!** what (a stroke of) luck!

jakýkoli(v) any, whatever; **jakékoliv číslo** any number, an arbitrary number; **ať jsou jeho důvody jakékoliv** whatever his reasons (may be)

jak|ýsi 1 a; **j. pán** a gentleman; **j. pan Smith** a Mr Smith 2 *(svého druhu)* a kind n. sort of; **~ási pomsta** a kind of revenge; **~ýs takýs umělec** an artist of sorts n. after a fashion

jakž *(Jak se máš?)* - **J. takž.** So-so, Not bad; *(Umíte anglicky?)* - **J. takž** More or less, Sort of, After a fashion

jakže? (beg* your) pardon?, hov. what?, eh?

jakživ v. **jaktěživ**

jalovcová gin

jalovec juniper

jalovi|ce, ~čka heifer

jalov|ý infertile, *(půda* též*)* barren; *(strom)* unfruitful; *(povídání)* idle; *(debata* též*)* fruitless; **~á hornina** dead rock ♦ **ten by vymámil z ~é krávy tele** he could talk the hind legs off a donkey ■ **~ost** infertility, *(konverzace)* inanity

jám|a pit, *(menší)* hole; *(vyhloubenina)* hollow; *(po granátu)* crater; *(důl)* pit, mine, *(uhelný)* coalmine, coal pit, colliery; *(studny)* well-hole; *(montážní)* assembly pit; *(v řečišti)* pothole; *(odpadová)* rubbish n. refuse pit; bibl. **j. lvová** lion's den; **vykopat ~u** dig* n. make* a hole; **silnice je samá j.** the road is full of holes ♦ **kdo jinému ~u kopá, sám do ní padá** people are often caught* in their own trap, people are often hoist by their own petard

jamka *(kloubová)* socket; *(golfová)* hole; **podpažní j.** armpit

jamkoviště *(v golfu)* putting green

jančit act n. play the fool, act the goat; **j. za kým** be nuts about n. over sb

jankovit|ý *(kůň)* stubborn, *(neklidný)* restive; *(člověk, chování)* mulish, obstinate; hov. pigheaded ■ **~ost** restiveness; obstinacy, pigheadedness

jantar, ~ový amber; **~ová barva** amber (colour)

Japon|ec, ~ka Japanese

Japonsko Japan

japon|ský, ~ština Japanese

jarmark (fun)fair

jarmareční 1 **j. bouda** fairground booth; *(stánek)* market stand n. stall 2 *(hlučný)* loud, vulgar, ostentatious

jarní spring; **j. den/ móda/ úklid** spring day/ fashion/ clean(ing)

jaro spring; **na jaře** in spring, *(o následujícím jaře)* in the spring; **přichází j.** spring is coming*

jař, jařina spring n. summer cereal

jařmo yoke; žert. **manželské j.** the yoke of marriage; **svrhnout j.** shake* n. throw* off one's yoke

jas *(světla)* brightness, bright light; **j. slunce** the radiance of the sun; *(obrazovky)* brightness; fyz. luminosity

jasan *(strom)* ash(-tree); *(dřevo)* ash

jásat jubilate, exult; **j. radostí** shout for joy, shout with joy; *(baby)* squeal with delight; **není nad čím j.** there is nothing to cheer about

jásav|ý 1 *(radostný)* exultant, jubilant; *(vítězný)* **j. výkřik** a triumphant shout 2 *(barvy)* bright ■ **~ě** with jubilation, triumphantly, jubilantly

jasmín jasmine

jasn|it se *(počasí)* brighten (up), clear up; *(obloha)* clear up, become* clear; **~í se** *(svítá)* (the) day is breaking* n. dawning, it is dawning

jasn|o subst. (bright) light, brightness; **z čista ~a** all of a sudden, just like that; v. též **~ý**

jasnovid|ec, ~ný clairvoyant

jasn|ý 1 *(světlo, barva)* bright; *(den)* bright, clear; *(obloha, počasí)* clear; **za ~ého počasí** on a clear day 2 *(hlas* ap.*)* clear 3 *(schopný uvažovat)* lucid; **nemocný měl ~é chvilky** the patient had lucid moments; *(v závěti)* **být při ~ém vědomí** be of sound mind 4 *(zřetelný, srozumitelný)* clear, plain, obvious; **je ~é, že nemáš pravdu** it is clear n. obvious that you are wrong ♦ **nad slunce ~ější** crystal-clear; **je to ~é jako facka** it is as plain as the nose on your face, as plain as a pikestaff ■ **~ě** brightly; clearly; lucidly; **je to ~ě vidět** it is clearly visible; **~ě řečeno** in plain English n. language; **~ěji se to nedá říci** it is as plain as plain can be; **~ě!** *(přitakání)* quite (so)!, am. sure! ■ **mít o čem ~o** be clear in one's mind about sth ■ **~ost** 1 v. **jas**; **~ost barev** brightness; *(oblohy)* clearness, *(zářivá)* brightness 2 *(zřetelnost)* clarity; **~ost myšlení** clarity n. lucidity of thinking; *(hlasu)* sonority 3 **Jeho J~ost** His Serene Highness

jásot exultation, jubilation, *(provolávání slávy)* cheering

jaspis jasper

jateční: j. maso butcher's meat

jatečný: j. dobytek animals for slaughter, meat stock; *(hovězí)* beef cattle

jaterní liver; **j. onemocnění** liver diseases n. disorders

jatky slaughterhouse, abattoir; přen. butchery, slaughter, carnage

játra anat., kuch. liver; **zánět jater** inflammation of the liver, hepatitis; **dušená j.** stewed liver

játrov|ý liver; **~é knedlíčky/ ~á paštika** liver dumplings/ pâté; **j. salám** liver sausage

javor maple; *(dřevo)* maple (wood)

jazýč|ek 1 **mít chlupatý** n. **mlsný j.** be very fussy about one's food; **mít ostrý j.** have a sharp n. malicious tongue 2 hud. reed 3 *(vah)* needle, pointer, index; přen. **být ~kem na vahách** tilt n. turn the scales, hold* the balance

jazyčn|ý jaz. lingual; **~á hláska** a lingual (sound)

jazy|k 1 *(orgán)* tongue; **hovězí/ telecí j.** ox/ veal tongue; **uzený j.** smoked tongue; *(u boty)* tongue, flap; **j. pevniny** strip of land; **bílý** n. **potažený j.** coated n. furred tongue; **vypláznout j.** stick* one's tongue out (**na** at); **šlapat si na j.** lisp, have a lisp; **kousat se do ~a** bite* one's tongue ♦ **mít ostrý** n. **špičatý j.** v. **jazýček**; **mít smrt na ~u** be at death's door; **držet j. za zuby** hold* one's tongue, keep* one's mouth shut; **svrbí ho j.** he is itching n. dying to say* sth; **mít dobře podříznutý j.** have a glib n. silver tongue, have the gift of the gab; **ztratit j.** lose* one's tongue; **rozvázat komu j.** loosen sb's tongue; **mít co na ~u** have sth on the tip of one's tongue 2 *(jazykový systém)* language, *(jeho používání)* speech; **anglický j.** the English language; **psaný/ mluvený/ j.** written/ spoken language; **mateřský/ cizí j.** mother tongue, native language/ foreign language; **hovořit plynně třemi ~y** have a good command of three languages; **j. novinářů** journalistic language n. jargon, journalese

jazykolam tongue twister

jazykověda linguistics

jazykovědec linguist, specialist in linguistics

jazykovědný linguistic

jazykov|ý 1 lingual; **j. sval** lingual muscle 2 *(o řeči)* linguistic, language, of language; **~á škola** school of languages; **~é vyučování** language teaching; **j. zeměpis** linguistic geography

jazykozpyt v. **jazykověda**

jé! oh!, dear me!; am. gee!

ječe|t yell, scream; *(dítě)* bawl; *(dívky)* shriek; *(sirény)* whine, yell ■ **~ní** yell(ing), bawling

ječivý *(smích)* shrill, screeching; *(výkřik)* piercing; *(sirény)* whining

ječmen barley; **sladovnický j.** brewing barley

ječn|ý barley; **j. slad** barley malt; lék. **~é zrno** sty(e)

jed poison; *(hadí)* venom; *(omamný)* narcotic; **požít ~u** take* poison ♦ **na to můžeš vzít j.** you can bet* your life on it

jed|en, ~na, ~no 1 *(označuje počet, neurčitost)* **a.)** one, a(n); **j. stůl** one table; **~ny kalhoty** one pair of trousers; **j. můj kolega/ přítel** a colleague/ friend of mine; **chlapci je j. rok** the boy is one year old ♦ hov. **bylo to hotovo ~na dvě** it was finished in an instant n. in the twinkling of an eye **b.)** *(zpodstatnělé)* **já ti ~nu vrazím** I'll land you one; **dáme si ještě ~nu?** *(sklenici, whisky* ap.*)* shall we have another one?, shall we have another drink?; **všichni do ~noho** all to a man; *(zahynuli)* **do ~noho** to the last man; **j. za všechny, všichni za ~noho** one for all and all for one; **až na ~oho** all but one **2 j. ... druhý** *(ze dvou)* one ... the other; **j. přijde, druhý odejde** one comes*, the other goes*; **dívali se j. na druhého** they looked at each other n. at one another; **na ~né straně ... na druhé straně** on the one hand ... on the other; **j. po druhém** *(byli dva)* one after the other, *(bylo jich více)* one after another, individually; **když se to vezme ~no s druhým** with one thing and another **3** *(jediný)* one thing; **~no se mi nelíbí** there's one thing I don't like; **~no ho těší** one thing makes* him happy; **j. jediný** one and only **4** *(celý, nepřetržitý)* **~ním douškem** in one gulp; **~ním slovem** in a word; **dům byl v ~nom plameni** the house was a blazing inferno; **strom byl j. květ** the tree was covered in blossom, the tree was a mass of blossom ♦ **je celý den v ~nom kole** she is on her feet all day (long) **5** *(týž, stejný)* the same (thing, man etc.); **je to ~no (a totéž)** it comes* n. amounts to the same thing, it makes* no difference; **je mi to ~no** it's all the same to me, I don't care one way or the other; **je to j. a týž člověk** it's the very same man, it is one and the same man ♦ **být z ~noho pytle** be tarred with the same brush; **jsou spolu ~na ruka** they are as thick as thieves

jedenáct eleven

jedenácti-: srv. **deseti-, čtyř-**

jedenáctina eleventh (part)

jedenáctka 1 (number) eleven **2** sport. eleven, team; *(pokutový kop)* penalty

jedenáctý eleventh

jedenkrát once

jedináček only child

jedinec individual (person)

jedinečn|ý unique, singular; *(bez konkurence)* incomparable, unrivalled ■ **~ě** uniquely ■ **~ost** uniqueness, unrivalled status

jedin|ý 1 *(jen jeden)* only, sole; **jeho j. syn** his only son; **j., kdo přežil** the sole survivor; *(v záporu)* **ani j.** not a single one; **~á možnost je** there's nothing for it but ♦ **nejsi j. na světě** you are not the only pebble on the beach **2** *(samý)* covered in n. with, full of; **nohy má j. puchýř** his feet are covered in n. with blisters, he has blisters all over his feet ■ **~ě** only, solely, entirely; **~ě proto, že** only because; **závisí to ~ě na tobě** it depends entirely on you

jedle fir(-tree)

jedlík eater; **velký j.** big eater, hanl. glutton; **slabý j.** poor eater

jedl|ý edible; *(poživatelný a chutný)* eatable; **~á houba** edible mushroom; **j. olej** cooking oil

jednací: j. číslo file number; **j. program** agenda; **j. sál** conference room; **j. řád** rule of procedure

jednak: j. ... j. on the one hand ... on the other (hand)

jedná|ní 1 *(činnost)* action ♦ **je třeba j., ne mluvení** actions speak* louder than words **2** *(chování)* behaviour, manners; **slušné/ hrubé j.** good/ bad manners **3** *(zacházení)* treatment; **jejich j. s cizinci** their treatment of foreigners **4** *(vy~vání)* negotiation(s), talks; *(o mzdách)* bargaining; **j. u kulatého stolu** round-table talks; **zahájit j. o čem** enter into negotiations on n. about sth **5** *(soudní)* proceedings; **zahájit soudní j. proti komu** institute legal proceedings against sb **6** div. act

jedn|at 1 *(postupovat)* act; **j. hloupě/ statečně** act foolishly/ bravely; **j. jménem koho** act on sb's behalf ♦ **j. podle svého** be a law unto o.s. **2** *(počínat si)* **j. hrubě/ rázně** behave rudely n. crudely/ resolutely **3** *(zacházet)* **j. s kým slušně/ špatně** treat sb well/ badly; **j. s kým nefér** be unfair to sb, přen. hit* sb below the belt **4** *(rokovat)* negotiate; *(radit se)* confer; *(zasedat)* sit*, be in conference; **j. s opoziční stranou o nových zákonech** negotiate with the opposition party on n. over the new laws ■ **~á se o vaši budoucnost** it is about your (own) future, it concerns your (own) future; **~á se o hrubou nedbalost** it is a case of gross negligence ■ v. **~ání**

jednatel 1 *(spolku)* secretary **2** *(obchodní zástupce)* (sales) representative, hov. rep

jednatelství 1 *(funkce)* secretarial n. administrative duties **2** *(úřad)* agency

jedničk|a 1 *(číslice)* (figure) one **2** *(tramvaj* ap.*)* number one (tram ap.) **3** *(rychlost)* low n. first gear **4** šk. *(známka)* A, an alpha; am. grade A; **dostat ~u** get* an A n. alpha, get full marks; univ. *(při záv. zkouškách)* br. get a first **5** hov. *(o člověku)* **je j.** he is great

jedno- v. též **dvou-, čtyř-**

jednoaktovka one-act play

jednobarevný in one colour; *(látka)* plain(-coloured)

jednobuněčný unicellular, single-celled

jednočlenný mat. one-term(ed)

jednodenní one-day, one-day's, lasting one day
jednodíln|ý: ~é plavky one-piece bathing suit
jednodu|chý 1 ~ché dveře single door 2 *(prostý)* simple; *(strava, životospráva též)* plain; *(architektura)* austere; *(málo vzdělaný)* unsophisticated 3 *(lehký)* simple, easy ♦ **byla to ~chá záležitost** it was plain sailing ■ **~še** simply, plainly, easily ■ **~chost** simplicity; austerity; plainness; *(v oblékání též)* modesty
jednofázový el. single-phase
jednohlas|ý for one voice ■ **~ně** 1 *(zpívat)* in unison 2 *(schválit)* unanimously
jednohodinový one-hour, lasting one hour
jednokolejný single-track
jednokopytník zool. soliped
jednolet|ý one-year old; *(trvající rok)* one-year('s); **~á rostlina** annual (plant)
jednolibrovk|a one-pound note; **v ~ách** in one-pound notes, sk. in singles
jednolitý monolithic
jednolůžkový: j. pokoj single room
jednomocný chem. monovalent
jednomotorový *(letadlo)* single-engine(d)
jednomysln|ý unanimous ■ **~ě** unanimously, by common consent, with one voice ■ **~ost** unanimity
jednonohý one-legged
jednooký one-eyed
jednoosý single-axle, two-wheel(ed)
jednopatrový two-storey(ed); **j. autobus** double-decker
jednoplošník let. monoplane
jednopohlavní bot. unisexual
jednopólový el. unipolar, single-pole
jedno|poschoďový v. **~patrový**
jednoramenn|ý: ~á páka one-armed lever
jednorázov|ý single, one-off; *(pleny)* disposable; *(platba)* lump-sum; **~á zásilka** single shipment
jednoroční *(dítě)* one-year old; *(smlouva)* one-year
jednorožec unicorn
jednoruký one-armed; one-hand
jednořadový *(oblek)* single-breasted
jednosedadlový *(vozidlo)* single-seater
jednoslabičný monosyllabic
jednosměrn|ý: ~á ulice/ j. vypínač one-way street/ switch
jednostopý *(vozidlo)* single-rail
jednostrann|ý *(vzdělání, přátelství, interpretace)* one-sided; *(prohlášení, odzbrojení)* unilateral; *(názory, postoje též)* biased; **j. zápal plic** single pneumonia ■ **~ě** one-sidedly, unilaterally; **vylíčit ~ě** give* a one-sided account of ■ **~ost** one-sidedness, a bias
jednostupňov|ý: ~á raketa single-stage rocket
jednosvazkový one-volume; ...in one volume
jednota 1 unity; **akční j.** unity in action 2 div. **j. děje, času a místa** the three unities, the dramatic unities 3 *(sdružení)* club, association; **sportovní j.** sports club
jednotit 1 unite, unify 2 *(řepu)* thin out
jedn|otka 1 *(číslice, školní známka)* v. **~ička (1, 3)** 2 mat. unit; **~otky a desítky** tens and units 3 *(měřítko)* unit; **j. délky** unit of length 4 *(složka)* voj. unit; **bytová j.** housing (accommodation) unit
jednotkový: j. obchod one-price shop
jednotlivec individual
jednotlivost detail, particular, (particular) point; **pouštět se do ~í** go* into details or particulars; **do všech ~í** down to the smallest n. last detail
jednotliv|ý individual, *(čísla, kusy)* separate; **~é součásti** component parts; *(nesystematické)* odd; *(příslušný)* respective; **každý j. občan** each single citizen; **dva ~é svazky** *(např. spisů)* two odd volumes ■ **~ě** individually; v. **~ost**
jednotn|ý 1 *(celek)* homogeneous, unified, united; **~á fronta** united front; **~é zemědělské družstvo** unified farmers' cooperative 2 *(přístup)* uniform, consistent; *(cla, poplatky)* uniform, flat, *(cena též)* standard 3 *(vláda, plánování)* centralized 4 *(velení)* unified 5 *(oděv)* uniform 6 jaz. **~é číslo** singular ■ **~ě** homogeneously, uniformly; **jsou ~ě oblečeni** they are dressed alike ■ **~ost** homogeneity, uniformity, consistency
jednotřídka one-class n. single-class (primary) school
jednotvárn|ý monotonous, *(práce, život též)* tedious, dull, humdrum, *(život též)* uneventful ■ **~ě** monotonously; **mluvit ~ě** drone ■ **~ost** monotony, uniformity, tediousness, tedium
jednou 1 *(jedenkrát)* once, one time; **j. pět je pět** once n. one times five is five; **j. za den** once a day; **jenom j.** only once, one time only; **ještě j.** *(naposledy)* once again, one last time, *(znovu)* once more n. again; **j. provždy** once and for all; **pro j.** for once, just this time 2 *(kdysi)* once, one day, at one time; **j. ráno/ večer** one morning/ evening; **už j.** (once) before; **to už j. řekl** he said* that before; **byl j. (jeden král)** once upon a time there was (a king) 3 *(někdy*

v budoucnu) sometime, someday, am. one fine day, one of these days **4 j. ... j.** now ... now, sometimes ... sometimes; **j. ... jindy** at one time ... at another time
jednoúčelový single-purpose
jednovaječn|ý: ~á dvojčata identical twins
jednoválcový: j. motor single-cylinder engine
jednoveslice single scull
jednoznačný *(nedvojsmyslný)* unequivocal, unambiguous; *(důkaz)* clear; *(odpověď)* definite
jedovat|ý *(houba, rostlina)* poisonous; *(had,* přen. *člověk, jazyk* ap.*)* venomous; chem. poisonous, toxic; **~á poznámka** a cutting n. scathing remark ■ **~ě** *(poznamenat)* venomously, spitefully ■ **~ost** poisonousness; venomousness; toxicity
jehelní(če)k *(polštářek)* pin cushion; *(pouzdro)* needle case
jehl|a needle; *(gramofonová)* stylus; **grilovací j.** skewer; **magnetická j.** magnet n. compass needle; **suchá j.** *(rytecká)* dry point; **navléci ~u** thread a needle ♦ **být jako na ~ách** be on tenterhooks
jehlan pyramid
jehlanovitý pyramidal, pyramid-shaped
jehlice needle; *(ozdobná)* pin; **j. na pletení** knitting needle; **j. do klobouku/ do vlasů/ do kravaty** hatpin/ hairpin/ tiepin n. am. stickpin
jehlicovitý needle-shaped, needle-like
jehličí needles; **borové j.** pine needles; *(větve)* (pine ap.) branches
jehličnatý coniferous; **j. strom/ les** coniferous tree/ wood
jehně lamb
jehněčí lambs-, of lamb; **j. vlna** lambswool; **j. kýta** leg of lamb; **j. maso** lamb
jeho his, *(o věcech)* its; *(je-li před určovaným subst. člen* ap.*)* of his; **j. přítel** his friend; **jeden j. přítel** a friend of his; **ten dům je j.** the house is his, the house belongs to him
jehož whose, *(o věcech též)* of which;
její her, *(o věcech)* its; of hers; srv. **jeho**
jejda!, jeje! dear me!, hov. crikey!, gosh!
jejich their, of theirs; srv. **jeho**
jejichž whose; *(o věcech též)* of which
jejíž whose, *(o věcech též)* of which
jekta|t *(zuby)* chatter; **zuby mu ~ly zimou** his teeth were chattering with cold
jelen stag, (red) deer ♦ **jsem z toho j.** I am completely n. totally at sixes and sevens over this
jelení deer; **j. obora** deer park; **j. říje** rut of deer
jelenice *(kůže)* deerskin, buckskin
jelikož since, as; kn. inasmuch as, in view of the fact that
jelimánek simpleton, nincompoop, hov. dope
jelito blood sausage; ≅ black pudding; hov. **jsi pěkný j.** what a clod you are, you are a real clod
Jemen Yemen
jemenský Yemeni, Yemenite
jemine! *(výraz překvapení)* good heavens!, dear me!, crikey!
jemnocit sensitivity, delicacy
jemnocitn|ý *(útlocitný)* sensitive; *(taktní)* delicate, tactful ■ **~ě** tactfully
jemnozrnný fot. fine-grained
jemn|ý *(drát, příze)* fine, thin; *(vlasy)* fine; *(pokožka)* fine, delicate, *(hladký)* smooth; *(mouka)* finely ground; *(likér)* smooth; *(humor)* subtle; *(víno)* gentle; *(sýr, doutník)* mild; *(chování)* tactful, delicate; *(vystupování)* graceful ■ **~ě** finely, delicately, tactfully ■ **~ost** fineness; thinness; delicacy; subtlety; tactfulness
jen(om) **I** adv. **1** *(pouze)* only, just, nothing but; **j. pět diváků** only n. just five spectators, as few as five spectators, no more than five spectators; **j. jednou** just once; **j. on** he alone, no one but him; **slyším o něm j. chválu** I hear* nothing but praise about him; **nejen ... ale i** not only ... but also, not just ... but also; **Proč to chceš vědět? – J. tak?** Why do you want to know*? – Oh, I just do., Oh, no special reason; **jen tak pro legraci** just for the sheer hell of it ♦ **jen tak tak jsme vyvázli** it was a close shave, it was a narrow shave **2** *(jakmile)* as soon as; **j. co přijel, (už) ...** as soon as n. the moment he arrived..., no sooner had he arrived than ... **3** *(zdůrazňující)* **j. a j. si stěžuje** all she does is moan ♦ **prší j. se leje** it's bucketing with rain, it's pouring with rain **II** část. **1** just; **j. si představ!** just imagine; *(smím jít?)* – **J. jdi!** Go*, by all means!; *(smím kouřit?)*; **J. si zapal!** Go ahead!, Smoke, by all means! **j. jezte, děti!** come* on, children, tuck in! **2** *(varování)* **j. počkej!** just you wait!; **j. se opovaž!** just you dare! **3** *(zdůraznění)* kn. ever; hov. on earth!; **proč to j. udělal!** why on earth did he do it?; **co mu j. je?** whatever is the matter with him? **4** (vyj. *přání)* **j. aby** if only; **j. aby přišla** if only she would come
jenž v. **který**

jenže but, only; hov. except; **to auto je dobré, j. drahé** it is a good car only n. hov. except it is too expensive; v. též **ale**

jepice mayfly

jepičí ephemeral; **j. úspěch** flash in the pan, nine days' wonder

jeptiška nun

Jeruzalém Jerusalem

jeřáb$_1$ crane

jeřáb$_2$ *(strom)* rowan

jeřáb$_3$ *(stroj)* crane; **pojízdný/ nakládací/ stavební j.** travelling/ loading/ building crane; **rameno ~u** crane jib

jeřabina rowan, rowanberry

jeřábník crane driver n. operator

jeseter sturgeon

jeskyně cave; *(velká)* cavern; *(malebná* n. *umělecká)* grotto

jeskynní cave; **j. člověk** caveman, cave dweller; **j. malba** cave painting

jesle **1** *(pro zvěř)* crib, manger **2** *(dětské)* day nursery; *(zvl. pro batolata)* crèche; **týdenní j.** ≅ residential nursery

jesličky (Christmas) crib, am. crèche; *(betlém)* Nativity scene

jestli **I** **1** podm. sp. v. **~že** **2** *(v nepřímé řeči)* whether, if; **nevím, j. přijde** I don't know* whether he will come, I don't know if he will come* **II** část. *(při pochybování)* **jen j.** if only

jestlipak: j. přijde I wonder if he will come*; v. **jestli (2)**

jestliže if, in case; **j. máš čas, přijď!** come*, if you have time; **j. se to bude opakovat** if it should happen again, should it happen again

jestřáb hawk, *(americký)* goshawk; **oči jako j.** eyes like a hawk

ješita vain person, *(samolibý)* prig

ješitn|ý conceited, *(marnivý)* vain, *(samolibý)* priggish; hov. stuck-up; **je velmi j.** he thinks* a lot of himself, he has got* a big head ■ **~ost** self-complacency, conceit

ještě **1** *(i nadále)* still, *(v záporném kontextu)* yet; **je j. čas** there is still time; **j. nepřišel** he hasn't come* yet; **j. nějaký čas** for some time yet, for some time to come ♦ **to se j. neví** it's anybody's guess; **j. mu není padesát** he's on the right side of fifty **2** *(navíc)* in addition (to that), further, another; **j. jedno pivo** another beer; **j. navíc** what's more, in addition (to that), over and above; **j. jednou** once more **3** *(zdůraznění)* **j. dnes** this very day, before the day is out **4** **j. že** it is/ was a good thing that, it is/ was a good job that

ještěr *(pravěký)* saurian; *(drak)* dragon

ještěrka lizard; techn. sl. electric truck, runabout

ještěže v. **ještě (4)**

jet **1** *(o vozidle)* go*; *(loď)* sail; *(pohyblivé schody)* move; *(odjíždět)* leave*, depart; **kdy jede vlak do ...?** when is the next train to ...? **2** *(j. rychlostí)* **auto jede stovkou** the car is doing 100 km per hour, the car is travelling at 100 km per hour **3** *(o člověku)* **j. vlakem/ autobusem/ taxíkem** go by train/ bus/ taxi; **j. autem** *(řidič)* drive*, *(spolujezdec)* go by car, *(na dovolenou též)* take* the car; **do Francie jedu autem** I am taking the car to France; **j. na motocyklu** go by motorbike; **j. na kole** cycle; **j. na koni** go on horseback, ride* (on) a horse; **j. výtahem** take the lift, am. ride the elevator; **j. stopem** hitch(hike); **j. stopem do Londýna** hitchhike one's way to London; **j. po dálnicích** go on the motorway, take the motorway; **j. za kým** follow sb; **j. na výlet** go on a trip; **j. na lyže** go skiing **4** **j. rukou po čem** run* one's hand over sth; **j. závod** take part in a race; **j. pro** come* for, call for; *(zastavit se pro)* pick up, *(vyzvednout)* collect **5** *(být v chodu)* run, be in operation ♦ **pusa jí jen jede** her tongue goes nineteen to the dozen

jetel clover

jev phenomenon

jevišt|ě **1** stage; **otočné j.** revolving stage; **upravit pro j.** adapt sth for the stage; **uvést kus na ~i** stage n. put* a play on the stage **2** přen. **politické j.** political scene n. arena

jevištní stage, scenic; **j. úprava** stage adaptation; **j. umění** dramatic art

jevit show*, exhibit, display; **j. známky života** show signs of life; **j. obavy** exhibit n. display fear ■ **j. se nutným/ žádoucím** prove necessary/ desirable

jez weir

jezdec **1** rider, *(zdatný)* horseman, voj. cavalryman **2** **j. na kole/ na motocyklu** cyclist/ motorcyclist; *(závodní)* racing cyclist **3** *(v šachu)* knight; *(na váhách)* rider; *(kartotéční)* index tab

jezdeck|ý equestrian, riding, of riding; **j. kůň** riding n. saddle horse; **j. sport** equestrian n. riding sport; **~á škola** riding school; **~é umění** art of riding

jezdectví equestrianism, riding sport

jezdectvo voj. cavalry

jezd|it 1 go*, drive*, ride*, sail v. **jet (1,2)**; *(být řidičem)* **j. s autobusem/ s taxíkem** drive* a bus/ a taxi; **j. s mercedesem** *(vlastnit ho)* run* a Mercedes; **učit se j.** *(s autem)* take* driving lessons; **j. po městě** drive around town; **j. po (celém) světě** travel n. roam the whole world; **výtah ne~í** the lift is out of order; **v neděli vlaky ne~í** there are no trains on Sundays 2 **j. na benzín** run on petrol n. am. gasoline 3 **j. závodně** race 4 přen. **j. po čem očima/ rukou** cast* one's eyes over sth/ run one's fingers over sth, pass one's hand over sth

jezdkyně horsewoman; v. též **jezdec**; **cirkusová j.** circus rider

jezernatý *(oblast)* abounding in lakes

jezerní lake; **j. oblast** *(v Anglii)* the Lake District

jezero lake; **horské j.** mountain lake

jezevčík dachshund; hov. sausage dog

jezevec badger; **žít jako j.** live like a hermit; **kouká jako j. z díry** he is like a bear with a sore head

jezinka (a wicked) wood nymph n. dryad

jezírko small lake; *(s mořskou vodou)* lagoon

jezuita Jesuit

jezuitský Jesuit, Jesuitical též hanl.; **j. řád** Jesuit Order, the Jesuits

Jezul|átko, ~e the infant Jesus, (the) Baby Jesus

ježatý *(vlasy, vousy)* stubby, bristly; *(rozcuchaný)* tousled, dishevelled, unkempt

jež|ek 1 hedgehog; *(mořský)* sea urchin 2 *(účes)* crew cut, am. butch haircut; *(moderní)* spiky hair; **mít vlasy na ~ka** have a crew cut, have spiky hair

ježibaba witch; hanl. old hag

Jež|íš Jesus (Christ); **~íši Kriste!** good heavens!

Ježíš|ek 1 the Christ-child 2 *(Štědrý večer)* Christmas Eve; *(dávající nadílku)* Father Christmas, Santa (Claus); *(nadílka)* Christmas presents; **cos dostal k ~ku?** what did Santa bring* you?

jež|it se 1 *(o vlasech)* stand* on end; **~ily se mi z toho vlasy na hlavě** it made* my hair stand on end 2 přen. *(rozčilovat se)* be up in arms

ježto inasmuch as, since

jho yoke; **manželské j.** the yoke of marriage

jícen 1 gullet; anat. oesophagus 2 přen. *(kanónu ap.)* mouth; **j. pekla** the jaws of hell; **j. hrobu** the jaws of the grave

Jidáš Judas

jidášek ≅ hot cross bun

jidášsk|ý hanl. **~á odměna** thirty pieces of silver

jídelna dining room; **závodní j.** company n. works canteen; voj. mess hall; *(studentská)* refectory; *(bufet)* cafeteria

jídelní dining; **j. vůz** dining n. restaurant car; **j. lístek** menu, bill of fare

jídl|o 1 *(strava)* food, nourishment; **j. a pití** food and drink 2 *(pokrm)* dish, *(jedno z denních jídel)* meal; *(chod)* course; **~a a nápoje** meals and beverages; **teplá/ studená ~a** hot/ cold meals; **masitá ~a** meat dishes; **vybraná/ oblíbená ~a** choice/ favourite dishes; **připravit/ ohřát j.** make* n. prepare/ reheat a meal 3 *(jedení)* **j. je na stole** lunch/ dinner ap. is served n. ready; **při ~e** at table; **před ~em/ po ~e** before/ after a meal; **už jste po ~e?** have you had your lunch ap. yet?; **co máme k ~u?** what are we having for lunch/ dinner ap.? ♦ **s ~em roste chuť** the appetite grows* with what it feeds* on; přen. the more one has, the more one wants

jih south; **na ~u** in the south; **na j. od** (to the) south of; **okna (pokoje) vedou na j.** the room faces (the) south

jihnout thaw, melt; **j. dojetím** melt n. dissolve with emotion

jihoafri|cký, J~čan, J~čanka South African

jihoameri|cký, J~čan, J~čanka South American

jihovýchod southeast

jihovýchodní southeast(ern); *(vítr ap.)* southeasterly

jihozápad southwest

jihozápadní southwest(ern); *(vítr)* southwesterly

jikr|a fish egg; roe; **~y** *(potěr)* spawn, (hard) roe

jikrnáč spawner

jíl (potter's) clay; odb. argil

jílec *(meče)* hilt, handle, grip; *(šavle)* basket(-hilt); **až po j.** up to the hilt

jilm elm

jílovit|ý clayey; **~á půda** clayey soil

jím|at: ~ala nás hrůza we were seized n. gripped with terror; **~á mne závrať** I'm feeling* dizzy

jímavý *(obrázek, historka)* touching, moving

jímka tank, reservoir; *(žumpa)* septic tank

jinak 1 *(odlišně)* differently, otherwise, in some other n. another way; **vidět to j.** see* things differently, think* otherwise; **nemohu j.** I have no choice; **j. to nejde** there's no alternative; **tak a ne j.** thus and in no other way; **j. řečeno** in other words, put* another way; **rozhodnout se j.** change one's mind 2 *(navíc)* else; **j. nikdo/ nic** nobody/ nothing else; **kde j.?** where else? 3

(v opačném případě) otherwise, or else; **udělej to, j.!** *(bude zle)* do it or else!; **pospěš si, j. zmeškáš vlak** hurry up, otherwise n. or else you'll be late for your train 4 *(po jiných stránkách)* otherwise, in other respects; **jak se máte j.?** how are you otherwise?, how are things otherwise?

jinam to another place, elsewhere

jinde somewhere else, elsewhere

jindy 1 another time, at some other time 2 *(j. než obvykle)* than normally, than usually, than otherwise; **dnes utratil víc než j.** today he has spent* more money than he normally n. usually n. otherwise does; **je hůř než kdy j.** life is now worse than ever

jín|í hoarfrost, white frost; kn. rime (frost); **stromy, obalené ~ím** branches covered with hoarfrost

jinoch youth, young man

jinojazyčný foreign-language, in a foreign language

jinošský adolescent; **j. věk** adolescence, early manhood, youth

jinošs|tví v. **~ký věk**

jinotaj allegory

jinotajný allegorical

jinovatka v. **jíní**; **padá j.** there's a hoarfrost

jin|ý I adj. 1 *(druhý)* other, *(další)* another; **někdo j.** another person; **j. člověk/ stůl** another man/ table; **~í lidé** other people; **kterákoliv ~á kniha** any other book; **máte nějaké ~é dotazy?** have you any other questions? 2 *(odlišný)* different ♦ **j. kraj, j. mrav** different countries have different customs; **být v ~ém stavu** be in the family way 3 *(nový)* **vzít si ~ou košili** put* on a new shirt, change one's shirt; **je z něho j. člověk** he is a changed man now II subst. 1 *(o osobách)* another one n. person; **někdo j.** someone else; **kdokoliv j.** anyone else; **nikdo j.** no-one else; **má ~ého** she has s.o. else 2 *(o věcech)* another one, another thing, a different one, a different thing; **to je něco ~ého** that's a different matter, that's another thing ♦ **to je ~é kafe** that's a different kettle of fish

jiřina bot. dahlia

jiskr|a spark; **elektrická j.** electric spark **křesat ~y** strike* sparks; **sršet ~y** send* out sparks

jiskrn|ý *(oko)* sparkling; **~á nálada** high spirits

jiskřička sparklet; **j. naděje** glimmer n. flicker of hope

jiskř|it spark, produce sparks; *(sršet jiskry)* emit sparks; přen. *(oči)* flash; *(hvězdy)* twinkle; *(diamant)* sparkle, scintillate; **j. vtipem/ humorem** sparkle with wit/ humour; **j. nápady** be brimming over with bright ideas ■ **~ení** sparkling; scintillation

jiskřivý 1 *(hvězdy)* twinkling; *(hladina)* glistening 2 *(vtip)* sparkling, scintillating

jíst 1 eat*; **j. třikrát denně** take* n. have three meals a day; **j. v restauraci** eat n. have a meal in a restaurant, eat out; **j. hltavě** eat greedily; **j. s chutí** eat heartily; **j. za tři** eat like a horse 2 *(mít rád)* like; **skopové nejím** I don't like mutton ♦ **j. koho očima** devour sb with one's eyes, stare hungrily at sb

jistit *(horolezce)* secure ■ **j. se** *(horolezec)* secure o.s.; **j. se před čím** protect o.s. against sth, guard against sth

jistot|a 1 *(poznání)* certainty; **s ~ou** *(tvrdit)* for certain, certainly, definitely; **zjednat si o čem ~u** make* sure of sth, find* out for certain about sth 2 *(spolehlivost: j. ruky* ap.*)* steadiness; **j. vystupování** (self-)confident manner, poise; **hráč ztratil ~u** the player has lost* his touch 3 *(bezpečnost)* safety, security; **sociální j.** social security ♦ **j. je j.** it's better to be safe than sorry

jist|ý 1 *(přesvědčený)* sure, certain, positive, confident; **jsem si j., že** I'm sure n. confident n. positive that; **být si ~ čím** be positive about sth, be sure of sth 2 *(nepochybný)* certain, sure; **~á smrt/ ~é vítězství** sure n. certain death/ victory; **j. důkaz** sure proof; **j. vítěz** safe winner; **jedno je ~é** one thing is certain 3 *(spolehlivý)* reliable, sure; *(zručný)* competent; **j. řidič** safe n. competent driver; **~á ruka** firm n. steady hand; **j. střelec** a sure shot 4 *(sebej.)* self-assured, confident; **mít ~é vystupování** have a confident manner, have poise 5 *(bezpečný)* secure, safe; **~á existence/ ~é místo** secure existence/ post; **j. příjem** secure(d) income 6 *(nějaký)* a(n), a certain; **j. pan X** a Mr. X; **v ~ém smyslu** in a certain sense; **za ~ých podmínek** under certain conditions ■ **~ě** 1 *(nepochybně)* undoubtedly, doubtless(ly); **vím to ~ě** I know* it for sure n. certain 2 *(spolehlivě)* securely, safely 3 *(o vystupování)* confidently 4 **j.!** *(zajisté)* of course!, certainly!; hov. you bet!, am. sure thing!

jíška roux, béchamel

jít 1 *(pohybovat se)* go*, *(pěšky)* walk; *(těžce)* plod; **j. přes cestu** cross the road; **j. za kým** follow sb; **j. na kopec** go up n. kn. ascend a hill; **j. po ulici** walk along a street; **j. domů** go home; **jdu dobře do X?** is this the right way to n. for X? ♦ **j. s módou** follow fashion, hov. zastaráv. be with it **2** *(odcházet)* leave*, go (away), depart (from); **už musím j.** I must be going (now), I must run* along, it's time I made* a move; **jdi si hrát!** run away and play; **jdi pryč!** go away!,*(nech mne na pokoji)* leave* me alone! **3** *(vydat se kam)* **j. do školy/ na poštu** go to school/ go to the post office; **j. nakupovat/ plavat/ tancovat** go shopping/ swimming/ dancing; **j. k lékaři** go to (see*) the doctor; **j. na policii** go to the police; **j. spát** go to sleep*; **j. za kým** go to see sb **4** *(v čem: o šatech)* **j. v kožichu** wear* a fur-coat; **j. bez klobouku/ deštníku** go bareheaded/ go without an umbrella; **takhle nemůžeš j.** you can't go (out) like this **5** *(j. pro co)* (go and) fetch, go and get*, collect; **j. pro pivo** go and get n. fetch some beer; **musím j. pro dítě** *(do jeslí)* I must collect the baby **6** *(volit si povolání)* **j. k divadlu** go on the stage, become* an actor/ actress; **j. na učitelství** take* up teaching/ become a teacher; **j. do průmyslu** go into industry; **j. k vojsku** join the army; **j. do výslužby** retire **7** *(vstoupit do organizace)* **j. do strany** join a party, *(v totalitních státech)* join the party **8** *(za koho)* **j. komu za svědka** be sb's witness; **j. komu za kmotra** stand* as sb's godfather; **jít za policajta** *(v masce)* go dressed as a policeman **9** *(pustit se do)* set* about doing sth, begin* doing sth, tackle sth; **j. bez okolků k věci** get* straight down to business; **j. na to** go at it **10** *(vést)* **okna/ dveře jdou na zahradu** the windows look out on/ the door opens out into the garden; **kabel jde do dílny** the cable leads* into the workshop **11** *(o čase)* **jde na pátou** it's getting on for five; **jde mu na padesátku** he's getting n. going on for fifty, he's pushing fifty **12** *(hodiny)* go, work; **hodiny jdou dobře/ špatně** the clock keeps*/ doesn't keep good time; **hodiny jdou/ nejdou** the clock works / won't n. doesn't work **13** *(hodit se)* match, go with; **jde jí to k pleti** it matches n. goes with her complexion **14** *(být možný)* **nejde to** it can't be done, it's impossible; **zítra to jde** tomorrow is O.K. **15** *(dařit se)* **matematika mu jde dobře** he's good at mathematics; **šlo to docela dobře** it went quite well; **jak jdou obchody?** how is business?; **jde to** so-so, not too bad **16** *(běžet o)* **o co tu jde?** what is *(all)* this about?; **o co vám jde?** what are you aiming n. getting at?; **pokud jde o mne** as far as I am concerned, as for me, for my part; **jde mu jen o peníze** he is only interested in money; **v té transakci jde o milióny liber** the deal involves millions of pounds; **jde mu o život** his life is at stake **17** *(vyj. nedůvěru, odmítání)* **ale jdi!** get along n. away with you (that can't be true)!; **ale jdi, nedělej si legraci!** go on with you, you must be kidding!; **ale jdi, to není možné!** oh, come on, it can't be true!

jitrnice ≅ andouille *(sausage made of pork chitterlings)*

jitro morning; **dobré j.!** good morning!

jitrocel ribwort

jitřenka morning star

jitřit stir, agitate; *(city)* rouse; *(rány)* tear* open; **j. čí hněv** anger sb, rub sb the wrong way ■ **j. se** *(rána)* fester, suppurate; přen. get* excited (about sth)

jitřní morning; **j. rosa** morning dew; **j. mše** morning mass

jíva sallow

jízd|a **1** *(cesta)* journey, tour; *(autem)* drive; **j. tam a zpět** return journey; **okružní j.** *(turistická)* sight-seeing tour; **délka ~y** duration of a journey **2** sport. **j. na kole/ na lyžích/ na bruslích** cycling/ skiing/ ice-skating; *(pohyb)* **vyskakovat za ~y z vlaku** jump from n. out of a moving train **3** voj. cavalry; **lehká j.** light cavalry

jízdárna riding school, manège

jízden|ka ticket, *(tam)* single ticket; **zpáteční j.** return n. round-trip ticket; **dětská j.** child's ticket; **měsíční j.** monthly season ticket, *(v městské dopravě: týdenní* n. *měsíční)* travelcard; **volná j.** free pass; **ukázat ~ku** produce n. show* one's ticket; **proštípnout ~ku** punch a ticket; **výdej ~ek** booking office, am. ticket counter

jízdné fare (money); **železniční j.** rail fare; **připravte si j. v drobných!** have the exact fare ready, please!

jízdní: j. řád timetable, am. schedule; **j. policie** mounted police

jízlivec sarcastic person; mocker, sneerer

jízliv|ý *(kousavý)* caustic, sarcastic, catty, waspish; *(zlomyslný)* spiteful, malicious ■ **~ost** *(vlastnost)* waspishness ap.; *(poznámka)* catty n. spiteful remark

jizva scar; **j. po šavli** sabre cut; **po ráně zůstala j.** the wound left* a scar

již 1 *(teď)* already, *(v otázce)* yet; **je j. deset** it is ten o'clock already; **j. přišel** he has already come*; **skončil jsi j.?** have you finished yet?; **jak dlouho j. čekáte?** how long have you been waiting?; **byl jste j. někdy v Londýně?** have you ever been to London?; **v Londýně jsem j. byl** I have been to London before 2 *(zdůrazňující)* **j. v roce 1950** as early as 1950; **j. v 10. století** as far back as the 10th century 3 *(po záporu)* never again; **j. ho neuvidíme** we'll never see* him again

jižn|í south(ern); **j. vítr** south wind; **j. pól** the South Pole ▪ **~ě** *(směrem na jih)* southwards; **~ě od Prahy** to the south of Prague

jmelí mistletoe

jmění *(majetek)* fortune; *(realitní)* property; **nemovité j.** immovable property, immovables; **movité j.** movables, goods and chattels; *(finance)* assets, capital; **utratit celé j.** *(mnoho peněz)* spend* a fortune; **veškeré naše j.** all our possessions n. belongings

jmeniny *(ve VB se neslaví)* name day; **zítra mám j.** tomorrow is my name day

jmenný 1 jaz. nominal 2 **j. seznam** list of names; **j. rejstřík** (name) index

jmén|o 1 name; **křestní j.** Christian n. first name; **falešné j.** assumed name, alias; **znát koho ~em** know* sb by name; **muž ~em X** a man by the name of X, a man named X; **uvést své j.** give* n. say* one's name; **rezervovat letenku na čí j.** book a flight in sb's name; **nazývat co pravým ~em** call sth by its proper name, call a spade a spade 2 **jen podle ~a** *(zdánlivě)* by name only; **rychlík jen podle ~a** express train in name only 3 **~em koho** on behalf of sb, in the name of sb; **~em zákona** in the name of the law 4 *(pověst)* name, reputation; **udělat si j.** make* o.s. a name (**jako** as); **vědec světového ~a** a scientist of worldwide reputation; **udělat si j. jako básník** make one's mark as a poet 5 jaz. **podstatné/ přídavné j.** noun/ adjective; **vlastní j.** proper name n. noun

jmenovací: j. dekret letter of appointment

jmen|ovat 1 *(uvést jméno/ jména)* give* the name of, mention n. name names; **aniž bych někoho ~oval** without mentioning n. naming any names 2 *(do funkce)* appoint; **j. koho na místo profesora** appoint sb to a professorship; **j. koho předsedou** appoint sb as chairman ▪ **j. se** be called, go* by the name of; **~uju se XY** my name is XY; **jak se ~uje ta ulice?** what's the name of the street?

jmenovatel mat. denominator; **uvést na společného ~e** reduce to a common denominator

jmenovec namesake

jmenovit|ý: j. výkon rated output n. capacity; **~á hodnota** nominal value ▪ **~ě** 1 by name 2 *(zvláště)* in particular, particularly, especially

jmenovka *(na dveřích)* nameplate, doorplate; *(na šatech, kufru)* name tag n. badge

Job Job; **~ova zvěst** bad news, kn. ill tidings

jód iodine

jódovat paint sth with iodine

jódov|ý: ~á tinktura tincture of iodine

jogurt yog(h)urt, yoghourt

jsoucno, ~st filoz. existence

jubilant/ ~ka man/ woman celebrating his/her 50th ap. birthday

jubilejní jubilee; **j. rok** jubilee year

jubileum *(osobní)* anniversary, *(krále, královny, významné události)* jubilee

Jugoslávec Yugoslav, Yugoslavian

Jugoslávie Yugoslavia

jugoslávský Yugoslav

junior 1 *(mladší)* **P. Smith j.** P. Smith, Junior 2 sport. junior

juniorsk|ý sport. **~é mistrovství** junior championship

jurista lawyer, legal expert

jury jury

justice judiciary

justiční justice, of justice; **j. omyl** miscarriage of justice; **j. správa** administration of justice; **j. vražda** judicial murder

juta jute

JZD collective farm

K

k *(písmeno)* k [kei]

k, ke vyj. **1** *(směr, směřování)* to, towards, near; **běžel k babičce** he ran* to his granny; **sednout si ke komu** sit* down next to sb; **šel (směrem) k domu** he went* towards the house; **nechoď k ohni!** don't go* near the fire!; **jít k doktorovi** go to the doctor, go to see* the doctor; přen. **j. k divadlu** go on the stage; **j. k vojsku** join the army, join up **2** *(čas, přibližnost)* towards, at about; **k večeru** towards (the) evening; **k desáté hodině** at about ten **3** *(mez, míru)* **až k domu** as far as the house; **být k nevydržení** be unbearable; **je to s ní k nevydržení** she's impossible to live with, she is intolerable; **je tu k zalknutí** it is very close in here, **je to k zbláznění** it is infuriating; **je to k popukání** it's screamingly n. hilariously funny; **k smrti unavený** dead tired, dead beat **4** *(účel, určení)* for; *(mít)* **k obědu** for lunch; **k čemu?** for what?, what for?; **k narozeninám** for one's birthday; **gratulovat komu k úspěchu** congratulate sb on his/ her success; **rozhodnout se ke koupi čeho** decide to buy* sth; **být k ničemu** be of no earthly use, be totally useless; *(v neshodných přívlastcích)* **voda k pití** drinking water; *(možnost)* **není k nalezení** she is nowhere to be found* **5** *(poměrnost)* **6 se má ke 3 jako 2 ku jedné** 6 is to 3 as 2 is to 1 **6** *(sounáležitost)* **pít k jídlu víno** drink* n. have wine with one's meal; **máte kravatu k mému obleku?** have you got* a tie to go with my suit? **7** *(zřetel)* to, with regard to, with respect to; **být krutý ke komu** be cruel to sb **8** *(ve vsuvkách)* **a k tomu ještě** and what is more, besides, in addition; **k mé hanbě** to my shame

kabaret cabaret; *(představení)* cabaret show; variety show; **politický k.** satirical review

kabát 1 *(svrchní)* coat, overcoat; **pomoct komu do ~u** help sb into his/ her coat; **pomohl jí do ~u** též he held* her coat for her **2** *(sako)* jacket

kabátek *(chlapeckého obleku)* jacket; *(dámského kostýmu)* suit jacket

kabel cable; **podmořský k.** submarine cable

kabela bag; **nákupní k.** shopping bag; **cestovní k.** travelling bag, holdall, am. carry-all

kabelka *(dámská)* (hand)bag, am. též purse

kabelogram cablegram; hov. cable

kabelov|ý cable; **~á televize** cable TV

kabina *(letadla)* cabin; *(pilota)* cockpit; *(kosmonauta)* capsule; *(na lodi)* cabin, *(luxusní)* stateroom; *(telefonní)* telephone booth, br. též call box; *(na plovárně)* cabin, cubicle; **k. lanovky** cable-car; **promítací k.** projection room

kabinet 1 pol. cabinet; **stínový k.** shadow cabinet; *(v br. parlamentu)* the front bench; **výměna funkcí v ~u** cabinet reshuffle **2** *(školní)* **fyzikální/ fonetický k.** physics room/ phonetic laboratory

kabinetní 1 *(vládní)* cabinet; **k. krize** cabinet crisis **2** *(neživotný)* ivory-tower **3** *(vybraný)* **k. kousek** showpiece

kabonit *(čelo)* frown, knit* one's brows; **k. obličej** scowl ■ **k. se 1** *(člověk)* become* gloomy **2** *(obloha)* darken, grow* dark

káce|t *(stromy)* fell, cut* down; *(průmyslově)* lumber ■ **k. se** *(o člověku)* fall* over n. down, tumble down; *(předměty)* fall down, *(dopředu)* fall n. topple over ■ **~ní** *(stromů)* tree-felling, woodcutting

kacíř, ~ka heretic

kacířský heretical

kacířství heresy

káča 1 *(hračka)* (spinning) top **2** *(hloupá žena)* silly goose, dumb female

kačer drake

káď tub; *(průmyslová, kvasná)* vat; **k. vína** a vatful of wine

kadence hud. **1** *(intonační)* cadence **2** *(virtuózní vložka)* cadenza

kadeř curl; *(lokýnka)* ringlet; **~e** curly hair; *(drobně kudrnaté)* frizzy hair

kadeřit: k. si vlasy curl n. wave one's hair

kadeřávek savoy (cabbage)

kadeřav|ý curly; *(drobně)* frizzy ■ **~ost** frizziness

kadeřnictví hairdresser's; *(luxusnější)* hairdresser's salon

kadeřn|ík hairdresser; **~ice** (woman) hairdresser

kadet 1 voj. cadet **2** přen. *(velmi schopný člověk)* wizard, dab hand (at); **je k. na šachy** he is a chess wizard

kadidelnice censer

kadidl|o (frank)incense; **vykuřovat ~em** incense

kádinka chem. beaker

kadlub mould

kadmium chem. cadmium

kádr 1 *(skupina)* voj. pol. cadre; sport. **k. hráčů** pool n. cadre of players **2** *(pracovníci)* staff, personnel; **být zařazen do ~u podniku** be on the books of a company; **střední ~y** highly skilled workers n. technicians **3 stranické ~y** party stalwarts; **vedoucí ~y strany** the executive of the party

kádrovák ≅ personnel officer

kádrov|at screen ■ **~ání** screening (of personnel); *(z hlediska bezpečnosti státu)* security screening, br. vetting

kádrov|ý personnel; **~á práce** personnel administration; **~é oddělení** personnel; **k. materiál** cards, *(vedený bez vědomí pracovníka)* dossier; **k. posudek** ≅ character reference

kafe coffee; *(šálek kávy)* a cup of coffee

kafíčko a nice cup of coffee

kafovat drink* a lot of coffee, be a heavy coffee drinker

kafr camphor

kahan, ~ec (open) burner; **lihový/ plynový k.** alcohol/ gas burner; **hornický k.** miner's n. pit lamp

kahán|ek: mít na ~ku be on one's last legs

Káhira Cairo

kach|el, ~lík tile; **obložit co ~líky** tile sth

kachna 1 duck; **domácí k.** domestic duck; **k. divoká** wild duck, mallard **2** *(novinářská)* canard, (newspaper) hoax

kach|ně, ~ňátko duckling

kachní duck('s); **k. vejce** duck('s) egg; **k. chůze** waddle; **mít k. žaludek** have a cast-iron digestion, přen. have a thick skin

kajak kayak

kajícn|ík, ~ice penitent

kajícn|ý repentant, penitent; *(zkroušený)* contrite; **k. hříšník** penitent sinner ■ **~ost** repentance, penitence, contrition

kajka eider duck

kajman cayman

kajuta cabin

kakao *(prášek)* cocoa (powder); *(nápoj)* cocoa, (drinking n. hot) chocolate

kakaovník cacao(-tree)

kakat děts. do big jobs, do a number two, sk. do a jobby

kaktus cactus, pl. cacti, cactuses

kal *(sedlina)* sludge; *(mazlavý)* slime; *(ve víně)* lees; *(pivní)* rope

kalafuna též hud. colophony, rosin

kalamář inkpot; *(zapuštěný)* inkwell

kalambúr pun, play on words

kalamita *(v zásobování)* serious shortages; **sněhová k.** heavy snowfall; **povodňová k.** flood disaster, catastrophic floods

kalcifikace calcification

kalcifikovat calcify

kaleidoskop kaleidoscope

kaledoskopický kaleidoscopic

kalendář 1 calendar; **nástěnný/ trhací k.** wall/ tear-off calendar; **kapesní k.** pocket diary; **stoletý k.** Hundred Year's Calendar **2** *(ročenka)* almanac

kalendářík (pocket) diary

kalendářní calendar; **k. rok** calendar year

kálet: k. do vlastního hnízda foul one's own nest

kalhotky 1 *(dětské)* pants; *(gumové)* rubber pants **2** *(dámské)* panties, briefs; hov. br. knickers; **bikinové k.** bikini briefs

kalhotov|ý: k. kostým trouser suit; am. pantsuit; **~á sukně** divided skirt, culottes; am. pantskirt

kalhoty trousers, pants, *(dámské též)* slacks; *(džínsové)* jeans, denims; *(krátké)* shorts; **jezdecké k.** riding breeches, jodhpurs; **punčochové k.** tights; **koupit si jedny/ dvoje k.** buy* a pair/ two pairs of trousers ♦ **mít plné k.** *(strachu)* be frightened n. scared to death, be scared out of one's wits

kalibr 1 *(ráže)* calibre/ am. caliber, bore **2** *(měřidlo)* gauge **3** přen. **autor velkého ~u** an author of high calibre

kalibrace calibration

kalibrov|at calibrate; *(měřit)* gauge ■ **~ání** calibrating, calibration

kalif caliph

kalifát caliphate

kalich 1 goblet, náb. chalice, (communion) cup; přen. **vypít k. hořkosti až do dna** drain the bitter draught of sorrow to the dregs **2** bot. calyx, (flower) cup

kalichovitý cup-shaped

kaliko text. calico

kalina snowball (tree), guelder rose

kalíšek 1 *(sklenička)* (stemless) brandy n. gin glass **2** *(na vejce)* egg cup

kal|it 1 *(vodu ap.)* make* sth cloudy, cloud; *(náladu, radost)* spoil*, mar **2** *(ocel)* temper, harden ♦ **k. si to po silnici** *(auto)* hov. tear* down the road ■ **k. se 1** *(kapalina)* grow* turbid, grow cloudy; *(obloha)* cloud over, become* overcast*; *(zrak)* blur, dim ■ **~ený** *(ocel)* hardened

kalium potassium

kalk jaz. calque

kalkulace calculation
kalkulačka *(kapesní)* calculator
kalkulant, ~ka cost accountant
kalkulovat 1 *(náklady* ap.*)* calculate 2 *(s čím)* reckon with, take* account of, allow for; **musíme k. se zpožděním vlaku** we must allow for the train being late
kalný *(voda)* turbid, cloudy; *(víno)* thick; *(pivo)* ropy; **k. zrak** bleary eyes ♦ **lovit v ~ch vodách** přen. fish in troubled waters
kalorick|ý caloric; **~á hodnota** *(jídla)* calorific value
kalorie calorie
kaloun galloon, tape
kalov|ý: ~á jímka cesspit; **~á nádrž** sewage tank
kaluž *(po dešti)* puddle; *(tůňka)* pool; *(krve, benzínu* ap.*)* pool
kalvín, kalvinista, kalvinistka Calvinist
kalvinismus, kalvínství Calvinism
kalvínský, kalvinistický Calvinist(ic)
kam 1 *(tázací)* where, where ... to; **k. mám jít?** where shall I go*?; **~pak?** where to?; **nevím kudy k.** I am at my wit's end, I don't know* what to do 2 vzt. where, wherever; **chodím si, k. chci** I go* where n. wherever I want, I go where I please; **není si k. sednout** there is nowhere to sit* ♦ **být k. vítr, tam plášť** trim one's sails to the wind
kamarád friend, hov. pal, mate; am. buddy; **k. ze školy** schoolmate, school friend; **k. z dětství** playmate; **jsou to staří ~i** they are old pals; **k. z mokré čtvrti** žert. boozing partner
kamarádit: k. (se) s kým be friends with sb; expr. *(bratříčkovat se)* hobnob with sb; *(stýkat se s kým)* rub shoulders with sb
kamarádka friend, lady friend
kamarádsk|ý friendly; *(nadměrně)* matey ■ **~y** in a friendly manner
kamarádství friendship
kamaše *(vysoké)* leggings; dř. (zvl. *kotníkové)* gaiters
kambala turbot
Kambodža Cambodia
kamélie camellia
kamelot newsboy, paperboy; ■ **~ka** papergirl
kámen 1 stone ♦ **k. mudrců** the philosophers' stone; **k. úrazu** stumbling block; **tvrdý jako kámen** as hard as stone; **srdce z kamene** a heart of stone; **spadl mi k. ze srdce** it was a load n. weight off my mind; **hodit po kom kamenem** přen. cast* the first stone; **co by kamenem dohodil** at n. within a stone's throw; **k. by se ustrnul** that would melt* a heart of stone 2 *(upravený kus)* **dlažební/ stavební k.** paving/ building stone; **náhrobní k.** tombstone; **mlýnský k.** millstone; **základní k.** the foundation stone; **prubířský k.** touchstone; **drahý k.** precious stone; **položit základní k.** lay* the foundation stone ♦ **nenechat k. na kameni** raze sth to the ground 3 *(usazenina)* **kotelní k.** scale, fur; **zubní k.** tartar; **žlučový k.** gallstone; **odstranit komu zubní k.** scale (tartar from) sb's teeth 4 *(hrací)* piece, *(v dámě)* též draught(sman), am. checker 5 *(v hodinovém stroji)* jewel
kamenec alum stone; *(holičský)* styptic pencil
kamenět v. **zkamenět**
kamení stones; **hromada k.** a heap of stones; **házet po kom ~m** throw* stones at sb
kameník stonemason, stonecutter
kamenina earthenware, stoneware
kameninov|ý: ~é výrobky earthenware, stoneware; **~á výlevka** stoneware sink
kamenit|ý stony, full of stones; **~á cesta** stony path; **~á půda** stony n. rocky soil
kamenn|ý 1 *(z kamene)* **k. dům** stone-built house, a house built* of stone; **~é zdivo** stonework; **k. lom** v. **kamenolom** 2 *(tvrdý jako k.)* **~á sůl** rock salt; **~é uhlí** mineral n. bituminous coal 3 *(strnulý)* **~á tvář** stony n. deadpan face 4 *(bezcitný)* **~é srdce** heart of stone n. steel 5 archeol. **doba ~á** Stone Age
kamenolom stone quarry n. pit
kamenotisk lithography
kamenouheln|ý: k. důl coalmine, colliery; **~á pánev** hard-coal basin; **k. průmysl** hard-coal mining
kamenovat stone
kamera camera; *(amatérská)* cine-camera; **filmová k.** film n. am. movie camera; **televizní k.** T.V. camera
kameraman cameraman, camera operator
kamínek 1 *(do zapalovače)* flint 2 lék. v. **kámen**
kamínka small stove; *(přenosná)* heater
kamión br. lorry, am. truck
kamkoli(v) anywhere, wherever, no matter where; **půjdu k.** *(je mi to jedno)* I'll go* anywhere; **půjdu za ní, ať jde k.** I'll follow her wherever she goes n. may go, I'll follow her no matter where she goes n. may go
kamn|a stove; *(plynová, elektrická)* fire; *(přenosná)* též heater; **naftová/ mazutová k.** oil/

paraffin stove; **kachlová k.** tiled stove; **zapálit v ~ech** light* a stove ♦ **válet se za ~y** přen. loaf about at home

kamnář stove fitter

kamnářství *(profese)* stove-building, stove-fitting

kampak where ... (to); **k. zas jdeš?** where on earth are you going* now?; **k. se na něho hrabeš** you are no match for him

kampaň **1** *(akce)* campaign, drive; **inzerční/ volební k.** publicity n. advertising/ election campaign; **k. za co/ proti čemu** a campaign for/ against sth; **k. za zvýšení členstva** a membership drive; **rozvinout k.** launch a campaign **2** *(sezóna prací)* season, campaign; **řepná k.** beet campaign

kamsi somewhere (or other); am. someplace

kamzík chamois

Kanada Canada

Kanaďan, ~ka Canadian ▪ **~ka** též Canadian girl/ woman

kanadský Canadian; **k. žertík** practical joke; **provést komu k. žertík** play a practical joke on sb

kanál **1** *(na splašky)* sewer; **odvodňovací k.** drain, drainage ditch; **zavlažovací k.** irrigation canal **2** *(kouřový)* flue **3 televizní k.** T.V. channel **4 K.** *(La Manche)* the (English) Channel

kanál|ek: oční ~ky tear ducts

kanalizace *(městská)* sewerage system, sewers

kanalizovat **1** *(řeku)* canalize **2** *(město)* install sewers in, provide with sewers

kanár, ~ek canary

kanárkový *(barva)* canary (yellow)

kanársk|ý: K~é ostrovy the Canary Islands, the Canaries

kancelář office; *(advokátní, notářská)* chambers; **cestovní k.** travel agency n. bureau; **informační k.** information office n. desk; **konstrukční k.** drawing office, am. drafting room; **Československá tisková k., (ČSTK)** Czechoslovak News Agency; **Československá dopravní k., Čedok** Czechoslovak Travel Bureau

kancelářsk|ý office; **~á práce** office n. clerical work; **~é potřeby** office equipment *(též obchod)*; **k. zaměstnanec** office n. clerical n. white-collar worker; **~á krysa** přen. pen pusher

kancionál hymn-book, hymnal, hymnary

kancléř chancellor; **spolkový k.** Federal Chancellor

kancléřství Federal Chancellery

kandelábr lamp-post

kandidát **1** *(uchazeč)* candidate; *(žadatel)* applicant; *(na zkoušku)* candidate, examinee; **navrhovat koho za ~a** *(při volbách)* put* sb up n. nominate sb as a candidate **2** *(čekatel – pol. strany)* candidate-member; **k. na prezidentský úřad** presidential candidate **3 k. věd** ≅ Ph.D; *(holder of the postgraduate degree of „kandidát věd“ [candidate of sciences] awarded by dissertation)*

kandidátka list of candidates

kandidatur|a candidacy, candidature; **přijmout/ odvolat ~u** accept/ withdraw* one's candidacy

kandidovat **1 k. na co** n. **za co** be n. stand* as a candidate for sth, am. run* for sth; **k. na poslance** contest a seat n. stand for a seat in (the) Parliament **2 k. koho zač** put* sb up n. nominate sb as a candidate for sth

kandova|t: k. ovoce crystallize n. candy fruit ▪ **~ný** *(ovoce)* crystallized, candied, glacé

káně buzzard

kanec **1** boar; *(divoký)* wild boar **2** vulg. *(o muži)* stud

kanibal cannibal

kanibalský cannibal, cannibalistic

kanibalismus cannibalism

kaňk|a (ink)blot, (ink)stain ♦ **udělat si ~u** přen. blot one's copybook

kankán cancan

kanoe canoe

kanoista canoeist

kanoistika canoeing

kanón **1** cannon, gun ♦ **jít s ~em na vrabce** use a sledgehammer to crack a nut **2** *(velmi schopný člověk)* wizard, sport. ace; v. též **kádr**

kánon **1** hud. round, canon **2** *(norma)* canon, code

kaňon canyon

kanonáda voj. bombardment, artillery fire; *(z těžkých děl)* cannonade

kanonický canonical

kanout: slzy jí kanou po tvářích tears are running* down her cheeks

kanovník canon

kantáta hud. cantata

kantor schoolmaster ▪ **~ka** schoolmistress

kantorský *(tón* ap.*)* schoolmasterly, pedantic

kantýna *(bufet)* snack bar, cafeteria; *(jídelna)* canteen

kanystr can

kaolín kaolin, china clay

kapací: k. lahvička dropping n. dropper bottle

kapacit|a 1 *(schopnost pojmout)* capacity, cubic content; **k. plic** vital capacity; **cisterna má ~u 200 litrů** the tank has a capacity of 200 litres; **k. sálu je ...** the seating capacity of the hall is ...; **ubytovací k.** the sleeping capacity; **mentální k.** mental capacity 2 *(výkonnost)* capacity; **pracovat na plnou ~u** work at full capacity 3 *(odborník: na co)* expert (in/ at), authority (on), leading light (in)

kapalina liquid, fluid

kapalinov|ý: ~á brzda hydraulic brake

kapalnět become* liquid, liquefy; *(pára)* condense

kapalnit *(páry)* condense

kapaln|ý liquid; **~é skupenství** liquid state

kapánek *(trochu)* a little, a (little) bit, a trifle; sk. n. žert. a (tiny) wee bit

kap|at 1 *(od~ávat)* drip, fall* in drops; *(krev)* též ooze; *(kohoutek)* drip; *(nádrž)* leak, have a leak; **~e tam** *(drobně prší)* it is spitting (with rain); **~e mu z nosu** his nose is running*; ♦ **když neprší, aspoň ~e** přen. every little bit helps 2 **k. lék na cukr** drip n. trickle medicine on to sugar ■ **neustálé ~ání vody** the incessant drip-drop of water

kapátko dropper; *(do očí)* eye-dropper

kapavka gonorrhea; hov. *(tripl)* the clap

kápě hood; *(mnišská)* cowl

kapela band, orchestra; **dechová/ vojenská k.** brass/ military band

kapelník bandmaster; *(tanečního orchestru)* bandleader

kapénka droplet

kapénkov|ý: ~á infekce droplet infection

kapesné pocket money, spending money

kapesní pocket; **k. slovník/ hodinky/ kalendář(ík)** pocket dictionary/ watch/ diary; **k. zloděj** pickpocket

kapesník handkerchief, hov. hanky

kapičk|a droplet; v. **kapka**; **má pořád ~u u nosu** he's got* a permanent drip at his nose

kapilára *(vlásečnice)* capillary (vessel); *(trubička)* capillary tube

kapilární capillary

kapitál 1 *(bohatství)* fortune; **našetřit si slušný k.** save a tidy n. nice little fortune; **vytloukat k. z čeho** profit by sth, cash in on sth, přen. též capitalize on sth; **duševní k.** intellectual capital 2 ekon. capital; **pevný/ volný/ průmyslový k.** fixed/ liquid/ industrial capital; **oběžný k.** floating n. circulating capital; **k. a úroky** capital and interest; **investovat k.** invest capital n. money (**do** in)

kapitalismus capitalism

kapitalista capitalist; expr. *(boháč)* moneybags

kapitalistick|ý capitalist, capitalistic; **~é země** capitalist countries

kapitální colossal, huge; **k. chyba** colossal mistake n. blunder; **k. porce** huge portion; **k. chlapík** devil of a fellow

kapitálov|ý capital; **~é investice** capital investment

kapitán 1 voj., let., námoř. captain 2 *(lodi)* captain; *(malé lodi)* skipper; *(obch. lodi)* master mariner 3 sport. captain; hov. skipper

kapitánsk|ý: k. můstek (captain's) bridge; **~á hodnost** the rank of captain

kapitol|a chapter; **začínat novou ~u života** begin* a new chapter in one's life, turn over a new leaf

kapitula náb. chapter

kapitulace capitulation, surrender; **bezpodmínečná k.** unconditional surrender

kapitulant defeatist

kapitulantství defeatism

kapitulovat capitulate, surrender; přen. též give* up n. in

kapk|a 1 drop; *(krůpěj též)* bead; **~y potu** beads of perspiration; **do poslední ~y** down to the last drop 2 *(trochu)* trace, dash, spot; **pivo s ~ou rumu** a beer with a dash of rum; **dát si ~u vína** have a spot n. drop of wine 3 **~y** drops; **oční ~y** eye-drops

kaplan curate

kaple chapel

káp|nout 1 neos. **už měsíc ani ne~lo** there hasn't been a drop of rain for a month (now) 2 lék. *(kapky)* drip n. trickle sth (**do** into) ♦ **něco ~lo i pro něho** he too had a share; **vy jste na to ~l** you've hit* the nail on the head; **k. božskou** own up, am. sl. come* clean

kapota mot. bonnet, am. hood

kapoun capon

kapr carp

kapradí fern, bracken

kaprál ≅ br. voj. sl. corp; neutr. corporal

kapric, ~e caprice, whim

kapriciózní capricious; *(o přístrojích)* žert. temperamental

kap|sa *(kalhot, sukně)* pocket, *(našitá)* patch pocket; **náprsní k.** breast pocket; **bez ~es** pocketless; **dát si ruce do ~es** put* one's hands into one's pockets; **vrazit si ruce do ~es** stuff one's hands deep into one's pockets ♦ **mít co v ~se** přen. *(získat co)* have sth in the bag; **mám ho v ~se** I've got* him where I want him; **mastit si ~su** přen. line one's pocket(s)

kapsář pickpocket; **pozor na ~e**! beware of pickpockets!

kapsle 1 voj. percussion cap **2** lék. capsule

kapuce hood; *(mnišská)* cowl; **odpínací k.** detachable hood

kapusta savoy (cabbage); **k. růžičková** Brussels sprouts, hov. sprouts

kára 1 *(ruční)* (hand)cart, pushcart **2** expr. *(rachotina)* rattletrap, old banger

karabin|a 1 voj. carbine **2** *(~ka)* snap-hook, spring-hook; *(horolezecká)* spring safety hook, odb. karabiner

karafa carafe; *(zvl. na víno)* decanter

karafiát carnation

karambol 1 *(v kulečníku)* carom, am. cannon **2** hov. *(srážka)* collision; *(havárie)* crash

karamel caramel, burnt sugar

karamela toffee, caramel

karantén|a quarantine; **dát koho do ~y** put* sb in quarantine

karát carat

kárat rebuke, upbraid; *(ostře)* reprimand; *(veřejně)* censure; **k. koho za nedbalost** rebuke sb for being careless n. for his/ her carelessness

karátov|ý: 18-~é zlato 18-carat gold

karavana caravan; přen. *(aut* ap.*)* column

kárav|ý reproachful; **k. pohled** a reproachful look; **~á slova** reproachful words ■ **~ě** reproachfully

karban gambling (at cards), gaming

karbanátek rissole, meatball; *(rybí)* fishball, am. fishburger; *(se sýrem)* cheeseburger; *(s celým vařeným vejcem uvnitř)* Scotch egg

karbaník gambler

karbanit gamble (at cards)

karbid, ~ový carbide; **~ová lampa** carbide lamp

karbol carbolic acid, phenol

karbolový carbolic

karbonový: k. papír carbon (paper)

karbunkl *(nežit)* carbuncle

karburátor carburetter, am. carburetor

karcinogenní carcinogenic

kardan Cardan drive

kardanový Cardan; **k. hřídel** Cardan shaft

kardinál cardinal

kardinální cardinal, principal; **k. otázka** (the) main question; **k. chyba** cardinal n. principal mistake

kardinálsk|ý cardinal's; **k. klobouk** cardinal's hat; **~á hodnost** cardinalship, cardinalate

kardiograf cardiograph

kardiogram cardiogram

karfiol cauliflower

kari *(koření)* curry powder

karibsk|ý Caribbean; **K~é moře** the Caribbean (Sea)

kariér|a career; **dělat ~u** get* ahead in one's life, advance in one's profession, hanl. be a careerist; **udělat vynikající ~u** make* n. carve out a brilliant career for o.s.

kariérismus hanl. careerism

kariérista hanl. careerist

karikatura caricature; *(kreslená, zprav. politická)* cartoon; *(parodie)* burlesque

karikaturista cartoonist; *(osobností)* caricaturist

karikovat caricature, make* a cartoon of; *(zesměšňovat)* mock

karkulka zast. bonnet; **Červená K.** *(z pohádky)* Little Red Riding Hood

karma geyser; gas flow-heater

karmín, ~ový carmine

karneval carnival; *(studentský)* rag; *(masopustní)* Shrovetide

karnevalový carnival; **k. průvod** carnival procession

kárn|ý 1 disciplinary; *(výprava)* punitive; **k. soud/ trest/ ~é řízení** disciplinary court/ punishment/ proceedings **2** *(pohled)* censorious

káro 1 *(karta)* diamonds **2** text. check, square

karosář bodymaker

karosérie body(work), coachwork; am. též coach

karotka carrot

károvaný *(látka)* checked

károv|ý of diamonds; **~é eso** ace of diamonds

karpatský Carpathian

Karpaty Carpathian Mountains, Carpathians

kar|ta 1 *(pozdrav)* (post)card, am. postal card **2** *(kartotéční)* file n. record card, index card **3** *(hrací)* (playing) card; **~ty** *(souprava)* pack n. deck of cards; **hrát (v) ~ty** play (at) cards; **mít dobré ~ty** have a good hand; **hádat z ~et** tell* sb's fortune from cards ♦ **ukázat ~ty** show* one's cards; **hrát s otevřenými ~tami** show one's hand; **vsadit vše na jednu ~tu** stake everything on one card, přen. též put* all one's eggs in one basket

kartáč 1 brush; **drátěný k.** wire brush; **k. na**

drhnutí/ na leštění scrubbing/ polishing brush; **k. na vlasy** hairbrush; **k. na šaty/ na boty** clothes/ shoe brush 2 voj. *(~ová střela)* case shot, grape(shot)

kartáček small brush; **k. na zuby** toothbrush; **k. na nehty** nailbrush

kartáčovat brush; *(koně)* brush down; **k. si vlasy** brush one's hair ■ **k. se** brush one's clothes

kartář, ~ka fortune-teller

kartel obch. cartel

kartička (small) card; *(kartotéková)* index n. file card

kartograf cartographer

kartografický cartographic(al)

kartografie cartography

kartón 1 *(lepenka)* cardboard; *(vrstvená)* pasteboard 2 *(krabice)* carton 3 *(návrh malby)* cartoon

kartonov|ý cardboard; **~á krabice** cardboard box, carton

kartotéka card index, file; *(skřínka)* filing case n. box, card-index box; *(skříň)* filing cabinet

kartoun calico, cotton fabric; *(potištěný)* cotton print

kasa v. **pokladna**

kasár|enský, ~nický barrack-like; **~enská služba** fatigue duty; **~enský dvůr** barrack square

kasárn|a, ~y barracks sg.; **ubytovat** *(vojáky)* **v ~ách** quarter *(soldiers)* in barracks

kasárník confinement to barracks; **mít ~a** be confined to barracks n. quarters

kasař safebreaker, safe-cracker, sl. cracksman

kasat *(vyhrnout)* **k. si rukávy** turn up one's sleeves; **k. si sukni** gather up one's skirt ■ **k. se** brag, boast, give* o.s. airs (and graces)

kasematy casemate

kasička moneybox, piggybank

kasino casino

kaskáda waterfall, básn. cascade; **k. smíchu** a ripple of laughter, *(silněji)* burst of laughter

kaskadér stunt man; **~ka** stunt woman

kasta caste

kastaněta castanet

kastelán warden of a castle

kastovní caste; **k. systém** caste system

kastovnictví caste system

kastrol saucepan; žert. *(dámský klobouk)* pillbox

kastrovat castrate; *(zvl. domácí zvířata)* neuter, alter; *(samičku)* spay; *(koně)* geld

kaš|e 1 *(dětská)* pap; *(ovesná)* porridge; **krupičná/ rýžová k.** semolina/ rice pudding; **bramborová k.** mashed n. creamed potatoes ♦ **žádná k. se nejí tak horká, jak se uvaří** things never are as bad as they seem; **chodit okolo čeho jako (kočka) kolem horké k.** beat* about the bush 2 *(kašovitá hmota)* pulp, mash, *(hustší)* paste; *(bláto, sníh)* slush; *(v průmyslu)* slurry; **sádrová k.** plaster paste; **rozbít na ~i** crush, mash; **rozvařit na ~i** pulp 3 přen. *(brynda)* fix, tight corner, tight spot; **být v pěkné ~i** be in a pretty pickle, be in a tight corner n. spot

kaš|el cough; **suchý/ křečovitý k.** dry/ spasmodic cough; **záchvat ~le** fit of coughing

kašl|at cough, have a cough; **moc k.** have a bad cough; přen. **na to ~u** I don't care a rap about it; **na to, co říká, ~u** I don't give* a damn what he says*

kašmír text. cashmere

kašna fountain

kašovit|ý pulpy, mashy, mushy; *(bláto)* slushy; **~á strava** mushy food; **~é ovoce** soft fruit

kašpar clown, joker; **dělat ze sebe ~a** fool around, clown about, play the fool; **dělat si z koho ~y** pull sb's leg, make* a fool of sb

Kašpárek ≅ Punch

kaštan 1 *(strom)* chestnut tree 2 *(dřevo, plod)* chestnut; **k. jedlý** edible n. sweet chestnut ♦ **tahat za koho ~y z ohně** pull sb's chestnuts out of the fire

kaštanov|ý *(o barvě)* chestnut(-coloured); **~é vlasy** chestnut hair

kat hangman, executioner; **k. na práci** a glutton for work; **být do práce jako k.** be a demon for work, work like a Trojan, work like the clappers in hell

kát se repent, be penitent; **k. se z hříchů** repent of one's sins

katafalk catafalque

katakomby catacombs

katalog catalogue; am. catalog; **lístkový/ věcný k.** card/ subject(-matter) catalogue; **k. zásilkového domu** mail-order catalogue; **cena podle ~u** list price

katalogizovat catalogue

katalogový catalogue; **k. lístek** catalogue card

katalýza catalysis

katalyzátor catalyst

katan expr. hangman

katansk|ý přen. bestial, brutal; **~á sekyra** executioner's axe

katanství brutality, bestiality

katapult catapult

katapultovací let. **k. sedadlo** ejector seat
katapultovat *(letadlo)* catapult ■ **k. se** *(z letadla)* eject
katar catarrh; **k. průdušek** bronchitis; **střevní k.** enteritis
katastr land register, odb. cadaster; **výpis z ~u** extract from the land register
katastrální cadastral; **k. úřad** land registry
katastrof|a catastrophe, disaster; **železniční k.** railway disaster; **na pokraji ~y** on the brink of catastrophe
katastrofální catastrophic, disastrous; **k. události** catastrophic events; **k. záplavy** devastating floods
katedra 1 *(ve škole)* teacher's desk 2 *(univerzitní oddělení)* department; **k. filozofie** department of philosophy
katedrála cathedral; br. *(středověká)* minster
kategorick|ý categorical; filoz. **k. imperativ** the categorical imperative; **~é odmítnutí** downright n. flat refusal ■ **~y** categorically, flatly; **~y popřít** deny flatly
kategorie category; *(hotelu)* class; *(pracovní zařazení)* grade; **věková k.** age bracket n. group; sport. division; **cenová k.** price category n. range
katecheta catechist
katechismus catechism
katoda cathode
katodov|ý cathode; **~é paprsky** cathode rays
katolick|ý (Roman) Catholic; **~á církev** (Roman) Catholic Church
katolictví Catholicism
katol|ík, ~ička (Roman) Catholic
kauc|e právn. bail; ek. security, surety; **propustit na ~i** release sb on bail; **dát** n. **složit ~i** give* security, stand* surety
kaučuk, ~ový caoutchouc, india rubber; **~ové zboží** rubber goods
kaučukovník rubber tree
kauzalita causality
kauzální causal; **k. zákon** law of causality, law of cause and effect
káv|a 1 *(semeno)* coffee; **pražená/ mletá k.** roasted/ ground coffee; **zrnko ~y** coffee bean; **mlýnek na ~u** coffee grinder 2 *(nápoj)* coffee; **bílá k.** white coffee, coffee with milk; **černá k.** black coffee; **udělat** n. **uvařit ~u** make* coffee; **dát si ~u** have coffee
kavalec bunk; *(se slamníkem)* pallet
kavalír 1 *(společník dámy)* escort; **dělat dámě ~a** escort a lady 2 **dělat ~a** *(platit za druhé)* be open-handed, treat people (to drinks etc.)
kavalírsk|ý chivalrous; *(štědrý)* generous, open-handed ■ **~y** chivalrously, generously
kavalírství chivalry; *(štědrost)* generosity
kavalkáda cavalcade
kavárenský café; **k. číšník** waiter in a café
kavárna café, tearoom; *(ve Střední Evropě)* coffee-house
kavárnička (small) café, tearoom
kavárn|ík, ~ice café n. tearoom owner
kaverna lék. cavity
kaviár caviar(e)
kavka (jack)daw; přen. simpleton, pushover; am. sl. sucker
Kavkaz Caucasus
kavkazský Caucasian
kávovar percolator, coffee-maker
kávovina coffee substitute, ersatz coffee
kávovník coffee plant
kávov|ý coffee; *(~ě hnědý)* coffee-coloured; **k. šálek** coffee cup; **k. servis** coffee set
kaz *(drahokamu* ap.*)* flaw; *(zboží)* též defect; *(v láhvi)* fault, imperfection; **zubní k.** tooth decay, caries; *(mravní)* blemish, stain; **bez ~u** *(o charakteru)* without blemish
kazajk|a: svěrací k. straitjacket; **dát komu svěrací ~u** put* sb in a straitjacket, straitjacket sb
kázání sermon; *(kárání)* moral lecture, harangue; **dělat komu k.** give* sb a lecture n. harangue, lecture sb, preach at sb
káz|at 1 preach; *(mít ~ání)* preach a sermon; expr. *(poučovat)* v. **~ání** ♦ **k. hluchým** preach to deaf ears 2 *(při~at)* **povinnost mi káže** I am duty-bound (to do sth) ♦ **dostat, jak zákon káže** get* a sound thrashing
kazatel preacher; ■ **~ka** woman preacher
kazateln|a pulpit; **vystoupit na ~u** mount the pulpit
kazatelsk|ý: ~é umění the art of preaching; **k. tón** sermonizing tone
kazeín casein
kázeň discipline; **dobrovolná k.** self-discipline; **pracovní/ vojenská/ železná k.** work/ military/ iron discipline; **udržovat k.** maintain n. keep* discipline
kázeňsk|ý disciplinary; **k. řád** disciplinary regulations n. rules; **k. trest** disciplinary punishment ■ **~y někoho potrestat** take* disciplinary action against sb, discipline sb
kazeta 1 *(na šperky)* casket, jewel box n. case 2 *(magnetofonová)* cassette; **k. s videozáznamem**

videotape, video cassette, hov. tape, video
kazeťák hov. cassette recorder (neutr.)
kazetový cassette; **k. magnetofon** casette recorder
kazisvět bull in a china shop; *(ze svévole)* wrecker
kazit 1 *(poškozovat)* spoil, ruin; **k. si oči** ruin n. damage one's eyes; **k. si žaludek** give* o.s. an upset stomach, upset* one's stomach 2 *(morálně)* corrupt, deprave; **k. mládež** corrupt the youth 3 *(mařit)* spoil, mar; **k. komu radost** spoil n. mar sb's pleasure; **k. komu večer** spoil the evening for sb; **k. komu náladu** spoil n. ruin sb's good mood 4 *(narušovat)* thwart, foil, *(silněji)* wreck; **k. čí plány** thwart n. foil sb's plans ■ **k. se** 1 *(jídlo)* go* bad n. off 2 *(zub)* decay 3 *(morálně)* become* depraved n. corrupted 4 *(počasí, žák: studijně)* deteriorate, get* worse, worsen
kazivec fluorite, fluorspar
káznice am. penitentiary; br. top security prison
kazov|ý faulty, defective; **~é zboží** též rejects, substandard goods
každičk|ý every single (one); **k. z nich** every single one of them; **šetřil s ~ou korunou** he saved every single penny
každodenn|í 1 *(vyskytující se ~ě)* daily, everyday; **k. zkušenost** daily experience 2 *(běžný)* **k. život** humdrum life; **k. šaty** casual clothing
každoročn|í annual, yearly ■ **~ě** annually, every year
každ|ý I adj. 1 *(jednotlivě)* each; **v ~ém pokoji jsou tři okna** each room has three windows 2 *(bez výjimky)* every, all; **k. den/ rok** every day/ year; **k. druhý den** every other day; **~ých 14 dní** every fortnight; **~ých 10 minut** every ten minutes; **v ~ém ohledu** in every respect, in all respects 3 *(libovolný)* any, anyone; **v ~ém případě** in any case, at any rate; **za ~ou cenu** at any price n. cost, at all costs; **k. jiný** anyone else II subst. 1 *(jednotlivě)* each; **k. z vás** each of you, *(důrazněji)* each and every one of you ♦ **~ému, co mu patří** to each his own 2 *(ze dvou)* either; **k. z vás** either (of the two) of you 3 *(bez výjimky)* everybody, everyone; **to ví k.** everybody knows* that; **~ému to není po chuti** it's not to everyone's taste 4 *(libovolný)* anyone; **to může říct k.** anyone can say* that
kbelík pail, bucket; **k. vody** a bucketful of water; **k. na smetí** litter bin; **k. na uhlí** (coal) scuttle
kdák|at cackle; přen. *(žvanit)* drivel, twaddle ■ **~ání** cackling ■ **~ot** cackle
kde 1 táz. where; **k. jsi byl?** where have you been?; **k. jinde?** where else?; *(odkud)* **k. se tu bereš?** how come* you are here?, how do you come to be here? 2 vzt. **zůstaň, k. jsi!** stay where you are!; **město, k. jsem se narodil** the town where I was born* 3 neurč. *(vůbec kde)* anywhere, somewhere; **máte k. spát?** have you got somewhere/ anywhere to sleep*?; **lépe než k. jinde** better than anywhere else
kdeco anything, all manner of things
kdejak|ý 1 *(každý)* every single; **utratil ~ou korunu** he spent* every single penny 2 *(jakýkoliv)* any; **k. krám** any old thing
kdekdo everybody; **říká to k.** it's on everybody's lips; **byl tam k.** the world and his wife were there; *(všichni důležití lidé)* everybody who is anybody was there
kdekoli(v) anywhere, no matter where; **ať je to k.** no matter where it is, no matter where it may be, wherever it may be
kdepak I táz. zájm. where on earth; **k. jsi byl?** where on earth have you been? II část. certainly not; am. no sir!; **já a číst? K.!** Me read*? (Not likely)!
kdesi somewhere (or other) ♦ **k. cosi** all sorts of things; *(říkal, že ...)* **a k. cosi** and all manner of garbage, and rubbish like that
kdežto whereas, while, whilst; **ty nevíš co s penězi, k. já nemám nic** you are rolling in money, while I haven't a penny to my name
kdo 1 táz. who, which; *(ve funkci subjektu)* **k. ji viděl?** who saw* her?; *(ve funkci objektu)* **koho viděl?** whom did he see?; *(při výběru)* **k./ koho z nich** which of them; *(v nepř. pádech)* **s kým chcete mluvit?** whom do you want to speak* to?, kn. to whom do you want to speak; **k. ještě?** who else?; **k. je tam?** who's there?; voj. **k. tam?** who goes* there? 2 vzt. **(každý,) kdo** anyone who, whoever; **každý, k. chce** anyone who n. whoever wants; **přiveď koho chceš!** bring* whoever you want!, bring anyone who you want!; **ten, k.** *(v příslovích)* he who 3 neurč. someone, anyone; zápor no one; **máš si s kým popovídat** you have s.o. to talk to; *(otázka)* have you got anyone to talk to?; **nemá si s kým popovídat** she has no one to talk to
kdokoli(v) 1 neurč. anybody, anyone; **to může říct k.** anybody can say* that 2 vzt. no matter who; **ať je to k.** no matter who he is
kdosi somebody, someone
kdoule 1 *(ovoce)* quince 2 *(kdouloň)* quince tree

kdoví who knows*

kdoví|co, ~kdo, ~jak ap. God knows* what/ who/ how ap.

kdy 1 táz. when, at what time; **k. přijdeš?** when are you coming*? **od k. se znáte?** since when do you know* each other?, how long have you known each other; **do k.** till when? **2** vzt. when, hov. that; **v den, k.** on the day when n. hov. that **3** neurč. ever; **horší než k. před tím** worse than ever before ♦ **nemám k.** I am too busy, I have no time (to spare)

kdyby I sp. **1** *(podmínková)* if; **byl bych rád, k. přišel** I would be glad if he came*; **k. nebylo mě** if it were not for me, but for me; **co k. přišel** suppose he did come **2** *(přípustková)* **i k.** even if; **ani k.** not even if **II** část. **1** *(přací)* **k. jen přišla** if only she would come, if only she came, I wish she would come **2** (vyj. *mírný rozkaz)* **~s raději nemluvil** I wish you'd hold* your tongue, why don't you keep* your mouth shut*?

kdykoli(v) I adv. at any time, whenever you/ they ap. like; **můžete přijít k.** you can come* whenever you like **II** sp. whenever; **k. přijel do Prahy, vždy ...** whenever he came to Prague, he always ...

kdysi once, at one time; **to bývalo k.** that's all gone*, that's a thing of the past

když I sp. **1** *(časová)* when, at the time when; **vždycky, k.** whenever, every time when; *(při následnosti)* when, after; **k. to řekl, ...** when n. after he had said* that, he ...; having said that, he ... **2** *(podm.)* if; **k. přijde** if he comes; **k. to jen trochu půjde** if at all possible; **k. si pomyslíte, že ...** to think* that ... ♦ **k. už, tak už** in for a penny, in for a pound **3** *(přípustková)* **i k.** even though, even if, although; **i když je to málo** however little it may be **II** část. **k. já tomu nerozumím** the thing is that I do not understand* it

kecal hov. chatterbox, sl. windbag, gasbag

kecat drivel, wag one's tongue, let* off hot air; *(vytahovat se)* brag ♦ **nekecej!** hov. don't talk rot n. rubbish!, don't give* me that!

kecky sports (leisure) boots, am. sneakers

kecnout: k. si do křesla flop down n. drop into an armchair

kecy zhrub. sl. hogwash, crap, codswallop; (zvl. *úřední)* gobbledygook; **to jsou k.!** poppycock!, baloney!, bullshit!

kečup ketchup

kedlub|en, ~na kohlrabi, turnip cabbage

kejh|at *(husy)* cackle ■ **~ání** cackle

kejkle conjuring tricks, hocus-pocus; **provozovat k.** do n. perform (conjuring) tricks

kejklíř conjurer, illusionist

keks biscuit; am. cookie

kel *(sloní, kančí, mroží)* tusk

kelímek *(papírový/ plastický)* (paper/ plastic) cup, *(nádobka)* jar

kempink 1 *(táboření)* camping **2** *(místo)* campsite; *(pro obytné přívěsy)* caravan site

kempov|at camp; *(v obytných přívěsech)* caravan ■ **~ání** camping; caravanning

kepr denim; **bavlněný k.** cotton denim

keramický ceramic

keramika *(obor)* ceramics, pottery; *(zboží)* earthenware, ceramics

keř bush, shrub; **angreštový k.** gooseberry bush n. shrub; **banánový k.** banana tree; **vinný k.** vinestock

keťas racketeer, profiteer; *(na černém trhu)* black marketeer

keťasit profiteer, racketeer; **k. s čím** racketeer with sth, traffic in sth

kéž I wish, if only; **k. by tu byl!** I wish he were n. hov. was here, if only he were n. hov. was here; **k. byste spolu byli šťastni!** I hope you will be happy together, kn. may you be happy together!

khaki khaki; **košile/ uniforma k.** khaki shirt/ uniform

kibic kibitz

kikirikí cock-a-doodle-doo

kilogram, kilo kilogramme, am. kilogram; **3 kilogramy** n. **kila** 3 kilogram(me)s n. kilos; **půl kila** half a kilo

kilogrammetr kilogrammetre am. kilogrammeter

kilometr kilometre, am. kilometer; **jet rychlostí 100 ~ů za hodinu** drive* at 100 kilometres n. 60 miles per hour, do 60 miles per hour

kilometrovník milestone

kilowatt kilowatt; **~hodina** kilowatt-hour

kimono, ~vý kimono; **~vý rukáv** kimono sleeve

kinematograf cinematograph

kinematografický cinematographic

kinematografie cinematography

kinetický kinetic

kinetika kinetics sg.

kin|o cinema, am. movie theatre; **jít do ~a** go* to the pictures n. cinema n. am. movies

kinofilm 135 film, 35 mm film

kinooperatér projectionist

kiosk kiosk; *(s novinami)* bookstall, am. newsstand
klábos|it chat, chatter, natter; *(o druhých)* gossip ■ **~ení** chatter, natter
klábosivý chatty, garrulous, talkative
klac|ek 1 *(hůl)* club, (heavy) stick, *(kyj)* cudgel ♦ **házet komu ~ky pod nohy** put* a spoke in sb's wheel 2 *(neotesaný mladík)* hanl. yob, yobbo, lout
klackovat se loaf around n. about
klackovsk|ý *(nevychovaný)* loutish; *(drzý)* insolent; **~á léta** awkward age ■ **chovat se ~y** behave rudely
klad merit, virtue, advantage; **~y a zápory** strengths and weaknesses, advantages and disadvantages, pros and cons; **hlavním ~em návrhu je** the principal merit n. advantage n. virtue of the suggestion is; **návrh má mnoho ~ů** there is much to be said* for this suggestion
kláda log, block (of wood)
kladďas goodie
kladin|a beam; **cvičení na ~ě** beam exercises, exercises on the beam
kladivář hammer thrower
kladívko hammer; *(v uchu)* hammer, odb. malleus; *(horolezecké)* hammer axe, ice axe
kladiv|o 1 hammer; *(dřevěné)* mallet; **kovářské k.** (black)smith's hammer; **k. a kovadlina** hammer and anvil; *(ve znaku)* **srp a k.** hammer and sickle 2 sport. hammer; **hod ~em** hammer throw
kladivoun hammer-head (shark)
kladka pulley; *(lanová)* sheave; *(el. vozidel)* trolley
kladkostroj pulley block n. tackle
kladn|ý 1 *(postoj, výsledek, přístup* ap.*)* positive, *(odpověď)* též affirmative, *(kritika* též*)* constructive 2 mat., fyz. positive; **k. pól** anode, positive n. plus pole ■ **~ě** positively, affirmatively; **odpovědět ~ě** *(v úředním styku)* answer in the affirmative; fyz. **~ě nabitý** positively charged
klakson horn; **zatroubit na k.** blow* n. sound the horn
klam 1 *(smyslů)* illusion; *(sebe~)* delusion; **optický k.** optical illusion; **vyvést koho z ~u** shatter sb's illusions 2 *(vědomý)* (wilful) deceit, deception; *(nepravda)* falsehood, lie
klam|at 1 *(mámit)* deceive, delude, be deceptive; **ne~e-li mne paměť/ zrak** if my memory serves me well/ if my eyes do not deceive me; **zdání ~e** appearances are deceptive 2 *(podvádět)* cheat, deceive; **k. manžela** deceive one's husband, cheat on one's husband ■ **k. se** *(dělat si iluze)* deceive o.s., delude n. cheat o.s.; **ne~te se!** don't be under any illusions! ■ **~ání** deception, cheating
klamný *(mír, prosperita)* illusory; *(existence)* fictitious; *(závěry, důvody)* specious, fallacious; *(vítězství)* hollow; *(naděje, dojem)* false
klan clan; přen. tribe, crowd, bunch
klaně|t se 1 *(uklonit se)* bow, *(hluboce)* bow low (to) 2 **k. se komu/ čemu** *(vzdávat hold)* pay* tribute to sb/ sth, *(nekriticky)* idolize n. worship sb/ sth; **k. se zlatému teleti** worship the golden calf 3 **k. se komu** *(podlézat)* cringe n. grovel before sb, cowtow to sb ■ **~ní** *(obdivné)* adoration, idolization
klap: klapy k. click-clack, clickety-click
klapačk|a hanl. sl. trap; **drž ~u!** keep* your trap shut!; **stále mu jede k.** his tongue never stops wagging, his tongue goes nineteen to the dozen
klap|at 1 *(psací stroj)* clatter (away), pound; *(čáp zobákem)* clatter; *(podpatky)* click 2 *(fungovat)* work; **~e to** it works (fine); **něco tu ne~e** there's sth amiss here ■ **~ání** clatter, clicking
klapk|a 1 *(uzávěr ventilu)* flap; *(klarinetu* ap.*)* key; *(trumpety* ap.*)* valve 2 *(ochranná)* **~y na uši** earflaps; **~y na oči** *(koně)* blinkers ♦ **mít ~y na očích** wear* blinkers, be blinkered 3 tel. extension 4 film. clapperboard
klap|nout 1 v. **~at (1)**; **dveře ~ly** the door closed n. shut* with a click 2 v. **~at (2)**; **všechno ~lo** everything worked out fine
klap|ot v. **~ání**
klarinet clarinet
klarinetista clarinetist, clarinettist
klas ear; **pšeničný k.** ear of wheat; **kukuřičný k.** corn-cob, *(na jídlo)* corn on the cob
klasicismus classicism
klasický *(jazyky, hudba* ap.*)* classical; *(typický)* classic; **k. příklad** a classic example
klasifikace 1 *(třídění)* classification 2 šk. marking, am. grading; **pololetní k.** (half-yearly) term's report
klasifikační classification; šk. **k. konference** pupil assessment meeting
klasifikovat *(třídit)* classify; *(žáky)* mark, am. grade; **k. přísně** mark strictly, **k. kompozici** mark an essay
klasik classic; **filmový k.** cinema classic; *(starověký)* classical writer n. author
klást 1 *(umísťovat)* A) **k. co na/ do/ pod co** put* sth on/ in/ under sth; **k. co zpět na své**

místo put sth back in its place; **k. koho do hrobu** put n. lay* sb in the grave; **k. čárku** put in a comma; **k. miny** lay n. plant mines; **k. koberec/ trubky/ vejce** lay a carpet/ pipes/ eggs; **k. vajíčka** *(o hmyzu)* deposit eggs **B)** přen. *(ve spoj. se substantivy)* **k. důraz na** put stress on; **k. naději v koho** put n. place hopes in sb; **k. otázky** ask questions; **k. na koho požadavky** make demands on sb; v. *(příslušná substantiva)* **2** *(určovat)* **k. meze/ cíle** set* limits/ targets; **k. si za úkol** set* o.s. the task (to do sth) ♦ **meze se nekladou** the sky is the limit ■ **kladení základů** laying the foundations; náb. **kladení rukou** *(na hlavu)* the laying on of hands

klášter *(ženský)* convent, cloister; *(mužský)* monastery, cloister; **vstoupit do ~a** *(o ženě)* take* the veil, become* a nun; *(o muži)* enter a monastery, become a monk

klášterní: k. škola *(pro chlapce)* monastery school, *(pro dívky)* convent school; **k. cela** *(mnicha/ jeptišky)* monk's/ nun's cell; **k. život** monastic life, *(žen)* life in a convent

klatb|a círk. anathema; **dát koho do ~y** anathemize sb

klát|it 1 k. nohama/ rukama dangle n. swing* one's legs/ arms; *(o větru)* **k. větvemi** sway the branches **2** *(ovoce)* shake* down ■ **k. se** *(o opilci)* stagger, totter, reel; **k. se po ulici** stagger n. totter down the street

klátiv|ý: ~á chůze unsteady n. staggering gait n. walk ■ **jít ~ě** stagger, totter, walk unsteadily

klaun clown; **dělat ~a** clown, play the fool

klauniáda slapstick

klauzule clause; *(výminka)* proviso; *(podmínka)* stipulation; *(doplněk)* rider

klávesa *(klavíru, psacího stroje* ap.*)* key

klávesnice keyboard

klavír piano, *(pianino)* upright (piano); *(křídlo)* grand piano; **hrát na k.** play the piano; **chodit na k.** take* piano lessons; **cvičit k.** practise the piano

klavírist|a, ~ka piano player, pianist

klavírní piano; **k. doprovod** piano accompaniment; **k. skladba** piano piece, piece for piano; **k. virtuos** virtuoso pianist

klaxon v. **klakson**

klec 1 cage; *(ptačí)* též birdcage; **k. na králíky** (rabbit) hutch; **k. na** n. **pro kuřata** (chicken) coop; **dát zvíře do ~e** put* an animal in a cage, cage an animal; **cítit se jako v ~i** feel* caged in **2** techn. *(těžní, zdviže, ložiska)* cage

kleč dwarf pine

kleč|et kneel*, be on one's knees; **k. před kým** kneel before sb ■ **~ící** kneeling, on one's knees (**před** before)

klekání *(modlitba, zvonění)* angelus

klekánice twilight witch *(a hag that appears at twilight)*

klekat si v. **kleknout si**

klekátko kneeler, prie-dieu, kneeling desk

klempíř tinsmith

klempířství tinsmith's workshop

klenba vault; **nebeská k.** the vault n. canopy of the heavens

klenot 1 jewel, gem; **korunovační ~y** the crown jewels **2** přen. gem, treasure; **ona je úplný k.** she is a perfect treasure, she is a real n. absolute gem

klenotnice treasure house; přen. **k. umění** treasure house of art

klenotnick|ý: ~é zboží jewellery; **k. obchod** jeweller's (shop); **~á práce** jewellery work

klenotnic|tví v. **~ký obchod**

klenotník jeweller

klen|out arch, vault ■ **k. se** *(most, strop)* arch; *(čelo)* be domed; *(obloha)* vault, form a vault; **most se ~e přes řeku** the bridge extends over the river ■ **~utý** *(strop, obloha)* vaulted; *(čelo)* domed; *(hrudník)* bulging ■ **~utí** vault, arch

klep a piece of gossip; **~y** gossip, scandal; **nejnovější ~y** the latest gossip; **to jsou samé ~y** that's pure n. downright gossip

klepadlo *(u dveří)* (door)knocker; **k. na koberce** carpet-beater

klepař, ~ka gossip, scandalmonger

klepař|it gossip ■ **~ení** gossiping, gossipmongering, tittle-tattle

klepařský gossipy

klepařství passion for gossiping

klep|at 1 *(na dveře* ap.*)* knock (at), *(lehce)* tap (at); *(datel zobákem)* tap, hammer; *(motor)* knock; *(stroj)* chatter; **někdo ~e** there was a knock at the door **2** *(koberce, maso* ap.*)* beat*; *(kosu)* sharpen (by hammering); **k. na psacím stroji** tap a typewriter; **k. si do taktu nohou** tap one's foot in time to the music **3** *(~ařit)* gossip (**o** about) ■ **k. se** *(zimou)* shiver; *(strachem)* tremble; **~aly se jí nohy** *(strachy)* she was shaking n. trembling at the knees ■ **~ání 1** knock, knocking; **poznal jsem ho podle ~ání** I knew* n. recognized him by his knock; **vstupte bez ~ání** enter without knocking **2** v. **klepaření**

klepav|ý gossipy; **~á babka** ap. gossipy old woman

klepe|to 1 zool. pincer, claw 2 žert. *(ruka)* paw; **dostat se do čích ~t** fall* into sb's clutches

klep|na v. **~ařka; je to největší k. ve městě** she's the worst gossip in town

klep|nout v. **~at; k. koho přes prsty** rap sb on the knuckles; **~la ho mrtvice** he had a stroke

kleptoman kleptomaniac

kleptomanie kleptomania

klerika cassock

klerikál clericalist

klerikalismus clericalism

klerikální clerical; **k. strana** clerical party

klérus clergy

kles|at 1 fall*; *(letadlo)* descend; *(loď)* go* down; *(voda)* fall; *(barometr)* fall, go down; *(hlas)* fall; *(mlha)* come* down; **k. únavou** be on the point of exhaustion; **k. na mysli** lose* heart n. courage 2 *(snižovat se: teplota)* go down; *(horečka)* go down, subside; *(ceny, kursy akcií)* fall, decline, go down; *(poptávka)* fall off; *(zásoby)* decrease, diminish, wear* low; **jeho obliba ~á** his popularity is on the wane; **k. na významu** dwindle in importance 3 *(chátrat morálně)* sink*; *(mravy)* fall into decay ■ **~ání** *(teploty, cen)* drop, fall, decline; *(hodnoty)* decline, depreciation; *(úrovně)* decline; v. **pokles**

klesav|ý falling, downward; **k. diftong** falling diphthong; **~é tendence** downward trends

kles|nout v. **~at** 1 drop; **k. do křesla** sink* n. flop n. drop into a chair; **k. na kolena** sink n. go* down on one's bended knees; **k. vyčerpáním** drop from exhaustion; **k. mrtev (k zemi)** drop (down) dead 2 *(zmenšit se) (tlak, teplota* ap.*)* drop; *(ceny, akcie; prudce)* slump; **~l u ní na ceně** he went* down in her esteem 3 *(morálně)* sink; **~l tak hluboko, že podvádí** he sank n. fell* so low as to cheat, he stooped to cheating

klestí brushwood; **otýpka k.** a bundle of brushwood

klest|it 1 *(keře, stromy)* prune; *(les)* clear; přen. **k. si cestu davem** force n. *(lokty)* elbow one's way through the crowd; **k. cestu komu** clear the way for sb; **k. cestu čemu** *(názorům* ap.*)* pioneer sth, pave n. prepare the way for sth 2 *(zvířata)* v. **kastrovat** ■ **~ění** pruning; *(lesa)* clearing; *(zvířat)* v. **kastrace**

klešt|ě *(kombinované)* (a pair) of pliers; *(štípací)* pincers; *(kovářské)* (a pair of) tongs; *(na trhání zubů)* dental forceps; *(porodnické)* forceps; **porod ~ěmi** forceps delivery ♦ **sevřít koho do ~í** přen. put* the screws on sb

kleštěnec eunuch, castrate

klešt|ičky zdrob. v. **~ě; k. na cukr** (a pair of) sugar tongs; **k. na nehty** clippers; **proštipovací k.** ticket punch

kletba 1 curse; **na tomto domě je k.** there's a curse on this house 2 *(nadávka)* oath, swear-word

kleveta piece of gossip; *(pomluva)* slander

klevetit gossip

klevetník gossip; *(nactiutrhač)* slanderer

klícka: byt jako k. an ideal flat

klíč 1 key; **univerzální k.** master key; **k. ke dveřím** door key; **k. od bytu/ domu** the key to the front door; **k. je ve dveřích** the key is in the door; **otočit ~em** turn the key; **svazek ~ů** bunch of keys; **koupit byt na k.** buy* a flat ready for immediate entry n. occupancy 2 přen. *(k hádance)* key, clue; *(v učebnici)* key; **šifrovací k.** cipher key; **to je k. k jeho úspěchu** that's the secret of his success 3 hud. clef; **houslový k.** the G n. treble clef 4 techn. **šroubový k.** spanner, am. wrench; **francouzský k.** monkey wrench

klíček$_1$ small key; **k. k zapalování** ignition key

klíček$_2$ bot. *(očko)* bud; *(výhonek)* sprout

klíč|it germinate; *(brambory)* sprout; přen. *(láska)* burgeon ■ **~ení** germination

klička|a$_1$ 1 *(smyčka)* bow (knot), loop; **uvázat tkaničky na ~u** tie one's laces in a bow 2 *(v krasobruslení)* loop 3 anat. *(střev)* loop, coil 4 **dělat ~y** v. **~ovat** 5 **právnické ~y** intricacies of the law; **politické ~y** political meanderings

klička$_2$**: k. na okně** window handle, window fastener

kličkovat 1 zigzag; *(s míčem)* dribble; **k. v davu** dodge in and out among the crowd; **k. mezi auty** *(šofér)* weave in and out through the traffic 2 *(vytáčet se)* prevaricate, use evasions; *(nevyjádřit se jasně)* hedge

klíční: k. kost collarbone, clavicle; **zlomenina k. kosti** collarbone fracture

klíčov|ý: ~á dírka keyhole; **k. průmysl** key industry; **~é postavení** pivotal position

klid 1 *(nečinnost)* rest; *(zastavení)* standstill; *(volný čas)* leisure; **v ~u** at rest, at a standstill; **k. zbraní** truce, cessation of hostilities; **den pracovního ~u** public holiday, br. *(bankovní svátek)* bank holiday; **nedopřát komu ~u** give* sb no rest n. respite, keep* sb on the go; **udělej to v ~u** take* your time over it 2 *(pokoj)* peace, quiet;

(ticho) silence; **nedělní k.** the peace and quiet of Sunday; **dopřát komu ~u** leave* sb in peace; **klid!** keep* quiet; *(ve škole)* silence!, no talking! **3** *(duševní)* calmness, calm; *(vyrovnanost)* composure; *(pohoda)* leisureliness; *(chladnokrevnost)* imperturbability; **zachovat k.** keep calm, hov. keep one's cool, keep one's hair on; **s ~em** calmly; **nechat se vyvést z ~u** lose* one's composure, *(snadno)* be easily put* out, be easily disconcerted; **jen k!** *(trpělivost)* wait and see!, *(rozvážnost)* take* it easy!, easy does it!, *(nerozčiluj se!)* keep your hair n. shirt on!, keep cool

kliďas phlegmatic person; **je to hrozný k.** he is calmness personified

kli|dit se make* off, clear out; **~ď se!** hov. push off!, buzz off!, beat it!; **~ďte se do postele** *(dětem)* off to bed!

klidn|ý 1 *(moře, hladina)* calm, smooth **2** *(dovolená, život, prostředí)* peaceful; *(barva)* restful; *(let, plavba, chod stroje)* smooth **3** *(rozvážný)* calm; *(nevzrušený)* placid, laid-back; *(vyrovnaný)* level-headed; **mít ~é svědomí** have a clear conscience; **můžete být k.** you needn't worry, you can set* your mind at rest ■ **~ě** calmly, smoothly; **spát ~ě** sleep* peacefully; *(bez váhání)* safely; **můžeme ~ě tvrdit, že** we can safely say* that, it is safe to say that.; **~ě přijďte!** feel* free to come*, don't hesitate to come; **jen to ~ě udělej!** go* right ahead!, you're perfectly free to do it

klient client; **~ka** (lady) client

klientel|a clientele; *(obchodu, hotelu* ap.*)* patronage; **lékař má četnou ~u** the doctor has a large practice

klih glue; *(*zvl. *papírenský)* size

klihovatý gluey, glutinous

klik sport. press-up, am. push-up

klik|a$_1$ 1 *(dveřní)* (door) handle; **stlačit ~u/ otočit ~ou** press down/ turn the handle **2** *(stroje)* crank; **k. k natáčení motoru** starting handle

klika$_2$ hanl. clique, coterie; *(zasvěcenců)* in-crowd

klika$_3$ *(štěstí)* stroke of luck, fluke; **mít ~u** be in luck, be lucky; **to byla k.!** what a stroke of luck!, *(při vyváznutí)* that was a close shave

klikatit se *(řeka, silnice)* meander, twist and turn, wind* its course n. way (**čím** through)

klikat|ý *(potok, pěšina* ap.*)* meandering, winding, sinuous, *(silnice* též*)* serpentine; *(čára)* zigzag(gy) ■ **~ě** zigzag ■ **~ost** sinuosity

klikový: k. hřídel crankshaft

klikyháky scrawl, scribble

klima climate

klímat snooze, doze, drowse

klimatický climatic

klimatiza|ce, ~ční air-conditioning; **~ční zařízení** air-conditioning plant n. installation

klimatizovat air-condition

klín 1 wedge; *(látkový)* gore, dart; *(stavěcí)* chock; **zatlouci do čeho k.** drive* a wedge into sth; přen. **vrazit k. mezi spojence** drive a wedge between allies ♦ **vyrážet k. ~em** rob Peter to pay* Paul **2** *(část těla)* lap; **sedět komu na ~ě** sit* on sb's knee; **mít dítě na ~ě** have a baby on one's lap; přen. **v ~u hor** in the heart of the mountains ♦ **složit ruce do ~a** sit* and twiddle one's thumbs; **to mu spadlo do ~a** it was handed to him on a plate, it fell* right into his lap

klínek small wedge; *(látkový)* gusset

klinick|ý clinical ■ **~y mrtvý** clinically dead

klinika clinic; **oční k.** ophthalmic clinic

klínov|ý wedge-shaped; **~é písmo** cuneiform writing; **k. řemen** v-belt

klips, ~(n)a (clip-on) earring

klisna mare

klišé cliché, *(otřepané)* hackneyed phrase

klíště *(cizopasník)* tick; přen. limpet; *(držet se)* **jako k.** like a leech n. limpet

klíšťky (small) pincers; *(na cukr)* sugar tongs

klít swear*, curse (and swear); **k. na koho/ co** curse sb/ sth; **k. jako pohan** swear like a trooper ■ **klení** cursing, strong n. bad n. foul language

klíž|it glue; *(papír)* size ■ **~í se mi oči** I cannot keep* my eyes open

klobása sausage; **k. v těstíčku** *(zapékaná)* sausage roll

klobouček small hat; techn. cap

kloboučnice hat maker, milliner

kloboučnictví *(obchod)* hat shop

kloboučník hat maker, hatter

klofanec peck

klof|at, ~nout peck; **k. do čeho** peck at sth; hov. **~nout holku** pick up a bird

klokan kangaroo

klokot, ~ání 1 *(tekutiny)* bubbling, gurgling **2** *(slavíka)* warble, warbling

klokot|at 1 *(potok)* gurgle, babble; *(vařící voda)* bubble **2** *(slavík)* trill its song, warble ■ **~ání** v. **klokot**

kloktadlo gargle

klokt|at gargle ■ **~ání** gargling

klonit bend*, incline; **k. hlavu** bend n. incline one's head ■ **k. se k názoru** be inclined to think* that, tend to the view that
klonov|at clone ■ **~ání** cloning
klopa *(saka, kabátu)* lapel; *(kapsy)* flap
klopit 1 k. oči lower one's eyes; **k. hlavu** hang* one's head **2** *(nápis na bedně)* **neklopit!** this side up **3** *(platit)* hov. cough up
klopotný *(práce)* strenuous, arduous; *(únavný)* tiresome, wearisome
klopýtat 1 stumble, trip; **k. o co** stumble n. trip over sth **2** *(jít nejistě)* walk unsteadily n. falteringly; **k. sněhem** trudge through the snow
klopýt|nout v. **~at**; **k. hned o první slovo** *(v překladu)* stumble over the very first word ■ **~nutí** stumble; *(chyba)* blunder; *(nedopatření)* slip; *(společenské)* faux pas, gaffe
kloub 1 anat. joint; **loketní k.** elbow joint; **zánět ~u** inflammation of a joint, arthritis ♦ **přijít čemu na k.** puzzle sth out, get* to the bottom of sth; **podívat se čemu na k.** look into sth **2** techn. joint; *(závěsný)* hinge; **kulový k.** ball-and-socket joint
kloubový 1 k. revmatismus articular rheumatism **2** techn. **k. autobus** articulated bus; **k. řetěz** sprocket chain
klouček little boy n. kid
kloudn|ý *(jídlo, šaty, mzda)* decent; **není s ním ~á řeč** one can't hold* a sensible conversation with him
klouzačka slide, chute
klou|zat 1 *(být ~zavý)* be slippery; **na chodníku to ~že** the pavement is slippery **2** *(auto, kolo)* skid **3** *(na bruslích, při tanci* ap.*)* glide; *(po vodě)* glide, *(po povrchu)* skim; *(pohledem)* wander, pass; **k. očima po čem** pass n. cast* one's eyes over sth, let* one's eyes pass over sth ■ **k. se** *(děti)* slide* ♦ **můžeš se jít k.** přen. you can whistle for it ■ **~zání** sliding, skidding, gliding
klouzav|ý 1 *(kluzký)* slippery, slithery **2** let. **k. let** glide **3** *(ceny, sazby)* sliding; **~á stupnice** *(sazeb* ap.*)* sliding scale ■ **pohybovat se ~ě** glide
klouzek 1 *(houba)* yellow boletus **2** *(kámen, minerál)* white talc
klov|at, ~nout peck, pick
klovatina gum, gum resin
klozet toilet, lavatory; hov. loo, am. john
klozetov|ý toilet; **~á mísa** toilet bowl n. pan
klub club; *(budova)* clubhouse; **sportovní/ čtenářský/ filmový k.** sports/ book/ film club n. centre
klubat se *(z vajíčka)* hatch (out), come* out (of the shell)
klubíčk|o: stočit se do ~a curl up
klubk|o 1 ball; **motat vlnu do ~a** wind* wool into a ball **2** *(změť)* tangle; přen. muddle **3** expr. *(lidí)* cluster, throng
klubovka club chair, lounge n. easy chair
klubovna clubhouse
klučina little boy n. fellow, little nipper
kluk 1 boy, lad, *(mladík* též*)* youngster, youth; *(syn)* son; **má dvě holky a dva ~y** he has two girls and two boys **2** *(nápadník)* boyfriend, bloke, am. hov. guy; **už má zase nového ~a** she's got* yet another bloke n. guy, žert. she has got another string to her bow **3** *(v kartách)* jack, knave
klukovsk|ý 1 boyish; **~á léta** boyhood; **v ~ých letech** *(mých)* when I was a boy, as a boy **2 k. kousek** schoolboy n. boyish prank
klukovina schoolboy prank n. mischief
klus trot; **~em** at a trot; **běžet ~em** trot
klusat *(kůň)* trot; přen. *(spěchat)* run*; **už musím k.** I must fly* now; **k. pro mléko** nip out and get* some milk
kluzák glider
kluziště ice-rink, skating-rink
kluzk|ý 1 slippery; **k. jako úhoř** as slippery as an eel **2** *(humor, poznámky)* risqué, lewd, lascivious ■ **~ost** slipperiness; lewdness, lasciviousness
klystýr enema, odb. clyster; **dávat komu k.** give* sb an enema
kmen 1 *(stromu)* trunk **2** *(rod)* tribe; **slovanské ~y** Slavonic/ am. Slavic tribes **3** *(slovní)* (word) stem **4** bot. branch
kmenov|ý 1 ~é dříví tree trunks, logs **2 k. stav pracovníků** regular workforce, permanent staff; **k. repertoár divadla** the theatre's basic repertory **3** *(náčelník, život* ap.*)* tribal **4** jaz. **~á samohláska** root n. radical vowel
kmet old man
kmetství old age
kmín caraway (seeds); bot. caraway
kmínka kümmel
kmit 1 fyz. oscillation **2** *(světla)* glimmer, shimmer
kmit|at (se) fyz. oscillate; *(struna* ap.*)* vibrate; *(světlo)* shimmer, glimmer, *(třpytit se)* scintillate; *(hvězdy)* twinkle; hov. **musím pěkně k.**

I must get* a move on ■ **~ání** oscillation; vibration; shimmer; twinkling

kmitavý 1 fyz. oscillatory, vibrating 2 *(světlo)* shimmering, glimmering

kmit|nout 1 **k. (se)** *(světlo)* flicker; **~lo se světlo** there was a flicker of light 2 **~lo mi hlavou** I had a sudden idea

kmitočet frequency of oscillation

kmitočtov|ý frequency; **k. rozsah/ ~á modulace** frequency range/ modulation (FM)

kmotr godfather; **jít za ~a** *(dítěti)* stand* as godfather to a child ■ **~a** godmother

kmotřen|ec godson, godchild; **~ka** goddaughter, godchild; **~ci** godchildren

knedlíček *(játrový)* faggot, liver dumpling

knedlík dumpling; **bramborový/ houskový k.** potato/ white-bread dumpling; **kynutý k.** yeast dumpling, *(s ovocem)* yeast fruit dumpling; **mít k. v krku** have a lump in one's throat

kněz priest; **stát se ~em** take* holy orders; **být vysvěcen na ~e** be ordained a priest; v. též **farář**

kněžna princess

kněžský: k. úřad priesthood, ministry

kněžství priesthood

kněžstvo priests, priesthood

knih|a 1 book; **vázaná/ brožovaná k.** hardback/ paperback (book); **dětská/ kuchařská k.** children's book/ cookery book; **školní k.** *(učebnice)* textbook; **k. návštěv** visitors' book; **k. stížností** the complaints book; **hlavní k.** obch. the accounts book; **vydat ~u** publish a book; **sedět nad ~ami** sit* over one's books ♦ **leží stále v ~ách** he has always got* his nose in books; **mluví jako k.** he talks like a book 2 zool. third stomach

knihař bookbinder

knihařství 1 *(profese)* bookbinding, bookbindery 2 *(dílna)* bookbindery

knihkupec bookseller

knihkupectví bookseller's, bookshop, am. bookstore

knihomol expr. bookworm

knihovna 1 *(sbírka, edice)* library; **veřejná k.** public lending library; **univerzitní/ příruční k.** university/ reference library; **pojízdná k.** circulating library 2 *(police)* bookcase

knihovn|í 1 *(související s ~ou)* library; **k. řád** library rules 2 *(o pozemkových knihách)* **k. majetek** registered ownership

knihovnictví 1 *(vědní obor)* library science, librarianship 2 *(povolání)* librarianship

knihovn|ík, ~ice librarian

knihtisk typography, (book-)printing

knihtiskárna printing office, printer's

knihtiskař printer

knír, ~ek moustache; **nosit ~ek** have a moustache

kníže prince

knížecí princely; **k. moc** princely power

knížectví principality

knížka *(malá)* booklet; **vkladní k.** savings book, *(v bance)* passbook; **šeková k.** chequebook, am. checkbook; **vojenská k.** (serviceman's) identity card; **žákovská k.** pupil's record book

knižn|í 1 book; **k. přebal** book n. dust jacket 2 *(neživotný)* bookish; **k. vědomosti** book learning; **k. výraz** a literary expression ■ **vydat ~ě** publish sth in book form

knoflíček small button; **k. ke košili** shirt button; **manžetový k.** cuff link; **k. do límce** collar stud

knoflík 1 *(zapínací)* button; **stiskací k.** press stud, snap fastener 2 **k. zvonku** bell button; *(u harmoniky)* button (key); *(tlačítko)* push button; *(dveří, rozhlasového a telev. přijímače)* knob 3 žert. *(nos)* button n. pug nose

knoflíkov|ý: ~á dírka buttonhole

knokaut knockout, K.O., k.o.; **poražen k.** knocked out

knokautovat knock out

knot wick

kňour wild boar

kňoura, ~l *(zvl. dítě)* crybaby; *(kdo si stýská)* whiner, grizzler

kňourat whine, whimper; *(stěžovat si)* belly-ache

kňouravý whining, belly-aching

kňučet *(dítě)* whine, whimper; *(štěně)* whine

knut|a knout; **žít pod čí ~ou** live under sb's thumb

koalice coalition

koaliční *(vláda)* coalition; **k. právo** freedom of association

kobalt cobalt

kober|ec carpet; *(na stěnách)* tapestry; **mechový k.** carpet of moss; **k. vozovky** road carpet; **bez ~ců** uncarpeted; **klepat/ vysávat ~ce** beat*/ hoover n. vacuum the carpets

kobereč|ek *(předložka)* rug; **zavolat si koho na k.** haul sb over the coals, give* sb a piece of one's mind; **být na ~ku** be on the carpet n. mat

kobka cell; **žalářní k.** prison cell

kobli|ha, ~žka doughnut

kobra cobra

kobyla mare ♦ **kovářova k. chodí bosa** the cobbler's children are always the worst shod*

kobyl|ka 1 *(kůň)* filly 2 *(hmyz)* grasshopper, *(saranče)* locust; **mračno ~ek** swarm of locusts 3 hud. bridge ♦ **dostat se komu na ~ku** get* the better of sb, turn* the tables on sb

kocour tomcat ♦ **k. v botách** Puss in Boots; **když není k. doma, mají myši pré** when the cat's away, the mice will play

kocovin|a hangover, the morning after (feeling); *(morální)* cloud of remorse; **mít ~u** have a hangover, am. be hung over; **mít ~u po flámu** have a thick n. bad head after a booze-up

kočár carriage

kočárek pram; *(jednoduchý skládací)* buggy; **sportovní k.** push chair; **k. pro panenku** doll's pram

kočárkárna *(v panelácích)* pram room; *(ve veřejných budovách)* pram space

kočí coachman

kočičí cat's; *(půvab, pružnost)* feline; *(podobný kočce)* catlike; **k. tlapka** cat's paw; **k. hlavy** *(dlažba)* cobbles; **k. hřbet** cat's arched back; **udělat k. hřbet** arch one's back

kočičk|a 1 pussy 2 **~y** *(jehnědy)* catkins

kočk|a 1 cat; *(samice)* female cat; **k. divoká** wild cat; **perská/ siamská/ angorská k.** Persian/ Siamese/ Angora cat; **je to falešná k.** she's catty ♦ **je to pro** n. **na ~u** it is useless n. rotten; **chodit kolem čeho jako k. kolem horké kaše** beat* about the bush 2 *(dívka)* bird, a bit of stuff

kočkodan long-tailed monkey

kočkovat se tussle, scuffle, fool around

kočkovitý feline

kočovat lead* a nomadic life

kočovnictví nomadism

kočovník nomad

kočovný nomadic; **k. život** nomadic life; **k. herec** strolling actor

kód code; **tajný k.** secret code; **telegrafní k.** Morse code

kodex 1 *(starý rukopis)* codex, pl. codices 2 **mravní k.** moral code

kodifikace codification

kodifikovat codify

kódovat code, put* sth in code, scramble

kodrc|at (se) jolt, rumble, bump; **vůz se ~al po cestě** the cart jolted n. rumbled along the road

koedukace coeducation

koedukační: k. škola coeducational n. mixed school

koeficient coefficient

koexistence coexistence; **mírová k.** peaceful coexistence

koexistovat coexist

kofein caffein; **káva bez ~u** decaffeinated coffee

koflík cup

kohout 1 cock; zvl. am. rooster; **k. na smetišti** cock of the walk ♦ **posadit komu na střechu červeného ~a** set* fire to sb's house 2 *(vodovodní)* (water) tap, stopcock, am. faucet; **plynový k.** gas tap n. cock; v. též **~ek**

kohou|tek 1 *(mladý ~t)* young cock, cockerel 2 v. **~t (2); otevřít/ zavřít k.** turn on/ off the tap 3 *(na ručnici)* hammer; **natáhnout k.** cock one's gun

kohoutí: k. péro cock's feather; **k. hřebínek** cockscomb; **k. zápas** cockfight

kohoutit se be in a huff; **k. se na koho** be mad at sb; **hned se k.** blow* up easily, fly* into a rage easily

kochat se *(čím)* take* delight in; *(pohledem)* feast one's eyes on

koitus coitus; (sexual) intercourse

kóje 1 *(lodní lůžko)* bunk, berth 2 *(výstavní)* stand, booth

kojen|ec suckling infant, nursling; **péče o ~ce** postnatal care

kojeneck|ý infant, baby; **~á úmrtnost** infant mortality; **~á výživa** baby n. infant food

koj|it *(dítě)* nurse, breast-feed; **~ící matka** nursing mother ■ **k. se nadějí, že** cherish n. nourish the hope that

kojná wet nurse

kokain cocaine; v. **koks (2)**

koketa flirt, coquette

koketní coquettish

koketov|at flirt, play the coquette; **k. s kým** flirt n. dally with sb, make* eyes at sb, give* sb the glad eye; **k. s myšlenkou, že** play n. toy with the thought of... ■ **~ání** flirting, coquettishness

koki|la ingot mould, gravity-die; **lití do ~l** gravity-die casting

kokos 1 *(ořech)* coconut 2 přen., žert. *(hlava)* loaf, pate

kokosovník coconut tree n. palm

kokrh|at crow; **kohouti ~ají** the cocks crow ■ **~ání** cockcrow

koks 1 *(palivo)* coke 2 sl. *(kokain)* snow, coke

koksárna coking plant

koksovat coke, carbonize

koktajl 1 *(alkoholický)* cocktail; *(mléčný)* milk shake 2 *(zábava)* cocktail party

koktajlov|ý: ~é šaty cocktail dress
kokta stutterer, stammerer
koktat 1 stutter, stammer 2 *(rozpačitostí* ap. *též)* speak* haltingly, *(zmateně)* babble, falter; **k. omluvu** falter n. stumble through an excuse
koktav|ý stuttering, stammering ■ **~ě** stutteringly, stammeringly; haltingly ■ **~ost** stuttering; stammer, stutter; **trpí ~ostí** he has a stammer n. stutter
kolaborant hanl. collaborationist
kolaborovat hanl. collaborate with the enemy
koláč cake; **piškotový k.** sponge cake; **ovocný k.** *(s náplní uvnitř)* fruit pie; *(otevřený)* flan, *(menší)* tart; **makový k.** poppy-seed cake; **český k.** am. kolach ♦ **bez práce nejsou ~e** success never comes* easily 2 přen. **kravský k.** cowpat; **plodový k.** placenta; **krevní k.** blood clot
koláček small yeast cake
kolaps collapse
kolárek clerical collar; žert. dog collar
kolář dř. wheelright; *(výrobce dřevěných vozů)* cartwright
kolářství dř. wheelright's n. cartwright's workshop
kolaudace *house or flat inspection before occupancy*
koláž collage; *(pastiš)* pastiche
kolbiště arena; přen. **politické k.** the political arena
kolébat *(dítě)* rock ■ **k. se** rock; *(při chůzi)* sway; **k. se v bocích** sway one's hips; *(o kachnách)* waddle; **k. se při chůzi jako kachna** walk with a waddle
kolébav|ý: ~á chůze rolling gait ■ **chodit ~ě** walk with a sway n. waddle
kolébk|a cradle.též přen.; **k. civilizace** the cradle of civilization; **od ~y do hrobu** from (the) cradle to (the) grave
kolečk|o 1 small wheel; *(na nábytku)* castor; *(ozubené)* cogwheel; *(krejčovské)* tracer, tracing wheel; *(ostruhy)* rowel ♦ **mít v hlavě o k. víc** have a screw n. slate loose; **ostrouhat ~a** go* away empty-handed 2 *(salámu, citrónu* ap.*)* slice 3 *(trakař)* wheelbarrow
kolečkov|ý: ~é brusle roller skates
koleda *(píseň)* Christmas carol
koled|ovat 1 *(jít na ~u)* go carol-singing; **k. si o něco** *(nepříjemného)* ask for trouble; **k. si o neštěstí** ride* for a fall
koleg|a, ~yně 1 *(v intelektuálních profesích)* colleague; *(spolupracovník/ spolupracovnice: můj/ moje)* a man/ woman I work with, hov. mate 2 *(protějšek: při jednání* ap.*)* counterpart, sb's opposite number
kolegi|alita, ~álnost *(při spolupráci)* cooperativeness, *(ochota pomoct)* helpfulness, friendliness
kolegiální cooperative, helpful; *(loajální)* loyal to one's colleagues
kolegium *(výbor)* board, committee; **k. kardinálů** Sacred College, college of cardinals; **lékařské k.** college of physicians
kolegyně v. **kolega**
kolej1 1 *(stopa po kolech vozu)* rut; *(auta)* wheel track; **vyjetá k.** přen. the beaten track; **jít ve vyježděných ~ích** follow the beaten track, stay in the same old rut n. groove 2 *(trať)* rails, line, track; **slepá k.** blind track; **odstavná k.** lay-by; **vyjet z ~í** jump the tracks, run* off the rails ♦ **dostat se na slepou k.** přen. get* bogged down
kolej2 1 *(jako součást univerzity:* zvl. *v Oxfordu a Cambridgi)* college 2 **studentská k.** student hostel, hall of residence, am. dormitory
kolejné student hostel rent, hall of residence rent
kolejnice rail
kolejov|ý rail; **~é vozidlo** rail vehicle; **~á doprava** rail transport
kolek duty n. government stamp, am. revenue stamp
kolekce set, assortment; **k. vzorků** collection of samples; **k. nástrojů** tool set; *(vánoční)* (Christmas) selection box
kolektiv group, team; **výzkumný k.** research team
kolektivismus collectivism
kolektivistický collectivistic
kolektivizace collectivization
kolektivizovat collectivize
kolektivn|í collective; **k. hra** teamplay; **k. duch** team spirit; **k. hospodářství** collective economy; **k. vyjednávání** collective bargaining; **k. smlouva** collective agreement ■ **pracovat ~ě** work as a team
kolem I adv. 1 **k. dokola** *(byli nepřátelé)* all around, *(obejít)* all the way round, *(všude)* everywhere around; přen. **mluvit k. dokola** beat* about the bush; **když se to vezme k. a k.** taking* one thing with another 2 *(mimo)* past, by; **až půjdu k.** when I walk by n. past II předl. 1 *(okolo)* around, round; **k. stolu** around the table; **všichni stáli k. něho** they all stood* around him; **uvázat si šálu k. krku** tie a scarf around one's neck; **cesta k. světa** a journey around the world; **vzít koho k. krku** put* n.

throw* one's arms around sb's neck **2** *(mimo)* past, by; *(podél)* along; **jít k. koho/ čeho** go* n. walk past n. by sb/ sth, pass sb/ sth; **jet k. koho/ čeho** go/ *(řidič)* drive* past n. by sb/ sth; **silnice vede k. řeky** the road runs* along the river **3** *(přibližně)* **k. deváté hodiny** round about nine, about nine or so; **k. vánoc** some time around Christmas; **bude to stát k. padesáti liber** it will cost* round about £50

kolemjdoucí passer-by, pl. passers-by

kolemstojící bystander

kolen|o₁ **1** knee; **na ~ou** on one's knees, *(úpěnlivě prosit)* on bended knees; **až po ~a** knee-deep, up to one's knees; *(lézt)* **po ~ou** on all fours; **mít bolavé k.** have a pain in the knee; **kleknout** n. **padnout na ~a** kneel* down, sink* down on one's knees (**před kým** in front of sb); **přehnout koho přes k.** put* sb across one's knee(s); **~a pod ním klesala** he went* weak at the knees ♦ **srazit koho na ~a** force n. bring* sb to his knees **2** kuch. **telecí k.** knuckle of veal; **uzené k.** knuckle of ham **3** *(trouby)* elbow

koleno₂ *(pokolení)* generation

kolenotoč gymn. knee circle

kolchoz *(v bývalém SSSR)* collective farm, kolkhoz

kolchozní kolkhoz; **k. organizace** collective farm system

kolchozn|ík, ~ice member of a collective farm

kolibřík hummingbird

kolíček *(na prádlo)* (clothes) peg, am. clothes-pin; **ladicí k.** tuning peg

kolidovat *(časově)* clash, coincide

kolik **1** how much; *(s počitatelnými substantivy)* how many; **k. je hodin?** what is the time?; **k. je mu let?** how old is he?; **k. to dělá** n. **stojí?** how much is it?; **k. platím?** how much do I owe you?; **v k. hodin?** (at) what time? **2** vzt. **k. (tolik), (tolik) k.** as much/ as many ... as; **vezmi si (tolik), k. chceš** take* as much as you want ♦ **k. hlav, tolik rozumů** so many men, so many minds

kolí|k v. **kůl, ~ček**; *(stanový)* peg, pin; **štafetový k.** relay baton

kolika colic

kolikát|ý: **~ého je dnes?** what's the date today?; **k. doběhl do cíle?** what place did he come*?; **po ~é se to stalo?** how many times has it happened already n. before?; **~ou cigaretu kouříš?** which cigarette are you on now?; **~ou kávu piješ?**, hov. **~é kafe piješ?** which coffee are you on now?

koliker|ý **1** how many kinds n. sorts of; **~é víno máte?** how many kinds n. sorts of wine have you got*? **2** *(s pomnožnými substantivy)* **~y šaty/ dveře?** how many dresses/ doors?; **~y boty?** how many pairs of shoes?; **~y sardinky?** how many tins of sardines?

kolikrát how many times?; **k. ročně?** how many times a year?; **(tolikrát,) k. chceš** as many times as you want

kol|ínko **1** **vepřové k.** pork knuckle; v. též **~eno** **2** *(stébla)* knot, nodule **3** **~ínka** *(těstovina)* macaroni

kolínská *(voda)* eau-de-Cologne

kolís|at **1** *(ceny, teplota)* fluctuate, vary; **teploty ~ají mezi X a Y** the temperatures range from X to Y n. vary between X and Y **2** *(váhat při rozhodování)* vacillate, waver; **stále ještě ~á** he is still undecided ■ **~ání** **1** fluctuation, variation **2** vacillation, *(průtahy)* shilly-shally(ing)

kolísav|ý **1** *(ceny* ap.*)* fluctuating, variable; *(docházka)* erratic; *(krok)* unsteady **2** *(nerozhodný)* wavering, vacillating; *(v názorech též)* unstable ■ **~ost** **1** variation, fluctuation **2** vacillation

kolize **1** *(zájmů* ap.*)* clash, conflict; **k. zálib a povinností** the clash between one's hobbies and one's duties **2** *(časová)* clash, coincidence

kolkov|at stamp, put* a duty stamp on; **k. žádost** stamp an application ■ **~aný** stamped, bearing a duty stamp

kolkovné stamp duty

kolmic|e mat. perpendicular, normal; **spustit ~i na přímku** drop a perpendicular to n. on a line

kolm|ý vertical, mat. též perpendicular ■ **~ost** verticality, perpendicularity

kol|o **1** *(auta* ap.*)* wheel; *(ozubené)* cogwheel; *(mlýnské)* millwheel; **přední/ zadní/ náhradní k.** front/ rear/ spare wheel ♦ **k. štěstěny** the Wheel of Fortune; **být páté k. u vozu** be a mere cog in the machine **2** *(jízdní)* bicycle, hov. bike; **jet na ~e** ride* a bicycle **3** *(kruh)* circle, ring; **měsíc má k.** there's a ring round the moon **4** *(lidový tanec)* round dance; **být v jednom ~e** be always on the trot, be always on the go **5** sport. *(při běhu)* lap; **ještě tři ~a** three more laps to go; **čestné k.** lap of honour; *(v boxu, ve fotbale)* round; **třetí k. fotb. ligy** the third round of the Football Cup; **zápas na 15 kol** *(v boxu)* a match of 15 rounds

koloběh *(krve, peněz* ap.*)* circulation; **k. života** the life cycle

koloběžka scooter
kolohnát lubber
koloid colloid
kolokvium colloquium, colloquy
kolona column; **pátá k.** the Fifth Column; voj. též convoy; **k. aut** též motorcade
kolonáda colonnade
kolonialismus colonialism
kolonist|a, ~ický colonialist
koloniál *(obchod)* grocery
koloniální colonial; **k. mocnosti** colonial powers; **k. zboží** groceries; *(výrobky)* colonial produce
kolonie colony, *(nová)* settlement; **česká k. ve Vídni** the Czech community n. colony in Vienna; **k. umělců** a colony of artists; **nudistická k.** a nudist colony
kolonista *(osidlovatel)* colonist, settler
kolonizátor colonizer
koloniz|ovat colonize ■ **~ace** colonization
koloratura coloratura
kolorit přen. atmosphere
kolorovat colour
kolos colossus; **k. na hliněných nohách** a colossus with feet of clay
kolosální 1 colossal, enormous, huge; přen. **k. hloupost** sheer ignorance 2 *(znamenitý)* tremendous; **k. film** a spectacular film
kolotoč 1 merry-go-round, roundabout, am. též carousel; **projet se na ~i** have a ride on a merry-go-round 2 *(zmatek)* chaos, confusion; **to bude zase dneska k.** this is going to be another crazy day
kolouch fawn
kolová sport. cycle-ball
kolovadla sport. giant stride
kol|ovat circulate; *(pověst)* go* around, float around; **krev ~uje v těle** blood circulates through the body; **dát co k.** circulate sth, pass sth round
kolovrat spinning wheel
kolovr|átek 1 v. **~at** 2 *(flašinet)* barrel organ; *(menší)* hurdy-gurdy
kolov|ý wheeled, circular; **~á vozidla** wheeled vehicles; **k. tanec** circular dance
Kolumbie Columbia
Kolumbij|ec, ~ka, k~ský Columbian
Kolumb|us Columbus; **~ovo vejce** a pat solution
kóma lék. coma
komando *(přepadový oddíl)* task force, commando, pl. -dos, -does
komandovat order sb about; **k. celou rodinu** lord it over the whole family
komár gnat, mosquito; **dělat z ~a velblouda** make* a mountain out of a molehill, make a song and dance about n. over nothing
komáří: k. píchnutí mosquito bite; žert. **k. sádlo** pigeon's milk
kombajn zeměď. combine harvester
kombajn|ér, ~ista combine operator
kombi estate car, am. station wagon
kombinace combination; sport. **alpská k.** Alpine Combination
kombinačky pliers
kombinační: k. schopnosti powers of deduction
kombinát combine; **hutní k.** iron and steel combine
kombiné (full-length) slip, underskirt
kombinéza *(pracovní)* overalls, boiler suit, am. coveralls; **letecká k.** flying suit; **dětská k.** rompers
komediant, ~ka zast. actor; hanl. show-off, poseur; *(kdo se přetvařuje)* play-actor
komedi|e 1 *(veselohra)* comedy; přen., hanl. **to je k.** it's a farce 2 **hrát ~i** *(předstírat)* play-act, put* on an act
komentář rozhl., tel., sport. commentary; **průběžný k.** running commentary; **netřeba ~e, bez ~e** no comment (needed); **zdržet se ~e** refrain from any comment
komentátor commentator
koment|ovat *(dělat ~ář)* give* a commentary (on); *(knihu)* comment (on)
komercialismus commercialism
komercializace commercialization
komerčn|í commercial ■ **~ost** commercialism
komet|a comet; **dráha ~y** orbit of a comet; **ohón ~y** tail of a comet
komfort 1 *(pohodlí)* comfort; **žít v ~u** live in comfort n. luxury 2 *(vybavenost)* **byt s veškerým ~em** a flat with all modern conveniences n. mod cons
komfortní 1 *(pohodlný)* comfortable; *(přepychový)* luxury; **k. byt** luxury flat, am. luxury apartment 2 *(vybavený: byt, hotel)* well-appointed; v. též **komfort**
komick|ý 1 comical, funny; *(směšný)* ridiculous; **~é brýle** ridiculous n. preposterous spectacles; **~á stránka čeho** the funny side of sth 2 hud. **~á opera** comic opera ■ **vypadat ~y** look funny, cut* a figure of fun
komi|čnost 1 the comic; **mít smysl pro k.** have a sense of the comic 2 *(~cká stránka)* the comic

side
komíhat *(pažemi)* swing* ▪ **k. se** *(na houpačce* ap.*)* swing*; *(kyvadlo* ap.*)* oscillate
komíhavý *(pohyb)* oscillating, oscillatory
komik comic actor, comedian *(též estrádní)*
komika the comic
komín chimney, *(lodi)* funnel; *(tovární)* stack; *(větrací)* flue
kominík chimneysweep
komisař *(zkušební)* examiner; **policejní k.** police superintendent; *(do roku 1946)* people's commissar; **vojenský k.** military commissar
komisařství *(policejní)* police station
komis|e 1 commission, board; **stálá k.** standing commission; **školská k.** school board; **zkušební k.** board of examiners, examination board; **prověrková k.** loyalty board; **zřídit ~i** set* up n. establish a commission 2 obch. *(zboží)* **v ~i** on comission, on sale; **dát zboží do k.** give* goods on commission
komisionální commissional; **k. zkouška** Official Examining Board test
komisní *(přísný)* strict; hanl. bureaucratic, rigid
komna|ta chamber; žert. **odebrat se do svých ~t** retire (to one's rooms)
komoda *(prádelník)* chest of drawers
komodita commodity
komolit *(slova, věty)* garble, *(text)* distort n. corrupt; **k. angličtinu** hov. murder n. butcher the English language
komolý truncated; **k. jehlan** truncated pyramid
komora 1 *(spíž)* larder, pantry; *(vedlejší)* closet; *(odkládací)* boxroom, *(na haraburdí)* lumberroom; **plynová k.** gas chamber; **temná k.** darkroom 2 **soudní k.** court (of law) 3 *(sněmovna)* chamber; **horní/ dolní k.** upper/ lower chamber; br. Upper House, House of Lords, the Lords/ House of Commons 4 **obchodní k.** Chamber of Commerce 5 *(srdeční)* chamber, ventricle; *(nábojová)* chamber
komorná lady's maid; *(u dvora)* lady-in-waiting, *(první k. britské královny)* Mistress of the Robes
komorní: k. hudba chamber music
komorník valet, gentleman's gentleman; br. *(královský)* Gentleman of the Chamber
komoří chamberlain
kompaktn|í compact; **k. disk** CD, compact disk; **interaktivní k. videodeska** CDI (compact disk interactive) ▪ **~ost** compactness
komparace jaz. comparison
komparativ jaz. comparative
kompars extras
komparsist|a, ~ka extra
kompas compass; **lodní k.** mariner's compass; **jít podle ~u** follow the compass
kompendium handbook, manual
kompenzace compensation
kompenzační: k. obchod barter trade
kompenzovat compensate, make* up for
kompetenc|e 1 *(pravomoc)* authority, powers, jurisdiction; **to není v mé ~i** that doesn't lie* within my authority, I am not authorized to do that; **překročit svou ~i** go* beyond n. exceed one's authority 2 *(rozsah působnosti)* competence, competency; *(komise, výboru* ap.*)* terms of reference; **přesahovat ~i výboru** be outside the committee's terms of reference
kompetentní *(úřad, soud, činitel)* competent
kompilace compilation; hanl. scissors-and-paste job; **není to nic než k.** *(není v tom nic originálního)* it is just a scissors-and-paste job
kompilační hanl. compilatory, scissors-and-paste; **k. metoda** compilatory method
komplementární complementary; **k. barva/ úhel** complementary colour/ angle
komplet *(dvoudílný, dámský)* lady's suit; *(sladěné součásti oděvu)* ensemble; *(spisy)* set
kompletn|í complete; **k. seznam** an exhaustive list ▪ **~ě** completely, exhaustively; *(jak to leží a běží)* lock, stock and barrel
kompletovat make* complete; *(stavy pracovníků)* bring* up to full strength
komplex 1 **průmyslový k.** industrial complex; **k. budov a pozemků** the premises, *(univerzitní)* campus 2 psych. complex, hov. hang-up; **k. méněcennosti** inferiority complex, chip on one's shoulder
komplexn|í 1 *(složitý)* complex; mat. **k. číslo** complex number 2 *(všestranný)* comprehensive; all-embracing, all-round ▪ **~ost** complexity
komplikace complication
komplik|ovat complicate; **něco k.** complicate the issue ▪ **k. se** become* more complicated; **tímto se vše ještě ~uje** this complicates matters even further; **zápletka se ~uje** the plot thickens n. deepens ▪ **~ovaný** *(složitý)* complicated, complex; **~ovaná aféra** complex n. intricate affair
kompliment compliment; **dělat komu ~y** pay* sb compliments
komplot plot; pol. conspiracy; *(falešné obvinění)* frame-up; **osnovat k.** hatch a plot (**proti** against)

komplotovat conspire, scheme; v. též **komplot**
komponent component
komponista composer
komponovat *(obraz, skladbu)* compose; *(báseň, píseň)* write*
kompost, ~ovat compost
kompot stewed fruit, compote; **jablkový k.** stewed apples; *(zavařenina)* preserved fruit, preserve
kompotový *(láhev)* preserving; *(miska)* dessert dish
kompozice 1 *(dílo)* composition 2 *(školní)* essay, test; **matematická k.** maths test
komprese compression
kompresor compressor
kompromis compromise; **dosáhnout ~u** arrive at a compromise; **udělat k.** make* a compromise (**o** on)
kompromisní: k. řešení compromise solution
kompromisnictví policy of compromises
kompromit|ovat compromise ■ **k. se** compromise o.s. ■ **~ující** compromising, damaging
komputer v. **počítač**
komputerizace computerization
komunál v. **~ní podnik**
komunální municipal, local government; **k. volby** local authority elections; **k. podnik** municipal enterprise
komunikace 1 *(doprava a spoje)* communications; **silniční/ železniční/ vodní k.** roads/ railways/ waterways; *(telefon)* telephone communication 2 jaz. communication
komunikační: k. prostředky means of communication
komuniké communiqué; **vydat k.** issue a communiqué
komunismus Communism
komunist|a, ~ický Communist; **~ická strana** the Communist party
komůrka small room, closet
koňadra great tit(mouse)
koňak cognac, brandy; **vaječný k.** brandy flip, am. eggnog
konat do, perform, carry out; **k. bohoslužby** conduct a divine service; **k. cestu** make* a journey, take* a trip, travel; **k. divy** work wonders; **k. dobro** do good; **k. konferenci/ schůzi** hold* a conference/ meeting; **k. měření** take measurements; **k. návštěvy** go* out visiting; **k. pokusy** experiment, carry out experiments; **k. přednášky** give* lectures, lecture; **k. představení** give a performance; **k. přípravy** get* ready n. prepare for sth; **k. vojenskou službu** do one's military service, serve one's time; **k. zkoušku** take n. undergo* an examination ■ **k. se** take place, be held, be given; **představení se bude k. v divadle** the performance will be held n. given in the theatre
koncem v. **konec**
koncentrát chem. concentrate; *(výtažek)* extract
koncentr|ovat 1 *(vojska* ap.*)* concentrate, *(ve velkém)* mass; *(myšlenky)* gather 2 *(roztok* ap.*)* concentrate ■ **k. se** *(soustředit se)* concentrate (**na** on); **vojska se ~ují na hranicích** troops are massing on n. at n. along the frontier ■ **~ace** concentration
koncepce *(pojetí, početí)* conception
koncept *(náčrt)* draft, rough copy; **k. dopisu** a draft for a letter ♦ **vyvést koho z ~u** confuse sb, throw* sb off balance, hov. fluster sb
koncern combine, group of companies
koncert 1 concert; **orchestrální/ symfonický k.** orchestra/ symphonic concert; **k. na přání** request programme; **jít na k.** go* to a concert; **být na ~ě** be at a concert; **dávat k.** give* a concert 2 *(dílo)* concerto; **houslový/ klavírní k.** violin/ piano concerto; **k. pro klavír a orchestr** concerto for piano and orchestra
koncertní concert; **k. sál** concert hall; **k. mistr** leader; **k. křídlo** concert grand piano
koncertovat play in a concert; (zvl. *sólista)* give* a concert n. recital
konces|e licence; zvl. am., (br. např. *televizní)* franchise; **udělit komu ~i** grant sb a licence
koncesionář licensee
koncil náb. council
koncipovat 1 *(psát koncept)* draft; **k. projev** draft a speech 2 *(pojímat: program, umělecké dílo ap.)* outline, draw* up; **k. program** outline a programme
koncizní concise, compact
koncovka 1 jaz. ending 2 *(šachová)* end game 3 el. terminal
koncov|ý final, end; **k. bod** the final point; **~é světlo** tail light
končetina limb
končin|a: ~y ends, parts, quarters; **nejzazší ~y země** the furthest ends of the earth; **v cizích ~ách** in foreign parts
konč|it end, close, conclude, bring* sth to an end n. close, wind* up; **k. schůzi** close n. conclude the meeting; **k. projev slovy** wind up n. end

one's speech by saying ■ **k. (se)** 1 *(místně)* end, terminate, stop; **zde ulice ~í** the street ends n. stops here 2 *(časově)* end, come* to an end, terminate, be over; **období prosperity ~í** the period of prosperity is coming to an end 3 *(dospívat ke konci)* end, cease, stop; **tímto se příběh ~í** this is the end of the story, here the story ends, end of story 4 jaz. end, terminate; **k. na souhlásku** end with n. terminate in a consonant 5 sport. end; **k. nerozhodně** end in a draw

kondenzace condensation

kondenzační condensation, condensing; **k. komora** condensation chamber; **k. činidlo** condensing agent

kondenzát condensate

kondenzátor techn. condenser; el. capacitor

kondenzova|t 1 *(zkapalňovat)* condense 2 *(zhušťovat)* condense, concentrate, evaporate ■ **~né mléko** condensed n. evaporated milk

kondic|e 1 *(fyzická)* fitness, form, shape, condition; **být v dobré ~i** be in good shape n. form, be in trim; **nebýt v dobré ~i** be out of form, be in bad form 2 pl. *(soukromé hodiny)* private tuition, private lessons

kondicionál jaz. conditional (mood)

kondiční: k. trénink fitness training; **k. běh** jogging; **k. cvičení** fitness exercises

kondolence expression of sympathy n. kn. condolence

kondolenční: k. návštěva/ dopis visit/ letter of condolence

kondolovat condole; **k. komu** express one's sympathy to sb

kondom condom, sheath

kondor condor

kon|ec 1 *(v místním významu)* end; *(průvodu, vlaku* ap.*)* tail; **k. silnice/ tunelu/ provazu** the end of a road/ tunnel/ rope; **na ~ci ulice** at the end of the street; **jít za kým až na k. světa** follow sb to the ends of the earth ♦ **popadnout co za nesprávný k.** set* about sth the wrong way 2 *(v časovém významu)* end, close; **~cem ledna** at n. towards the end of January; **do ~ce května** by the end of May; **~cem války** at n. towards the end of the war, close to the end of the war; **prázdniny se blíží ke ~ci** the holidays are drawing* to an end 3 *(zakončení)* end, conclusion; *(filmu)* též ending; **k. citátu** end of the quotation; **film má šťastný k.** the film has a happy ending; **všechno má svůj k.** there is an end to everything; **až do úplného ~ce** to the very end, to the very last; **až do trpkého ~ce** to the bitter end; **k. ~ců** in the end, when all is said* and done; **nemá to ~ce** there is no end to it; **s ~cem v nedohlednu** with no end in sight; **ke ~ci** towards the end; **u ~ce** near the end; **být u ~ce se silami** n. **s dechem** be at the end of one's tether; **být s rozumem v ~cích** be at one's wits' end ♦ **to je k.!** the game is up!; **s minisukněmi je k.** hov. miniskirts have had it; **to bude jeho k.** that will be his ruin; **k. korunuje dílo** all's well that ends well 4 *(smrt)* end, death; **tragický k.** a tragic death n. end; **jde to s ním ke ~ci** he's on his last legs, he's nearing his end; **už je s ním k.** his number is up, it's curtains for him; **udělat všemu k.** *(sebevraždou)* to end it all

konečník rectum

konečn|ý 1 *(poslední)* **~á stanice** the terminus; **k. cíl** the ultimate goal n. aim n. purpose 2 *(závěrečný)* final; **~á zpráva/ k. výsledek** the final report/ result n. sport. též score 3 *(definitivní)* final, definite; **~é rozhodnutí** the final decision ■ **~ě** at (long) last; *(už je na čase)* it is (high) time; **pojďme už ~ě domů!** it is high time we went* home; expr. **~ě!** *(už je na čase)* about time (too)!, at last!

konejšit *(plačící dítě)* soothe, comfort; *(svědomí)* soothe; *(dav)* pacify

konejšivý soothing, reassuring

kon|ev can; **kropicí k.** watering can; **k. na mléko** milk can, churn ♦ **leje jako z ~ve** it's pouring n. bucketing down

konexe pl. connections; **mít k.** be well-connected, have influential friends, have friends in the right places

konfederace confederacy, confederation

konfekce 1 *(průmysl)* clothing industry 2 *(prodejna)* clothes shop n. store 3 *(šaty)* ready-made n. off-the-peg clothes

konfekční: k. šaty ready-made n. ready-to-wear n. off-the-peg clothes

konference 1 conference; **tisková/ mírová k.** press/ peace conference 2 *(klasifikační)* teachers' exam meeting; *(porada zkoušejících)* examiners' meeting

konferenciér, ~ka compère, *(muž)* Master/ *(žena)* Mistress of Ceremonies, zkr. M.C., am. emcee

konferenční conference; **k. sál** conference hall

konferovat 1 hold* n. have a conference (**o** on n. about) 2 *(program)* compère, act as compère,

am. emcee, (zvl. *v televizi)* host
konfese *(příslušnost k církvi)* denomination, creed
konfety confetti
konfident police informer, br. sl. grass, nark
konfiskace confiscation, seizure
konfiskovat *(majetek, noviny)* seize, confiscate, impound
konflikt conflict; **ozbrojený k.** armed conflict; **dostat se do ~u** come* into conflict (s with), *(se zákonem)* fall* foul of *(the law)*
konfrontace confrontation
konfrontovat confront; **k. koho s kým** confront sb with sb, bring* sb face to face with sb
konglomerát conglomerate
kongres 1 *(sjezd)* congress, am. též convention **2 K.** *(am. parlament)* the Congress
kongresový congress, am. convention
kongruence jaz. congruence
kongruentní congruent, mat. též congruous
koníč|ek 1 little horse, *(poník)* pony **2** *(na hraní)* hobbyhorse **3 mořský k.** sea-horse; *(luční)* grasshopper **4** *(záliba)* hobby; *(zájmová činnost: sport, turistika, četba* ap. *též)* **~ky** pastimes, interests
koník v. **koníček (1-3)**
koniklec pasqueflower
konin|a 1 *(kůže)* horsehide **2** *(maso)* horsemeat **3** *(nesmysl)* nonsense, rubbish; **povídat ~y** talk rot (hov.); **dělat ~y** *(vyvádět)* fool around, *(dělat chyby)* make* silly mistakes, blunder
konipas *(bílý)* white wagtail; *(luční)* yellow wagtail
konírna stable
konjunktura boom
konjunkturální opportunist; **k. politika** opportunist policy, political opportunism
konkretizovat put* sth in concrete terms, be more specific about ■ **k. se** *(realizovat se)* materialize; *(program, myšlenky)* take* shape
konkrétn|í concrete ■ **~ě** *(vyjádřit)* in concrete terms; **můžete se vyslovit ~ěji?** can you be more concrete n. explicit?
konkubína concubine
konkubinát concubinage
konkuren|ce 1 obch. competition; **ostrá/ nekalá/ bezohledná k.** stiff/ unfair/ cutthroat competition **2** *(~ti)* competitors; **vytlačit ~ci** eliminate one's competitors **3** *(soupeření)* competition, rivalry; **být bez k.** be without a rival, be streets ahead of others, be light years ahead of others
konkurenční *(cena)* competitive; *(firma)* rival
konkurent rival, competitor
konkurovat *(komu/ čemu)* compete with, be in competition with, rival sb/sth; **nemůže jim k.** he can't compete with their prices, he can't match their prices
konkurs 1 *(na místo)* open n. public competition (for a post); **vypsat k. na místo...** advertise a post of...; **vyhrát k.** gain a post in open competition **2** obch. *(~ní nabídka)* tender, competition of tenders; *(úpadek)* bankruptcy; **jít do ~u** go* n. become* bankrupt
konkursní obch. bankruptcy; **k. řízení** bankruptcy proceedings
koňmo *(jet)* on horseback
konopí 1 bot. hemp **2** *(vlákna)* hemp fibre
konopný hemp; **k. provaz** hemp rope; **k. olej** hempseed oil
koňsk|ý 1 horse, horse's; **k. řezník** horse butcher, knacker; **~á síla** fyz. horsepower; **~á hříva** horse's mane; žert. **~é zuby** *(vystouplé)* buck-teeth **2 ~á nátura** iron constitution
konsolidační: k. proces the process of consolidation
konsolid|ovat consolidate ■ **k. se** become* consolidated ■ **~ace** consolidation
konsorcium consortium, syndicate
konspekt abstract, digest
konspirace conspiracy, plot
konspira|ční, ~tivní conspiratorial; **~ční práce** underground activity
konspirátor conspirator
konstanta constant
konstantn|í constant, invariable ■ **~ost** constancy, invariability
konstatova|t state; *(poznamenat)* observe, note; **lékař ~l smrt** the doctor certified that death had occurred
konstelace hvězd. constellation; přen. **ekonomická k.** the economic situation
konsternovat *(ohromit)* stun, dismay; *(zděsit)* appal
konstituc|e pol., lék. constitution; **mít silnou ~i** be of (a) strong constitution
konstituční pol. constitutional
konstrukce 1 *(návrh)* design **2** *(myšlenková)* construct **3** *(budovy* ap.*)* structure **4** *(tělesná)* constitution
konstrukční: k. kancelář design n. drawing office; **k. vada** structural defect
konstruktér designer, design engineer

konstruktivní *(kritika* ap.*)* constructive; *(návrh)* positive
konstruovat 1 *(navrhovat)* design 2 *(stavět)* construct, build* 3 geom. draw*, construct 4 *(vymýšlet)* construe, invent, fabricate; *(obvinění)* concoct, trump up
kontakt contact též el.; **navázat s kým k.** establish contact with sb, get* in touch with sb
kontaktní: k. čočka contact lens
kontejner container
kontejnerizace containerization
kontext context; **vytrhnout z ~u** read* sth out of context
kontinent 1 continent 2 *(evropská pevnina)* the Continent
kontinentální continental
kontingent *(určený odvod)* delivery target, *(příděl)* allocation
kontinuální continuous
konto *(bankovní)* account; **mít k. v bance** have n. hold* an account with a bank; **připsat** *(částku)* **na čí k.** credit *(a sum of money)* to sb's account
kontra *(v soudním sporu)* **Novák k. Bílý** Novák versus Bílý
kontraalt contralto
kontraband contraband, smuggled goods
kontrabas double bass
kontrahent contractor, contracting party
kontraindikace lék. contraindication
kontrakt contract v. též **smlouva**
kontrapunkt hud. counterpoint
kontrarozvědka counter-intelligence
kontrast contrast též tel., fot.
kontrastivní jaz. contrastive; **k. gramatika** contrastive grammar
kontrastní: k. barva contrasting colour; **k. snímek** contrast picture
kontrastovat contrast (s with)
kontrol|a 1 *(přezkoumání)* control, check; **pasová k.** passport control; **k. osobních průkazů** identity check; **silniční k.** road check 2 *(dohled)* supervision; **pod ~ou** under supervision; **je pod stálou lékařskou ~ou** he's under constant medical supervision 3 *(ovládání)* control (**nad** over); **ztratit ~u nad vozem** lose* control of the car 4 *(orgán ~y)* inspector, *(účtů)* auditor; **přišla k.** the inspectors have come* 5 *(stanoviště)* v. **~ní**
kontrolní control, check; **k. systém** control system; **k. orgán** control body; **k. stanoviště** checkpoint; **k. vzorek** checksample; **k. světlo** pilot light; **k. okénko** observation hole; **k. číslo** code number; **k. hodiny** time clock
kontrolor *(revizor)* inspector; *(účtů)* auditor; *(dozorce)* supervisor; *(k. zboží)* checker; **k. plynu** gasman
kontrolovat 1 *(doklady)* inspect, check; *(kvalitu)* inspect; *(dohlížet)* supervise; *(postup prací* ap.*)* monitor; *(účty)* audit, examine 2 *(území* ap.*)* have under one's control, control
kontroverz|e controversy, dispute, argument; **mít s kým ~i** have a disagreement with sb (**o, kvůli** on, about)
kontumačn|í ■ **vyhrát ~ě** win* by default
konvalinka lily of the valley
konvence 1 convention; **společenské k.** social conventions 2 **Ženevská k.** the Geneva Convention
konvenčn|í conventional, *(chování* též*)* formal; *(šosácký)* suburban, philistine
konverzace 1 conversation, talk; **živá k.** lively conversation; **hodina k.** conversation class 2 *(kniha)* conversation book, phrase book
konverzační conversational; **k. komedie** conversation piece
konverz|ovat converse, talk, hov. chat *(udržovat ~aci)* make* conversation
konvice pot; **k. na čaj/ na kávu** teapot/ coffeepot; **k. na čokoládu** chocolate pot
konvoj convoy; **jet v ~i** drive* in a convoy
konzerva tin, am. can; **masová k.** tin am. can of meat
konzervace conservation, *(potravin)* preservation
konzervační: k. prostředek preservative
konzervárenský: k. průmysl canning industry
konzervárna canning factory, cannery
konzervatismus conservatism
konzervativec conservative, br. pol. též Tory; **zarytý k.** a hard-core conservative
konzervativní conservative
konzervatorista student of a conservatoire
konzervatoř conservatoire, am. conservatory, academy of music
konzervovat *(maso; památky)* preserve; *(v plechovkách)* tin, am. can; *(v lahvích)* bottle
konzola archit. *(ozdobná)* console; techn. bracket; **k. na záclony** curtain rail
konzul consul; **honorární k.** honorary consul
konzulární consular
konzulát consulate
konzultac|e 1 consultation; **přibrat lékaře ke**

~i consult another doctor 2 *(vysokoškolská)* tutorial

konzultační: k. hodiny tutorials, am. office hours

konzultativní consultative

konzult|ovat 1 **k. co s kým** *(s odborníkem: lékařem, právníkem* ap.*)* consult sb about sth, consult sth with sb, *(vyjádřit pochybnost)* query n. raise sth with sb, *(prodiskutovávat)* discuss sth with sb, *(požádat o vysvětlení)* ask sb about sth; **~oval tu záležitost s šéfem** he queried n. raised the matter with his boss 2 *(dávat ~ace)* tutor, give* tutorials

konzum 1 *(spotřeba)* consumption 2 *(obchod)* co-op shop

konzument consumer

konzumní: k. zboží consumer goods; **k. společnost** consumer society

konzumovat consume

kooperace joint production

koordinace coordination

koordinátor coordinator; *(rozhlasový, televizní)* linkman

koordinovat coordinate

kop kick; **pokutový/ rohový/ volný k.** penalty/ corner/ free kick

kop|a 1 **mít ~u dětí** have a lot of children 2 *(sena)* v. **kupa**

kopáč navvy

kopačky football boots ♦ **dát komu k.** *(rozejít se s kým)* jilt sb, pack sb in

kopaná br. (Association) football; am.; hov. br. soccer

kopanec 1 kick; **dát komu k.** give* sb a kick n. boot 2 *(chyba)* blunder, faux pas; **udělat k.** slip up, make* a faux pas

kopat 1 *(jámu, hrob, příkop)* dig*, *(tunel,* též*)* drive* (a tunnel), tunnel; *(studnu)* sink* 2 *(uhlí* ap.*)* mine 3 *(brambory)* dig* (up) 4 *(úderem nohy)* kick 5 *(hrát fotbal)* play football, be a footballer

kopcovitý hilly

kop|ec 1 hill, *(oblý)* hump; **jít do ~ce/ s ~ce** go* uphill/ downhill; **jde to s ním s ~ce** přen. he is going downhill 2 *(hromada)* mountain, pile, heap; **k. srandy** hov. heaps n. loads of fun

kopeček rise, hillock; *(oblý)* knoll

kopí lance

kopie copy, duplicate; *(přesná)* facsimile; *(z negativu, filmová kopie)* print; výtv. replica

kopírák carbon (paper)

kopírka photocopying machine, photocopier

kopírovací: k. papír carbon paper

kopírov|at 1 copy, duplicate 2 fot. print 3 *(napodobovat)* copy, imitate, mimic; dět., hanl. be a copycat ■ **~ání** copying, duplication, reproduction; přen. copying, imitation

kopka: k. sena haystack

kop|nout 1 **k. do země motykou / krumpáčem/ rýčem** dig* a hoe/ a pick/ a spade into the ground 2 **k. do míče** kick the ball; **k. míč do branky** kick the ball into the goal, *(skórovat)* score 3 žert. sl. **k. do sebe rum** put* away n. throw* back a glass of rum ♦ **nejraději bych do všeho ~l** I'm fed up to the (back) teeth ■ **~nutí** *(nohou)* kick

kopr dill

kopretina ox-eye daisy

koprov|ý dill; **~á omáčka** dill sauce

koprodukce film., tel. co-production, joint production

kopřiv|a (stinging) nettle; **~u mráz nespálí** the devil looks after his own

kopřivka nettle-rash, lék. urticaria

kopule *(chrámu)* dome; *(malá)* cupola

kopýtk|o: vyhodit si z ~a go* on a spree, give* o.s. a treat; v. **čertův**

kopytnatec hoofed animal, ungulate

kopytnatý hoofed, ungulate

kopyt|o 1 hoof; **rozdělené k.** cloven hoof ♦ **roznést koho na ~ech** přen. give* sb a roasting, sport. demolish sb 2 *(obuvnické)* last ♦ **být na jedno k.** be of the same ilk, be tarred with the same brush

koráb kn. argosy; **k. pouště** *(velbloud)* ship of the desert

korál 1 bot. coral 2 v. **~ek; ~e** *(náhrdelník)* coral necklace

korálek (coral) bead

korálový coral; **k. ostrov/ útes** coral island/ reef

korán Koran

korba *(auta)* body

korbel tankard

kord$_1$ *(zbraň)* sword; **být s kým na ~y** be at daggers drawn* n. be at loggerheads with sb

kord$_2$ *(látka)* cord(uroy)

koreček techn. bucket

korečkov|ý: ~é rypadlo bucket excavator; *(plovoucí)* bucket dredger

koreferát supplementary paper n. report

korek cork

korekce correction

korektní correct; **k. chování** correct behaviour,

decorum; **úzkostlivě k.** prim, prissy
korektor proofreader; *(tiskárenský)* printer's reader
korektura 1 proofreading 2 *(obtisk)* proof; **první/ druhá/ poslední/ domácí/ autorská k.** first/ second/ final/ reader's/ author's proof
korelace correlation
korespondenc|e correspondence; **navázat s kým ~i** enter into correspondence with sb; **vyřizovat ~i** attend to one's correspondence
korespondenční postal; **k. šach** postal chess; **k. lístek** postcard, am. postal card
korespondent 1 *(úředník)* correspondent clerk 2 *(zpravodaj)* correspondent 3 **člen k.** corresponding member
korespondovat 1 **k. si s kým** correspond with sb, exchange letters with sb 2 *(být v souladu)* correspond
koridor *(chodba)* corridor (též *územní*); *(letecký)* airlane, skyway
korigovat 1 *(článek* ap.*)* revise, amend; *(korektury)* (proof)read* 2 *(postoj, názory)* alter, amend; *(chyby)* rectify; *(přivést na správnou míru)* set* sth right 3 *(kursy valut* ap.*)* adjust
korkov|ý cork; **~á zátka** cork; **dub k.** cork oak
kormidelník helmsman, steersman; *(veslice)* cox(swain); **čtyřka s ~em/ bez ~a** coxed/ coxswainless four
kormidl|o helm; **být u ~a** be at the helm; **chopit se ~a** též přen. *(vedení)* take* the helm
kormidlovat steer; sport. *(veslici)* cox
kormoutit distress, grieve, make* sb sad ■ **k. se čím** grieve at n. about sth, worry about sth
kornatění: k. cév hardening of the arteries, lék. arteriosclerosis
kornout *(papírový)* paper bag; *(na zmrzlinu)* ice-cream cone
koroptev (common) partridge
korouhev banner, standard; **k. svobody** the banner of freedom
korouh|vička 1 pennon; v. též **~ev** 2 **větrná k.** weather vane, weathercock též přen.; **točit se jako k.** přen. trim one's sails to every wind, run* with the hare and hunt with the hounds
koroze corrosion
korporace corporation
korpulentní corpulent, stout, portly; hanl. puffy
korpulence corpulence; *(středního věku)* middle-age spread
korumpovat *(úplatky)* corrupt (by giving bribes)
korun|a 1 *(královská* ap.*)* crown; *(papežská)* tiara; **trnová k.** crown of thorns 2 *(království)* the Crown; **země ~y české** the Crown Lands of Bohemia 3 *(jednotka měny)* crown; **nemá ani ~u** he is stony broke 4 *(vrchol)* crowning achievement; **ta báseň je ~ou jeho díla** the poem is the crowning achievement n. the zenith of his work; **teď jsem/ jsi tomu nasadil ~u** now I/ you have done it!, that's the last straw!, that beats* it all! 5 *(stromu)* crown, top; *(květiny)* head, corolla
korund corundum
korun|ka 1 *(šlechtická)* coronet 2 *(zubu)* crown 3 *(peníz)* **střádat ~ku ke ~ce** save every penny 4 *(láhve)* crown cap 5 *(ptačí)* crest
korunní: k. princ crown prince; **k. princezna** princess royal; **k. svědek** principal witness
korunovace coronation
korunova|t 1 crown; **k. koho na** n. **za krále** crown sb king 2 *(dovršit)* crown, cap, round off; **k. svou práci úspěchem** crown one's work with success; **k. studium doktorátem** cap one's studies with a Ph.D. ■ **~ný** crowned; iron. **k. osel/ idiot** a prize ass/ idiot
korupce corruption; pol. graft
korupční: k. aféra corruption affair n. scandal
korupčnický corrupt
korýš crustacean
koryt|o 1 *(žlab)* trough; *(krmné)* feeding trough, manger ♦ přen. **být u ~a** be in clover, zvl. am. sl. be on the gravy train; **boj o ~a** jockeying for position 2 **k. řeky** riverbed
korzet corset(s)
korzo promenade, parade
korzovat parade, promenade
kořalka spirit(s), hard liquor; **sladká k.** liqueur
kořen *(stromu, zubu)* též přen. root; *(rovnice, slova)* root, radical; **k. všeho zla** the root of all evil; **zapustit ~y** take* root též přen.; ♦ **jít na k. zla** strike* at the root of evil; **vyrvat co z ~ů** pull sth out by the root, uproot sth; **mít zdravý k.** be of a strong constitution
kořenáč flowerpot
kořenář, ~ka herbalist
kořenářství spice (herb) trade; *(obchod)* herbalist's shop
koření 1 spice; **různá k.** various spices (and herbs); **k. života** the spice n. salt of life 2 *(přísada)* seasoning, flavouring, condiment 3 *(léčivé byliny)* herbs
kořen|it: k. hluboko v zemi be rooted deep in the ground; přen. **pověry ~í v nevědomosti**

prejudices are rooted n. have their origins in ignorance ■ **~ěný** spiced, seasoned; **silně ~ěný** highly seasoned, spicy, hov. hot

kořenka spice-box

kořenov|ý: ~á rostlina root croop; **~á zelenina** root vegetables

kořín|ek rootlet, small root; **vlasový k.** root of a hair; **zrudnout až po ~ky vlasů** blush to the very roots of one's hair ♦ **má zdravý k.** he is as sound as a bell, he is as fit as a fiddle

kořist 1 *(válečná, loupežná)* spoils, loot, plunder 2 *(lovecká)* bag, game; *(z honu)* quarry; *(rybářská)* catch; přen. *(o člověku)* **snadná k. pro podvodníky** fair game for crooks

kořistit 1 loot 2 **k. z čeho** profit from sth, take* advantage of sth

kořistnický predatory; *(ziskuchtivý)* mercenary

kořit se *(bohu)* worship; *(obdivovat)* admire, *(silněji)* adore

kos blackbird; přen. **to je k.!** he is no fool!

kosa scythe; **padla k. na kámen** he/ she ap. met* his/ her ap. match

kosinus mat. cosine

kosit mow*, cut*; *(obilí též)* reap; *(nepřátele)* mow down

kosmetick|ý cosmetic; **~á maska** face pack; **~á operace** face-lift; **k. průmysl** beauty industry ♦ **~é úpravy** přen. cosmetic changes

kosmetika cosmetics

kosmick|ý *(prach, záření ap.)* cosmic, *(lety)* space; **~á loď** spaceship, spacecraft; **~á laboratoř** space laboratory, skylab

kosmodrom launching site n. pad; *(sovětský)* cosmodrome

kosmonaut astronaut, spaceman; *(sovětský)* cosmonaut

kosmonautika astronautics; *(zvl. sovětská)* cosmonautics

kosmopolit|a, ~ický cosmopolitan

kosmopolitismus cosmopolitanism

kosm|os (outer) space, the cosmos, the universe; **lety do ~u** space flights

kosočtverec rhombus

kosočtverečný rhombic

kosodélník rhomboid

kosodřevina dwarf n. scrub pine, scrub

kosoúhlý oblique-angled

kost 1 bone; **klíční k.** collarbone, lék. clavicle; **stehenní k.** femur; **morková k.** marrowbone; **rybí k.** (fish)bone; **slonová k.** ivory; **obírat k.** pick a bone; **hryzat k.** *(o psovi)* gnaw a bone ♦ **být k. a kůže** be skinny, be skin and bone; **být zmrzlý na k.** be frozen solid 2 *(hezká žena)* dish, bit of skirt; **pěkná k.!** quite a dish!

kostel church; **farní k.** parish church; **jít do ~a** go* to church; **po ~e** after church; **oženit se/ vdát se v ~e** get* married in church, have a church wedding

kostelní church; **k. věž** church tower; **k. hudba** church n. sacred music

kostelník sexton, sacristan

kostěn|ý horn; **nůž má ~ou střenku** the knife has a horn handle; **brýle s ~ou obrubou** horn-rimmed spectacles

kostice whalebone

kostička small bone; v. **kostka (1,4,5)**

kostičkovaný v. **kostkovaný**

kostižer caries

kost|ka 1 cube; **k. cukru** sugar-lump, a lump of sugar; **k. mýdla** bar n. cake of soap; **k. ledu** ice-cube; **pokrájet co na ~ky** *(o slanině ap.)* cut* sth into cubes n. dice, cube sth 2 **dlažební k.** paving-stone, *(kočičí hlava)* cobblestone 3 *(hrací)* die, pl. dice ♦ **~ky jsou vrženy** the die is cast 4 *(stavebnicová)* brick, block 5 *(na látce)* check; v. **~kovaný** 6 ♦ *(výklad)* **v ~ce** in a nutshell; **Shakespeare v ~ce** potted Shakespeare

kostkovaný checked; **k. šátek** checked headscarf

kostkový: k. cukr cube sugar

kostlivec skeleton; *(smrt)* Death; *(hubený člověk)* bag of bones, skeleton

kostnatě|t lék. ossify, přen. též fossilize ■ **~ní** ossification; přen. fossilization

kostnatý bony; **k. obličej** angular face

kostní bone; **k. moučka** bone meal

kostnice charnel house

kost|ra 1 anat. skeleton 2 *(hubeňour)* v. **~livec** 3 *(stavby, nábytku, lodi, letadla ap.)* frame; **k. střechy** the fabric of the roof 4 **k. románu** the framework of a novel

kostrbat|ý 1 *(cesta)* rough, uneven, bumpy 2 *(verš ap.)* clumsy; **~é písmo** scrawly handwriting ■ **psát ~ě** scrawl; **mluvit ~ě** speak* haltingly ■ **~ost** 1 *(cesty)* roughness, uneveness 2 *(rýmu, verše ap.)* awkwardness, clumsiness

kostrč anat. coccyx

kostým 1 (woman's) suit; **kalhotový k.** trouser suit 2 *(divadelní)* costume; *(maškarní)* fancy dress; **půjčovna ~ů** costume hire

kostýmov|ý: ~é šaty two-piece (suit/ dress); **~á sukně/ k. kabátek** suit skirt/ jacket

kosý *(úhel)* oblique; **k. pohled** a sidelong glance

koš **1** basket; *(dárkový, na piknik)* hamper; *(na prádlo)* laundry basket; **odpadkový k.** wastepaper basket, am. wastebasket; v. **hrudní**; **dva ~e hrušek** two basketfuls of pears ♦ **dát komu ~em** turn sb down, *(dívce/ chlapci)* give* sb the cold shoulder n. brush-off, *(rozejít se)*, throw* sb over, chuck sb; **dostat ~em** be turned down **2** sport. *(šavle)* guard; *(v košíkové)* basket, *(dva body)* goal

košatět *(strom)* spread* out, expand its branches

košatý *(strom)* spreading

košíček **1** small basket **2** *(na jahody* ap.*)* punnet; *(na šití)* sewing basket

koší|k v. **košíček**; *(náhubek)* (dog) basket; **nákupní k.** shopping basket; **k. ovoce** a basketful of fruit

košíkář **1** basket-maker **2** sport. basketball player

košíkářsk|ý **1 k. průmysl** basket-making industry **2** sport. **~é mužstvo** basketball team

košíkářství basket-making, basketry

košíková sport. basketball

košilatý *(vtip)* smutty, risqué, hov. dirty

košil|e shirt; **mužská k.** man's shirt; **flanelová k.** flannel shirt; **noční k.** *(pánská)* nightshirt, *(dámská)* nightdress, am. též nightgown, hov. nightie; **k. s dlouhými/ krátkými rukávy** long-/ short-sleeved shirt; **v ~i** *(bez saka)* in one's shirtsleeves ♦ **bližší k. než kabát** charity begins* at home; **rozdal by poslední ~i** he would give* you the shirt off his back

košilový shirt; **šaty s ~m střihem** shirt-dress

košťál cabbage stalk

koště broom ♦ **nové k. dobře mete** a new broom sweeps* clean

kóta spot height

koťátko, kotě kitten

kotec pen; *(králičí)* hutch

kotel **1** *(na horkou vodu)* boiler; **parní k.** (steam) boiler **2** *(skalní, horský)* hollow, basin; *(údolí)* valley; hud. kettledrum

kotelna boiler house, boiler room; *(lodní)* stokehold

kotelní: k. kámen fur, scale; **usazování ~ho kamene** furring

kotevní anchor; **k. lano** anchor rope

kotit se *(o kočce)* have kittens

kotlet|a **1** chop; *(skopová, telecí též)* cutlet **2 ~y** *(na spáncích)* sideboards, am. sideburns

kotlík small boiler

kotlina (valley) basin; v. **kotel (2)**

kotník ankle; *(prstu)* knuckle; **vyvrtnout si k.** sprain one's ankle; **nesahá mu ani po ~y** he's not a patch on him, he can't hold* a candle to him

kotouč **1** *(papíru)* roll; *(filmu* ap.*)* spool, reel; *(drátu)* coil, reel **2** techn. disc, am. disk; **brzdový k.** brake disc; **hrnčířský k.** potter's wheel **3** sport. puck **4 ~e kouře** billows of smoke; **~e prachu** clouds of dust

kotoučov|ý **1** disc; **~á spojka** disc clutch **2** circular; **~á pila** circular saw

kotoul gymn. roll; **k. vpřed/ nazad** forward/ backward roll

kotrmel|ec tumble, somersault; **dělat ~ce** tumble

kotv|a anchor; **spustit/ zdvihnout ~u** drop/ weigh anchor

kotvit be anchored, lie* n. be at anchor

koudel tow ♦ **hoří mu k. pod nohama** he is in a tight corner n. spot

kouk|at **1** též **k. se** look; *(upřeně)* stare; *(udiveně)* goggle, gawk; *(vykukovat)* peep; **k. se na televizi** watch television; **k. se do zrcadla** look at o.s. in the mirror **2** *(spodnička* ap.*)* be showing, peep (out) ♦ **z toho ne~á nic dobrého** that doesn't augur n. bode well **3** *(žasnout)* **ten bude k.!** he will have n. get* the surprise of his life! **4** *(snažit se)* mind n. see* that; **~ej přijít včas!** mind you are not late!; **~ej zmizet!** make* yourself scarce!, sl. beat* it!

kouk|nout have a look n. peep; **~ni se, nech mě na pokoji!** look here, leave* me alone!; **~ejme se!** well I never!, crikey!

koukol corn cockle; **oddělit k. od pšenice** přen. separate the chaff from the wheat, separate the sheep from the goats

koulař, ~ka shot-putter

koul|e **1** ball; mat. sphere; **kulečníková k.** billiard ball; **sněhová k.** snowball; **dělová k.** hist. (cannon) ball n. shot **2** sport. shot; **vrh ~í** shot putting; **vrhat ~í** put* the shot **3** šk. sl. fail mark; **dostat ~i z angličtiny** get* a fail mark in English **4** vulg. *(varlata)* balls

koulet roll; **k. kuželky** play skittles ♦ **k. se** *(v trávě* ap.*)* roll about

koulovat se have a snowball fight

koumat: k. nad čím puzzle over sth

koupací bathing; **k. čepice** bathing cap; **k. plášť** bathrobe

koupaliště (public) swimming pool

koupa|t bath, am. bathe; **k. dítě** give* a baby a bath ■ **k. se** *(ve vaně)* have a bath, am. bathe; *(na* *koupališti* ap.) (have a) swim, bathe; **jít se k.** go* swimming, *(poněkud zastaralé)* go bathing; přen. **zahrada se ~la v měsíčním svitu** the garden was bathed in moonlight

koup|ě purchase; **dobrá k.** (a) bargain; **být ke ~i** be for sale; **nabídnout co ke ~i** offer sth for sale

koupěchtiv|ý eager to buy* ■ **~ost** desire n. inclination to buy

koupel bath; **připravit (si) k.** run* (o.s.) a bath; **sedací k.** sitzbath; **k. nohou** footbath

koupelna bathroom

koupěschopnost purchasing power

koup|it (si) 1 buy*, purchase; **k. si auto** buy o.s. a car; **k. co na dluh** buy sth on credit n. hov. on the never-never n. hov. on tick; **k. co levně** buy sth cheap; **k. co draho** pay* through the nose for sth; **k. zajíce v pytli** buy a pig in a poke; **k. komu skleničku** treat sb to a drink, stand* sb a drink; **za to si toho moc ne~ím**! that's a fat lot of use to me!, that won't get* me anywhere!; **za libru se toho dnes moc ne~í** a pound doesn't get you very far these days 2 *(podplatit)* bribe; **k. si úředníka** bribe an official; **k. (si) hlasy** buy off votes

kouř smoke; **hustý k.** thick smoke; **mraky ~e** clouds n. billows of smoke; **je tu cítit k.** this place smells* n. reeks of smoke

kouř|it 1 *(kamna, komín)* smoke 2 *(cigarety* ap.*)* smoke; **k. dýmku** smoke a pipe; **k. jako komín** smoke like a chimney ■ **k. se: z polévky se ~í** the soup is piping hot; **pracoval až se z něj ~ilo** he worked with a vengeance, hanl. he worked like a navvy ■ **~ení** smoking; **K~ení zakázáno!** *(nápis)* No Smoking!; **nechat ~ení** stop smoking

kouřovod smoke outlet, flue

kouřov|ý: ~á clona smoke screen; **~é sklo** smoke-tinted glass

kous|at bite*; *(žvýkat)* chew; **k. maso** chew meat; **k. do jablka** bite into an apple; **k. si nehty** bite one's nails ■ **k. se do rtů** bite one's lips; **k. se s kým** be at loggerheads with sb

kousav|ý *(pes)* vicious, savage; přen. *(jízlivý)* waspish; *(poznámka)* sarcastic, caustic, waspish; *(humor)* biting ■ **~ě** *(poznamenat)* waspishly, sarcastically

kous|ek 1 piece, bit; *(chleba, dortu)* piece, slice; *(mýdla)* bar, cake; *(půdy)* piece, plot; *(provázku)* bit; *(masa)* piece, small cut; **k. po ~ku** bit by bit, little by little, inch by inch; **vem si k.!** *(koláče* ap.*)* have some!; **nemá ani ~ka rozumu** he hasn't got* an iota n. ounce of sense 2 *(rozbitého předmětu)* fragment, bit, piece 3 *(z celku)* part, piece; **rozdělit jablko na osm ~ků** cut* an apple into eight pieces 4 *(cesty)* distance, way, stretch; **doprovodit koho k.** accompany sb part of the way; **do divadla je to pěkný k.** it's quite a way n. distance to the theatre; **k. doprava** a little way to the left 5 *(součást sbírky)* item, piece 6 *(uličnický)* (boyish) prank

kousíčk|ek 1 a tiny little n. sk. wee bit; *(plátek)* sliver, fritter 2 *(fragment)* **~ky** *(drobné)* smithereens 3 *(v záporných výrazech)* **ani k.** not a bit, *(humoru* ap.*)* not a trace; v. též **kousek**

kouskovat cut* sth into pieces, divide sth into small parts n. sections

kous|nout bite*; v. **~at**; **pes ho kousl do nohy** the dog bit him on the leg; **nemá do čeho k.** he does not have a morsel n. bite to eat* ♦ **k. do kyselého jablka** bite the bullet ■ **~nutí** bite; *(hmyzu)* sting; *(hada)* snakebite

kout$_1$ 1 *(v domě)* corner; *(zastrčený)* nook, recess; **prohledat všechny ~y** search every nook and cranny; **zalézt do ~a** creep* into a corner ♦ **zahnat koho do ~a** přen. push sb into a corner 2 **odlehlý/ malebný/ tichý k.** a secluded/ picturesque/ quiet place n. spot n. nook

kout$_2$ sloveso 1 *(o kováři)* hammer, smith; *(průmyslově)* forge ♦ **kuj železo, dokud je žhavé** strike* while the iron is hot, make* hay while the sun shines* 2 *(plány)* make; **k. pikle** scheme, plot

kout|ek 1 **ústní/ oční k.** corner of the mouth/ eye; **podívat se na koho ~kem oka** look at sb out of n. from the corner of one's eye 2 **dětský k.** *(na nádraží)* mother-and-children's room 3 v. **kout (2)**

kouzelnick|ý: ~é umění magic art, art of magic; **k. kousek** conjuring trick, sleight of hand

kouzelnictví magic art; illusionism

kouzelník 1 *(čaroděj)* magician, sorcerer 2 *(iluzionista)* conjurer, magician, illusionist

kouzeln|ý 1 magic; **~é slovo** magic word, spell; **~á flétna** magic flute, *(opera)* The Magic Flute 2 *(krása* ap.*)* charming, delightful, heavenly

kouzlit 1 do n. perform magic 2 *(na jevišti)* conjure, do conjuring tricks

kouzl|o 1 magic; *(trik)* sleight of hand; **provozovat ~a** v. **~it** 2 *(čarovná moc)* spell, charm; **zrušit k.** break* a spell 3 *(přitažlivost)* magic, spell, charm; **k. jeho hlasu** the magic of his

voice; **osobní k.** charisma
kov metal; **lehké/ těžké ~y** light/ heavy metals; **drahé ~y** precious metals; **barevné ~y** non-ferrous metals
kovadlina anvil
kovadlinka *(v uchu)* anvil
kovák metalworker
kování 1 *(činnost)* forging 2 *(na dveřích* ap.*)* metal mounting n. fitting
kov|aný 1 forged; **~aná ocel** forged steel 2 *(pobitý ~em)* metal-mounted 3 *(znalý)* **být v čem k.** be well-versed in sth, have a sound knowledge of sth
kovárna smithy, *(*zvl. *v továrně)* forge
kovář smith, blacksmith ♦ **~ova kobyla chodí bosa** the cobbler's children are always the worst shod*
kovářsk|ý (black)smith's; **~é kladivo** blacksmith's hammer; **~á výheň** smith's hearth
kovat 1 forge; *(ručně)* hammer 2 **k. dveře** ap. provide the door ap. with metal fittings 3 **k. koně** shoe* a horse
kovboj cowboy
kovbojka *(film)* western; *(román)* a Wild West adventure story
kov|odělník v. **~ák**
kovoprůmysl metal industry
kovorytec metal engraver
kovový *(lesk, zvuk)* metallic; *(zboží)* metal
koz|a 1 goat; *(samice)* též she-goat, nanny goat ♦ **já o ~e, a ty o voze** we're talking at cross purposes n. at sixes and sevens; **(chtít) aby se vlk nažral a k. zůstala celá** (want to) have one's cake and eat* it (too) 2 techn. stand, trestle; *(na řezání)* saw-horse 3 sport. (vaulting-)buck; **skákat přes ~u** vault over the buck
kozácký cossack
kozáček *(tanec)* kazachok
kozačk|a: ~y ladies' boots
kozák 1 *(ruský)* Cossack 2 přen. **starý k.** an old trooper; *(zkušený)* old hand
koz|el he-goat, hov. billy goat ♦ **udělat ~la zahradníkem** set* a fox to keep* one's geese
kozí goat's; **k. mléko** goat's milk; **k. brada** goatee (beard)
kozinka *(kůže)* kidskin, kid leather
kozl- v. též **kůzl-**
kozlík 1 male kid 2 *(sedátko)* driver's seat, coach-box 3 *(podstavec)* trestle, support
Kozoroh: obratník ~a Tropic of Capricorn
kozorožec 1 zool. rock goat 2 **K.** *(souhvězdí)* Capricorn
koželužný: k. průmysl leather manufacture
koželuh tanner
koženka imitation leather
kožen|ý 1 *(kufr, řemen* ap.*)* leather; **kniha v ~é vazbě** leather-bound book 2 *(styl, člověk)* stiff; **je strašně k.** he is as stiff as a poker
kožešin|a fur; **s ~ou** fur-lined
kožešinový fur; **k. límec** fur collar
kožešnictví *(dílna)* furrier's workshop; *(obor)* furrier's trade
kožešnick|ý: ~é zboží furs
kožešník furrier
kožich 1 *(plášť)* fur (coat) 2 *(srst)* fur, coat ♦ **vyprášit komu k.** přen. dust sb's jacket; **nasadit komu/ si veš do ~u** saddle sb/ o.s. with sth/ sb
kožka skin; **králičí/ zaječí k.** rabbit/ hare skin
kožní skin; **k. tkáň** skin tissue; **k. onemocnění** skin disease; **k. lékař** dermatologist
kožovitý leathery
kra ice floe, ice cake; *(ledovec)* iceberg
krab crab
krabatit: k. čelo frown, knit* one's brows ■ **k. se** pucker
krabatý *(čelo, tvář)* furrowed, wrinkled; *(sukně)* crumpled; *(povrch, půda)* uneven
krabice 1 box; **lepenková/ dřevěná k.** cardboard/ wooden box; **plechová k.** tin (box); **k. od bot** shoe box; **k. na sušenky** biscuit tin 2 el. **zásuvková k.** (wall) socket
krabička small box; **k. se zápalkami** matchbox; **k. cigaret** cigarette packet n. am. pack
kráčet walk; *(pyšně)* strut (along); **k. důstojně** walk solemnly; **k. za kým** follow sb; **k. s dobou** keep* up n. march with the times
krádež 1 theft, právn. larceny; *(v obchodě)* shoplifting; *(vloupáním)* burglary; *(loupežná)* robbery; **drobná k.** petty theft n. larceny; **spáchat k.** commit larceny/ burglary/ robbery; **k. auta** car theft 2 přen. *(literární* ap.*)* plagiarism
krad|í, ~mo surreptitiously, stealthily; **dívat se ~í** look stealthily (**na** at)
krad|mý surreptitious, furtive; **k. pohled** a furtive glance ■ **~mo** v. **~í**
krahujec sparrow hawk
krach bankruptcy, failure; **burzovní k.** stock-market crash; **udělat k.** *(firma)* go* bankrupt; **k. manželství** the collapse n. breakup of sb's marriage
kraj 1 *(okraj)* edge, fringe; *(chodníku)* curb; *(města)* outskirts, periphery; *(propasti)* brink;

(stránky) margin; *(přečnívající)* ledge, flange ♦ **stát na ~i hrobu** be at death's door 2 *(začátek)* **začít z ~e** start at the beginning 3 *(končina)* area, region, country; **úrodný k.** fertile area; **hornatý k.** mountainous area n. country n. region; **malebný k.** picturesque landscape 4 *(správní jednotka)* region

krajan, ~ka 1 compatriot, fellow countryman/ *(žena)* countrywoman 2 (sb *coming from the same area of the country)*

kráječ cutter; *(nástroj)* slicer

kráje|t cut*; *(na kostky)* dice; *(na plátky)* slice; *(maso na stole)* carve, cut up ♦ **je taková mlha, že by ji mohl k.** the fog is so thick that you could cut it with a knife ■ **~ný** *(šunka, sýr)* sliced ■ **~ní** cutting, slicing; **strojek na ~ní chleba** bread cutter

krajíc slice; *(tlustý)* slab

krajíček$_1$ thin slice

krajíč|ek$_2$ 1 **sedět úplně na ~ku** sit* at the very edge 2 **mít slzy na ~ku** be on the verge of tears

krajin|a 1 area, region, country; **bažinatá k.** marshy area; **hornatá k.** mountainous region n. country 2 v. **~ka** 3 anat. **srdeční k.** cardiac region

krajinář landscape painter

krajinka landscape; *(s vodní plochou)* waterscape

krajinsk|ý: ~é muzeum museum of local lore and history

krajka lace; **paličkovaná k.** bone lace; **mřížová k.** macramé; **bruselská k.** brussels lace

krajkářka lacemaker

krajkářství lacemaking

krajkový lace; **k. límec** lace collar

krajn|í 1 outside, uttermost; **k. sedadla** outside n. corner seats; **k. dům** the last n. the first house 2 *(svrchovaný)* extreme, supreme, utmost; **s ~ím vypětím sil** by supreme effort; **v ~ím případě** in the last resort, as a last resort 3 *(extrémní)* extreme; **k. pravice** the extreme right ■ **~ě** extremely, in the extreme, in the highest degree; **je to ~ě důležité** it is extremely important, it is of the utmost importance ■ **~ost** extreme; **hnát věci do ~osti** push things to extremes n. to the utmost limit; **jít do ~osti** go* to the last extreme, am. go to the limits

krajnice *(zpevněná)* hard shoulder

krajový 1 *(zvyky* ap.*)* regional 2 v. **krajní (1)**

krajský regional; **k. výbor** regional council; ≅ br. county council

krajta python

krákat$_1$ *(vrány)* caw, croak též přen.

krákat$_2$ *(koho za vlasy)* pull sb's hair

krákor|at *(slepice)* cackle, cluck; přen. hanl. *(mluvit)* croak; přen. hanl. *(zpívat)* croak, crow ■ **~ání** cackle, clucking; přen. croaking

krákoravý *(hlas)* croaking

kraksna expr. old banger, old crock

král 1 king; **český k.** the King of Bohemia; **svatí tři ~ové** the Three Wise Men, the (Three) Magi ♦ **pro pána ~e!** for goodness sake! 2 přen. **ocelový k.** steel baron n. king n. magnate; **k. zvířat** the king of beasts ♦ **mezi slepými jednooký ~em** in the land of the blind the one-eyed is king

králevic prince

králič|ina 1 *(~í kožka/ kožešina)* rabbit skin/ fur 2 *(maso)* rabbit (meat)

král|ík 1 rabbit; **chov ~íků** rabbit-breeding ♦ **pokusný k.** přen. guinea pig 2 v. **~ičina**

králíkárna rabbit hutch

králíkář rabbit breeder

kralov|at reign ■ **~ání** reign; **za ~ání (koho)** during the reign (of)

královna queen *(též v šachu)*; **k. víl** fairy queen; přen. **k. krásy** beauty queen; **včelí k.** queen(-bee)

královsk|ý 1 *(krev, rod)* royal; **z ~é krve** of royal blood; *(moc, důstojnost)* royal, regal 2 *(hojný)* princely, regal; **~á odměna** a princely n. handsome reward; **~é pohoštění** a sumptuous meal ■ **~y** *(oblečený)* regally; *(obdarovat)* prodigally

království kingdom, realm ♦ **k. nebeské** the Kingdom of Heaven

krám 1 shop, am. store ♦ **to se mi hodí do ~u** that suits me perfectly n. down to the ground; **to se mi nehodí do ~u** that doesn't suit my plans 2 *(harampádí)* **~y** junk, rubbish; **sbalit si ~y** pack one's things ♦ **a je po ~ech!** and that's that! 3 *(okolky)* **to je ~ů!** what a (lot of) fuss!; **ten nadělá se vším ~ů** he always makes* a (lot of) fuss (about everything), he always makes a mountain out of a molehill

kramář grocer, shopkeeper

kramařit *(ve skříni* ap.*)* rummage about (**v** in, among)

kramářsk|ý 1 *(zištný)* mean, miserly; **~á dušička** a narrow-minded n. petty person 2 **~á píseň** broadside ballad

krámek *(s novinami* ap.*)* stall; v. též **stánek, krám**

kramfle|k heel ♦ **být silný v ~cích** n. **~kách** *(v matematice* ap.*)* be well-versed in sth; **v matematice není moc silný v ~cích** he is a bit shaky at maths, he is rather shaky at maths

krámovat v. **kramařit**

kráp|at drizzle; **~e** there's a drizzle, it's spitting with rain

krapet I subst. drop; **k. piva** a spot of beer **II** adv. a little bit, sk. a wee bit; **je k. chytřejší** he's a little bit cleverer

krápník *(shora)* stalactite; *(zdola)* stalagmite

kras geol. karst; **Moravský k.** the Moravian karst

krás|a beauty, *(tělesná též)* good looks; **přírodní ~y** the beauties of nature; **vyrostla do ~y** she's grown* into a (real) beauty; iron. **v celé své ~e** in all one's glory

krasavec handsome man, good-looker

krasavice beauty, good-looker; hov. stunner

kraslice (decorated) Easter egg

krásnět grow* more beautiful

krásn|ý 1 *(tvář, dům, krajina, obraz* ap.*)* beautiful, lovely, nice; **~é počasí** beautiful n. fine weather; **~á vyhlídka** lovely view **2** *(žena, dívka)* beautiful, lovely, pretty, good-looking; *(muž)* handsome, good-looking; **mimořádně ~á** strikingly beautiful **3** *(slova)* fine, fair; *(skutek)* noble; **~á literatura** belles lettres, fiction ♦ **jednoho ~ého dne** one fine day ■ **~ě 1** beautifully, nicely; **~ě se vystrojit** dress beautifully; dress up; **je ~ě opálená** she has a beautiful tan; **~ě vonět** have a lovely smell **2 dnes je ~ě!** what a beautiful day today!; **je tam ~ě** *(teplo)* it's nice and warm outside, *(slunečno)* it's nice and sunny outside

krasobruslař, ~ka figure skater

krasobrusl|ařství, ~ení figure skating

krasojezd|ec, ~kyně *(na kole)* trick cyclist, *(na koni)* circus rider, equestrian acrobat

krasojízda *(na koni)* trick riding, acrobatics on horseback; *(na kole)* trick cycling

krasopis calligraphy

krasopisn|ý calligraphic ■ **~ě** calligraphically

krást steal*, lift; *(myšlenky)* steal, plagiarize; **k. komu co** steal sth from sb; **k. myšlenky** plagiarize ideas (from sb's article ap.) ♦ **k. pánubohu čas** idle n. fritter away one's time; **k. komu čas** waste sb's time; **muset si na co k. čas** have to make* time for sth ■ **k. se** steal, sneak, creep*; **chytili ho, jak se kradl do domu** he was caught* sneaking into the house ■ **kradené zboží** stolen goods, sl. hot property n. stuff

krášlit *(být okrasou)* adorn; *(okrašlovat)* embellish, beautify; *(vánoční stromek* ap.*)* decorate ■ **k. se** *(upravovat se)* spruce n. smarten o.s. up; *(strojit se)* deck o.s. out; *(líčit se)* make* o.s. up

krát mat. times n. by; **pět k. čtyři** five times four

kráter crater

kratičký very short, very brief

krát|it (si) 1 shorten, make* shorter; *(text)* též prune, cut* sth down; **k. čí mzdu** dock sb's wages; **k. zlomek dvěma** reduce a fraction by two **2 k. si dlouhou chvíli čtením** while away n. pass n. kill the time by reading ■ **k. se** become* shorter; **dny se ~í** the days are getting* shorter n. drawing in

krátkodob|ý *(plán, kontrakt)* short-term ■ **~ě** for a short term

krátkometrážní: k. film short film, (a) short

krátkosrstý short-haired

krátkovlnný: k. přijímač short-wave receiver

krátkozra|ký shortsighted, am. nearsighted; kn. myopic; **provádět ~kou politiku** pursue a shortsighted n. myopic policy ■ **~ce** shortsightedly ■ **~kost** shortsightedness, nearsightedness, myopia

krát|ký 1 *(rozměrem)* short; **~ké kalhoty** short trousers, *(šortky)* shorts; **~ké vlny/ spojení** short waves/ circuit; **rukávy jsou mu ~ké** the sleeves are too short for him ♦ **být na koho k.** be no match for sb **2** *(časově)* short, brief; **~ká návštěva** a brief n. short visit; **po ~kém čase** after a short time n. while; **mít ~kou paměť** have a short memory ♦ **udělat s čím k. proces** make* short shrift of sth **3** *(stručný)* brief, concise; **k. přehled** a brief n. concise outline ■ **~ce 1** *(nedlouho)* for a short time n. while; **~ce po tom** a short time n. shortly after that **2** *(stručně)* **říci co ~ce** say* sth in a few words n. briefly; **~ce řečeno** *(při shrnutí)* in short; **~ce, prosím!** keep* it brief, please; **~ce něco shrnout** give* a brief summary of sth ■ **~kost** brevity; **~kost lidského života** the brevity of human life

kratochvíle pastime, diversion

kratochvilný amusing, entertaining

kraťoučk|ý very short n. brief; **~á návštěva** a fleeting visit

kraul crawl

kraulovat do the crawl

kráva 1 cow; **dojná k.** cow in milk, přen. milch cow; **ta k. hodně dojí** the cow is a good milker ♦ **posvátná k.** sacred cow **2** *(nadávka)* cow; **to je pěkná k.!** what a silly n. stupid cow!

kravál *(hluk)* racket; *(s hádkou)* rumpus, row;

(pozdvižení) hullaballoo; **udělat k.** make* n. kick up a row n. rumpus
kravata tie; am. též necktie
kravička dět. moo-cow
kravín ≅ cattle farm; *(chlév)* cowshed, cowhouse
kravina hov. rubbish, rot, a lot of rubbish; sl. bullshit
kravsk|ý cow's; **~é mléko** cow's milk
krážem v. **křížem**
krb fireplace; **sedět u ~u** sit* by the fire; přen. **domácí k.** hearth and home; **mít vlastní rodinný k.** have a home of one's own
krček *(houslí, zubu)* neck; *(děložní)* cervix
krčit *(kolena)* bend*; **k. čelo** frown; **k. rameny** shrug (one's shoulders) ■ **k. se** hov. *(látka)* crumple; přen. *(choulit se)* cower; *(poníženě)* cringe; *(schovávat se)* skulk
krčma pub, am. saloon, bar
krčmář publican, landlord
krčmářka publican's wife, landlady
krční *(obratel, nerv, tepna)* cervical; **k. choroby** throat diseases; **k. žíla** jugular vein
kreace *(umělecká, hudební, módní)* creation
kreatura monster
kredenc *(na nádobí)* cupboard, sideboard; *(kuchyňská)* Welsh n. kitchen dresser n. cabinet
kredit credit
krédo přen. credo, creed; **jeho filozofické k.** his philosophical credo
krecht pit
krejcar *(malý peníz)* penny, am. dime; **nemám ani k.** I haven't a penny to my name, I haven't got a bean, I am broke; v. též **haléř, groš**
krejčí tailor, *(dámský)* dressmaker; **zakázkový k.** custom tailor
krejčová dressmaker
krejčovat do tailoring, do dressmaking
krejčovsk|ý tailor's, dressmaker's; **~á dílna** tailor's n. dressmaker's shop; **~á křída** French chalk
krejčovs|tví 1 *(profese)* tailoring, *(dámské)* dressmaking 2 v. **~ká dílna**
krejón propelling pencil, am. mechanical pencil; *(na obočí)* eyebrow pencil
krém 1 *(na pokožku)* cream; **opalovací k.** suntan cream; *(na boty)* shoe polish; **nanášet k. na pokožku** apply cream to the skin 2 kuch. *(sladký, litý)* custard; **máslový k.** buttercream
kremace cremation
kremační: k. pec crematory (furnace)
krematorium crematorium, am. crematory
krémový 1 kuch. cream; **k. dort** cream cake 2 *(barva)* cream-coloured
kreol, ~ka Creole
krep, ~ový crêpe; **~ový papír** crêpe paper
krepsilon crêpe (nylon)
krepsilonky *(punčocháče)* (60 denier) tights n. *(punčochy)* stockings
kresb|a 1 drawing; *(skica)* sketch; **k. perem** pen-and-ink drawing; **~y na stěnách** graffiti 2 *(postav v románě)* depiction
kreslení 1 *(předmět)* art, drawing 2 drawing; **k. od ruky** freehand drawing; v. **kreslit**
kreslený: k. film animated film, cartoon; **k. seriál** comic strip, strip cartoon; zvl. am. (the) comics
kreslicí drawing; **k. papír/ prkno** drawing paper/ board
kreslič draughtsman, am. draftsman; **~ka** draughtswoman, am. draftswoman
kreslírna *(ve škole)* art room; techn. drawing office
kreslíř, ~ka drawer; **k. karikatur** caricaturist, cartoonist; techn. v. **kreslič**
kreslířsk|ý drawing; **~é náčiní** drawing equipment; **~é nadání** gift n. talent for drawing
kresl|it 1 draw*, *(skicovat)* sketch; **k. krajinku** draw a landscape; **k. dobře** be good at drawing; **k. tužkou/ perem** draw in pencil/ with a pen; **k. podle skutečnosti** draw from life; **k. si** *(čmárat)* doodle 2 přen. *(lit. postavy)* depict, portray ■ v. **kreslení**
kretén cretin; hanl. též idiot, moron
kreténství cretinism
krev 1 anat. blood; **k. koluje/ pulsuje v žilách** blood flows*/ throbs in sb's veins; **darovat k.** give* n. donate blood; **transfúze krve** blood transfusion; **kašlat k.** cough up blood; **zkouška krve** blood test; **oběh krve** blood circulation 2 *(prolitá)* **kapka/ kaluž krve** drop/ pool of blood; **být samá k.** be covered with blood; **prolít k.** shed* n. spill* blood; **ležet v tratolišti krve** be (lying) in a pool of blood; **zde je zem zbrocena krví** the earth here is blood-soaked; **mít ruce potřísněné krví** have blood on one's hands 3 *(ve frázích o tělesných a duševních stavech)*; **k. se mu vehnala do tváře** the blood rushed n. flooded to his face; **k. mu ztuhla v žilách** his blood ran* cold, his blood curdled; **vzkypěla v něm k.** his blood was up, his temper boiled up; **nenávidět koho do krve** hate sb's guts 4 *(povaha)* **mít horkou k.** be hotheaded; **mít co v krvi** have sth in one's blood 5 *(rod)*

modrá k. *(šlechtická)* blue blood; **má modrou k.** she has blue blood in her veins; **být ze stejné krve** be of the same (flesh and) blood ♦ **k. není voda** blood is thicker than water **6** *(noví spolupracovníci)* **nová k.** new blood

krevnatý **1** *(obličej)* ruddy **2** přen. *(životný)* full-blooded

krevní blood; **k. zkouška/ skupina** blood test/ group; **k. msta** blood vengeance, vendetta; **vysoký/ nízký k. tlak** high/ low blood pressure; **určit čí k. skupinu** find* out n. determine sb's blood group

kriket cricket

kriminál prison, jail; sl. the clink, the nick, the jug; **v ~e** in prison n. jail, sl. in the jug n. clink

kriminalista criminologist

kriminalita criminality; *(zločinnost)* crime rate

kriminálka br. the C.I.D. (the Criminal Investigation Department); *(jinak)* criminal investigation police

kriminál|ní criminal; **k. policie** v. **~ka**; **k. román/ film** detective novel/ film, thriller

kriminální|ík, ~ice jailbird

krinolína crinoline

kristiánka sport. Christiania (turn), Christie

kritérium criterion pl. -ions n. -ia

kritick|ý **1** *(duch)* critical; *(pronikavý)* discriminating, discerning **2** *(rozhodující)* crucial, critical; **k. bod** the point of no return; **v ~ém okamžiku** at the crucial moment **3** *(povážlivý)* critical; **k. nedostatek** an acute shortage

kritičnost **1** *(stav)* critical stage n. moment **2** *(postoj)* the spirit of criticism

kritik critic; **hudební/ literární k.** music/ literary critic; *(recenzent)* též reviewer

kritik|a **1** criticism; **k. a sebekritika** criticism and self-criticism; **konstruktivní k.** constructive criticism; **být pod vši ~u** be beneath contempt **2** *(kárání)* criticism, censure **3** *(recenze)* review, *(hlubší analýza)* critique; **mít dobré/ špatné ~y** *(o knize* ap.*)* have good/ bad reviews, have a good/ bad press **4** hrom. (the) critics

kritikařit find* fault with, pick holes in

kritizovat criticize; *(ostře)* castigate; *(malicherně)* find* fault (with), carp (at)

krize crisis; lék. též critical stage; **hospodářská k.** economic crisis, slump, depression, *(kratší)* recession; **bytová k.** housing shortage; **vládní k.** governmental n. cabinet crisis

krizov|ý *(stav)* critical; **~á léta** the years of crisis

krk **1 A)** neck; *(hrdlo)* throat; **bolí mne v ~u** I have a sore throat; **mít na ~u šátek** have a scarf round one's neck; **natahovat k.** stretch n. crane one's neck; **podřezat komu k.** cut* sb's throat; **zakroutit slepici ~em** wring* a hen's neck **B)** *(ve spojeních s předložkami)* **vzít koho KOLEM ~u** embrace sb; **padnout komu kolem ~u** fling* one's arms around sb's neck, fall* on sb's neck; **hodit komu co NA k.** push sth onto sb's neck; **mít co/ koho na ~u** be lumbered n. saddled with sth/ sb; **uvázat si co na k.** saddle o.s. with sth; **až PO k.** up to one's neck; **mít čeho až po k.** be fed up (to the back teeth) with sth; **vězet až po k. v dluzích** be up to the ears in debt; **už mi to leze Z ~u** n. **~em** I am sick and tired of it; **mít co z ~ku** have sth off one's hands n. chest **2** *(život)* ♦ **to mu zlomilo k.** that was his undoing, that finished n. ruined him; **jde mu o k.** it may cost* him his head; **dal bych na to k. (že)** I could swear* to it (that) **3** *(houslí, basy)* neck

krkat belch, hov. burp

krkavčí: k. matka heartless n. neglectful mother

krkavec (common) raven

krk|nout, ~at, ~nutí burp, belch

krkolomn|ý breakneck; **~á rychlost** breakneck speed

krkoun skinflint, niggard

krkovička neck, *(telecí a skopová)* scrag (end)

krmení **1** *(činnost)* feeding; **doba k.** feeding time **2** *(výkrm)* **k. prasat** ap. fattening of pigs ap. **3** *(krmivo)* feed; *(píce)* fodder; *(na výkrm)* mast, food for fattening

krmič feeder

krm|it **1** *(děti, zvířata)* feed*; **k. dítě lžící** spoon-feed* the baby; **k. násilně** force-feed*; **k. koně ovsem** feed oats to the horses ♦ **k. rybičky** *(mít mořskou nemoc)* feed the fishes **2** *(na žír)* fatten; *(drůbež)* cram **3** *(dítě z prsu)* breast-feed, nurse ■ **k. se** **1** *(dítě)* feed o.s. **2** *(cpát se)* stuff o.s. (with food); **k. se zákusky** gorge on cakes ■ v. **~ení**

krmítko feeder; *(jesle)* manger; *(pro ptáky)* feeding box

krm|ivo v. **~ení (3); zelené k.** green fodder; **silážované k.** silage

krmník **1** *(vepř)* porker **2** *(chlév)* pigsty, pigpen

krmn|ý **1 ~é obilí** fodder cereals; **~á řepa** beet, mangel(-wurzel) **2 k. dobytek** beef cattle, am. feeders

krocan turkey; *(samec)* turkey-cock; **červený ja-**

ko k. as red as a lobster n. beetroot
kročej *(zvuk)* footsteps, footfall
kroj *(národní)* national costume; *(historický)* period costume; **lidový k.** folk costume ♦ **jaký k., tak se stroj** when in Rome do as the Romans do
krojovaný dressed in costume
krok 1 *(pohyb nohou)* step; *(jednotlivý též)* pace; *(dlouhý)* stride; **drobné/ pomalé/ lehké ~y** small/ slow/ light steps; **pomalým ~em** with slow steps, at a slow pace; **rozhodným ~em** with a determined step; **dělat dlouhé ~y** take* long strides; **udělat k. dopředu/ dozadu** (take a) step forward/ backward; **k. za ~em** step by step, little by little ♦ **udělat k. do tmy** take a leap in the dark 2 *(zvuk ~u)* footstep, footfall; **slyšel tiché ~y** he heard* light footsteps; **poznat čí ~y** know* sb's step 3 *(způsob chůze)* **pochodový k.** marching step; **parádní k.** goose step; **pochodovat stejným ~em** march in step; **změnit k.** change step; **zrušit k.!** *(povel)* at ease, march! 4 *(tempo chůze)* pace; **jít rychlým ~em** walk at a brisk pace n. briskly; **přidat do ~u** quicken one's pace; **držet k. s dobou** keep* up with the times, keep up abreast of the times 5 *(opatření)* step, measure, move; **podniknout ~y, aby** take steps to (do sth); **prodiskutovat další ~y** discuss further moves n. measures 6 *(přibl. délková míra)* step, pace; **asi 50 ~ů odsud** approximately 50 paces away from here
krokem: jet k. *(na koni)* ride* at walking pace, *(autem)* drive* at walking speed, drive dead slow
kroket croquet
kroketa kuch. croquette
krokev stav. rafter
krokodýl, ~í crocodile; **~í slzy** crocodile n. false tears; **~í kůže** crocodile skin n. leather
kromě, krom 1 *(vyjma)* apart from, except (for), but; **nikdo k. ní** nobody apart from her, nobody except her; *(v kuchyni nebylo nic)* **k. sporáku** except (for) a cooker; **všichni žáci k. následujících** all pupils other than the following; **vždy k. v pondělí** always except on Mondays 2 *(vedle toho)* besides, moreover, in addition to; **k. toho máme ...** in addition we have ...; **k. platu má ještě ...** in addition to his salary he has ...; **k. vína tam byla i vodka** there was wine and vodka as well
kronika chronicle
kronikář chronicler, annalist
kropáč 1 *(konev)* watering n. am. sprinkling can ♦ **tu máš čerte k.** hov. there's a pretty kettle of fish! 2 *(růžice)* sprinkler, sprinkling nozzle
kropenatý mottled, speckled
kropenka font
kropicí: k. vůz water cart, am. water wagon; **k. konev** v. **kropáč**; **k. hadice** garden hose
kropit *(trávník, prádlo)* sprinkle; *(ulici, stromy, rostliny)* spray; *(květiny, zeleninu)* též water
krotit 1 *(dravou zvěř)* tame; *(koně)* break* in; *(děti)* restrain, keep* in check; *(přírodní síly)* tame, subdue; *(spoutat)* harness 2 *(vášně, city)* restrain, control, keep* under control; *(netrpělivost, zvědavost)* contain ■ **k. se** control o.s., restrain o.s.
krotitel *(dravé zvěře)* tamer; **k. lvů** lion tamer; **k. koní** horse breaker
krotk|ý 1 *(zvíře)* tame, domesticated; *(kůň)* steady, gentle; *(člověk)* meek, mild 2 přen. *(kritika)* toothless; *(próza)* low-key ■ **~ost** tameness, domesticity; meekness, gentleness
krotnout grow* tame
kroup|a 1 *(ječné)* **~y** (peeled) barley 2 *(ledová)* hailstone; **~y** *(krupobití)* hailstorm; **padají ~y** there is a hailstorm
kroupov|ý barley; **~á polévka** barley broth
krou|tit 1 *(provaz)* twist, twirl; **k. si vousy** twirl one's beard; **k. komu ruku** twist sb's arm; **k. cigarety** roll cigarettes 2 *(kohoutkem, knoflíkem)* turn; **k. hlavou** shake* one's head; **k. boky** waggle one's hips 3 přen. *(překrucovat)* **k. čí slova** twist sb's words ■ **k. se** 1 *(cesta, potok)* wind*, meander; *(vlasy)* curl; *(dřevo)* warp 2 **k. se bolestí** writhe with pain; *(vykrucovat se)* wriggle, squirm ■ **~cený** *(příze)* twisted; *(styl)* flowery, ornate
kroutivý *(pohyb)* rotary
kroužek 1 ring; **k. na klíče** key ring; **pístový k.** piston ring; **těsnící k.** sealing n. packing ring; jaz. *(nad 'u')* circle 2 *(skupinka)* circle, group; **lingvistický k.** *(např. Pražský)* linguistic circle
kroužit 1 *(letadlo)* circle; *(planety)* revolve; *(holub, racek* ap.*)* wheel (round); sport. **k. kuželem** swing* the Indian club 2 **k. hlavou** *(myšlenky)* run* around (in) sb's head
krouživý *(pohyb)* gyrating, circling
kroužkov|at *(ptáky)* ring ■ **~ané 'ů'** 'u' with a circle
krov(y) roof timbers, timberwork of a roof
krovka wing case n. sheath
krtek mole ♦ **slepý jako k.** as blind as a bat

krtin|a, ~ec molehill
kruci! for Heaven's sake!, Christ Almighty!
krucifix *(kříž)* crucifix
krůč|ek small step; **dítě dělá první ~ky** the baby is taking* its first steps
kruč|et *(o žaludku)* rumble; **~elo mu v žaludku** his stomach was rumbling
kruh 1 geom. circle; **~y** *(na vodě)* circles, rings; *(letokruhy)* annual circles; **~y pod očima** circles n. shadows under n. round the eyes; **opsat k.** describe a circle; **utvořit kolem koho k.** form a circle round sb; **pohybovat se v ~u** move in a circle 2 **polární k.** the Arctic Circle 3 sport. **~y** (the) rings; **cvičení na kruzích** gymnastics on the rings 4 **hrnčířský k.** potter's wheel 5 *(skupina lidí)* circle, group; **rodinný k.** family circle; **politické ~y** political circles; **vlivné ~y** influential circles; **v nejlepších kruzích** in the best society; **dobře informované ~y** well-informed circles n. quarters
kruhovit|ý circular, round; **~é náměstí** circular n. round square
kruhov|ý: k. pohyb circular motion; **k. oblouk** circular arc; **~á výseč** sector of a circle; **křižovatka s ~ým objezdem** roundabout
krumpáč pickaxe, pick
krunýř shell, shield, armour; přen. **k. lhostejnosti** a wall of indifference
krůpěj drop; *(potu, rosy)* též bead
krupic|e, ~ový semolina; **~ová kaše** semolina pudding
krupk|a 1 **~y** groats 2 **ledová k.** small hailstone
krupobití hailstorm; přen. **k. nadávek/ ran** stream of curses/ blows
krušn|ý *(časy, život, práce)* hard; *(práce též)* tiresome ■ **je mi ~o** life is an uphill struggle (for me)
krůta turkey hen; kuch. turkey
krutovláda tyranny, despotism, despotic rule
krut|ý 1 cruel; *(osud)* hard; *(vládce)* inhuman, ruthless; *(pomsta, ironie)* savage; *(matka)* heartless; *(pravda)* grim, brutal 2 expr. *(zima)* severe; *(bolest)* extreme; *(boje)* fierce ■ **~ě** cruelly ■ **~ost** cruelty; *(čin)* act of cruelty
kruž|idlo, ~ítko (a pair of) compasses
kružnice circle; **opsaná/ vepsaná k.** circumscribed/ inscribed circle
krvác|et bleed*; **k. z nosu** have a nosebleed; **když to vidím, srdce mi ~í** my heart bleeds at the sight ■ **~ení** bleeding, (zvl. *silnější)* haemorrhage; **vnitřní ~ení** internal bleeding n. haemorrhage
krvácivost haemophilia
krvav|ý 1 *(rána)* bleeding; *(nos: rozbitý)* bloody; *(obvaz)* bloodstained; *(šaty též)* streaked with blood 2 *(bitva, pomsta)* bloody; **~á oběť** blood sacrifice; **~á lázeň** bloodbath, carnage 3 *(barva)* blood red, crimson, as red as blood
krve|lačný v. **~žíznivý**
krveprolití bloodshed; *(nesmírné)* carnage
krvesmiln|ík, ~ice incestuous person
krvesmilný incestuous
krvesmilství incest
krvežízniv|ý bloodthirsty ■ **~ost** bloodthirstiness
krvinka blood corpuscle, blood cell; **bílá k.** white corpuscle, leucocyte; **červená k.** red corpuscle, erythrocyte
krycí: k. nátěr finishing coat (of paint); **k. jméno** pseudonym, voj. code n. cover name; **k. heslo** password
krychle cube
krychlov|ý cubic; **k. metr** cubic metre; **k. obsah** cubic content; **~á míra** cubic measure
krypta vault, tomb
krysa rat; přen. bastard
krystal crystal
krystalický crystalline
krystalizace crystallization
krystalizovat (se) crystallize; přen. *(názory* ap.*)* též take* shape
krystalografie crystallography
krystalový: k. cukr granulated sugar
kryt 1 cover; *(motoru)* bonnet, am. hood; **k. podlahy** floor covering 2 *(úkryt)* shelter, *(protiletadlový)* air-raid-shelter
krýt 1 *(zakrývat)* **k. co čím** cover sth with sth, put* n. spread* sth over sth; **k. střechu taškami** cover the roof with tiles, tile the roof 2 *(chránit)* cover, shield, protect; voj. cover; *(v šachu)* protect, cover; **k. koho svým tělem** shield n. protect sb with one's body; **k. ústup vojska** cover the army's retreat 3 *(dluh)* cover, make* good; *(výdaje)* reimburse, meet*; *(poptávku)* cover, satisfy, meet ■ **k. se** 1 cover n. protect n. shield o.s.; **k. se ze všech stran** cover o.s. in every direction, cover o.s. on all sides 2 *(shodovat se)* (s with) tally, coincide; **jejich zájmy se kryjí** their interests coincide ■ **krytý bazén** indoor swimming pool ■ **krytí** *(ochrana)* cover, protection
krytina roofing, roof covering; **podlahová k.** floor covering

křáp 1 ~y *(boty)* (old) worn-out n. down-at-heel shoes **2** v. **kraksna**
křaplavý *(hlas)* husky, hoarse, cracked
křeč cramp, spasm; **žaludeční k.** stomach cramp; **mít k. v noze** have cramp in one's leg
křeček hamster; přen. hoarder
křečkov|at hoard, panic-buy ■ **~ání** hoarding, panic-buying
křečovit|ý spasmodic, convulsive; *(smích, veselí)* forced; **k. kašel** convulsive cough; **~é úsilí** desperate n. frantic efforts ■ **~ě** spasmodically; **~ě se snažit** make* desperate n. frantic efforts, try frantically
křehk|ý 1 *(sklo)* fragile, brittle; *(ocel)* brittle; *(maso)* crisp, tender; *(pečivo)* crisp, *(drobivé)* short; *(uhlí)* short; *(kotník)* brittle; přen. *(štěstí)* changeable, inconstant; *(existence)* shaky, fragile **2** *(zdraví)* fragile, frail, tender **3** *(krása)* delicate, dainty ■ **~ost** fragility ap.
křemen quartz; *(pazourek, symbol tvrdosti)* flint
křemen|itý, ~ný quartz, siliceous; **~itá půda** siliceous earth; **k. písek** silica sand; **~né hodiny** quartz clock
křemičitan silicate
křemík silicon
křen horseradish ♦ **dělat ~a** play gooseberry
křepelka quail
křepk|ý agile, sprightly; **k. stařík** a sprightly old man ■ **~ost** agility, nimbleness
křesadlo flint and steel
křesat *(oheň)* strike* fire (from a flint)
křesl|o 1 easy chair, armchair; *(vysoké)* grandfather's chair **2** div. stall seat; **~a v přízemí** stall seats, stalls; **elektrické k.** electric chair **3 ministerské k.** ministerial post, portfolio
křest baptism, christening; **přijmout k.** be baptized ♦ **dostat k. ohněm** receive a baptism of fire
křesťan, ~ka Christian
křesťansk|ý Christian; **~é učení** Christian doctrine; **~odemokratická strana** Christian Democratic Party ■ **žít ~y** live a Christian life
křesťanství Christianity
křesťanstvo the Christian world
křestní: k. jméno Christian name; **k. list** baptismal certificate
křičet cry; *(dítě též)* bawl, howl; *(hlasitě)* shout; *(vřískat)* scream, shriek; *(radostí)* whoop; **k. na koho** shout at sb; **k. po čem** *(o davech)* clamour for sth; **k. bolestí** cry with pain; **k. komu do ucha** shout into sb's ear; **k. zplna hrdla** shout at the top of one's voice; **k. o pomoc** shout n. cry for help; **k. vztekle** rant and rave; **není třeba k.** there's no need to raise your voice
kříd|a chalk; **psát co ~ou** write* sth in chalk; **bledý jako k.** as white as chalk, as white as a sheet
křidélko let. aileron; v. **křídlo (1)**
křídelní: pravý/ levý k. útočník right/ left winger, outside left/ outside right
kříd|lo 1 *(ptačí ap.)* wing; **mávat ~ly** flap one's wings; **přistřihnout komu ~la** clip sb's wings; **dát komu ~la** lend* n. give* sb wings **2** let. wing; **koncertní k.** grand piano, *(krátké)* baby grand piano **3** *(okna, dveří)* wing, leaf; *(budovy)* wing **4** voj. wing, flank **5** sport. v. **~elní**; **hrát na levém ~le** play on the left wing **6** pol. wing; **levé k.** *(pol. strany)* the left (wing)
křídlovka flugelhorn
křídlov|ý: ~é okno French window
křídov|ý: k. papír coated paper ■ **~ě bílá pleť** chalky complexion
kři|k shouts, cries, screams; *(~čení)* shouting, screaming; *(povyk)* hubbub, hullabaloo; *(dětský)* crying, bawling; *(davů)* clamour, racket; **dělat kolem všeho moc ~ku** make* a lot of fuss about everything, make a lot of song and dance about everything
křiklav|ý 1 *(hlučný)* noisy; **~á propaganda** crude propaganda **2** *(barvy)* loud, garish, gaudy; *(šaty)* flashy **3** *(bezpráví)* glaring; *(zneužití)* flagrant ■ **~ost** noisiness, gaudiness; *(jarmareční)* razzmatazz
křikloun noisy person, *(dítě)* noisy child n. hanl. brat
křiklounský: k. nacionalismus vociferous nationalism
křik|nout cry n. shout out; give* n. utter a cry n. shout; **k. na koho** shout at sb; v. též **křičet** ■ **~nutí** cry, shout, hov. yell
křísit *(přivádět k vědomí)* bring* to n. round, resuscitate; přen. *(zvyky, jazyk)* revive
křišťál 1 crystal **2** *(sklo)* crystal (glass); **český k.** Bohemian crystal (glass)
křišťálov|ý crystal; **~é sklo** crystal glass
křivda wrong, injustice; **stala se mu velká k.** he suffered a grave injustice n. a grievous wrong; **děje se mu k.** he's being wronged
křivdit *(komu)* wrong, do sb a wrong n. an injustice
křivice rickets sg., rachitis
křivičn|ý, ~atý rachitic, rickety

křivit *(drát* ap.*)* bend*; **k. obličej** pull n. make* a wry face; **k. ústa** screw up one's mouth ■ **k. se** *(drát)* bend, get* bent; *(plech)* buckle, warp

křivítko French curve

křivka curve, statist. též graph, diagram; **k. teploty** temperature curve

křivolak|ý *(řeka, cesta)* sinuous, serpentine, meandering ■ **~ost** sinuosity, meandering

křivopřísežník perjurer

křivopřísežný perjurious

křivule retort

křiv|ý 1 *(ohnutý)* bent, crooked; *(zahnutý)* curved; *(překroucený)* twisted; *(hřebík, nohy)* crooked; *(nos)* hooked; *(stěna)* lopsided 2 *(lživý)* false; **~é svědectví** false evidence; **~á přísaha** perjury ■ **~ě přísahat** perjure o.s., commit perjury; **podívat se na koho ~ě** look askance at sb; **~ě svědčit** give* false evidence

kříž 1 náb. cross, crucifix; **přibít koho na k.** nail sb to the cross, crucify sb 2 *(pokřižování)* the sign of the cross; **udělat k.** bless o.s. 3 **Červený k.** the Red Cross; **Viktoriin k.** The Victoria Cross; v. též **hákový** 4 *(soužení)* **nést trpělivě svůj k.** bear* one's cross patiently; **je s ním k.** he's a real problem 5 **~e** *(v kartách)* clubs 6 anat. small of the back; **bolí mě v ~i** I have (got*) a sore back

křižáck|ý: ~á výprava crusade

křižák 1 crusader 2 *(pavouk)* cross n. garden spider

křížal|a: ~y dried n. desiccated apple

kříž|ek 1 small cross ♦ **přijít ke ~ku** eat* humble pie; **přijít s ~kem po funuse** lock the stable door after the horse has bolted; **dostat se s kým do ~ku** start quarrelling with sb 2 hud. sharp; **udělat pod čím tři ~ky** sign sth with three crosses

křížem *(napříč)* crosswise; **dát si nohy/ ruce k.** cross one's legs/ arms ♦ **k. krážem** crisscross; **procestovali Evropu k. krážem** they travelled the length and breadth of Europe

kříženec half-breed; biol. hybrid

kříž|it cross; *(rasy)* crossbreed, intercross; přen. *(komu plány* ap.*)* cross, thwart ■ **k. se** cross, intersect; **naše zájmy se ~í** our interests clash ■ **~ení** *(ras)* crossbreeding, intercrossing

křižník cruiser

křižov|at 1 *(přibíjet na kříž)* crucify 2 *(moře)* cross ■ **k. se** 1 *(žehnat se)* bless o.s., make* the sign of the cross 2 *(cesty)* cross; *(zájmy)* clash ■ **~ání** crossing, crisscrossing

křižovatka *(silniční, železniční)* crossing, junction, am. též intersection; **úrovňová k.** level n. am. grade crossing; **k. s kruhovým objezdem** roundabout; přen. **osudová k.** parting of the ways

křížovka crossword (puzzle)

křížovkář crossword enthusiast, *(vášnivý)* crossword addict

křížov|ý cross-shaped, cruciform; **~á kost** odb. sacrum, pl. sacra, sacrums; **~á palba** crossfire; **k. výslech** cross-examination; **~á cesta** stations of the Cross; **~á výprava** crusade ■ **~ě** crosswise

křoup|at crunch; **pěkně to ~á** it's nice and crunchy; *(sníh)* crunch, grate

křoupavý *(pečivo* ap.*)* crunchy, crisp

Křová|k Bushman; přen. hanl. **k.** *(barbar)* barbarian; *(zákeřný člověk)* treacherous person ■ **k~cký** *(jednání)* treacherous, perfidious ■ **k~ctví** treachery, perfidy

křoví bushes, shrubbery; *(houština)* thicket; **tanečnice mu dělaly k.** přen. hov. the dancers acted as a foil for him

křovina shrubbery, bushes; *(houština)* thicket

křovinatý covered with bushes, bushy

křtiny baptism, christening; *(hostina)* christening party n. banquet; **oslavovat k.** celebrate sb's baptism

křtít 1 baptize, christen 2 *(nápoje)* adulterate, water down

křtitelnice (baptismal) font

křupat v. **křoupat**

křupav|ý v. **křoupavý; upéci husu do ~a** roast a goose (till it is) nice and crisp

křup|nout crack, snap; **~lo mu v kotníku** a bone snapped in his ankle; **~lo to** there was a crack n. snap

kšeft hanl. fiddle, *(ve velkém)* racket

kšeftař *(s ukradeným zbožím, drogami* ap.*)* trafficker (s with); *(ve velkém)* wheeler-dealer

kšeftařit traffic, deal* (s in); **k. s drogami/ ukradeným zbožím** traffic in drugs/ stolen goods

kšír(k)y *(dětské)* baby's harness n. reins

kštic|e mop of hair, shock of hair; **má bujnou ~i** he has a thick head of hair

kterak how, in what way

kter|ý 1 táz. *(při výběru z omezené skupiny)* which; **~á hračka se ti líbí víc?** which toy do you prefer?; **k. den?** on which day?; **k. z vás?** which of you? 2 vzt. **A)** *(o osobách)* who, that; **muž, ~ého jsem viděl** the man (whom) I saw*; **muž, o ~ém jsem ti říkal** the man (that) I told* you about; **dívka, ~á mne milovala** the girl who loved me **B)** *(jinak)* which, that; **kniha, ~ou bych si chtěl přečíst** the book (which n. that) I would like to read* **3** neurč. **A)** *(vůbec některý)* any single n. particular; **jestli se mi k. film nelíbil, je to ...** if there is any particular film I did not like it is ... **B)** *(kterýkoliv)* whichever, no matter which; **~é šaty si vzala, všechny jí slušely** no matter which dress she put* on, she always looked smart **C)** *(ten k.)* respective, ...in question; **na ten k. den** for the respective day, for the day in question

kterýkoli(v) any; **k. den** (on) any day; **k. jiný** any other

kterýsi some (or other); **k. její přítel** some friend of hers (or other)

Kuba Cuba

Kubán|ec, ~ka, k~ský Cuban

kubatura cubature

kubický cubic; **k. centimetr** cubic centimetre

kubismus cubism

kubista cubist

kubistický cubist, cubistic

kučera curl

kučeravý *(vlasy)* curly, *(drobně)* frizzy, fuzzy

kudla clasp knife, jackknife

kudlanka praying mantis

kudrlin|ka, ~a **1** *(pramínek vlasů)* ringlet **2** *(písma)* squiggle, flourish; **písmo samá k.** ornate handwriting

kudrna ringlet; *(krátká)* curl

kudrnatý curly; *(drobně)* frizzy, frizzly, fuzzy

kudy **1** táz. which way, how; **k. půjdeme?** which way shall we take*?; **k. se jde na nádraží?** what is the best n. shortest way to the station?, how can I get* to the station? **2** vzt. along which, through which; **okno, k. se vloupal** the window through which he broke* in; **pěšina, k. šel** the path along which he went*

kudykoli(v) any way, no matter which way; **ať jde k.** no matter which way he takes*

kufr **1** suitcase; **sbalit si ~y** pack one's bags; **kde máte ~y?** where is your luggage? **2** *(u auta)* boot, am. trunk

kufřík small suitcase

kufříkový portable; **k. psací stroj** portable typewriter

kuchař cook; **vrchní k.** head cook, chef

kuchař|it cook; **rád ~í** he likes to cook

kuchař|ka **1** v. **kuchař** **2** *(kniha)* cookery book, am. cook-book

kuchařsk|ý cooking, of cooking; **~é předpisy** (cooking) recipes; **~é umění** art of cooking, culinary art; **~á kniha** v. **kuchařka (2)**

kuchat gut, clean, *(drůbež též)* draw*; hov. *(operovat)* butcher sb.

kuchtík kitchen boy

kuchyně **1** *(místnost)* kitchen; *(menší)* kitchenette; **závodní k.** canteen; **polní k.** field kitchen, am. field mess **2** *(úprava jídla)* cuisine, cooking; **česká k.** Czech cuisine n. cooking; **studená a teplá k.** cold and hot meals; **prostá (domácí) k.** plain cooking **3** *(nábytek)* kitchen furniture

kuchyňsk|ý kitchen; **k. stůl/ ~á sůl** kitchen table/ salt; **~á linka** fitted kitchen, am. unit kitchen; **k. kout** kitchenette

kujn|ý malleable, forgeable ■ **~ost** malleability, forgeability

kuk! peekaboo!

kukačk|a **1** cuckoo **2** **~y** *(hodiny)* cuckoo clock

kukadla eyes neutr.; hov. peepers

kuk|at cuckoo, call cuckoo ■ **~ání** cuckooing, cuckoo call(s)

kukátko **1** *(divadelní)* opera glasses **2** *(špehýrka)* eyehole, peephole

kukla **1** *(ochranná)* helmet; *(šermířská)* mask, guard; *(vlněná)* balaclava, Balaclava helmet; **včelařská k.** protective veil **2** zool. pupa, pl. pupae n. pupas, chrysalis; *(bource)* cocoon

kuklit se change into a chrysalis, pupate

kukuřice maize, am. corn

kukuřičn|ý corn, maize; **pražené ~é vločky** cornflakes; **~á mouka** maize meal; **k. klas** ear of maize n. am. corn, *(vařený)* corn on the cob

kůl *(v plotě* ap.*)* post; *(pilota)* pile; *(k zatloukání do země)* stake; **zarazit k. do země** drive* a stake into the ground ♦ **být jako k. v plotě** be completely alone in the world

kula|k, ~cký kulak

kulantní obliging, accommodating; **k. cena** fair price

kulatina round timber

kulatit make* sth round ■ **k. se** grow* plumper, fill n. plump out

kulaťoučký nice and plump, rotund

kulat|ý **1** *(stůl, cena, číslo)* round; *(obličej, paže* ap.*)* plump; **mít ~á záda** have a stoop **2** *(odpověď)* noncomittal

kul|e **1** *(kulka)* bullet; **prohnat si ~i hlavou** blow* one's brains out, put* a bullet through one's head **2** pl. *(v kartách)* diamonds **3** *(známka)* v. **koule (3)**

kulečník billiards; *(s kapsami)* snooker; **hrát k.** play billiards/ snooker

kulh|at limp, walk with a limp; **~á na pravou nohu** he limps with his right leg; *(belhat se)* hobble; přen. *(verš, přirovnání, logika* ap.*)* limp

kulhavka foot-and-mouth disease

kulhav|ý limping; *(verš)* limping, lame ■ **~ost** limp

kuličk|a 1 small ball; *(korálek)* bead; *(ocelová)* ball ♦ **být jako k.** be (like) a dumpling 2 *(na hraní)* zprav. pl. **~y** marbles; **hrát ~y** play marbles 3 *(papíru, chlebová)* pellet; *(rtuti)* globule

kuličkov|ý ball; **~é ložisko** ball bearing; **~é péro** ballpoint pen

kulis|a 1 div. *(jednotlivá)* flat, *(boční)* wing; **~y** scenery, scene, set; **za ~ami** behind the scenes 2 *(zvuková)* background music, hanl. *(na letišti, v obchodech* ap.*)* muzak; *(pozadí)* background

kulisá|k, ~ř scene fitter

kulit: k. oči stare in surprise; **ten bude k. oči** he'll get* the surprise of his life ■ **k. se** expr. *(pomalu jít)* waddle (along)

kulka bullet; *(menší)* pellet

kulminace culmination, culmination point

kulmina|ční culminating; **k. bod** v. **~ce**

kulminovat culminate; přen. též reach a peak, *(spor)* come* to a head

kůlna shed, outhouse, am. outbuilding

kůlničk|a: ♦ **udělat z čeho ~u na dříví** *(rozbít)* make* a dog's breakfast (out) of sth, *(udělat nepořádek)* turn sth upside down

kuloár corridor, passage; parl. lobby; **jednání v ~ech** *(intriky)* backstage manoeuvring

kulomet machine gun

kulomet|ník, ~čík machine gunner

kulometn|ý machine-gun; **~é hnízdo** machine-gun nest, hov. pillbox; **~á palba** machine-gun fire

kulový 1 **k. blesk** ball n. am. globe lightning 2 *(v kartách)* of diamonds; **k. král** king of diamonds

kult cult; **k. osobnosti** personality cult

kultivace cultivation, *(půdy* též*)* tillage; *(zúrodňování)* reclamation

kultivova|t *(půdu)* cultivate, *(zúrodňovat)* reclaim ■ **~ný** *(hlas)* cultivated, *(člověk)* sophisticated, cultured; *(tvář)* refined; *(národ)* civilized, highly literate

kultur|a 1 *(duchovní)* culture; *(společenská)* civilization; *(umění)* the Arts; **antická k.** the culture of the Ancient World; **západní k.** Western civilization 2 **tělesná k.** physical culture 3 *(baktériová)* culture

kulturista bodybuilder

kulturistika bodybuilding

kulturn|í cultural; **k. dohoda** cultural agreement; **k. dům** civic centre; **k. plodina** cultivated plant; **k. dějiny** history of civilization ■ **~ost** level of cultural development; *(jednotlivce)* culture, refinement, sophistication

kumpán chum, crony, pal, am. buddy

kumšt 1 *(umění)* art 2 trick; **všelijaké ~y** all sorts of tricks; **to není žádný k.!** that's no great feat!, anyone can do that!

kumštýř 1 *(umělec)* artist 2 *(kejklíř)* conjurer, juggler

kůň 1 horse; **čistokrevný k.** thoroughbred; **dostihový k.** racehorse; **jezdecký/ tažný k.** saddle/ draught horse; **sednout na koně** mount a horse; **sesednout z koně** dismount (from) a horse; **na koni** on horseback ♦ přen. **být na koni** be on n. ride* one's high horse; **pracovat jako k.** work like a Trojan; **vsadit (si) na nesprávného koně** též přen. back the wrong horse 2 sport. vaulting horse, *(s madly)* pommel horse; **houpací k.** rocking horse 3 šach. knight 4 *(koňská síla)* horsepower

kuna marten; **k. skalní** stone marten; **k. sobol** sable

kuňk|at 1 *(žáby)* croak 2 *(nezřetelně mluvit)* mumble, mutter ■ **~ání** croaking; mumbling

kupa 1 *(sena, slámy)* stack; *(papírů, knih)* pile 2 *(mraky)* cumulus (cloud) 3 *(mnoho)* v. **kopa (1)**

kupé 1 compartment; **k. pro nekuřáky** non-smoker; **k. pro kuřáky** smoker, smoking compartment; **k. první třídy** first-class compartment 2 aut. coupe

kupec buyer, purchaser

kupeck|ý *(obchodnický, zištný)* mercantile; **~é počty** commercial arithmetic

kupit heap (up), pile (up), accumulate ■ **k. se** *(dav)* gather, *(mraky)* mass

kupka v. **kupa**

kuplet *(v kabaretu)* cabaret n. am. vaudeville song, br. music-hall song

kuplíř procurer, *(pasák)* pimp; **~ka** procuress

kupní purchase, purchasing; **k. cena** (purchase) price; **k. síla** purchasing power; **k. smlouva** contract of purchase

kupodivu surprisingly, oddly, strangely n. curiously enough

kupole v. **kopule**

kupón *(ústřižek)* counterfoil; *(poukázka)* coupon, voucher

kupovat v. **koupit**

kupředu forwards; **jít k.** go* n. move ahead; **školství jde k.** education is moving ahead; **naše práce jde k.** we are making* headway n. progress with our work

kur: k. domácí domestic fowl

kůr *(v kostele)* gallery, the organ loft

kúra cure, course of treatment; **lázeňská k.** a course of treatment at a spa

kůra 1 *(kmene, větví)* bark 2 *(pomerančová, citrónová)* peel; **k. od sýra** cheese paring 3 **zemská k.** the earth's crust; **chlebová k.** bread crust; **k. mozková** cerebral cortex

kurát: polní k. dř. military chaplain, hov. padre

kuráž courage; hov. guts, gumption; *(pod vlivem alkoholu)* Dutch courage; **dodat si ~e** pluck up (one's) courage

kurážný stout-hearted, hov. plucky

kurděje scurvy

kurie *(papežská)* Curia

kuriozi|ta curiosity, rarity; *(věc)* curio(sity); **sbírka ~t** a collection of curios

kuriózní strange, odd, curious; **k. je, že** the strange thing is that

kůrk|a *(chlebová)* (bread) crust ♦ **(ani) pes by od něho ~u nevzal** everyone avoids him like the plague n. gives* him a wide berth

kurník henhouse

kurs 1 *(učební* ap.*)* course, training course, class; *(soustředění)* workshop; **doškolovací k.** inservice course; **navštěvovat k. češtiny** attend a Czech course; **chodit do ~u vaření** attend a cookery class 2 *(lodi, letadla)* course; **udržovat k.** keep* n. hold* course; **odchýlit se od ~u** go* off course; přen. **politický k.** policy line, political course 3 obch. *(měny)* rate of exchange; *(burzovní)* stock-market price n. rate ♦ **být v ~u** be in great demand, *(o osobě)* **být u koho v ~u** be popular with sb, be in sb's good books

kursista participant in a course

kursovné course fees

kursovní: k. hodnota market value n. price

kurt tennis court; **krytý k.** indoor tennis court

kurtizána courtesan

kurýr courier, messenger

kurzív|a italics; **vytisknout co ~ou** print sth in italics

kuřáck|ý smoking, for smokers; **~é oddělení** smoking compartment; **k. salónek** smoking-room

kuř|ák, ~ačka smoker

kuřárna smoking-room

kuře chicken, *(malé)* chick ♦ **neublíží ani ~ti** he wouldn't hurt* a fly

kuřecí chicken; **k. maso** chicken (meat); **k. polévka** chicken soup

kuří: k. oko corn ♦ **šlapat komu na k. oka** přen. tread* on sb's corns

kuřivo tobacco products, hov. smokes

kus 1 piece; *(část)* part; *(uřezaný)* slice, cut, *(velký)* chunk; *(papír)* scrap, bit; *(půdy)* plot, piece; **k. dortu/ chleba** a piece n. *(krajíc, řez)* slice of cake/ bread; **rozbít na ~y** break* sth into pieces; **salám v jednom ~e** *(nekrájený)* salami in one piece 2 *(souvislá část)* **ušít co z jednoho ~u** sew* sth from one piece; **k. života** a slice n. chunk of life; **pěkný k. cesty** a considerable n. fair distance, quite a stretch of the journey ♦ **v jednom ~e** *(spát, pracovat* ap.*)* without a letup, incessantly 3 *(jednotlivina)* piece; **k. nábytku** a piece of furniture; *(skladba)* piece, composition; **divadelní k.** play; *(o knihách* ap.*)*, copy; **10 ~ů** 10 copies; **20 ~ů dobytka** 20 head of cattle; **k. po ~e** piece by piece; **mzda od ~u** piece wages 4 **mistrovský k.** masterpiece; hov. *(krásná žena)* smasher, quite a dish 5 expr. **přijít na k. řeči** drop in for a natter n. gossip 6 **je to k. hlupáka/ osla!** what a fool!/ what an ass n. idiot!

kusadla *(hmyzu)* mandibles

kusov|ý: ~á mzda piece wages; **~é zboží** piece goods; **~á zásilka** individual package

kůstka 1 small bone; **rybí k.** fishbone 2 sl. *(dívka)* a piece of goods

kustod *(veřejné budovy)* curator, custodian; *(knihovny)* též keeper, librarian

kus|ý *(práce, seznam)* incomplete; *(vzpomínky, zprávy)* incomplete, fragmentary; *(znalosti* též*)* sketchy, scanty; *(odpověď)* short; **~é informace** snippets of information

kutálet *(sudy, míč)* roll ■ **k. se ve sněhu/ na trávě** roll in the snow/ on the grass

kutat *(dobývat)* dig* for, mine for

kutě: jít na k. hit* the sack; *(malé dítě)* go* to beddy-byes

kutil handyman, D.I.Y. [di:ai'wai] man, do-it-yourselfer

kutilství do-it-yourself, br. D.I.Y. [di:ai'wai]

kutit potter about, tinker about n. around, do odd jobs; **k. na čem** *(neodborně opravovat)* tinker n. mess about with something

kutn|a cowl, frock, (monk's) habit ♦ **obléci ~u** become* a monk
kuvér cover charge, house charge
kůzl|e, ~átko kid
kůzlečí: k. maso kid
kůž|e 1 *(lidská)* skin; přen. **husí k.** goose-pimples, goose-flesh; **rozpukaná k.** chapped skin; **odřít si ~i** graze one's skin; **loupe se mi k.** my skin is peeling; **být promoklý na k.** be soaked to the skin; **být jenom kost a k.** be nothing but skin and bone ♦ **má hroší ~i** he has a thick skin, he is thickskinned; **chránit si svou ~i** stick* up for o.s.; **riskovat svou ~i** risk one's skin; **být v ~i koho** be in sb's shoes; **nebýt ve své ~i** feel* under the weather, feel off colour; **to by člověk vyletěl z k.** that's enough to drive* you round the bend **2** *(zvířecí: surová)* skin, *(u větších zvířat)* hide; *(se srstí)* pelt; **svlékat ~i** *(had)* cast* one's skin; **stáhnout ~i** skin n. flay (an animal) **3** *(zpracovaná)* leather, *(se srstí)* fur
kužel 1 geom. cone; **komolý k.** blunt n. truncated cone **2** sport. club
kuželk|a skittle, pin; **hrát ~y** play skittles n. ninepins
kuželovitý conical, cone-shaped
kůžička 1 *(na nehtech)* cuticle **2** *(králičí* ap.*)* skin
kvádr stav. ashlar
kvadrát *(druhá mocnina)* square, power of two; **povýšit číslo na k.** raise a number to the power of two ♦ **je pitomý na k.** he's a prize idiot
kvadratick|ý quadratic; **~á rovnice** quadratic equation
kvadratura quadrature; **k. kruhu** quadrature of a circle
kvádrový freestone; **k. dům** freestone house
kvák|at 1 *(žába)* croak, *(kachna)* quack **2** přen. **k. nesmysly** talk nonsense, drivel ■ **~ání** croaking, quacking
kvalifikac|e qualification; **získat ~i** sport. qualify
kvalifikační qualifying
kvalifikovaný qualified, professional; *(dělník)* skilled; **k. zahradník** professional gardener; **plně k.** *(lékař, architekt)* fully-fledged
kvalifikovat 1 k. něco jako qualify n. describe n. characterize sth as **2** *(oprávnit)* qualify, entitle (to) ■ **k. se** qualify (as, in), obtain a qualification; sport. qualify
kvalit|a 1 *(zboží)* quality, grade; **zboží prvotřídní ~y** first-class n. first-rate goods; **zboží horší ~y** poor-quality goods **2** *(vlastnost)* quality; **ukázat své ~y** display one's strong n. good qualities n. points; **má ~y filmové hvězdy** she has the makings of a filmstar
kvalitativní qualitative
kvalitní (high-)quality, first-class; **k. výrobky** quality products; **(vysoce) k. práce** high-quality work
kvalt hov. hurry, rush; **mít na k.** be in a hurry; **jen žádný k.!** there's no rush, what's all the rush?; **dělat něco v ~u** do sth hurriedly n. hastily
kvaltovat hurry, rush
kvaltovka *(spěšná práce)* a rush job (též hanl.: *nedbale provedená práce)*
kvantita quantity
kvantitativn|í quantitative ■ **~ě se odlišovat** differ in quantity
kvantov|ý fyz. quantum; **~á teorie** quantum theory
kvantum 1 fyz. quantum pl. quanta **2** *(množství)* amount, quantity; **malé k. kávy** a small amount of coffee; **velké k. lidí** a large crowd of people
kvap rush, haste; **~em** in a hurry, at a rush, *(silněji)* posthaste
kvapík galop
kvap|it: čas ~í time hurries n. flies along
kvapn|ý *(kroky, jídlo)* hurried; *(práce)* rushed; *(rozhodnutí)* hasty, rash ♦ **práce ~á, málo platná** the more haste the less speed ■ **~ě** hurriedly
kvarta 1 hud. fourth **2** dř. *fourth year of the former Czechoslovak Gymnasium (≅ Grammar School)*
kvartál quarter; **konec ~u** end of the quarter
kvartáln|í quarterly ■ **~ě** quarterly, every quarter
kvartán fourth-former v. **kvarta (2)**
kvartet, kvarteto quartet, quartette
kvartový *(formát)* quarto
kvas 1 v. **kvásek 2** fermentation; přen. ferment, turmoil **3** *(ruský nápoj)* kvass
kvásek leaven, sour dough
kvasinka yeast plant
kvas|it *(víno* ap.*)* ferment; přen. **v národě to ~í** the nation is in ferment n. turmoil ■ **kvašení** fermentation; přen. ferment, turmoil
kvasnice yeast; *(pivní)* brewer's yeast
kvasn|ý fermenting, fermentation; **~á káď** fermenting vat; **~á chemie** fermentation chemistry; **k. proces** fermentation
kvaš gouache
kvedlačka twirling stick
kvedlat twirl (round)

kverulant grumbler, grouser
kverulantský querulous
kvést 1 flower, bloom, be in bloom; *(stromy)* be in blossom; *(zahrady)* be full of flowers, be covered with flowers 2 přen. *(obchod, umění)* flourish, thrive*, prosper, *(obchod* ap.*)* boom; *(talent)* blossom; **zdravím jen kvete** she/ he is the picture of health
květ 1 flower; *(ovocných stromů)* blossom; hromad. bloom; **ledové ~y** frostwork; **být v ~u** be in flower/ blossom; **doba ~u** flowering period, blossom time ♦ **je to děvče jako k.** she's as pretty as a picture, she is a real eyeful 2 přen. **zemřít v ~u mládí/ života** die in the flower of one's youth/ in the prime of one's life; v. též **~ina**
květák cauliflower
květen May
květenství inflorescence
květina flower; **luční k.** meadow flower; **polní k.** wild flower; **zahradní k.** garden flower
květináč flowerpot
květinář, ~ka 1 *(prodavač)* florist 2 *(pěstitel též)* flower grower; **pouliční ~ka** flower girl
květinářství 1 *(obchod)* florist's (shop), flower shop 2 *(obor)* flower-growing, floriculture
květinov|ý floral; **~á výzdoba** floral decoration; **k. záhon** flowerbed; **~é dary** flowers, floral tributes
květnat|ý 1 *(louka)* ablaze with flowers 2 *(řeč, styl)* flowery, florid, ornate ■ **mluví ~ě** he has a very ornate turn of phrase, his speech is very ornate ■ **~ost** ornate turn of phrase
květn|ý: K~á neděle Palm Sunday
květovaný *(látka)* flowered, flowery
kvi|čet, ~kat squeal, squeak ■ **~čení** squealing, squeaking ■ **~kání** squeals
kvíl|et (nad over) wail, lament; *(vítr)* howl ■ **~ení** wailing, lamentations; howling
kvílivý wailing; *(vítr)* howling
kvinta 1 hud. fifth 2 šk. dř. fifth year n. form; v. **kvarta (2)**
kvintán fifth-former; v. **kvartán**
kvintet hud. quintet, quintette
kvit quits, even; **jsme si k.** now we are quits n. even, let's call it quits, shall we?
kvitance receipt
kvítko žert. **to je k.!** he is a rascal!
kvitovat 1 *(co)* give* a receipt for 2 **k. s povděkem/ uspokojením** acknowledge sth with thanks/ with satisfaction
kviz quiz; *(tel. program)* quiz show n. programme
kvocient mat. quotient; **inteligenční k.** IQ, intelligence quotient
kvočna brooder, brood hen
kvokat cluck; *(sedět)* sit*, brood
kvóta *(příděl)* allocation, *(povinná dodávka)* delivery target
kvůli *(komu/ čemu)* because of sb/ sth, for sb's/ sth's sake; **šel tam k. dětem** he went* there for his children's sake; **k. přátelství** for friendship's sake; **k. mně si nedělejte starosti!** don't worry on my behalf!
kyanid cyanide
kyanovodík hydrogen cyanide
kybernetický cybernetic
kybernetik cyberneticist
kybernetika cybernetics
kýbl bucket; *(vědro)* pail
kýč kitsch
kýčař *(spisovatel)* kitschy writer, *(malíř)* zvl. am. schmalzartist
kyčel hip, haunch
kyčelní hip; **k. kloub** hip joint
kýčovitý kitschy; *(sentimentální)* slushy, mawkish, schmaltzy; *(banální)* trashy, banal
kydat 1 *(hnůj)* muck out 2 **k. na koho hanu** n. **špínu** throw* n. sling mud at sb, drag sb's name through the mud
kých|at, ~nout sneeze; **~nout** též give* a sneeze
kyj club, cudgel, bludgeon
kykyryký v. **kikiriki**
kýl *(lodní)* keel
kýla *(břišní)* rupture, hernia
kýlní: k. pás rupture support, lék. truss
kymác|et sway, *(lodí)* rock; **vítr ~í větvemi** the wind sets* the branches swaying, the wind rocks the branches ■ **k. se** *(loď)* rock; *(osoba)* reel, sway from side to side ■ **~ení** rocking, reeling, swaying
kyn|out$_1$ 1 **k. na pozdrav** wave to sb; **k. na rozloučenou** wave good-bye to sb 2 přen. **k. komu** await sb, be in store for sb; **~e mu skvělá budoucnost** a rosy future is ahead of him n. awaiting him
kyn|out$_2$ *(těsto)* rise*; **chléb nechce k.** the bread won't rise; **dítě jen ~e** the child is nice and plump
kyp|ět *(voda, mléko)* boil, bubble (over); **k. zlostí** seethe with anger; **k. zdravím** be the picture of health; **krev mi ~í** my blood is (boiling) up, I see* red ■ **~ící zdravím** hale and hearty; **~ící energií** vibrant with energy

Kypr Cyprus
kyprý 1 *(půda)* loose; *(pečivo)* light, fluffy; *(sníh* též*)* loose-packed 2 *(žena)* plump; *(kráska)* voluptuous, buxom
kypřit *(půdu)* loosen, hoe; *(pečivo)* fluff up, make* sth fluffy
kyrilice Cyrillic
kys|at *(zelí)* sour, turn n. go* sour ▪ **~ání** souring, sour process
kyselina acid; **k. sírová/ dusičná/ mléčná** sulphuric/ nitric/ lactic acid
kyselinovzdorný acid-proof, acid-resistant
kyselit make* sth sour, acidify; *(octem)* add (some) vinegar
kyselka mineral water *(rich in CO_2)*
kysel|ý 1 sour, *(víno* též*)* sharp, hard, *(ovoce* též*)* sharp, tart; *(půda)* acidic; **k. déšť** acid rain; **~é hrozny** sour grapes též přen.; **kousnout do ~ého jablka** grasp the nettle 2 *(okurky, herynky)* pickled; *(smetana)* soured; **~é zelí** sauerkraut 3 *(obličej)* sour, long; *(poznámka)* wry ▪ **zatvářit se ~e** pull n. make* a wry face ▪ **~ost** acidity; *(žaludku)* acid; *(nevlídnost)* moroseness
kysličník oxide; **k. uhličitý/ uhelnatý** carbon dioxide/ monoxide
kyslík oxygen
kysnout v. **kysat**
kyt putty
kýta kuch. leg; **vepřová/ skopová/ telecí k.** leg of pork/ mutton/ veal
kytar|a guitar; **hrát na ~u** play the guitar
kytarist|a, ~ka guitarist, guitar player
kytic|e bunch of flowers, *(velká)* bouquet; **svatební k.** the bride's bouquet; **uvázat ~i** make* up a bouquet
kytka 1 *(kytice)* posy 2 hov. *(květina)* flower
kytička 1 small bunch of flowers, nosegay 2 *(květina)* flower
kytovat *(okna)* putty (up)
kytovec cetacean
kyv *(kyvadla)* swing (of a pendulum)
kyvadlo pendulum
kyvadlov|ý *(pohyb)* pendular; **~é hodiny** pendulum clock; **~á doprava** shuttle service
kýval yesman
kýv|at 1 *(hlavou)* nod one's head; **k. rukou** wave one's hand; **vítr ~á větvemi** the wind rocks the branches 2 **k. ke všemu** rubberstamp everything, be a yesman ▪ **k. se** 1 *(kyvadlo)* oscillate 2 *(zub, hřebík)* be loose; *(židle)* wobble 3 *(o větvích ve větru)* swing* n. wave to and fro
kývavý: k. pohyb seesaw motion; *(kyvadla)* oscillation
kýv|nout *(hlavou na pozdrav)* give* a nod, *(na souhlas)* nod one's head in agreement, nod approval; **k. na koho** *(rukou: na pozdrav)* wave to n. at sb, *(na rozloučenou)* wave sb goodbye; *(přivolávat)* beckon sb (to come*), motion n. signal sb (to come); v. též **~at** ▪ **~nutí** *(hlavou)* nod, *(rukou)* wave
kyz pyrite
kyzový pyritic
kýžený coveted, hoped-for, sought-after

L

l *(písmeno)* l [el]
Labe Elbe
labiál|a, ~ní jaz. labial
labil|ita, ~nost instability
labilní unstable; fyz., chem. labile
laborant laboratory n. hov. lab technician n. assistant
laboratorní laboratory; **l. podmínky** laboratory conditions
laboratoř laboratory, hov. lab
labuť swan
labutěnka powder puff
labutí: l. krk swan's neck; přen. *(šíje)* swanlike neck; **l. píseň** swan song
labužnický gourmet, epicurean
labužník gourmet; **pro ~y** for delicate palates
labyrint labyrinth též anat.; přen. též maze
láce cheapness, inexpensiveness
lacin|ý 1 cheap, inexpensive, low-priced; **~é zboží** low-priced goods; **~á koupě** a bargain **2** *(povrchní)* cheap, shoddy, superficial; **l. vtip** a cheap joke ■ **~o, ~ě** cheaply, cheap, at a low price; **je tam ~o** their prices are reasonable; **vyváznout ~o** get* off lightly
lačnět: l. po moci be hungry for power; **l. po penězích** be avaricious, be greedy for money
lačno: na l. with n. on an empty stomach
lačn|ý 1 na l. žaludek v. **lačno 2 l. moci** power-hungry; **l. peněz** avaricious, greedy
lad: bez ~u a skladu pell-mell, topsy-turvy
ladem: ležet l. *(o poli)* lie* fallow; *(o talentu)* be left* unexploited
ladění *(hud. nástroje, rádia* ap.*)* tuning; **digitální l.** digital tuning
ladicí tuning; **l. kladívko** tuning-hammer, **l. stupnice** tuning-dial; *(u rádia)* **l. knoflík** tuning knob
ladič hud. tuner; **l. pian** piano tuner
ladička tuner, tuning fork
lad|it 1 hud. *(co)* tune; *(rádio)* tune in **2** *(být sladěný)* hud. be in tune with sth; *(o barvách* ap.*)* go* together, harmonize, match ♦ **tady něco neladí** there is sth wrong here
ladný *(postava)* well-proportioned, *(ženská)* shapely; *(pohyby)* graceful; *(celek)* harmonious
ládovat (se): l. do sebe co tuck into sth; **l. se čím** stuff o.s. with sth
lafeta voj. gun-carriage
laguna lagoon
láhev 1 bottle; *(cestovní, polní)* flask; *(zdobená, stolní)* decanter; *(dětská)* baby's n. feeding bottle; **ohřívací l.** hot-water bottle; *(tlaková)* cylinder; **l. piva/ mléka** a bottle of beer/ milk; **l. od piva** beer bottle **2** fyz. **leidenská l.** Leyden jar
lahodit be pleasing; **l. oku** be pleasing to the eye; **l. uchu** též flatter the ear
lahodn|ý *(vůně, chuť)* delicious, delightful; *(jídlo též)* palatable, tasty; *(víno)* gentle, smooth, mellow; *(hudba, hlas)* pleasing to the ear, melodious ■ **chutnat ~ě** taste delicious ■ **~ost** *(pokrmu)* delicious taste, savouriness; *(hlasu, hudby)* melodiousness
lahůdka titbit, delicacy; *(sladkost)* dainty
lahůdkářství delicatessen (store n. shop)
lahůdkový *(sýr, víno)* choice, select
lahvička 1 small bottle **2** *(na léky)* phial, vial
lahvov|ý: ~é pivo/ víno bottled beer/ wine
laick|ý lay, amateur; *(neodborný)* amateurish, dilettante; **l. kněz** lay priest; **~á divadelní skupina** an amateur drama n. dramatic group
laik *(nekněz* i *neodborník)* layman
lajdácký *(nedbalý)* sloppy, slovenly; *(nepořádný)* messy; *(v práci)* careless; *(práce)* slipshod, slapdash
lajdáctví *(nedbalost)* sloppiness, slovenliness; *(práce)* slipshod n. slapdash work
lajdačit loiter n. loaf about; *(v práci)* mess about (with)
lajdák slovenly n. sloppy person; idler, loafer
lak *(na dřevo, na kůži* ap.*)* varnish; *(na auta)* paint; *(jemný: na vlasy)* lacquer, *(ve spreji)* hair spray; *(na nehty)* nail varnish
lák *(slaný)* brine, *(marináda)* pickle; **maso v ~u** meat in brine
lákadl|o bait, lure; **~a velkoměsta** enticements n. attractions of the big city
lákat 1 lure, entice; **l. sliby** entice by promises **2** *(svádět)* tempt
lákav|ý tempting, alluring; **~é dálky** alluring faraway places; **l. titul** a catchy title; **~á nabídka** an attractive proposition ■ **~ě** enticingly, alluringly; **~ě co vylíčit** describe sth in glowing terms
lakmusový: l. papírek litmus paper
lakomec miser, skinflint, penny pincher
lakomství miserliness, meanness, stinginess; *(hrabivost)* avarice, greed

lakomý mean; *(silněji)* tight-fisted, stingy; hov. mingy; *(hrabivý)* avaricious, greedy
lakoni|cký laconic ■ **~čnost** laconicism
lakota avarice, rapaciousness v. **lakomství**
lakotit be miserly n. tightfisted; *(s penězi)* skimp n. scrimp with money, hov. be stingy, be a Scrooge
lakotný mean, stingy; v. též **lakomý**
lakov|at 1 *(politurou)* varnish; *(jemným lakem)* lacquer; *(barvou)* paint, *(emailovou barvou)* enamel; **l. si nehty** varnish n. do one's nails; **l. na růžovo** přen. varnish, whitewash 2 *(klamat)* dupe, take* in, pull the wool over sb's eyes ■ **~aný** varnished, *(nehty* ap.*)* lacquered ■ **~ání** varnishing, painting, lacquering; *(stříkáním)* spray-painting
lakýrky patent leather shoes
lakýrnictví 1 paint shop 2 *(profese)* varnishing (trade)
lakýrník varnisher
laločnatý lobular, lobed
lalok *(pod bradou)* double chin; *(kohoutí, krocaní)* wattle; *(u dobytka)* dewlap
lalůček 1 bot., lék. lobule, lobelet 2 *(ušní)* (ear) lobe
lama zool. lama, llama
láma|t 1 break*; **l. chléb/ větve** break bread/ branches; **l. kámen** quarry ♦ **mohl by skály l.** he could pull up trees; **l. nad kým hůl** give* sb up as a bad job, wash one's hands of sb 2 *(porušovat)* **l. hračky** break toys ♦ **l. si nad čím hlavu** rack n. cudgel one's brains over sth 3 *(řeč)* mangle, murder; **l. angličtinu** speak* broken English 4 polygr. *(sazbu)* make* up 5 *(paprsky)* difract, refract 6 *(rekordy)* break, beat* ■ **l. se** *(paprsky, větve, led* ap.*)* break ■ **~ný** broken; **mluvit ~nou češtinou** speak broken Czech ■ **když dojde na lámání chleba** přen. when n. if it comes* to the crunch
lámav|ý fragile, brittle ■ **~ost** fragility, brittleness
lamela lamella; *(spojky)* disc, plate
lamentovat 1 *(bědovat)* lament (**nad** over) 2 hanl. moan, complain
laminát laminated plastic
laminátový laminated
laminovat text. laminate
lampa 1 lamp; **elektrická l.** electric light; **petrolejová/ acetylénová/ plynová l.** oil/ acetylene/ gas lamp; **stolní l.** table lamp; **stojací l.** floor-lamp 2 **elektronková l.** tube; **rentgenová l.** X-ray n. Roentgen tube
lampasy trouser stripes
lampión Chinese n. Japanese lantern
lamželezo hefty n. burly n. brawny man
lán *(velký pozemek)* large piece of land
laň doe, hind
langusta crayfish, crawfish
lan|o rope, *(drátěné)* wire cable, *(ocelové)* cable, *(lodní)* hawser; *(cirkusové)* tightrope; **kotevní l.** anchor rope; **l. na šplhání** climbing rope; **šplhat po ~ě** climb a rope, *(ručkovat)* climb hand over hand; **spustit se po ~ě** rope down; **balancovat na ~ě** walk a tightrope
lanoví nám. rigging
lanovka *(kolejová)* funicular railway; *(visutá)* cable railway, cableway
lanýž truffle; **nadívaný ~i** *(čím)* truffled
lapač: l. popílku flue ash catcher; **l. prachu** dust catcher
lapák sl. *(vězení)* jug, clink, am. bucket; **být v ~u** be in the can, be doing time
lapálie trifle, triviality, fiddle-faddle
lapa|t catch*; **l. ptáky do sítí** snare birds ♦ **l. dech** n. **po dechu** gasp for breath, struggle for air; **když ptáčka ~jí, pěkně mu zpívají!** promises, promises!
lapidární *(stručný)* succint; *(styl)* terse, concise
lapis chem. lunar caustic
lap|it, ~nout catch*; *(zloděje)* capture, apprehend
lapsus *(malé prohřešení)* lapse, slip; *(společenský též)* faux pas; *(l. linguae)* slip of the tongue
largo hud. largo
larva larva, pl. larvae; grub
lascivní lewd; **l. vtip** a risqué n. blue n. hov. dirty joke
laser laser
laserov|ý laser; počít. **~á tiskárna** laser printer
lasi|ce, ~čka weasel
lásk|a 1 *(cit)* (**k, ke**) love (for, of); *(náklonnost)* fondness (of), affection (for), attachment (to); **l. ke komu/ čemu** love for sb/ of sth; **mateřská l.** maternal love; **l. rodičů** parental love; **l. k rodičům/ k vlasti** love for one's parents/ of one's country; **udělat něco s ~ou** do sth with loving care, lovingly; **z ~y** out of love; **dětství bez ~y** deprived childhood; **nemít v lásce hlupáky** not to suffer fools gladly 2 *(k druhému pohlaví)* love; **bláznivá l.** infatuation; **platonická/ neopětovaná l.** platonic/ unrequited love; **první l.** first love; **l. na první pohled** love at first sight; **dítě ~y** a love child ♦ **l. je slepá** love is blind 3 *(milostný poměr)* love affair, romance; **l. na**

jednu noc a one-night stand 4 *(osoba)* love, sweetheart; **stará l.** an old flame

lask|at caress, cuddle, fondle ■ **~ání** caressing ap.

laskav|ý *(přátelský)* nice, kind; *(ochotný)* obliging; *(dobrosrdečný)* kindhearted, kindly; **buďte tak ~a a přineste mi to** would you kindly bring* it to me, would you mind bringing it to me, *(formální)* (would you) be so kind as to bring it to me; **s vaším ~ým svolením** with your kind permission; **díky jeho ~é pomoci** through his good offices ■ **~ě** kindly; **řekl byste mi ~ě** would you kindly tell* me, would you be so kind as to tell me ■ **~ost 1** kindness, good nature 2 *(l. skutek)* good turn, favour; **udělat komu ~ost** do sb a favour n. a good turn

laskominy: dělat si l. na víno feel* like some wine, be longing n. dying for a glass of wine

láskypln|ý loving, affectionate, tender; **~á péče** loving care; **l. pohled** a tender n. affectionate look

laso lasso

lastura seashell, conch

laškovat 1 *(s děvčetem)* flirt with, make* advances to 2 *(žertovat)* banter, crack jokes; **l. s dětmi** tease children

laškovný playful

lať lath, *(lišta)* batten; **zatlouci co latěmi** batten sth down

lát: l. komu nag at sb, scold sb; **l. na co** complain n. moan about sth, *(kritizovat)* rail against sth

látat *(kalhoty ap.)* mend, repair, patch; *(ponožky)* darn, mend

latentní latent; *(nebezpečí, protiklady též)* dormant; **l. tuberkulóza** silent tuberculosis n. T.B.

laterna magica magic lantern

láteřit 1 curse and swear* 2 **l. na co** grumble about sth

latex latex

latin|a Latin; **klasická/ vulgární l.** classical/ vulgar Latin; **kuchyňská l.** dog Latin: **myslivecká l.** hunters' tales; **hodina ~y** Latin class

latinka Roman type, Roman letters

Latinoameričan, ~ka Latin American

latinský Latin

latinskoamerický Latin American

látk|a 1 *(textilie)* material, fabric; **bavlněná/ hedvábná/ vlněná l.** cotton/ silk/ woollen fabric n. material; **l. na oblek** suit material 2 fyz. chem. substance, matter; **organické/ anorganické ~y** organic/ inorganic substances; **škodlivé ~y** harmful substances, *(zvl. v ovzduší)* pollutants 3 abstr. *(materiál, téma)* **l. k románu** material for a novel; **l. k přemýšlení** sth to think* about

laťk|a 1 stake, picket 2 sport. bar; **shodit ~u** knock off the bar

laťkoví lathing, lathwork

látkov|ý made* of cloth, of cloth; **~á výměna** metabolism

latrína latrine

laureát prizewinner; **~i Nobelovy ceny** the Nobel prizewinners

láva lava

lavic|e bench; *(školní)* desk; *(kostelní)* pew; **kamenná l.** stone bench; **sedět na ~i obžalovaných** be in the dock

lavička small bench; *(v parku)* (park) bench

lavina avalanche, *(menší)* snowslip, snowslide

lavinovit|ý avalanche-like; *(epidemie též)* explosive; **l. vzrůst** snowball effect ■ **~ě** like an avalanche; **šířit se ~ě** snowball

lávka footbridge; *(na střeše)* running board

laxní lax, dilatory, slack; *(lhostejný)* indifferent; *(nedbalý)* careless

lazaret military hospital; *(polní)* field hospital

lazaretní: l. vlak hospital train

láz|eň 1 *(koupání)* bath; **osvěžující l.** refreshing bath 2 *(tekutina)* bath (water); **horká/ parní/ bahenní l.** hot/ steam/ mud bath; **sedací l.** sitz-bath; přen. **krvavá l.** bloodbath 3 **~ně** baths, health resort; *(s léčivými prameny)* spa; **mořské/ horské ~ně** seaside/ mountain resort; **veřejné ~ně** public baths 4 fot. **ustalovací l.** fixing bath

lázeňsk|ý spa, at a spa; **~á kapela** spa orchestra; **l. pobyt** stay at a spa; **l. host** visitor at a spa

lebeční cranial; **l. kost** cranial bone

lebk|a skull; **zlomenina ~y** fracture of the skull ♦ **mít tvrdou ~u** be pig-headed n. stubborn

lec|co(s) a thing or two, several things, many n. all kinds of things; **l. mi nebylo jasné** I was in the dark about several things; **~čemu se přiučit** learn* a thing or two; **hovořit o ~čemž** talk about this and that

lecjak in various ways, in all sorts of ways

lecja|ký many a; pl. all sorts of; **sem přicházejí ~cí lidé** all sorts of people come* here

leckde in various places, here and there

leckdo various people, quite a few people, one or two people

leckdy at times, now and then

lecktery many (a), quite a few
leč v. **ledaže**
léčba treatment, therapy; **ambulatorní l.** outpatient treatment; **lázeňská l.** cure at a spa, balneotherapy; **hormonální l.** hormone therapy
léčebna sanatorium, *(lázeňská)* health resort; **psychiatrická l.** asylum, mental institution
léčebn|ý *(účinky)* curative, therapeutic; **~á metoda** method of treatment; **l. význam vody** the curative value of water
léčení (course of) treatment; **jet na l.** go* to a health resort n. spa; **být na l. v lázních** take* a cure at a spa, take the waters
léč|it treat, attend to; *(ránu)* dress; **kdo vás ~í?** who is your doctor? ■ **l. se** be having medical treatment, undergo* treatment; **l. si co** be treated for, undergo treatment for ■ v. **~ení**
léčitel: lidový l. practitioner of traditional medicine; *(bylinkář(ka))* herbalist, herb doctor
léčitelný curable
léčiv|o: ~a *(léky)* medicines, drugs; **průmysl ~** pharmaceutical n. drug industry
léčivý *(prameny, rostliny, vlastnosti)* medicinal
léčk|a trap, ambush; *(oko)* snare; **nastrojit ~u** lay* an ambush n. a snare; **padnout do ~y** fall* into a trap ♦ **chytit se do vlastní ~y** be hoist with n. by one's own petard
led ice ♦ **prolomit ~y** přen. break* the ice; **dát co k ~u** přen. shelve sth, put* sth on ice n. into cold storage
leda I adv. only; **to by udělal l. blázen** only a madman could do that II sp. except, with the exception of; **nic, l. pár chlebíčků** nothing except n. save n. but a few sandwiches; v. též **~že**
leda- v. **lec-**.
ledabyl|ý careless; *(práce též)* slapdash, slipshod; *(povrchní)* perfunctory; *(chaotický)* messy, untidy ■ **~e** carelessly, perfunctorily; **~e udělaný** slapdash ■ **~ost** carelessness; untidiness; *(při práci)* sloppiness
ledajak|ý: to není jen tak ~á věc it is not just any old thing; *(o práci)* v. **ledabylý**
ledaskdo v. **leckdo; on není jen tak l.** he is not just anybody
ledaže sp. unless; **nepůjdu tam, l. mi zavolá** I won't go* there unless he gives* me a ring
led|ek, ~ový salpetre
leden January
ledňáček *(pták)* kingfisher
lední ice; **l. hokej** ice hockey; **l. medvěd** polar bear, white bear
lednice cold store; přen. icebox
lednička refrigerator, fridge; am. icebox
ledoborec icebreaker
ledovatět turn into ice, *(povrch)* ice over
ledov|ka, ~atka slippery ice; *(na silnicích)* black ice
ledovcový glacial
ledovec geol. glacier; *(plovoucí na moři)* iceberg
ledov|ý 1 ice, glacial; **~á kra** ice floe; **~á tříšť** floating n. drifting ice; **doba ~á** glacial period n. epoch 2 *(~ě studený)* icy, ice-cold; **~á voda** ice-cold water; přen. **~é ticho** stony silence; **zachovat si ~ou tvář** keep* a straight face
ledvina kidney; **bludná l.** floating kidney; **umělá l.** artificial kidney
ledvinka kuch. kidney
ledvinový renal; **l. kamének** renal calculus n. stone, pl. calculi
legaliz|ovat 1 legalize 2 *(úředně ověřovat)* authenticate; **l. podpis** attest a signature ■ **~ace** legalization; authentication
legáln|í legal, lawful ■ **~ě** lawfully, by lawful means ■ **~ost** legality, lawfulness
legenda legend; *(k výkresu)* též key; *(křížovky)* clue
legendární legendary
legie legion; **cizinecká l.** foreign legion
legionář legionnaire, legionary
legislativa legislation; *(orgán)* legislative body
legitimace *(osobní)* identity card; **členská l.** membership card; **stranická l.** party membership card n. book; **služební l.** service card
legitimní lawful, *(vlastník)* rightful
legitimovat *(kontrolovat)* check sb's papers, check sb's identity card ■ **l. se** show* one's papers
legova|t alloy ■ **~ná ocel** alloyed steel
legrac|e fun; **byla to velká l.** it was great fun; **to není žádná l.** *(není to snadné)* it is no bed of roses; **z l.** for fun; **jen tak z l.** *(z rozmaru např. týrat zvířata)* simply n. just for laughs; **vy si určitě děláte ~i!** you must be joking!
legrácky horseplay, skylarking
legračn|í funny, comical; **bylo to ohromně l.** it was a scream ■ **vypadat ~ě** look funny
leha|t (si) v. **lehnout (si); myslím na to vstávaje ~je** I think* of it day and night, I can't get* it out of my mind
lehátko *(ve vlaku)* couchette; *(nafukovací)* lilo
lehátkový: l. vůz coach with couchettes
lehkoatletick|ý track-and-field, athletic; **~é dis-**

ciplíny track-and field events
lehkomysln|ý careless, thoughtless; *(unáhlený)* reckless; *(lehkovážný)* light-headed, light-minded ▪ **~ě** carelessly ap.; **zacházet s čím ~ě** be careless with sth ▪ **~ost** carelessness ap.
lehkovážn|ý light-headed; *(morálně)* frivolous, easygoing; *(utrácivý)* carefree; *(nepřipouštějící si starosti)* happy-go-lucky ▪ **~ě** frivolously; **~ě utrácet** throw* one's money about; **jednat ~ě** act without thinking ▪ **~ost** thoughtlessness, carelessness; easygoing nature
lehkověrn|ý gullible, trusting, credulous ▪ **~ost** gullibility, credulity, credulousness
lehk|ý 1 *(závaží* ap.*)* light; *(z lehkých materiálů* též*)* lightweight; **~é boty** light shoes; **l. plášť** a lightweight coat; **l. jako pírko** as light as a feather 2 *(krok, chůze)* light; **~é kroky** light footsteps; **~á atletika** track-and-field events 3 *(déšť, mráz, dotek, spánek)* light; *(provinění)* minor; **~á horečka** a touch of fever, a slight temperature 4 *(četba, přednáška)* light; *(úkol)* easy, simple; *(lehce proveditelný/ srozumitelný)* easy to do/ easy to understand* ♦ **tys to měl vždy ~é** you've always had it easy 5 *(o ženě)* loose; **~á žena** tart 6 *(~ovážný)* **s ~ým srdcem** with a light heart, lightheartedly; **brát co na ~ou váhu** trifle with sth, make* light of sth ▪ **lehce** 1 *(zlehka)* lightly, gently; **dotknout se lehce** touch sth gently 2 *(snadno)* easily; **lehce pratelné šaty** drip-dry clothes; **lehce vydělané peníze** easy money ▪ **~o: vyjít jen tak na ~o** go* out lightly dressed ▪ **~ost** lightness; easiness, ease; *(stylu)* fluency
lehn|out (si) 1 *(položit se)* lie* down; *(ke spánku)* lie down to sleep*, go* to bed; **~i!** *(na psa)* (get*) down! ♦ **jak si kdo ustele, tak si ~e** as you make* your bed, so you must lie on it 2 *(o obilí)* lodge 3 **l. popelem** be burnt* (down) to the ground n. to a cinder
lehou|čký, ~nký feathery; **bylo to ~čké** *(snadné)* it was child's play, it was a piece of cake
lechtat tickle; **l. koho na noze** tickle sb's foot (**pírkem** with a feather)
lechtivý 1 ticklish; **být l. pod paždím** be ticklish under one's arms 2 *(eroticky náznakový)* saucy, suggestive 3 **je l. na práci** he's work-shy
lejno *(zvířecí)* excrement; *(trus)* droppings, dung; **kravské l.** cowpat
lejstr|o: ~a sl. bumf
lék medicine, drug, medicament; *(připravený)* preparation; **l. na/ proti** medicine n. remedy for; **l. proti bolestem** painkiller; **l. proti bolestem kloubů** a remedy for painful joints; **předepsat l.** prescribe a drug n. medicine
lékárenský pharmaceutical
lékárna chemist's, pharmacy; am. drugstore; *(v nemocnici)* dispensary
lékárnička first-aid kit n. box; *(domácí)* medicine chest n. cabinet
lékárnick|ý: ~é váhy/ ~á míra apothecaries' weight/ measure
lékárník pharmacist; br. též (dispensing) chemist; am. též druggist
lékař doctor, am. n. zast. physician; **praktický l.** general practitioner; **odborný l.** specialist; **dětský l.** paediatrician; **závodní l.** company n. works doctor; **osobní l.** personal physician; **rodinný l.** family doctor; **soudní l.** forensic surgeon; **vojenský l.** medical officer; **oční l.** eye doctor, occulist; **ušní l.** ear specialist; **ženský l.** gynaecologist; **jít k ~i** go* to see* the doctor; **poradit se s ~em** consult the doctor; **poslat pro ~e** send* for a/the doctor
lékařsk|ý medical, of medicine; **~á prohlídka** medical examination, hov. medical; **~á pomoc** medical aid; **~é ošetření** medical treatment; **~á fakulta** faculty of medicine; **~á věda** medical science ▪ **~y** medically
lékařství medicine, *(věda* též*)* medical science; **soudní l.** forensic medicine; **dětské l.** paediatrics; **studovat l.** study medicine
lekat$_1$ *(koho)* frighten, scare; *(znepokojovat)* alarm ▪ **l. se** get* frightened
lekat$_2$ v. **leknout**
lekavý easily frightened, panicky, jumpy; *(zvl. kůň)* skittish
lekc|e 1 *(hodina)* lesson, class ♦ **dát komu ~i** teach* sb a lesson 2 *(v učebnici)* lesson, chapter
leknín water lily
leknout *(ryby)* die
lek|nout se get* frightened, take* fright; **to jsem se ~l** *(tebe)* you gave* me a start ▪ **~nutí** fright
lékořice liquorice, licorice
lektor, ~ka 1 *(cizích jazyků)* univ. language assistant n. instructor, lektor 2 *(v nakladatelství)* reader
lektorát lektorship
lektorský: l. posudek reader's report
lektvar potion, draught; *(nápoj lásky* též*)* philtre
lel|ek: chytat ~ky v. **~kovat**
lelkovat loaf (around), idle; *(při práci, jídle* ap.*)* dally over

lem *(sukně, šatů)* hem; *(ubrusu)* edge
lemovat *(látku)* edge, trim, border; *(kožešinou)* fur
lemovka edging, facing; *(prýmková)* galoon
len *(bylina, vlákno)* flax
lenit v. **nelenit**
lenivět become* lazy
leniv|ý, ~ost v. **líný, lenost**
lenoch$_1$ loafer; hov. lazybones; **je to strašný l.** he is terribly lazy; **být l. na psaní** be a poor letter-writer
lenoch$_2$ *(židle)* back(rest)
lenochod sloth
lenošit 1 be lazy, idle, loaf 2 *(rekreačně)* take* it easy, sit* back and do nothing, loaf n. idle (around)
lenoška armchair, easy chair
leopard leopard
lep glue; *(na ptáky)* (bird)lime ♦ **sednout na l.** přen. swallow the bait
lépe better; **tím l.** so much the better; **čím dále, tím l.** it gets* better and better (též iron.); **bylo by l., kdyby nepřišel** he had better stay away, we would rather if he stayed away; **nebo l. řečeno ...** or rather ...
lepenk|a cardboard, pasteboard, paperboard; **krabice z ~y** cardboard box; **krytinová l.** roofing felt; **dehtová l.** tar paper
lepenkov|ý paperboard, pasteboard; **~á krabice** pasteboard n. cardboard box
lepicí adhesive; **l. páska** adhesive tape, *(izolepa)* sellotape, am. scotch tape
lepič: l. plakátů billposter, billsticker
lepidlo *(klihové)* glue, adhesive; *(škrobové)* paste; *(klovatina)* gum
lep|it 1 glue, paste, stick*; **l. plakáty na zeď** stick n. post bills on a wall; **lepidlo dobře ~í** the glue holds* n. sticks well 2 přen. *(článek, projev)* patch sth together ■ **l. se** *(být ~ivý)* be sticky; **tričko se mi ~í na tělo** my T-shirt is sticking to me; přen. *(na koho)* tag along, tag around with ■ **~ení** sticking; **~ení plakátů zakázáno!** Post n. Stick No Bills!
lepiv|ý 1 **~é nálepky** stick-on labels; **~á náplast** sticking plaster 2 v. **lepkavý**
lepkavý sticky; *(vlhce)* clammy; (zvl. *nezaschlý)* tacky
lepra leprosy
lepší 1 better ♦ **l. vrabec v hrsti než holub na střeše** a bird in the hand is worth two in the bush; žert. **moje l. polovička** my better half 2 *(vyšší úrovně)* better quality, better-class; **l. hotel** better-class hotel; **l. lidé** the upper crust, *(elita)* crème de la crème; **l. studenti** high achievers
lepš|it se 1 improve, get* better, be on the mend; *(finance, podmínky)* be looking up; **jeho stav se ~í** his health is improving, he is on the mend 2 *(morálně)* mend one's ways
lept *(technika, obraz)* etching
lept|at 1 *(kyselinu* ap.*)* corrode, treat with a mordant; lék. *(vypalovat)* cauterize 2 výtv. etch ■ **~ání** corrosion; etching; **~ání štočků** process engraving
leptav|ý corrosive; **~á kyselina** mordant ■ **~ost** corrosive power, causticity
lepý kn. n. zast. *(žena)* beautiful, lovely, comely
les wood(s); *(velký)* forest; **~y** *(zalesněná oblast)* woodland, wooded area n. country; **hluboký/ řídký l.** thick/ open forest; **jehličnatý/ listnatý/ smíšený l.** coniferous/ deciduous/ mixed forest n. wood; **na Slovensku je mnoho ~ů** Slovakia has a lot of woods n. am. woodland ♦ **pro stromy nevidí l.** he can't see* the wood for the trees; **jak se do ~a volá, tak se z ~a ozývá** you get* as much as you give*
lesbička lesbian
lesík grove
lesk 1 *(vlasů, peřel, kovů)* shine, gloss, lustre; *(tkaniny)* glitter; *(oslnivý)* glare, dazzle 2 přen. zvl. dazzle, glitter; **l. premiéry** the glitter of the first night; **dodat čemu ~u** put* a polish on sth
leskl|ý *(papír)* glossy, glazed; *(vlasy)* shiny; *(kůže, kov)* shiny, bright; *(boty)* polished; přen. **~á bída** genteel poverty
lesknout se shine*, gleam; *(třpytit se)* glitter, sparkle, scintillate; *(o hvězdách)* twinkle; **l. se čistotou** shine wih cleanliness
lesnat|ý wooded, woody; **~á oblast** woodland area
lesní wood, forest, woodland; **l. jahody** wood strawberries; **l. víla** wood nymph; **l. oheň** forest fire; **l. zeleň** woodland green; **l. roh** French horn
lesnictví forestry
lesník forester
lest *(trik)* trick, artifice, ruse; *(válečná)* stratagem; **přikročit ke lsti** resort to a trick n. ruse
lešenář scaffolder
lešení scaffolding; *(popravní)* scaffold; **postavit l.** put* up n. erect scaffolding; **trubkové l.** tubular scaffolding
lešticí polishing; **l. kartáč/ kotouč** polishing brush/ wheel

leštič 1 polisher; *(bot)* bootblack, shoeblack 2 *(elektrický: na podlahy)* floor polisher
leštidlo polish; polishing compound n. agent; **l. na boty/ na kovy** shoe/ metal polish
lešt|it *(nábytek, podlahu)* polish, *(boty* též*)* shine*; *(kůži)* burnish, glaze; *(kov)* polish, burnish; *(papír)* glaze ■ **~ění** polishing ap.
let 1 *(ptáka i letadla)* flight; **bojový l.** combat mission; **l. šípu** flight of an arrow; **tři ~y za týden** three flights a week; **srážka za ~u** in-flight collision; **zastřelit ptáka za ~u** shoot* a bird in flight n. on the wing; **chytit míč z ~u** catch* a ball in midair 2 *(spěch)* great haste; **v cuku ~u** in an instant, in a jiffy
letáček leaflet, handbill
letadl|o aircraft sg. i pl.; br. aeroplane, am. airplane; hov. plane; *(dopravní)* airliner; *(bombardovací)* bomber; *(tryskové)* jet (aircraft); **nákladní l.** freighter, cargo aircraft; **raketové l.** rocket-propelled plane; **letět do Prahy ~em** go* to Prague by plane n. air, fly* to Prague
letadlov|ý: ~á loď aircraft carrier
leták leaflet; *(informační)* též prospectus
letargický lethargic, torpid
letargie lethargy, apathy
lét|at, lítat v. **letět** 1 **l. sem a tam** fly* back and forth; *(mláďata)* **už ~ají** they can already fly 2 *(letadlem)* **l. na tryskáčích** fly jets; **l. na trati Praha-Londýn** fly n. cover the Prague-London line n. route 3 *(běhat)* zprav. **lítat**; **stále ~ám** I am always on the go, I never stop ■ **~ající talíř** UFO, pl. UFOs; flying saucer
létavice shooting n. falling star, meteor
let|ec airman, pilot; voj. br. aircraftman, am. airman; **zkušební l.** test pilot; v. **~kyně**
leteck|ý aerial, air, flying; **~á akrobacie** aerobatics; **~é mapování** aerial surveying; **l. poplach** air alert, air-raid warning; **l. průmysl** aircraft industry; **l. útok** aerial n. air-raid attack ■ **~y** by plane; **dopravovat ~y** *(vzdušným mostem)* airlift
letectví aviation
letectvo air force
letenka flight n. plane ticket
let|ět 1 fly*; **l. na dovolenou** fly on holiday; **l. s ČSA** fly with the ČSA; **l. od úst k ústům** spread* like wildfire 2 *(spěchat)* fly, race; **už musím l.** I must fly now 3 *(obdivovat)* **l. na koho** be crazy about sb, fall* for sb in a big way 4 neos. **to teď ~í** it's all the rage now, it's the in thing now

letiště airport; *(menší)* br. aerodrome, am. airdrome; *(bez úplného vybavení)* airfield; *(nouzové)* airstrip; *(vrtulníkové)* heliport
letitý elderly, advanced in years
letka voj. (air-force) squadron; **stíhací l.** fighter squadron
letkyně (woman) flier n. pilot, airwoman
letm|ý *(kontrola)* hurried, hasty, perfunctory; *(pohled)* cursory, quick; *(poznámka, známost)* casual; *(návštěva)* flying, brief; **l. start** running start ■ **~o** fleetingly, hastily, in a hurry; **~o se o čem zmínit** mention sth in passing n. cursorily; **~o koho políbit** kiss sb casually; **~o spatřit** catch* a glimpse of
letn|í summer('s); **l. plášť** summer coat; **l. prázdniny** summer holidays; **l. den** summer('s) day ■ **~ě se oblékat** wear* summer clothes
lét|o 1 summer; **babí l.** Indian summer; **v ~ě** in summer; **minulé l.** last summer ♦ **v zimě v ~ě** all the year round 2 *(rok)* **~a** years; **~a páně** ... in the year of grace ...; **po celá ~a** for years; **po mnoha ~ech** many years later; **to bylo před ~y** that was years ago; **v nadcházejících letech** in the years to come; **v třicátých letech** in the 1930s; *(studoval)* **v letech 1954 – 58** between 1954 and 1958, from 1954 to 1958 3 *(věk)* **~a** age, years; **na svá ~a je velmi čilý** he is (still) quite active for his years; **už je v letech** he's getting on in years; **v mladých letech** at an early age; **v nejlepších letech** in the prime of life 4 *(stromu)* v. **letokruh**
letohrádek summerhouse
letokruh *(stromů)* annual ring
letopis: ~y annals, chronicle
letopisec chronicler, annalist
letopoč|et 1 calendar; **křesťanský l.** Christian calendar; **našeho ~tu** anno Domini zkr. AD; **před naším ~tem** before Christ, zkr. BC 2 *(určení roku)* year, date
letora temperament, cast of mind, disposition
letos this year; **l. v létě** this summer
letošek this year
letošní this year's, of this year; **l. úroda** this year's harvest
letoun airplane, plane; aircraft v. též **letadlo**
letovací soldering; **l. pájka/ lampa** soldering iron/ torch
letov|at solder ■ **~ání** soldering
letovisko summer resort, recreation spot
letov|ý: l. řád flight schedule; **~á dráha** flight path

letuška (air)hostess, stewardess
leukémie leukaemia
leukoplast sticking plaster, *(obch. značka)* Elastoplast, am. Band Aid
lev lion; astrol. Leo; **řvát jako l.** roar like a lion ♦ **l. salónů** a man about town
levačk|a 1 v. **levička** ♦ **je to na ~u** things are going* from bad to worse 2 v. **levák**
lev|ák, ~ačka left-handed person, left-hander
levandule lavender
levhart leopard
levic|e 1 left (hand); **sedět komu po ~i** sit* to the left of sb, sit on sb's left 2 pol. the Left; *(pol. strany)* left wing; **krajní l.** the extreme Left
levicov|ý left-wing; **~á strana** left-wing party
levičácký leftist; left-wing; with a left-wing bias
levičáctví leftism, leftist leanings; *(novin ap.)* left--wing bias
levičák left-winger, leftist; hov. lefty
levička left hand/ *(noha)* foot; box. left
levn|ý v. **laciný**; **~á cena** moderate n. low n. reasonable price
levoboček bastard, illegitimate child
lev|ý 1 left, *(na ~é straně)* též left-hand ♦ **udělat co ~ou rukou** do sth standing* on one's head 2 pol. left, left-wing; **patřit k ~ému křídlu** belong to the left wing, be a left-winger 3 *(nešikovný)* clumsy ♦ **je na obě ruce l.** his fingers are all thumbs ■ **smýšlet ~ě** have leftist n. left-wing leanings
lexikální lexical
lexikograf lexicographer
lexikon dictionary; *(naučný)* encyclopaedia
lezavý *(zima)* biting
lézt 1 *(dítě, hmyz)* crawl; *(hlemýžď)* creep*; **l. po čtyřech** crawl on all fours ♦ **l. komu do zadku** toady to sb, grovel before sb, am. vulg. kiss sb's ass; **l. komu do zelí** poach on sb's preserve; **leze mi to z krku** it's a pain in the neck, I'm fed up with it, I'm sick to death of it; **oči mu lezly z důlků** his eyes were popping out of his head 2 *(šplhat se)* climb up; **l. na strom** climb up a tree; **l. přes skály** *(unaveně)* scramble over the rocks; *(o dítěti)* **l. na židli** scramble onto a chair
lež lie, untruth, falsehood; *(malá, nedůležitá)* fib; **snůška lží** a pack of lies; **l. a klam** lying and cheating; **obvinit koho ze lži** accuse sb of lying; **přistihnout koho při lži** catch* sb out in a lie ♦ **l. má krátké nohy** lies have short wings
ležák 1 *(pivo)* lager 2 *(zboží)* dead n. idle stock
ležat|ý horizontal; **~é písmo** slanting n. sloping handwriting; *(tisk)* italics; **l. límec** turndown collar
ležení voj. camp, encampment
ležérní casual; **l. oděv** casual clothes n. hov gear, casuals
lež|et 1 *(v posteli ap.)* lie*; **l. v trávě** lie in the grass; **l. jak široký, tak dlouhý** lie flat ♦ **l. na smrtelné posteli** lie dying 2 *(spát, odpočívat)* be asleep, be in bed 3 *(být nemocen)* **l. s chřipkou** be down with the flu 4 *(v hrobě)* lie buried 5 *(nacházet se)* lie, be, be situated n. located; **na stole leží kniha** there is a book on the table; **město ~í u řeky** the town lies n. is situated near the river; **~í mi to v žaludku** it lies like lead on my stomach ♦ **l. komu u nohou** lie at sb's feet; **stále l. v knihách** always have one's nose buried in a book; **prodat co, jak to ~í a běží** sell* sth lock, stock and barrel 6 *(obilí)* lodge, lie down 7 **l. ladem** *(půda)* lie fallow; **kapitál ~ící ladem** idle capital 8 **l. na kom** *(o zodpovědnosti)* depend on sb, lie on sb's shoulders ■ **~ící** lying; *(kde)* located, situated
lhář liar; hov. n. děts. *(prášil)* fibber
lhářství mendacity
lhát lie, tell* lies; *(vymýšlet si)* hov. n. děts. tell fibs; **strašně lže** he's a terrible liar; **l. nestydatě** lie through one's teeth ♦ **kdo lže, ten krade** show* me a liar and I'll show you a thief
lhavost mendacity; falseness
lhostejn|ý **(k)** indifferent (to), unconcerned (about); *(netečný)* apathetic, impassive; **je mi ~é, co si myslí** I don't care what he thinks* ■ **~ost (k)** indifference (to), unconcern (about); apathy, impassivity ■ **~ě** with indifference, with unconcern; impassively, apathetically
lhůt|a 1 *(období)* period, term, time; **dodací l.** term n. time of delivery; **výpovědní l.** period n. term of notice 2 *(konečný termín)* deadline, time limit; **určit/ dodržet ~u** fix/ meet* a deadline
-li I sp. 1 if; v. **jestli** 2 whether; v. **zda** II část. **není-li(ž) pravda** *(překládá se pomocí přívěsných otázek)*; **on tu byl, není-liž pravda?** he was here, wasn't he?; v. **že**
liána liana, bushrope
líbánky honeymoon
líb|at kiss; **l. komu ruku** kiss sb's hand; **l. koho na ústa** kiss sb on the mouth ♦ **~á tě ...** *(v dopisech)* Yours affectionately ..., Love from ...
libela level

liberál liberal
liberalismus liberalism
liberální liberal; **mít l. názory** hold* broad-minded n. liberal views, be broad-minded in one's views
líbezný sweet, *(hudba)* též melodious, celestial, *(vůně)* též delicious
líb|it se like, enjoy; **l. se víc** like sth better, prefer; **ten film se mi ~il** I liked n. enjoyed the film; **Praha se mi ~í víc než Londýn** I like Prague better than London; **moc se mi tu ~í** I like this place very much; **tady se mi ne~í** I don't like this place, I don't fancy it here; **to se mi nechce l.** there's sth fishy about it ♦ **to si nedám l.** I won't put* up with that, I won't take* that lying* down; **ten si dá všechno l.** he lets* people walk all over him; **to si dám l.!** now you're talking!, that's the stuff!
líbivý 1 *(příjemný)* pleasing, appealing 2 hanl. *(fráze)* slick; *(chování)* ingratiating; *(na pohled)* glossy, sleek
libo v. **libý**
libovat si: l. si v čem take* pleasure n. delight in sth, have a passion for sth, enjoy doing sth, *(holdovat čemu)* indulge in sth
libovoln|ý any, random, arbitrary; **~é číslo** random number; **~é množství** any amount (you like n. choose) ■ **~ě** arbitrarily, at random
libovůle arbitrariness, capriciousness; pol. despotism
libový *(maso)* lean
libozvučn|ý melodious, pleasant to the ear, mellifluous ■ **~ost** euphony, melodiousness
libra 1 *(váhová)* pound 2 *(šterlinku)* pound, hov. quid; **5 liber** 5 pounds, hov. 5 quid
libretista librettist
libreto libretto
libůstka fad, passing fancy
lib|ý ■ **jak je ~o** suit yourself, just as you please n. wish ■ **~ost: podle ~osti** at will
líc *(tkaniny)* right side; *(kůže)* grain; *(mince)* head ♦ **každá věc má rub a l.** there are two sides to everything
líc|e, líc cheek; **přiložit pušku k ~i** put* the rifle to the shoulder
licenc|e 1 licence, zvl. am. license, franchise; **udělit ~i** grant a licence 2 **básnická l.** poetic licence
licenční licence; **l. poplatek/ smlouva** licence fee/ contract
licit|ovat *(dražit)* auction; *(v kartách)* bid ■ **~ace** auction; bidding
lícní 1 anat. face; **l. kost** facial bone 2 *(o látce)* **l. strana** the right side; v. **líc**
licoměrník hypocrite
licoměrn|ý hypocritical; *(svatouškovský)* sanctimonious ■ **~ost** hypocrisy, sanctimoniousness
líčení 1 *(popis)* description; *(události)* account 2 *(soudní)* hearing; *(trestní)* trial 3 *(tváře)* making-up, putting on one's make-up
líčený artificial, affected; *(zájem)* feigned
líčidlo make-up, hov. war paint; *(divadelní)* grease paint; **nanášet l.** put* on n. apply make-up
líčit 1 *(popisovat)* describe; *(událost)* report on, give* an account of; *(zobrazit)* depict, portray 2 **l. si tvář** make* one's face up ■ **l. se** v. **l. si tvář**; hov. put* one's face on; *(herec)* make o.s. up
lid people, nation; *(obyčejný)* the populace; **vláda ~u** popular government
lid|é 1 people, persons, folk, am. folks; **mladí l.** young people; **prostí l.** simple folk; **chodit mezi ~i** go* out among the people; **l. jako já a ty** people like you and me 2 *(sousedé* ap.*)* people, neighbours; **co by tomu řekli l.?** what would people say*? 3 *(pracovníci)* people, staff; **má stále málo ~í** he is always short of staff, he is always short-staffed
lidnat|ý densely populated ■ **~ost** population density
lidojed cannibal, man-eater
lidojedství cannibalism
lidoop anthropoid, man ape
lidovláda rule of the people, democracy
lidov|ý people's, national, folk, popular; **~á armáda** People's Army; **~é kroje** national n. folk costumes; **~é ceny** popular prices ■ **~ost** folk n. traditional character; *(oblíbenost)* popularity
lidsk|ý 1 human; **~é tělo/ ~á práva** human body/ rights; **vše, co je v ~ých silách** all that is humanly possible ♦ **chybovat je ~é** to err is human; **dostat se do ~ých řečí** set* (the) tongues wagging 2 *(humánní)* humane ■ **jednat s kým ~y** treat sb humanely ■ **~ost** humanity, humaneness; **zločin proti ~osti** a crime against humanity
lids|tví v. **~kost**
lidstv|o 1 mankind, humanity, the human race 2 *(davy)* **v obchodech bylo plno ~a** the shops were (terribly) crowded n. packed
lidumil philanthropist, humanitarian
lidumiln|ý humanitarian, philanthropist ■ **~ost**

philanthropy, humaneness
liduprázdný *(ulice)* deserted
liga league, sport. též division; **katolická l.** the Catholic League; **l. kopané** football league
lignit lignite, brown coal
líh spirit, alcohol; **denaturovaný l.** methylated spirit; **čistý l.** pure alcohol
líheň incubator; **umělá l.** hatchery
líhnout se hatch (out), come* out of a shell
lihovar distillery
lihovarnický distilling; **l. průmysl** distilling (industry)
lihovin|a alcoholic drink; **~y** spirits, alcoholic drinks
lihov|ý alcoholic, alcohol, spirit; **~é nápoje** alcoholic drinks; **l. hořák** alcohol n. spirit burner
lihuprostý *(nápoje)* soft, non-alcoholic
lichoběžník trapezium, pl. -iums n. -ia; am. trapezoid
lichot|it 1 *(komu)* flatter; *(nemístně)* lay* it on thick; *(dívce)* pay* compliments to, flirt with; **l. čí ješitnosti** flatter n. tickle sb's vanity; **ta fotografie vám ~í** that photo (of yours) is flattering 2 **~ím si, že umím zpívat** I like to think* n. I flatter myself that I am a good singer ■ **l. se ke komu** fawn on sb; *(podlézat)* suck up to sb, toady to sb ■ **lichocení** flattery, blandishment; compliments; toadying
lichotiv|ý flattering, complimentary; *(vemlouvavý)* buttery; *(úlisný)* br. smarmy; *(podlézavý)* toadyish; **vaše pozvání je pro mne velmi ~é** your invitation flatters me greatly
lichotk|a compliment; *(ženám)* flirtatious compliment; **říkat ~y** pay* sb compliments; **slyšet rád ~y** be susceptible to compliments
lichotn|ík, ~ice flatterer; *(podlézavec)* toady, sycophant
lichv|a usury; **provozovat ~u** practise usury
lichvář usurer, am. též loan shark; *(kdo předražuje)* profiteer
lichvařit practise usury; *(se zbožím)* profiteer
lichvářsk|ý *(úrok)* usurious, excessive; **~é ceny** extortionate n. exorbitant prices
lichvářství v. **lichva**
lich|ý *(číslo)* odd, uneven; *(řeči)* idle; **~é pokusy** futile n. vain attempts; **~é sliby** empty n. vain promises
liják downpour, pelting n. torrential rain
likér, ~ový liqueur; **~ová sklenička** liqueur glass
liknavec sluggard; *(váhavec)* procrastinator, hov. ditherer
liknavý *(líný)* sluggish; *(plátce též)* tardy; **l. v odepisování** dilatory in answering letters
likvidátor *(soudní)* liquidator, receiver
likvid|ovat *(pohledávky, protivníky* ap.*)* liquidate, *(pohledávky též)* settle; pol. *(demokratické zřízení* ap.*)* destroy; *(nedostatky)* dispose of, eliminate; *(odpad)* take* care of ■ **~ace** liquidation, elimination; disposal (of)
lilek bot. nightshade
lilie lily; **l. bělostná** Madonna lily, white lily
liliov|ý, ~ě bílý lily-white
lilipután Lilliputian
liliputka *(slepice)* bantam
límе|c collar; **připínací l.** detachable collar; **chytnout koho za l.** grab sb by the collar n. by the scruff of the neck
límeček *(halenky)* collar
limit 1 limit; **cenový l.** price limit, *(horní hranice)* price ceiling 2 sport. qualifying time
limitovat limit; přen. confine to, restrict to; **l. úkol** define a task
limonáda 1 soft drink; *(citrónová)* lemonade; *(šumivá)* carbonated, hov. fizzy drink 2 přen. *(film, román* ap.*)* weepy, tear-jerker
limonádový *(sentimentální)* mushy, slushy, schmaltzy
limuzína br. saloon car, am. sedan, *(s přepážkou za řidičem)* limousine
lín zool. tench
línat *(zvíře)* moult, lose* its hair n. coat; *(kožešina)* shed* (hairs)
lineární linear; **l. rovnice** linear equation
lingvista linguist
lingvistický linguistic
lingvistika linguistics
lini|e 1 *(čára)* line; **přímá l.** straight line; *(v příbuzenských vztazích)* direct line 2 voj. line; **bitevní l.** the front line, the line of battle; **startovní l.** starting line 3 *(módní)* style, look; **nová módní l.** the new style n. look 4 *(tělesná)* waistline, figure; **dávat si pozor na ~i** watch one's figure 5 pol. line, course; **stranická l.** party line ♦ **v hrubých ~ích** by and large, on the whole
linka 1 v. **linie (1)**; **čárkovaná l.** broken line 2 *(spoj)* line, route; **letecká l.** airline; **autobusová l.** bus n. (zvl. *dálková)* coach line 3 *(telefonní)* extension; **l. důvěry** help-line 4 **výrobní l.** assembly n. production line 5 **kuchyňská l.** fitted kitchen
linkov|at line, rule ■ **~aný papír** lined n. ruled

paper ■ **~ání** lining
linoleum linoleum, hov. lino
linotyp techn. linotype
linout se *(hudba, vůně)* waft, *(vůně* ap. též*)* rise*
líný lazy; *(pomalý)* sluggish; *(těžkopádný)* indolent; *(duševně)* dozy; **l. myslet/ mluvit** too lazy to think*/ speak*; **je l. napsat domácí úkol** he's too lazy to do his homework
lípa linden n. lime (tree)
lis press; polygr. printing press; **hydraulický/ pneumatický l.** hydraulic/ pneumatic press
lísat se: l. se ke komu *(pes)* nose sb, fawn upon sb; přen. fawn upon sb; *(podlézavě)* toady to sb, kowtow to sb
lísavý *(přehnaně zdvořilý)* oily; *(podlézavý)* toadying, fawning
líska$_1$ bot. hazel
líska$_2$ *(na ovoce)* hurdle
lískov|ice, ~ka hazel switch
lisovací pressing, press; **l. forma** press n. pressing mould
lisov|at press; *(ovoce* též*)* squeeze; techn. *(sklo, plastické hmoty)* mould, press ■ **~aný** pressed; **~ané sklo** pressed glass; **~aná sláma** pressed n. baled straw ■ **~ání** pressing, moulding
lisovna *(vína)* winepress house
list 1 bot. leaf; **~y** leaves, foliage; **fíkový/ bobkový l.** fig/ bay leaf; **vyhnat ~y** put* forth n. sprout leaves; **dostat ~y** come* into leaf; **shodit ~y** shed* leaves **2** *(papíru)* sheet, leaf; *(strana)* page; **titulní l.** title page; **nepopsaný l.** a blank leaf n. sheet (of paper); **hrát/ zpívat z ~u** play/ sing* at sight, sight-read*; **obracet ~y** leaf ♦ **obrátit nový l.** turn over a new leaf **3** *(dopis)* letter; **otevřený l.** an open letter (to) **4** *(~ina)* certificate, form; **rodný/ oddací/ úmrtní l.** birth/ marriage/ death certificate; **křestní l.** certificate of baptism; **mzdový l.** payroll sheet; **osobní l. zaměstnance** personal report **5** *(noviny)* newspaper, paper; *(časopis)* journal **6** *(v kartách)* **dobrý l.** a good head
lístek 1 zdrobn. srv. **list (1) 2** small leaf, leaflet; *(kališní)* sepal; *(okvětní)* petal **3** *(papíru)* slip of paper, small piece of paper; *(kartotéční)* index card **4** *(poštovní)* (post)card, am. postal card; *(pohlednice)* (picture) postcard; **poslat komu l.** send* sb a card **5** *(jízdenka)* ticket, *(jednoduchá)* single ticket, am. one-way ticket; **zpáteční l.** return n. am. round-trip ticket; **l. druhé třídy do** a second-class ticket to; **měsíční/ týdenní l.** monthly/ weekly season ticket **6** *(vstupenka)* (admission) ticket; **l. do divadla** theatre ticket **7** *(průkaz)* **volební l.** ballot paper; **honební/ rybářský l.** hunting/ fishing permit; *(stravenka)* meal ticket; *(na potraviny)* ration book n. card; *(oprávnění ke vstupu)* permit, pass **8** *(osvědčení)* **zavazadlový l.** luggage ticket n. receipt; **úschovní l.** cloakroom n. left-luggage ticket; **podací l.** postal receipt
listí foliage, leaves; **spadané l.** dead n. dry leaves
listin|a 1 *(důležitá písemnost)* document; *(ozdobná)* scroll; **~y** též papers; **l. cti** roll of honour; **pověřovací l.** credentials; **zakládací l.** deed of foundation, foundation charter **2** *(seznam)* list; **prezenční l.** list of attendants, attendance list; **volební** n. **kandidátní l.** list of candidates, am. též ticket; **výplatní l.** payroll (sheet); **tažební l.** drawing list
lístkov|ý: l. katalog card catalogue, am. catalog; **~é těsto** flaky pastry; **~é zlato** leaf gold
listnatý deciduous; **l. strom/ les** deciduous tree/ forest n. wood
listonoš postman; **~ka** postwoman
listopad November
listovat turn over the leaves (of); **l. v knize** browse through a book, leaf through a book; **l. si v knihách** browse among n. through books
listovní: l. zásilky letter post, zvl. am. letter mail; **l. tajemství** privacy of correspondence
lišácký cunning, sly, foxy
lišáctví foxiness, slyness, cunning
liš|ák *(samec ~ky)* he-fox, dog-fox; přen. fox, slyboots; **je to starý l.** he is a sly n. cunning fox
liščí fox; **l. nora** fox's lair n. earth, **l. kožich** fox fur
lišej lék. eczema
lišejník bot. lichen
liš|it *(rozlišit)* distinguish, differentiate ■ **l. se** *(vzájemně)* differ, vary; **jak se jejich názory ~í?** how do their views differ n. vary?; **l. se od čeho barvou** differ from sth by its colour
lišk|a fox, vixen; **stříbrná l.** silver fox; *(kožešina)* fox (fur) ♦ **l. podšitá** sly n. cunning fox; **kde ~y dávají dobou noc** at the back of beyond
lišta *(dřevěná)* lath; *(úzká)* slat, strip; *(ozdobná)* moulding ledge; *(podlažní)* skirting board
lít 1 *(vodu* ap.*)* pour; **l. do sebe** *(pivo* ap.*)* hov. swig, guzzle; **l. do koho skleničku za skleničkou** ply sb with drink **2** *(pršet)* **leje (jako z konve)** it's pouring n. bucketing (with rain), the rain is coming* down in buckets, it's raining cats and dogs; **lije ze mne pot** I'm lashed in sweat, sweat

is pouring off me 3 *(železo, bronzové sochy)* cast ■ **lití** casting
lítací: l. dveře, lítačky swing door
litanie litany; přen. *(naříkání též)* lamentation, kn. jeremiad
lite|ra letter; **l. zákona** the letter of the law; **lpět na ~ře zákona** adhere (strictly) to the letter of the law
literární literary; **l. historie** literary history, history of literature; **l. příloha** literary supplement
literát man of letters; *(spisovatel)* writer, author
literatur|a 1 literature; **krásná l.** belles lettres; **klasická a moderní l.** classical and modern literature 2 *(prameny)* bibliography; **uvést použitou ~u** list n. give* one's sources
lítice fury; přen. *(o ženě též)* hellcat, virago ♦ **l. války** the dogs of war
litina cast iron; **šedá l.** grey cast iron
litinov|ý cast-iron; **~á roura** cast-iron pipe
líto: je mi vás l. I am sorry for you, *(formálněji)* my heart goes* out to you; žert. my heart bleeds* for you; **je mi l., že .../ ale ...** I am sorry that .../ but .., I regret that .../ but ...
litograf lithographer
litografie lithography
litografovat lithograph
lítost 1 *(kajícnost)* remorse, repentance; zvl. náb. contrition 2 *(politování)* regret; **s ~í** with regret, regretfully 3 *(žal)* sorrow, grief 4 compassion n. sympathy (**nad** over)
lítost|ivý 1 sorrowful, piteous 2 *(poddávající se ~i)* tenderhearted, easily moved (to tears)
litova|t 1 **l. koho** feel* sorry for sb, pity sb, sympathise with sb; **l. čeho** be n. feel sorry about sth, feel bad about sth, regret sth; **nemám čeho l.** I have no regrets; **toho budeš l.** you will live to regret it; **~l, že to řekl** he wished he hadn't said* it; **lituji, ale nemohu přijmout vaši nabídku** regretfully I have to decline your offer 2 **nel. peněz** spare no expense; **nel. námahy** spare no pains (to do sth)
litr litre, am. liter
lit|ý cast; **l. beton/ l. bronz** cast concrete/ bronze
lítý *(boj)* fierce; *(zvěř)* ferocious
lívanec pancake, am. flapjack; *(vyšší)* ≅ scone, crumpet
livrej livery
livrejovaný *(sluha)* liveried, (dressed) in livery; *(šofér)* in uniform
lízat lick; **l. lízátko** suck a lollipop ♦ **l. komu paty** přen. lick sb's boots, grovel before sb
lízátko lollipop
lízn|out (si) lick, have a lick; *(ochutnat)* have a taste; *(vína)* have n. take* a sip; **l. si lízátka** have a suck at a lollipop ■ **~utí** lick; *(vína)* sip
lká|t lament, moan; hanl. *(stěžovat si)* moan, bellyache; **l. nad čím** lament n. wail over sth ■ **~ní** moaning, lamenting
lkavý *(píseň)* mournful; *(výkřiky)* plaintive
lnářský flax; **l. průmysl** flax industry
lnářství flax industry; *(pěstování lnu)* cultivation of flax
lněn|ý: ~á látka flax fabric; **l. olej** linseed oil; **~é semínko** flaxseed, linseed
lnout 1 *(lepit se)* stick* (to), cling* (to); **mokrá košile mu lnula k tělu** the wet shirt clung to his body 2 přen. **l. ke komu/ k čemu** be fond of sb/ sth, be attached to sb/ sth
loajalita loyalty, faithfulness
loajální loyal, faithful; *(oddaný)* devoted; *(poctivý)* fair
loď 1 *(velká)* ship; *(plavidlo)* vessel; *(menší)* boat; **motorová/ plachetní l.** motor/ sailing ship; **parní l.** steamer; **obchodní l.** merchant ship n. vessel; **rybářská l.** trawler; **říční l.** river boat; **bitevní l.** battleship; **na lodi** on board (the) ship; **l. ztroskotala** the vessel was shipwrecked ♦ **krysy opouštějí potápějící se l.** the rats desert the sinking ship; **všichni jsme na stejné lodi** we are all in the same boat 2 *(kosmická)* spaceship 3 *(chrámová: hlavní)* nave, *(vedlejší)* (side) aisle
loďař 1 *(stavitel)* shipbuilder 2 *(rejdař)* shipowner
loďařství shipbuilding
loděnice 1 shipyard 2 sport. boathouse
lodička 1 small boat, dinghy 2 *(střevíc)* court shoe, am. pump 3 *(čepice)* forage cap, am. garrison cap
lodivod pilot
loď|ka 1 *(s vesly)* rowing boat, am. rowboat; **rybářská l.** fishing boat; **nákladní l.** barge; **vyjet si na ~ce** go* boating 2 *(balonu)* nacelle
lodní ship's, shipping; naval; **l. posádka** ship's crew; **l. doprava** shipping traffic; **l. kajuta** cabin, *(větší též)* staterom; **l. lístek** ship ticket, passenger ticket; **l. stavitelství** naval architecture
lodník *(na řece)* bargee; *(na moři)* sailor, seaman
loďstvo voj. navy; **válečné l.** též naval forces; **obchodní l.** merchant navy; **rybářské l.** the fishing fleet

lodyha stalk, stem
lodžie loggia
logaritmick|ý logarithmic; **~é tabulky** table of logarithms, log tables; **~é pravítko** slide rule
logaritmus logarithm
logi|cký logical ■ **~cky** logically; **uvažovat ~cky** reason with logic ■ **~čnost** logic, logicality
logi|k filoz. logician; *(~cky myslící)* logical thinker
logi|ka 1 *(vědní obor)* logic 2 v. **~čnost**
logopedie speech therapy, logopaedics, am. logopedics
lochneska big dipper, roller coaster
lojov|ý: ~á svíčka tallow candle
lok gulp, *(piva* ap. též*)* swig; *(destilátu)* nip; **jedním ~em** at one gulp
lokaj footman; *(vrchní)* butler; zvl. přen. *(přisluhovač)* lackey, flunkey
lokajský servile, sycophantic
lokajství servility, sycophancy
lokál br. pub, am. bar, saloon
lokalizace localization; **l. povídky** the setting of a story
lokalizovat 1 *(určit místo)* locate; **l. zdroj hluku** locate the source of the noise 2 *(omezit)* localize, confine; **l. epidemii** *(na určitou oblast)* confine the epidemic (to a certain area)
lokálka 1 local train 2 *(v novinách)* local report, item of local gossip
lokální 1 local; *(úzce l.)* parochial, small-town; **l. politika** small-town politics 2 lék. **l. umrtvení** local anaesthetic
lokat 1 *(tekutinu)* gulp, drink* in gulps 2 **l. čerstvý vzduch** gulp in the fresh air, inhale n. breathe in the fresh air avidly
lok|et 1 elbow; **strčit do koho ~tem** nudge sb; **opřít se ~ty (o stůl)** rest on one's elbows; **mít děravé ~ty** be out at the elbow ♦ **mít široké ~ty** be pushy 2 *(míra)* ell ♦ **ukázat komu, zač je toho l.** *(vyhubovat mu)* send* sb away with a flea in his ear, *(ponížit ho)* knock the stuffing out of sb; **měřit stejným ~tem** hold* the scales even; **dělat co na dlouhé ~te** drag one's feet (in doing sth), dillydally with sth
loketní elbow; **l. kloub** elbow joint
lok|na, ~ýnka lock, curl, ringlet
loknout si take* a good gulp n. swig (of sth)
lokomobila traction engine
lokomotiva žel. engine; **parní l.** steam engine; **elektrická l.** electric locomotive
lokýnka v. **lokna**
lom 1 *(trhlina)* fracture 2 *(kameno~)* quarry 3 *(paprsků)* refraction; **l. světla** refraction of light
lomc|ovat: l. kým *(v rozčilení)* shake* sb violently; *(o větru)* **l. dveřmi** rattle the door; **~uje jím zima/ horečka** he is shivering with cold/ fever; **~uje jím vztek** he's trembling with rage
lomený: l. oblouk pointed arch
lom|it 1 *(paprsky* ap.*)* diffract, break* 2 mat. **tři ~eno čtyřmi** three over four 3 **l. rukama** wring* one's hands ■ **l. se** *(světlo, paprsky)* be refracted
lomítko line of a fraction
lomiv|ý fragile; *(křehký)* crumbly ■ **~ost** fragility
lomoz din; *(povyk)* row, racket; *(davů)* tumult; *(vřava)* hurly-burly; *(motorů)* roar
lomozit make* a din n. racket; *(tramvaje)* rumble; *(motory)* roar
lomozný noisy; *(křičící)* clamorous; *(řinčivý)* clangorous
Londýn, l~ský London
Londýňan Londoner
loni last year
loňsk|o: od ~a, z ~a from last year; **do ~a** until last year; **proti ~u** when compared to last year; **nedoplatky od** n. **z ~a** last year's arrears
loňsk|ý last year's, of last year; **l. festival** last year's festival; **l. rok, ~ého roku** last year
lopat|a shovel; **házet co ~ou** shovel sth ♦ **dávat komu co po ~ě** spoonfeed* sth to sb
lopatk|a 1 *(na mouku)* scoop; *(na smetí)* dustpan; *(na uhlí)* coal scoop n. shovel 2 *(turbiny)* blade; *(vodního kola)* ladle 3 anat. shoulder blade; **položit soupeře na ~y** *(v zápase)* throw* one's opponent
lopo|ta, ~cení drudgery, grind; **každodenní l.** the daily grind
lopo|tit se drudge, toil, slave (away); **l. se na děti** toil for the sake of one's children; **l. se s čím** wrestle with sth; *(dát si práci)* take* great pains over sth ■ **~cení** v. **~ta**
lopotný *(namáhavý)* strenuous, arduous; *(vyčerpávající)* tiring, tiresome
lopuch bot. burdock
lorňon lorgnette
los[1] zool. elk, *(severoam.)* moose
los[2] 1 *(v loterii)* lottery ticket; **číslo ~u** lottery number 2 **rozhodnout co ~em** decide sth by drawing lots; **l. padl na něho** it fell* to his lot (to do it) 3 *(úděl)* lot, fate
losos, ~ový salmon; **~ová barva** salmon pink
losovat draw* n. cast* lots; *(mincí)* toss up; *(stébly)* draw straws

loteri|e lottery; **státní l.** the state lottery; **věcná l.** raffle; **hrát v ~i** buy* lottery tickets
lotos bot. lotus
lotr 1 *(ničema)* blackguard, scoundrel 2 expr. *(dareba)* rascal, rogue, scoundrel; **l. na kříži** the thief on the cross
lotrov|ina, ~ství 1 trickery, sharp practices; am. skulduggery 2 expr. boyish prank, lark, roguish trick
loubí bower; *(besídka)* arbour; *(vinné)* vine arbour
louč *(na svícení)* pine torch; *(na podpalování)* spill; **hubený j. louč** spindly, thin as a rake
louč|it se *(s kým)* say* goodbye to, bid* sb farewell; *(vzájemně)* part, take* leave of one another; **l. se se životem** depart this life ■ **~ení** farewell, leave-taking, parting; **při ~ení** at parting
louda(l) *(pomalý člověk)* slowcoach, am. slowpoke; *(kdo lelkuje)* idler, loiterer; *(váhavec)* procrastinator
loud|at se saunter, amble; *(lelkovat)* dawdle; **l. se po ulicích** idle along the streets; **l. se s prací** dawdle over one's work; **l. se s jídlem** linger over one's meal ■ **~ání** dawdling, idling ap.
loudavý slow-moving, sluggish; *(chůze* ap.*)* leisurely
loudit: l. co na kom wheedle n. coax sth out of sb, wheedle sth from sb; **l. na kom jídlo** hov. cadge n. scrounge a meal from sb; **l. na kom cigarety** zhrub. bum cigarettes off sb
louh lye; **bělicí l.** bleach; **l. sodný** caustic soda
louhovat bleach, wash n. soak sth in lye
louka meadow
loukoť wheel rim
loupáček puff-pastry crescent (roll); ≅ croissant
loup|at 1 *(ovoce, brambory)* peel, pare; *(vařené brambory)* peel, skin; *(vejce, ořechy)* shell; *(mandle)* blanch; *(lusky, rýži)* husk, hull; *(stromy)* bark 2 **l. po kom očima** glare at sb, look daggers at sb 3 **~e mne v zádech** my back is aching (all over) ■ **l. se** *(kůže)* peel, come* off; **začal jsem se l.** my skin began* to peel ■ **~ání** peeling, paring ap.; *(bolest)* twinge of pain, sharp pain; *(revmatické)* rheumatic pains
loupež robbery; *(v bytě)* burglary; **bankovní l.** bank robbery; **to je hotová l.** it is sheer n. daylight robbery
loupeživ|ý predatory; **~é války** predatory wars
loupežnick|ý: ~é doupě robbers' n. thieves' den; **~á banda** band of robbers
loupežník brigand, bandit; hist. highwayman
loupežn|ý: l. nájezd foray, raid; **~é přepadení** robbery with violence; *(ozbrojené)* armed robbery; **~á vražda** murder with robbery
loupit rob; *(na dobytém území)* pillage, plunder
loupnout: l. po kom očima flash sb an angry n. dirty look
louskáček nutcracker
louskat 1 *(ořechy)* crack 2 **l. prsty** snap one's fingers
lousknout v. **louskat (2)**
loutk|a 1 *(závěsná)* puppet, marionette; *(maňásková)* glove puppet ♦ **být ~ou v čích rukou** be a puppet in sb's hands, be sb's stooge 2 *(nastrčená)* figurehead
loutkář puppeteer, puppet master n. player
loutkov|ý puppet; **~é divadlo** puppet theatre; *(představení)* puppet show; br. Punch and Judy show; přen. **~á vláda** puppet government; **l. parlament** rubber-stamp parliament
loutna lute
louže puddle, pool; **dostat se z l. pod okap** fall* out of the frying pan into the fire
loužička small puddle
lov 1 *(zvěře)* hunt, hunting; *(střílení)* shooting; *(ryb)* fishing; *(na udici)* angling; *(ptáků: odchyt)* bird-catching, fowling; **l. na zajíce** hare-hunt; **l. na vysokou** deer-hunting; **jít na l.** go* hunting 2 *(úlovek: na udici)* catch, *(do sítě též)* haul; *(zvěře)* bag, kill
lovec hunter, huntsman; přen. **l. věna** fortune hunter; **l. celebrit** lion hunter; **l. senzací** sensation hunter
loveck|ý hunting, sporting; **~á brašna/ sezóna** hunting bag/ season; **~á ručnice** sporting gun n. rifle
lovectví hunting, huntsmanship
loviště hunting ground; *(ryb)* fishery, fishing ground; **mořská l. ryb** deep-sea fisheries
lovit *(zvěř)* hunt; *(s ručnicí)* shoot*; *(se psy)* hound; *(vysledováním)* stalk; *(honem)* chase; *(ryby)* fish; *(na udici)* angle; *(ptáky)* fowl; **l. perly** fish for pearls ♦ **l. v kalných vodách** přen. fish in troubled waters
lovn|ý: ~á zvěř game, game animals
lož|e bed; **l. nemocného** sickbed; **manželské l.** marriage n. matrimonial bed; **ustlat komu l.** prepare n. make* the bed for sb; **být na smrtelném ~i** be on one's death's bed; **z manželského l.** born* in lawful wedlock, legitimate
lóže 1 div. box; *(novinářská)* press box 2 *(zed-*

nářská) lodge

ložisko 1 geol. bed, deposit, layer; **uhelné l.** coal bed n. seam; **rudné l.** ore deposit 2 lék. seat, focus, centre; **l. zánětu** centre n. focus of inflammation 3 techn. bearing; **kuličkové l.** ball bearing

ložní: l. prádlo bed linen, sheeting; *(i s přikrývkami)* bed clothes, bedding

ložnice 1 bedroom 2 *(nábytek)* bedroom suite

ložn|ý: ~á plocha loading n. cargo space; **l. prostor** cargo n. loading capacity

lpít, lpět 1 (**na** to) *(špína, prach* ap.*)* cling*, adhere, stick*; **na jeho rukou lpí krev** his hands are stained with blood 2 *(držet se)* **l. na svých zásadách** hold* firm to one's principles; **l. na liteře zákona** stick to the letter of the law; **l. na dětech** cling to one's children

lstiv|ý cunning, crafty, wily ■ **~ost** cunning, craftiness, guile

lub: mít co za ~em be up to sth (např. *some mischief, some tricks* ap.); **co máte za ~em?** what's your game?

Lucembursko Luxembourg

lucerna street lamp n. light; hist. lantern

lucifer, luciper Lucifer, Satan, Devil; hov. sk. Old Nick

lučavka královská chem. aqua regia

luční meadow *(jen atrib.)*; **l. květina** meadow flower

luh meadowland

lůj suet; *(rozpuštěný)* dripping; *(na svíčky)* tallow; hov. **být v loji** be in the soup n. hot water

luk sport. bow; **střílet ~em** shoot* with bow and arrow

luka meadowland

lukostřelba archery

lukostřelec archer

lukrativní *(obchod)* lucrative, remunerative

lukulský Lucullan, Lucullian

lulat děts. piddle, do a wee-wee

lulka short pipe, cutty (pipe)

lumen: není to žádný l. he's no great shakes

lump 1 scoundrel, rogue, bad lot; *(podvodník)* crook 2 expr. *(dareba)* rogue, rascal

lumpárn|a shabby n. dirty trick; **udělat komu ~u** play a shabby n. dirty trick on sb

lun|a moon; **za svitu ~y** in the moonlight

luňák orn. kite

lunapark fairground, amusement park

lůn|o *(mateřské)* womb; **v ~ě rodiny** within the close family circle; **l. země** the bowels of the earth; **v ~ě přírody** in the open air

lunochod lunar rover

lup 1 *(loupení)* foray, pillaging raid; **jít na l.** make* a foray, go* on a foray 2 *(kořist)* plunder, loot, spoils

lup|a magnifying glass, magnifier; **podívat se na co ~ou** přen. scrutinize sth very closely

lupat *(větvičky, bič)* crack; **l. prsty** crack one's fingers

lupen leaf, pl. leaves; *(květu)* petal; *(kališní)* sepal

lupení leaves

lupenka 1 *(pilka)* fretsaw 2 *(nemoc)* psoriasis

lupič robber; *(bytový: ve dne)* housebreaker, (zvl. *v noci)* burglar; *(námořní)* pirate; **banda ~ů** band of robbers

lupičský robbers'; v. **loupežnický**

lupičství brigandage, banditry

lupínky *(bramborové)* crisps

lup|nout crack, snap; hov. **~lo mu v kouli/ v bedně** he's gone* off his head n. rocker

lupy dandruff

lusk pod; **hrachový l.** pea pod ♦ **je to děvče jako l.** she is a peach of a girl, she is a stunner

luskat, lusknout: l. prsty snap one's fingers

lustr chandelier; *(obyčejné svítidlo)* light fitting

lustr|ovat *(o dnešním Československu)* screen; *(≅ vet people for contacts with the STB – the former secret police)* ■ **~ace** screening ■ **~ační zákon** the screening law, the 'lustration' law

luštěnina pulse

lušt|it *(mat. problém)* solve, work out; **~í tajný kód** he is trying to decipher n. puzzle out n. crack a secret code

luštitel *(šifer)* decoder; *(křížovek)* crossword (puzzle) enthusiast

luterán, ~ský Lutheran

lux *(vysavač)* hoover, vacuum cleaner

luxovat hoover, vacuum

luxus luxury, luxurious n. extravagant life; **žít v ~u** live a life of luxury

luxusní luxury, luxurious, de luxe; *(restaurace)* de luxe n. high-class; *(život)* luxurious; hov. *(hotel* ap.*)* smart, swell; *(divadlo)* plush, *(boty* ap.*)* fancy; **luxusní zboží** luxury goods

lůza, luza riffraff, mob, rabble

lůžko bed; *(ve vlaku)* sleeping berth; **polní l.** camp bed; **mateřské l.** placenta

lůžkoviny bedclothes, bedding

lůžkový: l. vůz sleeping car, hov. sleeper

lví lion's; **l. podíl** lion's share; **l. doupě** lion's den

lvice lioness

lvíče lion cub
lvoun sea lion
lyceum *(ve Francii)* lycée; *(stř. škola pro dívky)* girls' grammar school
lýko bast
lymfa lymph
lymfatick|ý lymphatic; **~é uzliny** lymphatic nodes
lynč lynch
lynčov|at lynch ■ **~ání** lynch n. mob law
lyr|a lyre; **hrát na ~u** play the lyre
lyrický 1 *(poezie)* lyric 2 *(nálada, rozpoložení)* lyrical
lyričnost lyricism, lyrism
lyrik lyric poet, lyricist
lyrika lyric poetry
lysina 1 *(pleš)* bald head; *(plešaté místo)* bald patch n. spot 2 *(u koně)* white spot, blaze
lysk|a v. **lysina (2); kůň s bílou ~ou** a horse with a white spot on its head
lysý *(hlava)* bald; *(zvíře též)* bare; *(pták)* featherless; *(kopec ap.)* bare, bleak, barren
lýtko calf, pl. calves
lýtkov|ý calf; **~á kost** calf bone
lyžař skier
lyž|ařit v. **~ovat**
lyžařsk|ý ski; **~á bota** ski boot; **l. instruktor** skiing instructor
lyže ski
lyž|ovat ski; **dobře ~uje** he is a good skier; **jít l.** go* skiing ■ **~ování** skiing; **vodní l.** water skiing
lze: l./ nel. to udělat it can/ can't be done; **l./ nel. to změnit** it is possible/ impossible to change it; **nel. jinak** there is no other way; **l. se domnívat, že** one can assume that
lžíce 1 spoon; *(polévková)* tablespoon, *(obouvací)* shoehorn; *(zednická)* trowel 2 *(míra)* spoon(ful), tablespoon(ful); **l. octa** a tablespoonful of vinegar
lžičk|a *(čajová/ kávová)* tea/ coffee spoon; *(obsah ~y)* teaspoon(ful)
lži- pseudo- ; **~prorok** pseudo-prophet
lživ|ý untrue, false; *(vymyšlený)* fabricated ■ **~ost** falseness, mendacity

M

m *(písmeno)* m [em]
macecha stepmother; **zlá m.** wicked stepmother
maceška *(zahradní)* pansy; *(planá)* heartsease, wild pansy
macešsk|ý unkind, harsh; hov. mean ■ **~y** unkindly, meanly, harshly; **příroda se k němu zachovala ~y** nature was very unkind to him
máčecí: m. prostředek soaking agent
máče|t 1 *(~ním změkčovat)* steep, soak; chem. macerate; **m. fazoli ve vodě** soak n. steep beans in water; **m. špinavé prádlo** soak the dirty washing 2 *(povrch čeho)* wet, make* sth wet 3 *(obalovat)* **m. sušenky v čokoládě** coat n. cover biscuits with chocolate ■ **m. se** *(prádlo, luštěniny)* be soaking ■ **~ný v čokoládě** coated n. covered with chocolate ■ **~ní** soaking; maceration; *(namáčení)* dipping n. immersion process
mačeta machete
mačkadlo *(na ovoce)* pulper; **m. na česnek** garlic press; **m. na brambory** potato masher
mačkanice throng, crowd; **v tramvaji byla hrozná m.** the tram was terribly crowded n. packed
mačk|at 1 *(tisknout)* press, push; **m. tlačítko** press n. push a button; **m. komu ruku** press n. squeeze sb's hand; **m. nos na sklo** press one's nose against the windowpane 2 *(roz~ávat: brambory)* mash; *(vy~ávat)* **m. šťávu z citrónu** squeeze a lemon 3 *(v~ávat)* **m. tabák do dýmky** fill the pipe with tobacco ■ **m. se** 1 be crammed; **~ali se v autobuse** the bus was crammed n. packed; **ne~ejte se!** stop pushing; **m. se na koho** press against sb 2 *(látka)* crease easily
mačkátko: m. na citróny lemon squeezer
maděr|a: rozbít co na ~u smash sth to smithereens
madl|o *(zábradlí)* handrail; sport. pommel; **kůň s ~y** pommel horse
madona Our Lady, the Virgin Mary
mafie mafia
mág *(kouzelník)* magician, wizard; náb. sage, wise man
magazín *(zprav. ilustrovaný)* magazine; *(časopis obecně)* periodical
magický 1 *(slova)* magic; *(moc)* wizardly 2 *(fascinující)* fascinating, spellbinding
magie witchcraft, sorcery; **černá m.** black magic
magistr 1 *(farmacie)* pharmacist, am. druggist, br. hov. též chemist; *(hodnost)* Master of Pharmacy 2 *(univ. hodnost)* master; *(společenských věd)* Master of Arts, zkr. M.A., *(přír. věd)* Master of Science, zkr. M.Sc.
magistrála žel. main railway line; *(silniční)* arterial n. trunk road
magistrát municipal n. city council
magistrátní municipal; **m. úředník** municipal official
magma magma
magnát 1 hist. *(polský, maďarský šlechtic)* magnate, prince 2 *(boháč)* magnate, tycoon, baron; **filmový m.** film magnate; **průmyslový m.** industrial baron n. tycoon
magnet magnet též přen.
magnetick|ý magnetic; **~é pole** magnetic field; **~á střelka** magnetic needle; přen. **~á síla hudby** the magnetic pull of music
magnetismus magnetism též přen.
magnetizovat magnetize; **m. diváctvo** hold* the audience spellbound
magnetka magnetic n. compass needle
magnetofon tape recorder
magnetofonov|ý: ~á páska recording tape; **~é šasi** tape deck; **m. záznam** tape-recording
magnezit magnesite
magnézium magnesium
Magnificence His Magnificence *(title given to Czechoslovak University Rectors)*
magnólie magnolia
mahagon *(dřevo)* mahogany
mahárádža maharaja(h)
máchat *(prádlo)* rinse ■ **m. se ve vodě** *(děti)* splash about n. mess about (in the water)
machinace *(intriky)* machinations, scheming, intrigues; *(zvl. v obchodování)* sharp practice; zvl. pol. wire-pulling, intrigues
máj May; **První Máj** May Day
máj(e) maypole
maják lighthouse ♦ hanl., žert. **šplouchá mu na m.** he has bats in the belfry
majáles rag day
majestát 1 *(titul panovníka)* Majesty 2 *(vznešenost, důstojnost)* majesty, splendour, grandeur 3 *(listina)* Imperial Charter
majestá|tní majestic; grand ■ **~tnost** v. **~t (2); ~tnost horské scenérie** the grandeur of mountain scenery
majetek property, possession(s); **velký m.** for-

tune, wealth; **osobní m.** personal property; **movitý/ nemovitý m.** movable/ immovable property; **veřejný m.** public property; **ztratit/ promrhat veškerý svůj m.** lose*/ squander all one's fortune n. wealth

majetkov|ý: ~á daň property tax; **~é poměry** financial circumstances; **m. delikt** offence against property

majetnick|ý: ~é právo property n. proprietary right; **m. instinkt** possessiveness

majetn|ý wealthy, well-off, well-to-do, moneyed ■ **~ost** wealth, prosperity, easy circumstances

majitel possessor, owner, proprietor; **m. hotelu** the owner n. proprietor of a hotel; **pyšný m. nového auta** the proud owner of a new car; **dům změnil několikrát ~e** the house has changed hands several times

májka v. **máje**

majlant a mint of money, a packet; **stálo to m.** it cost* a bomb n. a fortune

majolika majolica

majonéz|a mayonnaise; **vejce s ~ou** egg mayonnaise

major voj. major

majoránka marjoram

majordom butler

mák 1 *(rostlina)* poppy; **vlčí m.** corn poppy 2 *(zrníčko)* poppy seed, hrom. poppy-seed; **koláč s ~em** poppy-seed cake ♦ **nemá ani za m. rozumu** he hasn't got* an iota n. ounce of common sense; **nerozumí tomu ani za m.** he doesn't know* the first thing about it

makadam, ~ový macadam

makadamovat macademize

makaróny macaroni

mak|at 1 *(dotýkat se)* touch, grope; **ne~ej na to!** don't touch it!; *(hledat cestu)* **m. ve tmě** grope n. feel* (one's way) in the dark 2 expr. *(pracovat)* toil n. slave (away), hov. work like a Trojan, work like the clappers

maketa model; archit. scale model; *(ve skutečné velikosti)* mock-up; *(atrapa)* dummy; **m. tanku** mock tank

makléř broker; **burzovní m.** stockbroker

makléřství 1 broker's business 2 *(firma)* firm of brokers

makovic|e 1 *(plod máku)* poppyhead 2 hov. *(hlava)* loaf ♦ **má prázdnou ~i** he is a numbskull; **srovnat si co v ~i** cotton on to sth

makový poppy-seed; **m. koláč/ olej** poppy-seed cake/ oil; **ani takový ani m.** nondescript, neither fish nor fowl, neither one thing or another

makrela mackerel

makro- macro-; **~biotika** macrobiotics

makulatura scrap paper; polygr. spoiled sheets

makulovat pulp

malaga *(víno)* malaga (wine)

malachit malachite

malaj|ský, ~sijský, M~ec, M~ka Malaysian

Malajsie Malaysia

malári|e malaria; **nemocný ~í** malaria patient

malátnět become* weary, tire; *(údy)* slacken, become slack

malátn|ý *(člověk)* weary, exhausted, sluggish; *(duševně)* torpid, lethargic; *(údy)* weary; *(pohyby též)* limp, languid; *(hlas též)* faint; **být m.** be n. feel* weary ■ **~ě** wearily; limply ■ **~ost** weariness, torpor, lethargy

mal|ba 1 *(~ování)* painting; *(technika)* art of painting; *(olejom.)* oil painting 2 *(obraz)* picture, painting 3 *(nátěr)* coat (of paint)

malebn|ý picturesque; *(o krajině)* scenic ■ **~ost** picturesqueness, scenic beauty; *(barevná)* richness of colour

málem almost, nearly, next to; kn. all but; **m. jsem tam nešel** I almost n. nearly didn't go*; **je to m. zadarmo** it costs* next to nothing

malér trouble, mishap; **měl menší m.** he had a little mishap; **dostat se do ~u** run* into difficulties

malíč|ek little finger; *(na noze)* little toe; **mít co v ~ku** have sth at one's fingertips; **nehnout ani ~kem** *(nepomoci)* not to lift a finger

mali|čko, ~nko 1 a little, a bit, a (tiny) little bit; **cítím se m. lépe** I feel* a little bit better; **je v tom ~nko pravdy** there is a modicum of truth in it 2 *(chvíli)* a little while, a bit; **počkejte m.!** wait a litle while!, wait a bit! 3 **od ~čka** from n. ever since childhood

maličkost 1 *(drobnost)* trifle, a small n. little thing, small matter; *(dárek)* a little sth 2 *(snadná věc)* **to je m.** that's nothing, that's child's play; **to není žádná m.** that's no joke, that's no small matter 3 **moje m.** žert. yours truly

mali|čký, ~nký 1 tiny, minute, very small, sk. wee, am. dinky; **m. chlapeček** a tiny tot, a wee tot; **m. rozdíl** a minute difference n. distinction 2 *(nedůležitý)* insignificant, trivial, negligible ♦ **byl najednou takhle m.** I took* him down a peg or two 3 *(malé dítě)* **náš m.** our little boy; **čeká ~čké** she's expecting

maligní malignant
malichern|ý 1 *(člověk)* pedantic, fussy; *(úzkoprsý)* narrow-minded; **m. člověk** fusspot, nitpicker 2 *(nicotný)* petty, trifling; **~é podrobnosti** trifling n. piddling details ▪ **~ě kritický** carping, pettifogging ▪ **~ost** 1 *(vlastnost)* narrow-mindedness, small-mindedness, fussiness 2 *(věc)* triviality, trifle, petty n. trivial thing; **trvat na ~ostech** stand* (up)on trifles
malík v. **malíček**
malina 1 *(plod)* raspberry ♦ **děvče jako m.** a peach of a girl 2 v. **maliník**
maliník raspberry bush
malink|ý, ~atý sk. wee; tiny; *(dětské)* teeny-weeny, teensy-weensy; v. též **maličký** ▪ **~o** a tiny bit, a little bit, a little
malíř 1 painter, artist; **akademický m.** a graduate of an art college n. of an art school 2 *(pokojů)* decorator ▪ **~ka** female artist, lady artist
malířsk|ý *(zobrazení)* pictorial; *(talent)* artistic; **m. ateliér** artist's n. painter's studio; **~é plátno** painter's canvas; **~á škola** school for painters, *(směr)* school of painting
malířs|tví 1 *(~ké umění)* (art of) painting, art 2 *(pokojů)* house painting, painting and decorating
mál|o I adv. 1 little; *(se substantivy v pl.)* few; **m. peněz/ lidí** little money/ few people; **jen m. lidí** only a few people, not many people; **jen m. času** only a little time, not much time; **bylo m. potravin** food was scarce; **je m. peněz** money is tight 2 *(malá míra)* little; **ona (velmi) m. jí** she eats* very little; **tato kniha se m. čte** this book is not widely read* 3 *(krátce)* a (little) while; **odešel m. před vámi** hov. he left* a while before you II subst. little; **to m., co mám** the little I have; **být spokojen s ~em** be content with little ♦ **má na ~e** it's touch and go (with him)
maloburžoazie petty bourgeoisie, lower middle class
máloco hardly anything
malodu|chý, ~šný faint-hearted
málokde hardly anywhere
málokdo hardly anybody, few people
maloměsto small town, provincial town; hanl. provincial backwater
málokdy rarely, hardly ever, once in a blue moon; **vidět koho m.** see* little of sb
málokterý hardly any
maloměstský small-town, suburban, provincial
maloměšťác|ký petit bourgeois ▪ **~tví** provincialism, narrow-mindedness
maloměšťák petty bourgeois; *(šosák)* philistine
málomluvn|ý taciturn, tight-lipped; **m. člověk** a man of few words ▪ **~ost** taciturnity
malomocenství leprosy
malomocný lék. I adj. leprous II subst. leper
malomyslnět lose* heart n. courage
malomysln|ý *(bojácný)* faint-hearted; *(skleslý)* despondent; **nebuď m.!** don't lose* heart!, don't give* up (hope)! ▪ **~ost** faint-heartedness, despondency; *(zoufalství)* despair
maloobchod retail trade
maloobchodní: m. cena retail price
maloobchodník retailer, retail dealer
malorážka smallbore rifle
malorolník smallholder
malost 1 *(rozměrová)* smallness, small size; *(postavy)* shortness 2 *(poměrů)* pettiness; *(duševní)* narrow- n. smallmindedness, meanness of spirit
mal|oučko, ~ounko v. **~ičko, ~inko**
malovat 1 *(zobrazovat barvami)* paint; **m. obraz/ portrét** paint n. do a picture/ portrait; **m. olejovými/ akvarelovými barvami** paint in oils/ watercolours; **m. na skle** paint on glass 2 *(být malířem)* paint, be a painter 3 **m. byt** decorate (a flat); **m. stěnu** paint a wall 4 *(představovat si)* **m. si svou budoucnost růžově** paint a rosy picture of one's future ▪ **m. se** 1 *(líčit se)* make* one's face up, hov. put* one's face on 2 hov. **m. se s čím** fuss over sth
malověrn|ý lacking in faith; **m. člověk** a Doubting Thomas ▪ **~ost** lack of faith
malovýroba small-scale industries
malovýrobce owner of a small enterprise n. business
malovýrobní: m. podnik small enterprise n. business
malo|zemědělec v. **~rolník**
maloživnostník small trader
malta mortar; *(omítková)* plaster
malvaz expr. **pivo jako m.** excellent beer
mal|ý 1 *(rozměrem)* small; *(citově hodnotící)* little; *(postavou)* short, small; **velmi m.** very small, tiny, diminutive; **velmi ~á místnost/ zahrada** a poky little room/ garden; **ve velmi ~ém měřítku** on a diminutive scale; **prodávat v ~ém** sell* by retail 2 hud. **~á tercie** a minor third 3 hvězd. **M. vůz** the Little Bear n. Dipper 4 *(těsný)* tight; **být m.** be a tight fit; **ten kabát je mi m.**

the coat is a tight fit **5** *(významem)* small, slight, insignificant, minor; **~á komplikace** a slight complication; **m. přestupek** a minor offence; **vyjít z ~ých poměrů** be of humble origins ♦ **~é ryby** přen. small fry **6** *(naděje)* slender; *(šance)* slim

máma mum, mummy

mámení illusion, hallucination; *(sebeklam)* delusion

mami|čka, ~nka v. **máma**; **moje m.** my dear mum(my); **~nčin mazánek** mummy's boy n. darling

mámit 1 *(koho)* lure, entice; **m. děvče falešnými sliby** entice a girl with false promises **2 m. co na kom** *(peníze)* coax sth out of sb, *(tajemství)* draw* sth out of sb ♦ **m. peníze od mužů** *(o ženách)* be a golddigger; **m. z jalové krávy tele** try to get* blood out of a stone

mámivý *(vůně)* intoxicating, heavy; *(štěstí)* deceptive, illusory

mamlas zhrub. numbskull, pudding-head

mamon mammon, lucre, golden calf

mamonář money-grubber

mamonářs|ký avaricious, money-grubbing ■ **~tví** avarice, money-grubbing

mamonit chase after money, hoard money; *(být velmi lakomý)* be a skinflint, be tightfisted

mamut mammoth

mana bibl. manna

maňásek glove n. hand puppet

maňáskov|ý: ~é divadlo (hand-)puppet theatre

manažer *(v průmyslu; vedoucí pracovník; zástupce osobnosti)* manager; *(zprostředkovatel uměleckých podniků)* impresario

mandarínka tangerine, mandarin (orange); *(bez jadérek)* satsuma

mandát 1 *(plná moc)* full powers, mandate **2** *(poslanecký)* mandate, seat; **ztratit m.** lose* one's seat

mandelinka *(bramborová)* Colorado beetle

mandl mangle; *(zvl. domácí)* rotary iron

mandle 1 *(jádra)* almond; **pražené m.** burnt almond **2** lék. tonsil; **nosní m.** adenoid; **vyjmout komu m.** take* sb's tonsils out ♦ **zvednout komu m.** dress sb down, give* sb a dressing down

mandloň almond (tree)

mandlovat *(prádlo)* mangle; text. calender

mandlov|ý almond; **~é pečivo** almond biscuits; **~é oči** almond-shaped eyes

mandolína mandolin(e)

maně unwittingly, unintentionally, involuntarily

manekýn, ~ka model, mannequin

manévr 1 *(úskok)* trick, stratagem; *(na upoutání pozornosti)* gimmick; *(slovní)* gambit **2** *(lodi ap.)* manoeuvre, am. maneuver; voj. **~y** field exercise; **konat ~y** hold* a field exercise

manévrovací: m. schopnost manoeuvrability, am. maneuverability

manévr|ovat 1 manoeuvre, am. maneuver **2** *(konat ~y)* hold* a manoeuvre

manéž ring, arena

mangan manganese

maniak maniac; **je šachový m.** he is a chess maniac

maniakální maniac, manic; **m. deprese** manic depression

mánie mania; *(posedlost též)* obsession

manifest manifesto; **Komunistický m.** The Communist Manifesto

manifestace pol. rally, demonstration, hov. demo

manifestační demonstration; **m. průvod** demonstration march, demo

manifestant demonstrator

manifest|ovat 1 *(projevit)* **stávka ~ovala naší jednotu** the strike showed* our unity **2** *(demonstrovat)* demonstrate, take* part in a demonstration n. a protest march

manikúr|a 1 *(pěstění rukou)* manicure; **dělat si ~u** do one's nails **2** *(náčiní)* manicure set

manipulace manipulation, handling

manipulační: m. poplatek service charge; **m. stůl** handling desk

manipulovat 1 *(pracovat s čím)* handle, manipulate; **m. s dynamitem** handle dynamite; **m. s brzdou** manipulate the brake **2** *(falšovat)* manipulate, fix, rig; **m. volby** rig the elections **3** *(ovlivňovat)* manipulate

manko *(v účtech)* deficit, shortfall; *(váhové)* short weight; přen. *(nedostatek)* shortcoming

manometr manometer, pressure gauge

manometrický manometric(al)

mansarda attic, garret

manšestr, ~ový corduroy; **~ové kalhoty** corduroy trousers, corduroys, hov. cords

mantinel *(hřiště: hokejové)* (side) boards, *(kulečníku)* cushion; **zahrát touš na m.** play the puck against the boards

manuál hud. manual, keyboard, fingerboard

manuáln|í *(práce)* manual ■ **~ě** manually

manufaktura zast. manufactory, workshop

manufakturní: m. průmysl manufacturing

industry
manýr|a 1 *(v umění)* style, manner; hanl. stereotype 2 **~y** manners; **uhlazené ~y** nice manners; **to jsou mi ~y!** manners!, this is a fine way to behave!
manýrismus *(v malířství)* mannerism
manžel 1 husband; **vzít si koho za ~a** marry n. wed sb 2 **~é** married couple, husband and wife; **~é Novákovi** Mr and Mrs Novák
manželka wife; žert. (one's/ sb's) better half
manželský *(dítě)* legitimate, born in lawful wedlock; *(štěstí)* wedded, conjugal, married; *(život)* married; *(věrnost, práva, láska)* conjugal; *(vztah)* marital; *(problémy)* matrimonial
manžels|tví marriage; *(~ký svazek též)* wedlock; *(~ký stav též)* matrimony, married life; **uzavřít m.** be joined in matrimony; **z prvního/ druhého m.** of n. from the first/ second marriage; **žít ve šťastném m.** be happily married
manžeta *(u košile, u halenky)* cuff; *(rukavice)* turnback; *(nohavice)* turn-up, am. cuff
manžetový: m. knoflíček cufflink
mapa 1 map; astron. námořn. chart; **meteorologická m.** weather map; **automobilová m.** road map; **plastická m.** relief map 2 *(sloha)* folder 3 *(skvrna)* stain
mapka *(města)* street map
mapov|at map, draw* a map of ■ **~ání** cartography
marasmus med. marasmus
maratón marathon (race)
marcipán marzipan, marchpane
margarín margarine, hov. marge
marginální marginal
marginálie marginal n. side note; pl. též. marginalia
mariáš karet. marriage
marihuana marihuana, marijuana, sl. pot
marináda kuch. marinade, pickle
maringotka caravan, am. trailer
marinova|t kuch. marinate ■ **~ný** marinated, pickled; **~ný sleď** pickled herring
marioneta marionette, string puppet
marka *(německá)* mark, zkr. DM; *(finská)* markka
markantní *(nápadný)* prominent, striking; *(rozdíly)* vast, considerable
marketink marketing
markýz marquis, marquess ■ **~a** marchioness
marmeláda jam; *(z pomerančů)* marmalade
márnice morgue
marnit *(peníze, síly, čas* ap.*)* waste, dissipate, squander
marnivec vain person
marniv|ý vain, conceited ■ **~ost** vanity
marnotratn|ík, ~ice spendthrift, squanderer
marnotratn|ý extravagant, wasteful; **m. syn** prodigal son; bibl. **návrat ~ého syna** the return of the prodigal son ■ **~ost** extravagance, wastefulness, prodigality
marn|ý *(pokus, námaha, naděje)* fallacious, futile, vain, useless; *(život)* pointless; *(odpor, boj)* hopeless; **je to ~é** it's no good n. use; ♦ **dělat ~ou práci** go* around n. run* around in circles ■ **~ě** in vain; **~ě se pokoušel** his attempts were futile n. in vain
maro|cký, M~čan, M~čanka Moroccan
marod hov. **I** subst. patient **II** adj. ill, unwell
Maroko Morocco
marš *(vybídka k odchodu)* **m.!** push off!, out you go*!; **m. do postele!** off to bed with you!
maršál voj. marshal; **polní m.** field marshal
maršálsk|ý: ~á hůl marshal's baton
marxismus Marxism
marxist|a, ~ický Marxist
már|y bier; **být na ~ách** be dead
mařit 1 *(čas, síly)* v. **marnit** 2 *(plány* ap.*)* thwart, frustrate, foil
mas|a 1 *(hmota)* mass; *(tvárná)* paste; *(namíchaná)* mixture 2 *(dav)* crowd; **~y turistů** hordes n. droves of tourists; **lidové ~y** the masses
masakr bloodbath, carnage; *(apokalyptických rozměrů)* holocaust
masakrovat butcher
masařka blowfly, *(modrá)* bluebottle
masáž massage; **dát komu m.** massage sb; **dát si m.** have o.s. massaged
masér masseur ■ **~ka** masseuse
masírovat massage; *(svaly, záda též)* knead
masit|ý 1 *(o části těla)* fleshy; **~é rty** fleshy lips 2 **~é jídlo** meat dish; **~á strava** meat (food), meat diet 3 *(dužnatý)* pulpy ■ **~ost** fleshiness; *(dužnatost)* pulpiness
masív *(horský)* massif
masívní *(mohutný)* massive, bulky; *(m. a pevný)* solid, solidly built, robust, sturdy
mask|a 1 mask; **dýchací m.** respirator; **kouřová m.** smoke mask; **ochranná m.** faceguard; **mít na sobě ~u** wear* a mask; **nasadit si/ sejmout si ~u** put* on/ take* off a mask 2 přen. mask, pretence; *(pláštík)* guise, screen; **pod ~ou přátelství** under the guise of friendship 3 *(na plese)* mask, masque 4 *(pleťová)* face pack, mudpack 5 div. make-up, am. makeup

maskára mascara; *(stínová)* eye shadow
maskér, ~ka make-up artist
maskot mascot
maskov|at 1 *(skrývat)* mask, conceal, cover up, disguise; **m. svou nervozitu** hide* n. conceal one's nervousness 2 *(herce)* disguise (**za** as) 3 voj. mask, camouflage ■ **m. se** *(ukrývat se)* hide*; **m. se za** disguise o.s. as, dress o.s. as ■ **~ání** *(herce)* disguise, mask; voj. camouflage, screen
másl|o butter; **čerstvé/ žluklé m.** fresh/ rancid butter; **solené/ nesolené m.** salted/ unsalted butter; **chléb s ~em** bread and butter; **namazat chléb ~em** spread* butter on bread ♦ **mít m. na hlavě** have a skeleton in the cupboard; **šlo to jako po ~e** it was plain sailing, it went* like a house on fire
masn|ý meat; **~é výrobky** meat products; **m. trh** meat market; **m. průmysl** meat industry
mas|o 1 *(potrava)* meat; **vepřové/ hovězí/ skopové/ telecí m.** pork/ beef/ mutton n. lamb/ veal; **kuřecí/ rybí m.** chicken/ fish meat; **pečené/ vařené/ grilované m.** roasted/ boiled/ grilled meat; **mleté m.** minced meat, mince; **bílé/ tmavé m.** white/ red meat; **libové/ tučné m.** lean/ fatty meat 2 *(lidské tělo)* flesh; **člověk z ~a a krve** a man of flesh and blood 3 *(dužnina)* pulp, (fruit) flesh; **broskve mají šťavnaté m.** peaches have (a) juicy pulp
masopust carnival, Shrovetide
masopustní carnival, *(se jmény dnů)* Shrove; **m. úterý** Shrove Tuesday
masov|ý$_1$ 1 *(týkající se masa)* meat; **~á polévka** meat soup 2 *(barva)* flesh-coloured
masov|ý$_2$ *(hromadný)* mass; **~á výroba** mass production, production in bulk; **~á manifestace** mass rally; **~á média** mass media ■ **~ě** on a mass scale; **vyrábět co ~ě** produce sth on a mass scale
masožravec carnivore
masožravý carnivorous
mast lék. ointment; **natřít ránu ~í** rub ointment on the wound, treat the wound with ointment ♦ **je všemi ~mi mazaný** there are no flies on him, he knows* all the tricks of the trade; *(je prohnaný)* he is a crafty old fox
mást 1 *(zavádět: koho)* confuse; *(vyvádět z konceptu)* mix up, fluster 2 **m. si co** confuse sth, muddle n. mix sth up, get* things muddled up; **m. si dva různé pojmy** confuse n. mix up two different concepts; **m. si koho s kým** confuse sb and sb, mistake* sb for sb ■ **m. se v čem** get* sth wrong, be wrong n. mistaken in sth
mastek soapstone, steatite, talc
mastičkář quack, charlatan
mastit: m. jídlo sádlem/ olejem add dripping/ oil to a dish; v. **kapsa**
mastnot|a fat, grease; **lesknout se ~ou** have a greasy shine
mastn|ý 1 *(obsahující tuk)* greasy, oily, fatty; **~á polévka** fatty n. greasy n. oily soup; **m. krém** *(kožní)* rich cream; **~á oka** *(na polévce)* specks n. *(větší)* blobs of fat 2 *(kůže, vlasy* ap.*)* greasy; **m. lesk** greasy shine; **mít ~é ruce** have greasy hands 3 *(uhlí)* fat; *(hlína, malta)* rich 4 *(notný)* **m. účet** steep n. stiff bill; **je to ~é** *(cenově)* it's pricey
mašina machine; v. **šicí stroj, lokomotiva, auto, motocykl** ap.
mašinérie hanl. machinery; **vládní m.** též the wheels of government; **válečná m.** the war machine
mašinka děts. *(vláček)* choo-choo (train)
mašírovat march; expr. footslog
maška|ra 1 *(masopustní)* mask, masque; **průvod ~r** masked procession 2 přen. *(směšně oblečená osoba)* scarecrow; **to je ale m.!** what a sight n. fright she is!
maškaráda *(veselice)* fancy-dress ball, masquerade; *(průvod)* masked procession
mašle ribbon
mat *(v šachu)* mate; **dát m.** mate; **šach m.!** checkmate!
máta mint; **m. peprná** peppermint
matematick|ý mathematical; **~á přesnost** mathematical accuracy n. precision
matemati|k, ~čka 1 *(odborník na ~ku)* mathematician 2 *(učitel)* mathematics teacher, hov. maths n. am. math teacher
matematik|a mathematics; hov. maths, am. math; **zkouška z ~y** maths examination
materiál 1 **~y** material(s); **stavební m.** building material(s); **únava ~u** material fatigue 2 *(pomocný)* material; **sbírat m. na dizertaci** gather material for a thesis; **vaše (kádrové) ~y** your personal file
materialismus materialism; **dialektický/ historický m.** dialectical/ historical materialism
materialista materialist
materialistický materialistic
materiální material, financial; **m. zájmy/ potřeby** material interests; **m. zainteresovanost** ma-

terial incentive(s); **m. problémy** financial problems

mateří: m. kašička royal jelly

mateřídouška thyme

mateřsk|ý 1 *(láska, péče* ap.*)* motherly, maternal; **~é povinnosti** the duties of a mother; **~é mléko** mother's milk; **m. jazyk** mother tongue; **~é dávky** maternity benefits **2 ~á škola** nursery, *(celodenní)* day nursery **3 ~á letadlová loď** aircraft carrier

mateřství motherhood, maternity

mateřština mother tongue, native language

matice 1 *(šroubu)* nut **2** dř. *(kulturní svépomocná organizace)* foundation; **M. slovenská** *(v současnosti)* ≅ The League for the Advancement of the Slovak Nation

matiné morning performance

matka 1 mother; **nevlastní m.** stepmother; **svobodná m.** single mother; **m. představená** Mother Superior **2 včelí m.** queen(-bee) **3** v. **matice (1)**

matn|ý *(papír, barva, kov)* matt; *(sklo)* frosted; *(hedvábí)* lustreless; *(světlo)* dim, subdued; *(oči)* dim, lackluster; *(vzpomínka)* vague, indistinct ■ **~ost** matt finish; *(skla)* opacity; *(hedvábí)* lack of lustre; *(vzpomínky)* vaguenes, indistinctiveness ■ **~ě** *(si vzpomínat* ap.*)* vaguely

mátoh|a spectre, ghost; *(zesláblý člověk)* shadow; **chodí po domě jako m.** he roams the house like a zombie ♦ **chodit jako v ~ách** walk as if in a trance n. daze

matova|t *(sklo)* frost, grind*; *(kovy)* tarnish ■ **~né sklo** frosted n. ground glass

mátožný *(slabý)* weary, tired, drowsy; *(pohyb* též*)* feeble, limp

matrace mattress; **drátěná m.** wire mattress; **nafukovací m.** inflatable mattress

matriarchát matriarchy

matrice polygr. matrix, mould; *(razicí)* die, dice, hutn. též mould

matri|ční: m. úřad registry; **m. kniha** v. **~ka**

matrik|a 1 register (of births, marriages and deaths); **farní m.** parish register; **výpis z ~y** extract from the register **2** *(úřad)* registry (office)

matrikář registrar

matróna matron, dowager

matrónovitý matronly

maturant, ~ka ≅ br. sixth-former, am. senior; v. též **abiturient**

maturita *school-leaving examination at Czechoslovak grammar schools* ≅ A levels *(England)*; Highers *(Scotland)*

maturitní: m. vysvědčení ≅ br. GCE (General Certificate of Education); **m. večírek** school-leavers' party; am. graduation ball

maturovat ≅ do n. take* A levels n. sk. Highers

Maur Moor

maurský *(stavba, sloh* ap.*)* Moorish

mauzoleum mausoleum

mávat *(kapesníkem, praporem)* wave; hov. *(holí, mečem)* brandish; *(sekerou)* wield; *(křídly)* flap; *(rukama: bezmocně)* flap, throw* one's arms about; **m. komu na rozloučenou/ na pozdrav** wave sb good bye/ a greeting

mávnout v. **mávat**; **m. odmítavě rukou** make* a gesture of refusal; přen. **m. nad čím rukou** brush sth aside; **m. kouzelným proutkem** wave the magic wand

maximáln|í *(zátěž, hodnota)* maximum, peak; *(rychlost)* maximum, top; *(využití)* maximal; **m. cena** ceiling price ■ **~ě** maximally, at the most, at the very most

maz *(ušní)* ear wax; *(škrobový)* size; *(obuvnický)* paste

mazací: m. olej/ čep lubricating oil/ nipple

mazadlo lubricant; *(polotuhé)* grease; *(na boty)* polish

mazal *(škrabal)* scribbler, scrawler; *(malíř)* dauber

mazanec Easter cake

mazánek *(chlapec)* mollycoddle; **maminčin m.** mummy's darling, mummy's pet, mummy's little boy; *(děvče)* mummy's little girl

mazání 1 *(strojů)* lubrication, greasing; **tlakové m.** forced lubrication **2** lékárn. ointment, liniment ♦ **m. medu kolem úst** n. hov. **kolem pusy** n. **huby** sweet talk, blarney

mazani|ce, ~na *(kresba)* daub; *(škrabanice)* scrawl, scribble

mazan|ý sly, crafty; v. též **mast** ■ **~ost** cunning, craftiness

mazat 1 *(stroj, dveře)* lubricate (with), *(vazelínou* též*)* grease (with); *(olejem* též*)* oil; **m. krajíc chleba máslem/ marmeládou** butter a slice of bread/ spread* a slice of bread with jam ♦ **m. komu med kolem úst** lay* it on with a trowel, lay it on (a bit) thick, butter sb up; **kdo maže, ten jede** money makes* the pot boil; v. **kapsa 2** *(špinit: tužka, pero)* smudge **3** *(tabuli)* clean, wipe (off); *(gumovat)* erase, rub sth out **4** *(kreslit)* daub **5** *(běžet)* run* like blazes, neutr. run very fast; **koukej m.!** beat it!, clear off! **6**

m. karty hov. expr. play cards *(neutr.)* ■ **1 m. se s kým** pamper n. mollycoddle sb, fuss over sb **2 m. se s čím** dillydally n. fuss over sth, *(demonstrativně)* make* a big song and dance over sth

mazavka boozer, tipper

mázdra membrane

mazivo v. **mazadlo**

mazlavý sticky; *(mastně)* greasy; *(chléb)* soggy; *(cesta)* muddy, soggy

mazlíček pet, mummy's boy/ girl

mazl|it se caress, fondle, pet; *(spolu)* hug and kiss, hov. smooch; **~ila se s dítětem** she caressed the baby; **milenci se spolu ~ili** the lovers hugged and kissed ■ **~ení** caressing, hugging and kissing

mazliv|ý tender, affectionate; **~á slova** tender n. fond words, words of love; **~é jméno** pet name ■ **~ost** tenderness

mazni|ce, ~čka lubricator; *(na olej)* oil cup; *(na tuk)* grease cup n. nipple

mazurka mazurka

mazut mazut

mdlo|ba **1** *(slabost)* faintness, dizziness; **jdou na mne ~by** I feel* dizzy, my head's reeling **2** *(bezvědomí)* unconsciousness, fainting fit; *(hluboké)* **~by** coma; **upadnout do ~b** faint, pass out

mdl|ý **1** weary, exhausted; *(hlas)* weak, faint; *(pohyby)* limp, languid **2** *(světlo)* dim, dull; *(barva)* pale; *(vůně)* faint; *(jídlo)* flat, insipid ♦ **~ého rozumu** soft in the head, a bit weak up top

meandr meander; **tvořit ~y** *(o řece, silnici)* meander

mecenáš patron; *(spolku, akce* též*)* sponsor

meč sword; **Damoklův m.** the sword of Damocles; **tasit m.** draw* one's sword

mečbol match point

mečet bleat

mečík bot. gladiolus, pl. -uses, n. -i

mečivý *(hlas)* bleating

mečoun swordfish

med honey; **lesní m.** wild honey; **turecký m.** halva, ≅ nougat ♦ **není to žádný m.** that's no bed of roses, it isn't all beer and skittles; v. **mazat**

měď copper

medail|e medal; **zlatá/ stříbrná/ bronzová m.** gold/ silver/ bronze medal; **udělit komu ~i za co** decorate sb for sth

medailón **1** locket **2** *(životopisný)* profile **3** *(maso)* medallion, noisette

měděnka verdigris

měděný copper; *(o barvě)* copper-coloured; **m. drát** copper wire

medicín|a **1** *(lékařství)* medicine; *(věda)* medical science; **studium ~y** medical studies; **doktor ~y** Doctor of Medicine (M.D.) **2** lék. medicine

medicinální medicinal; **m. víno** medicinal wine

medi|k, ~čka medical student

mědiryt, ~ina copperplate engraving

medit si have a good time, hov. have a ball

meditace meditation

meditativní meditative, contemplative

meditovat meditate (**o** on)

médium medium

medovina mead

medový honey; *(hlas)* fruity, mellifluous; *(o barvě)* honey-coloured; *(o chuti)* honey-sweet; **m. plást** honeycomb

medúza jellyfish

medvěd bear; **lední m.** polar n. white bear; hvězd. **Malý/ Velký m.** Little/ Great Bear

medvědí bear, bear's; **m. objetí** bear hug; **m. sádlo** bear's grease; **m. kůže** bearskin ♦ **prokázat komu m. službu** do sb a disservice

medvídě bear cub

medvídek *(hračka)* teddy (bear)

megafon loudhailer, hailer

megaloman megalomaniac

megaohm megohm

megavolt megavolt

megawatt megawatt

megera harridan, virago

mech moss

měch *(na vhánění vzduchu)* bellows

měchačka stirring n. cooking spoon

mechanick|ý mechanical; *(bezděčný* též*)* automatic; *(práce* též*)* routine; **m. vláček** clockwork train, toy train ■ **~y** mechanically; **učit se ~y** learn* by rote

mechanik mechanic; *(strojník)* machinist; let. **palubní m.** flight engineer

mechanika **1** *(obor)* mechanics; **m. nebeských těles** celestial mechanics **2 stavební m.** structural mechanics

mechanismus **1** *(ústrojí)* mechanism, *(hodin* též*)* works **2** *(ustálený postup)* mechanism; **m. trhu** the market mechanism

mechanizace mechanization, automation

mechanizovat mechanize, automate

mechový 1 *(polštář, koberec)* moss, mossy; *(svah)* mossy, moss-grown; moss-covered 2 *(guma)* spongy, porous

měchýř bladder; **močový/ žlučový m.** urinary/ gall bladder

mejdan party, get-together; **dělat m.** give* a party; **jít na m.** go* to a party

měkč|it soften jaz. též palatalize ■ **~ení** softening, palatalization

měk|ký 1 *(klobouk, límec, voda* ap.*)* soft; *(nábytek)* soft-wood; *(tužka)* soft-lead; *(sval)* flaccid 2 *(maso)* tender 3 *(zvuk, hlas, světlo, barva* ap.*)* soft, mellow; *(souhláska)* soft; hud. **~ká tónina** minor scale 4 *(pečivo, chleba)* fresh 5 *(srdce, člověk)* soft, gentle, tender, *(člověk* též*)* tenderhearted 6 *(droga)* soft, pharmaceutical ■ **~ce** softly; **~ce přistát** have a soft landing ■ **~kost** softness ■ **vejce na ~ko** soft-boiled egg; **být na ~ko** be moved to tears

měkkýš mollusc, mollusk

měkn|out *(věci* i přen.*)* get* n. go* soft, soften; *(jihnout)* yield, relent ♦ **~e mu mozek** přen. he's going soft in the head ■ **~utí** softening; **~utí kostí** softening of the bones; **~utí mozku** softening of the brain

mekot bleating

měkou|čký, ~nký nice and soft

mekt|at babble, stammer; **co to ~á?** what's he jabbering on about?

mela tumult, *(kravál)* rumpus; **to bude m.** there will be an almighty row, the fat is in the fire; **nastala m.** all hell broke* loose

melancholický 1 *(trudnomyslný)* gloomy, dejected, heavy-hearted 2 *(hudba)* melancholy

melancholie melancholy, gloominess, the blues

melancholik melancholiac, melancholic

melasa molasses

mělčin|a shallow spot, shoal; *(rozsáhlejší)* shallows; *(písčitá* též*)* sandbank, sands; **najet lodí na ~u** run* a ship aground, strike* the sands

meliorace *(půdy)* soil improvement, irrigation and drainage

meliorovat: m. půdu improve farmland

melírovan|ý text. mixed; **~á tkanina** mixed fabric; **~é vlasy** hair streaked with grey

mělk|ý 1 *(voda)* shallow; *(talíř)* shallow, flat 2 přen. *(povídání)* shallow, trivial, *(člověk* též*)* superficial ■ **~ost** shallowness, triviality, superficiality

melodický melodious, *(skladba* též*)* harmonious, *(nástroj* též*)* mellow, *(báseň* též*)* euphonious; *(obsahující melodii)* melodic

melodie 1 melody; *(popěvek)* tune, air 2 jaz. intonation, speech melody

melodram hud. melodrama

melodramatický melodramatic(al)

melouch work on the side, moonlighting job

melouchařit moonlight, (min. čas. *moonlighted)*; work on the side

meloun melon; *(vodní)* watermelon; *(ananasový)* cantaloup(e)

meluzína howling n. wailing wind

membrána membrane; *(zesilovače)* diaphragm; **m. buňky** cell membrane

memento memento

memoáry memoirs

memorandum pol. memorandum pl. memoranda n. -ums

memoriál sport. trophy, cup

memorovat memorize, learn* sth (off) by heart

měn|a currency; **měkká/ tvrdá m.** soft/ hard currency; **stabilizovat ~u** stabilize a currency

měňav|ý *(barevně)* iridescent; **~á látka** iridescent material ■ **~ost** iridescence

menáž voj. mess; *(přídělová)* rations

menažérie menagerie

méně 1 less; **m. peněz/ času** less money/ time; *(s počitatelnými subst.)* fewer; **m. knih/ věcí** fewer books/ things; **m. a m.** less and less, *(s počit. subst.)* fewer and fewer ♦ **více m.** more or less; v. též **málo** 2 *(minus)* minus, less

méněcenn|ý *(kvalita)* inferior, poor; *(zboží)* low-quality; *(práce)* of inferior quality ■ **~ost** inferiority; **komplex ~osti** inferiority complex

měnič el. transformer; **m. gramofonových desek** record changer; **m. drobných mincí** automatic change machine

meniskus anat. meniscus

měn|it 1 *(postoj, směr* ap.*)* change; *(plány, závěť* ap.*)* alter; *(částečně)* modify; *(návrh zákona)* amend; **m. k lepšímu/ k horšímu** change sth for the better/ for the worse; **to nic ne~í na tom, že...** it does not alter the fact that ...; **na tom se nedá nic m.** there's nothing to be done about it, it cannot be helped ♦ **člověk míní, Pánbůh mění** man proposes, God disposes 2 *(na co/ v co)* change (into), *(rozsudek)* commute (to); náb. transubstantiate; *(kouzlem)* **m. koho/ co v co** change sb/ sth into sth 3 *(košili, holiče)* change; *(hráče: nahradit)* substitute; **m. byt** move house; **m. dům za byt** change a house for a flat; **m. pero za tužku** change n. swap a pen for a pencil ■ **1 m. se v co** change n. turn into sth/ sb; **chlapec se ~í v muže** the boy is turning into a man **2** *(vzájemně)* alternate; *(jít po sobě)* succeed one another

měnitelný changeable

měnivý 1 *(počasí)* changeable; *(povaha)* inconstant **2** *(látka)* v. **měňavý**

měnový *(krize, jednotka)* monetary; *(reforma* též*)* currency; **Mezinárodní m. fond** International Monetary Fund

menstruac|e menstruation, period; **mít ~i** menstruate

menstruační *(cyklus ap.)* menstrual

menšenec mat. minuend

menší *(nevelký)* smallish; *(mzda)* modest; *(muž)* shortish, rather short; v. **malý**

menšin|a minority; **být v ~ě** be in the minority

menšinov|ý minority; **~á vláda/ strana** minority government/ party

menšitel mat. subtrahend

mentalita mentality

mentáln|í *(věk, stav* ap.*)* mental; *(převaha)* intellectual ■ **~ě narušený** disturbed, mentally defective

mentol, ~ový menthol; **~ové bonbóny** mints; **~ové cigarety** menthol(ated) cigarettes

mentor sermonizer, moralizer

mentorský pedantic, schoolmasterly

menu 1 kuch., počít. menu **2** *(úplné jídlo)* table d'hôte, set meal

menuet menuet, minuet

menza students' canteen, br. refectory, am. student cafeteria

měrka gauge

mermomocí at any price n. cost, at all costs; by hook or by crook, come* what may

měrn|ý 1 *(nádoba)* measuring **2** *(specifický)* specific; **~á váha/ ~é teplo** specific gravity/ heat

meruňka apricot; *(strom)* apricot tree

měřicí measuring; **m. pásmo** measuring tape, tape measure; **m. přístroj** measuring appliance n. instrument

měřick|ý geod. surveyor's; **~á lať** surveyor's rod

měřictví geometry; geod. surveyorship

měřič 1 *(osoba)* measurer, gauger; geod. surveyor **2** *(přístroj)* meter, measuring instrument; geod. surveying instrument

měř|it 1 *(koho/ co)* measure, take* the measurements of; techn. též gauge; *(čas)* time, sport. též clock; *(hloubku moře)* sound; *(pozemek)* survey; **m. délku/ rychlost** measure the length/ speed; **m. komu teplotu** take* sb's temperature; **m. co od oka** estimate sth by n. at a glance ♦ **dvakrát měř, jednou řež!** look before you leap*; **m. všem stejným loktem** apply the same standard to all alike **2 m. (si) koho** *(kriticky: pohledem)* size sb up; **m. (si) koho opovržlivě** give* sb a scathing look **3 m. si s kým svou sílu** v. **m. se s kým 4** *(mít rozměr)* measure, be ... tall/ wide ap.; **postel ~í 2 metry** the bed measures 2 metres, the bed is 2 metres long; **~í 180cm** *(osoba)* he is 6 feet tall, hov. he is 6 foot tall, his height is 180 cm ≅ 6 feet ■ **m. se s kým** measure o.s. with n. against sb; *(m. si sílu)* pit one's strength against sb; **může se m. s kýmkoliv** he can hold* his own against anybody ■ **~ení** measuring; sport. timekeeping; **~ení půdy** land surveying n. survey; **~ení hloubky** measurement of depth, nám. sounding

měřidlo measuring instrument

měřiteln|ý measurable ■ **~ost** measurability

měřítk|o 1 *(měřidlo)* rule; *(pásové)* tape measure; *(posuvné)* calliper rule, slide calliper **2** *(mapy* ap.*)* scale; **zmenšené/ zvětšené m.** reduced/ enlarged scale; **mapa v ~u 1 : 1000** a map on n. at a scale of 1 : 1000; **ve velkém ~u** on a large scale **3** *(vodítko)* yardstick, criterion, standard; **přísná ~a** exacting standards

měsíc 1 *(časový úsek)* month; **tento/ minulý/ příští m.** this/ last/ next/ month; **každý druhý m.** every other month; **v ~i lednu** in the month of January; **je v pátém ~i** *(těhotná)* she is five months pregnant, she is in her fifth month ♦ *(vidíme se)* **jednou za uherský m.** once in a blue moon **2** *(luna)* moon; **ubývající/ přibývající m.** waning/ waxing moon; **m. v úplňku** full moon; **svítí dnes m.?** is there a moon tonight?; **tvář jako m. v úplňku** moon-face; **přistát na ~i** land on the moon

měsíč|ek 1 zdrob. **při ~ku** in the moonlight, by moonlight **2 ~ky** *(menstruace)* period

měsíčn|í 1 *(dráha* ap.*)* lunar; **m. krajina** lunar landscape; **m. svit** moonlight, moonshine **2** *(plat* ap.*)* monthly; **m. jízdenka** monthly season ticket **3 m. štěně** a month-old puppy; *(trvající měsíc)* **m. dovolená** a month's holiday ■ **~ě** monthly, per month, a month; **vydělávat pět tisíc (korun) ~ě** earn five thousand crowns per month n. a month; **dvakrát ~ě** twice monthly, twice every month

měsíčník *(časopis)* monthly

měsíčn|ý: ~á noc moonlight night

mést 1 sweep* ♦ **nové koště dobře mete** a new broom sweeps clean 2 expr. **mést si to** run* fast
městečko small town; přen. **stanové m.** tent village
mestic mestizo
měst|o 1 town, *(velké)* city; **hlavní m.** capital (city); **věčné m.** Eternal City; **lázeňské m.** spa (town); **m. Praha** the city of Prague; **m. a venkov** town and country; **ve ~ě** in town/ in the city; **jet do ~a** *(do centra)* go* into town, *(do střediska oblasti)* go up to town; **bydlet ve ~ě** live in a town n. city; **v našem ~ě** in my hometown, in the town where I live, in the town where I come* from 2 *(čtvrť)* quarter, town; **Staré M.** Old Town; **Nové M.** New Town 3 *(obyvatelstvo)* **je toho plné m.** it's all over the town; **bylo tam celé m.** the whole town was there, žert. the world and his wife were there; **celé m. bylo na nohou** the whole town was up and about
městsk|ý *(obyvatelstvo, kronika)* town, city; *(lázně, knihovna, administrativa)* municipal; *(život, plánování, obyvatelstvo)* urban ■ **~y oděný** dressed in city clothes
měš|ec *(na peníze)* purse; **m. štěstěny** lucky bag ♦ **muset sáhnout hluboko do ~ce** have to dip deeply into one's pocket
mešita mosque
mešk|at *(otálet)* hesitate, delay; **ne~al a ...** he lost* no time (in) ...; **ne~ej a jdi!** don't hesitate and go*! ■ **~ání** hesitation, delay; **bez ~ání** without delay n. hesitation
mešní: m. víno sacramental wine
měšťácký hanl. middle-class, bourgeois
měšťáctví middle-class way of living; *(šosáctví)* narrow-mindedness, philistinism
měšťáctvo bourgeoisie, (the) middle classes
měšť|ák, ~ačka 1 v. **měšťan** 2 bourgeois, middle class person; *(šosák)* philistine
měšťan, ~ka citizen, city- n. town-dweller; hist. burgher
měšťanstvo (the) citizens, (the) citizenry; (the) inhabitants
meta *(cíl)* goal, aim, objective; *(v softballu, baseballu)* base
metafora metaphor
metaforický metaphorical
metafyzický metaphysical
metafyzika metaphysics
metalurg metallurgist
metalurgický metallurgical
metalurgie metallurgy
metamorfóza metamorphosis
metastáza metastasis, pl. metastases
metan methane
metař street n. road sweeper n. cleaner
metat 1 *(kameny* ap.*)* throw*, *(kopí* též*)* pitch; **m. los o co** cast* lots for sth 2 přen. **m. nenávistné pohledy** stare angrily, glare, look daggers v. též **kozelec, kotrmelec**
metelice snowstorm, blizzard
meteor meteor; **zazářit (na uměleckém nebi) jako m.** have a meteoric artistic career
meteorický *(železo)* meteoric, meteoritic; **m. roj** meteor shower
meteorit meteorite, meteoric stone
meteorolog weatherman, weather forecaster
meteorologick|ý meteorological, meteorologic; **~á stanice** meteorological n. weather station
meteorologie meteorology
metér polygr. make-up man
metl|a 1 *(k bití)* rod, switch; *(rákoska)* cane; **dát komu ~ou** give* sb the rod n. the cane; **dostat ~ou** get* the rod; přen. *(pohroma)* scourge *(metla lidstva)* 2 *(na šlehání)* whisk, am. whip
metoda method; *(plánovitý postup)* method, technique, system
metodick|ý methodical, systematic ■ **~y** methodically, systematically
metodik methodologist
metodika methodology
metodista círk. Methodist
metonymický metonymic(al)
metonymie metonymy
metr₁ 1 metre, am. meter; **čtvereční/ krychlový m.** square/ cubic metre; **měřit na ~y** measure sth in metres; **prodávat co na ~y** sell* sth by the metre 2 *(měřítko)* rule; **skládací m.** folding rule; **krejčovský m.** *(pásmo)* tape measure
metr₂ *(ostrý, přísný člověk)* taskmaster; **ta ženská je m.** the woman is a proper sergeant major
metrák metric centner, quintal
metráž *(filmu)* footage, length
metresa kept n. fancy woman
metrický 1 *(o mírách)* metric; **m. systém** metric system; **m. cent** v. **metrák** 2 *(o verši)* metrical, metric
metrika metrics
metro br. underground; am. subway, *(v Londýně)* tube; *(ve Francii, v Rusku, v Československu)* metro
metronom hud. metronome
metropole metropolis; *(hlavní město)* capital

(city)
metrov|ý one-metre long/ high, wide; **~é zboží** material sold* by the metre
metyl methyl
metylalkohol methyl alcohol
mexický, Mexičan, Mexičanka Mexican
Mexiko Mexico
mez **1** *(mezi pozemky)* ridge, balk, br. též baulk; **rozorání ~í** consolidation of (arable) land **2** přen. zprav. pl. **~e** limits, bounds, confines; **bez ~í** limitless, unlimited; **nejzazší m.** the utmost limit; **vše má své ~e** there's a limit to everything; **v ~ích slušnosti** within the bounds of propriety, within the pale; **odkázat koho do patřičných ~í** put* sb in his/her place ♦ **to už přesahuje všechny ~e** that's the limit, that's the last straw **3** techn. **m. pevnosti** breaking point
mezanin mezzanine, entresole
mezek mule; přen. dunce, blockhead, oaf; **umíněný jako m.** stubborn as a mule ♦ **pracovat jako m.** work like a Trojan, work like the clappers
mezer|a **1** gap; *(při psaní na stroji)* space; *(časová)* interval; *(přerušení řady)* break; **m. mezi zuby** gap in one's teeth **2** *(nedostatek)* gap, *(v textu též)* omission; *(v zákoně)* loophole; **v angličtině má ~y** his English is rather patchy n. scrappy
mezerník space bar
mezi **1** *(místně)* *(mezi dvěma)* between, *(jinak zprav.)* among; **m. stolem a oknem** between the table and the window; **našel to m. svými věcmi** he found* it among his things ♦ **m. námi řečeno** between you and me (and the bedpost n. gatepost); **m. dvěma ohni** between the devil and the deep (blue) sea **2** *(zařazení do skupiny)* among, amongst; **mezi námi** in our midst; **m. jiným** among other things; **patří m. nejlepší studenty** he is one of the best students, he is among the best students; **m. námi je vrah** there is a murderer in our midst **3** *(časově)* between; **m. 4. a 5. hodinou** between 4 and 5 o'clock; **m. dnem** during the day, in the course of the day
meziaktí div. entr'acte
mezibuněčný intercellular
mezičas sport. intermediate time
mezičlánek connecting link
mezidobí interval; **v m. obou válek** in the time n. interval between the two wars
mezihra div., hud. interlude
mezihvězdný interstellar
mezikontinentální intercontinental; **m. balistické rakety** intercontinental ballistic missiles
mezilidsk|ý interpersonal; **~é vztahy** human relations
meziměstsk|ý: ~á doprava long-distance n. interurban transport; **m. vlak** *(rychlík)*/ **autobus** intercity n. long-distance train/ bus n. br. coach; telef. **m. hovor** zastaráv. trunk call, am. long distance call
mezinárodn|í international; **m. vztahy** foreign relations ■ **~ost** internationality
mezioborový interdisciplinary
meziobratlov|ý lék. intervertebral; **~á ploténka** intervertebral disc
mezipatro mezzanine
meziprodukt semifinished product
mezipřistání stopover, intermediate landing
meziřádkový *(překlad)* interlinear
mezisoučet subtotal
mezistátní international; *(hovor)* foreign trunk call
mezistupeň intermediate stage n. state
mezitím in the meantime, by this time, meanwhile
mezivládí interim n. caretaker government
mezní boundary, borderline, limiting; **m. čára** boundary (line), borderline; **m. případ** borderline case; **m. hodnota** limiting n. threshhold value
mezník **1** boundary stone **2** přen. *(v historii* ap.*)* landmark, milestone, *(bod obratu)* turning point
mhourat v. **mžourat**
mhouř|it: m. oči blink (one's eyes), *(proti slunci též)* squint ■ **~í se mi oči ospalostí** I cannot keep* my eyes open
míč ball; **fotbalový m.** football, am. soccer ball; **volejbalový m.** volleyball; **hrát si s ~em** play with a ball; fotb. **být u ~e** be in possession (of the ball)
míček: tenisový m. tennis ball; **badmintonový m.** shuttlecock
míčov|ý: ~é hry ball games
migrace migration
migréna migraine
míha|t se *(světlo)* glimmer, flicker, waver; **všechno se mi ~lo před očima** everything was dancing in front of my eyes
mihnout se flash by n. past; *(světlo)* v. též **míhat se**
mihotat se *(světlo)* scintillate; v. též **míhat se**

mícha spinal cord
míchačka mixer; **m. na beton/ na maltu** concrete/ mortar mixer
míchani|ce, ~na 1 *(změť)* hotchpotch, am. hodgepodge; medley 2 hov. *(míchaná vejce)* scrambled eggs
mích|at 1 *(barvy, nápoje* ap.*)* mix; *(odrůdy: tabák* ap.*)* blend; **m. víno s vodou** mix wine with water, *(pančovat)* adulterate wine ♦ **m. páté přes deváté** ramble from one subject to another 2 *(karty)* shuffle 3 **m. koho do čeho** drag sb into sth, involve sb in sth; **mne do toho ne~ej!** leave* me out of it! 4 *(zaměňovat:* např. *pojmy)* mix sth up 5 *(kaši, polévku* ap.*)* stir, *(těsto* též*)* beat*, *(cement)* mix ■ **m. se** *(do čeho)* interfere (in), *(plést se)* meddle (in); *(zasáhnout)* intervene (in); **m. se do rozhovoru** join in a conversation, *(rušivě)* butt in on a conversation; **do toho se ne~ej!** keep* out of it! ■ **~aná vejce** scrambled eggs; **~aný kompot** tutti-frutti
míje|t 1 *(o čase)* run* on, go* by; **dny ~ly** the days flew* by 2 *(jít* n. *jet kolem)* go/ drive* past n. by, pass by; *(vyhnout se)* **m. města** bypass cities ■ **m. se účinkem** *(slova, úsilí)* have no effect; **jejich zájmy se ~ly** they had no interests in common, they didn't share any interests; v. též **minout**
mikádo bobbed hair
mikroanalýza chem. micro-analysis
mikrob microbe
mikrobiolog microbiologist
mikrobiologie microbiology
mikrobus minibus
mikrofilm microfilm
mikrofiš microfiche
mikrofon microphone
mikroklima microclimate
mikrometr techn. micrometer
mikron fyz. micron
mikroorganismus microorganism
mikropočítač microcomputer, personal computer
mikroprocesor microprocessor
mikroprocesorov|ý: ~á destička (micro)chip
mikroskop microscope
mikroskopický microscopic(al)
mikrotenový: m. sáček freezer bag
Mikuláš St. Nicholas; *(den)* St. Nicholas's Day
miláč|ek 1 darling; *(oblíbenec)* favourite, *(učitele)* hanl. teacher's pet; *(žen)* ladies' man; **m. Štěstěny** child of Fortune, sb born with a silver spoon in one's mouth 2 v. **milý II**; **~ku!** my dear!, darling!, zvl. am. honey!
míle mile; **anglická/ námořní m.** British/ nautical n. sea mile; **na m. daleko** for miles and miles
milen|ec 1 lover, fancy man; kn. paramour 2 **~ci** a pair of lovers; žert. love birds
milenka mistress, *(vydržovaná)* fancy n. kept woman
milerád very gladly, most willingly, with the greatest pleasure
miliarda br. milliard (= one thousand million); am. billion
milice militia; **lidové m.** people's militia
milicionář militiaman ■ **~ka** militiawoman
milimetr millimetre
milimetrový millimetre; **m. papír** plotting n. graph paper
milión million; **tři ~y korun** three million crowns; **~y lidí** millions of people
milionář millionaire; **mnohonásobný m.** multimillionaire ■ **~ka** millionairess
miliónkrát million times; *(mockrát)* hov. tons n. loads of times
miliónový *(dav* ap.*)* million-strong
milióntina one millionth
miliskov|at se snog; zastaráv. smooch, pet ■ **~ání** snogging
militarismus militarism
militarista militarist; sabre-rattler
militaristický militaristic
militariz|ovat militarize ■ **~ace** militarization
milník 1 milestone 2 přen. v. **mezník**
milodar (charitable) gift; *(almužna)* alms, charity; **žít z ~ů** live on charity
milosrdenství mercy; *(soucit)* compassion, charity; **z m.** out of mercy/ charity, from compassion
milosrdn|ý merciful; *(dobročinný)* charitable; *(soucitný)* compassionate; **~á lež** white lie; **m. skutek** an act of charity; **~á sestra** Sister of Charity n. Mercy; **být ke komu m.** have mercy on sb, show* mercy to sb ■ **~ě** mercifully, charitably, with compassion
milost 1 *(přízeň)* **být u koho v ~i** be in sb's favour, be in sb's good books, be well-in with sb 2 *(slitování)* mercy, charity ♦ **vzdát se na m. a nem.** surrender unconditionally 3 *(boží)* grace; *(odpuštění trestu)* **dát komu m.** reprieve sb, grant a pardon to sb 4 **boží ~i** *(pečivo)* (crisp) doughnuts 5 **Vaše M.!, Vaše M~i** Your Grace!
milostiv|ý merciful; **Bůh nám buď ~!** may the good Lord have mercy on us!, hov. God help us!

milostn|ý: ~á báseň/ aféra/ dopis love poem/ affair/ letter; **m. akt** love n. sex act; **~é dobrodružství** amorous adventure; **m. vztah** liaison
milostpán sl. big shot; **dělat ~a** lord it
milostpaní: dělat ze sebe m. put* on airs and graces
milou|čký, ~nký charming; *(dítě)* sweet
milov|at love; *(být za~án)* be in love (**do** with); **m. koho k zbláznění** be head over heels in love with sb ■ **m. se** *(vzájemně)* be in love (with each other), love each other; *(provádět sexuální akt)* make* love; **m. se s kým** make love to sb ■ **milující** loving, affectionate ■ **~aný** beloved, loved
milovnick|ý: ~á role lover's part
milovn|ík 1 *(hudby, květin* ap.*)* lover; *(sportu)* fan, enthusiast; *(vína)* connoisseur 2 div. leading man ■ **~ice** div. leading lady
mil|ý I adj. 1 dear; *(v oslovení v dopisech)* my dear!; **~é dítě!** my dear child!, iron. **m. pane/ hochu!** my dear sir/ chap n. boy! ♦ **je-li ti život m.** if you value your life 2 *(příjemný)* dear, sweet; *(sympatický)* likable; *(laskavý)* kind, nice; **je to od vás velmi ~é** it is very nice of you ■ **~e** kindly, nicely; **přijmout koho ~e** receive sb amiably n. nicely; **chovali se ke mně velmi ~e** they treated me very kindly II subst. *(nápadník)* boyfriend, love; zastaráv. sweetheart ■ **~á** girlfriend; sweetheart
mim mime
mimický mimic
mimika facial expression, *(gesta)* gestures
mimikry mimicry
miminko baby, infant, newborn child
mimo I adv. 1 *(stranou)* **držet se m.** keep* to the side; **jít m.** *(střela, míč)* go* wide 2 *(kolem)* past, by; **až půjdu m., stavím se** when I go past n. by, I'll drop in II předl. 1 *(ven)* outside, out of; **m. Prahu** outside Prague; **m. město** out of town; **m. střed** off centre; **být m. podezření** be above suspicion 2 *(vyjma)* except, apart from; **jsem doma stále m. úterý** I am always at home except on Tuesdays; **m. úřední hodiny** out of n. sk. outwith office hours 3 *(navíc)* besides, in addition to, over and above; **m. jiné** apart from other things 4 **m. očekávání** contrary to expectations
mimoděk unwittingly, unawares; **m. něco upustit** drop sth unawares
mimochodem incidentally, in passing; by the way; **m. něco poznamenat** mention sth in passing n. casually; **m., jak to uděláš** incidentally n. by the way, how are you going to do it?
mimochodník zool. ambler
mimojdoucí passer-by
mimořádn|ý extraordinary; *(výjimečný)* exceptional, out of the ordinary; *(pozoruhodný)* remarkable; **~é hodiny/ příplatky** extra classes/ bonuses; **v ~ém případě** in case of emergency; **m. profesor** br. reader, am. associate professor ■ **~ě** extraordinarily, extremely; exceptionally
mimosoudn|í out-of-court; **m. vypořádání** an out-of-court n. voluntary settlement; **m. rehabilitace** an out-of-court rehabilitation ■ **vyřešit něco ~ě** settle sth out of court
mimoškolní: m. činnost extracurricular activity
mimoto besides, moreover, in addition to that; **je hloupý a m. drzý** he is stupid and, what's more, he is cheeky with it
mimoúrovňov|ý: ~á křižovatka flyover
mimovolný involuntary, spontaneous
min|a mine; **klást ~y** lay* mines
minaret minaret
minc|e coin; pl. *(drobné)* small change; **pamětní m.** commemorative coin; **falešná m.** false coin; **pětikorunová m.** a five-crown piece ♦ **oplácet komu stejnou ~í** pay* sb back in his own kind n. coin; **brát co za bernou ~i** take* sth at (its) face value
mincíř Roman balance n. beam; *(závěsný)* spring n. spiral balance
mincovna mint
mincovní 1 *(na mince)* **m. (telefonní) automat** coin-operated telephone, payphone 2 mint; **m. značka** mint-mark; **m. právo** right of coinage
mínění *(názor)* opinion, view; **veřejné m.** public opinion; **převládající m.** prevailing opinion; **podle mého m.** in my estimation n. opinion, to my mind; **být stejného m.** be of the same opinion; **mít o kom/ čem dobré m.** have a good opinion of sb/ sth, think* highly of sb; **výzkum veřejného m.** public opinion poll ♦ **říci komu své m.** *(vyspílat mu)* give* sb a piece of one's mind, send* sb away n. off with a flea in his ear
minerál mineral
minerálka mineral water
mineralog mineralogist
mineralogie mineralogy
miniatura miniature
miniaturní miniature; **m. malba** miniature painting; **m. vydání** *(knihy)* miniature edition
minimalizovat minimize

minimáln|í *(nepatrný: spotřeba* ap.*)* minimal; *(nejnižší)* minimum; **m. mzda** minimum wage ■ **~ě** minimally

minimum minimum; **existenční m.** subsistence level

ministersk|ý *(výnos, výbor, opatření)* ministerial; **m. předseda** Prime Minister, Premier, PM; **~á rada** cabinet; **~é křeslo** ministerial post

ministerstvo ministry, br. též office, am. též department; **m. financí** Ministry of Finance, br. the Treasury, am. Treasury Department; **m. národní obrany** Ministry of Defence; am. U.S. Defense Department; **m. spravedlnosti** Ministry/ am. Department of Justice, br. Lord Chancellor's Office; **m. školství** br. Ministry of Education and Science; **m. vnitra** Ministry of the Interior, br. Home Office; **m. zahraničních věcí** Ministry of Foreign Affairs, br. Foreign Office; am. Department of State, State Department; **ministerstvo zdravotnictví** br. Ministry of Health and Social Security; am. Department of Health

ministr, ~yně (cabinet) minister, br. Secretary (of State), am. (cabinet) Secretary; **m. financí** Minister of Finance, br. Chancellor of the Exchequer, am. Secretary of the Treasury; **m. vnitra** Minister of the Interior, br. též Home Secretary, am. Secretary of the Interior; **m. bez portfeje** Minister without Portfolio

ministrant server, altar boy, acolyte

ministrovat serve, act as server

mín|it 1 *(mít v úmyslu)* intend, plan, propose; **co ~íš dělat zítra?** what are your plans for tomorrow? 2 *(myslit)* **m. to s kým dobře** mean* well by sb; **co tím ~íte?** what do you mean?; **to bylo ~ěno pro mne** that was meant for me

minomet mortar, minethrower

min|out 1 *(o čase)* pass, elapse, go* by; **lhůta už ~ula** the deadline has expired; **zima ~ula** the winter is over; **ne~e dne, aby ...** not a day goes by without ... 2 *(jít* ap. *kolem)* v. **míjet (2)**; *(netrefit se)* miss sth; **m. koho** miss sb, fail to meet* sb; **m. cestu** miss the road; **trest ho ne~ul** punishment was swift to come*, *(zasloužený)* he has got* his just deserts n. what was coming to him ■ **m. se: jeho slova se ~ula účinkem** his words did not hit* home; **m. se cíle** sport. go wide; **m. se vzájemně** miss each other; **naše dopisy se ~uly** our letters crossed in the post ♦ **m. se povoláním** miss one's vocation

minov|ý: ~é pole minefield

minul|ý 1 *(uplynulý)* past; jaz. **m. čas** past tense 2 *(předešlý)* last; **m. týden/ měsíc** last week/ month ■ **~e** last time ■ **~ost** 1 the past; **to už patří (do) ~osti** it's a thing of the past, it's over and done with ♦ **zúčtovat s ~ostí** come* to terms with the past, *(nekompromisně)* lay* the ghosts of the past 2 jaz. past tense

minus I adv. minus, less; **m. 5 stupňů (-5°C)** minus 5 degrees (Centigrade n. Celsius), 5 degrees (Centigrade n. Celsius) below freezing (point) II subst. 1 **znaménko m.** minus sign 2 *(nedostatek)* drawback, disadvantage, weakness

minu|ta minute; **za pět ~t šest** five (minutes) to six; **přijít na ~tu přesně** arrive right on the dot, arrive bang n. dead on time; **přijet o pět ~t později** arrive five minutes late; **ještě zbývá pět ~t** still five minutes to go*

minutk|a 1 minute, instant, second; **počkejte ~u!** hang* on a minute, it won't be a minute, it won't take* a minute 2 *(jídlo)* sauté

minutov|ý 1 **~á ručička** minute hand 2 lasting one minute; **~á přestávka** a one-minute break

mír 1 peace; **uzavřít m.** conclude n. make* peace 2 *(~ová dohoda)* peace; *(smlouva)* peace treaty; **vestfálský m.** the Peace of Westphalia 3 *(klid)* peace, tranquility; **m. v domácnosti** domestic peace n. harmony; **žijí spolu v ~u a pokoji** they live together in harmony

mír|a 1 *(rozměr)* measurement(s); **vzít komu ~u na šaty** take* sb's measurements, measure sb for a dress; **~y** *(ženy)* measurements, hov. vital statistics; **oblek na ~u** tailor-made suit, made-to-measure suit; **m. od oka** visual estimate; **úroková m.** interest rate, rate of interest 2 přen. *(rozsah)* extent, degree, measure, proportion; **do jaké ~y** to what extent?; **do určité ~y** to a certain extent; **do značné ~y** to a large extent; **ve stejné míře** to the same degree n. extent, equally 3 *(jednotka)* unit of measurement, measure; **délková/ plošná/ krychlová/ úhlová ~a** linear/ square/ cubic/ angular measure; **dutá m.** measure of capacity; **~y a váhy** weights and measures 4 *(přiměřený stupeň)* measure, limit(s), bound(s), moderation; **všeho s ~ou** everything in moderation; **neznat ~u** go* to the limits, *(neudržet se)* have no self-restraint, *(nevědět, co se sluší)* have no sense of proportion 5 *(nálada)* mood; **být v dobré míře** be in a good mood 6 v. **měřidlo**

mírn|it *(rychlost)* reduce, slacken; *(požadavky)* moderate; *(zlost, rozruch)* curb, check; *(bolest,* *utrpení)* ease, relieve, allay; *(názory, kritiku)* tone down, soften ■ **m. se** *(bolest)* ease off; *(v rozčilení)* check one's anger, control one's temper; *(v řeči)* moderate one's language, *(v pití)* cut* down on one's drinking, *(v jídle)* control one's appetite; **~čte se!** *(v řeči)* mind your language!

mírn|ý 1 *(klima, pásmo)* temperate, *(klima též)* bland; *(chlad, teplo)* moderate; kuch. *(trouba)* medium, slow; *(ceny)* moderate, reasonable 2 *(déšť)* gentle, mild; *(svah)* gentle; *(trest)* lenient, light; *(hlas, dotek)* gentle, soft; *(bolest)* slight, light 3 *(v jídle, v pití)* moderate, *(v pití též)* temperate 4 *(klidný)* gentle, mild, sweet; *(nevzrušivý)* placid; **m. v projevech** moderate in one's statements ■ **~ě** moderately, *(pít též)* in moderation; **~ě řečeno** to put* it mildly; **~ě klasifikovat** mark leniently ■ **~ost** blandness; *(v jídle)* moderation, *(v pití též)* temperance; *(temperamentu)* placidity; *(klasifikace)* leniency

mírov|ý *(smlouva, konference, jednání)* peace; *(politika, soužití)* peaceful; **~á demonstrace** peace demonstration; **m. stav vojska** peacetime strength of the army

mírumilovn|ý peaceful, peace-loving; *(*zvl. *o jednotlivci)* peaceable ■ **~ost** peacefulness, peaceful disposition; peaceableness

míř|it 1 **m. puškou na co** aim n. level a gun at sth; **m. vedle** be wide of the mark; přen. **nač ~íte?** what are you driving n. getting at?, *(otázkou)* what's the drift of your question? 2 *(pohybovat se kam)* make* n. head for, *(loď)* be bound for; přen. **m. vysoko** be a high-flier ■ **~ení** aiming, taking* aim; **střílet bez ~ení** shoot* at random n. indiscriminately

mísa 1 *(servírovací)* serving dish, am. platter; **m. na ovoce/ salát** fruit/ salad dish n. bowl; **hliněná m.** earthenware bowl; **polévková m.** soup tureen 2 *(pro nemocné)* bedpan; **toaletní m.** toilet bowl 3 **studená m.** cold buffet; *(maso)* selection of cold meats n. am. cold cuts

mise *(sbor osob i poslání)* mission; **diplomatická m.** diplomatic mission

mísicí mixing

mísidlo mixing apparatus n. machine, mixer

misi|e náb. 1 *(~jní sbor)* mission; *(sídlo)* missionary station 2 *(~jní práce)* missionary work

misionář missionary

mís|it mix, mingle; *(těsto)* knead; **m. vodu s vínem** mix water with wine, mix water and wine; **m. radost s žalem** mingle joy with sorrow ■ **m. se** 1 mix n. mingle together, intermix, intermingle; *(rasy též)* interbreed 2 *(vměšovat se)* interfere n. meddle (**do** in); **m. se do rozhovoru** *(skákat do řeči)* butt in on a conversation ■ **~ení** mixing, mingling; *(těsta)* kneading

miska small bowl, dish; **m. na kompot/ na mýdlo** dessert dish/ soapdish; **m. vah** scale n. pan (of scales)

místečk|o spot, little place; **obsazený do posledního ~a** packed to capacity

místenk|a seat reservation ticket; **koupit si ~u** get* a seat reservation, reserve o.s. a seat

místn|í local; jaz. **m. jméno** place name; **m. rozhlas** public address system ■ **~ě** locally; **~ě umrtvit** give* sb a local anaesthetic

místnost room; *(prodejní)* salesroom; *(školní)* schoolroom; **klubovní m.** clubhouse; **vysílací m.** broadcasting studio ♦ **ona m.** *(záchod)* loo

míst|o₁ 1 *(prostor)* room, space; **zabírat mnoho ~a** take* up too much space n. room; **ušetřit m.** save space; **udělat m.** make* room n. space; **ponechat volné m.** *(na podpis* ap.*)* leave* a blank; **v sále je 3000 ~** the hall admits n. accommodates 3,000 people; **udělat komu m.** make room for sb; **mít málo ~a** be cramped for room 2 *(příslušné)* **dát co na své m.** put* sth where it belongs; **nechat co na svém ~ě** leave* sth in its place; **dát co na jiné m.** change the place of sth, put* sth in a different place ♦ **mít srdce na pravém ~ě** have one's heart in the right place; **na ~a!** *(při závodech)* on your marks! 3 **m. k sedění** seat(s); **~a k stání** *(v dopravních prostředcích)* standing room; **m. na parkování** parking place; **rezervovat si m.** reserve n. book a seat; **v autobuse je 40 ~ k sezení** the bus seats 40; **mám v autě dvě volná ~a** I have room for two in my car 4 *(lokalita)* place, spot, locality; *(kde se něco odehrává)* scene, site, locale; *(konference)* venue; **bezpečné m.** safe place; **kritické m.** trouble spot; **m. častých nehod** black spot; **m. zločinu** site n. spot n. locale of a crime; **na ~ě samém** on the spot, *(teď)* here and now, *(tehdy)* then and there; **byl na ~ě mrtev** he was killed instantly n. outright; **nemoci se hnout z ~a** *(při jednání)* make no progress n. headway, be deadlocked ♦ **nechtěl bych být na tvém ~ě** I would not like to be in your shoes n. place 5 *(obydlené)* village, town, place; **lázeňské m.** spa, health resort; **poutní m.** place of pilgrimage; **m. bydliště** domicile, place of residence; **jezdit z ~a na m.** travel from place to place **6** *(v textu)* passage **7** *(pořadí)* place, sport. též placing; *(v hierarchii* též*)* rank; **na prvním ~ě** in the first place, first and foremost; **být na prvním ~ě** *(v žebříčku)* be placed first, have the top placing **8** *(zaměstnání, funkce)* job, post, position; *(volné)* vacancy; **hledat m.** look for a job n. post n. position **9** *(instance)* authority; **obrátit se na příslušné m.** appeal to a competent authority; **stěžovat si na vyšších ~ech** complain to a higher authority

místo$_2$ adv. instead of; **m. koho** in sb's place; **šel tam m. mne** he went* there instead of me; **m. studia hrál šachy** he played chess instead of studying

místodržitel hist. governor

místokrál viceroy

místopis topography

místopisný topographic(al)

místopředseda deputy chairman, vice-chairman

místopřísežn|ý statutory, solemn; **~é prohlášení** statutory n. solemn declaration, affidavit ■ **~ě prohlásit** make* a solemn declaration, make a declaration in lieu of oath

mistr **1** *(dílenský)* foreman, hov. boss; **2** *(řemeslník)* master craftsman; **tesařský m.** master carpenter ♦ **předčit svého ~a** outdo* one's master; **i m. tesař se někdy utne** anyone can make* a mistake **3** *(znalec)* expert, master; **m. pera/ štětce** a master of the pen/ brush; **taneční m.** dancing instructor **4** *(umělec, malíř)* master; **staří/ klasičtí mistři** old/ classical masters; **koncertní m.** leader, am. concertmaster **5** sport. *(vítěz)* champion, *(mužstvo)* champions; **mezinárodní šachový m.** international chess master **6** *(ve středověku)* Master *(např. Jan Hus); (v souč. na anglosaských univerzitách)* **m. svobodných umění/ přírodních věd** Master of Arts/ Master of Science

mistrn|ý masterly, brilliant ■ **~ě** in a masterly fashion, brilliantly ■ **~ost** mastery, masterliness

mistrovsk|ý **1** **m. diplom** master craftsman's diploma; **~á kvalifikace** rank of master craftsman **2** sport. **m. zápas/ titul** championship game/ title; **~á atletika** top-class athletics **3** *(dokonalý)* masterly; **m. tah** master stroke; **m. kus** masterpiece

mistrovství **1** *(kvalifikace)* rank of master craftsman **2** sport. *(soutěž)* championship; **m. světa/ Evropy** European/ world championship **3** *(dokonalost)* mastery; **dosáhnout v čem m.** achieve mastery n. proficiency at sth

mistryně sport. (woman) champion; v. též **mistr**

místy here and there, in places; **m. ležel sníh** there were occasional patches of snow

míšen|ec, ~ka, ~ecký half-breed, half-caste

míšeňský: m. porcelán Meissen n. Dresden china

mišmaš mishmash, hotchpotch

míšní spinal

mít **1** *(vlastnit)* have, have got*, own, possess; **m. peníze** have money; **nemám peníze** I have no money, I haven't got any money; **mají dvě auta** they have n. own two cars, *(v provozu)* they run* two cars ♦ **nemá ani vindru** he hasn't got a penny to his name **2** *(v moci)* have, control, have control of; **mít co k dispozici** have sth at one's disposal; **m. co v ruce** have sth well in hand; **povstalci už mají většinu území** the insurgents control most of the territory ♦ **už to mám** *(vyřešeno)* I've got it **3** *(za nějakým účelem)* **m. co na prodej** have sth for sale; **ty boty mám na výlety** these are my holiday shoes; **m. psa pro potěšení** keep* a dog as a pet **4** *(držet, m. na sobě)* have, hold*, wear*, have on; **m. dítě v náručí** hold a baby; **m. v ruce tašku** carry a bag; **m. na sobě kabát** wear a coat, have a coat on ♦ **m. co v malíčku** have sth at one's fingertips; **m. co za lubem** *(nekalého)* be cooking sth up **5** *(dostávat)* get*, have, earn, make*; **odkud to máš?** where did you get it?; *(zprávu)* where did you hear* that?; **kolik máš měsíčně** how much do you earn n. make per month?, *(čisté mzdy)* how much do you take* home per month? **6** (vyj. *vztah)* **m. koho za muže/ ženu** be married to sb, have sb for a husband/ wife; **m. koho pod sebou** *(služebně)* be sb's superior n. boss **7** *(stýkat se)* **něco s ním má** *(o ženě)* she's having a fling with him, she's got sth going with him **8** *(m. čeho dostatek/ nedostatek)* **m. co říci** have sth to say*; **m. co číst** have plenty (of books) to read*; **nemít co dělat** be at a loose end, have time on one's hands; **m. co dělat, aby...** have a job to *(+ inf.)* **9** *(pokládat)* **m. za to, že** take* it n. presume that; **m. koho za blázna** take sb for a fool; **za koho mne máte?** who do you take me for? **10** *(nabádat)* **m. koho k čemu** urge n. encourage sb to do sth; **m. dítě k učení** urge n. spur a child on to study, keep* a child's nose to the grindstone; **měli ho k ženění** they egged him on to get married **11 A)** (vyj. *naléhavost)* **máš jít domů** you are (supposed) to go home, you should go home; **mám napsat dopis** I have a letter to write*; **měl bys jít k lékaři** you should see* a doctor **B)** *(předpoklad)* allegedly, I am told*, they say*; v. též **prý; mají jet do Anglie** I hear* n. I am told that they are going to England **12** *(vyj. existenci)* **dnes máme hezky** what a beautiful day it is today! ♦ **m. koho na krku** be landed n. saddled with sb; **m. co z krku** see the last of sth; **má syna lékařem** his son is a doctor **13** *(v souslovných spojeních vyj.)* **A)** *(vlastnost)* **mít sílu** be strong; **m. váhu** weigh **B)** *(obsah pojmu)* **týden má sedm dní** there are seven days in a week **C)** *(stavy, pocity)* **m. hlad/ žízeň** be hungry/ thirsty; **m. kašel** have a cough; **m. horečku** have a temperature, be running a temperature **D)** *(účast)* **m. přednášku** hold* n. give* a lecture; **zítra mám svatbu** I am getting married tomorrow, it's my wedding day tomorrow **14** *(s trpným příčestím)* **mám uvařeno** the meal is ready; **mám nakoupeno** I have finished n. done my shopping ♦ **mám pro strach uděláno!** nobody will scare me! ■ **mít se 1 jak se máš?** how are you?; **mám se dobře** I am fine n. O.K., I'm fairly well; **mám se zle** I am having a bad time of it; **věc se má takto** the case is this, the case stands* like this; **m. se na pozoru** be on one's guard **2** *(chystat se)* **m. se k odchodu** be about to leave*, be on the point of leaving; **neměl se odchodu** he showed* no signs of wanting to leave ♦ **mít se k světu** be doing well, thrive*, prosper **3 m. se ke komu** be very obliging to sb

mítink 1 *(shromáždění)* mass meeting, rally, demonstration **2** sport. competition, contest

mitra mitre, am. miter

mixér 1 *(v baru)* barman, drink n. cocktail mixer; **m. zvuku** sound engineer **2** kuch. blender, br. též liquidizer

mixovat mix

míza 1 *(ve stromech)* sap; fyziol. lymph **2** přen. **životní m.** vitality, vital energy ♦ hov. **druhá m.** a new lease of life, am. a new lease on life

mizera wretch, rascal, a nasty so-and-so, sl. rotter

mizérie *(bída)* misery, wretched conditions, wretchedness; *(úpadek)* wretched state of affairs

mizern|ý 1 *(život)* miserable, wretched; *(počasí)* foul, beastly, rotten; *(dům)* wretched; *(silnice)* terrible; **m. střelec** a bad shot; **v ~ém stavu** in a sorry state **2** *(chlap)* horrid, wretched; *(nálada)* vile **3** *(kapesné)* poor, shabby, *(částka též)* beggarly; *(spropitné)* measly ■ **cítit se ~ě** feel* rotten; **udělat co ~ě** make* a bad job of sth

mizet disappear; *(barva, krása)* fade (away), *(radiosignál též)* die away; *(zásoby)* dwindle away, decrease

mizin|a: být na ~ě be broke, be on the rocks, be down to bedrock; **přivést koho na ~u** bring* sb to rack and ruin; **přijít na ~u** go* bust n. bankrupt

miziv|ý infinitely small, infinitesimal; *(naděje)* slender; *(šance)* slim ■ **~ě malá částka** an infinitely small amount of money; **vydělává ~ě málo** he is getting* peanuts

mízní lymphatic

mládě young (one); **pět mláďat** five young ones; přen. *(zelenáč)* greenhorn

mláden|ec 1 *(mladík)* youth, young man, youngster **2 starý m.** (old) bachelor **3 ~ci!** *(oslovení)* lads!

mládenecký *(byt, hospodářství, život)* bachelor's

mládeneč|ek laddie; **kdepak, ~ku!** no way, my dear boy!

mládež youth, young people; am. **školní m.** school children; **dnešní m.** the youth of today, young people today; **~i nepřístupno** adults only

mládežnick|ý: ~é hnutí youth movement

mládí youth; **v m.** in one's youth n. childhood n. schooldays; **v rozkvětu m.** in one's prime; **za mého m.** when I was young ♦ **ať se m. vydovádí** youth will have its fling, *(o chlapcích)* boys will be boys

mladice young female; **není už žádná m.** she's no spring chicken (any more); **je vystrojená jako m.** *(o stárnoucí ženě)* she's mutton dressed as lamb

mladick|ý youthful; **~á nerozvážnost/ nadšení** youthful exuberance n. frivolity/ ardour; **~á láska/ ambice** young love/ ambition

mladí|ček v. **~k**; zvl. sk. laddie; hanl. greenhorn

mladičký very young; kn. of tender years

mladík youth, young man, youngster

mladistv|ý I adj. youthful; **~á energie** youthful energy; **m. hlas** young voice ■ **vypadat ~ě** look young, have a youthful appearance **II** subst. adolescent, teenager

mládnout become* younger, look younger and younger

mladší: J. Novák m. J. Novák, Junior n. Jr

mlad|ý 1 young; *(víno)* new; **~í** the young, young people; *(manželé)* the newly-weds; **~í i staří** young and old alike; hanl. **~á husa** a silly young thing; **cítit se m.** feel* young; **v ~ých letech**

early in life; **nejmladší dítě rodiny** the baby of the family 2 *(~istvý)* youthful; **máš ~é nohy** you have young legs ■ **vypadat ~ě** look young ■ **~ost** youth
mlask|at *(při jídle)* eat* loudly, chomp; **ne~ej!** don't eat so loudly!, stop eating so loudly!
mlasknout smack one's lips, click one's tongue
mlat threshing floor
mlátička threshing machine, thresher
mlá|tit 1 *(obilí)* thresh; **m. cepem** thresh with a flail ♦ **m. prázdnou slámu** beat* the air 2 *(bít: koho)* thrash, beat sb (violently), *(holí)* cane; *(zvl. děti a manželku)* batter 3 **m. na dveře** bang on the door, batter at n. on the door; **m. do klavíru** hammer (away) on a piano; **m. do psacího stroje** punch a typewriter; **m. sebou** thrash about; **m. dveřmi** bang n. slam the door ■ **m. se** *(rvát se)* fight*, be having a fight ■ **~cení prázdné slámy** empty talk, hot air
mláto *(pivovarské)* draff
mlází young growth, thicket
mlčenliv|ý 1 *(tichý)* silent, quiet; *(nemluvný)* taciturn, reticent 2 *(diskrétní)* discreet ■ **~ě** in silence, without speaking ■ **~ost** quietness; taciturnity, reticence; discretion, discreetness
mlč|et 1 *(být zticha)* be silent, hov. br. keep* mum; **mlč!** hold* your tongue!, be silent!, zhrub. shut* up! ♦ **mluviti stříbro, ~eti zlato** speech is silver but silence is golden 2 *(diskrétně)* be discreet, keep* silence; **m. jako hrob** be as silent as the grave 3 *(nereagovat)* say* nothing, make* no reply; **m. k čemu** pass sth over in silence ♦ **kdo ~í, souhlasí** silence gives* n. means* consent ■ **~ení** silence; *(tajnůstkářské)* hush-hush; **výmluvné ~ení** eloquent silence; **přejít co ~ením** let* sth pass, pass sth over (in silence)
mlčky silently, in silence; **přejít co m.** pass sth over in silence; **m. přikývl** he nodded without saying* a word
mlecí: m. kámen millstone; **m. zařízení** milling n. grinding plant
mléčn|ý 1 milk, dairy; **~á čokoláda/ jídelna** milk chocolate/ bar; **~é výrobky** dairy products; **m. likér** milk punch 2 **~á žláza** mammary gland; **~é zuby** milk teeth; **~é sklo** opalescent n. frosted glass; **M~á dráha** hvězd. Milky Way
mlékárensk|ý dairy; **m. průmysl/ ~é výrobky** dairy industry/ produce n. products
mlékárna dairy
mlékař *(obchodník)* dairyman; *(při rozvozu)* milkman ■ **~ka** milkwoman
mlékařství dairy farming
mlék|o milk, *(u rostlin též)* juice; **kozí/ kravské m.** goat's/ cow's milk; **kondenzované m.** evaporated n. *(slazené)* condensed milk; **sušené m.** dried n. powdered milk, milk powder; **odstředěné/ sbírané m.** skimmed n. creamed/ semi-skimmed milk; **plnotučné m.** full-cream milk; **mateřské m.** mother's n. breast milk; **ztratit m.** go* dry ♦ **mít m. na bradě** be wet behind the ears; **země, oplývající ~em a strdím** ≅ a land flowing with milk and honey
mlh|a fog; *(lehčí)* mist, *(mlžný opar)* haze; **hustá m.** thick n. dense fog, hov. pea souper; **umělá m.** smokescreen; **místní ~y** fog patches; **přízemní m.** ground fog; **m. s kouřem** smog; **je m.** it's foggy; **m. padá/ stoupá** the fog is setting*/ lifting; **zahalený v mlze** shrouded in fog
mlhav|ý 1 foggy, misty; **~é počasí** foggy weather 2 přen. obscure, vague, hazy; hov. foggy ■ **~ost** 1 mistiness 2 vagueness
mlhovina hvězd. nebula
mlhovka fog lamp n. light
mlíčí soft roe, milt
mlít 1 *(obilí)* mill, grind*; *(kávu)* grind; *(nerosty)* crush, mill; **m. na jemno/ hrubo** grind sth finely/ coarsely; **m. co na prášek** grind sth to powder, pulverize sth ♦ **kdo dřív přijde, ten dřív mele** first come*, first served; **m. z posledního** *(být na konci sil)* be on one's last legs; *(mít čeho dost)* be at the end of one's tether 2 **m. pantem** rattle on n. along, wag one's tongue; **stále něco mele** *(ona)* her tongue wags continually 3 *(odříkávat)* rattle away 4 **m. sebou, m. se** fidget
mlok salamander, newt
mls titbit, delicacy; *(sladkost)* dainty
mlsal gourmet; *(na sladkosti)* sb who has a sweet tooth
mlsat have a sweet tooth
mlsky titbits, *(zvl. sladkosti)* dainties
mlsn|ý *(vybíravý)* finicky, choosy (with food), *(na sladkosti)* fond of sweet things ■ **~ost** fastidiousness; fondness of sweet things
mluva *(schopnost)* (faculty of) speech; *(básnická ap.)* diction; *(právnická též)* jargon, hov. lingo; **m. srdce** the language of the heart
mluvčí 1 *(na shromáždění ap.)* speaker 2 *(zástupce)* spokesman; **tiskový m.** press agent
mluvidla speech organs, organs of speech
mluv|it 1 speak*, talk; **m. tiše/ hlasitě** speak

softly n. in a low voice/ loudly n. in a loud voice; **~te nahlas!** speak up!; *(o dítěti)* **už ~í?** can he/ she talk yet?; **m. anglicky** speak English; **m. několika jazyky** speak several languages 2 *(hovořit)* talk; **m. moc** be talkative, talk a great deal, expr. be a chatterbox; **m. páté přes deváté** talk nineteen to the dozen; **moc nem.** be taciturn; **m. o politice** talk about politics; **m. o své práci** talk business n. shop; **chce s tebou m.** he wants to have a word with you; **m. čím jménem** speak on behalf of sb 3 *(mít projev)* speak, make* a speech; **m. na veřejnosti** speak in public; **m. ke shromáždění** address a gathering 4 *(svědčit)* **~í to v její prospěch** it speaks in her favour; **všechno ~í pro to, že ...** there is every indication that ...; **to ~í samo za sebe** the fact speaks for itself 5 *(mít přátelský vztah)* **m. s kým** be on speaking terms with sb; **už spolu ne~íme** we are no longer on speaking terms 6. **m. komu do duše** give* sb a good talking to; **m. komu do jeho záležitostí** meddle in sb's affairs ■ **~ ený** spoken; **~ená čeština** spoken Czech

mluvítko *(telefonu)* mouthpiece

mluvka *(povídálek)* chatterbox; *(žvanil)* windbag; *(chvastoun)* braggart

mluvnice grammar

mluvnick|ý grammatical, grammar; **~é pravidlo** grammatical n. grammar rule

mluvný talkative, garrulous; hov. chatty

mlýn 1 mill; *(vodní)* water mill; *(větrný)* windmill ♦ **bojovat s větrnými ~y** tilt at windmills; **to je voda na jeho m.** that's grist to his mill; **přispět svou troškou do ~a** do one's bit 2 *(při rugby)* scrum, scrummage; *(am. fotbal)* scrimmage

mlynář miller ■ **~ka** miller's wife

mlynářský: m. průmysl milling industry

mlynářství 1 *(obor)* miller's trade 2 *(průmysl)* milling industry

mlýnek 1 *(na kávu)* coffee mill n. grinder; *(na maso)* mincer, mincing machine 2 *(dětská hra)* ≅ noughts and crosses

mlýnský: m. kámen millstone

mlž odb. lamellibranch

mňau miaow, am. meow

mnemotechnick|ý mnemonic; **~á pomůcka** mnemonic (device)

mnich monk, *(žebravý)* friar; **žít jako m.** live like a monk

Mnichov, ~ský: Munich; **~ská dohoda** Munich Agreement

mnišsk|ý monkish, monastic; **~á kutna** friar's cowl, monk's habit

mnohaletý *(smlouva, dohoda)* long-standing, of long duration; **m. výzkum** many years' research

mnohaměsíční many months', of many months' duration

mnohamiliónový of many millions

mnohaúčelový all-purpose

mnohde at many a place, at quite a few places

mnohdy often, frequently, on many occasions

mnohem much, far, a lot; **m. lepší/ horší** much n. far better/ worse; **je m. lepší** he is much better; expr. he is light years ahead, am. he is streets ahead; **je m. lepší, že ...** it is much better that ...; **je to m. zajímavější** it's much more interesting

mnoho I čísl. 1 *(ve vazbě s počit. substantivy)* many, a great number of, hov. lots of; **příliš m.** too many; **má m. přátel** he has many friends, he has lots of n. a great number of friends ♦ **m. psů zajícova smrt** too many cooks spoil the broth 2 *(s nepočitatelnými subst.)* much, plenty of, a lot of, a great deal of, hov. lots of; **m. peněz** a lot of n. lots of n. much money, quite a bit of money II adv. much, a great deal, a lot; **velmi m.** very much; **příliš m.** much too much; **m. mluvit** talk too much, be (very) talkative

mnohobarevn|ý multicoloured; odb. polychromatic; *(pestrý)* colourful, bright ■ **~ost** variegation, polychromy, brightness, colourfulness

mnohobožství polytheism

mnohobuněčný multicellular, polycellular

mnohočlen mat. polynomial, multinomial

mnohočlenn|ý mat. polynomial; **~á rodina** large family

mnohohlas|ý multivoiced; hud. též polyphonic ■ **~ost** polyphony

mnohohlavý *(drak)* many-headed

mnohojazyčný multilingual

mnohokrát many times, repeatedly; **děkuji m.** many thanks, thank you very much

mnoholetý v. **mnohaletý**

mnohomluvn|ý *(povídavý)* garrulous, talkative; *(rozvláčný)* windy; *(autor)* verbose, diffuse; *(líčení)* wordy, verbose ■ **vysvětlit co ~ě** explain sth wordily n. at great length ■ **~ost** garrulousness; *(stylová)* verbose style

mnohonárodní *(stát)* multination(al)

mnohonásobek mat. multiple

mnohonásobn|ý multiple; *(rozmanitý)* manifold; **m. milionář** multimillionaire ■ **~ě** many times

over
mnohoposchoďový multistorey
mnohoslabičný polysyllabic
mnohost v. **mnohý**
mnohostěn geom. polyhedron
mnohostěnný geom. polyhedral, polyhedric
mnohostrann|ý 1 many-sided 2 *(dohoda)* multilateral 3 *(zájmy)* varied, manifold, versatile; *(člověk)* versatile ■ **~ost** many-sidedness; multilaterality; versatility
mnohosvazkový multivolume
mnohotvárný multiform, of various shapes, polymorphous; *(rozmanitý)* multifarious, manifold
mnohoúhelník geom. polygon
mnohoúhlý polygonal
mnohoznačn|ý *(slovo)* ambiguous, equivocal; jaz. polysemous; přen. **m. pohled** a meaningful glance ■ **~ost** polysemy; *(odpovědi)* ambiguousness, equivocality
mnohoženství polygamy
mnoh|ý 1 *(četný)* numerous; **v ~ých případech** in many cases, on numerous occasions 2 *(nejeden)* many a, quite a few, a great many, a good number of; **získal ~ého odpůrce** he has acquired a good number of enemies ■ **~ost** abundance, wealth
mňouk|at miaow, am. meow ■ **~ání** miaowing
mnout si: m. si oči/ ruce rub one's eyes/ hands; **m. si spokojeně ruce** rub one's hands with satisfaction
množina mat. set
množ|it se 1 biol. reproduce; *(zvířata)* breed*, multiply; *(rostliny)* propagate; **m. se jako králíci** breed like rabbits 2 *(obavy* ap.*)* grow*, increase; *(lži, fantazie, tendence)* proliferate; *(úkoly)* increase in number ■ **~ení** reproduction, breeding; propagation
množn|ý: ~é číslo plural
množství 1 *(kvantum)* number, quantity; **velké m.** a considerable number n. quantity (of); **ve velkém m.** in large numbers 2 *(hojnost)* wealth, abundance; *(obrovské)* loads n. tons n. heaps (of)
mobilizační: m. plán mobilization scheme
mobiliz|ovat mobilize ■ **~ace** mobilization; **všeobecná ~ace** general mobilization; **vyhlásit ~aci** order mobilization
mobilní mobile, movable; **je na svůj věk velmi m.** he is still very agile n. sprightly for his age
moc$_1$ 1 *(přirozená)* power, force; **nadpřirozená m.** supernatural power; **vyšší m.** an act of God; **léčivá m.** healing power, *(rostliny)* medicinal properties; **čarovná m. hudby** the magical power of music 2 *(síla)* force, might, power; **~í** by force; **to není v mé ~i** it is not within my power, it is beyond my power; **udělám, co je v mé ~i** I will do everything within my power; **jíst přes m.** overindulge in food ♦ **Kdo má m., má pravdu** might is right; might before right 3 *(vláda nad)* power n. control (over); **politická m.** political power; **neomezená m.** unlimited n. absolute power; **dostat se k ~i** get* into power; **uchvátit m.** seize power; **u ~i** in power; **mít koho ve své ~i** have power over sb; **upadnout do čí ~i** fall* into sb's power n. hands 4 *(pravomoc)* authority, power; **otcovská/ rodičovská m.** paternal/ parental authority; **zákonodárná m.** legislative authority; **královská m.** royal authority 5 *(nositel ~i)* **branná m.** (armed) forces; **cizí m.** foreign power
moc$_2$ 1 v. **mnoho; to je trochu m.** that's a bit much, hov. that's a bit thick; **cítí se o m. lépe** he feels* much better ♦ **co je m., to je m.** enough is enough; that's the limit 2 v. též **velmi, příliš; m. se smát** laugh one's head off; **ty m. dobře víš, že ...** you know* very n. zhrub. damn well that ...; **je to m. dobré** it's not half bad
mocensk|ý power; **m. blok** power block; **~á politika** power politics; **~á základna** power base
mocenství chem. valency, valence
moci I *(modální)* 1 *(být s to)* can, be able to, be capable of; **mohu to udělat** I can do it; **nemohl to udělat** he hasn't been able to do it; **nemohl vstát** he could not get* up, he was unable to get up, he was incapable of getting up 2 *(smět)* can, may; be allowed to; **mohu jít do kina** I can n. may go* to the cinema; **můžeš tu zůstat** you are welcome to stay here; **můžeš to odmítnout** you are at liberty to refuse; **policie na něj nemůže** the police can't touch him 3 *(být možno)* be possible; can, may; **mohlo se mu něco stát** something could n. might have happened to him; **jak jsi mi to mohl udělat?** how could you have done that to me? 4 *(vyj. záhodnost)* **můžeš si z něho vzít příklad** you'd do well to take* a leaf out of his book 5 *(vyj. odhad)* **může jí být kolem 50** she may be 50 (or thereabouts); **mohlo tam být tisíc lidí** there were about 1,000 people there II *(plnovýzn.)* **já za to nemohu** it is not my fault, I cannot be blamed for it; **za svou povahu nemohu** I cannot help my nature

mockrát many times, often, repeatedly; v. **mnohokrát**
mocnář, ~ka monarch
mocnářství monarchy
mocněnec mat. base
mocnin|a mat. power; **druhá m.** square, second power; **povýšit na druhou ~u** raise *(a number)* to the second power
mocnit mat. raise *(a number)* to a higher power
mocnitel exponent
mocnost *(stát)* power; **cizí m.** foreign power
mocný 1 *(panovník, říše)* powerful, mighty **2** *(hory, stromy* ap.*)* massive, colossal; *(úder, hlas)* powerful ♦ **nebýt m. slova** be speechless
moč euf. water; odb. urine
močál swamp, marsh; **vysušit m.** drain a swamp
močálovitý swampy, marshy
močit$_1$ pass n. make* water, urinate
močit$_2$ *(prádlo, hrách)* soak, steep; *(len)* ret; v. též **namáčet**
močopudný diuretic
močovina urea
močovod urinary duct, ureter
močov|ý urinary; **m. měchýř/ ~é kamínky/ ~á kyselina** urinary bladder/ calculus/ acid; **~é cesty** urinary tract; žert. hov. waterworks
močůvka liquid manure
mód|a 1 fashion, vogue, kn. mode; **dnešní m.** the prevailing fashion, the vogue of the day; **nejnovější m.** the latest fashion; **to je teď velká m.** it is the craze now, it is all the rage now; **být v ~ě** be in fashion; **vyjít z ~y** go* out of fashion, become* outmoded; **přijít do ~y** come* into fashion; **paní M. diktuje** fashion dictates **2 ~y** *(časopis)* fashion magazine
modáln|í jaz. modal ■ **~ost** modality
model 1 model; *(letadla, lodi)* mock-up; *(technický)* prototype **2** *(osoba)* sitter; **stát/ sedět komu ~em** pose n. model for sb
modelář modeller; *(ve slévárně)* pattern-maker; **letecký m.** airplane modeller
modelářství modelling; **letecké m.** airplane modelling
modelk|a model; **být ~ou** work as a model
modelovací *(hlína)* modelling; *(vosk)* moulding; **m. hmota** *(pro děti)* plasticine, am. Play-Doh
modelova|t 1 model; *(odléváním)* mould **2** *(utvářet plasticky)* mould, shape; **měla hezky ~né nohy** she had shapely legs, she had nicely shaped legs
moderna modern spirit; *(v umění)* modern style n. trend(s), modernism
modern|í 1 modern; *(současný* též*)* present-day, up-to-date; *(umění)* contemporary; *(román)* current; *(špičkový)* advanced; *(pokrokový)* progressive **2** *(módní)* modern, fashionable, trendy; hanl. new-fangled; **být velmi m.** hov. be with it ■ **~ě zařízený** *(byt)* well-appointed, *(módně)* fashionably, *(kuchyně)* with all mod cons; **oblékat se ~ě** dress fashionably n. after the latest fashion ■ **~ost** modernity; fashionableness
modernismus modernism
modernista modernist
moderniz|ovat modernize, bring* sth up to date; *(budovu* ap.*)* refurbish, give* sth a facelift ■ **~ace** modernization
modifik|ovat modify ■ **~ace** modification, alteration
modistka milliner
modl|a 1 idol; **klanět se ~ám** worship idols **2** přen. idol; **být čí ~ou** be sb's idol; **udělat (si) z koho ~u** idolize sb
modlář idolater, worshipper of idols ■ **~ka** idolatress
modlář|ský idolatrous ■ **~ství** idolatry
modl|it se pray, say* one's prayers; **m. se za koho** pray for sb; **m. se růženec** say the rosary; **~eme se!** let* us pray! ■ **~ení** praying, prayer
modlitba prayer; *(před jídlem)* grace
modlitebna house of prayer; *(židovská)* synagogue
modlitební: m. kniha prayer book
modloslužebn|ický, ~ictví, ~ík v. **modlářský, modlářství, modlář**
módn|í fashionable, stylish, with-it, trendy; hanl. new-fangled; **m. slova** vogue words, buzz words; **m. společnost** the smart set; **m. časopis** fashion magazine; **m. přehlídka** fashion show; **m. výstřelek** a passing fad ■ **~ě** fashionably, stylishly, à la mode ■ **~ost** stylishness, trendiness
modráky (blue) overall, working clothes n. gear
modrat turn blue, become* blue ■ **m. se** show* blue
modravý bluish
modrobílý bluish white; *(dvoubarevný)* blue and white
modročervený purple, violet; *(dvoubarevný)* blue and red
modrofialový blue purple
modrooký blue-eyed

modrošedý blue-grey, slate-blue
modrotisk indigo print
modrozelený blue-green
modr|ý blue; *(azurově)* azure blue, sky-blue; **sytě m.** dark-blue; **m. zimou** blue with cold; **~á liška** blue fox; **~á knížka** am. blue discharge; **~á krev** blue blood ♦ **~é pondělí** idle Monday; **světit** n. **držet ~é pondělí** skip work on Monday; **slibovat komu ~é z nebe** promise sb the moon; **chtít ~é z nebe** cry n. ask for the moon ▪ **barvit co na ~o** dye sth blue
modř blue; **saská/ indigová/ berlínská m.** Saxon/ indigo/ Prussian blue; **kobaltová m.** cobalt blue
modřidlo *(na prádlo)* laundry blue
modřín larch
modřin|a bruise, *(kolem oka)* black eye; **je samá m.** he is a mass of bruises; **udělat komu ~u** give* sb a black eye
modul mat., fyz. modulus; **lunární m.** lunar module
modulační *(transformátor)* modulation; *(frekvence* též*)* modulating
modulátor modulator
modul|ovat techn., hud. modulate ▪ **~ace** modulation
mohamedán, ~ský Mohammedan, Muslim
mohér, ~ový mohair
mohutnět grow* strong; *(vítr)* gain in strength; *(řeka)* swell*, rise*; *(hluk, potlesk)* swell, increase; *(hudba)* rise to a crescendo, get* louder
mohutn|ý *(postava)* bulky, massive, hulking; *(tloušťkou)* portly; *(strom, skály)* massive; *(bouře)* violent; *(ofenzíva)* all-out ▪ **~ost** massiveness; *(síla)* power, force; *(hlasu)* strength, power
mohyla (sepulchral) mound, tumulus pl. -luses, -li
mok lék. humour; *(nápoj)* drink, kn. beverage
moka mocha (coffee)
mokasín moccasin
moknout become* n. get* wet (in the rain); *(být na dešti)* be in the rain
mokr|o wetness, dampness; **stát v ~u** stand* in the wet; **je m.** it is wet
mokr|ý 1 *(šaty)* wet; *(půda)* soggy, dank; *(promoklý)* drenched; **m. na kůži** dripping (wet), wet through; **m., že se dá ždímat** wringing wet; **~é dítě** a wet baby; **m. jako myš** (wet) like a drowned rat ♦ **kamarád z ~é čtvrti** boozer, tippler **2** *(sníh)* wet, slushy; **~é počasí/ léto** rainy weather/ summer **3** *(vlhký)* damp, moist, humid **4 ~á analýza** wet analysis
mokřina marsh, fen
mokřit moisten, dampen; *(vlhčit* též*)* humidify
mokvat drip (**čím** with); *(rána)* discharge, *(vřed* též*)* run*, suppurate; *(ekzém)* weep*
mokvavý *(vřed)* suppurating; *(ekzém)* weeping
mol moth; **m. šatní** clothes moth; **prožraný od ~ů** moth-eaten
molekula molecule
molekulární molecular
moll, ~ový hud. minor (key); **d moll** D minor; **~ová stupnice** minor scale
molo jetty, *(mostové)* pier; **přístavní m.** landing stage
moment 1 moment, instant; **počkej m.!** wait a moment!; **v posledním ~ě** at the (very) last moment **2** *(okolnost)* factor, consideration; *(hledisko)* aspect; fyz. **m. síly/ setrvačnosti** moment of force/ inertia
momentáln|í *(nálada* ap.*)* momentary; *(situace)* present, at the moment ▪ **~ě** just n. right now, at the moment, at present
momentk|a snap(shot); **udělat ~u** take* a snapshop
Monako Monaco
monarcha monarch
monarchie monarchy
monarchismus monarchism
monarchista monarchist
monarchistický monarchist
mondénní fashionable, smart, chic; **m. dáma** woman of fashion n. style
Mongol, ~ka, m~ština Mongolian
Mongolsko Mongolia
monitor tel. monitor
monogamický monogamous, monogamic
monogamie monogamy
monogamista monogamist
monografický monographic
monografie monograph
monogram initials, monogram; **kapesníky s ~em** initialled n. personalized handkerchiefs
monokl monocle, eyeglass; *(modřina)* black eye; **udělat komu m.** give* sb a black eye
monokultura monoculture
monolit monolith
monolog monologue
monopol monopoly; **mít m. na pravdu** have a monopoly on truth; **státní m.** state monopoly
monopolistický *(hospodářství* ap.*)* monopolistic
monopoliz|ovat monopolize ▪ **~ace** monopoli-

zation
monopolní *(kapitalismus, ceny)* monopoly
monoskop resolution chart, monoscope
monotónn|í monotonous, dull; *(život* též*)* drab, eventless; **m. práce** donkeywork ■ **~ost** monotony, monotonousness; **m. každodenního života** the humdrum n. drabness of everyday life
monotyp polygr. monotype
monstrance monstrance
monstrproces show trial
monstrum monster, monstrosity; *(zrůda)* freak of nature
montáž 1 *(aut* ap.*)* assembly, assembling; *(agregátu)* installation; *(stavba)* erection; **být na ~i** work on a project 2 *(hudební, filmová)* montage; *(literární* též*)* pastiche
montážní: m. linka/ hala/ práce assembly line/ hall n. shop/ work
montér *(strojů; instalatér)* fitter; *(opravář)* maintenance man; *(mechanik)* mechanic; *(elektrom.)* electrician
montérky overalls, dungarees; *(kombinéza)* boiler suit
montova|t *(na pásu)* assemble; *(součástky)* fit; *(stroj)* erect; *(konstrukce)* erect, put* up; *(agregát)* install ■ **~ný** *(stavba)* prefabricated
montovna assembly shop n. hall
monumentáln|í monumental, imposing ■ **~ost** monumentality
monzun monsoon
moped moped
mopslík pug dog
mor lék. plague, zast. pestilence; **dýmějový m.** bubonic plague, the plague; **dobytčí m.** cattle plague, rinderpest; **slepičí m.** fowl pest ♦ **vyhýbat se komu/ čemu jako ~u** avoid sb/ sth like the plague; **nenávidět co jako m.** loathe n. detest sth, hate sth like poison
moralista moralist; *(mravokárce)* moralizer, sermonizer
moralistický moralistic
moralizovat moralize
morálk|a 1 morality, morals; *(kázeň* ap.*)* morale; **člověk bez ~y** an amoral person, a person without morals; **dvojí m.** dual morality, double set of morals; **klesající m. nepřítele** the failing morale of the enemy 2 *(mravouka)* ethics
morální|í *(člověk)* moral, virtuous, decent; **vykonávat na koho m. nátlak** exert moral pressure on sb ■ **~ost** morality, virtue, decency
moratorium obch. moratorium, postponement of payment
Morava Moravia
Moravan, ~ka, moravský Moravian
morbidn|í morbid, macabre ■ **~ost** morbidity
morče guinea pig
mordovat 1 *(vraždit)* murder, kill; přen. **m. angličtinu** murder the English language 2 **m. se s čím** *(namáhat se)* wrestle with sth, take* a lot of trouble over sth
mor|ek *(kostí)* (bone) marrow, medulla; **až do ~ku kostí** *(konzervativec* ap.*)* to the hilt
moréna geol. moraine
mores|y iron. manners; **to jsou mi m.!** that's no way to behave!, manners!; **naučit koho ~ům** teach* sb manners
morfém jaz. morpheme
morfémový morphemic
morfium morphia, morphine
morfologický jaz., biol. morphological
morfologie jaz., biol. morphology
morkov|ý: ~á kost marrowbone
morous grumbler, complainer, grumpy person
morový *(sloup)* plague; *(zápach)* pestilential
morseovka Morse code
moruš|e mulberry; v. **~ovník**
moř|e 1 sea; **klidné/ bouřlivé m.** calm/ stormy n. choppy sea; **širé m.** open sea; **vyplout na m.** put* to sea; **u m.** at n. by the seaside; **za mořem** across the sea; **jet k ~i** go* to the seaside ♦ **zmizel, jako by v ~i utonul** he vanished n. disappeared into thin air 2 *(množství)* a lot, lots of, loads of, masses of; **m. lidí** lots of people; **m. peněz/ času** loads n. masses of money/ time; **m. vína** gallons of wine; **m. světel** a sea of lights
mořeplavec seafarer
mořeplavectví 1 sea n. ocean shipping 2 *(obor)* nautical science
mořidlo *(na dřevo)* (wood)stain; *(na osivo)* wet disinfectant
mořit$_1$ *(dřevo)* stain; *(kovy)* pickle; *(osivo)* disinfect, treat; *(usně)* bate
moř|it$_2$ *(trápit)* torment; *(obtěžovat)* pester, plague; **~í ho kašel** he is troubled by a cough, he suffers from a (terrible) cough ■ **m. se** *(namáhat se)* toil, drudge; **m. se s úkolem** struggle with homework
mořsk|ý *(fauna, flóra* ap.*)* marine; *(klima)* maritime; *(ryba)* saltwater; *(sůl, dno; bohyně, nestvůra)* sea; přen. **m. vlk** sea dog; **~á scenérie** seascape; **~á panna** mermaid; **mít ~ou nemoc**

be seasick, be a bad sailor
mosaz brass; **litá m.** cast brass
mosazný brass; **m. plech/ drát** brass sheet/ wire
Mosk|va, ~evský Moscow
Moskvan, ~ka Muscovite
moskyt mosquito
most 1 bridge; **dřevěný/ betonový m.** wooden n. timber/ concrete bridge; **obloukový m.** arch bridge; **pontonový/ otočný/ visutý m.** pontoon/ swing/ suspension bridge; **padací, zdvíhací m.** drawbridge; **letecký m.** airlift; **postavit m. přes co** build* n. construct a bridge across sth ♦ **spálit za sebou všechny ~y** přen. burn* one's boats n. bridges **2** gymn. bridge; **udělat m.** do a bridge
mostní bridge; **m. stavitelství** bridge building; **m. pylon** bridge girder
mošt must; **jablečný m.** cider
moták *(z vězení)* hov. secret message
motanice disarray, hotchpotch, mess; *(zmatek)* confusion, muddle
mot|at 1 *(navíjet)* reel n. wind* up, *(drát též)* coil up ♦ **m. nohama** be unsteady on one's feet **2** *(pojmy)* confuse; *(výklad* ap.*)* muddle up ■ **m. se 1** *(potácet se)* stagger, totter; **~á se mi hlava** my head is swimming **2** *(plést se)* get* muddled n. confused n. mixed up
motel motel
motiv 1 *(pohnutka)* motive; **politické ~y** political motives; **m. činu** the motive for the deed **2** hud., mal., lit. motif
motiv|ovat motivate ■ **~ace** motivation
moto motto, *(na začátku kapitoly, knihy)* epigraph
motocykl motorcycle, hov. motorbike
motocyklista motorcyclist
motocyklový motorcycle; **m. závod** motorcycle race
motokolo motoped
motolic|e 1 *(hlíst)* liver fluke **2** *(závrať)* vertigo; **mít ~i** feel* dizzy
motopřilba crash helmet
motor 1 engine; *(elektrický)* motor; **čtyřválcový m.** four-cylinder engine; **spustit/ vypnout m.** start/ switch off n. stop the engine; **přetížit m.** *(dát málo plynu)* stall the engine; **rozebrat m.** take* the engine apart n. to pieces **2** přen. driving force, motor
motorest *(na dálnici)* service station n. area, services
motorický *(nerv* ap.*)* motor
motorismus motor sport
motorista motorist
motorizov|at motorize ■ **m. se** get* motorized ■ **~aný** motorized; **~ané jednotky** motorized troops
motorka motorbike, motorcycle
motorov|ý motor, engine; **m. člun** motorboat; **m. olej** engine oil; **~á pila** power saw
motouz string, line; *(silnější)* twine
motyka hoe
motýl butterfly; **noční m.** moth
motýl|ek 1 *(kravata)* bow tie **2** sport. butterfly (stroke); **umíš plavat ~ka?** can you do the butterfly?
moučka meal, powder; **kostní/ rybí m.** bone/ fish meal; **cukrová m.** icing n. confectioner's sugar
moučnatý floury
moučník dessert, pudding, sweet; hov. afters
moučn|ý 1 flour; **m. pytel** flour sack; **m. červ** mealworm; **~é jídlo** *(sladké)* sweet dish **2** *(jablka, brambory)* floury, mealy
moud|rý wise; *(uvážlivý)* prudent; *(rada)* wise, sound; **~ré rozhodnutí** a well-advised decision; **bylo by ~ré počkat** it would be politic to wait ♦ **nejsem z toho m.** I cannot make* it out, I cannot make head or tail of it; **ráno je ~řejší večera** let* us sleep* on it ■ **~ře** wisely; **jednat ~ře** act wisely; **~ře poradit** give* sb sensible n. wise advice ■ **~rost** wisdom; *(rozumnost)* good sense; *(rozvážnost)* prudence ♦ **myslí, že snědl všechnu ~rost** he thinks* he knows* it all
mouch|a fly; *(masařka)* bluebottle; **zabít ~u** swat a fly; **roj much** swarm of flies ♦ **člověk ~y snězte si mě** cabbage, zombie; **zabít dvě ~y jednou ranou** kill two birds with one stone; **na náměstí bylo lidí jako much** the square was swarming with people
mouka flour; *(hrubší)* meal; **kukuřičná/ žitná m.** corn/ rye meal; **ovesná m.** oatmeal
moula *(hlupec)* dolt, fathead; *(lehkověrný)* mug; *(nemotorný)* clumsy oaf; **ty jsi ale m!** what a dolt you are!
mour 1 coaldust **2** *(saze)* soot
mourek *(kocourek)* tabby
mourovatý black and grey; **m. kocourek** tabby ♦ **pracovat jako m.** work like a Trojan, work like the clappers
mouřenín: být černý jako m. be as black as pitch
movitost chattel; zprav. pl. movables, movable goods
movitý: m. majetek movables; *(osobní)* personal

chattel n. property; **veškerý m. majetek** goods and chattels
mozaika mosaic; **m. barev** mosaic of colours
mozaikov|ý *(obraz ap.)* mosaic; *(dlažba)* tesselated
mozeček kuch. brains ♦ **mít omezený m.** be a birdbrain
moz|ek 1 anat. brain; **přední/ zadní m.** forebrain/ hindbrain; **velký/ malý m.** cerebrum/ cerebellum; **měknutí ~ku** softening of the brain; **otřes ~ku** concussion (of the brain) **2** *(rozum)* brains, mind; hov. upper storey; **namáhat si m.** rack one's brains; **už mi to leze na m.** it's driving me crazy
mozkov|ý *(kůra, polokoule)* cerebral; **~á činnost** cerebral activity, cerebration; **zánět ~ých blan** meningitis
mozol callus, hard n. horny skin
mozolnat|ý callous, horny; **~é ruce** callous hands
moždíř v. **hmoždíř**
možná possibly, perhaps, maybe; **m. že přijde** maybe he will come*, he may come, it is possible that he will come; **co m. nejrychleji** as fast as possible; **není m.!** it can't be!, never!; iron. you don't say*!, no kidding!
možn|o possible; **pokud m.** if possible; v. **~á**
možnost 1 possibility; *(příležitost* též*)* opportunity, occasion, chance; **podle ~í** if possible; **netušené ~i** undreamt-of possibilities; **nebýla žádná jiná m.** there was no other possibility; **neměli jsme m. cestovat** we had no opportunity to travel n. of travelling **2** *(eventuálnost)* eventuality, contingency; *(m. výběru)* option
možn|ý 1 possible; **je to ~é** it is possible; **je-li to vůbec ~é** if (it is) at all possible; **je to docela ~é** it is quite possible; **všechno ~é** all sorts of things; **u ní je všechno ~é** with her everything is possible **2** *(proveditelný)* practicable, feasible, possible
mráčk|ek small cloud; **bez jediného ~ku** cloudless
mračit: m. čelo frown, pucker n. knit one's brows ■ **m. se 1** *(obloha)* cloud over, get* cloudy, become* overcast **2** *(člověk)* frown; **m. se na koho** scowl at sb
mračn|o 1 cloud; **černá ~a** dark clouds **2** přen. **~a kobylek/ komárů/ prachu** clouds of locusts/ midges/ dust
mračný *(nebe)* clouded, overcast
mrak 1 cloud; **dešťový/ sněhový m.** rain/ snow cloud; **~y táhnou po obloze** the clouds move n. drift across the sky **2** *(množství)* **~y lidí** crowds n. masses of people; v. též **mračno (2)**
mrakodrap skyscraper
mrákot|a *(často* pl.*)* **~y** fainting fit n. turn; *(krátkodobé)* blackout
mramor marble
mramorovan|ý mottled; **~á bábovka** marble cake
mramorov|ý marble; **~á socha** marble statue
mrav 1 *(obyčej)* custom, practice; **starý m.** an old custom **2 ~y** *(chování)* behaviour, manners; **mít dobré ~y** have good manners, be well-mannered **3 ~y** *(morálka)* morals, morality; **úpadek ~ů** the decay of morals
mraven|čení *(v noze)* tingling sensation, pins and needles; v. **~ec**
mravenčí: m. kukla ant cocoon; **kyselina m.** formic acid; **m. píle** beaver-like diligence n. assiduity
mraven|ec ant; **být pilný jako m.** be as busy as a bee n. beaver; **mám ~ce v nohou** I've got pins and needles in my feet
mraveneční̌k anteater
mraveniště anthill; **bylo to lidské m.** the place was swarming with people
mravní moral, ethical; **m. naučení** *(historky)* the moral (of a story)
mravn|ý moral; **~é chování** moral conduct ■ **~ě** morally ■ **~ě bezúhonný** of irreproachable morality n. morals ■ **~ost** morality, morals
mravokárce moralist, hov. prig; *(karatel)* moralizer; **dělat m.** moralize, sermonize
mravoličn|ý: ~á komedie comedy of manners
mravo|učný 1 *(literatura)* ethical **2** *(~kárný)* moralizing, sermonizing; hov. priggish
mravouka ethics
mráz 1 frost; **mrazy** frosty weather; **udeřily mrazy** frost(s) set* in; **bod mrazu** freezing point **2** *(mrazení)* shudder, shiver; **běhá mi (z toho) m. po zádech** it gives* me the creeps
mrazicí: m. přístroj freezing apparatus, freezer
mrazík nip; **je tam m.** there's a nip in the air
mrazírna refrigerating n. cooling chamber
mraz|it 1 *(potraviny)* freeze* **2** neos. **~í mě** I feel* chilly; **při pohledu na hady mne ~í** snakes make* me shudder ■ **~ený, mražený** frozen, chilled ■ **~ení** chill, feverish chill; přen. shivers
mraziv|ý *(počasí)* frosty; *(průvan)* icy; *(pohled)* frosty ■ **odpověděl nám ~ě** he gave* us a frosty answer

mraznička freezer, deep freeze
mrazuvzdorný frost-resistant
mrh|at *(penězi, silami, talentem)* waste, squander ■ **~ání** waste, extravagance; **to je ~ání časem** that's a waste of time
mrhol|it drizzle; **~í** it's drizzling, there is a drizzle ■ **~ení** drizzle; *(s mlhou* též*)* Scotch mist
mrcha *(zdechlina)* carrion; přen. beast; hov. *(nadávka)* bastard, *(žena)* bitch
mrkat blink, wink; *(hvězdy)* twinkle; **ospale m.** blink sleepily n. drowsily; **m. na koho** blink n. wink at sb ♦ **ten bude m.** won't that be a surprise for him
mrkev carrot; **škrabat/ strouhat m.** scrape/ grate carrot
mrk|nout blink one's eye; **ani ne~l** he didn't stir n. bat an eyelid, he did not move a muscle; **m. na koho** give* sb a wink ■ **m. se na co** have a glimpse at sth, br. sl. have n. take* a dekko at sth; **já se na to ~nu** hov. let* me have a squint at it ■ **bez jediného ~nutí** without batting an eyelid
mrkvičk|a young n. fresh carrots ♦ **strouhat komu ~u** cock a snook at sb; **ostrouhat ~u** go* away empty-handed
mrňavý tiny, diminutive, puny; sk. wee; děts. teeny(-weeny), teensy(-weensy)
mrně tiny tot
mrož walrus
mrsk|at 1 *(bičem)* whip, lash; *(zlořády)* lash out at ♦ **znát básničku, jako když bičem ~á** know* a poem off pat 2 **m. ocasem** *(ryba)* flap its tail ■ **m. se** n. **sebou** *(ryba ve vaně)* thrash about, *(na udici)* wriggle
mrsknout 1 **m. koho** *(bičem, rákoskou* ap.*)* deal* sb a blow with (a whip, a cane ap.) 2 v. **mrštit; koukni sebou m.!** look sharp!; *(udělej to!)* be smart about it!, make* it snappy!
mršina carrion
mrštit throw*, fling* (down); **m. kým na zem** throw sb (down) on the ground; **m. oštěpem** pitch a spear; **m. čím** fling sth down
mrštn|ý *(pohyblivý)* agile, nimble; *(pohyb)* swift, quick; *(jazyk)* quick, glib ■ **~ost** agility, nimbleness ap.
mrtev v. **mrtvý**
mrtv|ět *(údy)* become* numb, go* to sleep*; **~í mu noha** he has pins and needles in his foot
mrtvic|e 1 *(mozková)* stroke, apoplexy; **ranila ho m.** he had a stroke; **umřít na ~i** die from a stroke 2 *(srdeční)* heart attack, heart failure
mrtvičný: m. záchvat apoplectic stroke
mrtvol|a corpse, dead body; **živá m.** a walking corpse; **jít přes ~y** stop at nothing; **přes mou ~u** over my dead body
mrtvoln|ý *(bledost)* deathlike; *(pach)* cadaverous ■ **~ě bledý** deathly pale
mrt|vý I adj. též **~ev** 1 dead; **(úplně) m.** *(vyčerpaný)* dead tired, dead beat; **být na místě ~ev** die instantly; **dítě se narodilo ~vé** the baby was stillborn; **prohlásit koho za ~vého** declare sb dead ♦ **pro mne je ~vá** for me she is as good as dead 2 *(dům, ulice)* deserted; *(vulkán)* extinct; *(krajina)* bleak; *(kolej)* disused; *(kapitál)* dead, unreproductive; *(náklad, schránka, čas)* dead; *(ticho)* deathly; *(sezóna)* dull, dead; **Mrtvé moře** the Dead Sea; **být na ~vém bodě** *(jednání)* be at a deadlock, be deadlocked II subst. dead person; *(při nehodě)* fatality; voj. casualty; *(zesnulý)* the deceased; **bylo mnoho ~vých** there were many casualties; **vstát z ~vých** wake* from the dead ♦ **ten rámus by vzbudil ~vého** the noise would awaken* the dead; **mše za ~vé** requiem mass
mručet *(medvěd)* growl; přen. *(lidé)* grumble
mrva manure, dung; **chlévská m.** farmyard n. stable manure ♦ **m. v oku bratra tvého** the mote that is in your brother's eye
mrzácký *(zmrzačený)* crippled, deformed; **m. život** miserable n. rotten life
mrzač|it *(tělo)* cripple, mutilate, maim; *(text)* mutilate, distort, garble; *(jazyk)* murder ■ **~ení** mutilation, distortion, garble
mrzák cripple, crippled n. disabled person; **m. od narození** a cripple from birth
mrz|et: ~í ji to she is sorry about it, she feels* bad about it; **to tě nemusí m.** do not let* that worry you; **co tě ~í?** what's worrying n. bothering you? ♦ **to tě bude ještě m.** you'll be sorry for that, you'll regret that; **~í ho celý svět** he is tired of life, he is world-weary ■ **m. se na co** be annoyed n. irritated n. cross at sth; **m. se na koho** be annoyed n. angry with sb
mrzn|out 1 *(voda* ap.*)* freeze*, turn to ice 2 *(umírat chladem)* freeze to death, *(o lidech* též*)* die of exposure 3 *(trpět zimou)* **~eme tu** we are freezing here, it's freezing here; **~ou mi ruce** my hands are cold 4 neos. **~e** it is freezing; **mrzlo jen praštělo** there was a severe frost, it was freezing hard; **zítra bude m.** there'll be a frost tomorrow
mrzout grumbler, morose n. cantankerous person,

hov. sourpuss

mrzoutský *(hašteřivý)* cantankerous, querulous; *(nevrlý)* sullen

mrzut|ý **1** *(nevrlý)* morose, sullen, grumpy; srv. též **mrzoutský**; **mít ~ou náladu** be in a sullen mood, be in the sulks n. huff **2** *(nemilý)* unpleasant, annoying, bad; **to je ale ~é!** how (very) annoying!, what a nuisance!, that's too bad! ■ **tvářit se ~ě** have a sullen n. sulky n. annoyed look on one's face ■ **~ost** annoyance, chagrin, miff; *(nepříjemnost)* annoyance, vexation

mříž lattice; *(na oknech, stoková)* grating; **m. před krbem** fireguard ♦ **být za ~emi** be behind bars, be in prison

mřížka **1** zdrob. v. **mříž**; **m. na zavazadla** rack; **ozdobná m.** *(z tepaného železa)* wrought-iron grill **2** *(elektroda)* grid electrode

mřížkový grid-like, latticed; el. **m. obvod** grid circuit

mřížoví *(dřevěné)* lattice, grating, trellis; *(drátěné)* wire-screen; *(okenní)* grating, grates (over the window)

mst|a revenge, vengeance; *(odveta)* retaliation; **krevní m.** blood revenge, vendetta; **ze ~y** in revenge, out of revenge

mstít: m. koho/ co avenge sb/ sth ■ **m. se komu (za co)** take* one's revenge on sb (for sth); take vengeance on sb (for sth)

mstitel avenger

mstiv|ý vindictive ■ **~ost** vindictiveness

mše Mass; **sloužit mši** say* n. celebrate Mass; **být na mši** attend a Mass

mšice greenfly

muckat se pet, neck, smooch, snog

mučednick|ý martyr's; **~á smrt** a martyr's death; **umřít ~ou smrtí** die a martyr's death; **~á koruna** crown of martyrdom

mučednictví martyrdom

mučedn|ík, ~ice martyr

mučenka passion flower

mučidlo instrument of torture; *(skřipec)* rack

mučírna torture chamber

muč|it torture; put* sb to torture, *(na skřipci)* put sb on the rack; přen. torture, torment; *(otázkami)* pester, hov. plague; **~ila ho bolest** he was in agony; **~il ho silný kašel** he was plagued with a bad cough ■ **m. se čím** torture n. torment o.s. with sth ■ **~ení** torture, torment

mučitel torturer

mučivý *(bolest)* excruciating; *(nejistota)* harrowing, agonizing, tormenting

mudrc wise man ♦ **kámen ~ů** philosophers' stone

mudrlant poněkud zastaralé wiseacre; iron. know-all, clever Dick, smart aleck; **vesnický m.** village philosopher

mudrovat iron. philosophize, meditate, *(nad čím)* turn sth over in one's mind

mudřec wise man

muflon moufflon

muchlat **1** crumple, crease **2** *(vlasy)* tousle ■ **m. se** *(milenci)* neck

mucholapka flypaper, flytrap

muchomůrka fly agaric, toadstool

můj **I** zájm. my, *(v samostatné pozici)* mine, *(má-li určované subst. člen nebo jeho náhražku)* of mine; **moje kniha** my book; **tato kniha je moje** this book is mine; **tato moje kniha** this book of mine; **moje hospoda** my usual pub ♦ **to je moje** *(vyhovuje mi to)* it's right up my street n. alley; **to není moje** it's not my cup of tea **II** subst. **můj** *(manžel)* hov. my old man, my hubby; **moje** *(manželka)* my old woman

muk: ani m. *(buďte tiše!)* hush!, ssh!, quiet!; **nikomu ani m.!** keep* this under your hat!, keep this to yourself!

muka *(tělesná)* agony, suffering; *(duševní)* agony, anguish; *(nápor na nervy)* ordeal; **byla to hotová m.** it was sheer agony! ♦ **Tantalova m.** the torments of Tantalus

mukat: děti seděly, ani nemukaly the children were sitting as quiet as mice

muknout: neodvážil se ani m. he didn't dare to say* a word; **ani nemukl** he did not utter a sound

mul$_1$, mula mule

mul$_2$ *(gáza)* gauze

mulat mulatto

multimilionář multimillionaire

mumie mummy; **jako m.** mummylike

mumifikovat mummify

muml|at mumble, mutter; **m. si něco pod fousy** mutter sth under one's breath; **ne~ej!** don't mumble (your words)!; **m. si něco** mutter sth to o.s. ■ **~ání** muttering, mumbling

mumraj *(shon)* hustle and bustle, *(s hlukem)* hubbub, pandemonium, bedlam

munice ammunition

municipalita municipality

muňka crab louse

můra **1** owlet moth **2 noční m.** nightmare;

tížilo ho to jako noční m. it haunted him like a nightmare

mus|it, muset vyj. **1** *(povinnost)* have to, br. též have got* to; *(jen v přít. čase)* must; **musím jít** I must go*, I have (got) to go; **musel odejít** he had to leave* **2** *(závazek)* be obliged to, be bound to; **předem ~ím říci, že** I should say* first that; **~ím přiznat, že** I must say that **3** *(nutnost)* have to, be forced to, be compelled to *(do sth)* **4** *(potřebnost)* need (to), be necessary; **nemusí o tom vědět** he needn't know* about it, he doesn't have to know about it; *(třeba o tom neví)* he might not know about it ♦ **takhle se na ně ~í** that's the stuff to give* them; **to nemuselo být** there was no need to do that **5** *(nevyhnutelnost)* **to se ~elo stát** that was bound to happen; **~el jsem se smát** I could not help laughing; **~ím na to myslet** I have got it on the brain ♦ **musím si odskočit** I have to spend* a penny **6** *(pravděpodobnost)* **už ~í být doma** he must be n. should be at home by now; **něco se ~elo stát** something must have happened; **ten ~í být velmi bohatý** he must be very rich, hov. he must be loaded

muslim, ~ka, ~ský Muslim n. Moslem; **~ské náboženství** Islam

můstek **1** *(přes řeku)* footbridge; *(ve strojovně* ap.*)* catwalk; *(přístavní)* landing stage; námořn. **kapitánský m.** captain's bridge **2** sport. *(odrazový)* springboard, přen. stepping stone; *(lyžařský)* ski jump **3** lék. (dental) bridge

mušelín text. muslin

muší sport. **m. váha** flyweight

mušinec flyspeck

mušk|a **1** small fly; *(na udici)* dry fly; **svatojánská m.** firefly, glow-worm **2** voj. *(na ručnici)* front sight, bead; **vzít si co na ~u** take* aim at sth; **mít dobrou/ špatnou ~u** be a good/ poor shot

muškát bot., kuch. nutmeg; *(víno)* muscatel; *(pelargónie)* geranium

muškátov|ý: m. oříšek nutmeg; **m. květ** mace; **~é víno** muscatel

mušketa musket

mušketýr musketeer

mušle **1** shell, conch **2** *(sluchátková)* earpiece; *(záchodová)* (toilet) bowl; *(pisoár)* urinal

mutace **1** mutation; *(vydání)* version **2** *(změna hlasu)* change of voice

mut|ovat **1** biol. mutate **2** *(o hlase)* **chlapec ~uje** the boy's voice is breaking*

Múza, múza Muse; **navštívila ho m.** he has been inspired (by his Muse)

muzeální **1** museum; **m. kus** museum piece **2** *(názory)* antiquated, old-fashioned; hov. antediluvian

muzejní *(budova, časopis)* museum

muzeum museum

múzick|ý: ~á umění ≅ creative arts, *(malířství, sochařství, hudba)* fine arts; **Akademie ~ých umění** *(v Praze)* Academy of Music, Drama and Fine Arts

muzi|ka **1** music; **česká m.** Czech music **2** *(kapela)* band **3** *(zábava)* dance; **jít k ~ce** go* to a dance

muzikál musical

muzikáln|í musical ■ **~ost** musicality

muzikant musician ♦ **já nic, já m.!** Don't look at me!, It's not my fault!, I have nothing to do with it!

muž **1** man; **~i a ženy** men and women, males and females; **opravdový m.** a real man, every inch a man; **m. činu** man of action; **ukaž, že jsi m.!** be a man!; **bojovat m. proti ~i** fight* hand to hand; **padli do posledního ~e** they were killed down to the (very) last man ♦ **~i** *(WC)* Gentlemen, Gents, am. též Men's room **2** *(manžel)* husband; **bývalý m.** ex-husband; **vzít si koho za ~e** marry sb

mužatka Amazon; *(hašteřivá)* virago

mužíček **1** *(manžel)* hov. hubby **2** *(mužík)* manikin, tiny man

mužík manikin; **lesní m.** sylvan; **vodní m.** water sprite

mužnět grow* up, grow to manhood

mužn|ý manly, *(odvážný též)* brave, *(chlapský)* macho; **m. věk** manhood ■ **~ě** like a man, in a manly fashion ■ **~ost** manliness, masculinity; *(okázalá)* machismo

mužsk|ý *(jméno, hlas, sbor)* male; *(pýcha)* manly, masculine; *(rým)* masculine; **m. úd** penis, virile member; **~é obyvatelstvo Skotska** Scotland's manhood

mužství **1** masculinity; *(plodnost)* virility **2** *(dospělost)* manhood

mužstvo **1** sport. team, side; **fotbalové m.** football team; **univerzita má silné m.** the university has a strong side n. team **2** námořn. (ship's) crew **3** voj. enlisted men, the rank and file

my we; **my dva** you and I, hov. you and me; **my s manželkou** my wife and I; **my všichni** all of us; **mezi námi (děvčaty)** between you and me; **u nás** *(doma)* at home, in our house, *(v našem městě)* where I come* from, in my hometown, *(v naší zemi)* in our country; **u nás v Praze** in Prague; **u nás v Československu** in Czechoslovakia

mycí: m. prostředek washing agent, detergent; **m. souprava** toiletries

myčka *(nádobí: žena* i *automat)* dishwasher

mýdelný soapy

mydlárna soap factory

mydlář, ~ka soap boiler

mydlin(k)y soapsuds, suds

mydlinov|ý sudsy; **~á bublina** soap bubble

mydlit 1 soap, *(pěnivě)* lather 2 **m. koho** *(bít)* beat*, thrash; hov. lather; **začali se m.** they came* to blows

mýdl|o soap; **toaletní/ holicí m.** toilet/ shaving soap; **kostka ~a** a bar n. cake of soap ♦ **jít jako po ~e** go* like clockwork

mýdlov|ý *(bublina, roztok)* soap; **foukat** n. **pouštět ~é bubliny** blow* soap bubbles

mykolog mycologist

mykologie mycology

mýl|it *(koho)* mislead*, put* sb on the wrong track, lead* sb astray; **ne~í-li mne zrak** if my eyes do not deceive me ■ **m. se** be wrong, be mistaken, expr. bark up the wrong tree; **v tom se tedy ~íte** you're wrong there, there you are mistaken; **pokud se ne~ím** if my memory serves me well, if I am not mistaken

mýlka mistake, error; **v tom je nějaká m.** there must be some mistake; **m. v osobě** a case of mistaken identity

myln|ý *(názor* ap.*)* erroneous; *(důkaz)* fallacious ■ **~ě** erroneously, mistakenly

myokard myocardium; **infarkt ~u** myocardial infarction

myrha myrrh

myrt|a, ~ový bot. myrtle; **~ový věnec** myrtle crown

mys cape, headland, promontory; **M. dobré naděje** (the) Cape of Good Hope

mysl 1 mind, intellect; **pomatení ~i** mental disturbance; **mít co na ~i** have sth in mind; **přijít komu na m.** occur to sb, enter sb's head ♦ **sejde z očí, sejde z ~i** out of sight, out of mind 2 *(odvaha)* courage, heart, spirit; **dodávat komu ~i** give* sb courage n. heart, inspire sb with courage; **poklesnout na ~i** lose* heart 3 *(nálada)* mood, spirit; **být dobré ~i** be in a good mood

mysl|et, ~it 1 *(uvažovat)* think*, reason; *(filozofovat)* cogitate; **m. nahlas** think aloud; **~í mu to** his head is screwed on the right way, he's got* (all) his wits about him; **ne~í mu to** he's slow on the uptake 2 **m. na koho/ nač** think* of sb/ sth; **~i na mne!** think of me!; **na co ~íš?** what are you thinking about?, a penny for your thoughts 3 *(mínit)* mean*, have in mind; **co tím ~íš?** how do you mean?; **m. to vážně** mean business; **~ím to s vámi dobře** I mean well by you 4 *(předpokládat)* think, believe, suppose, imagine; am. guess; **m., že ano/ ne** I think so/ I don't think so 5 *(mít názor)* **co si o tom ~íte?** what do you think of it?, what's your opinion of it?; **to jsem si ~el** I thought as much; **moc si o sobě m.** suffer from a swollen n. big head 6 *(zamýšlet)* think of, consider, contemplate; **m. na koupi nového domu** think of buying a new house 7 *(obdivovat)* **~í si na ni** he fancies her

myslitel thinker

myslivec 1 huntsman; *(vášnivý)* Nimrod 2 voj. *(horský)* rifleman

mysliveck|ý hunting, hunter's; **m. jazyk** hunter's jargon; **m. pes** hunting dog; **~á latina** hunter's yarns

myslivna gamekeeper's lodge

myslivost hunting; *(ochrana zvěře)* game management

mystérium mystery

mysticismus mysticism

mystický 1 mystical 2 *(tajuplný)* mysterious

mystifik|ovat misinform, hoax ■ **~ace** hoax, misinformation

mystik mystic

mystika 1 mysticism 2 *(tajuplnost)* mystery, mysteriousness

myš 1 mouse; **chytat ~i** catch* mice; **kancelářská m.** penpusher; v. též **kostelní; kocour** 2 *(součást počítače)* mouse

myší mouse(-); **m. hnízdo/ díra** mouse nest/ hole; **m. barvy** mouse-coloured

myšin|a smell of mice; **páchne to tu ~ou** it smells* of mice here

myšk|a small mouse; **vidět bílé ~y** see* pink elephants; **tichý jako m.** quiet as a mouse

myšlenk|a 1 idea, thought; **utkvělá m.** idée fixe; **v ~ách jsem s vámi** my thoughts are with you; **oddávat se chmurným ~ám** think* gloomy thoughts; **číst čí ~y** read* sb's mind n. thoughts 2 *(idea)* **olympijská m.** Olympic idea 3 *(nápad)* idea; **báječná m.** briliant idea; **krást**

~y steal* sb's ideas; **mít vzpurné ~y** get* ideas into one's head 4 *(téma)* theme
myšlenkov|ý: m. obsah thought content; **m. svět** world of ideas, intellectual world; **~á hloubka** depth of thought ■ **~ě bohatý** rich in ideas
myšlen|ý: ~á čára imaginary line
mýt 1 wash; **m. nádobí** wash the dishes, wash up ♦ **ruka ruku myje** if you scratch my back, I'll scratch yours 2 **m. si ruce** wash one's hands; **m. si vlasy** wash n. shampoo one's hair ■ **m. se** wash o.s., have a wash ■ **mytí** washing; **mytí vlasů** hairwash, shampooing
mytický mythical
mýtina glade, clearing
mýtit *(les)* clear, root out
mýt|o, ~né toll
mytolog mythologist
mytologický mythological
mytologie mythology
mýt|us myth, fable; **oddělit fakta od ~ů** separate fact from fiction
mýval raccoon, racoon; hov. am. coon
mzd|a *(všeobecně)* pay; *(pro fyzicky pracující)* wage(s); *(pro duševní pracovníky)* salary; **hodinová m.** hourly wage; **úkolová m.** piece wages, piecework rate; **denní/ měsíční m.** daily/ monthly wages; **hladová m.** starvation wages; **stávkovat za vyšší ~y** strike* for higher pay
mzdov|ý wages, wage; **~é oddělení** wages office; **~á sazba** wage rate
mžik moment; **v ~u** in (less than) no time, in the twinkling of an eye
mžikat 1 *(do světla)* blink, wink **2** *(o světlech)* glimmer, glitter; *(hvězdy)* glimmer, twinkle
mžít drizzle, sprinkle; **mží** it's drizzling ■ **mžení** drizzle, Scotch mist
mžitk|a: ~y před očima blurring of vision, flickering in front of one's eyes
mžourat blink; **m. rozespale očima** be bleary-eyed with sleep; *(o hvězdách)* glimmer

N

n *(písmeno)* n [en]

na I předl. se 4. pádem vyj. **1** *(směřování na povrch)* on, onto, on top of; **sednout si/ lehnout si na co** sit* down/ lie* down on sth; **dát co na hromadu** put* sth on top of the pile; **vyskočit na koně** jump on to a horse **2** *(směřování pohybu)* to, on; **jít na nádraží/ na zahradu** go* to the station/ to the garden; **jet na Moravu** go n. travel to Moravia; **pochodovat na Berlín** march on Berlin **3** *(časový údaj)* **na podzim** in autumn; **na vánoce/ velikonoce** at Christmas/ Easter; **na poslední chvíli** at the last moment n. minute **4** *(nástroj, prostředek)* **vidět na vlastní oči** see* with one's own eyes; **hrát na housle/ na klavír** play the violin/ the piano **5** *(způsob činnosti)* **běžet na plné obrátky** operate at full speed; **pracovat na dvě směny** work in two shifts; **oblek šitý na míru** a suit made* to measure; **přepsat na čisto** make a fair copy **6** *(cíl, účel)* **jít na procházku** go for a walk; **jít na lov/ na houby** go hunting/ mushrooming; **jít na schůzi/ na koncert** go to a meeting/ to a concert; **továrna na automobily** car factory **7** *(zřetel, vztah)* **hluchý na jedno ucho** deaf in one ear; **krátkozraký na jedno oko** short-sighted in one eye; **čilý na svůj věk** sprightly for his age **8** *(hranici, míru) (časově)* for; **práce na dva dny** a job for two days; **promoknout na kůži** get* soaked to the skin n. through **9** *(příčinu, popud)* **zemřít na rakovinu** die of cancer; **na čí radu** on sb's advice **II** s 6. p. vyj. **1** *(místo)* on, in, at; **na stole** on the table; **na ulici** in the street; **na schůzi** at the meeting; **na moři** at sea; **na dovolené** on leave **2** *(časový údaj)* **na jaře** in spring; **na začátku/ na konci** at the beginning/ at the end (**čeho** of sth); **na úsvitě** at dawn **3** *(nástroj, prostředek)* **vařit na plynu** cook on n. with gas; **písařka na stroji** typist **4** *(okolnosti, způsob činnosti, děje* ap.*)* **vařit na másle** cook with butter; **být na svobodě** be free, *(o zločinci)* be at large; **být na rozpacích** be embarrassed **5** *(vztah, zřetel)* **šetřit na jídle** economize n. scrimp on food; **ztrácet na váze** lose* weight; **být na tom dobře/ zle** be doing well/ badly

na, nate here you are; **na, vezmi si** here you are, help yourself

nabádat (**koho k čemu** sb to do sth) urge, *(navádět)* incite, instigate, *(povzbuzovat)* encourage; **n. koho ke studiu jazyků** urge n. encourage sb to study languages

nabarvit *(polici* ap.*)* paint; **n. si vlasy** dye one's hair; **n. dveře na bílo** paint the door white; **n. si vlasy na černo** dye one's hair black

nabaštit se stuff o.s., eat* one's fill

nabažit se *(koho/ čeho)* tire n. weary of, have had one's fill of, have had enough of; **nemůžu se té hudby n.** I never tire of listening to the music; **n. se života** become* world-weary, hov. become fed up with life

náběh: n. do modra a tinge of blue, a blue tinge; **n. k chřipce** the onset of flu

naběhat se do a lot of running around, run* oneself into the ground *(trying to get* sth* ap.*)*

naběhlina swelling

naběhl|ý **1** *(opuchlý)* swollen; *(tvář, oči, pohmožděniny)* puffy **2** obch. **~é náklady** (the) accumulated costs ■ **~ost** swollen state, puffiness

naběh|nout **1** *(v běhu narazit)* **n. na co** run* up against sth **2** *(opuchnout)* swell* up **3** *(objevit se)* **~la mu husí kůže** he came* out in goosepimples

naběračka ladle, *(s cedníkem)* straining spoon; **n. na polévku** soup ladle

naběrák scoop, ladle; *(rypadla)* bucket

nabídk|a offer; *(cenová též)* quotation; *(konkursní)* tender; *(při aukci)* bid; *(zboží)* supply; **zvláštní n.** special offer; **n. roku** bargain of the year; **n. a poptávka** supply and demand; **učinit ~u** make* an offer, *(při konkursu)* submit a tender

nabíd|nout: n. komu co offer sth to sb; **n. co ke koupi** offer sth for sale; **n. své služby** offer one's services; **n. pohostinství** offer hospitality; **n. rámě** give* one's arm; **n. komu sňatek** propose to sb; **n. ruku k smíru** hold* out the olive branch ■ **n. se komu** offer one's services to sb; **~l se, že nám pomůže** he offered to help us

nabíječ(ka) *(baterií)* battery charger

nabíjet *(zbraň, fotoaparát)* load; *(baterie)* charge; v. **nabít (2)**

nabíledni: to je n. it is obvious, it is as clear as broad daylight; **je n., že** it is obvious n. clear that

nabílit *(barvou)* paint sth white; *(vápnem)* whitewash

nabír|at 1 *(vodu* ap.*)* v. **nabrat; loď ~á vodu** the ship is letting* in water; **n. k pláči** be about to cry, pucker up one's face to cry ♦ **n. vodu řešetem** make* bricks without water 2 *(látku)* frill ■ **~aný rukáv** puffed sleeve

nab|ít 1 *(zbraň, fotoaparát)* load; *(znovu)* reload; *(baterii)* top up; **n. naostro/ naslepo** load with live ammunition/ with blank cartridges 2 *(dát výprask)* give* sb a thrashing, *(pořádně)* give sb a good hiding ■ **~itý** *(drát)* live, hot; *(autobus)* crammed; **peněženku měl ~itou bankovkami** his wallet bulged with notes; **divadlo bylo ~ito k prasknutí** the theatre was filled to capacity

nabízet v. **nabídnout** ■ **n. se mužům** *(o prostitutce)* solicit men

nablízku close by, close at hand

nabobtnat *(rýže, hrách, dřevo)* swell* (up); **nechat hrách n.** soak the peas

nabod|nout, ~ávat *(na vidle, na vidličku)* prong; *(na rožeň)* skewer; *(motýla na špendlík)* pin; *(na kůl)* impale ■ **n. se** impale o.s. ■ **~nutí** impalement

náboj 1 projectile; *(broky)* charge of shot; **slepý/ ostrý n.** blank/ service cartridge; **cvičné ~e** practice ammunition 2 el. charge 3 *(kola)* (wheel) hub

nábojnice cartridge case

nábor recruitment, voj. též enlistment; **n. pracovních sil** recruitment of labour

náborov|ý: ~é oddělení advertising n. publicity department; **~á kampaň** *(při nabídce zboží)* promotional campaign

naboso barefoot(ed), with bare feet

nabourat *(auto)* hov. smash; **n. komu plány** mess up n. muck up sb's plans; **n. čí teorii** pick holes in sb's theory ■ **n. se** *(s autem)* have an accident, smash one's car

nábožensk|ý religious ■ **~y založený** religious

náboženství 1 religion 2 *(vyučování)* religious education n. instruction

nábožn|ý devout, pious; *(~ensky založený)* religious ■ **~ě** devoutly; **poslouchat ~ě** listen with rapt attention ■ **~ost** devoutness, religiousness

nabra|t 1 *(tekutinu)* scoop (up), *(naběračkou)* ladle; *(vody ze studny)* draw*; **n. dechu** take* n. draw a breath; **n. očko na jehlici** take up n. pick up a stitch 2 *(rychlost)* gather n. gain n. pick up speed; **n. znovu sil** get* one's strength back 3 *(látku)* gather, *(šaty)* gather up ■ **kde jsi se tu ~l?** how come* you are here?; **kde se tu ~lo tolik lidí?** where have all these people come from?

nabrou|sit v. **brousit** ■ **~šený** *(nůž)* sharpened, whetted; **mít ~šený jazyk** have a sharp tongue; **mít na koho ~šeno** be up in arms against sb, hov. be ready to come* down on sb like a ton of bricks

nabručený grumpy, bad-tempered, surly; **být strašně n.** be like a bear with a sore head

nábřeží *(řeky)* bank, embankment; *(moře)* shore; *(průčelí budov u moře)* sea front

nabubřel|ý *(styl, způsob řeči)* bombastic, pompous, turgid, lofty; *(řečník* též*)* grandiloquent, hov. highfaluting ■ **~ost** pomposity, bombast, loftiness

nabulíkovat: n. komu co fool sb into believing sth, hoodwink sb

nabýt 1 *(čeho, co)* gain, attain, get*, win*; *(znovu)* recover, get back; **n. bohatství** make* a fortune; **n. na důležitosti** gain importance; **n. čí důvěru** win sb's confidence; **n. na intenzitě** gain strength; **n. moci** gain n. attain power; **n. přesvědčení, že** come* to believe that; **n. účinnosti** *(zákon)* come into force; **n. převahy** gain the upper hand; **n. vědomí** recover n. gain consciousness ♦ **lehce nabyl, lehce pozbyl** easy come, easy go* 2 *(zvětšit objem)* increase in bulk; *(těsto)* rise*; *(luštěniny)* swell*

nábyt|ek furniture; *(zařízení bytu)* furnishings; **dřevěný/ sektorový n.** wooden/ unit n. sectional furniture; **kus ~ku** a piece of furniture; **obchodník s ~kem** a furniture dealer; **pokoj s ~kem** a furnished room

nábytkář cabinet-maker

nábytkářsk|ý furniture; **n. průmysl** furniture industry; **~á dílna** cabinet-maker's workshop

nábytkářství furniture shop

nábytkov|ý furniture; **n. vůz** removal n. furniture van; **~á tkanina** furnishing fabric

nabýv|at v. **nabýt; n. na intenzitě** gain strength; **vítr ~á na intenzitě** the wind is rising*

nacákat *(někde)* soak a place (by splashing); **strašně n. v koupelně** leave* puddles n. pools of water in the bathroom

nacionále personal data, personal particulars

nacionalismus nationalism

nacionalist|a, ~ický nationalist

Nacismus Nazism

nacist|a, ~ka, ~ický Nazi

nacpa|t (si) *(kapsy* ap.*)* cram, stuff; **n. si hlavu zbytečnými znalostmi** cram one's head with useless knowledge; **n. koho do auta** bundle sb into a car; **n. si břicho** line one's stomach; **n. si peněženku** line one's pockets ■ **n. se** stuff n. gorge o.s. ■ **~ný** *(stadion)* crowded; **být ~ný k prasknutí** be chock-a-block with people; **peněženku měl ~nou bankovkami** his wallet bulged with banknotes

nactiutrhač slanderer, backbiter

nactiutrhačný defamatory, libellous

nactiutrhání slander, vilification; *(písemně, obrazem)* libel

nacvič|it (si) learn* (by practice), prepare ■ **~ený** *(odpovědi)* well-rehearsed; *(úsměv též)* professional

nacvičovat *(tanec ap.)* practise; *(hru)* rehearse, study; *(s vojáky)* drill (troops)

nácvik practice, study; *(rolí)* rehearsal

nač, ~pak 1 why; **nač bych tam chodil?** why should I go* there? 2 *(na co)* what for; **nač je to dobré?** what's the use of that?, what's the point of it?

načas: dá(va)t si n. take* one's time (doing sth)

načase: je n., abychom šli it's (high) time we went*; **je n., aby se ostříhal** it is about time he had his hair cut*

načasova|t time; **špatně n.** mistime ■ **správně ~ný** well-timed

načechrat *(polštář)* fluff up; *(natřást)* shake* up; **n. si peří** *(o ptáku)* preen o.s.

naček|at se have a long wait, (have to) wait for ages ♦ **to se tedy ~áš!** *(nedočkáš se)* you can wait till you are blue in the face

náčelník *(kmene)* chieftain, headman; *(žel. stanice)* superintendent; voj. **n. generálního štábu** chief of staff; sport. gymnastics leader

načepovat: n. komu pivo pour sb (a glass) of beer; fill sb's glass with beer, serve sb (a glass) of beer

načepýřit se v. **čepýřit se**; *(o ptácích)* fluff up one's feathers; přen. fly* into a rage

načernalý blackish, darkish

načernit blacken, paint black

načerno: obarvit n. paint sth black; **cestovat n.** travel without paying, have a free ride

načerpat v. **čerpat**; **n. vzduch do plic** take* a breath of fresh air; **n. odvahu/ nové síly** draw* courage/ new strength; **n. znalosti** drink* in n. kn. imbibe knowledge

načervenalý reddish

načesat: n. ovoce pick some fruit; **n. komu vlasy** do sb's hair ■ **n. se** comb n. do one's hair

načež hereupon, *(a potom)* whereupon, thereupon

načich|nout *(čím)* take* on n. acquire the smell of; přen. *(ideologií)* be infected with sth ■ **být čím ~lý** smell* of sth; **maso je ~lé** the meat is (a bit) off, the meat has gone* off

načínat v. **načít**

náčiní equipment, gear, kit, things; **kuchyňské n.** kitchen utensils; **rybářské n.** fishing gear n. tackle; **zahradnické n.** garden tools n. implements; **řemeslnické n.** tool kit, tools; **jezdecké n.** riding outfit n. things

načíst se to have read* one's fill

načisto 1 **opsat co n.** make*/ *(na stroji též)* type a fair copy of sth 2 *(úplně)* completely, entirely, absolutely; **je n. blázen** he's completely mad; **n. mrtvý** stone-dead

načít 1 start, begin*; *(bochník ap.)* start, make* the first cut into; *(novou krabici)* start on; *(láhev)* open; *(sud)* tap, broach 2 *(rozhovor)* begin, start; **n. z jiného konce** change the subject

načmárat scribble, scrawl; **n. krátký dopis** scrawl n. scribble a brief letter n. note

načpak v. **nač**

načpět v. **načichnout**

náčrt 1 *(zběžná kresba)* draught, am. draft, rough drawing, *(projektu též)* blueprint 2 *(koncept)* draught, outline, rough copy; *(přednášky)* outline, sketch

náčrtek v. **náčrt**

náčrtník sketchbook

načrtnout 1 *(zběžně nakreslit)* sketch, outline, make* a sketch of 2 *(nastínit)* sketch, outline; *(dopis)* draft

nad vyj. 1 *(místo, směr)* above, over; **viset n. stolem/ pověsit n. stůl** hang* above the table; **vznášet se nad městem** hover over n. above the town; **bydlí n. námi** they live over/ above us; **voda mu sahala n. kolena** the water reached up over his knees 2 *(nadřazenost)* over; **vládnout n. kým** rule over sb; **plukovník je n. majorem** a colonel is superior to a major; **je nade mnou** *(služebně)* he is my superior; **smilovat se n. kým** have n. take* pity on sb 3 *(větší míru čeho)* over, above, in excess of; **5° n. nulou** 5 degrees above zero; **děti n. 10 let** children over 10 years; **platy n. 5000 Kčs** salaries in excess of Kčs 5,000; **to je n. mé chápání** it is beyond n. above me, it is above my head; **n. průměr** above the average 4 *(příčinu)* about, at; **zaradovat se n. čím** be delighted about n. at sth; **zoufat n. čím** despair of sth; v. též *(příslušná* *slovesa)*

nadac|e endowment; *(instituce)* foundation; **vytvořit ~i** set* up n. create a foundation trust

nadační: n. listina foundation charter; **n. fondy** endowment funds

nadále henceforth, from now on, in future; **dělat co i n.** go* on doing sth, continue to do sth ♦ **bude-li tomu tak i n.** if it goes* on like this

nadání talent, gift, ability; **n. na jazyky** a flair n. gift for languages; **básnické n.** poetic gifts

nadaný talented (for), gifted (in); *(schopný)* able, bright; **být n. na co** have a talent n. gift for sth

nadarmo in vain; *(neúspěšně)* to no end, without success; **mluvit n.** waste one's breath; **brát jméno Boží n.** take God's name in vain

nadat v. **vynadat, nadávat**

nadát se *(čeho)* v. **nadít se**

nadávat 1 *(komu)* call sb names, swear* at, abuse; *(napomínat)* scold, take* sb to task; **n. na koho/ co** rail against sb/ sth **2** *(stěžovat si)* complain, moan, hov. bellyache, gripe; **n. kvůli platu** complain n. moan about one's pay

nádav|ek: ~kem over and above, in addition, into the bargain; **dát co ~kem** throw* sth in, throw sth into the bargain

nadávk|a swearword, oath, term of abuse; **~y** abusive language

nadběhnout *(komu)* get* ahead of sb *(by a short cut)*, **n. si** take* a short cut *(to get ahead of sb)*

nadbíhat *(komu)* court, make advances to; **n. diváctvu** play to the gallery; **n. čtenářům** pander to one's readers

nadbytečný superfluous, unnecessary; *(přebývající při párování: osoba, věc)* odd man out, odd one out *(informace též)* redundant; **jsi tu n.** I/ we can do without you

nadbyt|ek 1 abundance, plethora; *(přehnaný)* overabundance **2** *(blahobyt)* affluence; **žít v ~ku** live in affluence n. luxury **3** *(zboží ap.)* glut, surplus

nadčasový timeless

nadčlověk superman

nadehnat v. **nadhánět**

nádech touch, trace, tinge; **lehký n. chřipky** a slight touch of flu; **n. ironie** a touch n. trace of irony; **n. pokrytectví** a tinge of hypocrisy; **mít n. do zelena** have a greenish tinge n. hue

nadechnout se inhale, breathe in, draw* a breath; **zhluboka se n.** take* a deep breath

naděj|e 1 *(doufání)* hope, expectation; **malá/ oprávněná n.** faint/ justified hope; **dělat si velké n.** be full of hope; **ztratit ~i** lose* hope; **vzdát se vší n.** abandon all hope; **jeho n. se rozplynuly** his hopes were dashed **2** *(vyhlídka)* **n. na** prospect(s) of, chance of; **mít ~i na úspěch** have a good chance of success, show* promise; **má malou ~i** *(na výhru)* the odds are against him **3** *(osoba)* hope, hopeful; **jsi má jediná n.** you're my only hope; **mladá n. českého tenisu** the young hope n. hopeful of Czech tennis

nadejít 1 *(komu)* take* a short cut (to catch* up with sb); **n. si** take a short cut **2** *(nastat)* *(den)* break*; *(noc)* fall*; *(jitro, nová doba)* dawn; v. též **nastat**

nadějný hopeful; *(slibný)* promising, rosy

naděl|at 1 *(udělat)* **n. mnoho chyb** make* a lot of mistakes; **n. dluhy** run* up debts; ♦ **n. z čeho třísky** smash sth to smithereens; **n. s něčím** *(moc povyku)* make heavy weather of sth **2** *(natropit)* **n. zlé krve** cause bad feeling; **n. rámus(u)** make a lot of noise; **n. zmatek** make a muddle ■ **n. se** v. **nadřít se**

nadělení: to je pěkné n.! that's a nice mess!, that's a pretty n. fine kettle of fish!

naděl|it, ~ovat: n. komu co give* sb sth (**k vánocům** as a Christmas present); **~ovat k vánocům** give Christmas presents; **co ti ~il Ježíšek?** what has Santa Claus brought* you? ■ **~ování** handing out of (Christmas) presents

nádenick|ý: ~á práce day labour

nádeničina *(nezajímavá práce)* drudgery, donkeywork

nádeničit work as a day labourer; *(dřít)* work like a navvy, slave away

náden|ík, ~ice day labourer, navvy; **literární n.** (literary) hack, hack writer

nadeps|at entitle; **jeho článek je ~án XY** his article is called n. entitled XY, the title of his article is XY

nadevšecko more than anything else; kn. beyond all measure

nadháněč *(zvěře)* beater

nadhánět *(zajíce)* beat*, send* up; *(vysokou)* drive*

nadhazovat v. **nadhodit**

nádhera splendour, magnificence; *(přílišná)* pomp; *(velkolepá)* grandeur

nádhern|ý *(velkolepý)* magnificent, splendid, glorious; *(úžasný)* marvellous, wonderful; hov. gorgeous, superb, fantastic; *(luxusní)* luxurious; **~é gobelény** rich tapestries; **to by bylo ~é!** that would be great!

nadhled view from above, bird's eye view; přen. a detached n. dispassionate point of view
nadhodit 1 throw* up, *(míč též)* toss up 2 *(v diskusi)* bring* up, raise; *(otázku též)* pose, moot; *(téma též)* broach, start
nadhodnota ek. surplus value
nadhodno|tit overvalue, overestimate; *(důležitost, kapacitu)* overrate ■ **~cení** overestimation
nadhoz *(ve vzpírání)* snatch
nadcháze|t si v. **nadejít si (1)** ■ **~jící** forthcoming
nadcházk|a short cut; **jít ~ou** take* a short cut
nadchnout *(koho)* enthuse, fill sb with enthusiasm; *(publikum)* electrify, send* sb into raptures, hov. sweep* sb off his/ her feet ■ **n. se** become* n. get* enthusiastic (**čím** over sth)
nadiktovat dictate, *(podmínky též)* lay* down; **n. sekretářce dopis** dictate a letter to the secretary
nadílet v. **nadělit**
nadíl|ka *(dárky)* Christmas presents; *(~ení)* giving* out n. distribution of Christmas presents
nad|ít kuch. *(kuře)* stuff; **n. si kapsy bonbóny** stuff one's pockets with sweets ■ **~itá peněženka** a bulging wallet
nad|ít se *(čeho)* hope for, expect ♦ **než se ~ěješ** before you know* where you are; **toho jsem se ne~ál** it came* out of the blue, it came like a bolt from the blue
nádiva braggart, show-off
nadíva|t *(kuře)* stuff (**čím** with sth) ■ **~né kuře** stuffed chicken
nadívat se *(na koho)* v. **vynadívat se**
nádivka *(do kuřete)* stuffing; *(do koláče)* filling
nadjet si take* a short cut *(when driving or riding)*
nadjezd viaduct, flyover, overhead crossing; am. overpass
nadlábnout se hov. stuff o.s.
nadledvinka suprarenal gland
nadlepš|it improve; **n. komu mzdu** increase sb's wages ■ **~ení platu** rise* in sb's wages; *(příplatek)* additional n. extra payment
nadlesní head forester
nadlidský superhuman
nadloktí upper arm
nadlouho for a long time
nadměrn|ý excessive; *(pití, kouření)* immoderate; *(výdaje)* wasteful; *(ceny)* exorbitant; *(velikost: šatstva)* extra large ■ **~ě pít** drink* hard, drink to excess; **~ě kouřit** smoke excessively ■ **~ost** excess; *(cen)* exorbitance
nadmíru extremely, exceedingly; **n. pesimistický** unduly pessimistic; **n. zajímavý člověk** a most interesting man
nadmořsk|ý: ~á výška altitude, height above sea level
nadm|out *(tváře)* blow* out, puff out; *(plachty)* fill, billow out ■ **n. se pýchou** puff o.s. out with pride ■ **~utý** *(břicho)* distended, bloated, swollen
nadnárodní supranational
nadnášet 1 *(o vodě)* buoy up; *(o větru)* hold* up (in the air) 2 *(přehánět)* exaggerate ■ **n. se** *(při tanci ap.)* float
nadnesen|ý elevated, exalted; **~é ideály** high-flown ideals
nádoba vessel; *(nádržka)* receptacle, container; **noční n.** chamber pot;. **n. na popel** dustbin ♦ **křehká n.** přen. weak vessel
nádobí *(stolní; k umývání)* dishes; *(kuchyňské náčiní)* (kitchen) utensils, pots and pans; **umýt n.** wash up the dishes, do the dishes, wash up
nadoblačný beyond the clouds
nadobro completely, utterly; **n. se rozejít s minulostí** make* a clean break with the past; **n. ztracen** irretrievably lost*
nadobyčejný extraordinary
nadoj|it: n. mléko draw* some milk ■ **čerstvě ~ené mléko** milk fresh from the cow
nadopovaný sl. stoned
nádor tumour; **zhoubný/ nezhoubný n.** malignant/ benign tumour
nadosmrti for the rest of one's life, until one's dying day
nadout (se) v. **nadmout (se)**
nadpis heading, title
nadplán: vyrobit co v ~u produce sth over and above the plan
nadpočetný superfluous; *(navíc)* spare; *(hráč)* odd; *(nepotřebný)* redundant
nadpoloviční: n. většina absolute majority
nadporučík lieutenant, am. first lieutenant
nadpozemsk|ý supernatural, unearthly; **~á krása** divine n. unearthly beauty
nadprodukce surplus production, overproduction
nadprůměrn|ý above-average, higher than average, out of the ordinary; *(vynikající)* outstanding ■ **~ě** exceptionally, outstandingly
nadpřirozen|ý supernatural ■ **~ost** the supernatural
nadranc: být n. be in shreds n. in tatters
nadrápat v. **načmárat**
nadrat se get* tight

nadrátovaný *(opilý)* plastered, tight, pickled
nádraží station; **hlavní n.** central station; **autobusové n.** bus n. coach station
nádražní *(hala, hotel, bufet* ap.*)* station; **n. pokladna** booking office
ňadr|o breast; **~a** bosom, breasts, bust
nadrobi|t crumble, break*; **n. si chléb do mléka** crumble (some) bread into the milk ♦ **pěkně si n.** let* o.s. in for it, get* o.s. into a fine mess; **co sis ~l, to si taky sněz!** you've made* your bed and must lie* on it
nádrž *(na vodu, olej* ap.*)* tank; *(přehradní)* storage reservoir
nadržený 1 *(voda)* accumulated; přen. *(vztek)* bottled-up 2 *(sexuálně)* sex-starved
nádržka receptacle, small container, *(např. splachovací)* cistern
nadrž|ovat *(komu)* favour, give* preferential treatment n. preference to ■ **~ování** favouritism, preferential treatment
nadřa|dit, ~ďovat, ~zovat: n. co čemu give* precedence to sth over sth, place n. put* sth above sth; **n. potřeby svých dětí nad své vlastní** place the needs of one's children over one's own needs ■ **n. se** think* too much of oneself ■ **~děný, ~zený** *(orgán)* superior; *(chování)* arrogant, overbearing; **~zený čemu** paramount over sth
nadř|ít *(látku ke zkoušce)* swot up, cram up ■ 1 **n. se ke zkoušce** swot up for an examination 2 *(nalopotit se)* work one's fingers to the bone; **dnes jsem se ~el** I've had a tiring day today
nadřízen|ý I adj. *(služebně)* superior, senior; *(úřad)* superior, higher ■ **~ost** seniority II subst. superior, chief, hov. boss
nadsa|dit, ~zovat *(přehánět)* exaggerate, lay* it on thick ■ **~zený** exaggerated
nadsázka exaggeration; liter. hyperbole
nadsk|očit, nadskakovat start, jump; *(míč)* bounce
nadsmluvní over and above the contract n. the quota; **n. dodávky** deliveries over and above the contract
nadstátní supranational
nadstav redundancy
nadstavba filoz. superstructure
nadstranick|ý non-partisan, non-party; *(v parlamentu)* all-party; **n. výbor** all-party committee ■ **~ost** non-partisanship
nadšenec enthusiast, zvl. am. buff; sport. též fan; **n. pro hokej** hockey fan n. enthusiast; **n. pro zdravou stravu** health food addict
nadšení enthusiasm; *(vášeň)* passion; *(horlivost)* fervour; **projevit n. nad čím** go* into raptures over sth; **bez n.** without enthusiasm
nadšený enthusiastic; *(vášnivě)* passionate, ardent; **být n. pro co** be enthusiastic about sth
nadto on top of that, over and above, besides, in addition to, into the bargain
nadúrovňov|ý: ~á dráha elevated railroad
naduřel|ý swollen, bloated; *(obličej* též*)* puffy ■ **~ost** bloatedness, puffiness
nadutec self-important n. conceited person; hov. (a) stuffed shirt
nadut|ý conceited, self-important, swollen-headed, puffed-up; *(styl)* inflated, flatulent; **n. pýchou** swollen n. bloated with pride ■ **~ě** arrogantly, self-importantly ■ **~ost** arrogance, self-importance, conceitedness
nadužívat take* advantage of; *(zneužívat)* abuse
nadváha *(zavazadel)* excess luggage n. baggage; *(osob)* excess weight
nadvakrát in two parts, *(pokračování* též*)* in two instalments
nadvláda hegemony, supremacy; **světová n.** world supremacy
nádvoří yard; *(univerzitní – čtyřúhelníkové)* quadrangle; **n. zámku** castle yard; **n. kasáren** barrack square
nadvýroba v. **nadprodukce**
nadých|aný, ~nutý fluffy, puffy; *(sníh)* feathery; *(šaty)* airy
nadýchat se: n. se čerstvého vzduchu get* some fresh air
nadýchnout se inhale, breathe in; **n. se zhluboka** breathe in deeply, draw* a deep breath
nadým|at (se) v. **nadmout (se)**; **n. se jako krocan** swell* up like a turkey cock ■ **~ání** flatulence, *(u kojenců* též*)* colic; **trpět ~áním** suffer from flatulence
nadýma|vý, ~jící *(jídla)* flatulent ■ **~vost** flatulence
nadzdvihnout *(poklici)* lift (slightly), *(ruku)* raise; **n. hlavu** lift up one's head
nadzemní *(vedení)* overhead; *(dráha)* overhead n. elevated railway
nadzemský *(krása)* divine
nadzv|ednout v. **~ihnout**
nadzvukový supersonic
nadživotní larger than life; **socha v n. velikosti** a statue larger than life
nafackovat *(komu)* slap sb's face, box sb's ears

ňafat yelp, yap
nafialovělý mauve
nafilmovat film, make* a film of sth ♦ **n. to** *(předstírat)* put* on an act
nafint|it se doll up, dress up to the nines ■ **~ěný** dressed up to the nines, dolled up, dressed to kill
nafoukanec bighead, prig, swollen-headed n. stuck-up person
nafoukan|ý conceited, swollen-headed, stuck-up, priggish; hov. too big for one's boots ■ **~ost** conceitedness
nafouka|t v. **navát**; **~lo mi do ucha** I have a sore ear from the draught
nafouk|nout 1 *(pneumatiku)* blow* up, inflate 2 *(zveličit)* blow sth out of all proportions; **noviny to strašně ~ly** the press blew it out of all proportions ■ **n. se** puff o.s. up; *(uraženě)* put* on a sulky expression
nafta (mineral) oil, (crude) petroleum
naftalín naphthalene
naftovod oil pipeline
naftov|ý oil; **~á skvrna** *(na moři)* oil slick; **n. průmysl** oil n. petroleum industry; **~á plošina** oil rig; **~á věž** oil derrick
náfuka v. **nafoukanec**
nafukovací *(míč* ap.*)* inflatable; **n. matrace** air bed
naf|ukovat v. **~ouknout** ■ **n. se** swagger, give* o.s. airs and graces
naháč naked person, *(dítě)* naked child
naháněč mysl. beater; *(kšeftů)* tout
nahán|ět v. **nahnat** ♦ **jeho chování mi ~í hrůzu** his behaviour gives* me the creeps; v. též **mlýn**
nahatý naked, *(úplně)* stark naked, without a stitch on, in the altogether, starkers
naháze|t: ~el vše na hromadu he threw* everything in a heap n. bundle; **n. šaty kolem sebe** throw one's clothes around higgledy piggledy, throw one's clothes around all over the place; **n. vše do krabice** bundle everything into a box
nahazovat v. **nahodit**
nahecovat: n. koho na co bamboozle sb into (doing) sth
nahlas aloud; **číst co n.** read* sth aloud; **myslet n.** think* aloud
nahlásit report
náhle suddenly, all of a sudden; **n. odcestoval** he left* without warning, he made* a sudden departure
náhled 1 opinion, point of view; **podle mého ~u** in my opinion, to my mind 2 polygr. press proof
nahleda|t se: co jsem se tě ~l! I've spent* ages looking for you, it took* me ages to find* you
nahlédnout: n. do místnosti peep in at the room; **n. do novin** have a look at the newspaper; **n. do slovníku** consult a dictionary, refer to a dictionary
nahl|ížet v. **~édnout**
nahlodat *(zdraví)* undermine; **n. duševní pohodu** *(starosti, problémy* ap.*)* prey (up)on sb's mind
nahluchl|ý hard of hearing ■ **~ost** defective hearing, difficulty of hearing
náhl|ý 1 sudden, abrupt, unexpected; **~á bolest** sudden n. acute n. sharp pain 2 *(ukvapený)* impetuous, rash, hot-tempered
nahmatat find* n. identify sth by touch; **n. něčí ruku** touch sb's hand; **nemohl ve tmě n. kliku** in the darkness he could not find* the handle
nahna|t drive*; **n. vězně do tábora** drive the prisoners to the camp; **n. komu hrůzu** give* sb a fright, frighten sb; **n. komu šílený strach** hov. scare the pants off sb; **n. komu vítr** put* the wind up sb ■ **n. se** *(o davu: dovnitř)* pour in, stream in, rush in; **dav se ~l do stadiónu** the crowd rushed n. poured into the stadium
nahnědlý brownish
nahněva|t *(koho)* make* sb angry, anger, annoy ■ **n. se (na** with) get* annoyed, become angry, lose* one's temper, get mad ■ **~ný** angry, annoyed; **velmi ~ný** furious, enraged
nahniličku: vejce n. soft-boiled egg
nahnilý partially rotten n. decayed
nahn|out incline; *(vyklonit)* tilt, tip; *(ohnout)* bend*; **n. sud** tilt a barrel ■ **n. se** lean*, bend*; **n. se nad kočárkem** lean over the pram; **n. se z okna** lean out of the window ■ **~utý** inclined, bent ♦ **má to ~uté** his position is precarious
náhod|a chance, coincidence; **šťastná/ nešťastná n.** lucky/ unlucky chance n. coincidence; **čirou ~ou** purely by chance; **ponechat co ~ě** leave* sth to chance
nahodil|ý 1 accidental, chance; **~é setkání** chance n. accidental encounter 2 *(namátkový)* random, haphazard; **n. výběr** haphazard n. random selection ■ **~e** accidentally, by chance; *(namátkově)* haphazardly, at random ■ **~ost** accidental nature; randomness; **řetěz ~ostí** a chain of coincidences
nahodit *(omítnout)* roughcast, plaster; *(motor)* start up, *(klikou)* crank up; let. swing* the

propeller ■ **n. se** v. **naskytnout se**

náhodný v. **nahodilý**

náhodou 1 by chance, by coincidence, by accident; **potkal jsem ho n.** I met* him by chance n. by coincidence, I just happened to meet him; **n. se stalo, že** it so happened that 2 *(v otázce)* by any chance, possibly; **nemůžeš mi n. půjčit stovku?** could you possibly lend* me 100 crowns?

náhon 1 *(mlýnský)* mill-race 2 *(auta)* drive; **přední/ zadní n.** front-wheel/ rear-wheel drive

náhončí hanl. henchman

nahonem hurriedly, hastily; **n. sehnat něco k jídlu** rustle up some food

nahonit se do a lot of running n. rushing around, *(při shánění)* do a lot of chasing about

náhorní: n. plošina plateau, tableland, elevated plane

nahoru up, upwards; *(do schodů)* upstairs; *(do kopce)* uphill; **n. dnem** bottom upwards; **běhat n. a dolů** run* up and down; **jít n.** *(barometr, ceny* ap.*)* rise*; **přeložit koho n.** *(do vyšší funkce)* hov. move n. kick sb upstairs

nahoře 1 *(na ploše)* on the surface (of); *(na střeše, na kopci)* on top (of); *(v domě)* upstairs; *(na horní straně)* at the top; **bydlíme vlevo n.** we live on the top floor to the left; **v pravém rohu n.** in the top left-hand corner ♦ **n. má vykradeno** hov. *(v hlavě)* he has got* nothing up top 2 *(u vyšší instance)* higher up; **to se vyřeší n.** it will be decided higher up 3 *(v textu)* above; **fakta, uvedená n.** the above-mentioned n. kn. afore-mentioned facts, the facts referred to above n. before

nahořklý somewhat n. slightly bitter; **n. úsměv** a wry smile

nahospodařit (si) save up, put* aside; **n. si jmění** make* one's fortune

nahota nakedness, nudity

nahotinka *(obrázek)* nude; br. též page-three girl

nahrabat 1 *(listí)* rake together 2 *(majetek)* amass, pile up; **n. si** make* a pile, feather one's nest

náhrad|a 1 compensation; *(odškodné)* indemnification, damages; **~ou za** in exchange n. return for, *(jako odškodnění)* as compensation for 2 *(osoba, věc)* substitute; **použít co ~ou za** use sth in place of sth; *(~ník)* substitute, *(trvalá)* replacement; **nemáme za něho ~u** we have no replacement for him

nahradit 1 *(kompenzovat)* make* up for, compensate, make good; *(chybějící částku)* pay*; **n. komu škodu** compensate n. indemnify sb for the damage; **n. ztrátu** make good a loss, repair a loss 2 **n. koho** replace sb (**kým** by sb); **n. co čím** replace sth by sth, substitute sth for sth; **n. cukr medem** substitute honey for sugar 3 sport. replace, substitute; **n. (hráče) A (hráčem) B** replace A with B, substitute B for A

nahraditelný replaceable; *(ztráta)* reparable

náhradní spare, standby; **n. baterie/ pneumatika** spare battery/ tyre; **n. díly** spare parts, spares; **n. dodávka** compensatory delivery; **n. koupě** replacement purchase; **n. pilot** standby pilot

náhradník substitute, stand-in, replacement; sport. substitute, reserve, am. též bench warmer; *(zmocněnec)* proxy

nahr|át 1 *(na desku)* record; **n. co na magnetofonový pásek** record sth on tape, tape sth 2 sport. **n. komu** pass (the ball) to sb; přen. *(poskytnout výhodu)* play into sb's hands 3 **n. si** *(o dětech)* play to one's heart's content ■ **být ~aný** be in the soup

nahrá|vat v. **~t (1,2)**; přen. **n. si** play into each other's hands

nahrávací *(studio, zařízení)* recording

nahrávka 1 *(zvuková* ap.*)* recording 2 sport. pass

nahra|zovat v. **~dit**

náhražka substitute, surrogate, ersatz; **n. kávy** ersatz coffee, coffee substitute

nahrb|it: n. záda bend* one's back, stoop ■ **n. se věkem** become* stooped with age ■ **~ený** stooped, *(s kulatými zády)* roundshouldered

náhrdelník necklace

nahrn|out *(na hromadu)* pile up, heap up; *(zeminu)* mound ■ **n. se** *(krev)* rush, surge; *(davy: do budovy* ap.*)* crowd in, rush in, flock in; **do tváře se jí ~ula krev** blood rushed into her cheeks; **~uli se do místnosti** they crowded n. flocked into the room

náhrobek tombstone, gravestone

náhrob|ní: n. kámen v. **~ek**; **n. nápis** epitaph

nahromadit *(peníze, zásoby)* amass, accumulate ■ **n. se** *(práce)* pile up, *(lidé)* crowd together

nahrubo: umlít co n. grind* sth coarsely

nahřát *(talíře* ap.*)* warm (up); **n. si ruce** warm one's hands

náhubek muzzle; **nasadit psovi/** přen. **komu n.** muzzle a dog/ sb

nahustit *(pneumatiku)* pump up, inflate

nah|ý naked; *(paže, nohy* ap.*)* bare; *(pravda)* plain; **úplně n.** stark naked, without a stitch on;

koupat se n. swim* in the nude; **svléci se do ~a** take* off all one's clothes, strip ♦ **cítit se jako n. v trní** feel* rather uncomfortable
nahýb|at (se) v. **nahnout (se); ne~ejte se z oken!** do not lean* out of the windows!
nach purple
naház|et v. **najít** ♦ **ne~ím slov**! words fail me, I don't know* what to say* ■ **n. se** occur; **tyto rostliny se ~ejí v Alpách** these plants are to be found* in the Alps; **v Alpách se ~í bohatá fauna** the Alps are inhabited by a rich fauna
nachla|dit se, ~dnout catch* a cold; *(lehce)* get* a chill ■ **být silně ~zený** have a (bad) cold ■ **~zení** cold; *(lehčí)* chill
nachmelit se get* tipsy, get fuddled with drink
nachodit se tire o.s. by walking, to have been on one's feet a lot
nachomýt|nout se *(k čemu)* happen to witness sth; **~l se tam Jan** we/ I ran* into John
nachový purple
nachýl|it, nachylovat v. **naklonit** ■ **n. se** bend*; **n. se dopředu** bend forward; **n. se nad čím/ kým** bend over sth/ sb ■ **~ený** bowed; **~ený věkem** stooped with age
náchyln|ý *(k nemocem* ap.*)* liable to, susceptible to; *(k omylům* ap.*)* prone to ■ **~ost** (**k** to) susceptibility, proneness; *(k násilnictví)* proclivity
nachystat *(jídlo* ap.*)* prepare, get* sth ready; **n. si co** prepare sth for o.s. ■ **n. se (na** for) get* ready, prepare o.s.
nachytat 1 *(dešťovou vodu)* collect, catch*; **n. ryby** catch (a lot of) fish 2 *(překvapit: koho)* catch sb unawares; **n. při činu** catch sb red-handed ♦ **n. koho na hruškách** n. **na švestkách** catch sb napping n. with his pants down ■ **n. se** 1 *(prach)* accumulate 2 *(dát se ošidit)* be taken* in, fall* into a trap, fall for sth
naivita naiveté; *(bezelstnost)* guilelessness, gullibility; *(nezkušenost)* artlessness
naivk|a naive person; ♦ **hrát si na ~u** play the innocent
naivn|í naive; *(bezelstný)* guileless; hov. *(nezkušený)* wet behind the ears ■ **~ost** v. **naivita**
najáda naiad, water nymph
najednou 1 *(náhle)* all of a sudden, suddenly, out of the blue 2 *(současně)* all at once, at the same time 3 *(naráz)* in one go, at one stroke; **nesněz to všechno n.!** don't eat* all of it at once, don't eat it all at one go!
náj|em *(domu* ap.*)* renting; *(auta)* hiring; *(letadla, lodi)* chartering; *(nemovitostí)* leasing; **mít v ~mu** *(byt)* rent; *(auto)* hire; *(letadlo)* charter; *(nemovitosti)* have sth on lease; **dát do ~mu** rent (out); hire (out); lease (out)
nájemce *(usedlosti* ap.*)* tenant; *(pachtýř)* leaseholder; *(lodi, letadla)* charterer; *(auta)* hirer
nájemné rent, rental
nájemní: n. smlouva (contract of) lease; **n. lhůta** (term) of lease; **n. byt** rented flat
nájemn|ík, ~ice tenant, occupant; *(pokoje)* lodger, am. roomer
nájemný: n. dům block of flats, am. apartment house
najet 1 *(narazit)* **n. na obrubník** drive* against the kerb; **n. na mělčinu** run* ashore n. aground; **n. na sebe** *(auta)* collide 2 **n. 100 km** cover 100 kilometres; **auto má ~o 5 000 mil** the car has done 5,000 miles, the car has 5,000 miles on the clock, the car has clocked up 5,000 miles
najevo 1 **dát n.** indicate, show*; *(jasně)* make* obvious (**že** that); **dávat okázale n. své znalosti** flaunt one's knowledge, make a display of one's knowledge 2 **vyjít n.** emerge, come* to light
nájezd 1 *(vpád)* incursion, raid 2 *(silnice)* approach n. access road
najezdi|t v. **najet (2)** ■ **n. se** do a lot of driving/ n. travelling; **já jsem se už ~l dost** I have had enough of driving/ travelling
naježi|t *(srst)* bristle ■ **n. se** *(kočka)* make* its hair stand* on end; přen. *(rozčílit se)* bristle up, become* prickly, get* one's hackles up; **vlasy se mu ~ly hrůzou** his hair stood on end (with fright)
najímat v. **najmout**
najindy for some other time; **odložit co n.** postpone sth to a later date
naj|íst se have sth to eat*, take* some food; *(skončit jezení)* finish one's meal (n. snack/ lunch/ dinner ap.); *(dosyta)* eat one's fill; **dobře se n.** have a good meal, eat to satiety ■ **~edený** full (up), kn. replete; **už jsem ~edený** I've had enough
najisto: vím to n. I know* it for sure; **je možno n. říci, že** one can say* for certain that, it is safe to say that; **n. vyhraje** he is sure to win*; **jít kam n.** go* straight to a place
naj|ít 1 *(po hledání)* find*, pick up, lay* hands on; **n. si ženu** find n. get* a wife; **n. stopu** pick up the trail; **n. si milence** take* a lover; **n. si na co čas** get* round to doing sth; **n. si něco**

dobrého be on to a good thing 2 *(náhodou)* **n. co** come* across sth, stumble on sth ♦ **n. se** find* o.s.; sport. find one's feet; **vždy se ~de někdo, kdo** there will always be sb who

najíždět v. **najet**; *(kamera)* zoom in

najmout 1 *(vzít do podnájmu: byt, pokoj)* rent; *(auto)* hire, am. rent; *(letadlo, loď)* charter 2 v. **nájem: dát do nájmu** 3 též **n. si** *(pracovníky)* engage, hire, take* ■ **najatý vrah** hired killer, hitman

nakadeř|it *(vlasy)* curl, frizz (up) ■ **n. se** curl n. frizz one's hair ■ **~ený** curly; *(nadrobno)* frizzy

nakapat: n. komu do očí/ uší put* drops in sb's eyes/ ears; v. též **kapat**

nakašl|at zhrub. **já mu ~u** he can go* to blazes, I'll tell* him where he can get* off

nákaz|a infection; *(stykem s nemocným)* contagion; **nebezpečí ~y** risk n. danger of infection

nakáz|at, nakazovat: n. komu co order sb to do sth ■ **mám ~áno** my instructions n. orders are to *(+inf.)*, I am to *(+ inf.)*

naka|zit infect též přen.; **n. koho rýmou** give* sb one's cold; **~zil všechny svým optimismem** his optimism was infectious ■ **n. se** become* infected; **n. se chřipkou** catch* n. get* the flu ■ **~žený** infected; **byl ~žen svým bratrem** he caught n. picked up the disease n. infection from his brother

nakažliv|ý *(nemoc)* contagious, infectious, transmissible; *(smích)* infectious ■ **působit ~ě** *(smích* ap.*)* be infectious

nakdy for when, when ... for; **n. to chcete** when do you want it for?

náklad 1 *(břemeno)* load; *(na dopravním prostředku)* freight, cargo; *(na náklaďáku)* haul; **těžký n.** heavy load; **dovolený n.** safe loading 2 cost; **~y** costs, expenses; *(výdaje* též*)* outgoings; **výrobní ~y** operating costs; **na vlastní ~y** at one's own expense 3 *(knihy)* number of copies; *(novin)* circulation; **vlastní n.** *(knihy)* author's edition; **~em 10 000 výtisků** in an edition of 10,000 copies

nakládač loader; *(stroj)* loader, loading machine

náklaďák lorry, am. truck

nakládací *(rampa, stanice)* loading

nakláda|t 1 *(zboží)* load; *(o lodi* též*)* ship, take* on board; **n. seno vidlemi** pitch hay 2 *(ovoce)* preserve; *(vejce)* preserve, pot; *(zeleninu, okurky)* pickle; *(maso: do soli)* salt (down), cure, *(do láku)* brine 3 *(zacházet)* treat, handle; **n. s kým dobře** treat sb well, be kind to sb; **n. zle s vězni** maltreat prisoners; **n. volně s textem** take* liberties with the text ■ **~ný** *(okurky)* pickled ■ **~ání** 1 loading, shipping 2 preserving, pickling, curing 3 treatment, *(špatné)* maltreatment, ill-treatment, *(se zbožím)* improper handling

nakladatel publisher

nakladatelsk|ý *(katalog)* publisher's; **~á smlouva** author-publisher contract; **~á reklama** *(na záložce knihy)* blurb

nakladatelství publishing house n. company, publishers; *(univerzitní)* University Press

nákladiště loading platform n. ramp

nákladní: n. doprava freight transport; *(silniční* též*)* haulage; **n. auto** lorry, am. truck; **n. letadlo** cargo aircraft, air freighter; **n. loď** freighter, cargo vessel; **n. vlak** goods train, am. freight train; **n. list** bill of carriage

nákladný expensive, costly; *(velmi)* extravagant; **vést n. život** lead* an extravagant life

nákladov|ý: ~é nádraží goods station

naklánět se v. **naklonit se, nahýbat se**

naklepat *(maso)* tenderize, make* sth tender; *(kosu)* sharpen sth by hammering; **n. dopis** *(na stroji)* run* off a letter

naklíčit germinate

naklon|it 1 *(hlavu* ap.*)* bow, bend*, incline 2 **n. si koho** win* sb over, win sb's favour, get* into sb's good books ■ **n. se** bend*, bow; **n. se nad čím/ kým** bend* over sth/ sb; **n. se z okna** lean* out of the window ■ **~ěný** 1 *(šikmý)* sloping; *(rovina)* inclined, *(věž)* leaning 2 **být komu n.** *(příznivě)* be well-disposed towards sb, be sympathetic to sb ■ **~ění** inclination; *(lodi)* list; **~ění hlavy** inclination of the head

náklonnost 1 *(přízeň)* **(k** for) affection, fondness, liking; **mít ke komu n.** have a soft spot for sb; **pojmout n. ke komu** take* a liking to sb 2 *(dispozice)* **(k)** inclination (to), propensity (to, towards), proclivity (towards)

nákolen|ice, ~ka sport. kneepad

nakolik to what extent, to what degree

nakonec 1 *(závěrem)* finally, in conclusion; **n. řekl, že** in conclusion he said* that, he finished up by saying 2 *(konečně)* in the end, ultimately 3 *(celkem vzato)* all things considered, when all is said and done

nakopat 1 *(brambory, uhlí)* dig* (up) 2 **n. komu** give* sb a kick in the pants

nakouknout peep in, glance at; **n. do novin** glance at the newspaper; **n. do okna** peep in at

the window
nakoup|it do one's shopping; **musím ještě něco n.** I have some shopping to do ♦ **mít ~eno** *(být opilý)* hov. to have had a good skinful, be tight
nakouř|it: n. dýmku season a pipe ■ **v místnosti je ~eno** the room is full of smoke
nakousn|out 1 *(jablko)* bite* into, take* a bite of 2 přen. **něco n.** touch on n. broach a subject ■ **je to děvče k ~utí** she looks good enough to eat*, she's a real dish
nakráje|t cut* up; *(chléb)* slice (up); **n. brambory na kostičky** dice potatoes ■ **~ný** sliced, cut into slices, *(na kostičky)* diced
nakrátko for a short time
nakrást si feather one's nest (in a dishonest fashion)
nakrčit *(látku)* quill, crimp; **n. nos** turn up one's nose ■ **n. se** *(před ránou)* duck (down)
nákres drawing; *(nárys)* outline, sketch
nakreslit draw*; *(obrys)* outline, sketch
nakrmit v. **krmit**
nakrojit *(bochník)* start (on), cut* the first slice, cut into; *(jablko* ap.*)* cut (into)
nakropit *(prádlo)* sprinkle sth (with water)
nakroutit (si) *(knír)* twist up; v. **natočit (si)** *(např. vlasy)* ■ **n. se** v. **natočit se**
nakr|ucovat se v. **~outit se**; *(vyzývavě kráčet)* strut along n. about
nakřápl|ý *(hlas)* coarse, husky, cracked; *(hrnec)* cracked; *(šálek)* chipped ■ **~ost hlasu** coarseness
nakřivo crooked, askew, at an angle, out of line; **obraz visí n.** the picture hangs* crooked n. askew; **vyrůst n.** *(strom)* grow* crooked; **skříň/ stěna je n.** the wardrobe/ the wall is out of line
nakuk|at: n. komu co děts. tell* sb fibs; *(vemluvit)* put* things n. ideas into sb's head, fill sb's head with silly ideas; **to mi ne~áš** tell* me another
nak|ukovat v. **~ouknout**
nákup purchase; **~y** shopping; **jít na ~y** go* shopping
nákupčí buyer, purchaser
nakupi|t *(co)* heap up ■ **n. se** assemble, crowd; **n. se kolem koho** flock about n. around sb, crowd round sb; **~la se spousta problémů** we have run* into a lot of problems
nákupní purchase, shopping; **n. cena** purchase price; **n. taška** shopping bag; **n. horečka** buying craze
nakupovat do one's shopping; **jít n.** go* shopping
nakvap hurriedly, hastily, precipitately
nakvasit *(okurky)* pickle; *(těsto)* leaven
nakvašený expr. *(nahněvaný)* irritated, annoyed, piqued
nakydat expr. **n. na koho** smear sb, defame sb, throw* mud at sb *(*přen.*)*
nakynout rise*
nákyp pudding; **rýžový n.** rice pudding
nakypř|it v. **kypřit** ■ **~ený** *(půda)* loosened
nakysl|ý sourish, slightly sour; *(mléko)* (slightly) off; *(úsměv)* sour, wry ■ **~e se usmát** give* a bitter smile
nalačno on an empty stomach
nálad|a 1 mood, humour, spirits; **mít dobrou/ špatnou ~u** be in a good/ bad mood, be in good/ bad humour; **mít báječnou ~u** be in a tremendous n. great mood; **nemám ~u na zpěv** I do not feel* like singing, I am in no mood for singing; **na večírku byla výborná n.** we had great fun at the party; **dostat se do ~y** get* going; **pokazit komu ~u** spoil sb's good mood 2 *(atmosféra, postoj)* atmosphere, mood, feeling; **slavnostní n.** festive mood n. atmosphere; **n. krajiny** the atmosphere n. mood of a landscape
nalad|it hud. tune, put* in tune; **n. co výše/ níže** raise/ lower the pitch of sth, tune sth up/ down; přen. **někoho dobře n.** put sb in a good mood ■ **n. se: n. se na co** *(např. na poslech hudby)* put o.s. in the right mood n. in the right frame of mind for sth ■ **~ěný** *(nástroj)* tuned, in tune; *(stanice)* tuned (**na** to); přen. **být dobře ~ěný** be in a good mood
náladov|ý moody, temperamental též přen. *(stroj* ap.*)*; *(vrtošivý)* capricious, whimsical; *(nevypočitatelný)* fickle, erratic; *(počasí)* changeable ■ **~ost** moodiness, capriciousness; fickleness
naláka|t: n. koho k čemu, n. koho, aby něco udělal entice sb into doing sth n. to do sth; **n. koho na co** entice sb with sth; *(trikem)* hoodwink sb into doing sth; **~li ho k podepsání kontraktu** they hoodwinked n. tricked him into signing the contract
nalakovat v. **lakovat**
nalámat v. **lámat**; **n. si chleba do polévky** break* n. crumble (some) bread into soup
náledí slippery ice; *(na silnicích též)* black ice; **dnes je na cestách n.** the roads are icy today; **místy bude n.** there will be icy patches
naléhat: n. na koho, aby press n. urge sb to do sth; *(prosbami)* plead* with sb to do sth;

n. na to, aby urge that sth should be done, *(vyžadovat)* insist on sth being done

naléhav|ý *(požadavek, případ)* urgent, *(potřeba též)* crying; *(práce též)* pressing; **n. případ** též (an) emergency ■ **~ě** urgently; **potřebovat co ~ě** need sth urgently n. badly; **~ě žádat o co** entreat sb to do sth ■ **~ost** urgency

nalehko: n. oblečen lightly dressed; **cestovat n.** travel light

nalejvat *(koho: vědomostmi)* spoon-feed* ■ **n. se** expr. drink* too much

nalejvárna *(rychlokurs)* crash course, am. crammer

nalep|it, ~ovat *(známku)* stick* n. put* on, *(papír též)* paste n. glue on; *(oznámení, plakát* ap.*)* paste up, post up ■ **~ování plakátů zakázáno!** Stick No Bills!

nálepka *(na láhvi* ap.*)* label; *(štítek)* sticker

naleštit polish (up); v. **leštit**

nálet air raid

nalet|ět 1 n. do čeho hlavou bump one's head against sth **2 n. komu** be tricked n. duped by sb, take* the bait, be taken in by sb ♦ **na to ti ne~ím** none of your tricks with me!

naletovat techn. solder on

nálev infusion též lék.; *(lák)* pickle

nalévat pour in ♦ **n. koho alkoholem** ply sb with drink ■ **n. se** *(pupence)* swell*

nálevka funnel; *(plnicí hrdlo též)* filler

nálevkovitý funnelled, funnel-shaped

nálevník biol. infusorian

nalevo 1 on the left, on the left-hand side; *(kam)* to the left; **zahnout n.** turn left; **n. ode mne** on my left; **neohlížet se (ani) n., (ani) napravo** look neither left nor right **2** pol. **stát n.** be on the left, be a leftist

nález 1 *(nalezení)* discovery **2** *(nalezené)* find ♦ **ztráty a ~y** lost-property office **3** *(lékařský)* diagnosis; *(soudní)* ruling

nalézat (se) v. **nacházet (se)**

nálezce finder

nalezenec foundling

naleziště *(nerostů)* deposit; **n. zlata** gold field; archit. prehistoric site

nálezné reward (for the finder)

nalézt$_1$ v. **najít** ♦ **n. životní cíl** fulfil o.s.; **n. důstojného soupeře** meet* one's match

nalézt$_2$ *(kam: o mravencích ap.)* crawl in; *(o lidech)* pile in

nálež|et 1 *(komu)* belong to, be the property of **2** *(k čemu)* go* with; **vše, co k tomu ~í** all that goes with it **3 jak ~í** as it should be, as is fitting

náležit|ý *(patřičný)* proper, due, befitting; *(vhodný)* appropriate; *(relevantní)* pertinent, relevant; *(nutný)* necessary; *(důkladný)* thorough ■ **~ě** properly, duly, thoroughly

nalhat: n. komu, že lie to sb that; **n. komu co** tell* sb a pack of lies *(about sth)*

nalh|ávat 1 v. **~at 2 n. si** entertain false hopes, indulge in wishful thinking; **nic si ne~ávejme!** let's have no illusions

nalíč|it$_1$: n. komu tvář make* sb up, do up sb's face ■ **n. se** make one's face up, hov. žert. put* on the warpaint ■ **~ený** made-up

nalíčit$_2$ *(léčku)* set*, lay*

nalinkova|t v. **linkovat** ■ **n. se** hov. *(opít se)* get* plastered ■ **~ný** *(papír)* lined, ruled

nalistovat *(page)* find; **n. si stranu deset** *(v knize)* open the book at page ten

nal|ít: n. komu čaje pour sb a cup of tea, help sb to a cup of tea; **n. si mléko do čaje** put* some milk in one's tea; **n. si víno** help o.s. to (some) wine ♦ **n. komu čistého vína** tell* sb the unvarnished n. plain truth ■ **n. se** *(alkoholem)* get* tight ■ **~itý** *(opilý)* plastered, sloshed; **~itý jako slíva** drunk as a lord

nálitek attachment, extension; *(návarek)* lug

nalo|dit, ~ďovat *(vojsko, pasažéry)* embark, take* on board; *(zboží)* load, ship ■ **n. se** embark, board, go* on board

nalokat se: n. se čerstvého vzduchu take* a breath of fresh air; **n. se vody** gulp down (a lot of) water

nalom|it *(větev* ap.*)* break* sth partially; přen. *(odpor* ap.*)* weaken; *(zdraví)* undermine ■ **~ený** partially broken, *(kost též)* cracked; *(zdraví)* undermined

nalopotit se work one's fingers to the bone; **n. se s čím** wrestle with sth

nálož voj. (explosive) charge

nalož|it v. **nakládat** ■ **~ený 1 n. čím** loaded n. laden with sth **2** *(okurky, zelenina)* pickled; *(maso)* salted, cured; **~ená zelenina** pickles; **být ~ený v alkoholu** hov. be pickled **3** *(o náladě)* **být dobře/ špatně ~ený** be in a good/ bad mood

namáč|et v. **namočit** ■ **~ení** *(prádla, hrachu)* soaking

namačka|t *(dovnitř)* cram sb/ sth in; **n. koho/ co do místnosti** cram sb/ sth in n. into the room; **n. co do bedny** cram n. stuff sth into the box, stuff the box with sth ■ **n. se** cram n. squash in ■ **~ný** crammed n. packed full; *(čím)* crammed

n. stuffed with; *(kým)* packed n. crowded with

námah|a *(úsilí)* effort, exertion; *(překonávaná)* trouble, pains; **tělesná/ duševní n.** physical/ mental exertion; **bez ~y** with ease, hands down; **marná n.** waste of time; **nelitovat ~y** spare no trouble; **vynaložit velkou ~u zbytečně** go* to a lot of trouble for nothing; **ušetřit si ~u** save o.s. the trouble

namáh|at *(svaly, ducha)* exert; **n. oči** put* a strain on one's eyes ■ **n. se** *(tělesně)* exert o.s.; *(snažit se)* try hard, take* trouble n. pains *(to do sth)*, go* to a great deal of trouble, go to great lengths n. extremes *(to do sth)*; **ne~ejte se!** don't bother! ■ **~ání** techn. stress, strain

namáhav|ý *(únavný)* tiring, fatiguing; *(těžký)* hard, difficult; *(náročný)* strenuous, laborious, gruelling; **~á cesta** a taxing journey; **n. výcvik** gruelling training ■ **~ě** hard, with difficulty; **~ě se postavit na nohy** scramble to one's feet

namále: času má n. he's running* out of time; **měl n.** his life was hanging* in the balance; **nakonec vyhrál, ale měl n.** he did win* in the end, but it was touch and go n. it was a near thing

namalova|t v. **malovat** ■ **n. se** *(nalíčit se)* make* up one's face, put* one's face on ■ **~ný** *(nalíčený)* made-up

naman|out se turn up; *(příležitost)* arise*, present itself; **ukradne, co se ~e** he steals* whatever he can lay* his hands on

namastit: n. si kapsu feather one's nest

namátkou at random; **n. kontrolovat** make* random checks n. tests

namátkov|ý random, haphazard; **~é zkoušky** random n. spot checks n. tests

namaza|t 1 *(olejem)* oil, lubricate; *(vazelínou)* grease; *(máslem)* butter; **n. koho mastí** rub sb with ointment 2 *(načmárat)* scrawl, scribble 3 **n. komu** *(dát výprask)* give* sb a (sound n. good) thrashing n. hiding ■ **n. se** *(opít se)* get* tight n. sloshed ■ **~ný** 1 *(stroj)* oiled; *(vazelínou)* greased 2 *(opilý)* tight, well-oiled; *(hlavně pivem)* tanked-up

naměkko *(vejce)* soft-boiled; **být nějak n.** be on the verge of tears, feel* like crying

naměři|t *(teplotu)* record; *(délku látky* ap.*)* measure off; *(váhu cukru ap.)* measure out; **teploměr ~l 20°C** the thermometer recorded 20°C

náměsíčník sleepwalker, somnambulist

náměsíčn|ý somnambulistic, sleepwalking; **je n.** he walks in his sleep ■ **~ost** sleepwalking, somnambulism

náměstek deputy; **n. ředitele** deputy director; **n. předsedy** deputy chairman, vice-chairman

náměstí square, *(kulaté)* circus; **hlavní n.** main square

námět suggestion, proposal; *(umělecký)* topic, theme, subject

námětový thematic

námezdn|í, ~ý: n. dělník wage earner; **n. práce** paid labour; voj. **n. vojsko** mercenary troops, mercenaries

namíchat 1 *(lék* ap.*)* mix 2 *(přimíchat)* add, mix in; **n. vodu do vína** adulterate wine with water

namíchnout *(koho)* annoy, get* sb's back up ■ **n. se (kvůli čemu** about sth) get angry, get sore n. mad; *(silněji)* get one's hackles up

namíř|it 1 **n. na koho (revolver)** level n. point a gun at sb 2 *(kam)* head n. make* for; **n. si to rovnou do hospody** make a beeline n. dive for the pub ■ **s ~enou pistolí** *(přinutit)* at gun point; **to bylo ~eno na vás** that was aimed at you, that was meant* for you

namísto v. **místo$_2$**

namít|at *(proti čemu)* object* to, raise n. make* objections to, argue against; **nic proti tomu ne~á** he has no objection to it, he doesn't mind; **proti tomu nelze nic n.** there's nothing to be said* against it

námitk|a objection (to), argument (against); **vznést ~y proti čemu** raise objections to sth, query sth, object to sth, argue against sth

namít|nout raise n. make* an objection **(proti** to); *(v odpověď)* say* in reply; v. **~at**

namlátit *(komu)* give* sb a sound thrashing

namlít 1 **n. mouku** grind* some flour 2 **ten toho namele** *(nažvaní)* he talks nineteen to the dozen, he talks nonstop, he's a gasbag

namlouv|at 1 **n. komu co** put* ideas into sb's head; try to make* sb believe sth 2 **n. si co; n. si, že** imagine n. fancy sth; **to si jen ~áš** you're just imagining things; **jen si ne~ej, že** don't run* away with the idea that 3 **n. si dívky** chase n. run* after girls ■ **~ání** *(dvoření se)* courtship

namlsat se 1 *(čokolády ap.)* have had one's fill of 2 *(lenošením* ap.*)* get* a taste for

namluv|it 1 **n. komu co** put* an idea into sb's head, make* sb believe that, lead* sb into believing sth; **chcete mi snad n., že** you don't mean* to say* that 2 **n. si dívku/ chlapce** find* a girlfriend/ boyfriend ■ **n. se do ochraptění** talk o.s. hoarse, talk o.s. blue in the face; **ten**

toho moc ne~í he is not much of a talker, he doesn't have much to say* for himself
námluvy courtship
namo|ci: n. si sval pull n. strain a muscle; **n. si záda** strain one's back ■ **n. se** overstrain o.s. ■ **~žený** *(sval)* pulled, strained ■ **~žení svalu** muscular strain
namoč|it 1 *(chléb, sušenky do čaje* ap.*)* dip n. hov. dunk (**do** in); **n. ruku do vody** dip one's hand in the water **2** *(prádlo)* put* sth in to soak; *(luštěniny)* steep ♦ **být v čem ~ený** přen. *(v aféře* ap.*)* have a hand in sth, be involved in sth; **ten je ~ený ve všem** he has a finger in every pie
namodralý bluish, bluey
namodro: obarvit co n. dye sth blue; **pstruh n.** trout au bleu *(boiled in acidulated water)*
namol: být n. opilý be absolutely plastered, be stoned out of one's mind
namontovat *(světlo)* put* up n. fix sth in position; **n. na co** fix n. fasten sth to sth
namořit (se) v. **mořit (se)**
námořní *(cesty)* sea, naval, maritime; *(obchod)* maritime, overseas; *(moc)* naval, maritime; *(míle)* nautical, sea; **n. lupič** pirate, sea robber
námořnický *(oblek, klobouk)* sailor; *(píseň, hospoda)* sailor's
námořnictví seamanship
námořnictvo voj. navy; **obchodní n.** merchant navy
námořník sailor, seaman
namotat wind* n. reel up
namouduši! honest to God!
námraza *(jinovatka)* hoarfrost; *(na cestách)* icy conditions, *(místní)* icy patches; **na stromech je n.** the trees are covered in frost
namrz|nout *(pupeny, ovoce)* be blighted by frosts ■ **~lý** *(ovoce, uši)* frostbitten; **mít ~lé nohy** have frostbite in one's feet
namydl|it *(prádlo, ruce)* soap; *(tvář při holení)* lather; **n. komu** přen. give* sb a pasting ■ **n. se** soap o.s.; *(při holení)* lather one's face ■ **~ený: už je ~ený** hov. it's all up with him, he is finished
namyšlený bigheaded; *(pánovitý)* high and mighty; *(pyšný)* standoffish
nanášet v. **nanést**
nand|at: n. do koše zeleninu load the basket wih vegetables; **n. komu plný talíř brambor** heap sb's plate with potatoes ♦ **však my jim to ~áme** *(porazíme je)* we'll wipe the floor with them
nanebevstoupení círk. **N. Páně** the Ascension (of Christ)
nanebevzetí círk. **N. Panny Marie** the Assumption (of the Virgin)
nanečisto: napsat co n. make a draft n. rough copy of sth
nanejvýš at the most, at the utmost; *(v nejvyšší míře)* most, extremely; **byl ke mně n. korektní** he treated me very correctly, he was very courteous to me
nan|ést 1 v. **~osit 2 n. barvu (na** on) spread* paint, put* on a coat of paint; **n. si tlustou vrstvu čeho** spread sth on thick **3 n. otázku** raise a question ■ **~ešený** *(písek)* deposited, alluvial
naneštěstí unfortunately, as luck would have it
nanic: je to n. it's no good, it's useless, it's a waste of time; **dělá se mi n.** I feel* sick n. queasy; **z jeho chování se mi dělá n.** his behaviour disgusts n. revolts me, his behaviour makes* me sick
nanicovatý *(chlapík)* good-for-nothing, useless; *(věc)* useless; *(přednáška)* wishy-washy, insipid; *(kritika* též*)* watered-down
nános geol. deposit(s), sediment; *(špíny)* layer; *(rzi)* crust
nanosit gather sth together, collect; **n. do domu bláto** trail mud into the house
nanovo afresh, again; **začít n.** start all over again; *(změnit život)* turn over a new leaf, make* a new start in life
nánožník foot-warmer, (foot-)muff
naobědvat se get* n. have one's lunch n. *(hlavní jídlo)* dinner
naočkova|t v. **očkovat**; přen. **n. komu co** indoctrinate sb with sth, implant sth in sb ■ **~ný** indoctrinated (**čím** with sth)
naoko for the sake of appearances; **dělat co n.** make* it appear that, pretend that; **souhlasil jen n.** he only pretended to agree
naolejovat oil, lubricate
naondulovat *(vlasy)* wave; **dát si n. vlasy** have n. get* one's hair done
naopak *(obléci)* the wrong way round; *(zadem dopředu)* back to front; *(vrchem dolů)* upside down; *(přeložit z češtiny do angličtiny)* **a n.** and vice versa; **je to n.** it's the other way round; **je to právě n.** it's exactly the opposite, the reverse is the case n. is true; **ba n.** on the contrary, far from it

naordinovat *(lék)* prescribe
naostro *(střílet)* with live ammunition
naostřit v. **(na)brousit**; **n. tužku** sharpen a pencil
nápad idea; *(náhlá inspirace)* a sudden flash of thought n. inspiration, hov. brainwave; **to je dobrý n.** that's a good idea; **ani n.!** not on your life!, hov. not on your nelly!, sl. not bloody likely!
napad|at 1 v. **~nout 2** *(kulhat)* limp; **n. na pravou nohu** limp with one's right leg
nápaditý *(důvtipný)* resourceful; *(oplývající nápady)* full of ideas; *(umělec)* imaginative
nápadník suitor; **n. trůnu** pretender to the throne
napad|nout 1 *(o sněhu)* fall*; **~lo mnoho sněhu** there was a heavy snowfall **2** *(zaútočit)* attack; *(zemi)* invade; přen. attack, assault; **n. čí názory** criticize sb's views, *(ostře)* come* down on sb for his views **3** *(mít nápad)* **~lo mne, že** it crossed my mind that, it entered my head that ♦ **ani mne ne~ne!** no way!; **ať tě ani ne~ne!** just you try! ■ **čerstvě ~lý sníh** newly fallen snow
nápadn|ý *(krása)* striking; *(nos)* prominent; *(jizva)* conspicuous; *(podoba)* close; *(rozdíl)* marked; *(chování)* ostentatious ■ **~ě se oblékat** wear* showy n. gaudy clothes
napadrť: rozbít co n. smash sth to smithereens
napájecí *(kabel)* feeding, *(vedení)* supply; **n. zařízení** feeding apparatus, feeder
napajedlo *(dobytka)* watering place
nap|ájet v. **~ojit**; *(o zdrojích energie, přítocích* ap.*)* feed*
napá|lit 1 *(ošidit)* outwit, take* sb for a ride, con **2** *(míč)* slam, *(řezaně)* slash; **jednu mu ~lil** he gave* him a clout ■ **n. se** fall* into a trap, be taken* in; be tricked n. duped n. hoodwinked
naparád|it *(koho)* dress sb up, rig sb out ■ **n. se** dress up, doll up, rig o.s. out ■ **~ěný** rigged out, dolled up
naparov|at se boast, brag; give* o.s. airs, put* on airs; **n. se jako krocan** strut (about) like a peacock ■ **~ání** boasting, bragging
napařit 1 *(látku* ap.*)* steam **2** hov. *(trest)* mete n. deal* out ■ **n. se** *(opít se)* get* soaked
napěchova|t (čím with sth) cram, stuff; **n. sál** cram the hall full; **n. peněženku bankovkami** stuff one's purse with banknotes ■ **~ný** crammed; *(lidmi)* packed to capacity, chockful; **měl ~nou peněženku** his purse bulged with notes
napětí 1 pol. tension; *(mezi zeměmi)* strained relations **2** el. voltage; **vysoké n.** high voltage; techn. tension, *(deformující)* strain **3** *(nervové)* tension, mental stress; *(děje)* suspense; **udržovat koho v n.** keep* sb in suspense
nápěv melody, tune, air; **lidový n.** folk tune
nap|íchnout, ~ichovat *(na špíz)* skewer; *(na rohy)* gore; *(motýla)* pin, fix; *(na kůl)* impale; **n. na vidličku** take* sth on one's fork
napilno: mít n. be in a hurry, be pressed for time
napínací: n. sval tensor; **n. rám** tenter (frame); **n. hřebíček** drawing pin
napínáček drawing pin, am. thumbtack
napín|ák 1 *(na boty)* shoe n. boot tree; *(na lyže)* press; *(na rukavice)* stretcher **2** hov. *(~avý film, román* ap.*)* thriller
nap|ínat 1 v. **~nout**; *(na mučidlech)* stretch **2** *(udržovat v nejistotě)* keep* sb on tenterhooks n. in suspense
napínav|ý *(kniha, film)* gripping, thrilling; *(fascinující)* spellbinding ■ **~ě vyprávět** be a marvellous story-teller ■ **~ost** *(děje)* suspense
nápis *(na pomníku, pamětní desce* ap.*)* inscription; *(na minci, na medaili* též*)* legend; *(orientační)* sign; *(etiketa)* label
nap|ít se 1 *(vody, vína)* have a drink of; *(dostatečně)* drink* to one's heart's content; **dát komu n.** give* sb a drink **2** *(opít se)* get* drunk n. tight; **rád se ~ije** he is fond of the bottle
napjat|ý 1 *(pozornost)* closed, earnest, eager; *(ticho)* hushed; *(očekávání)* anxious; **být v ~ém očekávání** be in suspense, be on tenterhooks (např. *to hear from sb)* **2** *(situace)* explosive, tense; *(vztahy)* strained, tense; **mít ~é nervy** have one's nerves on edge ■ **~ě** *(poslouchat)* closely, intently; *(očekávat)* anxiously, eagerly ■ **~ost** *(situace)* tension, tenseness
naplácat 1 *(dítěti)* smack; *(přes zadek)* spank **2** **n. barvy na obraz** splash paint on the picture; **n. si na chléb máslo** plaster the bread with butter
naplano: mluvit n. blether, babble, let* off hot air; **vyjít n.** *(úsilí)* be unsuccessful, be in vain, fail
naplánovat plan; *(program)* schedule; **n. si dovolenou** make* one's holiday plans
náplast plaster; přen. též balm; **dát si n.** apply a plaster; **n. na zraněné city** a balm to one's hurt feelings
naplat: co n. (it) can't be helped, nothing doing, there's nothing to be done
naplavenina alluvium, silt
napl|ivat, ~ít v. **plivat**; **~ít komu do tváře** spit*

in sb's face; přen. spit on sb

náplň 1 *(koláče)* filling; voj. charge, load; *(propisovací tužky)* refill 2 *(myšlenková)* contents, substance, subject matter; **n. práce** job description

napln|it fill up; **n. znovu** refill; *(sklenici při večírku)* replenish; **n. sklenici vodou** fill a glass with water; **n. sklenici až po okraj** fill a glass to the brim; **n. pýchou** inflate sb with pride; **n. potěšením** fill sb with pleasure ■ **~ěný** filled (**čím** with sth); **~ěný po okraj** full to the brim

naplno: říci co n. say* sth bluntly n. plainly, say sth in no uncertain terms; **pracovat n.** work at full stretch, *(o továrně)* operate at full capacity; **běžet n.** run* at full blast; **působit n.** be in full play

napn|out *(plachty)* tighten, draw* tight, stretch; *(lano)* tighten, wind* up; *(el. kabel mezi sloupy)* extend; *(luk)* draw* n. bend*; *(záclony na rám)* stretch; *(svaly)* tense; přen. **n. uši** strain one's ears, *(napjatě poslouchat)* be all ears ♦ **n. všechny své síly** muster all one's strength, přen. do one's utmost ■ **~utý** *(lano)* tight

napočíta|t: než by do tří ~l in a jiffy, before one can say Jack Robinson

napodobenina imitation, fake; *(umělecká)* pastiche; *(plagiát)* plagiarism; **n. kůže** imitation leather

napodob|it 1 imitate, copy; *(otrocky)* ape; *(známou osobnost)* impersonate; *(parodovat)* take* sb/ sth off, parody; *(pohyby)* mimic 2 *(zfalšovat)* fake 3 *(brát si koho za příklad)* emulate, follow in the footsteps of ■ **~ení** imitation, impersonation; **hodný ~ení** worthy of imitation

napodob|itel, ~ovatel imitator; *(básnický)* epigon; *(plagiátor)* plagiarist

nápodobně *(zdvořilostní fráze)* the same to you

napodob|ovat v. **~it**

napohlavkovat: n. komu box sb's ears, give* sb a good pasting

nápoj beverage, drink; **alkoholické ~e** alcoholic beverages; **nealkoholické ~e** non-alcoholic n. soft drinks

napojit$_1$ *(koně)* water

napoji|t$_2$ *(na síť)* connect ■ **n. se na el. síť** be n. get* connected to the mains; **n. se na čí telefon/ hovor** *(úmyslně)* tap sb's phone/ phone call; **~l jsem se na něčí telefonní hovor** *(náhodně)* I had a crossed line

napoj|ovat se *(dráha)* connect up (with); **tato silnice se ~uje na dálnici** this road meets* the motorway

napolo: n. uvařený/ zmrzlý/ postavený half cooked/ frozen/ built; *(částečně)* partially

napolovic: dělit se n. go fifty-fifty, go halves

napomáhat 1 *(komu)* v. **nápomocný** 2 **n. rozvoji čeho** promote n. foster the development of sth

napom|enout, ~ínat *(nabádat)* urge, exhort; *(domluvit komu)* warn, admonish, caution; **n. koho k větší píli** urge sb to work harder; **n. koho za rychlou jízdu** caution sb for speeding ■ **~enutí** warning, exhortation, admonition

nápomoc|ný, ~en: být komu n. (s with) lend* sb a hand, be of help n. assistance to sb

napoprvé at the first go, straight away

nápor voj. onslaught, assault; sport. attack; *(větru)* gust; *(vody, citů)* onrush

napořád 1 *(bez výběru)* without exception, right through; **všichni n.** all of them; **jíst všechno n.** eat* just anything, eat indiscriminately 2 hov. *(navždy)* for ever, for keeps

naposled(y) 1 *(posledně)* last; **kdy jsi ho viděl n.?** when did you see* him last? 2 *(posledněkrát)* (for) the last time; **viděli jsme ho n.** *(už nepřijde)* we saw* the last of him

napospas: nechat koho n. *(něčí libovůli* ap.*)* leave* sb at the mercy of

napouštět v. **napustit**

nápověda 1 *(v divadle)* prompter 2 *(v křížovce)* clues

napovědět 1 *(ve škole)* prompt 2 *(naznačit)* indicate, hint at, suggest ♦ **chytrému napověz, hloupého trkni** a nod is as good as a wink

napovíd|at 1 *(ve škole)* prompt 2 **n. toho** talk* nineteen to the dozen; **ono se toho ~á** all sort of tales n. stories will get* around

napracovat: n. ztracený čas make* up for lost* time ■ **n. se** to have worked like a Trojan n. like a horse, to have worked very hard

napráskat *(komu)* thrash, give* sb a good hiding n. pasting

napráši|t 1 stir up n. make* a lot of dust 2 **n. komu** dust sb's jacket ■ **na nábytek se ~lo** the furniture got* n. is dusty

náprav|a$_1$ *(zlepšení)* remedy, cure, improvement; **zjednat ~u** put* sth right

náprav|a$_2$ *(vozu)* axle; *(poslat zboží)* **po ~ě** by road, by-rail

napravit 1 *(chyby, škody, nepořádky)* remedy, rectify, make* up for, make amends for; *(omyl)* put* sth right; **škoda se nedá n.** the damage is irreparable 2 *(zlepšit)* improve, better; **n.**

svou pověst better one's reputation ■ **n. se** get* better; *(polepšit se)* mend one's ways, turn over a new leaf
napravitelný improvable, capable of being improved; *(chyba)* reparable
nápravn|ý *(vyučování, tělocvik)* remedial; **~é zařízení** detention centre, house of correction; dř. br. *(pro mladistvé)* Borstal
napravo *(kde)* on the right(-hand) side; *(kam)* to the right; **odbočit n.** turn to the right; **sedět n. od koho** sit* on sb's right
naprázdno: **běžet n.** *(motor)* run* (at) idle, run free; **vyznět n.** fall* flat; **vyšel n.** *(nepochodil, nedostal nic)* he left* empty-handed
naprost|ý *(poslušnost, souhlas)* absolute, unconditional; *(neúspěch)* total; *(jistota)* dead; *(zoufalství)* blank; *(lhostejnost)* profound; *(hlupák)* blithering; *(otrava – nudný člověk)* crashing ■ **~o** completely, absolutely; **je to ~o bezpečné** it is safe as houses; **to mi ~o vyhovuje** that suits me down to the ground
naproti opposite; **bydlí n.** he lives opposite (our house) n. across the street/ *(v činžácích)* across the landing; **stáli n. sobě** they stood* face to face; **jít** n. **jet komu n.** *(k vlaku)* meet* sb at the station
náprsenka (false) shirt-front, hov. dicky
náprsní: n. taška wallet, purse; **n. kapsa** breast pocket
náprstek thimble; **n. rumu** a thimbleful n. a drop of rum
naprš|et v. **pršet**; **~elo mi na prádlo** my washing got* soaked in the rain ♦ **až ~í a uschne** *(čekat)* till the cows come* home
napřáhnout *(ruku)* stretch out; **n. ruku k úderu** lift n. raise one's hand to strike* ■ **n. ruku se sekyrou** raise the axe to strike
napřed 1 first, at the head, in front; **nohama n.** feet first; **praporečníci šli n.** the standard-bearers marched at the head **2** *(časově)* first, in advance, beforehand; **platit n.** pay* in advance; **hodiny jdou n.** the clock is fast; **být n. s prací** be well ahead with one's work; **n. práce, potom zábava** business comes* before pleasure
napřesrok next year
napříč across, crosswise; **strom spadl n. přes cestu** the tree fell* across the road; **položit co n.** lay* sth crosswise; **n. lesem** straight through the wood
například for example, for instance
napřímit *(silnici)* straighten; *(záda)* straighten up ■ **n. se** straighten up, draw* o.s. up
napříště in future, from now on; **n. musíš být opatrnější** you must be more careful in future; **n. budu přísnější** from now on n. kn. henceforth I will be more strict
naps|at write*; *(knihu* ap. *též)* author; *(scénář)* script; *(skladbu)* compose; *(zaznamenat)* write* down; **napište mne na lyžařský zájezd!** put* me down for a skiing trip!; **napište mi pár řádek!** drop me a line! **na plakátu je ~áno ...** the poster says* ...
napudrovat se powder one's face
napuch|nout, ~at swell* (up), become swollen ■ **~lý** swollen, *(oči též)* puffy; *(vzhled)* bloated, puffed up
napůl v. **napolo(vic)**; **je n. vyhráno** that's half the battle
napumpovat *(pneumatiku* ap.*)* pump up, inflate
napustit 1 n. co (vodou) fill sth (with water); **n. vanu** run* a bath, fill n. draw* a bath **2** *(impregnovat)* impregnate; **n. co olejem** impregnate sth with oil
náramek bracelet
nárameník voj. epaulette
náramkov|ý: ~é hodinky wristwatch
náramn|ý enormous, immense; **n. chlapík** fantastic chap, zvl. am. great guy, hell of a guy; *(hluk)* terrible, awful; **je to n. hlupák** he's a prize fool n. idiot ■ **~ě** enormously, tremendously, immensely; **~ě si užili** hov. they had a whale of a time
naráz v. **najednou**
náraz *(auta)* impact; *(kol vozu)* bump, jolt; *(větru)* gust, rush; *(proudu vody)* rush; v. též **nápor**
narazi|t 1 *(udeřit)* **(na, do**· against) strike*, knock; **n. nohou do stolu** strike one's leg against the table; **n. na strom** *(auto)* strike* a tree, crash into a tree; **letadla na sebe ~la** the planes collided ♦ **nerad bych ~l** přen. I would not like to get* into hot water **2 n. na koho** *(náhodou se setkat)* happen to meet* sb, chance n. run* into sb; **n. na obtíže** run into difficulties **3 n. sud** tap a cask; **n. koho na kůl** impale sb **4 n. si klobouk** clap n. slap on one's hat, *(do čela)* pull one's hat over one's forehead **5 n. na koho/ co** *(v řeči)* allude to sb/ sth **6** hov. **n. si dívku** chat up a girl n. a bird
nárazník žel. buffer; aut. bumper
nárazov|ý *(nepravidelný)* fitful; **n. kurs** crash course ■ **~ě** *(pracovat* ap.*)* by n. in fits and starts
narážet v. **narazit** – zvl. **(4)**; **na co ~íte?** what

are you driving* at?

narážk|a 1 techn. stop, pin 2 *(zmínka)* **(na)** allusion (to), reference (to), hint (at); *(špička)* innuendo (against), hov. dig (at); **udělat ~u na co** allude to sth, make* an innuendo about sth 3 div. cue

narcis narcissus; *(žlutý)* daffodil; **n. bílý** rose of May

narkoman, ~ka drug addict

narkománie drug addiction

narkotikum narcotic

narkotizovat drug, anaesthetize

narkóz|a (general) anaesthesia; **být v ~e** be under anaesthetic; **dát komu ~u** put* sb under anaesthetic

náročný 1 *(učitel)* demanding, exacting; *(zákazník)* discriminating, *(vybíravý)* hov. choosy; *(vkus)* sophisticated 2 *(zkouška)* strenuous; *(tempo)* severe; *(úkol)* difficult

národ people, nation; **český n.** the Czech people; **Spojené ~y** the United Nations ♦ **N. sobě!** ≅ By the people, for the people!; **mnoho ~a** crowds n. masses n. loads of people

naro|dit se be born; **~dil se 2. května 1970** he was born on the 2nd of May 1970; **~dil se jí chlapec** she gave* birth to a son ♦ **n. se na šťastné planetě** be born under a lucky star; **umět se n.** be born with a silver spoon in one's mouth; **podruhé se n.** take* on a new lease of life ■ **~zený** born; **předčasně ~zený** premature ■ **~zení** birth; **od ~zení** from (one's) birth; **N~zení Páně** Nativity; **hra o N~zení Páně** Nativity play

národní national; **n. hymna/ shromáždění/ důchod** national anthem/ assembly/ income

národnost nationality; *(~ní skupina)* ethnic group

národohospodář economist

národohospodářský: n. plán state economic plan

národohospodářství national economy

národopis ethnography

národopisec ethnographer

národopisný ethnographic

nárok 1 *(právo)* claim, right; **právní n.** legal n. legitimate claim; **činit si n. na** lay* claim to; **uplatňovat n. na** lodge a claim to 2 **~y** *(požadavky)* demands, requirements; **mít velké ~y** be hard to please, *(učitel)* be very demanding

naroubovat graft **(na** on)

naroveň: stavět koho n. komu put* sb on a par n. on an equal footing with sb, give* sb an equal status with sb; **stavět se n. komu** put o.s. on an equal footing with sb

narovn|at 1 *(tyč)* put* sth straight, straighten; *(drát)* bend* sth straight; *(převrácenou loďku)* right 2 **n. si nohy** stretch n. untangle one's legs 3 *(na hromadu)* stack (up), pile up ■ **n. se** straighten up, square one's shoulders; právn. *(s věřiteli)* settle, *(dohodnout se)* come* to an agreement ■ **~aný** *(drát)* straightened; *(cihly)* stacked up ■ **~ání** straightening; právn. settlement; *(dohoda)* agreement, compromise

narozeniny birthday; **oslavit své n.** celebrate one's birthday; **dnes má n.** it's his birthday today

nároží corner; **na n.** at the corner

nárožní corner; **n. dům/ obchod** corner house/ shop

nárt instep; *(svršek)* vamp, upper

naruby: obléct si/ mít co oblečeno n. put* sth on/ have sth on inside out n. the wrong side out; přen. **vše je n.** everything is topsy-turvy n. upside down

náruč, ~í 1 arms; **vzít koho do ~í** take* n. gather sb in one's arms, embrace sb; **přijmout koho s otevřenou ~í** receive sb with open arms; **padnout komu do ~í** sink* into sb's arms 2 *(množství)* armful

narudlý reddish

narukovat *(dobrovolně)* join up, enter the forces; *(nastoupit)* commence one's military service

narůst 1 grow*; *(tráva)* grow long; **nechat si n. vousy** grow a beard; **narostlo mu bříško** he has developed a paunch; v. též **hřebínek** 2 *(zásoby ap.)* grow, increase

narůst|at *(kapitál)* accumulate; *(ceny)* rise*, grow*; *(úroky)* accrue; *(nespokojenost)* gather head; *(nebezpečí)* gather ■ **~ání** growth, increase, rise; accumulation; accrual; **~ání hodnoty** rise in value

naruš|it, ~ovat *(klid)* disturb; *(schůzi)* disrupt; *(plány)* upset n. interfere with; *(vzdušný prostor, hranice)* violate; ■ **~ení** disruption; interference (with), violation

narušitel *(hranice)* border violator

náruživ|ý passionate, ardent, enthusiastic; *(nimrod též)* keen; *(pijan)* excessive, hard ■ **~ě** passionately, ardently; **~ě pít** drink* to excess; **~ě tančit** be a very keen dancer ■ **~ost** *(sběratelská ap.)* passion, hov. mania

narůžovělý rosy

narychlo hurriedly, hastily; **připravit n. jídlo**

rustle up a meal

nárys outline; *(náčrt též)* sketch, blueprint; *(základních rysů)* delineation

narýsovat 1 *(nakreslit)* draw*, delineate; **n. čtverec** draw* a square 2 *(nastínit)* outline, sketch (out)

nářadí *(pracovní)* tools, tool kit, implements; *(gymnastické)* apparatus(es); **brašna na n.** tool bag n. kit; **cvičení na n.** apparatus exercise

nařasit v. **řasit**

nařčení accusation, charge; **falešné n.** false accusation

nářečí dialect; **mluvit ~m** speak* in a dialect

nářeční dialectal; **n. výraz** dialect expression

nářek lament, weeping and wailing; **spustit n.** start weeping

nářez 1 *(uzenářský)* selection of cold meats 2 **dát komu n.** *(výprask)* give* sb a thrashing n. whacking

nařeza|t 1 *(chléb)* slice (up); *(dřeva)* saw* (up); **~al náruč dřeva** he sawed an armful of wood 2 **n. někomu** give* sb a (good) hiding n. thrashing

naří|dit$_1$ *(přikázat)* order; *(kategoricky)* command; *(úředně)* decree; *(dát pokyn)* instruct; **n. komu, aby ...** order sb to (do sth); **n., aby někdo přišel** summon sb; **~dil, aby byl zrádce zastřelen** he ordered the traitor to be shot*; **to ~dil lékař** it's doctor's orders ■ **~zení** order, command; decree; summons; *(soudní)* ruling; *(místní)* by-law; **vydat n.** give* n. issue orders; **až do dalšího ~zení** until further orders

nařídit$_2$ 1 *(rádio)* tune; *(přístroj)* adjust 2 *(nastavit)* set*; **n. budík na osm** set the alarm (clock) for eight; **n. si hodinky podle rádia** set one's watch by the radio; **n. číselník na nulu** set the dial to zero

nařík|at 1 *(sténat)* moan; *(silně)* wail 2 **n. na co** complain about sth; **n. si na svůj osud** bemoan one's lot; **nemáte si proč n.** you have nothing to complain about; **nen. si** keep* a stiff upper lip ■ **~ání** v. **nářek**

naříkavý plaintive, mournful

nařízení v. **nařídit**

nařízn|out *(co)* make* an incision n. cut (into); *(bochník)* cut* the first slice, make the first cut (into) ■ **~utí** incision, first cut

nařizovat give* orders, issue commands; v. **nařídit**

nařknout accuse, charge; **n. koho z čeho** accuse sb of sth, charge sb with sth

násada 1 *(držadlo)* handle, *(sekery též)* haft, helve; **n. koštěte** broom handle, broomstick 2 *(rybí)* fry, young fish; *(vajec)* set, eggs for hatching

násadec *(držadlo)* handgrip; v. **násada (1)**

nasa|dit 1 *(klobouk, brýle, úsměv)* put* on; *(bajonet)* fix; *(topůrko)* fit sth with a handle; *(prstýnek)* put on, slip on; **n. mimořádné autobusy** put n. lay* on extra buses; **n. další tanky** bring* up more tanks ♦ **n. všechny páky** move heaven and earth; **n. tomu korunu** put the lid on it; **n. komu parohy** cuckold sb; **n. komu brouka do hlavy** put ideas into sb's head 2 **n. rybník** stock n. plant the lake with fish 3 hud. *(o hlase, nástroji)* come* in; *(o stromech)* **n. listy** put out leaves; sport. **n. finiš** put on the final spurt 4 **n. život** risk one's life ■ **s ~zením vlastního života** by risking life and limb; **s nejvyšším ~zením** by summoning every last ounce of energy

násadka *(na pero)* penholder

nasák|nout *(vlhkem)* get* damp; *(mech)* **n. deštěm** soak up rainwater; **n. krví** become* saturated n. soaked in blood ■ **~lý** saturated, soaked; *(vodou též)* sodden, wet; **~lý krví** soaked in blood, blood-soaked

nasá|t, ~vat 1 *(tekutinu)* suck in; *(vzduch)* draw* n. take* in; přen. **n. do sebe atmosféru čeho** soak up the atmosphere of 2 **~vat** *(alkohol)* be on the bottle

nasazovat v. **nasadit**

nasbírat gather n. pick up n. collect (**dříví** some wood, a quantity of wood)

nased|at, ~nout *(do vlaku/ autobusu)* get* on, mount; *(do auta)* get into; *(na loď, do letadla)* board; *(na koně, motocykl)* get on, mount ♦ **n. prosím!** žel. all aboard!

nasekat 1 *(trávu)* mow (some grass); *(dříví)* chop (some wood); **n. na drobno** chop up 2 **n. komu** give* sb a thrashing

naseknout *(strom)* cut* a notch in

násep embankment; *(hráz)* dike, dyke

nashromáždit accumulate; *(bohatství ap.)* amass, heap up, hoard up; *(zásoby)* stockpile ■ **n. se** *(práce)* pile up; *(úroky)* accrue; *(voda ap.)* collect, accumulate

naschvál deliberately, on purpose; *(zlomyslně)* out of (sheer) spite; **udělat co n.** do sth on purpose/ out of spite; **rád dělá ~y** he likes to be awkward

násilí violence, force; *(skutek)* act of violence n. outrage; **brutální n.** brutal n. brute force; **pou-**

žít n. use force, resort to force; **~m** by force, forcibly; **dopustit se n. na kom** do violence to sb ♦ **nedělej si n.!** don't force yourself!
násil|ně v. **~ím**
násilnický *(člověk)* brutal, violent, tyrannical; **n. čin** act of violence; **n. otec** tyrannical father
násilnictví brutality, violence
násilník brutal person, brute; *(tyran)* tyrant; *(rváč též)* ruffian
násiln|ý violent, brutal, tyrannical; *(vynucený)* forcible; *(úsměv, styl)* forced; **zemřít ~ou smrtí** die a violent death ■ **~ě** violently; *(vniknout)* forcibly; **~ě otevřít dveře** force a door open
naskak|ovat v. **naskočit; ~uje mi z toho husí kůže** it makes* my flesh creep* n. crawl
naskicovat sketch out, outline
naskoč|it 1 *(do vlaku* ap.*)* jump in, hop in; **~te si!** hop in! **2** *(motor)* fire, start up; **~ily mu puchýře** he came* out in blisters; **~ila mi z toho husí kůže** přen. it gave* me the creeps
náskok lead; margin; **má n. asi 50 metrů** he has a lead of 50 metres or so; **zvítězil s velkým ~em** he won* by a wide margin
naskrz completely, through and through; **(skrz) n. poctivý** completely honest, honest through and through
nask|ýtat se, ~ytnout se *(příležitost)* present itself; **něco se mi ~ytne** something will come* my way; **~ytl se jim hrozný pohled** a terrible sight met* n. greeted their eyes
nasládl|ý sweetish; *(úsměv, hlas)* sugary; *(styl)* syrupy; *(literatura)* mawkish, schmaltzy ■ **~ost** sweetishness; sugariness; schmaltz
následek consequence, result, outcome; **mít za n.** result in, lead* to; **mít těžké ~ky** have dire consequences; **nést ~ky** take the consequences
následkem in consequence of, due to, owing to, because of; **n. nehody** due to an accident
následnictví *(trůnu)* succession
následník successor; **n. trůnu** successor to the throne
následn|ý: ~á schůzka follow-up meeting
následova|t 1 follow, come* after; *(časově též)* come next, ensue; **budeme vás n.** we'll come after you; **~la dlouhá pauza** a long silence ensued **2** *(řídit se)* **n. čího příkladu** follow n. emulate sb's example
následovatel *(stoupenec)* follower; *(vědecký též)* disciple
následovník v. **následovatel**
následující following, subsequent; **n. den** (on) the following day; **n. události** the subsequent events
naslepo *(něco udělat)* without looking; **hrát n. šach** play chess blindfold; **rána n.** potshot; **vystřelit n.** take* a potshot (at)
naslibovat: n. všeho, n. toho make* too many promises, promise the moon
naslinit moisten sth with saliva; *(olíznout známku* ap.*)* lick
naslouchat listen (**komu/ čemu** to sb/ sth); **n. komu soustředěně** hang* on sb's lips n. sb's every word
naslouchátko *(pro nedoslýchavé)* hearing aid
nasmá|t se *(dosyta)* have a good laugh; **to jsem se ~l** I split* my sides laughing
nasnadě: být n. suggest itself, be obvious; **je n. otázka, zda** the question arises* whether
nasnídat se have one's breakfast
násobek multiple; **nejmenší společný n.** the least common multiple
násobenec multiplicand
násobilk|a multiplication table; **odříkávat ~u** say* n. recite one's tables
násob|it multiply; **dvě ~eno čtyřmi se rovná osmi** two multiplied by four equals eight ■ **~ení** multiplication
násobitel multiplier
nasol|it salt down, cure sth by salting ■ **~ený** *(maso* ap.*)* salted, in salt
násoska *(rovná)* pipette; *(ohnutá)* siphon
naspěch: mít n. be in a hurry, be pressed for time; **n. něco udělat** do sth hastily n. in a hurry
naspod to the bottom
naspodu at the bottom; *(v domě)* downstairs; **n. v zásuvce** at the bottom of the drawer
naspořit *(peníze)* save (up), put* sth by, lay* sth aside
nastálo for good, forever; **odejít n.** leave* for good
nastartovat start (up); *(klikou)* crank (up)
nasta|t begin*, come*, arrive; **~lo jaro** spring has come n. arrived, spring is here; **~ly deště** the rainy season has set* in; **~lo ticho** (suddenly) there was silence; **~ly jí zlé časy** she fell* upon hard times; **~la nová éra** a new age n. era has arrived n. dawned
nastávající 1 *(volby, změny)* forthcoming; *(krize)* imminent **2 n. matka** mother-to-be, expectant mother; **její n. manžel** her future husband, her husband-to-be
nastávat *(jaro* ap.*)* be coming*, be on the way;

(den) be breaking*, be dawning; *(noc)* be closing in, be falling*; *(nová éra)* be dawning

nástavba 1 *(domu)* extension 2 *(studijní)* extension course

nástavbov|ý: n. kurs extension n. follow-up course; **~é vzdělání** follow-up schooling

nástavec attachment, added piece; *(prodlužující)* extension (piece)

nastav|it 1 *(ruku)* hold* out; **n. tvář** *(k políbení)* hold out one's face; **n. uši** *(o psovi)* prick up one's ears; **n. komu nohu** trip sb up 2 *(přístroj)* adjust; *(nařídit)* set*, *(předem)* preset*; **n. na nulu** set to zero 3 *(šaty)* make* sth longer 4 **n. maso strouhankou** spin* n. eke meat out with breadcrumbs ■ **~ený čas** sport. extra time ■ **~ení** setting, adjustment; lengthening; **~ení nohy** tripping sb up

nastavitelný adjustable

nastehovat baste, tack

nastěhovat se move in (**ke komu** with sb, into sb's house n. flat); **n. se do nového bytu** move into a new flat

nastejno: vyjít n. come* n. boil down to the same thing, amount to the same thing

nástěnka notice-board

nástěnn|ý *(hodiny, kalendář, mapa)* wall; **~á malba** též mural

nástin outline; **n. anglických dějin** a concise history of England

nast|ínit, ~iňovat outline, sketch; *(naznačit)* foreshadow; *(novou koncepci, teorii* ap. též*)* adumbrate

nastl|at spread*, *(stelivo)* litter down; **na podlaze je ~áno papírů** the floor is littered with paper

nastol|it *(na trůn)* enthrone sb, raise sb to the throne; **n. zákonnost** establish law and order; **n. přátelské vztahy** promote friendly relations ■ **~ení** enthronement; establishment (of sth)

nast|oupit 1 *(do vlaku, autobusu* ap.*)* get* on n. into, board; *(do letadla, na loď)* board, embark 2 voj. line up, fall* in 3 **n. do služby** take* up one's duty; **n. do práce** report for work; **n. do úřadu** *(vláda)* come* into power, *(o prezidentovi)* assume the presidency; **n. ve funkci velvyslance** take up one's post as ambassador; **n. na trůn** ascend the throne, *(za předchůdcem)* succeed sb to the throne ■ **~upující administrace** the ingoing administration; **~ující generace** the rising generation

nástraha *(past)* trap; *(oko)* snare; *(na ryby)* bait; *(na ptáky)* lure

nastražit 1 **n. past** (**na** for) set* n. lay* a trap, set* a snare; **n. vábidlo** put* out a lure 2 *(uši: o psovi)* prick its ears; přen. *(o lidech)* prick up one's ears

nastraž|ovat: n. pasti/ oka set* n. lay* traps/ snares; v. též **nastavit**

nastrč|it 1 *(prsten)* put* on; *(svíčku na svícen)* put n. stick* sth on; *(bajonet)* fix; *(kolo)* attach 2 **n. koho** use sb as a cat's paw ■ **~ená figura** figurehead, dummy

nastr|kat 1 v. **~čit (1)** 2 *(co kam)* put*, stuff; **n. co do kapes** stuff one's pockets with sth; **n. šaty do kufru** stuff the clothes into a suitcase 3 **n. komu moc peněz/ n. do čeho moc peněz** waste a lot of money on sb/ sth;

nástroj 1 *(pracovní)* tool, implement; přen. tool, puppet, cat's paw; **chirurgické ~e** surgical instruments ♦ **být pouhým ~em čí vůle** be a willing instrument n. a cat's paw in sb's hands 2 hud. (musical) instrument; **smyčcové ~e** the strings; **dřevěné ~e** the woodwinds, the woodwind section 3 techn. instrument, appliance

nástrojárna toolshed

nástrojař toolmaker

nastrojit 1 *(koho)* dress n. hov. doll sb up 2 *(past* ap.*)* v. **nastražit (1); nevím, jak to n.** I don't know* how to go* about it; **něco chytře n.** contrive sth cleverly ■ **n. se** dress n. doll up; **svátečně se n.** put* on one's Sunday best, put on one's glad rags

nastřádat v. **naspořit**

nastříhat *(na šaty)* cut* out a dress

nastřík|at, ~nout *(auto)* spray; **~at vodu na podlahu** splash the floor with water

nastříle|t: ~l 5 branek he (has) scored five goals; **~l do auta 20 nábojů** he poured n. pumped 20 bullets into the car

nastudit se v. **nachladit se**

nástup 1 voj. *(s kontrolou prezence)* roll call; *(k rozkazu* ap.*)* muster; *(slavnostní)* parade; sport. lineup 2 *(do práce)* commencement (of); *(dovolené)* setting* out (on), starting (on)

nástupce successor (**koho** to sb)

nástupiště platform

nástupní: n. řeč inaugural n. (zvl. *v parlamentu)* maiden speech; **n. ostrůvek** (traffic) island; **n. stanice** station of departure

nast|upovat v. **~oupit:** žel. **n., prosím!** all aboard!, take* your seats!

nastuzení cold; *(lehčí)* chill

nastyd|nout se v. **nachladit se** ■ **být ~lý** have a

cold; **vrátil se ~lý** he came* back with a cold
nasucho: vytřít n. wipe sth dry; **sedět n.** sit* without a drink
nasuchu: být n. be penniless, hov. be flat broke, br. sl. be skint
nasunout *(prsten)* put* on; *(kolo)* attach
nasup|it: n. obočí frown, knit* one's brows ▪ **n. se** put* on a sulky face, start sulking ▪ **~ený** frowning, scowling, sulky
nasvačit se have a snack
nasvědč|ovat indicate, point to, suggest; **všechno ~uje tomu, že** all the indications are that, everything indicates that; **nic ne~uje tomu, že** nothing seems to suggest that
násyp embankment; *(ochranný)* rampart
nasypat v. **sypat**; **n. do pytlů** pack sth into bags; **n. plný pytel čeho** fill a sack with sth; **n. písek na cestičky** scatter sand on the paths
nasytit 1 *(koho)* satiate; satisfy sb's hunger; *(dát hladovému jídlo)* feed*; *(zvědavost, potřeby, tužby)* satisfy; *(potřeby* též*)* meet* **2** chem. *(roztok)* saturate ▪ **n. se** *(čím)* sate one's appetite, eat* one's fill *(of sth)*
náš our, of ours; *(samostatně)* ours; **naši** my family, my people, hov. my folks, *(rodiče)* my parents, my mum and dad; *(mužstvo)* our team, our boys; **v našem případě** in the present case
našedivělý greyish, *(vlasy* též*)* greying
našetřit v. **naspořit**
našinec one of us; **n. si to nemůže dovolit** the likes of me and you cannot afford it
našít 1 *(záplatu* ap.*)* sew* n. stitch on **2** *(ve větším množství)* sew a (considerable) quantity of
naškrábat 1 v. **škrábat 2** expr. *(napsat)* scribble, scrawl, scratch
naškrobit starch
našlápnout 1 tread* on; **zkusil n. na poraněnou nohu** he tried to tread n. walk on his injured foot **2** *(motorku)* kickstart, start up (with the kickstarter)
našlapovat tread*, walk; **opatrně n.** tread lightly, pick one's way n. one's steps carefully; **měkce n.** walk softly
našpinit soil n. dirty sth slightly
našprtat swot up
našpulit *(ústa)* pout, *(*zvl. *vzdorně)* purse
našroubovat screw on; *(žárovku* ap.*)* screw in
naštěstí fortunately, luckily, by good fortune
naštípat v. **štípat**
naštípnout crack (partially), split* (partially)
naštva|t *(koho)* annoy, get* sb's back up, put* sb's dander up ▪ **n. se** get annoyed n. sore n. hov. mad (**kvůli čemu** over sth) ▪ **~ný** annoyed (**na** with); sore n. peeved (**kvůli** about)
nášup hov. second helping, seconds
nať tops; **řepná n.** beet tops
natáče|t v. **natočit** ▪ **~ní** *(zvukové)* recording; *(filmové)* filming, shooting
natáčk|a (hair) curler, roller; *(papírová)* paper curl; **dát si ~y** put* one's hair into rollers
natáhnout 1 *(lano)* pull sth taught, tighten; *(hodiny, pružinu)* wind* up; *(struny)* put* on, *(vyměnit)* restring* *(a violin* ap.*)* **2** *(koberec)* lay* **3** *(prodloužit)* extend, stretch; *(nohy)* stretch; *(ruku: napřáhnout)* hold* out n. extend (one's hand) ♦ **n. koho** *(ošidit)* make* sb pay* through the nose **4** *(navléci)* put* on; *(rukavice)* draw* on ♦ **n. bačkory** kick the bucket ▪ **n. se 1** *(drát* ap.*)* stretch, extend, lengthen **2** *(položit se)* stretch out, lie* down and relax; *(za čím)* reach out (for) ♦ **n. se jak široký, tak dlouhý** come* a cropper ▪ **natažený** *(provaz)* taut, tight; *(hodiny)* wound-up; *(ruka)* extended ▪ **natažení** stretching, extension etc.
natahovací *(mechanismus)* winding-up
natahovat v. **natáhnout** ♦ **n. uši** prick up one's ears; **n. krk** crane one's neck; **n. na skřipec** přen. keep* sb on tenterhooks n. in suspense, tantalize sb; **n. moldánky** pucker one's face to cry
natankov|at take* in petrol, refuel ▪ **~ání** refuelling
nate *(prosím)* here you are
nat|éci 1 *(vniknout)* get* into; **do člunu ~ekla voda** the boat took* in some water, some water got into the boat **2** *(otéci)* swell* (up), become* swollen
nateklý swollen; hov. puffy
nátělník vest, singlet; am. undershirt
nátěr paint; *(lakový)* varnish; *(vrstva)* coat of paint; **základní n.** first coat (of paint); **ochranný n.** protective coat (of paint)
natěrač (house) painter
natěračství 1 *(název firmy* zprav.*)* Painters and Decorators **2** *(obor)* painter's trade
natír|at v. **natřít** ▪ **~ání** *(barvou)* painting, coating; *(fermeží)* varnishing; *(vápnem)* whitewashing
natisknout: n. 500 exemplářů print n. run off 500 copies
natlačit: n. koho/ co do čeho squeeze n. press sb/ sth into sth
nátlak pressure; **činit na koho n.** put* pressure

on sb, bring* pressure to bear on sb, přen. též twist sb's arm; **pod ~em koho** under the pressure of sb; **jednat pod ~em** act under duress n. coercion
nátlakov|ý: ~á skupina pressure group, zvl. am. lobby
natl|ouci 1 hammer n. put* (some) nails (**do** into) 2 *(jablko)* bruise; *(vejce)* crack; *(talíř)* chip; **n. si koleno/ loket** bruise one's knee/ elbow 3 *(maso)* tenderize ♦ **n. komu něco do hlavy** beat* n. knock sth into sb's head 4 thrash, give* sb a thrashing n. hiding ■ **n. se** get* hurt* n. injured ■ **~učený** *(jablko, koleno)* bruised; *(osoba)* injured, hurt
nato after that, afterwards, kn. thereupon; **brzy n.** soon after (that), soon thereafter
natočit 1 *(lano)* roll up, wind* up; **n. si vlasy** curl one's hair, put* one's hair into curlers n. rollers 2 *(hlavu)* turn (slightly) 3 *(motor)* crank up 4 *(pivo)* draw*; *(vanu)* run* (water into) a bath, draw a bath 5 **n. film** shoot* n. make* a film; *(jako režisér též)* direct a film 6 *(nahrát)* record sth on tape ■ **n. se** 1 **n. se doprava/ doleva** turn a little to the right/ left 2 v. **n. si vlasy**
natolik enough; **byl n. moudrý/ hloupý, že** he was wise/ stupid enough *(+inf.)*
natotata in the twinkling of an eye
natož(pak) let alone, never mind; **ani nepřišel, n. aby mi pomohl** he didn't even come*, let alone help me; **nemohu ani jít, n. abych utíkal** I cannot even walk, never mind run*
natrápi|t se 1 *(koho)* pester, be a terrible nuisance to; **ten se mne ~l** he has behaved abominably to me 2 *(mnoho se trápit)* to have had a hard time, to have had to struggle hard; **moc jsme se ~li** life has been a struggle for us
natrha|t: n. ovoce pick some fruit ■ **čerstvě ~né ovoce** freshly picked fruit
natr|hnout *(co)* tear* sth slightly, make* a small tear in sth; **n. si** *(sval, šlachu)* pull, (over)strain ■ **~žení svalu** rupture of the muscle
natropi|t cause, bring* about; **n. škodu/ neplechu** cause damage/ mischief; **to sis sám ~l** this is of your own making
natrpklý somewhat bitter; *(ovoce též)* **být n.** have a bitter n. tart aftertaste; **n. úsměv** wry smile
nátrubek hud. mouthpiece
natruc out of spite; **udělat komu něco n.** do sth just to spite sb
natrvalo for good
natřás|at v. **~t (1)** ■ **n. se** parade, swagger, show* off
natřást 1 *(peřinu)* shake* up 2 **n. jablek** shake some apples from a tree
natřepat *(peřinu)* shake* up
natřískat *(komu)* v. **natlouci**
natř|ít 1 *(barvou)* paint; *(základní barvou)* prime *(the wall* ap.*)*; *(fermeží)* varnish; *(vápnem)* whitewash; **n. znovu** apply another coat (of paint); **n. mastí** apply ointment to, rub sth with ointment 2 sport. **n. to komu** lick sb; **pěkně jsme jim to ~eli** they got* beaten* hollow ■ **n. se krémem** put* on some cream
naťuknout 1 *(šálek)* chip; *(vajíčko)* crack 2 přen. *(problém)* touch on; *(otázku)* broach
natupírov|at *(vlasy)* backcomb ■ **~aný** backcombed
nátura temperament; v. **povaha**
naturálie payment in kind; *(zlevněné výrobky* ap.*)* ≅ perquisites, hov. perks
naturalismus naturalism
naturalistický naturalistic
naturalizova|t (se) become* acclimatized, adapt o.s. *(to)* ■ **~ný** *(Američan* ap.*)* naturalized
natvrdlý slow (on the uptake), a bit thick, thickwitted, thickheaded
natvrdo: uvařit vejce n. boil an egg hard; **vejce uvařené n.** hard-boiled egg
naučení (piece of) advice, lesson; *(v bajkách)* moral; **vzít si n.** draw* the moral
nauč|it teach*; **n. koho číst** teach sb (how) to read*; **n. koho angličtinu** teach sb English n. how to speak* English ♦ **já tě ~ím!** *(výhružně)* just you wait!, I'll teach you a lesson!; **nouze ~ila Dalibora housti** necessity is the mother of invention ■ **n. se** *(co)* learn*; **n. se angličtinu** learn n. master English; **n. se číst** learn to read; **n. se co nazpaměť** learn sth by heart
naučný *(program)* educational; **n. slovník** encyclopaedia
nauk|a *(vědní obor)* discipline, (branch of) science; **společenské ~y** social sciences; **občanská n.** civics
naukový scientific
náustek mouthpiece
náušnice earring
naváděl|t 1 *(k čemu)* incite, instigate; **n. koho k čemu** incite sb to sth, put* sb up to sth 2 let. guide ■ **~ní** incitement (**k** to); let. guidance
nával 1 *(tlačenice)* crowd, crush; **byl tam velký n.** there was an awful crush n. a great crowd there; **n. u pokladny** box-office rush 2 **n.**

citů surge of emotion; **n. energie/ hněvu** burst of energy/ rage; **n. kašle** fit of coughing; **~y horkosti** hot flushes

navaři|t *(mnoho jídla)* cook n. prepare a lot of food ■ **n. se** *(zvětšit objem)* swell* up in cooking ♦ **co sis ~l, to si sněz!** as you make* your bed so you must lie* on it

navát *(sníh)* drift ■ **~ý sníh** drifts of snow

nav|ázat, ~azovat 1 *(provázek)* tie, fasten; *(prodloužit)* extend 2 přen. **n. kontakt** establish n. make* contact; **n. styky** enter into relations (s with); **snadno ~azovat známosti** be a good mixer; **n. diplomatické styky** establish diplomatic relations 3 **n. nit rozhovoru** take* n. pick up the story; **~azovat na staré tradice** continue old traditions ■ **~ázání** *(styků)* establishment

navážet v. **navézt**

navážit weigh out; **n. kilo cukru** weigh out a kilo of sugar

navážka *(násep)* embankment; *(zavážka)* backfill

navečer (early) in the evening, towards evening, at dusk

navečeřet se v. **večeřet**

navěky for ever, for good; **n. věků** to the end of time

navenek přen. outwardly, externally; **n. zůstat klidný** remain outwardly calm

naverbovat recruit

náves village square, *(travnatá)* village green

navést v. **navádět**

návěst žel. signal

návěstidlo žel. signal, semaphore

návěští 1 v. **návěst** 2 *(oznámení)* notice; *(plakát)* poster; **divadelní n.** playbill

návěštní 1 žel. *(zvonek, světlo* ap.*)* signal 2 **n. tabule** hoarding

návětrný windward

nav|ézt, ~ozit bring* (in) a quantity of sth; **~ezli jsme si mnoho cihel** we've brought* in a large quantity of bricks; **nechali jsme si n. nějaké cihly** we've had some bricks delivered

navíc 1 extra, odd; **vydělat pár dolarů n.** earn a few extra n. odd dollars 2 *(a k tomu)* in addition to that, on top of that, above that 3 *(a navíc ještě)* and what's more, moreover, besides

navigace navigation

navigátor navigator

navigovat navigate

naviják reel, winch

nav|inout, ~íjet *(lano, přízi)* wind* up; *(zvl. na válec)* roll up; *(navijákem)* reel

navlas precisely, exactly; **jsou n. stejní** they are the spitting image of each other, *(o věcech)* **jsou n. stejné** they are exactly identical n. the same

navl|éci, ~éknout, ~ékat 1 *(rukavice, punčochy)* put* on, pull on; *(pneumatiku)* put on, fit; **n. korálky** *(na drát/ na šňůru)* wire/ string* the beads ♦ **on to nějak ~eče** he'll wangle n. swing* it somehow 2 *(jehlu, film)* thread 3 *(teple obléci: koho)* wrap up warmly, muffle up ■ **n. se** wrap o.s. up warmly, get* muffled up (in sth) ■ **~ečený** *(teple)* muffled up (in warm clothes)

navlhčit moisten, wet* (sth slightly); *(houbou)* sponge; **n. si ruce** wet one's hands; **n. si tvář** moisten one's face

navlh|nout become* damp ■ **~lý** (slightly) damp

návnada bait, lure; *(vějička)* decoy

navnadit bait, lure, entice; **n. koho, aby** entice sb into doing sth; **n. koho sliby** entice n. lure sb by promises

návod 1 instructions, directions; **n. k obsluze** service n. operating instructions; **n. k použití** directions for use 2 *(podnět)* instigation; **z něčího ~u** at sb's instigation

navodit *(dobrou atmosféru)* create; *(spánek)* induce

navoně|t perfume ■ **n. se** put* on perfume ■ **~ný** perfumed

navoskovat v. **voskovat**

navozit v. **navézt**

návrat *(domů)* return (home), homecoming

navrátilec *(z emigrace)* repatriate

návratný *(obal, láhev* ap.*)* returnable

návrh 1 suggestion; *(doporučení)* recommendation; *(nabídka)* offer; *(k odhlasování)* motion; **udělat n.** make* a suggestion; **na n. koho** at sb's suggestion n. recommendation 2 *(plánu, smlouvy)* draft; *(zákona v parlamentu)* bill; *(šatů)* design

návrhář designer

návrhářsk|ý: ~é oddělení design office; **~é práce** designing

navrh|nout, ~ovat 1 suggest; *(kandidáta)* propose; **n. koho na co** put* sb's name forward for sth 2 *(šaty* ap.*)* design, make* a design of; **n. nový postup** devise a new procedure

navrhovatel právn. plaintiff, petitioner

navrch 1 up, to the top; *(v domě)* upstairs; **nosit kožich srstí n.** wear* a coat with the fur side out ♦ **měl oči n. hlavy** his eyes were popping out of his head 2 hov. *(navíc)* **co si dáte n.?** what else will you have?

navrchu above; *(o poschodí výš)* upstairs

navrstvit pile n. stack up, arrange sth in layers ■ **n. se** pile up (in layers)

návrší rise; *(kopeček)* hillock

navrš|it, ~ovat pile up; **n. talíř jídlem** heap a plate with food, pile food on a plate ■ **n. se** pile up, heap up, *(mraky též)* bank up

navrt|at, ~ávat *(co)* pre-drill a hole into

návštěv|a 1 visit; *(kratší)* call; *(delší)* stay; **n. u koho** a visit to sb, a stay with sb, a call on sb; **n. muzea** a visit to a museum; **být na ~ě v Praze** be in Prague on a visit 2 *(návštěvník, návštěvníci)* visitor(s); **máš ~u** you've got* a visitor/ visitors; **čekám ~u** I am expecting a visitor/ visitors 3 *(~nost)* attendance; div. **špatná n.** poor attendance n. house 4 *(lékaře)* (doctor's) call; **dělat ~y** make* rounds

návštěvní: n. hodiny visiting hours, *(v galérii* ap.*)* opening hours; **n. dny** visiting days

návštěvn|ík, ~ice visitor, caller, guest; *(pravidelný zákazník)* patron

navšt|ěvovat v. **~ívit**; *(školu, univerzitu)* go* to, attend; *(hospodu)* patronize, frequent ■ **n. se** visit n. see* each other, be on visiting terms

navštívenka visiting n. business card; am. calling card

navštívit *(koho)* visit, pay* a visit to; *(krátce)* call on; *(obchodně* ap.*)* see*; *(město též)* go* to, am. do (a town)

návyk habit; **vytvořit si n.** form a habit; **zbavit se ~u** break* a habit, get* rid of a habit

navyk|nout si, ~at si *(na co)* get* n. grow* accustomed to; *(na nové prostředí)* acclimatize o.s. (to); *(udělat si návyk)* make* a practice of (doing sth); *(nedobrovolně)* pick up n. acquire a habit; **n. si kouřit** acquire the habit of smoking

návykový *(kouření, drogy)* addictive

navyvádět se (to) have had a lot of fun, (to) have done a lot of larking about

navzájem reciprocally, mutually; **n. se ovlivňovat** influence each other; **n. si pomáhat** help each other; **n. souviset** be interdependent

navzdory I adv. *(naschvál)* out of spite, on purpose; **udělal to n. rodičům** he did it to spite his parents II předl. in spite of

navždy, ~cky forever, for good and all; **budu si to n. pamatovat** I'll never forget* it

nazad v. **dozadu**

nazapřenou: cestovat n. travel incognito

nazbyt in superfluity, to spare; **mít jídla n.** have food in superfluity; **nemám času/ peněz n.** I have no time/ money to spare; **mít peněz n.** have enough (money) and to spare

nazdar 1 hello, br. též hallo, hullo, am. hi; *(při loučení)* see* you, bye, cheerio 2 **no n.!** *(nepříjemné překvapení)* blimey!, gosh!, gracious!

nazdařbůh at random, haphazardly; **chodit n.** walk n. wander aimlessly

nazdobený adorned, embellished, decorated (**čím** with sth)

nazdvih|nout, ~ovat *(pokličku)* lift; v. **nadzdvihnout**

nazelenalý greenish

název name; *(označení)* designation; *(výrobní)* trade name; *(knihy)* title; **odborný n.** (technical) term

nazírat *(na co)* regard, view, look at

nazítří tomorrow; the following day, the day after

nazlátlý golden(-coloured)

nazmar: přijít n. go* to waste; *(práce* ap.*)* go down the drain

naznač|it, ~ovat 1 indicate; *(narážkou)* hint 2 *(napovědět)* imply, suggest, give* sb to understand* (that)

naznak: spadnout n. fall* over backwards, fall on one's back; **ležet/ plavat n.** lie*/ swim* on one's back

náznak indication, suggestion; *(stopa)* trace, hint, inkling; **jen n. úsměvu** a mere trace n. hint of a smile; **ani n. zlomyslnosti** no hint of malice; **podle všech ~ů** all the indications are

náznakově by way of hints, by means of allusions

názor (**na** of), opinion, view; **světový n.** world view; **mylný n.** erroneous view, fallacy; **podle mého ~u** to my mind, in my estimation; **dojít k ~u** reach a view; **jaký máte n. na** *(situaci* ap.*)* what are your feelings on ...? **mít na co jiný n.** see* sth differently, take* a different view of sth

názorn|ý *(jasný)* clear, *(živý)* vivid; *(vyprávění)* graphic; **~é pomůcky** visual aids; **~é vyučování** visual instruction; **~á lekce** object lesson ■ **~ě** clearly, graphically; by visual demonstration ■ **~ost** clearness, plasticity

nazpaměť by heart; **naučit se co n.** learn* sth by heart, memorize sth; *(mechanicky)* learn sth by rote, learn sth off pat

nazp|átek, ~ět 1 **být n.** be back; **ještě není n.** he has not come* back yet; **vzít n.** *(žalobu)* withdraw*; **cesta n.** return journey; **při cestě n.**

on my/ his ap. way home, when returning home 2 *(peníze)* (small) change; **zde máte n.** here's your change

nazrzlý gingery; *(vlasy* též*)* sandy; *(osoba)* též sandy-haired

nazvat 1 name, call; *(knihu)* entitle; *(ulici)* give* sth the name of; **n. koho podvodníkem** call sb a crook **2 n. si mnoho lidí** invite a large number of people

nazvednout v. **nadzdvihnout**

názvosloví terminology

nazývat v. **nazvat (1)** ♦ **n. věci pravými jmény** call a spade a spade

nažehlit iron

naživu alive; **zůstat n.** stay alive; **je ještě n.** he is still alive, žert. he is still in the land of the living

nažloutlý yellowish, yellowy; *(pokožka tváře)* sallow

nažluklý *(máslo)* slightly off, slightly rancid

nažrat: dát n. *(kočce* ap.*)* feed* *(the cat* ap.*)* ■ **n. se** *(o zvířeti)* eat* its food; zhrub. *(o lidech)* wolf n. devour one's food, eat n. devour one's food greedily

ne 1 no, hov. nope; *(částečný zápor)* not; **ne a ne!** no and no again!; *(přijď,)* **ale ne zítra** but not tomorrow; **ne abys utekl!** don't you run* away! **2 (že) ne?** *(výzva k přitakání* n. *vybízení; překlad často pomocí přívěsných otázek)*; **on tam nebyl, že ne?** he wasn't there, was he?; **uděláš to, ne?** you will do it, won't you? **3 (no) ne!** *(vyj. překvapení)* well I never!, I say!, my!; **no ne, to je krása!** my word, how beautiful!

neadekvátní incommensurate (**čemu** to sth); *(překlad* ap.*)* inaccurate

neaktuální not topical; *(zastaralý)* outmoded, out-of-date

nealkoholick|ý non-alcoholic; **~é nápoje** též soft drinks

neandertálec Neanderthal man

neangažovaný *(stát)* non-aligned; *(stranicky)* non-partisan

neartikulovaný *(zvuky)* inarticulate

neb v. **~o**

nebalený *(zboží)* unpacked, loose

neb|e 1 *(obloha)* heavens; **jasné/ zamračené n.** clear/ cloudy sky; **hvězdné n.** starry sky; **pod širým ~em** in the open, under the open sky; přen. **na literárním ~i** on the literary scene **2** *(sídlo boha)* heaven; **jít do n.** go* to heaven; *(hra)* **n., peklo, ráj** hopscotch ♦ **mít n. na zemi** have heaven on earth; **být v sedmém ~i** walk on air; **snesli nám modré z n.** they did us proud; **do n. volající křivda** a crying shame, a glaring injustice

nebes|a skies, heaven; *(při procesí)* baldachin; **postel s ~y** four-poster (bed); **vstoupit na n.** ascend to heaven

nebesk|ý *(hudba, těleso, osa)* celestial; *(obec)* heavenly; **~á klenba** vault of heaven, hvězd. firmament; **~é království** kingdom of heaven

nebetyčný towering, sky-high; přen. immense, enormous; **n. rozdíl** a world of difference

nebezpečí danger; **n. ohně** fire hazard; **n. války** danger of war; **být v n.** be in danger; **být mimo n.** be out of danger, hov. be out of the wood; **je n., že** there is a danger n. risk that; **uniknout n.** escape danger

nebezpečn|ý 1 dangerous, perilous; *(nemoc)* grave; **n. člověk** a dangerous fellow n. hov. customer; **~é místo** *(na silnici)* black spot **2** *(odvážný)* reckless, hazardous, risky ♦ **hrát ~ou hru** skate on thin ice **3** *(nejistý)* precarious; *(situace)* dodgy, dicey ■ **~ě** dangerously

neblah|ý *(událost, den)* unfortunate, ill-fated; *(vášeň)* accursed; *(osud)* wretched; **~é následky** calamitous consequences; **~é tušení** foreboding ■ **neblaze proslulý** ill-famed

nebo or; **n. jinak, n. v opačném případě** or else; **n. spíše** or rather; **buď ... n.** either ... or; **buď dnes, n. zítra** either today or tomorrow

nebohý poor; v. **ubohý**

nebojácn|ý fearless, dauntless, brave ■ **~ost** fearlessness, dauntlessness

nebojovný non-belligerent

nebolestivý painless

neboli or; **lingvistika n. věda o jazyce** linguistics or the science of language

neboť because, for

nebozez auger

nebož|ák, ~ačka poor man n. fellow/ fem. poor woman; expr. poor soul; **já n.!** poor me!

nebož|tík, ~ka the deceased (person); **moje ~ka žena** my late n. deceased wife

nebroušený *(diamant)* rough

nebývalý extraordinary, unusual, unprecendented

necelý incomplete; **~ch 10 let** not quite 10 years; **za n. týden** in less than a week; **~ch 100 korun** less than Kčs 100

necesér toilet bag n. case

necita callous n. heartless person, brute; *(silněji)* monster

neciteln|ý heartless, callous; *(nemilosrdný)* ruthless ■ **~ost** heartlessness, callousness; ruthlessness

necitliv|ý insensitive, thick-skinned ■ **~ost** insensitivity

necky washtub

něco 1 something, *(v otázce zprav.)* anything; **n. jiného** something/ anything else; **ještě n.?** anything else? ♦ **to je n. jiného** that's a different story 2 *(trochu)* a little, some; **je tu ještě n. kávy** there's some more coffee here ♦ **n. za n.** quid pro quo; **na tom (co řekl) n. je** there is some truth in it, he had a point there

nectný dishonourable; *(hanebný)* infamous

necuda shameless person; **starý n.** dirty old man

necudn|ý *(člověk)* shameless; *(řeči)* obscene, lewd, bawdy; *(chování)* indecent ■ **~ost** shamelessness; obscenity

nečas bad n. foul weather

nečekan|ý unexpected; *(možnosti)* unthought-of ■ **~ě** unexpectedly, without a (prior) warning

nečestn|ý dishonest; *(bezectný)* dishonourable ■ **~ost** dishonesty, dishonourableness

nečetn|ý *(řídký)* sparse, few and far between; **~é ukázky** sparse illustrations; **~é diváctvo** a thin audience

něčí somebody's, anybody's ap. v. **někdo**

nečinn|ý inactive, idle; *(stroj)* idle, out of action; *(život, víkend* ap. též*)* lazy, of leisure; *(sopka)* silent, dormant ■ **~ost** inactivity, inaction; *(zahálčivost)* idleness

nečistot|a 1 *(špína)* dirt, filth; *(prostředí)* squalor; **žít v ~ě** live in squalor 2 chem. impurity

nečist|ý 1 dirty, hov. mucky 2 *(nedbalý čistoty)* untidy, unkempt 3 *(nepoctivý: obchody* ap.*)* shady, dubious, underhand 4 chem. impure 5 sport. *(hra)* unfair ■ **napsat na ~o** make* a draft n. rough copy *(of sth)*

nečitelný illegible, indecipherable

nedalek|ý near, nearby; **v ~é vesnici** in a nearby village; **v ~é budoucnosti** in the near future ■ **~o** near, close to, nearby; **~o odsud** close to here, not far from here, a stone's throw from here

ned|at se 1 *(držet se)* hold* one's own; *(vydržet)* soldier on 2 ♦ **~á se nic dělat** it can't be helped

nedávn|ý recent, late; **~é změny ve vládě** the recent changes in the government ■ **~o** recently, lately, the other day, not long ago; **do ~a** until recently

nedbalec careless n. slapdash person

nedbalky négligé, negligee

nedbal|ý 1 *(povrchní)* careless, superficial; hov. sloppy; **n. v práci** negligent n. sloppy in one's work 2 *(v odívání)* careless, slovenly, sloppy; *(strojeně)* casual 3 *(lhostejný)* casual, lax, nonchalant ■ **~e** carelessly; sloppily, casually, nonchalantly ■ **~ost** carelessness, negligence, slovenliness; nonchalance; **chyba z ~osti** a careless mistake

nedbat v. **dbát**; **n. na nebezpečí** be reckless n. heedless of danger ♦ **n. ani co by za nehet vlezlo** not to care a hoot n. fig

neděl|e 1 Sunday; **Květná n.** Palm Sunday; **v ~i** on Sunday 2 *(týden)* week; **před dvěma ~emi** two weeks ago; zvl. br. a fortnight ago; v. též **týden**

nedělní Sunday; **n. klid** Sunday peace and quiet; **n. škola** Sunday School, Bible class; **n. příloha** *(novin)* Sunday supplement

nedíln|ý *(celek)* indivisible; *(součást)* inseparable, integral; **být ~ou součástí** be part and parcel of sth ■ **~ě spojený s čím** inseparably linked with sth ■ **~ost** indivisibility, inseparability

nediskrétn|í *(osoba, otázka* ap.*)* indiscreet ■ **~ost** indiscretion, indiscreetness

nedlouho not long; **n. před** shortly n. not long before; **n. nato** soon n. shortly after ♦ **na n.** not for long, for a short while

nedobrovolný involuntary

nedobrý *(společnost, pověst)* bad; *(situace, aféra)* ugly, nasty; **n. člověk** a bad lot, a nasty piece of work

nedobytn|ý *(pevnost)* impregnable, secure; *(dluh)* non-recoverable; **~á pokladna** safe ■ **~ost** *(pevnosti)* impregnability

nedocenitelný *(pomoc, služby)* invaluable, inestimable

nedočkav|ý impatient, on edge ■ **~ě** impatiently, with impatience; **~ě koho očekávat** be dying to see* sb ■ **~ost** impatience

nedohledn|ý *(dálka)* immense, vast; *(plocha* též*)* boundless ■ **v ~u** far away

nedochůdče weakling, puny n. frail creature

nedochviln|ý unpunctual; zvl. am. tardy ■ **~ost** unpunctuality; tardiness

nedokonal|ý imperfect; *(kvalita výrobku)* poor ■ **~ost** imperfection; poorness

nedokonavý *(slovesa, vid)* imperfective

nedokrevn|ý anaemic; přen. *(literatura)* vapid, pallid ■ **~ost** anaemia; vapidity

nedoložený groundless, unfounded

nedomrlý weedy
nedomykavost: n. chlopní valvular insufficiency
nedomyšlený half-baked, ill-conceived, poorly planned
nedonošený *(dítě)* premature
nedopalek cigarette end, cigarette butt; hov. fag end
nedopatření oversight; *(chyba)* slip, error; **~m** by n. through an oversight
nedoplatek arrears pl
nedorozumění misunderstanding; *(nepochopení)* misapprehension; *(rozdílné názory)* disagreement
nedoručitelný undeliverable; **n. dopis** též dead letter
nedosažitelný unattainable; *(cenově)* beyond sb's means, prohibitively expensive
nedoslýchat be hard of hearing, be partially deaf
nedoslýchav|ý hard of hearing ■ **~ost** hardness of hearing, defective hearing
nedospěl|ý minor; **~é děti** minors; **být n.** be a minor, be under age ■ **~ost** minority
nedost(i) **1 n. na tom, že** not only *(+ inverze)*; **n. na tom, že nechodí do školy, navíc ...** not only does he not go* to school, in addition he ... **2** *(nedostatečně)* insufficiently
nedostačující insufficient, inadequate
nedostatečn|ý insufficient; *(nepřiměřený)* inadequate; *(pracovní výkon)* poor; *(školní známka)* unsatisfactory ♦ **~á** subst. fail mark ■ **~ost** insufficiency, inadequacy
nedostatek **1** lack of; *(v žádoucí míře)* shortage, scarcity; **n. pohybu/ odvahy** lack of exercise/ courage; **n. vody** shortage of water; **n. bytů** housing shortage; **mít n. pracovních sil** be undermanned; lék. **n. vitamínů** vitamin deficiency **2** *(vada)* fault, defect, flaw; *(stinná stránka)* drawback; **váš návrh má jeden n.** your suggestion has one drawback **3** *(potřeba)* need; **nemá v ničem n.** he wants for nothing
nedostatkov|ý: ~é zboží scarce commodities, goods in short supply, goods hard to come* by
nedostáv|at se neos. be lacking, be short of; **~á se nám peněz** we are short of money; **~á se mu slov** he is at a loss for words
nedostiž|ný, ~itelný **1** v. **nedosažitelný** **2** *(umělec* ap.*)* incomparable, unrivalled
nedostupn|ý inaccessible; *(cena)* prohibitive, beyond one's means, exorbitant ■ **~ost** *(cenová)* prohibitiveness
nedotčený untouched; *(jídlo)* untasted; *(celistvý)* intact
nedotknutelný *(práva, hranice)* inviolable
nedouk half-educated person
nedovařený half-cooked, half-done, underdone; přen. *(koncepce* ap.*)* half-baked
nedovolen|ý *(obchod)* illicit; *(vstup)* unauthorized; *(tah v šachu)* illegal; *(demonstrace)* unlawful; **jet ~ou rychlostí** be speeding; sport. **~á hra** foul play
nedovtipný slow-witted
nedozírn|ý *(následky)* incalculable, unforeseeable; *(škody, ztráty)* immense, immeasurable, incalculable ■ **~ost** unpredictability; immensity, incalculability
neduh ailment, disease; **~y stáří** the infirmities of old age; **~y společnosti** social maladies
nedůstojn|ý *(chování)* undignified ■ **~ost** lack of dignity
nedutat be as quiet as a mouse, not to utter a cheep
nedůtkliv|ý touchy, irritable, short-tempered ■ **~ost** touchiness, short temper
nedůvěr|a *(ke komu/ čemu)* distrust, mistrust; *(podezření)* suspicion; *(v úspěch* ap.*)* lack of faith; parl. **vyslovení ~y** vote of no confidence; **chovat ~u ke komu** have distrust of sb, be distrustful of sb
nedůvěřiv|ý mistrustful, distrustful; *(podezíravý)* suspicious ■ **~ě** distrustfully, suspiciously; **podívat se na koho ~ě** look at sb distrustfully n. suspiciously, look askance at sb ■ **~ost** mistrustfulness, distrustfulness; suspiciousness; v. též **nedůvěra**
neduživ|ý sickly, weak; *(stařec)* infirm; **~é dítě** weak n. sickly child
nedýchatelný *(vzduch)* oppressive, thick; **je tu n. vzduch** *(v místnosti)* it is very stuffy here
neekonomický uneconomic(al)
neestetický unaesthetic, lacking good taste; *(na vzhled)* unappetizing
nefalšovaný *(podpis, přízvuk)* authentic; *(rukopis, radost, smutek)* genuine; *(bez příměsí)* unadulterated
neforemný shapeless; *(velký)* cumbersome
neformáln|í informal, *(šaty též)* casual ■ **~ě** informally; casually; *(jednat)* without formalities ■ **~ost** informality
negace negation
negativ fot. negative
negativismus negativism
negativní negative

negližé négligé
negr hanl. Negro, tabu nigger; neutr. black n. coloured (person)
negramotn|ý illiterate; **n. člověk** illiterate (person); **politicky n.** politically inarticulate ■ **~ost** illiteracy
něha tenderness; **mateřská n.** motherliness
nehašen|ý: ~é vápno unslaked quicklime
neh|et nail; *(na rukou* též*)* fingernail, *(na nohou)* toenail ♦ **ani co by se za n. vešlo** *(pravdy)* not a grain n. whit (of truth), *(naděje)* not a gleam n. glimmer (of hope); **zůstalo mu to za ~ty** it stuck* to his fingers, he pinched n. swiped it
nehezký not nice to look at, unsightly, *(škaredý)* ugly; *(obličej)* plain, unattractive; *(chování)* unseemly
nehlava: ♦ **bít koho hlava n.** lash out wildly at sb, let* fly* at sb
nehledaný natural, unpretentious, unaffected
nehled|ě, ~íc: n. na in spite of, despite; regardless of, notwithstanding; **n. na veškerou jeho snahu** in spite of n. despite all his effort(s)
nehlučný techn. noiseless, quiet
nehmotný immaterial
nehnut|ý motionless ■ **stál ~ě** he stood* stockstill n. motionless
nehoda accident, *(drobná)* mishap; **dopravní n.** traffic accident; **potkala ho n.** he met* with an accident, he had an accident
nehodný 1 *(dítě)* naughty 2 **n. čeho** unworthy of sth; **je n. naší důvěry** he's unworthy of our trust, he does not deserve n. merit our trust
nehodovost accident frequency
nehorázn|ý *(lež)* blatant, hov. thumping; *(nesmysl)* utter ■ **~ost** *(nesmysl)* rubbish, nonsense; **mluvit samé ~osti** talk absolute rot n. rubbish
nehořlavý fire-resistant, non-flammable
nehospodárn|ý uneconomical, wasteful; *(stroj, podnik)* inefficient ■ **~ost** wastefulness; inefficiency
nehostinn|ý inhospitable ■ **~ost** inhospitality
nehybn|ý *(tělo)* motionless; *(výraz tváře)* immobile, rigid; hov. deadpan; *(politický systém)* rigid, inflexible ■ **~ost** motionlessness, immobility, rigidity
nehynoucí *(sláva)* unfading, undying, imperishable
nechápav|ý dense, obtuse; hov. dull, dim, slow on the uptake ■ **~ost** denseness, dullness, obtuseness
nech|at 1 *(dovolit)* let*, leave*, allow; **n. koho uprchnout** let sb escape; **n. ovoce shnít** let the fruit go* rotten; **n. dveře otevřené** leave the door open ♦ **n. si všechno líbit** put* up with everything; **to si ~ám líbit** that's right up my street; **~te to tak!** let it go* at that!; **nech ho být!** let him be!; **n. si na co zajít chuť** forget* about sth 2 *(nevzít s sebou)* leave; **n. koho doma** leave sb at home; **n. koho o samotě** leave sb alone ♦ **n. dívku** drop n. jilt a girl 3 *(přestat s čím)* stop; **n. kouření** stop smoking; **n. studií** withdraw* from one's studies; **nech toho!** stop it!, cut* it out!; **~me toho!** *(práce)* let's call it a day! 4 *(zan. po sobě)* leave; **n. po sobě nepořádek** leave a mess behind o.s.; **~al dětem velký majetek** he left the children a fortune ♦ **n. něco/ někoho někomu na krku** saddle sb with sth/ sb; **mohl na ní oči n.** he could not take* his eyes off her, he had his eyes glued n. fixed on her 5 *(zapomenout)* leave sth behind; **n. doma brýle** leave one's glasses behind n. at home 6 *(uložit)* leave, keep*; **n. si kabát v šatně** leave one's coat in the cloakroom; **~al si nějaké peníze na zítra** he kept* some money for tomorrow 7 *(neměnit)* leave; **n. všechno tak** *(beze změny)* leave everything as it is; **n. větu bez překladu** leave a sentence untranslated ♦ **nen. kámen na kameni** raze sth to the ground 8 *(ponechat)* let, leave; **n. komu co** let sb have sth; **n. si co pro sebe** keep sth (for o.s.), přen. keep sth a secret, keep sth to o.s. ♦ *(je šikovný,)* **to se (mu) musí n.** one must hand it to him 9 *(dát si něco udělat)* **n. si ušít šaty** have a dress made*
nechráněný unprotected; *(světlo)* naked; *(žel. přejezd)* open
nechtě, nechtíc unintentionally, without wanting to; **chtě n.** willy-nilly
nechu|ť 1 *(zdráhavost)* reluctance; *(odpor)* aversion, loathing; **s ~tí** reluctantly, grudgingly, with reluctance 2 v. **~tenství**
nechutenství lack n. loss of appetite; **trpět ~m** suffer from a lack of appetite
nechutn|ý 1 *(o jídle)* unappetizing, unpalatable; *(mdlý)* tasteless, insipid 2 *(odporný)* repulsive, odious; *(poznámky)* objectionable; *(vtip)* crude, in bad taste ■ **~ost** tastelessness, insipidity; nasty n. revolting taste; crudeness
nechvaln|ý infamous ■ **~ě známý** notorious
nějak somehow (or other); **n. jinak** (in) some other way; **n. jí neslouží zdraví** she is not in the best of health

nějak|ý 1 some, any; a(n); **n. mladík** a young man; **n. hlupák** some idiot or other; **máš ~é peníze?** have you got* any money?; *(při očekávání kladné odpovědi)* have you got some money? 2 *(jistý)* a(n), one, a certain; **n. pan Smith** a (certain) Mr Smith; **řekl mi to n. pan Novák** I was told* by a certain Mr Novák 3 *(o malém množství)* **~ých 15 let** 15 years or so, some 15 years 4 *(zesilující)* **to je ~ých cirátů!** what a (lot of) fuss!

nejapn|ý clumsy, awkward; *(poznámka)* gauche, inept; *(vtip)* crude ■ **~ost** clumsiness atd.; **říkat ~osti** make* gauche n. inane remarks

nejasn|ý unclear; *(nezřetelný)* indistinct, *(tisk též)* light, faint, fuzzy; *(argumentace)* confused, woolly; *(text)* opaque; *(dvojsmyslný)* ambiguous, equivocal ■ **~ost** lack of clarity; faintness; opacity; *(v textu smlouvy)* small print

nejbliž|ší the nearest; **n. okolí** immediate vicinity; **v ~ších dnech** in the next few days

nejdříve first; **přijde n. v neděli** he will not come* before Sunday; **n. přijel Jan** John was the first to arrive; v. též **brzy**

nejeden many a(n); **n. student** many a student, a good many students; **n. problém** many a problem, a good many problems, quite a few problems

nejednotn|ý *(strana, lid* ap.*)* disunited, divided ■ **~ost** disunity

nejednou repeatedly, time and time again, on numerous occasions; kn. many a time

nejen(om): n. ... ale i n. **nýbrž i** not only n. not just ... but also

nejhořejší the uppermost

nejinak: n. je tomu v Praze it is not any different in Prague

nejist|ý 1 *(výsledek)* undecided; *(budoucnost)* indeterminate, cloudy; *(zprávy)* vague; *(postavení, pozice)* precarious; *(počasí)* unsettled, changeable 2 *(krok, hlas)* uncertain, unsteady; *(o dítěti, starci)* **n. na nohou** shaky n. wobbly on his legs ■ **~ota** uncertainty, precariousness; *(sociální, v zaměstnání* ap.*)* insecurity; *(napětí)* suspense

nejpozději at the latest; **n. v pondělí** on Monday at the latest

nejprve 1 *(především)* first; **n. dopiš domácí úkol** finish your homework first 2 *(zprvu)* at first; **n. nerozuměl** at first he did not understand*

nejspíš(e) *(asi)* most probably n. likely, in all probability; **n. je nemocný** he must be ill

nejvíc(e) 1 v. **mnoho, velmi** 2 v. **nejvýše (1)**

nejvýš(e) 1 *(nejvíce)* at (the) most, at best; **dostaneme n. 100 Kčs** we'll get* 100 crowns at (the) most, at best we'll get 100 crowns 2 *(v nejvyšší míře)* most; **je n. spolehlivý** he is most reliable

nekal|ý dishonest, corrupt; **~á konkurence** unfair competition ■ **~é jednání** *(*zvl. *obch.)* sharp practice; **používat ~é prostředky** use dishonest means

někam somewhere, am. též someplace; to some place; *(v záporných a táz. větách)* anywhere; **n. jinam** somewhere else, elsewhere ♦ **n. to dotáhnout** go* far, go places, make* it

nekázeň lack of discipline

někde somewhere, am. též someplace; *(v táz. a záp. větě)* anywhere; **n. jinde** somewhere else, elsewhere; **n. tady** somewhere hereabouts

někdejší former, sometime, onetime

někdo 1 somebody, someone; *(v táz a záp. větách)* anybody, anyone; **n. jiný** someone else, some other person; **n. cizí** a stranger; **je tam n.?** (is) anyone there? **n. zaklepal** there was a knock; **n. má rád maso, n. zeleninu** some people like meat, others like vegetables 2 *(osobnost)* somebody

někdy sometimes, at times; *(tu a tam)* occasionally, every once in a while; **n. jindy** some other time; **n. kolem vánoc** some time around Christmas; **n. je mi lépe, n. hůř** some days I feel* better, some days I feel worse

neklamn|ý undoubted, indubitable; **~é znamení** unmistakable sign

neklid 1 *(vnitřní)* unease, disquiet; *(úzkost)* anxiety, agitation, worry; *(obava)* apprehension 2 *(politický)* unrest, ferment; *(bouře)* riots

neklidný 1 *(mysl)* uneasy, restless; *(rozrušený)* agitated; *(ustaraný)* worried; *(noc; duch)* restless 2 *(dítě)* fidgety; *(spánek)* fitful, broken; *(moře)* rough, choppy; *(doba)* turbulent

několik some, several, a few; **n. lidí** several people; **jen n. lidí** only a few people; **~a slovy** in a few words; **před ~a dny** a few days ago, some days ago, the other day

několikabarevný multicoloured

několikadenní lasting several days, of several days' duration

několikadílný *(kniha)* consisting of several volumes; *(seriál)* in several parts n. instalments

několikajazyčný multilingual; *(text)* in several

languages
několikaletý lasting several years, of several years' duration
několikanásobný multiple; sport. **n. mistr** several times champion; **n. milionář** multimillionaire
několiker|ý 1 *(druh)* various kinds of, several kinds of; **~é víno** several kinds of wine, several wines 2 **~y** *(kalhoty)* several pairs of; *(šaty)* several
několikrát several times, repeatedly; **n. trestaný** with several previous convictions; **být n. trestaný** též have a criminal record
nekompetentní incompetent; právn. having no jurisdiction (**v** over)
nekompromisní uncompromising
nekonečn|o mat., fyz. infinity; **do ~a** to infinity; *(vyprávět)* endlessly
nekonečný 1 *(prostor, řada; moudrost)* infinite 2 *(cesta, projev)* never-ending, endless
nekov nonmetal
nekrit|ický uncritical ■ **~ičnost** uncritical acceptance (of), lack of discrimination
nekrolog obituary (notice)
nekrvav|ý bloodless ■ **~ě** without bloodshed
nekrytý *(hala)* uncovered; *(šek)* uncovered; *(fotb. hráč)* unmarked
nekřesťansk|ý 1 unchristian 2 *(ceny)* exorbitant, outrageous; *(zima)* grim, fierce; **stálo to ~é peníze** it cost* a fortune, it cost the earth
nektar nectar
někte|rý 1 *(vyčleňující)* one, some; **n. z nich** one of them; **~ří účastníci** some of the participants; **n. den** one of these days 2 **~ří ...~ří/ jiní** some...some/ others; *(samostatně)* **~ří lidé nemají rádi víno** there are some people who do not like wine
někudy some way; **n. jinudy** some other way; **n. se tam dostaneme** we will find* a way to get* there; **pojďme n. jinudy** let's take* another route
nekulturn|í uncivilized, backward ■ **~ost** lack of culture, backwardness
nekuřáck|ý: ~é oddělení non-smoking compartment, nonsmoker; **n. vagón** non-smoking carriage
nekuřák nonsmoker
nekvalifikovan|ý unqualified; *(dělník)* unskilled; **~í dělníci** unskilled labour
nekvalitní *(zboží)* of poor quality; *(práce)* sloppy
nelás|ka dislike (**k** for); **být v ~ce** be in disfavour
neléčitelný *(nemoc)* incurable
nelegální *(činnost)* illegal; *(srocení, prostředky)* unlawful
nelegitimní illegitimate
nelenit not to be idle, not to let* the grass grow* under one's feet; *(jednat okamžitě)* act promptly n. without hesitation
ne-li if not
nelibozvučn|ý dissonant, discordant ■ **~ost** dissonance
nelib|ý *(zvuk)* v. **~ozvučný**; *(zápach)* offensive ■ **~ost** displeasure; **vzbudit čí ~ost** incur sb's displeasure
nelíčen|ý unfeigned, sincere, genuine; **~á radost** genuine pleasure; **n. obdiv** unfeigned admiration
nelidsk|ý inhuman; *(necitelný též)* cruel, brutal ■ **~ost** inhumanity; brutality, cruelty; **páchat ~osti** commit atrocities
nelítostn|ý pitiless, merciless; **n. boj** relentless struggle ■ **~ě** mercilessly, without mercy
nelogi|cký illogical ■ **~čnost** illogicality
neloajáln|í disloyal ■ **~ost** disloyalty
nelze it is not possible, it is impossible; **n. popřít, že** it is undeniable that; v. **lze**
nemačkavý crease-proof, crease-resistant
nemajetn|ý kn. unpropertied; *(chudý)* poor; **~í** people without means, pol. *(třída)* the have nots, the dispossessed ■ **~ost** lack of means
nemálo *(lidí ap.)* quite a few; **n. důležitý** of no small importance; **n. překvapený** rather surprised, not a little surprised
nemalý no small, considerable; **n. zájem** no small interest, considerable interest
nemanželský illegitimate; kn. born* out of wedlock
nemastný *(krém ap.)* low-fat; **neslaný n.** přen. insipid, sterile, wishy-washy
němčina German (language); srv. též **čeština**
němčin|ář 1 German teacher 2 *(znalec ~y)* **je to dobrý n.** he knows* his German, he knows German inside out
Německo Germany
německ|ý, Němec, Němka German ■ **~y** in German; **mluvit ~y** speak* German, *(bavit se)* talk in German; srv. též **český, česky**
nemehlo clumsy clod, *(venkovské)* (country) bumpkin
neméně no less; **n. důležitý** no less important; *(byl jsem překvapen)* **a ona n.** and no less was she
neměn|ný *(stálý)* constant, invariable; *(~itelný)*

unchangeable, unalterable; **~né přírodní zákony** immutable laws of nature
nemilosrdn|ý merciless; *(bezohledný)* ruthless; **n. kritik** a savage critic **~ě** mercilessly, ruthlessly; without mercy n. remorse ■ **~ost** mercilessness, ruthlessness
nemilost disfavour, disgrace; **být u koho v ~i** be out of favour with sb, hov. be in sb's bad books ♦ **vzdát se na milost a n.** surrender unconditionally
nemil|ý *(situace, nedopatření)* unpleasant; *(návštěva)* unwelcome ■ **~e** unpleasantly
nemírn|ý *(požadavky* ap.*)* excessive; *(v jídle)* immoderate, *(v pití)* intemperate ■ **~ě** excessively; **~ě jíst/ pít** eat*/ drink* to excess ■ **~ost** excessiveness; *(požitkářství)* indulgence; **~ost v jídle/ v pití** excessive eating/ drinking
nemístný *(poznámka)* improper, infelicitous; *(štědrost)* misguided; *(úspora)* false
nemluva taciturn person, a man of few words
nemluvě o let alone, hov. never mind; srv. **natož(pak)**
nemluvně infant, baby; kn. babe in arms
nemluvný taciturn; *(rezervovaný)* reticent
nemnoho not many, *(s nepočit.)* not much
nemoc illness; sickness; *(lehčí)* ailment; *(těžší)* disease; *(porucha)* disorder; přen. malady; **nakažlivá n.** infectious n. contagious disease; **~i růstu** growing pains
nemocensk|ý I adj. **~é pojištění** health insurance **II** subst. **~é** sickness benefit(s)
nemocnice hospital; **jít do n.** go* to hospital; **přijmout koho do n.** admit sb to hospital
nemocniční: n. péče/ poplatky hospital care/ fees; **n. pobyt** stay in hospital
nemocnost sickness rate; number of sick persons
nemocný I adj. sick n. *(po sponě)* ill, in poor n. bad health; *(lehce)* indisposed, off colour; *(těžce)* gravely ill, in a bad way; *(orgán)* diseased; *(noha)* bad; *(vzhled)* sickly; **cítit se ~ým** feel* ill; **je už dlouho n.** he has been ill n. poorly for a long time **II** subst. sick person, patient
nemoderní old-fashioned, unfashionable; *(názory* též*)* antiquated
nemohouc|í impotent, powerless; *(bezmocný)* helpless; *(starý)* infirm, frail ■ **~nost** powerlessness, helplessness, infirmity
němohra (panto)mime
nemoráln|í immoral ■ **~ost** immorality; v. též **nemravný, nemravnost**
němot|a dumbness ♦ **opilý do ~y** blind drunk
nemotora clumsy oaf, bungler; am. lubber
nemotorn|ý *(nešikovný)* clumsy; *(neobratný)* ham-fisted; *(společensky)* gauche; *(pohybově)* ungainly, unwieldy ■ **~ost** clumsiness
nemovitost real estate n. property, immovable n. fixed property
nemovit|ý: n. majetek v. **~ost**
nemožn|ý 1 impossible; **omyl je n.** there's no possibility of a mistake; **to je ~é** *(vyloučeno)* it's out of the question **2** *(účes, oblek)* ridiculous ■ **vypadat ~ě** look ridiculous, look a sight ■ **~ost** impossibility
nemrav bad n. nasty habit; **skákat lidem do řeči je n.** cutting people short is a nasty habit
nemrava *(muž)* lecher, dirty old man; *(žena)* loose n. wanton woman
nemravn|ý immoral, corrupt; *(zpustlý)* dissolute; *(vyprávění, obrázky)* naughty; *(slova)* nasty; **dělat komu ~é návrhy** proposition sb, make* sb a proposition ■ **~ost** immorality, dissoluteness, dissolute life
nemrznoucí: n. směs antifreeze
nemukat v. **mukat**
nemužn|ý effeminate ■ **~ost** effeminacy
něm|ý 1 dumb, mute; **~é tváře** dumb creatures; **n. od narození** dumb from birth, born dumb **2** *(mlčící)* speechless; *(film)* silent ♦ **být n. jako hrob** be as silent n. quiet as the grave
nemyslící unthinking
nemyslitelný unthinkable, inconceivable
nenadál|ý sudden, unexpected; *(potíže)* unforeseen; **mít ~ou návštěvu** have an unexpected n. a surprise visitor/ have unexpected visitors ■ **~e** unexpectedly; **objevili se ~e** they appeared without any warning
nenáhlý *(změna)* gradual
nenahraditelný irreplaceable; *(ztráta)* irretrievable; *(škoda)* irreparable
nenápadný *(člověk)* inconspicuous, unostentatious, discreet; *(barva)* quiet; *(pohled)* furtive
nenapodobitelný inimitable
nenapravitelný incorrigible; *(pijan)* confirmed; **n. ničema** dyed-in-the-wool villain; **je n.** he is beyond n. past redemption
nenáročn|ý modest, unassuming; *(střídmý)* easily satisfied; *(četba* ap.*)* undemanding, light, *(zábava* též*)* lowbrow ■ **~ost** modesty; lightness
nenasyta glutton, guzzler; hanl. greedy pig
nenasytn|ý gluttonous, greedy; **n. čtenář** bookworm ■ **~ost** gluttony, greed(iness)
nenávidět hate, *(silněji)* detest ♦ **n. koho k smrti**

hate sb like the plague n. like poison

nenávist hatred, hate; **slepá/ nesmiřitelná n.** blind/ implacable hatred; **n. až za hrob** mortal hatred; **podíval se na mne s ~í v očích** he looked at me with hate n. hatred in his eyes; **cítit ke komu n.** feel* hatred for sb

nenávistný venomous, spiteful

nenávratn|o the hereafter, the next world ♦ **odešel do ~a** he has gone* to his eternal rest

nenávratný irretrievable, irretrievably lost*

nenažranec glutton, guzzler, greedy guts n. pig

nenechavý thieving, sticky-fingered

nenormáln|í abnormal; *(podivný)* strange, odd ■ **~ost** abnormality též lék.; anomaly; oddness

nenucen|ý *(člověk)* informal; *(chování, odívání)* casual, offhand, informal; *(ovzduší)* relaxed ■ **~ě** informally, casually; **chovat se ~ě** be at ease, relax ■ **~ost** casualness; informality; *(klid)* leisureliness; *(stylu)* ease

neobezřetn|ý *(krok)* incautious, careless; *(nepromyšlený)* imprudent, rash; *(poznámka)* unguarded ■ **~ost** carelessness; imprudence, rashness

neoblíben|ý unpopular (**u** with) ■ **~ost** unpopularity, lack of popularity

neoblomn|ý *(neústupný)* unyielding, inflexible; *(zarytý)* relentless ■ **~ost** inflexibility, unyieldingness

neobratn|ý clumsy, inept, ham-fisted ■ **~ě** clumsily, with a heavy hand

neobsazený unoccupied; *(prac. místo)* vacant; *(hráč)* unmarked

neobvyklý **1** *(nezvyklý)* unusual **2** *(zvláštní)* strange, odd

neobyčejn|ý **1** v. **neobvyklý (1, 2)** **2** *(mimořádný)* extraordinary, remarkable ■ **~ě** extraordinarily, exceedingly ■ **~ě schopný** eminently competent; **hrál ~ě dobře** he played exceedingly well

neobydlený *(ostrov)* uninhabited; *(byt, dům)* unoccupied, empty

neocenitelný priceless; přen. *(služby* ap.*)* inestimable, invaluable

neočekávaný unexpected; v. **nenadálý**

neodborník nonexpert, layman, nonprofessional

neodborn|ý unprofessional; *(práce* ap.*)* amateurish, dilettante ■ **udělat co ~ě** make* a hash of sth, *(opravu)* patch sth up ■ **~ost** amateurishness, dilettantism

neodbytn|ý *(člověk)* persistent, pushy; *(melodie)* catchy; *(problémy; tužby)* besetting ■ **~ost** persistence

neodcizitelný inalienable

neodčinitelný *(omyly)* irremediable; *(škody)* irreparable, beyond repair

neoddělitelnlý inseparable ■ **~ost** inseparability

neodkladn|ý *(problém)* urgent; *(záležitost)* pressing; **~á potřeba nových škol** a pressing need for new schools ■ **~ost** urgency

neodluč|ný, ~itelný inseparable ■ **~ně** inseparably; **být ~ně spojený s** be an inseparable n. integral part of

neodolateln|ý irresistible; *(touha)* overpowering ■ **~ost** irresistibility

neodpovědn|ý irresponsible; *(nespolehlivý)* undependable, unreliable ■ **~ost** irresponsibility; unreliability

neodpustitelný unforgivable, inexcusable, unpardonable

neodůvodněn|ý *(podezření* ap.*)* unfounded, groundless; *(zásah)* unwarranted ■ **~ě** without justification ■ **~ost** groundlessness

neodvolateln|ý *(rozhodnutí)* final, definitive, irrevocable ■ **lhůta končí ~ě ...** the final deadline is ... ■ **~ost** irrevocability

neodvratný inevitable, unavoidable; *(nezamezitelný)* unpreventable

neoficiální unofficial; *(prohlášení)* off-the-record

neohebný **1** *(tuhý)* inflexible, rigid **2** jaz. uninflected

neohrabaný *(masivní)* unwieldy, hulking; *(pohybově)* clumsy, ungainly; *(společensky)* gauche; *(chování* též*)* graceless, maladroit

neohrožen|ý fearless, dauntless; *(cestovatel* ap.*)* intrepid ■ **~ost** fearlessness, intrepidity

neochota unwillingness, reluctance; **n. pomoci** unwillingness to help

neochotn|ý unhelpful; **n. pomoci** unwilling to help ■ **~ě** unwillingly, reluctantly

neochvějný *(víra)* unwavering; *(odhodlání* též*)* unflinching, grim; *(věrnost)* staunch

neomalen|ý impertinent, overbearing; *(způsoby)* churlish ■ **~ě** rudely, impertinently, churlishly ■ **~ost** impertinence, overbearing manners

neomezený *(moc, důvěra)* absolute; *(svoboda)* limitless; *(úvěr)* unlimited, unrestricted; *(ručení)* unlimited

neomluvitelný unpardonable, unforgivable, inexcusable

neomyln|ý *(papež)* infallible; *(znamení)* unmistakable; *(spolehlivý)* unerring ■ **~ost** infallibility

neón 1 chem. neon 2 *(osvětlení)* neon sign
neónov|ý neon; **~é světlo/ ~á reklama** neon light/ sign
neopatrn|ý careless, incautious; *(unáhlený)* rash ■ **~ost** carelessness
neopeřený *(ptačí mládě)* unfledged
neopodstatněn|ý *(stížnost, svědectví)* unsubstantiated; unsupported; *(obavy)* idle, baseless; **~é tvrzení** unsubstantiated assertion; **n. žádnými důkazy** unsupported by any evidence ■ **~ost** groundlessness
neoprávněn|ý 1 *(nemající právo)* unauthorized 2 *(kritika* ap.*)* unjustified, unfounded, unwarranted ■ **~ě** 1 without authority 2 without justification
neorganický inorganic
neosobní impersonal
neotesan|ý přen. churlish, crude, gross; *(klackovský)* loutish ■ **~ost** churlishness, crudeness; loutishness
neovladatelný uncontrollable, beyond control
nepálený *(cihla)* raw
nepaměl|ť: od ~ti from time immemorial; since time out of mind
nepatrn|ý *(obnos, příspěvek)* minute, insignificant, negligible; *(šance)* slim ■ **~ě** insignificantly, negligibly ■ **~ost** insignificance
nepatř|it se: to se ~í! that is not done!
nepěkný v. **nehezký**
nepevný *(provaz, plátno)* rather weak, flimsy; *(pozice)* precarious, unstable; *(člověk, charakter)* unsteady, unstable; **n. ve víře** unsound in faith
neplatn|ý 1 invalid; *(hlasovací lístek)* spoiled; právn. *(zmatečný)* null and void; **prohlásit co za ~é** declare sth null and void, nullify n. quash sth 2 *(bankovka)* not current, *(branka)* disallowed; sport. **n. skok** no-jump ■ **~ost** invalidity; *(smlouvy* ap.*)* nullity
neplav|ec, ~kyně nonswimmer
neplech|a mischief; **tropit ~u** be up to n. get* up to mischief
neplnolet|ý not of age, underage; **~é děti** minors; **je ještě n.** he is still under age ■ **~ost** minority
neplodn|ý infertile; *(žena, půda též)* barren; *(jednání)* fruitless; *(pracovní úsilí)* unproductive ■ **~ost** infertility, barrenness, sterility
nepoctiv|ý dishonest, hov. crooked; *(nesportovní)* unfair ■ **~ě** dishonestly, unfairly; by dishonest n. crooked means ■ **~ost** dishonesty, crookedness
nepočítaj|e, ~íc *(v to)* exclusive of, not including; **n. v to poštovné** exclusive of postage
nepodař|it se: ~ilo se mu vyhrát he failed to win* ■ **~ený** 1 *(pokus)* abortive, unsuccessful 2 *(syn, dcera)* wayward
nepoddajn|ý 1 *(neposlušný)* disobedient; *(nezvládnutelný: žák* ap.*)* intractable, unmanageable, difficult; *(vzdorný)* stubborn; *(neústupný)* intransigent 2 *(materiál)* rigid, inflexible ■ **~ost** 1 stubbornness, intransigence 2 rigidity, inflexibility
nepodložený v. **neodůvodněný, neopodstatněný**
nepodmíněn|ý *(souhlas)* unconditional; psych. **n. reflex** unconditioned reflex ■ **~ě** unconditionally
nepodplatitelný incorruptible
nepohnutě still; **stál n.** he stood* still n. motionless
nepohoda bad n. foul weather
nepohodlí lack of comfort, discomfort
nepohodlný 1 *(křeslo)* uncomfortable 2 *(přicházející nevhod)* inconvenient; *(otázky)* awkward; *(kritika)* irritating
nepohodnout se *(s kým)* fall* out with sb **(kvůli, pro** over)
nepohyblivý immobile; *(stroj)* stationary
nepochod|it *(s žádostí)* be unsuccessful; **u mne ~l** I sent* him packing; **s tím u něho ~íte** that won't cut* much ice with him
nepochopení lack of understanding; **narazil na n.** he met* with a lack of understanding
nepochybně undoubtedly, unquestionably, without a doubt; **n. má pravdu** he is undoubtedly n. unquestionably right, without a doubt he is right
nepochybn|ý indubitable, unquestionable; *(úspěch též)* undoubted; *(vítěz)* undisputed; **to je ~é** it is beyond dispute
nepojízdný 1 *(jeřáb* ap.*)* stationary 2 *(auto)* unroadworthy, not roadworthy
nepokoj 1 *(neklid)* restlessness; *(nervozita)* agitation; *(znepokojení)* disquiet 2 **politické ~e** political disturbances n. unrest; *(bouře)* riot, rioting 3 *(v hodinkách: pružina setrvačníkového kolečka)* balance spring
nepokojný restless; *(dítě: neposedné)* fidgety; *(spánek)* troubled, fitful; *(moře)* troubled; *(doba)* troubled, uneasy; **n. duch** restless spirit
nepokryt|ý 1 uncovered; *(část těla)* bare; **s ~ou hlavou** bareheaded 2 *(neskrývaný: nenávist, hrozba)* unconcealed, undisguised; *(lež)* barefaced; *(pravda též)* naked, unvarnished;

(agrese) naked ■ **~ě** *(otevřeně)* frankly; **říci co ~ě** say* sth point-blank
nepolepšiteln|ý incorrigible ■ **~ost** incorrigibility
nepolitický non-political, *(nazajímající se o politiku)* apolitical
nepoměr, ~nost disproportion, discrepancy, imbalance; **věkový n.** disproportion in age; **n. mezi příjmy a výdaji** an imbalance between sb's income and outgoings
nepoměrn|ý disproportionate ■ **~ě** disproportionately
nepomíjející|í *(sláva)* unfading, undying; *(dílo)* immortal ■ **~nost** immortality
nepopirateln|ý indisputable, incontestable, beyond dispute; *(převaha též)* decisive; *(skutečnost též)* established ■ **~ě** indisputably atd.; **má ~ě pravdu** it's beyond dispute that he is right ■ **~ost** indisputability atd.
nepopsaný *(papír)* blank
nepopsatelný *(krása, chaos)* indescribable, unspeakable; beyond all description; **n. pocit hrůzy** an indefinable feeling of terror
nepopulárn|í unpopular ■ **~ost** unpopularity
neporazitelný invincible
neporovnatelný incomparable
neporozumění lack of understanding; v. **nepochopení**
neporušený *(nepoškozený)* undamaged, intact
neporušiteln|ý inviolable ■ **~ost** inviolability
nepořád|ek 1 untidiness, disorder; *(v pokoji)* mess; **pokoj byl v ~ku** the room was in a mess; **s ní je něco v ~ku** there's sth wrong with her 2 **~ky** *(veřejné)* malpractices, corrupt practices; *(v řízení podniku)* mismanagement
nepořádn|ý *(člověk)* untidy; *(neupravený též)* unkempt; *(nedbalý)* slovenly, sloppy, messy; *(práce)* slipshod; *(život)* dissolute, dissipated; hov. též messy ■ **~ost** 1 untidiness, messiness, slovenliness 2 dissoluteness, dissipation
nepořízen|á: odejít s ~ou go* away empty-handed, get* nothing for one's pains, be rebuffed
neposeda fidget, fidgety person; **je to n.** he can't sit* still, he is fidgety, žert. he's got* ants in his pants
neposedný fidgety, restless, mercurial
neposkvrněn|ý unsullied, *(pověst)* untarnished; círk. **~é početí** the Immaculate Conception
neposlední: v n. řadě not least; *(na konci výčtu)* last but not least
neposlechnout disobey
neposlušn|ý disobedient; *(kůň též)* refractory ■ **~ost** disobedience
nepoškozený undamaged, intact, all in one piece
nepotřeb|a: být k ~ě be unusable n. of no use, be good for nothing
nepotřebný useless, of no (earthly) use, good for nothing
nepotvrzený unconfirmed, *(zpráva)* unofficial
nepoužitelný unusable; techn. unserviceable; *(nevhodný)* unfit; *(pravidlo)* inapplicable; *(k ničemu)* useless
nepovedený unsuccessful; *(pokus, plán)* abortive; *(dítě)* naughty
nepovolaný I unauthorized **II** subst. unauthorized person, trespasser; **N~m vstup zakázán** No Admittance to Unauthorized Persons; No Admittance Except on Business
nepovolný intransigent, unrelenting
nepoznání: k n. beyond recognition, out of all recognition
nepozorn|ý 1 *(žák, posluchač)* inattentive; *(řidič ap.)* careless, heedless (of danger) **2** *(k druhým)* thoughtless ■ **~ost** inattentiveness, inattention; carelessness; thoughtlessness; **chyba z ~osti** a careless mistake
nepozorovaně unnoticed; *(kradmo)* stealthily, by stealth; **odejít n.** slip out of the room (unnoticed)
neprakti|cký *(člověk, nástroj)* impractical; *(nevhodný)* unsuitable, inappropriate ■ **~čnost** impracticality; unsuitability, inappropriateness
nepravd|a falsehood, untruth; **tvrdit ~y** tell* lies
nepravděpodobn|ý improbable, unlikely; *(historka též)* implausible ■ **~ost** improbability, implausibility
nepravdivý untrue, false
neprávem unjustly, wrongfully, unfairly
nepravideln|ý irregular, *(rukopis též)* uneven ■ **~ě** irregularly, on and off ■ **~ost** irregularity, uneveness
neprávo|o: být v ~u be in the wrong
neprav|ý 1 *(padělaný, umělý)* artificial, false, imitation; **~é perly** false n. imitation pearls; *(spis)* forged **2** *(zlomek)* improper **3** *(nesprávný)* wrong; **být na ~é stopě** be on the wrong track; **přijít v n. čas** come* at the wrong time; **být na ~é adrese** přen. bark up the wrong tree
neprodejný 1 unsellable **2** *(ne k dispozici)* not for sale
neprodleně without delay, immediately

neproduktivní unproductive

neprodyšn|ý airtight, hermetic ■ **~ě uzavřený** hermetically sealed

nepromokav|ý waterproof; **n. plášť** raincoat, mackintosh; **~á plachta** tarpaulin

nepromyšlen|ý injudicious, ill-considered ■ **~ost** injudiciousness, imprudence

neproniknutelný impenetrable; *(terén* též*)* impassable; *(tma)* unfathomable

nepropustn|ý impervious; *(nádoba též)* leakproof; *(vodotěsný)* impermeable, watertight, waterproof ■ **~ost** imperviousness n. impermeability

neprospěch 1 *(újma)* disadvantage, detriment; **v něčí n.** to sb's disadvantage; **bude to ve váš n.** you'll lose* by it 2 *(ve škole)* poor progress n. results (in studies), poor marks

neprospěšný disadvantageous; *(škodlivý)* detrimental

neprovdaná single, unmarried

neprozřeteln|ý *(rozhodnutí)* imprudent; hov. rash ■ **~ost** rashness

neprůhledn|ý opaque ■ **~ost** opaqueness, opacity

neprůkazný inconclusive

neprůstřelný bulletproof; *(pancíř)* shellproof

neprůsvitný impervious to light

nepružn|ý inflexible ■ **~ost** inflexibility

nepřátelsk|ý *(země, vojska)* enemy; *(smýšlení, postoj)* (**k, vůči** to) hostile, inimical; *(ideologie)* antagonistic ■ **chovat se (ke komu) ~y** be hostile (towards sb); *(vzájemně: k sobě)* be enemies, be at daggers drawn

nepřátelství (**k** towards) enmity, hostility; (**mezi** between, among) antagonism, ill-feeling

nepřeberný inexhaustible

nepředložen|ý *(čin)* rash, foolhardy, reckless; *(poznámka)* inadvertent, ill-advised ■ **~ost** 1 *(čeho)* rashness, inadvertency 2 *(n. čin)* **byla to ~ost** it was a reckless n. foolhardy thing to do

nepředpojat|ý impartial ■ **~ost** impartiality

nepředstaviteln|ý inconceivable, unimaginable

nepředvídan|ý unforeseen; *(návštěva)* unexpected; *(výdaje)* contingent; **~á událost** contingency

nepředvídatelný unpredictable, unforeseeable

nepřehledný 1 *(zatáčka, křižovatka)* blind; *(terén)* broken; *(situace)* unclear, confused 2 *(množství)* immeasurable

nepřechodný jaz. intransitive

nepřející envious; **n. člověk** dog in the manger

nepřeklenutelný *(rozpory)* irreconcilable; *(propast)* unbridgeable

nepřekonateln|ý *(rozpory, odpor)* insurmountable; *(překážka* též*)* impassable; **~á zbraň** the ultimate weapon; **n. lhář** a prize liar

nepřeložiteln|ý untranslatable ■ **~ost** untranslatability

nepřemožitelný invincible

nepřesn|ý 1 inaccurate, inexact; *(vágní)* hazy, vague; *(prognóza, odhad)* wide of the mark; *(kopie)* unfaithful; *(uvažování)* loose 2 *(nedochvilný)* unpunctual ■ **~ost** inaccuracy; haziness; unpunctuality

nepřetržit|ý *(nepřerušovaný)* uninterrupted, unbroken; *(ustavičný)* incessant, continuous, ceaseless; **~é kouření** chain-smoking; **n. déšť** incessant rain; **n. dozor** a round-the-clock watch; **n. provoz** open 24 hours, 24-hour opening ■ **~ě** continuously, uninterruptedly atd.; **otevřeno ~ě** open 24 hours; **~ě kouřit** chain-smoke

nepříčetn|ý of unsound mind, not responsible for one's actions; *(šílený)* insane; *(pomatený)* raving; **být v ~ém stavu** be out of one's mind ■ **~ě na koho řvát** rant (and rave) at sb ■ **~ost** insanity, kn. unsoudness of mind

nepříhodný *(čas)* inconvenient, unsuitable, inopportune

nepřijatelný unacceptable; *(společensky)* outside n. beyond the pale

nepříjemn|ý unpleasant, disagreeable; *(trapný)* awkward, embarrassing; *(zápach)* offensive; *(otázky)* awkward; **být v ~é situaci** be in an awkward situation; hov. be in a tight corner ■ **způsobit na koho ~ě** make* an unpleasant impression on sb ■ **~ost** trouble, difficulties; **mít ~osti** get* into trouble; **způsobit komu ~osti** cause sb trouble

nepřikrášlený *(pravda)* unvarnished, unadorned; *(fakta)* bare

nepříliš not too n. very; *(se slovesem)* not (very) much, not greatly; **n. daleko** not too far, not very far

nepřiměřen|ý *(ceny)* excessive, exorbitant; *(kniha věku dítěte)* inappropriate, unsuitable; *(nepoměrný)* disproportionate, out of proportion ■ **~ě vysoký plat** a disproportionately large salary

nepřím|ý *(daně, důkaz;* jaz. *otázka, řeč)* indirect; jaz. *(řeč* též*)* reported, oblique; *(trasa)* roundabout, circuitous; **~á příčina smrti** a contributory cause of death ■ **~o** indirectly, in a round-

about way n. fashion
nepřipravený unprepared; *(projev* též*)* unrehearsed, impromptu; šk. *(překlad)* unseen; *(na vyučování)* poorly prepared, ill-prepared
nepřípustn|ý inadmissible; *(neprofesionální)* improper; **~é ovlivňování** undue influence ■ **~ost** inadmissibility
nepřirozen|ý unnatural; *(vyumělkovaný)* affected, contrived, artificial; *(úchylný)* perverse, perverted ■ **~ost** unnaturalness, affectation
nepřístojn|ý *(chování)* improper, unseemly; *(jazyk)* offensive ■ **chovat se ~ě** behave improperly ■ **~ost** *(chování)* impropriety; **~osti** goings on, silly tricks
nepřístupný 1 *(vrchol)* inaccessible 2 *(člověk)* inapproachable, standoffish; **n. přesvědčování** unamenable to persuasion; **n. argumentaci** impervious to arguments
nepřítel 1 enemy; kn. foe; **udělat si z koho ~e** make* an enemy out of sb 2 *(odpůrce)* opponent; **n. monarchie** opponent of monarchy; **n. žen** woman-hater, misogynist; **být ~em kouření** be opposed to smoking 3 voj. enemy (troops); **směrem na ~e** towards the enemy positions ■ **~kyně** v. **nepřítel (1,2)**
nepřítomn|ý absent; *(duchem)* absent-minded; hov. far away; **n. pohled/ výraz** a faraway look/ expression; **je n. kvůli chřipce** he is absent with flu ■ **~ost** absence; **během mé ~osti** during n. in my absence
nepřízeň disfavour; *(poměrů)* adversity; *(počasí)* inclemency
nepřízniv|ý unfavourable; *(podmínky)* adverse; *(počasí)* bad, severe ■ **~ě** unfavourably; **zapůsobit ~ě** make* an unfavourable impression (on); **~ě ovlivnit** *(rozhodnutí* ap.*)* prejudice sth
nepřízvučný jaz. unstressed, unaccented
nerad 1 *(s nelibostí)* **n. co dělat** hate to do sth, dislike doing sth; **n. brzy vstávám** I hate getting* up early 2 *(proti své vůli)* grudgingly, reluctantly, with a heavy heart 3 *(o jídle)* **má n. špenát** he doesn't like spinach, he is not keen on spinach, he doesn't care for spinach
neradostný *(život* též*)* joyless, gladless, dismal; *(perspektiva)* bleak; *(úsměv)* grim
nereálný 1 *(představy)* unreal 2 *(plán)* unrealistic
nerentabilní unprofitable
nerez I adj. stainless **II** subst. stainless steel
nerost, ~ný mineral
nerovn|ý 1 *(terén)* uneven, rugged; *(kopcovitý)* hilly; *(cesta)* uneven, bumpy 2 *(poměr sil, předpoklady)* unequal ■ **~ost** unevenness, ruggedness; inequality též mat.
nerozbitný unbreakable
nerozborný indestructible; *(přátelství, jednota)* indissoluble
nerozeznání: je k n. podobný otci *(dítě)* he's the spitting image of his father; **jsou si k n. podobní** they are as alike as two peas in a pod
nerozhodn|ý 1 *(váhavý)* indecisive, irresolute; hov. pussyfooting; **být n.** waver, hesitate, hov. pussyfoot 2 sport. drawn; **n. výsledek** draw, tie ■ **~ě: skončit ~ě** end in a draw n. tie ■ **~ost** indecisiveness, indecision; pussyfooting
nerozlučn|ý inseparable ■ **~ost** inseparability
nerozluštitelný *(hádanka, záhada)* unsolvable, insoluble; *(nápis)* indecipherable
nerozpustn|ý chem. insoluble ■ **~ost** insolubility
neroztrhání: být k n. *(látka)* be tough n. hard-wearing
nerozum foolishness, folly, stupidity; expr. madness
nerozumný unreasonable, imprudent, unwise, foolish; *(ceny, požadavky)* unreasonable, absurd; hov. crazy
nerozvážn|ý rash, thoughtless ■ **~ost** rashness, thoughtlessness
nerudný morose, grumpy
nerv nerve; **mít slabé/ silné ~y** have good/ bad nerves; **mít ~y ze železa** have nerves of steel; **uklidnit si ~y** relax, calm down; **neztratit ~y** keep* calm, hov. not to lose* one's cool; **ztratit ~y** lose control of o.s., lose one's cool, snap; **jít komu na ~y** get* on sb's nerves, drive* sb mad
nervov|ý nerve, nervous; **~á buňka/ ~é centrum** nerve cell/ centre; **~é zhroucení/ ~á soustava** nervous breakdown/ system
nervozita nervousness, restlessness; *(podrážděnost)* edginess
nervóz|ní *(trpící ~ou)* nervous, highly strung; *(neklidný)* fidgety, jumpy; *(podrážděný)* on edge, tensed up; **být velmi n.** be a bundle of nerves ■ **~ně** nervously
neřád 1 *(špína)* filth, dirt, muck 2 přen. *(muž)* beast; *(žena)* bitch; *(dítě)* cheeky n. insolent brat
neřest vice; **n. lakoty** the vice of avarice; **oddávat se ~i** indulge in a vice
neřestn|ý *(člověk)* depraved; *(prostopášný)* dissolute; *(rozmařilý)* profligate; **vést n. život** lead* a dissolute life ■ **~ost** depravity, wicked-

ness, dissoluteness
nesalónní *(vyjadřování)* unparliamentary
nesčetněkrát countless n. innumerable times, dozens of times, time and (time) again
nesčetn|ý innumerable, countless; **~é problémy** innumerable problems, a thousand and one problems
nesdíln|ý *(člověk)* taciturn, retiring, incommunicative ■ **~ost** taciturnity
neshod|a disagreement, discord; **n. v názorech** difference of opinion; **být v ~ě s čím** be inconsistent with sth, be in contradiction to sth
neschopenka doctor's certificate, br. hov. sick note
neschopn|ý 1 *(pracovně)* unqualified, incompetent; **n. vojenské služby** unfit for military service **2 n. něco udělat** unable to do sth, incapable of doing sth ■ **~ost 1** incompetence **2** inability; **pracovní n.** disablement
neschůdný impassable
nesjízdný impassable; *(silnice)* impossible to drive* on
neskladn|ý bulky; **~é zboží** bulky goods; **n. nábytek** unwieldy n. cumbersome furniture
nesklonný jaz. indeclinable
neskonalý *(moudrost, trpělivost* ap.*)* infinite
neskrblit: n. chválou praise sb/sth lavishly, be lavish in one's praises
neskromn|ý immodest; **~á tvrzení** immodest n. high claims ■ **~ost** immodesty, lack of modesty
neskutečn|ý unreal ■ **~ost** unreality
neslaný unsalted; v. též **nemastný**
neslavn|ý inglorious ■ **skončit ~ě** come* to an inglorious n. hov. sticky end
neslíbatelný kiss-proof
neslučiteln|ý (s with) incompatible, inconsistent; irreconcilable; **tyto dva názory jsou ~é** these two views are incompatible n. irreconcilable; **jeho slova jsou ~á s jeho činy** his words are incompatible with his deeds ■ **~ost** incompatibility, irreconcilability
neslušn|ý indecent; *(chování)* improper, discourteous; *(šaty)* immodest; *(řeči)* rude, bawdy; *(vtip)* risqué, hov. dirty ■ **~ě** indecently, improperly; **chovat se ~ě** behave indecently n. improperly ■ **~ost** improper n. discourteous behaviour
neslýchan|ý unheard-of, unprecendented; **to je ~é** *(~ě drzé)* that's outrageous n. scandalous
nesmazatelný *(dojem)* indelible
nesměl|ý shy; *(bojácný)* timid, diffident; **n. pokus** a feeble n. half-hearted attempt ■ **~ost** shyness; timidity; diffidence
nesmírn|ý enormous, immense, immeasurable; *(hloupost, laskavost* ap.*)* extreme; *(hrubost* též*)* outrageous; *(úspěchy)* stupendous, colossal ■ **~ě** immensely, extremely atd. ■ **~ost** immensity, enormity
nesmiřitelný irreconcilable; *(nepřítel)* implacable
nesmlouvav|ý uncompromising; *(neústupný)* intransigent, unyielding ■ **~ost** intransigence, uncompromising attitude n. nature
nesmrteln|ý immortal, *(sláva)* undying; **učinit ~ým** immortalize ■ **~ost** immortality
nesmysl nonsense, rubbish; **mluvit ~y** talk nonsense n. hov. rot; **n.!** rubbish!, stuff and nonsense!, fiddlesticks!
nesmysln|ý nonsensical, foolish, absurd; *(řeči, fráze)* meaningless; *(zbytečný)* pointless, futile; *(obvinění)* preposterous ■ **~ost** absurdity; pointlessness
nesnadn|ý *(problém, úkol* ap.*)* difficult, hard; hov. tough, steep; *(svízelný)* arduous ■ **~o** with difficulty; **~o zvládnutelný** *(problémy)* difficult to cope with, *(studijní látka)* difficult to learn* n. master
nesnášenliv|ý intolerant; *(hádavý)* quarrelsome ■ **~ost** intolerance; quarrelsomeness
nesnáz difficulty, trouble, predicament; **dostat se do ~í** get* into difficulties n. trouble; **bez ~í** without any difficulty
nesnesitelný unbearable, intolerable; *(počasí* též*)* outrageous; *(nafuka, snob)* insufferable
nesobeck|ý unselfish, altruistic ■ **~ost** unselfishness, altruism
nesolidní unreliable; *(firma)* unsound; *(práce)* slipshod, sloppy
nesouhlas disagreement, difference of opinion; *(rozpor)* discrepancy (**mezi** between)
nesouhlasný *(názory)* conflicting, contradictory
nesoulad discord; *(v manželství* též*)* incompatibility
nesouměrn|ý asymmetrical; hov. lopsided ■ **~ost** asymmetry
nesouměřitelný incommensurable
nesourod|ý heterogeneous, motley ■ **~ost** heterogeneity
nesoustavn|ý unsystematic, unmethodical; *(prováděný nazdařbůh)* random, hit-or-miss; **~á četba** desultory n. hit-or-miss reading ■ **~ě** unsystematically, in fits and starts
nesoustředěn|ý unconcentrated; *(neklidný)* restless; *(pohled)* shifty; *(ztřeštěný)* scatterbrained,

muddle-headed ■ **~ost** lack of concentration; restlessness; muddle-headedness

nesouvisl|ý incoherent, disjointed, *(útržkovitý)* snatchy, scrappy; **několik ~ých slov** a few broken words ■ **~e** incoherently, *(náhodně)* at random ■ **~ost** incoherence atd.

nespavost sleeplessness, insomnia

nesplavný unnavigable

nespočetný countless; v. **nesčetný**

nespokojenec malcontent; *(kverulant)* moaner; *(bručoun)* grumbler, zvl. am. grouch

nespokojen|ý dissatisfied, discontented, disgruntled; **být s čím n.** be dissatisfied n. discontented with sth; **být n. kvůli čemu** be disgruntled at sth ■ **~ost** dissatisfaction

nespolečenský unsociable; *(samotářský)* reclusive, withdrawn

nespolehliv|ý unreliable, undependable; *(paměť též)* treacherous; **n. přítel** an unreliable n. fair-weather friend ■ **~ost** unreliability

nesporn|ý indisputable, incontestable, unquestionable; **jeho loajalita je ~á** his loyalty is beyond dispute, there is no question about his loyalty ■ **~ě** undoubtedly, unquestionably

nesportovn|í *(chování)* unsportsmanlike ■ **~ost** lack of sportsmanship

nespořádan|ý *(život)* disorderly, hov. messy ■ **žít ~ě** lead* a chaotic life

nespoutaný *(smích)* unrestrained; kn. *(vášně* ap. *též)* unbridled

nespravedliv|ý unjust; *(daně též)* inequitable; **být ke komu n.** treat sb unjustly ■ **~ost** injustice; **křiklavá ~ost** (a case of) flagrant injustice

nespravedl|nost v. **~ivost**

nesprávn|ý incorrect, erroneous, wrong, false; **n. výrok** *(soudní)* false verdict; **n. odhad** miscalculation; **bylo by ~é si myslet** it would be wrong n. erroneous to think* that, it would be a mistake to think that ■ **~ě** incorrectly atd.; **~ě informovat** give* sb incorrect information, misinform; **~ě odbočit** take* a wrong turning

nesrovnalost discrepancy

nesrovnatelný incomparable

nesrozumitelný unintelligible, incomprehensible

nést 1 carry; **n. něco v ruce/ na zádech** carry sth in one's hand/ on one's back 2 *(podepírat)* support, carry, hold*; **sloupy nesou váhu střechy** the columns support n. hold the weight of the roof; **nohy ho sotva nesou** his legs will hardly carry him (any longer); **n. hlavu vzhůru** carry n. hold one's head up high 3 *(ovoce, úroky)* bear*, yield; *(úrodu)* produce; *(vejce)* lay*; přen. **n. plody** bear fruit 4 **n. titul/ titulek** bear n. have the title, be entitled 5 *(náklady)* bear, kn. defray; *(následky)* bear, take*; *(riziko)* take; **n. zodpovědnost za co** be responsible for sth; **nést za co vinu** be to blame n. bear the blame for sth 6 *(zbraň: mít dolet)* have a range of 7 *(kartu)* lead* ■ **n. se** 1 *(břemeno)* **n. se dobře/ špatně** be easy/ difficult to carry 2 *(zvuk)* carry 3 *(pyšně si vykračovat)* strut, swagger

nestálý *(člověk)* unsteady; *(počasí)* changeable, unsettled; *(žena, štěstěna* ap.*)* fickle; *(život)* unsettled; *(povaha)* mercurial; *(pohled)* flighty, shifty

nestejnoměrný uneven; *(dech, puls)* irregular

nestejnorodý heterogeneous, dissimilar; *(směsice)* motley

nestejn|ý different; *(jiného typu)* dissimilar; *(poměr sil, hodnota)* unequal ■ **~ost** difference, dissimilarity; inequality

nestor doyen, *(žena)* doyenne

nestoudn|ík shameless man n. person ■ **~ice** shameless woman, zast. hussy

nestoudn|ý shameless, barefaced, brazen(-faced); *(požadavky)* outrageous ■ **~ost** shamelessness, brazeness, impertinence

nestranický non-party, *(kandidát)* independent; *(politika, program)* non-partisan

nestran|ík/ ~ice non-party man/ woman

nestrann|ý impartial, unbiased ■ **~ost** impartiality

nestravitelný indigestible

nestrojený natural, unaffected

nestřežen|ý unguarded; **v ~ém okamžiku** in an unguarded moment

nestřídm|ý immoderate, self-indulgent ■ **jíst ~ě** eat* to excess ■ **~ost** immoderateness, self-indulgence; *(v jídle)* greed, gluttony

nestvůra monster

nestvůrn|ý monstrous ■ **~ost** monstrosity

nestyda shameless person

nestydat|ý shameless; *(drzý)* impudent, impertinent; *(lež)* brazen; *(cena)* extortionate, steep, outrageous ■ **~ost** shamelessness; impudence; cheek

nesvár discord, disunity; **zasévat ~y** sow the seeds of discord

nesvorn|ý; být ~í be divided, quarrel ■ **~ost** disunity

nesvůj: cítit se n. feel* ill at ease, feel on edge; *(kde)* feel out of place

nesymetri|cký asymmetrical ■ **~čnost** asymmetry

nesystemati|cký unsystematic; *(přístup* též*)* fragmentary ■ **~čnost** unsystematic n. unmethodical approach

nešetrn|ý 1 *(rozhazovačný)* extravagant, wasteful 2 *(ke komu)* inconsiderate to ■ **chovat se ke komu ~ě** be inconsiderate to sb, treat sb harshly ■ **~ost** 1 extravagance, prodigality 2 lack of consideration (for), thoughtlessness

nešika clumsy clod; *(komu vše padá)* butterfingers; v. též **nemotora**

nešikovný 1 v. **nemotorný** 2 *(nástroj)* impractical, unwieldy; *(silněji)* useless

nešíření: n. atomových zbraní non-proliferation of nuclear weapons

neškodn|ý *(prostředek, přísada)* innocuous; *(hmyz, plaz, člověk)* harmless ■ **~ost** innocuousness, harmlessness

neškolený untutored, untrained, unschooled

nešpory vespers

nešťastník unlucky n. unfortunate person; poor devil n. wretch; **já n.!** poor me!

nešťastn|ý 1 *(ubohý)* poor, wretched, unfortunate 2 *(sklíčený)* unhappy, sad; **být z čeho n.** be unhappy about sth; **jsem z toho n.** it makes* me unhappy n. sad 3 *(neblahý)* unlucky, unfortunate; **~é číslo** unlucky number; **~á náhoda** unfortunate coincidence; **~á láska** unhappy n. unrequited love 4 *(nevydařený)* ill-fated, unfortunate; **~á výprava** the ill-fated expedition

neštěstí 1 misfortune; **mít to n., že** have the misfortune *(+ inf.)* ♦ **n. nechodí po horách, ale po lidech** ≅ accidents will happen; **n. nechodí samo** misfortunes never come* singly, it never rains but it pours; **seděl tam jako hromádka n.** he was sitting* there looking a/the picture of misery 2 *(dopravní)* accident 3 *(pohroma)* disaster, catastrophe; **přivést koho do n.** bring* disaster upon sb

neštovic|e 1 *(puchýřek)* pustule 2 lék. smallpox; *(plané)* chicken pox; **důlek po ~i** pockmark

nešvar: společenské ~y social ills n. wrongs

netajený *(radost, obdiv)* unconcealed, undisguised

netajit se: n. se s čím make* no secret of sth, not to disguise sth

netaktn|í tactless; *(otázka* též*)* indiscreet; *(poznámka* též*)* gauche, infelicitous ■ **~ost** tactlessness; **dopustit se ~osti** make* a faux pas; hov. drop a brick n. clanger, put* one's foot in it

netečn|ý apathetic, phlegmatic, indifferent (**k** to) ■ **~ost** indifference, apathy

neteř niece

netěsn|ý *(člun, uzávěr)* leaking, leaky; **~é místo** leak ■ **~ost** leakage; *(místo)* leak

netknutý *(jídlo)* untouched

netopýr bat

netrh|nout se: dveře se tam ~nou there is a constant flow of people through the door

netrpěliv|ý impatient ■ **~ost** impatience; **hořet ~ostí** be burning* with impatience

netříštivý *(sklo)* shatterproof

netřeba no need *(+inf.)*; **n. se bát** (there's) no need to be afraid

netto nett; **váha n.** net weight

netušený unsuspected, undreamed-of, undreamt-of, unthought-of

netvor monster

netýkavka bot. touch-me-not; přen. *(osoba)* touchy person; **nebuď taková n.!** don't be so touchy!

neúct|a v. **neuctivost**

neuctiv|ý disrespectful; *(prostořeký)* flippant ■ **~ost** disrespect, lack of respect; flippancy

neúčast *(na schůzi* ap.*)* absence; *(nepodílení se)* non-participation (**na** in)

neúčelný *(nevhodný)* unsuitable, inappropriate; *(nepraktický)* impractical

neúčinn|ý *(prostředek, lék)* ineffective; *(opatření, systém, využití zdrojů* ap.*)* inefficient ■ **~ost** ineffectiveness, inefficiency

neudržitelný *(tvrzení, teorie, stav)* untenable

neukázněn|ý undisciplined; *(myšlení* též*)* loose ■ **~ost** indiscipline, lack of discipline

neuměl|ý *(obraz)* amateurish; *(pokus)* crude ■ **~e** crudely, in an amateurish fashion; *(vyhotovit)* with a heavy hand

neúměrn|ý disproportionate; out of (all) proportion; **n. podíl** an unfair share ■ **~ě vysoký** *(ceny* též*)* excessive, exorbitant

neúmorný indefatigable; v. **neúnavný**

neúmysln|ý unintentional; *(bezděčný)* involuntary; *(poznámka, urážka* též*)* inadvertent ■ **~ě** unintentionally; by mistake; inadvertently

neúnavn|ý *(pracovník)* indefatigable; *(práce)* untiring; **~é nadšení** indefatigable n. unflagging zeal n. enthusiasm ■ **~ě** indefatigably, with unflagging zeal

neuniformovaný: n. policista plain-clothes policeman

neúplatn|ý incorruptible ■ **~ost** incorruptibility

neúplný incomplete; *(vědomosti, informace)*

fragmentary
neuposlechnout disobey
neupravený 1 *(osoba)* untidy, unkempt; *(žena též)* blowsy; *(vzhled)* slovenly 2 *(text)* unedited
neúprosný 1 *(boj, nepřítel)* implacable 2 *(logika, fakta, osud)* inexorable
neupřímn|ý insincere, *(pokrytecký)* hypocritical ■ **mluvit ~ě** speak* (with one's) tongue in (one's) cheek ■ **~ost** insincerity, hypocrisy
neuralgický neuralgic
neuralgie neuralgia
neurasten|ický, ~ik neurasthenic
neurčit|ý 1 *(počet, čas)* indefinite, indeterminate; *(věk)* uncertain indefinable; *(vzpomínky)* vague, indistinct 2 jaz. *(člen)* indefinite ■ **~ě** indefinitely; **mluvit o čem ~ě** be vague about sth ■ *(odložit)* **na ~o** indefinitely ■ **~ost** indefiniteness; fyz. **princip ~osti** uncertainty principle
neúroda crop failure, poor n. bad harvest
neúrodný *(půda)* infertile, unfruitful; *(rok)* lean, poor
neurologie neurology
neurotický neurotic, mixed up
neurotik neurotic
neuróza neurosis
neurozený of humble origin n. birth
neurvalec rowdy, ruffian, lout; a tough n. rough customer
neurval|ý *(surový)* violent, brutal; *(hrubý)* rude, rough-spoken ■ **~ost** brutality, rudeness
neuskutečnitelný *(plán ap.)* unworkable, impracticable; *(naděje)* illusory
neúslužný unhelpful, unobliging
neúspěch failure; *(inscenace, film)* flop; **naprostý n.** fiasco, complete failure; **mít n.** be unsuccessful; *(v zaměstnání)* be a failure (at)
neúspěšn|ý unsuccessful; *(pokus též)* ineffectual, abortive; *(kandidát)* failed; **n. člověk** a failure ■ **~ě** unsuccessfully, without success, to no purpose ■ **~ost** lack of success
neuspokojivý unsatisfactory, below the mark
neustál|ý *(ustavičný)* constant, incessant, continual; *(nepřetržitý)* unbroken, uninterrupted; *(boj)* unrelenting; *(dřina též)* unremitting; *(bolest)* nagging ■ **~e** constantly atd.; **~e něco dělat** keep* doing sth; **ceny ~e klesají** the prices keep* falling*
neústavní unconstitutional
neústupn|ý *(osoba, postoj)* unyielding, inflexible; *(kašel)* persistent ■ **~ě** persistently; **~ě trvat na svém** stick* n. keep* stubbornly to one's opinion, stick to one's guns ■ **~ost** inflexibility; persistence
neutěšený bleak, dismal; *(situace)* difficult
neutišitelný inconsolable
neútočení: pakt o n. nonagression pact n. treaty
neutrál 1 neutral (country n. power) 2 aut. neutral
neutralita neutrality, pol. *(neangažovanost)* nonalignment
neutralizovat neutralize; přen. též negate, counteract
neutrální 1 *(nestranný)* neutral, *(stát)* nonaligned; **n. pozorovatel** an unbiased n. impartial observer; **zůstat n.** not to take* sides; hanl. sit* on the fence 2 aut. **n. poloha** neutral; **v n. poloze** in neutral, out of gear
neutron, ~ový fyz. neutron; **~ová bomba** neutron bomb
neutrum jaz. neuter
neutuchající *(zájem, nadšení)* unflagging; *(potlesk)* endless, undying
neuvážen|ý rash, *(opatření též)* ill-considered; *(chování)* ill-advised, impetuous; *(poznámka)* careless, inadvertent ■ **~ě** rashly
neuvěření: to je k n. that's incredible n. unbelievable
neuvěřitelný incredible, unbelievable
neuznalý unappreciative
neužitečný *(mapa, návod ap.)* unhelpful, of little use; *(diskuse)* pointless
nevaln|ý *(výsledky, znalosti)* poor, mediocre; *(jídlo, plat)* meagre ■ **~ě placený** poorly paid*, paid a pittance; **prodej jde ~ě** business is slack
nevázan|ý *(kniha)* unbound; *(smích)* unrestrained, wild; *(radost)* exuberant; *(dítě)* boisterous, unruly ■ **~ě se smát** laugh without restraint, split* one's sides laughing ■ **~ost** exuberance; boisterousness; abandon
nevčas at the wrong time n. moment; **přijít (v) n.** come* at an inconvenient n. awkward time; v. **nevhod**
nevčasný *(poznámka)* ill-timed, untimely; v. **nevhodný**
nevděčn|ík/ ~ice ungrateful man/ woman
nevděčn|ý ungrateful; *(úkol)* thankless, *(práce též)* unrewarding ■ **~ost** ungratefulness; thanklessness
nevděk ingratitude ♦ **n. světem vládne** don't expect thanks for anything
nevěcný *(netýkající se tématu)* not to the point, irrelevant
nevědeck|ý unscientific, unscholarly ■ **~ost** lack

of scientific n. scholarly precision
nevědomky unwittingly, unknowingly, unawares
nevědomost ignorance; **nechat koho v ~i** leave* sb in the dark; **udržovat koho v ~i** keep* sb ignorant (**o** of)
nevědom|ý 1 *(bezděčný)* involuntary 2 *(neznalý)* ignorant (**čeho** of sth); **dělat se ~ým** play the innocent ■ **~ě** v. **~ky**
neveliký rather small
nevěr|a *(manželská)* infidelity; **dopustit se ~y** commit adultery, hov. cheat on one's wife/ husband
nevěrec náb. unbeliever, atheist, agnostic; *(jinověrec)* infidel
nevěrn|ík/ ~ice unfaithful man/ woman
nevěrný unfaithful
nevěrohodný *(historka, výmluva)* implausible, *(svědectví, doklad)* dubious
nevěřící I adj. *(pohled)* incredulous, disbelieving; církׁ. faithless, unbelieving ♦ **n. Tomáš** doubting Thomas **II** subst. disbeliever; v. též **nevěrec**
neveselý *(myšlenky, vyhlídky)* gloomy, dismal; *(život)* dreary
nevěsta bride; *(snoubenka)* fiancée, hov. **jeho n.** his intended, hov. his girlfriend
nevěstinec brothel; zast., žert. house of ill repute
nevěstka prostitute; *(pouliční)* streetwalker
nevětraný *(místnost)* stuffy
nevhod at the wrong time, inconveniently; **přijít n.** arrive at the wrong time, *(na návštěvu)* choose* a bad time for a visit
nevhodn|ý *(nástroj)* unsuitable; *(okamžik, postup, slovo)* inappropriate; *(poznámka též)* infelicitous, uncalled-for; *(chování)* improper; **~é pojmenování** misnomer ■ **~ost** unsuitability; impropriety
nevídáno *(vyj. lhostejnost)* **on se hněvá? – N.!** He's angry? – So what?
nevídaný *(situace)* unprecedented; *(podívaná)* singular, fantastic; *(úspěch)* unparalleled
nevidět: co n. any minute now, presently, very soon
neviditeln|ý invisible ■ **~ost** invisibility
nevidom|ý I adj. blind **II** subst. blind man; **~í** the blind; **ústav pro ~é** home for the blind
nevím- v. **kdoví-**
nevin|a innocence; **dokázat svou ~u** prove one's innocence
neviňátko 1 *(dítě)* innocent baby n. kn. babe **2** expr. **tvářit se jako n.** behave as if butter would not melt in one's mouth, play the innocent; **je úplné n.** he's innocence itself; **není žádné n.** she/ he is no angel, she/he is no babe-in-arms
nevinn|ý 1 *(bez viny)* innocent; **prohlásit koho za ~ého** declare sb innocent n. not guilty **2** *(dítě)* innocent, angelic **3** *(pohlavně)* **je ještě ~á** she is still a virgin **4** *(vtip, poznámka)* harmless; *(zábava)* innocent; **~á lež** a white lie ■ **~ost** innocence; virginity; harmlessness
neví|ra: to je k ~ře that's unbelievable n. incredible
nevítaný unwelcome; **n. host** *(na večírku)* gatecrasher
nevkus bad n. poor taste
nevkusn|ý tasteless, in bad n. poor taste; *(vtip, poznámka též)* crude ■ **~ě** tastelessly, without taste; **~ě oblečená** cheaply n. tawdrily dressed
nevlastní 1 *(ne pokrevně příbuzný)* step-; **n. bratr/ otec** stepbrother/ stepfather **2** *(mající jednoho společného rodiče)* half-; **n. bratr/ sestra** half-brother/ half-sister
nevlídn|ý unkind, unfriendly; *(nevrlý)* gruff, sour; *(obličej)* stern; *(pohled)* surly, frosty; *(klima)* inclement, hard; *(krajina)* harsh ■ **~ě** unkindly atd. ■ **~ost** unkindness, unfriendliness; *(počasí)* inclemency
nevměšování noninterference, nonintervention; **politika n.** policy of nonintervention; **n. se do vnitřních záležitostí jiných zemí** noninterference in the internal affairs of other countries
nevodič nonconductor
nevol|e displeasure, indignation; **potlačit ~i** suppress one's indignation; **vzbudit čí ~i** arouse sb's indignation n. displeasure
nevolnictví serfdom
nevolník serf
nevolno: je mi n. I don't feel* well, I feel out of sorts; **udělalo se mi z toho n.** it made* me feel sick
nevolnost indisposition; *(žaludeční)* sickness, nausea; **n. při jízdě autem** car sickness
nevražit *(na koho)* bear* sb a grudge, harbour hard feelings n. rancour against sb
nevraživ|ý spiteful, *(zlomyslně)* malicious ■ **~ost** spitefulness, malice
nevrl|ý sulky, morose, grumpy; *(hašteřivý)* cantankerous ■ **~ost** moroseness; sulkiness, sulks
nevšední extraordinary; *(pozoruhodný)* remarkable; *(talent)* exceptional; *(krása)* rare
nevšímav|ý *(lhostejný)* apathetic; *(nemající ohle-*

dy) inconsiderate; **být n. k pocitům druhých** have no regard for other people's feelings ■ **~ost** apathy; *(k pocitům druhých)* disregard (for)
nevtíravý unobtrusive; *(parfém, elegance* též*)* discreet; *(chování* též*)* unostentatious; *(vkus* též*)* quiet
nevybíravý indiscriminate, unscrupulous; *(jazyk)* strong
nevýbojný *(bázlivý)* timid, diffident
nevyčerpatelný inexhaustible, indefatigable, tireless
nevýdělečný non-profit-making
nevydržení: to je k n. it's unbearable
nevyhladitelný *(předsudky* ap.*)* ineradicable
nevyhnutelný *(ztráty* ap.*)* unavoidable; *(porážka)* inevitable; *(závěry)* inescapable
nevýhod|a disadvantage; sport. a přen. handicap; **být v ~ě** be at a disadvantage, have the odds against o.s.
nevýhodný disadvantageous
nevyhýbavý *(odpověď)* unequivocal, straight
nevychovanec lout, boor
nevychovan|ý ill-mannered; *(neotesaný)* churlish; *(drzý)* insolent; *(hrubý)* rude, boorish; *(klackovský)* loutish ■ **~ost** bad manners; churlishness atd.
nevyjasněný unexplained; *(nejasný)* obscure, not clear
nevyjímaj|e, ~íc not excepting; **n. vás** not excepting you; **n. nikoho** without exception
nevykořenitelný *(předsudky* ap.*)* ineradicable, kn. inextirpable
nevyléčitelný incurable
nevymáchan|ý: mít ~ou hubu have a loose tongue; *(pomlouvat)* have a wicked n. malicious tongue
nevýnosný unprofitable
nevyplacený *(dopis)* unstamped
nevypočitatelný *(škody, následky)* incalculable; *(člověk, charakter)* unpredictable
nevýrazný *(tvář)* plain; *(herecký výkon)* unimpressive, flat; *(pohled)* blank
nevyrovnaný 1 *(pohledávka)* outstanding **2** *(povaha* ap.*)* unbalanced, hov. mixed up
nevyřízený *(účet)* outstanding; *(otázka)* unresolved
nevýslovn|ý *(radost, bolest)* unspeakable ■ **~ě krásná** stunningly beautiful
nevyspalý tired; **jsem n.** I have not had enough sleep
nevyspěl|ý *(pohlavně, rozumově)* immature ■ **~ost** immaturity
nevysvětlitelný inexplicable
nevytopený unheated
nevytříbený *(vkus* ap.*)* unsophisticated
nevyvratiteln|ý, nevývratný irrefutable; *(argument* též*)* watertight ■ **~ě dokázat** prove irrefutably n. conclusively
nevyzpytatelný inscrutable, unfathomable; *(úsměv, jednání)* enigmatic; *(osud)* wayward; *(síly)* blind
nevzdělanec uneducated person; *(ignorant)* ignoramus; *(šosák)* philistine
nevzdělan|ý uneducated; *(myšlenkově nenáročný)* lowbrow ■ **~ost** lack of education
nevzhledný *(děvče)* plain, am. homely; *(chalupa)* unsightly, ugly
New York, newyorský New York
Newyorčan, ~ka New Yorker
nezábavný boring, dull, tedious
nezadatelný *(právo)* inalienable
nezadržiteln|ý unstoppable; *(pláč, smích)* uncontrollable ■ **~ě** *(se blížit)* inexorably
nezahladitelný indelible
nezájem (o) indifference (to, towards), lack of interest (in)
nezajímavý uninteresting, tedious
nezákonn|ý unlawful; *(protiprávní)* illegal ■ **~ost** unlawfulness, illegality
nezaměstnan|ý I adj. unemployed, jobless, out of work **II** subst. unemployed; **~í** the unemployed; **N~ým vstup zakázán!** Private!, No Admittance to Unauthorized Persons! ■ **~ost** unemployment
nezaopatřený *(rodina, děti)* unprovided for, without means
nezaplacení: to je k n. it is priceless
nezaplacený unpaid, *(pohledávky* též*)* outstanding
nezapomenutelný unforgettable; **n. dojem** an indelible impression
nezasloužený undeserved
nezastavěný *(prostor)* unbuilt-on
nezasvěcený uninitiated
nezaujat|ý impartial, unbiased; *(objektivní)* objective; *(přístupný každému názoru)* open-minded ■ **~ost** impartiality
nezávazn|ý *(nabídka)* not binding, *(cena* též*)* subject to change; *(odpověď)* noncommittal; *(údaje)* subject to correction ■ **~ě** without obligation; *(odpovědět)* noncommittally; **~ě si prohlížet** *(zboží* ap.*)* browse among ■ **~ost** freedom from obligation; noncommittal nature *(of a remark* ap.*)*

nezávažný insignificant, unimportant
nezávisl|ý independent (**na** of); *(novinář* ap.*)* freelance ■ **~ost** independence
nezáživný dull; *(styl)* stodgy, pedantic; *(pasáže)* indigestible
nezbed|a, ~ník little rascal, cheeky little thing, monkey ■ **~ice** též little minx
nezbedn|ý naughty, mischievous ■ **~ost** mischief; **tropit ~osti** be mischievous; **z ~osti** out of mischief
nezbytn|ý indispensable, (absolutely) essential, imperative; **je ~é, aby** it's imperative n. essential *(+ inf.)*; **n. pro život** indispensable to life ■ **~ost** indispensability; **auto je pro mne ~ost** a car is a must for me, a car is essential for me
nezbýva|t v. **zbývat**; **~á mi než odejít** I have no choice but to leave*
nezcizitelný inalienable
nezdar failure; *(zvrat k horšímu)* setback; **utrpět n.** suffer a failure/ setback; **skončit ~em** end in (a) failure
nezdárný mischievous, naughty
nezdařený v. **nepodařený**
nezdolný indefatigable; *(odvaha, vůle)* indomitable; **n. optimismus** die-hard optimism
nezdravý 1 unhealthy, sick; *(v přísudku)* unwell, poorly, in poor health **2** *(zdraví škodlivý)* harmful, damaging to one's health; *(podnebí, prostředí)* unhealthy
nezdvořák hov. churl, boor, rude person
nezdvořil|ý impolite, discourteous; *(neuctivý)* disrespectful ■ **~ost** impoliteness, discourteousness
nezhoubný *(nádor)* benign
nezištný unselfish, selfless ■ **~ost** selflessness
nezkalený *(štěstí)* unadulterated, unclouded
nezkažený *(mravně)* innocent
nezkrotný indomitable; *(ambice)* overweening; *(hněv)* uncontrollable
nezkušený inexperienced
nezletilec minor
nezletil|ý minor, underage ■ **~ost** minority
nezlomný steadfast; *(duch, vůle)* unbending, unyielding; *(přesvědčení)* unshakeable
nezmar zool. hydra; přen. tough n. tireless person; **to je úplný n.** there's no stopping him
nezměnitelný unchangeable, unalterable; *(rozhodnutí)* irrevocable
nezměrný immeasurable, immense
neznaboh pagan, heathen
neznalost ignorance; **udržovat koho v ~i** keep* sb in the dark (**o** about) ♦ **n. zákona neomlouvá** ignorance of the law is no excuse
neznámá mat. unknown (factor n. quantity); **je to velká n.** it is (still) an unknown quantity, it's still in the lap of the gods
neznám|o: zmizet do ~a vanish into thin air, vanish without trace; **cesta do ~a** mystery tour
neznám|ý I adj. unknown, *(obličej* též*)* unfamiliar, new ♦ **n. vojín** the Unknown Soldier; **adresát n.** not known* at this address ■ **~o kam** it is not known where **II** subst. stranger
neznat se: n. se ke komu ignore sb, pretend not to see* sb
neznatelný imperceptible
neznělý jaz. voiceless
nezničitelný *(hmota)* indestructible; *(šaty, boty)* hardwearing; *(naděje)* inextinguishable; *(humor)* irrepressible
nezodpovědný irresponsible
nezpůsob bad habit; **~y** *(špatné chování)* bad manners
nezpůsobilý unfit; **být n. k práci** be unfit for work; **n. k jízdě** *(vůz)* unroadworthy; **být n. postoupit do vyššího ročníku** šk. ≅ not to be permitted to proceed into the next class, be required to repeat a year
nezpůsobn|ý *(dítě)* naughty ■ **~ost** naughtiness, naughty behaviour
nezral|ý *(ovoce)* unripe; *(člověk, myšlenka)* immature; *(plán* též*)* unbaked ■ **~ost** unripeness; immaturity
nezřídka quite often
nezřízen|ý 1 *(nemravný)* debauched, dissolute, licentious; **vést n. život** lead* a dissolute life **2** *(bujný: fantazie)* unbridled ■ **~ost** debauchery, dissipation, licentiousness
neztenčený undiminished, *(síla* též*)* unmitigated
nezúčastněn|ý *(pozorovatel)* disinterested; **~é státy** *(v paktech)* nonaligned countries ■ **~ě** *(pozorovat* ap.*)* with indifference
nezvaný *(host)* unasked, uninvited
nezveden|ý naughty ■ **~ost** naughtiness
nezvěstný missing, unaccounted-for
nezvratn|ý *(důkaz)* irrefutable, conclusive, positive; *(alibi)* unassailable; *(argument* též*)* watertight; *(rozhodnutí)* irreversible ■ **~ě** irrefutably, conclusively
nezvyk: je to pro mne n. I am not used to it, it's something new for me
nezvyklý 1 *(na těžkou práci* ap.*)* unaccustomed to; *(na nové metody)* unfamiliar with **2** *(ne-*

obvyklý) unusual, uncommon, extraordinary; **n. krok** an unusual step

než, nežli 1 *(s komparativem)* than; **je vyšší n. já** he's taller than me n. kn. I; **jiný n.** different from ♦ **víc n. dost** more than enough **2** *(v záporu)* **nikdo/ nic/ nikde n.** nobody/ nothing/ nowhere but; **neviděl to nikdo jiný n. já** I was the only person who saw* it **3 dříve n.** before; **dříve n. mohl odpovědět** before he could answer; **dříve n. se setmí** before dark **4** *(až do)* until; **zůstal na nástupišti, n. odjel vlak** he had stayed at the platform until the train left*; **trvalo to hodinu, n. jsme se tam dostali** it took* us an hour to get* there **5 n. aby***(účinková spojka)* **je příliš pozdě, n. abychom čekali** it's too late for us to wait; **raději odejdu, n. abych to poslouchal** I will leave* rather than listen to this

nežádoucí undesirable

nežehlivý non-iron, též *(košile)* drip-dry; **n. úprava** wash-and-wear finish

nežit boil, furuncle, *(velký)* carbuncle

neživotn|ý 1 jaz. inanimate **2** film, div. **~á postava** cardboard character

neživý 1 *(hmota)* inanimate **2** *(ulice)* quiet, lifeless

něžn|ý *(jemný)* gentle; *(milenec, pohled)* tender; *(cit)* fond ♦ **~é pohlaví** the gentle(r) n. weaker n. fair sex ■ **~ost** tenderness

nic 1 nothing; *(v záp. kontextu)* anything; **nevím o tom n.** I know* nothing n. I don't know anything about it; **nevím n. bližšího** I don't know any details; **n. důležitého** nothing of (any) importance; **n. takového(!)** nothing of the sort(!), no such thing(!); *(v žádném případě)* no chance!; **n. zvláštního** nothing special, nothing to write* home about; **z ničeho n.** suddenly, all of a sudden; **nedá se nic dělat** nothing doing; **to n. není** *(je to lehké)* there's nothing to it; **n. si z čeho nedělat** take* things as they come*; **už o tom nechci nic slyšet** I don't want to hear* any more about it **2** *(v předl. pádech)* **není k ničemu** he is useless n. hopeless; **o n. lepší než** no better than; **o n. víc než** no more than; **není o n. moudřejší** he's none the wiser; **začít od ničeho** start from scratch; **z ničeho** out of thin air

nicka *(člověk)* cipher, nonenity, nobody

nicméně nevertheless, nonetheless, for all that

nicnedělání inactivity; **sladké n.** 'dolce far niente', carefree idleness

nicota *(života* ap.*)* futility

nicotn|ý trivial; *(řeči* též*)* idle, inane; *(výmluva)* flimsy; *(ztráta)* trifling, trivial ■ **~ost** triviality; inanity

ničem|a, ~ník rogue, scoundrel

ničemn|ý *(nízký)* mean, vile, base; *(hanebný)* shameless; *(opovrženíhodný)* despicable, contemptible ■ **~ost** a mean n. despicable thing (to do)

ničí nobody's

nič|it destroy; *(poškodit)* damage; *(štěstí)* wreck; **n. si zdraví/ zrak** ruin one's health/ eyes ■ **~ení** destruction

ničitel wrecker

ničivý destructive; *(válka* též*)* ruinous; *(kritika)* savage

nijak in no way; **n. zvlášť** not noticeably; **není to n. příjemné** it is none too pleasant; v. též **nikterak**

nijaký 1 *(žádný)* no ... at all n. whatsoever; **nemá n. vliv** he has no influence at all n. whatsoever **2** v. **nanicovatý**

nikam nowhere; not ... anywhere; **n. jinam** nowhere else; **nechoď n.!** don't go* anywhere, stay at home

Nikaragua Nicaragua

nikaraguj|ský, N~ec, N~ka Nicaraguan

nikde nowhere, not ... anywhere

nikdo nobody, not ... anybody, no one, none; **n. jiný** nobody else ♦ **země nikoho** no man's land; **n. neví, co se stane** there's no telling what will happen

nikdy never, at no time; **n. jindy** at no other time; **už n. (víc)** never again; **teď nebo n.** it's now or never; **n. v životě** never ever

nikl nickel

nikoli not at all, not in the least

nikotin nicotine

nikotinismus nicotine poisoning, nicotinism

nikterak in no way, not ... at all; **n. příjemný** none too pleasant; **není to n. jednoduché** it's far from simple

nikudy: nemohl n. utéci there was no way out for him; **nelze se tam dostat n. jinudy** there's no other way to get* there

nimb|us halo, nimbus; přen. aura; **byl obklopen ~em neporazitelnosti** he had an aura of invincibility about him

nimrat se: n. se s prací dawdle n. dillydally with one's work, loiter on the job; **n. se v jídle** pick at one's food, toy with one's food

nimrav|ý *(člověk)* sluggish, slow; **~á práce** a

fiddly job
nimrod hov. *(lovec)* hunter
nirvána nirvana
nit thread, br. *(bavlněná též)* cotton; **jehla a n.** needle and thread; **navléci n. do jehly** thread a needle; **nezůstala na něm ani n. suchá** he was soaked to the skin
nitěn|ý cotton; **~é rukavice** cotton gloves
niterný *(city)* innermost; **n. život** inner life
nit|ka srv. **nit** ♦ **jeho život visel na ~ce** his life was hanging* by a thread, it was touch and go* with him
nitr|o 1 n. Země the bowels of the Earth; **n. Afriky** the heart of Africa **2** heart; **v ~u duše** in one's heart (of hearts)
nitrocelulóza chem. nitrocellulose, cellulose nitrate
nitroděložní intrauterine; **n. tělísko** intrauterine device, zkr. IUD, the loop/ the coil
nitroglycerín chem. nitroglycerine
nivelace 1 levelling **2** *(měření)* surveying
nivelační levelling; **n. přístroj/ lať** levelling instrument/ lath
nivelizovat techn. level; přen. *(rozdíly* ap.*)* level n. even out
nízkofrekvenční low-frequency
nízkotlaký low-pressure
níz|ký 1 low, *(ceny též)* reduced, knockdown, giveaway, *(bytovky též)* low-rise **2** přen. *(podlý)* mean, despicable, contemptible ■ **~ko** low; **letět ~ko** fly* low ■ **jednat ~ce** act meanly; v. též **níže, nižší**
Nizozem|ec/ ~ka Dutchman/ Dutchwoman
Nizozemí the Netherlands sg. i pl., the Low Countries pl.
nizozemský Dutch
níže$_1$ *(v textu)* hereafter
níže$_2$ *(tlaková)* low, depression
nížina lowland(s)
nižší lower; **n. úředník** junior official, *(nevýznamný)* minor official; **n. šlechta** the lower n. lesser nobility, br. gentry; **n. důstojníci** junior officers
no část. vyj. **1** *(konejšení)* **no!, nono!, no tak!** there there!, come, come *(neplač)* don't cry! **2** *(prosbu)* **no (tak) mluv!** come on, talk to me! **3** *(překvapení)* **no ne!, no tohle!** well, I never!, goodness me!; iron. I like that!
nóbl hov. posh, classy; iron. **n. způsoby** airs and graces; **myslí si o sobě, že je moc n.** she gives* herself airs and graces
noc night; **bezesná n.** sleepless night; **štědrovečerní n.** Holy Night; **dobrou n.!** good night!; **celou n.** all through the night; **n. co n.** night after night, nightly; **v ~i** in n. during the night; **v ~i z neděle na pondělí** during Sunday night; **pozdě v ~i** late in the night; **ve dvě hodiny v ~i** at two o'clock in the morning; **ve dne v ~i** day and night; **pracovat dlouho do ~i** work late n. far into the night; **za ~i** by night; **strávit s kým n.** spend* a night with sb; **zůstat přes n.** stay the night
nocleh night's lodging, accommodation for the night; **dát komu n.** put* sb up (for the night)
noclehárna lodging house; (zvl. *pro mladé)* youth hostel; br. *(levné turist. ubytování)* bed and breakfast
nocležník (overnight) guest
nocovat stay n. spend* the night; **n. u koho** stay with sb, sleep* at sb's house n. place
noční night; **n. program** late-night programme; **n. proud** off-peak electricity; **n. směna** night shift; **N. provoz** Open all night; **n. Praha** Prague by night
noční|k (chamber) pot ■ **~ček** děts. potty
noh|a *(celá končetina)* leg *(též u nábytku)*; *(pod kotníkem)* foot, pl. feet; *(u zvířat)* **přední n.** foreleg, forefoot; **zadní n.** hind leg/ foot; **mít ~y do O/ do X** be bandy-legged/ be knock-kneed; sport. **práce ~ou** footwork; **dát si ~u přes ~u** cross one's legs; *(utíkal)* **co mu ~y stačily** as fast as his legs could carry him; **je celý den na ~ou** *(ona)* she's on her feet all day; **chromý na obě ~y** lame in both legs; **sotva se držet na ~ou** be scarcely able to stand*; **plést se pod ~ama** get* under sb's feet; **přešlapovat z ~y na ~u** shift from one leg to the other ♦ přen. **být jednou ~ou v hrobě** have one foot in the grave; **vzít ~y na ramena** take* to one's heels, show* sb a clear pair of heels; **vstát levou ~ou** get out of bed on the wrong side; **být (už) na nohou** *(už nespat)* be up and about; **stát na vlastních ~ou** stand on one's own two feet, be one's own master; **žít na vysoké noze** live in grand style
nohat|ý leggy; long-legged; **hezké ~é děvče** a nice leggy girl
nohavice trouser leg
nohsled hanger-on, pl. hangers-on; *(věrný stoupenec)* henchman
nok zprav. pl. **~y** gnocchi
nomád, ~ský nomad
nomenklatura nomenclature

nominální nominal; **n. hodnota** nominal n. face value
nominativ nominative
nomin|ovat nominate ■ **~ace** nomination
nonet nonet
nonstop *(let* ap.*)* nonstop; *(provoz)* 24-hour, *(přes noc)* all-night
nonšalantní nonchalant, casual
Nor, ~ka Norwegian
nora *(králičí* ap.*)* burrow; *(liščí)* den
nordický Nordic
norek *(zvíře* i *kožešina)* mink
norkový mink
norm|a **1** *(jazyková, právní, společenská* ap.*)* standard, norm; techn. standard **2** ek. rate; **pracovní** n. **výkonová n.** rate of output; **splnit ~u** meet* the target
normaliz|ovat pol. normalize; *(sladit)* standardize ■ **~ace** normalization; standardization
normáln|í **1** *(běžný)* normal; **není zcela n.** he is not all there, he is not in his right mind **2** *(nevybočující z normy)* standard; **n. rozchod kolejí** standard gauge; **n. velikost** též regular size ■ **~ost** normality
normovat dř. set* n. fix *(production)* norms
norník mysl. terrier
Norsko Norway
norský, norština Norwegian
nořit (se) submerge; v. též **ponořit**
nos **1** nose; **utírat si n.** wipe n. blow* one's nose; **dloubat se v ~e** pick one's nose; **mluvit ~em** talk through one's nose; **teče mu z ~u krev** his nose is bleeding ♦ **udělat na koho dlouhý n.** cock a snook at sb, thumb one's nose at sb; **ohrnovat nad čím n.** turn up one's nose at sth; **nosit n. vysoko** put* on airs, be stuck up; **strkat do všeho n.** poke one's nose into everything **2** *(v předložkových pádech)* **dávat si DO ~u** wet* one's whistle; **poznám ti to NA ~e** it's written* all over your face; **pověsit něco někomu na n.** tell* sb all about sth; **strčit co komu POD n.** shove n. thrust* sth under sb's nose; **máš to přímo PŘED ~em** it's right under your nose, it's staring you in the face; *(zavřít komu dveře)* **před ~em** in sb's face; **vlak mu ujel před ~em** he missed the train by a hair's breadth; **odejít S dlouhým ~em** leave* empty-handed; **jet/ jít přímo ZA ~em** follow one's nose; **vodit koho za nos** lead* sb by the nose
nosatý big-nosed
nosič *(zavazadel)* porter; *(na motocyklu)* luggage carrier
nos|it **1** v. **nést** **2** *(šaty, brýle, vlasy, vousy* ap.*)* wear*; **~í osmičky** *(boty)* he takes* a size eight in shoes; **ráda ~í modrou barvu** she likes to wear blue; **n. něco u sebe** carry sth on one's person; **n. dítě pod srdcem** be with child; **n. smutek** be in mourning; **n. hlavu vysoko** carry n. hold* one's head up high; v. též **parohy, dříví** ■ **n. se** **1** *(šaty)* be fashionable, be in; **to se teď hodně ~í** it's all the rage now **2** *(pyšně si vykračovat)* swagger
nositel, ~ka *(vyznamenání, titulů)* holder, bearer; *(ceny)* (prize-)winner; *(pokroku, idejí)* supporter, upholder; *(nákazy)* carrier
nosítka *(pro raněné)* stretcher
nosní nasal; **n. kost** nasal n. nose bone; **n. dírka** nostril
nosnice laying hen, layer
nosník stav. girder; stroj. bracket, *(podpůrný)* support
nosnost **1** load-carrying capacity; *(letadla, jeřábu)* lifting capacity; *(mostu)* safe n. maximum load; *(ledu)* firmness **2** *(slepice)* egg-laying ability
nosn|ý **1** carrying, supporting; **n. kabel** suspension cable; **~á plocha** lifting surface; v. **~ost** **2** **~á slepice** laying hen, layer
nosohltan lék. nasopharynx; **zánět ~u** nasopharyngitis
nosorožec rhinoceros, hov. rhino
nosovka nasal (sound/ vowel)
nosový nasal; **n. hlas** adenoidal voice
nostalgický nostalgic
nostalgie nostalgia; *(stesk po domově)* homesickness
nostrifikovat *(zahraniční diplom* ap.*)* validate n. recognize *(a foreign university degree* ap.*)*
not|a **1** hud. note; **~y** music ♦ **hrát/ zpívat z not** play/ sing* from music n. at sight **2** *(nápěv)* tune ♦ **kápnout komu do ~y** hit* it off n. strike* the right chord with sb; **s tím jste mi kápl do ~y** that's just what I needed; **tancovat podle čí ~y** dance to sb's tune
nót|a note; **výměna nót** exchange of notes; **předat diplomatickou ~u** hand over a diplomatic note
notace notation
notář: státní n. *(s ověřovací pravomocí)* notary (public); *(s pravomocí sepisovat listiny)* br. solicitor, am. lawyer; *(s pravomocí registrovat dohody* ap.*)* clerk of court

notářsk|ý notarial; **~é ověření** authentication by a notary public ■ **~y ověřený** authenticated n. certified by a notary public
notářství notary's office; srv. též **notář**
notes notebook
noticka *(v novinách)* (a short) news item
notn|ý considerable; **n. výprask** a sound n. good thrashing; **~á porce** a good n. fair-sized helping ■ **~ě mu vynadal** he gave* him a good piece of his mind
notorický notorious; *(pijan též)* habitual
notova|t (si) *(písničku)* hum, sing* softly; přen. **n. komu** chime in with sb, sing the same tune as sb; **vzájemně si ~li** they sang the same tune
notov|ý: ~é písmo musical notation; **n. papír** music paper; **n. klíč** clef
ňouma dope, nincompoop, oaf
nouz|e poverty; **žít v ~i** live in poverty; **třít ~i** suffer deprivation; **n. o peníze** financial difficulties; **n. o dělníky** shortage of labour; **bytová n.** housing shortage; **n. naučila Dalibora housti** necessity is the mother of invention; **v ~i poznáš přítele** a friend in need is a friend indeed; **udělat z n. ctnost** make* a virtue out of necessity
nouzov|ý *(východ, osvětlení)* emergency; **~á opatření** makeshift n. stopgap measures; **~é přistání** emergency n. forced landing; **n. signál** distress signal; **~á situace** emergency ■ **~ě přistát** make* an emergency n. forced landing
nov new moon
nováček beginner; hanl. greenhorn; voj. recruit, am. draftee; *(v pracovním kolektivu)* new man n. boy; **on je tu n.** he is new here
novátor innovator, pioneer
novátorský innovative, pioneering, path-breaking
novátorství innovation movement
novela 1 lit. novella, short novel **2 n. k zákonu** amendment, supplementary bill
novelizovat *(zákon)* amend
novic, ~ka novice
novin|a news item; **mám pro vás ~u** I have sth to tell* you
novinář journalist, newspaperman
novinářský journalistic; **n. žargón** journalese
novin|ka 1 v. **~a** ♦ **to je pro mě n.** that's news to me **2** *(novota)* novelty; techn. též innovation; **knižní ~ky** the latest publications; **filmová n.** a new release
novinov|ý newspaper; **n. článek/ ~á zpráva** newspaper article/ report; **n. stánek** news-stand
novin|y newspaper, hov. paper; **nástěnné n.** wall newspaper; **televizní n.** TV news, TV bulletin
novodobý modern
novogotika neo-Gothic style, Gothic revival
novokain lék. novocaine
novomanžel newly-married man; **~é** (a/the) newly-married couple, newlyweds
novopečený *(manžel)* newly married; *(doktor* ap.*)* newly qualified, newly fledged
novoročenka (personalized) New Year card
novoroční New Year's; **n. blahopřání/ lístek** New Year greeting/ card
novorozeně newborn child
novorozeneck|ý infantile; **~é nemoci** infantile diseases
novostavba new building/ house; *(nedokončená)* building under construction
nov|ota 1 *(~ost)* newness **2** *(~inka)* novelty; innovation
novotář innovator
novotvar jaz. neologism, coinage
novověk modern times n. age
novověký modern
nov|ý new, *(síly, posily, naděje též)* fresh, *(nápady též)* novel; *(nedávný)* recent; **~á generace** the rising n. incoming generation; **n. začátek** a fresh n. new start; **~á módní linie** the new look; **nejnovější zprávy/ móda** the latest news/ fashion ♦ **co je ~ého?** what's the news?; **začít n. život** turn over a new leaf ■ **~ě** newly; **~ě vymalovat** *(byt)* redecorate ■ **~ost** newness; *(myšlenek)* freshness, innovativeness
nozdra nostril
nožička děts. tootsie
nožíř cutler
nožní 1 foot-operated; **n. brzda** foot n. pedal brake **2** anat. foot, of the foot; **n. svaly** muscles of the foot; **n. klenba** plantar arch
NSR dř. *(Německá spolková republika)* FRG (Federal Republic of Germany)
nu well, well then; v. též **no**
nuance nuance, subtle distinction
nucení srv. **nutit, nutkání**
nucen|ý *(práce, úsměv)* forced; *(repatriace)* forcible; **~á výživa** force-feeding
nud|a boredom, tedium; **umírat ~ou** be bored to death n. tears, be bored stiff
nudismus naturism
nudist|a, ~ka nudist
nudipláž hov. nudist beach
nudistick|ý nudist; **~á pláž** nudist beach

nudit bore ■ **n. se** be bored
nudle noodle; **n.** pl. *(vlasové)* vermicelli
nudlov|ý: ~á polévka noodle soup
nudný boring, tedious; *(projev)* long-winded; *(život)* humdrum, dull; **n. patron** bore
nugát nougat
nukleární nuclear
nul|a 1 *(číslovka)* zero **2** *(číslice)* cipher; *(při čtení)* 0 [əu]; sport. nil, nothing, *(v tenise)* love **3** *(na teploměru)* freezing point; **pět stupňů pod nulou** five degrees below freezing; **teplota klesla na ~u** the temperature dropped to freezing point n. to zero **4** *(nicka)* nonentity, cipher, nobody, zero
nulový zero; **n. bod** zero point
nult|ý: n. poledník prime meridian; **~á hodina** zero hour
numerický numerical
numero expr. v. **číslo**
numizmatika numismatics
nuncius nuncio; **papežský n.** papal legate
nůš|e 1 pack basket, pannier **2** *(obsah)* basketful; **n. jablek** a basketful of apples; **utržit si ~i ostudy** přen. make* a fool of o.s., disgrace o.s.
nutit 1 *(naléhat)* urge, press, pressurize; **n. koho, aby něco udělal** pressurize sb into doing sth; **nenechte se n.!** don't wait to be asked!, *(u stolu též)* help yourself! **2** *(donucovat)* force, compel; **n. koho něco dělat** force n. push sb to do sth ■ **nucení** coercion; **nucení na stranu** euf. call of nature
nutkání urge, impulse
nutn|ý necessary; *(naléhavý)* urgent; *(absolutně)* essential, imperative; *(nevyhnutelný)* inevitable ■ **~ě** necessarily; urgently; **~ě něco potřebovat** need sth urgently n. badly ■ **~ost** necessity, need; **v případě ~osti** if necessary
nutrie zool. coypu; *(kožešina)* nutria
nutriový nutria; **n. kožich** nutria coat
nuzn|ý poor, needy, destitute; *(jídlo, plat)* meagre; *(existence)* meagre, hand-to-mouth; *(obydlí)* shabby, ramshackle ■ **žít ~ě** lead* a meagre existence, live in reduced circumstances
nůž knife; **kuchyňský/ kapesní n.** kitchen/ pocket knife; **n. na sýr** slicer ♦ **být na ostří nože** be n. hang* in the balance, be balanced on a knife-edge n. razor's edge; *(křičel)* **jako by ho na nože bral** he screamed blue murder, *(kvičet)* squeal like a stuck pig; **položit komu n. na krk** přen. hold* a pistol to sb's head, hold a knife to sb's throat; **vrazit komu n. do zad** přen. stab sb in the back
nuže 1 *(vybízecí)* come on, then; well then; **n. pojďme!** let*'s go then!; **n. do toho!** come on, let's get started! **2** *(navazovací)* **n. dobrá** all right n. OK then, very well then
nůžky 1 (a pair of) scissors; *(na nehty)* nail scissors; *(zahradnické)* shears; *(na drát)* wire-cutters; **entlovací n.** pinking scissors n. shears **2** gymn. scissors; fotb. scissors kick
nýbrž but; **nejen ... n. i** not only ... but also
nylon, ~ový nylon; **~ové punčochy** (a pair of) nylons, nylon stockings
nymfa nymph
nymfomanie nymphomania
nymfomanka nymphomaniac, hov. nympho
nynějš|ek the present time; **od ~ka** from now on; kn. henceforth, henceforward
nynější the present; *(současný)* present-day; **n. vláda** the present government, the government that is; **n. ceny** the ruling prices; **v n. době** nowadays, these days, at the present time
nyní now; **právě n.** at this very moment; *(v dnešní době)* nowadays, these days
nýt$_1$ kn. n. žert. **n. po kom** pine n. yearn for sb
nýt$_2$ techn. rivet
nýtov|at rivet ■ **~ání** riveting

O

o$_1$ *(písmeno)* o [əu] ♦ **nohy do O** bandy legs

o$_2$ předl. vyj. **I** se 4. p. **1** *(těsný dotyk)* **opřít se o co** lean* against sth; **popálit se o co** burn* o.s. on sth; **uhodit se o co** hit* against sth; **zakopnout o co** stumble over n. against sth **2** *(rozdíl)* by; **zkrátit co o 6 cm** shorten sth by 6 cm (≅ 2 inches); **o hlavu vyšší** a head taller; **o tři roky mladší** three years younger, younger by three years; **o mnoho lepší** far better; **přepočítat se o šest korun** be six crowns out ♦ **má o kolečko víc** he has got a screw loose, he is not all there **II** s 6.p. **1** *(velikost, rozsah)* **hra o třech jednáních** three-act play; **dům o dvou poschodích** two-storey(ed) house, am. two-storied house; *(předmět)* **o váze 10 kg** weighing 10 kilograms; **o délce 10 m** ten metres long **2** *(prostředek, nástroj)* **chodit o berlích/ o holi** walk on crutches/ walk with a stick; **skok o tyči** (the) pole vault **3** *(časový údaj)* **o vánocích** at Christmas; **o velikonocích** at Easter; **o půlnoci** at midnight; **o prázdninách** during the holidays **4** *(ve slovesných vazbách –* zvl. *se slovesy sdělování)* about, on; **mluvit o čem** talk n. speak* about sth, *(přednášet)* speak n. (give* a) talk on sth; *(*srv. též *příslušná slovesa)*

ó! oh!; **ó ano!** oh yes!; yes, indeed!

oáza oasis; **o. klidu** a haven of peace

ob every other; **ob den** every other day; **psát ob řádek** write* on every other line

oba, obě both; **o. dva** *(vy/ oni)* both of you/ them; **obě dvě auta** both cars ♦ **hrát to na obě strany** sit* on the fence; **má obě ruce levé** his fingers are all thumbs

obal cover; *(gramodesky)* sleeve; *(přebal knihy)* dust jacket; *(papírový)* wrapping; odb. **váha ~u** *(tara)* tare, weight of packing ♦ *(říci něco)* **bez ~u** bluntly, in plain English n. words; **řekl nám to bez ~u** he didn't mince his words; **řečeno bez ~u** not to put* too fine a point on it

obalamutit pull the wool over sb's eyes

obalit 1 wrap (up); **o. knihu papírem** wrap a book in paper; **o. si nohy pokrývkou** wrap a blanket around one's legs **2 o. ve strouhance** *(řízky)* cover sth with breadcrumbs

obál|ka *(dopisní)* envelope; *(ochranná)* cover, wrapper; *(knižní)* dust jacket ♦ **ve zvláštní ~ce** *(posílat)* under separate cover

obalovat v. **obalit**

obalov|ý packaging; **o. materiál** packaging material; **o. papír** wrapping paper; **~á technika** packaging

obapoln|ý mutual, reciprocal; **~á důvěra** mutual trust ■ **~ost** mutuality, reciprocality

obarvit *(látku, vlasy)* dye; v. **barvit**

obav|a fear (**před, z** of; **o** for); *(pochyba)* misgiving; *(starost)* apprehension, anxiety; **mít ~y, že** fear n. be afraid that; **mít ~y z koho** be afraid of sb, fear sb; **z ~y, že** for fear that; **být bez obav** have no fear

obávaný *(zbraně* ap.*)* dreaded; *(osoba)* feared

obáv|at se: o. se koho/ čeho be afraid of sb/ sth, fear sb/ sth; **o. se nejhoršího** fear the worst; **o. se o něčí život** fear for sb's life; **~ám se, že se opozdím** I am afraid that I will be late

občan, ~ka$_1$ citizen; *(města* též*)* inhabitant, resident; *(státu)* citizen, national; **američtí ~é v Anglii** American nationals in England

občanka$_2$ hov. identity card

občansk|ý *(život, práva, válka)* civil; *(povinnost, svoboda)* civic; **~á výchova** civics; **~á iniciativa** citizens' n. civic initiative; **o. průkaz** identity card

občanství citizenship; **osvědčení o získání státního o.** naturalization certificate

občanstvo citizens, citizenry; *(města)* inhabitants

občas occasionally, now and again, once in a while, on occasions

občasný occasional, sporadic

občerstvení refreshment(s); *(malé)* snack

občerstvit *(koho)* refresh ■ **o. se** *(koupelí, nápojem* ap.*)* refresh o.s.

občerstvující refreshing

obdarovat *(koho)* give* sb a present; **o. koho knihou** make* sb a present of a book, give sb a book as a present, present sb with a book ■ **o. se** *(vzájemně)* exchange presents, give* each other presents

obdaři|t (**čím** with sth) favour, endow; **~la ho úsměvem** she favoured him with a smile; **příroda ji ~la nesmírnou krásou** nature endowed her with great beauty

obděl|at, ~ávat *(půdu)* cultivate, farm, *(úhor)* **~at** reclaim; **~ává 20 hektarů půdy** he farms 20 hectares of land

obdélník rectangle, oblong

obdélníkový oblong, rectangular

obden every other day

obdivný admiring

obdivovat (se): o. koho/ co, o. se komu/ čemu admire sb/ sth; **musím se ti o.** I cannot but admire you; **o. se někomu nekriticky** lionize sb
obdivovatel, ~ka admirer
obdivuhodn|ý admirable ■ **~ě** admirably
obdob|a analogy, parallel; **nemít ~y** be unparalleled
období period; *(volební)* session; *(roční)* season; *(funkční)* term; *(historické)* epoch, stage; **o. dešťů** rainy period n. spell; **o. platnosti** period of validity
obdobn|ý similar, analogous, parallel; **~é případy** analogous cases; **sloh o. rokoku** style similar to rococo ■ **~ě** analogously, correspondingly
obdrže|t get*, receive ■ **~ní** receipt; **po ~ní dodávky** after receipt of the shipment; **při ~ní** on receipt
obec 1 village; *(církevní)* parish; *(správní jednotka)* municipality; **starosta obce** chairman of a municipal council 2 přen. **čtenářská o.** readers, readership; **akademická o.** academic community
obecenstvo div. audience; sport. spectators, crowd
obecní municipal, local, br. též parish; **o. úřad** municipal n. local authority; **o. zastupitelstvo** municipal n. local council
obecn|ý general, common, universal; *(veřejný)* public; **~é blaho** public welfare; **~á platnost** general validity; **~á čeština** Common Czech ■ **~ě** generally, in general; **je ~ě známo** it's common knowledge; **~ě prospěšný** of benefit to the public
oběd *(lehký)* lunch, kn. luncheon; *(hlavní jídlo)* dinner; *(všeobecně)* midday meal; **před ~em** before lunch; **po ~ě** after lunch; **co máme k ~u?** what are we having for lunch?
obědva|t have lunch; **právě ~jí** they are having their lunch (just now)
oběh 1 *(krve, peněz)* circulation; **být v ~u** be in circulation, circulate; **dát do ~u** put* sth into circulation; **stáhnout z ~u** withdraw* sth from circulation 2 astron. revolution; *(družice, kosmické lodi)* orbit; **dát do ~u** put sth into orbit
obehnat: o. co plotem/ zdí surround sth with a fence/ wall; fence/ wall sth in
oběhnout run* around; astron. orbit; v. **obíhat**
obehr|át 1 o. koho v kartách win* money from sb at cards, expr. fleece n. skin sb at cards, take* sb to the cleaner's 2 *(desku, karty)* wear* out ■ **~aný** *(deska)* worn ♦ **to je ~aná písnička** přen. that's old hat
obejda tramp
obejít 1 *(vyhnout se)* **o. co** walk round sth; **o. zákon** get* round the law; **o. koho** *(nadřízeného* ap.*)* bypass sb 2 *(postupně)* **o. zahradu** take* a walk n. stroll around the garden; **o. hosty** circulate among the guests, go* round the guests 3 *(o nepříjemných pocitech)* **obešla mne hrůza** I was seized with horror; **obešel ji mráz** a cold shiver ran* down her spine ■ **o. se bez čeho** make* do without sth, manage without sth
obejmout *(koho)* embrace; *(sevřít)* hug; *(vzít do náruče)* gather n. fold sb in one's arms ■ **o. se** embrace
obelhat *(koho)* tell* lies n. a lie to sb, lie to sb, deceive sb; hov. *(oklamat)* pull the wool over sb's eyes
obelisk obelisk
obelst|ít outwit, outfox, trick; hov. outsmart; **~ili vás** you have been tricked n. had
obemknout, obemykat *(pažemi)* embrace; *(sevřít: rukama)* clasp, *(pevně)* clench
obepínat *(šaty)* **o. čí postavu** fit close n. tightly to sb's figure, outline sb's figure; **o. zeměkouli** encircle the earth; **o. město** *(hradby)* encircle the city
obeplout sail round; *(svět)* circumnavigate; *(mys)* double; přen. *(úskalí)* circumvent, bypass
obep|nout v. **~ínat** *(opasek)* **o. pas** (be long enough to) go* round the waist
obě|sit br. *(koho)* hang* sb (by the neck), hov. string* sb up ■ **o. se** hang o.s. ■ **~šení** hanging; **poprava ~šením** execution by hanging
obeslat 1 *(k soudu)* summon 2 *(sjezd)* send* delegates n. representatives to; *(veletrh)* exhibit at
oběšenec hanged man
obě|ť 1 *(božstvu;* přen. *rodině* ap.*)* sacrifice; **přinášet ~ti** make* sacrifices 2 *(čeho)* victim, *(kořist* též přen.*)* prey; *(při nehodě, v bitvě)* casualty; **bylo mnoho ~tí na životech** there were many casualties, many lives were lost*
obětav|ý selfless, self-sacrificing; *(láska, péče)* devoted, *(práce* též*)* dedicated ■ **~ě** *(pracovat)* selflessly, devotedly, with dedication ■ **~ost** selflessness, devotion, dedication
obetk|at: toto místo je ~áno pověstmi many legends have been woven* round this place
obětní *(beránek, oltář)* sacrificial; **o. dar** (sacrificial) offering
obětovat náb., šach sacrifice; **o. život** give* one's

life; **o. čemu mnoho času** devote a lot of time to sth ■ **o. se** sacrifice o.s., *(svůj život)* give n. lay* down one's life

obezdít *(co)* wall in, surround sth with a wall

obezdívka *(vyzdívka)* (lining with) brickwork, masonry

obezita obesity

obeznám|it, obeznamovat: o. koho s čím familiarize n. acquaint sb with sth, *(informovat)* brief sb about n. on sth ■ **o. se s čím** familiarize o.s. with sth ■ **~ený s čím** familiar with, *(dobře informovaný)* au fait with, *(zběhlý)* well-versed in; **nebýt s čím ~ený** be ignorant of sth, be in the dark about sth

obézní obese, hov. beefy

obezřel|ý, obezřetný cautious, circumspect; *(odpověď)* guarded ■ **~ost** cautiousness, circumspection; guardedness; *(prozíravost)* foresight

oběživo money in circulation

oběžnice planet

oběžník circular, *(interní)* memorandum, hov. memo

oběžn|ý: ~á dráha orbit; **~á doba** astron. period of revolution, *(družice)* orbiting time; **o. kapitál** floating capital

obhájce *(města, titulu)* defender; *(právní zástupce)* defence lawyer; *(u soudu)* counsel for the defence

obháj|it v. **~ovat**

obhajob|a defence; *(dizertace)* viva voce; *(řekl)* **na svou ~u** in his (own) defence

obhajovací: o. řeč speech for the defence

obhajovat defend, stand* up for; **o. koho u soudu** plead for sb, defend sb in n. at court; **o. teorii** expose a theory; **o. dizertaci** defend a thesis (before examiners) ■ **o. se** právn. conduct one's defence; *(proti nařčení)* justify n. vindicate o.s.

obhlédnout, obhlídnout examine, inspect, take* a look at; voj. *(terén)* reconnoitre; **o. situaci** see* how the land lies*

obhlídka *(města)* sightseeing tour; *(muzea, závodu)* tour, visit (to); *(domu)* viewing

obhlížet v. **obhlédnout**

obhospodařovat *(pole)* farm, cultivate; *(suroviny, majetek)* be responsible for, have sth. under one's control

obhroubl|ý *(osoba, jazyk)* (a bit) coarse, (somewhat) crude; *(chování též)* uncouth; *(humor)* robust, earthy ■ **~ost** crudeness; *(chování)* uncouth n. churlish behaviour

obcház|et walk around; **o. hosty** circulate among the guests; **o. zákon** get* round the law; **o. hospody** pub-crawl; přen. **o. koho** act over sb's head ♦ **když na to pomyslím, ~í mě hrůza** I shudder at the thought of it, the thought of it makes* me shudder ■ **~ení** going round; **~ení předpisů** getting round n. circumventing the regulations

obchod 1 *(~ování)* trade; *(zvl. podloudný)* traffic; ek. commerce; **vnitřní/ zahraniční o.** domestic/ foreign trade; **podloudný o. s čím** illicit trading in sth; **o. ve velkém/ v malém** wholesale/ retail trade; **o. se zbraněmi** gun-running; **vést s čím o.** trade n. *(podloudně)* traffic in sth **2** *(transakce)* (business) transaction, hov. deal; **udělat dobrý/ špatný o.** make* a good/ bad deal; **jak jdou ~y?** how is business? **3** *(prodejna)* shop, am. store; **mít o.** own a shop; **o. s potravinami** grocery; **o. s knihami** bookshop, am. bookstore

obchodní *(banka, škola, korespondence ap.)* commercial; *(smlouva, bilance, značka ap.)* trade; *(koncese, známka, partner)* trading; *(středisko)* shopping; **o. dům** department store; **o. komora** chamber of commerce; **mít ~ho ducha** be businesslike

obchodnick|ý businesslike; **po ~u** in a businesslike fashion

obchodnictvo tradespeople; business circles

obchodník 1 tradesman, trader; *(s určitým zbožím)* dealer (**s nábytkem** in furniture); *(ve velkém)* merchant **2** *(majitel malého obchodu)* shopkeeper, am. storekeeper

obchodovat: o. s kým trade n. do business with sb; **o. s čím** trade n. deal in sth, *(pokoutně)* traffic in sth

obchůz|ka 1 *(oklika)* roundabout way **2** *(hlídky)* beat; **být na ~ce** be on the beat; *(pošťáka, roznášeče)* round(s); **dělat ~ku** do one's round(s)

obchvat encirclement, pincer movement

obchvatný: o. manévr encircling n. pincer movement

obíhat 1 *(kolem čeho)* run* (a)round; *(družice, planeta)* orbit **2** *(krev)* circulate, *(peníze též)* be in circulation **3 o. obchody** scour the shops *(for sth)*

obilí grain, cereals; br. corn; **o. na stojato** a field of grain

obílit *(stěny)* whitewash

obilnářský *(oblast)* grain-growing

obilnářství growing n. cultivation of grain

obilnin|a, obilovina grain crop; **~y** cereals

obinadlo roller bandage
obírat 1 *(kosti)* pick meat from **2** *(pocestné)* rob v. též **obrat** ■ **o. se čím** occupy o.s. with sth, *(intenzívně)* be preoccupied with n. absorbed in sth; **o. se dětmi** devote one's time to the children
objasněn|á: **říci něco na ~ou** say a few words by way of explanation
objas|nit, ~ňovat explain; *(rozluštit)* unravel; *(přesvědčit)* bring* sth home *(to sb)* ■ **~nění** explanation; **k ~nění** by way of explanation
objednací: o. list order form
objedn|at (si), ~ávat (si) 1 *(zboží)* order, place an order for; *(pokoj, letenku)* book, reserve; *(časopis)* order, subscribe to; *(taxi)* order, call; *(v restauraci)* give* one's order; **o. si co u koho** order sth from sb **2** *(opraváře)* call ■ **o. se u lékaře** make* an appointment with a doctor
objednavatel buyer, purchaser; *(zákazník)* customer; *(časopisu, novin)* subscriber
objednávk|a order; *(zakázka portrétu ap.)* commission; *(časopisů, novin)* subscription (to); *(letenky, ubytování)* booking, reservation; **podle ~y** as per order, as ordered; **pracovat na ~u** work to order; **vyrobit na ~u** make* sth to order
objekt 1 *(naší činnosti ap.)* object; *(téma, předmět výzkumu, experimentů ap.)* subject **2** *(budova)* building; **stavební o.** building site; **průmyslový o.** industrial works; **vojenský o.** military installation
objektiv fot. lens; *(u teleskopu, mikroskopu)* objective, object glass
objektivismus objectivism
objektivistický filoz. objectivist(ic)
objektivita objectivity, objectiveness
objektivn|í objective; *(nezaujatý též)* unbiased, impartial ■ **~ě** objectively, impartially; *(nepředpojatě)* without prejudice
objem 1 *(nádrže ap.)* volume; *(schopnost pojmout)* capacity; **o. výroby** the volume of production **2 o. prsou** chest n. bust measurement; **o. v pase** girth **3** *(rozsah)* extent; **o. lidského vědění** the extent of human knowledge
objemn|ý *(kufr, balík)* bulky; *(spis)* voluminous, extensive ■ **~ost** voluminosity, bulkiness
objet 1 *(minout: město ap.)* bypass; *(autem)* drive* (a)round; *(lodí)* sail (a)round **2** *(známé)* visit; *(okres)* tour, traverse
objetí embrace, *(pevné)* hug; **drželi se v o.** they were locked in each other's arms
objev *(vědecký)* discovery; *(nález)* find; **udělat o.** make* a discovery
objev|it *(Ameriku)* discover; *(chyby)* detect; *(nalézt)* find*, *(koho/ co po velkém hledání)* run sb/sth to earth; *(vysledovat: zločince ap.)* run* down; *(řešení)* figure out, come* up with; *(slabinu, příčinu)* put* one's finger on ■ **o. se** appear, *(znovu)* reappear; *(na schůzi ap.)* show* one's face (at), put* in an appearance; *(nové důkazy)* come* to light; *(nezřetelně, hrozivě)* loom; **o. se na scéně** come into the picture; *(téma hovoru)* crop up ■ **~ení 1** discovery; detection **2 ~ení (se)** appearance
objevitel discoverer, *(vědec též)* explorer
objevitelsk|ý: o. čin discovery; **~á cesta** expedition
objev|ovat se v. **~it se**
objezd: kruhový o. *(křižovatka)* roundabout
objím|at (se) v. **obejmout (se); vroucně se ~ali** they were locked (tightly) in each other's arms ■ **~ání** hugging, embracing; hugs, embraces
objímka techn. sleeve; *(žárovky)* socket
objíždět v. **objet**; *(pacienty ap.)* make* the rounds (of)
objížďka *(dopravní)* detour; *(města)* bypass; *(dočasná)* diversion
obklad 1 lék. compress; **horký o.** hot pack **2** stav. facing
obkládačka *(cihla)* facing brick; *(kachlička)* decorative tile, wall tile
obkládat 1 *(stěnu cihlami)* face, *(kachličkami)* tile, *(deskami)* panel, wainscot **2** *(jídlo)* garnish
obklíč|it surround; *(z boku)* outflank ■ **~ení** voj. encirclement, surrounding
obklop|it *(koho/ co)* gather around; *(tlačit se)* crowd around; **být ~en obdivovateli** be surrounded by one's admirers ■ **o. se** *(přáteli, přepychem)* surround o.s. with
obkresl|it, ~ovat copy; *(překopírovat)* trace over
obkročmo: sedět o. na čem sit* astride sth
obkročný: o. rým 'abba' rhyme scheme
obláček small cloud; *(kouře)* puff n. wisp of smoke
oblačn|ý *(obloha)* cloudy, overcast; *(počasí)* cloudy, dull ■ **je ~o** it is cloudy n. overcast ■ **~ost** cloudy weather; **přibývání ~osti** increasing cloud formation
oblafnout *(koho)* hoodwink, cheat, hov. pull a fast one on
obla|k cloud; **dešťový o.** rain cloud; **o. kouře/ prachu** cloud of smoke/ dust; **chodit s hlavou v ~cích** have one's head in the clouds, live in

the clouds, live in cloud-cuckoo-land

oblast 1 *(území)* area, zvl. pol. territory; *(správní)* region; **městská o.** municipal area 2 *(obor)* field, *(sféra)* sphere, domain

oblastní regional, district

oblázek pebble

oblaž|it, ~ovat *(koho)* make* sb happy

oblbit *(koho)* stupefy, make* sb stupid, dull sb's mind; *(ideologicky)* brainwash ■ **~ování** stupefaction, *(ideologické)* brainwashing

obl|éci *(koho)* dress; **o. si co** put* sth on; **co si ~ečete?** what will you wear*? ■ **o. se** dress, get* dressed, put on one's clothes; **o. se jinak** change one's clothes; **o. se sváteční** dress up, hov. put on one's glad rags ■ **~ečený** dressed; **spát ~ečený** sleep* with one's clothes on, sleep fully dressed; **jak byla ~ečená?** what did she wear?

oblečení clothes, clothing; **teplé o.** warm clothes n. clothing

obléh|at voj. i přen. besiege, beleaguer ■ **~aný** besieged, under siege ■ **~ání** siege

oblehatel besieger

oblehnout lay* siege to; v. též **obléhat**

oblek 1 *(pánský)* suit; **konfekční o.** ready-made suit 2 *(oděv)* clothes, clothing; **sportovní/ pracovní o.** sports/ working clothing n. clothes

oblékárna dressing room

oblékat (se) v. **obléci (se)**; **o. se do bílého** wear* white; **o. se nápadně** overdress; **vkusně se o.** dress tastefully

oblet *(Země)* orbit

obletět, oblétnout fly* around; **o. zeměkouli** circle the Earth

oblet|ovat 1 v. **~ět**; *(zeměkouli též)* orbit 2 přen. hover around; *(dívku též)* court ■ **je velmi ~ovaná** she has many admirers

obleva thaw též přen.; **nastala o.** the/ a thaw has set* in

obležení siege

oblib|a 1 *(přízeň)* popularity; **těšit se velké ~ě** enjoy great popularity; *(šaty)* be very fashionable; **být u koho v ~ě** be in sb's good books 2 *(zalíbení)* partiality to, special liking for; **mít co v ~ě** have a special liking for sth; **dělat co s ~ou** love doing sth

oblíbenec favourite, *(protěžovaný)* (sb's) blue-eyed boy/ girl; **o. učitele** teacher's pet

oblíben|ý *(o osobách i věcech)* popular (**u** with); *(zvl. o zboží)* sought-after, (much) in demand; **být všeobecně o.** be well-liked by everybody; **o. student/ téma** pet student/ topic ■ **~ost** popularity

oblíbit si *(koho/ co)* get* to like, take* a fancy n. liking to, become* fond of

obličej face; *(rysy)* features; **cizí ~e** strangers, strange faces; **dělat ~e** make* faces; **protáhnout o.** make n. pull a long face; **zkřivit o.** make a wry face; **smát se komu do ~e** laugh in sb's face

obligace *(dlužní úpis)* debenture

oblig|átní 1 kn. *(předmět)* compulsory; v. též **~atorní** 2 *(obvyklý)* usual, customary

obligatorní *(předmět)* compulsory; *(účast, zkouška* ap. *též)* mandatory

oblin|a *(těla)* curve; **~y** *(ženského těla)* curves

obloha sky; *(nebeská klenba)* heavens, básn. firmanent; **hvězdná o.** starry sky; **jasná o.** bright n. clear sky

oblomit *(obměkčit)* mollify, soften; **o. čí srdce** soften sb's heart; **dát se o.** relent, come* round; **nedat se čím o.** not to give* in to sth ♦ **o. si jazyk** learn* to speak* more fluently

oblouk *(ohyb)* curve, *(cesty* ap.*)* bend*; archit. arch, *(mostu též)* span; el., geom. arc; **vyhnout se komu ~em** give* sb a wide berth

obloukovitý arched, arch-shaped

obloukov|ý v. **~itý** techn. **~á lampa** arc lamp; **~á pila** coping saw; **~ý most** arched bridge

oblož|it v. **obkládat (1,2)** ■ **~ený chlebíček** (open) sandwich, *(malý)* canapé ■ **~ení** stav. *(mramorové* ap.*)* facing, *(dřevěné)* panelling

obluda monster; *(šereda)* gargoyle

obludn|ý monstrous; *(zločin též)* atrocious, appalling ■ **~ost** monstrosity; atrocity; *(o. dosah)* (the) enormity (of sth)

oblý *(tvarem)* round, rounded; **~ch tvarů** chubby, plump

oblýskaný *(kalhoty* ap.*)* shiny with wear

obměkč|it, ~ovat *(koho)* soften up, win* over; **dát se o.** come* round, yield, relent ■ **o. se** relent

obměn|a alteration, modification; *(varianta)* variant; **ve dvou ~ách** in two variants

obměnit modify, alter

obměňovat vary; v. též **obměnit**

obnáš|et *(dosahovat, znamenat)* amount to; **jeho dluhy ~ejí 10 000 Kčs** his debts amount to 10,000 crowns; **vím, co to ~í** *(znamená)* I know* what it amounts to

obnaž|it, ~ovat *(hruď)* bare, uncover; *(meč)* draw* ■ **o. se** *(neslušně)* expose o.s. ■ **~ený**

bare, naked; **s ~enou hlavou** bareheaded

obnos sum (of money); **celkový o.** the total amount n. sum, the sum total

obno|sit *(šaty)* wear* out ■ **~šený** worn-out, shabby; **~šené šatstvo** old clothes ■ **vypadat ~šeně** look the worse for wear

obnova renewal; *(hospodářství)* reconstruction; *(vztahů)* re-establishment; *(jednání)* resumption; *(monarchie)* return, restoration; *(zámku)* renovation

obnov|it, ~ovat 1 *(dům)* renovate, rebuild* 2 *(národní hospodářství)* reconstruct, rebuild; *(jednání)* resume; *(staré spory)* revive; *(styky)* re-establish; *(zákonnost)* re-instate, restore; *(staré zvyky)* restore; *(trestní řízení)* reopen; *(útok)* renew; *(zásoby)* replenish ■ **~ení** renewal; v. **~a**

obočí zprav. pl. eyebrows; **zvednout o.** raise one's eyebrows

oboha|tit, ~covat *(koho, jazyk)* enrich; *(znalosti)* extend, increase, enhance; *(sbírku)* enlarge ■ **o. se** make* a lot of money, hov. feather one's own nest; *(novými dojmy* ap.*)* enrich o.s. (with) ■ **~cení, ~cování** enrichment, enlargement, extension; **~cování vína** fortification of wine

obojak|ý two-faced, double-dealing; **hrát ~ou hru** play a double game ■ **~ost** duplicity, double-dealing

obojek dogcollar

obojetník a two-faced man, a double-faced man

obo|jetný 1 v. **~jaký** 2 jaz. *(hlásky)* ambiguous

oboj|í, ~e 1 *(oba případy)* both, *(i to i ono)* either; **o. se může stát** both (things) can happen, either (of the two) can happen 2 *(u pomnožných a párových subst.)* both, both pairs; **o. kalhoty** both pairs of trousers 3 *(~ího druhu)* (of) both kinds; **návštěvníci ~ího pohlaví** visitors of either sex; **přijímání pod o.** Communion under both kinds

obojpohlavn|í bot. hermaphrodite, zool. též bisexual ■ **~ost** bisexuality

obojživelník zool. amphibian

obojživelný zool. amphibious (též *vozidla)*

obor *(pracovní)* profession, job, line (of business); *(studijní)* subject; *(vědní)* discipline, branch n. field of study n. science; subject; **vyznat se ve svém ~u** know* one's job n. hov. stuff

obora game preserve, game park

oboř|it se lash out at, lay* n. pitch into, come* down upon; **zhurta se na mne ~il** he came down (up)on me like a ton of bricks

obouruč with both hands

obousměrný *(ulice, provoz)* two-way

oboustrann|ý *(dohoda)* bilateral; *(pochopení, zájem)* mutual; *(závazky)* reciprocal; *(tkanina)* reversible; **o. zápal plic** double pneumonia ■ **~ost** bilateralism, reciprocity, reversibility

obou|t, ~vat (si) 1 *(boty)* put* on; **o. dítě** put on the child's shoes/ boots for him/ her 2 *(opatřit obuví)* get* shoes for sb ■ **o. se** put on one's shoes/ boots ♦ **o. se do čeho** přen. apply o.s. to sth, hov. get one's teeth into sth; **o. se do koho** take* sb to task

obr giant; *(obludný)* ogre

obráběcí *(stroj)* metal-working

obráběč metalworker

obrábě|t *(kov, dřevo)* work, machine ■ **~ní** working, machining

obrace purl; **plést o.** (knit) purl

obrácen|ý 1 *(směr, strana)* opposite; *(pořádek)* reverse; **o. smysl** the opposite meaning; jaz. **o. slovosled** inverted word order 2 **okna jsou ~a k polím** the windows look out on to the fields ■ **~ě** the other way round; **je to zrovna ~ě** it is exactly the opposite n. the other way round; **udělat vše ~ě** always do the wrong thing; **pověsit co ~ě** hang* sth upside down

obrac|et v. **obrátit (se)**; **o. každý krejcar** *(být velmi šetrný)* watch every penny, *(být lakomý)* be very tightfisted; **o. se v hrobě** turn in one's grave; **o. se na lůžku** toss and turn; přen. **~í se mi při tom žaludek** it makes* me sick

obran|a voj., sport. ap. defence, am. defense; **civilní/ protivzdušná o.** civilian/ air defence; **ministerstvo národní ~y** Ministry of Defence; **na jeho ~u** in his defence, in justification of what he did; **říci něco na svou ~u** say* sth in one's own defence

obránce defender; *(idejí)* champion, advocate; fotb. fullback

obrann|ý defensive, of defence; **~á válka/ bitva** defensive war/ battle; **~á linie** line of defence; **o. systém** system of defence, defences

obranyschopný: být o. be able to defend oneself

obrat$_1$ 1 *(otočení)* turn; **o. čelem vzad** about turn; **o. do protisměru** U-turn ♦ **~em ruky** *(změnit)* without giving* it a moment's thought n. a second thought; **~em pošty** by return post 2 *(zvrat)* turning point, change; **nastal o.** a change has taken* place; **o. k lepšímu/ k horšímu** a turn n. change for the better/ for the worse 3 *(rčení)* phrase, expression; *(idiomatic-*

ký) idiom **4** obch. turnover; *(tržba)* returns; **daň z ~u** turnover tax

obrat$_2$ **1** *(rybíz též)* pick off; **o. kost, o. maso z kosti** pick meat off a bone **2** *(o peníze)* fleece; **o. koho o všechno** strip sb of all his possessions

obratel anat. vertebra, pl. -rae

obrát|it **1** *(seno, pečeni, stranu)* turn over; *(límec ap.)* turn ♦ **o. do sebe tři piva** knock back three beers; **o. byt vzhůru nohama** mess up a flat, turn the flat upside down; **o. nový list** turn over a new leaf; **o. každý haléř** keep* a tight rein n. check on every penny **2** *(auto)* turn sth around n. back; **o. chod motoru** reverse the engine; **o. nepřítele na útěk** put* the enemy to flight; **o. pozornost na co** turn one's attention to sth; **o. hovor jinam** change the subject; **o. koho na víru** convert sb (to one's faith); **o. co v žert** turn sth into a joke ■ **o. se** *(auto)* turn around; *(počasí, vítr)* change; **o. se ke komu zády** turn one's back on sb; **o. se na koho** approach sb, contact sb, *(oslovit ho)* address sb; *(s žádostí)* appeal to sb; **o. se proti komu** turn against sb; **o. se k lepšímu/ k horšímu** take* a turn for the better/ for the worse ♦ **vše se ~í k dobrému** it will all turn out for the best; v. též **obracet (se)**

obrát|ka *(stroje)* revolution; sport. turn; **2 000 ~ek za minutu** 2,000 revolutions per minute; **jet na plné ~ky** go* at full speed

obratlovec vertebrate

obratník tropic; **o. Raka/ Kozoroha** the Tropic of Cancer/ Capricorn

obratn|ý *(zručný)* dexterous, hov. clever with one's fingers, hov. nifty; *(dovedný)* deft; *(v jednání)* smart; *(stylista)* felicitous; *(lhář)* facile ■ **~ost** dexterity, deftness atd.

obraz **1** picture; *(malba)* painting; *(kresba)* drawing; *(v knize)* illustration, picture; *(portrét)* portrait **2** *(podoba)* image; *(v zrcadle, ve vodě)* image; **je živým ~em svého otce** he's the spitting image of his father, he's his father's double; **být ~em ctnosti** též žert. be a paragon of virtue ♦ **zpít se pod o. (boží)** get* blind drunk, hov. get plastered **3** telev. picture **4** *(výjev)* **byl to o. pro bohy** it was priceless; **o. bídy (a utrpení)** a pitiful sight, the picture of misery **5** *(představa)* **učinit si o čem o.** get* the picture n. the drift of sth **6** div. scene

obrazárna picture gallery

obrazec figure; shape

obrázek picture; *(v odb. textu)* figure; *(ilustrace)* illustration, picture; *(z filmu)* still; **o. z vesnického života** a scene of n. from village life ♦ **je krásná jako o.** she is as pretty as a picture

obrázkov|ý: **o. časopis** magazine, hov. mag; **~á kniha** an illustrated book; **~é písmo** pictographic script, hieroglyphics

obrazn|ý *(význam, jazyk)* figurative, metaphorical ■ **~ě** figuratively, metaphorically; **~ě řečeno** metaphorically speaking; **mluvit ~ě** speak* in metaphors

obrazoborec iconoclast

obrazoborecký iconoclastic

obrazotvornost imagination, fantasy

obrazovka telev. screen

obráž|et se be reflected, be mirrored; **v jeho tváři se ~í úzkost** his face shows* his anxiety

obrna paralysis; *(dětská)* polio, odb. poliomyelitis, infantile paralysis

obrněný voj. armoured; přen. **o. proti sekýrování své ženy** impervious to his wife's nagging

obrnit voj. armour ■ **o. se proti čemu** přen. prepare o.s. for sth; **o. se trpělivostí** summon up n. muster all one's patience

obroda regeneration; **národní o.** national revival

obrodit přen. regenerate, revive

obroubit *(šaty)* hem, *(lemovkou)* border, edge; *(kožešinou)* edge

obrouč|ka *(brýlí)* rim; **brýle bez ~ek** rimless glasses

obrou|sit *(odstranit)* grind* off; *(smirkem)* sand (down), sandpaper; *(vyhladit)* smoothe, polish ■ **o. se** techn. wear* away ■ **~šený** worn-down

obrovitý, obrovský *(korporace)* huge, giant, mammoth; *(úspěch)* huge, resounding; *(ceny)* exorbitant; *(nevědomost)* monumental; *(většina)* swingeing, whacking great

obrození *(národní)* (national) revival, *(italské)* risorgimento

obrozeneck|ý: **~á literatura** the literature of the period of National Revival

obruba *(šatů)* border, hem; *(brýlí, síta, šálku)* rim; *(chodníku)* kerb; *(příruba)* flange

obrubeň *(studny)* brim

obrubník *(chodníku)* kerb, am. curb

obrubovat v. **obroubit**

obruč **1** *(sudu; jako hračka)* hoop **2** *(kola)* tyre, am. tire

obrůst, ~at *(kolem)* grow* (a)round; *(porůst)* grow over, overgrow* ■ **obrostlý plevelem** overgrown with weeds; **obrostlý břečťanem** ivy-covered, overgrown with ivy

obrušovat v. **obrousit**

obrýlený bespectacled
obryně přen. huge woman, giant of a woman
obrys 1 *(kontury)* outline, contour(s) 2 *(nástin)* outline; **o. české literatury** an outline of Czech literature; **vylíčit něco v ~ech** outline sth
obřad *(slavnostní)* ceremony; *(ritus)* rite, ritual; **svatební o.** marriage rites, wedding ceremony
obřadní ritual; *(šaty, sál, kniha)* ceremonial
obřadn|ý ceremonious, solemn, ceremonial ■ **~ost** solemnity, ceremony, ceremoniousness; **prosím vás, nechte ~ostí** please, don't stand* on ceremony!
obřezat circumcise
obří giant; **o. slalom** giant slalom; **o. číše** *(na koňak)* inhaler
obřízka circumcision
obsa|dit 1 *(místo) (obložit)* secure, *(rezervovat)* reserve, *(zaplnit)* fill, occupy 2 *(hráče)* mark 3 **o. místo** *(pracovní)* fill a post, appoint sb to a post; *(u stroje)* man; **o. personálem** staff 4 *(zemi)* occupy 5 *(roli)* cast* ■ **~zený** *(místo ve vlaku, stůl)* taken; *(autobus, kupé)* full; *(telef. číslo)* engaged, am. busy; *(záchod)* engaged, occupied; **~zeno** *(v hotelu – nápis)* "No Vacancies" ■ **~zení** div. cast; voj. occupation; **nové ~zení hry** a/ the new cast of the play
obsah 1 *(nádoby, balíku)* contents pl. 2 *(plošný)* area; *(prostorový)* volume, capacity 3 *(podíl)* content; **o. alkoholu** alcohol content 4 *(seznam témat)* list n. table of contents 5 *(myšlenková náplň)* subject matter, content(s); **o. dopisu** the contents of a letter 6 *(stručné shrnutí)* summary 7 *(v knize: sezam názvů kapitol)* (table of) contents
obsáhl|ý *(vědomosti)* extensive; *(vyčerpávající)* comprehensive; *(spis)* voluminous ■ **~ost** extensiveness, comprehensibility
obsáhnout 1 *(prsty, rukama)* span, clasp; *(pažemi)* embrace 2 *(zahrnout)* include, incorporate; *(paměť)* take* in; **v této rudě je obsaženo zlato** this ore contains gold
obsah|ovat contain, comprise; **mořská voda ~uje sůl** sea water contains salt; **kniha ~uje tři kapitoly** the book comprises n. has three chapters
obsazovat v. **obsadit**
obsazovací: o. tón engaged tone, am. busy signal
obsažný rich in content; *(hutný)* pregnant (with meaning)
obscénn|í obscene, *(humor)* smutty ■ **~ost** obscenity, obscene remark
observatoř observatory
obsílka summons; *(zvl. soudní)* writ; *(pod trestem)* subpoena
obskakovat 1 *(kolem koho: pes)* jump n. leap* around 2 **o. koho** *(zahrnovat pozornostmi)* fuss over sb; *(podlézavě)* toady to sb
obskurní *(lokál* ap.*)* backstreet, sleazy
obsl|oužit *(zákazníka, hosta)* serve, attend to; v. **~uhovat**
obsluha 1 *(obsluhování)* service, *(stroje)* operation; **rychlá o.** fast service 2 *(osoba)* staff; voj. *(děla)* crew
obsluhovat 1 *(zákazníka, hosta)* serve, *(pacienta)* attend to; *(číšník, sluha)* wait on, attend to 2 *(stroj)* operate
obstar|at 1 *(koupit, sehnat)* get*, acquire; **o. co pro koho** get sth for sb; **o. komu místo** get a job for sb, fix sb up with a job; **o. nějaké nákupy** do some shopping 2 *(děti, nemocného)* take* care of; *(záležitosti)* attend to, see* to
obstar|ávat v. **~at**; **o. posílky pro koho** run* errands for sb
obstarožný elderly
obst|át 1 *(osvědčit se)* pass muster, stand* the test; **o. při zkoušce** pass an exam; *(ubránit se)* hold* one's own; *(o teorii)* hold water; **jeho výmluva ne~ojí** hov. his excuse won't wash, his excuse will cut* no ice with me 2 *(snést se)* **o. s kým** get* on (well) with sb ♦ **nic před ním ne~ojí** nothing is safe from him
obstavit *(fondy, plat)* freeze; *(zboží)* impound
obstojn|ý reasonable, passable, not bad ■ **~ě** passably, reasonably well; **mluví ~ě anglicky** she speaks* reasonable English
obstoupit *(koho)* surround, gather around
obstrukce pol. obstruction, am. filibuster, *(v br. parlamentě* též*)* stonewalling; hov. **nedělej o.** don't be difficult
obstrukční *(politika)* obstructionist
obsypaný: o. květy *(strom)* covered in blossom
obšírn|ý *(obsáhlý)* lengthy; *(podrobný)* detailed ■ **~ě** in detail, at length
obšít v. **obroubit**; **o. knoflíkovou dírku** make* a buttonhole
obšťast|nit, ~ňovat *(koho)* make* sb happy
obtah typogr. proof; **stránkový/ sloupcový o.** page/ galley proof
obtáhnout, obtahovat 1 *(čáru, kresbu)* go* over, trace; *(rty)* touch up 2 *(nabrousit)* sharpen
obték|at flow around; **řeka ~á město** the river flows around the town, *(míjí je)* the river flows

past n. passes the town

obtelefonovat telephone n. ring* round; **o. všechny přátele** ring round all one's friends

obtěžka|t *(vůz)* load ■ **~ný medailemi** covered in medals; *(strom)* **~ný jablky** heavy n. laden with apples

obtěž|ovat bother; *(vyrušovat)* disturb, trouble; *(dotěrně)* pester, harass; *(tělesně)* molest; *(hluk, světlo)* irritate; **promiňte, že vás ~uji** sorry to trouble you; **přestaň mne o.!** leave* me alone! ■ **o. se** put* o.s. out, go* to the trouble *(of doing sth)*, go out of one's way *(to do sth)* ■ **~ování** pestering, molesting atd.

obtisk *(nažehlovací* ap.*)* transfer

obtisknout *(obrázek)* transfer

obtíž difficulty, trouble; **finanční ~e** financial difficulties; **bez ~í** without any difficulty, without a hitch; **mít žaludeční ~e** have stomach n. hov. tummy trouble; **působit komu ~e** make* difficulties n. trouble for sb; **být komu na o.** be a burden on sb; **v tom je ta o.** there's the rub

obtížl|it *(zvl. v pasívu)* **být ~en** *(balíčky* ap.*)* be weighed down (with), *(úkoly)* be saddled n. burdened (with); *(velkou rodinou)* encumbered with; **o. si svědomí čím** burden one's conscience with sth

obtížn|ý 1 *(nesnadný)* hard, difficult; *(složitý)* complex; **v ~é situaci** in a quandary 2 *(hmyz* ap.*)* troublesome

obtloustlý chubby, plump; žert. rotund

obtočit: o. co kolem čeho wind* n. wrap sth (a)round sth; **o. obvaz kolem prstu** bandage a finger; **o. si šálu kolem krku** wrap a scarf round one's neck

obušek *(jako zbraň)* cudgel, club; *(policejní)* truncheon; **gumový o.** rubber truncheon

obutí 1 v. **obuv** 2 *(auta)* set of tyres/ am. tires; **nové o.** new tyres

obuv footwear, boots and shoes

obuvnick|ý: ~á dílna shoemaker's shop; **o. průmysl** shoe industry

obuvnictví 1 *(řemeslo)* shoemending, shoerepairing 2 *(dílna)* shoemender's n. shoerepairer's shop

obuvník shoe-mender, cobbler; *(kdo šije boty ručně)* shoemaker

obvaz 1 bandage; **sádrový o.** plaster cast 2 *(~ování)* dressing *(wounds)*, bandaging

obvázat bandage; v. též **ovázat**

obvaziště voj. field dressing, dressing station

obvazov|ý: o. materiál dressing material; **~á vata** surgical cottonwool

obvesel|it *(koho)* cheer sb up; **přišel jsem tě o.** I came* to cheer you up ■ **~ení** amusement, diversion

obveselovat *(koho)* amuse, entertain

obvinění accusation; právn. též charge; **křivé o.** false accusation; **o. z vraždy** the charge of murder; **vznést proti komu o.** bring* n. make* a charge against sb

obviněný defendant, (the) accused

obvi|nit, ~ňovat: o. koho z čeho accuse sb of sth, právn. též charge sb with sth

obvod 1 *(kruhu* ap.*)* circumference; *(lesa, města)* periphery; *(kulatiny, stromu)* girth, circumference; **v ~u pěti kilometrů** within the radius of five kilometres (≅ three miles) 2 *(správní)* region, district, area; **městský o.** municipal area; **farní o.** parish 3 *(elektrický)* circuit

obvodní area, district; **o. lékař** local GP [dži:'pi:] (= general practitioner); **o. výbor** district committee

obvodový peripheral; *(jdoucí po obvodu)* circumferential; **o. nerv** peripheral nerve; mat. **o. úhel** angle at the circumference

obvykl|ý *(běžný)* usual; *(praxe)* common, general; *(navyklý)* customary; **v ~ou dobu** at the usual time ■ **~e** usually, as a rule; *(většinou)* for the most part; **jako o.** as usual; **přišel později než ~e** he came* later than usual

obyčej habit, custom; **to už je jeho o.** it is just a matter of habit with him; **zvyky a ~e** manners and customs

obyčejn|ý 1 v. **obvyklý** 2 *(průměrný)* ordinary, average; **~í lidé** ordinary people n. hov. folk; **~á voda** plain water ■ **~ě** v. **obvykle** ■ **~ost** *(průměrnost)* ordinariness

obydlí dwelling; *(bydliště)* domicile

obydl|it *(dům, byt)* occupy; v. též **osídlit** ■ **~ený** inhabited; *(dům též)* occupied; **~ená část zámku** the lived-in part of the castle

obytn|ý *(dům)* residential; **~á plocha** living space; **~á kuchyně** kitchen-cum-living room; **k ~ým účelům** for residential purposes

obývací: o. pokoj living n. sitting room, *(pohodlný)* lounge; **o. ložnice** bed-sitter, hov. bed-sit

obýv|ák v. **~ací pokoj**

obývat *(dům, byt)* live in, reside in

obyvatel *(domu, bytu)* occupier, occupant; *(města, země)* inhabitant; **~é měst/ venkova** city/ country people n. folks

obyvatelný habitable, fit to live in

obyvatelstv|o population, inhabitants; **počet ~a** (total) population, number of inhabitants; **přírůstek ~a** rise n. increase in population

obzor 1 horizon; **na ~u** on the horizon; **objevit se na ~u** stand* out against the horizon 2 *(duševní)* horizon; **rozšířit svůj o.** broaden one's mind ♦ přen. **být na ~u** be in the offing, be forthcoming

obzvláště *(neobyčejně)* particularly, especially, exceptionally; *(především)* particularly, in particular; **co se vám o. líbilo?** what did you like in particular?

obžalob|a právn. charge, accusation; **podat ~u proti někomu** bring* charges against sb; **zamítnout ~u** dismiss the charge; **svědek ~y** witness for the prosecution

obžalovací: o. řeč speech for the prosecution; **o. spis** indictment

obžalovan|ý, ~á (the) accused, defendant

obžalov|at právn. **o. koho z čeho** charge sb with sth; **o. koho před soudem** bring* an action against sb; **být z čeho ~án** stand* accused of sth

obžerství gluttony

obživ|a livelihood, living; **vydělávat si na ~u jako** earn one's living n. livelihood as; **skýtat ~u komu** *(půda, zaměstnání)* support sb; **starat se o čí ~u** provide for sb's keep

obživnout v. **oživnout**

ocas 1 tail, *(liščí* též*)* brush, *(paví* též*)* train; **vrtět ~em** wag its tail 2 *(komety)* tail; *(letadla)* tail section

ocasní tail; **o. pero/ ploutev** tail feather/ fin

oceán ocean; **Atlantský o.** the Atlantic Ocean

oceánský oceanic

ocejchovat *(přístroj)* calibrate; přen. *(koho)* brand n. stigmatize

ocel steel ♦ **tvrdý jako o.** as hard as nails; **mít svaly (jako) z ~i** have muscles of steel

ocelárna steelworks sg. n. pl., steel plant

ocelář steelworker

ocelářs|ký steel; **o. průmysl** v. **~tví**

ocelářství steel industry

ocelolitina cast steel

ocelov|ý steel; *(barva)* steel-grey; **~é nervy** steely nerves; **~é svaly** muscles of steel

ocen|it 1 *(odhadnout cenu)* value, estimate, evaluate; **o. obraz na 5000 Kčs** value the picture at Kčs 5,000 2 *(uznat)* appreciate; *(pochvalně se zmínit)* acknowledge, speak* highly of ■ **~ění** 1 estimate 2 appreciation, acknowledgement; **dojít ~ění** come* into one's own

oceňovat 1 v. **ocenit (1)** 2 *(vážit si)* value, think* highly of, regard sb/ sth highly, hold* sb/ sth in high regard

ocet vinegar; **vinný o.** wine vinegar; **nakládat co do octa** pickle sth in vinegar ♦ **rozlít si u koho o.** get* into sb's bad books; **zůstat na o.** be left* on the shelf

ocílka butcher's steel

ocitnout se v. **octnout se**

octan acetate; **o. hlinitý** aluminium acetate

octárna vinegar factory

octnout se *(kde)* find* o.s. *(somewhere)*, come* to be *(somewhere)* ; **o. se v úzkých** find o.s. in a tight spot ♦ **o. se na šikmé ploše** fall* into bad ways, come off the straight and narrow

octovatět turn sour; odb. acetify

octov|ý vinegar, chem. acetic; **kyselina ~á** acetic acid

ocún meadow saffron

oč v. **co**

očarov|at 1 *(okouzlit)* charm, captivate 2 *(začarovat)* bewitch, cast* a spell on ♦ **být ~án** be under the spell (of sb/ sth)

očekáv|at v. **čekat** ■ **~ání** expectation; **nad ~ání dobře** far better than expected; **splnit/ nesplnit čí ~ání** come* up to sb's expectations/ fall* short of sb's expectations

očernit *(pomluvit koho)* blacken sb's name, defile, defame; *(písemně, veřejně)* libel

očerňovat *(koho)* malign, run* down, cast* aspersions on

očerňovací: o. akce smear campaign

očesat *(ovocný strom)* strip a tree of its fruit, pick all the fruit from a tree

očichat take* n. have a sniff at ■ **o. se** *(o psech)* sniff each other

očíslovat v. **číslovat**

očista voj. i přen. cleansing; *(strany)* purge

očistec purgatory

očist|it v. **čistit**; **o. si boty** wipe one's feet; **o. koho od čeho** *(nařčení* ap.*)* exonerate sb from sth ■ **o. se od podezření** clear o.s. of suspicion ■ **~ění** v. **čištění**; *(morální, duchovní)* purification, cleansing; *(od viny)* exoneration; *(pol. strany)* purge

očit|ý: o. svědek eyewitness; **~é svědectví** eyewitness account

očividn|ý obvious, evident, *(lež* též*)* blatant, *(pravda* též*)* manifest ■ **~ě** evidently, visibly, noticeably

očk|o 1 expr. *(dívat se)* **po ~u** furtively ♦ **házet po kom ~em** give* sb the glad eye, make* sheep's eyes at sb 2 *(jehly* ap.*)* eyehole; *(při pletení)* stitch; *(sítě)* hole 3 bot. eye, bud 4 *(detektiv)* snoop, private eye

očkovací vaccination; **o. vysvědčení** vaccination card

očkov|at vaccinate, inoculate ■ **~ání** vaccination, inoculation

očmucha|t, ~ávat v. **očenichat**

oční eye; **o. choroba** eye disease; **o. klinika** eye n. ophthalmic hospital; **o. lékař** odb. ophthalmologist, eye specialist, hov. eye doctor

očnice eye socket, orbit

očumovat stand* gaping n. gawping, am. rubberneck; **o. koho/ co** gape n. gawp at sb/ sth

od, ode vyj. 1 *(polohu, směr)* from; **30 km od Prahy** 30 km (away) from Prague; **odešla od něho** she went* away from him 2 *(čas)* from; **od nynějška** from now on, henceforth; **od příštího týdne** starting from next week, as from next week 3 *(původce, původ)* by, from; **román od Jiráska** a novel by Jirásek; **dvě děti od první ženy** two children by his first wife; **dopis od syna** a letter from his son 4 *(příslušnost)* **klíč od domu** house key; **lidé od novin** newspapermen 5 *(způsob)* **od oka** approximately; **platit od hodiny** pay* by the hour 6 *(příčinu)* for, because of; **platit od práce** pay for the job; hov. **je to od nervů** it's because of his nerves 7 *(účel)* **nejsem tu od toho, aby** I am not here to *(do sth)*, it is not my duty to *(do sth)*

óda ode

odbarv|it, ~ovat *(vlasy, látku)* bleach; **dát si o. vlasy** have one's hair bleached ■ **~ování** bleaching

odbarvovač bleaching agent, decolorizer

odbav|it, ~ovat *(zboží, balík, poštu)* prepare n. get* ready for dispatch; *(zakázku)* process; *(autobusy)* dispatch; *(cestující)* check-in; *(zákazníky)* serve, attend to ■ **~ení, ~ování** dispatch; processing; serving, attendance to; **celní ~ení** customs clearance

odběhnout 1 *(vzdálit se)* run* away; *(dopředu)* run* ahead 2 **o. (si)** *(z práce* ap.*)* nip n. pop out (**na svačinu** for a bite); **o. si za kým** pop out to see* sb

odbelhat se limp away n. off

odběr 1 *(zboží)* purchase, buying; *(novin)* subscription to; **o. plynu/ elektřiny** gas/ electricity consumption; **při ~u většího množství** on purchase of larger quantities 2 **o. krve** withdrawal of blood, *(na krevní zkoušku)* taking of a blood sample

odběratel, ~ka *(zboží)* customer; *(novin, časopisů)* subscriber

odbíhat keep* running* away; **o. od tématu** digress, stray from the subject n. point

odbíjená volleyball

odbíjenkář volleyball player

odbíjet v. **odbít**

odbírat v. **odebrat**; *(noviny, časopisy)* subscribe to

odb|ít *(hodiny)* strike*, chime; **hodiny ~ily půlnoc** the clock struck midnight

odbočit 1 *(auto, chodec, cesta)* turn (off); **o. vlevo** turn (to the) left; **o. ze silnice** turn off the road; **o. do postranní ulice** turn into a side street 2 *(od tématu)* digress, stray, deviate (from the subject)

odbočka 1 *(silnice)* turning, branch road; *(dráhy)* branch line 2 *(oklika)* detour 3 *(v řeči)* digression 4 *(podniku, organizace)* branch; v. **pobočka**

odboč|ovat v. **~it** ♦ **ne~ujte!** *(od tématu)* keep* to the point!, don't digress!

odboj resistance movement

odbojář *(protifašistický)* Resistance fighter

odbojnický rebellious; *(řeči, výzvy)* seditious

odbojník rebel, insurgent

odbojn|ý v. **~ický**

odbojov|ý resistance; **~é hnutí** resistance movement

odbor 1 *(oddělení)* department; adm. též section, division; **šéf ~u** section head 2 **~y** trade n. am. labor unions

odborář trade unionist, member of a trade n. am. labor union

odborářsk|ý trade/ am. labor union; **~á legitimace** union card

odborářství trade unionism

odbornick|ý professional; **v ~ých kruzích** in professional circles, among experts

odborník specialist, expert; *(vědecký)* scholar; **o. na co** an expert n. specialist in sth; **vynikající o.** eminent specialist; **posudek ~a** expert opinion

odborn|ý technical, specialist, professional, expert; **o. časopis** professional n. technical journal; **~é znalosti** technical n. expert knowledge; **o. posudek** expert opinion; **~á výchova** specialized n. professional training ■ **~ě poradit**

give* sb expert advice; **~ě posoudit** judge sth professionally ■ **~ost** expertise, expert knowledge

odborov|ý: ~á organizace trade/ am. labor union ■ **~ě se organizovat** form a trade union; *(být členem odborů)* be a member of a trade/ am. labor union

odbourat 1 *(část zdi)* pull down, (partly) demolish 2 *(výdaje)* cut* (back); *(ceny)* reduce; *(podpory)* reduce, axe

odbrzdit release the brakes

odbyt sales; **zvýšit o.** increase sales; **jít (dobře) na o.** sell* well, sell n. go* like hot cakes; **jejich výrobky nejdou na o.** there is no demand n. market for their products

odb|ýt 1 o. si co *(zkoušky, povinnost* ap.*)* get* sth over and done with; *(školu)* complete*, finish; **o. si trest** serve a sentence; **o. si vojenskou službu** do one's military service ♦ **má to ~yto** he is away from it all now 2 *(vykonat ledabyle)* do sth slapdash n. sloppily 3 *(podcenit)* **o. co smíchem/ pokrčením ramen** laugh/ shrug sth off; **o. co mávnutím ruky** dismiss sth with a sweep of a hand 4 *(odmítnout: žadatele)* turn down, reject; **o. koho sliby** fob n. palm sb off with promises; **nedá se o.** he would not take* "no" for an answer; **hrubě koho o.** rebuff sb ■ **o. se čím** make* do with sth ■ **~ytí** *(odmítnutí)* rebuff; **po ~ytí trestu** after serving the sentence

odbytiště market, outlet

odbyt|ý 1 *(záležitost)* closed, settled; *(člověk)* finished; **~á veličina** (a) has been; **pro mne je to ~á záležitost** as far as I am concerned the matter is closed 2 *(práce)* slapdash, shoddy

odbytov|ý sales; **~á krize** sales crisis, slump in sales

odbý|vat v. **~t**

odcestovat set* out for a journey, depart, leave*

odciz|it, ~ovat 1 steal*, kn. purloin; *(zpronevěřit)* misappropriate 2 *(citově)* estrange; **odloučení je ~ilo** the separation estranged them from each other 3 **o. se** *(komu)* become* estranged from, become a stranger to; *(vzájemně)* drift apart

odčerp|at, ~ávat *(vodu)* drain n. draw* off (some water); *(finance, zisky)* siphon off

odčinit *(omyly)* redress; *(škody)* compensate for, make* up for, make good; **o. porážku** retrieve a defeat

odčíst, odčítat v. **odečíst**

oddací: o. list marriage certificate

oddál|it, ~ovat 1 *(dát dále)* remove, put* further away 2 *(odložit)* put off, postpone, delay

oddan|ý devoted, *(stoupenec* též*)* loyal, stalwart ■ **~ě** devotedly ■ **~ost** devotion, loyalty; **~ost svým zásadám** adherence to one's principles

oddat *(snoubence)* marry sb ■ **o. se** *(studiu* ap.*)* devote o.s. to sth; **o. se zoufalství** yield n. give* o.s. up to despair; **o. se žalu** give way n. succumb to grief

oddávat v. **oddat**; **o. se čemu** *(nadměrně)* indulge in; **o. se iluzím** live in a fool's paradise

oddavky marriage n. wedding ceremony, wedding

oddech rest; *(přestávka)* pause, break; *(krátký)* breather; **dopřát si ~u** have n. take* a break; **bez ~u** without rest; **nedopřát komu ani chvíli ~u** give* sb no rest, keep* sb on the go

oddechnout si 1 *(úlevou)* sigh with relief, breathe n. heave a sigh of relief 2 *(odpočinout si)* take* a break n. breather

oddechovat *(hlučně, těžce)* be panting, be breathing hard, be gasping

oddechový sport. **o. čas** time out

oddělat 1 *(dát dolů)* remove, take* off 2 *(zabít)* sl. knock off, do sb in; neutr. murder

odděleně separately; *(poslat poštou)* under separate cover

oddělení 1 *(obch. domu)* department, *(úřadu* též*)* section 2 žel. *(kupé)* compartment

odděl|it, ~ovat separate; *(rasy)* segregate; *(nemocné)* isolate; *(záclonou)* curtain off; *(stěnou)* wall off; **o. bílek od žloutku** separate the white from the yolk; **o. větu čárkou** set* off a clause by a comma ♦ **o. zrno od plev** bibl. separate the wheat from the chaff ■ **o. se** separate; **o. se od skupiny** separate from a group

oddělitelný separable

oddenek rootstock

oddíl 1 *(knihy)* section, passage; *(zprávy, zákona)* section, paragraph; *(skříně)* section 2 *(jednotka)* voj. detachment, unit; sport. club; *(policejní)* squad

oddych, oddychovat v. **oddech, oddechovat**

ode v. **od**

odebrat 1 take* away (**komu** from sb); *(úředně)* seize, confiscate; **o. komu řidičský průkaz** revoke sb's licence 2 *(zboží)* purchase, buy* 3 *(ubrat)* **o. mouku z pytle** take some flour from the sack ■ **o. se na cestu** set* out on a journey; **o. se domů** set off for home ♦ **o. se na věčnost** go* the way of all flesh

odeč|íst, ~ítat 1 mat. subtract, take* away 2 *(slevu)* deduct, *(v daňovém přiznání: výdaje* ap.*)*

allow, take off 3 *(elektroměr)* take the reading ■ **~tení** deduction, allowance; **po ~tení** *(výdajů* ap.*)* after deduction of

odedávna from time immemorial; **znám ho o.** I've known* him for a long time, I've known him for ages

odehnat *(zvíře)* drive* n. chase away; **o. žebráka ode dveří** turn a beggar away from one's house n. door

odehrát *(skladbu)* play off ■ **o. se** take* place, happen, occur

odehráv|at se take* place; *(román, film)* be set*; **scéna se ~á v Londýně** the scene is set in London; **hra se ~á v dvacátých letech** the play is set in the twenties

odejít go* away, leave*, depart; **o. spěšně** hurry away; *(kam)* leave for; *(z jeviště)* leave (the stage), make* one's exit; **o. od koho** leave sb; **odejít do práce** leave for work; **o. z armády** take* one's discharge from the army; **o. ze školy** leave school ♦ **o. na věčnost** depart this life; **o. jako zmoklá slepice** go* off with a flea in one's ear, go off with one's tail between one's legs

odejmout take* away; lék. *(úd)* amputate, take n. cut* off; **o. komu slovo** rule sb out of order; **o. komu jeho pravomoc** withdraw* sb's powers; **o. komu úřad** divest sb of his office ■ **odnětí** *(pravomoci, koncese)* withdrawal; **odnětí svobody** imprisonment

odemknout unlock

odemlít *(báseň)* rattle n. reel off

odění 1 *(oděv)* clothes, clothing 2 *(brnění)* harness

odepnout *(pás)* unbuckle, unstrap, *(bezpečnostní)* unfasten; *(brusle, lyže)* take* off

odepř|ít 1 refuse; **o. poslušnost** refuse to obey; **o. pomoc** refuse to help 2 **o. si co** deny o.s. sth; **ten si nic ne~e** he denies himself nothing ■ **~ení** refusal; **odepření pomoci/ poslušnosti** refusal to help/ obey

odep|sat, ~isovat 1 *(na dopis)* write* back, answer a letter, reply to a letter 2 *(pohledávku)* write sth off též přen.; *(zaplacenou částku)* deduct

oděrka graze, abrasion

odervat rip off

odesílat v. **odeslat**

odesílatel sender

odesl|at *(dopis, balíček)* send* (off), *(poštou* též*)* post, am. mail; *(zboží)* dispatch, ship, forward; *(peníze)* remit; *(telegram)* hand in; *(zavazadlo)* register ■ **~ání** sending, posting, dispatch; *(zboží)* **připraveno k ~ání** ready for dispatch

odestlat: o. postel make* up a bed for the night

oděv clothing, clothes; **slavnostní o.** festive garb; **pracovní o.** working clothes; **pánské ~y** gentlemen's wear n. clothing; **obchod s pánskými ~y** gentlemen's outfitters

oděvn|í, ~ický: o. průmysl clothing n. garment industry; am. hov. též rag trade

odevšad from everywhere, from all quarters

odevzdan|ý: o. osudu resigned to one's fate ■ **~ost** resignation; **snášet co s ~ostí** bear* sth with resignation

odevzdat *(dizertaci)* hand in; *(peníze)* hand over; *(zbraně)* surrender, hand over; *(hlas)* cast* ■ **o. se svému osudu** resign o.s. to one's fate

odezv|a echo, response; **jeho slova měla živou ~u/ nenalezla ~u** his words met* with a lively response/ met with no response

odfouk|nout, ~at blow* away n. off; **o. pěnu z piva** blow off the froth from one's beer

odf|ukovat 1 v. **~ouknout** 2 *(těžce dýchat)* pant, puff hard

odhad estimate; *(hodnoty)* valuation; **hrubý o.** rough estimate; **~em** roughly, approximately, at a guess; **podle mého ~u** in my estimation

odhadce valuer; *(pojišťovací)* appraiser

odhadní: o. cena estimated n. valuation price

odhad|nout, ~ovat estimate, *(cenu* též*)* value, put* a price on; *(věk)* guess; *(škodu)* assess, appraise; **o. (příliš) vysoko/ nízko** overestimate/ underestimate

odhalit 1 *(ramena, hlavu)* bare, uncover; *(prsa* též*)* expose, show*; přen. *(své nitro)* reveal, lay* bare; *(pomník)* unveil 2 *(skandál, lež, zlořády, podvod)* expose, show up; *(zrádce, špióny)* unmask, expose; *(tajemství, pozadí skandálu, plány)* reveal

odhánět v. **odehnat** ♦ **o. bídu** keep* the wolf from the door

odhlá|sit *(noviny)* cancel; **o. televizi** cancel one's television licence; **o. telefon** have one's telephone disconnected; **o. dítě ze školy** take* one's child away from school ■ **o. se** *(při stěhování)* inform the police of one's change of address; *(v hotelu)* check out ■ **~šení** cancellation; *(pobytu)* notice of change of address

odhlasovat: o. návrh carry a motion; **dát něco o.** put* sth to the vote

odhodit throw* away; *(staré šaty)* discard ♦ **o. přetvářku** throw off one's mask

odhodlan|ý resolute, determined; *(odvážný)* brave, courageous; **o. něco udělat** determined n. *(za každou cenu)* hov. hellbent to do sth n. on doing sth; **o. ke všemu** ready for anything; **o. na smrt** ready to die ■ **~ě** resolutely, with determination ■ **~ost** resoluteness, resolution, determination

odhodl|at se (k čemu to do sth) decide, make* up one's mind, *(tvrdohlavě)* take* it into one's head *(to do sth)*; **nakonec se ~ali** at last they took the plunge; **je ~án ke všemu** he is ready for anything, he'll stop at nothing

odhrabat rake away

odhrnout *(lopatou)* shovel off; *(záclonu)* draw* back; *(závoj)* raise, lift; **o. sníh z chodníku** remove n. clear the snow from the pavement, *(lopatou)* shovel the snow off n. from the pavement

odcháze|t v. **odejít** ■ **~jící nájemník** the outgoing tenant

odchlípnout se *(tapeta* ap.*)* come* off

odchod departure; *(herce z jeviště)* exit; *(do důchodu)* retiral; **být na ~u** be on the point of departure; **je čas k ~u** it is time to leave*; **brzy po mém ~u** soon after my departure

odchov rearing, raising, breeding

odchovanec *(následovník)* follower, disciple; *(školy)* pupil; *(univerzity)* graduate

odchovat *(děti)* bring* up, rear, raise; *(zvířata)* rear, breed*

odchýlit *(hlavu)* avert, turn (one's head) aside; *(radarový paprsek, střelu)* deflect ■ **o. se od cesty** turn off the road; let., nám. **o. se od kursu** go* off course; **o. se od tématu** digress from n. wander off the subject; **o. se od pravdy** digress n. deviate from the truth

odchylka *(magn. jehly)* deviation; *(od pravidla)* irregularity, exception (to a rule); *(váhová* ap.*)* difference *(in weight* ap.*)*; techn. *(dovolená o.)* tolerance

odchyln|ý different, differing, *(názor* též*)* divergent, diverging; **~é čtení/ znění** variant reading/ wording ■ **~ost** difference, divergence; **~osti v názorech** differences of opinion

odchylovat se v. **odchýlit se; o. se v názorech** differ in opinions

odírat 1 *(koho o peníze* ap.*)* hov. skin, fleece **2** v. **odřít**

odít clothe, dress; přen. **o. co krásnými slovy** couch n. clothe sth in fine words ■ **o. se** v. **obléci se**

odiv: stavět co na o. parade sth, show* sth off, flaunt sth

odívat v. **odít**

odjakživa always; **o. to tak dělal** he has always been doing it like that

odjet leave*, depart; *(vlak)* pull out; *(autem)* drive* off; *(na kole)* ride* n. cycle off; **o. z města do hor** leave the city for the mountains

odjezd departure; **při mém ~u** on my departure; **být připraven k ~u** be ready to leave* n. depart

odjinud from somewhere else, from elsewhere

odjistit *(brzdu)* release; **o. revolver** release the safety catch of a revolver; **o. granát** take* the pin out of a grenade

odjíždět v. **odjet**

odkapat drip off; **nechat co o.** drain sth

odkapávač: o. na nádobí draining board

odkašlat (si) clear one's throat

odkaz 1 *(dědictví)* legacy též přen.; *(finanční částky)* bequest; *(kulturní)* heritage; **intelektuální o.** intellectual legacy **2** *(odvolávka)* reference (**na** to)

odkáz|at 1 o. komu co *(závětí)* leave*, bequeath sth to sb **2 o. koho na co** refer sb to sth ♦ **o. koho do patřičných mezí** tell* sb where to get* off **3** *(v pasívu)* **být ~án sám na sebe** be left* n. thrown* back on one's own resources

odkazovací: o. znaménko reference mark; jaz. **o. slova** anaphoric words

odkdy since when; **o. tu bydlíte?** how long have you been living here?

odklad postponement, putting off; *(voj. služby, placení dluhů* ap.*)* deferment; *(průtah)* delay; *(odročení)* adjournment; *(výkonu trestu smrti)* reprieve; **bez ~u** without delay; **věc nestrpí ~u** the matter allows no delay

odkládací: o. stolek side table

odklád|at v. **odložit**; *(opakovaně)* procrastinate ♦ **co můžeš udělat dnes, ne~ej na zítřek!** never put* off till tomorrow what you can do today ■ **~ání** temporization, procrastination

odklep|at, ~nout *(popel z cigarety)* flick off

odkl|idit, ~ízet 1 *(co)* clear away, put* away; *(trosky* též*)* remove; **o. ze stolu** clear the table **2** *(koho)* get* rid of; *(zavraždit)* eliminate, sl. remove, do away with, dispose of ■ **o. se** *(zmizet)* make* off, sneak away, take* to one's heels ■ **~izení** *(trosek, staviva* ap.*)* removal; *(zavraždění)* elimination

odklizovací: o. práce clearance work n. operations

odklížit se come* unstuck, peel off, come loose
odklon **1** fyz. deflection; *(silnice: mimo město)* bypass, *(objížďka)* diversion; **o. magnetické střelky** magnetic declination **2** přen. departure (**od** from); **o. od tradice** departure from a tradition
odklonit **1** *(co)* turn sth aside; **o. hlavu** turn one's head aside **2** *(dopravu)* divert, reroute; *(paprsky)* diffract, deflect ■ **o. se** **1** *(střela od dráhy)* be deflected from **2** *(od přátel)* turn away from; *(od tématu)* digress n. wander from
odklopit *(víko, pokličku)* take* n. lift off; *(střechu auta)* fold back; *(sedadlo)* tip back
odkoj|it *(dítě)* nurture, suckle ♦ přen. **být ~en čím** be nurtured n. suckled on sth
odkop *(výkop)* kickoff; *(~nutí míče)* return
odkopat *(půdu)* dig* n. shovel away ■ **o. se** *(dítě)* kick off the bedclothes n. the covers
odkopnout *(nohou)* kick away; **o. koho** přen. give* sb the push n. sl. the boot
odkoupit: o. co od koho buy* n. purchase sth from sb
odkráglovat sl. bump off, do sb in
odkrást se steal* away
odkrojit *(krajíc, plátek)* slice off; *(tuk z masa)* cut* off, trim off
odkroutit *(zámek)* twist off ♦ **o. si pět let** hov. *(ve vězení)* serve a five-year stretch; **o. si vojnu** hov. do one's national service
odkr|ýt, ~ývat **1** uncover, lay* sth bare; *(nádobu)* take* the lid off; *(kartu)* expose ♦ **o. karty** přen. come* out into the open **2** *(vypátrat)* uncover; *(spiknutí, tajemství)* unearth; *(nepořádky)* expose ■ **~ytý** uncovered, bare, exposed; **~yté části těla/ stroje** the exposed parts of the body/ machine; **s ~ytou hlavou** bare-headed
odkud where ... from; **o. pocházíte?** where do you come* from
odkudkoli(v) from anywhere; **ať jsou o.** wherever they might come from
odkudsi from somewhere or other; **o. z ciziny** from somewhere abroad
odkulit roll sth away ■ **o. se** roll away
odkup purchase; **o. pojistky** (např. *životní)* surrender of a policy
odkupovat v. **odkoupit**
odkutálet (se) v. **odkulit (se)**
odkv|ést, ~état *(květiny)* be finished; *(stromy)* finish blossoming; přen. *(krása)* wither, fade; **růže/ stromy ~etly** the roses are finished/ the blossom has fallen* from the trees ■ **~etlý** *(krása)* faded; **~etlá žena** a woman past her best
odkývat: všechno o. rubber-stamp everything
odlákat *(pracovníky)* lure n. entice sb away; **o. komu děvče** steal* sb's girlfriend
odlakovač *(na nehty)* nail-varnish remover
odlámat, odlamovat break* off, *(větvičky též)* snap off
odlehč|it **1** *(vozu)* reduce the load of; *(dopravě)* ease; **o. svému svědomí** ease n. lighten one's conscience **2** **o. si** *(ulevit si)* let* off steam, give* vent to one's anger ♦ **~ilo se mi** I feel* easier in my mind, that's a weight off my mind ■ **~ení** **1** reduction **2** relief, a weight off one's mind
odlehl|ý *(země)* faraway; *(místo)* secluded; *(budoucnost)* distant; *(abstrakce)* lofty, *(teorie* ap.*)* abstruse ■ **~ost** remoteness, seclusion; loftiness, abstruseness
odlepit *(známku)* detach; *(tapetu, náplast)* peel off ■ **o. se** detach itself, come* off; *(letadlo)* take* off
odlesk reflection; **chabý o. čeho** a pale reflection of sth
odlet *(letadla)* departure; *(vlaštovek)* migration
odletět, odlétnout *(letadlo)* depart; *(odlepit se ze země)* take* off; *(ptactvo)* fly* away; *(knoflík)* fly off
odleva v. **zleva**
odlév|at v. **odlít** ■ **~ání** *(odlitků)* casting
odlézt crawl away
odleže|t **1** **něco si o.** end up ill (in bed) because of sth **2** **nechat co o.** *(tabák, dřevo)* allow sth to season; *(víno, sýr)* mature sth ■ **~lý** mature, well-seasoned; *(maso)* ripe; *(zaječí, bažantí)* well-hung
odlíčit *(koho)* remove sb's make-up ■ **o. se** remove one's make-up
odlišit distinguish, differentiate; **o. dvě barvy** distinguish two colours; **o. A od B** distinguish A and B, tell* A and B apart; distinguish A from B, tell the difference between A and B ■ **o. se** set* o.s. apart (**od** from)
odlišn|ý (**od**) different (from); *(nepodobný čemu)* dissimilar (to); **být o.** differ, be different; **být diametrálně o.** be poles apart ■ **~ost** difference; dissimilarity
odlít **1** *(vodu)* pour away n. off *(some water)*; **o. trochu vína z láhve** pour some of the wine out of the bottle **2** hutn. cast*
odlitek hutn., uměl. casting; **sádrový o.** plaster cast; **udělat bronzový o. čeho** cast* sth in bronze

odliv 1 ebb (tide); *(nízká hladina)* low tide; **příliv a o.** ebb and flow, the tides; **za ~u** at low tide, when the tide is out 2 *(zlata, peněz)* outflow; **o. mozků** brain drain
odlivka tumbler
odlomit break* sth off ■ **o. se** break off
odloučen|ý *(osamocený)* secluded, isolated; *(manželé* ap.*)* separated ■ **žít ~ě** live a secluded life, live in seclusion ■ **~ost** seclusion, isolation
odlouč|it separate; *(nemocné)* isolate; **o. koho od koho** separate sb from sb ■ **o. se** *(vzájemně)* separate, split* up; **o. se od koho** part with sb ■ **~ení** separation
odloudit *(zákazníky* ap.*)* lure away; **o. komu dívku** steal* n. pinch sb's girlfriend
odloup|at, ~nout *(kůru, slupku)* peel off ■ **o. se** come* off; *(tapeta)* peel off, *(barva)* flake
odlož|it 1 *(stranou)* lay* n. put* sth away n. aside; *(staré šaty)* cast* off, discard, put away; *(zbraně)* surrender; **o. si kabát** take* off one's coat 2 *(na později)* postpone, defer, put off; **o. popravu** stay the execution; **o. odjezd** defer n. postpone one's departure ■ **~ený** 1 discarded, cast-off; **~ené šaty** cast-off clothing, cast-offs 2 *(na později)* postponed, suspended
odlučné separation allowance
odluka separation; **o. církve od státu** separation of Church and State
odmala, odmalička from childhood, ever since he (she, I ap.*)* was a child
odmaskovat *(na plese* ap.*)* take* off sb's mask ■ **o. se** take off one's mask
odma|stit, ~šťovat remove the grease (from); techn. degrease
odmašťovač degreasing agent; **o. na nádobí** ≅ washing-up liquid
odměn|a 1 *(za práci)* remuneration, pay, payment; *(mimořádná)* bonus payment 2 *(odplata)* reward; **za ~u** as a reward (for); in return (for); **vypsat ~u** offer a reward; **dostalo se mu spravedlivé ~y** iron. *(vytrestal se, byl potrestán)* he got* his just desserts, he got what was coming* to him
odmě|nit 1 **o. koho za co** reward sb for sth; **herec byl ~něn bouřlivým potleskem** the actor received a storm of applause 2 *(mzdou)* **o. koho za co** remunerate sb for sth ■ **o. se za laskavost** repay* sb for his/ her kindness; **o. se za dobré zlým** pay* back good with evil
odmě|ňovat (se) v. **~nit (se)**; **o. každého podle zásluhy** remunerate everybody according to their merits
odměrka kuch. measuring jug n. cup
odměr|ný measuring; **~ná nádoba** v. **~ka**
odměřen|ý *(krok, takt)* measured; *(slova* též*)* curt; *(chování)* restrained, reserved ■ **~ě** curtly; **chovat se ke komu ~ě** be aloof n. curt with sb ■ **~ost** aloofness, curtness; *(rezervovanost)* reserve
odměř|ovat 1 v. **~it** 2 *(slova)* weigh, measure; **o. jídlo** scrimp on food
odmést, odmetat sweep* away
odminovat clear *(a place)* of mines
odmít|at v. **~nout**
odmítav|ý *(odpověď, zpráva)* negative; *(postoj)* disapproving ■ **~ě** disapprovingly; **odpovědět ~ě** answer in the negative; **dívat se na co ~ě** view sth with disfavour
odmítn|out *(nabídku)* refuse; *(pozvání)* decline; *(žádost)* turn down; *(nápadníka)* dismiss; *(zboží)* reject; *(názory)* reject, dismiss; **o. zodpovědnost** refuse to accept responsibility; **o. zaplatit** refuse payment n. to pay* ■ **~utý žadatel** unsuccessful applicant ■ **~utí** refusal, rejection, dismissal; *(námitek, důkazů)* rebuttal; *(rázné)* rebuff
odmlčet se fall* silent; *(při řeči)* pause; **o. se úžasem** become* speechless with amazement
odml|ka pause; **po krátké ~ce** after a short pause
odmlouvačn|ý argumentative ■ **~ost** contradictoriness, argumentativeness
odmlouv|at *(drze)* talk n. answer back ■ **~ání** backchat, am. back talk
odmluv|a contradiction, protest; **poslechnout bez ~y** obey without any protest; **žádné ~y!** no arguing!; hov. I won't have n. take* any of your lip n. cheek, none of your lip n. cheek!
odmocněnec mat. base (number)
odmocnina root; **druhá/ třetí o.** square/ cube root (z of); **třetí o. z osmi jsou dvě** the cube root of eight is two
odmoc|nit, ~ňovat calculate n. extract the root of ■ **~ňování** root extraction
odmocnitel radical number
odmocnítko radical sign
odmoc|ňovat v. **~nit**
odmočit *(odstranit máčením)* soak off; **o. prádlo** soak the washing
odmontovat remove, take* off
odmot|at, ~ávat *(přízi, vlnu)* unwind, reel off; *(kabel)* uncoil
odmraz|it, ~ovat *(přední sklo auta* ap.*)* de-ice;

(ledničku) defrost ■ **~ování** defrosting

odmrazovací de-icing, defrosting

odmrštit 1 *(co)* fling* n. hurl away **2** *(dívku)* jilt, ditch

odmykat unlock

odmyslit: o. si co leave* sth out of consideration

odnaproti from across the road; **soused o.** a neighbour of ours from across the road

odnárodnit denationalize; *(menšinu)* assimilate ■ **o. se** lose* one's national identity, become* assimilated

odnášet v. **odnést**

odnaučit: o. koho čemu cure sb of sth; make* sb give* up sth ■ **o. se čemu** unlearn* sth, cure o.s. of sth; **o. se kouřit** give* up smoking

odněkud from somewhere (or other)

odnést 1 carry away, take* sth/ sb away; *(se stolu)* clear away; *(o vodě)* wash away; *(knihy z knihovny)* take out of (the library) **2** *(získat)* **o. si rozbitý nos** get* a broken nose; **o. si první cenu** carry the first prize ♦ **o. si věnec vítězství** carry off the victor's crown **3 o. si to (za něco** for sth) *(být potrestán)* be at the receiving end, take the rap, carry the can

odnikud from nowhere

odnímat v. **odejmout**

odnož 1 bot. offshoot, sprout, sapling; **vyrážet ~e** sprout **2** přen. scion

odol|at, ~ávat *(pokušení)* resist; *(útoku, zemětřesení)* withstand*; **ne~at pokušení** succumb to temptation; *(o kovu)* **~ávat korozi** be corrosion-resistant

odoln|ý resistant (**proti** to); *(člověk: psychicky; rostlina)* robust; **o. proti nárazům/ ohni/ vlivům povětrnosti** shockproof/ fireproof/ weatherproof; **o. proti mrazům/ korozi** frost-/ corrosion-resistant ■ **~ost** resistance (**proti** to); robustness; br. *(výdrž)* stamina

odpad 1 *(vody)* outlet, drain; *(kanál)* drain-pipe **2** *(průmyslový)* waste, *(šrot)* scrap; **radioaktivní o.** radioactive waste

odpadkov|ý refuse, rubbish; **~á jáma** refuse pit; **o. koš** rubbish n. waste bin; *(na ulici)* litter bin n. basket

odpadky refuse; *(z domácnosti)* (household) rubbish, am. garbage; *(na ulici)* litter, am. trash; *(po jídle)* leftovers; **o. z továren** waste from factories

odpadlík *(od víry)* apostate; pol. defector, renegade; *(zběhlý student)* drop-out

odpadní waste; **o. látka** waste material; **o. voda** waste water, slops; **o. vody** sewage; **o. roura** drainpipe

odpad|nout, ~at 1 *(oddělit se)* fall* n. drop off **2** *(o stoupencích)* fall away; **o. od církve** abandon the Church **3** *(nekonat se)* be cancelled, not to take* place; **schůze ~á** the meeting is not taking place; **dnes ~á vyučování** there's no school today

odpadový v. **odpadní**

odpálit *(míč)* strike*; *(minu)* spring*; *(raketu)* launch, blast off; **o. nálož** fire a charge

odpalovací: o. základna/ rampa launching base/ platform n. pad

odpalovan|ý: ~é těsto puff pastry

odpárat *(lemování ap.)* unpick, undo; *(podšívku)* take* out ■ **o. se** come* off

odpař|it, ~ovat *(vodu)* evaporate ■ **~ování** evaporization

odpařovač evaporator, vaporizer

odpeckovat stone

odpečetit *(co)* remove the seals from

odpich hutn. tap, tapping

odpíchnout 1 *(vysokou pec)* tap **2** *(příchod/ odchod)* clock in/ out

odpínací detachable

odpínat v. **odepnout**

odpírat v. **odepřít**

odpis write-off; *(amortizace)* depreciation; **o. daně** tax rebate, tax deduction

odpískat: o. zápas referee a match; **o. konec zápasu** blow* the final whistle; **o. gól** blow the whistle for goal

odplác|et v. **odplatit** ♦ **tak svět ~í** ≅ this world is a thankless place

odplat|a 1 *(odměna)* reward; **~ou za** as a reward for **2** *(odveta)* retaliation, reprisals; **touha po ~ě** desire to get* one's own back; **dostalo se mu spravedlivé ~y** he has got what he deserved, iron. he has got what was coming* to him

odplatit 1 *(odměnit se)* pay* back, repay*; **o. komu jeho laskavost** repay sb for his kindness, pay sb back for his kindness **2** *(pomstít se)* pay back, avenge o.s., retaliate ♦ **o. stejným** give* tit for tat

odplavat swim* away; *(míč, lodička)* drift n. float away

odplav|it, ~ovat *(prsť, břeh)* wash away ■ **~ování půdy** soil erosion

odplazit se *(zmije)* crawl away

odplivnout (si) spit*

odplížit se steal* n. sneak away; *(voják)* crawl

away

odplombovat *(co)* remove the seals from

odplou|t, ~vat *(loď)* sail (away), put* to sea; *(kry, mraky)* float n. drift away ■ **~vající loď** the outgoing ship ■ **odplutí** departure

odpočin|ek 1 rest; *(přestávka)* break; **polední o.** midday rest; **odpolední o.** siesta; **poslední o.** eternal rest; **den ~ku** day of rest; **nedopřát si ~ku** not to allow o.s. a minute's respite; **nedopřát komu ~ku** give* sb no rest, keep* sb continuously on the go 2 *(penze)* retirement; **jít na o.** retire, go* into retirement

odpočin|out si have a rest; *(udělat přestávku)* have n. take* a break, (have a) pause; **o. si od čeho** take a rest from sth; **nechat koho o.** give* sb a rest; **nechat o. půdu** allow land to lie* fallow ■ **~utý** rested

odpočí|tat, ~st, ~távat 1 *(částku)* count out; **o. 10 bankovek/ žáků** count off 10 banknotes/ pupils 2 **o. koho** *(v boxu)* count sb out; **být ~tán** be counted out, take* the count 3 *(odečíst)* deduct, take off ■ **připravte si ~tané peníze** please, tender exact fare ■ **~távání** *(při startu rakety* ap.*)* countdown

odpočívadlo *(na schodech)* landing; *(u silnice: s občerstvením)* pull-in, *(jen parkovací)* lay-by

odpočív|at rest; *(zbraně)* be laid* down; *(stroje)* stand* idle ♦ **O~ej v pokoji** Rest in Peace, zkr. R.I.P.; **zde ~á ...** here lies* ...; v. též **odpočinout (si)**

odpojit *(vůz, vagón)* uncouple, detach; *(telefon, spotřebič)* disconnect; *(světlo, proud)* switch off ■ **o. se** *(od ostatních)* break* away

odpoledne I subst. afternoon; **pozdní o.** late afternoon; **během o.** in the course of the afternoon **II** adv. in the afternoon; **dnes o.** this afternoon; **ve tři hodiny o.** at three o'clock in the afternoon

odpolední afternoon; **o. vyučování/ směna** afternoon classes/ shift; **o. představení** matinée

odpomoc remedy, cure

odpom|oci, ~áhat 1 *(čemu)* remedy; *(zlu)* redress; *(chybám)* rectify, overcome*; **tomu se dá snadno o.** that is easily remedied; **tomu se nedá o.** that can't be helped 2 expr. též **~oct: o. komu od peněz/ hodinek** relieve sb of his money/ watch

odpor 1 *(činnost* n. *síla)* resistance též el.; **hnutí ~u** resistance movement; **postavit se na o. proti komu** put* up n. offer resistance to sb; **jít cestou nejmenšího ~u** take* the line of least resistance 2 *(nesouhlas)* opposition, protest; **bez ~u** without opposition, unopposed; **nesnese o.** he can't bear* to be contradicted 3 *(antipatie)* **(k)** repugnance (for), disgust (for), loathing (of); **mít o. ke špenátu** loath n. hate spinach, have a loathing of spinach; **vzbuzuje to ve mně o.** I find* it disgusting, it fills me with disgust

odporn|ý disgusting, revolting, *(člověk* též*)* repulsive; *(zločin)* heinous; *(zápach)* offensive; *(podrobnosti)* lurid; **je to o. chlap** he is a nasty piece of work ■ **~ě zapáchat** have a nauseating smell ■ **~ost** repulsiveness, heinousness; *(ohavnost)* odiousness

odporovací jaz. adversative; **o. věta** adversative clause

odpor|ovat 1 *(klást někomu ~)* resist, hold* out against, put* up resistance to; *(ve sporu)* contradict; **o. nepříteli** put up n. offer resistance to the enemy; **o. představenému** stand* up against n. contradict one's boss 2 *(příčit se)* contradict, be inconsistent with; **to ~uje jeho zásadám** it goes* against n. it contradicts his principles ■ **~ující** *(čemu)* inconsistent with; **~ující si** inconsistent, contradictory

odposlouchávací *(zařízení)* eavesdropping, tapping, bugging; **o. služba** *(cizího rozhlasu* ap.*)* monitoring service

odposlouchávat *(všeobecně)* eavesdrop (on); *(pomocí speciálního zařízení)* bug; *(telefon)* tap, bug; *(cizí rozhlas)* monitor; **o. čí telefon** put* a tap n. bug on sb's phone

odpoutat untie; *(vězně)* free, set* free; *(psa)* unleash, unchain; *(loď)* unmoor, cast* off ■ **o. se** *(v autě, v letadle)* unfasten the seat belt; **o. se od nepřítele** disengage o.s. from the enemy; **nemohl se o. od knihy** he couldn't tear* himself away from the book ♦ **o. se** hov. *(rozdovádět se)* let* one*s hair down

odpověď answer, reply; *(příkrá)* retort; **dát o.** *(komu)* answer, reply (to), give* sb an answer; **v o. na váš dopis** in reply to your letter ♦ **na nic nezůstat dlužen o.** never be at a loss for an answer; **žádná o. je také o.** silence gives consent

odpovědět answer, reply; **o. komu** answer n. reply to sb, give* sb an answer; **o. na dopis** answer a letter; **o. na pozdrav** return sb's greetings n. regards

odpovědnost responsibility **(za** for); *(vlastnost)* sense of responsibility; **na vlastní o.** on one's own responsibility, at one's own risk; **mít/ převzít o. za** have n. bear*/ take* n. assume (the) responsibility for; **volat koho k ~i** call sb to account

odpovědn|ý 1 *(vázaný ~ostí)* responsible, liable; **o. redaktor** the editor in charge; **o. za co komu** responsible n. accountable for sth to sb; **činit koho ~ým za co** hold* sb responsible n. liable for sth, lay* the blame for sth on sb 2 *(spolehlivý)* responsible, reliable, trustworthy 3 *(důležitý)* responsible; **~á funkce** a responsible post

odpov|ídat 1 v. **~ědět** 2 **o. za koho/ co** be responsible for sb/ sth; v. též **~ědný (1)** 3 *(pravdě, skutečnosti)* agree with, correspond to, be in accordance with; **o. popisu** fit n. answer a description; **zpráva ne~ídá skutečnosti** the report does not correspond to the facts ■ **o. se** *(z čeho)* account for, justify ■ **~ídající** 1 *(mzda ap.)* adequate, appropriate; *(kvalifikace)* appropriate, necessary 2 *(změny, jevy* ap.*)* corresponding, analogous

odpozorovat: o. co od koho *(naučit se)* learn* sth from sb by watching, pick sth up from sb

odpracovat (si) 1 **o. 10 hodin** do 10 hours of work 2 *(prací nahradit: dluh* ap.*)* work off

odpradávna from time immemorial

odprava v. **zprava**

odpravit *(koho)* sl. dispatch, do sb in

odprejsknout sl. buzz off, vulg. piss off, bugger off, fuck off

odprodat *(část čeho)* sell* (a part of sth)

odprodej sale (of a part of sth); *(dražbou)* auction; **nucený o.** enforced sale

odprosit: o. koho apologize to sb, make* n. offer one's apology to sb

odpružený spring-loaded

odprýskat (se) *(lak, barva* ap.*)* flake off, peel off, come* off

odpř|áhnout, ~ahat *(koně, vůz)* unhitch; *(odstrojit)* unharness

odpředu from the front

odpřisáhnout: o. co swear* to sth; **o. prohlášení** affirm a statement under oath

odpudit repel, put* off

odpudivý repulsive, revolting

odpůrce adversary, opponent; *(v rozvodovém řízení)* respondent

odpus|tit 1 forgive*; *(trest, vinu* ap.*)* release n. absolve sb from ♦ **~ť(te)!** sorry!, excuse me!, pardon me! 2 **o. si námahu** save o.s. the trouble; **ty vtipy si můžete o.** you can keep* your jokes to yourself

odpustitelný excusable, pardonable

odpustky náb. indulgences

odpuz|ovat 1 v. **odpudit** 2 *(být ~ující)* be repugnant (**koho** to sb); **jeho tvář mne ~uje** his face puts* me off ■ **~ující** repugnant, repulsive

odpyk|at, ~ávat: o. (si) trest do n. serve time, do one's sentence; **~ává si dva roky za vloupání** he's doing two years for burglary; **ten si to ~á** he'll pay* for it

odra|dit 1 discourage, dishearten; **nenech se o.** don't be discouraged, don't lose* heart; **nedat se o.** be undaunted 2 *(zákazníky* ap.*)* put* n. scare sb off; **o. si voliče** turn away voters ■ **~zující** discouraging, disheartening

odraz *(míče)* rebound; *(střely)* ricochet; *(světla)* reflection; *(zvuku)* reverberation; **být ~em čeho** mirror n. reflect sth; filoz. **teorie ~u** theory of reflection, reflection theory

odra|zit *(paprsek)* reflect; *(míč)* return; *(ránu)* parry; *(řádku)* indent; *(útok)* repulse, rebuff, ward off; *(nepřítele)* fight* off, force back; *(o nápoji)* **nechat o.** take* the chill off ■ **o. se** *(míč)* bounce off; *(střela)* ricochet; *(při skoku)* take* off ■ **~žený** *(paprsek)* reflected; *(kapalina)* tepid, lukewarm

odrazovat v. **odradit**

odrazový: o. můstek springboard; přen. stepping stone

odráž|et 1 v. **odrazit** 2 *(být odrazem)* mirror, reflect; **jeho nálady ~ejí jeho duševní stav** his moods reflect n. mirror his mental condition ■ **o. se** be reflected, be mirrored; **kostel se ~í v řece** the church is reflected in the river; **o. se od pozadí** stand* out against a background; v. též **odrazit se**

odrážka hud. natural (sign)

odreagovat se hov. let* off steam; *(při hněvu)* work off one's anger; **o. se na kom** take* it out on sb

odrhovačka popular hit; **sentimentální o.** sentimental ditty

odroč|it postpone, put* sth off; *(jednání* též*)* adjourn; *(soudní projednávání)* suspend ■ **~ení** postponement; adjournment

odrodilec renegade; pol. turncoat

odrodit se *(národu)* turn renegade; *(rodině)* grow* away from; *(pol. straně)* become* disloyal (to)

odrovnat *(zabít)* sl. eliminate, do sb in, dispatch

odrůda variety

odrůst 1 *(vyspět)* grow* up 2 *(čemu)* grow out of ♦ **o. dětským střevíčkům** be no longer a

child
odruš|it, ~ovat *(rádio, telefon)* free sth from interference
odrýpnout scratch off
odřeknout v. **odříci**
odřenina graze, scratch; **vyváznout s několika ~mi** get* away n. escape with a few grazes
odřez|at, ~ávat cut* off; *(pilou)* saw* off, *(při prořezávání)* lop off; *(úd)* amputate
odřez|ek zprav. pl. **~ky** *(masa)* scraps; *(větví)* loppings; **~ky dřeva** waste wood
odříci 1 *(odvolat)* call off, cancel; **o. objednávku** cancel one's order; **o. noviny** cancel one's subscription (for n. to); **o. vystoupení** cancel one's appearance **2** *(odmítnout)* refuse, decline; **o. komu pomoc** refuse to help sb; **o. pozvání** decline the invitation **3 o. si co** deny o.s. sth, resist sth; **neumí si o. alkohol** he can't resist alcohol ■ **o. se čeho** renounce sth, give* sth up; **o. se světa/ víry** renounce the world/ one's faith; **o. se pití** give up drink ■ **odřeknutí** *(odvolání)* cancellation (of); *(odmítnutí)* refusal *(to do sth)*
odřík|at, ~ávat 1 v. **odříci; o. si kvůli dětem** deny o.s. for one's children ♦ **~aného chleba největší krajíc** we never know* what the future has in store n. what the future holds* **2** *(básničku)* say*, recite; **~ávat** *(monotónně též)* chant; **o. jako když bičem mrská** reel n. rattle sth off ■ **~ání** *(odpírání si)* privations
odříkavý ascetic; *(život)* hard, full of privations
odřít 1 *(kůži)* graze, chafe; *(barvu)* rub off, *(jednorázově)* scrape off; **o. si koleno** scrape one's knee **2** *(kmen stromu)* bark **3** *(koho)* přen. fleece n. skin ■ **o. se** *(na ruce/ koleně)* graze one's hand/ knee; *(lak)* wear* off n. away; *(šaty)* wear out ■ **odřený** *(pokožka)* chafed, sore, raw; *(šaty)* shabby, threadbare, worn-out
odřízn|out v. **odřezat** ♦ **~utý od světa** cut* off from the outside world
odsát *(tekutinu)* siphon n. drain off; *(plyn)* exhaust; přen. *(pracovní síly)* soak up
odsedět: o. si trest serve a sentence; **o. si pět měsíců** do five months (inside)
odsednout si move away; *(na jiné místo)* move to another place
odsek|at, ~nout 1 cut* n. chop off, *(větve též)* lop off **2 ~nout** *(odpovědět)* retort, snap back ■ **~nutí** retort
odshora from the top; **druhý řádek o.** the second line from the top; **o. dolů** from top to bottom
odská|kat 1 hop n. scamper away **2 o. si co** pay* for sth; **to si ~češ** you'll pay for this; **~kal jsem si to za tebe** I took* the rap for you
odskoč|it, odskakovat 1 *(stranou)* jump n. leap* aside; *(dozadu)* jump back; *(míč ap.)* rebound **2 o. si** pop out; **~il si na pivo** he has just popped n. nipped out for a beer; **o. si** *(na záchod)* spend* a penny, pay* a visit
odskok *(míče)* rebound
odsloužit *(mši)* celebrate; **o. si vojenskou službu** do one's national service ■ **o. se za co** repay* sb for sth; **špatně se za něco o.** give* sb poor thanks for sth
odsou|dit 1 condemn, sentence; **o. k smrti** condemn n. sentence sb to death; **o. koho k trestu odnětí svobody** give* sb a prison sentence; **o. koho k pokutě 500 Kčs** fine sb 500 crowns, impose a fine of 500 crowns on sb **2** *(zavrhnout)* condemn, denounce ■ **~zený/ ~zená** convicted man/ woman; *(k smrti)* the condemned man/ woman
odspodu from below
odstartovat 1 start; **o. závod** start the race **2** *(vyrazit: závodník)* start, get* off the mark; *(letadlo)* take* off
odstát (si) spend* *(some time, two hours* ap.*)* standing (in a queue)
odstáva|t stick* n. stand* out; *(vyčnívat)* protrude; **~jí mu uši** his ears stick out
odstavec paragraph
odstav|it 1 *(dát stranou)* take* sth away, *(posunutím)* push n. shove sth away **2** přen. **o. koho na vedlejší kolej** push sb out of the running; *(degradací)* demote sb **3** *(dítě)* wean ■ **~ení** *(kojence)* weaning
odstěhovat *(koho/ co)* move; **o. nábytek do nového bytu** move the furniture to the new flat ■ **o. se** move out, move house; *(ze země)* emigrate
odstín *(barvy)* shade, hue; přen. nuance
odst|ínit, ~iňovat shade, tone; *(tón hlasu* ap.*)* vary
odstona|t *(co)* become* n. get* ill because of sth; **tu cestu si ~l** the journey made* him ill
odstoup|it 1 *(ustoupit)* **o. stranou/ dozadu** step aside/ back **2** *(rezignovat)* resign, *(o ministrovi)* stand* down; *(o králi)* abdicate; **vláda ~ila** the government has resigned **3 o. od čeho** *(od koupě)* withdraw* from sth, *(od smlouvy též)* back out of sth, cancel sth, *(od požadavků)* abandon sth, *(od myšlenky)* relinquish sth **4 o. (komu) co** surrender sth (to sb), hand sth over (to sb); **~il jí svůj pokoj** he let* her have his room ■ **~ení** resignation, abdication

odstran|it 1 *(odpadky* ap.*)* clear away, remove; **o. překážky** remove n. clear away obstacles 2 *(skvrny, závorky)* remove; *(nebezpečí, příčiny)* do away with, eliminate, get* rid of; **o. otroctví** do away with slavery 3 *(koho)* eliminate, liquidate, dispose of ■ **~ění** removal; elimination; liquidation

odstraš|it: o. koho od čeho deter sb from sth, put* sb off sth; **nedám se o. překážkami** I won't let* obstacles stand* in my way ■ **~ující prostředek** deterrent; **~ující trest** exemplary punishment

odstraš|ovat act as a deterrent; v. **~it** ■ **~ování** deterrence

odstrčit: o. koho/ co (od sebe/ stranou/ zpět) push n. shove sb/ sth (away/ aside/ back); **o. člun** push n. shove off a boat; **o. koho** *(v loďce)* give* sb a push; **o. závoru** draw* back a bolt, unbolt a door ■ **o. se** push o.s. off

odstr|kovat 1 v. **~čit** 2 **o. koho** *(poškozovat)* neglect sb, be unfair to sb, discriminate against sb

odstroji|t *(dítě)* undress; *(koně)* unharness ■ **o. se** undress, take* off one's clothes; **~l se a šel spát** he undressed n. took off his clothes and went* to bed

odstředivka centrifuge; *(na mléko)* (cream) separator

odstřediv|ý centrifugal ■ **působit ~ě** have a centrifugal effect ■ **~ost** centrifugal force

odstřeďovat centrifuge, *(*zvl. *mléko)* separate

odstřel 1 mysl. shooting, hunting; **o. bažantů** pheasant shooting; **o. slonů** hunting of elephants; **doba ~u** shooting n. hunting season 2 horn. blast

odstřel|it, ~ovat 1 *(zvěř)* shoot*; *(zrádce)* shoot down, sl. bump off 2 *(skálu)* blast off

odstřihnout cut* off (with scissors), snip off n. away

odstřižek *(papíru)* bit, scrap, clipping; *(látky)* shred

odstup 1 *(prostorový)* distance; *(časový)* interval; **s ~em tří let** in the course n. space of three years 2 přen. distance; **zachovat si o.** keep* one's distance

odstupné indemnity; *(zaměstnanci)* severance pay, hov. *(*zvl. *vedoucím pracovníkům)* golden handshake

odstupňovat *(platy, daně* ap.*)* grade, graduate; *(barvy)* shade

odstupovat v. **odstoupit**

odsud from here; **není o.** he is not a local (man), he's not from these parts

odsudek condemnation; *(knihy)* adverse criticism

odsun *(obyvatel)* evacuation; *(vysídlení)* resettlement

odsun|out, ~ovat 1 *(místně)* push away; *(stranou)* push aside; *(závoru)* push back 2 *(obyvatelstvo)* evacuate; *(vojsko)* remove 3 *(časově)* postpone, put* off

odsuvník apostrophe

odsuzovat v. **odsoudit**

odsypat *(mouku)* pour off; *(písek, uhlí)* tip away

odškodné damages, compensation

odškod|nit indemnify (**za** for); **o. koho za ztrátu** make* up n. recompense a loss to sb ■ **o. se** make up for a loss, compensate o.s. for a loss; *(přijít si na své)* have a run for one's money; *(pomstít se)* get* one's own back ■ **~nění** indemnification, compensation; *(za válečné škody)* reparations

odškr|abat, ~ábnout scratch/ *(nástrojem)* scrape sth off; **o. bláto z bot** scrape the mud off one's shoes

odškrtnout tick off; am. check off; mark off with a tick

odšoupnout push n. move away; *(židli od stolu)* draw* back

odšroubovat unscrew

odštěpek splinter; **o. kosti** splinter of a bone

odštěpit se *(frakce)* break* away, splinter off

odštípnout *(třísku)* split* off; *(drát, výhonek)* nip off, pinch off ■ **o. se** splinter n. chip off

odtahat *(nábytek od stěny* ap.*)* pull away; *(těžká závaží)* lug away

odtáhnout 1 *(nábytek od stěny)* pull away (from); *(břemeno)* move away, *(s námahou)* lug n. drag away (from) 2 *(vojsko)* march off; *(zpět)* withdraw* ♦ **o. s dlouhým nosem** přen. go* away with a flea in one's ear

odtahovat v. **odtáhnout** ■ **o. se** hold* back (from); *(od povinností)* shrink* back (from doing sth)

odtamtud from there

odtažitý abstract

odté|ci, ~kat flow off; **nechat o.** run* off *(some water* ap.*)*

odtok outlet; *(roura)* waste pipe, drainpipe; **o. peněz** drain on money

odtokov|ý: ~á roura drainpipe, waste pipe; **~á voda** waste water

odtr|hnout 1 tear* n. rip off; **o. list z kalendáře**

tear* a sheet off the calendar 2 *(odloučit: od sebe)* separate (např. *two people)* from each other; **nemohl od toho o. oči** he couldn't take* his eyes off it ■ **o. se** break* off, come* off; *(frakce)* break away; **o. se od sebe** separate, come apart; **nemohl se o. od knihy** he couldn't tear himself away from his book ■ **být ~žený od života** be out of touch with life ■ **~žení** separation

odtrh|ovat v. **~nout** ♦ **o. si od úst** pinch pennies, scrimp and save

odtroubit *(poplach, útok)* sound off

odtučnit remove the grease (from); chem. degrease; *(vlnu)* scour

odtučňovací: o. kůra slimming cure n. course; **o. dieta** slimming diet, low-calorie diet

odtud from here ♦ **o. až potud** enough is enough; there's a limit to everything; v. též **odsud**

odul|ý swollen, bloated; *(tvář)* též puffy; *(rty)* thick, blubbery ■ **~ost** bloatedness, puffiness

odum|řít, ~írat 1 *(kořeny)* die (off); *(tkáň)* become* necrotic 2 přen. *(úsměv)* fade from sb's lips

oduševněl|ý *(tvář, pohled)* intelligent ■ **~ost** intelligence, sophistication

odůvodn|it *(žádost)* give* reasons for, justify; *(podezření)* substantiate; *(tvrzení)* justify; *(chování)* account for ■ **~ěný** *(tvrzení, podezření)* well-founded, justified; *(reklamace)* legitimate, valid ■ **~ění** justification, substantiation

odůvodnitelný justifiable

odůvodňovat v. **odůvodnit**

odvádět v. **odvést**

odvah|a courage, pluck; *(srdnatost)* heart; **dodat si ~y** muster (up) courage; **ztratit ~u** lose* heart; **vzít komu ~u** discourage sb; **jen neztrácet ~u!** cheer up!, don't lose heart!

odvalit *(kámen)* roll sth away ■ **o. se** roll away

odvan|out, odvát *(kouř, mraky)* blow* away; *(sníh, listí též)* drift away; **vůně ~ula** the fragrance wafted away n. was blown away

odvar decoction, *(spařením)* infusion; přen. *(umělecké dílo)* rehash, (pale) imitation

odváza|t, odvazovat untie, unfasten; *(zlé psy)* turn (the dogs) loose ■ **o. se** 1 *(pes)* get* loose 2 expr. *(v chování)* let* one's hair down ■ **~ný** *(v chování)* boisterous, unbridled

odvážet v. **odvést**

odvážit weigh (out)

odváž|it se dare, venture, risk; **o. se něco udělat** venture to do sth, risk doing sth; **já se toho ~ím** I'll take* the risk; **~ila se mi oponovat** she had the nerve to oppose me

odvážka removal, disposal; **o. smetí** refuse n. am. garbage disposal

odvážlivec brave man; *(troufalec)* daredevil

odvážn|ý *(muž, bojovník)* brave, bold, fearless; *(cestovatel)* intrepid; *(čin, rozhodnutí)* bold, daring; *(vtip)* risqué; *(výstřih)* daring; **~á hra** hazardous n. dangerous game ♦ **~ému štěstí přeje** fortune favours the bold, nothing venture, nothing gain ■ **~ě** boldly, fearlessly; **~ě odpovědět** answer boldly, give* a bold answer ■ **~ost** v. **odvaha**

odvděč|it se *(komu)* repay*; **nevím, jak se vám mohu o. za vaši laskavost** how can I repay you for your kindness?; **špatně se o.** repay sb poorly; **o. se zlem za dobro** repay good with evil

odvedenec conscript, am. draftee

odvěký *(rivalita)* age-old; **o. nepřítel** sworn n. traditional enemy

odvelet voj. *(k jiné jednotce)* post n. detach (to); *(do určité služby)* detail (for); **o. koho do zahraničí** post sb abroad

odvést 1 take* n. lead* sb away; **o. stranou** take sb aside; **o. ven** lead sb out; **o. vězně** escort a prisoner 2 *(na vojnu)* conscript, am. draft; **dát se o.** enlist 3 *(pozornost)* divert, detract; **o. hovor jinam** change the subject 4 *(zákazníky)* lure away; **o. komu dívku** hov. steal* n. pinch sb's girlfriend 5 *(vodní pramen)* deflect 6 **o. dobrou práci** put* in some good work

odvet|a retaliation; *(~ná opatření)* reprisals; *(pomsta)* revenge, vengeance; sport. return match; **v ~u** in retaliation

odvětit reply, *(stroze)* retort

odvetn|ý retaliatory, retributive; **~á opatření** retaliatory measures; **o. útok** retaliation attack; **o. zápas** return match

odvětví *(průmyslu)* branch; *(ekonomie)* section; **o. obchodu** area of business

odvézt 1 *(koho)* drive*, take*, run*; *(pryč)* take n. drive sb away; **o. koho na nádraží** run* sb to the station; **o. koho do nemocnice** *(urychleně)* rush sb into hospital 2 *(zboží, smetí* ap.*)* take, transport, cart (away); **o. smetí** cart away the rubbish

odvíjet, odvinout *(vlnu, přízi)* unwind*; *(motouz, film též)* unreel; *(látku, papír)* unroll ■ **o. se** unwind, unreel, unroll; přen. *(příběh, události)* unfold

odvl|éci, ~éknout 1 drag n. haul away; *(loď, auto)*

tow away, take* sth in tow 2 *(unést)* kidnap, abduct ■ **o. se** trudge away, drag o.s. off ■ **~ečení** *(unesení)* kidnapping, abduction

odvod 1 *(vývod)* outlet; *(plynu)* exhaust 2 *(odvádění)* removal 3 voj. call-up; **dostavit se k ~u** report at a recruiting station

odvodit (**z** from) *(logicky)* deduce, infer; *(etymologicky)* derive

odvodn|it drain; **o. močál/ zaplavený důl** drain a marsh/ a flooded mine ■ **~ění** drainage, draining

odvolací: o. soud court of appeal; **o. číslo** reference number

odvolání 1 *(úředníka)* removal (from office), *(velvyslance)* recall 2 *(stížnosti, žádosti)* withdrawal; *(objednávky)* cancellation; *(zákona)* repeal; *(plné moci)* revocation, cancellation; **až do o.** until revoked n. cancelled 3 *(učení, názoru)* recantation, retraction 4 právn. appeal (**proti** against); **podat o. proti rozsudku** lodge n. file an appeal against a sentence 5 *(odkaz)* reference; **s ~m na** with reference to

odvolat 1 *(úředníka)* remove n. relieve sb from office; *(vyslance)* recall; voj. withdraw* 2 *(ze schůze* ap.*)* call sb away 3 *(nabídku, žádost, objednávku)* withdraw, cancel; *(zákon)* repeal; **o. žalobu** drop a charge; **o. blokádu** lift the blockade 4 *(prohlášení)* recant, retract; hov. *(pokorně)* eat* one's words ■ **o. se** 1 právn. appeal (**proti** against) 2 *(poukázat)* refer (**na** to); **o. se na koho** *(v žádosti o místo)* refer to sb (in one's application), use sb's name; **o. se na neznalost zákona** plead ignorance of the law

odvolit vote, cast* one's vote; do one's duty as a voter

odvoz transport; *(raněných)* transportation; *(odstranění)* removal; **o. smetí** refuse/ am. garbage collection n. disposal

odvozenina jaz. derivative

odvozen|ý derived, derivative; **~á slova** derivatives

odvozov|at v. **odvodit** ■ **~ání** derivation

odvr|átit, ~acet 1 *(oči, pohled)* avert, turn away 2 přen. *(odvést)* **o. čí pozornost od čeho** divert sb's attention from sth, take* sb's mind off sth; **o. od sebe podezření** avert sb's suspicion from o.s. 3 *(zamezit: nebezpečí* ap.*)* ward off, stave off, head off; **o. pohromu** ward off a disaster ■ **o. se** 1 *(otočit se)* turn away; přen. *(od přátel)* turn away from, break* with, turn one's back on; **štěstí se od něho ~átilo** fortune forsook* n. abandoned him 2 *(upustit: od plánu* ap.*)* be diverted from ■ **~ácený** *(svah)* reverse; **~ácená strana Měsíce** the dark side of the Moon

odvrhnout *(zbraň* ap.*)* throw* n. cast* n. chuck away; přen. *(návrh)* reject; **o. čí pomoc** spurn sb's help

odvšivit delouse

odvyk|nout, ~at 1 **o. koho čemu** break* n. cure sb of the habit of doing sth, wean sb from sth; **o. koho alkoholu** wean sb from alcohol; **o. koho kouření** make* sb give* up smoking 2 **o. si čemu** unlearn* sth, cure o.s. of the habit of doing sth; **o. si kouření** stop smoking; **o. si špatným návykům** get* out of bad habits

odvzdušnit *(radiátor, brzdy)* bleed*

odzadu from behind, from the back; **zaútočit o.** attack (the enemy) from the back n. from behind

odzátkovat *(láhev)* uncork, unstop

odzbroj|it disarm ■ **~ení** disarmament

odzbrojovací disarmament; **o. konference** disarmament conference

odzdola from below

odzkoušet *(přístroj)* test, try out; *(studenty)* examine

odznak badge; voj. **o. hodnosti** badge of rank

odzvon|it, odzvánět ring* a bell; *(nebožtíkovi)* toll (sb's passing) ♦ **už jim ~ili** their game is up

ofenzív|a offensive; **zahájit ~u** take* the offensive

ofenzívní offensive; **o. válka** offensive war

oficiáln|í official; *(odměřený)* formal ■ **~ě** officially; **~ě prohlásit** declare officially

ofina fringe

ofotografovat photograph, take* a picture n. photograph of; *(doklad)* make* a photocopy of; **dát se o.**

ofrankovat stamp

ofsajd sport. offside; **stát v ~u** be offside

ofset, ~ový offset; **~ový tisk** offset (printing)

oh oh!, ah!

ohanbí pubic region; *(genitálie)* private parts, *(ženské též)* pudenda

ohákn|out se hov. put* on one's glad rags ■ **~utý** dressed up to the nines, dressed to kill

ohánět se 1 *(holí)* lash out, wave sth about (wildly); *(pěstmi)* lay* n. set* about one; *(rukama)* gesticulate ♦ **mít se co o., aby** have to work very hard *(+inf.)*; **umět se o.** *(při práci)* be a quick worker 2 **o. se čím** *(chlubit se)* flaunt n. parade sth, make* a (great) show of sth

oháňka tail; *(liščí)* brush; kuch. *(hovězí)* oxtail
ohar|ek: o. cigarety cigarette n. fag end, cigarette stub; **o. svíčky** candle end; **~ky v ohni** embers
ohař hound
ohava monster, a nasty piece of work
ohavn|ý horrible, odious, loathsome; *(zločin)* heinous; *(počasí)* foul, vile, fiendish; *(strava)* distasteful, wretched; *(člověk)* horrid ■ **chovat se ~ě** behave abominably ■ **~ost** odiousness, loathsomeness; *(o. čin)* atrocity
ohbí *(řeky, cesty, roury, lokte)* bend; *(cesty, řeky* též*)* turn, curve
ohebn|ý flexible, pliable též přen.; *(postava)* supple, lithe, willowy; *(kov)* ductile, malleable ■ **~ost** flexibility, pliability; suppleness; ductility
oheň 1 fire; *(táborový)* bonfire, campfire; *(olympijský)* flame; *(na připálení cigarety)* light; **udělat o.** make* n. light* a fire; **dát** *(kuřákovi)* **o.** give* sb a light ♦ **skočil by pro ni do ohně** he would go* through fire and water for her; **přilévat oleje do ohně** fan the flames, add fuel to the fire; **zahrávat si s ohněm** play with fire 2 *(požár)* fire, blaze; *(velký)* conflagration ♦ **hned je o. na střeše** he/ she ap. is very hot-headed, he/ she ap. flies* off the handle easily; **ohněm a mečem** by sword and fire 3 *(palba)* fire; **být v dvojím ohni** be between two fires; **křest ohněm** baptism of fire
ohladit *(papír)* glaze, burnish; *(dřevo)* polish; *(kovy)* burnish
ohlas 1 *(ozvěna)* echo, reverberation; **o. kroků** the echo of sb's steps 2 *(odezva)* response; **vyvolat velký o.** meet* with a good response; **nemít o.** meet with no response; **jeho projev měl živý o.** his speech met with a lively response
ohlá|sit *(oznámit)* announce, report; *(nové bydliště, auto* ap.*)* register (**u** at); **nechat se o. u ředitele** ask for an appointment with the director; **o. ztrátu na policii** notify a loss to the police ■ **o. se** voj. *(na velitelství)* report; *(při příchodu)* announce one's arrival; **o. se na policii** register with the police; přen. *(problémy)* appear on the horizon; *(dítě)* be on the way ■ **~šení** announcement, notification
ohlášky banns; **mít o.** put* up banns; **číst o.** call the banns
ohlašovat v. **ohlásit**; **o. hosty** announce n. usher in guests
ohlašovna registration office
ohlávka halter
ohlazov|at v. **ohladit** ■ **~ání** *(papíru)* glazing; *(dřeva)* polishing; *(kovů)* burnishing
ohled 1 *(zřetel)* consideration, regard; *(morální* též*)* scruple; **společenské ~y** social considerations; **bez ~u na** without regard to, regardless of; **s ~em na co/ koho** in view of sth/ out of consideration for sb; **mít/ nemít o. k rodičům** have regard n. show consideration for one's parents/ show little consideration for one's parents, pay* no heed to one's parents 2 *(hledisko)* respect, way; **v tomto ~u** in this respect; **v mnoha ~ech** in many respects n. ways; **v každém ~u** in every respect, to all intents and purposes
ohled|at, ~ávat 1 inspect, examine; **o. mrtvolu** inspect a corpse 2 *(pohmatem)* feel*, touch; lék. palpate ■ **~ání mrtvoly** inspection of a corpse; právn. též coroner's inquest
ohledně concerning, regarding, as to n. for
ohléd|nout se 1 look n. glance back; **o. se za kým** n. **po kom** look round n. back at sb; **odešel, ani se ne~l** he left* without a backward glance n. without looking back 2 *(hledat)* **o. se po kom/ čem** have a look (a)round for sb/ sth; **o. se po zaměstnání** (have a) look around for a job
ohledupln|ý (k) considerate (to), full of consideration (for); hov. nice (to); **o. člověk** a thoughtful n. considerate person; **byli k nám velmi ~í** they were very nice n. considerate to us ■ **~ě** thoughtfully, with consideration ■ **~ost** considerateness, consideration; thoughtfulness
ohlídat *(děti)* look after, take* care of; hov. **o. si co** keep* an eye open for sth; **o. si termín** be sure to meet* the deadline
ohlíže|t se 1 v. **ohlédnout se (1,2); o. se po zaměstnání/ po nevěstě** be on the lookout for a job/ a wife 2 **o. se na koho** *(respektovat)* have n. show* regard for sb/ sth; **o. se na co** take* sth into consideration n. account; **neo. se na něco** pay* no heed to sth; **na mne se ne~jte!** don't mind me!
ohlodat *(kost)* pick (a bone) clean
ohlodávat gnaw n. nibble at
ohluchn|out become* n. go* deaf (**na jedno ucho** in one ear), lose* one's hearing ■ **~utí** loss of hearing
ohlupovat *(koho)* dull sb's mind, stupefy sb; *(nudná práce)* stultify
ohluš|it, ~ovat deafen, stun, split* sb's ears
ohlušující *(hluk)* ear-splitting, deafening
ohmat|at, ~ávat touch, feel*, examine sth by touch; *(zboží)* touch, finger; **~ávat někoho** zhrub.

feel* sb up; **~l si opatrně bouli** carefully he ran* his fingers over the lump ■ **~ávání** lék. palpation

ohnat se (po) hit* out (at), lash out (at); **o. se po mouše** chase a fly away

ohnisko focal point, focus; *(infekce* též*)* seat, source; *(zemětřesení)* epicentre; *(vzpoury, odporu)* seat, *(izolované)* pocket *(of resistance* ap.*)*

ohniskov|ý focal; **~á vzdálenost** focal length n. distance

ohniště fireplace, hearth

ohnivák: pták O. Firebird

ohniv|ý 1 glowing, flaming; **~é jiskry** glowing sparks; **~á zář** glow of fire; **o. jícen** fiery mouth, fire-spitting mouth **2** *(červeň)* fiery red, flaming red, (as) red as fire **3** *(víno)* heady, strong **4** *(temperamentní)* fiery, passionate, flaming; **~á řeč** a fiery speech; **~á povaha** a flaming temper ■ **~ě** *(temperamentně)* passionately, with passion

ohnivzdorn|ý fireproof, fire-resistant; **~á opona** fire curtain; **o. porcelán/ sklo** ovenware

ohňostroj fireworks; **vypálit** n. **zapálit o.** let* off fireworks; přen. *(vtipů* ap.*)* fireworks, pyrotechnics

ohn|out *(plech, drát)* bend*; *(paži)* bend, flex; **o. blatník** buckle a fender; **o. (svého) kluka přes koleno** give* one's son a spanking ■ **o. se** bend; *(větve)* bend n. sag *(under the weight of snow* ap.*)*; *(dřevo)* warp ■ **~utý** bent, curved; *(nos)* crooked, aquiline; *(ramena)* hunched

ohoblovat *(dřevo)* plane down, *(vrstvu)* plane off n. away; *(vyhladit)* plane sth smooth

ohodit: o. zeď maltou plaster/ *(hrubou maltou)* roughcast* a wall; **o. koho blátem** splash sb with mud ■ **o. se** dress o.s. up; **svátečně se o.** put* on one's Sunday best

ohodno|tit *(zásluhy, výkon)* rate, appraise, evaluate; *(cenově)* value, appraise; **o. koho podle jeho práce** judge sb by his work ■ **~cení** appraisal, evaluation

ohol|it shave; **dát se o.** get* a shave ■ **o. se** have a shave ■ **hladce ~ený** clean-shaven

ohon *(zvířat, komety)* tail

ohoře|t *(dřevo)* char; *(vlasy)* singe ■ **~lý** charred, singed

ohoz hov. gear, br. rig-out

ohra|da 1 *(plot)* fence, enclosure; *(zeď)* wall; **laťová o.** palings **2** *(~žené místo)* pen, (zvl. *ovčí)* fold

ohradit *(co)* fence in, enclose; *(stěnou)* wall in ■ **o. se** *(proti čemu)* protest against, object to, lodge a protest against

ohrádka *(dětská)* playpen

ohraničit 1 *(pozemek)* mark off, mark the boundaries of; *(tvořit hranici)* form the boundary **2** *(pojem)* define, circumscribe; *(pravomoci)* restrict

ohraný *(gramodeska)* worn

ohrnout *(kalhoty, rukávy ap.)* turn up, roll up; **o. si rukávy** turn up one's sleeves; **o. ret** curl one's lip

ohrn|ovat v. **~out** ♦ **o. nad čím nos** turn up one's nose at sth

ohrom|it dismay, stun; **ta zpráva mne ~ila** I was flabbergasted n. staggered to hear* that ■ **~ující** stunning; *(překvapivý)* amazing, astounding ■ **~ení** consternation, dismay

ohromn|ý 1 *(obrovský)* enormous, huge, immense; *(práce, úkol)* gigantic, Herculean; *(chyba)* colossal; *(úspěch)* tremendous; *(chuť)* enormous **2** *(skvělý)* fabulous, fantastic, splendid; **o. člověk** great guy ■ **~ě** fantastically, tremendously; **~ě moc lidí** a tremendous number of people

ohro|zit, ~žovat *(zdraví* ap.*)* endanger, put* at risk; *(plány, šance)* jeopardize; **~žovat mír** be a threat to peace ■ **~žený** *(druh)* endangered, threatened with extinction; *(manželství)* at risk ■ **~žení** *(nebezpečí)* danger, threat

ohryzat: o. kost pick a bone, gnaw (the meat off) a bone

ohryzávat *(co)* gnaw at, nibble at

ohryzek 1 *(jablka, hrušky)* core **2** *(v krku)* Adam's apple

ohřát *(vodu, jídlo)* warm n. heat up; *(starou historku)* bring* sth up again; **o. si ruce** warm one's hands ■ **o. se** warm o.s. up; *(vzduch)* warm up

ohřívač heater; **o. vody** *(bojler)* hot-water tank; **průtokový o.** flow-heater

ohřívadlo *(na nohy)* footwarmer; **o. na pivo** beer warmer

ohřívat v. **ohřát** ♦ **o. staré spory** bring* up old quarrels; **o. si svou polívčičku** have an axe to grind*

ohyb *(cesty, řeky)* bend, turning, curve; *(kloubu)* flection, flexure; fyz. *(paprsku)* diffraction

ohýbací bending; **o. kleště** bending pliers; **o. sval** flexor; jaz. **o. koncovka** inflectional ending

ohýbač anat. flexor

ohýb|at v. **ohnout** ♦ **stromek se musí o., dokud je mladý** spare the rod and spoil the child ■

nábytek z ~aného dřeva bentwood furniture ■ **~ání** bending; jaz. inflection
ohyzda ugly n. hideous person; zhrub. ugly mug
ohyzdn|ý ugly, hideous; *(čin)* atrocious; *(počasí)* dreadful, vile, filthy; **o. jako noc** (as) ugly as sin ■ **~ost** ugliness, hideousness
och v. **ó, oh**
ochabl|ý *(svaly, břicho)* flabby; *(únavou)* limp; *(paměť)* faltering ■ **~ost** flabbiness, limpness
ochab|nout, ~ovat *(člověk)* go* limp, become* flabby; *(svaly)* become flabby; *(kůže)* get flabby; *(síly)* decline; *(paměť)* falter; *(nadšení)* slacken, wilt; *(zájem)* flag; **~ovat ve studiu** slacken off in one's studies ■ **~nutí** *(svalů)* slackness; *(kůže)* flabbiness; *(nadšení)* slackening
ochla|dit *(ledem)* chill; *(v ledničce)* refrigerate; *(rozžhavené železo ap.)* cool sth down n. off; *(nadšení)* pour cold water on ■ **o. se** *(vzduch)* grow* cool; *(předmět)* cool off n. down; **~dilo se na 10°C** the temperature has fallen* to 10°C ■ **~zující** cooling ■ **~zený** *(nápoj)* chilled; *(potraviny)* refrigerated ■ **~zení** cooling (down), refrigeration; *(snížení teploty)* drop n. fall in temperature
ochladnout *(city)* cool, die down; *(horlivost)* slacken off
ochlasta boozer, drunkard
ochlaz|ovat v. **ochladit**; **~uje se** it is getting* cold
ochoč|it tame, domesticate též přen. *(manžela* ap.*)*; *(vydrezírovat)* break* in; *(zvládnout)* make* sb toe the line, bring* sb to heel ■ **~ený** tame, housebroken, domesticated
ocho|dit *(koberec)* wear* out; *(podpatky)* wear down ■ **~zený** worn-out, worn-down
ochořet fall* ill, be taken* ill
ochot|a willingness, readiness to help, helpfulness; **děkuji vám za ~u** thank you for your kindness
ochotnick|ý: ~é divadlo amateur theatre
ochotník amateur n. non-professional actor
ochot|ný *(úslužný)* obliging, kind, accommodating; **být o. něco udělat** be willing n. ready to do sth; **být ~en ke všemu** be game for anything ■ **~ně** willingly, obligingly; **~ně koho poslouchat** lend* a willing ear to sb
ochoz gallery; *(lokomotivy)* footplate
ochran|a 1 protection; *(péče, starost)* care, charge; *(zajištění)* cover; *(úschova)* safekeeping, custody; *(doprovod)* escort; **právní o.** legal protection; **o. práce** industrial safety; **protiletecká o.** air cover; **o. životního prostředí** environmental protection; **o. památek** preservation of monuments; **pod ~ou koho** under sb's protection; **vzít koho pod ~u** take* sb under one's wing; **poskytnout komu ~u** take care of sb **2** *(kondom)* condom, sheath
ochranář environmentalist, conservationist
ochranářství ecology movement
ochránce protector; *(patron)* patron, sponsor
ochránit *(uchovat)* preserve; *(uhájit)* save n. protect (**před** from)
ochrann|ý *(nátěr, oblek, rukavice, vrstva)* protective; *(helma, brýle)* safety; **~á maska** face guard; **~á zeď** rampart, protecting wall; **~á známka** trademark ♦ **držet nad kým ~ou ruku** take* sb under one's wing
ochraňovat protect, shield, guard; v. též **ochránit**
ochraptěl|ý hoarse ■ **~ost** hoarseness
ochraptě|t get* n. become* hoarse; *(křikem)* shout o.s. hoarse ■ **mluvit do ~ní** talk o.s. hoarse
ochrn|out become paralysed ■ **~utý** paralysed; **~utý na obě nohy** paralysed in both legs ■ **~utí** paralysis
ochrom|it, ~ovat *(provoz, výrobu)* paralyse, bring* sth to a standstill, hamstring ■ **~ený hrůzou** paralysed with horror ■ **~ení** paralysing, paralysation; immobilization
ochudit impoverish; přen. deprive n. rob (**o** of)
ochutit season, flavour; **o. si kávu rumem** lace one's coffee with rum
ochutn|at, ~ávat 1 *(co)* taste, try, sample; take* a taste of; **chcete o.?** would you like a taste? **2** přen. **o. svobodu** get* a taste of freedom
ochutnávač taster; **o. vína** wine taster
oj pole, shaft
ojediněl|ý isolated, sporadic; **o. případ**; isolated case n. instance ■ **~e** sporadically, here and there; in a few isolated cases
ojetý *(pneumatiky)* worn-down; *(auto)* second-hand, used
ojín|it cover sth with hoarfrost ■ **o. se** frost over, get* covered with hoarfrost ■ **~ěný** rimy, covered with rime n. hoarfrost
ojnice techn. tie rod
okamžik moment, instant; **o., prosím** one moment, please; just a minute n. second, please; **na o. (prosím)** can you spare me a moment (please)?; **od prvního ~u** from the very beginning n. outset; **v tom ~u** at that moment; **v prvním ~u** at first, for a moment; **v ~u** in an instant; **v následujícím ~u** the (very) next

moment; **v posledním ~u** in the last moment, in the nick of time; **v ~u, když jsem ho uviděl** the moment (that) I saw* him

okamžit|ý immediate, instant, instantaneous; *(chvilkový)* momentary; **~á úleva** instant n. prompt relief; **~á smrt** instantaneous death; **~á reakce** swift response; **~é rozhodnutí** split-second decision ■ **~ě** immediately, at once, right away; *(nyní)* here and now; *(tehdy)* then and there; *(na místě samém)* on the spot

okap eaves; *(žlab)* gutter ♦ **z deště pod o.** out of the frying pan into the fire

okapat *(voda)* drip n. trickle off; *(nádobí)* drain; **nechat o.** *(kapalinu)* let* sth drain away n. drip off, *(nádobí)* let sth drain

okarína hud. ocarina

okartáčovat *(prach)* brush off, *(šaty)* brush down, brush sth clean; **o. koho** brush s.o. down

okat|ý **1** big- n. large-eyed **2** *(nápadný)* conspicuous, striking ■ **~ost** conspicuousness

okázal|ý pompous, pretentious; *(nevkusně)* flashy, showy ■ **~e** pompously, pretentiously ■ **~ost** pomp, pompousness

okenice shutter

okénko **1** small window; *(špehýrka)* peephole **2** *(v bance, na poště ap.)* counter **3** *(v jídelně)* service n. serving hatch **4** šk. *(volná hodina)* free period **5** *(rubrika)* column

oklamat deceive *(též smysly)*; *(důvěru)* betray; *(naději)* disappoint; *(partnera: být nevěrný)* be unfaithful to, cheat on; *(oblafnout)* fool, dupe, hoodwink; pull the wool over sb's eyes; **dát se o.** (allow o.s.) to be duped n. taken* in

oklepat **1** *(popel z cigarety)* knock n. tap off **2** *(opsat na stroji)* make* a typewritten copy of ■ **o. se** *(o psovi)* shake* itself; **o. se z čeho** *(z napomenutí ap.)* get* over sth,

oklestit, oklešťovat **1** *(strom)* prune; *(větve)* lop n. chop off **2** *(práva, svobodu)* curtail; *(moc též)* clip; *(text)* prune away, cut* down, trim sth to size; *(subvence)* cut, axe

oklik|a **1** roundabout way; *(objížďka)* detour; **jít/ jet ~ou** take* a roundabout way/ make* a detour, *(neúmyslně)* go* the long way round **2** přen. roundabout way; **řekni to bez oklik!** don't beat* about the bush!

okn|o **1** window; *(v boku lodi)* port; **místnost bez oken** a windowless room; **stát u ~a** stand* by n. at the window; **dívat se z ~a** look out of the window; **vyhodit něco z ~a** throw* sth out of the window; **vlézt ~em** climb in through the window ♦ **vyhazovat peníze z ~a** throw money down the drain **2** *(ztráta paměti)* memory lapse, *(působením alkoholu)* blackout

oko **1** eye; **mít dobré/ špatné oči** have good/ bad eyesight; **otevřít/ zavřít oči** open/ close one's eyes; **sklopit oči** lower n. cast* down one's eyes; *(vidět co)* **pouhým okem** with the naked eye ♦ **a)** *(v nominativu)* **chovat koho jako o. v hlavě** be the apple of sb's eye; **klíží se mi oči** I can't keep* my eyes open; **kam až oči dohlédnou** as far as the eye can see*; **oči by chtěly, ale ústa nemohou** his/ her ap. eyes are bigger than his/ her belly; **o. za o., zub za zub** an eye for an eye and a tooth for a tooth **b)** *(v ost. pádech bez předložek)* **dělat na koho oči** make* eyes at sb; **házet po někom okem** *(zamilovaně)* make glad eyes at sb; **dělat si u koho dobré o.** ingratiate o.s. with sb; **mít oči na stopkách** be all eyes, keep* one's eyes skinned n. peeled; **nepustit koho z očí** never take* one's eyes off sb; **otevřít komu oči** open sb's eyes; **přivřít nad něčím oči** turn a blind eye to sth; **vidět něco jinýma očima** see* sth in a different light; **málem si oči vykoukala** her eyes were popping out of her head **c)** *(v předložkových pádech)* **bít DO očí** přen. hit* sb in the eye; **dívat se smrti do očí** look death in the face; **MEZI čtyřma očima** in strict confidence, in private; **NA vlastní oči** with one's own eyes; **nechoď mi na oči!** keep* out of my sight!; **OD oka** approximately; **PRO něčí krásné oči** just to please sb; **PŘED mýma očima** before my (very) eyes; **ztratit koho Z očí** lose* sight of sb; **z očí do očí** face to face, man to man/ woman to woman; **sejde z očí, sejde z mysli** out of sight, out of mind; **zmizni mi z očí!** get* out of my sight! **2** techn. lug **3** *(při pletení)* stitch, loop; *(sítě)* mesh (loop); *(na punčoše)* ladder **4** mysl. snare; **klást oka** lay* n. set* snares **5 kuří o.** corn **6 mořské o.** mountain lake **7 volské o.** fried egg **8 magické o.** *(rádia)* magic n. electric eye

okolí surroundings pl., environs pl.; *(blízké)* vicinity, neighbourhood; **malebné o. města** the picturesque surroundings of the town; **Praha a její o.** Prague and its environs

okolkovat$_1$ *(žádost)* stamp

okolkov|at$_2$ *(dělat okolky)* beat* about the bush, make* a fuss ■ **~ání** ado, fuss; **bez dalšího ~ání** without further ado

okolky fuss, ado; **dělat o.** fuss (**s čím** over sth), make* a (lot of) fuss, *(být příliš formální)* be

ceremonious; *(váhat)* beat* about the bush; **bez ~ů** without ceremony
okolní surrounding; *(sousedící)* neighbouring; *(teplota)* ambient; **o. krajina** surrounding countryside, environs
okolnost circumstance; **~i** circumstances, conditions; **příznivé ~i** favourable conditions n. circumstances; **polehčující/ přitěžující ~i** mitigating/ aggravating circumstances; **za těchto ~í** under these circumstances, as matters stand*; **za určitých ~í** under certain circumstances; **podle ~í** as the case may be
okolo v. **kolem**
okončetin|a limb; **~y** limbs, extremities
okop voj. trench
okopanina root crop
okop|at, ~ávat 1 *(zeleninu* ap.*)* hoe 2 *(boty)* scuff; *(nábytek)* batter
okopírovat copy, make* a copy of; fot. *(snímek)* print, make a print of; v. **kopírovat**
okoralý *(chléb)* stale, *(rty)* chapped, cracked
okorat *(chléb)* go* stale
okořenit 1 *(jídlo)* season, flavour; **silně o.** season strongly 2 přen. *(projev)* pepper n. lard (with jokes, quotations ap.)
okostice lék. periosteum; **zánět o.** periostitis
okotit se kitten
okouk|at, ~nout 1 *(důkladně)* look at sth thouroughly, have a good look at 2 v. **odkoukat** ■ **o. se** 1 *(ve městě)* find* one's way about; *(poučit se)* see* what's what 2 *(nebýt už zajímavý)* become* commonplace
okoun *(říční)* perch
okounět hang* n. stand* about, potter about
okousat: o. kost pick a bone (clean); v. též **okusovat**
okouzl|it, ~ovat charm; enchant, bewitch
okouzlující charming, bewitching; *(krása)* ravishing, captivating
okov pail, bucket
okovan|ý: ~é boty nailed boots; *(kůň)* shod, shoed
okovat 1 *(koně)* shoe* 2 *(dveře)* provide sth with metal fittings; *(boty)* stud
okovy *(pouta)* manacles, fetters, irons; přen. fetters, trammels
okr, ~ový ochre, am. ocher
okrádat v. **okrást; o. koho o čas** waste sb's time
okraj edge; *(města)* periphery, outskirts; *(cesty, bazénu)* side; *(šálku)* rim; *(klobouku)* brim; *(textu)* margin; **o. lesa** the edge of the wood; **naplnit až po o.** fill to the brim; **poznámky na ~i** notes in the margin
okrájet, okrajovat *(tvrdou kůrku* ap.*)* cut* off n. away; *(řepu)* top; *(jablka, hrušky)* peel
okrajov|ý *(místa)* outside; *(poznámka)* marginal; *(válka)* peripheral; *(skupina)* fringe; **~é části města** outskirts, periphery (of a town); **~á záležitost** side issue, a matter of peripheral importance ■ **~ost** marginality, marginal nature
okras|a decoration, embellishment; **květinová o.** floral decoration; **pro ~u** as a decoration
okrasný *(rostlina, zahrada)* ornamental
okrást rob; **o. koho o co** rob sb of sth, steal* sth from sb; přen. **o. koho o čas** waste sb's time ■ **o. se o co** deprive o.s. of sth
okrášl|it, ~ovat embellish, decorate, adorn; **o. ulice květinami** decorate the streets with flowers ■ **o. se** beautify o.s.
okres 1 admin. district, am. county; *(městský)* borough 2 *(úřad)* district n. am. county council
okrouhl|ý *(stůl, dvůr)* circular, round; *(suma, číslo)* round; *(tváře)* round, plump ■ **~e** approximately, about
okruh 1 radius; **v ~u pěti mil** within a five-mile radius, within a radius of five miles; **o. působnosti/ vlivu** sphere of activity/ influence 2 *(skupina lidí)* circle; **o. přátel** a circle of friends 3 **elektrický o.** electric field
okružní circular; **o. pila** circular saw; **o. silnice** ring road; **o. jízda** sightseeing tour; **o. cesta** circular tour n. trip
okřát recover, recuperate, be refreshed
okřídlen|ý: ~á slova familiar quotations, catch words; **o. kůň** winged horse n. steed, Pegasus
okřiknout shout n. yell at; **o. děti** make* the children keep* quiet, zhrub. make the children shut up
okřívat v. **okřát**
oktáva hud. octave
okteto octet
okultismus occultism
okultní occult
okupace occupation
okupační occupation, of occupation; **o. stávka** sit-in
okupant occupier, occupying force
okupovat occupy
okurka cucumber; *(nakládaná)* gherkin, *(malá)* pickle
okurkov|ý cucumber; **o. salát** cucumber salad; přen. **~á sezóna** the silly season

okusit taste, try, sample, have a taste of; v. též **ochutnat**

okusovat *(housenky)* **o. listy** eat* away n. nibble (at) the leaves; **o. kost** *(pes)* gnaw (at) a bone, *(člověk)* pick a bone; **o. si nehty** bite* one's nails

okvětí bot. perianth

okvětní: o. lístky petals

okyselit chem. acidify, acidulate; **o. octem** add vinegar (to)

okyslič|it oxidize ■ **o. se** become* oxidized ■ **~ení** oxidation

olámat *(větve)* break* off

oleandr oleander

olej 1 oil; **stolní/ salátový/ olivový/ slunečnicový/ řepkový o.** cooking/ salad/ olive/ sunflower/ rapeseed oil; **mastné/ minerální ~e** fatty/ mineral oils; **parafinový/ mazací o.** paraffin/ lubricating oil; **mandlový/ lněný/ ricinový o.** almond/ linseed/ castor oil; **o. na vlasy/ na opalování** hair/ suntan oil; **připravit/ smažit na ~i** cook/ fry in oil ♦ **přilévat ~e do ohně** add fuel to the flames n. fire 2 *(~omalba)* oil painting; **malovat ~em** paint in oil

olejnat|ý containing oil; **~á rostlina** v. **olejnina**

olejnička oil can

olejnina oil n. oleipherous plant

olejomalba oil painting

olejovk|a sardine in oil; **~y** (tin of) sardines in oil

olejov|ý oil; **~á barva** oil paint; mal. oil colour; **malovat ~ými barvami** paint in oils n. in oil colours

olemovat *(obroubit)* hem, border; *(krajkami* ap.*)* trim, edge; přen. *(stromy u cesty* ap.*)* border

olepit: o. kufr nálepkami cover a suitcase with labels; **o. stěnu plakáty** paste posters all over a wall

olezlý *(lysý)* bald

oligarchie oligarchy

oliva 1 *(plod)* olive 2 *(strom)* olive tree

olivový *(háj, barva, olej)* olive; **o. věnec** olive crown

olíz|at, ~nout *(med, krev)* lick off; *(talíř)* lick sth clean; **o. si něco z prstu** lick sth off one's finger; **~nout si rty** run* one's tongue over one's lips ♦ **to bych si ~l všech deset** that would be a real treat

olizovat v. **olízat**; **o. zmrzlinu** lick (at) an ice cream ■ **o. se** lick one's lips n. chops

oloupat *(jablka, brambory)* peel; *(pomeranče)* peel; *(slupku)* peel n. pare off; *(dřevo)* bark ■ **o. se** peel off; *(strom)* lose* the bark

oloupit rob; v. **okrást**

olověn|ý lead; *(obloha)* leaden; **~á slitina** lead alloy; **o. vojáček** lead soldier

olovnat|ý lead; **~é sklo** lead glass

olovnice plumb line; *(hloubkoměr)* plummet

olov|o lead; odb. plumbum ♦ **mám nohy jako z ~a** my legs feel* like lead

olše alder(-tree)

oltář altar; **hlavní o.** high altar; **vést nevěstu k ~i** lead* the bride to the altar; **položit život na o. vlasti** sacrifice o.s. for one's country

olůvko *(rybářské)* sinker

Olymp *(hora)* (Mount) Olympus

olympiáda Olympiad

olympijsk|ý sport. **O~é hry** Olympic Games, Olympics; **o. plamen/ ~á přísaha/ vesnice** Olympic flame/ oath/ village

olysa|t go* n. grow* bald ■ **~lý** bald

omáčka sauce; *(z pečeně)* gravy; *(bílá)* white sauce; *(na salát)* dressing; **rajská/ cibulová o.** tomato/ onion sauce

omak: hladký/ měkký na o. smooth/ soft to the touch

omalovánky colouring book

omalovat paint, decorate

omám|it 1 *(úderem)* stun, daze 2 *(alkohol)* intoxicate, muddle; **být ~en úspěchem** be carried away by success ■ **~ený** dazed; intoxicated; **být ~en** be in a daze

omamný *(vůně)* intoxicating, heavy; *(prostředek)* narcotic

omastek fat, dripping

omastit add some dripping; *(máslem)* butter; kuch. *(plech)* grease

omdlévat feel* faint n. dizzy; **o. hladem** be fainting with hunger

omdl|ít faint, go* off in a faint, swoon (away); hov. pass out ■ **bylo mi na ~ení** I nearly fainted, I felt* faint

omeleta omelette

omést *(koštětem)* sweep*; *(prachovkou)* dust

omešk|at se *(s prací)* be behind schedule; *(kde)* be held* up somewhere ■ **~ání** delay

omezenec simpleton, dunce

omezen|ý 1 *(prostředky, počet)* limited, restricted; *(viditelnost)* low 2 *(duševně)* simple-minded, obtuse, dense, dim; *(úzkoprsý)* small-minded; **je poněkud o.** he is a bit thick ■ **~ost** *(duševní)* obtuseness, thickheadedness, thickness

omez|it 1 *(ohraničit)* limit, restrict; **o. čí moc/ svobodu** curb n. restrict sb's power/ freedom 2 *(vymezit)* define, circumscribe 3 *(snížit)* limit, cut*; **o. rychlost** impose a speed limit; **o. výdaje** cut* costs; **o. výrobu** cut back production ■ **~ující** restrictive ■ **~ení** restriction(s), limitation; **bez o.** without limits; **o. kapacity** limitation of capacity; **o. svobody** curtailment of freedom

omezovat v. **omezit** ■ **o. se** *(finančně)* tighten one's belt; **o. se v pití** cut* down on one's drinking

omílat: o. co do omrzení repeat sth ad nauseam; **o. fráze** churn out one cliché after another

omilostn|it *(koho)* pardon, grant a pardon to; *(odsouzence k smrti)* reprieve ■ **~ění** pardon, amnesty; reprieve

omítat plaster; *(na hrubo)* roughcast; *(štukovat)* parget

omítka plaster; *(hrubá)* rough-cast; *(štuková, sádrová)* parget

omladina youth, young people

omla|dit *(pokožku)* rejuvenate; **o. mužstvo** build* up a younger team; **cítit se ~zen** feel* rejuvenated

omládnout grow* younger; *(vzhledově)* look younger

omlaz|ovat v. **omládnout** ■ **~ující** v. **~ovací** ■ **~ování** rejuvenation

omlazovací: o. kůra rejuvenation cure

oml|ít v. **omílat**

omlouv|at (se) v. **omluvit (se)** ♦ **neznalost zákonů ne~á** ignorance of the law is no excuse

omluv|a excuse, apology; *(vysvětlení)* justification; **říci co na svou ~u** say* sth as an excuse; **být nepřítomen bez ~y** be absent without an excuse

omluvit *(koho/co)* excuse; **o. svou nepřítomnost** apologize for one's absence; **o. své chování** justify one's behaviour; **o. dítě ve škole** excuse one's child's absence from school ■ **o. se** apologize, excuse o.s., make*; one's apologies; *(poslat omluvu)* send* one's apologies; **o. se za pozdní příchod** apologize for being late

omluvitelný excusable, pardonable; *(zdůvodnitelný)* justifiable

omluvný *(tón řeči, úsměv)* apologetic; **o. dopis** a letter of apology

omočit *(prsty, lžíci)* dip; **o. lžíci v polévce** dip a spoon in the soup ■ **o. se v čem** přen. get* mixed up in sth

omot|at, ~ávat wrap n. bind* sth around sth; **o. si ruku obvazem** wrap a bandage around one's hand ♦ **o. si koho kolem prstu** twist sb round one's little finger

omráč|it stun, daze; přen. hov. též knock sb out ■ **~ený** stunned, dazed, in a daze

omrknout: o. si co have a quick look at sth; **o. si knihu** glance n. skim through a book ■ **o. se po městě** have a look round the town; **o. se po krajině** see* sth of the countryside

omrzel|ý bored, weary; **o. čím** weary n. tired of sth; **~ost životem** world-weary ■ **~ost** weariness (**čím** of sth); *(apatie)* lassitude; **o. životem** world weariness

omrze|t: už mě to ~lo I am fed up with it, I am (sick and) tired of it, I have had enough of it ■ **do ~ní** ad nauseam, over and over again

omrzlina frostbite, *(mírná)* chilblain

omrz|nout get* frostbitten; **~ly mu nohy** his feet are frostbitten, he has got frostbite on his feet ■ **~lý** frostbitten

omšelý 1 *(skála, pařez)* moss-covered 2 *(šaty)* worn-out 3 *(vtip, příběh)* corny

omyl mistake, error; *(trapný)* blunder; **těžký o.** a bad mistake; **justiční o.** miscarriage of justice; **dopustit se ~u** make* a mistake, commit an error; **být na velkém ~u** be badly mistaken n. wrong; **~em** by mistake

omýt, omývat wash; *(nádobí)* wash, do; *(auto)* wash down; **o. si ruce** wash one's hands

on he, *(pro ostatní pády)* him; **on sám** he himself; **viděl jsem ho** I saw* him; **to je on** it is him

ona she, *(pro ostatní pády)* her; **to je ona** it is her; **viděl jsem ji** I saw* her

onanie onanism, masturbation

onanovat masturbate

ondat|ra, ~ří muskrat, musquash; **~ří kožešina** musquash (fur)

ondulace: trvalá o. permanent wave, br. hov. perm; am. permanent; **vodová o.** water wave

ondulovat *(vlasy)* wave

onehdy the other day, quite recently; **o. jsem ho potkal** I met* him the other day n. (quite) recently

oněmě|t be struck* dumb; **leknutím ~l** the shock left* him speechless, he was struck dumb by the shock ■ **~lý (hrůzou/ rozčilením)** dumb n. speechless (with terror/ rage)

onemocně|t fall* n. become ill, be taken* ill; **o. lehce nachlazením** catch cold; **o. malárií** go*

down with malaria ■ **~ní** illness, sickness
onen 1 that, pl. those; **ony případy, kdy** those cases when ♦ **onen svět** the other n. next world; **za onoho času** a long time ago, once upon a time 2 *(ve dvojici)* **tento ... onen** this one ... that one; *(při následnosti)* the former ... the latter
ono it; **to je ono** that's it, *(to si nechám líbit)* that's the stuff, that's the way I like it
onomatopoia onomatopoeia, imitation of sound
onomatopoický onomatopoeic
ontologie ontology
onuc|e footcloth ♦ **zacházet s kým jako s ~í** treat sb like dirt
opačn|ý 1 *(protilehlý)* opposite 2 *(protichůdný)* reverse, opposite; **o. směr** opposite direction; **~é pořadí** reverse order; **v ~ém případě** otherwise ■ **~ě** the other way round; **je tomu právě ~ě** it is exactly the opposite
opad|at, ~ávat *(omítka, listí)* fall* off, come* off; *(nátěr)* flake off, peel off; *(stromy)* shed* their leaves
opad|nout *(povodeň, hladina)* sink*, fall*, subside, recede; *(rozruch)* settle down; *(popularita)* fall off; **řeka ~la** the river is down
opájet se *(čím)* be intoxicated with
opak the opposite, the reverse; **tvrdí (pravý) o.** he maintains the contrary; **o. je pravdou** the opposite is true
opakovací 1 **o. hodina** revision lesson; **o. kurs** refresher n. brush-up course 2 **o. sloveso** frequentative verb
opakovačka repeater, pump gun
opak|ovat 1 *(větu* ap.*)* repeat; *(znovu)* reiterate; **o. doslova** repeat sth literally n. word for word; **to se nedá o.** it does not bear* repeating, it is unrepeatable 2 *(učební látku)* revise; *(třídu)* repeat 3 *(zkoušku)* resit*; *(film. záběr)* retake*; *(program)* repeat, rebroadcast; *(hru)* replay; *(pokus)* reproduce; div. **o.!** encore! ■ **o. se** repeat o.s.; **on se stále ~uje** he is constantly repeating himself; *(o události)* happen again, *(periodicky)* recur ■ **~ující se** recurrent ■ **~ovaný** repeated; *(program též)* rebroadcast; *(pokus)* reproduced ■ **~ovaně** repeatedly ■ **~ování** repetition, revision; *(zkoušky)* resit; *(periodické)* recurrence
opakovatelný reproducible
opál opal
opál|it *(peří* ap.*)* burn* off, singe; *(pokožku)* tan, bronze ■ **o. se** *(na slunci)* get* a (sun)tan ■ **~ený** suntanned, tanned ■ **~ení** suntan

opalovací: o. krém suntan cream n. lotion
opalovačky bikini
opalovat v. **opálit** ■ **o. se** sunbathe
opánek sandal
opanovat *(bojiště, situaci)* take* control of; *(hněv)* control, overcome*; **o. své city** overcome n. control one's emotions ■ **o. se** get* a grip on o.s., take control of o.s.; *(v hněvu)* control n. overcome one's anger
opar 1 *(mlha)* haze, mist; **o. tajemství** an air of mystery 2 lék. herpes; *(na rtech)* cold sore
opař|it scald; **o. si ruku** scald one's hand ■ **o. se** scald o.s. ■ **~ený** scalded ♦ **být jako ~ený** be stunned
opařenina scald
opásat se *(řemenem)* put* on one's belt
opasek belt ♦ **utáhnout si o.** též přen. tighten one's belt
opat abbot
opatek heel
opatrnický cagey, pussyfooting; *(v řeči)* mealy-mouthed
opatrník pussyfooter
opatrn|ý 1 cautious, careful; *(obezřetný)* guarded, wary, circumspect; **o. řidič** a cautious driver 2 *(konzervativní)* cautious, conservative; **o. odhad** a cautious estimate; **~é prohlášení** a conservative utterance ■ **~ě** cautiously, carefully; **jet ~ě** drive* with caution; **~ě!** look out!, careful!, watch (out)! ■ **~ost** caution, prudence, guardedness, wariness; **udělat co z ~osti** do sth as a precaution, do sth to be on the safe side ♦ **~osti nikdy nezbývá** it is better to be safe than (to be) sorry
opatrov|at *(koho, co)* look after, take* care of, care for; *(nemocné)* nurse, tend; *(poklad)* guard ♦ **o. co jako oko v hlavě** treasure sth, cherish sth dearly ■ **~ání** *(ochrana)* safekeeping, custody; *(péče)* care; **vzít koho do ~ání** take sb into one's care, take sb under one's wing
opatrovnice v. **opatrovník**; **o. dětí** childminder; *(pomocnice v domácnosti)* mother's help; *(nemocných)* br. district nurse
opatrovn|ictví trusteeship; guardianship; v. **~ík**
opatrovník *(poručník)* guardian; *(správce)* trustee; *(dozorce)* custodian
opatření measure, step, move; *(nápravné)* remedy; *(preventivní)* precaution; **přípravná/ zatímní o.** preparatory/ temporary measures; **učinit o. proti čemu** take* measures n. steps against sth, take measures to prevent sth

opatř|it, ~ovat 1 **o. komu co** get* n. procure sth for sb; **o. koho čím** provide n. furnish sb with sth; **o. si co** get* o.s. sth; **o. komu byt/ práci** get n. find* sb a flat/ a job; **o. si peníze/ půjčku/ kapitál** raise money/ a loan/ capital 2 *(dodat)* **o. knihu předmluvou** provide a book with a preface, preface a book; **o. film titulky** subtitle a film; **o. sako podšívkou** fit a jacket with a lining; **o. co razítkem** stamp sth

opatství abbey

opé|ci, ~kat *(maso)* roast, *(bez tuku)* grill, am. broil; *(topinku)* toast; **o. na rožni** roast sth on a spit, barbecue ▪ přen. jen **~kat se** *(na slunci)* bake n. roast in the sun

opékač *(topinek)* toaster

opelichaný *(slepice)* moulted; *(kočka)* mangy; přen. *(kožich)* shabby, moth-eaten

opentlit decorate n. adorn sth with ribbons

opepřit pepper, season sth with pepper; přen. **o. anekdotami** lace n.. lard sth with anecdotes

opera 1 hud. opera 2 *(budova)* opera (house); *(soubor)* opera (company)

opěra support; **nožní o.** footrest; **o. židle** backrest

operac|e 1 lék. operation; **podrobit se ~i** submit to n. undergo* an operation 2 voj. operation, campaign 3 obch. transaction

operační operating; **o. sál/ stůl** operating theatre/ table

opěradlo *(židle)* backrest; *(postranní)* armrest

operatér operating surgeon

operativn|í 1 lék. operative, surgical; **o. zákrok** operation 2 *(řešení)* flexible, efficient ▪ **~ě** lék. by means of surgery, surgically

operátor techn. operator, počít. (computer) operator

opereta 1 musical comedy, operetta 2 *(soubor)* operetta *(company)*

operetní operetta *(singer* ap.*)*

opěrka *(židle)* backrest; **o. pro hlavu** *(v autě* ap.*)* headrest

operní *(árie, hudba)* operatic; **o. skladatel** opera composer, composer of operas

opěrný supporting; **o. pilíř** supporting column, buttress; **o. bod** *(páky)* fulcrum, voj. strategic point, base, přen. foothold

operovat lék. *(koho)* operate on, perform an operation on; **dát si o. ledvinu** have a kidney operation; **o. koho na rakovinu** operate on sb for cancer

opeřenec bird

opeř|it se fledge, feather out ▪ **~ený** fledged, feathered

opět again; **o. se objevit** reappear; v. též **zase**

opětovací jaz. iterative

opětov|at 1 v. **opakovat** 2 return, reciprocate, answer; **o. návštěvu** return sb's visit; **o. úsměv** reciprocate sb's smile; **o. nepřátelskou palbu** answer the enemy's fire ▪ **~aný** *(láska)* requited ▪ **~ání** *(pozdravu)* return; *(úsměvu)* reciprocation

opětovn|ý repeated; **~á objednávka** repeat order; **~á volba** re-election ▪ **~ě** repeatedly, time after time

opevnění fortification; *(zákopy)* entrenchements; defences

opevnit fortify, *(zákopy)* entrench ▪ **o. se** entrench o.s. (in a position), fortify one's position

opevňovací *(práce)* fortification; **o. zařízení** fortifications, defences

opěvov|at extol, sing* the praises of ▪ **o. se** sing one's own praises, blow* one's own trumpet

opiát lék. opiate

opic|e 1 monkey; *(bezocasá)* ape, *(samice)* female monkey/ ape ♦ **být sto let za ~emi** be antediluvian 2 **mít ~i** be tight n. sloshed; **vyspat se z o.** sleep* it off

opičák 1 *(samec)* he-ape, he-monkey 2 *(nadávka: muži)* big ape, *(chlapci)* little horror n. monkey; *(šereda)* zhrub. ugly mug

opičí monkey('s); **o. klec** monkey cage; **o. ocas** monkey's tail

opičit se *(po kom/ čem)* ape, copy; *(napodobovat: mimiku, hlas* ap.*)* mimic, take* off

opičk|a 1 little monkey též expr. *(o dítěti)* 2 **mít ~u** be tipsy

opíjet v. **opít** ▪ **o. se** *(pravidelně)* be a habitual drinker n. drunkard; přen. *(láskou, poezií* ap.*)* be intoxicated with, go* into raptures over, be carried away by

opilec *(opilý člověk)* drunk; *(alkoholik)* drunkard, alcoholic, hov. boozer

opilství alcoholism; **propadnout o.** become* an alcoholic

opil|ý 1 drunk; *(mírně)* tipsy; euf. (be) under the influence; **o. na mol** dead drunk, sl. absolutely pissed; **o. jako slíva** as drunk as a lord; **řízení (motorového vozidla) v ~ém stavu** drunken driving 2 přen. *(nadšením* ap.*)* drunk(en) with, intoxicated with ▪ **~ost** drunkeness, inebriation; **rvačka v ~osti** a drunken brawl

opírat se v. **opřít se**

opis 1 copy, duplicate; *(úředně)* **ověřený o.** certified copy, legally attested copy 2 *(jinými slovy)*

paraphrase
opisný paraphrastic; jaz. *(stupňování)* periphrastic
opisovat v. **opsat**
opít: o. koho make* sb drunk ■ **o. se** get* drunk; **já jsem se z toho piva opil** the beer has gone* right to my head
opium lék. opium; přen. opiate
opláchn|out *(nádobí)* wash up; *(sklenice)* rinse; **o. si obličej** wash one's face ■ **o. se** have a quick wash; *(nedbale)* hov. give* o.s. a lick and a promise ■ **~utí** rinse; quick wash
oplak|at, ~ávat *(koho)* weep* for, mourn for n. over; **o. ztrátu své ženy** mourn the loss of one's wife
oplat|it: o. co čím repay* sth with sth; **o. návštěvu** repay a visit; **já vám to ~ím** I'll make* it up to you; **o. ránu** hit* back; **o. stejné stejným** give* tit for tat; **o. dobro zlem** repay good with evil
oplat|ka, ~ek wafer; **Karlovarské ~ky** Karlsbad wafers
oplátk|a: na ~u in return; *(odvetou)* in retaliation; **dát ~ou** reciprocate; **půjčka za ~u** tit for tat
oplechovat cover sth with sheet metal
opl|ést *(kabely, drát)* braid; **o. co čím** weave* sth round sth; **o. láhev proutím** weave a wicker cover round a bottle; *(o pavoukovi)* **o. mouchu** spin* a web round a fly ■ **~etení** *(láhve lýkem/ proutím)* raffia/ wicker cover; *(drátu, kabelu)* braiding
oplod|nit, ~ňovat 1 biol. fertilize, inseminate; *(květy)* pollinate; *(ženu)* make* sb pregnant, kn. impregnate; **o. uměle krávu** inseminate a cow artificially **2** *(diskusi)* stimulate, enrich
oplo|tit enclose n. surround sth with a fence, fence sth in n. up ■ **~cení** fence, enclosure; *(drátěné)* wire netting
oplýv|at *(čím)* abound in, be rich in, be rife with; **o. rybami** abound in fish, teem with fish ♦ **země ~ající mlékem a strdím** a land flowing with milk and honey
oplzl|ý obscene; *(vtip)* lewd, dirty ■ **mluvit ~e** have a foul mouth, tell* obscene jokes ■ **~ost** obscenity, lewdness
opodál near, not far from, at a short distance from; **o. domu** not far from the house
opodstatn|it *(tvrzení)* substantiate, justify, give* reasons for ■ **~ěný** well-founded, justified; *(pochyba)* reasonable; *(požadavek)* legitimate ■ **~ění** justification; raison d'être
opoj|it: být ~en *(nadšením, úspěchem* ap.*)* be drunk n. intoxicated with sth ■ **~ení** intoxication, inebriation; *(slávou* ap.*)* intoxication ♦ **zlaté ~ení** gold rush
opojn|ý *(nápoj)* intoxicating, heady, potent; *(vůně)* heavy ■ **~ost** *(vína)* potency
opom|íjet *(zanedbávat)* neglect
opomen|out: o. co udělat omit doing sth, forget* to do sth; *(zanedbat)* fail to do sth ■ **~utí** omission, failure (to do sth)
opona curtain; **železná o.** přen. iron curtain; **o. jde nahoru/ padá** the curtain rises*/ falls*
oponent opponent; *(při obhajobě dizertace)* ≅ (external) examiner
oponentský: o. posudek (external) examiner's report
oponovat *(komu)* oppose; **otcovi nesmíš o.** you must not contradict your father
opor|a 1 *(posila)* support, mainstay; **o. rodiny** the mainstay of the family; **dcera mu byla ~ou ve stáří** his daughter was his support in his old age **2** *(podpěra)* support; *(pod nohama: horolezce* ap.*)* foothold
oportunismus opportunism, time serving
oportunista opportunist, time server, camp follower
oportunistický opportunist, **z čistě ~ch pohnutek** for purely expedient reasons
opotit se *(brýle, okno)* steam up, cloud over
opotřeb|it, ~ovat *(šaty, motor)* wear* out; *(boty, pneumatiky)* wear down ■ **o. se** wear out; wear down; get* worn out/ down ■ **~ovaný** worn-out, worn-down; **~ované boty** též well-worn shoes ■ **~ení** wear and tear
opotřebovávat se be subject to wear and tear
opouštět v. **opustit**
opováž|it se: o. se něco udělat have the audacity n. the nerve to do sth, hov. have the brass neck to do sth; **~ili jsme se ho požádat o pomoc** we took* the liberty of asking (for) his help; **jen se opovaž!** just you dare!
opovážlivec daredevil, reckless man
opovážliv|ý rash, foolhardy, reckless; *(drzý)* cheeky, brazen, impudent ■ **~ost** recklessness; *(drzost)* cheek, impudence, brass neck
opov|ažovat se v. **~ážit se**; **jak se ~ažuješ se mnou takhle mluvit?** how dare you talk to me like that!
opovrhnout *(pomocí)* spurn
opovrhovat *(kým)* despise, scorn, hold* sb in contempt; *(projevovat opovržení)* show* one's

contempt for; **o. předpisy** flout regulations; **o. veřejným míněním** be contemptuous of public opinion, fly* in the face of public opinion
opovržení scorn, contempt
opovrženíhodný despicable, contemptible, reprehensible
opovrživ|ý contemptuous, disdainful, scornful; **o. úsměv** a contemptuous n. supercilious smile ■ **~ě** contemptuously, scornfully, with contempt
opozdilec latecomer; *(*zvl. *za skupinou)* straggler
opozdit se be late, come* late; *(vlak* ap.*)* be delayed n. overdue; **o. se na schůzi** be late for the meeting; **o. se o čtyři minuty** be 4 minutes late; **o. se s placením nájemného** be late with the rent; **o. se s prací** be behind with one's work ■ **opožděný** 1 *(letadlo, vlak)* delayed; *(příjezd, jaro)* late; *(přání)* belated 2 *(ve vývoji)* retarded
opozi|ce, ~ční opposition; **~ční strany** opposition parties
opozičník oppositionist; *(kdo stále kritizuje)* criticizer
opožďovat se 1 *(za skupinou)* straggle; *(být pozadu)* lag behind; v. též **opozdit se** 2 *(hodiny)* be slow, lose* time
opracov|at, ~ávat techn. work; *(strojově)* machine; *(kámen)* hew, face
oprášit 1 *(nábytek)* dust 2 *(vědomosti)* brush up; *(přepracovat: div. hru* ap.*)* revamp ■ **o. se** shake* off the dust
opra|t *(zeleninu)* wash, give* sth a wash; **salát musíme důkladně o.** the salad must be given a thorough wash
opra|ť rein ♦ **držet koho na krátké ~ti** keep* sb on a tight rein
oprát|ka noose, (hangman's) rope; **zasloužit si ~ku** deserve to hang*; **uniknout ~ce** escape the noose
oprav|a 1 repair(s); *(činnost)* repair work; **generální o.** general n. complete overhaul; **o. obuvi** shoe repairs; **být v ~ě** *(auto* ap.*)* be under repair; **dát si co do ~y** have n. get* sth repaired; **provádět ~y** make* repairs (**na** to) 2 *(korigování)* correction; *(textu)* revision; *(předpisů)* amendment; *(písemných prací)* marking
opravárna repair shop
opravář repairer; *(aut)* repairman; *(televize, rádia, pračky)* repairman, engineer
opravdov|ý 1 *(drahokam, přítel)* real; *(umění, radost)* real, genuine; *(zájem)* genuine, profound 2 *(člověk)* earnest, serious ■ **~ě** seriously; in earnest, earnestly ■ **~ost** seriousness, earnestness
opravdu really; **to jsem o. nebyl já** it really was not me; **o.?** really?, iron. is that so?; **stojí to o. za zkoušku** it's well worth trying
opravit repair; put* sth right; *(důkladně)* overhaul; *(prádlo, boty* ap.*)* mend; *(hodinky* ap.*)* fix; *(historické památky)* restore; *(kresbu)* retouch; *(chybu)* correct; *(školní práce)* mark
opravna repair shop, *(aut* též*)* garage, service station, *(hraček* též*)* doll's hospital
oprávnění 1 *(právo)* authorization, authority, power(s); **dát k čemu o.** authorize sb to do sth; **k tomu nemám o.** this is not within my competence n. powers 2 *(důvody)* justification, reasons
oprávněn|ý 1 *(mající ~í)* (**k**) competent (to do sth), authorized (to do sth) 2 *(odůvodněný)* **~á námitka** valid objection; **~á výčitka** just reproach; **o. výdaj** warrantable outlay ■ **~ě** by right, legitimately, with justification ■ **~ost** competence (**k** for); **~ost jeho požadavků** the justifiability of his requirements
oprávn|it: o. koho k čemu authorize n. empower sb to do sth, give* sb the right to do sth; **~il jsem ji, aby jednala za mne** I authorized her to act for me n. on my behalf ■ v. **~ěný; ~ění**
opravňovat 1 v. **oprávnit** 2 *(být důvodem)* justify, be a justification for; **o. k velkým nadějím** give* rise to great hopes; *(jízdenka)* **o. k pěti jízdám** be good for five rides/ journeys
opravn|ý: ~á zkouška resit
opravovat v. **opravit**
opražit *(kávu)* roast; *(prudce: maso, brambory)* sauté
oprostit: o. koho od čeho free* sb from sth, *(od poplatků)* exempt sb from sth ■ **o. se od čeho** get* rid of sth
oproti v. **proti**
oprudit se get* n. become* sore
opruzenina sore spot n. place
oprýska|t *(barva)* flake away n. off, chip off ■ **~ný** chipped, flaking
opříst: ♦ **být opředen legendami** be emblazoned with legends
opřít: o. (o) lean* (against n. on), rest (on), incline (against); přen. *(teorii)* base n. found sth on; **o. žebřík o stěnu** lean a ladder against the wall; **o. si lokty o stůl** rest n. lean one's elbows on the table ■ **o. se o co** lean on n. against sth, recline against sth; **o. se o stěnu** lean n. rest against the wall ♦ **o. se do toho** put* one's shoulder to

the wheel

opsat 1 copy, make* a copy of; **o. co načisto** make a fair copy of sth 2 šk. **o. co od koho** crib sth off sb 3 *(význam slova)* paraphrase 4 **o. kružnici** draw* a circle

opt|at se ask, inquire, enquire; **o. se koho** ask sb (**na** about); **já se ~ám** I'll find* out ■ **~ání** inquiry, enquiry; **děkuji za ~ání** thanks for asking ♦ **za ~ání nic nedáš** there is no harm in asking

optický 1 *(nerv* ap.*)* optic 2 *(zrakový)* optical, visual; **o. klam** optical illusion, trick of vision 3 *(přístroje, průmysl)* optical

optik optician

optika 1 fyz. optics 2 fot. lens n. optical system

optimální optimum, optimal; **o. teplota** optimal temperature

optimismus optimism

optimista optimist

optimistický optimistic; **o. pohled na život** a rose-coloured vision of life

opuchlina swelling

opuch|nout swell* (up) ■ **~lý** swollen, *(tvář* též*)* puffy

opulentní luxurious

opusti|t 1 *(koho)* leave*, abandon; *(ženu)* leave, desert; *(dívku/ chlapce)* drop, chuck, walk out on 2 *(vlast, místnost)* leave; **o. dobré zaměstnání** throw* up a good job 3 *(ideály, plány)* relinquish, abandon 4 *(o schopnostech)* **odvaha ho ~la** his courage failed n. deserted him; **~ly ho síly** his strength failed him ■ **opuštěný** *(bez přátel, bez pomoci)* high and dry; *(ulice, žena)* deserted; *(osamocený)* lonely; *(místo)* forsaken; *(krajina)* forlorn ■ **opuštěnost** desertedness, desolateness; loneliness; friendlessness

opyl|it, ~ovat pollinate ■ **~ování** pollination

oráč ploughman, am. plowman

orámovat *(obraz)* frame

orangutan orangutang

orani|ce, ~ště ploughed field

oranžáda orangeade

oranžový orange(-coloured)

orat plough, am. plow; till ♦ **o. s kým** přen. push sb around; **nechá sebou o.** he lets* people walk n. trample all over him

oratorium oratorio

orazítkovat stamp; *(dopis)* postmark

orba ploughing, tillage

ordinace 1 *(místnost)* surgery, am. office; *(odb. lékaře)* consulting room 2 *(vyšetření)* examination, *(léčení)* treatment 3 *(ordinační hodiny)* br. surgery (hours), am. office hours

ordina|ční: o. hodiny v. **~ce (3)**

ordinovat 1 hold* surgery, have surgery hours 2 *(léky)* prescribe

orel 1 eagle 2 *(rub mince)* tails

orgán 1 biol., lék. organ; **dýchací ~y** respiratory organs 2 *(noviny)* organ 3 *(instituce)* organ, authority, body; **stranický o.** party organ; **výkonný o.** executive body; **správní ~y** *(místní)* local authorities

organick|ý organic ■ **~y** organically

organiz|ace 1 *(~ování)* organization, organizing 2 *(instituce)* organization, association; **masová o.** mass organization

organizačn|í organizational, organizing; **o. výbor/ schopnost** organizing committee/ ability ■ **~ě** organizationally; **~ě zajistit** provide the organizational backup

organizátor organizer

organizova|t organize ■ **o. se** *(stranicky)* join a party, *(odborově)* join a union; *(dělníci)* form a union, form themselves into a union ■ **~ný** organized; **být politicky/ odborově ~ný** be a party member/ be in a trade union; *(kolektiv)* be unionized ■ **~ně** in an orderly manner

orgie orgy; **pořádat o.** have orgies n. an orgy

orchestr orchestra; *(kapela)* band

orchestrální orchestral; *(koncert* též*)* orchestra

orchidea, orchidej orchid

Orient kn. *(východ)* Orient

orientačn|í: o. smysl sense of direction; **o. bod** point of reference, *(viditelný)* landmark ■ **~ě** *(přibližně)* tentatively, roughly

orientálec an inhabitant of the Orient

orientalista orientalist

orientalistika Oriental Studies

orientální oriental

orient|ovat se 1 orientate o.s., find* one's bearings (též přen.); **špatně se o.** have a poor sense of direction 2 *(mít rozhled)* be well informed; *(mít přehled o čem)* be well versed in sth; *(v novém oboru)* (try) to find* one's feet in sth ♦ **umět se o.** know* (all) the ropes 3 **o. se na** concentrate on, direct one's attention to; **o. se na mladé diváky** cater for young viewers ■ **~ace** orientation, bearings; **ztratit ~aci** lose* one's bearings; **pro vaši ~aci** for your information

originál original; **číst knihu v ~e** read* a book in the original

originalita originality

originální 1 *(původní)* original; **o. vědecká práce** primary research; **o. kopie** master copy 2 *(samorostlý)* eccentric, odd
orkán hurricane
orlí eagle, aquiline; **o. oko** eagle eye; **o. nos** aquiline nose; **mít o. zrak** be eagle-eyed, have eyes like a hawk
orlice *(ve znaku)* eagle
orlík eaglet
orloj astronomical clock
orlovec *(říční)* osprey
ornament ornament, decoration
ornamentální ornamental, decorative; hov. *(vzor ap.)* fanciful
ornát círk. vestments
ornice arable land
orný *(půda)* arable
orodovat 1 *(náb.)* pray 2 *(prosit)* **o. u koho za koho** plead* n. intercede with sb on sb's behalf, put* in a good word for sb
oros|it se *(listy)* become* covered n. wet with dew; *(brýle)* steam up; **oči se jí ~ily slzami** there were tears in her eyes ■ **~ený** *(tráva)* wet with dew; *(brýle)* steamed up
ortel sentence, verdict; **o. smrti** death sentence, sentence of death; **vyřknout o.** pass n. pronounce sentence n. judgement (on)
ortodoxní orthodox
ortopéd orthopaedist
ortopedický othopaedic
ortopedie othopaedics (sg. i pl.)
orvat *(listí, vánoční stromek)* strip
oř steed
ořech 1 nut; *(vlašský)* walnut (též *strom, dřevo)*; *(lískový)* hazelnut; **louskat ~y** crack nuts 2 **telecí o.** tender piece of leg of veal 3 *(uhlí)* nut coal
ořechov|ý nut; **~é jádro** nut kernel; **~á skořápka** nutshell; **o. koláč** nutcake; **o. nábytek** walnut furniture
ořešák walnut
ořeší hazel grove
ořez|at, ~ávat *(větve)* lop off; *(strom)* prune; *(tužku)* sharpen; *(maso z kostí)* cut* off
ořezávátko pencil sharpener
oříšek 1 small nut, nutlet; **lískový/ burský/ muškátový o.** hazelnut/ peanut, br. též groundnut/ nutmeg 2 přen. **tvrdý o.** hard nut to crack, tough proposition
oříškov|ý *(barva)* hazel; **o. dort/ ~á čokoláda** nutty cake/ chocolate ■ **~ě hnědý** hazel
ořízk|a *(knihy)* edge; **zlatá o.** gilt edges; **kniha se zlatou ~ou** gilt-edged book
osa 1 *(nosná)* axle; *(geom., optická)* axis; **Země se točí kolem své osy** the Earth rotates on its own axis; *(dopravovat)* **po ose** by road, žel. by rail 2 *(románu)* (the) main n. central theme 3 pol. axis; **o. Berlín – Řím** the Rome-Berlin Axis
osad|a 1 settlement; **založit ~u** found* a settlement 2 **prázdninová o.** vacation village; *(tábor)* holiday camp 3 *(kolonie)* colony, settlement; **zámořské ~y** overseas settlements
osadit 1 *(záhon)* plant; *(nově)* replant; **o. záhon květinami** plant a bed with flowers 2 *(posádkou)* man; *(území)* colonize, settle
osádka v. **osazenstvo**
osadník settler, colonist; *(farnosti)* parishioner
osamě|lý 1 lonely, solitary 2 *(bez lidí)* lonely, secluded; **~á krajina** a lonely region; **~é místo** a secluded place ■ **~e: žít ~e** live in seclusion, lead* a secluded life ■ **~ost** loneliness; seclusion; **žít v ~osti** v. **~e**
osamět be (left) alone; *(dům)* be (left) empty; *(ulice)* be deserted
osamocen|í v. **~ost**
osamocen|ý lonely; *(bez přátel)* friendless; *(odloučený)* isolated ■ **~ost** loneliness; friendlessness; isolation
osamostatnit *(koho/ co)* make* sb/ sth independent ■ **o. se** *(země)* gain n. achieve independence, become* independent
osazenstvo staff, personnel; *(továrny)* workforce; *(lodi)* crew
oscilace oscillation
oscilátor oscillator
oscilovat oscillate
osedlat saddle, put* the saddle on ♦ **o si koho** make* sb dance to one's tune, get* sb under one's thumb
osekat *(větve)* chop n. cut* n. lop off
osel 1 donkey, ass 2 přen. *(hlupák)* fool, ass; **ty jsi ale o.!** what an ass you are!, you are a perfect ass!
osení germinating n. shooting crops; **jarní o.** spring crop
osev *(setí)* sowing; *(období)* sowing period; *(zrní)* seed, seeds
osevní: o. plocha area under crops, sown area
osch|nout become* n. get* dry, dry out ■ **~lý** dried-up; *(chléb)* stale
osídlenec settler
osídl|it *(území)* settle, colonize; *(zalidnit)* pop-

ulate, people ■ **~ení** settlement, colonization; **hustota ~ení** population density

osid|lo snare; **dostat do svých ~el** ensnare

osika aspen, trembling poplar; **třást se jako o.** tremble like a leaf

osiře|t 1 become* an orphan, be orphaned **2** přen. *(hrad, trůn)* be deserted, be abandoned ■ **~lý 1** orphaned; **~lé dítě** orphaned child **2** *(hrad, trůn)* abandoned, deserted ■ **~lost** orphanhood

osí|t, ~vat sow*, seed; **o. pole ječmenem** sow n. seed a field with barley, put* a field to barley

osivo seed(s)

oslab|it weaken; *(síly)* debilitate; *(napětí)* reduce; *(konflikt)* defuse ■ **~ení** weakening; debilitation; reduction; **hrát v ~ení** *(v hokeji, ve fotb.)* be playing a man/ two men ap. short; *(ve fotb.)* be playing with ten/ nine ap. men

oslábnout grow* weak, lose* in intensity; *(poptávka)* decline, slacken; *(světlo)* fade away

oslad|it sweeten; **o. si kávu** put* sugar in one's coffee ♦ **o. hořkou pilulku** sweeten the bitter pill; **já ti to ~ím** I'll get* my own back, you'll pay* for it

oslav|a 1 celebration; **na ~u čeho** to celebrate sth, to mark the occasion of sth **2** *(slavnost)* celebration, hov. party; *(nového bytu)* housewarming; **uspořádat rodinnou ~u** hold* a family celebration

oslavenec the guest of honour, the person being honoured; *(při narozeninách dětí,* žert. též. *dospělých)* the birthday boy/ girl

oslavit 1 celebrate, *(výročí* též*)* commemorate ♦ **to se musí o.** that calls for a celebration **2** *(velebit)* praise, celebrate, extol

oslav|ovat 1 v. **~it 2** *(dělat ~u)* hold* a party; *(bavit se)* **~ovali celou noc** they made* a night of it

oslavn|ý festive; **~á řeč** ceremonial address n. speech; **~á báseň** panegyric

oslepi|t 1 *(zbavit zraku)* blind, gouge sb's eyes out **2** *(oslnit)* dazzle; **její krása ho ~la** her beauty dazzled him; **dát se čím o.** let* o.s. be deceived by sth

oslep|nout go* blind, lose* one's sight; **o. na jedno oko** go blind in one eye ■ **~lý** blind ■ **~nutí** loss of eyesight

oslep|ovat v. **~it (2)**

oslepující dazzling, blinding; *(krása* též*)* stunning

oslí donkey's; **o. ucho** donkey's ear; **o. křik** bray; *(o knize)* **s ~ma ušima** dog-eared

oslice she-ass, jenny ass

oslizlý slimy

osliznout become* n. get* slimy

osln|it 1 *(oslepit)* blind, dazzle **2** přen. *(uchvátit)* dazzle, fascinate; **být kým ~ěn** be struck* n. spellbound with sb

osln iv|ý, oslňující 1 *(světlo)* blinding, glaring **2** *(geniální)* brilliant; *(báječný)* dazzling; *(krása* též*)* stunning ■ **~ě bílý** dazzlingly white; **~ě krásná** stunningly beautiful

oslov|it, ~ovat address, accost; **o. koho jménem** address sb by name; **o. koho na ulici** speak* to sb in the street; **o. koho „pane doktore"** address sb as "doctor", call sb "doctor" ■ **~ení** form of address

oslovina folly, stupid thing

oslovsk|ý *(hloupý)* idiotic ♦ **~á čepice** dunce's cap

oslyšet *(prosebníka)* turn away, refuse to listen *(*to sb*)*; *(žádost)* reject

osm eight

osm- srv. též **čtyř-, čtv-**

osma eight *(*též *veslařská)*; *(v krasobruslení)* figure of eight

osmah|nout 1 *(o tváři, pokožce)* get* tanned **2** *(cibulku)* brown ■ **~lý 1** *(tvář)* tanned, bronzed **2** *(cibulka)* browned

osmaž|it fry; *(fritováním)* deep-fry; *(prudce na malém množství tuku)* sauté ■ **~ený** fried; **~ená směs** fry-up

osmdesát eighty

osmdesátiletý *(atributivní)* eighty-year-old, *(v přísudku)* eighty years old

osmdesátk|a eighty; **jede ~ou** *(rychlostí)* he's doing eighty

osmdesátn|ík, ~ice octogenarian

osmdesátý eightieth

osměl|it se 1 venture, dare, make* bold; **~il se ho požádat** he made (so) bold as to ask him, he ventured to ask him **2** *(ztratit ostych)* break* the ice, loosen up

osmerka polygr. octavo

osmerkový: o. tisk octavo

osmerý srv. **čtverý**

osmička srv. **čtyřka**

osmihran octagon

osmihranný octagonal

osmilet|ý eight-year-old; **~é děvče** an eight-year-old girl, a girl of eight; **chlapec je o.** the boy is eight years old n. eight years of age

osmin|a eighth (part); **o. čeho** an eighth of sth; hud. též **~ka** quaver, am. eighth note

osminásobný octuple
osminka ≅ a quarter (of a pound)
osmistěn octahedron
osmistěnný octahedral
osmiúhelník octagon
osmiúhlý octagonal
osmiválec eight-cylinder (car)
osmium osmium
osmiveslice v. **osma**
osmnáct eighteen ♦ **jsou jeden za o. a druhý bez dvou za dvacet** they are tarred with the same brush
osmnáctiletý *(chlapec)* an eighteen-year-old (boy)
osmnáctý eighteenth
osm|ý eighth; **za ~é** eigthly
OSN UN, United Nations
osnov|a 1 textil. warp 2 *(notová)* stave 3 *(románu)* outline; **učební ~y** curriculum; **o. zákona** bill
osnovat: o. pikle brew mischief, spin* plots; **o. pomstu** brood n. plot vengeance
osob|a 1 person; *(jedinec)* individual; **stůl pro šest osob** a table for six people n. persons; **na ~u** per person, *(ve statistikách)* per capita; **já za svou ~u** I for my part, as for me, personally; *(prezident a první tajemník)* **v jedné ~ě** rolled into one 2 *(nositel funkce)* **fyzická o.** individual; **úřední o.** official; **vojenská o.** member of the armed forces, soldier 3 lit., div. character; div. **~y a obsazení** dramatis personae, list of characters; **Bůh ve třech ~ách** God in three persons 4 jaz. person; **třetí o. singuláru/ plurálu** third person singular/ plural
osobit|ý *(sloh* ap.*)* original, distinctive, peculiar; **město má ~é kouzlo** the town has a special charm n. a charm all of its own ■ **~ost** originality, distinctiveness
osobn|í 1 personal, individual; **o. svoboda** personal n. individual freedom; **o. údaje/ hygiena** personal data/ hygiene; **o. vlak** ordinary n. stopping train; **o. oddělení** personnel department; **o. auto** private n. passenger car; **o. doprava** passenger service; **o. počítač** personal computer 2 jaz. **o. zájmeno** personal pronoun 3 *(subjektivní)* personal; **o. důvody** personal reasons 4 *(setkání)* personal, face-to-face ■ **~ě** personally, in person; *(být přítomen)* in the flesh; **brát co ~ě** take* sth personally
osobnost personality; **význačná o.** prominent n. eminent personality; **veřejné ~i** public figures, notables
osobovat si: o. si právo assume the right (to do sth); **o. si moc** usurp power
osoč|it, ~ovat smear, malign, denigrate
osočovatel slanderer, defamer
osol|it v. **solit** ♦ **(počkej,) já ti to ~ím** I'll show* you what's what
osopit se: o. se na koho snap at sb
osový techn. axial
ospalec sleepyhead
ospal|ý sleepy, drowsy; *(líný)* sluggish; *(městečko)* sleepy, somnolent; *(počasí)* soporific ■ **~ost** sleepiness, drowsiness
ospravedln|it 1 *(zdůvodnit)* justify, vindicate 2 *(zbavit nařčení)* exonerate, put* sb in the clear ■ **o. se** justify o.s., exonerate o.s. ■ **~ění** justification
osprchovat se have n. take* a shower
ostatně incidentally, by the way; for that matter; come* to that
ostatní I adj. the rest, (all) the other, the remaining; **o. věci** the rest of the things, the remaining things II *(osoby)* the rest, the others; *(co následovalo)* the rest; **o. si můžeš domyslet** you can imagine the rest
osten prickle, prick; *(růže)* thorn; *(ježka)* též přen. sting; **o. lítosti/ kritiky** the sting of remorse/ the barb of criticism
ostentativn|í demonstrative; *(klid)* marked; *(strojený)* studied ■ **~ě** demonstratively, pointedly
ostnatý *(drát)* barbed; *(keř)* thorny; *(ploutev)* prickly, bristly
ostošest *(řečnit)* without a break, on and on, nineteen to the dozen; **běžel o.** he ran* as fast as legs could carry him
ostouze|t slander, malign; **o. čí jméno** blacken sb's name; **o. rodinu** be a disgrace to one's family ■ **~ní** mudslinging, muckraking
ostražit|ý watchful, vigilant ■ **~ě něco sledovat** keep* a watchful eye on sth ■ **~ost** watchfulness, vigilance
ostroh promontory, tongue of land
ostrouhat *(mrkev)* clean ♦ **o. mrkvičku** get* nothing for one's pains, leave* empty-handed
ostroúhlý geom. acute-angled
ostrov 1 island; *(malý; ve vlastních jménech)* isle 2 *(národnostní, jazykový)* enclave
ostrovan, ~ka islander
ostrovní *(stát)* island; *(květena, klima)* insular
ostrovtip acumen, astuteness
ostrovtipný shrewd, sharp-witted, acute

ostruh|a *(jezdecká, kohoutí)* spur; **bodnout koně ~ou** give* a horse a touch of the spurs, spur a horse ♦ **vysloužit si ~y** win* one's spurs

ostrůvek 1 small island, islet 2 *(pro chodce)* refuge, am. safety island

ost|rý 1 *(nůž, meč, sekyra, hrana* ap.*)* sharp, sharp-edged; **o. jako břitva** as sharp as a razor ♦ **mít o. jazyk** have a sharp tongue 2 *(dráp, osten, tužka,)* sharp, pointed, *(trn* též*)* prickly; *(nos)* pointed; *(úhel)* acute; *(zatáčka)* sharp, acute 3 *(náboj, střela)* live; **výstřel na ~ro** a live shot, a shot with live ammunition 4 *(jídlo)* savoury, highly seasoned, hov. hot; *(pepř)* hot; *(světlo)* harsh; *(zápach)* pungent, acrid; *(bolest)* sharp; *(hlas)* shrill, piercing 5 *(intenzívní) (boj)* fierce, tough, *(konkurence* též*)* cut-throat; *(tempo)* sharp, hard, stiff; **~rým tempem** at a stiff pace 6 *(strohý)* strict; *(zkouška* též*)* severe, rigorous; *(napomenutí* též*)* sharp; *(kritika)* severe 7 *(zrak, čich)* sharp, keen, acute; **mít o. zrak** have sharp eyes n. eyesight 8 *(fotografie)* sharp, distinct; *(rysy obličeje)* sharp-cut ■ **~ře** 1 sharply; **~ře nabroušený nůž** a sharply ground* knife 2 **~ře kořeněný** hot, highly n. strongly seasoned; **~ře zapáchat** *(čím)* have a strong smell (of) 3 *(intenzívně)* fiercely 4 *(přísně)* strictly, sharply; *(zkoušet* též*)* rigorously 5 **~ře řezané rysy** sharply defined n. sharp features ■ **~rost** 1 sharpness 2 pointedness 3 *(jídla)* hotness; *(světla)* harshness, intensity; *(zápachu)* pungency, acridity 4 *(boje, konkurence)* fierceness, ferocity, bitterness 5 strictness, rigorousness 6 *(zraku, čichu)* sharpness, acuity 7 *(fotografie)* sharpness

ostřelovač sniper

ostřelovat bombard, shell, batter

ostří edge; techn. cutting edge; **o. nože** knife edge ♦ **ulomit o. sporu** take* the sting out of an argument; **boj na o. nože** a fight to the finish

ostříhat *(vlasy, nehty)* cut*; *(ovce)* shear*; *(plot)* trim; *(stromy)* prune; **o. koho na krátko** crop sb's hair short n. close; **dát si o. vlasy** have one's hair cut

ostřílený seasoned, smart; **být v čem o.** be an old hand at sth; **o. voják** a seasoned soldier

ostřit *(tužku, nůž)* sharpen; *(kosu)* whet ♦ **o. si na kom vtip** crack jokes at sb's expense

ostud|a shame, scandal, disgrace; **udělat si ~u** make* a fool of o.s.; **je to pro ~u** it's a disgrace, *(ošklivá budova* ap.*)* it's an eyesore; **dělat ~u rodině** be a disgrace to one's family ♦ **rodinná o.** *(něco utajovaného)* a skeleton in the cupboard

ostudn|ý shameful, disgraceful, scandalous, outrageous; **~é zacházení s lidmi** scandalous treatment of the people; **~é chování** disgraceful behaviour

ostych shyness, timidity; **mluvit bez ~u** speak* quite freely; **zbavit se ~u** lose* one's inhibitions

ostých|at se be shy, be n. feel* embarrassed; **ne~ejte se!** don't be shy!; **o. se před dívkami** feel* self-conscious when talking to girls

ostýchavý shy, bashful, self-conscious

osud fate, destiny; **těžký o. žen** woman's lot; **sdílet stejný o.** share the same lot; **to už je o.** such is life; **ponechat koho (svému) ~u** leave* n. abandon sb to his fate; **spojit s někým svůj o.** cast* in one's lot with sb, share the same lot with sb

osudí *(loterie)* wheel of fortune; *(volební urna)* ballot box

osudn|ý *(den, slovo)* fateful; *(chyba)* fatal, bad ■ **~ost** fatefulness

osušit dry, dry up; *(utřením)* wipe sth dry; **o. si pot na čele** wipe the perspiration off one's forehead n. brow ■ **o. se** dry o. s.; *(třením)* rub o.s. dry

osuška bath towel

osvědčení certificate; *(dobrozdání)* testimonial; **o. způsobilosti** certificate of qualification; **lékařské o.** medical certificate; **o. o státním občanství** proof of nationality, *(o získání)* naturalization papers; **vydat/ obdržet o.** issue/ obtain a certificate

osvědčený *(prostředek, postup)* well-tried, time-tested, sound; *(zásady)* well-established; *(člověk)* reliable, trustworthy; *(zkušený)* experienced

osvědč|it display, manifest, show*; **o. vděčnost** show n. express one's gratitude; **o. talent** show talent ■ **o. se** *(teorie* ap.*)* prove* one's worth, stand* the test of time; *(pracovník)* prove one's ability; **o. se jako ředitel** prove to be a good headmaster; **neo. se** *(lék, funkcionář* ap.*)* turn out to be a failure ■ v. **~ený**

osvěta education of the public; **zdravotnická o.** health education

osvětlení lighting, lights; illumination; *(slavnostní)* illuminations; *(světlomety)* floodlighting; **pouliční o.** street n. public lighting, street lights; **o. místnosti** illumination of a room; **hrát při umělém o.** play under floodlights

osvětl|it, ~ovat 1 light* up, illuminate; *(opatřit*

světly: ulice ap.*)* light; *(o světlomety)* floodlight 2 *(objasnit)* clarify, elucidate, illuminate
osvětlovací lighting; **o. zařízení/ těleso** lighting installation/ fixture
osvětlovač div. lighting technician; film. lighting engineer
osvětov|ý: ~é kursy courses for adults; **o. dům** (municipal) cultural n. civic centre; **~á činnost** public enlightenment n. education
osvěž|it, ~ovat refresh; *(znalosti)* polish up, *(jazyka* též*)* brush up; *(barvu)* brighten up; **o. text obrázky** enliven a text with pictures ■ **o. se** refresh o.s. (**sprchou** with a shower); *(trochu se umýt)* freshen up ■ **~ující** refreshing, recuperative ■ **~ení** refreshment
osvěžovač vzduchu air freshener
osvícenec representative/ philosopher of the Enlightenment, enlightener
osvícenství the Enlightenment
osvícensk|ý Enlightenment, of the Age of Enlightenment; **~á literatura** Enlightenment literature, literature of the Age of Enlightenment
osvícený enlightened; *(nezaujatý)* open-minded; *(svobodomyslný)* liberal
osvit fot. exposure
osvíti|t 1 v. **osvětlit 1**; fot. *(film)* expose 2 přen. *(koho)* enlighten, illuminate, inspire ♦ **~l ho duch svatý** ≅ he had a brainwave n. am. brainstorm
osvobo|dit 1 *(zemi, národ)* liberate, free; *(vězně, ptáka z klece)* set* free, *(násilně)* rescue; *(u soudu)* acquit 2 *(od voj. služby, od daní* ap.*)* exempt; *(od povinností)* excuse (from) ■ **o. se** free n. liberate o.s. (**od čeho** from sth) ■ **~zený** 1 *(od daní/ voj. služby)* exempt 2 *(u soudu)* acquitted ■ **~zení** liberation; rescue; exemption (from)
osvoboditel liberator
osvoboditelsk|ý liberation; **~á armáda** liberation army
osvobozeneck|ý: o. boj struggle for liberation; **~é hnutí** liberation movement; **~á válka** war of liberation
osvobozující *(smích)* liberating; **o. rozsudek** acquittal
osvoj|it si, ~ovat si 1 *(přisvojit si neprávem)* appropriate sth unlawfully, misappropriate sth; **o. si co násilím** seize sth by force 2 *(vědomosti)* acquire, learn*; *(jazyk)* master; *(mínění)* adopt; *(dovednost)* get* the trick of 3. **o. si dítě** adopt a child
osypky zastaráv. measles
ošacení v. **oblečení**
ošálit cheat, hoodwink, deceive
ošatit clothe, fit sb out ■ **o. se** fit n. rig o.s. out with clothes, provide o.s. with clothes
ošatka flat basket, *(na chléb)* bread basket
ošemetný *(záležitost, situace)* tricky, delicate; *(otázka)* tricky, awkward
ošetř|it 1 *(raněné, zranění)* treat, *(ránu)* dress 2 *(kojence, nemocné)* attend to ■ **~ení** treatment
ošetř|ovat 1 v. **~it** 2 *(nemocné)* nurse, care for ■ **~ování** treatment; nursing
ošetřovatel *(nemocných)* male nurse ■ **~ka** nurse
ošetřovna *(v nemocnici)* outpatient department, outpatients; *(podniku)* first-aid room; voj. sick bay, sickroom
ošidit cheat; *(zákazníka) (žádat vysokou cenu)* overcharge; *(vrátit méně)* short-change; **o. koho o co** cheat n. swindle n. právn. defraud sb out of sth ■ **o. se** *(při koupi)* get* a raw deal
ošidný 1 *(klamný)* deceptive; *(riskantní)* precarious; *(zrádný)* treacherous 2 *(zavádějící)* deceitful
ošívat se *(v rozpacích, při svrbění)* fidget; *(zdráhavě: při placení* ap.*)* wriggle, squirm
ošklíbat se grimace, make* n. pull (wry) faces
ošklíbnout se make* n. pull a (wry) face
ošklivec ugly man
ošklив|it si *(co)* loathe, abhor, detest ■ **o. se:** neos. **~í si hady** she loathes snakes
ošklivý|ý 1 ugly; *(dívka* též*)* plain; *(šeredný)* hideous; **být o. jako noc** be as ugly as sin; *(počasí)* nasty, foul 2 *(čin)* nasty; *(záležitost)* ugly, unpleasant 3 *(neslušný)* **~á slova** foul n. bad language ■ **chovat se ke komu ~ě** be nasty n. beastly n. horrid to sb; **venku to ~ě fouká** there's a nasty wind outside ■ **dnes je tam ~o** the weather is foul today ■ **~ost** 1 ugliness, plainness 2 *(odpor)* revulsion, loathing
oškrábat 1 *(seškrábat)* scrape off; *(dveře: před natíráním)* scrape (down); **o. bláto z bot** scrape mud off shoes, scrape one's shoes 2 *(brambory)* peel, pare; *(mrkev)* scrape, clean
oškrabky scrapings
oškrábnout scrape off ■ žert. **o. se** *(oholit se)* scrape one's chin
oškuba|t 1 *(husu)* pluck; *(listí)* pluck off; **o. všechno ovoce** strip a tree of fruit 2 expr. *(koho o peníze)* fleece; **ti tě ~li** you have paid* through the nose
ošlapa|t *(koberec, schody)* wear* out, *(podpat-*

ky) wear down ■ **~ný** worn out, well-trodden; *(podpatek)* worn-down
ošleha|t *(o větru)* lash; *(dům pískem)* sandblast ■ **~ný** *(tvář)* weather-beaten
ošoupa|t *(šaty)* wear* sth out n. thin ■ **o. se** *(o šatstvu, koberci* ap.*)* wear out ■ **~ný** *(oděv)* worn-out, threadbare, shabby
oštěp spear; sport. javelin; **hod ~em** throwing the javelin
oštěpař, ~ka javelin thrower
ošulit diddle, dupe, take* sb for a ride; **o. koho o co** diddle sb out of sth
ošumělý, ošuntělý *(šaty)* shabby, scruffy, badly worn; *(člověk)* seedy, down-at-heel ■ **~ost** shabbiness; seediness
otáčecí: o. dveře revolving n. swing door; **o. židle** swivel chair; techn. **o. ústrojí** slewing gear
otáčet v. **otočit**; **o. mlýnkem/ kolovrátkem** grind* a cofee mill/ an organ ■ **o. se** gyrate, rotate; *(rychle)* spin* n. whirl (a)round
otáčiv|ý *(pohyb)* rotary; **o. jeřáb** slewing n. rotary crane; **~é jeviště** revolving stage; **~é křeslo** swivel armchair
otáč|ka odb. revolution, rev; **počet ~ek** number of revolutions; **45 ~ek za minutu** 45 revs per minute; **přidat ~ky** rev up
otáčkoměr revolution counter n. indicator
otakárek swallowtail (butterfly)
otále|t waver, hesitate; hov. shilly-shally; **o. s čím** linger in doing sth; **o. s odjezdem** delay one's departure ■ **~ní** hesitation; *(s rozhodnutím)* temporization, foot-dragging; **bez ~ní** without hesitation
otava aftermath
otázat se ask, ask a question; **o. se koho nač** ask sb about sth; **o. se na cenu** ask the price (of sth); **smím se tě něco o.?** may I ask you a question?
otázk|a 1 question; **položit komu ~u** ask sb a question; **o. je, zda** the question arises whether; **zahrnout ~ami** bombard sb with questions **2** jaz. question; **nepřímá o.** indirect question; **zjišťovací o.** 'yes – no' question; **doplňovací o.** wh-question ['dablju: eič kwesčən] **3** *(problém)* question, problem, issue; **sporná o.** právn. question n. point at issue; **je to jen o. času** it's only a matter of time
otazník question n. interrogation mark
otcovsk|ý paternal, fatherly; **~á láska** fatherly n. paternal love; **o. dům** parental home
otcovství paternity; **určení o.** paternity test
otčenáš the Lord's Prayer, Our Father ...
otčím stepfather
otčina fatherland
otec 1 father; **je jako by otci z oka vypadl** he's the spitting image of his father, he is his father's double **2 otcové** *(předkové)* forefathers **3 (Bůh) O.** Father; **Otče náš** *(modlitba)* Our Father **4** *(kněz)* father, voj. padre; *(papež)* the Holy Father
otéci swell* (up), get* distended; hov. puff up
otěhotně|t conceive, become* pregnant; hov. start a baby ■ **~ní** conception, getting* pregnant
otelit se calve
otep *(slámy)* bundle, truss; *(roští)* bundle, faggot
otepl|it, ~ovat warm n. heat up ■ **o. se** warm up, get* warmer; **~uje se** it is getting warmer ■ **~ení, ~ování** warming up; *(o počasí)* **náhlé ~ení** a sudden rise in temperature
oteplovačky *(lyžařské)* salopettes
otesa|t *(dřevo, kámen)* rough-hew ■ **~ný** rough-hewn
otev|írat v. **~řít**; **obchody ~írají v 8 hodin** the shops open at 8 o'clock
otevřen|ý 1 open; **o. dokořán** wide open; **o. pro veřejnost** *(park* ap.*)* open to the public; **mít o. účet** run* an account; **stát s ~ými ústy** stand* gaping ♦ **má o. celý svět** the world is his oyster **2** *(bazén* ap.*)* outdoor **3** *(otázka)* open, unresolved, outstanding **4** *(zjevný)* open; **~á válka** hot war; **o. konflikt** open conflict **5** *(upřímný)* frank, sincere; *(přímočarý)* outspoken ■ **~ě** openly, frankly; **mluvit ~ě** speak* one's mind, be open n. honest **(s kým** with sb) ■ **~ost** openess; sincerety; frankness; *(v jednání)* open manner
otevřhuba loudmouth
otevř|ít 1 *(dveře, okno)* open, *(klíčem)* unlock, *(násilím)* force sth open; *(láhev)* uncork; *(deštník)* open, unfold; *(ventil, plyn, kohoutek)* turn on; **o. dveře** *(na zazvonění)* answer the door; **o. obálku** slit* an envelope open; **o. náruč** unfold one's arms ♦ **o. komu oči** přen. open sb's eyes **2 o. (si) školu** set* up a school; **o. si účet** open an account ■ **o. se** *(dveře, květ)* open; *(země)* open up ♦ **~ely se mi oči** the truth dawned on me
otěž rein; **přitáhnout ~e** draw* in the reins, přen. *(komu)* keep* a tighter rein on sb ♦ **držet ~e pevně v rukou** have a firm hold n. grip of things; **předat (komu) ~e** hand the reins over (to sb)

otírat v. **otřít**
otisk print; *(předběžný)* preprint; *(sloupcový)* galley proof; **zvláštní o.** offprint; *(stopa)* **o. prstu/ nohy** *(v blátě* ap.*)* fingerprint/ footprint
otisknout *(článek)* publish; **o. prsty na skle** leave* fingerprints on glass; **o. na co razítko** put* a stamp on sth, stamp sth
otlačenina bruise, contusion
otlač|it: o.si nohy chůzí get* sore feet from walking; **o. si kolena (klečením)** get* sore knees (from kneeling) ■ **o. se** *(jablka, rajčata)* bruise ■ **~ený** *(ovoce)* bruised
otlou|ci, ~kat *(nábytek)* bang n. knock about; přen. **~kat komu co o hlavu** blame n. reproach sb for sth
otoč|it 1 *(klíčem, vypínačem)* turn; *(židlí)* swivel; *(startovací klikou, vrtulí)* swing*; **o. klikou** give* the handle a turn; *(teleskopem)* rotate **2** *(stránku)* turn over; přen. **o. řeč jinam** change the subject **3** *(auto, loď)* turn sth (a)round **4** přen. ♦ **o. si koho kolem prstu** twist n. wind* sb round one's little finger ■ **o. se** turn round; **o. se a odejít** turn on one's heels and leave*; **o. se o 360°** come* full circle, go* round the full circle ♦ **o. se o 180°** přen. *(zcela změnit názor)* make* n. do a U-turn; **tady se člověk ani ne~í** there is no room to swing a cat here
otočka turn(ing), *(při tanci)* spin; *(motoru)* revolution
otočný *(jeřáb)* rotary, slewing; *(dveře)* revolving; **o. bod** fulcrum; **o. čep** pivot
otok swelling
otoman divan
otop 1 *(topení)* heating **2** *(topivo)* fuel (for heating); **dříví na o.** firewood
otrav|a I ž. **1** poisoning; **o. krve/ o. olovem** blood/ lead poisoning; **o. nikotinem** nicotinism; **o. potravinami** food poisoning **2** *(nuda)* boredom, tedium; **umírat ~ou** be bored stiff, be bored to death **II** m. *(nudný člověk)* bore; *(otravný člověk)* pest, thorn in the flesh; **to je ale o.!** what a crashing bore he is!
otráv|it 1 poison; *(plynem)* gas; *(životní prostředí* ap.*)* pollute **2** *(znechutit)* annoy; **o. komu život** spoil sb's life; **to ho pořádně ~lo** he got* really cheesed off (by that) ■ **o. se 1** poison o.s.; *(plynem)* gas o.s. **2** get annoyed n. fed up ■ **~ený** *(unuděný, znechucený)* sick to death přen., fed up (to the back teeth)
otravný 1 poisonous; **o. plyn** poison gas **2** *(nudný)* tedious; *(nepříjemný)* annoying, irritating; **být o.** make* a nuisance of o.s.; **je strašně o.** *(nepříjemný)* he's a terrible nuisance, *(nudný)* he's a crashing bore
otrav|ovat v. **otrávit**; *(vytrvale)* get* on sb's nerves, drive* sb up the wall; **o. koho otázkami** plague sb with questions; **ne~uj!** leave* me in peace!, get off my back! ■ **o. se** *(nudit se)* be bored (stiff)
otrhaný shabby, scruffy; *(zanedbaný)* seedy
otrhat *(ovoce)* pick off; *(strom)* strip a tree of its fruit
otrlý callous, unscrupulous
otrock|ý 1 slave; **~á práce** slave labour **2** *(poslušný)* servile, slavish **3 ~á napodobenina/ o. překlad** slavish imitation/ translation
otroctví slavery
otroč|it *(komu)* fetch and carry for, be at sb's beck and call; **~í rodině** she's a slave to her family ■ **o. (se)** toil, slave away; **o. (se) nad překladem** toil n. slave away over a translation ■ **~ina** drudgery, donkey work
otrok slave; přen. **o. módy/ dogmat** a slave to fashion/ dogmatism; **o. domácnosti** the drudge of the household; **dělat komu ~a** v. **otročit**
otrokář slave trader; přen. *(přísný šéf, učitel* ap.*)* slave driver
otrokářsk|ý slave; **~á loď** slave ship; **o. řád** slavery
otrokářství slavery
otrokyně (female) slave
otrubový: o. chléb bran bread
otruby bran; (zvl. *pšeničné)* pollard
otryskáv|at *(pískem)* sandblast ■ **~ání** sandblasting
otřásat v. **otřást** ■ **o. se** *(vůz)* jolt, shake*; *(stroj)* vibrate; **o. se smíchem** shake with laughter
otřás|t 1 *(kým)* shake*; **~la jím zima** he shook with the cold; **o. světem** shake the world; **zpráva jím hluboce ~la** he was shattered by the news **2** *(sníh, ovoce)* shake off **3** *(čím zdravím)* undermine; *(důvěryhodností)* cast* doubts on **4** *(veřejností)* shock ■ **o. se** shake; **o. se zimou** shake with cold; **o. se hnusem** shudder with disgust
otřelý *(vtip)* corny, stale; *(metafora)* worn-out, hackneyed; *(výmluva)* well-worn
otřepaný 1 *(kalhoty* ap.*)* frayed **2** banal, trivial; v. též **otřelý**
otřepený v. **otřepaný (1)**
otřes 1 *(při zemětřesení)* tremor; *(duševní)* shock, trauma; *(rána)* blow; **byl to pro ni strašný o.**

it was a terrible shock for her **2** lék. **o. mozku** (brain) concussion

otřesný *(zpráva)* shocking; *(chování* též*)* scandalous, outrageous

otřít wipe, give* sth a wipe; *(prach)* dust; *(vodu)* wipe n. mop up; **o. si ruce** wipe n. dry one's hands; **o. si nohy** wipe one's feet ■ **o. se** *(o stěnu* ap.*)* rub n. chafe against; *(nátěr)* wear* off n. away

oťuk|at, ~ávat **1** *(stěnu)* sound **2** přen. **o. koho** sound sb, *(soupeře)* size up, take* the measure of; *(situace)* get* the feel of

otupěl|ý lethargic, apathetic; *(city)* dulled ■ **~ost** lethargy, apathy

otupět become* apathetic; *(citově)* become insensitive

otupit **1** make* sth blunt; *(nůž)* take* n. dull the edge off **2** přen. *(svědomí, city)* dull, deaden; *(koho)* make* sb insensitive n. unfeeling, harden

otuž|it, ~ovat *(tělo)* harden, *(proti nepřízni počasí)* inure ■ **o. se** become hardened n. tough ■ **~ilý** hardened; *(vlivem počasí)* weather-beaten

otvírací: o. doba hours of opening, opening hours; **o. střecha** *(auta)* sunshine roof; **o. nůž** jack knife

otvírač, otvírák opener; **o. lahví/ konzerv** bottle/ tin opener

otvírat v. **otevřít, otevírat**

otvor opening; *(ve schránce na dopisy)* (letter) slot; *(na mince)* coin slot; *(vstupní)* orifice; *(palubní: u lodi)* hatch; **větrací o.** vent

otyl|ý corpulent, obese ■ **~ost** obesity, corpulence

ou citosl. ouch!

ouško *(v jehle)* eye, eyelet; *(šálku)* handle

ouvej! ouch!

ouvertura overture

ovace ovation; **uspořádat komu o.** give* sb an ovation; **bouřlivé o.** *(s povstáním z míst)* a standing ovation

ovád horsefly, gadfly

ovadlý *(růže)* withered

ovál, ~ný oval; **o. obličeje** the oval of the face; **~ný tvar** oval shape

ovan|out *(vůně)* waft (a)round sb; *(vítr)* blow* on sb; **~ul mne chlad** a cold shudder went* through me

ovar boiled (salted) pork

ovázat **1** wrap around; *(obvazem)* dress, bandage **2 o. si** *(šátek* ap.*)* put* on, tie on

ovce sheep ♦ **bludná o.** stray sheep; **černá o. v rodině** the black sheep of the family

ovčácký: o. pes sheepdog

ovčá|k **1** shepherd **2** v. **~cký pes**

ovčí: o. kožich/ kůže sheepskin; **o. sýr/ vlna** sheep's cheese/ wool

ovčín, ovčinec sheepfold

ovdově|t become* a widow/ widower; **~la před pěti lety** she has been a widow for five years ■ **~lý** widowed

ověnčit *(koho; budovu)* adorn, festoon (**čím** with sth); **o. vítěze vavřínem** crown the victor with laurels

overal *(pracovní oděv)* overalls, boiler suit, am. coveralls; *(pracovní plášť)* overall; **letecký o.** flying suit; *(dětský)* all-in-one

ověř|it, ~ovat **1** *(doklad)* certify, authenticate, *(úředně)* legalize; **dát si o. doklad** have a document legalized; **2** *(správnost teorie)* verify; **o. si** *(zprávu)* check up on; **o. si, zda** check n. make* sure whether ■ **~ený** legalized; **~ený překlad** sworn translation ■ **~ení** legalization; verification; **bez ~ení** on trust

oves oats

ověsit *(čalouny)* hang* (with); **o. girlandami** festoon; **o. vánoční stromek** decorate a Christmas tree (with) ■ **o. se medailemi/ bižutérií** deck o.s. with medals/ jewellery

ovesn|ý: ~á kaše/ mouka porridge/ oatmeal

ovíjet, ovinout: o. co kolem čeho wind* n. wrap sth around sth; **ovinul jí ruce kolem krku** he wound his arms around her neck ■ **o. se** *(břečťan, úponky hrachu)* wind n. coil itself (a)round, entwine

ovívat fan ■ **o. se** fan o.s.

ovládací control; **o. páka** control, operating lever

ovlád|at **1** *(území)* control, be in control of; *(trh)* dominate; **o. koho** hold* sb in one's power; žert. *(manžela)* have sb under one's thumb **2** *(vládnout)* reign over, rule (over), govern **3** *(jazyk)* have a good command n. grasp of; **o. své řemeslo** know* one's trade, hov. know one's stuff; **o. co dokonale** have sth at one's fingertips **4** *(vozidlo)* be in full control of; *(návěstidlo)* **o. elektronicky** control sth electronically ■ **o. se** control o.s., keep* o.s. in check; **neo. se** have no self-control ■ **~ání** control; *(jazyka)* a good command (of); *(dovedností)* mastery

ovladatelný controllable

ovlád|nout **1** *(území)* take* control of, occupy; **o. trh** get* control of the market **2 ~la ji radost** she was overcome* by joy **3** *(jazyk, povolání)* master ■ **o. se** keep* one's temper, hold* o.s. in check; **neumí se o.** he can't control his temper; **neo. se** lose* one's temper

ovliv|nit, ~ňovat influence, *(názor* též*)* sway; *(průběh též)* affect; **dát se snadno o.** be easily influenced, be very susceptible; **~ňovat koho** *(též)* exercise influence on n. over sb ■ **~ňovat se** *(vzájemně)* influence each other

ovoce 1 fruit; **čerstvé/ sušené/ zavařené o.** fresh/ dried/ preserved fruit; **pěstovat o.** grow* n. cultivate fruit ♦ **zapovězené o. nejlépe chutná** forbidden* fruit tastes sweetest **2** přen. *(výsledek)* fruit(s), result(s); **nést o.** bear* fruit; **sklidit o. své práce** reap the fruits n. rewards of one's labour

ovocnář *(pěstitel)* fruit grower n. farmer; *(odborník)* pomologist

ovocnářský pomological; *(kraj)* fruit-growing

ovocnářství fruit-growing; odb. pomology

ovocný *(víno, šťáva, koláč)* fruit; **o. sad** orchard; **o. cukr** fructose

ovšem 1 *(přitakání)* of course, certainly, am. sure **2** naturally; **o. by rád přijel** naturally he would like to come*

ovulace ovulation

ovzduší atmosphere; přen. též climate; **o. strachu** climate of fear; **přátelské o.** friendly atmosphere

oxid|ovat oxidize ■ **~ace** oxidization

ozář|it, ozařovat 1 illuminate, light* up **2** *(horským slunkem)* give* sb sunray treatment; lék. *(radiační dávkou)* irradiate, treat sb with rays **3** *(působením radiace též)* expose sb to radiation, irradiate ■ **~ený** *(sluncem)* sunlit ■ **ozáření, ozařování** lék. irradiation, radiation treatment; *(atomové)* exposure to radiation

ozbrojenec armed person

ozbrojen|ý armed; **~é síly** armed forces; **po zuby o.** armed to the hilt; **o. fotoaparátem** armed with a camera

ozdob|a 1 *(zdobení)* decoration; **pro ~u** for decoration **2** *(předmět)* ornament, decoration; **~y na vánočním stromku** the decorations on the Christmas tree; **básnické ~y** poetic embellishments; **je ~ou rodiny** he's a credit to the family

ozdobit decorate, adorn (**čím** with sth); přen. *(řeč)* embellish ■ **o. se** *(šperky)* adorn o.s. (with jewels)

ozdobn|ý decorative, ornamental; hov. fancy; **~á rostlina** decorative plant; **o. kapesníček** fancy handkerchief

ozdravět 1 *(tělesně)* recover, get* well, regain one's health **2** *(o poměrech)* improve; *(o ekonomii)* recover, gain strength

ozdravit 1 make* sth healthier; *(trh, měnu)* stabilize; *(ekonomii)* strengthen, put* sth on its feet again **2** *(velkoměsto)* clean up, improve the living conditions in

ozdravovna *(lázeňská)* sanatorium, pl. -iums, -ia; *(pro rekonvalescenci)* convalescent nursing home, rest home

ozim winter crop

ozkoušet, ozkusit v. **zkusit**

označení 1 marking; *(značka)* mark, sign; *(nálepka)* label; **vůz bez o.** a car without number plates; **o. výslovnosti** indication of pronunciation **2** *(pojmenování)* designation, name, term; **nesprávné o.** misnomer

označ|it 1 *(značkou)* mark, *(nálepkou)* label; *(visačkou)* tag; *(křídou)* chalk; **o. číslem** mark sth with a number; **o. cenovkami** mark sth with price tags **2** *(cenu)* give*; *(pořadí)* indicate **3** *(koho zač)* brand sb as; **~ili ho za lháře** they branded him (as) a liar ■ v. **~ení**

označkovat *(cestu)* signpost; *(dobytek)* brand

označ|ovat 1 v. **~it 2** *(znamenat)* signify, denote, stand* for

oznámení announcement; *(uvědomění)* notification; **veřejné o.** public announcement; **o. sňatku** marriage announcement; **úmrtní o.** death notice

oznám|it announce, make* sth known* n. public; *(hlásit)* report; *(v novinách)* advertise; *(vyvěšením)* post; *(informovat)* notify, inform; *(rozsudek)* pronounce; **bylo ~eno, že** it was announced that; **bylo mi ~eno, že** I was told* that, I was given* to understand* that

oznámkovat 1 *(dopis)* stamp, put* a stamp on **2** *(klasifikovat)* mark; **o. kompozici** mark an essay

oznamovací: o. tabule notice board; **o. tón** dialling tone; jaz. **o. způsob** indicative

oznamovat v. **oznámit**

oznamovatel *(v novinách)* advertising section

oznobenina frostbite

oznobený *(prsty* ap.*)* frostbitten

ozón, ~ový ozone; **~ová vrstva** ozone layer; **~ová díra** the hole in the ozone layer

ozřejmit make* sth clear n. plain (to); **o. co na příkladě** explain sth by way of an example

ozubení techn. toothing

ozuben|ý toothed; **o. převod** toothed gearing; **~é kolo** cogwheel; **o. pohon** gear drive

ozva|t se 1 sound, resound, be heard*, ring* out; **~l se výstřel** a gun sounded; **~l se zvonek** the bell rang* out 2 přen. *(vzpomínky, hrdost)* awaken, be awakened; *(soustrast, city)* be aroused, be stirred up; **ještě se ne~l** as yet there has been no word from him 3 **o. se proti čemu** raise one's voice against sth, protest against sth; *(bránit se)* stand* up for o.s.

ozvěn|a echo ♦ **jeho slova vyvolala značnou ~u** his words provoked much comment

ozvučit: o. film add a/the sound track to a film

ozvučn|ý: ~á deska sound n. sounding board

ozýv|at se v. **ozvat se; o. se čím** echo n. reverberate with sth; **v lese se ~al smích** the wood echoed with laughter ♦ **jak se do lesa volá, tak se z lesa ~á** you get* as much as you give*

ožebrač|it, ~ovat *(koho)* impoverish, reduce sb to beggary, make* a beggar of

ožehav|ý delicate, tricky, awkward; *(problém)* thorny, knotty; **být v ~é situaci** přen. skate on thin ice ■ **~ost** delicacy, trickiness; thorniness, thorny nature

ožeh|nout 1 *(vlasy)* singe, scorch; *(peří)* singe (off) 2 *(květy mrazem)* scorch ■ **~lý** *(vlasy)* singed

ožel|et 1 *(oplakat)* mourn for; **kdo mne ~í?** who will mourn for me? 2 **o. co** *(smířit se s čím)* resign o.s. to sth, become* reconciled to sth; *(překonat co)* get* over sth

oženit marry (sb off) ■ **o. se** marry, get* married; **znovu se o.** remarry, marry again; **bohatě se o.** marry money, marry a fortune, make* a good match

ožít come* to life; *(po mdlobě)* come to; *(city)* reawaken; *(příroda)* awaken; **hřiště ožilo dětmi** the playground came alive with children

oživ|it 1 *(koho)* bring* n. restore sb back to life; *(staré zvyky)* revive; *(starou módu)* bring back; *(průmysl, projekt)* inject new life into, revive; *(barvu)* freshen up; **o. si angličtinu** brush up one's English 2 *(diskusi, zábavu)* liven up, put* a sparkle into, put life into ■ **~ující prostředek** stimulant ■ **~ený** *(pohled)* animated; *(rozhovor též)* lively; *(ulice)* busy, crowded

oživnout v. **ožít**

ožrala boozer, tippler

ožralý hov. plastered, sloshed; neutr. drunk

ožrat *(listí)* eat* off (např. leaves from a bush) ■ **o. se** get* plastered; zhrub. get pissed; neutr. get drunk; v. **opíjet se**

P

p *(písmeno)* p [pi:] ♦ **mít všech pět p** *(o dívce)* be a good catch
pá! dět. ta-ta!
paběrkovat *(na poli)* glean; **p. na vinici** glean a vineyard
paběrky gleanings
pac dět. **dej mi pac!** give* me your little hand(y)!; *(ke psu)* **(podej) pac!** give me a paw, give me your paw
pacička (chubby) little hand
pacient, ~ka patient; **ambulantní p.** outpatient
Pacifi|k, p~cký Pacific; *(oceán)* the Pacific (Ocean)
pacifik|ovat pacify ■ **~ace** pacification
pacifist|a, ~ický pacifist
pac|ka, ~ička dět. paw, little hand
packal bungler, botcher
packat bungle; *(špatně pracovat)* work sloppily, do slipshod work
pačesy shock n. mop of hair; **popadnout koho za p.** grab sb by the hair (of the head)
páčidlo crowbar; *(zlodějské)* jenny, am. jimmy
páčit *(násilně otvírat)* (try n. attempt) to prise sth open; přen. **p. z koho odpověď** (try to) extract an answer out of sb; **p. z koho tajemství** (try to) winkle a/ the secret out of sb
pád 1 fall; **volný p.** free fall; **utrpět p.** have a fall 2 přen. downfall, ruin; *(vlády)* overthrow; **p. absolutismu** the fall of absolutism 3 jaz. case; **první/ druhý p.** nominative/ genitive
padací: p. dveře trapdoor; **p. most** drawbridge
padák 1 parachute; **seskok ~em** parachute jump 2 ♦ **dostat ~a** get* the sack, be fired, br. get one's books
pad|at 1 fall*; **p. dolů** fall n. plunge down; **p. na zem** fall on the floor n. ground; **~á sníh** it is snowing ♦ **všechno mu ~á z ruky** přen. he keeps* dropping everything, he is all thumbs; **budou p. hlavy** přen. *(ve vládě ap.)* heads will roll 2 *(opona)* come* down; **p. na kolena** fall* n. go* down on one's knees; **vlasy mu ~ají do čela/ až na ramena** his hair falls over his forehead/ his hair comes* down to his shoulders 3 *(bezvládně)* **~á mu hlava** he's nodding off; **p. únavou** be ready to drop 4 *(vlasy, zuby)* fall out; *(listí)* fall 5 *(vojáci)* die, fall 6 *(mizet)* **p. z koho** *(únava, úzkost)* fall away 7 *(doléhat)* **~á na ni strach** she is starting to feel* afraid ♦ **všechno na mne ~á** everything is falling around my ears 8 *(úderem: branka)* be scored; **náhle ~l výstřel** suddenly a shot rang* out 9 *(připadat)* **volba ~la na něho** the choice fell* to his lot
padavka 1 *(ovoce)* windfall 2 hov. wimp, weakling
paděla|t forge, fake; *(peníze též)* counterfeit ■ **~ný** forged, faked, hov. phoney
padělatel forger, *(peněz, známek též)* counterfeiter; *(napodobitel)* imitator
padělek forgery, fake
padesát fifty; **je mu p. pryč** he's on the wrong side of fifty
padesátiletý fifty-year old
padesátina fiftieth part
padesátiny fiftieth birthday; **oslavovat p.** celebrate half a century, celebrate one's mid-century
padesátn|ík₁ fifty-year old (man) ■ **~ice** fifty-year old (woman)
padesátník₂ *(mince)* fifty-heller piece
padesát|ý fiftieth; **v ~ých letech** in the fifties
pádi|t run*, dash, rush, tear*; **děti ~ly ulicí** the children tore* down the street
pádlo, ~vat paddle
padlý *(voják)* soldier killed in action; **p. anděl** fallen angel
pad|nout v. **~at** 1 **p. v boji** *(voják)* be killed in action ♦ **p. na neúrodnou půdu** fall* on stony ground; **~ni komu ~ni** hit* or miss; v. též **kosa, rána, podezření** 2 *(propadnout)* fall through, be dropped; come* to nothing; **další z jeho nápadů ~l** another of his ideas bites* the dust 3 **p. si do náruče** fall into each other's arms, embrace; **p. do zajetí** be taken* prisoner ♦ **p. komu do oka** catch* sb's eye 4 *(o úsporách ap.)* be swallowed up (by sth); **všechny její úspory ~ly na platby** all her savings were swallowed up by bills ♦ **p. za oběť** become* a victim of, fall victim to 5 **p. na co** *(náhodou)* come* across sth; **p. na koho** happen to meet* sb ♦ **p. na nepravého** get* the wrong man 6 *(o oblečení)* fit well, be a perfect fit ♦ **~ne mu to jako ulité** it fits him like a glove
pádný 1 *(ruka)* heavy 2 *(argument)* weighty; *(odpověď)* apt, fitting
padoucnice epilepsy
padouch villain; am. bad guy; *(ve filmu)* baddie
padoušský villainous, mean; *(chování)* shabby, low

padoušství 1 meanness, baseness 2 *(čin)* a base n. mean thing to do, a mean act

pádov|ý: ~á koncovka case ending

padrť: rozbít co na p. *(vázu* ap.*)* smash sth to smithereens; **rozbít čí argumentaci na p.** tear* sb's arguments to shreds n. ribbons

paf 1 *(zvuk výstřelu)* bang! bang! 2 **být p.** be flabbergasted; **byl jsem z toho úplně p.** you could have knocked me down with a feather

paginace pagination

pahorek hillock, rise; *(kupa)* knoll

pahorkatina hilly country, hills

pahorkatý hilly, undulating

pahýl *(údu, dřeviny)* stump; *(ocasu)* dock

pach smell, odour; **silný p.** bad n. foul smell, stink, stench

páchat commit, perpetrate; **p. zlo** do evil; v. též **spáchat**

pachatel, ~ka culprit, wrongdoer; právn. perpetrator

páchn|out 1 smell* (bad), reek, hov. pong, *(pronikavě)* stink*; **p. česnekem** reek of garlic; **~e mu z úst** his breath smells (bad), he has bad breath; **~e to tu spáleninou** there's a smell of burning (here) 2 hov. **ani sem ne~e** he never sets* foot in this place ■ **~oucí** malodorous, putrid; **~oucí sýr** strong n. rich cheese

pacholek 1 dř. *(čeledín)* stableboy, farm labourer 2 hist. **katův p.** hangman's assistant 3 expr. bastard, (rotten) swine

pacht 1 lease; **mít v ~u** have sth on lease; **dát co do ~u** lease sth, let* sth out on lease 2 **~ovné** ground rent

pachtit se 1 *(s čím)* slog away (on), slave away (with) 2 **p. se po čem** chase after sth; **p. se po penězích/ po slávě** chase after money/ fame; **p. se po efektu** strain after effect

pachtýř renter

pachuť smack, tang, aftertaste

páj kuch. pie

pájecí: soldering; **p. lampa** soldering lamp

páječka soldering iron

pájet solder

pájka solder; **cínová p.** tin solder

pak 1 *(později)* then, later, afterwards 2 *(tedy)* in that case 3 *(navíc)* besides; **je hloupý a p. lže** he is stupid and besides he always tells* lies

pák|a 1 *(páčidlo)* lever, prise; **jednoramenná/ dvouramenná p.** lever of the first/ second order; **hybná p.** the driving force ♦ **nasadit všechny ~y** move heaven and earth 2 *(u strojů)* handle, lever; aut. **rychlostní p.** gear lever

pakatel trifle, chicken feed; zvl. am. peanuts; **koupit co za p.** buy* sth for a song, get* sth practically for nothing

pakáž riffraff, rabble, vermin

Pákistán Pakistan

pákistán|ský, P~ec, P~ka Pakistani

paklíč *(univerzální klíč)* master key, pass key; *(zlodějský)* picklock

pakliže if (however); **p. by nepřišel** if (however) he did not arrive, should he not arrive

pakostnice gout

pakt pact, agreement; **uzavřít s kým p.** make* a pact n. agreement with sb, enter into an agreement with sb; **p. o neútočení** non-aggression pact

paktovat se hanl. **p. se s kým** collude with sb, be in collusion with sb, be in cahoots with sb; **p. se s nepřítelem** collaborate with the enemy

palác palace; **Sjezdový p.** Congress Hall; **P. kultury** *(v Praze)* Palace of Culture

palácov|ý: ~á revoluce palace revolution

palačinka pancake

palanda plank bed, *(poschoďová)* bunk bed

palatalizace jaz. palatalization

palb|a fire; **přehradná p.** barrage fire; **p. z děl** artillery fire; **zahájit ~u** open fire; **zastavit ~u** cease fire

palcát hist. mace

palcov|ý: ~é titulky screaming headlines

palčák mitten

palčivý 1 *(vedro, slunce)* blazing, scorching; *(slzy)* scalding; *(žízeň)* sharp, parching 2 přen. *(otázka)* burning, urgent, pressing; *(problém)* acute

palebn|ý firing; **~é postavení** firing position

pal|ec thumb ♦ **držet komu ~ce** keep* one's fingers crossed for sb

palečnice 1 *(rukavice)* mitten 2 *(mučidlo)* screws

pálenka spirit; *(slivovice)* plum brandy, slivovitz; *(jalovcová)* gin

Palestina Palestine

palestin|ský, P~ec, P~ka Palestinian

paleta 1 *(malířská)* palette 2 range, selection; přen. **široká p. výrobků/ názorů/ citů** a wide range of products/ a broad spectrum of opinions/ a whole gamut of emotions; v. též **výběr** 3 *(přepravní)* pallet

palic|e 1 *(klacek)* club, cudgel ♦ **být jako ~í praštěný** be dumbfounded, be in a haze 2 *(kukuřičná)* corncob; *(husitská)* mace 3 hov.

(hlava) loaf ♦ **mít tvrdou ~i** be stubborn, be pigheaded
palič arsonist; **válečný p.** warmonger
paličák stubborn n. pigheaded person
paličat|ý obstinate, pigheaded, stubborn ■ **~ost** obstinacy, stubbornness
palička *(na buben)* drumstick; *(na maso)* meat mallet, tenderizer; *(na xylofon)* mallet; *(na moždíř)* pestle; *(krajkářská)* bobbin (for lacemaking)
paličkovat make* bobbin lace
paličský *(řeči)* inflammatory
palisáda palisade
pál|it 1 *(oheň)* be burning hot; *(slunce)* be burning n. scorching ♦ **co tě ne~í, nehas!** let* sleeping dogs lie; **peníze ho ~í v kapse** the money is burning* a hole in his pocket 2 *(koření)* be hot, sting*; *(oči, rána)* smart, hurt*; *(jod na ráně)* smart; **~í ho žáha** he has heartburn 3 **p. si za koho prsty** be sb's cat's paw 4 *(ničit)* burn (down) 5 *(slivovici: průmyslově)* distil; *(cihly)* bake; *(vápno)* burn 6 *(dřevo ap.)* burn 7 *(střílet)* fire; **pal(te)!** fire!; **p. na koho otázky** fire off questions at sb 8 *(odpalovat: v baseballu ap.)* bat ■ **~ený** 1 *(cihla, keramika)* baked 2 *(prohnaný)* smart, sharp ■ **~ení žáhy** heartburn
palivo fuel
palivov|ý: ~é dříví firewood; **~á směs** fuel mixture
pálivý *(paprika, jídlo)* hot; *(slunce)* sultry; *(bolest)* smarting
pálka *(kriketová, na stolní tenis)* bat
pálkař *(v kriketu)* batsman
palm|a palm (tree) ♦ **odnést si ~u vítězství** carry off the victor's palm
palmový *(víno)* palm
palouk meadow; *(v lese)* clearing, (grassy) glade
palub|a deck, board; **přední/ zadní p.** foredeck/ afterdeck; **všichni muži na ~u**! all hands on board!; **na ~ě lodi** on board a ship; **muž přes ~u** man overboard ♦ **hodit něco přes ~u** *(zrušit: projekt, plán ap.)* ditch sth
palubní: p. kniha logbook; **p. deska** dashboard, panel control board; **p. mechanik** ship's/ *(letadla)* aircraft mechanic; **p. zbraně** aircraft/ *(na lodi)* ship armaments
palubka floorboard
palubov|ý: ~á podlaha wooden floor
památk|a 1 *(připomenutí)* memory, remembrance; **na ~u koho/ čeho** in memory n. remembrance of sb/ in commemoration of sth 2 *(předmět)* keepsake, souvenir; *(dát komu co)* **na ~u** as a memento (of), in remembrance (of) ♦ **není po něm ani ~y** he disappeared into thin air 3 *(pamětihodnost)* (historic) sight, historic building; **literární ~y** old literary documents; **umělecké ~y** monuments of art 4 *(pozůstatek z minulosti)* relic
památník 1 memorial; *(pomník též)* monument; **P. národního písemnictví** Museum of National Literature 2 *(kniha)* album
památný memorable, notable; **p. den** red-letter day
pamat|ovat 1 *(na co)* remember, think* of; *(vzít v úvahu)* consider, take* into consideration; *(v závěti)* remember; **~uj, že musíš zavolat** bear* in mind n. don't forget* that you must phone, remember to phone; **~oval na mne v závěti** he included me in his will 2 **p. si** remember; **to si budu p. do smrti** I will remember that n. I won't forget that as long as I live ■ **p. se** 1 *(v hněvu)* control* o.s., get* a grip on o.s. 2 **p. se na koho/ co** remember n. recall sb/ sth; **pokud se ~uji** if my memory serves me well, kn. to the best of my recollection; **~uji se, že jsem ho potkal** I remember meeting* him
paměl|ť 1 memory; **mít dobrou/ špatnou/ logickou p.** have a good/ poor, lousy/ logical memory; **mít p. na čísla** have a good head for figures 2 *(zásoba poznatků)* memory; **recitovat z ~ti** recite from memory; **mít na ~ti** bear* sth in mind, keep* sth in view; **pokud sahá moje p.** as far back as I can remember 3 *(počítače)* memory, storage; **vnější/ vnitřní p.** external/ internal memory n. storage 4 **~ti** memoirs; **psát ~ti** write* one's memoirs n. one's life story
pamětihodn|ý memorable, notable ■ **~ost** landmark, sight
pamětlivý: být pamětliv čeho bear* sth in mind
pamětn|á: dát komu na ~ou teach* sb a lesson
pamětní commemorative; **p. deska** commemorative n. memorial plaque
pamětn|ík, ~ice *(války ap.)* eyewitness, (surviving) contemporary, survivor
pamflet defamatory article n. pamphlet, lampoon, squib
pamls|ek titbit, delicacy; **~ky** též goodies
pampa pampas pl.
pampeliška dandelion
pan *(před jménem)* Mr; *(zkratka 'Mr.' se neužívá s tituly)*; **p. doktor/ profesor** Doctor/ Professor;

~e profesore (Nováku)! Professor Novák!; **~e předsedo!** Mr Chairman!; **~e prezidente!** Mr President!; **~e doktore!** *(oslovení lékaře)* Doctor X! n. jen doctor!

pán 1 *(šlechtic)* nobleman; **feudální p.** feudal lord; **~i** též nobility, aristocracy 2 dř. master *(též vlastník zvířete)*; **kde je tvůj p.?** *(ke psu)* where is your master? ♦ **dvěma ~ům nelze sloužit** no man can serve two masters 3 *(kdo něco ovládá)* master; *(majitel domu)* owner ♦ **být ~em ve vlastním domě** be master in one's own house; **být ~em v rodině** wear* the trousers; **být svým ~em** be one's own man; **být ~em situace** have the situation well in hand 4 *('lepší' člověk)* gentleman; **hrát si na ~a** play the fine gentleman; **žije si jako p.** he lives like a lord 5 *(označení muže bez jména)* man, gentleman; **~e!** sir!; **mladý ~e!** young man!; **Dámy a ~ové!** Ladies and Gentlemen!; *(toaleta; nápis)* **~i** Gents, Gentlemen, Men 6 náb. **Pán Bůh** The Lord (God); **Kristus P.** (The) Lord Jesus; **dům Páně** the house of God; *(citoslovečně)* **Pane na nebi!** (Good) Gracious!, Gracious me!, Heavens above! **už je v Pánu** he is no more; **komu P. Bůh, tomu všichni svatí** nothing succeeds like success

paňáca buffoon, clown, pantaloon

panáček *(loutka)* puppet

panáčkovat *(pes, zajíc)* sit* up on its hind legs, *(pes též)* (sit up and) beg*

paná|k 1 *(módní)* fop, dandy, am. též clothes-horse 2 v. **~ček**; hanl. *(nevýrazný člověk)* man of straw; **fackovací p.** sb's whipping boy 3 *(snopů)* shock 4 hov. *(pálenky)* snorter, snifter

Panam|a, p~ský Panama; **p~ský** též Panamanian; **~ský průplav** Panama Canal

panamerický Pan-American

pánbůh, náb. **Pánbůh** God, Lord ♦ **myslí si o sobě, že je p.** he thinks* he is a little tin God; **jako že je P. nade mnou!** honest to God!; **žít si jako P.** live on easy street; **dívat se pánubohu do oken** idle n. fritter away one's time; **p. ví** Goodness knows*; **jak ho p. stvořil** *(nahý)* without a stitch on

pancéř, pancíř 1 *(brnění)* suit of armour 2 *(deska)* armour (plate)

pancéřov|ý armoured, steel-plated; **p. vlak** armoured train; **~á deska** armour plate; **~á pěst** bazooka

panděro hov. paunch, belly

panebože Goodness gracious, Good Heavens

panel 1 panel; *(stavební)* prefabricated section, building slab; **stropní p.** covering slab 2 *(ovládací)* dashboard, (control) panel 3 *(informační)* notice board, am. bulletin board

panelák prefab (block of flats)

panelov|ý 1 sectional; **p. dům** prefab; **~á garáž** sectional garage 2 **~á diskuse** panel discussion

panenk|a 1 *(hračka)* doll 2 *(oční)* pupil; **rozšířené ~y** dilated pupils 3 *(dívka)* lass; **je to p. jako z cukru** she is a real doll; **P. Maria** the Virgin Mary 4 *(o chlapci)* **cukrová p.** sissy

panenský virginal; *(půda)* virgin, primitive

panenství virginity; **ztratit p.** lose* one's virginity; **připravit koho o p.** deflower sb

pánev 1 kuch. pan; **p. na smažení** frying pan 2 anat. pelvis 3 geol. basin; **uhelná p.** coal basin n. bed

paní 1 *(šlechtična)* noblewoman, lady ♦ **p. mého srdce** the love of my life 2 *(zaměstnavatelka)* mistress 3 *(samostatná žena)* **být svou vlastní p.** be one's own woman; **p. domácí** landlady; **p. domu** the lady of the house; srv. též **pán (3)** 4 *(žena)* woman, lady; **nějaká stará p.** an old woman; *(v oslovení bez jména)* madam; **mladá p.** *(oslovení)* young lady 5 *(v oslovení se jménem* n. *titulem)* **p. X.!** Mrs X.!; v. **pan**

panic virgin

panický$_1$: p. strach panic; **zmocnil se ho p. strach** he was panic-stricken, he was seized n. gripped with panic

panický$_2$ *(mladík)* virginal; **p. stav** virginity

panič|ka 1 hanl. n. iron. fine lady 2 *(majitelka nějakého zvířete)* mistress; **jdi k ~ce!** *(ke psu)* go* to your mistress

panik|a panic, *(strach)* scare; *(davu)* stampede; **způsobit ~u** cause panic; **jen žádnou ~u!** don't panic!

panikář, ~ka scaremonger, alarmist; *(nervózní)* fusspot

panikařit panic

panna 1 virgin; **stará p.** spinster; **P. Maria** the Virgin Mary; **lesní p.** wood nymph 2 *(hračka)* doll, dolly 3 **krejčovská p.** tailor's n. dressmaker's dummy

panoptikum collection of curios; *(voskových figur)* waxworks se slovesem v sg./pl.

panoráma panorama, *(města)* též skyline, cityscape

panoramatický *(pohled, záběr)* panoramic

panoš hist. page

panovačn|ý domineering, hov. bossy; *(chování)*

overbearing, high-handed; *(matka)* possessive; **~ým tónem** imperiously ■ **~ost** domineering behaviour; possessiveness

pan|ovat reign; přen. *(názor)* predominate, prevail; **v místnosti ~uje ticho** there is silence in the room

pánovit|ý *(chování)* imperious, high-and-mighty, magisterial; v. též **panovačný** ■ **chovat se ~ě** behave overbearingly, be overbearing

panovnick|ý royal, ruling; **p. rod** (reigning) dynasty; **~á rodina** royal n. ruling family

panovn|ík, ~ice ruler, sovereign, monarch

panská chambermaid

pansk|ý *(zámek, dvůr)* seigniorial; *(chování)* lordly; **p. dům** manor house; **~á sněmovna** Upper House

pánsk|ý men's, gent's; **~á móda/ p. holič** man's fashion/ hairdresser; **~á konfekce** *(obchod)* gentlemen's n. gents' outfitter; **~é oblečení** menswear ♦ **~á jízda** stag night

panslavismus Pan-Slavism

panství 1 *(vláda)* rule; *(nadvláda)* domination (over); *(moc)* power; **země pod britským ~m** countries under British rule n. domination 2 hist. demesne

panstvo 1 *(šlechta)* gentry, gentlefolk 2 dř. *(z hlediska služebných/ nižších vrstev)* master and mistress; the ladies and gentlemen; *(honorace)* high-ranking people, hov. the nobs

pant hinge; **vysadit dveře z ~ů** unhinge a door ♦ **mlít ~em** drivel, twaddle, blether

panteismus pantheism

panteista pantheist

panteón pantheon

panter panther

pantof|el slipper ♦ **být pod ~lem** be henpecked, be tied to one's wife's apron strings; **muž pod ~lem** a henpecked man

pantograf pantograph; *(kopírovací)* též tracer; hov. *(vlak)* electric (stopping) train

pantomima mime; *(představení)* dumb n. mime show

pánvice (frying) pan

panychida memorial ceremony

papacha cossack hat

papaláš hov. bigwig, big cheese, big shot

papež pope ♦ **být ~štější než p.** be more Catholic than the Pope; **ať jsem p., jestli ...** I'll eat* my hat if ...

papežsk|ý papal, pontifical; **p. nuncius** the Papal nuncio; **~á stolice** the Apostolic n. Holy See

papežství papacy

papí|r 1 paper; **balicí p.** wrapping n. packing paper; **dopisní p.** notepaper; **toaletní p.** toilet paper; **arch ~ru** a sheet of paper ♦ **zůstalo to jenom na ~ře** it exists on paper only 2 **~ry** *(doklady)* identity papers; *(řidičský průkaz)* driving licence; *(listiny)* documents; **cenné ~ry** securities ♦ hov. **má ~r(y) na hlavu** he is not quite right in the head, he is not all there

papírenský paper, paper-making; **p. závod** paper mill; **p. stroj** paper-processing machine

papírenství paper industry

papírna paper mill

papírnictví stationer's (shop)

papírník stationer

papírov|at be bureaucratic, go* in for a lot of red tape ■ **~ání** red tape

papírovina pulp

papírov|ý *(provázek, peníze)* paper; **~á demokracie** paper democracy, democracy on paper only

papoušek parrot

papouškovat parrot (**po kom** sb)

paprika 1 *(rostlina a plod)* pepper; *(koření)* paprika, red pepper 2 *(lusk)* green n. red pepper; **sladká p.** sweet pepper

paprikovat season with paprika, add paprika n. red pepper

paprs|ek 1 ray; *(světelný též)* beam (of light); *(rádiový)* beam; **~ky** *(ultrafialové, rentgenové)* rays; přen. **p. naděje** a ray of hope 2 *(kola)* spoke; text. reed

paprskovit|ý radial ■ **~ě se rozbíhat** radiate (out); **~ě se sbíhat** converge

papuče (warm) slippers

papyrus papyrus

pár$_1$ 1 *(manželský* ap.*)* couple; *(taneční)* pair; **nejdou do ~u** they are an odd n. unlikely couple 2 *(koní, rukavic, bot)* pair; **rukavice nejdou do ~u** the gloves do not match, the gloves are not a pair

pár$_2$ *(několik)* a few; **p. minut** a couple of minutes; **každých p. minut** every few minutes; **napiš mi p. řádků** drop me a line; **stálo to hezkých p. korun** it cost* a pretty penny; **dostaneš p. facek** *(výstraha)* I'll land you one in a minute

pár|a steam; *(výpar)* vapour; **jít do ~y** take* a steam n. vapour bath ♦ **plnou parou** at full steam, at full swing; **být (lehce) pod ~ou** be tipsy n. tiddly; **nemá o tom ani ~u** he doesn't

know* the first thing about it
parabola mat. parabola; lit. parable
parabolick|ý 1 mat. parabolical; **~á anténa** satellite dish **2** lit. allegorical
parád|a 1 finery, frippery ♦ **být v plné ~ě** be dressed up to the nines, be all decked up; **hodit se do ~y** put* on one's Sunday best **2** *(vojenská)* (military) parade **3 vzít koho do ~y** take* sb to task, haul sb over the coals
parád|it *(koho)* dress n. doll sb up ■ **p. se** dress up; **ráda se ~í** she's very fond of dressing up
parádiv|ý (over)fond of dressing up, foppish ■ **~ost** passion for dressing up
parádní *(oděv)* ceremonial; **p. uniforma** dress uniform; **p. krok** parade n. high step; **p. pokoj** best room ♦ **p. číslo** showpiece
parádník fop, dandy, zvl. am. clothes-horse
paradox, ~ní paradox
parafa initials
parafín paraffin
parafovat initial; **p. šek** endorse a cheque
parafráz|ovat, ~e paraphrase
paragon sales slip, receipt
paragraf právn. article, *(odstavec)* section; **na to jsou ~y** it is against the law
Paraguay Paraguay
paraguay|ský, P~ec Paraguayan
paralel|a parallel, analogy; **~y mezi přítomností a minulostí** parallels between the past and the present
paralelismus parallelism
paralelka parallel class
paralelní *(souběžný)* parallel; *(obdobný)* analogous
paralyti|k, ~cký paralytic
paralýza paralysis; **progresivní p.** progressive paralysis
paralyzovat paralyse též přen.
parametr parameter
parapet window sill
parapl|e, ~íčko brolly
parašutismus parachute jumping; sport. skydiving
parašutista parachutist; sport. skydiver
párat *(šev)* undo; *(pleteninu)* unravel ■ **p. se 1** come* undone, be bursting* at the seams **2 p. se v jídle** pick at one's food; **p. se v zubech** pick one's teeth **3** *(s prací)* mess around n. fiddle with
párátko toothpick
paratyf(us) paratyphoid
paraván folding screen n. partition
parazit parasite; přen. též drone, sponger, free rider n. loader
parazitický parasitic(al)
parazitismus parasitism
parazitn|í parasitical ■ **~ě** parasitically
parazitovat parasitize; přen. live parasitically
parcela plot (of land), allotment; zvl. am. parcel (of land); **stavební p.** building plot, site for building
parcelovat parcel out, am. divide into lots
pardál panther
pardon I citosl. *(omluva)* (I am) sorry!; am. pardon me!, *(dovolte!)* excuse me! **II** subst. **neznat žádný p.** be ruthless n. merciless; **bez ~u** ruthlessly, mercilessly; **uděláš to bez ~u** you'll do it and that's that; **udělit komu p.** pardon sb
pardonovat pardon, grant a pardon to, reprieve; **lenivost se nebude p.** we will not condone laziness
párek 1 zool. pair; **p. holubů** pair of pigeons; **milenecký p.** loving n. courting couple, (pair of) lovers **2** *(uzenka)* frankfurter, br. ≅ sausage
parfém perfume, br. též scent
parfémovat perfume; put* perfume on
parfumérie perfumery
pária pariah, přen. též outcast
parita parity; **p. (volebních) hlasů** equality n. parity of votes
paritní equal; **p. zastoupení** equal representation
park 1 park; **městský p.** town n. city park; *(kolem zámečku, usedlosti též)* parkland **2** *(vozový)* fleet; *(železniční)* rolling stock
parket parquet; **taneční p.** dance floor; div. *(přízemí)* stall, *(zadní řady)* pit, am. parquet
parket|a 1 parquet (block); **~y** *(podlaha)* parquet floor, parquetry; **klást ~y** lay* a parquet floor **2** ♦ **to není moje p.** *(to mi nesedí)* it's not my cup of tea, *(to není moje silná stránka)* it's not my forte, it's not my strong point
parketář parquet layer
parketovat parquet, lay* a parquet floor
parketov|ý parquet; **~á podlaha** parquet floor
parking car park, parking area; *(víceúrovňový)* multistorey car park; *(autobusů)* coach park; *(taxíků)* taxi rank, am. taxi stand, cabstand
parkovací parking; **p. světlo** parking light; **p. prostor** car park, parking area
parkov|at *(auto* ap.*)* park ■ **~ání** parking; **Zákaz ~ání** No parking!
parkoviště car park; am. parking lot; **hlídané/ nehlídané p.** car park with/ without an attendant
párkrát a few times

parlament parliament
parlamentarismus parliamentarianism
parlamentář peace envoy n. emissary
parlamentní parliamentary, parliament; **p. reforma** parliamentary reform; **p. budova** parliament building, *(ve Velké Británii)* Houses of Parliament
parní steam; **p. lázeň** steam n. vapour bath; **p. lokomotiva** steam engine
parník steamer, steamship, steamboat; **zámořský p.** ocean liner; **~em** by steamer
parn|ý *(den)* sultry, sweltering, close ■ **~o I** adv. **dnes je ~o** it is close n. muggy today **II** subst. sultry n. close weather, swelter
parodický parodic
parodie parody, take-off; (**na co** on sth; **čeho** of sth); *(na klasická díla)* burlesque
parod|ovat parody, take* off, lampoon; **rád ~uje slavné lidi** he likes to take off n. parody famous people
paroh antler, horn; **shodit ~y** shed* n. cast* its horns ♦ **nasadit muži ~y** cuckold one's husband; **nosit ~y** be a cuckold, wear* the horns
paroháč přen. cuckold
parohatý 1 horned, antlered 2 *(manžel)* cuckolded
paroplavba steam navigation
paroplavební: p. společnost steamship company
parovod steam pipeline
part hud. part, music
part|a *(kluků)* gang, neutr. group; *(spolupracovníků)* team, *(dělníků)* (work) team n. gang; *(turistů)* party; *(chuligánů)* mob, horde; **Petr a jeho p.** Peter and his crew n. set; **byla tam dobrá p.** there was a jolly crowd there, we were such a happy bunch n. lot there; **dát se s kým do ~y** go* into partnership with sb
partaj 1 pol. party 2 *(nájemník)* tenant
parte death notice
parter div. stalls, *(lacinější křesla)* pit; am. parterre
participium participle
participovat *(na plnění úkolu)* take* part n. participate (**na** in); *(na zisku)* share
parti|e 1 *(část)* part; *(knihy)* passage 2 anat. area, region 3 *(krajina)* scenery 4 *(hra)* game; **sehrát šachovou ~i** play n. have a game of chess 5 **dobrá p.** *(pro sňatek)* a good match n. catch, *(chlapec)* též an eligible young man; **udělat s kým dobrou ~i** marry (into) money 6 *(várka zboží)* batch, lot
partikulární pol. particularistic; **p. zájmy** one's own interests
partiov|ý: ~é zboží substandard goods, seconds, rejects; *(obchod)* seconds shop
partitura hud. score
partner, ~ka partner; **obchodní p.** business n. trading partner; **životní p.** *(v manželství)* partner in life, mate; *(taneční)* dancing partner; *(spolupracovník)* collaborator; *(ve hře)* fellow player; *(protivník)* opponent
partyzán guerrilla n. guerilla, *(ve II. sv. válce)* partisan
partyzánsk|ý guerrilla n. guerilla, partisan; **~á válka** guerrilla warfare
paruka wig; právn. periwig
pařák 1 *(nádoba)* steamer 2 *(horký den)* hot day, scorcher
pařát talon, claw ♦ **dostat se do něčích ~ů** fall* into sb's clutches
páření mating; **doba p.** mating season
pařeniště hotbed též přen.; **p. neřesti** a hotbed of vice
pařez block (of wood), stump ♦ **stál jako p.** he stood* (there) like a stock n. block of wood; **spát jako p.** sleep* like a log; **je hluchý jako p.** he's stone-deaf
pařit 1 *(prase, husu)* scald; *(zeleninu, dřevo)* steam 2 hov. *(pít)* booze; **jít někam p.** go* out boozing ■ **p. se** *(na slunci)* swelter; *(v koupeli)* sweat
pářit (se) mate
Paříž Paris
pařížský, P~an, P~anka Parisian
pas *(cestovní)* passport; *(zbrojní)* licence, am. license
pás$_1$ 1 *(k opásání)* belt; **p. cudnosti** chastity belt; **bezpečnostní p.** seat n. safety belt; **kýlní p.** truss; **podvazkový p.** suspender belt, am. garter belt 2 techn. *(tanku, traktoru)* track; **ocelový p.** steel band; **dopravní p.** conveyor belt; **běžící p.** production line 3 zeměp. belt, girdle; *(země)* strip; **zelený p.** green belt; **p. lesů/ hor** forest belt/ mountain chain
pás$_2$ *(část těla)* waist; *(objem v pase)* waistline; **těsný v pase** too tight at the waist; **vzal ji kolem pasu** he put* his arm around her waist; **udeřit pod p.** hit* sb below the belt
pasáček shepherd boy ■ **pasačka** young shepherdess, shepherd girl
pasák 1 herdsman; *(ovcí)* shepherd 2 *(prostitutky)* pimp 3 *(hra)* rounders
pasát trade wind

pasáž 1 *(průchod)* passage(way); *(s obchody)* arcade 2 hud., lit. passage, lit. též extract
pasažér: černý p. *(na lodi, v letadle)* stowaway; *(v autobuse, ve vlaku)* fare-dodger, passenger without a ticket
pasé: to už je p. it's over and done with
pásek 1 *(na šaty)* belt; **p. na hodinky** watchband, watchstrap ♦ **vzít na koho p.** give* sb the belt n. strap 2 *(magnetofonový)* (recording) tape; *(video)* videotape 3 *(mladý muž)* yob
pasek|a clearing, glade; přen. *(zmatek)* havoc, chaos, mayhem; **udělat ~u** cause havoc
pasiáns patience, solitaire; **hrát p.** play patience
pasírovat kuch. strain, pass sth through a sieve
pasivita passivity, passiveness
pasívn|í 1 passive; **p. odboj** passive resistance; **být p.** maintain a passive attitude 2 **p. obchodní bilance** adverse balance (of trade); **p. kouření** passive smoking 3 **p. znalost jazyka** a reading knowledge of a language ■ **~ě přihlížet** be a passive onlooker
pasívum passive (voice)
páska *(do psacího stroje, smuteční)* ribbon; *(magnetofonová, cílová, izolační)* tape; *(na ruku)* sling; *(videop.)* videotape; **p. na oči** blindfold; **p. na rukávě** armband
paskvil mockery; **p. spravedlnosti** travesty of justice
pásmo 1 *(pruh)* belt, strip; **p. lesů** forest belt; **pobřežní p.** coastal strip 2 *(oblast)* zone, area; **horké/ mírné p.** torrid/ temperate zone; **vegetační p.** vegetation zone; *(vlnové)* waveband 3 *(území)* zone, area; **zakázané p.** prohibited area n. zone 4 **měřicí p.** tape measure 5 *(program)* variety show; *(školní)* school concert; *(literární)* literary evening, literary programme
pásmový zonal
pasovat: p. koho na rytíře dub sb knight, knight sb
pásovec armadillo
pasov|ý passport; **~á kontrola** passport control
pásov|ý: p. dopravník belt conveyor; **p. traktor** caterpillar (tractor); **~á výroba** assembly n. production line work; am. též progressive assembly; **p. opar** shingles
past trap; **p. na myši** mousetrap; *(oko)* snare; **nalíčit p.** set* n. lay* a trap; **chytit se do ~i** fall* into a trap
pást 1 *(dobytek)* graze, pasture 2 *(po kom)* look out for, be after; **policie po něm pase** the police are after him ■ **p. se** *(ovce* ap.*)* graze ♦ přen. **p. se na čem očima** feast one's eyes on sth, *(škodolibě)* gloat over sth
pasta paste; **zubní p.** toothpaste; **p. na parkety** floor polish; **sardelová p.** anchovy paste
pastel pastel
pastelka coloured pencil, crayon
pastelový pastel; *(odstín)* pastel colour
pasteriz|ovat pasteurize ■ **~ace** pasteurization
pastevec herdsman, *(*zvl. *ovcí)* shepherd
pastilka lozenge, pastille
pastor pastor; *(presbyteriánský)* minister
pastorále hud. pastorale
pastorální pastoral
pastorek techn. pinion
pastovat polish
pastv|a *(pasení, pastvisko)* pasture; **vyhnat ovce na ~u** put* sheep out to graze; **být na ~ě** be grazing; přen. **p. pro oči** feast for the eye
pastvina pasture, grassland
pastýř 1 herdsman; *(ovcí)* shepherd 2 *(duchovní)* pastor
pastýřsk|ý shepherd's, pastoral; **~á hůl** shepherd's crook; **p. list** pastoral letter
paša pasha ♦ **žít si jako p.** live like a lord, live the life of Riley
pašák splendid fellow, brick; am. great guy
pašeráctví smuggling, *(zbraní)* gun-running
pašeráck|ý contraband, smuggling; **p. obchod** contraband trade; **~á tlupa** smuggling ring, ring of smugglers
pašerák smuggler; **p. drog** drug smuggler; **p. zbraní** arms smuggler, gun-runner
pašije passion
pašijov|ý: p. týden Holy Week; **~é hry** Passion play
paškál: vzít si koho na p. take* sb to task
pašov|at smuggle ■ **~ané zboží** smuggled goods, contraband (goods) ■ **~ání** smuggling
paštika *(játrová)* pâté; **p. z husích jater** pâté de foie gras
pat šach. stalemate
pat|a 1 heel ♦ **nemá to ani hlavu, ani ~u** it doesn't make* sense; **být komu v ~ách** be hot n. close on sb's heels; **ukázat komu ~y** show* sb a clean pair of heels; **od hlavy k ~ě** from head to toe; **Achilova p.** Achilles heel 2 *(punčochy)* heel; *(sloupu, hory)* foot
pátek Friday; **Velký p.** Good Friday
patent patent; **udělit komu p.** grant n. issue a patent; **mít na co p.** have a patent on sth ♦ **dělá, jako by měl p. na rozum** he thinks* he

knows* it all
patentka patent fastener, snap fastener
patentní 1 patent; **p. právo** patent law **2 p. klíč** latchkey; **p. zámek** safety lock
patentovat patent; **dát si co p.** take out a patent for n. on sth, have sth patented
páter priest, voj. padre
paternoster *(výtah)* paternoster
pateronásobn|ý fivefold; **~é množství** five times the amount
pater|ý *(s párovými subst.)* five pairs of (trousers ap.); **~o druhů punčoch** five different kinds of stockings
páteř 1 spine, backbone; **přerazit komu p.** break* sb's back ♦ **ohýbat p.** přen. *(podlézat)* crawl, bow and scrape **2** *(základ)* backbone, mainstay; **p. národního hospodářství** the backbone of the economy
patetický full of passion, impassioned; *(přednes)* passionate, hanl. bombastic; hanl. *(vystupování)* histrionic
patina patina též přen.; **p. blahobytu** the veneer of prosperity
patisk unauthorized reprint; **p. zakázán** reproduction not permitted
patka 1 *(pomníku)* socle, base; *(sloupu)* plinth, base; *(elektronky)* base, cap **2** *(chleba)* heel **3** *(kapsy)* flap **4** *(účes)* quiff
patlat 1 *(fušovat)* do sth sloppily **2** *(vadně vyslovovat)* lisp, have a lisp ■ **p. se 1** *(v blátě)* mess around in; **p. se v jídle** pick at one's food, toy with one's food **2** *(s prací)* fiddle with
patnáct fifteen
patnáct- v. též **čtyř-**
patnáctý fifteenth
patník boundary stone; *(milník)* milestone ♦ **pitomý jako p.** thick as two planks
patolízal toady, bootlicker, groveller
patolízalský servile, obsequious; *(chování též)* grovelling, toadyish
patolízalství crawling, grovelling; subservience, servility; hov. toe-kissing, bootlicking
patolog pathologist
patologický pathological
patologie pathology
patos passion, fervour; **přednést báseň s ~em** recite n. read* a poem with feeling
pátrací: p. pes tracker dog; **p. četa** search party
pátr|at *(po kom)* search n. look for, *(po pachateli též)* hunt for; **p. po zlatě** prospect for gold; **p. po příčině** search for the cause of sth ■ **~ání** **(po)** search n. hunt (for), inquiry n. investigation (into)
pátrav|ý searching, scrutinizing; *(tázavý)* questioning; **p. pohled** a questioning look ■ **~ě** scrutinizingly, questioningly; **podívat se na koho ~ě** look at sb questioningly, give* sb a questioning look
patriarcha patriarch
patriarchální patriarchal
patriarchát patriarchy
patricij, ~ský patrician
patriot patriot
patriotický patriotic
patriotismus patriotism
patrně I část. probably, apparently, evidently; **p. to nevěděl** it seems (that) he didn't know* it; **p. přijde později** he's apparently coming* later **II** adv. *(viditelně)* visibly, appreciably, noticeably
patrn|ý *(zřejmý)* obvious; *(pozorovatelný)* noticeable, perceptible, evident; *(značný)* considerable; **p. rozdíl** an evident difference; **~é zlepšení** a considerable improvement; **je ~é, že/ je ~o, že** it is obvious that ■ v. **~ě** ■ **~ost** obviousness ♦ **vést co v ~osti** bear* sth in mind
pat|ro 1 *(poschodí)* storey, am. story; **v horním ~ře** upstairs **2** *(v ústech)* palate; **tvrdé/ měkké p.** hard/ soft palate
patron 1 patron, sponsor; **umělecký p.** patron of the arts ■ **~ka** patroness **2** náb. patron saint ♦ **to je divný p.** he's a queer customer n. fish; **je to nudný p.** *(nemá smysl pro legraci)* he is a wet blanket
patrona 1 cartridge; **ostrá/ slepá p.** live/ blank cartridge **2** *(šablona)* stencil
patronát *(nad uměním)* patronage, sponsorship; *(záštita)* auspices; **pod ~em** **(koho)** under the auspices of, sponsored by; **mít nad čím p.** sponsor n. back sth
patronátní *(organizace)* sponsoring
patřičn|ý appropriate, proper, due, necessary; **s ~ým respektem** with due respect; **~ým způsobem** in the proper manner; **odkázat koho do ~ých mezí** put* sb in his/her place ■ **~ě** appropriately, properly
patř|it 1 *(náležet)* belong to; **ne~í vám to** it is not yours, it does not belong to you; **mladým ~í budoucnost** the future lies* n. rests with the young ♦ **to ti ~í!** serves you right! **2** *(kam)* belong in; include; **židle ~í do ložnice** the chair belongs in the bedroom; **p. mezi** *(nejlepší ap.)* be one of, rank among; **mezi vaše povinnosti**

~í your duties include; **to sem ne~í** that's beside the point; **p. k čemu** *(klasifikačně)* fall* into the class of; **tyto povinnosti ~í k mé práci** these duties are part of my work **3** *(být určen komu)* be meant* n. intended for, be aimed at; **ta poznámka ~ila vám** the remark was intended for you n. aimed at you ■ **p. se** neos. be proper n. right; **to se ne~í** it is not done; **umí se chovat jak se ~í** he knows* how to behave

pát|ý fifth ♦ **~é přes deváté** higgledy-piggledy; **všechno bylo ~é přes deváté** everything was in a muddle

paušál *(platba)* flat charge, flat rate; *(částka)* lump sum; *(cena zájezdu)* all-inclusive price

paušáln|í *(úhrada)* lump-sum; *(cena)* fixed, all--inclusive; *(sazba)* flat; **p. zvýšení mzdy** a blanket wage increase; *(soud)* sweeping

pauz|a **1** *(v řeči)* pause, gap; *(v práci, ve škole)* break; *(v divadle)* interval, am. intermission; **udělat si ~u** take* a breather; **polední p.** lunch break **2** hud. rest

pauzovací: p. papír tracing paper

páv peacock; **chodit jako p.** strut like a peacock; **pyšný jako p.** as proud as a peacock

pavěda pseudoscience

pavědecký pseudoscientific, quasi-scientific

pavián baboon; **řvát jako p.** howl n. bawl one's head off

pavilón pavilion; *(hudební)* bandstand; **výstavní p.** exhibition hall; **p. šelem** house for beasts of prey; **p. opic** monkey house; **zahradní p.** summer-house

pavlač courtyard gallery

pavlačov|ý: ~á klepna backstair gossip

pavouk **1** spider; **p. křižák** cross n. garden spider ♦ expr. **nasadit komu do hlavy ~y** put* ideas into sb's head **2** přen. **divný p.** a queer fish, an odd character; am. crank

pavučina cobweb, spider's web

pavučin(k)ov|ý gossamer; **p. závoj** gossamer veil; **~é punčochy** sheer stockings

paznecht hoof

pazour **1** claw, *(spár)* talon **2** zhrub. *(lidská ruka, noha* též*)* **~a** paw; **špinavé ~y** dirty paws; **dostat přes ~y** get* a rap over the knuckles

pazourek flint

pažb|a butt; **rány ~ou** butt strokes

paždí: nést pod ~m carry sth/ sb under one's arms

paže arm

pažení **1** *(přepážka)* **dřevěné p.** wooden partition **2** *(obložení)* panelling, boarding

pažitka chive(s)

pec (baking) oven; techn. furnace; *(vysoká)* blast furnace; *(vypalovací, sušicí, cihlářská)* kiln

pecen loaf, pl. loaves

péci bake, *(chléb, koláč* též*)* make*; *(maso)* roast ■ **p. se** *(opalovat se)* roast o.s. in the sun; *(být vystaven vedru)* swelter ♦ **co se peče na schůzi** přen. what's cooking at the meeting ■ **pečený** roasted, roast; **pečená husa** roast goose; **být u koho pečený vařený** be n. live in sb's pocket

pecivál stay-at-home, home bird, hanl. layabout

pecka *(třešňová* ap.*)* stone; voj. hov. *(hodnostní)* pip

pecička *(pomeranče* ap.*)* pip

peckovice stone fruit

péč|e care, solicitude; *(o nemocné)* care, nursing; *(o stroje, o dům)* maintenance, upkeep; **sociální p.** welfare work, *(úřad)* welfare, welfare services; **zdravotní p.** health care; **p. o opuštěné děti** foster care; **p. o životní prostředí** environmental protection; **být přijat do sociální p.** *(o dítěti)* be taken* into care; **vyžadovat velkou ~i** need a lot of attention; **s náležitou ~í** with due care

pečeně roast meat, *(kýta)* (roast) joint; **vepřová p.** roast pork; **hovězí p.** roast beef

peče|ť seal ♦ **pod ~tí mlčenlivosti** under the seal n. oath of secrecy; **vtisknout čemu svou p.** přen. put* one's stamp on sth

pečetidlo seal

pečetit seal

pečetní: p. vosk sealing wax; **p. prsten** signet ring

pečivárna biscuit factory

pečliv|ý careful; *(úzkostlivě)* painstaking, meticulous; *(svědomitý)* conscientious; *(opatrný)* cautious; *(starostlivý)* solicitous, considerate ■ **~ě** carefully atd.; with care ■ **~ost** care, meticulousness, conscientiousness; **s velkou ~ostí** with great care

pečovat *(o koho)* care for, take* care of; **p. o děti** take care of the children, look after the children, *(být živitelem)* provide for the children; **p. o rodinu** provide for one's family; **p. o domácnost** keep* house, manage the household

pečovatelka home help

pedagog teacher, schoolmaster; kn. n. hanl. pedagogue; *(teoretik)* educationalist, specialist in pedagogy

pedagogick|ý pedagogical, educational; **~á fakulta** college of education, dř. teachers' training college

pedagogika pedagogy
pedál **1** pedal; **p. plynu** accelerator pedal, am. gas pedal **2** žert. **~y** *(haksny)* trotters
pedant pedant; hairsplitter; stickler for precision; hov. fusspot
pedant|ský, ~ický pedantic, meticulous, fussy; *(malicherně)* pernickety ■ **~sky, ~icky** pedantically, meticulously
pedant|ství, ~érie pedantry, *(malicherné)* punctiliousness
pedel *(na univerzitě)* beadle, (head) porter
pediatr paediatrician, child specialist
pediatrie paediatrics
pedikér, ~ka chiropodist, br. též pedicurist
pedikúra pedicure
pech hard luck, bad luck, hov. tough luck, rotten luck; **měl jsem p.** I was down on my luck, I was unlucky; **měla p. při zkoušce** she had bad luck in the exam
pěchota infantry
pěchovat **1** *(hlínu* ap.*)* stamp n. ram (down) **2** přen. *(prádlo do tašky* ap.*)* stuff, ram **3** *(dýmku)* fill
pejsek doggy, doggie
pekáč **1** frying pan **2** *(na pečivo)* baking dish; *(na maso)* roasting pan
pekárna bakery, bakehouse
pekař baker
pekařství *(obchod)* bakery, baker's shop
pekeln|ý infernal; **p. rámus** one hell of a row ■ **je ~ě horko** it's as hot as hell
Peking Peking
pekl|o hell; **v ~e** in hell; **přijít do ~a** go* to hell ♦ **mít z ~a štěstí** be dead lucky; **posílat do horoucích pekel** send* sb to hell; **udělat komu ze života p.** make* sb's life sheer hell; **mít p. na zemi** suffer hell on earth; **mít s čím hotové p.** have the devil of a time with sth
pěkn|ý **1** *(dívka, tvář)* pretty, nice, good-looking; *(muž)* handsome; *(dárek)* nice, attractive; *(krajina)* pretty, nice; *(večer)* nice, pleasant; *(počasí)* beautiful, fine, fair ■ **~é nadělení** iron. a pretty n. fine kettle of fish; **p. ptáček** a real rascal **2** expr. **~é peníze** a nice little sum, a tidy sum of money ■ **~ě** **1** *(oblečená)* nicely, prettily; **~ě tvarovaný** shapely **2 dnes je ~ě** it's nice and warm today; **děkuji ~ě** thank you very much
pel pollen
pelargónie pelargonium, geranium
pelášit run* hell for leather; **p. pryč** scamper
pelech *(zaječí, medvědí)* den, lair; **zlodějský p.** a den of thieves; hanl. *(byt)* a wretched little hole
pelerína cape
pelest *(postranní)* sideboard; *(čelní, zadní deska)* headboard
pelichat *(zvíře)* lose* its hair; *(ptáci)* moult, throw* its feathers; *(kožešina)* shed* hairs
pelikán pelican
peloton sport. main body of riders
pelyněk wormwood; **hořký jako p.** as bitter as wormwood n. gall
pemza miner. pumice
peň *(stromu)* trunk, shank
pěn|a **1** foam; *(holicí, mýdlová, šamponová)* lather; *(na nápoji, na polévce)* froth, *(na pivě* též*)* head ♦ **být (tiše) jako p.** be as quiet as a churchmouse, be as still as a mouse **2 šlehaná p.** mousse; **čokoládová p.** chocolate mousse **3** *(u úst)* foam, froth; **mít ~u u úst** foam at the mouth
penál pencil case
penále penalty (for breach of contract)
penalizovat demand the payment of a penalty (for breach of contract)
penalta penalty (kick)
pendlovky pendulum clock
pendrek *(policejní)* truncheon
penězokaz forger, counterfeiter
peněženka wallet, am. pocketbook
peněžitý financial; **p. příspěvek** financial contribution; **p. dar** gift of money, donation, *(na odchodnou ze zaměstnání)* golden handshake
peněž|ní financial; ekon. monetary; **p. dar** v. **~itý**
peněžnictví monetary system; financial affairs
peněžník financier
pěnice warbler
penicilín penicillin
pěnit froth, foam; *(mýdlo)* lather; *(víno, limonáda)* bubble, sparkle; přen. *(krev v žilách)* boil
pěni|vý foamy, frothy; lathery; sparkling; **p. krém na holení** shaving cream; v. **~t**
peníz coin; **zlatý p.** gold coin; **pamětní p.** commemorative coin; **stálo ho to pěkný p.** it cost* him a pretty penny
peníze money; *(kapitál)* capital; **drobné p.** (small) change, loose cash; **vyhozené p.** money poured down the drain; **p. v hotovosti** ready money, cash; **p. na dřevo** hard cash; **hodně peněz** a lot of money, hov. loads of money; **peněz jako želez・** a pile of money; **nemít p.** have no money, be short of cash, *(vůbec)* be penniless, be broke; **máte u sebe p.?** do you

have any money on you?; *(nedostanete to)* **za žádné p.** not for love or money ♦ **p. nebo život!** stand* and deliver!
pěnkava finch
pěnov|ý: ~é cukroví meringues; **p. beton** aereated concrete; **p. hasicí přístroj** foam extinguisher; **~é sklo** foamglass, glass fiber
pentle *(do vlasů)* ribbon; *(na převázání)* band; *(fábor)* streamer
penz|e 1 *(plat)* pension; *(období života)* retirement; v. též **důchod (3) 2** *(v hotelu)* board and lodging; **s plnou ~í** with full board
penzijní pension, retirement; **p. fond** pension n. retirement fund; v. též **důchodový (2)**
penzión boarding house, guest-house; am. rooming house
penzionát finishing school
penzionova|t retire, pension sb (off) ■ **~ný** retired
penzista (old-age) pensioner
penzum quota, stint, task; **denní p.** daily quota n. task; **nesplnili jsme své p.** we didn't reach our target
pepit|a, ~o check; **p. sukně** check n. checked skirt
peprný 1 *(koření)* spicy, hot **2** *(vtip)* spicy, juicy; *(odpověď)* sharp, stinging; *(cena)* steep
pepř pepper
pepřenka pepper pot, pepperbox
pepřit *(jídlo)* pepper, season with pepper
pepsin pepsin
perfektn|í perfect ■ **mluvit ~ě anglicky** speak* perfect English
perfektum jaz. perfect (tense)
perfor|ovat perforate; *(děrovat)* punch ■ **~ace, ~ování** perforation
pargamen 1 *(kůže)* sheepskin, parchment; *(dokument)* document on parchment, scroll **2** *(papír)* greaseproof paper
pergamenový: p. papír greaseproof paper
periférie 1 *(města)* outskirts, periphery; přen. **p. společnosti** (the) fringe of society **2** *(přípojka k počítači)* peripheral (device n. unit)
periferní peripheral
perifráze periphrasis, circumlocution
perioda 1 *(časová)* period **2** *(měsíčky)* period, menstruation
periodick|ý *(tisk)* periodical, serial; chem. **~á soustava prvků** periodic table
periodičnost periodicity
periodikum serial, periodical
periskop periscope
perl|a pearl; *(skleněná)* glass bead; přen. *(architektury* ap.*)* jewel ♦ **házet ~y sviním** cast* pearls before swine
perle|ť mother-of-pearl, odb. nacre; **vykládaný ~tí** nacred
perleťový mother-of-pearl; **p. knoflík** (mother-of--)pearl button
perličk|a 1 small pearl; *(skleněná)* bead ♦ **má zuby jako ~y** his teeth are like pearls **2** *(slepice)* guinea fowl **3** zprav. pl. *(směšné výroky)* howlers **4** *(perličkové písmo)* pearl
perlík forge hammer, sledge hammer
perl|it se *(víno)* sparkle; **na čele se mu ~í pot** beads of sweat stand* out on his forehead
perlorodka pearl oyster
perlový pearl, of pearls; **p. náhrdelník** pearl necklace, string of pearls
permanenc|e: jsem stále v ~i I am always n. permanently on the go, I never stop
permanentka season ticket
permanentní continuous; *(provoz)* non-stop
permutace permutation
pernatý feathered, plumed
perník gingerbread
pern|ý *(práce)* hard, laborious; hov. tough; **je to ~á práce** it's a hard grind n. slog; **připravit komu ~ou chvilku** put* sb into a tight spot n. corner ■ **~ě zasloužená chvála** well-deserved praise
per|o 1 *(ptačí)* feather **2** *(k psaní)* pen, *(brk)* quill; *(plnicí)* fountain pen; **kuličkové p.** ballpoint (pen) ♦ **škrtnutím ~a** with a stroke of the pen; **člověk od ~a** a man of letters **3** *(pružina)* spring; *(hodinek)* watch spring
perokresba pen-and-ink drawing
perón platform
perónka platform ticket
pérování springs; aut. též suspension
peroxid peroxide
perpetuum mobile perpetual motion machine
perský Persian; **p. koberec** Persian carpet; **P. záliv** the (Persian) Gulf
personál personnel, *(osazenstvo)* též staff
personálie personal data, (sb's) particulars
personální personnel; **p. oddělení** personnel department
personifikace personification
perspektiv|a 1 perspective; **ptačí p.** bird's eye view; **žabí p.** worm's eye view **2** *(výhled)* outlook, prospects; **mít dobrou ~u** have good prospects
perspektivn|í perspective ■ **~ě** perspectively, in

perspective
peršan *(koberec)* Persian carpet
Peru Peru
peruán|ský, P~ec, P~ka Peruvian
peruť poet. pinion též přen. *(letka)*
perverze perversion
perverzní perverted, abnormal
perzekuce persecution
perzekvovat persecute; *(obtěžovat)* harass
perzián astrakhan
peřej pl. **~e** rapids, cataracts
peří feathers, plumage; poet. plume; **prachové p.** down ♦ **ptáka poznáš po p.** you know* the bird by its plumage; **chlubit se cizím ~m** ≅ steal* sb's thunder
peříčko *(prachové peří)* down
peřina duvet, continental quilt; (zvl. *prošívaná)* eiderdown
pes 1 dog; *(honicí)* hound; *(hlídací)* guard dog, watchdog; *(ovčácký)* sheepdog; **maso pro psa** dog's meat ♦ **pozor, zlý p.!** beware of the dog!, **je to pod psa** it is rotten n. lousy; **hraje pod psa** he plays lousily; **unavený jako p.** dog-tired, ready to drop; **každý p. jiná ves** *(zařízení bytu)* furnished with odds and ends, furnished with bits and pieces; **p., který štěká, nekouše** přen. his/her bark is worse than his/her bite; **to je počasí, že by psa nevyhnal** one wouldn't turn a dog out in this weather; **umřít jako p.** die a dog's death **2** *(bezohledný člověk)* beast, zhrub. swine; *(přísný člověk)* slave driver, strict disciplinarian
pesimismus pessimism
pesimista pessimist
pesimistický pessimistic
peskovat scold, pick on, upbraid
pěst fist; **sevřít ruku v p.** clench one's fist; **uhodit ~í do stolu** bang the table n. thump on the table (with one's fist); **pohrozit komu ~í** shake* one's fist at sb ♦ **jednat na vlastní p.** do sth off one's own bat, act on one's own initiative; **je to jako p. na oko** it's completely out of place; *(o barvách)* it clashes horribly
pestík bot. pistil
pěst|it (si) *(nehty)* manicure; **p. si vlasy** do one's hair ■ **p. se** take* care of one's appearance, groom o.s. ■ **~ěný** well-groomed; *(trávník)* well-kept
pěstitel *(rostlin)* grower, cultivator; **p. ovoce** fruit grower n. farmer
pěstní: p. právo law of the jungle
pěstoun foster father ■ **~ka** foster mother
pěstov|at 1 *(rostliny)* grow*; *(dobytek)* breed*, raise **2** *(vlohy)* foster; *(přátelství* též*)* cultivate **3** *(jako koníčka)* do, go* in for (sport ap.) ■ **~aný** *(osoba)* well-groomed, neat; *(zahrada)* trim, well-kept ■ **~ání** cultivation, growing; *(dobytka)* breeding
pestrobarevný many-coloured, variegated; colourful
pest|rý 1 v. **~robarevný**; *(šaty)* bright, gaily coloured; *(příliš)* gaudy n. loud **2** přen. *(strava)* varied; *(životní dráha)* chequered; **~rá společnost** a motley crowd ■ **~ře** colourfully, brightly; gaudily; **být ~ře oblečený** be colourfully n. brightly n. *(nápadně)* gaudily dressed ■ **~rost** colourfulness, brightness
pěšák voj. infantryman, foot-soldier
pěšec šach. pawn
pěší I adj. **p. túra** walking n. hiking tour, walk; **p. turistika** hiking; **p. zóna** pedestrian precinct **II** subst. pedestrian; **cesta pro p.** footpath
pěšina footway, footpath
pěšink|a 1 *(ve vlasech)* (side) parting; **nosit ~u** part one's hair **2** v. **pěšina**
pěšky: jít p. walk, go* on foot; žert. foot it
pěšourem v. **pěšky**
pět five ♦ **nemá všech p. pohromadě** he's not all there, he hasn't got* all his marbles; **sebrat si svých p. švestek** pack up one's bags (and go*); **za p. minut dvanáct** at the eleventh hour; srv. též **čtyři**
petarda petard, explosive charge
pěti- v. též **čtyř-**
pětiboj pentathlon
petic|e petition; **podat ~i** submit a petition
pětice a group of five
pěticíp|ý: ~á hvězda five-pointed star
pětiletka five-year plan
pětina fifth
pětipramenný five-line(d)
pětiramenný *(svícen)* four-branch, with four branches
petit small print, polygr. brevier
pětiúhelník pentagon
pětiúhlý pentagonal
pětk|a five; **nosí ~y** *(boty)* he takes* size five (in shoes); *(šk. známka)* fail mark
petlic|e latch, hasp; **na ~i** on the latch
Petr Peter ♦ **co může P., může i Pavel** what is sauce for the goose is sauce for the gander; **ať je to P. nebo Pavel** *(kdokoli)* every Tom, Dick

and Harry
petrklíč primrose
petrochemie petrochemistry
petrolej paraffin (oil); am. kerosene
petrolejářsk|ý petroleum, oil; **~á společnost** petroleum n. oil company
petrolejov|ý paraffin, am. kerosene; **~á lampa** paraffin n. kerosene lamp
petržel parsley
pěvec 1 *(operní* ap.*)* singer 2 *(pták)* songbird, songster 3 *(básník)* bard, poet
pěvecký *(kroužek, spolek)* choral
pěvkyně v. **pěvec (1)**; *(slavná primadona)* diva
pevnina mainland; **evropská p.** the continent of Europe, br. the Continent
pevninský continental
pevn|ost 1 v. **~ý** 2 voj. fortress; *(tvrz)* stronghold; *(městská)* citadel
pevn|ý 1 *(vlákno)* strong; *(uzel)* hard; *(materiál)* durable, sturdy; *(tkanina, boty)* durable, hard-wearing, lasting 2 *(tuhý)* solid; **~é palivo** solid fuel; **~é skupenství** solid state 3 *(bod)* fixed; přen. **~é pravidlo** hard and fast rule 4 *(lešení, zábradlí)* sturdy, *(základy)* solid; *(měna, zdraví)* sound; *(znalosti)* solid 5 *(cena, mzda)* fixed 6 *(rozhodnutí, postoj)* firm; *(vůle)* strong; *(přátelství)* lasting; *(charakter)* steady; *(víra)* firm, unshakable 7 *(silný)* strong; *(svaly)* strong, steely 8 *(energický)* **~ým krokem/ ~ou rukou** with a firm step/ hand ■ **~ě** firmly; **trvat ~ě na svém rozhodnutí** stand* firmly by one's decision ■ **~ost** strength, durability; sturdiness; solidity
pfeferonka chilli
pfuj! pah!, ugh!; *(hanba)* shame!
pianino upright piano
pianista pianist, piano-player
piano piano
píce fodder, forage
pícnina fodder n. forage plant
píď zast. *(asi 23 cm)* span ♦ **neustoupit ani o p.** not to yield n. give* an inch
píďalka zool. geometer
pidimužík dwarf, mannikin
pídit se *(po čem)* search n. look for; *(po potravě, otopu* ap.*)* forage for; *(po pachatelích)* hunt for
piedestal pedestal
pieta reverence, respect; *(uměl. dílo)* pietà
pietní respectful
pifk|a: mít na koho ~u have a down on sb, have n. bear* a grudge against sb
pigment pigmentation
piha freckle
pihovatý freckled
píchací: p. hodiny time clock; **p. kleště** ticket punch
píchačk|a time sheet; **~y** time clock
píchání stabbing n. shooting pain; *(v boku)* (a) stitch; **mít p. v boku** have a stitch
pích|at 1 *(trn, hřebík)* prick, sting; **trn ~á** the thorn is prickly; **~á mne v boku** I've got* a stitch; **~á mne v zádech** I have a sharp pain in my back 2 **p. příchod/ odchod** clock in/ out; v. též **~nout, ~ání**
pichlavý 1 *(trní)* prickly 2 *(bolest)* sharp, shooting, stabbing 3 *(pohled)* piercing, penetrating 4 *(poznámky)* biting, pointed
pích|nout 1 *(špendlíkem)* prick; *(prstem)* poke; **p. komu injekci** give* sb an injection ♦ **p. do vosího hnízda** stir up a hornet's nest, open up a Pandora's box 2 *(pneumatiku)* have n. get* a puncture ■ **~nutí** *(hmyzem)* bite; *(pneumatiky)* puncture
pijáck|ý: ~á píseň drinking song
pijáctví hard drinking, alcoholism
piják 1 též **pijan** drunkard 2 *(sací papír)* blotting paper, blotter
pijavice 1 lék. leech 2 přen. leech, bloodsucker
pijavý: p. papír blotting paper
pík|a hist. pike ♦ **začít od ~y** start from scratch
pikantn|í *(jídlo)* piquant, savoury; přen. *(vtipy* ap.*)* suggestive, risqué ■ **~ost** piquancy; suggestiveness
pikle: kout p. spin* plots, plot
piknik picnic
pikola hud. piccolo (flute)
pikolík apprentice waiter
pikov|ý of spades; **~é eso** ace of spades
piky *(karty)* spades
pila 1 *(nástroj)* saw; *(ruční)* handsaw; v. **chrápat** 2 *(závod)* sawmill
píl|e diligence, industry, application; **s velkou ~í** very diligently, with great application; **vyžaduje to velkou ~i** it involves n. requires much hard work
piliny sawdust ♦ **má v hlavě p.** he has no brains
pilíř pillar; *(mostní)* pier; *(sloupový)* column; *(nosný)* supporting pillar; přen. **p. společnosti** pillar n. buttress of society
pilka handsaw
pilníček *(na nehty)* nail file
pilník file

pil|ný 1 *(vykazující píli)* diligent; *(pracovitý)* hardworking, assiduous, industrious; *(aktivní)* busy, active; *(sběratel* ap.*)* keen, enthusiastic 2 *(telegram)* urgent, am. rush ■ **mít ~no** be (very) busy, be in a hurry
pilot pilot
pilota pile
pilotovat pilot
piloun sawfish
pilovat 1 file; **p. si nehty** file one's fingernails 2 přen. *(řeč, styl* ap.*)* polish, refine
pilulk|a pill; *(antikoncepční)* the pill; *(dražé)* pellet ♦ **spolknout hořkou ~u** swallow a bitter pill
pimprle marionette, puppet
pinč pinscher
ping-pong ping-pong, table tennis
pinie (stone n. umbrella) pine
pinta pint
pinzeta (a pair of) tweezers
pionýr 1 *(průkopník)* pioneer 2 dř. *(člen PO)* Young Pioneer
pionýrsk|ý 1 *(průkopnický)* pioneering, path--breaking 2 dř. **P~á organizace** ≅ Young Pioneers, Pioneer Organization
píp|a tap, spigot; am. faucet; **narazit ~u** tap (a barrel ap.)
píp|at *(pták)* chirp, twitter ■ **~ání** chirping, twitter
piplačka fiddly job
pipl|at se 1 *(s čím)* fiddle about with, take* a lot of trouble over; **~á se s přípravou přednášek** he takes* a great deal of trouble over his lectures, he goes* to a lot of trouble over his lectures 2 **p. se v jídle** pick at one's food
piplavý *(práce)* fiddly
pirát pirate; **p. silnic** road hog, am. cowboy
pirátský pirate
pirátství piracy; **vzdušné p.** air piracy
pírko plumule ■ **lehký jako p.** as light as a feather
piroh ≅ meat pie, pasty
piruet|a pirouette; **udělat ~u** turn a pirouette
pisálek scribbler, scrawler; *(námezdní)* hack
písanka exercise book
písárna writing office; *(v podniku)* typing pool
písař, ~ka typist
pisatel writer, author; **p. tohoto dopisu** the writer of this letter
písčin|a the sands; **loď najela na ~u** the boat struck* the sands
písčitý sandy, full of sand
písečn|ý sand(-); **~á bouře** sandstorm; přen. **p. přesyp** (sand) dune
pís|ek sand; *(hrubý)* grit; **tekutý p.** quicksand ♦ **stavět na ~ku** build* on sand; **sypat p. do očí** throw* dust in sb's eyes
písemka *(na stř. škole)* written exam; *(z matematiky* ap.*)* test; *(na univerzitě: při závěrečných zkouškách)* paper, *(semestrální)* class exam
písemnictví literature; kn. letters
písemnost paper; *(doklad)* document; **vyřizovat ~i** do the paperwork
písemn|ý written; **p. styk** correspondence; **~á zkouška** written examination ■ **~ě** in writing, in black and white
píseň 1 song; **lidová/ milostná/ pijácká p.** folk/ love/ drinking song; **labutí p.** swansong 2 *(báseň)* ballad
písk|at 1 whistle; *(hrát též)* pipe; **p. si** whistle to o.s.; **p. si písničku** whistle a song 2 *(rozhodčí)* referee 3 *(lokomotiva)* whistle, hoot; *(brzdy)* screech ■ **~ání** whistling, piping; v. **pískot**
pisklavý squeaky
pískle nestling
pískot *(diváků)* hissing, catcalls
pískovec sandstone
pískoviště *(dětské)* sandpit; am. sandbox
pískov|ý: p. cukr castor sugar; **~á forma** sand mould
písmen|o letter; **malé p.** small letter; **velké p.** capital (letter); *(splnit)* **do ~e** to the letter
písm|o 1 *(rukopis)* handwriting; **psát pěkným ~em** write* a beautiful hand; polygr. typeface 2 *(systém)* script, alphabet; **latinské p.** Roman script 3 *(svaté)* Holy Scripture
písnička v. **píseň; obehraná p.** the same old story
písničkář ≅ folk singer; ballad singer
pisoár urinal; am. též pissoir
píst piston
pistole 1 pistol, gun 2 *(stříkací)* spray gun, sprayer
pistolník gunman, *(profesionální)* gunslinger
pístov|ý piston; **~é čerpadlo** piston pump
piškot 1 *(moučník)* sponge cake, fairy cake; *(roláda)* Swiss roll 2 *(dětský)* biscuit, am. cookie
piškotov|ý sponge; **p. dort** sponge cake; **~é těsto** sponge mixture
píšťal|a *(hud. nástroj; varhanní)* pipe; **~y** a set of pipes; **sklářská p.** blowpipe
píšťalka whistle
pištec piper

píštěl lék. fistula
pištět squeak; **p. smíchy/ strachem** shriek with laughter/ fear
pištivý squeaky
pít 1 drink*; **p. z láhve** drink from a bottle 2 *(alkohol)* **p. komu na zdraví** drink to sb's health; **co budete p.?** what would you like to drink?, hov. what's your poison? 3 *(opíjet se)* have a drink problem, drink (hard) **4 země pije vláhu** the soil drinks in n. soaks up the rain ♦ **pije mi krev** he's driving* me crazy
pitevna dissecting room
pití drinking; **dát se na p.** take* to drink, hit* the bottle
pitka drinking bout n. spree; hov. booze
pitn|ý: ~á voda drinking water; **„Tato voda není ~á"** "Not drinking water"
pitomec idiot, moron, nitwit
pitomeček nincompoop
pitom|ý stupid; hov. thick, am. dumb; **~á husa** silly goose; **to je ale ~é, že ...** how annoying that ... ■ **~ě** stupidly; **neptej se tak ~ě** don't ask such silly questions ■ **~ost** 1 stupidity; dumbness; idiocy 2 *(nesmysl)* nonsense, stupid thing; **žádné ~osti!** no funny tricks!
pitva post-mortem, autopsy
pitvat dissect též přen., do a post-mortem n. autopsy (on)
pitvorný grotesque, weird
pitvořit se grimace, make funny n. grotesque faces
pivní beer; **p. láhev** beer bottle
pivnice pub; am. beer parlor
pivo beer; *(černé)* brown ale, am. dark beer; **lahvové p.** bottled beer; **o. od čepu** beer on tap, beer on draught
pivoňka peony
pivovar brewery
pivovarnictví brewing trade n. industry
pivovarník brewer
pižmo musk
pižmov|ý musky; **~á krysa** muskrat
plác! splash!
plácačka *(na mouchy)* flyswatter; *(na koberce)* carpet-beater
plác|at 1 *(bít)* smack, slap; *(mouchy)* swat; *(o ptácích)* **p. křídly** flap the wings 2 *(tleskat)* clap one's hands; **p. komu** applaud sb 3 *(tlachat)* tittle-tattle, talk through one's hat ■ **p. se, p. sebou** flounder ■ **~ání** smacking; clapping; idle talk, tittle-tattle

placatý flat
placen|ý *(dovolená)* paid; **dobře ~é zaměstnání** remunerative employment
placka scone, *(tenká)* pancake
plácn|out 1 v. **plácat (1); p. si** *(dohodnout se)* shake* hands; **p. koho po zadku** give* sb a pat n. smack on the bottom 2 *(nesmysl)* blurt out ■ **~utí** smack; **p. do vzduchu** *(odhad)* a random guess ♦ **~utí do vody** přen. a flash in the pan
pláč weeping, crying; **dát se do ~e** burst* out crying; žert. turn the taps on ♦ **mít p. na krajíčku** be on the verge of tears; **to je k ~i** it's a crying shame; **p. a skřípění zubů** weeping and gnashing of teeth
plačtivý 1 *(náchylný k pláči)* tearful, weepy; *(sentimentální)* maudlin, mawkish 2 *(hlas)* whining; *(píseň)* lacrymose 3 *(počasí)* rainy
plagiát plagiarism
plagiátor plagiarist
plagovat plagiarize; *(vtipy)* steal
plahoč|it se 1 *(s prací)* toil, plod, drudge 2 *(těžce se pohybovat)* drag o.s. ■ **~ení** drudgery, plodding
plachetnice sailing boat; am. sailboat
plach|ta 1 *(lodi)* sail; **s rozvinutými plachtami** in full sail ♦ **vzít komu vítr z ~et** přen. steal sb's thunder 2 *(na přikrytí)* canvas cover; *(nepromokavá)* tarpaulin
placht|it 1 *(na větroni)* glide, soar 2 *(na vodě)* sail ■ **~ění** glider flying, sailplaning; *(na vodě)* sailing
plachtoví sails
plachtovina tarpaulin
plach|ý shy; *(zvíře)* timid; *(kůň též)* skittish; *(opatrný)* cautious ■ **~ost** shyness; timidity; cautiousness
plakat cry, weep*; **p. radostí** weep n. cry for joy; **žalostně p.** cry with grief; **p. usedavě** cry one's eyes out; **p. nad kým** weep for sb; **p. po kom** cry for sb
plakát poster; bill *(ve spojení)* **Lepení ~ů zakázáno!** (Stick) No Bills!
plaketa *(na domě)* plaque; **upomínková p.** commemorative plaque n. tablet; *(mince)* commemorative coin
plamen flame; *(šlehající)* blaze; **být v ~ech** be ablaze, be in flames
plameňák flamingo
plamenný *(řeč)* stirring, rousing, impassioned; *(pozdravy)* passionate
plamenomet flame thrower

plán 1 *(záměr)* plan, intention, design; **dělat ~y** make* plans; **zkřížit ~y** thwart sb's plans n. intentions 2 *(rozvrh)* schedule, plan, programme; **p. cesty** schedule of a journey; **odehrát se podle ~u** go* according to plan 3 *(města)* street map

plánek *(města)* town n. city map, street map

pláň open n. flat country, plain(s)

plandat *(o šatech)* hang* loosely, flap

plandavý *(šatstvo)* loose, flappy, flapping; *(kalhoty též)* baggy

planet|a planet ♦ **narodit se na šťastné/ nešťastné ~ě** be born* under a lucky/ an unlucky star

planetárium planetarium

planetární planetary; **p. soustava** planetary system

planimetrie planimetry, plane geometry

planina *(náhorní)* plateau, tableland

plan|out 1 *(plameny)* blaze; *(být v plamenech)* be ablaze, be alight 2 přen. *(oči)* flash, sparkle; *(tvář)* blaze, flush, glow; **oči jí ~uly hněvem/ nadšením** her eyes flashed with anger/ her eyes sparkled with enthusiasm; **tvář mu ~ula rozčilením** his face glowered with rage ■ **~oucí** flaming, aflame; *(oči)* **~oucí nadšením** ablaze with enthusiasm

plánovací *(úřad)* planning; dř. **Státní p. komise** State Commission for Economic Planning

plánovač planner

plán|ovat 1 *(dělat ~)* plan, project 2 *(mít úmysl)* plan, intend *(+ inf.)*; **p. si** *(dovolenou* ap.*)* make* plans for ■ **~ovaný** planned, projected; **~ované rodičovství** birth control ■ **~ování** planning

plánovit|ý systematic, methodical; *(hospodářství)* planned ■ **~ě** systematically, according to plan

plantáž plantation

plantážník planter, plantation owner

plan|ý 1 *(rostoucí divoce)* wild; *(neplodný)* přen. unfruitful, fruitless; **~á růže** dogrose; **~é jablko** crab apple 2 *(poplach)* false; *(diskuse)* sterile; *(sliby)* hollow; *(povídání, teoretizování)* idle; *(výmluvy)* flimsy, glib ♦ **dělat p. poplach** cry wolf

planýrovat *(půdu)* level, plane, grade

plápolat *(plamen, světlo)* flicker, waver

plápolavý flickering

plástev *(včelí)* honeycomb

plastelína plasticine

plasti|cký 1 *(tvárný)* plastic; *(prostorově provedený)* three-dimensional, relief; **~cká mapa** relief map; **~cká chirurgie** plastic surgery 2 přen. *(líčení)* graphic, vivid ■ **~čnost** plasticity; three-dimensional quality; vividness

plastik plastic; *(kabelka* ap.*)* **z ~u** made* of plastic

plastika *(výtvor)* sculpture; lék. plastic surgery

plastikový plastic, made* of plastic

plašit *(zvířata)* startle n. frighten; *(ptáky též)* rouse ■ **p. se** get* startled n. frightened, take* fright

pláš|ť 1 coat; *(volný, bez rukávů)* cloak; *(do deště)* raincoat, mac(kintosh); *(pracovní)* smock; *(koupací)* robe; přen. mantel, cloak, screen; **pod ~těm tmy** under the cloak of darkness; v. **vítr** 2 techn. case, casing, housing; **p. pneumatiky** rubber tyre

pláštěnka *(do deště)* plastic raincoat

pláštík přen. veil, guise, screen; **pod ~em čeho** under the veil of sth, under the guise of sth; v. též **plášť (1)**

plat pay; kn. remuneration; *(dělnický)* wages; *(pro duševně pracující)* salary; **mít pevný p.** draw* a fixed salary; **mít vysoký p.** be on a high salary, get* a high salary; *(stávkovat)* **za vyšší ~y** for higher pay

plát$_1$ v. **planout**

plát$_2$ *(kovový)* plate, sheet; *(mramorový)* slab

platan plane tree

platba payment

plátce payer

platební of payment; **p. bilance/ podmínky/ lhůty** balance/ terms/ dates of payment

plátek 1 *(masa)* slice, sliver; *(silný)* slab; *(kovový)* small plate 2 *(korunní)* petal 3 *(noviny)* tabloid (paper); *(časopis)* pulp magazine, (gutter) rag

plátěnk|a: ~y canvas shoes, plimsolls, am. sneakers

plátěn|ý linen, canvas; **~é zboží** linen goods; **p. střevíc** v. **~ka**

platforma basis; *(pol. program)* platform

platidlo means of payment; *(měna)* currency; **zákonné p.** legal tender

platin|a, ~ový chem. platinum; **~ová blondýnka** platinum blonde

plat|it 1 pay* (**za** for); *(vyrovnat účet)* pay the bill; **p. komu** pay sb; **p. předem** pay in advance; **p. hotově** pay ready money n. cash; **p. za sebe** pay one's own way; *(v restauraci)* **to ~ím já** it's my treat; **pane vrchní, ~ím** waiter, the bill, please 2 *(odměňovat ~em)* pay; **tam dobře ~í** they pay well 3 *(pykat)* pay dearly (**za** for) **4** *(být v ~nosti)* be valid n. good, hold* good; *(ceny)* be effective, be in effect; *(zákon)* be in force; *(teorie též)* hold* true; **lístek ~í dva měsíce** the ticket is valid for two months; **sázka už ne~í** the bet is off; **~í!** *(souhlasím)* it's a deal **5 p. na koho** *(mít váhu u koho)* carry weight with sb, count for much with sb; **to na něho ~í** that's the stuff to give* him; **to na ně ne~í** that doesn't count for much with them, that cuts* no ice with them; **slzy na mne ne~í** tears will not move me **6** *(mít pověst jako)* **p. za nejlepšího pracovníka** be regarded as n. be considered to be the best worker **7** *(být určen)* be meant* n. intended for, be aimed at; **ta poznámka ~í vám** that remark was aimed at you; **to ~í i pro vás** that goes* for you as well ■ v. **placený** ■ **placení** payment; **placení dluhů** payment n. settlement of debts; **placení předem** payment in advance, *(hotově)* cash in advance

plátn|o 1 linen; *(hrubé)* canvas; *(knihařské)* cloth; *(promítací)* screen; **být na ~ech kin** be showing **2** *(obraz)* canvas

platn|ý 1 *(zákony)* valid, (currently) in force n. operation; *(ceny)* current, ruling; *(obecně p.: zásada ap.)* prevailing; **~á smlouva** lawful contract **2** *(užitečný)* useful, helpful, of use; **p. člen společnosti** a useful member of society ♦ **být málo ~é** be of little use n. kn. avail; **nic ~o** nothing doing; v. též **kvapný** ■ **~ost** *(průkazu, pasu)* validity; **být v ~osti** be in operation n. force n. effect; **s ~ostí od** with effect from; **zákon je ještě v ~osti** the law still holds* n. is still in effect

platonický platonic

platýs flatfish

plav|at 1 *(člověk)* swim*; **p. prsa/ znak/ motýlka/ kraula** swim n. do the breaststroke/ backstroke/ butterfly/ crawl; **jít p.** go* swimming ♦ **p. jako ryba** swim like a fish; **~e jako zednická tříska** he can't swim a stroke **2** *(předmět)* float, drift ♦ **nechat koho/ co p.** ditch sb/ drop sth **3 maso ~e v tuku** the meat is swimming in fat **4** *(při zkoušce)* flounder ■ **~ání** swimming; **~ání na prsa/ naznak** breaststroke/ backstroke

plavba 1 *(cesta)* voyage; *(delší)* passage; **první p.** maiden voyage; **zábavní p.** cruise; **p. do Indie** a passage to India **2** *(doprava)* navigation, shipping; **námořní p.** ocean n. sea shipping n. navigation

plavčík 1 *(na plovárně)* swimming instructor **2** *(na lodi)* cabin boy

plavební shipping; **p. společnost** shipping company; **p. komora** lock

plavec swimmer

plavecký swimming; **p. bazén/ závod** swimming pool/ competition

plavectví sport. swimming; **závodní p.** competitive swimming

plavidlo craft, vessel

plavit 1 p. dříví float, run* (logs), *(na vorech)* raft **2 p. koně** take* horses into water ■ **p. se přes Atlantik** sail n. navigate the Atlantic n. across the Atlantic

plavky *(ženské)* swimsuit, swimming costume; *(pánské)* swimming trunks

plavný *(pohyb)* graceful; *(chůze)* springy, light

plavovláska blonde

plavovlasý fair-haired, blond; *(žena, dívka)* blonde

plavý fair, fair-haired

plaz reptile

plazit se crawl; *(auto)* creep* n. crawl along ♦ **p. se před kým** cringe before sb, lick sb's boots n. shoes

plaziv|ý bot. **~á rostlina** creeping plant, creeper

plazma *(krevní)* plasma

pláž, ~ový beach; **~ové oblečení** beachwear

plebejec plebeian též přen.; hanl. pleb

plebejský plebeian, common

plebiscit plebiscite

plec, ~e 1 shoulder **2** *(zvířecí)* shoulder; **vepřová p.** pork shoulder

plecko v. **plec (2)**

pléd 1 *(vlněná pokrývka)* travelling rug **2** *(přehoz)* plaid, tartan

plech 1 *(bílý)* tinplate; *(ocelový)* sheet iron **2** *(na pečení)* baking sheet n. tin, cake tin

plechovka tin, am. can

plechov|ý 1 *(z bílého plechu)* tin, metal; of tin; **~á střecha** tin roof **2** *(zvuk)* metallic, tinny

plemeník *(hřebec)* stud horse, breeding stallion; *(býk)* breeding bull

plemenit se breed*, multiply

plemenn|ý breeding; **~é zvíře** breeding animal, animal for breeding; v. též **plemeník**

plemeno 1 race; **lidské p.** human race **2** zool. breed, stock

plen|a 1 kn. napkin; hov. nappy, am. diaper; **dát dítěti suchou ~u** change the baby **2** anat. membrane

plenární: p. schůze plenary session, full session

plenár|ka v. **~ní**

plen|it plunder, pillage, ravage ■ **~ění** pillage; plundering, looting
plenitel pillager, plunderer
plenk|a v. **plena (1)** ♦ **je to ještě v ~ách** přen. it is still in its infancy
plenta screen; **p. u kamen** fire screen
plén|um plenum, general assembly; *(členstvo* též*)* the floor; **otázky z ~a** questions from the floor
pleonasmus pleonasm
pleonastický pleonastic
ples ball; **maškarní p.** fancy dress ball; **na ~e** at a ball; **jít na p.** go* to a ball
ples|at be jubilant n. exultant, rejoice (**nad** over) ■ **~ání** exultation, jubilation; *(výkřiky)* shouts of joy
plesk! flop!
pleskat **1** *(déšť na okna* ap.*)* patter (against); *(voda o skály)* lap (against); *(bačkory)* flap (**o podlahu** on the floor) **2** *(bít)* slap, smack
plesknout **1** *(do vody)* splash, flop; *(střela)* ping; *(jídlo na talíř)* dollop; **p. s čím** smack n. plop sth down **2** *(uhodit)* smack, slap
pleskot *(deště)* patter; *(vln)* splashing
plesnivět *(chléb)* go* mouldy; *(stěna)* go mildewy
plesnivina *(na chlebě)* mould; *(na stěně)* mildew
plesnivý *(chléb)* mouldy; *(stěna, papír)* mildewed, mildewy; přen. *(džíny)* bleached ♦ **p. dědek** old geezer
pleso mountain lake
plést **1** *(svetr)* knit*; *(cop, vlasy)* plait, braid; *(věnec)* wreath; *(košíky)* weave*; *(lana)* twist, strand ♦ **p. si na sebe bič** store up trouble for o.s., dig* one's own grave; **chtít p. z písku provaz** (try to) make* a silk purse out of a sow's ear **2** *(mást)* confuse, bewilder, puzzle; **p. co** mix sth up; **p. si pojmy/ fakta** mix up n. confuse concepts/ facts; **p. si koho s kým** mistake sb for s.o. else; **p. komu hlavu** turn sb's head ■ **p. se** **1** **p. se do cizích záležitostí** meddle in n. poke into other people's affairs; **p. se do všeho** přen. have a finger in every pie **2** *(překážet)* **p. se do cesty** get* in sb's way; **p. se pod nohy** get under sb's feet **3** **pletou se mu nohy** he's unsteady n. shaky on his feet; **plete se mu jazyk** his speech is slurred
pleš bald spot
plešatě|t go* bald ■ **~jící** balding
plešat|ý bald(-headed); hov. *(o vlasech)* thin on top ■ **~ost** baldness
pleť complexion
pletací: p. stroj/ drát knitting machine/ needle
pletenec *(fíků, cibule)* bunch; *(vlasů)* plait
pletení knitting
pletenina knitwear, knitted goods
pleten|ý knitted; **~é zboží** v. **~ina**
pletich|a intrigue, scheme; **~y** machinations, wheelings and dealings
pletichář schemer, intriguer, plotter
pletichářský scheming, duplicitous, double-dealing, designing
pletichařit scheme, plot and scheme
pletivo *(drátěné)* wire mesh n. netting; *(proutěné)* wickerwork; **p. lží** a web of lies
pletk|a zprav. pl. **~y** *(milostné)* affair, hanky-panky; **~y s vdanou ženou** an affair n. an entanglement with a married woman
pleťov|ý: ~á maska face pack; **~á voda** face lotion, *(po holení)* aftershave (lotion)
plev|a: ~y chaff ♦ **oddělit zrno od plev** separate the chaff from the wheat
plevel weed; hrom. weeds
plíce lungs ♦ **říci co od plic** speak* one's mind; **volat z plných plic** shout at the top of one's voice
plicní pulmonary, of the lungs; **p. choroba** pulmonary disease, disease of the lungs
plicník bot. lungwort
plíčky kuch. lights
plíseň *(na chlebě, sýru)* mould, am. mold; *(na papíru, na kůži, na stěně)* mildew; *(na tekutinách)* scum, must, film
plískanice sleet
plísnit scold, chide, take* sb to task
plísňový: p. sýr blue cheese, Danish blue
plisova|t pleat ■ **~ný** pleated
plít **1** weed, pull out weeds **2** v. **plivat**
plivanec gob
plivat spit*; **p. krev** spit blood
plivnout spit*; **p. komu do tváře** spit in sb's face; **p. si do dlaní** pull up one's socks
plížit se *(tajně projít)* sneak (např. *past a guard)*; *(zákeřně)* skulk; *(zloděj)* prowl; *(za kořistí)* stalk
plíživý creeping, sneaking
plnicí *(stroj)* filling; **p. pero** fountain pen
pln|it **1** fill; **p. láhve mlékem** fill bottles with milk; **p. mléko do lahví** bottle milk; **p. co do pytlů/ do sudů** sack/ barrel sth, put* sth into sacks/ barrels **2** *(plán)* fulfil; *(závazky)* meet*, discharge; *(slib)* make* good, keep*; *(rozkazy)* comply with, carry out, obey ■ **p. se** **1** fill; **p. se diváky** *(stadión* ap.*)* fill with spectators

2 *(přání)* come* true, be fulfilled ■ **~ěný:** *(čokoláda)* filled, with a filling; *(paprika* ap.*)* stuffed ■ **~ění** 1 filling; *(lahví)* bottling 2 *(plánu, přání)* fulfilment; *(závazku)* discharge

plnokrevník thoroughbred

plnolet|ý major, of age; **stát se ~ým** come* of age ■ **~ost** (the age of) majority

plnomocník authorized representative; *(mimořádný vyslanec)* plenipotentiary; *(pro hlasování)* proxy

plnomocný authorized; *(vyslanec)* plenipotentiary

plnoprávný competent, enjoying full rights; **p. člen** full member

plnoštíhlý rather plump

plnotučný *(mléko)* full-cream, whole; **p. sýr** full-fat cheese

plnovous full beard

pln|ý 1 full; **~á sklenice mléka** a full glass of milk; *(hotel)* booked up; *(místnost)* packed, crammed full; *(náměstí)* crowded; **být p.** *(ryb, chyb* ap.*)* teem with; **p. prachu** thick with dust; **být p. sentimentality** *(kniha* ap.*)* reek of sentimentality, be full of sentimentality; **p. nebezpečí** *(dobrodružství* ap.*)* fraught with danger ♦ **mít koho ~é zuby** be sick and tired of sb, hate sb's guts; **mít ~é kalhoty** be in a blue funk; **~á polní** heavy marching order 2 *(úplný)* full, whole; **~á adresa** the full address; **~é jízdné** full fare; **mít ~é právo** have every right *(+inf.)*; *(jet)* **na ~é obrátky** at full throttle; **v ~é parádě** dressed up to the nines; **v ~ém počtu** *(posádka)* at full strength; **v ~ém proudu** in full swing; **z ~a hrdla** at the top of one's voice 3 *(postava)* (rather) plump; *(poprsí)* ample, full; *(paže)* well-rounded 4 *(hlas)* rich, sonorous ■ **~o: v sále je ~o** the hall is crammed full; **mít ~o práce** be very busy, be up to one's eyes in work ■ **~ě co schvalovat** approve sth whole-heartedly n. unreservedly

plod 1 bot. fruit 2 lék. foetus, embryo 3 přen. fruit(s), product(s), result(s); **~(y) práce** the fruit(s) of sb's labour

plodina crop, crop-plant; *(podle výnosnosti)* cropper; **výnosná/ nevýnosná p.** a good/ poor cropper

plodinov|ý: ~á burza produce exchange

plodit 1 *(stromy)* give*; *(pole)* produce 2 *(potomstvo)* produce, engender; *(*zvl. *muž)* beget; *(zvířecí samec)* sire; *(matka)* give life to 3 *(závist, nenávist, zlo)* cause, provoke; *(rozbroje)* stir up

plodn|ý 1 *(strom)* fruitful; *(půda* též*)* fertile; *(země)* plentiful; *(žena)* fertile 2 *(spisovatel)* prolific, copious; *(život)* fruitful ■ **~ost** fertility; fruitfulness

plodov|ý: p. koláč placenta; **~á voda** amniotic fluid, hov. the waters

ploch|a 1 *(vnější)* surface; **podlahová p.** floor space; **zastavěná p.** built-up area; **ložná p.** load area ♦ **dostat se na šikmou ~u** go* off the straight and narrow, get* into bad ways 2 mat. area; **kulová p.** spherical surfaces

ploch|ý *(střecha, povrch)* flat; *(talíř)* shallow; **~á láhev** flask; **mít ~é nohy** be flat-footed

plomba 1 *(zubní)* filling 2 *(pečeť)* lead seal

plombovat 1 *(zuby)* fill 2 *(zásilku)* seal

plošina platform; *(náhorní)* plateau, tableland; **nakládací p.** loading platform n. ramp

plošný *(míra)* square; **p. obsah** surface area

plot fence; *(laťkový)* paling; *(živý)* hedge; **obehnat ~em** fence in ♦ *(být)* **jako kůl v ~ě** utterly alone, all alone

plotna kuch. kitchen range

plotýnka hotplate; *(na placky)* griddle

plout 1 *(loď)* sail; *(mraky)* float n. drift (across the sky) ♦ **p. s proudem** přen. drift along; **p. proti proudu** swim* against the tide 2 *(cestovat)* **p. lodí** sail

plout|ev fin, *(tulení)* flipper; *(potápěčské)* **~ve** flippers

plovací: p. blána web; **p. pás** lifebelt, swimming belt; **p. vesta** life jacket

plovák techn. float; *(bóje)* buoy

plovárn|a swimming pool; **jít na ~u** go* swimming

plovat v. **plavat**

plovoucí floating; **p. jeřáb** floating crane; **p. písek** quicksand

plst, plsť, ~ěný felt

pluk regiment

plukovník colonel

plundrovat *(plenit)* plunder, pillage; *(lesy* ap.*)* exploit sth ruthlessly

plurál jaz. plural

plus I subst. *(znaménko)* plus sign; přen. *(přednost)* plus, advantage; **to je jeho p.** that's a point in his favour II adv. *(teplota)* above zero; **p. 5°** 5° above zero; **tři p. čtyři je sedm** three plus four is seven

plusquamperfektum pluperfect, past perfect

plutonium plutonium

plužit sport. stem

plyn gas; **zemní p.** natural gas; **topný p.** heating gas; **dodávka ~u** gas supply; **vařit na ~u** cook with gas; **otrávit ~em** gas; aut. **přidat/ ubrat p.** open the throttle/ throttle down

plynárna gasworks sg. n. pl.

plynatost flatulence; hov. wind

plynn|ý 1 *(skupenství)* gaseous **2** *(řeč)* fluent ■ **hovořit ~ě anglicky** speak* fluent English

plynojem gasometer

plyn|out 1 *(voda; řeč)* flow*; *(zisk)* **p. do kapsy** go* into sb's pocket **2** *(čas)* flow, pass away **3** *(z čeho)* result n. follow from; **z toho ~e** consequently; **z toho ~e poučení, že** this shows* that, this goes* to show that ■ **~utí času** the passage of time

plynovod *(v budově)* gas pipe; *(rozvod)* gas mains; *(dálkový)* gas pipeline

plynul|ý smooth, flowing, continuous; *(výroba)* continuous; *(doprava)* flowing smoothly, fast-flowing; *(styl)* fluid; *(chod)* smooth ■ **~ost** continuity

plyš, ~ový plush; **~ový koberec** plush carpet

plytký *(povrchní)* superficial, shallow; *(banální)* trivial

plýtv|at waste, *(penězi též)* squander, *(energií též)* dissipate ■ **to je ~ání časem/ penězi** it's a waste of time/ money

plzeňsk|ý: ~é pivo Pilsner, Pilsener

plž slug

pneumatický pneumatic

pneumatika tyre, am. tire

pnout se 1 *(do výše)* tower (above); *(most)* span, stretch across; *(obloha)* stretch over, extend over **2 p. se kolem čeho** twine n. wind around sth; **p. se po stěně** ramble over the wall

po vyj. **I** s 6. p. **1** *(místně: pohyb) (jít)* **po ulici** along the street; *(plout)* **po řece** down the river; *(šlapat)* **po trávníku** on the grass; *(procházet se)* **po ulici** up and down the street; *(chodit)* **po obchodech** round the shops, **po lese** in the forest; *(uhodit)* **po hlavě** on the head **2** *(místní n. časovou podílnost) (vycházet)* **po jednom** one by one; *(v řadách)* **po pěti** five deep; *(splácet)* **po částech** in instalments ♦ **studovat po nocích** burn* the midnight oil; **po čem to je?** how much does a piece cost*? **3** *(následnost v čase/ pořadí)* after; **jeden po druhém** one after the other; **po obědě** after lunch; **být po operaci** be recovering from an operation; **po letech** years later; **po pěti letech** five years later; *(nejdůležitější skladatel)* **po Smetanovi** next to Smetana; **po obdržení knihy** on receipt of the book ♦ **je po všem** it's all over; **je po něm** he has had it, his number is up **4 být po kom** *(po otci* ap.*)* take* after sb **5** *(původního majitele)* **zdědit po** *(otci* ap.*)* inherit from; **šaty po sestře** *(její)* her sister's castoffs **6** *(způsob) (vyrobeno)* **po domácku** homemade; **kdyby bylo po mém** if I had my way; **jít po špičkách** go on tiptoes **7** *(podle) (poznat)* **po hlasu** by his/ her voice **8** *(zřetel)* **po této stránce** in this respect ♦ **po tom ti nic není** it's none of your business **II** se 4. p. **1** *(prostorovou n. časovou hranici)* up to; *(voda sahá)* **po kolena** up to the knees; **až po střechu** up to the roof ♦ **mít čeho po krk** be fed up with sth **2** *(časové rozpětí)* **po celý rok** throughout the year; **po celý život** all one's life; **po celý den** all day (long), round the clock

pobavi|t amuse, make* sb laugh; **~lo ho to** it amused him, he found* it amusing ■ **p. se** *(dobře)* have a good time, enjoy o.s.; *(pohovořit si)* have a chat (**s** with)

pobídka *(povzbuzení)* encouragement, stimulus; *(zvláštní odměna)* incentive

pobídnout *(koně)* spur, set* spurs to; přen. **p. koho k čemu** spur n. urge sb to do sth

pobíhat run* about n. around; **p. po zahradě** run about n. around the garden; *(nervózně)* dash about, flit n. dart about

pobít 1 *(dveře)* provide n. mount sth with metal fittings; **p. střechu plechem** cover the roof with sheet metal **2** *(zajatce* ap.*)* massacre, butcher; *(zvířata)* butcher, slaughter ■ **p. se** *(porvat se)* have a fight

pobízet *(ke spěchu)* rush, hurry sb up; *(k práci)* urge on, make* sb make a move on; v. též **pobídnout; stále koho p.** keep* sb under (constant) pressure; **nenechte se p.!** don't wait to be asked!, help yourself!

pobláznit turn sb's head, infatuate ■ **p. se do koho** be(come*) crazy n. hov. crackers about sb, be(come) infatuated with sb ■ **~ěný** (**kým** about sb) crazy, hov. crackers, dotty ■ **~ění** infatuation

pobled|nout turn n. become* pale; *(sláva, vzpomínky* ap.*)* wane, dim ■ **~lý** rather pale

poblíž I adv. near (here), near n. close by **II** předl. near, close to, not far from; **p. nádraží** near the station; v. **blízko**

poblouznění 1 aberration, delusion **2** *(vzplanutí)* infatuation

pobočka (sub)branch; branch office, suboffice; *(odborová)* union branch

pobočník adjutant; aide-de-camp, pl. aides-de--camps
pobočný subsidiary, branch; **p. závod** subsidiary factory; **p. obchod** branch shop
pobod|at give* sb multiple stab wounds, stab sb badly; **být ~án** have multiple stab wounds; **být ~án od komárů** be covered with mosquito bites
pobořit *(budovu, most)* damage (badly), (cause) considerable damage to
pobouř|it **1** inflame, outrage; *(silněji)* incense; fill sb with indignation **2** *(poštvat)* stir up, incite, instigate ■ **p. se** *(nad čím)* be filled with indignation at, be outraged at, be incensed at ■ **~ený** outraged, incensed ■ **~ení** outrage, indignation; **způsobit veřejné ~ení** cause public indignation n. outrage
pobožnost **1** *(zbožnost)* religiousness, piousness **2** *(bohoslužba)* worship, divine service; **večerní p.** vespers; **kdy začíná p.?** what time does church begin?*; **po ~i** after church
pobožnůstkář sanctimonious person, prig
pobožnůstkářský sanctimonious, pious
pobožnůstkářství sanctimoniousness, piousness
pobožn|ý *(věřící)* religious; *(život)* pious, godly; *(~ůstkářský)* sanctimonious, pious
pobra|t **1** *(odejmout)* take* away; **někomu všechno p.** deprive n. rob sb of everything **2** *(stačit vzít)* (be able to) carry; **nemohu to všechno p.** I can't carry all of it; **autobus je všechny ne~l** there was not enough room for all of them on the bus
pobrynda|t *(ubrus* ap.*)* bespatter, soil ■ **p. se** bespatter o.s.; **~l se omáčkou** he (has) spilled n. spilt* gravy (all) over his clothes
pobřeží coast, shore; *(oblast)* coastal area; **podél p.** along the coast
pobřežní coastal; **p. opevnění/ krajina** coastal fortifications/ landscape
pobřišnice peritoneum; **zánět p.** peritonitis
pobuda tramp, hov. dosser, zhrub. bum
pobuř|ovat **1 p. koho k čemu** stir sb to sth n. to do sth, incite sb to sth **2** v. **pobouřit (1)** ■ **~ující** seditious; *(řeč)* inflammatory, incendiary ■ **~ování** agitation, incitement; sedition
pobuřovatel firebrand, instigator; pol. agitator
pobyt *(v zahraničí* ap.*)* stay, sojourn; **místo ~u** residence, domicile; **povolení k ~u** residence permit
pob|ýt, ~ývat *(kde)* stay; **~yl tam měsíc** he stayed there for a month
pocákat splash, (be)spatter
pocínovat tin(-plate)
pocit feeling; *(momentální)* sensation; **nepříjemný p.** uneasy feeling, sense of discomfort; **se smíšenými ~y** with mixed feelings; **p. zodpovědnosti** sense of responsibility
pocíti|t feel*, experience; **p. hlad** feel hunger; **nikdy ne~l hlad** he has never experienced hunger
poct|a honour; **vojenské ~y** military honours; **je to pro mne velká p.** it is a great honour n. privilege for me; **vzdát ~u** pay* homage n. respect to sb, honour sb ♦ **k ~ě zbraň!** present arms!
poctivec honourable man, man of honour
poctiv|ý honest, fair, square, hov. fair and square, *(člověk* též*)* upright; *(cena)* fair, equitable; **p. obchod** an honest n. a square deal; **p. boj** sport. a fair fight ■ **~ě** honestly, by fair means; **~ě si vydělávat na živobytí** earn an honest living n. livelihood ■ **~ost** honesty, fairness ♦ **s ~ostí nejdál dojdeš** honesty is the best policy
pocuchan|ý: ~é nervy strained n. shattered nerves; **mít ~é nervy** be edgy n. jumpy
pocukrovat sprinkle sth with sugar
počasí weather; **pěkné p.** fine weather; **jaké je (tam) p.?** what's the weather like?; **za každého p.** in all weathers; **za příznivého p.** weather permitting
počastovat: p. koho čím treat sb to sth; **bohatě koho p.** wine and dine sb, regale sb with a huge meal
počáteční *(písmeno, rychlost)* initial; **p. obtíže** teething troubles
počát|ek beginning; **~ky civilizace** the beginnings of cilivization; **na ~ku** at first, initially; **od samého ~ku** from the very beginning, from the outset
počátkem: p. roku early in January; **p. příštího roku** early next year; **p. léta** in the early part of summer
počest: na p. koho in honour of sb; **na p. čeho** to celebrate the occasion of sth
počestn|ý honourable, respectable; **~é úmysly** honourable intentions; *(dívka)* respectable, decent, honest ■ **~ost** honesty; respectability; decency
poč|et **1** number, quantity; **velký p.** a great number, a host of **2** mat. **p. pravděpodobnosti** probability calculus ♦ **~ty** *(školní předmět)* hov. sums; **prospívat v ~tech** be good at sums
početí conception

početn|í 1 *(příklad)* arithmetic(al), mathematical; **p. chyba** miscalculation 2 **p. převaha** numerical superiority ■ **~ě** 1 arithmetically, mathematically 2 **být ~ě silnější** be superior in number

početnice arithmetic book

početn|ý numerous, plentiful, *(rodina* též*)* large; **~á účast** *(na schůzi* ap.*)* a large attendance

počíhat si lie* in wait (**na** for)

počín|at v. **počít (1)** ■ **~aje** (as) from, obch. as of, starting (with); **~aje prvním lednem** from the first of January onward(s), as from, as of the first of January ■ **p. si** behave, act; **p. si správně** behave n. act correctly, go* about sth correctly; **p. si jako blázen** behave* like a madman ■ **~ání** behaviour, conduct

počíst si have a nice n. good read

počít 1 begin, start (**čím** n. **s čím** with sth) v. též **začít** 2 *(dítě)* conceive, hov. start a baby ♦ **nevím, co si p.** I don't know* what to do

počítací calculating; **p. stroj** *(kancelářský)* calculating machine; *(elektronický)* computer

počítač 1 computer; **číslicový/ analogový** digital/ analog computer 2 *(kilometrový)* mileage indicator n. recorder

počítačka calculator; **kapesní p.** pocket calculator

počitadlo *(dětské)* abacus

počít|at 1 *(provádět početní úkony)* count, do sums; **p. od jedné do desíti** count from one to ten; **umí p.** he's good at figures; **vůbec neumí p.** his arithmetic is pretty bad 2 *(šetřit)* be careful with one's money, be economical; **p. s každou korunou** count every penny 3 *(účtovat)* charge; **p. 10 korun za kus** charge ten crowns a piece 4 *(řadit mezi)* rank among, count among; **p. koho k svým přátelům** reckon n. count sb among one's friends; **on se ~á mezi nejlepší šachisty** he ranks among the best chess players 5 *(myslet si)* think*, reckon 6 *(spoléhat na)* **p. s kým** count n. rely n. bank on sb; **p. s čím** rely n. count on sth; **se mnou ne~ej!** count me out!; **s ním je třeba p.** he's a force to be reckoned with ■ **~aje v to** including, inclusive of; **~aje v to poštovné** inclusive of the postage, including the postage; **~aje v to obsluhu** inclusive of service ■ **~ání** counting; **~ání z hlavy** mental arithmetic

počitek psych. sense impression, sensation

počk|at 1 wait (**na** for); **to může p.** it can wait, it is not urgent ♦ **jen ~ej!** just you wait!; **na peníze si ~á** *(nedostane je)* he can whistle for his money 2 **p. s čím** postpone sth; **p. s prodejem** suspend the sales ■ **na ~ání** while you wait

počmára|t *(obraz, dveře)* deface; *(papír)* scribble on; ■ **~ný papír** a piece of scribbled paper

počtář reckoner, arithmetician; **je to dobrý p.** he's good at sums, he's a quick reckoner

počurat se wet* one's pants, *(do postele)* wet one's bed

pod vyj. **I** se 6. a 4. p. 1 *(polohu)* n. *(místní směrování)*; below, beneath; *(*zvl. *při překrytí)* under, underneath; **stála p. oknem** she stood* below the window; **p. mostem** under the bridge; **lehl si p. jabloň** he lay* down under an apple tree 2 *(podřízenost)* under; **pracovat p. kým** work under sb **II** se 4. p. 1 *(až po)* below; *(sukně)* **p. kolena** below the knees 2 *(nižší míru)* less than; **p. 100 liber to neprodá** he won't sell* it for less than £100, he won't sell it under £100 **III** se 7. p. *(okolnosti)* **p. podmínkou, že** on condition that ♦ **dostat co p. rukou** get* sth on the side

podací: p. pošta place of posting; **p. lístek** postal receipt; **p. lhůta** deadline

podání 1 *(dopisu)* posting, am. mailing; *(zavazadla)* registration, am. checking; *(telegramu)* sending; *(zprávy)* submission; **p. ruky** handshake 2 *(žádost)* petition, application 3 *(umělecké* ap.*)* presentation; *(role, hud. díla)* interpretation 4 *(ústní)* oral tradition; **podle jeho p.** *(tj. líčení)* according to his story 5 sport. service

podarovat v. **obdarovat**

podařen|ý 1 *(zdařilý)* successful 2 *(zábavný)* funny, amusing; **p. chlapík** quite a character; **to je ~é** that's really priceless

podaři|t se succeed, be successful, turn out well; **pokus se ~l** the attempt was successful; **fotografie se ~la** the photo turned out well; **~lo se mi to udělat** I succeeded in doing it; **~lo se mi zmiznout** I managed to disappear n. make* myself scarce

pod|at 1 *(předat)* pass, hand; **p. komu co** pass n. hand sb sth, pass sth to sb; **~ejte mi, prosím, sůl!** pass me the salt, please 2 *(pokrm, nápoj)* serve 3 sport. *(přihrávat míč)* pass; *(servírovat)* serve 4 **p. komu ruku** hold* out one's hand to sb; **p. rámě** *(ženě)* offer sb one's arm ♦ **p. komu pomocnou ruku** lend* a helping hand to sb, help sb out 5 *(předložit)* hand in; *(protest)* launch; *(rezignaci)* tender; *(zavazadlo)* register, am. check; *(telegram)* send*; **p. falešné svědectví** bear* false witness; **p. daňové přiznání** hand in an income tax return **6** *(vytvořit)* **p. dobrý výkon** perform well; **p. definici** formulate n. give* a definition ♦ **p. si koho** expr. *(zbít koho)* beat* sb up; *(vynadat komu)* give* sb a good talking to, haul sb over the coals ■ v. **podání**

podatelna registry

podavač *(dělník)* labourer; *(zařízení)* feeder

podáv|at **1** v. **podat**; **oběd se ~á ve 12 hodin** lunch is served at 12 o'clock **2** techn. *(papír v tiskárně)* feed*

podávky pitchfork, hayfork

podbarv|it: p. si oči put* on eye shadow; **p. četbu hudbou** provide the reading with musical background ■ **~ení** *(hudební)* background music

podběl coltsfoot

podběrák landing net

podbírat se v. **podebrat se**

podbízet *(zboží)* undercut* ■ **p. se** *(publiku)* play to the gallery, pander to (the audience)

podbradek double chin

podbřišek lower abdomen

podceňovat underestimate; *(schopnosti; koho)* underrate; *(bagatelizovat)* disparage; *(nebezpečí)* minimize

poddajn|ý **1** *(tvárný)* mouldable, workable; *(kov)* malleable; *(pružný)* elastic **2** přen. *(charakter)* malleable, pliant; *(ústupný)* submissive, docile;, *(pokorný)* meek ■ **~ost** malleability, pliancy, docility

poddanství hist. serfdom, bondage, thralldom

poddaný **I** adj. **být p.** live in bondage **II** subst. serf

podd|at se **1** voj. surrender, capitulate **2** *(kůže, boty)* give*, become* pliable ♦ **to se časem ~á** things will come* right with time n. in time **3** *(při hádankách)* give* in

poddůstojník noncommissioned officer

podebra|t catch* hold of from underneath ■ **p. se** fester, discharge pus; hov. go* septic ■ **~ný** festering, septic, sore

podej: žel. **p. zavazadel** registering n. registration of luggage, am. checking of baggage

poděkovat express one's thanks; **p. komu za co** thank sb for sth; **p. na pozdrav** return n. acknowledge the greeting; **p. květinami** say* thank you with flowers; **za to můžeš p. svému příteli** iron. you can thank your friend for that, you have your friend to thank for that ■ **p. se** **1** *(odmítnout)* decline n. refuse (with thanks) **2** *(z funkce)* offer one's resignation, resign (from), give* up

podél along; **p. řeky** along the river

poděla|t se vulg. fill one's pants, *(baby)* fill his/her nappy ■ **být ~ný strachy** be in a blue funk

podělit *(sladkosti* ap.*)* share n. divide out; **p. děti sladkostmi** divide n. share sweets among the children ■ **p. se** *(o co)* share sth; **p. se o náklady** split* the costs

podéln|ý, ~ě lengthwise, lengthways; **složit list ~ě** fold a sheet lengthwise

podemlít hollow sth out from below; **p. břehy** cave the banks

podepřít **1** support; *(stěnu, budovu)* shore up; *(pilířem)* buttress up **2** přen. *(tvrzení)* support, back up; *(měnu)* back; *(finančně)* subsidize, sponsor; **p. koho morálně** give* sb moral support ■ **p. se lokty o stůl** prop n. rest one's elbows on the table

podepsa|t *(dopis ap.)* sign, put* one's name n. signature to ■ **p. se** *(plným jménem)* sign one's (full) name ♦ **pod to se mohu p.** I can subscribe to that ■ **~ný** **I** signed **II** subst. (the) undersigned, (under)signer

podě|sit *(koho)* alarm, shock, scare; *(strašně)* terrify, frighten sb out of his wits ■ **p. se** be n. get* shocked n. alarmed; *(strašně)* be terrified ■ **~šený** terrified, frightened (out of one's wits)

podestlat *(zvířeti)* litter down (např. a horse)

podestýlka litter

podeš|ev sole; **gumové/ kožené ~ve** rubber/ leather soles

podexponov|at *(film)* underexpose ■ **~aný** underexposed ■ **~ání** underexposure

podezdít underpin

podezdívka (an) underpinning (wall)

podezírat: p. koho be suspicious of sb; **p. koho z čeho** suspect sb of sth

podezírav|ý suspicious, mistrustful ■ **~ost** mistrust(fulness)

podezřel|ý suspicious, (zvl. v *přísudku)* suspect; *(transakce)* shady ■ **chovat se ~e** behave suspiciously

podezření suspicion; **důvodné p.** reasonable suspicion; **mít koho v p.** suspect sb (of); **uvěznit pro p. z čeho** arrest sb on suspicion of sth

podezříva- v. **podezíra-**

podfouknout cheat, double-cross

podfuk swindle, fiddle

podfukář conman, crook
podhlavník headrest
podhoubí mycelium
podhrabat se burrow (under); **p. se pod stěnu** burrow under a wall
podhůří foothills
podchod br. (pedestrian) subway; am. underpass
podchytit 1 *(statisticky)* register, record **2** *(zájem* ap.*)* encourage, advance, further
podíl share, proportion, portion; *(dědický)* legal portion; **mít p. na zisku** have a share in the profits; **váš p. na práci** your proportion of the work; přen. **lví p.** the lion's share
podílet se share n. participate (**na** in), have n. take* a share (**na** in); **p. se na zisku** share n. participate in the profits
podílník *(společník)* partner, associate; *(spoluvlastník)* joint owner; *(majitel akcií)* shareholder
podít se disappear; **kam se poděly ty peníze?** where did the money go*?; **kam se jen podějem?** *(bez prostředků)* what(ever) are we going to do?; **kam bychom se poděli bez vás** where would we be without you?
pódium *(koncertní)* platform; *(dirigentské)* podium; *(tribuna)* rostrum; *(divadelní)* stage; *(řečnické)* dais
podiv surprise; *(silněji)* astonishment, amazement; **ku ~u** astonishingly, much to my surprise; **je s ~em, že** it is surprising n. astonishing that
podívaná sight, spectacle; **je to báječná p.** it's a gorgeous sight n. spectacle ♦ **p. pro bohy** a sight for the gods, a sight for sore eyes
podív|at se 1 *(na koho)* look at, take* n. have a look at; *(zamračeně)* scowl at; *(zkoumavě)* examine, inspect; **p. se do slovníku** consult a dictionary; **p. se po dětech** go* and see* where the children are; **~ej!** *(překvapeně)* I say*, (take* a) look at that! **2** *(za kým)* visit, go and see; **p. se do světa** see the world **3** v platn. část. **~ej (se), takhle by to nešlo** look here, this is not the way to go about it
podivín eccentric; hov. weirdo, crank; am. oddball; sl. freak
podivín|ský eccentric, weird, cranky, odd ■ **~ství** eccentricity, oddity, weirdness
podiv|it se be surprised n. astonished; **ten se ~í** *(až mu to řeknu)* that'll be a surprise for him; v. též **divit se**
podiv|ný strange, odd, peculiar; *(~ínský)* weird
podivuhodný admirable; *(zázračný)* miraculous
podjezd underpass
podkasat *(sukni)* hitch up
podklad 1 *(vozovky)* base (course); *(nátěr)* undercoat, grounding; *(barevný)* ground; **na bílém ~ě** on white ground **2** přen. *(doklady)* documents, papers; *(údaje)* data; *(prameny)* sources, source materials; **vaše podezření je bez ~u** your suspicion lacks any foundation
podkladov|ý: p. krém foundation (cream); **~á barva** undercoat, prime coat
podkolenka knee sock, knee-length sock; hov. *(moderní)* pop sock
podkop underground passage, voj. sap
podkop|at, ~ávat undermine; *(síly, zdraví* též*)* sap; *(víru)* subvert; **~ávat si zdraví** ruin one's health
podkova (horse)shoe
podkovovitý horseshoe-shaped
podkožní hypodermic; lék. subcutaneous
podkroví *(místnost)* attic room, garret
podkrovní: p. byt attic flat
podkuřovač yesman, sycophant
podkuřov|at flatter, blandish, butter up, am. cotton on to ■ **~ání** flattery, blandishment
podlah|a floor; **prkenná p.** wooden floor, boarded floor; **parketová p.** parquet (floor) ♦ **vzít co od ~y** do sth thoroughly
podlamova|t (se): ~ly se mu nohy his legs sank* n. buckled under him, his legs gave* way under him; v. **podlomit**
podlaží storey, am. story; **dům o třech ~ch** three-storey house
podle 1 *(podél)* along(side); **stromy p. silnice** the trees along the roadside **2** (vyj. *měřítko hodnocení)* by; **p. mých hodinek** by my watch; **p. váhy** by weight; **znát koho p. jména** know* sb by name **3** *(v souladu s)* according to, in compliance with; **p. faktury** as per invoice; **p. předpisů** in conformity with the regulations; **p. poslední módy** after the latest fashion; **p. očekávání** as expected ♦ **p. všeho** by all accounts, to all appearances, by the look of it **4 p. mého (názoru)** in my opinion n. view, to my way of thinking; **p. mne by měl rezignovat** I think* n. believe that he should resign, in my opinion he should resign
podléh|at 1 *(dani, poplatkům)* be liable to **2 p. komu** be subordinate to sb, be under sb **3** *(potraviny)* **p. zkáze** go* off n. go bad easily ■ **~ající** liable to, subject to; *(clu)* subject n. liable to duty, dutiable; **zboží ~ající rychlé zkáze**

perishable goods, perishables

podlehnout 1 *(být poražen)* be defeated n. beaten*; *(nemoci)* succumb to 2 **p. pokušení** succumb n. yield to temptation; **p. vášni** give* in to passion

podlepit: p. mapu kartónem mount a map on to a piece of cardboard

podlévat *(pečeni)* baste

podlézㅣat *(komu)* fawn on, curry favour with; šk. sl. suck up to; *(lacinému vkusu)* pander to ■ **~ání** bootlicking

podlézavec toady, crawler, bootlicker

podlézavㅣý, podlízavý servile, obsequious, smarmy ■ **~ost** subservience, obsequiousness, sycophancy

podlㅣít *(maso vývarem)* baste ■ **p. se krví** *(oči)* become* bloodshot, become suffused with blood ■ **~itý krví** *(oči)* bloodshot

podlitina *(krevní)* bruise; *(pruhová)* welt, weal

podlíz- v. **podléz-**

podlomit *(zdraví)* undermine, sap; *(autoritu)* undermine ■ **p. se** *(kolena)* buckle, give* way

podloubí access gallery, arcade

podloudnictví smuggling, contraband trade

podloudník smuggler; v. **pašerák**

podloudnㅣý *(nepoctivý)* underhand, backstair; **p. pasažér** stowaway; **p. obchod** v. **~ictví**

podlouhlý oblong, longish; *(obličej)* oval

podloží subsoil; *(skalnaté)* bedrock

podložㅣit 1 **p. co čím** put* sth under sth; **p. komu hlavu polštářem** put a pillow under sb's head; **p. komu ruku pod hlavu** put one's hand under sb's head 2 *(názory, teorie)* found, ground ■ **~ený** *(stížnost)* well-founded; *(argumentace)* sound

podložka *(na psaní)* pad; *(pod nádobí)* mat; *(pod maticí)* washer

podlㅣý mean, base; *(zlý)* wicked, foul; *(proradný)* perfidious; *(chování)* shabby ■ **~ost** 1 meanness, baseness 2 *(čin)* mean n. base act, hov. dirty trick; **to byla ~ost** it was a mean n. rotten thing to do

podmalovat 1 *(oči)* touch up, *(stínem)* put* on eye shadow 2 *(hudbou)* provide a musical background to sth

podmanit 1 *(národ)* subjugate; *(dobýt)* conquer 2 **p. si** *(citově)* win* sb's heart; *(obecenstvo)* enthrall, take* *(the audience)* by storm

podmanitel conqueror, vanquisher

podmanivý *(krása)* stunning; *(úsměv)* winning; *(vzhled)* winsome; *(chování)* engaging; *(román, herecký výkon)* compelling

podmáslí buttermilk

podmazㅣat, ~ávat *(úplatkem)* grease n. oil sb's palm

podmět, ~ný jaz. subject

podmílat v. **podemlít**

podmíněnㅣý *(čím)* conditional (on); *(reflex)* conditioned; **p. trest** suspended sentence; **~é prominutí trestu** conditional discharge, probation ■ **propustit ~ě** place a probation order on

podmínㅣka 1 *(předpoklad)* condition; *(požadavek)* requirement; *(výhrada)* stipulation, qualification, proviso; **pod jednou ~kou** on one condition; **pod ~kou, že** on (the) condition that, with the proviso that; **stanovit si ~ky** state one's terms; **bez ~ek** (with) no strings attached 2 *(okolnosti)* conditions, circumstances; **za těchto ~ek** under these circumstances; **za obtížných ~ek** under difficult conditions ♦ **za všech ~ek** through thick and thin; **dokud jsou příznivé ~ky** while the going is good 3 hov. v. **~ěný trest**

podmínkový jaz. conditional

podmiňovací: jaz. **p. způsob** conditional (mood)

podminovat voj. mine; přen. undermine

podmořský *(život, kabel)* submarine; *(kabel* též*)* undersea

podmračený 1 *(mrzutý)* morose, gloomy, glum 2 *(počasí, den)* dull, cloudy, gloomy

podnájㅣem 1 tenancy, subtenancy; **bydlet v ~mu** live in lodgings, live in rented accommodation; **dát do ~mu** sublet *(a room* ap.*)* 2 *(nájemné)* rent

podnájemník lodger

podnapilý slightly drunk, tipsy, br. sl. tiddly

podnebí climate

podnební climatic

podněcovㅣat 1 *(zájem)* stimulate; **p. koho k čemu** stimulate n. encourage sb to (do) sth; **p. k přemýšlení** *(o knize* ap.*)* give* sb food for thought 2 *(pobuřovat)* incite, stir up ■ **~ání** *(pobuřování)* agitation, incitement

podněcovatel agitator, firebrand; *(davů)* rabble-rouser

podnes up to this day, till today, to date; *(dosud)* until now, thus n. so far

podnět impulse, initiative; *(pobídka)* impetus; **dát k čemu p.** initiate sth, get* sth going*; **dát p. k dalšímu úsilí** stimulate further effort

podnětný *(diskuse)* stimulating; *(návrhy)* imaginative, challenging; *(kniha)* thought-provoking

podnik **1** *(výrobní)* firm, enterprise; *(organizace)* establishment; *(zvl. obch.)* business; *(továrna)* factory, works, plant; **národní p.** national enterprise; **státní p.** state(-owned) enterprise **2** *(sportovní, kulturní)* gala, festival **3** *(akce)* enterprise, project; *(riskantní)* venture

podnikat **1** be in business; have one's own firm n. business **2** *(cesty)* make*, undertake*; **p. výlety** go* on trips

podnikatel entrepreneur, *(obchodní)* businessman; *(průmyslový)* industrialist; *(stavební)* contractor

podnikav|ý enterprising; *(dobrodružný)* adventurous ■ **~ost** spirit of enterprise; *(vynalézavost)* resourcefulness

podnikn|out *(cestu)* make*, undertake*; **p. výlet** make* an excursion; **p. kroky** take* steps; **p. protiopatření** retaliate; **co dnes ~eme** what shall we do today?

podnikový company, works, factory; **p. ředitel** general manager; **p. lékař** company doctor; **p. časopis** (in-)house magazine

podnítit v. **podněcovat**

podnos tray

podnož *(sochy)* pedestal, base, *(stěny)* socle

podnožka footstool, foot rest

podob|a **1** *(~nost)* similarity, likeness, resemblance **2** *(vzhled)* appearance, shape, form; **nabývat ~y** take* shape; **v žádné ~ě** in no shape or form **3** *(způsob vnějších projevů)* form, shape, guise; **v ~ě ďábla** in the guise of the devil ♦ **ukázat se v pravé ~ě** show* o.s. in one's true colours, reveal one's true character

podobat se *(komu, čemu)* resemble, bear* n. show* a likeness to, bear a resemblance to; *(o věcech)* be similar to; *(o dětech)* take* after *(the father* ap.*)*; *(vzájemně)* resemble each other

podobenka photo, photograph

podobenství parable

podobizna portrait

podobn|ý similar, like, alike; *(obdobný)* analogous; **jsou si ~í** they are alike; **je ti p.** he looks very much like you; **být p. rodičům** take* after one's parents; **mám ~é problémy jako vy** I have problems similar to yours ♦ **jsou si ~í jako vejce vejci** they are as alike as two peas (in a pod); **něco ~ého** sth like that, sth in that style ■ **~ě** similarly, likewise; **a ~ě** and so on, *(po výčtu)* and people/ things like that ■ **~ost** similarity; resemblance; analogy

pododdíl subsection

podolek *(košile)* shirttail

podomácku: oblečen p. dressed in one's working clothes, dressed casually n. in casual clothes; **vyrobený p.** *(o šatech, potravinách* ap.*)* homemade

podomní: p. obchodník door-to-door salesman, pedlar, hawker; **p. obchod** pedlary, pedlar's n. itinerant trade

podotk|nout observe, remark, say*; *(dodat)* add; **nemám co p.** I have nothing to add; **~l, že** he observed that ■ **~nutí** observation, remark

podp|álit, ~alovat **1** *(dřevo, hranici)* light*, kindle, ignite; **p. v kamnech** light a fire **2** *(žhář)* **p. dům** set* fire to a house, set a house on fire

podpalubí lower deck

podpat|ek heel; **jehlový p.** stiletto heel; **boty s vysokým/ nízkým ~kem** high-heeled/ low-heeled shoes; **obrátit se na ~ku** turn on one's heel

podpaž(d)í armpit; **v p.** under one's arm

podpěra stav. stay, strut, supporting post; *(větví stromu)* prop

podpěrný *(sloup)* supporting

podp|íchnout, ~ichovat (k) incite (to), instigate (to); **~ichovat proti sobě sousedy** set* neighbours against each other

podpíra|t v. **podepřít**; **sloupy ~jí střechu** the columns support n. bear* the roof; **trámy ~jí strop** the beams hold* up n. support the ceiling

podpis signature; **vlastnoruční p.** personal signature

podpisovat (se) v. **podepsat (se)**

podpisov|ý: p. arch attendance list; **~á kampaň** signature(-collection) campaign

podpl|ácet, ~atit *(koho)* bribe, offer sb a bribe; grease sb's palm

podplukovník lieutenant colonel

podpor *(ležmo)* push-up

podpor|a **1** support; *(míru* ap.*)* promotion, furtherance; *(umění)* sponsorship **2** *(sociální)* welfare, *(nouzová)* relief, aid; *(státní)* subsidy; **brát ~u v nezaměstnanosti** draw* unemployment benefit, hov. live n. be on the dole

podpo|rovat, ~řit **1** support; *(zájem)* encourage; *(pol. koncepci)* promote, further; **p. koho morálně** give* sb moral support **2** *(finančně)* subsidize, back, sponsor

podprsenka bra, zast. brassière

podprůměrný below-average; *(nadáním)* of mean intelligence

podpůrný **1** *(konstrukce)* supporting **2** **p. spolek**

charity (organization); **p. fond** relief fund
podrápat scratch sb all over ■ **p. se** scratch o.s. badly, get* scratched badly n. all over
podraz dirty trick
podrazit 1 *(židli, žebřík)* knock down (from underneath); **p. komu nohy** trip sb, přen. též **p. koho** *(udělat komu podraz)* play a dirty trick on sb 2 *(boty)* resole; **dát si p. boty** have one's shoes resoled
podrážd|it irritate, put* n. get* sb's back up ■ **~ěný** irritated; *(nervózní)* fretful, highly strung; *(nedůtklivý)* grumpy, cantankerous ■ **~ěnost** fretfulness, irritability; grumpiness
podražit go* up in price
podrážka sole
podrbat se scratch; **p. se na hlavě** scratch one's head
podrobit (si) 1 *(národ, lid)* subjugate, subdue, subject 2 **p. koho zkoušce** put* sb to the test; **p. koho křížovému výslechu** subject sb to a cross examination, hov. grill sb ■ **p. se** 1 *(nátlaku)* toe the line, fall* into line; **p. se násilí** give* way n. yield to violence 2 *(operaci)* submit to; **p. se zkoušce** take* an examination, sit* (for) an examination
podrobn|ý detailed, *(popis též)* minute; **~á studie** a close study; **~é vylíčení** hov. a blow-by-blow account ■ **~ě** in detail, minutely ■ **~ost** detail; **~osti** *(konkrétní)* particulars; **zabíhat do ~ostí** enter into particulars
podrost undergrowth, brushwood
podroušený slightly drunk, fuddled; hov. tiddly, tipsy
područí: mít koho v p. have sb under one's thumb; pol. **být v p. koho** be n. suffer under sb's yoke
podruhé *(jindy)* next time, at some future n. other time; **p. už to nedělej** don't do it again
podružn|ý secondary; *(průvodní)* circumstantial; **~á záležitost** side issue; **~á jakost** inferior quality
podrý|t, ~vat 1 *(krtek)* burrow under 2 **p. si zdraví** undermine one's health; **~vat čí autoritu** undermine sb's authority
podržet 1 hold*; **p. dítě** hold a baby; **p. komu kabát** hold sb's coat for him/ her, help sb into his/ her coat; **p. (si) něco v paměti** retain sth in one's memory ♦ **to mě tedy podrž!** well, blow me!, iron. I like that! 2 **p. co u sebe** hold* on to sth, keep* sth; **p. co v majetku** keep sth in one's possession ■ **p. se koho/ čeho** hold on to sb/ sth
podřa|dit subordinate to; *(organizace)* put* sth under the control of; **být komu ~zen** be under sb, be answerable to sb
podřadn|ý 1 *(role)* secondary; *(význam)* minor, peripheral; *(postavení)* subordinate 2 *(méně kvalitní)* inferior, second-rate; **~í básníci** second-rate n. minor poets; **~é zboží** goods of poor quality, second-rate n. trashy goods 3 *(souvětí)* hypotactic ■ **~ost** inferiority, a low grade of sth; jaz. hypotaxy
podřep knee bend; **být v ~u** squat
podřezat 1 *(strom)* saw down; **p. si žíly** slash one's wrists 2 *(koho)* slit* sb's throat
podří|dit subordinate; **p. své zájmy čemu** subordinate one's interests to sth; **být ~zen komu** be under sb, be answerable to sb ■ **p. se** fall* into line, follow suit ■ v. **~zený**
podřimovat slumber, doze, drowse
podřízen|ý I adj. subordinate; **být v ~ém postavení** be in a subordinate position, hov. play second fiddle II subst. subordinate, hanl. underling; *(v br. armádě)* subaltern ■ **~ost** subordination; *(postavení)* subordinate/ subaltern position
podříznout v. **podřezat**
podsadit *(záplatou)* patch
podsaditý thickset, heavyset, bulky
podstat|a nature, substance; zvl. filoz. essence; **p. dědičnosti** the nature of heredity; **morální p. osobnosti** the moral fibre of a person; **p. problému** the nub n. gist of the problem; právn. **skutková p.** the facts of the case; *(tvrzení)* **bez ~y** groundless, unfounded; **v ~ě** in essence; **v ~ě souhlasit** be in substantial agreement ♦ **žít z ~y** *(z hotovosti)* live on one's capital; **být proti samé ~ě čeho** run* n. go* against the grain of sth
podstatn|ý 1 essential; *(značný)* substantial, considerable; *(důležitý)* important, fundamental; **~á změna** fundamental change; **~é zvýšení cen** massive price increase; **to není ~é** hov. it's neither here nor there 2 **~é jméno** jaz. noun
podstavec *(sochy, sloupu)* pedestal, sockel, plinth; *(stroje)* base; *(stativ)* tripod; *(malířský)* easel
podstoupit *(operaci)* undergo*; **p. zkoušku** sit* (for) n. take* an examination; **p. boj** take up the struggle ♦ **p. všechna rizika** go* through thick and thin
podstr|čit, ~kovat *(dopis pod dveře ap.)* push n.

slip sth under sth; *(komu co: např. úplatek)* slip sth to sb, *(nekvalitní zboží)* palm sth off on sb; **p. komu ukradené zboží** plant stolen goods on sb
podstrojovat: p. komu pamper sb with delicious food, feed* sb well
podsvětí underworld *(též zločinecké)*
podsvinče piglet, sucker, suckling pig
podšl ít, ~ívat *(opatřit ~ívkou)* line (with); **p. kožešinou** line sth with fur ▪ **~itý** 1 *(čím)* lined (with) 2 *(mazaný)* crafty, sly, cunning; v. **liška**
podšívk a 1 lining; **kožešinová p.** fur lining; **bez ~y** unlined 2 *(šibal)* sly fox, crafty devil, rascal
podškrt at, ~nout underline; **p. červeně** underline sth in red
podtajemník undersecretary
podtitul(ek) subtitle
podtlak fyz. negative pressure
podtrh nout, ~ovat 1 *(napsané)* underline, underscore 2 přen. *(zdůraznit)* underline, emphasize, stress, point out
podupat *(obilí ap.)* trample sth (down); **p. čí city/ práva** trample on sb's feelings/ rights
podupávat stamp about
poduška cushion; *(pod hlavu)* pillow; *(na razítka)* inkpad; **elektrická p.** electric blanket
podvádět cheat; **p. manžela/ manželku** deceive one's husband/ wife; v. též **podvést**
podváz at tie sth underneath; *(tepnu)* tie up, ligate; přen. *(obchod, společenský život)* inhibit, repress ▪ **~ání** *(tepny)* ligature
podvaz ek garter, *(závěsný)* suspender; **~ky** a pair of suspenders
podvazkový: p. pás suspender belt
podvazovat v. **podvázat**
podvečer early evening
podvečerní early-evening, twilight; **p. šero** dusk
podvědom í, ~ý subconscious
podvěsek *(mozkový)* hypophysis
podv ést *(koho)* cheat, deceive; *(napálit)* take* sb in, fool; *(zradit)* double-cross; **p. manžela** be unfaithful to one's husband, cheat on one's husband; v. též **~ádět**
podvlékačky long johns
podvod swindle, fraud; **získat peníze ~em** get* money by fraudulent means
podvodník conman, crook; *(při hře)* cheat; *(šarlatán)* quack
podvodn ý *(člověk)* deceitful, hov. crooked; *(zisk)* fraudulent; *(praktiky)* corrupt; **~ým způsobem** fraudulently, by fraudulent means ▪ **~ost** deception, fraudulence
podvojn ý double; **~é účetnictví** double-entry bookkeeping
podvolit se 1 (**čemu** to sth) submit, yield, bow 2 *(přizpůsobit se)* fall* into line, give* in
podvozek aut. chassis; *(děla)* carriage; let. **zatahovací p.** retractable landing gear
podvr átit, ~acet *(stát, morálku)* subvert ▪ **~acení** subversion
podvratn ý subversive; **~á činnost** subversive activity; **p. živel** (a) subversive (element)
podvrh forgery, fake
podvr hnout 1 *(listinu)* forge, fake 2 **p. komu dítě** foist a child on sb ▪ **~žený** *(peníze)* counterfeit; *(listiny)* forged; **~žené dítě** foundling
podvrtn out: p. si nohu sprain one's ankle ▪ **~utí** sprain
podvýbor subcommittee
podvýživ a malnutrition; **trpět ~ou** suffer from malnutrition n. undernourishment
podvyživený undernourished
podzemí horn. i pol. underground; **pracovat v p.** horn. work underground; pol. **přejít do p.** go* underground
podzemní 1 subterranean; **p. dráha** underground (railway), *(londýnská)* tube, am. subway, *(pařížská, moskevská)* metro 2 *(ilegální)* underground, illegal
podzemnice *(olejná)* peanut, br. též groundnut
podzim autumn, am. fall*; **na p.** in autumn, am. in the fall
podzimní autumn, autumnal; **p. večer** autumn(al) evening; **p. květina** autumn flower
poéma (long) poem
poeta poet
poetický poetic
poetika poetics
poevropšt it Europeanize ▪ **~ění** Europeanization
poezie poetry
poflakovat se hang* around (doing nothing)
pofoukat *(polévku)* blow* on (soup to cool it); *(ránu)* ≅ kiss sth better
pogumovan ý: ~é plátno rubber cloth
pohádat se (s with) have a quarrel n. argument; *(rozkmotřit se)* fall* out; **p. se o peníze** have a quarrel about money
pohádk a 1 fairy story, fairy tale; **p. na dobrou noc** bedtime story 2 *(výmysl)* tall story ♦ **nevyprávěj nám tu ~y** tell* that to the marines
pohádkov ý fairy-tale, of fairy tales; **~á knížka** book of fairy tales; **~á země** fairyland; přen. **p.**

majetek fabulous wealth
pohan pagan ♦ **klít jako p.** swear* like a trooper
pohana affront
pohán|ět 1 *(koně)* drive*; **p. koho k práci** urge sb to work 2 *(stroje)* propel, power; **hodiny jsou ~ěny elektřinou** the clock is operated electrically
pohan|it, ~ět 1 *(koho/ co)* criticize, run* sb/ sth down 2 *(pomlouvat)* vilify, defame, blacken
pohanka bot. buckwheat
pohans|ký heathen, pagan ■ **~tví** heathendom, paganism
pohár glass, goblet; sport. cup; **Davisův p.** Davis Cup
pohárek: papírový p. paper cup
pohárový: p. zápas cup tie
pohasínat *(oheň)* die (down); *(světlo)* fade (away); *(naděje)* fade, die; *(sláva)* fade away
pohas|nout *(oheň, světlo)* go* out, be extinguished; v. též **~ínat**
poházet: p. papíry po zemi litter the floor with paper; **p. silnici štěrkem** scatter a road with gravel
pohazovat 1 v. **poházet** 2 *(hlavou)* toss one's head back
pohla|dit stroke, *(mazlivě)* caress; **p. koho po tváři** stroke n. caress sb's cheek; **p. po hlavě** též pat sb on the head ■ **~zení** caress
pohlavár chieftain; iron. boss, big shot
pohlavek box on the ears; **dát komu p.** box n. cuff sb's ears
pohlaví sex; **slabé/ něžné/ silné p.** weaker/ fair/ stronger sex; **mladí lidé obojího p.** young people of both sexes
pohlavkovat v. **pohlavek**
pohlavní sexual, *(choroba)* venereal; **p. styk** sexual intercourse
pohlcov|at v. **pohltit** ■ **~ání** chem., fyz. absorption
pohled 1 (**na** at) look, glance; *(upřený)* gaze, stare; **letmý p.** fleeting glance, glimpse; **hezká na p.** lovely to look at; **na první p.** at first sight 2 *(vnímaný obraz)* sight, view; **p. na město** view of the city; **p. pro bohy** a sight for sore eyes 3 *(názor)* view, perspective; **pokřivený p. na co** a distorted view of sth 4 *(~nice)* picture postcard
pohleda|t: takového člověka aby ~l there's a good fellow for you
pohledáv|at: nemáš tu co p. you've no business to be here; **co tu ~áš?** *(výhružně)* (and) what do you think* you are doing here?
pohledávka debt (claim)
pohl|edět: je to dítě radost p. the child is a pleasure n. delight to look at; v. též **~édnout**
pohlednice picture postcard
pohlédnout *(na koho)* look at, glance at; **p. komu do očí** look into sb's eyes; **p. na koho vyčítavě** cast* a reproachful glance at sb
pohledný personable, comely
pohlíž|et 1 *(na koho/ co)* keep* looking at; v. též **pohlédnout** 2 *(posuzovat)* look on, see*; **jak na to ~íte?** how do you see it?, what do you think* of it?
pohlti|t 1 swallow, *(náruživě)* devour; přen. *(peníze, čas)* swallow up; **~la nás mlha** fog closed in upon us 2 *(světlo, kouř)* absorb
pohmoždit bruise, contuse ■ **p. se** bruise o.s., get* bruised
pohmožděnina bruise, contusion
pohnat: p. před soud take* sb to court, bring* sb to trial; **p. k zodpovědnosti za co** call sb to account for sth, make* sb answerable for sth
pohněvat make* sb angry, anger ■ **p. se** *(s kým)* fall* out (with)
pohnojit *(pole)* manure, fertilize
pohn|out 1 *(čím)* move, push; **p. židlí** move a chair; **nic s ním ne~e** he will not budge (an inch) 2 *(dojmout)* move; **p. koho k slzám** move sb to tears ♦ **p. komu žlučí** get* sb's back up 3 *(přimět)* **p. koho k čemu** make* n. persuade n. induce sb to do sth ■ **p. se** *(z místa)* move, start moving ♦ **není možno se ani p.** there's no room to swing* a cat ■ **~utí** 1 motion, movement; **sedět bez ~utí** sit* motionless, sit still 2 přen. *(dojetí)* emotion; **skrývat své ~utí** hide* one's feelings
pohnutk|a motive, reason, ground; **hlavní ~y lidského jednání** the mainsprings of human actions
pohnutý 1 *(hlas, slova)* emotional 2 *(život, minulost)* eventful; *(doba)* turbulent
pohoda well-being, contentment; **duševní p.** peace of mind
pohodit 1 *(na podlahu ap.)* throw* n. fling* sth down, drop sth (on the floor) 2 **p. dítě** abandon a child 3 **p. hlavou** toss one's head
pohodlí comfort; **p. domova** home comforts, the snugness of one's home; **hotel poskytuje veškeré p.** the hotel offers every convenience; **udělat si p.** make* o.s. comfortable, make o.s. at home
pohodln|ý 1 *(boty, křeslo)* comfortable, hov. com-

fy; *(byt též)* cosy 2 *(život)* easy; *(zaměstnání)* cushy, soft; *(chůze)* leisurely 3 *(líný)* lazy, indolent ■ **~ě** comfortably, leisurely; **sedíte ~ě?** are you sitting comfortably? ■ **~ost** indolence

pohon drive, propulsion; **ruční/ elektrický p.** hand/ electric drive; **p. na čtyři kola** four-wheel drive

pohonn|ý *(síla)* driving, propulsive; **~á látka** fuel

pohorš|it 1 *(pobouřit)* shock, give* n. cause offence to 2 **p. si platově** be worse off financially, earn less; **p. si v práci** change one's job for the worse ■ **p. se** 1 *(zhoršit se)* get* worse, deteriorate 2 *(nad čím)* take* offence at, take exception to ■ **budit veřejné ~ení** cause a public nuisance

pohoršlivý *(chování)* scandalous; *(jazyk)* offensive

pohořet come* to grief, come unstuck

pohoří mountain range

pohostinn|ý hospitable ■ **~ost** hospitality

pohostinsk|ý: ~é vystoupení guest performance n. appearance

pohostinství 1 hospitality 2 *(restaurace)* (cheap) restaurant

poho|stit entertain, treat (**čím** to sth); **p. jídlem a pitím** wine and dine ■ **~štění** treat

pohotovost 1 *(schopnost)* resourcefulness; quick-wittedness; dexterity 2 *(připravenost)* (state of) readiness, preparedness; **být v ~i** *(ve službě* ap.*)* be on standby, be ready 3 *(požární* ap. *oddíl)* emergency service 4 *(lékařská)* standby duty; **být v ~i** be on call; *(v nemocnici)* be on duty

pohotovostní emergency; srv. **pohotovost (3)**

pohotov|ý *(diskutér* ap.*)* quick-witted, ready-witted; *(odpověď)* adroit, prompt; **p. s odpovědí** quick at repartee ■ **~ě** promptly, adroitly; **mít vždy výmluvu ~ě** be never at a loss for an excuse

pohov *(povel)* (stand*) at ease!, br. též stand easy!; **dát si p.** relax, lie* back; *(spokojit se s dosaženým)* lie back on one's laurels

pohovět si take* a rest, put* one's feet up

pohovka sofa, *(menší)* settee

pohovor discussion; *(s uchazečem)* interview, *(přijímací zkouška)* students' admission interview

pohovořit si have a chat (**s** with); v. též **hovořit**

pohrabáč poker

pohraničí border area

pohraniční border, frontier; **p. město** frontier n. border town; **p. pásmo** border area

pohraničník border n. frontier guard

pohrávat si *(s kravatou* ap.*)* fidget n. fiddle with; přen. **p. si s myšlenkou** toy with an idea; **p. si s něčími city** trifle n. toy with sb's feelings

pohrd|at *(kým)* despise, hold* sb in contempt; *(smrtí)* defy; *(nebezpečím)* scorn; *(city druhého)* spurn ■ **~ání (kým/ čím** for sb/ sth) contempt, disdain

pohrdav|ý scournful, contemptuous; *(odmítavý)* dismissive ■ **~ě** contemptuously

pohrd|nout v. **~at; vínem bych ne~l** I wouldn't say* no to a glass of wine

pohrobek posthumous child

pohrom|a calamity, disaster; **vyváznout bez ~y** escape unscathed

pohromadě 1 *(spolu)* together; **bydlet p.** live n. am. room together; **držet p.** hold* together 2 *(po ruce)* ready, in hand; **má p. dost peněz** he has enough money in hand ♦ **mít všech pět p.** keep* one's wits about one

pohrouž|it se *(do četby* ap.*)* become* engrossed in ■ **~ený v knize** immersed in a book; ■ **~ený v myšlenkách** absorbed n. rapt in thought

pohrozit 1 **p. komu pěstí** shake* one's fist at sb 2 *(trestem* ap.*)* threaten with; v. též **hrozit**

pohrudnice pleura; **zánět p.** pleurisy

pohrůžk|a threat; **pod ~ou čeho** under threat of sth

pohřbít bury; kn. lay* sb to rest; přen. **p. spory** bury the hatchet

pohř|eb *(obřad)* funeral; *(~bívání)* burial; **p. žehem** cremation

pohřebiště burial site

pohřební funeral; **p. průvod/ ústav** funeral train/ parlour; **p. obřad** burial service; **p. hranice** *(při spalování)* pyre

pohřeš|it, ~ovat: ~uji peněženku my wallet is missing; **něco tu ~uji** there's sth missing here ■ **~ovaný** unaccounted for; **~ovaná osoba** missing person

pohřížit se v. **pohroužit se**

pohub|nout get* thinner, lose* some weight ■ **~lý** skinny

pohupovat se *(při chůzi)* sway one's hips; *(předmět na vodě)* bob up and down

pohyb 1 motion, movement; *(rukou)* gesture; **otáčivý p.** rotary motion; **p. planet** the motion of the planets; **být stále v ~u** be always on the go* n. hov. hop; **uvést do ~u** set* n. put* sth in motion; **udržovat v ~u** keep* sth in motion; **pozorovali každý jeho p.** they watched his every move **2** sport. exercise; **potřebujete p.** you need (physical) exercise, you don't get enough exercise

pohybliv|ý **1** mobile, movable; **~é jednotky** mobile troops; **~é schody** escalator; **p. chodník** travelator, moving pavement **2** *(hbitý)* nimble, agile **3 ~é svátky** movable holidays ■ **~ost** mobility, movability; *(hbitost)* agility

pohybovat *(čím)* move; **p. prsty** move one's fingers; **p. pákou** move a lever ■ **p. se** **1** move; *(krouživě)* rotate; **p. se kolem dokola** circle round and round; **p. se mezi umělci** mingle among artist, rub shoulders with artists **2** *(plat)* **p. se kolem** be in the region of; *(teplota* ap.*)* **p. se mezi X a Y** range from X to Y

pocház|et come* from, originate from, spring* from; **p. z Čech** come* from Bohemia; *(slovo)* **p. z němčiny** be of German origin; *(zboží)* **p. z Francie** be made* in France, be of French origin

pochlebnic|ký toadyish, hov. smarmy; *(slova)* flattering, honeyed ■ **~tví** v. **pochlebování**

pochlebník flatterer; hanl. toady, sycophant

pochlebov|at flatter; *(lichotkami přemlouvat)* soft-soap; *(patolízalsky)* toady, fawn on ■ **~ání** flattery, soft soap, blarney; *(patolízalské)* sycophancy

pochmurn|ý **1** *(počasí, den)* gloomy **2** *(nálada)* gloomy, *(myšlenky též)* black, depressing; *(perspektiva)* bleak, dismal ■ **~ě** gloomily; **tvářit se ~ě** have a gloomy expression on one's face ■ **~ost** gloom(iness)

pochod **1** voj. march; **usilovný p.** forced march; **rozkaz k ~u** marching orders; **~em v chod!** quick march! **2** hud. march **3** *(proces)* **myšlenkový p.** train of thought

pochodeň torch

pochod|it: p. dobře/ špatně *(např. při zkoušce)* do n. perform well/ badly; *(dopadnout)* come* off well/ badly; **p./ nep. u koho** get* somewhere/ nowhere with sb; **s tím u mne ne~íš** that cuts* no ice with me

pochodovat march; *(na přehlídce)* parade; **p. na místě** mark time

pochop|it understand*, comprehend, grasp; hov. get* (it); **to nemohu p.** it's beyond me, I don't get* it ■ **~ení** understanding, comprehension; **mít pro co ~ení** *(chápat: problémy)* understand sth, *(tolerovat)* be tolerant of sth, have sympathy for sth

pochopiteln|ý understandable; *(srozumitelný)* comprehensible; *(přirozený)* natural; **je to snadno ~é** it is easy to understand* ■ **~ě** understandably; naturally

pochoutk|a titbit, delicacy, choice morsel; **různé ~y** various kinds of delicacies

pochovat bury, lay* sb to rest; přen. **p. veškeré naděje** bury all one's hopes

pochromovat chromium-plate

pochroumat *(koho)* injure; **p. si nohu** hurt* n. injure one's leg ■ **p. se** get* hurt n. injured

pochutnat si enjoy n. relish one's meal; **p. si na cigaretě/ na kávě** savour a cigarette/ a cup of coffee

pochůzk|a *(strážného)* rounds; **vykonat ~u** do n. make* one's rounds; *(posílka)* errand; **obstarávat ~y pro podnik** run* errands for a firm

pochva **1** *(meče)* sheath **2** anat. vagina

pochval|a praise; **dostat ~u** earn n. win* praise; hov. get* a pat on the back

pochválit v. **chválit**

pochvaln|ý appreciative, laudatory, commendatory; **dostalo se mu ~ého uznání** he got an honourable mention ■ **zmínit se o někom ~ě** speak* highly of sb

pochvalovat si *(co)* be very happy (about), be more than satisfied (with)

pochyb|a doubt, misgiving; pl. **~y** též qualms; **bez ~y** without a doubt; **bez nejmenší ~y** without a shadow of doubt; **jsem na ~ách** I have some misgivings (about it); **o tom není ~y** there's no doubt about it

pochybený mistaken, erroneous; *(přístup, postoj)* wrong; *(řešení)* inappropriate

pochybn|ý **1** doubtful; *(nejistý)* dubious; **je ~é, zda** it is doubtful whether **2** *(hodnota)* doubtful, debatable; *(podnik též)* questionable, suspect; *(obchod)* shady; **~é ženy** women of easy virtue ■ **~ost** doubt, misgiving; **mám (o tom) určité ~osti** I have my doubts, I have some misgivings (about it); **brát co v ~ost** have one's doubts about sth; **nade vši ~ost** beyond all (possible) doubt; v. též **pochyba**

pochybovač doubter, sceptic, am. skeptic; a doubting Thomas

pochybovačn|ý sceptical, am. skeptical; inclined to doubt ■ **~ost** scepticism, am. skepticism

pochyb|ovat doubt, be doubtful n. sceptical (about sth); **o tom ~uji** I have my doubts about it, I doubt it; *(nejsem si jist)* I am in two minds about it

pochytat catch*, capture; **p. všechny zloděje**

catch all the thieves
pochytit *(cizí jazyk, slova)* pick up; *(smysl)* grasp, comprehend; *(zaslechnout)* overhear*; *(naučit se)* get* to know* *(one's new job* ap.*)*
point|a: p. vtipu the punch-line (of a joke); **nepochopil ~u vtipu** he didn't get* the joke
pojednání (**o** on) paper, essay
pojedn|at, ~ávat *(o čem)* treat, discuss, deal with
pojednou suddenly, all of a sudden
poj|em 1 concept; **základní ~my** basic n. fundamental concepts; **p. svobody** the concept of freedom **2** *(představa, názor)* idea; **udělat si o čem správný p.** form a clear idea n. picture of sth ♦ **nemá o tom ani p.** he has no idea about it, he doesn't know* the first thing about it
pojetí conception, interpretation; **nové p. dějin** a new interpretation of history
pojídat eat*; *(pomalu jíst)* nibble at one's food
pojím|at v. **pojmout (3)** ■ **~ání** *(chápání)* understanding, conception
pojíst have sth to eat*, have a quick meal, have a bite
poji|stit 1 *(zajistit)* secure; **p. dveře závorou** secure the door with a bolt **2** *(~štěním)* insure; **p. dům proti ohni** insure one's house against fire ■ **p. se** (**proti** against) insure o.s. n. take* out an insurance policy; **p. se na život** have one's life assured
pojist|ka 1 el. fuse; *(zbraně)* safety catch **2** *(~ná smlouva)* insurance (policy); **životní p.** life insurance, zvl. br. life assurance; **uzavřít ~ku** take* out an insurance (policy)
pojistné (insurance) premium
pojistn|ý 1 techn. safety; **p. ventil/ šroub** safety valve/ bolt **2** *(týkající se pojištění)* insurance; **~á smlouva** insurance contract; **~á částka** amount insured; **~á událost** event insured against
pojištěnec insured (party)
pojištění insurance; **nemocenské/ sociální p.** health/ social insurance; **úrazové p.** accident insurance; **p. proti požáru** fire insurance
pojišťovací *(smlouva)* insurance; v. též **pojistný**
pojišťovat v. **pojistit**
pojišťovatel, pojistitel insurer
pojišťovna insurance company
poj|it unite; **~í nás pevné přátelství** we are united by a firm bond of friendship ■ **p. se** be connected with; jaz. *(s urč. pádem)* govern, take*
poj|ít 1 *(zvíře)* die; hanl. *(o člověku)* die like a dog **2** *(vzniknout)* **z toho ne~de nic dobrého** nothing good will come* of it
pojítko *(citové)* link, tie, bond
pojivo bonding agent, binder
pojízdný *(knihovna, dílna)* mobile, travelling
pojmenování jaz. appellation, designation; *(knihy)* title
pojmenovat call, name; **p. koho po někom** name sb after sb; *(označit)* designate, term; *(loď, ulici)* give* sth the name of, name; *(článek, knihu)* entitle, give the title of
pojm|out 1 *(prostorově)* hold*, have a capacity of; *(osoby)* seat, have room for; **kino ~e ...** the cinema seats n. admits..., the seating capacity of the cinema is ... **2** *(do seznamu* ap.*)* include n. incorporate (in) **3** *(pochopit)* interpret, view; **p. co jinak** interpret n. view sth differently **4 p. podezření** become* suspicious **5 p. za manželku/ manžela** marry, kn. take* sb's hand in marriage
pokácet *(stromy)* chop down/ *(pilou)* saw down (all the trees, a lot of trees ap.); *(židle)* knock down (a large number of chairs ap.)
pokálet *(šaty)* dirty, soil; *(pověst)* defile, besmirch ■ **~se** dirty one's clothes
pokání repentance; **dát se na p.** turn over a new leaf
pokaňkat *(inkoustem)* blot
pokapat *(řízek citrónem* ap.*)* sprinkle with ■ **p. se čím** spill* sth on one's clothes
pokár|at rebuke, reprimand; *(ostře)* upbraid ■ **~ání** rebuke, reproof, reprimand; **udělit komu ~ání** rebuke sb
pokašlávat cough slightly, have a slight cough
pokazi|t 1 *(hodinky* ap.*)* damage; **p. si žaludek** upset* one's stomach; **p. si oči** ruin one's eyes **2** *(zkazit)* **p. čí náladu** spoil n. ruin sb's good mood; **p. pointu vtipu** ruin n. spoil the joke; **p. čí plány** ruin n. hov. mess up sb's plans **3** *(koho)* spoil, corrupt, deprave ■ **p. se 1** *(stroj)* break* down **2** *(potraviny)* spoil, get* spoiled, go* bad **3** *(mravně)* become* corrupted; **~l se v chování** his behaviour has deteriorated n. has changed for the worse, his behaviour has gone* downhill
pokaždé every time, on each occasion; **p., když nás navštíví** whenever he calls on us
poklad treasure; *(nahrabaný majetek)* hoard; **umělecký p.** art treasure; **hledač ~ů** treasure hunter; **on/ ona je úplný p.** přen. *(o člověku)* he/ she is a real treasure

poklád|at **1** *(potrubí, koberec, koleje)* lay*; *(plynové vedení)* install; **p. novou podlahu** lay* n. put* in a new floor ♦ **ne~ejte!** *(při telefonování)* hold* the line! **2** *(barvu)* put on a coat of paint, coat sth with paint **3 p. koho za** regard n. consider sb as, think* n. believe of sb to be; **p. koho za přítele** consider sb as a friend; **p. co za špatné** think sth wrong ■ **p. se za šťastného** think n. consider o.s. lucky

pokladna **1** *(schránka)* cashbox; *(nedobytná)* safe **2** *(v obchodech)* till; *(v divadle)* box office; *(nádražní)* ticket office; **výplatní p.** payments office, cashier's office; *(přepážka)* cashier's desk **3** *(instituce)* **státní p.** Treasury; hov. the state coffers

pokladní **I** adj. cash; **p. hotovost** cash balance; **p. kniha** cashbook **II** subst. *(osoba)* cashier; *(v bance)* teller

pokladnice přen. *(informací)* quarry; *(umění, vědomostí)* treasure house; *(pohádek)* treasury

pokladnička moneybox; dět. piggybank

pokladník cashier; *(banky)* teller; *(spolku)* treasurer; *(na lodi)* purser

pokleknout kneel* (down), go* down on one's knees

poklep lék. percussion, tapping; **vyšetřit ~em** sound the lungs

poklep|at, ~ávat tap, pat; **p. komu na rameno** tap sb on the shoulder; **p. si na čelo** tap one's forehead

pokles *(hladiny)* fall; *(půdy)* subsidence; *(cen)* drop n. fall n. decline (in); *(výroby, vývozu* ap.*)* drop, decrease, fall-off (in); *(životní úrovně)* decline (in); *(poptávky)* drop, decline; *(teploty)* drop (in); *(obliby)* dip, decrease; *(hospodářský)* recession

poklesek offence, misdemeanour

pokleslI|ý *(na mysli)* depressed, dejected ■ **~ost** dejection, despondency

poklesnout sink*, go* down; *(morálně)* sin; *(ceny, akcie)* go down, fall*; *(tlak, teplota)* drop, fall; **p. hlasem** lower one's voice; **p. na mysli** lose* heart, become* despondent

pokli|ce, ~čka lid ♦ **držet co pod ~čkou** keep* sth under one's hat, keep sth secret

poklidit *(byt* ap.*)* tidy up; *(dobytek)* tend; *(stůl)* clear

poklidný *(život, večer, dovolená* ap.*)* quiet; *(hladina)* calm; *(tempo)* easy; *(výraz tváře)* serene

poklon|a *(lichotka)* compliment; **dělat komu ~y** pay* sb compliments

poklonit se (**komu** to sb) bow n. make* a bow; **hluboce se p.** bow low

poklonkov|at: p. před kým kowtow to sb, bow and scrape before sb ■ **~ání** bowing and scraping, servility, obsequiousness

poklop cover, lid; *(skleněný)* bell-glass; **p. na sýr** cheese-cover

poklopec fly, fly front; často též pl. flies

poklus *(koně)* trot; *(člověka)* run; voj. double time; **~em** at the double; **~em klus**! at the double, march!

pokochat se *(čím)* be delighted at; *(pohledem)* feast one's eyes on

pokoj **1** *(klid)* peace, peace and quiet; **nechat koho na ~i** leave* sb alone n. in peace; **s tím mi dej p.**! don't bother me with that **2** *(místnost)* room; *(nemocniční)* ward; *(luxusní)* stateroom; **p. se snídaní/ se stravou** bed and breakfast/ bed and board

pokojík small room, closet, cabinet

pokojn|ý *(dům)* quiet; *(spánek, vývoj, demonstrace)* peaceful ■ **~ě** peacefully

pokojov|ý *(teplota)* room; *(anténa)* indoor; **~á květina** pot plant

pokojská chambermaid

pokolení generation; **lidské p.** mankind, human race

pokora humility, humbleness; *(ponížená)* submissiveness

pokorn|ý humble, meek; *(poníženě)* submissive ■ **~ě** humbly; submissively

pokořit humiliate, humble ■ **p. se** humble o.s., eat* humble pie

pokořující humiliating; **p. mír** a humiliating peace

pokosit *(obilí, trávu)* mow

pokousa|t *(pes)* savage; *(hmyz)* bite*; **~l ho pes** he was savaged by a dog

pokouš|et **1** *(škádlit)* tease, hov. chaff; **p. děvčata** tease girls; **p. štěstí** try one's luck; **p. osud** hov. rock the boat **2** *(svádět)* tempt ■ **p. se** **1** *(zkoušet)* try, attempt; *(o místo)* try to get*, *(žádat)* apply for **2** hov. **~ejí se o mne mdloby** I feel* dizzy

pokoutn|í illicit; *(potrat)* backstreet; **p. obchodník s narkotiky** pusher ■ **~ě** illicitly, on the sly

pokovovat metal-plate

pokožka skin

pokrač|ovat: p. v čem *(v práci, ve vyprávění)* continue doing sth n. to do sth, go* on doing

sth, carry on doing sth; **p. v cestě** continue one's journey; **jak ~ujete s knihou?** how are you getting along with your book? ■ **~ování** continuation; *(po přerušení)* resumption; **povídka na ~ování** serial (story)
pokračovatel continuer, successor
pokradmu surreptitiously, stealthily; **dát komu co p.** slip sb sth
pokradmý surreptitious, stealthy
pokraj edge, verge; **p. propasti** edge of the precipice; **p. katastrofy/ úpadku** verge of disaster/ bankruptcy; **na ~i smrti** at the point of death
pokrájet cut* (sth into pieces), *(na plátky)* slice; *(na kostičky)* cube
pokrč|it *(paži)* bend*, flex; **p. čelo** frown; **p. rameny** shrug one's shoulders, give* a shrug ■ **~ení** *(ramen)* shrug; **odbýt co ~ením ramen** shrug sth off
pokrevní related by blood, odb. consanguineous; **p. příbuzný** blood relation
pokrm *(jídlo)* dish; **masité/ vybrané ~y** meat/ choice dishes
pokrmový: p. tuk cooking n. edible oil
pokročil|ý I adj. *(žák, nemoc)* advanced; *(hodina)* late; **v ~ém věku/ stadiu** at an advanced age/ stage **II** subst. advanced student; **angličtina pro ~é** English for advanced students
pokročit *(popojít)* move forward, advance; přen. *(dělat pokroky)* make* progress n. headway; v. též **pokrok**
pokrok progress, headway; **dělat velké ~y (v čem)** make* progress in sth, make great strides in sth, make rapid headway in sth; **to je velký p.** that's quite an improvement
pokrokový progressive, *(myšlenky též)* forward-looking; techn. též modern, up-to-date
pokropit *(prádlo ap.)* sprinkle; *(ulici)* spray; *(květiny, trávník)* water; **p. svěcenou vodou** sprinkle sb/ sth with holy water; **p. nepřítele kulkami** spray the enemy with bullets
pokrou|tit *(drát)* twist; přen. **p. čí slova** twist n. distort sb's words ■ **~cený** *(drát)* twisted; *(obličej)* twisted, contorted
pokr|ýt cover; *(podlahu kobercem)* carpet; *(střechu taškami)* tile ■ **p. se** *(voda ledem)* ice over; *(obloha mraky)* cloud over, become* overcast ■ **~ytý** covered; *(mraky)* overcast
pokrytec hypocrite, hov. phoney
pokrytecký hypocritical, two-faced; *(svatouškovský)* sanctimonious; *(licoměrný)* self-righteous
pokrytectví hypocrisy; *(licoměrnost)* self-righteousness
pokrývat v. **pokrýt**
pokrývač slater
pokrývka *(prošívaná)* quilt, *(na postel)* bedspread; **p. hlavy** headgear, headwear; *(ozdobná)* headdress; přen. **sněhová p.** a coat of snow
pokřik 1 *(křik)* shouts, yells; *(na ulici)* hubbub; *(davů)* clamour; **strhnout p.** *(protestovat)* raise an outcry, raise a hue and cry **2** *(jako povzbuzení)* rallying cry; **válečný p.** war cry
pokřikovat shout (**na** at); *(na řečníka)* barrack sb
pokřivit *(drát)* bend*, twist; *(obličej)* distort, twist, make* a grimace ■ **p. se** bend; *(dřevo)* warp, hov. buckle
pokřižovat se make* the sign of the cross, bless o.s.
pokud I adv. where ... to, how far; **p. sahala voda?** where did the water come* to? **II** sp. **1** *(časová)* as long as; **p. budu žít** as long as I live **2** *(zřetelová)* **p. jde o mne** as for me, as far as I am concerned **3** *(způsobová)* **p. vím** to the best of my knowledge
pokukovat: p. po kom *(zamilovaně)* give* sb the (glad) eye
pokulhávat 1 limp (a bit), have a slight limp; přen. *(verš ap.)* limp **2** *(zaostávat)* lag behind
pokus 1 attempt; **p. o vraždu** attempted murder; pol. assassination attempt **2** experiment, test; **atomový p.** atomic n. nuclear test; **dělat ~y na zvířatech** carry out experiments on animals
pokusit se try; **p. se o co** try one's hand at sth, have n. take* a shot at (doing) sth; **p. se o to, aby** try n. attempt *(+ inf.)*
pokusn|ý experimental; **p. králík** guinea pig; **~á jízda** test drive ■ **~ě** experimentally
pokušení temptation; **uvádět v p.** lead* sb into temptation
pokušitel tempter ■ **~ka** temptress
pokut|a fine, penalty; **vyměřit komu ~u** fine sb, impose a fine on sb; **pod ~ou** under the penalty (of)
pokutovat *(koho)* fine, impose a fine on
pokutov|ý: p. kop penalty kick; **~é území** penalty area
pokyn 1 *(rukou)* wave; *(hlavou)* nod; **2** zpr. pl. **~y** instructions, directions; **dát komu ~y** instruct sb, give* sb instructions; zvl. voj. brief sb
pokynout: p. komu *(dát signál)* motion sb *(to do sth)*, *(na pozdrav)* wave to sb
pól pole; el. **kladný/ záporný p.** positive/ negative pole, anode/ cathode

Polák Pole
polámal|t 1 *(větve)* break* (into pieces); **p. si nohy** break one's legs 2 *(porouchat)* damage, ruin ■ **p. se** break, get* broken, fall* to pieces ■ **~ný** broken; přen. **jsem celý ~ný** I am fagged out, I am washed out
polapit *(zloděje)* capture, catch*
polariz|ovat polarize ■ **~ace** polarization
polárka *(zmrzlina)* ≅ choc-ice; ice lolly
polární polar; **p. záře** *(severní)* aurora borealis, northern lights; *(jižní)* aurora australis, southern lights
polárník polar explorer
pol|e 1 field; **obilné p.** cornfield; **obdělávat p.** cultivate n. farm a field 2 **naftové/ minové/ sněžné p.** oil/ mine/ snow field 3 **bitevní p.** battlefield, battleground; **táhnout do p.** go* to the front ♦ **vyklidit p.** bow out, quit the field 4 *(šachové)* square 5 sport. **p. závodníků** (the) field 6 **elektrické/ magnetické/ gravitační p.** electric/ magnetic/ gravitational field; **zorné p.** field n. range of vision 7 *(činnosti)* field, sphere, area
poledne midday, noon; **kolem p.** around midday n. noon; **v p.** at lunchtime, at midday; **v pravé p.** at high noon
polední noon, midday, lunch; **p. jídlo** midday meal; **p. přestávka** lunch break
polednice noonday witch
poledník meridian
polehávat be ailing, be sickly, be in poor health
polehčující *(okolnosti)* mitigating, attenuating
polehlý *(obilí)* lodged, beaten; *(tráva)* flattened
polehou|čku, ~nku *(zaklepat)* softly, gently; *(otevřít dveře)* softly, slowly
polechtat tickle; **p. koho na noze** tickle sb's foot
polekat *(koho)* frighten, scare; give* sb a fright n. scare; **strašně koho p.** frighten sb out of his/ her wits, scare the living daylights out of sb ■ **p. se** get* frightened, take* fright
polemický controversial, polemic(al)
polemik|a polemic, controversy, dispute; **pouštět se s kým do ~y** enter into polemics with sb
polemizovat argue, polemize, polemicize; engage in controversy
poleno log ♦ **hluchý jako p.** stone-deaf, deaf as a post
polepit: p. stěny plakáty cover a wall with posters ♦ hov. **p. si to u koho** get* into sb's bad books
polepšit 1 *(napravit)* reform 2 **p. si** improve one's position/ standing ap.; *(finančně)* be better off ■ **p. se** improve; *(morálně)* mend one's ways, turn over a new leaf
polepšovna br. approved school; zast. br. reformatory
poletovat fly* around n. about, flit (about); **p. z květiny na květinu** flit from flower to flower; přen. **p. sem a tam** flit to and fro
poleva *(cukrová)* icing, zvl. am. frosting; *(na keramice)* glaze
poléva|t v. **polít**; **~lo ho horko (a zima)** he went* hot and cold ■ **~ný** *(keramika)* glazed; *(sušenky)* iced; *(ovoce)* glacé, candied
polev|it, ~ovat 1 *(v úsilí)* fall* off, slacken; **~il v práci** he fell* off in his work, his work has deteriorated; **p. v bdělosti** drop one's guard 2 *(horko, zima, hluk)* abate; *(bouře)* die down, calm; *(vítr též)* drop, go* down; *(bolesti)* ease off, go away
polévka soup; *(hovězí vývar)* broth, bouillon; **p. v prášku** soup mix
polévkov|ý soup; **~á lžíce** soup spoon, tablespoon; **~á zelenina** vegetables for soup; **~á kostka** stock cube
polev|ovat v. **~it**
poležet si *(odpočinout si)* have a lie down; *(ráno)* lie* in; **p. si v nemocnici** spend* some time in hospital
polibek kiss; *(letmý)* peck; **dát komu p.** kiss sb, give* sb a kiss
políbit kiss, give* sb a kiss; **p. koho na rozloučenou** kiss sb goodbye
police shelf, pl. shelves; *(na knihy)* bookshelf; *(na zavazadla)* rack
policejn|í police; **p. komisařství** police headquarters; **p. auto** police car, br. *(hlídkující)* panda car; **p. dozor** police surveillance ■ **~ě hlášený** registered with the police
polic|ie police; *(~ejní sbor)* the Force, the police force, *(místní, oblastní)* constabulary; **tajná/ vojenská/ dopravní p.** secret/ military/ traffic police; **pátrá po něm p.** the police are looking for him
polic|ista *(obecně)* policeman, police officer; *(~ejní strážník)* constable; am. *(obchůzkář)* patrolman
políček slap in the face též přen.; **dát komu p.** slap sb's face
políčit set* n. lay* a trap (**na** for)
polička v. **police**
policho|tit *(komu)* pay* sb a compliment; **cítím**

se ~cen I feel* flattered; v. **lichotit**

poliklinika clinic; *(v nemocnici)* outpatients' department, outpatients; *(zdrav. středisko)* health centre

pol|ít 1 *(květiny* ap.*)* water, sprinkle; **p. co omáčkou** pour gravy over sth; **p. dort polevou** ice a cake **2 ~il ho pot** he came* out in a sweat; **slzy ji ~ily** she dissolved into tears ■ **p. se** spill* sth *(milk, beer* ap.*)* over one's clothes *(shirt, trousers* ap.*)*; v. též **~évat** ■ **být ~itý potem** be in a sweat

politbyro dř. Politburo

politický political

politik politician

politika politics; *(konkrétní)* policy; **p. síly** power politics; **p. konzervativní strany** the policy of the Conservative party

politikář political schemer n. intriguer

politikaření politicking

politováníhodný lamentable, unfortunate; *(neštěstí)* sad; *(rozhodnutí* ap.*)* deplorable

politov|at v. **litovat** ■ **~ání** regret; *(smutek)* sorrow; **s ~áním** regretfully, with regret; **s ~áním zjistit** be sorry to hear*

politura polish; *(prostředek)* polishing agent

polívčičk|a: ♦ **přihřívat si (vlastní) ~u** have an axe to grind*

Polka Pole, Polish woman

polka *(tanec)* polka

polknout swallow; **p. naprázdno** gulp

polní 1 field; **p. plodiny** field crops; **p. práce** agricultural n. farm work; **p. květina** field n. wild flower **2** voj. **p. tažení** expedition, campaign; **p. kuchyně** field kitchen, am. field mess ■ **plná p.** heavy marching order

polnice bugle

polnohospodářský agricultural

polo half; **p. žertem** half in jest; **p. sedě, p. leže** half sitting, half lying

pólo *(na koních)* polo; **vodní p.** water polo

poloautomatický semiautomatic

polobotka shoe

polobůh demigod

poločas 1 sport. *(polovina)* half; *(přestávka)* half time **2** fyz. half-life period

polodenní half a day's, half-day, lasting half a day; **p. zaměstnání** part-time work

polodlouhý *(sukně, šaty)* mid-calf length; *(vlasy)* shoulder-length

polodrahokam semiprecious stone

poloha position; *(budovy, města* též*)* situation, location

polohlasně in a low voice, in an undertone, kn. sotto voce

polohrubý *(mouka)* medium ground

polojasno somewhat cloudy; **bude p.** it will be somewhat cloudy

polokošile T-shirt

polokoule hemisphere; **severní p.** northern hemisphere

polokožen|ý: ~á vazba *(knihy)* half-leather binding

polokruh semicircle

polokruhový semicircular

pololetní half-yearly, six-monthly; **p. vysvědčení** half-yearly report

polom windfallen trees

poloměr radius

polomrtvý half dead; **byl p. leknutím** he was half dead with fright

polonahý half-naked

polonéza polonaise

polooficiální semiofficial

poloostrov peninsula

polopenze half-board

polopravda half-truth

poloprázdn|ý half-empty ■ **v kině bylo ~o** the cinema was half-empty

poloprovoz pilot plant

polorozpadlý *(dům)* desolate, ramshackle

polosamohláska semivowel

polospán|ek light sleep, doze; **v ~ku** half asleep

polostín half-shade

polosvět demimonde; **dáma z ~a** demimondaine

pološero semidarkness; *(soumrak)* twilight, dusk

polotovar 1 semifinished product **2** kuch. **~y** ready-to-cook foods, oven-ready foods

polotuhý *(rosol)* semisolid; *(límec)* semistiff

polovi|ce, polovička half, pl. halves; **rozdělit co na ~c** divide sth into halves; **v ~ci hry** halfway through the play; **v ~ci ledna** in the middle of January ♦ **moje lepší ~čka** žert. my better half; **jít na ~c** go* halves, go fifty-fifty

polovičat|ý half-hearted, compromise; **~é řešení** compromise solution; **~á opatření** half measures ■ **~ě** half-heartedly, by halves; **nedělat nic ~ě** not to do things by half

poloviční half; **p. plat** half pay; **p. cena** half price; **potkat koho na p. cestě** meet* sb halfway

polovin|a half; *(prostředek)* middle; *(těla)* side; **rozdělit co na ~u** divide sth into two parts; **platit na ~u** share the costs; **v ~ě března** in the middle of March; **o ~u méně** less by half; **snížit stav zaměstnanců o ~u** reduce the workforce by half; **dostat se za ~u** pass the halfway mark n. point

polovlněný half-woollen

polovodič semiconductor

polovzdělaný half-educated

polovzdělanec half-educated person

položertem half-jokingly

polož|it 1 *(dát někam)* put* down; place sth *(somewhere)*; **p. telefon** replace the receiver; **p. knihu na televizor** put the book (down) on the T.V. (set); **p. koho do postele** put sb to bed; **p. koho** *(do vodorovné polohy)* lay* sb flat ♦ **nemít kam hlavu p.** be homeless 2 *(potrubí, koberec, podlahu, kabel)* lay; **p. základy** lay the foundations 3 *(děj románu* ap.*)* locate 4 **p. za něco život** lay down one's life for sth 5 **p. otázku** ask a question; **p. na něco důraz** emphasize sth 6 *(funkci)* resign; **p. funkci ve výboru** resign from a committee ■ **p. se** lie* down; *(onemocnět)* take* to one's bed; *(padnout vyčerpáním)* keel over; *(obilí)* lodge; *(firma)* go* to the wall, go broke; *(loď)* keel over ■ **koberec ~ený od stěny ke stěně** fitted carpet

položka *(částka)* sum, amount; *(účetní)* item; *(záznam)* entry

Polsko Poland

polský Polish

polštář 1 *(pod hlavu)* pillow; *(na sezení, klečení, opírání)* cushion 2 přen. **vzduchový p.** air cushion

polštářek small cushion n. pillow; *(na razítka)* inkpad

polštářovat *(sedadla* ap.*)* upholster

polština Polish

poluce (nocturnal) emission (of semen), hov. wet dreams

polyfonie polyphony

polyfonní polyphonic

polygamie polygamy

polygamista polygamist

polygamní polygamous

polyhistor polymath

polykač: p. ohně fire-eater

polykat v. **polknout**; *(slova, slabiky)* slur over sth; *(knihy)* swallow; *(stránky)* devour; *(peníze)* swallow (up) ♦ **p. andělíčky** *(topit se)* swallow water *(on the point of drowning)*

polyp zool. polyp

pomačkat *(šaty)* crease, crumple; *(papír)* crumple

pomáda hair cream, pomade; am. grease

pomahač helper, assistant; *(dělník)* unskilled worker, labourer; *(při zločinu)* accomplice

pomáhat v. **pomoci**

pomalovat 1 *(barvou)* paint; *(obrázky)* decorate with paintings 2 *(náčrtník)* use up; *(papír)* cover with drawings 3 *(počmárat)* scrawl over sth; *(stěny* též*)* cover *(the walls)* with graffiti

pomalu 1 slowly; *(postupně)* little by little, gradually; **jen p.!** easy does it! 2 *(téměř)* **už je p. na čase, abychom šli** it's about time for us to go*, it's time we made* tracks (for home)

pomal|ý 1 slow; **p. valčík** slow waltz; *(v práci)* **je p.** he's a slowcoach 2 *(nechápavý)* slow-witted, dull, slow on the uptake 3 *(línivý)* sluggish 4 *(těžkopádný)* lumbering ■ v. **~u** ■ **~ost** slowness; slow-wittedness; sluggishness

pomást se take* leave of one's senses, go* crazy, go out of one's mind ■ **pomatení** derangement, craziness

pomatenec lunatic, hov. crackpot

pomaten|ý deranged, unbalanced; hov. crazy, loopy ■ **~ost** (mental) derangement, craziness

pomazání: poslední p. extreme unction, the last rites

pomazánka spread

pomazat *(čím)* spread* with; **p. chléb paštikou/ máslem** spread bread with pâté/ butter bread

pomazlit se: p. se s dítětem cuddle a child (for a while), give* a child a cuddle; v. **mazlit se**

pomenší smallish; **je p.** he is on the small side

poměr 1 *(kvalitativní vztah)* relationship, relations; **být v příbuzenském ~u** be in a family relationship; **být s kým v přátelském ~u** be on a friendly footing n. on friendly terms with sb 2 *(kvantitativní vztah)* proportion, ratio; **v ~u tři ku jedné** in the ratio of three to one; **p. sňatků k počtu obyvatelstva** the proportion of marriages to the population; **p. branek** (the) score 3 *(přístup)* attitude; **p. k práci/ k životu** sb's attitude to work/ life; **nepřátelský p. k umění** a hostile attitude to art 4 *(milostný)* romance, affair; **mít s kým p.** have an affair n. romance with sb 5 **~y** conditions, circumstances; *(situace)* situation; **rodinné ~y** family background ♦ **žít nad ~y** live beyond one's means

pomeranč orange

pomerančovník orange (tree)

pomerančov|ý orange; **p. džus** orange juice; **~á kůra** orange peel

poměrn|ý relative, proportional, comparative; **~é zastoupení** proportional representation ■ **~ě** relatively, comparatively
pomezí *(hranice)* frontier, border (area); *(rozhraní)* boundary
pomezní boundary; **p. kámen/ sloup** boundary stone/ post; sport. **p. čára** touchline; **p. rozhodčí** linesman
pomfrity chips, am. French fries
pomíchat mix up, mingle; *(pojmy)* confuse, mix up
pomíjejíc|í transitory, transient, ephemeral; *(nestálý)* inconstant ■ **~nost** transitoriness; inconstancy
pomíjivý v. **pomíjející**
pomin|out 1 *(bolest, rozčilení)* pass away n. off, wear* off, blow* over **2** *(narážku* ap.*)* ignore, disregard, pass sth over; *(ve službě při povyšování)* pass sb over ■ **p. se** take* leave of one's senses ■ **~utý** raving; **ječet jako ~utý** yell one's head off ■ **~utí smyslů** mental aberration
pomlčet: p. o čem pass sth over in silence; **o jeho zpěvu je lépe p.** his singing is nothing to write* home about, I can't say much for his singing
pomlčka dash
pomlka *(odmlka)* pause; hud. rest; **čtvrťová p.** quarter rest
pomlouvač slanderer, scandalmonger
pomlouvačn|ý slanderous; **~é jazyky** whispering tongues
pomlouvat slander; *(písemně)* libel; *(očerňovat)* malign; hov. *(shazovat)* run* sb down
pomlouva|vý v. **~čný**
pomluv|a slander; *(v tisku* ap.*)* libel; **~y** gossip
pomněnka forget-me-not
pomník monument; *(socha)* statue; **p. padlým** war memorial
pomoc 1 help, assistance; **lékařská p.** medical assistance; **první p.** first aid; **okamžitá p.** immediate help; **s ~í koho** with the help n. aid of sb; **s ~í boží** with God's help; **požádat o p.** ask sb for help; **není mu ~i** he's past n. beyond all help; **nechat koho bez ~i** leave* sb to his own devices **2** *(finanční)* aid, assistance; *(v nouzi)* relief; **zahraniční p.** foreign aid **3** *(spolupráce)* co-operation, aid
pomo|ci, ~ct 1 help, assist, give* sb a hand; **p. komu** help sb, give n. lend* sb a (helping) hand; **p. komu s prací** help sb with his/ her work; **p. komu v nouzi** help sb in need **2** *(způsobit úlevu)* help, be helpful, be good for; **lék mu ~hl** the medicine helped him; **nemohl si p.** he couldn't help it; **to mi moc nepomůže** that's not much help to me **3** *(komu kam* n. *odněkud)* **p. komu přes ulici** help sb across the road; **p. komu uprchnout** help sb escape; **p. komu do kabátu** help sb into his/ her coat **4 p. komu z nesnází** bail sb out, see* sb through difficulties; žert. **p. komu od peněženky** relieve sb of his purse **5 p. si** *(poradit si)* manage; **já si ~hu sám** I can manage (by myself)
pomocn|ík, ~ice 1 helper; přen. help; **vysavač je výborný p. ženy v domácnosti** the vacuum cleaner is an excellent help to n. for the housewife **2** *(výpomocná síla)* labourer; **~ice v domácnosti** domestic help, home help
pomocn|ý auxiliary, helping; **p. motor/ ~é sloveso** auxiliary engine/ verb; **p. dělník** labourer, *(v zemědělství)* farm hand; **~á ruka** helping hand
pomočit se wet* one's trousers, *(v noci)* wet the bed
pomodlit se say* a prayer; *(před jídlem)* say grace
pompa pomp
pompézní grandiose, pompous; *(honosný)* showy, pretentious; *(nabubřelý)* bombastic
pomrznout freeze* to death; *(květiny)* be killed by frost
pomřít die (off)
pomst|a revenge, vengeance; **myslet na ~u** brood n. contemplate revenge
pomstít *(koho/ co)* avenge ■ **p. se** take* one's revenge, get* one's own back, retaliate; **p. se komu** take one's revenge on sb, get even with sb
pomstychtiv|ý vindictive ■ **~ost** vindictiveness, thirst for revenge
pomůck|a aid; **učební/ audiovizuální ~y** teaching/ audiovisual aids
pomyje dishwater, slops; *(pro vepře)* swill, pigswill
pomýlený *(názory)* fallacious, erroneous
pomy|slit 1 *(na koho/ co)* think* of; **p. na následky** think of the consequences **2 p. si** imagine; **jen si ~sli!** just imagine; **co si o tobě lidé ~slí?** what will people think of you? ■ **~šlení** thought, idea; **při (pouhém) ~šlení na to** at the (mere) thought of it; **nesnesu ~šlení, že** I can't bear* to think that; **ani ~šlení** not a chance!, zvl. am. no way!; under no circumstances!; **nemám na to ani ~šlení** that's quite out of the question; **dělat komu ~šlení** go* out of one's way to please sb

pomyslný imaginary
pomýšlet (na) intend, contemplate, plan; **p. na útěk** plan to escape; v. též **pomyslit**
ponaučení lesson, warning; **dát komu p.** give* sb a lesson; **vzít si p. z čeho** draw* a lesson from sth; **to ti bude ~m** that will teach* you a lesson
ponděl|í, ~ek Monday; **p. velikonoční** Easter Monday
ponechat 1 leave*; **p. vše při starém** leave things unchanged; **p. koho svému osudu** leave sb to his own devices **2 p. si** keep*, retain, hold* on to; **p. si peníze** keep n. retain the money; **p. si právo** *(něco udělat)* reserve the right
ponejprv for the first time; *(říkám ti to)* **p. a naposled** once and for all
ponejvíce mostly, in most cases, for the most part; **jsou to p. cizinci** most of them are foreigners, they are mostly foreigners
poněkud somewhat, a little, a bit; **byl p. překvapen** he was somewhat surprised; **p. unaven** a bit tired
poněmč|it, ~ovat Germanize ■ **~ování** Germanization
ponenáhl|ý gradual ■ **~u** gradually, little by little
ponětí idea, notion; **nemá o tom ani p.** he doesn't know* the first thing about it, he has not (got) the faintest n. foggiest idea of it
poněvadž because; *(na začátku věty)* as, since
poník pony
ponížení humiliation, degradation
ponížen|ý humble; *(podlézavý)* servile, subservient ■ **~ě** humbly, with cap in hand ■ **~ost** subservience, servility
ponížit, ponižovat humiliate, degrade ■ **p. se** humble o.s., demean o.s.; **p. se do té míry, že** stoop so low as to *(+inf.)*
ponižující degrading, humiliating
ponocovat 1 stay up late; *(u nemocného)* sit* up with; *(nad knížkami)* burn* the midnight oil **2** *(hýřit)* go* gallivanting
ponor draught, am. draft; **malý p.** shallow draught
ponorka submarine; *(německá z 2. svět. války)* U-boat
ponoř|it, ~ovat dip, plunge; techn. immerse; **p. hlavu/ ruce do vody** plunge one's head/ dip one's hands into the water ■ **p. se** dip; *(i s hlavou)* duck; *(plavec, pták)* dive, plunge; *(loď)* sink*, go* under; *(ponorka)* submerge; přen. **p. se do studia** bury o.s. into books ■ **~ený** *(v knihách)* buried in, *(v práci)* engrossed in ■ **~ení** submersion, immersion
ponoukat: p. koho k čemu urge n. goad sb to do sth, egg sb on to do sth; *(silněji)* incite n. instigate sb to (do) sth
ponožka sock
ponrava grub
pontifikát pontificate
ponton, ~ový pontoon; **~ový most** pontoon n. boat bridge
ponu|rý *(ztemnělý)* dark, gloomy; *(pochmurný)* gloomy, dismal, bleak; *(myšlenky též)* black ■ **~ře** gloomily; **tvářit se ~ře** scowl
pony pony
poobědvat have lunch
poohlédnout se *(po čem)* look for, have a (good) look for, have a look around for
poohl|ížet se *(po čem)* be on the lookout for; v. **~édnout se**
pookřát recuperate, pick up again
poopravit improve (upon); *(obraz, nátěr)* touch up; *(fotografii)* retouch; **p. si účes** pat one's hair; **p. si názory** alter n. change one's views
pootevřený slightly open, *(dveře též)* ajar
pop pope *(a priest of an Eastern Orthodox Church)*
popad|at: p. dech gasp (for breath) ■ **p. se smíchy za břicho** split* one's sides with laughter; v. též **~nout**
popadnout grasp, seize, get* (hold of), catch* hold of; **p. koho za límec** grab sb by the collar ♦ **p. býka za rohy** přen. take* the bull by the horns, grasp the nettle; **p. co za nesprávný konec** get* sth wrong
popálenina burn
popálit (si) burn*; **p. si ruku** burn one's hand ■ **p. se** get* burnt, burn o.s.
popaměti without looking; **mohu to udělat p.** I can do that blindfold n. with my eyes closed; **p. hmatat po klice** grope for the handle
popel ashes; *(cigarety)* ash; **lehnout ~em** be reduced to ashes ♦ **sypat si p. na hlavu** wear* sackcloth and ashes
popelář dustman, am. garbage man n. collector
popelavý *(barva)* ash-gray, ash-coloured; *(ve tváři)* livid
popeleční: P. středa Ash Wednesday
popelín text. poplin
Popelk|a Cinderella; přen. **sociologie je p~ou mezi společenskými vědami** sociology is the Cinderella of the Social Sciences

popelnice dustbin, am. ashcan; *(pohřební)* urn
popelník *(v kamnech)* ashpan; *(kuřácký)* ashtray
popěvek ditty; *(dětský)* nursery rhyme
popíchat v. **pobodat**
popíchnout: p. koho k čemu goad n. incite sb to (do) sth
popichovat 1 *(škádlit)* taunt, tease **2** v. **popíchnout**
popíjet *(usrkávat)* sip
popílek flue ash
popínav|ý: ~á rostlina climbing plant, creeper
popírat *(teorii, tvrzení)* contest, dispute, challenge; **p. svou vinu** deny one's guilt; v. též **popřít**
popis description; *(zpráva)* account, report; **jeho p. loupeže** his story of the burglary
popisný descriptive
popisovat v. **popsat**
poplach alarm; **planý p.** false alarm; **letecký p.** air alert, air-raid warning; **bít na p.** raise n. sound the alarm
poplašit frighten, scare, startle
poplašn|ý alarm; **p. signál/ ~é zařízení** alarm signal/ system; **~é zvěsti** scaremongering
poplat|ek charge, fee; *(na dálnici)* toll; **celní p.** duty; **poštovní p.** postage; **daňové ~ky** rates and taxes; **telefonní p.** *(za hovor)* telephone charge; **podléhat ~ku** be subject to a charge n. fee
poplatník *(daňový)* taxpayer; *(místních daní)* ratepayer
poplatný: být p. své době *(literatura* ap.*)* be a product of its time; **být p. cizím vzorům** be greatly indebted to foreign influences
popl|ést *(co)* mix n. muddle sth up, confuse, make* a muddle of; *(vyvést z konceptu)* bewilder, disconcert; **všechno p.** make a muddle of everything; **p. komu hlavu** turn sb's head ■ **p. se** become* confused n. muddled, get* mixed up ■ **~etený** confused; mixed up
popleta muddle-headed person
popohánět *(koho)* rush, hurry sb up, spur sb on
poposednout move further away, move to another seat
popotahovat *(plakat)* sniffle
popouzet v. **popudit**
popovídat si have a chat, hov. have a natter
popozítří in three days, three days from today
poprask stir, commotion; **způsobit p.** cause a stir n. commotion
poprask|at develop cracks; *(pokožka)* chap ■ **~aný** full of cracks; *(pokožka)* chapped

poprašek: p. sněhu a sprinkling of snow
popráš|it sprinkle, dust over; **p. sněhem** sprinkle with snow; **p. moukou** flour, add a dusting of flour
poprat se have a fight (**o** for); přen. **p. se s čím** tackle sth, deal* with sth
poprava execution; *(na el. křesle)* electrocution
popravčí executioner
popraviště place of execution
poprav|it, ~ovat execute, put* sb to death; *(na el. křesle)* electrocute
poprchávat drizzle, spit* with rain
poprosit ask; **p. koho za odpuštění** ask sb's forgiveness; v. též **prosit**
poprsí 1 *(ňadra)* bosom, bust **2** *(busta)* bust
popruh strap; *(podpěnka)* girth; *(na břemena)* carrying strap; **~y padáku** parachute harness
poprvé for the first time
popřát 1 p. komu k čemu congratulate sb on sth; **p. komu k narozeninám** wish sb many happy returns; **p. komu dobrou noc** wish sb good night **2** *(dopřát)* **p. komu sluchu** lend* one's ear to sb; **p. si co** treat o.s. to sth
popřávat si indulge o.s. (**co** in sth)
popředí foreground, fore; **být v p. čeho** be in the foreground of sth; **dostat se do p.** come* to the fore; **v p. zájmu** in the limelight
popř|ít 1 *(obvinění)* deny; **nedá se p., že** it's undeniable that, there's no denying that **2** *(teorii)* refute; *(pověst)* scotch ■ **~ení** denial; refutation
popsat 1 describe, give* an account of; *(koho/ co v románu, ve filmu* ap.*)* portray, draw* a portrait n. picture of; **to se nedá p.** it baffles n. defies description **2** *(sešit)* fill sth with writing; *(tabuli)* write* all over, cover sth with writing
popt|at se, ~ávat se ask, inquire; **p. se po kom** inquire after sb, make* inquiries about sb; **p. se po čím zdraví** ask n. inquire after sb's health; **p. se po práci** have a look around for a job, look out for a job
poptávk|a demand; **nabídka a p.** supply and demand; **je po tom velká p.** there is a great demand for it; **krýt ~u** meet* the demand *(for sth)*
popud impulse, stimulus, instigation; **na čí p.** at sb's instigation; **dát p. k čemu** stimulate sth; **z vlastního ~u** of one's own accord
popudit anger, annoy; *(silně)* infuriate, incense; *(proti sobě)* get* sb's back up; **p. bratra proti bratrovi** set* brother against brother

popudlivý irritable, quarrelsome, cantankerous, snappish

popuk|at 1 v. **popraskat** 2 **p. se smíchy** split* one's sides with laughter ■ **je to k ~ání** it's hilarious, it's a side-splitter

popula|ce, ~ční population; **~ční exploze** population explosion

popularita popularity

populariz|ovat popularize; *(vědecké poznatky)* discriminate ■ **~ace** popularization; *(rozšiřovat)* disseminate

populárn|í 1 *(oblíbený)* popular; **stát se ~ím** win* popularity; **bavlna je letos velmi p.** cotton is in this year, cotton is the in thing this year 2 *(srozumitelný)* comprehensible to the layman ■ **vysvětlit co ~ě** explain sth in layman's language

popustit *(šaty)* let* out; *(lano, plachtu)* slacken; **p. uzdu fantazii** give* free range to one's imagination

pór₁, ~ový v. **pórek, pórkový**

pór₂ *(průduch)* pore

porad|a meeting, conference; **mít ~u (o)** *(radit se)* deliberate (on), have consultations n. deliberations (on), *(být právě nyní na schůzi)* be in a meeting

poradce adviser, councillor; *(odborný)* consultant; **technický p.** consulting engineer, technical adviser; **právní/ daňový p.** legal/ tax adviser, **p. pro volbu povolání** careers adviser

poradensk|ý advisory **~á služba** advisory service

poradenství counselling; *(o volbě povolání)* vocational counselling n. guidance

poradit advise, counsel, give* advice; **p. špatně** advise wrongly; **p. komu, aby** advise n. recommend sb to do sth; **dát si p.** take* sb's advice, listen to reason; **umět si s čím p.** be able to cope with sth, be equal to sth ■ **p. se s kým o čem** ask sb's advice on sth, discuss sth with sb, consult sb on sth

poradna advice n. advisory bureau; **dětská p.** children's clinic

poradní consultative, advisory; **p. výbor** advisory committee; **mít p. hlas** be in an advisory capacity

poran|it injure, hurt*; (zvl. *zbraní)* wound; **p. si prst** injure n. hurt one's finger ■ **p. se** get* hurt n. injured, hurt n. injure o.s.; **p. se na hlavě** hurt one's head ■ **~ěný** injured, wounded ■ **~ění** injury; **~ění hlavy** head injury

porazit 1 *(srazit: co)* overturn, upset*, knock sth over; *(koho)* knock sb down n. over; **p. koho na zem** knock n. send* sb flying 2 *(strom)* fell, cut* down 3 *(zvíře)* slaughter, kill 4 *(nepřítele)* defeat; sport. beat*, defeat, *(přesvědčivě)* trounce

poraženecký defeatist

poraženectví defeatism

porážet v. **porazit**

porážk|a 1 defeat; **utrpět zdrcující ~u** suffer a crushing defeat 2 *(dobytka)* slaughter; *(jatky)* slaughterhouse

porce *(jídla)* helping, portion, serving; *(řez)* slice; **dvě p. zmrzliny** two ice creams

porcelán, ~ový china, *(jemný)* porcelain; **~ové zboží** chinaware, porcelain ware

porcovat *(drůbež, rybu)* carve, cut* up; *(sýr* ap.*)* cut sth into portions

pórek, pórkový leek

porézn|í porous; *(houbovitý)* spongy ■ **~ost** porosity

pornografický pornographic, porno; *(film též)* blue

pornografi|e pornography; **obchod s ~í** hov. pornshop

poroba *(poddanství)* serfdom, bondage; *(otroctví)* enslavement; *(národa)* subjugation

porobit subjugate, enslave

porod childbirth; *(slehnutí)* confinement; *(přivedení dítěte na svět)* delivery; **bezbolestný p.** painless delivery; **umřít při ~u** die in childbirth

porodit give* birth (to a child), be delivered of a child

porodné maternity grant

porodní: p. bába midwife; **p. bolesti** labour pains; **p. ústav** v. **porodnice**

porodnice maternity hospital n. clinic n. home

porodnictví obstetrics

porodník obstetrician

porodnost birth rate

porost growth, vegetation

porot|a jury; *(sportovní, umělecká)* (panel of) judges; **proces před ~ou** trial by jury; **být v ~ě** serve on a jury

porotce juror, member of a jury

poroučе|t give* orders; **od tebe si nedám p.** I won't take* orders from you; **moc si tu ne~j!** don't throw* your weight about too much! ■ **p. se** 1 **dávat se komu p.** send* one's regards to sb 2 *(padat)* fall* down

poroucha|t damage, break* ■ **p. se** get* damaged; *(stroj)* break down, go*; **~l se mi motor** my engine has gone, hov. my engine has conked out

pórovitý v. **porézní**
porovn|at, ~ávat: p. A a B compare A with B, *(paralelně)* compare A to B; set* A against B; **p. si čas** compare n. check the time; **to se nedá ~ávat** it does not compare ■ **p. se** *(smířit se)* make* up ■ **~ání** comparison; **v ~ání s** in comparison with
porozhlédnout se (have a) look (a)round *(a town* ap.*)*
porozprávět si v. **popovídat si**
porozumě|t understand*; *(pochopit)* grasp, hov. get*; **špatně p.** get* sb wrong ■ **~ní** understanding; **mít ~ní pro** *(něčí slabosti* ap.*)* have sympathy for, be tolerant of
portál portal
portfej portfolio
port|o postage
Portoriko Puerto Rico
portori|cký, P~čan, P~čanka Puerto Rican
portrét portrait
portrétista portrait painter, portraitist
portrétovat paint sb's portrait
Portugalsko Portugal
portugal|ský, P~ec, P~ka, ~ština Portuguese
poručík lieutenant, am. second lieutenant
poručit 1 p. komu co n. **aby...** order n. command sb to do sth **2 p. si co** *(jídlo)* order sth
poručnictví guardianship; *(nad sirotkem)* wardship
poručník guardian
poručníkovat patronize, treat sb like a child
poruch|a 1 *(závada)* fault, defect; **p. motoru** engine trouble, *(větší)* engine failure **2 tělesná/ duševní p.** physical defect/ mental deficiency; **zažívací p.** indigestion; **atmosférické ~y** atmospheric disturbances; **fungovat bez ~** be trouble-free
poruchovost susceptibility to failure
poruš|it 1 *(tkaninu, malbu)* damage **2** *(slovo, přísahu)* break*; *(zákon, práva)* violate; *(smlouvu)* breach, infringe; *(patent)* infringe; *(předpisy)* disobey, offend against ■ **~ení** breaking; violation; breach; infringement; offence (against)
porůznu *(se vyskytovat)* sporadically; *(časově)* now and then, at various times
poryv *(větru)* gust
pořad 1 programme, am. program; **p. jednání** agenda, order of the day; **dát co na p.** place sth on the agenda; **vzít co z ~u** take* sth off the agenda n. programme **2** *(pořadí)* sequence
pořád all the time, constantly; **p. o tom mluví** he keeps* talking about it
pořadač file; *(desky)* folder
pořádat 1 organize, arrange; *(koncert, večírek)* give*; *(výstavu* též*)* stage **2** *(knihy v poličce* ap.*)* put* sth in order; *(spisy)* file
pořadatel 1 organizer **2** *(služba)* steward; *(při demonstracích* též*)* marshal
pořád|ek 1 order; *(v bytě* též*)* tidiness; **veřejný p.** public order; **udržovat co v ~ku** *(byt* ap.*)* keep* sth tidy; **uvést co do ~ku** put* sth right, *(mechanismus)* repair, fix; **být/ nebýt v ~ku** *(mechanismus* ap.*)* be working/ be out of order; **být v bezvadném ~ku** be in apple-pie order; **dát si do ~ku své záležitosti** settle one's affairs ♦ **nemá to v hlavě v ~ku** he's not all there, he needs his head examined; **tady není něco v ~ku** there's sth odd n. hov. fishy here **2** *(pořadí)* order; **abecední p.** alphabetical order; **p. slov** word order **3 společenský p.** social order
pořadí order, sequence; **časové p.** chronological order; **číselné p.** numerical order; **p. hodností** order of rank
pořadník list; **bytový p.** housing list
pořád|ný 1 *(~kumilovný)* orderly, neat **2** *(slušný)* respectable **3** *(byt, zaměstnání)* proper; **~né jídlo** square meal **4** *(velký)* substantial, sizeable; **dát komu p. výprask** give* sb a sound thrashing n. a good hiding; **to byl p. vítr** that was some wind, that was quite a wind ■ **~ně** properly; **je ~ně zima** it's pretty n. jolly cold
pořadový *(číslo)* serial, consecutive
pořekadlo saying; *(průpovídka)* adage, maxim
pořezat 1 *(dřevo)* saw* up **2 p. si ruku/ prst** ap. cut* one's hand/ finger ap. ■ **p. se** cut o.s.
poříčí river basin, catchment area
poříční river; **p. plavba** river navigation
poří|dit 1 *(seznam, smlouvu, statistiku* ap.*)* draw* up; *(překlad)* do; *(fotografii)* take* **2 p. si co** buy* n. get* o.s. sth, treat o.s. to sth; **~dila si nový kožich** she treated herself to a new fur coat; **p. si novou dívku** get o.s. n. acquire a new girlfriend **3 p. dobře/ špatně** do well/ badly; **s tím u něho moc ne~díš** that won't cut* much ice with him ■ **s ním je těžké ~zení** he is difficult to deal with; **dobré ~zení!** good luck!
pořídku rare, few and far between; **dobrých herců je p.** good actors are few and far between
pořizovací: p. cena purchase cost
posadit seat, place, put*; **p. koho na vlak** put sb on a train; **p. koho za mříže** put n. lodge sb

behind bars ■ **p. se** sit* down; take* a seat; **p. se k práci** sit n. settle down to work; **p. se na koně/ na kolo** mount one's horse/ bicycle

posádka 1 voj. garrison 2 *(lodi, letadla)* crew

posádkový *(město, služba)* garrison

posáze|t *(stromy* ap.*)* plant with; *(drahokamy, diamanty)* set* n. stud with ■ **~ný drahokamy** set with jewels

posbírat pick up, gather; v. též **sebrat**

posečkat v. **počkat**

posed mysl. hide, deer-stand

posedávat lounge, lie* about, pass time idly

pose|dět sit* for a while; **p. si u přátel** spend* some time with friends; **chvíli ne~dí** he's got* ants in his pants ■ **~zení** *(přátelské)* gathering, get-together; **na jedno ~zení** at one sitting

posedl|ý *(ďáblem)* possessed; *(po čem)* crazy about, hooked on; **je ~á po mužích** she is man-crazy; **je p. po penězích** he is money-mad; **pracovat jako p.** work like one possessed ■ **~ost** obsession (with); **~ost ďáblem** demoniacal possession

posekat *(louku, trávu)* mow; *(maso)* chop up ■ **p. se spolu** *(pohádat se)* have a violent argument

posel messenger; *(kurýr)* courier; **spěšný p.** express messenger; přen. herald, harbinger, forerunner

poselství message; *(zpráva)* news, kn. tidings

poset|ý: nebe ~é hvězdami a sky studded with stars, a star-studded sky

poschodí storey, floor; *(v autobusu)* deck; v. též **patro**

poschoďov|ý *(dům)* two-storey(ed), am. two-storied; **~é lůžko** bunk (bed); **p. autobus** double-decker

posil|a 1 *(ve stáří* ap.*)* support; *(útěcha)* consolation, comfort 2 voj. **~y** reinforcements

posílat v. též **poslat** ♦ **p. koho od čerta k ďáblu** send* sb on a wild goose chase

posíl|it strengthen, fortify; *(sebevědomí)* boost; *(morálku)* stiffen; *(nápojem, jídlem)* refresh ■ **p. se** *(jídlem)* take* some refreshment; *(narychlo)* have sth to eat*, have a bite; **p. se alkoholem** brace n. fortify o.s. with a drink ■ **~ení** strengthening, fortification

posílk|a errand; **obstarávat ~y** run* errands n. messages

posilněn|á: vypít co na ~ou drink* sth to fortify o.s.

posilnit v. **posílit**

posil|ovat: p. svaly develop n. tone up one's muscles ■ **~ující** *(osvěžující)* recuperative, restorative

poskakovat jump about; *(při tanci)* leap* about; *(koník, žába)* hop about n. around; *(kůň)* prance (about); *(děti, kůzlata)* jump about, gambol (about)

poskočit jump up; *(míč)* bounce; **p. radostí** jump for joy, *(o srdci)* leap* for joy

poskok 1 hop, skip; *(kůzlete)* caper 2 hanl. *(děvče pro všechno)* (general) dog's body

poskrovnu: hub je p. mushrooms are scarce; **jídla je p.** food is in short supply; **peněz mám p.** I'm short of money n. cash

poskvrn|a: bez ~y *(postava, pleť)* flawless, perfect; *(krása)* immaculate; *(charakter)* unimpeachable; *(pleť)* unblemished

poskvrnit 1 *(znečistit)* stain, soil; **p. si ruce krví** stain one's hands with blood 2 *(pověst)* tarnish, sully; *(jméno)* dishonour, disgrace

poskyt|nout, ~ovat give*; *(pomoc* ap.*)* offer; *(prostředky, materiál)* provide; *(asyl)* grant; **p. komu co** give* n. offer n. grant sb sth; provide sb with sth; **p. přístřeší** take* sb in; **p. rozhovor** grant sb an interview; hov. see* sb; **p. komu náhradu** indemnify sb

poslanec 1 *(ve sněmovně)* br. Member of Parliament, MP 2 *(zástupce)* deputy

poslaneck|ý: ~á sněmovna br. House of Commons, am. House of Representatives; **~á imunita** parliamentary privilege

poslání *(životní, dějinné)* mission; *(vzdělání)* function; *(učitele* ap.*)* role

poslat 1 **p. koho domů/ do školy** send* sb home/ to school; **p. koho spát** send sb to bed; **p. koho pryč** turn sb away; **p. pro doktora** send round for the doctor; **p. pro pivo** send sb to fetch some beer; **p. pro pomoc** send for help ♦ **p. koho po svých** send sb about his business, send sb packing; **p. koho k zemi** send sb down; **p. koho do výslužby** retire sb 2 *(komu co)* send sb sth, send sth to sb; **p. dopis za adresátem** forward a letter; **p. dopis na špatnou adresu** misdirect a letter

posledně 1 *(minule)* the last time 2 *(naposledy)* last (time)

poslední 1 last, final; *(kapitola* též*)* closing; **p. přání** dying n. last wish; **v p. době** recently, in the last few years/ months/ days ap., in the last couple of years/ months/ weeks ap.; **v ~ch dvou letech** in the last two years; **na p. chvíli** at the last moment, in the nick of time ♦ **p. kapka**

přen. the last straw; **mlít z ~ho** be on one's last legs 2 *(nejnovější)* (the) latest; **p. móda** the latest fashion; **p. výkřik módy** the latest craze
poslech 1 rozhl. reception; *(nových nahrávek* ap.*)* audition; **je to příjemné na p.** it's pleasant to listen to 2 lék. stethoscopy, auscultation; hov. sounding
poslechn|out 1 *(podřídit se)* obey; **~ěte mne!** do as you are told*!, *(dejte na mne!)* mark my words! 2 **p. si** listen to; v. též **poslouchat**
poslepu blindfold, with one's eyes closed
posléze finally, in the end, eventually
poslíč|ek errand boy, messenger; **dělat ~ka** run* errands n. messages ♦ **dělat komu ~ka** *(být servilní)* fetch and carry for sb
poslouchat 1 *(rádio, přednášku* ap.*)* listen to; **p. něco horlivě** lap sth up 2 *(rodiče)* obey, be obedient; **p. na slovo** obey implicitly; **p. jako hodiny** toe the line; **neumět p.** be disobedient
posloupnost sequence, succession; **historická p.** historical sequence; **časová p.** chronological order
posloužit serve; **p. jako** serve as; **p. dobře** serve the purpose; **p. komu dobře** stand* sb in good stead; **posložte si!** help yourself!, be my guest!; *(udělejte to!)* go* ahead!
posluhovačka charwoman; *(pomocnice v domácnosti)* domestic n. home help
posluhovat serve, wait on sb (hand and foot)
posluchač 1 listener 2 *(student)* university student, undergraduate; **p. medicíny** medical student, hov. medic
posluchačstvo audience, (the) listeners
posluchárna lecture room; *(velká)* lecture hall
posluš|ný obedient; *(dítě* též*)* dutiful; *(poddajný)* submissive, docile; **~en zákonů** law-abiding ■ **~nost** obedience; submissiveness, docility
posměch mockery, ridicule; **tropit si z koho p.** ridicule sb, hold* sb up to ridicule; **být terčem ~u** be a laughing stock
posměšek jeer, gibe, sneer; v. též **posměch**
posměšný *(tón, poznámka)* derisive, mocking; *(sarkastický)* taunting; *(pohrdavý)* scoffing
posměváček mocker, scoffer, taunter
posměvačný v. **posměšný**
posmívat se *(komu)* ridicule; *(utahovat si)* gibe; *(dobírat si)* tease; *(popichovat)* taunt
posmrkávat sniffle, snuffle; *(pofňukávat)* snivel
posmrtný *(dílo)* posthumous; **p. život** afterlife, the hereafter
posmutnělý unhappy, rather sad
posnídat have one's breakfast, breakfast
posolit add (some) salt, put* (some) salt on/ in(to)
posou|dit judge, give* one's opinion on; *(knihu)* criticize, comment on; *(výkon)* assess ■ **~zení** judgement; **~zení čeho** opinion (on); criticism, review; *(ocenění)* assessment, rating
pospas: být vydán na p. be at the mercy of; **nechat koho na p. komu** leave* sb at the mercy of sb
pospat si *(déle)* have a lie in
pospích|at hurry, be in a hurry; *(s čím)* press on (with); **p. na někoho** hurry sb ♦ **~ej pomalu!** more haste, less speed, kn. festina lente
posp|íšit si hurry up; **~ěš si!** look sharp!, make* it snappy, be quick about it; **p. si s úkolem** hurry up n. push ahead with a task
pospolitý *(družný)* sociable, gregarious; *(společný)* communal; **p. majetek** communal property
pospolu together; **držet se p.** keep* n. stick* together
posr|at se vulg. shit* o.s. ■ **~aný** *(mizerný)* lousy, rotten, shitty; **být ~aný strachy** vulg. shit blue lights ■ **je to k ~ání** it's enough to make* you puke n. throw* up
postač|it be sufficient, be enough; *(pro nějaký účel)* fit the bill; **malý byt mi ~í** a small flat will do n. suffice for me; v. též **stačit** ■ **~ující** sufficient; **~ující zásoby** ample supplies
postar|at se 1 *(o koho)* look after, take* care of; *(o dobytek)* tend; *(o rodinu)* provide for ♦ **mít o vše ~áno** be n. live in clover 2 *(o dopravu* ap.*)* take* care of, see* to; **p. se o jídlo** *(připravit je)* lay* on n. provide food; **p. se komu o byt** fix sb up with a flat; **p. se, aby** see* to it that
postarší elderly
postaru after the old fashion; *(staromódně)* in the old-fashioned way
postátn|it nationalize ■ **~ění** nationalization
postav|a 1 figure, build, physique; **muž statné ~y** a man of powerful build n. physique; *(muž)* **střední ~y** of medium build 2 *(literární* ap.*)* character, figure, hero
postávat stand* n. hang* about
postavení 1 *(budovy, pomníku)* erection, construction 2 voj., šachy position; fotb. **p. mimo hru** offside (position); **být v p. mimo hru** be offside 3 *(ve společnosti* ap.*)* position, rank; *(zaměstnání* též*)* post; **vysoké p. ve společnosti** a high position n. rank in society 4 *(stav)* situation, position; **být v těžkém p.** be in an awkward situation, hov. be in a fix

postavit 1 *(umístit)* put*, place, stand*; **p. židli do rohu** put the chair in the corner; **p. na čaj** put the kettle on 2 *(vztyčit)* stand sth up, place n. set* sth upright; **p. žebřík ke stěně** put n. lean* a ladder against the wall; **p.** *(dítě)* **na nohy** set sb on his/ her feet 3 přen. put, set; **p. koho před soud** put sb on trial; **p. jednoho proti druhému** set one person against another; **p. mimo zákon** proscribe 4 *(ukázat)* **p. co do ostrého světla** throw* sth into relief; **p. co na hlavu** přen. turn n. stand sth on its head 5 *(dům)* build*, put up; *(pomník)* erect; *(stan)* pitch 6 *(kandidáta)* put up; *(hráče)* select ■ **p. se** 1 *(vztyčit se)* stand* up, rise* to one's feet; *(kam)* position o.s., take* one's place 2 *(komu)* face, oppose; **p. se nepříteli** face the enemy 3 **p. se za koho** stand up for sb, take* up sb's cause, stick* up for sb

poste restante poste restante, am. general delivery; **dopis p. r.** a letter to be called for

postel bed; **skládací p.** folding bed; **p. s nebesy** four-poster; **být v ~i** be in bed; *(nemocen)* be laid* up (**s čím** with sth); **dát dítě do ~e** put* a child to bed; **jít do ~e** go* to bed

postesknout si v. **postěžovat si**

postěžovat si unburden o.s., give* vent to one's feelings, have a good moan (**na** about); **p. si komu** pour out one's troubles to sb

postgraduální *(univerzitní studium)* postgraduate, zvl. am. graduate; **p. studium** *(doplňkové)* refresher course

posti|hnout 1 *(neštěstí, válka)* hit*, strike*, bibl. visit; *(nemoc)* afflict; **být ~žen čím** be hit/ struck* by; **město bylo ~ženo zemětřesením** the city was struck by an earthquake 2 *(pochopit)* grasp, understand*, comprehend ■ **tělesně/ duševně ~žený člověk** physically/ mentally handicapped person

postit se fast

postní: p. jídlo Lenten fare; **p. den/ doba** day/ period of fasting

postoj 1 *(držení těla)* pose, posture; sport. stance 2 přen. standpoint, attitude; **zaujmout p.** take* a stand

postonávat be ailing, be sickly, be poorly

postoup|it 1 *(pokročit)* move forward, advance; *(do vozu)* move along 2 *(na vyšší úroveň)* advance, progress; *(v zaměstnání)* move up, be promoted; sport. *(do finále ap.)* be through to; *(k dalšímu bodu jednání)* pass over to 3 *(předat)* hand over, pass over; *(vyřízení čeho)* delegate ■ **~ení** *(v úřadě)* promotion

postrád|at 1 *(matku ap.)* miss; **~ám dvě knihy** two of my books are missing 2 *(nemít)* lack; **nic ne~áme** we lack for nothing 3 **teď vás nemohu p.** *(potřebuji vás)* I can't spare you just now

postradatelný dispensable, superfluous

postrach terror; **je ~em všech studentů** he is the terror of all the students

postranní 1 *(vchod, ulička)* side 2 *(jednání)* underhand, duplicitous

postrašit frighten, scare

postrčit move sth forward; *(hodiny)* move sth on; **p. koho** move sb forward

postr|kovat *(koho)* hustle, urge sb on též přen.; v. též **~čit**

postroj *(koňský)* harness, horse's tackle

postřeh 1 *(schopnost)* acumen, sharp eye (**pro** for) 2 *(~nutá věc)* observation, insight

postřehnout notice, catch* sight of; *(v davu ap.)* spot; *(nebezpečí)* become* aware of

postřelit *(koho)* shoot* (and wound)

postříbř|it silver-plate ■ **~ené nádobí** silver-plated dishes

postřik 1 spraying; **p. plodin** crop-spraying 2 *(prostředek)* spray, insecticide

postříkat sprinkle; *(zahradu)* hose; **p. blátem/ olejem** spatter with mud/ with oil

postřílet *(po jednom)* pick off; *(hromadně)* massacre; **p. zajatce** massacre the prisoners of war

postup 1 *(~ování)* advancement, advance též voj.; *(práce)* progress; **být na ~u** voj. be advancing, *(docházet uplatnění)* gain ground; **~em času** in the course of time 2 *(povýšení)* promotion; **p. v zaměstnání** professional advancement 3 chem. process; *(technologický)* technique; *(metoda)* method, procedure

postupn|ý gradual, progressive; **metoda ~ého přibližování** the method of trial and error ■ **~ě** gradually, progressively; *(krok za krokem)* step by step; *(poznenáhla)* by easy stages, little by little

post|upovat 1 v. **~oupit (1 – 3)** 2 **p. pomalu/ rychle** make* slow/ rapid progress 3 *(jednat)* proceed, act; **p. podle zákona** act in accordance with the law

postupový: p. diagram flow chart n. diagram

posud up to now, up to the present, hitherto, as yet; *(stále ještě)* still

posudek 1 *(znalecký)* expert opinion; právn. expert evidence; **podat p.** deliver an opinion 2 *(pro zaměstnavatele)* reference 3 *(kritika)* critique,

review
posudkov|ý: ~á komise advisory n. consultative commission
posun *(významový)* shift; *(cen)* movement (in); geol. landslip; el. **fázový p.** phase shift; žel. shunting
posun|ek, ~ěk gesture
posunkov|ý: ~á řeč sign language
posun|out *(skříň* ap.*)* move, push; **p. hodiny dopředu/ zpět** put* the clock forward/ back; **p. schůzi** adjourn n. postpone a meeting ■ **~utí** *(termínu)* adjournment; *(půdy)* dislocation; *(významu, hodnot)* shift
posunovací v. **posuvný**
posunovač shunter, am. switchman
posun|ovat v. **~out**; žel. shunt ■ **p. se** move; **p. se kousek po kousku** inch one's way ■ **~ování** žel. shunting; v. též **~utí**
posupný sullen, surly
posuvn|ý movable; *(dveře, okno, měřítko)* sliding; **~á střecha** *(auta)* sunroof, sunshine roof
posuzovat v. **posoudit**
posuzovatel judge, critic; **nezaujatý p.** impartial judge n. critic
posvačit have a snack
posvátný holy, sacred; *(bázeň)* reverential
posvě|tit consecrate ■ **~cení** consecration
posvícení 1 church dedication day 2 *(slavnost)* parish fête ♦ **mít se jako o p.** have the time of one's life
posvítit shine* the light; **p. komu na cestu** light* the way for sb ■ **p. si na koho/ co** examine sb/ sth closely
posypat *(solí, pepřem, cukrem)* sprinkle (with); **p. cestu štěrkem** scatter gravel on a road, scatter a road with gravel
pošeptat whisper, say* sth in a whisper
pošeptmu in a whisper, under one's breath
pošetil|ý foolish, fatuous; *(dětinský)* childish, puerile; *(nápad)* absurd ■ **~e** foolishly; **chovat se ~e** behave like a fool; **mluvit ~e** talk nonsense ■ **~ost** folly; childishness
pošilhávat *(po čem/ kom)* look surreptitiously at; přen. *(po profesuře, po ženě)* covet, hanker after
pošimrat tickle
pošinout v. **posunout**; **p. si čepici na stranu** tilt one's cap sideways
poškleb|ek 1 grimace, face; **dělat na koho ~ky** make* faces at sb, grimace at sb 2 *(posměšek)* gibe
pošklebovat se *(komu)* make* fun of, ridicule, jeer at
poško|dit damage, harm, do harm n. damage to; *(zdraví)* impair, affect; **p. čí pověst** harm sb's reputation ■ **~zení** *(čeho)* damage (to), harm (to); *(koho)* disservice (to)
poškozen|ec: váleční ~ci the war-disabled
poškrábat scratch ■ **p. se** scratch o.s.; **p. se za uchem** scratch one's ear
pošlapat *(zem, trávu)* tread n. stamp down; *(práva)* trample sth underfoot
pošmourný *(počasí, den)* dreary, dull
pošpinit 1 dirty, make* sth dirty; *(skvrnami)* stain, mark sth with stains; **p. si ruce** dirty n. přen. soil one's hands 2 *(očernit)* denigrate, libel; **p. čí jméno** foul sb's name; **p. čí pověst** besmirch sb's reputation
pošt|a 1 *(instituce)* post; **letecká p.** air mail; **poslat co ~ou** send* sth by mail, post sth, am mail sth; **leteckou ~ou** by air (mail); **obratem ~y** by return (of post); *(poslat)* **zvláštní ~ou** under separate cover 2 *(úřad)* post office 3 *(~ovní zásilky)* mail, post, letters; **mám nějakou ~u?** are there any letters for me?; **už přišla p.?** has the post n. mail come* yet
pošťl|ák postman ■ **~ačka** postwoman
poštěsti|t se: ~lo se mi vyhrát I was lucky enough to win*, I had the good luck to win
poštěváček clitoris
poštípa|t *(komáři, blechy/ vosy, včely)* bite*, sting* sb badly/ bite sb, sting sb all over ■ **~ný od blech/ od včel** covered with fleabites/ stung badly by bees
poštívat nag
poštmistr postmaster
poštolka kestrel
poštovné postage, postal charges
poštovní postal; **p. holub** homing pigeon; **p. vůz** mail van; **p. poukázka** postal order; **p. směrovací číslo** postcode
poštvat *(člověka)* incite; **p. koho proti komu** set* sb against sb; **p. lidi proti sobě** set people against each other; **p. na koho psa** set the dog on sb
pot sweat, perspiration; **vyrazil na něm p.** he broke* out in a sweat ♦ *(pracovat)* **v ~u tváře** in n. by the sweat of one's brow
potácet se stagger; *(z hospody)* reel; *(stařec)* totter
potácivý *(krok)* unsteady; *(chůze)* rolling
potah 1 *(na nábytek)* cover; hud. *(houslí* ap.*)* set of strings 2 *(spřežení)* team of (horses ap.)

pot|áhnout 1 *(nábytek)* cover (with), *(čalouny)* upholster 2 *(za co)* drag at, pull at ■ **p. se** *(čím)* get* covered n. coated (with); *(tenkou vrstvou)* film over (with); *(jazyk)* get furred ■ **~ažený** *(jazyk)* furred n. coated

potaj|í, ~mu secretly, in secret; *(tajnůstkářsky)* on the sly, on the quiet; *(naslouchat)* eavesdrop; **p. se vytratit** steal* away, hov. take French leave

potápěč diver; sport. skin diver

potápěčsk|ý diving; **~á výzbroj** diving equipment

potápě|t (se) v. **potopit (se)**; *(~č)* dive ■ **~ní** diving

potaš chem. potash

potaz: brát něco v p. take* sth into consideration

potázat se: se zlou se p. be sent* off with a flea in one's ear

poté after that, afterwards; **brzy p.** soon after

potěch|a 1 *(radost)* pleasure 2 *(útěcha)* consolation, solace; **hledat ~u v alkoholu** seek* solace in alcohol

potence *(muže)* potency

potenciální potential, possible

potentát *(panovník)* ruler, sovereign; hanl. *(hodnostář)* big shot

potěr: rybí p. (fish) spawn; **žabí p.** frog spawn; přen. small fry

potěšení pleasure, delight, joy; **k mému (nesmírnému) p.** to my great delight, much to my delight; **bylo mi ~m** it was a great pleasure for me; **p. je na mé straně** the pleasure is mine

potěšit 1 *(udělat radost)* please, make* sb happy, delight; **p. koho dárkem** please sb with a gift 2 *(utěšit)* comfort, console ■ **p. se čím** enjoy sth, delight in sth, be delighted by sth

potěšitelný, potěšující heartwarming, gratifying

potěžkat weigh sth in one's hand, try the weight of

potichu silently, in silence; *(mluvit)* in a low voice; **p. se vytratit** steal* away

potírat v. **potřít**

potit: p. krev hov. work one's fingers to the bone ■ **p. se** 1 sweat, euf. perspire; **p. se strachem** sweat with fear 2 *(okna)* steam up; *(stěny)* become* damp

potítko *(do šatů)* dress shield

potíž 1 difficulty, problem; *(překážka)* obstacle; hov. hitch, snag; **překonat ~e** overcome* difficulties; **mít ~e s dětmi** have no end of trouble with the children; **v tom je ta p.** that's where the shoe pinches, there's the rub 2 *(zdravotní)* trouble, complaint; **mít ~e s žaludkem** have stomach trouble; přen. **~e růstu** growing pains

potkan brown rat, sewer-rat

potkat meet*; **p. koho náhodou** run* across sb, happen to meet sb ■ **p. se** meet (each other)

potlač|it, ~ovat 1 *(vzpouru)* suppress, put* down; *(kritiku, svobodu projevu)* stifle; **p. co v zárodku** nip sth in the bud 2 *(slzy)* choke back; *(vztek, smích)* stifle, contain; *(city)* cork up ■ **~ované city** pent-up emotions; **~ovaný smích** chuckle ■ **~ení** suppression

potlesk applause; **bouřlivý p.** thunderous applause

potlouci 1 *(nádobí, vejce)* break*; **p. si hlavu** injure n. hurt* one's head 2 *(obilí* ap.*)* lodge, lay* ■ **p. se** *(při pádu)* injure o.s., hurt o.s.; *(pohmoždit se)* bruise o.s.

potloukat se hang* about; *(lenošit)* laze about n. around; **p. se po ulicích** knock n. hang about in the streets

potmě in the dark; **sedět p.** sit* in (the) darkness, sit in a dark room

potměšilý crafty; *(úskočný)* insidious; *(zlomyslný)* malicious, spiteful

potničky heat rash

potok brook, stream; **horský p.** mountain stream; **~y slz** floods of tears

potom *(pak)* then, afterwards; **přijedu p.** I'll come* later; **cos udělal p.?** what did you do after that?; **brzy p.** soon afterwards

potom|ek descendant; **~ci** progeny, offspring

potom|stvo descendants, posterity; v. též **~ci**

potopa flood, deluge ♦ **po nás p.!** when we are dead and gone, who cares!, hov. why bother about the future

potopit *(loď)* sink*, send* sth to the bottom; *(vlastní loď; úmyslně)* scuttle ■ **p. se** *(v bazénu* ap.*)* duck; *(loď)* sink, go* to the bottom, go down

poťouchl|ý spiteful, hov. *(zvl. o ženách)* catty, bitchy ■ **~e** spitefully; **mluvit ~e** speak* (with one's) tongue in (one's) cheek ■ **~ost** spitefulness

potrat miscarriage, *(vyhnání plodu)* abortion

potratit miscarry, have a miscarriage

potrav|a food, nourishment; **duševní p.** intellectual nourishment; **odmítat veškerou ~u** refuse all nourishment ♦ **p. pro děla** cannon fodder

potravin|a: ~y foodstuffs, foods; *(v obchodě)* groceries; **~y pro zdravou výživu** health foods; *(proviant)* provisions

potravinář|ský food; **p. průmysl** v. **~ství**
potravinářství food(-processing) industry
potrest|at punish; **p. pokutou** fine; **p. důtkou** reprimand ■ **~ání** punishment; *(disciplinární)* disciplinary action n. measure
potrh|at tear*, rip ■ **p. se** tear, rip; *(mraky)* break* up ♦ **p. se smíchy** split* one's sides (with laughter); **ten se prací ne~á** he doesn't exactly overtax n. overexert himself ■ **~aný** *(kabát* ap.*)* ragged, shabby
potrhlý crazy; sl. loony, nuts; **být p.** be round the bend, be nuts
potrpět si *(na co)* be partial to, have a special liking for, be fond of; **p. si na přesnost** be a stickler for punctuality
potrubí *(dálkové)* pipeline; *(vodovodní* ap.*)* mains; *(odpadní)* outlet
potřást shake*; **p. komu rukou** shake sb's hand; **p. hlavou** shake one's head
potřeb|a I subst. **1** *(nezbytnost)* need, necessity; **uspokojit své ~y** satisfy one's needs; **podle ~y** according to requirements ♦ **vykonat (tělesnou) ~u** attend to nature, relieve o.s. **2** *(použití)* use; **pro osobní ~u** for personal use; **předmět každodenní ~y** article of everyday use; *(založit spis)* **pro budoucí ~u** for future reference **3** **~y** *(vybavení)* tackle, gear, outfit; **rybářské ~y** fishing tackle; **horolezecké ~y** climbing gear **II** adv. též **~í: je p., je ~í** it is necessary n. desirable; **je p., abys tam šel** it is necessary for you to go* there
potřebn|ý I adj. **1** required, necessary; *(užitečný)* useful **2** *(chudý)* needy **II** subst. **~í** the needy, those in need ■ **~ost** necessity, usefulness
potřeb|ovat 1 *(peníze, pomoc* ap.*)* need, be in need n. want of, require; **p. co naléhavě** need sth badly n. urgently; **~oval bych** I could do with; iron. **to zrovna ~uji** that's all I need; **už dál nep.** have no further use for **2** *(o věci)* **to ~uje svůj čas** that takes* time
potřeštěnec crank, crankpot
potřeštěn|ý crazy, crack-brained; hov. balmy; sl. nuts ■ **~ost** craziness
potřísnit *(šaty)* stain, soil, dirty; *(stěny)* defile; **p. ubrus vínem** stain a tablecloth with wine; **p. se něčím** *(potřísnit si šaty, kalhoty* ap.*)* stain one's clothes/ trousers ap. ♦ **p. si ruce (čí) krví** stain one's hands with (sb's) blood, have sb's blood on one's hands
potřít 1 p. co čím spread* n. smear sth with sth; *(olejem)* grease n. lubricate sth; **p. pečivo máslem** brush the pastry with butter **2** *(vzpouru)* crush; sport. *(protivníka)* lick, hammer, crush
potud 1 up to here, as far as here; **p. citát** end of quotation ♦ **mám toho až p.** I am fed* up to the back teeth **2 jen p., pokud** only in so far as, only in as much as
potuch|a idea, notion; **nemá o tom ani ~y** he hasn't a clue about it, he hasn't the slightest idea n. notion about it; **nemám ~u, kde je** I have no idea where he is; **není po něm ani ~y** there's no trace of him, he has disappeared into thin air
potulka zast. vagrancy
potulný dř. *(hudebník)* itinerant; **p. zpěvák** wandering minstrel
potulovat se: p. se po ulicích wander n. roam the streets; *(flákat se)* drift; **p. se po lesích** roam around n. ramble through the woods
potupa *(ponížení)* humiliation, degradation; *(hanebnost)* ignominy
potupit *(ponížit)* humiliate; *(urazit)* insult; *(čí jméno)* tarnish, sully, defame
potupný degrading; *(porážka)* ignominious, inglorious; *(utrháčný)* defamatory
potutelný crafty, sly, arch; **p. úsměv** a furtive n. sly smile
potvor|a *(o ženě)* bitch ♦ **jako na ~u** as luck would have it
potvr|dit confirm; *(příjem)* acknowledge; *(zprávu)* corroborate; *(dosvědčit)* bear* witness to; *(smlouvu)* validate, ratify ■ **~zení 1** confirmation, acknowledgement ap. **2** *(doklad)* certificate
potvrzenka *(na balík)* receipt
potvr|zovat v. **~dit** ♦ **výjimka ~zuje pravidlo** the exception proves the rule
potyčka *(rvačka)* fight, kn. fray; *(rozmíška)* tiff; voj. skirmish; *(slovní)* squabble
potýkat se 1 fight*, wrangle; **p. se s předsudky** struggle against superstition; **p. se se svědomím** wrestle with one's conscience **2** *(hádat se)* squabble **3** *(s problémem)* **p. se s čím** wrack one's brain(s) over sth
poučení instruction, information, advice
pouč|it instruct, inform; **p. koho o čem** advise sb on sth, enlighten sb as to sth; **dát se p.** listen to advice ■ **p. se z čeho** draw* lessons from sth; v. též **~ení**
poučka *(základní)* axiom; mat. theorem, proposition; *(vůdčí zásada)* tenet; *(předpis)* precept
poučn|ý instructive, enlightening, illuminating; *(výchovně)* didactic; **~á přednáška** an illumin-

ating n. informative lecture

pouč|ovat v. **~it**; *(povýšeně)* patronize; **přestaň mne p.!** stop patronizing me!

pouhý *(formalita)* mere; *(zvědavost)* idle; **~m okem** with the naked eye; **stojí to ~ch 100 korun** it costs* no more than 100 crowns; **je ~m úředníkem** he's a mere clerk

poukaz 1 *(odkaz)* reference (**na** to) 2 *(na zboží)* coupon; **p. na rekreaci** holiday voucher; **dárkový p.** gift voucher; **p. na byt** authorization to a flat

poukáz|at 1 *(na co)* refer to; **p. na to, že** point out that 2 *(peníze)* transfer, remit ■ **~ání** *(peněz)* remittance

poukázka *(na benzín, oběd)* voucher; **p. na knihy** book token; **poštovní p.** postal order

pouliční street; **p. osvětlení** street lighting; **p. provoz** road traffic; **p. dráha** tramline

poupl|ě, ~átko bud; přen. *(děvče)* rosebud

pousmát se give* a faint smile

poustevník hermit, recluse

poušť desert

pouštět 1 *(barva, očka punčochy)* run* 2 **p. draka** fly* a kite; **p. bubliny** blow* bubbles; **p. káču** spin* a top; **p. komu žílou** bleed* sb; v. **pustit se**

pouť 1 pilgrimage; **jít na p.** go* on a pilgrimage 2 *(vesnická slavnost)* fair, fête

poutač eye-catcher

poutat 1 *(svazovat)* tie, bind*; *(želízky)* handcuff, manacle 2 **p. čí pozornost** hold* n. grip sb's attention

poutavý *(kniha)* gripping, absorbing; *(titul)* catchy; *(vystupování)* engaging

poutk|o *(kabátu)* hanger, tab, lop; **míč s ~em** sling ball

poutní: p. místo place of pilgrimage

poutník pilgrim

pout|o 1 **~a** *(na ruce)* handcuffs; *(okovy)* manacles, fetters 2 přen. **~a přátelství** ties n. bonds of friendship; **~a bratrství** fraternal ties

pouzdro *(na brýle, cigarety, housle, pera)* case; *(na šperky)* box; *(na doklady)* folder; *(na náboje)* pouch; anat. capsule

pouze 1 only, no more than; **p. deset diváků** only n. no more than ten spectators 2 *(výhradně)* only, solely, nothing but

použ|ít 1 use, employ, utilize; *(slovník)* use, consult; *(vzorec)* apply 2 *(využít)* take* advantage of, make* use of ■ **~itý** *(šaty, knihy)* second-hand ■ **~ití** use, application; **~ití síly** use of force; **k vašemu ~ití** at your disposal; **k zevnímu ~ití** *(léky)* to be applied externally

použiteln|ý usable, applicable; *(vhodný)* suitable; *(praktický)* practicable; **znovu p.** reusable; **být p. na** be applicable to, apply to ■ **~ost** applicability, suitability

povad|nout *(květiny)* wither, wilt, fade též přen. *(o kráse)* ■ **~lý** *(květiny)* withered, wilted; *(krása)* faded

povaha 1 *(člověka)* nature; *(letora)* temperament, disposition; **lidská p.** human nature 2 *(věci)* nature, character; *(podstata)* essence

povahopis character study, characterization

povaleč layabout, lounger

poválečný postwar

povalečský indolent, idle

povalečství loafing, idleness

poválet *(obilí)* lodge; *(postel)* crumple

povalit *(koho)* knock n. throw* sb down; *(autem)* knock n. run* sb down; *(plot* ap.*)* knock sth down

povalovat se *(člověk)* loaf, lounge around, lie* around, laze around; *(o věcech)* **p. se po místnosti** lie scattered (all) around the room, litter up the room

povážen|á, ~í: být na ~ou *(situace)* be precarious, *(zdravotní stav)* be critical n. grave, *(působit starosti)* be disquieting n. alarming

povážit: považte! *(dokázal to sám)* just imagine!; **považte mou radost!** can you imagine my delight?

povážliv|ý critical, grave, alarming ■ **~ost** seriousness, gravity

považ|ovat 1 **p. koho za** think* n. regard n. consider sb as; **~ují ho za hrdinu** they think (that) he is a hero, they consider him (as) a hero, they consider him to be a hero; **p. co za nemorální** hold* sth to be immoral; **~uje se to za pravdu** it is considered to be true, it is treated as truth; **p. co za nedůležité** make* little of sth 2 **p. si koho** think highly of sb

povděč|en, ~ný grateful, thankful; **být (komu) ~en za** be grateful (to sb) for; **jsem vám moc p. za pomoc** I appreciate your help

povděk thanks; **přijmout co s ~em** receive sth with thanks

povečeře|t have supper/ sk. tea/ *(jako hlavní jídlo)* dinner; **už jsi ~l?** have you had your supper/ dinner?

povedený 1 v. **podařený** 2 *(vykutálený)* priceless; *(legrační)* hilarious, funny

povědět: p. komu co tell* sb sth; **p. komu o čem**

tell sb about sth; **to mi nepovídej!** don't give* me that! ♦ **já mu povím, zač je toho loket** I'll give him a piece of my mind

povědomí 1 *(vědomost)* awareness, knowledge; **nemít o čem p.** have no knowledge of sth, not to be aware of sth; **dostat se do čího p.** make* sb aware of oneself 2 pol. **třídní p.** class consciousness; **jazykové p.** linguistic awareness

povědom|ý: zdá se mi p. I seem to know* him; **to je mi ~é** that rings* a bell with me

povel order, command *(též u počítače)*; **dát p.** issue an order

pověra superstition

pověrčivý superstitious

pověřenec representative; **zvláštní p.** special envoy n. emissary

pověř|it, ~ovat 1 *(vyslance)* accredit (**u** at, to) 2 **p. koho čím** charge sb with doing sth n. to do sth, give* sb the task of doing sth; **p. koho veřejnou funkcí** appoint sb to public office ▪ **~ený** *(zástupce)* accredited ▪ **~ení** accreditation; *(úkol)* mission; *(zmocnění)* authorization

pověsit *(kabát* ap.*)* hang* up; *(obraz)* put* sth up, hang sth (např. *on the wall)* ♦ **p. co na hřebík** *(studia, práci* ap.*)* chuck sth up n. in ▪ **p. se** hang o. s.; přen. **p. se na někoho** cling* to sb like a leech; **p. se komu na paty** *(sledovat koho)* shadow sb, tail sb

povést se I succeed, work (well), be a success; **večírek se povedl** the party was a success II neos. manage, succeed; **povedlo se mi ho přesvědčit** I succeeded in persuading him, I managed to persuade him

pověst 1 *(legenda)* story, tale, legend 2 *(zpráva)* rumour; **šíří se ~i, že** it is rumoured that 3 *(mínění)* reputation; **mít dobrou p.** have a good reputation n. name; **získat si dobrou p.** win* a good name for o.s.

pověstný *(román)* famous, celebrated, renowned; *(nechvalně známý)* notorious; **p. čím** noted for sth; **p. svým pokrytectvím** notorious n. well-known for his hypocrisy

povětrnost weather; **obrat ~i** change of weather

povětrnostní weather; **p. podmínky/ mapa** weather conditions/ chart

povětroň meteor

povětří: vyhodit do p. blow* sth up; **vyletět do p.** explode, blow* up

povídačk|a yarn; *(lidová)* folk tale; **babská ~a** old-wive's tale; **to jsou jen ~y** that's nothing but idle talk

povídálek chatterer, chatter-box

povídání idle chatter, chitchat, tittle-tattle; *(rozvláčné vyprávění)* yarn

povíd|at 1 *(příběhy, vtipy)* tell*; **ne~ejte!** get* away!; **to ~ej někomu jinému!** tell us another!, tell that to the marines! 2 *(bavit se)* chat, hov. natter; *(klevetit)* gossip; **~á se, že** rumour has it that, there's a rumour abroad that

povídav|ý talkative, garrulous, loquacious; *(klevetivý)* gossipy ▪ **~ost** loquacity, garrulousness

povíd|ka story, short story, tale; **kniha ~ek** storybook

povídkář *(vypravěč)* storyteller; *(spisovatel)* short-story writer

povidla plum jam

povinnost duty, obligation; **branná p.** conscription, compulsory military service; **občanská p.** civic duty; **smysl pro p.** sense of duty; **splnit svou p.** carry out n. do one's duty

povin|ný obligatory; *(předmět, vzdělání)* compulsory; *(závazný: sankce* ap.*)* mandatory; **~ná vojenská služba** compulsory military service, br. national service; **~ná četba** prescribed n. required reading ▪ **je ~en pomoci** it is his duty to help, kn. he is duty-bound to help; **být ~en ukázat jízdenku** be required to show* one's ticket

povlak 1 *(na jazyku)* fur, coating (on the tongue); *(kovový)* plating 2 *(na křeslo)* cover 3 *(na polštář)* pillowcase; *(na přikrývku)* quilt cover

povl|éci 1 *(tenkou vrstvou)* cover n. coat with; **p. plátnem** stretch cloth over 2 **p. postel** change a bed, change the bedding ▪ **p. se** *(jazyk)* fur, coat over ▪ **~ečený** *(jazyk)* furred, coated ▪ **~ečení** *(na postel)* bedcovers

povlovn|ý gradual, moderate; *(svah)* gradual, gentle ▪ **~ě** gradually, by easy stages

povodeň flood, deluge

povodí river basin, catchment area

povolání occupation, career; *(svobodné, učené)* profession; *(místo)* job; **lidé všech p.** people in n. from all walks of life; **diplomat z p.** career diplomat; **voják z p.** regular soldier

povol|at, ~ávat call; *(zpět)* recall; *(k soudu)* summon; voj. *(nováčky)* conscript, call up, am. draft; **p. koho za profesora** appoint sb professor; **p. koho za svědka** call sb in evidence

povol|aný *(kvalifikovaný)* competent, qualified; **cítí se k tomu ~án** he feels* well-qualified to do it ♦ **mnoho ~aných, málo vyvolených** many are called but few are chosen*

povolávací: p. rozkaz call-up order, call-up card

povolení permission, *(oprávnění)* authorization; *(k provozu)* licence; *(k produkci)* release; **pracovní/ výjezdní/ vstupní p.** work/ exit/ entry permit

povol|it 1 *(lano, otěže)* slacken; *(šaty)* widen; **p. brzdu** release the brake ♦ **p. uzdu fantazii** give* free rein n. play to one's imagination **2** *(dovolit)* allow, permit, authorize; **p. sto liber na výdaje** allow £100 for expenses **3** *(šroub)* loosen ♦ **~ily mu nervy** his nerves snapped **4** *(vítr, bouřka)* abate; *(horečka)* go* down; *(napětí)* slacken off, ease (off) **5** *(půda, větev)* give*; *(dveře)* yield; přen. *(ustoupit)* relent, yield, give* in ■ **~ený** *(lano* ap.*)* slack

povoln|ý yielding, compliant; *(úslužný)* complaisant ■ **~ost** compliancy, softness

povoz waggon; *(koňský)* horse-drawn vehicle, horse-and-cart

povozit *(koho)* drive* sb (a)round n. about *(the town* ap.*)*, take* sb for a drive ■ **p. se** *(autem)* drive about n. around; *(cestující)* ride* n. travel around

povražd|it massacre, slaughter, butcher ■ **~ění** massacre, slaughter

povrch surface; **zemský p.** earth's surface; **vnější p.** outside surface; **p. vozovky** road surface; **pod ~em/ na ~u** below/ on the surface; **vystoupit na p.** rise* to the surface; horn. **těžba na ~u** surface n. opencast mining

povrchn|í superficial; *(zběžný)* perfunctory; *(konverzace)* trivial, idle, lightweight; *(práce)* sloppy; *(řešení)* facile; *(zábava)* shallow, cheap; **p. známost** a nodding acquaintance ■ **~ě** superficially, perfunctorily; in a slovenly fashion ■ **~ost** superficiality, triviality, slovenliness; *(intelektuální)* lack of depth n. substance; shallowness

povrchov|ý: ~á úprava surface finish; **~á těžba** surface n. opencast mining; **p. důl** opencast mine

povstalec rebel, insurgent

povstalecký rebellious, insurgent

povstání uprising, rebellion; **zahájit ozbrojené p.** rise* up in arms

povstat 1 stand* up, rise* (to one's feet), get* up **2** *(vzbouřit se)* rise (in arms), revolt, rebel **3** *(vzniknout)* emerge, evolve, develop; *(výlohy)* result n. accrue (from); **p. z čeho** develop n. originate from sth, spring* from sth; **p. z popela** rise from the ashes

povšechn|ý 1 *(obecný)* general; **~á znalost** general knowledge **2** *(zběžný)* broad; **v ~ých rysech** in broad outlines; **~é tvrzení** a sweeping statement ■ **~ě** in general terms, in broad outlines, broadly

povšimn|out si 1 notice, note; *(uvědomit si)* become* aware of **2** *(věnovat pozornost)* pay* attention to ■ **~utí** notice; **stát za ~utí** be worthy of notice; **nechat bez ~utí** pay no attention to; **projít bez ~utí** pass unnoticed

povyk *(hluk)* din, racket; *(křik)* clamour, hullaballoo; *(zbytečné panikaření)* fuss; **strhnout p.** kick up a racket n. rumpus ♦ **mnoho ~u pro nic** much ado about nothing

povykovat shout, yell, clamour; make* a din n. racket; *(při řečnění)* barrack

povyra|zit se have a good time, amuse o.s. ■ **~žení** diversion

povýšenec arrogant n. conceited person

povýšenecký haughty, conceited, overbearing; hov. high and mighty

povýšen|ý arrogant, supercilious; hov. uppish; *(domýšlivý)* presumptuous ■ **~ě** arrogantly, superciliously; **chovat se ke komu ~ě** patronize sb ■ **~ost** arrogance, superciliousness; presumptuousness

povýš|it, povyšovat 1 *(v zaměstnání, v armádě)* promote; **být ~en na kapitána/ ředitele** be promoted to (the rank of) captain/ to (the post of) manager **2** mat. raise ■ **povyšovat se** boast, give* o.s. airs and graces

povytáhnout pull n. draw sth up/ n. *(ven)* out; **p. si kalhoty** hitch up one's trousers

povzbu|dit 1 *(dodat odvahy)* encourage, cheer sb up, hearten; **p. koho k čemu** encourage sb to do sth **2** *(podnítit)* stimulate; *(chuť)* whet ■ **~zení 1** encouragement; pat on the back **2** stimulation

povzbudivý encouraging, heartening

povzbu|zovat 1 v. **~dit 2** *(mužstvo)* cheer on *(one's team)*; *(fandit)* root for

povzbuzující v. **povzbudivý**; **p. projev** pep talk

povzdech sigh; **s ~em** with a sigh

povzdechnout si sigh, give* a sigh

povznášející *(četba, zkušenost)* edifying; *(pohled)* exalting, elevating; *(cíle)* lofty

povzne|sený, ~šený 1 být nad co p. be above n. superior to sth **2** *(citově vzrušený)* elated; **být v ~sené náladě** be in high spirits **3** *(povýšený)* aloof, lofty ■ **~senost** loftiness

povznést *(diváka, čtenáře, ducha)* edify, uplift, have an uplifting effect on; **p. hlas** speak* up, raise one's voice ■ **p. se nad co** rise* above sth

póza 1 *(držení těla)* posture, *(při fotografování)* pose 2 *(strojenost)* pose, pretence

pozadí background; *(malované)* backdrop, backcloth; **scénické p.** background setting; **držet se v p.** be self-effacing, take* a back seat

pozadu behind, behindhand; *(ve škole, při chůzi)* lag behind; **být p. s činží** be behind with one's rent; **jít p.** *(hodiny)* be slow, lose* time; **nezůstat p. za** hold* one's own with

pozastav|it se: p. se nad čím be puzzled n. taken* aback by sth; **~il se nad tím** it made* him wonder

pozbl|ýt *(majetek; zrak; odvahu, naději)* lose*; **p. vědomí** faint, lose consciousness ♦ **rychle nabyl, rychle ~yl** easy come*, easy go*

pozdě late; **p. odpoledne** late in the afternoon; **p. do noci** till late at night; **vstávat p.** get* up late, *(pravidelně)* be a late riser; **přijít p.** be late ♦ **lépe p. než nikdy** better late than never ■ **~ji** later on

pozdější later, subsequent; **v ~ch letech** in subsequent years

pozdní *(hodina, gotika, podzim)* late; **p. Picasso** a late (work by) Picasso; **v ~m věku** at an advanced age

pozdrav greeting; voj. salute; **vzkázat komu p.** send* one's regards n. hov. love to sb; **vyřiďte mu mé srdečné ~y** remember me kindly to him, give* him my kind regards; *(v dopise)* **se srdečným ~em** Yours, *(formálněji)* Yours sincerely, Yours faithfully

pozdrav|it greet; hov. say* hallo; **p. koho smeknutím/ úklonou** raise one's hat to sb/ bow to sb, greet sb with a bow ♦ **Pozdrav Pánbůh** God bless you ■ **p. se 1** *(vzájemně)* exchange greetings 2 *(cítit se lépe)* get* better, recover, recuperate *(from an illness)* ■ **~ení 1** v. **pozdrav** 2 *(z nemoci)* recuperation, recovery

pozdravn|ý: ~á řeč speech of welcome; **p. telegram** congratulatory telegram

pozdrav|ovat 1 v. **~it** 2 *(posílat ~y)* send* one's regards n. kn. respects n. fam. love to sb; **~ujte ode mne XY** give* my regards n. love to XY

pozdržet *(koho)* keep*, hold* sb back; *(platbu)* defer ■ **p. se** *(s čím)* take* a long time (over sth); *(kde)* be held* back

pozdvi|hnout *(závaží)* lift up; *(víko)* lift off; *(nemocného též)* lift, help sb up; *(zrak, ruku)* raise, lift; **p. svůj hlas** raise one's voice, speak* up ■ **p. se 1** *(vstát)* rise* (to one's feet), get* up 2 *(vypracovat se)* work one's way up (to be sth) 3 *(povstát)* revolt, rebel, rise (in arms) ■ **~žení** turmoil, commotion, pandemonium; **v městě bylo ~žení** the city was in a turmoil; **bylo z toho ~žení** everybody was up in arms against it

pozem|ek piece of land, plot (of land); **stavební p.** building site; *(s budovami)* premises; **~ky a budovy** grounds

pozemkov|ý land; **~á kniha** land register; **~á reforma** land n. agrarian reform; **~á daň** land tax, real-estate tax

pozemní ground, land, surface; **p. vojska** land forces; **p. personál** ground crew; **p. hokej** (field) hockey

pozemsk|ý earthly, terrestrial, mundane; **p. život** earthly life, life on earth; **~é radosti** earthly joys

pozemšťan terrestrial, inhabitant of earth, *(smrtelník)* mortal

pozeptat se make* enquiries, enquire; **p. se po kom** make enquiries n. enquire n. ask about sb, seek* information about sb

pozér poseur

pozice 1 *(držení těla)* position, posture; sport. stance; *(modelky)* pose 2 *(postavení)* position, standing; **z p. síly** from (a position of) strength

poziční positional; **p. válka** positional warfare; *(v zákopech)* trench warfare

pozinkovat galvanize

pozitiv 1 jaz. positive (degree) 2 fot. (positive) print

pozitivismus positivism

pozitivist|a, ~ický positivist

pozitivní positive; **p. odpověď** an answer in the affirmative, an affirmative answer; **nevím nic ~ho** I don't know* anything definite

pozítří the day after tomorrow

pozlacovač gilder

pozla|tit, ~covat *(ořízku knihy)* gilt; *(elektrolyticky)* gold-plate ■ **~cený** gilded; gold-plated

pozlátko gilding; *(povrchní zdání)* gloss; *(civilizace)* veneer; *(dobrých mravů)* façade

pozlobit annoy; *(škádlit)* tease

pozměn|it alter, modify; *(text ap. též)* make* some changes in ■ **~ění** modification

pozměňovací: p. návrh *(zákona)* proposed amendment

poznačit mark; **p. si co** v. **poznamenat (1)**

poznamena|t 1 **p. si** *(co)* note down, take* n. make* a note of; **p. si něčí číslo** take sb's number 2 *(podotknout)* observe, remark, say*; *(dodat)* add 3 **trvale ho to ~lo** it left* its stamp n. mark on him

poznámk|a 1 remark, observation, comment; *(písemná)* note; **dělat si ~y** take* notes (on sth) 2 *(vysvětlivka)* footnote, annotation; **p. na okraj** marginal n. side note; **p. za pozdní docházku** late mark

poznámkový: p. blok scribbling pad

poznat 1 *(identifikovat)* recognize, identify; *(rozeznat)* make* sth out; **není ho možno p.** he is unrecognizable; **dát se p.** disclose one's identity; **z jeho chování bylo možno p.** it was plain from his behaviour 2 **p. koho lépe** get* to know* sb better; **p. život** see* life; **p. sám sebe** filoz. know o.s.

poznat|ek piece of knowledge n. information; **~ky** knowledge; **vědecké ~ky** scientific knowledge

poznateln|ý recognizable, identifiable; filoz. knowable ■ **~ost** knowability

poznávací: tabulka s p. značkou number plate

poznáv|at v. **poznat**; **těší mne, že vás ~ám** pleased n. delighted to meet* you

pozor 1 attention; **dávat p.** *(při výkladu)* pay* attention 2 **dávat si p. na** *(šaty* ap.*)* take* care of, look after, *(na kapsáře)* keep* watch for; **dávat si dobrý p. na** keep* a careful eye on; **pozor!** (be) careful!, look out!, watch out; **p., zlý pes!** mind the dog! ♦ **d. si p. na jazyk** watch one's language 3 **dávat p. na** *(hlídat)* keep an eye on,; **dávat p. na dítě** mind a baby 4 voj. attention; **stát v ~u** stand* at attention; **pozor!** *(povel)* attention!, *(zkrácené)* shun!

pozornost 1 *(soustředěnost)* attention; *(bdělost)* vigilance; **věnovat čemu p.** pay* attention to sth, give* one's mind to sth 2 *(zvýšený zájem)* **být středem ~i** be the centre of attention; **upoutat p.** attract notice, catch* sb's eye 3 *(všímavost)* thoughtfulness, courtesy 4 *(úsluha)* favour, kindness; *(dárek)* small gift, token

pozorn|ý 1 *(žák, posluchač)* attentive; *(pohled)* close, hard 2 *(všímavý)* thoughtful, gallant; *(úslužný)* obliging ■ **~ě** attentively; thoughtfully, gallantly; **~ě poslouchat** listen attentively; **~ě sledovat** follow sth closely

pozorovací observation, of observation; **p. letoun/ družice** observation aircraft/ satellite; **p. schopnost** power of observation

pozorov|at 1 watch, observe; *(dohlížet)* keep* an eye on, keep sb/ sth under observation 2 *(změnu)* notice, see* ■ **~ání** observation; *(radarem)* surveillance

pozorovatel observer

pozorovatelna *(věž)* observation post, watchtower

pozorovatelný observable

pozoruhodnost sight; **~i Prahy** the sights of Prague

pozoruhodný noteworthy, worthy of note; *(nevšední)* extraordinary, remarkable

pozoun trombone; **hrát na p.** play n. blow* the trombone

pozounista trombonist, trombone player

pozpátku backwards, am. backward; **jít p.** walk backwards

poztráce|t lose* (sth little by little); **p. všechno** lose everything; **~l všechna pera** he's lost all his pens

pozůstalost inheritance; přen. heritage

pozůstal|ý právn. surviving dependant; **(truchlící) ~í** the bereaved family

pozůstat|ek remnant; *(minulosti)* hangover, survival, relic; **tělesné ~ky** mortal remains

pozvání invitation; **vyhovět p.** accept an invitation

pozvánka invitation card, letter of invitation

pozvat 1 invite; **p. k sobě** ask sb round, invite sb over; **p. koho na večeři** *(do restaurace)* ask sb out (for a meal) 2 *(aby vešel)* ask sb (to come) in

pozved|at, ~nout v. **pozdvihnout**

pozvolna slowly; *(postupně)* gradually, little by little

pozvolný gradual; *(svah* ap.*)* soft; *(tempo)* slow

pozvracet se be sick

požád|at *(o co)* ask, request; **p. o slovo** ask (sb's) permission to speak*; **p. o ruku** ask for sb's hand in marriage, hov. pop the question ■ **~ání** request; **na ~ání** by request, *(okamžitě)* at the drop of a hat, at short notice

požadav|ek 1 requirement, demand; *(norma)* standard; *(nárok)* claim; *(žádost)* request 2 *(potřeba)* necessity; **základní ~ky moderního života** the basic necessities of modern life

požadovat require, demand, claim; **p. náhradu škod** claim compensation (**od** from); **p. omluvu** demand an apology

požalovat si hov. have a good moan

požár fire; *(velký)* conflagration; **opatření proti**

~u fire control
požárník fireman, am. fire fighter
požehnání 1 blessing, benediction; **dát komu své p.** give* sb one's blessing též přen. *(souhlas)* 2 *(štěstí)* blessing, godsend 3 *(pobožnost)* evensong
požehnan|ý blessed; **být v ~ém stavu** be in the family way, be expecting; **dožít se ~ého věku ...** live to the ripe age of ... ■ **mít dětí ~ě** be blessed with many children
požehnat bless; **p. koho/ komu** give* sb one's blessing
požit|ek 1 delight, enjoyment; **mít p. z čeho** take* delight in sth, enjoy sth; **to je ale p.** what a treat; **oddávat se něčemu s ~kem** luxuriate in sth 2 **~ky** *(výhody)* perks, perquisites
požitkář pleasure seeker, hedonist, bon vivant
požitkářský hedonic, pleasure-seeking, kn. sybaritic
požitkářství pleasure-seeking, self-indulgence, hedonism
poživačn|ý hedonistic ■ **~ost** v. **požitkářství**; *(sexuální)* sexual indulgence
požív|at 1 kn. *(ovoce* ap.*)* eat*, consume 2 *(mít)* **p. vysoký důchod** enjoy a large pension; **p. velké obliby** enjoy great popularity ■ **~ání alkoholických nápojů** consumption of intoxicating drinks
poživateln|ý *(potraviny)* edible, eatable; *(nápoje)* drinkable; **to jídlo není ~é** *(chuťově)* the meal is not fit to eat, the meal is uneatable
poživatin|a: ~y foodstuffs, consumables, provisions, victuals
prab|ába, ~abička great-grandmother
prabídný miserable, deplorable; *(plat)* pitiful
prác|e 1 work; ek. labour; **těžká p.** hard work; **tělesná p.** manual n. physical work; **duševní p.** brainwork; **p. v domácnosti** domestic chores; **v ~i** at work; **dát se do p.** set* to work, get* busy n. going, *(energicky)* buckle n. settle down to work n. business; **nemít nic na ~i** be at a loose end; **dát si ~i s čím** work hard on sth; **mít p. nad hlavu** have one's hands full 2 *(zaměstnání)* job, employment, occupation; *(místo též)* position, post; **mít ~i** have a job, be employed; **nemít ~i** be out of work, be unemployed; **hledat ~i** look for a job; **jít do p.** go* to work; **přijít z p.** come* back from work 3 *(zadání)* task, assignment, job; *(složitější; též ve škole)* project; *(písemná zkouška)* paper; *(vědecká)* paper, treatise; *(diplomní)* dissertation; *(doktorská)* thesis, pl. theses 4 *(produkt p.)* piece of work; **prvotřídní p.** an excellent piece of work; **umělecká p.** work of art 5 *(stroje)* operation, functioning; fyz. work
práceschopn|ý fit for work ■ **~ost** fitness for work
prací washable; **p. šaty** washable dress; **p. prostředek** detergent
pracka paw též expr. *(ruka)*
pracn|ý laborious, arduous; *(náročný na čas)* time-consuming ■ **~ě** laboriously ■ **~ost** laboriousness
pracovat 1 work; **p. těžce** work hard; **p. tělesně/ duševně** do manual work/ work with one's head; **p. dlouho do noci** burn* the midnight oil 2 *(být zaměstnán)* work, go* out to work, have a job; **p. v továrně** work in a factory; **p. jako architekt** work as an architect 3 *(stroj)* operate; *(orgány)* work, function 4 *(dřevo)* work
pracoviště place of work, workplace; *(moje/ naše p.)* the place where I/ we ap. work
pracovit|ý industrious, hard-working, assiduous; *(pilný)* diligent ■ **~ost** industriousnes; diligence
pracovna study
pracovní work, working; **p. den** working day; **p. doba** hours of work; **p. síly** labour
pracovník worker; employee; staff member; **duševní p.** white-collar worker; **vědecký p.** research worker
pracující I adj. *(lid)* working; **p. ženy** working women, career women II subst. worker, pl. workers, working people
pračka$_1$ *(rvačka)* fight
pračka$_2$ *(stroj)* washing machine
pračlověk primaeval man
pradávn|o: od ~a from time immemorial, from way back, hov. from the year dot
pradávný ancient; *(prehistorický)* primaeval; *(zvyky)* age-long; as old as the hills
pradědeček great-grandfather
prádélko lingerie
prádelna washhouse; *(podnik)* laundry; *(samoobslužná)* launderette, laundrette
prádelník linen cupboard
pradlena laundress; dř. washerwoman
pradlenka *(samoobsluha)* launderette, laundrette
prádlo 1 linen; **ložní p.** bed linen; **spodní p.** underwear, underclothes 2 *(k praní)* washing, laundry; **dát co do ~a** put* sth into the washing; **pověsit p.** hang* up the washing ♦ **prát špinavé p. na veřejnosti** přen. wash one's dirty

linen in public
pragmatický pragmatic
práh threshold též psych.; **na prahu vědomí/ mužství** on the threshold of consciousness/ manhood; **být na prahu smrti** be at death's door
prahnout *(po čem)* pine n. yearn for; **p. po pomstě** thirst for revenge; **p. po slávě** hanker after glory
prach 1 dust; **uhelný p.** coal-dust; **střelný p.** gunpowder; **utřít p.** dust (the furniture ap.*)*; **zvířit oblak ~u** raise a cloud of dust; **ležet v ~u** lie* in the dust 2 **~y** *(peníze)* sl. lolly, dough; **bylo to za všechny ~y** iron. it was priceless
práchnivět decay, rot, mould
práchnivý *(dřevo)* rotten, decayed
prachovka duster
prachov|ý: ~é peří down; **p. sníh** powder snow
prajazyk primitive language, protolanguage
prak sling
praktick|ý practical; *(věcný)* businesslike; *(obuv, šaty)* sensible; *(nesentimentální)* hard-boiled, hard-bitten; **p. lékař** general practitioner ■ **~y** 1 in a practical way; *(v praxi)* in practice; **~y vzato** for all practical purposes 2 *(téměř)* practically, almost, virtually; **je to ~y vyloučeno** there's no real chance of that
praktik practical person
praktik|a practice; hanl. **~y** sharp practices, tricks, dodges
praktikovat 1 *(metody)* use, employ, apply sth in practice 2 *(být praktikantem)* train (as)
pralátka prime matter
prales primaeval forest
pralink|a chocolate; **~y** chocolate creams
prám ferry(-boat)
pram|alý: mít ~alou naději have a slender hope ■ **~álo** very little; **na tom záleží ~álo** it hardly matters, it is of very little consequence
pramen 1 *(vodní)* spring, *(řeky též)* source, head; *(naftový)* well; **horké ~y** hot springs 2 přen. source; **p. znalostí** a fountainhead of knowledge; **vědět co ze spolehlivého ~e** know* sth on good authority 3 *(šňůry)* ply; *(vlasů)* lock
pramínek springlet
pramenit *(řeka)* rise*; přen. *(úzkost* ap.*)* originate, arise*, spring* (from)
pramenit|ý: ~á voda spring water
pramice ferryboat, barge
pranice fight, brawl; *(menší)* fray ♦ **slovo do p.** fighting words
pranýř pillory, stocks
pranýřovat pillory, censure; *(nedostatky)* expose
praobyvatel original inhabitant, aborigine, aboriginal
praotec forefather, forbear
prapodivn|ý rather strange n. odd ■ **chovat se ~ě** behave most strangely
prapor 1 *(vlajka)* flag, banner; voj. standard; **pod ~em** přen. in the name of; **p. svobody** the flag of freedom 2 voj. *(útvar)* batallion
praporčík officer cadet
praporečník *(pluku, spolku* ap.*)* standard n. colour bearer
praporek pennon; *(u noty; vytyčovací)* flag
prapříčina first n. original cause
prarodiče great-grandparents
prasátko 1 piglet; děts. piggy 2 *(pokladnička)* piggybank
prase pig, swine, am. hog
prasečí: p. chlívek pigsty
prásk! crash!, bang!
práskač sl. grass, squealer
práskaný crafty, sly
prask|at *(led, sklo)* crack; *(podlaha)* creak; *(oheň)* crackle ■ **~ání** crackling, crackle; creaking
práskat: p. bičem crack the whip
prasklina crack, fissure, rift; *(chyba materiálu)* flaw
prask|nout *(struna)* snap; *(lano)* burst*, separate; *(led)* crack; *(pneumatika, pojistka)* blow*; *(kost: komu)* get* fractured ♦ **mohl p. smíchy** he nearly split* his sides with laughter n. laughing ■ **~nutí** rupture; **bylo tam nacpáno k ~nutí** the place was bursting with people
práskn|out 1 *(bič)* crack; *(dveře, výstřel)* bang; **p. bičem** crack the whip; **p. za někým dveřmi** bang the door on sb ♦ **p. do bot** take* French leave 2 sl. *(udat)* rat on, sing* on ■ **~utí** *(dveří)* bang; *(biče)* crack, snap
praskot *(suchých větviček)* crackling
prasnice sow
prastarý ancient, *(tradice)* age-old; hov. as old as the hills
prašan powder snow
prášek 1 *(částečka)* speck n. particle of dust 2 powder; **kypřící/ mýdlový p.** baking/ soap powder; **prací p.** washing powder; **rozemlít na p.** grind* sth into powder 3 lék. pill, tablet; **p. na spaní** sleeping pill n. tablet
práš|it 1 whirl up n. raise dust; **auta ~í** the cars are whipping up n. raising dust 2 *(chlubivě lhát)*

boast, brag, lay* it on thick, lay it on with a trowel ■ **~í se** it's dusty

prašivina mange, scabies

prašivka poisonous toadstool

prašiv|ý *(zvíře)* mangy; *(houba)* poisonous; přen. **~á ovce** black sheep

práškovat *(pole)* dust n. spray

práškovitý powdery

práškov|ý powder; **p. cukr** icing n. confectioner's sugar, powdered sugar; **~é topivo** powdered coal

prašn|ý dusty; **P~á brána** *(v Praze)* the Powder Tower

prašt|ět: mrzne, jen ~í it's freezing cold

praštěný dotty, batty, round the bend ■ **je pytlem p.** expr. he is off his rocker

praštit 1 *(koho)* strike*, hit*, bash; *(pěstí)* punch, sock; **p. klackem do hlavy** bash sb on the head with a club ♦ **to je prašť jako uhoď** it comes* to the same thing, it is as broad as it is long **2 p. s kým o zem** throw* sb down; **p. s čím** throw* n. hurl sth down; **p. se zaměstnáním** quit one's job; **p. sebou** fall* with a crash ■ **p. se** bump o.s. (**o roh stolu** against the edge of the table) ♦ **p. se přes kapsu** splash out

prát 1 *(prádlo)* wash, launder, do the washing; **to se dobře pere** it washes well **2** *(uhlí, rudu)* wash, clean; *(vlnu)* scour ■ **p. se** *(rvát se)* fight*, brawl; přen. *(s problémy)* grapple with

prateta great-aunt

pravačka 1 v. **pravák 2** *(ruka)* right hand

pravák right-handed person, zvl. sport. right-hander

pravd|a I subst. truth; **čistá p.** the plain truth; **je to p.** it is true; **mluvit ~u** speak* n. tell* the truth; **mít ~u** be (in the) right; **po ~ě řečeno** to tell the truth; **dostat za ~u** be vindicated ♦ **pro ~u se lidé nejvíc zlobí** nothing stings* like the truth **II** část. admittedly, it is true; **on je p. ctižádostivý, ale** admittedly, he is ambitious but

pravděpodobn|ý 1 *(vítěz, výsledek)* probable, likely **2** *(výklad, interpretace)* plausible ■ **~ě** probably, likely; **on ~ě přijde** he will probably come*, he is likely to come ■ **~ost** probability, likelihood

pravdiv|ý true; *(líčení)* truthful, faithful ■ **~ě** truthfully, in accordance with the truth ■ **~ost** truthfulness, veracity

pravdomluvn|ý truthful ■ **~ost** truthfulness

právě I adv. just now, this very moment, only just; **p. odešel** he has just left*; **p. přichází** here he comes* now **II** *(zrovna)* just, exactly, precisely; **p. tato kniha** this particular book; **p. to jsem chtěl** that is just what I wanted; **p. s ním jsem chtěl mluvit** he is the very man n. just the man I wanted to speak* to; **ba p.!** quite (so)!, exactly!; **to je p. to!** that's just it!

pravěk primaeval n. prehistoric times

pravěký primaeval

právem rightly, by right; **udělal to plným p.** he was perfectly right to do so n. in doing so; *(žádal náhradu,)* **a plným p.** and rightly so

pravice 1 v. **pravačka 2** pol. right wing

pravi|cový, ~čácký right-wing, rightist

pravičák right-winger

pravideln|ý *(tep, korespondence, rysy obličeje)* regular; **v ~ých intervalech** at regular intervals, periodically; **p. dech** regular breathing; **~á armáda** regular army; **~é epidemie** periodic epidemics; **~é lety** scheduled flights ■ **~ě** regularly; **chodit ~ě k lékaři** make* regular visits to the doctor ■ **~ost** regularity

pravid|lo rule; *(základní)* principle; *(praktické)* rule of thumb; *(poučka)* precept; **nepsané p.** unwritten rule; **~la silničního provozu** the Highway Code; **podle všech ~el** by all the rules; **pevné p.** a hard and fast rule; **~la letecké dopravy** rule of the air ♦ **výjimka potvrzuje p.** the exception proves the rule

pravit v. **říci, říkat**

pravítko ruler; **logaritmické p.** slide rule ♦ **chodí, jako by spolkl p.** he walks as stiff as a poker

právní legal, of the law; **p. řád** rule of law, law and order; **p. zástupce** lawyer, solicitor; **p. poradce** legal adviser

právnick|ý legal, juristic, juridical; **~á fakulta** Faculty of Law, Legal Faculty, am. Law School; **~á osoba** juristic person, legal entity

právník lawyer; *(student)* law student, student of law

pravnu|k great-grandson ■ **~čka** great-granddaughter

práv|o 1 *(nárok)* right; **p. na práci** right to work; **p. shromažďovací** right of assembly; **p. na stávku** right to strike*; **p. na sebeurčení** right of self-determination; **lidská ~a** human rights; **mít p. na** have a right to, be entitled to; **být v ~u** be in the right **2** *(normy)* law, justice; **trestní p.** criminal n. penal law; **občanské p.** civil law; **pracovní p.** industrial law, am. labor law; **stanné p.** martial law; **vyhlásit stanné p.** proclaim n. impose martial law; **mít p. na své straně** have justice on one's side; **vzít p. do svých rukou** take* the law into one's own hands **3** *(obor)* **~a** jurisprudence; **doktor ~, JUDr.** Doctor of Laws, zkr. LLD

pravomoc competence, authority; právn. jurisdiction; **to není v mé ~i** it is outside my competence

pravopis spelling, orthography

pravopisn|ý spelling, orthographic; **~á chyba** spelling mistake

pravoplatný valid, legally binding; *(rozsudek)* final; **p. sňatek** lawful wedlock; **p. majitel** rightful owner; **p. dědic** heir apparent; **stát se ~m** *(o zákonech, podpisech* ap.*)* enter into effect

pravoslavn|ý Orthodox; **~á církev** Orthodox Church

pravoúhelník rectangle

pravoúhlý rectangular

pravověrn|ý orthodox ■ **~ost** orthodoxy

prav|ý **1** right, right-hand; **~á ruka** the right hand; **~á strana** the right-hand side ♦ **být čí ~ou rukou** be sb's right-hand man/ woman **2** pol. rightist, right-wing **3** *(opravdový)* real, true, genuine; *(muž)* real; *(láska)* true; *(Angličan, Američan)* typical; *(hedvábí)* pure; *(kůže)* genuine; *(zlato)* real, genuine; **v ~é poledne** at high noon; **je to p. voják** he is every inch a soldier ♦ **ty jsi (mi) ten p.!** you are a right one! **4** *(náležitý)* **přijít v p. čas** come* in the nick of time; **to je to ~é** that's the stuff n. ticket; **rada v ~ou chvíli** a timely piece of advice **5** *(skutečný)* true, real; **ukázat svou ~ou tvář** show* o.s. in one's true colours; **v ~ém slova smyslu** in the true n. real sense of the word **6** *(úhel)* perpendicular ■ **~ost** *(dokladu)* authenticity, *(ryzost)* genuineness

pravzor archetype, prototype

prax|e **1** practice; *(zkušenost)* experience; **v ~i** in practice; **mít (za sebou) dlouhou ~i** have long years of practical experience **2** *(výcvik)* (period of) practical training

prázdninový holiday, am. vacation; **p. tábor** children's holiday camp

prázdnin|y br. holidays, am. a univ. vacation; **hlavní p.** summer holidays, am. the long vacation; **pololetní p.** winter holidays n. vacation; **daňové p.** tax holiday; **být na ~ách** be on holiday; **jet na p.** go* on holiday/ am. on vacation

prázdn|o **1** emptiness; fyz. vacuum; **dívat se do ~a** stare into space; **rána šla do ~a** the blow missed **2** šk. **mít p.** have no classes, *(den/ týden)* have a day/ week off (school)

prázdnota emptiness; přen. též banality, shallowness; *(nuda)* boredom

prázdn|ý **1** empty, *(ulice* též*)* deserted, *(sedadlo* též*)* vacant; *(byt* též*)* unoccupied, *(bez nábytku)* unfurnished; *(papír)* blank; *(kazeta)* clean, empty **2** *(sliby, hrozby)* empty, hollow; *(řeči, slova)* empty, idle; *(výmluvy)* glib; **p. život** idle n. vacant n. pointless life **3** *(bezduchý: tvář)* empty, blank, vacuous ♦ **vrátit se s ~ou** return empty-handed

prazdroj urquell; **plzeňský p.** Pilsener n. Pilsner Urquell

prazvláštní peculiar, curious, bizarre, extraordinary

pražec **1** žel. sleeper **2** *(u strunných nástrojů)* fret

pražírna *(kávy)* coffee-roasting plant

praž|it **1** *(kávu, oříšky)* roast; *(rudu)* roast, calcine **2** *(o slunci)* beat down ■ **p. se na slunci** přen. bake o.s. in the sun ■ **~ený** *(káva, mandle)* roasted ■ **~ení** roasting; *(rudy)* calcination

prcek **1** *(dítě)* little n. tiny tot; *(malý člověk)* hanl. squirt, (zvl. *dítě)* shrimp **2** *(štamprle)* snifter, short

prd vulg. fart

prdel vulg. arse; **do ~e!** shit!, bloody hell!; **jdi do ~e!** piss off!, bugger off; **ať jdou do ~e!** sod them!

prdět vulg. fart

preambule preamble

prebenda prebend

precizn|í precision; *(o lidech)* precise, meticulous; **p. práce/ váhy** precision work/ balance ■ **~ě pracovat** be very accurate in one's work ■ **~ost** precision, accuracy; *(argumentace)* rigour

precizovat state sth more precisely; *(rozpracovat)* work sth out in detail, elaborate

preclík pretzel

prefabrikát prefabricated part

prefabrikovan|ý prefabricated; **~á stavba** prefab

prefekt *(policejní)* prefect

prefektura prefecture

preferovat prefer, favour; **p. koho** favour sb, grant sb special privileges; **p. zemědělství** give priority to agriculture

prefix prefix

pregnantní *(hutný)* concise, succint; *(výstižný)* terse, pithy

prehistorický prehistoric

prehistorie prehistory, early history

prejt sausage meat
prekérní awkward, tricky; hov. dicey, dodgy; **být v p. situaci** be out on a limb, be skating on thin ice, be in a tight spot
prelát prelate
preludium prelude
prémie *(peněžní)* bonus; *(výhra)* special prize
premiér/ ~ka prime minister, br. též PM [pi:'em]; *(v novinářském stylu,* zvl. *o zahraničních politicích)* premier
premiéra *(hry)* first night, *(hry, filmu)* premiere, première
premiérov|ý: ~é představení first night, premiere (performance)
preparát *(přípravek)* preparation; *(mikroskopický)* (microscopic) slide
preparovat *(konzervovat)* preserve; *(vycpáním)* stuff
prérie prairie, plain
presbyterián Presbyterian
prestiž prestige, reputation, *(ve společnosti* též*)* status
prestižní prestigious, prestige, of prestige; **p. otázka** a question of prestige
pretendent *(trůnu)* pretender (to)
prevence prevention, lék. prophylaxis
preventivní lék. preventive, prophylactic; **p. válka** preventive war; **p. opatření** precautionary measure; **p. útok** preemptive attack
prevít 1 *(šmejd)* trash, rubbish **2** *(mizera)* rotter; **být p. na pořádek** be fanatical about tidiness
prezenc|e *(účast)* attendance; **kontrolovat ~i** check (the) attendance, voj. make* a roll-call; **slabá p.** poor attendance
prezenční: p. listina attendance list
prezentovat voj. *(nováčky)* process; *(informace* ap.*)* present ■ **p. se** present o.s.
prezervativ condom, (rubber) sheath, br. též durex, hov. br. též French letter
prezident president; *(soudního senátu)* presiding judge
prezidentský presidential
prezidentství presidency
prezidium (presiding) committee
prchat 1 *(utíkat)* flee*, run* away (**před** from) **2** *(čas)* fly*, flit; chem. evaporate, volatilize
prchav|ý 1 *(pohled)* fleeting; *(štěstí)* ephemeral, fleeting; *(chvíle)* fugitive, fragile **2** chem. volatile ■ **~ost** chem. volatility
prchliv|ý, prchlý short-tempered; **být p.** have a violent n. foul temper ■ **~ost** violent n. short temper
prchnout escape, run* n. get* away; kn. abscond
prim first violin; **hrát p.** call the tune
prima I adj. *(skvělý)* fantastic, splendid; hov. great; **je to p. kluk/ chlap** he is a great chap n. bloke, am. he is a swell guy **II** adv. fantastically, marvellously; **měli jsme se p.** we had a fantastic time
primabalerína prima ballerina
primadona prima donna
primárius first violin
primární primary
primář senior consultant
primas *(arcibiskup)* primate
primát$_1$ primacy, preeminence; **mít p.** *(v čem)* rank first in, be the best in; **mít světový p. ve výrobě oceli** be the world's largest steel producer
primát$_2$ zool. primate
primátor *(velkoměsta)* Lord Mayor, sk. Lord Provost
primitiv primitive, *(divoch)* savage; hanl. ignoramus
primitivn|í primitive; *(nástroje)* rudimentary, early; *(organismy)* low; *(divošský)* savage; *(styl)* raw; *(v chování)* gross; *(ubytování)* rough ■ **~ě** primitively
primus šk. top pupil; sk. *(třídy, školy)* dux; **je p.** he is top of the class
princ prince; *(vysněný nápadník)* Prince Charming; v. **korunní**
princezna princess; *(rozmazlená dívenka)* a proper little madam
princip principle; *(vůdčí zásada)* tenet; **v ~u** basically, in principle; **z ~u** on principle; **zakládat se na jednoduchém ~u** be based on a simple principle
principiální 1 *(zásadní)* fundamental; **p. otázka** a question of principle **2 p. člověk** a man of principle
priorit|a priority; **spor o ~u** priority claim
privatizovat privatize
privátní private; **p. ubytování** lodgings, hov. digs; **to je jeho p. věc** it is his private n. personal affair
privilegium privilege; *(výsada)* prerogative; *(výhoda v zaměstnání)* perquisite, hov. perk
privilegova|t favour ■ **~ný** *(postavení)* favoured; *(společ. třída)* privileged
prizma prism
prizmatický prismatic

prkénko, prkýnko 1 thin board 2 kuch. chopping board

prkenný 1 *(podlaha)* made* of boards, boarded 2 *(upjatý)* uptight; *(strnulý)* stiff; **p. pozdrav** stiff salute; **p. postoj** wooden posture

prkn|o board; *(tlusté)* plank; *(rýsovací)* drawing board; **žehlicí p.** ironing board; **~a (, která znamenají svět)** *(jeviště, divadlo)* the stage, the boards

pro vyj. 1 *(účel)* for; **pracovat p. koho** work for sb; **p. ilustraci** by way of illustration 2 *(důvod)* due n. owing to, because of, on grounds of; **p. špatné počasí** due to bad weather ♦ **p. nic za nic** for no reason at all, just like that 3 *(zřetel)* **p. mě za mě** for all I care 4 *(časové* n. *okolnostní omezení)* **p. tentokrát** for this time, for now; **p. dnešek dost** let's call it a day, that's enough for today 5 *(ve prospěch)* for, in favour of; **hlasovat p.** vote for, vote in favour of; **důvody p. a proti** pros and cons

probdít: p. celou noc *(nespat)* lie* n. stay awake all night, *(u nemocného)* keep* watch n. sit* up all night

proběhat run* all over; *(obchody, město)* scour, comb

proběhnout *(ulicí)* run* n. pass through; *(trať)* cover, run; *(lhůta)* expire ■ **p. se** go* for a run, have a run

probíhat *(jednání* ap.*)* proceed, be in progress, be under way

probí|t, ~jet punch, knock a hole through; el. spark through ■ **p. se** fight* one's way through ■ **~jet se** *(životem)* struggle along, fend for o.s. (in life)

problém problem; **palčivý p.** burning question; **řešit p.** deal* with n. tackle a problem; **stát před ~em** be faced n. confronted with a problem

problemati|cký problematic, questionable; *(výsledek)* contentious ■ **~čnost** problematic nature, questionability

problematika problems; **sociální p.** social problems

problesk|nout, ~ovat 1 *(světlo)* gleam n. flash through, *(slabé světlo)* glimmer through; **slunce ~ovalo mraky** the sun was peeping through the clouds 2 přen. **~l mu hlavou nápad** an idea flashed through his mind

probod|at, ~nout pierce (through); *(dýkou)* run* sb through; *(bodákem)* bayonet; *(rohem)* gore

proboha! *(netrpělivě)* for Heaven's n. goodness sake!; *(polekaně)* good heavens!, dear me!

probojovat se fight* n. struggle one's way through; *(běžec)* work one's way forward

probořit se *(strop)* cave in; *(skrz led)* break* through

probošt círk. provost

probourat *(zeď)* break* through; **p. díru ve stěně** make* a hole in a wall

probrat 1 *(korespondenci* ap.*)* go* n. look through; *(ovoce)* grade; *(knihovnu, známky)* weed out 2 *(situaci)* discuss (in some detail), thrash out; šk. *(látku)* go* over ■ **p. se** *(z mrákot)* come* to; *(ze spánku)* wake* up; *(z leknutí)* get* over, recover from

probudi|t 1 wake* (up), waken 2 *(zájem, touhu)* awaken, arouse; *(city)* stir up; *(nadšení)* drum up ■ **p. se** 1 wake up, awake; **p. se z narkózy** come* round 2 přen. *(zájem* ap.*)* be awakened, be aroused

proc show-off

procedit 1 kuch. strain, pass sth through a sieve; *(kávu)* filter 2 **p. skrz zuby** mutter, grind* out (**kletbu** an oath)

procedura procedure, routine; *(lázeňská)* treatment

procento 1 *(jednotka)* per cent, am. percent; **na 10%** at 10 per cent; **splnit plán na 100%** fulfil the plan one hundred per cent 2 *(podíl)* percentage; *(úroková sazba)* percentage, rate of interest; **mizivé p. obyvatel** a tiny proportion of the population

procentov|ý: ~á sazba rate of interest, percentage

procentuální *(poměrný)* proportional; **p. podíl** percentage

proces 1 lawsuit; *(přelíčení)* trial, *(případ)* court case; **vyhrát/ prohrát p.** win*/ lose* a case ♦ **udělat s kým/ čím krátký p.** make* short work of sb/ sth, give* sb/ sth short shrift 2 *(postup)* process

procesí náb. i přen. procession; **p. turistů** hordes n. droves of tourists

procestovat tour, travel through

procítěný heartfelt, passionate, deeply felt

procitnout *(ze spánku)* wake* up; *(z mdlob)* come* to; *(z okouzlení)* awake* (from)

procl|ít *(co)* impose duty on; **dát p. zavazadla** clear one's luggage through the customs ■ **máte něco k ~ení?** have you anything to declare?

procvič|it, ~ovat *(svaly)* exercise; *(učební látku, div. roli)* study, learn*, practise; **~ovat jazykové dovednosti** drill language skills

proč 1 why, what ... for; kn. on what grounds; **nemáte si p. stěžovat** you have no reason to complain 2 **příčina, p. to udělala** the reason why she did it

pročesat 1 **p. si/ p. komu vlasy** comb n. brush one's/ sb's hair (thoroughly) 2 **p. lesy** comb n. search woods

pročlíst read* through; *(letmo)* skim n. glance through; **p. co od začátku do konce** read sth from cover to cover ■ **~tení** perusal

pročis|tit, ~ťovat *(kanál, studnu)* clear, clean out; *(střeva)* purge, cleanse; *(kapalinu)* clarify; *(víno)* fine; v. též **čistit, vyčistit**

proda|t sell*; **p. komu co** sell sth to sb, sell sb sth ■ **~ný** sold; **P~ná nevěsta** *(název opery)* The Bartered Bride

prodavač, ~ka shop assistant, am. salesclerk; **p. novin** newsvendor, *(majitel)* newsagent

prodáv|at v. **prodat**; *(v malém)* retail; *(po domech, na ulici)* peddle; *(ilegálně: zbraně)* run*, *(drogy)* push ■ **p. se** sell*; *(být v prodeji)* be on the market; **dobře se to ~á** it sells well, it's a good seller

prodebatovat discuss, thrash out

prod|ej sale; *(~ávání)* selling; **na p.** for sale; **být na p.** be up for sale; **dát do ~eje** put* sth up for sale; *(gramodesku)* release; **při ~eji domu** when selling the house; **oddělení ~eje** sales department

prodejna shop, am. store; **p. potravin** grocery, food shop n. am. store; **p. tabáku** tobacconist's (shop), am. cigar store

prodejní: p. doba opening times, hours of business; **p. cena** selling price

prodejn|ý saleable, marketable; přen. *(politik* ap.*)* corrupt, mercenary ■ **~ost** saleability, marketability; přen. corruptness, venality

proděl|at, ~ávat 1 *(nemoc)* go* through, suffer from, endure 2 *(operaci, změnu)* undergo* 3 *(ztratit)* **p. na čem** lose* on sth; **p. 100 korun** be 100 crowns out of pocket

prodě|lek loss (**na** on); **prodávat s ~kem** sell* at a loss

proděravě|t (se) go* into holes ■ **~lý** full of holes ■ **~ní** perforation

proděravit perforate, make* holes in n. through; *(střelbou)* riddle sth with bullets

prodch|nout inspire, fill; **být ~nut touhou/ nadšením** be inspired n. filled with desire/ be fired n. inspired with enthusiasm

prodírat se force one's way, *(pomocí loktů)* elbow one's way; *(sněhem, blátem)* struggle n. make one's way through

prodiskutovat discuss; *(důkladně)* thrash out

prodlení delay; **p. v placení dluhů** default in payment; **bez dalšího p.** without (further) delay

prodl|évat, ~ít *(kde)* stay; *(na tónu/ slabice)* dwell on, halt on; **~el pohledem na ...** his eyes rested on ...

prodlouž|it *(šaty)* lengthen, make* sth longer; *(lhůtu, půjčku)* extend; **p. si dovolenou** extend one's holiday; *(smlouvu)* renew; *(život)* prolong ■ **~ený** extended, prolonged; **~ená prodejní doba** extended shopping hours

prodlužovací: p. šňůra extension

prodrat (se) v. **prodírat (se)**

prodražit se go* up in price, become* dearer

prodřít *(šaty)* rub sth through, wear* a hole in sth ■ **p. se** rub through, wear thin

producent *(filmový, průmyslový)* producer; **být ~em čeho** produce sth

producírovat se show* off, put* it on

produkce production; *(celková)* output; *(literární* ap.*)* output; *(filmová, divadelní)* production; *(představení)* performance

produkční production, of production; **p. náklady** production costs, cost of production

produkovat produce

produkt product, zem. též produce; **typický p. své doby** a typical product of his time

produktivita productivity

produktiv|ní productive; *(spisovatel též)* prolific ■ **~nost** v. **~ivita**

profan|ovat profane ■ **~ace** profanation, desecration

profes|e profession, career, *(řemeslný obor též)* trade; **je ~í právník** he's a lawyer by profession

profesionál professional; *(sportovec)* professional (sportsman)

profesionální professional; **p. diplomat** career diplomat

profesor *(středoškolský)* schoolteacher, schoolmaster; *(vysokoškolský)* professor; *(v oslovení)* **pane ~e!** *(na střední škole)* sir, Mr X, *(na univerzitě)* Professor X ■ **~ka** *(středoškolská)* schoolteacher, schoolmistress; srv. **profesor**

profesura professorship; *(stolice)* professorial chair

profil 1 profile, side n. half face; *(terénu)* contour; **z ~u** from the side; **morální p.** moral profile 2 techn. section; *(průjezd)* clearance

profit profit, advantage; **mít p. z čeho** v. **~ovat**

profitovat *(z čeho)* profit from
proflákat *(čas)* idle n. fritter away (one's time); *(pitím)* drink* away (one's time)
profouk|nout blow* through; **vítr mě ~l** the wind cut* me to the bone
profylaktický prophylactic, preventive
profylaxe prophylaxis, prevention
prognóza forecast; prognosis
program 1 programme, am. program; *(schůze)* agenda; div. též playbill, *(časový též)* schedule; pol. programme, platform; počít. program; div., film. **dvojitý p.** double bill; **být na ~u** be on (the programme), *(schůze)* be on the agenda; **dát co na p.** put* sth on the programme; **vzít co z ~u** take* sth off the programme; **co máš dnes na ~u?** what are you doing today?, what are your plans for today?; **to se mi nehodí do ~u** that doesn't suit me at all 2 *(telev. kanál)* channel
programátor počít. programmer
programov|at počít. program ■ **~ání** programming
progresívní progressive; *(názory)* advanced; **p. paralýza** progressive n. creeping paralysis
prohánět *(koho)* hustle, keep* sb on the trot; *(ve škole, v práci)* work sb hard; **p. děvčata** run* after girls ■ **p. se** *(děti, psi)* run about n. around; *(skotačit)* romp n. frisk about n. around; v. též **prohnat**
proházet, prohazovat 1 *(sítem)* sift, screen 2 *(cestu)* clear
prohibi|ce, ~ční prohibition
prohlásit 1 *(oznámit)* declare, announce; **p., že je vinen/ nevinen** plead guilty/ not guilty 2 *(označit)* declare, pronounce; **p. insolventním** declare sb insolvent; **p. za duševně chorého** certify/ adjudge sb insane; **p. za neplatné** *(zákon* ap.*)* repeal 3 **p. koho doktorem** confer the degree of Ph.D on sb; **p. koho za svatého** canonize sb
prohlášení 1 declaration; *(oznámení)* announcement; *(vyjádření)* statement; *(slavnostní)* proclamation, declaration; pol. *(vyhlášení)* manifesto 2 **celní p.** customs declaration; **daňové p.** tax return
prohl|ašovat v. **~ásit**; *(tvrdit)* allege ■ **p. se za** pose as, profess o.s. to be
prohled|at, ~ávat search; *(dům)* ransack; *(terén)* scour; *(jezero)* drag; *(kapsy)* run* through; *(papíry, věci v zásuvce)* rummage through n. among; *(přejetím po těle)* frisk; *(radarem)* scan; **p. každou skulinku** search every nook and cranny
prohléd|nout 1 též **p. si** *(věci)* go* n. look through, have a look at, *(knihu též)* glean through, *(zběžně)* skim through; **p. si dům** see* over a house; **p. si město** take* a look round the town; **důkladně si koho p.** have a good look at sb 2 *(nemocného)* examine; *(domácí úlohu* ap.*)* glance through, *(důkladněji)* check, *(pečlivě)* scrutinize 3 *(pochopit)* see* the light; **prohlédl** *(zbavil se iluzí)* the scales fell* from his eyes; **p. koho** *(jeho špatné úmysly)* find* sb out, see through sb
prohlídka 1 *(města)* sightseeing tour; *(kostela, závodu, muzea)* tour (of); *(zboží)* inspection; *(při koupi domu)* viewing 2 *(lékařská)* examination; **celní p.** customs examination n. inspection; **domovní p.** house search
prohlížečka *(diapozitivů)* viewer
prohl|ížet v. **~édnout (1, 2)**; *(zavazadla)* inspect, examine ■ **p. se v zrcadle** look at o.s. in the mirror
prohloubit *(příkop; přátelství, konflikt)* deepen; *(znalosti* ap.*)* extend, increase ■ **p. se** *(přátelství)* deepen
prohloupi|t make* a foolish n. stupid mistake; **s tím jsi ne~l** you didn't do badly there
prohlubeň hollow, depression
prohlubovat v. **prohloubit**
prohmatat lék. palpate
prohnan|ý crafty, sly ■ **~ost** craftiness, slyness
prohnat 1 *(koho)* make* sb get* a move on; *(zahnat)* chase away, make sb clear off 2 ♦ **p. si kuli hlavou** blow* one's brains out
prohnil|ý rotten, putrid; přen. rotten, corrupt; **p. skrz naskrz** rotten to the core ■ **~ost** rottenness; corruption, corruptness
prohnout bend*, curve ■ **p. se** *(dřevo)* warp; *(zbortit se)* buckle; *(tělo)* bend*, curve
prohodit 1 *(říci)* remark, observe 2 **p. si místa** swap places
prohospodařit squander (away)
prohra defeat
prohr|abat, ~ábnout 1 *(oheň)* stoke, poke 2 *(prohledat)* rummage through n. among, ransack
prohrá|t lose*; **p. jmění v kartách** gamble away n. lose* a fortune at cards ♦ **ten to u mne ~l** I am through n. finished with him
prohrávat play a losing game
prohřešek transgression, misdemeanour
prohřeš|it se, ~ovat se do sth wrong; **p. se proti čemu** sin against sth; **p. se proti komu** wrong

sb
prohýbat se bend*; **p. se pod břemenem** bend n. buckle under the burden ♦ **p. se smíchem** be doubled up with laughter; v. též **prohnout se**
prohýřit: p. peníze fritter away one's money (on pleasures); **p. noc** make* a night of it
procházet go* through ■ **p. se** walk, *(bez cíle)* ramble, saunter
procházk|a walk, stroll; *(zdravotní)* constitutional; **jít na ~u** go* for a walk n. stroll n. *(zdravotní)* constitutional
prochladnout grow* cold n. chilly
prochodit 1 *(město)* walk through; *(celý kraj)* wander n. hike through; **p. Tatry** walk the Tatra mountains **2** *(boty)* wear* out **3 p. celé odpoledne** spend* the whole afternoon walking
projednat 1 *(prohovořit)* discuss, consider **2** *(prozkoumat)* investigate, look into **3** *(administrativně)* deal* with; **p. soudní případ** hear* a case
projedn|ávat v. **~at**; **p. návrh zákona** read* a bill ■ **~ávaná otázka** the matter in hand, the case at issue; **držet se ~ávané otázky** keep* to the point
projekce geom., film. projection
projekční projection; **p. stěna** projection screen; **p. aparát** (film) projector
projekt project, scheme; *(budovy též)* design; **zavlažovací p.** irrigation scheme
projektant planner, designer
projektil voj. projectile
projektor *(filmový)* projector
projektovat design
projet 1 get* through, run* through, *(motorista též)* drive* through; *(absolvovat obtížný úsek)* negotiate; **p. na červenou** drive* through a traffic signal; div. *(přezkoušet si)* run through **2** v. **projezdit**; **p. celou Evropu** drive round Europe, do Europe by car **3** *(kolem)* pass, *(motorista též)* drive past **4** *(vzdálenost)* do, cover; **p. 100 km** do 100 kilometres **5** *(koně)* exercise **6** hov. *(prohrát)* lose* ■ **p. se** *(na loďce/ kole/ koni)* go* out boating/ cycling/ riding; *(autem)* go for a drive
projev 1 *(proslov)* speech, address; **pronést p.** deliver a speech/ *(formální)* deliver an address **2** *(~ení)* manifestation, display; **p. vděčnosti** mark n. token of gratitude; pol. **p. důvěry** vote of confidence
projev|it, ~ovat *(dát najevo)* express, show*; **p. své city** show one's feelings; **p. komu svou soustrast** offer one's condolences n. sympathy to sb; **p. loajalitu** demonstrate one's loyalty ■ **p. se** reveal n. show* itself, manifest itself, become* evident
projíma|cí purgative, laxative; **p. prostředek** v. **~dlo**
projímadlo laxative, purgative
projímat have a laxative effect, act as a laxative
projíma|vý v. **~cí**
projíst: všechno p. fritter away all one's money on food
projít 1 *(čím, skrz co)* go* n. walk n. pass through **2** *(celé Tatry* ap.*)* hike through **3** *(kolem)* pass by, walk past **4** *(výcvikem)* take* part in, participate in; *(utrpením)* go through **5** *(zkontrolovat)* go through, look through; **p. kapsy** go through sb's pockets **6** *(při zkoušce)* pass, *(s obtížemi)* scrape through **7** *(lhůta)* expire, run* out, come* to an end **8** ♦ **projde mu to** he can get* away with it; **tomu projde všechno** he can get away with blue murder ■ **p. se** go* for a walk, take* a walk n. stroll
projíždět v. **projet**
projížďka *(autem)* drive, run, ride; *(na kole/ motocyklu)* ride; **p. na lodi** trip in a boat
prokádrovat vet, screen
prokázat 1 *(osvědčit)* show*, display, manifest; **p. velkou odvahu** show n. display great courage **2** *(nevinu* ap.*)* prove, show, establish; **p. nesprávnost teorie** falsify a theory; **p. totožnost** establish one's identity **3 p. komu laskavost** do sb a favour n. a good turn ■ **p. se** *(pasem* ap.*)* prove one's identity; **p. se vstupenkou** produce a ticket
prokazateln|ý provable, demonstrable; **~á lež** blatant lie ■ **~ost** demonstrability
prok|azovat v. **~ázat**
prokládat v. **proložit**
proklamace proclamation
proklamovat proclaim
proklatý cursed, blasted, confounded; zhrub. bloody, euf. blooming
proklep|at 1 lék. sound the lungs **2** hov. *(nuzně prožít)* make* ends meet*; **už to nějak ~em** we'll scrape through somehow, we'll muddle through somehow
proklestit 1 *(les)* thin out, *(strom též)* prune **2 p. cestu** *(lesem* ap.*)* cut* a lane through; **p. si cestu davem** force one's way through the crowd
prokl|ínat, ~ít *(koho)* curse, damn; *(co)* curse ■ **~etí** damnation, malediction; **věčné ~etí** eternal

damnation
proklouz|ávat *(kola)* skid; *(spojka)* slip; v. též **~nout**
proklouznout slide* n. slip through; *(při zkoušce)* scrape through; **nechat si co p. mezi prsty** let* sth slip through one's fingers
prokopat dig* through, cut* through ■ **p. se čím** dig* one's way through sth
prokouk|nout *(koho)* see* through, get* sb's number; **mít koho ~nutého** have sb taped
prokouřit: p. 100 Kčs měsíčně spend* 100 crowns a month on smoking n. on tobacco
prokousat se *(ven)* bite* one's way out; přen. *(knihou)* labour n. struggle through; *(velkým množstvím čeho)* toil n. plough through
prokousnout bite* through
prokristapána! good gracious!, *(dramatičtěji)* oh, my God!
prokřeh|nout get* stiff with cold, become* numb ■ **~lý** numb, stiff with cold, benumbed (with cold)
prokurátor public prosecutor, sk. procurator fiscal; *(u trestního soudu)* counsel for the prosecution; **generální p.** Attorney General
prokuratura public prosecutor's office
prokv|état *(o vlasech)* be going* n. turning grey ■ **~etlý** *(vlasy)* threaded with silver
proláklina depression
prolelkovat idle n. loiter away
prolenošit laze n. loaf away
proletariát proletariat, the working masses
proletarizovat proletarianize
proletář proletarian; hanl. prole
proletářský proletarian
prol|etět, ~étnout 1 *(letadlo* ap.*)* fly* through; *(vzdálenost)* cover 2 *(rychle projet/ proběhnout)* dash n. shoot* by n. past; **hlavou mu ~étla myšlenka** an idea flashed n. shot* through his mind 3 *(u zkoušky)* fail (in an exam); sl. flunk 4 *(prohlédnout)* skim through n. over; *(zběžně prolistovat)* flick through
prol|ézt 1 *(plotem* ap.*)* crawl n. creep* through 2 **p. při zkoušce** shave n. scrape through an examination ■ **~ezlý** *(špióny* ap.*)* honeycombed with
proležet: p. dva dny spend* two days (lying) in bed
prolhaný deceitful, mendacious; **lhář p.** damned liar
prolhat se bluff through
prolínat *(o vůni* ap.*)* penetrate; přen. *(o myšlenkách, citech* ap.*)* pervade ■ **p. se** *(barvy, zvuky)* blend (together), mingle; *(vzájemně)* fade into one another
prolisovat *(zeleninu* ap.*)* pass sth through a strainer n. sieve; *(víno)* press
prolistovat leaf through, *(zběžně)* skim n. flick through
prolít *(krev, slzy)* shed*
prolog prologue
prolomit 1 *(prorazit)* break* through, crash through, *(blokádu* též*)* run*; *(hráz* též*)* burst* 2 *(tradici)* break ■ **p. se** *(led)* give* way
prolong|ovat *(průkazku, směnku)* renew; *(půjčku)* extend ■ **~ace** renewal; extension
prolož|it 1 *(sklo papírem)* interlay (with) 2 typogr. space out 3 (**čím** with sth) *(citáty* ap.*)* lard, intersperse, lace; hov. salt ■ **~ený 1 ~ený citáty** interpersed n. larded with quotations 2 typogr. spaced
promáče|t v. **promočit** ■ **~ný** dripping n. soaking wet
promáčkn|out dent ■ **~utí blatníku** a dent in the mudguard
promarnit *(čas)* idle n. loaf away; *(příležitost)* throw* away; *(peníze)* squander; *(život)* waste, fritter away
proměna change, transformation; *(menší)* alteration; biol. a přen. metamorphosis; náb. transubstantiation; div. scenery
promenáda 1 *(procházení)* promenade 2 *(místo)* parade, esplanade, zvl. br. promenade
promenádní: p. koncert promenade concert, hov. br. prom
proměni|t 1 change, alter, transform; **manželství ho úplně ~lo** marriage has made* a changed n. new man of him 2 šachy *(pěšce)* promote, queen (a pawn); fotb. **p. penaltu** convert a penalty kick 3 *(peníze)* change ■ **p. se** change, alter; **čarodějnice se ~la v princeznu** the witch changed n. turned into a princess
proměnliv|ý 1 changeable; *(nestabilní)* unsteady, unstable; *(počasí)* unsettled; *(názory)* liquid; voj. *(situace)* fluid 2 mat., jaz. variable ■ **~ost** changeability; unsteadiness; variability
proměnná mat. variable
promeška|t *(termín)* miss; *(příležitost)* lose*, miss, let* sth slip ♦ **p. příležitost** přen. miss the bus ■ **~ná příležitost** missed opportunity
promíchat 1 *(barvy* ap.*)* mix, stir (**řádně** thoroughly) 2 *(karty)* shuffle
promíjet v. **prominout**

promile per thousand, per mill(e)
prominent VIP [vi:ai'pi:] (very important person), celebrity, person of note
prominentní prominent; *(osobnost)* famous, eminent
promi|nout 1 forgive*, excuse, pardon; **p. komu co** forgive sb (for sth); **~ňte, že vás vyrušuji** excuse n. pardon my interrupting you; **~ňte!** pardon me!, (I'm) sorry! **2** *(dluh)* remit, cancel; *(trest)* release n. absolve sb from ■ **~nutí** forgiveness, pardon; *(trestu)* remission
promísit 1 *(přísady)* mix sth thoroughly **2** *(těsto)* knead n. work sth thoroughly
promíta|cí: p. kabina projection booth; **p. doba** screen n. running time; **p. přístroj** v. **~čka**
promítačka projector
promít|at, ~nout *(film)* show*, run* ■ **p. se** *(film)* be screened, be showing; **co se ~á v kině** what's showing n. what's on at the cinema ■ **~ání** showing, screening
promlče|t: být ~n be barred by the statute of limitations; *(nárok)* be in lapse ■ **~ní** limitation; *(nároku)* lapse
promluva talk; jaz. discourse
promluvit 1 *(projevit se řečí)* break* silence; begin* to speak*; **nemohl vůbec p.** he could not utter a word **2** *(na schůzi* ap.*)* take* the floor; **p. o čem** *(k veřejnosti)* give* a talk on sth **3 p. si s kým** have a talk n. chat with sb; **p. si s šéfem** see* the boss (**o** about)
promoce graduation (ceremony)
promoč|it soak, drench, *(zemi)* make* sth sodden, make sth soaking wet ■ **p. se** get* soaked; *(půda)* become* n. get sodden ■ **~ený** soaked through, drenched
promok|nout get* wet n. soaked; **p. na kůži** get soaked to the skin ■ **~lý** soaked n. wet through
promov|at 1 *(koho)* confer a (university) degree (on); *(udělit doktorát: komu)* confer a doctorate on, confer a degree of doctor on **2** *(být ~án)* graduate, take* one's degree, be awarded one's degree; *(získat doktorát)* obtain n. gain one's doctorate
promptní prompt, swift
promrhat *(peníze, síly)* squander, waste; *(příležitost)* waste; *(život)* waste, misspend*
promrz|nout freeze* through ■ přen. **jsem celý ~lý** I am frozen stiff
promy|slit think* sth over, consider; *(do důsledku)* think out ■ **dobře ~šlený plán** a well-thought-out plan
promý|t, ~vat wash, *(láhve)* rinse (out)
pronáj|em hire; *(lodi, letadla)* charter, chartering; **dát/ vzít do ~mu** rent, (zvl. *pole, budovy* též*)* lease
pronaj|ímat v. **~mout**; **p. pokoje** let* rooms ■ **~ímání aut** car rental service
pronajm|out *(dům, byt)* let* (out); *(pozemek)* lease; *(věci)* hire (out), am. rent (out); *(loď, letadlo)* charter ■ **~utí** letting, hiring ap.; *(byt)* **„k ~utí"** "to let"
pronásledov|at 1 *(zloděje* ap.*)* pursue, chase **2** přen. *(myšlenky, melodie)* haunt; **být ~án smůlou** be dogged by bad luck; **být ~án pochybami** be beset* by doubts **3** *(stíhat)* persecute, victimize; **~án věřiteli** harassed by creditors ■ **~ání** pursuit, chase; persecution
pronásledovatel pursuer; *(utlačovatel)* persecutor
pron|ést, ~ášet 1 *(propašovat)* sneak sth (**do místnosti** into one's room) **2 p. projev** deliver a speech, *(ke shromáždění)* address a meeting; **p. přípitek** propose a toast
pronikav|ý 1 *(zápach)* pungent, penetrating; *(hlas)* piercing, shrill; *(výkřik)* piercing; *(parfém)* pervasive; *(bolest)* sharp **2** *(rozum)* penetrating, keen; *(představivost)* trenchant; *(kritika)* incisive **3** *(změny, reformy, vítězství)* sweeping ■ **~ě** piercingly; **p. vykřiknout** give* a piercing cry
proniknout 1 *(projektil)* penetrate, pierce, go* through; *(prosáknout)* seep through (into); *(zprávy)* **p. ke komu** reach sb **2** *(prosadit se)* win* through, *(mít úspěch)* assert o.s.
propadák hov. flop, failure
propadliště div. trap(door)
propad|nout 1 *(skrz)* fall* through **2** *(u zkoušky)* fail, am. flunk; **nechat koho p.** fail sb; **p. v angličtině** fail in English **3** *(hra)* be a failure n. flop **4** *(čemu: zoufalství)* sink* into, give* way to **5** *(platnost)* lapse ■ **p. se** *(střecha, strop)* cave in; *(tváře)* hollow ♦ **byl bych se studem ~l** I wished the ground would open up and swallow me ■ **~lý** *(žák)* failed; *(lhůta)* lapsed; *(hypotéka)* in default; **být ~lý drogám** be addicted to drugs
propagac|e *(zboží; kult. akce)* promotion, publicity; pol. propaganda; **dělat čemu ~i** promote sth
propagační: p. kampaň/ oddělení publicity campaign/ department
propaganda propaganda
propagandista propagandist

propagátor *(sportu* ap.*)* popularizer; *(nové módy)* trendsetter
propagovat advertise; *(dělat reklamu)* publicize; pol. propagate; *(prosazovat)* promote, popularize; *(rozšiřovat)* spread*
propálit *(co)* burn* a hole in ■ **p. se** burn through
propan-butan ≅ Calor gas
propánakrále! Goodness gracious!, Goodness me!
propasírovat pass n. rub sth through a sieve
propast 1 chasm, abyss; *(sráz)* precipice 2 přen. **p. beznaděje** the depths of despair ♦ **řítit se do ~i** přen. be on the verge n. brink of ruin
propást *(koho, nový film)* miss; **p. příležitost** miss the opportunity, přen. miss the bus n. boat
propastný *(rozdíl)* immense, enormous, vast
propašovat smuggle (**do** into); **p. co dovnitř** smuggle sth in
propíchnout pierce; *(bodákem)* bayonet; *(balónek)* prick; **p. puchýř** prick n. burst* a blister; **dát si p. uši** *(na náušnice)* have one's ears pierced
propiska ballpoint pen, biro
propisovací: p. papír carbon paper; **p. tužka** v. **propiska**
propisovat v. **propsat**
propít *(co)* *(výplatu* ap.*)* drink* away
propl|áchnout, ~achovat *(trubky)* flush; *(si ústa)* rinse; *(žaludek)* irrigate
proplatit pay*; **p. účet** pay the bill, settle the account
proplé|st, ~tat 1 (**čím** with sth) interlace, intertwine, interweave*; *(vlasy)* plait 2 přen. **p.** *(projev* ap.*)* **citáty** lard sth with quotations ■ **p. se** *(davem* ap.*)* wriggle n. squirm one's way through; **~tat se mezi poli** *(cesta)* wind* through the fields
proplout *(kudy, čím)* sail n. navigate through, *(kolem)* sail past
propočet calculation
propočí|tat, ~st calculate; **p. náklady** calculate the cost
propojit tel. put* n. connect through; el. connect
proporce proportion; *(tělesné)* build
proporcionální proportional
propo|tit *(košili)* make* sth sweaty ■ **p. se** be(come*) soaked n. lashed in sweat ■ **~cený** soaked in sweat, lashed in sweat
prop|ouštět v. **~ustit; p. světlo** transmit light
propracovat *(co)* work out (in detail); *(těsto)* knead n. work sth thoroughly ■ **p. se k čemu** work one's way to sth; *(dosáhnout čeho)* achieve sth (by hard work n. by one's own efforts)
propůjč|it: p. komu titul confer n. bestow a title on sb; **p. komu řád** award an order to sb ■ **p. se k čemu** stoop to doing sth; **k tomu se ne~ím** I won't be a party to that, count me out
propukn|out 1 *(bouře, nemoc* ap.*)* break* out 2 **p. v pláč** burst* into tears; **p. v smích** burst out laughing ■ **~utí nemoci** outbreak of a disease
propust sluice
propu|stit 1 *(nechat projít)* let* through 2 *(pacienta z nemocnice)* discharge; *(vězně)* release, set* free 3 *(z práce)* sack, dismiss, hov. fire; *(z voj. služby)* discharge; **být ~štěn** get* the sack ■ **~štění** *(pacienta)* discharge; *(vězně)* release; *(zaměstnance)* dismissal; voj. discharge
propustka permit
propustn|ý *(porézní)* porous; *(propouštějící vodu)* permeable, pervious ■ **~ost** porosity; permeability
proradn|ý treacherous, perfidious ■ **~ost** treacherousness, perfidy
proraz|it 1 *(nárazem)* smash through, knock a hole through; *(perforovat)* perforate; **p. stěnu** *(udělat otvor)* make* a hole in a wall ♦ **hlavou zeď ne~íš** don't bang your head against a brick wall 2 *(slunce)* **p. skrz mraky** break* through the clouds; **p. blokádu** break through a blockade 3 *(být úspěšný)* win* through, be successful; *(kniha* ap.*)* win recognition
pror|ážet v. **~azit**; *(slunce skrz mraky* ap.*)* peep n. glimmer through
prorektor (br. *s výkonnou mocí rektora)* vice-chancellor, am. prorector
prorocký prophetic
proroctví prophecy
prorok prophet; *(jasnovidec)* seer ■ **~yně** prophetess
prorokovat prophesy, foretell*
prorostlý 1 *(maso)* marbled; *(slanina)* streaky 2 *(plevelem)* overgrown (with)
prořeknout se make* a slip of the tongue, open one's mouth too wide
prořezat 1 cut* through, slice through 2 *(les)* thin out; *(stromy)* prune ■ **p. se** *(dětské zuby)* come* through
prořez|ávat v. **~at** ■ **~ávají se mu zoubky** he is teething
prořídlý *(vlasy)* sparse, thin (on top)
proříznout *(říznutím otevřít)* cut* sth open, lék.

též open; *(vřed)* lance; *(prorazit)* cut through ■ **mít dobře ~utý jazyk** have a sharp tongue
prosadit *(reformy)* put* sth through; *(energicky)* push n. force sth through, enforce; **p. svou** get* n. have one's way ■ **p. se** *(mít úspěch)* win* recognition; *(plán)* go* through
prosák|nout, prosakovat soak n. seep through; přen. *(informace, zprávy)* leak out ■ **~lý** *(čím)* soaked through with; přen. žert. **(být) ~lý neřestí** (be) steeped in vice
prosa|zovat *(co)* promote, advocate, urge; *(koho)* support ■ **p. se** *(názor, móda* ap.*)* gain ground; *(osoba)* assert o.s.; v. též **~dit se**
prosb|a request, *(písemná)* petition; *(úpěnlivá)* plea, *(pokorná)* supplication; **naléhavá p.** urgent request; **vyhovět ~ě** grant sb's wish; **odmítnout ~u** refuse sb's wish; **měl bych k vám ~u** I have a favour to ask (of) you
prosebník petitioner
prosebný *(pohled)* beseeching, imploring
prosedět 1 *(kalhoty, čaloun)* wear* out **2 p. celou noc** sit* up all night *(*např. with a patient)
prosekat cut* n. chop n. hew* through; **p. led** split* the ice open; **p. si cestu houštím** hew* n. hack one's way through a thicket
prosch|nout get* dry, dry up; **prádlo pěkně ~lo** the washing is nice and dry
prosík: přijít s ~em come* cap in hand
prosím I část. **1** *(přitakání)* yes, certainly, of course; *(Mohu se vás na něco zeptat? –)* **P.** Yes, of course; *(při podávání předmětu)* **P.** Here you are! **2** *(zdvořilostní otázka)* (Beg your) pardon?, What did you say? **3** *(na poděkování)* you're welcome, don't mention it! **II** citosl. **no p.!** there you are!
prosin|ec, ~cový December
pros|it 1 ask; *(naléhavě)* beg*, beseech, implore; **p. koho o co** ask sb for sth, ask sb to do sth; **p. koho o radu** ask sb's advice ♦ **smím p.?** may I have the pleasure (of this dance)?; **to bych ~il** I should think* so!, am. sure! **2** *(o psovi)* sit* up and beg ■ **p. se o co** beg for sth
prosít *(mouku)* sift; *(obilí)* screen
proslav|it *(koho)* make* n. render sb famous; **ta kniha ho ~ila** the book made him famous, the book brought* him fame ■ **p. se** become* famous, rise* to fame; **p. se čím** make a name for o.s. with sth ■ **~ený** famous, celebrated
proslech|nout se: už se o tom něco ~lo there has been some talk about it
proslídit ferret through
proslov speech, *(formální)* address; **zahajovací p.** inaugurating speech; **mít p. ke shromáždění** address a meeting
proslovit *(řeč, přednášku)* deliver, give*
proslul|ý famous, renowned, celebrated; **p. čím** celebrated for sth; **neblaze p.** infamous, ill-famed, notorious ■ **~ost** fame, eminence; *(neblahá)* notoriety
proslých|at se: ~á se, že it is rumoured that, there's a rumour going about that, rumour has it that
proso millet
prospat *(den, odpoledne)* sleep* through; *(život)* sleep away ■ **p. se** have a nap; *(řádně)* have a good sleep
prospěch 1 benefit, advantage; **ve p. koho** for the benefit of sb; **mít p. z čeho** benefit from sth; **ví, kde je jeho p.** he knows* on which side his bread is buttered **2** *(školní)* results, am. grades; **mít dobrý/ špatný p.** be a good/ poor achiever
prospěchář utilitarian, self-seeker; pol. opportunist
prospěchářský self-seeking, acquisitive; pol. opportunistic
prospěchářství acquisitiveness, utilitarianism
prospekt prospectus; *(turistický)* brochure
prosperita prosperity, *(blaho společnosti)* welfare
prosperovat prosper, flourish, thrive*; *(firma* též*)* go* from strength to strength
prospěšn|ý beneficial; *(užitečný)* useful, rewarding; **p. pro zdraví** beneficial to one's health ■ **~ost** usefulness, benefit
prospě|t 1 p. komu *(být prospěšný)* do sb good, be good for sb, benefit sb; **ten lék vám moc ~je** the medicine will do you a/ the world of good **2** šk. get* a pass; **p. v čem výborně** have excellent marks in sth
prosp|ívat 1 v. **~čt 2** *(vzkvétat)* flourish, thrive*
prosťáček simpleton, simple soul
prostát: p. hodinu ve frontě spend* an hour queuing
prostata prostate, prostate gland
prostěradlo sheet
prostírání *(anglické)* place setting
prost|írat v. **~řít** ■ **p. se** *(pole)* stretch, extend
prostituce prostitution
prostituovat se prostitute o.s. též přen.
prostitutka prostitute, streetwalker; hov. tart
prostná *(cvičení)* physical exercises
prostoduch|ý simple-minded, dim-witted ■ **~ost**

simple-mindedness
prostoj idle time, waiting time
prostor **1** filoz., fyz. space; **čas a p.** time and space; **meziplanetární p.** outer space **2 ložný p.** loading n. cargo space, loading capacity; **vzdušný p.** airspace; **životní p.** pol. lebensraum **3** přen. *(možnosti)* scope, opportunity, room
prostorný spacious; *(dům* ap.*)* roomy, commodious
prostorov|ý spatial; three-dimensional; **~á geometrie** solid geometry
prostořek|ý cheeky, impertinent, flippant ■ **~ost** impertinence, flippancy
prostota simplicity; *(obyčejnost)* ordinariness; *(chování)* unassuming manner, unpretentiousness; *(v jídle)* frugality; hanl. simple-mindedness
prostoupit *(proniknout)* penetrate; *(prosáknout)* seep through
prostovlasý bareheaded, hatless
prostranný spacious, *(dům)* roomy, commodious
prostranství open space
prostrčit stick* n. poke sth through
prostřed|ek **1** *(střed)* middle; **stát v ~ku** stand* in the middle; **v ~ku týdne** in the middle of the week **2** *(pomůcka, opatření* ap.*)* means sg. i pl.; *(opatření)* measure; **čisticí p.** detergent; **léčebný p.** remedy; **dopravní ~ky** means of transport; **výrobní ~ky** means of production; **sdělovací ~ky** mass media, (the) media; **použít všech ~ků** try every possible means, leave* no stone unturned **3** *(finanční)* **~ky** means, funds, resources; **veřejné ~ky** public funds; **být bez ~ků** be penniless n. destitute
prostředí surroundings, environment, atmosphere; **životní p.** (the) environment; **rodinné p.** home n. family background
prostředkov|at mediate, act as a mediator; *(prodej)* act as an agent (for) ■ **~ání** mediation
prostředn|í **1** *(dítě, řada, část)* middle **2** *(průměrný)* average; *(intelektuálně)* mediocre; *(~ě veliký)* medium-sized, *(kvalita)* middling; *(tlak, teplota)* mean ■ v. **~ost**
prostřednictvím through, via; *(sehnat práci)* **p. přítele** through n. via a friend
prostředník$_1$ *(zprostředkovatel)* intermediary, go-between, middleman; obch. agent
prostřední|k$_2$, **~ček** *(prst)* middle finger
prostřednost kn. *(zboží)* average n. middling quality; *(intelektuální)* mediocrity
prostříhat *(stromy)* prune; *(vlasy)* thin out
prostřílet *(proděravět)* riddle sth with bullets
prostřít: p. stůl set* the table; **p. ubrus** lay* the cloth; **p. pro čtyři** set the table for four people
prostudovat (si) *(co)* study sth thoroughly
prostupn|ý permeable, pervious ■ **~ost** permeability
prost|upovat permeate, penetrate; v. **~oupit**
prost|ý **1** simple; *(strava)* plain; *(pravda)* unvarnished; *(dům)* modest; *(člověk)* simple, unassuming; *(nevyumělkovaný)* unsophisticated; *(chování)* unpretentious; *(architektura)* austere **2** též **prost** *(čeho)* free from, devoid of, lacking; **p. starostí** free from care, carefree; **p. cla** duty-free ■ **~ě** **1** simply, modestly, plainly; **~ě a jasně** in plain terms **2** *(v modálním významu)* simply, just; **je to ~ě zločin** it is simply criminal
prostyd|nout become* stiff with cold ■ **~lý** frozen n. chilled through, chilled to the marrow
prosv|ítat, ~itnout show* through n. up, peep out; **slunce ~itlo skrz mraky** the sun peeped out from behind the clouds
prosvítit **1** *(plíce)* X-ray; *(vejce)* candle **2 p. hodně elektřiny** use up a lot of electricity, run* up a huge electricity bill
prošedivělý greyish(-haired), grizzled; *(vlasy)* greying
proší|t, ~vat stitch through ■ **~vaný** quilted; **~vaná přikrývka** quilt, *(prachová)* duvet
proškrtat *(článek)* cut*, reduce* sth in length
prošlapa|t *(boty)* wear* out; **p. cestičku** beat* a path ■ **~ný** *(obuv)* worn out; **~ný chodník** beaten path n. track
prošoupaný threadbare; **kabát je p.** the coat is out at the elbows
prošpikova|t *(kuře)* lard; **p. co citáty** interlard *(a speech* ap.*)* with quotations ■ **~ný** larded (with); **~ný špióny** riddled with spies
proštípnout *(jízdenku)* punch; **p. komu řidičský průkaz** ≅ endorse sb's driving licence
protáčet se *(kola)* spin*
protáhlý *(krabice)* oblong; *(obličej)* oval, long
prot|áhnout, ~ahovat **1** *(provaz)* pull* n. run* through; **p. hlavu plotem** squeeze one's head through a fence **2** *(prošpikovat)* lard with **3** *(prodloužit)* stretch, draw* out, extend; *(tělo, údy)* stretch; *(schůzi)* draw out; **p. obličej** pull a long face ■ **p. se** **1** *(malým prostorem)* squeeze through **2** *(narovnat se)* stretch one's legs **3** *(schůze)* drag on
protancovat **1 p. celou noc** dance all night, spend* the night dancing **2** *(boty)* wear* sth

out n. through by dancing
proté|ci, ~kat *(voda, řeka)* pass n. flow through
protein protein
protějšek 1 *(u stolu* ap.*)* the person opposite 2 *(osoba se stejnou funkcí)* opposite number, counterpart; **britský ministr financí a jeho český p.** the British Chancellor and his Czech counterpart n. his Czech opposite number
protější opposite, the other; **p. dům** the house opposite; **p. strana** the opposite n. the other side
proté|kat v. **~ci**
protekc|e patronage, favouritism, hov. pull; **získat něco z p.** pull (a few) strings to get* sth; **má ~i u ředitele** he has a lot of pull with the director
protekční: p. dítě protégé
protektor 1 *(ochránce)* patron, sponsor; pol. *(státní funkce)* protector 2 techn. protector
protektorát pol. protectorate
protektorovat *(pneumatiku)* retread, am. remould
protest protest; **vznést p.** make* n. raise a protest; **na znamení ~u** as a protest, in protest
protestant, ~ský Protestant
protestant|ství, ~ismus Protestantism
protestovat protest, raise a protest, remonstrate; **p. proti čemu** protest against sth
protéza artificial limb; *(zubní)* denture(s); false teeth
protěž edelweiss
protěžov|at favour, pull strings for, discriminate in favour of ■ **~ání** favouritism, nepotism
proti 1 *(místně)* opposite, facing; **p. kostelu** opposite the church; **seděla p. mně** she was sitting opposite me, she was facing me; **p. sobě** opposite one another, facing one another; **p. proudu** up the river, upstream ♦ **jde mi to p. srsti** it goes* against the grain with me 2 *(ve srovnání s)* as against, in comparison with, as compared with; **p. včerejšku je tepleji** it is warmer in comparison with yesterday 3 (vyj. *neshodu)* contrary to, in defiance of; **p. zdravému rozumu** in defiance of common sense; **p. očekávání** contrary to expectations 4 (vyj. *ochranu) (prášek)* **p. bolení hlavy** for a headache; **lék p. chřipce** a remedy for flu; **brýle p. slunci** sunglasses 5 (vyj. *odmítavý postoj)* against, with; **bojovat p. čemu** fight* n. struggle with n. against sth; **hlasovat p. čemu** vote against sth
protiakce counteraction
protiatomový: p. kryt atomic bomb shelter
protifašistický anti-fascist
protihodnota ek. equivalent
protihráč opponent, adversary
protichůdný *(zájmy)* opposing; *(názory)* conflicting, opposite
protijed antidote
protikandidát rival candidate
protiklad contrast, contradiction; *(pravý opak)* antithesis
protikladný opposite, contrasting, conflicting
protilehlý *(břeh, úhel)* opposite
protilék antidote
protiletecký anti-aircraft
protínat v. **protnout**
protinárok counterclaim
protínat se *(silnice* ap.*)* intersect
protinávrh counterproposal
protinož|ec; ~ci antipodes
protiopatření countermeasure
protipožární: p. cvičení fire drill; **p. ochrana** fire prevention
protiprávní unlawful, illegal
protireformace Counter-Reformation
protislužb|a reciprocal service; **udělat co jako ~u** do sth in return (for sth)
protisměr opposite direction; **obrat do ~u** U-turn
protismykový anti-skid
protismyslný absurd, nonsensical, preposterous
protispolečenský antisocial
protistátní subversive, hostile to the state; **p. činnost** subversive activities
protišpionáž counterespionage
protitankový anti-tank
protitlak counterpressure
protiúčet *(částečný)* part exchange; **vzít co na p.** take* sth in part exchange
protiútok counterattack
protiv|a$_1$ *(~ný člověk)* nuisance, a pain in the neck; *(silněji)* a nasty piece of work, vulg. a pain in the arse
protiv|a$_2$ *(opak)* opposite, extreme; **~y se přitahují** opposites attract one another
protiváh|a counterbalance, counterpoise; **být ~ou čeho** cancel sth out
protiv|it se 1 *(vzpírat se komu)* stand* up against, oppose, resist 2 *(ošklivit se)* disgust, nauseate; **~í se mi to** it disgusts me, I am disgusted with it, it makes* me sick
protivládní antigovernmental, oppositional
protivník opponent, adversary; *(rival)* rival; *(nepřítel)* enemy
protivn|ý *(nepříjemný)* unpleasant, disagreeable; *(silněji)* nasty, horrid, repulsive; **je mi to ~é** it

disgusts me; **je mi p.** I don't like him; **nebuď p.!** don't be cheeky!

protizákonn|ý illegal, unlawful; *(rozhodnutí)* wrongful ■ **~ost** illegality, unlawfulness; **p. čin** an unlawful act

protk|at, ~ávat interweave* n. interlace (with) ■ **~aný** n. **~ávaný zlatem** interwoven with gold

protlačit get* through, *(násilím)* force through; **p. hrách sítem** rub peas through a sieve ■ **p. se** *(davem)* squeeze n. force n. *(nelítostně)* bulldoze one's way (through the crowd); v. též **prosadit se**

protlak *(rajský)* tomato purée n. paste

protlouci se scrape n. muddle through

protloukat se muddle along; *(nuzně)* eke out one's living; *(bez cizí pomoci)* fend for o.s.

proto 1 *(odkazovací)* **p., aby...** in order to, so as to; **p., že** because; **už p., že** if only for the reason that 2 expr. ♦ **dostat co p.** be hauled over the coals; **dát komu co p.** give* sb a ticking off 3 souř. sp. **a p.** therefore, for that reason, on that account ♦ expr. **tak p.!** so that's why!

protokol 1 *(jednání)* minutes, record of proceedings; **p. o dopravní nehodě** a record of a road accident 2 právn. statement; **sepsat p.** *(čeho)* take* sth down, *(schůze)* take down the minutes, *(na policii)* take down sb's statement 3 *(diplomatický)* protocol

protokolovat 1 record, take* sth down on record, enter sth in the minutes; **dát co p.** have sth put* on record, have sth minuted 2 *(firmu)* register

protopit *(uhlí* ap.*)* burn*; **p. majlant** spend* a fortune on heating

protoplazma protoplasm

prototyp prototype; *(model)* epitome; *(pravzor)* archetype

protože because; *(zvl. na začátku souvětí)* as, since

protrh|at, ~ávat 1 *(síť)* tear*, make* holes in; *(boty)* wear* down 2 *(vyjednotit)* thin out ■ **p. se** *(mraky)* scatter

protrhnout 1 *(pytel)* tear*, make* a rent n. hole in; *(hráz)* burst* ■ **p. se** *(přehrada* ap.*)* burst open

protřelý 1 *(zkušený)* experienced, hard-bitten ♦ **světem p.** worldly-wise 2 *(vychytralý)* sly, crafty

protřepat *(lahvičku s lékem)* shake* sth up

protřít *(přes síto)* rub through; **p. si oči** rub one's eyes ♦ **p. komu zrak** přen. open sb's eyes

proud 1 *(vody* ap.*)* current, stream; **~y slz/ krve** floods of tears/ a river of blood; **víno teklo ~em** the wine flowed freely n. like water; **plavat po/ proti ~u** swim* with/ against the current ♦ **plout s ~em/ proti ~u** přen. swim n. go* with/ against the tide 2 *(lidí, světla)* flood; *(vozidel, vzduchu)* stream; *(slov)* torrent, flood 3 *(elektrický)* current; **stejnosměrný/ střídavý p.** direct/ alternating current 4 **být v ~u** be in progress; **být v plném ~u** be in full swing; **dostat co do ~u** get* sth going

proud|it *(voda, slzy)* stream, run*; *(krev)* circulate; *(lidé)* pour, flood; *(ven)* flock out; **hovor živě ~il** there was a lively conversation ■ **~ění** *(krve)* circulation; *(tepla)* convection

proudnicový streamlined

proutek 1 thin stick; **kouzelný p.** magic wand ♦ **děvče jako p.** a slip of a girl 2 *(pro hledání vody)* dowsing rod

proutěn|ý wicker; **p. košík/ ~é křeslo** wicker basket/ chair

proutí wicker

proutkař diviner, dowser

proužek stripe; *(papíru)* strip; text. stripe, *(úzký: na obleku)* pinstripe

proužk|ovaný striped; *(látka s úzkým ~em)* pinstripe

provád|ět 1 *(politiku, profesi)* pursue, carry on, be engaged in; *(sport)* do, go* in for; *(měření)* take* 2 *(tropit)* be up to; **co to ~í?** what is he up to?; **co to tu ~íte?** what's going on here? v. též **provést**

provalit *(hráz)* break* through ■ **p. se** 1 *(voda hrází)* break through; *(vřed)* erupt, come* to a head 2 *(aféra)* come* out, leak out

provaz rope, *(tenčí)* cord; *(oprátka)* (the) rope, (the) noose; **~y** *(v boxérském ringu)* (the) ropes; **být v ~ech** be on the ropes

provázek string

provázet: p. koho městem/ závodem guide sb through the city/ take* sb round the factory; **p. koho očima** stare n. gaze after sb

provaznictví ropemaking, manufacture of ropes

provazník ropemaker

provazolezec tightrope walker

provazolezectví rope-walking

provazový rope; **p. žebřík** rope ladder

provdat: p. dceru give* a daughter (away) in marriage, marry (off) a daughter ■ **p. se** get* married

provediteln|ý *(plán)* feasible, viable ■ **~ost** viability, feasibility

prověrka pol. screening; br. *(ve státní službě)* vetting; techn. inspection, check

prověř|it, ~ovat 1 *(fakta)* check (up on), verify; *(teorii)* examine 2 *(osoby)* screen; br. *(ve státní službě)* vet

prov|ést 1 *(turisty)* show* sb (a)round (a place); **p. koně** exercise a horse 2 *(děvče v tanci)* have a dance with 3 *(plán, úmysl)* carry out, put* sth into effect; *(rozbor)* make*; *(úkol, výpočty)* perform; *(průzkum)* conduct n. make; **p. hloupost** do sth silly n. foolish ♦ **p. svou** have one's (own) way; **cos to ~edl?** now, look what you have done 4 *(div. hru)* (put* on the) stage, perform ■ **~edení** 1 *(úkolu)* execution; *(plánu)* realization 2 div., hud. performance; *(produkce)* production; **první ~edení** first performance, first night

provětrat *(pokoj, šaty)* air ■ **p. se** get* some fresh air

provézt 1 *(přes hranice)* smuggle (sth through) 2 *(koho autem)* drive* sb around

proviant provisions, food; voj. supplies, rations

provincialismus provincialism

provin|ciální, ~ční provincial; hanl. parochial; **~ční bigotnost** parochial bigotry

provincie province; hanl. backwoods

provinění *(poklesek)* misdemeanour, transgression; **služební p.** professional misconduct; **p. proti zákonu** offence against the law, violation of the law

provinilec offender, delinquent; **mladistvý p.** juvenile delinquent, young offender

provinilý guilty; **p. pohled** a guilty look

provinit se commit an offence; **p. se proti dobrému chování** offend against good manners; **p. se proti zákonu** offend against the law, violate the law; **p. se proti předpisům** infringe n. contravene regulations; **p. se proti komu** wrong sb

provize commission, *(makléřská)* brokerage

provizorní provisional; *(dočasný)* temporary; *(nouzový)* stopgap; *(náhražkový)* makeshift

provizórium stopgap, makeshift n. provisional arrangement

provlé|ci, ~knout: p. nit ouškem (jehly) thread a needle ■ **p. se** *(čím)* push one's way through, squeeze through

provokace provocation

provoka|ční v. **~tivní**

provokatér troublemaker, stirrer, *(na shromáždění)* heckler; pol. též agent provocateur, agitator

provokativní provocative

provokovat provoke, *(poznámkami, otázkami)* heckle; **p. představivost** challenge the imagination

provolání *(republiky)* proclamation; *(volební; skupiny lidí)* manifesto

provol|at, ~ávat *(oznámit)* proclaim, announce; **p. komu slávu** give* sb three cheers; **p. hesla** chant slogans

provoz 1 *(stroje, továrny)* working, operation; **být v ~u** be in operation, be working; *(knihovna* ap.*)* be open; **být mimo p.** *(stroj, zařízení)* be out of operation; *(výtah)* be out of order; **uvést do ~u** *(stroj)* put* sth into operation; *(dálnici)* open sth to traffic 2 *(pouliční)* traffic; **jednosměrný p.** one-way traffic 3 *(~ovna)* plant, shop

provozní: p. náklady operating costs; **p. prostředky** working funds; **p. hodiny** hours of business; **p. rychlost** running speed; **p. kapacita** operating capacity

provozovat *(přátelskou politiku)* pursue, carry on; *(sport, hudbu)* do, go* in for; *(řemeslo)* be; **p. pekařství** be a baker

provozovna *(závodu)* shop, workshop, plant; **holičská p.** hairdresser's n. barber's shop; *(všeobecně: budovy, místnost)* the premises

provrt|at, ~ávat drill through; **p. v čem díru** drill a hole in sth

provždy for ever, for good ♦ **jednou p.** once (and) for all

próza prose; **p. života** the prosaic n. humdrum side of life

prozaický prosaic; *(spisovatel)* prose, of prose; *(všední)* pedestrian, down-to-earth

prozaik prose writer; *(písatel románů)* novelist

prozatím *(zatím)* in the meantime, meanwhile; *(předběžně)* for the present, for the time being

prozatímní temporary, provisional; *(improvizovaný)* stopgap; právn., pol. interim; **p. vláda** caretaker government

prozírav|ý *(předvídavý)* far-sighted; *(hledící do budoucnosti)* forward-looking; *(obezřetný)* prudent; *(taktický)* politic ■ **~ost** foresight, prudence

prozkoumat explore, examine; **podrobně p.** go* through sth with a fine toothcomb, scrutinize; v. **zkoumat**

prozodický prosodic

prozodie prosody

prozpěvovat si sing* softly, hum a song, croon

prozra|dit, ~zovat betray, give* away, *(tajemství též)* divulge; hov. let* the cat out of the bag, pol.

leak; *(bezděky)* speak* out of turn ♦ **p. plány** give* the show away ■ **p. se** give o.s. away, betray o.s.

prozřeteln|ý provident; v. **prozíravý** ■ **~ost** providence

prožl|ít, ~ívat 1 *(mládí* ap.*)* go* through, live through; **p. mnoho let v cizině** spend* many years abroad; **znovu p.** relive 2 *(zakusit)* experience; *(být svědkem)* witness; **~il mnoho zlého** he has seen* bad times

prožitek experience; **nezapomenutelný p.** an unforgettable experience

prožra|t *(o molech)* eat* through, eat holes into; *(o rzi)* corrode ■ **~ný** *(od molů)* moth-eaten, *(rzí)* corroded

prs breast; **dát dítěti p.** give* a baby the breast; **mít dítě u ~u** breastfeed* a baby

prsa 1 *(hruď)* chest, breast; **bít se v p.** beat* one's breast; **být slabý na p.** have a weak chest 2 *(ženská)* breasts; *(poprsí)* bosom, bust 3 sport. *(plavecký styl)* breaststroke

prsíčka *(drůbeží)* breast; **husí p.** goose breast

prskat 1 *(o člověku)* splutter; **p. vztekem** seethe with rage, foam at the mouth; *(kočka)* spit* 2 *(omastek při smažení)* sizzle, splutter; *(svíčka, motor při startování)* sputter

prskavka (fire)cracker, squib; *(vánoční)* ≅ sparkler

prsní *(sval, čaj)* pectoral; **p. bradavka** nipple

prst finger; *(na nohách)* toe; **hrozit komu ~em** wag an admonishing finger at sb; **dostat přes ~y** get* a rap over the knuckles ♦ **mít v čem ~y** have a hand in sth, be in on sth; **umět si omotat koho kolem ~u** be able to twist sb round one's finger; **nehnout ~em** not to stir n. lift a finger

prsť earth, soil; **úrodná p.** fertile soil; přen. fertile ground

prsten: zásnubní p. engagement/ wedding ring; **pečetní p.** signet ring

prstencov|itý, ~ý ringlike, circular

prstenec *(vlasů)* curl, ringlet

prsteník ring finger

prstoklad hud. fingering

prš|et rain; *(rány, kameny)* rain n. hail down; **~í, jen se leje** it's raining cats and dogs, it's bucketing down; **drobně ~elo** there was a drizzle, there was a Scotch mist; **hustě ~elo** it was raining hard ♦ **až na~í a uschne** when pigs fly*; zhrub. not bloody likely

prška drizzle; *(krátká, náhlá)* shower

průběh course, progress; **p. nemoci** the course n. progress of an illness; **v ~u času/ dne** in the course of time/ the day; **v ~u jednání** in the course of the negotiations

průběžn|ý continuous; *(komentář)* running; **~á kolej** through line; sociol. **~á studie** longitudinal study ■ **~ě** continuously; **~ě koho informovat** keep* sb posted

prubířský: p. kámen acid test

průbojn|ý *(člověk)* enterprising, energetic; *(nekompromisní)* assertive; hov. pushy; *(síla střely)* penetrating ■ **~ost** *(střely)* penetrating power; *(člověka)* initiative; assertiveness

průčelí *(budovy)* front, frontage, face, *(fasáda)* facade

průčelní frontal, front

prud|ký 1 *(pohyb, řeka)* swift; *(úder)* savage; *(tempo, slunce, vedro)* blistering; *(bolesti)* sharp, shooting, severe; *(světlo)* bright, glaring, fierce; **p. pokles** slump; **~ké stoupání mezd** wages explosion 2 *(povaha)* violent, fierce; *(hněv, radost, tužba)* wild; *(diskuse)* heated 3 *(svah, stoupání)* steep, abrupt; *(zatáčka)* sharp, sudden 4 *(člověk)* impetuous, hot-tempered, choleric ■ **~ce** swiftly, sharply, fiercely; steeply, abruptly; *(o cenách)* **~ce stoupnout** rise* steeply, rocket

průduch airhole, vent

průduškový bronchial

průduš|ky bronchial tubes; **zánět ~ek** bronchitis

průdušnice windpipe, lék. trachea

pruh 1 stripe; *(nepravidelný)* streak; *(papíru, půdy* ap.*)* strip; *(zeleně)* girdle 2 *(po ráně bičem)* weal, welt 3 *(jízdní)* (traffic) lane

průhled archit. aperture, opening; *(alejí)* vista

průhledn|ý transparent; *(látka)* diaphanous, see-through; přen. *(výmluva* ap.*)* transparent, *(převlek)* thin; *(styl)* lucid ■ **~ost** transparency, diaphanousness

pruhovaný *(látka, šaty)* striped

průchod passage; *(spojovací)* passageway; *(ulička)* alleyway ♦ **dát čemu volný p.** let* things run* their course; **dát p. slzám** give* way to tears; **„P. zakázán!"** "Closed to pedestrians"

průjem diarrhoea

průjezd 1 *(projíždění)* passage ♦ **„P. zakázán!"** "No Thoroughfare" 2 passageway, gateway

průjezdní: p. vízum transit visa

průjezdný *(cesta)* passable; **p. vlak** through n. express train

průkaz *(osobní)* identity card; **čtenářský/ členský/ služební p.** library/ membership/ service card; **řidičský p.** driving licence, am. driver's license; **technický p.** certificate of roadworthiness, br. M.O.T. [em'u'ti:] certificate

průkazka *(ke vstupu)* pass; v. též **průkaz**

průkazn|ý *(přesvědčivý)* conclusive; **p. materiál** body of evidence; **sbírat p. materiál** gather evidence ■ **~ost** conclusiveness

průklep carbon copy

průklepový: p. papír flimsy

průkopník pioneer; též trailblazer

průkopnický pioneering; *(objev)* epoch-making

průlinčitý porous

průliv straits, channel; **Lamašský p.** the (English) Channel

průlom *(ve stěně)* opening; voj. breakthrough, penetration; přen. breakthrough

průměr 1 geom. diameter **2** *(střední hodnota)* average; **aritmetický p.** arithmetic mean; **v ~u** on average

průměrn|ý 1 average, *(hodnota též)* mean; **p. člověk** (the) man in the street **2** *(výkon)* average, mediocre ■ **~ě** on average; **~ě vysoký** of average height; **hráli ~ě** sport. they played an average game ■ **~ost** mediocrity

průmět mat. projection

průmysl industry; **klíčový/ domácký p.** key/ cottage industry; **lehký/ těžký p.** light/ heavy industry; **pracovat v ~u** work in industry

průmyslník industrialist

průmyslovka technical college

průmyslov|ý industrial; **~á škola** v. **~ka**

průnik mat. penetration; *(vzájemný)* intersection

průpis carbon copy; **napsat co ~em** make* a carbon copy of sth

průplav canal; **Panamský p.** Panama Canal

průpověď adage, saying; *(rčení)* maxim

průprava preparation n. training (for); *(důkladná)* grounding (in)

průpravn|ý preparatory; **~é práce** *(úmorné)* spadework

průrazn|ý *(zbraň)* high-powered ■ **~ost** force of penetration

průrva *(strž)* ravine, chasm; *(v hrázi)* gap

průřez geom. (cross-)section; techn., přen. cross-section

průsečík point of intersection

průsečnice (line) of intersection

Prusk|o Prussia ■ **p~ý** Prussian

průsmyk pass

průstřel lék. penetration wound; *(v pancíři)* full penetration

průsvitn|ý transparent; *(látka též)* diaphanous; *(hedvábí)* sheer; **p. papír** *(pauzovací)* tracing-paper ■ **~ost** transparency

prušácký, Prušák hanl. Prussian

průšvih scrape, pickle; **mít p.** be in a (pretty) pickle; **dostat se do ~u** get* (o.s.) into a scrape; *(uděláš-li to,)* **bude p.** there will be hell to pay*; **mít p.** be in for it

prut rod; *(větvička)* switch; *(hůlka)* cane; **rybářský p.** fishing rod; **zlatý p.** gold ingot ♦ **je tenká jako p.** she's as slender as a reed

průtah delay; **~y** procrastination, *(byrokratické)* red tape; **bez ~ů** without delay; *(říci co)* **bez ~ů** without ceremony

průtok flow; **rychlost ~u** rate of flow

průtokový: p. ohřívač *(vody)* flow heater

průtrž: p. mračen torrential rain, downpour

průvan draught, am. draft; **je tu velký p.** this place is very draughty

průvod *(organizovaný)* procession; *(slavnostní)* parade; **karnevalový p.** carnival procession; **májový p.** May Day parade; **protestní p.** protest demonstration n. march

průvodce *(turistů)* guide, courier; *(kniha)* guide (book)

průvodčí *(vlakový)* br. guard, am. conductor; *(autobusový)* conductor

průvodka *(balíku)* dispatch form

průvodní: p. okolnosti attendant n. concomittant circumstances; **p. dopis** covering letter

průzkum examination, exploration; voj. reconnaissance, hov. recce; **p. poptávky** consumer research; **p. veřejného mínění** (public) opinion poll

průzkumník voj. scout; **skupina ~ů** reconnaissance n. scouting party

průzkumný *(vrt)* explorative, exploratory; voj. reconnaissance, scouting

průzračný *(voda)* limpid, pure; *(oči)* liquid; přen. *(próza)* luminous

pružina spring; **spirálová p.** spiral spring

pružn|ý elastic; *(kůže, tělo)* supple; *(krok)* springy, elastic; přen. *(politika)* flexible ■ **~ost** elasticity; *(kroku, matrace)* springiness

prvek 1 *(složka)* element, component, constituent **2** chem. element

prvenství primacy, priority; **světové p. v hokeji** world ice-hockey championship

první first; *(písmeno též)* initial; *(nejpřednější)* best, foremost; *(strana novin)* front; **p. stupeň** *(škola)* infant school, primary school; **p. žák** the top pupil in his/ her class; **p. pomoc** first aid; **p. vystoupení** *(v parlamentu)* maiden speech; **p. let** maiden flight ♦ **informace z p. ruky** first-hand information; **na p. pohled** at first sight

prvobytný *(společnost)* primitive

prvočinitel prime factor

prvočíslo prime number

prvohorní Palaeozoic

prvohory Palaeozoic (age n. era)

prvopis original

prvopočáteční initial, original; *(prapůvodní)* primordial; **p. stav** primordial state; **p. potíže** initial difficulties

prvopočát|ek: od ~ku from the very beginning n. outset

provorozenec firstborn, the eldest child

prvorozenectví birthright

prvorozený firstborn; **p. syn** the firstborn son, the eldest son

prvo|řadý *(hlavní)* paramount, principal, primary; *(~třídní)* first-class, first-rate

prvosenka primrose

prvotina first work

prvotní 1 *(flóra, fauna)* primaeval, primordial; *(stav)* original; *(umění, náboženství)* early 2 *(hlavní)* primary; *(motiv)* prime

prvotřídní first-class, first-rate; *(zboží též)* top-quality; *(ovoce, pochoutky)* choice; iron. **p. hlupák** a prize idiot, hov. an absolute chump

prvovýroba basic industries

prý allegedly, reputedly; **je p. ve vězení** rumour has it that he is in jail; **p. se žení** I am told* that he is getting* married

pryč 1 away, gone; **už je p.** he has already gone* n. left*; **ruce p.!** hands off!; **musel p.** he had to go* n. to leave* 2 *(z domova)* away from home 3 *(o času)* **odpoledne je p.** the afternoon is over; **je mu dvacet p.** he's over twenty ♦ **p. jsou ty časy, kdy** gone are the times when 4 **být celý p.** *(nadšený)* be in raptures, *(do koho/ čeho)* be crazy about sb/ sth

pryčna plank bed

prýmek braid; *(na uniformě)* stripe

pryskyřice resin

pryskyřičný resinous

prýšti|t stream, well out n. up; *(silně)* gush (out); **z rány mu ~la krev** blood was oozing (out) from the wound

pryž *(materiál)* rubber; *(na mazání)* eraser, br. rubber

prznit: přen. **p. angličtinu** murder the English language

přací: p. věta jaz. optative clause

přádelna spinning mill

přadeno *(vlny, příze)* skein, hank

přadlena spinner

přání 1 *(touha)* wish, desire; *(žádost)* request; **na jeho p.** at his request; **jaké máte p.?** what would you like?, what can I do for you?; **zcela podle jeho p.** just as he wants n. wishes 2 *(gratulace)* congratulations; **p. k Novému roku** New Year's greetings; **(srdečné) p. k narozeninám** many happy returns (of the day)

přát 1 *(komu co)* wish sb sth; **p. komu dobré ráno/ šťastnou cestu** wish sb good morning/ a good journey; **p. komu vše nejlepší** wish sb every happiness 2 *(blahopřát)* congratulate; kn. offer sb one's congratulations (**k čemu** on sth); **p. komu k narozeninám** wish sb many happy returns (of the day) 3 *(být komu nakloněn)* be on sb's side; *(nadržovat)* favour; **nep. změnám** be averse to change ■ **p. si** 1 *(co)* wish, desire, want; **co si přeješ k narozeninám?** what do you want for your birthday?; **přál bych si být doma** I wish I were home 2 *(v jídle, v pití)* indulge o.s.

přátelit se *(s kým)* be friends with

přátelsk|ý friendly; *(rada též)* well-intended; *(přijetí)* warm, cordial ■ **~y** in a friendly fashion n. way; **přijmout koho ~y** give* sb a friendly welcome

přátelství friendship; **z p.** out of friendship; **uzavřít s kým p.** make* friends with sb

pře quarrel, argument; *(soudní)* lawsuit

přebal *(knihy)* dust cover n. jacket

přebalit 1 *(kufry)* repack 2 *(dítě)* change the baby

přebarvit *(přetřít)* repaint; *(látku, vlasy)* redye

přebásnit recast sth in verse, translate sth in verse form

přeběhlík voj. deserter; pol. defector, turncoat; náb. renegade

přeběhnout 1 *(kam)* run* over to; **p. přes dvůr** run across the yard 2 voj. desert; pol. defect; **p. k nepříteli** desert to the enemy, change sides 3 **p. dopis očima** go* over the letter

přeb|íhat 1 v. **~ěhnout** 2 **p. sem a tam** run* back and forth

přebírat v. **přebrat**

přeb|ít, ~íjet *(karty)* take*; **eso ~íjí krále** ace takes the king

přebol|et stop hurting* n. aching; **časem vše ~í** time is a/ the great healer

přebor championship

přeborník champion, titleholder

přeb|rat, ~írat 1 *(zeleninu, ovoce, čočku)* sort 2 *(moc)* take* over; **p. zboží** take receipt of goods 3 *(zákazníky)* win* over; **p. komu děvče** take n. pinch (sb's girlfriend) 4 **trochu ~ral** *(v pití)* he has had a drop too much, he has had one too many 5 *(špatně si vybrat)* make* a wrong choice

přebrodit wade through

přebudovat rebuild*, reconstruct

přebujelý *(rostlinstvo, zlo, kacířství)* rampant

přebytečn|ý 1 *(peníze)* spare; *(zboží)* surplus, excess; *(rukavice, bota)* odd 2 *(nepotřebný)* superfluous ♦ **je tu ~á** she is playing gooseberry

přebytek surfeit, glut; *(obyvatelstva)* overspill; **p. peněz/ zásob** surplus money/ stock(s)

přebýv|at 1 *(bydlet)* kn. dwell, reside; neutr. stay 2 *(být navíc)* be in excess of; **~á mi 10 korun** I have ten crowns too many n. over

přece I adv. *(přesto)* **a p.** still, nonetheless, nevertheless; **p. jen** anyway, all the same, after all; **a p. to udělal** but n. yet he still did it, he did it nonetheless; **p. jen jsem šel** but I went* anyway, but I went all the same II část. surely, I hope; **p. nechcete říci ...** you don't mean* to say* ...; **pojďte p. dál!** do come* in!; **vy p. přijdete, ne?** you will come*, won't you?

přecedit strain

přece|nit, ~ňovat 1 *(ocenit vysoko)* overrate, overestimate 2 *(zboží)* re-price, change the prices of; *(zvýšit ceny)* mark up; *(snížit ceny)* mark down

přecitlivělý oversensitive, hypersensitive

přecpa|t overfill; *(si žaludek)* overload; *(cesty)* congest; *(si paměť)* cram, clog; *(byt nábytkem ap.)* clutter (with) ■ **p. se** overeat*, stuff o.s.; hov. make* a pig of o.s. ■ **~ný** *(lidmi)* overcrowded; *(ulice)* crowded, *(auty)* congested

přečerpat 1 *(do jiné nádoby)* pump over 2 *(úspory, konto)* overdraw*

přečin misdemeanour, transgression

přečíst 1 read* through; *(zběžně)* skim n. glance through; *(na přeskáčku)* scamper through; **p. dvě knihy denně** go* through two books a day 2 *(rozluštit)* **nemohu to p.** I can't decipher it, I can't make* it out

přečkat 1 *(krizi, zlé časy, bouřku)* weather, ride* out 2 *(přežít)* **p. syna** outlive one's son

přečnívat *(mimo)* protrude, jut n. stick* out; *(přes co)* overlap; *(převyšovat koho)* dwarf sb

před 1 *(místně)* in front of; *(v řadě)* before; *(venku)* outside; přen. before; *(v tabulce)* ahead of; **p. domem** in front of the house; **p. městem** outside the town; **p. svědky** before witnesses; *(o střele)* **padnout p. cíl** drop n. fall* short of the target 2 *(časově)* before, prior to, previous to; *(v relaci k přítomnosti)* ... ago; **p. Kristem/ setměním** before Christ/ before dark; **p. týdnem** a week ago; **p. jeho příjezdem** prior to his arrival

předák 1 pol. leader; **odborový p.** (trade) union leader 2 *(dílovedoucí)* foreman; *(vedoucí čety)* ganger, am. gang boss

předat hand over, *(dodat)* deliver; *(vyznamenání)* present sth to sb, present sb with sth ■ **p. se** overpay*, pay* excessively; **p. se o deset korun** pay ten crowns too much

předběhnout overtake*; **p. ve frontě** jump the queue n. am. line; **p. svou dobu** be ahead of one's time; **p. koho** *(vypálit mu rybník)* steal* sb's thunder, steal a march on sb

předběžný *(zpráva, opatření ap.)* preliminary; *(jednání)* explorative, exploratory

předb|íhat v. **~ěhnout** ■ **p. se** *(o hodinách)* be fast; **moje hodinky se o pět minut ~íhají** my watch is five minutes fast

předčasn|ý *(porod, příchod)* premature; **~á smrt** untimely death; **p. start** false start ■ **~ě** prematurely; **zemřít ~ě** die before one's time; **~ě startovat** jump the gun

předčit outdo, surpass, do better than; *(v běhu)* outrun*; **p. všechna očekávání** go* beyond n. surpass all expectation

předehra *(operní ap.)* overture; *(milostná)* foreplay

před|ejít 1 v. **~běhnout**; *(v chůzi též)* pass 2 *(čemu)* prevent; *(nehodě)* forestall; *(špatnému chápání)* preclude 3 *(udělat dříve)* beat* sb to it

před|ek$_1$ ancestor; kn. forebear, forefather; **naši ~kové** our forefathers

předek$_2$ front, *(domu též)* face; *(auta, letadla ap.)* nose

předěl watershed, též přen.; **p. v našich dějinách** a watershed in our history

předěl|at, ~ávat *(změnit)* alter, change; *(přepracovat)* redo, revamp, do sth over; *(adaptovat)* convert, transform; *(podstatně)* recast*, remould; **~ávat co třikrát** do sth three times over

předem 1 *(časově)* in advance, beforehand; **platit p.** pay* in advance; **p. upozornit** forewarn; **je to p. ztracený případ** it's a nonstarter 2 *(místně)* **vchod p.** front door; **jít p.** go* through the front door

předepsa|t 1 *(úředně)* stipulate, prescribe, lay* sth down; *(četbu, úkoly)* set* 2 lék. prescribe; **p. komu dietu** put* sb on a diet ■ **~ný** prescribed; **~ná četba** prescribed texts n. books, set texts n. books;; **~ná uniforma** regulation uniform; **~ná pravidla** set rules

předes|lat, ~ílat: p. několik slov say* a few words by way of introduction; **musím p., že** I must first say that

předešl|ý *(řečník, nájemník, bydliště)* previous; *(rok)* last; *(bývalý)* former; **~ého dne** on the previous day ■ **~e** formerly, on the last occasion

předevčírem the day before yesterday

především 1 *(hlavně)* especially, in particular, first and foremost 2 *(předně)* firstly, to begin* with, in the first place

předhánět se *(na kolech* ap.*)* race; *(v úslužnosti)* bend* over backwards (to do sth)

předhazovat: p. komu co reproach sb for sth, throw* sth in sb's face

předhodit: p. co zvířatům throw* sth down to animals

před|hoří, ~hůří foothills

před|cházet 1 v. **~běhnout, ~ejít** 2 *(časově)* precede ♦ **pýcha ~chází pád** pride comes* before a fall 3 **p. si koho** curry sb's favour, ingratiate o.s. with sb ■ **p. se** *(o hodinách)* gain; **p. se o minutu denně** gain one minute a day ■ **~cházející** preceding; *(generace)* past; v. též **předešlý**

předch|ozí v. **~ázející**

před|chůdce 1 *(ve funkci)* predecessor; *(~chozí mluvčí)* the previous speaker 2 *(auta, klavíru)* forerunner, precursor

předivo spun yarn n. thread; přen. **p. lží** a tissue n. web of lies

před|jet, ~jíždět 1 overtake*, pass; **~jíždějte vlevo!** pass on the left 2 **p. před vchod** drive* up before n. in front of the entrance ■ **~jíždět se** race ■ **~jíždění** overtaking; **zákaz ~jíždění** no passing

předjezdec sport. forerunner

před|kládat v. **~ložit**

předklon trunk bend(ing)

předklonit se bend* forward

předkrm starter, hors-d'oeuvre; **jako p.** as n. for a starter

předloh|a *(vzor)* pattern; *(literární)* model; **p. zákona** bill; **kreslení podle ~y** drawing of objects

předloktí forearm

předloni in the year before last

předlož|it 1 present; *(dizertaci)* submit; *(jízdenku, pas)* produce; **p. k hlasování** put* sth to the vote; *(teorii)* put* forward; *(otázku)* pose 2 *(jídlo)* serve, put sth in front of sb ■ **~ení** *(dizertace)* submission

předložka 1 *(kobereček)* rug; *(před krbem)* hearthrug 2 jaz. preposition

předmanželský premarital

předměstí suburb

předmět 1 object, thing; **umělecký p.** objet d'art, work of art; **upomínkový p.** souvenir 2 přen. *(téma hovoru)* topic, subject; *(vyučovací)* subject; **p. sporu** the matter in dispute 3 jaz. object

předmětn|ý: p. rejstřík subject register; **~á věta** jaz. object clause

předmětov|ý jaz. **~é sloveso** transitive verb

předminulý jaz. **p. čas** pluperfect, past perfect

předmluva preface; *(neformální)* foreword; *(delší)* introduction; *(k zákonu)* preamble

předn|ášet 1 *(verše* ap.*)* v. **~ést** 2 *(na univerzitě)* lecture (**o** on); *(učit)* **p. filozofii** be a philosophy lecturer

přednášk|a lecture; *(na univerzitě* též*)* class; *(na konferenci)* paper; *(populární)* talk; **~y pro veřejnost** extramural classes; **mít ~u** give* a lecture n. talk (**o** on); **chodit na ~y** hear* lectures

předně firstly, in the first place, to begin* n. start with; v. **především**

přednes 1 *(poezie)* reading; *(hudební)* recital 2 *(způsob ~u)* diction, delivery, enunciation; hud. performance, interpretation, rendition

přednést 1 *(projev)* give*; *(verše)* recite, read*; hud. perform, play; *(píseň)* sing*, perform 2 *(požadavky)* present, convey; *(přání, názor)* express

přední 1 front; **p. kolo** front wheel; **p. noha** foreleg; **P. Asie** the Near East; **p. strana domu** the front of the house 2 *(osobnost)* eminent, notable; *(politik)* prominent, high-ranking; *(vědec)* leading

přednost 1 *(kladná vlastnost)* merit, asset; *(výhoda)* advantage; *(výsada)* prerogative; **~i a nevýhody čeho** the pros and cons of sth 2 *(větší nárok)* preference, priority; **p. v jízdě** right of

way; **mít p. před čím** *(úkol* ap.*)* take* precedence over sth; **dát komu p.** *(ve dveřích* ap.*)* let* sb go* first; **dávat p. čemu** prefer sth (**před** to); **dávat p. vínu před pivem** prefer wine to beer
přednosta *(kliniky)* head n. chief physician; dř. *(úřadu)* chief n. head clerk; *(nádraží)* stationmaster
přednostn|í preferential; **p. právo** preferential n. priority claim ■ **~ě** preferentially
předpažit stretch forward one's arms
předpis 1 *(nařízení)* regulation, rule; *(místní)* byelaw; *(pokyn)* instruction, direction; **dopravní ~y** traffic regulations; **dodržovat ~y** observe the regulations, follow the instructions; **podle ~ů** according to (the) regulations; **proti ~ům** contrary to (the) regulations 2 lék. prescription; **jen na lékařský p.** available only on prescription; *(kuchařský recept)* recipe
před|pisovat v. **~epsat** ♦ **nikdo mi nebude nic p.** I won't take* orders from anybody, I won't be dictated to by anybody
předpjatý: p. beton prestressed concrete
předplácet si *(noviny, divadlo)* have a subscription for; *(divadlo, koncerty)* have a season ticket for
předplatit si *(noviny)* subscribe to, take* out a subscription for; *(koncerty* ap.*)* get* a season ticket for
předplatitel subscriber; div. season-ticket holder
předplatné subscription; div. též season ticket
předpojat|ý prejudiced, biased, partial (**pro** to) ■ **~ost** bias, prejudice, partiality
předpoklad 1 *(podmínka)* condition; *(nezbytný)* prerequisite, precondition; **za ~u, že** on condition that, on the understanding that 2 *(názor)* assumption, supposition; *(vědecký)* hypothesis
předpokládat 1 assume, presuppose; *(samozřejmě)* take* sth for granted; *(očekávat)* expect 2 *(vyžadovat)* require, presuppose
předpokoj anteroom, antechamber
předpona jaz. prefix
předposlední last but one, penultimate; **p. strana** the last page but one
předpotopní antediluvian též přen. žert.; **p. vůz** antediluvian car
předpověď prediction, forecast; *(výhledová)* prognosis; **p. počasí** weather forecast; *(proroctví)* prophecy
předpov|ědět, ~ídat predict, foretell*, prognosticate; *(věštit)* prophecy; *(být znamením)* portend; **~ídat komu budoucnost** tell* sb's fortune
předprodej 1 *(vstupenek)* advance booking n. sale; **obstarávat si vstupenky v ~i** book n. reserve tickets in advance 2 *(pokladna)* advance booking office, ticket agency
předraž|it, ~ovat overcharge, charge too much ■ **~ování** overcharging, charging excessive n. exorbitant prices
předřečník previous speaker
předřík|at, ~ávat *(modlitby)* lead* (the prayers); *(slova, písně* ap.*)* prompt sth to sb
předř|ít se overwork o.s., work o.s. to the bone ■ **~ený** overworked
předsed|a chairman; *(klubu, společnosti)* president; **p. soudu** presiding judge; **p. vlády** Premier, br. Prime Minister, zkr. PM [pi:'em] ■ **~kyně** chairwoman; lady president; neutr. **p./ ~kyně** chairperson
předsedat be in the chair, hold* the chair; **p. schůzi** chair a meeting, preside over a meeting
předsednický: p. stůl the chair; **zasednout za p. stůl** take* the chair
předsednictví chairmanship
předsednictvo (zvl. *v býv. SSSR)* presidium
předsevzetí resolution; **novoroční p.** New Year's resolutions
předsevzít si *(co)* resolve *(+inf.)*, make* up one's mind *(+inf.)*; *(rozhodně)* be bent on
předsíň (entrance) hall; *(hotelu)* lobby; *(dvorana)* vestibule
představ|a idea, notion; **utkvělá p.** idée fixe, fixed idea; **má p. ideální ženy** my idea of an ideal wife; **nemám ani nejmenší ~u** I haven't the faintest n. slightest n. foggiest idea; **udělat si ~u** form an idea (**o** on); **nemáte ~u** *(jak je to těžké)* you have no idea ..., you wouldn't believe ...
představení 1 div. performance, film. showing; *(revue, estráda)* show 2 *(osoby)* introduction; *(formální)* presentation
představenstv|o managing n. executive board; *(strany)* executive; **schůze ~a** board meeting
představen|ý, ~á superior, senior; hov. boss; **~á kláštera** mother superior
představ|it 1 *(koho)* introduce (**komu** to sb) 2 **p. si** imagine; **jen si ~te!** just imagine!; **umíš si mne p. jako herce** can you see* n. imagine me as an actor; **~te si, že jste na mém místě** put* yourself in my place n. in my shoes ■ **p. se** introduce o.s.
představitel 1 *(zástupce)* representative 2 *(ro-*

le) performer, interpreter; **p. Hamleta** the actor playing the part n. role of Hamlet

představivost imagination, powers of imagination; **mít živou p.** have a lively n. vivid imagination

představ|ovat 1 v. **~it (1) 2** přen. **p. si** imagine; **takhle si ~uji dokonalé štěstí** this is my idea of perfect bliss; v. též **~it (2) 3** *(znamenat)* mean*, represent, be an example of; *(být součástí)* form; **p. hrozbu** pose a threat **4** *(roli)* portray, act n. play n. perform (the part of)

předstih 1 sport. lead; **mít před kým p. 5 metrů** have a lead of 5 metres ahead of sb **2** techn. **p. zážehu** pre-ignition

předstih|nout, ~ovat 1 sport. overtake*, outstrip, outpace **2** přen. outperform, surpass, excel **3** *(udělat dřív)* steal* sb's thunder; *(chtěl to koupit,)* **ale někdo ho už ~l** but sb had beaten* him to it

předstír|at pretend, make* believe* (that), make out; *(nemoc)* feign, simulate; *(kulhání)* affect; *(nevědomost)* plead*; *(nepravdivě tvrdit)* profess ♦ **p. vznešenost** put* on airs and graces ■ **~ání** simulation, make-believe; *(přikrašlování)* window dressing

předstoupit come* n. step forward; **p. před soud** appear in court

předsud|ek prejudice; *(předpojatost)* bias; **mít ~ky** be prejudiced; **být bez ~ků** be unprejudiced; **být plný ~ků** be steeped in prejudice

předsun|out *(bradu, spodní ret)* stick* out; *(vojska)* move forward ■ **~utý** *(oddíl)* advanced; **~utá hlídka** outpost

předškolní pre-school; **p. výchova** pre-school education

předtím before, earlier; **jako p.** as before; **den p.** the day before, the previous day; **řekl to p.** he had said* so earlier

předtisk form

předtucha presentiment; *(neblahá)* foreboding

předurč|it, ~ovat predetermine, (pre)destine; **jsou pro sebe ~eni** they are destined n. meant* for each other

před|vádět v. **~vést**; *(napodobovat)* impersonate, mimic ■ **p. se** show* off, make* a spectacle of o.s.; **p. se s čím** flaunt sth, parade sth

předválečný prewar

předvánoční pre-Christmas; **p. doba** the time before Christmas, Advent

předvařený precooked

předvčerejšek the day before yesterday

předvčerejší *(chléb* ap.*)* from the day before yesterday

předvečer eve; **v p.** on the eve of

předv|ést, ~ádět 1 p. před soud bring* sb before the court; **p. svědka** produce a witness **2** *(prototyp)* demonstrate **3** *(film)* show*; *(hru)* perform **4 ~ádět** *(napodobovat)* impersonate, mimic ■ **p. se** show* off, put* it on; *(s čím)* parade n. flaunt sth

předvídat foresee*, anticipate; **to se dalo p.** that was to be expected

předvídav|ý circumspect ■ **~ost** circumspection

předvoj advance guard, avant-garde; přen. pol. vanguard

předvojensk|ý: ~á výchova dř. premilitary training

předvolání právn. summons; *(soudní obsílka, jejíž neuposlechnutí je trestné)* subpoena

předvolat právn. summon, cite; *(soudní obsílkou)* subpoena

předvolební: p. kampaň election campaign

předzápas preliminary

předznamenat *(dávat tušit)* augur, adumbrate

předzpěvovat lead* the singing

předzvěst omen, presage, harbinger; **p. jara** kn. a presage n. harbinger of spring

přeexponovat overexpose

přeháně|t exaggerate; *(při vyprávění)* hov. lay* it on thick, lay it on with a trowel, pile it on; **p. to s čistotou** carry cleanliness too far n. to excess ♦ **p. to s ochotou** lean* over backwards (trying to be helpful)

přeháňk|a shower; **~y** scattered showers

přeháze|t 1 *(obilí)* turn* sth over with a shovel **2** *(věci)* get* sth into a mess n. muddle; **p. byt** mess up a flat ■ **~ný** higgledy-piggledy, topsy-turvy

přehlasov|at *(návrh, kandidáta)* vote sb/ sth down; **být ~án** be outvoted

přehled 1 *(rozhled po)* view of; **mít dobrý p. po sále** have a good view of the hall **2** *(o literatuře* ap.*)* grasp n. knowledge (of) **3** *(shrnutí)* overview, outline; *(stručný)* digest; **p. zpráv** news summary n. headlines

přehlédn|out 1 *(krajinu)* have a view of; **odtud lze p. celé údolí** there is a view of the whole valley **2** *(přelétnout zrakem)* glance over, run* n. cast* one's eyes over **3** *(prozkoumat)* look n. go* through n. over; glance through n. over; examine, check **4** *(nevidět)* overlook, miss, fail to see* n. notice, **to nemůžeš p.** you can't miss it; **p. chybu** omit a mistake ■ **p. se** fail to see sth, miss sth ■ **~utí** oversight; *(zběžné prohlédnutí)* run-through

přehledn|ý *(uspořádání)* clearly organized; clearly arranged; *(krajina)* open, easy to survey; *(tabulka)* synoptic; **~á mapa** general map ■ **~ě** clearly, distinctly ■ **~ost** *(krajiny)* openness; *(viditelnost)* visibility

přehlídka show, exhibition; voj. review, inspection; voj. *(večerní)* tattoo; **módní p.** fashion show n. parade

přehl|ížet 1 v. **~édnout 2** *(nedostatky)* condone; *(narážky)* ignore, disregard **3** *(nevšímat si)* neglect, disregard; *(přezírat)* look down (up)on

přehlušit drown; *(křikem)* shout sb down; přen. suppress, stifle

přehmat mistake, blunder; **dopustit se ~u** make* a blunder

přehmátnout se *(na klavíru* ap.*)* strike* the wrong note; přen. make* a mistake n. blunder

přehnan|ý exaggerated, excessive, extreme; *(ceny též)* exorbitant, steep; *(požadavky)* extravagant; **to je trochu ~é** that's a bit much, hov. that's a bit thick ■ **~ě** excessively; **~ě citlivý** hypersensitive ■ **~ost** *(cen)* exorbitance; *(názorů)* extremity

přehnat *(zveličit)* exaggarate, carry sth too far; **p. to** overdo it ■ **p. se** rush past; *(autem)* zoom past; *(bouřka)* blow* over, pass over

přehnout fold n. bend* over; *(látku)* fold sth double ♦ **p. koho přes koleno** give* sb a spanking

přehodit 1 *(míč)* throw* sth over *(the wall* ap.*)* **2 p. si plášť přes ramena** slip n. throw* a coat over one's shoulders; **p. nohu přes nohu** cross one leg over the other **3** *(výhybku)* throw over, reverse; *(rychlost)* shift

přehodno|tit, ~covat reappraise, re-evaluate ■ **~cení** reassessment

přehoz *(na postel)* bedspread, counterpane; *(přes ramena)* wrap, stole

přehrabovat se *(v prádelníku* ap.*)* rummage

přehrad|a 1 *(přepážka)* partition (wall); přen. *(mezi lidmi* ap.*)* barrier; voj. barrage; **celní p.** customs barrier **2** *(údolní: hráz)* dam; *(~ní jezero)* reservoir, artificial lake

přehradit *(místnost)* partition (off); *(řeku)* dam (sth up); *(cestu)* bar

přehrá|t, ~vat 1 *(skladbu)* play sth through; *(záznam)* play sth back; **něco si ~vat** play sth over **2 p. něco na někoho** *(nepříjemný úkol* ap.*)* pass the buck to sb, let* sb do the dirty work

přehrávač *(kazetový)* tape deck

přehřát *(auto, stroj)* overheat ■ **p. se** become* overheated, get* too hot

přehýbat v. **přehnout**

přecháze|t 1 v. **přejít 2** *(sem a tam)* **p. po místnosti** walk up and down the room **3** *(barvy)* blend n. melt into; **p. do ztracena** dwindle away **4** *(chřipku* ap.*)* neglect

přech|od 1 *(~ázení)* crossing; **p. přes ulici** crossing a street **2** *(místo)* crossing; **hraniční p.** frontier n. border crossing; **p. pro chodce** pedestrian n. zebra crossing **3** *(změna)* transition, passage; **p. od feudalismu ke kapitalismu** the pasage from feudalism to capitalism **4** *(klimaktérium)* menopause

přechodit *(nemoc)* neglect

přechodník transgressive

přechodn|ý 1 *(dočasný)* temporary, momentary, passing; **~é bydliště** alternative accommodation **2** *(období* ap.*)* transition(al) **3** *(sloveso)* transitive ■ **~ě** temporarily, for a short time ■ **~ost** *(slovesa)* transitiveness, transitivity

přechovávač: p. kradených věcí receiver of stolen goods

přechovávat *(zločince)* harbour; *(kradené věci)* receive

přechválit overpraise, lay* it on too thick

přejat|ý: ~é slovo loanword

přejet 1 *(náměstí)* cross, drive* n. get* across; *(řeku)* cross **2** *(kolem)* pass, go* past; **p. svou stanici** go past one's stop, miss one's stop **3** *(poranit, usmrtit)* run* sb over, knock sb down **4** *(rukou)* run (one's hand) over; **p. koho očima** cast* one's eyes over sb, hov. give* sb the once-over

přejezd 1 *(jízda přes)* crossing **2** *(železniční)* crossing; *(úrovňový)* level n. grade crossing; **chráněný/ nechráněný železniční p.** gated/ ungated level crossing

přejímat v. **přejmout**

přejímka obch. takeover; *(bytu)* formal acceptance

přej|íst se 1 overeat*, eat* o.s. sick; **p. se čím** gorge o.s. on sth n. with sth **2** *(zošklivit si)* get* tired of, have had enough of; přen. též be fed up with; **zmrzlina se mi už ~edla** I have had enough of ice cream

přej|ít 1 p. přes ulici/ náměstí ap. cross the street/ square, go* n. cross over to the other side of the road/ square **2 p. na druhou stranu** change sides; **p. k nepříteli** go over n. defect to the enemy **3** *(změnit vlastníka)* **p. do čích**

rukou pass over to sb, pass to sb's possession **4 p. do útoku** take* the offensive, go on the offensive; **p. do důchodu** retire, go into retirement; **p. na jiné téma** change the subject **5** *(kolem)* go n. walk past n. by, pass (by); **p. kolem kostela** walk past the church **6** *(bez povšimnutí)* disregard, ignore; **p. mlčením** pass sth over in silence **7** *(čas)* go by, pass; *(bolest)* pass, go away; *(nadšení)* wear* off, wane; **to všechno ~de** that will all pass ♦ **však vás smích ~de** you will laugh on the other side of your face

přej|íždět v. **~et; p. koho zrakem** look sb up and down;*(reflektory)* **p. po obloze** play on n. search the sky

přejmenovat rename, change the name of; **p. ulici** change the name of a street

přejmout take* sth over; *(funkci též)* take charge of, succeed sb in; *(povinnost)* take on, accept, assume; **p. vedení/ riziko** take the lead/ risk

překap|at, ~ávat drip, trickle; **nechat p. kávu** drip coffee

překazit *(plány)* thwart, foil, cross; **p. pokus** foil an attempt

překáže|t hinder, hamper, impede; **~lo mu těsné sako** he was hampered n. constrained by a tight jacket; **p. komu (v cestě)** be in sb's way

překážk|a obstacle; sport. hurdle, obstacle; přen. hindrance, *(zákonná ap.)* impediment; **klást komy ~y** put* obstacles in sb's path n. way; **překonat ~y** overcome* difficulties

překážkář hurdler

překážkov|ý: p. běh hurdle race; **~á dráha** obstacle course

překlad 1 translation; **volný/ doslovný p.** free/ literal translation; **p. z angličtiny do češtiny** translation from English into Czech; *(průběžný: k filmu ap.)* voiceover **2** *(okenní)* lintel

překládat v. **přeložit**

překladatel translator

překladatelský *(práce)* translation

překlenout *(mostem)* span, bridge též přen.; *(rozdíly)* heal

překlep typing error

překližka plywood

překlopit overturn, tip over, upset* ■ **p. se** *(židle)* tilt over, overturn; *(člun)* capsize; **p. do sebe skleničku** have a quick one, down one

překon|at, ~ávat 1 *(nepřítele, soupeře)* defeat, conquer; sport. též beat*; *(překážky)* overcome*, surmount, get* over; *(rekord)* beat*; *(nemoc)* get over **2 p. koho v čem** outdo* n. surpass n. beat sb at sth; **p. všechno očekávání** exceed all expectations ■ **p. se** surpass o.s.; **~ávat se ve zdvořilostech** beat each other in civilities

překontrolovat check (over)

překopat *(záhon)* hoe up; *(půdu)* turn over

překot: uhánět o p. run* at breakneck speed; hov. run like mad

překotit overturn, tilt over; *(vázu)* knock over ■ **p. se** tilt n. fall* over

překotn|ý *(spěch)* precipitous; **p. růst** *(průmyslu ap.)* mushroom growth ■ **~ě** at breakneck speed, hastily

překrásný exquisite, lovely, (breathtakingly) beautiful

překroči|t 1 *(práh)* cross, step over; *(příkop)* stride* over **2** *(časový limit)* exceed, overrun; *(úvěr)* overdraw*; *(pravomoc)* overstep; **~l padesátku** he has turned fifty; **p. povolenou rychlost** exceed the speed limit; **p. meze slušnosti** overstep the bounds of decency; **p. zákon** break* the law

překrojit *(chléb ap.)* cut* sth in two

překrou|tit 1 *(pero na hodinkách)* overwind*, *(závit)* strip; *(kohoutek)* twist **2** *(něčí slova)* twist; *(fakta)* misinterpret; *(svědectví)* bend*; *(pravdu)* pervert, distort ■ **~cení** *(pravdy)* perversion (of)

překrvený hyperaemic

překrý|t, ~vat *(spáru; přen. chuť)* cover up, conceal; *(vůni)* drown; *(tašky při pokrývání)* lap ■ **p. se, ~vat se** overlap

překřičet *(koho)* shout sb down; *(co)* drown sth out

překřížit *(nohy)* cross

překřtít *(přejmenovat)* rename

překupník middleman; **p. drog** drug pusher; **p. kradeného zboží** receiver of stolen goods

překvapení surprise; **k mému p.** to my greatest surprise; **to je ale p.!** what a surprise!

překvap|it 1 *(udivit)* surprise; **p. dárkem** surprise sb with a present; **být ~en** be taken* aback; **u něho by mne nic ne~ilo** I wouldn't put* anything past him **2** *(přistihnout)* take sb by surprise, give* sb a surprise; **p. koho při činu** catch* sb red-handed; **~il nás déšť** we were caught in the rain ■ **~ující** surprising

překypět *(mléko)* boil over

překyp|ovat 1 v. **~ět 2 (čím** with sth) brim over, overflow, boil over; **p. zdravím** brim over with health, be bursting* with health; **p. nápady** bubble with (new) ideas

překyselen|ý: p. žaludek acid stomach ■ **~í žaludku** acidity (of the stomach)

přeladit *(hudební nástroj)* tune sth to a different pitch; *(rádio)* retune

přelakovat recoat, do sth over, give sth another coat (of paint)

přeleštit repolish, *(podlahu též)* wipe (again)

přelet *(nad diváky)* fly-past, am. flyby, flyover; **první p. přes oceán** the first transantlantic flight

přelét|at, ~ávat v. **přeletět**; **p. pohledem** *(po místnosti)* cast* one's eyes (about the room); **p. z květiny na květinu** flit from flower to flower

přelétav|ý *(milovník)* fickle, inconstant ■ **~ost** fickleness, inconstancy

přel|etět, ~étnout 1 fly* over; **p. Atlantský oceán** fly (across) the Atlantic **2** *(text)* glance n. run* over, skim (over), run one's eyes over; **p. prsty klaviaturu** run one's fingers over the keys

přelévat v. **přelít**

přeléz|t, ~at climb n. get* over; **p. stěnu** climb over n. scale a wall

přelíčení právn. hearing, proceedings; **hlavní p.** main proceedings

přelidnit *(zemi)* overpopulate

přelít 1 decant; **p. do jiné nádoby** pour sth into another container **2** *(přes okraj)* spill ■ **p. se** *(přes palubu)* wash over; *(přes okraj)* spill n. slop over

přeliv *(vlasů)* tint

přelom 1 *(zvrat)* turning point **2** *(předěl)* **p. roku/ století** turn of the year/ century; **na ~u století** *(kolem r. 1900)* at the turn of the century, *(kolem r. 1700)* at the turn of the 18th century

přelomit break* sth in two

přeložit 1 *(zboží)* transfer; *(na loď)* transship **2** *(zaměstnance)* transfer; *(termín)* change, shift; **p. co na neděli** put* sth off till Sunday **3** *(papír)* bend* n. fold sth over **4** *(text)* translate **(z – do** from – into)

přelstít outwit, get* the better of, hov. outsmart

přelud illusion, phantom, chimera; *(zrakový)* fata morgana; *(tužba)* pipe dream; **honit se za ~y** chase n. follow a rainbow

přem|áhat (se) v. **~oci (se)**; **p. zívání** stifle a yawn

přemalovat paint n. do sth over; *(znovu namalovat* n. *vymalovat)* repaint, hov. redo

přeměna transformation; biol. metamorphosis; **p. energie** conversion of energy

přeměnit (se) change, transform; el., chem. též convert

přeměřit 1 measure sth again, check the measurements of **2** přen. **p. si koho pohledem** size sb up, look sb up and down

přemet somersault, tumble; **p. stranou** cartwheel; **udělat p.** do a somersault/ cartwheel

přemíra surfeit, excess, excessive amount; *(majetku* ap.*)* superabundance

přemís|tit, ~ťovat 1 *(nábytek* ap.*)* move, shift; *(vojska)* transfer, move; *(zaměstnance)* transfer; *(zastávku)* resite **2** *(přehodit: číslice* ap.*)* interchange

přemítat (o) contemplate, reflect (on); ruminate (on, about, over)

přemítavý *(člověk)* thoughtful, introspective

přeml|ouvat, ~uvit 1 *(koho)* persuade, talk sb round n. over; **p. koho k čemu** persuade n. get* sb to do sth, persuade n. coax sb into doing sth; **nechat se p.** allow o.s. to be persuaded, allow one's arm to be twisted **2** *(film)* dub

přemoci 1 *(protivníka)* defeat, overcome*, overpower; hov. get* the better of **2** *(potíže, překážky)* overcome, surmount, *(strach též)* get* over; *(touhu)* repress; *(zívání)* stifle; **p. pýchu** sink* n. swallow one's pride ■ **p. se** control o.s., keep* one's feelings in check

přemostit: p. řeku bridge a river, span a river with a bridge

přemoudřel|ý 1 hanl. know-all; **p. člověk** hov. smart alec, smarty pants, clever Dick **2** *(dítě)* precocious ■ **~ost** *(dítěte)* precociousness, an old head on young shoulders

přemožitel voj. i přen. *(vesmíru* ap.*)* conqueror; sport. winner

přemrštěn|ý 1 *(výstřední)* eccentric; *(afektovaný)* affected; *(hysterický)* hysterical **2** *(cena)* steep, stiff, exorbitant, prohibitive; *(díky)* effusive; *(nároky)* extravagant ■ **~ě** *(drahý)* prohibitively, exorbitantly; *(pesimistický)* unduly ■ **~ost** eccentricity; extravagance; exorbitance

přemýšle|t (o) think* (about), reflect (on); ponder (on, over); meditate (on); **p. usilovně** rack one's brains; **~j!** use your brains! ■ **~ní** thinking; reflection; **dát se do ~ní** žert. put* on one's thinking cap; **udělat co bez ~ní** do sth on the spur of the moment

přemýšlivý *(člověk, pohled)* thoughtful, contemplative, reflective

přen|ášet v. **~ést**

přenech|at: p. komu co leave* sth to sb, leave sb sth; *(ze svého držení)* surrender sth to sb;

(prodat) sell* sth to sb; právn. cede sth to sb; **~ to mně!** *(na starosti)* leave it with me!

přen|ést **1** *(přemístit)* carry n. take* *(sth somewhere else)*; **p. váhu z nohy na nohu** change one's weight from one foot to another ♦ **p. co přes srdce** bring* o.s. to do sth **2** rozhl., tel. transmit; *(nákazu)* transmit, pass on; *(odpovědnost, pravomoc)* delegate **3** *(přesunout)* transfer ■ **p. se přes** *(problémy* ap.*)* get* over; **p. se přes spory** sink* one's differences ■ **~esený** *(význam)* figurative

přenocovat sleep*; *(v hotelu* ap.*)* stay; **p. u koho** sleep at sb's place

přenos *(rozhlasový, televizní)* broadcast, transmission; fin. *(položka)* amount carried over

přenosný *(psací stroj* ap.*)* portable; *(nemoc)* infectious, communicable, *(dotekem)* contagious

přeorganizovat reorganize

přepad **1** raid (on), quick attack **2** *(vody)* overflow

přepad|at v. **~nout**

přepadlý *(tvář)* haggard, gaunt

přepad|nout **1** *(přes zábradlí* ap.*)* fall* over **2** *(koho)* assault, attack; *(na ulici)* mug; *(banku* ap.*)* raid, *(se zbraní)* hold* up; žert. *(navštívit)* drop down on, descend on **3** přen. *(únava, nemoc)* come* upon n. over; **~la ho bouřka** he was caught* in a thunderstorm ■ **~ení** *(osoby)* assault; *(banky)* raid, hold-up; *(země)* invasion

přepadov|ý: p. oddíl flying squad; techn. **~á trubka** overflow pipe

přepásat se *(opaskem)* put* on a belt; gird o.s. (**čím** with sth)

přepažit *(místnost)* partition

přepážka **1** *(stěna)* partition; separation wall **2** *(okénko)* counter

přepilovat *(mříž)* file through

přepínač switch

přep|ínat **1** v. **~nout (1)**; *(při rádiovém spojení)* **~ínám** over (to you) **2** *(síly)* overtax; *(hlas)* force, push; *(oči)* abuse, (over)strain ■ **p. se** overwork, overstrain o.s. ■ **~ínání** overexertion; **p. očí** eyestrain

přepis **1** *(opis)* copy, duplicate **2** fonet., hud. transcription **3** **filmový p.** film version (**románu** of a novel)

přep|isovat v. **~sat**

přepjat|ý exalted; *(okázalý)* pompous; *(chování)* affected; *(ideály)* high-flown; *(nábožnost)* high-pitched ■ **~ost** exaltedness; pomposity, airs and graces

přeplácaný *(styl)* ornate, flowery; *(obraz)* cluttered

prepl|ácet v. **~atit**

přeplatek difference in excess, surplus payment

přeplavat swim* (across)

přepln|it overfill; *(žaludek* ap.*)* overload; *(trh)* glut ■ **~ěný** overfilled; *(lidmi)* overcrowded, packed (with people), hov. chock-full (of people)

přeplout *(o lodi)* sail n. get* across n. over, cross

přep|nout **1** techn. switch (over to); *(páčku)* shift **2** v. **~ínat (2)**

přepoč|et **1** *(na jinou měnu)* conversion **2** v. **~ítání**

přepočítací conversion; **p. tabulky/ kurs** conversion tables/ rate

přepočít|at **1** *(hlasy* ap.*)* recount, count over; *(peníze)* check; *(výpočet)* check, go* over the figures again **2** *(libry na koruny* ap.*)* convert (**na** into) ■ **p. se** **1** miscalculate, make* a mistake; **p. se o dvě libry** be out by two pounds **2** *(příliš chytračit)* overreach o.s., go too far ■ **~ání** check(ing); *(hlasů)* recount; conversion

přepojit switch n. change over (**na** to); *(hovor)* put* through

přepona hypotenuse

přep|ouštět v. **~ustit**

přepracova|t *(rukopis, článek)* revise, rewrite*; **p. román pro jeviště** adapt a novel for the stage ■ **p. se** overwork o.s., work o.s. to the bone ■ **~ný** **1** *(vydání)* revised **2** *(vyčerpaný)* exhausted, *(nemocný)* ill through overwork

přeprava transport, transportation; *(zboží)* haulage; **pozemní/ námořní/ letecká p.** land/ sea/ air transport; **dálková p.** long-distance transport

přepravce shipper, haulier

přepravit transport, convey; **p. koho/ co z X do Y** transport n. convey sb/ sth from X to Y

přepravné carriage, transportation charge n. fee

přeprška shower (of rain)

přepř|ahat, ~áhnout *(koně)* change horses

přeps|at **1** *(opsat)* copy; *(na stroji)* retype **2** fonet. transcribe; *(jiným písmem)* transliterate **3** *(knihu, článek)* rewrite*; *(referát)* redraft **4. p. co na koho** transfer sth to sb('s name), sign sth over to sb ■ **p. se** make* a slip of the pen ■ **~ání** a slip of the pen

přeptat se (**na** about) ask, enquire

přepustit **1** **p. komu co** let* sb have sth; právn. cede sth to sb **2** *(tuk)* melt

přepych luxury; **žít v ~u** live in (the lap of) luxury
přepychový *(zboží, auto)* luxury, *(restaurace, hotel* též*)* deluxe, hov. glossy; *(šaty, boty)* hov. fancy
přeraz|it break* sth in two ■ **p. se** break in two ♦ **letí, div se ne~í** he is running* as fast as his legs will carry him
přerod regeneration
přeruš|it, ~ovat interrupt; *(telefonní spojení)* disconnect; *(ticho, cestu)* break*; *(zápas)* abandon, *(válečný stav)* suspend; **~ovat čí projev potleskem** punctuate sb's speech with applause ■ **~ovaný** interrupted; *(spánek)* fitful ■ **~ení** interruption; **~ení diplomatických styků** severance of diplomatic relations; **~ení cesty** stopover; **~ení dodávky elektrického proudu** power cut; *(náhodný výpadek* též*)* (electrical) power failure
přervat *(provaz)* break*, tear* asunder; přen. *(pouta přátelství* ap.*)* sever
přerýt *(záhon)* dig* up
přerývan|ý intermittent, *(projev)* broken, interrupted ■ **~ě** intermittently; in fits and starts
přeřadit *(do jiné kategorie)* regrade; *(jinam: do jiné třídy* ap.*)* transfer; *(knihy)* rearrange; **p. rychlost** change gear
přeřek|nout se make* a slip of the tongue ■ **~nutí** slip of the tongue
přeř|ezat, ~íznout cut*/ n. *(pilou)* saw sth in two; vulg. **~íznout** *(ženu)* knock sb off, hump
přes 1 *(napříč)* across; *(nad)* over; **most p. řeku** a bridge across the river; **jít p. most** walk across the bridge; **skočit p. plot** jump over the fence; **sedět nohu p. nohu** sit* with one's legs crossed; **jídla p. ulici** takeaway meals, sk. n. am. carry-out meals **2** *(skrz)* through; **jít p. les** go* through the forest; **chodit** *(do ložnice* ap.*)* **p. kuchyni** go through the kitchen **3** *(vyj. dotyk)* **dát komu p. prsty** rap sb over the knuckles **4** *(více než)* **přerůst p. co** *(plevel* ap.*)* outgrow* sth; **pracovat p. čas** work overtime; **je mu p. padesát** he is on the wrong side of fifty, he's past fifty; **najíst se p. míru** eat* too much, overeat **5** (vyj. *vynechání) (skákat)* **p. dva schody** two steps at a time **6** *(během)* during, over; **p. den** during the day; **p. vánoce** over Christmas **7** *(navzdory)* in spite of, despite ♦ **p. to přese všecko** for all that, in spite of everything
přesadit 1 *(žáka)* move (sb to another seat), shift **2** *(rostlinu)* transplant, replant; *(do květináče)* repot
přesáhnout *(mez)* exceed, go* beyond; **p. počet stránek** exceed the number of pages; **p. své schopnosti** go out of one's depth
přes|ahovat v. **~áhnout**; **p. čí chápání** be above n. over sb's head ♦ **to ~ahuje všechny meze** that beats* it all, that takes* the biscuit
přes|ázet, ~azovat 1 v. **~adit (2) 2** polygr. reset
přesčas overtime; **dělat ~y, pracovat p.** work overtime
přesed|at, ~nout 1 change (buses/ trains); **kde mám p. do Prahy?** where shall I change for Prague? **2 ~nout si** change seats n. places, move to another seat
přeseknout cut* n. chop sth in two
přesídlit move (from A fo B); *(do jiného státu)* emigrate; *(koho)* resettle, *(z ohrožené oblasti)* evacuate
přesil|a (numerical) superiority, superior strength; **jsme v ~e** the odds are in our favour; **podlehnout ~e** yield to a superior force
přesít *(mouku)* sift, sieve
přeskáčk|a: na ~u at random
přesk|akovat 1 v. **~očit 2** *(hlas)* falter; **p. z jednoho na druhé** *(při vyprávění)* ramble, jump from one topic to another
přeskoči|t 1 *(plot, překážku)* jump n. leap* (over), clear sth; *(s opěrou)* vault over ♦ **docela mu ~lo** he's as mad as a March hare **2** *(třídu)* skip, miss (sth out); *(při povyšování)* pass sb over **3 p. na jiné téma** jump to another subject **4** *(jiskra)* spring* over
přeskok gymn. vault
přeskupit *(stroje)* rearrange; *(vojska)* regroup; *(pracovníky)* redeploy
přeslabikovat spell sth out
přesla|dit make* sth too sweet, put* too much sugar into ■ **káva je ~zená** the coffee is too sweet, there's too much sugar in the coffee
přeslech|nout not to hear* n. catch*; **~l jsem vaše slova** I didn't (quite) catch what you said* ■ **p. se** mishear*, hear wrongly, misunderstand* what was said
přeslička horsetail
přesmyčka anagram
přesnídávka (mid-morning) snack
přesn|ý 1 exact, accurate; *(informace)* precise; *(překlad)* accurate, faithful; **máte p. čas?** have you got* the exact n. right time?; **p. obraz života** a faithful picture of life **2** *(spolehlivý)* exact, accurate; *(pečlivý)* meticulous; **p. nástroj** precision instrument; **~á mechanika** precise

mechanics **3** *(dochvilný)* punctual ■ **~ě 1** exactly, accurately; faithfully; meticulously; **~ě v pět** on the stroke of five; **~ě na den** to the day; **mířit ~ě** aim true **2** *(dochvilně)* punctually ■ **~ost** accuracy, exactitude, precision; **se strojovou ~ostí** with clockwork precision; **s ~ostí na jeden milimetr** with the accuracy to one millimetre

přesolit put* too much salt (in), oversalt

přespat spend* n. stay the night; **p. u koho** sleep* n. stay at sb's place, stay with sb; **mohu u vás p.?** can you put* me up?

přespočetný *(osoba, zub* ap.*)* supernumerary; **myslím, že jsem tu p.** I think* I am not wanted here; **jeden z nás je tu p.** there's one too many of us here

přespolní 1 *(žák)* from out of town **2 p. běh** cross-country (race)

přespříliš too much, excessively; **jíst/ pít p.** eat*/ drink* to excess ♦ **to je p.** that's asking too much ♦ **to už je p.** *(už toho mám dost)* that goes* too far, that's a bit thick n. much

přest|at 1 stop, kn. cease *(doing* sth*)*, give* up; **p. kouřit** stop smoking, *(p. s kouřením)* give up smoking; **p. poslouchat** stop listening; **p. pracovat** stop working, cease work(ing), hov. *(při stávce)* down tools; **p. na něco myslet** take* one's mind off sth, get* sth off one's mind; **~aň!** stop it! **2** *(o ději* n. *stavu)* **~alo pršet** the rain stopped n. went* off; *(stroj)* **p. fungovat** fail; **~alo mu to myslet** his mind went blank ■ **bez ~ání** incessantly, without a break, without (a) let-up

přestát *(nemoc)* get* over, recover from; **p. bouřku** ride* out n. weather a storm

přestáv|at v. **přestat**; *(doznívat)* tail off ♦ **to už ~á všechno!** *(v rozhorlení)* that puts* the lid on it!, that crowns it all!

přestavba *(hospodářství)* reconstruction, rebuilding; *(budovy pro jiný účel)* conversion; pol. *(gorbačovovská)* perestroika, restructuring

přestavět *(dům)* rebuild*; *(hospodářství)* reconstruct; *(průmysl)* restructure, reorganize; *(jeviště)* change *(the scenery)*

přestavit *(nábytek)* rearrange

přestávk|a *(pracovní, ve škole)* break*, recess; div., sport. interval; *(v řeči)* pause; **polední p.** lunch break; **bez ~y** without interruption; **s ~ami** intermittently

přestěhov|at se move house, change one's address; sk. flit; *(do zahraničí)* emigrate; **p. se do Prahy** move to Prague ■ **~ání** removal

přesto in spite of that; yet (but) still

přestoupit 1 v. **přesedat (1) 2 p. k opozici** change sides; **p. k jiné straně** go* over to another party; **p. na jinou víru** change one's faith, convert to another faith **3** *(zákon, zákaz)* break*, infringe, violate; *(předpisy)* contravene

přestože although, even though

přestrojení disguise

přestroj|it se 1 put* on fancy dress; **p. se za** dress (o.s.) up as **2** *(do jiných šatů)* change (one's clothes) ■ **~ený za** disguised as, dressed up as

přestřelit 1 overshoot* **2** přen. overshoot the mark, push one's luck

přestřelka gunfight, exchange of fire; hov. shoot-out

přestřel|ovat v. **~it**; *(přehánět to)* pile it on, lay* it on thick

přestřihnout cut* sth through n. in two (with scissors), snip

přestup *(při cestování)* change; *(do jiné školy, do jiného zaměstnání)* change, transfer *(též hráče)*

přestupek misdeed, transgression, offence; **p. proti dopravnímu řádu** driving offence; **spáchat p.** offend (**proti** against)

přestupní: p. lístek transfer ticket; **p. stanice** interchange (station)

přest|upovat v. **~oupit, přesedat**

přestylizovat *(článek)* revise, recast*

přesun *(prac. sil, zdrojů)* redeployment, *(vojska* též*)* regroupment; *(půdy)* dislocation; *(na jiný termín)* adjournment, postponement

přesunout 1 *(vagón na jinou kolej)* shunt, am. switch **2** *(vojska)* move, redeploy **3** *(na později)* postpone, defer sth to a later date;

přesvědčení conviction; **jednat z p.** act according to one's convictions; **jednat proti svému p.** act contrary to one's convictions

přesvědč|it (**o** of) convince, persuade; **p. koho, aby...** get* sb to do sth; **p. koho o opaku** talk sb round; **být ~en, že** be satisfied that; **jsem ~en, že** it is my belief that ■ **p. se o čem** make* sure of sth, convince n. persuade n. satisfy o.s. of sth; **p. se na vlastní oči** see* for o.s.

přesvědčiv|ý *(důkaz)* convincing, clinching; *(úspěch)* telling ■ **~ě** convincingly; **znít ~ě** carry conviction, sound convincing ■ **~ost** persuasive force n. power; **~ost jeho důkazů** the force of his arguments

přesyp dune, sand-dune

přesýpací: p. hodiny hourglass, sandglass
přesypat pour *(flour, sand* ap.*)* into another container
přesy|tit *(trh)* glut, oversaturate; chem. *(roztok)* supersaturate ■ **p. se radovánek** be sated n. glutted with pleasure ■ **~cení, ~cenost** *(trhu)* glut; chem. supersaturation
přeší|t, ~vat *(šaty)* alter, refashion
přeškol|it retrain, pol. též re-educate ■ **~ení** retraining, re-education
přeškrtnout score out, stroke out
přešlápnout sport. overstep
přešlapovat shift from one foot to another; přen. **p. na místě** mark time, procrastinate, drag one's feet, hov. pussyfoot
přet|áhnout, ~ahovat 1 pull sb/ sth over; **p. si čepici přes uši** pull one's hat over one's ears **2** přen. *(zákazníky)* steal*, entice n. woo away; **p. koho na svou stranu** win* sb over to one's side **3 p. koho bičem/ holí** give* sb a taste of the whip/ stick **4** *(dovolenou)* outstay; **p. návštěvu** overstay one's welcome **5** *(hodinky)* overwind; přen. **být ~ažen** suffer from strain ■ **~ažený** *(nervově)* highly-strung; **~ažený účet** overdraft ■ **~ahování lanem** tug-of-war
přet|éci, ~ékat spill* n. brim over, overflow
přet|ěžovat v. **~ížit**; *(pracovníky, studenty)* drive* sb too hard; *(motor)* punish
přetisk 1 *(knihy, známky* ap.*)* reprint, reimpression **2** *(publikace)* reissue **3** *(na jiném textu)* overprint; **p. razítkem** stamp
přetíž|it *(auto, žaludek)* overload; *(někoho úkoly)* overburden; *(prací)* overtax, overstrain ■ **~ení** *(stroje, auta)* overload(ing); *(prací)* overburdening; *(nadměrné vypětí)* overstrain
přetlak excess pressure
přetlumočit interpret
přetnout cut* n. chop sth in two, sever
přetočit 1 *(kohoutek)* twist **2** *(tekutinu)* decant **3** *(pásek)* rewind*, run* back
přetopit overheat
přetrh|at: p. na kusy tear* sth to pieces ■ **p. se** break* n. snap in several places; v. též **~nout**
přetr|hnout *(nit, strunu)* break*, snap; *(řetězy, pouta)* break, burst* ■ **p. se** break, snap, burst*; **p. se přílišným napětím** sever n. break under (the) strain ♦ **moci se p. horlivostí** bend* over backwards; **ten se ne~hne** he will not exactly overexert himself ■ **~žení** *(svalu)* rupture
přetrpět *(bolest)* endure, bear*; *(zlé časy)* weather; přen. *(nudný program* ap.*)* last sth out
přetrumfnout *(koho)* outdo, go* one better than sb; v. **trumfnout**
přetrvat outlive, outlast; *(nebezpečí)* survive
přetřásat *(problémy)* thrash out, ventilate
přetřes: vzít co na p. raise the issue of sth
přetv|ářet v. **~ořit**
přetvářka *(pokrytectví)* dissimulation, hypocrisy; *(klam)* hov. humbug
přetvařova|t se pretend; **~l se, že je mrtvý** he pretended that he was dead
přetvořit transform
přev|ádět v. **~ést**
převaha superiority; v. též **přesila**
převalit turn n. roll sth over ■ **p. se** roll n. tumble over
převalovat se *(v posteli)* toss (and turn)
převařit 1 *(vodu)* boil; *(mléko)* scald **2** *(jídlo)* overcook
převaz dressing, bandage; **jít na p.** go* to have a wound dressed
převázat *(balíček)* fasten, tie up; *(ránu)* dress, bandage (up)
přev|ážet transport; **p. koho sem a tam** *(lodí,* hov. též *autem)* ferry sb back and forth; v. též **~ézt**
převážit weigh sth again, check the weight of ■ **p. se** overbalance, lose* one's balance n. equilibrium
převážn|ý predominant; *(většina)* vast, overwhelming; **~á většina obyvatelstva** the bulk of the population ■ **~ě** predominantly, for the most part
přev|ažovat 1 v. **~ážit 2** *(~ládat nad)* predominate, prevail; **přednosti ~ažují nad nedostatky** the advantages outweigh the disadvantages ■ **~ažující zájem** overriding interest
převést 1 *(přes ulici* ap.*)* take* sb across; **p. děti přes ulici** escort n. take the children across the street **2** *(na jiné pracoviště)* transfer; mat. *(na druhou stranu rovnice)* transpose; **p. konverzaci na** switch the conversation to **3** *(částku)* carry forward **4** *(majetek)* sign n. make* sth over to **5** *(energii)* turn (**na** into)
převézt 1 *(přes řeku)* ferry sb over n. across a river **2** přen. **p. koho** *(vyzrát na koho)* put* sb's nose out of joint, turn the tables on sb
převinout 1 *(cívku, film)* rewind*, *(pásku, film* též*)* run* back **2 p. nemluvně** change a baby, change a baby's nappy
převis *(skalní)* overhang, overhanging rock; *(sněhový)* cornice
převislý *(skála)* pendent *(cliff, rock* ap.*)*; *(střecha,*

větve) overhanging

převlád|at, ~nout prevail, predominate ■ **~ající** predominant

převlé|ci, ~kat *(koho)* change sb's clothes; **p. si košili** change one's shirt ■ **p. se** change (one's clothes); **p. se za školačku** dress (o.s.) up as a schoolgirl

přev|od 1 *(~edená částka)* amount carried over; *(~edení peněz, majetku)* transfer **2** techn. transmission; *(soukolí)* gear unit

převodní transfer; **p. poplatek/ šek** transfer fee/ order

převodový transmission; **p. hřídel** trasmission shaft

převor prior

přev|oz *(~ezení)* transport, transportation

převozník ferryman

převr|acet v. **~átit** ■ **p. se v posteli** toss and turn (in bed)

převrat pol. coup (d'etat); *(ve výrobě, ve společnosti* ap.*)* radical change, upheaval; **znamenat p.** *(ve vývoji)* mark an era (in)

převrátit *(vůz, člun)* turn n. tip over, overturn; *(vázu, židli)* knock over, upset*; **p. všechno vzhůru nohama** turn everything upside down ■ **p. se** turn n. tip over, *(člun též)* capsize; *(spadnout)* tilt over, fall* over

převratný *(události)* revolutionary; *(vynález)* epoch-making

převrhnout (se) v. **převrátit se**

převtěl|it se be reincarnated (**v koho/ co** as sb/ sth) ■ **~ení** reincarnation

převýchova reeducation

převýšit *(očekávání, poptávku)* exceed, go* beyond, surpass

převyš|ovat 1 v. **převýšit**; **vysoko p.** be head and shoulders above sb; **to ~uje všechno očekávání** that beats* everything **2** *(věž, kopec* ap.*)* rise* above, tower above

převz|ít 1 *(funkci, úřad)* take* over, take charge of; *(povinnost, úkol)* undertake*, take on; *(riziko)* take; *(zboží)* take delivery of, accept; *(moc)* resume; **p. čí úřad** take over an office from sb; sport. **p. vedení** take the lead **2** *(ideje, teorii)* take over, adopt, borrow ■ **~etí** *(podniku)* takeover

přezdívk|a nickname; **mající ~u Bidlo** nicknamed Beanpole

přezimovat spend* the winter; *(*zvl. *zvěř)* winter; *(zimním spánkem)* hibernate

přezírat *(koho)* look down on; hov. turn up one's nose at; *(nevšímat si)* disregard, ignore

přezíravý dismissive, disdainful; *(blahosklonný)* condescending

přezka buckle

přezkoum|at examine, look into, review; *(překontrolovat)* check up, check over; *(podrobně)* scrutinize ■ **~ání** review; scrutiny

přezkouše|t *(správnost)* check up, verify; *(žáka)* examine; **p. hru** run* through a play; **p. si co** run sth over ■ **~ní** check (on); verification

přezout se change one's shoes

přezrálý overripe

přezůvka galosh, overshoe

přežehlit iron; *(znovu)* reiron

přež|ít 1 *(své děti* ap.*)* survive, live longer than **2** *(válku)* go* through, live through; **p. krizi** weather a crisis; *(o nemocném)* **dnešní noc ne~ije** he will not last the night ♦ **já to ne~iji** that will be the death of me ■ **p. se** become* a thing of the past, outlive its usefulness; **to už se ~ilo** it has had its day

přežitek *(zvyk, instituce)* survival, hangover, relic; **p. pohanství** a relic of paganism; **p. starého systému** a hangover of the old system

přežvýkavec ruminant

přežvykovat chew; zool. ruminate; přen. go* over sth again and again

při vyj. **1** *(místní blízkost)* by, at, close to; **p. silnici** by the road; **letět nízko p. zemi** fly* close to the ground; **mít p. sobě peníze** have (some) money on o.s. **2** *(účast)* in, at; **pomáhat komu p. čem** assist sb in (doing) sth; **chce být p. tom** he wants to be on the scene; **chce být p. všem** he wants to be in on everything **3** *(průvodní okolnosti)* by, during; **p. svíčce** by candlelight; **p. poslední bouřce** during the last storm; **p. šálku kávy** over a (cup of) coffee **4** *(soudržnost)* **být p. kom** be on sb's side **5** **přísahat p. kom/ čem** swear* by sb/ sth

přibal|it, ~ovat add, enclose

přibarvit: p. na růžovo přen. prettify

příběh story, tale; *(vyprávění)* narrative; **dobrodružný p.** adventure story

přiběhnout come* running* up

přib|ít, ~íjet nail (sth down), fasten sth with nails ♦ **stát jako ~itý** stand* rooted to the spot n. ground

přibl|ížit: p. co k čemu bring* n. draw* sth nearer to sth ■ **p. se 1** approach, come* near(er) to; **~ižujeme se k Praze** we are approaching n. nearing Prague **2** *(časově)* approach, near

přibližn|ý approximate, rough; *(představa)* gen-

eral ■ **~ě** approximately; at a rough estimate; **~ě v 10 hodin** at about 10 o'clock
příboj surf, rush of water; *(~ová vlna)* breaker
příbor *(nůž, vidlička, lžíce)* knife, fork and spoon; **~y** cutlery; **čajový p.** tea service
příborník sideboard
přibouchnout *(dveře, okno)* slam, shut* *(the door* ap.*)* with a bang
přibrat *(přidat)* add, include; *(pracovníky)* take* on; *(cestující)* take up; *(stopaře)* pick up; **p. koho na poradu** consult sb; **p. na váze** put* on weight
přibrzdit brake, put* on n. apply the brakes; přen. *(nadšení* ap.*)* hold* one's horses
příbuzensk|ý kinship, kindred; **~é vztahy** blood relations
příbuzenství relationship, kinship
příbuzenstvo relations, relatives, kinsfolk
příbuzn|ý relative, relation; **~í** the relatives; **~í z manželčiny/ z manželovy strany** in-laws; **je to můj p.** he is a relative of mine; **nejbližší p.** the next of kin
přib|ýt 1 *(v počtu, množství)* increase; *(o měsíci)* wax; **v Praze ~ylo obyvatel** the population of Prague has increased (**o** by); *(v řece* ap.*)* **~ylo vody** the water has risen* **2 p. na váze** put* on n. gain in weight
příbytek dwelling, home, kn. abode
přibýv|at v. **přibýt**; **~á dne** the days are getting* longer n. drawing out; **~á případů, kdy** there is an increasing number of cases of ...
přicestovat arrive (**do Prahy** in Prague)
příčel *(žebříku)* rung
příčesek hairpiece
příčestí jaz. participle
příčetný sound of mind, sane
přičichnout sniff (**k** at); **p. si** take* a sniff (at)
příčin|a 1 cause; **p. požáru** the cause of the fire **2** *(důvod)* cause, reason; **p. a následek** cause and effect; **být ~ou čeho** be the cause of sth, be the reason for sth; **být základní ~ou čeho** lie* at the root of sth; **bez ~y** for no reason at all
přičin|it se take* trouble n. pains, try hard, endeavour, strive*; **p. se, aby** try hard n. take* great pains to do sth ■ **~ění** effort; **vlastním ~ěním** by the sweat of one's brow
přičinliv|ý diligent; *(pracovitý)* hardworking, industrious ■ **~ost** diligence, assiduousness; industriousness
příčinn|ý causal ■ **~ost** causality
přičí|st, ~tat 1 add (**k** to); **p. komu něco k dobru** enter sth to sb's credit, též přen. credit sb with sth **2** *(zásluhy* ap.*)* attribute to, ascribe to; *(něco negativního)* impute to; **~tat komu co na vrub** blame sb for sth, hold* sb responsible for sth
příč|it se *(čemu)* run* counter to, contravene, be inconsistent n. incongruous with; *(komu)* be repugnant to; **~í se mi o tom mluvit** I am reluctant to speak* about it
příčka 1 *(žebříku)* rung; *(na vyztužení)* crossbar **2** *(stěna)* partition, separation wall
přičlenit *(pobočku)* affiliate (to), *(začlenit)* incorporate (in, into); *(území)* annex (to); voj. attach (to)
příčn|ý transversal; geom. diagonal; **~á ulička** cross-street; **p. řez** cross-section
příď *(u lodi)* bow
přid|at 1 *(dát navíc)* add (to); *(při prodeji)* throw* sth in, throw sth into the bargain; **p. si polévky** have some more soup; *(na koncertě)* **p.!** encore! **2 p. do kroku** quicken one's pace; *(v práci)* step up one's effort **3 dostat ~áno** *(na platu)* get* a rise ■ **p. se k ostatním** join the others; **p. se k rozhovoru** join in the conversation; **p. se ke komu** *(při sporu)* take* sides with sb; **p. se k vítězné straně** come* down on the right side of the fence
přidavač helper; *(na stavbě)* hod carrier
přid|ávat v. **~at** ♦ **p. na velkou hromadu** přen. gild the lily
přídav|ek addition, extra; *(k platu)* bonus, premium; *(koncertní)* encore; *(na platu)* rise (in wages); **(drahotní) londýnský p.** London weighting (allowance); **~ky na děti** children's allowance
přídavn|ý: ~é jméno adjective
přídech fonet. aspiration; přen. touch, hint, trace; **p. ironie** a touch of irony
příděl quota, (zvl. *potravin)* ration; *(dotace)* allocation
přidělenec attaché
přiděl|it, ~ovat 1 *(potraviny)* ration n. portion sth out, allot; *(fondy)* allocate; *(byt)* assign **2** *(úkol)* assign, allot, allocate; **p. komu úkol** assign a task to sb; **p. komu roli Desdemony** cast* sb as Desdemonna **3** *(kam)* detail n. assign sb to *(a place)*; **byl ~en do laboratoře** he was assigned to the lab
přídělový: p. systém rationing; ek. quota system
přídomek 1 *(přezdívka)* nickname **2** *(šlechtický)*

mark of nobility
přidružit affiliate; incorporate; *(začlenit)* incorporate (into) ■ **p. se ke komu** join sb, join in with sb; **p. se k čemu** *(o instituci)* become affiliated to sth
přidrž|et, ~ovat *(dveře)* hold* ■ **p. se 1** *(tyče* ap.*)* hold on to; *(držadla: v autobuse* ap.*)* hang* on to **2** *(starých zvyků, přátel)* stick* to, adhere to; **p. se nových metod** hold with the new methods
přih|azovat v. **~odit**
přihladit *(si vlasy)* smooth back, pat *(one's hair)*
přihlásit *(patent)* apply for; *(koho na výlet* ap.*)* put* sb's name down for sth; **p. auto k závodu** enter a car for a race; *(peníze ke zdanění)* declare ■ **p. se** *(do školy)* enrol; **p. se policejně** register with the police; **p. se k závodu** put* down one's name for a race; **p. se o slovo** ask to speak*, ask to address a meeting
přihlášk|a application; **podat ~u** put* in an application; *(formulář)* application form
přihlédnout: p. k čemu take* sth into consideration n. account, make* allowance for sth
přihl|ížet 1 *(čemu)* watch, look on; *(nečinně)* sit* back and do nothing; **2** *(k čemu)* v. **~édnout**
přihlouplý simple-minded, half-witted, am. balmy
přihnat *(dobytek)* drive* *(the cattle* ap.*)* home, bring* *(the cattle)* in ■ **p. se** come* tearing* along, come* rushing up, *(dovnitř)* rush in; *(o větru, bouřce)* spring* up
přihn|out si take* a (good) swig, pull at the bottle; **pořádně si ~ul** he's had a drop too much; **občas si p.** take a drop now and then
příhod|a event, incident, **pro strýčka P~u** for a rainy day, to be on the safe side
přihodi|t se happen, occur, take* place; **co se ~lo?** what has happened?, what's the matter?, hov. what's up?
příhodný suitable, appropriate; *(chvíle)* right, opportune; *(slova)* felicitous; *(odpověď)* fitting
přihořív|at *(při dětské hře)* **~á** you're getting* warmer, you're getting hot
přihrádka *(zásuvka)* compartment; *(otevřená)* pigeonhole; **poštovní p.** post-office n. PO [pi:'əu] box; *(ve skříni)* shelf
přihrát: p. komu míč pass the ball to sb
přihrávka sport. pass
přihrn|out: p. zem *(k rostlinám)* earth up (plants) ■ **p. se** come* rushing up; **~ula se tam spousta lidí** people came* in droves
přihřát warm up ■ **~ý** hov. *(homosexuální)* gay, hanl. queer
přicház|et v. **přijít; to ne~í v úvahu** that's out (of the question); **p. ke slovu** *(nabývat na významu)* come* into play
příchod 1 arrival; **pozdní p.** late arrival **2** *(k vlakům* ap.*)* access to; *(do domu)* entrance
příchozí arrival, entrant; **nově p.** newcomer, new arrival; *(návštěvník)* visitor
příchu|ť flavour, taste, smack; přen. tinge; **p. žárlivosti** a tinge of jealousy; **sýr s česnekovou ~tí** a garlic-flavoured cheese
přichvátat come* running* up, rush up; **p. k místu neštěstí** rush to the place of the accident
příchyln|ý affectionate, trusting, *(zvíře* též*)* friendly ■ **~ost** friendliness
přichystat *(koho/ co)* prepare; **p. oběd** cook n. prepare a dinner ■ **p. se** (**na** for) prepare o.s. n. get* ready for; **p. se na nejhorší** prepare o.s. n. brace o.s. for the worst
přichytit: p. koho *(nachytat)* catch* sb out ■ **p. se** *(k pánvi)* stick* to the pan; *(peří na košili)* get* caught on
přijatelný acceptable; *(cena)* fair, reasonable; *(vysvětlení)* plausible
příj|em 1 *(dopisu)* receipt; *(zboží)* acceptance; *(rozhlasový, televizní; pacientů)* reception **2** *(obchodu)* takings, receipts; *(tržby)* returns; *(státu)* revenue **3** *(plat)* income, earnings; **žít podle svých ~mů** live according to one's income n. means
příjemce receiver, recipient; *(dopisu)* addressee; *(zboží)* consignee
příjemn|ý pleasant, agreeable; *(sympatický)* likeable, engaging; *(atmosféra)* congenial; *(hlas)* sweet ■ **~ě** pleasantly; **je tu ~ě** it's nice and warm here; **cítit se ~ě** feel* good
přijet arrive, come* *(by car* ap.*)*; *(vlak)* pull into *(the platform)*; *(dorazit kam)* reach, get* to; **p. pro koho** pick sb up (**k někomu** at sb's house), *(na nádraží)* meet* sb at the station; **p. na nádraží** arrive at the station
příjezd 1 arrival; **při jeho ~u** on his arrival; *(~ový čas)* (time of) arrival; **~y a odjezdy** arrivals and departures **2** *(~ová cesta)* access road; *(k domu)* drive, am. driveway
příjice syphilis
přijímací reception; **p. pokoj** reception room; **p. hodiny** reception hours; **p. komise** reception committee; **p. zkouška** entrance examination; **p. den** visiting day
přijímač receiver; **rozhlasový p.** též radio (set),

wireless (set); **televizní p.** television set

přijím|at 1 v. **přijmout; p. návštěvy** be at home (to sb) 2 náb. receive Communion ■ **~ání** náb. (Holy) Communion; **jít k ~ání** go* to Holy Communion

přij|ít 1 *(kam)* come*, *(přiblížit se)* approach *(a place* ap.*)* reach, come to; *(ukázat se)* put* in an appearance; **p. na návštěvu** come to see* sb; **p. pozdě** be too late; **p. na poslední chvíli** cut* it fine; **p. na minutu** be dead on time, be bang on time ♦ **p. na svět** be born, come into the world 2 **p. na koho s čím** turn to sb with sth; **p. s myšlenkou** raise a point (that) 3 *(octnout se)* **p. do vězení** get* to jail; **p. komu do rukou** get* n. fall* into sb's hands; **p. do jiného stavu** get n. become* pregnant 4 *(dopis)* arrive; **přišel mi dopis** I received a letter; **p. jako na zavolanou** come in handy 5 **p. na co** make* sth out, figure sth out; **p. čemu na kloub** get* to the bottom of sth 6 *(zachvátit)* **přišla na něj nemoc** he fell* ill; **přišla na ni mdloba** she had a fainting fit ♦ **p. si na koho** get* the better of sb 7 *(získat)* **p. k penězům** come into money; **p. k vědomí** regain consciousness; **p. k rozumu** come to one's senses 8 *(stát)* cost*; **na kolik to ~de?** how much will it cost; **to vám ~de draho** it will cost you dearly, you'll pay for it 9 *(ztratit)* **p. o peníze** lose* money; **p. o oko** lose an eye; **p. o rozum** go* out of one's mind 10 *(do urč. stavu)* **p. na mizinu** be ruined, go* to the dogs; **p. vhod** come in handy; **p. do módy** come into fashion 11 *(stát se)* **jak to ~de, že ...?** how come that ... 12 *(připadnout)* **přišlo mu to k smíchu/ zatěžko** he found* it funny/ hard n. difficult 13 **~de na to** it depends 14 **p. si na** *(vydělat)* earn, *(čistého)* bring* home ♦ **p. si na své** get one's money's worth, have a good run for one's money

příjmení surname, family name

přij|mout *(dárek, pozvání, zboží)* accept; *(objednávku, zaměstnání)* take*; *(hosta, delegaci)* receive; *(pracovníka)* engage, sign on; *(dítě za vlastní)* adopt; *(studenta)* enrol; *(pacienta do nemocnice)* admit; **p. co dobře** take* sth well; **návrh byl ~at** the motion was carried ■ **~etí** *(do nemocnice)* admission; **dobré ~etí u kritiky** a good press; **dostalo se mu ~etí u prezidenta** he was received by the president; **dostalo se nám dobrého ~etí** we were given* a warm n. hearty welcome

příkaz order, instruction; **z ~u** on instruction; kn. by order (of); **z vyššího ~u** on higher orders; **trvalý p.** *(bankovní)* standing order; **dát p.** give* n. issue an order; **splnit p.** carry out an order

přikázání náb. commandment; **desatero p.** the Ten Commandments

přik|ázat, ~azovat order, command; **p. komu, aby** order n. instruct sb to do sth, give* sb an order to do sth

příklad 1 example; **názorný p.** case in point; **na p.** for example; **jako na p.** such as, as for instance; **jít ~em vstříc** set* sb an example; **být komu ~em** be an example to sb; **vzít si z koho p.** take* a leaf out of sb's book; **já na p.** I for one; **~y táhnou** people learn* by example 2 *(početní)* (arithmetical) problem

přikládat v. **přiložit**; **p. velký/ malý význam** *(čemu)* set* great/ little store by; **nep. důležitost** not to make* much of

příkladn|ý exemplary ■ **~ě** in an exemplary fashion; **chovat se ~ě** be on one's best behaviour

přikl|ánět se v. **~onit se**

přiklepnout *(komu: při dražbě)* knock sth down to sb

přiklížit glue on

příklon *(k čemu)* swing* to *(road transport* ap.*)*

přikl|onit se, ~ánět se *(k čemu)* tend to, incline to; **~ánět se k názoru, že** tend n. incline to the opinion that; **vítězství se ~onilo na naši stranu** victory turned to our side

příklonka enclitic

příklop lid, cover; **p. na sýr** cheese cover

příklopit *(víko kufru* ap.*)* snap sth shut; **p. co pokličkou** put* the lid on sth, cover sth with a lid

přiklusat arrive at a gallop, gallop up

příkon el. power demand

příkop ditch; *(hradní)* moat; **zavodňovací p.** irrigation ditch; **vjet autem do ~u** ditch one's car

příkoří wrong, injustice; **činit komu p.** do sb a wrong, do sb an injustice, wrong sb

přikov|at *(řetězem)* chain ♦ **stát jako ~aný** stand* rooted n. riveted to the spot; **sedět jako ~aný** be glued to one's seat

příkras|a embellishment; **bez ~** unvarnished; **vylíčit co bez ~** give* a straightforward account of sth

přikrást se: p. se ke komu sidle n. sneak up to sb, creep* up on sb; **p. se k čemu** creep up to sth

přikrášl|it, ~ovat *(skutečnost)* embellish, prettify, whitewash; *(maskovat nepříjemné)* fudge over ■ **p. se** do o.s. up, prettify o.s.; *(obléci se)* deck o.s. out ■ **~ování** embellishment; **~ování skutečnosti** embroidery on fact

přikrčit se cower; *(před úderem)* duck

příkrm side dish, trimmings; **jako p. bude rýže** it *(the meat* ap.*)* will be served with rice

přikročit *(k čemu)* proceed to; **p. k věci** get* down n. come* to business; **p. k dílu** get down to work

příkrov: sněhový p. blanket of snow

přík|rý 1 *(cesta, svah, pobřeží)* steep, precipitous; *(spád)* steep, sharp; *(střecha)* high-pitched 2 *(nevlídný: člověk)* gruff; *(slova)* harsh; *(odpověď)* brusque, snappy; **~ré odmítnutí** blunt n. flat refusal 3 *(protiklady)* sharp, stark ■ **~ře** *(svažovat se)* steeply; *(odmítnout)* bluntly, flatly; *(mluvit)* harshly ■ **~rost** 1 steepness, precipitousness 2 gruffness, harshness

přikrýt cover ■ **p. se mraky** *(obloha)* cloud (over), become* overcast

přikrývka *(deka)* blanket; *(prošívaná)* quilt; *(prachová)* eiderdown; **sněhová p.** blanket of snow; **p. na postel** bedspread

přik|ývnout, ~yvovat nod; **p. hlavou** nod one's head; **p. na souhlas** nod (one's head) in agreement, nod agreement

přilákat *(turisty)* attract; *(vábničkou)* allure

přilba helmet; *(ochranná)* crash helmet

příléh|at 1 *(šaty)* fit tightly n. closely, be a close fit; *(okna)* fit well 2 *(sousedit)* adjoin, be adjacent to; **dům ~á k divadlu** the house adjoins the theatre 3 *(odpověď)* be to the point

přiléhavý 1 *(šaty)* close-fitting, tight 2 *(výraz, odpověď)* pertinent; *(poznámka)* poignant

přilehlý (**k** to) contiguous, adjacent

přilepit *(klihem)* glue on; *(lepidlem)* stick* on; **p. známku** affix a stamp (**na** to); **p. plakáty** stick* n. post up bills ■ **p. se** (**na** to) stick, adhere

přilepšen|á: dát komu peníze na ~ou help sb out with some money, help sb out of a tight spot

přilepš|it *(komu)* improve sb's situation; **p. si na jídle** eat* better food, spend* more money on food; **p. komu na platu** increase n. raise sb's pay ■ **~ení na platu** increase n. rise in salary

přílet arrival (by air)

příl|etět, ~état arrive (by air), fly* in; přen. *(přiběhnout)* come* flying

přiletovat solder on

přilévat v. **přilít**; ♦ **p. oleje do ohně** přen. add fuel to the flames, throw* the fat in the fire

přilézt creep* up, crawl up ♦ **p. ke křížku** eat* humble pie; **p. s prosíkem** go* on one's hands and knees

přiležent si lie* in, have a lie-in

příležitost opportunity, chance; **chopit se ~i** seize an opportunity; **propást p.** miss an opportunity, let* an opportunity slip by; **při ~i čeho** on the occasion of sth; **při této ~i** on this occasion ♦ **p. dělá zloděje** opportunity makes* the thief

příležitostn|ý occasional; *(práce, dělník)* casual ■ **~ě** occasionally, on occasion, at times, now and then

příliš (much) too, excessively; **p. brzy** far too early; **p. dlouho** much too long; **p. mnoho** *(práce* ap.*)* too much; *(lidí* ap.*)* too many; **p. horlivý** overzealous; **p. pít** overindulge (in alcohol) ♦ **to je p.** it's too much of a good thing

přílišn|ý excessive; *(přehnaný)* exaggerated, extreme; *(zdvořilost)* overdone; *(opatrnost)* exaggerated; *(ctižádost)* boundless; *(ceny)* exorbitant, excessive ■ **~ě** excessively, to an excessive extent, exaggeratedly

přilít add, pour *(some more water* ap.*)*; **mohu vám p. čaje** may I pour you some more tea?

příliv tide, flood-tide; **p. a odliv** ebb and flow; **p. nastává/ opadává** the tide is coming* in/ going* out; **za ~u** at high tide

přilnav|ý adhesive, adherent ■ **~ost** adhesiveness, adhesive power

přilnout 1 **p. k čemu** adhere n. stick* to sth 2 **p. ke komu** become* attached to sb

přílo|ha 1 *(časopisu)* supplement; *(dopisu)* enclosure; *(doplněk: zákona)* amendment, *(dodatek)* rider; **v ~ze Vám zasíláme** ... attached n. enclosed herewith is/ are ... 2 *(k masu)* side dish, trimmings

přilož|it 1 **p. do kamen** replenish the fire, put* some coals on the fire; *(obvaz)* apply (**na** to); **p. pušku k líci** raise the gun to one's shoulder ♦ **p. ruku k dílu** put one's shoulder to the wheel; **p. si polínko** add one's stick to the pile 2 *(doklad)* attach (**k** to); *(k dopisu)* enclose (**k** with, in) ■ **~ený** *(v dopise)* enclosed (in), *(k žádosti)* attached (to)

příložník T-square

přimáčknout press; **p. koho ke zdi** press sb against the wall; **p. nos k oknu** press one's nose against the windowpane

přímér comparison; lit. simile

přiměřen|ý adequate; *(vhodný)* appropriate; *(cena)* reasonable; *(odpovídající)* commensurate;

má plat p. svému věku his salary is commensurate with his age ■ **~ě** adequately ap.; **žít ~ě svým finančním možnostem** live within one's means ■ **~ost** adequacy; appropriateness
příměří truce, armistice; **Den p.** Armistice Day
příměs admixture, dash; **zelená (barva) s ~í modré** green with a dash n. touch of blue
přimět: p. koho k čemu make* sb do sth, get n. force sb to do sth, induce n. persuade sb to do sth; *(podvodně)* trick sb into doing sth; *(lichocením)* cajole sb into doing sth
přimhouřit: p. oči *(proti světlu)* squint n. blink one's eyes ♦ **p. oko nad čím** turn a blind eye to sth
přimí|chat, ~sit *(co k čemu)* add, admix; **p. vodu do vína** add water to wine; *(křtít víno)* adulterate wine; **p. vajíčko do těsta** mix an egg into the batter
přímka (straight) line
přimknout se *(k pol. hnutí* ap.*)* associate n. affiliate o.s. with; **p. se ke komu** *(přitisknout se)* press o.s. to sb,' *(přivinout se)* embrace sb, cuddle up to sb
přímluv|a intercession, plea; **na jeho ~u** at n. by his intercession
přímluvce intercessor, advocate
přimll|uvit se, ~ouvat se *(za koho/ co)* plead* for, put* in a good word for
přímočar|ý rectilinear; přen. straightforward; *(v řeči)* outspoken
přimontovat fix on, fit; **p. mlhovky** fit fog lights
přímoří coastal area
přímořsk|ý *(oblast)* coastal; **~é lázně** seaside resort; **p. vzduch** sea air
přimra|zit: zůstat jako ~žen stand* transfixed (**hrůzou** with terror) ■ **p. se** freeze* on to
přím|ý 1 *(rovný)* straight; **~á čára** straight line; telef. **~á linka** direct line, *(mezi předními státníky)* hot line; **p. vlak** through train **2** *(bezprostřední)* direct, immediate; **~é volby/ ~á daň** direct elections/ tax; **p. styk** immediate contact **3** *(člověk)* forthright, *(chování)* outright ■ **~o 1** *(místně)* straight; **jděte ~o!** go* straight on **2** *(bezprostředně)* directly; *(chytit)* **~o při činu** in the very act **3** *(říci)* straight, openly; *(bez okolků)* bluntly **4** *(zesilující)* **to je ~o hrozné** that's absolutely terrible
přinejmenším at least; **je to p. sporné** it's controversial, to say* the least
přin|ést, ~ášet 1 bring*, get*; *(zajít pro)* fetch; *(doručit)* deliver; *(povel psovi)* **přines!** fetch it! **2** *(zprávu)* bring*; **co jste nám ~esli nového?** what brings you here?; *(o televizi, rozhlase)* present **3** *(o stromu: ovoce)* bear*; *(úrodu, úrok)* yield; *(výsledky)* give*, produce
přínos contribution
přinu|tit: p. koho k čemu force n. compel sb to do sth, make* sb do sth; *(postrašením)* frighten sb into doing sth; **~til mne pracovat** he forced me to work, he made* me work; **p. letadlo k přistání** force a plane down ■ **p. se k čemu** force n. will o.s. to do sth ■ **~cení** coercion, compulsion; **dělat co z ~cení** do sth under pressure
přiostřit *(tužku)* sharpen; *(soutěžení)* give* an edge to ■ **p. se** *(situace)* become* critical; *(konflikt)* intensify, come* to a head
případ 1 *(jev)* case též právn., lék.; **typický p.** a typical case, a case in point; **klinický p.** a clinical case; **je to beznadějný p.** he is a hopeless case, he is past hope ♦ **od ~u k ~u** from case to case **2** *(eventualita)* case, event, eventuality; **v každém ~ě** in any case, at any rate; **v žádném ~ě** on no account, by no means; **v ~ě, že** if, in the event of; **pro p., že** in case that, on the chance that; **v ~ě ohně** in case of fire; **ve většině ~ů** in the majority of cases; **v nejhorším ~ě** if the worst comes* to the worst; **pro všechny ~y** for all eventualities; **v ~ě nutnosti** in case of necessity, kn. if need be
připad|at v. **~nout; ~á mi, že** it seems to me that; **to mi ~á známé** that rings* a bell; **p. si důležitý** fancy o.s.; **na každého ~á 100 korun** each person will receive 100 crowns; **Štědrý večer ~á letos na úterý** Christmas Eve will fall* on Tuesday this year
připadnout 1 *(dědictví)* pass to, fall* to, go* to; *(cena)* go to, be awarded to; *(podíl)* be allotted n. apportioned to; *(o majetku)* **p. státu** fall* to the state **2 p. na myšlenku** hit* n. fall (up)on the idea
případn|ý 1 *(název)* appropriate; *(popis)* apt, fitting; *(poznámka)* pertinent **2** *(možný)* possible ■ **~ě** aptly, pertinently; possibly
připálit 1 *(jídlo)* burn* **2 p. si cigaretu** light* one's cigarette ■ **p. se** *(mléko)* be burnt; *(maso)* get* burnt
připamatovat: p. komu co remind sb of sth, draw* sb's attention to sth; **p. si co** recall sth, call sth to mind; v. též **připomenout si**
připevnit (k to) fasten, fix, secure; *(popruhy)* strap

připíchnout *(vyhlášku)* pin sth up; **p. si odznak** pin on a badge

připí|jet v. **~t; ~jím na zdraví XY** I propose a toast to XY

připínací *(bižuterie)* pin-on; *(límec)* removable

připínáček drawing pin

připínat v. **připnout**

přípis (official) letter, memorandum

připisovat v. **připsat**; **p. velký význam čemu** attach great importance to sth; **p. svůj úspěch čemu** attribute one's success to sth

připít *(komu)* drink* to, raise one's glass to sb's health

přípitek toast

připlácnout *(mouchu)* swat

příplatek additional n. extra payment, bonus; **rizikový p.** danger money; **rychlíkový p.** supplementary charge (for travel on a fast train)

připlatit pay* extra; **p. ještě 10 korun** pay another 10 crowns

připlavat *(ke komu/ čemu)* swim* up to

připlavit *(písek)* wash up

připl|ést *(rukáv)* knit* on ■ **~etl se mi do cesty** I ran* into him (by chance); **tvá kniha se ~etla mezi moje** your book got* mixed up with mine

připlížit se crawl up (to)

připnout **1** *(popruhy)* strap n. buckle on; *(knoflíky)* button on; **p. si lyže** put* on one's skis **2** *(vlečku)* hitch ■ **p. se** *(v letadle, v autě)* put on n. fasten one's seat belt, strap o.s. into the seat

připočí|tat, ~st add; **p. co na čí účet** put* sth on sb's bill; **p. si cestovné** include one's travel expenses

připodob|nit, ~ňovat **1** fonet. assimilate **2** *(přirovnat)* compare (**k** to)

přípoj *(v dopravě)* connection; **mít p. do** have a connection to; **zmeškat p.** miss one's connection

připoj|it **1** attach, connect; *(území)* annex; *(na síť)* connect n. wire up; *(vagón)* couple, connect; **p. svůj podpis** affix one's signature; **p. ústav k továrně** affiliate an institute to a factory **2** *(doklady, přílohu)* attach, *(v dopise)* enclose ■ **p. se ke komu** join sb; *(podpořit v debatě)* rally to, side with ■ **~ený** *(pobočka)* affiliated; **~ené podniky** member firms; *(území)* annexed ■ **~ení** *(území: násilné)* annexation

přípojka el. connection; *(silniční)* branch road; *(železniční)* branch line; *(domovní: na vodu)* mains pipe

připoj|ovat v. **~it**

připom|ínat, ~enout **1 p. komu co** remind sb of sth; **p. komu, že** remind sb of the fact that **2** *(zmínit se o)* mention, point out; **rád bych ti ~ul, že** I'd like to point out to you that **3 p. si něco** call sth to mind n. memory, remember n. recall sth; *(oslavovat)* commemorate

připomínka *(poznámka)* remark, observation; *(připomenutí)* reminder (of)

přípona jaz. suffix

připouštěcí jaz. *(věta)* concessive

přip|ouštět **1** v. **~ustit**; **to ~ouštím** I give* you that **2** allow (of), permit; **tato věta ~ouští dvojí interpretaci** this sentence permits of n. allows two interpretations

připout|at **1** bind*, tie; *(řetězy)* chain up; *(loď též)* moor; **p. koho ke stromu** bind sb to a tree; přen. **p. si koho k sobě** bind sb to o.s.; **být ~án na lůžko** be confined to **2** *(pozornost)* hold*, capture; *(diváky)* fascinate ■ **p. se** *(v letadle, v autě)* fasten one's seat belt

připozdívat se: ~á se it's getting* late

příprav|a **1** preparation (**na** for); **~y na návštěvu královny** preparations for the Queen's visit; **mluvit bez ~y** speak* off the cuff, speak impromptu; **překládat bez ~y** translate at sight **2** *(krejčovská)* linings and trimmings

přípravek lék. preparation, medicament; **čisticí p.** cleaning agent; **dezinfekční p.** disinfectant

připrav|it **1** (co) prepare, get* sth ready; **p. koho na zkoušku** prepare sb for an examination; **p. rukopis do tisku** get* the manuscript ready for publication **2** *(zpracovat)* prepare, get sth ready; **p. snídani** get the breakfast ready; **p. lék** *(podle předpisu)* dispense a prescription; přen. **p. komu půdu** pave the way for sb; **p. komu cestičku** make* things smooth for sb; **p. dětem radost** make* (the) children happy **3 p. koho o co** deprive sb of sth; **p. koho o iluze** dispel sb's illusions; **p. koho o rozum** drive* sb mad ■ **p. se** *(do školy* ap.*)* prepare; **na dnes jsem se ne~il** I did not prepare for today; **p. se na šok** prepare n. brace o.s. for a shock ■ **být ~ený** be ready ■ **~enost** (state of) readiness

přípravn|ý *(stádium, práce, palba)* preparatory; **p. kurs** preparatory course, *(intenzívní)* crash course; **~é rozhovory** exploratory talks

připrav|ovat v. **~it**; **p. studenty ke zkoušce** coach students for an examination ■ **p. se** *(na vyučování)* do one's homework n. lessons; **něco se ~uje** there's sth in the wind; **~ují se velké věci** great events are under way

připřáhnout *(tažné zvíře)* harness, yoke; *(vlečňák)* hitch
připsat 1 *(připojit)* add (sth in writing); **p. své jméno k seznamu** add one's name to a list 2 **p.** *(částku)* **na čí konto** credit sb's account with sth, put* sth down to sb's account; přen. **p. komu co k dobru** credit sb with sth; **p. komu co k tíži** blame sb for sth 3 *(věnovat)* dedicate
připu|stit 1 *(dovolit)* allow, permit; **to nemohu p.** I cannot allow that, I will not have it 2 *(ke zkoušce* ap.*)* admit 3 *(uznat)* admit; **~stil, že mám pravdu** he admitted that I was right ■ **~štění** admission
připustka concession
připustkový jaz. *(spojka)* concessive
připustn|ý admissible, permissible; **~á odchylka** permissible variation ■ **~ost** admissibility; permissibility
přirazit 1 *(dveře)* slam n. bang sth shut 2 *(o lodi)* berth, moor 3 **p. si 100 Kčs na ceně** put* 100 crowns on the price
přirážka additional n. supplementary charge, surcharge; **p. na ceně** addition to the price; **daňová p.** surtax
přírod|a nature; **v ~ě** in the open air, in the country; **jet do ~y** go* to the country; **chránit ~u** protect the countryside; **zpět k ~ě** back to nature; **návrat k ~ě** going back to nature
přírodní natural; **p. jev** natural phenomenon; **p. rezervace** nature reserve, national park; **p. věda** (natural) science
přírodopis natural history
přírodopisec natural scientist
přírodověda natural science
přirovnání comparison; *(ve stylistice)* simile, parable
přirovn|at, ~ávat compare (to)
přirození genitals, private parts
přirozen|ý natural; *(nenucený)* unstudied; *(prostý)* simple; právn. **~é právo** natural law; **zemřít ~ou smrtí** die a natural death ■ **~ě** naturally ■ **~ost** naturalness; *(prostota)* simplicity ♦ **stalo se to pro něj druhou ~ostí** it has become* second nature to him
příruba flange
příručka manual, handbook
příruční *(knihovna)* reference; **p. slovník** concise dictionary; **p. zavazadla** hand luggage, *(v letadle)* cabin luggage
přir|ůst, ~ůstat *(roub)* take*; *(úroky)* accrue, increase ♦ **~ostla mi k srdci** I have become* attached to her; **to město mi ~ostlo k srdci** the town has grown* on me
přírůst|ek increase (in); **p. kapitálu** increase in capital; **p. obyvatelstva** rise in population; **p. do rodiny** an addition to the family; **p. na váze** increase n. gain in weight; **~ky knih** recent accessions n. acquisitions
přiřa|dit 1 *(klasifikačně)* assign, classify; **p. malíře k impresionistům** classify a painter as an impressionist; **p. k živočišnému druhu** assign *(an animal)* to a species 2 jaz. *(věty)* coordinate
přiřítit se rush up (to), come* tearing along
přiřknout *(cenu, odškodné)* award (to); *(dědictví)* award n. adjudicate (to); **p. dítě komu** *(při rozvodu)* grant custody (of a child) to sb
přísad|a *(do jídla)* additive; **konzervující ~y** additives; *(složka směsi)* ingredient; **bez přísad** no additives
přisadit (si) 1 *(zvýšit sázku)* increase the stake 2 přen. **p. si** put* n. shove in one's oar
přísah|a oath; **křivá p.** perjury; **služební p.** oath of service; **p. věrnosti** loyalty oath; **pod ~ou** under oath; **složit ~u** take* an oath
přísahat swear*, take* an oath; *(slavnostně)* vow; **p. na bibli** swear on the Bible; **křivě p.** swear falsely, práv. perjure o.s.; **mohl bych na to p.** I could swear to it
přísedící *(u zkoušky)* observer
přised|at 1 v. **~nout** 2 *(při zkoušce)* be a member of an examination board, sit* on an examination board
přisednout 1 **p. si ke komu** take* a seat next to n. near sb, sit* down next to n. near sb 2 *(k zemi)* squat down 3 *(do auta)* get* in; *(do vlaku, autobusu)* get on
přísežn|ý: ~é prohlášení sworn testimony n. statement, *(písemné)* affidavit; **~á formule** wording of an oath; **p. tlumočník** sworn interpreter; **p. účetní znalec** chartered accountant ■ **~ě** *(vyslýchat)* under oath
přischnout *(k čemu)* dry on to
přiskřípnout: p. si prsty mezi dveřmi pinch n. catch* one's fingers in the door ♦ **p. koho** put* the screws on sb
přisladit sweeten; *(cukrem)* add some sugar to
příslib promise
přislíbit promise
příslovce adverb
příslovečn|ý 1 jaz. adverbial; **~é určení** adverbial 2 *(pověstný)* proverbial, notorious (for)
přísloví proverb

přisluhovač *(lokaj)* lackey, pol. henchman; *(loutka)* stoodge

přisluhovačství servility

přisluhovat 1 *(u stolu)* wait; *(při mši)* serve 2 *(podlézat)* **p. komu** kowtow to sb, curry favour with sb; *(okupantům)* collaborate with sb

příslušenství *(auta, kola)* accessories, *(vysavače)* attachments; *(bytu)* conveniences; *(počítače)* hardware; **byt s ~m** a flat with all conveniences

přísluš|et 1 *(patřit)* belong to 2 *(náležet)* be due to; *(být vhodný)* be fitting, be proper; **o tom vám ne~í rozhodovat** it is not for you to decide

příslušník *(rodiny, spolku, klubu, univerzity)* member; *(armády)* soldier, serviceman; *(obce)* inhabitant; dř. *(policie)* policeman; **státní p.** national, citizen, br. též subject; **cizí státní p.** foreign national

příslušnost 1 *(stranická)* membership (in); *(politická)* affiliation; **státní p.** nationality, am. též citizenship 2 *(k rozhodování)* competence

příslušný 1 *(opatření* ap.*)* necessary, appropriate; **stroj s ~mi náhradními díly** a machine with its necessary spare parts 2 *(činitel)* responsible, competent; **p. úředník** the responsible official, the official in charge

přísn|ý *(otec, učitel; disciplína; katolík)* strict; *(soudce, kritika, trest)* severe; *(pohled, obličej)* stern; *(opatření)* stringent, firm ■ **~ě** severely ap. ■ **~ost** strictness; severity; stringency

přisolit put* more salt into, add more salt to

přisoudit 1 *(dědictví)* adjudicate (to); **p. komu vinu** find* sb guilty 2 *(autorství* ap.*)* ascribe (to)

přispat si lie* in, have a lie in

přispěchat *(kam)* rush up, come* hurrying up; **p. komu na pomoc** rush to sb's help n. assistance

přispět 1 contribute (**k** to); **značně k čemu p.** go* a long way towards (achieving) sth 2 **p. komu radou i pomocí** assist sb in word and deed; **p. komu penězi** help sb out with some money

přispěvatel *(do časopisu)* contributor

příspěv|ek contribution; **členské ~ky** membership subscription n. dues; **p. na výživu** alimony, maintenance; **p. do diskuse** a contribution to the discussion

přispíši|t si: jaro si ~lo spring has come* rather early

přisp|ívat v. **~ět; p. do novin** write* for a newspaper

příst spin*; přen. *(kočka)* purr

přistá|t *(letadlo)* land, touch down; **p. bez podvozku** crash-land; *(loď)* land; *(kosmická kabina: do moře)* splash down ■ **~ní** landing; splashdown; **hladké ~ní** soft landing; **nouzové ~ní** emergency landing

přístav harbour; **vplout do ~u** enter a harbour; **vyplout z ~u** leave* a harbour

přistávací: let. **p. dráha** runway; **p. plocha** landing ground

přistá|vat v. **~t** ■ **~vající letadla** incoming planes

přístavba extension; **p. hotelu** hotel extension

přístavek 1 outbuilding, outhouse 2 jaz. apposition

přistavět: p. co k čemu add n. build* sth to sth; *(patro)* add n. build on (another storey)

přístaviště wharf, *(výkladiště)* landing place

přistavit 1 **p. žebřík** raise a ladder; **p. žebřík ke zdi** put* a ladder against the wall 2 *(vozidlo)* provide, supply; *(vagón)* make* available

přístavní port, harbour; **p. správa** port n. harbour authorities; **p. můstek** gangway; **p. dělník** docker

přistehovat stitch (on), tack (on)

přistěhovalec immigrant

přistěhovalecký immigration; **p. úřad** Immigration Office

přistěhovalectví immigration

přistěhovat se *(do bytu, do domu)* move in; *(do země)* immigrate; **p. se ke komu** move in with sb, move into sb's house n. flat

přístěnek alcove

přistih|nout catch* sb (**při čem** doing sth); **p. koho při krádeži/ při činu** catch sb stealing*/ red-handed; **p. koho při nepozornosti** catch sb nodding ■ **p. se** catch o.s. (doing sth); **~l se, že na na ni myslí** he caught* himself thinking* of her

přistoupit 1 *(k oknu* ap.*)* walk n. go* up to 2 *(do vlaku* ap.*)* join (the train ap.) 3 *(k paktu* ap.*)* join 4 *(k hlasování* ap.*)* proceed to; **p. k věci** get* down to business, get down to brass tacks 5 *(nač)* accept, agree to, consent to; **p. na podmínky** accept conditions

přistrčit: p. co komu push sth over to sb; **p. židli k oknu** push n. move a chair closer to the window

přístroj apparatus; *(zařízení)* appliance, device; *(důmyslný)* hov. gadget; **měřicí p.** measuring instrument; **hasicí p.** fire extinguisher; **fotografický p.** camera

přístrojov|ý: ~á deska let., mot. dashboard, panel
příst|řešek *(nad vchodem)* porch; *(kraj střechy)* shelter; *(~ěnek)* lean-to
přístřeší shelter, accommodation; **být bez p.** be homeless; **poskytnout komu p.** give* shelter to sb
přistřihnout *(vousy, vlasy, keře)* trim; *(uši)* crop; *(ocas)* dock ♦ **p. komu křidélka** přen. clip sb's wings
přístup 1 *(právo vstupu)* access, admission, entry; **mít kam volný p.** have access n. admission to **2** *(cesta)* access road, approach **3** *(postoj)* approach (**k** to)
přístupn|ý 1 *(hrad, skála)* accessible; **p. veřejnosti** open to the public; *(film)* **mládeži p.** carrying a U certificate **2** *(vnímavý)* susceptible, responsive, receptive; **p. dojmům** impressionable; **p. lichotkám** susceptible to compliments; **být p. jiným názorům** keep* an open mind **3** *(srozumitelný)* comprehensible, easy to understand* ▪ **~ost** accessibility; susceptibility; comprehensibility
přist|upovat v. **~oupit**
přístupov|ý: ~á cesta access road
přistýlka additional n. extra bed
přísudek predicate
přísudkový predicative
přísun supply též voj.; **p. potravin** supply of food, food supply; **pravidelný p.** continuous supplies
přisunout *(blíže)* move n. bring* sth nearer, *(přitažením)* pull up; **p. co ke komu** push n. move sth over to sb ▪ **p. se** *(ke komu/ čemu)* move up to, approach
přis|uzovat v. **~oudit**; **p. důležitost čemu** attach (a lot of) importance to sth
přisvědčit *(souhlasit)* agree, say* 'yes' (to)
přísvit dim light, semi-darkness
přisvojit si appropriate; *(moc)* usurp; *(peníze)* misappropriate; *(území)* annex; **p. si právo** ... arrogate o.s. the right *(to do sth)*
příšera monster; přen. **p. hladu** the spectre of hunger
příšern|ý *(hrozný)* horrible, terrible; *(vražda* ap.*)* gruesome; *(zážitek)* shocking, hair-raising; *(historka)* creepy ▪ **~ě** terribly; horribly; **~ě se nudit** be bored stiff
přišít *(knoflík* ap.*)* sew* sth on n. to; **p. záplatu** put* a patch on ♦ **p. co komu** sl. pin sth on sb; **p. někomu jednu** sl. sock sb one
přiškr|tit *(plyn, páru)* throttle, choke ▪ **~cený** *(hlas)* muffled
přišpendlit pin on; **p. si odznak** pin a badge on *(one's jacket* ap.*)*
přišroubovat screw on
příšt|í 1 *(následující)* next, following; *(další v řadě)* the next; **p. rok** next year **2** *(budoucí)* future; **p. generace** the coming* generation ▪ **~ě** next time; **pokračování ~ě** to be continued
přít se argue, quarrel; **p. se o peníze** argue n. squabble about money
přit|áhnout 1 *(o magnetu)* attract **2** *(šroub)* tighten; **p. uzdu** draw* the bit; **to je za vlasy ~ažené** it is a bit n. a little far-fetched **3** *(vojsko)* advance, draw* near **4 p. koho k práci** urge sb to do his/ her work, urge sb to work hard(er) ♦ **musíš p.** *(přidat)* you must pull your socks up
přit|ahovat 1 v. **~áhnout 2** *(být ~ažlivý)* attract, be attractive
přitakat say* 'yes'; *(hlavou)* nod in agreement; **na všechno p.** say 'yes' to everything
přitakávač yesman
přitažliv|ý attractive; *(dívka* též*)* glamorous; *(osobnost)* charismatic; fyz. **~á síla** force of attraction ▪ **~ost** attraction; *(sexuální)* sex appeal; *(osobní kouzlo)* magnetism, charisma
přitéci flow to n. towards; *(dovnitř)* flow into
přítel 1 friend; **důvěrný p.** bosom friend, close friend **2** přen. friend, admirer, lover; **být ~em čeho** be a friend of sth, be fond of sth; **nejsem ~em dlouhých řečí** I am not a man of many words **3** *(miláček)* boyfriend
přítelkyně friend, lady friend; *(miláček)* girlfriend
přítěž 1 *(balónu, lodi)* ballast; přen. encumbrance, burden; *(člověk)* dead weight **2** *(v učebnicích* ap.*)* padding, ballast
přitisknout press (**na** on, against); *(pečeť)* impress; **p. nos na okno** press one's nose against the windowpane; **p. koho na prsa** clasp sb to one's heart, embrace n. hug sb ▪ **p. se do kouta** huddle in a corner; **p. se k matce** *(dítě)* snuggle close to one's mother
přitíži|t: p. komu make* things worse for sb ▪ **nemocnému se ~lo** the patient's condition has deteriorated n. has changed for the worse
přitlačit *(víčko* ap.*)* press down; **p. koho k zemi** pin sb down ♦ **p. koho ke zdi** přen. put* sb's back against the wall
přitlouci *(víko)* nail down
přitloustlý plump, chubby
přitlum|it *(hlas)* subdue; *(světlo)* dim, soften,

subdue ■ **~ený** *(hlas)* subdued; *(světlo)* subdued, soft ■ **~eně** *(mluvit)* under one's breath

přítmí semi-darkness; *(večerní)* dusk, twilight; *(ranní)* dawn; **v ranním p.** at dawn

přitočit se: p. se ke komu approach sb (stealthily), steal* n. sneak up to sb

přítok 1 *(přitékání)* influx, inflow 2 *(řeky)* tributary, affluent; *(do jezera, do moře)* inlet

přitom at the same time; **hrál na klavír a p. zpíval** he played the piano and sang* at the same time

přítomnost 1 *(dnešek)* the present 2 *(účast)* presence; **udělal to v mé ~i** he did it in my presence, he did it in front of n. before my very eyes

přítom|ný 1 *(okamžik* ap.*)* present; jaz. **p. čas** present tense 2 *(hosté* ap.*)* present; **být ~en** be present; **~ní hosté** the guests present ♦ **byl duchem nep.** his thoughts were elsewhere, he was thinking* of sth else

přitroublý half-witted, slow-witted, dumb

přítrž: učinit n. **udělat čemu p.** put* a stop to sth, stop n. halt sth

přituh|nout *(o mraze)* turn colder; **~lo** there's a nip in the air

přiťuknout si clink glasses; **p. si na čí zdraví** drink* to sb's health

přitulit se: p. se ke komu cuddle up to sb, *(v posteli* ap. též*)* snuggle n. nestle up to sb

přítulný *(dítě)* affectionate, *(zvíře)* friendly

přiučit se learn* a thing or two (**od koho** from sb)

příušnice mumps

přivábit *(návštěvníky)* attract; *(vysokou)* lure

přiv|ádět v. **~ést**; **p. koho k zuřivosti** make* sb see* red

příval *(vody)* flood; *(kleteb)* string; *(slov)* flow, flux; *(otázek)* barrage

přivalit *(kámen* ap.*)* roll sth (up) to

přivařit techn. weld on

přivázat (**k** to) *(koně, psa)* tie up; *(ovci, kozu)* tether; *(loď)* tie up, moor

přívažek make-weight; **jako p.** for good measure

přivážet v. **přivézt**

přívěs *(auta)* trailer; **obytný p.** caravan

přívěsek appendage; *(ozdobný)* pendant; **p. slepého střeva** appendix

přívěsný: p. vůz trailer; **p. vozík** *(motocyklu)* sidecar

přiv|ést 1 *(koho)* bring*, take*; *(svědka)* produce; **~edl s sebou přítele** he brought a friend with him 2 *(být příčinou)* **p. koho k čemu** prompt n. cause n. induce sb to do sth; **co vás k tomu ~edlo?** what made* n. caused you to act like this?; **p. koho k vědomí** bring sb round; **p. koho do rozpaků** embarass sb; **p. koho do lidských řečí** make sb the talk of the town; **p. koho do jiného stavu** get* a woman with child ♦ **p. na svět dítě** bring a child into the world; **p. koho do hrobu** be the death of sb 3 *(přimět)* **p. koho k rozumu** bring sb to his senses; **p. koho k poslušnosti** bring sb into line; **p. koho k řeči** make sb speak* 4 **ten to někam ~ede** he'll go* far; **p. co ke zdárnému konci** carry sth through

přívětiv|ý *(člověk, úsměv)* kind, pleasant, friendly; *(chování)* affable; *(hlas)* pleasant ■ **~ost** kindness; affability

přivézt bring* (sth/ sb *by car/ bus* ap.); *(zboží)* deliver; *(z ciziny)* import

přivinout embrace, hug; clasp sb in one's arms ■ **p. se ke komu** embrace sb, *(přitulit se)* cuddle up to sb

přivírat (se) v. **přivřít (se)**

přivítací welcoming; **p. projev** welcoming speech; speech of welcome

přivítan|á welcome; **říci několik slov na ~ou** say* a few words of welcome

přivít|at 1 welcome, receive; **srdečně p.** give* sb a cordial reception n. welcome 2 **p. koho potleskem** greet sb with cheers; **~ala ho polibkem** she greeted him with a kiss; **p. nová opatření** welcome the new measures ■ **~ání** welcome

přívlastek attribute

přivlastnit si appropriate, hov. help o.s. to, grab; *(moc)* usurp; *(práva)* kn. arrogate sth to o.s.

přivlastňovací *(zájmeno* ap.*)* possessive

přivlast|ňovat v. **~nit**; **p. si zásluhy** take* credit (**za** for)

přivléci 1 *(auto)* tow, *(loď* též*)* tug; **p. auto do správkárny** tow a car to a garage 2 expr. *(kufr)* haul n. drag up 3 přen. *(koho)* haul n. drag (up); **p. koho před soudce** haul n. drag sb before the judge; **p. koho na koncert** drag sb to a concert ■ **p. se** drag n. haul o.s. up *(to a place)*

přívod 1 *(přivádění)* supply; **p. plynu** gas supply 2 *(trubka)* feeding pipe; el. feed line; **p. paliva** fuel pipe; **p. vody** *(do domu)* water main

přivodit cause, be the cause of, bring* about; **p. spánek** induce sleep; **p. si vlastní zkázu** bring about one's own ruin; **p. si nemoc** contract an

illness
přívodní: p. drát lead-in wire; **p. trubka** supply n. feed pipe
přivol|at, ~ávat 1 call sb (over); *(policii)* call for; *(lékaře)* send* for, call; **p. zpět** recall 2 přen. **~ávat katastrofu** court disaster
přivol|it consent, agree, give* one's consent ■ **~ení** consent, agreement
přívoz ferry
přivrácen|ý: ~á strana Měsíce the near side of the Moon
přívrat *(při lyžování)* stem
přívratný: p. oblouk stem turn
přívržen|ec pol. follower, adherent, supporter; **má mnoho ~ců** he has a large following
přivř|ít: p. dveře set* the door ajar; **p. oči** screw up one's eyes ■ **~ený** half-closed, *(dveře též)* ajar
přivstat si get* up early
přivtělit (k, do) incorporate (in, into), *(území)* annex (to)
přivydělat si earn a little extra; hov. *(o ženách)* earn some pin money
přivyknout 1 **p. koho čemu** get* sb used to sth 2 **p. si** *(na co)* get used n. accustomed to; *(podnebí)* acclimatize o.s. (to)
příze yarn; **pletací p.** knitting yarn; **česaná p.** worsted (yarn)
přízemí 1 ground floor, am. first floor; **bydlet v p.** live on the ground floor 2 div. stalls, am. parterre
přízemní 1 *(dům)* one-storey(ed); **p. byt** ground-floor flat, am. first-floor apartment; **p. mráz** ground frost 2 přen. *(člověk)* pedestrian; *(málo kulturní)* philistine
příz|eň favour; **získat čí p.** win* sb's favour; **těšit se ~ni koho** be in sb's favour; **pozbýt čí p.** lose* favour in sb's eyes
příznačn|ý typical, characteristic, symptomatic; **to je ~é pro jeho postoj** it is typical n. characteristic of his attitude; **je ~é, že** it is symptomatic that
příznak sign; *(předzvěst)* indication; lék. i přen. symptom; **být ~em** *(čeho)* indicate, be a sign n. symptom of
přizna|t 1 *(chybu)* admit; *(vinu též)* confess, own up to; **~l, že to ukradl** he confessed that he had stolen* it, he confessed to having stolen it ♦ **p. barvu** *(v kartách)* follow suit 2 *(právo* ap.*)* give*, grant; **p. komu právo nač** give* sb the right to ■ **p. se** confess; **p. se k čemu** confess sth; právn. **p. se k vině** plead guilty
příznivec 1 *(mecenáš)* patron 2 *(klubu, kopané* ap.*)* fan
příznivý 1 *(výhodný)* advantageous, *(podmínky* ap.*)* favourable 2 *(mírný) (počasí)* nice; *(klima)* hospitable; *(vítr)* fair
přizpůsobit fit, adapt, accommodate; **p. vydání příjmům** adjust one's expenses to one's income; **p. své plány okolnostem** accommodate n. fit one's plans to the circumstances ■ **p. se** adapt o.s.; *(poslechnout)* toe the line; *(novému zaměstnání)* settle down to; *(podnebí)* get* n. become* acclimatized; **p. se okolnostem** adapt o.s. to the circumstances
přizpůsobiv|ý adaptable, flexible ■ **~ost** adaptability
přízračný ghostly, eerie, spooky
přízrak *(zjev)* phantom, spectre, apparition; *(přelud)* mirage; **honit se za ~y** chase a rainbow
přizvat: p. koho na poradu call sb in for advice; **p. koho jako svědka** call sb as a witness
přízvisko nickname
přízvučný *(slabika* ap.*)* stressed, accented
přízvuk 1 *(na slabice* ap.*)* stress, accent 2 *(skotský, cizí* ap.*)* accent; **mluvit s cizím ~em** have a foreign accent
přizvukovat *(komu)* chime in (with one's) agreement
přízvukovat stress, accentuate
přiživit se: expr. **p. se na čem** capitalize on sth, profit by sth
příživnický parasitic; hov. freeloading, sponging
příživnictví parasitism
přiživovat se sponge (**na úkor koho** on sb); **p. se na čem** take* advantage of sth
příživník parasite; hov. sponger, freeloader
psací writing; **p. potřeby** writing things; **p. stůl** desk; **p. stroj** typewriter
psanec outlaw, outcast, runaway
psaní 1 writing; *(na stroji)* typing 2 *(dopis)* letter
psaníčko *(zamilované)* love letter
psát 1 write*; **p. na stroji** type; **p. nečitelně** scribble; **p. komu** write to sb (**o** about); **p. si** *(s kým)* correspond with, be in correspondence with; **p. komu dopis** write a letter to sb, write sb a letter; **p. si deník** keep* a diary 2 *(tvořivě)* **p. básně** write poetry, be a poet; **p. hudbu** be a composer; **p. do novin** write for (the) newspapers ■ **p. se: jak se to píše?** how do you spell it?; **v novinách se píše, že** it says in the newspaper that; **o tomto problému se hodně psalo** much has been written about this

problem, kn. much ink has been spilt* over this problem; v. též **psaní**

psavost graphomania

pseudonym pseudonym, pen name, kn. nom de plume; *(psát)* **pod ~em** under the pseudonym

psí: p. bouda kennel, doghouse; **p. oddanost** dog-like devotion; **p. počasí** filthy n. foul weather ♦ **vést p. život** lead* a dog's life; **být studený jako p. čumák** be as cold as a fish; **nasadit komu p. hlavu** give* a dog a bad name and hang* him

psice female dog, bitch

psíček doggie, *(štěně)* puppy

psin|a fun, lark; **dělat ~u** joke n. lark around; **dělat si z koho ~u** play jokes on sb; **z ~y** for fun, for kicks

psinka *(psí onemocnění)* distemper

psotník: z tebe by člověk dostal p. you're a pain in the neck

pst! hush!, shush!, sh(h)!, ssh!

pstruh trout

psychiatr psychiatrist; žert. a hanl. headshrinker, shrink

psychiatrick|ý psychiatric; **~á léčebna** mental home n. hospital

psychiatrie psychiatry

psychický *(zátěž)* psychological; *(poruchy)* mental, odb. psychic

psychoanalytik psychoanalyst

psychoanalýza psychoanalysis

psycholog psychologist

psychologie psychology

psychopat psychopath

psychóza psychosis

pšeni|ce, ~čný wheat; **~čný chléb/ ~čná mouka** wheat bread/ flour

pštros ostrich

pštrosí ostrich, ostrich-like; **p. politika** ostrich-like policy; **provádět p. politiku** pursue ostrich-like policy

ptactvo birds; **p. nebeské** the fowls of the air

ptáče little bird; **ranní p.** early riser ♦ **ranní p. dál doskáče** the early bird catches the worm

ptáček litle bird, birdie ♦ expr. **to je povedený p.** he's a queer customer n. character

ptačí: p. zob bird food, birdseed; **p. hnízdo** bird's nest; **p. perspektiva** bird's-eye view

pták bird; **dravý p.** bird of prey; **stěhovavý p.** migratory bird, bird of passage

ptakopysk duckbilled platypus

ptát se 1 ask, ask questions; **moc se ptáš** you ask too many questions; **já se budu p., a ...** *(ty odpovídej!)* I will ask questions and.. ♦ **kdo se moc ptá, moc se doví** curiosity killed the cat **2 p. se koho nač** ask sb about sth, inquire sth of sb; **p. se koho na cestu** ask sb the way; **p. se koho na radu** ask sb's advice, consult sb ■ **ptaní: bez dlouhého ptaní** without asking too many questions

pubert|a puberty; **být v ~ě** be in puberty

puberťák hov. adolescent

pubertální: p. věk puberty, age of puberty; **p. chování** adolescent behaviour

publicista journalist

publicistický journalistic

publicistika journalism

publicita publicity

publikace publication

publikační: p. činnost *(vědce)* works published; **p. možnosti** outlets for publication

publikovat publish

publikum *(v divadle)* audience, house; *(sportovní)* spectators, crowd; *(televizní)* audience

puc: hodit se do ~u smarten o.s. up, put* on one's Sunday best

puč putsch, coup (d'état)

puč|et germinate, sprout; *(stromy)* bud; přen. **pod nosem mu ~í knírek** he's sprouting a moustache

pučista rebel

pud instinct; **pohlavní p.** sexual drive n. urge n. instinct, libido; **p., sebezáchovy** instinct of self-preservation

půd|a 1 soil, ground; *(pozemky)* land; přen. ground; footing; **orná p.** arable land; **panenská p.** virgin soil; **úrodná/ neúrodná p.** fertile/ infertile soil; **kamenitá p.** stony ground; **ztratit ~u pod nohama** lose* one's footing; přen. *(při diskusi)* get* out of one's depth; **živná p.** breeding ground **2** *(území)* territory, land, soil; **rodná p.** native soil; **neutrální p.** neutral ground; **připravit ~u pro koho/ co** prepare the ground for sb/ sth ♦ **hoří mu p. pod nohama** things are getting* too hot for him (to handle) **3** *(prostor pod střechou)* attic; **na ~ě** in the attic

pudink ≅ blancmange; *(s kukuřičnou moučkou)* custard

pudit: být puzen ctižádostí be driven n. spurred on by ambition

pudl poodle

půdorys *(domu)* ground plan; geom. plan in view

pudový instinctive

pudr *(na tvář)* powder; **tělový p.** talcum powder, hov. talc; **p. na zásyp** dusting powder
pudrovat powder ■ **p. se** powder o.s.; powder one's face n. nose
pudřenka powder box
puch stench, stink, br. hov. pong
puchřet rot, decay
puchýř blister; **udělat si p.** raise a blister ■ **~ek** pimple
půjč|it 1 **p. komu knihu** lend*/ am. loan sb a book; **můžeš mi p. pár korun?** can I borrow some money from you? 2 **p. si u koho** borrow sth from sb; **mohu si p. váš vůz?** can I use your car? ♦ **p. si koho** expr. give* sb a piece of one's mind, haul sb over the coals
půjčk|a loan; **vzít si ~u** take* up a loan ♦ **p. za oplátku** tit for tat
půjčovat v. **půjčit**
půjčovna hire n. rental (company); **p. aut** car hire; **p. filmů** film distributors; **p. knih** lending library
půjčovné hire n. rental charge; *(za knihy)* lending charge
puk$_1$ sport. puck
puk$_2$ *(na kalhotách)* crease
puk|at v. **~nout** ♦ **když** *(to vidím,)* **srdce mi ~á žalem** my heart bleeds* when .., it breaks* my heart when ...
puklina crack, rift
puknout *(sklo, led)* burst*, crack, break* ♦ **div nepukl vzteky** he nearly exploded with rage; **mohl p. smíchy** he nearly split* n. burst* his sides laughing
půl half; **p. bochníku** half a loaf; **p. roku** half a year; **je p. třetí** it's half past two; **do p. roku** within six months; **přišlo p. Prahy** half of Prague was there; **poslouchat jen na p. ucha** listen with one ear only, be only half listening; **chválit koho na p. úst** praise sb grudgingly n. reluctantly
půle sport. half; **první p. zápasu** the first half of the match; **p. hřiště** half of the field n. ground
pulec tadpole
půlhodin|a half an hour; **po ~ě** half an hour later
půl|it halve, divide sth in two; *(rozřezat)* cut* sth into two halves ■ **~ení** halving, division in two
půlka 1 v. **půl(e)**; **p. chleba** half a loaf of bread; **druhá p. roku** the second half of the year 2 *(hýždě)* buttock, hov. žert cheek
půlkruh semicircle
půllitr half a litre; *(nádoba)* half a litre glass ≅ a pint
půlměsíc half moon, crescent; *(turecký)* crescent
půlnoc midnight; **o ~i** at midnight
půlnoční midnight; **p. mše** Midnight Mass
pulovr pullover, sweater, br. též jumper
půlov|ý: ~á nota minim, half note
půlroční *(kurs* ap.*)* six-month, half-year; *(dítě)* six months old; *(splátky)* half-yearly
puls pulse; **změřit komu p.** feel* n. take* sb's pulse
puls|ovat *(krev)* throb, pulsate, course (**v žilách** through one's veins); přen. pulsate, be vibrant with; **p. životem** be vibrant with life; **~ující bolest** throbbing pain
pult 1 *(v obchodě)* counter; přen. **prodávat pod ~em** sell* sth under the counter 2 *(psací)* writing desk; **p. na noty** music stand
půltón semitone
půltucet half a dozen
puma$_1$ bomb; **vodíková p.** hydrogen bomb, H-bomb; **zápalná p.** incendiary bomb
puma$_2$ zool. puma, mountain lion; am. též panther
pumpa pump; **benzínová p.** petrol n. filling station, am. gas(oline) station
pumpař petrol pump attendant, am. gas station attendant
pumpnout: p. koho o peníze touch sb for money
pumpovat pump; **p. vzduch do pneumatiky** pump a tyre with air; **p. z koho peníze** pump n. touch sb for money
punc, ~ovat hallmark též přen.
punč punch; toddy
punčoch|a stocking; **~y** a pair of stockings
punčocháče tights, am. pantyhose
punčochov|ý: ~é kalhoty tights
punčoška *(žárové lampy)* mantle
punkce lék. puncture
puntičkář stickler, hairsplitter, perfectionist, pedant
puntičkářský pedantic, meticulous; *(přepečlivý)* pernickety
puntičkářství pedantry; hair-splitting
puntík dot; **šaty s ~y** polka dot dress ♦ **do posledního ~u** down to the last T, to a hair; **neslevit ani p.** not to budge an iota
pupeční navel, umbilical; **p. šňůra** umbilical cord, **p. kýla** umbilical hernia
pupek navel; hov. *(břicho)* paunch
pupen bud
purismus purism
purista purist

puritán Puritan
puritáns|ký náb. Puritan; *(přísných mravů)* puritanical, strait-laced ■ **~tví** Puritanism; *(přísnost mravů)* puritanism
purpur purple
purpurový purple, crimson; **p. plášť** purple n. crimson robe
pus|a 1 *(ústa)* mouth; **pustit si ~u na špacír** tell* tales out of school 2 *(polibek)* kiss; *(mlaskavá)* smacker
pusinka 1 *(polibek)* smack(er) 2 *(pečivo)* meringue
působiště sphere of activity; *(služební)* place of work
působ|it 1 *(zapříčinit)* cause, be the cause of; **p. potíže** cause difficulties; **p. komu radost** make* sb (very) happy 2 **p. dobrým dojmem** make a good impression; **p. přesvědčivě** be convincing 3 *(účinkovat)* work, act, be effective; **p. na čí rozum** appeal to sb's reason; **p. na čí city** play on sb's heartstrings; **má slova na něj ne~ila** my words were lost* on him 4 **p. jako lékař/ učitel** work as a doctor/ teacher ■ **~ení** effect, effectiveness; *(vliv)* impact; appeal (to); *(činnost)* work, activity
působivý *(účinný)* effective; *(impozantní)* striking, impressive; *(kniha, film)* gripping; *(titul)* catchy; *(důkaz)* convincing
působnost competence; **pole ~i** sphere of activity; **to přesahuje jejich p.** it goes* beyond their competence
půst 1 fast, period of fasting 2 *(postní období)* Lent
pustina wasteland; *(zarostlá)* wilderness též přen. *(zahrada* ap.*)*
pustit 1 *(u~)* drop, let* sth fall* ♦ **p. něco, jako by to pálilo** drop sth like a hot potato 2 *(uvolnit)* release, let* go; **p. brzdu** take* the brake off; **p. šíp** release a bow ♦ **p. co z hlavy** put* sth out of one's head 3 **p. kořeny** take* root; **p. barvu** lose* its colour ♦ **p. chlup** expr. cough up 4 *(z vězení)* release; *(z práce)* dismiss, hov. fire, sack; **p. koho na svobodu** set* sb free; **p. koho dovnitř/ ven** let* sb in/ out ♦ **p. koho k vodě** *(dívku/ chlapce)* jilt sb; **nep. si koho k tělu** keep* sb at arm's length; **nep. koho ke slovu** not to let sb put in a word in edgeways 5 *(vodu)* turn on; **p. si vodu do vany** run* o.s. a bath; **p. komu žílou** bleed* sb (white); hov. sting* sb for money 6 *(motor* ap.*)* switch on, turn on; **p. rádio** put* on the radio; **p. desku** put on a record 7 **p. loď na vodu** launch a ship; srv. též **drak, oběh** ■ **p. se** 1 let go; **p. se žebříku** let go of the ladder 2 **p. se za kým** go* after n. follow sb, make* after sb 3 **p. se do čeho** embark upon sth; **p. se do koho** take* sb to task; **p. se do zpěvu** burst* into (a) song
pustnout 1 *(krajina)* become* desolate; *(ulice)* become deserted 2 *(o člověku)* go* to seed, *(morálně)* become depraved
pustošit *(úrodu; plenit)* ravage; *(ničit)* devastate, lay* waste
pustošivý devastating, destructive
pust|ý 1 *(ulice)* deserted 2 *(krajina)* desolate, bleak 3 *(lež)* infamous ■ **~ota** desolateness, bleakness
puška rifle, gun; **lovecká p.** sporting gun n. rifle, shotgun
půtka *(bitka)* fight; *(vojenská)* skirmish; *(slovní)* altercation; *(hádka)* quarrel, hov. row
putovat 1 *(po horách)* wander (about) 2 náb. go* on a pilgrimage (**do** to)
putovní *(výstava)* touring; *(knihovna)* travelling; **p. pohár** challenge cup; **p. cena** challenge trophy
putyka pub; hanl. dive
půvab *(jemná krása)* grace, charm; *(přitažlivost)* attractiveness, appeal; **ženské ~y** feminine charms; **bez ~u** devoid of charm
půvabn|ý *(pohyb, vystupování)* graceful, gracious; *(dívka)* charming, lovely ■ **~ost** v. **půvab**
původ 1 *(vznik)* origin; *(rodinný)* birth, descent; *(věci)* origin, provenance; **je německého ~u** he/ she is of German origin n. extraction 2 *(příčina vzniku)* cause, source
původce 1 originator; *(díla)* author 2 *(rvačky)* instigator; *(zla)* cause; **p. svého vlastního neštěstí** agent of his own misfortune
původn|í 1 original, *(ryzí* též*)* pristine, unadulterated, unspoilt; *(prvotní)* initial 2 *(originální)* original; *(neotřelý)* novel; *(studie, vědecká práce)* seminal, original ■ **~ost** originality; novelty
pych: lesní p. offence against the forest law; **polní p.** pilfering (of crops ap.)
pých|a pride; **být ~ou koho** be sb's pride (and joy) ♦ **p. předchází pád** pride comes* before a fall
pyj penis
pykat *(zač)* pay* n. suffer for; **za to budeš p.!** you'll pay n. suffer for that!
pyl pollen
pýr couch-grass

pyramida pyramid; *(z pušek)* stack (of arms)
pyré purée, mash; **bramborové p.** mashed potatoes; **hrachové p.** pease pudding
Pyreneje Pyrenees
pyrenejský Pyrenean
pyrit pyrite
pyrotechnický pyrotechnic(al)
pyrotechnik pyrotechnist
pyrotechnika pyrotechnics
Pyrrho|s: ~vo vítězství Pyrrhic victory
pýřit se blush; **p. se studem** blush with shame
pysk 1 *(ret)* lip; **zaječí p.** harelip **2** *(zvířete)* **~y** lips; *(psa)* chops, flews **3** bot., anat. *(vulvy)* labium, pl. labia
pyšnit se *(úspěchy, dětmi)* take* pride in, pride o.s. on, be proud of
pyšn|ý 1 *(povýšený)* proud, arrogant; *(nadutý)* lofty **2** *(hrdý)* proud; **být p. na** v. **pyšnit se; být p. na nové auto** take* pride in one's new car ■ **~ě si vykračovat** strut along n. about
pyt|el 1 bag; *(větší)* sack; **dva ~le brambor** two sackfuls of potatoes ♦ **tma jako v ~li** pitch darkness; **koupit zajíce v ~li** buy* a pig in a poke **2 spací p.** sleeping bag; **kožešinový p.** *(nánožník)* foot muff
Pythagor|as: ~ova věta Pythagorean proposition n. theorem
pytlačit poach; **p. v cizím revíru** též přen. poach on another's preserve
pytlák poacher
pytlík bag; **papírový/ igelitový p.** paper/ polythene bag; *(váček)* sachet
pytlovat put n. fill sth into sacks
pyžam|o, ~a (a pair of) pyjamas/ am. pajamas; **kde máš p.?** where are your pyjamas

R

r *(písmeno)* r [a:]

rabat discount; **dát na co r.** give* n. allow a discount on sth

rabiát tough n. rough customer

rabiátský *(muž)* rough, tough; *(metody)* cut--throat, ruthless

rabín rabbi

rabov|at loot, plunder, pillage ■ **~ání** plunder(ing), pillage

racek seagull, gull

racionalismus rationalism

racionalista rationalist

racionalistický rationalist(ic)

racionaliz|ovat rationalize, *(výrobu* ap.*)* streamline ■ **~ace** rationalization

racionáln|í rational; *(výživa)* well-balanced ■ **~ost** rationality

račí *(polévka)* crayfish; **r. klepeto** claw of crayfish

ráč|it **1** *(jíst a pít)* **co hrdlo** n. **srdce ~í** to one's heart's content **2 račte vstoupit!** come in, please; this way, please! **račte laskavě odejít!** be so kind as to leave* the room, please!; **jak račte** suit yourself

rád **1** *(s potěšením)* with pleasure, gladly; **strašně r.** with great pleasure; **r. přijdu** I'll be pleased to come*; **r. čte/ tancuje** he likes reading*/ dancing, he is keen on reading/ dancing; **jí r. zeleninu** he likes vegetables, he is fond of vegetables; **nemá r. zmrzlinu** he doesn't care for ice cream; *(pomůžete mi?)* – **Ano, r.** Yes, certainly; Yes, with pleasure; *(dáte si ještě kávu ?)* – **Ano, r.** I don't mind if I do ♦ **r. nerad** willy-nilly; **~o se stalo** the pleasure is mine, don't mention it **2 mít r. koho** like sb, be fond of sb, care for sb; **nemají se ~i** there's no love lost between them; **oni se mají ~i** *(chlapec a děvče)* they love each other; **má r. společnost** he likes company **3 jsem r., že** I am glad that; **r. bych se zeptal, zda ...** I'd like to know* whether ...; **r. bych věděl, zda ...** I wonder if ... **4** *(zpravidla)* usually; **na vánoce ~o pršívá** it usually rains at Christmas; **vrby ~y rostou u vody** willows are often found* near the water ■ **raději** **1** rather, sooner; **raději by umřel, než ...** he would rather die than, he would sooner die than ... **2 jdi raději domů** you'd rather n. better go* home (now) **3 máte raději víno, než pivo?** do you prefer wine to beer?, do you like wine better than beer?

rad|a **1** (piece of) advice; *(doporučení)* recommendation; *(návrh)* suggestion, proposal; **dobře míněná r.** well-meant advice; **požádat koho o ~u** ask sb for advice; **poslechnout čí ~u** follow sb's advice; **na čí ~u** at sb's recommendation ♦ **vědět si ~y** be resourceful, be able to take* care of o.s., be able to look after o.s.; **nevědět si ~y** be at one's wits' end, be at a loss (what to do next) **2** *(porada)* **jít ke komu na ~u** seek* sb's advice, consult sb **3** *(poradní sbor)* council, board; **městská r.** town n. municipal council; **správní r.** board of directors; **ministerská r.** cabinet; **R. bezpečnosti** Security Council; **vědecká r.** academic council

radar, ~ový radar; **~ová past** radar trap, speed trap

rádce adviser, kn. counsellor

radiace radiation

radiální radial

radiátor radiator

radikál **1** pol. radical, militant **2** chem. radical; mat. root

radikalismus radicalism

radikalizovat radicalize ■ **r. se** become* more radical

radikáln|í radical, *(změna* též*)* fundamental, *(opatření* též*)* drastic; *(názory* též*)* extreme ■ **~ě** radically; **něco ~ě změnit** make* a fundamental n. drastic change in sth

rádi|o **1** *(přijímač)* radio (set), br. též wireless (set); **pustit/ vypnout r.** turn on/ off the radio; **vyladit r.** tune in the radio; **r. hraje** the radio is on **2** *(rozhlas)* radio, br. zastaráv. též wireless; **v ~u** on the radio; **poslouchat r.** listen to the radio

radioaktivita radioactivity

radioaktivní radioactive; **r. spad** (radioactive) fall-out

radioamatér radio amateur, hov. radio ham

radioaparát v. **rádio (1)**

radioizotop radioisotope

radioléčba radiotherapy

radiolokace radiolocation

radiomaják radio beacon

radiomechanik radio mechanic, radio technician

radiopřijímač v. **rádio**

radiotechnik radio technician, radio engineer

radiotechnika radio engineering

radiotelefonický radiotelephonic

radiotelefonie radiotelephony
radiotelegrafie radiotelegraphy
rádiovka beret
rádiov|ý radio; **~á stanice** radio n. broadcasting station; **~é spojení** radio contact
radi|t advise, counsel; **r. komu, aby** advise sb to do sth; *(doporučovat)* recommend sb to do sth; **to bych vám ne~l** I wouldn't advise you to do that ■ **r. se** deliberate, hold* counsel; **r. se s kým** consult sb
rádium radium
rádius radius; **akční r.** range n. radius of action
radlice ploughshare
radní (town) councillor, alderman
radnic|e town hall; *(velkoměsta)* city hall; **mít svatbu na ~i** be married at the registry office
radno: být r. be advisable, be recommendable; **myslím, že je r. tam jít** I think* it is advisable (for you) to go* there; **není r. si s ním zahrávat** he is not a man to be trifled with
radost 1 joy; **škodolibá r.** malicious pleasure; **být bez sebe ~í** be overjoyed, be beside o.s. with joy; **plakat ~í** weep n. cry for joy 2 *(potěšení)* pleasure; **r. ze života** joy of life, joie de vivre; **s ~í** with pleasure, gladly, I shall be delighted; **udělat komu r.** make* sb very happy, please sb greatly, make* sb's day 3 **~i domova** home comforts; **malé ~i každodenního života** the small joys of everyday life
radostn|ý 1 *(veselý)* joyful, joyous, cheerful; **~á nálada** cheerful mood, high spirits 2 *(působící radost)* joyful, happy; **~á událost** happy event; **~á zpráva** (a piece of) good news; **r. křik** shouts of joy; **v ~ém očekávání** in happy anticipation ■ **~ě** cheerfully, joyfully
radovánky pleasures, merrymaking, diversions; hov. beer and skittles *(používá se zprav. v záporu, např.)* **nejsou to jen samé r.** it's not all beer and skittles; **r. londýnského nočního života** the delights of London's nightlife
radovat se *(z čeho)* enjoy, be happy at, delight in; **r. se ze života** enjoy life; **nedovede se r.** he doesn't know* how to enjoy life
rafat *(o psovi)* **r. komu po ruce** snap at sb's hand ■ **r. se** expr. squabble, bicker
ráf|ek *(kola, brýlí)* rim; **brýle s tmavými ~ky** glasses with dark rims, dark-rimmed glasses
rafinace refining
rafinérie refinery
rafinovan|ý 1 *(cukr, kov)* refined 2 *(umění* ap.*)* sophisticated, artful 2 *(chytrý)* astute; *(prohnaný)* crafty, cunning ■ **~ost** sophistication; craftiness, cunning
rafinovat refine
ragbista rugby player, rugby footballer
ragby rugby (football), hov. br. rugger
raglán, ~ový raglan
ragú ragout, stew
ráhno nám. yard
ráhnoví masts and spars
rachejtle *(ohňostrojová)* squib, firework
rachitický rickety, rachitic
rachitida rickets, rachitis
rachot *(hromu)* rumble, boom(ing); *(děl)* rumble, bellow; *(motorů)* roar; *(kol)* rumble
rachotina *(staré auto)* banger, rattletrap, boneshaker; *(člověk)* wreck, ruin, (an) old crock
racho|tit 1 *(vozy)* rumble; *(hrom též)* peal, roll 2 *(řetězem)* rattle ■ **~cení** *(řetězů)* rattle
ráj 1 bibl. Paradise 2 náb. i přen. paradise; **r. na zemi** heaven on earth; **je to tu jako v ~i** it is paradise here
rajčatový tomato; **r. protlak** tomato purée
rajče *(rostlina i plod)* tomato
rajón *(oblast)* area; *(policisty)* beat; *(číšníka)* station; *(oblíbené místo, působiště)* stamping ground ♦ **~y** voj. fatigue duty
rajsk|ý 1 paradisiacal; *(život, hudba)* heavenly, blissful; **~á blaženost** blissful happiness ♦ **byla to pro něj ~á hudba** it was music to his ears 2 **~é jablíčko** tomato; **~á omáčka** tomato sauce
rak 1 crayfish, crawfish; **chytat ~y** catch* crayfish; **být červený jako r.** be as red as a lobster; v. též **ryba** 2 astron. Cancer; **obratník R~a** Tropic of Cancer
raketa$_1$ sport. racket, racquet
raket|a$_2$ 1 *(ohňostrojová)* rocket; *(malá)* squib, firecracker 2 *(kosmická)* rocket; **třístupňová r.** three-stage rocket; **okřídlená r.** cruise rocket, *(mořská)* hydrofoil; **odpálit ~u** launch a rocket
raketomet rocket launcher
raketoplán space shuttle
raketov|ý rocket; **~á technika/ r. pohon** rocket technology/ propulsion; **~á základna** missile site
rak|ev coffin, am. též casket ♦ **to je hřebík do mé ~ve** it's a nail in my coffin
rákos reed; hrom. v. **~í**
rákosí reed(s), rush(es); **porostlý ~m** reedy, overgrown n. covered with reeds
rákoska cane

rákosník reed warbler
Rakousko Austria
rakousk|ý Austrian; **~o-uherský** Austro-Hungarian
rakovin|a cancer; **má ~u** he has cancer, he is suffering from cancer
rakovin|ový, ~ný cancerous; **r. nádor** cancerous n. malignant tumour
Rakušan, ~ka Austrian
rakvička *(dětská)* baby's n. child's coffin; *(zákusek)* (coffin-shaped) éclair
rallye rally
rám 1 *(obrazu)* frame; **okenní r.** window frame; **dát do ~u** frame **2** techn. *(na boty)* welt; *(vozidla)* chassis; *(na tenisovou raketu)* frame, press; **r. na vyšívání** embroidery frame
rambajz racket, row, din; *(hádka)* row; **udělat r.** kick up a row n. fuss
rámcový *(povšechný)* general; **r. plán/ zákon** skeleton plan/ law
rám|ec *(rozsah)* scope, province; *(pozadí)* setting; **přesahovat r. knihy** go* beyond the scope of the book; **mimo r. vědy** outside n. sk. outwith the province of science; **r. výroby** the sphere of production; **v ~ci zákona** within the bounds of the law; **v ~ci oslav** on the occasion of the celebration
rámeček *(brýlí)* rim; *(k vyšívání)* hoop ♦ **to si za r. nedá** this is nothing to boast about
ramenatý broad-shouldered
ramen|o 1 shoulder; **široká ~a** broad shoulders; **poklepat koho na r.** slap sb on the back; **přehodit si tašku přes r.** sling* a bag over one's shoulder ♦ **pokrčit ~y** shrug one's shoulders; **vzít nohy na ~a** take* to one's heels; **dívat se na koho přes r.** look down one's nose at sb **2** *(řeky)* branch; *(jeřábu)* jib; *(páky)* lever arm; přen. **r. spravedlnosti** limb of the law
ramín|ko 1 *(vepřové)* shoulder (of pork) **2** *(na šaty)* (coat) hanger **3** *(u kombiné* ap.*)* shoulder strap; **šaty bez ~ek** strapless dress
rámovat *(obrazy)* frame
rámovka *(pila)* frame-saw
rampa 1 ramp; **příjezdová r.** approach ramp; **nakládací r.** loading platform n. ramp **2** *(divadelní)* forestage, front of the stage **3 odpalovací r.** launching pad
rampouch icicle; **zmrzlý jako r.** frozen solid
rámus 1 *(hluk)* din, racket; *(vřava)* hubbub, pandemonium; *(hluk motorů)* roar; **děti dělají velký r.** the children are very noisy **2** *(hádka, povyk)* row; **udělat strašný r.** kick up a row n. fuss
rámusit be noisy, make* a lot of noise; *(silněji)* make a racket n. din, kick up a row; *(křičet)* shout, yell
rámusivý noisy
rán|a 1 wound; *(řezná)* cut; *(sečná)* slash; *(bodná)* stab wound; **otevřená r.** gaping wound; **zjitřit starou ~u** open an old wound, rub salt in a wound **2** *(úder)* blow, *(pěstí)* punch, *(dlaní)* slap, smack; *(silná: rukou)* clout; *(rákoskou)* stroke; *(bičem)* lash, stroke; *(holí)* blow; *(na branku)* shot; **dunivá r.** thump, thud; **~y kladivem** clanging of a hammer; **dát komu ~u** deal* sb a blow; **jednou ~ou** at one blow **3** *(výstřel)* shot; *(zvuk výstřelu* též*)* report; **vypálit ~u** fire a shot; **náhle se ozvala r.** suddenly there was a shot ♦ **r. naslepo** přen. shot in the dark; **r. z milosti** coup de grace; **v tu ~u** in the twinkling of an eye **4** přen. *(pohroma)* blow, misfortune; **byla to pro něj r.** it was a bad n. terrible blow for him; **to je ale r.!** what misfortune!, what (a piece of) bad luck!
ranč ranch
randál racket, din; **spustit r.** raise (merry) hell; **dělat pro všechno r.** make* a great song and dance about everything, make a great fuss about everything
rande date, rendezvous; **dát si r. s dívkou** make* a date with a girl, hov. date a girl; **jít na r.** go* on a date
ranec bundle, pack, (travelling) bag
raneček small bundle; **sbalit si svůj r.** pack up one's belongings
ran|it 1 wound; *(ve válce)* **byl ~ěn** he was wounded; přen. *(koho)* hurt*, hurt sb's feelings, *(hluboce)* cut* sb to the quick **2 ~ila ho mrtvice** he had a stroke; **být ~ěn slepotou** be struck* with blindness ■ **~ěný I** adj. wounded; **vážně ~ěný** badly wounded **II** subst. wounded (person)
ranní I adj. morning, early; **r. noviny** morning paper; **r. ptáče** early riser, hov. early bird; v. též **ptáče II** subst. *(mše)* early mass
rán|o I subst. (early) morning; **časné r.** early morning; **dobré r.!** good morning!; **od ~a do večera** from morning till night, from dawn to dusk; **k ~u** towards (the) morning **II** adv. in the morning; **dnes r.** this morning; **brzy r.** early in the morning; **v šest hodin r.** at six in the morning, at six a.m.; **každé r.** every morning; **v neděli r.** on Sunday morning

ran|ý early; **~é ovoce/ brambory/ ~á zelenina** early fruit/ potatoes/ vegetables; **r. středověk** early Middle Ages

rapidn|í sharp, rapid; **r. zvýšení/ pokles cen** a rapid rise/ decline n. fall in prices ■ **~ě** rapidly, fast

rapír rapier

rapl tantrum, (a fit of) madness; **chytil ho r.** he's having one of his tantrums

raport report; **hlásit se k ~u** report to sb

rapsódie rhapsody

rarach evil spirit; **vjel do něho r.** the devil (has) got into him

rarášek **1** imp **2** *(dítě)* little imp n. scamp, little rascal

rarita rarity, rare specimen, curio

ras **1** *(pohodný)* knacker **2** přen. *(dozorce)* slave driver; *(lékař, dentista)* butcher; **je do práce jako r.** he's a devil for work

ras|a **1** *(lidská)* race **2** *(o zvířatech)* stock, breed; **pes čisté ~y** pedigree dog

rasist|a, ~ický racist, racialist

rasov|ý racial; **~á diskriminace** racial discrimination

rastr polygr. screen

rašelina peat

rašeliniště peat bog

rašit *(o výhoncích)* sprout, put* forth shoots; *(o poupatech)* bud, put forth buds

rašple rasp; **stará r.** *(o ženě)* old hag

rašplovat rasp

ratifik|ovat ratify ■ **~ace** ratification

ratlík pinscher

ratolest **1** twig, sprig, spray **2** přen. *(potomek)* offspring též pl.; **jejich ~i** their offspring

ráz **1** *(díla)* character, nature; **důvěrný r.** confidential nature; **stejného ~u** of the same kind; **otázky praktického ~u** questions of a practical nature; **krajina má zvláštní r.** the scenery has a character of its own **2** přen. **jedním ~em** overnight; **jedním ~em se stal slavným** he became* famous overnight; **všechno šlo r. na r.** everything went* n. ran* like clockwork **3** jaz. glottal stop

razance *(střely)* (force of) penetration

razantní *(průbojný)* penetrative; *(útok)* fierce; *(analýza)* shrewd; **r. puška** express rifle

rázem **1** *(náhle)* immediately, at once; **r. zmlkl** *(okamžitě)* he fell* silent immediately **2** *(pojednou)* all of a sudden

razi|e raid, hov. swoop; **udělat ~i** make* a raid (**na** on)

razit **1** *(mince)* mint, coin; přen. *(rčení)* coin **2** *(myšlenky)* promote **3** *(tunel)* run; **r. si cestu** work one's way, *(namáhavě)* struggle one's way n. *(lokty)* elbow one's way (**davem** through the crowd) ■ v. **ražení**

razítk|o *(gumové)* rubber stamp; **opatřit ~em** stamp

rázn|ý *(odpověď, čin)* resolute; *(odmítnutí)* firm, uncompromising; *(krok)* smart ■ **~ě** resolutely, firmly ap. ■ **~ost** resolution; firmness; uncompromising nature

rázovat stride*, walk briskly

rázovit|ý *(osobitý)* distinctive, original; *(typický)* typical, archetypal; **~á krajina** a distinctive landscape; **r. humor** robust humour ■ **~ost** distinctiveness; **~ost jeho stylu** the idiosyncrasies of his style

ražba **1** *(mincí)* coinage, mintage **2** horn. driving; **r. tunelu** tunnelling

ražení **1** v. **ražba** **2** *(povaha)* type, character, cast; **demokracie amerického r.** a democracy of the American type n. pattern

ráže$_1$ *(kalibr)* calibre

ráže$_2$: **dostat se do r.** *(rozjařit se)* get* merry; *(v hněvu)* fly* into a rage n. temper

rčení *(obrat)* locution; *(fráze)* phrase, idiom; *(ustálené)* set n. stock phrase; *(lidové)* saying; *(aforismus)* maxim

rdít se blush; **r. se studem** blush with shame

rdousi|t strangle; **začal ho r.** he seized n. grasped him by the throat; **~l ho kašel** he choked with coughing

reagovat react; *(odpovědět)* respond

reakce **1** chem., fyzik., pol. reaction; *(odezva)* response, repercussions **2** *(zpátečníci)* reactionaries, reactionary circles

reakcionář, ~ský reactionary

reakční *(názory)* reactionary; **r. teplo** heat of reaction; **r. rychlost** speed n. rate of reaction

reaktivní: r. motor jet engine; **r. letadlo** jet(-)propelled) aircraft

reaktivovat **1** chem. reactivate; lék. *(svaly)* rehabilitate **2** voj. call up again; *(penzisty)* recall

reaktor reactor; **atomový r.** nuclear n. atomic reactor; **množivý r.** fast-breeder reactor

reálie life and customs, life and institutions; např. **britské r.** aspects of British life and institutions

realismus realism

realista realist

realistický realistic; *(střízlivý)* sober-minded,

down-to-earth; *(postoj)* matter-of-fact
realita 1 *(objektivní)* reality 2 *(nemovitost)* zvl. br. landed property, zvl. am. real estate
realitní: r. kancelář estate agency; **r. agent** estate agent
realiz|ovat *(plány, program, nápady)* carry out, implement; **to se nedá r.** it cannot be put* into practice ■ **r. se** 1 *(plány)* be implemented; *(akce)* take* place, be held*; *(naděje)* materialize 2 *(uplatnit se)* fulfil o.s. ■ **~ace** *(plánů* ap.*)* implementation
reáln|ý 1 *(skutečný)* real; **~á hodnota/ mzda** real value/ income 2 *(politik, návrh)* realistic, down-to-earth 3 mat. *(číslo)* real ■ **~ost** 1 reality 2 realistic n. down-to-earth attitude/ approach
rebarbora rhubarb
rebel, rebelant rebel
rebelantský rebellious též přen.; *(vzbouřenecký)* mutinous *(posádka* ap.*)*
rebelantství rebelliousness; *(neposlušnost)* insubordination; přen. contrariness
rébus picture puzzle, rebus
recenze review
recenzent reviewer
recenzní: r. výtisk review n. press copy
recenzovat review, write* a critique
recepc|e 1 *(v hotelu)* reception (office n. desk) 2 *(oslava)* reception; **pořádat ~i** hold* n. give* a reception
recepční I adj. reception; **r. místnost** reception office II subst. reception clerk, receptionist
recept 1 lék. (medical) prescription; **napsat r.** write* out a prescription 2 kuch. recipe ♦ **r. na úspěch** a recipe for success; **na to není žádný r.** there's no general rule for that
receptivn|í receptive ■ **~ost** receptivity, receptiveness
reces|e 1 practical joke, prank; **udělat ~i** play a practical joke; **udělat co z r.** do sth just for the (sheer) hell of it 2 *(ekonomická)* recession
recidiva *(nemoci)* relapse, recurrence; *(trestné činnosti)* relapse (into crime)
recidivista habitual offender
reciprocita reciprocity
reciproční reciprocal
recitace recitation
recitál recital; **klavírní r.** piano recital
recitativ recitative
recitátor reciter
recitovat recite, read* (poetry)
redakce 1 *(verze)* edition, version; **poslední r. knihy** the latest edition of the book 2 *(úprava textu)* editing 3 *(kolektiv)* editors, editorial staff 4 *(místnost, budova)* editorial office(s) n. department
redakční *(kolektiv, rada)* editorial; **r. článek** editorial; **r. úprava** editing
redaktor, ~ka editor; **sportovní r.** sports editor; **hlavní r.** editor-in-chief
redigovat *(časopis)* edit; *(upravovat)* sub-edit
redukční: r. dieta low-calorie n. slimming diet; **r. ventil** reduction valve
redukce reduction; **r. mezd** cut in wages; **r. zaměstnanců** staff reduction
redukovat reduce, *(počet zaměstnanců)* cut* (down), scale down
redundance redundancy
redundantní redundant
reedice new edition, republication; *(bez oprav)* reprint
referát 1 *(zpráva)* report; *(přednáška)* lecture; *(na konferenci)* paper 2 *(recenze)* review 3 *(oddělení)* department, section; **mít co v ~u** be in charge of sth
referendum referendum, plebiscite; **uspořádat r.** hold* a referendum
refer|ent 1 *(~ující)* speaker; *(na konferenci)* reader of a paper 2 *(úředník)* official responsible for a department
refer|ovat 1 *(číst ~át)* speak* (at a conference), give* a lecture, read* a paper 2 *(informovat)* inform (of), advise (on) 3 *(o knize)* review, give a review of; *(v novinách: o události)* cover
reflektor aut. headlight; *(bodový)* spotlight; *(k osvětlení budovy, stadiónu)* floodlight
reflektovat 1 *(na místo)* apply for, be interested in; *(na úřad)* be a candidate for 2 kn. *(odrážet)* reflect
reflex reflex, response; **podmíněný/ nepodmíněný r.** conditioned/ unconditioned reflex n. response
reflexe často pl. reflections (**o** on)
reflexivní *(zájmeno)* reflexive
reflexní: r. pohyb reflex movement
reforma reform; **měnová r.** monetary *n.* currency reform; **r. školství** educational reform
reforma|ce, ~ční Reformation; **~ční hnutí** Reformation movement
reformátor reformer
reformismus reformism
reformista reformist
reformov|at reform ■ **~aná církev** the Reformed

Church
refrén hud. chorus, refrain
refund|ovat refund, *(výdaje)* reimburse ■ **~ace** refund, reimbursement
refýž traffic n. pedestrian island
regál rack; *(police)* shelf, pl. shelves; *(stojan)* stand
regata sport. regatta
regenerační *(schopnost)* regenerative; *(prostředek)* restorative
regener|ovat se regenerate; *(zotavit se)* restore one's strength, recuperate ■ **~ace** regeneration
regent regent
regiment voj. regiment
regionalismus regionalism
regionální regional
registratura filing cabinet
registr|ovat 1 *(zaznamenat – též o přístroji)* record, register 2 *(vzít v úvahu)* notice, take* note of ■ **~ace** registration
regresívní regressive
regulace regulation; *(úprava, seřízení)* adjustment; **r. cen** price adjustment
regulátor regulator, governor
regulérní proper, correct; *(férový)* fair; **r. postup** correct procedure
regulovat regulate; *(ceny)* adjust; techn. regulate, govern
rehabilit|ovat lék., právn. rehabilitate ■ **r. se** rehabilitate o.s., clear one's name ■ **~ace** physiotherapy, rehabilitation
rej 1 *(tanec)* round dance; **r. víl** fairy dance; **r. čarodějnic** witches' sabbath 2 přen. whirl; **r. myšlenek** a whirl of ideas
rejdař shipowner
rejdiště (favourite) haunt; **hřiště bylo ~m dětí** the playground was the children's favourite haunt
rejdit *(o dětech)* romp n. frolic about n. around; *(ve vodě)* splash about n. around
rejdy machinations, intrigues, goings-on; **podvratné r.** subversive activities
rejnok zool. ray, skate
rejsek shrew
rejstřík 1 *(seznam)* record, register; *(v knize)* index; **věcný/ jmenný r.** name/ subject index; **trestní r.** previous convictions 2 hud. register; *(varhan)* stop; **široký r. barev** a wide range of colours
rek kn. warrior, hero
rekapitul|ovat recapitulate, hov. recap ■ **~ace** recapitulation
rekce jaz. government
reklama 1 advertising, publicity; *(prodejní)* (sales) promotion 2 *(inzerát)* advertisement, hov. ad; telev., rozhl. commercial
reklamní advertising, publicity; **r. kancelář** advertising n. publicity agency; **r. dárek** promotional n. free gift; **r. kampaň** advertising campaign, publicity drive
reklam|ovat *(vadné zboží* ap.*)* complain of n. about, lodge a complaint about ■ **~ace** complaint; *(požadování náhrady)* claim for replacement, *(žádost o vrácení peněz)* claim for a refund
rekognoskace reconnaissance, hov. recce
rekomando I subst. *(zásilka)* registered letter/ parcel II adv. *(doporučeně)* **poslat dopis r.** send* a letter by registered post
rekonstru|ovat reconstruct; *(průběh zločinu)* re-enact ■ **~kce** reconstruction; *(zločinu též)* re-enactment
rekonvalescence convalescence
rekonvalescent convalescent
rekord record; **vytvořit r.** establish n. set* up a record; **být držitelem ~u** hold* a record; **překonat r.** break* n. beat* a record; **překonat všechny ~y** beat all records
rekordman record holder
rekordní record, record-breaking, peak; **r. skok** record-breaking jump; br. **r. úroda** record n. bumper crop; **r. výkon** peak output
rekreac|e *(odpočinek)* recreation, rest; *(dovolená)* holiday; **jet na ~i** go* on (a) holiday; **poukaz na ~i** holiday voucher
rekreační recreation, holiday; **r. oblast** holiday area; **r. vlak** holiday train; **r. středisko** holiday centre; **r. zařízení** tourist facility
rekreant holidaymaker
rekreovat se *(odpočívat)* relax, (have) a rest; *(na dovolené)* holiday, be on holiday
rekriminace recrimination; **vzájemné r.** mutual recriminations
rekrut voj. recruit
rektor *(titulární)* angl. chancellor, sk. rector; *(činný)* vice-chancellor, sk. principal, am. rector, president
rektorát *(úřad)* vice-chancellorship, rectorship; *(kancelář)* vice-chancellor's/ am. rector's office
rektorský vice-chancellor's, rector's
rekviem requiem
rekvizit|a: pl. **~y** *(divadelní)* (stage) properties, props

rekvizitář div. property master, property man
relace$_1$ telev., rozhl. programme, broadcast; **večerní r.** evening broadcast
relac|e$_2$ *(vztah)* relationship; relation; **být v ~i k čemu** be related to sth; **A je v ~i k B** A relates to B; hov. **je to ještě v ~i** it's still acceptable
relační relational
relativismus relativism
relativit|a relativity; **teorie ~y** theory of relativity
relativn|í relative; **r. většina** relative majority ▪ **~ost** relativeness; v. též **relativita** ▪ **~ě** relatively
relaxace relaxation
relé relay
relevantní relevant, pertinent; **r. otázky** pertinent questions
reliéf relief
reliéfní relief, embossed; **r. tisk** relief printing
reliéfov|ý: ~á mapa relief map
relikvie relic
rely rally
remcat hov. bellyache, gripe; neutr. moan
remilitariz|ovat remilitarize ▪ **~ace** remilitarization
reminiscence pl. reminiscences; **r. z mého mládí** reminiscences of my youth
remíza$_1$ *(sport, šachy)* draw
remíza$_2$ *(autobusů)* depot; *(tramvají)* shed
remizovat draw* (the game)
rendlík (shallow) saucepan
renegát renegade, apostate; hov. turncoat
renesance 1 *(období)* Renaissance **2** přen. revival, rebirth
renesanční Renaissance; **r. sloh** Renaissance style n. architecture
reneta *(jablko)* rennet
renomé *(good)* reputation n. name
renomovaný renowned, famous, noted
renov|ovat renovate, do up, refurbish; **r. starý hrad** restore an old castle ▪ **~ace** renovation; refurbishment; restoration
renta income (from investments); *(vyplácená ročně)* annuity
rentabilita profitability; *(podniku)* viability
rentabil|ní *(výroba* ap.*)* profitable; *(obchod)* lucrative, remunerative; *(podnik)* viable ▪ v. **~ita**
rentgen 1 *(aparát)* X-ray machine n. apparatus **2** *(jednotka záření)* roentgen, röntgen
rentgenolog radiologist
rentgenovat X-ray, screen
rentiér man of private means; zast. n. žert. gentleman of leisure

rent|ovat se be profitable; *(obchod, podnik* též*)* pay*; **zemědělství se ne~uje** farming doesn't pay
reorganiz|ovat reorganize ▪ **~ace** reorganization
reostat el. rheostat
reparace reparations
reparát resit
repatri|ovat repatriate ▪ **~ace** repatriation
repertoár repertoire
repetit jabber, gabble
replika 1 *(odpověď)* rejoinder, reply **2** výtv. replica
reportáž *(v tisku)* report; **televizní r.** television report; **přímá r.** live broadcast n. relay, *(slovní)* running commentary; **dělat r.** *(z čeho)* do the coverage of
reportér reporter; *(při přímém přenosu)* commentator
reportovat report; *(v novinách* ap.*: o události)* cover
represáli|e pl. reprisals; **sáhnout k ~ím** *(proti komu)* take* reprisals against; **vyhrožovat ~emi** threaten with reprisals
represivní repressive; **r. opatření** repressive measures
reprezent|ace 1 *(~ování)* representation **2 mít co pro ~aci** have sth for the sake of prestige, have sth as a status symbol; **potrpět si na ~aci** try (always) to make* the right impression
reprezentační *(auto* ap.*)* prestige; **r. mužstvo** national team; **r. fond** entertainment fund; **pro r. účely** for the sake of prestige
reprezentant representative
reprezentativní 1 representative; *(dělající dojem)* imposing, impressive **2** *(typický)* **(pro** of) typical, representative, characteristic
reprezent|ovat 1 *(firmu, volební okrsek* ap.*)* represent **2** *(představovat)* be, constitute; **to ~uje celé jmění** it is a small fortune
reprí|za *(hry, filmu)* performance, telev., rozhl. repeat; *(gram. desky)* reissue; **hra se dočkala sta ~z** the play had a run of 100 performances
reprízovat *(hru, film)* rerun*, telev., rozhl. repeat
reprodukce 1 *(proces)* reproduction **2** *(kopie)* copy, reproduction; *(fotografie)* print
reprodukční *(technika, postup)* reproduction
reprodukov|at 1 *(pořídit kopii)* copy, reproduce; *(přesně)* make* a replica of **2** *(událost)* describe, report; *(příběh)* retell* ▪ **~aná hudba** recorded music, hanl. canned music; *(jako zvuková kulisa)* muzak

reproduktor (loud)speaker
reptal grumbler, moaner
rept|at grumble, grouch, hov. grouse ■ **~ání** grumbling, moaning; **bez ~ání** without a murmur
republika republic
republikán, ~ský republican
reputac|e (good) reputation; **napravit si ~i** mend one's reputation
resekce lék. resection
resort 1 *(ministerský)* department 2 *(kompetence)* province, competence; **to nespadá do mého ~u** that doesn't fall* within my province
resortní departmental
respekt respect; **mít r. před kým** have n. show* respect for sb, *(mít hrůzu)* stand* in awe of sb; **budit r.** command respect
respektive respectively, as the case may be, or (if you like)
respektovat 1 *(stáří, city)* respect, have respect for; **ner.** show* little respect for 2 *(zákony)* observe, abide by
rest často pl. **~y** *(nedodělávky)* arrears n. backlog (of work); **vyřídit ~y** catch* up on a backlog of one's work
restaurace$_1$ restaurant; **r. se samoobsluhou** cafeteria; **zahradní r.** open-air restaurant n. cafe; **nádražní r.** station buffet v. **restaurovat**
restaurační restaurant, *(sál, místnosti)* of a restaurant; **r. vůz** dining n. restaurant car
restaurátor *(památek)* restorer
restaur|ovat 1 *(památky)* restore, renovate 2 *(monarchii* ap.*)* restore; **zámek se ~uje** the castle is (currently) being restored, the castle is under restoration, *(oznámení pro turisty)* the castle is closed for restoration ■ **~ace** *(památek)* restoration, renovation; *(monarchie)* restoration, reestablishment
restituce restitution
resumé summary, kn. résumé
resumovat summarize, sum up
rešerše literature search
ret lip; **dolní/ horní r.** lower/ upper lip ♦ **viset komu na rtech** hang* on sb's lips, hang on sb's every word
retnice, retný fonet. labial; *(obouretná souhláska)* bilabial
rétor orator
rétorika rhetoric
retrográdní *(slovník)* reverse
retrospektiva retrospective view; *(v knize, ve filmu)* flashback
retrospektivn|í retrospective ■ **~ě** in retrospect
retuš fot. retouching; **provést r.** retouch
retušér retoucher
retušovat retouch, touch up
reuma- v. **revma-**
réva *(vinná)* vine
revalv|ovat revalorize ■ **~ace** revalorization
revanš 1 *(odveta)* revenge 2 *(oplátka)* reciprocation; **na r.** in return (**za** for)
revanšist|a, ~ický revanchist; **~a** též revenge seeker
revanšovat se (**za** for) repay*; **r. se za pozvání/ za poklonu** return sb's invitation/ compliments
reveň, ~ový rhubarb; **~ový kompot** stewed rhubarb
revidovat 1 *(kontrolovat)* check, examine; *(účty)* audit 2 *(názory, rozhodnutí)* revise
revír 1 *(honební)* hunting ground, shooting area; přen. *(oblíbené místo)* stamping ground 2 *(uhelný)* coalfield
revírník 1 *(lesník)* forester, am. forest ranger 2 *(v dolech)* section foreman
reviz|e 1 *(kontrola)* inspection, check, examination; *(účtů)* audit 2 *(přezkoumání)* revision, re-examination; právn. též review 3 *(~ní komise)* auditors 4 *(~or: účtů)* auditor, *(ve vlaku)* (ticket) inspector
revizionismus pol. revisionism
revizní inspection, auditing; **r. komise** auditing commission
revizor *(účtů)* auditor; *(dopravní)* inspector
revmati|k, ~cký rheumatic; **~k** též rheumatism sufferer
revmatismus hov. **revma** rheumatism
revolt|a revolt; **potlačit ~u** put* down n. suppress a revolt
revoltovat rebel, revolt, rise* in arms; **r. proti útlaku** revolt against oppression
revoluce revolution; **kulturní r.** cultural revolution; **vědeckotechnická r.** scientific and technical revolution
revolucionář revolutionary
revolucionizovat revolutionize
revolučn|í revolutionary ■ **~ost** revolutionary spirit
revolver revolver, hov. gun
révoví grapevine; *(na zdi)* climbing vine, trained vine
revuální revue, show; **r. tanečnice** show n. chorus girl; **r. divadlo** revue theatre; **r. žerty** burlesque

jokes

revue 1 revue, (musical) show; **lední r.** ice show 2 *(časopis)* review, periodical

rez rust; **prožraný rzí** rust-eaten; **pokrýt se rzí** gather rust 2 bot. rust (fungus)

rezav|ět gather n. form rust, become* n. grow* rusty ♦ **stará láska ne~í** old love never goes* cold, old love never dies

rezav|ý 1 rusty; **~á skvrna** rust stain 2 *(o barvě)* russet; *(vlasy)* auburn

rezerv|a 1 reserve; **mít co v ~ě** have n. keep* sth in reserve, přen. have sth up one's sleeve; **skryté ~y** hidden reserves 2 *(zdrženlivost)* reserve, reticence; **chovat se s ~ou** be reserved; **brát co s (určitou) ~ou** take* sth with a pinch of salt 3 *(kolo též)* spare wheel

rezervac|e 1 *(místa* ap.*)* reservation, booking; **udělat ~i** make* a reservation 2 *(pro Indiány)* reservation; *(přírodní)* national park, wildlife preserve; *(pro zvířata)* sanctuary

rezervista voj. reservist

rezervní spare, reserve; *(hráč, generátor)* standby; **r. kolo** spare wheel; **r. kapitál** reserve capital; voj. **r. jednotky** reserves

rezervoár storage tank; **přírodní r.** reservoir

rezervovan|ý reserved, reticent; *(v oblékání)* modest; *(chladný)* standoffish ■ **~ě** with reserve; **chovat se ~ě** keep* aloof, *(k někomu)* treat sb with reserve ■ **~ost** reservedness

rezervovat reserve, *(lístek, místo též)* book, make* a reservation for; **r. komu místo** keep* a seat for sb

rezidence residence

rezidenční residential

rezignova|t 1 *(o vládě)* resign; **r. z funkce** resign one's post 2 *(poddat se osudu)* give* up, lose* heart, resign o.s. to one's fate ■ **~ný** *(úsměv* ap.*)* resigned ■ **~ně** resignedly, with resignation

rezistence resistance (**vůči** to); **pasívní r.** passive resistance

rez|ivět v. **~avět**

rezoluce resolution

rezolutn|í resolute, determined; **r. tón** firm tone ■ **~ě** resolutely; *(odmítnout)* flatly ■ **~ost** resolution, determination

rezonance resonance, *(ozvěna)* reverberation

rezonanční: r. deska soundboard

rezultát result

režie 1 *(divadelní)* production, stage direction; film, telev. direction 2 *(náklady)* running costs, overheads

režijní: r. cena cost price; **za r. cenu** at cost price; **r. náklady** overhead expenses, overheads

režim pol. regime; **školní r.** school routine; **r. dne** daily programme n. regime

režírovat *(film)* direct, have the direction of; hov. **r. hru** do a play

režisér director

režn|ý 1 *(žitný)* rye 2 **~é plátno** unbleached linen

ribstol sport. wall bars

rifle (a pair of) jeans

riflovina denim

rigol *(strouha)* ditch; *(jáma ve vozovce)* pothole

rigoróz|ní 1 *(morálka* ap.*)* strict; *(katolík)* rigid 2 **r. zkouška** v. **~um**

rigorózum (Ph.D n. doctoral) viva voce, hov. br. viva

ring sport. ring

riskantní risky, chancy; hov. dodgy, dicey; *(hazardní)* hazardous

risk|nout v. **~ovat**; **já to ~nu** I'll risk it, I'll chance it, I'll chance my luck

riskovat risk, take* risks n. chances; **ner.** take no chances; **hodně r.** risk a lot; **r. co** run* n. take the risk of sth, risk sth; **r. vlastní kůži** stick* one's neck out

rival rival; **~ové v lásce** rivals in love

rivalita rivalry; *(boj o pozice)* infighting

Riviéra the Riviera

rizik|o risk, danger; **r. povolání** occupational hazard; **bez ~a** without risk; **na vlastní r.** at one's own risk; **nést r.** bear* the risk

rizikov|ý hazardous; *(těhotenství, povolání)* high-risk; **příplatek za ~é povolání** danger money

rmout|it *(koho)* make* sb sad, worry sb; **to mne ~í** it makes me sad; **co vás ~í?** what's troubling you? ■ **r. se čím** be concerned about sth, worry about sth; *(silněji)* grieve about sth

roajalista royalist

róba full dress, evening gown n. dress; *(svatební)* wedding gown; *(plesová)* ball gown n. dress

robátko, robě baby; kn. babe; **ubohé r.** poor little mite n. thing

robinzonáda fotb. full-length save

robot robot; *(kuchyňský)* food processor

robota 1 hist. corvée, compulsory labour 2 přen. drudgery

robotárna sweatshop

robotika robotics

robotník 1 hist. socman, sokeman 2 přen. plodder, drudge

robotov|ý: ~á technika robotics
robustní sturdy, burly, hefty
ročenka yearbook; *(literární)* almanac
roční|í 1 *(dítě, hříbě)* one-year-old **2** *(na rok)* annual, yearly; **r. předplatné** annual n. yearly subscription; **r. plán** plan for one year; **čtvero ~ích období** the four seasons ■ **~ě** every year, annually, yearly; kn. per annum; **jednou/ dvakrát/ třikrát ~ě** once/ twice/ three times a year n. yearly
ročník 1 *(studijní, školní)* year, grade **2** *(narození)* age-group; **jsme stejný r.** we were born* in the same year; **~y 1940 – 1943** the 1940 – 1943 age-group **3** *(časopisu)* year, volume **4** *(vína)* vintage
rod 1 *(panovnický)* dynasty; *(rodina)* family, stock, lineage; **pochází ze šlechtického ~u** he comes* of noble stock n. lineage; **pochází ze starého ~u** he comes from an old family ♦ **to je u nich v ~ě** it runs* in the family **2 lidský r.** mankind, the human race **3** bot., zool. genus **4** jaz. *(mužský, ženský* ap.*)* gender; *(trpný, činný)* voice
rodák native, *(ze stejné oblasti)* (fellow) countryman; **r. z Tábora** a native of Tábor; **je r. z našeho kraje** he's my fellow countryman
rodič: ~e parents; **její ~e** her parents, hov. her people, her folks; **bez ~ů** orphaned, parentless; **sdružení ~ů a přátel školy** ≅ parent-teacher association
rodička woman in labour; *(po porodu)* woman who has just given* birth
rodičovsk|ý parental; **~é sdružení** v. **rodič**
rodičovství parenthood; **plánované r.** family planning
rodidla female genitals
rodilý: r. Angličan a native(-born) Englishman; **je r. Pražan** he was born in Prague
rodin|a 1 family; **být z dobré ~y** come* from a good family; **je to v ~ě** it runs* in the family **2 mít ~u** have a family; **čekat ~u** be in the family way; **založit si ~u** found a family; **mít velkou ~u** have a large family
rodinn|ý family; **~á podoba** family likeness; **r. statek** family n. patrimonial estate; **r. dům** one-family house; **r. život** home life
rodiště place of birth, birthplace
rod|it 1 *(dítě)* bear*, give* birth to, bring* *(a child)* into the world **2** *(o poli)* yield n. give a good crop; *(ovoce)* yield; **tyto stromy ~í dobře/ špatně** these trees yield well/ poorly; **r. ovoce** yield fruit ■ **r. se 1** *(děti)* be born, come* into the world **2** *(plodiny)* thrive, prosper ■ **~ící se** *(stát, kultura* ap.*)* nascent
rodn|ý *(dům)* parental; *(země)* native; **r. jazyk** mother tongue, native language; **~é město** native town, hometown; **r. list** birth certificate
rododendron rhododendron
rodokmen genealogical n. family tree; zool. pedigree; **sledovat svůj r.** trace one's roots, trace one's line of ancestors
rodopis genealogy
rodopisný genealogical
rodov|ý 1 *(jmění, znak)* family; *(zřízení)* tribal; **~á pýcha** pride in one's ancestry **2** jaz. gender **3** biol. generic
roh 1 zool. horn; **nabrat na ~y** gore; **ukazovat ~y** show* one's teeth; **r. hojnosti** horn of plenty, cornucopia **2** hud. horn; **lesní r.** French horn; **anglický r.** English horn **3** *(ulice)* corner; *(okraj)* edge; **na ~u** *(ulice)* at the corner; **za ~em** round the corner; **v pravém ~u nahoře** *(stránky)* in the top right-hand corner ♦ **vzít ~a** do a bunk, run* for it **4** sport. corner (kick); **střílet r.** take* a corner
roháč *(brouk)* stag beetle
rohatý I adj. *(dobytek)* horned **II** subst. the Devil, sk. old Nick ♦ **u všech ~ch!** good gracious (me)!, good heavens!
rohlík (crescent-shaped) roll, croissant; am. crescent (roll)
rohovina horn
rohovitý *(kůže)* corny
rohovka anat. cornea
rohovník boxer
rohovnický boxing; **r. zápas** boxing match, fight
rohový 1 *(dům, pokoj)* corner; **r. kop** corner kick **2** *(z rohoviny)* horn; **r. knoflík** horn button
rohož mat; **slaměná r.** straw mat; **plést ~e** mat straw
rohožka *(na boty)* doormat
roj 1 *(hmyzu)* swarm; **r. včel/** přen. **dětí** swarm of bees/ children **2** *(letadel)* flight
roj|it se *(včely)* swarm; přen. *(lidé)* swarm, flock ■ **~ení včel** swarming of bees
rojnice voj. skirmish line
rok 1 year; **běžný/ kalendářní r.** current/ calendar year; **přestupný r.** leap year; **školní r.** school year; **minulý/ příští r.** last n. past/ next year; **půl/ tři čtvrti ~u** six/ nine months; **padesátá léta** the fifties; **každý r.** every year; **každé tři ~y** every three years; **r. co r.** year in year

out; **za r.** in a year's time; **dnes je tomu r.** a year ago today; **v posledních letech** in recent years; **jsem tu třetím ~em** it is my third year here 2 *(věku, života)* year, age; **je mu deset let** he's ten years old; **kolik je vám let?** how old are you?; **být v nejlepších letech** be in the prime of (one's) life; **v jeho letech** at his age 3 *(ročník)* year; **je** *(na univerzitě)* **v třetím roce** he's in (the) third year

rokfór stilton cheese

rokle, roklina gorge, ravine

rokok|o, ~ový rococo; **období ~a** Rococo period; **~ový sloh** rococo style

rokov|at: r. s kým o čem deliberate n. confer with sb on sth; **r. o návrhu** debate n. consider a proposal ■ **~ání** deliberations (on), debate (on), discussion (of)

roláda v. **ruláda**

rolák *(svetr)* polo neck, polo-neck sweater; am. turtleneck

rol|e₁ *(herecká)* part, *(úloha)* role; **hlavní r.** leading role; **hrát ~i Desdemony** play the part of Desdemona; **nezná svou ~i** *(hereckou)* he is not sure of his lines ♦ **to nehraje ~i** that makes* no difference; **peníze nehrají žádnou ~i** money is no object

role₂ *(papíru* ap.*)* roll, reel

roleta roller blind

rolnick|ý agricultural, farm(ing); **~é nářadí** farming implements; **~á škola** agricultural school

rolnictvo the peasants, peasantry

rolnička small bell; *(na saních)* sleigh bell

rolník peasant, farmer

rolova|t *(koberce, papír)* roll (up); *(o letadle)* taxi ■ **~né maso** meat roll

román novel; **r. na pokračování** serial

romance romance

románek *(milostný)* romance

romanista Romance scholar

romanistický *(kongres* ap.*)* of Romance Studies

romanistika (study of) Romance languages and literatures

romanopisec novelist

románový: r. cyklus cycle of novels; *(příběh)* fictitious; **r. hrdina** hero of a novel

románský *(jazyk)* Romance; archit. *(sloh)* Romanesque; **r. oblouk** French arch

romantick|ý romantic; **mít r. vztah k** be romantic about ■ **~y** romantically

romant|ik 1 *(stoupenec ~ismu)* romanticist 2 *(snílek)* romantic, dreamer

romant|ika 1 romanticism 2 v. **~ismus (2)**

romantismus 1 Romanticism 2 *(období)* romantic era n. period

romantizovat glamorize, romanticize

ronit *(slzy)* shed

ropa (crude) oil

ropovod (oil) pipeline

ropucha toad ♦ **šeredný jako r.** as ugly as sin

rorejs, rorýs swift

rosa dew; **padá r.** dew is falling*

rosnička tree frog

rosn|ý: ~é kapky drops of dew

rosol jelly; **ryba v ~u** jellied fish

rosolovatět jellify

rosolovitý gelatinous

rostbíf roast beef

rostlin|a plant; **léčivá r.** medicinal herb; **pěstování ~** plant breeding

rostlinný vegetable

rostlinopis botany

rostlinstvo flora, vegetable kingdom

rostlý: pěkně r. well built, of fine physique

rostoucí přen. growing, increasing, mounting; **r. blahobyt** increasing prosperity; **r. tlak** mounting pressure

rošáda šach. castling

rošt *(kamen, kotle)* grate; kuch. gridiron

rošťácký roguish, naughty; *(smích)* impish

rošťák rogue, rascal; **malý r.** little rascal, little terror, naughty little beggar

roštěn|á, ~ka entrecote

roštěnec sirloin

roští brushwood, twigs

rota voj. company

rotačka rotary (printing) press

rotaprint rotary printing

rotmistr staff sergeant

rotný sergeant major

rotor rotor

rot|ovat rotate ■ **~ace** rotation

rotunda rotunda

roub graft, scion

roubení *(z trámů)* timbering

roubík *(na sázení)* dibble; *(do úst)* gag

roubit *(dřevem)* timber, board (up)

roubovat graft

rouhač blasphemer

rouhat se blaspheme; **r. se Bohu** blaspheme (against) God

rouhavý blasphemous

rou|cho kn. garment; básn. *(splývavé)* robe, gown; náb. vestment ♦ **být v ~še Adamově** be in one's birthday suit, žert. be in the altogether

rouno fleece ♦ **zlaté r.** golden fleece

roup pinworm ■ **~y** přen. the fidgets; **mít ~y** have ants in one's pants; **dostat ~y** get* the fidgets

roura pipe; **odpadová r.** waste-pipe; **okapová r.** gutter; **odvodňovací r.** drainage pipe; **plynová r.** gas-pipe; **výfuková r.** exhaust pipe

rousat se plough n. trudge (**v mokré trávě** through wet grass)

roušk|a veil; přen. veil, guise, cloak ♦ **pod ~ou přátelství** under the guise n. veil of friendship; **pod ~ou noci** under the cloak of night n. darkness

roveň: stavět koho na r. s kým put* sb on a par with sb; **stavíme je na r.** we give* them parity of treatment, we treat them as equal

rovin|a 1 *(nížina)* plain; *(náhorní)* plateau 2 mat., fyz. plane; **nakloněná r.** inclined plane 3 *(úroveň)* level; **na stejné ~ě** on the same level ♦ **říci komu co na ~u** tell* sb (sth) in no uncertain terms; **abych to řekl na ~u** not to put* too fine a point on it

rovinat|ý: ~á krajina plain n. flat country, lowland

rovinka: cílová r. home stretch n. br. straight

rovn|at 1 *(půdu)* level (off); *(křivý drát)* straighten, bend* sth straight 2 *(látku)* smooth, make* sth smooth; **r. si peří** *(pták)* plume its feathers, plume itself 3 *(dřevo, cihly* ap.*)* pile up, stack up 4 *(spory)* settle; *(hádající se)* reconcile ■ **r. se** 1 *(při sedění)* straighten o.s. up 2 mat. equal 3 **to se ~á zradě** it is tantamount to treason, it amounts to treason

rovněž likewise, as well, also, too

rovnic|e mat. equation; **vyřešit ~i** solve an equation; **r. o dvou neznámých** an equation with two unknowns

rovník equator

rovníkový equatorial

rovnítko sign of equation

rovnoběžka parallel; *(zeměpisná)* parallel of latitude

rovnoběžník parallelogram

rovnoběžn|ý parallel ■ **~ost** parallelism

rovnocenn|ý equivalent, of equal value, of the same value; *(výkon)* of the same standard; evenly n. equally matched ■ **~ost** equal value, equivalence

rovnodennost equinox; **jarní/ podzimní r.** the spring/ autumnal equinox

rovnoměrný even, uniform; *(vývoj)* well-proportioned, harmonious

rovnoprávn|ý equal, having equal rights ■ **~ost** equality (of rights), equal rights

rovnoramenný mat. *(trojúhelník)* isosceles; **r. trojúhelník** isosceles triangle

rovnost equality; **r. hlasů** equality n. parity of votes; **r. před zákonem** equality before the law

rovnostář|ský egalitarian ■ **~ství** egalitarianism

rovnostranný geom. equilateral

rovnou 1 directly, straight; **běžet r. k** run* directly to, make* a beeline for; **jít r. za nosem** follow one's nose; **řekl mu to r.** he told* him in no uncertain terms, he made no bones about it 2 *(ihned)* instantly, straightaway

rovnováh|a balance, equilibrium; **duševní r.** mental balance n. equilibrium; **r. sil** fyz. balance of forces; pol. balance of power; **ztratit ~u** lose* one's balance; **přivést koho z ~y** throw* sb off balance; **udržet si ~u** *(duševní)* stay on an even keel

rovn|ý 1 *(čára, vlasy* ap.*)* straight; **r. jako svíčka** as straight as a ramrod ♦ **skočit do čeho ~ýma nohama** plunge into sth; **spadnout do čeho ~ýma nohama** be thrown* in at the deep end 2 *(plocha)* even; *(hladký)* smooth; **r. jako stůl** flat as a pancake 3 *(stejný)* equal; **dělit se ~ým dílem** go fifty-fifty; **nemá sobě ~a** he's without a rival; **dělá to ~ch sto korun** it comes* to exactly 100 crowns, it comes to a round 100 crowns ♦ **r. ~ého si hledá** like attracts like ■ **~o: je blbý, že mu není ~o** he is too stupid for words

rozbahněný muddy, waterlogged; *(kašovitě)* sludgy

rozbal|it, ~ovat *(kufr)* unpack; *(dárek, balíček)* unwrap, undo

rozběh 1 *(~nutí)* run-up; **skok s ~em** running (high) jump 2 *(vylučovací)* heat

rozběh|nout *(motor)* start (up); *(projekt)* set* sth going ■ **r. se** 1 *(ke skoku)* run* up, take* a run-up; *(začít běžet)* start running, break* into a run; *(k někomu)* rush to 2 *(stroj)* start; přen. *(projekt)* get* under way, get off the ground, get going; **r. se na plné obrátky** get into one's stride 3 *(děti)* run in different directions; *(dav)* disperse; *(čáry)* diverge ■ **být ~nutý** be well on one's way

rozběsn|it enrage, infuriate, get* sb's back up ■ **r. se** fly* into a rage, hov. get mad ■ **~ěný** furious,

incensed, convulsed with rage
rozbíha|t (se) v. **rozběhnout (se); jejich cesty se ~jí** they go* their separate ways
rozbíhav|ý divergent ■ **~ost** divergence
rozbíječ pol. fractionalist, subversive; **r. stávek** strike breaker
rozbíječský subversive, divisive
rozb|ít 1 *(vázu, okno)* break*, smash, shatter; *(atom)* split*; *(stát)* dismember, split up; *(zločinecký gang)* smash; **r. na padrť** break n. smash sth into smithereens; **r. atom** split the atom; zhrub. **r. komu hubu** smash sb's face in 2 *(podrážky)* wear* down; **r. hračku** break a toy 3 *(tábor, stan)* pitch ■ **r. se** break, get* broken, get out of order; **~ily se mi hodinky** my watch is a write-off, hov. my watch has had it ■ **~itý** 1 *(na střepy)* broken, smashed 2 *(stroj)* broken; **stroj je ~itý** the machine is out of order, the machine does not work 3 *(šaty)* torn, tattered, ripped; *(boty)* battered, far-gone ■ **~ití** breaking ap.; *(státu)* disintegration; *(strany)* fragmentation; **~ití atomu** splitting of the atom
rozbočka el. multiple adaptor
rozbolavě|t se: ~ly se mu nohy he got* sore feet (from walking) ■ **~lý** sore; přen. depressed, crestfallen
rozbole|t (se) begin* to ache; **~la se mi z toho hlava** it gave* me a (splitting) headache
rozbor analysis; jaz. *(větný* ap. též*)* parsing
rozbořit *(dům)* demolish, tear* down; *(město)* destroy
rozbourat *(stěnu, dům)* take* n. pull down; v. též **rozbořit**
rozbouř|it *(moře)* churn up; přen. stir up, agitate; *(vášně)* rouse ■ **r. se** *(moře)* be running high; *(vášně)* arouse ■ **~ený** *(moře)* heavy, high, rough; **~ené vášně** uncontrolled passions
rozbrečet make* sb cry ■ **r. se** start crying; hov. turn on the waterworks
rozbroj: ~e discord, trouble, strife; **dělat ~e** stir up trouble
rozbředlý *(sníh)* slushy; **r. sníh** slush; přen. *(výklady)* mushy; *(styl)* verbose
rozbřesk light of dawn, daybreak; **za prvního ~u** at the crack of dawn; **za ~u** at dawn, at daybreak; **r. svobody** the dawn of freedom
rozbřesk|nout se, ~ovat se 1 **~uje se** day is breaking* n. dawning, it is getting* light 2 přen. **~lo se mu v hlavě** suddenly the penny dropped
rozbuje|t (se) *(vegetace)* grow* rampant; *(vlasy, vousy)* grow profusely; *(nešvary)* run* riot, be rampant ■ **~lý** *(vegetace, nešvary* ap.*)* rampant
rozbušit se *(srdce)* start pounding n. thumping, hov. go* pit-a-pat
rozbuška *(bomby, výbušniny)* fuse; *(miny)* detonator
rozcestí road fork, crossroads; **být na r.** přen. be at the crossroads, be at the parting of the ways
rozcitlivěl|ý sentimental ■ **~ost** sentimentality
rozcucha|t *(vlasy)* tousle, dishevel; **r. koho** tousle sb's hair ■ **~ný** *(vlasy)* tousled, dishevelled
rozcupovat 1 *(látku* ap.*)* tear* sth to pieces n. shreds, rip sth to pieces n. shreds 2 přen. *(referát)* pull sth to pieces, pull sth apart, tear sth to shreds
rozcvičit se limber up, warm up, loosen up
rozcvička limbering-up, setting-up exercises; **ranní r.** morning exercises, hov. daily dozen
rozčarov|at disillusion, disappoint, bring* sb down to earth again; **být z čeho ~án** be disappointed about sth ■ **~ání** disillusion(ment)
rozčepýř|it se *(pták)* ruffle (up) its feathers; přen. get* ruffled, bristle up ■ **~ený** *(pták)* with ruffled feathers; *(vlasy)* tousled; *(rozzlobený)* ruffled, up in arms
rozčeřit *(hladinu)* stir, ripple
rozčesat; r. si vlasy comb one's hair *(na pěšinku)* part one's hair
rozčil|it annoy, upset*; **r. koho** put* sb's back up ■ **r. se** get* upset, lose* one's temper; **strašně se r.** blow* one's top, fly* off the handle, hit* the ceiling n. the roof ■ **~ený** upset, agitated; **být ~ený** be in a bad temper
rozč|ilovat se v. **~ilit se**; *(zbytečně)* fuss, make* a fuss; **ne~iluj se!** keep* your hair on!, take* it easy!
rozčís|nout 1 **r. si vlasy** part one's hair 2 split*; **blesk ~l strom** the lightning split the tree
rozčlenit divide (into), portion out (into)
rozčtvrtit divide into four; *(koláč, jablko)* divide into quarters; hist. *(za trest)* quarter
rozdat 1 *(karty)* deal 2 *(darovat)* give* away, **r. si to** *(vzájemně)* fight* it out; **r. si to s kým** have a fight with sb
rozd|ávat v. **~at**; *(darem)* hand round; **r. rány** deal* out blows
rozděl|at 1 *(práci)* begin*, start, embark on 2 *(balíček)* unwrap; *(provázek)* undo; *(motor)* dismantle, take* sth apart ♦ **r. oheň** make* n. light* a fire; **mít co ~áno** be in the middle of doing sth, *(článek* ap.*)* have sth in the pipeline ■ **r. se** *(uvolnit se: provázek* ap.*)* come* loose
rozděl|it, ~ovat 1 *(na díly)* divide (**na** into),

split* up; *(místnost příčkou)* partition; **r. co na pět částí** divide sth into five parts 2 *(dát)* distribute, hand out; *(jídlo)* dish out, serve out, portion out; **srdce by (s každým) ~il** he would share his last crust of bread 3 *(poštu)* sort out 4 *(odloučit)* separate ■ **r. se** 1 *(na části)* split* up, separate 2 *(o co)* share; **r. se rovným dílem** share and share alike

rozdělovník distribution list

rozdíl 1 difference; mat. remainder; **věkový r.** difference in age, disparity in age; **kvalitativní r.** difference in quality; **r. mezi bohatými a chudými** the gap between the rich and the poor 2 *(rozlišení)* difference, distinction; **dělat r.** make* a distinction (**mezi** between); **bez ~u rasy, náboženství** ... irrespective of race, religion ...; **na r. od** unlike, as distinct from, as opposed to; **to platí pro všechny bez ~u** this applies to all without exception

rozd|ílet v. **~ělit**

rozdíl|ný different, dissimilar ■ **~nost** difference; divergence

rozdírat 1 v. **rozedřít** 2 **r. srdce** break* sb's heart

rozdmýchat *(oheň)* fan; přen. *(vášně, zlost)* stir up; **r. vzpouru** fan the flames of revolt

rozdováděl|t se let* o.s. go*, unbend* ■ **~ný** boisterous, high-spirited, rollicking

rozdrásat lacerate; **r. komu srdce** break* sb's heart

rozdráždit 1 *(psa, soupeře* ap.) provoke; **r. koho do krajnosti** make* sb livid, make sb's blood boil 2 *(zvědavost)* arouse

rozdrtit 1 *(hrozny, kámen)* crush; *(na prach)* powder, pulverize 2 *(soupeře)* demolish, rout, annihilate, mop the floor with

rozdupat crush sth underfoot, trample down

rozdvojit 1 divide sth in two 2 *(rozloučit)* sever, separate ■ **r. se** separate, part

rozdvojka adaptor

rozeb|rat, ~írat 1 *(stroj, zařízení)* dismantle, disassemble, take* sth to pieces n. apart 2 *(situaci, problém)* analyse; *(větu* též) parse 3 **kniha je ~rána** the book is out of print 4 **r. koho** *(promluvit komu do duše)* give* sb a good talking to

rozedn|ít se, ~ívat se dawn; **~ívá se** (the) day is breaking* n. dawning; **už se ~ilo** it is already light ■ **~ění** daybreak, dawn; **za ~ění** at daybreak; at (the) first light

rozed|raný *(kabát)* tatty, ragged, far-gone

rozed|řít *(do krve)* lacerate; *(odřít)* chafe ■ **~řený** 1 *(kůže)* lacerated, *(na povrchu)* chafed 2 *(šaty)* v. **~raný**

rozehna|t *(davy, nepřátele)* scatter, disperse; *(mraky, pochyby)* dispel ■ **r. se** 1 *(po kom)* go* for; **~l se po mně holí** he went for me with a stick 2 *(za kým)* rush after sb

rozehr|át *(hru)* start n. open; *(míč)* pass; *(svaly)* ripple *(the muscles)* ■ **r. se** *(rozcvičit se)* limber n. loosen up; **r. se naplno** *(mužstvo)* play o.s. in, get* going; *(hudebníci, orchestr)* get going ■ **~ání** knock-up

rozehř|át, ~ívat 1 warm up 2 *(máslo, sníh)* melt ■ **r. se** 1 become* warm 2 melt

rozechv|ět, ~ívat 1 *(struny)* set* sth vibrating 2 přen. agitate, make* sb agitated ■ **~ělý, ~ěný** agitated, excited; flustered ■ **~ělost, ~ění** excitement, excitedness; nervousness

roze|jít se 1 start walking; **hodiny se ~šly** the clock started going* 2 *(od sebe)* part (company), disperse; **~šli se u domu** they parted (company) n. separated at the house; **dav se ~šel** the crowd dispersed 3 *(manželé)* separate, split* up, *(postupně)* drift apart; *(milenci, přátelé)* fall* out; **~šli se jako dobří přátelé** they parted good friends; **r. se s církví** be through with the church

rozeklaný *(jazyk)* forked; *(kopyto)* cloven; *(pobřeží)* jagged; *(skály)* rugged

rozemlít grind*, *(na prach)* pulverize, powder; *(na kaši)* pulpify; *(maso)* mince

rozen|ý: Anna Nová ~á Malá Anna Nová née Malá; **je to r. řečník** he's a natural orator; **je r. Čech** he is a Czech by birth, he is Czech-born

rozep|isovat *(plán)* break* down, *(náklady)* distribute, allocate ■ **r. se, ~sat se** get* going; **zeširoka se o něčem r.** expatiate on sth, enlarge on sth

rozepnout 1 undo*, unfasten; *(co je na háček)* unhook, *(na sponu)* unclasp, *(na přezku)* unbuckle, *(na zip)* unzip 2 *(paže)* stretch out, extend; *(křídla)* spread* (out), extend ■ **r. se** come* loose, unbutton; *(knoflík, sako)* come undone; *(zip)* unzip

rozepře dispute; *(lehčí)* quarrel, squabble; právn. lawsuit

rozervan|ý *(kabát* ap.) torn; *(člověk)* torn (by inner conflicts) ■ **~ost** *(vnitřní)* inner conflicts

rozervat 1 *(plachtu)* tear*, *(na kusy)* tear sth to pieces n. shreds 2 přen. *(svazky přátelství* ap.) sever, break* off

rozeschlý *(loďka, sud)* leaking, leaky

rozes|lat, ~ílat *(dopisy, pozvánky, posly)* send* out, dispatch
rozesmát make* sb laugh, move sb to laughter ■ **r. se** burst* out laughing ■ **~ý** laughing; **~é tváře** laughing faces
rozesmutn|it make* sb sad, upset, sadden ■ **r. se** grow* sad ■ **být ~ělý** be in a sad mood
rozespal|ý sleepy, drowsy; **být r.** be still half asleep; **r. hlas** drowsy voice ■ **~ost** sleepiness, drowsiness
rozestavět start building (**dům** a house)
rozestavěný *(dům)* under construction, in the process of construction
rozestavit *(stráže)* post; *(nábytek)* place, arrange ■ **r. se** *(kde)* take* up one's positions n. places
rozestlat (si) make* one's bed
rozestoup|it se 1 *(dav)* part, draw* aside; *(mraky)* part; **země se ~ila** the Earth opened up 2 **r. se kolem koho/ čeho** gather around sb/sth
rozestup *(mezi řadami)* distance
rozeštvat *(koho)* set* sb against sb; **r. lidi** set people at odds against each other; **r. dav** incite the mob
rozetnout sever, cut* (sth in two), *(sekerou)* chop sth in two
rozetř|ít 1 *(na prášek)* grind* sth down to powder, pulverize; chem. triturate 2 *(barvu, lak)* spread*, distribute, work out ■ **~ení** 1 pulverization 2 spreading
rozev|írat (se) v. **~řít (se)**
rozevlátý *(prapor, vlasy)* flying
rozevřít *(dveře)* open sth wide; *(knihu)* open; *(mapu)* open out; *(náruč)* stretch out; *(deštník)* put* up; *(o pávovi)* **r. ocas** spread* out its tail, fan its tail ■ **r. se** *(dveře, padák)* open (up); *(květina)* open out
rozezlen|ý angry, incensed, furious ■ **~ost** anger, bad temper
rozezn|at distinguish, tell*; **r. dvě věci od sebe** tell two things apart ■ **být těžko k ~ání** be difficult to differentiate; **jsou k ne~ání** there is hardly any difference between them, *(o lidech)* they are as like as two peas (in a pod)
rozeznatelný discernible, distinguishable
rozezn|ávat v. **~at**
rozezn|ít: r. zvon chime n. clang a bell ■ **r. se** sound, ring* out; **~ěl se zvonek** the bell rang* n. went*
roze|zvučet se v. **~znít se**
rozežra|t *(o molech/ červotočích)* eat* holes in, *(o myších)* gnaw holes in; *(rzí)* corrode ■ **~ný** 1 *(od molů)* moth-eaten; *(od červotočů)* worm-eaten; *(rzí)* corroded 2 hanl. *(nenasytný)* greedy, gluttonous
rozfouka|t *(listí, papíry)* scatter; **vítr ~l listí na všechny strany** the wind scattered the leaves all over the place
rozhalenka open-necked shirt
rozhalit 1 **r. (si)** *(límec, kabát)* open 2 *(prsa, hrudník)* bare, uncover
rozhánět (se) v. **rozehnat (se)**; **r. se rukama** gesticulate
rozháraný *(život)* disorderly
rozház|et 1 *(písek, štěrk, šaty* ap.*)* strew*, scatter; *(hnůj)* spread*; **r. šaty po pokoji** scatter one's clothes all over the room 2 **r. peníze** squander one's money; **r. celé jmění** run* n. go* through a fortune 3 hov. **to mne ne~í** that doesn't bother me one little bit 4 **r. si to s kým** get* on the wrong side of sb, get into sb's bad books
rozhazovačn|ý extravagant, wasteful; **r. člověk** squanderer, spendthrift ■ **~ost** extravagance, profligacy
rozhazovat v. **rozházet**; **r. peníze** be free with one's money, throw* money about, splash one's money about; **r. rukama** gesticulate
rozhlas radio, br. zastaráv. též wireless; **r. po drátě** wire n. line broadcasting; **v ~e** on the air; **mluvit v ~e** speak* on the radio; **poslouchat r.** listen in; **vysílat ~em** broadcast
rozhlási|t *(oznámit)* make* sth known*, announce; *(pověst)* spread*, hanl. trumpet, tell* sth abroad; *(po celém městě)* spread the news all over the town ■ **r. se** become* known; **~lo se, že** there's a rumour about n. abroad that
rozhlasov|ý radio; **~é zprávy/ r. přijímač** radio news/ set
rozhl|ašovat v. **~ásit**
rozhled 1 *(s hory* ap.*)* view; **mít dobrý r.** have a good view 2 *(duševní)* horizon; **rozšiřovat svůj r.** broaden one's mind n. outlook; **mít dobrý r. po anglické literatuře** be well-versed in English literature
rozhledna lookout tower
rozhl|édnout se, ~ížet se look n. glance around, look n. glance about; **r. se po pokoji** look about the room; *(hledat)* **~ížet se po čem** be on the lookout for
rozhněvat *(koho)* make* sb angry ■ **r. se** get* angry; *(rozlítit se)* fly* into a rage; **r. se na koho** get angry with sb, am. hov. get mad at sb; **r. se s kým** *(a rozejít se)* fall* out with sb

rozhodčí **I** adj. arbitration; **r. soud** arbitration court, court of arbitration; **r. řízení** arbitration (proceedings) **II** subst. *(fotbal)* referee; *(tenis, badminton, plavání)* umpire; *(při soutěžích)* judge

rozhodit *(postele)* throw* the covers back; *(sítě)* cast*; v. **rozházet**

rozhod|nout **1** právn. (**o** on) decree, decide, rule; *(soudce)* **r. pro/ proti** find* for/ against; **r., že** rule that; **r. o čím osudu** decide sb's fate; **otec ~l, že** father decided that **2** *(být ~ující)* determine, settle; **tím to bylo ~nuto** that settled n. clinched it; sport. **ta branka ~la zápas** that goal was the decider ■ **r. se** **1** *(odhodlat se)* decide, make* up one's mind, resolve; **~l se, že uteče** he made* up his mind to run* away **2** **r. se pro co** decide on sth, decide in favour of sth, opt for sth, settle on sth; **pro který klobouk ses ~la?** which hat have you decided n. settled on? **r. se k neúčasti** opt out; **~l se zůstat** he chose to stay

rozhodnutí **1** decision; **r. ještě nepadlo** the matter is still undecided; **učinit r.** reach a decision, come* to a decision; **ponechávám to vašemu r.** I leave* this to you to decide **2** *(soudní)* ruling

rozhodn|ý **1** *(důležitý)* critical, crucial, decisive; **r. moment** crucial moment **2** *(energický)* firm, uncompromising, resolute; **~é odmítnutí** a categorical n. flat refusal; **zaujmout r. postoj** take* a firm line n. stand; **r. stoupenec** staunch supporter **3** *(nepochybný)* definite, decided, distinct; **r. důkaz** a definite proof ■ **~ě** **1** *(rezolutně)* decidedly, resolutely, firmly, flatly; **je ~ě proti tomu** he is firmly against it **2** *(nepochybně)* definitely, decidedly ■ **~ost** determination, resoluteness, firmness; *(popřít)* **se vší ~ostí** flatly, categorically

rozhod|ovat v. **~nout**; **cena ne~uje** money is no object; **o všem r.** hov. run* the show

rozhodující *(bitva)* decisive; **r. hlas** the deciding voice; **r. moment** the turning point; **r. chyba** a fatal mistake

rozhojnit *(vědomosti)* increase; *(majetek)* enlarge

rozhorl|it se: r. se nad čím become* indignant at sth; hov. get* worked up about sth ■ **~ený** outraged

rozhořč|it outrage, fill sb with rage, shock ■ **r. se nad čím** *(rozčílit se)* be incensed at sth; *(být šokován)* be outraged n. shocked at sth ■ **~ený** indignant, outraged ■ **~ení** anger, indignation, outrage

rozhořet se *(začít hořet)* begin* to burn*, ignite, catch* fire

rozhosti|t se: v údolí se ~lo ticho in the valley silence fell*; **v zemi se ~l mír** and there was peace in the country

rozhoupat set* sth swinging, swing* sth into motion; **r. houpačku** give* the swing a push ■ **r. se** **1** start swinging **2** hov. *(odhodlat se)* bestir o.s., make* up one's mind (to do sth)

rozhovor conversation, talk; *(dvou)* dialogue; **telefonní r.** telephone conversation; **mírové ~y** peace talks; **dát se do ~u** strike* up a conversation; **poskytnout r.** *(novináři* ap.*)* give* n. grant sb an interview

rozhovoři|t se *(o čem)* enlarge on, expand on, elaborate; **~l se o svém plánu** he enlarged on his plan; **~l se o svém mládí** he got* talking about his youth

rozhr|abat, ~ábnout *(oheň)* poke; *(seno)* spread*; přen. *(věci)* have a good rummage in

rozhraní dividing line, boundary (line); **jazykové r.** linguistic boundary; **na r. století** at the turn of the century

rozhrnout **1** *(záclonu)* pull n. draw* apart; *(křoví)* pull apart **2** *(slámu)* spread* ■ **r. se** *(opona)* open

rozhryzat gnaw sth to pieces

rozhřešení absolution; **dát komu r.** give* sb absolution

rozhýbat set* sth in motion; **r. si svaly** loosen up; **r. něco** set sth afoot ■ **r. se** *(rozcvičit se)* limber up; **r. se k čemu** bring* o.s. to do sth

rozcházet se **1** *(názorově)* **r. se s kým v čem** differ from sb on n. about sth **2** *(cesty)* diverge, branch; v. též **rozejít se**

rozchechtat se burst* out laughing

rozchichotat se start to giggle

rozchod **1** *(davu)* dispersal; *(manželů)* separation; *(loučení)* parting, leave-taking; **při ~u** on parting, when saying* goodbye; **dát vojákům r.** dismiss troops; **rozchod!** dismiss! **2** *(kolejí)* (railway) gauge

rozchodit *(boty)* break* in ■ **r. se** *(bota)* stretch

rozinka raisin; *(bez jadérek)* sultana; *(korintská)* currant

rozjař|it *(koho)* liven sb up ■ **r. se** liven up, get* going, become* animated ■ **~ený** animated; **být ~ený** be in high spirits

rozjasnit se *(nebe)* clear (up), brighten (up); **r. se radostí** *(obličej, oči)* light* up with joy

rozjet *(dát do pohybu)* set* sth in motion; přen.

(spustit co) set sth afoot; **r. to** start the ball rolling; **r. nový kurs angličtiny** start up a new English course ■ **r. se** start, get* under way; *(vlak)* move off; *(auto)* drive* off; *(stroj)* start (up); begin* to work

rozjezd *(motoru)* start(ing); *(vozidla)* moving off; let. take-off run; **při ~u** when moving off

rozjezdov|ý: ~á dráha let. runway; **~á rychlost** run-up speed

rozježděný *(cesta)* rutted

rozjím|at (o) meditate (on), reflect (upon), muse (on, over) ■ **~ání** meditation, reflections; **být pohroužen v ~ání** be lost* in thought

rozjímavý contemplative

rozjitřit: r. ránu cause a wound to fester, přen. rub salt in a wound; **r. starou ránu** reopen an old wound

rozjíven|ý naughty; **~é dítě** little rascal n. scamp

rozjížďka sport. heat *(in boat races, cycling* ap.*)*

rozkaz order; *(autoritativní)* command; *(k domovní prohlídce)* warrant; voj. **denní r.** order of the day; voj. **rozkaz!** *(provedu!)* yes, Sir!, *(námořníci)* aye, aye, Sir!; **z ~u** *(koho)* on the orders of; **vydat r.** issue n. give* an order

rozkáza|t order; *(autoritativně)* command; **~l jim, aby čekali** he ordered them to wait; **~l, aby byl vězeň zastřelen** he ordered the prisoner to be shot*

rozkazovací: jaz. **r. způsob** imperative

rozkazovačný domineering; hov. bossy; *(tón, hlas)* authoritative

rozkaz|ovat give* orders; **rád ~uje** he likes giving orders; **tady ~uji já** I give the orders (around) here; **od tebe si nedám r.** I won't take* orders from you; v. též **rozkázat**

rozklad 1 chem. decomposition; mat. reduction, decomposition; fyz. *(světla)* dispersion **2** *(rozpad)* decomposition, decay; přen. *(společnosti)* decline; *(morálky)* corruption **3** *(rozbor)* analysis

rozkládací folding, collapsible; **r. křeslo** chair bed; **r. gauč** sofa bed; **r. židle** folding n. collapsible chair

rozkládat v. **rozložit**; **r. rukama** gesticulate ■ **r. se** *(město)* be situated; **r. se až k** reach as far as; v. též **rozložit se**

rozkladný *(kritika, síly)* destructive; *(vlivy)* disruptive, demoralizing

rozklepa|t *(plech)* hammer sth out n. flat; *(maso)* tenderize ■ **r. se** *(chladem)* (begin* to) shiver n. shake* (with cold); **r. se strachy** (begin to) shake n. tremble with fear; **~la se mu kolena** his knees were shaking

rozklepnout *(vejce)* break*

rozklížit se 1 *(židle)* come* n. fall* apart **2** přen. *(přátelství)* break* up

rozkmit amplitude

rozkmotřit se přen. fall* out

rozkol pol. split, division; náb. schism

rozkolísaný *(člověk, povaha)* vacillating, wavering; *(nestálý)* fickle; *(ceny)* fluctuating; **r. v názorech** uncertain in one's views

rozkolni|cký náb. schismatic, dissenting ■ **~ctví** dissent

rozkolník náb., hist. schismatic, dissenter

rozkopat *(cestu)* dig* up; *(houby* ap.*)* kick sth to pieces

rozkopnout *(nohou)* smash sth *(by a single kick)*

rozkoš pleasure, delight, joy; **smyslná r.** sensual pleasure; **působí mu to r.** it gives* him great pleasure, it's a real treat for him

rozkošni|cký hedonistic; pleasure-seeking ■ **~ctví** hedonism, pleasure-seeking

rozkošník hedonist, bon vivant, epicure

rozkošný *(vzhledem)* charming, delectable, lovely; *(milý)* adorable, sweet; **to je r. pejsek!** what a sweet n. adorable little doggie!

rozkoukat se *(ve tmě)* find* one's bearings též přen.

rozkousat 1 *(sousto)* chew, masticate **2** *(poškodit)* bite* n. gnaw sth to pieces

rozkouskovat *(pozemek)* parcel (out), divide into lots; *(pozemkový majetek)* crumble up; *(stát)* dismember

rozkr|ádat v. **~ást** ■ **~ádání** *(veřejného majetku)* misappropriation; *(peněz)* embezzlement

rozkráje|t cut* up, cut sth into pieces; *(na drobno)* mince, shred; *(na plátky)* slice up; *(maso na části)* carve up ■ **i kdyby ses ~l** no matter how hard you may try

rozkrást steal* away; *(veřejný majetek* též*)* misappropriate; *(peníze)* embezzle

rozkroč|it se stand* with one's legs apart; **být ~en** stand astride

rozkročmo astride; **stát r.** stand* astride; **sedět r. na koni** ride* astride

rozkrojit cut* n. slice sth in two

rozkrok crotch, crutch

rozkřápnout smash, shatter ■ **r. se** smash, get* smashed

rozkřičet se 1 *(dítě)* start crying **2 r. se na koho** start yelling n. shouting at sb

rozkřik|nout se 1 *(na koho)* fly* out at, yell at;

jump down sb's throat **2 ~lo se, že** it is rumoured that, rumour has it that; **brzy se to ~lo** the news soon got* about, the news soon filtered out

rozkutále|t se 1 *(kuličky)* scatter **2 peníze se mu brzy ~ly** he soon squandered all the money

rozkvedlat whisk

rozkv|ést 1 burst* into bloom, *(stromy)* burst into blossom **2** přen. *(děvče)* bloom out; *(kultura)* (begin* to) flourish n. thrive ■ **~etlý** *(strom)* in blossom; *(květ)* in bloom

rozkvět 1 bot. bloom, blossom; **být v ~u** be in (full) bloom **2** přen. (full) bloom; **v ~u mládí** in the prime of youth, in the flower of youth

rozkývat set* sth swinging, swing* sth into motion ■ **r. se 1** start swinging **2** přen. bestir o.s. *(+ inf.)*

rozladěn|í, ~ost moodiness, disgruntlement, bad temper

rozlad|it 1 *(stroj)* put* sth out of tune **2** přen. **r. koho** put sb in a bad mood; *(rozzlobit)* annoy ■ **r. se** *(housle* ap.*)* go* out of tune ■ **~ěný 1** *(nástroj)* out of tune **2** disgruntled, moody, out of sorts

rozláma|t break* sth to pieces ♦ **být celý ~ný** hov. feel* absolutely whacked, hov. be dead beat

rozléhat se resound, reverberate; *(hlasy, smích)* ring* out

rozlehlý vast, extensive; *(sál)* spacious

rozlepit *(obálku)* open ■ **r. se** *(dopis* ap.*)* open, come* unstuck; *(uvolnit se)* come loose; *(na části)* come apart

rozlept|at, ~ávat 1 chem. corrode, eat* into **2** přen. corrupt, undermine; **r. morálku** corrupt the morals

rozlet přen. **r. fantazie** flight of imagination n. fancy; **r. myšlenek** flight of thought

rozletět se, rozlétnout se 1 *(ptáci)* scatter **2 r. se na kousky** *(džbán)* smash **3** *(dveře)* fly* open **4** *(zpráva)* spread* (like wildfire)

rozleže|t se: ~lo se mu to (v hlavě) he has had second thoughts, he has changed his mind

rozličn|ý diverse, varied; **z ~ých důvodů** for a variety of reasons

rozliš|it, ~ovat: r. co od čeho distinguish n. differentiate sth from sth ■ **r. se od koho čím** differ from sb in sth

rozlít *(mléko)* spill* ♦ **r. si ocet u koho** fall* out with sb, get* into sb's bad books ■ **r. se** *(mléko)* spill; *(řeka)* overflow, burst* its banks

rozlí|tit se fly* into a rage, hov. get* mad; **r. se k nepříčetnosti** fly into a tantrum ■ **~cený** furious, livid

rozlítostněný melancholy, *(steskem)* nostalgic, wistful

rozloha *(plocha)* area

rozlomit break* sth into two; **r. pečeť** break the seal

rozlosov|at *(co)* carry out the draw for ■ **~ání** draw*

rozloučen|á: dárek / večírek na ~ou a farewell present/ party; **polibek na ~ou** a parting kiss; **dát si jednu (skleničku) na ~ou** have one for the road

rozloučit *(manželství)* dissolve ■ **r. se s kým** say* good bye to sb, take* one's leave from sb; **r. se se starým rokem** see* the Old Year out; *(s penězi, se starým autem* ap.*)* part with; **s tím se rozluč**! *(nedostaneš to zpět)* you can kiss it goodbye, you've seen the last of it; *(s tím nepočítej!)* you might as well forget about it; *(to nepřipadá v úvahu)* that's out

rozloupnout *(švestku)* open; *(ořech)* crack (open)

rozlousknout *(ořech)* crack (open)

rozloži|t 1 *(noviny, mapu)* spread* out; *(lehátko)* put* up **2** *(zboží)* display, lay* out; *(karty: vějířovitě)* fan out **3** *(stroj)* take* sth to pieces, take sth apart; mat. *(číslo)* factorize; fyz. break* sth down (**na** to); hud. *(akord)* spread **4** *(společnost)* demoralize ■ **r. se 1** *(v křesle, na pohovce)* lounge, sprawl; *(na louce* ap.*)* settle down, lie* down **2** *(podlehnout rozkladu)* decompose; přen. *(morálně)* become* demoralized; *(společnost* ap.*)* disintegrate

rozložitý 1 *(strom)* spreading **2** *(statný)* stocky, thickset; *(v hýždích)* hov. broad in the beam

rozluka právn. separation (**od stolu a od lože** from bed and board)

rozlušt|it solve, *(hádanku* též*)* puzzle out, *(problémy* též*)* untangle; *(mat. příklad* též*)* work out; *(kód)* crack; *(písmo)* decipher ■ **~ění** solution; *(písma)* decipherment

rozm|ačkat, ~áčknout *(brambory, jablka)* mash; *(koho pod koly)* crush sb to death; **~áčknout mouchu** swat a fly

rozmáhat se *(kriminalita* ap.*)* be on the increase, spread*, become* widespread n. rampant

rozmach *(měst, průmyslu)* rapid development n. expansion; *(ekonomie)* boom; *(civilizace, kultury)* blossoming; *(Řím)* **v době největšího ~u** in its heyday

rozmáchnout se *(k ráně)* raise one's arm/ hand; *(k hodu)* reach n. draw* back; **r. se k úderu** raise

n. lift one's hand ready to strike*; **r. se sekerou** raise n. swing* an axe (to strike); **r. se mečem** brandish a sword

rozmanit|ý various, varied, diverse ■ **~ost** variety, diversity; **~osti** miscellania

rozmar 1 *(nálada)* mood; **být v dobrém/ špatném ~u** be in a good/ bad mood 2 *(vrtoch)* whim, caprice; **~y módy** freaks of fashion; **~y počasí** the ups and downs of the weather, kn. the vagaries of the weather

rozmarný 1 *(náladový)* moody; *(vrtošivý)* capricious, whimsical 2 *(veselý: povídky* ap.*)* lighthearted, funny

rozmarýn rosemary

rozmařilec profligate

rozmařil|ý profligate, prodigal ■ **~ost** prodigality, dissipation

rozmaz|at, ~ávat 1 *(máslo)* spread*, smear 2 *(něco nepříjemného)* rub (it) in; **ne~ávej to!** stop rubbing it in!

rozmazaný *(fotografie)* fuzzy, *(vidění, obrysy)* blurred; *(zvuk)* flat

rozmazlenec spoilt child, mummy's darling

rozmazl|it, ~ovat pamper, spoil, mollycoddle ■ **~ený** spoiled ■ **~ování** pampering, mollycoddling

rozměk|nout *(půda)* become* soggy n. sodden ■ **~lý** *(půda)* soggy, sodden; *(čokoláda)* soft; *(ovoce, zelenina)* mushy

rozmělnit *(na prach)* powder, pulverize; *(na kaši)* pulp, reduce to pulp; **r. půdu** loosen the soil

rozměnit: r. komu/ r. si 10 liber give* sb/ get* small change for £10

rozměr 1 mat., fyz. dimension 2 *(rozsah, rozloha)* dimensions, proportions; **~y jsou uvedeny** the dimensions are given* 3 přen. *(rozsah)* extent, dimensions, proportions; **nabývat obrovských ~ů** assume enormous proportions

rozměrn|ý *(sál)* spacious; *(román)* voluminous ■ **~ost** v. **rozměr (2)**

rozměřit *(pozemek)* divide up, parcel out

rozmetat *(hnojivo)* spread* *(fertilizer over the soil)*

rozmezí 1 boundary; **jazykové r.** linguistic boundary 2 *(rozpětí)* interval, range; *(časové)* interval (of time); **v pravidelném časovém r.** ... at regular intervals (of) ...; *(ceny* ap.*)* **být v r. od ... do ...** range from ... to ...

rozmíchat 1 *(barvy)* thin down; *(maltu)* mix 2 *(karty)* reshuffle

rozmíst|it *(předměty)* arrange, *(zboží* též*)* display; *(pracovníky)* allocate; voj. *(rakety, jednotky)* deploy; *(stávkové hlídky)* set* ■ **~ění** arrangement, allocation, deployment

rozmíška squabble, tiff, disagreement

rozml|ouvat 1 talk; **r. o čem** talk about sth, discuss sth 2 v. **~uvit**

rozmluva conversation, talk; hov. chat

rozmluvit: r. komu něco talk sb out of doing sth, dissuade sb from doing sth ■ **r. se** start talking; *(při referátu)* warm up to one's subject

rozmnožit 1 *(majetek)* increase; *(sbírku)* enlarge, add to 2 *(kopírovat)* duplicate, am. mimeograph; *(xerograficky)* xerox ■ **r. se** increase in number, multiply; *(nadměrně: plevel* ap.*)* grow* rampant; *(králíci)* proliferate

rozmnožovací *(instinkt)* reproductive, procreative; **r. stroj** duplicator, copier, duplicating machine; **r. blána** stencil

rozmnož|ovat v. **~it** ■ **r. se** 1 *(o lidech)* reproduce; *(o zvířatech)* breed*; *(o rostlinách)* propagate 2 *(vzrůstat: nemoci* ap.*)* be on the increase ■ **~ování** 1 duplicating, duplication; copying 2 reproduction, breeding; propagation

rozmoci se 1 *(nešvar)* become* rampant n. rife 2 *(obchod, průmysl)* boom, grow* in strength; v. též **rozmáhat se**

rozmočit *(chléb, housku)* soak ■ **r. se** grow* n. become* soft; *(cesty)* become soggy n. sodden

rozmok|nout become* soggy ■ **~lý** soggy, waterloggled

rozmontovat dismantle, take* apart; *(motor, zbraň)* strip

rozmotat 1 *(klubko)* unwind* 2 *(rozuzlit)* disentangle; přen. *(vyřešit)* resolve, sort out

rozmrazit *(potraviny, ledničku, potrubí)* defrost

rozmrazovač aut. defroster

rozmrzel|ý morose, gruff, sullen; **být r.** be in a bad mood, be morose ■ **~ost** moroseness, sullenness

rozmrznout thaw

rozmysl forethought, consideration; **dělat co s ~em** do sth with due care n. consideration; **bez ~u** rashly, on the spur of the moment

rozmysl|it si, ~et si 1 *(uvážit)* think* sth over, give* sth careful consideration 2 **r. si to** change one's mind, have a change of heart ■ **r. se** change one's mind

rozmyšlen|á: čas na ~ou time to think* sth over; **máš dva dny na ~ou** you have two days to think it over

rozmýšle|t 1 v. **rozmyslit** 2 **r. si (co)** *(váhat)*

hesitate, be in two minds (about sth) ■ **bez dlouhého ~ní** without hesitation, without a moment's thought
roznášeč *(novin)* (news)paper boy; **r. mléka** milkman ■ **~ka novin** (news)paper girl
roznáš|et v. **roznést;** *(zboží)* deliver, make* rounds; *(nákazu)* spread*; **r. pomluvy** spread gossip ■ **~ení** (home) delivery
roznáška (home) delivery; **ranní r. mléka** the morning milk delivery
roznemoci se fall* ill, be taken* ill; **r. se na chřipku** be taken n. fall ill with flu
rozn|ést 1 *(balíky, letáky)* distribute; *(zboží, noviny* též*)* deliver; *(pomluvy)* spread*, circulate ♦ **r. koho (na kopytech)** put* sb to (complete) rout **2** *(nákazu)* spread ■ **~eslo se o něm, že** it is rumoured that he ...; v. též **~ášet**
roznětka voj. (percussion) primer
roznítit 1 *(oheň)* light, ignite; *(nálož)* prime **2** přen. *(vášně)* inflame, rouse; *(nadšení* též*)* kindle; *(představivost)* fire ■ **r. se 1** *(plamen)* ignite, catch* fire **2** přen. be(come*) inflamed n. aroused
roznožit těl. stradddle one's legs
roznožka těl. *(přeskok)* straddle vault
rozohnit *(posluchače)* rouse, enthuse, inflame ■ **r. se** *(řečník)* get* excited n. agitated; *(při hádce)* get worked up; **r. se pro co** get enthusiastic about sth
rozpačit|ý embarrassed; *(ostýchavý)* shy, diffident; *(úsměv)* bashful; *(mlčení)* awkward; **r. pokus** a half-hearted attempt ■ **~ost** shyness, bashfulness, embarrassment
rozpad disintegration; *(říše)* decline, fall; *(atomového jádra, hmoty)* decay, disintegration; **radioaktivní r.** radioactive disintegration; **produkty ~u** *(atomového jádra)* daughter products
rozpad|at se, ~nout se 1 disintegrate; *(na kusy)* fall* n. go* to pieces; *(budova)* fall into disrepair n. ruin; přen. *(koalice)* break* up; *(atomové jádro)* disintegrate, decay **2** *(dělit se)* fall into; **r. se na tři skupiny** fall into three groups
rozpak|ovat se hesitate, have one's doubts n. misgivings *(about* sth*)*; **~uje se to přijmout** he is having second thoughts about accepting it
rozpa|ky embarrassment; **být v ~cích** feel* embarrassed n. ill at ease; **přivést do ~ků** embarrass; **jsem na ~cích, co dělat** I am in a quandary n. at a loss about what to do
rozp|álit, ~alovat 1 *(kamna)* bring* sth to a great heat; **r. do běla** make* sth white-hot; přen. **víno ~aluje krev** wine heats the blood **2** přen. *(rozohnit)* inflame, excite; *(hněvem)* make sb livid ■ **r. se 1** *(motor)* overheat; *(kamna)* become* hot, *(doběla)* become white-hot **2** přen. get* heated n. excited ■ **~álený** *(kov)* red-hot; *(tváře)* glowing; **~álený vínem** warm with wine
rozpárat split* sth at the seams; **r. komu břicho** slash sb's stomach open ■ **r. se** *(sukně* ap.*)* come* apart n. split at the seams, come unstitched
rozparcelovat *(půdu)* parcel out
rozpar|ek slit, slash; *(sukně)* **s ~kem** with a slit
rozparovač *(vrah)* ripper
rozpař|it *(knedlíky)* steam ■ **~ený** *(po koupeli)* hot
rozpečetit unseal
rozpěra cross bar; stav. span piece
rozpětí *(křídel, mostu)* span; **cenové r.** price range; **ziskové r.** profit margin; **časové r.** space n. stretch of time
rozpíchat: r. si prsty prick one's fingers all over
rozpíjet se *(inkoust)* run*
rozpínat v. **rozepnout** ■ **r. se 1** v. **rozepnout se 2** *(plyny, kov)* expand; přen. *(o člověku)* throw* one's weight about
rozpínav|ý *(síla)* expansive, *(politika)* expansionist ■ **~ost** *(plynů* ap.*)* expansive force; pol. expansionism
rozpis *(plánu)* breakdown; *(časový)* schedule; *(služeb)* roster; *(výloh)* specification; *(dodávek)* allocation
rozpisovat *(plán)* break* down, *(náklady)* distribute, allocate ■ **r. se** v. **rozepisovat se**
rozpít se *(inkoust)* run*
rozpitvat 1 v. **pitvat 2** přen. *(argumentaci)* dissect, analyse
rozplác|nout flatten ■ **r. se 1** *(měkká hruška)* smash **2** přen. hov. *(upadnout)* sprawl, spread-eagle ■ **~lý, ~nutý** *(nos)* flat; *(klobouk)* squashed
rozplakat *(diváky* ap.*)* move n. reduce sb to tears ■ **r. se** burst* into tears
rozplánovat plan sth in (great) detail
rozplemenit se *(králíci)* proliferate
rozplesknout v. **rozplácnout**
rozplést untwine, untwist, unravel; *(vlasy)* unbraid, undo*; přen. unravel
rozplizl|ý *(styl)* woolly; *(fotografie)* blurred; *(sentimentalita)* gushy ■ **~ost** woolliness; gushiness
rozplynout se 1 *(cukr)* dissolve; *(sníh)* melt; *(mlha)* clear; **r. se v ústech** melt in sb's mouth

2 *(naděje)* melt away, dwindle away, come* to nothing; **r. se jako dým** vanish into thin air
rozplývat se v. **rozplynout se**; **r. se nadšením nad** enthuse over; **r. se v slzách** be in floods of tears; **r. se díky** be profuse in one's thanks; **r. se láskou/ laskavostí** overflow* with love/ kindness
rozpočet 1 budget; **státní/ rodinný/ týdenní r.** state/ family/ weekly budget **2** *(předběžný: na opravu domu* ap.*)* quotation ♦ **udělat komu čáru přes r.** thwart sb's plans, throw* a spanner in sb's works
rozpočí|st, ~tat *(výlohy)* calculate ■ **r. se** *(děti)* count out
rozpočtový *(výbor, debata)* budget
rozpojit disconnect; *(vagóny)* uncouple; techn. disengage
rozpoložení *(mysli)* state n. frame of mind; **v dobrém/ špatném r.** in a good/ bad humour n. mood
rozpol|tit cut* sth in two; **r. komu lebku** split* sb's skull ■ **~cený člověk** split personality
rozpor contradiction; *(výrazný)* discrepancy; **vnitřní r.** contradiction in terms; **být v ~u s čím** be inconsistent with sth, fly* in the face n. teeth of sth; **být v ~u se zákonem** be on the wrong side of the law
rozporný *(údaje, zprávy)* contradictory; *(člověk)* inconsistent; *(teorie)* full of contradictions
rozpouštět v. **rozpustit**
rozpouštědlo solvent
rozpouta|t 1 *(teror)* unleash; *(válku)* start; **r. peklo** raise hell **2** přen. *(vášně* ap.*)* let* loose, unleash, arouse ■ **r. se** *(bouřka, křik)* break* out; **~lo se učiněné peklo** all hell broke* loose
rozpovídat se *(o čem)* enlarge on sth (at great length)
rozpoznat recognize, tell*; *(nemoc)* diagnose; **r. v šeru postavu** make* out n. distinguish a figure in the darkness; **nemohu r., zda** I cannot tell whether
rozpracova|t work out, work up, develop, elaborate; **r. plán** work out a plan; **r. téma** work up a subject; **r. tézi** develop a thesis ■ **~ný** *(kniha)* unfinished; **r. oblek** semi-fitted suit; **důkladně ~ný plán** an elaborate plan; **mám ~ný článek** I've got* an article in the pipeline
rozpraska|t crack, *(ruce, rty)* chap, become chapped ■ **~ný** full of cracks, cracky; *(rty)* chapped; *(ruce, pokožka* ap.*)* rough
rozprášit *(tekutinu)* atomize; *(voňavku)* spray; *(tuhé částečky)* disperse ♦ **r. nepřítele** send* the enemy flying
rozprašovač atomizer, spray
rozprava discussion, debate; **parlamentní r.** parliamentary debate
rozprávě|t talk (about), converse; **r. o čem** debate n. discuss sth; **~li o plánech do budoucnosti** they talked about n. they discussed their plans for the future
rozprchnout se run* in different directions, scatter; *(dav)* disperse
rozprodat sell* out; *(v aukci; zlevněně)* sell off; *(vše, celý majetek)* sell up
rozprodej (clearance) sale
rozprostírat v. **rozprostřít** ■ **r. se** *(rovina, lesy)* spread* (out), stretch (out), extend, range
rozprostřít *(sítě)* put* n. set* out; *(mapu, noviny)* unfold, open up; *(koberec)* lay* out ■ **r. se** *(panoráma* ap.*)* open up (before sb)
rozproudit se *(zábava)* get* under way, get going; *(konverzace* též*)* become* animated
rozprsknout se *(roztříštit se)* shatter
rozprše|t se begin* to rain, start raining; **náhle se ~lo** *(pořádně)* (suddenly) it started pouring down n. bucketing down
rozpřáhnout *(náruč)* spread* out ■ **r. se** raise one's hand n. arm (**k ráně** to strike*)
rozpř|íst se: kn. **~edla se mezi nimi živá debata** they embarked n. launched on a lively debate
rozptyl fyz. dispersion; *(světla)* diffusion
rozptýl|it 1 fyz. scatter, disperse; *(světlo)* diffuse; *(demonstranty, dav)* disperse, break* up; přen. *(pochyby)* dispel, dissipate; *(obavy)* lull **2** *(pobavit)* divert ■ **r. se 1** disperse, scatter; *(naděje)* disappear n. vanish into thin air **2** *(pobavit se)* take* one's mind off things; **r. se četbou** amuse o.s. by reading ■ **~ený** *(světlo)* diffuse; přen. preoccupied; *(roztržitý)* absent-minded
rozpuk: v ~u mládí in the flower of one's youth, in one's prime
rozpukaný *(pokožka, ruce)* rough, chapped; *(rty)* chapped
rozpůlit halve, divide sth into halves
rozpustidlo solvent
rozpustilec urchin, imp, naughty boy
rozpustil|ý naughty, mischievous; **~á žába** *(dívka)* tomboy ■ **~ost** mischief, naughtiness
rozpu|stit 1 *(schůzi)* dismiss **2** *(parlament, spolek)* dissolve; *(jednotku)* disband **3 r. si vlasy** take* down one's hair **4** *(cukr, pilulku)* dissolve; *(máslo, sníh)* melt, thaw ■ **r. se** *(sníh, máslo)*

melt ■ **~štěný** melted; **s ~štěnými vlasy** with one's hair loose
rozpustn|ý soluble ■ **~ost** solubility
rozradostn|it make* sb happy, fill sb with delight, kn. gladden sb's heart; *(zlepšit komu náladu)* raise sb's spirits ■ **r. se** get* into a good mood, rejoice; **celá se ~ila** she was beaming with happiness ■ **~ěný** joyful, beaming with joy
rozrazil bot. speedwell, veronica
rozrazit strike* sth asunder, strike sth in half; *(dveře)* fling* n. crash sth open; *(lebku)* batter in
rozráž|et v. **rozrazit; loď ~ela vlny** the ship parted the waves, the ship forged its way through the waves
rozruch excitement, sensation; *(zmatek)* commotion; *(zbytečná panika)* fuss; **způsobit r.** cause a sensation; *(nová hra)* **způsobit velký r.** create a furore
rozrůst se, ~at se *(město)* spread*; *(podnik)* expand; *(srážky)* escalate; *(plevel)* proliferate; *(černý trh)* be rampant
rozruš|it 1 *(hladinu)* disturb; *(ekonomii)* dislocate; *(manželství)* break* up 2 *(koho)* excite, perturb, put* sb on edge ■ **r. se** get* excited n. emotional ■ **~ený** excited, *(silně)* distraught, in a flutter ■ **~ení** excitement, agitation; **~ením nemohl spát** he was so excited that he could not sleep*
rozrýpat dig* up; *(vepři* ap.*)* root up
rozrý|t, ~vat dig* up; *(čelo vráskami)* furrow; *(pluhem)* turn up
rozředit v. **ředit**
rozřešit *(problém)* solve, figure out; *(přijít čemu na kloub)* puzzle out
rozř|ezat, ~íznout cut* up; *(pilou)* saw* up; *(maso* též*)* carve up
rozříkat: r. si to s kým have it out with sb
rozsadit 1 *(rostliny)* plant out 2 *(hosty)* seat; *(žáky: určit jim místa)* allocate places to, *(od sebe)* separate, seat sb separately
rozsah extent; *(vlnový)* range, diapason; *(hlasový)* range; *(míra)* scale; *(pojmu)* range, extension, breadth; *(zahr. obch., turistiky* ap.*)* volume; *(pozornosti)* span; **ve velkém / malém ~u** on a large/ small scale; **v plném ~u** fully, in its entirety
rozsáhlý *(lesy, opravy, škody* ap.*)* extensive; *(znalosti* též*)* wide-ranging; *(plocha, jezero* ap.*)* vast
rozsápat *(slepici* ap.*)* tear* sth to pieces
rozsedlina cleft, ravine
rozsekat cut* n. hack sth to pieces; **r. nadrobno** *(maso)* mince; přen. *(zkritizovat: autora* ap.*)* make* mincemeat of
rozsek|nout cut* n. hew* n. hack sth asunder; v. též **~at**
rozsévat sow*, scatter (seed); přen. *(smrt, strach, nesváry)* sow (the seeds of)
rozskočit se: hlava se mi může r. bolestí I have a splitting headache
rozsochatý *(strom)* forked
rozsoudit *(koho)* judge n. arbitrate (between); **r. spor** settle a dispute
rozstonat se be taken* ill, fall* ill; **r. se chřipkou** be taken ill n. be laid* low with flu
rozstříhat cut* sth to pieces (with scissors n. shears)
rozstřihnout cut* sth in two (with scissors n. shears), slit*; **r. obálku** cut n. slit an envelope open (with scissors)
rozstřík|nout, ~ovat splash, spray; **r. parfém po místnosti** spray perfume around the room
rozstřílet shoot* sth to pieces n. bits; riddle sth with bullets
rozstup v. **rozestup**
rozsudek právn. judgement, sentence, decision; **spravedlivý/ přísný/ mírný r.** just/ severe/ lenient sentence; **r. smrti** the death sentence; **vynést r.** pronounce judgement
rozsv|ítit, ~ěcovat turn n. switch n. put* on a light; **r. svíci** light* a candle; **je ~íceno** the light is on ♦ **konečně se ti ~ítilo** hov. at last the penny dropped; **r. to** sl. make* a night of it
rozsypat *(sůl, mouku)* spill*; *(úmyslně)* scatter ■ **r. se** 1 *(mouka)* spill, get* spilt 2 *(povlaky, židle)* fall* apart
rozšafn|ý *(uvážlivý)* circumspect, prudent; *(dobromyslný)* genial ■ **~ost** circumspection, prudence; geniality
rozšíř|it, rozšiřovat 1 *(otvor)* enlarge; *(silnici)* widen; **r. dům přístavbou** build* an extension to one's house; **r. komu obzory** broaden sb's horizons 2 *(výrobu, podnik)* expand; *(infekci)* spread*; **r. sféru vlivu** extend a sphere of influence 3 *(zprávu, pověst* ap.*)* spread, circulate, disseminate ■ **r. se** 1 *(otvor)* become* wider n. larger 2 *(chřipka, požár)* spread; *(pověst, zpráva)* spread, circulate, go* (a)round 3 *(zvyky, kultura)* spread, get* about ■ **~ený** widened, enlarged; *(pověsti, zprávy)* widespread; *(nemoc)* prevalent; **~ená sukně** flared skirt ■ **~ení** *(výroby* ap.*)* expansion; *(zprávy)* dissemination; **~ení srdce** dilatation of the heart ■ **rozšiřování**

(časopisů) circulation
rozškatulkovat *(lidi, myšlenky* ap.*)* pigeonhole
rozšklebit se make* a face, grimace
rozškr|ábat, ~ábnout scratch sth (all over); *(ránu)* scratch sth open; **r. si kůži** scratch one's skin raw
rozškrtnout: r. zápalku strike* a match
rozškubat tear* sth to pieces n. shreds
rozškubnout tear* (sth apart); **r. si rukáv** tear one's sleeve
rozšlapat crush sth underfoot; *(stádo)* trample sth/sb down
rozšl|ápnout 1 v. **~apat; r. cigaretu** stub out a cigarette **2** *(boty)* stretch
rozšněrovat untie, undo*; *(tkaničky* též*)* unlace
rozšroubovat 1 *(matici, žárovku)* unscrew **2** *(mlýnek* ap.*)* take* sth apart
rozštěp 1 r. patra cleft palate **2** těl. split
rozštěpit 1 *(stranu, národ)* split*, divide, rend*; sever; **r. stranu na dva tábory** divide the party into two camps **2** *(atom)* split ■ **r. se** split, divide
rozštípat *(dříví)* chop sth (up) into pieces
rozštípnout *(strom, skálu)* split*, cleave* ■ **r. se** *(skála, strom)* rift, cleave
roztáčet v. **roztočit**
roztahat throw* sth into disorder; **r. hračky po pokoji** scatter toys all over the room
roztáh|nout 1 *(noviny, mapu)* spread* (out), *(křídla* též*)* extend; *(ruce)* stretch out, extend; *(nohy)* open; *(stůl)* pull n. drag out **2 dát si r. boty** have one's shoes stretched; **~l ústa k úsměvu** a smile spread across his face ■ **r. se** *(kov)* stretch, extend; *(svetr)* stretch **2 r. se v křesle** expr. sprawl out in a chair; *(pohodlně si sednout)* settle o.s. comfortably into a chair
roztahovací *(žebřík)* telescopic, extending
roztah|ovat v. **roztáhnout** ■ **r. se 1** v. **roztáhnout se 2** *(chovat se rozpínavě)* throw* one's weight about, lay* down the law; **moc se tu ne~uj!** don't behave as if you owned the place
roztát *(sníh)* thaw, melt; přen. thaw (out), *(stát se vlídným)* unbend*
roztavit (se) melt*
roztažiteln|ý stretchable, elastic; *(kov)* ductile ■ **~ost** stretchability, elasticity; ductility
roztéci se 1 *(sníh)* melt away **2** *(barva)* run*; *(voda)* make* a puddle
roztěkaný inattentive, absent-minded
roztesknit se grow* sad n. nostalgic
roztírat v. **rozetřít**

roztlou|ci, ~ct, ~kat 1 *(na kousky)* break* n. smash sth to pieces; *(okno)* break n. smash **2** *(kamení, štěrk)* crush, pound sth to small pieces, *(na prášek)* pulverize
roztočit *(motor klikou)* crank up, start up ♦ přen. **r. kola výroby** get* production under way ■ **r. se 1** start turning **2** *(výroba)* **r. se naplno** get* into full swing
roztok solution
roztomil|ý amiable, charming, nice; hov. sweet; **~á hostitelka** a charming hostess; **r. chlapeček** a sweet little boy ■ **~ost** amiability, charm; sweetness
roztopit *(kotel)* fire; **r. kamna** fire the stove
roztoužení longing, yearning; **milostné r.** lovesickness
roztoužen|ý *(milostně)* lovesick, *(pohled, dopis, oči)* wistful ■ **~ost** v. **~í**
roztrh|at *(na kusy)* rip n. tear* to pieces; *(papír, dopis)* rip n. tear up ■ **r. se** *(prapor)* get* torn* n. ripped; *(granát, bomba)* explode; **nemohu se přece r.** I can't be in two places at once ■ **pracovat do ~ání těla** be killing o.s. with work; *(o dívce při zábavě)* **být na ~ání** be in great demand ■ **~aný** *(šaty)* shabby, tattered, ragged
roztrh|nout *(papír)* tear*, rip; *(nit)* snap, break*; *(na dva kusy)* tear sth apart; *(otevřít)* rip sth open; *(rváče)* separate; **r. si kalhoty** tear n. rip n. split* one's trousers ■ **r. se** get* torn*; *(granát)* explode, **~l se s nimi pytel** the place was swarming with them, they were all over the place
roztrousit 1 *(seno po dvoře)* scatter; *(domky)* spread* around **2** *(zprávu)* spread
roztrpči|t embitter, gall; **jeho poznámka ji ~la** his remark filled her with bitterness ■ **r. se** grow* bitter, be embittered
roztr|ušovat v. **~ousit**
roztržit|ý absent-minded ■ **~ost** absent-mindedness, absence of mind
roztrž|ka *(mezi přáteli)* quarrel, split; *(ve straně)* rift, rupture; **došlo mezi nimi k ~ce** it came* to an open quarrel between them
roztřás|t: ~la ho zima he shivered with cold ■ **r. se** start shivering; hov. get* the shivers; **strachy se mu ~la kolena** his knees were shaking* with fear
roztřep|it fray, ravel ■ **r. se** fray (out), ravel out ■ **~ený** frayed, frazzled, tattered, ragged
roztřesený *(hlas, kolena)* shaky, wobbly; *(stařeček)* doddering, doddery

roztřídit classify, hov. pigeon-hole; *(poštu* ap.) sort; **r. děti do skupin** divide the children into groups
roztřískat smash sth to pieces; *(nábytek, byt)* demolish, wreck; v. též **rozmlátit**
roztříšti|t *(kost* ap.*)* shatter; přen. br. *(výrobu)* fragment; *(síly)* fritter away, dissipate ■ **r. se** *(zrcadlo)* shatter, smash sth into small pieces; **váza se ~la na kousíčky** the vase smashed into smithereens
rozum 1 *(schopnost chápat)* reason; *(intelekt)* mind, intellect; *(inteligence)* brains; **zdravý r.** common sense; **střízlivý r.** a sober mind; **sňatek z ~u** marriage of convenience; **obdařený ~em** endowed with reason; **být proti ~u** be irrational, be against all reason; **přijít k ~u** come* to one's senses; **ztratit r.** lose* one's wits; **připravit koho o r.** drive* sb out of his mind, hov. drive sb round the bend; **podle mého ~u** in my opinion; **měj r.!** be reasonable!, be your age! ♦ **už bys mohl mít r.!** you are old enough to know* better; **být s ~em v koncích** be at one's wits' end; **vzít r. do hrsti** use one's head, keep* one's wits about one; **nad tím zůstává r. stát** the mind boggles at the idea 2 *(nápad)* **to je ale r.!** what a silly idea!; **nech si své ~y!** save your breath!, mind your own business!; **tahat z koho ~y** pick sb's brains
rozumbrada hanl. clever Dick
rozum|ět 1 *(chápat)* understand*, comprehend; *(smyslu, významu* též*)* grasp, hov. get*; *(umění* ap.*)* appreciate; *(umět jazyk)* understand; **~íš mi?** do you understand n. hov. get me?, *(v cizím jazyce)* can you understand me?, *(chápeš co mám na mysli?)* do you see* what I mean*?, am I getting through to you?; **ne~ím mu ani slovo** I cannot make* head or tail of what he says*; **~í legraci** he can take* a joke ♦ **~í tomu jako koza petrželi** he doesn't know* chalk from cheese; **ne~í tomu ani za mák** he hasn't got a clue 2 *(oboru* ap.*)* know*, know how *(+ inf)*, have a good grasp of; **~í svému řemeslu** he knows his job n. trade; **vůbec tomu ne~í** he doesn't know the first thing about it 3 **r. si** get on well (with each other), hit* it off well, *(velmi dobře)* get on like a house on fire; **přestat si r.** drift apart 4 *(mít názor)* **já tomu ~ím jinak** I see* it differently 5 neos. **to se ~í** that is understood; that goes* without saying
rozumn|ý sensible, *(přístupný diskusi)* reasonable; *(vyrovnaný)* level-headed; **buď přece r.!** be sensible n. reasonable! ■ **~ě** sensibly; **mluvit ~ě** talk sense ■ **~ost** sensibleness, level-headedness
rozumovat: r. nad čím philosophize over sth
rozumový *(člověk)* rational
rozut|éci se, ~íkat se scatter
rozuzl|it *(provaz)* untangle; přen. *(zápletku)* unravel ■ **~ení** *(zápletky)* dénouement
rozv|ádět v. **~ést**
rozvah|a 1 prudence, circumspection, *(duchapřítomnost)* presence of mind; **zachovat si ~u** keep* one's presence of mind, hov. keep one's cool, keep one's hair on 2 ek. balance sheet, statement of accounts
rozválet *(těsto)* spread*; techn. roll out
rozvaliny ruins
rozvařit overcook, overboil
rozvášn|it rouse, stir up ■ **r. se** get* n. become* excited ■ **~ěný** *(dav)* disorderly
rozváza|t 1 *(uzel, smyčku)* undo*, untie; *(pás)* undo, open 2 přen. *(pracovní poměr, smlouvu)* terminate ♦ **už ~l** he has lost* his inhibitions; **r. komu jazyk** unlock n. unbridle sb's tongue ■ **r. se** *(tkaničky* ap.*)* come* undone; *(uzel)* come loose
rozvážet v. **rozvést**
rozvážit 1 *(zboží)* weigh (out) 2 *(promyslet)* think* sth over; **r. si něco** give* sth careful consideration
rozvážka *(zboží)* delivery
rozvážn|ý cautious, prudent, circumspect ■ **~ost** prudence, circumspection
rozvědčík scout, spy
rozvědka reconnaissance n. scouting patrol
rozveseli|t cheer sb up; **víno ji ~lo** the wine gave* her a lift ■ **r. se** cheer up
rozvěsit *(prádlo)* hang* sth out (to dry); **r. obrazy po stěně** hang the walls with pictures
rozv|ést 1 *(plyn, elektřinu)* distribute 2 *(manželství)* divorce 3 *(myšlenku, motiv)* expand on, develop, labour; **r. tezi** enlarge upon a thesis, develop n. labour the thesis ■ **r. se** get* divorced, divorce; **r. se s kým** divorce sb ■ **~edený** divorced
rozvětv|it se 1 *(vyhnat větve)* branch out 2 *(cesta, řeka, větev)* fork, branch (off), divide 3 *(činnost* ap.*)* ramify ■ **~ený** *(strom, firma, rodina)* branching; **být široce ~ený** branch out widely ■ **~ení** branching, ramifications
rozvézt *(zboží)* deliver, *(balíčky* též*)* distribute; **r. hosty domů** take* visitors n. guests home
rozvíje|t (se) v. **rozvinout (se)** ■ **~jící se** *(obor)*

up-and-coming
rozvikla|t *(židli* ap.*)* make* sth rickety; přen. **r. čí důvěru v něco** shake* sb's confidence in sth ■ **r. se** *(nábytek)* become rickety, *(zub)* get* loose ■ **~ný** *(stůl, židle)* wobbly, rickety, shaky, hov. wonky; *(zub)* loose; *(důvěra)* shaky
rozvin|out 1 *(mapu)* unroll, *(koberec)* roll out; *(plachty)* spread*; *(vlajku)* unfurl 2 *(dítě)* unswaddle 3 *(myšlenku)* develop, work out, elaborate on ■ **r. se** 1 unroll, unfurl 2 *(schopnosti, průmysl)* develop 3 *(květy)* burst* into blossom, blossom out; *(poupata)* open ■ **~utý** *(průmysl)* highly developed
rozvírat (se) v. **rozevřít (se)**
rozvíři|t 1 *(prach)* raise; *(vodní hladinu)* ripple ♦ **r. hladinu** přen. stir things up, make* quite a stir 2 *(znovu)* **r. aféru** reopen, *(otázku)* bring* up (again) ■ **r. se** *(diskuse)* develop; **~ly se dohady** speculation ran* rife
rozvít se v. **rozvinout se (2)**
rozvláčn|ý *(líčení)* lengthy, longwinded, wordy; *(styl)* diffuse ■ **~ě** at great length ■ **~ost** longwindedness, prolixity
rozvléci *(nákazu)* spread*, transmit
rozvleklý v. **rozvláčný**
rozvod 1 *(manželů)* divorce; **požádat o r.** file a petition for divorce 2 *(elektřiny* ap.*)* distribution; *(r. proudu)* power distribution
rozvodí watershed, divide
rozvodka el. adaptor
rozvodn|it se *(o řece)* overflow n. burst* its banks ■ **~ěný** *(řeka)* swollen; **být ~ěný** be in flood
rozvodn|ý: ~á deska switchboard, panel
rozvodov|ý *(zákony* ap.*)* divorce ■ **~ost** divorce rate
rozvoj development, *(podniku* též*)* expansion; *(hospodářský)* growth
rozvojový *(země)* developing
rozvoz *(zboží)* delivery, distribution
rozvrat *(ekonomie)* disintegration; *(kultury, říše)* decline; *(manželství)* breakdown; **r. armády** demoralization of the troops
rozvrá|tit *(pořádek, stát)* disrupt, ruin; *(jednotu)* rupture, undermine; *(manželství)* wreck, cause the breakdown of ■ **~cené manželství** broken marriage; **~cená rodina** broken home
rozvratnický *(činnost* ap.*)* subversive
rozvratník subversive
rozvrh *(hodin)* timetable, am. schedule; **r. práce/ výroby** work/ production plan; **r. studia** curriculum, syllabus
rozvr|hnout (si) *(práci, den)* plan out, organize; *(peníze)* budget; *(zásoby)* plan out, divide (up); **r. polední přestávku** stagger out lunch hours ■ **~žení nákladů** allocation of expenses
rozvrstv|it put* sth in layers, layer sth, geol. stratify ■ **~ení** stratification; **sociální ~ení** social stratification
rozvrzaný 1 *(schody, postel)* creaky, creaking 2 *(housle)* out of tune
rozvzteklit (se) v. **rozzuřit (se)**
rozzářit se *(oči, světla)* light* up
rozzlobit *(koho)* anger, make* sb angry, hov. put* n. get* sb's back up, make sb's hackles rise ■ **r. se** get angry; **r. se na koho** get angry with sb
rozzuř|it *(koho)* enrage, infuriate, incense, drive* sb wild ■ **r. se** fly* into a rage, fly off the handle ■ **~ený (na)** furious n. livid (with); hov. mad (at); **~ený k nepříčetnosti** hopping mad
rozžehlit *(švy)* iron out
rozžehnout *(lampu, svíci, oheň)* light*; **r. lampu** light a lamp
rozžhav|it bring* sth to a great heat; **r. do běla/ do ruda** make* sth white-hot/ red-hot ■ **~ený do běla/ do ruda** white-hot/ red-hot; *(slunce)* blazing; *(písek)* baking
rož|eň spit; **grilované kuře na ~ni** chicken cooked on a spit/ barbecued chicken
rtěnka lipstick
rtuť mercury, quicksilver; **být živý jako r.** be a real live wire
rtuťovit|ý lively, mercurial ■ **~ost** mercurial temperament
rtuťový mercury; **r. teploměr** a mercury thermometer
rub 1 *(mince)* reverse (side); *(látky)* wrong n. reverse side; **obléci si něco na ~y** put* sth on the wrong way round, put sth on inside out 2 přen. *(stinná stránka)* the other side; **r. civilizace** the underside of civilization
rubáš shroud
rubat *(uhlí)* mine, extract
rubín, ~ový ruby
rubl rouble
rubrika 1 *(v novinách)* section; *(sloupce)* column; **sportovní/ literární r.** sports/ literary column n. pages 2 *(formuláře)* box
ručičk|a 1 zdrobn. **ruka**; **vodit koho za ~u** *(o učiteli)* spoonfeed* sb, *(o matce)* keep* sb tied to one's apron strings 2 *(hodin)* hand; *(číselníku)* pointer, indicator; **minutová/ hodinová/ vteřinová r.** minute/ hour/ second hand

ruč|it 1 *(za co)* be liable for, answer for, be held responsible for; *(za jakost výrobku* ap.*)* guarantee n. warrant sth; **r. za koho** vouch for sb 2 právn. **r. komu** *(dělat ~itele)* stand* surety n. security for sb, *(u soudu)* put* up n. stand bail for sb ■ **~ení** (**za** for) liability, surety, security
ručitel guarantor
ručkovat move hand over hand n. hand over fist (**po laně** along a rope)
ručn|í hand, manual; **r. práce** manual work; *(vyšívání* ap.*)* craftwork; **r. zbraně** small arms ■ **~ě vyrobený** handmade, produced by hand
ručnice rifle; *(brokovnice)* shotgun
ručník towel; **třecí r.** terry towel; **nekonečný r.** roller towel ♦ **hodit r. do ringu** throw* in the sponge, throw in the towel
ruda ore; **železná r.** iron ore
rudnout go* red, *(studem)* blush; *(listí)* redden; **r. zlostí** go red with anger
rudn|ý ore, mineral; **r. důl** ore mine; **~á žíla** mineral vein, vein of ore
rudoarmějec Red Army soldier
rudonosný ore-bearing
rudovláska redhead
rud|ý 1 dark red; *(rty)* ruby; *(vlasy)* fiery red, blazing; **mít ~é vlasy** be red-haired; **r. jako mák** crimson, scarlet 2 pol. dř. Red; **Rudá armáda** the Red Army; **Rudé náměstí** Red Square
ruch (hustle and) bustle, hurly-burly; **dopravní r.** traffic; **cestovní r.** tourism; **v obchodech je velký r.** the shops are very busy (these days)
ruina *(zřícenina)* ruin; přen. **lidská r.** a (total n. complete) wreck
ruinovat ruin; *(život* též*)* ruin, wreck, *(zdraví)* undermine ■ **r. se, r. si zdraví** ruin o.s., ruin one's health
ru|ka 1 *(dolní část)* hand, *(celá končetina)* arm; **pravá/ levá r.** right/ left hand; **dlouhé ~ce** long arms; **rozpřáhnout ~ce** spread* out one's arms; **zlomit si ~ku** break* one's arm; **pracovat ~kama** work manually; **vzít co do ~ky** pick sth up; **držet co v ~ce** hold* sth in one's hand; **podat si ~ce** shake* hands (**s kým** with sb); **vést koho za ~ku** lead* sb by the hand; **~ce vzhůru!** hands up!, hov. put* them up! 2 ♦ *(předložkové vazby)* **vzít co pevně DO rukou** get* a firm grip on sth; **hrát komu do ~kou** play into sb's hands; **vzít zákon do vlastních ~kou** take* the law into one's own hands; **dostat koho do ~kou** lay* one's hands on sb; **dostat se komu do ~kou** fall* into sb's hands; **nosit koho NA ~kou** fulfil sb's every wish; **svázán na ~kou i na nohou** tied hand and foot; **požádat O čí ~ku** ask for sb's hand (in marriage); **práce mu jde OD ~ky** he finds* the work easy; **namalovat co od ~ky** draw* a freehand sketch of sth; **být PO ~ce** be close at hand, be easily available; **POD ~kou** secretly, *(koupit)* on the black market; **dostal se mi pod ~ku** I managed to lay my hands on him; **dát komu PŘES ~ku** give* sb a rap over the knuckles; **jít ~ku V ~ce** *(např. nezaměstnanost a zločinnost)* go* hand in hand; **v ~kou božích** in the lap of the gods; **žít Z ~ky do úst** live from hand to mouth; zhrub. **zobat komu z ~ky** feed* out of sb's hand; **koupit co z první/ druhé ~ky** buy* sth new/ secondhand 3 *(ostatní vazby)* ♦ **být jedna r. s kým** be hand in glove with sb, be in cahoots with sb; **být samá r. samá noha** be all legs; **dům potřebuje ženskou ~ku** the house needs a woman's touch; **má obě ~ce levé** his fingers are all thumbs; **r. ~ku myje** you scratch my back and I'll scratch yours; **hrabat (peníze) ~kama nohama** make* money hand over fist; **nesložit ~ce v klín** not to take* sth lying down; **udělat co levou ~kou** do sth standing on one's head; **přiložit ~ku k dílu** put* one's hand to the plough 4 *(rukopis)* hand(writing); **poznal jeho ~ku** he recognized his (hand)writing
rukáv sleeve; **s krátkými ~y** with short sleeves; **bez ~ů** sleeveless; **vyhrnout si ~y** roll up one's sleeves; **vysypat co z ~u** pull sth out of one's hat, am. do sth off the cuff
rukavic|e glove; pl. gloves, *(pár)* a pair of gloves; *(palčák)* mitten; **boxérské r.** boxing gloves ♦ **hodit komu ~i** přen. throw* n. fling* down the gauntlet to sb; **zvednout ~i** přen. pick up the gauntlet
rukavičk|y *(jemné)* kid gloves ♦ **jednat s kým v ~ách** handle sb with kid n. velvet gloves
rukavičkář glove-maker
rukavičkářství glove-making
rukávník muff
rukodělný *(zboží)* handmade
rukojeť 1 *(nástroje)* handle; *(nože)* handle, grip; *(dýky)* handle, hilt; *(pistole)* (hand)grip, butt 2 v. **rukověť**
rukojmí hostage
rukopis 1 hand(writing) 2 *(článku)* manuscript, *(psaný strojem* též*)* typescript
rukopisn|ý 1 *(psaný rukou)* handwritten, written by hand 2 manuscript; **~é zdroje** manuscript

sources
rukovat voj. join up, enlist
rukověť 1 v. též **rukojeť** 2 *(příručka)* handbook; techn. manual
ruksak rucksack
roláda *(piškotová)* Swiss roll; *(masová)* roulade
ruleta roulette
rulička *(vlasů)* roll
rum$_1$ *(lihovina)* rum
rum$_2$ *(stavební odpadky)* rubble, debris
rumělka *(barva)* red cinnabar, *(barvivo)* vermillion
ruměnec blush; **má r. v tváři** *(ona)* she has rosy cheeks; **vehnat komu r. do tváře** make* sb blush; **polil ji r.** her face turned n. went* red
ruměnný ruddy
rumiště 1 *(odpadiště rumu)* rubble heap; *(smetí)* rubbish heap 2 *(rozvaliny)* ruins
rumpál techn. winch, windlass
Rumun, ~ka Romanian
Rumunsko Romania
rumun|ský, ~ština Romanian
runa rune
runový runic; **r. nápis** runic inscription
rup 1 *(praskavý zvuk)* crack, snap 2 **hej r.!** heave (ho)!
rup|at, ~nout 1 *(led)* crack; *(lávka)* break* in two 2 *(u zkoušky)* fail (an exam), flunk
Rus, ~ka Russian
rusalka water nymph
Rusko Russia
ruský Russian
rusovláska strawberry blonde
rusovlasý strawberry blond, reddish blond
růst I subst. growth též přen.; *(mezd* ap. též*)* increase, rise; **r. cen** increase in prices; *(průmyslu* též*)* expansion; **zrychlit/ zpomalit r.** accelerate/ hinder n. stunt growth II slov. 1 *(o organismu)* grow*; *(dítě: dospívat)* grow up; **r. do výšky** grow tall; **nechat si r. bradu** grow a beard ♦ **žádný strom neroste do nebe** there is a limit to everything 2 *(o rostlinách: vyskytovat se)* grow; *(r. dobře)* thrive; **r. do krásy** *(o dívce)* grow up into a lovely woman; **roste mu břicho** he's getting a paunch ♦ **r. jako houby po dešti** grow exuberantly n. profusely 3 *(vznikat: nová sídliště* ap.*)* spring* up, go* up, *(prudce)* mushroom 4 *(města, průmysl)* grow, expand; *(zločinnost)* be on the increase; *(napětí)* mount, heighten, increase 5 *(osobnost)* grow in stature
rus|ý reddish n. strawberry blond; **~é vlasy** reddish blond hair
ruš|it 1 *(podnik)* close n. shut* down; *(obch. společnost)* wind* up, liquidate; *(předpis)* abolish, lift; *(smlouvu)* cancel, annul; *(objednávku)* cancel; *(zákon)* abrogate, repeal; *(embargo)* lift; *(poslední vůli)* revoke; *(zasnoubení)* break* off; *(rozsudek)* quash 2 *(dojem)* spoil 3 *(hlukem* ap.*)* disturb; **r. klid** disturb the peace; **r. koho při práci** disturb sb at work; **Ner., prosím!** *(nápis)* Do not disturb! ■ **~ení** *(hlukem)* disturbance; *(poslechu)* interference, *(úmyslné)* jamming
rušitel právn. *(klidu)* disturber of the peace
rušivý *(hluk)* disturbing; *(faktor)* hampering; *(nepříjemný)* troublesome, inconvenient; *(jdoucí na nervy)* irritating, annoying
rušn|ý *(den, ulice, stanice)* busy; *(život)* eventful; *(diskuse, zábava)* lively ■ **na ulici je ~o** the street bustles with activity, the street is a hive of activity
ruština Russian
ruštinář 1 *(učitel)* teacher of Russian, *(na stř. škole)* Russian master 2 *(student)* student of Russian
rutin|a skill; přen. hanl. *(vyježděná kolej)* rut, groove; **mít v čem velkou ~u** be highly skilled n. competent in sth, be an old hand at sth
rutinér old hand, experienced person
rutinérství high degree of professionalism; hanl. slavery to routine
rutinovaný skilful, skilled; experienced
různice difference, disagreement; **názorové r.** difference of opinion; **působit** n. **dělat r.** set* people against each other; **mít s kým r.** be at odds n. variance with sb
různ|it se differ, vary; **v tomto se názory ~í** opinions vary on this point
různobarevný multicoloured, of different colours; *(látky: pestrý)* motley
různoběžník trapezium
různojazyčný in several languages
různorod|ý heterogeneous, diverse; *(často* hanl.*)* motley; **~á sbírka knih** a motley collection of books
různosměrný divergent
různ|ý different; *(~orodý)* diverse; *(rozličný)* sundry; **být r.** be different, differ, vary; **jsou na to ~é názory** opinions differ n. vary on this point; **to bývá ~é** it all depends; **z ~ých důvodů** for a variety of reasons ■ **~ě** differently; **být ~ě dlouhý** vary in length ■ **~ost** difference, diversity

růž lipstick

růž|e **1** rose; *(keř)* rose bush, rose tree; **šípková r.** dogrose, wild rose; **nemá na ~ích ustláno** his life is no bed of roses; **není r. bez trní** there is no rose without a thorn **2** lék. (facial) erysipelas

růž|ek small horn; *(kapesníku* ap.*)* small corner ♦ **vystrkovat ~ky** přen. show* one's teeth

růženec rosary; **modlit se r.** say* the rosary

růžice archit. rosette; **větrná r.** wind rose; **okno ve tvaru r.** rose window

růžičkov|ý: ~á kapusta Brussel sprouts

růžolící rosy-cheeked, pink-cheeked

růžov|ý **1** *(sad, olej)* rose **2** *(tváře, pleť* ap.*)* rosy ♦ **lakovat (skutečnost) na ~o** embellish reality, embroider on reality; **dívat se ~ými brýlemi** look at life through rose-coloured n. rose-tinted glasses, look on the bright side of things ■ **nevypadá to ~ě** it doesn't look very promising ■ **~oučký** *(pleť)* florid

rváč rowdy, ruffian, troublemaker

rvačka fight, punch-up; *(v davu)* mêlee

rvát *(na kusy)* tear* sth to pieces n. shreds; **r. koho za vlasy** pull sb by the hair; **r. si vlasy** tear one's hair out; **r. komu srdce** break* sb's heart; **r. uši** be ear-splitting ■ **r. se** **1** fight*, scuffle, tussle; **r. se s kým o co** fight with sb for sth; **r. se jako psi** fight like cat and dog **2** **r. se s čím** wrestle n. struggle n. grapple with sth

ryb|a **1** fish; **~y** fish; **sladkovodní/ mořská r.** freshwater/ saltwater fish; **chytat ~y** (catch*) fish; **smažená/ uzená r.** fried/ smoked fish ♦ **němý jako r.** as silent as the grave; **zdravý jako r.** in the pink of health; **být jako r. ve vodě** be in one's element; **cítit se jako r. na suchu** feel* like a fish out of water; **ani r. ani rak** neither fish, flesh nor good red herring **2** hvězd. **Ryby** Pisces

rybárna *(obchod)* fish shop; *(restaurace)* fish restaurant

rybář fisherman; *(lovící na udici)* angler

rybařit fish; *(na udici)* angle, fish

rybářsk|ý fishing; **~á vesnice** fishing village; **~á výstroj** fishing gear n. tackle

rybářství fishing; *(průmysl – ve velkém)* fish-processing industry; *(chov)* fish farming

rybí fish; **r. maso/ filé** fish meat/ fillet; **r. tuk** cod-liver oil; přen. **r. oči** glassy eyes

rybička small fish ♦ **být zdravý jako r.** be as fit as a fiddle

rybin|a smell of fish, fishy smell; **zapáchat ~ou** (to) smell of fish

rybíz *(červený)* redcurrant; *(černý)* blackcurrant; *(keř)* currant bush n. tree

rybízov|ý red- n. blackcurrant; **~é víno** redcurrant wine

rybnatý *(řeka)* abounding n. rich in fish

rybník pond ♦ **vypálit komu r.** steal* sb's thunder

rybníkářství fish farming

rybný: r. průmysl fish-processing industry

rybolov fishing; *(na širokém moři)* deep-sea fishing

rýč spade

ryčet *(šelma)* roar; *(člověk)* yell, shout, bellow

ryčný noisy; *(dav, kapela)* clamorous; **r. smích** guffaws, roar of laughter

rydlo *(výtvarnické)* style; *(rytecké dláto)* graver; *(na kov)* burin

rýha groove; *(v půdě)* furrow; *(vráska)* furrow, line; *(na otisku prstu)* whorl; *(na dlani)* ripple

rýhovaný grooved, archit. fluted; *(plech)* corrugated

rychlík express, fast train

rychlíkový express; **r. autobus** express coach; **r. příplatek** *(lístek)* supplementary ticket, *(poplatek)* supplementary charge *(for travel on an express train)*

rychlobruslař speed skater

rychlobruslení speed skating

rychločistírna express dry cleaner's

rychlokurs crash course

rychloměr speed indicator

rychloopravna express service repair shop; **r. obuvi** express shoe repairs

rychlopaln|ý quickfiring, automatic; **~á pistole** (quickfiring) automatic pistol

rychlosprávkárna v. **rychloopravna**

rychlost **1** *(auta, provozu* ap.*)* speed; fyz. velocity; **r. světla** speed n. velocity of light; **cestovní r.** cruising speed; **nadzvuková r.** supersonic velocity; **~í** at a speed of; **maximální ~í** at top speed; **jet ~í 100 km za hodinu** do 100 kilometres per hour; **nabrat r.** gather n. pick up speed **2** *(rychlý pohyb)* speed, rapidity, quickness; *(pomoci)* speediness; *(odpovědi na dopis)* promptness, promptitude; **běžet plnou ~í** run* flat out, run all out **3** *(~ní stupeň)* gear; **zařadit první r.** engage first gear; **přehodit r.** change n. am. shift gear

rychlostní speed; **r. rekord** speed record; aut. **r. páka** gear lever; **r. skříň** gearbox

rychlozboží express goods; *(poslat)* **jako r.** express

rychl|ý quick; *(jízda, tempo* též*)* fast; *(běžec)* fast, swift; *(jezdec, provoz, auto, vlak)* fast; *(krok, puls)* fast, rapid, quick; *(uzdravení)* quick, speedy; *(odpověď)* speedy, prompt; **v ~ém sledu** in quick n. rapid succession; **r. jako blesk** as quick as lightning, as quick as a flash

ryk: bitevní r. turmoil of battle; **vítězný r.** shouts of victory

rým rhyme, am. rime; **mužský/ ženský r.** male n. masculine/ female n. feminine rhyme; **psát v ~ech** write* in verse

rým|a cold (in the head); hov. running n. runny nose; **senná r.** hay fever; **mám ~u** my nose is running; **dostat ~u** catch* a cold

rým|ovat rhyme ■ **r. se 1** rhyme, be in rhyme **2** přen. agree n. tally (s with); **to se ne~uje se skutečností** it cannot be reconciled with reality

Rýn Rhine

ryngle greengage

rýnský *(víno)* Rhine; *(týkající se oblasti)* Rhineland

rypadlo *(pozemní)* excavator, digger; *(plovoucí)* dredger

rypák snout

rýpal carper, faultfinder, nagger

rýpat 1 dig*; *(bagrem)* excavate; **r. do čeho** *(holí* ap.*)* dig n. poke into sth; **r. koho do žeber** poke sb in the ribs **2** přen. *(šťourat)* nag, carp; **r. do koho** nag away at sb ■ **r. se v nose** pick one's nose; **r. se v jídle** peck at one's food, toy with one's food

rýpn|out v. **rýpat**; **r. koho do žeber** give* sb a poke ■ **~utí do žeber** poke in the ribs

ryps text. rep, repp, rib

rys$_1$ zool. lynx; **mít oči jako r.** be eagle-eyed

rys$_2$ **1** *(obličeje)* feature; *(charakterový)* characteristic, trait; **pravidelné ~y obličeje** regular features; **v hrubých ~ech** in general outline **2** *(výkres)* (technical) drawing

ryska *(na stupnici)* line, mark

rýsovací drawing; **r. náčiní** drawing instruments; **r. prkno** drawing board

rýsovat *(výkres)* draw* ■ **r. se** *(nejasně)* loom up *(*též přen. *o problémech* ap.*)*; **r. se na obzoru** show* up against the sky

ryšavý red-haired, redheaded; br. též carroty, carrot-haired

rýt 1 *(půdu)* dig*; *(o vepřích: r. v zemi)* root (about) **2** *(do kovu)* engrave **3** přen. *(kritizovat)* cavil; **r. do koho** carp n. nag at sb ■ **r. se v knihách** delve among books ■ **rytí** *(rýčem)* digging; *(do kovu)* engraving; *(obor)* engraver's work

rytec engraver

rytina engraving; **r. ve dřevě** wood engraving

rytíř feud. knight; *(kavalír)* cavalier; **potulný r.** knight-errant; **r. bez bázně a hany** knight in shining armour; **r. smutné postavy** the Knight of the Sorrowful Countenance; **pasovat koho na ~e** knight sb

rytířsk|ý hist. knightly; přen. *(jednání)* chivalrous, gallant ■ **~y** přen. chivalrously, gallantly; **chovat se ~y k(e)** be chivalrous to n. towards ■ **~ost** chivalry, gallantry

rytířs|tví *(hodnost)* knighthood; *(dvornost)* v. **~kost**

rytířstvo knighthood, knights

rytmický rhythmical

rytmika eurythmics

rytmus rhythm

ryzák sorrel (horse)

ryz|í *(čistý)* pure; *(bez příměsí)* unalloyed; *(pravý)* genuine; *(zlato)* pure, unalloyed; *(člověk, povaha)* honest, upright; *(pravda)* plain, unvarnished ■ **~ost** *(zlata, kovů)* fineness; *(povahy)* integrity

rýžák scrubbing brush

rýže rice

rýžovat: r. zlato pan for gold

rýžoviště: r. zlata gold-bearing deposit

rýžov|ý rice; **~é pole** rice field; **r. nákyp** rice pudding

ržát neigh, whinny

Ř

ř *(písmeno)* ř

řad voj. rank, row

řád 1 *(souhrn pravidel)* code, rules, regulations; **mravní ř.** moral code; **domácí ř.** house rules; **dopravní ř.** traffic regulations; **jízdní ř.** timetable; **letový ř.** flight schedule 2 *(systém)* order, system (of government); **společenský ř.** social order; **feudální/ kapitalistický ř.** feudal/ capitalist system 3 *(řehole, rytířský)* order; **mnišský ř.** monastic n. religious order 4 *(vyznamenání)* order; **propůjčit komu ř.** confer n. bestow an order on sb 5 *(zařazení)* class, order, rank; **hotel prvního ~u** first-class hotel

řad|a 1 line, row; voj. *(zástup)* file; *(řad)* rank; *(fronta)* line, queue; *(sedadel)* row, tier; *(hor)* range; *(při pletení)* row of stitches; **první ř.** *(sedadel)* the front n. first row; **postavit do ~y** line up 2 *(skupina osob)* zprav. pl. **~y** ranks; **zrádci ve vlastních ~ách** traitors in one's own ranks 3 *(množství)* line, succession, round, run, series; **ř. králů** line n. succession of kings; **ř. deštivých dní** a succession of rainy days; **ř. večírků** a round of parties; **ř. představení** a run of performances; **ř. přednášek** a series of lectures 4 *(pořadí, sled)* sequence, series; **ř. tónů** a sequence of tones; **jsi na ~ě** it is your turn; **kdo je na ~ě?** whose turn is it?; **aritmetická/ geometrická ř.** arithmetic/ geometric progression; **nekonečná ř.** infinite series

řád|ek 1 *(v knize)* line; **nový ř.** new line; **druhý ř. od spodu** second line from the bottom; **napsat komu pár ~ků** drop sb a line ♦ přen. **číst mezi ~ky** read* between the lines 2 *(na poli)* windrow; *(brambor)* row

řadicí: ř. páka aut. gear lever

řadit 1 line, put* sth in a line; **ř. co podle velikosti** arrange sth according to size; **ř. co podle abecedy** arrange sth alphabetically; voj. **ř. jednotky** marshal troops 2 *(mezi)* rank, place, class, rate; **ř. koho mezi své přátele** rank sb among one's friends 3 *(rychlost)* change, am. shift; **ř. druhou rychlost** change n. shift into second gear ■ **ř. se** 1 voj., těl. fall* in; *(průvod)* form up 2 **ř. se mezi nejlepší** rank among the best

řád|it 1 *(bouřka, vítr, city, nemoc)* rage 2 *(vztekat se)* rage, storm, be furious; *(děti: nevázaně si hrát)* romp, caper; *(fotbalové davy)* rampage; **ř. jako šílený** *(vztekat se)* rant and rave

řádka v. **řádek**

řádkování *(na psacím stroji)* spacing

řádn|ý 1 *(člověk)* decent, respectable; **žít ~ým životem** lead* an orderly life 2 expr. proper; **dostat ř. výprask** get* a proper n. sound thrashing; **~é víno/ ř. doutník** decent wine/ cigar 3 *(profesor)* am. full; *(člen organizace)* regular; *(student)* regular, full-time ■ **~ě** properly; *(zbít)* soundly; **~ě komu domluvit** give* sb a good talking to

řadov|ý 1 *(číslo)* serial; *(číslovka)* ordinal; **ř. dům** terraced house 2 *(člen, voják)* rank-and-file; **~í voliči** grassroots

řádov|ý: ~á stužka medal ribbon; **~é roucho** habit; **ř. kněz** priest in a religious order

řapík leafstalk, odb. petiole

řasa 1 *(na víčku)* eyelash 2 bot. alga, pl. algae; **mořská ř.** seaweed, marine alga

řasit *(látku)* arrange sth in folds; *(nabírat)* gather; *(plisovat)* pleat

řasnatý *(sukně)* pleated; *(záclona)* with folds

řazení *(rychlosti)* gear change, gear-changing, am. gear-shifting; **ruční ř.** hand gear change; **nožní ř.** foot-operated gear change; **automatické ř.** automatic gear change; v. též **řadit**

řebříček *(obecný)* yarrow

Řecko Greece

řecký Greek

řeč 1 *(mluva)* speech; *(schopnost)* faculty of speech; **vada ~i** speech defect ♦ **ztratil jsi ř.?** přen. have you lost* your tongue?; **zděšením ztratila ř.** the shock left* her speechless; **ř. hudby/ květin** the language of music/ flowers 2 *(způsob mluvení)* manner of speech, parlance, *(způsob výslovnosti)* accent; **jasná ř.** clear articulation; **kultivovaná ř.** cultured n. cultivated language; **prostá ř.** common parlance; **podle ~i je z Glasgowa** one can tell* from his accent that he comes* from Glasgow 3 *(jazyk)* language, tongue; **mateřská ř.** mother tongue, native language; **cizí ř.** foreign language; **ovládat několik ~í** know* many languages 4 *(mluvení, rozhovor)* talk, talking, conversation; **dát se s kým do ~i** strike* up n. open a conversation; **skočit komu do ~i** interrupt sb, cut* sb short; **přišla na to ř.** it came* up for discussion, it was raised; **vést divné ~i** make* odd n. strange remarks; **máš moc ~í** you're talking too much ♦ **to je má ř.** now you're talking; **nestojí to**

za ř. it's nothing to write* home about; **samé ~i, a skutek utek** hov. all words and no action **5** též pl. **~i** *(ústní podání)* rumours, gossip; hov. chit-chat; **šířit ~i** (**o** about); spread* rumours; **dostat se do ~í** get* talked about, become* the subject of gossip; **lidé budou mít ~i** people will talk **6** *(projev)* speech, address; *(slavnostní)* oration; **pronést ř.** deliver n. make* a speech **7** *(styl)* style, diction, language; **básnická ř.** poetic diction; **hovorová ř.** colloquial language n. speech

řečičky chatter, (idle) talk, tittle-tattle

řečiště riverbed

řečnick|ý rhetoric(al), oratoric(al); **~é nadání** oratorical gift, eloquence; **~á tribuna** platform, rostrum

řečnictví rhetoric, oratory, art of speaking

řečník speaker; *(vynikající)* orator

řečnit **1** deliver n. make* a speech, speak* **2** *(nadbytečně)* speechify, pontificate, sermonize

řečn|ý talkative, garrulous, loquacious; hov. chatty ■ **~ost** talkativeness, garrulousness, garrulity; chattiness

řečtina Greek; srv. též **čeština**

ředidlo thinner

ředit dilute, thin (down), water down; *(víno)* adulterate, water down; *(barvu)* thin

ředitel *(školy)* head(master), zvl. am. principal; **zástupce ~e** deputy head, am. vice-principal; *(banky, nemocnice)* governor; *(podnikový)* managing director; **provozní ř.** operations manager

ředitelna *(ve škole)* headmaster's office, am. principal's office

ředitelsk|ý: ~é místo post of a director, *(ve škole)* headship

ředitelství *(podniku)* head office; *(funkce: ve škole)* headship, *(v podniku)* directorship, position as a director

ředk|ev, ~vička radish

řehole **1** (religious) order; *(těžký úděl)* hard lot **2** *(pravidla)* rule n. statute of an order

řeholnic|e nun, sister; **stát se ~í** take* the veil

řeholnictvo regular clergy

řeholník monk, friar

řehonit se guffaw, hee-haw

řehot guffaw, burst of laughter

řehtačka clapper; (zvl. *dětská)* rattle

řeht|at *(kůň)* neigh, whinny; *(řehtačka)* rattle ■ **ř. se** guffaw; **ř. se na celé kolo** laugh like a drain ■ **~ání** *(koně)* neigh, whinny; *(smích)* guffaw, horse laugh

Řek, ~yně Greek

ře|ka river; *(menší)* stream; **splavná ř.** navigable river; **město leží na ~ce** the town is situated on a river; **po ~ce** *(po proudu)* down the river; **po ~ce nahoru** up the river

řemen **1** *(popruh)* strap; *(na pušku)* sling; *(opasek)* belt; *(obtahovací)* strop; **upínací ~y padáku** parachute harness; **upevnit co ~em** strap sth ♦ **utahovat si ř.** přen. tighten one's belt **2 hnací ř.** driving belt

řemenice belt pulley

řemeslnick|ý: ~á dílna craftsman's workshop; **~á práce** skilled handiwork; **~é družstvo** cooperative association of craftsmen

řemeslnictvo *(class of)* artisans, craftsmen

řemeslník artisan, craftsman

řemesln|ý **1 ~á práce** skilled handiwork, **~é dovednosti** handicraft skills **2 ř. vrah** professional killer **3** hanl. mechanical, stereotyped

řemeslo trade; (zvl. *umělecké)* handicraft; **znát své ř.** know* one's business; **jít na ř.** learn* a trade

řemínek small strap; *(u hodinek)* watchstrap

řepa, řípa beet; *(cukrová)* (sugar-)beet; **červená ř.** beetroot, red beet ♦ **zdravý jako ř.** as fit as a fiddle, as sound as a bell, in the pink (of health)

řepka rape

řepkov|ý: ~é semeno rapeseed

řepn|ý: ř. cukr/ ~é pole beet sugar/ field

řeřavý glowing; *(kov)* red-hot

řeřicha nasturtium, watercress

řešet|o sieve, riddle ♦ **mít paměť jako ř.** have a memory like a sieve; **nabírat vodu ~em** přen. catch* water in a sieve

řeš|it *(problém, rovnici)* be trying to solve, be trying to find* a solution to; *(konflikt)* be trying to resolve n. settle; *(potíže)* deal* with ■ **~ení** solution (**čeho** to sth); resolution

řešitelný solvable; **snadno ř.** easy to solve

řetěz **1** chain; *(okovy)* chains, fetters; *(ozdobný)* festoon; **uvázat na ř.** chain up **2** *(hor)* chain; *(událostí)* chain, series; *(lží)* string

řetězec chain, series

řetězov|ý chain; **ř. most** chain n. suspension bridge; **~é kolo** sprocket (wheel); **~á reakce** chain reaction

řetízek (small) chain; *(na krk)* necklace; *(na hodinky)* watch chain

řetízkový: ř. kolotoč chairoplane

řev *(zvířat)* roar, bellow; *(křik)* shouting, yelling; shouts; *(malých dětí)* bawling; *(motorů)* roar

řevni|t be jealous n. envious (**na** of) ▪ **~vost** envy, jealousy; *(rivalita)* rivalry
řez 1 *(říznutí)* cut, *(operační)* incision; geom. section; **podélný ř.** longitudinal section; **příčný ř.** cross-section; **císařský ř.** Caesarian section n. operation 2 *(moučníku, masa* ap.*)* slice
řezačka techn. cutting-machine; *(na píci)* chaffcutter; *(na maso)* slicer
řezák incisor
řezank|a chaff, chopped straw ♦ přen. **mít v hlavě ~u** be as thick as two planks
řeza|t 1 cut*; *(pilou)* saw; *(na drobno)* chop, *(maso)* mince; sport. *(míč)* slice; techn. *(závity)* thread ♦ **ř. dříví** *(chrápat)* snore; srv. též **měřit** 2 *(nápis do kůry)* carve 3 **ř. zatáčku** make* a sharp turn 4 *(o větru)* bite*, nip 5 **sako řeže pod paží** the jacket rubs at the armpits 6 *(bít)* beat*, thrash, clobber ▪ **ostře ~né rysy** sharp features
řezav|ý *(hlas)* shrill, strident; *(vítr)* biting, nipping, piercing; *(bolest)* sharp, cutting; **~á zima** nip
řezba carving; *(řezbářská ozdoba)* fretwork
řezbář (wood)carver
řezbářsk|ý carving; **ř. nástroj** carving tool; **~á práce** carved work n. article
řezbářství (art of) carving
řezivo lumber
řeznictví butcher's trade; *(obchod)* butcher's (shop), am. butcher store
řezník butcher; žert. *(doktor, chirurg)* sawbones
řezn|ý *(nástroj)* cutting; **~á rána** gash, slash; **~á plocha** section, *(nože)* face
řež, ~ba slaughter; *(krvavá)* bloodbath
říci, říct 1 *(povědět)* say*; *(sdělit)* tell*; **ř. pravdu** tell the truth; **řekl, že přijde** he said he would come*; **řekl mi, že přijde** he told me that he would come; **jemu se nedá nic ř.** you can't tell him anything; **jak se to řekne anglicky?** how would you put* n. say it in English?; **jak se řekne anglicky 'dům'?** what's the English for 'dům'?; **tobě se to snadno řekne** it's all very well for you; *(kdy mám přijít?)* – **řekněme ve středu** (let's) make it Wednesday ♦ **aby se neřeklo** just for appearances' sake; **už jsem řekl** that's my last word 2 *(vyjádřit)* **ř. svůj názor** express one's opinion, *(otevřeně)* speak* one's mind, speak up; **ř. někomu své mínění** *(kritické)* give* sb a piece of one's mind; **co na ni říkáš?** what do you think* of her? ♦ **to bych do něho nikdy neřekl** *(uznale)* I never thought he had it in him 3 **ř. si, že** say to o.s. that; **dejte si ode mne ř.(, že)** take* it from me (that), let* me tell you that ▪ **tak řečený** so-called ▪ **mezi námi řečeno** between me and you *(*žert. and the bedpost); **krátce řečeno** in short; **mimochodem řečeno** by the way
řičet *(kůň)* neigh; **ř. smíchy** roar n. howl with laughter; **ř. bolestí** scream with pain
říčka small river, (small) stream; kn. rivulet
říčný hot; **ř. z tance** hot from (the) dancing
řídicí *(páka)* regulating; *(ventil, kompas)* pilot; *(hodiny)* master
řidič driver; kn. *(z povolání též)* chauffeur; **ř. auta/ nákladního auta** car/ lorry n. am. truck driver
řidičsk|ý: ř. průkaz driving licence, am. driver's license; **~á zkouška** driving test
řídit 1 *(auto, člun, spřežení)* drive*, steer 2 *(dopravu)* direct; *(úřad, podnik)* be in charge of, manage, run*; *(stát)* govern; *(schůzi)* chair, be in the chair of; *(orchestr)* conduct 3 *(usměrňovat)* regulate ▪ **ř. se čím příkladem/ radou** follow sb's example/ advice; **ř. se svým svědomím** be guided by one's conscience; **ř. se příkazem** follow n. heed an order; **ř. se konvencemi** obey conventions ▪ **řízená střela** guided missile
řiditelný *(vzducholoď)* dirigible; *(raketa)* guided; *(balón)* navigable; *(vozu)* steerability, manoeuvrability
řídítka *(kola, motocyklu)* handlebar
říd|ký 1 *(tekutina)* thin, weak; *(vlasy, vousy)* thin, sparse; *(vzduch, atmosféra)* rare, thin, rarefied; **~á káva** weak coffee 2 *(návštěvník)* infrequent, rare, few and far between ▪ **~ce osídlený** sparsely populated
řídnout *(les)* get* thinner, *(vlasy)* get thinner, be thinning; *(řady zákazníků)* be thinning (out)
říh|at, ~nout belch, burp
říj|e rut; **doba ř.** rutting season; **být v ~i** rut
říjen, říjnový October
říjet rut
říkanka nursery rhyme
řík|at v. **říci; ~á se, že** rumour has it that; **o něm se ~á, že je vynikající šachista** he is said* n. reputed to be an excellent chess player; **jak se obvykle ~á** in common parlance; **ne~al jsem to?** I told* you so; **~á si o nepříjemnosti** he's looking for trouble; **ř. si o katastrofu** court disaster; **tomu se tedy ~á láska!** there's love for you!; **ne~ejte!** you don't say! ♦ **ne~ej hop, dokud jsi nepřeskočil!** there's many a slip twixt n. between cup and lip; **mně se nic**

nemusí ř. dvakrát I don't need to be told* twice

Řím Rome; **všechny cesty vedou do ~a** all roads lead* to Rome

římsa *(okenní)* windowsill; *(nad krbem)* mantelpiece; *(pod střechou)* eaves

římskokatolick|ý Roman Catholic; **~á církev** the Roman Catholic Church

římsk|ý Roman; **Ř~á říše** the Roman Empire; **~é číslice** Roman numerals

řinče|t *(okna, příbory)* rattle; *(řetězy)* jangle, clank; *(sklenice, šálky)* clink; **ř. zbraněmi** rattle one's sabre ■ **~ní** clangour; **~ní zbraněmi** sabre-rattling

řinčivý clangorous

řinkot clatter, clangour; **ř. nádobí** the clatter of crockery

řin|out se run*, pour, stream, gush; **po tváři se jí ~uly slzy** tears ran down her cheeks; **z čela se mu ~ul pot** sweat ran n. poured n. streamed down his forehead; **pot se mu ~e po tváři** his face is running n. pouring with sweat, sweat is running n. pouring down his face

řípa v. **řepa**

říše empire; **Německá ř.** the German Reich; **rostlinná/ živočišná ř.** the vegetable/ animal kingdom; **ř. snů** dreamland, the Land of Nod

říšský imperial

řiť anat. anus

řítit se 1 *(lešení)* crash down, tumble down, **ř. se do záhuby** be on the road to ruin, head for disaster, ride* for a fall 2 *(auto)* hov. tear* n. belt along; **ř. se po schodech** *(dolů)* come* tearing down the stairs, *(nahoru)* come tearing up the stairs

říz strong flavour; *(elán)* zest, zip; **ten článek nemá ř.** the article lacks substance

říza robe, gown; toga

řízek *(plátek masa)* slice; *(hovězího)* fillet; kuch. *(obalovaný: telecí, vepřový)* escalope; **vídeňský ř.** Wiener n. Vienna schnitzel

řízení 1 *(mechanismus)* aut. steering system n. assembly; **automatické ř.** automatic control system; *(letadla)* automatic pilot; **dálkové ř.** remote control; **ř. letu** flight control; **~m osudu** as fate would have it 2 *(podniku)* management; pol. leadership; **boží ř.** divine dispensation 3 *(jednání)* **mám ve městě nějaké ř.** I have sth to attend to in town; právn. *(soudní)* proceedings; **trestní ř.** criminal proceedings n. case; v. též **řídit**

říznout v. **řezat**; **ř. zatáčku** cut* a corner; **ř. míček** slice a ball ■ **ř. se** 1 *(nožem* ap.*)* cut o.s.; **ř. se do prstu** cut one's finger 2 *(zmýlit se)* make* a blunder n. boob, *(udělat faux pas* též*)* drop a clanger n. brick ■ **ř. sebou** hov. come* a cropper

řízný *(člověk)* spirited, plucky; *(rozhodný)* resolute; *(rázný)* snappy; *(tempo)* brisk; *(hlas, tón)* crisp; *(ostrý)* terse; *(hudba)* rousing, racy; *(víno)* tart; *(pivo)* strong

řvát *(zvíře)* roar; *(člověk)* roar, yell, bellow, bawl; *(dítě)* scream, bawl, howl; *(sirény)* wail, whine; *(motory)* roar; *(rádio)* blare; *(hlasitě zpívat)* bawl (out); **ř. do ochraptění** bawl o.s. hoarse; **ř. smíchy** scream with laughter; **ř. jako když na nože bere** yell one's head off

řvavý *(hudba)* blaring, clamorous; *(barvy)* loud, garish, gaudy

řvoun bawler; *(dítě)* cry-baby, *(silněji)* noisy brat

S

s_1 *(písmeno)* s [es]

s_2, **se** vyj. **I** se 7. p. **1** *(spojení, příslušenství, společnost)* with, and; **žít s rodiči** live with one's parents; **jít s kým** go* with sb; **čaj s citrónem** lemon tea, tea with lemon; **chléb s máslem** bread and butter; **šunka s vejci** bacon and eggs **2** *(vzájemnost)* with, to; **hrát s kým** play with sb; **mluvit s kým** talk to sb; **oženit se s kým** marry sb; **má s ní dvě děti** he has two children by her **3** *(hraniční styk)* on; **hraničit s** border on; **Československo hraničí s Rakouskem** Czechoslovakia borders on Austria **4** *(obsah)* **hrnec s polévkou** a pot n. pan of soup; **láhev s vínem** a bottle of wine **5** *(způsob činnosti)* **pracovat s elánem** work with enthusiasm, work enthusiastically; **pít s mírou** drink* in moderation, be a moderate drinker; *(obchodovat)* **se ztrátou** at a loss **6** *(účel* n. *důvod činnosti)* **jít s dopisem na poštu** take* a letter to the post office; **jít (k zubaři) se zubem** go* to the dentist (about one's tooth) **7** *(zřetel)* **být nemocný se srdcem** have a heart condition; **jak jste na tom s prací?** how is your work going?; **co je s vámi?** what's the matter with you? **II** s 2. p. *(směřování z povrchu)* from; **spadnout se stromu** fall* from a tree; **zvednout co se země** pick sth up from the floor; **jet s kopce** go downhill **III** se 4. p. **být s to** be able n. manage *(+inf.)*

sabat Sabbath

sabotáž sabotage

sabotážník, sabotér saboteur

sabotážn|ický, ~í sabotage, of sabotage; **~ická akce** act of sabotage

sabotovat sabotage

sací: s. láhev feeding botle; **s. papír** blotting paper; **s. pumpa** suction pump

sáček *(papírový, igelitový)* (paper/ plastic) bag; **výplatní s.** pay packet

sáčkovat bag, pack into bags

sad 1 *(ovocný)* orchard; **třešňový s.** cherry orchard **2** zprav. pl. **~y** park; **městské ~y** city n. municipal park

sada set (též *v tenisu*); *(série)* series; *(stolečků)* nest; **s. talířů/ závaží** a set of plates/ weights

sadař fruit grower n. farmer

sadařství fruit growing n. farming

sadba *(mladé rostliny)* seedlings; *(bramborová)* seed potatoes

sádelnatý *(vepř)* lardy; *(člověk)* hanl. porky

sadismus sadism

sadista sadist

sadistický sadistic

sadit v. **sázet**

sádlo *(vepřové)* lard; *(vypečené z masa)* dripping; **husí s.** goose fat n. dripping ♦ **zakládat na s.** expr. put* on weight

sádr|a miner. gypsum; **pálená s.** plaster of Paris; **dát komu ruku do ~y** put* sb's arm in plaster

sádr|ovat lék. v. **~a**

sádrový plaster; **s. obvaz** plaster (of Paris) cast

safari *(cesta)* safari; *(zool. zahrada)* safari park

safír, ~ový sapphire

safra(porte) goodness!, good gracious!, gosh!; *(překvapení s obdivem)* wow!

sága saga

Sahara the Sahara (Desert)

sah|at 1 *(dotýkat se)* touch; **ne~ej na mne!** don't (you) touch me!; **ne~ejte na vystavené zboží!** don't touch!; **s. do kapsy** put* one's hand into one's pocket, reach n. dip into one's pocket **2** *(po čem)* reach for; **s. po klobouku** reach for one's hat; **nechtěl s. na uložené peníze** he did not want to touch his savings **3** přen. **s. komu na svobodu/ na práva** deprive n. rob sb of his liberty/ rights **4** přen. **s. ke lsti** resort to a trick n. ruse **5** *(dosahovat)* extend, stretch, reach; přen. *(o časovém období* ap.*)* cover, go*; **až pokud ~ají naše záznamy** as far as our records go; **pokud ~á lidská paměť** within living memory ♦ **nikdo mu ne~á ani po kotníky** he stands* n. towers head and shoulders above others

sáhn|out v. **sahat; s. po pistoli** reach for a gun; **s. hluboko do kapsy** dig* deep into one's pocket; **s. hluboko do úspor** dig into one's savings; **s. komu na čelo** *(zjišťovat teplotu)* feel* sb's forehead; **na práci ani ne~e** he never does a stroke of work ♦ **s. si na život** take* one's own life; v. **zoubek**

sáhodlouhý *(vyprávění, povídka)* longwinded

sacharin, ~ový saccharin; **~ový** *(sentimentální)* schmaltzy

sajdkár sidecar

sako jacket; **sportovní s.** sports jacket

sakr: kdes k ~u byl? where the devil have you been?; **co k ~u chceš?** what the hell do you want?; **jít k ~u!** go* to hell!

sakra! blast!, damn it! v. **sakr**

sakramentsk|ý deuced, blasted ▪ **je to ~y těžké** it's hellishly difficult; **řekl toho ~y málo** he had precious little to say*
sakristie sacristy
sakum|pak, ~prásk lock, stock and barrel, the whole lot
sál hall; **operační s.** operating theatre n. am. room; **taneční s.** dance hall, *(v hotelu)* ballroom
salám salami, German sausage; **turistický s.** long-life sausage; **uherský s.** Hungarian salami; **játrový s.** liver sausage
salamandr salamander
salaš 1 *(bouda)* chalet **2** *(pro ovce)* sheepfold
salát 1 *(zelenina)* lettuce **2** kuch. salad **3** expr. *(kniha)* a tattered book
sála|t *(teplo)* radiate; přen. **z očí mu ~l hněv** his eyes were ablaze with anger
sálavý *(teplo)* radiant; *(slunce)* blazing
saldo balance
salmiak chem. ammonium chloride
salón salon; *(soukromý)* drawing room, am. parlor; *(na lodi)* saloon; *(módní, kadeřnický)* salon; **s. krásy** beauty parlour; **přijímací s.** reception room n. hall; **automobilový s.** Motor Show; **lev ~ů** social lion, socialite, society man
salónek v. **salón**; *(v letadle)* saloon
salónní parlour, drawing-room; **s. socialista** parlour n. drawing-room socialist; **s. stratég** armchair strategist
sálov|ý sport. indoor; **~é hry** indoor games
salto somersault; **s. mortale** leap of death
salutovat voj. (give* a) salute
salva voj. salvo, volley; *(potlesku)* salvo, volley; **s. smíchu** burst n. peal of laughter
sám, samý 1 *(zdůrazňovací)* **on s.** he himself; **s. prezident** the president himself; **je poctivost sama** he is honesty itself, he is honesty personified; **to mluví samo za sebe** that speaks* for itself ♦ *(udělat něco)* **s. od sebe** of one's own accord, off one's own bat; **sama operace je velmi jednoduchá** the actual operation is very simple **2** *(vlastními silami)* without help n. assistance, singlehandedly, by oneself **3** *(osamělý)* alone, by oneself, on one's own; **zcela s.** all alone; **musel cestovat s.** he had to travel alone; **byl tam s.** he was the only person present; **konečně byli sami** at last they were on their own; **žít s. pro sebe** keep* to o.s., keep o.s. to o.s. **4** (vyj. *mnohost, výlučnost)* nothing but; **to jsou samé lži** that's nothing but lies, that's a pack of lies ♦ **pro samé stromy nevidí les** he can't see* the wood for the trees; **samo sebou** it goes without saying **5** (vyj. *mez)* **na samém kraji** right at the edge, at the very edge; **od samého počátku** from the very beginning, from the word go **6 ten samý** the (very) same, the selfsame; **jedna a ta samá žena** the very same n. the selfsame woman, one and the same woman
samaritán: milosrdný s. bibl. i přen. the good Samaritan
sam|ec, ~eček male; *(ptačí s.)* cock; **~ec** zhrub. *(o muži)* stud
sámek hem
samet velvet
sametka velvet ribbon
sametový 1 *(stužka* ap.*)* velvet **2** *(pokožka, hlas)* velvety
sami|ce, ~čí, ~čka female; *(ptačí s.)* hen
samočinn|ý automatic ▪ **~ě** automatically
samohláska vowel
samohláskový vocalic
samohybn|ý self-propelled; **~é dělo** self-propelled gun
samochvála self-praise ♦ **s. smrdí!** stop blowing* your own trumpet!
samoindukce el. self-induction
samojediný all alone; *(udělat něco)* single-handedly
samolepicí self-adhesive; *(tapeta)* pre-pasted, ready-pasted; **s. páska** sellotape, am. též scotch tape; **s. obálka** self-seal envelope
samolepka stick-on label
samolib|ý self-complacent, smug; **~á chvála** overweening pride ▪ **~ost** self-complacency, smugness
samomluv|a soliloquy; **vést ~u** talk to o.s.
samoobsluha *(prodejna)* self-service shop n. store
samoobslužný self-service
samopal submachine gun, am. tommy gun
samorostlý *(svérázný)* original; *(humor)* earthy
samospád techn. gravity feed; **~em** by gravity
samospasitelný: s. prostředek panacea
samospoušť fotogr. delayed action shutter release
samospráva autonomy, self-government, home rule
samosprávný self-governing
samostatn|ý 1 *(byt, oddělení)* separate **2** *(nezávislý)* independent; **s. výzkum** original research; **být s.** stand* on one's own two feet **3** *(na volné noze)* self-employed; *(žurnalista, překladatel)* freelance ▪ **~ě** independently; *(bez pomoci)* on

one's own, single-handedly; **~ě myslet** think* for o.s.; **jednat ~ě** go* one's own way ■ **~ost** independence

samot|a 1 *(místo)* lonely n. secluded place 2 *(osamocenost)* solitude, loneliness; **bát se ~y** be afraid of loneliness; **vyhledávat ~u** seek* solitude

samotář recluse, loner, lone wolf

samotářs|ký retiring, reclusive ■ **žít ~ky** keep* o.s. to o.s., live in seclusion ■ **~tví** reclusion, desire for solitude

samotn|ý v. **sám (1,3,5); nechat děti ~é** leave* the children on their own, leave the children without supervision n. unattended

samoúčeln|ý: být s. be an end in itself; **~é umění** art for art's sake

samouk self-taught person

samovazba solitary confinement

samovládce autocrat

samovoln|ý spontaneous ■ **~ě** spontaneously; of itself, of its own accord

samovznícení spontaneous combustion

samozásobitel self-supplier

samoznak *(těsnopisný)* shorthand symbol

samozřejm|ý (self-)evident, obvious; **to je ~é** it goes* without saying, it stands* to reason; **je ~é, že** it stands to reason that, it's only natural that; **pokládat co za ~é** take* sth for granted ■ **~ě I** adv. as a matter of course; **on to ~ě ví** he is sure to know* it **II** část. **~ě!** by all means!, but of course! ■ **se ~ostí** as a matter of course; *(přizpůsobit se)* **se ~ostí** like a duck to water

samozvanec 1 *(uchvatitel)* usurper 2 *(car)* pretender

samozvaný usurpatory; *(markýz, profesor)* self-styled

samožitn|ý: s. chléb all-rye bread; **~á kořalka** grain n. rye whisky

samý v. **sám**

saň myth. dragon, hydra; přen. *(žena)* shrew, virago

sanace *(městské čtvrti)* redevelopment; ek. reorganization, br. též reconstruction; *(finanční)* financial rehabilitation

sanatorium nursing home, sanatorium, pl. -iums, -ia

sandál sandal

san|ě, sáně sledge, sled; *(nízké)* toboggan; *(tažené koněm)* sleigh; *(závodní: řiditelné)* bob, bobsled; **jezdit na ~ích** sledge

sangvinický sanguine

sangvinik sanguine person, psych. sanguine type

sanice 1 *(část saní)* sledge 2 *(čelist)* lower jaw

sanitární sanitary; **s. kordón** sanitary cordon; **S. den** *(oznámení)* 'Closed for Cleaning', 'Closed for Disinfection'

sanitka ambulance

sanitní: s. vůz/ letoun ambulance/ ambulance plane; **s. vlak** hospital train; **s. služba** medical service

sáňkař sledger, am. sledder

sankce zprav. pl. sanctions; **hospodářské s.** economic sanctions

sáňkovat sledge, toboggan, am. sled; **jít s.** go* sledging n. tobogganing

sáňky v. **sáně**

sanskrt Sanskrit, Sanscrit

sápa|t se *(na koho)* attack, go* for, fly* at; **zloděj se po něm ~l s nožem** the thief went for him with a knife

saponát detergent

saranče grasshopper; *(stěhovavá)* locust

sardel, ~ový zool. i kuch. anchovy; **~ová pasta** anchovy paste

sardink|a zool. sardine, pilchard; **~y v oleji** sardines in oil, **namačkáni jako ~y** packed like sardines

sarkasmus sarcasm

sarkastický sarcastic; *(poznámka též)* tacit, tart, cutting; *(humor též)* dry; *(kritika)* mordant; *(člověk)* sharp-tongued

sasanka anemone

Sasko Saxony

sát 1 suck; **s. z matčina prsu** suck at one's mother's breast; **s. džús slámkou** suck n. drink* juice through a straw 2 *(vlhkost)* soak in, absorb; *(vzduch)* suck in 3 přen. *(krásu* ap.*)* relish, drink in

satan, ~áš Satan, the Devil; přen. satan, devil, fiend

satelit satellite; **umělý s.** man-made n. artificial satellite

satelitní satellite; **s. město/ stát** satellite town/ state; **s. anténa** satellite dish

satén satin

satira satire, *(pamflet)* squib

satirický satirical

satirik satirist

satisfakc|e satisfaction; **požadovat od koho ~i** demand satisfaction from sb

satyr satyr, Satyr

sauna sauna

savana savanna(h)

savec mammal
savý: s. papír blotting paper; v. též **sací**
saxofon saxophone
saxofonista saxophonist
sazárna composing room
sazb|a 1 typogr. setting, composition; **dát do ~y** give* sth to the typesetters; **kniha je v ~ě** the book is being set* up 2 *(tarif)* tariff, rate; *(poplatek)* charge; **celní s.** customs tariff; **s. za nadváhu** excess-baggage rate; **úroková s.** interest rate
saze soot; *(zrníčko)* soot particle
sazebník table n. scale of rates n. charges; **mzdový s.** wage n. salary scale; **daňový s.** tax scale, scale of tax rates
sazeč typogr. typesetter, compositor
sazečsk|ý typesetting; **~á chyba** printer's n. typographical error
sazenice seedling, young plant
sázenka football coupon, pools coupon
sáz|et 1 *(stromy, květiny, brambory)* plant 2 typogr. set* 3 *(dělat ~ky)* bet*; **s. na koně** bet on a horse, back a horse, place a bet on a horse; **s. vše na jednu kartu** stake everything on one card 4 **s. chléb do pece** put* bread in(to) the oven ■ **s. se** bet, wager; **s. se s kým o 10 liber** bet n. wager s.o. £10 ■ **~ené vejce** fried egg
saz|ka football pools; **hrát v ~ce** do the pools
sáz|ka bet, wager; **uzavřít ~ku** make* a bet; **dát v ~ku život** risk one's life; **byla v ~ce jeho pověst** his reputation was at stake ♦ **v ~ce je vše** the stakes are very high
sázkař better
sázkov|ý: ~á kancelář betting shop, bookmakers
sbalit 1 *(koberec* ap.*)* roll sth up 2 *(věci)* pack sth (up); **s. co do kufru** pack sth in a suitcase; **s. si své věci** pack one's things 3 přen. *(dívku)* pick up; *(zloděje)* arrest; hov. nab ■ **s. se** pack up (one's things)
sběh *(lidí)* crowd (of people); *(okolností)* coincidence, concurrence
sběhnout 1 run* down, *(se schodů* též*)* run downstairs 2 **s. do obchodu** pop over to the shop ■ **s. se** *(lidé)* gather
sběr 1 *(lesních plodů)* picking 2 **s. odpadových hmot/ starého papíru** salvage of scrap material/ waste paper 3 *(odpadové hmoty)* scrap; *(papír)* waste paper
sběrač 1 **s. tenisových míčků** ballboy; **s. brambor/ bavlny** potato/ cotton picker 2 *(el. proudu)* current collector, *(trolej)* trolley
sběračka *(na polévku)* ladle
sběratel collector; **s. známek** stamp collector, philatelist
sběratelsk|ý collecting; **~á vášeň** collecting mania
sběratelství collecting
sběrna collection point; *(odpadových surovin)* salvage point
sběrn|ý: s. tábor reception camp; **~é suroviny** scrap materials
sběř hanl. rabble, riff-raff
sbíha|t v. **sběhnout** ■ **s. se** 1 gather; **~jí se mi sliny** my mouth waters; *(při pohledu na co)* that makes* my mouth water 2 *(čáry)* converge
sbíhav|ý convergent ■ **~ost** convergence
sbíječka horn. pneumatic drill
sbír|at 1 *(maliny* ap.*)* pick, gather; *(klásky)* glean; *(hrozny)* harvest, vintage; **s. houby** gather mushrooms, (to) mushroom; **s. smetanu z mléka** skim milk; **s. sílu** *(po nemoci)* recover strength 2 *(známky)* collect; *(síly, zkušenosti)* gather; *(odvahu)* summon (up), muster 3 v. též **sebrat** ■ **s. se** *(po nemoci)* pick up again; *(rána)* suppurate, fester; v. též **sebrat se** ■ **~ané mléko** skimmed milk ■ **~ání** picking, gathering ap.
sbírka 1 *(známek* ap.*)* collection; *(vybraných básní, textů)* anthology; *(zákonů)* digest 2 *(na dobročinné účely)* collection (for)
sblíž|it *(koho)* bring* sb close together; **dítě je ~ilo** the child brought them close to each other ■ **s. se** become* close; **velmi se ~ili** they have become very close (to each other) ■ **~ení** pol. rapprochement
sbohem good-bye; **dát komu s.** say* good-bye to sb, kn. bid* sb farewell
sbor 1 **poradní s.** advisory board n. committee; **učitelský s.** teaching staff; **divadelní/ baletní s.** theatre/ ballet company n. group; **diplomatický s.** diplomatic corps; **policejní s.** the police force, the Force 2 *(pěvecký)* choir, chorus
sborem: mluvit/ křičet s. speak*/ shout in chorus; **zakřičeli jsme s.** we all shouted together
sbormistr choir master, am. choir leader
sborník *(článků, povídek* ap.*)* collection; *(výběr: básní, textů)* anthology n. collection; *(z konference)* proceedings; *(oslavný)* festschrift
sborovna staff room
sborov|ý: s. zpěv choir n. choral singing ■ **~ě zpívat** sing* in chorus; v. též **sborem**
sbratřit se *(o státech: vzájemně)* become* close allies, *(s kým)* ally o.s. to n. with; *(o lidech)*

become* very close friends
scedit *(mléko, zeleninu)* strain; *(roztok)* filter; *(víno* ap. *do jiné nádoby)* decant; **s. vodu ze zeleniny** strain n. drain off water from the vegetables
scel|it, ~ovat *(pozemky)* consolidate, combine; *(látku)* mend sth invisibly ■ **~ení/ ~ování** *(látky)* invisible mending; *(pozemků)* consolidation (of land)
scén|a 1 *(divadelní)* stage; **uvést hru na ~u** stage a play; **potlesk na otevřené ~ě** applause during the act **2** *(divadlo)* theatre **3** div. *(výstup)* scene **4** *(hádka)* scene; **trapná s.** an embarrassing scene; **udělat ~u** make* a scene
scénárista scenarist; *(filmový)* scriptwriter
scénář script; *(popis děje)* scenario, *(filmu* též*)* screenplay
scenérie scenery; div. též set
scénick|ý scenic, stage; **~á úprava** stage adaptation; **~á hudba** incidental music
scénograf (set) designer
scénografie stage design
scestí: dostat se na s. přen. go* astray, fall* into bad ways; **zavést koho na s.** lead* sb astray
scestný *(názory)* erroneous
scvrk|nout se, ~at se 1 *(ovoce)* shrivel; *(látka)* shrink; *(tvář)* get* n. become* wrinkled **2** *(úspory)* dwindle, shrink*; *(zásoby)* run* low ■ **~lý** shrivelled; wrinkled
sčesat: s. si vlasy comb n. brush one's hair, *(dozadu)* comb back one's hair
sčetlý well-read, widely-read
sčítací: s. archy census sheets; **s. komisař** *(při volbách)* returning officer
sčítanec mat. summand
sčít|at, ~ání v. **sečíst**
sděl|it: s. komu co tell* sb sth, inform sb of sth; *(úředně)* notify sb of sth; **s. někomu zprávu, že** break* the news to sb that; **s. něco šetrně** break sth gently to sb ■ **~ení** communication, report; **ústní/ písemné ~ení** verbal/ written communication
sdělný jaz. communicative
sdělovací: s. prostředky news media, *(hromadné)* mass media; **s. technika** communication engineering
sdílet share; **s. s kým byt** share a flat with sb; **s. s kým svůj osud** throw* in one's lot with sb
sdílný *(hovorný)* talkative, chatty; *(přetékající citem)* effusive
sdružení association, union; **s. bank** banking group n. syndicate; **odborové s.** Federation of Trade Unions; **pěvecké s.** choral society; v. též **rodičovský**
sdruž|it unite ■ **s. se** unite, join together, join forces; *(podniky* též*)* amalgamate, merge ■ **~ené pojištění** comprehensive insurance
se, (si) I *(u výlučně zvratných sloves)* **smát se/ divit se/ bát se** laugh/ wonder/ be afraid **II** vyj. **1** *(větný předmět)* self-; **zná se** he knows* himself; **zastřelil se** he shot* himself; **pozorovala se v zrcadle** she looked at herself in the mirror **2** *(reciprocitu)* each other, one another; **nenávidí se** they hate each other n. one another; **líbali se** they were kissing; **milují se** they love each other, they are in love **3** *(dativ prospěchový)* **koupit si auto** buy* (o.s.) a car; **dát si kabát do šatny** put* one's coat into a cloakroom **4** *(trpný rod)* **dům se staví** the house is being built* **5** *(bezděčnou činnost)* **ztratit se** *(člověk)* get* lost, lose* one's way; **zlomit si ruku** break* one's arm **6** *(velkou míru děje)* **zaposlouchat se do melodie** listen attentively to the tune; **dobře se prospat** have a good sleep, sleep* one's fill **III** *(je součástí neos. vazeb)* **chce se mi spát** I am sleepy, I feel* sleepy; **jedlo se a pilo** there was (a lot of) food and drink
sebe- *(+ komparativ – překládá se pomocí konstrukcí s* 'however', 'ever'); **sebemenší chyba** any mistake, however small it may be; **ať je sebechytřejší** however clever he may be
sebeanalýza self-analysis, soul-searching
sebedůvěr|a (self-)confidence, self-assurance; **mít ~u** be sure of o.s.; **nabýt ~y** become* self-assured, find* one's feet
sebechvála self-praise, self-applause
sebejistota (self-)assuredness, aplomb
sebejistý self-assured, confident, *(přehnaně)* cocksure, overweening
sebekázeň self-discipline, restraint
sebeklam self-deception, self-delusion
sebekritický self-critical
sebekritika self-criticism, heart-searching
sebeláska self-love
sebeobran|a self-defence; **zabít koho v ~ě** kill sb in self-defence
sebeovládání self-control, restraint; control of one's temper
sebeúcta self-respect, self-esteem
sebeurčení self-determination
sebeuspokojení self-satisfaction
sebevědomí self-assurance, self-confidence

sebevědomý 1 *(sebejistý)* self-assured, self--confident 2 hanl. cocksure, overbearing

sebevrah suicide

sebevražd|a suicide též přen.; **politická s.** political suicide; **spáchat ~u** commit suicide

sebevražedný suicidal

sebevzdělávání self-improvement

sebezáchov|a self-preservation, survival; **pud ~y** instinct of self-preservation

sebezapření self-denial

sebranka rabble, riffraff

sebra|t 1 *(sešity)* collect; přen. **s. myšlenky** gather (up n. together) one's thoughts; **s. síly** rally n. gather one's strength; **s. peníze** raise money; **s. odvahu** muster (up) courage 2 *(papír ze země)* pick up; **s. nádobí (ze stolu)** clear the table; **s. smetanu (z mléka)** skim (cream from) milk 3 *(ukrást)* pinch, swipe 4 *(zatknout)* take* in, sl. nick 5 **nemoc ho ~la** his illness has left* him weak; v. též **sbírat** ■ **s. se** *(zotavit se)* pick up; **brzy se ~la** her health soon picked up n. improved ■ **~né spisy** collected works

secese *(rakouská)* secession, *(francouzská)* Art Nouveau

secí: s. stroj seeder, seeding machine

seč$_1$ *(řež)* bloodbath, massacre

seč$_2$: utíkal, seč byl he ran* for all his worth

sečíst mat. add up; **jeho dny jsou sečteny** his days are numbered ■ **sčítání** addition; **sčítání obyvatelstva** population census; **provést sčítání obyvatelstva** take* a census

sečn|ý: ~á zbraň cutting weapon; **~á rána** slash (wound), gash

sed sitting position; **s. roznožný** split

sedací: s. vana sitzbath, hipbath

sedačka stool

sedačkov|ý: s. výtah, ~á lanovka chair lift

sedadlo seat; **sklápěcí s.** folding seat; **zadní s.** *(v autě)* back n. rear seat

sed|at v. **~nout**; *(půda)* subside ■ **s. si** v. **~nout (si)**; srv. též **vrána**

sedativum sedative, tranquilizer

sedátko stool; **skládací s.** collapsible n. folding stool; **záchodové s.** toilet seat

sed|ět 1 sit*, be seated; *(ptáci,* přen. *osoby)* perch, be perched; *(na vejcích)* brood, sit; **s. ve směru jízdy** face the engine; **s. nečinně** mope, loll about; **s. pevně** sit tight ♦ **s. doma** stick* around at home; **s. na dvou židlích** serve two masters, sit on the fence; **s. jako na jehlách** be on tenterhooks; **s. pevně v sedle** be in the saddle; **s. na penězích** be tight-fisted 2 *(ve vězení)* be inside n. in jail, do time; **s. ve výboru** be a member of a committee ♦ **s. si hezky v teple** be in clover, be sitting pretty 3 **s. na kom** *(o šéfovi)* breathe down sb's neck 4 *(brýle na nose)* sit; **auto ~í dobře na silnici** the car holds* the road well 5 *(přiléhat)* fit, sit; **sako ti (dobře) ~í** the jacket fits you well, the jacket is a good fit 6 *(kritika)* be pertinent, strike* home; **to mi ne~í** it's not my cup of tea; **~í mi to** it's (right) up my street

sediment sediment

sediment|ovat sediment ■ **~ace** sedimentation

sedlák farmer; *(malý)* smallholder

sedlář saddler

sedlářství 1 saddlery, saddler's trade 2 *(dílna)* saddler's workshop

sedlat *(koně)* saddle; v. též **osedlat**

sedlina settlings, residuum; *(krve)* clot; *(kávová)* grounds

sedl|o *(jezdecké, motocyklové, cyklistické; horské)* saddle; **vyšvihnout se do ~a** swing* (o.s.) into the saddle; **sedět pevně v ~e** sit* astride one's horse well

sedm- srv. **čtyř-**

sedm seven; **s. set** seven hundred; **po ~i** by sevens

sedmdesát seventy

sedmdesátiletý seventy-year old; srv. **čtyřicetiletý**

sedmdesátina seventieth (part)

sedmdesátn|ík, ~ice septuagenarian, man/ woman of seventy, man/ woman in his seventies

sedmdesátý seventieth; srv. **čtyřicátý**

sedmerý of seven (different) kinds n. sorts srv. též **čtverý, čtvero**

sedmibarevný seven-colour

sedma karet. **křížová s.** the seven of clubs

sedmibolestn|ý: ~á Panna Marie Our Lady of Sorrows

sedmička (number) seven; srv. **čtyřka**

sedmikráska daisy

sedmilet|ý 1 seven-year old 2 *(časový úsek)* seven-year; **~á válka** the Seven Years' War

sedmiměsíční seven-month, of seven months; **s. dítě** seven-month baby

sedmimílov|ý: ~é boty *(v pohádkách)* seven--league boots

sedmina seventh (part)

sedminásobný sevenfold, srv. **čtyřnásobný**

sedmiramenný *(svícen)* seven-armed

sedmkrát seven times

sedmnáct seventeen

sedmnáct(i)- srv. **čtrnáct(i)-**
sedm|ý seventh, **být v ~ém nebi** be in seventh heaven, feel* on the top of the world
sed|nout 1 s. (si) sit* down, take* a seat; *(letadlo)* land; **~něte si, prosím!** take a seat, please!; **s. si na vlak** get* on the train; **pohodlně si s. k práci/ ke čtení** settle down to work/ to read*; **s. na lep** take the bait **2** přen. **~l na něj strach** he was seized n. gripped with fear ■ **s. se 1** *(krev)* coagulate, clot; *(mléko)* curdle **2** *(země, dům)* subside, settle, sag
sedřít *(starou barvu* ap.*)* rub off n. away; **s. si kůži na koleně/ na lokti** graze one's knee/ elbow ♦ **s. z koho kůži** přen. skin sb (alive), rip sb off
segment segment
segregace segregation
sehn|at 1 *(dobytek: spolu)* round up, drive* *(cattle* ap.*)* together, *(dolů)* drive* down **2** *(opatřit si)* get* (hold of), obtain; *(peníze)* raise, *(s potížemi)* scratch n. scrape up; *(zákazníky)* rustle up; **s. si zaměstnání** land a job ■ **není to k ~ání** it is impossible to get
sehn|out *(hlavu)* bend*, *(v nízkém prostoru)* dip, stoop; *(větev)* bend down; přen. **s. před kým hlavu** bow one's head to n. before sb ■ **s. se** bend down; **s. se před ránou** duck to avoid the blow ■ **~utý** bent* n. bowed by age
sehr|át *(zápas)* play ♦ **s. důležitou roli** play an important role ■ **s. se 1** *(hráči)* get* used to playing together **2** v. **odehrát se** ■ **~aný** *(posádka)* well coordinated; *(mužstvo)* well--adjusted to playing together ■ **~anost** good coordination
sejf safe
sejít 1 go* down, descend; **s. se schodů** go downstairs ♦ **sejde z očí, sejde z mysli** out of sight, out of mind **2 s. s cesty** lose* one's way, přen. go astray; **s. ze správné cesty** přen. wander from n. off the straight and narrow **3** *(ztratit se)* disappear; *(nekonat se)* be dropped, be cancelled; **ze schůze sešlo** the meeting was cancelled; **z projektu sešlo** the project was dropped **4** *(zdravotně)* go downhill, get* run* down **5 na tom nesejde** it makes* no difference, it does not matter ■ **s. se 1** *(s kým)* meet* sb; **sešli jsme se** we met **2** *(k poradě)* meet, gather; *(parlament)* assemble
sejmout 1 *(obraz, záclony)* take* down; *(klobouk)* take off; *(obvaz)* take off, remove; **s. víčko z čeho** uncap sth ♦ **s. koho** sl. *(vyřídit)* bump sb off, put sb out of the way **2** *(zvuk, televizní obraz)* record; **s. komu otisky prstů** take sb's fingerprints, fingerprint sb **2** *(karty)* cut* for deal
sekáč 1 *(trávy)* mower, *(obilí* též*)* reaper **2** *(chlapík)* great guy; *(frajer)* swell
sekáček chopper, *(řeznický)* cleaver
sekačka mower
sekaná meat loaf
sekat 1 cut*; *(maso)* chop, mince; *(dříví)* chop, cut; *(obilí)* scythe, reap; *(trávu)* cut, mow **2** *(louku)* mow ♦ **s. dobrotu** be a good boy/ girl, *(o bývalém provinilci)* be on the straight and narrow
sekce *(odbor)* section, department, am. division; **technická s.** technical section
seker|a, ~ka axe ♦ **zakopat/ vykopat válečnou ~u** bury/ dig* up the hatchet
sekn|out 1 *(mečem, sekerou)* cut*, hew* **2** *(uhodit)* strike*, hit* **3** hov. *(ukrást)* pinch, sneak, swipe **4** *(s prací)* pack in, chuck; **rozhodl se s tím s.** he decided to pack it in; v. **sekat** ■ **s. se 1 s. se do prstu** ap. cut one's finger **2** *(zmýlit se)* be wide off the mark; *(udělat chybu)* make* a blunder ■ **~utí** *(šavlí)* cut, slash; *(bičem)* lash
sekretariát secretariat
sekretář 1 secretary; **státní s.** undersecretary of state **2** *(kus nábytku)* bureau
sekt sparkling wine; *(šampaňské)* champagne
sekta 1 náb. sect **2** pol. faction
sektář sectarian
sektářství sectarianism
sektor sector; **průmyslový s.** industrial sector; **západní s.** dř. *(v Berlíně)* Western Sector
sektorový *(nábytek)* sectional
sekunda 1 *(vteřina)* second **2** hud. **velká/ malá s.** major/ minor second
sekundant dř. *(při souboji)* second
sekundární *(vedlejší)* secondary; **s. napětí** secondary voltage
sekundář *(v nemocnici)* house officer; *(mladší)* houseman, am. intern
sekundovat *(komu)* přen. back sb up, *(přizvukovat)* chime in
sekvence sequence; *(karty* též*)* set
sekyra v. **sekera**
sekýrovat order sb about n. around; *(manžela)* hector sb, nag (away at) sb; push sb around
seladon 1 *(švihák)* dandy, fop **2** *(milovník)* ladies' man
selanka idyll
sel|átko, ~e piglet

selek|ce, ~ční selection
selh|at 1 *(hlas, srdce, metoda)* fail; *(stroj)* fail, refuse to work; *(zbraň)* misfire; *(člověk v životě)* be a failure; **~ala mu paměť** his memory failed him 2 *(naděje)* peter n. fizzle out, come* to nothing ■ **~ání** *(paměti)* lapse; *(stroje)* malfunction; **~ání srdce** heart failure
selháv|at keep* failing; **~á mu rozum** his mind is going*
selka 1 farmer's wife 2 *(vesničanka)* countrywoman
selský *(venkovský)* country, *(neotesaný)* rustic; **s. rozum** common sense
sem 1 here; over here; **pojď s.!** come* here; **až s.** up to here; **až s. a ani o krok dál** this far and no further; **s. a tam** to and fro, back and forth; **jezdit s. a tam (mezi X a Y)** ply (between X and Y); *(nemohl se pohnout)* **ani s., ani tam** neither one way nor the other 2 **s. (a) tam** *(místy)* here and there 3 **s. tam** *(občas)* occasionally, now and then, from time to time, once in a while
semafor semaphore
sémantika semantics
semenářství 1 *(pěstování)* seed growing, seed cultivation 2 *(obchod)* seed shop
semeník bot. ovary
semeniště přen., hanl. breeding-ground, hotbed; **s. nemocí** a breeding-ground of diseases; **s. neřestí** a hotbed of crime
semeno seed
semestr term (lasting half a year), am. semester
semestrální semester; **s. zkoušky** end-of-term examinations
semetrika shrew, harridan
semhle here, over here; **s. tamhle** here and there
semifinále semifinal(s); **postoupit do s.** be through to the semifinals
semifinálový semifinal
semifinalista semifinalist
seminarista círk. seminarian
seminární seminar; **s. práce** seminar paper
seminář 1 seminar, *(cvičení: s menší skupinou)* tutorial; **konat s.** hold* a seminar 2 *(kněžský)* seminary
semínko seed; **slunečnicové s.** sunflower seed
semiš chamois (leather), shammy (leather)
semkn|out: s. rty press one's lips together; **s. řady** close the ranks ■ **~utý** united; voj. **~utá formace** close formation ■ **~utost** unity, solidarity
seml|ít 1 *(kávu, mouku)* grind* 2 **s. páté přes devátě** talk a lot of nonsense, hov. talk a lot of rubbish n. drivel ■ **~ela se tam rvačka** there was a fight n. brawl there
sen dream; **zlý s.** nightmare, bad dream; **mít s. o** (have a) dream about; **připadá mi to jako s.** it seems like a dream to me; **cítila se jako ve snu** she felt* as if she were dreaming*
senát *(akademický; sněmovna)* senate; *(univ. budova)* senate-house
senátor senator
senátorský senatorial
sendvič sandwich
seník hayloft
senilita senility, dotage
senilní senile, hov. gaga
senior 1 *(otec)* senior; **Josef Novák s.** Joseph Novák senior 2 *(sboru* ap.*)* doyen ■ **~ka** *(sboru* ap.*)* doyenne
senn|ý: ~á rýma hay fever
seno hay
senoseč haymaking; *(doba)* haymaking time
sentence aphorism, maxim
sentimentáln|í sentimental; *(falešně)* mawkish; hov. soppy ■ **být do koho ~ě zamilovaný** be soppy over sb ■ **~ost** sentimentality, soppiness
senzac|e sensation; **způsobit ~i** create a sensation, hov. make* a splash; **největší s. roku** the biggest story of the year; **honba za ~emi** hunger for sensation; **to je úplná s.!** that's absolutely fantastic!
senzacechtivý sensation-loving, sensation-seeking; **s. tisk** gutter journalism
senzační 1 *(zpráva)* sensational 2 *(báječný)* gorgeous, super, fabulous, smashing; **měli jsme s. počasí** we had gorgeous weather
senzitivní sensitive
separ|ace 1 *(~ování)* separation; *(nemocného)* isolation 2 *(cela)* solitary confinement (cell)
separát *(autorský)* offprint
separatismus separatism
separatist|a, ~ický separatist
separátní: s. mír/ smlouva separate peace/ treaty
separé private room
separovat separate, segregate; *(nemocné)* isolate ■ **s. se** seclude n. isolate o.s., keep* o.s. apart n. aloof
sépie 1 zool. cuttlefish 2 *(barva)* sepia
sepnout fasten together; *(řemenem)* strap together; *(sponou)* clasp; **s. ruce k modlitbě** fold one's hands in prayer
seprat *(látku)* shrink* (by washing) ■ **s. se s kým**

have a fight n. scuffle with sb
sepsat 1 *(pořídit soupis)* make* (out) a list n. inventory 2 *(smlouvu)* draw* up 3 *(článek)* write*; *(báseň)* compose
sepse sepsis
septický septic
serenáda serenade
seriál 1 *(série)* series 2 *(hra na pokračování)* serial; **televizní s.** television serial, *(lidový)* soap opera
série series; *(následná řada)* sequence; *(výrobní)* range
sériov|ý serial; **~á výroba** serial production
seriózní *(spolehlivý)* reliable, trustworthy; *(student)* earnest; *(firma)* sound, reputable
serióznost respectability, reliability
serpentina *(zatáčka)* sharp n. hairpin bend; **silnice se ~mi** a winding n. zigzag road
sérum serum
servat tear* n. rip off ■ **s. se** have a fight
serviln|í servile, obsequious; **být s. ke komu** fawn on n. upon sb, toady to sb; **s. člověk** též. toady ■ **~ost** obsequiousness, subservience, subserviency, servility
servírka waitress
servírovací: s. stůl sideboard, *(na kolečkách)* serving trolley n. table
servírovat 1 *(u stolu)* serve (at table); **s. komu co** serve sb sth, serve sth to sb 2 sport. serve
servis 1 *(jídelní)* service; **kávový s.** coffee set; **čajový s.** tea service n. set 2 *(opravárenský)* maintenance service; *(dodatečný)* after-service; *(dílna)* service station n. shop 3 sport. service, serve
servisní service
servít|ek napkin, br. též serviette ♦ **nebrat si s., nebrat si ~ky** not to mince words n. matters
servomotor servomotor
seržant sergeant, hov. sarge
seřadiště *(průvodu)* meeting place; *(vlaků)* marshalling yard
seřadit put* sth in order; **s. co podle abecedy/ velikosti** arrange sth alphabetically n. in alphabetical order/ according to size ■ **s. se** line up, form a line n. row
seřa|ďovací, ~zovací: s. kolej siding (track); **s. nádraží** marshalling yard
seřa|zovat v. **~dit**
seř|ezat 1 hov. *(koho)* thrash, wallop, give* sb a thrashing 2 v. **~íznout**
seří|dit *(hodin(k)y)* set*; *(stroj)* adjust, set; *(auto)* tune up; *(mířidla a hledí mušky)* sight ■ **~zení** adjustment, focussing, setting
seříznout 1 *(skrojek)* slice off; *(konce větví)* trim; *(vršek)* top; *(hrany)* round off; *(kůrku chleba)* pare (away n. off) 2 *(tužku)* sharpen
seřizovač (tool) setter
sesa|dit 1 *(sundat)* take* sth down, *(pomoci komu při slézání)* help sb down 2 *(z úřadu)* relieve (sb off his/ her duties), dismiss; *(z trůnu)* dethrone 3 *(smontovat)* put* together; techn. assemble, set* up ■ **~zení** *(z úřadu)* dismissal, removal (from office); dethronement; techn. assembly
sesbírat *(smetanu)* skim
sesed|at, ~nout *(z koně)* dismount (from) ■ **s. se** 1 *(v lavici)* sit* closer, crush up 2 *(půda)* subside, sink*, cave in
seshora v. **shora**
seschnout se *(ovoce)* shrivel up; *(sud)* become* leaky, spring* a leak; přen. *(zásoby, peníze)* dwindle
sesk|očit, ~ákat, ~akovat *(z koně)* jump down (from), dismount (from); *(z vlaku)* jump out (of); **s. padákem** parachute, make* a parachute jump, jump with a parachute
seskok: s. padákem parachute jump; sport. parachute jumping, skydiving
seskup|it se, ~ovat se (**kolem** around) group together, cluster, crowd ■ **~ení** grouping; **vojenská ~ení** military groupings; **s. velmocí** line-up of world powers
sesmeknout se *(na náledí ap.)* slide* n. slip down; *(nůž)* slip; *(ramínko)* slip off
sesmolit patch n. piece together
sesout se, sesouvat se *(budova)* collapse, fall* in a heap, tumble down; *(půda)* sink*, cave in; *(člověk)* crumple up, collapse
sestava *(družstva)* line-up; gymn. **volná s.** free n. optional exercises; **povinná s.** compulsory exercises
sestávat *(z čeho)* consist of
sestav|it, ~ovat put* n. piece together; *(stroj)* assemble; *(horoskop)* cast*; *(seznam)* make* up; *(jídelníček)* compose; *(plán)* frame; *(třídu)* form; *(mužstvo)* make* up, form; *(katalog, zprávu)* compile, put together; *(tribunál)* set* up
sestehovat tack together
sestersk|ý sisterly; **~á dvojice** two sisters; **~á firma** affiliated n. sister company
sestoupit 1 *(z koně)* dismount; **s. se schodů** descend the stairs 2 *(klub: z ligy ap.)* be releg-

ated

sestra 1 sister; **nevlastní s.** stepsister 2 *(zdravotní s.)* (female) nurse, *(staniční)* sister; **vrchní s.** *(v nemocnici)* matron 3 *(jeptiška)* nun

sestrojit *(stroj)* construct, design, build*; *(modely)* craft; *(obrazec)* construct, draw*

sestřelit *(letadlo)* shoot* n. bring* down

sestřenice cousin

sestřih *(filmu)* cutting (and editing)

sestříhat *(film)* cut*, edit; *(trávník)* cut, shave

sestup descent; sport. relegation

sestupn|ý descending; **v ~ém pořadí** in descending order

sest|upovat v. **~oupit**

sestylizovat v. **stylizovat**

sesunout push n. slide* sth down ■ **s. se** slide down; **s. se do křesla** sink* into an armchair

sesuv *(kamení, půdy)* landslide, landslip

sesychat (se) v. **seschnout (se)**

sesypat pour together; **s. co spolu** mix things together ■ **s. se** 1 *(budova)* collapse, tumble down; *(židle pod kým)* give* way; přen. *(člověk)* have a nervous breakdown 2 hov. *(na koho)* fall* upon n. pounce upon; **s. se na koho s otázkami** shower sb with questions

sešikovat voj. form up, marshal ■ **s. se** *(do řad)* line up, fall* in

sešit notebook; *(školní)* exercise book

sešít sew* n. stitch together; *(sestehovat)* tack together; *(knihařsky)* stitch together; *(sešívačkou)* staple

sešívačka stapler

seškr|abat, ~ábnout *(špínu)* scratch off; *(nástrojem)* scrape off; **s. bláto z bot** scrape the mud off one's shoes; **s. šupiny z ryby** remove the scales from a fish

seškrtat *(článek)* cut*, shorten, retrench; *(výlohy)* cut (down), curtail, retrench

sešlapa|t 1 *(trávu* ap.*)* tread* down, tread sth underfoot 2 *(obuv)* wear* down ■ **~ný** *(schody)* footworn; *(obuv)* down at heel, worn down

sešlápnout: s. plyn step on the accelerator n. am. gas; **s. brzdu** step n. jump on the brake, apply the brake

sešlost 1 *(ošumělost)* shabbiness; *(zchátralost)* seediness; *(věkem)* decrepitude 2 expr. *(večírek)* party; *(maturitní* ap.*)* get-together

sešlý *(budovy)* dilapidated, ramshackle; *(člověk)* seedy; **s. věkem** decrepit with age

sešněrovat přen. *(jednání, chování)* regiment

sešoupnout v. **sesunout** ■ **s. se** slide*; *(na stranu)* sideslip; *(brýle)* slip down

sešpendlit pin together

sešplhat (se) climb down (**se stromu** a tree)

sešpulit *(ústa)* purse up

sešroubovat screw n. bolt together

set sport. set

set|ba, ~í sowing

setina (one) hundredth (part)

setk|at se, ~ávat se 1 meet*; **s. se náhodou s kým** meet sb by chance, happen to meet sb, run* across sb, hov. bump into sb; **~ali jsme se** we met (each other n. one another) 2 přen. **s. se s potížemi** run into difficulties; **návrh se ~al se souhlasem** the suggestion met with approval ■ **~ání** *(neformální)* get-together; *(rodinné, bývalých absolventů* ap.*)* reunion

setmě|t se get* dark; **když se ~lo** when it got* dark, at nightfall ■ **~ní** nightfall

setnina company

setnout v. **stít**

setrvačník techn. flywheel; *(u hodin)* balance wheel

setrvačnost inertia; **dělat co ze ~i** do sth out of force of habit, do sth by dint of habit

setrv|at, ~ávat 1 *(kde)* remain; *(na místě)* stay put 2 **s. na svém** stick* n. adhere to one's opinion; **s. na své víře** persevere in one's faith

setřást *(ovoce)* shake* down; *(sníh, pouta, pronásledovatele)* shake off, get* rid off; přen. *(únavu, spánek)* shrug off

setřít 1 *(co)* wipe off, give* sth a wipe; *(houbou)* sponge, dust; **s. si pot z čela** mop one's brow; **s. komu slzy** dry sb's tears 2 **s. koho** *(vynadat mu)* take* sb to task, tick sb off, *(strašně)* come* down on sb like a ton of bricks

sever north; **na ~u** in the north; **směrem na s.** towards the north, *(vedoucí k ~u)* northbound

severák north wind

severka North Star, Polar Star

severn|í north, northern; *(vítr)* northerly; **s. polokoule** the northern hemisphere; **s. záře** aurora borealis; **s. pól** the North Pole ■ **~ě** north, to the north; **~ě od Londýna** to the north of London

severoameri|cký, S~čan North American

severovýchod northeast

severozápad northwest

severský northern; *(jazyky, národy)* nordic; *(státy)* Scandinavian

seveřan northener, Nordic

sevř|ít 1 *(ve svěráku)* clamp; *(pěst)* clench; *(rty)* purse 2 **s. koho do náručí** fold n. clasp sb in one's arms, hug sb; **s. nepřítele** encircle the enemy **3 strach mu ~el hrdlo** he nearly choked with fear ■ **s. se** *(pěst)* clench; **srdce se mi ~elo** *(úzkostí)* my heart nearly stopped beating ■ **~ený** *(pěst)* clenched; *(obklíčený)* hemmed in; *(formace)* close, tight

sexta 1 hud. sixth **2** sixth year *(in a Czechoslovak grammar school)*

sextán pupil in a '**sexta**'

sextet, ~o sextet(te)

sexu|alita, ~álnost sexuality

sexuální sexual, sex; **s. výchova** sex(ual) education

seznam list; voj. *(jmenný)* roll; *(úřední)* register; *(inventární)* inventory; **s. přednášek** *(univerzitních)* university calendar; **s. voličů/ kandidátů** list of voters/ candidates; **s. výherců** prize list; **telefonní s.** telephone directory, hov. phone book

sezn|ámit, ~amovat 1 s. koho s čím inform sb about sth, acquaint sb with sth **2 s. koho s kým** introduce sb to sb ■ **s. se 1** *(s čím)* acquaint n. familiarize o.s. with sth; **s. se s problematikou** též do one's homework **2 s. se s kým** make* sb's acquaintance, make friends with sb; **~amte se s panem/ paní X** meet* Mr/ Mrs X, may I introduce Mr/ Mrs X to you

sezobat peck (up)

sezóna season; **divadelní s.** theatre season; **hlavní s.** the peak season; **okurková s.** the dull season

sezónní *(práce, dělník* ap.*)* seasonal

sezvat v. **pozvat**

sežehlit iron (out), press

sežehnout scorch, singe; *(mrazem)* nip

sežrat *(o zvířatech)* eat* (up), devour; hanl. *(o lidech)* devour ♦ **s. co i s chlupama** swallow sth hook, line and sinker; **dát komu co s.** rub sb's nose in sth

sfárat horn. go* down the shaft

sfér|a 1 astron. sphere; **hudba ~** music of the spheres ♦ **vznášet se ve vyšších ~ách** have one's head in the clouds **2** přen. domain, realm; **s. vědy** the domain of science; **s. politiky** the realm of politics; **s. působnosti** sphere n. scope of activity

sférick|ý spherical **~á geometrie** spherical geometry

sfinga sphinx

sflikovat patch together, patch up

sfoukn|out 1 *(prach* ap.*)* blow* off n. away **2** *(svíčku* ap.*)* blow out, puff out (a candle) **3 s. něco** *(snadno udělat)* do sth in the twinkling of an eye; **to se ~e jako nic** there's nothing to it; **já to s ním nějak ~u** I'll sort it out with him, I'll fix it with him

sgrafito graffito, pl. graffiti

shán|ět 1 v. **sehnat 2** *(snažit se opatřit si)* look for, hunt for; **s. informace** gather information; **s. zákazníky** chase for customers ■ **s. se po** hunt for, *(zoufale)* search high and low for; **~í se po něm policie** the police are after him

sháňka (**po** after) rush, scramble; **velká s. po lístcích** a mad rush n. scramble for tickets; **je tu po vás s.** you are wanted, somebody is looking for you

shážet v. **shodit**

shledan|á: na ~ou! see* you later n. again; **na ~ou zítra!** see you tomorrow

shled|at, ~ávat 1 *(věci)* gather up, collect **2** *(co jakým)* find*, consider; **s. co snadným/ zajímavým** find sth easy/ interesting ■ **s. se s kým** see* sb, meet* sb; **s tím už se ne~áš** you have seen the last of it

shlédnout look down; **s. na dvůr** look down at the yard

shlížet 1 v. **shlédnout 2 s. na koho spatra** look down upon sb

shluk *(lidí)* crowd, gathering; *(srocení)* riot; *(domů, keřů)* clump

shluk|nout, ~ovat se gather, crowd; *(srocovat se)* riot; **s. se kolem koho** gather n. rally round sb

shn|ít rot, decay; *(práchnivět)* moulder; **s. samou leností** die of boredom ■ **~ilý** *(ovoce)* bad, rotten; *(dřevo)* rotten, decayed; *(zřízení)* rotten, corrupt

shod|a 1 agreement též jaz.; conformity; **dosáhnout ~y** reach an agreement; **ve ~ě s předpisy** in (full) conformity with the regulations; **ve ~ě s naší koncepcí** in line with our conception **2** *(soulad)* harmony; **žít ve ~ě** live in harmony **3** *(okolností)* coincidence **4** *(tenis)* deuce

shodit 1 throw* down; *(koho do vody* ap.*)* push **2** *(kabát* ap.*)* throw n. cast* off; *(bomby)* release; *(padákem)* parachute; zool. *(kůži, parohy)* shed*; *(peří, listí)* cast; *(o koni: jezdce)* throw down, unseat **3** *(zhubnout)* lose* weight **4 s. koho** sl. *(u policie)* squeal n. split* on sb ■ **s. se** make* a fool of o.s.; *(udělat faux pas)* put* one's foot in it

shodn|out se 1 *(na čem)* agree on, come* to an agreement on, reach an agreement on n. about **2** *(snést se) (s kým)* get* on with; **s každým se ~e** he is on friendly terms with everybody

shodn|ý identical, the same; **mají ~é názory** they have n. share the same views; **jejich výpovědi nejsou ~é** their statements do not match up n. tally ■ **~ost** identity, sameness; **~ost názorů** unanimousness

shod|ovat se 1 **s. se s kým v čem** agree with sb on sth, concur with sb in sth; **s. se s kým v názorech** share sb's opinions (**o** on) 2 *(být ve ~ě)* tally 3 *(odpovídat čemu)* correspond to, tally with

shon 1 *(ruch)* rush, tumult, hustle and bustle; **ranní s.** the morning rush; **s. a chvat velkoměsta** hustle and bustle of the city; **byl tam velký s.** the place was a hive of activity; **ve velkém ~u** in a great hurry n. rush 2 *(za potravinami* ap.*)* chase, hunt

shora 1 from above, from the top; **prohlížela si ho s. dolů** she looked him up and down 2 **s. jmenovaný** aforementioned, above-mentioned, above 3 **pokyn s.** a directive from above

shořet 1 *(dům)* burn* down; **s. do základů** burn to the ground 2 *(neuspět)* fall* on one's face, come* a cropper; *(při zkoušce)* fail abysmally; *(film, hra: u diváků)* flop

shovívav|ý indulgent, benevolent; **blahosklonně s.** patronizing ■ **~ě** indulgently, with indulgence; **chovat se ke komu ~ě** treat sb with indulgence ■ **~ost** indulgence, benevolence

shrab|at, shrábnout, ~ovat 1 *(listí)* rake together; *(odhrabat)* rake off 2 zvl. **shrábnout** *(peníze)* pocket; **shrábnout výhru** sweep* the stakes

shrb|it (se) v. **hrbit (se)** ■ **~ený** bent; **~ený stářím** bent with old age

shrn|out, ~ovat 1 *(hlínu)* shovel down; **s. si vlasy z čela** push one's hair back from one's forehead; **s. si rukávy** roll down one's sleeves 2 *(na hromadu)* pile n. heap up 3 *(rekapitulovat)* resume, recap; **s. zprávy** round up the news ■ **s. se** 1 *(punčochy)* roll down; *(koberec)* curl up 2 *(děti)* **s. se kolem učitele** gather around the teacher ■ **~utí** summary, résumé

shromáždění 1 gathering; meeting, assembly; *(protestní)* meeting, rally; **valné s.** general assembly n. meeting 2 **Národní/ Federální s.** National/ Federal Assembly

shromaždiště assembly n. rally point

shrom|áždit, ~ažďovat 1 *(lidi)* assemble; *(stoupence)* rally; *(vojska)* muster, mass 2 *(zbraně)* stockpile; *(starožitnosti)* collect ■ **s. se** gather, congregate; *(stoupenci)* congregate; **s. se kolem koho** rally round sb

shýbat se v. **sehnout se**

shyb gymn. pull-up

shýbat se v. **sehnout se**

scház|et 1 *(dolů)* v. **sejít** 2 *(tělesně)* go* downhill; *(duševně, morálně)* go to seed; *(věkem)* grow* decrepit 3 *(chybět)* be missing; **nic mu ne~í** he is fine, kn. he wants for nothing ♦ **to nám ještě ~elo!** that's all we needed!, that's the last straw!, that crowns it all!; v. též **chybět** ■ **s. se** v. **sejít se**

schéma diagram, scheme, chart; **organizační s.** organization chart; **elektrické s.** wiring diagram

schematick|ý 1 diagrammatic, schematic 2 *(zjednodušený)* oversimplified, stereotyped ■ **~y** diagrammatically, schematically

schematismus schematism

scherzo scherzo

schizma schism

schizofrenie schizophrenia

schlíp|nout become* subdued n. crestfallen ■ **~lý** dejected, crestfallen ■ **odešel ~le** he left* with his tail between his legs

schnout 1 dry, become* n. get* dry; *(barva, inkoust)* set*; **s. na slunci** dry in the sun 2 *(chřadnout)* pine (away); expr. **s. strachem** be beside o.s. with fear

schod 1 step, stair; **brát dva ~y najednou** take* two steps at a time; **pozor s.!** mind the step! 2 **~y** *(schodiště)* stairs; staircase; **točité ~y** winding stairs n. staircase; **jít po ~ech dolů/ nahoru** go* downstairs/ upstairs, go up/ down the stairs

schodek v. **schod**; *(manko)* deficit, shortfall; *(v bilanci)* gap; *(v mezinárodních platbách)* imbalance; **vyrovnat s.** make* good the deficit

schodiště staircase, stairs; *(*zvl. *venkovní)* flight of stairs, outside staircase

scholasti|cký, ~k scholastic

scholastika scholasticism

schop|ný 1 able, capable, competent, efficient; *(talentovaný)* gifted, talented 2 *(tělesně)* fit; voj. able-bodied 3 **s. čeho** capable of doing sth, able to do sth; **je s.** n. **~en všeho** he's capable of anything, he'll stop at nothing; **být s. cesty** be in a fit state to travel ■ **~nost** ability, power, capability; **platební ~nost** ability to pay; *(talent)* talent, gift; **člověk velkých ~ností** a man of great abilities

schoulit: s. ramena hunch one's shoulders ■ **s. se** *(strachem, zimou)* cringe n. shrink* with; *(v posteli)* curl up; **s. se ke komu** cuddle up to sb

schovan|ec foster son ■ **~ka** foster daughter

schov|at, ~ávat 1 hide*, conceal; *(koho před policií)* harbour; **~ávat co před kým** hide n. keep* sth from sb; **s. obličej do dlaní** bury one's face in one's hands; **s. si nějaké peníze** put* by some money (for a rainy day) ♦ **má to u mne ~áno** I have got* it in (store) for him 2 *(uložit)* put* away; **s. šaty do skříně** put one's clothes into a wardrobe ■ **s. se** hide (o.s.); **s. se před čím** take* shelter n. refuge from sth

schovávan|á hide-and-seek; **hrát si na ~ou** play (at) hide-and-seek (s with)

schránka box, case; *(na šperky)* casket; **s. na dopisy** letter box, am. mailbox; **s. na cigarety** cigarette case; **s. na nástroje** tool kit n. box; **tělesná s.** the mortal frame; *(pozůstatky)* the mortal remains

schrupnout si have a nap n. hov. snooze, hov. have forty winks

schůdek v. **schod**; *(v letadle)* gangway; *(v knihovně)* steps

schůdný *(cesta)* passable; přen. *(řešení)* feasible, workable, practicable

schůz|e meeting, session, sitting; **plenární s.** plenary session; **s. sněmovny** sitting of a parliament; **výroční s.** general meeting n. assembly; **konat ~i** hold* a meeting

schůzk|a get-together; *(domluvené setkání)* appointment; *(s dívkou)* date; **s. na slepo** blind date; **dát si s kým ~u** make* an appointment with sb, arrange to see* sb; **mít s kým ~u** have an appointment with sb

schůzov|at hold* (long) meetings, take* part in (many) meetings; **~ali až do půlnoci** their meeting went* on until midnight ■ **zbytečné ~ání** useless n. pointless meetings

schvál|it *(zákon)* pass; *(návrh)* accept, approve; *(projekt* ap.*)* authorize, sanction; *(smlouvu v parlamentě)* ratify ■ **~ení** approval; authorization; ratification

schváln|ý intentional, deliberate ■ **~ě** on purpose, deliberately; **~ě něco přehlédnout** turn a blind eye to sth ■ **~ost** wilfulness, deliberateness; **zákon ~osti** Murphy's law

schval|ovat 1 v. **schválit** 2 *(souhlasit s čím)* approve of, consent to, subscribe to; **to ti ~uji** I can subscribe to n. endorse that; **něco nes.** frown upon sth

schvát|it 1 *(koně)* founder 2 *(koho: nemoc)* weaken, debilitate ■ **s. se** *(při běhu)* run* o.s. out of breath; *(prací)* overwork o.s., wear* o.s. out

schýlit *(hlavu)* bow, incline ■ **s. se ke komu** bend* down to, bend towards n. to

schyl|ovat se 1 v. **schýlit se** 2 **s. se ke konci** *(semestr* ap.*)* draw* to a close; **~uje se k noci** the day is ending n. drawing* to a close

schyt|at v. **pochytat** ♦ **s. to** get* told* off; **ten to ode mne ~á** I'll give* him a piece of my mind

Sibiř Siberia

si 1 *(v angl. často nezvratné)* **myslit si** think*; **stěžovat si** complain; **koupit si auto** buy (o.s.) a car 2 *(vyj. vzájemnost)* each other, one another; **pomáhat si** help each other 3 *(přeloženo zájm. přivlastňovacím)* **zlomil si ruku** he broke his arm

sice I adv. *(jinak)* otherwise, or, or else; **okamžitě to udělej, s. bude zle** do it at once or else! II sp. 1 *(souřadící)* **s. ... ale** although ... but; **přišel s. pozdě, ale přece** although he was late, he did come* (after all) 2 *(slučovací)* **a s.** namely, that is, to be more precise; **různé časopisy, a s.** various journals, namely...

síci *(obilí, trávu)* scythe, mow*, cut*

Sicílie Sicily

sicil|ský, S~an, S~anka Sicilian

sídliště 1 *(osada)* settlement 2 *(moderní)* housing estate

sídlit *(prezident)* reside, have his residence; *(úřad)* be located, have its seat n. home *(somewhere)*

sídlo *(vlády, úřadu)* seat; *(prezidenta)* residence; *(firmy)* headquarters; **mít s. ve městě** have its seat n. home in the city

siesta siesta

sifon 1 soda (water) 2 techn. siphon n. syphon (trap)

sifonov|ý: ~á láhev soda stream

signál signal; **světelný s.** light signal; **poplachový s.** air-raid signal; **dát s.** give* a signal

signaliz|ovat 1 signal (**praporky** with flags) 2 přen. mark, herald; **toto ~uje změnu** this marks a change ■ **~ace** signalling

signální signal, signalling; **s. praporek/ světlo** signal flag/ light; **s. zařízení** signalling system

signatář signatory

signatura 1 *(knihy)* class mark, pressmark, shelf mark, am. call number 2 *(podpis umělce)* autograph

signovat sign; *(iniciálami)* initial; *(autor: knihu* ap.*)* autograph

síl|a 1 force, strength, power; **přírodní s.** natural force n. power; fyz. power; **odstředivá/ dostředivá s.** centrifugal/ centripetal force 2 *(tělesná)* strength; *(duševní, tvořivá)* power(s); *(morální)* strength; **kupní s.** purchasing power; **hrubá s.** brute force; **s. zvyku** force of habit; **měřit si s kým ~y** pit one's strength against sb; **napnout všechny ~y** summon up n. muster all one's strength 3 **pracovní s.** worker, *(zaměstnanec)* employee; pl. **pracovní ~y** labour force; **nadpřirozené ~y** supernatural powers n. forces; **~y pokroku** the forces of progress; **vojenské ~y** the armed forces 4 *(větru, bouřky)* intensity, force; *(nápoje)* potency 5 *(zdi)* thickness
silácký 1 *(velmi silný)* athletic; *(výkony)* Herculean 2 přen. *(výraz, styl)* forced
silák muscleman, Samson
siláž, ~ovat silage, ensilage
silice essential oil
silikon silicone
silikóza lék. silicosis
sílit 1 gain strength, grow* stronger; *(nemocný* též*)* regain one's strength, recuperate 2 *(posílit: tělo* ap.*)* strengthen; *(svaly* ap.*)* tone up
silnic|e road; *(dálková)* trunk road, am. highway; **výpadová s.** arterial road; **práce na ~i** road works
silniční road; **s. doprava** road transport n. haulage
silnoproud|ý heavy-current; **~á elektrotechnika** heavy-current electrical engineering
siln|ý 1 *(muž)* strong, powerful; *(motor)* powerful, high-powered 2 přen. **~é pohlaví** the stronger sex; **s. jako tur** as strong as an ox 3 *(osobnost, vůle, víra)* strong; *(kuřák, pijan)* heavy, hard 4 *(stát, organizace)* powerful, strong 5 *(tabák, káva)* strong; *(pivo* též*)* strong, heavy, potent; *(alkoholický nápoj)* stiff; *(víno)* full-bodied; *(polévka, jídlo)* nourishing; *(próza)* muscular ♦ **to je s. tabák** that's a bit thick, *(to je nerozumný požadavek)* it's a tall order 6 *(rozměrem)* thick; *(látka, plech)* thick, heavy; *(postavou)* large, corpulent 7 *(provaz, nervy)* strong ♦ **to je jeho ~á stránka** that's his strong point, that's his forte 8 *(déšť)* heavy; *(proud, vítr)* powerful, strong; *(úder)* hard, powerful, hefty; *(stisk)* firm, powerful; *(hlas)* powerful; *(bolest)* intense, severe; *(horečka)* high; *(nachlazení)* bad, heavy; *(zápach)* strong, penetrating 9 jaz. *(slovesa)* strong ■ **~ě** *(pršet)* heavily; *(bolet)* intensely; *(krvácet)* profusely; **~ě pít** drink* hard; **~ě foukat** *(vítr)*/ **udeřit** blow*/ strike* hard; **~ě namáhaný** heavy-duty
silo silo
silo|čára, ~křivka line of force
silon *(Czechoslovak version of)* nylon
silonov|ý nylon; **~é punčochy** nylons
silueta silhouette, *(obrys)* outline(s), *(města* též*)* skyline
silvestr *(den)* New Year's Eve, sk. Hogmanay; *(oslava)* New Year's Eve Party, sk. Hogmanay (party)
simulant malingerer
simul|ovat 1 malinger, feign illness; *(není nemocen,)* **jen ~uje** he's only shamming 2 *(nemoc, bolení hlavy* ap.*)* sham, feign ■ **~ování** shamming, malingering
simultánka šach. simultaneous game
simultánn|í simultaneous; **s. tlumočení** simultaneous interpretation ■ **~ě** simultaneously, at the same time ■ **~ost** simultaneity, simultaneousness
síň (assembly) hall; **koncertní s.** concert hall; **přednášková s.** lecture hall n. theatre; **soudní s.** courtroom
sinal|ý *(pokožka)* pallid, ashen; *(bledost)* deathly ■ **~ost** deathly paleness n. pallor
sinekura sinecure; hov. cushy job n. number
singl 1 *(v tenise)* singles 2 *(ve veslování)* single scull(s)
singulár singular
sinus mat. sine
sinusoida mat. sine curve n. line
sionismus Zionism
sionistický Zionist(ic)
sípat wheeze
sípav|ý wheezy, croaky ■ *(mluvit)* **~ě** with a hoarse voice
síra sulphur
síran sulphate
siréna siren též přen.
sirk|a match; **škrtnout ~u** strike* n. light* a match ♦ **být tenký jako s.** be as thin as a rake
sirník sulphide
sirotčí: s. důchod orphan's annuity
sirotčinec orphanage, orphans' home
sirotek orphan
sirouhlík carbon disulphide
sirovodík hydrogen sulphide
sírov|ý chem. sulphuric; **kyselina ~á** sulphuric acid
sirup 1 *(z řepy)* molasses; br. též treacle 2 *(ovocný)* syrup, am. sirup

šířit *(sudy)* fumigate (sth with sulphur)
Sisyfos Sisyphus
sisyfovsk|ý: ~á práce Sisyphean task
sít sow* (též přen. *nenávist* ap.) ♦ **kdo seje nenávist, sklízí bouři** sow the wind and reap the whirlwind
síť 1 net; **rybářská s.** fishnet, fishing net; **lovecká s.** hunting net; **s. na zavazadla** luggage rack; **pavoučí s.** spider's web, cobweb; **rozestřít sítě** cast* out one's nets ♦ **zapříst se do sítě lží** get* caught in the web of one's own lies, be hoist by one's own petard **2** *(železnic, prodejen* ap.*)* network, system; el. network, system; **počítačová s.** computer network; **veřejná rozvodná s.** power-distribution network
síťka small net; **s. na vlasy** hairnet; **nákupní s.** string bag
sítko: s. na čaj tea-strainer
sítnice retina
síto sieve, *(na obilí* též*)* screen, *(na písek* též*)* riddle
síťovka string bag
síťov|ý 1 ~é napětí supply voltage; **s. přijímač** mains receiver **2 s. lístek** season ticket **3 ~é punčochy** fish-net stockings
situac|e situation, position, circumstances; **finanční s.** financial position; **politická/ povětrnostní s.** political/ weather situation; **současná s.** the present situation, the present state of affairs; **být v tvé ~i** if I were in your place n. shoes
situační situational; **s. zpráva/ veselohra** situation report/ comedy, hov. sitcom; **s. plán** layout
situovaný 1 *(umístěný)* situated, located **2 dobře/ špatně s.** well-off/ badly-off
situov|at locate; **děj je ~án do Londýna** the action is set* out n. takes* place in London
sivý *(kůň)* grey, *(vlasy* též*)* greying; *(holub)* blue-grey
sjedn|at *(schůzku)* arrange, make* (an appointment); **s. obchod** strike* a bargain, close n. clinch a deal; **s. pojistku** effect an insurance policy ■ **~aný** *(angažovaný)* engaged (**na** for)
sjedno|tit, ~covat (se) unite; **s. se na čem** agree on sth ■ **~cený** united ■ **~cení** unification
sjet 1 *(z kopce* ap.*)* go* down, come* down; *(autem* též*)* drive* down; *(bez motoru)* coast down; *(na kole)* cycle down; **s. výtahem** go down in the lift **2** *(nůž)* slip; **s. ze silnice** run* one's car off the road, *(do příkopu)* ditch one's car **3** expr. **s. koho** *(vyplísnit)* haul sb over the coals; *(pořádně)* give* sb an earful ■ **s. se** meet*, get* together, congregate
sjezd 1 congress, pol. též convention; **uspořádat s.** hold* a congress **2** *(na lyžích)* downhill skiing; *(závod)* downhill race
sjezdař downhill skier, downhiller
sjezdit 1 s. celý svět travel all over the world **2 s. koho** *(vyplísnit)* give* sb the sharp edge of one's tongue, give sb the rough side of one's tongue; v. též **sjet**
sjezdovka downhill course, *(cvičební* též*)* piste
sjízdný *(cesta)* passable, negotiable; **s. autem** negotiable by car
skácet *(strom)* fell, cut* down; *(pilkou)* saw down ■ **s. se k zemi** fall* down; v. též **kácet (se)**
skafandr diving suit; *(pro kosmonauty)* space suit
skákací: s. prkno diving board
skáka|t 1 sport. jump, *(o tyči)* pole-vault; *(přes švihadlo)* skip; *(do vody)* dive; *(o míči)* bounce ♦ **s. podle něčí noty** dance to sb's tune **2** *(poskakovat)* hop, skip; *(skotačit)* gambol, frisk (about); *(hříbě)* prance; **s. radostí** jump for joy **3 s. do řeči** barge in, cut* in, talk out of turn
skála rock; *(útes)* cliff
skalice vitriol; **s. modrá** blue n. copper vitriol; **s. bílá** white vitriol
skalisko rock, boulder; *(v moři)* reef
skalka *(alpínum)* rock garden, rockery
skalnat|ý rocky, craggy; **~é svahy** craggy slopes; **~é pobřeží** rocky coast; **S~é hory** the Rocky Mountains
skalní 1 rock; **s. úkryt/ jeskyně** rock shelter/ cave n. cavern **2** *(stoupenec)* true-blue, stalwart; **s. konzervativec** a dyed-in-the-wool Tory
skalnička alpine plant
skálopevn|ý *(víra* ap.*)* steadfast, firm, unshakable ■ **~ě** steadfastly, firmly
skalp scalp
skalpel scalpel
skalpovat scalp
skamarádit se *(s kým)* make* friends with, hov. pal n. chum up with
skandál scandal; **vyvolat s.** cause a scandal; **to je s.** that's scandalous, that's outrageous n. disgraceful
skandalizovat scandalize
skandální scandalous; *(nestydatý)* shocking, disgraceful, outrageous; *(chování* též*)* infamous
Skandináv|ec, ~ka Scandinavian
Skandinávie Scandinavia
skandinávský Scandinavian

skandovat *(hesla)* chant, *(verše)* scan
skanzen open-air museum, outdoor museum
skasat *(plachty)* take* in, shorten
skaut (boy) scout ■ **~ka** girl guide, am. girl scout
skelet 1 anat. skeleton 2 staveb. framework
skelný 1 vitreous, (of) glass; **s. papír** glasspaper; **s. smalt** vitreous enamel 2 *(pohled)* glassy
skepse scepticism, am. skepticism
skeptick|ý sceptical, incredulous, am. skeptical ■ **dívat se na co ~y** take* a sceptical view of sth
skeptik sceptic, am. skeptic
skica sketch (též *literární*); outline, rough drawing
skicář sketch(ing) pad
skicovat *(co)* sketch, make* a sketch of
skif sport. skiff
sklad 1 *(~iště)* store(house), *(menší)* storeroom 2 *(zásoba zboží)* stock, supplies; **mít něco na ~ě** have sth in stock; **nebýt na ~ě** *(druh zboží)* be out of stock
skládací *(židle, sedačka)* folding; *(postel)* foldaway; *(deštník)* telescopic; *(tyčka)* sectional
skládat v. **složit**; **s. naděje do čeho** lay* n. pin one's hope on sth; **S. odpadky zakázáno!** Dump No Rubbish! ■ **s. se** 1 v. **složit se** 2 **s. se z čeho** consist of sth, be composed of, comprise sth
skladatel composer
skladba 1 hud. composition 2 structure, make-up; **s. zemské kůry** the structure of the earth's crust 3 jaz. syntax
skladiště *(zboží)* warehouse, *(munice)* depot; **s. obilí** granary; **s. dřeva** timberyard
skladištní warehouse, storage; **s. poplatky** warehouse n. storage charges
skládk|a, ~ání 1 unloading 2 *(místo)* place of unloading; **s. odpadků** refuse n. waste dump, dumping ground; **s. kovového odpadu** scrap heap
skladník warehouse keeper, warehouseman
skladný 1 *(nábytek* ap.*)* space-saving 2 *(pokoj, kufr)* roomy, spacious
skladovat store, keep*; **s. jablka ve sklepě** store n. keep* apples in the cellar
sklánět se v. **sklonit se**; *(svažovat se)* slope, dip; **pozvolna se s.** dip gently
sklápěcí *(vyklápěcí)* tipping; *(židle, člun)* collapsible; **s. dveře** trapdoor; **s. postel** folding bed
sklápět v. **sklopit**
sklap|nout *(stůl, židli)* collapse, fold up; *(nůž, knihu)* shut*; *(past)* spring* ■ **~lo mu** things went* awry for him, his plans came* to nothing
sklárna glassworks, glass factory
sklář glassworker; *(foukač)* glass blower
sklářský glass; **s. průmysl** glass industry; **s. závod** glassworks, glass factory
sklářství glass-making; *(průmysl)* glass industry
skláti|t 1 *(ovoce, ořechy)* bring* down, *(třesením)* shake* down 2 **~la ho nemoc** he was laid* low by an illness; **s. koho do hrobu** be the death of sb
sklenář glazier
sklenářsk|ý glazier's; **s. tmel** glazier's putty; **~é zboží** glassware
skleněn|ý glass, of glass; *(střecha)* glass-covered; přen. *(pohled)* glassy; **~é dveře** glass door; **~é zboží** glassware; **~á perla** glass bead
sklenice glass, *(zavařovací)* jar; **s. na víno** wine glass; **s. vína** glass of wine; **s. broskví** jar of peaches
skleničk|a srv. **sklenice; s. před spaním** nightcap; **dáš si ~u?** will you have a drink?
skleník 1 *(skříňka)* glass cabinet; *(s porcelánem)* china cabinet 2 *(zahradní)* greenhouse, hothouse; *(v botanické zahradě)* glasshouse
skleníkový *(rostlina)* hothouse, greenhouse; **s. efekt** greenhouse effect
sklen|ka v. **~ice**
sklep cellar; **vinný/ pivní s.** wine/ beer cellar
sklepat *(sníh)* knock n. shake* off
sklepení cellar n. basement vault; **hradní s.** dungeon
sklepmistr cellarman
sklepní cellar, basement; **s. byt** basement flat
sklepnout v. **sklepat**; *(popel z cigarety)* flick off
sklerotický sclerotic; hov. *(zapomnětlivý)* forgetful, absent-minded
skleróza sclerosis; **s. multiplex** multiple sclerosis
sklesl|ý 1 *(hlava)* bowed; *(ramena)* drooping, sloping 2 *(sklíčený)* depressed, downcast; **být s.** be in low spirits, feel* blue ■ **~ost** gloominess, the blues
sklesnout sink* down, go* down; **s. na židli** slump into a chair
sklíčen|ý dispirited, dejected; **být s.** be down in the dumps, be downhearted; v. též **sklesly** ■ **~ost** dejection
sklíčit, skličovat sadden, depress, *(problém)* prey on sb's mind ■ **~ující** depressing; *(fakta)* bleak; **~ující perspektiva** daunting prospects
sklíčko glass; **s. do brýlí** spectacle glass; *(odrazové: auta)* rear light, tail light

sklidit 1 *(nádobí)* clear away, take* *(the things)* away from n. off the table 2 *(stůl)* clear 3 *(úrodu)* get* n. gather the crops in; **s. seno** get n. gather in the hay 4 *(potlesk)* win*; *(dík)* reap, win; *(slávu)* gain, win, reap; **s. nevděk** get little thanks, earn only ingratitute

sklípek *(vinný)* wine cellar; *(vinárna)* wine tavern

sklizeň 1 *(sklízení)* harvest(ing) 2 *(úroda)* harvest, crop(s); *(hroznů)* vintage; **bohatá s.** rich harvest

sklízet v. **sklidit** ; *(obilí)* harvest, gather; *(ovoce)* pick; *(hrozny)* harvest

sklížit glue (together); **s. židli** glue a chair

skl|o 1 glass; *(~eněné zboží)* glassware; **okenní s.** window glass; **mléčné s.** milk n. frosted glass; **broušené s.** cut glass ♦ **čistý jako s.** spick and span; **malba na skle** glass painting; žert. **máš tlusté s.** I can't see* through you 2 *(sklenice)* glasses; **přední s. auta** windscreen; **varné s.** Pyrex; **~a do brýlí** lenses; hov. *(brýle)* a pair of glasses n. spectacles; **vodní s.** liquid n. water glass

sklolaminát fibreglass

sklon 1 *(silnice)* slope, incline, gradient, dip; *(střechy)* fall; *(lodi)* list; **mít s.** slant 2 přen. **(k** to) tendency; *(ke lžím* ap.*)* propensity; *(k nemocem)* proneness; *(k násilí)* proclivity; **mít s. k pití** tend to drink*, have a tendency to drink; **umělecké ~y** artistic inclinations

sklon|ek: na ~ku života in one's declining years; **na ~ku dne** towards evening

sklonit: s. hlavu bend* one's head, *(na pozdrav* ap.*)* incline n. bow one's head, *(hanbou)* hang* one's head; **s. hlavu dozadu** throw* one's head back; **s. vlajku** dip a flag ■ **s. se** *(dolů)* bend down; **s. se ke komu** bend towards sb, *(dolů)* bend down to sb; přen. **s. se před nutností** bow to necessity; **s. se před nadřízenými** defer to one's superiors

skloňov|at jaz. decline ■ **~ání** declension

sklopit *(sedátko)* tip, turn down; *(světla)* dip; **s. hlavu** hang* one's head; **s. oči** cast* down one's eyes

sklopn|ý *(postel)* foldaway; *(židle)* folding, collapsible; **~á deska** flap; **~é nákladní auto** tipping lorry

skloub|it *(co)* join n. fit *(things)* together; *(myšlenky)* link together ■ **logicky ~ený** *(argumentace* ap.*)* close-knit

sklouz|nout 1 *(kleště)* slip; *(řemen též)* slide* off; **brýle mu ~ly na nos** his glasses slipped down his nose; **s. očima po** run* n. cast* one's eyes over 2 *(na náledí)* slip, lose* one's footing; *(auto)* (have a) skid 3 přen. *(do primitivismu)* slide into; **s. do vyjetých kolejí** get* into a rut ■ **s. se** *(na ledě)* slide, *(na klouzačce též)* slide down a chute

sklovina 1 techn. molten glass 2 *(zubní)* enamel

sklovitý glasslike, glassy, vitreous

skluz 1 *(řemenice* ap.*)* slip(ping), slippage 2 *(žlab)* slide, chute; *(v loděnici)* slipway 3 přen. *(v plánu)* arrears

skluzavka *(dětská)* chute, slide; *(do bazénu)* water chute

skluznice *(lyží, saní)* running surface

skoba hook, hooked nail; žert. *(nos)* hooked nose, beak

skobička hooked nail; *(se dvěma hroty)* staple

skoč|it 1 jump, leap*, spring*; *(míč)* bounce, *(zpět)* rebound; *(do vody)* dive; **s. do výšky/ do dálky** do the high jump/ long jump; **s. do sedla** vault into the saddle; **s. přes příkop** jump over a ditch, clear a ditch ♦ **s. do řeči** cut* in, chip in; **s. do čeho rovnýma nohama** take* the plunge 2 *(rychle běžet)* rush, dash; **s. komu do náruče** rush n. fling* o.s. into sb's arms 3 **s. po kom** pounce on sb, leap* at sb; **s. po příležitosti** pounce on an opportunity *(to do sth)*, leap at the chance *(of doing sth)* ♦ **s. na špek** swallow the bait; **na to ti ne~ím** tell* me another; **s. komu po krku** fly* n. spring* at sb's throat 4 *(pro co/ koho)* run* and fetch; *(k sousedce)* run around to, nip round n. over to 5 **slzy jí ~ily do očí** tears rose* n. welled up in her eyes 6 **s. si** *(zatancovat si)* have a dance

skok 1 jump, leap*; gymn. vault; *(do vody)* dive; *(z věže)* high dive; **s. daleký/ vysoký** long n. am. broad/ high jump; **s. o tyči** pole vault; **s. z místa/ s rozběhem** standing/ running jump; **jedním ~em** at n. in one leap; **připravit se ke ~u** get* ready to take* a jump ♦ **s. do tmy** přen. a leap in the dark 2 *(tanec)* **není mi do ~u** I don't feel* like dancing 3 **zastavit se u koho na s.** drop in on sb, nip round n. over to sb's house; **je to k nim s.** they live (at) a stone's throw from here 4 **myšlenkový s.** mental leap; **vývoj ve skocích** development in leaps and bounds

skokan 1 *(žába)* frog 2 sport. jumper; **s. o tyči** pole-vaulter; **s. na lyžích** ski-jumper; **s. padákem** parachute jumper

skokansk|ý: s. můstek *(lyžařský)* ski-jump; **~é**

prkno springboard; **~á věž** diving platform

skolióza lék. scoliosis

skoli|t *(koho)* knock down, fell down; *(zastřelit)* shoot* down; **~la ho nemoc** he was struck down by a disease

skomírat *(oheň)* die down, *(světlo)* fade (away); *(umírat)* be on one's deathbed; **s. žalem** waste n. pine away with grief

skomíravý *(stařec)* ailing, sickly; *(hlas)* failing; *(světlo)* fading; *(oheň)* dying

skon death, demise, decease; **náhlý s.** a sudden death

skonat pass away, depart this life; neutr. die

skoncovat: s. s čím put* an end to sth; **definitivně s čím s.** put* paid to sth; **s. s bídou** abolish poverty

skonči|t **1** end, finish; *(práci)* complete, finish; *(řeč, přednášku)* conclude, close, wind* up; *(školu)* complete; *(univerzitu)* graduate from, take* one's degree at **2 s. ve vězení** wind up in jail; **s. špatně** come* to no good, come to a sticky end **3** *(zemřít)* end one's days, die **4** sport. **s. na druhém místě** take* second place; **s. nerozhodně** end in a draw **5** *(skoncovat)* **s ním jsem už ~l** I'm through with him ■ **s. se** end, finish, terminate, be over

skonto obch. discount

skopat *(srovnat)* level; *(co vyčnívá)* dig* off n. away; *(přikrývky)* kick off, throw* off

skopec wether, castrated ram; *(ve zvěrokruhu)* the Ram

skopičin|a prank; **~y** monkey tricks, carryings-on; **dělat ~y** play silly tricks n. pranks

skopnout v. **skopat**; *(dolů)* kick down; *(pryč)* kick away

skopové *(maso)* mutton

skóre score; **s. je 2 : 1** the score stands* at 2 : 1, the game is 2:1

skoro **I** adv. almost, nearly; practically; **je to s. nemožné** it is next to impossible; **je to s. totéž** it's much the same thing; **auto je s. nové** the car is as good as new; **nemá s. žádnou šanci** he has a dog's chance **II** část. **s. si myslím, že** I rather think* that, I half suspect that

skórovat score a goal n. point

skořáp|ka, skořepina **1** *(vejce, ořechu, hlemýždě)* shell **2 ~ky** 'shells' *(an illegal guessing game played for large stakes)*; **hrát ~ky** 'play shells', 'play at shells'

skořic|e, ~ový cinnamon; **~ové barvy** cinnamon-coloured

skosit *(obilí)* mow*; *(vojsko též)* mow down; *(epidemie)* carry off, kill

Skot Scotsman ■ **~ka** Scotswoman; **~i, ~ové** the Scots, the Scottish

skot cattle

skotač|it romp about n. around, lark about n. around ■ **~ení** larking about, antics

skotačiv|ý playful, frolicsome, exuberant ■ **~ost** playfulness, exuberance

skotsk|ý Scottish, Scots, Scotch; **~á suknice** kilt; **~á whisky** Scotch (whisky); **s. teriér** Scottie (dog)

Skotsko Scotland

skoupit *(zboží)* buy* up, snap up

skoup|ý stingy, mean, miserly, tight(fisted); **s. na slovo** taciturn, gruff ■ **~ost** meanness, stinginess, niggardliness

skrá|ň temple; **prošedivělé ~ně** greying temples

skrbli|cký cheeseparing, close-fisted, penny-pinching, niggardly; hov. mingy, stingy ■ **~ctví** penny-pinching

skrbli|t skimp; be miserly, be stingy n. mingy; **s. na jídle** skimp on food; **ne~l chválou** he was not sparing with his praise, he praised him/ her ap. without stint

skrček hanl. midget, shrimp

skrčenec crouched skeleton

skrčit *(ruku, nohu)* bend*, *(hlavu)* duck; *(kolena k bradě)* pull up; **s. nohy** draw* up one's legs; **s. čelo** frown ■ **s. se** couch

skrečovat *(zápas)* annul, declare sth void

skrojek **1** *(patka)* heel (of bread), hov. (the) outside of bread **2** *(citrónu, knedlíku)* slice

skromn|ý modest, unassuming, unpretentious; **s. domek** a modest little house n. dwelling; **jeho ~é počátky** his humble beginnings; **být nemístně s.** hide* one's light under a bushel ■ **~ě** modestly ■ **~ost** modesty, unassuming behaviour

skrovný *(množství)* scant; *(jídlo)* humble, meagre, frugal; *(naděje)* slender; *(plat)* meagre, modest; **žít ve ~ch poměrech** live in straitened circumstances

skrumáž *(při rugby)* scrum; kn. scrummage

skrupul|e pl. scruples; **morální s.** moral inhibitions; **nemít s.** have no scruples; **udělat co bez ~í** have no scruples in doing sth

skrupulózní *(akurátní)* meticulous; *(citlivý)* squeamish

skrýše hideout, hiding place, hideaway

skrýt **1 s. (si) obličej do dlaní** bury one's face in one's hands **2** *(co)* hide*; **s. koho před kým**

hide sb away from sb; **s. léky před dětmi** hide medicines from the children **3** *(zatajit)* **s. co před kým** hide n. conceal n. keep* sth from sb ■ **s. se** go* into hiding; hide o.s.

skryt|ý hidden, secret, concealed; *(zamaskovaný)* disguised; *(kamera)* candid; *(hrozba)* veiled, implicit; *(význam)* implicit, hidden; *(infekce)* latent; *(reservy)* hidden ■ **~ě** secretly, *(zamaskovaně)* on the sly

skrývat v. **skrýt**; *(trestance)* harbour; **nes. své city** wear* one's heart on one's sleeve, **s. své schopnosti**, zast. **s. světlo pod kbelec** keep* one's light under a bushel ■ **s. se** be in hiding, lie* low; *(plíživě)* lurk, skulk; **s. se za čím** přen. be behind sth, be at the bottom of sth

skrývačka **1** *(místo)* hiding place **2** *(hádanka)* picture puzzle

skrz **I** adv. **s. naskrz** through and through, right through, completely; **s. naskrz promoklý** wet through, sopping wet; **s. naskrz zkažený** rotten through and through, rotten to the core; **znát koho/ co s. naskrz** have sb/ sth taped **II** předl. because of, owing to; **s. nemoc** because of n. owing to his illness

skřehot *(žabí)* croaking

skřehotat **1** croak **2** přen. croak, speak* in a rasping voice, rasp

skřehotavý *(hlas)* rasping, raspy

skřek pl. **~y** *(ptáků)* screams; *(lidské)* shrieks, screams; **~y radosti** shrieks n. howls of joy

skřet *(skřítek)* imp, goblin; hanl. *(malý muž)* squirt, *(*zvl. *dítě)* shrimp

skříň **1** cupboard; *(na šaty)* wardrobe; *(na knihy)* bookcase; **vestavěná s.** built-in cupboard/ *(na šaty)* built-in wardrobe; **s. na nádobí** kitchen cupboard; **s. na nářadí** toolbox **2** *(výkladní)* shop window **3** **převodová s.** gearbox; el. **rozvodová s.** switchboard panel

skříňka **1** srv. **skříň** **2** chest, cabinet; *(na převlékání)* locker; **kartotéční s.** file-card box; **s. na klenoty** jewellery box

skříp|at, ~ět **1** *(pero)* screech; *(sníh, písek pod nohama)* crunch, grit; *(dveře)* squeak; *(pneumatiky)* squeal; *(hlas)* grate; **s. zuby** grind* one's teeth, *(zlostí)* gnash one's teeth; **s. na housle** scrape n. saw away on the violin **2** **mezi nimi to (nějak) ~e** they don't get* on very well ■ **~ání, ~ění** creaking, squeaking ♦ **pláč a ~ění zubů** wailing and gnashing of teeth

skřípav|ý *(hlas)* harsh, rasping; *(melodie)* scratchy; *(dveře)* squeaky ■ **~ě zastavit** grind* to a halt

skřipec **1** *(mučidlo)* rack; **natáhout koho na s.** put* n. stretch sb on the rack **2** *(brýle)* pince-nez **3** techn. clamp

skřípnout **1** v. **skřípat** **2** **s. si prst** squash one's finger ♦ **s. koho** přen. put* the screw(s) on sb, give* sb a rap over the knuckles

skřípot *(brzd)* screech(ing), *(kol)* scrape

skřítek goblin, elf, imp; *(mužíček)* manikin

skřiv|an, ~ánek lark

skučet howl, *(kvílet)* wail; *(člověk: bolestí)* scream

skučivý howling

skuhral moaner, grumbler; hov. bellyacher

skuhrat *(bolestí)* whimper; *(stěžovat si)* moan, whine, whinge

skuhravý *(hlas)* rasping; *(ufňukaný)* whimpering

skulina *(ve dveřích)* crack, gap; *(mezi záclonami)* chink; přen. *(v zákoně)* loophole, chink

skulit roll down ■ **s. se** roll down

skulptura sculpture

skunk skunk

skupensk|ý: fyz. **~é teplo tání/ tuhnutí** heat of fusion/ solidification

skupenství fyz. state; **pevné/ kapalné/ plynné s.** solid/ liquid/ gaseous state

skupin|a **1** *(lidí, domů)* group, cluster; *(horolezců, výletníků)* group, party; *(stromů)* cluster, clump; *(podniků)* group, chain; **rozdělit (se) do ~** divide into groups **2** *(stranická)* group; *(dělníků)* group, team **3** *(kategorie: krevní)* type, *(cenová)* range; *(věková)* group

skupinový *(zájezd* ap.*)* group; **s. telefon** party line

skupovat v. **skoupit**

skutálet (se) roll down; **s. se se schodů** roll n. tumble down the stairs

skutečnost **1** reality; **drsná s.** harsh reality; **stát se ~í** materialize, come* true; *(o umění)* **odrážet s.** reflect n. represent reality; **ve ~i** in reality, in point of fact, actually; *(vypadá nevinně,)* **ale ve ~i je to podvodník** but actually he's a crook **2** *(fakt)* fact; **vzhledem ke ~i, že** considering the fact that; **na základě těchto ~í** against this background

skutečn|ý **1** *(faktický)* real, true; **~á událost** a real event; **s. stav věcí** the real state of affairs **2** *(opravdový)* real, genuine; **je to s. umělec** he's a real artist; **~é perly** genuine pearls; **je to s. voják** he's every inch a soldier **3** real, objective ■ **~ě** **1** really, indeed, sure enough; **je to ~ě on?** is it really him?; **je to ~ě pravda** indeed it is true; *(slíbil, že přijde)* **a ~ě přišel** and sure enough he did (come) 2 *(v otázkách)* is that so?; *(v přívěsných otázkách) (on vyhrál)* – **S~ě?** *(He won)* – Did he really?, Is that so?

skut|ek 1 act, deed; **dělat dobré ~ky** do good deeds ♦ **být samé řeči, a s. utek** be all talk and no action 2 **uvést plán ve s.** put* a plan into effect n. practice

skutkov|ý: právn. **~á podstata** *(trestného činu)* the facts of the case

skútr scooter

skvěl|ý 1 *(nádherný)* magnificent, splendid; glorious; **s. západ slunce** glorious sunset 2 *(vynikající)* excellent, brilliant, first-rate ■ **~e** brilliantly, fabulously, gloriously; **dopadlo to ~e** that worked out beautifully; **měli jsme se ~e** we had a splendid time

skvít se 1 *(drahokamy)* glitter, sparkle 2 **s. se čistotou** sparkle n. gleam with cleanliness

skvost gem, jewel; přen. též treasure

skvostn|ý magnificent, splendid, superb, fabulous ■ **~ě** splendidly, magnificently; ■ **~ě se bavit** have a magnificent time

skvrn|a 1 spot, mark; *(rozmazaná)* smudge; *(mokrá)* stain; *(kaňka)* blot; *(olejová: na vodě)* slick; *(na srsti)* patch; **odstranit ~u** remove n. take* out a spot 2 *(na obličeji)* spot; *(modrá)* bruise; *(na ovoci)* flaw, blemish; přen. **s. na cti** a stain on one's honour; **s. na rodině** a skeleton in the cupboard

skvrnka speck, speckle, blemish; *(na kůži)* freckle

skvrnitý *(pokožka)* spotted, blotchy; *(kůže, srst)* mottled; **s. tyfus** spotted fever

skýtat offer, provide; **s. ekonomickou pomoc** provide economic aid; **s. vyhlídku na město** *(okno)* command a view of the city; v. též **poskytovat**

skýva *(chleba)* slice, *(velká)* hunk

slabičný syllabic

slabika syllable

slabikář primer

slabikov|at syllabicate, syllabify; read* syllable by syllable ■ **~ání** syllabification

slab|ina 1 anat. groin; zool. side, flank 2 *(~á stránka)* weak point n. spot, weakness; **každý má nějaké ~iny** we all have our little failings n. foibles

slábnout be weakening, grow* weak; *(vítr)* slacken; *(bouřka)* abate, subside; *(hukot)* fade; *(paměť)* falter; *(zrak)* grow weaker; *(bolesti)* ease; *(nadšení)* diminish; *(poptávka)* drop off, fall* off; *(v nemoci)* go* downhill

slaboduchý feeble-minded

slaboch weakling, *(měkkota)* mollycoddle

slabomysln|ý half-witted, feeble-minded ■ **~ost** feeble-mindedness, imbecility

slaboproud|ý weak-current, low-voltage; **~á elektrotechnika** weak-current electrical engineering

slabost 1 weakness; přen. **s. pro co** weakness for sth; **má s. pro alkohol** he is overfond of alcohol; v. též **slabý** 2 *(nevolnost)* attack of weakness

slabošský weak, feckless; *(charakterově)* spineless

slaboučký *(dítě)* frail; *(argument)* flimsy

slabůstka weakness, foible

slab|ý 1 *(fyzicky)* weak; *(bez sil)* feeble; *(stářím)* decrepit ♦ **~é pohlaví** weaker sex 2 *(povaha)* weak; *(argument, výmluva)* poor; *(naděje)* slender; **~á chvilka** moment of weakness 3 *(knížka, stěna)* thin 4 *(návštěva, účast, úroda)* poor 5 *(zrak, výkon)* poor; *(zdraví)* fragile, frail, delicate; *(hlas)* weak, feeble; *(baterie)* low ♦ **~á stránka** weak spot, foible 6 *(světlo)* poor, dim; *(zvuk)* faint; *(puls)* low, weak; přen. *(umění)* anaemic/ am. anemic, bloodless ■ **je mi ~o** I feel* faint

slad malt

sládek brewer, maltster

sladidlo sweetener

slad|it₁ *(o~)* sweeten, put* sugar in; **s. si kávu** take* sugar in one's coffee; **~íte?** do you take sugar?

sladit₂ *(hudební nástroje)* tune; *(barvy)* match; *(zákony)* coordinate, harmonize; *(práci podniků)* coordinate

sladkobolný nostalgic, wistful, melancholy

sladk|ost 1 sweetness; v. **~ý** 2 pl. **~osti** sweet things, sweets; **mít rád ~osti** have a sweet tooth

sladkovodní *(ryba)* freshwater

slad|ký 1 sweet; **~ká voda** *(ne mořská)* fresh water 2 *(hlas, sny)* sweet ♦ **pomsta je ~ká** revenge is sweet 3 *(úlisný)* sugary, honeyed; **s. úsměv** sugary smile; **~ké řečičky** soft soap ■ **~ce** sweetly; **spi ~ce!** (have) sweet dreams!; *(na hrobě)* Rest in Peace, R.I.P. [a:rai'pi:]

sládnout become* n. grow* sweet

sladovna malthouse

slalom slalom; **obří s.** giant slalom

slalomář slalom racer

slám|a straw; **mlátit prázdnou ~u** hov. talk a lot of hot air; **mít v hlavě ~u** have sawdust between one's ears, be as thick as two planks
slamák straw hat
slaměnka *(květina)* strawflower, immortelle
slaměn|ý straw, made* of straw ♦ **s. vdovec/ ~á vdova** grass widower/ widow
slámka (drinking) straw
slamník straw mattress, palliasse, pallet
slaneč|ek salted n. pickled herring ♦ **byli namačkáni jako ~ci** they were packed like sardines
slang, ~ový (professional) slang, jargon
slánka saltcellar, am. saltshaker
sla|nit, ~ňovat rope down, abseil
slan|ý salty, briny; *(osolený)* salted, *(voda, vzduch, máslo, slzy)* salt ■ **~ost** saltiness ■ **chutnat ~ě** have a salty taste
slap: ~y rapids
slast delight, bliss; **není to žádná s.** it's not all beer and skittles, it's no heaven on earth
slastný blissful
slátanina patchwork, patched-up job; lit. pastiche; *(kniha, film)* a cobbled-together job, a hotch-potch; **s. lží** a pack n. web of lies
slátat *(článek, přednášku* ap.*)* cobble up n. together
slatina moor(land), bog
slatin|ný: ~né lázně mud baths
sláv|a I subst. **1** fame, glory; **získat ~u** win* n. acquire fame; **dychtit po ~ě** thirst for glory **2** *(nádhera)* glory, splendour, magnificence; **v celé své ~ě** in all his glory; **zmizet bez ~y** disappear ingloriously **3** *(oslava)* celebration; **pořádat velkou ~u** hold* a big celebration ♦ **marná s.** *(nedá se nic dělat)* it can't be helped **II** citosl. **s.!** hurrah!, hurray!
slavík nightingale
slavista *(jazykovědec)* Slavist, Slavicist; Slavic scholar
slavistický Slavonic, am. Slavic
slavistika Slavonic Studies, am. Slavic Studies
slavit 1 *(vítězství, narozeniny)* celebrate; *(výročí)* commemorate, celebrate; **s. celou noc** make* a night of it **2** *(sváteční den)* celebrate, observe; *(mši)* celebrate **3** *(národní hrdiny)* honour, celebrate, extol
slavnost celebration; *(ve volné přírodě)* fête; *(menší)* function; *(soukromá)* party; **lidová s.** public festival; *(s průvodem v krojích)* pageant; **konat s.** hold* a celebration
slavnostn|í *(den, koncert)* festive, festival; *(šaty, příležitost)* festive, gala; *(pohoštění)* lavish, sumptuous; **s. uniforma** full dress; **s. nálada** festive mood; **s. osvětlení** floodlighting, display lights ■ **~ě** festively; **~ě ozdobený** festively decorated; **~ě naladěný** in (a) festive mood
slavn|ý 1 *(proslulý)* famous; *(básník, vědec též)* celebrated, great; *(vítězství)* glorious; **~á jména** *(historie)* the great names; **být s. čím** be renowned for sth ♦ **nebylo to moc ~é** hov. it was nothing to write* home about **2** *(den)* memorable
slavobrána triumphal arch
slavomam delusion of grandeur, megalomania
slávychtiv|ý thirsting for glory ■ **~ost** thirst for glory
slečinka (little) missy
slečn|a young lady; *(na dopisech)* Miss, *(neutrálně pro svobodné i vdané)* Ms; *(v oslovení)* **s. Nováková** Miss Novák; **promiňte, ~o!** excuse me, young lady!, hov. excuse me, miss!
sled 1 sequence; **s. událostí** sequence of events; **s. myšlenek** train of thought **2** voj. *(při útoku)* wave, echelon
sleď herring; **marinovaný s.** pickled herring
sled|ovat 1 *(koho)* follow; **s. koho krok za krokem** keep* close on sb's heels, shadow sb; **dát koho s.** set* spies on sb **2** *(zrakem)* gaze after sb; *(vyučování)* follow; *(vývoj událostí)* keep* an eye on **3** *(cíl)* pursue; **~ujeme dva cíle** we have two aims in view
slehn|out *(porodit)* give* birth ■ **~utí** *(porod)* confinement
sleh|nout se *(půda)* settle, subside; *(vlas na kobercích* ap.*)* mat down ♦ **jako by se po něm zem ~la** as if the earth had swallowed him up
slech: mysl. **~y** *(zajíce, králíka)* ears; *(psí)* lop ears ♦ **není po něm ani ~u** he has disappeared without trace, he hasn't been heard* of
slep|ec blind person; **~ci** blind people, the blind
slepeck|ý: ~é písmo braille; **s. pes** guide-dog; **~á hůl** white stick (for blind people)
slepice hen ♦ **chodit spát se ~mi** be an early bedder, go* to bed very early; **jako zmoklá s.** sheepishly
slepičí *(polévka)* chicken
slepit 1 paste n. glue together; *(film, pásku)* splice together **2** přen. hanl. *(báseň* ap.*)* cobble up, knock off ■ **s. se** get* stuck; *(vlasy potem)* clot (together), become* matted (with sweat)
slepota blindness; přen. *(politická* ap.*)* myopia
slep|ý 1 blind; **s. na jedno oko** blind in one eye;

hra na ~ou bábu blind man's buff; **střílet na ~o** shoot* at random ♦ **mezi ~ými jednooký králem** in the land of the blind the one-eyed is king **2 být s. k čemu** be blind to sth, shut* one's eyes to sth; **je s. k jejím chybám** he is blind to her faults; **být s. hněvem** be blind with rage **3** *(nadšení, poslušnost)* blind; **~á víra** implicit faith; **~é síly přírody** brute powers of nature **4** *(matný: zrcadlo)* clouded **5** *(ulice)* blind; *(okno)* false; anat. **~é střevo** appendix; **~á ulička** přen. blind alley, impasse **6** *(poplach)* false; *(patrona)* dummy, blank; **s. pasažér** stowaway ■ **~ě** blindly; **~ě poslouchat** obey sb blindly

slepýš blindworm, slowworm

sletět 1 *(o ptácích)* fly* down **2** *(spadnout)* fall* down; *(s hlukem)* crash down; **s. se schodů** fall down the stairs; přen. *(ceny)* plunge ■ **s. se** *(ptáci)* gather, flock together

slev|a reduction, discount; *(při hotovém placení)* cash discount; *(nájemného, domovní daně)* rebate; **se ~ou** at a reduction, at a discount; **s. na automobilové pojištění** no claims bonus

slévač founder, foundryman

slévárna foundry

slévat v. **slít**; *(kovy)* cast

slevit 1 *(z ceny)* reduce n. lower the price (**o** by); **s. 2 libry** knock £2 off the price **2** *(polevit)* relax one's efforts, let* up, slacken off; srv. **čárka**

slezina$_1$ anat. spleen

slezina$_2$ hov. party, do; *(maturantů* ap.*)* reunion, get-together

Slezsko Silesia

slezský Silesian

slézt 1 *(se stromu)* climb down; *(z koně)* dismount **2** *(sníh)* melt; *(vlasy)* come* out, fall* out; *(kůže)* peel off; *(nehty)* come off

slib promise; *(slavnostní)* pledge; *(přísaha)* vow; **s. manželství** promise of marriage; **s. čistoty** *(pohlavní)* vow of chastity; **prázdné ~y** empty promises; **dát komu s., že** give* n. make* sb a promise *(to do sth)* ♦ **~y jsou chyby** fine words butter no parsnips

slíbat *(slzy* ap.*)* kiss away

slíbi|t promise, pledge; *(slavnostně)* vow; **~l, že přijde** he promised to come*, he said* he would come ■ **s. si co** promise o.s. sth, **s. si, že** promise o.s. that

slibný promising; *(perspektivní)* promising, up--and-coming; **být s.** *(situace* ap.*)* be shaping well; **s. spisovatel** writer of great promise

slibova|t v. **slíbit**; **s. komu hory doly** promise sb the earth; **mnoho si od čeho s.** place great hopes in sth; **~li jsme si od toho více** we expected better of it

sličn|ý lovely, kn. comely ■ **~ost** loveliness

slída mica

slídič, slídil snooper, nosy parker; *(policejní)* informer

slíd|it 1 *(po kom, čem)* search n. look for, ferret about for **2** hanl. snoop n. nose around; *(v cizí korespondenci* ap.*)* pry into ■ **~ění** snooping, prying

slídivý *(pohled, oči)* scrutinizing, prying

slídový mica

slimák slug

slín marl

slin|a saliva; *(vytékající)* slaver, slobber; *(vyplivnutá)* spittle; **sbíhají se mi (při tom) ~y** it makes* my mouth water

slin|it 1 *(~tat)* slaver **2 s. co** moisten sth with saliva; **s. si prst** wet* one's finger with saliva

slinivka *(břišní)* pancreas

slinta, slintal hov. slobber chops

slintáček, slinták bib

slintat slaver, slobber; **s. blahem nad čím** drool over sth

slintavka (a kulhavka) foot-and-mouth disease

slipy briefs

slisovat compress (**na** into)

slít *(brambory)* strain off; *(víno: bez usazeniny)* decant; *(dohromady)* pour sth together, mix ■ **s. se** *(toky)* join, merge, flow into one another; *(barvy)* run* into one another

slitina alloy

slitov|at se: nad kým take* pity on sb; *(poskytnout milost)* show* sb mercy ■ **~ání** pity; *(milost)* mercy; **mít s kým ~ání** feel* pity for sb; **neměl ~ání** he was merciless

slíva *(plod)* plum; *(strom)* plum tree; **ožralý jak s.** zhrub. pissed as a newt

slivovice slivovitz, plum brandy

sliz slime; *(hlen)* mucus

slízat v. **slíznout**

slizk|ý 1 slimy; lék. mucous; *(ryba)* slippery **2** *(vtip)* lewd, risqué ■ **~ost** sliminess; lewdness

sliznatý mucous

sliznice mucous membrane

slízn|out 1 *(smetanu)* lick off **2** expr. **ty (si) to ~eš!** you'll catch* n. get* it!

sloh 1 style; **psát v čapkovském ~u** write* in

the style of Karel Čapek; **gotický s.** the Gothic style 2 *(školní předmět)* composition
sloha *(na papíry)* folder; *(desky* i *svazek listin)* portfolio
slohov|ý stylistic; **~é cvičení** essay
sloj horn. seam
sloka strophe, verse
slon elephant ♦ **s. v porcelánu** a bull in a china shop
slonice cow elephant
slonovin|a, ~ový ivory ♦ **žít ve věži ze ~y** live in an ivory tower
slosov|at *(loterii)* draw* ■ **~ání** *(loterie)* draw; *(tomboly)* raffle
slosovatelný *(lístek* ap.*)* prize draw
sloučenina chem. compound
slouč|it (se) 1 *(firmy* ap.*)* merge, amalgamate 2 chem. combine ■ **~ení** *(firem)* amalgamation, merger
sloup 1 archit. column; *(pilíř* též*)* pole; *(lodi)* mast; el. *(dálkového vedení)* pylon; **dórský/ jónský s.** Doric/ Ionic column; **morový s.** plague column n. monument; **telegrafní s.** telegraph pole ♦ *(zůstat)* **stát jako solný s.** stand* as though rooted to the spot 2 *(kouře, prachu)* column, pillar
sloupat *(kůži, kůru)* peel off; **s. kůru ze stromu** peel n. strip the bark off a tree ■ **s. se** peel off, come* off
sloupec *(rtuti, vody; sazby; čísel)* column
sloupek srv. **sloup**; *(novinový; čísel)* column; aut. **s. řízení** steering column; *(při háčkování)* crochet stitch
sloupo|řadí, ~ví colonnade; *(kryté)* portico
slouž|it 1 *(nemocnému* ap.*)* attend to, look after; *(obsluhovat)* wait on; **nebudu ti s.** I am not going to wait on you 2 *(jako sluha)* serve, be a servant of, be in service with ♦ **dvěma pánům nelze s.** no man can serve two masters 3 voj. serve, do military service; **s. od píky** rise* from the ranks 4 *(vlasti, společnosti)* serve 5 *(mít funkci)* serve as, serve for, be used as, function as; **s. jako sklad** serve as n. be used as a storeroom; **toto vám ~í ke cti** this does you credit 6 *(mít službu)* be on duty 7 náb. **s. mši** say* a mass 8 **ať ~í!** *(při kýchnutí)* God bless you!, *(přípitek)* your health!
Slov|ák, ~enka Slovak
Slovan Slav
slovanský Slavic, Slavonic
Slovensko Slovakia
sloven|ský, ~ština Slovak
slovesnost literature
slovesný 1 *(dílo)* literary 2 jaz. verbal; **s. vid** verbal aspect
sloveso verb; **pomocné s.** auxiliary verb
slovíčkář hairsplitter, quibbler
slovíčk|o 1 word; **nezmínit se ani ~em** not to breathe a word (**o** about); **na s.!** may I have a word with you? 2 **~a** vocabulary, hov. vocab; **dřít se anglická ~a** cram English vocabulary
slovní verbal, lexical; **s. příkaz** verbal order; **s. zásoba** vocabulary; **s. hříčka** play on words
slovníček vocabulary book
slovník 1 dictionary; **výkladový s.** explanatory dictionary; **naučný s.** encyclopaedic dictionary; **s. cizích slov** dictionary of foreign words 2 *(slovní zásoba)* vocabulary
slovníkář lexicographer
slovníkářský lexicographic(al)
slovníkářství lexicography
slov|o 1 *(lexikální jednotka)* word; **nové s.** new word, neologism; **zastaralé s.** archaism; **tištěné/ psané/ mluvené s.** printed/ written/ spoken word; *(opakovat větu)* **s. od ~a** word for word; **poslouchat na s.** obey sb implicitly; **nechci o tom slyšet už ani s.** not another word about it! 2 *(souvislá řeč)* **říci co vlastními ~y** say* sth in one's own words; **znát jazyk ~em i písmem** be able to write* and speak* a language; **dar ~a** *(často* hanl.*)* the gift of the gab; **s. dalo s.** one word led* to another; **to jsou jeho vlastní ~a** this is out of his own mouth; **pěkná ~a nic nespraví** fine words butter no parsnips 3 *(veřejný projev)* **mít s.** have the floor; **ujmout se ~a** take* the floor; **máte s.** go ahead, it's your turn to speak; **vzít komu s.** stop sb speaking, *(na schůzi)* rule sb out of order; **dostat se ke ~u** *(při rozhovoru)* get* a word in edgeways 4 *(rada, rozkaz* ap.*)* **jeho s. platí** his word is the law here, his word goes* here; **ztratit za koho dobré s.** put* in a good word for sb; **mít poslední s.** have the last word; **poslední s. ještě nebylo řečeno** that's not the end of it 5 *(slib)* **dávám ti své s.** I give* you my word, *(na to)* take* my word for it; **stát si v ~ě** be as good as one's word; **nedodržet s.** go* back on one's word ♦ **vzít koho za s.** take sb at his word 6 **~a** *(text)* text, words; **~a a hudba** words and music
slovosled word order
složení composition; *(mužstva)* make-up; *(směsi)*

ingredients

složenina jaz. compound

slož|it 1 *(nářadí, hračky)* tidy up; **s. si věci do kufru** pack one's things in a suitcase 2 *(ubrus, mapu, kapesník* ap.*)* fold (up); *(deštník)* fold ♦ **s. ruce do klína** přen. sit* back and take* it easy 3 *(v celek)* put* together; *(kytici)* make* up; *(větu ze slov)* form; **s. kamínky v mozaiku** arrange stones into a mosaic; *(symfonii, báseň)* compose; *(dopis)* draw* (up) 4 *(protivníka)* strike* sb down, *(při zápase)* throw*; *(zvěř)* bag ♦ **nemá kam hlavu s.** he has nowhere to go* 5 *(náklad)* unload; *(sypký materiál)* dump 6 **s. zbraně** lay* down one's arms 7 *(kauci)* give*, stand* 8 *(úřad)* resign 9 **s. řidičskou zkoušku** take* a driving test; **s. slib** take n. swear* an oath ■ **s. se: s. se na co** club together to buy* sth 2 *(z přepracování)* break* down, have a breakdown ■ **~ený** *(slovo)* compound; *(příjmení)* double-barrelled

složit|ý complicated, complex; *(problém* ap.*)* intricate; *(náročný: teorie* ap.*)* sophisticated ■ **~ost** complexity; intricacy; sophistication

složka 1 *(část)* component (part), constituent part; *(směsi, sloučeniny)* ingredient; *(základní)* element 2 *(sloha)* folder 3 *(papíru)* quire

slučiteln|ý: být s. s čím be compatible n. consistent with sth ■ **~ost** compatibility

slučovací *(spojka)* copulative

sluč|ovat (se) v. **sloučit (se); to se ne~uje s jeho ideály** it is irreconcilable with his ideals

sluha servant, manservant; *(komorník)* valet; *(důstojnický)* batman; **s. boží** man of God

sluch (sense of) hearing; hud. ear; **mít dobrý/ špatný s.** be sharp/ hard of hearing; **absolutní s.** perfect n. absolute pitch; **mít hudební s.** have a musical ear, have an ear for music; **dopřát komu ~u** lend* sb an ear, give* sb a hearing

sluchátk|o *(telefonní)* receiver; *(na poslech rádia* ap.*)* earphone, headphone; **~a** (a set of) headphones, zvl. am. headset; **zvednout/ zavěsit s.** pick up/ replace the receiver

sluchov|ý auditory, of hearing; **s. orgán** organ of hearing; **s. nerv** auditory nerve; **~á vada** hearing defect

sluj cave, cavern

slunc|e sun; *(světlo)* sunlight, sunshine; **horské s.** mountain sun, *(zářič)* sunray lamp, sunlamp; **na ~i** in the sun; **vyhřívat se na ~i** bask in the sun; **jít na s.** go* out in the sun ♦ **je to nad s. jasnější** it's as plain as a pikestaff

slůně elephant calf, hov. baby elephant

slun|éčko, ~íčko: s. sedmitečné ladybird, am. ladybug

sluneční sun, solar; **s. světlo** sunlight, sunshine; **s. záření/ energie** solar radiation/ energy; **s. lázeň** sun bath

slunečnic|e, ~ový sunflower; **~ový olej** sunflower oil

slunečník parasol; *(na pláži)* beach parasol; *(zahradní)* sunshade

sluníčko v. **slunce**

slunit se sunbathe

slunný sunny

slunovrat solstice; **letní/ zimní s.** summer/ winter solstice

slup|ka *(ovocná, bramborová)* peel, skin; *(citrónu, melounu)* rind; **vařit brambory ve ~ce** boil potatoes in their skins n. jackets

slupnout polish off, demolish

sluš|et: šaty vám ~í the dress suits you (well), the dress looks well on you, hov. sk. you suit the dress ■ **s. se** be fitting *n.* proper; **jak se ~í a patří** as is right and proper; **to se prostě ne~í** it's just not done

slušivý becoming, smart, elegant

slušn|ý 1 *(chování, člověk)* decent, respectable 2 *(přiměřený)* decent; *(byt, mzda též)* adequate; *(počasí)* fair; *(znalosti)* passable; *(vzhled)* presentable ■ **~ě** decently, adequately; passably; **chovat se ~ě** behave o.s. ■ **~ost** decency; **naučit koho ~osti** teach* sb good manners

služb|a 1 service; **nabízet své ~y zákazníkům** offer one's services to customers 2 *(veřejné)* community services; **~y obyvatelstvu** service industry 3 *(v soukromí)* domestic service; **být u koho ve ~ě** be in sb's service, be employed by sb; **jít ke komu do ~y** enter sb's service; **být komu k ~ám** be at sb's beck and call 4 *(státní)* civil service; **být ve státní ~ě** be in the Civil Service, be a civil servant 5 voj. *(základní)* compulsory military service, br. national service 6 *(ošetřovatelky* ap.*)* duty; **denní/ noční s.** day/ night duty; **pohotovostní s.** standby duty; **horská s.** alpine rescue service; **být ve ~ě** be on duty, *(lékař též)* be on call; **hlásit se do ~y** report for duty; **kdy máš ~u** when do you go* on duty? 7 **s. vlasti/ lidu/ společnosti** service to one's country/ the people/ society; **s. vědě** service to science; **udělat komu přátelskou ~u** do sb a good turn; **udělat dobrou ~u** *(auto, boty)* serve

sb well
služebná domestic servant n. helper, (house)maid
služební *(auto, tajemství)* official; *(cesta)* business; *(předpisy)* service; **být na s. cestě** be away on business; **jen pro s. účely** for official use only
služebnictvo domestic staff
služka v. **služebná**
služné voj. pay
slyš|et 1 hear*; **s. dobře** have good hearing, hear well; **s. špatně** hear badly, be hard of hearing; **nes. na jedno ucho** be deaf in one ear 2 *(vnímat sluchem)* hear; **~íte mne?** can you hear me?; **s. koho přicházet** *(jak přichází)* hear sb coming*; **s. koho přijít** *(slyšet, že někdo přišel)* hear sb come; **s. růst trávu** přen. hear the grass grow* 3 *(dozvídat se)* hear, learn*, understand*; **~el jsem, že odjel** I hear n. understand he has left*; **to ~ím poprvé** that's new to me; **to rád ~ím** I am glad to hear that; **nechce o tom ani s.** he will have none of it, he won't hear of it; **dát se s., že** put* o.s. on record that
slyšiteln|ý audible ■ **~ost** audibility
slz|a 1 tear; **~y radosti** tears of joy; **mít ~y v očích** have tears in one's eyes; **dohnat koho k ~ám** reduce sb to tears; **~y mu vstoupily do očí** tears welled up in his eyes 2 *(trocha)* drop, spot; **s. piva** a spot n. drop of beer
slzav|ý tearful; kn. lachrymose ♦ **~é údolí** vale of tears
slz|et 1 *(oči)* be full of tears 2 *(plakat)* weep*, cry; **s. radostí** cry for joy; **s. žalem** cry with grief ■ **~ící** weeping; **~ící oči** running eyes
slzn|ý, ~í *(žláza, váček)* lachrymal; **s. plyn** tear gas
slzotvorný v. **slzný**
smáčet v. **smočit**
smáčknout (se) v. **zmáčknout (se)**
smalt, ~ový enamel; **~ová barva** enamel paint
smaltovan|ý; ~é zboží enamelware
smát se 1 laugh; *(potlačovaně)* chuckle; *(hlasitě)* laugh loudly, guffaw; **s. se do hrsti** laugh up one's sleeve; **s. se vtipu** laugh at a joke ♦ **smál se, až se za břicho popadal** he split* his sides laughing, he laughed himself helpless 2 **s. se na koho** smile at sb ♦ **štěstí se na něho směje** fortune smiles upon him, hov. he is in luck 3 *(posmívat se)* **s. se komu** laugh n. jeer at sb
smazat *(co)* wipe off n. away; *(tabuli)* wipe sth clean ♦ **s. to a začít znovu** wipe the slate clean
smaž|it fry, *(fritovat)* deep-fry ■ **s. se** fry; přen. **s. se na slunci** fry in the sun; ■ **~ený** fried; **~ené bramory/ ~ená ryba** fried potatoes/ fish; **~ené hranolky** chips, am. French fries
smeč smash
smečka *(psů, vlků)* pack; přen. *(zlodějů, gangsterů)* gang, band
smečovat smash
smek|nout, ~at *(klobouk)* take* off; **s. před kým** též přen. take off one's hat to sb ■ **s. se** *(na ledě; nůž při krájení)* slip
směl|ý bold, courageous, fearless; *(opovážlivý)* daring, audacious; **s. podnik** a daring n. risky undertaking ■ **~e** boldly, daringly ■ **~ost** boldness, courage, fearlessness; audacity
směn|a 1 *(výměna)* exchange; *(zboží)* barter; **s. bytů** exchange of flats 2 *(pracovní)* shift; **práce na ~y** shift work; **vyučování na ~y** *(dopolední, odpolední)* double sessions
směnárna exchange office
směnit *(peníze, byt)* exchange **(za** for)
směniteln|ý *(měna)* convertible; **volně s.** freely convertible ■ **~ost** convertibility
směnka bill of exchange
směnný: s. obchod barter trade
směr 1 direction (**na Londýn** to n. for London); **~em na** in the direction of; **v opačném ~u** in the opposite direction; **ve ~u hodinových ručiček** clockwise; **tímto ~em** in this direction, this way; **sedět ve ~u jízdy** sit* facing the engine, *(v autobuse* ap.*)* sit facing the front; **sedět proti ~u jízdy** sit with one's back to the engine, *(v autobuse* ap.*)* sit facing backwards 2 lit. movement; *(uměl. škola)* school; *(filozofický)* school of thought 3 **v tomto ~u** *(ohledu)* in this respect n. regard; **v každém ~u** in every respect; **v žádném ~u** in no respect
směrnice zprav. pl. guidelines, by-laws; *(pokyny)* directions; **hlavní s. pro ekonomický vývoj** the main guidelines for the economic development; **vydat s.** issue directions n. guidelines
směrn|ý ek. **~é číslo** guiding figure; **~á hodnota** approximate value
směrodatn|ý standard, authoritative; **tento názor pro mne není s.** this view cuts* no ice with me; **pokládat co za ~é** see* sth as decisive
směrovací: poštovní s. číslo postal code, postcode; am. zip code number
směrov|ka aut. indicator, hov. winker; let. *(~é kormidlo)* rudder
směrov|ý *(mikrofon)* unidirectional; **~á tabule** road sign; let. **~é kormidlo** rudder; **~é číslo**

(telefonní) dialling code

směřovat 1 *(kam)* make* n. head for; *(zvl. loď)* steer for; **s. ke katastrofě** be heading for n. towards catastrophe 2 *(řeč, poznámka)* be aimed n. directed at, drive* at; přen. **s. k čemu** *(usilovat o co)* strive* for sth, aspire to sth

směs 1 mixture též přen.; *(barev)* medley, motley; *(melodií)* potpourri, medley; *(čajová, tabáková)* blend; kuch. hotchpotch; **s. bonbónů** assorted sweets n. am. toffees 2 odb. *(kovů)* alloy; *(betonová)* mix; **pohonná s.** fuel mixture; **chladicí s.** coolant

směsice medley, miscellany, melange; hotchpotch též přen.; **s. nápadů** a hotchpotch of ideas; **s. domů** conglomerate n. sprawl of houses

smést 1 *(drobty ze stolu)* sweep* away; *(smetí)* sweep ♦ **jak by smet** likewise, as well 2 *(odstranit)* do away with, sweep sth away ♦ **s. někoho/ něco z povrchu zemského** wipe sb/ sth off the face of the earth 3 *(na hromádku)* sweep sth together

směstn|at *(věci do kufru* ap.*)* squeeze in ■ **s. se** *(o lidech)* squeeze in; **do auta se ~á šest lidí** the car can seat six people

směšn|ý 1 *(historka)* funny, comic; *(výraz)* droll; **~á osoba** a figure of fun; **s. klobouk** a silly n. ridiculous hat; **nebuď s.!** don't be absurd! 2 *(nabídka, částka)* derisory; *(plat)* risible ■ **~ě laciný** hov. dirt cheap

směšovat mix; *(zaměňovat: pojmy* ap.*)* confuse, mix up

smět be allowed, *(v přít. čase kromě inf.* též*)* may, can; **s. něco udělat** be allowed to do sth; **smím/ smí přijít** I may/ he may come* ♦ **smím prosit?** may I have the pleasure of this dance? ■ **to se nesmí** that isn't done, that isn't the done thing

smetáček (hand-)brush, hand-broom

smeták broom; *(mechanický)* carpet sweeper

smetan|a cream; *(hustá)* clotted cream; **šlehaná s.** whipped cream; **sbírat ~u** skim the cream (**z mléka** off the milk)

smetánka the cream of society, the crème de la crème, the smart set

smet|í *(~ky)* sweepings; *(odpadky)* rubbish, refuse; am. trash, garbage ♦ **mít peněz jako s.** have money to burn

smetiště trash heap, rubbish-heap

smích 1 laughter; *(hlučný)* roars of laughter, guffaw; **to je k ~u** it's ridiculous n. derisory; **to není k ~u** it's no laughing matter; **však on tě s. přejde** you'll laugh on the other side of your face; **válet se ~y** roar with laughter 2 *(výsměch)* mockery, derision; **být všem pro s.** become the laughing-stock of everyone

smíchat mix; *(druhy tabáku, čaje)* blend; *(pravdu se lží)* mingle; **s. víno s vodou** adulterate wine

smilník debauchee, lecher

smiln|it fornicate ■ **~ění** fornication

smilný lascivious; *(o muži)* lecherous

smilov|at se: s. se nad kým have n. take* pity on sb, show* sb mercy ■ **~ání** mercy; **pro ~ání boží** for the love of God, for mercy's sake

smír reconciliation; právn. settlement; **mimosoudní s.** settlement out of court

smirek *(papír)* sand-paper, emery paper

smirkovat sandpaper

smirkový emery

smírn|ý conciliatory, *(člověk)* forgiving, amicable; **~é řešení konfliktů** an amicable resolution of conflicts ■ **~ě** amicably, in a friendly way

smíř|it reconcile ■ **s. se** (**s** with) make* it up, make one's peace, reconcile o.s.; **s. se s osudem** reconcile o.s. with one's fate ■ **~ení** reconciliation

smířlivý forgiving, placatory

smí|sit se v. **smíchat se** ■ **~šený** mixed; **~ená čtyřhra** mixed doubles; **~é pocity** mixed feelings; **obchod se ~šeným zbožím** general store

smíšek giggler

smíšenina v. **směs(ice)**

smítko: s. prachu dust particle, speck n. mote of dust

smlčet: něco s. conceal sth, hide* sth, withold* sth

smlouv|a *(obchodní)* contract, agreement; pol. treaty, pact; **s. o neútočení** non-aggression agreement n. pact; **uzavřít ~u** enter into a contract; **uzavřít mírovou ~u** conclude a peace treaty; **porušit ~u** break* n. infringe a contract; **zrušit ~u** cancel n. rescind a contract

smlouv|at 1 *(podmínky)* negotiate v. též **smluvit** 2 *(o cenách)* haggle about n. over, bargain for ■ **~ání** negotiation; bargaining, haggling

smluvit arrange, agree upon; *(čas, podmínky, místo)* fix, settle, decide; **s. si schůzku** make* an appointment (**s** with), *(s dívkou)* make* a date ■ **s. se na čem** agree on sth (**s kým** with sb)

smluvn|í *(vztah)* contractual; **s. strana** contracting party, party to a contract; **s. podmínky** conditions n. terms of a contract ■ **~ě** by contract; **být ~ě vázán** be bound by contract

smočit *(šátek)* moisten; **s. si rty ve víně** moisten n. wet one's lips with wine ♦ **s. si v čem** poke one's nose into sth
smoking dinner jacket, am. tuxedo
smola v. **smůla**
smolař, ~ka unlucky person; **~ka** též Calamity Jane
smolařský unlucky
smolinec mineral. pitchblende
smolit *(článek, dopis)* cobble sth together ■ **s. se s čím** have a lot of trouble with sth
smoln|ý 1 resinuous; **~é dřevo** resinous wood; **~á pochodeň** pitch torch 2 **s. den** an unlucky day
smontovat assemble, piece together
smotat roll up; **s. vlnu do klubka** roll wool into a ball
smotek *(tkaniny)* roll; *(pergamenu též)* scroll
smrad 1 stench, stink, hov. pong; **tady je (ale) s.!** what a stink! 2 vulg. *(mizera)* bugger, stinker
smradlavý stinking, hov. stinky, smelly
smrák|at se be getting dark; **~á se** dusk is falling, night is coming ■ **~ání** dusk, twilight
smrčí, smrčina fir-grove; *(chvojí)* fir twigs
smrd|ět stink*, reek; hov. pong; **s. čím** stink of; **tady to ~í** here's an awful stench n. br. pong; **~í korunou** he hasn't got a bean, he hasn't got a penny to his name; **samochvála ~í** ≅ stop blowing* your own trumpet
smrdutý foul-smelling, stinking, fetid
smrk spruce (tree), hov. pine (tree)
smrkat blow* one's nose
smrsknout se, smrštit se contract, shrink*; přen. *(úspory, zásoby* ap.*)* dwindle
smršť cyclone, tornado
smrt death; **náhlá/ násilná s.** sudden/ violent death; **klinická s.** clinical death; **s. nastala okamžitě** death was instantaneous; **trest ~i** death penalty; **rozsudek ~i** death sentence; **zemřít přirozenou ~í** die a natural death; **zemřít hrdinskou ~í** die a hero's death ♦ **boj na život a na s.** life-and-death struggle; **je to otázka života a ~i** it is a matter of life and death; **být mezi životem a ~í, mít s. na jazyku** be at death's door; **až do (nejdelší) ~i** until one's dying day; **budu z tebe mít s.** you'll be the death of me
smrtelník mortal; **normální s.** an ordinary man n. mortal
smrteln|ý 1 *(podléhající smrti)* mortal 2 *(nemoc, rána, účinek, nenávist)* deadly; *(jed, dávka)* lethal; *(úraz)* fatal; *(bledost)* deathly, deadly; **s. hřích** capital sin; **s. zápas** death throes ■ **~ě** mortally, fatally; **myslet to ~ě vážně** be in dead earnest ■ **~ost** mortality
smrticí *(zbraň)* deadly, fatal
smrtící *(dávka jedu* ap.*)* lethal
smrtka ir., sk. banshee
smrtonosný fatal, deadly, lethal
smrž *(houba)* morel
smůl|a 1 pitch 2 *(neštěstí)* hard n. bad n. rotten luck; **mít ~u** be down on one's luck; **to je s.!** hard luck!; **to je tedy s.!** that's just too bad!; **přinášet ~u** bring* bad luck
smuteční: s. mše funeral service; **s. oznámení** death notice; **s. host** mourner; **s. vrba** weeping willow
smut|ek 1 *(zármutek)* grief, sorrow; **hluboký s.** deep sorrow ♦ **můj ty ~ku!** good Lord!, good heavens!, goodness! 2 *(po zemřelém; ~eční šaty)* mourning; **být ve ~ku** be in mourning
smutn|ý sad; *(zasmušilý)* gloomy; *(těžkomyslný)* depressed; *(poměry, život)* unhappy; *(pohled)* sorrowful; *(stav)* sad, sorry; *(proslulost)* notorious ♦ **rytíř ~é postavy** Knight of the Rueful Countenance ■ **~ě** sadly; **~ě proslulý** notorious ■ **je mi ~o** I feel* sad; **je mi z toho ~o** it makes* me (feel) sad
smyčcový string; **s. nástroj/ kvartet** string instrument/ quartet; **hráč na s. nástroj** string instrument player
smyč|ec *(houslový* ap.*)* bow ♦ **~ce** *(část orchestru)* string section, strings
smýčit *(prach z nábytku)* dust sth; *(podlahu)* wipe; *(byt)* give* a place a good clean-up
smyčk|a 1 loop; *(stahovatelná)* noose; **utáhnout ~u** tighten the noose 2 *(řeky, silnice)* loop, meander; *(tramvaje, autobusu)* loop; *(železniční)* loop-line
smyk 1 *(auta)* skid; **dostat se do ~u** go* into a skid 2 **s. na dříví** timber slide n. chute
smýkat 1 *(břemeno)* drag n. lug (sth along) 2 *(pes řemínkem)* strain at, jerk; *(cestujícími v autobuse)* jolt, shake*; *(vítr lodí)* toss (**sem tam** to and fro) ♦ **s. koho blátem** přen. drag sb in the mud
smysl 1 *(věty, slova)* meaning, sense, kn. import; *(skrytý)* implication; **slova v tom ~u** words to that effect; **nedávat s.** have neither rhyme nor reason 2 *(účel)* sense, purpose, use, point; **s. života** the meaning of life; **to nemá s.** it is no use, there's no point in it; **nemá s. se zlobit** it's

no use being angry; **co to má za s.?** what is the point of n. in doing it **3** *(pro co)* feeling for, appreciation of, taste n. liking for; **s. pro spravedlnost/ humor** sense of justice/ humour; **mít s. pro hudbu** have an ear for music; **mít s. pro všechno nové** be with it **4** *(orgán)* sense; **pět ~ů** the five senses; **mít šestý s.** have a sixth sense **5** zprav. pl. **není při ~ech** he is out of his mind, he's not all there; **vyvádět jako ~ů zbavený** be hopping n. blazing mad **6** techn. *(otáčení* ap.*)* sense, direction

smysln|ý 1 *(láska)* sensual, physical; hanl. carnal **2** *(člověk, rty)* sensual, sensuous, hov. *(o lidech)* sexy, randy ■ **~ě** sensuously ■ **~ost** sensuality, sensuousness, sexiness

smyslov|ý sense, sensory; **s. orgán** sense (organ); **s. klam** illusion; **~é vnímání** sensory perception

smysluplný *(konání)* meaningful

smýšlení opinion, views, convictions, way of thinking; **změnit své s.** change one's convictions; **ukázat své pravé s.** show* o.s. in one's true colours

smyšlenka a figment (of sb's imagination), fabrication; invention; **je to naprostá s.** it's pure invention, it's mere fantasy

smyšlený *(historka* ap.*)* fictitious, invented, fanciful

smýšlet 1 *(o kom/ čem)* think*; **s. jinak** think differently, have a different opinion, have different views **2 s. s kým dobře** mean* well by sb

smýt wash away; **s. svou vinu** přen. wash n. purge away one's guilt

snad vyj. **1** *(možnost)* perhaps, maybe; *(Asi nepřijde.)* – **S. ano.** Perhaps n. maybe he will, I expect he will **2** *(naději)* **s. se uzdraví** I hope he will get* better **3** *(překvapení)* surely, really; **s. si nemyslíš, že** do you really think* that

snadn|ý easy; **je to ~é** it is easy, there's nothing to it; **pro něho to bylo ~é** he had an easy time of it; **nemůže být nic ~ějšího** nothing could be easier n. simpler ■ **~o** easily; **to se řekne ~o** easier said than done ■ **~ost** ease; **s. přístupu** *(k čemu)* ease of access

sna|ha 1 endeavour, effort(s), attempt; **ve ~ze dohnat ho** in my/ his ap. effort to catch* up with him; **mít ~hu něco udělat** endeavour to do sth **2 ~hy** *(tužby)* aspirations

snacha daughter-in-law

snář book of dreams

snášenliv|ý tolerant; **být s.** be tolerant, be easy to get* on with ■ **~ost** tolerance

snáš|et 1 v. **snést 2** *(bolesti, osud; někoho)* endure, stand*; **ne~ím ho** I can't stand him; **nes. kritiku** resent criticism; **s. co pasívně** take* sth lying* down ■ **s. se 1** *(letadlo)* descend, go* down; *(pírko)* flutter to the ground **2 s. se s kým** get* on well with sb; **ne~ejí se spolu** they can't stand each other

snáška v. **snůška (1)**

sňatek marriage, matrimony; **uzavřít s.** be joined in matrimony, marry; **s. z rozumu** marriage of convenience; **s. z lásky** love match

sňatkov|ý: ~á kancelář marriage bureau; **s. podvodník** marriage impostor

snažit se *(o co)* try (hard) n. endeavour *(to do sth)*, aim at, struggle for, strive* for; **s. se usilovně** spare no effort, go* out of one's way *(to do sth)*; **s. se vyhovět** be anxious to please

snaživec hard worker; *(ve škole)* swot

snaživ|ý assiduous, diligent, hardworking; *(ctižádostivý)* ambitious ■ **~ě** diligently, assiduously ■ **~ost** diligence, assiduousness

snažn|ý *(prosba)* urgent ■ **~ě koho prosit o co** plead* with sb for sth, urge sb to do sth

sněd|ek: něco k ~ku something to eat*

snědý dark-complexioned, swarthy; *(opálený)* (sun)tanned, bronzed

sněhobílý snow-white

sněhov|ý snow-; **~á koule** snowball; **s. pluh** snowplough, am. snowplow; **~á vločka** snowflake; **~á pokrývka** blanket n. covering of snow

sněhulák snowman; **postavit ~a** build* a snowman

Sněhurka Snow White

sněm hist. diet; *(říšský)* Imperial Diet; *(spolkový: SRN)* Bundestag; *(parlament)* assembly, parliament

sněmov|at *(parlament)* sit*, be in session ■ **~ání** session

sněmovna parliament; chamber, house; **poslanecká s.** Chamber of Deputies, *(USA)* Senate; **Horní/ Dolní s.** Upper/ Lower Chamber; br. House of Lords/ House of Commons; *(ČSFR)* **S. lidu** (the) People's Chamber; **S. národů** (the) Chamber of Nations

sněmovní parliamentary; **s. výbor** parliamentary committee

snění v. **snít**

snesiteln|ý bearable, endurable; *(obstojný)* passable, tolerable, not too bad ■ **~ě** *(dost dobře)* passably (well); **mluví ~ě francouzsky** he can

speak* French after a fashion
snést 1 *(dolů)* take* n. carry sth down; *(po schodech)* take sth downstairs ♦ **snesl by jí modré z nebe** he would promise her the Moon 2 *(dohromady)* gather, assemble, collect 3 *(koho)* stand*, put* up with; *(co)* stand, endure, withstand*; **s. urážku** swallow n. digest an insult; **s. hodně alkoholu** (be able to) hold* a lot of alcohol n. am. liquor; **nes. odkladu** *(záležitost)* allow no delay ■ **s. se** 1 *(hejno)* fly* down; *(letadlo)* descend, *(klouzavě)* glide down; *(balón)* float down; *(pírko)* flutter down 2 *(soumrak, noc)* fall* 3 **s. se s kým** get* on (well) with sb
snět lék. gangrene; bot. blight
snětivý lék. gangrenous; *(rostliny)* blighted, smutted
sněženka snowdrop
sněž|it snow; **~í** it's snowing, snow is falling* ■ **~ení** snowfall; **husté ~ení** heavy snowfall
sněžn|ý snow-; **~é pole** snowfield; **s. muž** abominable snowman, yetti
snídaně breakfast
snída|at have breakfast; **co ~áte?** what do you have for breakfast?; **s. kávu** have coffee for breakfast
sníh 1 snow; **prachový/ nový/ firnový s.** powder/ fresh-fallen/ firn snow; **věčný s.** eternal n. perpetual snow; **závěje sněhu** snowdrifts; **bílý jako s.** as white as snow, přen. as white as the driven snow 2 kuch. whisked egg-white
snílek (day-)dreamer; *(fantasta)* visionary, dreamer; *(romantický)* romantic
snímat 1 v. **sejmout** 2 *(v kartách)* cut* (for deal)
snímek 1 photo(graph), shot; **rentgenový s.** X-ray photograph n. picture; **udělat s.** take* a photo(graph) 2 *(zvukový)* (tape-)recording 3 *(filmový)* film; **dokumentární s.** documentary
sníst eat* up, finish; **rychle si něco s.** have a quick meal; **s. úplně vše** clear the table clean ♦ **s., co jsme si nadrobili** face the music; **dát to komu s. horké** give* sb the sharp edge of one's tongue
snít dream, *(toužebně snít)* daydream; **o tom se mi ani nesnilo** I would never have dreamed* of that ■ **snění** daydream(ing), dreams, dreaming
snítka twig, sprig, spray
sniv|ý dreamy, moony ■ **~ost** dreaminess
sníž|it 1 *(stěnu)* lower, make* sth lower; *(tón, sílu hlasu)* lower 2 *(omezit)* reduce, lower, cut*, *(cenu též)* mark down, knock down, am. slash, *(mzdu též)* dock, curtail; **s. rychlost** reduce the speed, slow down; šk. **s. známku** deduct marks 3 *(ponížit koho)* belittle, disparage; **chce ho s. v mých očích** he wants to lower him in my esteem n. eyes ■ **s. se** 1 *(hladina)* sink*; *(ceny)* come* down 2 *(slevit z důstojnosti)* **s. se k tomu, že** condescend *(to do sth)* 3 **s. se k podvodu** stoop to cheating ■ **~ený** *(ceny)* reduced ■ **~ení** *(cen, rychlosti)* reduction, lowering; *(mezd)* reduction, curtailment, cut (in)
snižovat 1 v. **snížit** 2 *(postupně: kouření* ap.*)* grade down 3 *(něčí zásluhy* ap.*)* downgrade, take* away from
snob snob
snobský snobbish; hov. snooty
snop sheaf, pl. sheaves
snouben|ec 1 fiancé; **~ka** fiancée; **~ci** the engaged couple 2 *(při svatbě)* **~ci** bride and bridegroom, bridal pair n. couple
snovat, snout *(přízi)* spin*; přen. **s. úklady** hatch plots
snový dreamlike
snubní: s. prsten wedding ring
snůška 1 *(vajec)* egg-laying; **roční s. 200 vajec** an annual lay n. output of 200 eggs 2 přen. **s. lží** a pack of lies
snýtovat rivet, clinch
sob reindeer
sobě v. **se**
sobec egoist, selfish person
sobeck|ý egoistic, selfish, self-seeking ■ **~y** egoistically ■ **~ost** egoism, selfishness, self-seeking
sobec|tví v. **~kost**
soběstačn|ý self-sufficient, ek. též self-supporting, independent ■ **~ost** self-sufficiency, independence
sobol, ~í, ~ina sable
sobot|a, ~ní Saturday
socialismus socialism
socialist|a, ~ický socialist
socializ|ovat nationalize ■ **~ace** nationalization
sociální 1 social; **s. demokracie** social democracy; **s. péče** social welfare n. services; **s. politika** social policy; **s. pracovník** welfare officer 2 **s. zařízení** *(umývárna, klozet)* sanitary installations
sociolog sociologist
sociologický sociological
sociologie sociology
soda 1 chem. soda; **zažívací s.** bicarbonate of soda 2 *(sodovka)* soda (water), seltzer (water)

sodík sodium
sodovka v. **soda (2)**
socha statue; *(sochařské dílo)* sculpture ♦ **stát jako s.** *(nehybně)* stand* rooted to the spot
sochař sculptor ■ **~ka** sculptress
sochařský *(dílo)* sculptural; *(dláto)* sculptor's
sochařství (the art of) sculpture, plastic art
sochor crowbar; *(páka)* lever
sója soya; *(plod)* soya bean
sojka jay
sok rival, adversary; sport. opponent
sokl archit. plinth; *(sochy)* sockle, pedestal, base
sokol falcon; **s. stěhovavý** peregrine falcon
sokratický Socratic
solidarit|a: solidarity; **stávka ze ~y** solidarity strike
solidárn|í: být s kým s. be at one with sb, sympathise with sb, show* one's solidarity with sb ■ **jednat ~ě s kým** act in solidarity with sb
solidn|í *(dům, nábytek)* solid, sturdy; *(boty)* stout; *(práce)* solid, sound, thorough; *(člověk)* respectable, reliable; *(firma)* solid, reliable; *(znalost)* sound, firm ■ **~ě** solidly, soundly, reliably ■ **~ost** solidity, soundness, respectability
sólist|a, ~ka soloist; *(pěvec/ hráč/ tanečník)* solo singer/ player/ dancer
sol|it salt, put* salt on, add salt to ■ **~ený** *(máslo* ap.*)* salted; *(slaný)* salty; **~ené maso** salty meat
solnička saltcellar, am. salt shaker
soln|ý salt; **~é doly** salt mine; **~é jezero** salt lake ♦ **zůstat stát jako s. sloup** stand* as though rooted to the spot
sólo, ~vý solo; **~vé vystoupení** recital
solventn|í solvent ■ **~ost** solvency
Somál|ec, ~ka Somali
Somálsko Somalia
somálský Somali
sonda lék., kosmonaut., meteorolog. probe; **měsíční s.** lunar probe
sondovat lék. i přen. sound, probe ♦ **s. půdu** přen. see* how the land lies*
sonet sonnet
sopečn|ý volcanic; **~á činnost** volcanic activity
sopka volcano; **činná/ vyhaslá s.** active/ extinct volcano
sopr|án, ~anistka soprano
soptit 1 *(sopka)* be active **2** *(hněvem)* boil with rage, foam at the mouth; **s. proti** rail against
sorta *(druh)* sort, kind, type; *(kvalitativní)* grade
sortiment assortment; *(zboží též)* range (of goods), line
sosák proboscis
soška statuette, figurine
sotva I hardly, scarcely; **s. slyšitelný** scarcely audible; **s. kdo/ co** hardly anybody/ anything; **s. dýchá** he can hardly breathe **II** *(~že)* **s. přišel, začal pracovat** no sooner had he come* than he started to work **III** část. *(Přijde?)* – **sotva** hardly, I don't think* so, not likely
sotvaže v. **sotva (II)**
souběžn|ý parallel (s to) ■ **~ost** parallelism
souboj duel
soubor 1 *(sbírka)* collection; *(otázek, problémů)* complex; *(souprava)* service **2** hud. ensemble; div. company, ensemble
souborn|ý: ~é vydání děl collected works
soucit sympathy, pity, compassion; **ze ~u** out of pity (k for); **mít s. s kým** feel* sorry for sb
soucitn|ý sympathetic, compassionate; *(mající citlivé srdce)* tender-hearted ■ **~ost** compassion, tender-heartedness
současník contemporary
současn|ý 1 *(probíhající zároveň)* simultaneous, concurrent **2** *(dnešní)* contemporary, present; **~á literatura** contemporary literature; **v ~é době** nowadays ■ **~ě** simultaneously; **vyskytovat se ~ě** occur simultaneously, concur
součást component, part; *(složka)* constituent; **být nedílnou ~í čeho** be part and parcel of sth
součet sum; **dílčí s.** subtotal; **celkový s.** sum total
součin mat. product
součinitel mat., fyz. coefficient; **s. tření** coefficient of friction
součinnost cooperation, *(konkrétní spolupráce)* collaboration
soud 1 court (of law), law court; **odvolací s.** court of appeal; **vojenský s.** court martial; **Nejvyšší s.** the Supreme court; **být postaven před s.** be brought* to court for trial **2** *(sbor soudců)* the court **3** *(pře)* lawsuit; *(jednání)* legal proceedings, *(trestní)* trial; **vyhrát/ prohrát s.** win*/ lose* a case **4** *(rozsudek)* judgement, ruling; *(trestní řízení)* sentence; **vynést s.** pronounce judgement, pass sentence **5** *(úsudek)* opinion, view; **podle mého ~u** in my opinion
soudce 1 judge; **smírčí s.** justice of the peace ♦ **kde není žalobce, není s.** no complaint, no redress **2** *(fotb., hokej, box)* referee, ref; *(tenis, badminton, kriket)* umpire
soudcovat sport. referee, umpire, ref
sou|dit 1 *(zločince)* try; **s. koho pro vraždu** try sb for murder **2** *(posuzovat)* pass judgement;

s. mírně/ přísně be harsh/ mild in one's judgement 3 *(myslet si)* think*; **co o tom ~díte?** what do you think n. make* of it? ■ **s. se s kým** be engaged in a lawsuit with sb ■ **byli si ~zeni** they were meant* for each other

soudn|í legal, judicial; **s. řízení** legal n. judicial proceedings, lawsuit; **s. příkaz** court order, writ; **s. lékařství** forensic medicine; **s. úředník** law official ■ **~ě** judicially, legally; ■ **~ě koho stíhat** prosecute n. sue sb, take* legal steps against sb

soudnictví judiciary, judicial system, judicature

soudn|ý *(člověk)* sensible, reasonable; *(kritik)* discerning; **s. den** Doomsday, Day of Judgement ■ **~ost** common n. good sense, reasonableness

soudržn|ý cohesive ■ **~ost** cohesiveness, togetherness, solidarity

souhlas agreement, *(svolení)* approval, permission, consent; **dát s. k** give* one's consent to; **žádat někoho o s.** ask sb's permission; **v ~e se směrnicemi** in accordance with the regulations

souhlasit 1 *(být zajedno)* agree; **s. s čím** agree n. consent to sth, approve of sth; **s. s kým** agree with sb (about); see* eye to eye with sb (on), share sb's opinion (on); **nes. s kým** differ with sb (on) 2 **s. s čím** *(odpovídat čemu)* correspond to sth; **s. se skutečností** correspond n. tally with the facts

souhláska consonant

souhlasn|ý 1 affirmative, positive; **~á odpověď** an affirmative answer, an answer in the affirmative 2 *(výsledky* ap.*)* identical; geom. **~é úhly** corresponding angles ■ **~ě** *(odpovědět)* in the affirmative; **~ě přikývnout** nod in agreement

souhra teamwork, coordination; *(barev)* harmony; **s. okolností** coincidence

souhrn summary, résumé, synopsis; *(pojednání)* abstract; **~em** in summary, to sum up

souhrnn|ý *(zpráva)* synoptic, recapitulative; **s. název** umbrella title ■ **~ě** in summary

souhvězdí constellation

souchotinář, ~ský consumptive

souchotiny (pulmonary) consumption, tuberculosis; **rychlé s.** galloping consumption

soukat 1 *(nitě; pavoučí síť)* spin* 2 *(do sebe jídlo)* choke down; **s. ze sebe slova** force words out of one's mouth

soukenn|ý cloth, made* of cloth; **~é zboží** cloth goods

soukolí *(ozubené)* gear (mechanism)

soukromí private life, privacy; **právo na s.** the right to privacy; **bydlet v s.** live in lodgings n. hov. digs

soukromník private businessman

soukrom|ý private; **s. byt/ ~á cesta/ ~é vlastnictví** private flat/ road/ property ■ **~ě** privately; *(být kde)* **~ě** in a private capacity; **~ě vyučovat** give* private lessons

soulad 1 harmony; **s. barev** the harmony of colours; **být v ~u** be in harmony; **nebýt v ~u** be at variance 2 *(shoda)* harmony; **žijí spolu v naprostém ~u** they live together in perfect harmony

soulož intercourse, coitus

souložit (s) have sexual intercourse (with), make* love (to)

soumar pack animal, beast of burden

souměrn|ý symmetrical; *(postava)* well-proportioned, shapely; *(rysy)* even ■ **~ost** symmetry; shapeliness

soumrak twilight, dusk, nightfall

sounáležit|ý related, belonging together ■ **~ost** solidarity, unity; *(duševní)* fellowship

souostroví archipelago, group of islands

souosý coaxial

soupeř rival; v. též **sok**

soupeř|it: s. s kým o co compete n. contend with sb for sth; **oni spolu ~í** they are rivals ■ **~ení** rivalry

soupis list; *(inventář)* inventory; *(voličů)* register; *(služeb)* rota

soupiska list; **s. účastníků** list of participants; sport. list of competitors

souprava *(kávová, čajová* ap.*)* service, set; *(prádla)* set; *(nábytku)* suite; **dětská s.** baby's outfit; **tepláková s.** tracksuit; **s. vagonů** set of carriages

sourod|ý homogenous ■ **~ost** homogeneity

sourozen|ec kn. sibling; **~ci** brothers and sisters; **máte nějaké ~ce?** do you have any brothers or sisters?

souřadni|ce mat. coordinate; **systém ~c** system of coordinates

souřadn|ý *(věta)* paratactic ■ **~ost** parataxis

soused neighbour; *(odvedle)* next-door neighbour

soused|it *(s kým)* be sb's neighbour, live next door to sb; **~íme spolu** we are neighbours; **Československo ~í s Německem** Czechoslovakia borders on Germany

sousední neighbouring, *(dům)* next-door

sousedsk|ý neighbourly; **dobré ~é vztahy** good

neighbourly relations
sousedství neighbourhood; *(blízkost)* vicinity; **naše domy jsou v s.** our houses are next door to each other
souslednost *(časová)* sequence of tenses
sousoší sculptural group
soustava system; **daňová s.** tax system; **nervová s.** nervous system; **tělesná s.** constitution
soustavn|ý methodical, systematic ■ **~ě** methodically, according to plan ■ **~ost** systematic nature
sousto bite, morsel, mouthful ♦ **tučné s.** přen. a fine catch
soustrast condolence(s), sympathy; **projevit komu s.** offer sb one's condolences, express one's sympathy to sb
soustrastný: s. dopis letter of condolence; **s. pohled** sympathy card
soustrojí aggregate, machine unit
soustruh lathe
soustružnick|ý: ~á dílna lathe shop n. room
soustru|žit, ~hovat turn (on a lathe)
soustružnictví lathe work, turning work
soustružník machinist, turner, lathe operator
soustřed|it *(vojska)* concentrate, mass; **s. na co pozornost** fasten n. fix one's attention on sth; **s. pozornost na sebe** steal* the show n. limelight ■ **s. se** concentrate (**na** on); *(paprsky)* converge, focus ■ **~ěný** concentrated, attentive; *(pozornost)* undivided, fixed ■ **~ění 1** concentration **2** *(sportovců* ap.*)* training camp
soustředivý centripetal
soustředn|ý mat. concentric ■ **~ost** concentricity
soustře|ďovat (se) v. **~dit (se)**
souš land; **na ~i** on shore; **po ~i i po moři** by land and sea
soutěska (narrow) pass; **horská s.** mountain pass
soutěž 1 competition; **ostrá s.** stiff n. keen competition; **vstoupit do ~e** enter into competition **2** *(organizace ~e)* competition, contest; **s. o ceny** prize competition; **účastnit se ~e** take* part in a competition
soutěžící competitor, contestant
soutěž|it (s) compete (with, against), contend (with), emulate ■ **~ení** competition; dř. **socialistické ~ení** socialist emulation
soutěžní competition; **s. podmínky** competition rules; **s. řízení** *(*zvl. *o větší kontrakty)* public tender
soutok confluence
souvěrec brother in faith, fellow believer
souvětí: s. podřadné/ souřadné complex/ compound sentence
souvis|et: s. s čím be connected with sth; *(v záporu)* **nes. s čím** have nothing to do with sth; **jak to s tím ~í?** what has that got* to do with it?
souvislost I subst. connection, relation, context; **v této ~i** in this connection n. context **II** předl. **v ~i s** referring to, relating to, in respect of, concerning
souvisl|ý *(horstvo)* unbroken, continuous; *(řeč, argumentace)* coherent ■ **~e** coherently
souvztažn|ý *(pojmy* ap.*)* correlative ■ **~ost** correlation
souzvuk hud. chord; přen. harmony
souž|it harass, plague, torment; **~ilo nás horko** we were tormented n. plagued by the heat ■ **s. se** *(smutkem)* grieve (**pro koho** for sb); *(mít starosti)* worry ■ **~ení** suffering, hardship(s); *(silněji)* anguish; *(horkem, bolestí)* torture, torment; *(smutkem)* grief ♦ **je s ním ~ení** he's a terrible n. dreadful nuisance
soužití living together; *(zemí)* co-existence; **manželské s.** married life
sova owl; **s. pálená** barn owl
sovět soviet; **Nejvyšší s.** the Supreme Soviet
sovchoz sovkhoz
spací sleeping; **s. pytel** sleeping bag; **s. vůz** sleeping car, sleeper
spáč 1 sleeping person **2** *(kdo rád spí)* sleepyhead
spad *(radioaktivní)* fallout
spád 1 *(terénu)* slope, incline; *(cesty)* gradient; *(střechy)* pitch **2 s. událostí** course of events; **s. řeči** cadence
spad|at 1 *(terén)* slope, dip, fall* away **2** *(patřit)* belong to, be part of; **to ~á mezi jeho povinnosti** it's part of his duties n. work; **nes. do čí kompetence** exceed sb's authority
spad|nout 1 fall* n. tumble down; *(s hlukem)* crash down; **s. se schodů** fall down the stairs n. downstairs; **s. z žebříku** fall from n. off a ladder; **nechat co s.** let* sth fall, drop sth ♦ **~lo mu to do klína** it was handed to him on a plate **2** *(zřítit se)* tumble down; *(stavba)* collapse; *(letadlo)* crash **3** *(ceny* ap.*)* drop, fall, decline, *(náhle)* slump; *(mužstvo do nižší soutěže)* be relegated ■ **s. se** lose* weight, reduce one's weight ■ **mít na koho ~eno** have a down on sb; **mít ~eno na čí peníze** have designs on sb's money ■ *(dům)* **na ~nutí** ramshackle, in bad

(state of) repair; **déšť je na ~nutí** it will start raining any minute now

spády tricks, wiles, ruses; **prohlédl jsem jeho s.** I am up to all his tricks, I got* wise to him

spáchat *(zločin)* commit, perpetrate; **s. na koho atentát** make* an attempt on sb's life; **s. sebevraždu** commit suicide, put* an end to one's life

spála lék. scarlet fever

spálenin|a lék. burn; **páchnout ~ou** (to) smell of burning

spáleniště site of fire

spál|it 1 *(zničit ~ením)* burn* up; *(pečeni)* burn; *(při žehlení)* singe; *(mrtvolu)* cremate; **s. za sebou všechny mosty** burn one's boats n. bridges **2** *(spotřebovat ~ením: uhlí, dřevo)* burn **3 s. si jazyk** burn one's tongue; **s. si vlasy** singe one's hair **4** *(květy: o mrazu)* nip, touch; v. též **kopřiva 5** *(pojistky)* fuse ■ **s. se 1** burn o.s. (o on) ♦ přen. **s. se** singe one's feathers; **kdo se jednou ~il, ten se bojí ohně** once bitten* twice shy **2** *(pojistka)* blow*

spalitelný combustible

spalničky rubella

spalovací combustion; **s. motor** combustion engine

spalov|at v. **spálit** ■ **~ání** mot. combustion

spalovna *(odpadků)* incinerator

spán|ek 1 sleep; **zimní s.** *(zvířat)* winter sleep, hibernation; **věčný s.** eternal rest; **mít lehký s.** be a light sleeper; **přemohl ho s.** he was overcome by sleep; **mluvit ze ~ku** talk in one's sleep **2** anat. temple

spár claw, *(zvl. u dravých ptáků)* talon; přen. **~y** clutches; **upadnout komu do ~ů** fall* into sb's clutches; **dostat koho do ~ů** get* sb into one's clutches

spár|a crack, gap; *(trhlina)* rift, cleft; techn. fissure; **rozestupovat se ve ~ách** come* apart at the seams

spárovat pair; *(rozdělit do párů)* pair off ■ **s. se** form pairs

spářit (se) mate, pair

spása salvation; **to byla jeho s.** that was his salvation, that saved him

spas|it náb. redeem, deliver ■ **s. se** save o.s.; **s. se útěkem** fly* for one's life ♦ **~ se, kdo můžeš!** every man for himself! ■ **~ení** salvation

Spasitel náb. the Saviour

spásný: s. nápad an idea that saved the day

spást *(louku)* graze down, crop

spát 1 sleep*, be asleep; **s. tvrdě** be fast asleep; **s. dobře** sleep well n. tight; **jít s.** go* to bed, kn. retire; **s. jako dřevo** sleep like a log; **chce se mi s.** I am n. feel* sleepy; **nes. kvůli čemu** lose* sleep over sth **2** *(kde)* sleep, stay; **s. v hotelu** stay in a hotel **3** *(s kým)* sleep with

spatra 1 mluvit s. extemporize, ad-lib; **řeč s.** off-the-cuff speech **2 dívat se na koho s.** look down one's nose at sb, look down upon sb

spatřit see*, catch* sight of; hov. spot sb/sth; **s. pevninu** sight land; **s. světlo světa** *(kniha)* appear, be published; *(narodit se)* come* into the world

speciál *(let)* chartered flight

specialista specialist, expert, consultant

specialita speciality

specializ|ovat specialize ■ **s. se na** specialize in, *(ve studiu)* ≅ take* honours in, am. major in ■ **~ace 1** *(výroby* ap.*)* specialization **2** *(obor)* specialism

speciální *(případ, výcvik* ap.*)* special; *(zájem)* particular

specifick|ý specific; *(charakteristický)* distinctive; fyz. **~á váha** specific gravity

specifikace specification

specifikovat specify, particularize; **s. cenu** stipulate a price

speditér carrier, haulier, haulage contractor

spěch hurry, haste, rush; **ve ~u** in a hurry, in great haste; **v největším ~u** posthaste; **žádný s.** there's no hurry

spěch|at hurry, rush; *(mít napilno)* be in a hurry; *(záležitost)* be urgent; **to ne~á** it is not urgent, it can wait ♦ **~ej pomalu!** the more haste the less speed; v. též **pospíchat**

spektrograf spectrograph

spektroskop spectroscope

spektrum fyz. spectrum, pl. spectra, spectrums

spekulace 1 filozof. speculation **2** *(obchodní)* speculation, profiteering, wheeling and dealing; **s. s valutami** speculation in foreign currency; **s. s pozemky** property speculation

spekulační *(nákup, papíry, obchod)* speculative

spekulant speculator

spekulativní *(filozofie)* speculative

spekulovat 1 *(s čím)* speculate in; **s. s pozemky** speculate in property; **s. na burze** play the market **2** *(hloubat)* speculate, meditate, muse

speleologie speleology

sperma sperm, semen

spěšnin|a express goods; **poslat co jako ~u** send* sth express

spěšn|ý *(dopis, záležitost)* urgent ■ **~ě** hurriedly, hastily; **poslat co ~ě** send* sth express
spě|t *(k čemu)* make* n. head for; přen. *(k nějakému cíli)* aim n. strive* for, aspire to; **s. ke konci** be drawing* to a close; **kam to všechno ~je?** what is the world coming* to?
spiklenec conspirator, plotter
spiklenecký conspiratorial
spik|nout se conspire, plot; **všechno se proti nám ~lo** there is a conspiracy against us
spiknutí conspiracy, plot
spílat *(komu)* scold, take* sb to task; *(silněji)* rail against
spínač switch
spínat v. **sepnout**
spínátko *(na papíry)* paper clip
spinet hud. spinet
spinkat sleep* neutr.; **jít s.** go* to beddy-byes
spirál|a techn. spiral; **inflační s.** inflationary spiral; **roztočit inflační ~u** get* into an inflationary spiral; přen. **s. kouře** wisp n. curl of smoke
spirálovitý spiral, helical
spirálov|ý: ~á pružina spiral spring, coil spring
spiritismus spiritualism
spiritista spiritualist
spritistický spiritualistic
spirituál spiritual
spis 1 *(práce)* work, publication; *(vědecký)* paper; *(brožura)* pamphlet, booklet; **habilitační s.** 'habilitation' thesis; **sebrané ~y K. Čapka** the complete works of K. Čapek 2 *(úřední)* file, record, dossier; **soudní ~y** court records n. files
spísk|at: cos to ~al? whatever have you done?; **tys to tedy ~al!** you've really made* a mess there
spisovatel writer, author, kn. man of letters; **~é** též literary people ■ **~ka** authoress, woman of letters
spisovatelství writer's profession
spisovna records office
spisovný *(jazyk)* literary, standard
spíš(e) rather; **je s. lenivý než hloupý** he's lazy rather than stupid; **tím s.** all the more so; **skutečný přírůstek je s. 5%** the real increase is more like 5%
spíž(e), ~írna pantry
spjatý v. **sepnout**
slepácanina *(kompilace)* scissor-and-paste job
splácat patch up též přen.
splácet v. **splatit**
spláchnout 1 *(prach* ap.*)* wash away; *(sousto)* wash n. rinse down; **s. koho přes palubu** wash sb overboard 2 *(záchod)* flush
splachovací: s. záchod water closet, W.C., flush toilet; **s. zařízení** washdown system
splach|ovat v. **spláchnout**; **záchod ne~uje** the toilet doesn't work, the toilet is out of order
splask|nout *(pneumatika)* go* flat; *(otok)* go down, recede; přen. *(nadšení)* slack off, fizzle out; *(bublina)* burst* ■ **~lý** *(pneumatika)* flat
splašenec harum-scarum
splaš|it 1 *(zvíře)* startle, frighten 2 *(peníze)* rustle up, scrape together; *(jídlo)* rustle up; *(něco vzácného)* lay* hands on ■ **s. se** *(kůň)* bolt ■ **~ený** 1 *(kůň)* runaway 2 *(člověk)* impetuous, rash; *(silněji)* harebrained, harum-scarum ■ **~eně** *(jednat)* impetuously, rashly
splašky *(z nádobí)* slops, washings; *(kanalizační)* sewage; *(nechutné pití)* dishwater
splatit *(dluhy)* pay* off; *(návštěvu, laskavost)* repay* ♦ **s. komu stejným** pay sb in the same coin, pay sb back in kind
splátk|a instalment; **měsíční/ roční s.** monthly/ yearly instalment; **koupit co na ~y** buy* sth by instalments, buy sth on an instalment plan n. hov. on the never-never n. on the H. P.
splátkový: s. systém instalment plan, am. hire-purchase; hov. br. the never-never system, H.P.
splatn|ý due; **být s. 1. ledna** be n. fall* due on the 1st of January ■ **~ost** maturity, due date
splav sluice(-gate), floodgate, lock
splávek *(rybářský)* float
splavit *(dřevo)* float
splavn|ý *(řeka)* navigable ■ **~ost** navigability
splavnit *(řeku)* make* sth navigable
splést 1 *(vlasy)* plait, braid; *(věnec)* bind; *(koho)* confuse, confound, puzzle 2 **s. si** *(data)* confuse; **s. si koho s kým** mistake* sb for sb else, confuse sb with sb else ■ **s. se** 1 *(nitě, vlasy)* mat together 2 *(zmýlit se)* make* a mistake
spleť 1 *(větví, provázků)* tangle; *(uliček)* maze, labyrinth 2 přen. **s. lží** a tissue n. web of lies
splétat v. **splést**
spletit|ý *(situace)* complex, complicated; *(otázka)* knotty ■ **~ost** complexity
splihlý *(knír)* droopy; *(vlasy)* lank
splín melancholy, depression, dejection, low spirits
splnit 1 *(plán, úkol)* fulfil, carry out; *(slib)* keep*, make* good; *(závazky)* meet*, discharge 2 *(očekávání)* meet, come* up to; *(podmínky)* meet, fulfil, comply with ■ **s. se** *(naděje, před-*

povědi) come true, be fulfilled n. realized
splňovat v. **splnit; s. požadavky** *(být vhodný)* fit the bill; **nes. očekávání** fall* short of one's/ sb's expectations
splyn|out *(řeky)* join, merge, flow into one another; *(předměstí)* coalesce; *(barvy)* blend, mingle into one another ■ **~utí** merging, fusion; *(závodů)* merger, amalgamation, fusion
splývat 1 v. **splynout 2** *(šaty)* fall* loosely; *(vlasy na ramena)* fall n. hang* down (to) **3** *(na vodě)* float
spočinout: s. pohledem na rest one's eyes on
spočí|st, ~tat add up n. together; *(hlasy, peníze)* count; **s. účet** reckon up the bill; **s. výdaje** figure out the expenses
spoč|ívat 1 *(na sloupu: být podepřený)* rest on, be supported by; *(opřít se o co)* lean* against; *(zrakem)* v. **~inout 2** *(zakládat se)* be based on, be founded on; **s. na dohadech** be based on speculation
spodek 1 lower part, bottom (part); *(domu)* ground floor; *(auta)* underframe; *(schodiště)* foot **2** *(v kartách)* jack, knave
spodem along the lower path/ road; **pojďme s.** let*'s take* the lower path
spodina scum, riff-raff; **s. společnosti** the dregs of society
spodky *(pánské)* underpants, briefs; *(dlouhé)* long johns
spodní lower, *(nejníže položený)* bottom; **s. část domu** the bottom part of the building; **s. nátěr** prime coat; **s. prádlo** underwear, underclothes; *(dámské též)* lingerie
spodnička underskirt, *(polokombiné)* waist slip
spoj 1 *(svárový)* weld; **nýtový/ pájený s.** rivet/ soldered joint; **rádiový s.** radio contact **2 ~e** *(souhrnně)* communications; *(telefon, telegraf)* telecommunications
spojař 1 postal n. telecommunications worker **2** voj. signaller, member of the Signal Corps
spojen|ec ally; **~ci** *(v 2. sv. válce)* the Allies
spojeneck|ý *(stát)* allied; **~á smlouva** pact of alliance; **~á letadla** friendly planes
spojenectví alliance
spojení 1 connection, link; **krátké s.** short circuit; **rádiové s.** radio communication; **dostat telefonní s. s kým** get* through to sb; jaz. **slovní s.** collocation (of words), *(ustálené)* set phrase **2** *(dopravní)* connection; **autobusové/ železniční s.** bus/ rail connection; **tento vlak má s. na X** this train has n. makes* a connection with X n. to X **3** *(s kým)* contact, touch; **navázat s. s kým** establish contact with sb; **udržovat s. s kým** keep* in touch with sb
spoj|it 1 *(v jeden celek)* join, link together; *(konce drátu)* connect; *(kosmické rakety)* dock; *(síly)* combine; *(firmy)* merge; *(kapitál)* pool; **s. příjemné s užitečným** combine business with pleasure; **s. svůj osud s kým** throw* in one's lot with sb **2 s. dvě města železnicí** link n. connect two towns by a railway line; **s. koho** *(s kým/ čím)* tel. connect sb with, put* sb through to ■ **s. se 1** *(sjednotit se)* (s with) combine; *(ke společné práci)* team up, join forces; *(partneři)* go* into partnership; *(firmy)* merge **2** *(části)* connect, link up; *(rakety)* dock **3** *(navázat ~ení s)* get* in touch (with); **s. se s kým** *(telefonicky)* get* sb by telephone n. on the phone ■ **~ený** *(úsilí)* concerted, combined; **S~ené národy** United Nations; **S~ené království Velké Británie a Severního Irska** the United Kingdom of Great Britain and Northern Ireland; **~enými silami** in a joint n. combined effort
spojitost connection, relation; **ve ~i s** in connection with; **v této ~i** in this connection
spojit|ý: ~é nádoby communicating vessels
spojiv|ka anat. conjunctiva; **zánět ~ek** conjunctivitis
spojka 1 techn. connecting piece; mot. clutch; jaz. **souřadící/ podřadící s.** coordinating/ subordinating conjunction **2** *(člověk)* messenger; fotb. **levá/ pravá s.** inside left/ right
spojnice geom. connecting line
spojovací *(chodba, kabel, článek, cesta)* connecting; **s. důstojník** liason officer
spojovat v. **spojit**
spojovník jaz. hyphen
spokojen|ý *(život)* contented; **s. zákazník** a satisfied customer; **být s. s čím** be satisfied n. pleased with; **šťastný a s.** happy and contented; **být stále nes.** be always discontented; **není s ničím s.** there's no pleasing him ■ **~ě** contentedly, happily; **~ě se usmát** smile contentedly; **vypadat ~ě** look pleased ■ **~ost** satisfaction, contentedness; **k všeobecné ~osti** to the satisfaction of everyone
spokojit se: s. se s čím make* do with sth; *(chtěli 10%, ale)* **museli se s. s 5%** they had to settle for 5%, they had to make do with 5%
spolčit se (s) affiliate o.s. (with), ally o.s. (with); hanl. **s. se s kým proti komu** gang up with sb against sb; **s. se proti vládě** conspire n. plot

against the government
spolčovací: s. právo right of association
společensk|ý *(třída, revoluce, struktura* ap.*)* social; **~é hry** parlour games; *(člověk)* gregarious, outgoing; **být s.** be a good mixer; **~á rubrika** gossip column; **~á konverzace** small talk; *(oděv)* formal dress, dress clothes; **~á smetánka** the smart set ■ **~y** socially; **~y se znemožnit** disgrace o.s. socially; *(jemu)* **~y nadřazení lidé** his betters ■ **~ost** sociability, conviviality
společenství community; *(lidí)* fellowship; *(britské)* Commonwealth; **Evropské s.** European Community, zkr. EC; **S. nezávislých států (SNS)** *(dřívější SSSR)* Commonwealth of Independent States (CIS)
společn|ík, ~ice companion; obch. partner, associate; *(ve zločinu)* accomplice; **je to dobrý s./ dobrá ~ice** he/ she is good company
společnost 1 society; **lidská/ kapitalistická s.** human/ capitalist society **2** *(vědecká/ literární)* society **3** *(vyšší)* upper class society, hov. the upper crust **4** *(skupina lidí)* company; **s. mladých lidí** a company of young people; **dělat komu s.** keep* sb company; **večer ve ~i** an evening out; **dostat se do špatné ~i** get* into bad company **5** *(akciová)* company; **s. s ručením omezeným** limited company
společn|ý 1 *(stravování)* communal; *(koupání)* mixed; *(prohlášení, vlastnictví)* joint; **s. jazyk** lingua franca; **žít ve ~é domácnosti** maintain a common household **2** *(přítel)* mutual; *(zájmy, jazyk)* common; **~á platforma** common ground; **~é dobro** the corporate good; **mají mnoho ~ého** they have a lot of things in common; **nechce s tím mít nic ~ého** he would have none of it ■ **~ě** together, jointly; **postupovat ~ě** act together (with), take* joint action
spoléh|at (se) 1 *(na koho)* rely n. depend on; **~ám se, že dodržíš slovo** I trust you to keep* your word **2** *(na náhodu)* bargain on, pin one's hopes on; **~á se na výhru ve sportce** he bargains on winning the pools
spolehliv|ý reliable, dependable; *(důvěryhodný)* trustworthy; *(přítel)* loyal; *(sluha)* faithful; *(znalost)* positive, good; *(pramen)* reliable, unimpeachable; *(stoupenec)* staunch; **mám to ze ~ého pramene** I have it on good authority ■ **~ost** reliability, dependability
spolehn|out se v. **spoléhat se (1); můžete se s., že přijde** you may n. can rely on him to come* ■ **na něho je ~utí** he's as good as his word, he can always be relied (up)on
spol|ek club; *(sdružení)* association, society; *(států)* alliance; **sportovní s.** sports club; **dobročinný s.** charitable society; **vstoupit do ~ku s kým** enter (into) an alliance with sb, ally o.s. with sb
spolk|nout swallow; *(urážku)* stomach; *(slzy)* hold* back; **s. hořkou pilulku** swallow a bitter pill ♦ **sedí jako by ~l pravítko** he is sitting as stiff as a ramrod; **s. co i s navijákem** hov. fall* for sth hook, line and sinker
spolkov|ý 1 ~á klubovna clubroom **2** *(stát)* federative; **s. kancléř** *(Německo)* Federal Chancellor
spolu together, jointly; **s. s kým** together with, in company with; **držet s.** stick* together; **bydlit s.** *(muž a žena)* live together, *(sdílet byt)* share a flat; **s. vydělávají 5000 Kčs** they earn 5000 crowns between them; **chodí s.** they are going out together
spoluautor co-author
spolubojovník comrade-in-arms, fellow combatant
spolubydlící fellow occupant; *(sdílející místnost)* roommate; **ostatní s.** the other occupants (of the house ap.)
spolucestující fellow traveller n. passenger
spoluhráč team-mate; *(ve dvojici)* partner
spolujezdec *(tandemista)* pillion driver; *(v přívěsném vozíku)* sidecar passenger; sport. co-driver, assistant driver
spolumajitel joint owner n. proprietor
spoluobčan fellow citizen
spolupachatel accomplice, accessory (to the crime)
spoluprác|e cooperation, collaboration, *(koordinovaná)* teamplay; **ve ~i s kým** in cooperation with sb
spolupracovat cooperate, *(na úkole)* collaborate; *(v týmu)* work together
spolupracovník *(kolega)* colleague, fellow worker; *(*zvl. *vědecký)* co-operator, br. collaborator; *(novin)* contributor
spolupůsobit *(na čem)* contribute to, assist in
spolutrpitel fellow sufferer
spoluúčast participation; *(na zločinu)* complicity, fellowship in crime
spoluúčastník participant, participator
spoluvina complicity, connivance
spoluviník accomplice, accessory
spoluvlastník joint owner n. proprietor
spoluzakladatel co-founder

spoluzavazadlo registered lugggage
spoluž|ák classmate, schoolmate; **jeden můj s./ jedna moje ~ačka** též a boy/ girl in my class; **jsou to bývalí ~áci** they used to be classmates
spona 1 fastener, clasp; **s. na kravatu** tie pin **2** jaz. copula
sponka *(do vlasů)* hair-clasp; *(na spisy)* staple
spontánn|í spontaneous ■ **~ě** spontaneously ■ **~ost** spontaneity
spor argument, quarrel, controversy; *(neshoda)* dispute; *(mezi manžely* též*)* fight; **mít s kým s.** be at odds n. loggerheads with sb; **beze ~u** indisputably, indubitably; **dostat se do ~u** get* involved in an argument
sporadický sporadic
sporák *(kuchyňský)* cooker, am. stove; **elektrický/ plynový s.** electric/ gas cooker n. stove; *(na uhlí)* range
sporn|ý contentious, controversial, debatable; **~á otázka** controversial question, contentious n. moot point; **je ~é, zda** it is debatable whether ■ **~ost** contentiousness, debatability
sport sport; **zimní ~y** winter sports; **pěstovat s.** go* in for sport, do sport; **učitel ~u** sports instructor
sport|ovat go* in for sport(s), engage in n. hov. do sport(s); **hodně ~uje** he does a lot of sport
sportov|ec sportsman, athlete; ■ **~kyně** sportswoman, woman athlete
sportovní *(soutěže)* sporting; *(člověk)* sporty; *(chování)* sporting, sportsmanlike; **s. klub/ hala/ vůz** sports club/ hall/ car; **s. letectví** amateur flying; **s. šaty** sports clothes
sporý *(tělesně)* thickset, stocky
spořádaný *(rodina)* decent, respectable; *(život)* well-ordered, orderly
spořádat expr. *(jídlo)* hov. polish off, get* through; **s. obrovskou porci** get through a huge meal
spoř|it economize, save up, be thrifty; **s. na co** save (up) for sth ■ **~ení** saving
spořitelna savings bank
spořitelní: s. knížka savings bank book
spořiv|ý thrifty, economical ■ **~ost** thrift, economy
spotřeba consumption; **s. energie** power consumption; **denní s.** daily consumption
spotřebič: elektrický/ plynový s. electrical/ gas appliance
spotřebitel consumer, user; **s. elektrického proudu** user of electricity
spotřební consumer; **s. zboží** consumer goods; **s. průmysl** consumer-goods industry
spotřebovat use up, consume; *(výplatu, zásoby)* go* through; **s. všechen chléb** use up n. finish off all the bread
spoust|a a lot, lots; hov. loads; *(tekutiny)* gallons; **s. starostí** a pile of trouble; **mít ~u peněz** have loads of money, be rolling in money
spoušť$_1$ devastation, ravages, havoc; **válečná s.** the ravages of war; **bouře způsobily obrovskou s.** the storms wreaked dreadful havoc
spoušť$_2$ *(fotoaparátu)* release; *(zbraně)* trigger
spouštěč mot. starter; **nožní s.** kick-starter; *(spínač)* starting n. starter switch
spouště|t (se) v. **spustit (se)** ■ **~ní** *(motoru)* starting; *(továrny)* commencement of operations
spout|at *(koho)* bind*, tie; zvl. přen. fetter, shackle; *(atom, příliv)* harness; **s. koho na rukou i na nohou** tie sb up hand and foot ■ **~ání** *(přírodních zdrojů)* harnessing
spráskat *(zbít)* give* sb a thrashing
sprásknout: s. ruce throw* up one's hands
spratek brat, urchin; *(uličník)* guttersnipe
správa administration; *(podniku)* management; **městská s.** municipal authorities; **státní s.** state administration; **s. školy** the board of governors of a school; **s. silnic** road board; **přístavní s.** harbour authorities; **veřejná s.** public administration
správc|e 1 administrator; **s. majetku** property manager; **s. statků** estate manager **2** *(domu)* caretaker; *(koleje)* warden ■ **~ová** *(domu)* caretaker, concierge
spravedliv|ý just, fair; *(trest)* just, well-deserved; *(nestranný)* impartial; **s. hněv** righteous anger; **~é rozdělování** equitable distribution; **s. díl** fair share; **~á odměna** honest wages, one's due reward, iron. *(trest)* just deserts; **bojovat za ~ou věc** fight* for a good cause ■ **~ě** fairly, impartially ■ **~ost** v. **spravedlnost**
spravedlnost justice, fairness; *(nestrannost)* impartiality
sprav|it 1 *(cestu, plot)* repair, mend, hov. fix; *(šaty)* mend, *(zalátat)* darn; **dát s. střevíce** have one's shoes repaired; **nedat se s.** be beyond repair **2** *(náladu)* improve **3** *(dát do pořádku)* **stovka to ~í** one hundred crowns will do the trick ■ **s. se** put* on n. gain weight
správka repair; **s. auta** car repair
správkárna repair shop; **s. obuvi** shoe-repair shop; **s. aut** garage, repair shop
správní administrative; **s. opatření** administrat-

ive measure; **s. rada** board of directors, directorate

správn|ý 1 *(odpověď* ap.*)* right, correct ♦ **tak je to ~é** that's the way to do it 2 *(vhodný)* right, proper, appropriate; **myslím, že by bylo ~é, aby** I think* it would be right n. appropriate *(+inf.)* 3 **s. chlap** a great fellow n. guy; **~á ženská** a tremendous woman ■ **~ě** correctly; *(řádně)* properly; **hodiny jdou ~ě** the clock is right; **zcela ~ě** right you are ■ **~ost** *(přesnost)* accuracy; *(v jednání)* correctness

sprav|ovat 1 v. **~it** 2 *(majetek, dědictví)* administer, be in charge of; *(provincii)* govern; *(firmu)* run*, manage ■ **s. se** v. **~it se**

sprej spray

sprch|a shower; **dát si ~u** have n. take* a shower ♦ **působit jako studená s.** přen. hit* sb like a bolt from the blue

sprch|nout rain a little; **včera trochu ~lo** there was a sprinkle n. touch of rain yesterday

sprchovací: s. kout shower cabinet

sprchovat *(koho)* give* sb a shower ■ **s. se** have n. take* a shower

sprintér sprinter

spropitné tip; **dát komu s.** tip sb, give* sb a tip

sprosťáctví *(vlastnost)* meanness, nastiness; *(sprostá poznámka)* a mean thing to say*; *(čin)* a mean n. dirty trick, a mean thing to do

sprosťák boor, lout, ruffian

sprosťá|rna v. **~ctví**; **provedli mu ~rnu** he got* a raw deal (from them)

sprost|ý mean, nasty; *(vulgární)* vulgar; *(lež)* filthy; *(vtip)* crude, dirty; *(poznámka)* cheap, vulgar; *(politika)* shabby; *(zločin)* ugly; *(jazyk)* profane; **s. chlap** a mean n. nasty fellow, hov. a nasty piece of work; **to je ~é** that's a mean thing to do/ to say*; **to je od nich ~é** that's mean of them ■ **mluvit ~ě** use foul language ■ **~ota** v. **sprosťáctví**

sprovodit: s. co ze světa eliminate sth, do away with sth; **s. koho ze světa** dispatch n. eliminate sb

sprška drizzle, sprinkling of rain; přen. shower, hail; **s. střel** a hail of bullets

spřádat 1 v. **spříst** 2 *(intriky, plány)* hatch, contrive; **s. lži** spin* a web of lies

spřáh|nout *(koně)* team, harness *(horses* ap.*)* together ■ **s. se** *(s kým)* ally o.s. with; **všichni se proti mně ~li** everyone is against me

spřátel|it se *(s kým)* make* friends with; **s. se** *(vzájemně)* make friends (with each other), become* friends ■ **~ený** friendly; **~ené národy** friendly nations

spřežení *(koňské)* team; *(volů)* yoke

spříst spin*

spřízn|it se (s) become* related (to) ■ **~ěný (s)** related (to); *(jazyk)* cognate (with); **~ěná duše** kindred spirit

spusti|t 1 *(okov, vlajku)* lower; *(kolmici)* drop; **s. kotvu** cast* n. drop anchor; **s. rolety** draw* n. lower the blinds 2 *(motor)* start; *(agregát)* put* sth into operation; *(ohňostroj, zbraň)* set* off 3 *(loď)* launch 4 **nes. s koho oči** not to take* one's eyes off sb 5 *(začít)* **s. palbu** open fire; **s. píseň** start a song; **s. pláč** start crying, hov. turn the taps on; **spusť!** *(začni)* fire away!, go* ahead! ■ **s. se** 1 *(dolů)* lower o.s., let* o.s. down; *(po laně: horolezec)* rope down 2 **~l se déšť** it started raining 3 *(přestat na sebe dbát)* go* to seed, let o.s. go; **s. se s kým** *(o ženě)* forget* o.s. with

sraz *(shromáždění)* rally; *(bývalých absolventů)* reunion; **dát si s kým s.** arrange to meet* sb; **místo ~u** assembly point

sráz steep slope n. incline, precipice

srazit 1 *(koho/ co)* knock down; *(pěstí)* floor; *(dohromady)* knock sth together; *(koho autem)* run* n. knock down; **s. koho k zemi** lay* sb flat; **s. komu hlavu** cut* off sb's head; **s. koho ze schodů** send* sb tumbling down the stairs; **s. si vaz** break* one's neck; **s. komu hřebínek** cut sb down to size, take* sb down a peg or two 2 **s. podpatky** click one's heels 3 *(teplotu)* reduce; *(ceny)* slash 4 *(odečíst)* take off, knock off; **s. 10%** take 10% off; **s. někomu část platu** dock sb's wages ■ **s. se** 1 *(auta)* collide; **s. se s nepřítelem** encounter the enemy 2 *(pára)* condense; *(mléko)* curdle; *(krev)* coagulate, clot 3 *(tkanina)* shrink*

srázn|ý precipitous, (very) steep ■ **~ost** precipitousness, steepness

sraženina sediment; chem. precipitate; **krevní s.** blood clot

srážet (se) v. **srazit (se)**

srážk|a 1 *(vozů)* collision, crash; *(s policií)* clash; **pohraniční ~y** border clashes 2 *(z platu)* deduction 3 **~y** *(vodní/ sněhové)* fall of rain/ snow, rainfall/ snowfall

srážliv|ý *(krev)* coagulable ■ **~ost** coagulability

Srb, ~ka Serb

srbochorvátština Serbo-Croatian

Srbsko Serbia

srbský Serbian

srdc|e **1** heart; *(zvonu)* clapper, tongue; **mít nemocné s.** have heart trouble, have a heart condition; **s. se mu zastavilo** his heart stood* still; **buší mi s.** my heart is thumping ♦ **ze s.** from the bottom of one's heart; **plakala, až s. usedalo** her crying made* my heart bleed*; **nosit s. na dlani** wear* one's heart (up)on one's sleeve; **spadl mi kámen ze s.** that takes* a load off my mind; **mít co na ~i** have sth on one's mind; **brát si co k ~i** take sth to heart; **mít pod ~em dítě** be with child **2** *(cit)* **milovat koho celým ~em** love sb with all one's heart ♦ **otevřít komu své s.** open one's heart to sb; **ztratit s.** fall* in love; **mít dobré** n. **zlaté s.** be kindhearted n. warmhearted; **mít tvrdé s.** be hardhearted n. coldhearted; **mít to s., že** find* it in one's heart *(+inf.)* **3** kn. *(hruď, prsa)* bosom, breast; **přivinout koho k ~i** clasp sb to one's breast **4** přen. **ležet v ~i Evropy** lie* in the heart of Europe **5** karet. *(barva)* hearts; **čokoládové s.** a chocolate heart

srdce|rvoucí, ~ryvný heartrending, heart-breaking; **s. výkřik** a heartrending scream

srdcovitý heart-shaped

srdeční cardiac; **s. chlopeň** cardiac valve; **s. vada** cardiac defect; **s. mrtvice** heart attack n. failure, cardiac death; **s. choroba** heart complaint

srdečnice aorta

srdečn|ý cordial, hearty; *(uvítání též)* warm; **s. pozdrav Tvé matce** give* my kind regards to your mother, remember n. remind me to your mother ■ **~ě** cordially, warmly ■ **~ost** cordiality; warmth

srdnat|ý brave, intrepid, fearless; kn. lion-hearted ■ **~ost** bravery, intrepidity

srk|at, ~nout slurp

SRN = Spolková republika Německo Federal Republic of Germany

srnčí *(maso)* venison

srnec roebuck

srnka doe (of the roedeer)

srocovat se riot, form a mob

srolovat roll up

sro|tit se v. **~covat se** ■ **~cení** riot, riotous assembly

srovn|at **1** *(drát)* straighten, bend* n. put* sth straight **2 s. si** *(sukni)* smooth (out); *(terén)* level, plane **3** *(uspořádat)* arrange; **s. co podle abecedy/ velikosti** arrange sth alphabetically/ according to size; **nemohu si to s. v hlavě** I cannot make* head or tail of it **4** *(porovnat)* compare; **nedá se s tebou s.** he is not a patch on you **5** *(hodinky)* set*; **s. si kým krok** accommodate one's step with sb **6** *(spor)* settle ■ **~ání** **1** *(porovnání)* comparison; **ve ~ání s čím** in comparison with sth; **učinit ~ání** draw* a parallel; **snést ~ání** bear* comparison; **každé ~ání kulhá** comparisons are odious **2** *(sporu)* settlement

srovnateln|ý (s) comparable (to); **X není ~é s Y** X does not compare with Y

srovnávací *(jazykověda, metoda)* comparative

srovn|ávat v. **~at** ■ **s. se** compare, be in keeping with; **jeho jednání se ne~ává s jeho slovy** his actions do not compare with his words

srozuměn|á: dát komu na ~ou, že give* sb to understand* that; **dali mi na ~ou, že** I have been given to understand that

srozuměný: být s čím s. agree n. consent to sth, approve of sth

srozumiteln|ý intelligible, comprehensible, understandable; **těžko s.** difficult to understand ■ **~ost** comprehensibility, understandability

srp sickle; **s. a kladivo** hammer and sickle

srpek *(měsíce)* crescent (of the moon)

srp|en, ~nový August

srst hair; **zimní/ letní s.** winter/ summer coat; *(hladit)* **proti ~i** against the hair ♦ **je mu to proti ~i** it rubs him the wrong way

srstka nář. gooseberry

sršatý přen. prickly, bristly

sršeň zool. hornet; přen. hothead

sršet *(jiskry)* throw* out, emit; **s. vtipem** sparkle with wit; **s. hněvem** fume with rage

srub log cabin

srůst, ~at *(rána)* heal (up); *(kost)* unite

SSSR dř. USSR (= Union of Soviet Socialist Republics); v. **společenství**

stabilizátor stabilizer

stabiliz|ovat stabilize ■ **s. se** stabilize, become stable; *(ceny)* level off ■ **~ace** stabilization; **~ace cen** freeze on prices

stabiln|í stable; *(stroj)* stationary ■ **~ost** stability

stacionární stationary

stáčet v. **stočit**; **s. pivo** draw* beer

stač|it **1** suffice, be enough, be sufficient; **~í** that's enough; **nabídka ne~í poptávce** the supply does not meet* the demand; **~í jen říct a bude to tvoje** it's yours for the asking ♦ *(běžel,)* **co mu síly ~ily** as fast as he could **2** *(schopnostmi)* be up to, be equal to; **na to**

ne~ím it's beyond me, I don't feel* up to it, I don't feel equal to it **3** *(komu)* keep* up with; **nes. na koho** be no match for sb **4** *(vys.)* **s. s penězi** make* both ends meet

stadión stadium

stadium stage, phase; **s. vývoje** stage of development; zool. stadium

stádo 1 *(dobytka, slonů)* herd; *(ovcí)* flock **2** přen. *(dětí)* bunch, party; **lidské s.** the common herd

stafáž: přen. (mere) façade, window dressing; **být pouhou ~í** be a mere facade

stagn|ovat stagnate, be at a standstill; *(burza)* be dull, be sluggish ■ **~ující** stagnating, dull, sluggish ■ **~ace** stagnation

stáh|nout 1 *(ubrus)* pull off; *(prádlo z postele)* strip off; *(oděv)* slip off, peel off; *(prsten, rukavice)* draw* off, slip off; *(králíka)* skin, flay; *(izolaci)* skin **2** *(kůži)* strip (off), remove ♦ **s. komu kůži z těla** skin sb alive **3** *(dolů)* let* n. put* down, lower, *(rolováním)* roll down; *(vlajku)* haul down, lower; *(roletu)* draw* **4 s. čepici přes uši** pull one's cap over one's ears **5** *(opasek)* tighten; *(pomocí šroubů)* bolt sth together; *(balík motouzem)* tie up **6** *(rty)* purse up, pucker up; **s. tvář do grimasy** pull n. make* a wry face, make a grimace **7** *(bankovky)* withdraw* sth from circulation, call sth in; *(film)* withdraw **8** *(víno, pivo)* draw n. siphon off ■ **s. se 1** *(rty)* pucker up; *(obličej)* twist; **obličej se mu ~l do grimasy** his face twisted into a grimace **2** *(mraky)* gather **3** *(vojska)* march off; *(do ústraní)* retire (from the world), go* into retreat; *(do sebe)* shrink* into o.s.; *(z účasti na akci)* pull out ■ **stažení vojska** withdrawal of troops

stahovací: s. střecha sliding n. folding roof, sliding n. folding top; **s. skříň** roll-front cabinet; **s. šroub** clamping bolt

stah|ovat v. **stáhnout** ■ **~ují se mraky** the clouds are gathering

stáj *(pro koně)* stable; *(pro krávy)* (cow)shed, am. barn

stalagmit stalagmite

stalaktit stalactite

stále 1 continually, constantly, all the time; *(bez přestání)* incessantly; *(opakovaně)* again and again, over and over again; **s. o tom mluví** he keeps* on about it; **s. pršelo** it rained incessantly; **s. větší a větší** bigger and bigger; **je to s. totéž** it's always the same ♦ **s. nad někým stát** breathe down sb's neck **2 s. ještě** still; **s. ještě studuje** he is still a student; **s. ještě není doma** he is still not at home; **s. ještě nepřišel** he hasn't come yet

stálice fixed star též přen.

stálobarevný colourfast

stáložárn|ý: ~á kamna slow-burning stove

stál|ý 1 *(bydliště, zaměstnání)* permanent; *(přítel)* firm; *(známost)* steady *(girlfriend/ boyfriend)*; *(zákazník, návštěvník)* regular **2** *(mír)* lasting, enduring, stable; *(počasí)* stable, settled; *(barva)* fast; *(trh)* stable, steady; *(materiál)* durable **3** *(opakující se)* constant, incessant; **s. déšť** incessant rain; **~é stížnosti** constant n. eternal complaints ■ v. **~e** ■ **~ost** stability, durability, permanence; constancy

stan 1 tent; **postavit s.** put* up n. pitch a tent; **strhnout s.** strike* a tent **2** voj. **hlavní s.** headquarters

standard standard; **životní s.** standard of living, living standard; fin. **zlatý s.** gold standard

standardiz|ovat standardize ■ **~ace** standardization

standardní *(model, vybavení)* standard; *(velikostí též)* regular-size

standarta 1 *(vlajka)* standard, kn. banner **2** *(transparent)* banner

stánek *(prodejní, na trhu)* stand, stall; *(novinový)* kiosk, newsstand; **výstavní s.** exhibition stand

stání 1 standing; mot. **'Zákaz s.'** 'No Parking'; **místo k s.** standing room ♦ **nemít s.** be on tenterhooks **2** právn. (judicial) hearing **3** *(pro koně)* box; *(pro krávu)* stand

stanice 1 *(železniční, autobusová, podzemní dráhy)* station; *(zastávka)* stop; *(přestupní)* interchange, am. transfer station; **konečná s.** terminus **2 s. první pomoci** first-aid post n. station; **meteorologická s.** weather station

staniol tinfoil

stann|ý: ~é právo martial law

stanout: s. v čele hnutí become* the head of a movement

stanovat camp

stanovisko standpoint, viewpoint, (point of) view; **zaujmout** n. **zastávat s., že ...** take* the view that ...; **zaujmout vyčkávací s.** hold* one's hand

stanoviště voj. post; *(taxíků)* stand, rank

stanov|it 1 *(určit)* determine; *(datum)* fix, appoint; *(hranice, kurs)* set*; **s. cenu čeho** put* a price on sth **2** *(zjistit)* establish, make*; **s. diagnózu** make a diagnosis ■ **~ený** fixed,

appointed; **ve ~ený den** on a given day
stanovy statutes, code of rules
star|at se 1 *(o koho)* care for, take* care of, look after; *(o děti, nemocné* též*)* nurse, tend; *(o ulice, stroje)* maintain; **s. se o domácnost** look after the household **2** *(zajišťovat)* **s. se o co** attend to sth, see* to sth; **s. se o rodinu** provide for one's family; **s. se o sebe** fend for o.s.,; **s. se o to, aby** see to it that **3** *(všímat si)* **s. se o sebe** mind one's own business; **Ne~ej se!** Never you mind!
stárn|out grow* old, age, be getting* on in years ■ **~utí** ageing
staroba old age
starobní: s. důchod/ dávky old-age pension/ benefits
staro|bylý, ~dávný ancient; *(zvyky)* age-old; **~dávná auta** vintage cars
staromládenecký bachelor('s); **s. byt** bachelor flat n. pad
staromódní old-fashioned; *(metody)* outmoded
staropanenský spinsterish, spinsterly, old-maidish
staroslavný renowned, famous
staroslovanský Old Slavic n. Slavonic
starost 1 worry, concern; **dělat si ~i** worry; **mít vážné ~i** have serious worries; **nedělej si ~i!** take* it easy!, *(nepleť se do toho)* that's none of your business!; **největší ~i mi dělá** my greatest worry is, what I fear most is **2** *(péče)* **mít co na ~i** be in charge of sth, be responsible for sth; **mít na ~i děti** watch over the children, take* care of the children; **dal jsem mu to na s.** I put* him in charge of it
starosta mayor; *(menšího města)* town clerk; *(obce)* chairman of the parish council
starostliv|ý solicitous; *(ohleduplný)* considerate, thoughtful ■ **~ost** solicitousness
starověk antiquity, ancient times
starozákonní Old Testament
starožitnictví antique shop
starožitník antique dealer
starožitnost antique
starší 1 srv. **starý**; **J. Novák s.** J. Novák senior **2** *(člověk)* elderly **3 obecní s.** alderman
start 1 sport. start; *(letadla)* takeoff; *(kosmické rakety)* blast-off, lift-off, launch; **kolmý s.** vertical takeoff; **letmý s.** standing n. flying start; **jít na s.** take* up one's starting position **2** *(~ovní čára)* starting line
startér mot. i sport. starter; **nožní s.** kickstarter
startovací *(pistole)* starter's
startovat 1 sport. start; **s. v závodě** take* part n. participate n. run* in a race **2** mot. start; let. take* off; *(kosmická raketa)* lift off, be launched; **s. kolmo** rise* vertically
startovní: s. rychlost let. take-off n. lift-off speed; **s. blok** starting block
sta|rý I adj. **1** *(člověk, strom)* old ♦ **s. mládenec** bachelor; **~rá panna** spinster, old maid **2** *(o věku)* old; **jak je s.?** how old is he?; **je s. 20 let** he is twenty (years old); **jsme stejně ~ří** we are (of) the same age; **(on) je ~rší než já** he is older than me, he is senior to me (in age); **(on) je o tři roky ~rší než já** he is three years older than me, he is three years my senior, he is my senior by three years ♦ **na ~rá kolena** in one's old age **3** *(chléb)* stale, old; *(pivo)* stale, flat **4** *(použitý)* old, second-hand, used; **~ré železo** scrap iron **5** *(dřívější)* old, old-time, ancient; **za ~rých časů** in former times; **S. svět** the Old World; **~ré zlaté časy** the good old days **6** *(vtip)* old, stale ♦ **~rá písnička** the same old story; **to je pro mne ~rá vesta** I've been there before **7** *(zkušený)* experienced, seasoned **II** subst. **1** **~ří** old people, old folk(s) **2** expr. *(manžel, otec)* the old man; *(šéf)* the boss, the governor ■ **~rá** *(manželka)* the old woman n. lady; *(nadřízená)* the boss
stařec (very) old man
stařeck|ý old-age; **~á dětinskost** second childhood; **~á slabost** old-age infirmity, decrepitude
stařen|a (very) old woman ■ **~ka** little old woman n. lady; hov. *(babička)* granny
stáří 1 age; **jsme stejného s.** we are (of) the same age; **zemřít ve s. 40 let** die at (the age of) 40; **na své s. vypadá zachovale** he looks young for his age **2** *(pokročilé)* old age; **sehnutý ~m** bent with age
stařičký advanced in years, aged
stát$_1$ 1 state; *(země)* country; **s. ve ~ě** a state within a state; **s. se sociálním zabezpečením** welfare state **2** *(jako právn. osoba)* state, government, state authorities
stá|t$_2$ 1 stand*; *(penis)* be erect; **s. na špičkách** stand on tiptoe; **s. v pozoru** stand at attention, **s. modelem** stand model **2** *(nacházet se)* be, stand; **na stole stojí váza** there is a vase (standing) on the table; **na silnici ~la voda** there was water on the road ♦ **stále nad někým s.** *(kontrolovat ho)* breathe down sb's neck; **nevím, kde mi hlava stojí** I scarcely n. hardly know*

whether I am on my head or my heels; *(prodat co)* **jak to leží a stojí** lock, stock and barrel **3** *(nepohybovat se)* stand, be at a standstill; **veškerá doprava stojí** all the traffic is at a complete standstill; **hodiny stojí** the clock has stopped; **stůj, kdo tam?** halt! who goes* there? **4** *(být v určitém stavu)* **s. před problémem** be faced with a problem; **s. před dilematem** be in the horns of a dilemma; **s. v plamenech** be in flames, be ablaze; **s. v čele** be at the head **5** přen. **s. za kým** stand n. stick* by sb, support sb, be on sb's side; **s. při sobě** *(vzájemně)* stand by each other **6 s. si dobře** *(hmotně)* be well off; hov. be sitting pretty; **s. si dobře u šéfa** stand well with one's boss, be well in with the boss; **jak si stojíte?** how are things with you? **7** *(záviset)* **stojí to na vás** it depends on you; **na vás svět nestojí** you are not the centre of the world n. universe **8 s. za čím** hold* n. abide n. stick* by sth; **s. za svým slibem** hold by n. keep* to one's promise; **s. za svým přesvědčením** have the courage of one's convictions **9 s. o koho/ co** care for sb/ sth; *(toužit po)* yearn for sb/ sth **10** *(mít cenu)* cost*; **kolik to stojí?** how much is it?, how much does it cost? ♦ **s. fůru peněz** cost the earth; **stůj co stůj** at any cost, whatever the cost **11** *(rovnat se hodnotou)* **s. za to** be worth it; **za moc to nestojí** it doesn't amount to much; **nestojí to za námahu** it is not worth the effort; **ta kniha stojí za přečtení** the book is worth reading **12** *(v tisku* ap.*)* be written, say*; **v novinách stojí, že** the paper says that; **tady stojí, že** it says here that; **v bibli stojí psáno** the Bible says that

stát se 1 *(*vyj. *změnu stavu)* become*, be made*; **s. se učitelem** become a teacher; **s. se poslancem** enter the House; **s. se četařem** be made* a sergeant; **s. se hercem** go* on the stage; **s. se středem zájmu** steal* the limelight n. the show **2** *(udát se)* happen; **a tak se stalo** and so it happened n. came* about; **ať se stane cokoliv** no matter what happens ♦ **co se stalo, stalo se** what's done is done **3** *(o něčem nepříjemném)* **s. se komu** happen to sb; **stala se mu nehoda** he has had an accident, he has met* with an accident; **kdyby se se mnou něco stalo** should anything happen to me; **nic se nestalo** *(to nevadí)* never mind!

stať 1 *(článek)* article; *(vědecká)* paper **2** *(slovníková)* entry (word), headword

statečn|ý brave, plucky; *(chrabrý)* gallant ■ **~ě** bravely, courageously; **tvářit se ~ě** put* a bold n. brave face on it

stat|ek 1 (estate) farm, farmstead; **státní s.** state farm **2 ~ky:** kn. **pozemské ~ky** earthly n. worldly goods n. possessions; **kulturní ~ky** cultural assets n. values

statický static

statika static

statisíce hundreds of thousands

statist|a, ~ka div. supernumerary, hov. super; film. extra

statistický statistical

statistika statistics

stativ tripod

statkář big landowner, estate owner

státní state, government, governmental; state-owned; public, national; **s. svátek/ hymna** national holiday/ anthem; **s. občanství** citizenship; **s. příslušnost** nationality; **s. zájem** national n. public interest; **s. zaměstnanci** government employees; **s. byt** ≅ council flat

státnice univ. state examination *(for the first degree)*; ≅ finals, degree examinations

státník statesman

statný *(člověk)* robust, hefty, portly; *(žena)* full-figured; *(jelen* ap.*)* magnificent; **s. zjev** imposing n. fine figure

státoprávní under public n. constitutional law

statut statute; *(organizace)* statutes; *(předpis)* by-law

stav$_1$ 1 *(situace)* state, condition; **tělesný/ duševní s.** physical/ mental state; **být v dobrém/ špatném ~u** *(auto, dům)* be in good/ bad condition n. repair; **v současném ~u** in the present state of affairs ♦ **být v jiném ~u** be in the family way, be expecting **2** *(armády)* strength; *(dobytka)* population; *(zápasu)* score; *(konta)* balance; *(vody)* level, height **3 s. manželský** matrimony, married state; **vstoupit do ~u manželského** enter into matrimony n. marriage **4** *(povolání)* profession, walk of life; **učitelský s.** teaching profession; **lidé všech ~ů** people from all walks of life **5 být v ~u něco udělat** be able to do sth, be capable of doing sth

stav$_2$ text. (weaving) loom; **tryskový s.** jet loom

stávající existing; *(současný)* current, present; prevailing; **s. ceny** ruling prices

stávat se v. **stát se**

stav|ba 1 *(~ění)* building, construction; **s. silnice** the construction of a road; **s. lodí** shipbuilding **2** *(vystavěný objekt)* building, edifice, structure;

betonová s. concrete building n. structure **3** *(uspořádání)* structure; **s. těla** bodily structure, anatomy; **gramatická s.** grammatical structure
stavbař construction worker
stavbyvedoucí (building) site manager
stavební *(průmysl, dělník)* construction; *(materiál)* building; **s. pozemek** building site n. plot; **s. povolení** planning permission
stavebnice building n. construction set n. kit; *(kovová)* Meccano
stavebnicový *(systém)* unit construction system
stavebnictví building industry
stavěcí: s. šroub adjusting screw; **s. pes** mysl. setter
stavěč mysl. setter
stavědlo signal box, am. switch n. signal tower
stavení building; *(obytné)* house, residential building; **hospodářské s.** farm building
staveniště building site
stavě|t **1** *(do vzpřímené polohy)* stand* up, put* n. place sth upright; **s. dítě (znovu) na nohy** stand the child up again, set* the child on its feet again ♦ **s. si hlavu** be stubborn n. obstinate **2** *(umísťovat)* put*, place, stand; **s. hrnec na sporák** put a pot on a cooker; **s. něco na odiv** parade sth; **s. na odiv své bohatství** flourish n. flaunt one's wealth **3** *(do řady)* line up; *(hráče)* nominate, put on, take* on the team; *(mužstvo)* compose; *(hlídku)* post, station; **s. koho na pranýř** pillory sb; **s. koho před problém** face n. present sb with a problem; **s. si za cíl** set* o.s. *(to do sth)* **4** *(pes: zvěř)* bring* (game) to bay **5** *(dům)* build*, *(stroj)* build, construct, design; *(stan)* pitch; *(věty)* construct; **s. si hnízdo** make* n. build o.s. a nest též přen. ♦ **s. na písku** build on sand **6** *(vlak)* stop; **nes.** run* through ■ **s. se** **1** *(vzpřímit se)* stand up; *(kam)* go* and stand, place o.s.; **s. se před/ za koho** go and stand in front of/ behind sb; **s. se na špičky** stand on tiptoe; **s. se na oči** push o.s. forward ♦ **s. se na zadní** přen. stand on one's hind legs, put up a fight **2** *(zaujímat stanovisko)* **s. se proti komu** oppose sb; **s. se proti čemu** oppose n. resist sth, set one's face against sth; **s. se za koho/ co** stand up for sb/ sth **3** *(předstírat)* pretend, posture n. pose as; **~l se, že neslyší** he pretended not to hear*; **s. se jako přítel chudých** set* o.s. up n. pose as a friend of the poor
stavidl|o floodgate, sluice-gate ♦ **otevřít ~a výmluvnosti** přen. open the floodgates of one's eloquence
stavit se *(u koho)* drop in on, come* round to; **někdy se stav!** drop n. call in some time
stavitel **1** builder **2** v. **stavbyvedoucí** **3** *(podnikatel)* building contractor
stavitelský building; **s. projekt** building n. construction project
stavitelství civil n. construction engineering; **pozemní s.** structural engineering
stavivo building material
stávk|a strike, walkout; **generální s.** general strike; **vyhlásit ~u** call a strike, walk out
stávkař striker
stávkokaz strikebreaker; hov. scab, blackleg
stávkovat strike, be on strike
stávkov|ý **1** **~é hnutí** strike movement; **~á hlídka** picket **2** **~é zboží** hosiery
stávkující striker
stáž educational stay, study visit; *(stipendijní)* research fellowship
stearin stearin
stébl|o *(obilné)* stalk; *(trávy)* blade; *(slámy)* straw ♦ **tonoucí se i ~a chytá** a drowning man will catch* n. clutch at a straw
stéci flow* down
steh stitch; lék. též suture; **řetízkový s.** chain stitch; **velké/ malé ~y**
stehenní: s. kost thighbone, femur
stehlík goldfinch
stehno thigh; **husí s.** leg of goose
stěhovací removal; **s. vůz** removal van
stěhov|at move ■ **s. se** move (house), sk., sev. Anglie též flit; *(do zahraničí)* emigrate; *(národy, ptáci)* migrate ■ **~ání** removal, flitting; emigration; migration
stěhovav|ý migratory; **~í ptáci** birds of passage
stejnobarevný of the same colour
stejnojmenný of the same name, having the same name
stejnokroj uniform; **slavnostní s.** full-dress uniform
stejnoměrn|ý *(dech, rysy)* regular; *(teplota)* constant; *(rozdělení)* even ■ **~ě** *(rozdělit* ap.*)* regularly; evenly
stejnorodý homogenous
stejnosměrný *(proud)* direct
stejn|ý **1** *(týž)* same, identical; *(neměnný)* constant; **ve ~ou dobu** at the same time; **mít (s kým) ~ou cestu** go* sb's way **2** *(~ého druhu)* equal, like; **~é velikosti** equal in size; **~á práva/ povinnosti** equal rights/ duties; **u něho je to ~é** it's the same case with him ■ **~á, ~o: odpovědět**

~ou give* as good as one gets*; **to vyjde na ~o** it comes* to the same thing ■ **~ě** equally, alike; **~ě velký** equally large; **~ě oblečený** dressed alike; **v zimě ~ě jako v létě** winter and summer alike
stejšn estate car; am. station waggon
stékat v. **stéci**
stěn|a 1 wall; *(dělicí)* partition, dividing wall; **zbledl jako s.** he went* as white as a sheet n. ghost; **~y mají uši** walls have ears (here) 2 *(kufru, krabice, nádoby)* side; *(krychle)* face, surface 3 *(skalní)* cliff, face
sténat groan
stenograf stenographer, shorthand writer
stenografie stenography, shorthand
stenografovat write* in shorthand; **s. co** take* n. write* sth in shorthand
stenotypist|a, ~ka shorthand typist
step₁ *(tanec)* tap-dancing
step₂, **~ní** steppe; *(v sev. Americe)* prairie
stepař tap-dancer
stepov|at tap-dance ■ **~ání** tap-dancing
stěrač *(auto)* windscreen wiper, am. windshield wiper
stereofonní stereophonic, in stereo
stereoskopický stereoscopic
stereotyp stereotype
stereotypní stereotyped; *(fráze)* hackneyed; **s. odpovědi/ postavy** stock answers/ characters
sterilita sterility též přen.
steriliz|ovat sterilize ■ **~ace** sterilization
sterilní sterile též přen.; *(prostředí)* germ-free
sterilovat *(potraviny)* preserve
stěrka *(malířská)* palette knife; *(kuchyňská)* spatula
stesk 1 nostalgia; **pociťovat s.** feel* nostalgic, *(po domově)* be homesick, miss home 2 **~y** complaints, moaning
stěsnat squeeze sth together; *(nábytek ap.)* move *(pieces of furniture ap.)* closer together ■ **s. se** squeeze up, huddle together
stevard let. steward ■ **~ka** stewardess, air-hostess
stezka footpath, path
stěžej hinge
stěžejní *(dílo)* main, principal; *(otázka)* cardinal; **s. bod** crucial n. central point, key issue
stěžeň mast; **hlavní s.** mainmast
stěží hardly, scarcely, barely; **tomu lze s. uvěřit** it's hardly n. scarcely believable; **s. vyváznout** have a narrow escape
stěžovat si 1 *(naříkat)* complain, grumble; hov. moan 2 **s. si na koho/ co** complain about sb/ sth; **s. si, že** complain that; **s. si komu** complain to sb; **s. si na úředníka** report an official; **nemáte si nač s.** you have no reason to complain, you have no cause for complaint
stěžovatel complainer; právn. appellant
stíhací: s. letadlo fighter (plane)
stíhač *(pilot)* fighter pilot
stíhačka fighter (plane); **trysková s.** jet fighter
stíh|at 1 *(zloděje)* pursue, chase, hunt; **s. koho pohledem** gaze n. stare after sb 2 *(soudně)* prosecute, take* legal action against 3 **~á ho neštěstí** he has been pursued by misfortune n. dogged by bad luck ■ **~ání** pursuit, chase; prosecution
stih|nout 1 *(najít koho)* get* hold of, *(s potížemi)* catch* up with, *(telefonem)* get sb on the phone 2 *(autobus)* catch; **nes. autobus** miss the bus 3 *(práci)* complete, manage, cope with; **~li jsme to** we have made* it 4 **být stižen nemocí** be afflicted with a disease; **~lo ho neštěstí** disaster struck* him
stihomam persecution mania
stimul stimulus, pl. -luses n. -li; **hmotné ~y** material incentives
stimulovat stimulate; *(povzbudit)* motivate
stín 1 shadow; **vrhat ~y** cast* shadows (**na** on); **ani s.** *(pochyb, podezření ap.)* not a shadow n. trace of ♦ **je z něho pouhý s.** he's but a shadow of his former self 2 *(místo ve ~u)* shade; **35°C ve ~u** 35 degrees in the shade
stínit 1 *(co)* cast* a shadow (on); **s. si oči** shade one's eyes 2 **s. komu** stand* in sb's light
stinn|ý *(les, místo)* shady, shadowy; přen. **~á stránka** *(nedostatek)* drawback, disadvantage
stínohra shadow play n. show
stipendista grant-aided student, scholarship holder
stipendium scholarship, bursary; *(státní)* grant; *(vědecké též)* research fellowship
stírat v. **setřít**
stisk: s. ruky handshake
stiskací: s. knoflík snap fastener; br. též press fastener
stisknout *(knoflík)* press, push; *(páku)* depress, push down; **s. komu ruku** shake* sb's hand
stísněn|ý 1 *(prostor)* confined; přen. *(žít)* **v ~ých poměrech** in reduced n. straitened circumstances 2 *(nesvůj)* uneasy; *(nálada)* gloomy ■ **~ost** gloominess
stížnost complaint; **podat s. na co/ koho** lodge a

complaint about n. against sth/ sb; **kniha přání a ~í** ≅ complaints book

stlačit 1 *(vzduch, plyn)* compress; *(šaty v kufru* ap.*)* pack sth tightly, press *(clothes into a case)* 2 *(pedál, páku)* depress, press down; *(knoflík)* push, press on 3 *(ceny)* force n. bring* down ■ **s. se** squeeze n. huddle together

stlačitelný compressible

stlát 1 **s. lůžko** make* the bed 2 *(dobytku, koním* ap.*)* bed down *(horses* ap.*)*, litter (down)

stlouci 1 *(rampouchy* ap.*)* knock n. beat* sth down 2 *(desky)* nail sth together 3 *(peníze)* scrape up n. together

stmelit cement, weld together; přen. též unite; **s. přátelství** cement a friendship

stmív|at se: ~á se it is getting* n. growing* dark

sto hundred; **s. lidí** one hundred people ♦ **mít s. chutí něco udělat** have a good mind to do sth; **jet o s. šest** drive* at full blast; *(je to slyšet)* **na s. honů** (many) miles away

Stockholm Stockholm

stočit 1 *(koberec)* roll up, *(cívku)* reel, coil, wind*; **s. si cigaretu** roll a cigarette 2 *(volant)* swerve; **s. kroky směrem** turn one's steps towards 3 *(víno do lahví)* decant ■ **s. se** 1 *(papír)* roll up; *(do klubíčka)* curl o.s. up 2 *(auto)* swerve; *(vítr)* shift

stodola barn

stoh stack, rick; **s. sena** haystack

stoj *(na rukou)* handstand; *(na hlavě)* head-stand

stojací: s. hodiny grandfather clock; **s. lampa** standard lamp, am. floor lamp

stojan *(na klobouky, noty, kola)* stand; *(na pušky, dýmky, gramodesky)* rack; **s. na ručníky** towel rack n. stand; *(na stroje)* stand, pedestal, support; *(stativ)* fot. tripod; *(malířský)* easel

stojánek rack; **s. na talíře** plate rack; **s. na ocet a olej** cruet stand

stojat|ý 1 *(límec)* stand-up; **~é písmo** tall and vertical handwriting; **na ~o** in an upright position 2 **~á voda;** stagnant water, přen. backwater

stojka gymn. v. **stoj**

stoka sewer, sewage conduit

stokoruna hundred-crown note n. am. bill

stokrát a hundred times

stolař v. **truhlář**

stolec throne; **královský s.** king's throne; **papežský s.** Apostolic n. Holy See

stole|k, ~ček srv. **stůl; noční s.** bedside table; **servírovací s.** sideboard, *(pojízdný)* serving table

století century; *(výročí)* centenary

stolet|ý one-hundred-year-old; **oslava ~ého trvání** centenary, centennial

stolic|e 1 *(hoblovací)* carpenter's bench 2 v. **stolec** 3 *(univerzitní)* chair 4 lék. stool, bowel movement; **jít na ~i** open bowels

stoličk|a 1 stool; *(pod nohy)* footstool ♦ **dát komu ~u** *(podrazit mu nohy)* trip sb up 2 *(zub)* molar

stolní *(tenis, lampa, víno)* table; *(kalendář)* desk; **s. olej** cooking oil

stolov|at dine; **bohatě s.** feast, banquet ■ **~ání** feasting, banqueting

stonásobek hundredfold; **s. této částky** hundred times this sum

stonásobný hundredfold

stonat 1 be ill, be in bad health; *(na co)* be ill with, be suffering from; **s. se srdcem** have a heart condition; **s. s žaludkem** have stomach trouble, suffer from a gastric disorder 2 přen. *(po čem: novém autě* ap.*)* long for, hanker after, yearn for

stonav|ý *(dítě)* sickly, *(starý člověk)* infirm ■ **~ost** sickliness, infirmity

stonek bot. stalk, stem

stonožka centipede, millepede

stop$_1$ stop!; *(při filmování)* stop!, cut!

stop$_2$ *(autostop)* hitchhiking, hov. hitching; **jezdit ~em** hitchhike

stop|a 1 *(kol, po chůzi)* track; *(krve* ap.*)* trail; *(zůstatek)* trace, mark; *(chodidla)* footprint; **~y ve sněhu** tracks in the snow; **sledovat ~u** follow a track n. trail; **zloděj nezanechal žádné ~y** the culprit left* no traces n. marks; **být na falešné ~ě** be on the wrong track ♦ přen. bark up the wrong tree; **jít v čích ~ách** follow in sb's footsteps; **zmizet beze ~y** disappear without (a) trace 2 *(angl. míra)* foot; pl. feet, *(po číslovkách též)* foot; **měří šest ~** he is six foot n. feet tall 3 *(zvuková: na magnetofonu)* track

stopař$_1$ *(pes)* trackhound

stopař$_2$ *(auto~)* hitchhiker

stopk|a$_1$ 1 *(ovoce, listu)* stalk, stem; *(skleničky)* stem, shank; **skleničky s dlouhými ~ami** long-stemmed glasses**; mít oči na ~ách** keep* one's eyes peeled n. skinned 2 small glass for spirits

stopka$_2$ mot. brake light, am. stoplight

stopky stopwatch

stopnout 1 *(čas)* time, clock; **s. běžci čas** time a runner 2 sport. *(míč)* stop, kill 3 *(auto)* stop; **s. si auto** hitch a ride n. lift, thumb a lift

stopovat 1 *(koho)* track sb's trail; *(špión)* tail; *(zvíře: o psech)* scent a trail 2 *(auta: o stopařích)* hitchhike

stopov|ý: ~é prvky trace elements

stoprocentn|í one hundred per cent n. am. percent; *(alkohol, vlna)* pure; *(přesnost)* pinpoint; *(znalost)* thorough; **s. konzervativec** a staunch conservative, a dyed-in-the-wool Tory ■ **~ě** completely, totally, absolutely; **máš ~ě pravdu** you're absolutely n. dead right

storno obch. cancellation

stornovat obch. cancel

stoup|a pulp-mill; **dát knihu do ~y** pulp a book

stoup|at 1 go* up, ascend; *(letadlo)* climb; **s. do schodů** go upstairs, go up the stairs; **s. do kopce** go uphill 2 *(cesta, terén)* climb, rise*, ascend; *(mlha)* rise, lift 3 *(horečka)* rise, go up; *(životní úroveň)* rise; *(ceny)* rise, go up; *(řeka* ap.*)* rise, swell 4 **s. si na špičky** stand* on tiptoe(s) ■ **~ání** climbing, rise ap.; **~ání cesty** gradient; **cesta má ~ání 10%** the road has a gradient of 10%

stoupavý let. climbing

stoupen|ec *(strany* ap.*)* follower, adherent, supporter; **mít mnoho ~ců** have a large following

stoup|nout 1 *(mzdy)* rise*; *(rychle: ceny, teplota)* soar, zoom up; **krev mu ~la do tváře** he went* red in the face ♦ **s. komu do hlavy** *(sláva* ap.*)* go* into sb's head; v. též **stoupat** 2 **s. si** *(kam)* go and stand*, place o.s.; **~l si ke dveřím** he went and stood at the door; **s. si na špičky** stand on tiptoe

stovk|a 1 hundred; **~y lidí** hundreds of people; **po ~ách** by the hundred 2 *(bankovka)* hundred-crown note

stožár *(stěžeň)* mast; el. pylon; telegr. pole; *(vlajkový)* pole, mast; **vztyčit s.** set* up a mast

strád|at be destitute, live in (extreme) poverty, live in reduced circumstances; **s. hladem a žízní** suffer hunger and thirst; **s. ve vězení** languish in prison ■ **~ání** privations; *(bída)* destitution

strach 1 *(bázeň)* fear; *(velký)* dread, terror; **panický s.** panic; **strašný s.** terrible n. dreadful fear; **mít s.** be afraid (**z čeho** of sth), be in fear; **mít strašný s.** be scared stiff, be beside o.s. with fear; **dostat s.** get* frightened, get the wind up; **třást se ~em** tremble with fear; **projevit s.** show* the white feather; **žadné ~y!** never you fear! 2 **mít s. o koho** fear for sb, fear for sb's safety

strachovat se be frightened n. afraid; **s. se o život** go* in fear of one's life; **s. se o koho** v. **strach (2)**

straka magpie ♦ **krást jako s.** have sticky fingers

strakatý spotted, motley, variegated; *(kůň)* piebald, pied; *(kráva)* mottled, spotted

strakapoud spotted woodpecker

stran *(čeho)* concerning, regarding, as regards; as for, with respect to; **přišel s. své dovolené** he came* about his holiday

stráň slope (of a hill), hillside

stran|a 1 *(plocha)* side; *(knihy)* page; *(čtverce)* side, face; **přední/ zadní s.** *(domu* ap.*)* front/ back side; **horní/ spodní s.** *(mince)* obverse/ reverse side; **ze ~y na ~u** from side to side 2 *(prostor)* **levá/ pravá s.** *(řeky, silnice)* left-hand/ right-hand side; **protější s.** the opposite side, *(řeky)* the opposite bank 3 *(směr)* direction; **světové ~y** cardinal points; **na všechny ~y** in all directions; **na jedné/ druhé ~ě** on the one hand/ on the other hand; **proklínali ho ze všech stran** he was abused left, right and centre; **být na čí ~ě** be on sb's side 4 *(spojení s předložkami)* **dát peníze na ~u** put* some money aside, reserve some money for a rainy day; **dělat co po ~ě** do sth on the sly, do sth behind sb's back ♦ **jít na ~u** pay* a call, relieve o.s., answer nature's call 5 *(příbuzní)* side; **z matčiny/ otcovy ~y** from my/ his/ her ap. mother's/ father's side 6 *(skupina)* side, party; **obě ~y se dohodly** the two sides *n.* parties have come* to an agreement; **smluvní ~y** contracting parties; právn. **žalující/ žalovaná s.** plaintiff/ defendant 7 *(politická)* party; **být ve ~ě** be a member of a party; **vstoupit do ~y** join a party

stranick|ý party; **~á disciplína** party discipline

straník party member

stranit 1 *(komu)* take* sb's side, side with; **nes. nikomu** remain neutral, hov. sit* on the fence 2 *(komu)* favour, show* partiality for, prefer ■ **s. se** *(koho/ čeho)* avoid, shun; keep* away from; steer clear of; **s. se společnosti** shun society; **s. se světa** be detached from the world

strán|ka 1 *(knihy, novin)* page; **první/ poslední s.** the first/ last page; *(novin)* the front/ back page; **na dvacáté ~ce** on page twenty 2 *(hledisko)* point of view, respect; *(aspekt)* side, feature; **po této ~ce** in this respect n. regard; **po všech ~kách** in all respects; **jeho silná s.** his forte, his strong point; **jeho slabá s.** his weakness, his weak spot, his Achilles heel; **světlá/ temná s.** bright/ shady side ♦ **všechno má své dobré ~ky** every cloud has a silver lining

stránkovat paginate

stránkov|ý page; **~á korektura** page proof

stran|ou 1 *(na stranu)* aside; **ustoupit s.** step aside; **dát co s.** put* sth aside; **dát si s. peníze** put some money on one side, keep* some money in reserve, keep some money for a rainy day ♦ **žerty s.** joking apart 2 *(mimo)* **stát s.** stand* aside; přen. keep n. hold* o.s. aloof n. detached

strast sorrow, suffering; **sdílet s kým slasti a ~i** share one's joys and sorrows with sb; **vést život plný ~í** live a miserable n. wretched life

strastipln|ý sorrowful; *(život)* wretched, miserable; **~á historie** a tale of woe

strašák *(na poli)* scarecrow

strašidelný spooky; *(tajuplný)* eerie, *(morbidní)* macabre; **s. příběh** ghost story; **s. zámek** haunted castle

strašidlo 1 *(zjevení)* ghost, spectre; přen. **s. bídy** the spectre of want 2 v. **strašák**; **vypadá jako s.** he/ she looks a sight, what a sight he/ she looks n. is

straš|it 1 haunt; neos. **v zámku ~í** the castle is haunted ♦ **~í mu v hlavě** n. **ve věži** he has bats in the belfry, he has a slate missing 2 *(nahánět strach)* frighten, scare

strašliv|ý frightful, awful, ghastly; *(zločin)* heinous, atrocious; *(vražda)* gruesome ■ **~ost** frightfulness; **~ost válek** the horror of war(s)

strašn|ý 1 v. **strašlivý** 2 *(ohromný)* terrible, awful, utter; **s. zmatek** utter confusion, hopeless muddle; **~é počasí** awful weather ■ **~ě** terribly, awfully; **~ě znuděný** bored stiff, bored out of one's mind; **~ě opilý** as drunk as a lord, sl. plastered

strašpytel coward

stratég strategist

strategický strategic

strategie strategy

stratosféra stratosphere

strav|a food, diet, fare; **bezmasá s.** meatless diet; **vězeňská s.** prison diet; **jednoduchá s.** simple n. plain fare; **intelektuální s.** intellectual nourishment; **byt se ~ou** (full) board and lodging

stravenka meal ticket, luncheon voucher

strávit 1 *(čas)* spend* 2 *(jídlo;* přen. *urážku* ap.*)* digest

stravitelný digestible; **lehko/ těžko s.** easy/ hard to digest

strávník boarder, *(v jídelnách)* diner

stravov|at se *(kde)* have n. take* one's meals (at); **s. se venku** eat* out ■ **~ání** catering; **školní ~ání** school meals n. lunches; **společné ~ání** communal catering

stráž 1 guard; **být na ~i** be on guard n. duty; **stát na ~i** stand* guard; **jít na s.** go* on guard 2 *(~ce)* guard, sentry; *(hlídka)* patrol; **čestná s.** guard of honour; **osobní s.** *(královská)* household troops; **vyměnit s.** relieve the guard

strážce guard, sentry; **s. majáku** lighthouse keeper; **osobní s.** bodyguard; přen. *(kulturních statků, morálky)* custodian

strážní: s. služba guard n. sentry duty; **s. věž** watchtower; **s. budka** sentry box

strážnice watchhouse, voj. guard-room

strážník policeman; **dopravní s.** traffic warden; *(oslovení)* **pane ~u!** officer!

strážný I adj. **s. anděl** guardian angel II subst. sentry, guard

strč|it 1 *(do koho/ čeho)* push, shove, *(lehce: prstem, holí* ap.*)* poke, give* sb/ sth a push; *(nechtěně)* knock n. bump against; **s. do koho loktem** nudge sb with an elbow; **s. koho se schodů** push sb down the stairs; **pořádně s. do dveří** give* the door a hard push 2 *(kam)* put*; **s. si ruce do kapsy** put one's hands into one's pockets ♦ **ať si to ~í za klobouk** he can put it in his pipe and smoke it; **můžeš si to s. někam, strč si to někam** you can stick* it!, you know* where you can stick that!; **~í všechny do kapsy** he is head and shoulders above everybody (else)

strefit se hit* the target; **nes. se** miss the target; **s. se do černého** hit the bull's eye

strh|at 1 v. **~nout** 2 *(zkritizovat)* pick sth to pieces, savage

strhn|out 1 *(prudce sundat)* snatch off, rip off; **s. z koho šaty** rip the clothes off sb, strip n. divest sb of his/her clothes 2 *(dům, stěnu)* pull down, take* down, demolish, *(most též)* sweep* away; **s. závity šroubu** strip a screw 3 **s. volant doleva** jerk the wheel to the left; **s. komu masku** unmask sb; **s. na sebe moc** seize power; **s. na sebe pozornost** monopolize sb's attention 4 **s. obecenstvo** take* the audience by storm, *(k potlesku)* bring* down the house; **dát se s. hněvem** be overcome* with rage 5 **s. poplach** raise n. give* the alarm; **s. pokřik** kick up a row, raise a hue and cry 6 *(z platu)* deduct, keep* back 7 **s. hezký kus práce** get* through a lot of work ■ **s. se 1** *(bouřka)* break* out, burst* out **2** hov. **s. se v zádech** strain one's back; **já se přece ne~u** I am not going to break my back

strhující *(řeč)* stirring; *(scéna)* impressive; *(řečník)* rapturous

striktní *(příkazy)* strict; *(pravidla)* hard and fast; *(zákony)* stringent

striptérka stripper

striptýz striptease; **udělat s.** do a striptease

strkanice hustle

strk|at v. **strčit** ♦ **s. do všeho nos** poke one's nose into everything, be a busybody; **s. co komu pod nos** parade sth ■ **s. se** push, jostle; **s. se o místo** scramble for a place; **ne~ejte se!** stop pushing!

strmět: s. nad čím tower n. rise* above sth

strm|ý steep; *(skály)* precipitate; *(střecha)* high-pitched ■ **~ost** steepness

strnad bunting

strn|isko, ~iště stubble field; **~isko** *(na bradě)* stubble

strn|out stiffen, grow* stiff; *(údy)* get* numb; **s. hrůzou** be paralyzed n. petrified with horror, be scared stiff ■ **~utí šíje** stiff neck

strnul|ý stiff, rigid; *(ruka, noha)* numb; *(úsměv)* constrained; *(obličej)* rigid, frozen; **s. pohled** a fixed stare ■ **~ost** stiffness, rigidness; numbness

strofa verse, stanza, strophe

strofický strophic, in stanzas

stroh|ý *(člověk)* stern, blunt; *(odpověď)* curt; *(popis)* stark; *(zevnějšek)* gruff; *(architektura)* severe; *(styl)* austere ■ **~ost** sternness atd.

stroj machine; **~e** *(~ní vybavení)* machinery; **psací s.** typewriter; **hodinový s.** clockwork; **parní s.** steam engine; **psát na ~i** type; přen. **válečný s.** war machine ♦ **pracovat jako s.** work like a Trojan

strojař *(dělník)* machine attendant n. operator; *(inženýr)* mechanical engineer

strojek: s. na holení safety razor; *(elektrický)* electric razor n. shaver; **masážní s.** massager; **s. na maso** mincing machine, mincer; **s. na vlasy** hair clippers

strojen|ý *(chování)* affected; *(styl též)* mannered, stilted, laboured; *(smích)* forced ■ **~ost** affectation

strojírenský engineering; **s. průmysl** engineering industry

strojírenství mechanical engineering; **lehké/ těžké/ přesné s.** light/ heavy/ precision engineering

strojírn|a, ~y engineering works

stroj|it 1 *(oblékat)* dress; *(slavnostně)* dress up, hov. spruce up; *(vánoční stromek)* decorate **2 s. úklady** plot and scheme ♦ **s. komu léčku** set* n. lay* a trap for sb ■ **s. se** *(oblékat se)* dress, put* on one's clothes; *(slavnostně)* dress up; **ráda se ~í** she likes to dress up

strojní machine, mechanical; **s. zámečník** engine n. machine fitter; **s. inženýr** mechanical engineer; **s. olej** machine n. engine oil; **s. zpracování** machining, mechanical treatment

strojník machine operator n. attendant, machinist

strojopis typescript

strojovna *(v závodě)* machine shop; *(parníku)* engine room; *(tiskárny)* machine room

strojový *(papír, práce)* machine; **s. park** machinery, mechanical equipment

strojvůdce engine driver

strom tree; **jehličnatý/ listnatý s.** coniferous/ deciduous tree ♦ **pro ~y nevidět les** be unable to see* the wood for the trees

strom|eček, ~ek; 1 srv. **strom** ♦ **s. se musí ohýbat, dokud je mladý** spare the rod and spoil the child **2** *(mladý)* sapling **3 vánoční s.** Christmas tree

stromořadí tree-lined avenue, boulevard

stroncium strontium

strop ceiling; **cenový s.** price freeze; **mzdový s.** lid on wages, wages ceiling ♦ **vyskakovat radostí do ~u** go* through the ceiling with joy, jump for joy

stropnice *(trám)* ceiling joist n. beam

strouha *(odvodňovací)* drain; (zvl. *vymletá)* gulley; *(příkop)* gutter

strouhanka breadcrumbs

strouhat *(sýr, mrkev* ap.*)* grate ♦ **s. komu mrkvičku** cock a snook at sb

stroužek: s. česneku clove of garlic

strpení patience; **mít s kým s.** be patient n. have patience with sb, bear* with sb

strp|ět *(co)* tolerate; *(násilí)* countenance; **to ne~ím!** I won't tolerate that; **ta věc ne~í odkladu** the matter cannot be put* off n. delayed

stručn|ý brief, short; *(dějiny)* concise, hanl. potted; **buď s.!** be brief!; **~é zprávy** the news headlines ■ **~ě** briefly, in short; *(shrnout)* in a nutshell; **~ě a k věci** briefly and to the point ■ **~ost** brevity; **ve vší ~osti** very briefly

struhadlo grater; *(na okurky)* slicer

strůjce agent, originator; **s. svého štěstí** the architect n. agent of one's (own) fortune

struk 1 bot. pod, shell, husk 2 *(u krav, koz* ap.*)* teat

struktura structure; *(látky)* texture; **s. společnosti** the fabric of society; **politická s.** the political fabric

strukturalismus structuralism

strukturalistický structuralist

struma goitre, struma

strun|a *(houslová, tenisové rakety)* string ♦ **uhodit na správnou ~u** strike* n. touch the right chord

strunný: s. nástroj string(ed) instrument

strup scab

struska slag

stružk|a gully, *(pramínek)* stream; přen. **stékat ve ~ách** *(pot, krev)* pour down

strýc uncle

strýč|ek: ♦ **pro ~ka Příhodu** for a rainy day

strž ravine, gorge

stržit *(peníze)* take* in, hanl. rake in; **s. mnoho peněz** make* a lot of money

střádat 1 *(peníze)* save; **s. (si) na auto** save up for a car 2 *(zásoby)* accumulate

střadatel saver

střapatý shaggy, shock-headed

střapec tassel

střást v. **setřást**

střeček gadfly

střed 1 *(města)* centre, am. center; *(vesmíru)* hub; *(silnice)* middle; **s. týdne** the middle of the week, midweek; **s. terče** bull's eye; **s. lodi** midship 2 *(okruh lidí* n. *věcí)* midst; *(zvolíme si někoho)* **ze svého ~u** from our midst, from among us 3 **být ~em pozornosti** be the centre of attention, be in the limelight

střed|a Wednesday; **ve ~u** on Wednesday; **Popeleční s.** Ash Wednesday

středisko centre, am. center; **zdravotnické s.** outpatients' department, polyclinic; **kulturní s.** arts centre; **rekreační s.** holiday resort; **s. zimních sportů** winter resort

střed|ní 1 *(ležící ve ~u)* central; **S. Čechy** Central Bohemia; **S. Amerika** Central America; **s. Evropa** Central Europe ♦ **zlatá s. cesta** the golden mean, the happy medium 2 *(prostřední)* medium; *(šaty)* **s. velikosti** medium-sized; *(rakety)* **~ního doletu** medium-range; *(muž)* **~ního věku** middle-aged; **s. škola** secondary school; jaz. **s. rod** neuter ■ **~ně velký** *(město* ap.*)* medium-sized

středník jaz. semicolon

středoamerický Central American

středoevropský Central European

středoškolák pupil n. student of a secondary school

středoškolsk|ý: ~é vzdělání secondary education

středověk Middle Ages

středověký mediaeval

středový central; geom. **s. úhel** centre angle

Středozemí the Mediterranean

středozemní Mediterranean; **S. moře** the Mediterranean Sea

střeh: být ve ~u be on one's guard

střech|a 1 roof; **bez ~y** roofless; **nemít ~u nad hlavou** have no roof over one's head; **bydlet pod jednou ~ou** live under one roof 2 *(auta)* roof, top; *(kočárku)* top; **S. světa** *(Pamír)* the roof of the world 3 *(klobouku)* brim

střechýl icicle

střela 1 projectile, missile; *(kulka)* bullet; **řízená s.** guided missile, **řízená s. s plochou dráhou letu** cruise missile 2 sport. *(na branku)* shot

střelba shooting, firing; *(výstřely)* shots, *(z děl)* gunfire; **s. na asfaltové holuby** trap-shooting, clay-pigeon shooting; **s. na terč** target practice

střelec 1 voj. rifleman, fusilier; **dobrý s.** marksman, good n. crack shot 2 *(v šachu)* bishop

střelený hov. batty, barmy; **je trochu s.** he is not all there

střelit 1 **s. na koho/ co** shoot* n. fire n. take* a shot at sb/ sth; **s. vedle** miss; **s. koho do srdce** shoot sb in the heart ♦ **s. po kom pohledem** look daggers at sb 2 sport. shoot; **s. gól** score a goal 3 *(prodat)* hov. flog, sell* sth below price

střelivo ammunition

střelka compass n. magnetic needle

střelnice firing range; *(na pouti)* shooting gallery

střeln|ý: s. prach gunpowder; **~á rána** bullet wound, gun shot; **~á bavlna** guncotton; **~á zbraň** firearm

střemhlav *(skočit do vody)* head first n. foremost; **spadnout s.** fall* headlong; **letět s.** *(letadlo)* nosedive

střemhlavý: s. let nosedive

střenka *(nože)* knife handle

střep broken piece *(of glass/ china)*, fragment; archeol. potsherd, shard; **rozbít co na ~y** shatter sth ■ **rozbít se na ~y** shatter, go* into pieces

střepat knock n. shake* off ■ **s. se sebe koho** get* rid of sb, get sb off one's hands

střepina splinter, *(granátu)* fragment

střet|at se, ~nout se *(utkat se)* clash, *(s kým)*

have a clash with; *(v diskusi)* clash, get* into an argument; **jejich zraky se ~ly** their eyes met* ■ **~nutí** clash, encounter; *(fotb. mužstev* ap.*)* match; box. fight, boxing match; **~nutí názorů** clash of views

střevíc shoe; **~e** footwear; v. též **bota**

střevíč|ek *(dětský)* child's shoe ♦ **vyrůst z dětských ~ků** grow* up, be no longer a child

střevní intestinal; **s. nemoci** intestinal diseases

střevo bowel, intestine, gut; **slepé s.** appendix; **tenké s.** small intestine n. gut; **tlusté s.** large intestine, colon

střevov|ý: ~á struna catgut string

střežit *(koho/ co)* guard, protect, watch over; **s. co jako oko v hlavě** guard sth like a treasure ■ **s. se koho/ čeho** be on one's guard against sb/ sth

stříbrn|ý silver, made* of silver; *(hlas, vlasy)* silvery; **~á liška** silver fox ♦ **~á svatba** silver wedding

stříbr|o silver; *(stolní náčiní)* silver; **talíř ze ~a** silver plate; **rodinné s.** family silver ♦ **mluviti s., mlčeti zlato** speech is silver but silence is golden

stříbrovlasý greyhaired

stříbřit silverplate

stříd|a, ~ka bread-crumb

střídačk|a 1 sport. substitutes, bench 2 **na ~u** on a rota basis, by rotation

stříd|at *(stráže)* change, relieve; *(práci s odpočinkem)* alternate ■ **s. se** take* turns (**v čem** at sth); *(ve funkci)* rotate; **s. se u volantu** take turns n. spells at the wheel; *(příliv a odliv)* alternate ■ **~ání** *(stráží)* relief; *(ve funkci)* rotation; **~ání plodin/ ročních období** rotation of crops/ seasons

střídav|ý alternating; *(periodicky)* rotating; *(úspěch)* varying; **s. osevní postup** rotation of crops ■ **~ě** alternately, by turns, on a rota basis, by rotation

střídm|ý *(v jídle)* moderate ■ **~ost** moderation, temperance

střih 1 *(šablona)* pattern 2 *(způsob ušití)* cut, style, fashion 3 *(filmu)* editing

střihač 1 *(látky)* cutter 2 *(ovcí)* shearer 3 *(filmu)* editor

stříhat 1 *(vlasy)* cut*, crop; **s. si nehty** cut one's nails; *(ovce)* shear 2 **s. koho, s. komu vlasy** cut sb's hair; **s. růže** prune roses 3 **s. si na šaty** cut out a dress 4 **s. ušima** *(zvířata)* prick (up) its ears, *(o lidech: dávat pozor)* prick up one's ears

střik wine and soda water mix, am. spritzer

stříkačka lék. syringe; *(požární)* fire engine; *(zahradní)* sprinkler, sprayer

střík|at, ~nout 1 *(cákat)* splash, spatter; *(tenkým proudem)* squirt; *(krev z tepny; voda, nafta z prasklého potrubí)* spout, gush; **s. na všechny strany** splash in all directions 2 *(trávník)* spray, sprinkle; *(hadicí)* hose; *(barvou: auto* ap.*)* spray(-paint); **s. postřikem** *(proti hmyzu)* spray sth with insecticide; *(o hadech)* **s. jed** spit* poison

stříknutý hov. merry, tiddley, tipsy

stříl|et 1 (**na** at) shoot*, fire; **začít s.** open fire; **dobře s.** be a good shot ♦ **s. pánubohu do oken** shoot* wide; **s. si z koho** pull sb's leg 2 *(skály)* blast* ♦ **~í se** *(v lomu* ap.*)* blasting in progress

střílna embrasure; *(lodi/ tanku)* port

stříška v. **střecha**; *(nad obchodem)* awning; **s. klobouku** (hat) brim

střízlík zool. wren; přen. *(malý člověk)* midge(t), dwarf

střízliv|ý 1 *(ne opilý)* sober 2 *(věcný)* matter-of-fact, sober; *(názor)* dispassionate; *(člověk)* down-to-earth; *(nemající fantazii)* unimaginative, pedestrian, prosaic; *(architektura, styl)* austere ■ **~ě** soberly ■ **~ost** sobriety atd.

stříž *(ovcí)* shearing

střižní: s. zboží drapery, am. dry goods

stůček *(plátna)* roll, bolt

stud 1 shame; **nemá kouska ~u v těle** he hasn't got an iota n. ounce of shame in him; **bez jakéhokoliv ~u** quite brazenly; **propadl by se ~em** he wanted to sink* through the floor with shame 2 *(ostych)* shyness, bashfulness

studánka *(pramen)* spring

student student; *(na stř. škole)* senior pupil; **dálkový s.** external student; *(na univerzitě* též*)* undergraduate, *(postgraduální)* postgraduate, am. graduate (student)

studentsk|ý student('s), students'; **~á kolej** student hostel, hall of residence, am. dormitory; **s. svaz** students' association

studentstvo students

studen|ý 1 cold, *(klima* též*)* frigid; *(vítr)* chilly; *(jídlo)* cold; **s. stůl** cold buffet ♦ **s. jako led** ice-cold; **~á válka** cold war 2 *(citově chladný)* cold, passionless ♦ **~á čísla** bloodless statistics; **s. jako psí čumák** as cold as ice 3 *(střízlivý)* dispassionate

studie 1 **(o)** study (of), essay (on); *(vědecká též)* paper (on) 2 *(skica)* sketch 3 *(šachová)* problem

studijní study, of study; **s. cesta** study trip; **s. dovolená** study leave, *(celoroční)* sabbatical; **s. program** curriculum, syllabus

studio studio

stud|ium 1 *(~ia)* studies; **dálkové s.** correspondence course; **denní s.** full-time study; **s. fyziky** the study of physics; **během ~ií** during one's studies; **jít na ~ie** *(vysokoškolské)* go* to university n. college 2 *(bádání)* investigation

studna well; **artézská s.** artesian well

studnař well-digger

studnice přen. mine, well; **s. vědomostí** a fount n. well of learning

stud|ovat 1 study, be a student; *(na univerzitě též)* be at university; **s. dálkově** study part time, study by correspondence; **s. filozofii** read* n. take* philosophy 2 *(problém)* investigate 3 *(roli)* learn*, study ■ **~ující** student ■ **~ovaný** *(člověk)* educated

studovna *(v univ. knihovně)* reading room, *(soukromá)* study room

stuha *(na klobouku)* band; *(pentle)* ribbon; *(do vlasů)* bandeau, pl. bandeaux

stůl table; *(pracovní)* desk; **jídelní s.** dinner n. dining table; **psací s.** writing desk; **skládací s.** folding table, *(se skládací deskou)* gate-leg table; **sedět u stolu** sit* at a table, *(jíst)* sit at table; **prostřít s.** lay* n. set* the table

stupačka *(motocyklu)* footrest

stupátko footstep; *(žel. vozu)* step

stup|eň 1 *(schod)* step; *(žebříku)* rung; *(rakety)* stage; **~ně vítězů** victory rostrum; **nejvyšší s. civilizace** the highest stage of civilization 2 *(etapa)* stage; **vývojový s.** stage of development 3 *(míra)* degree, extent, grade; **s. kvality** grade of quality; **popáleniny druhého ~ně** second-degree burns; **určitý s. úspěchu** a measure of success 4 *(teploty ap.)* degree; **5°C** five degrees Celsius

stupidn|í stupid, obtuse, thick ■ **~ost** stupidity, obtuseness, thickness

stupínek 1 v. **stupeň** 2 *(ve škole)* (raised) platform, dais

stupnice 1 scale, range; **s. barev** colour scale n. range; **s. tvrdosti** scale of hardness 2 hud. **durová/ mollová s.** major/ minor scale

stupňov|at *(pracovní úsilí, tempo)* step up; *(napětí)* intensify, heighten; *(adjektiva)* compare ■ **s. se** *(tempo)* rise*, grow*, mount; *(napětí)* intensify ■ **~ání** intensification; jaz. *(adjektiv ap.)* comparison

stupňovit|ý 1 arranged in the form of steps n. tiers; *(řady sedadel)* tiered; *(zahrada, vinohrad)* terraced 2 přen. *(pokles ap.)* gradual, step-by-step, in stages ■ **~ě** *(terasovitě)* in tiers n. terraces

stvol bot. stem, stalk

stvoření 1 bibl. Creation 2 *(tvor)* creature, thing; **milé s.** lovely n. sweet thing; **odporné s.** nasty piece of work; **politické s.** political animal

stvoř|it create; **je pro tu roli jako ~ený** he is cut* out for this role ♦ *(stál tam)* **jak ho pánbůh ~il** in his birthday suit ♦ **jsou pro sebe jako ~eni** they were meant* for each other

stvrdit confirm; **s. své prohlášení podpisem** put* one's signature to a statement

stvrzenka receipt

stvůra monster

stý hundredth

styčn|ý contact, of contact; **~á plocha** contact surface; **s. bod** point of contact; **s. důstojník** liaison officer

styd|ět se 1 be n. feel* ashamed; **že se ne~íš!** you ought to be ashamed of yourself, you should be ashamed of yourself!; **s. se za koho** be ashamed of sb 2 *(ostýchat se)* be n. feel shy

stydk|ý *(kost)* pubic; **krajina ~á** groin, loins

stydlivý shy, bashful; *(upejpavý)* coy, prim; *(prudérní)* prude

stydn|out cool down, grow* cold ♦ **krev mi při tom ~e v žilách** it makes* my blood run* cold

styk 1 contact, touch; **přijít s kým do ~u** come* into contact with sb, come in touch with sb; **udržovat s. s kým** keep* in touch with sb; **písemný s.** correspondence; **pohlavní s.** sexual intercourse 2 zprav. **~y** relations; **diplomatické/ obchodní ~y** diplomatic/ business relations ♦ **mít** *(vlivné)* **~y** be well-connected, have friends in the right places

stýkat se 1 *(tratě)* join; *(hranicemi)* border on 2 *(s kým)* associate n. mix with; *(často)* see* a lot of sb; *(vzájemně)* see a lot of each other; *(s významnými lidmi)* hov. rub shoulders with

styl 1 style; **ve ~u** in the style of 2 **plavání/ zápas ve volném ~u** freestyle swimming/ wrestling

stylista stylist

stylistický stylistic

stylistika stylistics

styliz|ovat stylize ■ **~ace** stylization
stylový jaz. stylistic, of style; **s. nábytek** period furniture
stýsk|at se neos. **~á se mi po tobě/ po domově, po vlasti** I miss you/ I am homesick
stýskat si complain, moan; **s. si nač** complain about sth
subjekt subject
subjektivní subjective
sublim|ovat sublimate ■ **~ace** sublimation
subreta soubrette
substance substance
substantivum jaz. noun, substantive
subtilní 1 *(rozdíly)* subtle 2 *(křehký)* delicate, fragile; *(dívka)* slight; *(tvář)* fine-featured
subtropický subtropical
subvence subsidy; *(dotace)* grant
subvencovat subsidize
sud barrel, cask; *(menší též)* keg; *(velký)* vat, tun ♦ **válet ~y** *(o dětech)* roll on the grass
Sudán Sudan
Sudán|ec, ~ka, s~ský Sudanese
sudičk|a: ~y the Fates
sudov|ý: ~é pivo *(čepované)* beer on tap
sudý *(číslo)* even
sufix suffix
sugerovat suggest
sugesce suggestion
sugestivní *(projev)* powerful, magnetic; *(hlas)* seductive; *(popis)* vivid; *(otázka)* suggestive, leading (jen atrib.)
suchar 1 rusk, am. též biscuit; **dietní s.** digestive biscuit 2 přen. *(člověk)* wet blanket
sucharský dry as dust, tedious
such|o 1 dryness; *(půdy též)* aridity; *(období bez deště)* period of drought, dry season n. spell; **být na ~u** *(nemít peníze)* be broke, be penniless, be on the rocks 2 *(~é místo)* dry place; **udržovat co v ~u** keep* sth in a dry place ♦ **být v ~u** *(v bezpečí)* be out of the woods
suchopárný dry, tedious, unimaginative; *(těžkopádný)* pedestrian
suchozemsk|ý: ~á doprava carriage by land
suchý 1 dry *(též víno)*; *(půda, oblast též)* arid; **s. jako troud** dry as a bone, dry as dust 2 přen. dry, tedious, kn. jejune; **s. humor** dry humour ■ **suše** dryly
suk gnarl, knot
sukn|ě skirt; **skládaná s.** pleated skirt ♦ **běhat za kdejakou ~í** hov. run* n. chase after everything in a skirt
sukničkář philanderer, womanizer, lady's man
sukno cloth
sukovice gnarled stick
sukovitý knotty, gnarled
sůl salt; **naložit co do soli** salt sth down ♦ **s. země** the salt of the Earth; **být komu solí v očích** be a thorn in sb's side n. flesh
sulc brawn, jellied meat
sultán sultan
sultanát sultanate
sultánky *(rozinky)* sultanas
sum|a sum, *(peněz též)* amount; **celková s.** sum total; **obrovské ~y peněz** enormous sums of money; **s. vědomostí** a body of learning
sumec catfish
sundat *(dát pryč)* remove; *(obrazy, záclony)* take* down; *(šaty, boty)* take off; *(límec, kapuci)* detach; přen. hov. **s. koho z funkce** relieve sb off his/ her office; **s. si kabát** take off one's coat
sunout *(po zemi)* push ■ **s. se dopředu** move (slowly) up to the front, inch forward; **těžce se s.** drag n. lug along
sup vulture
superfosfát superphosphate
supě|t pant; *(sípět)* wheeze, *(hlasitě)* snort; *(vozidlo)* grind* along ■ **~ní** panting, wheeze, wheezing
suplent supply teacher
suplovat *(za koho)* stand* in for, take* sb else's class
surfing surfing
surovec ruffian, brutal fellow, bully
surovina raw material
surov|ý 1 *(bavlna, kůže, sukno)* raw; *(nafta, ruda, guma, cukr)* crude 2 *(člověk)* brutal; *(neotesaný)* rude, rough; *(v chování)* gross ■ **~ost** roughness, rudeness, brutality
suspendov|at suspend ■ **~ání** suspension
sušák dryer; **s. na vlasy** hair-dryer, hair-drier; **s. na seno** rickstand; **s. na prádlo** clothes rack
sušárna techn. drying chamber; *(keramiky* ap.*)* drying kiln
sušenka biscuit, am. cookie
sušicí drying; **s. zařízení** drying apparatus
sušič, ~ka dryer, drying apparatus; **bubnová ~ka** *(na prádlo)* tumble dryer n. drier
suš|it *(prádlo, dřevo)* dry; *(ovoce)* desiccate, dehydrate; **s. seno** make* hay ♦ hov. **s. hubu** *(bez pití)* sit* without a drink; hov. **s. peníze** be tightfisted ■ **~ený** *(ryba, maso, ovoce, zelenina)* dried; **~ené švestky** prunes

suť *(hornin)* detritus, debris; *(stavební)* rubble, debris
sutana cassock
suterén, ~ní basement; **~ní byt** basement flat
sutin|y ruins, rubble; **být v ~ách** be in ruins, be razed to the ground
sůva v. **sova**
suvenýr souvenir
suverén *(vládce)* sovereign; hov. *(v nějakém oboru)* ace, wizard, genius; **je s. v matematice** he is a wizard at maths
suverenita sovereignty, independence
suverénní 1 pol. sovereign 2 *(dokonalý)* masterful, *(sebejistý)* confident; *(herec, hudebník* ap.*)* consummate; hanl. cocky, overbearing
sužovat *(bolesti, vedra* ap.*)* trouble, torment; *(myšlenky, pochyby)* torment, haunt, prey (up)on sb's mind; *(rozčilovat)* annoy, bother, harass ■ **s. se** worry, torment o.s.
svačina snack; **dopolední/ odpolední s.** mid-morning/ afternoon snack
svačinářka tea lady
svačit have a snack, *(mít přestávku)* have a tea break
svádět v. **svést**
svah slope, incline; *(sklon)* gradient; **příkrý s.** steep incline
sval muscle; **napnout ~y** tense n. brace one's muscles
svalit *(lampu, židli)* knock over n. down; *(koho)* throw* ♦ **s.** *(vinu, zodpovědnost* ap.*)* **na koho** lay* sth at sb's door ■ **s. se** fall*, have a fall; *(pytel, židle)* topple over; **s. se z koně** fall n. tumble from n. off one's horse; **s. se jako špalek** go* n. fall down like a ninepin
svalnatý muscular, brawny; hov. beefy
svalovat v. **svalit**
sval|ovec 1 zool. trichina 2 *(~natý muž)* muscleman
svalstvo muscles, hov. am. beef
svar weld
svár quarrel; *(dlouhotrvající)* feud ♦ **jablko ~u** bone of contention
svárliv|ý quarrelsome, cantankerous ■ **~ost** quarrelsomeness
svářeč welder
svářečka welder, welding machine
svářečský *(maska, rukavice)* welder's
sváře|t techn. weld ■ **~ní** welding
svař|it 1 *(vodu)* boil; *(mléko)* scald; *(víno)* mull 2 *(kovy)* weld (together) ■ **~ené víno** mulled wine
svářit se quarrel, have a quarrel n. dispute
svařovat v. **svářet**
svařovací *(postup, technika)* welding
svatb|a wedding, *(sňatek* též*)* marriage; **stříbrná/ zlatá/ diamantová s.** silver/ golden/ diamond wedding anniversary; **s. v kostele/ na radnici** a church/ civil marriage; **strojit ~u** celebrate one's wedding
svatebčan wedding guest
svatební wedding, marriage; **s. šaty/ oznámení** wedding gown/ card; **s. obřad** marriage service; **s. dar** wedding gift n. present
sváteční 1 **s. den** holiday; **s. nálada** holiday mood; **s. šaty** Sunday clothes, hov. one's Sunday best; hov. **s. hadry** glad rags 2 přen. **s. řidič** a Sunday driver
svát|ek 1 holiday, red-letter day; **úřední/ církevní s.** public/ religious holiday; **s. práce** Labour Day; **o nedělích a ~cích** on Sundays and holidays 2 *(jmeniny)* name day *(ve VB se neslaví)*
svatka marriage agency n. bureau
svatodušní whit(sun), am. Pentecostal; **s. svátky** Whitsun(tide), am. Pentecost
svatojánsk|ý: ~á muška glow-worm, fire-fly; **Sen noci ~é** Midsummer Night's Dream
svatokrádež sacrilege
svatokrádežný sacrilegious
svátost sacrament; **poslední s.** last rites
svatostánek tabernacle
svatosvat|ý sacrosanct ■ **~ě přísahat** swear* by all that is sacred; **~ě slíbit** promise solemnly
svatoušek sanctimonious person, *(pokrytec)* hypocrite; hov. goody-goody
svatouškovský sanctimonious
svatozář halo, nimbus; **obklopit se ~í** surround o.s. with an aura of saintliness n. sanctity
svat|ý I adj. 1 holy; *(před jménem)* Saint; **~á rodina** the Holy Family; **~é pole** cemetery; hist. **S~á aliance** the Holy Alliance 2 *(pobožný)* pious 3 *(posvátný)* sacred, sacrosanct, inviolate; **~á povinnost** sacred duty; **~á pravda** gospel truth; **~é právo** inviolate right; **nic mu není ~é** nothing is sacred to him **II** subst. *(světec)* saint
svatyně sanctuary; *(chrám)* temple
svaz 1 union; *(sdružení)* association; **s. mládeže** youth organization; **odborový s.** federation of trade unions 2 voj. **letecký s.** flying unit; **bojový s.** combat unit
svazák dř. member of the Czechoslovak Socialist Youth Movement

svázat 1 *(spolu)* tie up, bind* sth together; *(dva provázky)* tie sth together; **s. knihy do balíku** parcel up books; **s. komu ruce a nohy** bind sb's hands and feet 2 *(kytici, otýpku)* make* 3 *(knihu)* bind

svaz|ek 1 *(klíčů)* bunch; *(dopisů)* sheaf; *(bankovek)* wad n. bundle; *(paprsků)* beam 2 *(kniha)* volume 3 **rodinné ~ky** family ties; **přátelský s.** bond of friendship; **manželský s.** bond of marriage; **uzavřít manželský s.** be joined in marriage, take* the marriage vows

svazovat v. **svázat** ♦ **s. komu ruce** *(povinnosti* ap.*)* tie sb down

svážet v. **svézt**

svažovat se *(stráň)* slant, decline, sink*

svébytn|ý peculiar, original; *(zvyk* též*)* odd; *(nezávislý)* independent ■ **~ost** peculiarity, originality; independence

svědč|it 1 *(před soudem)* testify, give* evidence; **s. pro koho/ proti komu** testify for/ against sb 2 přen. *(dosvědčovat)* **s. o čem** show sth, testify to sth; **to ne~í o jeho odvaze** that doesn't say much for his courage 3 *(komu)* suit sb, agree with sb; **dětem ~í čerstvý vzduch** children thrive* in fresh air

svědeck|ý: ~á výpověď testimony, evidence; **s. důkaz** evidence of a witness

svědectví právn. testimony, evidence; **podat (falešné) s.** bear* (false) witness

svěd|ek 1 witness; **být ~kem čeho** be a witness of sth, witness sth 2 *(minulosti)* monument, relic

svěd|ět, ~it itch; **~í mne celé tělo** I am itching all over; **~í mne záda** my back is itchy

svědivý itching

svědomí conscience; **mít čisté/ špatné s.** have a good/ bad n. guilty conscience; **podle nejlepšího vědomí a s.** to the best of one's knowledge

svědomit|ý conscientious, *(pečlivý)* scrupulous ■ **~ost** conscientiousness

svéhlavec obstinate n. pigheaded person

svéhlav|ý obstinate, stubborn, pigheaded, headstrong ■ **~ost** obstinacy atd.

svépomoc, ~ný self-help

svéprávn|ý právn. capable; **nes.** (legally) incapacitated ■ **~ost** legal capacity

svěrací: s. kazajka straitjacket

svěrák vice, am. vise; grip

svéráz v. **~nost**

svérázn|ý peculiar; *(původní)* original; *(výstřední)* idiosyncratic; **s. styl** individual style (of writing) ■ **~ost** peculiarity, originality, idiosyncracy; *(budovy)* individuality

svěřenec *(poručenec)* ward; *(hlídané dítě)* charge, *(svěřené do opatrování)* foster child

sveřep|ý *(nepřítel)* ferocious, fierce ■ **~ost** ferocity, fierceness

svěřit: s. komu co entrust sth to sb, put* sth in sb's hands; **s. duši Bohu** recommend one's soul to God ■ **s. se** 1 **s. se komu** *(do ochrany* ap.*)* entrust o.s. to sb, put* o.s. in sb's hands 2 **s. se komu** *(s tajemstvím)* confide in sb, take* sb into one's confidence

svěsit *(vlajku)* take* down; **s. hlavu** hang* one's head; **s. ramena** slouch; **s. křídla** droop the wings

svést 1 *(dolů)* lead* n. take* sb down n. *(po schodech)* downstairs 2 *(potok)* divert; *(blesk)* conduct; *(vodu z luk)* drain away ♦ **s. řeč jinam** turn n. divert the talk to other channels, change the subject 3 *(dohromady)* bring* (people) together; **svedla je náhoda** chance has thrown* them together 4 *(ke krádeži)* entice n. lure sb into doing sth; *(ženu)* seduce, debauch 5 **s. vinu na koho** put* n. fasten the blame on sb, blame sth on sb 6 **s. bitvu** do battle 7 *(umět)* manage, succeed in doing sth; **však to svedeme!** we'll bring n. pull it off (one of these days) 8 *(*zprav. *v záporu)* **s ním nic nesvedeš!** you will not get* anywhere with him

svět 1 *(země, Země)* world, globe, earth; **cesta kolem ~a** a journey (a)round the world; **vláda nad ~em** world supremacy; **poslední události ve ~ě** the latest world events; **po celém ~ě** all over the world ♦ **přijít na s.** be born, come* into the world; **přivést na s.** bring* *(a child)* into the world, give* birth to; **sejít ze ~a** depart* this life; **sprovodit koho ze ~a** eliminate sb; *(je to tak)* **co s. ~em stojí** as long as the world exists; **je to kus ~a** it's a long way (from here); *(šel by)* **až na (samý) konec ~a** to the very end of the earth n. world; **neví nic o ~ě** he knows* nothing about the world, *(je opilý)* he's dead to the world; **pro všechno na ~ě** for goodness sake!; **za nic na ~ě** for the life of me! 2 **tento s.** this life; **pozemský s.** earthly life; **onen s.** the other world, the life to come, the hereafter 3 **Starý/ Nový s.** the Old/ the New World 4 *(cizí země)* world; **viděl kus ~a** he has seen* a lot of the world, he has been around; **vydat se do ~a** set* out into the wide world; **jezdit po ~ě** go* places 5 *(lidstvo)* the whole world, everybody; **celý s. mu tleskal** the whole world applauded him 6 *(společenství)* the world (of); **dětský s.** the world of the child, the child's world; **literární s.** the literary set; **vědecký s.** the world of science, the scientific world; **žít ve svém vlastním ~ě** live in a world of one's own 7 *(život)* world, life; **je to zvrácený s.** it's a crazy n. mixed-up world ♦ **mrzí ho s.** he's tired of life; **celý s. se mu zbortil** the world has collapsed about him

světáck|ý worldly; **~á společnost** the smart set

světáctví worldliness

světadíl continent

svět|ák man of the world ■ **~ačka** mondaine

světec saint též přen.

světélko 1 srv. **světlo** 2 v. **bludička**

světélkov|at luminesce, phosphoresce ■ **~ání** luminescence, phosphorescence

světeln|ý light, luminous, optical; **s. signál** light n. luminous n. flash signal; **s. rok** light year ■ **~ost** luminosity, brightness

svět|it 1 *(kostel, oltář)* consecrate, dedicate; **s. koho na kněze/ biskupa** ordain sb (as) a priest/ consecrate sb (as) a bishop ♦ **účel ~í prostředky** the end justifies the means 2 *(neděli)* observe ■ **svěcená voda** holy water

světlice signal rocket

světlík 1 *(šachta)* light shaft n. well 2 *(stropní)* skylight; *(kruhový)* porthole; *(nade dveřmi)* fan-light

světl|o I subst. 1 light; **sluneční s.** sunlight; **umělé/ elektrické s.** artificial/ electric light; **s. a stín** light and shade; **denní s.** the light of day, daylight; **udělat s.** turn n. switch the light on ♦ **spatřit s. světa** kn. see* the light of day, be born; **ukázat se v pravém/ v jiném ~e** show* o.s. in one's true colours/ show o.s. in a new light; **ukázat koho v příznivém ~e** present sb to his/her best advantage 2 *(zdroj ~a)* light; *(lampa)* lamp; **pouliční ~a** street lights; **zadní/ parkovací ~a** rear/ parking lights 3 hov. *(el. energie)* electricity II předl. **ve ~e čeho** *(s přihlédnutím k čemu)* in the light of sth, am. in light of sth; **ve ~e nedávných událostí** in the light of recent developments

světlomet searchlight; *(auta)* headlight, head lamp

světlost *(mostu)* clearance, headroom; *(roury)* inside diameter

světlovláska blonde

světlovlas|ý blond, fair-haired ■ **~á** blonde, fair-haired

světluška glow-worm, fire-fly

světl|ý 1 *(barva, pivo)* light, pale; *(šaty)* light-coloured; *(místnost)* bright; *(vlasy)* blond; **~é okamžiky** *(u duševně chorých)* lucid moments 2 *(stránka)* bright; **~á budoucnost** radiant future 3 techn. **~á výška** v. **~ost** ■ **~e modrý/ žlutý** light-blue/ light-yellow

světnice room; voj. **s. mužstva** men's quarters; **podkrovní s.** attic room

světoběžník globetrotter

světobol weltschmerz

světoborn|ý worldshaking ♦ **není to nic ~ého** it's nothing to write* home about

světoobčan cosmopolitan, citizen of the world

světoobčan|ský cosmopolitan ■ **~ství** cosmopolitanism

světovláda world domination

světov|ý world, world's, international; **s. názor** world view, weltanschauung; **~á výstava** world('s) fair; **s. trh** world n. international market

světoznámý world-famous, *(osobnost též)* world-renowned

svetr *(oblékaný přes hlavu)* pullover; *(těžší též)* sweater, *(lehký též)* jumper

světský 1 *(radosti, starosti)* worldly, mundane 2 *(písně)* secular; *(moc)* temporal

svévole wilfulness, licence

svévoln|ý wilful, wanton; *(lež)* gratuitous ■ **~ě** wilfully; **~ě něco zničit** destroy sth wilfully n. wantonly; **jednat ~ě** be capricious

svézt 1 *(úrodu)* take* in 2 **s. koho** give* sb a lift; *(povozit)* give sb a ride

svěžest freshness; **s. mládí** the freshness of youth, the bloom of youth

svěží *(vegetace)* lush; *(vítr, vzduch)* fresh; *(počasí)* breezy; *(dech)* sweet; *(člověk)* hale and hearty

svíce candle

svíc|en candlestick; *(víceramenný)* candelabra; *(nástěnný)* sconce ♦ **pod ~nem bývá tma** still waters run* deep

svíč|ka candle; *(motoru)* (spark) plug; **při ~ce** by candlelight

svíčková kuch. sirloin; *(pečeně)* roast sirloin

svíjet v. **svinout** ■ **s. se** *(kroutit se)* wriggle; **s. se bolestí** writhe with pain; **s. se smíchy** double up with laughter

svinčík *(nepořádek)* pigsty, mess

svin|ě 1 sow; **divoká s.** wild sow ♦ **házet perly**

~ím cast* pearls before swine **2** zhrub. *(nadávka)* bastard

svinout *(koberec)* roll up, *(plachtu, vlajku)* furl; *(lano)* coil (up); *(cigaretu)* roll ■ **s. se** *(had)* coil itself up; *(ježek)* **s. se do klubíčka** roll itself up into a ball

svinstvo 1 *(špína)* dirt, mess; hov. muck **2** *(nestoudné jednání)* a dirty trick; **to bylo s.** that was a beastly thing to do

svír|at v. **sevřít**; geom. **s. úhel** form an angle ■ **s. se** v. **sevřít se**; **~á se mi žaludek hlady** I am feeling* hunger pangs, my stomach's rumbling

svíravý *(bolest)* excruciating

svislice perpendicular

svisl|ý vertical, perpendicular; *(uši)* drooping; *(vlasy)* flowing, falling ■ **~e** vertically

svišť marmot

svištět *(kulky, vítr)* whistle; *(šíp)* whirr; *(auta)* zoom; *(sníh pod lyžemi)* sizzle

svišt|ivý whistling; whirring; zooming; v. **~ět**

svit: sluneční s. sunshine

svita 1 *(doprovod)* entourage; *(královská, prezidentská)* retinue **2** hud. suite

svít|at dawn; **~á** it is dawning, it is getting* light, day is breaking* ♦ **už mi ~á** I am beginning to understand*, now it's dawning on me ■ **~ání** dawn, daybreak; **za ~ání** at dawn, at daybreak

svitek *(filmu)* roll; **pergamenový s.** roll n. scroll of parchment

svítidlo *(lustr)* light fitting; *(stolní)* lamp

svítilna lamp, light; **pouliční s.** street light n. lamp; **kapesní s.** (electric) torch, am. flashlight

svítiplyn town gas, coal gas

svít|it *(slunce, měsíc)* shine*, *(světla, oheň též)* burn*, *(hvězdy též)* twinkle; *(ciferník, světluška)* glow; **s. baterkou** shine an electric torch; **s. jasně/ slabě** give* a bright/ dim light; **slunce mi ~í do očí** the sun is shining in my eyes; **~í měsíc** the moon is shining, there is a moon ■ **s. se** sparkle, gleam; **v domě (se) všechno ~ilo čistotou** the house was sparkling with cleanliness

svítiv|ý luminous, bright; *(zuby)* gleaming ■ **~ost** luminosity, intensity of light, brightness

svitkový: s. film roll film

svit|nout v. **svítat** ♦ **konečně mu ~lo** *(pochopil to)* the penny (has) dropped; *(uvědomil si to)* the truth (has) dawned on him at last

svízel trouble, bother, nuisance; **~e stáří** the complaints of old age; **je s ním (strašná) s.** he's a (perfect) nuisance *n.* pest, he is a pain in the neck

svízeln|ý hard, hov. tough, troublesome; **~á situace** a precarious situation; **být ve ~é situaci** hov. be in a tight spot

svižn|ý *(člověk)* lively, nimble, agile; *(starší člověk)* spry; *(tělo)* supple, lithe; *(pohyb)* agile, nimble; *(tempo, chůze)* brisk; *(dialog)* lively; *(jazyk)* deft ■ **~ě** nimbly, briskly; **jít ~ě** walk with a swing, walk briskly ■ **~ost** agility, nimbleness, briskness ap.

svlažit moisten, wet* (slightly); **s. si rty** moisten one's lips; **s. si hrdlo** have a drink, expr. *(zvl. alkoholem)* whet one's whistle

svlé|ci, ~knout *(koho)* undress; **s. koho do naha** strip sb naked; **s. komu/ si kabát** take* off n. remove sb's/ one's coat; **~knout lůžkoviny** strip a bed ■ **s. se** undress, take* one's clothes off, strip; *(had z kůže)* cast* its skin

svobod|a freedom, liberty; **občanské ~y** civil liberties; **s. tisku** freedom of the press; **s. shromažďování** freedom of association; **být na ~ě** be free, be at liberty, *(zločinec)* be at large; **vzít komu ~u** rob sb of his freedom n. liberty; **pustit na ~u** *(vězně, ptáka z klece)* release

svobodárna 1 hostel for single people **2** *(garsoniéra)* bedsitter, studio flat, am. studio apartment

svobodník lance corporal, am. private first class

svobodn|ý 1 *(člověk, volba)* free, unrestrained; **s. rozvoj** free development; **~á povolání** the independent professions **2** *(propuštěný z vězení)* free, at liberty **3** *(neženatý, nevdaná)* single; **život za ~a** single life ■ **~ě** freely; *(neomezeně)* without restraint

svobodomyslný liberal, open-minded

svobodymilovný freedom-loving

svod 1 el. leak, leakage; **uzemňovací s.** earthing wire **2 ~y** *(lákadla)* temptation, inducements, enticements; **~y velkoměsta** the inducements of a large city; **podlehnout ~ům** yield to temptation

svol|at, ~ávat call *(people)* together; *(vojáky)* call up; *(parlament)* convoke, summon; *(schůzi též)* call, convene; **s. schůzi/ radu** call a meeting/ council ♦ **~ávat na čí hlavu hromy a blesky** call down curses on sb's head ■ **~ání** convocation; *(vojáků)* call-up

svol|it consent, agree, give* one's consent (**k** to) ■ **~ení** consent, approval, permission; **s vaším ~ením** with your permission

svolný willing, ready, prepared; **být s. ke všemu** be ready n. willing to do anything, hov. be game

for anything
svorka *(sešívací)* staple; *(na spisy)* paper clip; lék. *(na rány)* clip
svorn|ý harmonious, united; **buďte ~i!** stand* united! ■ **~ě** harmoniously ■ **~ost** unity, harmony
svrab scabies
svraštit *(čelo)* wrinkle up; *(obočí)* knit ■ **s. se** *(kůže, ovocná slupka)* wrinkle, get* wrinkled
svrb|ět itch; **~í mne celé tělo** I'm itching all over ♦ **~í ho dlaň** přen. he's itching for a fight ■ **~ění** itching, lék. též itch
svr|hnout 1 *(koho ze skály)* throw* n. push sb down; *(bomby)* dump down **2** *(vládce, tyranii)* overthrow*, topple, bring* down ■ **~žení** *(vlády* ap.*)* overthrow
svrchní *(vrstva* ap.*)* top; **s. oděv** outer wear n. garment
svrchník overcoat
svrchovan|ý 1 *(vládce, moc)* sovereign **2** *(bída, nebezpečí)* utmost, greatest; **je s. čas** it is high time *(např.: to go)*; **s. výkon** crowning achievement ■ **~ost** sovereignty, independence; **porušení ~osti** infringement of sovereignty
svrchu: s. zmíněný above-mentioned, aforementioned ♦ **dívat se na koho s.** look down one's nose at sb, look down on sb; **mít na koho s.** have a down on sb, have a grudge against sb
svrš|ek 1 *(svrchní část)* upper n. top part, *(oděvu)* top; **s. silnice** road surface; *(boty)* upper **2** karet. queen **3 ~ky** *(šatstvo, bytové zařízení* ap.*)* movable effects n. goods; **osobní ~ky** personal effects
svůd|ce, ~ník seducer, lady-killer
svůdnice seductress, siren
svůdný seductive; *(lákavý)* tempting, alluring
svůj one's (my, your ap.); **s. vlastní** my/ your/ his ap. own; **odešli do svých pokojů** *(jednotlivě)* they went* off to their respective rooms; **svého času** at one time; **vše má s. čas** all in good time ♦ **není ve své kůži** he's off colour; **být svým pánem** be one's own man; **jsou svoji** they are married; **dosáhnout svého** get* one's own way; **přijít po svých** come* on shank's pony, neutr. come on foot; **jdi si po svých!** hov. clear off!, beat it!
syčák bastard, stinker
sýček owl; expr. *(o lidech)* prophet of doom, am. calamity howler
syčet *(had* ap.*)* hiss; *(tuk na pánvi)* sizzle
syfilis lék. syphilis
syfiliti|cký, ~k syphilitic
sychrav|ý *(počasí)* cold and damp, raw; *(vítr)* rough ■ **dnes je ~o** it's damp and cold today
sykavka sibilant
sýkor(k)a zool. tit, titmouse; **s. koňadra** great titmouse
sylabus *(přednášky* ap.*)* abstract
symbol symbol; *(státní znak* ap.*)* emblem; **s. životní úrovně** status symbol
symbolický symbolic
symbolika, symbolismus symbolism
symbolizovat symbolize, epitomize
symetrick|ý symmetric(al) ■ **~y** symmetrically
symetri|čnost, ~e symmetry
symfonie symphony
symfonick|ý symphonic; **~á báseň** symphonic poem
sympatick|ý pleasant, likeable, nice; **je velmi ~á** she is very nice, she is a lovely person; **je mi ~á** I like her
sympati|e liking; **pocítit/ mít ke komu ~i** take* a liking to sb, like sb, have a soft spot for sb, be fond of sb
sympatizovat *(s hnutím)* support, be a supporter of
symptom symptom
syn son; **nevlastní s.** stepson ♦ *(jestli se pohneš,)* **jsi ~em smrti** *(make a move and)* you are a dead man n. sl. a goner
synáček little son; **rozmazlený s.** mummy's boy
synagoga synagogue
syndikát syndicate
synchronický synchronous
synchroniz|ovat synchronize ■ **~ace** synchronization
synkopa syncope
synkopovaný syncopated
synonymický synonymous
synonymie synonymy
synonymum synonym
synopse outline, synopsis
synovec nephew
synovský *(láska, povinnost* ap.*)* filial
syntaktický syntactic(al)
syntax syntax
syntetický synthetic, plastic; *(vlákna* též*)* man-made
syntéza synthesis
syntetizátor *(zvukový)* synthesizer
sypa|t *(obilí* ap.*)* pour; **s. co na hromadu** pile sth up; **s. dobře** *(obilí: při mlácení)* yield well;

sype to *(peníze)* it's a money-spinner; **s. písek na chodník** scatter the pavement with sand, grit the pavement ♦ **s.** *(odpovědi* ap.*)* **z rukávu** have sth at one's fingertips ■ **s. se** *(z pytle)* pour out; **rány se jen ~ly** the blows were showering n. raining down; **otázky se na něj ~ly** he was showered with questions

sypátko sifter

sypek tick

sýpka granary

sypk|ý *(hmoty)* loose; **~é zboží** bulk cargo

sypkovina ticking

sýr cheese; **ementálský s.** Emment(h)aler, Swiss cheese; **tavený s.** processed cheese; **tvarohový s.** cottage cheese; **smetanový s.** cream cheese

Sýrie Syria

syrský Syrian

syrovátka whey

syrov|ý *(maso* ap.*)* raw, uncooked; *(ovoce)* fresh; *(dřevo)* rough, unfinished; *(styl)* raw; *(vítr)* rough, raw; **jíst co ~é** eat* sth raw

sýrov|ý cheese; **~é tyčinky** cheese straws

Syřan, ~ka Syrian

systém system

systematick|ý systematic, methodical ■ **~y** methodically, in a systematic fashion

systematizovat systematize, systemize

syt|it **1** *(hladové)* feed*; *(hlad)* kn. sate; *(trh)* saturate; *(touhu po čtení)* gratify, satiate **2** *(být ~ý)* be filling, be substantial

syt|ý *(člověk)* replete; kn. sated; hov. full up; *(jídlo)* substantial; *(hlas)* plummy, fruity; *(barva)* deep, rich ♦ **jsem toho syt** *(mám toho dost)* I'm sick of it, I'm fed up with it ■ **~ost** repleteness, satiety; *(barvy)* richness; **do ~osti** to one's heart's content

syžet subject, topic

sžehnout singe, scorch

sžírat *(rez, kyselina)* eat* away, corrode; přen. **s. koho** *(starosti* ap.*)* prey on sb's mind; *(nenávist)* rankle in sb's mind ■ **s. se** *(čím)* be eaten up with *(envy* ap.*)*

sžíravý *(kritika)* savage, severe; *(odpověď* ap.*)* scathing, caustic; *(sarkasmus)* poignant, blistering

sžít se *(s kolektivem* ap.*)* adapt n. adjust o.s. (to); *(s prostředím)* become acclimatized (to), settle (into); **brzy se sžil s novým prostředím** soon he settled into n. felt* at home in his new surroundings

Š

š *(písmeno)* š [eš]
šablona **1** *(malířská)* stencil **2** *(vzor)* pattern, model; techn. template **3** přen. hanl. routine; *(v umění)* cliché, stereotype
šablonovitý hanl. stereotype, routine
šafrán bot. saffron (crocus); *(koření)* saffron
šafránov|ý **1** *(květ)* saffron **2** *(~ě žlutý)* saffron(--yellow)
šach$_1$ *(titul)* shah
šach$_2$ **1** *(hra)* chess; **hrát ~(y)** play chess; **partie ~u** (a) game of chess **2 ~y** *(souprava)* chess set **3** *(ohrožení krále)* check; **dát komu š.** check sb's king ♦ **držet koho v ~u** keep* n. hold* sb at bay
šachista chess player
šachovat check sb's king
šachovnice chessboard
šachov|ý chess-, chess; **~á figurka** chessman, chess piece; **~á hra** game of chess; **š. turnaj** chess tournament
šachta *(větrací, výtahová)* shaft, *(důl* též*)* pit; **š. na odpadky** garbage chute
šakal jackal
šála scarf; *(velká čtvercová: šál)* shawl
šálek cup; **š. kávy** (a) cup of coffee
šál|it kn. *(smysly)* deceive; **pokud mne ne~í zrak** if my eyes do not deceive me
šálivý deceptive, illusory
šamot fireclay
šampaňské champagne
šampión champion
šampionát championship
šampón shampoo
šanc|e chance, opportunity; **mít ~i** stand* a chance; **nemá ani tu nejmenší ~i** he doesn't have the slightest n. remotest chance, hov. he doesn't have a hope in hell
šanon file
šanson, ~ový chanson
šansoniér, ~ka chanson n. cabaret singer
šarlat, ~ový scarlet
šarlatán charlatan, hov. phoney, humbug; lék. quack
šarm charm, grace; **má š.** she has charm
šarvátka skirmish, scuffle; **politická š.** political dogfight
šarže rank
šasi chassis
šaš|ek clown *(též v cirkuse)*, fool; **dvorní š.** court jester ♦ **dělat ze sebe ~ka** play the fool; **tropit si z někoho ~ky** make* a fool of sb, pull sb's leg
šaškovat fool around
šaškovský clownish, foolish
šaškovství tomfoolery, buffoonery
šátek *(na hlavu)* (head)scarf, kerchief; *(na krk)* scarf
šatečky *(dětské)* baby's dress; *(na panenku)* doll's dress
šatit *(koho)* clothe, dress; **š. se pěkně** dress well
šatna cloakroom; div. dressing room
šatnář cloakroom attendant
šatník wardrobe
šatovka dress material
šatstvo clothes, clothing
šaty **1** *(dámské)* dress; *(pánské)* suit; **svatební š.** wedding dress n. gown **2** v. **šatstvo** ♦ **š. dělají člověka** fine feathers make* fine birds
šavle sabre
šeď grey (colour); přen. dullness, drabness
šedesát sixty
šedesát- srv. **čtyřicet-, čtyřicát-**
šedesátník sexagenarian; srv. **čtyřicátník**
šediny grey hair
šediv|ět become* n. grow* grey; **~í na spáncích** his/her hair is greying at the temples
šedivý grey(-haired); přen. *(život)* drab, dull
šednout become* n. grow* grey
šedomodrý grey-blue
šedovlasý grey-haired
šedý grey
šéf *(firmy)* head; hov. boss, hov. žert. governor
šéfdirigent principal conductor
šéfkuchař chef
šéflékař medical superintendent
šéfredaktor editor-in-chief
šejdíř swindler, hov. crook
šejk sheikh
šejkr shaker
šek cheque, am. check; **platit ~em** pay* by cheque
šekov|ý cheque; **~á knížka** chequebook, am. checkbook; **~é konto** cheque account
šelest *(listí, hedvábí, papíru)* rustle; **š. na srdci** heart murmur
šelestit *(listí, hedvábí, papír)* rustle
šelma beast of prey
šelmovský roguish, impish
šepot whisper(s), whispering

šeptanda grapevine, rumours, gossip
šept|at whisper, speak* in a whisper; **š. komu co** whisper sth to sb; **~á se, že** there is a rumour about that
šeptem in a whisper, under one's breath
šereda ugly person
šeredn|ý ugly, hideous; *(počasí)* nasty, filthy; *(čin)* beastly, vile ■ **~ě** 1 hideously; **venku je ~ě** it's filthy n. foul weather today 2 **~ě se zmýlit** be very much mistaken, hov. be way out
šerm fencing
šermíř fencer
šermovat fence; **š. rukama** gesticulate; **š. čím** *(mávat)* wave sth about
šer|o *(ranní)* dawn; *(večerní)* dusk, twilight; **nastává š.** dusk is falling*; **za ~a** at dusk, at nightfall, *(ráno)* at dawn; **lesní š.** forest gloom
šerpa sash
šer|ý *(světlo)* dim, faint; **v ~ém dávnověku** in the dim and distant past
šeřík, ~ový lilac
šeř|it se: ~í se it is getting* dark n. dusky, dusk is falling*
šest- srv. **čtyř-, čtyři-, čtv-**
šest six; **je mu š.** he is six (years old); **po ~i** by n. in sixes ♦ **o sto š.** for all one's worth, with all one's might
šestin|a sixth; **tři ~y** three sixths
šestinásobný sixfold
šestinedělí odb. ≅ puerperium
šestinedělka ≅ puerpera
šestistěn hexahedron
šestiúhelník hexagon
šestiválec six-cylinder engine
šestnáct sixteen
šestnáctin|a sixteenth (part); **~ka** hud. semiquaver, am. sixteenth note
šestnáctý sixteenth
šestý sixth; **š. smysl** second sight; srv. **čtvrtý**
šetrn|ý 1 thrifty, economical; *(nemístně)* parsimonious 2 *(ohleduplný)* considerate, *(zacházení též)* careful; **~á slova** considerate words ■ **~ě** *(zacházet)* gently, *(s věcmi)* with care; **~ě komu co sdělit** break* sth gently to sb ■ **~ost** 1 thrift(iness); *(nemístná)* parsimony 2 *(ke komu)* consideration (**ke komu** for sb)
šetř|it 1 economize, make* economies; *(peníze)* save, put* sth away; **š. na** *(auto* ap.*)* save up for ♦ **kdo ~í, má za tři** waste not, want not 2 *(na čem)* save n. economize on, cut* down on, be sparing with; **š. na stravě** stint on food 3 *(s čím)* be economical with, go* easy on; **š. s penězi** stretch money; **š. si dech** save one's breath ♦ **neš. chválou** be generous with praise 4 *(koho)* be considerate to ■ **š. se** *(nemocný)* take* care of o.s., take it easy; *(nenamáhat se)* spare o.s.; **neš. se** not to spare o.s.
šev seam; techn. *(svárový)* weld; lék. suture
šibal *(šprýmař)* wag, joker; *(šelma)* rogue
šibal|ský roguish ■ **~ství** roguishness, waggery
šibenic|e gallows; **poslat koho na ~i** send* sb to the gallows; **skončí na ~i** he'll come to a sticky end
šibeniční: š. humor gallows humour; **š. termín** murderous deadline
šicí: š. stroj sewing machine
šidit 1 *(zákazníka)* overcharge; **š. na váze** give* sb short weight 2 *(při hře)* cheat, swindle, trick; **š. v kartách** cheat at cards 3 *(manželku)* deceive, cheat on, *(manžela též)* cuckold 4 *(víno, mléko)* adulterate
šidítko dummy, am. pacifier
šídlo 1 *(ševcovské)* awl, pricker ♦ **být jako š.** *(o dítěti: neposedné)* have ants in one's pants, be very fidgety n. restless 2 *(vážka)* dragonfly
šifra *(znak)* cipher; *(zkratka jména)* initials
šifrova|t (en)cipher, (en)code ■ **~ný** written* in cipher ■ **~ně** in cipher
šifrovací: š. klíč code key
šichta shift; v. též **směna**
šíje 1 (the nape n. back of the) neck; **ztrnutí š.** stiff neck 2 *(pruh pevniny)* neck of land, isthmus
šik voj. formation; **bitevní š.** battle array; **postavit se do ~u** form into lines
šikanovat persecute, victimize; *(mírněji)* harass; *(zastrašovat slabší)* bully
šikmooký slant-eyed
šikm|ý oblique, *(rovina)* inclined; *(svažující se)* sloping, slanting; *(věž)* leaning; **~á čára** oblique stroke ♦ **dostat se na ~ou plochu** fall* into bad ways, leave* the straight and narrow ■ **~o** obliquely, at an angle, askew; **obraz visí (na) ~o** the picture is hanging* crooked n. askew, the picture isn't straight
šikovný 1 *(řemeslník* ap.*)* skilled, skilful; *(ruce, prsty)* dexterous, deft; *(zručný)* clever with one's hands; přen. clever, smart; *(politik)* astute; *(odpověď)* neat 2 *(nástroj, příručka* ap.*)* handy
šílenec lunatic, madman
šílen|ý 1 mad, insane, out of one's senses n. mind; přen. *(nápad, móda* ap.*)* crazy, mad; *(plán)*

insane, wild, harebrained; **š. radostí** mad with joy 2 expr. awful; *(spěch)* furious, frantic; *(bolest hlavy)* wild, terrible ■ **~ě** madly, awfully; **někoho ~ě nenávidět** hate sb's guts ■ **~ství** madness; **dohnat koho k ~ství** drive* sb mad n. crazy

šílet 1 be insane n. mad 2 přen. **š. radostí** be mad n. wild with joy; **š. po čem** be crazy n. wild about sth

šilhat 1 squint, have a squint; **š. na jedno oko** squint with one eye 2 přen. **š. po čem/ kom** have an eye on sth/ sb

šiml *(úřední)* red tape

šimpanz chimpanzee

šimr|at tickle; **~á mne v krku** I've got* a tickle in my throat

šindel shingle; **pokrytý ~em** shingle-roofed ♦ **hubený jako š.** thin as a rake

šin|out se move n. nudge slowly forward, drag o.s. along ♦ **kam si to ~eš?** expr. where are you off to?

šíp arrow

šíp|ek wild rose, dog rose; *(plod)* (rose) hip ♦ **jdi mi (s tím) k ~ku** I have had enough of that

šipk|a 1 dart; **~y** *(hra)* darts 2 *(ukazatel)* arrow 3 *(do vody)* (jack-knife) dive; *(brankářská)* flying dive

šípkov|ý: Š~á Růženka The Sleeping Beauty

širokorozchodný *(trať)* broad-gauge

širokoúhlý: š. film wide-screen picture, Cinemascope

širo|ký 1 *(cesta, ramena)* wide, broad; **š. úsměv** broad grin; **~ké plátno** wide screen, Cinemascope ♦ **natáhnout se jak š. tak dlouhý** fall* down full length, come* a cropper 2 *(rozměr)* wide, in width; **pět metrů š.** five metres wide, five metres in width 3 *(nadměrně velký)* **sukně je jí ~ká** the skirt is too wide n. big for her 4 *(zájmy* ap.*)* wide; *(svědomí)* elastic 5 **~ká veřejnost** the general public; **~ké masy** the masses ■ **~ce** wide; **~ce otevřený** wide open; **~ce vyprávět** enlarge upon sth, tell* sth longwindedly n. at great length ■ **~ko daleko** far and wide

šir|ý: ~é moře the wide n. high seas; **š. svět** the wide world; **pod ~ým nebem** in the open; **koncert pod ~ým nebem** open-air concert

šíře *(vědomostí)* extent, latitude; **š. jeho pohledu** scope of his view

šíř|it *(zprávy)* circulate; *(nemoci)* propagate, disseminate; *(nákazu; slávu; radost, hrůzu)* spread* ■ **š. se** 1 *(světlo, teplo)* diffuse, be diffused, spread (out); *(plamen)* propagate; *(myšlenka)* propagate itself 2 *(o čem)* enlarge n. elaborate on ■ **~ení** diffusion; propagation; **~ení znalostí** diffusion of knowledge

šiřitel propagator, disseminator

šířk|a 1 width, breadth; *(plachty)* spread; **mít ~u pět metrů** be five metres wide; **položit co na ~u** lay* *sth* sideways 2 zeměp. latitude

šiška 1 bot. cone 2 *(veka)* loaf 3 hov. *(hlava)* pate, loaf

šišl|at, ~ání lisp

šít sew*; *(šaty)* make*; *(rány)* stitch, suture; **dát si š. šaty** have a dress made ♦ **š. sebou** fidget ■ **šití** 1 sewing, *(ruční práce)* needlework 2 *(šicí potřeby)* sewing kit n. things; **košíček s šitím** sewing basket

škádl|it tease, chaff; **š. koho s čím** bait sb with n. about sth, tease sb about sth ■ **š. se** tease each other ♦ **co se ~ívá, rádo se mívá** teasing is a sign of affection

škádlivý *(poznámky)* teasing, playful; *(uličnický)* impish, roguish; *(koketní)* coquettish

škála *(stupnice)* scale; **barevná š.** colour range n. scale; **celá š. citů** the whole gamut n. range of emotions

škaredit se scowl n. glower (**na** at)

škared|ý *(tvář)* ugly; *(počasí)* nasty, foul, filthy ■ **dnes je ~ě** the weather is vile n. filthy today

škarohlíd pessimist, prophet of doom

škarohlídský pessimistic, alarmist

škatule 1 box, *(lepenková též)* carton; expr. **stará š.** old bag n. hag n. frump 2 ♦ **š., š., hejbejte se** *(hra)* ≅ musical chairs

škatul|ka 1 v. **~e; š. zápalek** matchbox ♦ **(být) jako ze ~ky** *(čistý)* spick and span, *(upravený)* (be) as neat as a new pin, (be) well-groomed 2 hov. *(kategorie)* pigeonhole; **zařadit koho do ~ky** pigeonhole sb

škeble 1 zool. mussel, clam 2 *(lastura)* shell, conch

škemrat beg (**o** for), implore

šklebit se 1 grimace, pull n. make* faces 2 *(smát se)* expr. grin

škod|a I subst. 1 *(poškození)* damage, havoc; **velké ~y** extensive damage; **způsobit ~y** cause damage, *(velké)* wreak havoc; **utrpět ~y** suffer damage; **~y způsobené požárem** damage caused by fire; **utrpět ~u na zdraví** suffer damage to one's health 2 *(újma)* detriment, disadvantage; **ke ~ě věci** to the detriment of the cause; **k jeho ~ě** to his disadvantage **II** adv. **jaká š.!** what a pity, what a shame!; **to je š.!** it's a pity, it's too bad; **š. peněz** it's a waste of money ♦ **š. každé rány, která padne vedle** spare the rod and spoil the child

škod|it *(čemu)* do damage n. harm to; damage, harm; **š. zdraví** be a detriment to health; **to nemůže š.** it can't do any harm ♦ **všeho moc ~í** it's too much of a good thing

škodliv|ý harmful; *(vlivy)* damaging, detrimental; *(plyny)* noxious; **š. hmyz** pests; **být š. zdraví** be harmful n. injurious to health ■ **~ost** harmfulness, ill effects

škodná mysl. vermin

škodolib|ý malicious, spiteful ■ **~ě** maliciously, gloatingly; **~ě se z čeho radovat** gloat over sth ■ **~ost** malicious joy n. glee (z over)

škol|a **1** *(instituce)* school, educational establishment; **základní/ střední š.** elementary n. primary/ secondary school; **státní/ soukromá š.** state n. am. public/ private school; **být ve ~e** be at school; **chodit do ~y** go* to school ♦ **džentlmen ze staré ~y** a gentleman of the old school **2** *(budova)* school (building) **3** *(žactvo a učitelé)* **celá š.** the whole school; **má ho ráda celá š.** he is liked by the whole school **4** *(vyučování)* school, classes; **v sobotu není š.** there'll be no school n. classes on Saturday ♦ **nechat žáka po ~e** give* a pupil detention ♦ **chodit za ~u** play truant n. am. hooky, cut* classes **5** *(výchova)* **š. života** the school of life; **projít tvrdou ~ou** learn* the hard way **6** *(metoda; učebnice)* method, tutor; **š. hry na klavír** piano tutor **7** *(směr)* school; **filozofická š.** philosophical school; **lingvistická š.** linguistic school

školáck|ý **1** **~á léta** schooldays **2** *(chyba)* clumsy, rudimentary; *(chování)* immature, puerile

škol|ák schoolboy ■ **~ačka** schoolgirl

škol|it train, school, instruct ♦ **š. se v čem** study sth, take* a training in sth ■ **~ený** *(hlas)* trained ■ **~ení** schooling, training, teach-in; **politické ~ení** dř. political training; **odborné ~ení** vocational education

školitel instructor; *(aspiranta)* supervisor

školka **1** *(mateřská)* nursery school **2** *(pěstitelská)* (tree) nursery

školné school fees

školní school; **š. rok** school year; **š. taška** schoolbag; **š. sešit** writing book, jotter; **š. hantýrka** schoolboy slang

školn|ík, ~ice school janitor n. caretaker

školometský pedantic, dry and lifeless

školský *(úřad, zákon)* education; *(reforma)* educational; **š. rozhlas** school radio

školství educational n. school system; **vysoké š.** (system of) higher education; **ministerstvo š.** ministry of education

škorpión scorpion

škorpit se squabble, bicker; **přestaňte se š.** stop bickering

škraba|čka, ~dlo *(na sníh, na boty)* scraper

škrabák **1** *(na boty, barvu* ap.*)* scraper **2** hanl. *(úředník)* pen-pusher

škrabal *(špatný spisovatel)* scribbler

škrábanec *(na kůži, na nátěru)* scratch

škrábani|ce, ~na scrawl, scribble

škráb|at **1** *(o kočce; drátem po stěně)* scratch **2** *(mrkev)* scrape; *(brambory)* peel, pare, skin **3** *(seškrabovat)* scrape off; **š. barvu z okna** scrape the paint off the window pane **4** *(čmárat)* scribble, scrawl **5** *(o oděvu)* scratch; **límec mne ~e na krku** the collar scratches my neck n. makes my neck itch; **~e mě v krku** I've got a tickle in my throat ■ **š. se** **1** scratch; **š. se za uchem** scratch behind one's ear; **š. se na hlavě** scratch one's head **2** *(kam)* clamber, scramble; **š. se přes plot** clamber over a fence; **š. se na kopec** scramble up a hill ■ **mít ~ání v krku** have a tickle in one's throat

škrabka **1** *(na brambory)* peeler, parer **2** *(na sníh* ap.*)* scraper

škráb|nout *(o kočce)* scratch; *(o kulce)* graze; **kulka ho ~la na noze** the bullet grazed his leg ■ **š. se** scratch o.s.; *(na noze, na koleně)* graze one's leg/ knee ap. ■ **~nutí** scratch, *(rána též)* graze; **bez ~nutí** without a scratch

škrabošk|a mask; **nasadit si ~u** put* on a mask ♦ **strhnout komu ~u** unmask sb; **shodit ~u** přen. drop all pretences

škraloup **1** *(na mléce)* skin, film **2** expr. *(poklesek)* blot; **mít (na sobě) nějaký š.** have a blot on one's reputation

škrkavka roundworm

škrob **1** starch **2** expr. *(člověk)* skinflint, miser

škrobárna starch factory

škroben|ý *(formální)* ceremonious, prim; *(upjatý)* uptight, hov. stuffy ■ **~ost** primness, stuffiness

škrobit starch, stiffen

škrobov|ý starchy; **~á moučka/ š. cukr** starch powder/ sugar

škrt 1 stroke; **jedním ~em pera** with a single n. mere stroke of the pen 2 *(věty* ap.*)* deletion ♦ **udělat komu š. přes rozpočet** thwart sb's plans
škrtat v. **škrtnout**
škrtit 1 *(koho)* strangle, throttle 2 *(o oděvu)* be too tight; *(o rukávu)* pinch 3 *(páru, plyn)* throttle, choke 4 *(škudlit)* skimp (**na** on)
škrtn|out 1 *(větu, slovo)* cross out, delete; **š. koho ze seznamu** strike* sb off a list 2 *(dluh, objednávku)* cancel ♦ **nehodící se ~ěte!** delete where not applicable ■ **~utí** deletion; v. též **škrt**
škub|at, ~nout 1 *(lanem, hlavou)* jerk 2 *(peří)* pluck; *(plevel)* pull out; **š. s koho šaty** rip n. strip the clothes off sb, strip sb off his/ her clothes 3 **š. co na kusy** tear* sth to pieces ■ **š. se, š. sebou** twitch, jerk; *(bolestí)* wince, flinch; *(leknutím)* start; *(o rybě na vlasci)* twitch ■ **~nutí** jerk, jolt
škůdc|e 1 zool. pest, parasite; **~i** též vermin 2 pol. saboteur, wrecker
škudlit skimp, pinch and scrape; **š. na čem** skimp on sth
škudlivý close-fisted, hov. mingy
škvár *(umělecký)* trash; *(literatura)* trashy n. pulp literature
škvára slag
škvar|ek 1 kuch. **~ky** cracklings, scraps; **spálený na š.** burnt* to a cinder 2 hov. *(opar)* fever blister
škvárov|ý slag, cinder; **š. beton** slag concrete; **~á dráha** cinder track
škvařit *(sádlo)* render (down); *(rozpustit)* melt ■ **š. se** přen. *(na slunci)* roast; **š. se ve vlastní šťávě** přen. stew in one's own juice
škvíra cranny, crevice, fissure
škvor earwig
škvrně tiny tot
škytat have the hiccups; *(při vzlykání)* sob
škytavk|a hiccups; **mít ~u** v. **škytat**
šlágr *(píseň)* hit*, popular song; div., film smash hit, sl. blockbuster; *(obchodní)* sales hit, the big thing; **š. sezóny** the big thing n. hit of this season
šlahoun runner; *(výhonek)* offshoot
šlacha anat. sinew, tendon
šlachovitý wiry, sinewy; *(maso)* sinewy
šlamastyk|a fix, pickle, tight corner; **dostat se do pěkné ~y** get* into a pretty pickle
šlapací: š. autíčko pedal car; **š. kolo** treadwheel
šlapadlo *(kola)* pedal; *(na vodě)* pedal boat
šlapat 1 tread*, walk, step; **Neš. na trávník!** *(nápis)* Keep* off the grass! ♦ **š. si na jazyk** lisp; **š. si po štěstí** stand* in one's own light; **š. komu na paty** tread on sb's heels, přen. tread on sb's toes, breath down sb's neck 2 *(hrozny, zelí* ap.*)* tread ♦ **š. vodu** tread water 3 *(na kole)* pedal 4 *(jít, chodit)* walk, go* on foot
šlapka 1 *(nohy)* sole (of the foot); *(punčochy)* foot 2 *(prostitutka)* streetwalker, sl. hooker
šlápnout v. **šlapat**; **š. komu na nohu** step n. tread* on sb's foot; **š. prudce na brzdy** hit* the brakes; **š. na to** *(na plyn)* step on it ♦ **š. vedle** make* a mistake
šlápota v. **šlépěj**
šle (pair of) braces, am. suspenders
šlehat *(bičem)* lash; přen. *(kritický)* cutting remark, dig, quip
šlehačka 1 v. **šlehač** 2 whipping cream, *(ušlehaná)* cream
šleh|at 1 *(bičem)* whip; *(pruty)* birch, *(rákoskou)* cane; *(důtkami)* flog, flagelate; *(o dešti)* **š. do oken** lash n. pelt against the window 2 *(bílky)* beat*; *(šlehačku)* whip 3 *(plameny)* blaze, flare; **š. do oblak** blaze up to the sky
šleh|nout 1 *(koně)* hit* n. flick *(a horse with a whip)*; **š. bičem** crack the whip, **š. po kom pohledem** flash one's eyes at sb; **hlavou mi ~la myšlenka** a thought crossed my mind 2 *(o plameni)* **š. do výše** flare up, shoot* up
šlechetn|ý noble; *(velkorysý)* magnanimous, generous ■ **~ě** nobly, high-mindedly; magnanimously ■ **~ost** noble-mindedness, magnanimity, generosity
šlechta aristocracy, nobility; *(nižší)* gentry; *(vlastnící pozemky)* landed gentry
šlechtic aristocrat, nobleman, br. též peer
šlechtick|ý noble, aristocratic; **být ~ého původu** be of noble descent n. origin; **š. titul** hereditary title
šlecht|it *(charakter)* ennoble; *(půdu)* cultivate, improve; *(růže, strom)* graft; *(ocel)* refine; **práce ~í člověka** work is ennobling ■ **š. se** *(strojit se)* dress n. rig n. spruce o.s. up
šlechtitel *(zvířat)* breeder; *(rostlin, ovoce)* cultivator, grower
šlépěj footprint ♦ **jít ve ~ích koho** přen. follow in the footsteps of sb
šlichta *(pro vepře)* swill, slops; hanl. *(špatné jídlo)* pigswill
šlofík nap; **dát si ~a** take* n. have a nap n. forty winks
šlohnout hov. pinch, nick
šlupka v. **šupka**

šmahem wholesale; **š. koho odsuzovat** condemn s.o. wholesale
šmátrat *(po čem)* grope n. fumble for, grope about n. around for; **š. ve tmě** be groping in the dark
šmejd trash, hov. rubbish
šmelina black market; *(činnost)* black marketeering
šmelinář black marketeer, profiteer
šmelinařit black-marketeer
šminka hov. make-up
šminkovat *(koho)* make* sb up ■ **š. se** hov. make one's face up, put* one's face on
šmouha smudge; v. též **čmouha**
šmudla 1 *(dítě)* mucky n. messy child; *(špinavý člověk)* dirty slob, messy fellow 2 *(žena)* slattern
šnečí *(tempo)* snail's
šnek 1 snail ♦ **loudat se jako š.** walk at a snail's pace 2 *(na houslích)* scroll; techn. worm
šnekový *(kolo)* worm (wheel)
šněrovací *(bota)* lace-up, laced
šněrovačka bodice
šněrovadlo shoelace, bootlace; am. shoestring
šněrovat 1 *(boty)* lace 2 **š. si to, š. cestu** reel, totter, zigzag
šňupat 1 take* snuff; **š. kokain** sniff cocaine 2 *(slídit)* snoop around
šňůra 1 cord; el. flex; *(na prádlo)* clothes-line; **š. perel** string of pearls; **š. padáku** release cord 2 **pupeční š.** umbilical cord 3 přen. **š. aut** tailback of cars
šňůrka *(do bot)* v. **šněrovadlo**; *(na svazování)* string, twine
šofér *(řidič)* driver; *(osobní)* chauffeur
šok shock; **elektrický š.** electric shock
šokovat shock
šortky shorts
šosá|cký Philistine, narrow-minded, hov. square ■ **~ctví** philistinism
šosák Philistine, hov. square, fogey
šot clip, scene; *(reklamní: v televizi)* commercial, ad(vert)
šotek goblin, imp, sprite ♦ **tiskařský š.** printer's gremlin
šoupat *(nohama)* shuffle (one's feet)
šoupátko slide gate n. valve
šourat se shuffle (along)
šouravý *(krok)* shuffling n. halting (gait)
šourek anat. scrotum
šoustat vulg. fuck
šovinismus chauvinism; *(hurávlastenectví)* jingoism
šovinista chauvinist
šovinistický chauvinistic, jingoistic
špač|ek 1 starling ♦ **nadávat jako š.** scold like a fishwife; **tlouct ~ky** nap, doze 2 *(cigarety)* stub, cigarette n. hov. fag end
špagety spaghetti sg.
špachtle *(malířská)* palette knife; *(natěračská)* paint scraper
špalek block (of wood); **š. na štípání dříví** chopping block ♦ **spát jako š.** sleep* like a log
špalír lane; **utvořit š.** form a lane, *(na ulicích)* line the streets
Španěl, ~ka Spaniard
Španělsko Spain
španěl|ský, ~ština Spanish ♦ **~ská stěna** screen; **je to pro mne ~ská vesnice** that's all double Dutch to me, that's all Greek to me
špás prank
špatn|ý 1 *(nekvalitní)* bad, poor; hov. rotten, lousy; **~á kvalita** poor n. inferior quality; **~á úroda** poor crop; **~é počasí** lousy n. rotten weather 2 *(nevyhovující)* poor, incompetent; **š. učitel** incompetent teacher; **š. výkon** poor performance n. show; **~é známky** poor n. low marks n. am. grades 3 *(nečestný)* bad, wicked; **je to š. člověk** he's a bad lot 4 *(nesprávný)* wrong, erroneous; **~é rozhodnutí** wrong decision ♦ **co je na tom ~ého?** what's wrong with that?; **vzít věc za š. konec** begin* n. start at the wrong end 5 *(nepříznivý)* bad, poor; **udělat š. dojem** make* a bad impression ■ **~ě** badly; **je mi ~ě** I feel* sick; **být na tom ~ě** be badly off; **jet ~ě** *(o trase)* take* the wrong road; **mít se ~ě** have a hard time; **jít na to ~ě** start on the wrong track; **~ě dopadnout** n. **skončit** come* to grief ■ **~ost** *(člověka)* wickedness, evilness; *(zboží* ap.*)* poor quality
špeh spy; *(kdo sleduje)* shadow, hov. tail
špehov|at *(koho)* spy on; **dát koho š.** set* spies on sb ■ **~ání** spying
špehýrka peephole, spyhole
špejle skewer
špek bacon fat, am. též speck ♦ **~y na břiše** žert. spare tyre
špeluňka dive, am. joint
špenát spinach
špendlík pin; **zavírací š.** safety pin ♦ **slyšet upadnout š.** hear* a pin drop
špendlit *(naš., přiš.)* pin on n. up, *(sešpendlit)* pin together

šperhák skeleton key, picklock
šperk jewel; **~y** též jewellery
špetka pinch, trace, sprinkle; **š. soli** pinch n. sprinkle of salt; **ani š. pochybnosti** not a shred n. an iota of doubt
špic *(druh psa)* spitz
špic|e point, *(hrot)* spike; *(věže)* spire; *(kopce)* peak, summit; *(stromu)* top; *(ostrova* ap.*)* tip; přen. *(v zaměstnání, kariéře* ap.*)* **dostat se na ~i** get* to the top
špicl 1 *(placený)* informer; *(čmuchal)* snooper; *(nasazený)* plant 2 v. **špic**
špicovat: š. uši *(pes)* prick up its ears, *(o člověku)* prick up one's ears, be all ears
špičatý 1 *(věž)* pointed, *(tužka* též*)* sharp, *(střecha* též*)* peaked, *(nos, brada* též*)* sharp 2 *(výstřih)* V-neck 3 *(poznámky* ap.*)* pointed, cutting, caustic
špičk|a 1 *(tužky, nože)* point; *(lodi, letadla)* nose; *(pera, doutníku, jazyka)* tip, point; **š. ledovce** the tip of the iceberg též přen. ♦ **nevidí si na ~u nosu** he cannot see* beyond the length of his nose 2 *(nohy)* point of the foot; **chodit po ~ách** walk on tiptoe; **stoupnout si na ~y** stand* on tiptoe 3 *(na cigaretu)* cigarette holder 4 *(pečivo)* Frankfurter roll 5 *(narážka)* pointed remark, taunt 6 **mít ~u** *(být podnapilý)* be tipsy n. merry 7 *(společnosti)* elite, cream; **dostat se na ~u** get* to the top 8 *(dopravní, odběru el. proudu)* peak; **v době ~y** at peak hours
špičkov|at taunt; **š. koho** gibe at sb, taunt sb ■ **~ání** taunting
špičkov|ý *(výkon)* peak, maximum; *(restaurace; sportovec)* top; el. *(zatížení)* peak; **~é víno** vintage n. superior wine
špikovat *(maso)* lard
špín|a 1 dirt; *(neřád)* filth, muck; *(průmyslového města)* grime ♦ **vláčet koho ~ou** přen. drag sb through the mud 2 *(pomyje)* dishwater, slops 3 v. **špinavec**
špinavec zhrub. swine, bastard
špinav|ý 1 dirty; expr. filthy, mucky; *(od sazí, mouru)* grimy; *(zašpiněný)* soiled; *(zanedbaný)* scruffy 2 přen. *(trik)* nasty, dirty; *(chování)* shabby; *(zločin, zisk)* sordid ■ **~ost** přen. shabby n. dirty trick; **provést komu ~ost** play a dirty trick on sb
špinit 1 *(znečisťovat)* soil, make* sth dirty; *(poskvrnit)* stain, smudge; **š. si ruce** dirty one's hands; přen. soil one's hands 2 přen. *(pověst)* stain, besmirch; **š. čí jméno** drag sb's name in n. through the mud ■ **š. se** soil n. dirty o.s.
špión spy; *(pracovník rozvědky)* secret agent
špionáž espionage; voj., pol. intelligence; **provádět š.** spy, engage in espionage
špionážní *(organizace, aféra)* espionage; **š. činnost** spying; **š. družice** observation satellite
špitat talk in whispers; *(spolu)* whisper together
špitn|out: udělal to, ani ne~ul he did it without a cheep n. without saying a word
špíž, špižírna pantry, larder
šplh gymn. (rope-)climbing; **š. na tyči** pole-climbing
šplhat 1 climb; **š. na strom** climb up a tree 2 **š. na kopec** *(namáhavě)* scramble n. clamber up a hill; **š. po skalách** do rock-climbing 3 **š. u koho** grovel before sb, toady to sb, šk. sl. suck up to sb
šplhoun crawler, bootlicker; šk. swot; *(na společenském žebříčku)* social climber
šplouch|at 1 *(z nádoby)* slop, spill 2 *(po kom)* splash ■ **š. se** splash about ♦ **~á mu na maják** sl. he is off his rocker
šprček midget, dwarf, shrimp
šprot sprat
šprtoun swot
šprým joke, jest; **~y** *(dovádění)* antics
šprýmař *(taškář)* practical joker, hoaxer
šprýmovat joke; *(vtipkovat)* crack jokes; *(dobírat si)* tease
šprýmovný funny, comical
špulit *(rty)* pout, purse
špunt 1 *(láhve)* cork; *(do umývadla)* plug 2 expr. *(dítě)* (a little) nipper; *(mužíček)* manikin; v. též **šprček**
šrafovat hatch
šrám scratch
šramo|tit make* a noise; *(listí)* rustle, crackle; *(nádobím)* clatter ■ **~cení** noise; crackle, rustle; clatter
šraňky žel. gates
šrot 1 *(obilný)* grout 2 *(železný)* scrap, scrap iron; **dát do ~u** scrap
šrotovat *(obilí)* rough-grind, crush
šrotovník rough-grinding mill
šroub screw, *(s maticí)* bolt; *(lodní)* propeller; **přitáhnout š.** tighten a screw ♦ **utahovat ~y** put* on the screw; **pracovat jako š.** peg n. slog away (**na** at)
šroubovací: š. uzávěr *(na láhev)* screw top, screw cap
šroubovák screwdriver
šroubova|t screw; *(ceny)* push sth up ■ **~ný** *(styl)*

affected, stilted, laboured
šroubovitý helical, screw-shaped
štáb voj. staff; **hlavní š.** *(sídlo)* headquarters; *(spolupracovníků)* team; *(filmový)* crew
štafet|a sport. relay race; **polohová š.** medley relay race; *(~ový kolík)* baton
štafet|ový relay; **š. kolík** relay baton; v. též **~a**
štafle steps
štamprle 1 *a small stemless glass for spirits*; 'schnapps glass' 2 *(nápoj)* (a) stiff drink; hov. snifter, snorter
šťár|a raid, round-up, swoop; **udělat ~u na** make* a raid on
štárat se poke about n. round (v in); **š. se v zubech** pick one's teeth; **š. se v jídle** pick at one's food; **š. se v nose** pick one's nose
šťastlivec lucky man n. fellow; expr. lucky devil
šťastn|ý 1 happy; **cítit se ~ým** feel* happy; **udělat koho ~ým** make* sb happy; *(román, film)* **se ~ým koncem** with a happy ending 2 *(zdařilý)* lucky, fortunate; **byla to ~á náhoda** it was a stroke of good luck, it was a lucky chance ■ **~ě** happily; **~ě dojet** arrive safely; **začít ~ě** get* off on the right foot; **mít to ~ě za sebou** be well out of it
šťáv|a juice; **žaludeční š.** gastric juice
šťavnat|ý *(ovoce)* juicy, succulent, *(maso)* juicy; *(vtip)* racy, spicy ■ **~ost** juiciness, succulence, spiciness
štěbet|at *(ptáci)* twitter, chirp; *(husy;* přen. *ženy)* gabble; *(*přen. *děti)* chatter ■ **~ání** twitter, gabble, chatter
štěbeta|vý twittering ap.; srv. **~t**
štědr|ý generous, open-handed; *(nadměrně)* lavish; **být š.** be generous, have an open hand; **Š. večer** Christmas Eve ■ **~ost** generosity, open-handedness
štěk|at 1 (**na** at) bark, *(pronikavě)* yap ♦ **pes, který ~á, nekouše** ≅ his bark is worse than his bite 2 přen. *(pronikavě mluvit)* yap; *(kulomet)* chatter; **~ali na sebe** they yelped at one another ■ **~ání** v. **~ot**
štěkna shrew, virago
štěkot bark; *(kulometu)* chatter
štěně 1 puppy; *(malý pejsek)* doggie 2 *(nezkušený člověk)* greenhorn
štěnice 1 bedbug, br. též bug 2 *(odposlouchávací zařízení)* bug 3 přen. *(příživník)* sponger ♦ **je drzý jako š.** he is as bold as brass
štěpina *(dřevěná)* splinter, *(skla)* sliver
štěp|it fyz., chem. split ■ **~ení** fyz. fission; pol. division, splitting
štěpný fyz. fissile, am. fissionable; **š. materiál** fissile material
štěpovat *(stromy* ap.*)* graft
štěrbina *(mezera)* opening, crack, chink; *(ve skále)* cleft, fissure, rift; *(v ledu, ve zdi)* crack, split; *(v pokladničce, v automatu)* slot
štěrk gravel, *(drobný)* grit; *(*zvl. *silniční)* road metal
štěrkovat *(silnici)* gravel, odb. macadamize
štěrkoviště gravel pit
štěstěn|a fortune, Fortune; **miláček ~y** darling of fortune; **v náručí ~y** in fortune's lap; **být dítětem ~y** be born with a silver spoon in one's mouth
štěstí 1 *(stav)* happiness; **pocit š.** feeling of happiness; **pozemské š.** earthly happiness 2 *(zdar)* luck, fortune; *(šťastná náhoda)* a stroke of luck; **mít š.** be lucky, be in luck; **nemít š.** be out of luck; **máš š.** your luck is in; **má ve všem š.** he has all the luck; **mít š. u žen** be a success with women, be successful with women; **zkusit š. v čem** try one's luck at sth; **usmálo se na něj š.** fortune smiled at n. on him ♦ **šlapat si po š.** be blind to one's own good; **š. v neštěstí** a blessing in disguise 3 *(v pozdravech)* **mnoho š.!** good luck!, best of luck!, *(při narozeninách)* many happy returns (of the day)!
štět *(silniční)* road foundation, layer of crushed stone, rock bed
štět|ec (paint) brush; **tah ~cem** brushstroke; **práce ~cem** brushwork
štětina bristle
štětinat|ý bristly; **~é vlasy** bristly hair
štětka 1 brush; **š. na holení** shaving brush 2 zhrub. *(lehká žena)* br. scrubber
štíhl|ý slim, slender; **š. jako proutek** lissome, willowy ■ **~ost** slenderness, slimness
štika pike
štípačky (a pair of) pincers n. nippers
štípa|t 1 *(dříví)* chop ♦ **nechá na sobě dříví š.** he lets* people walk n. tread* all over him 2 *(do ruky* ap.*)* pinch; **~l ho do ruky** he pinched his arm 3 *(drát)* clip, cut*; *(jízdenku)* punch 4 *(kouř, pepř)* sting*, burn; *(hmyz, mráz)* bite*
štipec *(soli, tabáku)* pinch
štiplav|ý 1 *(zápach)* pungent, acrid, sharp; *(bolest)* sharp, stinging 2 *(poznámka)* biting, sarcastic, caustic, waspish ■ **~ost** pungency; waspishness
štíp|nout 1 v. **~at (2,3)** 2 hov. *(ukrást)* pinch

štír scorpion ♦ **být s kým na ~u** be at odds n. loggerheads with sb; **být s čím na ~u** be at odds with sth
štít 1 *(část výzbroje)* shield ♦ **mít čistý š.** have a clean slate **2** *(erbovní)* escutcheon, coat of arms **3** *(vývěsní)* signboard, shop sign **4** *(čelní zeď)* gable **5** zool. shell, shield; **š. želvy** tortoise-shell **6 š. hory** mountain peak
štítek 1 *(se jménem)* nameplate; *(visačka)* tag; *(etiketa)* label; **š. na dveře** doorplate **2** *(čepice)* peak **3 děrný š.** punch card
štít|it se: š. se koho/ čeho loathe sb/ sth, have a loathing for sb/ sth; **š. se práce** be allergic to work, be work-shy; **ne~í se ničeho** he won't stop at anything, nothing will deter him
štítivý squeamish, fastidious
štítn|ý: ~á žláza thyroid (gland)
štkát sob
štoček polygr. plate, (printing) block
štola horn. adit, gallery
štóla *(kněžská)* stole
štos hov. *(papíru* ap.*)* pile, stack
šťouch|at push, shove; *(loktem)* nudge ■ **š. se** push; **ne~ejte se!** stop pushing! ■ **~ané brambory** mashed potatoes
šťouchnout prod, poke; **š. koho do žeber** give* sb a poke in the ribs
šťoura faultfinder, carper, busybody
šťourat nag; **š. do koho/ čeho** find* fault with sb/ sth ■ **š. se v nose** pick one's nose; **š. se v jídle** pick at one's food
štouravý nagging, carping
šťovík bot. sorrel
štukatér plasterer
štukatura stucco n. plaster work, ornamental plastering
štulec dig in the ribs; **dát komu š. do žeber** give* sb a nudge n. dig in the ribs
štváč pol. agitator, rabble-rouser; **válečný š.** warmonger
štváčský *(propaganda, řeči)* inflammatory, incendiary
štvanec outlaw
štvanice 1 mysl. hunt (with hounds); *(na zločince)* chase, hunt; **š. na lišku** fox-hunt **2** *(shon)* mad rush; *(v zaměstnání)* rat race
štvát 1 *(zvěř)* hunt (with hounds); *(lišku)* chase; *(medvěda)* bait **2 š. koho k čemu** incite sb to do sth; **š. lid ke vzpouře** foment rebellion; **š. jednoho proti druhému** play sb (off) against sb **3** hov. *(rozčilovat)* **š. koho** annoy sb, give* sb a pain in the neck ■ **š. se** drive* o.s. hard, allow o.s. no rest n. respite
štvavý v. **štváčský**
štych: nechat koho ve ~u let* sb down; *(zbavit se zodpovědnosti)* leave* sb holding* the baby
šum hum, buzz, ripple; **š. hlasů** babble n. hum of voices; **š. hovoru** buzz n. ripple of conversation; odb. *(rušení)* noise
šumák, šuměnka sherbet powder
šumě|t *(potůček, vítr)* murmur; *(listí, lesy)* rustle, chatter; *(šampaňské)* fizz ■ **~ní** murmur, rustle, fizz; v. též **šum**
šumivý *(nápoj)* sparkling, effervescent; hov. fizzy
šunka ham, *(uzená)* gammon
šunt trash, rubbish
šup$_1$ subst. *(pracovat)* **za pár ~ů** for a pittance
šup$_2$ citosl. *(vyj. rychlý pohyb)* in a flash; **š. a už zmizel** off he was in a flash; **š., š. ať už to je** come* on, get* on with it
šupácký shabby, seedy
šupin|a scale ♦ **~y mi spadly s očí** the scales fell* from my eyes
šupinatý scaly
šup|ka: mít peněz jako ~ek be rolling in money
šust|it, ~ět *(hedvábí)* swish; *(papíru, sukní)* rustle
šustot rustle; *(hedvábí)* swish
šuškanda grapevine
šušk|at whisper; **~á se, že** it is rumoured that
šváb cockroach, black beetle
švabach Gothic script
švadlena dressmaker
švagr brother-in-law, pl. brothers-in-law ■ **~ová** sister-in-law
švand|a fun; **dělat si z koho ~u** make* fun of sb; **pro ~u, ze ~y** for a joke, for fun n. kicks
švec cobbler; neutr. shoemaker ♦ **ševče, drž se svého kopyta** each to his own; **než bys řekl š.** in the twinkling of an eye
Švéd, ~ka Swede
Švédsko Sweden
švéd|ský, ~ština Swedish
švehol|it twitter, chirp ■ **~ení** twitter(ing), chirping
švest|ka plum; *(sušená)* prune; *(strom)* plum tree; **sebrat si svých pět ~ek** pack up one's goods and chattels
švestkový plum; **š. koláč** plum flan
švih 1 gymn. swing **2** v. **~nutí 3** přen. elegance; *(energičnost)* go, zip; **mít š.** be full of zip, *(o osobě)* be full of go
švihák|ý smart, elegant, dashing ■ **~y** elegantly,

with elegance
šviháctví elegance
švihadlo skipping rope
švihák sl. swell; am. clothes-horse
švih|at, ~nout lash, whip; *(bičem)* crack ■ **~nout sebou** *(pospíšit si)* get* a move on; *(autem)* step on it ■ **~nutí** lash; **~nutí bičem** crack of a whip
švindl swindle, fraud; hov. fiddle, con
švindlovat cheat, swindle
švitorný chirpy; expr. *(o dítěti)* chatty
švitoř|it twitter, chirp ■ **~ení** chirping, twittering
švorc: být š. be penniless, be on the rocks, be on one's uppers
Švýcar, ~ka Swiss
Švýcarsko Switzerland
švýcarský Swiss

T

t *(písmeno)* t [ti:]

tabák tobacco; **obchod s ~em** tobacconist's shop ♦ **to je silný t.!** přen. that's a bit thick!

tabákový tobacco

tabatěrka *(na cigarety)* cigarette case; *(na tabák)* tobacco box; *(na šňupavý tabák)* snuffbox

tablet(k)a tablet, pill

tábor camp; *(ležení)* encampment; pol. mass meeting; **koncentrační/ prázdninový t.** concentration/ holiday camp; **nepřátelský t.** enemy camp

táborák campfire

táborový camp; **t. život** camp life; **t. oheň** campfire; **t. řečník** popular speaker

tábořiště camping site, campsite

tábořit camp out (**v přírodě** in the open) ■ **~ení** camping

tabulátor tabulator, hov. tab

tabul|e 1 *(pamětní)* tablet, plaque; *(mramorová)* slab; *(školní)* blackboard; **vývěsní t.** notice board; **t. příjezdů a odjezdů** arrivals and departures board **2** *(okenní)* (window) pane **3** *(jídlo)* table; **zasednout k (prostřené) ~i** sit* down to table

tabulk|a 1 *(diagram)* table, chart; **logaritmické ~y** table of logarithms; **t. dešťových srážek** chart of rainfall **2** *(okenní)* pane **3 t. s číslem/ jménem** numberplate, am. license plate/ nameplate; **t. čokolády** bar of chocolate

tabulov|ý: ~é sklo sheet glass; **~á hora** table mountain

tác *(podnos)* tray; *(servírovací)* server, *(menší)* salver

tácek salver; **pivní t.** beer mat

tady here, in this place; *(při telefonování)* **t. Jan Novák** this is Jan Novák (speaking); **t. je to** here it is; *(při podávání)* here you are; **t. ten** this one (here); **t. Petr ti pomůže** Peter here will help you; **(tak) t. to bylo** this is where it was

taft taffeta

tágo (billiard) cue

tah 1 *(táhnutí)* pull; *(silný)* tug; techn. **zatížení ~em** tensile load; **kůň k ~u** draught n. am. draft horse **2** *(v loterii)* lottery draw **3** *(v obličeji)* feature; *(v šachu)* move; *(štětcem)* daub; **t. smyčcem/ perem** stroke of the bow/ pen; **jsi na ~u** it's your move n. play; **kdo je na ~u?** whose move is it? **4** *(v kamnech)* draught, am. draft; *(při kouření)* draw, pull; *(při pití)* draught, pull, swig; *(vypít sklenici)* **jedním ~em** at one go n. in one draught **5** *(ptactva)* flight **6** hov. **jít na t.** go* out on the town, *(po hospodách)* go on a pub-crawl; **pojďme na t.!** let's paint the town red!

tahací: t. harmonika accordion; *(chromatická)* concertina

tahač (road) tractor; *(návěsu)* towing vehicle

tahák crib

tahanice scramble, scuffle; *(hádky)* bickering, squabbling; **t. o místa** scramble for places

tah|at 1 *(vůz)* pull; *(těžké předměty)* haul, lug; **t. za provázek** pull at a string; **t. koho za sukni** pluck at sb's skirt ♦ **t. koho za nos** přen. pull sb's leg, lead* sb up the garden path **2** *(šaty)* wear* sth continually; **t. koho s sebou** drag sb along; **mě do toho ne~ej!** leave* me out of it! **3** *(vytahovat)* ♦ **t. za koho kaštany z ohně** be sb's cat's paw; **t. koho z bryndy** help sb out of a scrape; **t. z koho peníze/ informace** pump sb for money/ information ■ **t. se 1** *(se zavazadlem)* struggle with, lug, haul **2 t. se o co** *(strkat se)* scramble for sth, *(dohadovat se)* wrangle about sth **3** *(o dívkách)* **t. se s vojáky** play around with soldiers

táhlo techn. (connecting) rod

táhlý *(kopec)* gradual; *(zvuk, výkřik)* long-drawn--out, prolonged, *(píseň)* long-drawn-out

táh|nout 1 v. **tahat (1,2)**; *(v šachu)* move (a piece); **t. pěšákem** play a pawn ♦ **t. to s kým** go* (out) with sb; **t. za jeden provaz** pull at the same end of the rope; **~lo ho to domů** he was tempted to go* home, *(stýskalo se mu)* he was homesick **2** *(dřít se)* slave away; **t. jako kůň** work one's fingers to the bone **3** *(kamna, dýmka)* draw* **4** *(mraky, kouř)* drift, float; *(ptáci)* fly*, migrate; *(tuláci)* roam (**po světě** the world) ♦ **t. od hospody k hospodě** pub-crawl; **~li to do rána** *(flámovali)* they made* a night of it **5 ~ni!** *(zmiz!)* get* out!, get lost!, sl. beat* it! **6 tady ~ne** *(je průvan)* there's a draught **7** *(oděv)* pinch; *(šev při šití)* be too tight ■ **t. se 1** *(jít pomalu)* drag o.s. along **2** *(schůze* ap.*)* drag on, go* on and on **3** *(do dálky)* extend, stretch (away)

tahoun 1 *(kůň* ap.*)* draught n. am. draft animal **2** expr. *(dříč)* glutton for work; *(na duševní práci)* workaholic

tachometr mot. speedometer
tajemn|ík, ~ice secretary
tajemn|ý mysterious, mystery; *(nevyzpytatelný)* enigmatic; **t. zámek** mystery castle; **~á vražda** a mysterious murder; **za ~ých okolností** under mysterious circumstances ■ **~ost** mysteriousness
tajemství 1 secret; **úřední/ vojenské t.** official/ military secret; **zachovávat/ prozradit t.** keep*/ divulge a secret 2 *(záhada)* mystery
tajfun typhoon
tajga taiga
tajit 1 *(city)* contain, restrain; **t. co před kým** keep* sb in the dark about sth 2 *(dech)* hold* ■ **t. se s čím** hide* n. conceal sth, keep* sth secret
tajnůstkář|ský furtive, cagey, tight-lipped ■ **~ství** furtiveness, caginess
tajn|ý I adj. secret; *(velmi t.)* hov. hush-hush; *(nedovolený: vysílačka* ap.*)* clandestine, hushed; *(spisy)* classified; **t. a důvěrný** private and confidential; **t. fond** slush fund II subst. *(policista)* member of the secret police, secret policeman; *(detektiv)* plain-clothes policeman n. detective ■ **~ě** secretly, surreptitiously; *(tajnůstkářsky)* on the sly, *(za něčími zády)* on the sneak; *(jednat)* in camera; **~ě se na koho podívat** steal* a look at sb ■ **~ost** secret; **držet co v ~osti** keep* sth secret
tajupln|ý mysterious; *(atmosféra)* eerie; *(důvody)* esoteric ■ **~ě** mysteriously ■ **~ost** mysteriousness, eeriness
tak I adv. 1 like this/ that, in this way, thus; **t. ... jako** as ... as; **ne t. ... jako** not so ... as; **t. vysoký jako já** as tall as me; **není t. vysoký jako já** he is not so tall as me; **t. nebo onak** one way or another; **t. se tehdy žilo** that's the way people lived then; **jednou t., podruhé onak** first one thing and then another; **a t. dále** and so on; **a t. podobně** and all that sort of thing; **jen t. t. že nenarazil do auta** he just missed hitting* a car; **jen t. t. že nespadl** he was on the point of falling*; **jen t. t. vyjít s platem** find* it difficult to make* (both) ends meet*; **ti tě t. hned znovu nepozvou** they will not invite you in a hurry again ♦ **dobře ti t.** serves you right 2 *(takový)* **t. dobrý člověk, že** such a good man that, kn. so good a man that; **t. hloupí lidé** such silly people 3 *(asi)* approximately, about; **t. před týdnem** about a week ago II sp. **jak ...t.** both ...and; **jak děti, t. dospělí** both children and adults III část. **t. vidíš!** there you are!; **t. do toho!** here goes!; **no t.!** *(při utěšování)* there there!; **kdybych t. byl s tebou!** if only I were with you!, I wish I were with you
také 1 also, too, as well; **já to musím t. zkusit** I must try it as well n. too, I must also try it 2 *(v paralelních predikacích)* **umím anglicky a Jan t.** I can speak* English and so can John; **neumím anglicky a Jan t. ne** I cannot speak English and neither can John; *(já ho nesnáším)* **– Já t. ne.** Same here 3 **vy jste tu t.?** fancy meeting* you here! ♦ **zítra je t. den** tomorrow is another day
takhle in this way, like this, as follows; **t. dlouhý** this long; **dělá se to t.** it is done in the following way, it is done like this; **t. to tedy vypadá** that's how things go*, am. that's the way the cookie crumbles
takov|ý 1 such, like this, such as this; **t. člověk** such a man, a man like this, a man such as this; **~é počasí** such weather; **jako t.** as such; **měl t. úspěch, že** he was so successful that; **nebuď t.!** don't be like that! 2 expr. **~á škoda!** what a pity!; **mám ~ou radost!** I am so happy! 3 **něco ~ého** something like that; **nic ~ého** nothing like that 4 (vyj. *přibližnost)* **~ých 10%** about 10%
takřka almost, nearly; **je to t. nemožné** it's next to impossible
takt$_1$ 1 hud. time, measure, beat; **tříčtvrteční t.** three-four time 2 hud. *(úsek)* bar n. am. measure; **prvních pět ~ů** the first five bars n. measures
takt$_2$ *(společenský)* tact, delicacy; **nemít t.** have no sense of tact
taktéž likewise, as well
taktický tactical, *(prozíravý)* politic
taktik tactician
taktika tactics
taktn|í tactful, delicate, discreet ■ **~ě** tactfully, discreetly
takto v. **takhle**
taktovka (conductor's) baton
takzvan|ý so-called ■ **~ě** pseudo-; **~ě vědecký** pseudoscientific
takž: jakž t. so-so; **mám se jakž t.** I am fairly well
takže and so; **pršelo, t. jsme nemohli ven** it was raining and so we could not go* out
talár gown, robe
talent talent, gift; **mít t. na jazyky,** hov. **být t. na jazyky** have a flair n. gift for languages
talentovaný talented, gifted; **vysoce t.** highly tal-

ented

talíř plate; **hluboký/ mělký t.** soup/ dinner plate; **t. polévky** a plateful of soup; **létající t.** flying saucer

talířek 1 srv. **talíř 2** *(pod šálek)* saucer, *(dezertní)* dessert plate

talisman talisman, mascot, good-luck charm

talón voucher; coupon

tam there; **t. nahoře/ dole** up/ down there; **t.** *(dál odsud)* over there, kn., zast. yonder; **tu a t.** *(místně)* here and there, *(časově)* now and then ♦ **jsme t., kde jsme byli** we are back to square one; **Tam** *(nápis na dveřích)* Push

tamější, kn. **tamní** *(obyvatelé)* local; **t. pošta** the post office there, the local post office

tampón tampon, swab

tamt|en, ~a, ~o that one

tamtéž at n. in the (very) same place; *(při citaci)* ibidem, ibid

tamtudy (along) that way

tanc|ovat, tančit dance; **jít t.** go* dancing; **dobře ~uje** he is a good dancer

tančírna dance hall

tandem 1 pillion; **jet na ~u** ride pillion **2** *(jízdní kolo pro dva)* tandem

tan|ec dance; **vyzvat děvče k ~ci** invite n. ask a girl to dance; **není mu do ~ce** he doesn't feel* like dancing; **hudba k ~ci** dance music

taneční I adj. dance, dancing; **t. pár** dancing couple; **t. hodina** dancing lesson; **t. sál** dance hall **II** subst. dancing lessons

tanečník dancer; *(baletní)* ballet dancer

tank 1 voj. tank **2** *(nádoba)* tank, reservoir

tankovat refuel, fill up

tan|out: ~e mi na mysli váš návrh I keep* thinking* about your suggestion

tápat 1 *(potmě)* grope one's way; *(po brýlích* ap.*)* fumble n. feel* about for **2** přen. *(v nejistotě)* be in the dark

tápav|ý *(krok)* blundering, faltering ■ **~ě hledat** v. **tápat**

tapet|a wallpaper; **~y** wallcovering ♦ **být na ~ě** přen. be on the carpet; **je to stále na ~ě** *(téma rozhovoru)* we/ they ap. never stop talking about it

tapetář paperhanger

tapetovat paper, decorate

tára odb. tare

tarasit block up; *(barikádami)* barricade

tarif 1 *(sazba)* tariff, rate; **noční t.** el. night rate; **přepravní t.** freight rate **2** *(sazebník)* scale of rates n. charges, wage n. salary scale

tarifní tariff; **t. třída/ poplatek** tariff class/ charge; **t. plat** contractual n. standard wage(s)

tasemnice tapeworm

tasit *(meč)* draw

taška 1 bag; *(igelitová)* carrier bag; *(náprsní)* wallet; **nákupní t.** shopping bag; **cestovní t.** travelling bag, holdall **2** *(střešní)* roofing tile

taškář rogue, practical joker

taškářský roguish; **t. kousek** roguish prank

taškářství roguery, roguish trick

taškov|ý: ~á střecha tiled roof

taštička *(na toaletní potřeby)* vanity case n. bag

tát melt, *(sníh též)* thaw; **taje** *(při oblevě)* it is thawing

táta dad

tatarský: t. biftek steak tartar, tartar steak

tatínek dad, daddy

Tatry Tatra mountains

tavicí *(pec)* smelting; *(teplota)* melting

tavič smelter

tav|it *(kovy)* melt; *(rudu)* smelt ■ **~ený sýr** cheese spread, soft cheese

taxa rate; *(poplatek)* charge, fee

taxametr taximeter, hov. clock

tax|i, ~ík taxi, am. cab; **jet ~íkem** go* by taxi/ cab, take* a taxi/ cab

taxíkář taxi driver, am. cab driver, hov. cabbie n. cabby

tázací *(věta, zájmeno)* interrogative

tázat se ask sb a question; **t. se na co** ask about sth; **t. se koho na jméno** ask sb his name; **t. se na koho** ask about sb

tázavý *(pohled, tón)* questioning, inquiring; *(výraz)* quizzical

tažení 1 voj. campaign, expedition; **křižácké t.** crusade též přen. **2 být v posledním t.** hov. be on one's last legs

tažn|ý 1 ~é zvíře draught animal; **~á síla** traction power **2 ~í ptáci** birds of passage

té, thé herbal tea, infusion

teatráln|í dramatic, showy ■ **~ost** showiness; histrionics

téci 1 *(voda)* flow, run*; *(v proudech)* gush, stream; *(pot, krev)* run; **teče mu z nosu krev** his nose is bleeding*; **šampaňské teklo proudem** champagne flowed freely; **teklo mu z nosu** his nose was running **2** *(nádoba)* leak, be leaky, be leaking; **teče mu do bot** his shoes let* in water, přen. he is in a tight spot **3** *(máslo v teple)* run ♦ **tečou mu nervy** he's very jumpy n. jittery

■ **tekoucí voda** running water; **tekoucí písek** quicksand(s)

tečk|**a** 1 *(puntík)* dot, *(malá skvrna)* speck, spot 2 jaz. full stop, period; *(v morseovce)* dot; **~y a čárky** dots and dashes ♦ **až do poslední ~y** down to the last T

tečkovaný 1 dotted, spotted, with spots; *(šaty)* polka-dot, dotted 2 *(čára)* dotted

tečna tangent

teď now, at present; *(v dnešní době též)* nowadays; **právě t.** at this moment, just now; **hned t.** right now, straightaway; **t. když** now that

ted|**a, ~y** I then; **t. dobře** all right then; **tak je to t.** so that's how it is! II sp. therefore, accordingly, consequently

teflonový *(nádobí)* non-stick

tehdejší then, ... at that time, ... of the period; **jeho t. zaměstnání** his job at that time n. then; **v t. době** in those days, at that time; **t. král** the then king

tehdy then, at that time, in those days; **teprve t.** only then, not till then; **už t.** even then

těhotenský *(šatstvo)* maternity

těhotenství pregnancy; **rizikové t.** high-risk pregnancy; **přerušit t.** terminate a pregnancy;

těhotná pregnant; **být t.** be pregnant, be expecting; **být šest měsíců t.** be six months pregnant

technick|**ý** technical; *(oddělení, data)* engineering; *(postup)* technological; **vysoká škola ~á** college of technology; *počít.* **~é vybavení počítače** hardware; v.též **průkaz**

technik 1 (technical) engineer 2 *(laboratorní, zubní, ve sportu* ap.*)* technician

technik|**a** 1 technology, **divy moderní ~y** the marvels of modern technology; *(jako obor též)* engineering; **stavební t.** construction engineering 2 *(postup)* technique; **t. psaní románů** the mechanics of novel-writing 3 *(vysoká škola)* college of technology, technical university

technizace *(výroby)* mechanization

technolog technologist, production engineer

technologický technological

technologie technology

techtle mechtle expr. hanky-panky

těka|**t** 1 *(očima)* rove, roam; *(myšlenkami)* roam, wander; **t. od tématu k tématu** ramble (on), rant on; **~l pohledem z jednoho na druhého** his gaze roamed from one to the other 2 chem. vaporize, volatilize

těkav|**ý** 1 chem. volatile 2 *(zrak)* evasive; *(osoba)* flighty, fickle; *(úvahy)* scattered ■ **~ost** 1 volatility 2 evasiveness, flightiness

tekutina liquid

tekut|**ý** liquid; *(sklo, kov)* molten; *(med)* runny ■ **~ost** fyz. fluidity

tele 1 calf ♦ **klanět se zlatému ~ti** worship the golden calf 2 hov. *(naivní hlupák)* silly billy, silly thing; *(děvče též)* silly goose

telecí I adj. **t. pečeně** roast veal; **nadívané t. hrudí** stuffed breast of veal ♦ **t. láska** puppy love; **t. oči** přen. sheep's eyes II subst. veal

telefon 1 *(přístroj)* telephone; **společný t.** shared n. party line; **mít t.** *(vlastnit)* be on the phone; **počkat u ~u** hold* the line 2 hov. phone call; **máte t.** *(někdo vás volá)* there's a phone call for you, you are wanted on the phone

telefonick|**ý** telephone ■ **~y** by telephone, over the (tele)phone

telefonist|**a, ~ka** telephonist, (switchboard) operator

telefonní telephone; **t. seznam** telephone directory, hov. phone book; **t. číslo** telephone number; **t. budka** (tele)phone box, callbox, am. telephone booth; **t. přístroj** telephone

telefon|**ovat** telephone, phone; *(právě teď)* be on the phone; **stále ~uje** she is always on the phone, she is never off the phone

telefoto telephoto(graph)

telegraf telegraph

telegrafick|**ý** telegraphic ■ **~y** by telegraph, hov. by wire

telegrafie telegraphy; **bezdrátová t.** radiotelegraphy

telegrafovat send* a telegram n. wire

telegram telegram, hov. wire; *(zámořský)* cable; **pilný t.** urgent telegram; **pozdravný t.** congratulatory telegram; **soustrastný t.** telegram of condolence

telekomunika|**ce, ~ční** telecommunications; **~ční družice/ služba** communications satellite/ service

teleskop telescope

teleskopický telescopic

tělesn|**ý** 1 *(teplota)* body; *(zdatnost, stav)* physical; *(trest)* corporal; *(práce)* manual ♦ **vykonat ~ou potřebu** relieve o.s. 2 **~á stráž** bodyguard ■ **~ě** physically, manually; **být ~ě zdráv** be in good physical health

těleso 1 geom., fyz. body; **pevné/ tuhé t.** solid/ liquid body; **osvětlovací t.** light fitting, lighting fixture; **topné t.** heating element, heater; **nebeské t.** celestial body 2 *(hudební)* orchestra;

(pěvecké) ensemble
teletina calfskin, calf
televiz|e television, TV, hov. br. telly, (the) box; **barevná t.** colour television; **průmyslová t.** closed-circuit television; **v ~i** on (the) TV, on telly; **dívat se na ~i** watch TV; **co je dnes v ~i?** what's on TV, hov. what's on the box tonight?
televizní television, TV; **t. přijímač** television n. TV set, br. hov. telly; **t. hlasatel** telecaster
televizor television n. TV set; br. hov. telly
těl|o body; *(postava)* figure, frame; *(symbol smyslnosti)* flesh; *(trup)* trunk; **lidské t.** human body; **mít hezké t.** have a beautiful n. lovely figure n. body; **umrtvovat t.** mortify the flesh; **být při ~e** be stout, *(oddán)* **~em i duší** heart and soul; **je voják ~em i duší** he's every inch a soldier; **držet si koho od ~a** keep* sb at arm's length
tělocvična gymnasium
tělocvičný *(nářadí)* gymnastic; *(spolek)* gymnastics
tělocvik gymnastics; *(školní)* gym, physical education, hov. P.E., P.T.
tělocvik|ář, ~ka 1 gymnast **2** *(učitel ~u)* gym n. P.E. teacher
tělov|ý: ~á barva flesh colour
tělovýchova physical education
téma subject, topic; hud. theme; **držet se ~tu** stick* to the point; **odchýlit se od ~tu** stray off n. drift from the subject n. point
tematický thematic
tematika subject matter, themes, theme
témě, temeno 1 *(část hlavy)* top n. crown of the head **2** *(hory)* peak, summit, top
téměř almost, nearly; **t. nic/ nikdo** hardly anything/ anybody; **t. se utopil** he almost drowned; **bylo to t. nemožné** it was next to impossible; **to je t. vyloučené** it's virtully out of the question; **byla t. půlnoc** it was close to midnight; **je to t. vyřízené** it is as good as settled
temnět get* dark
temno darkness; **t. noci** the darkness of night; přen. **t. středověku** the darkness of the Middle Ages
temnot|a darkness, dark; **zastřen ~ou** shrouded in darkness; **skrývat se v ~ě** lurk in the dark; **tápat v ~ě** grope in the dark
temn|ý 1 *(les, zákoutí)* dark; **~á komora** fot. darkroom **2** *(o barvě)* dark(-coloured); **~é oči** dark eyes **3** *(zvuk)* dull, hollow; **t. úder** thud, thump **4** *(myšlenky* ap.*)* gloomy, dismal, sad **5** *(pozadí činu* ap.*)* mysterious, obscure **6** *(síly)* dark ■ **~ě hnědý/ modrý** dark-brown/ blue
temper|a *(barva)* tempera, distemper; **malovat ~ou** paint in distemper; *(malba)* tempera(-painting), distemper
temperament temperament, disposition, temper; **prudký t.** fiery temperament
temperamentn|í vivacious, (high-)spirited, hov. full of beans; **t. řečník** fervent n. fiery speaker ■ **~ost** vivacity, spirits
temp|o 1 speed, pace, rate; hud. tempo; **t. růstu** growth rate; **dostat se do ~a** get* into stride, get into the swing; **jít vlastním ~em** go* at one's own pace; **nedržet t.** drop behind; **udávat t.** set* the pace **2** *(plavecké)* stroke
Temže Thames
ten, ta, to 1 *(odkazovací)* the; **kde jsou ty peníze?** where is the money? **ten, kdo** the person who; **to, co** the thing that; **ti, kdo** those who; **čím ... tím** the ... the; **čím dříve, tím lépe** the sooner, the better **2** *(ukazovací)* the, *(o vzdálenější věci/ osobě)* that; **kdo je t. pán?** who is the n. that gentleman? **3** *(ukazuje k čas. úseku)* the, the very, that; **v tom roce/ měsíci** in that year/ month; **v tom roce, kdy** in the year that; **právě v tu chvíli** at the very moment **4 hned to, hned ono** first this then that; **t. samý** the (very) same; **pan ten a ten** Mr so and so; **ten tvůj manžel** that husband of yours **5** *(všeobecně odkazující)* **to** it, that; *(souvztažné)* **to, co** what; **je to pravda** it's true, that's right; **to všechno** all that; **má to, co chtěl** he has got* what he wanted; **kromě toho** in addition (to that); **v důsledku toho** as a result of that; **po tom všem** after all that ♦ **co je ti po tom?** what's that got to do with you?; **do toho!** *(povzbuzování)* come* on!
tenat|a přen. **upadnout do něčích ~** be ensnared n. caught* in sb's net; **dostat koho do svých ~** draw* sb into one's meshes n. clutches
tenčit se *(vrstva* ap.*)* get* thinner; přen. *(zásoby)* diminish, dwindle
tendenc|e tendency, trend; *(sklon)* propensity; **mít ~i k** tend *(+inf.)*, have a tendency *(+inf.)*; **mít ~i dělat chyby** be liable to make mistakes; **vlaky mají ~i se zpožďovat** the trains are subject to delays
tendenčn|í tendentious, biased ■ **~ě** in a biased fashion, tendentiously; **~ě interpretovat zprávy** slant the news ■ **~ost** bias, tendentiousness; tendentious n. biased nature

tendr žel. (engine) tender
tenhle v. **tento**
tenis (lawn) tennis; **stolní t.** table tennis; **hrát t.** play tennis
tenisky (a pair of) tennis shoes n. plimsolls
tenisový tennis (**kurt/ míč** court/ ball)
tenist|a, ~ka tennis player
tenkrát then, at that time, in those days; **t. bylo všechno jiné** everything was different in those days
ten|ký thin, *(drát* též*)* fine, *(vrstva* též*)* shallow; *(pas, postava)* slim, slender; *(hlásek)* small ♦ **dostat se na t. led** přen. get* out of one's depth ■ **~ce** thinly
tenor, ~ista tenor
tenou|čký, ~nký very thin; *(závoj)* gossamer, flimsy
tento, hov. **tenhle 1** *(o něčem v blízkosti mluvčího)* this, pl. these; **tato dívka** this girl; **tyto boty** these shoes; **t. – tamten/ tito – tamti** this one – that one/ these – those ♦ **na tomto světě** this side of the grave **2** *(v čas. výrazech)* this; **v tomto roce/ měsíci** this year/ month **3** *(následující)* the following; **poskytli nám tyto informace** they gave* us the following information; **v tomto případě** in the present case; **autor tohoto článku** the present author
tentononc *(o věci)* thingummabob, thingummyjig, what's its name; *(o osobě)* what's his/ her name?
tentokrát this time; **pro t.** for this once
tentýž the same; v. též **týž**
teolog, ~ický theologian
teoretický theoretical
teoretik theorist
teorie theory; **t. množin** set theory; **t. relativity** relativity theory, theory of relativity
tep pulse
tepa|t 1 *(srdce)* pulsate, throb **2** *(kovy)* beat; přen. *(nedostatky)* flog, lash, castigate ■ **~ný** *(kovy)* wrought
tepeln|ý *(energie, jednotka)* heat; *(elektrárna)* thermal; **~á vlna** heat wave, hot spell
teplákov|ý: ~á souprava v. **tepláky; ~á bunda** sweatshirt
tepláky 1 *(souprava)* tracksuit, jogging suit **2** *(kalhoty)* jog(ging) pants, track pants n. trousers
teplárna heating plant
tepl|o I subst. **1** *(energie)* heat; **sluneční t.** sun heat; **specifické t.** specific heat **2** *(stav mezi zimou a horkem)* warmth, warmness; **15°C ~a** 15°C above zero: **udržovat koho/ co v ~e** keep* sb/ sth warm **II** adv. v. **~ý**
teplokrevný warm-blooded
teploměr thermometer; **lékařský t.** clinical thermometer; **t. ukazuje 3° pod nulou** the thermometer shows* 3 degrees below zero
teplomet heat radiator
teplomilný bot. heat-loving
teplot|a temperature; *(horečka* též*)* fever; **jakou má ~u?** what's his temperature?; **mít ~u** *(horečku)* have a fever, run* a temperature; **t. okolí** ambient temperature
teploučký nice and warm
tepl|ý 1 *(vzduch, barva, pozdravy, slova)* warm; *(jídlo)* hot ♦ **udělat co ještě za ~a** lose* no time in doing sth **2** *(homosexuální)* gay, queer *(používá se i jako substantivum)* ■ **~o** adv. warm; **je mi ~o** I feel* warm, I am warm
teplouš queer, poof
tep|na artery; **kornatění ~en** arteriosclerosis; **dopravní t.** traffic artery
teprve 1 only, not before, not until; **t. zítra** only tomorrow, not until tomorrow; **t. po volbách** not until after the elections ♦ **to se t. uvidí** that remains to be seen*; **to je t. začátek** *(něčeho neblahého)* it's the thin edge of the wedge **2** *(zesilující)* **pak to t. začalo** then it really got* going; **to se mi t. nelíbilo** I liked that even less; **teď t. ne!** now less than ever
terapeutický therapeutic
terapie therapy
terasa terrace; **střešní t.** roof garden
terceto trio
tercie hud. third; **velká/ malá t.** major/ minor third
terč target; *(kritiky* ap.*)* butt, object; **udělat koho ~em posměchu** make* a laughing stock out of sb
terén terrain, ground; **horský/ obtížný/ otevřený t.** hilly/ difficult/ open terrain; **prozkoumat t.** voj. reconnoitre the terrain, přen. see* how the land lies*
terénní terrain, ground; **t. podmínky** ground conditions; **t. běh/ pochod** cross-country (race)/ march; **t. závod motocyklů** scramble
teriér terrier
teritoriální territorial; **t. vody** territorial waters
termální *(lázně)* thermal
termín 1 *(lhůta)* term, time-limit; **konečný t.** final n. latest date, deadline; **před ~em** ahead of time; **v ~u** on schedule; **po ~u** behind schedule **2** *(odborný)* term

terminologický terminological
terminologie terminology
terminova|t *(co)* place a time limit on, fix a period for ■ **~ný** limited as to time
termit termite, white ant
termočlánek thermocouple
termodynamika thermodynamics
termograf thermograph
termometr themometer
termoregulace thermoregulation
termoska thermos bottle, (vacuum) flask, thermos
termostat thermostat
termostatický thermostatic
terno windfall; **udělat t.** hit* the jackpot; **udělat s kým t.** make* a lucky choice
teror terror; **vláda ~u** reign of terror
terorismus terrorism
terorist|a, ~ický terrorist
terorizovat terrorize; *(podřízené)* bully
terpentýn, ~ový turpentine, hov. turps
tesák 1 hunting n. bowie knife **2** *(vlčí)* fang
tesař carpenter ♦ **ukázat komu, kde nechal t. díru** show* sb the door
tesařství carpentry, carpenter's trade
tesat *(kámen, dřevo)* hew*; *(sochu)* carve out, hew out; *(dlátem)* chisel
tesskliv|ý sad, nostalgic, wistful ■ **~ě** nostalgically, wistfully ■ **~ost** nostalgia, wistfulness
tesknit: t. po kom miss sb, pine for sb; **t. po domově** be homesick
teskno: je mi po nich t. I miss them (very much)
tesk|ný, ~ně, ~nota v. **~livý, ~livě, ~livost**
těsn|it 1 seal, make* sth tight **2** *(být vodo~ý)/ vzducho~ý)* be watertight/ airtight; *(okno)* fit tightly ■ **~icí** *(materiál* ap.*)* sealing, packing ■ **~ění** seal; *(kroužek)* washer
těsnopis shorthand, stenography; **psát ~em** write* in shorthand
těsnopisný shorthand, stenographic; **t. záznam** stenogram
těsn|ý *(kabát, boty)* tight; *(místnost)* poky; **být t.** *(šatstvo)* be a tight fit, (to) pinch; **je mi to ~é** it's too small for me ■ **~ě** close(ly), tight(ly); **~ě přiléhat** *(šaty)* fit tight, be close-fitting; **sedět ~ě vedle sebe** sit* close n. crowded together, sit cheek by jowl ■ **je tu ~o** this is a poky place, there's no room to swing* a cat
test test
testament (last) will
těst|o *(kynuté)* dough, *(řídké, ušlehané)* batter, *(lístkové)* pastry; **hníst t.** knead the dough ♦ **být z jiného ~a** be of a different cut n. mould
těstíčko batter
testovat test
těstoviny pasta
těstovitý doughy; *(svaly)* flabby
těš|it 1 *(koho v žalu)* comfort, console, solace **2** *(o věcech, činnosti)* **~í ho sport** he enjoys sport; **~í mě(, že vás poznávám)** pleased to meet* you ■ **t. se 1 t. se na co/ koho** look forward to (seeing) sth/ to seeing sb; **~ím se na Londýn** I'm looking forward to (seeing) London; **t. se z čeho** get* a lot of pleasure from sth; **t. se z dárku** be pleased with a present **2** *(čemu)* enjoy sth, be blessed with sth; **t. se dobrému zdraví** enjoy good health; **t. se dobré pověsti** have an excellent reputation
teta aunt, auntie, aunty
tetanus tetanus
tetelit se: t. se zimou shake* with the cold; **t. se vzrušením** tingle with excitement
tětiva 1 *(luku)* string **2** geom. chord
tetov|at tattoo ■ **~ání** tattooing; *(výsledek ~ání)* tattoo
tetřev grouse
texasky jeans, denims
text text; *(pod ilustracemi)* caption, legend; *(písně)* text, words, lyrics; **podle ~u** according to the text
textař *(písně)* text n. lyric writer; *(reklamní)* copywriter
textil, ~ie textiles, textile goods
textilka textile mill n. factory
textilní textile; **t. dělník** textile worker; **t. zboží** textiles, drapery
textový *(kritika)* textual; **t. procesor** word processor
tez|e thesis, pl. -es, proposition; **dokazovat/ vyvracet ~i** prove/ refute a thesis
též v. **také**
těžba *(uhlí, rud)* mining, extraction; *(lesní)* exploitation; **t. nafty** petroleum extraction, oil production
těžiště fyz. centre of gravity; přen. focus, focal point, emphasis; **změnit t. své činnosti** change the focus of one's activity
těžit 1 *(uhlí)* mine, extract; *(naftu, kov z rudy)* extract **2** přen. **t. z čeho** capitalize on sth, make* capital out of sth, cash in on sth; **t. ze své minulosti** live on one's reputation, lie* back on one's laurels

těžítko letterweight, paperweight

těžkopádn|ý *(člověk)* awkward, clumsy; *(duševně)* dull, slow(-witted); *(styl)* heavy, laboured ■ **~ost** clumsiness

těž|ký 1 *(váhou; průmysl, atletika, dělostřelectvo; hlava)* heavy; *(víno)* heady; **jak je to ~ké?** how much does it weigh? ♦ *(dělat co)* **s ~kým srdcem** with a heavy heart 2 *(úkol)* hard, difficult; *(práce)* hard, arduous; *(situace)* tricky; *(problém)* difficult, knotty 3 *(myšlenky)* gloomy, dismal, sombre 4 *(trest, ztráta)* severe; *(pijan, kuřák)* hard; **je to s ním ~é** he is not easy to get* on with ■ **~ce** heavily; with difficulty; *(pracovat)* hard, arduously; *(potrestat)* severely, harshly; **vléci se ~ce** trudge, drag o.s.; **~ce oddychovat** pant ■ **~ko říci** it is difficult to say; **~ko pochopitelný** abstruse; **~ko stravitelný** *(potraviny)* heavy; **~ko vychovatelné dítě** problem child

tchán father-in-law

tchoř polecat

tchyně mother-in-law

tiára tiara

Tibet Tibet

tibetský, Tibeťan, Tibeťanka Tibetan

tíha weight; přen. **t. okolností** the force of circumstances; **veškerá t. zodpovědnosti** the whole weight of the reponsibility; **t. důkazů** the weight of evidence ♦ **spadla z něho velká t.** a load has been taken* off his mind

tíhnout tend to, be inclined to; **t. k sobě** gravitate together

ticho silence; *(klid)* peace, tranquility; **t. před bouří** the lull before the storm; **t.!** quiet!, silence, (please)!, hush!; **buď t.!** be quiet!

Tichomoř|í, ~ský Pacific

tichošlápek mealy-mouthed person, hov. creep, am. pussyfooter

tich|ý 1 quiet, silent; *(klidný)* peaceful, tranquil, calm; *(hudba, kroky)* soft; **~ým hlasem** in a low voice ♦ **~á voda břehy mele** still waters run* deep 2 *(dohoda* ap.*)* tacit, implicit; **t. společník** obch. silent n. dormant n. sleepy partner ■ **tiše** quietly, silently, in silence; *(mluvit)* in a low voice ■ **ve vší ~osti** *(tajně)* quietly, secretly, on the sly

tik|at tick (away) ■ **~ání** tick(ing), ticktock

tíkat *(ptáci)* tweet, cheep

tiket coupon; *(sazky)* football (pools) coupon

tikot ticktock

tilda tilde

tílko *(nátělník)* vest

tinktura tincture; **jódová t.** tincture of iodine

tip *(doporučení)* tip, hint, idea; *(v sázení)* tip

tipovat 1 *(výsledek, vítěze)* guess, predict 2 *(sázet)* do the pools

tiráda eulogy

tiráž imprint

tiret, tiré hyphen

tis yew(-tree)

tís|eň 1 *(úzkost)* anxiety, apprehensiveness, uneasiness 2 *(nouze)* difficulty, straits, predicament; **finanční t.** financial straits n. difficulties; **být v časové ~ni** be pressed for time; **být v ~ni** be in a tight spot n. corner, be in a predicament

tisíc thousand; **~e lidí** (many) thousands of people; přen. **~e výmluv** a thousand and one excuses

tisícer|ý: ~é díky! thank you ever so much!, thanks a million!

tisící thousandth

tisíciletí milennium

tisíciletý thousand-year-old

tisícina (a) thousandth (part)

tisíckrát a thousand times; *(řekl jsem ti)* **t.** umpteen times

tisícový *(škody* ap.*)* of many thousands, going* n. running* into thousands

tisk 1 print(ing); **být v ~u** be at the printers; **vyjít v ~u** appear, be published 2 *(druh písmen)* print, type; **drobný t.** fine n. small print 3 **denní/ světový t.** daily/ world press 4 **starý/ vzácný t.** old/ rare edition 5 *(textil)* cotton print, printed material

tiskací: t. stroj printing machine; **~m písmem** in block letters

tiskárenský *(průmysl* ap.*)* printing

tiskárna printing works; *(textového procesoru)* printer

tiskárnička *(pro děti)* printing outfit n. kit

tiskař printer

tiskařsk|ý printing, printer's; **~á čerň** printer's ink; **~á značka** printer's mark

tiskařství printing trade

tiskn|out₁ 1 *(letáky, látky)* print ♦ **lže, jako když ~e** he is lying through his teeth 2 *(vydávat)* publish ■ **tištěný** printed; **tištěný spoj** el. printed circuit

tisknout₂ 1 *(ruku)* press; **t. někoho v objetí** press n. clasp sb to one's breast 2 *(tlačit)* press, push; **t. nos na sklo** press one's nose against the windowpane; **t. koho ke zdi** press sb against the wall; **t. se k sobě** huddle (up) together

tisko|pis 1 *(formulář)* printed form 2 v. **~vina** (1)

tiskovina 1 *(zásilka)* printed matter 2 *(materiál)* printed material n. stuff

tiskov|ý *(chyba)* typographical; **~é středisko/ ~á agentura/ ~á konference** press office/ agency/ conference; **t. mluvčí** press agent; **t. arch** printed sheet

tísnit 1 *(boty, kabát)* pinch; *(nepřítele)* press sb hard, kn. harry 2 *(o žalu, starostech)* prey on one's mind ■ **t. se** *(před výkladem* ap.*)* crowd, throng; *(kolem řečníka* ap.*)* press around

tísnivý *(nálada)* oppressive; **v ~ch poměrech** in reduced circumstances

tísňov|ý: ~é volání emergency call

tišit 1 *(hlas)* lower, drop 2 *(bolest)* assuage, alleviate, soothe; *(hlad)* assuage, allay; *(dítě)* hush; *(svědomí)* soothe

tít *(šavlí)* strike* ♦ **t. do živého** cut* sb to the quick, touch sb on a tender spot

titán Titan, přen. titan

titánský přen. titanic

titul *(knihy, akademický)* title; **mít t.** *(člověk)* hold* n. bear* the title of; **kniha má t. ...** the book is entitled ...; sport. **obhajovat t.** defend one's title of; **z ~u čeho** on account of sth; **z jakého ~u** on what grounds

titulek *(v novinách)* headline; *(filmu)* subtitle, caption

titulní: t. strana title page, *(novin)* front page; **t. role** title role; **dostat se na t. stránky** make* n. hit* the headlines

titulovat: t. koho *(jak)* address sb as, call n. dub sb sth

tíž|e weight; *(zemská)* gravitation; **připsat komu částku k ~i** charge a sum to sb's account

tížit *(starosti)* weigh heavy on; **t. žaludek** *(jídlo)* overburden the stomach; **t. čí svědomí** *(vina* ap.*)* lie* heavy on sb's conscience

tíživý *(břemeno)* heavy; *(pol. systém)* onerous; *(chudoba)* grinding; *(samota)* gloomy; *(atmosféra)* close

tkadl|ec, ~ena weaver

tkalcovna weaving mill

tkáň biol. tissue

tkani|ce, ~čka *(u zástěry)* tape; **~čka** *(u boty)* shoelace, am. shoestring

tkanina fabric, cloth, textile

tkanivo přen. *(lží* ap.*)* tissue, web

tkát weave*; **pavouk tká pavučinu** the spider spins* its web

tklivý melancholy, sad, wistful; **t. úsměv** wistful smile

tknout se: jídla se ani netkl he left* the meal untouched; **vůbec se ho to netklo** it made* no impression on him

tkvít, tkvět *(v čem)* consist n. lie* in; **rozdíl tkví v tom, že** the difference consists n. lies in the fact that

tlačenic|e throng, crowd; *(u dveří* ap.*)* hov. crush ♦ **vyzná se v ~i** he knows* the ropes

tlačenk|a white pudding; am. *(z vepřové hlavy)* headcheese ♦ **má ~u** přen. *(protekci)* he has sb to pull strings for him

tlač|it 1 *(čelo na sklo)* press; **t. na koho, aby** pressurize sb into doing sth; **t. na knoflík** press (on) a button; *(na pero)* put* pressure on 2 *(vozík* ap.*)* push 3 *(víno)* press; **t.** *(na stolici)* strain *(at a stool)* 4 *(boty)* pinch, be too tight (for sb) ♦ **ví, kde ho bota ~í** he knows* where the shoe pinches ■ **t. se** *(strkat se)* jostle, push and shove; **t. se do popředí** push one's way forward; **t. se na koho** press against sb

tlačítko push-button; **t. zvonku** bell push

tlačítkový push-button; **t. telefon** touch-tone telephone

tlach: ~y chit chat, drivel, hot air

tlachal hov., hanl. chatterer, gasbag, windbag

tlach|at twaddle, chatter, natter (away) ■ **~ání** gabble v. též **~y**

tlachavý chatty, garrulous, talkative

tlak 1 *(vody, vzduchu, krevní* ap.*)* pressure; **vysoký krevní t.** high blood pressure, hypertension; **měřit komu krevní t.** take* sb's blood pressure 2 přen. *(ná~)* pressure; **t. veřejného mínění** the pressure n. weight of public opinion; **vykonávat na koho t.** exert pressure on sb

tlakoměr manometer; *(k měření tlaku vzduchu)* barometer

tlakov|ý pressure; **t. hrnec** pressure cooker; **~á zkouška** compression test; **oblast ~é výše/ níže** high-/ low-pressure area, high/ low

tlama 1 mouth; *(čumák též)* muzzle; *(rypák)* snout 2 zhrub. *(tvář)* mug

tlampač loudspeaker

tlap|a 1 paw; **medvědí t.** bear's paw 2 hanl. paw; **dej ty ~y pryč!** take* n. get* your paws off me!

tlesk|at clap, applaud; **diváci nadšeně ~ali** the audience applauded enthusiastically; **t. radostí** clap for joy ■ **~ání** applause

tlesknout clap one's hands

tlít moulder, decay

tlouci 1 *(na dveře)* knock n. rap (at), *(silněji)* hammer (at); *(na buben)* beat*; *(do stolu)* bang; **t. dveřmi** bang the door ♦ **t. do očí** catch* one's eye; **t. špačky** doze, snooze 2 *(bít)* beat*, *(pěstí)* punch; **t. koho hlava nehlava** flay n. pelt away at sb 3 *(hřebík do zdi* ap.*)* drive* n. hammer in ♦ **t. komu co do hlavy** hammer in, drum sth into sb's head, cram sth into sb 4 *(pepř, cukr* ap.*)* pound, *(na prášek)* pulverize 5 *(srdce)* beat*, throb; *(rychle)* palpitate; *(věžní hodiny)* strike*, sound; **t. ve větru** *(okna)* bang in the wind ■ **t. se** 1 *(bít se)* hit* one another 2 *(o barvách)* clash 3 **t. se po světě** knock about a lot; **t. se životem** scrape along

tloustn|out put* on weight, put on flesh; **po pivě se ~e** beer is fattening

tlouštík fat n. corpulent person, hov. fatty; *(dítě)* roly-poly

tloušťka *(stěny)* thickness, *(knihy též)* bulkiness, fatness; *(tělesná)* fatness, stoutness, corpulence

tlukot *(srdce)* beating n. throbbing (of the heart)

tlumič mot. **t. nárazů** shock absorber; **t. výfuku** exhaust silencer; **t. zvuku** sound absorber

tlum|it 1 *(hlas)* muffle; *(rádio)* turn the volume down; *(zvuk)* subdue; *(světlo, kroky)* soften; *(nárazy)* soften, absorb 2 *(vášně)* subdue, curb, restrain ■ **~ený** *(zvuk)* muffled; *(světlo)* soft, mild; *(barva)* quiet

tlumítko hud. mute

tlumočit 1 *(překládat)* interpret, act as interpreter 2 *(přání, díky)* convey (**komu** to sb)

tlumočn|ík, ~ice interpreter

tlumok rucksack, knapsack

tlupa *(lidí)* crowd, mob; *(gangsterů)* gang, band, ring

tlusťoch fatty, am. fatso

tlust|ý 1 *(osoba)* fat, stout, corpulent; *(břicho též)* big, large; *(nohy též)* thick, heavy; *(tváře)* chubby, round; *(nit, drát)* coarse, thick; **~é střevo** colon, large intestine 2 *(vrstva)* thick ♦ **máš ~é sklo** I can't see through you 3 *(maso)* fat, fatty ■ **~ě** thickly, thick; **namazat chléb ~ě máslem** spread* bread thickly with butter

tm|a I subst. dark(ness); **noční t.** the darkness of the night; **skok do ~y** leap in the dark; **pod rouškou ~y** under cover of darkness; **ponořit se do ~y** plunge into darkness II adv. dark; **je t.** it is dark ♦ **je t. jako v pytli, je t. tmoucí** it is pitch dark; **v místnosti je t.** the room is dark

tmář obscurant(ist)

tmářství obscurantism

tmav|ět, ~nout grow* n. become* dark, darken; *(stíny)* deepen

tmavo|červený, ~modrý, ~hnědý dark- n. deep--red/ blue/ brown

tmavovlasý dark-haired, dark

tmav|ý *(vlasy)* dark; *(pleť)* dark, swarthy; *(červeň, modř)* deep; **být ~é pleti** be dark-skinned ■ **~ě zbarvený** dark-coloured

tmel *(zatírací)* sealing cement; *(lepicí)* cement; *(sklenářský)* putty; přen. cement; **t. národní jednoty** the cement of national unity

tmět se, tmít se: tmí se it is getting* dark ♦ **tmí se mi před očima** I feel* dizzy

tnout v. **tít**

to v. **ten**

toalet|a 1 *(šaty)* evening dress 2 *(záchod)* toilet, euf. bathroom, hov. loo; *(veřejná)* public conveniences, hov. Gents/ Ladies, Gents'/ Ladies', am. Men's/ Ladies' room 3 *(úprava)* toilet; **udělat si ~u** get* dressed 4 *(~ní stolek)* dressing table

toaletní toilet; **t. papír** toilet paper; **t. potřeby** toiletries

tobogan roller coaster

tobolka bot. boll; *(peněženka)* wallet

toč|it 1 *(kolem osy)* rotate, turn, revolve; *(klikou, kolovrátkem)* grind*; *(kohoutkem, kotoučem)* turn 2 **t. piruetu** pirouette; **t. po kom očima** gaze after sb 3 *(kabel* ap.*)* coil 4 *(cigaretu)* roll; *(vlasy)* curl; ♦ **t. palci** twiddle one's thumbs 5 *(pivo)* draw*; *(prodávat sudové pivo)* have beer on tap 6 *(film)* shoot* ■ **t. se** 1 turn, rotate; *(rychle)* spin*; **t. se kolem osy** revolve *n.* rotate on an axis; **Země se ~í okolo Slunce** the earth revolves about the sun ♦ **t. se kolem dívky** hover about n. around a girl; **~í se mi hlava** my head is going* round, I feel* giddy 2 *(vlasy)* curl

točit|ý; ~é schody winding n. spiral staircase

točivý revolving, rotating

točna 1 zeměpis. pole; **severní/ jižní t.** North/ South Pole 2 žel. turntable; div. revolving stage

tóga toga

tok 1 flow; *(směr toku)* course; **horní t.** *(Vltavy* ap.*)* the upper reaches of; **t. času** the flow n. passage of time 2 odb. stream, river; *(plavat)* **po/ proti ~u** downstream, down the river/ upstream, up the river

tokat mysl. utter the mating call; *(předvádět se)* display

tolerance tolerance též techn.

tolerantní tolerant; *(dobrácký)* easygoing; **t. k názorům druhých** tolerant of other people's views

tolerovat tolerate

tolik I neurč. čísl. so much/ many; **t. lidí** so many people; **t. času** so much time; **dvakrát t.** twice as much/ many; **t. peněz, kolik potřebuješ** as much money as you need; **t., pokud jde o mne** so much for me; **vím toho právě t. jako vy** your guess is as good as mine; **t. pro dnešek** so much for today **II** adv. so much; **proč t. pláčeš?** why are you crying so much?

tombola raffle, tombola

tón 1 hud. tone, note; **vyzvánějící t.** ringing tone; **oznamovací t.** dialling tone; **udávat t.** hud. give* the pitch, přen. *(rozhodovat)* call the tune, set* the tone **2** *(zabarvení řeči)* tone (of voice), ring; **srdečný t.** genial n. friendly tone (of voice); **mluvit arogantním ~em** adopt an arrogant tone; v. **(4) 3** *(barvy)* tinge, shade **4 dobrý/ společenský t.** good form; **udávat t.** set the trend, *(v módě)* set the fashion

tonáž tonnage

tónina hud. key

tonou|t be (on the verge of) drowning; *(loď)* be sinking; **t. v nejistotě** be at sea ♦ **~cí se i stébla chytá** a drowning man will catch at a straw

tónov|at *(barevně)* tinge, tint; fot. tone ■ **~ání** toning

topas topaz

topenář heating engineer

topení 1 *(zařízení)* heating; **ústřední/ naftové t.** central/ oil heating **2** v. **topivo**

topeniště *(na lokomotivě* ap.*)* firebox; *(pec)* furnace

topič boilerman; *(na lodi, žel.)* stoker

topinka toast

top|it₁ heat; **t. uhlím** fire with coal, burn* coal; **kamna dobře ~í** the stove heats well

topit₂ *(ve vodě)* drown ■ **t. se** be drowning ♦ **t. se v penězích** be rolling in money

topivo fuel

topn|ý heating, fuel; **~é těleso** radiator; **~á nafta** fuel oil; **~á spirála** heating coil

topografie topography

topol poplar; **bílý t.** white poplar

topor *(násada)* handle; *(na sekyru)* helve

toporn|ý *(držení těla; styl)* stiff; *(dialog)* wooden ■ **~ě** rigidly, stiffly; woodenly

topůrko (axe-)helve

toreador bullfighter

tornádo tornado, whirlwind; am. twister

torpédo torpedo

torpédoborec (torpedo-boat) destroyer

torpédovat voj. i přen. torpedo

torpédový torpedo

torzo *(sochy* též přen.*)* torso

totalita totality, totalitarianism

totalitní *(stát* ap.*)* totalitarian

totáln|í total, utter; **t. válka** total n. full-scale n. all-out war ■ **~ě** completely; **~ě opilý** completely drunk, blind drunk

totéž the same; **řekl t.** he said* the same (thing)

totiž 1 *(to jest)* namely, that is to say*; kn. to wit **2** *(neboť)* for, the thing is that; **on t. nepřišel** the thing is that he didn't come*

totožnost identity; **průkaz ~i** identity card

totožný identical

touha (**po** for) longing, yearning, thirst; **t. po vědění** thirst for knowledge; **t. po domově** homesickness; *(chorobná)* **t. po penězích** greed for money

toula|t se 1 *(ulicemi)* roam around n. about, wander around n. about; *(lesem)* ramble through; **t. se světem** roam n. travel the world, globetrot **2** přen. **~l se myšlenkami v minulosti** his thoughts roamed over the past

toulav|ý *(život)* vagrant, *(umělci)* itinerant; **t. pes** stray dog ♦ **být t.** have itchy feet ■ **~ost** wanderlust

toulk|a ~y rambles

toulec quiver

touš *(puk)* puck

toužebn|ý *(pohledy)* wistful; *(přání* ap.*)* fond, ardent, dearest; *(očekávání)* anxious ■ **~ě** wistfully; *(očekávat)* anxiously; **~ě očekávaný úspěch** the much longed-for success

toužit *(po kom/ čem)* long for, *(silně)* crave for, hanker after; *(marně)* **t. po lásce** pine n. languish for love; **t. po vlasti** be homesick for one's country; **t. po cestování** be eager to travel

továrn|a factory; *(závod)* plant, works; *(textilní, papírenská)* mill; **chemická t.** chemical works; *(zboží dodané z ~y)* ex factory

tovární *(budova, dělník* ap.*)* factory; *(výroba* též*)* industrial; *(výrobek)* manufactured

továrník factory owner

toxikoman drug addict

toxikománie drug addiction

tradice tradition; **podle t.** according to tradition, tradition has it (that)

tradiční traditional
tradovat hand sth down, pass sth on
trafika tobacconist's (shop), tobacco shop
trafikant tobacconist
tragéd tragedian ■ **~ka** tragedienne
tragick|ý tragic ■ **~y** tragically; **skončit ~y** come* to a tragic end
tragikomedie též přen. tragicomedy
tragikomický tragicomical
trajekt ferry; **železniční t.** railway ferry
trakař wheelbarrow
trakt 1 *(budovy)* wing, section; **přední/ zadní t.** front/ rear section (of a building) 2 anat. tract; **zažívací t.** digestive tract
traktor tractor; **pásový t.** caterpillar
traktorista tractor-driver
traktovat *(téma, otázku)* treat, handle, deal* with; **t. dějiny vědecky** treat history scientifically
trám beam; *(nosník)* girder; *(stropní)* joist
trámoví beams, timberwork
tramp 1 *(osoba)* hiker, *(rekreační)* rambler 2 *(činnost)* hike; **jít na t.** go on a hike
trampoty troubles, hardships, predicament; kn. tribulations
tramvaj tram, am. streetcar
tramvaj|ák, ~ačka tram driver
tramvajový tram, am. streetcar
transakce transaction
transformátor transformer
transfúze transfusion; **t. krve** blood transfusion
transmis|e, ~ní transmission
transparent banner
transplantace *(tkáně)* graft; *(orgánu)* transplant
transport transport; *(nákl. auty, vlaky též)* haulage
transportér 1 conveyor; **pásový t.** conveyor belt 2 voj. personnel carrier
transportovat transport, ship; *(náklady též)* haul
tranzitní transit; **t. clo** duty on goods in transit
trápení 1 *(bolesti)* great pain, torment; *(duševní)* anguish 2 *(starosti)* trouble, worry; **mít s kým t.** have trouble with sb; **s dětmi je t.** children are a terrible worry, *(jsou zlobivé)* children are a pain in the neck
trápi|t 1 torment, plague; *(otázkami, prosbami též)* harass, pester; *(duševně)* distress, harrow, prey on sb's mind; **t. rodiče** cause one's parents a lot of trouble n. worry; **~í ho výčitky** he is tormented n. tortured with remorse; **~l ho kašel** he was troubled by a bad cough 2 *(zvířata)* torment ■ **t. se** 1 (**čím** about sth) worry, fret 2 **t. se s čím** *(namáhat se)* struggle with, slave away at
trapn|ý embarrassing; *(otázky, situace)* awkward; **je mi ~é, že** I feel* embarrassed about ■ **působit ~ě** be embarrassing
trasa route; *(cesty, zájezdu)* itinerary
trať 1 žel. (railway) line 2 sport. *(běžecká, lyžařská)* track; **krátká/ dlouhá t.** short/ long distance; **slalomová t.** slalom course; **sjezdová t.** downhill race course n. run
tratit: t. na váze lose* weight; **t. na čem** *(peníze)* lose money on sth ■ **t. se** *(před očima)* waste away; *(zármutkem)* pine away, waste away (with grief)
traťmistr linesman
tratoliště: t. krve pool n. puddle of blood
traťový *(rekord)* course, track; **t. lístek** commutation ticket
tráv|a grass ♦ **slyšet ~u růst** hear* the grass grow*
traverza (steel) girder, traverse
travič poisoner
travina: ~y grasses
tráv|it$_1$ 1 *(potravu)* digest 2 *(čas)* spend*, pass ■ **~ení** *(potravy)* digestion
trávit$_2$ *(jedem)* poison ■ **t. se** poison o.s., take* poison
travnatý grassy
travní grass; **t. semínko** grass seed
trávník lawn, grass(-plot)
trč|et 1 *(do výše)* rise* (up); *(vlasy)* spike out 2 **zůstat t.** *(někde)* be stranded n. stuck; **klíč ~í ve dveřích** the key is in the door; **auto ~í před domem** the car is sitting in front of the house ■ **~ící** *(vlasy)* spiky
trefa *(při střílení)* hit
trefit 1 *(při střelbě)* **t./ net. cíl** hit*/ miss the target; **t. do černého** hit the bull's eye; přen. *(poznámka* ap.*)* hit home 2 *(kam)* find* one's way
trefn|ý *(výraz, odpověď, poznámka* ap.*)* apt, fitting, pertinent; **t. výraz** též. mot juste ■ **~ě** aptly, fittingly
trém|a stage fright; *(před zkouškou)* (exam) nerves; **mít/ dostat ~u** have/ get* stage fright, *(před zkouškou)* have/ get (an attack of) nerves
trémista sb who tends to suffer from stage fright n. examination nerves
trémovat *(koho)* confuse, make* sb nervous, throw* sb off balance
trenčkot trench coat
trend trend

trenér sport. trainer, *(mužstva)* coach; *(fotbalový)* manager
trénink training, coaching
trénovat train, coach
trenýrky boxer shorts
trepka slipper
tres|ka, ~čí cod; **~čí játra** cod liver
trest 1 punishment; *(peněžní)* penalty; *(u soudu)* sentence; **tělesný t.** corporal punishment; **mírný/ tvrdý t.** *(u soudu)* light/ heavy sentence; **podmíněný t.** suspended sentence; **t. smrti** capital punishment, death penalty; **pod ~em** under pain (**smrti** of death) 2 *(ve škole: písemný)* lines, *(po škole)* detention
tresť 1 *(výtažek)* extract; *(příchuť)* flavour 2 přen. quintessence
trestanec prisoner, hov. jailbird; *(v káznici)* convict
trestanecký *(oděv* ap.*)* prison; *(kolonie)* penal
tresta|t punish; *(pokutou)* fine; *(výchovně)* discipline ■ **poprvé ~ný** first offender
trestn|í criminal, penal; **t. rejstřík** criminal record; **t. právo** criminal law; **t. zákoník** penal code; **t. řízení** prosecution ■ **~ě stíhat** prosecute
trestnice prison, am. též penitentiary
trestn|ý 1 punishable; *(čin)* criminal; **dopustit se ~ého činu** commit an offence 2 *(výprava)* punitive; **t. kop** penalty kick ■ **~ost** punishability, liability to punishment
trestuhodn|ý *(čin)* criminal, *(hanebný)* reprehensible; **to je ~é!** that's criminal!
tretk|a: ~y trinkets, junk, bric-a-brac
tretry spikes, running shoes
trezor safe; *(místnost)* vault
trh$_1$ *(ve vzpírání)* snatch
trh$_2$ 1 market; *(tržiště)* marketplace, market square; **vánoční t.** Christmas trade; *(výroční)* fair; **jít na t.** go* to the market; **dostat co na ~u** *(nakupovat)* get sth at the market; **být na ~u** *(zboží: prodávat se)* be on the market ■ expr. **nosit svou kůži na t.** risk one's hide 2 *(obchod)* **vnitřní/ volný/ černý t.** domestic/ free/ black market; **Společný t.** Common Market
trhací: t. kalendář tear-off calender
trhan tramp, down-and-out; *(chlapec)* ragamuffin
trh|at 1 *(čím)* jerk, strain at, tug at, pull at; **pes ~á šňůrou** the dog pulls n. *(silněji)* strains at its lead; **t. rameny** shrug one's shoulders 2 *(zuby)* pull out, extract; **t. si vlasy** tear* one's hair; **t. komu co z ruky** snatch sth out of sb's hands 3 *(ovoce)* pick, gather; *(květiny)* pluck, pick 4 *(skály dynamitem)* blast, dynamite; *(pouta přátelství)* break* off 5 *(boty, šaty)* wear* out 6 *(papír, látky)* tear*, rip 7 *(rekordy)* break, beat* ■ **t. se** *(mraky)* disperse; *(nitě)* break, snap ■ **~aný** *(styl, způsob řeči)* abrupt, choppy ■ **mít ~ání** have an urge *(+inf.)*; **mám ~ání říct pravdu** I feel* like telling the truth, *(vyzradit tajemství)* hov. I feel like spilling the beans
trhavina explosive
trhavý 1 *(střela)* explosive 2 *(pohyby)* jerky, spasmodic, hov. nervy
trhlin|a crack, gap, rent, cleft; techn. fissure, crevice; *(v tkáni)* rupture; *(v obraně)* gap; **mít ~u** *(o kádi, lodi)* spring* a leak
trhn|out 1 v. **trhat (1)** ♦ **~i si nohou!** put* that in your pipe and smoke it! 2 **t. sebou** give* a start, flinch ■ **~utí** jerk, *(vozu)* jolt; *(provazem* ap.*)* tug at; **s ~utím** with a jerk
triangl hud. triangle
tribuna platform, rostrum; *(stadiónu)* stand
tribunál tribunal
tričko 1 *(nátělník)* vest, singlet 2 *(polokošile)* T-shirt
triedr field glasses, binoculars
trigonometrie trigonometry
trik 1 trick; *(dovednost)* knack; *(lest)* dodge; **přijít na správný t.** get* the knack of sth, get the hang of sth 2 *(filmový)* special effect; **reklamní t.** advertising gimmick
triko v. **tričko**
trikolóra tricolour, am. tricolor
trikot *(artistů, sportovců)* leotard; *(cyklistický)* jersey
trikotov|ý: ~é zboží hosiery
trilión trillion
trilogie trilogy
trio trio
triptych triptych
tristní *(smutný)* sad; *(trapný)* pathetic
triumf triumph
trimfální triumphal; **t. oblouk** triumphal arch
triumfovat triumph n. prevail (**nad** over)
trivi|alita, ~álnost triviality
triviální trivial, *(spory)* trifling
trk|at, ~nout *(rohy)* butt ♦ **to musí každého ~nout** it sticks* out a mile
trmácet se *(namáhavě jít)* plod (on), drag o.s. along; *(pachtit se s čím)* plod away at sth
trn thorn ♦ **být komu ~em v oku** be a thorn in sb's side n. flesh; **vytáhnout komu t. z paty**

help sb out of a scrape, help sb out of a tight corner
trní thornbush, briar ♦ **být jako na t.** be on tenterhooks, be like a cat on hot bricks
trnitý thorny též přen., prickly
trnka blackthorn; *(plod)* sloe
trnout 1 *(údy)* grow* stiff n. numb 2 **t. o koho/ co** fear n. tremble for sb/ sth; **t. o čí život** fear for sb's life
trnož footrest
trofej trophy též přen.
troch|a a little, a (little) bit; **ta t., co máme** what little we have ♦ **při troše štěstí** with any luck, with a bit of luck
trochej trochee
trochu a little, a (little) bit, slightly, a trifle; **jenom t.** *(vína* ap.*)* just a drop; **umí t. anglicky** he knows* a little English; **dnes je mu t. líp** he's a shade better today; **ani t. se mi to nelíbí** I don't like it a bit ♦ **je tak t. malíř** he's sth of a painter; **to je t. moc** it's a bit too much, it's a tall order
Trója Troy
trojboj triathlon
trojciferný three-figure
trojčata triplets
trojčlenka mat. rule of three
trojčlenný three-membered; mat. trinominal, three-termed
trojhláska jaz. triphthong
trojhlasý hud. for three voices
trojí of three kinds n. sorts
trojice (a group of) three; *(nejsvětější)* Trinity
trojitý threefold, treble, triple; v. též **čtverý**
trojjazyčný trilingual; *(kniha)* written* in three languages
trojka 1 (number) three 2 šk. a C; *(při závěrečných zkouškách na univerzitě)* a third
trojklanný *(nerv)* trigeminal
trojkolka *(dětská)* tricycle
trojlístek trefoil
trojmo in three copies, in triplicate
trojmocnina mat. cube, third power
trojmocný chem. *(prvek)* trivalent
trojnásobek triple, three times the amount
trojnásobný triple, treble
trojnohý three-legged
trojnožka tripod
trojrozměrný three-dimensional
trojskok triple jump; hop, step, and jump
trojský *(kůň, válka)* Trojan
trojstranný 1 three-sided, triangular 2 přen. *(dohoda* ap.*)* tripartite
trojstup voj. column of three
trojúhelník triangle
trojúhelníkový triangular
trojzvuk hud. triad
trolejbus trolleybus
trombón trombone
trombóza thrombosis
tropický tropical
tropit make*; **t. hluk** make a (terrible) racket n. row; **t. hlouposti** fool around ♦ **t. si z koho blázny** make fun of sb
tropy tropics
trosečník shipwrecked person, *(na opuštěném ostrově)* castaway
trosk|a 1 **~y** *(budovy)* ruins; **ležet v ~ách** lie* in ruins 2 **lidská t.** human wreck; **je z něho jen t.** he is a mere shadow of his former self; **~y armády** the remains n. remnants of an army
trošk|a, ~u v. **trocha, trochu** ♦ **přijít se svou ~ou do mlýna** contribute one's mite
troub|a 1 hov. hud. trumpet, tuba 2 **hlásná t.** *(megafon)* loudhailer ♦ **dělat komu hlásnou ~u** be sb's mouthpiece 3 *(roura)* pipe, conduit 4 *(pečicí)* oven 5 *(hlupák)* nitwit, oaf, moron
troubit 1 *(na trubku* ap.*)* play ♦ **t. na ústup** přen. beat* a retreat 2 *(na chodce)* blow* n. sound one's horn, br. hoot 3 *(slon)* trumpet, *(jelen)* roar
troud tinder; **suchý jako t.** as dry as tinder, tinder-dry
troufal|ý *(smělý)* bold, daring; *(drzý)* audacious, presumptuous ■ **~e** boldly, daringly; presumptuously; **~e odpovědět** answer boldly, give* a bold answer ■ **~ost** boldness, daring; audaciousness, presumptuousness
trouf|at si dare, venture; **ne~al si protestovat** he did not dare (to) protest; **t. si jít ven** venture out of doors; **~ám si tvrdit, že** I make* so bold as to suggest
trouf|nout si v. **~at si; já si to ~nu** I'll take* the chance n. risk
trouchnivět moulder, rot
trouchnivý decayed, decomposed
trousit *(sůl* ap.*)* spill; *(poznámky)* say* sth casually ■ **t. se** *(dovnitř)* straggle in (one by one); *(zpět)* drift back
trpasličí dwarfish
trpaslík dwarf; *(malý člověk)* pygmy, pigmy, midget; **Sněhurka a sedm ~ů** Snow White and

the Seven Dwarfs
trpěliv|ý patient; *(mírný)* meek; *(shovívavý)* tolerant; *(vytrvalý)* persevering; **být t. ke komu** be patient with sb ■ **~ě** patiently, with patience ■ **~ost** patience; perseverance; **mít s kým ~ost** be patient with sb; **zkoušet čí ~ost** try sb's patience
trpět 1 *(čím)* suffer, endure; **t. hladem/ žízní** suffer hunger/ thirst; **t. nouzi** be in want 2 *(komu co)* tolerate; **t. komu jeho špatné chování** tolerate sb's bad manners; **to nebudu t.** I won't stand* for it 3 **t. na koho** be partial to sb, have a soft spot for sb
trpitel sufferer
trpitelsk|ý: t. výraz a martyred expression, an air of suffering ■ **~y** with an air of suffering
trp|ký *(chuť)* bitter, tart; *(ovoce)* sour; *(víno)* dry; *(zkušenost)* painful; *(zklamání)* bitter; *(kritika)* harsh ■ **~ce** bitterly, harshly; **~ce si stěžovat** complain bitterly
trpný inactive, passive; jaz. **t. rod** passive voice
trs *(trávy)* tuft, clump; *(datlí)* clump; *(banánů)* bunch
trsátko plectrum, plectron
trubač trumpeter, *(na lesní roh)* hornist, horn player; voj. bugler
trubadúr troubadour
trubec 1 drone (bee) 2 v. **trouba (5)**
trubice pipe; *(kovová, skleněná)* tube; **močová t.** uretra; **Eustachova t.** Eustachian tube
trub|ička v. **~ice;** *(krémová)* cream horn
trubk|a 1 pipe, *(instalační* též*)* conduit 2 hud. trumpet; **hrát na ~u** play the trumpet
trubkový tubular
truc spite, malice; **z ~u** out of spite
trucovat sulk, be sulky; *(být vzpurný)* be stubborn n. obstinate
trucovitý sulky; *(vzdorovitý)* stubborn, obstinate; *(vyzývavý)* defiant
trudnomysln|ý gloomy; melancholy ■ **~ost** melancholy, spleen; hov. the blues
trudovitý pimply
truhla 1 chest 2 zastar. *(rakev)* coffin
truhlář joiner
truhlářství joinery; *(dílna)* joiner's workshop
truhlík box; *(na uhlí)* coal box
truchlící *(pozůstalí)* the bereaved
truchlit grieve, mourn; **t. nad kým** grieve over sb, mourn for sb; **t. nad smrtí koho** mourn sb's death n. kn. passing
truchliv|ý *(nálada, pohled)* sad; *(člověk* též*)* gloomy; **~á zpráva** a sad piece of news
truchlohra tragedy
trumf karet. trump (card); *(barva)* trumps; přen. trump card
trumfnout 1 karet. overtrump 2 *(předstihovat)* outdo, surpass
trumpet|a hud. trumpet; **troubit na ~u** play the trumpet ♦ **dát si do ~y** wet* one's whistle
trumpetista trumpeter
trůn throne; **nastoupit na t.** ascend the throne; **svrhnout z ~u** dethrone
trup anat. trunk; *(lodi)* hull; *(letadla)* fuselage
trus *(zvířecí)* excrement, droppings; *(ptačí)* droppings; **koňský t.** horse-dung, horse-droppings
trust obch. trust
trvalá permanent wave, hov. br. perm
trvalka perennial
trval|ý 1 *(mír* ap.*)* lasting, permanent, stable; *(společník)* constant; *(bydliště)* permanent 2 **~é zaměstnání** steady work; **t. provoz** continuous operation; **~á ondulace** perm; **~á invalidita** permanent disablement 3 *(barva)* fast; *(paměť)* retentive ■ **~e** permanently; constantly ■ **~ost** permanence, stability; constancy
trvanliv|ý *(materiál, látka)* durable, long-lasting, hard-wearing; *(barva)* fast; *(baterie)* long-life; *(boty, zip)* heavy-duty; *(potraviny)* non-perishable; *(pečivo)* lasting ■ **~ost** durability, resistance, long life; *(potravin)* durability; *(barev)* fastness
trv|at 1 *(nepřestávat)* go* on, continue, last, persist; **schůze ještě ~á** the meeting is still going on; **bude-li to horko t.** if the heat wave lasts n. holds*; **horečka ještě ~á** the fever still persists 2 *(zabírat čas)* last, take*, go on, run*; **~alo to tři hodiny** it lasted three hours; **jak dlouho vám to bude t.?** how long will it take you?; **~á jí dvě hodiny než se obleče** she takes two hours getting dressed n. ready, *(než se naparádí)* she takes two hours dressing herself up 3 **t. na čem** insist on sth ♦ **t. na svém** stand* by n. stick* to one's guns ■ **~ání** duration; persistence; **po dobu ~ání veletrhu** during the Trade Fair, for the duration of the Trade Fair
trychtýř 1 funnel 2 *(po granátu)* crater
trylek hud. trill, *(zpívaný)* quaver; *(skřivánčí)* warble, roll
trylkov|at warble, trill ■ **~ání** v. **trylek**
trysk gallop; **~em** at a gallop; **plným ~em** at full gallop; **přejít v t.** break* into a gallop
tryska nozzle; *(karburátoru)* jet
tryskáč hov. jet plane, jet aircraft

trysk|at 1 well, gush, spout; **z rány ~ala krev** blood gushed from the wound 2 techn. **t. pískem** *(stěny)* sandblast ■ **~ání pískem** sandblasting

trysk|ový jet; **t. motor/ pohon** jet engine/ propulsion; v. též **~áč**

trýzeň suffering, agony; **duševní t.** agony of spirit

trýznit torment, *(mučit)* torture; *(obtěžovat)* harass, plague; *(otázkami)* pester; **t. zvířata** be cruel to animals

trýznitel tormentor

trýznivý *(pochyby)* harrowing, agonizing; *(hlad)* gnawing

tržba receipts, takings, returns; **denní t.** daily takings, receipts

tržiště marketplace

tržit *(peníze)* take*, receive; odb. též net, realize

tržnice market hall

tržn|ý: ~á rána lacerated wound, laceration

třás|eň: ~ně fringe; **ozdobit co ~němi** put* a fringe on sth, trim sth with a fringe; **šála s ~němi** *(čtvercová)* a fringed shawl

třaskav|ina, ~ý explosive

třaslavý *(ruka)* trembling; *(hlas)* tremulous, trembling, quivering

třás|t *(čím/ kým)* shake*; **t. ovoce se stromu** shake fruit off a tree; **~la jím horečka** he was racked with fever ■ **t. se** 1 *(chvět se)* shiver, shake, tremble; **t. se strachem** shake with fear 2 **t. se před kým** be terrified of sb, fear sb's anger n. wrath; **t. se o koho** tremble n. fear for sb 3 **t. se na něco** be very keen on sth, be bent on sth; **t. se na peníze** be greedy for money

třeba$_1$ *(zapotřebí)* **je t.** it is necessary; **je t., abys přišel** it is necessary for you to come*; **bude-li t.** if necessary; **není t. nic měnit** there's no need to change anything; **je mu t. pomoci** what he needs is some help; **je t. říci, že** it must be said* that

třeba$_2$**, ~s** 1 *(snad)* perhaps, possibly, maybe; **t. je nemocná** maybe n. perhaps she is ill, she may be ill 2 *(půjdeme do kina?)* – **T.** Yes, if you like., Yes, why not?

třebaže although, even though, in spite of the fact that

třecí *(plocha)* frictional; **t. ručník** terry towel

tření techn. friction; *(ručníkem)* rubbing (down)

třenice squabble, tiff

třen|ý 1 **~é těsto** batter; **t. koláč** sponge cake 2 jaz. **~á souhláska** fricative

třep|at, ~etat 1 v. **třást** 2 *(roztokem)* shake*; **t. křídly** flap its wings ■ **t. se** 1 *(vlajka)* flutter; *(světélko)* flicker 2 v. **třást se (1)**

třepení fringe

třepetavý *(světlo)* flickering, glimmering

třepit se fray, get* worn n. frayed

třesavka *(záchvat)* shivering fit, the shivers n. shakes; *(nemoc)* palsy

třesk I subst. 1 crack, bang; *(hromu)* clap; let. (sonic) boom; hvězd. **velký t.** big bang 2 **~y plesky!** fiddlesticks! II citosl. bang!, crash!

třesk|nout bang, explode, detonate; **~l výstřel** there was a loud bang ■ **~nutí** crack, bang, *(pušky)* report

třeskot *(výstřelů)* chatter, rattle, crackle; *(zbraní)* clang

třešeň 1 *(strom)* cherry (tree) 2 *(plod)* cherry

třešňovka cherry brandy

třešňový cherry; **t. koláč** cherry pie

třeštidlo madcap

třešt|it *(v horečce)* be delirious, rave též přen.; *(šaškovat)* fool around; **~í mi hlava** I have a splitting headache; **t. na koho oči** gape at sb ■ **~ící** delirious, frenetic ■ **~ění** raving; tomfoolery

třetí third; srv. **čtvrtý** ♦ **dělat komu ~ho** play gooseberry; **když se dva perou, t. se směje** when two people argue, somebody else benefits

třetice: do t. všeho dobrého third time lucky

třetihory geol. Tertiary (period)

třetihorní Tertiary

třetina 1 third; srv. **čtvrtina** 2 sport. period

tři three; srv. též **čtyři**

tří- v. **troj-**

tříbit *(zlato)* refine; *(jazyk)* cultivate; *(styl)* polish; *(myšlenky)* crystallize; *(ducha, úsudek)* sharpen; *(paměť)* strengthen

třicátn|ík, ~ice thirty-year old; v. též **čtyřicátník**

třicátý thirtieth; srv. též **čtyřicátý**

třicet thirty

tříčtvrťák three-quarter-length coat

tříčtvrteční 1 three-quarter; **t. housle** three-quarter(-size) violin; **t. většina** three-quarters majority 2 hud. **t. takt** three-four time

tříd|a 1 *(společenská)* class; **dělnická t.** working class; **nemajetné ~y** unpropertied classes, *(chudí)* the have-nots 2 šk. class, br. též form, am. též grade; *(místnost)* classroom; **je v páté ~ě** *(zákl. školy)* she is in primary five, *(stř. školy)* she is in the fifth form 3 bot., zool. class; sport. *(věková, váhová)* category, class; *(daňová, mzdová)* class, bracket 4 *(jakost)* quality, grade, class 5 žel. class; **jet první ~ou** travel first-class, travel first 6 *(úroveň)* class, rate; **hráč první ~y** first-class player; **být o ~u lepší** outclass sb, be in a different league 7 *(ulice)* avenue

tříd|it 1 *(vědecky* ap.*)* classify 2 *(rozdělit)* sort, assort; grade; **t. podle velikosti** sort sth according to size; **t. zboží podle kvality** sort goods according to quality, grade goods ▪ **~ění** classification, grading; **desetinné ~ění** decimal classification

třídní I adj. 1 class; **t. kniha** class register; **t. učitel** class teacher, br. též form master n. teacher 2 pol. class; **t. boj** class struggle; **t. uvědomění** the sense of class II subst. v. **t. učitel**

třífázový el. three-phase; **t. proud** three-phase current

třikrát three times; srv. **čtyřikrát**

třímat *(zbraň)* wield; *(prapor)* carry aloft

tříměsíční three-month; srv. **čtyřměsíční**

třímotorový three-engined

třináct thirteen

třináctina thirteenth

třináctka (number) thirteen: **nešťastná t.** the unlucky number thirteen

třináctý thirteenth

třínedělní three-week; lasting three weeks

třípatrový *(dům)* four-storey(d)

třípokojový *(byt* ap.*)* three-room

třírohý *(klobouk)* three-cornered

tříseln|ý anat. **krajina ~á** groin, inguinual flexure; **~á kýla** inguinual hernia

třísk|a chip; *(odštěpek)* splinter; *(na zatápění)* spill, kindling chip; **zadřít si ~u do ruky** run* a splinter into one's hand ♦ **tenký jako t.** as thin as a rake; **má peněz jako třísek** he has money to burn*; **rozmlátit co na ~y** reduce sth to matchwood

třískat 1 strike*, bang; **t. pěstí do stolu** strike n. bang one's fist on the table; **t. dveřmi** bang the door 2 *(házet předměty)* smash, fling*, hurl

tříslo anat. groin

tříslovina chem. tanning agent, tannin

třísvazkový three-volume, in three volumes

tříšť 1 fragments; *(vodní)* spray; **ledová t.** drift-ice; **t. skla** shattered glass 2 přen. *(dojmů)* mixture

tříštit 1 break* sth to small pieces n. smithereens; *(*zvl. *sklo, led)* smash, shatter 2 přen. *(rodinu, stát* ap.*)* splinter, break* up; **t. své síly** dissipate one's strength n. energies ▪ **t. se** shatter, splinter; v. **t. (1)**

tříštiv|ý liable to splinter; **~á bomba** fragmentationbomb; **~á střela** percussion bullet

třít 1 rub; **t. si oči/ ruce** rub one's eyes/ hands; **t. si tělo ručníkem** rub one's body with a towel 2 *(žloutky)* whip, whisk; *(máslo s moukou)* mix; *(konopí, len)* beat* ♦ **t. bídu s nouzí** be on the breadline ▪ **t. se** 1 *(ručníkem)* rub o.s., rub one's body 2 **t. se o něco** rub against sth 3 *(ryby)* spawn

třmen stirrup

třpyt glitter, dazzle; *(kovů)* lustre

třpyt|it se glitter, shimmer; *(blýštit se)* shine, sparkle; *(diamanty* též*)* scintillate ♦ **není všechno zlato, co se ~í** all that glitters is not gold

třpytivý sparkling, scintillant; *(hedvábí)* shiny, lustrous

třtina reed; **cukrová t.** sugar cane ♦ **být jako t.** be like a reed in the wind, have no mind of one's own

tu 1 *(místně)* here, in this place; **tu a tam** here and there; **hned tu, hned tam** now here, now there 2 *(časově)* **tu a tam** now and then, once in a while, from time to time; am. every so often

tuba *(na pastu)* tube; hud. tuba

tuberkulóz|a tuberculosis, TB; **nemocný ~ou** tuberculous

tuberkulózní tuberculous, consumptive

tuc|et dozen; **dva ~ty** two dozen; *(prodávat)* **na ~ty** by the dozen

tuctový hanl. mediocre, nondescript; *(zboží)* mass-produced

tučňák penguin

tučnět become* n. grow* fat

tučn|ý 1 *(maso)* fat; *(člověk)* corpulent; *(půda)* fat, rich, fertile; **dostat t. honorář** get* a fat fee 2 *(tisk)* bold-face(d) ♦ **~á léta** prosperous years

tudíž therefore, that is why, consequently

tudy this way; *(touto ulicí)* along this street/ road; **t. nejezděte!** don't take* this road, don't go* this way

tuha miner. graphite; *(do krejónu)* lead; *(náhradní)* spare lead, refill

tuhle 1 (over) here; *(nahoře)* up here 2 *(časově)* the other day

tuhleten this here; srv. **tenhleten**

tuh|nout *(omáčka)* thicken; *(želé)* coagulate, set*; *(cement)* set, harden; *(tuk, krev, voda)* congeal; *(v sedle)* get* stiff ♦ **hrůzou mi ~la krev** my blood ran* cold with fright, I was paralyzed with fright ▪ **~nutí** setting, hardening, solidification; **bod ~nutí** *(odlitku)* solidification;

(cementu) setting point

tuh|ý 1 *(skupenství, palivo)* solid; *(límec)* stiff; *(maso)* tough, stringy; **~á strava** solids 2 **mít t. život** hold* on to life 3 *(zima)* hard, severe; *(boj)* hard, grim ♦ **jde do ~ého** the fat is in the fire ■ **~ost** solidity; stiffness; toughness; tenacity

tuk fat; **živočišný/ rostlinný t.** animal/ vegetable fat; **rybí t.** fish oil; **pokrmový t.** cooking n. edible fat; **namazat ~em** techn. grease, lubricate

ťuk! pat!, knock! **~y, ť.!** knock! knock!

ťuk|at 1 *(na dveře)* knock, rap; *(lehce)* tap; *(prsty na stůl)* rap, tap 2 *(srdce)* beat* 3 **ť. na stroji** hov. expr. tap on a typewriter ■ **~ání** knocking

ťuk|nout v. **~at**; **ť. si** clink glasses; **ť. si na čí zdraví** drink* to sb's health ■ **~nutý** hov. nuts, crackers

tukov|ý fatty, adipose; **~á tkáň** adipose tissue; **~á buňka** fat n. adipose cell; **t. polštář** pad of fat; (zvl. *muži: na břiše)* spare tyre

tulácký právn. vagrant; **t. život** roving life, life of a vagabond

tuláctví vagrancy, wanderlust

tulák tramp, am. hov. hobo, bum

tuleň seal

tulení *(čepice* ap.*)* sealskin; **t. kůže** sealskin

tulipán tulip

tulit se *(ke komu)* snuggle n. cuddle up to, nestle close to; **t. se k sobě** snuggle n. nestle up to each other

ťulpas, ťululum numbskull, clod, halfwit

tůň pool

tuna (metric) ton, tonne

tuňák tuna

tunel tunnel; **železniční/ silniční t.** railway/ road tunnel; **aerodynamický t.** wind tunnel, *(pod Lamanšským průlivem)* Channel Tunnel, Chunnel

Tunis Tunisia

Tunisan, ~ka, tuniský Tunisian

tupírovat backcomb

tupit$_1$ *(ostří)* blunt; *(nůž)* take* the edge off ■ **t. se** become* blunt; *(nůž)* lose* its edge

tupit$_2$ *(hanobit)* disparage, denigrate, run* sb down; *(urážet)* insult, vilify

tupoúhlý geom. obtuse-angled

tup|ý 1 *(nůž* ap.*)* blunt; **t. nos** snub n. pug nose, turned-up nose; *(úhel)* obtuse 2 *(duševně)* dull, stolid, mindless; hov. thick(-headed); **t. jako poleno** thick-skulled ■ **~ě** *(dívat se)* impassively ■ **~ost** 1 bluntness 2 dullness

tur aurochs, European bison

túr|a hike; **horská t.** mountain hike; **chodit na ~y** hike; **jít na ~u** go* hiking, go on a hike

turban turban

turbína turbine; **parní/ vodní t.** steam/ water n. hydraulic turbine

turbogenerátor turbogenerator, turbine generator

turbovrtulový: t. motor turboprop (engine)

Turecko Turkey

ture|cký, ~čtina Turkish; **~cká káva** Turkish coffee; **t. med** Turkish delight

Tur|ek, ~kyně Turk

turek *(káva)* Turkish coffee

turist|a, ~ka *(všeobecně)* tourist; *(pěší)* hiker

turistick|ý tourist; **~á základna** tourist centre; **~á třída** *(v letadle)* economy n. tourist class; **t. zájezd** *(hromadný)* package tour; **t. ruch** tourism

turistika tourism, tourist industry; *(chození po horách)* hiking; *(chození v přírodě)* rambling

turnaj tournament; **šachový/ tenisový t.** chess/ (lawn) tennis tournament

turné *(divadla, orchestru)* tour; **koncertní t.** concert tour; **jet na t.** go* on a tour

turniket turnstile

turniketov|ý: ~á závora turnstile

turnus *(turistů)* batch, group; *(v dětském táboře)* session

tuřín (swede) turnip

tuš$_1$ *(na rýsování)* Indian ink

tuš$_2$ hud. fanfare, flourish

tušení 1 *(předtucha)* presentiment, hov. hunch; *(neblahé)* foreboding, premonition 2 *(ponětí)* idea, notion; *(matné)* inkling; **nemám nejmenšího t.** I haven't the faintest n. foggiest idea, I haven't (got*) a clue, search me!; **nemáš t., jak ...** you have no idea how ...; **nemám t., kdo to je** I don't know* him from Adam

tuš|it have a feeling n. presentiment of; *(negativní)* suspect, have a foreboding of; **~ím** *(myslím)* I believe, I think*; to my mind, in my opinion

tutlat hush n. cover up, keep* sth secret; **t. co před kým** keep sth from sb

tuze very much; **má ji t. rád** he likes her very much; **t. se zmýlil** he made* an enormous n. terrible mistake; **t. se snažil** he made tremendous efforts

tuzemsko inland; *(zboží)* **pro t.** for home consumption

tuzemsk|ý domestic, home; **~é výrobky** home products; **~á doprava** internal transport

tuzér hov. tip

tužba aspiration, desire, ambition
tužit 1 *(zpevňovat)* stiffen; *(škrobem)* starch; přen. *(přátelství)* strengthen, cement 2 **t. svaly** harden one's muscles ■ **t. se** work hard, exert o.s.
tužka pencil; **propisovací t.** ballpoint pen, br. hov. biro
tvar 1 form, shape; **mít t.** have the shape of; **t. koule** the shape of a sphere; **ztratit t.** go* out of shape 2 jaz. form
tvárnice stav. breeze block
tvárn|ý plastic, mouldable, workable; *(kov)* malleable ■ **~ost** plasticity; malleability
tvaroh quark, cottage cheese
tvarohový: t. koláč ≅ cheesecake
tvarosloví morphology
tvaroslovný morphological
tvarovat shape, form, model; *(kov)* mould
tvář 1 *(líce)* cheek; **růžové/ kulaté/ oteklé ~e** rosy/ chubby/ swollen cheeks 2 *(obličej)* face; kn. countenance, mien; **s úsměvnou ~í** with a happy smile; **~í v t. smrti** staring death in the face; **stát/ být ~í v t. čemu** stand*/ be face to face to sth; **říci komu co do ~e** tell* sb sth to his face ♦ **ukázat svou (pravou) t.** show* (o.s. in) one's true colours 3 *(vzhled)* appearance, *(města, krajiny též)* face 4 **neznámé ~e** strange faces, strangers
tváři|t se 1 look; **t. se vesele/ vážně/ vzdorovitě** put* on a happy/ solemn/ sulky face; **t. se nazlobeně** scowl, look angry; **t. se rozmrzele** make* n. pull a wry face; **t. se statečně** put* up a brave front 2 *(předstírat)* pretend, make out that; **~l se, jakoby rozuměl/ souhlasil** he pretended to understand*/ agree, he made out that he understood/ agreed
tvářnost appearance, aspect, form; *(krajiny)* face; **dát čemu novou t.** put* a different complexion on sth
tvíd tweed
tvor creature
tvorba 1 *(tvoření)* creation; *(krvinek)* production 2 *(díla)* output, works; **Dvořákova symfonická t.** Dvořák's symphonic output n. works; **jeho hudební/ umělecká t.** his musical/ artistic works
tvoř|it 1 *(podmínky, společ. hodnoty, uměl. díla)* create; *(nová slova)* coin; *(organizaci)* establish, set* up, found 2 *(krystaly, větu* ap.*)* form; *(bubliny)* form, raise 3 *(představovat)* form, constitute, be, make* up; **t. hlavní téma** be the main topic; **t. výjimku** be an exception; **t. celek** make up a whole; **delegaci ~í** the delegation consists of ■ **t. se** *(skupiny, mraky)* form, be formed n. constituted, develop, raise ■ **~ení** creation; establishment; foundation
tvořiv|ý creative; *(kritika)* constructive ■ **~ost** creativity, creative power n. genius; **lidová ~ost** folk art
tvr|dit maintain, claim, assert, contend; *(předstírat)* pretend; *(tvrdošíjně)* insist n. swear* (**že** that); **t. dokonce, že** go* as far as to say* that ■ **~zení** claim, assertion, contention; **jeho ~zení, že** his contention that; právn. **~zení proti ~zení** claim and counterclaim, one man's word against another's
tvrdn|out 1 harden, become* hard, *(cement též)* set*; *(chléb)* become stale 2 hov. *(čekat někde)* hang* about n. around ■ **doba ~utí** setting time
tvrdohlavec pigheaded n. obstinate person
tvrdohlav|ý obstinate, stubborn ■ **~ost** obstinacy, stubbornness
tvrdošíjný obstinate, dogged, mulish; hov. pigheaded; *(v úsilí)* tenacious
tvrd|ý 1 *(kámen, dřevo, voda, droga, přistání)* hard; *(rána)* heavy; **vejce na ~o** hard-boiled egg ♦ **t. oříšek** hard nut to crack 2 *(hlas, zima)* hard, harsh, severe; *(zákony)* rigorous; *(opozice)* vigorous; *(kritik, vládce)* harsh; **t. kurs** hard line; **~á souhláska** hard consonant 3 *(život, práce)* hard, *(osud též)* cruel; *(trénink)* rigorous; **~á kontrola** tight control 4 *(spánek)* sound; **mít ~ou hlavu** be obstinate ■ **~ě pracovat** work hard; **~ě potrestat** punish sb severely; **~ě spát** be fast asleep; **~ě jednat** drive* a hard bargain ■ **~ost** hardness; harshness; rigorousness
tvrz fortress, stronghold
tvrzení v. **tvrdit**
tvůj I your, ..of yours, *(samostatně v přísudku)* yours; **tvoje kniha** your book; **ta tvoje kniha** that book of yours; **tato kniha je tvoje** this book is yours; *(v dopise)* **Tvůj ...** Yours (ever) II *(zpodstatnělé)* hov. **ta tvoje** *(manželka)* your wife, hov. your old woman
tvůrce creator, maker
tvůrčí creative
ty you ♦ **udělat „ty, ty, ty"** shake* one's finger (at); **to ti je hezké!** that's really beautiful!; **to ti je hrozné!** that's just awful!
tyč 1 pole; *(branková, telegrafní)* post; *(železná)* rod; **záclonová t.** curtain rail 2 pole; **skok o ~i** pole-vault(ing)

tyčink|a 1 *(na rty)* lipstick; *(cukrová)* rock; **čokoládová t.** chocolate bar; **sýrové ~y** cheese straws n. sticks 2 bot. stamen

tyč|it se (nad above) rise* (up), soar, tower up; **t. se do výše 100 metrů** rise* to a height of 100 m; **nad městem se ~í hrad** the town is dominated by a castle

tyčka 1 *(branková)* post; *(v plotě)* pale, stake, am. picket 2 přen. *(vysoký člověk)* beanpole

tyčkař pole-vaulter

tyčkový: t. plot paling, am. picket fence

týd|en week; **za t.** in a week's time; **za dva ~ny** in two weeks' time, br. též in a fortnight; **ode dneška za pět ~nů** five weeks from today; **dvakrát za t.** twice a week

týdeník 1 *(časopis)* weekly 2 *(filmový)* newsreel

týdenní 1 *(mzda, jízdenka)* weekly 2 *(dovolená* ap.*)* one week's, lasting one week

tyfov|ý typhoid; **~á epidemie/ horečka** typhoid epidemic/ fever

tyfus typhoid (fever)

tyg|r, ~ří tiger; **~ří kůže** tiger skin

tygřice tigress

tykadl|o feeler, antenna, *(hlemýždě)* horn; **vystrčit ~a** put* out its feelers/ horns

tyk|at: t. komu *(use the familiar form of address to sb)* be on first-name terms with sb; **~áme si** we are on first-name terms

týk|at se concern, regard, refer to, relate to; **to se mne ne~á** that does not concern me; **co se mne týče** as far as I am concerned, personally; *(o vyhlášce, předpisu)* **toto se ~á všech osob, které ...** this applies to all persons who ...

tykev pumpkin

tyl, ~ový text. tulle

týl 1 nape n. back of the neck 2 voj. rear, home front; **napadnout v ~u** attack *(the enemy* ap.*)* from the rear

týlový voj. rear

tým team; *(odborníků)* panel; *(olympioniků)* contingent

týmov|ý: ~á práce teamwork

tympán hud. kettledrum

typ 1 type 2 *(stroje, auta)* type, make, design, model; *(lidí)* type, sort, kind; **lidé tohoto ~u** people of this kind n. sort n. ilk 3 polygr. type, typeface

typick|ý typical; *(příznačný)* distinctive, characteristic, typical (**pro** of); **t. případ tuberkulózy** a classic case of TB; **to je pro něho ~é** that's him all over, *(co řekl)* trust him to say* that

typiz|ovat *(výrobky)* standardize ■ **~ovaný** standardized ■ **~ace** standardization

typograf typographer, printer

typografický typographical

typografie typography

typový model, standard; **t. výrobek** standard product

tyran tyrant, despot

tyranie tyranny

tyranizovat tyrannize; přen. *(šéf)* bully, hector, domineer, throw* one's weight about n. around

tyranský tyrannical, despotic

tyranství tyranny

týr|at 1 torment; *(zvířata, vězně)* ill-treat, maltreat, be cruel to; *(šikanovat)* harass, bully, persecute 2 **být ~án kašlem** be troubled n. tormented by a cough; **~al ho kašel** he was troubled by a cough ■ **~ání zvířat** cruelty to animals

tyrkys, ~ový turquoise

Tyrolák Tyrolean; **t.** *(klobouk)* Tyrolean hat

Tyrolsko Tyrol

tyrolský Tyrolean

týt *(z lidí)* live off; **t. z cizí práce** live off sb else's work; **t. ze svých příbuzných** sponge off one's relatives; **t. ze vzpomínek** live off one's memories

týž, táž the same; **jeden a týž** *(člověk)* one and the same, the very same; v. též **tentýž**

tzv. (the) so-called

U

u$_1$ *(písmeno)* u [ju:]; **ve tvaru U** U-shaped

u$_2$ předl. vyj. **I** *(s 2. p.)* **1** *(místní blízkost)* near, at, by, close to, next to; **sedět u stolu/ u krbu** sit* at the table/ by the fireside; **u hranic** near the border; **u řeky** by the river; **máš u sebe peníze?** have you (got) any money on you?; **bitva u Slavkova** the Battle of Austerlitz **2** *(pobyt kde)* at, with; **bydlet u koho** stay with sb; **u nás** *(doma)* at home, at our n. my place, *(v našem kraji)* where I come* from, *(v naší zemi)* in our country **3** *(přináležitost)* **rukáv u saka** jacket sleeve; **límec u košile** shirt collar; **hospoda U bílého koně** the White Horse Inn **4** *(pracovní příslušnost)* **pracovat u koho** work for sb; **sloužit u vojska** be in the army; **být u kormidla** též přen. be at the helm **5** *(místo činnosti: nakupovat)* **u řezníka** at the butcher's; **být u zkoušky** be taking* n. sitting one's exam **6** *(vztah, zřetel)* **vzbudit u koho soucit** arouse sb's sympathy; **dobře se u koho zapsat** get* into sb's good books **II** *(s 6.p.)* ♦ **být u vytržení** be in raptures

uběha|t: u. si nohy be run* off one's feet ■ **u. se k smrti** přen. run o.s. to death, run o.s. into the ground ■ **být celý ~ný** be run off one's feet

uběh|nout **1** *(vzdálenost)* cover, do **2** *(o čase)* pass (by), go* by, elapse; *(lhůta)* expire; **zas ~l rok** another year has passed

ubezpečit: u. koho o čem assure sb of sth; **mohu vás u., že** I can assure you that; **u. koho svým přátelstvím** assure sb of one's friendship ■ **u. se o čem** make* sure of sth, convince o.s. of sth

ubikace voj. quarters, *(kasárna)* barracks; *(ubytovna)* hostel, dormitory

ubír|at v. **ubrat** ■ **u. se** go*, proceed, make* for; **u. se domů** make for n. towards home ■ **~ání** *(při pletení)* reduction

ubít beat* n. batter n. *(klackem)* club to death; **u. čas** kill time

ublíž|it, ~ovat *(komu)* hurt*; **u. si** hurt o.s., sustain an injury; přen. **u. komu** do sb an injustice n. wrong ♦ **ne~í ani kuřeti** he couldn't say* boo to a goose ■ **být stále ~ený** ≅ have a chip on one's shoulder ■ **těžké ~ení na zdraví** grievous bodily harm n. injury

úbočí hillslope, hillside

ubodat stab sb to death

ubo|hý *(člověk)* poor, wretched, *(v zanedbaném stavu)* scruffy, pathetic; *(plat* ap.*)* paltry, pitiful, measly; *(kvalita)* deplorable, hov. lousy; *(byt)* grotty ■ **vypadat ~ze** look pathetic

úbor clothes, clothing, costume; **koupací ú.** swimming costume; **cvičební ú.** P.E. [pi:'i:] kit n. gear, P.E. clothes, hov. P.E. things; **sváteční ú.** Sunday clothes, Sunday best

ubož|ák poor wretch, poor man, poor fellow n. hov. devil; **morální u.** moral cripple; **já u.!** poor me! ■ **~ačka** poor woman, poor lady; srv. **ubožák**

ubožátko poor creature n. thing

ubránit *(vlast* ap.*)* defend; **u. čí čest** vindicate sb's honour ■ **u. se** defend o.s. (successfully) (**nepříteli** against the enemy); **nemohl se u. smíchu/ pláči** he could not help laughing/ he could hardly hold* n. keep* back his tears; **nemohu se u. dojmu, že** I cannot help thinking* that

ubrat **1** take* away; *(očko)* take off; **u. z hrnce polévky** take away some soup from the pot; **u. plyn** throttle down the car, release the gas pedal; *(zpomalit)* slow down **2** *(na váze)* lose* weight **3 u. komu z platu** reduce n. curtail n. dock sb's wages **4 u. komu zásluh** detract from sb's merit

ubrečený maudlin, tearful, hov. weepy; *(oči)* red from crying; *(melodie)* sentimental, hov. mushy

ubrousek serviette, (table) napkin; *(papírový)* paper napkin ♦ **nebrat si u. před ústa** přen. speak* one's mind, not to mince words

ubrus tablecloth

ub|ýt: ~yli dva žáci there are two pupils fewer n. less; **ze strany ~ylo milión členů** the party membership has been reduced by one million, one million members have left* the party; **~ylo vody** the water (level) has fallen*; **~ylo práce** there's less work (now); v. též **~ývat** ♦ **však tě neubude** it won't do you any harm, it won't hurt* you

úbytek: ú. na váze loss of weight, reduction in weight; **ú. krve/ sil** loss of blood/ strength

ubytov|at *(koho)* accommodate (**u** with; **v** at, in); put* up (**v** at); **u. koho (u sebe)** put sb up, provide accommodation for sb, take* sb in (for the night); *(vojáky)* quarter; **u. vojáky v kasárnách** settle troops in barracks ■ **u. se (u koho)** take lodgings n. a room (with sb); **u. se v hotelu** put up at a hotel ■ **~ání** accommodation,

lodgings
ubytovatel voj. quartermaster
ubytovna lodging house, hostel; *(mládežnická)* youth hostel
ubýv|at 1 *(o zásobách, počtu)* diminish, decrease; *(nadšení)* flag, diminish; *(síl)* begin* to fail, decline; *(měsíc)* wane; **~á dne** the days are growing* shorter n. drawing* in; **~á mu sil** he is going* down, he is sinking* fast 2 **u. na váze** lose* weight
ucelený *(systém)* self-contained, integral
ucítit 1 *(hmatem; bolest)* feel* 2 *(vůni)* smell
ucp|at 1 *(otvor)* stop (up); **u. si uši** plug one's ears ♦ **u. komu ústa** shut* sb up 2 *(odpadem: rouru)* block n. choke; *(tepnu)* block; *(auta: silnici)* congest, jam ■ **u. se** *(roura)* get blocked n. choked; *(tepna)* clog; *(ulice)* get* jammed ■ **~aný** *(nos)* stuffed up, blocked (up); *(tepna)* blocked ■ **~ání** blockage; *(silnice)* congestion; *(tepny)* blockage, *(krevní sraženinou)* thrombosis
úct|a respect, regard, esteem; **z ~y** out of respect n. deference (**k** to); **mít koho v ~ě** hold* sb in esteem, respect sb, have respect for sb; **těšit se čí ~ě** command sb's respect, be held* in sb's esteem; **zjednat si čí ~u** gain sb's respect
uct|ít 1 *(koho)* pay* honour n. tribute to; **u. čí památku** honour sb's memory 2 *(jídlem)* entertain, hov. wine and dine ■ **~ění, ~ěná** *(koho)* homage n. tribute to; **na ~ěnou komu** to honour sb, in honour of sb
uctív|at *(klanět se komu)* worship, venerate, revere; v. též **uctít** ■ **~ání** worship, veneration; ■ **~ání ďábla** devil-worship
uctiv|ý (**k** towards) respectful, deferential, *(uhlazeně)* suave; **~á odpověď** polite answer; **~á vzdálenost** respectful distance; **držet se v ~é vzdálenosti** keep* a respectful distance ■ **~ost** respectfulness, deference
úctyhodný 1 estimable, *(občan)* respectable; *(stáří)* venerable 2 *(množství)* considerable, appreciable; *(výkon)* imposing
ucuknout start n. jerk back, shrink* back
učarov|at *(komu)* charm; enchant, captivate; *(uhranout)* bewitch ■ **~ání** enchantment; **jako z ~ání** as if by magic
účast 1 *(na akci* ap.*)* participation (in), *(na schůzi)* attendance (at); **poslouchat bez ~i** listen apathetically 2 *(s kým)* sympathy (for); **projevit komu ú.** *(pozůstalým)* condole with sb
účastník participant (**čeho** in sth); *(kursu)* student; *(soutěže)* contestant, competitor; **ú. finále** finalist; *(telefonní)* subscriber; *(výpravy)* member (of an expedition)
účastnit se *(čeho, na čem)* participate in, take* part in, be present at, attend; **ú. se čeho aktivně** take an active part in sth; **ú. se mše** hear* Mass
účastný *(pohled, slova)* compassionate
učebna classroom
učební teaching, didactic; **u. pomůcky/ metody** teaching aids/ methods; **u. osnovy** curriculum, syllabus; **u. poměr** apprenticeship
učebnice textbook; *(školní)* school book
účel 1 *(cesty, jednání)* purpose; *(cíl)* aim, object; *(použití)* use, application; **za tím ~em** for that purpose; **za jakým ~em?** for what purpose? ♦ **ú. světí prostředky** the end justifies the means 2 *(potřeba)* **pro dobročinné ~y** for charitable purposes, for charity
účeln|ý purposeful, useful; *(účinný)* effective; *(rozumný)* sensible; *(vhodný)* suitable, expedient ■ **~ě vynaložit prostředky** make a sensible use of resources ■ **~ost** purposefulness, usefulness, expediency
účelov|ý 1 *(stavba* ap.*)* purpose-built; *(publikace)* special, *(pro interní použití)* internal 2 **~á věta** jaz. purpose clause
učeň apprentice
učenec scholar, learned man; hov. často žert. pundit
učení 1 filoz. teachings, doctrine; theory; **Kristovo u.** Christ's teachings; **křesťanské u.** the Christian doctrine 2 **vysoké u.** university, (university) college; **vysoké u. technické** Institute of Science and Technology 3 *(učební poměr)* apprenticeship; **jít do u.** become* an apprentice; **být v u.** serve one's apprenticeship
učenliv|ý quick to learn, bright ■ **~ost** brightness (at school), good learning ability n. aptitude
učen|ý scholarly, erudite, learned ♦ **žádný u. z nebe nespadl** no one is born a master ■ **~ost** erudition, scholarship
účes hairstyle, hairdo
učesat *(koho)* comb, comb sb's hair ■ **u. se** comb n. do one's hair, give* one's hair a comb
úč|et 1 *(konto)* account; **běžný ú.** current account; **sporožirový ú.** giro account 2 *(faktura)* invoice; *(v restauraci)* bill, am. check; **předložit ú.** present sb with a bill; **vyhotovit ú. na 100 liber** make* out an invoice for £100; **vyrovnat ú.** pay* n. settle (up) a bill ♦ **na ú. podniku** on the house; **žít na cizí ú.** sponge on sb; **toto je na můj ú.** *(platím já)* this is on me, this is

my treat; **mít s kým nevyřízené ~ty** přen. have an old account n. score to settle with sb, have a bone to pick with sb

účetní₁: ú. kniha account book, ledger; **ú. uzávěrka** statement of account

účetní₂ subst. *(podnikový* ap.*)* accountant

účetnictví 1 *(systém)* accountancy, accounting **2** *(podniku* ap.*)* book-keeping

učiliště educational establishment, school; **vojenské u.** military school

účin|ek effect; *(působení)* impact; *(vliv)* influence; *(výsledek)* result; **mít ú.** be effective, work; **nemít ú.** produce no effect, fail to work

učiněn|ý real, veritable; personified; **u. zázrak** a veritable n. absolute miracle; **u. ďábel** the devil incarnate; **~á dobrota** goodness personified n. itself; **u. nesmysl** absolute rubbish

učinit *(rozhodnutí, přípravy, prohlášení)* make*; *(opatření)* take*; **u. hlášení** report; **u. co skutkem** put* sth into action n. effect ♦ **u. zadost požadavkům** meet* n. satisfy n. fulfil the requirements

účinkova|t 1 have an effect (**na** on), *(lék)* be effective; **víno na něj ne~lo** the wine had no effect on him **2** *(vystupovat)* perform, take* part in a performance, *(hrát)* act, *(ve filmu)* appear

účinkový jaz. consecutive

účinkující performer; pl. (the) cast

účinn|ý effective, efficient, efficacious; **ú. proti** effective against; *(lék* též*)* potent ■ **~ost** effectiveness, efficiency; potency; **s ~ostí od** with effect from, as from, as of

učit 1 teach*; **u. koho angličtinu** teach sb English, give* sb English classes; **u. koho čtení** teach sb (how) to read*; **u. filozofii** *(přednášet)* lecture in philosophy **2** přen. **zkušenost nás učí, že** experience teaches us that; **Bible učí, že** the Bible says* that **3** *(být ~elem)* teach, *(přednášet)* lecture; **u. na střední škole** teach at a secondary school; **u. dějepis** teach history, *(na univerzitě)* lecture in history ■ **u. se 1** learn*, study; **u. se angličtinu** learn n. study English; **u. se číst** learn (how) to read; **u. se hře na klavír** take* piano lessons ♦ **stále se u.** live and learn; **chybami se člověk učí** once bitten twice shy **2 u. se dobře** be doing well, be making* good progress at school; **u. se pravidelně** do one's lessons regularly

učitel teacher, instructor; br. *(na stř. škole* též*)* (school)master, *(soukromý)* tutor, *(univerzitní)* lecturer; **u. angličtiny** English teacher, teacher of English ■ **~ka** teacher, (school)mistress; srv. **učitel**

učitelovat teach*, be a teacher, work n. earn one's living as a teacher

učitelsk|ý teaching; **u. sbor** teaching staff; **~é povolání** teaching profession

učitelstvo teachers

učňovsk|ý: ~á škola trade n. industrial school; **u. domov** hostel for apprentices; **u. poměr** apprenticeship

účtárna book-keeping n. accounting department; **mzdová ú.** wages office

účtenka bill, am. check

účtovat 1 charge; **ú. draho** overcharge; **ú. komu 100 liber** *(z konta)* charge £100 to sb's account **2 ú. s kým** přen. settle accounts with sb, get* even with sb

úd 1 limb; **protáhnout si údy** stretch one's limbs **2 pohlavní úd** sexual organ

údaj piece of information; **~e** data; **osobní ~e** personal data, personal particulars; **bližší ~e** details, particulars; **statistické ~e** statistical data

údajn|ý alleged, putative, reputed, supposed; **jeho ú. otec** his reputed n. putative father; **ú. vrah** the alleged murderer ■ **~ě** allegedly, reputedly, supposedly; **(on) ~ě odejel** he is said to have left*

událost event, occurrence; *(příhoda)* incident; *(nešťastná)* accident; **nejdůležitější u. roku** *(v tisku)* the biggest story of the year; **to je pro mne u.** *(např. večeře v restauraci, výlet* ap.*)* it's a treat for me

udání denouncement; **učinit u. na koho** denounce sb, inform against n. on sb

udat 1 *(jméno, adresu, informaci* ap.*)* give*; *(důvod, účel* ap. též*)* state; *(hodnotu)* declare **2** *(koho)* inform on n. against, denounce, turn in, sl. rat on

udát se occur, happen

udatn|ý brave, gallant, courageous ■ **~ost** bravery, courage

udavač informer, sl. grass, rat

udavač|ský denunciatory ■ **~ství** informing (against), sl. squealing

udávat 1 v. **udat 2 u. tempo** set* the pace; **u. tón** call the tune, give* the lead

udávi|t se *(rybí kostí* ap.*)* choke (to death) on; **div se smíchy ne~l** he almost choked with laughter

úděl kn. lot, fate, destiny

uděl|at 1 *(provést)* do; **co mám u.?** what shall I do?; **měl bys něco u.** you should do sth, *(pracovat)* you should do a bit of work; **u. totéž** follow suit; **to mu ~alo dobře** it did him good; **u./ neu. zkoušku** pass/ fail an examination; **~al, co mohl** he did his best; **rychle to ~ej!** be quick about it! ♦ **u. komu co k vůli** do sb a favour; **u. s kým krátký proces** give* sb short shrift **2** *(vytvořit)* make*, produce, manufacture, prepare; **u. kávu/ čaj** make n. prepare coffee/ tea; **u. jídlo** make n. cook a meal; **u. místo** make some room; **u. si dobré jméno** make a good name for o.s.; **u. vzpouru** rise* in rebellion; **u. úpadek** fold up ♦ **u. si u koho oko** get* on the right side of sb; **u. komu čáru přes rozpočet** throw* a spanner in the works **3** *(čím)* **u. koho předsedou/ generálem** make sb chairman/ general; **u. koho nešťastným** make sb unhappy **4 u. komu co** do sth to sb; **co vám ~al?** what did he do to you?; **ten pes ti nic ne~á** the dog won't hurt* n. harm you **5 má pro strach ~áno** he is not afraid, he has no fear ■ **u. se: ~alo se mu lépe/ zle** suddenly he felt* better/ sick; **~alo se hezky** the weather has changed for the better ■ **jako z ~ání** as if there was a jinx on it, as if it was jinxed

udělit: u. komu co award sb sth, award sth to sb; **u. komu (čestný) doktorát** confer a(n honorary) degree on sb; **u. komu licenci** grant sb a licence; **u. komu povolení k čemu** grant n. give* sb permission to do sth; **u. komu milost** grant a pardon to sb, reprieve sb

úder blow; *(pěstí)* punch, sl. sock; *(otevřenou rukou)* smack; *(zvonu)* chime; **ú. blesku** a clap of thunder; **ú. pod pás** a blow below the belt; **~em desáté** on the dot of ten

úderník 1 dř. shock worker **2** *(u zbraně)* pin

údern|ý: ~é jednotky shock troops; **~á síla** percussive strength

udeři|t 1 strike*, hit*; *(pěstí)* punch; **u. koho do obličeje** strike n. slap sb in the face; **blesk ~l do věže** lightning struck the spire ♦ **u. na správnou/ špatnou strunu** strike the right/ false note; **u. hřebík na hlavičku** hit the nail on the head; **u. pod pás** hit sb below the belt; **~la jeho hodina** his hour has come* **2 u. na koho** press sb (hard) ■ **u. se do hlavy** bump one's head (**o** against); v. též **uhodit**

úděs fright, alarm, consternation

úděsný frightful, alarming; *(silněji)* gruesome, grim

udic|e fishing tackle; **prut u.** fishing-rod; **chytat ryby na ~i** fish, angle

udidlo *(koní)* bit

udílet v. **udělit**

udírna smokehouse

udit smoke, cure (by smoking)

údiv surprise, amazement, astonishment; **k mému velkému ~u** to my astonishment n. amazement

udiv|it *(koho)* amaze, astonish, astound ■ **~ený** amazed, astonished ■ **~eně** *(se podívat)* in surprise, wonderingly, with open eyes

udiv|ovat v. **~it**; **u. koho** surprise n. amaze sb

údobí period, hist., geol. era, epoch

udobřit: u. si koho calm sb, placate sb, soothe sb's anger ■ **u. se s kým** make* it up with sb, make one's peace with sb

údolí valley; *(úzké: ve Skotsku)* glen; kn. vale, dale ♦ **slzavé ú.** vale of tears

udrolit se crumble away n. off, *(barva)* peel (off), flake off

údržb|a mot. servicing; *(stroje)* maintenance; **provádět ~u** maintain n. service sth

údržbář service engineer

udrž|et 1 *(břemeno)* (be able to) hold* on to, hold sth firmly n. tightly; přen. *(peníze)* keep*; **stěží ~í dítě na rukou** he can hardly carry the baby **2** *(zvyky, mír, svobodu)* keep, maintain, preserve; **u. si zdraví** keep o.s. in good health; **u. si dobrou náladu** keep n. stay cheerful; **u. koho naživu** keep sb alive **3 u. si** *(autoritu)* keep, maintain; *(zájem)* keep (up), hold, sustain ■ **1 u. se na nohou** remain on one's feet; **u. se při životě** keep o.s. alive; **u. se nad vodou** stay above water; *(firma)* keep its head above water; **nemohl se u. smíchy** he couldn't help laughing **2** *(zvyky)* survive, be preserved n. maintained

udržov|at *(pořádek)* keep*; *(kázeň)* maintain, keep; *(stroje)* maintain, service; *(domy, cesty)* keep sth in good repair; *(lesy)* conserve; *(ceny)* maintain; *(rychlost)* keep up; **u. co v chodu** keep sth going ■ **u. se 1** *(dobré počasí* ap.*)* hold*, continue; *(ceny)* remain stable **2** *(o zevnějšku)* care for one's appearance ■ **pečlivě ~aný** *(cesta, dům)* in excellent state of repair; *(zevnějšek, trávník)* well-groomed, neat; *(zahrada)* trim ■ **~ání** maintenance; *(péče)* care; **~ání veřejného pořádku** maintenance of law and order

udř|ít *(koho)* wear* sb out n. exhaust sb (with work) ■ **u. se** wear o.s. out, work one's fingers to the bone; **u. se k smrti** work o.s. to death ■ **~ený** worn out, tired out, toilworn; **~ené ruce**

toilworn hands
udupat *(sníh, půdu)* tread* down, pound; *(koho/ zvíře)* trample sb / sth to death
udusat *(půdu)* tread*; *(pěchovadlem)* ram down
udu|sit 1 *(koho)* suffocate, smother 2 *(oheň)* smother; *(revoluci)* suppress, quell, stifle 3 *(maso)* stew, braise ■ **u. se** suffocate; *(plyny, kouřem)* be asphyxiated ■ **~šení** suffocation, asphyxiation
udýcha|t se get* out of breath ■ **~ný** breathless, out of breath n. puff, short of breath; v. též **zadýchat se**
ufňukanec *(dítě)* crybaby; *(slaboch)* sissy
ufňukaný hov. whining; *(sentimentální)* maudlin, soppy
UFO UFO [ju:efˈəu; hov. ˈju:fəu], Unidentified Flying Object
uhádnout guess (right)
uhájit *(pevnost)* defend sth (successfully); *(názor)* assert ■ **u. se** hold* one's own, hold one's ground
uhánět rush n. dash along; **u. kolem** shoot* past; **u. pryč** race away
uhasit *(oheň)* put* out; *(žízeň)* quench, slake; **u. cigaretu zašlápnutím** stub out a cigarette
uhasnout *(oheň, světla)* go* out
uhel (a piece of) coal; **spálit na u.** burn* sth to cinders; **černý jako u.** pitch-black
úh|el angle; **pravý/ tupý/ ostrý ú.** a right/ an obtuse/ a sharp angle; **přímky se protínají v pravém ~lu** the lines intersect at a right angle; **svírat** n. **tvořit pravý ú.** form n. make* a right angle ♦ **pod zorným ~lem čeho** přen. from the viewpoint of sth
uhelný coal(-); **u. důl** coalmine, coal pit; **u. revír** coalfield
úhelný: ú. kámen cornerstone též přen.; **ú. kámen civilizace** the cornerstone of civilization
uher *(vyrážka)* pimple, spot
uherák Hungarian salami
uher|ský Hungarian; **u. salám** v. **uherák** ♦ **jednou za u. měsíc** once in a blue moon
uhladit *(dřevo)* polish; *(spor)* smooth over, *(rozdílná stanoviska)* hammer out; **u. si vlasy** smooth one's hair down
uhlák coal scuttle, scuttle
úhlavní: ú. nepřítel mortal enemy
uhlazen|ý 1 *(vlasy)* smooth; *(styl)* elegant; techn. polished 2 přen. *(osoba)* sophisticated, refined, courtly; *(rafinovaný)* slick; *(společenský)* suave ■ **~ost** refined manners, courtliness, elegance
úhledn|ý *(domeček)* pretty; *(tvary)* shapely; *(rukopis)* neat ■ **~ost** tidiness; prettiness; neatness
uhlí 1 coal; **hnědé/ černé u.** brown/ (hard) coal ♦ **sedět jako na řeřavém u.** be on tenterhooks 2 **dřevěné/ živočišné u.** charcoal
uhličitan carbonate
uhlík 1 *(řeřavý)* cinder 2 chem. carbon
uhlíř *(obchodník)* coal dealer
uhlohydrát carbohydrate
úhloměr protractor
úhlopříčka diagonal
uhlovodík hydrocarbon
uhlový: u. papír carbon (paper)
uhnat 1 *(koně)* override* 2 **u. si kašel/ nemoc** develop a cough/ contract an illness; **u. muže** hook a man ■ **u. se** tire n. wear* o.s. out (with running)
uhnít rot off n. away
uhnízdit se *(ptáci)* nest, build* its nest
uhn|out (se) 1 dodge, move to one side; *(prudce)* swerve; **u. hlavou** duck one's head 2 *(jít z cesty)* get* out of sb's way; **~i!** stand* n. get out of my way!, stand aside! 3 *(zabočit)* **u. (se) doprava/ doleva** turn right/ left
uhodi|t (se) v. **udeřit (se)**; **~lo do stromu** the tree was struck* by lightning ♦ **vědět kolik ~lo** know* which way the wind is blowing*; **to je prašť jako uhoď** that's six of one and half a dozen of the other
uhodnout guess (right)
úhon|a 1 *(na zdraví)* injury, harm; **vyváznout bez ~y** escape intact 2 *(morální)* **být bez ~y** have a clean slate, be irreproachable
uhon|it, ~ěný v. **uhnat, hnát, uhnaný**; **u. koho prací** rush sb off his feet
úhor fallow land; **ležet ~em** *(o půdě)* lie* fallow
úhoř eel; **elektrický ú.** electric eel
uhořet 1 *(svíce)* burn* off 2 *(zahynout)* die* in the fire, be burnt to death
úhoz *(na psacím stroji)* stroke; *(na klavír)* touch
úhrada *(škody)* compensation; právn. damages; *(výloh)* reimbursement; *(refundace)* refund
uhradit *(náklady)* defray, meet*; *(výdaje)* cover, defray, hov. foot, meet; *(škodu)* pay* compensation for, *(pojišťovna)* settle (a claim)
uhrančivý: u. pohled the evil eye
uhranout bewitch
úhrn *(početní)* total (sum), sum total; **celkový ú.** grand total; *(celkem)* **~em** altogether, in all; **~em vzato** all in all, on the whole
úhrnný *(částka)* total

uhrovitý hov. spotty, pimply
uhřá|t se *(během)* get* hot (from running) ■ **~tý** hot
uhýbat v. **uhnout; u. očima** avoid sb's look
uhynout *(dobytek)* die
uchazeč applicant, *(kandidát)* candidate; *(soutěžící)* contender
ucházející passable, fair(-to-middling), not too bad, acceptable
ucházet *(plyn)* escape, leak ■ **u. se** *(o místo)* apply for; *(o úřad)* stand* for, am. run* for, be a candidate for; *(o kontrakt)* bid* for; *(o volební hlas)* solicit; *(o čí přízeň)* court (sb's favour); *(o dívku)* court
uchlácholit *(koho)* calm, soothe, placate, mollify; *(podezření)* quieten; *(úzkost)* set* sb's mind at ease n. at rest, reassure; **u. čí hněv** calm n. soothe n. mollify sb's anger
uch|o 1 anat. ear; **vnější/ vnitřní/ střední u.** external n. outer/ inner/ middle ear; **zánět středního ~a** inflammation of the middle ear; **dlouhé uši** long n. protruding n. big ears; **smát se od ~a k ~u** grin from ear to ear; **poškrabat se za ~em** scratch one's head **2** *(orgán sluchu)* ear; **být hluchý na jedno u.** be deaf in one ear; **slyšet co na vlastní uši** hear* sth with one's own ears ♦ **jedním ~em tam a druhým ven** in (at) one ear and out (at) the other; **natahovat** n. **špicovat uši** prick up one's ears **3** přen. **nevěřil jsem svým uším** I couldn't believe my ears; **být až po uši zamilovaný** be head over heels in love; **být až po uši v dluzích** be up to the ears in debt; **mít za ušima** be up to all the dodges; **i stěny mají uši** walls have ears; **zapiš si to za uši!** (you'd better) get* that into your thick head n. skull! **4** *(nádoby)* handle; *(jehly)* eye
uchopit *(předmět)* grasp, seize, grip, take* n. catch* hold of; **u. čí ruku** take (hold of) sb's hand, take sb by the hand; **u. pevně provaz** take a firm grip of the rope
uchov|at *(potraviny)* keep*, preserve; **u. si co v paměti** retain sth in one's memory; **u. si tvar** retain its shape; **u. si chladnou hlavu** keep one's head ♦ **Bůh ~ej!** God n. Heaven forbid! ■ **u. se** *(zvyky)* survive, be preserved
uchránit (před from, against) protect, shield, guard; **u. dítě před špatnou společností** protect a child from n. against bad company
uchvacující v. **úchvatný**
uchvátit 1 seize, capture; **u. moc/ pevnost** seize power/ a fortress **2** *(nadchnout)* thrill, grip, electrify, carry away; **u. publikum** carry the audience away, grip the audience
uchvatitel usurper
uchvatitelský usurpatory
úchvatný fascinating; *(okouzlující)* captivating; *(strhující)* ravishing
uchýlit se 1 *(odchýlit se)* deviate, stray, diverge; **u. se od směru** deviate from the course; **u. se od daného tématu** stray n. digress from the subject **2** *(kam)* retire (to), withdraw* (to); **u. se do soukromí** *(politik* ap.*)* retire from public life **3** *(k čemu)* resort to; **u. se k násilí/ k podvodům** resort to violence/ deception
úchylka deviation též pol.
úchylkář deviationist
úchyln|ý abnormal, perverted ■ **~ost** abnormality, perversion
uchystat prepare, make*, get* sth ready; **u. jídlo** prepare a meal; **u. komu překvapení** give* sb a surprise; **u. komu přivítání** give sb a warm reception ■ **u. se na cestu** prepare o.s. for a journey
uchytit se 1 *(rostlina)* strike* n. take* root; *(teorie)* take hold **2** *(profesionálně)* find* one's feet n. legs, find a position
ujařm|it *(koho)* enslave, subjugate ■ **~ení** enslavement, subjugation
ujasn|it 1 *(co)* explain, clarify, make* sth clear **2 u. si co** get* sth clear in one's mind, realize sth ■ **~ění** clarification
ujedn|at *(záležitost)* arrange, agree (up)on; **u. si (s kým) schůzku** make* a date n. *(služební)* appointment (with sb); **~áno!** it's a deal! ■ **~ání** arrangement, agreement
uje|t 1 leave*, *(autem)* drive* away; **auto ~lo** *(po nehodě)* the car didn't stop; **~l mi vlak** I missed the train **2** *(vzdálenost)* cover, travel, make*, do; **~li jsme 10 km** we covered n. did 10 kilometres **3 vlak mu ~l nohu** the train cut* off n. severed his leg **4** *(nůž)* slip; *(žebřík)* slide* off; **~la mi noha** my foot slipped, I slipped (off) ■ **~té kilometry** mileage
uji|stit, ~šťovat *(koho)* assure ■ **u. se o čem** make* sure n. certain whether ■ **~štění** assurance ■ **~šťování o nevině** sb's protestations of innocence
ujít 1 *(kus cesty)* walk, cover **2** *(pneumatika)* go* flat **3** *(nebezpečí, trestu)* escape, avoid; **u. smrti** save one's neck; **to mu ušlo** he overlooked n. missed that, it escaped his notice **4** *(čas, cesta)* pass; **aby nám ušel čas** to pass the time

ujíždět v. **ujet**

újm|a detriment, damage; **na ~u čeho** at the expense of sth; **být na ~u zdraví** be bad for one's health; **utrpět ~u** suffer damage; **způsobit si ~u na zdraví** damage one's own health ♦ **udělat co o své ~ě** do sth at one's own risk

ujmout *(při pletení)* take* (off) ■ **u. se 1** *(rostlina)* take, take n. strike* root; *(móda)* take on; *(teorie)* take hold; *(fráze, slovo)* catch* on **2 u. se vedení** take the lead; **u. se vlády/ moci** assume the reins of government/ assume power; **u. se povinností** assume one's duties, *(znovu)* resume one's duties; **u. se slova** take the floor **3** *(koho)* take up sb's cause, stand* up for sb; *(sirotka)* adopt

ukamenovat: u. koho stone sb to death

ukápnout drop, spill a drop; let* fall* a drop

úkaz phenomenon; **přírodní ú.** natural phenomenon

ukáza|t 1 *(směr* ap.*)* point (at); **u. na koho prstem** point a finger at sb; **u. komu město** show* sb around the town; **u. komu cestu** show sb the way, give* sb directions, show sb how to get* somewhere *(to the station* ap.*)* **2** *(naznačit)* show, indicate; **teploměr ukazuje 15°C** the thermometer shows 15°C; **hodiny ukazují deset** the clock says* ten **3** *(být příznakem)* show, point out, demonstrate; **u. na problémy** point out the problems **4** *(projevit)* show, manifest, reveal; **u. svou sílu** demonstrate one's strength ♦ **já mu ukážu!** I'll show him! ■ **u. se 1** *(osoba)* appear, show o.s., put* in an appearance; *(slunce, hvězdy)* appear, come* out; **u. se na večírku** make* an appearance at a party **2** *(vyznamenat se)* put up a good show; **u. se v nejlepším světle** put one's best foot forward, present o.s. to the best advantage **3** *(projevit se)* turn out, become* apparent; **~lo se, že** it turned out that; **~lo se, že je neschopný** he proved incompetent

ukazatel 1 *(na rozcestí)* signpost; mot. *(směrovka)* (direction) indicator; *(ručička)* pointer **2** *(výroby* ap.*)* index

ukázk|a 1 *(zboží)* sample, specimen; *(látky)* pattern; **poslat vzorek na ~u** send* a specimen on approval **2** *(úryvek)* extract

ukázkov|ý 1 u. sešit, ~é číslo *(časopisu* ap.*)* specimen copy **2** *(výborný)* outstanding, model, exemplary, perfect ■ **~ě: něco ~ě udělat** make* a perfect job of sth

ukázn|it discipline, bring* sb into line ■ **u. se** fall* into line ■ **~ěný** disciplined, restrained ■ **~ěnost** restraint

ukazovací *(zájmeno)* demonstrative

ukazová|ček, ~k *(prst)* index finger, forefinger

ukaz|ovat v. **ukázat**; *(teploměr)* read*; *(hodiny)* say*; **tyto symptomy ~ují na vážné žaludeční potíže** these symptoms point to a serious stomach disorder; **to ~uje, že** this shows* that ..., *(dokazuje)* this goes* to show that ...

ukazovátko pointer

úklad: ~y intrigues, machinations, scheming; **strojit ~y** scheme, plot

ukládat v. **uložit**; **u. komu o život** make* an attempt on sb's life

úkladn|ý *(vražda)* premeditated, wilful; **ú. vrah** assassin ■ **~ě koho zavraždit** murder sb treacherously

uklánět se bow (**komu** to sb)

úklid tidying (up), cleaning (up); **generální ú.** thorough cleaning, spring cleaning; **paní na ú.** *(pomocnice v domácnosti)* domestic help, home help

uklidit *(byt* ap.*)* tidy up, put* sth in order; *(důkladně)* spring-clean; **u. pokoj** do a room; **u. si skříň** tidy up the cupboard; **u. ze stolu** clear the table ■ **uklizený** tidy, neat

uklidnit calm; *(dítě)* soothe; *(rozčileného člověka)* placate, mollify; *(ustaraného člověka)* set* sb's mind at ease, reassure ■ **u. se** calm down, recover one's composure; *(bouře, vítr)* calm n. die down, subside, abate

uklidňující 1 *(myšlenky)* reassuring, comforting **2** *(léky)* sedative, tranquillizing

úklidov|ý: ~á služba cleaning services

uklízečka cleaner, cleaning woman n. lady

úklon, úklona bow

uklonit se make* a bow (**komu** to sb), *(udělat pukrle)* curtsey, make a curtsey

uklouznout 1 slip, miss n. lose* one's footing **2** hov. *(utéci)* escape, slip away; **u. komu** give* sb the slip **3** *(neuvážené slovo)* slip out, escape sb's lips

ukojit *(hlad)* satisfy; *(žízeň)* quench, slake; *(poptávku)* meet*; *(zvědavost)* satisfy, slake; *(vášně)* satiate, gratify

úkol 1 task, job; *(zadání)* assignment; **dát komu ú.** set* sb a task; **práce v ~u** piecework; **to není můj ú.** this is not my business **2** *(funkce)* duty, responsibility, function; *(poslání)* mission **3** šk. *(domácí)* homework; **dělat ~y** do one's homework

ukolébal|t rock n. lull (a child) to sleep; **zvony mne ~ly** the chiming of the bells lulled me to sleep
ukolébavka lullaby
úkolov|ý piece(-); **~á mzda** piece wage; **~á práce** piecework
úkon *(přístroje, pracovní, početní)* operation; právn. transaction
ukonč|it finish, end, put* an end to; *(projev)* conclude; *(kontrakt)* terminate; *(schůzi, diskusi)* close; *(školu)* leave*; **u. univerzitu** graduate ■ **~ení školy** graduation; *(kontraktu, činnosti)* termination
ukonejšit *(dítě)* lull, soothe; *(hněv)* mollify, placate; *(bolest)* assuage, soothe
úkor: na ú. koho/ čeho at the expense of sb/ sth, **dosáhnout čeho na ú. svého zdraví** achieve sth at the expense of one's health; **žít na ú. koho** live off sb
ukořistit voj. seize, capture, take* as booty
úkosem: pohled ú. side n. oblique glance; **dívat se na koho ú.** též přen. look askance at sb, look out of the corner of one's eye at sb
ukousat se: mohl se u. nudou he was bored stiff
ukousnout bite* off; **u. si** have a bite; **dej mi u.!** give* me a bite
ukovat, ukout forge též přen.
úkradkem: podívat se ú. steal* a look (**na** at)
Ukrajina the Ukraine
Ukrajin|ec, ~ka, u~ština Ukrainian
ukrást, ukradnout steal*; hov. pinch, filch; **u. si chvilku spánku** snatch some sleep; **u. komu pusu** snatch a kiss from sb ■ **může mi být ukradený** he can go* and hang* himself
ukrá|tit: u. si čas while away the time ■ **pro ~cení dlouhé chvíle** to pass the time
ukrojit cut* off, *(plátek)* slice off; **u. kousek masa** slice off a piece of meat; **u. si koláče** cut o.s. a piece n. slice of cake
úkrok side step
ukroutit 1 *(zámek)* wrench off; *(knoflík)* twist off 2 **u. cigaretu** roll a cigarette
ukrutn|ík, ~ice tyrant, ruthless n. cruel person
ukrutn|ost 1 cruelty, brutality, inhumanity 2 *(~ý čin)* brutality, atrocity; **páchat ~osti** commit atrocities
ukrutn|ý cruel, ruthless, inhuman; přen. *(zima)* severe, harsh; *(hlad)* terrible; v. **~ost**
úkryt hiding place; hov. hideout, hideaway; voj. cover, shelter
ukrý|t, ~vat hide*, conceal; **u. co před kým** hide n. conceal sth from sb; **nemít co ~vat** have nothing to hide ■ **u. se** hide, go* into hiding; *(před deštěm)* take* shelter (from)
ukřičet *(koho)* shout n. howl sb down ■ **u. se** shout o.s. hoarse, bawl one's head off
ukřivdit: u. komu do sb an injustice, wrong sb
ukřižov|at *(koho)* crucify ■ **~ání** crucifixion
ukvap|it se act rashly, act overhastily; **ne~uj se!** don't rush things n. matters, take* your time ■ **~ený** rash, overhasty ■ **~eně** rashly ■ **~enost** rashness
úl (bee)hive
ulehč|it 1 *(usnadnit)* make* sth easier; *(úkol)* facilitate 2 *(svědomí)* ease, relieve; **u. si srdci** unburden one's heart ■ **~ení** relief, *(bolestí též)* alleviation
ulehnout 1 lie* down; **u. k spánku** go* to bed 2 *(pro nemoc)* take* to one's bed
ulejt se v. **ulít se**
ulejváctví malingering
ulejvák malingerer, shirker; *(při práci)* slacker
ulejvat se v. **ulívat se**
úlek fright, scare, shock
uleknout se get* frightened n. scared, get a fright
uletě|t, ulétnout 1 *(vlaštovky)* fly* away 2 *(knoflík ap.)* come* off 3 *(vzdálenost)* fly, cover; přen. **~lo mi to** *(nechtěně: poznámka ap.)* it was a slip of the tongue
úleva relief; **daňová ú.** tax allowance
ulevit *(čemu)* relieve; **u. svým citům** relieve one's feelings; **u. si** let* off steam
uleželý *(víno)* seasoned; *(sýr, zvěřina ap.)* ripe
ulic|e street; **hlavní u.** main street, br. též high street; **postranní u.** lane, alley (street); **na ~i** in the street; **přes ~i** across the street; **jít na ~i** go* out on the street; **jít do ~** *(demonstrovat)* go out into the streets; **octnout se na ~i** *(dělník)* get* the sack
ulič|ka lane, alley; *(mezi sedadly)* gangway; **slepá u.** blind alley, cul-de-sac; **octnout se ve slepé ~ce** be in a blind alley, reach an impasse
uliční street; **u. provoz** traffic
uličnice hoyden
ulični|cký naughty, mischievous; *(o dívce)* hoydenish ■ **~ctví** naughtiness, mischief; hov. monkey tricks
uličník naughty boy, (little) rascal n. rogue, scamp
úlisn|ý unctuous, oily, soapy; hov. smarmy; *(podlebnický)* sycophantic ■ **~ost** unctuousness, smarm, soapiness
ulít 1 *(zvon)* cast* 2 *(tekutiny)* pour off 3

(oheň) quench 4 *(peníze)* salt away ■ **u. se** *(z přednášky, z hodiny, ze školy)* skip n. cut* *(a class* ap.*)* ■ **padnout jako ulitý** be a perfect fit, fit like a glove, fit to perfection

ulit|a shell ♦ **uzavřít se do své ~y** shut* o.s. away from the world

ulív|at se *(ze školy)* play truant n. am. hookey; *(v práci)* slack about; *(předstírat nemoc)* malinger ■ **~ání** truancy; malingering

úloh|a 1 *(funkce)* role; div. role, part; **vedoucí ú.** leading role též přen.; **mít důležitou ~u** play an important part 2 *(domácí)* homework; **napsat domácí ~u** do one's homework 3 mat., šach. problem

úlom|ek fragment, *(kamene)* chip, *(kosti)* splinter; *(granátu)* splinter, fragment; **v ~cích** in fragments

ulomit break* off, *(větev* též*)* snap off ■ **u. se** break off

úlomkovit|ý fragmentary ■ **~ě** in fragments

uloupit: u. komu co rob sb of sth; steal* sth from sb

uloupnout *(kůru)* strip n. peel sth off ■ **u. se** peel off

úlovek *(zvěře)* bag; *(ryb)* catch, *(ze sítí)* haul; **dobrý ú. ryb** a fine haul of fish

ulovit *(drobnou zvěř)* bag; *(ryby)* catch*, *(do sítí)* net; přen. **u. ženicha** hook a husband

uložit 1 *(šaty* ap.*)* put* sth in its place; put sth away; **u. knihy** *(na poličku)* arrange books in n. on a shelf; *(brambory, obilí)* store; *(spisy)* file; **u. ad acta** *(spisy)* file; přen. *(plán* ap.*)* shelve; **u. co na své místo** put sth back in its place 2 *(peníze)* pay* in, deposit 3 **u. děti** put the children to bed 4 *(úkol)* assign, charge with; **u. komu pokutu** inflict a penalty on sb; **u. komu daň** impose a tax on sb ■ **u. se** *(k spánku)* go* to bed

ulp|ět, ~ívat přen. stick*; **u. zrakem na** rest one's eyes on; **~ívat na starých tradicích** stick n. keep* to old traditions; v. též **lpět**

ultimatum ultimatum; **dát komu u.** give* sb an ultimatum

ultračerven|ý infrared; **~é paprsky** infrared radiation

ultrafialový ultraviolet

ultrazvuk (ultrasound) scan

ultramarin, ~ový ultramarine

umáčet se get* soaked

umačk|at *(koho)* crush sb to death ■ **bylo tam k ~ání** the place was chock-a-block

umakart, ~ový Formica

umanout si v. **umínit si**

uma|stit *(knihu* ap.*)* make* sth greasy ■ **u. se** get* greasy ■ **~štěný** greasy

umaza|t soil, smear, (make* sth) dirty, stain; **u. si ruce** dirty n. soil one's hands; **u. si šaty** soil one's dress; **u. co inkoustem** stain sth with ink ■ **u. se** get* dirty ■ **~ný** soiled, dirty, stained; *(tvář* též*)* grimy

umdl|ít, umdlet get* tired n. weary ■ **~ený k smrti** tired to death, dead tired, hov. whacked, dead beat

umělec artist; *(cirkusový, estrádní)* artiste; **výtvarný u.** visual artist; **výkonný u.** performing artist

uměleckoprůmyslov|ý: ~á škola art school, college of applied arts; **~é muzeum** arts and crafts museum, handicraft museum

uměleck|ý artistic; **~é dílo** a work of art ■ **~y** artistically; **být ~y nadaný** have an artistic talent n. bent

uměl|ý artificial, *(zuby, vlasy)* false; *(kůže)* imitation; *(tkanina)* synthetic, man-made; **~é květiny** artificial flowers; **u. chrup** dentures, set of false teeth; **~á ledvina** artificial kidney; **u. drahokam** imitation jewel; **~é hnojivo** artificial fertilizer

umění 1 art; **výtvarné/ užité u.** visual n. graphic/ applied art; **krásná u.** the fine arts; **galerie výtvarného u.** picture gallery 2 *(dovednost)* art, skill; **kuchařské u.** culinary art; **u. žít** (the) art of living ♦ **to není žádné u.** there's nothing to it

úměra mat. proportion, rule of proportion

úměrn|ý 1 proportional; **přímo/ nepřímo ú.** directly/ inversely proportional 2 *(přiměřený)* reasonable, *(odměna)* fair; *(pokuta)* just ■ **~ost** proportionality

uměřený *(chování)* moderate, restrained

umést sweep*

umět *(plavat, lyžovat, číst, hrát na housle* ap.*)* know* how to, be able to, *(cizí jazyk)* know, (be able to) speak*, have a command of *(English* ap.*)*; **u. báseň zpaměti** know a poem (off) by heart; **umí několik jazyků** he speaks several languages; **vůbec neumí anglicky** he has no English; **umí pít** he can take* n. hold* his drink; **u. to s lidmi** be a good mixer; **u. to s ženami** be (very) popular with women; **u. to s dětmi** be very good with children

umíněnec stubborn n. headstrong n. pigheaded

person
umíněn|ý obstinate, stubborn, willful ■ **~ost** stubbornness, pigheadedness
umínit si make* up one's mind *(+inf.)*, set* one's heart on, make a firm resolution *(+inf.)*
umíráč|ek death bell n. knell; **zvonit ~kem** ring* the knell
umír|at lie* n. be dying, be at death's door ■ **~ající I** příčestí dying **II** subst. a dying person ■ **~ání** dying; *(agónie)* agony, death throes
umírněn|ý moderate, restrained ■ **~ost** moderation, restraint
umíst|it put*, place, locate; *(ubytovat)* put* up; sport. *(míč)* place, position; *(ránu)* land; **u. koho v zaměstnání** find* a situation for sb, get* sb a job, *(u firmy)* place sb with *(a company)*; sport. **u. se na druhém místě** be placed second; *(v závodě)* come* (in) second; **vůbec se ne~il** *(v závodě)* he came nowhere *(in the race)* ■ **~ění** sport. place, position
umlčet silence, *(křikem)* shout down; *(argumentací)* reduce sb to silence; *(noviny)* gag; *(pomluvy)* scotch; **u. svobodu projevu** stifle free speech
umlít *(kávu)* grind*, *(na prášek)* pulverize
umlknout *(člověk)* go* n. fall* silent, stop talking; *(hluk, hudba)* stop, cease, *(postupně)* die down
úmluva agreement, pol. též convention, treaty
umluvit 1 u. si *(co)* agree upon, arrange, fix; **u. si schůzku s kým** arrange to meet* sb **2** *(koho)* persuade, talk sb round (**aby** to do sth; **k čemu** into doing sth), wheedle n. coax (sb into doing sth) ■ **u. se na čem** agree upon sth, agree to do sth
umocnit 1 mat. raise *(a number)* to a power; **u. dvanáct na druhou** raise twelve to the second power **2** přen. *(dojem, účinek)* increase, amplify
úmor: pracovat do ~u work to the point of exhaustion
úmorný *(práce)* exhausting, gruelling; *(vedro)* oppressive
umořit 1 u. koho hladem starve sb to death **2** *(dluh)* repay*, pay* off; obch. amortize
umoudřit se come* to one's senses
umožnit *(co)* make* sth possible, facilitate; **u. komu co** make it possible for sb to do sth, enable sb to do sth, enable sth to be done
umož|ňovat v. **~nit**; **u. dvojí interpretaci** have two possible interpretations
umrlčí: u. lebka *(se zkříženými hnáty)* skull and crossbones; **u. komora** mortuary
umrlec corpse, cadaver, (dead) body
úmrtí death, kn. demise; **příčina ú.** cause of death
úmrtní death; **ú. oznámení/ list** death notice/ certificate; **ú. lože** deathbed
úmrtnost mortality, death rate; **dětská ú.** mortality of children, children mortality
umrtv|it 1 anaesthetize, *(nerv)* deaden **2** náb. **u. tělo** mortify the flesh ■ **lokální ~ení** local anaesthetic
umrz|nout *(sníh)* freeze*; *(část těla)* be frostbitten; **~ly mi uši** my ears are frostbitten ■ **~lý** *(sníh)* frozen
umř|ít die; **u. na rakovinu/ hladem** die of cancer/ hunger; **málem ~el strachy** he nearly died with fright ■ **být na ~ení** be at death's door
umučit *(koho)* torture sb to death
úmysl intention, purpose; právn. intent; **mít vážné ~y** have serious intentions; **mít v ~u něco udělat** intend to do sth; **se zlým ~em** with malicious intent, právn. in bad faith; **s nejlepším ~em** with the best of intentions ♦ **mít zaječí ~y** intend to run* away
úmysln|ý deliberate, intentional; právn. wilful, premeditated; *(lež)* gratuitous, calculated; *(podvod)* wilful ■ **~ě** intentionally, on purpose, deliberately; wilfully ■ **~ost** deliberateness, wilfulness
umý|t, ~vat br. *(koho/ co)* wash; *(podlahu též)* wipe; **u. nádobí** wash up, do the dishes; **u. si ruce/ obličej** wash one's hands/ face ♦ **u. si ruce** přen. wash one's hands (of sth); **u. komu hlavu** give* sb a good talking to ■ **u. se** wash o.s., have a wash
umyvadlo washbasin, am. washbowl
umývárna washroom; aut. *(mycí linka)* carwash
unáhl|it se, ~ovat se act rashly n. overhastily; **ne~uj se!** don't rush into anything!, look before you leap*! ■ **~ený** rash, overhasty, reckless, precipitant ■ **~eně** rashly ap. ■ **~enost** rashness, haste, precipitation
unáše|t v. **unést**; *(loďku: proud)* carry away; *(hudba: posluchače)* carry away, send* sb into raptures
únav|a fatigue, tiredness, weariness; *(materiálu)* fatigue; **usínat ~ou** fall* asleep from exhaustion
unav|it tire, make* sb tired; *(vyčerpat)* wear* out ■ **u. se** tire, get* n. become* tired n. weary; techn. *(o materiálu)* fatigue ■ **~ený** tired, weary; **velmi ~ený** washed out; hov. dead beat; **k smrti ~ený** dead tired
únavný *(práce* ap.*)* tiring, fatiguing, tedious; *(člo-*

věk) wearisome, boring

unce ounce

unést 1 *(těžký kufr)* be able to carry; *(o mostu)* be able to support; **to neunesu** it's too heavy for me 2 *(násilím odvést)* abduct, kidnap; *(letadlo)* hijack 3 *(bolest* ap.*)* bear*, endure ♦ **hodně u.** přen. have broad shoulders 4 **být unešen** *(krásou* ap.*)* be enchanted (by), be swept* off one's feet (by) 5 **nechat se u. hněvem** get* carried away by one's anger

unie union; **celní u.** customs union

unifikace unification, standardization

unifikační unifying

unifikovat unify, standardize

uniforma *(vojenská, služební)* uniform; **polní u.** field uniform, battle dress, zvl. am. fatigues; **školní u.** school uniform

uniform|ní uniform ■ **~ita** uniformity

uniform|ovaný *(zaměstnanec, policista)* uniformed; *(oblečený do ~y)* (dressed) in uniform

únik *(vody, plynu)* escape; *(kapitálu)* outflow, flight; *(signálu)* fading; *(informací)* leakage, leak; kn. *(vězňů)* getaway, escape ♦ **ú. o vlas** a narrow escape, a close shave

unikat *(plyn, pára)* escape, leak; *(informace)* leak

unikát unique object (of its kind)

unikátní unique; **u. příležitost** unrivalled opportunity; **je to u. hlupák** he is a prize idiot n. chump

unik|nout 1 *(uprchnout)* escape, flee*, run* away; **u. čemu** get* away n. escape from sth ♦ **u. jen tak tak** have a narrow escape 2 v. **~at**

únikov|ý: ~á cesta escape route; **~é vozidlo** escape vehicle, *(při loupeži)* getaway car; **~á literatura** escapist literature

univerzáln|í universal, all-purpose; *(vzdělání)* all-round; *(dědic)* sole; **u. klíč** master n. skeleton key; **u. člověk** a renaissance man ■ **~ost** universality

univerzit|a university; **jít na ~u** go* to university; **Karlova u.** Charles University

univerzitní *(profesor, knihovna)* university

únor, ~ový February

únos *(dítěte)* abduction; *(rukojmího)* kidnap(ping); *(letadla)* hijack(ing)

únosce *(letadla)* hijacker; *(rukojmích)* kidnapper

únosn|ý *(snesitelný)* bearable, endurable; *(požadavky)* acceptable; *(náklady)* sustainable ■ **~ost** 1 acceptability, endurability 2 *(jeřábu)* lifting capacity; *(mostu)* safe load; *(letadla)* load-carrying capacity

unud|it bore sb (to tears) ■ **u. se** *(k smrti)* get* bored (to death n. to tears) ■ **~ěný** blasé, bored (**k smrti** to death, hov. stiff) ■ **vypadat ~ěně** look bored

unylý *(pohled)* melancholy, doleful; *(milovník)* languishing

úpad: dřít do ~u work to exhaustion, work till one is fit to drop

upadat *(člověk: tělesně)* go* downhill; *(duševně)* go n. run* to seed; *(morálně)* become* depraved; *(zájem)* decrease; *(morálka, umění* ap.*)* deteriorate; *(hospodářství)* be on the decline, be declining

úpad|ek 1 *(kultury, společnosti* ap.*)* decline; *(morální)* demoralization; **ú. civilizace** the decline of civilization 2 *(bankrot)* bankruptcy; **udělat ú.** go* bankrupt n. hov. bust

úpadkov|ý 1 *(umění* ap.*)* decadent 2 **~é řízení** bankruptcy proceedings ■ **~ost** *(umění)* decadence

upad|nout 1 *(dítě* ap.*)* fall* (down); **u. jak široký, tak dlouhý** fall full length, fall flat on one's face 2 *(kvalita* ap.*)* deteriorate, go* down; **u. v nemilost** fall from grace; **u. v zapomenutí** sink* n. fall into oblivion 3 **~l mu knoflík** he has lost* a button

upachtěný worn-out, tired out

úpal sunstroke, heatstroke; **dostat ú.** get* sunstroke

upálit, upalovat$_1$ burn* sb to death; **u. koho na hranici** burn sb at the stake

upamatovat se *(na koho/ co)* remember, recollect, recall; **u. se na co** též call sth to mind

úpatí *(hory)* foot; **na ú. kopce** at the foot of the hill

upažit gymn. stretch arms sideways

upéci *(pečivo)* bake, *(chléb* též*)* make*; *(maso)* roast ■ **u. se** přen. *(na slunci)* fry, roast; *(nebuď na slunci,)* **upečeš se** you'll fry

upěchovat ram down; *(palcem tabák)* thumb down

upejpa|t se be n. play coy, simper; **moc se ne~l** *(při nabízení)* he didn't need much pressing n. persuading

upejpav|ý coy, demure, bashful ■ **~ost** coyness, bashfulness

úpěnliv|ý imploring, pleading ■ **~ě** imploringly, pleadingly; **~ě prosit, aby** implore n. entreat sb to do sth

úpět 1 *(naříkat)* groan 2 *(ve vězení)* languish

upevn|it 1 (**k** to) fasten, secure, fix, attach; *(ře-*

těžem) chain; *(šrouby)* bolt; *(nýty)* rivet **2** *(mír)* strengthen; *(znalosti)* improve; *(měnu)* stabilize, strengthen; *(přátelství, moc)* consolidate ■ **u. se** become* stronger; *(měna)* consolidate ■ **~ění** attaching, bolting; strengthening, consolidation; stabilization

upevňovací *(šroub)* fixing

upíjet sip

upilovat file away

upínací: u. zařízení clamping device

upínat v. **upnout**; **u. svou pozornost na** direct n. turn one's attention to

upínka fastener

upír vampire

upírat$_{1,2}$ v. **upřít**$_{1,2}$

úpis *(dlužní)* bond, debenture, promissory note

upít *(čeho)* have a sip of *(wine* ap.*)* ■ **u. se** drink* o.s. to death

upjat|ý reserved, prim, stiff, hov. starchy ■ **~ost** primness

upláchnout escape, bolt; **u. komu** give* sb the slip

uplakan|ý **1** *(obličej)* tearful; *(oči)* red from crying; **~é dítě** crybaby **2** *(sentimentální)* sentimental, mawkish, maudlin **3** *(deštivý)* rainy

úplat|a payment; **poskytovat služby za ~u** provide services against payment

úplat|ek bribe; **~ky** též graft; **brát ~ky** take* bribes, hov. have an itching n. itchy palm

uplatit **1** *(koho)* bribe; **u. svědky** bribe n. suborn witnesses **2** *(dluh)* settle, pay* off

úplatkář briber

úplatkářství bribery, bribe-taking, am. graft

uplátkářsk|ý bribery; **~á aféra/ skandál** bribery affair/ scandal

uplatn|it *(metodu, zkušenosti)* use; *(nároky, práva* ap.*)* assert, enforce; *(vliv)* bring* to bear* ■ **u. se** *(zákon, pravidlo)* apply*, be applied; **u. se v životě** assert o.s., make* one's mark; **u. se všude** turn one's hand to anything ■ **dojít ~ění** come* into one's own

uplat|ňovat v. **~nit**; **u. nárok na co** lay* claim to sth; *(práva)* exercise ■ **u. se** v. **~nit se**; *(nové metody* ap.*)* gain ground

úplatn|ý corrupt, open to bribery, kn. venal ■ **~ost** corruptibility, venality

uplavat **1** *(loďka)* float away **2** *(plavec: vzdálenost)* swim*, cover (by swimming), do; *(o schopnosti)* **u. 100 m za minutu** do 100 m in a minute

úplavice dysentery

uplést *(věnec)* wreathe, bind*; *(koš, rohož)* weave*, plait; *(cop)* plait, braid; *(šálu)* knit*

úplet knitwear

uplivnout si spit*

úplněk full moon

úpln|ý **1** *(seznam* ap.*)* complete, full; *(zatmění slunce)* total **2** *(naprostý)* total, utter, complete, absolute; **ú. chaos** utter n. total chaos; **~á jistota** absolute certainty **3** *(opravdový)* real, absolute; **~á katastrofa** a real catastrophe ■ **~ě** completely, fully, utterly ap.; **~ě opilý** blind drunk; **~ě nahý** stark naked; **~ě bez peněz** flat broke; **~ě poslední** last of all; **~ě probuzený** wide awake ■ **~ost** completeness; **pro ~ost** (in order) to have a full picture

uplyn|out *(čas)* pass, go* by, elapse; *(lhůta)* expire; **než ~e týden** before the week is out ♦ **mnoho vody ~ulo** much water has flowed under the bridge ■ **~utí** *(lhůty)* expiry, expiration; **po ~utí roku** a year later

uplynul|ý *(týden, rok* ap.*)* past; **v ~ém týdnu** in the past week; **mít ~ou výpůjční lhůtu** *(o knize)* be overdue

upn|out **1** *(košili, kabát)* button up, fasten (up) **2** techn. fix, clamp, mount; *(mapu)* stretch, mount **3** přen. **u. pozornost na** fix n. fasten one's attention on; **u. pohled na koho** fix one's eyes on sb, *(pronikavě)* rivet n. glue one's eyes on sb ■ **u. se nač** n. **k čemu** pin n. set* one's hopes n. heart on sth

upocený *(šaty)* sweat-stained, sweaty; *(osoba)* sweaty, covered with sweat n. kn. perspiration

upokoj|it, ~ovat *(dítě)* soothe, hush, quieten; *(dav)* calm n. pacify ■ **u. se** calm down; *(moře)* become* calm

upomenout *(o knihu)* remind sb to return (a book); **u. koho o zaplacení dluhu** demand payment of a debt from sb

upomínk|a **1** obch. reminder, demand for payment; *(o vrácení knihy)* reminder **2** *(památka)* souvenir; **v ~u na** *(dovolenou* ap.*)* to remind you of, *(na zemřelého)* in memory n. in remembrance of

úpon|ek, ~ka tendril, *(révy)* shoot

úporn|ý *(boj)* fierce; *(odpor)* stubborn; *(nemoc)* obstinate, languishing; *(rýma)* stubborn; *(zapírání)* persistent; *(práce)* strenuous ■ **~ě** fiercely ap.; **~ě zapírat** deny sth persistently ■ **~ost** fierceness ap.

uposlechnout *(rodiče)* obey; **u. na slovo** obey

implicitly; **neu.** disobey; **u. radu** follow sb's advice; **u. zákonu** obey n. comply with the law; **neu. rozkazu** refuse an order

upotřeb|it use, make* use of, utilize ■ **~ený** *(šaty, auto)* used, secondhand ■ **~ení** use, utilization; **návod k ~ení** directions n. instructions for use

upotřeb|itelný usable, applicable; *(vhodný k ~ení)* fit to use, suitable ■ **~itelnost** usability, applicability, suitability

upouštět v. **upustit**

upout|at 1 *(balón* ap.*)* tie; **být ~án na lůžko** be confined to one's bed 2 **u. čí pozornost** capture n. attract sb's attention ■ **~aný na lože** confined to bed

upovídan|ý talkative, garrulous, hov. chatty ■ **~ost** talkativeness, garrulousness

upozor|nit, ~ňovat: u. na co highlight sth; **u. koho na co** draw* sb's attention to sth, point sth out to sb; **u. na sebe** draw attention to o.s. ■ **~nění** reminder (of), notice (of), announcement (of); *(výstraha)* warning

upracovaný worn-out with work; *(ruce)* work-worn, rough (with hard work)

uprášený covered with dust, *(cesta* též*)* dusty

úprava 1 *(jídla)* preparation; *(budovy)* adaptation; *(terénu)* landscaping; *(cen, mezd)* adjustment; *(hudební)* arrangement; div. adaptation 2 techn., text. finish; chem. treatment; **nemačkavá ú.** crease-resistant finish; **povrchová ú.** (surface) finish 3 *(vnější)* arrangement, layout, design

uprav|it 1 **u. si** *(vlasy)* tidy, groom, fix; *(kravatu)* set* straight; *(oděv)* alter, fit; *(polštář)* adjust 2 *(platy, ceny)* adjust; *(vztahy)* regulate ♦ **u. výdaje podle příjmů** cut* one's suit according to the cloth 3 *(vařit)* prepare 4 *(píseň, budovu)* adapt 5 chem. treat; *(výrobky: povrchově)* finish ■ **u. se** make* o.s. pretty n. smart, freshen up; **to se ~í samo** it will sort itself out ■ **~ený** *(zevnějšek)* neat, dapper; *(místnost)* orderly, tidy

úpravn|ý *(písmo)* neat, tidy; *(zevnějšek)* neat ■ **~ost** tidiness, neatness

uprav|ovat v. **~it**

uprázdn|it *(místnost)* clear, vacate; **u. komu místo** make* room for sb ■ **u. se** *(byt, místo)* fall* vacant ■ **~ěný** vacant

upražit *(kávu, oříšky)* roast

uprchlík fugitive, runaway; pol. refugee

uprchnout run* away; *(z vězení)* escape; *(dívka za účelem sňatku)* elope; **u. se všemi penězi** make* off with all the money; **u. komu** give* sb the slip

úprk stampede; **zběsilý ú.** headlong flight; **~em** in great haste, helter-skelter

uprosit persuade, move, induce; **u. koho, aby** move n. induce sb to (do) sth; **dát se u.** relent, give* in; **nedá se u.** nothing would make* him relent

uprostřed *(místně* i *časově)* in the middle (**ulice/ roku** of the street/ of the year); **u. zimy/ noci** in the deep n. dead of winter/ night; **u. bitevní vřavy** in the thick of the battle

upřen|ý *(pohled)* fixed, staring ■ **~ě** fixedly, piercingly; **dívat se ~ě** look fixedly, stare (**na** at)

upřesnit state n. put* sth more precisely, be more specific

upřílišněný exaggerated

upřímn|ý *(člověk)* sincere, honest; *(slova, názory)* frank, candid; *(city)* heartfelt, sincere; **mám-li být u.** to tell* the truth, to be quite honest ■ **~ě** sincerely; frankly; **~ě řečeno** frankly speaking* ■ **~ost** sincerity, frankness, honesty

upřít$_1$**: u. zrak na koho** fix n. rest n. fasten one's eyes on sb; **u. pozornost na co** fix one's attention on sth

upřít$_2$ *(autorství* ap.*)* question, dispute, deny; **nelze mu u. talent** you can't deny his talent; **to ti nemohu u.** I must give* you that

upsat *(majetek)* make* sth over (**komu** to sb); **u. duši ďáblu** sell* one's soul to the devil ■ **u. se čertu** sell o.s. to the devil

upustit 1 *(kapesník* ap.*)* drop 2 *(od plánu)* abandon, drop, give* up; *(od svých zásad)* go* back on; *(od kritiky)* refrain from

uráči|t se deign, condescend; **~l se s námi promluvit** he condescended to talk to us; **~l se na mne podívat** he deigned to look at me

uragán hurricane

Ural the Urals

uran chem. uranium

úraz injury; **utrpět ú.** sustain an injury; **bez ~u** uninjured, unharmed, unhurt

urazit 1 *(ouško hrnku* ap.*)* knock off 2 *(vzdálenost)* do, cover, march; **u. 10 km** march 10 km 3 *(koho)* insult, offend, give* offence to ■ **u. se** take* offence (at); **hned se u.** be quick to take offence

úrazov|ý accident; **~é pojištění** accident insurance ■ **~ost** accident frequency

urážet v. **urazit**; **u. čí city** hurt* sb's feelings

urážk|a offence, insult; **osobní u.** personal insult; **u. na cti** libel; **bez ~y** with respect, no offence intended

urážliv|ý 1 *(slova)* offensive, abusive, injurious; *(chování)* outrageous 2 *(člověk)* easily offended, touchy, quick to take* offence ■ **~ost** touchiness

urbanismus town- n. city-planning, urbanism

určení 1 *(účel)* purpose 2 *(času, místa)* appointment, determination; **místo u.** place of destination 3 jaz. **příslovečné u.** adverbial complement n. phrase

určený *(účel, čas)* certain, given; **v u. den** on a given day; **u. pro** destined for

urč|it 1 *(datum, cenu* ap.*)* determine, decide on, fix; **u. den svatby** set* the wedding day, hov. name the day 2 *(jmenovat)* designate; **~il ho za svého zástupce** he designated him as his successor; **to není ~eno pro vás** it's not meant* for you; **osudem bylo ~eno, aby** it was fated that 3 *(nemoc)* diagnose; **přesně u. polohu** pinpoint the position

určit|ý certain, given; *(člen)* definite; *(cíl)* definite, specific; **v ~ém smyslu** in a sense; **do ~é míry** to a certain degree ■ **~ě** 1 certainly, definitely; zvl. am. sure; **zcela ~ě** most decidedly; **zcela ~ě přijdu** I'll come* without fail 2 *(pravděpodobně)* **~ě na to zapomene** he is sure to forget* about it

určovat v. **určit**; **u. módní tón** set* the fashion

urgence reminder, *(platby)* demand for payment

urgovat *(knihu* ap.*)* send* a reminder (to sb); **u. zaplacení dluhu** demand payment of a debt

urna *(popelnice)* urn; *(volební)* ballot box

úrod|a harvest, crop; **sklidit ~u** bring* in the harvest; **rekordní ú.** bumper crop

urodi|t se: ~lo se *(obilí* ap.*)* there was a good harvest *n.* crop; **jablka se ~la** the apples were plentiful (this year)

úrodn|ý *(půda, pole)* fertile, fecund, *(kraj* též*)* fruitful, productive; *(strom)* fruitful; *(rok)* plentiful ♦ **padat na ~ou půdu** *(napomenutí)* fall* on fertile ground ■ **~ost** fertility; fruitfulness; productivity

úrok interest; **na vysoký ú.** at a high interest; **na 4% ú.** at 4% interest; **nést ú.** earn interest ♦ **splatit něco i s ~y** pay* sb back for sth with interest

úrokov|ý interest, of interest; **~á sazba** interest rate, rate of interest; **~á tabulka** interest table

urolog urologist

urologie urology

urologický urological

urostlý well-proportioned, upstanding, strapping

urousaný wet from the dew; *(knír)* wet

úrov|eň 1 *(výšková hladina)* level, altitude; **ú. mořské hladiny** sea level; **na stejné ~ni jako** on the same level as; **konference na nejvyšší ~ni** summit meeting 2 přen. level, standard; **kulturní/ ekonomická ú.** cultural/ economic level; **životní ú.** living standard; **mít žádoucí ú.** be up to the standard n. mark; **mít ú.** *(jako osobnost)* have class n. style

urovn|at 1 *(povrch)* level, plane; *(planýrovat)* grade; **u. komu cestu** *(odstranit překážky)* smooth the way for sb 2 *(polštář, šaty)* smooth 3 **u. si své záležitosti** settle one's affairs, put* one's affairs in order; *(spor)* settle, make* up; *(rozdíly)* reconcile, hov. iron out, patch up ■ **u. se** *(spor)* get* settled, get sorted out ■ **~ání** *(sporu)* settlement, *(arbitrážní)* arbitration; *(rozdílů)* reconciliation

urozen|ý high-born, of noble rank, of high birth ■ **~ost** noble birth n. descent; **Jeho ~ost** His Honour

urputn|ý *(boj, protivník)* fierce, furious; *(odpor)* stubborn, tenacious ■ **~ě** fiercely ap.; *(usilovat)* doggedly ■ **~ost** fierceness; stubborness; doggedness

Uruguay Uruguay

Uruguay|ec, ~ka, u~ský Uruguayan

urvat rip off; přen. **u. si co** grab sth (for o.s.), hov. nab sth (for o.s.); **u. si nejlepší místo** nab the best seat for o.s.

urychl|it speed* up, accelerate; *(tempo)* increase; *(krizi)* precipitate ■ **~ený** accelerated; *(odpověď)* speedy ■ **~ě** speedily

urychlovač *(elektronů)* accelerator

úryvek hud., lit. passage

úryvkovitý fragmentary, hov. bitty

úřad 1 *(orgán)* office, zvl. am. bureau; **pracovní ú.** employment agency n. exchange; *(správní)* **~y** the authorities; **celní ú.** customs office; **poštovní ú.** post office 2 *(funkce)* position, post, office; **vysoký ú.** high office n. position

úřada hov. bureaucrat

úřad|ovat *(pracovat v úřadě)* work (in an office); **Dnes se ne~uje!** The office is closed today ■ **~ující** *(zastupující)* acting ■ **~ování** office work; hanl. red tape, bureaucracy

úřední official, *(hodiny)* office; **ú. tajemství** official secret; **ú. obvod** administrative district ♦

ú. šiml red tape

úřednick|ý civil service, clerical; **~á vláda** caretaker government; **~á kariéra** *(státní)* career in the civil service; **ú. plat** a clerical worker's salary

úřednictvo clerical workers; *(státní)* civil servants, civil service

úředník clerical worker, *(státní)* civil servant, *(vládní též)* official; **ú. místní správy** local government officer

uřeknout se *(prozradit tajemství)* blurt sth out; *(říci něco nevhodného)* make* a faux pas, drop a brick

uřezat, uříznout cut* (off), *(plátek)* slice off; *(pilou)* saw* off; *(končetinu)* amputate ♦ **uříznout si ostudu** make* a fool of o.s.

uřícený heated

uřkn|out put* a spell on, bewitch ■ **~utí** the evil eye

usadit 1 *(posadit)* seat 2 *(zaopatřit)* set* up n. establish n. fix sb; **u. koho v úřadě** set sb up in a position 3 expr. **u. koho** *(umlčet)* cut* sb down to size; take* sb down a peg (or two) ■ **u. se** 1 sit* down, take a seat; **u. se v křesle** settle o.s. in an armchair; **u. se k partii šachu** settle down to a game of chess 2 *(usídlit se)* settle; *(založit rodinu)* set up house 3 *(prach)* settle

usazenina sediment; *(nános)* deposition; *(kávová* ap.*)* grounds; *(v sudu vína)* fur

usazovat se v. **usadit se**; *(prach)* accumulate

úseč segment (of a circle)

úsečka mat. abscissa

úsečn|ý *(odpověď)* curt, brusque; *(styl)* crisp ■ **~ě** curtly, brusquely; **odpovědět ~ě** give* a curt answer ■ **~ost** brusquenesss, curtness

usedat 1 sit* down, take* a seat; **u. na své místo** sit down at one's place 2 *(prach)* accumulate

usedav|ý *(pláč)* heartrending ■ **~ě** *(plakat)* bitterly, uncontrollably

usedlík (old) resident, inhabitant

usedlost farm(stead), homestead

usedlý 1 *(kde)* resident, domiciled; **být u. v zahraničí** reside abroad 2 *(povahou)* staid, sedate; *(rozvážný)* sober; **u. věk** mature age, age of sobriety; **u. pán** elderly gentleman

usednout v. **usedat** ♦ **u. na trůn** ascend the throne

úsek mat. segment; *(fronty)* sector, zone; *(ekonomie)* sector; *(knihy, zákona* ap.*)* section, paragraph; *(časový)* stage, phase; *(cesty)* stage, leg; **první ú. cesty** the first leg n. lap of the journey

useknout *(větev* ap.*)* cut* n. chop off; *(strom)* chop down; **u. komu hlavu** cut off sb's head, behead n. decapitate sb

useň leather; **hovězí u.** cowhide

usch|nout get* n. become* dry; *(rostlina)* wither, perish ■ **~lý** *(strom)* dry, dead; *(tráva)* dry, withered (up)

úschov|a deposit, safekeeping; **ú. cenností** deposit of valuables; **dát co do ~y** deposit sth (**ke komu** with sb)

uschovat *(léky před dětmi* ap.*)* hide*, *(v bezpečí)* keep* sth in a safe place; *(u notáře* ap.*)* deposit (with); **u. si něco na památku** keep sth as a souvenir n. memento

úschovn|a *(zavazadel)* left-luggage office, cloakroom, am. checkroom; **dát si co do ~y** deposit n. am. check sth at a left-luggage office

úschovné *(ve skladu)* storage fee; *(za zavazadla)* left-luggage n. am. checkroom fee

usídlit se settle, take* up residence, make* one's home (**kde** somewhere)

úsilí effort, endeavour, pains; **vynaložit velké ú., aby** take* great pains *(+inf.)*; **spojeným ~m** by combined efforts

usilovat 1 *(o dorozumění* ap.*)* strive* after n. for, struggle for; *(mít aspirace)* aim at, aspire to, work towards; *(toužit po)* covet, desire; **u. o to, aby** take* pains *(+inf.)* 2 **u. o čí život** make* an attempt on sb's life

usilovn|ý *(práce)* hard, strenuous; *(studium)* intensive ■ **~ě** strenuously, hard; **~ě pracovat/studovat** work / study hard

úskalí rock; *(nad mořem)* cliff; *(uprostřed moře)* reef; přen. difficulty, snag, stumbling block, pitfall

uskladn|it store, *(brambory též)* cellar ■ **~ění** storage

uskočit *(stranou)* jump aside; *(dozadu)* jump back; *(před čím)* dodge sth

úskočn|ý *(vychytralý)* crafty, cunning; *(zrádný)* treacherous, perfidious ■ **~ost** craftiness, cunning

úskok 1 sport. sideways jump 2 přen. trick, *(lest)* ruse; hov. dodge; **znát všechny ~y** be up to all the dodges n. tricks

uskro|mnit se, ~vnit se cu*t down one's expenses, tighten one's belt

uskřípnout: u. si prst catch* n. squeeze a finger (**v čem** in sth)

uskutečn|it realize, put* sth into effect; *(plány též)* implement, bring* sth to fruition, bring sth about; *(dosáhnout čeho)* accomplish; *(konferenci* ap.*)* hold* ■ **u. se** be realized, materialize, come* to fruition; *(konat se)* be held; **neu. se** fall* through; **jeho naděje se ne~ily** his hopes didn't materialize, his hopes came to nothing ■ **~ění** realization, materialization

uskutečniteln|ý *(plán)* feasible, practicable, workable; **je to ~é** it can be done; **je to těžko ~é** it's difficult to carry out ■ **~ost** feasibility, practicability

uslintaný slobbery

úsloví saying, phrase

úsluh|a favour, good turn; **prokázat komu ~u** do sb a favour

úslužn|ý helpful, obliging; hanl. servile; *(k ženám)* gallant ■ **~ost** obligingness, helpfulness; readiness to help

uslyš|et v. **slyšet** ♦ **však vy o mně ještě ~íte!** *(výhružka)* you haven't heard* the last of this!

uslzený *(oči)* tear-filled, *(obličej)* wet with tears, tear-stained

usm|át se smile; *(šibalsky)* grin; *(nuceně)* force a smile; *(jízlivě)* sneer; **~ěj se na mne!** give* me a smile! ♦ **na každého se jednou ~ěje štěstí** every dog has his day

usmažit v. **smažit**

usměr|nit, ~ňovat *(*el. *proud)* rectify; *(míč do branky)* send*; *(koho)* guide; **u. veřejné mínění** shape public opinion; **~ňovat čí vzdělání** guide sb's education

úsměš|ek grin, jeer, taunt; **tropit si z koho ~ky** taunt sb, pull sb's leg

úsměv smile; *(šibalský)* grin; **nucený ú.** forced smile

usměvavý smiling, *(tvář* též*)* happy

úsměvný *(nálada)* cheerful

usmířen|á: podat si ruce na ~ou shake* hands and make* up

usmířit (se) v. **smířit (se)**

usmívat se v. **usmát se**

usmlouvat: u. na kom 100 Kčs knock 100 crowns off sb's price

usmr|tit *(koho)* kill; *(při neštěstí)* **bylo ~ceno 5 lidí** five people lost* their lives n. were killed

usmyslit si: u. si co set* one's mind n. heart (up)on doing sth

usnadnit *(úkol)* facilitate, make* sth easier (**komu** for sb); **u. si práci** make one's job easier for o.s.

usn|ášet se v. **~ést se**; **být schopný se u.** *(o shromáždění)* constitute a quorum

usn|ést se decide, resolve, determine; **u. se na rezoluci** pass n. adopt a resolution; **~esli jsme se, že se zúčastníme** we agreed to take* part ■ **~esení** resolution, ruling

usnout fall* asleep, get* to sleep; *(zdřímnout si)* doze n. nod off, hov. drop off; **u. únavou** fall asleep from tiredness ♦ **u. na věky** pass into eternity; **u. na vavřínech** lie* back n. rest on one's laurels

usoudit come* to a conclusion, decide; **u. co z čeho** conclude n. infer sth from sth

usouž|it *(koho)* wear* sb out; **být ~en nemocí** be worn out with illness; **vy mne ~íte** you'll be the death of me ■ **u. se zármutkem** eat* one's heart out, pine away with grief ■ **~ený** careworn

uspat 1 u. dítě lull n. *(zpěvem)* sing* a baby to sleep **2** lék. anaesthetize, put* sb to sleep

uspávací: u. prostředek soporific, sleeping drug n. pill n. potion

uspáva|t v. **uspat**; *(o hudbě, hluku, vůni* ap.*)* have a soporific effect on, lull sb to sleep ■ **~jící** soporific

úspěch 1 success; **s ~em** successfully, with success; **mít ú.** be successful, succeed; **nemít ú.** be unsuccessful, have no success, fail; **mít skvělý ú.** be a great success; **mít ú. v životě** rise* in the world; **mít ú. u koho** be a success with sb **2** *(dosažený)* achievement; **dosáhnout velkých ekonomických ~ů** achieve great economic gains

uspěchan|ý hasty, hurried; **několik ~ých řádek** a few hurried lines; **~á práce** hasty work

úspěšn|ý successful, *(kariéra, den* ap. též*)* fruitful, *(podnikání* též*)* thriving; **být ú.** be successful, be a success; **být ú. v čem** succeed in (doing) sth ■ **~ě** successfully, with success

uspět be a success; *(v životě)* get* ahead, go* from strength to strength; **neu.** fail, fall* through; **neu. u koho** get* nowhere with sb, cut* no ice with sb

uspíšit hasten, precipitate; *(růst rostlin)* hasten; *(krizi)* precipitate, bring* sth to a head; v. též **urychlit**

usplavn|it canalize, make* sth navigable ■ **~ěný** navigable

uspokoj|it satisfy; **u. svou zvědavost** indulge n. satisfy one's curiosity; **u. poptávku po čem** meet* the demand for sth ■ **~ení** satisfaction; **udělat co pro své ~ení** do sth for one's own gratification; **dívat se na co s ~ením** look at sth with pride

uspokojivý satisfactory; *(znalost)* fair; **být u.** pass muster

uspokoj|ovat v. **~jit**; **u. potřebu** fill a need; **tato práce ho ne~uje** he doesn't find* n. get* any satisfaction in this work

úspor|a *(časová* ap.*)* saving; **~y** *(peněžní)* savings

úsporn|ý *(auto)* economy; *(kamna, styl)* economical; *(rozpočet)* stringent, shoestring *(jen atrib.)* ■ **~ost** economy; **z důvodů ~osti** for reasons of economy

uspořád|at 1 arrange, put* n. set* sth in order, *(doklady)* file; **u. co abecedně** arrange sth alphabetically, arrange sth in alphabetical order; **u. co podle velikosti** arrange sth according to size 2 *(konferenci)* hold*, organize; *(večírek)* throw*, give*; *(mistrovství)* host ■ **~aný** tidy, neat; **ne~aný** messy, untidy ■ **~ání** 1 arrangement 2 *(konference)* organization

uspořit 1 save (up), lay* aside; **u. si na auto** save up for a car; **u. si cestu** save o.s. a trip 2 *(na čem)* make* economies on; **u. na jídle** make economies on food

usrkávat *(hlučně)* slurp, drink* noisily; *(s požitkem)* savour; *(popíjet)* sip

usrknout slurp

úst|a mouth; *(rty)* lips; **otevřít ú.** open one's mouth n. lips; **políbit koho na ú.** kiss sb on the lips ♦ **zacpat komu ú.** přen. *(úplatkem)* stop sb's mouth with a bribe; **poslouchat s otevřenými ~y** hang* on sb's lips; **držet ú.** keep* one's mouth shut*; **zpráva letěla od ~ k ~ům** the news spread* from mouth to mouth; **vložit slova do čích ~** put* words into sb's mouth; **vzít komu něco z ~** take* the words out of sb's mouth; **mluvit na půl ~** mumble

ustájit *(krávy)* stall; *(koně)* stable

ustál|it stabilize; *(hranice* též*)* fix, determine; *(politiku)* define, lay* down; *(ceny)* consolidate ■ **u. se** stabilize, become* stable; *(počasí)* settle ■ **~ený** *(počasí)* settled; *(ceny)* fixed; **~ené rčení** stock n. set phrase ■ **~ení** stabilization, fixation, consolidation

ustalovací fot. **u. lázeň** fixing bath, fixer

ustalovač fixative, fixing agent, fixer

ustalov|at v. **ustálit**; ■ **~ání** v. **ustálení**

ustanov|it 1 *(čas, místo* ap.*)* fix, schedule, determine; **u. datum** fix n. set* a date 2 *(jmenovat)* appoint; **u. koho svým zástupcem** appoint sb as one's deputy ■ **~ení** fixing, appointment; *(nařízení)* regulation

ustaraný anxious, worried; *(obličej)* careworn

ust|at stop, cease, finish; **déšť ~al** it has stopped n. ceased raining; **bolest ~ala** the pain has ceased ■ **bez ~ání** incessantly, without stopping n. letup

ustát se *(káva, roztok* ap.*)* settle

ústav institute, establishment; **léčebný ú.** sanatorium; **výzkumný ú.** research institute; **pohřební ú.** undertaker's; **ú. pro choromyslné** mental home; **ú. národního zdraví** dř. health centre

ústava constitution

ustavičn|ý constant, permanent, continual; **u. déšť** constant n. continual rain ■ **~ě** constantly, incessantly

ustav|it set* up, establish, organize; *(vytvořit)* create; *(vládu)* form; *(firmu)* found, establish ■ **u. se** become* established, constitute itself ■ **~ení** establishment; creation; *(strany, firmy)* foundation; *(výboru)* setting up

ústavní 1 *(zákon* ap.*)* constitutional 2 *(péče, oděv)* institutional

ústavodárn|ý: ~é shromáždění constituent assembly

ústí *(řeky)* mouth, *(rozšířené)* estuary; *(hlavně)* muzzle; *(roury* ap.*)* orifice, aperture; **ú. jámy** *(šachty)* pit mouth, pithead

úst|it (**do** into) *(ulice)* run*, lead*; *(řeka)* flow*, open out; **Dunaj ~í do Černého moře** the Danube flows into the Black Sea; **tato ulice ~í do náměstí** this street leads n. runs into the square

ustl|at 1 **u. komu** make* a bed for sb ♦ **nemá na růžích ~áno** his life is no bed of roses 2 **u. si** make a bed for o.s. ♦ **jak si usteleš, tak si lehneš** as you make your bed, so you must lie on it

ústn|í 1 *(tradice, propaganda)* verbal; *(zkouška)* oral; **ú. zkouška** *(na univerzitě)* the oral; *(postgraduální)* viva (voce) 2 *(dutina)* oral; **ú. voda** mouthwash ■ **~ě** verbally, by word of mouth

ustoupi|t 1 *(stranou)* step aside, *(dozadu)* step back; *(udělat místo)* make* way (**komu** for sb); **u. o dva kroky** take* two steps back; **ustupte!** stand* clear! ♦ **u. do pozadí** přen. take* a back seat 2 voj. retreat; **neu. ani o krok** stick* to one's guns; **ne~l od svého názoru** he would not budge from his point of view; **u. od slibu** go* back on one's promise n. word; **u. hrozbám** give* in to threats 3 *(od obžaloby* ap.*)* withdraw*, take* back 4 *(o bolestech, nátlaku* ap.*)*

abate, ease

ústraní seclusion; **žít v ú.** live a secluded life, live in seclusion, live detached from the world

ustrašenec timid person; hov., zvl. děts. scaredy cat

ustrašen|ý timid, fearful, timorous; **být celý u.** be afraid of one's own shadow ■ **~ost** timidity, timorousness

ustrn|out 1 **u. hrůzou** be paralyzed n. petrified with fear; **u. údivem** be taken* aback with suprise 2 *(ve vývoji)* stagnate; *(zvyky* ap.*)* become* rigid, ossify ■ **~utí** *(ve vývoji)* stagnation, fossilization

ústroj voj. soldier's gear; *(uniforma)* service dress

ústrojí 1 anat. system, organ(s); **nervové ú.** the nervous system; **čichové ú.** the olfactory organs; **pohlavní ú.** sex n. genital organs 2 techn. mechanism, apparatus; **bicí ú.** striking mechanism; **hodinové ú.** clockwork

ustrojit *(koho)* dress ■ **u. se** dress, get* dressed, put* on one's clothes

ústrojný *(celek, látka)* organic

ústředí *(organizace, banky)* head n. central office; *(podniku)* headquarters; anat. **nervové ú.** nerve centre

ústředna: telefonní ú. telephone exchange

ústřední central; **ú. myšlenka** the leading n. main idea; techn. *(mazání)* central, centralized

ústřel lék. lumbago

ústřice oyster

ustříhat, ustřihnout snip (off); **u. nit** snip the thread; **u. komu vlasy** cut* off sb's hair

ústřižek 1 *(látky)* remnant, cutting; *(papíru)* snippet 2 *(poukázka)* receipt

ústup 1 voj. retreat; *(od záměru)* climbdown; **spořádaný/ bezhlavý ú.** orderly/ hasty retreat; **čára ~u** line of retreat 2 přen. **být na ~u** *(epidemie)* be on the decline, be subsiding; *(nezaměstnanost též)* be going* down

ústup|ek concession; **dělat ~ky** make* concessions

ustup|ovat v. **ustoupit** ■ **~ující čelo/ brada** receding forehead/ chin

úsud|ek *(názor)* opinion, judgement; *(závěr)* conclusion; **kvapný ú.** rash n. snap judgement; **mít bystrý ú.** have an agile mind; **podle mého ~ku** in my opinion; **vytvořit si ú.** form a judgement (**o** about, on)

usušit dry; **nechat co u.** let* sth dry ■ **u. se** get* dry

usuzovat v. **usoudit**

usvědč|it *(koho)* prove sb guilty, prove sb's guilt; **u. koho ze lži** prove sb a liar ■ **~ující důkazy** incriminating evidence

úsvit daybreak, dawn; **na ~ě** at daybreak, at dawn; **na ~ě doby** at the beginning n. dawning of a new era

usypat pour off; **u. cukr** pour off some sugar

ušák *(křeslo)* wing armchair

ušatý long-eared

ušetř|it (si) *(peníze)* save (up), put* aside; **u. si na nový byt** save up for a new flat; **u. si práci** spare o.s. some work; **být ~en čeho** be spared sth; **u. si rozpaky** save o.s. some embarrassment

ušít *(oblek* ap.*)* make*, tailor; **dát si u. oblek** have a suit made* ♦ **u. co horkou jehlou** *(knihu* ap.*)* throw* sth together

úšklеb|ek 1 *(pošklebek)* grimace, face; **udělat ú.** make* a grimace, pull a face 2 *(posměšek)* mocking remark, gibe; **~ky** mockery

ušklíbat se make* faces n. grimaces

ušklíbnout se make* n. pull a (wry) face, (make a) grimace

uškod|it do damage n. harm (**komu** to sb); **ne~í, když** it won't do any harm if; **ne~ilo vám to** you aren't any (the) worse for it; **u. si** harm one's interests

uškrtit strangle, choke sb to death

uškubnout *(list z kalendáře)* tear* n. rip off; *(květinu)* pluck off

ušlapat *(koho)* trample sb to death; *(trávu, půdu)* tread* n. trample down

ušlehat *(vejce, smetanu* ap.*)* whip, beat* up; **u. vejce na sníh** beat up eggs to a froth

ušlechtil|ý 1 *(člověk)* noble(-minded), noble-hearted; *(velkorysý)* magnanimous 2 *(zvíře)* pedigree, pure-bred; *(ocel)* high-grade ■ **~ost** noble-mindedness, magnanimity; **~ost ducha** spiritual nobility

ušmudlaný dirty, grimy, grubby

ušní ear; **u. lékař/ onemocnění** ear specialist/ disease; **u. lalůček** ear lobe; **u. bubínek** eardrum

ušpin|it soil, make* sth dirty; *(skvrnami)* smudge, stain; *(mastnotou)* smear ■ **~ěný** soiled, dirty, grubby; *(silněji)* filthy

uštědřit: u. komu výprask give* sb a good hiding; **u. komu pohlavek** box sb's ear

uštěpačný mocking; *(tón, pohled)* derisive; *(poznámky)* taunting; *(kritika)* caustic

uštíp|at 1 *(hmyz)* sting* sb/ sth to death 2 v. **~nout**

uštípnout 1 *(hmyz)* bite* 2 *(drát kleštěmi)* nip off ■ **u. se** *(odštípnout se: sklíčko* ap.*)* split* off

uštkn|out *(had)* sting*, bite* ■ **~utí** snake-bite
uštva|t *(zvěř)* run* down; *(zločince)* hunt down; **u. koně** run the horses to the ground ■ **u. se** run o.s. to death, *(prací)* kill o.s. with work ■ **~ný** worn-out, run down, *(naprosto)* fagged (out) n. shattered
utábořit se pitch camp
utaha|t **1** *(koho)* tire out, wear* out, take* it out of sb **2** *(šaty* ap.*)* wear out ■ **~ný** *(unavený)* exhausted, worn-out, run* down, ready to drop
utáhnout **1** *(vůz, vozík)* be able n. manage to pull **2** *(šroub, smyčku)* tighten; **u. si opasek** tighten one's belt
utahovat v. **utáhnout** ■ **u. si** *(z koho)* taunt, jibe, mock (at), jeer at, poke fun at
utaj|it **(před** from) conceal, hide*, keep* sth secret; *(ututlat)* hush up ■ **~ený** *(síla, city)* restrained; *(optimismus)* guarded ■ **~ení** concealment
utaj|ovat v. **~it** ■ **~ovaný** *(údaje)* restricted; **být ~ovaný** be under wraps; **~ovaná milostná aféra** a clandestine love affair
utápět v. **utopit**; **u. se v penězích** live in abundance, live in the lap of luxury
utéci **1** *(uprchnout)* run* away, escape, flee*; *(zbaběle)* turn tail; *(komu)* run away from, give* sb the slip; **utekl mi s kufrem** he has made* off with my suitcase; přen. **u. před problémy** run away from problems ♦ **nic mu neuteče** he never misses a trick **2** *(svévolně opustit)* **u. ze školy/ z domu** run away from school/ home; **u. od muže** walk out on one's husband; **u. od čeho** drop sth like a hot potato **3** *(mléko)* boil over **4** *(plyn, tekutina)* leak, escape **5** *(čas)* pass, go* by, elapse ■ **u. se** *(ke komu)* seek* refuge with sb; **u. se k hudbě** find* n. seek refuge in music; **u. se ke lži** take* refuge in lying
utečen|ec runaway; *(emigrant)* refugee, defector; **političtí ~ci** political fugitives, emigrés
útěch|a consolation, solace, comfort; **slabá ú.** a poor consolation, a cold comfort; **nalézt ~u** *(v čem)* find* solace in, derive comfort from
útek text. weft, woof
útěk flight; *(z vězení, zajetí* ap.*)* escape; **dát se na ú.** take* to flight; **být na ~u** be on the run
utěrka cloth; *(na nádobí)* dishcloth; *(na sklo, porcelán)* tea cloth; *(na prach)* duster
úterý Tuesday; **v ú.** on Tuesday
útes *(skalní)* rock; *(na pobřeží)* cliff; **korálový ú.** coral reef
utěs|nit, ~ňovat *(sud)* seal, make* sth leakproof; *(dveře)* seal, make sth draughtproof; **u. díru** stuff up a hole; **u. hermeticky** seal up
utěšen|ý *(pohled)* delectable, delightful ■ **~ě** *(příjemně)* pleasantly
utěšit *(koho)* comfort, console; **nedala se u.** she was inconsolable ■ **u. se** console n. comfort o.s.; **u. se čím** take* comfort in
utich|nout, ~at *(děti)* quieten down, become* quiet; *(kroky* ap.*)* die n. fade away; *(potlesk, vítr, bouře)* subside, stop, cease
utík|at v. **utéci**; **jak ten čas ~á** how (the) time flies*; **pomalu mi to ~á** time hangs* heavy on my hands
utírat v. **utřít**
útisk oppression, repression
utiskovat *(ovládat)* oppress, repress
utiskovatel oppressor
utiš|it **1** *(dítě)* quieten; *(zlé svědomí)* soothe, salve **2** *(bolesti, hněv)* ease, relieve; *(žízeň)* slake, quench; *(hlad)* assuage, satisfy ■ **u. se** calm down; *(vítr)* go* down; *(moře)* become* calm; *(bouře)* abate; *(bolest)* ease; *(svědomí)* be eased ■ **~ující prostředek** painkiller
utít v. **utnout**
utkat *(látku)* weave*
utk|at se sport. meet*, play against; *(s kým v hádce)* clash, fly* at each other ■ **~ání** sport. meeting, match; **~ání v boxu** boxing match
utkv|ět, ~ít: ~ělo mi to v paměti that stuck* in my memory; **~ěl očima na knize** his eyes rested on the book ■ **~ělý** *(pohled)* steadfast; **~ělá myšlenka** obsession
utlačov|at *(národy)* oppress ■ **~ání** oppression
utlačovatel oppressor
útlak oppression
utleskat: moci se u. clap like mad
útlocit v. **~nost**
útlocitn|ý sensitive; *(jemný)* delicate, tactful ■ **~ost** sensitiveness; tact, delicacy of feeling
utlou|ci, ~kat **1** *(ubít)* bludgeon n. club sb to death **2** *(cukr, koření)* crush, pound; *(na prach)* pulverize **3** **~kat čas** kill time
útlum inhibition
utlumit *(hluk)* subdue, muffle, deaden; *(hlas)* lower, muffle; *(světlo)* soften, subdue; *(náraz)* soften, cushion, absorb; *(city)* subdue, curb; *(vášně)* restrain
útl|ý *(věk, zdraví)* tender; *(pas)* small, slender; *(žena)* petite; **v ~ém věku** at an early age
utn|out cut* n. chop off ♦ **jako když ~e** *(znenadání)* as if by magic; srv. **tesař**

útočiště refuge, shelter, sanctuary; **najít ú. u přátel** find* refuge with one's friends; **najít ú. ve filosofii** find refuge in philosophy
útočit *(na koho)* attack; *(zvíře)* charge at; *(kritizovat)* inveigh against, tilt at
útočník attacker, assailant; voj., pol. aggressor; fotb. **střední ú.** centre forward; **křídelní ú.** wing forward, winger
útočn|ý aggressive, belligerent; *(zvíře též)* pugnacious; *(boxer též)* hard-hitting; **~é zbraně** offensive weapons, weapons of attack; **ú. plán** plan of attack; **~á válka** war of aggression
útok attack, assault, charge; *(prudký i verbální)* onslaught; **ú. na bodáky** bayonet charge; **zahájit ú.** launch an attack
uton|out drown, be drowned ■ **~utí** drowning; **smrt ~utím** death by drowning
utopenec drowned man/ woman
utopie utopia, *(fantastická představa)* fantasy
utopi|cký, ~sta utopian
utopit drown; **u. v čem peníze** sink* one's money in sth; **u. starosti v alkoholu** drown one's sorrows in alcohol ■ **u. se** drown, get* drowned
utrác|et v. **utratit**; **nesmyslně u.** spend* money like water; **u. čas** kill time; **~í spoustu peněz za šaty** she spends a lot of money on clothes
utrácivý extravagant
útrap|a: ~y hardships, troubles; **~y cestování** the hassle of travel; **duševní ~y** mental anguish
utrápit worry sb to death ■ **u. se** *(pro koho)* eat* one's heart out for; **u. se k smrti** worry o.s. to death
útrat|a 1 *(výdaje)* **~y** expenses, outlay; **soudní ~y** court costs; **žít na cizí ~u** live at sb's expense, sponge on sb **2 udělat velkou ~u** run* up a big bill; **peníze na ~u** pocket money; **zaplatit ~u** pay* n. foot the bill
utratit 1 *(peníze)* spend*, get* through; *(lehkomyslně)* squander; **u. spoustu peněz** go* n. get through a lot of money **2** *(zvíře)* put* to death, put down
utrhačný slanderous, libellous; *(poznámky)* vituperative
utrh|at v. **~nout**; **u. komu na cti** insult, offend, wound sb's honour
utrhn|out 1 *(list papíru)* tear* n. pull n. rip off; *(květinu)* pluck; *(jablko)* pick (off); *(voda: most)* sweep* n. tear away ♦ *(však)* **on ti hlavu ne~e** he won't eat* you **2 u. si co od úst** deny o.s. sth ■ **u. se 1** *(knoflík)* come* off; *(pes)* break* loose; *(u. se a spadnout)* fall*, come* down; *(lavina)* break loose **2** expr. **u. se na koho** let* fly* at sb
utrh|ovat v. **~nout**; **u. si od úst** scrimp and save
utrmácený exhausted, worn-out; **celý u.** dead beat
útroby anat. entrails, viscera; přen. **ú. země** the bowels of the earth
utrousit *(mouku, cukr)* spill*; **u. poznámku** pass a remark; **u. narážku** let* drop a hint
utrpení suffering; *(trápení)* misery; **duševní u.** mental anguish, distress
utrpět *(škody, ztráty, porážku)* suffer, sustain, incur; **u. těžká zranění** sustain severe injuries
útrpn|ý 1 compassionate, sympathetic **2** hist. **vyslýchat koho ~ým právem** put* sb to the torture ■ **~ost** compassion
útržk|ek 1 *(papíru)* scrap; **~ky** *(konverzace)* fragments, snatches **2** *(stvrzenka)* portion; v. též **ústřižek**
utržit *(peníze)* earn, make*; **u. ránu** get* a blow; **u. výsměch** become* an object of ridicule, become a laughing stock
útržkový: ú. kalendář block calendar
útržkovit|ý sketchy, snatchy, scrappy ■ **~ě** in snatches ■ **~ost** sketchiness, scrappiness
utřít *(do sucha)* dry (up); **u. si ruce** wipe one's hands (**ručníkem** on a towel); *(do čista)* wipe sth clean; **u. si čelo** mop one's brow; **u. v pokoji prach** dust down the room ■ **u. se** dry o.s. (**ručníkem** on a towel)
útulek (house of) refuge, retreat; *(pro umírající)* hospice; **dětský ú.** orphanage; **ú. pro zvířata** animal home, am. animal shelter
útuln|ý *(pokoj)* cosy, snug; *(koutek)* idyllic, peaceful; *(v ústraní)* secluded; *(atmosféra)* cosy, friendly ■ **~ost** cosiness, snugness; cosy atmosphere
ututlat *(skandál)* hush n. cover up, *(utajit před novináři)* keep* sth from the press
utužit *(rodinný život)* strengthen, *(přátelství též)* cement; *(zdraví)* improve; *(kázeň)* strengthen
útvar formation *(též bojový)*; voj. *(jednotka)* unit; *(v organizaci)* section
utvář|et (se) v. **utvořit (se)**; **u. charakter** shape n. mould sb's character ■ **pěkně ~ná postava** a beautifully shaped figure
utvořit form, *(příklad též)* make* up, *(výbor též)* constitute; *(nové slovo)* coin; **u. dvojice** form twos; **u. vládu** form a government; **u. větu** form n. construct a sentence ■ **u. se** *(vzniknout)* form, develop, arise

utvr|dit, ~zovat 1 *(co)* strengthen, *(přátelství též)* cement; **u. si znalosti** strengthen n. improve one's knowledge 2 **u. koho v názoru** strengthen sb's opinion ■ **u. se** *(znalosti)* improve, become* more solid; **u. se v názoru** become firmly convinced

utýrat *(k smrti)* torture sb to death

uvaděč usher, attendant ■ **~ka** usherette

uvád|ět v. **uvést; u. program v televizi** present n. host a TV [tiː'viː] programme; **program ~í XY** the presenter is XY

uvad|nout fade, wither ■ **~lý** withered, faded; **~lá krása** faded beauty

úva|ha deliberation, contemplation, reflection; **~hy o životě** reflections n. meditations on life; **po zralé ~ze** after serious thought n. consideration; **stojí to za ~hu** it is worth considering; **to nepřipadá v ~hu** it's out of the question

uválcovat roll sth flat, roll out

uvále|t 1 *(těsto)* roll out 2 *(postel)* rumple (up); **u. si šaty** crumple n. crease one's clothes ■ **~ná postel** rumpled bedclothes

uvalit (**na** on) *(daň, povinnost)* impose; *(trest)* inflict; *(embargo)* lay*; **u. na koho trest smrti** inflict death penalty on sb

uvař|it cook; *(vajíčko, maso)* boil; *(čaj, kávu)* make*, brew ■ **~ený** cooked, boiled; *(vejce)* **~ené na tvrdo/ na měkko** hard-/ soft-boiled; **oběd je už ~ený** dinner is ready

uvázat 1 **u. si** *(šátek, motýlka)* tie; *(kravatu)* knot ♦ **u. si něco/ někoho na krk** přen. lumber o.s. n. saddle o.s. with sb/ sth 2 **u. co/ koho k čemu** tie n. fasten n. attach sth/ sb to sth 3 *(kytici)* make*; **u. si vlasy do uzlu** tie up one's hair ■ **u. se k čemu** přen. commit o.s. to do sth

úvazek: pracovní ú. work load; **vyučovací ú.** teaching load; **plný/ částečný ú.** full-time/ part--time job

uvázn|out, uvíznout *(vůz, auto)* get* stuck; *(loď)* founder; *(kost v krku)* lodge; **u. v hlubokém sněhu** get stuck* in deep snow; **u. na mrtvém bodě** *(jednání)* reach a deadlock ■ **~utí dopravy** traffic jam, hold-up

uvážen|á: dát komu co na ~ou leave* sth to sb's discretion; **stojí to za ~ou** it is worth thinking about, kn. it is worthy of consideration, hov. it's not to be sneezed at

uváž|it 1 *(co)* think* sth over, give* sth careful consideration 2 *(vzít v úvahu)* take* sth into account n. consideration; **je třeba u., že** we must bear* in mind that; **když se všechno ~í** taking one thing with another ■ **~ený** *(postup)* circumspect, prudent; *(dobře)* **~ené rozhodnutí** a well-advised decision ■ **~ení** consideration; **ponechám to vašemu ~ení** I leave* it to you, I leave it to your discretion; **po důkladném ~ení** after serious consideration

uvážliv|ý *(prozíravý)* prudent, circumspect; *(opatrný)* cautious; *(rozumný)* sensible, level-headed ■ **~ost** prudence, circumspection; level-headedness

uvaž|ovat 1 **(o)** *(přemýšlet)* think* (about); *(přemítat)* reflect (on), ponder (on, over), meditate (on), muse (on) 2 *(pomýšlet)* **u. o čem** think* of doing sth, consider doing sth; **~uj o tom!** give* it a thought!

uved- v. **uvést**

uvědomě|lý: třídně/ národně/ politicky u. class-/ nationally/ politically conscious ■ **~lost** v. **~ní (1)**

uvědomění 1 **třídní/ politické/ národní u.** class/ political/ national consciousness 2 *(avízo)* notification

uvědomi|t 1 *(koho)* inform; **u. koho o čem** inform n. notify n. advise sb of sth, bring* sth to sb's attention 2 **u. si** *(co)* realize, become* conscious of, become aware of, awaken to; **~l si, že** it came* home to him that, it dawned on him that

uvědom|ovat si v. **~it si; ~uji si, že** I am aware of the fact that

uvelebit se snuggle n. nestle down; **u. se v křesle** settle down in an armchair; **u. se k četbě** settle down to read*

úvěr credit; **na ú.** on credit n. on tick; **koupit co na ú.** buy* sth on credit

úvěrov|ý credit; **~á banka/ ú. účet** credit bank/ account

uveřejn|it publish; *(zákony)* promulgate; *(vyhlášku)* put* out; *(dát čemu publicitu)* publicize ■ **~ění** *(knihy* ap.*)* appearance, publication

uvěřit *(komu/ čemu)* believe; **lze ztěží u., že** it is hard to believe that

uvěřitelný credible

uvést 1 **u. koho do pokoje** show* sb into a room; **u. dámu ke stolu** take* a lady in to dinner; **u. psa na stopu** put* a dog on the track 2 **u. koho do rodiny** introduce sb into a family; **u. nový výrobek na trh** launch a new product 3 **u. hru** put a play on the stage, put on a play; **u. film** release a film; **u. jako hlavní číslo programu**

feature **4** *(stroj do chodu)* start; **u. co do pohybu** set* sth in motion; **u. školu do chodu** establish a school; mat. **u. na společného jmenovatele** reduce sth to a common denominator ♦ **u. co na pravou míru** set* sth right **5** *(udat)* state, say*, mention; *(fakt, důvody)* give*, put forward; právn. *(důkazy)* produce; *(citovat)* quote, cite **6** *(koho do úřadu)* install n. inaugurate sb into office ■ **u. se u koho dobře/ špatně** make* a good/ poor impression on sb ■ **uvedený** *(zmíněný)* said; **(výše) uvedený** (above-)mentioned, (afore)said; **v uvedenou dobu** at the said time, at the time in question ■ **uvedení** *(do úřadu)* installation (in), inauguration (into)

uvězn|it *(koho)* imprison, jail, put* sb in prison n. behind bars ■ **~ění** imprisonment, incarceration

uvézt 1 u. pět tun *(o autě* ap.*)* have the carrying capacity of five tons **2** *(utáhnout/ utlačit na vozíku)* be able to pull/ push

uvid|ět 1 *(spatřit)* catch* sight of **2** *(poznat)* see*; **~íte, že mám pravdu** you'll see that I am right ♦ **však ~íš!** *(výhružně)* you'll hear* from me!, you'll be hearing from me! ■ **u. se** *(setkat se)* meet*, see* each other; **kdy se (zase) ~íme** when shall we meet (again)?

uvít *(věnec, kytici)* make*

uvítan|á: několik slov na ~ou a few words of welcome; **projev na ~ou** welcoming speech

uvíta|t welcome, receive, greet; **srdečně koho u.** welcome sb cordially; **u. koho na nádraží** meet* sb at a station; přen. **~l bych pomoc** I could do with some help, I could use some help

uvnitř inside; *(v domě)* indoors; *(na vnitřní straně)* on the inside; **u. země** in the Earth's core

úvod *(knihy* ap.*)* introduction; *(návod)* guide, *(do studia)* primer; **ú. do filozofie** introduction to philosophy

úvodem *(říci co)* **ú.** by way of introduction, as an introduction

úvodní *(kapitola* ap.*)* introductory; *(poznámka)* preliminary; **ú. projev** opening speech; **ú. formule** preamble

úvodník editorial

uvolit se agree, consent; **u. se co udělat** agree to do sth, iron. *(velkomyslně)* deign n. condescend to do sth

uvoln|it 1 *(přivázaného psa)* release, set* a dog free; sport. *(hráče)* create an opening for sb **2** *(límeček, šroub)* loosen; *(plachtu)* slacken; *(svaly)* loosen up; *(disciplínu)* relax; *(stisk)* relax, relinquish; *(háček)* unfasten **3** *(dělníky)* make* sb redundant; *(z vojenské služby)* discharge; **u. koho na den** give* sb a day off **4** *(vchod, vstup)* clear; *(vjezd)* open sth to traffic; *(hotelový pokoj)* check out of ■ **u. se 1** *(šroub, deska)* get* loose; *(plachta)* slacken, become* slack; *(člověk)* unbend, unwind o.s., hov. let* one's hair down; *(mravy)* grow* lax **2** *(hráč)* break* clear **3** *(udělat si volný čas)* arrange to be free ■ **~ěný** *(nervově)* relaxed; *(disciplína)* lax; *(byt)* empty ■ **~ění** *(nervové)* relaxation; *(pout, šroubu)* loosening

uvozov|ky quotation marks, inverted commas; **dát větu do ~ek** put* a sentence in quotation marks; **u. dole – u. nahoře** quote – unquote

uvrhnout 1 u. koho do vězení throw* n. cast* sb into prison **2 u. koho do neštěstí** plunge sb into distress, ruin sb; **u. zemi do války** plunge a country into war

uvyk|nout v. **zvyknout** ■ **~lý** accustomed (**na** to)

uzákonit legalize; *(schválit návrh zákona)* enact, pass

uzance obch. usage, practice; polygr. **nakladatelské u.** house style

uzávěr locking device; *(víčko)* cap; *(se západkou)* catch; *(řetízku, tašky)* clasp; *(zdrhovací)* zip (fastener), zipper; *(zátka)* stopper, plug

uzávěra barrier; *(silnice)* roadblock

uzávěrka 1 *(účetní)* statement (of account) **2** *(novin, časopisů)* closing date, deadline

uzavírací: u. hodina closing hour n. time; **u. ventil** stop valve

uzav|írat v. **~řít; u. průvod** close the procession; **u. se čemu** close one's mind to sth

uzavř|ít 1 *(vodu, plyn)* turn n. shut* off; *(dům, byt)* lock up; *(okenice)* close; *(vysoké školy, obchod)* close down **2** *(silnici, hranice)* close down **3** *(kruh,* el. *okruh)* close **4** *(projev* ap.*)* conclude, close; *(debatu, zasedání)* close **5** *(dohodu)* come* to, reach, make*; *(přátelství)* strike* up; *(mír)* make*; *(obchod)* conclude, settle; *(manželství)* conclude; *(pojistku)* take* out; **u. výhodný obchod** strike a bargain ■ **u. se** *(do místnosti)* closet o.s.; **u. se do sebe** become withdrawn, retire into one's shell, keep (o.s.) to o.s. ■ **~ený** *(byt)* locked up, closed; *(dveře)* closed, shut; *(obchod: trvale)* closed down; *(společnost)* private; *(člověk)* withdrawn; *(mlčenlivý)* taciturn; **stát se ~eným** retire into o.s. ■ **~enost** reservedness; *(mlčenlivost)* taciturnity

uzd|a bridle ♦ **držet koho na ~ě** keep* sb on a tight rein; **držet jazyk na ~ě** guard n. mind

one's tongue; **popustit ~u své fantazii** give* free rein to one's imagination
uzdravit: u. koho cure sb, restore sb to health; hov. put* sb back on his/her feet ■ **u. se** recover, get* well, return to health
uzdravovat se be recovering, be getting* better, hov. be on the mend
uzel **1** *(na provaze* ap.*)* knot; **uvázat u.** make* n. tie a knot; **rozvázat u.** untie n. undo a knot; **uvázat provaz na u.** tie a rope in a knot; **uvázat u. na kapesníku** tie a knot in one's handkerchief ♦ **gordický u.** the Gordian knot **2** *(ranec)* bundle **3** *(drdol)* bun **4** *(dopravní)* junction, intersection **5** námořn. knot
území *(státní)* territory; *(oblast)* area, region; **na ú. Moravy** in Moravia; **celní ú.** customs area n. territory; **válečné ú.** war zone; sport. **trestné ú.** penalty area
uzemnění el. earth (connection), am. ground
uzem|nit, ~ňovat **1** el. earth, connect sth to earth **2** *(srazit k zemi)* knock sb flat, přen. *(odpovědí)* floor sb ■ **~něný** earth-connected
uzenáč kipper, kippered herring, bloater
uzenář (pork) butcher
uzenářství butcher's shop
uzené smoked n. cured meat
uzeniny smoked foods
uzenka (small) sausage
uzený smoked
úzkokolejný narrow-gauge (**trať** railway)
úzkoprofilov|ý: ~é zboží scarce commodity n. goods, goods in short supply
úzkoprs|ý narrow-minded, hov. stuffy; *(provinční)* parochial ■ **~ost** narrow-mindedness, stuffiness
úzko|rozchodný v. **~kolejný**
úzkost anxiety, apprehension; **smrtelná ú.** mortal agony; **mít ú.** be worried (**o co** about sth) **způsobovalo mi to ú.** it worried me
úzkostlivý **1** anxious, apprehensive **2** *(krajně pečlivý)* meticulous; hov. fussy
úzký **1** narrow; *(rty)* thin; *(pas)* small, slender; *(šaty, boty)* tight, close-fitting; **ú. film** narrow-gauge film **2** *(přátelství, vztah, spolupráce)* close; **užší výbor** select committee; **ú. okruh lidí** in-group ♦ **být v ~ch** be in a tight spot n. corner, be up against it; **zahnat koho do ~ch** drive* sb to the wall, corner sb ■ **úzce s čím souviset** be closely connected n. linked with sth ■ **je mi (z toho) úzko** I am (very) worried n. anxious (about it)
uzlíček v. **uzel**; **u. nervů** a bundle n. bag of nerves
uzlina anat. ganglion
uzlovitý knotty
uznal|ý appreciative; **~á slova** words of appreciation ■ **~e** appreciatively, with appreciation ■ **~ost** appreciation
uzn|at **1** *(stát, vládu, rekord)* recognize; *(chybu, vinu)* recognize, admit; *(názor)* respect; *(námitku)* sustain; *(otcovství)* accept, acknowledge; **u./ neu. branku** allow/ disallow a goal; **u./ neu. smlouvu** recognize/ refuse to recognize a treaty; **u., že** admit that; **to je třeba u.** you can't argue with that **2** **u. co za správné** acknowledge sth as correct; **u. co za nutné** find* sth necessary **3** *(cenit)* appreciate, praise; **je třeba u., že** one has to appreciate that ■ **~ání** *(státu* ap.*)* recognition; *(otcovství)* acknowledgement; *(ocenění)* appreciation, recognition; **získat ~ání** win* recognition; **jako projev ~ání** *(čeho)* in recognition of; **mluvit o kom s ~áním** speak* highly of sb
uzpůsob|it adapt, adjust; **u. A k B** adapt A to B ■ **~ení** adaptation, adjustment
uzrá|t *(ovoce)* ripen; *(víno, mladý člověk)* mature; *(plán, myšlenka)* ripen, mature ■ **~lý** ripe, mature
uzurpátor usurper
uzurp|ovat usurp ■ **~ace** usurpation
úzus jaz. usage; *(obyčej)* custom
uzvednout (be able to) lift
už v. **již**
úžas astonishment, amazement; *(nesmírný)* consternation; *(dívat se)* **s ~em** in astonishment
užas|nout be astonished n. amazed ■ **~lý** amazed
úžasn|ý *(budící úžas)* fantastic, amazing; *(báječný)* fabulous, marvellous; *(krása)* breathtaking; *(zpráva)* sensational; *(výhled)* glorious; **to je něco ~ého!** that's fantastic!
úžeh sunstroke, heat-stroke; **mít ú.** have sunstroke
úžina *(mořská)* straits *(často jako* sg.*)*; **zemská ú.** neck of land, isthmus
užírat se hov. **u. se (nad) čím** eat* one's heart out over sth, fret o.s. about sth; v. **žrát se**
užít **1** *(upotřebit)* use, utilize, employ; *(lék)* take*; **u. násilí** use force **2** *(využít)* make* (good) use of, put sth to good use; **těch šatů hodně užila** she's had good wear out of that dress; **u. vhodného okamžiku** take advantage of a suitable moment ♦ **na to tě užije!** that's just like you!; **na to mě neužije** hov. it's not my cup of tea **3** **u. si čeho** enjoy sth, (take) delight

in sth; **u. si čeho dosyta** have one's fill of sth ♦ **u. si s kým** iron. *(trpět)* have the devil's own time with sb; **ještě si naposled u.** have the last fling; v. též **užitý**

užitečn|ý useful, helpful, of use; **velice u.** of much use ■ **~ost** usefulness

užitek benefit, advantage, gain; **mít z čeho u.** gain n. profit by sth, derive advantage from sth; **přinášet komu u.** benefit sb, bring* sb benefit

užitkov|ý: ~á voda water for industrial purposes

užitn|ý ek. **~á hodnota** utility value

užitý *(umění, matematika)* applied

užívací: u. právo right to use

užív|at 1 v. **užít**; *(léky)* take*, *(pravidelně)* be on (**penicilín** penicillin) **2 u. (si) života** live it up, get* the best out of life ■ **u. se** be used ■ **~aný** *(slova)* current, *(všeobecně)* in general use

uživatel user

uživit: (umět) u. rodinu (be able to) support n. provide for one's family ■ **u. se** be able to earn one's living, stand* on one's feet

úžlabina *(horská)* ravine, gorge

užovka grass snake

užší v. **úzký**; **u. seznam** short list; **v ~m slova smyslu** in the strict sense of the word

užvaněn|ý garrulous, verbose ■ **~ost** garrulousness, verbosity

V

v_1 *(písmeno)* v [vi:]
v_2, **ve** předl. vyj. **1** *(místo)* in, at; **v Praze** in Prague; **v budově** in the building; **ve městě** in the town, *(na nákupech* ap.*)* in town; **v celém městě** all over the town; **ve škole** at school; **v kostele** at church; **v nemocnici** in hospital; **už jste někdy byl v Praze?** have you ever been to Prague? **2** *(čas)* in; **v létě/ v zimě** in summer/ winter; **v lednu/ v únoru** in January/ February; **v tomto týdnu/ měsíci** this week/ month; **v roce 1950** in (the year) 1950; **ve dne** by day; **v noci** at night; **ve dne v noci** day and night **3** *(časový bod)* at; **v 5 hodin** at five o'clock; **v poledne** at noon n. midday; **v tuto chvíli** at this moment **4** *(způsob)* **být v pořádku** be in good order, *(zdravotně)* be in good health; **chodit v uniformě** wear* a uniform; *(říci co)* **v žertu** jokingly
váb|it *(zvěř)* lure; *(napodobováním hlasu)* call; přen. lure, entice, attract; *(svádět)* tempt ■ **~ení** enticement, temptation
vábnička *(na zvěř)* lure; *(na ptáky)* (bird)call
vábný enticing; *(lákavý)* tempting; *(přitažlivý)* attractive
váč|ek pouch; bot. sac; anat. follicle; **~ky pod očima** bags below n. under the eyes
vada fault, *(materiálu též)* defect, imperfection; *(zboží)* flaw; *(řeči)* (speech) impediment n. defect; přen. *(charakteru)* fault, failing, defect
vad|it **1** hinder, impede; *(být v cestě)* obstruct; **v. komu v čem** hinder sb in sth **2** **to ne~í** it doesn't matter; **hluk mi ne~í** I don't mind the noise
vadi|t se quarrel; *(škorpit se)* squabble; **stále se ~li** they were continually quarrelling, they were always at loggerheads, they fought* like cat and dog
vadnout *(květiny)* wither, wilt, fade; *(krása)* fade
vadn|ý defective, faulty, imperfect; **v. obal/ zboží** defective packing/ goods ■ **~ost** defectiveness, faultiness
vagabund tramp, hobo; *(malý)* ragamuffin
vágní vague
vagón *(osobní)* carriage, am. car; *(nákladní)* goods truck n. waggon; **jídelní v.** dining car; **spací v.** sleeping car, sleeper
váh|a **1** *(hmotnost)* weight; **čistá/ hrubá v.** net/ gross weight; **specifická v.** specific weight; **přibrat na váze** put* on weight, gain weight; **prodávat na ~u** sell* sth by weight; **ztratit na váze** lose* weight ♦ **přikládat čemu velkou ~u** attach great importance to sth; **brát co na lehkou ~u** make* light of sth **2** sport. **lehká/ střední/ těžká v.** lightweight/ middleweight/ heavyweight **3** **~y** (a pair of) scales, balance; *(mostní)* weighbridge **4** *(souhvězdí)* **Váhy** Libra
vahadlo scale beam, (balance) beam
váh|at **1** hesitate, waver; hov. shilly-shally; *(být nerozhodný)* sit* on the fence **2** **v. s čím** linger in doing sth; **~al s odpovědí** he took* a long time to answer ■ **~ání** hesitation; **bez ~ání** without hesitation, unhesitatingly
váhavec procrastinator
váhav|ý indecisive, irresolute; *(řeč)* halting; *(krok)* hesitating, halting ■ **~ost** indecisiveness, irresoluteness; hesitancy
vachrlatý precarious, dicey
vaječník anat. ovary
vaječn|ý egg; **v. žloutek** egg yolk; **~á skořápka** eggshell; **v. koktejl** eggnog; **v. koňak** brandy flip
vajíčk|o **1** v. **vejce**; **míchaná ~a** scrambled eggs **2** **~a** *(rybí)* spawn; *(hmyzí)* eggs
vak **1** *(cestovní)* holdall **2** zool. pouch
vakcína vaccine
vakuum vacuum
val *(ochranný)* rampart
vál *(na těsto)* pastry-board
valach *(kůň)* gelding
válcovat techn. *(železo, silnici)* roll
válčící belligerent, warring
válčiště theatre of war
valčík waltz; **tančit v.** dance a waltz, (to) waltz
válč|it: v. s kým be at war with sb ■ **~ení** warfare
válec geom., aut. cylinder; *(psacího stroje)* platen; **silniční v.** road roller; **parní v.** steam roller
váleček *(na těsto)* rolling pin; *(malířský)* print-roller
válečkov|ý cylindrical, roll-shaped; **~é ložisko** roller bearing
válečn|ický *(bojovný)* warlike ■ **~ictví** warfare; *(~ické umění)* military art
válečník warrior
válečn|ý war, *(o době války)* wartime; **v. plán/ cíl/ stav/ psychóza** war plan/ objective/ footing/ mentality; **v. přídělový systém** wartime rationing; **~é tažení** expedition; **v. štváč** warmonger; **~é štěstí** the fortunes of war
válek *(na těsto)* (rolling) pin

válenda divan bed
válet *(sudy, kameny* ap.*)* roll; *(těsto)* roll (out) ■ **v. se 1** *(ve sněhu* ap.*)* roll about **2** *(lenošit)* lie* n. loll about ♦ **v. se smíchy** double up with laughter, be in fits of laughter
valcha washboard
valit 1 *(sud, balvan)* roll **2 v. oči** goggle; **ten bude v. oči** that will make* him open his eyes, that will make him sit* up and pay* attention ■ **v. se** *(voda)* rush, *(dovnitř)* rush in, *(kameny)* hurtle down; *(kouř)* billow
válk|a war; *(válčení)* warfare; **studená v.** cold war; **partyzánská/ psychologická v.** guerrilla/ psychological warfare; **rozpoutat ~u** start a war; **za ~y** in wartime, during the war
valník dray; *(na rozvoz mléka)* br. milk float
valn|ý 1 *(značný)* considerable, substantial; **nemá to ~ou cenu** it does not amount to much; **z ~é části** largely, to a great extent; **nemít o kom/ o čem ~é mínění** think* little n. poorly of sb/ sth **2 ~á hromada** plenary session ■ **není mi dnes ~ě** I am a bit out of sorts today, I do not feel* very well today
valoun round stone, boulder; *(zlata)* nugget
valuta *(měna)* foreign currency; **tvrdá v.** hard currency
vampýr vampire
vana *(koupelnová)* bath(tub)
vanad vanadium
vandal vandal
vandalství vandalism
vandrák tramp, hobo, am., austr. bum
vandrovat *(bez cíle)* wander, *(v přírodě)* ramble; sport. hike
vánek breeze
vánice snowstorm
vanilk|a, ~ový vanilla; **~ový cukr** vanilla sugar
vánoc|e Christmas, Xmas; **veselé v.** Happy n. Merry Christmas; **o ~ích** at Christmas
vánočka *(plaited)* Christmas cake
vánoční Christmas; **v. stromek/ nákup** Christmas tree/ shopping; **v. hra** Nativity Play
van|out blow*; **~e ostrý vítr** there's a sharp wind; **vědět, odkud ~e vítr** know* which way the wind blows
vápenat|ět calcify ■ **~ění** calcification
vápenatý *(půda)* limy, chalky
vápencov|ý: v. lom limestone quarry; **~é hory** limestone mountains
vápenec limestone
vápenka limekiln
vápenn|ý: ~é mléko whitewash, limewash
vápník calcium
vápno lime; **nehašené/ hašené v.** unslaked/ slaked lime
var *(bod varu)* boiling point; **přivést k ~u** bring* to the boil(ing point); **dostat se do ~u** reach boiling point ♦ přen. *(rozčilit se)* fly* into a passion, fly into a rage
varhaník organist
varhan|y, ~ní organ
variabilita variability
variabilní variable
variace variation
varianta variant
varieté *(divadlo)* variety theatre, zvl. br. music hall; *(představení)* variety show
várka batch
varle testicle
varn|ý: v. porcelán, ~á keramika ovenware
varo|vat warn, put* sb on his guard; **v. koho před čím** warn sb about sth ■ **v. se** *(koho/ čeho)* avoid, keep* away from, steer clear of ■ **~vání** warning
varovn|ý *(výstřel, signál)* warning ■ **zvednout ~ě prst** raise a warning finger
Varšav|a, v~ský Warsaw
vařečka cooking spoon
vařící *(voda)* boiling; *(jídla)* piping hot
vařič cooker; *(stolní)* hot plate; *(na kávu)* coffee machine, percolator
vař|it 1 *(vodu)* boil **2** *(jídlo)* cook; *(vejce)* boil, *(bez skořápky)* poach; *(čaj, kávu)* make*, brew; *(pivo)* brew; **nechat co mírně v.** let* sth simmer; **dát něco v.** put* sth on; **všechno v něm ~í** he is fuming with anger ■ **v. se** cook, be cooking, **nechat koho v. ve vlastní šťávě** přen. let* sb stew in his own juice ■ **~ený** boiled, cooked
váš your, *(samostatně)* yours; *(pokud jsou přítomna jiná určovací slůvka)* of yours; **v. přítel** your friend; **jeden v. přítel** a friend of yours; **podle vašeho přání** as you wish ♦ **ať je po vašem** have it your own way; v. též **tvůj**
vášeň passion; **hráčská v.** passion for gambling
vášniv|ý passionate; *(vlastenectví)* fervent; *(fanoušek)* rabid; *(dopisy)* torrid ■ **~ě** passionately; **~ě hrát šachy** be a passionate chess player ■ **~ost** passion
vát v. **vanout**
vata cotton wool, am. cotton; **cukrová v.** candy floss, am. cotton candy

Vatikán Vatican
vatova|t wad, pad, line sth with padding ■ **~né sako** wadded jacket
vavřín bot. laurel též přen.; **~y** laurels, **dobýt ~y** reap laurels; **spát na ~ech** lie* back n. rest on one's laurels
vaz 1 (nape of the) neck, back of the neck; **zlomit si v.** break* one's neck ♦ **to mu zlomí v.** přen. that will be his downfall; **zlom v.!** good luck! **2** anat. ligament
váza vase
vazal, ~ský vassal; **~ský stát** vassal n. captive state
vázání *(lyžařské)* binding
vázanka tie
váz|at 1 *(uzel)* tie; *(kravatu)* knot; *(tkaničky u bot)* tie (up) **2** *(věnec, kytici)* make* up; *(koberec)* knot **3** *(knihy)* bind* **4** chem. bind **5** šach. **v. figuru** pin a piece **6 být ~án slibem/ přísahou** be bound n. tied by a promise/ by an oath; **být ~án na svou zem** have strong ties to one's country ■ **v. se 1** *(povinností)* commit o.s. **2** chem. combine ■ **~aný 1** *(kniha)* bound **2** hud. legato **3** chem. bound, fixed; **~aný dusík** fixed nitrogen **4** *(kapitál)* tied; *(zboží na lístky)* rationed **5** přen. *(slibem)* pledged, tied; v. též **vázat (6)**
vazb|a 1 *(molekulární)* bond; *(zdiva)* binding; jaz. *(ustálená)* phrase; *(slovesná)* government; přen. **předložková v.** prepositional phrase; **zpětná v.** feedback **2** *(knihy)* binding; **v. v kůži** leather binding **3** *(zadržení)* arrest, detention, custody; **být ve ~ě** be under arrest; **propustit z ~y** release **4** *(souvislost)* connection
vazelína vaseline
vazivo anat. connective tissue; **tukové v.** fatty tissue
vazk|ý viscous ■ **~ost** viscosity
vázn|out *(doprava)* be jammed, be held* up; *(jednání)* get* bogged down, reach a deadlock; *(odbyt)* slacken, drop off; *(zábava)* begin* to flag; **v. v krku** stick* in one's throat ♦ **kde to ~e?** where's the hitch?
váž|it weigh; **kolik ~íš?** what is your weight?, what do you weigh?; **v. slova** speak* with deliberation
váž|it si *(koho)* respect, think* highly of, regard sb highly; **nev. si koho** have little regard for sb ■ **~ený** esteemed, respected; **být ~ený** be held* in respect; **~ený pane!/ ~ení pánové** dear Sir!/ Sirs!
vážk|a 1 dragonfly **2 být na ~ách** be n. hang* in the balance
vážnost 1 seriousness; *(situace)* gravity **2** *(úcta)* esteem, regard, respect; **mít koho ve ~i** have respect for sb, respect sb; **získat u koho na ~i** rise* in sb's esteem
vážn|ý 1 serious; *(neveselý)* solemn, unsmiling; *(usedlý)* sedate; *(přemýšlivý)* pensive **2** *(závažný)* grave, serious, critical; **udělat ~ou chybu** make* a grave mistake **3** *(opravdový)* sincere, earnest, serious; **mít ~ou známost** go* steady (**s** with) ■ **~ě** seriously, in earnest; **myslíš to ~ě?** are you serious?, do you really mean* it?; **mluvím ~ě** I mean what I say*; **~ě?** are you serious?; iron. you don't say! ■ v. **~ost**
vběhnout run* in; **v. do pokoje** run into the room; **v. komu do cesty** run into sb; **v. pod auto** run under a car
vbrzku soon, in the near future
vcelku *(dohromady)* altogether, in all; *(docela)* on the whole, by and large; **má v. 1000 korun dluhů** his debts total Kčs 1000; **v. je to dobrý nápad** by and large it is a good idea
vcítit se, vciťovat se *(do role)* feel* o.s. into, get* into the spirit of; **v. se do situace druhého** put* o.s. into sb else's shoes n. place
včas in time; *(přesně)* on time, punctually; *(podle plánu)* on schedule, according to schedule; **přijďte, prosím, v.!** you are requested to be punctual
včasn|ý *(příchod)* punctual; voj. **systém ~ého varování** an early warning system
včela bee, honeybee
včelař beekeeper, odb. apiarist
včelařský *(maska, kukla)* beekeeper's
včelařství beekeeping, odb. apiculture
včelí: v. med (bee) honey; **v. žihadlo** bee sting, sting of a bee; **v. královna** queen bee
včelín beehouse, apiary
včera yesterday; **v. ráno** yesterday morning; **v. večer** yesterday evening, last night
včerejš|ek yesterday; **od ~ka za týden** a week from yesterday
včerejší yesterday's; **v. chleba** yesterday's bread ♦ **nejsem přece v.** I was not born* yesterday
včetně inclusive of, including; **v. balení** inclusive of packing, including packing; **až do desáté strany v.** to page 10 inclusive
včlenit (**do** into) incorporate, integrate; v. též **začlenit (se)**
vdá|t, ~vat (**za** to) marry; *(dostat pod čepec)*

marry off ■ **v. se** marry, get* married; *(opětně)* remarry; **v. se za koho** marry sb, get married to sb ■ **vdaná** married (**za** to) ■ **děvče na ~vání** a girl of marriageable age

vdavky marriage; **pomýšlet na v.** be thinking* of n. contemplating marrying

vděč|it: v. komu za co owe sth to sb, have sb to thank for sth; **~ím mu za svůj život** I owe him my life; **za to, že jsem zde, ~ím vám** it is thanks to you that I am here

vděčn|ý 1 *(člověk)* grateful, thankful; *(zavázaný)* obliged; *(diváctvo)* appreciative; **jsem vám za to nesmírně v.** I appreciate it very much, I am much obliged **2** *(práce, úkol)* rewarding, gratifying ■ **~ost** gratitude, gratefulness; *(diváctva)* appreciativeness

vdech (a) breath

vdech|nout, ~ovat inhale, breathe in; **~nout zhluboka** draw* n. take* a deep breath ■ **~ování** inhaling, inhalation

vděk gratitude

vdolek, vdoleček drop-scone, muffin

vdova widow

vdovec widower; **slaměný v.** grass widower

vdovsk|ý widow's; **~á penze** widow's rent; **v. stav** widowhood

vdovství widowhood

ve v. **v**

věc 1 *(předmět)* thing, object, article; **sbalit si své ~i** pack up one's things; **vzácná v.** precious object **2** *(skutečnost)* fact; *(záležitost)* thing, matter, business, affair; *(okolnost)* circumstance; *(otázka)* question, problem; *(téma hovoru)* point; **k ~i** to the point; **v. je v tom, že** the fact is that; **to je moje v.** that's my affair n. business **3** *(v obch. dopisech)* re **4** *(práce)* **rozumět své ~i** know* one's job

věcn|ý *(střízlivý)* matter-of-fact, businesslike, factual; *(poznámky, kritika)* objective; *(informace)* relevant; *(odpověď)* to the point; **v. katalog** subject index ■ **~ě** matter-of-factly, objectively, to the point

vecpat v. **cpát** ♦ **v. se** *(do čeho)* cram n. squash into

večer 1 evening, night; adv. in the evening; **každý v.** every evening, nightly; **včera v.** last night, yesterday in the evening; **k ~u** in the late afternoon; **Štědrý v.** Christmas Eve; **dobrý v.**! good evening! **2** *(společenský)* (evening) party, soirée; **divadelní v.** evening at the theatre

večerka lights-out; voj. *(čepobití)* tattoo

večerní evening, of the evening; **v. šaty** evening dress; **v. chládek** the cool of the evening; **v. škola** evening n. night school, evening n. night classes

večernice evening star

večerníček T.V. bedtime story n. programme

večerník evening paper

večeře evening meal; *(*zvl. *ve Skotsku a v Sev. Anglii* též*)* tea; *(jako hlavní jídlo)* dinner; *(lehká)* supper

večeř|et dine, have dinner, have supper, sk. have tea; v. **~e**

večírek (evening) party; *(s hlavním jídlem)* dinner party

věčnost eternity; **trvalo jim to v.** it took* ages for them to do it, they took ages to do it

věčn|ý eternal, everlasting, perpetual; **v. mír/ život** eternal peace/ life; **v. sníh** everlasting n. perpetual snow; **v. student** a perpetual student; **~á sláva** immortal fame

věd|a *(*zvl. *přírodní)* science; **přírodní ~y** natural science(s); **společenské ~y** humanities

vědec *(*zvl. *přírodovědec)* scientist, man of science, scholar

vědeck|ý scientific; **v. pracovník** research worker, *(na vysoké škole* též*)* research assistant; **~é řízení práce** scientific management ■ **~o-fantastický** science fiction, hov. sci-fi; **~o-fantastická literatura** science fiction ■ **~ost** *(přístupu)* scientific approach

vedení 1 *(elektrické)* (electric) line, wire; *(hlavní přívod)* mains; *(rozvod)* wiring; *(telefonní)* line; *(vody, plynu)* pipe, *(rozvod)* plumbing ♦ **mít dlouhé v.** be slow on the uptake **2** pol. leadership, control; *(podniku)* management **3** sport. lead; **ujmout se v.** take* the lead; **být ve v.** be in the lead

vědě|t know*; *(o čem)* know of n. about, be aware of; **pokud vím** as far as I know, to the best of my knowledge; **v. co na koho** have sth on sb; **dej mi v.** let* me know; **v. bezpečně** know for a fact ♦ **v. si rady** manage; **v. své** know better; **v., zač je toho loket** know how the land lies*; **ví, co chce** he knows his own mind; **v., co je kdo zač** have sb taped; **člověk nikdy neví** you never know, there's no knowing; **neví, co s časem** time hangs* heavy on his hands; **no nevím!** I wonder!; **abys ~l!** so there!; **vím já!** search me! ■ **~ní** knowledge; *(učenost)* learning, scholarship

vedle I adv. *(v domě)* next door; *(v pokoji)* in

the next room; **bydlí v.** he lives next door; **jít v.** *(rána)* miss the target, be off the mark ♦ **být v.** *(mýlit se)* bark up the wrong tree, *(být zmaten)* be all at sea **II** předl. **1** *(místně)* beside, by, alongside (of); *(blízko)* close to, next to; **v. sebe** next to n. beside one another, side by side; **sedni si v. mne!** sit* beside n. next to me!, sit by my side!; **zaparkovali v. nás** they parked their car alongside ours; **bydlet v. sebe** live next door to each other; **jít v. sebe** walk side by side **2** *(kromě)* besides, in addition to, on top of; **v. svého platu ...** in addition to n. on top of his salary ...

vedlejší **1** *(místně)* adjacent, adjoining, neighbouring; **v. dům** neighbouring n. adjacent house, house next door; **v. pokoj** adjoining n. next room **2** *(nedůležitý)* unimportant, insignificant; *(ne hlavní)* secondary, minor; **v. kolej** siding; **v. otázka** side issue; **v. předmět** *(na univerzitě)* minor subject; **v. příjem** subsidiary earnings; **v. silnice** side road, byway; **v. věc** secondary n. minor matter; **v. účinky** side-effects; **v. úmysly** ulterior motives; **v. zájmy** outside interests; **v. podnik** branch; **je v., zda** it does not matter whether **3** jaz. **v. věta** subordinate clause **4** div. **v. zápletka** subplot

vědom v. **~ý**

vědomí **1** psych., filoz. consciousness; **ztratit/ nabýt v.** lose*/ regain n. recover consciousness, hov. black out/ come* to n. round; **při plném v.** fully conscious **2** přen. awareness, knowledge; **v. povinnosti** sense of duty; **v. viny** guilty conscience; **bez mého v.** without my knowledge; **podle mého nejlepšího v. a svědomí** to the best of my knowledge and belief; **dát komu co na v.** give* sb to know*, let* sb know; **vzít koho/co na v.** take* sb/sth into account

vědomost: ~i knowledge, learning; **mít velké ~i** have wide n. extensive knowledge, be very knowledgeable ♦ **předávat ~i** hand n. pass on the torch

vědom|ý **1** conscious, aware; **být si ~ čeho** be aware of sth; **jsem si v. své viny** I am conscious of my guilt **2** *(úmyslný)* conscious, deliberate, calculated, intentional; **~é klamání** deliberate deception ■ **~ě** consciously, knowingly, deliberately

vedoucí **I** adj. *(osobnost, postavení)* leading, prominent, top(-ranking); *(inženýr)* chief **II** subst. **1** *(firmy)* manager, managing director; *(účtárny)* chief accountant; *(oddělení, katedry)* head; *(technický)* technical manager **2** pol. leader; *(delegace)* leader, head; *(turistické skupiny)* guide

vedrat se *(kam)* force one's way (into)

vedro sweltering heat, sultry n. oppressive n. close weather; **to je v.!** what a scorcher!, there's not a breath of air

vědro pail, bucket; **v. vody** a bucket(ful) of water

vědychtiv|ý eager to learn*; **být v.** (to) thirst for knowledge ■ **~ost** thirst for knowledge

vegeta|ce, ~ční vegetation; **~ční období** growing season

vegetarián, ~ský vegetarian

vegetariánství vegetarianism

vegetovat vegetate; přen. struggle to make* ends meet*

vehemence vehemence, ardour

vehementní vehement

věhlas renown, eminence, fame; **dobýt si ~u** rise* to fame, become* famous

věhlasný famous, renowned, celebrated

vehnat **1** *(dobytek)* drive* *(cattle)* in/ into **2** přen. **v. koho do čeho** drive n. rush sb into (doing) sth ♦ **v. komu slzy do očí** bring* tears to sb's eyes

věch|et wisp (of straw) ■ **~ýtek** *(stará žena)* a frail old lady; **dědeček je už úplný v.** granddad is very frail

vejc|e egg; **v. natvrdo/ naměkko** hard-boiled/ soft-boiled egg; **míchaná v.** scrambled eggs ♦ **jsou si podobni jako v. ~i** they are as alike as two peas (in a pod)

vejcovitý egg-shaped, oval, ovoid

vejcovod fallopian tube

vejčitý v. **vejcovitý**

vějičk|a lime twig ♦ **sednout komu na ~u** be taken* in by sb

vějíř fan

vějířovitý fan-shaped

vej|ít enter, walk n. step n. come* in(to); **v. do místnosti** walk into n. enter a room; **~děte!** enter!, come in! ♦ **v. do dějin jako ...** go* down in history as ...; **v. ve známost** become* known*; **to člověku ~de do krve** it grows* on you ■ **v. se: do sálu se ~de 300 lidí** the hall can seat n. accommodate 300 persons; **do auta se ~de 5 osob** the car can hold* 5 people; **do nádoby se ~de 100 litrů** the container can hold 100 litres ♦ **dostal, co se do něho vešlo** he got* what was coming* to him

věk **1** *(stáří)* age; **útlý v.** tender age; **ve ~u**

dvaceti let at (the age of) twenty; **vypadat mladě na svůj v.** look young for one's age n. years 2 *(pokročilý)* (old) age; **sešlý ~em** old and infirm 3 *(epocha, období)* era, epoch, age; **atomový v.** nuclear age n. era; **v. techniky** the age of technology; **zlatý v.** golden age
veka French loaf, French bread
věkovitý *(strom)* age-old
věkov|ý: v. rozdíl age difference, disparity in age; **~á hranice** age limit
vektor vector
velbloud camel; **jednohrbý v.** one-humped camel, dromedary
veleb|it praise, extol, glorify; **v. koho** sing* sb's praises; **v. úspěchy země** glorify the achievements of the country ■ **~ení** glorification
velebníček hov. (the) Rev
velebn|ý *(velkolepý)* majestic, magnificent; *(ticho)* lofty; **v. pán** reverend ■ **~ě** majestically ■ **~ost** majesty, magnificence
veledílo masterpiece
veleduch genius
veledůležitý essential, highly important
velehory high mountain region, alpine mountains
velekněz high priest
velení voj. command; **vrchní v.** supreme command; **převzít v.** take* over n. assume command
velet command, be in command; **v. armádě** command an army; have an army under one's command
veletoč gymn. grand circle
veletok large river
veletrh (trade) fair; **knižní v.** book fair
veletucet gross, twelve dozen
velezrada high treason
velezrádce traitor, person guilty of high treason
velice very; **mít koho v. rád** like sb very much; **udělám to v. rád** I'll be only too glad to do it; v. **velmi**
velící *(důstojník)* commanding
veličenstvo *(titul)* Majesty
veličina 1 mat. quantity; **neznámá v.** unknown quantity 2 celebrity, great man; **v. ve fyzice** an authority on physics
velikán giant; *(slavný člověk)* genius
velikánský enormous, huge, colossal
velikáš, ~ský megalomaniac
velikášství megalomania, delusions of grandeur
velikonoc|e Easter; **o ~ích** at Easter
velikonoční Easter; **v. vajíčko/ prázdniny** Easter egg/ holidays; **v. beránek** Paschal Lamb
velikost 1 *(rozměr)* size; *(výška)* height; **jakou máte v.?** *(o šatech, botech)* what n. which size do you take*? *(in shoes* ap.*)*, what size are you?; **v životní ~i** life-sized 2 přen. *(díla* ap.*)* greatness, magnificence
veliký v. **velký**
velitel commander, commanding officer; **vrchní v.** commander in chief
velitelsk|ý imperious, assertive; *(tón, hlas)* authoritative, commanding; námořn. **v. můstek** navigating bridge; **~é stanoviště** command post
velitelství voj. command; *(vrchní)* (the) high command; *(místo)* headquarters
velkoadmirál High Admiral
velkoburžoazie haute bourgeoisie, ≅ upper middle classes
velkodušn|ý magnanimous, generous ■ **~ost** magnanimity, generosity
velkohub|ý big-mouthed, boastful, grandiloquent ■ **mluvit ~ě** talk big ■ **~ost** grandiloquence; hov. big talk
velkokapitál high finance, big business
velkolep|ý grandiose, magnificent; *(krása)* sublime ■ **~ost** grandeur, splendour, magnificence
velkoměsto large n. big city; *(metropole)* metropolis
velkoměstský (big-)city; *(metropolitní)* metropolitan
velko|myslný broadminded, liberal; v. též **~dušný** ■ **~myslnost** broadmindedness, liberality; v. též **~dušnost**
velkoobchod wholesale trade n. business
velkoobchodní *(cena)* wholesale n. cost (price)
velkoobchodník wholesaler, wholesale dealer
velkoprodejna supermarket
velkoprůmysl big industry
velkoprůmyslník industrial magnate, big industrialist
velkorys|ý *(štědrý)* generous, magnanimous; *(názory, charakter)* broadminded, liberal; *(podnikání)* large-scale, on a large scale ■ **~e** generously; *(ve velkém)* in a big way, on a large scale ■ **~ost** generosity, magnanimousness; broadmindedness
velkostatek large estate
velkostatkář big landowner
velkovévoda grand duke
velkovévodkyně grand duchess
velkovévodství grand duchy
velkovýroba large-scale production

velk|ý **1** *(hmotou)* big; *(rozsahem)* vast, large; *(výškou)* tall, high; *(město)* large n. big; *(vzdálenost)* great, long; *(rodina)* large; **v. mozek** upper brain; **jak je v.?** *(vysoký)* what height is he? ♦ **V. vůz** astron. the Big Dipper; **ve ~ém** on a large scale; *(nakupovat)* **ve ~ém** in bulk; **nakupování ve ~ém** bulk buying **2** *(byt, pokoj)* large, spacious **3** *(o šatech, botech)* too large; *(oděv též)* loose-fitting; **~á voda** high water, flood **4** *(majetek, příjem)* large, *(velmi v.)* huge **5** *(vlivný)* **~é zvíře** hov. big shot, big cheese; **muž ~ého světa** man of the world ♦ **mít ~é slovo** carry a lot of weight **6** *(závažný)* major, great; *(chyba)* big, bad, gross, grave; *(vynález, úspěch)* great; *(škoda)* great, severe, heavy **7** *(intenzívní)* great; *(bolest)* great, intense, violent; *(teplo)* great, intense; *(chlad)* intense, severe; *(naděje)* high; **v. piják/ jedlík/ ~á chuť na jídlo** a hearty drinker/ eater/ appetite; **k mé ~é radosti** to my great pleasure ♦ **v. třesk** big bang; **jít na ~ou stranu** move one's bowels, hov. do a number two **8** *(člověk, myšlenka)* great **9** *(básník, politik)* great; **nejsem žádný v. řečník** I am no great speaker, I am not much of a speaker **10** *(dospělý)* grown-up; **~é děti** grown-up children; **šaty pro ~é** grown-up clothes

velmi very, highly; *(ve spojení se slovesy)* very much, greatly; **v. brzo/ často** very soon/ often; **je to v. pravděpodobné** it is highly probable; **v. rád** with pleasure, willingly; **v. se lišit** differ greatly n. widely; **mít koho v. rád** like sb very much; **v. krátké vlny** VHF [vi:eič'ef], kn. very high frequency

velmistr *(zednářský, šachový)* grand master

velmoc great n. big power

velryba whale

velrybář whaler

velrybářsk|ý whaling; **~á loď** whaling vessel

velterov|ý: ~á váha welterweight

velur, ~ový velour; *(kůže)* suede, suède

velvyslan|ec ambassador ■ **~kyně** ambassadress

velvyslanectví embassy

vemeno udder

vemlouvavý persuasive; *(tón)* suave

vemluvit: v. se komu ingratiate o.s. with sb, hov. butter sb up

ven **1** out; **jít v.** go* out, leave*; **ven!** get* out!; **v. s ním** out with him! ♦ **v. s tím!** *(mluvte!)* spit* it out! **2** **jet v.** *(do přírody)* go out of town

věnec **1** wreath; **květinový v.** wreath of flowers, floral wreath **2** *(fíků)* bunch; *(kola)* rim ♦ **připravit** *(dívku)* **o v.** deflower

věneč|ek: kokosové ~ky coconut rings

ven|ek **1** country; **jet na v.** go* n. travel into the country **2** *(přijít)* **z ~ku** from outdoors, from the outside

venerick|ý venereal; **~á nemoc** venereal disease, hov. VD[vi:'di:]

Venezuela Venezuela

Venezuel|an, ~ec, ~anka, ~ka, v~ský Venezuelan

venkov the country; *(~ské oblasti)* the provinces; **na ~ě** in the country; **město a v.** town and country

venkovan, ~ka villager, countryman/ countrywoman; *(malorolník)* farmer, peasant; hanl. rustic, provincial, (country) yokel

venkovní *(anténa* ap.*)* outdoor

venkovský country, *(městečko)* provincial; hanl. rustic; **v. balík** country bumpkin n. yokel

venku outside; *(v přírodě)* in the open air ♦ **být z nejhoršího v.** be over the worst, be out of the woods; **a je to v.** *(tajemství)* the cat is out of the bag

věno dowry, marriage portion

věnování dedication

věnovací dedicatory

věnovat **1** *(darovat)* **v. komu co** give* sb sth, present sb with sth, *(na dobročinný účel)* donate sth to sb **2** *(báseň)* dedicate **3** *(čas, lásku* ap.*)* devote; **v. komu co** dedicate sth to sb; **v. čemu pozornost** take* heed of sth; **v. svůj život vědě** devote n. dedicate one's life to science ■ **v. se čemu** *(úkolu* ap.*)* devote n. apply o.s. to sth; **v. se komu** devote one's time to sb

ventil valve; přen. safety valve, outlet

ventilace ventilation; *(zařízení)* safety valve, outlet

ventilátor ventilator, (extraction) fan

ventilovat *(problémy)* discuss (in detail), ventilate; **v. své křivdy** air one's grievances

Venuše Venus

vepř pig, am. hog

vepřín *(chlév)* pigsty; *(podnik)* pig farm, piggery

vepřové *(maso)* pork

vepřovice pigskin

vepřov|ý pork; **~á pečeně** roast pork; **~é sádlo** lard; **~é kolínko** knuckle of pork

vepsat **1** *(kružnici* ap.*)* inscribe (**do** within) **2** *(položku do knihy)* enter n. write* n. put* in; **v. své jméno do knihy** inscribe one's name in a book

vepsí: být v. be in a sorry state
veranda veranda(h)
verbež hanl. rabble, scum, riff-raff
verbovat *(vojáky)* recruit, *(voliče* ap.*)* canvass, solicit
vermut vermouth
vernisáž opening day (of an exhibition), private viewing
věrnostní: v. příplatek bonus for long service, long-service bonus
věrn|ý 1 *(manžel, přítel* ap.*)* loyal, *(oddaný)* devoted; *(stoupenec* též*)* staunch; **být v. manželce** be faithful to one's wife **2** *(líčení, překlad)* faithful, accurate ■ **~ost** faithfulness, loyalty, fidelity; *(oddanost)* devotion; *(zobrazení)* faithfulness, accuracy; **zachovat komu ~ost** remain faithful n. loyal to sb
věrohodn|ý *(svědek)* credible; *(pramen)* reliable
věrolomn|ý *(zrádný)* treacherous, perfidious ■ **~ost** breach of faith, perfidy, perfidiousness
věrouka círk. dogmatics, theological teaching
verš line, *(v klasické poezii)* verse; **~e** *(poezie)* verse, poetry; **recitovat ~e** recite n. read* poetry
veršotepec versifier
veršova|t versify, make* up poems ■ **~ný** (written) in verse
vertikál|a, ~ní vertical; **~ní start** vertical takeoff
věru certainly, really, indeed; **to je v. škoda** that's certainly n. really a pity
verv|a *(elán)* verve, gusto, enthusiasm, hov. zip; **s obrovskou ~ou** with enormous gusto
verze version; **nová v. scénáře** a new rewrite of the script
veřej 1 *(křídlo)* wing n. leaf of a door **2 ~e** doorframe
veřejnost: (široká) v. the (general) public; **vyloučit v.** exclude the public; **přístupný ~i** open to the public
veřejn|ý public; *(přístupný ~osti)* open to the public; **~á doprava** public transport ♦ **v. dům** brothel ■ **~ě** publicly, in public; *(soudit)* in open court; **oznámit co ~ě** make* sth public, announce sth in public
věřící believer
věř|it 1 *(čemu)* believe; **~ím ti to** I believe you, I take* your word for it, I believe what you say*; **~te mi to!** you can take my word for it; **jemu se nedá v.** you can never believe him **2 v. v Boha** believe in God **3** *(důvěřovat)* trust ♦ **nechtěl jsem v. svému zraku** I could hardly believe my eyes
věřitel creditor
ves v. **vesnice; rodná v.** native village
veselí gaiety, merriment, merrymaking
veselice *(tanec)* dance; *(studentská – s průvodem)* rag
veselit se enjoy o.s., have a good time, have fun, make* merry
veselohra comedy; **hudební v.** musical comedy
vesel|ý 1 merry; *(člověk: povahová vlastnost)* cheerful, jovial, happy; *(parta)* lively **2** *(historka* ap.*)* funny, amusing, humorous ■ **~e** merrily; **žít ~e** lead* a happy life; **~e praskat** *(oheň)* crackle happily ■ **je mi ~o** I feel* happy; **bylo tam ~o** it was great fun, we had great fun (there)
veskrz(e) thoroughly, entirely, through and through
veslař oarsman, rower
veslařství rowing
veslice rowing boat, am. rowboat
vesl|o oar ♦ **být u ~a** *(mít vedoucí postavení)* be at the helm
veslov|at row, pull (an oar); **dobře v.** pull a good oar ■ **~ání** rowing
vesměs 1 *(bez výjimky)* nothing but, only, generally; **v. chytří lidé** only clever people **2** *(převážně)* mostly, in their majority
vesmír universe, cosmos, outer space
vesmírný cosmic
vesna básn. spring, springtime
vesnic|e village; **olympijská v.** the Olympic village; **žít na ~i** live in the country ♦ **je to pro mne španělská v.** that's all Greek to me
vesnický village; *(selský)* rural, country; **v. život** village life
vesničan, ~ka villager
vesnička small village, hamlet
vespod underneath; *(na spodku)* at the bottom
vespolek *(vzájemně)* each other, one another; **pomáhat si v.** help each other
vést 1 *(koho)* lead*; *(násilím)* march, escort; **v. dítě za ruku** lead a child by the hand; **v. koho ke komu** lead sb to sb; **dát se v.** přen. follow sb **2** *(dítěti ruku)* guide; **v. kolo** wheel one's bicycle; box. **v. úder** throw* a punch **3** *(plyn, el. proud)* conduct; *(naftu)* conduct, pipe; *(dopravu)* direct **4** *(přivádět)* make*, lead, guide, prompt; **co vás k tomu vedlo?** what made you do it? **5** *(mít za následek)* result in, lead to, end in; **nevedlo to k ničemu** it led nowhere **6** *(vychovávat)* **v. koho k čemu** guide n. lead sb to sth; **v. koho k plnění povinností** urge sb to

do his duty 7 *(být vedoucím)* lead, head, be in charge of; *(podnik* též*)* run*, manage; *(kampaň)* mastermind; *(mužstvo)* captain 8 sport. *(v závodě, v tabulce* ap.*)* lead, be in the lead; **v. o tři branky** be leading by three goals, have a three-goal lead 9 *(rozhovory)* hold*, have; právn. *(spor)* conduct, contest; *(obchody)* conduct, handle; *(válku)* wage; **vede stále stejnou** it's the same old story 10 *(účetní knihy)* keep* 11 **v. přes řeku** *(most)* lead n. extend across the river, cross the river; **v. na zahradu** *(dveře)* open on to the garden, *(okno)* look on to the garden 12 **co vás vede!** of course not! 13 **v. si znamenitě** *(student* ap.*)* show* up well, be doing well in one's studies n. at school; *(prosperovat)* flourish ■ **jak se vám vede?** how are you?, how are things?; **jak se vám vedlo na dovolené?** how did the holiday go*?

vest|a waistcoat, am. vest; **oblek s ~ou** a three piece suit ♦ **to je stará v.** it's old hat

vestav|ět *(nábytek)* build* in; techn. install, fit ■ **~ěný** fitted, fixed; **~ěná skříň** fitted wardrobe

vestibul div. (entrance) hall, foyer; *(hotelu* též*)* lobby; *(nádražní)* (station) hall

věstit v. **věštit**

věstník gazette; *(vládní)* official gazette

Vesuv Vesuvius

veš louse, pl. lice ♦ **je líný jako v.** he is a lazy lump; **nasadit si v. do kožichu** saddle o.s. with sb, get* saddled with sb

věšák *(na stěně)* hallstand; *(jednotlivý)* clothes peg; *(na kabát)* coat hook; *(stojan)* hat/ coat stand; *(v obchodě)* clothes rack

věšet hang*; *(prádlo)* hang sth out (to dry) ♦ **v. hlavu** hang one's head, be downcast ■ **v. se komu na krk** latch on to sb, cling* to sb; **v. se** *(o sebevrahovi)* hang o.s.

vešker|ý all, whole, entire; **~é obyvatelstvo** the entire population; *(věnoval mu)* **svou ~ou pozornost** his whole attention; **s ~ým vypětím** *(pracovat* ap.*)* at full stretch

věštba prophecy, prediction

věštec prophet, *(z ruky)* palmist; *(jasnovidec)* clairvoyant, seer

věštecký prophetic

věštírna oracle

věštit prophesy, predict, foretell*; *(být předzvěstí)* forbode, augur; **v. budoucnost** tell* fortunes

věštkyně prophetess

veta: je po něm v. he's had it; **je po všem v.** now all is lost*

věta 1 sentence; *(v souvětí)* clause; **hlavní v.** principal n. independent clause; **vedlejší v.** subordinate clause 2 hud. movement 3 *(poučka)* theorem, proposition; **v. Pythagorova** Pythagoras' theorem

veterán veteran; zvl. br. ex-serviceman

veterinář veterinary surgeon, hov. vet

veterinářský veterinary

veterinářství veterinary medicine

veteš junk, thrash, lumber; *(použité zboží)* second-hand goods

vetešnictví second-hand shop, junk shop

vetešník second-hand dealer, junk dealer

větev branch

větévka twig, branchlet; *(s listím)* sprig, spray

vetch|ý *(stařec)* feeble, old and infirm; hov. doddering; *(zdraví)* delicate; *(budova)* dilapidated, ramshackle ■ **~ost** *(starce)* infirmity, decrepitude; *(budovy)* dilapidated state

vetkávat weave* n. work in; **v. nit do látky** weave n. work a thread into a fabric

větný jaz. sentence, sentential; **v. člen** constituent of a/the sentence; **v. přízvuk** sentence accent n. stress

vet|o veto; **vyslovit v. proti čemu** veto sth, put* a veto on sth; **právo ~a** right of veto

vetovat *(co)* veto, put* a veto on

větosloví syntax

větrák ventilator, (ventilating) fan

větr|at 1 *(pokoj)* ventilate, air 2 *(pivo, víno)* go* flat n. stale; *(hornina)* disintegrate ■ **~ání** ventilation

větrn|ík 1 *(~ý mlýn)* windmill; *(hračka)* pinwheel 2 *(větrák)* ventilator 3 *(zákusek)* **v. se šlehačkou** cream puff n. bun

větrn|ý 1 *(počasí* ap.*)* windy, gusty 2 **v. mlýn** windmill; **v. pytel** wind sleeve n. sock ♦ **bojovat s ~ými mlýny** tilt at windmills 3 ♦ **stavět ~é zámky** build* castles in the air ■ **je ~o** it is windy, there's a wind

větrolam windbreak

větroň glider

větroplach gadabout; *(dívka)* tomboy

větrovka anorak, am. parka

větrový *(bonbón)* mint, peppermint

větry lék. wind, flatulence

vetřelec 1 intruder; *(na večírku* ap.*)* gatecrasher 2 *(útočník)* invader

větřík breeze

vetřít rub in/ into; **v. si krém do tváře** rub cream into one's face ■ **v. se někomu** worm o.s. into

sb's favour, ingratiate o.s. with sb
větřit 1 mysl. scent, sniff, smell*; **začít v.** get* wind of 2 přen. *(nebezpečí, zradu* ap.*)* suspect, sense; **v. lumpárnu** smell* a rat
větší 1 bigger ap. v. též **velký** 2 *(značně velký)* considerable, large; **v. suma peněz** a considerable sum of money; **v. část** *(cesty* ap.*)* the better part of; **~m dílem** largely, to a large extent, for the most part
většin|a majority též pol.; **absolutní/ drtivá v.** the absolute/ overwhelming majority; **v. lidí** the majority of people, most people; **v. obyvatelstva** the bulk of the population; **mít ~u** be in the majority; **ve ~ě případů** in most cases, in the majority of cases
většinou mostly, in most cases, more often than not, for the most part
větvička v. **větévka**
větvit se *(keř)* branch (forth n. out); *(koleje, cesta: do dvou směrů)* bifurcate, branch, *(v mnoha směrech)* ramify, branch
větvoví branches
veverka squirrel
vevnitř inside
vévod|a duke ■ **~kyně** duchess
vévod|it přen. *(čnít nad)* dominate, tower over n. above; **městu ~í hrad** the castle dominates the town
vévodství duchy
vezdejší 1 *(každodenní)* daily; bibl. **chléb náš v.** our daily bread 2 *(pozemský)* earthly; **v. život** earthly life, life on earth
vězeň prisoner, *(zadržená osoba)* detainee; **politický v.** political prisoner, prisoner of conscience
vězení 1 prison, jail, br. též gaol; am. penitentiary; br. sl. nick, am. coop; **dát** n. **uvrhnout koho do v.** put* n. send* sb to prison, put sb behind bars; **být ve v.** be in prison, hov. serve n. do time 2 *(vazba)* imprisonment; **odsoudit koho na tři roky do v.** sentence sb to three years' imprisonment
vězeňsk|ý prison; **~á cela/ v. lékař** prison ward/ prison doctor; **~é podmínky** prison conditions; **~á budova** prison
věz|et *(kola v blátě)* be stuck*; **kde ~íš?** where are you? **v tom to ~í** there's the rub n. snag; **za tím (jistě) něco ~í** there's more to it (than meets* the eye); **za tím ne~í nic dobrého** there is sth fishy about this
věznice prison
vězn|it: v. koho hold* sb prisoner n. captive, keep* sb in prison ■ **~ění** imprisonment, detention
vézt *(osobu)* take*, drive*; *(zboží)* carry, transport; v. též **zavést** ■ **v. se** *(autem)* be driven*
věž 1 tower; *(štíhlá)* steeple; **babylónská v.** the tower of Babel 2 techn. **těžní v.** winding tower 3 sport. **skokanská v.** diving platform; šach. castle, rook 4 *(tanková)* turret 5 hud. *(stereo)* music centre, (stacked) hi-fi system
věžák high rise
věžička v. **věž**; *(na domě)* turret; *(štíhlá)* steeple
věžní: v. hodiny clock on a tower; *(na kostele)* church clock
vhánět v. **vehnat**; *(vzduch)* blow* in; *(vodu)* force in
vhazov|at sport. throw* in, take* the throw-in ■ **~ání** throw-in
vhod: být komu v. suit sb, be suitable n. convenient for sb; **přijít v.** come* in handy, stand* sb in good stead
vho|dit throw* in, *(minci)* insert; **~ďte 1 Kčs** insert one crown ■ **~zení míče** throw-in
vhodn|ý suitable, appropriate, right; *(kvalitou, kvalifikací)* fit; **~á opatření** appropriate measures; **~á odpověď** (the) fitting n. appropriate n. right answer; *(kniha)* **~á pro publikování** fit for publication; *(voda)* **~á k pití** good for drinking ■ **~ost** suitability, appropriateness
vcházet v. **vejít**
vchod 1 entrance, way in; *(dveře)* doorway; **hlavní/ vedlejší v.** *(do domu)* front/ service door; **krytý v.** porch; **čekat u ~u** wait (for sb) at the doorway 2 *(přístup)* admission, access, entry; **v. zakázán!** no admittance n. entry!
viadukt viaduct
vibrace vibration
vibrační: v. masáž vibratory massage
vibrátor vibrator
vibrovat vibrate, pulsate
víc(e) more; **daleko v.** much more; **ještě v.** even more; **v. méně** more or less; **v. než** in excess of, upwards of; **v. než dost** more than enough, enough and to spare; **~e a ~e** increasingly; **nikdy v.!** never again!
víceadmirál vice-admiral
vícebarevný multicoloured
víceméně more or less
víceposchoďový multistorey
viceprezident vice-president
víceslabičný polysyllabic

vícekrát, víckrát several times, repeatedly; **už se v. neuvidíme** we'll never see* each other again; **ať už se to víckrát nestane!** don't let* it happen again, don't do that again
víčko 1 lid, cover, top; *(šroubovací)* screw top n. cap 2 **oční v.** eyelid
vid 1 jaz. (verbal) aspect 2 **není po něm ani ~u ani slechu** he has disappeared without trace, he has vanished into thin air
viď eh?, don't you think*?; *(často se překládá pomocí přívěsných otázek)* **byla tam, viď?** she was there, wasn't she?
víd|at se meet*, see* each other (repeatedly); **~áme se v Londýně** we often meet* in London
Vídeň Vienna
Vídeň|ák, ~ačka, v~ský Viennese
viděn|á: na ~ou! see* you (again n. later)!; hov. cheerio!; v. **shledaná**
vidění 1 *(vidina)* vision; **mít v.** see* visions 2 **známost od v.** nodding acquaintance; **znát koho od v.** know* sb by sight
video|kamera video camera; **~kazeta** video cassette; **~páska** video tape; **~přehrávač** video player; **~rekordér** video (cassette) recorder, VCR [vi:si:'a:]
vid|ět 1 *(být vidomý)* see*; **v. dobře** (be able to) see well, have good eyes n. (eye)sight; **v. špatně** have bad n. poor eyes n. sight; **nev.** *(být slepý)* be blind; **~í špatně na levé oko** he sees poorly with his left eye 2 *(vnímat)* (be able to) see, kn. perceive; **~íš ho?** can you see him?; **v. koho přicházet** see sb coming; **v. co na vlastní oči** see sth with one's own eyes, see sth for oneself; **v. na první pohled** see sth straightaway ♦ **v. dopředu** take* the long-term view; **~ím ti až do žaludku** I know* what you're up to, I know what your little game is; **v. komu do karet** be up to sb's tricks; **nev. pro stromy les** not to see the wood for the trees; **ne~í si na špičku nosu** he can't see past the end of his nose 3 *(pozorovat)* observe, see; **~ím, že tomu nerozumíš** I can see n. it is obvious that you don't understand* it; **je v., že** one can see that, it is clear n. obvious that; **~íš, cos udělal!** look what you've done; **tak ~íš!** that just shows* you! **viz str. osm** see page eight 4 *(pokládat)* **v. v kom svého přítele** see n. regard s.o. as one's friend; **v. v kom hrdinu** see sb as a hero ■ **v. se** 1 *(potkávat)* meet*, see; **v. se s kým** *(vzájemně)* see each other 2 *(v představách)* **v. se doma** imagine n. picture o.s. at home; **už se ~ěl jako pilot** he already pictured himself as a pilot 3 ♦ **v. se v někom** dote on sb; **~í se v svých vnoučatech** she dotes on her grandchildren
vidina *(přelud)* vision, phantom; *(nerealistická touha)* pipe dream
viditeln|ý 1 visible; **stát se ~ým** become* visible 2 *(patrný)* noticeable, perceptible; *(značný)* considerable, appreciable; **~á změna** a noticeable change; **~é zlepšení** a considerable improvement ■ **~ost** visibility
vidle pitchfork
vidlice *(kola)* fork; *(zásuvky)* plug; *(telefonu)* rest, cradle
vidlicovitý forked, fork-like
vidlička fork
vidno: z toho je v., že this shows* (clearly) that, it is obvious n. evident from this that
vidovat authenticate, initial
viďte! v. **viď!**
Vietnam Vietnam
Vietnam|ec, ~ka, v~ský, v~ština Vietnamese
vietnamky *(sandály)* flip-flops, am. thongs
vichřice windstorm, gale; *(uragán)* hurricane; **sněhová v.** snowstorm, blizzard
vikář náb. curate
víkend weekend; **jet na v.** go* away for the weekend
víkendov|ý weekend; **~á chata** holiday home n. house
vikev vetch
viklat se wobble; *(zub, hřebík)* be loose
viklavý wobbly; *(zub)* loose; *(nábytek)* wobbly, rickety
víko *(krabice, kufru)* lid
viktoriánský Victorian
vikýř dormer(-window)
vila villa
víla fairy; **vodní v.** naiad, water nymph; **dobrá v.** fairy godmother
viln|ý lustful, hov. randy ■ **~ost** lust, lustfulness
vilov|ý villa; **~á čtvrť** (prestigious) residential district
vin|a 1 *(zodpovědnost za něco zlého)* fault; **nést ~u** *(na čem)* be to blame for, be responsible for; **dávat komu ~u** blame sb; **klást komu co za ~u** hold* sb responsible for sth; **svalovat ~u na koho** put* the blame on sb; **to je jeho v.** that is his fault, that is all his doing 2 *(provinění)* guilt; **přiznat ~u** confess one's guilt, právn. plead guilty; **těžká v.** serious guilt
vinárna wine bar

vinař wine-grower, vintner
vinařsk|ý: ~á oblast wine-growing region n. area
vinařství wine growing, viticulture
vindr|a: nemá ani ~u he hasn't got* a penny, he hasn't got a bean, he's on his uppers
vinen v. **vinný**
viněta lable
vinice$_1$ vineyard
vin|ík, ~ice$_2$ culprit, guilty person n. party ■ **~ice** též guilty woman
vinit blame; **v. koho z čeho** blame sb for sth; *(vyslovit obvinění)* accuse sb of sth, *(u soudu)* charge sb with sth
vinný$_1$ wine; **v. ocet/ sklípek** wine vinegar/ cellar; **v. hrozen** bunch n. cluster of grapes; **v. keř** grapevine, vinestock
vin|ný$_2$**, ~en** guilty; **uznat koho ~ným** find* sb guilty; **tím je ~en on** he's to blame, it is his fault
vín|o 1 wine; *(levné a mizerné)* plonk ♦ **nalít komu čistého ~a** tell* sb the plain n. straight n. honest truth 2 *(hrozny)* grapes; **sklízet v.** pick n. harvest n. gather the grapes, gather in the vintage 3 *(réva)* (grape)vine 4 **psí v.** Virginia creeper
vinobraní vintage, grape harvest
vinohrad vineyard
vinout: v. koho k sobě press n. clasp sb to one's heart, embrace n. hug sb ■ **v. se** 1 *(břečťan)* wind* n. coil itself (around sth); *(řeka, silnice)* **v. se údolím** meander n. wind through a valley 2 **v. se ke komu** press o.s. close to sb; *(něžně)* cuddle up to sb
vínovice grape brandy
vínov|ý *(barva)* claret(-coloured) ■ **~ě červená barva** claret red
viola hud. viola
violista viola player
violka violet
violoncellista cellist
violoncello (violon)cello
vir virus
vír 1 *(vodní, vzdušný)* eddy, vortex, (pl. vortexes, vortices), *(vodní též)* whirlpool, maelstrom; *(prachový)* whirl, swirl, eddy 2 přen. whirl, vortex, maelstrom; **ve ~u událostí** in the whirl of events; **v. společenského života** the whirl of social life
vír|a 1 *(důvěra)* belief; *(přesvědčení)* faith, confidence; **slepá v.** implicit faith; **v. v sebe** belief in o.s. 2 náb. (religious) faith n. belief; **křesťanská v.** the Christian faith; **ztratit ~u** lose* one's faith
virov|ý viral, virus; **~á infekce** viral n. virus infection
virtuos virtuoso
virtuozita virtuosity
virtuózní *(houslista; hud. interpretace)* brilliant
virus virus
viržink|a, ~o Virginia cigar
víř|it 1 *(vodu)* whirl, *(prach, listí též)* swirl 2 též **v. se** *(voda)* whirl, *(prach, kouř též)* swirl 3 *(bubny)* roll ■ **~ení prachu** whirl n. swirl of dust; **~ení bubnů** drum roll
vířivý *(pohyb)* whirling, vertiginous; *(tanec)* whirling, twirling
vis gymn. hanging position
visací: v. lampa hanging lamp; **v. zámek** padlock
visačka tie-on, tag; **v. s cenou** price tag
vis|et 1 *(na stěně, na věšáku)* hang*; *(ze stropu)* hang, be suspended (from); **obraz ~í nakřivo** the picture is (hanging) crooked ♦ **jeho život ~í na vlásku** his life is (hanging) in the balance; expr. **ať ~ím, jestli** I'll be hanged if 2 *(kouř, mraky)* hang, float, hover ♦ **plán ještě ~í ve vzduchu** the plan is still up in the air 3 **v. na kom** cling* to sb; **v. na dětech** dote on the children; **v. na penězích** be attached to money 4 **v. na kom** *(o zodpovědnosti)* lie* on sb's shoulders
víska hamlet
viskóza viscose
viskozita viscosity
viskózní viscous, viscose
Visla *(řeka)* Vistula
visut|ý: ~á dráha suspension railway, **v. most** suspension bridge
višeň morello cherry tree
višně *(plod)* morello cherry
višňovka Kirsch
vít *(věnec)* bind*, make*
vitalita vitality, vigour, stamina
vitální vigorous, full of life; **v. síla** vital force
vitamín, ~ový vitamin; **~ové tabletky** vitamin tablets n. pills
vít|at welcome, greet; **srdečně ~áme** welcome (**v Praze** to Prague); **v. koho srdečně** welcome sb cordially, bid* sb a cordial welcome ■ **~aný** *(host, změna, příležitost)* welcome
vítěz victor; sport. winner
vítězit win*; **v. v běhu** win in a race; **v. nad kým** triumph over sb, *(v závodě)* beat* sb in a race, win against sb

vítězn|ý victorious; sport. *(mužstvo)* winning; *(pochod)* triumphant; **~á mocnost** victorious power

vítězoslavný triumphant

vítězství victory, *(velké)* triumph, sport. též win*; **laciné v.** an easy victory, (zvl. *ve sport. utkání)* a walkover; **těžko vybojované v.** a hard won victory; **hladké v.** a straight win; **v. na body** a points victory ♦ **v. dobra nad zlem** the triumph of good over evil

vítr wind; **mírný v.** gentle wind n. breeze; **příznivý v.** favourable n. fair wind; **venku je v.** it is windy, there is a wind ♦ **být kam v., tam plášť** be a turncoat; **vzít komu v. z plachet** steal* sb's thunder; **zjistit, odkud vane v.** přen. see* how the wind blows*; **kdo seje v., sklízí bouři** sow* the wind and reap the whirlwind

vitrína 1 *(v muzeu, v obchodě)* showcase, display case n. cabinet 2 *(výloha)* shopwindow

vivat! vivat!

vivisekce vivisection

viz see*; **v. výše/ níže** see above/ below

vizáž physiognomy, face

vize vision

vizionář visionary, seer

vizionářský visionary

vizit|a *(v nemocnici)* round; **dělat ~u** do one's round(s)

vizitka visiting card, am. calling card; **to je pro tebe dobrá v.** that does you credit, that's one up for you; **to je pro tebe špatná v.** that does you no credit, that's a blot on your copybook

vizmut bismuth

vizuální visual

vízum visa; **vstupní/ průjezdní v.** entry/ transit visa

vížka turret

vjem perception

vje|t 1 *(auto)* **v. do garáže** drive* into the garage; *(vlak)* **v. do nádraží** pull in(to the station); *(loď)* **v. do přístavu** sail into n. enter the harbour 2 **v. rukou do kapsy** thrust* a hand into one's pocket ♦ **v. si do vlasů** go* for each other's throat; **co do tebe ~lo?** what's come* over you?

vjezd entrance; *(na dálnici)* approach, access (road); **V. zakázán!** no entry!; **Pozor, v.! Neparkovat!** Keep* clear of the gate!; **při ~u do nádraží** *(o vlaku)* when pulling into the station

vjíždět v. **vjet**

vklad *(peněz)* deposit; *(do podniku)* shareholder's contribution (of capital); *(investice)* investment

vkládat v. **vložit**; **v. do koho/ čeho své naděje** place one's hopes in n. on sb/ sth

vkladní: v. knížka passbook, bankbook

vkleče on one's knees, on bended knees, kneeling

vklínit wedge in

vklouznout slip n. slide* in; **v. do role** slip into a role

vkrádat se, vkrást se steal* n. sneak n. creep* in

vkroč|it enter, step in, walk in; **v. do místnosti** step in a room, enter a room; **do toho domu už ne~ím** I'll never set* foot in the house

vkus taste; **má dobrý v.** he has a good taste; **to není podle mého ~u** that is not to my taste, hov. that is not my cup of tea; **dívka podle mého ~u** a girl after my own heart; **to je otázka ~u** that's a matter of taste

vkusn|ý tasteful, elegant, stylish, smart ■ **~ě** tastefully, in good taste

vláček model train

vláčet 1 *(těžký předmět)* drag, haul 2 *(sukni, oděv: po zemi)* drag n. trail sth (on the ground); **v. nohy** drag n. scrape one's feet along; **v. koho po soudech** haul sb before a court, drag sb to court; **v. koho městem** drag sb through the town; **v. čí dobré jméno blátem** drag sb's name through the mud ■ **v. se** *(se zavazadly)* be weighed down with, struggle with, lug, haul

vláčný *(pohyb)* supple, lithe; *(kůže)* supple, pliable; *(těsto)* smooth

vlád|a 1 *(orgán)* government, *(v USA* též*)* the Administration; **sestavit ~u** form a government; **svrhnout ~u** overthrow* n. topple the government 2 *(řízení státu)* government, rule, br. *(králem* též*)* reign; **za ~y** *(Karla IV.* ap.*)* in the reign of; **převzít ~u** take* office, *(král)* come* to the throne 3 *(schopnost pohybu)* **nemít ~u v rukou/ nohou** lose* the use of one's arms/ legs; **ztratit ~u nad vozidlem** lose* control of one's car

vladař, vládce ruler; **neomezený v.** absolute ruler

vládní *(předloha, úředník, budova* ap.*)* government; *(krize, koalice, dohoda)* governmental; **v. program** program(me) of the government

vlád|nout 1 *(vykonávat ~u)* rule, govern; *(panovník)* reign; **v. komu** rule over sb, hold* rule n. sway over sb 2 *(zacházet)* **v. perem** be a skilful writer; **v. pokladnou** hold the purse strings 3 přen. *(existovat)* be, prevail, reign; **~l mír** peace prevailed n. reigned ■ **~noucí** ruling; **v. třída/ strana** the ruling class/ party

vládychtivý power-hungry, thirsting for power

vláha moisture, humidity

vlahý *(večer, noc)* mild; *(větřík)* soft

vlaječka pennant; v. též **vlajka**

vlajk|a flag; *(prapor)* banner; *(pluku)* colours; **britská v.** též the Union Jack; **královská v.** the royal standard; **vztyčit/ stáhnout ~u** hoist/ lower the flag; **plout pod cizí ~ou** sail under false colours

vlajkonoš colour n. standard bearer

vlak train; **expresní v.** express (train), *(meziměstský)* intercity; **osobní v.** *(ne nákladní)* passenger train, *(ne rychlík)* stopping train, am. local train; **zvláštní v.** special train; **nákladní v.** goods/ am. freight train; **ve ~u** aboard n. on a train; **jet ~em** go* by train

vlákat entice n. lure sb (**do** into)

vláknin|a *(zprav. v pl.)* **~y** roughage

vlákno text., anat., bot. fibre; *(jemné)* filament; *(nit)* thread

vlakový *(personál, spojení)* train; *(doprava)* railway

Vlám, ~ka Fleming; pl. též the Flemish

vlám|ský, ~ština Flemish

vlas 1 hair; **~y** hair; **uniknout o v.** have a narrow escape; **vítězství o v.** a hairline victory; **být za ~y přitažený** be far-fetched **2** *(sukna, koberce)* pile ♦ **jsou si na v. podobni** they are as alike as two peas (in a pod)

vlasatý hairy, hirsute

vlasec fishing-line

vlásečnice capillary vessel

vlásek *(do hodin)* hairspring; **únik o v.** a narrow escape

vlás|enka 1 *(paruka)* wig **2** *(~nička)* pin

vlast (one's) native country, fatherland, motherland

vlastenčení jingoism, flag-waving patriotism

vlastenec patriot

vlastenectví patriotism

vlastivěda national history and geography

vlastizrada high treason

vlastizrádce traitor, person guilty of high treason

vlastně actually, really, in (actual) fact; *(přesně)* exactly; **já ho v. neznám** I don't really know* him; **co v. chceš** what do you want exactly?

vlastní 1 (one's) own, of one's own; **můj v. dům** my own house; **mají svůj v. dům** they have a house of their own ♦ **stát na ~ch nohou** stand* on one's own (two) feet; *(jednat)* **na v. pěst** of one's own accord, hov. off one's own bat; **být ~m pánem** be one's own man **2** *(příbuzenský)* my/ your/ his ap. own **3** *(pokrevní: bratr ap.)* full **4** *(vchod)* separate **5 být v. komu/ čemu** be peculiar to sb/ sth, be characteristic of sb/ sth **6** *(tvořící podstatu věci)* proper, actual, real, itself; **v. projev** *(byl krátký)* the speech proper n. itself, the actual speech; **v. příčina** the real cause **7** jaz. **v. jméno** proper name n. noun

vlastnický *(právo)* proprietary, property, of ownership

vlastnictví 1 *(držení)* ownership; **být ve státním v.** be state-owned, belong to the state **2** *(majetek)* property, possessions

vlastník owner, proprietor

vlastnit possess, own, be in possession of; **v. půdu** possess n. own land

vlastnoručn|í *(výrobek)* made n. done with one's own hands; *(podpis)* personal ■ **~ě** *(podepsat)* in one's own hand

vlastnost quality; fyz., chem. property; *(příznak)* peculiarity, feature, characteristic; **dobrá/ špatná v.** strong/ weak point

vlaštovka swallow ♦ **jedna v. jaro nedělá** one swallow does not make* a summer

vlát *(vlajka)* flutter, wave; *(šatstvo)* flow

vlažn|ý 1 *(voda)* lukewarm **2** přen. *(postoj)* half-hearted, indifferent; *(výkon)* middling ■ **~ost** lukewarmness; half-heartedness

vlčák br. Alsatian; am. German Shepherd

vlčátko wolf-cub

vlče wolf-cub

vlček 1 wolf-cub **2** *(hračka)* spinning n. humming top

vlčí: v. mák (corn n. field) poppy

vlčice she-wolf

vléci 1 *(břemeno)* lug n. drag (along), haul; *(za sebou: kládu)* trail, drag; přen. *(koho do divadla)* drag **2** *(auto)* tow, *(loď)* tug ■ **v. se 1** *(s čím)* struggle with **2** *(těžce jít)* drag o.s. along, trudge along **3** *(šaty po zemi)* trail n. drag along n. on (the ground) **4** *(čas)* crawl, drag on

vlečka 1 *(šatů)* train, trail **2** *(vedlejší kolej)* siding

vlečňák hov. trailer

vlečn|ý: ~é lano towrope, towline; **v. člun** tugboat, towboat

vlek 1 *(vlečení)* tow; **vzít koho/ co do ~u** take* sb/ sth in tow; **mít ve ~u loď** have a ship in tow **2** *(lyžařský)* ski lift **3** *(přívěs)* trailer

vleklý *(děj)* sluggish, slow; *(jednání)* lengthy; *(nemoc, válka)* protracted

vlepit paste n. stick* in; **v. komu jednu** sock sb one; **v. komu facku** give* sb a slap, give sb a box on his ear

vletět *(pták)* fly* in; *(kámen do pokoje)* fall* in; *(vběhnout)* run* in

vlévat se *(řeka)* flow n. discharge into; *(do moře též)* fall* n. feed* n. discharge into; **v. se do sebe** *(říčky)* run* into one another

vlevo on the left(-hand side); **zahnout v.** turn to the left, take* a left turn; **stál v. od ní** he stood* on her left; voj. **v. v bok!** left turn!

vlezlý *(dotěrný)* pushing, pushy

vlézt *(dovnitř)* creep* n. crawl in; **v. do pasti** walk into a trap; **v. do postele** scramble into bed; **v. oknem** *(do pokoje)* climb through the window ♦ **ať mi vleze na záda** he can go* to hell; **nevím, co mu to vlezlo do hlavy** I don't know* what has got* into him

vleže lying down, in (a) lying position; **střílet v.** shoot* from a lying position

vlhčit *(rty, prsty)* moisten, *(půdu)* dampen; *(vzduch)* humidify

vlhk|o **I** subst. humidity, dampness, dankness; **Chránit před ~em!** *(nápis)* Keep* dry! **II** v. **~ý**

vlhkoměr hygrometer

vlhk|ost v. **~ý**

vlhk|ý *(stěna, šaty, tráva)* damp; *(čelo)* moist, *(ruce též)* clammy; *(klima, teplo, oblast též)* humid, *(tunel též)* dank; **v. a teplý** *(vzduch)* muggy, clammy, sticky ■ **je ~o** *(o počasí)* it is damp, *(a teplo)* it is muggy; the weather is damp ■ **~ost** dampness, humidity, dankness

vlh|nout become* damp n. humid; v. **~ký**

vlídn|ý friendly, kind, pleasant; *(úsměv)* genial; *(chování)* gracious, *(zdvořilý)* courteous; *(přijetí)* friendly, cordial; *(klima)* hospitable, mild ■ **~ě** kindly, in a friendly manner; **přijmout koho ~ě** give* sb a friendly welcome ■ **~ost** friendliness, kindness, geniality ap.

vlichotit se *(komu)* ingratiate o.s. with

vlít pour in; **v. do sebe vodku** put* away a vodka; **v. do koho novou sílu** put n. inject new life into sb

vliv **1** influence, impact; **neblahý v.** harmful influence; **mít v.** *(na koho/ co)* have an influence on; **v. vědy na společnost** impact of science (up)on society ♦ **pod ~em alkoholu** under the influence of alcohol **2** *(moc)* influence, control, weight, hov. pull; **na to nemám žádný v.** that's beyond my control, there's nothing I can do about it; **má tu velký v.** he has a lot of pull n. influence here

vlivný influential; **být velmi v.** have great influence, hov. have a lot of pull

vlk wolf; **v. samotář** lone wolf; **mořský v.** old sea dog; **hladový jako v.** ravenous; **jíst jako v.** eat* like a horse ♦ **kdo chce s ~y býti, musí s nimi výti** when in Rome do as the Romans do; **my o ~u a v. za humny** talk of the devil; *(udělat něco,)* **aby se v. nažral a koza zůstala celá** (try to) have one's cake and eat* it

vlna$_1$ **1** *(na hladině, ve vlasech;* fyz., el.*)* wave; *(příbojová)* breaker **2** *(rozhlasová)* wavelength **3** přen. *(uprchlíků, nepřátel)* wave; *(radosti, citů)* surge; **obrovská v. nadšení** a massive surge of enthusiasm; **v. veder** hot wave; film. **Nová v.** the New Wave

vln|a$_2$ **1** text. wool; **v. na pletení** knitting wool; **plést svetr z ~y** knit* a sweater from wool **2** **dřevitá/ skleněná v.** wood-wool/ glass wool

vlnařský: v. průmysl woollen industry

vln|ění **1** fyz. oscillation **2** v. **~it**

vlněný woollen

vln|it *(vlasy)* curl, crimp; *(vodu)* ruffle, ripple ■ **v. se** *(vlasy)* curl, crimp, frizz; *(terén)* undulate; *(voda)* ripple ■ **~ění** *(vody)* ruffle, ripple, *(velké na moři)* heavy seas; undulation; *(svalů)* play

vlnitý *(čára, vlasy)* wavy; *(plech)* corrugated; *(terén)* undulating

vlnivý *(pohyb)* sinuous; *(vlasy)* wavy

vlnka *(na hladině)* ripple

vlnobití lapping n. lashing n. *(silné)* pounding of the waves

vlnovka **1** wavy line **2** jaz. tilde; polygr. swung dash

vločk|a *(sněhová, mýdlová)* flake; **ovesné ~y** oat flakes, rolled oats

vločkovitý flaky

vločkov|ý: ~á kaše porridge

vloh|a: ~y talent, ability, aptitude; **mít ~y na** be talented n. gifted for, have a talent for; **na to nemám ~y** I am not gifted that way, my talent does not lie* in that direction

vloni last year

vloudit se steal* in, sneak in, creep* in, slip in; **v. se do textu** *(o chybách)* creep n. slip into the text; **v. se do čí přízně** worm one's way into sb's favour

vloup|at se *(zloděj)* break* in, burgle; **v. se do domu** break into a house, burgle a house ■ **~ání** break-in, burglary

vlož|it **1** *(dovnitř)* put* n. place sth in; *(mezivrstvu, vložku, záložku do knihy)* insert, put in; *(přílohu* *do dopisu)* enclose; *(papír do stroje)* feed*; **v. film do fotoaparátu** insert a film into a camera, load a camera with a film 2 *(peníze do banky)* deposit, put* n. pay* in; *(kapitál do podniku)* invest 3 **v. na koho úkol** charge n. entrust sb with a task ■ **v. se** 1 *(zakročit)* step in, intervene; **v. se do diskuse** take* part in the discussion, join in the discussion 2 **v. se do práce** set* to work ■ **~ený** inserted, enclosed; deposited, invested ■ **~ení** insertion; *(peněz)* paying-in, payment

vložka 1 *(do zámku)* plug; *(do bloku)* refill; *(do zubů)* inlay, temporary filling; *(do boty)* insole 2 *(dámská)* sanitary towel, am. sanitary napkin 3 div. interlude, intermezzo; **hudební v.** musical interlude

vlys archit. frieze

vmáčknout squeeze n. force sth in ■ **v. se** *(někam)* wedge n. squeeze in

vmést 1 sweep* in 2 **v. komu urážku do tváře** hurl n. fling* an insult in sb's face

vměstnat *(co)* fit n. get* n. squeeze sth in ■ **v. se kam** get* n. squeeze in; **nemůžeme se v. do výtahu** we can't all fit into the lift

vměšovat se (**do** in) interfere, meddle

vmíchat kuch. stir in; *(mouku)* blend in; *(máslo)* work in; *(hrozinky)* fold in ■ **v. se** v. **vmísit se**

vmísit mix in ■ **v. se** *(do cizích záležitostí)* meddle in; **v. se komu do řeči** butt in on sb's conversation, cut* into sb's conversation

vmyslit se: v. se do čí situace imagine n. put* o.s. into sb's position n. shoes, try to understand* sb's position

vnad|a: (ženské) ~y (feminine) charms; **ukazuje své ~y** she displays n. flaunts her charms

vnadidlo decoy, bait ♦ **chytit se na v.** take* n. swallow the bait

vnadit *(zvěř)* lure; přen. tempt, entice

vnadný *(žena)* voluptuous, seductive, shapely

vnášet v. **vnést**

vně outside; **v. města** out of town; **v. budovy** outside the building

vnějš|ek outside, exterior; **soudě podle ~u** judging by appearances

vnější 1 *(stěna, úhel, rozměry)* external; *(stěna též)* outer; *(průměr)* outside; **v. strana látky** (the) outer n. right side; **v. svět** outside n. outer world 2 *(klid)* outward; **v. vliv** external n. outside influence

vnést 1 *(skříň dovnitř)* carry n. take* in 2 *(zavést)* introduce; **v. cizí prvky do jazyka** introduce foreign elements into a language; **v. zmatek** cause confusion

vnikn|out 1 *(do čeho: voda, plyn)* get* into n. find* its way into sth, *(nůž)* sink* n. penetrate into 2 *(zloděj)* **v. do domu** force one's way into a house, break* into a house, enter a house by force; voj. **v. do země** invade a country ■ **~utí** penetration; *(do domu)* forcible entry; *(do země)* invasion

vním|at perceive ■ **~ání** perception

vnímateln|ý perceptible, noticeable ■ **~ost** perceptibility

vnímav|ý perceptive; *(bystrý)* sharp, bright; *(citlivý)* sensitive ■ **~ost** perceptivity; brightness; sensitivity

vnitro *(ministerstvo vnitra)* Ministry of the Interior, br. Home Office; am. Department of the Interior

vnitropolitický internal, domestic; related to domestic politics

vnitrozem|í, ~ský inland, interior; **~ské moře** inland sea; **~ská plavba** inland navigation; **~ský stát** inland country

vnitř|ek *(budovy)* (the) inside, interior; *(města)* centre; **výzdoba ~ku** interior decoration; **ve ~ku** inside

vnitřní 1 *(jsoucí uvnitř)* internal, inner; anat. **v. ucho** inner ear; **v. stěna** interior wall; **v. části města** the inner n. central parts of the town; **v. krvácení** internal bleeding 2 mat. *(průměr)* inside; *(úhel)* internal n. interior 3 přen. *(struktura, zákony)* internal; *(hodnota)* intrinsic; **v. souvislosti** interrelations 4 pol. internal, domestic, home; **v. záležitosti** internal n. home affairs; **v. obchod** home trade 5 *(duševní)* mental; inner; **v. výhrady** mental reservations; **v. svoboda** inner freedom

vnitřnosti entrails, viscera; *(jako potravina)* offal

vniveč: přijít v. *(snaha, úsilí)* go* by the board; **obrátit co v.** ruin sth

vnouč|e, ~átko grandchild

vnuc|ovat v. **vnutit** ■ **~uje se mi myšlenka** I cannot help thinking* that

vnu|k grandson ■ **~čka** granddaughter

vnuk|nout suggest, give*; **to mi ~lo nápad** that gave me an idea

vnutit: v. komu co force n. impose sth upon sb; **v. komu dárek** press a present on sb; **v. komu svou vůli** impress one's will upon sb ■ **v. se komu** impose o.s. on sb

vod|a 1 water; **pitná/ říční/ mořská v.** drinking/

river/ sea water; **tekoucí/ odpadní v.** running/ waste water; **dešťová v.** rainwater; chem. **těžká v.** heavy water; **po ~ě** by water 2 *(tekoucí)* ♦ **ještě mnoho ~y uplyne** much water will have flowed under the bridge; **pustit koho k ~ě** give* sb his/ her marching orders; **držet se nad ~ou** keep* one's head above water; **tichá v. břehy mele** still waters run* deep; **to je v. na jeho mlýn** that's grist to his mill 3 *(přípravek, tekutina)* **kolínská v.** eau-de-Cologne; **v. na vlasy** hair tonic n. lotion; **ústní v.** mouthwash; lék. *(v kloubech)* oedema, am. edema

vodácký: v. sport water sport

vodáctví water sport, aquatics

vodák water sportsman

vodárna waterworks

vodič fyz. conductor

vodička *(kosmetická)* lotion

vodík, ~ový chem. hydrogen; **~ová bomba** hydrogen bomb, H-bomb ['eičbom]

vodit 1 v. **vést** ♦ **v. koho za nos** lead* sb up the garden path 2 fyz. *(elektřinu)* conduct

vodítko 1 *(na zvíře)* lead, leash; *(na dítě)* reins 2 přen. guideline, guiding rule n. principle 3 techn. guide

vodiv|ý *(kov)* conductive ■ **~ost** conductivity

Vodnář hvězd. Aquarius

vodnateln|ý dropsical, oedematous ■ **~ost** dropsy; **~ost hlavy** water on the brain

vodnatý *(brambory)* watery; *(polévka, káva* též*)* weak; *(oči)* pale-coloured

vodní *(pumpa, chlazení)* water; *(energie)* hydraulic; *(doprava)* waterborne; **v. kolo** waterwheel; **v. cesta** waterway; **v. elektrárna** hydroelectric power station

vodnice bot. turnip

vodník water sprite

vodný *(roztok)* aqueous

vodojem water reservoir n. tank

vodoléčba hydrotherapy

vodoměr hydrometer

vodopád waterfall, cataract; přen. **v. slov** a torrent of words

vodorovný horizontal

vodotěsný *(hodinky)* waterproof; techn. watertight

vodotisk polygr. watermark

vodotrysk fountain

vodováha spirit level

vodovod *(přívod)* water main; *(zásobování)* water supply

vodov|ý *(polévka)* thin, watery; **~á ondulace** water-wave

vodstvo waters

voj hist. **přední/ zadní v.** vanguard/ rearguard

voják soldier, serviceman; **profesionální v.** career soldier

vojensk|ý military; *(držení těla)* soldierly, martial; **~é vězení** detention barracks; **v. letec** service pilot

vojevůdce commander, military leader, general

vojín v. **voják**; *(jako hodnost)* private

vojn|a 1 *(válka)* war 2 *(voj. služba)* military service; **být na ~ě** serve; **dát se na ~u** join the forces, hov. join up ♦ **stará v.** old soldier, hov. old sweat

vojsko *(vojáci)* (armed) forces, the military; *(armáda)* army, troops; **záložní v.** reserve army; **vítězné v.** victorious troops; **pravidelné v.** regular army

vokál vowel

vokální vocal, vowel

volací: v. kód dialling code

volán frill, flounce

volant *(auta)* steering wheel; **za ~em auta** behind the wheel of a car

vol|at call; *(hlasitě)* shout; **v. o pomoc** call n. cry for help; **v. po kom/ čem** call n. clamour for sb/ sth; **v. k obědu** call to dinner; **povinnost ~á** duty calls; **vlast ~á** your country needs you; **v. koho k zodpovědnosti** bring* sb to book; **v. koho za svědka** call sb to witness; **v. koho k pořádku** call sb to order ■ **do nebe ~ající** *(nespravedlnost)* outrageous, scandalous; *(nesmysl)* blatant, utter; *(neznalosti)* appalling ■ **~ání** call(ing); **~ání o pomoc** call n. cry for help; **~ání po samostatnosti** clamour for independence

volavka (common) heron; *(nastrčená osoba)* agent provocateur, pl. agents, provocateurs

volb|a 1 *(výběr)* choice; **mít možnost ~y** have the liberty to choose*, be free to choose; **nemám (žádnou jinou) ~u** I have no other choice n. alternative; **poradce pro ~u povolání** careers officer 2 pol. **všeobecné ~y** general election; *(hlasování)* vote, *(proces)* voting, poll; **svobodné a tajné ~y** a free election by secret ballot; **konat ~y** hold* an election 3 *(kvalita zboží)* quality, grade

vole 1 *(ptačí)* crop 2 *(struma)* goitre

volební *(kandidát, komise, povinnost, zákon)* electoral; *(kampaň, komise, schůze, řád)* election; *(věk, akt, lístek)* voting; *(urna, lístek)* ballot; *(komisař)* returning; **v. agitace**

electioneering
volejbal volleyball
volejbalista volleyball player
volenka ladies' choice
Volha Volga
volič voter, elector
voličský electoral; **v. seznam** electoral register n. roll
voličstvo electorate
voliéra aviary
volit 1 choose*; **v. moudře** choose wisely; **v. si povolání** choose a profession; **opatrně v. slova** choose one's words carefully **2** pol. vote; **mít právo v.** be entitled to vote; **v. aklamací** vote by acclamation; **jít v.** go* to the polls
volitelný eligible; *(předmět)* optional, facultative; **v. předmět** *(univerzitní)* br. option; am. elective
volky: v. nev. willy-nilly; **v. nev. jsem tam musel jít** I had to go* there whether I liked it or not
volní volitional
voln|o I subst. **pan N. má v.** *(dnes)* Mr. N. has a day off; **mít 10 minut v.** have 10 minutes free; **dát v.** *(zaměstnanci)* let* sb off; **mít týden ~a** have a week off; **zítra je v.** *(ve škole)* tomorrow is a holiday **II** adv. v. **~ý**
volnoběžka freewheel
volnomyšlenkář freethinker; hanl. libertine
volnomyšlenkářství free-thinking, libertarianism; hanl. libertinism
voln|ý 1 *(nezávislý, svobodný)* free, independent; **v. člověk/ lid** a free man/ people ♦ **mít ~ou ruku** have a free hand; **dát komu ~ou ruku** give* sb a free hand, give sb carte blanche; **žít na ~é noze** be self-employed, *(žurnalista* ap.*)* freelance, work freelance, work as a freelancer **2** *(nevázaný podmínkami)* free; *(chování)* free and easy; *(názory)* liberal, free, broad; *(rozvoj)* free, unrestrained; *(mravy)* lax, loose, dissolute; *(překlad)* free, loose, liberal; **~á jízda** *(v krasobruslení)* free-style skating; **dát věcem v. průběh** let* things take* their own course, let things drift **3** *(den* ap.*)* free, *(čas* též*)* spare; **mít v. den** have a day off; **mít moc ~ého času** have time on one's hands **4** *(neohraničený)* free, open; *(místo na sezení)* free, vacant, unoccupied; *(pracovní místa)* vacant; **~é moře** open sea; **~é místo** *(zaměstnání)* vacancy, **~á místa** situations vacant; šach. **v. pěšec** passed pawn; **slepice s ~ým výběhem** free-range hens **5** *(neupevněný)* loose **6** *(jednotlivý – listy v deskách* ap.*)* loose **7** *(šaty, boty)* loose **8** *(krok)* leisurely, comfortable, unhurried; *(vodní proud)* slack, sluggish **9** *(vstupenka)* free, complimentary; *(výtisk)* complimentary, specimen (copy) ■ **~ě** freely, loosely; *(pomalu)* at a leisurely pace, sluggishly; **~ě ložený** loose; **~ě se pást** graze at large ■ **je tu ~o?** is this seat free?, is anyone sitting* here?; **~o!** *(vejděte!)* come in! ■ **~ost** freedom; **~ost pohybu** freedom of movement; **~ost jednání** freedom of action
volovin|a nonsense; **říkat ~y** talk rot; **nedělej ~y!** don't be silly!
volt el. volt
voltáž voltage
voltmetr voltmeter
voňavka perfume
voňavkářství perfumery
voňavý fragrant, sweet-smelling
von|ět smell* lovely, have a pleasant smell; **v. příjemně** smell good; **v. čím** smell of sth ♦ **práce mu ne~í** work is not his cup of tea
vonící nice-smelling, aromatic, fragrant
vonička nosegay
von|ný v. **~ící, voňavý**
vor raft
vorař raftsman
vorvaň sperm whale
vosa wasp; **být štíhlá (v pase) jako v.** have a wasp-like waist
vosí wasp('s); **v. hnízdo** wasp's nest ♦ **píchnout do ~ho hnízda** stir up an hornet's nest
vosk wax; **pečetní v.** sealing wax
voskova|t wax, treat sth with wax, apply wax to ■ **~ný papír** oil paper; **~né plátno** oil cloth, wax cloth
vous *(jednotlivý)* hair of the beard, *(kočičí)* whisker; **~y** beard, *(na bradě)* goatee, *(pod nosem)* moustache; **nechat si narůst ~y** grow* a beard ♦ **smát se pod ~y** laugh up one's sleeve; **bručet si do ~ů** mutter n. mumble into one's beard; **být o v. lepší** be a shade better
vousáč bearded man
vousatý bearded; přen. **v. vtip** (hoary) chestnut
vozíček *(v samoobsluze, na letišti)* trolley
vozidlo vehicle; **motorové v.** motor vehicle
vozí|k *(ruční)* handcart; *(trhový)* (wheel)barrow; *(akumulátorový)* electric truck, trolley; *(důlní)* mining truck; **zdvižný v.** fork-lift truck; srv. též **~ček**
vozit v. **vézt**; *(zboží, děti do školy)* deliver; **v. děti do školy a ze školy** deliver children to and from school; **v. dítě v kočárku** take* the baby out

for a walk ■ **v. se** v. **vézt se**; **v. se v autě** go* by car, drive* ♦ **v. se po kom** bully sb
vozítko hov. runabout
vozovka carriageway
vozovna *(tramvají)* tram depot
vozov|ý: v. park žel. rolling stock; *(autobusů)* fleet of buses n. coaches; *(taxíků)* taxi fleet; **~á cesta** cart track
vpád invasion
vpadat v. **vpadnout**
vpadlý *(oči)* sunken; *(tváře)* hollow, fallen-in
vpadnout 1 v. do země invade a country; **v. komu do zad** attack sb from behind n. from the rear **2** expr. **v. dovnitř** burst* n. dash in; **v. k někomu** *(na návštěvu)* descend n. burst* in on sb, drop in on sb **3** *(do řeči)* cut* in, chip in, butt in; **v. komu do rozhovoru** cut into sb's conversation
vpál|it 1 v. znamení *(dobytku)* brand; přen. **v. komu znamení hanby** stigmatize n. brand sb **2 v. si kulku do hlavu** blow* one's brains out **3** hov. *(říci bez obalu)* **v. komu výčitku** hurl a reproach at sb; **já mu to ~ím** I'll tell* him in no uncertain terms
vpašovat smuggle sth in; v. též **propašovat**
vpí|jet, ~t *(tekutinu)* suck n. soak up, absorb ■ **v. se do čeho** be absorbed by sth; **v. se do koho očima** fix one's eyes on sb
vplést 1 v. si stuhu do vlasů plait a ribbon into one's hair **2** přen. insert, introduce; **v. do příběhu anekdoty** embroider a story with anecdotes ■ **v. se komu do rozhovoru** butt in on sb's conversation
vplížit se steal* in, creep* in, sneak in
vplout sail in, put* in; **v. do přístavu** enter port, put into n. make* port
vpodvečer towards evening, early in the evening
vpravit *(dovnitř)* get* n. put* in; **v. co do čeho** get n. put sth into sth ♦ **v. se do situace** familiarize o.s. with the situation; **v. se do práce** settle down in one's job, get the hang of one's job; **v. se do nových poměrů** get used to (the) new conditions
vpravo 1 on n. at the right(-hand side); **otočit se v.** turn (to the) right; voj. **v. hleď!** eyes right! **2** pol. **stát v.** be on the right, be a rightist, be a conservative
vpřed forward; **jít v.** move forward
vpředu *(na předním místě)* at the front, in front; **stojí (úplně) v.** he is standing* (right) at the front; **více v.** further up at the front; **dále v.** further on ahead
vpůli: v. května in the middle of May; **v. cesty** halfway
vpustit *(koho)* let* sb (come*) in, admit; **v. do pokoje čerstvý vzduch** let fresh air into the room
vrab|ec sparrow ♦ **jíst jako v.** eat* like a bird, have a bird-like appetite; **už si to štěbetají ~ci na střeše** it's everybody's secret; **lepší v. v hrsti nežli holub na střeše** a bird in the hand is worth two in the bush
vracet se v. **vrátit se**; **stále se v.** *(o tématu)* recur, *(nápad)* haunt one's thoughts
vrah murderer
vrak wreck
vrán|a crow; přen. **bílá v.** rara avis ♦ **v. k ~ě sedá** birds of a feather flock together; **v. ~ě oči nevyklove** dog does not eat* dog
vraník black horse
vran|ý raven (black); **v. kůň** v. **~ík**
vráščitý wrinkled, wrinkly, lined
vrásk|a wrinkle; **dát si odstranit ~y** *(operativně)* have one's face lifted
vrata gate, door; *(zdymadla)* sluice, floodgate
vrát|it return, give* sth back, *(peníze též)* repay; **vrať mi to!** let* me have it back; **v. komu sebedůvěru** restore sb's confidence, reassure sb ♦ **v. koho na zem** bring* sb down n. back to reality ■ **v. se** come* back, return; **~í se za hodinu** he'll be back in an hour; **v duchu se v. zpět** cast* one's mind back (to)
vratk|ý 1 *(židle* ap.*)* wobbly, rickety; *(chůze)* unsteady, faltering; **mít ~ou chůzi** be wobbly n. shaky on one's legs **2** *(nestálý)* inconstant, shaky; *(ceny)* fluctuating, unstable; *(režim)* shaky, tottering; *(zdraví)* precarious ■ **~ost** instability, liability; inconstancy; precariousness
vrátná lady porter, lady janitor
vrátnice porter's lodge; *(u brány)* gatehouse
vrátný porter; *(správce)* janitor; *(u brány)* gatekeeper
vrávor|at reel, stagger, totter; **~al ulicí** he went* reeling down the street ■ **~ání** reel, stagger
vrávoravý *(chůze)* reeling
vrazi|t 1 *(do koho/ čeho)* bump n. knock into n. against; **v. hlavou do stěny** bump n. knock one's head against the wall **2** *(dýku do zad)* thrust*, sink*; **v. komu nůž** n. přen. **kudlu do zad** stab sb in the back; **v. si ruce do kapes** stuff one's hands into one's pockets **3 v. do místnosti**

burst* into the room; **v. koho do vězení** fling* sb into jail 4 **~l mu jednu** he socked him one, he gave* him one on the ear

vražd|a murder; **v. ze žárlivosti** crime of passion; **dopustit se ~y** commit (a) murder

vražd|it murder, commit murder, kill; **v. pro peníze** murder for money ■ **~ění** murdering, killing; *(hromadné)* massacre

vražedník v. **vrah**

vražedný *(bitva, nápady, pohled)* murderous; *(rychlost)* breakneck; *(horko)* terrible, *(zima)* perishing

vrba willow (tree); **smuteční v.** weeping willow

vrčet 1 *(pes)* growl, snarl (**na** at) 2 *(motor)* whir; *(letoun)* drone 3 přen. **v. na koho** grumble n. grouse at sb; **v. na co** grumble about sth

vrh 1 *(sport)* throw; **v. koulí** *(disciplína)* shot-putting, putting the shot 2 *(mláďat)* litter; **v. štěňat** a litter of puppies

vrhač thrower; **v. plamenů** flame-thrower

vrh|at 1 *(míčem, kamenem)* throw*; *(stín)* cast*; **v. koulí** put* the shot; *(být koulařem)* be a shot-putter 2 **v. na koho milostné pohledy** give* sb the glad eye ♦ **to ~á (na věc) špatné světlo** it casts* an unfavourable light (on the affair) 3 **v. mláďata** have young; **v. štěňata/ koťata** have puppies/ kittens ■ **v. se** 1 *(do vody)* jump n. plunge into; **v. se komu do náruče** throw* o.s. into sb's arms 2 *(na protivníka)* throw o.s. at, pounce at; **v. se po míči** *(brankář)* dive for the ball

vrhnout 1 v. **vrhat**; **v. koho do vězení** throw* sb into jail ♦ **kostky jsou vrženy** the die is cast 2 *(zvracet)* vomit, be sick; hov. throw up ■ **v. se** v. **vrhat se**; **v. se do práce** throw* o.s. into a job, buckle down to a job

vrch 1 hill; *(kupa)* knoll; **~y** hills 2 *(terén)* **stoupat do ~u** *(cesta)* lead* uphill n. upwards; *(horolezec)* climb uphill 3 ♦ **mít v./ nabývat ~u** have/ get* n. gain the upper hand

vrchní I adj. 1 *(horní)* upper, top; **v. strana** the top n. upper side; **v. zásuvka** the upper n. top drawer; **v. podání** *(v tenise)* overhead service 2 přen. **v. velení** high n. supreme command; **v. lékař** senior consultant; **v. sestra** matron II subst. *(v restauraci)* (head)waiter; **pane v., platím!** waiter, the bill, please!

vrchol 1 *(hory)* top, peak, summit; *(stromu)* top, crown; *(trojúhelníku)* vertex, pl. -exes, n. -ices 2 přen. *(kariéry, moci, štěstí)* peak, zenith, height; **v. léta** the height of summer; **být na ~u sil** be in one's prime; **to je tedy v.!** that's the limit!, that takes* the biscuit!; **být na ~u blaha** feel* on top of the world

vrcholek v. **vrchol**; **v. stromu** treetop

vrcholit *(přípravy* ap.*)* culminate, reach a peak

vrcholn|ý 1 *(výkon)* maximum, *(ve vědě* ap.*)* supreme, highest; **~á forma** top form; **~á sezóna** the high season 2 *(orgán)* supreme; **~á konference** summit (conference)

vrcholový *(sport)* top-performance

vrchovatý full up to the brim; *(lžíce)* heaped

vrchovina hill country, highland

vrkat coo

vroubek notch, *(malý)* nick ♦ **máš u mne v.** I have a bone to pick with you

vroub|it 1 *(látku)* hem, *(lemovkou)* edge, border 2 přen. *(stromy: silnici* ap.*)* line ■ **~ený stromy** tree-lined

vroubkov|at notch, *(zoubkovat)* indent, serrate ■ **~ání** indentation

vroucí 1 *(voda)* boiling 2 přen. *(láska)* tender, *(pozdrav)* affectionate; *(přání)* ardent; *(díky)* heartfelt, sincere

vrouc|ný v. **~í (2)** ■ **~ně koho milovat** love sb dearly, love sb with all one's heart; **~ně komu děkovat** thank sb from the bottom of one's heart ■ **~nost** tenderness, affection; *(vřelost)* fervour

vrozený innate; *(schopnosti)* inborn

vrstevnat|ý geol. stratified ■ **~ost** stratification

vrstevn|ice$_1$ 1 contour line 2 v. **~ík**

vrstevn|ík, ~ice$_2$ *(stejně starý)* a person of the same age, kn. coeval, *(současník)* contemporary

vrst|va 1 layer; *(jemná)* film; *(barvy)* coat; geol. stratum, pl. strata 2 *(společenská)* class, social stratum; **lidé ze všech ~ev** people from all walks of life

vrstv|it arrange sth in layers, *(dřevo)* stack; techn. laminate ■ **v. se** *(listí)* pile up ■ **~ený** techn. laminated

vršek 1 *(kopec)* small hill, hillock; *(kupa)* knoll 2 *(stromu, komína* ap.*)* v. **vrchol (1)**

vršit *(knihy na stole)* pile up; *(zásoby)* stockpile, hoard ■ **v. se** *(knihy)* pile up

vrt *(zemní)* drill hole

vrtací drilling; **v. věž** (drilling) derrick, drilling tower

vrtačka 1 techn. drilling machine 2 lék. (dentist's) drill

vrták 1 *(elektrický)* drill; *(ruční)* gimlet, auger 2 *(nešika)* bungler, blunderer

vrt|at 1 drill, bore; *(tunel)* drive*, bore; *(šachtu)* sink*; *(studnu)* drill, bore ♦ **~á mi hlavou myšlenka** an idea is turning over in my mind; **~alo mi hlavou** I was wondering **2** *(těžit)* bore n. drill for **3** *(kritizovat)* pick holes in, find* fault with ■ **v. se 1** *(v motoru* ap.*)* mess with; *(v archívu)* burrow in **2 v. se v jídle** pick at one's food

vrtět: v. ocasem wag its tail; **v. hlavou** *(při nesouhlasu)* shake* one's head ■ **v. se** *(v lavici)* fidget; **nevrť se!** keep* still!, stop fidgeting!

vrtichvost toady, sycophant

vrtkav|ý *(počasí, nálada)* unstable, changeable; *(žena)* fickle; *(člověk)* inconstant; *(osud)* wayward ■ **~ost** inconstance, fickleness

vrtn|ý: ~á věž oil derrick; **~á plošina** oil rig

vrtoch whim, caprice

vrtošiv|ý moody, temperamental též přen. *(o přístrojích* ap.*)*; *(rozmarný)* capricious, whimsical, fanciful; *(kolísavý)* fickle, erratic; *(počasí)* changeable ■ **~ost** moodiness; capriciousness; fickleness

vrtule propeller, airscrew

vrtulník, ~ový helicopter

vrub *(zářez)* notch, dent, incision, cut; *(menší)* nick; *(drážka)* groove ♦ **udělat co na vlastní v.** do sth off one's own bat

vryp nick

vrýt engrave (**do** in) ■ **v. se do paměti** imprint n. impress itself on sb's mind n. memory

vrz|at 1 *(boty, dveře)* creak; *(kola)* grind*; *(sníh)* crunch **2** *(cvrček)* chirp **3 v. na housle** scrape the violin ■ **~ání** creaking

vrzavý *(schody, boty)* creaking, creaky

vřadit: v. koho do čeho *(do seznamu* ap.*)* incorporate n. integrate sb into sth, include sb in sth ■ **v. se** *(do skupiny* ap.*)* join in with, enter into

vřava *(překřikování)* bedlam, pandemonium; **bitevní v.** turmoil of battle

vřed ulcer

vředovitý ulcerous

vřel|ý 1 *(voda)* boiling n. scalding hot; *(polévka)* piping hot **2** přen. *(pozdravy, přání)* heartfelt, hearty; *(přátelství)* intimate, deep; *(účast)* heartfelt, profound; *(láska)* tender ■ **~e** tenderly; deeply; profoundly; **~e koho doporučovat** recommend sb warmly ■ **~ost** warmth

vření *(vody)* boiling; *(mezi obyvatelstvem)* unrest, disturbances

vřes heath, heather

vřesoviště heathland

vřešťan howler monkey

vřeštět scream, yell, howl; *(dítě, zpěvák* též*)* bawl; *(rádio)* blare out; *(trumpeta)* blare (away)

vřeštivý shrieking, shrill

vřeteno spindle

vřetenovitý spindle-shaped

vřídek pustule

vřídlo thermal spring

vřískat v. **vřeštět**

vřískot shrieks, screams

vřít 1 *(tekutina)* boil, be boiling; *(slabě)* simmer; **vřela v ní zlost** she was boiling n. fuming with rage **2 v lidu to vře** there is unrest among the people; **v zemi to vře** the country is seething with unrest ■ v. **vření**

vřítit se rush n. burst* in; **v. se do pokoje** burst into the room

vsad|it 1 *(zasadit)* put* n. set in, insert; **v. rukáv** set* in a sleeve; **v. sloup(ek)** sink* a post; **v. tabuli do okna** put in a windowpane **2** *(peníze)* bet*, wager ♦ **v. vše na jednu kartu** put all one's eggs in one basket; **v. vše na špatného koně** back the wrong horse ■ **v. se** bet, wager; **v. se s kým o co** bet n. wager sb sth; **~ím se s tebou o deset korun, že** I bet you ten crowns that

vsáknout (se) soak n. seep in; **v. do čeho** seep n. soak into sth

vsá|t, ~vat *(tekutinu)* absorb, soak up, suck in; *(vzduch)* breathe in, inhale

vsa|zovat v. **~dit**

vsedě sitting; **dělat co v.** do sth sitting* down; **stávka v.** sit-in

vsítit *(míč)* net (the ball); **v. gól** score a goal

vskrytu secretly; *(tajnůstkářsky)* on the sly

vskutku really, indeed

vstát 1 stand* up, get* n. rise* to one's feet; **v. od stolu**; get up from (the) table; **v. s námahou** stagger to one's feet ♦ **v. z mrtvých** rise from the dead **2** *(z postele)* get up, rise; **v. brzy** rise early, get up early ♦ **v. levou nohou** get out of bed on the wrong side

vstá|vat 1 v. **~t (1) 2** *(ráno)* get* up ♦ **v. se slepicemi** be up n. rise* with the lark; **v.!** wakey, wakey!, rise and shine*! **3 vlasy mu při tom ~valy (hrůzou) na hlavě** it made* his hair stand* on end

vstoje standing, in a standing position

vstoupi|t 1 enter, walk in, go* in, come* in; **v. do pokoje** enter a room, come into a room; **vstupte, prosím!** come in, please! **2 ~ly jí slzy**

do očí tears came to her eyes, tears welled up in her eyes 3 *(do organizace)* join, become* a member of; **v. do armády** sign up; **v. do kláštera** *(ženy)* take* the veil, *(muži)* enter a monastery; **v. do stávky** go on strike 4 *(zahájit)* **v. do války** enter the war; **v. v platnost** come into effect n. force

vstřeb|at, ~ávat absorb, soak up; přen. *(znalosti)* absorb ■ **v. se** become* absorbed

vstřelit *(branku)* score (a goal)

vstříc 1 **jít komu v.** go* towards sb; **přijít komu v. na půl cesty** meet* sb halfway 2 přen. **vyjít komu v.** accommodate sb, oblige sb

vstřik injection

vstř|íknout, ~ikovat inject

vstup 1 entry, entrance; **V. zakázán!** No admittance n. entry!; **v. volný** admission free; **při ~u do místnosti** on entering the room 2 *(počítačový)* input 3 *(do strany* ap.*)* entry, joining

vstupenka (admission) ticket

vstupné admission

vstupní entrance; **v. brána** entrance gate, gateway; **v. hala** entrance hall; **v. vízum** entry visa

vstupovat v. **vstoupit**

vsunout 1 *(klíč)* insert, put* in; **v. ruku do rukávu** put one's arm through the sleeve 2 *(slovo, větu* ap. *do textu)* insert, put in

vsuvka 1 jaz. parenthesis 2 *(v textu)* insertion, inserted text n. passage

však but, however, nevertheless, yet; **on v. nepřišel** but he didn't come*; he didn't, however, come; however, he didn't come

všanc: dávat v. svůj život/ svou pověst risk n. stake one's life/ one's reputation

všedn|í 1 *(šaty)* everyday, ordinary; **v. dny** weekdays; **ve v. dny** on weekdays 2 *(obyčejný)* prosaic, banal, pedestrian; *(život)* humdrum ■ **~ost** ordinariness; banality, triteness, triviality

všehochuť melange, pot-pourri, a mixed bag

vše|chen, ~cek, ~chna, ~cka, ~chno, ~cko, vše 1 *(v adj. funkci)* all (the), entire, whole; *(chápáno jednotlivě)* every, any; **~chny děti** all children; **všichni obyvatelé** all the inhabitants; **~chno obyvatelstvo** the entire population; **problémy ~ho druhu** problems of every sort; **všichni možní lidé** people of all kinds ♦ **nemít ~ch pět pohromadě** not to be in one's right mind; **~chna čest** *(komu)* hats off to 2 *(v subst. funkci)* all, everybody, everyone; **my všichni** all of us; **všichni začali křičet** everybody started shouting ♦ **jeden za ~chny, všichni za jednoho** all for one and one for all 3 *(jen)* **~chno, ~cko, vše** all, everything, the lot; *(cokoliv)* anything; **to je ~chno** that's all, that's the lot; **~chno české** all things Czech; **~chno, co chceš** anything you want ♦ **udělat ~chno možné** move heaven and earth, do one's utmost; **pro ~chno na světě** for heaven's sake; **~ho moc škodí** you can have too much of a good thing

všelék přen. panacea

všeli|cos all kinds of things, various things; **mluvit o ~čems** speak* about this and that

všelidský common to all mankind

všelijak in various ways

všelija|ký various, manifold, sundry; hanl. questionable; **~ké povinnosti** all kinds of duties, manifold duties; **~kými metodami** by devious n. roundabout ways ♦ **lidé jsou ~cí** it takes* all sorts to make* the world

všemo|cný, ~houcí omnipotent, all-powerful; **~houcí Bůh** God Almighty ■ **~houcnost** omnipotence

všemožn|ý all kinds of, all manner of; **~é výhody** all manner of advantages ■ **~ě** in every way possible

všeobecn|ý general, universal; **~á vojenská povinnost** universal military service; **~á mobilizace** general mobilization; **~á stávka** a general strike; **~á pojistka** open cover ■ **~ě** generally, universally; **je ~ě známo** it is generally known*

všeslovanský Pan-Slav

všestrann|ý versatile, general; *(vzdělání)* universal; *(sportovec)* all-round ■ **~ě** universally; **být ~ě vzdělaný** have an all-round education; **něco ~ě posoudit** consider sth from every angle

všetečka busybody, nosy parker

všetečný nosey, nosy, prying, meddlesome, inquisitive

všeuměl jack-of-all-trades

vším|at si v. **~nout si; nev. si** *(koho/ čeho)* ignore, take* no notice of; **mne si ne~ej!** don't mind* me!

všímav|ý attentive, watchful ■ **~ost** attentiveness, watchfulness

všimnout si 1 notice, note, take* notice n. note of 2 *(vzít něco v úvahu)* pay* attention (to), take sth into account

vštípit: v. komu co inculcate sb with sth, inculcate sth in sb

všude everywhere, all over; **v. na světě** all over the world; **všechno v. prohledat** search high and low ♦ **v. dobře, doma nejlépe** there's no place like home

všudy 1 throughout, all round; **provedli nás v.** they showed* us all round n. over the place 2 **se vším v.** with bag and baggage; **všeho v.** all in all

všudypřítomn|ý omnipresent, ubiquitous ■ **~ost** omnipresence, ubiquity

vtáhnout 1 *(co)* draw* n. pull sth in, retract; **v. podvozek** retract the landing gear; **v. žaludek** pull in one's stomach 2 **v. koho dovnitř** pull n. drag sb in; **v. koho do čeho** *(zaangažovat)* drag sb into sth, involve sb in sth 3 *(vojsko)* march in

vté|ci, ~kat flow in; *(řeka: do moře)* empty n. flow into, discharge into

vtělen|ý: v. ďábel the devil incarnate; **je ~á dobrota** he is kindness itself; **je ~é zdraví** he is the picture of health

vteřin|a second, hov. sec; **zlomek ~y** a split second; **přijít na ~u** *(přesně)* come* bang on time

vtěsnat: v. co do čeho squeeze n. cram sth into sth ■ **v. se do čeho** squeeze n. cram o.s. into sth

vtip 1 joke; *(vtipná poznámka)* witticism; **otřepaný v.** chestnut; **dělat ~y** crack jokes 2 *(podstata problému)* the point; **v tom je ten v.** that's the whole point

vtipálek joker, wisecracker; **vy jste ale v.!** you're quite a comedian!

vtipkovat make* n. crack jokes (**o** about), wisecrack

vtipn|ý *(člověk)* witty; *(příběh)* funny, comic(al); **co je na tom ~ého?** where's the joke?, I don't get* the joke ■ **~ě** wittily, with wit ■ **~ost** *(vlastnost)* wit; *(legračnost)* wittiness

vtírat rub in; **v. do pokožky mast** rub ointment into the skin ■ **v. se komu** impose o.s. upon sb

vtírav|ý *(člověk)* obtrusive, hov. pushy; *(pochyby)* niggling; *(barvy)* loud, gaudy; *(melodie)* catchy ■ **~ost** obtrusiveness; loudness

vtisk impression

vtisk|nout 1 *(pečeť)* impress n. stamp (**na** on); **v. komu polibek na čelo** press n. plant a kiss on sb's forehead 2 *(něco do ruky)* slip; **~la mu do ruky peníze** she slipped n. pressed some money into his hand ♦ **v. se komu do paměti** *(zážitek)* print itself on sb's memory

vtlačit *(dovnitř)* push in n. inside; *(do malého prostoru)* squeeze; **v. šaty do kufru** cram n. stuff the clothes into a suitcase ■ **v. se** *(dovnitř)* press n. squeeze o.s. in, *(násilím)* shoulder n. elbow one's way in

vtlouci 1 *(hřebík, klín)* hammer n. drive* in 2 **v. komu co do hlavy** drum sth into sb('s head)

vtom suddenly, all of a sudden; *(v tu chvíli)* at that moment

vtrhnout *(do země)* invade, make* a raid into; **v. do místnosti** burst* into a room

vůbec 1 at all; **v. ne** not at all, by no means; **dělá v. něco?** does he do any work at all?; **nemá v. peníze** he has no money whatsoever n. at all 2 *(vlastně)* actually, in the first instance n. place; **co v. udělal** what did he actually do?; **kam v. jdeme?** where on earth are we going*?

vůči to, towards; **zodpovědnost v. voličům** responsibility to n. towards the voters; **odolný v. ohni** fireproof

vůčihledně visibly, noticeably, appreciably

vůdce pol. leader; *(horský)* guide

vůdcovství leadership

vůdčí *(osobnost, role)* leading; **v. myšlenka** keynote; **v. princip** lodestar

vůl ox; přen. blockhead, ass, br. sl. sod; **v. jeden!** a stupid sod n. bastard!

vůl|e 1 *(rozhodnost)* will; **slabá/ silná v.** a weak/ strong will; **pevná/ železná v.** an unbending/ iron will; **nemít svou vlastní ~i** have no will of one's own; **udělat co z vlastní v.** do sth of one's own free will; **v. k moci** will to power 2 *(požadavek)* will, wish; **v. lidu** the will of the people; **boží v.** the will of God, God's will; **poslední v.** last will and testament; **podrobit se čí ~i** bend* to sb's will ♦ **být komu po ~i** comply with sb's wishes 3 *(úmysl)* intention; **dobrá/ zlá v.** good/ ill will; **ukázat dobrou ~i** show* one's good intentions; **při nejlepší ~i** *(to nestihnu)* try as I might, for the life of me; **dobrá v. všechno zmůže** where there's a will, there's a way 4 techn. play

vulgarismus vulgarism

vulgariz|ovat vulgarize; *(příliš zjednodušovat též)* (over)simplify ■ **~ace** vulgarization

vulgární vulgar, gross; hov. rough ■ **vulgarita** vulgarity

vulkán volcano

vulkanický volcanic

vulkaniz|ovat vulcanize ■ **~ace** vulcanization

vůně fragrance, scent; pleasant smell, aroma; **libá v.** a delightful aroma; **opojná v.** an intoxicating smell

vuřt (smoked) sausage
vůz 1 *(tažený zvířaty)* waggon, *(dvoukolový)* cart **2** *(automobil)* car; *(nákladní)* lorry, am. truck; **stěhovací v.** removal van; **vlečný v.** trailer; **pohřební v.** hearse **3** žel. *(osobní)* car, carriage, coach; **nákladní v.** (goods) waggon n. truck **4** hvězd. **Velký v.** the Great Bear, the Big Dipper; **Malý v.** the Little Bear n. Dipper
vy you; **u vás** *(doma)* at your place, *(v zemi)* in your country
vybafnout *(na koho)* bark at; přen. *(osopit se)* snap at; **v. rozkaz** bark (out) an order
vybalit *(kufr)* unpack; *(balíček, dárek)* unwrap
vybarvit *(obrázky)* colour in ■ **v. se 1** *(ovoce)* get* its colour; *(listí)* change colour **2** přen. *(člověk)* show* o.s. in one's true colours
výbav|a 1 *(nevěsty)* trousseau **2** *(vybavení)* outfit, equipment; **dětská v.** v. **~ička**
vybavení *(laboratoře)* equipment; *(bytové)* furnishings, *(hotelu)* appointments, *(školy* ap.*)* facilities
výbavička *(novorozeněte)* layette
vybavi|t 1 *(dům, byt)* furnish, fit out; *(dílnu: stroji)* tool; *(loď)* fit, equip **2 v. si** *(koho, co)* recall, recollect ■ **~l se mi obrázek** a picture came* (in)to my mind
výběh *(pro drůbež, prasata)* run*; *(pro dobytek)* outlet; *(pro děti)* room to run around
vyběhat: v. co obtain n. succeed in getting* sth *(after a great deal of effort)*; **v. se** *(ložiska)* wear* out; **dobře se v.** *(dítě/ pes)* run* around (in the fresh air) to one's/ *(pes)* to its heart's content
vyběhnout 1 *(ven)* run* out; **v. na ulici** run out into the street **2** *(nahoru)* run* up, *(po schodech)* run upstairs **3** sport. start **4** hov. **v. s kým** put* sb in his place
výběr 1 choice, selection; *(zboží)* range, selection, assortment; **přirozený v.** natural selection; **užší v. kandidátů** short list; **mít velký v. zboží** have a great variety of goods; **udělat v.** make* a selection (**z** from) **2** *(literární)* anthology, *(zkrácených děl)* digest
vyb|ěravý v. **~íravý**
výběrčí collector; **v. daní** tax collector
výběrov|ý *(škola)* selective; *(zboží)* first-grade, first-quality, superior; *(předmět)* optional
vybetonovat concrete
výběž|ek *(skalní)* ledge; *(pevniny)* promontory; **~ky hor** foothills
vybičovat *(vášně)* whip up; **v. koho k horečné činnosti** whip up n. lash sb into a fury of action; **v. se k nejvyššímu výkonu** pull out the stops
vybídn|out ask, call (upon), request; **v. dívku k tanci** ask a girl to dance; **v. demonstranty, aby se rozešli** call upon n. urge the demonstrators to disperse ■ **~utí** *(k tanci)* invitation; **odešel bez ~utí** he left* without being asked
vyb|íhat 1 v. **~ěhnout (1,2,3) 2** *(skála, pevnina)* project, jut out; **v. ve špičku** taper to a point
vybíjet (se) v. **vybít (se)**
vybíra|t v. **vybrat;** *(daně, příspěvky)* collect; **v. pečlivě slova** pick one's words ♦ **v. si** *(být ~vý)* be choosey, *(v jídle)* pick and choose*
vybíravý choosey, am. picky; *(v jídle)* finicky, fussy
vyb|ít 1 *(zvěř)* kill off **2** *(okna)* smash, break* **3** *(baterii)* discharge; **v. si na kom vztek** vent one's anger on sb ■ **v. se** *(baterie)* run* down, go* flat; *(v. si energii)* let* off steam ■ **~itý** *(baterie)* flat, dead
vybí|zet v. **~dnout**
vyblednout fade, lose* colour, get* discoloured; přen. *(vzpomínky)* fade
vybočit 1 *(z cesty)* stray from ♦ **v. z normálních kolejí** get* out of a rut **2** *(z tématu)* steer away from
výboj 1 *(válečný)* aggression, conquest **2** el. discharge
výbojka el. discharge tube n. lamp
výbojn|ý aggressive, belligerent ■ **~ost** belligerence, aggresiveness, aggression
vybojovat *(co)* gain sth (after a hard struggle); **v. vítězství** gain victory; **v. titul** win* a title; **muset si co těžce v.** have to struggle hard for sth
výbor 1 pol. committee, board; **výkonný v.** executive committee; **v. pro cestovní ruch** Tourist Board **2** *(z básní)* anthology; **v. z díla** selected works
výborn|ý excellent, *(odborník též)* outstanding; *(jídlo též)* delicious, *(víno též)* fine ■ **~ě vaří** she is an excellent cook; **šlo to ~ě** it went* off beautifully; **~ě!** well done!, great!, good for you!, *(pochvalně k dítěti)* good boy/ good girl!
výborov|ý committee, of the committee; **~á schůze** committee meeting
vybouchnout *(představení)* flop; *(plán)* blow* up n. explode in sb's face
vyboulit *(oči)* gape, stare ■ **v. se** *(kalhoty, kapsy, plachta)* bulge (out); *(dlažba)* buckle
vybourat *(otvor ve stěně)* make* a hole in; *(příč-*

ku) pull down

vybouřit se 1 let* off steam, give* vent to one's anger 2 *(užít si)* have one's fling; *(v mládí)* sow* one's wild oats

vybran|á: dát komu na ~ou leave* it up to sb to choose*; **máte na ~ou** choose as you please, make* your choice; **nemít na ~ou** have no choice n. option

vybran|ý 1 *(vína* ap.*)* choice, select; *(lahůdky* též*)* delicate; *(společnost)* select 2 *(vkus)* exquisite; *(chování, mluva)* refined; *(styl)* elegant ■ **mluvit ~ě** use refined language, hov. talk like a book

vybra|t 1 *(kamínky z čočky)* take* out, remove 2 **v. (si)** (**z** from, from among) choose*, select; *(pečlivě)* pick (out), single out, take one's pick; **v. si zaměstnání** choose a profession; **vyberte si!** take your pick! ♦ **nevím, co si z toho mám v.** I can't make* any sense of it, I can't make head or tail of it 3 *(hnízdo)* rob; **v. med z úlu** rob a hive of honey; *(peníze z banky)* withdraw*; *(dovolenou)* take; *(příspěvky, peníze od zákazníků)* collect 4 *(písek z řečiště)* scoop out 5 *(zatáčku)* negotiate ■ **v. se** *(na cestu)* set* out (on one's journey); **v. se domů** make* for home; **~li jsme se do restaurace** we made* our way to a restaurant

vybreptat blab out, let* out, let the cat out of the bag

vybrou|sit *(sklo, drahokam)* cut*; *(čočku)* grind; *(válec)* rectify, rebore; *(jazyk, chování, styl)* polish ■ **~šený** *(mrav, styl)* polished, refined, smooth; **~šené fráze** a good turn of phrase

výbrus 1 *(vybrušování)* grinding 2 *(plocha)* ground section; *(hladkost povrchu)* smoothness, polish; *(motoru, válce)* rebore

vybřednout *(z nesnází)* get* out of; **v. z dluhů** extricate o.s. from debt

vybudovat *(sídliště;* přen. *říši, hospodářství)* build*; *(továrnu, teorii)* construct

výbuch explosion; *(sopky)* eruption; přen. *(hněvu)* outburst, fit; *(smíchu)* peal, fit

vybuchnout *(puma, nálož)* explode, go* off; **v. smíchy** burst* out laughing; **v. hněvem** explode with rage, hov. blow* one's top

vyburcovat rouse, stir up; **v. koho ze spánku/ z nečinnosti** rouse sb from sleep/ from his inactivity; **v. veřejné mínění** stir up public opinion

výbušnin|a explosive (substance); **dopis s ~ou** letter bomb

výbušn|ý *(materiál)* explosive; *(povaha)* quick-tempered; **v. motor** internal combustion engine ■ **~ost** short n. quick temper

vycenit: v. zuby *(pes/ člověk)* bare its/ one's teeth; *(smát se)* grin

vycítit feel*, sense

vycl|ít *(zboží)* clear sth through the customs ■ **~ení** customs clearance

vycouvat *(z garáže)* back out; přen. *(ze slibu)* back out, go* back on

vycpa|t *(zvířata)* stuff; *(vatou)* pad ♦ **může se jít v.** he can go* and hang* himself ■ **~ný** *(zvíře)* stuffed

vycpávk|a padding; *(krejčovská)* pad; *(čalounění)* upholstery; **~y v podprsence** hov. falsies; *(v hovoru)* chaff, jaz. filler

vycucat *(šťávu)* suck; přen. **v. koho** drain sb dry ♦ **v. si z prstu obvinění** trump up an accusation

vycvičit train, *(zacvičit)* break* in; *(sportovce, aby byl fit)* lick n. whip sb into shape; v. též **cvičit**

výcvik training, schooling; *(nováčků)* initial training

vyčarovat conjure up, conjure sth into existence

vyčasi|t se *(počasí)* clear up; **~lo se** the weather has cleared up, it has cleared up

vyčenichat smell* out; přen. ferret out, nose out, trace (out); *(co se tutlá)* unearth

výčep taproom; *(pult)* bar

vyčerp|at 1 *(vodu)* pump out; *(rezervoár s tekutinou)* pump dry; *(vzduch)* evacuate 2 *(zásoby, téma, trpělivost)* exhaust; *(půdu)* impoverish 3 *(koho)* exhaust, tire out, take* it out of; *(citově)* drain ■ **v. se** wear* o.s. out, exhaust o.s. ■ **~ávající** 1 *(práce)* exhausting, backbreaking 2 *(výklad)* comprehensive, detailed; *(výčet)* exhaustive ■ **~aný** *(unavený)* exhausted, worn-out; *(velmi)* hov. dead beat, fagged out ■ **~anost** fatigue, exhaustion

výčet enumeration, list; *(inventář)* inventory

vyčíh|at, ~nout *(koho)* catch* hold of; **v. si příležitost** seize an opportunity

vyčich|nout *(voňavka)* lose* fragrance; *(pivo)* go* n. become* flat, go* stale; přen. *(vtip)* wear* thin ■ **~lý** *(pivo, víno)* stale, flat

vyčinit 1 **v. komu** take* sb to task, give* sb a piece of one's mind, *(zle)* send* sb off with a flea in his ear 2 *(kůži)* tan

vyčíslit express sth numerically, quantify

vyčí|st 1 **v. komu co z očí/ z tváře** read* sth from sb's eyes/ face 2 v. **~tat**

vyčistit *(šaty, boty)* clean; **dát si v. šaty** have one's clothes dry-cleaned; **v. si zuby** clean n. do one's teeth; v. též **čistit**

vyčítat: v. komu co reproach n. blame sb for sth; **v. si co** reproach o.s. for sth ♦ **nemají si co v.** one is as bad as the other

vyčítav|ý reproachful ■ **~ě** reproachfully

výčit|ka reproach; **~ky svědomí** qualms; **bez ~ek** without scruples; **zahrnovat koho ~kami** heap reproaches on sb; **dělat si ~ky** reproach n. blame o.s.

vyčkávací: v. stanovisko a wait-and-see attitude; **zaujmout v. stanovisko** sit* on the fence

vyčkávat wait, bide* one's time, play a waiting game; *(s akcí)* hold* one's fire

vyčlenit *(částku na něco)* earmark; voj. *(detašovat)* detach; *(větu čárkou)* set* off

výčnělek (archit.; *skalní)* ledge, *(převis)* overhang; *(pevniny)* promontory

vyčníva|t jut out, stick* out, protrude, project; **v. nad ulicí** *(balkón)* project over the street; **v. nad čím** *(věž, budova* ap.*)* tower n. rise* above sth ■ **~jící** protruding, prominent

vyčouhlý lanky, gangling

vyčpělý v. **vyčichlý**

vyčurat se děts. do a wee wee, do a tinkle; *(muži)* hov. have a leak, *(ženy)* powder one's nose

výdaj: ~e expense(s), outlay, expenditure; *(náklady)* costs; **provozní ~e** running costs; **služební ~e** expenses; **drobné ~e** petty expenses

vydání 1 v. **výdaj 2** *(zásilky)* handing over; *(zločince)* extradition **3** *(knihy)* publication; *(nezměněné)* reprint; *(opravené)* revised edition; *(známek)* issue; *(bankovek)* emission; *(novin)* edition, number; **ranní/ večerní v.** *(novin)* morning/ evening edition ♦ **být ze starého v.** *(být konzervativní)* be of the old school

vydaři|t se succeed, be a success, turn out well; **večírek se ~l** the party was a success; **jahody se ~ly** the strawberries turned out well; **nev. se** be no good, be useless

vyd|at 1 *(úrodu, uhlí, teplo)* yield ♦ **v. ze sebe všechno** put* one's best foot forward **2** *(nářadí)* hand, give* **3** *(peníze)* spend*, expend; **v. na koho moc peněz** spend a lot of money on sb **4** *(pod nátlakem: zbraně)* surrender **5** *(pas)* issue; *(potvrzení)* make* out **6** *(knihu)* publish, bring* out; *(známky, bankovky, akcie)* issue **7** *(rozkaz, předpis)* issue **8** *(stroje nepřízni počasí)* expose to; **v. koho na pospas čeho** leave* sb at the mercy of sth ■ **1 v. se na cestu** set* out on a journey, go* on a journey **2 v. se všanc nebezpečí** expose o.s. to danger ■ **~aný** *(kniha)* published ■ v. **~ání**

vydatný *(oběd)* substantial; *(jídlo)* hearty, square; *(zásoby)* abundant; *(dávka, porce)* massive; *(déšť)* heavy, abundant

vyd|ávat 1 v. **~at 2** *(vůni)* spread*, exude; *(zvuky)* emit; *(radiaci)* emanate **3** *(noviny)* publish, hov. run* **4 v. co za své** *(umělecké dílo* ap.*)* pass sth off as one's own work ■ **v. se 1** v. **~at se**; **v. se nebezpečí** run a risk **2 v. se za** *(koho/co)* pose as, masquerade as; **v. se za konzervativce** list o.s. as a conservative

vydavatel publisher; *(editor)* editor

vydavatelský editorial

vydavatelství publishing house

vyděděnec přen. *(společenský)* outcast

vydědit disinherit

výdech breathing out, exhaling

vydechnout breathe out, exhale; **v. s úlevou** heave a sign of relief ♦ **teď si mohu v.** *(odpočinout si)* now I can breathe again; **v. duši, v. naposledy** breathe one's last, expire

výdej 1 *(jízdenek, dokumentů, munice, nářadí)* issue; **v. energie** outlay of energy **2** v. **~na**

výdejna issuing office, issue department; *(jízdenek)* booking n. ticket office; voj. supply point; **v. zavazadel** (out-counter of the) luggage office

vyděl|at 1 *(peníze)* earn, make*; **v. na čem** make a profit on sth, make money on sth; **v. velké peníze** make a fortune, hov. make* a pile n. mint; **dá se na tom v.** there's money in it; **v. si na živobytí** earn one's living **2** *(kůži)* dress, tan ■ **v. se** *(pes)* hov. do one's business ■ **těžce ~ané peníze** hard-earned money

vyděl|ávat v. **~at**; **hodně v.** bring* in a good salary

výdělečn|ý: ~á činnost gainful employment n. occupation ■ **~ě činný** gainfully employed

výděl|ek earnings, emolument; *(mzda)* wage(s); *(stálý plat)* salary; *(příjem)* income; *(zisk)* profit, gain; **mít dobrý v.** get* good wages ♦ **zplakat nad ~kem** come* a cropper, fail abysmally

vydělit 1 v. **vyčlenit 2** mat. divide (by)

vyděrač blackmailer, extortioner, extortionist

vyděračsk|ý extortionary, blackmailing; **~á politika** political blackmail

vyděračství blackmail, extortion; **pokus o v.** attempt at blackmailing

vydě|sit *(koho)* frighten, startle, *(silně)* terrify, give* sb a fright; **v. koho k smrti** frighten sb out of his/ her wits, scare the living daylights out of sb ■ **v. se** get* a fright ■ **~šený** frightened, scared; **být k smrti ~šený** be frightened out of one's wits

vydír|at *(koho)* blackmail, hov. bleed*; *(výkupným)* hold* sb to ransom; **v. na kom peníze** extort money from sb ▪ **~ání** blackmail, extortion

vydl|abat, ~oubnout hollow out; *(ovoce)* scoop out; **v. dužinu z melounu** scoop out the centre of a melon

vydláždit pave

vydlužit si *(peníze)* borrow; v. **vypůjčit si**

vydobýt 1 *(dluhy)* recover **2** *(vítězství)* gain; **v. si** *(důvěru* ap.*)* win*, gain

vydolovat *(uhlí)* extract; přen. *(míč)* retrieve; *(něco z paměti)* dig* out

vydout *(tváře)* puff up n. out ▪ **v. se** *(plachta)* fill out, belly out

vydovádět se *(děti)* have a good romp about; *(užít si)* have one's fling

vydra otter

vydrancovat *(město, zemi)* plunder, pillage

vydrápat scratch out ▪ **v. se nahoru** claw one's way to the top

vydráždit provoke; **v. koho k zuřivosti** make* sb see red, infuriate sb

vydražit auction off, sell* sth by auction

vydrhnout *(podlahu)* scrub, scour; **v. si ruce** scrub one's hands

vydrolit se *(malta)* crumble away

výdrž *(vytrvalost)* tenacity, persistence; *(vitalita)* stamina

vydrže|t 1 *(do konce)* hold* out (to the end), stick* it out; sport. last out, stay the course; **v. tempo** stand* the pace **2** *(snést)* stand, bear*, endure; **nemohu v. ty bolesti** I can't bear n. stand the pain; **v. útok** *(město)* withstand* an attack **3** *(šaty, boty)* wear* well; *(provaz)* hold; *(potraviny)* keep* (long); *(počasí)* hold, keep, continue; *(o nemocném)* **do konce týdne nevydrží** he will not see* the week out **4 v. s penězi** *(do konce měsíce)* make* both ends meet* ▪ **nebýt k ~ní** be beyond endurance

vydržov|at *(rodinu)* support; *(dítě na studiích)* keep*, maintain; **v. si milenku** keep a mistress ▪ **~ání** *(rodiny* ap.*)* maintenance, support

výdřeva *(v dolech)* timbering

vydřevit timber

vydřiduch profiteer, bloodsucker

vydupat si: v. si na kom ústupky wring* n. wrest concessions from sb

vydutí *(ve stěně)* bulge

vydutý *(čočka)* concave

vydýchaný *(vzduch)* stuffy

vyfárat leave* the pit, come* up (to the surface)

vyfint|it se dress n. doll up ▪ **~ěný** dressed n. dolled up to the nines

vyfotografovat *(koho/ co)* photograph, take* a photo(graph) n. picture of; **dát se v.** have one's photo(graph) n. picture taken

vyfouknout 1 *(vejce)* blow*; *(kouř)* blow out **2** *(ukrást)* hov. pinch, swipe

výfuk exhaust

vygumovat rub out, erase

vyh|ánět v. **~nat**; *(listí)* put* out; **v. výhonky** sprout, give* off shoots

vyhas|nout *(oheň)* go* out, burn* out ▪ **~lý** *(oheň)* extinguished; *(vulkán)* extinct; přen. *(básník)* burnt out

vyhazov sack, push; **dostat v.** get* the sack n. push n. heave; **dát komu v.** give* sb the sack

vyhazov|ač, ~ák *(v zábavním podniku)* bouncer

vyhazov|at v. **vyhodit**; *(kůň)* prance; **v. peníze** spend* money like water, throw* money about right, left and centre ▪ **to je ~ání peněz** it's a waste of money

výheň 1 *(kovářská)* hearth **2** *(velká teplota)* blazing n. scorching heat

výherce winner

výherní: v. listina list of winners

vyhla|dit 1 *(záhyby)* smooth out, take* out **2** *(vyhubit)* wipe out, exterminate ▪ **~zení** extermination

vyhladově|t 1 get* hungry **2** *(koho)* starve; *(město)* starve out ▪ **~lý** ravenous, starving

vyhlá|sit *(oznámit)* announce, make* sth known; *(veřejně)* declare, proclaim; *(rozsudek)* pronounce; *(výjimečný stav)* impose ▪ **~šení** announcement, proclamation; pronouncement ▪ **~šený** *(proslavený)* famous, renowned, noted

vyhláška (public) notice

vyhlašovat v. **vyhlásit**

výhled 1 view (**na** of); *(místnost)* **s ~em na** with a view of; **hotel s ~em na město** a hotel overlooking the city **2** *(perspektiva)* prospect (of), outlook (for); **v. do budoucnosti** the outlook for the future

vyhledat find*; *(místo v knize)* look up; **v. lékaře** call on n. see* a doctor; **v. něčí služby/ pomoc** enlist sb's services/ help

vyhledáva|t v. **vyhledat**; **v. hádku s kým** pick a quarrel with sb ▪ **~ný** *(kavárna)* (very) popular; *(známka, obraz)* (much) sought after

vyhlédnout 1 **v. z okna** look out of the window 2 **v. si koho** *(pro funkci)* choose* n. select sb; **v. si dívku** choose a girl for o.s.

vyhlídk|a 1 view (**na** of); **pokoj s ~ou na město** a room overlooking the city; v. **výhled** 2 *(naděje)* prospect, chance, outlook; **mít ~y na úspěch** have n. stand* a good chance of success; **jaké jsou ~y?** what are the odds?

vyhlídkov|ý: ~á věž lookout tower; **v. autobus** sightseeing coach n. bus

vyhl|ížet v. **~édnout**; **v. listonoše** watch for the postman

vyhlodat eat* n. gnaw out

vyhloubit *(základy)* dig*; *(studnu)* sink*; *(jámu bagrem)* dig out n. excavate; *(údolí)* cut* out

vyhmátnout: v. co přen. *(dobře vystihnout)* put* one's finger on sth

vyhnanec exile, expatriate

vyhnanství exile; *(vypovězení)* banishment; **žít ve v.** live* in exile

vyhn|at 1 *(koho)* drive* out; **v. dobytek** drive cattle out; **v. koho z domu** turn sb out of his home; **v. koho ze dveří** show* sb the door; **v. koho ze země** drive sb out of his native land 2 *(ceny)* drive up, force up; **v. listí** run* to leaves, put* out leaves; **v. výhonky** sprout ■ **~ání z ráje** expulsion from Paradise

vyhn|out se 1 *(komu)* avoid, get* out of sb's way; *(auto)* make* way for; **v. se komu na sto honů** give* a wide berth to sb; **v. se ráně** dodge a blow; **v. se sporným záležitostem** steer clear of controversial issues 2 *(povinnosti, voj. službě* ap.*)* evade, shirk, dodge; *(zodpovědnosti)* dodge, duck; *(nebezpečí)* avoid; *(spravedlnosti)* evade, flee* from ■ **není ~utí** there's no way out, there's no avoiding it

výhod|a advantage *(též v tenise)*; *(užitek)* benefit; **~y a ne~y** advantages and disadvantages, the pros and cons; **je ve ~ě** the odds are in his favour; **mít z čeho ~y** benefit n. profit from sth; **být ve ~ě před kým** have an advantage over sb

vyhodit 1 **v. co z okna** throw* sth out of the window; **v. koho ze sedla** throw n. unsaddle sb, přen. oust sb; **v. koho ven** throw n. chuck sb out, *(dotěrného člověka)* send* sb about his/ her business; **v. koho z práce** fire n. sack sb; **v. koho od zkoušky** fail sb; **v. koho ze školy** expel sb 2 *(o koni)* kick up its heels ♦ **v. si z kopýtka** go* on a booze n. binge 3 *(most)* blow* up 4 *(peníze)* throw away; **v. spoustu peněz** pour a lot of money down the drain

vyhodno|tit *(výsledky)* evaluate, analyse, assess; *(údaje, fotografie terénu* ap. *též)* interpret ■ **~cení** assessment, evaluation, interpretation

výhodn|ý advantageous, favourable; **~é podmínky** favourable terms; **~á koupě** a bargain ■ **~ě** advantageously, *(uzavřít obchod)* on favourable terms

vyhojit *(ránu)* heal ■ **v. se** heal (up), close

vyhol|it *(vlasy)* shave, *(krk)* shave sth clean ■ **hladce ~ený** smooth-shaven

výhonek shoot, sprout

vyhoře|t 1 *(dům)* burn* down, be destroyed by fire; **dům ~l do základů** the house was razed to the ground 2 *(svíčka, oheň)* burn out, go* out

vyho|stit *(z místa, ze země)* expel; *(z vlasti)* exile ■ **~štění** expulsion; *(cizince též)* deportation

vyhoštěnec *(ze země)* exile, *(cizí příslušník)* deportee; *(člověk mimo zákon)* outlaw

vyhotovení *(spisu)* copy; **ve dvou/ třech ~ch** in duplicate/ triplicate, in two/ three copies

vyhotov|it *(spis)* draft, draw* up; *(doklad)* issue, make* out ■ v. **~ení**

vyhoupnout se: v. se do sedla swing* up into the saddle

vyhov|ět 1 *(komu)* oblige, meet*; **v tomto ti ~ím** I'll meet you on this point; **snažit se každému v.** try to oblige everybody; **jemu je těžko v.** he is difficult to please 2 **v. čí prosbě** comply with sb's wishes; **v. čím požadavkům** meet sb's requirements; **v. žádosti** grant an application

vyhov|ovat 1 *(být vhodný)* be satisfactory, fill the bill, serve the purpose; *(odpovídat podmínkám)* fit the description, meet* the case; *(o člověku: kvalifikačně)* have the necessary qualifications; **to mi ~uje** it suits me 2 v. **~ět**

vyhovující satisfactory

výhra 1 *(ve sportu)* win, victory; *(ve válce)* victory 2 *(vyhrané peníze)* winnings; *(v loterii)* prize; *(hlavní)* first prize

vyhrabat 1 *(díru)* dig* out; *(kámen ze země)* dig up 2 *(popel z kamen)* rake out 3 expr. *(starý rukopis)* dig up; přen. *(rodinné tajemství)* dig up, unearth; *(staré spory)* revive, rekindle, stir up ■ **v. se** *(z jámy, z postele)* scramble out (of); *(z nesnází, nepříjemné situace)* scrape out (of)

výhrad|a reservation; *(souhlasit)* **s tou ~ou, že** with the reservation that; **bez ~** without reservation; **přijímat co s určitými ~ami** take* sth with a pinch of salt

vyhra|dit si *(co)* reserve sth for o.s.; **v. si, že**

stipulate that, make* a proviso that ■ **~zený** *(stůl)* reserved; **všechna práva ~zena** all rights reserved
výhradn|í exclusive; *(práva, zástupce)* sole ■ **~ě** exclusively; only, solely
vyhran|it se *(názory, charakter)* take* shape, form ■ **~ěný** *(názory)* strong; *(rozdíly)* marked
vyhrá|t 1 win*, score a victory; *(v šachu)* win n. take* a game; **v. hladce** win hands down; **v. závod/ válku** win a race/ war; **v. na body** win on points ♦ **v. všechno** *(všechny medajle* ap.*)* make* a clean sweep 2 *(cenu)* win, gain, carry off; **v. moc peněz** win a lot of money 3 *(přízeň, šanci)* win ♦ **mám ~no** I'm all right n. fine now
vyhrát si *(děti)* tire o.s. out playing
vyhráv|at 1 v. **vyhrát**; **každý třetí los ~á** every third ticket wins 2 **v. k tanci** play dance music; **v. komu** play for sb
vyhrk|nout 1 **~ly mi slzy** tears welled up in my eyes 2 *(poznámku)* blurt out
vyhrnout 1 *(hlínu* ap.*)* rake out, clear away 2 **v. (si)** *(límec)* turn up, *(sukni, šaty)* hike up, hitch up ♦ **v. si rukávy** roll up one's sleeves, přen. též pull one's socks up ■ **v. se** *(davy)* rush out, pile out
vyhro|tit se *(situace)* come* to a head, become* critical ■ **~cený** *(situace)* critical, precarious
vyhrožov|at *(komu)* threaten (**čím** with sth) ■ **~ání** v. **výhrůžka**
výhrůžka threat
výhrůžn|ý threatening, menacing; **v. dopis** threatening letter ■ **~ě** threateningly; **dívat se na koho ~ě** look at sb menacingly
vyhřát *(pokoj)* heat up
výhřevn|ý calorific; **~á plocha** heating surface ■ **~ost** calorific n. fuel value
vyhř|ívat v. **~át** ■ **v. se na slunci** bask in the sun(shine); *přen.* **v. se na výsluní něčí přízně** bask in sb's favour, walk in sb's light
vyhubit *(národ, škůdce)* exterminate, wipe out; *(plevel)* root up, extirpate
vyhublý skinny; *(na kost)* emaciated; *(tvář)* sunken
vyhubovat: v. komu tell* sb off, give* sb a good talking-to, scold sb
vyhýba|t se v. **vyhnout se**; **~jí se jeden druhému** they avoid each other; **v. se práci** be work-shy
vyhýbavý *(odpověď)* evasive, noncommittal; *(oči)* shifty
výhybka žel. points, am. switch
výhybkář žel. pointsman, am. switchman
vyhyn|out die out, become* extinct ■ **~ulý** extinct
vycháze|t v. **vyjít**; **v. spolu** get* along well, hit* it off well together ■ **~jící** *(slunce)* rising
vycházk|a *(procházka)* walk; *(výlet)* outing; **jít na ~u** go* for a walk, go* on an outing
vycházkov|ý: v. oblek lounge suit, am. business suit; **~á uniforma** walking-out uniform
vychladit cool (down); **dát v.** allow sth to cool
vychladnout cool down; **nechat jídlo v.** let* the meal cool down
vychloubač boaster, braggard, swaggerer
vychloubačn|ý boastful ■ **~ost** boastfulness
vychloubat se boast, brag; hov. talk big; **v. se čím** boast about sth ♦ **v se cizím peřím** adorn o.s. with borrowed plumes
východ 1 *(místo)* exit, way out; **nouzový v.** emergency exit 2 **v. slunce/ měsíce** sunrise/ moonrise; **při ~u slunce** at sunrise 3 *(světová strana)* east; pol. dř. the East; **na v.** in the east; **směrem na v.** eastwards, to the east 4 *(východní země)* Orient, East; **Blízký/ Střední/ Dálný v.** the Near/ Middle/ Far East; **na Dálném ~ě** in the Far East 5 dř. *(východní blok)* the Eastern bloc
východisk|o 1 starting point, point of departure; *(turist. cest)* setting-off point 2 *(řešení)* way out, solution; **jako v. z nouze** as a last resort, in the last resort n. instance; **nevidím v.** I don't know* any way out, I am at my wits' end; **nevidím jiného ~a** I don't know any other way out
vycho|dit 1 *(cestu)* tread*, beat* 2 *(schody, podlahu)* wear* down n. out 3 *(školu)* finish, complete, am. graduate from; *(kurs)* do, complete ■ **v. se** *(ložisko)* wear out ■ **~zený** *(cesta)* (well-)beaten, well-trodden; *(ložisko)* worn-out
východn|í *(Čechy* ap.*)* east(ern); *(vítr)* easterly; *(filozofie, literatury)* oriental ■ **~ě od Prahy** (to the) east of Prague
východo|český East Bohemian; **~moravský/ ~slovenský** East Moravian/ Slovak
výchova 1 *(dětí)* upbringing, bringing up 2 *(vzdělání)* education; **tělesná v.** physical education n. training, P.T. [piː'tiː], P.E. [piː'iː]; **hudební v.** musical education
vychov|at 1 *(děti)* bring* up, raise, rear; *(cizí dítě)* foster 2 *(ve škole)* educate 3 *(pracovníky)* train; *(talenty)* develop ■ **(dobře) ~aný** well-bred, well-mannered ■ **mít dobré ~ání** have

good manners

vychovatel, ~ka educator; *(soukromý učitel)* tutor; *(v koleji)* warden; *(učňů)* instructor ■ **~ka** *(k malým dětem)* nanny, *(cizinka: za byt a stravu)* au pair; *(guvernantka)* governess; v. též **vychovatel**

vychovatelský educational, pedagogical

výchovný *(metoda, práce)* educational; *(proces)* formative

výchozí: v. bod point of departure

vychrlit *(vodu)* spew out n. forth, gush out; přen. *(cestující)* disgorge; *(povídku)* dash off; *(nadávky)* gush out ■ **v. se** *(láva)* gush out

vychrstnout *(kbelík vody)* empty

vychrtlý skinny, emaciated; am. scrawny

vychutn|at, ~ávat savour, relish; **~ávat volný čas** enjoy one's leisure

vychv|álit, ~alovat praise, kn. laud; *(přemrštěně)* praise sb lavishly n. excessively, extol, eulogize, sing* sb's praises; **v. koho do nebe** praise sb to the skies ■ **~alovat se** sing one's praises, blow* one's own trumpet

vychýl|it (se) *(ručička, střelka)* deflect, deviate; *(kyvadlo)* swing*; *(světelné paprsky)* diffract ■ **~ení** deflection, deviation

výchylka *(kyvadla)* swing; *(ukazatele střelky)* deviation, deflection

vychytral|ý cunning, crafty; *(mazaný)* sly ■ **~ost** smartness, cunning

vyinkasovat *(peníze)* withdraw*

vyjádř|it 1 *(vyslovit)* express, put*; *(názor též)* voice, utter, give* voice to, extend; **~il to několika slovy** he put it in a few words; **nevím, jak to v.** I don't know* how to put it **2** *(ztvárnit)* render, express; **v. co umělecky** express sth by artistic means; **v. něco v jiném jazyce** render sth in another language ■ **v. se** express o.s.; **v. se jasně** express o.s. clearly, make* o.s. clear; **v. se o kom pochvalně** speak* highly of sb ♦ **v. se** v. též expr. *(požádat dívku o ruku)* pop the question ■ **~ení 1** *(prohlášení)* declaration, statement, announcement **2** *(odborné)* expert opinion

vyjadřovací: v. schopnost ability to express o.s.

vyjadř|ovat (se) v. **vyjádřit se**; **v. se zdvořile/ stručně** be polite/ brief ■ **způsob ~ování** mode of expression, way of expressing o.s.

vyjasn|it *(situaci)* throw* light upon, clear up, explain; *(svou pozici)* clarify ■ **v. se 1** *(počasí)* clear (up), settle **2** *(situace, názory)* become* clear ■ **~ění** *(situace)* clarification

vyjednat *(podmínky, termín* ap.*)* arrange, settle, fix, agree (up)on

vyjednávač negotiator

vyjednáv|at (co) negotiate (on, about); *(cenu)* bargain (about, over) ■ **~ání** negotiation, bargaining

vyjeknout let* out a shriek, give* a shriek

vyjet 1 *(autem)* drive* out; *(vlak)* **v. z nádraží** pull out of the station, leave* the station; **v. z dolu** leave the pit; **v. z lesa** leave the forest, emerge from the forest; **v. na kopec** reach the top of the hill **2 v. si** *(autem)* go* for a drive, take* a drive, hov. take a spin; **v. si na výlet** go* on an outing; *(na koni)* go for a ride **3 v. z kolejí** run* n. jump off the rails, be derailed ♦ **v. z obvyklých kolejí** přen. get* out of a rut **4 v. si na koho** let* fly at sb, light into sb ■ **~ý:** ♦ **~é koleje** přen. the same old rut, the familiar routine ■ **~í** *(z kolejí)* derailment

výjev div. scene

vyjevit *(tajemství)* reveal; *(pravdu)* disclose

vyjevený dismayed, stunned; *(ohromený)* dumbfounded

vyje|zdit *(cestu)* wear* out, rut ■ **~žděný** *(cesta)* rutty, *(opotřebovaná)* worn-out ♦ **pohybovat se ve ~žděných kolejích** přen. be in a rut

výjezdní: v. vízum exit visa

vyjímaje, vyjímajíc v. **vyjma, vyjmout**

vyjímat se: v. se dobře/ špatně look good/ bad

výjimečn|ý *(člověk)* exceptional, *(případ)* special; **v. stav** pol. state of emergency; **vyhlásit v. stav** declare a state of emergency ■ **~ě** exceptionally, by way of exception; *(pro tentokrát)* for once

výjimk|a exception; **s ~ou** *(koho, čeho)* with the exception of, except for; **denně s ~ou soboty** daily except Saturdays; **bez ~y** without exception; **pravidlo platící bez ~y** a hard and fast rule ♦ **v. potvrzuje pravidlo** the exception proves the rule

vyjíst 1 *(polévku)* eat* up **2** *(talíř)* clear, clean up, empty ♦ **v. koho** přen. eat sb out of house and home

vyjít 1 go* out, leave*, come* out; **v. z pokoje** go out of the room, leave the room ♦ **v. s pravdou ven** tell* the truth, *(přiznat se)* come* clean **2 v. si (na procházku)** go for a walk; **v. si do přírody** *(na túru)* go hiking ♦ **v. komu vstříc** oblige sb, comply with sb's wishes **3** *(na kopec)* ascend, climb up; **v. schody** climb the stairs **4** *(slunce)* rise*; **slunce vyšlo** the sun is up 5 *(vyrazit)* set* out, set off 6 **v. najevo** transpire; **v. na světlo boží** come to light 7 **v. ze cviku** get* out of practice; **v. z módy** go out of fashion; **minisukně už vyšly z módy** miniskirts have gone out; **v. (z boje) jako vítěz** emerge as a winner 8 *(kniha* ap.*)* appear, be published, come out 9 **v. z čeho** proceed from; **v. z předpokladu, že** proceed from the assumption that 10 *(příklad)* work out even; **v. beze zbytku** *(dělení)* come out even; **v. na prázdno** return empty-handed; **všechno vyšlo** it all came off n. turned out all right 11 **v. na** *(kolik)* amount to, come to; **v. na stejno** amount to the same thing, be as long as it is broad; **pokud to vyjde** *(časově)* time permitting 12 *(vystačit)* **v. s penězi** make one's money last, spin* out one's money; *(vystačit do další výplaty)* make both ends meet* 13 **v. s kým** *(dobře)* get* on well with sb, hit* it off together

vyjížďka *(autem)* drive; *(na koni)* ride; *(na lodi)* trip (in a boat); *(na saních)* sleigh ride n. drive

vyjma except(ing), with the exception of; **v. přítomné** present company excepted; **každý den, v. v pondělí** every day except(ing) Monday

vyjmenovat *(uvést)* enumerate, list; *(podrobně)* specify, give* details of

vyjmout: v. co z čeho take* n. remove sth out of sth; **dát si v. mandle** *(krční/ nosní)* have one's tonsils/ adenoids out; **v. slovo z kontextu** take* n. lift a word out of context

vykácet cut* down, fell

vykachlíčkovat tile

vykakat se děts. do a big job

vykalkulovat calculate

výkaly faeces, excrement

vykasat v. **vyhrnout**

vykastrovat castrate, *(kočku, psa* též*)* neuter; *(*zvl. *hřebce)* geld; *(samici)* spay

vykašl|at, ~ávat *(krev)* cough up, cough out ♦ expr. hov. **na to se ti ~u** I couldn't care less; **v. se na všechno** *(uvolnit se v chování)* let* one's hair down; **~al jsem se na to** *(neudělal jsem to)* I didn't bother to do it

vykat *(komu)* be on formal terms with, address sb as "vy" *(you – 2nd person plural)*; **v. si** address each other as "vy"

výkaz *(hlášení)* report; *(bankovní)* statement; **třídní v.** class register; **studijní v.** *(index)* ≅ (student's) record book; **roční v. firmy** the annual report of a firm, a firm's annual report

vykázat 1 **v. komu co** assign sth to sb; **v. komu místo** assign a seat to sb 2 *(vypovědět)* **v. koho ze země** order sb to leave* the country, *(nežádoucí cizince)* deport; **v. koho z místnosti** put* sb out of the room ♦ **v. koho do patřičných mezí** cut* sb down to size 3 *(prokázat)* **v. zisk** show* profit ■ **v. se** *(pasem)* show one's passport

vykazovat v. **vykázat**; **v. špatný prospěch** have poor results (at school)

výklad$_1$ *(v obchodě)* shop-window

výklad$_2$ 1 *(vysvětlení)* explanation; *(smlouvy, zákona)* interpretation; **chybný v.** misinterpretation 2 *(poučení)* exposition

vykládací: v. rampa/ poplatek unloading platform/ charge

vykladač$_1$ *(zboží)* unloader, námořn. stevedore

vykladač$_2$ *(textu* ap.*)* interpreter, expositor; *(bible* též*)* exegete; **v. snů** interpreter of dreams ■ **~ka karet** fortune-teller *(from cards)*

vykládání *(stěny)* wainscot(ting)

vykládat$_1$ *(zboží)* v. **vyložit**$_1$

vyklád|at$_2$ 1 v. **vyložit**$_2$ 2 *(zdlouhavě povídat)* hold* forth, hov. go* on; **stále něco ~á** her tongue goes n. wags continually, she never stops (talking) ♦ **to si ~ej své babičce!** tell* that to the marines! 3 **v. karty** read* cards ■ **~á se, že** it is rumoured that, rumour has it that

vykladiště unloading place; námořn. wharf; železn. unloading ramp n. platform

vykládka unloading; *(lodi)* discharge

výkladní: v. skříň shop-window, am. shopwindow

vykláně|t se v. **vyklonit se; ne~jte se!** *(z okna)* do not lean* out of the window

výkladový: v. slovník monolingual dictionary

vyklápěcí: v. zařízení tilting mechanism n. device, dumping device; **v. vůz** tipping lorry, am. dump truck

vyklápět v. **vyklopit**

výklenek niche; *(okenní)* window recess n. niche

vyklenutí arch, vault

vyklenutý *(čelo)* domed

vyklepat 1 *(oděv)* dust; *(prach)* beat* out; *(dýmku)* knock out 2 *(kosu)* sharpen sth by hammering 3 *(rytmus)* beat* out; *(melodii na klavíru)* hammer out; *(slovo na psacím stroji)* tap out

vyklestit 1 *(stromy)* prune, trim; *(porost)* cut* n. hew* out 2 v. **vykastrovat**

vyklíčit *(semeno)* germinate, come* up

vykli|dit 1 *(místnost)* clear (out), empty 2 *(nábytek)* clear, remove; **v. z pokoje nábytek** clear the furniture out of a room 3 *(město)* evacuate;

v. pozici abandon a position ■ ~zení (města) evacuation; (nábytku) removal; (násilné ~zení z objektu) eviction

vykloktat: v. si ústa slanou vodou gargle with salt water

vyklonit se lean* out; **v. se z okna** lean out of the window; **v. se přes plot** lean over the fence

vyklopit 1 *(auto)* turn over; **v. bábovku** turn a marble cake out of a mould ♦ **v. tajemství** hov. spill* the beans, let* the cat out of the bag; **v. peníze** shell out money 2 *(náklad z auta* ap.*)* tip out; přen. *(vysadit z auta)* drop ■ **v. se** *(kočárek, auto)* turn over, *(loďka* též*)* capsize

vykloub|it lék. dislocate; **v. si rameno** dislocate n. hov. slip one's shoulder; **v. si ruku** put* one's arm out (of joint) ■ **~ený** dislocated ■ **~ení** dislocation

vyklouz|nout slip; **v. z pokoje** slip out of the room; *(nástroj)* **v. komu z ruky** slip from sb's hand, *(úhoř)* wriggle out of sb's hands n. fingers, přen. *(příležitost)* slip through sb's fingers; **z úst mu ~la kletba** an oath escaped his lips

vyklov|at *(oči)* peck out; *(o datlovi)* **v. otvor ve stromě** tap a hole ♦ **vrána vráně oči ne~e** dog does not eat* dog

vykluba|t se *(kuře)* hatch out ♦ **~l se z něho darebák** he turned out to be a rascal

vykoktat stutter out

vykolejit *(vlak)* derail ■ **v. se** run* off the rails, jump the rails

výkon 1 *(sportovní, umělecký, studijní)* performance; *(výsledek)* result; *(výrobní)* output; *(akrobatický)* feat, hov. stunt; **to je tedy v.!** that's quite something!, that's quite an achievement! 2 *(vykonávání)* performance execution; **při ~u povinnosti** in the execution of his/ her duty

vykon|at 1 *(práci, povinnost)* do, perform, carry out, execute; *(vojenskou službu)* do; *(spravedlnost)* mete out; *(zázraky)* work, perform; *(měření)* take*; **v. rozsudek** execute a sentence; *(zkoušku)* pass; **v. pionýrskou práci** break* new ground 2 kn. *(dosáhnout)* achieve; **hodně toho ~al** he has done amazing things, he has achieved a great deal ■ **~ání** *(práce, rozsudku)* execution

vykon|ávat v. **~at (1)**; *(lékařskou praxi)* practise; *(spravedlnost)* dispense; **v. funkci advokáta** practise the bar

vykonavatel *(posl. vůle)* executor

výkonnost efficiency, *(podniku* též*)* productivity, output, production capacity; *(stroje)* performance, (power) output

výkonnostní: v. prémie merit bonus; v standard of performance

výkonný *(moc, orgán)* executive; *(stroj)* ful; *(motor)* high-powered; *(umělec)* per

vykonstruovat *(obvinění)* fabricate

výkop 1 excavation též archit.; **provádět v.** ate 2 fotb. kickoff

vykopat 1 *(jámu)* dig* (out), excavate; *(s* sink* 2 *(brambory)* lift; *(poklad)* raise **válečnou sekyru** start a fight

vykop|ávat v. **~at; v. plevel** hoe out weeds

vykop|ávka 1 *(~ávání)* excavation, hov 2 *(~ané předměty)* **archeologické ~** archeological finds; iron. **je to pěkná v.** *(starého)* it's a real old relic

vykop|nout v. **~at;** *(míč)* kick off; **v. koho** hov. boot n. kick sb out; **v. koho nahoru** kick upstairs

vykořen|it 1 *(plevel* ap.*)* uproot, extirpate, r out 2 *(zlo)* eradicate, extirpate ■ **~ěný** *(li* dispossessed

vykořisťov|at exploit ■ **~ání** exploitation

vykořisťovatel exploiter

vykořisťovatelský exploitative

vykostit *(maso)* bone

vykotlaný hollow, *(zub* též*)* decayed

vykoupat *(dítě)* bath, give* sb a bath; *(ránu)* bathe ■ **v. se** bathe; *(ve vaně)* take* n. have a bath; *(v moři* ap.*)* have a swim

vykoup|it buy* out; *(zajatce)* ransom; přen. **draz co v.** *(vítězství* ap.*)* pay* a heavy n. high pric for sth ■ **~ení** 1 *(skoupení)* buy-out 2 n redemption

vykouřit 1 *(cigaretu)* smoke, finish (smoking); **si cigaretu** have a cigarette; **v. 20 cigaret den** smoke twenty cigarettes a day 2 *(místnost, s* fumigate 3 *(lišku z nory* ap.*)* smoke out

vykovat *(podkovu, meč)* forge

výkovek forging

vykračovat si *(pyšně)* strut along

vykrádat *(zásilky)* pilfer (from); *(zahrady)* *(chaty, byty)* rob; v. **vykrást**

vykrást *(byt, dům)* rob, ransack; **v. pokladn** *obchodě)* rob n. rifle the till ■ **v. se** sneak a sneak off

výkres drawing; *(na průsvitném papíře)* tra *(techn. plán)* design; *(náčrt)* sketch

vykreslit přen. *(literární postavu)* portray

vykrmit *(zvíře i člověka)* fatten (up), feed*

výkrmna *(vepřů)* pig farm

ykrm|ovat v. **~it**
ykročit *(z řady)* step forward; *(ze dveří)* step out; *(rázně)* stride* out
ykroj|it *(kolečko z těsta, výstřih)* cut* out; *(šlachy z masa)* trim away ■ **pěkně ~ená ústa** finely-shaped lips
ykroutit 1 v. komu co *(z rukou)* wrench n. wrest sth from sb **2 moci si v. krk** crane one's neck ■ **v. se 1** *(z náruče)* free o.s. (from); *(ze sevření)* wrench n. wriggle o.s. free **2** přen. *(z čeho)* wriggle out of; *(ze spolupráce)* pull out
vykrucovat v. **vykroutit** ■ **v. se 1** v. **vykroutit se 2** přen. *(vytáčet se)* equivocate, prevaricate, twist and turn
vykrvácel|t bleed* to death ■ **~ní** fatal haemorrhage
vykrystalizovat crystallize; přen. též take* shape
vykřesat *(jiskry)* strike*, produce ■ **v. se** *(z nemoci)* pull through; *(z dluhů)* get* out of
vykřičený *(čtvrť)* infamous, ill-famed; **v. dům** zast. n. žert. house of ill repute
vykřičník exclamation mark, am. exlamation point
výkřik cry, *(silněji)* shout; *(ječivý)* shriek; *(pronikavý)* yell, scream ♦ **poslední v. módy** the last word in fashion
vykřiknout shout out, cry out, give* a shout n. cry
vykřik|ovat v. **~nout, křičet**
vykuchat disembowel; *(drůbež)* clean; *(ryby)* clean, gut
vykukovat *(z okna)* look out (of); *(spodnička)* show, peep
vykul|it: v. oči open one's eyes wide; **s ~enýma očima** with one's eyes wide open
výkupné ransom
vyk|upovat v. **~oupit;** *(ovoce* ap.*)* buy* up
vykvést *(poupě)* blossom (out), come* into flower; *(květiny)* burst* into bloom
výkvět *(vědy* ap.*)* elite, *(společnosti* též*)* cream, *(národa* též*)* flower
vykynout *(těsto)* rise*
výkyv *(kyvadla)* swing; *(ručičky měřícího přístroje)* deflection, deviation; **~y** *(osudu)* ups and downs, *(v cenách)* fluctuations; *(počasí)* ups and downs, vagaries; **~y nálady** moods
vyla|dit, ~ďovat *(nástroj)* tune; *(stanici)* tune in, dial; **mít ~děný Londýn** be tuned to London
vylákat lure out; **v. na kom peníze** fleece sb, cheat sb out of his money; **v. na kom tajemství** worm out a secret from sb
vyl|ámat v. **~omit** ♦ **v. si na čem zuby** find* sth too hard a nut to crack
vyléč|it *(pacienta)* restore sb to health; *(nemoc)* cure; *(ránu)* heal ■ **v. se** recover, be cured ■ **~ení** *(nemoci)* cure; *(rány)* healing; *(pacienta)* recovery, recuperation
vyléčitelný curable
vyleka|t *(koho)* frighten, scare, give* sb a fright; *(k smrti)* terrify, give sb the shock of his/ her life, scare sb out of his/ her wits ■ **v. se** get* frightened, take* n. get* a fright ■ **~ný** frightened, *(velmi)* terrified
vylepit *(plakáty)* paste up, put* up
vylepš|it, ~ovat *(co)* improve (upon), polish, put* the finishing touches to; *(místnost)* re-vamp; *(teorii)* refine; **snažit se ~ovat přírodu** try to improve upon nature ■ **~ení** refinement, improvement
vyleptat *(kyselinou)* corrode; *(kresbu)* etch
vylešt|it *(boty)* polish, shine*; *(stříbro, kůži)* burnish; **v. si boty** polish one's shoes, give* one's shoes a brush n. polish ■ **~ěný** polished; *(kalhoty)* glossy
výlet trip, outing, excursion; **jet na v.** go* on a trip n. excursion, make* an excursion
vyletět 1 *(pták z klece)* fly* out **2** *(mládě z hnízda)* leave* the nest **3** *(poznámka)* slip out **4** *(ze sedla)* be thrown* out of **5** *(nahoru)* fly up; *(ceny)* shoot* up, sky-rocket **6** *(rozčílit se)* fly into a rage n. tantrum, fly off the handle; hov. hit* the roof **7 v. do povětří** explode, go* up (in the air) **8** *(z práce)* get* the sack n. boot, get thrown n. kicked out; *(ze školy)* be expelled n. thrown out; *(z hospody)* get thrown n. br. chucked out; **v. od zkoušky** flunk an exam, fail an exam (miserably)
výletní *(autobus, vlak)* excursion; **v. loď** excursion n. pleasure boat; **v. místo** picnic spot, excursion resort
výletník excursionist, holiday-maker; *(pěší turista)* hiker
výlev *(citový)* effusion, gush; **~y** outpourings
vyl|évat (se) v. **~ít (se)**
výlevka sink
vyléz|at v. **~t**
vyl|ézt 1 *(ven)* crawl out; *(z auta, z domu)* get* out, *(těžkopádně: z auta* ap.*)* clamber out, *(z postele)* scramble out **2 v. na strom** climb up a tree; **v. na střechu** climb onto the roof; **v. na věž** ascend a tower **3 dítěti ~ezl zub** the baby cut* a tooth ♦ **oči mu div ne~ezly z důlků** his

eyes nearly fell* out of their sockets **4** *(ceny)* climb, rise*, go* up

vylhaný fabricated, made-up; *(obvinění)* trumped-up

vylíčit *(popsat)* describe; *(ve filmu, v románě)* depict, portray

vylidnit depopulate ■ **v. se** become* depopulated

vylíhnout se hatch (out)

vylít **1** *(vodu)* pour out; *(nechtěně: mléko* ap.*)* spill*; **v. co do kanálu** pour sth down the drain ♦ **v. s vaničkou i dítě** throw* the baby n. child out with the bathwater **2** *(umývadlo)* empty ♦ **v. si srdce** open one's heart (**komu** to sb) **3** **v. si na kom zlost** vent one's anger on sb ■ **v. se** *(řeka)* well out, flow out, run* out

vyl|ítnout v. **~etět**

vylízat *(talíř)* lick sth clean ♦ **muset si co v. sám** expr. be left holding* the baby ■ **v. se z nemoci** pull through

vylod|it se disembark, land ■ **~ění** disembarkation, landing

výloh|a **1** *(výklad)* shop-window **2** **~y** expenses, expenditure, costs; **soudní ~y** court costs; **platit soudní ~y** pay* costs; **dělat si velké ~y** go* to a considerable expense

vylomenin|a prank, practical joke; **~y** pranks, antics, carryings-on

vylomit *(dveře, zámek)* break* open, force open; **v. si zub** break a tooth (**na** on)

vylosov|at *(soutěž)* draw* lots for; *(loterii)* draw for prizes, carry out the draw for; **v. výhru** draw the winning number ■ **~ání** sport. draw

vylouč|it **1** *(ze strany, ze školy)* expel, *(dočasně)* suspend; *(z církve)* excommunicate; sport. send* sb off, fotb. order sb off the field; *(ze soutěže)* disqualify **2** *(možnost, variantu)* exclude, rule out; **to je ~eno** it is out of the question **3** mat. *(neznámou)* eliminate; chem. *(sůl v roztoku)* precipitate, deposit ■ **~ený** expelled, disqualified ■ **~ení** **1** expulsion, suspension; disqualification; elimination **2** exclusion; **s ~ením veřejnosti** in privacy, právn. in camera

vyloudit **1** **v. na kom co** wheedle n. coax sth from sb; **v. na kom tajemství** worm a secret out of sb **2** **v. čí úsměv** coax a smile out of sb; **v. na kom cigaretu** cadge n. scrounge a cigarette off sb

vyloupat *(ořechy)* shell; *(luštěniny)* husk; *(pecky z ovoce)* stone

vyloupit *(banku)* rob; *(dům)* ransack, rifle; *(město)* plunder, loot

vylovit **1** *(rybník)* draw* out **2** *(utopence, kapra)* fish out

vylož|ený *(nesmysl)* pure, downright, utter; *(lež)* downright; *(hlupák)* absolute, real; *(darebák)* regular; *(katastrofa)* outright; *(zločin)* positive; v. též **~it$_1$** ■ **~eně** absolutely, positively

vylož|it$_1$ **1** *(náklad)* unload, *(z lodi* též*)* discharge; *(koho z auta)* drop; **kde vás mám v.?** where shall I drop you?, where shall I let* you off? **2** *(vagón)* unload **3** *(vystavit)* display, lay* out; **v. knihy/ volební seznamy k nahlédnutí** display books for inspection/ make* lists of candidates available for inspection ♦ **v. karty na stůl** přen. lay n. put* one's cards on the table **4** *(krabici papírem)* line; *(skříňku drahokamy)* inlay; *(stěny dřevem)* panel, wainscot ■ **v. se** *(z okna)* lean* out (of) ■ **~ený** unloaded; displayed; lined; panelled; v. též **vyložený** ■ **~ení** *(vystavení)* display; *(krabice)* lining

vylož|it$_2$ **1** *(vysvětlit)* explain, elucidate; *(teorii, pasáž z bible* též*)* expound; **v. své názory** explain one's views **2** *(pochopit)* interpret, construe, read* as; **špatně si co v.** misconstrue sth, misinterpret sth, take* sth amiss ■ v. **~ený**

výložky voj. facings; *(na límci)* tabs

výložník *(jeřábu)* boom

výlučn|ý *(právo)* exclusive, sole; *(případ)* exceptional ■ **~ě** exclusively, solely ■ **~ost** exclusiveness

vylučov|ací **1** **v. závod** elimination race; **v. zápasy** knock-out matches **2** jaz. *(spojka)* disjunctive

vylučov|at **1** v. **vyloučit** **2** *(vlhko)* excrete; *(kmen stromu: pryskyřici)* secrete, exude; *(roztok: krystaly)* precipitate ■ **~ání** secretion, excretion; precipitation

výluka *(z práce)* lock-out; **dopravní v.** closure of traffic

vyluštit *(rébus, hlavolam)* puzzle out; mat. *(problém)* solve

vym|áčkat squeeze out; v. též **~áčknout**

vymáčk|nout **1** *(šťávu z ovoce, olej z oliv)* extract **2** přen. **~nout z koho několik slov** force a few words out of sb; **v. z koho peníze** squeeze n. *(násilím)* extort money out of sb

vymáhat *(daně)* exact; *(peníze)* extract; *(nazpět)* reclaim

vymácha|t *(prádlo)* rinse ♦ **mít ne~nou hubu** have a vicious n. sharp tongue

vymalovat *(pokoj)* decorate; **nechat v.** *(dům)* have one's house decorated

vymámit *(cigaretu* ap.) cadge, scrounge; *(peníze hrozbami)* extort; *(pozvání)* wangle; **v. co na kom** coax sth from sb, wheedle sth out of sb ♦ **v. na jalové krávě tele** talk the hind leg off a donkey

vymanit se *(z poroby)* liberate n. free o.s., shake* o.s. free; **v. se z dluhů** get* out of debt, disentangle o.s. from debts; **v. se z objetí** extricate o.s. from an embrace

vymastit *(formu, plech)* grease

vyma|zat 1 *(gumou)* rub out, erase; *(jméno ze seznamu)* delete, cancel; *(magnetofonový záznam)* erase **2** v. **~stit 3** *(všechnu mast)* use up

výměn|a exchange; **kulturní v.** cultural exchange; **v. studentů** student exchange; **v. názorů/ zkušeností** exchange of views/ experience; **v. pneumatik/ oleje** tyre/ oil exchange; **v. křesel** *(ve vládě)* Cabinet reshuffle; **~ou za** in exchange for

vyměn|it 1 *(vězně, velvyslance)* exchange, hov. swap; *(při výměnném obchodu)* barter; *(vzájemně)* interchange; **v. A za B** exchange A for B; **v. si dojmy** compare notes (**o** about) **2** *(nahradit)* (ex)change, replace; *(pneumatiky)* change, renew; *(olej)* change; **v. vložku brzd** reline the brakes ■ **byl jako ~ěný** he was a changed man, he was new man

vyměnitelný exchangeable; *(vzájemně)* interchangeable

výměnný: v. obchod barter trade

vyměn|ňovat v. **~nit; v. si názory s kým** *(mít rozepři)* bandy words with sb

výměr notification, advice; **daňový v.** tax assessment

výměra *(půdy)* area; *(v akrech)* acreage; **v. trestu** length n. term of punishment

vyměřit 1 *(pozemek)* measure, take* the measurements of; *(půdu)* survey, do the survey of **2** *(daň)* assess; *(trest)* mete out; *(trest, důchod, plat)* fix; *(čas, peníze)* allow; **v. půl hodiny na oběd** allow half an hour for lunch

vymést sweep*; **v. komín** sweep a chimney

výměšek secretion

vyměšovací: v. ústrojí excretive organ

vyměšov|at *(hormony* ap.*)* secrete; *(moč)* pass; *(stolici)* excrete; **v. sliny** salivate ■ **~ání** secretion, excretion; **~ání slin** salivary secretion, salivation

vymez|it, ~ovat 1 *(prostor)* mark off, mark the boundaries of; *(území)* delimit, demarcate **2** *(rozsah platnosti)* delimitate, demarcate, define, circumscribe; *(blíže)* qualify, narrow down ■ **přesně ~ené hranice** clearly defined boundaries

vymínit si *(co)* insist on, stipulate, make* sth a condition; **v. si právo** reserve a right; **v. si, aby** make it a condition that

výminka proviso; v. **výhrada**

vymize|t disappear, vanish; **jeho jméno mi ~lo z paměti** his name has slipped my memory

vymk|nout: v. si *(ruku, kotník)* sprain, dislocate, get* sth dislocated; *(zápěstí též)* strain, *(rameno též)* slip ■ **~lo se mu to z ruky** he lost* control over it

výmlat threshing

vymlátit *(obilí)* thresh (out); *(okna)* break*, smash

vymlít *(břehy)* hollow out

vyml|ouvat v. **~uvit** ■ **v. se** make* excuses, prevaricate

výmluv|a excuse, pretext; **nemít nouzi o ~u** be never at a loss for an excuse; **jen žádné ~y!** no excuses!

vymluvit: v. komu co talk sb out of sth, dissuade sb from doing sth ■ **v. se 1** *(dosyta)* talk to one's heart's content **2 v. se na co** excuse o.s. on the grounds of sth, use sth as an excuse; **v. se na neznalost/ nevolnost** plead ignorance/ indisposition

výmluvn|ý eloquent; *(mlčení též)* pregnant; *(pohled)* meaningful ■ **~ost** eloquence, hov. the gift of the gab

vymoci 1 *(co)* succeed in getting* sth; *(přiznání)* extort; *(propuštění)* bring* about; *(slevu)* get*, obtain **2** *(pohledávku)* recover

vymodelovat model, shape

výmol pothole, hole in the road

vymotat untangle, disentangle ■ **v. se z čeho** přen. extricate o.s. from sth, find* one's way out of sth

vymoženost 1 *(úspěch)* achievement, attainment **2** *(pomůcky)* **moderní ~i** modern conveniences, hov. mod cons, labour-saving devices

vymrskat *(půdu)* exhaust, impoverish, overcrop

vymrštit *(oštěp)* launch ■ **v. se** spring* up, leap* up; *(větev)* spring back

vymř|ít die out, become* extinct ■ **~elý** extinct ■ **být na ~ení** be dying out, *(živočišný druh)* be on its way out ♦ **bylo tam jako po ~ení** there was not a living soul there

vymst|ít se: ~ilo se mu to he had to pay* for it

vymydlený: celý v. as neat as a new pin

vymyk|at se *(z čeho)* exceed, go* beyond; **v. se z**

rámce čeho go beyond the scope of sth; **to se ~á z mé pravomoci** it goes beyond my authority, it exceeds my authority
výmysl fiction, invention, figment of sb's imagination
vymy|slet 1 *(teorii, plán* ap.*)* think* sth out n. up, devise, conceive **2 v. si** *(něco nepravdivého)* make* up, fake up, hov. cook up; *(důkazy)* fabricate, cook up; *(lež)* concoct; *(výmluvu)* make up, conjure up, drum up ■ **~šlený** invented, imaginary; *(důkazy)* fabricated; **dobře ~šlený** well-thought-out
vymýšlet invent, devise; **v. si** *(něco nepravdivého)* fabricate, concoct, make* up; **v. si výmluvy** make up excuses; v. **vymyslet**
vymýt *(ránu)* wash (out), bathe; *(sklenici)* rinse
vymýtit 1 *(les)* clear **2** *(stráň* ap.*)* clear sth of trees **3** *(zlozvyky* ap.*)* eradicate, extirpate; *(nemoci* též*)* root out, stamp out
vynad|at: v. komu scold sb, give* sb a dressing down, give* sb a piece of one's mind; **dostat ~áno** get* a dressing down, be scolded
vynadívat se: nemoci se na co v. not to tire of seeing* sth
vynahrad|it 1 *(náklady)* repay*, reimburse; **v. komu škody** compensate sb for the damage; **já vám to ~ím** I'll make* it up to you **2 v. si co** make up for sth
vynajít *(lék, metodu)* discover, find*
vyna|kládat v. **~ložit**
vynález invention; *(šikovná věcička)* gadget
vynalézav|ý inventive; *(důmyslný)* ingenious, imaginative; *(nápaditý)* resourceful ■ **~ost** inventiveness, invention; resourcefulness
vynálezce inventor
vynalézt invent
vynalož|it *(peníze)* spend*; *(čas, energii)* expend; *(úsilí)* take*; *(sílu)* exert; **v. velké úsilí na co** go* to n. take a lot of trouble doing sth ■ **s ~ením všech sil** by summoning up all one's strength
vynasnaž|it se *(aby)* take* (great) pains *(+inf.)*, do one's best *(+inf.)*, make* every endeavour *(+inf)*; **~ím se, abych byl hotov** I'll do my best to be ready
vynáš|et 1 v. **vynést 2** *(o investici)* yield; **ten obchod (nic) ne~í** the business doesn't pay* **3 v. koho do nebe** praise sb to the skies, sing* sb's praises
výňatek *(z knihy)* extract
vyndat v. **vyjmout**; **dát si v. mandle** *(krční)* have one's tonsils (taken*) out
vynech|at 1 *(vypustit)* leave* out, omit; *(řádek, odstavec)* skip (over); **v. nudné pasáže** skip n. miss out the dull passages ♦ **z toho mne ~!** count me out!, leave* me out of it! **2** *(vyučování, tanec)* miss; *(přednášku, hodinu)* skip, cut* **3** *(o srdci)* miss a beat; *(o motoru)* stall, cut* out, hov. conk out
vynech|ávat v. **~at**; *(srdce, puls)* be irregular; *(zapalování)* misfire; **~ává mu paměť** his memory is going*, his memory is playing tricks on him
vynechávka omission
vynést 1 *(ven)* carry out, take* out; *(nahoru)* carry up, take* up, *(do prvního poschodí)* carry upstairs ♦ hov. **v. koho v zubech** send* sb packing **2** *(rozsudek)* pass, pronounce **3** *(tajemství)* divulge; **v. co na světlo světa** bring* sth to light **4** obch. *(zisk)* yield, bring* in, fetch **5** *(kartu)* play, *(na začátku hry)* lead*; **v. trumf** play a trump ■ **vynesení** *(rozsudku)* pronouncement, passing
vynikající outstanding, excellent; hov. superb; *(jídlo)* heavenly, magnificent; *(představení, kvalita)* superior, *(vědec* též*)* eminent; *(osobnost)* eminent, prominent
vynikat 1 *(v čem)* excel at n. in, be excellent at; **v. v matematice** be excellent at mathematics, be an excellent mathematician; **v. ve svém oboru** be preeminent in his field; **v. nad kým** be better than sb, *(výrazně)* be head and shoulders above sb, *(pílí)* be more industrious than sb **2** *(být nápadný)* stand* out
vynik|nout come* to the fore; v. **~at (2)**; **dát čemu v.** bring* sth out, show* sth to advantage
vynořit se 1 *(na povrch)* come* up, emerge, rise* to the surface; *(ponorka)* surface **2** *(objevit se)* appear, emerge, turn up; *(náhle)* pop up; *(kopec z mlhy)* loom up
výnos 1 zeměd. yield; obch. proceeds, returns; **zvýšit v. pšenice** increase the yield of wheat; **v. z akcií** the yield on shares **2** *(úřední)* ruling, decree; *(vyhláška)* ordinance; **v. ministerstva** ministerial order
výnosn|ý lucrative, profitable, remunerative; **~á práce** a remunerative n. lucrative job
vynucený *(ústup)* forced; *(úsměv* též*)* unnatural, artificial
vynu|tit, ~covat 1 v. co na kom *(přiznání* ap.*)* extract sth from sb **2 v. si** *(poslušnost)* force, enforce; *(pozornost)* claim, command; **v. si respekt** command respect **3** *(být potřebný)* call

for, require; **~covat si změnu** *(okolnosti)* call for a change
vyobcovat *(z církve)* excommunicate
vyoperovat *(slepé střevo)* remove
vyor|at, ~ávat *(brambory)* lift, dig*; **v. brázdu** plough n. cut* a furrow
vyorávač *(brambor)* (potato) digger n. lifter
vypáčit *(zámek, dveře)* force (sth open), open sth by force; *(bednu)* prize sth open; přen. *(slib, odpověď)* extract
výpad **1** *(v boji)* sortie, sally; *(v šermu)* lunge; *(v boxu)* thrust **2** přen. *(slovní)* invective, diatribe, attack
vypad|at **1** *(vlasy, zuby)* fall* out; **~aly mu všechny vlasy** he has lost* all his hair **2** **v. dobře/ mladě/ staře** look good/ young/ old; **v. sklíčeně** look dejected; **v. skvěle** cut* a fine figure; **jak ten dům ~á?** what does the house look like? ♦ **takhle to tedy ~á** *(konstatování)* that's about the size of it; *(výraz překvapení)* that's how it is!, that's the way it is! **3** **v. jako** look like; **~á to na déšť** it looks like rain ♦ **~á jako by neuměl do pěti napočítat** he looks as if butter wouldn't melt in his mouth
vypad|nout **1** v. **~at (1)** ♦ **v. z paměti** escape n. slip sb's memory; **jako by matce z oka ~l** he's the spitting n. living image of his mother **2** hov. *(zmizet)* slip away; **~ni!** get* out!, sl. push off!, beat* it!
výpadovka urban clearway
vypálit **1** *(vesnici, les)* burn* sth to the ground ♦ **v. komu rybník** steal* a march on sb, take* the wind out of sb's sails **2** *(dobytku znamení)* brand; **v. díru** *(do ubrusu* ap.*)* burn a hole in sth **3** *(cihly)* bake; *(vápno)* calcine; *(ránu)* lék. cauterize **4** *(salvu, raketu, ránu)* voj. fire; **v. z pušky** let* off one's gun; fotb. *(na branku)* shoot*, let* fly
výpar: ~y fumes, exhalation, vapour
vyparád|it se dress n. deck o.s. up ■ **~ěný** dolled up; **nevkusně ~ěný** dressed up like a dog's dinner, dressed to kill
vypárat *(šev, šaty)* undo*
výparník vaporizer, evaporator
vypařit se evaporate; *(ztratit se)* vanish (into thin air); hov. *(odejít)* make* o.s. scarce
vypasený hov. podgy, beefy, porky
vypátrat trace, track down; *(zločince)* run* down
vypéct **1** *(chléb)* bake/ *(maso)* roast sth thoroughly **2** přen. **v. koho** outsmart sb, outwit sb, trick sb ■ **vypečený** **1** *(chléb)* well-baked; *(husa, maso)* well-done **2** *(lstivý)* sly, crafty
vypeckovat *(třešně)* stone; *(datle)* pit
vypelíchat *(zvíře)* lose* its hair; *(pták)* lose its feathers
vypěst|it, ~ovat *(rostliny)* grow*, raise; *(zvířata)* raise, rear; **~ovat si návyk** develop n. form a habit
vypětí strain, exertion; *(úsilí)* effort; **s největším ~m** by (a) supreme effort
vypíchnout **1** *(oko)* put* n. gouge out **2** *(něco zdůraznit)* pinpoint, give* prominence to
vypilovat *(styl)* polish
vypínač switch
vyp|ínat v. **~nout** ■ **v. se** **1** *(hory, skály)* **(nad** above) loom, soar, tower (up) **2** *(chvástat se)* swagger, show* off
vypínav|ý boastful, swollen-headed, cocky ■ **~ost** boastfulness, cockiness
výpis *(z účtu)* statement (of account), (bank) statement; **v. z trestního rejstříku** extract from the police records
výpis|ek *(z knihy* ap.*)* excerpt, extract; **dělat si ~ky z knihy** ap. make* excerpts from
vypísk|at *(koho)* hov. give* sb the bird; *(herce)* boo n. hiss sb off the stage; **být ~án** get* the bird
vypísknout shriek, scream (out)
vyp|isovat v. **~sat; v. si** *(citáty* ap.*)* make excerpts (from)
vyp|ít *(sklenici)* empty, drain; *(nápoj)* drink* up, finish; **v. co do dna** drain n. drink* sth to the dregs; **v. na čí zdraví** drink sb's health, kn. drink a health to sb; **v. ex** knock back *(a drink)* ♦ **v. si to** catch* it; **tohle si ~ije!** he'll pay* for this!
vyplaceně *(poslat dopis)* postage paid, post-paid; *(balík)* carriage paid
vyplacený *(dopis)* prepaid
vypl|ácet v. **~atit** ■ **v. se** *(obchod, podnik)* pay*, be a paying concern n. proposition
výplach lék. irrigation; **v. žaludku** gastric irrigation; *(střevní)* enema, clyster
vypl|áchnout, ~achovat rinse (out); **v. si ústa** rinse (out) n. wash out one's mouth; **v. komu střeva** give* sb an enema
vyplakat: v. si oči cry one's eyes out, weep* one's heart out ■ **v. se** have a good cry
vyplašit **1** *(zvěř)* startle, rouse; *(zloděje)* frighten away **2** *(znepokojit)* frighten, alarm
výplat|a wage n. pay packet; **den ~y** payday
vyplat|it **1** *(peníze)* pay* out; *(v. a propustit)* pay off ♦ **v. peníze na dřevo** pay cash on the nail **2** *(ze zastavárny)* redeem ■ **v. se** *(námaha)* be

worthwhile, be rewarding, be worth the trouble; *(podnik)* pay (its way) ♦ **to se ti ne~í** you'll pay for this

výplatní: v. den payday; **v. listina** payrole

vyplavat *(na povrch)* rise* (to the surface), come* up, surface

vypl|áznout, ~azovat *(jazyk)* put* out; hov. *(peníze)* cough up

vyplenit *(město, zemi)* plunder, pillage

vyplést *(raketu)* string* ■ **v. se z čeho** *(z nesnází* ap.*)* extricate o.s. from sth

výplet *(rakety)* strings *(of a tennis racket)*

vyplít *(záhon)* weed; **v. zahradu** weed the garden

vyplivn|out **1** *(hlen)* spit* out **2** hov. *(motor)* conk out, pack up ■ **~utý** *(unavený)* br. sl. fagged n. shagged (out)

výplň *(čokolády)* centre; *(dveří)* (door) panel

vypl|nit, ~ňovat **1** *(díru)* fill (up); *(formulář)* complete, fill up, am. fill out; *(čas, prostor)* take* up, fill (in) **2** *(přání)* fulfil, comply with; *(slib)* keep*, make* good ■ **v. se** *(přání, naděje)* come* true, be fulfilled

výplod *(fantazie)* figment; **v. chorého mozku** wild notion, pipe dream

vyplout *(na moře)* put* to sea; *(plachetnice)* set* sail

vyp|lynout v. **~lývat**; **v. z rozhovoru** emerge form a discussion

vyplýtvat *(peníze, síly)* waste, squander

vyplývat *(z čeho)* ensue from, result from, follow from

vypnout **1** *(motor, světlo, rádio)* switch off, turn off; *(plyn též)* put* out; *(spojku)* disengage **2** *(lano)* make sth taut; **v. hrudník** put* n. stick* out one's chest, stand* up straight ■ **v. se** *(o motoru)* cut* off

výpočet calculation, computation; **v. nákladů** cost calculation, costing

vypočí|st, ~tat **1** *(náklady* ap.*)* calculate, reckon, figure out; *(součet)* make* out **2** *(vyčíslit)* list, enumerate

vypočítav|ý calculating ■ **~ost** self-interest, expediency

vypodob|nit, ~ňovat portray

výpomoc (temporary) help n. assistance; *(osoba)* temporary helper; *(náhradník)* substitute; **mít koho na v.** have sb to help out

vypomoci *(komu)* help s.o. out (s with)

výpomocný: v. dělník temporary worker, labourer; **v. učitel** supply teacher

vypořádat se **1** *(vyrovnat se)* **v. se s kým** settle up n. square with sb; přen. též **v. si to s kým** get* even n. settle with sb **2** *(zvládnout)* **v. se s čím** cope with sth, take* sth in one's stride

vypotácet se stagger out

vypotit *(chřipku)* sweat out; přen. *(verše)* grind* out ■ **v. se** have a good sweat, sweat (an illness out of o.s.)

vypotřebovat *(zásoby* ap.*)* use (up); *(peníze)* spend*, expend; *(potraviny)* consume; **v. potraviny** consume all one's food

vypouklina bulge, convexity

vypouklý bulging, bulgy; *(čočka)* convex

vypoulený *(oči)* bulging, protuberant

vyp|ouštět v. **~ustit**

výpověď **1** *(od zaměstnavatele)* dismissal, notice; *(od zaměstnance)* notice; *(z bytu: od nájemníka)* notice, *(od pronájemce)* notice to quit; **dát v.** *(zaměstnavateli)* hand in one's notice, *(zaměstnanci)* serve a notice on **2** *(svědecká)* deposition; evidence, testimony; **znalecká v.** expert evidence; **učinit v.** *(u soudu)* give* evidence **3** jaz. utterance

vypovědět **1** *(vyprávět)* tell*, give* an account of; **to se nedá ani v.** it is almost impossible to describe **2** *(smlouvu)* terminate, revoke; *(předplatné, členství)* discontinue, cancel; **v. komu poslušnost** refuse obedience to sb ♦ **v. službu** techn. *(brzdy)* fail; *(motor)* break* down, hov. conk out **3** *(zaměstnance)* dismiss, sack, hov. fire; **v. koho z bytu** give* sb notice to quit his flat **4** **v. komu válku** declare war on sb **5. v. koho ze země** expel n. deport sb

vypov|ídat v. **~ědět**; právn. testify, give* evidence; **v. v čí prospěch/ neprospěch** give evidence in sb's favour/ against sb ■ **v. se** *(dosyta)* have a good chat; *(postěžovat si)* unburden o.s.

vypracovat **1** *(co)* work out; *(plán, projekt)* develop, conceive; *(teorii, model)* set* up **2** *(těsto)* knead n. work (sth thoroughly) ■ **v. se** *(v povolání)* carve out a career for o.s., *(nahoru)* work one's way up

vyprah|nout *(půda)* become* parched n. scorched; **~lo mi v ústech** my mouth is parched n. dry ■ **~lý** parched

výprask hiding, thrashing; **dostat v.** get* a beating n. thrashing

vyprášit *(šaty)* dust; *(koberec)* beat* ♦ **v. komu kožich** hov. dust sb's jacket, give* sb a beating n. dusting

vyprat **1** *(prádlo)* wash **2** *(skvrnu* ap.*)* wash sth out; **v. skvrnu z ubrusu** wash a stain out of a

tablecloth
výprav|a 1 *(výzkumná)* expedition; *(zájezd)* excursion; *(válečná)* campaign, expedition; *(křižácká)* crusade 2 *(účastníci ~y)* party 3 div. decor and costumes
výpravčí train dispatcher
vypravěč narrator; **je dobrý v.** he is a good story-teller
vyprávění story, tale; *(líčení)* account; **stojí to za v.** it is worth telling
vypravený: pěkně v. *(vydání knihy)* well-designed; **nádherně v. časopis** glossy magazine
vyprávět, vypravovat 1 tell* (**komu co** sth to sb, sb sth); **v. pohádku/ povídku** tell a fairy-tale/ story 2 *(mluvit)* talk, tell; **rád ~í o své vnučce** he likes to talk about his granddaughter; **mají si co v.** they have a lot of things to tell each other; **já bych o tom mohl v.** I could tell you a thing or two about that
vypravit 1 *(vlak, autobus)* dispatch, despatch; get* sth ready to leave*; *(zásilku)* prepare sth for dispatch; **v. dítě do školy** get* a child ready for school 2 *(div. hru)* stage 3 *(ze sebe)* stutter out ■ **v. se na cestu/ domů** set* off for a journey/ for home
vyprázdnit *(schránku)* empty, clear; *(láhev, sklenici)* empty, finish, drain; *(sud, nádrž)* empty, drain; *(byt, sál)* empty, clear out ■ **v. se** *(hlediště)* empty, become* empty; *(vykonat tělesnou potřebu)* evacuate
vyprchat 1 *(éter)* evaporate, vaporize 2 *(ztratit se: vůně* ap.*)* waft away, pass off; přen. *(nadšení, iluze)* vanish
vyproda|t sell* off n. out ■ **~ný** *(zboží)* sold* out, finished; *(divadlo* ap.*)* sold out, full; **hrát před ~ným hledištěm** play to a full house
výprodej *(sezónní)* (seasonal) sale; **v. zbytků** clearance sale; **v. neprodejného zboží** rummage n. jumble sale
výprodejní *(zboží)* sale; **v. cena** special sale price
vyprosi|t (si): v. si od koho co get* n. obtain sth from sb by asking n. by entreaties, *(vyškemrat si: cigaretu* ap.*)* wheedle sth out of sb ♦ **to bych si ~l!** I won't have any of that!
vyprostit *(z pout* ap.*)* free; *(někoho z trosek)* pull sb out; *(z těsného prostoru)* unwedge; *(ze sítě)* extricate, disentangle ■ **v. se** *(ze změti)* disentangle n. extricate o.s.; *(z pout)* free o.s
vyprošťovací: v. vůz recovery n. rescue vehicle; **v. práce** rescue work; **v. jeřáb** breakdown crane
vyprovodit accompany též hud.; *(děvče)* escort; **v. koho domů/ na nádraží** accompany n. see* sb home/ to the station
vyprovokovat *(koho)* provoke; **v. hádku** pick a quarrel (s with); **v. koho k činnosti** stir sb to activity
vyprsknout: v. smíchy burst* out laughing
vypršet *(lhůta)* expire; *(čas)* elapse, pass; *(dovolená)* be up; *(smlouva)* terminate ■ **v. se** stop raining
vypřáhnout *(koně)* unharness, unhitch
vypsaný *(rukopis)* beautiful; *(náplň)* dry; **má v. rukopis** he has good handwriting; **mám v. inkoust** my pen's dried up, *(s vyměnitelnou náplní)* the pen needs a refill
vypsat 1 *(citáty z knihy)* write* out, copy out 2 *(jméno, slovo* ap.*)* write out, write sth in full; *(číslo)* write sth out in words 3 **v. konkurs na** advertise a competition for, invite applications for; *(volby)* call; **v. odměnu na čí hlavu** set* n. put* a price on sb's head 4 *(inkoust)* run* out of 5 *(popsat)* describe (sth in detail)
vypt|at se, ~ávat se (**na** about) inquire, ask, make* inquiries; **v. se na koho** inquire about sb; **v. se koho na cestu** ask sb the way; **přestaň se ~ávat** stop asking questions
vypudit *(vyhnat)* expel, drive* out, oust; *(plod)* expel
vypůjčit si 1 *(co)* borrow (**od** from) 2 **v. si koho** expr. take* sb to task
výpůjčka loan; *(slovní)* loan-word
vypůjčovatel borrower
vyp|uklý v. **~ouklý**
vypukn|out *(požár, válka, epidemie)* break* out; **v. v smích** burst* into laughter, burst out laughing; **v. v pláč** burst out crying ■ **~utí války** outbreak of war
vypumpovat pump out, *(žaludek též)* siphon
vypustit 1 *(vodu, olej* ap.*)* drain (off); *(vzduch, plyn)* let* n. blow* off; *(pneumatiku)* deflate; *(vanu* ap.*)* drain, empty 2 *(balón, poštovní holuby)* release; *(družici)* put* sth into orbit; *(raketu)* launch 3 *(vynechat)* omit, leave* out ■ **vypuštění** release; *(rakety)* launch; *(vynechání)* omission
výpustka jaz. ellipsis
výr eagle-owl
vyrábět produce, make*, manufacture; *(energii)* generate
výraz 1 *(tváře)* expression, physiognomy, look (in sb's face) 2 *(projev)* expression, mark; **jako**

v. úcty as a mark of respect **3** jaz. expression, word, term; **odborný v.** (technical) term; **slangový v.** slang expression

vyrazit 1 knock out; *(klín)* knock out, drive* out; *(oko)* poke out; *(okno)* smash; **v. dveře** smash n. break the door open; **v. dno** *(sudu* ap.*)* knock the bottom out of; **v. komu dech** take* sb's breath away **2** *(číslo)* impress, imprint, stamp; **v. díru do zdi** knock a hole in the wall **3** *(o rostlině)* sprout; *(plamen)* leap* out, shoot* out **4** voj. *(útočit)* thrust* forward; **v. na cestu** set* off n. start on a journey, set out; am. hit* the road **5** *(míč: brankář)* deflect ♦ **v. s kým dveře** send* sb packing ■ **v. se** *(dostat vyrážku)* come* out in a rash

výrazn|ý 1 *(obličej)* distinctive, full of expression; *(pohled)* meaningful, eloquent; *(styl)* unique, pithy **2** *(značný)* considerable; *(rozdíl)* decided, marked; **mít ~ou chuť** be full of flavour ■ **~ě** markedly, decidedly ■ **~ost** expressiveness

výrazov|ý: ~é prostředky means of expression

vyr|ážet v. **~azit**

vyrážk|a lék. rash; *(uhry)* pimples; **dostat ~u** get* a rash, come* out in spots

výražka *(mouka)* superfine flour

výroba 1 production; *(tovární)* manufacture; *(energie)* generation **2** *(souhrn výrobků)* production, output; **celková v.** total production; **hrubá v.** gross output

výrobce producer, maker; *(tovární)* manufacturer

výrob|ek product; zeměd. **~ky** produce

vyrobit produce, make*; (zvl. *v továrně)* manufacture; *(energii, teplo)* generate

výrobní production, manufacturing, of production; **v. náklady/ linka** production costs/ line; **v. prostředky** means of production; **v. číslo** serial number

výročí anniversary

výroční *(zpráva, schůze)* annual; **v. den** anniversary

vyrojit se *(včely, davy)* swarm out; *(problémy)* emerge, arise*

výrok *(okřídlený)* saying; *(maxima)* dictum, pl. -ums n. -a; *(prohlášení)* statement; **pronesl následující v.** he said* the following (words)

výron *(krevní)* haemorrhage, am. hemorrhage; **v. krve do mozku** brain n. cerebral haemorrhage

výrostek adolescent

vyrovnan|ý 1 *(duševně)* calm, level-headed, kn. equanimous; *(tvář)* serene; *(styl)* well-rounded; *(zápas)* tight; *(rozpočet)* balanced **2** *(řady)* straight ■ **~ost** *(povahy)* level-headedness, equanimity

vyrovn|at 1 *(dříví do hranice)* stack (up), pile up **2** *(nerovnosti v terénu)* level out; *(drát)* straighten; voj. *(povel)* **v.!** dress ranks! **3** *(zpoždění)* make* up for; *(schodek v rozpočtu)* make good; *(rozdíly)* settle **4** *(pohledávky, účet)* settle, square; *(ztráty)* compensate for, make good, cover ♦ **v. si s kým účty** přen. pay* sb back, get* even with sb **5** sport. *(skóre)* equalize, level (the score) ■ **v. se 1** *(drát)* straighten; *(síly)* become* equal **2** *(s problémy)* cope n. deal* with, face up to; *(se ztrátou)* come* to terms with **3** *(s věřiteli)* settle up with **4 v. se komu** be a match for sb, be sb's equal; **~á se každému** he's inferior to none ■ **~ání** *(pohledávek)* settlement, payment; *(ztrát)* compensation; sport. equalization

vyrovnávací *(příplatek)* compensatory; **v. branka** equalizing goal, equalizer

vyrozumět 1 *(co)* see*, gather; **v. co z čeho** understand* n. gather sth from sth **2 v. koho (, že)** inform sb n. let* sb know* (that), send* sb word (that); **v. koho o čem** inform n. advise n. notify sb of sth

vyrud|nout *(šaty)* fade ■ **~lý** faded, discoloured; *(barva)* washed-out

vyrukovat hov. **v. s pravdou** come* out with the truth, am. come* clean

vyrůst 1 *(dospět)* grow* up; *(do výšky)* grow tall; **v. z šatů** grow out of one's clothes ♦ **v. z dětských střevíčků** grow up **2** přen. *(školy, závody)* go* up, be built*

výrůstek lék. outgrowth, excrescence

vyruš|it, ~ovat disturb, trouble; **v. koho při práci** disturb sb at his work; **promiňte, že vás ~uji** sorry to trouble you; **ne~uji vás?** am I disturbing you?, am I intruding?

vyrvat *(ze země)* pull out; *(kus látky* ap.*)* tear* out; *(z rukou* ap.*)* snatch n. wrest sth from sb's grip

vyrýt 1 *(česnek* ap.*)* dig* up **2** *(jámu)* dig out **3** *(nápis)* engrave **(do** in)

vyřa|dit 1 *(vadné zboží)* eliminate, cast* out, reject; *(staré šatstvo)* discard; *(protivníky)* eliminate, put* sb out of the running; *(špatné hráče)* weed out **2** *(stroj z provozu)* take* sth out of service, put* sth out of operation; *(továrnu)* close; *(loď)* retire, *(dočasně)* mothball; **v. do odpadu** scrap ■ **~zený** *(závodník)* out of the race; *(stroj)* out of action; **~zené zboží** rejects

■ **~zení** elimination
vyřádit se hov. let* o.s. go*, let one's hair down, *(odreagovat se)* let off steam
výřečn|ý eloquent, articulate; kn. silver-tongued ■ **~ost** eloquence, gift of the gab
vyřešit *(hádanku)* solve; *(příklad)* solve, work out, do; *(spor, konflikt)* resolve, settle; *(problémy)* sort out
výřez *(otvor)* slot
vyřezat 1 cut* out 2 *(figurku, nápis do dřeva)* carve
vyřídilk|a: mít dobrou ~u have a glib tongue, have the gift of the gab
vyří|dit 1 *(vzkaz)* give*, deliver, pass on; *(díky)* convey; **mohu mu něco v.?** can I give* (him) a message?; **já mu to ~dím** I'll tell* him; **vyřiďte jí ode mne pozdrav!** give her my (kind) regards!, remember me to her! 2 *(záležitost, žádost* ap.*)* deal* with, attend n. see* to, take* care of 3 *(protivníka)* sport. demolish ♦ **v. si to s kým** have it out with sb; **v. si staré účty** settle old scores ■ **~zený** 1 *(záležitost)* settled, out of the way; **tím je to ~zeno** that settles it 2 *(unavený)* worn-out, washed up, ready to drop 3 *(zničený)* finished, done for; sl. **už je ~zený** he has had it, he is done for, it's all up with him
vyříkat: v. si to s kým have it out with sb
vyřinout se *(krev)* gush out n. forth (**z rány** from the wound)
vyřítit se *(z pokoje)* rush out, storm out; *(na koho)* pounce on, rush at
vyříznout cut* out; *(chirurgicky* též*)* extirpate, excise
vyřizovat v. **vyřídit**
vyřknout utter, pronounce; *(rozsudek)* pronounce, deliver
výsada privilege, prerogative
výsadek voj. landing force
vysadi|t 1 *(z auta, z vlaku)* put* down, put off; *(pasažéry z lodi)* disembark, put* ashore, *(na opuštěný ostrov)* maroon; **v. koho na koně** help sb mount a horse 2 *(okno, dveře)* unhinge, take* sth off its hinges 3 *(sazenice)* plant (out) 4 *(motor)* cut* out, go* out; **~la mu paměť** his memory let* him down; *(dočasně přestat pracovat)* hov. lay* off (work)
výsadkář paratrooper
výsadk|ářský, ~ový airborne; **~ářské oddíly** airborne troops
výsadní *(postavení)* privileged; **v. právo** obch. monopoly, privilege; **v. zboží** monopoly goods
vysát 1 suck out; *(ránu)* suck; *(koberec)* vacuum, br. hoover 2 **v. koho do haléře** bleed* sb for every penny, bleed sb dry, fleece sb
vysavač vacuum cleaner, br. hoover
vysávat 1 v. **vysát (1)** 2 *(vykořisťovat: koho)* sponge on
vysázet 1 *(sazenice)* plant (out); **v. zahradu čím** plant the garden with sth 2 polygr. compose, set* up 3 **v. peníze na dřevo** put* (the) money down in hard cash
vysazovat v. **vysázet, vysadit**
výseč *(kruhová)* sector
vysed|at v. **~nout**
vysedávat *(nečinně)* loaf about; **v. dlouho do noci** keep* late hours, sit* up late
vysedět *(vejce)* hatch out; *(kuřata)* hatch
vysedlý *(lícní kosti)* high, prominent
vysednout *(z autobusu, vlaku)* get* off; *(z auta)* get out (of)
vysekat 1 *(trávu)* mow*; *(les)* clear; *(cestu sekerou)* hew* out; *(otvor)* cut* out; *(dlátem: sochu z mramoru)* hew n. carve out 2 přen. **v. se** *(z obklíčení* ap.*)* fight* one's way out (of sth); přen. get* o.s. out of sth
vyseknout cut* out ♦ **v. komu poklonu** pay* sb a compliment
vysch|nout dry* out *(řeka, studna)* dry up, run* dry; *(hrdlo, půda)* become* parched ■ **~lý** *(studna)* dry, dead; *(půda)* arid, parched, dry as dust
vysídl|it resettle ■ **~ení** resettlement
vysílací *(věž, stanice* ap.*)* transmitting; *(studio, čas)* broadcasting
vysílač: rozhlasový/ televizní v. radio/ television (broadcasting) station
vysílačka (radio) transmitter
vysíl|at 1 v. **vyslat** 2 *(paprsky)* radiate; *(vlny)* send* out, emit 3 *(rozhlasové/ televizní programy)* broadcast, transmit; tel. am. též telecast ■ **v. se** go* on the air ■ **~ání** *(signálu)* transmission; *(program)* programme, *(rozhlasové* též*)* broadcast
vysíl|it, vysilovat *(zbavit síly)* sap sb's strength, debilitate; *(vyčerpat)* exhaust ■ **~ený** exhausted ■ **~ení** debilitation, exhaustion
vysilující exhausting, gruelling
výsk|at whoop; **v. radostí** shout for joy; *(davy)* squeal with delight ■ **~ání** whoops of joy
vyskoči|t 1 *(do výše)* jump up; *(postavit se)* spring* to one's feet; **v. do sedla** vault into the saddle 2 *(ven)* jump out (of); **v. z postele** jump

n. leap* out of one's bed ♦ **člověk by ~l z kůže** that's enough to drive* you mad n. round the bend

výskyt 1 occurrence, coincidence; *(slova)* frequency (of use) 2 *(nerostů)* deposit(s)

vyskyt|nout se, ~ovat se occur; *(zvířata, rostliny)* be found; **~ovat se často** occur frequently; **~ovat se hojně** abound

vyslanec envoy, minister (plenipotentiary)

vyslanectví legation, mission

vyslat *(posly)* send* out; *(vojsko)* dispatch; *(zástupce)* delegate

výsled|ek result, outcome; **vědecké ~ky** scientific results n. findings; **~ky sčítání** census returns; **~ky voleb** the result n. returns of an election; **dosáhnout dobrých ~ků** achieve good results

výsledný resulting

výslech interrogation, questioning, examination; **křížový v.** cross-examination; **v. svědků** examination n. hearing of witnesses

vyslechnout 1 listen to; **v. koho do konce** hear* sb out 2 právn. hear, question, interrogate, examine; **v. svědka** hear a witness 3 **v. si** *(zprávy)* listen to

vyslídit trace (out), ferret out, hunt up, hunt down; *(o loveckém psu)* smell* out

vysloužilec voj. ex-serviceman, am. veteran

vysloužilý *(voják,* přen. *auto* ap.*)* veteran; *(úředník* ap.*)* retired

vysloužit si *(pochvalu, odměnu)* win*, earn ♦ **v. si ostruhy** win one's spurs

vyslov|it 1 *(slovo, hlásku)* pronounce; **v. nesprávně** mispronounce 2 *(názor)* express, voice, utter; *(přání, díky, omluvu)* express ■ **v. se** *(o čem)* give* one's opinion (of), speak* out; **v. se pro/ proti** pronounce for/ against sth; **v. se jasně** explain o.s. ♦ **v. se** *(požádat o ruku)* hov. pop the question ■ **~ení důvěry** *(vládě)* vote of confidence

výslovnost pronunciation; **nesprávná v.** mispronunciation

výslovn|ý *(příkaz, přání)* express, explicit ■ **~ě** expressly, explicitly

vyslov|ovat pronounce; **toto slovo se špatně ~uje** this word is difficult to pronounce; **ve slově 'limb' se ne~uje 'b'** the "b" in "limb" is not sounded, the "b" in "limb" is mute

výsluní sunny side n. place; **sedět na v.** sit* in the sun

výslužb|a retirement; **být ve ~ě** be retired; **odejít do ~y** go* into retirement, retire

vysl|ýchat v. **~echnout (2)**

vyslyše|t *(prosbu)* grant; **Bůh ~l mé modlitby** God heard* my prayers

vysmát se *(komu)* laugh at, ridicule, deride, make* fun of; **nenech se v.!** don't make* me laugh!

výsměch mockery, derision; **stát se terčem ~u** earn only scorn and derision

vysmeknout se *(nástroj)* slip (from sb's hands n. grasp); *(o člověku)* slip away, shake* o.s free

výsměšný mocking; *(pohrdavý)* sneering, scoffing; *(jízlivý)* taunting

vysmívat se mock, taunt, scoff at; v. též **vysmát se**

vysmrkat se blow* one's nose

vysněný dreamt-of, dreamed-of

vysočina highlands

vysoká *(zvěř)* (red) deer, big game

vysokofrekvenční *(proud, signál* ap.*)* high-frequency

vysokohorský *(květena, zvířena)* alpine; *(oblast)* mountain

vysokoškolák 1 university n. college student, undergraduate 2 *(absolvent univerzity)* graduate of a university

vysokoškolsk|ý university, college; **~é vzdělání** university n. college education

vyso|ký 1 high; *(postava)* tall; *(strom, věž, dům)* tall, high; *(žebřík)* tall, long; **skok v.** high jump; **~ká zvěř** v. **vysoká** 2 přen. *(úroveň)* high; *(cena)* high, steep; **příliš ~ké ceny** exorbitant prices; *(náklady, ztráty)* high, big; *(daně)* high, heavy; *(pokuta)* severe, heavy; *(požadavky)* high, great; *(cíl, úkol)* high, lofty, noble; *(politika)* high; *(věk)* old, great, advanced; lék. *(tlak, horečka)* high; **vyšší vzdělání** higher education; **nejvyšší rychlost** top speed; **je nejvyšší čas, abychom šli** it is high time we went 3 *(nota)* high; *(hlas)* high-pitched 4 *(důstojník, úředník* ap.*)* high-ranking; *(úřad)* high, important; **zastávat v. úřad** hold* high office; **~ká škola** university, (university) college ■ **~ce** highly; **~ce zajímavý/ vzdělaný** highly interesting/ educated; **~ce kvalitní** high-quality; **~ce si koho vážit** esteem sb highly, have a high opinion of sb ■ **~ko** high, high up; **~ko v oblacích** high up in the sky; **letět ~ko** fly* high, fly at a high altitude; **slunce je ~ko** the sun is high

výsost *(titul)* Highness; **Jeho královská V.** His Royal Highness

výsostn|ý *(území, právo)* sovereign; **~é vody**

territorial waters; **v. znak** national emblem
vysoukat (si) *(rukávy)* roll up ■ **v. se** *(sukně)* ride* up
vysoušeč *(na vlasy)* hair drier n. dryer
vysoušet v. **vysušit**
výspa zeměp. cape, promontory; přen. **v. civilizace** the outpost of civilization
vyspat se *(dobře)* have a good sleep, sleep* one's fill; **v. se málo** not to get* enough sleep ♦ **musím se na to v.** I must sleep on it; **v. se s kým** sleep with sb, spend* the night with sb; **v. se z opice** sleep o.s. sober, hov. sleep it off
vyspávat sleep* late
vyspěl|ý *(duševně, fyzicky)* mature; *(stát: technicky, kulturně)* advanced; **průmyslově ~é země** industrial nations ■ **~ost** maturity
vyspět grow* up; **v. v muže** grow up into a man
vyspravit patch up, touch up
vystačit **1 v. s čím** manage with sth, get* along with sth, *(spokojit se s čím)* make* do with sth; **v. se svým příjmem** make* do with one's income, make both ends meet* **2 v. dlouho** *(zásoby)* last for a long time, go* far
vystát **1 v. celé hodiny** *(ve frontě* ap.*)* stand* for hours on end *(in a queue* ap.*)* **2** *(vytrpět)* suffer ♦ **nemohu ho ani v.** I can't stand him
výstava exhibition; *(veletrh)* fair
výstavb|a construction; **bytová v.** house building; **být ve ~ě** be under construction
vystavět build*, construct; v. **stavět**
výstaviště exhibition n. fairground site
vystav|it **1** *(zboží, obrazy)* exhibit, display, show*; **být ~en** *(o zesnulém)* lie* in state **2** *(slunci)* expose; *(kov žáru)* submit; **v. koho posměchu** make* sb the laughing stock **3** *(směnku, potvrzení, účet)* make* out, write* (out); *(pas* ap.*)* issue ■ **v. se** *(kritice)* lay* o.s. open to; *(nebezpečí)* run* the danger of
výstavka small exhibition, display
výstavní *(prostory)* exhibition; **v. kus** showpiece; **v. trhy** (trade) fair
výstavný *(budova, město)* attractively built*
vystavovat v. **vystavit**
vystavovatel exhibitor
vystěhovalec emigrant, zvl. pol. émigré
vystěhovalecký *(pas, vízum)* emigration; **v. úřad** emigration office
vystěhovalectví emigration
vystěhov|at **1** *(nájemníka)* evict; *(do ciziny)* deport; *(obyvatelstvo)* evacuate **2** *(nábytek)* move out; *(byt)* vacate ■ **v. se** move; *(ze země)* emigrate ■ **~ání** move; *(ze země)* emigration
vystihnout **1** *(pochopit smysl)* grasp, comprehend; **dobře co vystihnout** *(přesně určit)* put one's finger on sth; *(zobrazit)* capture, convey well **2** *(nebezpečí)* sense; *(podobu* též*)* do justice to (sb)
výstižn|ý *(odpověď, označení)* apt, fitting, apposite; *(analýza)* cogent ■ **~ě** aptly, fittingly, cogently ■ **~ost** aptness; cogency
vystlat *(hnízdo trávou)* lay* out (with); *(cestu kvítím)* cover n. strew* (with)
vystopovat *(zločince, zvěř)* track down, hunt up; přen. *(rodokmen)* retrace; v. též **vyslídit**
vystoupení **1** *(na jevišti* ap.*)* appearance; *(řečnické)* speech; **tělocvičné v.** gymnastic display **2** *(z církve, ze školy)* leaving; *(ze strany)* resignation from
vystoup|it **1** *(na kopec, žebřík)* climb (up); kn. ascend; **v. na špičky** stand* on tiptoe **2** *(z vlaku, autobusu)* get* off, alight (from); *(z auta)* get out (of); *(z řady)* step out; *(řeka)* **v. z břehů** exceed n. overflow its banks **3** *(ze strany)* leave*, resign one's membership (of); **v. z církve** leave the church; **v. ze školy** leave a school **4** *(pot na čele)* stand* out **5** *(na jevišti)* appear (on the stage); **v. jako svědek** appear as a witness; **v. proti komu na obranu koho** stand up against/ for sb **6 v. s požadavkem** present a claim ■ v. **~ení (2)**
vystouplý v. **vysedlý**
výstrah|a warning; **to ti budiž ~ou!** let* this be an example to you!; **střílet bez ~y** shoot* at sight
vystrašit frighten, scare, give* sb a fright; *(náhle)* startle, make* sb jump ■ **v. se** get* frightened, take* fright
výstražn|ý warning; **~é světlo/ ~á značka** warning light/ sign
vystr|čit, ~kovat **1** put* out; *(hlavu z okna)* poke out **2 v. koho ven** push n. throw* sb out
vystr|kovat v. **~čit; v. růžky** přen. show* one's teeth
výstroj equipment; (zvl. *oděv)* outfit; *(rybářská)* tackle
vystrojit **1** *(dítě* ap.*)* dress up, deck sb out; *(stromeček)* decorate **2** *(slavnost)* organize, give* *(a party* ap.*)*; *(svatbu)* celebrate ■ **v. se** dress up, fix o.s. up
výstředn|í eccentric, freakish ■ **~ost** eccentricity
výstředn|ý techn., mat. eccentric ■ **~ost** eccentricity
výstřel shot, gunshot; *(rána)* report

výstřel|ek *(módy)* (fashion) fad n. craze; **~ky** excesses; **poslední v. módy** the latest fashion

vystřeli|t 1 *(ránu)* fire (a shot); *(šíp)* discharge, shoot*; *(torpédo)* let* fly; **někdo ~l** somebody fired a gun, a gun went* off, there was a shot 2 **v. na koho** take* a shot at 3 **v. komu oko** shoot* sb's eye out 4 *(prudce vyběhnout)* dart out; **vystřel odsud!** hov. beat* it! 5 expr. **v. si z koho** take* sb for a ride, play a joke on sb

vystříd|at (se) v. **střídat (se)**; *(stráž)* relieve; **elektřina ~ala plyn** electricity has replaced gas

výstřih *(na šatech)* neck; *(šaty)* **s hlubokým ~em** low-necked, décolleté

vystř|ihat v. **~ihnout** ▪ **v. se** *(čeho)* avoid, keep* n. steer clear of; **v. se špatné společnosti** keep clear of bad company

vystři|hnout 1 cut* out; *(šaty)* cut sth low 2 *(články z novin)* clip (out) ▪ **~žený:** ♦ **je jako ~žená z žurnálu** she looks like a fashion plate

vystříkat 1 *(sud)* flush out; *(ucho)* syringe; *(zub)* rinse out 2 *(tekutinu)* spray out; *(cákáním)* splash out; *(tenkým proudem)* squirt out

vystřikovat v. **stříkat, vystříknout**

vystřílet 1 *(munici)* spend*, use up 2 *(zvěř)* wipe out, shoot* out

vystřízlivě|t *(z opilosti)* sober up; přen. lose* one's illusions, come* down to earth again ▪ **~ní** sobering up; disillusionment

výstřižek *(z novin)* newspaper cutting, am. clipping

vystudovat finish n. complete one's studies

výstup 1 *(na horu)* ascent, climb; kn. ascent 2 *(počítačový)* output 3 div. *(herce)* appearance; *(část dějství)* scene 4 *(skandál)* scene; **udělat v.** make* a scene

výstupek projection; *(zdi, skály)* ledge; *(převis)* overhang

vystupňovat *(výrobu, tempo)* step up; *(na nejvyšší míru)* maximize; *(napětí)* intensify; *(hrozby)* escalate ▪ **v. se** increase, intensify, escalate; *(spor)* come* to a head

vystupov|at 1 v. **vystoupit, stoupat** 2 *(chovat se)* act, behave; **v. skromně** behave modestly, have a modest manner; **v. rozhodně** take* a firm stand; **v. sebevědomě** behave in a confident manner 3 *(vyčnívat)* stand* out, protrude; *(do výše)* rise* ▪ **~ání** *(chování)* manner, behaviour; **sebevědomé ~ání** self-assured n. confident manner

vystyd|nout get* cold; **dát si něco v.** *(pokrm)* allow sth to cool, leave* sth till it cools ▪ **~lý** *(pokrm)* cold

vyst|ýlat v. **~lat**

vysunout *(tlakem)* push out (**z** of); let. *(podvozek)* lower; *(tykadla)* put* out; *(bradu)* jut n. thrust* out; *(obočí)* raise

vysušit dry (out); *(utřením)* wipe sth dry; *(půdu: působením slunce)* parch, bake; *(odvedením vody)* drain; **v. si vlasy** blow* one's hair dry

výsuvný *(deska)* extensible; *(anténa)* telescopic; *(žebřík)* extending, telescopic

vysvědčení *(školní)* (school) report; *(o zkoušce)* certificate, diploma; **lékařské v.** medical certificate; **maturitní v.** ≅ Certificate of A-levels, sk. Higher Leaving Certificate

vysvě|tit *(chrám)* consecrate; **v. koho na kněze** ordain sb (as) a priest; **byl ~cen na kněze** he was ordained priest ▪ **~cení** consecration, ordination

vysvětlen|á: na ~ou *(čeho)* in explanation (of sth); **několik slov na ~ou** a few words by way of explanation

vysvětl|it explain; kn. elucidate; *(vyložit)* expound; *(názory)* set* forth; *(nedorozumění)* clear up, resolve; **v. co komu** explain sth to sb; **v. co názorně** illustrate sth by (an) example; **v. co jasně** make* sth plain, make one's point ♦ **v. komu co a jak** *(dát mu lekci)* put* sb in his place ▪ **v. se** be cleared up, resolve itself ▪ **~ení** explanation

vysvětlitelný explainable, understandable

vysvětlivka (explanatory) note; *(pod čarou)* footnote

vysvětl|ovat v. **~it: jak si to ~ujete?** how do you account for that? ▪ **~ující** explanatory, elucidatory *(comments* ap.)

vysv|ítat v. **~itnout; z toho ~ítá, že** this goes* to prove that, it follows from this that

vysvitnout *(slunce)* **v. z mraků** break* through the clouds

vysvléci (se) v. **svléci (se)**

vysvobo|dit *(vězně)* free, liberate; *(zemi)* liberate; *(rukojmí)* free, rescue ▪ **~zení** liberation, rescue

vysvoboditel liberator

vysychat *(řečiště)* dry up; *(kůže)* become* dry; *(země)* become parched

vysyp|at 1 *(písek, mouku)* pour n. empty out; *(rozsypat)* spill; *(náklad nakloněním)* tilt (out); **v. co na hromadu** heap sth on a pile 2 *(formu moukou)* dust (sth with flour); *(cestičky pískem)* scatter (with) 3 expr. **v. ze sebe něco** *(naučenou báseň* ap.) rattle sth off; **v. ze sebe vše** přen.

make* a clean breast of everything; **tak to ze sebe ~!** spit* it out then!; **v. co z rukávu** *(sonet, pamflet: napsat)* dash n. knock sth off ■ **v. se** *(mouka)* spill, get* spilled

výše₁ adv. *(v textu)* above; **viz v.** see* above, vide ante

výš|e₂ subst. **1** v. **výška** **2** *(daní, trestu, dluhu* ap.*)* amount, size; **v. předplatného** the amount of a subscription; **dluh ve ~i 10 000 korun** debt to the tune n. extent of 10,000 crowns **3** *(úroveň)* level ♦ **být na ~i** be with it, be up to date; **udržovat se na ~i** *(doby)* keep* abreast of the times **4** meteor. **tlaková v.** high(-pressure) area, high

vyšetř|it *(případ, problém, pacienta)* examine; *(příčinu)* look into, establish, determine; lék. **dát se v.** have a medical (examination n. check-up) ■ **~ení** examination, lék. též check-up

vyšetřovací investigating; *(komise)* fact-finding; **v. vazba** custody; **být ve v. vazbě** be (held*) on remand, be in detention awaiting trial

vyšetř|ovat **1** *(případ)* investigate, inquire n. probe into, make* inquiries into; **případ se ~uje** the case is under investigation **2** lék. examine ■ **~ování** **1** investigation, inquiry **2** examination

vyšetřovatel investigator

vyšetřující: v. soudce examining magistrate

výšina height

vyšin|out *(vlak z kolejí)* derail; **v. koho z rovnováhy** throw* sb off balance ■ **v. se** *(vlak)* run* n. jump off the rails ■ **duševně ~utý** mentally deranged

vyší|t, ~vat embroider, work; **~t vzor na šaty** embroider n. work a pattern on a dress

vyšívací *(bavlnka* ap.*)* embroidery

vyšívání embroidery; **rám/ jehla na v.** embroidery frame/ needle

výšivka embroidery

výšk|a **1** height; *(nadmořská, letadla, hory* též*)* altitude; *(nadmořská* též*)* elevation; **ve výšce 100 m** at a height n. altitude of 100 m; **z ~y** from above; let. **získat ~u** gain height **2** hud. *(tónu)* pitch

výškař high jumper

vyškemrat: v. si co na kom coax n. wheedle sth out of sb

vyškolit *(koho)* train

výškoměr altimeter

výškov|ý **1 ~é kormidlo** elevator; **v. rozdíl** difference in elevation n. altitude **2 ~á budova** high-rise (building)

vyškr|ábat scratch out; **oči by mu byla ~ábala** she would have liked to scratch his eyes out ■ **v. se na žebřík/ na kopec** clamber up a ladder/ hill

vyškrt|at, ~nout **1** *(slova* ap.*)* cross n. score n. stroke out, delete; **~nout koho ze seznamu** cross sb's name off a list **2 ~at** *(zápalky)* use up (all one's/ the matches)

vyškubat *(plevel, peří)* pluck out; *(vlasy)* tear* n. pull out

vyškub|nout **1** v. **~at** **2 v. komu co z rukou** snatch sth out of sb's hands ■ **v. se komu** tear* o.s. away from sb, break* free n. loose from sb

vyšlap|at *(cestu)* make*, beat* out; *(boty)* wear* out ■ **~aný** *(cesta)* well-trodden, well-beaten ♦ **nechodit ~anými cestami** přen. keep* off the beaten track

vyšlápnout *(rozšlápnout: boty)* break* in

vyšleh|nout **1** *(plameny)* leap* out; **z domu ~ly plameny** the house burst* into flames **2** *(oko bičem)* lash out ■ **~nutí plamene** gush of flame

vyšňoř|it *(koho)* dress n. deck sb up ■ **v. se** dress n. deck o.s. up ■ **~ený** spruce, dapper; dressed up to the nines, *(nevkusně)* dressed up like a dog's dinner

vyšperkovat *(vyprávění)* embellish, embroider

vyšplhat se climb up; **v. se na strom** climb up a tree

vyšpulit *(rty)* purse

vyšroubovat **1** *(co)* unscrew, screw off **2** *(ceny)* force up

vyšší v. **vysoký; v. moc** force majeur

vyštafírovat (se) v. **vyšňořit (se)**

vyštěbetat *(tajemství)* blab out, blurb out

vyštěknout bark out; *(povel)* bark out, rap out; **v. na koho** snap at sb

vyšťourat *(co)* pry out, hunt out

vyštvat *(koho)* hound out, drive* out

vyšvihnout se **1 v. se na koně** swing* up into the saddle **2** přen. get* on in the world, work one's way up

výt *(pes, vítr)* howl; *(siréna;* přen. *o lidech)* wail ♦ **kdo chce s vlky žíti, musí s nimi ~i** when in Rome do as the Romans do

vytáčet **1** *(partnerku v kole)* spin n. swing* round; **v. polku** spin* round dancing the polka **2** *(med)* extract ■ **v. se** **1** *(v kole)* twirl n. spin* around **2** *(vyhýbavě odpovídat)* beat* about the bush, equivocate, hov. pussyfoot

vytáčka evasion, excuse

výtah₁ *(zdviž)* lift, am. elevator; **sedačkový v.**

chair lift; **lyžařský v.** ski lift
výtah$_2$ *(z knihy* ap.*)* abstract, summary; hud. **klavírní v.** piano score
vytahat *(hřebíky)* pull out; **v. koho za uši** pin sb's ears back; v. též **vytáhnout** ■ **v. se** *(svetr)* stretch
vytáhlý lanky, spindly, gangling
vytáhnout 1 *(zub)* pull out, extract; *(třísku)* take* out, remove; *(rostlinu)* pull up; *(stehy)* pick out; *(člun na pobřeží)* ground; **v. koho z vody** pull sb from the water; **v. zátku z láhve** uncork a bottle **2 v. koho z postele** drag sb out of bed; **v. koho na koncert** drag sb out n. off to a concert; **v. z koho co** *(slova)* drag out; *(odpověď, tajemství)* extract **3** *(los)* draw* **4** *(do výše)* pull up, draw* up; *(vlajku)* hoist; *(žaluzie)* let* up; *(kotvu)* pull in, weigh **5** *(svetr)* stretch, *(drát)* stretch, draw*, extend **6 v. čáry tuší** trace lines with Indian ink **7 v. do války** go* to war ■ **v. se 1** *(svetr)* stretch **2** *(rychle vyrůst)* shoot* up **3** ♦ *(ukázat se)* rise* to the occasion, put* on a good show
vytahovací: v. stůl pull-out n. extension table
vytah|ovat v. **vytáhnout** ■ **v. se** *(chvástat se)* boast, brag, show* off; **jen se na mne ne~uj!** don't you get* n. act smart with me!
vytanout: v. komu na mysli occur to sb, cross sb's mind
vytápě|t (**čím** with sth) fire, heat ■ **~ný uhlím** coal-fired ■ **~ní** heating; **~ní parou** steam heating
vytapetovat v. **tapetovat**
vytasit *(meč)* draw* ■ **v. se s čím** come* out with sth, produce sth
vytavit *(železo rudy)* smelt* out
výtažek extract
vytéci flow out, run* out; *(uniknout)* leak out, escape
vytečkovat dot
výtečn|ý excellent; *(jídlo)* lovely; *(odborník* ap.*)* eminent, outstanding, notable ■ **~ě** excellently; **to se mi ~ě hodí** that suits me fine; **~ě!** bravo!, well done! ■ **~ost** eminence, excellence
vytesat *(sochu z mramoru)* hew* n. carve out; *(nápis)* chisel out; v. též **tesat**
vytetovat tattoo; **dát si co v. na hruď** have sth tattooed on one's chest
výtěžek *(z pole)* yield; obch. yield, profit, returns
vytěžit 1 *(uhlí)* mine, extract; *(peníze z prodeje)* make*, get*, obtain; **v. z čeho 100 korun** make (a profit of) 100 crowns on sth **2 v. na čem** profit from, cash in on, make* the most of
výtisk copy
vytisknout 1 print; *(publikovat)* publish, bring* out; **znovu v.** reprint; **dát si co v.** have sth printed n. published **2** *(razítkem)* stamp
vytíž|it *(stroje, síly* ap.*)* use to (full) capacity, make* full use of; *(koho)* keep* sb fully occupied; **být plně ~en** be fully stretched ■ **~ený** *(stroj)* working to capacity; *(člověk)* fully occupied
výtk|a reproach; *(pokárání)* rebuke, reprimand; **činit komu ~y, že** reproach sb for
vytknout 1 *(zdůraznit)* emphasize, stress, point out **2** mat. *(číslo)* put* sth outside brackets **3 v. komu co** reproach sb for sth **4 v. si co za cíl** set* sth as one's goal, make* it one's aim to *(+inf)*
vytlačit 1 *(vůz ven)* push out; *(nahoru)* push up **2** *(šťávu* ap.*)* press n. squeeze out; *(olej)* extract **3** *(vzor do kůže* ap.*)* impress, press in, imprint **4 v. koho z místnosti** crowd sb out, **v. koho z chodníku** crowd sb off the pavement; **v. koho z místa** oust sb from office; **v. koho z trhu** *(snižováním cen)* price sb out
vytlachat blab out
výtlak *(lodi)* displacement; **loď o ~u 5 000 tun** a vessel of 5,000 tons displacement
vytlouci 1 *(klín)* knock n. drive* sth out; *(zuby)* knock out ♦ **v. komu co z hlavy** knock sth out of sb's head, cure sb of sth **2 v. z čeho kapitál** cash in on sth, profit by sth; make* capital out of sth, capitalize on sth
vytloukat v. **vytlouci** ♦ **v. klín klínem** rob Peter to pay* Paul
vytmavit: v. to komu put* sb in his place, žert. read* sb the riot act
vytočit 1 *(telef. číslo)* dial **2 v. koho** hov. *(rozčílit)* make* sb see red, make sb's blood boil, make sb's hackles rise*
výtok 1 *(výpust)* outlet, discharge pipe **2** lék. discharge
výtokový *(roura)* discharge
vytopit$_1$ *(místnost)* heat (up), heat well; **v. pec** fire a furnace
vytopit$_2$ *(koho z domu)* flood out
vytoužený longed-for, long-desired, ardently desired
vytrati|t se slip n. sneak away; **to se mi ~lo z paměti** that has slipped my mind ♦ **v. se po anglicku** take* French leave
vytrávi|t: ~lo nám we're starving, we are ravenous
vytrénovat train; **v. si svaly** tone up one's

muscles
vytresta|t: to ho ~lo he had to pay* dearly for that
vytrh|at *(zuby)* pull out, extract; **v. huse peří** pluck a goose; *(plevel)* pluck out v. též **~nout**
vytrhn|out 1 *(zub)* pull, extract ♦ **v. komu trn z paty** přen. help sb out of a tight spot n. corner; *(list ze sešitu)* tear*, rip; *(komu co z ruky)* snatch away **2** *(slovo z kontextu)* lift **3 v. koho z práce** disturb sb at his work; **v. koho ze spánku** rouse sb from sleep **4** hov. **to mne ne~e** that will not save me ■ **v. se** *(komu)* break* free from, get* away from; **v. se komu z rukou** break* loose from sb's grip
vytroubit *(tajemství* ap.*)* trumpet, broadcast
vytrousit *(zrní* ap.*)* spill; *(peněženku)* lose* ■ **v. se** steal* n. sneak away (one by one)
vytrpě|t suffer, endure, bear*; **ten si už ~l své** he had to put* up with a lot, he had to endure a lot
výtrus biol. spore
vytrvalec *(běžec)* long-distance runner
vytrval|ý 1 *(nepolevující)* persistent, tenacious, persevering; *(trpělivý)* patient; *(úsilí)* relentless; *(přívrženec)* staunch **2** *(rostlina)* perennial ■ **~ost** perseverance; *(výdrž)* staying power, stamina; *(houževnatost)* tenacity; *(trpělivost)* patience
vytrvalostní long-distance (**běžec** runner)
vytrvalý tenacious
vytrvat persist, persevere; **v. až do samotného konce** hold* out n. on to the (bitter) end
vytrysk|nout well out, spout out, gush out; **z očí jí ~ly slzy** tears welled up in her eyes
vytržení: být u v. go* into ecstasy (**nad čím** over sth), be swept* off one's feet
výtržnictví disorderly conduct, hooliganism
výtržník troublemaker, rowdy
výtržnost disturbance, riot, breach of the peace; **dělat ~i** disturb the peace
vytřást shake* out
vytřepat shake* out ♦ **to se nedá jen tak v. z rukávu** you can't just pull it out of your hat n. sleeve
vytřešt|it: v. oči open one's eyes wide; **v. na koho oči** stare n. gape at sb ■ **~ěné oči** staring eyes
vytříb|it refine ■ **~ený** refined; *(vkus)* discerning, discriminating; *(styl)* polished ■ **~enost** refinement; polish
vytřídit *(roztřídit)* sort out; *(vyřadit)* cast* out, reject
vytřít *(nádobu)* wipe out; *(vodu)* wipe n. mop up; *(podlahu)* wipe, mop ♦ **v. komu zrak** dupe sb, take* sb in, hoodwink sb
vytušit *(nebezpečí)* sense, have a foreboding of
výtvarn|ictví visual n. graphic arts; *(bez malířství)* plastic art(s); v. **~ý**
výtvarník (zvl. *malíř)* artist, *(sochař)* sculptor; **jevištní v.** stage designer
výtvarn|ý *(umění)* visual, graphic; br. **~é umění** *(bez malířství a grafiky)* the plastic arts; šk. **~á výchova** art
vytv|ářet v. **~ořit**
výtvor (piece of) work, creation, product; **umělecký v.** work of art; **~y skladatelů a spisovatelů** works n. kn. creations of composers and writers
vytvořit *(umělecké dílo, podmínky, možnosti)* create; *(organizaci)* found, establish, set* up ■ **v. se** *(vzniknout)* form, be formed, develop, arise*, come* into being
vytyčit 1 *(pozemek)* stake out, mark out; *(hranice)* demarcate **2** *(pozice)* define; **v. si cíl** set* o.s a goal
vytýkat v. **vytknout**
vyučen|á: dát komu za ~ou teach* sb a lesson, tick sb off; **dostat za ~ou** have to pay* dearly *(for sth)*
vyuč|it: v. koho čemu train sb in sth ■ **v. se** *(dokončit učení)* complete one's apprenticeship n. trainig; **v. se čemu** get* a training in sth, learn* sth *(a craft* ap.*)* ■ **~ený** *(řemeslník)* trained; *(dělník)* skilled
vyučovací *(metoda)* teaching, educational; *(pomůcka)* teaching; **v. hodina** class, lesson
vyučování 1 teaching, instruction **2** *(hodiny)* classes, school; **během v.** during classes; **dnes není v.** there are no classes today, there is no school today
vyučovat teach*; *(dávat hodiny)* give* lessons (in); **v. dějepis** teach history
vyúčtov|at v. **účtovat** ■ **~ání** account
výuka teaching, instruction; **v. jazyků** language teaching; v. též **vyučování**
vyumělkovaný *(chování)* affected; *(styl)* affected, mannered, stilted
vyústit 1 *(řeka)* flow into; *(kanál)* end in; *(ulice)* lead* in(to) **2** *(v otevřený boj)* end in
využ|ít 1 v. **~itkovat, využívat 2** *(příležitosti, koho)* use, exploit, take* advantage of; *(zkušenosti* ap.*)* put* sth to good use; **v. čeho co**

nejlépe make* the most n. best of; **v. dobře příležitosti** play one's cards well; **v. čí slabosti** take advantage of n. capitalize on sb's weakness

využitkovat *(zdroje, suroviny* ap.*)* utilize, use, exploit; *(zkušenosti)* take* (full) advantage of; *(čas)* make* the most of

využí|vat 1 v. **~t 2** *(koho)* sponge on, take* advantage of; *(sporů)* play upon; **být ~ván** *(kým)* be put* (up)on by **3** *(lék)* use up ■ **~vání** utilization; *(zneužívání)* exploitation

vyvád|ět 1 v. **vyvést 2** *(o dětech)* fool around n. about, horseplay around, be naughty; **co to ~íte?** what are you up to?

vyválet *(těsto)* roll out ■ **v. se** *(ve sněhu* ap.*)* roll around *(in the snow* ap.*)* to one's heart's content

vyval|it 1 *(sud)* roll out **2 v. oči** open one's eyes wide; **v. na koho oči** look at sb wide-eyed ■ **v. se** *(voda)* stream out, pour out, gush out; přen. *(davy)* stream out, pour out

vyvalovat: v. oči na koho gape n. gawp at sb ■ **v. se** *(líně)* loaf, laze about n. around

vývar *(z masa)* (meat) broth, bouillon, consommé

vyvarovat se *(špatné společnosti)* avoid, steer clear of; **v. se nejhoršího** prevent the worst from happening

vyvařit *(kosti, prádlo)* boil; lék. *(nástroje)* sterilize (in boiling water) ■ **v. se** *(voda)* evaporate

vyvářka *(prádla)* boiling

vyvatovat pad, wad

vyváznout escape, get* away n. off; **v. z potíží** get off the hook; **v. jen tak tak** escape by the skin of one's teeth, have a narrow escape n. a close shave; **v. jen s pokutou** get* off n. be let* off with only a fine; **v. lacino** get* off lightly; **v. se zdravou kůží** escape unscathed

vyvážet v. **vyvézt**

vyváž|it, vyvažovat 1 *(váhy)* balance; *(vodováhou)* level **2** *(kompenzovat)* counterbalance, offset, cancel out; **v. co čím** counterbalance sth with sth ■ **~ený** (well-)balanced

vyvěrat *(řeka)* rise*, have its source

vyvě|sit 1 *(prapor)* hang* n. put* out **2** *(dveře)* take* sth off its hinges, unhinge **3** *(vyhlášku)* put* up, display; *(plakát)* put up, post (up) ■ **být ~šený** *(telefon)* be off the hook, *(plakát)* be displayed n. posted

vývěska 1 *(tabule)* notice board **2** *(oznámení)* (public) notice

vývěsní: v. tabule notice board

vyvést 1 v. koho ven lead* n. show* sb out; **v. koho z klidu** perturb sb, ruffle sb's temper n. feathers; **v. koho z konceptu** confuse n. disconcert sb; **v. koho z omylu** open sb's eyes; **v. koho aprílem** make* an April fool of sb **2 v. koho nahoru** lead* sb up; *(po schodech)* lead sb upstairs **3 v. komu co** play a trick on sb; **cos to vyvedl?** what ever have you done? ■ **v. se** *(jablka, děti)* turn out well

vyvětra|t *(místnost)* air; *(víno, pivo)* go* flat n. stale ■ **~lý** *(pivo, víno)* flat, stale

vývěva vacuum pump

vyvézt 1 *(smetí* ap.*)* take* out, remove; *(na kolečku)* wheel out; *(nahoru: výtahem)* take up, bring* up **2** *(zboží)* export; *(někoho za hranice)* deport

vyvíjet develop; **v. horečnou činnost** bustle about ■ **v. se** *(dobře)* be shaping well, be coming* along nicely

vývin development

vyvinout develop; *(teorii, metodu* též*)* work out; *(energii)* produce ■ **v. se** develop (into), grow* (into); *(situace)* **v. se dobře** take* a favourable turn, take a turn for the better

vyvinut|ý *(dospělý)* mature; *(čich* ap.*)* well-developed; **málo ~é země** underdeveloped n. developing countries

vyvlastnit *(majetek)* expropriate; *(vlastníka)* dispossess

vyvlé|ci, ~knout 1 *(ven)* pull out; *(namáhavě)* drag out **2** *(perly)* unstring*; *(nit z jehly)* unthread ■ **v. se 1** pull n. drag o.s. out; *(nahoru)* drag o.s. up **2** *(pes: z obojku)* slip (its collar); přen. *(ze závazků)* get* out of sth

vývod 1 el. outlet, leading-out wire/ cable **2** lék. excretory duct **3** *(logický)* conclusion, deduction

vyvodit (z from) deduce, infer; **v. nezbytné důsledky** draw* the necessary conclusions

vývoj development; pol., biol. též evolution

vývojka fot. developer, developing liquid

vývojov|ý *(stupeň)* developmental, of development; **~á teorie** theory of evolution

vyvolat 1 *(ven)* call sb out, ask for sb; *(herce)* call for; *(žáka)* call out; *(z paměti počítače)* recall **2** *(způsobit)* cause, produce; *(nepokoje)* stir up, *(vášně)* rouse; *(nenávist)* arouse, provoke; *(smích/ úsměv)* raise a laugh/ smile; **v. módní vlnu** set* a fashion; **v. co v život** call sth into being **3** *(film)* develop

vyvol|ávat v. **~at; v. duchy** raise ghosts

vyvol|it si v. **zvolit si** ■ **~ený národ** the chosen people; žert. **jeho ~ená** his intended

vývoz 1 export; *(vyvážení)* exportation **2** *(zboží)* exports

vývozce exporter

vývozní export; **v. zboží** export goods n. articles, exports

vyvo|zovat v. **~dit**

vyvr|acet v. **~átit**

vyvrátit 1 *(stromy)* uproot **2** *(tvrzení)* refute, disprove; *(teorii)* falsify, explode

vyvraždit massacre, slaughter, butcher

vyvrhel outcast; **~ové společnosti** the scum n. dregs of society

vyvrhnout 1 *(na břeh)* wash ashore; *(koho ze společnosti)* ostracize **2** *(jídlo)* vomit, throw* up **3** *(zvíře)* gut

vyvrchol|it culminate; *(události)* come* to a head ▪ **~ení** culmination; *(zlatý hřeb)* highlight, climax; **v. jeho kariéry** the culmination point of his career, the zenith of his career

vyvrtat *(otvor)* bore, drill; *(zub)* drill

vývrtk|a 1 corkscrew **2** let. spin; **udělat ~u** go* into a spin

vyvrtnout: v. si kotník sprain an ankle

vyvrženec outcast

vyvřelina volcanic rock

vyvřelý geol. eruptive

vyvsta|t 1 *(objevit se)* come* into being, emerge, arise*; **~ly těžkosti** difficulties arose, there were difficulties **2 na čele mu ~l pot** perspiration stood* out on his forehead

vyvýšenina elevation, rise

vyvýšený *(místo)* raised, elevated

vyvyšovat se: v. se nad druhé consider o.s. superior to others, place o.s. above others

vyvzdorovat si: v. si co get* sth by dint of perseverance

vyvztekat se work off one's rage

vyzáblý skinny, scrawny, scraggy; *(tvář)* sunken

vyzařovat *(teplo, zdraví, klid, laskavost)* radiate; *(světlo též)* emit; **v. štěstí** be radiant with happiness

výzbroj 1 *(zbraně)* weapons; *(lodi, tanku ap.)* armament **2** techn. equipment; sport. outfit, gear, tackle

vyzbroj|it, ~ovat arm, equip with arms; přen. *(zásobit)* supply (**čím** with sth); **v. koho fakty** arm sb with facts ▪ **v. se** arm o.s.; přen. **v. se trpělivostí** summon up one's patience ▪ **~ený** armed též přen.

vyzdít line sth with brick, *(zazdít)* brick up

vyzdívka brickwork

výzdoba decoration, décor; **květinová v.** floral decoration; **v. bytu** the décor of the flat

vyzdobit *(místnost)* adorn, decorate; *(jídlo)* garnish

vyzdvihnout v. **vyzvednout**

vyzískat *(na čem)* profit from n. by, benefit from, capitalize on; *(peníze z čeho)* gain; **v. velké peníze** make* a lot of money

vyzkoumat *(příčiny, podmínky)* find* out, discover; *(tajemství)* penetrate, fathom

vyzkouše|t 1 *(studenta)* examine, test; **v. koho z matematiky** examine sb in mathematics **2** *(stroj, materiál)* test; *(čí trpělivost, přátelství)* put* sth to the test **3** *(šaty)* try on ▪ **~ný** *(recept ap.)* well-tried

výzkum 1 *(bádání)* research (work); **vědecký/ aplikovaný v.** scientific/ applied research; **provádět v.** do research work **2** *(průzkum)* investigation (into), inquiry (into); **v. veřejného mínění** public opinion poll

výzkumník researcher, research worker

výzkumn|ý *(ústav, práce)* research; **~á cesta** expedition; **~á plavba** voyage of exploration

vyznačit *(místo na mapě)* mark; *(turistickou cestu)* mark out, signpost; *(hranice pozemku ap.)* mark off (**kolíky** with stakes)

význačný 1 *(vědec ap.)* prominent, outstanding; *(den v životě)* important **2** *(rys, příznak)* characteristic, typical, symptomatic

vyznač|ovat v. **~it** ▪ **v. se** *(čím)* distinguish o.s. by; **tento vůz se ~uje (velkou) rychlostí** the outstanding feature of this car is its speed

význam 1 *(slovní, gramatický)* meaning, sense; *(myšlenkový obsah)* meaning; **vlastní/ obrazný v.** literal/ figurative meaning; **jaký v. má toto slovo?** what's the meaning of this word?, what does this word mean*?; **toto slovo má dva různé ~y** this word has two different meanings n. senses; **posun ~u** shift of meaning n. sense, semantic shift; **změna ~u** change in meaning, semantic change **2** *(důležitost)* importance, significance; **mít (velký/ malý) v.** be of (great/ litle) importance n. significance, be (very/ not to be very) important n. significant; **přikládat čemu (velký) v.** place (great) importance on sth, set* (great) store by sth, attach (a lot of) importance to sth; **jídlu nepřikládá velký v.** he does not attach much importance to food **3** *(dosah)* consequences, implications; **dalekosáhlý v. čeho** far-reaching consequences n. implications of sth; **uvědomujete si, jaký to může**

mít v.? are you aware of the possible consequences n. implications of this?, are you aware of what this could mean? **4** *(hodnota)* value, meaning; **v. dobrého vzdělání** the value of (a) good education; **život pro něj ztratil v.** life has lost* its meaning for him **5** *(smysl, účel)* point; **co to má za v.?** what's the point of that?; **to nemá v.** there's no point in it, it's pointless n. futile; **nech toho, nemá to v.!** stop it, there's no point!; **nemá v. si stěžovat** it's no use (your) complaining; **co má za v. se trápit?** what's the use of worrying?

vyznamenání **1** *(ve škole)* distinction, honours; **složit zkoušku s ~m** pass an examination with honours n. distinction **2** *(pocta)* privilege; **bylo to pro mne ~** it was a privilege for me **3** *(řád)* decoration, order

vyznamena|t *(koho)* honour; *(řádem)* decorate; *(cenou)* award a prize to; **v. koho svou návštěvou** grace sb with n. by one's visit ■ **v. se** *(čím)* distinguish oneself by ♦ **ty ses ale ~l** now you've made* your mark

významný **1** v. **význačný (1);** *(instituce)* leading **2** *(značný: vzrůst obyvatelstva* ap.*)* significant **3** *(pohled)* meaningful, full of meaning

vyznání **1 v. lásky** declaration of love **2** *(náboženské)* religion, denomination; **bez v.** non-denominational; **svoboda v.** freedom of worship

vyznat *(hříchy)* confess; **v. komu lásku** declare n. confess one's love to sb ■ **v. se**$_1$ *(z hříchů, z lásky)* confess to sth

vyznat se$_2$ **1** *(kde)* know* one's way (about a place); **v. se ve městě** know one's way about n. around the town **2** *(ovládat)* **v. se v čem** know a lot about sth ♦ **v. se v tlačenici** know the ropes; **nemohu se v tom v.** I can't make* head or tail of it

vyznavač *(následovník)* follower, supporter, adherent, advocate; **v. dobrého jídla** bon-vivant, epicure

vyznávat v. **vyznat**; *(víru)* believe in, profess

vyznít **1** *(doznít)* die n. fade away **2** *(píseň)* **v. falešně** be out of tune **3 v. naprázdno** *(něčí slova)* meet* with no response, have no effect

vyzout (si) *(boty, ponožky)* take* off ■ **v. se z bot** take off one's shoes; přen. **v. se z povinností** shirk n. evade one's duties ♦ **v. se z dětských střevíčků** grow* up, become* a man/ woman

vyzpěvovat si *(píseň)* sing*; **tiše si v.** sing softly to o.s., croon

vyzpívat **1** *(svůj žal* ap.*: básník)* sing* of **2 v. vysoké C** (be able to) sing high C

vyzpovídat *(koho)* hear* sb's confession, *(o knězi* též*)* confess sb ■ **v. se** confess one's sins

vyzradit *(spoluviníka)* give* away; *(tajemství* též*)* disclose, reveal, divulge; *(vyžvanit)* blab out; *(prořeknout se)* let* the cat out of the bag

vyzrá|t **1** *(obilí, ovoce)* ripen; *(sýr, víno, plány)* mature; *(člověk)* reach full maturity; *(vřed)* come* to a head **2 v. na koho** get* the better of sb ■ **~lý** ripe, mature

výztu|ha, ~ž horn. timbering; stav. *(ocelová)* steel reinforcements; *(podpěra)* strut

vyztuž|it *(límec)* stiffen; *(beton)* reinforce ■ **~ený** *(beton)* reinforced

vyzuřit se give* vent to one's rage; *(bouře)* spend* itself

výzv|a **1** *(k veřejnosti ap.)* appeal, proclamation **2** *(úřední)* summons **3** *(k souboji)* challenge **4** telef. **hovor na ~u** person-to-person call, personal call

vyzváněcí: v. tón ringing tone

vyzvánět *(kostelní zvony)* ring*, chime, peal; *(umíráčkem)* toll; *(budík, telefon)* ring

vyzvat: v. koho k čemu call on sb to do sth, ask sb to do sth; **v. dívku k tanci** ask n. invite a girl to dance; **v. koho na souboj** challenge sb to a duel

vyzvědač spy

vyzvědačství espionage

vyzvědět *(co)* find* out; *(tajemství)* ferret n. sniff out

vyzvednout **1** *(břemeno)* lift (up); *(s námahou)* heave (up) **2** *(peníze z banky)* withdraw*; **v. si koho/ co** collect sb/ sth **3** *(čí zásluhy)* stress, point out

výzvědný *(služba)* intelligence; *(let, oddíl)* reconnaissance

výzvědy: jít na v. go* on a reconnaissance mission; **poslat koho na v.** send* sb on a reconnaissance mission

vyzvídat ask questions; hov. snoop around, be nosy; *(odb. znalosti)* pick sb's brains; **v. co na kom** sound sb on sth, pump sb about sth; **přestaň v.** stop asking questions

vyzývat v. **vyzvat**

vyzývav|ý provocative; *(svůdný)* inviting; *(drzý)* arrogant; *(konfrontující se)* challenging; *(vzdorný)* defiant ■ **~ě** provocatively, defiantly ■ **~ost** provocativeness, provocative behaviour, defiance

vyžádat si 1 *(povolení, souhlas)* ask for, request, seek*; **v. si odborný posudek** seek* n. call for expert opinion (**o** on); **v. si čas na rozmyšlenou** request time for consideration **2 v. si mnoho lidských životů** *(válka* ap.*)* claim many lives

vyžad|ovat *(osobně i neosobně)* demand, require, *(*zvl. *neos.* též*)* call for; **v. co na kom** demand sth of sb; **tato práce ~uje velkou trpělivost** this work calls for n. requires a lot of patience

vyždímat *(prádlo)* wring* out; **v. z koho peníze** extort n. squeeze money out of sb; **v. z koho přiznání** extract a confession from sb

vyžebrat: v. si co na kom scrounge sth from sb; *(lichocením)* wheedle sth out of sb, hov. *(jídlo, cigarety)* cadge sth from sb, cadge sth out of sb

vyžehlit *(košili)* press, iron; přen. **v. si to u koho** get* on the right side of sb, put* o.s. right with sb

vyženit get* sth by marriage

vyžilý dissipated, debauched

vyžírka freeloader, free rider

vyžít se *(plně)* live one's life to the full

výživa nutrition, nourishment

vyžívat se: v. se v čem enjoy doing sth; **v. se ve své práci** be completely taken* up by n. absorbed in one's work

výživné maintenance, alimony

výživn|ý *(potrava)* nutritious, nourishing; *(jídlo)* substantial; **fazole jsou velmi ~é** beans are very nutritious ■ **vařit ~ě** cook nourishing food ■ **~ost** nutritiousness

vyživovací: v. příspěvek maintenance (allowance); **v. povinnost** obligation to pay* maintenance

vyžvanit *(tajemství)* babble n. blab out; **všechno v.** *(celou záležitost)* give* the game away

vzácn|ý 1 *(knihy, mince, zvířata)* rare; *(plyn, půda)* rare, noble; *(zřídka se vyskytující)* scarce, few and far between **2** *(dar)* precious, valuable; *(host)* distinguished ■ **~ost** rarity; scarcity

vzad: čelem v.! about turn!, am. about face!

vzadu at the back; *(v pozadí)* in the background; *(v autě, v autobusu)* **sedět v.** sit* in the back of the car/ bus; **v. v zahradě** at the back of the garden; **zůstat v.** be left* behind, remain behind

vzájemn|ý mutual, reciprocal; **~á závislost** mutual dependence, interdependence; **v. vztah** mutual relation, interrelation; **v. účinek** reciprocal effect ■ **~ě** mutually, reciprocally; **~ě se navštěvovat** visit each other n. one another ■ **~ost** mutuality, reciprocity

vzápětí immediately afterwards

vzatý: na slovo v. *(odborník* ap.*)* eminent, prominent, outstanding

vzbouřenec rebel; *(na lodi)* mutineer

vzbouř|it *(lid)* incite sb to revolt ■ **v. se** revolt, rise* up in rebellion ■ **~ení** revolt, rebellion; *(povstání)* uprising

vzbudit 1 *(ze spánku)* wake* up, waken **2** přen. awaken; *(zájem, zvědavost, podezření, lítost)* arouse, *(city* též*)* stir up; *(naději)* raise; **v. v kom závist** put* sb's nose out of joint ■ **v. se** wake* up, awake

vzbu|zovat v. **~dit (2);** *(důvěru)* inspire; *(hrůzu)* strike*, spread*; *(úctu)* command

vzdálenost distance; **ujetá v.** the distance covered; **ve ~i ...** at a distance of ...

vzdálený 1 *(místo)* distant, remote; *(země* ap.*)* faraway, far-off **2** *(příbuzný)* remote, distant **3** *(podoba)* faint, vague, remote

vzdálit se 1 *(odejít)* go* away, leave*; voj. *(od útvaru)* go absent without leave **2** přen. *(od tématu)* digress (from), deviate from, depart from

vzdalovat se v. **vzdálit se;** *(mizet v dáli)* retreat, recede

vzdát 1 *(zápas)* abandon; *(závod)* scratch (from); *(hru)* give* up; *(partii šachu)* resign **2 v. komu díky** offer n. extend one's thanks to sb; **v. komu poctu** pay* homage to sb ■ **v. se 1** surrender, capitulate; *(o ženě)* give* o.s. to sb, yield to sb **2** *(naděje, myšlenky, nároku)* relinquish; *(trůnu)* abdicate; *(práva, nároku)* renounce; *(dovolené, příležitosti)* forgo*; *(místa)* resign

vzdech sigh, groan; **Most ~ů** *(v Benátkách)* the Bridge of Sighs

vzdechnout (si) (heave a) sigh; **hluboce si v.** heave a deep sigh

vzdělanec educated person, intellectual

vzdělání education; **základní/ středoškolské/ vysokoškolské v.** primary/ secondary/ higher education

vzděla|t se educate o.s., improve one's mind ■ **~ný** educated, cultivated ■ **~nost** culture, level of education

vzdělávací *(systém, proces)* educational

vzdor defiance; **ze ~u** out of spite; **dělat co na ~y komu** do sth to spite sb

vzdorn|ý *(svéhlavý)* obstinate, stubborn; *(neústupný)* defiant ■ **~ost** obstinacy, stubbornness; defiance

vzdorovat 1 *(útoku)* defy, *(nebezpečí* též*)* brave sth; *(nepříteli)* stand* up to; *(o skle* ap.*)* **v. teplu**

resist heat 2 *(trucovat)* sulk, be sulky; *(být svéhlavý)* be obstinate, be stubborn
vzdorovit|ý, ~ost v. **vzdorný, vzdornost**
vzdou|t se, ~vat se *(plachty)* swell* (out), fill out; *(vlny na moři)* heave
vzduch 1 air; **čerstvý v.** fresh air; **špatný v.** stale air, bad air; **tlak/ odpor ~u** air density/ resistance; **změna ~u** change of air; voj. **rakety země – v.** ground-to-air missiles; **převaha ve ~u** air superiority ♦ **vyletět do ~u** explode, go* up; **viset ve ~u** *(nebezpečí)* be in the air 2 *(venek)* **na ~u** in the open air; **jít na v.** get* out in n. into the fresh air 3 *(ovzduší)* atmosphere ♦ **už je čistý v.** the coast is clear
vzducholoď airship, dirigible
vzduchoprázdno vacuum
vzduchoprázdný vacuum
vzduchotěsný airtight, hermetic
vzduchovka airgun, air rifle
vzduchov|ý *(proud, bublina)* air; *(vrstva)* air, atmospheric; **~á pistole** *(dětská)* popgun
vzdušn|ý 1 **v. prostor** airspace; **~á doprava** air transport; **v. boj** air n. aerial combat; **~ou čarou** as the crow flies ♦ **~é zámky** castles in the air 2 *(pokoj)* airy; *(šaty)* light
vzdychat sigh; **v. po kom** *(touhou)* pine n. sigh for sb
vzdychnout (si) (give* a) sigh, *(zhluboka)* heave a (deep) sigh
vzedm|out se v. **vzdout se**; *(hruď)* heave ■ **~utý** *(moře)* heavy, rough
vze|jít 1 *(vzniknout)* arise*, come* about; *(jako následek)* result, be caused; **~šla z toho panika** this gave* rise to a panic, this led* to a panic 2 *(o rostlinách)* come* up, germinate, sprout
vzepnout se *(kůň)* rear; přen. **v. se k čemu** rouse o.s. to do sth
vzepřít *(břemeno)* lift ■ **v. se** offer n. put* up resistance; **v. se komu** rebel n. revolt against sb; **v. se čemu** oppose n. resist sth
vzestup *(výroby)* increase, growth; *(cen, teploty)* increase, rise*; **být na ~u** be on the rise; **v. a pád** the rise and fall
vzestupný *(úroveň, intonace)* rising; *(křivka, tendence)* upward
vzezření *(vzhled)* appearance, looks; *(výraz)* expression
vzhled appearance, air, look; *(výrobku)* design, shape ■ **~em k tomu, že** in view of the fact that, taking* into consideration n. account that
vzhlédnout look n. glance up (**k** to)
vzhledný good-looking
vzhl|ížet v. **~édnout**; **v. ke komu (s obdivem)** look up to sb (with admiration)
vzhůru up, upwards; **v. po proudu** upstream; **v. po schodech** upstairs; **být v. dnem** be upside down ♦ **být obrácený v. nohama** be topsy-turvy; **dům byl v. nohama** the house was a shambles; **město bylo v. nohama** the town was in an uproar; **hlavu v.!** chin up!; **ruce v.!** hands up!
vzchopit se pull o.s. together; *(dostat odvahu)* pluck up courage
vzít 1 a) *(uchopit)* take*; **v. co do ruky** take sth in one's hand; *(zvednout)* pick sth up; **v. koho za ruku** take sb's hand, take sb by the hand; **v. koho do náručí** hug sb; **v. co na sebe** *(obléct si)* put* on b) **v. si** *(jídlo)* have, take, help o.s. to, *(lék)* take; **alkohol už nevezmu do úst** I won't touch another drink; **vezměte si!** help yourself! c) **v. si na sebe povinnost něco udělat** take it upon o.s. to do sth; **v. si toho moc na sebe** take too much on one's plate n. shoulders; **v. to za koho** *(vystřídat koho)* stand* in for sb; **v. koho do ochrany** take sb under one's wing d) *(zavést, zavézt)* take, *(autem)* drive*, run*; **v. koho s sebou** take sb along; **v. koho stranou** take sb to one side; **v. koho autem na nádraží** run sb to the station; **v. psa ven** take a dog for a run e) ♦ **v. co za správný/ špatný konec** get* hold of the right/ wrong end of the stick; **v. rozum do hrsti** have one's wits about o.s.; **v. někoho za slovo** take sb at his word; **v. zpět** *(tvrzení)* retract; *(slib, slovo)* withdraw* ♦ **v. si co do hlavy** set* one's heart on (doing) sth; **na to můžeš v. jed** you bet*!; **v. za své** *(zaniknout)* go* to rack and ruin; **v. za to** put one's shoulder to the wheel; **v. nohy na ramena** take to one's heels 2 *(odejmout)* **v. komu co** take sth away from sb; *(práva, svobodu)* deprive sb of sth; *(naději)* rob sb of sth; *(ukrást)* take, steal*; **v. si volno** take time off, *(na den)* take a day off ♦ **v. si život** take one's own life; **v. koho na hůl** take sb for a ride; **v. komu půdu pod nohama** cut* the ground from under sb's feet; **v. komu slova z úst** take the words out of sb's mouth 3 *(získat)* take, get*, obtain; *(lístky)* book; **v. si co na splátky** get sth on hire purchase n. on the HP [eič'pi:] 4 *(přijmout)* **vzali ho mezi sebe** they took* him between them; **v. koho do vazby** take sb into custody 5 *(pochopit)* take, treat; **záleží na tom, jak se to vezme** it depends on your

point of view; **celkem vzato** on the whole; **v. na vědomí** note **6 v. si koho za ženu/ manžela** marry sb **7 v. to zkratkou** take a short cut ■ **v. se 1** *(snoubenci)* get married **2** *(objevit se)* **kde ses tu vzal?** where have you come* from?, how come you are here?

vzkaz message; **nechat komu v.** leave* a message for sb

vzkázat, vzkazovat 1 send* a message, send word; **vzkazuje ti, že** he asked me to tell* you that, he sends word that **2 v. pro doktora** send for a/ the doctor

vzklíčit germinate

vzkřiknout cry n. shout out, exclaim

vzkří|sit resurrect, restore n. bring* sb back to life; bibl. též raise sb from the dead ■ **~šení** the Resurrection

vzkvétat *(kultura, město* ap.*)* flourish, thrive*, prosper; *(ekonomie, podnik)* go* from strength to strength

vzkypět *(mléko)* boil up; **v. hněvem** fly* into a rage

vzlet 1 let. *(start)* take-off; *(stoupání)* climb; *(balónu)* ascent **2 v. fantazie** flight of fancy

vzletět, vzlétnout *(ptáci)* fly* up, take* wing; *(letadlo)* take off; *(stíhačky při poplachu)* scramble

vzletný poetic; *(řeč)* rousing

vzlínat *(voda)* rise* through capillary attraction

vzlínavost capillarity, capillary attraction

vzlyk sob

vzlyk|at sob ■ **~ání, ~ot** sobbing

vzmáhat se grow*, increase

vzmoci se 1 *(najít sílu)* manage, find* it in o.s. *(to do sth)*; **v. se na odpor** manage to fight* back; **nemohl se v. na odpověď** he was at a loss what to say* **2** *(zbohatnout)* get* rich, make* a fortune; **v. se na auto** manage to get a car

vzmužit se pluck up (one's) courage; *(sebrat se)* pull o.s. together

vznášedlo hovercraft

vznášet v. **vznést** ■ **v. se** *(nad čím)* hover, be suspended, hang* in the air; *(klouzat)* glide, float, *(vysoko)* soar; přen. *(tanečníci)* **v. se po parketu** float n. drift around the dance floor; **v. se v oblacích** *(radostí)* tread* n. walk on air

vznést *(nárok)* put* forward, claim; *(požadavky, námitku)* raise; *(obvinění)* make*, bring* ■ **v. se** *(letadlo)* take* off; *(raketa)* lift off; **v. se do výše** soar (up) into the air

vznešen|ý *(myšlenky, styl)* lofty, elevated, sublime, exalted; *(dáma, pán)* distinguished; hov. a iron. posh; *(chování)* refined; **~á společnost** high society ■ **~ost** loftiness, sublimity; *(velkolepost)* grandeur, magnificence

vznětliv|ý 1 *(látka)* inflammable **2** *(prchlivý)* impetuous, impulsive, quick-tempered ■ **~ost** inflamability; impetuousness, impulsiveness

vznik origin; *(postupný)* emergence, development, rise; *(státu)* formation

vznikat emerge, develop, grow*, evolve; *(vytvářet se)* form

vznik|nout 1 *(objevit se)* v. **~at;** *(mít původ)* originate; *(náhle)* spring* into being; *(potíže)* arise*; *(oheň)* break* out; **v. z čeho** be caused by sth **2** *(být vytvořen)* be created n. built*; *(organizace* ap.*)* be formed n. established; *(kniha)* be written*; *(malba)* be painted; *(skladba)* be composed; *(teplo)* be generated

vznítit se *(začít hořet)* catch* fire, ignite

vznosný *(chrám)* lofty, haughty; *(postava)* regal, majestic

vzor 1 *(na látce* ap.*)* pattern, design **2** *(předloha)* model, *(na pletení, na šití)* pattern; *(dopisu)* specimen; jaz. paradigm; **být ~em trpělivosti** have the patience of a saint; **plést podle ~u** knit* from a pattern **3** *(kladný typ)* model, žert. paragon; **v. ženy** a model woman; **v. ctnosti** a paragon of virtue **4** *(příklad)* example; **vzít si koho za v.** take* sb as an example; **dávat koho za v.** hold* sb up as an example **5** *(provedení výrobku)* model, type, design

vzorec chem., mat. formula; **odvodit v.** derive a formula

vzor|ek 1 v. **vzor (1,2);** *(látka)* **s jemným ~kem** small-patterned **2** *(výrobků, podpisový)* specimen; *(neprodejný)* sample; **v. bez ceny** sample of no commercial value

vzorkovaný *(látka)* patterned

vzorkovna showroom

vzorkovnice pattern book, collection of samples

vzorkov|ý: ~á kolekce collection of samples n. patterns; **v. veletrh** samples exhibition, trade show n. exhibition

vzor|ník v. **~kovnice**

vzorn|ý *(příkladný)* exemplary, model; *(vynikající)* perfect, excellent, ideal; **~á škola** model school; **v. žák** model n. star pupil; **v. pořádek** perfect order ■ **~ě** perfectly; **chovat se ~ě** behave perfectly, be on one's best behaviour

vzorový *(překlad* ap.*)* model; *(podpis)* specimen

vzpamat|ovat se 1 *(z leknutí)* recover, get* over;

(z hněvu) recover one's composure **2** *(po nemoci)* recover (from an illness), get* well n. better; *(finančně)* recuperate; **~uj se!** *(vzchop se)* pull yourself together; *(přidej!)* pull your socks up

vzpažit raise one's arms (above one's head)

vzpěčovat se resist (**čemu** sth, doing sth)

vzpěra prop, techn. strut

vzpěrač weightlifter

vzpěračství weightlifting

vzpínat se *(kůň)* rear (up)

vzpírat (se) v. **vzepřít (se)**

vzplan|out *(začít hořet)* catch* fire; *(náhle)* flare n. blaze up, burst* into flames; **v. hněvem** fly* into a rage; **v. nadšením** have a burst of enthusiasm (**pro** for) ■ **~utí** blaze, flare-up; **~utí hněvu/ nadšení** a fit of rage/ a sudden burst of enthusiasm

vzpomenout (si) *(na koho/ co)* recollect, remember, think* of; **nemohu si v. na její jméno** I don't recall her name, her name escapes me

vzpom|ínat (si) v. **~enout (si); v. (nahlas)** reminisce; **matně si na to ~ínám** this rings* a bell; **jestliže si dobře ~ínám** if I remember rightly, if my memory serves me well; **v. na koho v dobrém** remember sb kindly; **~ínám si, že to hledala** I remember her looking for it

vzpomínk|a memory, recollection; **budit ~y** evoke n. bring* back memories; **mít na koho/ co příjemné ~y** have pleasant memories of sb/ sth

vzpomínkov|ý commemorative, commemoration; **~á slavnost** commemoration ceremony; **~á řeč** commemorative speech n. address

vzpor: v. ležmo press-up, am. push-up

vzpoura revolt, rebellion, uprising; (zvl. *na lodi)* mutiny

vzpouzet se be stubborn; **v. se proti komu/ čemu** oppose n. resist sb/ sth; **v. se poslechnout** refuse to obey

vzpruha stimulus, incentive; *(povzbuzení)* encouragement

vzpružit: v. koho cheer n. hov. pep sb up, raise sb's spirits ■ **v. se** *(nápojem, odpočinkem)* refresh o.s.; *(alkoholem)* fortify o.s.

vzpříči|t se jam, get* stuck*; přen. **slova se jí ~la v hrdle** the words stuck in her throat

vzpřím|it *(tělo)* straighten up; *(hlavu)* raise up ■ **v. se** straighten up ■ **~ený** *(postava)* erect, upright; **se ~enou hlavou** with one's head erect, with one's head held* high; **~ený jako pravítko** stiff as a poker n. ramrod ■ **stát/ sedět ~eně** stand*/ sit* erect; **jít ~eně** walk upright

vzpurn|ý *(tvrdohlavý)* obstinate, stubborn; *(zarputilý)* defiant; *(dítě)* difficult, wilful, unmanageable; *(mladík)* rebellious; *(vlasy)* unruly ■ **~ost** stubbornness, defiance, wilfulness

vzrostlý **1** *(strom)* full-grown **2** *(mládenec)* tall, strapping

vzruch excitement; **přinést trochu ~u** liven things up

vzrůst **I** *(zvýšit se)* grow*; *(ceny* též*)* rise*, increase, go* up; *(výroba)* increase; *(hodnota)* rise, increase; *(napětí)* increase, mount; *(úroky)* accrue; *(zájem)* be aroused **II** subst. **1** *(člověka)* height, build, physique; *(muž)* **vysokého ~u** of (a) tall build **2** *(obyvatelstva* ap.*)* growth, increase; *(cen, teploty, nákladů* ap.*)* rise, increase

vzrůst|at v. **vzrůst** ■ **~ající** growing, increasing

vzruš|it *(koho)* excite; *(pohlavně)* excite, arouse ■ **v. se** get* excited ■ **~ený** excited, agitated; *(debata, slova, mysl)* heated; *(časy)* stormy, turbulent; *(pohlavně)* excited, aroused ■ **~ení** excitement, agitation; *(pohlavní)* arousal, excitement

vzruš|ovat (se) v. **~it (se); ne~uj se!** don't get* excited!, don't get into a state! ■ **~ující** exciting; *(řeč)* stirring, rousing

vztah relation, relationship; **vzájemné ~y** mutual relations, *(mezi věcmi)* interrelations; **rodinné ~y** family relations, blood ties; **mít s kým přátelské ~y** be on good n. friendly terms with sb

vztáhnout **1** *(paže)* stretch (out); **v. po čem rukou** reach for sth, stretch out one's arm for sth ♦ **v. na koho/ na sebe ruku** lay* hands on sb/ o.s. **2 v. co na sebe** take* sth personally

vztahovačný touchy

vztažný jaz. relative

vztek anger, rage, fury; **mít na koho v.** be furious with sb, be mad at sb; **dostat v.** get* into a rage; **řekl to ve ~u** he said* it in a (fit of) temper; **to je k ~u!** that's infuriating n. exasperating!

vztek|at se rage, fume, rave; **ne~ej se!** keep* your shirt n. hair on!

vzteklina lék. rabies

vztekloun hothead, madcap

vzteklý **1** *(pes)* rabid **2** *(rozčilený)* furious, enraged, fuming; **byl strašně v.** he was fuming, he was in a terrible rage

vztlak fyz. buoyancy (force); let. lift

vztyčit **1** *(stožár)* put* up, erect; *(vlajku)* hoist, pull up; *(o zvířatech: uši)* prick (up); přen. **v. hlavu** hold* one's head high **2** mat. *(kolmici)* raise ■ **v. se** *(osoba)* stand* up; *(napřímit se)* draw* o.s. up (to full height); *(na posteli)* sit* up

vztyk *(povel)* get* up!, up you get!

vzývat *(Boha)* invoke; **v. koho o pomoc** appeal to sb for help

vždy(cky) always; **v., když** whenever, every time that; **jako v.** as usual n. always

vždyť but, after all; **v. to není tak zlé** (after all) it's not that bad; **v. je ještě mladá** but she is still so young (after all); **v. jsem to říkal** I told* you so

vžít se **1** *(do prostředí, situace)* get* used to, become* accustomed to; **vžijte se do mé situace!** put yourself in my position n. place! **2** *(cizí slovo)* become accepted usage ■ **vžitý** established; *(zakořeněný)* deep-rooted

W

w *(písmeno)* w [dabl ju:]
waltz, wals slow waltz
watt watt
watthodina watt-hour
western western
whisky whisky, ir., am. whiskey
wolfram tungsten

X

x **1** *(písmeno)* x [eks]; **nohy do x** knock-knees; **mít nohy do x** be knock-kneed **2** *(volat* ap.*)* **x krát** umpteen times
xantipa přen. hov. battleaxe, shrew; **je to strašná x.** she's an awful nag
xerografie xerography
xerox xerox machine n. copier
xylofon xylophone

Y

y *(písmeno)* y [wai]
yard yard
yperit mustard gas
ypsilon **1** *(české písmeno)* y [wai] **2** *(řecké písmeno)* upsilon [ju:p'sajlən]

Z

z_1 *(písmeno)* z [zed], am. [zi:]

z_2, **ze** předl. vyj./ ozn. **1** *(místo)* from, out of; *(vyhlédnout)* **z okna** out of the window; *(pít)* **z láhve** from n. out of a bottle; *(vzít)* **ze skříně** from a wardrobe; **odejít z domu** leave* the house **2** *(původ)* from; **pochází z Brna** he is n. comes* from Brno; *(vlak)* **z Prahy** from Prague; *(pochází)* **z dobré rodiny** from n. of a good family; **muž z lidu** a man of the people **3** *(látku)* made* of; *(socha)* **z bronzu** made of bronze; **lžíce ze stříbra** a spoon made of silver, a silver spoon **4** *(změnu)* out of, off; **z módy** out of fashion; *(ušít halenku)* **ze šatů** out of n. from a dress; **bude z něho dobrý učitel** he'll make a good teacher ♦ **z něho nic nebude** he'll never amount to much; **z toho nic nebude** nothing will come of it, it will come to nothing **5** *(příslušnost k celku)* of; *(výběr z celku)* from among; **jeden z deseti** one in ten; **kdo z vás** which of you; **jeden z nejlepších** one of the best; *(vybereme někoho)* **z nich** from among them, from their midst; **zkouška z matematiky** an exam in mathematics **6** *(v adv. určeních)* **a)** *(času)* from; **z března** from March; *(v noci)* **z pátku na sobotu** from Friday to Saturday **b)** *(příčiny, důvodu)* from, out of; **ze zkušenosti** from experience; **ze zvědavosti** out of curiosity; **ze zvyku** out of n. from habit; **z neznalosti** from ignorance

za vyj. **I** *(s 2. p.)* **1** *(čas)* **za dne** by day, in the daytime; **za noci** by night; **za svítání** at dawn, at sunrise; **za války** in n. during the war; **za mlada, za mého mládí** in my youth, when I was young; **za vlády XY** in the reign of XY **2** *(průvodní okolnosti)* **za sucha** in dry weather, when the weather is dry; **za deště** during the rain; **za každého počasí** come* (hail) rain or shine, wet or fine; **za těchto okolností** under these conditions n. circumstances **II** *(se 4. p.)* **1** *(místo, prostor)* behind; **jít za dům** go* behind the house, go to the back of the house; **odjet za hranice** go abroad; **vzít koho za ruku** take* sb by the hand **2** *(v přísl. urč.)* **a)** *(času)* in; **za týden/ měsíc** in a week('s time)/ month('s time); **vrátil se za týden** *(po někom/něčem)* he returned a week later; **od neděle za týden** Sunday week; **od zítřka za 14 dní** a fortnight tomorrow; **dvakrát za den** twice a day; **přečte osm knih za měsíc** he reads* eight books a month **b)** *(příčiny, původu)* for; **mzda za práci** wages for one's work; **nemohu za to** I can't help it **c)** *(cíle, účelu)* as, for; **náš boj za svobodu** our fight for freedom; **sloužit za** *(skladiště* ap.*)* be used as n. for, serve as n. for **d)** *(prostředku)* **koupit/ prodat za** buy*/ sell* for; *(koupit)* **za hotové** for cash **3** *(ve výrazech o substituci)* for, instead of, in place of; **za koho** *(jménem koho)* on behalf of sb; *(šel tam)* **za mne** instead of me **4** *(ve vazbách se slovesy)* **děkovat za** thank for; **provdat se za koho** marry sb ♦ **za koho mne máte?** who do you take* me for?; **nestojí to za to** it is not worth it **5** *(při vypočítávání)* **za prvé** first(ly), in the first place; **za druhé** second(ly), in the second place **III** *(se 7. p.)* **1** *(místo, prostor)* behind, at the back of; **za domem** behind the house, at the back of the house; **sedět za stolem** sit* at (the) table; **za volantem** at the wheel ♦ **máme to nejhorší za sebou** we are out of the woods (now); **má toho hodně za sebou** he has been through a lot **2** *(posloupnost v prostoru a čase)* after, behind; **jít za kým** go* after sb, follow sb; **za sebou** in succession, consecutively; **tři dny za sebou** three days in succession n. in a row, three days running; **rychle za sebou** in rapid n. quick succession; **jeden za druhým** one behind the other **3** *(účel, cíl)* **za účelem** for the purpose of, in order to *(+inf)*; **jít za svou prací** go* about one's work, pursue one's work; **běhat za děvčaty** run* n. chase after girls

zabafat: z. si z dýmky take* a puff at one's pipe

zábal lék. pack; **mokrý z.** wet pack

zabalit *(co)* pack up; **z. co do bedny** pack sth in a box; **z. si věci** pack one's things; *(dítě, nemocného)* wrap; **z. knihu** do up a book; **z. se** wrap o.s. up ♦ **z. to** hov. pack it up

zabarikádov|at barricade, entrench ■ **z. se** barricade n. entrench o.s. ■ **~aný** entrenched

zabarvení 1 colouring, coloration; *(odstín)* hue, tint, shade; *(hlasu)* timbre, (tone) colour **2** přen. *(politiky)* shade; **politikové nejrůznějšího z.** politicians of various shades

zabarvit 1 *(zakrýt barvou)* paint over, paint out **2** *(dodat barvu)* colour; *(lehce)* tinge, tint **3** *(spis, zprávu)* give* a bias to ■ **z. se** (change) colour; **z. se do červena** go* red

zábav|a 1 entertainment, amusement, hov. fun; **pro ~u** for fun; **jen tak pro ~u** simply n. just for laughs; **má z toho velkou ~u** it amuses him greatly, he gets* a big kick out of it; **příjemnou ~u!** enjoy yourself!, have a good time!, hov. have fun! ♦ **život není jen samá z.** life is not all fun and games, life is not a bed of roses 2 *(taneční)* dance

zabavit$_1$ *(koho)* entertain, divert; *(děti)* keep* sb busy n. occupied; *(rozptýlit)* take* sb's mind off things

zabavit$_2$ *(konfiskovat)* confiscate, seize; *(soudně zadržet)* impound

zábavní: z. park amusement park, funfair

zábavný entertaining; *(hudba, program)* light; *(historka)* entertaining, amusing, hov. funny

zabedněnec dimwit, nitwit, numbskull

zabedněný thick(headed), dim-witted, slow-witted

zabednit *(okna* ap.*)* board (up)

záběh *(auta* ap.*)* running in; **v ~u** *(nápis na autě)* running in

zaběhat: z. si *(děti)* run around n. about; **jít si z.** *(rekreačně)* go* for a jog, go jogging

zaběh|nout 1 z. si *(pro noviny* ap.*)* run* over to get*, fetch; **z. si ke komu** drop n. pop in to see* sb 2 sport. *(trať)* run ■ **z. se 1** *(ztratit se: o zvířeti)* stray (away) 2 *(v práci)* learn* the ropes, get the hang (of the job); *(motor)* be run in, am. be broken* in ■ **~lý** *(pes/ kočka)* a stray dog/ cat

záběr 1 *(vesla)* stroke; *(kosy)* swath(e) ♦ **je to pěkný z.** *(těžká práce)* it's a real slog, it is a hard slog 2 techn. *(ozubených kol)* mesh; **v ~u/ ze ~u** in mesh/ out of mesh **3** tel., film shot, take

zabetonovat *(sloupky)* embed sth in concrete; *(spáry)* seal sth with concrete

zabezpeč|it *(ženu, děti)* provide for; *(dveře)* secure; *(břeh)* fortify, secure; *(úspěch, svobodu)* guarantee ■ **z. se** safeguard o.s. **(před** against) ■ **sociální ~ení** social security; **starobní ~ení** (state) benefits for the elderly

zabíh|at 1 to ~á příliš daleko it's going* too far; **z. do podrobností** get* bogged down in details; **z. do směšnosti** verge on the comic 2 *(stroj)* run* in

zabezpečovací *(opatření)* preventive; žel. **z. zařízení** safety appliance

zabijačka pig-slaughtering, am. hogkilling

zabiják 1 *(vrah)* murderer; *(placený)* killer 2 *(nůž)* butcher's knife; přen. **toto je úplný z.** *(o kořalce)* this is absolutely lethal

zab|íjet v. **~ít**; přen. **z. čas** kill time

zab|írat v. **~rat**; *(prostor)* take* up

zab|ít 1 *(koho)* kill; *(dobytek)* slaughter, butcher ♦ **z. dvě mouchy jednou ranou** kill two birds with one stone 2 přen. *(lásku)* kill; *(naděje)* smash ■ **z. se** *(přijít o život)* get* killed; *(spáchat sebevraždu)* kill o.s. ■ **~ití** právn. manslaughter, homicide

zablá|tit bespatter with mud ■ **~cený** *(cesta, boty)* muddy

záblesk 1 *(silný)* flash; *(krátký)* gleam; *(v temnotě)* glimmer; *(třpytivý)* glint 2 *(naděje)* glimmer, flicker; *(úsměvu)* hint, trace

zablesk|nout se, zablýsknout se *(při výstřelu* ap.*)* flash; **~lo se** there was a flash of lightning; **~lo se mu v očích** his eyes flashed

zablokovat block; *(kolo, brzdy)* lock; *(provoz)* hold* up, obstruct; *(fondy)* freeze

zabloudit 1 *(zbloudit)* lose* one's way, get* lost*, go* astray 2 *(náhodně někam přijít)* stray

zabočit turn; **z. vlevo** turn left, take* a left turn; **z. za roh** turn (off at) the corner; **z. do vedlejší uličky** turn into a side street

zabod|nout 1 z. člověka stab sb (to death), *(nožem* též*)* knife sb (to death); **z. vepře** stick* a pig 2 *(kolík do země)* drive*; **z. oči** n. **pohled do koho** stare hard at sb, glare at sb; **z. si třísku do prstu** get* a splinter in one's finger ♦ **z. to ve čtyři** *(přestat pracovat)* knock off at four ■ **z. se: ~l se jí trn do nohy** she pricked her foot on a thorn; v. též **z. oči do koho**

zabole|t přen. **velmi ho to ~lo** it cut* him to the quick, it hurt* him deeply

zábor *(majetku)* confiscation; *(území)* occupation

zabořit *(hlavu do polštáře)* sink*, bury ■ **z. se** *(do čeho)* sink* in, immerse o.s. in; přen. **z. se do knih** bury o.s. in one's books

zabouchat v. **zabušit**

zabouch|nout *(dveře, okno)* slam sth (shut), bang sth shut n. to; **z. za sebou dveře** slam the door behind o.s.; **z. komu dveře před nosem** slam the door in sb's face; **z. si dveře** lock o.s. out ■ **z. se 1 ~ly se mi dveře** I locked myself out **2 z. se do koho** expr. become* infatuated with sb ■ **být ~nutý do koho** have a crush on sb, be infatuated with sb

zábradlí railing(s); *(na schodech)* banisters; **Divadlo na z.** Theatre On the Balustrade

zábran|a 1 barrier; **sněhová z.** snow-fence 2 psych. **~y** inhibitions; *(morální)* scruples; **nemít žádné ~y** *(morální)* have no scruples

zabr|ánit, ~aňovat *(katastrofě, škodám, nemoci)*

prevent; *(realizaci plánu, úmyslu* ap.*)* forestall; *(nebezpečí)* head off; **z. komu v čem** prevent sb from doing sth

zabr|at 1 *(majetek)* confiscate, *(pod správu)* sequester, *(soudně)* impound, voj. requisition; *(území)* occupy 2 *(prostor, čas)* take* up, occupy 3 *(přičinit se)* put* one's shoulder to the wheel, kn. put one's hand to the plough 4 *(o rybě)* take the bait, rise* to the bait; *(motor)* start up, fire; *(lék)* take effect 5 *(šaty v pase)* take in; *(zkrátit)* trim sth short ■ **z. se do čeho** become* immersed n. absorbed n. engrossed in sth; **být ~án do myšlenek** be lost* n. immersed in thought

zabrousit 1 *(skla)* grind*; *(ventily)* grind in 2 expr. *(kam)* stray; **z. do politiky** wander n. stray into politics

zabrzdit brake, put* on n. apply the brakes; *(prudce)* slam on the brakes; *(o autě)* halt, stop

zabřednout *(do bahna)* get* stuck in; **z. do dluhů** run* up debts, get into debt

zábst: zebou mne ruce/ nohy my hands/ feet are cold; **zebe mne** *(do nohou)* my feet are cold

zabudovat *(nábytek)* fit, install, mount

zabývat se 1 *(čím)* occupy n. busy o.s. with; *(pracovat na)* work at; *(zajímat se o)* take* an interest in; *(studovat)* do (např. *chemii)* 2 *(v řeči)* deal* with; **z. se obšírně** *(čím)* dwell* on

zacákat *(čím)* splash, (be)spatter; **z. co blátem** (be)spatter sth with mud ■ **z. se čím** splash o.s. with sth

zacelit se *(rána)* heal (over n. up)

zaclánět *(komu)* stand* in sb's light

záclona curtain

zaclonit: z. si oči rukou screen one's eyes with one's hand(s)

záclonovina curtaining, curtain material

zacloumat *(s kým)* shake* sb by the shoulder; **z. šňůrou** *(o psovi)* pull n. strain at the lead n. leash

zácp|a 1 lék. constipation; **mít ~u** be constipated 2 **dopravní z.** traffic jam n. congestion

zacpat *(otvor)* stop n. plug up; **z. si uši vatou** plug one's ears with cottonwool; *(ulici)* congest; *(potrubí)* block n. choke up ■ **z. se** *(potrubí)* clog up; *(ulice)* become congested

zacvič|it 1 train; **z. koho do čeho** initiate n. introduce sb into sth; **z. koně** break* in a horse ♦ **já s tebou ~ím** I'll make* you get* a move on 2 **z. si** do some (gymnastic) exercises ■ **z. se (do čeho)** acquaint o.s. with sth, familiarize o.s. with sth

zač: z. to je? how much is it?; **z. jsou jablka?** how much are apples?; **nemáte z., není z.** don't mention it; **z. mne máte?** what do you take* me for? ♦ **ukážu ti z. je toho loket** I'll show you what's what

začadit 1 *(skla* ap.*)* blacken with smoke 2 **z. v místnosti** foul the room with smoke

začarova|t *(co)* enchant, put* a spell n. jinx on ■ **~ný** enchanted; **~ná princezna** a princess under a spell, an enchanted princess; **~ný kruh** vicious circle

začáteční initial; *(stadium* též*)* early; **z. písmena** initials

začátečnický elementary; **z. kurs** elementary course, beginners's course

začátečník beginner; *(nováček)* novice

začát|ek beginning, start, outset; **z. roku** beginning of the (new) year; **na ~ku** at the beginning; **na ~ku ledna** early in January; **pro z.** for a start, for starters; **od ~ku do konce** from beginning to end; **od samého ~ku** from the very beginning ♦ **každý z. je těžký** the first step is always the hardest; **být ještě v ~cích** *(projekt* ap.*)* be still in n. at the embryo stage

začern|it *(kouřem)* blacken; *(nápis)* blacken n. ink out ■ **z. se** dirty n. soil o.s. with soot ■ **~ěný** *(stěna)* soiled with soot, sooty

začervenat se blush, go* red, turn red; **z. se až po uši** blush right to the roots of one's hair, blush all over

začín|at v. **začít**; **ne~ej!** *(se hádat* ap.*)* now, don't you start!; **z. si s kým** get* mixed up with sb; *(eroticky)* get involved n. entangled with sb ■ **~ající** beginning; **~ající zubař** a newly-qualified dentist; **~ající dramatik** a fledgeling dramatist; **~ající učitel** a trainee teacher

začít 1 begin*, start; **z. něco dělat** begin to do sth, start doing sth; **z. s čím** begin by doing sth; **z. znovu** begin anew n. afresh 2 *(co)* begin, start, kn. commence; *(pustit se do)* embark on; **z. hru** start a game; **z. nový život** turn over a new leaf; **z. pít** *(dát se na pití)* take* to drink

začlenit incorporate, integrate; **z. koho do pracovního procesu** find* employment for sb ■ **z. se** *(do kolektivu)* become* a member of, become involved in the work of

začmoudit v. **začadit**

záď *(lodi)* stern

zád|a back; **~y k sobě** back to back; **nést koho na ~ech** carry sb pick-a-back, give* sb a pick-a-back; *(plavat, ležet)* **na ~ech** on one's back;

mít vítr v ~ech have a tail wind; **obrátit se ke komu ~y** turn one's back on sb ♦ **vrazit komu nůž do zad** stab sb in the back; **má široká z.** přen. he can take* n. stand* a lot; **hrbit před kým z.** kowtow to sb, bow and scrape to sb; **vlez mi na z.!** go* to hell!

zadák sport. defender; fotb. též fullback; baseball catcher

zadání *(úloha)* assignment

zadarmo free (of charge), gratis; **to je skoro z.** that's giving* it away, that's practically a gift; **dělá to z.** he doesn't charge anything

zad|at 1 *(objednávku: komu)* place (with), *(kontrakt: konkursně)* award (to); *(práci, úkol)* assign (to) **2 z. si** *(stůl)* reserve **3 z. si s kým** compromise o.s. with sb ♦ **v matematice si s nikým ne~á** he is second to none in maths ■ **~aný** *(stůl)* reserved; *(dívka: mající stálou známost)* spoken for

zadávit strangle

zadeček *(dětský)* botty

zadek 1 *(domu, auta)* back, rear 2 *(člověka)* bottom, behind, backside; *(hýždě)* buttocks; *(zvířete)* rump; **dát komu na z.** dust sb's backside

zadělat 1 *(těsto)* knead; *(omáčku moukou)* thicken 2 *(díru)* fill up; *(dveře prkny)* board up

zadělávan|ý fricassee; **~é kuře** chicken fricassee

zadem: vejít/ odejít z. come* in/ leave* by the back door, use the back door n. entrance

zadívat se 1 *(na koho/ co)* fasten n. fix one's eyes on; **z. se do dálky** gaze into the distance 2 *(do děvčete)* take* a fancy to

zadluž|it *(firmu, statek)* encumber *(a farm* ap.*)* with debts ■ **z. se** get* into debt ■ **být ~ený** be in debt, *(až po uši)* be up to the eyes in debt ■ **~enost** indebtedness, debts

zadní back, rear; **z. vchod** back entrance n. door; **z. sedadlo** back n. rear seat, *(motocyklu)* pillion; **z. voj** rearguard; **na z. straně formuláře** on the back of the form ♦ **nechat si otevřena z. vrátka** leave* o.s. a loophole; **stavět se na z.** *(kůň)* rear up (on its hind legs), přen. kick up a fuss; **v nejzazším případě** in the last resort n. instance

zadnice v. **zadek**

zadobře: být s kým z. be friends with sb, be on friendly terms with sb

zadost: učinit z. *(povinnostem)* carry out, discharge, fulfil, *(spravedlnosti)* mete out

zadostiučinění satisfaction; **dostat z.** obtain satisfaction

zadovádět si *(o dětech)* have a romp

zadrhávat *(v řeči)* hesitate, hum and haw; *(koktat)* stutter, stammer

zádrhel snag, hitch, catch

zadrhnout *(uzel)* tie

zadrnčet *(okno)* rattle; *(telefon)* ring* shrilly

zadrž|et, ~ovat 1 *(padající předmět)* catch* 2 *(koně)* stop; *(podezřelou osobu)* detain 3 *(moč, dech)* hold*; *(slzy, smích)* hold back; *(informace)* withhold* ■ **~ení** *(podezřelého)* detention

zadř|ít: z. si třísku do prstu get* a splinter in one's finger ■ **z. se** *(ložisko)* seize (up) ■ **~ení** seizure

záducha asthma

zadum|at se become* pensive n. thoughtful ■ **~aný** pensive, wistful, preoccupied, lost* in thought ■ **~aně** wistfully ■ **~ání** wistfulness, pensiveness

zádumčiv|ý melancholic, dejected, broody; **být z.** též have the blues, be down in the dumps ■ **~ost** melancholy, dejection, the blues

zaduně|t v. **dunět**; **~l hrom** there was a clap n. peal of thunder ■ **~ní** *(hromu)* peal; *(děla)* roll

zadu|sit 1 *(koho)* suffocate, smother 2 *(oheň)* smother, put* out, quench ■ **z. se** suffocate, choke; **z. se kouřem** be suffocated n. asphyxiated by smoke ■ **~šení** suffocation, asphyxiation; **je horko k ~šení** it is stiflingly hot

zádušní: z. mše requiem mass

zadutí *(větru)* gust, blast

zadýcha|t se get* out of breath ■ **být ~ný** be out of puff, be puffed out

zaflámovat si go* on a spree, paint the town red

zagitovat *(získat)* win* over

záhad|a mystery, enigma; **je mi to ~ou** it baffles n. puzzles me, it's a mystery to me

záhadný mysterious, puzzling, enigmatic; *(tajuplný)* eerie

zaháj|it *(výstavu, schůzi, palbu)* open; *(jednání* též*)* start, enter into; *(epochu)* inaugurate, usher in; *(reformy, kampaň)* launch, initiate; *(útok)* launch; *(soudní řízení)* initiate n. institute (proceedings); *(šach)* open (the game); **z. stávku** come* out n. go* on strike; **z. hladovku** go on (a) hunger strike ■ **~ení** opening, inauguration; launch(ing)

zahajovací *(projev, přednáška)* inaugural

zaháknout *(zavěsit na hák)* hook on; *(uzavřít na hák)* fasten sth with a hook

zahálčiv|ý lazy, indolent; **z. život** idle n. lazy life, the life of Riley ■ **~ost** idleness, indolence

zaháleč lazy n. idle person, layabout, hov. lazybones

zahálet loaf, laze, idle, take* it easy; *(stroj)* be out of operation n. action, lie* idle

zahal|it veil, cover; přen. *(o tmě, mlze)* envelop, shroud ■ **z. se** *(ženy)* veil one's face; **z. se mlčením** envelop o.s. in silence ■ **~ený** *(obličej)* veiled; **~ený rouškou tajemství** shrouded in mystery

zahálka idleness, inactivity

zahanb|it *(koho)* shame, put* sb to shame, make* sb feel* ashamed; *(přivést do rozpaků)* embarrass; *(ponížit)* humiliate; přen. *(trumfnout)* put sb's nose out of joint ■ **cítit se ~ený** feel humiliated

zahanb|ovat v. **~it** ■ **~ující** disgraceful, shameful; *(ponižující)* humiliating

zahánět v. **zahnat**

zaházet *(jámu)* fill up

zah|azovat v. **~ázet** ■ **z. se** v. **~odit se**

zahladit *(stopy)* cover (one's track); *(nepříjemné vzpomínky)* blot out

záhlaví *(nadpis)* title, heading, rubric; *(hlavička)* head; **z. dopisu** letterhead

zahledět se v. **zadívat se**

zahlédnout *(koho/ co)* catch* n. get* a glimpse of, catch sight of; *(při hledání)* spot

zahloub|at se *(do čeho)* become* engrossed n. absorbed in; **z. se do knihy** become absorbed in a book; **z. se do problému** turn one's mind to a problem, focus one's mind on a problem ■ **~aný** lost in thought; **být ~aný do čeho** be absorbed n. engrossed in sth

zahltit *(trh)* glut; techn. choke, clog, *(tekutinou)* flood

zahnat 1 *(odehnat)* drive* n. chase away; *(slepice)* shoo away; **z. dobytek na pastvu** drive the cattle to pasture; **z. nepřítele** put* the enemy to flight, rout the enemy ♦ **z. koho do úzkých** drive sb into the corner 2 *(žízeň)* quench, slake; *(hlad)* satisfy, assuage; *(samotu)* shield off; **z. dlouhou chvíli** pass n. while away one's time

zahnědlý brownish

zahnív|at *(ovoce, zelenina)* rot, go* bad; *(maso)* putrefy; *(listí)* rot, decay; *(voda)* become* putrid, stagnate ■ **~ající** putrid, putrescent; *(voda)* stagnant ■ **~ání** putrefaction, decay

zahnízdit se 1 *(pták)* nest, build* its nest 2 *(zlozvyky, zlořády)* creep* in; *(pochyby též)* sneak in

zahn|out 1 *(plech)* bend*; *(stránku)* dog-ear 2 *(ulice)* turn; *(auto)* take* a turning; **z. za roh** turn the corner, swing* round the corner 3 *(manželce/ manželovi)* be unfaithful to, betray, cheat on ■ **~utý** bent*, curved; *(nos)* crooked, aquiline

zaho|dit 1 *(odhodit)* throw* n. chuck away 2 sport. *(jedenáctku, branku)* miss; *(míč v tenise)* misplay, mishit* ♦ **z. příležitost** throw away one's chance, hov. mess up one's chances ■ **z. se** demean o.s., lower o.s., compromise o.s. ■ **není to k ~zení** it is not to be sneezed at

záhodno: být z. be advisable n. prudent *(+inf)*; **je z., abychom se vyhnuli konfliktům** it's good policy to avoid conflicts

zahojit se *(rána)* heal

záhon bed, *(zeleninový též)* patch

zahořet: z. ke komu láskou fall* head over heels in love with sb; **z. hněvem** fly* into a rage

zahořkl|ý 1 *(nahořklý)* slightly bitter 2 přen. *(člověk)* sour, rancorous ■ **~ost** bitterness; přen. rancour

zahořknout grow* bitter, become* embittered

zahoukat *(siréna, klakson)* hoot; *(auto)* sound its horn; *(loď)* sound n. honk its siren

zahrabat *(mrtvolu, poklad)* bury; *(jámu)* fill up ■ **z. se** 1 (např. *do sena)* cover o.s. with 2 přen. *(do spisů, knih)* bury o.s. in 3 *(nevycházet)* **z. se ve své chatě** bury o.s. in one's country house

zahrada garden; *(ovocná)* orchard; **zoologická z.** zoo, kn. zoological gardens

zahradit 1 *(ohradit)* fence in, enclose; *(stěnou)* wall in; *(barikádou)* barricade 2 *(ulici)* close, block (up); *(vjezd)* block off; *(kordónem)* cordon off; **z. komu přístup** bar sb's way

zahrádka 1 *(za domem)* back garden; *(parcela)* allotment, garden plot 2 *(dětská)* playpen; *(na autě)* roof rack 3 *(u restaurace: sezení venku)* pavement (area), (the) terrace

zahrádkář br. ≅ allotment holder, allotment gardener

zahradní *(slavnost, město, plot)* garden; *(restaurace)* open-air

zahradnick|ý: ~é náčiní gardening tools n. implements; **~é práce** gardening

zahradnictví 1 *(obor)* gardening, horticulture 2 *(podnik)* garden centre

zahradn|ík gardener, odb. horticulturist ■ **~ice** (woman) gardener

zahraničí foreign countries; **v z., do z.** abroad; **ze z.** from abroad; **ministerstvo z.** Foreign Ministry, br. Foreign Office, am. State Department

zahraniční foreign, *(obchod, politika též)*

external; *(turisté též)* from abroad; **z. zboží** goods of foreign origin

zahr|át 1 *(herecky vytvořit)* **z. Romea** play the part of Romeo; **z. dobře** give* a good performance ♦ **z. to na koho** play a fast one on sb 2 sport. **z. dobře/ špatně** play a good/ poor game; **z. míč na koho** pass the ball to sb ♦ **z. co do autu** přen. sweep* sth under the carpet 3 *(valčík)* play; **z. komu k tanci** play dance music for sb ■ **z. si karty/ šachy** play a game of cards/ chess; **z. si na vojáky** play (at) soldiers; **z. si s kým (v) šachy** give* sb a game of chess

zahrávat si *(s kým)* play with; **z. si se smrtí** dice with death; **z. si se zdravím** gamble n. trifle with one's health; **s ním si není radno z.** he is a dangerous man to trifle with

zahrnout 1 *(sadbu zemí)* cover (with); *(jámu hlínou)* fill up (with) 2 *(koho otázkami)* bombard (with); **z. koho dary** rain gifts on sb; **z. koho nadávkami** heap abuse on sb; **z. dítě péčí** lavish care on one's child 3 *(zařadit)* include, incorporate; **z. co do zprávy** include sth in one's report

zahrn|ovat 1 v. **~out** 2 *(pojmout)* include, contain, comprise, embrace ■ **~ujíc v to** předl. inclusive of

záhrobí the other world, the next world, the beyond, the hereafter

záhrobní: z. svět the other world; **z. život** life after death, the afterlife

zahrozit: z. komu pěstí shake* one's fist at sb; **z. komu prstem** shake a warning finger at sb

zahryznout se *(do čeho)* bite* into, take* a bite of

zahřá|t *(co)* warm n. heat up ■ **z. se** *(vzduch)* warm up, become* warm; *(motor)* run* hot; *(osoba)* warm o.s. up ■ **~tí** warming n. heating up

zahřímat: z. na koho roar at sb, thunder at sb

zahř|mět, ~mít thunder; **~mělo** there was a clap of thunder ■ **~mění** a clap of thunder, a thunderclap

záhub|a ruin, undoing; **uvrhnout koho do ~y** bring* ruin n. disaster (up)on sb; **řítit se do ~y** rush headlong towards ruin; **být na okraji ~y** be on the verge n. brink of ruin

zahubit *(zničit)* ruin; *(národ; hmyz)* exterminate

zahubovat si have a moan

zahučet 1 *(vítr)* howl, roar 2 **z. si něco (do vousů)** mutter sth to o.s., mutter sth under one's breath

záhumenek private plot

zahustit *(omáčku)* thicken

zahvízd|at, ~nout whistle ■ **~nutí** whistle; *(na děvčata)* wolf call

záhy early, soon; **z. zrána** early in the morning; **z. potom** soon afterwards

záhyb *(na šatech)* pleat; *(cesty)* bend, curve, turn; *(řeky)* bend, meander; **~y tuku** folds n. rolls of fat; přen. **tajné ~y duše** the inmost recesses of the heart

zahýbat$_1$ v. **zahnout; z. manželovi/ manželce** cheat on one's husband/ wife; *(zvl. o mužích)* have a bit on the side

zahýbat$_2$ *(čím)* move; *(spáčem)* shake* up

zahynout 1 *(člověk)* die, lose* one's life, be killed, perish; **z. hladem** die of hunger, starve to death; **z. žízní** die of thirst 2 *(národ)* perish, go* under

zahýřit si go* on a spree, paint the town red

zacháze|t 1 *(slunce)* go* down ♦ **z. do krajností** carry things too far; **z. do podrobností** go n. enter into details 2 *(s kým)* treat, deal* with, handle; **z. s kým dobře/ špatně** treat sb well/ badly ♦ **z. s kým v rukavičkách** handle sb with kid gloves 3 *(s čím)* handle, use; *(se strojem)* operate, manipulate; **z. s čím pečlivě** handle sth with care ■ **~ní** treatment, handling; **špatné ~ní** maltreatment; *(s čím)* handling, operation; **snadné ~ní** easy handling

zacházka long way about, roundabout way; **to je pro mne z.** that takes* me out of my way

zachechtat se give* a loud laugh

zachmuř|it se frown, knit* one's brows; *(obloha)* cloud over, get* clouded n. overcast ■ **~ený** *(obličej)* glum, sour; *(člověk, pohled)* sullen; *(obloha)* overcast

záchod toilet, lavatory; hov. loo; euf. bathroom

záchod|ek: veřejné ~ky public conveniences; **pánský z.** *(pisoár)* urinal

záchodový *(mísa, sedátko)* toilet; *(humor, vtip)* lavatory

zachovalý: být z. *(šaty, nábytek* ap.*)* be as good as new; *(dům, auto* ap.*)* be in good condition n. repair, be in an excellent state of preservation; *(muž, žena)* well-preserved

zachov|at, ~ávat 1 *(staré zvyky, tradice)* preserve, keep*; **z. chladnou hlavu** keep one's temper n. head, hov. keep cool; **z. si co v paměti** retain sth in one's memory; **z. si zdraví** (manage to) keep in good health 2 *(mír, svobodu)* keep, maintain, preserve; **z. věrnost komu** remain faithful to sb ■ **z. se 1** *(zvyk)* be preserved, be mantained, be still alive; **z. se při zdraví** keep o.s. in good health, keep fit; **z. se při životě** stay alive **2 z. se ke komu dobře** treat sb well n. kindly, act kindly towards sb; **jak se mám z.?** what shall I do?; **všem se nelze z.** one can't please everyone all of the time ■ **~ání** *(zvyků, zdraví)* preservation; *(historických památek* ap.*)* conservation, preservation; *(zvyků)* maintenance, preservation; *(podmínek)* observance

zacho|vávat v. **~vat**; **z. linii** *(strany* ap.*)* toe the line; **z. směr** hold* the course

záchran|a *(tonoucího)* rescue; náb. salvation; **to byla moje z.** that was my salvation; *(při cvičení na nářadí)* support; **dávat ~u** give* support

zachránce rescuer, saver

zachránit *(tonoucího)* save, rescue; *(zboží)* retrieve, rescue, salvage; *(osvobodit)* free, rescue; **z., co se dá** make* the best of a bad job ■ **z. se** save o.s., escape ♦ **zachraň se, kdo můžeš!** every man for himself!

záchranka hov. ambulance

záchrann|ý: z. pás life belt; **z. člun** lifeboat; **~á brzda** emergency brake; **~á četa** rescue party; **~é práce** relief work

zacht|ít se: ~ělo se mi *(čeho)* I am craving n. longing for, I feel* like; **~ělo se mu moci** he is lusting for power, he is lusting after power; **dělá, jen když se mu zachce** he works only when he feels* like it, he works only when the mood takes* him

zachumlat se *(do kabátu* ap.*)* muffle n. wrap o.s. up (in); *(do polštářů)* nestle down in

zachutna|t *(komu)* be to sb's taste; **víno mu ~lo** he enjoyed the wine, he found* the wine delicious

záchvat fit, attack, paroxysm; **z. padoucnice** a fit of epilepsy, an epileptic fit; **z. žárlivosti/ zuřivosti** a fit of jealousy/ rage; **dostat z.** have n. throw* a fit

zachváti|t 1 *(plameny)* engulf, spread* to; **požár ~l celý les** the fire engulfed the whole forest; **~l ho kašel** he had a spasm of coughing **2 ~la ji úzkost/ panika/ touha** she was seized with fear/ panic/ longing

zachvě|t se tremble, shake*; *(země)* quake, shake; *(tón)* quaver; **hlas se jí ~l dojetím** her voice shook* with emotion

záchvěv tremble, quiver; *(země)* tremor; **z. radosti/ lásky** quiver of joy/ love

zachv|ívat se v. **~ět se**

zachyti|t 1 *(míč)* catch*; box. *(ránu)* parry, ward off; **z. koho při pádu** break* sb's fall **2** *(zavadit)* **~l rukávem za hřebík** his sleeve caught* on a nail **3** *(hovor, hlasy)* catch; *(rádiový signál)* pick up; *(nepřátelské letadlo)* intercept; **z. čí pohled** catch sb's eye **4** *(zaznamenat)* record; **z. co statisticky** give* a statistical survey of sth; *(umělecky)* portray ■ **z. se 1** *(čeho)* catch* hold of **2** *(o hřebík: šaty* ap.*)* get* caught on; **~la se sukní o hřebík** her skirt got caught on a nail

záchytka 1 hov. *(záchytná stanice)* short-term rehabilitation centre for disorderly alcoholics **2** techn. catch*

záchyt|ný: z. řemen grab strap; **z. bod** *(kde)* footing; **~ná stanice** v. **~ka**

zainteresovanost: hmotná z. material incentives, dř. *a system of (cash) incentives to encourage greater productivity*

zainteresovat: z. koho pro co interest sb in sth, arouse sb's interest in sth

zajatec prisoner of war

zaječet scream (out), shriek (out), yell out, utter a shriek; *(siréna)* shriek

zaječí *(kůže* ap.*)* hare; **z. pysk** lék. harelip ♦ **vzít do ~ch** take* to one's heels

zajedno: být z. s kým be in agreement with sb, be at one with sb; **v té věci jsme z.** on this point we are agreed, on this point we are at one

záj|em interest; **mít z. o co** be interested in sth, *(nesmírný)* take* a keen interest in sth; **je to v tvém ~mu** it is in your own interest

zájem|ce, ~kyně interested person n. party; *(o koupi)* prospective buyer; *(o zaměstnání)* applicant; **~ci** those interested

zajet 1 *(za kopec)* disappear; *(zmizet z dohledu)* vanish from sight; **z. za roh** turn the corner **2** *(do garáže)* drive* into; **z. k okraji** pull over to the side; **z. do příkopu** drive* one's car into a ditch, land in a ditch; **z. s autem do garáže** take* one's car into the garage **3 z. pro lékaře** fetch the doctor; **z. do města** drive n. go* (in)to town; **z. ke komu** drive over to sb; **z. s kým na nádraží** run* sb to the station **4** *(přejet)* run over **5** *(nový vůz)* run in **6 z. si rukou do vlasů** run one's hand through one's hair **7 z. si** *(jet oklikou)* go the long way round

zájezd excursion; *(výlet)* trip; *(uměleckého souboru)* trip; **být na ~u** be on tour

zájezdový *(soubor divadla)* touring; **z. vlak** special train

zajíc hare; *(nezkušený mladík)* greenhorn, spring chicken ♦ **kupovat ~e v pytli** buy* a pig in a poke

zajíček 1 young hare, leveret 2 *(mladé děvče)* hov. chick

zajíd|at se: už se mi to ~á I am getting* fed up with it, I am getting sick and tired of it

zajíka|t se *(v řeči)* falter, speak* haltingly, hum and haw; **~l se smíchy** he almost choked with laughter

zajíkav|ý *(řeč, hlas)* faltering, hesitant, halting ■ **~ost** hesitancy

zajíknout se falter, gasp; **z. se překvapením** gasp in surprise, gasp with surprise

zajím|at *(koho)* interest; **to mne ne~á** I am not interested in it; **~alo by mne, zda** I'd be interested to know* whether, I wonder whether ■ **z. se o co** be interested in sth, take* an interest in sth; **z. se o hudbu** take an interest in music

zajímav|ý interesting, of interest; *(osobnost, nabídka též)* attractive; **je to pro vás ~é?** *(nabídka)* is it of interest to you? ■ **~ost** object of interest; *(ve městě)* sight; *(jen tak)* **pro ~ost** for the sake of interest

zajiskři|t (se): oči mu ~ly radostí/ hněvem his eyes sparkled with pleasure/ flashed with anger; **~lo se mu před očima** *(po úderu)* he saw* stars

zajíst: z. oběd sýrem finish the dinner with cheese, have some cheese after the dinner; **z. pilulku cukrem** take* the pill with sugar

zajisté *(přitakání)* certainly, of course, am. sure; *(pravděpodobně)* **z. víte, že** you are sure to know* that

zaji|stit 1 *(mír)* safeguard; *(právo na práci)* guarantee; **z. komu co** guarantee sth to sb; **z. komu nocleh** fix sb up for the night; *(vstupenky, letenky)* reserve; **z. si** *(náskok, podíl)* secure sth for o.s. 2 *(dveře, auto)* secure; *(zbraň)* put *(a gun* ap.*)* at safe 3 *(rodinu)* provide for 4 *(zločince)* apprehend, detain, arrest ■ **z. se proti čemu** secure n. safeguard o.s. against sth ■ **~štění** safeguarding; securing; reservation

zajít 1 v. **zajet (1), zacházet (1);** *(slunce)* go* in, set* 2 **z. do města** go to town; **z. za roh** turn the corner; **z. za kým** go round to see* sb; **z. s čím** *(ke komu)* take* sth to sb ♦ **z. příliš daleko** go too far 3 *(pro lékaře* ap.*)* (go and) fetch 4 *(rostliny, zvířata)* die; **z. hladem** die of hunger ■ **z. si** go the long way round

zajizvit se *(rána)* heal

zajížděl|t v. **zajet** ■ **~ní** *(auta)* run-in

zajížďka detour, roundabout route, the long way round

zájmenný pronominal

zájmeno pronoun

zajmout take* sb prisoner, capture; **dát se z.** give* o.s. up (as a prisoner of war)

zájmov|ý: ~á skupina *(nátlaková)* pressure group; **z. kroužek** amateur club

zakabon|it se scowl, frown; *(obloha)* cloud over, become* cloudy n. overcast ■ **~ěný** gloomy, sulky

zákal lék. cataract; **šedý z.** grey cataract; **zelený z.** glaucoma

zakal|it 1 make* cloudy n. turbid, muddy; *(zrak)* blur 2 *(ocel)* temper ■ **z. se** *(tekutina, sklo)* become* cloudy; *(barva)* darken, dull; *(obloha)* cloud over, become overcast ■ **~ený** cloudy, turbid; *(barva)* dull; *(zrak)* dull, dim, filmy

zakalkulovat *(náklady, ztráty* ap.*)* allow for, take* sth into account; *(zahrnout)* include; *(počítat s čím)* reckon with

zákaz prohibition, ban; **z. kouření/ alkoholu** ban on smoking/ prohibition on alcohol; **Z. vjezdu!** No entry!; **Z. předjíždění!** No overtaking!

zakáz|at forbid*; *(zákonem)* ban, outlaw; **být ~áno** *(předpisem, vyhláškou* ap.*)* be prohibited; **z. komu něco** forbid sb to do sth; **kouření ~áno!** no smoking!; **Plakátování ~áno!** Stick no bills! ■ **~aný** 1 forbidden, *(úředně)* prohibited; *(strana, noviny)* banned ♦ **~ané ovoce** forbidden fruit 2 *(obchod)* illicit, illegal

zakázk|a order; *(na umělecké dílo)* commission (for); **pracovat na ~u** work to order; **ušito na ~u** made* to order

zakázkový custom-made, made-to-measure

zákaznictvo clientele, customers; (zvl. *stálé)* patrons

zákazník customer, client; *(stálý)* patron

zákeřník treacherous person; *(vrah)* assassin

zákeřn|ý treacherous, perfidious; *(nemoc)* insidious; **z. vrah** assassin ■ **~ě zavraždit** assassinate ■ **~ost** treacherousness; perfidy

základ 1 **~y domu** foundations; **položit ~y** lay* the foundations (for a house); **vyhořet do ~ů** burn* to the ground; přen. *(změnit co)* **od ~u** radically, thoroughly 2 přen. **~y** *(hlavní složka)* basis, foundation, groundwork; **položit ~y** *(společnosti* ap.*)* lay the foundation for; **na ~ě** *(čeho)* on the basis n. strength of sth 3 **~y** *(oboru)* fundamentals, rudiments, (basic) elements; **~y**

anglické gramatiky the rudiments of English grammar; **~y hry na kytaru** the ABC of guitar playing **4** jaz. base, root; mat. *(mocniny)* base
zakládací: z. listina foundation charter
zakládat v. **založit** ♦ **z. si na zevnějšku** be very particular about one's appearance; **~á si na své angličtině** he prides himself on his knowledge of English ■ **z. se na čem** be based n. founded on sth; **z. se na faktech** be based on facts; **to se ne~á na pravdě** it doesn't correspond to facts
zakladatel founder
základna base, basis; voj. **odpalovací z.** launching base
základní 1 z. stěna foundation wall; **z. kámen** foundation stone **2** *(tvořící ~)* fundamental, basic; *(znalosti)* fundamental, rudimentary; *(barvy)* primary; *(nátěr)* prime; **z. pravidla** ground rules, the first principles; **z. vojenská služba** compulsory service; **z. příčina** root cause; **z. vzdělání** primary education **3** *(číslovka)* cardinal
základový: ~á barva undercoat
zaklapnout: z. dveře/ příklop slam n. bang the door/ the lid shut ■ **z. se** bang shut
zaklení *(nadávka)* curse, swear word, oath
zaklepat v. **klepat** ♦ **musím to z.** touch wood; hov. **z. bačkorama** snuff it ■ **vstoupit bez ~ání** enter *(a room)* without knocking
zaklesnout *(upevnit)* secure, fasten; *(lano na skobu)* hook up, hitch up n. on ■ **z. se do sebe** *(větve)* intertwine, become* entangled, *(jeleni)* lock horns, *(boxéři)* clinch
zaklínač *(hadů)* snake charmer; *(ďábla)* exorcist
zaklínadlo spell, magic formula
zaklínat 1 *(hady)* charm; *(ďábla, duchy: vyvolávat)* raise, invoke, conjure, *(vymítat)* exorcise **2** expr. *(zapřísahat)* implore, entreat ■ **z. se, že** protest n. swear* that ■ **~ání** invocation, exorcism
zaklínit wedge in ■ **z. se** become* wedged; **z. se do sebe** v. **~esnout se**
zaklít 1 swear*; v. **klít 2 z. koho v co** turn sb into sth ■ **~etí 1** v. **~ení 2** enchantment; **vysvobodit koho ze ~etí** free sb from a magic spell ■ **~etý** enchanted
záklon gymn. backward bend
zaklonit (se) bend* back; *(na židli)* lean* back
zaklopit *(víko)* close, shut*; *(zakrýt)* cover (with); *(víkem)* put* a lid on
záklopka *(pojistná)* safety valve
zákmit *(světel)* glimmer; přen. **z. naděje** glimmer of hope
zakmitat se *(světlo)* glimmer; **~nout se** glint
zakoktat se start stammering; **z. se v řeči** stumble in one's speech
zakolísat *(zapotácet se)* stagger, totter, be unsteady on one's feet; přen. begin* to waver n. vacillate
zákolník linchpin
zákon 1 právn. law; *(předloha)* bill; *(schválený zákonodárným sborem)* act; **daňový z.** tax law; **trestní z.** criminal law; **jménem ~a** in the name of the law; **proti ~u** against the law; **řídit se ~em** observe the law; **porušit z.** break* n. violate the law ♦ **opilý, jak z. káže** as drunk as a lord **2** *(přírodní, ekonomický* ap.*)* law; **~y přírody** the laws of nature; **z. nabídky a poptávky** the law of supply and demand; **Starý/ Nový z.** The Old/ New Testament
zakončit 1 v. **skončit, ukončit;** *(konferenci)* close; *(práci)* finish; *(jednání)* conclude; *(spor)* terminate **2** *(připojit na závěr)* **z. řeč přípitkem** wind* up one's speech with a toast; **z. jídlo kávou** conclude n. finish the meal with coffee ■ **~ení** end, conclusion; completion; termination
zákoník code of law, statute book; **občanský/ trestní z.** Civil/ Criminal Code
zákonitý 1 *(vývoj* ap.*)* regular, conforming with n. to a law **2** *(dědic)* legal, rightful; *(manželka)* lawful ■ **~ost** *(vývoje)* regularity, law
zákonný legal, lawful; *(požadavek)* legitimate
zákonodárce legislator
zákonodárný legislative
zákonodárství legislation
zákop voj. trench
zakopat *(poklad)* bury, hide* sth in the ground; *(mrtvolu)* bury ♦ **tady je ~ný pes** this is the root of the trouble ■ **z. se** voj. entrench o.s., dig* o.s. in
zakopnout (o over) stumble, trip
zakořenit se *(sazenice)* take* root; přen. *(zvyky* ap.*)* become* deeply rooted n. embedded ■ **~ěný** přen. deep-rooted, deeply rooted, ingrained
zakotvit 1 *(loď)* anchor **2** *(spustit kotvu)* drop n. cast* anchor; přen. **z. v hospodě** camp out in a pub **3** *(práva v ústavě)* embody, lay* down, anchor; **je to ~eno v ústavě** it is laid* down in the constitution **4** *(usadit se)* settle down, find* one's feet ■ **~ený** *(loď)* at anchor
zakoukat se 1 *(na koho/ co)* fix n. fasten one's eyes on **2** *(do děvčete* ap.*)* take* a fancy to, fall* in love with

zakoulet: z. očima roll one's eyes ■ **z. se** roll away; **z. se pod stůl** roll under the table
zakoupit buy*, purchase; **z. si pozemky** buy o.s. property
zakouř|it *(místnost)* fill (the room) with smoke ■ **z. si** have a smoke ■ **~ený** smoky; *(místnost)* thick with smoke; *(stěna)* black with smoke
zakousnout 1 *(usmrtit)* kill *(by sinking teeth into an animal)* 2 **z. si** have a bite, have a little snack ■ **z. se** *(do čeho)* sink* one's teeth into, bite* into; přen. **z. se do problému** get* one's teeth into a problem; **z. se do práce** become* engrossed n. absorbed in one's work
zakoušet v. **zakusit**
zákoutí quiet place, secluded spot
zakrátko soon, shortly, in a short time
zakreslit *(načrtnout)* draw* n. sketch in; *(podrobnosti)* enter, put* in; *(při mapování)* plot sth on
zakrně|t *(v růstu)* become* stunted; *(údy)* atrophy; přen. **z. duševně** become intellectually stunted; *(zchátrat)* run* to seed ■ **~lý** *(v růstu)* stunted, dwarfed; **duševně/ citově ~lý** intellectually/ emotionally stunted; *(úd)* atrophied
zakročit 1 *(zasáhnout)* intervene též voj., step in; *(energicky)* put* one's foot down 2 **z. proti komu** *(energicky)* take* (vigorous) action against; *(soudně)* take* legal action against; **z. proti čemu** *(zločinnosti* ap.*)* clamp down on sth, hov. crack down on sth 3 *(v čí prospěch)* stand* up for, take sb's part
zakrojit cut* into
zákrok intervention, *(chirurgický)* operation; *(tvrdý: policejní* ap.*)* clampdown n. crackdown (**proti** on)
zakroutit 1 *(si knír)* twirl; **z. slepici krkem** wring* a hen's neck; přen. expr. *(komu)* wring sb's neck 2 *(knoflíkem rádia, prstenem)* turn; **z. hlavou** shake* one's head
zakroužit v. **kroužit**
zákrsek 1 *(strom)* dwarf tree 2 hanl. *(malý člověk)* midget, shrimp, runt
zakrslík v. **zákrsek (2)**
zakrs|nout become stunted ■ **~lý** stunted, dwarfed; *(malý)* puny, dwarfish
zakruče|t *(v žaludku)* rumble
zákrut *(řeky, cesty)* bend*, turn, meander; **tvořit ~y** *(řeka)* meander
zakrvácet *(košili* ap.*)* stain sth with blood ■ **z. se** stain o.s. with blood
zakrýt cover (up); *(výhled)* block; *(rozpaky* ap.*)* hide* ■ **z. se** cover o.s. up
zakřičet 1 *(vykřiknout)* give* a cry; give a shout, cry out, shout out 2 **z. na koho** shout n. yell n. scream at sb
zakři|knout 1 v. **~čet** 2 *(mluvčího)* shout sb down ♦ **nechci to z.** touch wood
zakřiknut|ý timid, diffident ■ **~ost** timidity, diffidence, sheepishness
zakřiv|it (se) bend* ■ **~ený** *(hřebík* ap.*)* bent, crooked; *(zobák)* curved; *(nos)* hooked; **~ená šavle** scimitar ■ **~ení** *(zemského povrchu)* (earth) curvature
zaktivizovat make* sb more active
zaktualizovat make* sth topical
zakuckat se swallow the wrong way, choke
zakukl|it se *(housenka)* pupate ■ **~ený** přen. disguised; **~ený komunista** crypto-communist
zakula|tit 1 *(hrany)* round off, *(předmět)* make* sth round 2 *(obnos)* round off ■ **z. se** *(v obličeji* ap.*)* plump out ■ **~cený** plump, chubby; hov. well-upholstered
zákulisí: v z. behind the scenes, backstage
zákulisní přen. *(intriky)* underhand, secret
zákusek dessert, *(sladký)* sweet; *(po jídle)* br. hov. afters
zakusi|t *(úzkost, starosti)* suffer; *(bolest, bídu)* stand*, endure, put* up with; **~l mnoho utrpení** he had to endure a lot of suffering; **z. urážku** receive an affront
zak|utálet se v. **~oulet se**
zakvedlat *(vejce do polévky)* stir n. mix sth in(to)
zakvílet give* a wail, wail
zalátat 1 *(ponožky)* darn 2 *(šaty)* patch, put* a patch on
zaléh|at v. **zalehnout**; **~á mi v uších** my ears are ringing*; **~á mi z toho v uších** it makes* my ears ring
zalehnout 1 *(dítě)* overlie*, smother (a baby in one's sleep) 2 *(lehnout)* lie* down, *(jít spát)* go* to bed, hov. hit* the sack
zaleknout se take* fright, get* frightened; *(potíží* ap.*)* shrink* from; **nez. se ničeho** stop at nothing
zalenošit si take* it easy, idle n. loaf about
zalepit paste up, glue up; *(dopis)* seal; **znovu z.** reseal
zalesk|nout se v. **lesknout se**; **~ly se mu oči radostí** his eyes gleamed n. sparkled with joy
zales|nit, ~ňovat odb. afforest, plant with trees ■ **~něný** wooded ■ **~nění** afforestation; **husté ~nění** thick woodlands
zalesňovací afforestation
zalét|at, ~ávat *(letadlo)* test-fly*, make* test

flights ■ **~ávání** test n. trial flight(s)
zaletě|t 1 *(ptáci: do místnosti)* fly* into 2 *(o zvucích)* reach sb's ears 2 přen. **z. v myšlenkách do minulosti** think* back n. reflect over the past
záletn|ický v. **~ý**
záletn|ík philanderer; hov. womanizer, lady-killer ■ **~ice** flirt, loose woman
záletný *(muž)* philandering; *(žena)* flirtatious
zaletovat solder (up)
zálety romance, amorous adventure(s); **jít na z.** go philandering
zal|évat v. **~ít**
zal|ézt 1 crawl n. creep* (**pod/ do** under/ into); **z. do postele** crawl into bed, hov. get* between the blankets; *(o lišce)* go* to earth 2 **~ezlo mi za nehty** my fingers are numb
zálež|et 1 *(na kom/ čem)* depend (up)on; **to ~í na vás** *(jak se rozhodnete)* it's for you to decide; **velice mi na tom ~í** I feel* very strongly about it; **na tom (vůbec) ne~í** it does not matter (at all); **co na tom ~í!** who cares! 2 *(v čem)* consist in 3 **dát si z.** *(na čem)* be particular about; **nedat si z.** be sloppy n. slovenly (**na práci** about one's work)
záležitost matter, business, affair; **soukromá z.** personal matter; **plést se do cizích ~í** poke one's nose into other people's affairs, meddle in other people's affairs
zalhat: z. komu lie to sb, tell* sb a lie; **z. si** tell a lie, *(nevinně)* tell a white lie; **rád si zalže** *(přehání)* he likes to exaggerate
zálib|a, zalíbení (**pro, v** for) partiality, special liking, predilection; **mít ~u v čem** have a special liking for sth, be fond of sth; **práce ze ~y** labour of love; **mít ~u ve sportu** be fond of sport
zalíbi|t se: ~la se mu he took* a fancy to her; **nápad se mu ~l** the idea appealed to him; **~lo se mu tam** he took to the place
zálibně: z. si prohlížet look at sth/ sb with pleasure
zalícit *(na koho)* take* aim at; *(puškou)* point one's rifle at
zalid|nit, ~ňovat populate, people; *(ulice)* crowd, fill ■ **z. se** *(ulice)* become* crowded, become alive with people ■ **~něný** *(ulice)* crowded, alive with people
zalichoti|t *(komu)* flatter; **to jí ~lo** she felt* flattered ■ **z. se komu** ingratiate o.s. with sb, soft-soap sb
zal|ít 1 *(zaplavit)* flood, inundate, overflow 2 *(okurky v láhvi)* pour water over 3 *(květiny, záhon)* water; *(hadicí)* hose; *(postříkat též)* spray 4 *(spáry asfaltem)* fill with; **z.** *(sloupky)* **do betonu** set* sth in concrete 5 přen. *(o světle)* flood; **pokoj ~ilo světlo** the room was flooded with light ■ **z. se** become* flooded; **oči se jí ~ily slzami** tears welled (up) in her eyes
záliv bay, gulf
zalk|nout se choke; **z. se kouřem** be suffocated by smoke; **div se ne~l smíchem** he almost choked with laughter
zálo|ha 1 *(na plat)* advance (payment); *(na zboží)* retainer; **dostat ~hu na mzdu** receive advance payment on one's wages 2 *(zásoby)* stock, store, reserve; **mít co v ~ze** hold* n. keep* sth in reserve, have sth in store 3 voj. reserve, *(ve válce)* reserves; **důstojník v ~ze** reserve officer 4 fotb. halfbacks 5 *(léčka)* ambush; **číhat (na nepřítele) v ~ze** lie* in ambush; **napadnout koho ze ~hy** ambush sb
zálohova|t *(co)* pay* an advance on ■ **~ný: ~né láhve** returnable bottles, hov. empties
zálohový *(platba)* advance
zalomcova|t *(kým)* give* sb a (good) shake; **z. dveřmi** rattle at the (front) door ■ **~la jím zlost** he flew* into a rage
zalomený techn. cranked; **z. hřídel** crankshaft
založ|it 1 *(dovnitř)* put* n. place sth in; *(zařadit)* file; **z. film do aparátu** insert n. put in a film, insert a film into the camera, load the camera with a film; **z. si ruce** fold one's arms, *(v bok)* put one's hands on one's hips 2 *(někam knihu ap.)* mislay*, misplace 3 *(kola auta)* block up, chock 4 *(stranu knihy)* put a marker in (at page ...), mark (page ...) 5 *(sukni, šaty)* take* in 6 *(město, polit. stranu)* found, *(školu též)* set* up, start, *(firmu též)* launch; **z. rodinu** set up home; **z. oheň** start a fire 7 *(na čem plán ap.)* base on 8 **z. koho penězi** help sb out with money ■ **~ený** *(ruce)* folded; **s rukama ~enýma v bok** with arms akimbo; **být citově/ prakticky ~ený** be emotional/ be practical
záložka 1 *(kalhot)* turn-up, am. cuff; *(šatů)* fold; *(přebalu knihy)* jacket flap 2 *(do knihy)* bookmark
záložní *(náhradní)* spare; **z. pilot** standby pilot; **z. důstojník** reserve officer; sport. **z. řada** halfbacks
záložník voj. reservist; fotb. **pravý/ levý z.** right/ left halfback
záludný malicious, spiteful; *(nemoc)* insidious
zálusk: mít z. na co *(nové šaty ap.)* crave n. long

for sth
zalykat se v. **zalknout se; z. se nadšením nad čím** drool over sth
zam|ačkat, ~áčknout 1 *(tabák do dýmky)* press in(to); *(věci do kufru)* cram n. stuff in(to) 2 *(usmrtit)* crush (to death); **~áčknout cigaretu** stub out a cigarette
zamalovat *(nápis* ap.*)* overpaint, paint out
zaman|out si/ se: *(udělá,)* **co si ~e/ co se mu ~e** just as the fancy n. mood takes* him, just as he likes; **kdy se mu ~e** whenever he likes n. fancies
zamaskovat 1 voj. mask, camouflage 2 přen. *(zastřít)* disguise, conceal
zama|stit: z. co make sth greasy, stain sth with grease ■ **~štěný** *(vlasy, ruce)* greasy; *(šaty)* stained with grease
zamávat *(rukou/ šátkem)* wave one's hand/ handkerchief; **z. komu na rozloučenou** wave sb goodbye
zamazat *(zašpinit)* soil, make* sth dirty; *(skvrnami)* smudge, stain; **z. si prsty inkoustem** daub one's finger with ink 2 *(nápis)* v. **zamalovat** ■ **z. se** get* dirty
zámecký palace, castle; **z. dvůr** palace n. castle courtyard; **z. park** palace garden(s)
zámeček small castle; *(panské sídlo)* manor house
zámečnický locksmith's *(shop* ap.*)*; **z. mistr** master locksmith
zámečnictví locksmith's trade
zámečník locksmith; *(strojní)* mechanic, fitter
zám|ek₁ *(u dveří)* lock, *(přívěsný)* padlock; **být pod ~kem** be under lock and key; **dát co po z.** put* sth under lock and key
zám|ek₂ castle; *(palác)* palace; **vzdušné ~ky** castles in the air
záměna *(náhrada)* substitution, replacement; **z. jmen** a confusion of names
zaměnit 1 *(lidi, jména)* confuse; *(předměty)* mix up; **z. si klobouk/ deštník** take* sb else's hat/ umbrella (by mistake) 2 *(vyměnit)* replace (**za** with n. by)
zaměnitelný exchangeable, interchangeable
záměr intention; *(cíl)* aim, end; *(plán)* project, plan, design; **nekalé/ útočné ~y** evil/ aggressive designs
záměrn|ý intentional, deliberate, *(lež též)* calculated ■ **~ě** deliberately; on purpose
zaměř|it, ~ovat 1 survey 2 *(zbraň na cíl)* aim n. level at, take* aim at; *(kameru, dalekohled)* aim n. train (**na** at); přen. *(pozornost)* direct; *(kroky)* direct, turn; *(úsilí)* concentrate ■ **z. se na co** concentrate on sth
zamést *(ulici, pokoj)* sweep*; *(papíry* ap.*)* sweep away ♦ **z. si před vlastním prahem** set* one's house in order; **z. s kým** mop the floor with sb
zaměstnan|ec employee; **státní z.** civil servant, am. public servant; **~ci** staff, personnel
zaměstnanecký: z. poměr (salaried) employment
zaměstnání work, job, post; *(s pevným platem)* employment; *(povolání)* occupation; **hledat z.** be looking for a job, seek* employment; **být bez z.** be out of work, be unemployed
zaměstnanost (level of) employment; **plná z.** full employment
zaměstnan|ý 1 employed; **~á žena** career woman 2 *(zaneprázdněný)* busy
zaměstn|at 1 employ, give* employment n. work to; **být ~án** *(kým)* be employed by, *(na částečný úvazek)* be on short time; **kde jste ~án?** where do you work? 2 **být ~án** *(zaneprázdněn)* be busy, have one's hands full
zaměstn|ávat v. **~at**; **z. se čím** busy o.s. with sth; *(v úvahách)* occupy one's mind with
zaměstnavatel employer
zameška|t *(vyučování, směnu)* miss, *(příležitost též)* lose*, let* sth slip ■ **~ná příležitost** a missed opportunity n. chance
zam|etat v. **~ést**
zamezit *(co)* prevent; *(přístup)* bar, obstruct; *(předem)* forestall
zamhouřit: z. oči narrow one's eyes; **ani oka nez.** not to sleep* a wink, not to have a wink of sleep
zamíchat *(kávu)* stir; *(co do čeho)* stir n. mix (sth *into* sth); *(karty)* shuffle; **z. řádně karty** give* the cards a good shuffle ■ **z. se** *(do čeho)* mix in, get* involved in; **z. se do politiky** mix in politics
zamilovan|ý 1 in love; **z. až po uši** head over ears in love; **šíleně z. do** infatuated with, smitten with 2 *(pohled)* amorous; **dělat na koho ~é oči** make* n. cast* sheep's eyes at sb 3 **~é scény** *(ve filmu)* love scenes 4 *(jídlo)* favourite; **~é teorie** pet theories
zamilova|t se *(do koho)* fall* in love with, fall for; *(do čeho)* take* a fancy to, fall in love with ■ v. též **~ný**
zámink|a pretext; **pod ~ou, že** on n. under the pretext that n. of; **pod falešnou ~ou** under false pretences
zamířit 1 *(zbraň na cíl)* aim (at), level (at), take*

aim (at); **z. puškou na** aim n. level a gun at; **z. hadici/ dalekohled/ kameru** turn the hose/ binoculars/ a camera on **2** *(kam)* make* n. head for; **z. domů** head for home

zamítavý *(rozhodnutí, odpověď)* negative

zamítn|out **1** reject; *(žádost)* decline, refuse; *(stížnost)* dismiss; *(uchazeče)* turn down, reject **2** *(návrh)* rule out, dismiss; *(nápad)* reject ■ **~utí** rejection; dismissal

zamknout **1** *(dveře)* lock (up); *(visacím zámkem)* padlock; **z. na dva západy** double-lock **2** *(dát pod zámek)* lock away, put* sth under lock and key; **z. něco do zásuvky** lock sth up in a drawer

zamlada in one's youth; *(za mého mládí)* when I was young, when I was a young man/ when I was a girl

zamlaskat click one's tongue; *(při jídle)* make* a munching n. chomping sound

zamlčet conceal, withhold*, hold* back; *(aféru)* hush up; **z. pravdu** conceal n. withhold the truth; **nesmíš nic z.** you must tell* everything

zamlkl|ý taciturn, tight-lipped, *(a person)* of few words ■ **šli spolu ~e** they walked in silence ■ **~ost** taciturnity

zamlouv|at v. **zamluvit** ■ **z. se komu** be to sb's liking n. taste; **jak se vám to ~á** how do you like it?; **ten člověk se mi ne~á** there's sth fishy about that man, I don't like the look of that man

zamluvit **1** **z. co** *(odvést pozornost)* steer the conversation away from sth **2** **z. si** *(objednat)* reserve, order, book; **z. si místo** reserve a seat, make* a reservation

zamlž|it **1** *(zrcadlo, okno)* steam up **2** voj. cover sth with a smokescreen; přen. **z. situaci** fog up the issue, confuse the issue ■ **~ený** steamed(-up), clouded, misted

zamnout: z. si ruce rub one's hands

zamokřit make* sth wet ■ **z. se** get* wet

zamontovat install, fit in

zámoří overseas; **ze z.** from overseas

zamoř|it *(vzduch, vodu)* pollute; *(radiací)* contaminate; *(krysami, parazity, špióny)* infest ■ **~ený** polluted; *(krysami)* infested with

zámořský *(trhy, země)* oversea(s); *(plavba)* transoceanic

zamota|t **1** *(zabalit)* wrap (up); **z. dítě do deky** wrap a baby (up) in a blanket **2** *(nitě)* tangle (up); přen., expr. *(výklad)* confuse, muddle up; *(případ)* make* a mess of **3** přen., expr. *(koho do záležitosti)* involve (in), *(do aféry* ap.*)* get* sb mixed up in, embroil sb in ■ **z. se** **1** *(do deky)* wrap o.s. (up) **2** *(vlákna)* become* tangled; *(do sítě* ap.*)* become* entangled; přen. *(při výkladu)* become confused **3** *(do nepříjemností)* get* involved n. embroiled in, get mixed up in **4** **~la se mu hlava** his head was swimming n. reeling **5** *(jako opilý)* reel ■ **~ný** *(záležitost)* intricate, complicated, knotty

zámotek *(bource)* cocoon

zámožn|ý well-to-do, well-off, moneyed, affluent; **z. člověk** kn. a man of property; **být z.** be well off ■ **~ost** affluence, wealth, prosperity

zamrač|it se **1** *(obloha)* cloud over, become* clouded n. overcast*; **~ilo se** the sky clouded over **2** frown, scowl; *(tvář)* darken; **z. se na koho** scowl at sb, give* sb a black look ■ **~ený** **1** *(člověk)* frowning; *(obloha)* clouded, cloudy, overcast **2** *(tvář)* grim, gloomy; *(pohled)* sullen, grim ■ **hledět ~eně** scowl, frown

zamrazi|t: ~lo mne I shivered, I shuddered; **~lo mne v zádech** a shiver ran* down my spine

zamrkat wink (one's eye); **z. na koho** give* sb a wink, wink at sb

zamrze|t: ~lo ho to he felt* hurt

zamrz|nout **1** *(řeka, rybník, okno)* freeze* (over) **2** *(loď)* freeze in, become* icebound; přen. *(úsměv)* freeze ■ **~lý** *(jezero, pohledávka)* frozen; *(loď)* icebound

zamřížova|t *(okno)* put* bars on n. over ■ **~ný** *(okno)* barred

zam|ykat (se) v. **~knout (se)**

zamysl|it se, ~et se *(nad čím)* think* about, consider, give* a thought to; **hluboce se z.** think* hard (**nad** about); **~i se nad tím!** think about it!

zamyšlený lost* n. wrapped in thought

zamýšl|et intend, contemplate, have sth in mind; **z. co** intend doing sth; **co ~íte dělat?** what are your plans?

zam|ýšlet se reflect (on), speculate (over), ponder *(on, over);* v. též **~yslit se**

zamžikat blink (one's eyes)

zamž|ít se *(okno)* steam over n. up; *(oči)* become* moist; **~ily se jí oči** tears clouded her eyes ■ **~ený** steamy; moist

záňadří bosom; **schovala dopis do z.** she hid* the letter in her bosom

zan|ášet **1** v. **~ést** **2** *(puška)* be inaccurate; *(slepice)* lay* away; expr. *(o ženě)* be unfaithful (to) ■ **z. se** v. **~ést se**

zanedban|ý neglected; *(vzhled, zahrada)* unkempt; *(pole)* untended; *(dítě, zahrada, ru-*

ce) uncared-for; *(budova)* dilapidated; *(osoba)* seedy, down-at-heel ■ **~ost** unkempt appearance

zanedb|at 1 neglect, allow to fall* into neglect n. disrepair; **z. povinnost** fail in one's duty 2 *(odchylky, rozdíly)* ignore, disregard ■ **~ání** neglect; disregard; **~ání povinnosti** dereliction n. lapse of duty; **~ání povinné péče** culpable negligence

zanedbatelný 1 *(malý)* insignificant; *(ztráta)* slight, minor; *(suma)* trivial 2 *(bezvýznamný)* irrelevant, immaterial

zanedbávat *(zdraví, dítě)* neglect; **z. povinnosti** be slack in one's duties, neglect one's duties

zanedlouho soon, before long, shortly after

zanecha|t 1 v. **nechat** 2 *(jmění)* leave*, *(v závěti též)* bequeath; **~l po sobě dvě děti** he left* two children (behind him); přen. **z. dobrý dojem** leave* a good impresssion

zaneprázdněný busy (**čím** with sth)

zaneřád|it *(byt)* mess up; *(podlahu)* litter; *(přecpat věcmi)* clutter (with) ■ **~ěný** *(pokoj)* messy

zan|ést 1 *(balík na poštu)* take*; **z. komu zprávu** bring* sb word (that) 2 *(o větru: zvuk, balón)* carry 3 *(položku do seznamu* ap.*)* enter, register 4 *(potrubí)* block, choke, clog (up) ■ **z. se** *(potrubí)* become obstructed; *(komín)* become* sooted ■ **~esený** *(potrubí)* blocked, clogged; *(sazemi)* sooted

zánět inflammation; **z. hrtanu** laryngitis; **z. mozkových blan** meningitis; **z. středního ucha** inflammation of the middle ear

zánětlivý inflammatory

zanevřít *(na koho)* conceive hatred for, come* to hate; **z. na svět** renounce the world

zanic: ani z. not at any price, not for anything in the world

zanícení *(nadšení)* enthusiasm, passion, zeal

zanícen|ý 1 *(rána)* inflamed 2 *(nadšený)* enthusiastic, passionate, ardent ■ **~ost** v. **~ní**

zánik *(úpadek)* downfall, decline; *(zničení)* ruin, destruction; *(firmy)* dissolution; *(časopisu)* extinction, folding-up, death; *(konec)* end; **z. světa** the end of the world; **být odsouzen k ~u** be doomed

zanik|nout 1 *(národ, kultura)* go* down n. under, perish; *(svět)* come* to an end; *(firma)* close down, fold up, hov. go* bust; *(nárok, právo)* expire, lapse; *(členství)* be terminated, be cancelled 2 *(ztratit se)* disappear; *(zvuk)* fade out ■ **~lý** *(zvyky, kmeny)* extinct; *(časopis)* defunct

zaní|tit se 1 *(rána)* become* inflamed n. infected 2 **z. se pro co** become n. get* enthusiastic about sth ■ **~cený** 1 inflamed 2 enthusiastic

zanotovat: z. píseň begin* to sing*, break* into a song

zánovní newish, almost new, as good as new

zanýtovat rivet

zaobalit *(co v řeči)* say* sth in a roundabout way

zaobl|it *(rohy)* round off ■ **z. se** *(ztloustnout)* grow* plumper ■ **~ený** *(tvář, paže)* plump, round

zaoceánský transocean(ic), *(parníky)* ocean-going; v. též **zámořský**

zaokrouhl|it round off; **z. nahoru/ dolů** round up/ down; **z. co na tři desetinná místa** round sth to three decimals, round sth to three decimal points ■ **~ený** *(hrana)* rounded; *(suma)* round ■ **~ení** rounding off

zaonačit *(chytře)* contrive n. arrange sth cleverly

zaopatření 1 *(dětí, rodiny)* provision for; **z. ve stáří** provision for the aged 2 **podnájem s celým ~m** room and full board

zaopatřit 1 v. **opatřit (si)** 2 *(děti, rodinu)* provide for

zaorat *(strniště, hnůj)* plough sth in

zaostal|ý *(země, oblasti)* backward, underdeveloped; *(technika)* outdated; *(duševně)* (mentally) retarded ■ **~ost** backwardness

zaostat fall* behind; sport. drop behind

zaostávat lag behind

zaostřit 1 *(bodec)* sharpen 2 fot. focus; přen. **z. pozornost na co** stimulate n. foster an interest in sth

západ 1 **z. slunce** sunset 2 *(světová strana)* west; **na ~ě** in the west; **na z.** westwards 3 *(západní část)* western part n. region; **divoký z.** the Wild West 4 *(u zámku)* turn; **zamknout na dva ~y** double-lock

Zapadákov the back of beyond, out-of-the-way place, hov. dump

zapad|at, ~nout: z. do sebe *(ozubená kola)* mesh together, groove into each other

západka techn. pawl, click; *(dveří)* latch

západn|í western; *(vítr, kurs)* westerly ■ **~ě od Prahy/ Vltavy** (to the) west of Prague/ the Vltava

zapad|nout 1 *(za stůl* ap.*)* fall* behind sth; *(do bláta)* sink* into; **z. do dluhů** run* up debts ♦ **z. do hospody** camp out in a pub 2 *(o nebeských tělesech)* set*, sink* below the horizon 3 *(zmizet)* disappear; *(hlas v hluku)* be drowned *(by the noise)* **4** *(hodit se tvárem)* fit in; *(do sebe: trubky* ap.*)* fit one another **5** *(dveře)* close with a bang **6** *(sněhem)* be covered with n. in snow ■ **~lý 1 ~lý sněhem** snow-covered **2** hov. *(vesnice* ap.*)* remote, out-of-the-way; *(autor)* obscure

západo|český West Bohemian; **~německý** West German; **~evropský** West(ern) European

zápach bad n. foul n. offensive smell; **pronikavý z.** pungent odour, stench; **z. z úst** bad breath; **bez ~u** odourless

zapách|at smell* (bad), have a bad smell; *(silně)* reek; **z. česnekem** reek of garlic; **~á mu z úst** he has bad breath ■ **~ající** evil-smelling; kn. malodorous; hov. smelly

zapakovat pack (up); **z. si věci** pack one's things

zápal 1 lék. inflammation; **z. plic** pneumonia; **z. slepého střeva** appendicitis **2** *(nadšení)* enthusiasm, passion, ardour; **v ~u boje** in the heat of the battle

zapál|it 1 *(slámu, dřevo)* light*, ignite; **z. v kamnech** light the fire in the stove; *(dům)* set* fire to, set sth on fire **2** *(svíčku, lampu)* light; **z. si cigaretu/ dýmku** light o.s. a cigarette/ light one's pipe **3** *(dav)* rouse; *(diváctvo)* carry away, captivate, *(uvést do extáze)* electrify; **z. koho pro co** fill sb with enthusiasm for sth ■ **z. se pro co** become* n. get* enthusiastic for sth ■ **~ený 1** *(pro co)* enthusiastic about **2** *(rána, krk)* inflamed

zápalka match; voj. detonator, primer

zápaln|ý *(snadno)* inflammable, combustible; **~á směs** primer mixture; **~á bomba** incendiary bomb

zapalovací: z. svíčka mot. spark plug; **z. plamen** pilot light n. flame

zapalovač *(kapesní)* cigarette lighter; voj. **časový z.** *(u pumy)* time fuse

zapalování techn. ignition

zap|alovat v. **~álit**

zapamat|ovat si remember; **dobře si to ~uj!** mark my words!, expr. get* that into your head!

zaparkovat *(auto)* park

zápas 1 fight, *(boj)* struggle; **volební z.** election campaign n. fight; **býčí z.** bullfight **2** *(střetnutí)* match; **fotbalový z.** football match n. game; **z. o mistrovství světa** World Cup

zápasiště ring, arena též pol.

zápasit sport. wrestle; **z. s předsudky** fight* n. struggle against prejudices; **z. s časem** work against time; **z. se smrtí** be in the throes of death

zápasník wrestler; *(s býky)* bullfighter

zapažit stretch arms backward

zápecník narrow-minded n. parochial person

zapečetit seal, put* sth under seal

zápěstí wrist

zapět begin* to sing*, break* into a song

zapíchat: z. jehly *(do polštářku* ap.*)* stick* (all) the needles (one by one) into sth

zapíchnout 1 *(jehlu do polštářku)* stick* (in); **z. si trn do nohy** prick one's foot on a thorn **2** hov. *(vepře)* stick

zapíjet v. **zapít**

zapínací: z. špendlík safety pin

zapína|t v. **zapnout; (ty) šaty se ~jí vzadu** the dress does up at the back

zap|írat v. **~řít**

zápis 1 *(na univerzitu)* enrolment, matriculation; **z. do školy/ do kursu** enrolment for school/ in(to) a course; *(branců)* enlistment **2** *(ze schůze)* (the) minutes; **psát z.** take* the minutes; **z. o nehodě** a record of a road accident **3** *(účetní)* entry; **udělat z.** make* an entry

zápis|ek: udělat si ~ky take* n. make* notes; **~ky** *(paměti)* memoirs

zapísk|at, ~nout (give* a) whistle, *(na píšťalku)* blow* n. sound a whistle; hov. *(obdivně na dívku)* wolf-whistle

zápisné registration n. am. registry fee

zápisník notebook, memo book

zapisovací: z. přístroj recording instrument

zapisova|č v. **~cí přístroj;** *(letový)* flight recorder

zapisovat si *(přednášku)* take* notes of

zapisovatel br. *(na schůzi)* keeper of the minutes; *(při vyšetřování)* recording clerk; *(soudní)* Clerk of the Court

zapištět (give* a) scream n. shriek, scream (out)

zapít 1 *(jídlo)* wash down, rinse down; **z. jídlo pivem** wash down a meal with beer **2** *(oslavit)* celebrate sth with a drink ♦ **to se musí z.** that calls for a drink; **z. žal** drown one's sorrows in drink

zaplakat cry (for a while); **z. si** have a (good) cry

zaplan|out, zaplát 1 *(oheň)* flare n. blaze up ♦ **z. láskou ke komu** be inflamed with love for sb **2** *(oči)* sparkle; **~uly jí tváře** she blushed (all over)

zaplánovat 1 plan, include sth in the plan **2** *(výdaje* ap.*)* take* sth into account, allow for

zaplápolat *(svíce, oheň)* flicker up

zaplašit *(zloděje, zvěř)* scare away; přen. *(černé*

myšlenky) banish, chase away
záplat|a patch; **dát nač ~u** patch sth (up), put* a patch on sth
zapla|tit 1 v. **platit**; **z. za co** pay* for sth; **z. útratu** pay n. meet n. foot the bill; **z. komu skleničku** stand* n. buy* sb a drink; **z. všechny výdaje** meet* all expenses ♦ **z. komu stejnou mincí** give* sb a taste n. dose of his own medicine; **zaplať Pánbůh(, že)** thank God (that) 2 *(za omyl)* **z. draze** pay dearly (for); **z. za co životem** pay for sth with one's life ■ **~cení** payment; *(dluhů)* settlement; *(výdajů)* defrayal, disbursement
záplatovat *(šaty, plachty)* patch (up)
záplava flood, inundation; **z. turistů** a flood n. inundation of tourists; **z. slov** a torrent of words; **z. slz** a deluge of tears
zaplavat si have a swim
zaplavit 1 *(zalít)* flood, inundate, swamp 2 *(zbožím)* glut; *(dopisy)* swamp
zaplesat: z. radostí shout with joy
zaplést 1 *(vlasy, cop)* plait, braid 2 **z. si mašli do vlasů** plait a ribbon into one's hair 3 *(koho do aféry* ap.*)* entangle (in), involve (in); *(národ do války)* embroil (in); **z. koho do rozhovoru** engage sb in conversation ■ **z. se** *(nitě)* tangle (up), become* tangled; přen. *(do aféry)* become entangled in, become mixed up in; **z. se do politiky** mix in politics; **z. se do dluhů** get* n. run* into debt, run up debts
zápletka div. intrigue, plot; *(milostná)* affair
zaplevelený *(pole)* weedy, rank with weeds
zaplnit *(sál)* fill up; *(mezeru: domem)* fill in n. up ■ **z. se** *(hlediště)* fill
zaplombovat 1 *(zub)* fill 2 *(zavazadlo, zásilku)* seal
zapn|out 1 *(šaty)* do up, fasten; *(na knoflík)* button up 2 *(proud, světlo, stroj)* switch n. turn on; *(rádio, televizi)* put* on; *(nápis na stroji)* **'~nuto' – 'vypnuto'** 'on' – 'off'
zápočet ≅ univ. class ticket, am. credit
započítat include; *(vzít v úvahu)* take* sth into account, allow for; **z. komu co k dobru** credit sb with sth
zapochybovat have some doubts, have second thoughts
zapojit *(na proud)* connect up; **z. sporák** connect up an electric cooker, connect an electric cooker n. am. stove to the mains; **z. koho do čeho** *(do akce* ap.*)* involve sb in (doing) sth ■ **z. se do čeho** take part in sth, become* involved in sth
zápolit 1 *(s problémy)* struggle n. wrestle with; **z. s potížemi** struggle against difficulties 2 *(s břemenem)* haul n. lug; **z. s tkaničkami** fumble with one's shoelaces
zapom|enout, ~ínat 1 *(adresu, jméno)* forget*; **~něl jsem na to** it has slipped my mind, I have forgotten* about it; **nesmíš z., že** you must bear* in mind that 2 *(zanedbávat)* **z. na hosta/ na povinnosti** neglect one's guest/ duties ♦ **z. na hrdost** put* one's pride in one's pocket 3 *(deštník* ap.*)* forget (to take*), leave* sth behind n. *(doma)* at home ■ **~enutý** forgotten ■ **upadnout v ~enutí** fall* into oblivion
zapomnětliv|ý forgetful ■ **~ost** forgetfulness
zápor jaz. negation; *(posoudit)* **klady a ~y** *(čeho)* the pros and cons, the advantages and disadvantages
záporka negative particle
záporn|ý negative; *(nepříznivý)* unfavourable; *(kritika)* destructive; *(reakce)* adverse; **z. hrdina** hov. baddy ■ **~ě** negatively; **odpovědět ~ě** answer in the negative
zaposlouchat se listen attentively (**do** to)
zapotácet se stagger
zapo|tit se break* out in a sweat, become* lashed in sweat; *(okna)* steam n. cloud up, become steamed; **to jsem se ~til!** *(při těžké práci)* that was a slog!, that was hard work! ■ **~cený** *(člověk)* covered with perspiration n. sweat; *(šaty)* sweaty, stained wih perspiration; *(sklo)* steamed(-up), clouded; *(stěna)* damp
zapotřebí: je z. it is necessary; **bude-li z.** if necessary, kn. if need be; **nemám z. pracovat** I don't have to work, I don't need to work
zap|ouštět v. **~ustit**
zapově|dět forbid* ♦ **~zené ovoce nejlépe chutná** forbidden fruit tastes sweetest
zapovídat se become* engrossed in a conversation
zapracovat 1 **z. (si) na čem** work hard on sth, put* in a lot of effort into sth 2 *(učně)* train, break* in, familiarize n. acquaint sb with a new job 3 *(něco do něčeho: do plánu* ap.*)* incorporate sth in(to) sth ■ **z. se** settle down to a new job
zapraskat *(dřevo)* creak; *(střely)* crack out; *(led, kosti)* crack; v. též **praskat**
zapráskat: z. bičem crack the whip
zapráš|it cover sth with dust; *(moukou)* flour; **z. moučník cukrem** dust the pastry with sugar, sugar the pastry ■ **z. se** get* dusty, get covered with dust ♦ **po jídle se jen ~ilo** the meal was

polished off n. scoffed in no time at all ■ **~ený** dusty, covered with dust

zapravit *(výdaje)* defray; *(dluhy)* settle, pay* (off)

zapražit *(omáčku, polévku)* thicken (sth with browned flour)

zápražka browning, roux

zaprodanec hireling, mercenary

zaprodat *(zradit)* be disloyal to, sell* sb down the river ■ **z. se nepřátelům** sell o.s. to the enemy

zaprotokolovat: z. co record sth, put* sth on record, take* sth down (on record); *(na schůzi)* enter sth in the minutes

zápřah v. **zápřež**

zapř|áhnout *(koně)* hitch up (**do vozu** to the cart) ■ **být stále ~ažený (do práce)** be rushed off one's feet

zapřen|á: na ~ou incognito

zápřež *(spřežení)* team (of horses) ♦ *(udělat co)* **na jednu z.** at one go; *(pracovat)* **na jednu z.** continuously, without a break, without letup

zap|řísahat: z. koho, aby implore n. beseech n. beg sb to do sth; v. též **~řisáhnout (se)**

zapřisáhlý *(nepřítel)* avowed; *(starý mládenec)* confirmed

zapř|isáhnout v. **~ísahat** ■ **z. se, že** swear* that

zapříst: z. hovor strike* up a conversation

zapř|ít₁ 1 deny*; **nedá se z., že** it cannot be denied that, it is undeniable that 2 **dát se z.** *(před návštěvou)* pretend not to be at home (to a caller); **z. otce** *(neznat se k němu)* disown one's own father 3 **svůj věk ne~e** he shows* his age; **ne~e svého otce** he is the spitting image of his father ■ **z. se** *(před návštěvou* ap.*)* pretend not to be at home/ in one's office ap.

zapřít₂ *(dveře závorou)* bar, bolt

zaps|at 1 *(položku)* enter, write* n. put* in; **z. dítě do školy** put down n. enrol a child for school; **z. koho na vysokou školu** enrol n. register sb at a university 2 *(zaznamenat si)* **z. si** note n. take* down ♦ **být u koho dobře/ špatně ~án** be in sb's good/ bad books; **zapiš si to za uši!** don't you forget* that!, *(něco nepříjemného)* put that in your pipe and smoke it! ■ **z. se** *(do školy, do kursu* ap.*)* put down one's name for, enrol for; **z. se na univerzitu** enrol at a university

zapudit přen. *(chmurné myšlenky)* banish, put* sth out of one's mind

zapůjčit lend*, am. loan

zápůjčka loan

zapůsobi|t 1 **představení na mne velmi ~lo** the performance made* a great impression on me; **jak to na vás ~lo?** how did it strike* you? 2 *(o léku)* take* effect

zapustit 1 techn. *(do betonu)* sink* n. embed in 2 **z. kořeny** take* n. strike* roots též přen.

zapýřit se blush (**studem** with n. for shame)

zarachotit *(řetězy)* rattle; *(hrom)* thunder, peal

zarámovat *(obrázek, brýle)* frame; *(diapozitiv)* mount

zara|zit 1 *(hřebík, kůl)* hammer in, *(beranit)* ram home; *(do čeho)* drive* *(a nail)* into 2 *(klíč do zámku)* push in 3 *(koně, vůz)* pull up 4 *(dopravu, stroj)* stop; *(šeptandu)* put* a stop to, scotch; **z. komu vycházky** voj. confine sb to barracks 5 **~zilo mne to** that puzzled me, that made* me wonder ■ **z. se** *(překvapením)* be taken* aback, be puzzled ■ **~žený** dismayed, *(překvapený)* perplexed, bewildered; *(neschopný slova)* dumbfounded, thunderstruck; **mít ~žené vycházky** *(voják)* be confined to barracks

zarážka 1 techn. stop; *(dveřní)* doorstop(per) 2 polygr. indentation

zarděnky rubella, hov. German measles

zard|ít se blush; **z. se studem** blush with shame ■ **~ělý** *(tvář)* florid, *(po běhu)* flushed

zardou|sit strangle, choke sb to death; přen. *(hnutí)* strangle ■ **~šení** strangulation

zaregistrovat 1 register, record, put* on record 2 *(vzít v úvahu)* take* note of, note

zaretušovat *(na fotografii)* retouch; přen. *(konfliktní postoje)* paper over

zarmoucený sad, heavy-hearted; *(tvář, pohled* ap.*)* sorrowful

zarmoutit sadden, make* sb sad, grieve ■ **z. se** (**nad** over) grow* sad, get* upset

zármutek grief, distress, sadness; **způsobit komu z.** give* sb a lot of worry

zárodečn|ý embryonic; *(počáteční)* rudimentary; **~á buňka** germ cell

zárodek 1 biol. germ, embryo; *(choroboplodný)* germ, bacillus 2 přen. *(lásky, reformy)* seed

zaros|it se *(zrcadlo, brýle)* steam up, mist over; *(oči slzami)* fill with tears ■ **~ený** *(tráva)* wet with dew; *(oči)* wet with tears; *(zrcadlo)* steamed up

zar|ostlý v. **~ůst**

zároveň 1 *(časově)* at the same time, simultaneously 2 **a z.** *(rovněž)* both ... and, at once ... and; **krásná a z. inteligentní** both beautiful and intelligent; *(kniha)* **napínavá a z. poučná** at once interesting and instructive

zarovn|at, ~ávat 1 make* even; *(terén)* level 2 *(knihy do přihrádek)* arrange (in) 3 *(koho senem)* cover with 4 *(částku)* round up (**na** to)
zarputil|ý obstinate, stubborn; *(odpor)* stubborn, dogged; *(pohled)* black ■ **~e** obstinately ■ **~ost** obstinacy; stubbornness; doggedness
zárubeň *(dveří)* doorframe, doorcase
zaruč|it guarantee, warrant ■ **z. se** *(za koho)* vouch for; *(finančně)* stand* security n. surety for; *(v trestním procesu)* stand bail for ■ **~ený** guaranteed, warranted; *(zpráva)* confirmed ■ **~eně** 1 *(určitě)* without fail; **~eně přijde** he's sure to come*, he will come without fail 2 **~eně čistá vlna** guaranteed pure wool
záruční: z. list warranty (certificate); **z. doba** guarantee period
zarudlý *(oči)* red; *(zanícené)* inflamed, *(tvář)* ruddy
záru|ka 1 guarantee; *(slib)* pledge, undertaking; *(finanční)* surety, security 2 *(na zboží)* guarantee, warranty (certificate); **roční z.** one-year guarantee (**na** for); **televize je ještě v ~ce** the TV set is still under warranty
zarůst, ~at 1 *(čím)* overgrow* n. become overgrown (with); **~at plevelem** be running to weeds 2 *(rána)* heal (up), close ■ **zarostlý** 1 *(chodník)* overgrown; **zarostlý plevelem** overgrown with weeds 2 *(neoholený)* unshaven
zarýt 1 *(rýčem)* dig* into (the ground) 2 expr. **z. do koho** taunt n. needle sb, make* a dig at sb ■ **z. se** 1 *(do peřin)* bury o.s. in 2 přen. **z. se do koho očima** fix one's eyes on sb
zaryt|ý *(zarputilý)* obstinate, obdurate; *(pohled)* determined; *(odpůrce)* stiff; *(lhář)* persistent; *(konzervativec)* true-blue, dyed-in-the-wool (Tory) ■ **~ost** obstinacy, obduracy ■ **~ě** obstinately, stubbornly, persistently
zaržát whinny
zář v. **~e**
zařadit 1 *(doklad)* file; *(knihu)* put* into its (proper) place; *(do seznamu)* include in; *(do užšího seznamu)* short-list; **z. co do programu** put sth on a programme; **z. (první) rychlost** engage (the first) gear 2 *(klasifikovat)* (**mezi** among) rank, place, range; **z. rostliny do systému** classify plants (into a system) ■ **z. se** 1 *(připojit se)* join; **z. se mezi nejlepší** rank among the best 2 *(do řady)* fall* in
zařádit si *(děti)* have a romp; **jít si z.** *(vyhodit si z kopýtka)* go* on a spree
záře glare; *(ohně)* glow; **sluneční z.** the glare of the sun; **polární z.** polar lights, aurora
zařehtat v. **řehtat**
zařek|nout: abych to ne~l! touch wood! ■ **z. se** promise, vow; **~l se, že to už neudělá** he vowed never to do it again
záření radiation; **sluneční/ radioaktivní z.** solar/ radioactive radiation
zářez notch, incision; *(drážka)* groove
zařez|at, ~ávat cut* n. slice in(to), make* a cut n. incision in(to) ♦ *(mlčí)* **jako ~aný** as if he had lost* his tongue
září September
zaří|dit 1 *(zorganizovat)* arrange, fix, see* to; **z., aby** see* to it that; **z. všechno potřebné** make* all the necessary arrangements 2 *(byt, ordinaci)* furnish, equip 3 *(zřídit: obchod)* establish; **z. si ložnici jako kancelář** fix up a bedroom as an office ■ **z. se** 1 *(v novém bytě)* settle in 2 **z. se podle svého** make* one's own arrangements ■ **~zený** *(byt)* furnished; **elegantně ~zený byt** a well-appointed flat
zářijový September
zaříkadlo spell, charm
zařík|at, ~ávat *(zlé duchy)* exorcise, lay* ■ **z. se** v. **zařeknout se**
zaříkávač *(ďábla)* exorcist; **z. hadů** snake charmer
zařinčet *(zvonek)* ring*; *(tabulky skla)* rattle; *(řetězy)* clank, jangle
zářit 1 *(slunko)* shine*; *(oslnivě)* glare, blaze 2 *(sklo, kov)* glitter, sparkle; *(oči)* sparkle, *(radostí)* glow; **z. štěstím** beam with happiness; **z. barvami** blaze with colours; *(byt)* **z. čistotou** be sparkling clean
zářivka fluorescent lamp n. tube
zářivý shining; *(oslnivě)* blazing, glaring; *(barvy)* glowing; *(oči)* sparkling; *(úsměv)* beaming, radiant; *(den)* sunny, glorious; *(čistota)* sparkling; *(vzor)* shining
zařízení 1 *(bytové)* furnishings; *(nábytek)* furniture; *(kuchyně, kanceláře)* interior equipment n. fittings; **strojové z.** machinery 2 *(přístroj)* device, appliance, mechanism 3 *(veřejné, osvětové* ap.*)* institution, organization
zařizovat v. **zařídit**
zářný *(příklad)* shining
zařvat 1 *(zvíře)* bellow, roar; *(motory)* roar 2 *(o lidech)* yell n. shout out (**na** at); **z. povel** shout out a command 3 sl. *(zemřít)* snuff it, kick the bucket
zas v. **zase**

zásad|a₁ principle, rule; **mít pevné ~y** have firm principles; **podle ~y, že** on the principle that; **podle stejných ~** along the same lines ♦ **v ~ě** basically, in principle; **ze ~y** on principle; **ze ~y se nehádám** I make* it a point n. rule never to quarrel

zásada₂ chem. alkali, base

zasadi|t 1 *(umístit)* put* n. fit in, insert; *(do rámu)* frame; *(dveře)* hang; *(drahokamy)* set* in, insert, implant 2 *(stromy, růže)* plant; *(brambory)* put in; **z. co do květináče** pot sth 3 *(ránu)* deal*, administer, inflict ♦ přen. **~lo mu to ránu** that was a bad blow for him ■ **z. se** *(o koho/co)* stand* up for, hov. stick* up for

zásaditý chem. basic, alkaline

zásadn|í *(otázky, rozhodnutí)* fundamental, basic; *(změny též)* radical; *(stoupenec)* staunch ■ **~ě** fundamentally, in principle, as a matter of principle; **rusky ~ě nemluvím** I make* a point of not speaking* Russian, it's a matter of principle for me not to speak Russian

zásadový high-principled, scrupulous

zasádrovat 1 *(otvor)* fill sth with plaster; *(upevnit)* fix n. fasten sth with plaster 2 *(nohu* ap.*)* put* sth in plaster (of Paris)

zásah 1 sport. hit 2 lék. operation; *(vojenský)* intervention; *(do cizích záležitostí)* interference (in); *(do práv)* intrusion (upon)

zasáhnout 1 *(cíl)* hit* (the target); **z. koho do brady** hit n. catch* sb on the chin; **z. koho pod pás** hit sb below the waist; přen. **z. koho na citlivém místě** touch sb on a raw n. tender spot 2 *(do čeho)* intervene in, interfere in; *(do cizích záležitostí též)* meddle in

zas|ahovat v. **~áhnout**, *(do práv)* encroach on; *(rušivě: politika* ap.*)* impinge on

zasa|zovat v. **~dit** ■ **z. se o co** advocate sth, fight* for sth, champion sth

zas|e, zas 1 again; **~ a ~** over and over again, time and time again; **už ~!** not again!, here we go* again! 2 **teď z. ty** now it's your turn; **já z. bych tam nešel** I for one would not go* there

zasedací: z. pořádek seating plan n. arrangement; **z. síň** conference hall n. room

zasedání session; *(kabinetu)* council; **svolat z.** call a session; **z. s vyloučením veřejnosti** a closed session

zasedat hold* a meeting, sit* (in conference); *(soud)* be in session; **z. celou noc** have an all-night sitting

zasednout 1 *(ke stolu: k jídlu)* sit* down at table; **z. k práci/ ke kartám** settle down to work/ to a game of cards 2 **z. komu místo** take* sb else's place 3 expr. **z. si na koho** pick on sb, have a spite against sb

zasek|at v. **~nout** ♦ **z. se do dluhů** hov. run* up (huge) debts

zasek|nout *(sekeru do pařezu)* drive* (into); **z. do stromu** lay* an axe to a tree ■ **z. se** *(mechanismus, revolver)* jam, get* jammed; *(klíč v zámku)* get stuck; *(kabel)* foul

zaschlý *(krev)* dry

zaschnout get* dry, become* dry

zasilatelství dispatch service

zásilka *(zboží)* consignment; *(poštovní)* parcel, packet; *(peněz)* remittance; **z. na dobírku** C.O.D. [si:əu'di:] parcel, Cash on Delivery parcel; **z. knih** a consignment of books

zásilkový: z. obchod mail-order firm

zasít 1 *(obilí)* sow*; přen. **z. rozkol** sow the seeds of discord 2 *(pole)* v. **osít**

zaskl|ít *(okno)* glaze; *(místnost)* glass in ■ **~ený** *(dveře)* glass (door)

zaskočit 1 *(skočit)* **z. za co** *(za strom* ap.*)* jump behind sth 2 **z. k někomu** drop in on sb, pop round n. over to sb; **z. si do hospody** run* over to the pub 3 **z. koho** *(překvapit)* catch* sb unawares; **z. koho otázkou** pounce upon sb with a question; **dát se z.** be caught* off guard 4 *(za koho)* fill n. stand* in for, substitute 5 *(zámek)* snap to, click shut 6 *(v krku)* stick* in sb's throat, go* down the wrong way

zaskřípat v. **skřípat**

zaskučet (give* a) howl; *(bolestí)* (give a) whine

zaskvít se 1 *(zatřpytit se)* sparkle, glitter 2 *(výkonem)* excel, distinguish o.s.

zaslat v. **poslat**

zaslech|nout hear*; **~l jsem, že** it has come* to my ears that, I have been told* that ..., I hear* that ...

zaslep|it přen. *(o touze po majetku* ap.*)* turn sb's head ■ **~ený** fanatical; *(láskou)* infatuated ■ **~eně** *(věřit)* blindly

zaslíben|ý: ~á země The Promised Land

zaslouž|it (si) 1 *(větší plat, trest)* deserve; *(povýšení)* earn 2 *(chválu, důvěru, pozornost)* deserve, merit, be worthy of; **~il si to** *(potrestání)* he had it coming* ♦ **z. si něco lepšího** deserve better ■ **z. se o co** play an important role in sth ■ **~ený** well-deserved, well-earned

zásluh|a merit; **mít na čem ~u** take* credit for sth; *(odměnit koho)* **podle ~** according to his/

her merits; **tvou ~ou** thanks to you
záslužný *(čin)* praiseworthy, commendable; *(práce)* kn. meritorious
zasmá|t se (give* a) laugh; *(hlučně)* guffaw, laugh loudly; **přátelsky se na koho z.** give* sb a friendly smile ♦ **dovol, abych se ~l!** don't make* me laugh! ■ **~ní** laugh, laughter; **něco pro ~ní** sth funny
zasmradit: z. co make* sth stink*; **z. místnost** make a room stink, fill a room with a stench
zasmuš|it se *(tvář)* darken, grow* dark ■ **~ilý, ~ený** gloomy, *(člověk též)* morose ■ **~ilost** black n. sombre mood
zasněžený snow-covered
zasn|ít se give* o.s. up to daydreaming, fall* into a reverie ■ **~ěný** dreamy, wistful ■ **~ěně** wistfully
zasnoubení engagement; kn. betrothal
zasnoub|it se become* engaged (s to) ■ **~ený** engaged (to be married)
zásnubní: z. prsten engagement ring
zásnuby v. **zasnoubení**
zásob|a 1 stock, store, supply; *(zbraní)* stockpile; *(rezerva)* reserve; **~y uhlí** stocks of coal; **z. zboží** stock in trade; **udělat si ~y** lay* in a stock, *(potravin)* lay in a supply of; **značné ~y** substantial stocks; **mít co v ~ě** have sth in stock n. on hand; **doplnit ~y** renew one's stock **2** jaz. *(slovní)* vocabulary
zásobárna *(vody)* reservoir; *(obilí)* granary; přen. *(pokladnice)* treasure-house, reservoir, storehouse
zásob|it provide n. supply (**koho čím** sb with sth); **být dobře ~en** have ample supplies ■ **z. se čím** provide n. supply o.s. with sth; **z. se uhlím/ knihami** lay* in a stock of coal/ books
zásobní *(náhradní)* spare, reserve
zásobník *(na vodu)* reservoir; *(zbraně)* magazine; *(na obilí)* (grain) silo; *(na uhlí)* bunker
zásobovací voj. **z. oddíly** service troops
zásobov|at v. **zásobit** ■ **~ání** supply; **~ání potravinami** food supply; **~ání vodou/ energií** water/ power supply
zásobovatel supplier; *(potravin též)* caterer
zasouvací *(okno, dveře)* sliding
zas|ouvat v. **~unout**
zaspat 1 oversleep*; **z. na vlak** sleep* in n. oversleep and miss the train ♦ **z. dobu** be behind the times **2** *(starosti)* sleep away
zastánce advocate, exponent, proponent
zastara in former times, in the past
zastar|at become antiquated n. outdated; *(slovo)* become obsolete, *(přestat se používat)* fall* out of use ■ **~alý** antiquated, outdated; *(výraz)* obsolete
zasta|t 1 *(zastihnout)* find*, catch*; **už jsem ho ne~l v kanceláři** I did not catch him at the office **2** *(vystřídat)* stand* in for, fill in for **3** *(práci)* manage, cope with; **z. všechno** take* care of everything ■ **z. se** *(koho/ čeho)* speak* up for, stand up for; **z. se koho** plead* sb's cause with sb
zástava₁: z. srdce cardiac arrest
zástava₂ *(fant)* forfeit; *(za půjčku)* guarantee, gage; *(soudní: při propuštění obžalovaného)* bail
zástava₃ *(prapor)* flag; kn. banner
zastavárn|a pawnshop, pawnbroker's shop; **dát co do ~y** pawn n. am. hock sth
zastávat 1 *(úřad)* hold*; **z. funkci primátora** serve as a mayor **2** *(nepřítomného)* deputize for, substitute for, stand* in for; *(úředně)* act for **3** *(názor)* take*; *(hlásit se k)* espouse ■ **z. se koho** support sb, take sb's part; **z. se čeho** advocate sth, champion sth
zástavba 1 *(prostoru)* development **2** *(území)* built-up area **3** *(hustota)* building density
zastaveníčko serenade
zastavě|t *(pozemek)* develop, build* up n. on; **z. plochu** build up an area ■ **~ný** *(prostor)* built-up ■ **~ní** development
zastav|it 1 stop, halt; *(auto, koně)* pull up; *(vlak)* bring* to a standstill n. halt; *(nepřítele)* halt, stop; *(šíření nemoci)* stay n. check; *(krvácení)* stop, staunch, check **2** *(motor)* stop; *(vodu, plyn)* turn n. shut* off; *(reaktor)* shut down; *(palbu)* cease; *(korupci)* put* an end to; *(pomluvy)* scotch; **z. práci** *(při stávce)* throw* down one's tools; *(platby)* stop, suspend ■ **z. se 1** stop, halt; *(auto)* pull up, come* to a standstill **2** *(stavit se někde)* call at; **z. se pro koho** pick sb up, *(dítě z jeslí)* collect ■ **~ení** stopping, halting atd.; **~ení dopravy** traffic hold-up
zastávk|a 1 *(zastavení)* stop, halt; **desetiminutová z.** ten minutes' stop; **bez ~y** nonstop **2** *(tramvaje* ap.*)* stop; **z. na znamení** request stop
zastav|ovat (se) v. **~it (se)**; **ne~ujte se!** keep* moving!, move on!
zástěna screen; *(u krbu)* fire screen
zasténat utter n. heave a groan
zástěra apron
zástěrk|a *(dětská)* pinafore; expr. *(maska)* cloak,

mask, veil, cover; **použít co jako ~u** use sth as a cloak

zastesknout si unburden o.s., give* vent to one's feeling; hov. have a good moan

zastih|nout 1 *(dostihnout)* catch* up with 2 *(najít)* catch, find*; **ne~hl jsem ho doma** I did not catch n. find* him at home 3 **z. koho při činu** catch n. surprise sb in the act, catch sb red-handed; **z. koho nepřipraveného** catch sb on the wrong foot

zast|ínit, ~iňovat 1 **z. si oči** screen one's eyes with one's hand 2 *(předčit)* put* sb in the shade, surpass

zastírací *(manévr)* camouflage

zastírat camouflage, mask, conceal

zastoupení 1 obch. representation; **diplomatické z.** diplomatic mission 2 *(nepřítomného)* substitution; **v z.** by deputy n. proxy

zastoupit 1 **z. komu cestu** block sb's way, stand* in sb's way 2 *(koho)* stand n. fill in for

zastrašit 1 frighten, scare, strike* fear into; *(hrozbami)* browbeat*; **nedal se z.** he wouldn't be intimidated 2 *(odradit)* deter, put* sb off, frighten sb away

zastraš|ovat intimidate, browbeat; *(slabšího)* bully; v. též **~it** ■ **~ování** intimidation, bullying; pol. **strategie ~ování** deterrent strategy

zastrčený *(vesnice)* remote, faraway, out-of-the--way

zastrčit 1 *(klíč do zámku)* insert, put* n. stick* in; *(blůzu do sukně)* tuck in; **z. si ruce do kapes** put n. stick one's hands in one's pockets 2 *(založit)* mislay* 3 *(závoru)* slide* across, shove n. slip a bolt home

zástrčka 1 *(u dveří)* bolt 2 el. plug

zastřelit: z. koho shoot* sb dead; am. gun sb down; *(popravit)* execute sb by a firing squad; **dát koho z.** have sb shot* ■ **z. se** shoot o.s.; hov. blow* out one's brains

zastřelovat *(pušku)* test, break* in; *(dělo též)* range

zastřený *(okno)* covered; *(hlas)* nasal, thick; *(hrozba)* veiled, covert; *(vědomí)* clouded

zastřešit roof (over), cover sth with a roof

zástřih *(vlasů)* haircut

zastřih|at v. **~nout**; **z. ušima** *(zvíře)* prick up its ears; *(o člověku: zpozornět)* prick up one's ears

zastříkat splash, spatter

zastř|ílet v. **~elovat** ■ **z. se** find* the range

zastřít 1 *(okno: záclonou)* cover; *(zatemnit)* darken, obscure 2 *(rozpaky, chyby* ap.*)* disguise, hide*; *(rozdíly)* paper over

zastudit se v. **nastudit se**

zástup 1 *(dav)* crowd, throng 2 *(řada)* column

zástupce 1 *(v práci/ funkci)* substitute, stand-in, replacement; **z. ředitele** *(školy)* deputy head-master; **z. předsedy** vice-chairman 2 *(firmy)* representative; **obchodní z.** sales representative 3 *(druhu)* representative

zastupitelský: z. sbor diplomatic representatives

zastupitelství pol. representation; **diplomatické z.** diplomatic mission; **obchodní z.** trade mission

zast|upovat 1 v. **~oupit** 2 *(v práci)* deputize, stand* in for; *(firmu, zemi)* represent; *(u soudu)* act for, plead* for

zastydět se feel* ashamed

zasunout *(papír do stroje)* slip in, insert; *(zástrčku)* plug in; *(spojku)* engage; *(závoru)* slide* over, slip n. shoot* a bolt home

zastydlý *(rýma)* chronic, permanent

zasunovací *(dveře, okno)* sliding

zásuvka 1 el. socket, power point 2 *(stolu)* drawer; *(na peníze u pokladny)* till

zasvé: vzít z. be destroyed n. ruined; *(stavba)* go* to ruin

zasvěcenec insider, informed person

zasvěcený informed; *(výklad)* scholarly, erudite; *(informátor)* knowledgeable

zasvě|tit 1 **z. život čemu** devote n. dedicate one's life to sth 2 **z. koho do čeho** *(svých plánů* ap.*)* put* sb wise to sth, let* sb in on sth; **být ~cen** *(do čeho)* be in the picture, be in the know; **z. koho do situace** put* sb in the picture 3 *(nové šaty* ap.*)* hov. christen

zasvištět *(kolem)* whizz past; *(auto)* dash n shoot* past

zasvítit *(světlo)* flash up; *(oči)* light* up

zasvitnout *(světlo)* light* up, flash up; *(sluníčko)* appear, show* itself

zasyčet hiss

zásyp lék. dusting; *(dětský)* baby powder; *(kosmetický)* talcum powder, talc

zasyp|at, ~ávat 1 *(jámu)* fill up; *(havíře)* bury 2 *(moukou)* kuch. sprinkle, dust 3 přen. *(polibky)* smother (with); *(výčitkami, otázkami)* shower with; **z. koho dary** shower n. inundate sb with presents

zasytit 1 *(o jídle)* be substantial n. filling; **z. koho** satisfy sb's appetite 2 *(hlad)* satisfy, appease; *(trh)* saturate, *(nadměrně)* glut

zašeptat whisper, say* in a whisper

záševek tuck, dart

zašít **1** sew* up; *(trhlinu)* repair, mend; *(ponožky)* darn **2** *(do vězení)* hov. lock up
zašklebit se make* n. pull a face, make a grimace
záškodnick|ý: z. čin act of sabotage; **~á banda** a band of saboteurs
záškodnictví sabotage
záškodník saboteur
zaškol|it: z. koho train sb for a job; introduce sb into a job; hov. break* sb in ■ **z. se** undergo* induction training ■ **~ení** induction training
zaškolovací training; **z. kurs** training n. induction course; **z. doba** training period
zaškrábat *(pes)* **z. na dveře** scratch at the door ■ **z. se za uchem/ na hlavě** scratch one's ear/ head
záškrt diphtheria
zaškrt|at v. **~nout**; *(přeškrtat)* score out, *(začmárat)* obliterate
zaškrtit strangle
zaškrtnout tick off
zašlapat **1** *(květy)* trample (down); **z. do prachu** trample in the dust **2** *(čistou podlahu)* track up
zašlápnout *(červa)* step on, stamp on; *(cigaretu)* stub out
zášleh *(plamene)* gust, gush
zašlý *(časy)* bygone; *(barva)* faded; *(zaniklý: časopis)* defunct
zašmodrcha|t *(provázek)* tangle (up); přen. *(výklad)* confuse ■ **~ný** tangled; přen. confused; *(otázka)* knotted
zašoupnout *(zásuvku)* shut*, close; *(zástrčku)* shoot*
zašpendlit pin together
zašpičat|it *(kolík, tužku)* point ■ **~ělý** pointed
zašpinit **1** make* sth dirty; *(umazat)* stain, smudge **2** přen. *(něčí jméno)* smear, stain ■ **z. se** get* n. become* dirty
zašroubovat screw sth in, screw sth into position; **z. co do čeho** screw sth into sth
zášť hatred; kn. hate, resentment; *(zlomyslná)* malice, spite
záštiplný spiteful; *(pohled)* venomous
záštita **1** *(ochrana)* protection; *(svobody)* bulwark **2** *(patronát)* sponsorship, patronage, auspices
zaštítit (**před** from) kn. shield, protect
zaštkat (give* a) sob
zatáčet v. **zatočit** ■ **z. se** *(cesta)* turn, bend*
zatáčka bend, turn, curve; **ostrá z.** sharp bend
zátah **1** *(zatažení)* pull, tug ♦ **na jeden z.** at one go, *(napsat)* at one sitting **2** *(policejní)* raid

zat|ahat v. **~áhnout**; **z. koho za vlasy/ uši/ rukáv** pull sb's hair/ ears/ sleeve
zatáhnout **1** *(za co)* pull, give* a pull; **z. za lano** pull at a rope, give a tug at a rope; **z. koho za rukáv** pull sb's sleeve **2** *(koně: začít táhnout)* start to pull **3** *(auto, loď)* tow **4** **z. koho do hospody** drag sb off to a pub; **z. koho do místnosti** pull n. drag sb into the room; **z. zemi do války** embroil a nation in a war **5** *(podvozek)* retract; *(drápky)* retract, sheathe; **z. růžky** *(slimák)* retract its horns **6** *(vodu, plyn: uzavřít)* turn off, *(stáhnout)* turn down **7** *(šroub)* tighten; *(smyčku)* pull n. draw* sth tight **8** *(záclony)* draw **9** *(ulici: o policii)* block n. close off ■ **z. se** *(obloha)* become* overcast, cloud over
zatahovací *(podvozek)* retractable
zataj|it **1** *(co)* hide*, conceal; *(informaci)* hold* back; *(pravdu)* withhold*; **z. co před kým** keep* sth from sb; **není možno z., že** there is no concealing the fact that **2** *(city)* suppress **3** **z. dech** hold one's breath ■ **~ený** concealed ♦ *(poslouchat)* **se ~eným dechem** with bated breath
zataj|ovat v. **~it; nemít co z.** have nothing to hide*
zatan|covat, ~čit *(valčík* ap.*)* dance; **jít si z.** go* dancing
zat|ápět v. **~opit**
zátaras barrier; *(silniční)* roadblock
zatarasit *(cestu)* block, *(barikádou)* barricade; *(výhled)* block (up), obstruct; **z. komu cestu** bar sb's way
zaťatý *(pěst)* clenched, closed; **se ~mi zuby** with gritted teeth
zatavit seal
zatažen|ý *(obloha)* overcast, cloudy; **je ~o** it is cloudy, the sky is overcast
zatažitelný v. **zatahovací**
zatčení v. **zatknout**
zaté|ci, ~kat leak in(to); *(déšť* též*)* rain in
zatelefonovat **1** *(komu)* phone, ring* (up), give* sb a ring; **mohu si od vás z.?** may I use your phone **2** **z. pro** *(koho)* call *(the doctor* ap.*)* by telephone; **z. pro taxíka** phone a taxi, order a taxi by telephone
zatemnění *(při náletu)* blackout
zatemnit **1** *(místnost)* darken, make* sth dark; *(při náletu)* black out **2** *(význam)* obscure, obfuscate **3** *(rozum)* becloud, obscure; *(alkoholem)* obfuscate ■ **z. se** *(obloha)* cloud over;

v. **zatmět se**
zátěž 1 *(náklad; z. motoru)* load; námořn., let. ballast 2 přen. burden; *(překážka)* encumbrance, drag; *(na ekonomii)* a heavy drain (on)
zatěžkávací: z. zkouška techn. endurance test; přen. (severe) test
zatěžko: je mi z. I find* it difficult n. it's difficult for me *(to do sth)*
zat|ěžovat v. **~ížit; nebudu vás z. podrobnostmi** I wil not burden you with details
zatím 1 *(mezitím)* meanwhile, in the meantime 2 *(prozatím)* for the present, for the time being; **z. je vše v pořádku** everything is in order so far, so far so good; **z. ještě ne** not yet; **z. na shledanou** see* you soon
zatímco while, kn. whilst; *(kdežto)* whereas, while
zatímní v. **prozatímní**
zátiší 1 *(zákoutí)* retreat, secluded place 2 *(obraz)* still life
zatížení 1 load; **z. motoru** the load on a motor; **dovolené z.** maximum permissible load; let. safe load; **špičkové z.** peak load 2 *(finanční, daňové)* burden
zatížit 1 *(těžítkem)* weigh (down); *(vozidlo)* load 2 *(obyvatelstvo daněmi* ap.*)* burden; *(žaludek)* overburden; *(konto)* charge (**čím** with sth)
zatížitelnost carrying capacity
zátka stopper; *(korková)* cork; *(kolíková)* spigot; *(výpustná)* plug
zatknout arrest, take* sb into custody; *(zloděje)* apprehend
zatlač|it 1 *(vtlačit)* push in(to), *(stlačením)* squeeze in(to); **z. na knoflík** push n. press on a button ♦ **z. komu oči** close sb's eyes 2 *(vůz do garáže)* push in; *(kolo dovnitř)* wheel in; **~ mi trochu** give* me a push 3 přen. **z. koho do pozadí** put* sb in the shade
zatleskat *(komu)* applaud; **z. komu nadšeně** applaud sb enthusiastically, give* sb a big hand
zatlouci 1 *(zabouchat)* knock, *(silněji)* bang; **z. na dveře** knock n. bang at n. on the door 2 *(hřebík)* hammer n. knock *(a nail)* home; **z. kůl do země** sink* n. ram n. drive* a stake into the ground
zatmelit *(sklo)* putty; *(spáry)* fill sth up with putty
zatmění astron. eclipse; **z. slunce/ měsíce** eclipse of the sun/ moon
zatm|ět se, ~ít se *(obloha)* darken ♦ **~ělo se mi před očima** (suddenly) everything went* black
zatnout *(zuby, pěsti)* clench; **z. zuby** *(rozhodně)* grit one's teeth; **z. drápy do kořisti** bury n. sink* its claws into the prey
zato but (then), but on the other hand; **je chudobná, ale z. šťastná** she is poor but happy
zátočina *(řeky, cesty)* bend*, turn, *(řeky též)* meander
zatoči|t 1 *(klikou)* turn; *(s dívkou při tanci)* spin* 2 *(zahnout)* turn (off), take* a turning; **z. doprava** turn right, make* a right turn 3 **z. s kým** give* sb short shrift; **z. s penězi** fritter (away) n. squander one's money ■ **z. se** *(v tanci)* spin round; **~la se mi hlava** my head began to swim
zátoka bay, gulf; *(menší)* cove, *(úzká)* creek
zátopa flood, inundation
zatopit₁: z. v kamnech light* the stove, make* n. light a fire in the stove ♦ **z. komu** make things hot for sb, give* sb hell
zatopit₂ *(vodou)* flood, inundate
zatoula|t se 1 *(náhodně přijít)* stray (into) 2 *(zabloudit)* lose* one's way, get* lost ■ **~ný** *(ovce* ap.*)* stray
zatoužit have a strong desire for; **z. po autě** set* one's heart on getting* a car
zatracen|ý confounded, damned, deuced; vulg. bloody, euf. bleeding, blooming, blinking ■ **~ě** 1 v. **z.; ~ě hloupý** damned n. bloody stupid; **~ě málo** precious little 2 citosl. damn n. blast it!, vulg. bloody hell!, shit!
zatra|tit 1 *(odsoudit)* condemn 2 náb. damn, reprobate ■ **~cení** reprobation; *(věčné)* perdition
zatrh|nout, ~at 1 *(chyby)* mark, put* a mark against; *(podtrhnout)* underline; *(odfajfkovat)* tick off 2 hov. **z. co** *(překazit)* put* a check on, stop ♦ **z. co komu** put a spoke in sb's wheel
zatrh|ovat, ~ávat v. **~nout**
zatroub|it 1 aut. sound n. honk one's horn, hoot 2 *(na trumpetu)* blow*, play, sound; **z. ústup** sound the retreat ■ **~ení** *(na trumpetu)* sound of trumpets; *(na polnici)* bugle call; *(na klakson)* horn signal, honk
zatrpkl|ý 1 *(chuť)* (somewhat) bitter 2 přen. embittered, bitter; *(úsměv)* wry, sardonic ■ **~ost** bitterness, embitterment; wryness
zatrpknout přen. become* embittered n. bitter
zatřás|t 1 *(stromem)* shake*; *(spáčem)* shake n. rattle sb up; **z. hlavou** shake one's head 2 **~la jím zima** he shook with cold ■ **z. se** *(hrůzou)* shudder, *(zimou)* shiver
zatř|epat shake*; **z. křídly** beat* n. flap one's wings; **před použitím z.!** shake before use!; **pořádně čím z.** give* sth a good shake ■ **z.**

se *(zimou)* v. **~ást se**; *(ryba na udici)* wriggle
zatřep|etat *(křídly)* v. **~at** ■ **z. se** *(vlajka)* flutter
zatřpytit se glitter, gleam, sparkle
zatuch|nout go* musty, become* stale ■ **~lý** musty, *(místnost též)* stale, airless; přen. *(myšlenky)* fusty; *(poměry)* unhealthy
zatuchlina musty smell
zaťukat *(na dveře)* knock, rap; *(na okno též)* tap ♦ **z. si na čelo** tap one's forehead; **musím to z.** touch wood
zatušovat *(aféru)* cover up; *(rozpory)* paper over
zatvrdit se harden one's heart (**proti komu** against sb)
zatvrd|nout harden, get* hard, stiffen ■ **~lý** *(kůže)* callous
zatvrzel|ý obstinate, stubborn; *(starý mládenec)* confirmed; *(hříšník)* unrepentant ■ **~ost** obstinacy, stubbornness
zatykač warrant (to arrest); **vydat z.** issue a warrant
zatýk|at v. **zatknout** ■ **~ání** arrest; **vlna ~ání** series of arrests; *(skupiny)* round-up
zátylek scruff (of the neck)
zaučit (**do** in) give* sb initial training, initiate, break* in ■ **z. se do čeho** *(do práce, funkce)* familiarize o.s. with sth, get* used to sth, settle down in sth, find* one's feet in sth *(a new job* ap.*)*
zaujat|ý **1** (**pro**) *(nadšený)* keen (on), enthusiastic (about) **2** *(předpojatý)* prejudiced n. biased (**proti čemu** against n. towards sth); **~é rozhodnutí** a biased decision ■ **~ost** bias, prejudice
zauj|etí **1** (**pro** for) *(zájem)* passion, enthusiasm, keenness **2** *(~atost)* partiality
zauj|mout, ~ímat **1** *(upoutat)* fascinate, capture, captivate; *(diváky)* hold* sb's interest **2** *(místa)* take* (up), occupy; *(prostor)* take up; **~měte svá místa** take your seats! **3** *(funkci, úřad)* fill, take over; *(pozici)* occupy; *(pózu)* take up, assume **4** *(stanovisko)* take up; **~ímat vyčkávací stanovisko** sit* on the fence
zaútočit attack, charge (at), descend (on); *(v šermu)* lunge (at); **z. na koho s požadavky** pester n. plague sb with requests
zautomatizovat automate
zauzlit *(tkaničky)* knot, tie a knot on ■ **z. se** **1** become* n. get* knotted, knot (up); *(popruhy padáku)* foul **2** *(situace)* become confused n. complicated
závad|a **1** *(ve stroji* ap.*)* fault, defect; *(na výrobku)* flaw, imperfection **2** *(překážka)* difficulty, snag, handicap; *(právní)* impediment; **být na ~u** be n. get* in the way, be a hindrance
zav|ádět v. **~ést**; **z. nové metody** pioneer new methods
zavadi|t **1** *(o co)* brush against; *(autem o něco)* graze **2** *(o koho/ co: okem, pohledem)* glance at; **z. o koho letmým pohledem** give* sb a furtive glance, glance furtively at sb; **ne~l o ni ani pohledem** he didn't even deign to look at her **3 z. o co** *(v řeči)* allude to sth, refer to sth briefly
závadný **1** *(zboží)* defective; *(maso)* bad; *(voda)* unfit to drink*, undrinkable **2** *(chování)* improper
zaváh|at hesitate ■ **bez ~ání** unhesitatingly, without hesitation
zavall|it **1** *(koho)* bury; *(vchod kamenem)* block (up); **být ~en** *(lavinou* ap.*)* be buried n. trapped **2 být ~en prací** be snowed under with work
zavalit|ý thickset, stocky, squat ■ **~ost** stockiness
závan *(větru)* breath, whiff, *(silný)* gust; *(vůně)* whiff
zaván|ět **1** smell*; **maso už ~í** the meat is beginning* to smell* **2** přen. *(intrikami* ap.*)* smack of, have a smack of
zavan|out *(vítr)* blow*; *(vůně)* waft, drift ♦ přen. **v naší zemi ~ul nový duch** a new spirit is abroad in our country
zavařenina preserve; *(marmeláda)* jam; *(pomerančová)* marmelade
zavařit **1** *(čaj)* brew; *(kávu)* make* **2** *(ovoce)* preserve, bottle ♦ **z. si pěknou kaši** get* into a hell of a mess; **z. to komu** make* it hot for sb ■ **z. se** *(ložisko)* seize (up)
zavařovačka preserve glass n. jar
zavař|ovat v. **~it**
zav|át **1** v. **~anout** **2** *(listí, sníh)* blow* ♦ **co tě sem ~álo?** what wind blows you here? **3** *(stopy)* blow over; **z. co sněhem** cover sth with snow; **cesta je ~átá sněhem** the road is snowed up
zavazadl|o: ~a luggage, am. baggage; **ruční ~a** hand luggage n. am. baggage; *(jedno)* **z.** a piece of luggage; **tři ~a** three pieces n. items of luggage
zavazadlový luggage, am. baggage; **z. lístek** luggage ticket
zaváz|at (si) **1** *(boty)* lace up; *(tkaničky, šátek, uzel)* tie (up), *(kravatu, tkaničky)* knot **2** *(pytel, balíček)* tie n. bind* up; *(ránu)* bandage (up), dress; **z. komu oči** blindfold sb **3 z. si koho**

mlčením bind sb to secrecy, tie sb's tongue; **z. koho slibem** bind sb by promise; **z. koho k čemu** bind sb to do sth; **být komu velmi ~án** owe sb a great deal ■ **z. se k čemu** undertake* to do sth, pledge n. commit o.s. to do sth

závazek pledge; *(povinnost)* obligation, commitment; **vzít na sebe z.** pledge o.s. n. undertake* *(to do sth)*

závazný obligatory; *(slib, předpis)* binding; *(pravidlo)* hard-and-fast; *(sankce)* mandatory

zavážet v. **zavést**

závaží *(vah)* weight; *(hodin)* plumb; **sada z.** a set of weights

závažn|ý 1 *(důležitý)* important; *(důvody)* weighty, significant; *(rozhodnutí)* weighty, important, momentous 2 *(chyby, nedostatky)* serious, grave ■ **~ost** importance; weightiness

zavčas in good time

zavdat 1 *(příčinu, podnět)* give*; **z. komu příčinu ke stížnosti** give sb cause n. reason to complain 2 **z. komu** *(připít)* drink* n. raise one's glass to sb, drink to sb's health; **z. si s kým** have a drink with sb; *(přiťuknout si)* clink glasses with sb

závdavek deposit, down payment

zavděč|it se *(komu)* oblige, please; **jemu se ne~íš** there's no pleasing him, he's difficult to please

zavděk: vzít z. čím make* do with sth, put* up with sth

závěj *(sněhová)* snowdrift

závěr 1 *(konec)* conclusion, end; *(románu)* ending; **~em** in conclusion 2 *(soud)* conclusion, inference; **dojít k ~u, že** come* to the conclusion that, draw* the conclusion that ♦ **dělat ukvapené ~y** jump to conclusions 3 *(uzávěr)* fastener; **bezpečnostní z.** safety clasp; *(fotoaparátu)* shutter; *(zbraně)* breechblock

závěrečn|ý final; **~é zkoušky** finals; **z. koncert** end-of-season concert

závěs 1 *(dveřní, okenní)* hinge 2 *(na okně)* curtain; *(ve dveřích)* portière 3 **vzít koho do ~u** *(auto, loď)* take* sb/ sth in tow

zavě|sit telef. *(skončit hovor)* hang* up, ring* off; *(sluchátko)* hang up, replace; *(plášť)* hang up; *(obraz)* hang; *(pušku na rameno)* sling*; *(dveře)* put* *(a door)* on its hinges ■ **z. se do koho** link arms with sb, take* sb's arm; **z. se do sebe** link arms ■ *(šli)* **~šeni** arm in arm, (with) arms linked

závěsný *(lampa)* hanging; *(kabel)* overhead

zav|ést 1 *(koho někam)* take*, lead*; **z. koho domů** take n. see* sb home ♦ **z. koho na scestí** lead sb astray; **co vás sem ~edlo?** what brings* you here?; **cesta nás ~edla k hradu** the journey took* us to the castle 2 *(vodovod, plyn)* install; **z. v domě elektřinu** wire a house 3 *(sondu do žaludku)* insert 4 **z. na co řeč** bring the conversation round to sth 5 *(módu, zvyk)* introduce, set*, start; *(reformy)* launch, initiate; **z. proti komu trestní řízení** bring an action against sb 6 *(obchod)* set up, start; *(firmu)* establish ■ **z. se** *(firma)* establish itself; *(výrobek)* establish itself on the market ■ **~edený** *(firma)* (well-)established ■ **~edení** introduction; *(cenzury)* imposition

závěť (last) will, testament; **udělat z.** make* one's will; **otevřít z.** open n. execute a will

závětří přen. **žít v z.** live in seclusion

zavézt 1 *(koho kam)* take*, drive*, run*; *(co kam)* deliver, run, take; **z. koho do nemocnice** take sb to hospital; **z. koho na nádraží** run sb to the station 2 *(jámu)* fill (up)

záviděníhodný enviable, (much) to be envied

závidě|t: z. komu co envy n. (be)grudge sb sth; **~l mu úspěch** he envied n. begrudged him his success

zavilý *(boj, protivník)* fierce; *(odpor)* bitter; v. též **zarputilý**

závin roll; **jablečný z.** apple strudel

zavináč rollmop, rolled pickled herring

zavin|it be responsible for, be to blame for; *(nehodu)* cause; **z. si co sám** bring* sth on o.s. ■ **~ěný** *(čím)* due to; **ztráty ~ěné nedbalostí** losses due to negligence

zavino|ut, ~vat *(koberec)* roll up; *(vlajku, plachtu)* furl; *(dítě)* swaddle ■ **z. se** *(ježek)* curl n. roll itself up (**do klubka** into a ball); **z. se do deky** wrap o.s. up

zavír|at v. **zavřít** ♦ **~áme, pánové!** (it's closing) time, gentlemen!, time's up, gentlemen!; **z. oči před čím** close one's eyes to sth

závis|et *(na čem)* depend on; *(na okolnostech)* be conditional on; *(finančně)* be dependent on; *(o rozhodnutí)* hinge on ■ **~lý** 1 (**na** on) dependent, conditional; **~lý na drogách** addicted to drugs 2 *(věta)* subordinate ■ **~lost** dependence, **drogová ~lost** drug addiction

závist envy, jealousy; **pouhá z.** sheer envy; **budit z. koho** arouse sb's envy n. jealousy; **ze ~i** out of envy n. jealousy

závistivec envious n. jealous person, dog in the manger

závistiv|ý envious, jealous ■ **~ě** enviously, with envy ■ **~ost** enviousness, envy

závit 1 *(šroubu)* thread(ing); **bez ~u** unthreaded 2 *(lana)* fold; *(mozkové kůry)* convolution

zavítat *(ke komu)* pay* a visit to, call on

závit|ek: hovězí/ telecí masové ~ky beef/ veal olives

závlačka techn. split n. cotter pin

zavlád|nout: ~lo ticho silence fell*; *(v podniku)* **~l nový pořádek** new order was established

závlaha irrigation, watering

zavlažit *(zalít)* water; *(pole)* irrigate; techn. humidify; *(kropením)* spray n. sprinkle with water; *(rty)* moisten ♦ **z. si hrdlo** žert. (zvl. *alkoholem)* wet* one's whistle

zavlažovací *(kanál, soustava)* irrigation

zavlaž|ovat v. **~it**; *(poušť)* reclaim ■ **~ování** irrigation; reclamation

zavlé|ci, ~ct, ~knout 1 *(kořist* ap.*)* drag (**do** into) 2 *(zajatce do táborů)* deport 3 *(nemoc)* spread,* transmit 4 **z. zemi do války** plunge the country into war; **z. koho do aféry** involve sb in an affair; **z. koho do neštěstí/ záhuby** bring* disaster/ ruin upon sb

závod$_1$ 1 *(firma)* firm, company, establishment; *(podnik)* enterprise 2 *(továrna)* factory, plant; **zemědělský z.** farm (enterprise)

závod$_2$ *(soutěž)* competition, contest; *(v běhu)* race; **cyklistický z.** cycle race; **plavecký z.** swimming competition n. contest; **překážkový z.** hurdle race; **~y ve zbrojení** arms race ♦ **z. s časem** race against time; *(běžet)* **s větrem o z.** as fast as the wind

závodiště *(dostihové)* (race)track, (race)course

závodit compete, take* part in a competition; *(v běhu)* run* a race; *(v automobilovém závodě)* (drive* in a) race; **z. s kým v běhu** run a race with sb, run sb a race, race sb; **z. o cenu** contest a prize ♦ **z. s časem** race against time; *(při práci)* work against the clock

závodní$_1$ *(rada, dovolená)* works; *(lékař)* industrial; **z. školení** staff training; **z. jídelna** canteen

závod|ní$_2$ *(kolo, motorka)* racing; **z. dráha** *(běžecká, cyklistická)* track, *(dostihová)* v. **~iště;** *(automobilová)* racing course; **z. kůň** racehorse, racer

závodn|ík, ~ice competitor, contestant; *(běžec)* runner; *(automobilový)* racing n. race driver; *(motocyklový)* racing motorcyclist

zavodnit v. **zavlažit**

závoj 1 veil; **smuteční z.** veil of mourning 2 přen. **z. slz** veil of tears

zavolan|á: přijít jako na ~ou come* at the right time, come in the nick of time

zavola|t 1 *(vykřiknout)* exclaim, shout, call out; **někdo ~l** somebody called; **z. o pomoc** call for help 2 *(na koho)* shout at 3 **z. (si) koho** call sb in; *(povolat)* summon; **z. lékaře** call in a doctor, send* for a doctor 4 **z. komu** *(telefonicky)* call sb, ring* sb up, give* sb a ring

závor|a 1 *(dveří)* push bolt; **zavřít dveře na ~u** bolt the door 2 žel. **~y** (railway) gate

závor|ka *(kulatá)* parenthesis, pl. parentheses; *(hranatá)* bracket; *(složená)* brace; **dát co do ~ky** put* sth in brackets n. parentheses, bracket sth

závozník co-driver, assistant driver; br. driver's mate

závra|ť dizziness, giddyness, vertigo; **trpět ~tí** suffer giddiness; **mít z.** feel* giddy·

závratný 1 *(výše, hloubka)* giddy, dizzy, vertiginious 2 přen. *(rychlost)* dizzy; *(cena)* exorbitant, prohibitive; *(úspěch)* staggering

zavrávorat stagger, reel

zavraždit murder

zavrčet growl; *(zuřivě)* snarl; přen. *(člověk)* growl, grunt (out)

zavrh|nout, ~ovat 1 *(plán)* reject, discard, throw* over; *(jednání, předsudky, učení)* condemn 2 *(ženu, manžela)* repudiate; *(syna, dítě)* disown, reject; *(milence)* spurn

zavrnět start whimpering

završit crown, round off; **z. úspěchem** crown sth with success

zavrt|at, ~ávat *(šroub)* screw in, insert; *(do zubů)* start drilling ■ **z. se** bore o.s. in; *(projektil do stěny)* lodge n. penetrate into the wall; **z. hlavu do polštáře** bury one's head in a pillow ■ **z. se do problému** delve into a problem; **z. se do knihy** bury o.s. in one's book; **~al se do mne očima** his eyes bored into mine

zavrtět: z. hlavou shake* one's head

zavrženíhodný reprehensible, objectionable, abominable

zavřený *(obchod, dveře, samohláska)* closed; *(jednání)* closed, private, behind closed doors

zavř|eštět, ~ískat shriek n. scream (out), screech

zavřít 1 *(dveře, okno)* close, shut*; *(dveře na klíč)* lock (up); *(obchod, divadlo)* close, *(trvale)* close down 2 *(topení, kohout)* turn off 3 *(oči)* close ♦ **z. nad něčím (obě) oči** turn a blind eye to sth; **z. komu ústa** silence sb, muzzle sb, zhrub. shut sb up **4** *(peníze do zásuvky)* lock up **5** *(do vězení)* lock up, take* in ■ **z. se 1** close, shut; *(rána)* close, heal (up) **2** *(v místnosti)* lock o.s. up ♦ **z. se do sebe** become* withdrawn n. taciturn, keep* o.s. to o.s.

zavšiv|it infest with lice ■ **~ený** lousy též přen., full of lice, infested with lice

zavýskat *(radostí)* shout with joy

zavýt (give* a) howl; *(motory)* (give a) roar; *(siréna)* start to wail

zazářit sparkle; *(oči)* light* up

zazátkovat *(láhev)* cork (up); *(sud)* bung (up)

zazdít *(otvor)* wall (up), brick up

zazelenat se become* n. turn green, *(stromy též)* come* into leaf

zázemí background; voj. rear

zazlívat: z. komu co hold* sth against sb

záznam 1 *(položka)* entry, note **2** *(poznámky)* notes; **vést ~y** take* n. keep* notes **3** *(zvukový)* (sound) recording n. track; **televizní z.** television recording, telerecording **4** *(na letenku ap.)* booking; *(na vstupenku)* reservation

zaznamena|t (si) 1 *(položku)* enter; *(objednávku, termín)* make* a note of, note (sth down); *(historické události)* chronicle **2** *(obraz, zvuk)* record, tape; *(televizní obraz též)* videotape; *(o přístrojích, indikátorech)* record, register **3** přen. *(pokrok)* make*, achieve; *(ztráty)* suffer, have; sport. *(branku)* score; **~l velký úspěch** he achieved a great success

zaznít sound, ring* out, be heard*

zazoba|t se sl. make* a pile n. bomb ■ **~ný** hov. stinking rich, well-heeled; **být ~ný** be rolling in money

zazpívat sing* (a song); **z. komu** give* sb a song n. tune; *(přednést: árii ap.)* render, perform

zázračn|ý 1 miraculous; **z. lék** wonder n. miraculous drug **2** *(neobyčejný)* marvellous, extraordinary; **~é dítě** infant prodigy, child prodigy

zázrak 1 miracle též náb., wonder; **věřit v ~y** believe in miracles; **dělat ~y** work n. perform miracles **2** přen. **z. techniky** a marvel n. miracle of technology; **~y přírody** the marvels of nature

zazubit se grin (**na** at)

zazvoni|t 1 v. **zvonit; někdo ~l** the bell rang* **2 z. komu** *(zatelefonovat)* phone sb (up), give* sb a ring, hov. give sb a tinkle

zázvorov|ý: ~é pivo ginger beer n. ale

zažádat: z. si o co apply n. petition for, make* n. file an application for; **z. (si) o penzi** put* in for a pension

zážeh ignition

zažehnat *(nebezpečí, krizi)* ward n. stave off

zažehnout *(světlo, svíci)* light* up; *(pec)* fire up

zaž|ít 1 *(jídlo:* též přen.*)* digest **2** *(prožít)* experience, see*, live n. go* through; **~ili lepší časy** they have seen better days

zážitek experience; **byl to pro něj velký z.** it was a great experience for him

zaživa alive; **pohřbít koho z.** bury sb alive

zažívací *(systém, orgány)* digestive; **z. potíže** digestive trouble, indigestion

zažívání digestion; **mít špatné z.** suffer from indigestion

zažloutlý *(listí, papíry)* yellowed

zažra|t se *(kyselina)* eat* into, *(do kovu)* corrode; *(špína)* penetrate ■ **~ný** *(sportovec* ap.*)* hov. passionate, ardent, enthusiastic

zbabělec coward

zbaběl|ý cowardly, chickenhearted, lily-livered; **nebuď z.!** don't be a coward! ■ **~e** like a coward, in a cowardly fashion; **chovat se ~e** show* the white feather ■ **~ost** cowardice

zbabrat *(zkoušku* ap.*)* make* a mess n. hash of, hov. muck up

zbarv|it se *(o listí)* **z. se na žluto** turn yellow; **obloha se ~ila do růžova** the sky turned red; **z. se krví** be/ become* stained with blood ■ **~ení** colouring, coloration; **ochranné ~ení** protective colouring

zbásnit put* sth into verse, versify

zbašt|it 1 *(jídlo)* polish off, tuck away **2** sl. ♦ **to ti ne~ím!** tell* me another!, tell that to the marines!

zbav|it 1 *(nepřátel)* liberate n. free from; *(odpovědnosti, povinnosti)* relieve of, exempt from **2** *(odstranit)* remove; **z. maso tuku** remove the fat from the meat; **z. co jedů** detoxicate sth; **z. co ledu** clear sth of ice; **z. pole plevele** rid* a field of weeds **3 z. koho funkce** remove sb from his office, relieve sb of his office; **z. koho titulu** strip sb of his title ♦ **z. koho svéprávnosti** certify sb ■ **z. se** *(koho/ čeho)* get* rid of, *(zboží, věcí)* dispose of, get* sth off one's hands; **z. se jha** throw* off the yoke; **nemohu se z. pocitu, že** I can't help feeling that ■ **~ený čeho** free from; **~ený bolesti/ rozumu** free from pain/ bereft of reason; **~ený majetku** dispossessed

zbědovaný desolate, wretched, *(bídou též)*

poverty-stricken
zběh voj. deserter
zběhl|ý 1 z. vojín deserter **2** (**v** in) well-versed, proficient, knowledgeable; **z. v jazycích** proficient in languages ■ **~ost** (**v** in) proficiency; *(manuální)* skill
zběhnout voj. desert; **z. k nepříteli** go* over n. desert to the enemy; **z. se studií** drop out of university ■ **z. se** happen, take* place, occur
zbělet whiten, turn white; *(v obličeji)* go* white; *(vlasy)* turn grey
zběsil|ý *(boj)* fierce, raging; *(rychlost)* breakneck; *(automobilista)* reckless ■ **~e** fiercely; **jet ~e** drive* at breakneck speed
zběžný *(pohled)* cursory, passing; *(polibek, prohlídka)* hasty, hurried; *(práce: povrchní)* superficial, hov. slapdash
zbídače|t become* destitute n. impoverished, be reduced to poverty ■ **~lý** impoverished
zbídačit impoverish, ruin
zbít thrash, beat* up; give* sb a (sound) beating n. thrashing; **z. koho do modra** beat sb black and blue
zbitý *(vyčerpaný)* exhausted, ready to drop; hov. dead tired, dead beat; sl. fagged (out)
zblázn|it: z. komu hlavu turn sb's head ■ **z. se 1** go* crazy, take* leave of one's senses, go out of one's mind; **z toho by se člověk ~il** it's enough to drive* you round the bend **2 z. se do koho** *(do děvčete* ap.*)* become* infatuated with sb, hov. go daft about sb ■ **~ěný** *(do koho)* infatuated with, struck on, wild n. crazy about, madly in love with ■ **to je k ~ění** it's enough to drive you mad; **milovat koho k ~ění** love sb to distraction
zblbn|out 1 hov. go dotty, go* gaga **2** sl. **z. co** screw sth up, muck sth up, make* a mess of sth ■ *(opakovat až do)* **~utí** ad nauseam
zbled|nout turn n. become* pale; **~l jako stěna** he became n. went as white as a sheet n. ghost
zblízka at close range; **boj z.** hand-to-hand combat, close combat; **podívat se na co z.** look closely at sth
zbl|o: ani ~a *(rozumu* ap.*)* not a whit; **není na tom ani ~a pravdy** there is not an ounce n. iota of truth in it
zbloudi|t lose* one's way, get* lost ■ **~lý** *(pes, kočka, kulka)* stray
zbohatlí|k parvenu, upstart; **~ci** nouveau riches
zbohatnout become* n. get* rich, make* a fortune; *(náhle)* come* into money
zbojník outlaw
zbor|tit *(most: při povodni)* tear* n. pull down ■ **z. se** *(střecha)* fall* in, sag; *(rám)* warp ■ **~cený** *(střecha)* caved in, dilapidated
zboř|it *(dům)* pull down, take* down, demolish ■ **z. se** *(dům, most)* fall* down, collapse, tumble down; *(strop)* fall n. cave in ♦ **proto se ještě svět ne~í** it will not be the end of the world *(if)*
zbourat (se) v. **zbořit (se)**
zboží product, commodity; hrom. goods, kn. merchandise; *(jednotlivý druh)* article (of merchandise); **spotřební z.** consumer goods; **kvalitní z.** good-quality product(s) n. goods; **prvotřídní/ vadné z.** first-class/ defective goods; **nabízet své z.** offer one's goods n. merchandise
zbožňovat idolize, adore, worship, dote on
zbožn|ý pious, religious; *(fanaticky)* devout ♦ **je to jen ~é přání** it's wishful thinking ■ **~ě** piously, devoutly ■ **~ost** piousness, religiousness, devoutness
zbra|ň 1 weapon; voj. **~ně** arms; **střelná z.** firearm, gun; **bodná/ sečná z.** stabbing/ cutting weapon; **konvenční/ jaderné ~ně** conventional/ nuclear weapons; **~ně hromadného ničení** mass extermination weapons; **chopit se ~ně** take* up arms; **složit ~ně** lay* down one's arms; **do ~ně!** to arms! **2** *(druh vojska)* arm, branch of service
zbrkl|ý *(člověk)* impetuous, hot-headed; *(rozhodnutí* ap.*)* headlong, rash ■ **~e** impetuously, rashly ■ **~ost** impetuosity, hot-headedness, rashness
zbrocený *(krví)* bloodstained
zbroj 1 *(rytířská)* armour **2** *(zbraně)* arms, weapons
zbrojařský armament; **z. průmysl** armaments industry
zbroj|it arm; **horečně z.** compete in an arms race ■ **~ení** armament; **závody ve ~ení** arms race
zbroj|ní 1 v. **~ařský 2 z. pas** firearm licence
zbrojnice armoury; **hasičská z.** fire station
zbrojovka arms factory; am. armory
zbrousit expr. *(kus světa)* roam n. wander n. rove through
zbrunátnět go* red, redden
zbrusu: z. nový brand-new
zbudovat build*, construct; *(chrám)* erect
zbůhdarma in vain, to no avail; *(utratit peníze)* unnecessarily, needlessly
zburcovat v. **vyburcovat**
zbystřit 1 *(sluch, zrak)* sharpen; **z. pozornost** spring* to attention **2** *(krok)* quicken

zbýt remain, be left* (over); **zbyly po něm tři děti** he left three children (behind) ♦ **zbyla na ocet** she was left on the shelf ■ **z. se** v. **zbavit se; z. se někoho** get* sb off one's hands ■ **zbylý** residual, remaining

zbytečn|ý unnecessary, superfluous, needless, pointless; **vaše poznámka byla ~á** your remark was quite unnecessary, your remark was uncalled-for; *(snažil se, ale)* **bylo to ~é** it was no use n. good, it was a waste of time ♦ **~á námaha** a wild-goose chase ■ **~ě** unnecessarily, in vain, to no avail; **mluvit ~ě** waste one's words ■ **~ost** pointlessness

zbyt|ek 1 *(peněz, večera)* rest, remainder; *(cigarety)* end, stub; *(látky)* remnant; mat. remainder 2 **~ky** *(pozůstatky)* relics, remains; *(potravin)* leftovers, scraps; **jídlo ze ~ků** a meal of leftovers ♦ **beze ~ku** completely

zbytí: není z. I have no choice (but), there is nothing left* for me (but)

zbytně|t lék. distend, become* hypertrophied ■ **~lý** enlarged, distended; *(administrativa)* excessive ■ **~ní** *(srdce)* hypertrophy

zbýv|at v. **zbýt; ~á mi deset korun** I have ten crowns left; **~á málo času** there's little time left; **~alo jen deset minut** there were only ten minutes left; **ne~á mi než** I have no choice but ..., I have no alternative left but ... ♦ **opatrnosti nikdy ne~á** it is better to be sure n. safe than (to be) sorry ■ **~ající** remaining, residual

zcela completely, entirely, totally, wholly; **je to z. nemožné** it is absolutely impossible; **z. promoklý** completely drenched; **být z. zmatený** be all confused; **být z. pro** be all for; **být z. otevřený** *(otázka)* be wide open

zcepenět die

zcestova|t tour, travel through, traverse; am. do; **~l půl Evropy za týden** he has done half of Europe in a week ■ **~lý** much-travelled, well-travelled

zcivilizovat civilize

zciz|it steal, misappropriate; kn. purloin ■ **~ení** misappropriation, theft

zcuchat *(vlasy)* tousle, dishevel, rumple; *(šaty)* crumple, crease

zcvoknout se sl. go* off one's head, lose* one's marbles, go potty

zčásti partly, in part; *(do jisté míry)* to some extent; **z. ze dřeva, z. ze železa** (made) part (of) wood and part (of) iron; **přijeli z. vlakem, z. autobusem** some of them came* by train, some by coach

zčerna|t become* n. go* black ■ **~lý** black(ened)

zčerstva 1 *(jít)* briskly; **ne tak z.** not so fast 2 **z. napadlý sníh** new-fallen snow, newly n. freshly fallen snow

zčervenat become* n. go* n. turn red, redden; *(studem též)* blush; **z. jako pivoňka** turn as red as a beetroot

zčeř|it *(hladinu)* ripple ■ **~ený** *(voda)* rippled; **~ené moře** choppy sea

zčistajasna suddenly, all of a sudden, out of the blue

zda, ~li 1 whether, if; **zeptal se, z. má přijít** he asked me whether n. if he should come; **~lipak víte, že** I wonder whether you know that 2 *(s infinitivy)* whether; *(otázka)*, **z. jít nebo nejít** whether to go (or not); *(vybrat si,)* **zda jít nebo zůstat doma** whether to go* or stay at home

zdaleka 1 from far away, kn. from afar 2 **z. ne** not by a long way n. chalk; **z. ne plný** nowhere near full; *(nebylo to)* **ani z. tak zlé, jak** not half so bad as ♦ **z. se komu/ čemu vyhnout** give* a wide berth to sb/ sth

zdání 1 *(co se jen zdá)* illusion, fiction, make-believe; **jen z. normálnosti** only a semblance of normality; **to je pouhé z.** it is a mere illusion 2 *(dojem)* appearances, semblance ♦ **z. klame** appearances are deceptive 3 **nemít ani z.** not to have a clue; **nemá o tom ani z.** he hasn't the faintest n. foggiest idea of it, he does not know* the first thing about it

zdan|it tax, impose n. put* a tax on, subject sth to taxation ■ **~ění** taxing, taxation

zdanitelný liable n. subject to tax, taxable

zdánliv|ý apparent, seeming; *(předstíraný)* pretended, feigned, ostensible; **~á smrt** apparent death; *(poslouchal)* **se ~ým zájmem** with feigned n. apparent interest ■ **~ě** apparently, seemingly, to all appearances

zdar success, successful outcome; **se ~em** successfully; **~y a nezdary** ups and downs; **beze ~u** unsuccessfully, without success; **mnoho ~u!** the best of luck!; **lyžím z.!** good skiing!

zdarma free (of charge), for nothing, for free; **bydlet z.** live rent-free

zdárn|ý successful; *(podnik)* prosperous ■ **~ě** successfully

zdaři|t se succeed, be successful; **pokus se ~l** the attempt was successful, the attempt came* off; **jeho plán se ~l** his plan succeeded; **ne~t se** fail, be unsuccessful, not to succeed

zdá|t se 1 dream*; **~lo se vám něco?** did you have a dream?, did you dream anything?; **~lo se mi, že** I dreamed that 2 *(jevit se)* seem; **~ se mi, že** it seems n. appears to me that; **~ se, že jsou bohatí** they seem to be rich; **~ se, že to neví** he does not seem to know* it, it seems that he does not know it; **to se mi ~ divné** I find* it strange 3 *(líbit se)* **ten člověk se mi ne~** there is something fishy n. odd about that man; **mně se to ne~** it looks a bit fishy to me

zdatn|ý *(tělesně silný)* sturdy, robust; *(v dobré formě)* fit; *(odborně)* competent, able, capable; *(pracovně)* industrious, hardworking ▪ **~ost** fitness; *(odborná)* competence

zde here; **z.!** *(při kontrole prezence)* present!; v. též **tady, tu**

zdecimovat decimate

zdědit inherit též přen. *(talent* ap.*)*; **z. velký majetek** come* into a fortune

zdeformovat deform, disfigure

zdegenerova|t degenerate ▪ **~ný** degenerate

zdechlina carrion

zdech|nout *(zvíře)* die, perish; zhrub. *(o lidech)* snuff it, kick the bucket; přen. *(motor)* conk out ▪ **~lý** dead

zdejchnout se make* o.s. scarce

zdejší *(obyvatelstvo)* local; **z. mužstvo** home team; *(zvyky)* local, native; *(zboží)* home-produced, domestic; **je z. rodák** he comes* from this town/ village ap.

zdeptat *(nepřítele)* crush, rout

zdě|sit frighten, terrify, scare ▪ **z. se** get* frightened, get into a panic, take* fright ▪ **~šený** frightened, terrified ▪ **~šení** fright, panic, consternation; **k mému ~šení** to my horror

zdětinštět become* childish

zdířka el. socket

zdít build* sth in brick ▪ **zděný** (built in) brick n. stone

zdivo: cihlové/ kamenné z. brickwork/ stonework

zdivoč|et *(zvíře)* become* wild; *(děti)* run* n. go* wild ▪ **~elý** wild; *(dítě)* wild, unruly; *(zahrada)* wild, overgrown

zdlouha slowly; *(hovořit)* at great length

zdlouhav|ý *(jednání)* protracted, lengthy; *(práce)* time-consuming; *(chůze)* sluggish; *(postup)* tedious; *(nemoc)* protracted, lengthy; *(vyprávění)* prolix, tedious ▪ **~ě** v. **zdlouha; ~ě něco líčit** enlarge n. expatiate on sth at great length ▪ **~ost** protractedness; lengthiness, tediousness; sluggishness

zdobit decorate; *(krajkami* ap.*)* embellish; *(dát vyniknout)* grace; v. též **ozdobit, vyzdobit**

zdokonal|it, ~ovat improve, refine, bring* sth to perfection ▪ **z. se** perfect o.s. (**v cizím jazyce** in a foreign language); **z. se v angličtině/ němčině** brush up one's English/ German

zdola from below

zdolat *(nepřítele)* conquer, defeat; kn. vanquish; *(horu)* conquer; *(výstup)* tackle; *(potíže)* overcome*, conquer; hov. *(nemoc)* beat*

zdomácně|t *(zvíře)* become* domesticated; *(přistěhovalec)* get* used to (one's new home), *(v jiném podnebním pásmu)* become acclimatized; *(rostlina)* get n. become acclimatized; *(zvyk)* become established; *(cizí slovo)* gain currency, be adopted ▪ **~lý** domesticated, acclimatized

zdráh|at se hesitate; **z. se něco udělat** be reluctant to do sth, hang* back n. shrink* from doing sth, put* off doing sth ▪ **~ání** reluctance, hesitation; **bez ~ání** without hesitation

zdráhavě *(vyhovět)* hesitantly, grudgingly

zdramatizovat *(román* ap.*)* dramatize, adapt for the stage; přen. *(situaci)* dramatize

zdraví health; **těšit se dobrému z.** enjoy good health; **vrátit komu z.** restore sb to health; **mít železné/ chatrné z.** have a robust/ delicate constitution ♦ **na (vaše) z.!** your health!, here's to you!; **na z. nevěsty!** here's to the bride!

zdravice 1 *(přípitek)* toast 2 *(pozdravný dopis)* message of greeting

zdrav|it 1 say* hello, *(zvednutím klobouku)* raise one's hat (to sb*)*; voj. salute 2 **z. koho** greet sb, say hello to sb, voj. salute sb; **on mne přestal z.** he doesn't say hello to me any more; **~ím vás!** hello there! 3 *(posílat pozdrav)* send* one's regards (to sb*)* ▪ **my se spolu ne~íme** we don't greet each other (any more)

zdravotn|í 1 health, of health; **z. péče** health care; **z. stav** state of health; **ze ~ích důvodů** on health grounds, on grounds of health 2 *(čaj)* herbal 3 **z. sestra** nurse; **z. prohlídka** medical n. physical examination, physical, *(preventivní)* (medical) checkup, *(před nástupem do zaměstnání)* medical ▪ **~ě** healthwise; **~ě závadný** unhealthy, damaging to one's health; **jak jsi na tom ~ě?** how is your health?

zdravotnick|ý *(služba, personál)* medical; **~é středisko** outpatients' department

zdravotnictví health service; **ministerstvo z.** Ministry of Health

zdravotn|ík, ~ice health officer; voj. medical orderly; **~íci** medical personnel
zdravověda hygiene, hygienics sg.
zdrav|ý, zdráv 1 *(člověk)* healthy; *(srdce, ovoce)* sound ♦ **vyváznout se ~ou kůží** get* off n. escape unharmed n. unscathed; **být z. jako řípa** be as fit as a fiddle, be in the pink of health; **v ~ém těle z. duch** a sound mind in a sound body 2 *(vzhled)* healthy, wholesome; *(spánek)* sound; *(smích, chuť k jídlu)* hearty 3 *(prospěšný ~í)* healthy, wholesome; **rajčata jsou ~á** tomatoes are good for you, tomatoes are healthy, tomatoes are good for your health ♦ **jít na z. vzduch** go out to get* a breath of fresh air ■ **~ě vypadat** look healthy
zdraž|it, ~ovat 1 *(co)* raise n. increase the price of, make* sth dearer 2 též **z. se** go* up in price, become* dearer, become more expensive ■ **~ení** rise n. increase in price
zdrcený v. **zdrtit**
zdrcující *(porážka, odpověď, úder)* crushing; *(kritika)* scathing; *(převaha)* overwhelming
zdrhovadlo zip fastener, hov. zip, am. zipper
zdrobnělina jaz. diminutive
zdrobněl|ý: ~é slovo v. **~ina**
zdroj source; *(informací)* mine; *(znalostí, inspirace)* kn. fountainhead; **~e** *(finanční, surovinové)* resources
zdrsnět coarsen, become* n. grow* coarse; *(v chování)* become rude
zdrsnit coarsen, roughen; *(látku)* nap, raise
zdr|tit *(nepřítele)* crush; **být ~cen zprávou** be shattered n. staggered by the news ■ **~cený** přen. grief-stricken, broken-hearted
zdrženliv|ý 1 reserved; *(v chování)* undemonstrative, modest 2 *(v jídle)* abstemious, moderate; *(v pití)* temperate; *(pohlavně)* abstemious; **být z. v pití** be a moderate drinker ■ **~ost** reserve; temperance; abstemiousness
zdrže|t 1 *(koho)* detain, keep*, hold* up; **z. koho od čeho** keep sb from doing sth; **z. vlak** hold* a train; **~la nás dopravní zácpa** we were held* up n. detained by heavy traffic 2 *(co)* hold up, delay, retard, slow down; **nepříznivé počasí ~lo žně** the harvest was hindered n. delayed by bad weather ■ **z. se** 1 *(kde)* stay; **nemohu se dlouho z.** I can't stay very long 2 *(zpozdit se)* be delayed n. detained, be held up 3 *(dělat dlouho)* **z. se čím** spend* (too much) time over sth, take* a long time over sth 4 **z. se čeho** refrain n. abstain from (doing) sth; **z. se alkoholu/ kouření** abstain from alcohol/ smoking; **z. se hlasování** abstain from voting; **nemohl se z. smíchu** he could not help laughing 5 *(ovládnout se)* contain o.s., control o.s., restrain o.s. ■ **~ní** *(zpoždění)* delay
zdržovací: z. taktika delaying tactics
zdrž|ovat, ~et: z. koho v práci hinder n. impede sb in his work, take* n. distract sb from his work ■ **z. se** 1 **z. se s čím** waste one's time doing sth, waste one's time on sth 2 *(být kde)* stay, be; **nevíte, kde se ~uje?** do you know* his whereabouts?; v. též **~et se**
zdřevěnět *(končetiny)* get* numb, hov. go* to sleep
zdřímnout si have a nap, have a snooze
zdupat *(trávu* ap.*)* trample n. tread* down
zdůrazni|t 1 stress, emphasize; **~l, že** he pointed out n. emphasized that, he pressed the point that 2 **z. co** *(vyzdvihnout)* highlight sth, give* prominence to sth, make* sth stand* out; *(barevně)* pick out sth
zdůraz|ňovat v. **~nit; z. postavu koho** *(o šatech)* emphasize n. accentuate sb's figure, *(pozitivně)* show* sb's figure to advantage
zduře|t swell* up ■ **~lý** swollen, *(tvář* též*)* bloated; *(nos)* bulgy ■ **~ní** swelling
zdůvodn|it *(co)* give* reasons for; *(požadavek, názor)* justify; *(podezření, obvinění)* substantiate; *(chování, jednání)* account for ■ **~ění** reason(s) n. grounds (for), justification, substantiation
zdvih techn. *(pístu)* travel, stroke; *(ventilu, jeřábu)* lift
zdvihací, zdvíhací v. **zvedací**
zdvih|nout 1 *(závaží)* lift, hoist; *(autoheverem)* jack up, lift; *(sluchátko)* take* up; **z. koho na ramena** hoist n. lift sb onto one's shoulders 2 *(ruku, oči)* lift, raise; **z. hlavu** glance up; **z. proti komu ruku** raise one's hand against sb 3 *(ze země)* pick up; *(koho: při pádu)* help sb up ♦ **z. rukavici** přen. accept the challenge, take* up the gauntlet 4 **z. svůj hlas** raise one's voice n. speak* up (**proti** against) 5 *(životní úroveň)* increase, raise ■ **z. se** 1 *(opona)* go* up, rise* 2 *(mlha)* lift; *(bouře, vítr)* arise*, spring* up ♦ **~l se mi žaludek** I felt* sick, my stomach turned 3 *(nálada, pracovní morálka)* rise, improve 4 *(životní úroveň)* rise, improve, increase 5 *(povstat)* rise (in arms)
zdviž lift, am. elevator
zdvojit double; jaz. *(hlásku)* geminate

zdvojnásobit *(úsilí)* redouble
zdvořilost politeness, courtesy, civility; **(jen) ze ~i** (merely) out of politeness; **říkat komu ~i** pay* sb compliments
zdvořilostní *(fráze, formule)* polite; **z. návštěva/ dopis** courtesy call n. visit/ letter
zdvořilůstka polite phrase n. formula
zdvořil|ý polite, courteous ▪ **~e** politely, courteously; **chovat se ke komu ~e** be polite n. courteous to sb
zdymadlo sluice, lock
ze v. **z**
zebra 1 zebra 2 *(přechod)* zebra crossing
zeď 1 wall; *(přepážka)* partition, dividing wall; **cihlová z.** brick wall ♦ **zdi mají uši** walls have ears; **jít hlavou proti zdi** přen. bang one's head against a brick wall 2 **čínská z.** the Great Wall of China; **hladová z.** hist. *(v Praze)* the Hunger Wall
zednář: svobodný z. Freemason, Mason
zednářsk|ý Masonic; **~á lóže** Masonic n. Freemason's lodge
zednářství Masonry, Freemasonry
zednick|ý *(lžíce)* brick (trowel); *(učeň)* mason's, bricklayer's; **z. mistr** master bricklayer; **~é práce** masonry, bricklaying
zednictví masonry, bricklaying
zedník bricklayer, mason
zedřít *(prací)* wear* sb out ▪ **z. se** slog o.s. into the ground, slog one's guts out, kill o.s. working
zefír zephyr
zejména especially, notably, particularly, in particular
Zéland, z~ský New Zealand
zelektrizovat electrify
zele|ň *(barva)* green; *(~ná plocha)* green area; *(~ný porost)* greenery; **listová z.** leaf green, chlorophyll; **smaragdová z.** emerald (green)
zelenáč greenhorn
zelen|at turn n. grow* green ▪ **z. se** 1 *(stávat se ~ým)* become* n. turn green; *(jevit se ~ým)* show* green 2 *(být ~ým)* be green; **louky se už ~ají** the meadows are already green
zelenavý greenish
zelenina hrom. vegetables; **nakládaná z.** pickles
zeleninov|ý *(polévka* ap.*)* vegetable; **~á zahrada** vegetable garden, kitchen garden
zelenomodrý greenish blue, greeny blue
zelen|ý I adj. green; *(ovoce)* green, unripe; **světle/ tmavě z.** light/ dark green; **Z. čtvrtek** Maundy Thursday ♦ **být z. závistí** be green with envy
II subst. 1 **~á** *(návěst)* green; **je ~á** the (traffic) lights are (at) green; *(přecházet)* **na ~ou** when the lights are (at) green ♦ **dát komu ~ou** přen. give* sb the green light, give sb the go ahead 2 **~é: být oblečen v ~ém** be dressed in green 3 **~o: natřít na ~o** paint sth green
zelí cabbage; **bílé/ červené z.** white/ red cabbage; **kyselé z.** sauerkraut ♦ **lézt komu do z.** poach n. trespass on sb's patch
zelinář 1 *(zahradník)* market gardener, am. truck farmer 2 *(obchodník)* greengrocer
zelinářsk|ý: ~á zahrada market garden, am. truck farm; **z. obchod** greengrocer's shop
zelinářství 1 *(pěstování zeleniny)* gardening; *(ve velkém)* market gardening, am. truck farming 2 *(obchod)* greengrocer's (shop)
zemák v. **brambor**
zemdl|ít, ~et get* tired, grow* weary, be(come*) exhausted ▪ **~ený** tired, weary, fatigued; *(malátný)* languid ▪ **~enost** fatigue, weariness, languor
zem|ě, zem 1 *(planeta)* odb. též **Země** the earth, world, the globe; **ráj na ~i** heaven on earth 2 *(souš)* land; **vstoupit na ~(i)** go* ashore, go to land 3 *(stát)* country, land; *(národ)* nation; **z. snů** dreamland, hanl. cloud-cuckoo-land; **ve všech ~ích světa** in all countries of the world; **zaostalé z.** underdeveloped nations n. countries 4 *(povrch)* jen **zem** ground; **pod ~í** under n. below the ground; **spadnout na zem** fall* to the ground; **srovnat město se ~í** raze the town to the ground; **stát pevně na ~i** have one's feet on the ground 5 *(podlaha)* floor; **sedět na ~i** sit* on the floor 6 *(půda)* soil, land; **rodná z.** native soil; **úrodná z.** fertile soil
zemědělec farmer; *(drobný rolník)* peasant
zemědělský agricultural; *(budovy)* farm; *(oblast)* farming; *(reforma)* land, agrarian; *(stát)* agrarian; **z. dělník** farm hand n. labourer
zemědělství agriculture
zeměkoule (terrestrial) globe, (the) earth
zeměměřič geodesist
zeměměřičství geodesy
zeměpis geography
zeměpisec geographer
zeměpisný geographic(al)
zeměstředný geocentric(al)
zemětřesení earthquake, hov. quake
zeměžluč bot. centaury
zemin|a earth; zahr. soil; **vzácné ~y** rare earths
zemitý *(chuť, vůně)* earthy, *(humor* též*)* crude

zemní: z. plyn natural gas; **z. olej** naphtha, (mineral) oil; **z. práce** earthwork

zemřít die, kn. expire, euf. pass away; *(zahynout)* be killed, perish; **z. na zranění** die from injuries n. wounds; **z. na rakovinu** die of cancer; **z. hladem** die of starvation; **z. přirozenou smrtí** die a natural death

zemský 1 *(kůra, osa, povrch)* earth's; **z. magnetismus** geomagnetism **2** *(soud, banka* ap.*)* *(v Rakousku)* provincial, *(v Německu)* of a land

zenit zenith

zeptat se ask, ask a question; **z. se koho na co** ask sb about sth; **z. se koho na cestu** ask sb the way

zesílit 1 *(zdi)* strengthen, reinforce; *(stráž, orchestr, posádku)* reinforce; *(hlas)* raise; *(napětí, pochybnosti)* intensify, increase; *(rádiový signál, proud)* boost, amplify; *(hudbu)* amplify **2** *(po nemoci)* regain n. recover one's strength; *(stát se silnějším)* get* n. grow* stronger; *(hnutí)* grow stronger; *(vítr)* increase (in strength)

zesilovač *(rádio, televize)* amplifier

zesilovat v. **zesílit**

zeslabit weaken; *(fyzicky, následkem nemoci* ap.*)* debilitate, sap one's strength; *(účinek* též*)* diminish, reduce; *(kontrast)* tone down; *(náraz)* soften, cushion; *(zrak, sluch)* impair

zesláb|nout weaken, grow* weak, lose* in strength n. intensity; *(dech, puls)* grow weak; *(světlo)* fade, grow dim; *(zvuk)* fade, die away; *(poptávka)* decline, slacken, fall* off ▪ **~lý** weakened; *(zrak, sluch)* impaired; *(tělo)* debilitated

zesměš|nit, ~ňovat: z. koho/ co make* fun of sb/ sth, expose sb/ sth to ridicule ▪ **z. se** make* a fool of o.s., expose o.s. to ridicule, lay* o.s. open to ridicule

zesmutnět grow* n. become* sad

zesn|out pass away (**tiše** peacefully) ▪ **~ulý** the deceased, the late; **drahý z.** the dear departed

zespod(u) from below

zespolečenštit nationalize

zestár|nout grow* n. get* old, age; **hodně ~l** he has aged considerably

zestátnit nationalize

zestručnit *(projev, text)* cut*, shorten; *(knihu)* condense, abridge

zesurovět coarsen, become* brutalized

zesvětště|t become* secularized ▪ **~ní** secularization

zesvětštit secularize

zešedivět go* n. become* grey, *(náhle)* turn grey

zešeř|it se get* n. grow* dark; **~ilo se** it became* dusk, twilight fell* ▪ **~elý** *(obloha)* gloomy

zešikm|it *(střechu* ap.*)* slope, slant; techn. bevel, chamfer ▪ **~ení** slope, slant

zešíle|t go* crazy n. mad, become* insane, become mentally deranged ▪ **~ní** mental derangement ♦ **to je k ~ní** it's enough to drive* you crazy n. mad

zeširoka *(zevrubně)* at great length, in great detail; **vykládat z.** expatiate n. enlarge (up)on sth (at great length)

zešklebit: z. obličej pull n. make* a (wry) face, (make a) grimace

zešpičatět *(nos)* become* pointed

zeštíhlet grow* slim(mer), become* slim, slim (down)

zešvindlovat fix, *(daňové přiznání* ap.*)* fiddle; *(svědectví)* bend*

zet *(propast, hlubina)* gape, yawn

zeť son-in-law, pl. sons-in-law

zetlít moulder, rot, decay

zevloun loafer, layabout; *(zvědavý)* gawper, am. rubberneck

zevlovat hang* n. loiter about n. around, loaf, stand* about (idly)

zevně outside, on the outside; **užívat z.!** for external application only

zevnějš|ek 1 *(vnější strana)* outside, exterior **2** *(vnější vzhled)* outward n. external appearance; *(člověk)* **příjemného ~ku** good-looking, personable; **dbát na svůj z.** be very particular about one's appearance

zevnější outer, external, exterior; **z. strana** outside, exterior; *(látky)* outer side

zevnitř from (the) inside, from within

zevrubn|ý detailed, comprehensive, exhaustive ▪ **~ě** in great detail, exhaustively, thoroughly; **něco ~ě popsat** give* a detailed account of sth ▪ **~ost** minuteness of detail, comprehensiveness, exhaustiveness

zevšednět become* banal, lose* its originality

zevšeobecnit generalize

zezadu *(napadnout)* from behind, from the back; **zpředu byla zahrada a z. byl dvůr** there was a garden at the front and a yard at the back

zezelenat turn n. become* green; **z. závistí** turn green with envy

zežlout|nout turn n. become* yellow ▪ **~lý** *(listí, papír)* yellowed

zfalšovat *(doklady, podpis)* forge; *(víno)* adulterate; *(volební výsledky)* manipulate; **z. účty** cook the accounts n. the books

zfilmovat: z. co make* a film of sth, screen sth, adapt sth for the screen

zformovat 1 form, shape, model, mould; *(myšlenky)* form, frame **2** voj. marshal, line up ■ **z. se** shape (**do** into); voj. **z. se do řady** fall* into line

zfušovat *(co)* bungle, make* a mess of, hov. botch

zhanobit dishonour, disgrace; *(dívku)* kn. rape, ravish

zhasit, zhášet *(svíčku, lampu)* put* out, extinguish; *(světlo: vypínačem)* switch off; *(cigaretu)* stub out

zhas|nout, ~ínat 1 *(přestat svítit* n. *hořet)* go* out; *(motor)* pack up, stall **2** v. **~it**

zhatit: z. čí plány cross n. thwart sb's plans; **z. pokus** foil an attempt; **z. čí naděje** put* paid to sb's hopes, confound n. dash sb's hopes

zhlédnout 1 v. **spatřit 2** *(představení, zápas)* see* ■ **z. se** *(v kom)* become* fond of, take* a fancy to

zhlížet se 1 z. se v zrcadle look at o.s. in the mirror **2** *(v dítěti)* dote on, adore

zhloupnout become* stupid, turn into an idiot; *(ve stáří)* go* gaga n. dotty

zhltat, zhltnout *(jídlo)* wolf down, polish off, devour; přen. *(knihu)* devour, swallow

zhluboka *(dýchat)* deeply; **z. vydechnout** take* n. draw* a deep breath

zhmotnit materialize

zhmoždit bruise; **z. si koleno** bruise one's knee

zhmožděnina contusion

zhnědnout become* n. get* brown; *(na slunci)* get a tan

zhnisa|t go* septic, begin* to fester ■ **~ný** festering, suppurating

zhnus|it 1 *(koho)* disgust, nauseate, sicken **2 z. si co** feel* disgust for sth, loathe n. detest sth ■ **z. se** be disgusted (at n. with) ■ **~ený** disgusted

zhodnot|it 1 *(práci, výsledky)* rate, appraise, evaluate; *(situaci)* sum up, weigh up **2** *(kladně)* appreciate, acknowledge **3** *(zvýšit hodnotu)* increase the value of, upgrade

zhoj|it (se) heal ♦ **čas vše ~í** time heals all sorrows, time is a great healer

zhola absolutely, completely, entirely; **je to z. nemožné** it is absolutely impossible; **z. nic** nothing at all

zhorš|it, ~ovat worsen, make* sth worse; *(stav, situaci)* aggravate ■ **z. se** deteriorate, worsen, become* n. get* worse; *(situace, stav též)* change n. turn for the worse; **stále se ~ovat** go* from bad to worse; *(výkon)* fall* n. go off ■ **~ení** deterioration

zhořknout become* n. get* bitter; *(máslo)* go* rancid

zhospodárn|it *(výrobu)* rationalize ■ **~ění** rationalization

zhosti|t se *(povinnosti)* discharge, acquit o.s. of; **dokonale se toho ~l** he did the job very well, he rose* to the occasion

zhotovit make*; *(vyrobit)* manufacture, produce; *(plánek)* draw* up; *(návrh)* draw up, prepare

zhoub|a 1 ruin, undoing, downfall; **alkohol byl jeho ~ou** alcohol was his ruin n. undoing **2** *(spoušť)* havoc, destruction

zhoubný *(vliv, nemoc)* pernicious; *(nádor)* malignant; *(epidemie)* deadly

zhoustnout *(omáčka, polévka, kouř, mlha)* thicken, get* thicker; *(vlasy)* thicken

zhrdnout 1 *(kým)* v. **pohrdnout 2** *(zpyšnět)* become* conceited

zhrou|tit se 1 *(most, budova* ap.*)* collapse, fall* n. tumble down; *(strop)* cave in; přen. *(obrana)* fold up **2** *(osoba)* fall* in a heap, sink* to the ground; *(tělesně i duševně)* go* to pieces; *(nervově)* have a nervous breakdown; **z. se do židle** slump into a chair ■ **~cení** *(nervové)* nervous breakdown; *(finanční)* ruin; **být na pokraji ~cení** be at the end of one's tether

zhrozi|t se be appalled, be shocked; **~la se nad jeho slovy** his words shocked her; **~la se ho** she shuddered at the sight of him

zhruba 1 *(opracovat)* roughly **2** *(přibližně)* approximately, at a rough estimate, round about; **bude to stát z. sto korun** it will cost* round about one hundred crowns; **načrtnout co z.** make* a rough outline of sth, outline sth roughly

zhrub|nout *(pokožka, chování)* coarsen, become* coarse; **ruce mu ~ly těžkou prací** his hands were roughened by hard work

zhřešit commit a sin; **z. proti Bohu** sin against God; **z. proti zákonům** offend against the law

zhub|nout lose* weight, grow* thinner, reduce one's weight; **~la o tři kila** she has lost three kilos

zhudebnit put* n. set* sth to music

zhudlaři|t *(co)* make* a mess n. muddle of; **~l si život** he made a hash of his life

zhurta *(koho odbýt)* brusquely, curtly, gruffly ♦

ne tak z.! take* it easy!, hold* your horses!
zhusta often, frequently
zhu|stit 1 *(omáčku)* thicken; *(roztok)* concentrate 2 *(výklad, učivo)* condense ■ **~štěný** *(styl)* compressed, close; *(obsah)* succint ■ **~štěně** *(referovat)* concisely
zhýčka|t *(dítě)* spoil; *(pohodlím)* mollycoddle ■ **~ný** spoiled; *(vybíravý)* fastidious; *(náročný)* demanding
zhýralec debauchee; zast. rake, roué
zhýral|ý debauched, dissolute, profligate ■ **~ost** debauchery, profligacy
zhyzdit *(tvář)* disfigure
zchátra|t *(budova)* become* dilapidated, go* to wreck and ruin; *(osoba: zanedbaností)* go to seed ■ **~lý** *(budova)* dilapidated, ramshackle; *(osoba: sešlý)* seedy, *(mravně)* debased, depraved ■ **~lost** dilapidation, dilapidated state; seediness; depravity, debasement
zchladit cool down; **nechat co z.** allow sth to cool; přen. **z. čí nadšení** throw* cold water on sb's enthusiasm, dampen sb's enthusiasm ♦ **z. si na kom žáhu** take* it out on sb
zchladnout cool down
zchoulostivět become* soft n. effete
zchromit cripple
zchromnout *(kůň)* become* lame
zchrupnout si take* a nap, take forty winks; v. **zdřímnout si**
zchud|nout become* poor n. impoverished, be reduced to poverty ■ **~lý** impoverished; *(šlechtic)* shabby-genteel
zchvátit *(koho)* wear* out; *(koně)* founder ■ **z. se** become* worn out; *(kůň)* founder
zchytra: jít na co z. go* about sth cleverly, tackle sth cleverly; be smart about sth
zchytral|ý smart, cunning, foxy, wily ■ **~ost** cunning
zim|a I subst. 1 *(období)* winter; **v ~ě** in winter; **z. je tady** winter is here, winter has come* 2 *(chlad)* cold; **třást se ~ou** shiver with (the) cold; **(dnes) je hrozná z.** it is bitterly cold; **je psí z.** it is terribly cold (today) **II** adv. **(venku) je z.** it is cold; **je mi z.** I feel* cold; **začíná mi být z.** I am getting* cold; **bylo mi z. na nohy** my feet were cold; **je mi (strašně) z. na uši** my ears are freezing*
zimní *(oděv, sporty, slunovrat)* winter; *(den, noc)* winter('s); **z. spánek** winter sleep, hibernation
zimnice fever; **žlutá/ bahenní z.** yellow/ marsh fever
zimničný feverish též přen.
zimník winter coat
zimomřivý sensitive to (the) cold
zimostráz bot. box
zimovat spend* n. pass the winter; zool. *(ptáci* ap.*)* winter
zinek zinc
zintenzívnět intensify, grow*, increase
zintenzívn|it *(co)* intensify; *(protiklad)* heighten ■ **~ění** intensification
zip zip fastener; hov. zip, am. zipper; **suchý z.** Velcro
zír|at 1 stare; **z. do prázdna** stare into space 2 *(překvapením)* sit* up and take* notice; **to ~áš, co?** that makes* you sit up, doesn't it
zisk obch. profit, return, gain; **hrubý/ čistý z.** gross/ net profit; **podvodné ~y** fraudulent gains; **mít z. z čeho** profit n. gain from sth, make* a profit on sth; **prodat se ~em** sell* at a profit; **přinášet z.** be profitable
získat 1 acquire, get*, obtain; **z. co koupí** purchase n. buy* sth 2 *(pracovníka)* recruit; *(podporu)* muster, win*, secure; *(zaměstnání)* get, secure; *(převahu, výhodu)* gain; *(moc)* attain, gain; *(cenu)* win, carry off, fetch 3 **z. si koho** win sb over, win sb's heart; **z. (si) čí přátelství/ důvěru** gain sb's friendship/ confidence; **z. o co zájem** warm up to sth 4 **z. čím** benefit from sth, profit from sth 5 *(kov z rudy)* extract, obtain, win
ziskuchtiv|ý acquisitive, avaricious; hov. money-grubbing ■ **~ost** acquisitiveness, avariciousness
zištn|ý *(postoj, důvody)* mercenary; *(člověk)* v. **ziskuchtivý; ze ~ých důvodů** for gain, with the object of gain ■ **~ost** v. **ziskuchtivost**
zítra tomorrow; **z. ráno/ večer** tomorrow morning/ evening; **na shledanou z.!** see* you tomorrow! ♦ **z. je také den** tomorrow is another day
zítřejší 1 tomorrow's; **z. noviny** tomorrow's paper; **z. den** tomorrow 2 *(budoucí)* of tomorrow; **z. mládež** the youth of tomorrow
zítř|ek tomorrow; **do ~ka** until tomorrow; **počínaje ~kem** starting from tomorrow, as of tomorrow
zív|at, ~nout yawn; **z. nudou** yawn with boredom
zjančit se go* barmy, go off one's head
zjara in spring
zjednat 1 *(na práci)* hire, engage 2 *(pořádek)*

establish; **z. nápravu** *(čeho)* remedy the matter; **z. právo** restore law and order; **z. si úctu** make* o.s. respected; **z. spravedlnost** obtain justice
zjednodušit simplify; mat. *(zlomek)* reduce
zjem|nit, ~ňovat refine; *(pokožku, chuť)* soften; **z. své chování** become* gentler ■ **z. se** *(vkus)* become more sophisticated
zjev 1 *(jev)* phenomenon, (pl. phenomena), occurrence 2 *(zevnějšek)* appearance 3 *(osobnost)* figure, personality; **velké ~y české hudby** great figures of Czech music
zjevení *(přízrak)* apparition, spectre; *(představa)* vision
zjev|it *(oznámit)* announce; náb. reveal ■ **z. se** *(Bůh)* reveal o.s. (to man) ■ **~ené náboženství** revealed religion ♦ **z toho by se člověk ~il** it's enough to drive* you mad
zjevn|ý manifest, evident, apparent, *(lež* též*)* blatant; *(nepřítel)* declared; **stát se ~ým** become* apparent; **je ~é, že** it is evident that ■ **~ě** evidently, manifestly
zježit se *(vlasy)* stand* on end
zjihnout thaw, unbend*; *(hlas)* soften
zji|stit find* out; *(odhalit)* discover, detect; *(ztráty, rodičovství)* determine, *(příčinu* též*)* establish; **z. čí totožnost** identify sb; **~stil, že je vše v pořádku** he satisfied himself that everything was in order; **bylo ~štěno, že** it was established that ■ **~štění** discovery, establishment; *(soudní)* the findings
zjišťovací jaz. **z. otázka** yes/ no question
zjišťovat v. **zjistit**; **z. prezenci** voj. ap. call the roll, give* a roll call
zjitř|it v. **jitřit**; **z. staré rány** reopen old wounds ■ **z. se** *(rána)* go* septic, become* inflamed ■ **~ený** *(rána)* septic
zjizvený scarred, full of scars; *(od neštovic)* pockmarked
zkalit *(tekutinu)* make* sth cloudy n. turbid; *(zrak)* dim, blur, cloud; přen. *(dobré vztahy)* poison ■ **z. se** *(tekutina)* get* n. become* cloudy, become muddy; *(pohled)* blur, dim; *(vztahy)* become strained; *(rozum)* become dulled
zkamenělina fossil též přen.
zkameně|t turn into stone; geol. petrify; fossilize, become* fossilized ■ **~lý** petrified, fossilized; **~lý hrůzou** petrified with terror
zkapaln|it (se) condense, liquefy ■ **~ění** condensation, liquefaction
zkáz|a 1 *(zničení)* destruction; *(zhouba)* ruin, undoing, downfall; *(mravní)* corruption, depravity 2 *(potravin)* spoilage; **podléhat ~e** go* bad, get* spoiled
zka|zit 1 spoil; *(komu dovolenou, večer* ap.*)* ruin; **z. komu radost** spoil n. mar sb's pleasure; **z. komu dobrou náladu** spoil n. ruin sb's good mood; **z. pointu vtipu** ruin the joke 2 **z. si** *(oči, zdraví)* ruin, *(žaludek)* upset*; **z. si to u koho** fall* out with sb, get* into sb's bad books ■ **z. se** 1 *(jídlo)* go* bad, get* spoiled*; *(vejce)* addle; *(počasí)* deteriorate 2 *(mravně)* become* corrupted, n. depraved ■ **~žený** 1 *(potraviny)* spoilt, bad; *(vejce)* addled; *(vzduch)* foul; *(žaludek)* upset 2 *(morálně)* spoilt; corrupted ■ **~ženost** *(morální)* corruption, degeneracy
zkazka legend, tale
zkázonosný destructive; *(vliv)* pernicious
zklam|at 1 *(koho)* disappoint; **kniha mne ~ala** I found* the book disappointing 2 *(naděje)* dash, blight ■ **z. se** be disappointed (**v kom** in sb); **~al se ve svých nadějích** his hopes were dashed ■ **~ání** disappointment; **připravit komu ~ání** disappoint sb
zkombinovat combine
zkomolenina garble
zkomol|it *(text)* distort, corrupt, garble; *(citát)* truncate; *(rukopis)* mutilate ■ **~ený** *(text)* corrupt, garbled; *(citát)* truncated ■ **~ení** distortion, misrepresentation, *(textu* ap.*)* corruption
zkomplikovat complicate
zkonfiskovat confiscate, seize
zkonkretizovat put* sth in concrete terms, *(specifikovat)* concretize
zkontrolovat check
zkopat 1 *(záhon)* dig* 2 **z. koho** kick sb about 3 hov. **z. co** *(zkazit)* make* a hash n. mess of sth, botch sth (up)
zkoprnět: leknutím z. be petrified n. paralyzed (with fear), be scared stiff
zkormoucený downcast, doleful, dejected
zkorumpova|t corrupt ■ **~ný** corrupt
zkos|it techn. *(hrany)* chamfer, bevel; *(střechu)* slope, slant ■ **~ený** bevelled; *(střecha, stěna)* sloping, slanting
zkostnatě|t ossify též přen. ■ **~lý** přen. fossilized; *(intelektuál)* fusty; **~lý stařec** an old fossil
zkoumat 1 *(studovat)* investigate, examine, study, inquire into; *(bedlivě)* scrutinize 2 *(kontrolovat)* check, test; *(posuzovat)* weigh up; **z. trh** probe the market
zkoumavý *(pohled)* searching

zkoupat: z. koho *(při zkoušce: nechat propadnout)* fail sb; *(přísně zkoušet)* give* sb a gruelling time (at an examination)

zkoušečka el. test lamp

zkoušející examiner

zkouše|t 1 *(studenty)* examine, test; **z. koho z češtiny** examine sb in Czech 2 *(materiál)* test; *(potraviny)* inspect, test; *(stroj)* test, try out; *(loajálnost koho)* put* sb to the test; **z. (si)** *(šaty)* try on 3 *(hru)* rehearse 4 *(pokoušet se)* try n. attempt *(to do sth)* ♦ **z. své štěstí v čem** try one's luck in n. at sth ■ **~ný** 1 *(odborně)* qualified 2 *(stroj)* tested 3 **těžce ~ný národ** a sorely tried nation

zkoušk|a 1 *(znalostí)* examination, hov. exam; **písemná/ ústní z.** written/ oral examination; **jeho z. z angličtiny** his English exam, his exam in English; **dělat ~u z angličtiny** sit* n. take* one's English exam; **složit ~u** pass an examination; **dílčí z.** class examination; **opravná z.** resit; **řidičská z.** driving test 2 *(přezkoušení)* test, check(ing); techn. inspection; **laboratorní z.** laboratory test; **z. zraku** sight test; **z. kvality** quality control; **z. pevnosti** strength test; **z. rychlosti** speed check ♦ **z. ohněm** acid test 3 *(u krejčího)* fitting; **přijít na ~u** come* for a fitting 4 div. rehearsal 5 *(pokus)* experiment 6 *(strádání)* trial, ordeal

zkrabatět *(čelo, látka)* pucker (up)

zkrabatit *(čelo)* pucker (up); **z. obličej** make* n. pull a (wry) face

zkrachovat obch. go* n. become* bankrupt; hov. go broke, go bust, fold up; *(v životě)* be a failure

zkrášlit *(si pokoj)* brighten (up); *(ozdobami)* adorn (with) ■ **z. se** beautify n. prettify o.s., make* o.s. more beautiful, enhance one's looks

zkrat el. short circuit; **udělat z.** cause a short circuit

zkrátit 1 *(kabát, sukni)* shorten, take* up; *(text)* cut* (down), reduce; *(knihu)* abridge, condense; *(vlasy)* cut (sth shorter); *(vzdálenost)* reduce; *(dovolenou)* cut short; *(parlamentní debatu)* guillotine; **z. si dlouhou chvíli** pass the time 2 *(mzdy, výdaje)* cut (down), reduce, *(drasticky)* slash; **z. komu plat** dock sb's wages 3 *(zlomek)* reduce, cancel (down)

zkratk|a 1 jaz. abbreviation; *(iniciálová)* (the) initials 2 *(kratší cesta)* short cut; **jít ~ou** take* a short cut

zkrátka I adv. 1 **držet koho z.** keep* a tight rein n. grip on sb; **přijít z.** get* a bad n. lousy deal 2 *(stroze)* curtly; **odpověděl z.** he answered curtly ♦ **vzal to z.** he didn't waste too much time (on it) II část. **z. a dobře** in a word, in short, to cut* a long story short

zkratkovitý *(styl)* concise

zkratkov|ý: ~é slovo acronym

zkresl|it, ~ovat *(o zrcadle)* distort; *(fakta)* distort, misrepresent

zkritizovat criticize, subject sth to criticism

zkrop|it moisten; **~ený slzami** wet with tears

zkro|tit *(zvíře)* tame; *(ochočit)* domesticate; *(koně)* break* in; *(rozjívené dítě)* subdue; *(netrpělivost, vášeň)* contain; *(však)* **já tě ~tím** I'll bring* you to heel, I'll clip your wings ■ **~cení** taming, domestication

zkrotnout calm down

zkroušen|ý *(omluva)* contrite; *(žádost)* humble; *(hříšník)* penitent ■ **~ě** humbly

zkroutit *(drát)* twist; **z. ústa** twist one's mouth; **z. komu ruku** give* sb's arm a twist ■ **z. se** twist; *(plech)* buckle; **z. se bolestí** double up with pain

zkruš|it *(nemoc)* take* it out of sb, wear* sb down; **být ~en** *(zprávou* ap.*)* be shattered n. dashed; **být ~en žalem** be flattened n. prostrated by grief

zkrvavit: z. si ruce get* blood on one's hands; **z. si šaty** stain one's clothes with blood

zkřeh|nout *(zimou)* get* n. become* numb; **nohy mu ~ly zimou** his feet grew* stiff n. numb with cold ■ **~lý** numb

zkřís|nout expr. **nemoc ho velmi ~la** the illness has really taken* it out of him, the illness has really knocked the stuffing out of him

zkřivit twist; **z. ústa** screw up one's mouth, (make* a) grimace

zkřížit cross; **z. ruce** *(na prsou)* fold one's arms ♦ **z. čí plány** cross n. thwart sb's plans

zkumavka test tube

zkus|it 1 v. **zkoušet (2)** 2 *(pokusit se)* try, attempt; **z. si co, z. štěstí v čem** try one's hand at sth; **z. to s kým** give* sb a chance; **~me to!** let's have a go at it, let's have a stab at it!; **jen to ~!** *(varovně)* just (you) try!

zkusmo by rule of thumb; *(pokusně)* tentatively

zkušebna test room, laboratory; *(montovna)* fitting room

zkušební test, trial; **z. jízda/ let** test drive/ flight; **z. doba** trial n. probationary period; **z. komise** examining board; **z. projekt** pilot project n. scheme ♦ **z. kámen** touchstone

zkušen|á: vydat se na ~ou go* away from home to acquire experience
zkušenost experience; **trpká z.** bitter experience; **ze ~i** from experience; **podle mé ~i** in my experience; **sbírat ~i** gather experience; **získat ~i** gain experience
zkušený experienced; *(voják, sportovec)* seasoned; **být z. v čem** be an old hand at sth
zkvalitnit *(co)* improve the quality of ■ **z. se** *(služby* ap.*)* improve
zkypř|it *(půdu)* loosen (up), break* up ■ **~ený** loose
zkys|at, ~nout go* sour
zlacený gilded
zlákat wheedle, coax; **z. koho k čemu** wheedle sb into doing sth
zláma|t *(hůl, větev* ap.*)* break*; **z. si ruku/ nohu** break one's arm/ leg; **z. komu vaz** přen. ruin sb ♦ **z. nad kým hůl** přen. give* up on sb; **mohl si na tom slově jazyk z.** he got* all tongue-tied over the word, his tongue got tied in knots over the word ■ **~ný** broken ♦ **nestojí to za ~nou grešli** it's not worth a button, it's not worth a bean
zlatíčko *(oslovení)* darling!, honey!
zlatit gild; *(elektronicky)* gold-plate
zlatnický *(práce)* goldsmith's; **z. obchod** jeweller's (shop)
zlatnictví jeweller's (shop)
zlatník goldsmith; *(obchodník)* jeweller
zlátnout be turning golden
zlat|o gold; **ryzí z.** pure gold; přen. **černé z.** black gold ♦ **má to cenu ~a** it's worth its weight in gold; **není všechno z., co se třpytí** all that glitters is not gold
zlatokop gold-digger
zlatonosný *(ruda)* gold-bearing, auriferous
zlatotepec goldbeater
zlatovláska golden-haired girl; *(z pohádky: princezna)* Goldilocks
zlatovlasý golden-haired
zlat|ý **1** *(prsten, mince,* ap.*)* golden, of gold; **~á medaile** gold medal, přen. **~á střední cesta** the happy n. golden mean **2** *(obsahující ~o)* gold; **~á ruda** gold ore; **z. důl** goldmine též přen. **3** *(zdobený ~em)* gilt, gilded **4** *(vlasy, víno)* golden; bot. **z. déšť** laburnum **5 ~á horečka** gold rush n. fever
zle **1** badly; **nakládat s kým z.** treat sb badly; **z. se podívat** scowl, *(na koho)* give* sb a black n. filthy look **2 je s ním z.** he is in a bad way, *(finančně)* he is badly off; **je z.!** the fat is in the fire! **3 je z. s prací/ s byty** there is a shortage of work/ there is a housing shortage **4 dělá se mi z.** I'm going* to be sick; **je mi z.** I am not feeling* well
zlehč|it, ~ovat *(důležitost čeho)* disparage, detract from, make* light of; *(koho pomluvami* ap.*)* run* sb down, lower sb in sb's esteem
zlehka *(se dotknout)* lightly, gently; **z. se usmál** a smile played on n. around his lips
zlenivět grow* n. become* lazy
zlepši|t *(situaci, kvalitu, vztahy)* improve; *(postup, metodu)* improve upon ■ **z. se** improve; *(v chování)* change for the better, improve one's manners; **z. se v angličtině** improve n. better one's English
zlepšovací: z. návrh proposal n. suggestion for improvement
zlepš|ovat v. **~it** ■ **z. se** *(zdraví, počasí)* be on the mend; **situace se ~uje** things are looking up; *(odbyt, výroba)* be picking up
zletil|ý of age ■ **~ost** majority; **dosáhnout ~osti** come* of age, attain one's majority
zleva from the left
zlevn|it: z. co reduce sth in price, lower the price of sth ■ **z. se** become* cheaper, go* down (in price) ■ **~ěný** reduced; **~ěná cena** bargain price; **~ěné jízdné** reduced fare ■ **~ění cen** price reduction, reduction in price
zlézt *(skalní stěnu, hradbu)* scale
zlíbat smother sb with kisses
zlíb|it se: dělej, jak se ti ~í! do as you like n. please, suit yourself!; **vždy dělal, co se mu ~ilo** he always did what he liked
zlidově|t become* popular; **píseň rychle ~la** the song caught* on quickly
zlidštět become* more humane
zlidštit *(bohy)* humanize, represent *(gods)* in human form; **z. koho** make* sb more humane
zlikvidovat *(koho)* liquidate; *(zbavit se)* get* rid of; *(firmu)* wind* up, dissolve; *(dluhy)* settle
zlo evil; **vybrat menší ze dvou zel** choose* the lesser of two evils
zloba malice, malevolence
zlob|it **1** *(o dětech)* be naughty, get* up to mischief **2** *(koho)* annoy, *(škádlit)* tease ■ **z. se** be angry; **z. se na koho** be angry n. cross with sb, be mad at sb; **~í se na sebe** *(oni)* they are not on speaking terms, they are not speaking* (to each other)
zlobivý *(dítě)* naughty, mischievous; *(vzpurný)*

wilful
zlobný *(pohled, hlas)* angry
zločin crime; **z. proti lidskosti** crime against humanity
zločinec criminal, *(těžký)* felon
zločineck|ý *(činnost, živly)* criminal; **~á tlupa** gang n. band of criminals
zločinn|ý criminal; právn. felonious ■ **~ost** criminality
zloděj thief; *(kapesní)* pickpocket; *(krámský)* shoplifter; **chyťte ~e!** stop thief!
zloduch demon; přen. fiend, evil man
zlom 1 geol. fault, break **2** *(náhlá změna)* radical change
zlom|ek 1 mat. fraction; **pravý/ nepravý z.** proper/ improper fraction; **jednoduchý z.** simple fraction; **krátit z.** reduce n. abbreviate a fraction **2** *(rukopisu)* fragment; **ve ~ku vteřiny** in a split second; archeol. *(nádoby)* potsherd
zlomenina lék. **jednoduchá/ komplikovaná z.** simple/ compound fracture
zlomi|t 1 *(hůl, větev)* break*; **z. si nohu** break one's leg; **z. si vaz** break one's neck ♦ **zlom vaz!** good luck!; **z. komu srdce** break sb's heart **2** *(odpor)* break ♦ **z. rekord** break a record; **hlas se jí ~l** *(při citovém výlevu)* her voice broke *(with strong feeling)*
zlomkovitý fragmentary
zlomkov|ý 1 ~á čára line of a fraction **2 ~á čokoláda** broken chocolate
zlomysln|ý malicious, malevolent, spiteful ■ **~ě** maliciously ■ **~ost** malevolence, malice; **udělat co ze ~osti** do sth out of (sheer) mischief n. (pure) spite
zlořád abuse; **skoncovat se ~y** put* an end to abuses
zlořečený damned; hov. bloody
zlořečit *(komu)* curse
zlost anger, rage, temper; **mít na koho z.** be angry with sb, *(silněji)* be furious with sb; **popadla ho z.** he was seized with anger; **udělal to otci na z.** he did it to spite his father; **vylévat si na kom z.** vent one's anger on sb, take* it out on sb
zlostn|ý 1 *(popudlivý)* bad-tempered, cantankerous; *(prchlivý)* choleric **2** *(hlas, křik, pohled)* angry ■ **~ě** cantankerously, irritably; angrily
zlosyn expr. villain; div., lit. film. baddie
zlotřil|ý kn. wicked ■ **~ost** wickedness
zlověstný *(neblahý)* ominous, sinister; *(záhadný)* uncanny
zlovolný malevolent, spiteful; *(ničení)* wanton
zlovůle malevolence
zlozvyk bad habit
zl|ý I adj. **1** *(člověk)* bad; *(silněji)* wicked, evil; *(dítě)* naughty; *(pes)* fierce; *(duch)* evil; **~á víla** the Wicked Fairy; **Pozor, z. pes!** Beware of the dog!; **být ke komu z.** treat sb badly; **není to z. člověk** he's not a bad sort ♦ **dělat ~ou krev** stir things up; **~í jazykové** evil tongues; **z. vlk** big bad wolf **2** *(čin, úmysl)* bad, evil, wicked; *(pohled)* black, sinister; hov. dirty ♦ **udělat co ze zlé vůle** do sth in bad faith **3** *(nevýhodný)* bad, poor; **~é časy** bad n. hard times; **~é počasí** lousy weather **4** *(znamení, zpráva)* bad; **~é vyhlídky** poor n. lousy prospects ♦ **není to tak ~é** it's not so bad, it's all for the best **II** subst. **1 ~á: se ~ou se potázal** he was sent* away with a flea in his ear **2 a) ~é: snášet dobré i ~é** take* the rough with the smooth; **vše ~é je pro něco dobré** every cloud has a silver lining **b) nebrat co ve ~ém** take* sth in good part; **brát co ve ~ém** resent sth; **mít komu co za ~é** hold* sth against sb; **být z nejhoršího** be out of the woods
zmáčet se get* wet; **z. si nohy** get one's feet wet
zmačka|t *(šaty)* crumple (up), crease; *(papír)* crumple (up); *(klobouk též)* squash ■ **~ný** crumpled, creased; *(klobouk)* out of shape
zmáčknout *(ruku)* squeeze; *(tlačítko)* push, press (on); *(kliku)* depress; *(kohoutek zbraně)* pull ♦ **z. koho***(, aby se přiznal)* put* the squeeze on sb
zmáh|at *(potíže)* cope with; *(úkoly též)* deal* with; **práce ho už ~á** his work is tiring him out, his work is wearing* him out
zmá|chat (se) v. **~čet (se)**; **z. si nohavice** get* one's trousers wet
zmalátně|t grow* weary n. languid ■ **~lý** languid, weary
zmalomyslnět lose* heart, lose courage
zmalovat přen. *(zbít)* beat* sb black and blue ■ **z. se** *(o ženě)* plaster on (the) make-up, cover o.s. with make-up
zmámit *(láskou)* bewitch, infatuate
zmanipulovat *(volby)* rig
zmařit *(plány)* thwart, frustrate, foil; *(naděje)* shatter, dash; **z. co v zárodku** nip sth in the bud
zmást *(koho)* confuse, bewilder; *(uvést do rozpaků)* perplex ♦ **z. komu hlavu** turn sb's head; **z. si co** mix sth up, get* sth mixed up ■ **z. se** become* confused ■ **zmatený**

znamenit|ý excellent, superb; *(prvotřídní)* first-rate; *(jídlo)* excellent, superb; **má z. vkus** he has exquisite taste ■ **~ě** excellently, superbly; **ona ~ě vaří** she's an excellent cook; **mluví ~ě anglicky** she speaks* excellent English

znaménko, znamínko *(mateřské)* mole; *(větší)* birthmark; **z. krásy** beauty spot; jaz. **rozdělovací z.** division sign; **uvozovací z.** quotation mark; mat. **z. dělení** division sign n. mark

známk|a 1 *(poštovní)* (postage) stamp; **kolková z.** revenue stamp 2 *(ochranná)* trademark; **z. pro psy** dog tag; voj. **osobní z.** identity disc, am. hov. dog tag 3 *(školní)* mark, am. grade; **mít dobré/ špatné ~y** have (got*) good/ poor n. bad marks 4 *(příznak)* symptom, sign; **nejevil ~y života** he showed no signs of life

známkovat 1 *(dopisy)* stamp, put* stamps on; *(strojem)* frank 2 šk. mark, grade; **z. přísně** be a strict marker

známost 1 **uvést co ve z.** make* sth known n. public, disclose sth; **vešlo ve z., že** it has been announced that 2 *(osobní vztah)* acquaintance(ship); **navázat s kým z.** make* sb's acquaintance ♦ **mít (vlivné) ~i** be well-connected 3 *(důvěrná)* **mít z. s kým** go* out with sb

znám|ý I adj. 1 (well-)known; *(slavný)* famous; *(oblíbený)* popular; **~é tváře** familiar faces; **je dobře ~é, že** it is well known* that 2 *(nechvalně)* notorious ■ **~, ~a, ~o**; **je všeobecně ~o** it is generally n. widely known that, it is common knowledge that; **pokud je mi ~o** as far as I know* II subst. acquaintance, friend; **z. ze školy** someone I go n. *(z minulosti)* went to school with; **~á z práce** a girl I know from work

znárodnit nationalize

znásil|nit, ~ňovat *(ženu)* rape, violate; přen. **~ňovat angličtinu** torture n. murder the English language ■ **~nění** rape, violation

znásobit multiply

znát 1 *(adresu, předpisy* ap.*)* know*, be acquainted with, be familiar with; **z. co důkladně** know sth thoroughly, know sth like the back of one's hand; **z. co do podrobností** know sth in detail, know sth inside out; **z. jen svou práci** live only for one's work 2 *(koho)* know, be acquainted with; **z. koho od vidění/ podle jména** know sb by sight/ by name; **znám ho od dětství** I know him from childhood 3 *(jazyky)* know, be proficient in; **z. svou práci** know one's job 4 **je z., že** one can see* that; **dát komu z., že** give* sb to understand* that 5 **nezná slitování** he knows no mercy; **nezná únavu** he never gets* tired; **nedat na sobě nic z.** put* a brave face on it ■ **z. se** 1 *(sebe sama)* know* o.s.; **neznat se zlostí** be beside o.s. with rage 2 **z. se** *(s kým)* know one another, be friends; **známe se ze školy** we were at school together 3 **neznat se ke komu** deny n. reject sb, repudiate sb

znatelný noticeable, recognizable

znavit v. **unavit**

znázornit represent; **z. co graficky/ schématicky** represent sth graphically/ schematically

znecitlivět become* insensitive (**vůči** to)

znecitlivit desensitize, lék. též anaesthetize

znečis|tit (si), ~ťovat (si) *(šaty* ap.*)* soil, dirty; *(vodu, vzduch)* pollute, contaminate, foul (up) ■ **z. se** get* dirty, *(vzduch, voda)* become* polluted ■ **~tění** soiling; pollution, contamination; **míra ~tění** pollution level

znehodno|tit devalue, lower the value of, depreciate; *(známku* ap.*)* cancel; *(argument)* undermine ■ **z. se** *(zboží)* depreciate, lose* in value ■ **~cení** devaluation, depreciation

znehybně|t stiffen; **z. strachem** be scared stiff, be paralyzed n. petrified with fear ■ **~lý** *(pol. systém* ap.*)* rigid

znehybnit *(filmový obraz)* freeze*

znechu|tit, ~covat: z. co komu spoil sth for sb, put* sb off sth, spoil sb's pleasure at sth; **z. si koho/ co** grow* weary n. tired of sb/sth ■ **~tilo se mi to** I am sick of it, I am fed up with it ■ **~cený** disgusted; **~cený životem** weary n. tired of life ■ **~cení životem** weariness of life

zneklidně|t become n. grow* restless, *(obavami)* grow agitated n. uneasy ■ **~ní** restlessness, agitation

zneklidnit: z. koho make* sb restless, make sb uneasy n. agitated

zneklidňující disquieting, disturbing

znelíbit se: z. se komu fall* out of favour with sb, make* o.s. unpopular with sb

znělka 1 *(rozhlasová)* signature tune 2 lit. sonnet

zněl|ý jaz. voiced ■ **~ost** voice; *(příznak)* voicedness

znemožnit: z. co make* sth impossible, thwart sth, foil sth; **z. komu co** prevent sb from doing sth; **z. koho** compromise sb, *(přesvědčivě porazit)* wipe the floor with sb ■ **z. se** make a fool of o.s.

znenadání all of a sudden, suddenly

znenáhla gradually, little by little

znění *(textu)* wording, (the) reading; *(telegram)* **následujícího z.** worded as follows; **citovat plné z.** quote the exact wording
znepokoj|it *(koho)* worry, disquiet, unsettle, fill sb with anxiety; *(polekat)* frighten, alarm ■ **z. se čím** get* worried about sth, become concerned about sth, become alarmed by sth ■ **~ený** worried, anxious, alarmed ■ **~ení** concern, anxiety, uneasiness, alarm; **pozorovat se ~ením** view sth with alarm
znepokojivý disquieting, disturbing; *(silněji)* alarming
znepokoj|ovat *(koho)* worry, disturb, trouble; **~uje mne jeho kašel** I am worried n. concerned about his cough ■ **z. se** *(čím)* be worried n. anxious (about sth*)*
znepřátelit: z. si koho make* an enemy of sb, get* on the wrong side of sb ■ **z. se s kým** fall* out with sb
znervóznět become* n. get* nervous, hov. get jumpy
znervóz|nit, ~ňovat: z. koho make* sb nervous ■ **~ňovat se** get* flurried, get into a state
znesnad|nit, ~ňovat *(co)* make* sth more difficult; **z. co čím** impede sth by sth
znesvě|tit *(kostel, hrob)* desecrate; v. též **zneuctít** ■ **~cení** desecration
zneškodnit render harmless, *(bombu)* neutralize, make* safe; *(ve sportu: útočníka)* take* care of
znetvoř|it deform, *(obličej též)* disfigure ■ **~ení** deformation, disfigurement
zneuctít dishonour, disgrace; *(ženu)* violate, *(hroby, pomníky)* desecrate
zneuzna|t fail to appreciate n. recognize, underestimate ■ **~ný** unappreciated, unrecognized
zneuž|ít, ~ívat *(důvěry, vlivu;* právn. *ženu, dítě)* abuse; *(fondy)* misapply; **z. čí dobroty** take* advantage of sb's kindness ■ **~ití** abuse, *(úřední moci* též*)* misconduct, malpractice
znevážit *(zásluhy)* belittle, diminish, detract from
znič|it *(dům, město* ap.*)* destroy; *(auto, hračku; naděje, štěstí, zdraví)* ruin; *(nepřátele)* crush ■ **z. se** ruin o.s.; v. též **ničit (se)** ■ **~ený** *(město)* destroyed, devastated; *(člověk: unavený)* fagged out, dead tired, dead beat; *(finančně)* broke; **~ené nervy** shattered nerves
zničující *(kritika)* scathing, devastating; *(pohled)* withering; *(porážka)* crushing; *(výstup na kopec)* gruelling
znít 1 sound; *(ozývat se)* resound (**čím** with); **zní mi v uších** I have a ringing (sound) in my ears **2** *(mít slovní podobu)* read*, run*; **dopis zní následovně** the letter reads* n. runs* as follows
znov|a, ~u again; **z. a z.** again and again; time and time again; repeatedly; **z. přečíst** re-read*; **z. vytisknout** reprint; **z. začít zpívat** resume singing
znovudobytí reconquest, recapture
znovunavázání renewal; **z. diplomatických styků** renewal of diplomatic relations
znovuvyzbrojení rearmament
znovuzrozený: cítím se jak z. I feel* a new person
znovuzvolený re-elected
znuděný bored; **z. k smrti** bored to death, hov. bored stiff
zob *(ptačí)* birdseed, bird food
zobák 1 bill, *(*zvl. *zahnutý)* beak **2** hov. mouth, gob ♦ **zavři z.!** shut* up!; **mluv, jak ti z. narostl!** say* it in good plain English
zobat peck ♦ **z. komu z ruky** eat* out of sb's hand
zobcov|ý: ~á flétna recorder
zobecnět become* common (practice), become widespread
zobecnit generalize
zobnout peck at; **z. si něčeho** *(trochu pojíst)* have a bite to eat*
zobraz|it, ~ovat *(výtvarně)* depict, portray; *(znázornit)* represent, depict, portray; **co ten obraz ~uje?** what does the picture represent?; **z. něco graficky** represent sth graphically ■ **~ení** representation, portrayal
zocelit *(tělo)* steel ■ **z. se** toughen n. steel o.s.
zodpov|ědět 1 *(dotaz)* answer **2 z. (si) co** answer for sth, take* n. assume the responsibility for sth; **to si ~íš** you have to account for this
zopovědn|ý (za for) responsible, accountable, answerable; **činit koho ~ým** hold* sb responsible, lay* the blame on sb, lay the blame at sb's door ■ **~ost** responsibility, liability, accountability; **na vlastní ~ost** *(jednat)* off one's own bat; **volat koho k ~osti** call sb to account
zodpovídat *(za koho/ co)* be responsible for, take* the responsibility for ■ **z. se z čeho** account n. answer for sth
zohavit *(tvář)* disfigure; *(tělo)* maim
zohyzdit *(tvář, krajinu)* disfigure; *(povrch)* deface, mar
zóna zone; zeměp. area; **z. lesů** forest belt; **okupační z.** zone of occupation; **pěší z.** pedestrian

precinct
zoo zoo
zoolog zoologist
zoologický zoological
zoologie zoology
zootechnik livestock specialist
zootechnika livestock breeding, animal husbandry
zopakovat repeat, say* sth again; **z. si** *(stručně)* recap(itulate); **z. si učivo** go* over one's lessons, review one's lessons
zorat 1 *(pole)* plough up, am. plow up 2 část. též hov. **zvorat** *(pokazit)* make* a mess of, mess up
zorganizovat v. **organizovat;** *(pol. stranu)* form; *(sport. zápas)* fix up ■ **z. se** *(odborově)* become* unionized
zornice, zornička anat. pupil
zorný *(pole, bod)* visual
zosnovat: z. spiknutí engineer a plot
zosobn|it personify, embody; br. *(herecky)* impersonate ■ **~ěný** *(odvaha* ap.*)* personified; **~ěný ďábel** the devil incarnate; **~ěné zdraví** the picture of health ■ **~ění** personification; embodiment
zostra *(jít)* at a sharp pace; *(odpovědět)* severely, sharply ♦ **jít na to z.** not to beat* about the bush
zostřit *(zvýšit)* heighten, increase; *(protiklady)* intensify; *(kontrolu)* tighten up, sharpen; *(trest)* stiffen
zostudit defame, denigrate
zošklivi|t: z. komu co spoil sth for sb, put* sb off sth ■ **z. si koho/ co** take* an aversion n. dislike to sb/ sth, hov. get* fed up with sb/ sth ■ **~lo se mi to** I grew* sick of it, I got* fed up with it
zotaven|á *(po nemoci)* recovery, recuperation, convalescence; **dovolená na ~ou** convalescent leave
zotav|it *(koho)* refresh, revive ■ **z. se** recover, recuperate, rally, pull round ■ **~ení** recuperation, recovery
zotavovat se be doing well, be on the mend
zotavovna recreation centre; *(pro rekonvalescenci)* convalescent home
zotroč|it enslave, make* a slave of; *(ujařmit)* subjugate ■ **~ení** enslavement; subjugation
zoub|ek 1 zdrobn. srv. **zub** ♦ **sáhnout komu na z.** sound sb out 2 *(zářez)* notch; **~ky** *(poštovní známky)* perforation
zoubkování *(poštovní známky* ap.*)* perforation
zoubkovaný perforated, *(pohlednice)* deckle-edged; techn. tooth, serrated
zoufalec desperado
zoufal|ý hopeless, desperate; **v ~é situaci** with one's back to the wall ■ **~e** hopelessly, desperately; **být ~e zamilován do koho** be desperately in love with sb; **~e málo** precious little ■ **~ství** despair, hopelessness; **ze ~ství** out of despair; **dohnat koho k ~ství** drive* sb to desperation n. despair
zoufat (si) despair, be desperate
zout 1 **z. si boty** take* off one's shoes, remove one's shoes 2 **z. dítě** take off the child's shoes, remove the child's shoes ■ **z. se** *(z bot)* take off n. remove one's shoes
zpacka|t: z. co make* a hash n. mess of sth, bungle sth ■ **~ný** bungled
zpaměti by heart; **znát co z.** know* sth (off) by heart; **naučit se co z.** learn* sth (off) by heart, commit sth to memory, memorize sth
zpátečka hov. reverse gear
zpáteční *(jízdenka)* return; **z. rychlost** reverse gear
zpátečnický reactionary, *(myšlenky též)* retrograde
zpátečník reactionary, hov. stick-in-the-mud, (old) fogey
zpátky v. **zpět; z. ni krok!** there's no going back; **držet se z.** *(neprosazovat se)* keep* a low profile, keep* in the background
zpečet|it: z. čí osud seal sb's doom n. fate
zpěčova|t se be reluctant, hesitate; **~l se to udělat** he was reluctant to do it
zpeněžit *(co)* convert n. turn sth into cash; *(prodat)* sell*
zpeněžitelný marketable, easy to sell
zpěni|t se foam up, froth up; *(sekt)* bubble up, effervesce ♦ **~la se v něm krev** he foamed n. fumed with rage
zpestř|it *(jídelníček)* vary, kn. variegate; *(něco monotónního)* liven up, relieve the monotony of, give* variety to ■ **pro ~ení** for a change, for variety's sake
zpět back; **jít z.** go* back; **tam a z.** back and forth, *(chodit)* to and fro, *(jet vlakem* ap.*)* there and back; **jízdenka tam a z.** return ticket; **přijít z.** come* back, return; **přinést z.** bring* back, return; **krok z.** a step backwards; **vzít z.** *(slovo)* go back on, *(obvinění* ap.*)* take* sth back, *(prohlášení)* eat* one's words ♦ **dávat z.** *(drobné)* give* sb change
zpětn|ý: z. chod return motion; **~é zrcátko** rear-

-view mirror; **z. ráz** recoil; **~á vazba** feedback; **se ~ou platností od** with retroactive effect from, retroactively from
zpěv singing; **sborový z.** choral n. choir singing; **hodina ~u** singing lesson
zpěv|ák, ~ačka singer
zpěvav|ý: z. pták songbird, singing bird; **z. hlas** lilt(ing accent); **~á kadence** singsong
zpěvník náb. hymnbook
zpev|nit, ~ňovat *(stavbu, zeď, jednotu)* strengthen, make* sth stronger; techn. reinforce; *(vlákno)* fortify; *(své postavení, moc* ap.*)* consolidate ■ **z. se** *(ceny)* firm up; *(zdraví)* stabilize
zpěvný 1 z. pták songbird, singing bird **2** *(lahodně znějící)* melodious, tuneful
zpít (se) v. **opít (se):** ♦ **z. se do němoty** drink* o.s. into a stupor
zpitomě|t go* barmy, go daft, go potty ■ **~lý** daft, barmy
zpív|at sing*; **z. čistě/ falešně** sing in tune/ out of tune; **z. podle not** sing from music; **~á dobře** she is a good singer, she sings well ♦ **bude z. jinou** he'll change his tune
zplakat: z. nad výdělkem come* a cropper, fail disastrously
zplanýrovat *(terén)* level (off)
zplešatět become* bald
zplih|nout *(vlasy)* become* lank; *(límec)* get* limp ■ **~lý** lank; limp
zplna: **křičet z. hrdla** shout at the top of one's voice
zplnomocněnec authorized representative
zplnomocn|it authorize ■ **~ění** authorization, delegation of powers
zplodin|a product; **~y spalování** products of combustion
zplodit *(dítě)* beget, engender; přen. create
zploštit flatten, make* sth flat; přen. *(myšlenku)* oversimplify, trivialize
zpočátku at first, at the beginning, initially; *(původně)* originally
zpod from under
zpodobnit portray; **z. co jako co** represent sth as sth
zpodstatnělý jaz. substantivized
zpohlavkovat *(koho)* slap sb's face, box sb's ears
zpohodlnět grow* lazy
zpola half, halfway; **z. ... z ...** half ... half; **z. člověk, z. zvíře** half human, half animal; **z. hotový** half finished
zpolehoučka gently; v. **zlehka**
zpomal|it slow down, *(rychlost* též*)* reduce; *(vozidlo)* decelerate; *(vývoj)* retard, delay ■ **~ený** *(film)* slow motion; **jako ~ený film** in slow motion *(pohybovat se)* at a snail's pace, at a crawl ■ **~ení** deceleration; retardation
zponenáhlu gradually, by degrees, little by little
zpopeln|it *(mrtvolu)* cremate ■ **~ění** cremation
zpo|tit *(košili)* sweat sth through ■ **z. se** get* into a sweat ■ **~cený** covered with n. in perspiration; **celý z.** lathered n. lashed in sweat; *(šaty)* sweaty, stained with perspiration
zpově|ď confession; **jít ke ~di** go* to confession
zpovědní: z. tajemství seal of confession, seal of the confessional
zpovědnice confessional
zpovědník (father) confessor
zpovídat: z. koho hear* sb's confession; přen. *(vyptávat se)* question sb closely ■ **z. se** confess (**komu** to sb)
zpovzdálí from a distance
zpoza from behind
zpozdil|ý foolish ■ **~e** foolishly; **chovat se ~e** behave like a fool n. foolishly
zpo|zdit delay, *(vývoj* též*)* retard ■ **z. se** be delayed; *(přijít pozdě)* be late (in coming); **z. se o deset minut** be ten minutes late ■ **~žděný** *(vlak)* overdue, late; **vlak je o pět minut ~žděný** the train is five minutes behind time, the train is five minutes late; **dohnat ~ždění** make* up for lost time
zpozorovat notice
zpožďovat (se) v. **zpozdit (se);** *(o hodinách)* be slow
zpracov|at 1 *(suroviny, informace, objednávky, odpad)* process, chem. treat; přen. **z. koho, aby** talk sb into doing sth, *(propagandou)* brainwash sb into doing sth **2** *(téma)* treat, deal* with; **z. znovu** revise; *(slovník)* compile; *(hudebně)* arrange ■ **~ání** processing; treatment; adaptation; **hudební ~ání** musical arrangement
zpracovatelský *(průmysl)* manufacturing
zpráskat v. **spráskat**
zprava from the right; **z. doleva** from right to left
zpráv|a 1 *(sdělení)* news sg.; *(vzkaz)* message; **dobrá z.** (a piece of) good news; **dám vám ~u** I'll let* you know*; **máte od ní ~y?** have you heard* from her? **2** rozhl, tel. the news; **poslouchat ~y** listen to the news; **slyšet něco ve ~ách** hear sth on the news; **poslechněte si ~y!** here is the news! **3** *(hlášení* ap.*)* report; **povětrnostní z.** weather report; **burzovní z.**

market report **4** *(informace)* information; **bližší ~y** further details, further particulars
zpravidla as a rule, usually; *(většinou)* mostly, for the most part
zpravit: z. koho o čem inform n. advise n. notify sb of sth, *(předem)* give* sb warning of sth, send* sb word that
zpravodaj **1** reporter; **zahraniční z.** foreign correspondent; *(soudní, parlamentní)* kn. rapporteur **2** *(časopis)* bulletin, newsletter
zpravodajsk|ý: ~á agentura news n. press agency; **~á služba** intelligence service
zpravodajství news; **sportovní z.** sports news
zprav|ovat v. **~it**
zpražit: z. koho take* sb down a peg or two; **z. koho pohledem** wither sb with a look
zprofanovat profane
zprohýbat se *(kolo, plech)* buckle; *(dřevo)* warp; *(drát)* get* twisted
zpronevěra embezzlement, misappropriation
zpronevěřit *(peníze, majetek)* defraud, embezzle, misappropriate ■ **z. se** *(svým zásadám)* betray; *(společné věci)* desert, become* disloyal to
zpropaden|ý dammned, br. sl. bloody; euf. ruddy, darned ■ **~ě** damned; **je ~ě chladno** it is bloody cold
zpro|stit **1 z. koho úřadu** dismiss sb, relieve sb of his office, remove sb from office, *(dočasně)* suspend sb from office **2 z. koho čeho** *(povinnosti, závazku)* relieve sb of sth, absolve n. exempt sb from sth, *(námahy)* spare sb sth; **z. koho viny** acquit sb ■ **~štění** **1** removal (from), dismissal; suspension **2** *(povinnosti)* release (from)
zprostředka *(začít vyprávět)* from the middle
zprostředkov|at *(schůzku)* arrange; **z. komu zaměstnání** find* n. get* sb a job ■ **~ání** mediation, *(sb's)* good offices
zprostředkovatel *(vyjednávač)* mediator, intermediary, go-between; *(v obch. stycích)* middleman; **z. sňatků** marriage broker
zprostředkovatelna: z. práce employment agency, labour exchange; br. job centre; *(soukromá: náborová)* recruitment agency
zprostředkovávat mediate, act as a mediator; **z. mezi** mediate between, act as a link between
zprotivi|t: z. komu co put* sb off sth; **z. si koho** grow* weary of sb, take a dislike to sb ■ **~lo se mu to** he got* tired n. sick of it; **~l se jí** she grew sick of him
zprudka *(odpovědět)* sharply, brusquely; **z. se na koho osopit** jump down sb's throat ♦ **jen ne tak z.!** take* it easy!, *(nejdříve si to rozmysli!)* hold* your horses!
zprůmyslnit industrialize
zprvu at first, initially
zpředu from the front, from in front; **pohled z.** front view
zpřeházet throw* sth into disorder n. disarray, jumble up, mix up
zpřesnit *(co)* specify, put* sth more precisely n. exactly
zpřetrhat *(svazky)* sever
zpříčit se jam, get* stuck
zpřídavnělý jaz. adjectivized
zpříkra v. **příkře; z. se na koho osopit** jump down sb's throat
zpříma **1** *(vzpřímeně)* upright, erect; **drží se z.** he carries himself upright **2** *(dívat se do očí)* straight; **řeknu mu to z.** I'll give* it to him straight n. between the eyes
zpřísnět *(obličej, pohled)* become* sterner
zpřísnit *(dozor, blokádu)* tighten; *(disciplínu, zkoušky)* make* sth stricter
zpřístupnit *(knihy, doklady* ap.*)* make* sth accessible n. available; **z. co veřejnosti** *(zámek* ap.*)* open sth to the public
zpuchřelý rotten
zpupn|ý haughty, arrogant, overbearing ■ **~ost** arrogance, haughtiness, overbearing behaviour
způsob **1** *(postup)* way, manner, fashion; techn. též method, procedure; **z. myšlení** way of thinking; **tímto ~em** in this way; **následujícím ~em** in the following way n. manner, as follows **2** *(slovesa)* mood; **oznamovací/ rozkazovací z.** the indicative mood/ the imperative (mood) **3 ~y** *(chování)* behaviour, manners; kn. deportment; **nemá žádné ~y** he has no manners; **to jsou mi ~y!** that's no way to behave!
způsobil|ý: z. k čemu *(schopný)* fit n. qualified for sth, suited for sth; **z. letu** airworthy; **z. plavby** *(loď)* navigable; **být z. usnášet se** constitute a quorum ■ **~ost** qualifications(s), fitness; **~ost k letu** airworthiness; **~ost k plavbě** navigability; **z. se usnášet** presence of a quorum
způsobi|t *(co)* cause, be the cause of, bring* about, create; **z. potíže** cause n. create difficulties; **z. skandál** cause a scandal; **z. všeobecný zmatek** throw* everything into confusion n. disarray; **z. komu velké výdaje** put* sb to great expense; **~lo to, že** it resulted in
způsobn|ý *(dítě)* well-mannered, well-behaved;

(chování) mannerly, well-mannered ■ **~ost** good manners n. behaviour

způsobov|ý jaz. modal; **~á slovesa** modal verbs

zpustlík libertine, rake

zpustlý 1 *(člověk)* depraved, debauched; *(chování)* dissolute **2** *(dům)* derelict, desolate; *(zahrada)* overgrown

zpustnout 1 *(morálně)* become* debased n. depraved, hov. *(celkově)* go* to seed; *(děti)* run* wild **2** *(dům, kraj)* become desolate; *(město, dům)* become dilapidated n. run-down; *(zahrada)* overgrow*, become overgrown

zpustoš|it devastate, lay* waste ■ **~ení** devastation

zpychnout, zpyšnět become* arrogant n. conceited

zpytav|ý *(pohled)* searching ■ **~ě** searchingly

zpytovat: z. své svědomí search one's conscience

zrači|t se: v obličeji se jí ~la radost her face reflected n. mirrored her pleasure

zrad|a betrayal, treachery, treacherous act; *(vlastiz.)* treason; **dopustit se ~y** pol., voj. commit treason, *(na kom/čem)* betray sb/sth

zrádce traitor

zrádcovský traitorous

zradikalizovat radicalize

zradi|t 1 *(přítele, principy, manžela)* betray; **~la ho paměť** his memory played him false **2 z. koho od čeho** dissuade sb from doing sth

zrádn|ý treacherous, deceitful; *(otázka)* tricky ■ **~ost** treacherousness, perfidy

zrak 1 (eye)sight, vision; **mít dobrý/ slabý/ špatný z.** have good/ weak/ poor eyesight n. vision; **pronikavý z.** sharp vision; **ztratit z.** lose* one's sight ♦ **až mi z. přecházel** my eyes nearly jumped n. popped out of my head **2** kn. *(pohled)* glance, look, gaze; **jeho z. padl na knihu** his gaze fell* on the book; **upřít na co z.** fasten one's gaze upon sth

zrakov|ý *(nerv)* optic; *(klam)* optical; **z. orgán** organ of sight n. vision; **~á kontrola** sight test

zralý v. **zrát**

zrána in the morning; **časně z.** early in the morning

zran|it injure, hurt*; *(střelou, zbraní* ap.*)* wound; **z. si nohu** injure n. hurt one's foot; **z. čí city** hurt n. wound sb's feelings ■ **z. se** get* hurt, hurt n. injure o.s.; **~il se na hlavě** he hurt his head ■ **~ěný** hurt, injured; *(voják)* wounded ■ **~ění** injury; *(v boji)* wound

zraniteln|ý vulnerable ■ **~ost** vulnerability

zrát *(ovoce, víno, osobnost)* ripen, mature; lék. *(vřed)* gather ■ **zralý** ripe, mature, *(víno* též*)* mellow, *(krása* též*)* fully developed; **po zralém uvážení** after due consideration ■ **zralost** ripeness, maturity

zra|zovat 1 v. **~dit 2** *(odrazovat)* dissuade, discourage; **z. koho od čeho** disuade sb from doing sth

zrcadl|it *(co)* reflect, mirror ■ **z. se** be reflected n. mirrored ■ **~ení** reflection

zrcadl|o mirror; **dívat se do ~a** look in the mirror; **hladký jako z.** *(hladina)* as smooth as glass, *(chodník)* as slippery as ice

zrcadlovka fot. reflex camera

zrcátko pocket mirror; **zpětné z.** rear-view mirror

zredukovat *(výdaje, ceny, platby)* reduce, cut* down, scale down; *(výrobu)* cut, slice

zrez|avět, ~ivět rust (up), get* n. become* rusty, corrode ■ **~avělý, ~ivělý** rusty

zrežírovat v. **režírovat**

zrní grain, br. též corn

zrnitý granular; *(povrch)* grainy; *(sníh)* granular

zrnko *(písku, obilí, soli* ap.*)* grain; *(kávy)* bean; *(hroznů)* grape; *(zlata)* nugget; přen. *(pravdy)* grain, modicum; *(moudrosti)* nugget

zrnkov|ý: ~á káva coffee beans, *(nápoj)* real coffee

zrn|o *(obilné, kukuřičné)* grain; *(kávy)* bean; *(hroznů)* grape; *(ječné)* sty(e), pl. sties n. styes ♦ *(člověk)* **hrubého ~a** coarse, vulgar

zrod: být ve stadiu ~u be in the embryonic state, be in the making

zrovna I adv. *(časové)* **z. teď** at this very moment, just now; **z. odcházel** he was just about to leave*, he was just on the point of leaving; **z. jsem tam byl** I happened to be there; **z. jsem s ní mluvil** I only just talked to her **II** část. just, exactly, right; **z. tato kniha** this very book; **z. uprostřed** exactly in the middle, right in the middle; **z. tam** right there; **není z. krasavice** she is not exactly a beauty; **z. laciné to nebylo** it was anything but cheap; **to jsem z. potřeboval!** iron. that's all I needed!; **mám toho z. dost** I've had enough!, I am sick and tired of it

zrovnoprávnit *(koho)* put* sb on an equal footing (with), grant n. accord sb equal rights; *(z podřízeného postavení)* emancipate

zručný skilful; *(obratný)* dexterous; *(šikovný)* clever n. good with one's hands, handy

zrůda monster, freak of nature

zrud|nout redden, go* n. turn red; **z. hanbou**

go red with shame; **z. jako mák** turn crimson ■ **~lý** *(v obličeji)* red, flushed; *(oči)* inflamed, bloodshot

zrůdný freakish, deformed, malformed

zruinovat ruin ■ **z. se** ruin o.s.; *(zdravotně)* ruin one's health

zruš|it **1** *(obchod)* shut* n. close down; *(firmu)* wind* up, liquidate; *(parlament, organizaci)* dissolve **2** *(smlouvu)* cancel, annul; *(manželství)* annul, dissolve; *(zákon)* abrogate, repeal; *(otroctví)* abolish; *(blokádu)* raise, lift; **z. slib** go* back on one's word; **z. krok** march at ease ■ **~ení** liquidation, dissolution, abrogation; repeal; lifting; cancellation

zrychl|it, ~ovat accelerate; *(krok)* quicken; *(tempo)* increase (one's speed); *(postup)* speed* up, accelerate; **~ovat** pick up speed ■ **~ení** acceleration, speeding-up

zrýt dig* (up), turn (up)

zrzavý red-haired

zrzek redhead, ginger

zřasit *(látku)* fold

zřed|it dilute; *(mléko, víno)* adulterate; v. **ředit** ■ **~ěný** diluted, adulterated

zřejm|ý *(lež, omyl)* obvious, manifest, evident, *(silněji: lež)* blatant, flagrant ■ **~ě** obviously, evidently

zřeknout se v. **zříci se**

zřetel **1** *(ohled)* consideration, regard; **obrátit z. na co** turn one's attention to sth; **bez ~e k čemu** n. **na co** without regard to sth, regardless of sth **2** (point of) view, viewpoint, standpoint; **z estetického ~e** from the aesthetic point of view

zřeteln|ý distinct, clear; *(viditelný)* visible; *(slyšitelný)* audible; *(řeč)* distinct, articulate; *(tendence)* marked, pronounced ■ **~ě** distinctly, visibly

zřezat v. **seřezat**

zřícenina ruin; expr. *(o člověku)* wreck, ruin

zříci se *(syna* ap.*)* repudiate, disown; *(práva, titulu; světa)* renounce; *(bludu)* revoke; *(trůnu* též*)* abdicate; *(úřadu, místa)* resign, relinquish; *(alkoholu)* give* up, drop, part with

zří|dit **1** *(kulturní dům, pomník)* erect, raise; *(firmu, ordinaci)* set* up, establish; *(účet)* open; *(spolek, komisi)* set up, organize; *(nadaci)* establish, found **2** *(poranit)* injure; *(o tygrovi)* maul; *(auto)* batter, wreck; **zle koho z.** hov. *(zbít)* rough sb up ■ **z. se** *(opít se)* get* plastered ■ **~zení** **1** erection, establishment; setting up **2** pol. system, regime

zřídka, ~kdy rarely, seldom; **velmi z.** hardly ever, once in a blue moon; **vidět koho z.** see* little of sb

zřídlo **1** *(léčivé)* (hot/ thermal) spring **2** přen. *(informace, zábavy)* source; **z. moudrosti** fount of wisdom

zřídnout *(roztok)* become* diluted; *(vlasy, vegetace)* become thinner

zříkat se v. **zříci se**

zřítelnice anat. pupil

zříti|t se fall*; *(do propasti)* plunge; *(letadlo)* crash (**v plamenech** in flames); *(střecha)* fall in, crash in; *(budova)* tumble down, collapse; *(plány, život)* fall apart, fall to pieces; **z. se jako domeček z karet** collapse like a house of cards

zřízenec (public) employee; **železniční z.** railway employee; **poštovní z.** post-office employee n. clerk

zřízení v. **zřídit**

zsinalý pallid, livid; *(smrtelně bledý)* deathly n. deadly pale; **z. zlostí** livid with rage

zteč voj. assault, attack; **vzít pevnost ~í** take* a fort by storm

ztělesn|it personify, incarnate; div. portray, impersonate, play the part of ■ **~ěný ďábel** devil incarnate ■ **~ění** personification, incarnation; impersonation; portraiture

ztemnět get* n. grow* dark, *(obloha* též*)* cloud over

ztenčit *(tloušťku)* make* sth thinner; *(zásoby)* reduce, cut* down ■ **z. se** *(příjmy)* go* down, decrease; *(zásoby)* decrease, dwindle

ztepil|ý *(urostlý)* well-built; *(tanečník)* graceful; **mít ~ou postavu** have a fine figure

ztepla|t get* n. become* warm ■ **~lý** *(pivo* ap.*)* lukewarm

ztěžka *(jít, spadnout)* heavily; *(dýchat)* hard

ztěžknout become* heavy, grow* heavy

ztěžovat: z. co make* sth more difficult, make sth harder; *(pokrok)* impede sth, hamper sth; *(situaci)* aggravate sth

zticha quiet(ly); **buď z.!** be quiet!, hold* your tongue!

ztichnout *(lidé)* go* silent, fall* silent; *(konverzace, hudba)* stop, cease; *(vítr)* calm down, *(bouře* též*)* subside, abate; *(zvony)* become* silent

ztišit *(hlas)* lower, drop, soften; *(bolest)* soothe, alleviate ■ **z. se** v. **ztichnout**

ztížit v. **ztěžovat**

ztlouci: z. koho thrash sb, beat* sb up, give* sb a beating n. thrashing

ztloustnout put* on weight, fill out, grow* fat

ztlumit *(hlas)* lower, soften; *(náraz)* soften, cushion; *(světla, rádio)* turn down; *(reflektory)* dim; *(barvu)* tone down; přen. *(zklamání)* cushion

ztmav|ět, ~nout get* dark, darken

ztopoř|it se *(pyj)* become erect ■ **~ení** erection

ztotožnit se: z. se s kým see* eye to eye with sb, be of the same opinion as sb; **z. se s čím** identify o.s. with sth

ztrác|et v. **ztratit**; *(strom: listí; had: kůži; pes: chlupy)* shed*; **z. na váze** be losing* weight; **z. půdu pod nohama** lose ground; **~í sluch** his hearing is beginning to go* ■ **z. se** *(zvuk)* fade, die away

ztrápený careworn; *(obličej)* troubled

ztrát|a 1 loss; **z. času** loss of time, delay; **oddělení ~ a nálezů** lost property office 2 *(úbytek)* loss; **z. krve** loss of blood; **prodávat se ~ou** sell* at a loss 3 voj. **~y** losses, casualties; **utrpět velké ~y** suffer heavy losses

ztra|tit 1 lose*; *(listí)* shed*; **z. orientaci** lose one's bearing ♦ **z. půdu pod nohama** lose ground; **nemít co z.** have nothing to lose 2 *(vlastnost, schopnost* ap.*)* lose; **z. odvahu** lose one's nerve; **z. řeč** lose one's tongue; **z. zdravý rozum** take* leave of one's senses ♦ **z. pro koho slovíčko** put* in a word for sb; **všechno je ~ceno!** the game is up! ■ **z. se** 1 *(dítě)* get* lost, lose one's way 2 *(zmizet)* disappear, vanish; hov. make* o.s. scarce; *(bez placení)* take French leave; *(z hotelu, z pronajatého bytu: za noci)* do a (moonlight) flit

ztrátový *(podnik)* loss-making; **z. čas** idle time

ztrémovat: z. koho throw* sb off balance

ztrestat punish

ztrha|t 1 *(koho prací)* wear* out; *(koně)* founder 2 techn. *(péro)* overwind*; *(závit)* strip 3 *(zkritizovat: knihu* ap.*)* tear* sth to shreds n. ribbons, pull sth to pieces ■ **z. se** *(prací)* wear o.s. out, kill o.s. working ■ **~ný** worn-out, exhausted; *(obličej)* haggard, careworn

ztrojnásobit treble, triple

ztropit *(zmatek)* cause, bring* about; **z. povyk** kick up a row; **z. scénu** make* a scene; **z. si z koho žert** pull sb's leg

ztroskotanec shipwrecked person, castaway; přen. failure, washout

ztroskot|at 1 *(loď)* suffer shipwreck, run* ashore 2 přen. *(člověk)* fail, be unsuccessful; *(jednání, manželství)* break* down; *(plán)* fall* through; *(firma)* go* bankrupt ■ **~ání** *(lodi)* shipwreck; *(neúspěch)* failure, ruin

ztrouchnivě|t rot, moulder ■ **~lý** rotten

ztrpčit embitter; **z. komu život** make* sb's life a misery, give* sb a hard time

ztřeštěnec madcap, harum-scarum, scatterbrain

ztřeštěn|ý scatterbrained, loony, foolhardy; *(nápad)* mad ■ **~ost** foolhardiness

ztřískat v. **zmlátit**

ztuha *(těžko)* with difficulty; **matematika mu jde z.** he is making* slow progress in mathematics

ztuh|nout *(tělo)* stiffen, grow* stiff; *(znecitlivět: prsty, údy)* get* numb; *(cement)* set*, solidify; *(země)* freeze* ♦ **z. hrůzou** be paralyzed n. petrified with fear; **krev mu ~la v žilách** his blood froze ■ **~lý** *(tělo)* stiff; *(zimou)* numb; *(pol. systém)* rigid ■ lék. **~nutí šíje** a stiff neck

ztuchlin|a musty n. fusty smell ■ **zapáchat ~ou** smell* musty

ztuch|nout *(obilí)* go* mouldy; *(vzduch v místnosti)* become musty ■ **~lý** musty, fusty

ztupit *(ostří)* blunt, *(nůž)* lose* its edge

ztužit techn. reinforce, strengthen; *(límec)* stiffen

ztvrd|nout harden, become* n. grow* hard; *(cement)* set*, solidify; *(chléb)* become stale ■ **~lý** *(chléb)* stale; *(kůže)* horny; *(beton)* set

zub 1 tooth; **mléčný z.** milk tooth; **z. moudrosti** wisdom tooth; **druhé ~y** second teeth; **umělý z.** false n. artificial tooth; **umělé ~y** (a set of) false teeth; přen. **z. času** the ravages of time; **mít bolení ~ů** have toothache; **dát si vytrhnout z.** have a tooth pulled out n. extracted ♦ **podívat se komu na z.** přen. sound sb out; **ukázat komu ~y** *(zvíře)* bare its teeth, přen. show* one's teeth to sb; **mám toho plné ~y** I'm sick and tired of it; **brousit si na co ~y** have an eye on sth; **po ~y ozbrojený** armed to the teeth; **držet jazyk za ~y** hold* one's tongue; **držet se ~y nehty** hold on like grim death 2 *(hřebenu, pily)* tooth, *(hrábí)* prong; *(klíče)* bit

zubař dentist, dental surgeon

zubatá the Grim Reaper, Death

zubatý 1 *(mající nápadné zuby)* large-toothed 2 *(pila* ap.*)* toothed; *(okraj)* serrated; *(ostří)* notched

zubit se grin; **z. se na celé kolo** grin from ear to ear

zubní dental, tooth; **z. kaz/ infekce/ klinika/ lékař** dental caries/ infection/ clinic/ surgeon; **z. pasta** toothpaste; **z. sklovina** (tooth) enamel; **z. kámen** tartar

zubnice jaz. dental

zubožen|ý *(zchudlý)* impoverished; *(zevnějšek,*

stav) pitiful, miserable, wretched ♦ **vypadat ~ě** be a sorry sight

zubr aurochs

zúčast|nit se, ~ňovat se take* part in; v. **účastnit se** ▪ **~něný** *(osoby)* concerned, involved; **být na čem ~něný** be involved in sth, have a part in sth, *(finančně)* have a share in sth

zúčtovací *(období)* accounting; **z. banka** clearing bank

zúčtov|at settle n. balance accounts; expr. **z. s kým** expr. settle n. get* even with sb, settle the score with sb; v. též **účtovat** ▪ **~ání** settlement (of accounts)

zuhelnatět carbonize; *(trámy při požáru)* char

zulíbat smother n. cover sb with kisses

zúmyslný v. **úmyslný**

zurčivý gurgling, rippling

zúročit pay* interest on; **z.** *(vklad)* **pěti procenty** pay five per cent interest on the deposit

zúrod|nit, ~ňovat *(půdu)* reclaim, cultivate ▪ **~nění, ~ňování** cultivation, reclamation

zuřit *(člověk, živly, mor)* rage; **z. jako blázen** rant and rave (like mad); **začít z.** throw* a fit, fly* into a rage

zuřivec short-tempered person

zuřiv|ý **1** furious, enraged; hov. (raving) mad, raving; *(zvíře)* enraged **2** *(boj)* raging, fierce; *(nenávist)* fierce **3** *(čtenář, fotbalista, šachista* ap.*)* passionate ▪ **podívat se na koho ~ě** glower n. glare at sb, look daggers at sb ▪ **~ost** rage, fury; **záchvat ~osti** fit of rage n. fury; **dohnat koho k ~osti** drive* sb mad

zůsta|t **1** *(kde)* stay, remain; **z. doma** stay at home, stay in, *(nejít s ostatními)* stay behind; **z. na místě** stay put ♦ **z. pod prsty** stick* to sb's fingers **2** *(setrvávat v nějakém stavu)* stay, remain, keep*, continue; **z. stát** remain standing, *(zastavit se)* stop, *(auto)* pull up; **z. sedět** keep seated, *(nehnout se)* sit* tight; **z. ležet** remain lying, *(v posteli)* remain n. stay in bed; **z. u moci** continue in power; **z. dlouho vzhůru** sit up late **3** *(zbýt)* remain, be left; **nic ne~lo** there is nothing left; **~la po něm žena a dvě děti** he leaves* a wife and two children (behind him) ♦ **z. na ocet** *(dívka)* be left on the shelf

zůstatek obch. balance

zůstáv|at v. **zůstat**; *(bydlet)* live; **~á mi sto liber** I am left* with £100; **z. pozadu** lag behind ♦ **rozum nad tím ~á stát** it's beyond me

zušlechtit *(půdu)* improve, enrich; *(kovy, ocel, mravy, vkus)* refine; *(charakter)* ennoble

zúžit, zužovat narrow; *(šaty)* take* in ▪ **z. se, zužovat se** *(vozovka* ap.*)* narrow, get* narrow; *(do hrotu)* taper

zužitkovat utilize, make* (good) use of, use

zvací: z. dopis letter of invitation

zvad|nout *(květiny)* fade, wither, wilt; *(krása)* fade ▪ **~lý** faded, withered; **~lá krása** faded beauty

zválet *(postel)* rumple; *(šaty)* crumple, crease; *(trávu)* crush

zvalchovat: z. koho hov. tan sb's hide

zvápenatět *(cévy* ap.*)* calcify

zvát invite; **z. koho na oběd** invite sb to lunch; v. též **pozvat** ▪ **jen pro zvané** admission by invitation only

zvážit *(na váze)* weigh; *(posoudit)* weigh, consider carefully, *(situaci* ap.*)* take* stock of ▪ **z. se** weigh o.s

zvečera early in the evening, towards (the) evening

zvěčnit immortalize

zvěd voj. scout

zvedací: z. most drawbridge

zvedák mot. jack

zved|at v. **~nout; dítě už ~á hlavu** the baby can lift its head already ▪ **z. se** v. **~nout se; ~á se mi žaludek** I feel* a bit sick ▪ **~ání žaludku** nausea, queasiness; **~ání a klesání vln** the roll of the waves

zvědavec curious n. inquisitive person, hanl. nosey parker

zvědav|ý curious, inquisitive; **to jsem ~(ý)** I wonder; **jsem z., kdo vyhraje** I wonder who will win*; **jsem na ni z.** I wonder what she will be like ▪ **~ě** inquisitively ▪ **~ost** curiosity, inquisitiveness; **hořet ~ostí** be burning with n. dying of curiosity

zved|nout **1** *(závaží)* lift (up); *(jeřábem* též*)* crane up, *(heverem* též*)* jack up; *(kotvu)* weigh **2** *(ruku, oči, hlas, skleničku)* raise; *(hlavu)* lift up **3** *(ze země)* pick up; přen. **z. rukavici** pick n. take* up the glove **4** *(životní úroveň* ap.*)* improve, raise; *(ceny)* increase ▪ **z. se** **1** go* up, rise*; **~l se mu žaludek** his stomach turned **2** *(postavit se)* get* n. rise to one's feet, *(namáhavě)* scramble to one's feet; **je čas, abychom se ~li** it's time we were moving **3** *(vítr, kouř)* arise*, spring* up; *(křik)* arise, be heard* **4** *(objevit se: kopce před očima* ap.*)* rise **5** *(nálada, morálka)* rise, improve

zvelebit improve; *(oblast)* bring* sth to prosperity, develop; *(podnik)* make* sth a going concern, *(vrátit mu prosperitu)* put* *(a plant* ap.*)* back on its feet

zveličlit, ~ovat *(přehánět)* exaggerate, lay* it on thick; **z. co** exaggerate sth, make* a mountain out of a molehill; **z. své potíže** magnify one's difficulties

zvenčí, zvenku from (the) outside, from without; *(na vnější straně)* on the outside; **z. vypadá dobře** *(dům* ap.*)* on the outside it looks good; **vliv z.** external influences

zvěrokruh zodiac

zvěrolékař veterinary surgeon, hov. vet; am. veterinarian

zvěrolékařský veterinary

zvěrolékařství *(věda)* veterinary science; *(obor)* veterinary medicine

zvěrstvo bestiality, atrocity

zvěř mysl. game; **vysoká z.** big game; **černá z.** black game; **pernatá z.** winged game; **stav ~e** game population

zveřejnit 1 *(park* ap.*)* throw* sth open to the public **2** *(dopisy* ap.*)* publish; *(informace)* release, make* sth public

zvěřina *(z vysoké)* venison, *(jinak)* game

zvěřinec menagerie

zvesela happily, merrily, cheerfully

zvěst news; **dobrá/ neblahá z.** (a piece of) good/ bad news ♦ **Jobova z.** bad news, kn. ill tidings

zvěstovlat announce ■ **Z~ání Panny Marie** the Annunciation

zvětralt *(horniny)* weather (away), disintegrate; *(pivo)* go* n. become* flat, go stale ■ **~lý** weather-worn; *(pivo)* stale, flat

zvětřit *(pes)* scent, smell; přen. *(nebezpečí)* sense, hov. get* wind of

zvětšenina enlargement, fot. též blow-up

zvětšit enlarge, extend; *(fotografii)* enlarge, blow* up; *(rozšířit)* widen; *(obchod* ap.*)* expand; *(vliv)* increase; *(mikroskopem* ap.*)* magnify ■ **z. se** *(rozměrově)* extend, expand, grow*; lék. *(orgán)* become* enlarged; *(panenky očí)* dilate, become dilated

zvětšovací: z. sklo magnifying glass, magnifier; **z. přístroj** fot. enlarger

zvídavlý anxious to learn*, eager for knowledge; *(pohled)* searching, questioning ■ **~ost** (intellectual) curiosity, thirst for knowledge

zviklat: z. koho v čem *(v rozhodnutí, v přesvědčení* ap.*)* make* sb doubt sth, make sb falter in sth; **z. čí víru** shake* sb's faith; **dát se z. v čem** begin* to falter n. waver in sth

zvířátko little animal

zvíře 1 animal; kn. *(zvl. čtyřnohé)* beast; **dravé z.** beast of prey; **domácí/ tažné z.** domestic/ draught animal; expr. *(o lidech)* brute, beast; **chovat se jako z.** behave like an animal **2** expr. *(významný člověk)* **velké z.** a big shot

zvířecí *(instinkty, teplo)* animal; **z. mládě** young animal

zvířecklý bestial, brutal ■ **~ost** brutality, bestiality

zvířectvlo animals, fauna; **drobné z.** small (domestic) animals, pets; **obchod s domácím ~em** pet shop; **užitkové z.** domestic cattle

zvířena fauna

zvířetník zodiac

zvířetníkový zodiacal

zvířit *(sníh, prach)* swirl up, whirl up, *(prach též)* raise; **z. oblak prachu** raise a cloud of dust; přen. *(klid městečka* ap.*)* cause a big stir n. make* quite a stir *(in the town)* ■ **z. se** whirl up

zvítězlit voj. be victorious, gain the victory; **z. v bitvě** win* the battle; sport. win; **z. v závodě/ v zápase** win a race/ match; **z. nad kým** voj. vanquish sb, beat* sb, win against sb, *(přesvědčivě)* walk (all) over one's opponent

zvláčlnět, ~nit *(tělo, klouby)* limber up

zvládlat v. **~nout; z. svou práci** be up to one's job, cope with one's job

zvládnout *(co)* manage; *(nával práce)* cope with; *(cizí jazyk)* master; *(provést úspěšně)* bring* n. pull off

zvlášlť, ~tě I adv. **1** jen **zvlášť** *(odděleně)* separately; **platit každý z.** pay* separately; **za topení se platí z.** there is an extra charge for heating; **psát něco z.** write* sth as two words **2** *(mimořádně)* particularly, in particular, especially; **z. si všimnout** *(čeho)* pay special n. particular attention to **II** část. *(zejména)* in particular, particularly, especially

zvláštnlí 1 *(podivný)* strange, peculiar, odd; *(neobvyklý)* unusual; *(pozoruhodný)* remarkable; **mít z. pocit** have a strange n. funny feeling, feel* peculiar; **je z., že** it is strange n. odd that **2** *(speciální)* special, extra; *(vchod)* separate; **z. cena** special n. preferential price; **z. sleva** special n. extra discount; **z. škola** remedial n. special school; *(posílat)* **ve z. obálce** under separate cover; **není to nic ~ího** it is nothing to write* home about **3** *(mimořádný)* extraordin-

ary ■ **~ost** peculiarity, idiosyncracy; *(kuchyně)* speciality; *(pamětihodnost)* **~osti města** the sights of a town
zvlčilý *(děti)* wild, unruly; *(mravy)* degenerate
zvlh|nout become* damp; **~ly jí oči** her eyes moistened ■ **~lý** *(oči)* moist; *(ruce)* moist, clammy; *(prádlo)* wet
zvlněný *(vlasy)* curly, wavy; *(voda)* ripply; *(terén)* undulating; *(plech)* corrugated
zvlnit *(vlasy)* curl, *(drobně)* frizzle; *(moře)* produce waves on; *(hladinu jezera)* ripple ■ **z. se** *(vlasy)* curl; *(hladina)* ripple; *(moře)* get* rough; *(gramodeska)* warp
zvnějšk|a, ~u from the outside; *(natřený)* **z. i zevnitř** inside and outside
zvnitřku from within, from (the) inside
zvolací: z. věta jaz. (clause of) exclamation
zvol|at exclaim, shout, cry ■ **~ání** exclamation, shout
zvolit 1 pol. elect, choose*; **z. koho prezidentem** elect sb president; **z. koho jednohlasně** elect sb unanimously 2 **z. si** *(vybrat si)* choose, pick (out), select; **z. si povolání** choose a profession; **z. (si) kandidáta** select a candidate
zvolna slowly, at a slow pace; *(postupně)* gradually, bit by bit; **a teď pěkně z.!** easy does it!
zvol|nit, ~ňovat slow down, *(rychlost)* reduce; *(tempo chůze)* slacken (one's) pace ■ **z. se** slow down; *(tempo)* slacken
zvon bell; *(potápěčský)* (diving) bell; **sukně do ~u** flared skirt
zvonec gong; **kravský z.** cow bell
zvonek 1 *(domovní)* doorbell; *(tlačítkový)* bell-push; *(v hotelu, v letadle)* call button 2 bot. bluebell
zvonice belfry, bell tower
zvoník bellringer
zvon|it 1 *(zvon)* ring*, peal, chime, *(pomalu, pravidelně)* toll; *(sklenice)* clink; *(budík, zvonek, telefon)* ring; *(ostruhy, peníze, klíče)* jingle 2 *(čím)* ring, peal, chime; **z. na zvonek** ring the bell; **z. na koho** ring for sb 3 neos. **~í!** *(u dveří)* sb is ringing (at the door); *(ve škole)* the bell is ringing; **~í na mši** the bells are ringing for church; přen. **~í mi v uších** my ears are ringing ■ **~ění** *(zvonů)* ringing n. peal of bells; *(zvonku)* ringing, ring
zvonivý *(hlas, smích)* ringing
zvonko|hra v. **~vá hra**
zvonkov|ý: ~á hra chimes; *(nástroj)* glockenspiel

zvonový bell-shaped; *(sukně, šaty)* flared
zvrácen|ý 1 *(úchylný)* perverse, perverted; hov. *(sexuálně)* kinky 2 *(nepřirozený)* unnatural, bizarre ■ **~ost** perversity
zvrace|t vomit, be sick, throw* up; **člověk by z toho ~l** that's enough to make* one sick ■ **~ní** vomiting; **je mi na ~ní** I feel* sick
zvrásněný geol. plicated; *(tvář)* lined
zvrat *(událostí)* turn; *(teplotní)* inversion; **došlo k neočekávanému ~u** events took* an unexpected turn
zvrátit 1 *(židli)* knock over; *(člun)* turn over; **z. hlavu** throw* back one's head 2 *(plány)* upset*; *(rozsudek)* reverse, overrule 3 v. **zvracet** ■ **z. se** *(v sedadle)* lean* back; *(člun)* capsize; *(počasí)* change (suddenly), break*
zvratný jaz. reflexive
zvrhlík degenerate; *(sexuální)* pervert
zvrhl|ý *(člověk)* perverse; *(člověk, svět)* degenerate; *(čin)* atrocious, abominable, *(zločin též)* heinous ■ **~ost** perversion, perversity; degeneracy
zvrh|nout *(židli, vázu ap.)* knock n. topple over n. down ■ **z. se** 1 *(váza)* overturn, fall* down, fall over; *(člun)* capsize; *(vůz)* overturn 2 *(večírek, zábava)* run* n. get* wild, get out of hand; **hádka se ~la ve rvačku** the quarrel degenerated into a brawl
zvrtat *(co)* mess up, sl. screw up
zvrt|nout 1 **z. si nohu** *(v kotníku)* twist one's ankle 2 *(plány)* shatter, thwart ■ **z. se** 1 *(naděje, plány)* come* to nothing 2 **~la se jí noha** she twisted her ankle
zvučet *(čím)* resound with; *(ozvěnou)* reverberate with
zvučn|ý sonorous; *(titul)* high-sounding; *(jméno)* illustrious, fine-sounding ■ **~ost** sonority
zvuk 1 sound; *(barva)* tone, tone colour; **z. jeho kroků** the sound of his steps; **za ~ů kapely** to the sounds of the band; **piano má dobrý z.** the piano has a pleasant tone 2 *(pověst)* reputation; **mít dobrý z.** *(jméno, výrobek)* have a good reputation
zvukomalba jaz. onomatopoeia
zvukomalebný jaz. onomatopoeic
zvukotěsn|ý soundproof ■ **~ost** soundproofing
zvukovod anat. auditory canal
zvukov|ý acoustic, sound; **~á čistota** purity of sound; **z. záznam** (sound) recording; **~á kulisa** muzak
zvůle licence; pol. arbitrary rule, despotism

zvyk 1 *(návyk)* habit; **síla ~u** force of habit; **zbavit se špatného ~u** give* up a bad habit; **mít ve ~u** be in the habit of *(doing sth)*; **jak měl ve ~u** as was his habit n. custom, kn. as was his wont; **to nemám ve ~u** I don't make a habit of doing it; **měl ve ~u dávat všem dárky** it was his custom to give everybody presents, he had a custom of giving presents to everybody 2 *(lidový)* custom; **podle starého ~u** according to an old custom

zvyk|at si v. **~nout si**

zvyklost custom, tradition

zvyk|nout 1 **z. koho na co** get* sb used n. accustomed to sth; **z. koho na disciplínu** teach* sb discipline 2 **z. si na co** get used n. accustomed to sth, *(na klima)* acclimatize o.s. to sth; **člověk si na to časem ~ne** *(začne se mu to líbit)* it grows* on you ■ **být ~lý na co** be used n. accustomed to sth, *(na chlad, na potíže)* be inured to sth; **být ~lý něco dělat** be used to doing sth

zvykov|ý: ~é právo customary law, br. common law

zvýraznit emphasize, accentuate, stress; *(v kontrastu)* set* off; *(šaty, postavu)* show* off

zvysoka 1 *(zvýše)* from above 2 *(povýšeně)* condescendingly, haughtily, in a haughty manner; **jednat s kým z.** patronize sb

zvýš|it 1 *(cestu, budovu)* raise, make* sth higher 2 *(ceny)* raise, increase, mark up, put* up; *(mzdy, daně)* raise, increase; *(výrobu)* raise, increase, step up; *(půjčku)* extend; *(živ. úroveň)* raise, improve; *(hlas)* raise; *(rychlost)* gather, pick up; *(napětí)* heighten, increase ■ **z. se** *(ceny)* rise*, climb, go* up, move up; *(výroba)* increase, be raised; *(teplota)* rise, go up; *(napětí)* increase, intensify ■ **~ený** 1 *(místo)* raised, elevated 2 *(ceny, daně, výroba)* increased; *(pozornost, péče, vliv, napětí* ap.*)* increased, heightened, intensified; *(krevní tlak)* raised; *(tón)* sharp ■ **~ení** *(cen)* increase, rise; *(platu)* rise; *(roční přírůstek)* increment; *(výroby)* increase, expansion; *(teploty)* rise (in); *(napětí)* increase, intensification

zvyšovat v. **zvýšit**

zžele|t se *(koho)* have pity on, take* pity on, feel* sorry for; **~lo se mu jí** he took pity on her

zženštil|ý effeminate ■ **~ost** effeminacy, effeminateness

Ž

žába 1 frog; **nadýmat se jako ž.** puff o.s. up like a frog 2 přen. *(dívka)* zvl. sk. lass(ie); **to je prima ž.** she is a lovely young thing, she is a lovely girl
žabák male frog
žabař *(břídil)* bungler; *(nula)* dead loss, loser; am. sl. lemon
žabí *(stehýnko)* frog's; *(koncert)* frogs'; *(kvákání)* of frogs; **ž. muž** frogman; **ž. perspektiva** worm's-eye view
žab|ka 1 little frog 2 hov. v. **žába (2)** 3 *(prskavka)* squib, (jumping) cracker 4 *(smyčce)* nut, frog
žabomyší: ž. válka storm in a teacup
žábr|y gills; **dýchání ~ami** gill breathing
žactvo pupils
žačka schoolgirl
žádací jaz. **ž. věta** optative clause
žádanka order form, order slip; *(v knihovně)* call slip
žád|at 1 *(vyžadovat)* ask, demand, require; **ž. od koho co** demand sth from sb; **ž. od koho výkupné** hold* sb to ransom; **~ám zadostiučinění** I demand satisfaction 2 *(prosit)* ask, *(naléhavě)* plead; **ž. koho oč** ask sb for sth; **ž. u firmy o místo** apply to a firm for a job n. position 3 **ž. si** kn. *(vyžadovat)* demand, require, call for ■ **být velmi ~aný** *(zboží)* be in great demand, be in much demand
žadatel applicant; *(o milost)* petitioner; *(nárokující strana)* claimant
žádn|ý 1 no, not ... any; **ž. člověk** nobody; **ž. z nich** none of them, *(ze dvou)* neither *(of the two)*; **nevidím (v tom) ž. rozdíl** I see* no difference, I don't see any difference; **to ti ž. neuvěří** nobody will believe you ♦ **v ~ém případě** under no circumstances 2 *(zesilující)* **není ž. učenec** he is not much of a scholar; **není to ž. hlupák** there are no flies on him
žadonit: ž. o co implore n. beseech sb for sth; *(o svezení, cigaretu* ap.*)* cadge sth (from sb)
žádost 1 request; *(přání)* wish; *(o místo* ap.*)* application; **naléhavá ž.** urgent request n. appeal; **na čí ž.** at sb's request; **vyhovět čí ~i** comply with sb's request; **zamítnout čí ž.** refuse sb's request; **podat si ž. o místo** apply for a job 2 *(smyslná)* desire, lust
žádostiv|ý greedy, covetous, avaricious; **být ž.** *(peněz, moci)* covet, be greedy for, be thirsting for, *(zpráv)* be avid for, be greedy for ■ **~ost** greed, thirst, avidity; *(smyslná)* lust
žáh|a heartburn; **pálí mne ž.** I have heartburn ♦ **zchladit si na kom ~u** vent one's anger on sb, take* it out on sb
žahadlo *(včely* ap.*)* sting*
žák 1 pupil, schoolboy, *(vyšších tříd* též*)* student 2 *(stoupenec, odchovanec)* disciple, follower 3 sport. junior
žaket morning coat, tailcoat
žákovský *(výbor)* pupils'; **ž. domov** school hostel
žákyně schoolgirl; v. **žák**
žal grief; **zemřít ~em** die of grief
žalář prison, jail, br. též gaol; v. též **vězení**
žalářník jailer, br. též gaoler, jailkeeper
žalm psalm
žalob|a 1 *(stížnost)* complaint; **podat ~u** lodge a complaint 2 právn. *(občanská)* action, lawsuit; *(o rozvod)* petition (for divorce); **podat ~u** bring* n. enter an action
žalobce *(civilní)* plaintiff; *(prokurátor)* prosecutor; **veřejný ž.** public prosecutor
žalobník šk. sl. telltale
žalostivý *(nářek)* piteous, heart-rending
žalostn|ý *(stav)* piteous, sorry, lamentable, deplorable ■ **~ě málo** ridiculously little, precious little
žalovat 1 *(ve škole)* tell* tales (**na** on); *(na policii, vedení)* report sb/sth 2 právn. sue, bring* n. enter an action against, institute proceedings against
žalovatelný indictable
žalozpěv elegy
žalud 1 bot. acorn 2 *(penisu, poštěváčku)* glans, pl. glandes 3 karet. **~y** clubs
žaludeční gastric, stomach; **ž. šťávy** gastric juices; **ž. katar/ potíže** stomach catarrh/ trouble; **ž. kyselina** stomach n. gastric acid; **ž. bolesti** stomach-ache, upset stomach, stomach upset
žalud|ek stomach, hov. *(břicho)* belly, tummy; *(zvířecí* též*)* craw; *(ptačí)* gizzard; **na lačný ž.** on an empty stomach; **je mi špatně od ~ku** I have an upset stomach; **zvedá se mi z toho ž.** that upsets* my stomach ♦ **ležet komu v ~ku** stick* in sb's gullet; **vidět komu až do ~ku** see* through sb
žaluzie venetian blind
žampión (field n. meadow) mushroom

žánr, ~ový genre; **~ový obrázek** genre painting n. picture

žár glow; *(velké teplo)* blazing n. scorching n. sizzling heat; **sluneční ž.** (blazing) heat of the sun; **bílý/ červený ž.** white/ red heat

žargón jargon, lingo; *(hantýrka)* professional mumbo jumbo

žárlit *(na koho)* be jealous of, *(závidět)* be envious of

žárliv|ý jealous, *(závistivý)* envious ■ **~ost** jealousy; **ze ~osti** out of jealousy

žárovka (electric light) bulb; **kontrolní ž.** indicator lamp, *(výstražná)* warning lamp n. light

žáruvzdorn|ý heatproof, heat-resistant; *(stavebnina)* refractory ■ **~ost** heat resistance; refractoriness

žasnout be astonished, be amazed n. surprised; *(obdivně)* marvel; **ž. nad čím** be amazed at sth, marvel at sth

žbluňknout flop, plop

ždibec small piece, little piece; *(sousto)* morsel; *(špetka)* pinch, *(soli* též*)* sprinkle; **ž. másla** a dab n. dot of butter; **ani ž. rozumu** not an iota n. ounce of common sense

ždímačka spin dryer

ždímat 1 *(prádlo: ručně)* wring*, *(ždímačkou)* spin-dry 2 *(dělníky)* exploit; **ž. z koho peníze** hov. milk n. soak sb

že I sp. podř. 1 obsah. **a)** that; *(před podmětem lze vynechat)* **vím, že tu byla** I know* (that) she was here **b)** *(krácení infinitivem)* **slíbil, že přijde** he promised to come 2 účin. that, as *(+inf)*; **je tu taková zima, že** it is so cold here that; **byl tak hloupý, že jí věřil** he was such a fool as to believe her 3 prostředková by *(+ing)*; **vyřešil situaci tím, že odešel** he resolved the situation by leaving 4 příč. because, since; **že mu nebylo dobře,** *(zůstal doma)* because n. since he was unwell ... 5 přípust. **přes to, že** in spite of; **přišel přes to, že byl unaven** he came* in spite of his being tired II část. · 1 *(vyj. lítost, výčitku)* **že jsem tam nešel!** if only I had gone* there!; *(vyj. podiv)* **že se ještě ptáš!** how can you ask? 2 *(zvolací)* **že to neuděláš!** I defy you to do it 3 **že (ano)** *(na konci věty: často se překládá přívěsnými otázkami)* **dnes je zima, že** it's cold today, isn't it?

žeberní anat. costal

žebírko kuch. chop, cutlet; **hovězí ž.** rib of beef

žebráck|ý beggarly ♦ **přivést koho na ~ou hůl** reduce sb to beggary

žebrák beggar

žebrat beg; **jít ž.** go* begging; **ž. (koho) oč** beg (sb) for sth, *(vyškemrávat si: o cigarety* ap.*)* cadge sth from sb

žeb|ro 1 anat. rib; **rýpnout koho do ~er** give* sb a nudge in the ribs 2 kuch. rib (cut)

žebronit: ž. na kom co cadge sth from sb; **ž. na kom, aby** pester sb to do sth, plead* with sb to do sth

žebrot|a begging; **chodit po ~ě** go* begging; **přijít na ~u** be reduced to beggary

žebroví *(lodi)* ribbing, framewok

žebříček sport. ranking list

žebřík ladder; **dvojitý ž.** stepladder; **hasičský ž.** fire ladder

žebřin|a gymn. **~y** wall-bars; **cvičit na ~ách** work on the wall-bars

žeh: pohřeb ~em cremation

žehlicí: ž. prkno ironing board; **ž. stroj** rotary iron

žehlička iron; *(krejčovská)* goose; **elektrická ž.** electric iron; **napařovací ž.** steam iron

žehlírna steam laundry

žehlíř, ~ka ironer, presser

žehlit iron ♦ **ž. si to u koho** ingratiate o.s. with sb., try to get* into sb's good books, butter sb up

žehn|at bless; **Bůh vám ~ej!** God bless you! ■ **ž. se** cross n. bless o.s., make* the sign of the cross ■ **~ání** blessing, benediction

žel (bohu) v. **bohužel**

želatina gelatin(e)

želatin|ový gelatin(e); *(vypadající jako ~a, obsahující ~u)* gelatinous

želé jelly

želet 1 *(litovat)* be sorry about, regret 2 *(oplakávat)* mourn

želez|a v. **~o (2)**

železárenský *(podnik)* metallurgical

železárn|a *(podnik)* metallurgical plant; **~y** ironworks

železářství *(obchod)* hardware store, br. též ironmonger's

železářsk|ý 1 **~é zboží** hardware, ironmongery 2 v. **železárenský**

železitý iron-bearing, containing iron

železnice railway, am. railroad

železničář railway worker, railwayman; am. railroad worker

železn|ý 1 *(ze železa)* iron; **ž. šrot** scrap iron; **~á opona** *(v divadle)* fireproof n. safety curtain, přen. pol. the Iron Curtain **2 ~á ruda** iron ore; **~é hutě** ironworks; archeol. **~á doba** the Iron Age **3** přen. *(zdraví)* robust, iron; *(nervy)* steely, of iron n. steel; *(vůle)* iron, firm; *(kázeň)* iron; **vládnout ~ou rukou** rule with an iron hand ♦ **~á zásoba** iron n. emergency rations

želez|o 1 iron; **vyrobený ze ~a** made* of iron ♦ **nervy jako ze ~a** nerves of steel n. iron; **patří do starého ~a** he is ready for the scrap-heap; **kuj ž., dokud je žhavé** strike* while the iron is hot **2 ~a** *(pouta)* irons, manacles; *(okovy)* fetters

železobeton ferroconcrete, reinforced concrete

želíz|ko 1 ž. nože knife blade ♦ **mít víc ~ek v ohni** have several irons in the fire **2** *(pouta)* handcuffs

želva tortoise; *(zvl. mořská)* turtle

želvovina tortoise-shell

žemle (bread) roll

žeň 1 v. **žně 2** přen. **ž. jeho práce** the fruit of his labour

žen|a 1 woman, pl. women **2** *(manželka)* wife, pl. wives; **vzít si koho za ~u** marry sb

ženáč married man

ženatý married

Ženev|a, ž~ský Geneva; **~ská konvence** the Geneva Convention

ženich 1 bridegroom **2** *(nápadník)* suitor

ženijní: voj. **ž. práce** pioneer work; **ž. jednotka** corps of engineers; **ž. pluk** engineer battalion

ženista voj. engineer, sapper

ženit se marry, get* married

žensk|ý I adj. **1** *(pohlaví, sbor)* female; *(oddělení, klinika)* gynaecological; *(práce, otázka)* woman's; *(vězení, programy, nemoci)* women's; *(hnutí)* feminist, women's; **ž. román** novel for women **2** *(zvědavost, postava, triky)* feminine, *(ctnosti, vlastnosti též)* womanly **II** subst. **~á** woman, hanl. female

ženství femininity, womanhood

ženština hanl. (old) woman, female, am. sl. broad

ženuška *(mazlivé)* sk. wifey

žerď 1 *(vlajková)* flagpole, flagstaff **2** *(hrazdy, bradel)* bar

žert joke, jest; **je samý ž.** he is great fun; **nerozumět ~u** have no sense of humour; **nerozumí ~u** he can't take a joke; **říci co ~em** say* sth as a joke, say sth in fun; **~y stranou** joking apart; **tropit si z koho ~y** make* fun of sb; **s ním nejsou žádné ~y** he is not to be trifled with

žertík little joke; **kanadský ž.** practical joke

žert|ovat 1 *(vyprávět ~y)* joke; *(dovádět)* banter, fool; **já jsem ~oval** I was only joking, I did not mean* it **2** *(s čím: lehkomyslně zacházet)* trifle with; **s tím se ne~uje** that's no joking matter

žertovn|ý *(příhoda)* funny, comical; *(tón)* jocular; *(člověk)* funny ■ **~ě** jokingly

žestě *(v orchestru)* the brass (section)

žeton *(hrací)* counter, chip

žezlo sceptre, am. scepter; mace

žhář arsonist, incendiary

žhářství arson, incendiarism

žhavicí: ž. vlákno filament; **ž. baterie** filament battery

žhavit make* sth red-hot

žhavý 1 *(uhlí)* glowing; *(rozžhavený do červena)* red-hot **2** přen. *(láska)* passionate, burning; *(dopisy, milostné scény)* torrid; **být do koho celý ž.** hov. be nuts about sb, be nuts over sb

žhnout 1 *(kamna)* glow, be red-hot; *(vlákno)* be incandescent **2** *(tváře)* be aglow, glow, *(slunce)* be burning

žhoucí v. **žhavý**; *(cit)* passionate, ardent

Žid Jew

židle chair; *(houpací)* rocking chair ♦ **posadit se mezi dvě ž.** fall* between two stools

židlička small chair; **dětská ž.** baby's (high) chair

Židovka Jewess

židovský Jewish, *(náboženství)* Judaic

židovství náb. Judaism

žihadlo sting

žíh|at *(kovy, keramiku)* anneal ■ **~ání** annealing ■ **~aný 1** annealed **2** *(šaty, kožešiny)* striped

žíl|a 1 vein; **křečová ž.** varicose vein ♦ **pustit komu ~ou** bleed* sb též přen. **2** *(rudná)* vein, lode

žiletka razor blade

žilka small vein, venule, veinlet; *(listu, v hmyzím křídle)* rib, fibre ♦ **hraje v ní každá ž.** she is full of beans, she is a live wire

žilkování *(dřeva, masa, kamene ap.)* grain; *(mramorování)* marbling; *(listu)* ribbing

žilkovaný *(dřevo, kámen)* grained, veined; *(listí)* ribbed

žilnatý veined; *(dříví)* grained

žíně horsehair

žíněnka 1 *(matrace)* horsehair matress **2** gymn. mat

žínka$_1$ *(k mytí)* facecloth, am. washcloth

žínka$_2$: lesní ž. wood nymph; **vodní ž.** naiad

žír fattening; **dobytek na ž.** beef cattle, fatstock

žirafa giraffe

žirant endorser

žírav|ina, ~ý caustic, corrosive

žírný 1 *(pole)* fat, rich; *(tráva)* rich; *(uhlí)* fat, bituminous 2 **ž. dobytek** beef cattle

žít$_1$ mow*, cut*; v. **žnout**

žít$_2$ 1 *(být živ)* live, be alive; **žil do osmdesáti let** he lived to be eighty; **už nežije** he is no longer alive; **když ještě žil** while he was still alive ♦ **ať žije královna!** long live the Queen! 2 **ž. šťastně** live happily, lead* a happy life; **ž. sám** live alone, live in solitude; **umět ž.** know* how to enjoy life; **ž. nad poměry** live beyond one's means ♦ **ž. si** live in clover, live the life of Riley 3 **ž. s kým** live together with, *(na hromádce)* shack up with; **s ním se nedá ž.** he is impossible to live with 4 **ž. z čeho** live on sth, subsist on sth; **ž. ze své práce/ z penze** live by one's work/ on one's pension; **ž. ze vzduchu** live on air; **ž. z vlastních prostředků** live on one's own means; přen. **ž. z nadějí** live on hopes 5 *(bydlet)* live, reside, dwell; **ž. u rodičů** live with one's parents 6 **ž. pro koho** live for sb; **ž. svou prací, ž. pro svou práci** live for one's work, dedicate o.s. to one's work 7 *(přežívat)* **vzpomínka na něj ještě žije** his memory lives on (**v našich srdcích** in our hearts) ■ **zde se žije dobře** life here is good, it is a good life here

žití life, living

žitná rye brandy

žitn|ý rye; **ž. chléb/ ~é pole/~á mouka** rye bread/ field/ flour

žito rye

živ v. **živý (9,10)**

živáč|ek: v domě nebylo ani ~ka there was not a (living) soul in the house

živ|el element ♦ **být/ nebýt ve svém ~lu** be in one's element/ feel* like a fish out of water

živelní: ž. pohroma natural calamity n. disaster

živeln|ý 1 *(síla, vášeň)* elemental, unrestrained 2 *(vývoj)* spontaneous ■ **~ě** spontaneously ■ **~ost** 1 elemental force 2 spontaneity

živice bitumen

živičný bituminous

živina nutrient

živit 1 *(starat se o)* keep*, support, maintain, provide for; **musí ž. velkou rodinu** he has a large family to support 2 přen. nourish, foster, feed*; **ž. v sobě naději** nourish a hope ■ **ž. se** 1 *(masem* ap.*)* live n. feed on 2 *(zajišťovat si živobytí)* support o.s., earn n. make* one's living; **musí se ž. sama** she has to make her own living; **ž. se s potížemi** struggle to make ends meet*

živitel *(rodiny)* breadwinner

živnost trade; *(obchodní)* business; **provozovat ž.** carry on a trade

živnostensk|ý trade; **ž. list/ zákon/ daň** trade licence/ law/ tax; **~á banka** trade finance bank; **~é podnikání** commercial activity

živnostní|k trader, tradesman; **~ci** traders, tradespeople

živn|ý: ~á půda *(pro pěstování mikroorganismů)* culture medium; přen. breeding ground

živobytí 1 *(obživa)* living, livelihood, hov. bread and butter; **vydělávat si na ž.** earn n. make* one's living; **shánět ž. s potížemi** scrape a living 2 *(způsob života)* life; **lehké ž.** easy life; **zařídit si dobré ž.** do nicely for o.s.

živočich animal, creature

živočišn|ý animal; **ž. tuk/ ~á strava** animal fat/ food; **~é uhlí** charcoal; **~á říše** animal kingdom

živočišstvo animal world, animal kingdom, animals; odb. fauna

živoř|it eke out a living, scrape a living, live from hand to mouth, struggle along (on a small income); *(talent)* waste away ■ **~ení** miserable existence

život 1 *(biol. existence)* life; **vznik ~a** the origins of life 2 *(lidská existence)* life; **ž. na tomto/ onom světě** this/ the other life; **položit/ obětovat ž.** give/ sacrifice one's life; **dát ž. dítěti** give* birth to a child; **otázka ~a a smrti** a matter of life and death; **boj na ž. a na smrt** fight to the death, life-and-death struggle; **vzít si ž.** take* one's (own) life 3 *(živé bytosti)* life; **velké ztráty na ~ech** great loss of life 4 *(aktivita)* life, liveliness, activity, bustle; **je plná ~a** she is full of life, hov. she is full of beans; **vnést trochu ~a do čeho** liven sth up a bit 5 *(doba)* life, lifetime; **celý ž.** all one's life; **jednou za ž.** once in a lifetime 6 *(způsob bytí)* life, way of life; **tichý/ snadný/ těžký ž.** quiet/ easy/ hard life; **sladký ž.** the sweet life; **protloukat se ~em** struggle through life

životaschopn|ý viable ■ **~ost** viability

životn|í 1 living, of living n. life; **ž. podmínky** living conditions; **ž. úroveň** standard of living; **ž. pojištění** zvl. br. life assurance; **ž. dílo** (one's) life's work; **ž. filozofie** philosophy of life; **ž. cíl** aim n. goal in life; **ž. prostředky** means of subsistence; **ž. příležitost** the chance of a lifetime;

ž. zkušenosti experience of life 2 *(otázka* ap.*)* vital, essential 3 **v ž. velikosti** life-size(d) ■ **~ě důležitý** vital, essential

životn|ý 1 *(literární postava)* true to life 2 jaz. *(rod)* animate ■ **~ost** *(stroje)* service life, *(stavby* ap.*)* lifetime

životodárn|ý life-giving ■ **~ost** life-giving force

životopis life, biography; **vlastní ž.** autobiography, *(k žádosti)* curriculum vitae

životopisec biographer

životopisný biographic(al)

živůtek bodice

živ|ý 1 living, *(v přísudku)* alive; *(zvíře, cíl; vysílání)* live; **ž. inventář** livestock; **ž. plot** hedge ♦ **~á encyklopedie** a walking encyclopaedia; **dostat koho ~ého nebo mrtvého** get* sb dead or alive; **tnout koho do ~ého** cut* sb to the quick 2 *(plný ~ota)* lively, vivacious; *(fantazie)* vivid; *(čilý)* sprightly; *(oči)* quick, bright; *(dítě)* lively, vivacious 3 *(ulice)* busy, bustling; *(provoz)* heavy, busy; **ž. ruch** bustling activity 4 *(opravdový)* **jako ž.** lifelike; *(líčení)* vivid, graphic, visual 5 *(otázka, problém)* topical; *(jazyk)* modern, living 6 *(diskuse)* lively, animated, spirited; *(výměna názorů)* heated 7 *(barva)* gay, vivid 8 expr. *(na ulici nebyla)* **ani ~á duše** not a living soul n. creature; **ani za ž. svět** not for the life of me; **pro Boha ~ého!** for goodness sake! 9 **živ** alive; **živ nebo mrtev** dead or alive; **být živ** be alive; **živ a zdráv** alive and kicking; **dokud byla ~a jeho matka** when his mother was still alive; **být pohřben za ~a** be buried alive 10 **být živ z čeho** support o.s. on sth; **z toho nemůže být člověk živ** you cannot survive on that ■ **~ě** 1 vividly, in a lively manner; **~ě se bavili** they had a lively conversation 2 hud. vivace ■ **~o: na ulici je ~o** the streets are full of hustle and bustle ■ **~ost** liveliness, vivacity; *(obchodu* též*)* briskness, *(na trhu)* bustling activity; *(líčení)* vividess; *(barev)* brightness, vividness

žízeň thirst též přen; **ž. po pomstě/ moci** thirst for revenge/ power; **mít ž.** be thirsty; **ukojit ž.** quench n. slake one's thirst

žíznit be thirsty; *(po slávě* ap.*)* covet, be thirsting n. greedy for

žíznivý thirsty

žížala earthworm, rainworm

žlab 1 *(okapní)* gutter; *(skluzný)* chute 2 *(krmný)* feeding trough, manger ♦ **být u ~u** have one's hand in the public purse, feed* at the public trough; **mít vysoko do ~u** be hard up, be on one's uppers

žlábek *(drážka)* groove; *(závitu)* root; archit. flute, channel; *(mezi prsty)* hollow

žláza gland; **štítná ž.** thyroid gland

žlázka glandule, glandula

žlázový glandular

žloutek (egg) yolk

žloutenka jaundice

žloutenkový jaundiced; *(epidemie)* jaundice

žloutnout turn n. become yellow

žluč bile, gall; přen. též venom ♦ **vzkypěla v něm ž.** his temper boiled up; **zvednout komu ž.** make* sb see* red, make sb's blood boil

žlučník gall bladder

žlučníkový bile, bilious; **ž. záchvat** bilious attack; **ž. kamének** gallstone, bilestone

žlučovitý *(stařec* ap.*)* bilious, liverish

žluk|nout go* rancid ■ **~lý** rancid

žluna *(zelená)* green woodpecker

žluť yellow; **chromová ž.** chrome yellow; **okrová ž.** ochre

žluťásek brimstone (butterfly)

žlutavý yellowish

žlutohnědý yellowish-brown

žlut|ý yellow; **ž. jako sláma** straw-coloured; **~é nebezpečí** yellow peril

žluva golden oriole

žmolek *(v omáčce, v kaši)* lump; *(chlebové střídky, papíru)* pellet

žmolkovitý *(omáčka)* lumpy

žmoulat *(sousto)* munch

žně harvest

žnout *(trávu)* cut; *(obilí, trávník, pole)* mow

žňov|ý *(období, počasí)* harvest; **~é práce** harvesting

žok *(bavlny)* bale ♦ **mít ~y peněz** have bags n. pots of money

žokej jockey

žold voj. (soldier's) pay

žold|ák, ~néř mercenary, soldier of fortune

žoldnéřský mercenary

žonglér juggler

žonglérství juggling

žoviální jovial, affable, genial

žrádlo 1 *(pro zvířata)* food, feed; *(píce)* fodder 2 zhrub. *(jídlo)* grub

žralok shark

žranice hov. spread; sl. nosh-up, blowout

žrát 1 *(zvířata)* eat*; *(živit se čím)* feed* on 2 přen. *(lidé)* eat greedily, eat like a pig, wolf one's food, stuff o.s. ♦ **ž. komu z ruky** feed out of sb's hand; **co tě žere?** what's eating you? **3** *(železo: o rzi)* corrode, eat into

žrav|ý *(hmyz)* voracious; *(člověk)* gluttonous, greedy, voracious ■ **~ost** greed(iness), gluttony

žrout glutton, guzzler

žuchnout fall* with a flop n. bump, thud

žul|a, ~ový granite

žumpa cesspit, cesspool; septic tank

župan dressing gown

žurnál magazine; *(filmový)* newsreel; **módní ž.** fashion magazine ♦ **jako vystřižený ze ~u** (as) neat as a new pin

žurnalista journalist

žurnalistický journalistic

žurnalistika journalism

žvan|ec 1 *(přežvýkaná píce)* cud; *(tabáku)* quid, gob **2** *(jídla)* morsel; **pracovat za kus ~ce** work for a crust of bread

žvanil *(tlachal)* prattler; hov. gasbag, windbag; *(dítě)* chatterbox

žvan|it prattle, am. drivel; *(hloupě)* twaddle, talk through one's hat, zvl. sk blether; *(děti)* chatter ■ **~ění** (aimless) talk; *(hloupé)* drivel; **prázdné ~ění** hot air, blah(-blah)

žvaniv|ý garrulous, talkative, chatty ■ **~ost** garrulousness, chattiness

žvást: ~y hot air, blah(-blah), tittle-tattle; **to jsou (samé) ~y!** rubbish!, balderdash!

žvástat v. **žvanit**; **ž. nesmysly** hov. talk rubbish n. nonsense n. rot, drivel

žvatl|at *(malé dítě)* babble ■ **~ání** baby-talk

žvatlavý chatty

žvýkací: ž. guma chewing gum; **ž. ústrojí** masticatory organs

žvýkačka chewing gum

žvýkat chew, masticate; hov. munch; *(hlučně)* champ, chomp

Josef Fronek, MA, PhD

Obálku navrhl Antonín Kalcovský
Vydalo Státní pedagogické nakladatelství v Praze roku 1993
jako svou publikaci č. B-7C-0-0-37-0-01-0
Edice Střední slovníky jednostranné
Odpovědná redaktorka Tamara Götzová
Technická redaktorka Jana Tarantová
Sazbu provedl ERCOS, spol. s r. o., Celetná 2, Praha 1
Vytiskla Těšínská tiskárna, a. s., Štefánikova 2, Český Těšín
1. vydání

ISBN 80-04-24382-7

POZNÁMKY

POZNÁMKY

POZNÁMKY

POZNÁMKY

POZNÁMKY

POZNÁMKY

POZNÁMKY

POZNÁMKY

POZNÁMKY

POZNÁMKY

POZNÁMKY